제7판

JONATHAN GRUBER 제7판

재정학과 공공정책

김홍균 · 김상겸 · 이동규 · 홍우형 옮김

(주) 시그마프레스

재정학과 공공정책, 제7판

발행일 | 2023년 3월 10일 1쇄 발행

저 자 | Jonathan Gruber
역 자 | 김홍균, 김상겸, 이동규, 홍우형
발행인 | 강학경
발행처 | ㈜시그마프레스
디자인 | 차인선, 우주연, 김은경
편 집 | 김문선, 이호선, 윤원진
마케팅 | 문정현, 송치헌, 김인수, 김미래, 김성옥

등록번호 | 제10-2642호
주소 | 서울특별시 영등포구 양평로 22길 21 선유도코오롱디지털타워 A401~402호
전자우편 | sigma@spress.co.kr
홈페이지 | http://www.sigmapress.co.kr
전화 | (02)323-4845, (02)2062-5184~8
팩스 | (02)323-4197

ISBN | 979-11-6226-420-1

Public Finance and Public Policy 7th edition

First published in the United States by Worth Publishers

* 책값은 책 뒤표지에 있습니다.

역자 서문

저자인 Gruber 교수는 이 책에서 네 가지 질문, (1) '정부는 언제 시장에 개입해야 하는가?' (2) '정부는 어떻게 개입하는가?' (3) '이러한 정부의 개입이 경제적 성과에 미치는 영향은 무엇인가?' (4) '정부는 왜 특정한 개입 수단을 선택하는가?'를 던지고, 이에 대한 답을 제시하면서 공공경제학이 어떤 학문이며 무엇을 배우는지에 대해 설명하고 있다. 이 책을 처음 번역할 시점은 2008년 글로벌 금융위기의 쓰나미에서 벗어나기 위해 세계 각국들이 경쟁적으로 재정지출을 확대하고 있는 시점인 2011년이었다. 이 책을 처음 번역하면서 Gruber 교수의 네 가지 질문에 대한 진지한 논의를 우리나라 독자들에게 소개하게 된 것은 참으로 의미 있는 일이라 생각했다. 왜냐하면 불황을 극복하기 위해서는 적극적인 재정지출이 필요하지만 지나칠 경우 국가재정이 방만하게 사용될 수 있고, 이는 언젠가는 국민들에게 큰 부담으로 작용하게 되어 재정의 효율적인 사용이 어느 때보다 중요하다 여겨졌기 때문이다. 제7판을 개정하는 2022년은 공교롭게도 처음 번역한 시점과 우리가 직면하고 있는 상황이 너무 흡사하다. 이는 제7판 번역 작업도 처음 번역할 때만큼이나 의미 있는 일임을 의미한다고 하겠다.

이번 제7판 번역에는 역자들이 많이 바뀌었다. 역자 세 분(이인실 교수님, 명재일 박사님, 문형표 박사님)이 현역에서 은퇴하시면서 세 분의 빈자리를 서울시립대 이동규 교수님, 동국대학교 홍우형 교수님께서 대신해주셨다. 새로 참여하신 두 분 교수님들은 연구 활동을 매우 왕성하게 하고 계신 분들이다. 연구에 많은 시간을 할애해야 함에도 불구하고 귀중한 시간을 흔쾌히 내주셨다, 이 자리를 빌려 다시 한 번 감사드린다.

Gruber 교수의 이 책은 이미 미국의 공공경제학 교과서 분야에서 시장점유율 1위로 올라설 만큼 유명하며, 오늘날 우리가 당면한 공공경제학의 여러 문제를 쉽게 설명하면서 문제의식을 불러일으키고 있다. 책의 제목을 '재정학과 공공정책'이라고 한 것도 최근 공공경제학의 학문적 흐름과 무관하지 않다. 기존의 공공경제학에서 볼 수 없었던 신선한 시각과 방법론을 제공하고 있어 공공경제학을 배우는 학생들뿐만 아니라 공공정책을 실제 설계하고 집행하는 정책 실무자들에게도 큰 도움이 될 것이다.

역자들은 가장 자신 있는 전문분야의 번역을 맡음으로써 번역의 전문성을 높이고자 노력했다. 역자들은 이 책을 번역하면서 자기 글을 쓰는 것만큼이나 번역이 힘든 일이라는 것을 알게 되었다. 이는 남의 글을 독자가 이해하기 쉽게 각색하는 것이 역자들의 몫이기 때문일 것이다. 이 과정에서 많은 사람들의 도움이 있었다. (주)시그마프레스의 편집부 직원들은 전체 25개 장을 모두 꼼꼼히 읽으면서 오탈자뿐만 아니라 역자들의 빈 곳을 깔끔히 채워주었다. 또한 김병주

군(University of Wisconsin, Madison), 김지은 양(단국대학교 경영학부)은 제7판 번역 과정에서 탁월한 영어 실력으로 번역 과정에서 범할 수 있는 오류를 최소화해주었을 뿐만 아니라 새롭게 보완된 부분을 일일이 찾아주는 매우 번거로운 일도 해주었다. 이 자리를 빌려 이 모든 분들에게 깊이 감사드린다.

2023년 2월
역자 일동

저자 소개

L BARRY HETHERINGTON

Jonathan Gruber 박사는 1992년도부터 현재까지 MIT 경제학과 교수로 재직 중이다. 전미경제연구연구소(NBER) 보건 프로그램의 책임자 겸 미국보건경제학회 회장을 역임했으며, 미국의학연구소, 미국예술과학회, 사회보험학회, 계량경제학회 등의 회원으로 활동하고 있다. Gruber 박사는 그동안 180편 이상의 연구논문을 발표했고 6권의 연구논문집을 편집하였다. 아울러 학부 재정학 교재의 세계적 베스트셀러인 **재정학과 공공정책**의 저자이며, 그래픽 소설인 *Health Care Reform*, *Jump-Starting America: How Breakthrough Science Can Revive Economic Growth and the American Dream*(Simon Johnson과 공저)을 집필하였다. 2006년에는 40세 이하 경제학자에게 수여하는 최고 보건경제학자로 선정되었다.

1997~1998년에는 경제정책 담당 차관보로 미국 재무부에서 복무하였고 2003~2006년에는 매사추세츠주가 야심 차게 추진했던 보건개혁 정책의 핵심 역할을 수행하였다. 이에 따라 2006년에는 보건개혁 정책의 실무기관인 보건커넥터 위원회(Health Connector Board)의 창립위원이 되었다. 2009~2010년에는 오바마 행정부의 기술자문위원을 역임하였고 '환자보호 및 진료비 적정부담법(ACA, 일명 오바마 케어)'의 입법에도 참여하였다. 2011년에는 온라인 저널인 *Slate*에서 '우리 시대의 가장 혁신적이고 실용적인 25인'으로, 2006년과 2012년에는 *Modern Healthcare Magazine*에서 선정하는 미국 보건관리 분야의 권위자 100인에 선정된 바 있다. 2020년에는 탁월한 학자들에게 수여되는 구겐하임 펠로십(Guggenheim Fellowship)을 수상하였다.

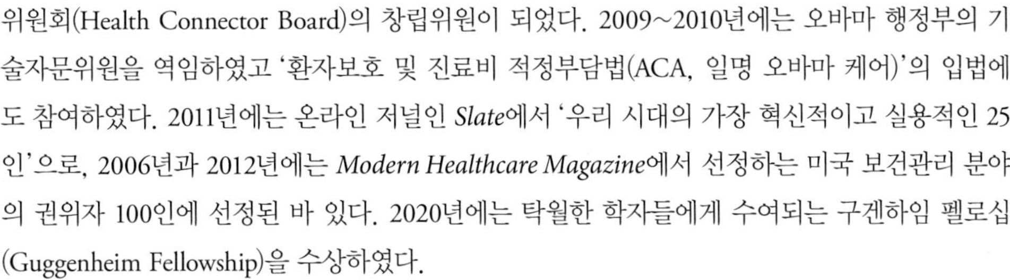

저자 서문

독자 여러분께

인류는 지난 2년간 과거 50년 동안 경험하지 못했던 엄청난 어려움을 겪어야 했다. 코로나19의 대유행이 바로 그것이다. 바이러스 감염으로 인하여 미국에서만 약 75만 명이 사망하였으며, 전 세계적으로는 약 500만 명이 목숨을 잃었다. 그뿐만 아니라 팬데믹으로 인해 전 세계 경제는 침체되었고, 이러한 상황은 경제적으로 취약한 국가와 사회에서 더욱 심각하였다.

이처럼 예상치 못한 위기에 전 세계 정부는 전례 없는 정책으로 대응하였다. 미국 연방정부는 위기 극복을 위해 4조 달러 이상의 재정을 투입하였다. 세계 각국의 정부가 투입한 코로나 대응 재정 규모는 10조 달러를 상회한다. 위기에 투입된 거대한 지원금은 지난 10년 동안 미국을 분열시켜 왔던 의료법과 법인세 개혁을 둘러싼 정당 간 논쟁을 중단시킬 만큼 심각하였지만, 전염병 위기를 벗어나면서 다시 재개되었다. 민주당은 사회적 취약계층을 위한 대규모 공공투자는 지속되어야 한다고 주장하는 반면, 공화당은 코로나 대응으로 인해 발생한 막대한 부채관리를 위해서는 보다 강력한 지출 억제가 필요하다고 반박하고 있다.

하지만 이것은 현재 미국 연방정부가 해결해야 하는 다양한 논쟁거리 가운데 하나에 불과하다. 사실 우리가 일상에서 흔하게 마주하는 다음의 이슈들은 앞서의 논쟁보다 우리 삶에 더 큰 영향을 미칠 수 있기 때문이다. 가령, '기후변화시장에 정부가 개입해야 하는가? 만약 그렇다면 정부는 어떠한 역할을 해야 하는가?'와 같은 질문은 물론, '교육복지정책에 연방정부와 지방정부 가운데 어느 쪽이 더 큰 역할을 수행해야 하는가?'와 같은 이슈들이 그것이다. 그 외에도 '메디케어와 사회보장제도와 같이 장기적으로 수행되는 사회보험정책들에 투입되는 막대한 재원은 어떻게 마련할 것인가?', '정치권의 교착상태를 줄이고 정부가 더 효율적으로 기능하기 위해서는 어떠한 제도적 개혁이 필요한가' 등 많은 논쟁거리들이 존재한다.

이러한 질문에 답변하려면, 우선 정부의 경제적 역할에 대해서 보다 명확하게 이해해야 한다. 이 교재의 유용성은 바로 여기에서 찾을 수 있다. 독자 여러분은 다양한 사례들을 통해 미국뿐만 아니라 전 세계 정부들이 시행하고 있는 여러 정책들을 살펴볼 수 있을 것이다. 학습해볼 주제들은 외부효과(환경 피해와 같은 광범위한 개정이 제6장에서 이루어졌다)를 시작으로 공공재(제11장에서 다루고 있는 교육 관련 논의들을 포함한다), 사회보험제도(사회보장 프로그램 운영비용의 주된 책임자에 대한 풍부한 논의 등은 제15장과 제16장에서 다룰 것이다), 조세(최근 수년간 미국 조세법 개정에 따른 광범위한 개정에 대해 제18장부터 제25장까지 살펴볼 것이다)에 이르기까지 매우 광범위한 내용을 다루고 있다. 특히 이번 개정판에서는 백신 개발을 위한 정부의 자금조달 방안, 팬데믹 상황 가운데에서 실업보험의 현대화 방안, 자산과 부에 대한 과세 등 공공정책과 관련한 흥미로운 사례들을 더욱 심층적으로 다루었다.

여러분들은 핵심 정책 이슈들을 영역별로 세 가지 방법을 통하여 학습하게 될 것이다. 첫 번째는 경제학에서 주로 쓰이는 언어를 통한 설명, 즉 이론적, 직관적 해설은 물론 그래프, 주요 논의 거리를 모형화하고 수학적으로 풀어보는 방식의 학습법이다. 두 번째는 현실 경제의 다양한 정책적 응용사례들을 통한 학습법이다. 실제 정책이 어떻게 적용되고 어떠한 결과를 이끌어 냈는지에 대한 생생한 경험과 설명 등을 통해 이론과 실제를 접목시켜 볼 것이다. 과거와 현재의 현실 경제 예시들은 각 장의 시작 부분에 위치하여 무엇이 문제인지를 제기할 것이며, '응용사례' 등을 통해 실제 정책사례 등에 대해 다시 배우고 논의를 명료화시키는 방식의 학습법이 제공될 것이다.

마지막 세 번째는 재정학자들이 어떻게 데이터를 수집하고 해석하는지에 대한 논의이다. 이 책에서 제공하고 있는 '실증적 증거' 코너에서는 이론을 현실 경제분석에 어떻게 접목하는지에 대한 설명을 다루고 있으며, 중요한 경험적 증거를 발견하는 연구 과정을 상세히 제시함으로써 독자 여러분의 이해를 돕고자 하였다. 저자의 개인적 견해를 밝히자면, 데이터의 중요성은 아무리 강조해도 지나치지 않다고 본다. 역사상 팩트에 대한 이해가 지금처럼 중요했던 시기는 없었다. 재정정책에 제기하고 있는 질문들에 대해 옳고 그름을 객관적으로 판별할 수 있는 사고방식을 기르기 위해서는, 우선 과학적으로 타당한 증거에 접근할 수 있어야 한다. 이 책에서 제공하고 있는 '실증적 증거'를 통해 전문가들이 어떻게 증거를 수집하고, 이를 주요 결정을 내리는 데 어떻게 활용하는지에 대해 이해할 수 있을 것이다.

내가 그랬듯이, 독자 여러분도 이번 제7판의 이론과 사례들을 통해 즐겁게 학습하기를 바란다.

Jonathan Gruber

지난 몇 년간 수많은 공공정책이 변하면서 교재의 대부분에 대한 수정이 필요했다. 통계, 데이터 관련 표 및 그림, 응용사례가 최근의 변화 상황을 반영하여 완전히 업데이트되었다. 이를 위해 수백여 개의 그래프와 자료들이 업데이트되었다. 이에 더하여 책 전반에 걸쳐 새로운 사례와 기존의 개요 부분에 대한 보완, 응용사례와 실증적 증거에 대한 수정, 본문 내용에 대한 면밀한 논의 추가 등을 포함한 많은 변화가 이루어졌다. 주요 변화사항은 다음과 같다.

현행 공공정책 논의를 반영하는 광범위한 개정사항

이 교재의 마지막 개정 이후에 가장 주요한 사건은 코로나19와 이에 대한 정부의 대응이었다. 이 개정판은 이러한 새로운 현실들을 반영하고, 공공정책과 해당 정책의 경제적 결과에 대한 이해를 최근 동향으로 통합하기 위해 광범위하게 전반적으로 개정되었다. 수정사항은 다음과 같다.

- 제1장에서는 코로나19와 관련된 새로운 서론을 포함하고, 여기서 코로나19와 관련하여 정부가 내려야 했던 일련의 결정과 그로 인해 야기된 논란을 조명한다. 1.3절은 코로나19가 촉발한 정책 문제가 어떻게 공공재정 논의의 중심으로 부각되었는지를 조명하기 위해 개정되었다.
- 제4장에서는 코로나19 이후 정부 부채의 역할에 대해 논의하고, 정부 부채 부담을 '일상화된 경기침체'의 관점에서 풍부하게 논의하였다.
- 제5장에서는 생산의 긍정적 외부효과에 대한 새로운 사례로 연구개발(R&D)과 초고속 작전하의 백신 개발을 응용사례로 소개하였다.
- 제9장에서는 정치적 편향과 에너지 정책에 대한 정치인의 입장을 서론에서 논의하고, 정치적 양극화에 대한 중요한 최신 논의를 업데이트하였다.
- 제10장은 코로나19로 인해 주정부와 지방정부가 겪는 재정적 압박에 집중한 새로운 서론으로 시작하였다.
- 제14장은 코로나19 위기 동안 실업보험의 역할에 관한 새로운 서론으로 시작하였으며, 코로나19 이후 실업보험의 현대화에 관한 새로운 응용사례를 포함하였다.
- 제16장에서는 미국 의료보험개혁법(ACA)과 미국 의료시스템의 미래에 대한 다양한 논의를 업데이트하였다.

- 제17장에서는 2020년 선거 기간 동안 강력하게 부각된 보편적 기본소득(UBI)에 대한 최신의 논의를 제공하였다.
- 제19장에서는 2017년 법인세 인하와 법인세 조세귀착(tax incidence)에 대한 새로운 서론을 포함하였다.
- 제21장은 최근 세제개혁이 노동공급에 미친 영향에 집중한 새로운 서론으로 시작하였다.
- 제22장은 은퇴계좌에 대한 세제혜택을 제한하는 바이든 후보의 공약에 집중하여 수정된 서론으로 시작하였다.
- 제23장에서는 2017년 세제개편으로 도입된 기회 구역에 대한 초기 증거에 초점을 맞춘 새로운 서론과 부유세에 대한 최신 논의를 포함하였다.
- 제25장에서는 탈세와 싸우기 위한 국세청의 노력에 대한 최신 논의를 포함하였다.

현실 응용사례 및 실증적 증거에 대한 새로운 관심

응용사례

재정학의 핵심인 이론적 분석은 학생들이 그 이론이 적용된 실제 응용사례를 볼 수 있다면 가장 잘 이해할 수 있다. 이 책은 학생들이 재정학에 대한 이해를 증진시키는 데 도움이 되는 많은 정책 제도와 사례를 제공한다. 새로운 주제가 논의될 때마다 그 주제에 둘러싼 정책 환경에 대한 설명이 제시되었다. 또한 65개의 정책 응용사례가 책 전반에 걸쳐 분포되어 있으며, 해당 주제의 중요성을 강조하기 위해 본문에 이에 대한 논의를 결합하였다. 이 같은 응용사례에서는 비용-편익분석에서 정책입안자가 인간의 생명 가치를 평가할 때의 난해함, 의료비용의 증가와 이를 의료개혁법에서 해결하려는 시도들, 소득세 공제제도 적절성의 문제, 다국적 기업의 조세회피에 대한 최근의 문제 등에 대한 주제를 다루었다. 응용사례의 3분의 1은 새로 추가되거나 개정되었다. 수정사항은 다음과 같다.

응용사례

신규 추가

일상화된 경기침체와 재정적자에 대한 새로운 견해(제4장)

초고속 작전(제5장)

실업보험의 현대화(제14장)

미국의 고액공제 의료보험의 성장(제15장)

부(wealth)에 과세해야 하는가(제23장)

대폭 수정 혹은 업데이트

혼잡통행료(제5장)

비만에 대한 공공정책(제6장)

외주계약의 장점과 단점(제7장)

생명의 가치 평가(제8장)

미국의 농장정책(제9장)

조세환급 논쟁(제18장)

1997년 미국 국세청 청문회와 청문회의 부산물(제25장) ■

실증적 증거

이론에 대한 설명은 해당 이론 모형을 지지하거나 혹은 지지하지 않는 실증적 증거를 신중하게 제시함으로써 크게 향상될 수 있다. 이 책에서는 주제에 대한 다른 취향을 가진 교강사들에게 유연성을 제공하기 위해 두 가지 방법으로 실증적 증거를 제시한다. 본문 전반에 걸쳐 주요 이론들이 제시될 때마다, 해당 이론에 대한 실증적 결과의 신뢰성에 대한 논의뿐만 아니라 동일한 문제와 관련된 유사한 실증적 결과에 대한 논의도 제시한다. 또한 더욱 실증 지향적으로 강의를 하고 싶은 분들을 위해 제3장에서는 재정학의 정교한 실증적 방법을 접해보지 못한 학생들에게 실증적 결과를 해석하는 방법을 세심하게 설명한다. 그리고 본문에는 42개의 실증적 증거가 포함되어 있는데, 여기서는 제시된 실증적 결과의 기초가 되는 연구를 더 자세히 논의하고 학생들에게 실증경제학자들이 핵심 정책 질문에 답하는 연구 과정과 방법을 설명한다. 실증적 증거의 약 3분의 1이 새로 작성되었거나 업데이트되었다. 수정사항은 다음과 같다.

실증적 증거

신규 추가

- R&D의 파급효과(제5장)
- ACA가 사망률에 미치는 영향(제16장)
- 현물급여의 이점(제17장)
- 조세부담의 귀착 : 현실경제의 복잡성(제19장)
- 사업체 소유주에 대한 세금은 근로자들에게 전가되는가?(제19장)
- 과세와 자본이득(제23장)
- 세금 신고에 대한 드러난 부담(제25장)

대폭 수정 혹은 업데이트

- 구축효과의 측정(제7장)
- 캘리포니아주 법안 13호에 나타난 주택가격 자본화의 증거(제10장)
- 특정 집단 고용주 의무편익제도(제20장)
- 무엇이 조세순응을 결정하는가?(제25장)

연습문제 수정

본문의 연습문제는 이 개정판의 광범위한 업데이트와 새로운 내용을 반영하기 위해 크게 수정되었다. 수많은 새로운 문제들이 추가되었고, 다양한 문제들이 업데이트되고 개선되었다.

설명 방식과 교수법

교재의 설명 및 표현 방식은 학생들의 흥미에 지대한 영향을 미친다. 나는 이 책 전반에 걸쳐 직관과 그림, 수학적 이론을 강조하면서 흥미롭고 공감할 수 있는 대화체를 사용하고자 애를 썼다. 이 책을 사용해본 강의자들은 학생들이 이 책을 친근하고 쉬우며, 많은 것을 배울 수 있어 매력적인 교재라 생각한다고 알려왔다. 이 책의 잠재적 독자들을 위해 이 책의 매력을 부각할 수 있는 특징을 설명하면 다음과 같다.

- **생각해볼 문제** : 각 장의 시작 부분에서 학생들에게 '핵심 사항'을 일깨워주는 질문들을 포함시켰다.
- **통합된 응용사례** : 응용사례들은 학생들이 뒤로 물러서서 해당 주제의 정책적 의미를 생각해보게 만드는 계기를 제공해주며, 학습 중인 주제의 정책적 적용이 갖는 중요성을 이해할 수 있도록 통합되어 있다.
- **실증적 증거** : 본문에서 언급된 실증적 연구 결과를 보다 심도 있게 다루고 싶어 하는 강의자들을 위해 '실증적 증거' 코너를 본문과 별도로 분리해서 제시하였다. 이는 재정학에서 주요 실증적 연구 결과를 얻어내는 연구 과정을 보다 세심하게 설명하기 위함이다.
- **적절한 통계의 제공** : 이 책 전반에 걸쳐, 많은 그래프와 표에서 재정학 강좌의 중요성을 말해주는 정부의 역할에 관한 통계수치를 제공하였다. 예를 들어 사회보험이 미국 정부의 활동에서 차지하는 비중에 대한 수치가 증가하는 그래프를 보게 되면 학생들은 왜 사회보험에 관심을 가져야 하는지를 훨씬 더 쉽게 알 수 있다.
- **즉석 힌트** : 학생들이 흔히 어렵다고 느끼는 이론적 핵심 사항에 대해 직관적으로 설명하는 즉석 힌트를 마련하였다. 예를 들면 '사중손실 삼각형이 어느 부분인지 어떻게 판단하는가?'(57쪽 참조), '고용주가 제공하는 의료보험은 왜 고용주에 대한 보조금이 아니라 근로자에 대한 보조금인가?'(497쪽 참조), '소득효과는 어떻게 임금을 증가시켜 노동공급을 감소시키는가?'(732쪽 참조) 등에 대한 보완 설명들이다.
- **수학적 부록** : 본문에서는 해당 주제를 주로 직관과 그래프를 사용하여 설명하고 있으며, 수학은 거의 사용하지 않고 있다. 그러나 많은 강의자들은 조세귀착, 공공재의 공급, 보험시장에서의 역선택, 최적조세 등의 핵심적 측면을 드러내기 위해 수학을 사용하고 싶어 할 것이다. 7개의 추가 부록에서는 실증적 분석의 자세한 측면을 수학을 사용하여 설명하였다.

- **여백 부분의 용어 정의** : 중요한 용어는 이 책을 통틀어 굵은 서체로 표현하고 있으며, 그 정의가 본문 옆의 여백에 나와 있으므로 학생들은 중요 개념에 초점을 맞추어 공부할 수 있다.
- **컬러 그래프** : 컬러 그래프를 사용하여 학생들이 그래프 분석을 쉽게 이해하고 자료를 사용하는 능력을 향상시킬 수 있도록 하였다.
- **연습문제** : 각 장은 평균 15문항 정도의 질문과 문제로 마무리된다. 제3장에서 배운 실증분석 자료를 활용해야 하는 문제에 대해서는 별도로 e 표시를 해두었으며, 기초 문제와 심화 문제를 세심하게 구분하였다.

강의자 교육자료

강의자를 위해 macmillanlearning.com에서는 다음과 같은 다운로드가 가능한 자료들을 제공한다.

- **문제은행** : 문제은행은 학생들의 이해력, 해석, 분석 및 종합 능력을 평가하는 데 적합한 다양한 질문을 제공한다. 문제은행에서는 교재 내의 개념들을 포괄적으로 다루도록 설계된 객관식 및 단답형 문제를 제공한다. 문제는 난이도(쉬움, 보통, 어려움)와 블룸(Bloom) 분류 기준(기억, 이해, 분석, 적용, 평가)에 따라 분류되어 있으며 해당 교재 부분에 태그되어 있다.
- **강의 슬라이드** : 강의 슬라이드는 각 장의 주제에 대한 포괄적인 내용을 제공한다. 슬라이드는 교재의 주요 그래프와 주요 개념의 상세한 개요를 통합하여 강의 준비 및 발표를 지원하도록 설계되었다. 슬라이드에는 교재의 이미지와 그림이 포함되어 있으며 강의자의 개별적인 필요에 따라 맞춤 제작이 가능하고 강의 발표를 구축할 때 환상적인 자료 역할을 할 수 있다.
- **교재의 이미지 자료** : 강의자는 파워포인트 슬라이드 형식으로 개정판의 모든 표와 그림을 받을 수 있다.
- **해답집** : 강의자는 교재의 각 장 말미에 있는 연습문제에 대한 상세한 해답 파일을 받을 수 있다.

요약 차례

차 례

제1부
서론 및 배경지식

제2부

외부효과와 공공재

제6장 외부효과 사례분석 : 환경과 건강 분야에서의 외부효과 169

제7장 공공재 211

제8장 비용-편익분석 243

제9장 정치경제학 269

제3부

사회보험과 소득재분배

제12장 사회보험 : 정부의 새로운 역할 381

제13장 사회보장연금 413

제22장 저축에 대한 세금 757

제23장 위험 감수와 부에 대한 조세 787

제24장 법인세 819

제 1 부

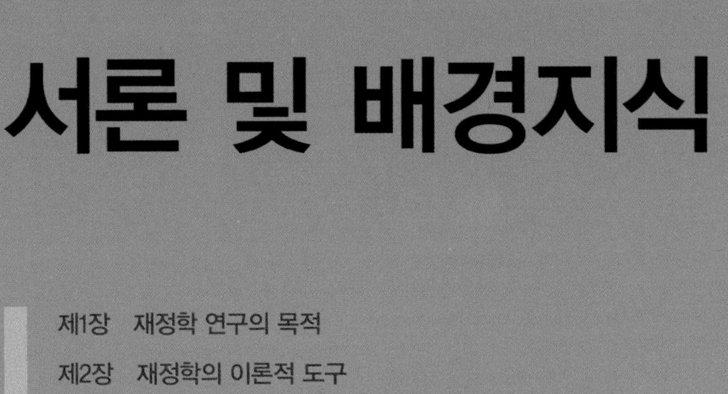

서론 및 배경지식

James Andrews/iStock/Getty Images

재정학 연구의 목적

생각해볼 문제

- 재정학은 어떤 과목인가? 이 분야에서 다루는 주된 질문은 무엇인가?
- 정부의 규모와 성장, 조세와 지출의 분포와 관련하여 핵심적인 사실은 무엇인가?
- 미국의 의료개혁에 대한 논쟁은 재정학의 주된 질문들을 어떻게 반영하는가?

2020년 1월 21일, 미국은 코로나19 바이러스에 대한 첫 번째 공식적인 감염 사례를 발표했다. 두 달 만에, 코로나19 감염자 수는 50,342명으로, 사망자는 701명으로 증가하였다. 그 후 감염자 수는 폭발적으로 증가하여 4월 9일에는 일일 신규 감염자 수 34,844명으로 최고치를 기록하였다. 불과 4개월 후인 5월 21일까지 1,640,915명이 감염되었고, 97,895명이 사망한 것으로 보고되었다.[1]

수백만 명의 사람들이 병에 걸리고 수만 명이 죽어가는 것만이 고통스러웠던 것은 아니었다. 고통은 경제에서도 느껴졌다. 3월 초부터 경제활동은 급격히 둔화되었고, 주(state)와 지역 단위에서 상업활동을 제한한 '폐쇄 명령(shutdown)'으로 인해 더욱 곤두박질쳤다. 결국 경제활동과 고용에서 역사적인 붕괴로 이어졌다. 미국의 GDP는 2020년 2분기에 32.1% 하락하였고, 실업률은 2020년 1월 3.5%에서 2020년 4월 14.8%까지 천문학적으로 증가하였는데 이는 2009년 대공황 때보다 4%p 이상 높은 수치이다.[2]

바이러스가 맹위를 떨치는 동안, 모든 단계에 대응하는 미국 정부의 적절한 역할에 대한 논쟁 또한 치열했다. 이견의 핵심 주제 중 하나는 정부가 바이러스 확산을 늦추기 위해 경제활동을

1 Center for Disease Control and Prevention(2021).

2 Bureau of Labor Statistics(2021a), Bureau of Economic Analysis(2020a).

제한하는 데에 얼마나 적극적으로 나서야 하는가였다. 트럼프 정부는 연방정부 차원의 활동 제한을 사실상 반대하였다. 트럼프 대통령은 미국 질병통제센터(Center for Disease Control)와 보건 당국자들의 경고에도 불구하고 코로나19의 위협을 일축하였다. 2020년 2월 27일, 트럼프 대통령은 기자회견에서 "(코로나19는) 사라질 것이다. 언젠가 기적처럼 사라질 것"이라고 말하였다.[3] 3월 초에는 후속적으로 "이것은 예상 밖이다… 코로나19는 세계를 강타하였다. 우리는 준비되었고, 잘 대응하고 있다. 그리고 그것은 사라질 것이다. 진정하라. 사라질 것이다"라고 말하였다.[4]

바이러스에 대한 주정부 차원의 반응은 상당히 다양했다. 3월 19일, 캘리포니아는 주정부 중 가장 먼저 자택 대기 명령을 발효하였다. 이후 6주 동안 38개의 주에서 자택 대기 명령을 내렸고, 반면 6개 주는 권고 명령만 내렸으며 5개 주는 어떠한 명령도 내리지 않았다.[5] 뉴욕주에서는 앤드루 쿠오모(Andrew Cuomo) 주지사가 모든 비필수 사업체를 폐쇄하고 모든 비필수 모임을 금지하는 10개 항의 행정 정책을 발표하였다.[6] 플로리다의 경우 론 디샌티스(Ron DeSantis) 주지사가 처음에는 엄격한 자택 대기 명령을 내리는 것을 거부하였다. 그 대신 더 포괄적인 명령에 대한 보건 당국자들의 호소에도 불구하고 사람들에게 '가능한 침착하고 되도록 집 주변에 머물 것'을 제안하였다.[7]

바이러스로 인한 엄청난 경제적 혼란을 해결하는 데 있어 정부의 적절한 역할에 대한 질문도 있었다. 연방정부의 초기 대응은 즉각적이고 대규모로 이루어졌다. 트럼프 대통령은 2020년 3월 27일 2조 2,000억 달러 규모의 CARES 법안에 서명하였다.[8] 이 법은 방대한 규모의 개입을 위한 초석이 되었다. 여기에는 임대료와 공공요금 지원뿐만 아니라 직불제를 통해 어려움을 겪고 있는 미국 가계를 구제하는 조항도 포함되어 있다. 실업률을 낮추기 위한 정부의 개입은 항공 산업과 같은 심각한 타격을 입은 산업들을 구제하고, 중소기업에 대한 급여를 보호하며, 실업수당을 증가시키는 조치도 포함하고 있다.[9]

초여름까지 코로나19를 유발하는 코로나바이러스의 진행 속도는 느려졌다. 6월 초, 보고된 신규 감염 사례는 하루 약 22,000건으로 감소하였고 미국 경제는 빠르게 회복되고 있었다.[10] 경제성장이 확대되었고 고용이 증가하여 6월 말까지 국내총생산(GDP)은 33.8% 증가하였고, 실업률은 11.1%로 떨어졌다.[11]

그렇지만 주정부에서 대인 교류와 경제활동에 대한 제한을 완화하기 시작하자 감염자 수는 다시 증가하기 시작하였다. 6월 말까지 일일 코로나19 확진자와 사망자는 이전 최고치를 넘어

3 Keith(2020).
4 Keith(2020).
5 Moreland et al.(2020).
6 Governor's Press Office(2020).
7 Allyn(2020).
8 U.S. Department of the Treasury(2021).
9 U.S. Department of the Treasury(2021).
10 Center for Disease Control and Prevention(2021).
11 Bureau of Economic Analysis(2020b), Bureau of Labor Statistics(2021a).

섰고, 2020년 말에는 매일 3,000명 이상의 미국인이 코로나로 사망하였다. 1월 13일에 일일 사망자 수는 4,169명으로 최고조에 달하였으며, 이날 코로나19로 사망한 사람이 9·11 테러로 사망한 미국인보다 더 많았다.[12]

한편 경제성장은 다시 한 번 정체되었고, 미국인들은 다시 고통을 겪게 되었다. 2020년 말, 실업 상태인 미국인은 1,070만 명에 이르렀다.[13] 예산 균형을 맞춰야 하는 주정부 및 지방정부는 이러한 경제적 충격을 상쇄할 수 없었고, 대규모 정리해고에 직면하였다. 그러나 의회와 트럼프 행정부는 CARES 법안의 후속 부양책에 합의하지 못하였다. 민주당은 실업수당과 소외계층에 대한 가구지원금을 확대하고자 하였다. 낸시 펠로시(Nancy Pelosi) 하원의장은 "건물에 불이 났고, 양동이에 담을 물의 양을 결정하고 있다… 수백만 명이 이 600달러가 없었다면 빈곤에 빠졌을 것이다"라고 말하였다.[14]

그러나 공화당은 실업수당을 확대하면 많은 미국인들이 근로활동을 다시 시작하는 것을 포기할 것이라는 우려를 들어 이러한 혜택을 제한하고자 하였다. 미치 매코널(Mitch McConnell) 상원 공화당 대표는 "사실상 일하지 않는 것에 대한 보너스인 지원금을 중단할 필요가 있다"라고 말하였다.[15] 그 대신, 공화당은 코로나19 소송에 맞서 기업과 의료 제공자를 보호하는 책임제를 추진하였다. 민주당은 주정부와 지방정부가 필수적인 서비스를 계속 제공할 수 있도록 더 많은 재원을 할당해야 한다고 주장하면서 이러한 조치에 크게 반대하였다.[16]

감염자 수의 증가와 지속적인 경제적 어려움에도 불구하고 이러한 논의는 2020년 하반기 내내 교착되었다. 마침내 12월 27일, 9,000억 달러 구제안이 의회를 통과하였고 트럼프 대통령의 서명을 받았다. 새로운 경기부양책은 개인에 대한 직접지원금, 실업 보험금 지급 확대, 중소기업 대출 연장, 교육 지원 등을 포함하고 있다. 새 법안은 또한 고속 데이터 통신망 인프라, 세입자 지원 및 식량 안보와 같은 소수자와 저소득 가구를 대상으로 한 조치를 포함하였다. 그러나 민주당과 공화당 모두 중대한 양보를 해야 했다. 새 법안이 실업수당을 부활시키기는 하였지만, 그 금액은 봄에 계획한 주당 600달러보다 훨씬 적었다. 또한 새 법안은 기업들에 대한 법적 책임 보호를 포함하고 있지 않아 공화당이 크게 실망하였다.[17]

코로나19 위기는 아마도 이 책을 읽는 모든 사람들의 일생에서 경제적으로나 공중보건에 있어 가장 중요한 사건일 것이다. 그리고 그것은 미국 정부의 관점에 깔려 있는 근본적인 단층선을 보여주었다. 처음에는 정부 재정 구제가 중심적인 역할을 하는 것으로 합의하였으나, 그 합의는 빠르게 무너졌다. 그동안 코로나19가 발생함에 따라 개인의 행동과 기업 활동을 규제하는 적절한 정부 역할에 대한 합의는 없었다.

전염병과 같은 사회적, 경제적 도전에 대처하는 데 있어 정부의 적절한 역할에 대한 논쟁은

12 Center for Disease Control and Prevention(2021).
13 Bureau of Labor Statistics(2021b).
14 Zeballos-Roig(2020).
15 CNBC(2020).
16 Pramuk(2020a).
17 Montague(2020).

경제학의 한 분야인 재정학(public finance)이 다루는 근본적인 문제를 제기하고 있다. 재정학의 목표는 경제 내에서 정부의 적절한 역할을 이해하는 것이다. 이런 관점에서 재정의 지출(세출) 측면에 대하여 우리는 다음과 같은 질문을 할 수 있다. 정부는 왜 코로나19(단적인 예로) 동안 추가적인 실업보험금을 제공하기 위해 수천억 달러를 지출해야 하는가? 보다 일반적으로, 의복, 오락, 화재보험 등의 재화 및 서비스 공급은 민간부문에 맡기면서 고속도로, 교육, 실업보험 등과 같은 재화 및 서비스는 왜 정부가 주된 공급자가 되어야 하는가? 재성의 수입(세입) 측면에서는 다음과 같은 질문이 제기된다. 정부는 국민들에게 얼마나 많은 세금을 부과해야 하며, 그 세금 규모는 국민들의 경제 상황과 어떤 관련이 있어야 하는가? 어떤 종류의 경제활동에 세금이 부과되어야 하고, 어려운 상황에서 어떤 활동에 세금감면이 이루어져야 하는가? 그리고 이러한 세금은 경제계의 작동에 어떤 영향을 미치는가?

1.1 재정학의 4대 질문

재정학 경제 내에서 정부의 역할에 관한 문제를 다루는 연구 분야

재정학의 네 가지 질문 정부는 언제 시장에 개입해야 하는가? 정부는 어떻게 개입하는가? 정부의 개입은 경제적 성과에 어떤 영향을 미치는가? 정부가 특정 개입 수단을 선택하는 이유는 무엇인가?

간단히 말하자면 **재정학**(public finance)이란 경제 내에서 정부의 역할에 관한 문제를 다루는 연구 분야이다. 이는 매우 광범위한 정의기는 하지만 결국 **재정학의 네 가지 질문**(four questions of public finance)에 대한 답을 구하는 문제로 귀결된다.

- 정부는 언제 시장에 개입해야 하는가?
- 정부는 어떻게 개입하는가?
- 이러한 정부의 개입이 경제적 성과에 미치는 영향은 무엇인가?
- 정부는 왜 특정한 개입 수단을 선택하는가?

이 절에서는 이 네 가지 질문을 의료보험시장이라는 특정한 사례의 맥락에서 다루고자 한다. 의료보험시장에서 가입자는 보험회사에 매달 보험료를 지불하고, 그 대가로 보험회사는 가입자가 질병에 걸렸을 경우 그 의료비를 대신 지불해준다. 이 시장은 정부가 개입하는 많은 시장 중의 하나일 뿐이지만 그럼에도 이 시장을 분석하는 일이 특히 중요한 이유는 미국 정부의 예산에서 차지하는 의료비 항목의 비중이 단일 분야로서는 가장 크고, 가장 빨리 증가하고 있기 때문이다.

정부는 언제 시장에 개입해야 하는가?

정부 개입의 동기를 이해하기 위해서 경제가 생산자(기업)와 소비자 간에 이루어지는 일련의 거래라고 생각해보자. 거래를 통해 다른 당사자에게 손실을 입히지 않고 적어도 한 당사자의 후생이 증진될 수 있다면 이 거래는 효율적이다. 한 경제의 총효율(total efficiency)은 효율적 거래가 가능한 한 많이 이루어짐으로써 극대화된다.

초급 미시경제학을 통해 얻을 수 있는 가장 기본적인 지식은 경쟁적 시장에서 달성되는 균형은 사회적 관점에서 가장 효율적이라는 것이다. 즉 시장은 효율적인 거래로부터의 이득을 극대화하는

결과를 가져다주는 것이다. 제2장에서 보다 자세히 논의하겠지만 완전경쟁시장에서 가격이 자유롭게 변화할 수 있다면 궁극적으로 공급과 수요는 일치하게 된다. 그렇게 되면 생산자와 소비자 모두에게 이득을 가져다주는 거래가 남김없이 실현될 수 있다. 생산비용 이상으로 소비자가 가치를 부여하는 모든 재화는 생산되고 소비된다. 반면에 소비자가 부여하는 가치가 생산비용에 미치지 못하는 재화는 생산되지도, 따라서 소비되지도 못한다.

만일 완전경쟁시장에서의 자원 배분 결과가 사회적으로 보아 가장 효율적이라면 왜 정부가 일부 시장의 작동 과정에 개입해야 하는가? 시장경제에 대한 정부의 개입에는 두 가지 이유가 있다. 시장의 실패와 소득재분배가 그것이다.

시장의 실패 정부가 시장경제에 개입하는 첫 번째 동기는 **시장실패**(market failure)로서 이 경우 시장경제는 가장 효율적인 자원 배분 상태를 달성하지 못한다. 이 책 전반을 통해 미시경제원론에서 가르치는 주제로서 시장의 원활한 작동을 방해하는 여러 가지 시장실패 요인이 다루어질 것이다. 따라서 이 장에서는 의료보험시장에서의 균형 상태가 비효율적일 수밖에 없는 시장실패 요인을 간략히 다루기로 한다.

시장실패 시장경제가 효율성을 극대화하지 못하는 결과를 가져오게 하는 문제

의료보험시장은 일견 경제학 교과서가 다루고 있는 표준적인 완전경쟁시장으로 보인다. 다수의 의료보험회사가 의료보험을 판매하고, 다수의 가구가 의료보험을 구입하는 의료보험시장에서 공급과 수요가 일치하는 균형에서는 사회적 효율이 극대화되어야 한다. 즉 누구라도 의료보험 서비스의 생산비용 이상으로 보험 서비스에 가치를 부여하는 소비자는 보험을 구입할 수 있는 것이다.

2010년 의교보험개혁법(Affordable Care Act, ACA)이 통과되기 전에 미국 인구 중 의료보험이 없는 사람은 4,900만 명에 달했는데 이는 비노인인구의 18.5%에 해당한다[제15장에서 논의될 것이지만 모든 노인은 메디케어(Medicare)라는 공적의료보장제도의 적용을 받는다].[18] 그러나 그토록 많은 사람들이 의료보험을 갖지 못했다는 것이 이 시장이 제대로 작동하지 못한다는 것을 의미하지는 않는다. 어차피 더 많은 사람들이 대형 TV나 신형 차 또는 자신의 집을 갖지 못하고 있지 않은가. 일부 국민이 의료보험을 갖지 못했다는 사실 자체가 이 시장에 문제가 있다는 증거는 아니다. 이는 단지 의료보험에 가입하지 않은 사람들이 현재의 보험료 수준에서 의료보험을 구입할 만큼 의료보험에 대해 충분한 가치를 부여하지 않는다는 것을 의미할 뿐이다.

그렇다면 4,900만 명이 의료보험의 사각지대로 남아 있는 이 균형은 사회적 관점에서 가장 효율적인 수준일까? 다음의 예를 통해 알 수 있듯이 꼭 그렇지만은 않다. 대학교수인 내가 현재 의료보험이 없다고 가정해보자. 그 결과 나는 올해 인플루엔자 예방접종을 받지 못한다. 그로 인해 내가 인플루엔자에 걸릴 위험은 높아질 것이고, 예방접종을 받지 않은 상태에서 나와 접촉하는 학생들에게 이 병을 옮길 위험 또한 높아지게 된다. 만일 이 학생들이 병에 걸리면 이들의 의료비용은 증가할 것이고, 학업성적은 나빠질 것이다. 따라서 의료보험의 총가치 또는 사회적 가치는 단지 내 건강의 증진뿐만 아니라 내 수업을 듣는 학생들의 건강 유지, 의료비 절감 및 성

18 Employee Benefit Research Institute(2011).

적 향상까지 포함하게 된다. 따라서 나 자신뿐만 아니라 내가 접촉하게 되는 학생들까지 포함하는 모든 사람들에 대한 의료보험의 총사회적 가치가 그 의료보험 서비스의 생산비용을 능가한다면 나는 의료보험에 가입해야만 할 것이다.

그러나 의료보험의 구입 여부를 고려할 때 나는 의료보험이 나에게 갖는 가치만을 생각할 뿐 나 자신의 의료보험 구입이 다른 사람들에게 미치는 영향까지 고려하지는 않는다. 만일 내가 인플루엔자에 걸리는 것을 대수롭지 않게 생각해서 그 비용만큼 의료보험에 가치를 부여하지 않으므로 보험에 가입하지 않지만, 나 때문에 학생들이 병에 걸릴 경우 많은 진료비와 학업부진 때문에 사회는 나의 보험 가입에 대해 나보다 더 높은 가치를 부여한다고 가정해보자. 내가 보험에 가입할 경우 그로 인해 (나와 내 학생들을 포함하는) 사회 전체가 혜택을 얻는다 해도 나는 보험에 가입하지 않을 것이다. 그리고 이 경우 경쟁적 시장은 총사회적 효율을 극대화하지 못하게 된다.

이것은 나의 의사결정 때문에 내가 부담하지 않는 비용을 다른 사람에게 부담하게 만드는 부정적 외부효과(negative externality)의 한 사례이다. 이 부정적 외부효과의 존재로 인해 나는 내 결정으로 말미암아 다른 사람에게 발생하는 비용까지 포함하는 모든 비용(full cost)을 고려하지 않으므로 사회적 관점에서 보아 의료보험을 너무 적게 구입하고 있는 것이다. 외부효과에 관해서는 제5장과 제6장에서 보다 자세히 다룰 것이지만 이는 경쟁적 균형이 사회적으로 비효율적인 결과를 가져오는 시장실패의 한 사례가 된다. 나중에 다른 형태의 시장실패 문제도 논의하게 될 것이다.

만일 경쟁적 균형이 효율을 극대화하는 결과를 가져오지 못한다면 정부의 개입을 통한 효율 제고의 잠재적 가능성이 존재하게 된다. 정부로서는 나의 비용과 편익뿐만 아니라 다른 사람들의 비용과 편익까지도 고려할 수 있으므로 사회적 비용과 사회적 편익을 더 정확하게 비교할 수 있으며 그리하여 총편익이 총비용을 능가하게 되면 나의 보험 가입을 유도할 수 있을 것이다. 그러나 네 번째 질문에 대한 대답에서 강조하겠지만 민간시장에서의 자원 배분 결과가 효율을 극대화하지 못해 정부가 개입한다고 해서 반드시 효율이 제고된다고 볼 수는 없다.

kmsdesen/ Shutterstock

응용사례

오늘날의 홍역 감염병

모든 영 · 유아가 예방접종을 받도록 되어 있는 질병 중 하나가 홍역이다. 홍역은 호흡기 비말(飛沫)에 의해 사람 간에 전염되며 5~6일간 지속되는 고열과 심한 발진이 특징이다. 1960년대 초 미국에서는 연간 300~400만 건이 발생해서 매년 500명이 사망한 것으로 보고되었다. 그러다가 1963년에 홍역 예방백신이 개발되었다. 홍역 백신은 홍역에 걸릴 가능성을 현저히 줄여주기는 했지만 완전히 없애지는 못했으며 면역성을 재활성화하기 위해서 정기적인 '추가접종'을 실시하지 않을 경우 시간이 지나면서 그 효과가 차차 사라져버렸다. 1980년대에 이르게 되면 백신 덕분에 홍역 발생은 비교적 희귀해져 연간 3,000건이 발생해서 아주 소수가 사망할 뿐이었다.

그러나 1989~1991년 사이에 거의 박멸되었다고 생각했던 이 감염병이 다시 창궐하여 50,000건 이상 발생하고 123명이 사망하였다. 신규 발생 건수의 1/3이 로스앤젤레스, 시카고, 휴스턴에서 사는 아동들이었고, 홍역에 걸린 아동들 중 절반은 의사를 정기적으로 만났음에도 불구하고 예방접종을 받지 않은 경우였다. 이것이 부정적 외부효과인 이유는 예방접종을 받지 않은 아동들이 아무런 비용 부담을 지지 않은 채 다른 아동들이 홍역에 걸릴 위험을 증가시켰기 때문이다.

이러한 보건 위기에 대한 대응으로서 1990년대 초 연방정부는 우선 아동들에게 홍역 백신을 접종하도록 부모에게 권고하였고, 이어 저소득층 아동들의 백신비용을 부담하는 조치를 취하였다. 그러자 인상적인 결과가 나타났다. 과거에는 접종률이 70%를 넘지 못하였으나 1995년에는 90%까지 증가하였던 것이다.[19] 그리고 2001년부터 2011년까지 매년 평균 62건만 발생했을 뿐이었다.

그러나 1990년대 초 이후 찾아볼 수 없었던 수준으로 환자가 늘어난 2014년에 27개 주에서 644명의 환자가 발생하면서 홍역은 다시 뉴스에 등장하였다.[20] 가장 주목할만한 사례는 2014~2015년 겨울 캘리포니아주 애너하임의 디즈니랜드에서 발생한 홍역이다. 2014년 12월 28일부터 2015년 3월 13일 사이에 7개 주의 145명에게서 디즈니랜드에서의 발병과 관련이 있는 홍역이 발생하였다.[21]

홍역이 다시 증가한 원인은 보건교육이 확대되고 저렴한 비용의 예방접종이 가능함에도 불구하고 많은 수의 부모들이 자녀들에 대한 예방접종을 거부했기 때문이다. 이러한 거부는 1998년에 이루어진 연구에 근거하여 영국의 랜싯(*The Lancet*) 저널에 실렸던 주장, 즉 아동의 예방접종과 자폐증 사이에 관계가 있다는 널리 인용된(그러나 현재는 그 누구도 믿지 않는) 연구 결과와 관련이 있다. 그러나 연달아 이루어진 후속연구에서는 이 연구 결과가 부정되었으며 마침내 2010년에는 "논문에서의 주장이 완전한 오류라는 것은 이론의 여지없이 명백하다"는 편집자의 입장 표명과 함께 해당 논문이 공식적으로 철회되었다.[22]

그럼에도 불구하고 강력한 '예방접종 거부' 움직임이 뿌리를 내리게 되었고, 이로 인해 일부 지역에서는 상당수의 아동들이 예방접종을 받지 않는 결과를 가져왔다. 예를 들어 워싱턴주의 베션섬(Vashon Island)에서는 2013년에 전국 평균의 9배가 넘는[23] 17%의 유치원생들이 '개인적/신념적' 이유에서 예방접종을 하지 않았다.[24] 그리고 2017년, 미네소타주에서 30년 만에 최대 규모의 홍역이 발병하였다. 감염자들은 예방접종 반대 운동가들이 적극적으로 활동하였던 이민자 공동체에서 주로 집중되었다. 해당 집단의 백신접종 비율이 2004년 92%에서 2014년 42%로 떨어졌다.[25] 관련 연구들은 이렇게 예방접종률이 낮은 지역에서 창궐할 가능성이 훨씬 높다는

19 1989~1992년 사이 홍역 발생에 관한 논의는 Wood와 Brunell(1995)에서 얻은 것이다.

20 Belluz(2014).

21 Ellis(2015).

22 Lallanilla(2014).

23 Centers for Disease Control and Prevention(2014).

24 Raja and Mooney(2014).

25 Belluz(2017).

직관을 확인시키는 결과를 내놓았다.[26] 그리고 낮은 예방접종률은 물리적으로 부정적인 외부효과뿐만 아니라 재정적으로도 부정적인 외부효과를 초래하는데, 병에 걸린 사람에 대한 고액의 치료비는 의료보험 가입자들이 상당 부분 분담하기 때문이다. 예를 들어 예방접종을 맞지 않아 파상풍에 걸린 오리건주의 한 소년은 100만 달러의 병원비가 청구되었다.[27]

이렇게 홍역이 새롭게 창궐함에 따라 예방접종을 장려하기 위한 보다 적극적인 정부 정책이 등장하였다. 한 예로, 디스니랜드 발병의 후속조치로 캘리포니아에서는 '2014년 법'을 제정하여 모든 어린이는 취학 전에 특정 감염성 질환에 대한 예방접종을 의무화하였다.[28] 이 법의 효과는 강력하였다. 2014년에는 캘리포니아 학생 3명 중 1명꼴로 예방접종률이 90% 미만인 카운티에 살고 있었지만, 2017년에는 사실상 캘리포니아의 모든 카운티에서 예방접종률이 90%를 상회하였다.[29] 이러한 법률은 국제적으로도 확산되었다. 예를 들어, 호주의 뉴사우스웨일스주에서는 '예방 주사 없이는 놀 수 없다(no jab, no play)'라는 정책이 통과되었는데, 이 정책에 따라 예방접종을 받지 않은 아이들은 유치원과 어린이집에 보낼 수 없으며, 이를 위반할 경우 학교장이나 원장에게 벌금이 부과된다.[30]

이러한 새로운 정책 법안들에도 불구하고, 최근 몇 년 동안 전 세계적으로 홍역 감염사례는 전반적으로 증가하는 추세를 보이고 있다. 2019년에는 전 세계적으로 20만 명이 홍역으로 사망했는데, 이는 불과 3년 전보다 50% 증가한 수치이다.[31] 그리고 세계는 2021년에 접어들어 코로나19 바이러스 예방접종에 대한 훨씬 더 중대한 우려에 직면하였다. 바이러스를 물리치고 세계적으로 정상적인 경제활동으로 복귀하기 위해서는 인구의 대부분이 면역력을 가진 '집단 면역'에 도달해야 한다. 그러나 새로운 코로나 백신의 출시와 관련된 초기 여론조사에서는 많은 사람들이 이 새로운 백신을 접종하는 것을 꺼리는 것으로 나타났다. 이러한 저항이 광범위하게 지속된다면 전 세계가 코로나19로부터 회복하는 능력에 상당한 영향을 미칠 수 있다.

정부가 공중보건을 책임지는 것과 개인의 선호를 존중하는 것 사이에 균형을 잡는 문제는 우리가 이 책 전반에 걸쳐 논의하게 될 주요 정책적 쟁점 중 하나이다. ■

소득재분배 한 사회 내의 어떤 집단으로부터 다른 집단으로 자원을 이전하는 일

소득재분배 정부 개입의 두 번째 이유는 **소득재분배**(redistribution), 즉 사회 내 한 소득계층으로부터 자원을 다른 계층으로 이전하는 일이다. 경제를 파이(pie)에 비유할 경우 그 크기는 사회적 효율성에 의해 결정된다. 시장실패가 일어나지 않는다면 수요와 공급이라는 시장의 힘은 파이의 크기를 극대화할 것이다. 반면에 시장이 실패한다면 정부가 개입해서 파이의 크기를 키울 가능성이 생기게 된다.

하지만 정부의 관심이 오직 파이의 크기에만 있는 것은 아니다. 파이의 분배 문제, 즉 각 사회 구성원에게 돌아가는 파이의 조각에도 관심이 있는 것이다. 앞으로 제2장에서 논의될 이유

26 Atwell(2013).
27 Harbargar(2019).
28 Martinez and Watts(2015).
29 Oster and Kocks(2018).
30 Belluz(2017).
31 United Nations(2020).

로 말미암아 사회는 시장경제에 의해 이루어지는 자원 배분이 불공정하다고 판단할 수도 있다. 예를 들어 큰 부자가 1달러를 소비하는 것이 아주 가난한 사람이 1달러를 소비하는 것보다 덜 가치 있는 일이라고 생각하는 것이다. 이와 같은 불공정한 소득분배를 바로잡는 일차적 수단은 '과도한 생활 수준을 누린다고 여겨지는 고소득층'으로부터 '적절한 생활 수준을 누리지 못한다고 여겨지는 저소득층'으로 자원을 재분배하는 것이다. 예컨대 2010년 미국 의료보험 미가입자의 70%는 가계소득이 50,000달러에 미치지 못하는 사람들이었다. 따라서 사회는 고소득계층인 의료보험 가입자로부터 저소득계층인 의료보험 미가입자에게로 소득을 재분배하는 것이 바람직하다고 여길 수 있다.

어떤 경우 사회는 파이의 크기 그 자체에는 영향을 미치지 않으면서 조각의 분배만 바꾸는 재분배를 달성할 수 있다. 그러나 대부분의 경우 자원을 한 계층으로부터 다른 계층으로 이전하면 **효율 손실**이 수반되기 마련이다. 이러한 손실은 재분배 정책으로 인해 사람들의 행태가 바뀌면서 결과적으로 자원 배분이 효율을 극대화하는 상태로부터 멀어지기 때문에 발생한다. 예를 들어 고소득계층에 세금을 부과하여 징수한 조세수입을 저소득계층에게 나누어준다면 이 세금은 고소득계층의 근로의욕을 저해할 수도 있고(왜냐하면 그만큼 집으로 가져가는 근로소득이 줄게 되므로), 저소득계층의 근로의욕을 저해할 수도 있다(왜냐하면 생활을 유지하지 위해 일을 할 필요가 없어졌으므로). 이들 모두가 일을 하지 않는다면 그만큼 소비자들이 가치를 부여하는 재화는 생산되지 않을 것이고, 따라서 사회적 효율은 감소할 것이다.

그렇다면 일반적으로 파이의 크기와 그 분배 사이에는 상충관계가 존재하게 되며 우리는 이것을 **형평과 효율 간 상충관계**(equity-efficiency trade-off)라고 부른다. 사회는 더 크지만 더 공정하게 분배되는 파이와 더 공정하게 분배되지만 더 작아지는 파이 사이에서 선택을 해야만 한다.

정부는 어떤 방식으로 개입하는가?

개입 여부를 결정했다면 다음 문제는 어떤 방식으로 개입해야 하는가이다. 정부가 시장에 개입하고자 할 때 일반적으로 취하는 몇 가지 다른 접근 방법이 있다.

민간부문 판매에 대한 조세부과 및 보조금 지급 정부가 시장실패를 다룰 때 사용할 수 있는 한 가지 방법은 가격기구를 사용하는 것인데 이를 통해 정부는 두 가지 중 하나를 선택하게 된다.

1. 과다생산되는 재화의 판매 및 구입가격을 인상시키는 (해당 재화의 수요를 감소시키는) 조세
2. 과소생산되는 재화의 판매 및 구입가격을 인하시키는 (해당 재화의 수요를 증가시키는) 보조금

의료보험의 예로 돌아가 보자. ACA의 핵심 요소 중 하나는 저소득가구에 대한 의료보험 가입비용을 보조해주는 것이다. 이러한 보조금은 의료보험에 가입할 경우 그 비용에 대한 세액공제(tax credit)의 형태로 세법의 테두리 안에서 이루어지며 의료보험 가입가격을 효과적으로 낮춘다.

민간부문 판매 및 구입의 제한 또는 의무화 또 다른 방법으로서 정부는 과다생산되는 재화의 판매나 구입을 제한한다든지, 과소생산되는 재화를 사적으로 구입하도록 요구함으로써 그 재화를 의무적으로 구입하도록 강제하기도 한다. ACA는 개인들이 의무적으로 의료보험에 가입하도록 하고 있으며, 그렇게 하지 않을 경우 벌금을 부과한다(제16장에서 논의된 대로 '개인가입 의무화'는 나중에 폐지됨). 독일이나 스위스 같은 다른 나라에서도 대부분의 국민이 의무적으로 의료보험에 가입하도록 하고 있다.

공공부문 직접 제공 또 다른 대안은 사회후생을 극대화하는 소비 수준의 달성이 가능해지도록 정부가 직접 재화를 제공하는 것이다. 미국의 경우 1/4 이상의 국민이 정부에 의해 직접 제공되는 사회보험의 적용을 받고 있다. 캐나다와 다른 많은 선진국들은 전 국민에게 공적의료보험을 적용하고 있다.

공공부문의 재정부담하에 민간부문 제공 마지막으로 정부가 소비 수준에 영향을 미치되 재화의 직접 제공을 원치 않을 수도 있다. 이런 경우라면 정부는 민간부문에서 바람직한 수준의 생산이 이루어지도록 그 비용을 부담할 수 있다. 예컨대 장애인 및 노인을 위한 메디케어 프로그램에서 약제급여(prescription drug benefit)를 추가하기 위한 2003년도의 법 개정은 민영보험이 처방약품에 대한 보험급여를 제공하되 그 비용은 연방정부가 상환해주는 제도의 도입을 위한 것이었다.

이렇듯 정책적 대안에는 광범위한 스펙트럼이 존재한다. 정부의 개입 방법을 선택함에 있어서 정책결정자는 어느 대안이 최선인지를 정하기에 앞서 여러 가지 가능한 대안을 신중하게 평가해야 한다. 이와 같은 평가는 자연스럽게 세 번째 질문을 유도한다. 즉 여러 가지 정책 대안에 대해 어떤 평가를 내릴 것인가?

정부의 개입이 경제적 결과에 미치는 영향은 무엇인가?

이 세 번째 질문에 대답하기 위해서는 정책결정자가 고려하고 있는 각 정책 대안의 함의를 이해하고 있어야 한다. 이러한 평가는 사람들과 기업이 정부 개입에 어떤 방식으로 대응할지 파악하기 위한 자료 수집 및 통계모형 개발을 내용으로 하는 **실증적 재정학**(empirical public finance)의 핵심이 된다. 실증적 재정학에 대해서는 제3장에서 자세히 논의할 것이다.

정부 개입의 효과를 파악하기 위해서 정책결정자는 어떠한 정책이라도 **직접효과**와 **간접효과**가 모두 존재한다는 사실을 염두에 두어야 한다.

직접효과 경제주체가 정부 개입에 대응하면서 그 행태를 변화시키지 않는다면 예측 가능한 정부 개입의 효과

직접효과 정부 개입의 **직접효과**(direct effects)라 하면 경제주체가 정부 개입에 대응하면서 그 행태를 변화시키지 않을 때 나타나는 효과를 말한다. 예컨대 2010년에 정부가 의료보험 미가입자의 문제를 영국에서처럼 공공부문이 의료서비스를 무료로 제공하는 방식으로 해결하려 한다고 가정해보자. 이 경우 4,900만 명이 의료보험을 갖지 못한 상태에서 한 사람당 연평균 2,500달러의 진료비가 발생한다고 가정하면 정부는 연간 1,250억 달러를 지출해야 하는 것으로 계산

된다. 이는 엄청난 금액이기는 하지만 미국 정부가 의료비로 지출하는 돈(2010년에 8,180억 달러)에 비하면 미미한 수준이다. 이 계산 결과에 따르면 3조 7,000억 달러에 달하는 연방정부 예산의 3.5%가 채 안 되는 돈으로 의료보험 사각지대의 문제를 해결할 수 있다.[32]

간접효과 정부 개입의 **간접효과**(indirect effects)란 정부의 개입에 따라 경제주체가 그들의 행태를 변화시키기 때문에 생기는 효과이다. 예컨대 무보험 상태는 경제주체가 변화시킬 수 있는 것으로서 남성이라든지 흑인이라는 사실처럼 변할 수 없는 개인적 특성이 아니다. 무보험자에게 무료로 의료서비스를 제공함으로써 정부는 현재 스스로 의료보험료를 지불하는 사람들이 그 의료보험을 탈퇴하고 그 대신 정부의 무상 의료보험에 가입하게 만들 충분한 유인을 부여하게 된다.

간접효과 정부의 개입에 따라 경제주체가 그들의 행태를 변화시키는 경우에만 발생하는 정부 개입의 효과

민영의료보험에 가입하고 있는 비노인 인구계층 중 절반이 이런 식으로 행태를 바꾸었다고 가정해보자. 이는 공적의료보험의 추가적인 수혜자가 8,800만 명 더 늘어남을 의미한다. 만일 이들 역시 한 사람당 2,500달러의 의료비를 지출한다면 정부 지출은 직접효과에 비해 3배가량 증가할 것이며, 이는 정부 지출이 처음 상태에서의 추정치인 연간 12억 5,000만 달러에서 3,400억 달러로 증가하는 것이다! 한편, 만일 민간보험 가입자의 10%만 행태를 바꾼다면 이 프로그램을 운영하기 위한 정부 지출은 연간 1,650억 달러만 늘어나게 될 것이다.

그러므로 의료보험 미가입자에게 무상의료를 제공하는 프로그램의 평가에 있어 가장 중요한 질문은 현재 민영의료보험 가입자 중 얼마가 공적의료보장제도의 혜택을 받기 위해 민영의료보험을 탈퇴할 것인가이다. 이는 경험적 차원의 문제이다. 재정학자는 민영의료보험으로부터 공적의료보장제도로 이동하는 사람들의 규모에 관한 최선의 추정치를 얻기 위해 자료를 확보해야 한다. 우리는 이 책의 전반에 걸쳐 재정학 전공자가 경험적 연구를 통해 추정치를 얻는 다양한 방법에 관해 논의할 것이며 여러 가지 정부 개입의 효과에 대해 자신들이 이해한 바를 전달하기 위해 이들을 어떻게 사용하는지에 관해 살펴보게 될 것이다.

kmsdesen/ Shutterstock

응용사례

의회예산처 : 정부의 점수 기록원

실증경제학은 그저 학문적인 놀이가 아니다. 실증경제학이 사용하는 방법론과 이를 통해 도출되는 연구 결과는 중앙정부나 지방정부 등 모든 수준의 정부에서 공공정책을 입안하는 데 핵심적인 역할을 한다. 실증경제학의 위력을 보여주는 아주 좋은 사례는 의회예산처(CBO)에서 찾아볼 수 있다.

CBO는 의회에 예산 관련 의사결정에 필요한 객관적이고, 시의적절하며, 비당파적인 분석 결과를 제공하는 것을 그 임무로 하여 1975년에 설립되었다.[33] CBO는 정부 정책의 '점수 기록원'으로서 점차 중요한 역할을 수행해왔다. 곧 입법될 예정의 법률안은 제일 먼저 CBO 분석가들

32 Office of Management and Budget(2006), Table 3.1.

33 CBO에 관한 정보는 http://www.cbo.gov/aboutcbo/에서 얻은 것이다.

"우리는 의회예산처를 이용하지 않아."

이 추정한 비용 자료를 포함해야만 한다. 연방정부에 가해지는 예산 압박으로 인해 법률안을 작성하는 과정에서 정책결정자들은 점차 가능한 빨리 이를 CBO로 회부하였다. 만일 그들이 자신들이 만든 지출안이 '몇 점의 점수를 받게 될지'(즉 CBO가 필요한 예산을 얼마로 추정할지) 알게 되면, 그들은 주어진 예산 범위에 맞추어 법률안을 손질할 수가 있게 된다.

이런 상황에서 CBO의 경제분석가들이 법률안의 운명을 쥐고 있다 해도 과언이 아니다. 실제로 1994년 클린턴 행정부의 의료개혁안에 대해 CBO가 붙인 엄청난 가격표는 이 제안이 부결된 가장 큰 요인으로 자주 언급되고 있다.[34] CBO는 ACA로 이끈 의료개혁에 대한 2009~2010년의 논란에 있어서도 마찬가지로 중요한 역할을 수행하였다. 이에 한 기자가 "법안의 25쪽짜리 '점수'는 워싱턴에서 성서로 취급되었다"고 썼을 정도이다.[35] 그리고 2017년 봄에 CBO가 ACA를 폐지하려는 공화당의 노력은 보험 미가입 미국인을 3,000만 명 이상 증가시킬 수 있다고 보고하자 이는 ACA 폐지 노력에 대한 종말의 전조로 여겨졌다.[36] 오리건주의 론 와이든(Ron Wyden) 상원의원은 "의료 개혁의 역사는 의원들이 의료 법안을 CBO에 보내고 그 법안이 사라지는 과정"이라고 설명하였다.[37]

우리가 제3장에서 공부하게 될 방법론과 이 책 전체를 통해 배우게 될 연구 결과들은 CBO 분석가들의 내부 토의에서 대단히 중요한 역할을 한다. ■

정부가 특정한 개입 방식을 선택하는 이유는 무엇인가?

마지막으로 공공정책을 공부하는 학도로서 우리는 정부에 대해 오직 시장실패 문제를 완화하거나 사회적 자원의 공정한 분배를 보장하기 위해서 시장에 개입하는 선량한 행위자(benign actor)로 생각해서는 안 된다. 실제로 정부는 수천만 명에 이르는 사회 구성원들의 서로 다른 선호를 일관된 정책적 의사결정 안으로 통합시켜야 하는 매우 어려운 과제에 직면하게 되며 이는 재정학의 네 번째 질문을 제기한다. 즉 정부가 특정 정책을 수행하는 이유는 무엇인가? 이 질문과 두 번째 질문(정부는 어떻게 개입할 것인가?) 사이의 중요한 차이점에 주목하기 바란다. 두 번째 질문은 **규범적**(normative) 질문으로서 현실이 어떠해야 하는가에 관한 것이다. 그러나 이번 질문은 **실증적**(positive)인 것으로 현실이 왜 그러한가에 관한 것이다.

이 질문에 대답하기 위해 우리는 제9장에서 정부가 어떻게 공공정책에 관한 의사결정을 내리

34 클린턴 행정부는 의료개혁안이 실행에 옮겨지면 1995~2000년 기간 동안 600억 달러의 의료비가 절감된다고 주장했지만 CBO(1994)는 이 안이 집행될 경우 동 기간 중 700억 달러의 재원이 소요될 것으로 추정하였다.

35 Irwin(2010).

36 Kliff(2017).

37 Klein(2008).

는지에 관한 이론으로서 **정치경제학**(political economy)의 분석 도구를 살펴보게 될 것이다. 정부는 국민들이 원하는 것이 무엇이며 국민들의 요구에 부합하는 정책은 무엇인지를 알아내야 하는 매우 어려운 과제를 안고 있다. 더욱이 정부는 단지 시장실패를 교정하고 소득을 재분배하려는 동기 그 이상을 가질 수도 있다. 민간시장에서 후생극대화를 이루는 데 장애가 되는 다수의 시장실패 요인이 존재하는 것과 마찬가지로 부적절한 정부 개입으로 이끄는 다수의 정부실패(government failure) 요인이 존재한다. 정치가들은 아주 다양한 입장과 압력을 고려해야 하는데 그중 단지 두 가지가 경제적 효율을 극대화하는 정책과 사회가 원하는 방식으로 소득재분배 정책을 설계하고자 하는 관심일 뿐이다.

정치경제학 정치적 과정이 개별 경제주체들과 경제에 영향을 미치는 결정을 어떻게 이끌어내는지에 관한 이론

아주 유사한 국가들에서 다양한 형태의 의료보험제도가 운영되는 것을 보면 정부가 원하는 것이 단지 효율이나 형평만은 아니라는 사실을 금방 알 수 있다. 국경을 맞대고 있으면서 미국과 여러 면에서 비슷한 캐나다가 공적의료보장제도를 운영하는 마당에 왜 미국은 주로 민영의료보험에 의존하고 있는가? 영국 정부가 국민들에게 포괄적인 무상의료를 제공하는 반면에 왜 독일은 강제 적용 사회보험을 운영하고 있는가? 그렇다면 "정부는 언제 개입해야 하는가?"라는 첫 번째 질문으로 돌아가서 우리는 정부 개입을 권고하기 전에 다루어야 할 추가적인 고려사항을 갖게 된다 — 현실적으로 정부는 문제를 정말 감소시키거나 또는 해결할 수 있을까? 아니면 정부의 실패가 문제를 더욱 악화시키지는 않을까?

1.2 왜 재정학을 연구하는가? 미국 및 세계 각국 정부에 관한 사실들

지금까지 우리는 재정학이란 어떤 학문 분야인지 살펴보았다. 하지만 아직도 왜 귀중한 시간을 들여 이런 문제에 관심을 가져야 하는지 분명치 않을지도 모르겠다. 재정학의 중요성은 우리의 일상생활에서 정부가 맡고 있는 주도적 역할에서 비롯된다. 이 절에서는 미국 및 여타 선진국의 정부와 관련된 주요 사실들을 두루 살펴봄으로써 정부가 맡고 있는 역할을 자세히 알아보고자 한다. 그리고 재정학 공부에 동기를 부여하기 위해 이 사실들로부터 제기되는 흥미로운 질문들을 함께 다루어보기로 하자.

정부의 규모와 확대

그림 1-1은 20세기 미 연방정부 지출의 증가를 보여주고 있다. 1930년에는 연방정부의 활동이 국내총생산(GDP)의 3.4%에 불과하였다. 정부 지출은 세계대공황 기간 중에 확대되었고 제2차 세계대전 기간 중에는 더욱 빨리 증가하여 1944년에는 GDP의 거의 절반을 차지할 정도가 되었다. 1950년대부터 현재까지 정부의 규모는 평균적으로 GDP의 20% 정도를 차지하였다. 하지만 1980년대 초, 1990년대 초, 그리고 2000년대 초반과 후반에는 증가하는 경향을 보여 2009년에는 거의 GDP의 25%를 차지하였는데 2014년에 들어서야 다시 20.3% 수준으로 안정되었고 그 후에는 거의 안정적으로 유지되었다.

이와 같은 정부 지출 증가는 그림 1-2에 나타나 있는 것처럼 다른 선진국에서도 마찬가지

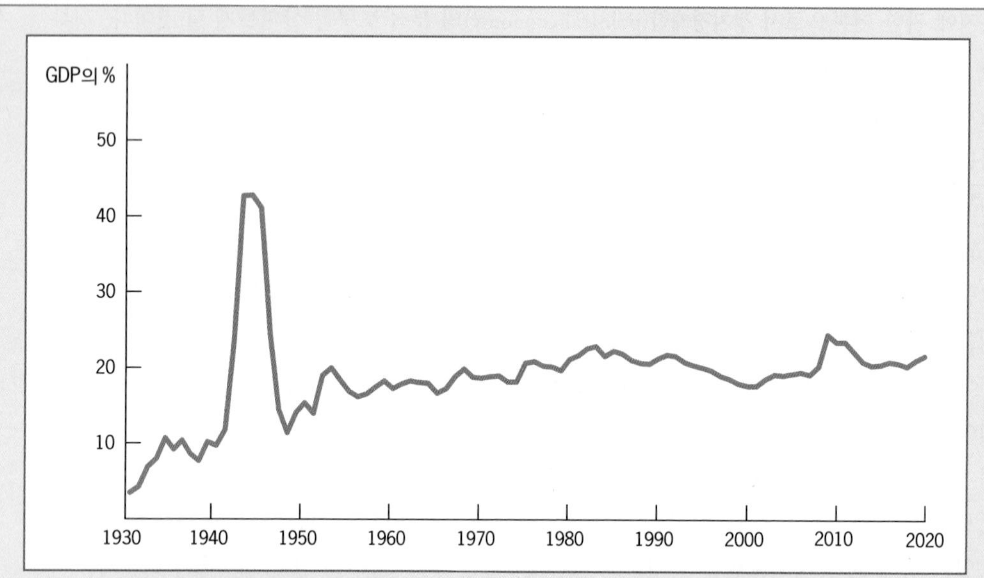

그림 1-1 **국내총생산 대비 연방정부 지출(1930~2019년)** 지난 90년 동안 국내총생산 대비 연방정부 지출 비중은 3%에서 21%로 증가하였다. 1941~1948년 사이의 뾰족한 돌출 부분은 국방비가 엄청나게 증가한 탓에 생긴 것이다.

출처 : Office of Management and Budget(2021), Table 1.2.

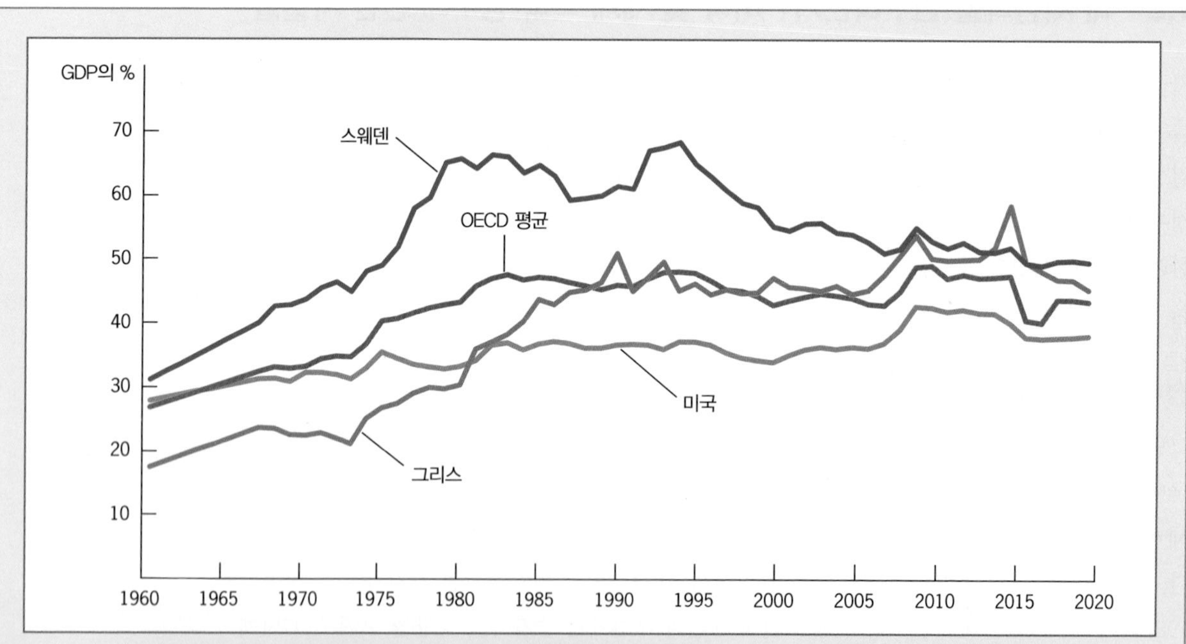

그림 1-2 **선진국에서의 총정부 지출(1960~2019년)** 국내총생산에서 차지하는 정부 지출의 비중은 모든 선진국에서 증가하였지만 그 증가속도는 나라마다 차이가 난다. 미국의 경우 이 기간 중 정부 비중은 완만하게 증가하였으나 그리스의 경우 3배 이상 증가하였다.

출처 : Organization for Economic Cooperation and Development(2021), Table 29.

이다. 이 그림에는 1960년 이래 미국, 스웨덴, 그리스의 정부 지출 증가와 경제협력개발기구(OECD) 일부 국가의 평균치가 나와 있는데, 그 양상을 보면 자못 흥미로운 점이 나타난다. 1960년에 미국은 정부가 차지하는 비중 측면에서 정확히 OECD의 평균 수준이었다.[38] 그러나 1960년대와 1970년대에 걸쳐 다른 OECD 국가들의 정부 지출 증가속도는 미국보다 현저히 빨랐으며 그 결과 1980년대에 미국의 정부 지출 비중은 상대적으로 아주 낮은 수준이 되었다. 1960년에 그리스의 GDP 대비 정부 지출은 미국 수준에 현저히 미치지 못하는 수준에서 출발했지만 그 이후 3배나 증가함으로써 현재는 미국보다 훨씬 높은 수준에 이르고 있다.[39] 스웨덴의 경우 1960년에는 다른 국가들과 비슷했지만 그 이후 엄청나게 증가하여 1990년대 초에 이르게 되면 정부 지출이 GDP의 2/3에 달하게 되었다. 그 이래로 정부 비중은 급격하게 하락하여 현재는 정부 지출이 GDP의 절반을 약간 웃도는 정도인데 이는 그리스보다 약간 높은 수준이다.[40]

■ 20세기에 나타난 정부 지출의 증가는 무엇으로 설명할 수 있을까?

지방분권화

정부의 핵심적인 특성 중 하나는 여러 수준의 정부 간 **집중화**(centralization)의 정도, 즉 지출이 더 높은(연방정부) 차원으로 집중되는지 아니면 더 낮은(주 및 지방정부) 차원으로 집중되는지의 문제이다. 그림 1-3은 정부 지출 비중을 연방정부, 주정부, 카운티정부 및 지방(local) 정부로 나누어 보여주고 있다. 미국은 연방정부의 지출이 가장 높은 비중을 차지하지만 다른 수준의 정부 지출 비중 역시 상당한 수준인데, 전체 정부 지출의 40%를 훨씬 더 웃돌고 있으며 이는 GDP의 17%가 넘는 수준이다. 집중화 정도(중앙정부의 지출 비중)는 나라마다 다양하게 나타나는데, 대부분의 지출을 중앙정부가 수행하는 국가에서는 때로 그 지출 비중이 거의 100%에 달하기도 한다.

■ 정부 활동의 집중화 및 분권화 정도에 있어 적정 수준은 얼마일까?

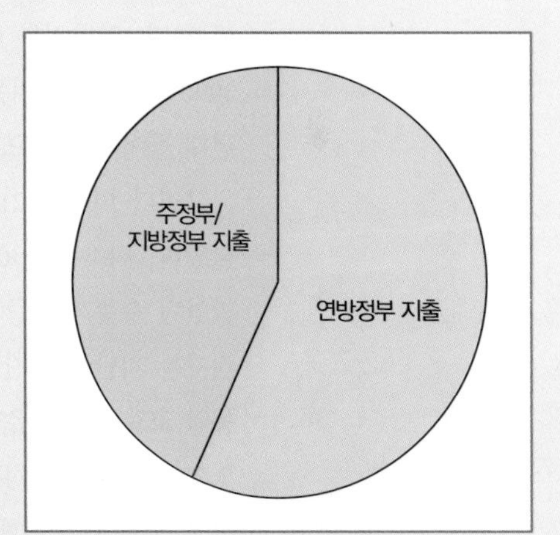

그림 1-3 연방정부와 주/지방정부 지출(2019년) 미국의 주정부 및 지방정부의 지출은 국내총생산의 대략 15%로 정부 총지출의 거의 40% 수준에 이르고 있다.

출처 : Bureau of Economic Analysis(2021), Tables 3.2, 3.20, 3.21.

지출, 조세, 적자 및 채무

우리가 가계를 운영할 때는 예산에 맞추어야 한다. 식료품, 임대료, 의류, 오락 및 기타 항목 등을 구입하기 위한 현금유출은 근로나 기타 원천으로부터의 현금유입을 통해 충당되어야 한다. 소득이 지출을 초과한다면 이 부분은 미래의 지출을 충당하기 위해 저축하거나, 유산으로 물려줌으로써 자식들의 미래지출에 충당할 수 있게 해주는 **흑자 현금흐름**(cash flow surplus)이 된다. 소득이 지출에 미치지 못하는 경우라면 **적자 현금흐름**(cash flow deficit)이 되며, 이 부분은 과거

38 GDP에서 차지하는 정부 지출 비중은 그림 1-1에서보다 그림 1-2에서 더 크다는 사실을 주목하기 바란다. 그 이유는 후자의 경우 모든 수준에서의 정부가 다 포함되었지만 전자에는 연방정부만 포함되어 있기 때문이다.

39 그리스의 지출이 최근 급증한 것은 경제가 무너졌기 때문인데, 이로 인해 GDP 대비 정부 지출의 비율이 상승하였다.

40 정부 규모가 그리스와 비슷함에도 불구하고 스웨덴이 그리스보다 최근의 경기침체를 훨씬 더 성공적으로 버텨냈다는 사실은 이 국가들의 상대적 성과에 정부 규모 이외의 다른 요인이 작용했음을 시사한다.

에 해둔 저축이나 다른 사람으로부터의 차입을 통해 보전되어야 한다. 차입은 가계의 **부채**(debt)를 증가시키며 이는 궁극적으로 미래의 현금유입을 통해 상환되어야 한다.

정부의 재정 역시 근본적으로 이와 다르지 않아서 정부 지출(세출)은 조세수입(세입)에 의해 충당되어야 한다. 만일 수입이 지출을 초과하게 되면 재정흑자가 발생하고, 수입이 지출보다 부족하면 재정적자가 발생한다. 재정적자 1달러는 그만큼 정부 부채의 규모를 증가시킨다. 즉 적자는 1년간 지출이 수입을 얼마나 초과했느냐의 개념이고, 부채는 시간의 흐름에 따른 과거 적자의 누적 개념이다. 이러한 정부 부채는 차입을 통해 충당해야 한다. 정부는 해당 정부의 시민이나 다른 지방자치단체의 시민, 혹은 다른 국가로부터 차입할 수 있다.

그림 1-4에 나와 있는 세 가지 그래프는 미 연방정부의 재정지출과 수입, 재정적자 또는 흑자, 그리고 정부 부채의 규모를 보여주고 있다. 그림 (a)와 (b)를 보면, 제2차 세계대전 중(1941~1945년) 조세수입의 증가만으로는 충당될 수 없었던 엄청난 지출 증가를 예외적인 경우로 보면, 연방정부 예산은 1960년대 말까지 균형 상태를 유지하고 있었다. 1970년대 중반부터 1990년대 중반까지는 GDP의 5%에 달하는 비교적 큰 규모의 적자가 나타났다. 이 적자는 1990년대 들어와 극적으로 축소되었는데 1990년대 말에는 큰 폭의 흑자로 돌아섰다.

그러나 미국은 21세기에 들어서면서 다시금 1970년대 수준과 비슷한 적자 규모로 돌아서고 말았다. 적자는 2000년대 후반에 들어와 급격히 증가했으며 이는 제2차 세계대전 이후 볼 수 없었던 수준까지 증가하였다. 이후 2010년대 중반까지 세입의 증가와 세출의 감소 덕분에 재정적자는 지난 40년간 평균적인 수준으로 회복되었다. 하지만 가장 최근에는 트럼프 행정부 기간 동안 코로나19의 유행으로 인한 지출 확대와 감세로 적자가 증가하였다.

그에 따른 연방정부 부채 규모의 의미는 그림 1-4(c)에 나와 있다. 부채 규모는 제2차 세계대전 중 급격히 증가했다가 1980년대 들어와 다시 증가할 때까지는 꾸준히 하락하는 양상을 보여주고 있다. 그 이후 정부 부채는 1990년대 중후반 사이 잠시 주춤하기는 했으나 급격히 증가하여 현재는 대략 GDP의 106% 수준을 상회하고 있다. 그림 1-5는 미국의 정부 부채 규모와 선진국의 정부 부채 규모를 비교하고 있다. 미국은 비교대상 국가들보다 높은 부채 수준을 보여주고 있지만 그 부담은 다른 나라들보다 훨씬 낮은 수준이다.

- 대규모의 재정적자 및 국가채무에는 어떤 비용이 수반될까?

그림 1-6에는 미국의 주정부 및 지방정부의 재정지출과 조세수입이 나와 있다. 이들의 경우 흥미롭게도 연방정부와는 달리 기본적으로 흑자 기조가 유지되어 온 것을 볼 수 있으며, 전반적으로 보아 어떤 해든지 적자가 난 경우는 거의 없음을 알 수 있다.

- 연방정부가 재정적자를 보이는 상태에서 주정부 및 지방정부는 어떤 이유로 균형예산을 유지할 수 있었을까?

재정지출의 분포

지금까지 우리는 재정지출 총액 차원에서만 논의를 했을 뿐 그 지출 용도에 대해서는 다루지 않

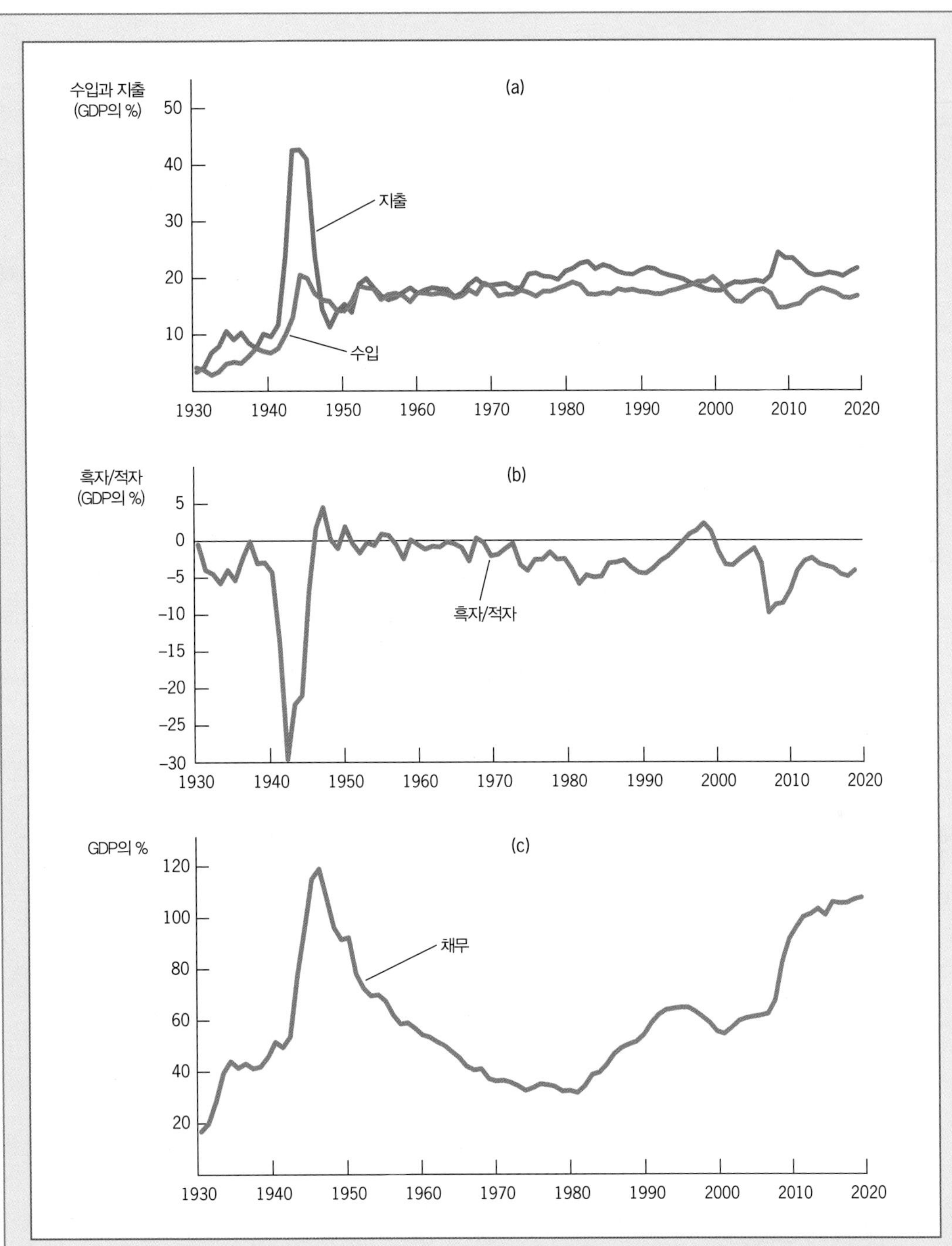

그림 1-4 연방정부의 수입과 지출, 흑자 또는 적자 및 채무(1930~2019년) 제2차 세계대전 기간을 제외한 20세기 대부분의 기간 중 연방정부의 조세수입은 지출과 보조를 맞추어 국가채무를 낮은 수준으로 유지해왔다. 그러나 1970년대 이후 지출은 평균적으로 국내총생산의 몇 %p만큼 수입을 능가해왔다. 그 결과 연방정부의 채무는 현재 국내총생산의 106%를 넘어섰다.

출처 : Office of Management and Budget(2021), Table 1.2, Table 7.1.

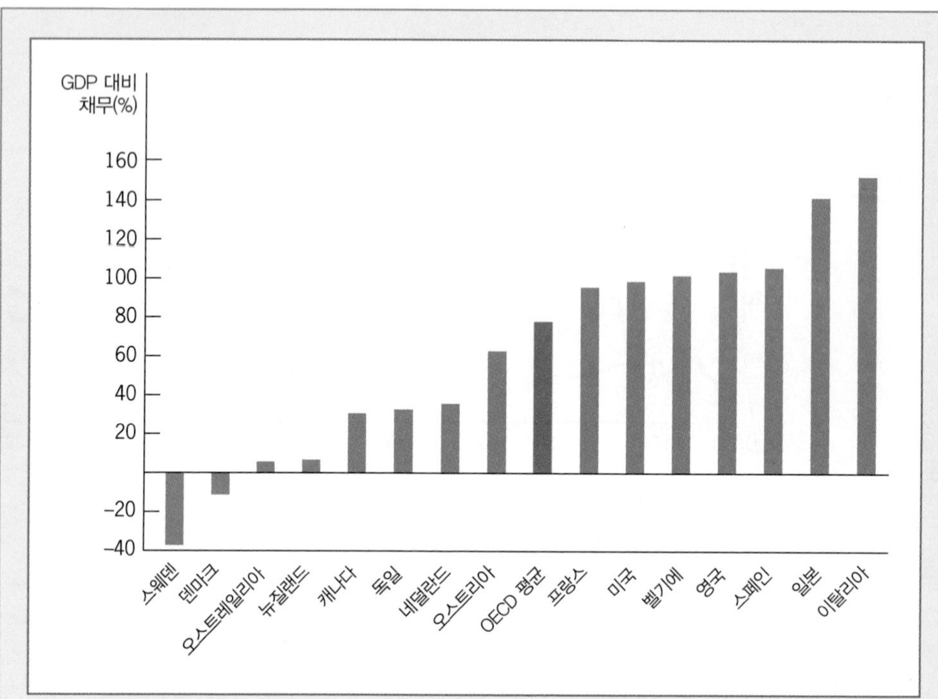

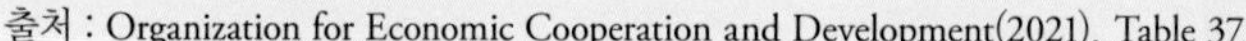

그림 1-5 **2020년 OECD 국가의 국가채무 수준** 선진국들은 나라마다 차이가 심하지만 미국의 국가채무 수준은 OECD의 평균을 다소 상회하고 있다.

출처 : Organization for Economic Cooperation and Development(2021), Table 37.

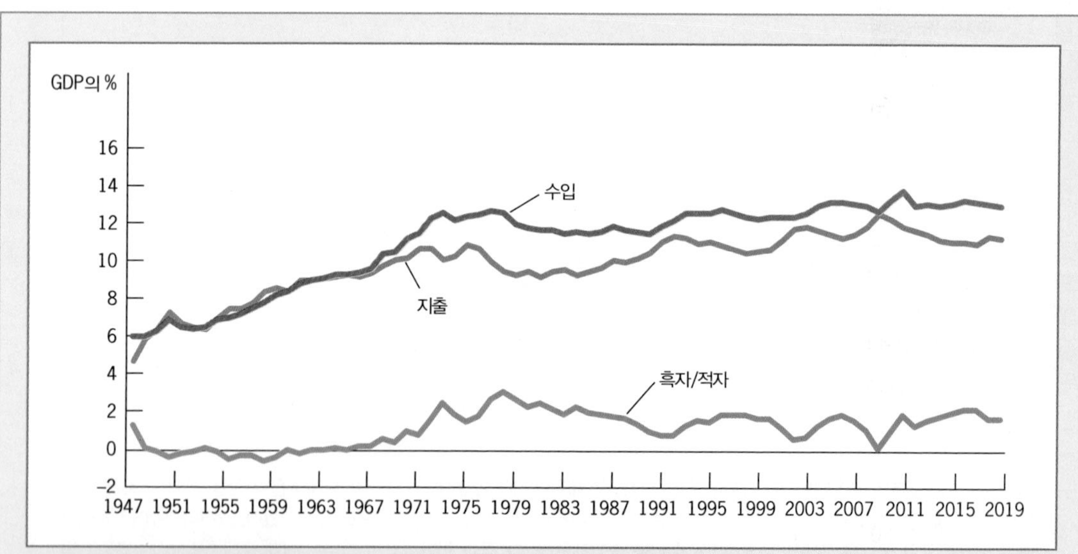

그림 1-6 **주정부 및 지방정부의 수입, 지출과 흑자(1947~2019년)** 주정부 및 지방정부의 수입은 거의 언제나 지출을 능가하였다.

출처 : Office of Budget and Management(2021), Table 12.1, Table 14.1, Table 14.3.

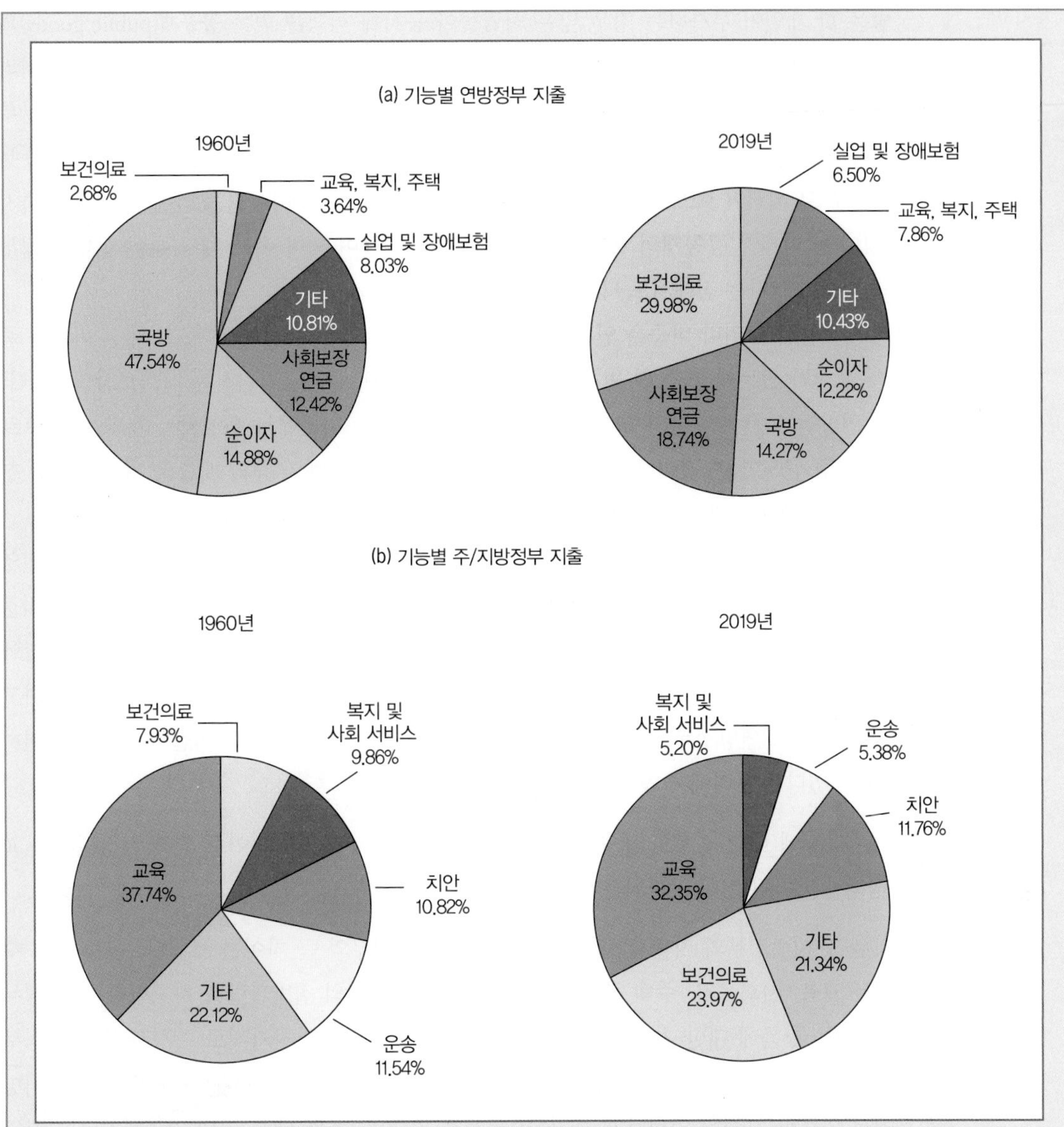

그림 1-7 연방정부와 주정부의 지출 분포(1960년 및 2019년) 이 그림은 연방정부와 주정부의 지출 구성이 시간의 흐름에 따라 변화함을 보여주고 있다. (a) 연방정부의 경우 국방비의 지출 비중은 감소하고 사회보장연금과 의료비 지출 비중이 증가하였다. (b) 주정부의 경우 의료비 지출의 증가는 교육비 지출의 감소를 가져왔다.

출처 : Bureau of Economic Analysis(2021), Table 3.16.

았다. 그림 1-7은 1960년과 2019년의 경우 연방정부, 주정부 및 지방정부 세출예산의 기능별 내역을 보여주고 있는데 이로부터 몇 가지 결론을 내릴 수 있다. 첫째, 그림 (a)에 나와 있는 연방정부의 지출항목 구성에 있어 시간의 흐름에 따라 커다란 변화가 있었다. 1960년의 경우 연방정부 지출의 절반 이상이 미국 본토와 해외에서의 방위비로 지출되었다.

공공재 한 개인이 투자하는 경우 많은 사람들이 동시에 혜택을 얻는 재화

국방은 한 개인이 투자하는 경우 많은 사람들이 동시에 혜택을 얻는 **공공재**(public goods)의 전형적 사례이다. 내가 보스턴을 방어하기 위해 미사일을 구입했다면 그 혜택은 나뿐만 아니라 이 도시에 거주하는 모든 사람에게 돌아갈 것이다. 제7장에서 자세히 다루게 되겠지만 민간부문에서는 그러한 공공재가 지나치게 적게 공급된다. 만일 내가 미사일 구입비용을 전적으로 부담하면서도 그 혜택이 보스턴 시민 모두에게 돌아간다면 나는 그 미사일 구입에 돈을 쓰려 하지 않을 것이다. 따라서 공공재의 제공은 정부의 중요한 역할이 되며 이는 해당 분야에 대한 정부 지출의 비중이 크다는 점에서도 나타난다.

그러나 오늘날 방위비 비중은 연방정부 세출예산의 1/6 정도로 낮아졌다. 그 대신 비중이 증가한 두 분야가 있는데 그중 첫 번째는 은퇴한 노인계층에 소득을 지원하는 사회보장연금이다. 오늘날 연방정부 전체 예산의 18.7%를 차지하는 이 제도는 미국에서 운영되는 개별 예산 프로그램 중 가장 규모가 큰 것이다. 다른 하나는 노인, 빈곤층, 장애인 등의 계층을 위한 다양한 형태의 의료보장 프로그램으로서 거의 30%의 예산이 지출되고 있다.[41]

사회보험 민영보험시장의 실패를 교정하기 위해 정부가 제공하는 보험

사회보장연금이나 공적의료보험을 **사회보험**(social insurance programs)이라고 하며 이는 민영보험시장의 실패를 교정할 목적으로 운영된다. 앞에서 논의한 것처럼 민영의료보험시장은 적정 수준의 의료보험을 국민들에게 제공하지 못한다. 이와 같은 시장실패는 정부가 의료보험시장에 개입하는 동기가 되며 이에 따라 미국에서는 전체 의료비의 거의 절반 정도를 정부가 지불하고 있다. 마찬가지로 연방정부는 개인들이 은퇴 이후의 소득 감소에 대비할 적절한 계획을 마련하지 못할 수 있다는 우려에서 공적연금제도를 운영하고 있다.

- 보험시장에 대한 정부의 대규모 개입은 정당한 것인가? 그리고 이로 인해 시장실패는 교정되는가 아니면 더 악화되는가?

주정부 및 지방정부의 지출 분포[그림 1-7(b)]는 연방정부와 큰 차이를 보인다. 이들 정부 수준에서는 교육, 사회복지, 주택 분야 지출이 전체 지출의 거의 절반가량을 차지한다. 연방정부의 경우 이들 항목에 대한 지출 비중은 10% 미만에 불과하다. 마찬가지로 주정부 및 지방정부 수준에서는 공적연금이나 국방비 항목이 존재하지 않는다. 시간이 지남에 따라 주정부 및 지방정부에서 의료비 지출은 엄청나게 증가하여, 전체 지출의 단 8%에서 거의 24%까지 상승하였다. 이러한 증가는 교육, 복지와 공공서비스, 교통 및 기타 영역에서의 지출 감소로 상쇄되었던 것으로 보이기 때문에 이는 고비용 의료체계 때문에 주정부 및 지방정부의 다른 영역 지원이 감소하는 것이 아니냐[즉 뒤에서 살펴볼 '구축효과(crowding out)'가 나타나는 게 아니냐]는 중요한 쟁점이 제기되고 있다.

- 연방정부 수준에서 이루어지는 것이 더 바람직한 지출의 종류는 무엇이며, 지방정부 수준에서 이루어지는 것이 더 바람직한 지출의 종류는 무엇인가?

---

41 Bureau of Economic Analysis(2021), Table 3.16.

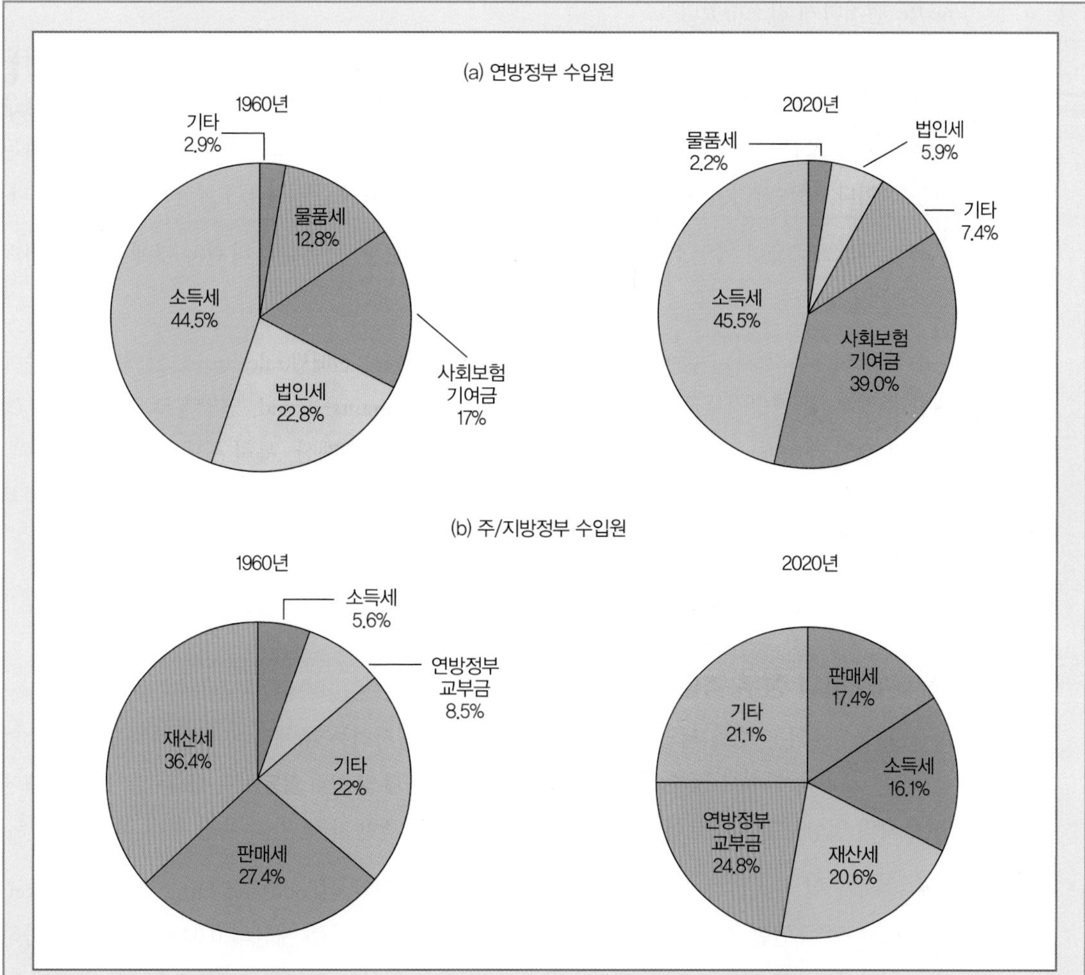

그림 1-8 연방정부와 주정부의 수입 분포(1960년 및 2020년) 이 그림은 연방정부와 주정부 수입원의 구성이 시간의 흐름에 따라 변화함을 보여주고 있다. (a) 연방정부의 경우 법인세와 물품세 수입 비중이 큰 폭으로 감소하고 사회보험 기여금 비중이 증가하였다. (b) 주정부의 경우 재산세 수입 비중이 감소하였으며 소득세와 연방정부 교부금이 증가하였다.

출처 : Bureau of Economic Analysis(2021), Table 3.2, Table 3.3.

조세수입원의 분포

그림 1-8에는 1960년과 2020년의 연방정부, 주정부 및 지방정부의 수입원 분포가 나타나 있다. 연방정부 세입의 주요 원천은[그림 (a)] 미국 국민들의 소득에 대해 부과되는 세금으로 개인 소득세(income tax)이다. 이 세금은 전체 연방 세입의 절반에 조금 못 미치는 수준이며 그 비중은 시간의 흐름에 따라 큰 차이를 보이지 않는다. 연방정부 수준에서 나타난 큰 변화는 법인세 수입이 급격히 감소했다는 점이다. 법인세는 한때 연방정부 세수의 25%에 육박했지만 현재는 6%만을 차지하고 있다. 또한 담배, 주류, 또는 휘발유 등 특정 상품에 대해 부과되는 **물품세**(excise tax)도 현저하게 감소하였다.

이들 세목으로부터의 수입 감소는 사회보험제도를 운영하기 위해 근로자 임금소득에 부과되는 **급여세**(payroll tax) 수입의 증가로 대체되었다. 급여세가 소득세와 다른 점은 소득세의 경우 예금이자 등 모든 종류의 소득에 대해 부과되는 데 반해 급여세는 오로지 근로소득에만 부과된다는 점이다. 급여세가 전체 세수에서 차지하는 비중은 1/6 수준에서 1/3 이상으로 증가하였다.

- 조세부과대상이 기업소득 및 소비 활동으로부터 피용자 보수로 바뀌는 것에는 어떤 함의가 있을까?

주정부 및 지방정부 수준에서 보면[그림 1-8(b)], 세원은 **판매세**(sales taxes, 담배나 휘발유에 대한 주정부 및 지방정부 물품세 포함), **연방정부 교부금**(grants-in-aid, 연방정부로부터 하위 정부로의 수입 재분배), 소득세, **재산세**(property taxes, 개인소유재산, 특히 주택소유에 대한 과세) 항목 사이에서 거의 균분되고 있다. 지난 40년간 재산세로부터의 현저한 세수감소는 연방정부 교부금과 소득세의 증가로 메워지고 있다.

- 재산세 비중이 감소하는 대신 소득세 비중이 증가하는 것에는 어떤 함의가 있을까?

규제자로서의 정부 역할

지금까지의 논의는 주로 세입과 세출을 통해 영향을 행사하는 주체로서 정부에 초점을 맞추었다. 모든 국가에 있어서 정부의 또 다른 주요 역할은 **경제 및 사회 활동을 규제하는** 일이다. 아래에서 우리의 일상생활이 정부에 의해 얼마나 많은 영향을 받는지 몇 가지 예를 통해 알아보자.[42]

- 우리가 먹는 식품과 복용하는 의약품은 모두 식품의약국(Food and Drug Administration, FDA)이 승인한 것이다. FDA가 지출하는 예산은 매년 정부 예산의 0.025% 미만에 불과하지만 그 규제 범위는 전체 가계소비 지출의 20% 이상을 차지하는 2조 8,000억 달러에 달하는 상품을 포함한다. FDA는 안전을 보장하기 위해 거의 모든 식료품, 생수 및 화장품의 상표와 안전성에 대한 규제를 담당하고, 의약품 및 의료기기의 시판을 승인해주고 있다.
- 만일 업무로 인하여 청력을 잃거나, 가스로 질병에 걸리거나 반복된 스트레스성 손상을 입은 경우 직업안전 건강관리청(Occupational Safety and Health Administration, OSHA)과 접촉해야 하는데 이 정부기관은 1,000만 개 이상의 사업장에서 일하는 1억 4,600만 근로자들의 사업장 안전에 대한 규제를 담당하고 있다. 2019년에는 OSHA에서 1,850명의 검사관들을 사업장에 33,393회 파견하여 조사 활동을 벌인 바 있다.
- 라디오 방송과 케이블 방송의 채널은 주 간(interstate), 국가 간 라디오, TV, 전신, 위성 및 케이블 통신을 규제하는 연방통신위원회(Federal Communications Commission, FCC)의 규제를 받는다. 휴대전화나 리모컨처럼 집에서 통신주파수를 방출하는 기기를 확인해보면

42 이들 규제기관에 관한 정보는 http://www.fda.gov, http://www.osha.gov, http://www.fcc.gov, http://www.epa.gov, http://www.uspto.gov 등 각 기관의 웹사이트를 통해 얻을 수 있다.

어딘가에 FCC 식별번호가 적혀 있는 것을 볼 수 있을 것이다.

- 우리가 숨 쉬는 공기, 마시는 수돗물, 택지 등은 모두 환경보호청(Environmental Protection Agency, EPA)의 규제를 받고 있는데 대기오염, 수질오염, 그리고 식료품 공급에 있어서의 위험을 최소화하는 일이 이 정부기관의 책무이다.

1.3 코로나19 동안 일선에서 중요하게 다뤄진 재정학의 질문들

우리는 이 장을 코로나19 전염병 및 코로나19 구제를 둘러싼 법률에 대한 논의로 시작하였다. 코로나19 전염병은 큰 혼란을 초래하였으며, 팬데믹에 대한 정부의 대응을 둘러싼 논쟁은 우리가 앞서 살펴본 재정학의 주요 문제들을 정확히 반영한다.

정부는 언제 시장에 개입해야 하는가?

코로나19 전염병은 방대한 수의 정부 개입을 야기하였다. 이는 '정부가 개인에게 마스크를 착용하도록 요구해야 하는가'와 같은 개인의 사생활에 관한 질문을 포함한다. '질병의 확산을 막기 위해 주정부가 기업들을 폐쇄하도록 요구해야 하는가'와 같은 기업 활동에 대한 정부의 직접적인 개입에 관한 질문도 있다. 그리고 팬데믹으로 인한 전례 없는 경제적 혼란에 정부가 어떻게 대응해야 하는지에 대한 엄청난 논쟁도 있었다. 이러한 각 주제에 대하여 정치적 입장에 따라 근본적인 의견 불일치가 존재하였다. 공화당은 전반적으로 개인과 기업에 대한 제한을 줄이고 정부의 재정지출을 축소하는 것을 선호하였다. 반면, 민주당은 질병의 확산을 막기 위한 정부의 더 적극적인 개입과 광범위한 재정지출을 선호하였다.

정부는 어떻게 개입해야 하는가?

정부가 어떻게 개입할 것인가에 대한 질문은 CARES 법 조항 및 후속 대응책에 대한 의회의 논쟁에서 중심이 되었다. 민주당은 마스크 착용 의무화를 선호한 반면 공화당은 더 완화된 지침을 제안하였다. 민주당은 실업자에 대한 지원 확대를 선호한 반면 공화당은 기업에 대한 대출지원을 선호하였다. 공화당은 코로나19의 법적 책임으로부터 기업을 보호하는 것에 우선순위를 두었으나, 민주당은 그 대신 주정부와 지방정부에 대한 재정지원을 우선시하였다.[43]

정부의 개입은 어떠한 효과를 가져오는가?

2조 2,000억 달러 규모의 CARES 법안은 코로나19를 해결하기 위한 정부 개입의 효과를 이해할 수 있는 자연실험(natural laboratory)을 제공하였고, 경제학자들은 이를 규명하기 위해 두 팔을 걷어붙이고 뛰어들었다. 전미경제연구소(National Bureau of Economic Research, NBER)의 연구보고서는 경제학계에서 저명한 연구보고서 간행물이다. 2020년 4월부터 그해 연말까지 NBER을 통해 배포된 코로나 관련 연구보고서는 327개가 있으며, 이는 전체 NBER 보고서의

43 Pramuk(2020b).

23.8%에 해당하였다.[44]

경제학적 연구는 정부 개입의 효과에 대한 광범위한 통찰력을 제공하였다. 어떤 연구는 경제 활동을 제한한 정부의 대응이, 대부분의 활동이 정책 시행 전에 이미 자발적으로 중단되었기 때문에 그다지 많은 효과를 거두지 못하였음을 보여주었다.[45] 다른 연구에서는 정부가 급여 보호 프로그램(Paycheck Protection Program, PPP)을 통해 기업들의 대출을 탕감하였지만 이러한 정책이 일자리가 사라지는 것을 그다지 막지 못하였음을 보여주었다.[46] 동시에 CARES 법을 통한 고용보험 확대는 실업급여를 받는 사람들이 훨씬 더 많은 소비를 하게 하였고, 근로활동에 복귀하는 것을 방해한 것으로 보이지 않았다는 연구 결과도 있다.[47]

정부가 특정 정책을 수행하는 이유는 무엇인가?

코로나19에 대한 정부의 두드러진 중점사항은 정치 경제에 대한 중요한 교훈을 관찰할 수 있게 해준다. 예를 들어, 앞서 논의된 증거에도 불구하고 의회가 2020년 말에 9,000억 달러의 구제 법안을 통과시켰을 때, 고용보험 확대 정책보다 PPP에 더 많은 자금을 투입하였고 주정부 및 지방정부에 대한 자금은 제외되었다.[48] 공화당이 의회를 통제하는 것을 감안할 때, 이것은 공화당이 기업 지원 자금에 우선순위를 두고 있음을 반영한 것이라 할 수 있다. 그러나 민주당은 대통령 직과 의회를 장악하자마자 고용보험과 주정부 및 지방정부에 대한 자금에 훨씬 더 중점을 두는 새로운 접근법을 제안하였다. 위기는 바뀌지 않았지만, 정부의 대응은 누가 주도권을 잡았는지에 따라 달라졌다. 이것은 경제학이 정부의 의사결정에서 최종 기준이 아님을 시사한다.

1.4 결론

지금까지 살펴본 사실들로 미루어 정부가 모든 미국인의 삶에 있어서 중심적 역할을 맡고 있는 것은 분명하다. 그리고 그 역할이 확대되어야 하는지, 현재의 수준에서 유지되어야 하는지, 아니면 축소되어야 하는지에 대해서 의견이 분분하다는 것 또한 분명하다. 이 장에서 다룬 사실과 주장들은 이 책의 나머지 부분에서 깊이 다루게 될 재정학의 주요 쟁점을 논의할 때 그 배경이 될 수 있을 것이다.

---

44 수치는 https://www.nber.org/papers를 기반으로 도출하였다.

45 Gupta et al.(2020).

46 Autor et al.(2020); Chetty, Friedman, Hendren, and Stepner(2020).

47 Altonji et al.(2020).

48 Montague(2020).

요약

- 재정학은 네 가지 주요 관심사를 다룬다. 첫째, 정부는 언제 경제에 개입해야 하는가? 우리의 기본적인 전제는 경쟁적 균형이 사회적 효율을 극대화하는 결과를 가져온다는 것이다. 따라서 시장실패(경제적 파이의 크기를 증가시키는 문제)와 소득재분배(파이의 분배를 바꾸는 문제) 문제에 있어서 정부의 개입은 그 정당성을 갖게 된다.
- 개입 여부를 정했다면 정부는 어떤 방식으로 개입할 것인지를 정해야 한다. 어떤 목표를 달성하기 위해 사용될 수 있는 정책 대안이 한 가지만 있는 것은 아니다. 예컨대 공공부문의 직접 제공, 민간부문 공급의 의무화, 또는 민간부문 공급에 대한 보조금 지급 등의 방법이 있을 수 있다.
- 개입 방식이 정해졌다면, 여러 가지 개입 대안이 경제에 미칠 효과를 평가하기 위한 접근 방법이 필요한데 실증경제학이 그러한 평가 수단을 제공할 수 있다.
- 재정학의 주요 관심사 중 하나는 왜 정부가 특정 정책을 선택해서 집행하느냐는 것이다. 이와 관련하여 우리는 정부 개입이 상황을 악화시키거나 또는 호전시키지 못하는 '정부의 실패'에 대해 특별히 관심을 갖게 될 것이다.
- 국가 단위(연방)와 지역 단위(주 · 카운티 · 시 · 읍 등)로 구성되는 정부의 규모는 미국과 전 세계에서 점차 확대되는 추세이다. 정부의 지출 구조와 세입 원천의 성격 또한 정부가 (국방과 같은) 전통적인 공공재의 공급자에서 (사회보장연금이나 의료보험 등) 사회보험의 공급자로 변신하면서 함께 변화하고 있다.
- 정부는 또한 다양한 분야에서의 규제 기능을 통해 우리의 삶에 영향을 미치고 있다.

연습문제

1. 많은 주의 헌법이 주정부가 '적절한' 수준의 교육비를 지출하도록 요구하고 있는데 이러한 규정의 경제적 근거는 무엇인가?
2. 연방정부와 주정부 및 지방정부의 지출 구성은 1960년 이후 어떻게 변화해왔는가? 정부의 예산 집행 방식에 영향을 미친 사회경제적 요인은 무엇인가?
3. 2019년과 비교하여 2020년 연방 예산의 구성은 어떻게 변화하였는가? 가장 눈에 띄는 변화에는 어떤 것들이 있으며, 이러한 변화를 주도한 요인들은 무엇인가?
4. 코로나19 전염병에 대응하여 CARES 법의 후속 경기부양책의 통과에 대한 찬성과 반대를 생각해보자. 특히, 실업수당에 대한 추가 확대 및 급여 보호 프로그램(PPP)과 같은 기업 지원에 대한 찬성과 반대의 주장을 고려해보자. 낸시 펠로시 하원의장의 의견이 좀 더 효율성이나 재분배에 관한 것이었다고 생각하는가? 미치 매코널 상원 공화당 대표의 주장은 어떠한가? 실업수당 확대, PPP 및 여타 코로나19 구제 정책에서 효율성의 사례를 찾아볼 수 있는가?
5. 어떤 재화나 서비스는 정부가 직접 공급하는 반면에 또 다른 재화나 서비스의 경우 재정은 공공부문이 맡지만 공급 자체는 민간부문이 담당한다. 이 두 가지 방식의 차이점은 무엇인가? 동일한 정부가 어떤 경우에는 직접 공급하고, 또 다른 경우에는 민간으로 하여금 공급하도록 하는 이유는 무엇인가?
6. 소득재분배는 왜 효율의 손실을 가져오는가? 사회는 왜 소득재분배가 경제적 파이의 전체 규모를 감소시킴에도 불구하고 한 계층으로부터 다른 계층으로 자원을 이전시키려고 할까?

7. 이 장에서 다루고 있는 재정학의 4대 문제 중 무엇이 진위를 가릴 수 있는 실증적 문제이고, 무엇이 신념에 기초한 규범적 문제인가?

8. 술 소비에 세금을 부과하는 한 가지 근거는 술 마시는 사람들이 고성방가나 음주운전을 통해서 사회에 부정적인 파급효과를 미치기 때문이라는 것이다. 이것이 옳다면 술에 대한 세금이 없을 경우 사람들의 주량은 너무 많을까, 너무 적을까, 아니면 적정 수준일까?

9. 의회예산처(CBO)의 역할은 무엇인가? 경험적 분석을 수행함에 있어서 연구자의 독립성과 공정성은 왜 중요한가?

10. 미국 법률은 비용을 지불할 수 없는 경우라도 응급 상황에서 환자 치료를 거부하는 것을 금지한다. 역사적으로 이러한 무보험 환자를 보장하는 비용은 보험가입 환자들과 정부에 전가되어 왔다. 무보험 환자의 수를 줄이는 의료보험개혁법(ACA)과 같은 법률이 시장의 실패를 어떻게 완화하는지 설명해보라.

심화 연습문제

11. 미국 연방정부의 세출구조에서 사회복지 지출(저소득층, 장애인, 노인 등을 위한 사회보험 지출)의 비중이 1학년부터 12학년까지의 교육비 지출 비중보다 월등히 높다. 반면에 주정부와 지방정부의 경우에는 사회복지 지출보다 교육비 지출 비중이 더 높다. 이런 결과는 우연인가, 아니면 어떤 이유가 있는 것인가?

12. 부모들이 자녀를 공립학교에 보내는 것을 반대할 경우 자녀 교육에 책정된 공적 자금의 전부 또는 일부를 사립학교 등록금에 사용할 수 있도록 하는 학교 바우처에 대하여 미국인들의 의견이 엇갈리고 있다. 이 논쟁은 특히 저소득가구의 수가 불균형적으로 많은 지역사회에 영향을 미친다. 이러한 지역사회의 일부 지도자들은 바우처 제도와 이로 인한 학교 간 경쟁 강화를 강력하게 찬성하지만 다른 사람들은 반대한다. 이러한 분열은 왜 일어나는 것이라 생각하는가?

13. 대다수의 주에서는 회계연도마다 균형예산 또는 흑자예산의 실현을 헌법으로 규정해놓고 있다. 그러나 미 연방정부의 경우에는 그렇지 못해 어떤 해에는 예산적자가 날 수도 있고, 또 다른 해에는 흑자가 날 수도 있는데 이는 과연 합리적인가?

14. 손 씻기와 마스크 착용과 같은 간단한 습관은 코로나19와 계절성 독감을 포함한 많은 질병의 확산을 크게 줄일 수 있다. 그렇다면 이는 정부 개입의 어떤 역할을 시사하는 것으로 볼 수 있겠는가? 어떤 종류의 정부 개입이 가능한가? 가능한 개입 방법을 세 가지 설명해보라.

James Andrews/iStock/Getty Images

CHAPTER 2

재정학의 이론적 도구

생각해볼 문제

- 사람들은 얼마나 많은 소비를 할 것인지, 또는 얼마나 많은 일을 할 것인지를 어떻게 선택하는가?
- 기업은 얼마나 생산할지를 어떻게 선택하는가?
- 현금급여의 인상이 경제적 효율에 미치는 이론적 효과는 무엇인가?

당신의 인생이 순조롭게 풀려서 대학을 좋은 성적으로 졸업한 후, 주(州) 보건복지부(Department of Health and Human Services, HHS)의 중요한 자리를 맡게 되었다고 가정하자. 이 부처의 업무 중 하나는 취약가정 임시보조제도인 TANF(Temporary Assistance for Needy Families)를 운영하는 일이다. 이 프로그램은 소득이 일정 수준 이하인 부모에게 현금을 지급해주는 제도이다.

그 덕분에 당신은 주지사와 보건복지부 장관의 논쟁에 어쩔 수 없이 끼어들게 되었다. 주지사는 TANF의 주된 문제가 저소득층 부모에게 소득을 지원함으로써 이들 중 일부가 일자리를 찾아 나서기보다는 가정에만 머물러 있도록 유도하는 데 있다고 생각한다. 따라서 주지사는 이들이 근로를 선택하도록 유인을 제공하기 위하여 현금급여의 축소를 바라고 있다. 그러나 장관은 주지사의 의견에 찬성하지 않는다. 그의 생각은 어린 자녀들이 딸린 한부모가정의 가구주가 일하고 싶을 만큼 충분히 높은 임금을 지급하는 일자리를 찾기는 힘들다는 것이다. 따라서 만일 현금급여를 삭감한다면 자녀들을 돌보기 위해 가정에 머무는 부모들에게 피해만 주고 말 것이라고 생각한다.

장관은 저소득층 한부모가정 가구주에 대한 현금급여의 삭감이 그들의 근로의욕에 미치는 효과가 어느 정도인지를 알아내고, 순후생(net welfare)상에 미치는 함의를 평가함으로써 논쟁에 필요한 정보를 얻고자 당신에게 지시를 내리게 된다. 그러한 평가를 위해서 당신은 대학 시절에 배웠던 초급 및 중급 경제학의 분석 도구들을 사용해야 할 것이다. 이 도구들에는 두 가지 종류가 있다.

이론적 도구 경제적 의사결정의 밑에 깔려 있는 구조를 이해하기 위한 목적에서 개발된 분석 도구

첫 번째는 **이론적 도구**(theoretical tool)인데 이는 경제적 의사결정의 밑에 깔려 있는 구조를 이해하기 위한 목적에서 개발된 도구이다. 경제학에서 주로 사용되는 이론적 도구는 그래프나 수식이다. 수요 및 공급곡선, 무차별곡선, 예산선 등의 그래프만 사용해도 이론의 핵심적 요소를 이해할 수 있지만, 수학을 사용하면 잘 드러나지 않는 미묘한 측면까지 다룰 수 있기 때문에 이것 역시 그래프만큼 유용하다. 이 책은 거의 대부분의 경우에 그래프를 사용할 것이지만 일부 장의 경우 부록에서 수학적 논의를 추가하였다.

실증적 도구 자료를 분석하여 이론적 분석 단계에서 제기된 문제를 해명하기 위한 분석 도구

두 번째는 **실증적 도구**(empirical tool)인데 이를 통해 자료를 분석하고 이론적 분석에서 제기된 문제를 해명할 수 있다. 재정학 과목을 수강하는 학생의 대부분은 이론적 도구보다 실증적 도구가 더 생소할 것이다. 그러나 지난 20여 년간 재정학의 여러 문제를 해명함에 있어 실증적 도구는 이론적 도구 못지않게 중요한 역할을 맡아왔는데 이는 자료의 수준과 분석 능력이 극적으로 향상되었기 때문이다.

다음의 2개 장에서는 재정학의 학습에 필요한 주요 이론과 실증적 도구를 소개하고자 한다. 각 장의 앞부분에서는 우선 개념 도구들의 일반적 배경을 알아본 후에 이를 TANF 사례에 적용해볼 것이다. 이 장에서의 논의는 재정학의 4대 문제 중 처음 두 가지 문제와 밀접하게 관련되어 있다. 이 장에서 다루는 이론적 도구들은 경제학자들이 정부가 언제 개입해야 하며, 어떻게 개입해야 하는지의 문제를 다룰 때 가장 많이 사용하는 주요 도구들이다.

이 책의 나머지 부분에서는 이 장에서 검토할 미시경제학 개념이 집중적으로 사용될 것이다. 그러나 이 장이 초급 또는 중급 미시경제학 과정을 대신할 수는 없다. 여기에서의 목적은 재정학의 이론적 측면을 이해하는 데 필요한 주요 개념을 복습하는 것이지 처음 배우는 학생들에게 이것을 가르치자는 것이 아니다. 만일 이 장에서 다루는 내용이 생소하다면 이 교재와 함께 보다 자세한 미시경제학 교재를 같이 공부하는 것이 바람직하다.[1]

2.1 예산제약하의 효용극대화 과제

효용함수 소비자의 선호체계를 나타내는 함수로서 선택을 위해 여러 가지 재화묶음을 후생 수준으로 전환하는 분석 도구

예산제약하의 효용극대화 자원(예산)제약하에서 소비자의 후생(효용)을 극대화하는 과정

모형 현실의 대수적 또는 기하학적 재현

재정학에서의 이론적 분석에 있어 핵심적 요소는 개인들이 잘 정의된 **효용함수**(utility function)를 갖고 있다는 가정인데, 효용함수는 여러 가지 재화에 대한 개인의 선택과 그에 따른 후생 수준 사이의 수학적 관계이다. 그다음 단계에서는 이들이 **예산제약하의 효용극대화**(constrained utility maximization) 과제를 해결하는 것으로 가정하는데 이는 가용자원의 제약하에서 자신들의 후생(효용)이 극대화되도록 의사결정을 한다는 것이다. 이런 가정을 사용하여 경제학은 예산제약하에서의 효용극대화가 어떻게 일상생활에서의 의사결정을 이끌어내는지 보여주는 **모형**

1 Goolsbee 외(2019)는 각종 미시경제학적 주제를 쉽고도 흥미롭게 다루고 있다.

(model) — 수식 또는 그래프를 사용하여 재현해낸 현실 — 을 만들게 된다. 이 모형은 두 가지 핵심 요소를 갖고 있는데 선택 가능한 모든 재화에 대한 **선호체계**와 재화의 구입에 충당할 수 있는 자원의 양을 의미하는 **예산제약**이 그것이다. 그렇다면 이제 남은 문제는 예산제약하에서 어떤 **재화묶음**(bundle of goods)이 소비자를 가장 만족시켜 주는지를 알아보는 일이다.

이제 소비자의 선택을 네 단계로 나누어 살펴보자. 첫 단계는 선호체계를 그래프로 나타내는 일이다. 두 번째로, 이를 **효용함수**를 사용하여 수학적으로 표현한다. 세 번째는 소비자가 직면한 예산제약을 모형화한다. 마지막으로 개인들이 자신의 예산제약하에서 어떻게 효용을 극대화하는지(가능한 한 가장 만족스러운 결과를 얻는지) 살펴본다.

선호와 무차별곡선

사람들의 선호체계를 분석하는 단계에서 예산제약은 아직 고려되지 않는다. 사람들이 재화를 구입할 수 있는 능력의 정도는 무시한 채 다만 사람들이 선호하는 것이 무엇인지만 물을 뿐이다. 완전한 모형을 만들기 위해서 나중에 예산제약을 도입할 것이다.

우리가 사용할 선호체계의 모형이 갖는 분석 능력의 대부분은 **비포화성**(non-satiation), 즉 '많을수록 좋다(more is better)'는 한 가지 가정으로부터 나온다. 경제학에서는 소비자가 언제나 더 많은 양의 재화를 더 적은 양의 재화보다 선호한다고 가정한다. 그렇다고 해서 열 번째 피자로부터 얻는 만족감이 첫 번째와 동일하다는 것은 아니다. 실제로 재화의 소비가 한 단위씩 증가할 때마다 마지막 한 단위로부터 얻는 만족감은 점점 줄어든다. 비포화성은 단지 열 번째의 피자가 없는 것보다는 낫다는 것뿐이다.

이제 여러 가지 상품묶음에 대한 소비자의 선호체계를 그래프로 나타내보자. 예로 케이크(양은 Q_C로 나타냄) 및 영화(관람횟수는 Q_M으로 나타냄)에 대한 안드레아의 선호체계가 그림 2-1에 나타나 있다. 세 가지 상품묶음을 생각해보자.

상품묶음 A: 케이크 2개와 영화 관람 1회
상품묶음 B: 케이크 1개와 영화 관람 2회
상품묶음 C: 케이크 2개와 영화 관람 2회

이제 안드레아는 묶음 A와 B에 대해서는 무차별하지만 이 둘에 비해 묶음 C를 더 선호한다고 가정하자. '많을수록 좋다'는 가정 때문에 그녀가 C를 선호한다는 것은 분명하다. 이 가정하에서 우리는 두 재화에 대한 안드레아의 선호체계를 그래프로 나타낼 수 있다. 이때 사용되는 개념이 **무차별곡선**(indifference curve)이며, 이 곡선은 동일한 크기의 효용을 낳는(그래서 무차별한) 모든 상품묶음의 조합을 나타낸다. 이 경우 안드레아는 묶음 A와 B로부터 동일한 효용을 얻으므로 이들은 동일한 무차별곡선상에 존재한다. 반면에 묶음 C로부터는 둘에 비해서 더 높은 효용을 얻으므로 C는 더 높은 무차별곡선상에 위치한다.

무차별곡선 소비자에게 동일한 효용을 주는 모든 재화묶음을 그래프로 나타낸 것. 이 재화묶음들은 모두 동일한 효용을 주므로 소비자는 어떤 상품조합을 소비할지에 대해 무차별함

무차별곡선은 두 가지 특성을 갖고 있으며, 이는 모두 많을수록 좋다는 가정에서 비롯된다.

1. 소비자는 더 높은 무차별곡선을 선호한다. 개인들은 원점으로부터 더 멀리 떨어져 있는 무

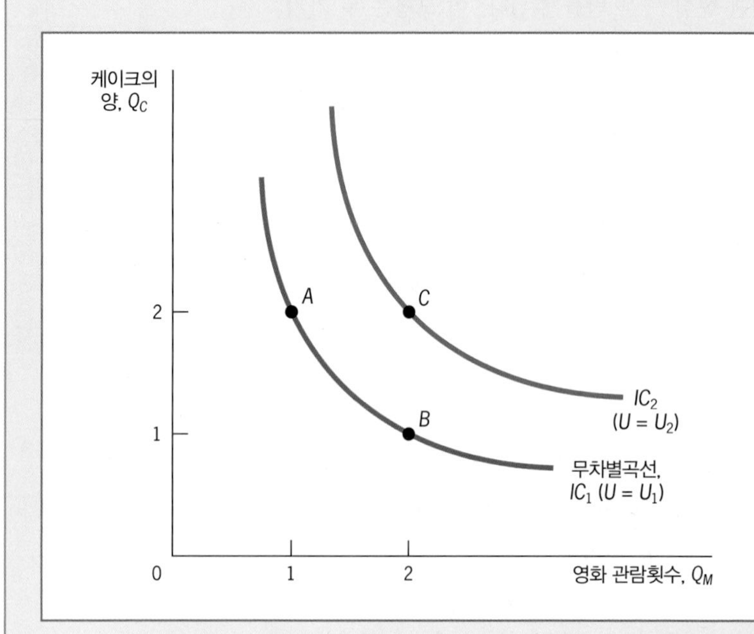

그림 2-1 케이크와 영화의 조합에 대한 무차별곡선 안드레아는 2개의 케이크와 1회의 영화 관람(A점) 또는 1개의 케이크와 2회의 영화 관람(B점) 사이에 무차별하지만 이 두 가지 조합에 비해 2개의 케이크와 2회의 영화 관람(C점)을 더 선호한다. 한 무차별곡선상에서 효용 수준은 동일하다. 원점으로부터 더 먼 무차별곡선은 더 높은 효용 수준을 나타낸다.

차별곡선상의 상품묶음을 선호하는데 이는 더 많은 케이크와 더 많은 영화 관람을 의미하기 때문이다.

2. 무차별곡선은 언제나 아래로 경사져 있다. 무차별곡선은 결코 위로 경사질 수 없다. 만일 그렇게 된다면 안드레아는 케이크와 영화 관람횟수가 모두 더 많은 묶음과 모두 더 적은 묶음 사이에 무차별하다는 것을 의미하는데, 이는 많을수록 좋다는 가정에 위배된다.

무차별곡선 분석의 좋은 사례는 직업 선택과 관련된 문제이다. 샘이 졸업을 하고 나서 그가 구하는 모든 직업에 대해 초봉과 직장의 위치라는 두 가지 속성을 고려한다고 가정해보자. 샘은 온난한 기후를 좋아하기 때문에 온도가 높은 지역과 연봉이 높은 직장을 더 선호한다. 이러한 샘의 선호체계는 그림 2-2를 사용하여 표현할 수 있는데 이 그림은 기후와 연봉 사이의 상충관계를 보여주고 있다. 샘은 직장 선택과 관련하여 세 가지 종류의 대안을 갖고 있다.

선택대안 A: 초봉 35,000달러에 애리조나 피닉스(덥다)에 위치한 직장
선택대안 B: 초봉 45,000달러에 미네소타 미니애폴리스(춥다)에 위치한 직장
선택대안 C: 초봉 40,000달러에 워싱턴 D.C.(온난하다)에 위치한 직장

샘의 선호체계에 의하면 그는 A와 B 사이에 무차별하다. 즉 높은 연봉이 미니애폴리스의 아주 추운 날씨를 충분히 보상해주고 있는 것이다. 그러나 이 둘보다는 C를 더 선호하는데 워싱턴에서의 연봉은 피닉스보다 더 높고, 날씨는 미니애폴리스보다 훨씬 더 좋기 때문이다. 이 예에서 샘이 연봉과 날씨에 대해 절충하여 C를 선택한다면 A나 B 같은 두 극단적인 경우를 선택하

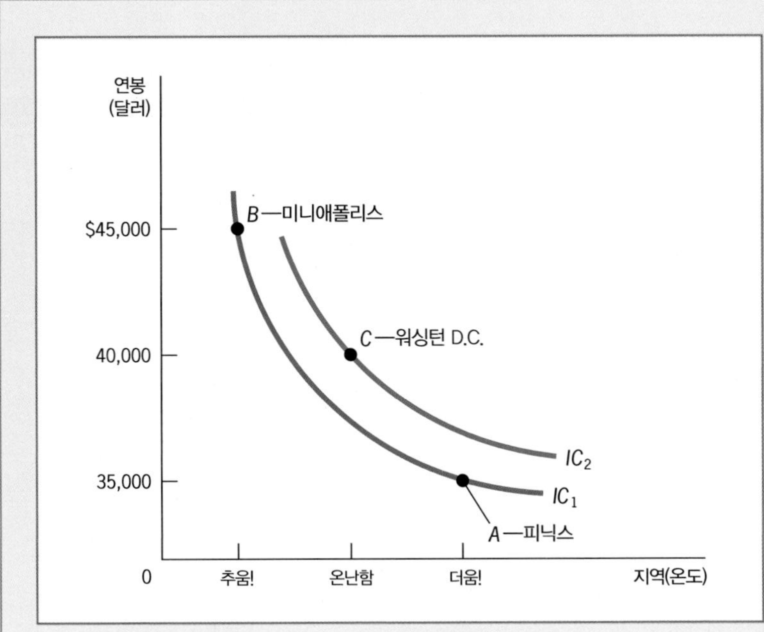

그림 2-2 **직장 선택의 무차별곡선 분석** 직장을 선택함에 있어서 샘은 두 가지 관심사인 연봉과 평균기온 사이의 상충관계에 직면한다. IC_1상에서 샘은 연봉은 높지만 기온은 낮은 미니애폴리스의 직장과 연봉은 낮지만 기온은 높은 피닉스의 직장 사이에 무차별하다. 그러나 샘은 IC_2의 위치에 나타나 있듯이, 평균적인 연봉과 평균기온을 보이는 워싱턴 D.C.의 직장을 더 선호한다.

는 것보다 더 높은 효용을 누리게 된다.

선호체계와 효용함수

무차별곡선은 각 개인이 잘 정의된 효용함수를 갖고 있다는 가정으로부터 도출된다. 효용함수는 수학적으로 $U=f(X_1, X_2, X_3, \cdots)$와 같이 표현되는데 이때 X_1, X_2, X_3 등은 개인이 소비하는 재화의 양을 의미하고 f는 재화의 소비를 효용으로 바꾸어주는 어떤 함수를 의미한다. 이와 같은 수학적 표현을 통해 상이한 재화 소비 수준에 따른 후생 수준의 비교가 가능하다.

예를 들어 케이크와 영화 관람에 대한 안드레아의 효용함수는 $U=\sqrt{Q_C \times Q_M}$이라고 가정해 보자. 이런 효용함수하에서 안드레아는 케이크 4개와 영화 관람 1회, 케이크 2개와 영화 관람 2회, 케이크 1개와 영화 관람 4회가 모두 무차별한데, 이는 각 묶음이 모두 2의 효용 수준을 낳기 때문이다. 이 모든 묶음에 비해 케이크 3개와 영화 관람 3회를 더 선호하는데, 이는 이 묶음이 3의 효용 수준을 낳기 때문이다.

한계효용 소비자 선호체계를 이해하는 핵심 개념은 **한계효용**(marginal utility), 즉 재화를 한 단위 더 소비했을 때 추가적으로 증가하는 효용의 증분이다. 앞에서 소개한 효용함수는 매우 중요한 한계효용체감의 법칙을 보여주고 있는데 이는 재화를 한 단위 더 소비할 때 얻는 만족감이 앞 단위의 소비로 얻는 만족감보다 더 작다는 것을 의미한다. 이를 보기 위해 그림 2-3에는 케이크를 2개로 고정해놓았을 때 영화 관람의 한계효용 그래프를 그려놓았다. 안드레아가 영화 관람횟수를 0에서 1로 늘렸을 때 효용의 크기는 $\sqrt{2}=1.41$로 증가한다. 따라서 첫 번째 영화 관

한계효용 어떤 재화를 한 단위 더 소비함에 따라 증가하는 효용의 추가적인 증분

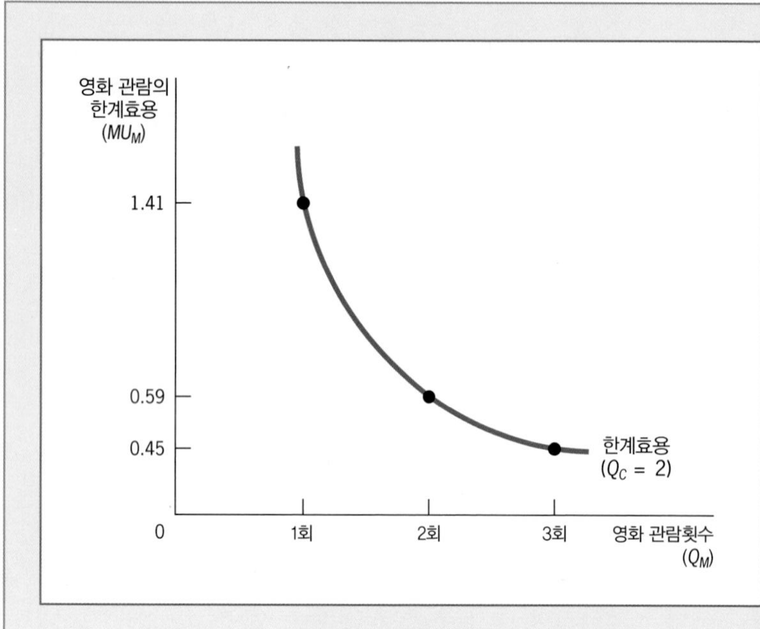

그림 2-3 한계효용의 체감 케이크를 2개에 고정한 후 효용함수 $U=\sqrt{Q_C \times Q_M}$에서 추가적인 영화 관람에 따른 효용의 증가분은 점점 줄어든다.

람의 한계효용은 1.41이다. 한 번 더 관람하는 경우 효용은 $\sqrt{4}=2$로 증가하므로 추가적으로 늘어나는 한계효용은 0.59로서 1.41보다 훨씬 더 작다. 세 번째로 영화를 관람하면 효용은 $\sqrt{6}=2.45$로 증가하므로 한계효용은 더욱 줄어들어 0.45에 불과하다. 영화 관람의 횟수가 늘어날수록 효용은 증가하지만 그 증분은 계속 줄어든다.

한계효용은 왜 체감할까? 영화 관람의 예를 생각해보자. 사람들마다 거의 언제나 꼭 보고 싶은 영화가 하나는 있을 것이고, 어떤 영화는 그다음으로 보고 싶을 것이며, 또 어떤 영화는 그다음으로 보고 싶을 것이다. 따라서 첫 번째 영화의 한계효용이 제일 크고, 차선의 영화로부터 얻는 한계효용은 더 작을 것이며, 세 번째로 보고 싶은 영화로부터 얻는 한계효용은 두 번째보다도 더 작을 것이다. 피자 또한 마찬가지다. 배고플 때 최초의 피자 한 조각의 효용이 가장 클 것이고, 그다음 조각으로부터의 효용은 점점 줄어들 것이다.

한계대체율 한계효용의 개념을 이해했다면 이제 소비자의 선택과 관련해서 무차별곡선으로 정확히 무엇을 알아낼 수 있는지 살펴볼 수 있게 되었다. 무차별곡선의 기울기는 세로축의 재화를 가로축의 재화로 대체하고자 할 때 맞바꿀 의사가 있는 비율이며 이를 **한계대체율**(marginal rate of substitution, *MRS*)이라고 한다. 이 예에서 *MRS*는 안드레아가 영화 관람을 위해 케이크를 포기하는 비율이다. 무차별곡선상에서 많은 케이크와 적은 영화 관람의 상품묶음으로부터 적은 케이크와 많은 영화 관람의 상품묶음으로 이동함에 따라 안드레아는 케이크 소비를 줄이는 대신 영화 관람을 늘려나가게 된다. 무차별곡선의 기울기는 이 두 재화의 여러 가지 묶음에 대해서 안드레아가 모두 무차별하게 느끼도록 만드는 교환비율이다.

한계대체율(*MRS*) 소비자가 한 재화를 다른 재화로 교환하고자 할 때의 교환비율. *MRS*는 소비자가 세로축의 재화를 가로축의 재화로 대체하는 비율인 무차별곡선의 기울기와 동일함

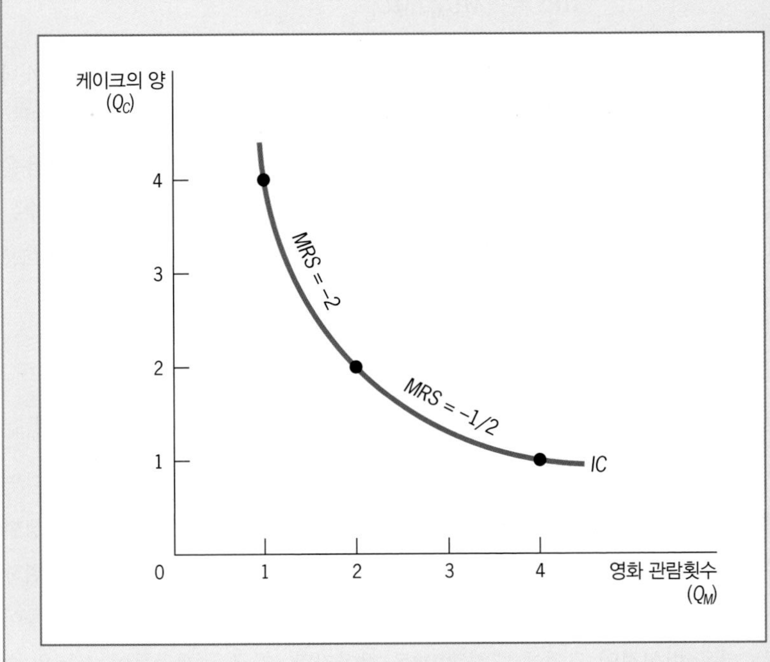

그림 2-4 한계대체율 효용함수 $U=\sqrt{Q_C \times Q_M}$에서 *MRS*는 영화 관람횟수가 늘어남에 따라 체감한다. 4개의 케이크와 1회의 영화 관람에서 안드레아는 영화 1회를 더 보기 위해 2개의 케이크를 포기할 의사가 있다(*MRS*=−2). 그러나 2개의 케이크와 2회의 영화 관람에서 안드레아는 영화 2회를 더 보기 위해 1개의 케이크만 포기할 의사가 있다(*MRS*=−1/2).

안드레아의 효용함수처럼 이 책에서 다루는 효용함수는 모두 *MRS*가 체감하는 성질을 갖고 있다. 우리는 $U=\sqrt{Q_C \times Q_M}$과 같은 효용함수로부터 도출되는 무차별곡선을 통해 이 사실을 확인해볼 수 있다. 그림 2-4에서 볼 수 있듯이 안드레아는 영화 관람 1회와 케이크 4개, 영화 관람 2회와 케이크 2개, 영화 관람 4회와 케이크 1개 사이에 무차별하다. 이 무차별곡선의 어떤 부분에서건 *MRS*를 정의할 수 있다. 예를 들어 케이크 4개와 영화 관람 1회로부터 케이크 2개와 영화 관람 2회로 이동하는 경우 *MRS*는 −2이다. 즉 영화 관람을 1회 더 늘리기 위해 케이크 2개를 포기할 용의가 있는 것이다. 그러나 2개의 케이크와 2회의 영화 관람에서 1개의 케이크와 4회의 영화 관람으로 이동하는 경우 MRS는 −1/2이 된다. 즉 2회의 영화 관람을 위해 포기할 의사가 있는 케이크의 양은 1개에 불과하다.

무차별곡선의 기울기는 *MRS*가 체감하기 때문에 계속 변화한다. 안드레아가 영화를 1회만 관람하고 나서 영화를 추가적으로 1회 더 관람하는 것은 그녀에게 큰 만족감을 가져다주기 때문에 안드레아는 기꺼이 2개의 케이크를 포기할 의사가 있다. 그러나 세 번째, 네 번째 영화에 대해서는 그만큼의 만족감을 얻지 못하기 때문에 케이크를 1개만 포기하게 되는 것이다. 따라서 한계효용체감의 법칙은 안드레아가 재화 *A*를 더욱 소비할수록 *A*를 추가적으로 얻기 위해 포기할 의사가 있는 재화 *B*의 양은 점점 줄어든다는 생각에 기초하고 있다.

무차별곡선은 효용함수를 그래프로 표현한 것이므로 *MRS*와 효용 사이에는 직접적인 관계가 존재하는데 *MRS*는 케이크의 한계효용에 대한 영화 관람의 한계효용의 비율이다.

$$MRS = -MU_M / MU_C$$

즉 *MRS*는 무차별곡선상에서 상대적인 한계효용이 어떻게 변화해나가는지를 나타내주는 개념으로서 안드레아가 무차별곡선을 따라 내려오면서 케이크의 한계효용은 늘어나고 영화 관람의 한계효용은 감소하는 것이다. 한계효용체감의 법칙에 따라 소비량이 증가할수록 한계효용은 감소한다는 사실을 상기하자. 안드레아가 무차별곡선을 따라 내려오면서 영화 관람의 횟수는 늘어나고 케이크의 양은 줄어들기 때문에 케이크의 한계효용은 늘어나고 영화 관람의 한계효용은 감소함에 따라 결국 *MRS*는 감소하는 것이다.

예산제약

예산제약 소비자가 모든 소득을 지출하는 경우 구입 가능한 재화들의 조합을 나타내주는 수학적 표현

소비자 선택에 있어서 근본적인 가정이 '많을수록 좋다'는 것인데도 사람들이 모든 것을 원하는 대로 흥청망청 쓰지 못하는 이유는 무엇일까? 소비자들이 어느 순간 소비를 멈추어야 한다면 이는 바로 그들의 한정된 자원, 즉 **예산제약**(budget constraint) 때문이다. 예산제약이란 일정한 소득으로 구입할 수 있는 재화들의 조합을 나타내는 수학적 표현이다. 논의를 단순화하기 위해서 소비자들은 자신들의 소득을 모두 지출하며 저축은 없다고 가정하자. 제22장에서 개인들이 저축 및 차입을 하는 더욱 현실적인 모형에 대해 알아볼 것이지만, 지금은 개인들이 소득을 수령하는 기간 중에 소득을 모두 지출한다고 가정하기로 한다. 더욱이 안드레아는 케이크 구입과 영화 관람에 모든 소득을 지출한다고 가정한다.

이와 같은 가정하에서 안드레아의 예산제약은 수학적으로 $Y = P_C Q_C + P_M Q_M$과 같이 표현될 수 있으며 이때 Y는 소득, P_C와 P_M은 각각 케이크 구입비와 영화 관람료, Q_C와 Q_M은 각각 케이크 구입량 및 영화 관람횟수이다. 이 표현의 의미는 케이크에 대한 지출액과 영화에 대한 지출액을 합하면 안드레아의 총소득이 된다는 것이다.

예산제약의 그래프는 그림 2-5에 선분 *AB*로 나타나 있다. 가로축 절편은 안드레아가 케이크를 전혀 구입하지 않는 경우 관람 가능한 영화의 횟수를 의미하고, 세로축은 영화관에 가지 않을 경우 구입 가능한 케이크 양을 의미하며, 예산제약선의 기울기는 시장에서 영화 1회를 보기 위해 포기해야 하는 케이크 양의 비율이 된다. 이 비율은 가격비 P_M / P_C에 음의 부호를 붙인 것인데 이는 소득을 일정한 수준에서 묶어놓았을 때 영화를 1회 더 관람하려면 안드레아가 케이크 구입량을 P_M / P_C만큼 줄여야 한다는 것을 의미한다.

그림 2-5에는 $Y = 96$달러, $P_C = 16$달러, $P_M = 8$달러인 경우의 예산제약선이 그려져 있다. 이 소득과 가격체계하에서 안드레아는 12회의 영화를 보거나 6개의 케이크를 구입할 수 있는데, 케이크 1개를 더 구입할 때마다 영화 관람은 2회씩 줄여야 한다. 이 경우 예산제약선의 기울기는 시장에 나가서 영화를 1회 더 보기 위해 포기해야 하는 케이크의 양으로서 $P_M / P_C = -8/16 = -1/2$이 된다.

▶ **즉석 힌트** 지금까지 우리는 영화 관람을(혹은 케이크를) 늘리기 위해 케이크(혹은 영화 관람)를 줄인다는 방식으로 논의를 진행해왔는데, 실제로는 두 재화를 직접 교환할 수 없으며 시장경제하에서는 화폐를 사용

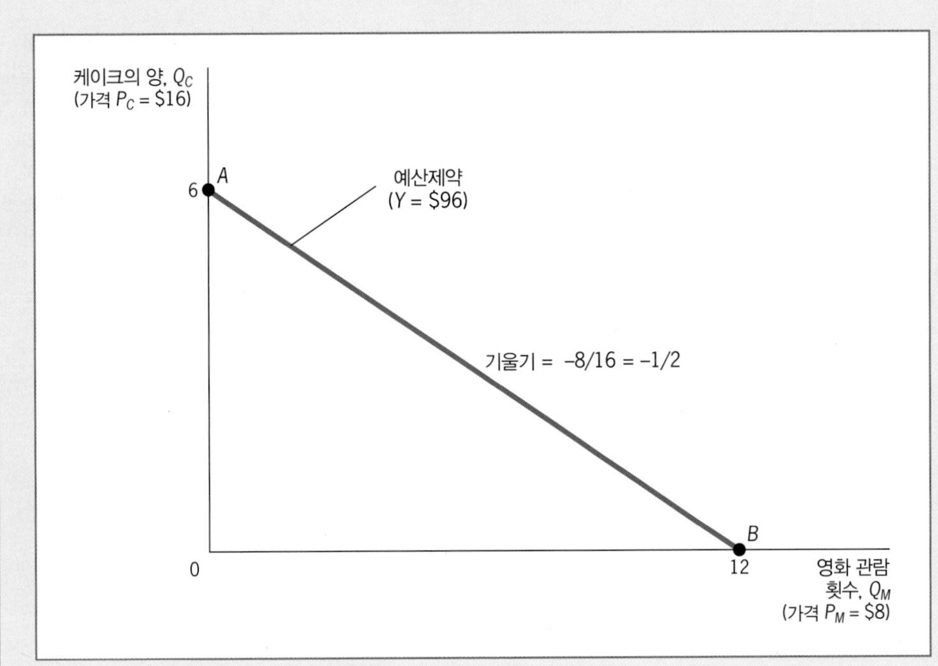

그림 2-5 예산제약선 소득이 96달러 있고, 케이크 가격이 16달러, 영화 관람료가 8달러일 때 안드레아는 2회의 영화당 1개의 케이크를 맞바꿀 수 있으며, 최대 6개의 케이크를 구입하든지 아니면 12회의 영화를 관람할 수 있다. 따라서 예산제약선의 기울기는 −1/2이며 이는 케이크 가격에 대한 영화 관람료의 비율이다.

하게 된다. 그럼에도 불구하고 '영화 관람과 케이크 사이의 교환관계'를 언급하는 것은 경제학의 핵심 개념인 **기회비용**(opportunity cost) 때문이다. 즉 어떤 재화를 구입하는 비용은 그 돈으로 구입할 수 있는 차선의 대안이 갖는 가치가 되는 것이다. 따라서 일정한 예산의 가정하에서 케이크 1개의 구입은 영화를 2회 관람할 수 있는 기회를 포기함을 의미한다. 따라서 현실에 있어서는 재화 자체를 교환하는 것이 아니라 화폐를 사용하여 거래하게 되지만 실질적인 의미에 있어서는 2회의 영화 관람과 1개의 케이크를 교환하는 것이 된다. 예산이 고정되어 있을 때 한 가지를 구입하게 되면 정의상 다른 것을 구입하기 위해 쓸 수 있는 돈은 그만큼 줄어드는 것이다. 따라서 화폐를 사용한 간접적인 거래는 한 재화를 다른 재화와 교환하는 직접적인 거래와 동일한 효과를 갖는다.

기회비용 어떤 재화의 구입에 드는 비용은 그 돈을 차선의 대안에 지출했을 때 누릴 수 있는 가치 또는 사라진 기회의 가치임

효용함수와 예산제약선의 결합 : 제약하에서의 선택

이제 효용함수와 예산제약선 개념을 이해했으므로 소비자가 구입할 수 있는 효용극대화 상품묶음을 찾는 일이 가능해졌다. 과연 한정된 자원을 가지고 소비자가 가장 만족할 수 있는 상품묶음은 무엇인가?

이 질문에 대한 답이 그림 2-6에 나와 있다. 이 그림에는 효용함수 $U = \sqrt{Q_C \times Q_M}$으로부터 도출되는 무차별곡선(그림 2-4)과 예산제약선(그림 2-5)이 함께 나타나고 있다. 이런 맥락에서 우리는 위에서의 질문을 '예산제약선에 접하는 가장 높은 무차별곡선은 어떤 것인가?'라는 질문으로 바꾸어볼 수 있다. 이 질문에 대한 대답은 예산제약선에 **접하는** 무차별곡선 IC_2로서 이것은 안드레아의 소득과 주어진 가격체계하에서 원점으로부터 가장 멀리 떨어져 있는 무차별곡

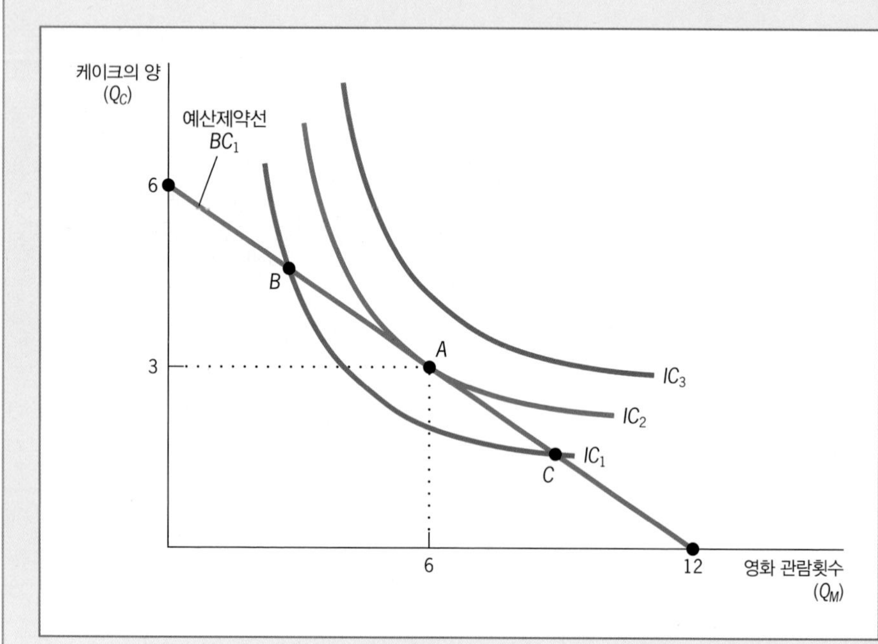

그림 2-6 제약조건하에서 적정화 효용함수가 $U=\sqrt{Q_C \times Q_M}$이고 소득이 96달러, 케이크와 영화의 가격이 각각 16달러, 8달러일 때 안드레아의 최적선택은 3개의 케이크와 6회의 영화 관람(*A*점)이다. 이는 소득과 가격이 주어졌을 때 도달 가능한 가장 높은 무차별곡선상의 한 점이다. *B*나 *C*도 구입이 가능하지만 이 점들은 더 낮은 무차별곡선상에 위치하고 있다(IC_2가 아닌 IC_1).

선이다. 이 예에서 안드레아는 영화 관람 6회와 케이크 3개(*A*점)를 구입함으로써 가장 큰 만족감을 얻을 수 있다. 이 상품묶음이 안드레아의 가용자원과 시장가격하에서 그녀의 효용을 극대화해주는 것이다.

이러한 결과를 이해하는 핵심은 안드레아가 영화를 한 번 더 보고자 할 때의 한계적 의사결정이다. 영화를 한 번 더 관람할 때의 편익은 **한계대체율**인데 이는 영화를 한 번 더 관람하기 위해 포기할 의사가 있는 케이크의 양을 나타낸다. 이러한 맞교환의 비용은 **가격비**(price ratio)인데 이는 영화를 한 번 더 관람하고자 할 때 시장이 허용하는 케이크의 양을 나타내는 비율이다. 따라서 최적선택이 이루어진다면 다음 관계가 성립한다.

$$MRS = -MU_M/MU_C = -P_M/P_C$$

적정점에서 한계효용의 비는 가격비와 동일하다. 즉 안드레아가 한 재화를 다른 재화로 교환하고자 하는 비율은 시장에서 그 교환이 이루어지는 비율과 동일한 것이다.

이것이 최적선택이라는 사실을 확인하는 한 가지 방법은 그 이외의 다른 점을 선택하는 경우 안드레아의 효용이 감소한다는 점을 파악하면 된다. 그림 2-6의 *B*점을 생각해보자. 이 점에서 무차별곡선 IC_1의 기울기는 예산제약선의 기울기보다 더 크다. 즉 *MRS*가 가격비보다 크다는 것인데 이것이 의미하는 바는 케이크에 대한 영화 관람의 한계효용이 케이크 가격에 대한 영화 관람료보다 더 크다는 것이다. *MRS*는 안드레아가 영화를 한 번 더 보기 위해 포기할 의사가 있는 케이크의 양이고, 가격비는 시장에서 영화를 한 번 더 보기 위해 포기해야 하는 케이크의 양이기 때문에 안드레아는 영화를 한 번 더 관람하기 위해 시장이 요구하는 수준보다 더 많은 양의 케이크를 포기하고자 한다. 따라서 *B*점에서 *A*점으로 이동하여 케이크 구입을 줄이는 대신 영화 관람을 늘린다면 안드레아의 효용 수준은 증가할 수 있다.

이제 그림 2-6의 *C*점을 생각해보자. 이 점에서 무차별곡선 IC_1의 기울기는 예산제약선의 기울기보다 더 작다. 즉 *MRS*가 가격비보다 작다는 것인데 이것이 의미하는 바는 *B*점에 비해 상대적으로 영화 관람에 대한 관심은 줄고 케이크에 대한 관심은 늘어난다는 것이다. 왜냐하면 영화 관람의 횟수가 늘어나면서 영화의 한계효용은 줄고, 케이크 소비가 줄면서 케이크의 한계효용은 늘어나기 때문이다. 실제로 *C*점에서 안드레아는 영화 관람 한 번을 위해 시장에서 요구하는 것보다 더 적은 양의 케이크만을 포기하고자 한다. 따라서 *C*점에서 *A*점으로 이동하여 케이크 구입을 늘리는 대신 영화 관람을 줄인다면 안드레아의 효용 수준은 증가할 수 있다. 결국 소비자가 무차별곡선과 예산제약선이 접하지 않는 점에 위치해 있을 때마다 소비자는 접점으로 이동함으로써 더 높은 만족감을 누릴 수 있다.

▶ **즉석 힌트** 추가적인 단위의 소비나 생산으로부터의 비용과 편익을 고려하는 *한계분석*(marginal analysis)은 소비자의 재화 소비량 선택 및 기업의 생산량 선택에 관한 의사결정을 모형화할 때 가장 중요한 개념이다. 경제학에서 다루는 모든 적정화 과제의 해결은 구름이 잔뜩 낀 날 산에 오르는 것과 같다. 이럴 때 어떤 일정한 위치에서 정상에 도달했는지 여부를 알 수는 없다. 그러나 위로 올라가고 있는지 아래로 내려가고 있는지는 분명히 알 수 있다. 만일 위로 올라가고 있다면 아직 정상에 도달하지 않았고, 아래로 내려가고 있다면 이미 정상을 지나친 것이다.

소비자의 효용극대화 과제나 기업의 이윤극대화 과제도 마찬가지이다. 영화를 몇 번 관람해야 하는지 결정하는 문제를 산이라고 생각하고, 선호체계와 예산제약하에서의 적정 영화 관람횟수를 그 산의 정상이라고 생각해보자. 어떤 상품묶음을 출발점으로 하여 이 위치에서 소비자는 추가적인 영화 관람 1회의 편익(*MRS*)이 비용(가격비)을 능가하는지 생각해본다. 만일 추가적인 영화 관람 1회의 편익이 비용을 능가한다면 현재 위치에서의 한 걸음은 위로 올라가는 것이므로 영화 관람을 늘리고, 계속해서 적정화 과제의 산을 올라가게 된다. 만일 이 편익이 비용보다 작다면 현재 위치에서의 한 걸음은 아래로 내려가는 것이며 정상으로 가기 위해서는 영화 관람을 줄여 뒤로 되돌아가야 한다. 효용극대화 과제의 산을 오르는 소비자는 오로지 추가적인 영화 관람 1회의 편익이 비용과 일치할 때만 산의 정상에 도달했다는 사실을 깨닫게 될 것이다.

가격 변화의 효과 : 대체효과 및 소득효과

제약조건하 선택 문제의 분석을 통해 얻게 되는 가장 중요한 결과는 $MU_M/MU_C = P_M/P_C$이다. 즉 안드레아는 영화와 케이크 한계효용의 비율이 가격비와 같아지도록 영화와 케이크를 소비한다. 이 결과의 의미는 영화 관람의 상대가격이 올라가게 되면(즉 P_M/P_C이 증가하게 되면) 그 수요가 감소한다는 것이다. 그 이유는 최적화를 위한 조건이 성립되려면 P_M/P_C이 올라가게 되는 경우 MU_M/MU_C 역시 올라가야 하고, 이를 위해서는 영화 관람의 수요량이 케이크 수요량에 비해 상대적으로 떨어져야 하기 때문이다(왜냐하면 한 재화의 소비량이 증가하면 그 한계효용은 감소하기 때문이다).

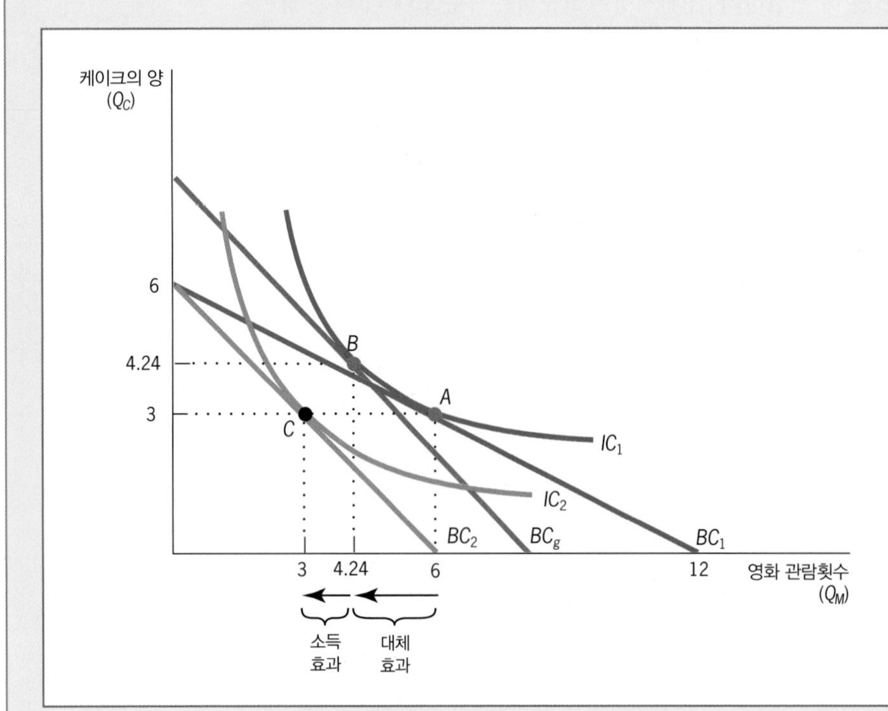

그림 2-7 대체효과와 소득효과 영화 관람료가 인상되는 경우 두 가지 효과가 나타난다. 첫째, 효용 수준을 일정하게 고정시켰을 때 대체효과가 나타나는데 영화가 상대적으로 더 비싸졌으므로 안드레아는 영화에 대한 수요를 줄이게 된다(*A*점에서 *B*점으로의 이동). 둘째, 상대가격을 일정하게 고정시켰을 때 소득효과가 나타나는데 안드레아는 더 가난해졌으므로 영화에 대한 수요를 줄이게 된다(*B*점에서 *C*점으로의 이동).

이러한 내용이 그림 2-7에 그래프로 나타나 있다. 소득이 96달러이고 케이크 가격이 16달러, 영화 관람료가 8달러일 때 안드레아는 BC_1과 IC_1이 접하는 *A*점에서 6회의 영화 관람과 3개의 케이크를 선택한다는 사실을 이미 보인 바 있다. 만일 영화 관람료가 16달러로 상승한다면 예산제약선은 BC_1에서 BC_2로 이동하면서 기울기가 더욱 급해진다.

케이크 1개의 가격은 변화하지 않았으므로 안드레아는 여전히 96달러의 소득으로 6개의 케이크를 구입하게 될 것이다(즉 세로축 절편). 그러나 영화 관람료는 16달러로 올랐으므로 6회(96/16달러)만 구입이 가능하다(즉 가로축 절편). 새로운 예산제약선의 기울기는 $-1/2$에서 BC_2의 -1로 커지게 된다.

이렇듯 예산제약선의 기울기가 급해지면서 안드레아는 소비점 *A*를 더 이상 선택할 수 없게 되었다. 이제 최적조합은 BC_2와 더 낮은 무차별곡선 IC_2가 접하는 *C*점이 된다. 이 점에서 안드레아는 3개의 케이크를 구입하지만 영화는 *A*점에서처럼 6회가 아니라 3회만을 관람하게 된다. 이렇듯 영화 관람에 대한 수요량이 감소한 것은 그 관람료가 상승했기 때문이다. 따라서 안드레아는 영화 관람료의 상승 이전에 비해 사정이 나빠졌는데 이는 예산집합, 즉 일정한 소득 수준하에 선택 가능한 소비점들의 집합이 예산제약선의 이동(BC_1에서 BC_2로)으로 말미암아 줄어든 것으로 나타난다. 한편, 케이크의 수요량에는 변화가 없는데 이는 단지 우리가 가정한 효용함수의 특정한 형태 때문에 나타난 결과일 뿐 일반적으로 케이크 수요량 역시 감소하게 된다.

소득효과와 대체효과 정부가 어떤 방법으로든 가격 상승에 따른 안드레아의 효용상실을 보상해준다고 가정해보자. 즉 상대가격의 변화에도 불구하고 동일한 무차별곡선 IC_1에 머물러 있을 수 있도록 정부가 보상해준다고 하자. 그렇다면 가격 변화가 안드레아의 선택에 아무 영향도 미치지 않을 것인가? 그렇지는 않다. 그녀는 새로운 상대가격하에서 새로운 최적조합을 찾으려 할 것이기 때문이다.

그림 2-7에 이러한 점이 나타나 있다. 가격 변화에도 불구하고 정부는 안드레아에게 BC_2와 평행하지만 그녀의 원래 선택하에서 누리게 되는 IC_1과 접하는 예산제약선 BC_g를 부여함으로써 새로운 가격체계하에서도 동일한 효용을 누리도록 만들 수 있다. 그래프상에서 예산제약선의 기울기는 급해졌지만 안드레아는 동일한 무차별곡선상에 위치함으로써 동일한 효용을 누리게 된다. 안드레아는 B점으로 나타나는 상품묶음을 선택하게 되는데 이는 영화 관람료가 인상되었으므로 영화 관람횟수는 줄어들고(4.24) 케이크 소비는 늘어나도록(4.24) 선택하기 때문이다. 이와 같은 가격 변화의 효과를 **대체효과**(substitution effect)라 하며 이는 효용을 일정하게 유지하는 상태에서 한 재화의 가격이 상승하면 소비자는 언제나 그 재화의 수요량을 감소시키는 효과를 말한다.

대체효과 효용을 일정하게 유지하는 상태에서 한 재화의 가격이 상대적으로 상승하면 소비자는 언제나 그 재화의 수요량을 감소시킴

현실에서는 가격이 상승하는 경우 소비자의 효용 수준을 일정하게 유지시키는 역할을 하는 정부기구는 존재하지 않는다. 따라서 이와 같은 가격 상승은 수요량 변화에 두 번째 효과를 가져온다. 안드레아는 이제 영화 관람을 위해 더 많은 돈을 지불해야 하므로 사실상 형편이 더욱 어려워졌다. 그녀의 화폐소득은 96달러를 유지하고 있으므로 명목상으로는 형편이 나빠진 것이 아니지만, 96달러로 살 수 있는 재화(특히 영화 관람)의 양이 줄어들었으므로 실질적인 의미에서는 형편이 나빠진 것이다. 가격이 상승하면 소비자는 모든 재화의 구입량을 줄일 수밖에 없으므로 실질적으로 가난해지고 이에 따라 소비자는 모든 재화의 수요를 줄이게 되는데 이를 가격 변화의 **소득효과**(income effect)라고 한다.[2] 안드레아는 이제 그녀의 소득으로 더 적은 양만을 구입할 수 있게 되었으므로 수요량은 줄어들게 된다.

소득효과 어떤 재화의 가격이 상승하면 일정한 소득으로 과거보다 더 적은 양만을 구입해야 하므로 소비자는 통상적으로 모든 재화를 적게 수요하게 됨

이 소득효과는 정부가 지원해주는 예산선 BC_g로부터 새로운 예산선 BC_2로의 변화로 측정할 수 있다. 이 변화는 새로운 가격하에서 안드레아의 기회집합이 줄어들었음을 의미한다. 이제 그녀의 경제형편이 더 어려워졌기 때문에 C점에서처럼 영화와 케이크를 포함하여 모든 재화를 더 적은 양만 선택하게 될 것이다. 이 경우 소득효과는 대체효과를 강화하게 되는데 두 효과 모두 영화 관람에 대한 수요량을 감소시키는 효과를 낳는다.[3] 요약하자면 한 재화의 가격이 다른 재화에 비해 상대적으로 올라가게 되면 소비자는 두 가지 이유에서 해당 재화의 수요량을 줄이게

2 소득이 증가하는 경우 재화에 대한 수요는 이론적으로는 증가할 수도 있고 감소할 수도 있다. 대부분의 재화는 **정상재**(normal goods)로서 소득이 증가하면 수요가 증가하지만 일부 재화는 **열등재**(inferior goods)로서 소득이 증가하면 수요가 감소한다. 열등재는 소득 증가에 따라 수요가 증가하는 재화가 존재하는 경우이다. 예를 들어 감자는 저소득계층에 의해 주로 소비되는데 만일 소득이 증가한다면 사람들은 감자를 육류 같은 재화로 대체하게 되므로 감자의 소비는 줄어들 것이다.

3 그러나 이 경우 소득효과는 케이크 수요량의 감소를 상쇄하는 효과가 있는데 이 때문에 그림 2-7에서 케이크에 대한 수요량이 변화하지 않는다. 그러나 재화가 열등재라면 이 경우의 소득효과는 대체효과를 강화하기보다는 상쇄함을 상기하기 바란다.

정상재 소득이 증가함에 따라 수요가 증가하는 재화

열등재 소득이 증가함에 따라 수요가 감소하는 재화

된다. 즉 그 재화가 상대적으로 더 비싸졌기 때문에(대체효과), 그리고 실질적으로 더 형편이 어려워졌기 때문에(소득효과) 소비자는 수요량을 줄인다.

2.2 분석 도구의 적용 : TANF와 한부모가정 가구주의 노동공급행태

이제 당신은 주정부의 새로운 직위에서 보건복지부 장관과 주지사가 우려하는 문제를 다루는 데 필요한 이론적 도구를 모두 검토해보았으니 이 장을 시작하면서 제기했던 문제로 돌아가보자. 과연 TANF 급여를 축소시키면 한부모가정 가구주의 노동공급은 늘어날 것인가? 이 문제에 답하기 위해 효용극대화 모형을 노동공급에 관한 의사결정의 분석에 적용해보자.

TANF 프로그램은 미국에서 빈곤층 소득보조를 위한 **현금급여**(cash transfer)제도를 개혁한 주요 결과로서 1996년에 도입되었다. 빈곤층 현금급여제도는 제17장에서 보다 자세히 다루게 되겠지만 납세자가 낸 세금을 저소득층 가구에 분배하는 제도이다. TANF는 각 주마다 나름대로 결정하는 한계 수준 이하의 소득으로 생활해야 하는 가구의 생활비를 지원하기 위해 매달 수표를 지급해준다. 예를 들어 뉴저지의 경우 두 자녀가 있는 한부모가정 부모가 별도의 소득원이 없다면 매월 454달러의 수표를 수령한다.[4] 이 수표는 거의 대부분 미성년 자녀가 있으면서 여성이 가구주인 가계에 지급되는데 그 이유는 이들이 자립 가능성이 가장 낮은 것으로 간주되기 때문이다.

조엘은 근로소득과 TANF 보조금을 아이들과 자신의 식료품 구입비로 모두 지출해야 하는 한부모 여성가구주라고 가정해보자. 조엘이 근로시간을 늘리면 식품 구입에 쓸 더 많은 돈을 벌 수 있다. 그렇지만 아이들을 돌보거나 집안일을 하는 등 자신의 여가시간이 줄어든다는 점에서 치러야 할 대가가 있다. 이제 조엘은 시장에 나가서 일하는 것보다 집에 있는 것을 더 좋아한다고 가정해보자. 이는 여가가 정상재임을 의미한다. 이런 선호체계하에서 조엘이 만약 더 많은 일을 한다면 효용이 줄어들 터이지만 그 대신 식료품 구입에 쓸 수 있는 소득은 늘어날 것이다.

이 상황에서 조엘은 최적노동공급량을 어떻게 결정할까? 이 질문에 대답하려면 앞에서 살펴본 효용극대화 모형으로 돌아가야 하는데, 여기서는 케이크와 영화의 최적소비량을 결정해야 하는 경우와는 다른 점이 한 가지 있다. 앞에서 우리는 두 재화를 취급했지만 이제 한부모가정 여성가구주의 예에서는 효용을 증가시키는 한 가지의 재화(식료품 소비)와 효용을 감소시키는 한 가지의 '비재화'(직장에서 일하는 시간 동안 집에서 보낼 수 있는 시간이 줄어들기 때문에 노동공급은 비재화가 됨)를 다루어야 한다. 이런 종류의 의사결정을 모형화할 때 사용하는 방법은 노동공급에 대응하는 재화로서 여가에 대한 수요를 고려하는 것이다. 그렇게 되면 기존의 분석 도구를 사용하여 모두 효용을 증가시키는 두 재화 사이의 교환관계를 다룰 수 있게 되고 노동공급시간은 총가용시간에서 여가시간을 빼줌으로써 계산할 수 있다.

---

4 TANF 급여 수준에 관한 자료는 녹서(Green Book)에서 구하였다(U.S. House of Representatives Committee on Ways and Means, 2018).

예산제약선의 식별

이제 조엘은 시간당 10달러의 임금을 받고 연간 2,000시간까지 일할 수 있고, 다른 소득원은 갖고 있지 않으며, 아직 TANF 프로그램은 존재하지 않는다고 가정해보자. 조엘이 연간 일하는 시간을 1시간 줄이면 10달러만큼 소비를 줄여야 하지만 여가가 1시간 늘어나게 된다. 따라서 여가 1시간의 '가격'은 시간당 임금률이 된다. 이런 결과는 기회비용의 원리로부터 도출되는 것인데, 조엘이 1시간 더 여가를 갖기로 결정했다면 이에 대한 차선의 대안은 일을 하는 것이기 때문이다. 따라서 여가 1시간의 가격은 그 시간에 일을 했더라면 벌 수 있었던, 그러나 여가를 선택했기 때문에 사라져버린 임금 10달러가 되는 것이다.

식료품 소비의 가격은 시장에서 직접 결정되며 식료품 한 단위당 1달러라고 가정하자. 이는 조엘이 1시간 일을 하면 식료품 10단위가 생기고, 1시간 여가를 가지면(일하지 않는 시간) 식료품 10단위가 사라진다는 점에서 맞교환관계에 직면한다는 것을 의미한다. 만일 조엘이 연간 2,000시간까지 일을 할 수 있다면 그녀의 예산제약은 그림 2-8에서처럼 선분 *ABC*로 나타나게 된다. 이에 따르면 조엘은 여가를 전혀 누리지 않는 경우 최대한 20,000달러어치의 식료품을 소비하거나, 일을 전혀 하지 않는 경우 2,000시간의 여가를 누릴 수 있으며, 여가와 식료품 소비의 어떤 조합을 선택할 수도 있다. 예산제약선의 기울기는 소비의 가격(1달러)에 대한 여가의 가격(10달러)비인 −10이 된다.

예산제약에 대한 TANF의 효과

이제 TANF 프로그램을 도입하여 이 제도가 예산제약에 미치는 효과를 알아보자. TANF 같은

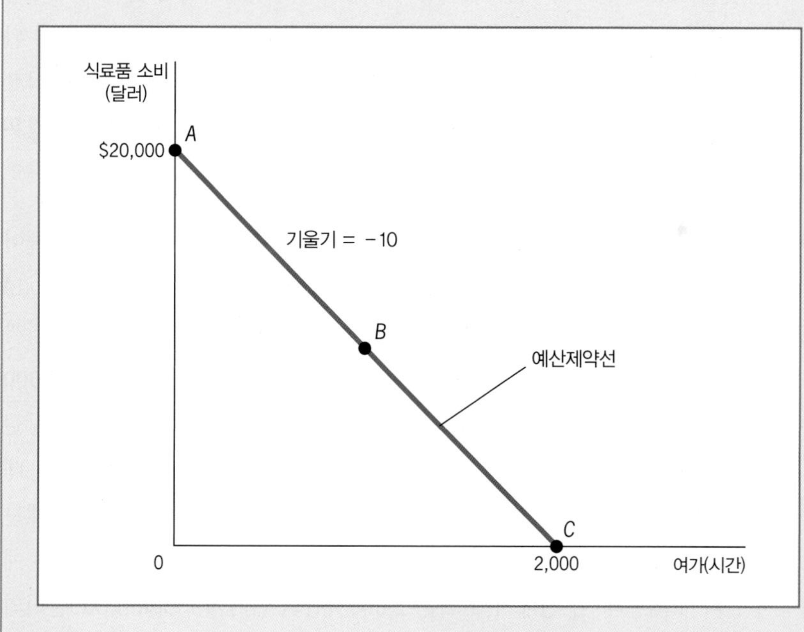

그림 2-8 소비와 여가의 맞교환 조엘은 여가를 더 많이 갖는 대신 소비를 줄이거나 아니면 여가를 덜 갖는(더 많은 시간 동안 일하는) 대신 소비를 늘리는 선택을 할 수 있다. 만일 여가를 전혀 갖지 않는다면 연간 20,000달러어치의 소비가 가능하다. 그러나 2,000시간의 여가를 갖는다면 소비 수준은 0으로 떨어진다. 이 사실은 식료품 소비에 대한 여가의 상대가격인 −10의 기울기를 갖는 예산제약선에 나타나고 있다.

프로그램은 보통 두 가지 특성을 갖추고 있다. 첫 번째는 **기초수당**(benefit guarantee)으로서 프로그램의 수혜자에게 지급되는 최저보조금이다. 두 번째는 **급여 감축률**(benefit reduction rate)로서 수급자가 다른 소득을 가지고 있는 경우 최저보조금이 감소하는 비율이다. 예를 들어 급여 감축률이 100%라면 수급자가 다른 소득원을 갖고 있지 않은 경우 기초수당 전액을 받을 수 있지만 다른 소득이 있다면 다른 소득 1달러에 대해 1달러씩 기초수당 급여가 감소된다. 만일 급여 감축률이 50%라면 이 경우에도 수급자가 다른 소득원을 갖고 있지 않은 경우 기초수당 전액을 받을 수 있지만 다른 소득이 있다면 다른 소득 1달러에 대해 50센트씩 기초수당 급여가 감소된다. 급여 감축률은 사실상 **암묵적 세율**(implicit tax rate)로서 수급자에게 다른 소득원이 있을 경우에 TANF 급여가 감축되는 비율인 것이다.

이제 그림 2-9(a)에서처럼 예산제약에 TANF 프로그램을 결합시킬 수 있다. 이 TANF 프로그램의 경우 기초수당은 5,000달러이고 급여 감축률은 50%라고 가정해보자. 최초의 예산제약선은 선분 *ABC*이다. 만약 조엘이 1,000시간 또는 그 이하의 여가를 선택한다면 10,000달러에서 20,000달러까지 벌 수 있기 때문에 *AB* 부분처럼 예산제약선에는 아무런 변화가 없다. 왜냐하면 기초수당 5,000달러에 급여 감축률이 50%라면 10,000달러(5,000달러/0.5)를 버는 경우 TANF 급여를 받을 자격이 없기 때문에 예산제약선에 아무런 영향을 미치지 못하는 것이다.

그러나 조엘이 1,000시간 이상의 여가를 갖게 되면 예산제약선은 이제 더욱 평평해진다. 그 이전에 여가의 가격은 시간당 10달러였는데 이는 여가시간당 사라지는 임금이 그만큼이기 때문이다. 그러나 50%의 급여 감축률하에서 조엘이 1시간 더 일을 하면 10달러를 벌지만 5달러의 TANF 급여를 상실하게 된다. 이런 조건하에서 1시간을 더 일하는 경우 순수익은 5달러에 불과하기 때문에 여가의 가격은 5달러로 낮아지게 되는 것이다. 결국 예산제약선의 기울기가 −10에서 −5로 낮아지는 것은 TANF 급여가 지급되는 영역에서 여가의 상대가격이 낮아지기 때문이다. *D*점이 새로운 예산제약선의 마지막 점이며 이로 인해 조엘은 새로운 선택대안을 갖게 된다. 즉 2,000시간의 여가를 갖고도 5,000달러의 TANF 기초수당 덕분에 5,000달러어치의 식료품을 추가로 소비할 수 있게 된 것이다. TANF가 없었다면 2,000시간의 여가를 선택하는 경우 근로소득이 전혀 없기 때문에 그녀의 가족은 식료품을 소비할 수 없게 된다(*C*점).

기초수당 변화의 효과 이제 주정부가 TANF의 기초수당을 5,000달러에서 3,000달러로 줄이는 문제를 고려하고 있다고 가정해보자. 이러한 변화가 예산제약에 미치는 효과는 그림 2-9(b)에 나와 있다. 조엘이 만약 1,400시간 이하의 여가를 선택한다면 6,000달러에서 20,000달러까지 벌 수 있고 그 결과 예산제약선은 선분 *AE*처럼 변화하지 않는다. 왜냐하면 기초수당 3,000달러와 급여 감축률 50%하에서는 6,000달러의 소득을 올리는 경우 TANF의 수급자격을 상실하기 때문이다. 만약 1,400시간 이상의 여가를 선택한다면 예산제약선은 다시 평평해지는데 이 범위에서는 매 근로시간마다 10달러를 벌지만 동시에 TANF 급여가 5달러씩 감소하기 때문에 선분 *EF*상의 예산제약선 기울기(1시간 근로의 순수익)가 −5가 되기 때문이다. 이 새로운 예산제약선은 *F*점에서 끝나게 되는데 이 점에서 조엘은 2,000시간의 여가에 더하여 3,000달러의

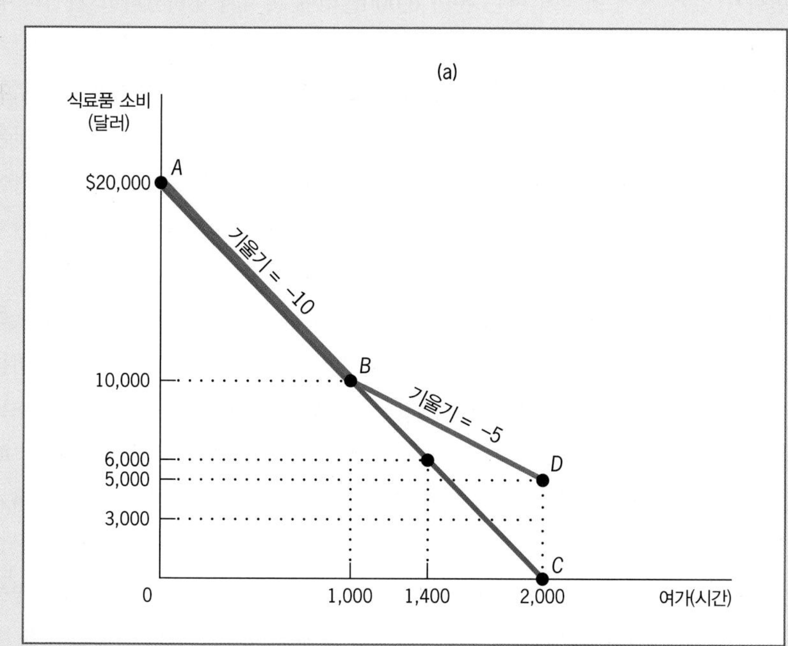

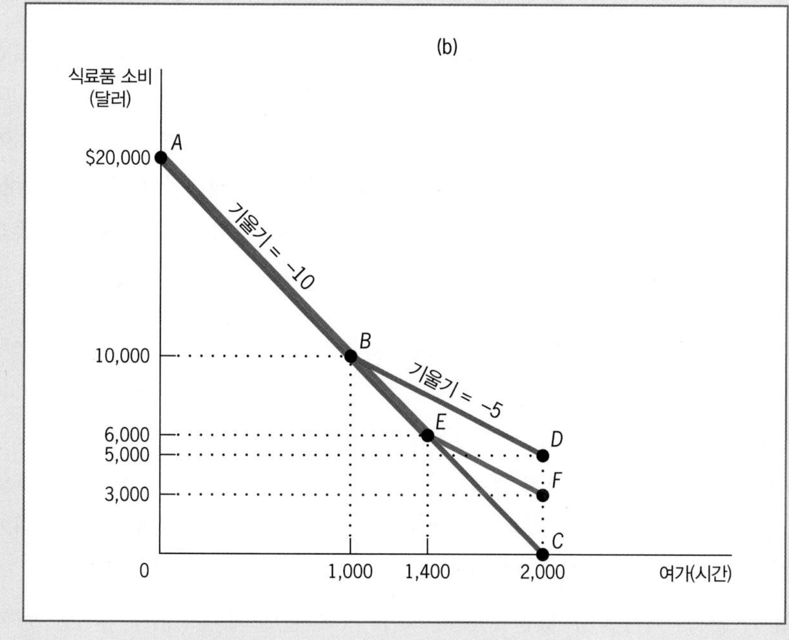

그림 2-9 TANF와 예산제약선 조엘의 최초 예산제약선은 *ABC*이다. (a)에서처럼 TANF의 기초수당이 5,000달러이고 급여 감축률이 50%라면 예산제약선은 *ABD*가 된다. 일단 조엘이 1,000시간 이상의 여가를 갖는 경우 예산제약선은 더욱 평평해지며 *D*점에서 2,000시간의 여가를 가짐에도 불구하고 5,000달러를 소비할 수 있다. (b)에서처럼 기초수당이 3,000달러로 낮아진다면 예산제약선(*AEF*)은 1,400시간 이상의 여가를 가질 때까지는 평평해지지 않는다. 이제 2,000시간의 여가를 갖게 되면 *F*점에서 소비는 3,000달러에 불과하다.

TANF 보조금, 즉 3,000달러어치의 식료품 소비를 선택할 수 있다. 이런 정책적 변화에 한부모 가정 가구주들은 어떻게 반응할까?

이 질문에 답하기 위해서는 앞에서 소개한 소득효과와 대체효과 개념을 적용해야 한다. 예를 들어 급여구조의 변화가 있기 전에 조엘이 버는 돈이 6,000달러에 미치지 못하였다고 가정하자. 이 경우 기초수당을 5,000달러에서 3,000달러로 줄이는 정책적 변화는 대체효과와는 무관하다. 시간당 5달러인 여가의 기회비용에 아무런 변화도 없으므로 예산제약선의 기울기가 그대로이기 때문이다. 조엘이 주정부로부터 5,000달러를 받느냐, 아니면 3,000달러를 받느냐 하는 것은 1시간 더 일을 했을 때의 순수익(5달러)에 아무런 영향을 미치지 못하기 때문에 여가의 가격에는 변화가 없다. 식료품과 여가의 상대가격이 변하지 않는다면 재화 사이의 대체욕구는 생기지 않게 된다.

그러나 조엘에게 소득효과는 분명히 작용한다. TANF의 기초수당이 줄어든다면 조엘은 더 가난해진 것과 마찬가지이다. 더 가난해지면 사람들은 여가를 포함해서 모든 정상재의 소비를 줄이게 된다. 여가를 줄인다는 것은 근로시간을 늘린다는 것을 의미한다. 다시 말하면 저소득층 부모들은 소비를 조달하기 위한 소득이 줄어들기 때문에 더 많은 일을 해야 하는 것이다. 따라서 모든 것을 고려해보았을 때 TANF 기초수당 감소로부터 발생하는 소득효과 때문에 여가 수요는 감소하게 될 것이다.

이번에는 급여구조의 변화 이전에 조엘은 6,000~10,000달러 사이의 소득을 올렸다고 가정을 바꾸어보자. 이 상태에서 급여구조의 변화는 소득의 감소를 가져올 것이고 이로 인해 조엘은 여가를 감소(또는 노동공급을 증가)시키는 선택을 하게 될 것이다. 그러나 이 경우 여가의 가격은 변하게 된다. 이 범위의 소득에서 급여구조의 변화가 있기 이전에는 1시간 일을 하면 추가적인 수입에 대해 TANF 급여가 감소하므로 시간당 5달러를 벌었다. 그러나 이 범위에서 조엘은 더 이상 TANF 수급자격을 유지할 수가 없으므로 1시간 일을 하면 10달러를 벌게 되는 것이다. 이렇듯 여가의 상대가격이 올라가므로(1시간의 여가는 5달러가 아니라 10달러의 기회비용을 낳는다) 대체효과가 발생하여 여가에 대한 수요가 감소한다. 따라서 이 범위의 소득에서는 소득효과와 대체효과가 모두 여가의 수요를 감소시키는 방향으로 작동한다.

노동공급의 반응은 그 크기가 얼마나 될까? 이 예는 경제 이론의 위력을 잘 보여주고 있는데 제약조건하의 극대화 모형을 통해 기초수당이 줄어드는 경우, 한부모가정 가구주들의 여가는 감소하고 이에 따라 노동공급량은 증가한다는 사실을 추론해볼 수 있다. 그러나 이 모형으로는 이런 반응이 어느 정도의 규모로 나타날지 알 수 없다. 그 크기는 조엘이 급여구조의 변화가 있기 전에 얼마의 수입을 올렸는지, 그리고 여가/노동공급의 의사결정에 소득효과와 대체효과가 각각 어느 정도의 규모로 영향을 미치는지에 달려 있다.

그림 2-10과 2-11에서는 나타날 수 있는 반응의 크기가 다름을 보여주기 위해 상이한 두 가지 경우를 보여주고 있다. 두 경우 모두 소비와 여가에 대한 효용함수를 다루고 있는데 각 소비수준으로부터 누리는 효용의 크기는 자연대수(natural logarithm, ln)로 변환된 값으로 나타나 있다. 이 편리한 형태의 효용함수는 앞에서 케이크와 영화 관람의 선택에서 사용했던 제곱근 효용함수와 거의 비슷한 특성을 갖고 있는데, 특히 한계효용이 감소한다는 점에서 그러하다. 앞에서도 언급한 것처럼 제곱근과 로그 형태는 수많은 효용함수 중 두 가지에 불과하다.

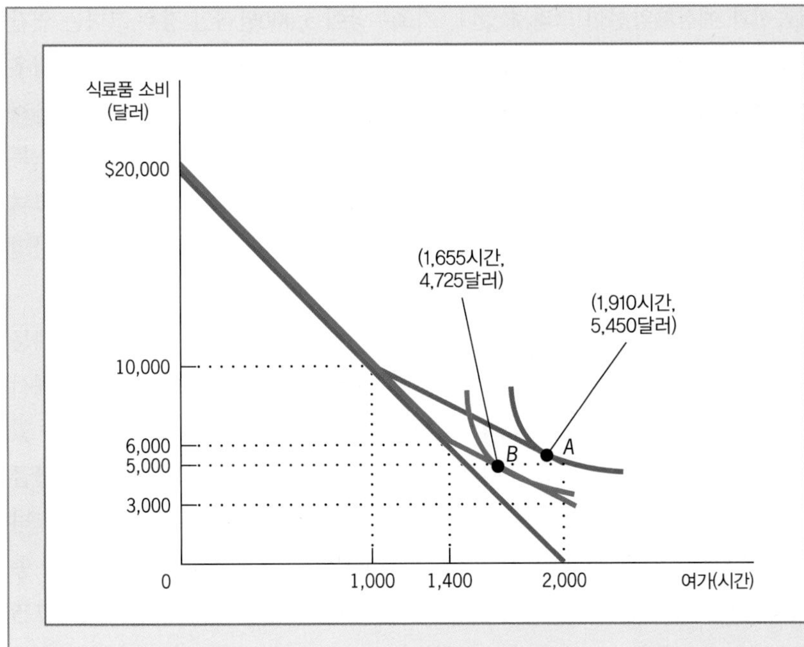

그림 2-10 나오미의 효용극대화 TANF 기초수당이 5,000달러라면 나오미의 최적선택은 1,910시간의 여가를 갖고 5,450달러만큼 소비를 하는 것이다(*A*점). 기초수당이 3,000달러로 줄어들게 되면 여가는 1,655시간으로 줄고, 소비는 4,725달러로 줄어든다(*B*점).

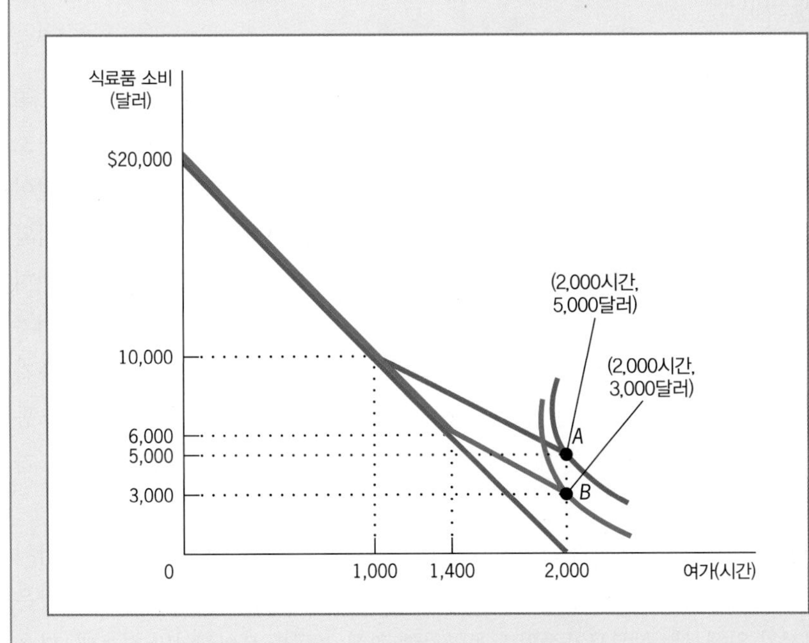

그림 2-11 사라의 효용극대화 사라는 그림 2-10의 나오미보다 소비에 비해 여가에 더 많은 가치를 부여하므로 TANF 기초수당과 무관하게 2,000시간의 여가를 선택한다. 따라서 기초수당의 감소는 사라의 소비 수준을 5,000달러(*A*점)에서 3,000달러(*B*점)로 낮추게 된다.

첫 번째 한부모가정 가구주 나오미는 $U = 100 \times \ln(C) + 175 \times \ln(L)$ 형태의 효용함수를 가지고 있는데 이때 C는 소비를, L은 여가를, ln은 자연대수를 의미한다. 이 효용함수에 따르면 나오미에게 소비와 여가는 모두 가치가 있는 재화이지만 여가를 좀 더 선호한다. 그림 2-10에는 나오미의 무차별곡선과 예산제약선이 그려져 있다. 기초수당이 5,000달러인 경우 그녀는 연간 1,910시간의 여가와 90시간의 노동공급을 선택한다(무차별곡선이 기초수당 5,000달러인 경우의 예산제약선과 접하는 *A*점). 이 수준의 노동공급을 통해 사라는 900달러의 근로소득을 올린다. 그러나 TANF는 1달러의 소득에 대해 0.5달러씩 수당을 줄여나가기 때문에 그녀의 총소득은 900달러의 임금소득에 5,000달러 − 0.5 × 900달러 = 4,550달러를 더해야 한다. 따라서 그녀의 총소비 지출액은 900달러 + 4,550달러 = 5,450달러가 된다(이 예의 수학적 논의는 이 장의 부록에서 다루고 있다).

TANF의 기초수당이 3,000달러로 줄어드는 경우 나오미는 이제 형편이 더 어려워졌기 때문에 여가를 줄이게 되고(소득효과), 새로운 예산제약선상의 *B*점으로 이동하게 된다. 이 점에서 그녀는 연간 1,655시간의 여가만을 선택하고, 345시간의 노동공급을 통해 3,450달러를 벌 수 있다. 나오미의 경우 주지사의 생각이 옳았다. TANF 기초수당을 감소시킨 결과 그녀의 노동공급은 90시간에서 345시간으로 늘어난 것이다. 이제 나오미의 TANF 급여액은 기초수당에서 그녀가 버는 돈의 절반만큼 줄어들므로 3,000달러 − 0.5 × 3,450달러 = 1,275달러가 되며 그녀의 총예산은 4,725달러가 된다. 따라서 그녀의 소비지출은 TANF 기초수당이 줄기 이전에 비해 725달러가 줄어들게 된다(5,450달러 − 4,725달러 = 725달러). 그녀의 소비지출 규모가 기초수당이 감소한 2,000달러에 미치지 못하는 것은 수당 감소 후 더욱 많은 시간 일을 함으로써 그 효과를 일부 상쇄했기 때문이다.

그림 2-11에는 $U = 75 \times \ln(C) + 300 \times \ln(L)$의 효용함수를 갖고 있는 또 다른 한부모가정 가구주 사라의 경우가 예시되고 있다. 나오미와 비교했을 때 사라는 소비보다 여가를 훨씬 더 좋아하는 선호체계를 갖고 있다. (사라의 무차별곡선은 기울기가 더 급한데 이는 여가의 감소를 위해서는 훨씬 더 큰 소비 증가가 요구되기 때문이다.) 사라에게 있어서 TANF 기초수당이 5,000달러일 때의 최적선택은 일을 전혀 하지 않는 것이다. 따라서 그녀는 2,000시간의 여가와 5,000달러어치의 식료품을 소비한다(*A*점). 기초수당이 3,000달러로 줄어들 때 그녀는 여전히 일을 하지 않으며 이에 따라 소비 수준은 3,000달러로 떨어지게 된다. 즉 그녀는 소비보다 여가에 대한 선호가 워낙 강해서 기초수당이 낮아진다 해도 이를 노동공급의 증가를 통한 소득 증가로 상쇄할 의사가 없다. 사라의 경우에는 장관 생각이 옳았다. TANF 기초수당의 감소는 노동공급 규모에 아무런 영향도 미치지 못한 채 그녀 가정의 식료품 소비 수준만 낮추는 결과를 가져왔던 것이다.

따라서 이론만으로는 이 정책 변화가 노동공급을 증가시킬지, 증가시킨다면 얼마나 증가시킬지 알 수 없다. 이론적으로는 노동공급이 증가할 수도 있지만 그 반대도 가능하다. 이와 같은 불확실성을 넘어서기 위해서는 한부모가정의 노동공급에 관한 자료를 분석해야만 하는데, 다음 장에서는 이를 위한 실증적 연구 방법에 관해 알아볼 것이다. 이런 여러 가지 방법을 사용하여 분석을 마치게 되면 당신은 주지사가 옳았다고 결론을 내리게 될 터인데 이는 TANF 급여를 줄이는 경우 노동공급이 증가한다는 확실한 증거가 있기 때문이다.

2.3 균형과 사회후생

앞의 논의에서 결론을 내리지 못한 것은 TANF 급여가 감축될 때 한부모가정 가구주의 노동공급이 늘어날지 아니면 줄어들지의 문제였다. 그러나 훌륭한 재정학자라면 여기에서 멈추어서는 안 된다는 사실을 잘 알고 있다. 주지사나 장관에게 정말로 중요한 것은 한부모가정 가구주의 노동공급 증가 여부에 관한 단순한 사실이 아니다. 진정으로 중요한 것은 **규범적** 질문(현실이 어떠해야 하느냐에 관한 당위성 분석)으로서 이 정책적 변화가 사회적 후생을 증가시키는지 여부이다.

이 문제를 다루기 위해 규범적 분석 도구, 즉 **후생경제학**(welfare economics)으로 돌아가보자. 후생경제학은 사회적 복지 또는 후생의 결정 요인을 연구하는 분야이다. 'welfare economics'에 대한 혼동을 피하기 위해서는 'welfare'라는 용어가 (TANF처럼) 저소득 한부모가정에 대한 현금급여를 의미하기도 한다는 사실을 상기하는 것이 중요하다. 그렇기 때문에 이 장에서 현금급여를 의미할 때는 TANF라는 용어를 사용할 것이며 'welfare'라는 용어는 복지의 규범적 개념을 의미하는 것으로 사용하고자 한다.

후생경제학 사회적 복지 또는 후생의 결정 요인에 관한 연구

아래에서는 사회후생의 결정을 두 단계로 나누어 살펴본다. 첫 번째는 사회적 효율, 즉 경제적 파이의 크기를 결정하는 문제에 대해 논의한다. 사회적 효율은 소비자와 생산자가 재화와 서비스를 거래한 결과 얻는 순편익의 크기에 의해 결정된다. 따라서 우리는 이 순편익을 측정하기 위해 수요 및 공급곡선을 각각 도출한 후 두 힘의 상호작용을 통해 균형이 이루어지는 과정을 살펴보고, 왜 이 균형에서 효율이 극대화되는지를 논의한다. 그다음 단계에서는 사회의 총체적 복지 또는 **사회적 후생**을 측정할 수 있도록 이 분석에 소득재분배, 즉 경제적 파이의 분배를 도입하는 문제에 대해 논의한다. 이러한 논의를 위해서 이 절에서는 앞에서처럼 안드레아가 케이크와 영화 관람을 선택하는 예를 계속 사용할 것이며, 그다음 단계에서는 이 예로부터 얻는 결과를 TANF 급여구조의 변화가 갖는 사회후생상의 함의에 대해 적용해볼 것이다.

수요곡선

이제 소비자 선택 문제를 이해했으니 이러한 선택으로부터 **수요곡선**(demand curve), 즉 어떤 재화나 서비스의 가격과 수요량 사이의 관계가 어떻게 도출되는지 알아보자. 그림 2-12에는 제약하에서의 소비자 선택의 결과가 어떻게 안드레아의 영화 관람에 대한 수요곡선으로 전환되는지를 보여주고 있다. 그림 2-12(a)에서는 영화 관람료의 변화에 따라 예산제약선의 기울기(케이크 가격에 대한 영화 관람료의 상대가격)가 변화하고 있다. 모든 새로운 예산제약선에서 안드레아의 최적선택은 예산제약선과 가장 높은 무차별곡선의 접점에서 이루어진다.

수요곡선 어떤 재화의 여러 가지 가격 수준에서 소비자들이 수요하는 양을 보여주는 곡선

예를 들어 케이크 가격이 16달러이고 영화 관람료가 8달러이면서 소득이 96달러일 때 안드레아의 최적선택은 영화 관람 6회와 케이크 3개라는 사실을 이미 살펴보았다(BC_1의 A점). 영화 관람료가 12달러로 올라가게 되면 예산제약선의 기울기는 더욱 급해져서 −1/2에서 BC_2에서처럼 −3/4으로 증가한다. 따라서 영화 관람에 대한 수요는 감소할 것이며 최적선택은 케이크 3개와

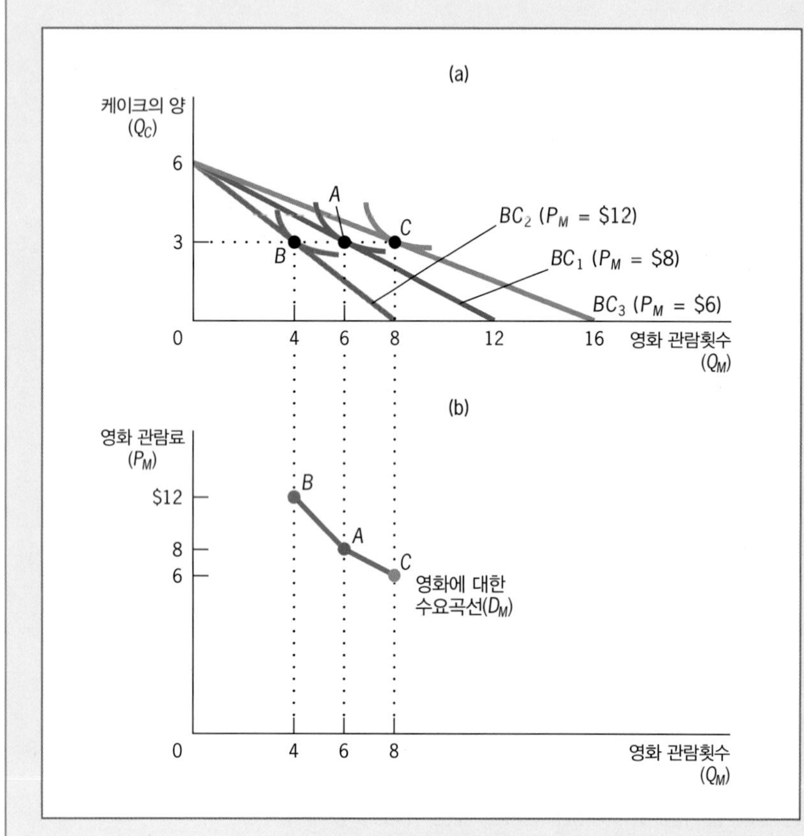

그림 2-12 수요곡선의 도출 영화 관람료의 변화는 예산제약선을 이동시켜 영화에 대한 소비자의 수요량을 변화시킨다. 영화 관람료가 12달러로 올라가면 영화에 대한 수요량은 4회로 감소하며, 6달러로 떨어지면 수요량은 8회로 증가한다. 이러한 가격과 효용극대화 선택 사이의 관계를 사용하면 (b)에서처럼 영화에 대한 수요곡선 D_M을 도출할 수 있다.

영화 관람 4회가 된다(BC_2의 B점). 영화 관람료가 6달러로 내려가게 되면 예산제약선의 기울기는 더욱 평평해져서 −1/2에서 BC_3에서처럼 −3/8으로 감소한다. 따라서 영화 관람에 대한 수요는 증가할 것이며 최적선택은 케이크 3개와 영화 관람 8회가 된다(BC_3의 C점).

이러한 정보를 이용해서 각 시장가격에서 개인이 수요하는 재화와 서비스의 양을 나타내는 수요곡선을 도출해낼 수 있다. 그림 2-12(b)에는 이렇게 도출된 영화의 수요함수가 나타나 있는데 이 수요곡선은 영화 관람료와 수요되는 영화 관람횟수 간의 관계를 나타낸다.

수요탄력성 어떤 재화가격의 1% 변화에 대한 수요량의 퍼센트 변화

수요탄력성 수요분석에서 핵심적 역할을 하는 개념은 가격의 1% 변화에 대한 수요량의 퍼센트 변화를 측정하는 **수요탄력성**(elasticity of demand)이다.

$$\varepsilon = \frac{\text{수요량의 백분율 변화}}{\text{가격의 백분율 변화}} = \frac{\Delta Q/Q}{\Delta P/P}$$

예를 들어 영화 관람료가 8달러에서 12달러로 인상된 경우 영화 관람횟수가 6회에서 4회로 줄어든다면 가격의 50% 상승은 영화에 대한 수요량을 33% 감소시키므로 탄력성은 −0.666이

된다.

수요탄력성과 관련된 주요사항은 다음과 같다.

- 가격이 오르면 수요량은 감소하므로 수요탄력성의 부호는 언제나 마이너스이다.
- 한 수요곡선상에서 탄력성의 크기는 일반적으로 변화한다. 앞의 예에서 영화 관람료가 오르는 경우 수요의 가격탄력성은 −0.666이지만 내려가는 경우에는 −1.32가 된다(관람료가 8달러에서 6달러로 25% 내려가면 수요량은 6회에서 8회로 33%가 늘어남).
- 수직선 형태의 수요곡선의 경우 가격이 올라도 수요량에는 변화가 없으므로 이 경우 수요는 **완전비탄력적**(perfectly inelastic)이다.
- 수평선 형태의 수요곡선의 경우 가격이 조금만 변화해도 수요량이 무한대로 변화하므로 이 경우 수요는 **완전탄력적**(perfectly elastic)이다.
- 마지막으로, 앞에서의 예는 영화 관람료가 변화해도 케이크 수요는 변화가 없는 특수한 경우이다. 어느 재화의 가격 변화가 다른 재화의 수요에 미치는 효과는 **교차탄력성**으로 측정하는데 우리가 지금 사용하고 있는 특정 효용함수의 경우 교차탄력성이 영(0)이다. 그러나 일반적으로 한 재화의 가격 변화는 다른 재화의 수요에 영향을 미치기 마련이다.

공급곡선

지금까지의 논의는 소비자와 수요곡선의 도출에 초점을 맞추었다. 그러나 이는 시장의 한쪽 측면만을 말해줄 뿐이다. 다른 한쪽은 **공급곡선**(supply curve)으로 표현되는데 이는 각 가격 수준에서 공급되는 재화 및 서비스의 공급량을 나타내주고 있다. 수요곡선이 소비자들이 효용극대화를 추구한 결과인 것과 마찬가지로 공급곡선 역시 기업이 **이윤극대화**를 추구한 결과이다.

공급곡선 어떤 재화의 여러 가지 가격 수준에서 기업이 공급할 의사가 있는 양을 보여주는 곡선

기업이 추구하는 이윤극대화 과제의 분석은 소비자의 효용극대화 과제와 유사하다. 소비자들의 경우에 재화 소비가 복지 수준에 미치는 영향을 측정하는 효용함수를 갖고 있는 것처럼 기업은 기업의 투입요소 사용이 생산량에 미치는 영향을 측정하는 **생산함수**(production function)를 갖고 있다. 통상적으로 분석의 편의를 위해 기업은 **노동**(근로자)과 **자본**(기계, 건물 등)의 두 투입요소만 사용한다고 가정한다. 영화를 생산하는 기업을 생각해보자. 이 기업의 생산함수는 $q = \sqrt{K \times L}$의 형태를 취하는데 이때 q는 영화 생산량, K는 자본(스튜디오 세트 등), L은 노동(배우의 연기 시간 등)을 의미한다.

다른 요소의 투입량을 일정하게 한 상태에서 어떤 요소의 투입량을 한 단위 변화시켰을 때 생산량에 미치는 효과를 **한계생산성**(marginal productivity)이라고 한다. 재화 소비를 한 단위씩 늘려나갈 때마다 소비의 한계효용이 감소했던 것과 마찬가지로 어떤 요소의 한계생산성은 그 요소의 사용량이 늘어남에 따라 체감한다. 즉 생산 과정은 **한계생산성 체감**을 특징으로 한다. 예를 들어 이 생산함수의 경우 K를 고정시켜 놓은 상태에서 L을 한 단위씩 증가시키면 그 추가적인 한 단위의 생산량은 점점 줄어드는데 이는 같은 형태의 효용함수에서 케이크 소비량을 고정시켜 놓고 영화 소비를 증가시키면 추가적인 영화 관람의 효용이 점점 줄어드는 것과 마찬가지

한계생산성 다른 생산요소의 투입량은 변화하지 않는 상태에서 어떤 생산요소의 한 단위 변화가 기업의 산출량에 미치는 효과

이다.[5]

한계비용 기업이 재화를 한 단위 더 생산하기 위해 들이는 추가적 비용

이러한 생산함수로 말미암아 일정한 산출량의 생산비용은 요소가격과 요소투입량의 함수가 된다. 총생산비용 TC는 $TC = rK + wL$과 같이 결정되는데 이때 r은 자본의 가격(임대율)을, w는 노동의 가격(임금률)을 의미한다. 기업이 매일같이 의사결정을 함에 있어서 자본의 양은 고정되어 있지만 노동의 양은 변화가 가능하다. 이 가정하에서 **한계비용**(marginal cost), 또는 산출물 한 단위를 더 생산하기 위한 증분비용(incremental cost)은 산출물 한 단위의 생산에 요구되는 노동의 양에 임금률을 곱한 것으로 정의할 수 있다.

예를 들어 앞에서 본 생산함수를 갖는 기업은 1단위의 자본과 4단위의 노동을 투입하여 2편의 영화를 제작한다고 가정하자. 이제 자본의 양을 고정시킨 상태에서 3편의 영화를 제작하려고 한다. 이를 위해서 이 기업은 노동을 5단위 증가시켜 모두 9단위의 노동을 투입해야 한다. 노동 단위당 임금률을 1달러로 가정하면 2편에서 3편으로 영화 생산을 늘리기 위한 한계비용은 5달러가 된다.

이 논의의 핵심은 한계생산성 체감은 일반적으로 한계비용의 증가를 의미한다는 사실이다. 네 번째 영화를 생산하기 위해서는 노동 7단위를 더 증가시켜야 하므로 7달러의 한계비용이 발생하고, 다섯 번째 영화 생산에는 9달러의 한계비용이 발생한다. 영화를 한 편씩 추가적으로 생산할 때마다 투입되는 노동의 생산성은 점점 줄어드는데 임금률은 변화 없이 일정하므로 생산비용은 증가하게 되는 것이다.

이윤 기업의 수입과 지출의 차이로서 한계수입과 한계비용이 일치될 때 극대화됨

기업의 목적은 수입과 비용의 차이인 **이윤**(profit)을 극대화하는 것이라는 가정을 상기해보자. 이윤은 마지막 단위로부터의 수입, 즉 한계수입이 마지막 단위의 생산비용, 즉 한계비용과 같아질 때 극대화된다. 완전경쟁시장의 경우 매 단위로부터의 수입은 해당 재화의 가격이 된다. 따라서 기업의 이윤극대화 조건은 가격이 한계비용과 같아질 때까지 생산해야 한다는 것이다.

이 이윤극대화 과제의 해결은 앞서 '즉석 힌트'에서 다루었던 '등산'의 예를 통해 살펴볼 수 있다. 영화 관람의 시장가격이 8달러, 자본비용이 단위당 1달러, 노동비용 역시 단위당 1달러이고 기업은 1단위의 자본을 갖고 있다고 가정해보자. 만일 이 기업이 1편의 영화를 제작한다고 하면 노동 1단위가 투입되어야 하므로 총비용은 2달러가 된다. 그런데 이 영화의 관람수입이 8달러이므로 이 기업은 첫 번째 영화를 반드시 생산할 것이다. 두 번째 영화를 제작하기 위해서는 4단위의 노동이 필요하므로 3단위의 노동을 더 투입해야 한다. 따라서 두 번째 영화의 한계비용은 3달러인데 한계수입(가격)은 8달러이므로 두 번째 영화 역시 제작되어야 한다. 세 번째 영화의 경우 한계비용은 5달러이므로 여전히 가격에 미치지 못한다.

이제 이 기업이 네 번째 영화의 제작을 마치고 다섯 번째 영화를 제작해야 할 것인지 여부를 결정해야 한다고 생각해보자. 다섯 번째 영화를 제작하려면 노동을 16단위에서 25단위로 늘려

5 이를 직관적으로 이해하는 좋은 방법은 삽 한 자루를 사용하여 구덩이를 파는 경우를 생각해보는 것이다. 한 명의 일꾼은 많은 일을 할 수 있을 것이다. 두 번째 일꾼을 추가로 투입하면 교대로 쉴 수 있으므로 더 많은 일을 할 수 있겠지만 일을 2배로 할 수는 없을 것이고 세 번째 일꾼을 투입하면 더욱 그러할 것이다. 일꾼이 네 명이나 다섯 명이 투입되는 경우 삽이 한 자루밖에 없는 상태에서 일꾼을 늘림에 따라 한계생산성은 거의 영(0)에 가까워질 것이다.

야 한다. 따라서 9단위를 추가로 투입해야 하므로 한계비용은 9달러가 된다. 그러나 제작자가 받는 수입은 8달러에 불과하여 다섯 번째 영화는 손실을 가져올 것이므로 이 기업은 다섯 번째 영화를 제작하지 않을 것이다. 따라서 기업이 이윤극대화 과제를 달성하려면 (한계생산성 체감의 가정 때문에 증가하는) 한계비용이 가격에 도달할 때까지 생산을 해야만 한다.

이윤극대화는 가격과 공급량 사이의 관계를 보여주는 공급곡선의 출발점이 된다. 생산자는 어떤 가격 수준에서건 한계비용이 가격과 일치하는 양을 공급할 것이다. 따라서 가격과 공급량 간의 관계를 보여주는 한계비용곡선이 기업의 공급곡선이 된다. 생산량이 늘어날수록 한계비용도 늘어나므로 기업이 추가적으로 생산을 하려면 가격은 더욱 높아야 한다.

균형

지금까지 개별 수요곡선의 원천은 효용극대화이고 공급곡선의 원천은 이윤극대화임을 살펴보았다. 후생분석을 하기 위해서는 이 개념들을 슈퍼마켓이나 웹사이트 같은 수요자와 공급자가 실제 상호작용하는 **시장**(market) 차원의 개념으로 바꾸어야 한다. 이를 위해서는 시장에서 재화를 구입하고자 하는 각 소비자들의 수요를 모두 합하고, 시장에 재화를 공급하고자 하는 각 기업의 공급을 모두 합해야 한다. 이때 우리는 수요곡선과 공급곡선을 **수평으로 합한다**고 하는데 이는 시장 차원에서의 수요를 얻기 위해서는 각 가격 수준에서 소비자들이 구입하고자 원하는 양을 모두 합하고, 시장 차원에서의 공급을 얻기 위해서는 각 가격 수준에서 기업들이 공급하고자 원하는 양을 모두 합해야 함을 의미한다. 그리고 그 결과는 그림 2-13에 나와 있는 시장 차원에서의 공급곡선과 수요곡선이다.

시장 구매자와 판매자가 상호작용하는 장소

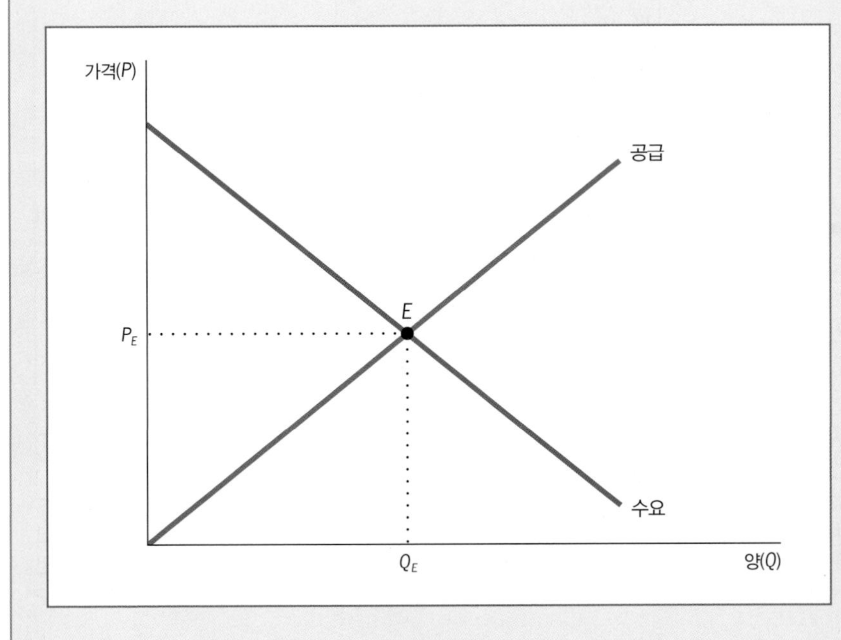

그림 2-13 시장의 자원 배분 결과 영화의 공급곡선과 수요곡선이 E점에서 교차하는데 소비자와 공급자는 모두 이 점에서의 가격과 양에 만족한다.

시장 균형 수요와 공급을 모두 만족시키는 가격과 수량의 조합으로 수요곡선과 공급곡선의 상호작용에 의해 결정됨

시장공급곡선과 시장수요곡선이 상호작용하여 **시장 균형**(market equilibrium)이 달성되는데 이는 수요와 공급을 모두 만족시키는 가격과 거래량의 조합을 말한다. 이 균형은 그림 2-13의 *E*점처럼 공급곡선과 수요곡선이 교차하는 점에서 달성된다. 균형가격이 P_E라면 소비자는 균형량 Q_E를 수요할 것이며, 공급자는 이 균형량을 공급하고자 할 것이다. 경쟁적 시장에서 달성되는 균형은 소비자와 공급자가 가격과 거래량에 대해 동시에 만족하는 유일한 점이다.

사회적 효율

이제 이 분석의 마지막 단계로서 **사회적 효율**, 즉 파이의 규모를 측정하는 문제를 다룰 준비가 되었다. 사회적 효율은 어떤 특정 시장에서 이루어지는 거래로부터 사회가 얻는 순편익을 의미하며 이는 소비자 잉여와 생산자 잉여의 두 가지 요소로 구성된다.

소비자 잉여 소비자가 어떤 상품을 소비하면서 자신이 상품에 대해 지불한 가격 이상으로 얻는 편익

소비자 잉여 소비재시장에서의 거래를 통해 소비자가 얻어가는 이득을 **소비자 잉여**(consumer surplus)라고 하며 어떤 재화를 소비하면서 재화 구입에 지출한 금액 이상으로 얻는 편익을 말한다. 일단 수요곡선을 알아내면 소비자 잉여의 측정은 쉬운 일인데 이는 수요곡선상의 각 점은 해당 양에 대한 소비자의 지불의사를 반영하기 때문이다. 지불의사는 소비자의 자원에 의존함을 항상 기억하는 것이 중요하다. 지불의사는 '주어진 가용자원하에서의 지불의사'를 줄인 말이다.

그림 2-14(a)에는 영화시장에서의 소비자 잉여가 수요곡선의 아랫부분과 균형가격 P_E의 윗부

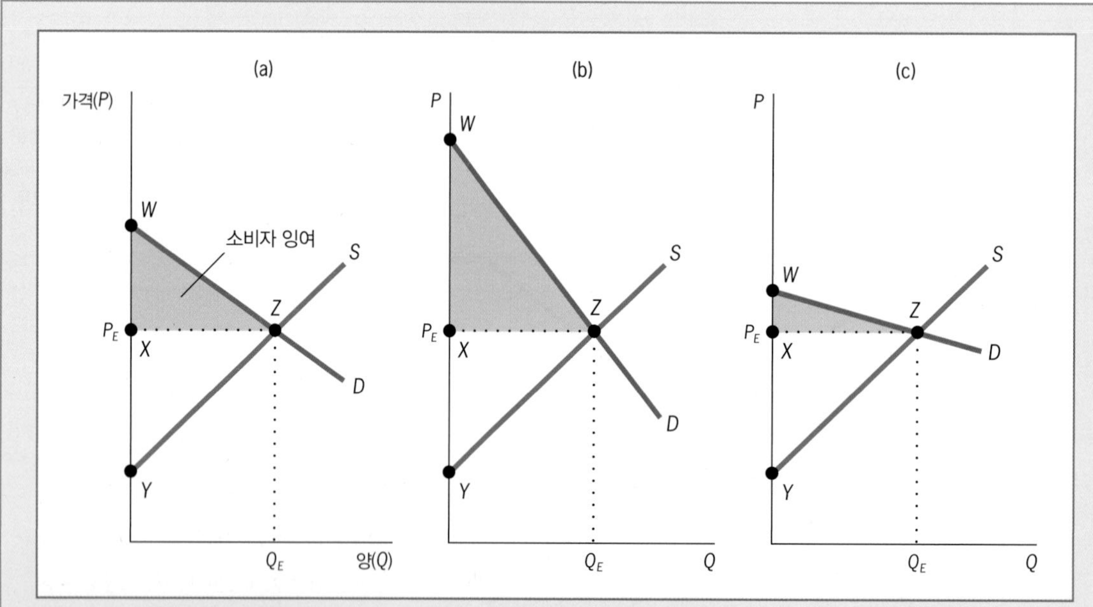

그림 2-14 소비자 잉여 소비자 잉여는 수요곡선 아래와 균형시장가격 위의 면적으로서 이 그래프의 세 그림 모두에서 색칠한 면적 *WZX*이다. 이는 소비자가 소비하는 재화에 대해 가격 이상으로 부여하는 가치의 크기이다. 수요가 비탄력적일수록 소비자 잉여는 늘어나며, 탄력적일수록 줄어든다.

분 사이의 색칠한 부분(면적 *WZX*)으로 나타나고 있다. 이 부분이 소비자 잉여인 이유는 (수요곡선에 의해 표현되고 있는) 소비자의 지불의사가 실제 지불된 금액 P_E보다 더 높기 때문이다. 소비자 잉여는 첫 번째 단위에서 가장 크다. 그 이유는 첫 번째 단위에서의 소비자 잉여가 이 재화를 가장 원하는 소비자의 의사를 반영하기 때문이다(소비자는 이 재화를 대단히 높은 가격에 구입할 의사가 있다). 이 첫 번째 단위의 경우 소비자 잉여는 세로축상의 거리 *WX*와 동일하다. 그 이후에는 추가적인 소비자들이 얻는 한계효용이 점점 줄어들기 때문에 소비자 잉여는 줄어든다. 그리고 마지막으로 수요(지불의사)가 가격과 동일한 소비자의 경우(*Z*점) 소비자 잉여는 영(0)이 된다.

소비자 잉여의 크기는 균형시장가격과 수요탄력성의 두 가지 요인에 의해 결정된다. 그림 2-14(b)는 저소득층의 식료품처럼 수요가 대단히 비탄력적인(즉 수요량이 가격 변화에 민감하게 반응하지 않는) 재화의 경우를 보여주고 있다. 이 경우 수요곡선은 수직에 가깝기 때문에 소비자 잉여는 대단히 크다. 비탄력적 수요는 좋은 대체재가 없는 경우 나타나기 때문에 소비자 잉여가 큰 것이며 소비자들은 이런 종류의 재화를 소비하면서 상당한 소비자 잉여를 얻게 된다. 그림 2-14(c)는 영화 관람처럼 수요가 대단히 탄력적인(즉 수요량이 가격 변화에 민감하게 반응하는) 재화의 경우를 보여주고 있다. 이 경우 수요곡선은 수평에 가깝기 때문에 소비자 잉여는 대단히 작다. 비탄력적 수요는 가까운 대체재가 많은 경우 나타나기 때문에 소비자 잉여가 작은 것이며, 소비자들은 가까운 대체재가 있는 재화를 소비할 때 소비자 잉여를 거의 얻지 못한다.

생산자 잉여 시장거래를 통해 잉여를 얻는 주체가 소비자만은 아니다. 생산자가 얻는 후생상의 이득, 즉 **생산자 잉여**(producer surplus)도 있는데 이는 생산자가 재화를 생산비용 이상의 가격으로 팔아서 얻는 이득이다. 소비자 잉여와 마찬가지로 공급곡선상의 각 점은 해당 단위의 생산을 위한 한계비용을 나타내기 때문에 생산자 잉여의 측정은 어렵지 않다. 따라서 생산자 잉여는 그래프상으로 공급(한계비용)곡선 윗부분과 균형가격 P_E의 아랫부분 사이의 면적으로 나타나며 이는 그림 2-15에서 색칠된 면적 *XZY*로 나타난다. 이 부분이 생산자 잉여인 것은 시장가격이 공급할 의사가 있는 금액(공급곡선)보다 더 높기 때문이다. 생산자 잉여는 사실상 공급자가 얻는 이윤이다.

생산자 잉여 생산자가 어떤 재화의 판매를 통해 재화의 생산비용 이상으로 받은 이득

그림 2-15(b)와 (c)는 시장가격의 1% 변화에 대한 공급량의 퍼센트 변화를 측정하는 **공급의 가격탄력성**이 변할 때 생산자 잉여는 어떻게 달라지는지를 보여주고 있다. 공급의 가격탄력성이 아주 작아서 공급이 비탄력적이라면 (b)에서처럼 공급곡선은 보다 수직에 가까워져 생산자 잉여가 대단히 크다. 공급의 가격탄력성이 아주 커서 공급이 탄력적이라면 (c)에서처럼 공급곡선은 보다 수평에 가까우므로 생산자 잉여는 아주 작다.

사회적 잉여 **사회적 효율**(social efficiency)로도 불리는 **사회적 총잉여**(total social surplus)는 시장에서 소비자와 생산자가 얻어가는 잉여의 합계이다. 그림 2-16에는 영화시장에서의 사회적 총잉여를 보여주고 있다. 이 시장에서 소비자 잉여는 색칠된 면적 $A + D$이며, 생산자 잉여는 색칠된 면적 $B + C + E$이다. 따라서 이 시장에서의 사회적 총잉여는 색칠된 면적

사회적 총잉여(사회적 효율) 소비자 잉여와 생산자 잉여의 합

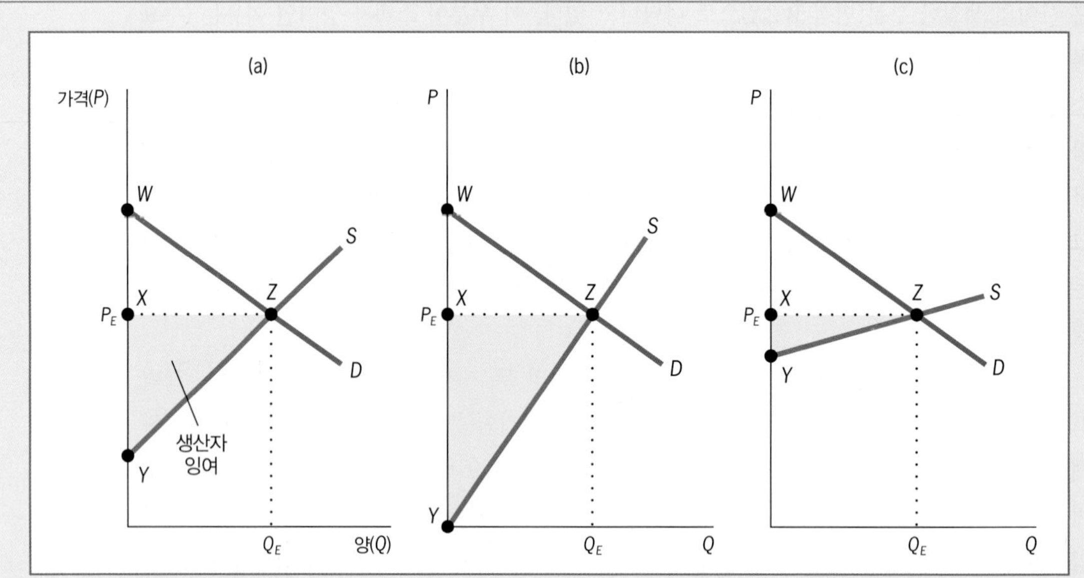

그림 2-15 **생산자 잉여** 생산자 잉여는 균형시장가격 아래와 공급곡선 위의 면적으로서 이 그래프의 세 그림 모두에서 색칠한 면적 *XZY*이다. 이는 기업이 시장가격에 판매하는 양으로부터 얻는 이윤을 나타낸다. 공급이 비탄력적일수록 생산자 잉여는 늘어나며, 탄력적일수록 줄어든다.

$A + B + C + D + E$가 된다.

경쟁적 균형과 사회적 효율의 극대화

후생경제학 제1정리 수요와 공급이 일치하는 경쟁적 균형에서 사회적 효율이 극대화됨

이제 사회적 효율의 분석틀을 사용하여 **후생경제학 제1정리**(First Fundamental Theorem of Welfare Economics), 즉 공급과 수요가 같아지는 경쟁적 균형에서 사회적 효율이 극대화된다는 정리를 살펴보자. 편익이 비용을 능가할 때는 언제나 사회적 효율이 창출되므로 우리는 이 정리를 직관적으로 이해할 수 있다. 그림 2-16에서 Q_E의 왼쪽에서 일어나는 모든 거래는 편익(지불의사 또는 수요)이 비용(한계비용 또는 공급)을 능가하고 있는 것이다.

시장에서 팔리는 양을 Q_E 이하로 만드는 그 무엇이든 사회적 효율을 줄이는 결과를 가져온다. 예를 들어 정부가 소비자를 위해서 영화 관람료를 균형가격 P_E보다 낮은 P_R로 낮추었다고 가정해보자. 이러한 가격통제에 대한 대응으로 공급자는 생산량을 새로운 가격 P_R과 공급곡선이 교차하는 지점의 생산량인 Q_R까지 줄이게 되는데, 이는 통제된 가격하에서 생산자가 공급하고자 하는 최대량이다. 이제 생산자 잉여는 공급곡선의 윗부분과 가격 P_R의 아랫부분 사이의 면적인 *C*가 되므로 면적 $B + E$만큼 줄어들게 된다.

소비자 측면에서 살펴보면 잉여에 두 가지 효과가 나타난다. 한편으로는 영화공급량이 줄어들므로 소비자는 *D*만큼 손실을 보게 된다. Q_R과 Q_E 사이의 더 이상 공급되지 않는 부분은 소비자가 제작비용 이상으로 지불할 의사가 있는 영화이므로 소비자 잉여가 줄어들게 된다. 반면에 소비자는 Q_R만큼의 영화에 대해 낮은 가격을 지불하고 관람하므로 소비자 잉여는 면적 *B*만큼

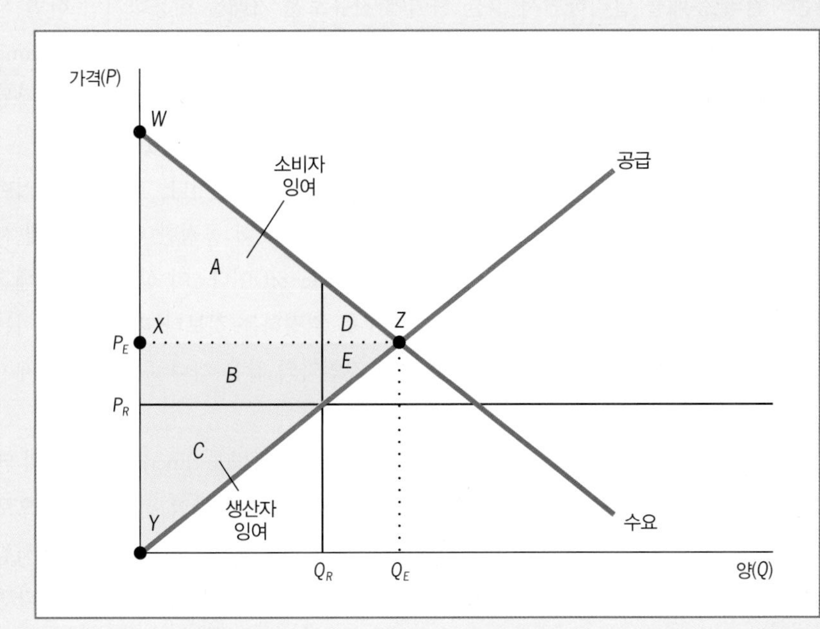

그림 2-16 경쟁적 균형에 의한 사회적 잉여의 극대화 소비자 잉여(수요곡선 아래와 가격 위의 면적)와 생산자 잉여(공급곡선의 위와 가격의 아래 면적)의 합은 경쟁적 균형에서 극대화된다. 가격을 P_R로 통제하면 공급량은 Q_R로 줄어들며 $D+E$의 사중손실이 발생한다.

늘어나게 된다.

따라서 순효과 면에서 사회적으로 보면 면적 $(D+E)$만큼의 잉여를 상실하게 된다. 이 면적을 **사중손실**(deadweight loss)이라고 하는데 이는 편익이 비용을 능가하는 거래를 막음으로써 발생하게 되는 사회적 효율의 상실을 의미한다. 편익이 비용을 능가하기 때문에 거래의 가능성이 있었지만 거래가 이루어지지 못했기 때문에 이 부분의 사회적 잉여 $(D+E)$가 사라진 것이다. 결국 그래프상으로 사회적 잉여 삼각형은 거래량이 Q_E일 때 극대화되는 것이다.

사중손실 편익이 비용보다 더 큰 거래가 이루어지지 않아 발생하는 사회적 효율의 감소

▶ **즉석 힌트** 사중손실 삼각형을 어떻게 그려야 하는지 혼동을 일으킬 때가 있다. 이때 혼동을 피하기 위해 유념해야 할 것은 *사중손실 삼각형은 사회적 최적수준에서 한 점으로만 존재하며, 이 수준으로부터 멀어질수록 커진다*는 사실이다. 과다생산이나 과소생산으로 인한 사중손실은 최적수준 근처에서 가장 작기 때문이다(한 단위를 더 생산하거나 덜 생산한다고 해서 엄청난 비용이 발생하는 것은 아니다). 그러나 이 최적수준으로부터 생산량이 더 멀어질수록 사중손실은 급격하게 늘어날 것이다.

사회적 효율에서 사회후생으로 : 형평의 역할

지금까지의 논의는 오로지 잉여의 크기(사회적 효율, 경제적 파이의 크기)에 대해서뿐이었다. 사회적 차원에서 보자면 얼마나 많은 잉여가 존재하는지뿐만 아니라 그 잉여가 사회 구성원들 사이에 어떻게 분배되는지도 관심의 대상이 된다. **사회후생**(social welfare) 수준, 즉 한 사회의 복지 수준은 사회적 효율과 부존자원의 공정한 분배라는 두 가지 요인에 의해 결정된다.

사회후생 사회의 복지 수준

어떤 가정하에서 효율과 형평은 전혀 별개의 문제가 될 수 있다. 이 상황에서 사회는 효율적인 점을 단 하나만 갖는 게 아니라 무수히 많은 점 중에서 선택할 수 있다. 사회 구성원들 사

후생경제학 제2정리 사회는 개인들 간에 자원을 적절하게 재분배한 다음에 개인들 간의 자유로운 거래를 허용함으로써 어떠한 효율적인 결과라도 얻을 수 있음

형평과 효율 간 상충관계 경제적 파이의 총규모와 파이의 개인 간 분배 사이에서 사회가 해야 하는 선택

사회후생함수(*SWF*) 모든 개인의 효용함수를 사회 전체의 효용함수로 통합한 함수

이에 사회 부존자원의 분배를 달리하면서 그들 사이에 자유로운 거래를 허용하기만 하면 사회는 선택 가능한 여러 가지 점을 달성할 수 있다. 실제로 이는 **후생경제학 제2정리**(Second Fundamental Theorem of Welfare Economics)로 불리는 것으로서 이 정리에 따르면 사회는 자원의 적절한 분배와 자유로운 거래를 통해 어떠한 효율적인 점이라도 달성할 수 있다.

그러나 현실적으로 사회가 이토록 바람직한 선택을 하기는 어려운 일이다. 제1장에서 이미 다룬 것처럼 사회가 보다 자주 직면하는 것은 더 큰 경제적 파이와 더 공정한 파이의 분배 사이의 선택 문제인 **형평과 효율 간 상충관계**(equity-efficiency trade-off)이다. 이 상충관계를 해결하는 문제는 효율 제고를 위해 정부가 개입할 것인지 여부를 결정하는 것보다 더 어렵다. 이는 개인 간 효용 비교 또는 누가 더 많이 갖고 누가 덜 가질 것인가와 같은 까다로운 문제를 제기한다.

일반적으로 정부의 형평-효율 간 의사결정은 **사회후생함수**(social welfare function, *SWF*)의 맥락에서 논의되는 것이 보통이다. 이 함수는 개별 사회 구성원의 효용을 사회 전체의 효용으로 전환해주므로 정부는 이런 방식으로 형평-효율 간 상충관계를 의사결정구조 안으로 편입시킬 수 있다. 만약 정부의 정책이 효율을 저하시키고 경제적 파이를 작게 만드는 결과를 가져온다면 전반적으로 사회 구성원들은 손실을 보게 된다. 그러나 만약 경제적 파이의 축소가 사회적 차원에서 바람직한 것으로 여겨지는 소득재분배로 연결된다면 이 재분배는 효율 저하를 보상할 수 있을 것이며 궁극적으로는 사회후생의 증가로 이어질 것이다.

사회후생함수는 다양한 형태를 취할 수 있으며 사회가 그중 어떤 형태를 선택하느냐에 따라 사회가 형평-효율 간 상충관계를 어떻게 다룰 것인지의 문제가 해결된다. 만약 정부가 오로지 효율에만 관심을 보이는 형태의 사회후생함수를 갖고 있다면 경쟁적 시장에서의 자원 배분 결과는 가장 효율적인 것일 뿐만 아니라 동시에 사회후생을 극대화하는 것이기도 하다. 반면에 정부가 자원의 공정한 분배에 관심이 있다면 가장 효율적인 결과가 가장 바람직한 결과가 되지는 못할 것이다. 사회후생함수 중에서 가장 많이 사용되는 형태는 공리주의적 사회후생함수와 롤스의 사회후생함수이다.

공리주의적 사회후생함수 공리주의적 사회후생함수를 갖는 사회의 목표는 아래와 같이 사회 구성원 개개인의 효용의 총합을 극대화하는 것이다.

$$SWF = U_1 + U_2 + \cdots + U_N$$

개별 구성원 각자의 효용에는 동일한 가중치가 주어지며 모두의 효용을 합하면 사회의 총후생이 된다. 이 식이 의미하는 바는 첫 번째 구성원의 효용 증가가 두 번째 구성원의 효용 감소보다 크다면 첫 번째 구성원으로부터 두 번째 구성원에게로 자원의 이전이 일어나야 한다는 것이다. 다시 말해서 사회는 빈자의 1유틸(util, 복지의 측정 단위)이나 부자의 1유틸이나 동일하게 간주한다는 것이다.

이런 결과는 불공정할까? 사회후생함수는 화폐가 아니라 효용의 관점에서 정의되기 때문에

그렇지는 않다. 공리주의적 사회후생함수의 경우 빈자에게 1달러를 주는 것과 부자에게 1달러를 주는 것에 대해 사회는 무차별하게 느끼지 **않는다**. 그러나 빈자에게 1유틸을 주는 것과 부자에게 1유틸을 주는 것에 대해 사회는 무차별하게 느낀다. 소득의 한계효용체감 때문에 화폐와 효용 사이의 이러한 구분은 중요하다. 추가적인 1달러에 대해 부자의 한계효용은 빈자의 한계효용보다 훨씬 더 작다. 공리주의적 사회후생함수에 있어서 부자와 빈자 사이의 1달러에 대해 사회는 무차별하지 않다. 일반적으로 사회는 그 돈을 (이미 높은 소비 수준을 통해 낮은 한계효용을 갖는) 부자로부터 (높은 한계효용을 갖는) 빈자에게로 재분배하는 것을 원한다. 만일 사회 구성원 각자가 동일하고 재분배에 따른 효율의 감소라는 비용이 들지 않는다면 공리주의적 사회후생함수하에서는 소득의 완전평등 분배 상태에서 사회적 후생이 극대화된다.

롤스의 사회후생함수 널리 사용되는 또 다른 사회후생함수는 철학자 존 롤스(John Rawls)의 이름을 딴 **롤스의 사회후생함수**이다. 롤스에 의하면 사회의 목적은 사회 구성원 중에서 가장 불우한 사람의 효용을 극대화하는 것이어야 한다.[6] 롤스의 사회후생함수는 아래와 같은 형태를 취한다.

$$SWF = \min(U_1,\ U_2,\ \cdots,\ U_N)$$

사회의 후생은 사회의 최소 효용에 의해 결정되므로 사회 구성원 중에서 가장 불우한 사람의 효용을 극대화하면 사회 전체의 후생이 극대화된다.

만일 사회 구성원 각자가 동일하고 재분배에 따른 효율 감소라는 비용이 들지 않는다면 공리주의적 사회후생함수하에서와 마찬가지로 이 사회후생함수하에서도 소득의 완전평등 분배 상태에서 사회적 후생이 극대화된다. 소득이 똑같이 분배될 때에만 가장 불우한 구성원의 효용이 극대화될 수 있기 때문이다. 그러나 재분배가 효율의 저하를 수반하는 경우(그리고 파이의 크기를 줄이는 경우) 두 사회후생함수가 의미하는 바는 같지 않다. 모든 사회 구성원의 선호가 동일하고, 모두 동일하게 연간 40,000달러의 소득을 갖고 있는데 두 사람만 다르다고 가정해보자. 리티샤는 연간 100만 달러를, 조는 39,999달러를 벌고 있다. 이제 리티샤에게 96만 달러의 세금을 부과하고, 이 조세수입 중 1달러를 조에게 준 다음 나머지는 모두 바다에 갖다 버리는 정책이 제안되었다고 가정해보자. 공리주의적 사회후생함수의 경우 이 제안은 사회후생을 낮추게 되는데, 96만 달러를 잃게 되는 리티샤의 효용 감소가 1달러를 얻게 되는 조의 효용 증가보다 더 크기 때문이다. 그러나 롤스의 사회후생함수의 경우에는 사회후생이 증가하게 되는데 이는 이 제안으로 가장 불우한 구성원의 효용이 증가하게 되고 오로지 이것만이 관심의 대상이 되기 때문이다. 따라서 형평과 효율 간의 상충관계에 직면할 수밖에 없는 상황에서 일반적으로 롤스의 사회후생함수는 공리주의적 사회후생함수보다 더욱 많은 소득재분배를 시사하고 있다.

---

6 왜 이것이 사회의 목표가 되어야 하는지에 대해서는 Rawls(1971), pp.152-157을 참조하라.

형평성 기준의 선택

사회후생함수의 형태는 분명히 정부의 정책결정에서 중요한 역할을 한다. 그러나 사회후생함수는 높은 곳의 어떤 힘으로부터 주어지는 것이 아니라 어떤 식으로든 정치인들과 사회 구성원들 사이의 상호작용을 통해 결정된다. 사회후생함수가 정치적 과정을 통해 형성되는 메커니즘은 제9장에서 자세히 다룰 것이지만 사회후생함수 이외에도 재분배에 관한 또 다른 기준이 존재한다는 점을 깨달을 필요가 있다. 예를 들어 어떤 정책결정자들은 **상품평등주의**(commodity egalitarianism)의 관점을 취하기도 하는데 이 견해에 따르면 오로지 문제가 되는 것은 각 구성원이 주거나 의료 등 기본적인 재화에 대한 필요를 충족하는지 여부이며, 일단 이 기본적인 수준이 충족된다면 소득재분배에는 더 이상 관심을 둘 필요가 없다는 것이다. 또 다른 사람들은 오로지 **기회의 평등**(equality of opportunity)만이 문제가 된다고 주장하는데 기회의 평등하에서 정부는 모든 사람들이 동일한 성공 가능성을 갖도록 하는 문제에만 관심을 기울이면 될 뿐 누가 성공하고 누가 실패하느냐 하는 것은 정부의 관심사가 될 수 없다는 것이다. 이와 같은 여러 가지 견해와 정부 정책에 대한 함의는 제17장에서 다룰 예정이다.

상품평등주의 사회가 개인의 기본적 욕구를 충족시켜 주되 그 이상으로는 소득분배 문제에 관심을 두지 않는다는 원칙

기회의 평등 사회는 모든 개인에게 성공을 위한 균등한 기회를 보장하되 선택의 결과에는 관심을 두지 않는다는 원칙

2.4 TANF 급여 감축이 후생에 미치는 효과

이제 앞 절에서 다룬 균형분석과 후생분석을 사용하여 TANF 급여 감축의 비용과 편익을 사회적 차원에서 평가해보자. 편익 측면은 이 변화가 한부모가정 가구주의 노동공급을 막는 장애물을 제거함으로써 노동공급의 증가 및 사회적 잉여의 증가를 가져온다는 것이다(다음 장에서 다룰 경험적 증거에 기초하여 급여가 감소하면 노동공급이 늘어난다고 가정한다). 비용 측면은 우리 사회의 최저소득계층 중 하나인 한부모가정 가구주에 대한 소득보조를 삭감함으로써 형평성이 저하된다는 점이다. 재정학자의 역할은 어떤 정책적 변화가 효율과 형평에 미치는 영향을 측정하는 일이며, 정책결정자의 역할은 적절한 정책의 선택을 통해 양자 사이의 상충관계를 조정하는 일이다.

효율성 TANF 급여 감축이 후생에 미치는 효과를 분석하기 위해 후생분석 도구를 적용해보자. 그림 2-17에 한부모가정 가구주의 노동 서비스 시장이 나와 있다. 세로축에는 노동의 가격, 즉 임금(W)이, 가로축에는 노동시간(H)이 나타나 있다.

그림 2-13과는 달리 재화(한부모가정 가구주의 노동시간)에 대한 수요는 기업으로부터, 공급은 개인들로부터 나오고 있다. 그럼에도 그림 2-13과 마찬가지로 수요곡선은 우하향하고(임금이 오르면 기업은 더 적은 노동시간을 수요함), 공급곡선은 우상향한다(대체효과가 소득효과보다 크다는 전제하에 개인들은 더 많은 노동시간을 공급함).

TANF 프로그램이 도입되기 이전 노동시장에 영향을 미치는 정부의 개입은 없다고 가정하자. 이 경우 노동공급곡선 S_1은 노동수요곡선 D_1과 X점에서 교차하여 경쟁적 균형 상태에 도달하게 되는데 이때 H_1시간의 노동이 거래되면서 사회적 효율이 극대화된다.

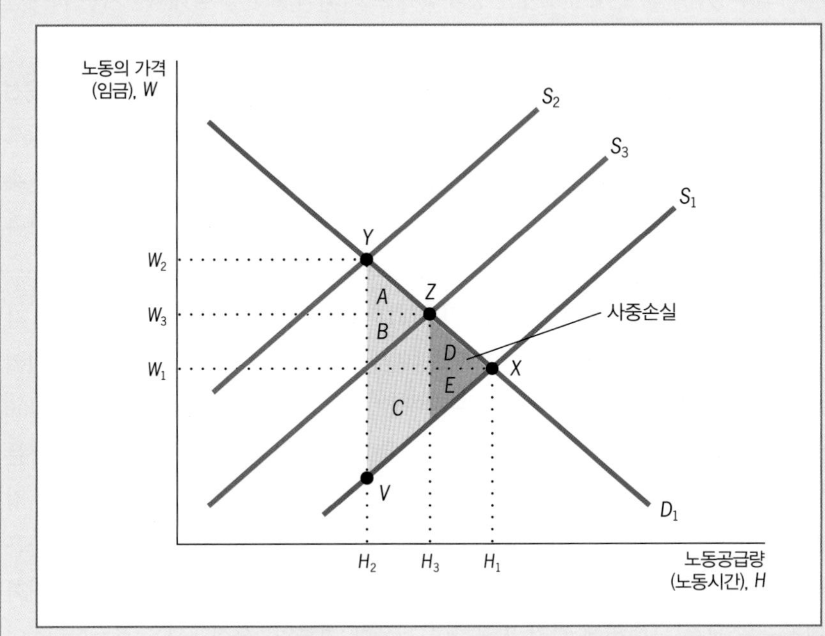

그림 2-17 TANF가 후생에 미치는 효과 TANF가 없다면 노동시장은 S_1과 D_1이 교차하는 X점에서 경쟁적 균형이 달성된다. TANF가 도입되면 노동공급은 S_2로 감소하고 시장은 새로운 균형점 Y로 이동하므로 $A+B+C+D+E$의 사중손실이 발생한다. TANF 급여가 삭감된다면 공급은 S_3로 증가하여 사회적 효율은 $A+B+C$만큼 증가한다.

그러나 TANF가 도입되면 한부모가정 가구주들은 모든 임금 수준에 걸쳐 노동공급을 줄임으로써 더 적은 시간을 일하게 되어 노동공급곡선은 S_2로 이동한다. 노동시장은 Y점에서 새로운 균형 상태에 도달하게 되는데 원래의 균형과 비교해볼 때 근로시간이 H_1에서 H_2로 줄어들었다. 이러한 근로시간의 감소는 $A+B+C+D+E$만큼의 사중손실을 초래한다. H_1과 H_2의 차이는 TANF 프로그램이 없었더라면 한부모가정 가구주들이 기업에 기꺼이 제공하고, 기업이 기꺼이 수요했을 노동시간이다. 그리고 이로 말미암아 사회적 효율은 감소하였다.

만일 TANF 급여가 축소되면 한부모가정 가구주들의 노동공급은 증가하게 되어 노동공급곡선은 S_3로 이동하게 된다. 이에 한부모가정 가구주들은 새로운 균형점 Z에서 H_3의 노동을 공급할 것이며 사중손실은 $D+E$로 줄어들게 된다. 즉 TANF 급여 축소로 인해 사회적 효율이 $A+B+C$만큼 늘어나게 되는 것이다.

이제 TANF 급여를 낮춤으로써 생긴 사회적 효율의 증가분을 측정할 수 있게 되었다. 한부모가정 가구주의 노동공급 증가로 말미암아 $A+B+C$만큼의 효율이 회복된 것이다. 만약 수요곡선과 공급곡선의 기울기를 알아낼 수 있으면 사회적 효율의 증가분을 측정할 수 있다. 기울기를 추정하는 데 필요한 실증적 연구 방법은 제3장에서 살펴볼 것이다.

형평성 효율 증진이 이토록 크다면 왜 TANF 급여를 줄이지 않는가? 그리고 이 문제 이전에 도대체 왜 TANF 프로그램을 운영하는가? 정부가 TANF 프로그램을 운영하는 이유는 국민들이 효율뿐만 아니라 사회의 부존자원을 공정하게 분배하는 형평의 문제에도 관심을 보이기 때문이다. 다양한 사회후생함수의 존재하에서 경쟁적 균형은 사회적 효율을 극대화하기는 하지만 사회후생을 극대화하지는 않는다.

현재 한부모가정 가구주 가운데 미국에서 살아가는 데 요구되는 최소한의 소득 수준인 빈곤선(poverty line) 이하의 비중은 27.4%에 달하고 있는데, 전체 가구에서 빈곤선 이하 비중은 11.6%에 불과하다.[7] 따라서 TANF 급여의 감축은 이미 이 사회에서 가장 불우한 계층 중 하나에 속해 있는 사람들의 경제 상황을 악화시키는 결과를 가져올 것이다. 그러므로 TANF 급여의 감축은 효율 증진을 상쇄하고도 남을 만큼의 커다란 형평성 문제를 초래할 수 있다.

간단한 예를 들기 위해서 우리 사회가 공리주의적 사회후생함수를 갖고 있고, 사회 구성원 각자는 $U=\sqrt{C}$ 형태의 효용함수를 갖는다고 가정해보자(단, C = 소비 = 소득). 더 나아가 국민의 10%는 최초 소득이 10,000달러인 한부모가정 가구주이고, 나머지 90%는 최초 소득이 50,000달러인 국민들이라고 가정해보자. 만일 TANF 급여를 축소하면 한부모가정 가구주의 소득은 5,000달러로 떨어지고, 다른 모든 사람들의 소득은 51,000달러로 증가한다고 해보자. 이런 정책하에서 사회 전체의 평균소득이 46,000달러에서 46,400달러로 증가함으로써 사회적 효율은 증가한다. 그러나 이 사회의 평균적인 효용 수준이 211.2에서 210.3으로 낮아지면서(정책 변화 전후 소득의 제곱근을 모든 구성원에 걸쳐 평균하여 계산한 결과임) 사회후생은 감소한다. 이와 같은 결과가 나올 수밖에 없는 것은 소득의 한계효용이 매우 큰 소수의 저소득층으로부터 고액의 소득을 줄인 반면에 소득의 한계효용이 매우 작은 다수의 고소득층에게 소액의 소득을 증가시켰기 때문이다. 사회후생함수의 맥락에서 볼 때 이 정책은 효율을 증가시키지만, 동시에 그 이상으로 형평을 훼손하고 있는 것이다.

형평의 저하로 인한 사회적 비용을 실증적으로 측정하는 것은 대단히 어려운 일이다. 이를 위해서는 기본적으로 사회가 한부모가정 가구주나 일반 납세자 등 상이한 사회계층의 후생을 어떻게 평가하는지에 관한 가정을 도입해야만 한다.

2.5 결론

이 장에서는 경제 이론의 강점과 약점을 동시에 살펴보았다. 한편으로는 개인과 기업의 행태에 관한 단순한 가정의 도입을 통해 TANF의 급여 변화가 한부모가정 가구주의 노동공급에 어떤 영향을 미치는지, 그 후생상의 함의는 무엇인지와 같은 복잡한 문제를 다룰 수 있었다. 또 다른 한편으로는 우리가 비록 일반적인 차원에서는 답을 구할 수 있었지만 TANF 급여의 변화에 따른 노동공급 변화의 잠재적 크기에 대해서는 대단히 부정확할 수밖에 없다. 즉 이론적인 모형을 이용하면 정책적 변화가 개인의 의사결정이나 사회후생에 미치는 영향을 파악하는 데 도움을 얻을 수 있지만, 그 효과의 크기에 대해서는 아무것도 알 수 없다. 이를 위해서는 실증경제학의 도움이 필요하고 이에 대해서는 다음 장에서 살펴보자.

7 U.S. Bureau of the Census의 가족 구성, 나이, 연령에 따른 1차 가족 구성원 통계(2019년 기준)를 참조하였다. 해당 자료는 https://www.census.gov, Table POV-2에서 2021년 2월 24일 입수하였다.

요약

- 적절한 TANF 급여 수준과 같은 문제에 대한 정책적 논란은 개인과 기업의 의사결정 행태에 대한 이론적 모형의 필요성을 잘 말해주고 있다.
- 정책적 변화가 개인 행태에 미치는 영향에 관한 모형을 설정할 때는 시장가격과 가용자원의 제약하에서 자신들의 후생을 극대화하고자 하는 효용극대화 모형을 사용하게 된다.
- 개인의 후생 수준 또는 효용은 한 재화를 다른 재화로 교환할 의사가 있는 비율(한계대체율)이 시장에서의 교환비율(가격비)과 같아지는 상품묶음을 선택했을 때 극대화가 이루어진다.
- TANF와 같은 프로그램은 한부모가정 가구주의 수급자격 여부에 따라 여러 개의 선분으로 나누어지는 복잡한 예산제약선을 낳는다.
- TANF 급여를 축소하면 한부모가정 가구주의 노동공급이 증가하는 경향이 있지만 그 증가 정도는 확실치 않으며 여가와 소비에 대한 한부모가정 가구주의 선호에 따라 달라진다.
- 사회후생은 사회적 효율(파이의 크기)과 형평(파이의 분배)을 함께 고려함으로써 결정된다.
- 사회적 효율은 (효용극대화로부터 유도되는) 수요와 (이윤극대화로부터 유도되는) 공급이 일치하는 경쟁적 균형에서 극대화된다.
- 사회후생의 극대화는 효율과 재분배에 대한 사회의 선호를 정책결정에 모두 포함시키는 사회후생함수를 사용함으로써 가능하다.
- TANF 급여를 축소하면 노동시장은 완전경쟁시장에 가까워지기 때문에 사회적 효율은 제고되지만 취약계층의 소득이 감소하는 대가를 치르게 된다. 결국 그 순효과는 불분명하다.

연습문제

1. 버스 요금은 2달러이고 승차 공유 서비스(예 : 우버, 리프트와 같은 회사의 서비스 이용) 가격은 5.5달러이다. 승차 공유업체 서비스 이용의 상대적인 가격은 버스 승차 기준으로 얼마인가? 버스 요금이 2.75달러까지 오르면 어떻게 될까?
2. $Q = 250 - 10P$의 수요곡선을 그려보라. 이 선형 수요곡선을 따라 가격이 5, 10, 15달러로 변하는 경우 수요의 가격탄력성이 어떻게 변화하는지 계산해보라.
3. 식료품과 의복에 지출할 100달러가 있다. 식료품의 가격은 4달러이고 의복의 가격은 10달러이다.
   a. 예산제약선을 그려보라.
   b. 정부가 다섯 벌까지는 절반 가격에 구입할 수 있도록 보조금을 지급한다고 가정하자. 이 경우의 예산제약선을 그려보라.
4. 사람들이 왜 뷔페 음식을 다 먹지 못하고 남기는지 효용 이론을 사용하여 설명해보라.
5. 소비자의 최적선택이 왜 예산제약선이 무차별곡선과 접하는 점에서 달성되는지 설명해보라.
6. 이 장에서 소개된 두 가지 사회후생함수인 공리주의적 사회후생함수와 롤스의 사회후생함수에 관한 다음의 물음에 답하라.
   a. 부자로부터 빈자에게로 어떠한 소득재분배 정책도 하지 않는 정부에 더 부합하는 함수는 어떤 것인가?
   b. 문제 (a)에 대한 답을 좀 더 생각해보고, 정부의 재분배 정책은 두 가지 사회후생함수 모두와 부합됨을 보이라.

7. 경쟁적인 자유시장에서의 균형이 사회적 효율을 극대화한다면 도대체 왜 정부는 시장에 개입하는가?

8. 기초수당이 5,000달러이고, 급여 감축률이 40%인 소득보조 프로그램을 생각해보자. 시간당 10달러의 임금에 연간 2,000시간까지 일할 수 있는 사람이 있다.
   a. 기초수당하에서 이 사람의 예산제약선을 그려보라.
   b. 기초수당은 7,500달러로 인상되고 급여 감축률은 60%로 올라간 경우 새로운 예산제약선을 그려보라.
   c. 어느 쪽 방안이 노동공급을 더 억제할 가능성이 높은지 설명해보라.
   d. 오른쪽으로 휘어지지만 다른 프로그램보다 문제 (c)에서 선택된 프로그램하에서 더 많은 노동을 공급하게 만드는 무차별곡선 체계를 그래프로 그려보라. 이 곡선에서 비정상적인 행태를 낳는 극단적 특징은 무엇인지 설명해보라.

9. 소득이 증가할 때 소비가 늘어나는 재화를 **정상재**라고 한다(예 : 소득이 증가하면 극장에서 영화를 더 자주 볼 수 있음). 한편, 소득이 감소할 때 소비가 늘어나는 재화는 **열등재**라고 한다(예 : 소득이 증가할 때 중고차를 구매할 의향이 적을 수 있음). 인(Yin)은 동네의 햄버거 가게에 나가 자주 외식을 한다. 그런데 갑자기 이 가게가 가격을 인하하였다.
   a. 햄버거 가격이 내려가자 인은 피자 가게에 덜 가게 되었는데 이를 통해 인에게 피자가 열등재라고 말할 수 있을까?
   b. 이번에는 가정을 바꾸어 햄버거 가격이 내려가자 인이 햄버거 가게에 덜 가게 되었는데 이런 행태의 변화를 정상재/열등재 개념을 사용하여 소득효과 및 대체효과로 설명해보라.

심화 연습문제

10. 기초수당이 3,000달러이고, 급여 감축률이 50%인 소득보조 프로그램을 생각해보자. 시간당 6달러의 임금에 연간 2,000시간까지 일할 수 있는 사람이 있다. 이 프로그램하에서 미아, 루카스, 토머스와 데보라는 각각 100, 333⅓, 400 및 600시간을 일한다.

    정부는 근로유인의 향상을 위해 이 제도를 변경하려고 한다. 이 계획은 두 가지 요소를 갖고 있다. 첫째, 기초수당을 2,000달러로 하향조정할 것이다. 둘째, 최초 3,000달러까지의 근로소득에 대해서는 급여를 줄이지 않지만 그 이후에는 급여 감축률이 50%이다.
   a. 모든 사람이 직면하게 되는 최초의 예산제약선을 그려보라.
   b. 제도 변화 이후의 예산제약선을 그려보라.
   c. 새로운 제도하에서 누가 더 일을 할 것으로 생각하는가? 누가 일을 덜 하겠는가? 일을 더 할지, 덜 할지 알기 어려운 사람이 있는가?

11. 수요가 $Q = 900 - 10P$이고 공급이 $Q = 20P$인 경쟁시장이 있다.
   a. 소비자 잉여와 생산자 잉여의 크기는 얼마인가?
   b. 정부가 이 재화의 생산에 단위당 15달러의 보조금을 지급하기로 했다. 이제 소비자 잉여와 생산자 잉여는 얼마인가? 이 보조금 지급에 따라 사중손실이 발생하는 이유는 무엇이며 그 크기는 얼마인가?

12. 정부는 현금급여와 반드시 식료품 또는 주거비로만 사용해야 하는 현물급여를 모두 제공하고 있다. 화폐가치가 동일하다면 수급자는 이 두 가지 방식에 무차별하겠는가? 무차별곡선 분석을 사용하여 어떤 경우에 무차별하고 어떤 경우에 차이가 있는지 보이라.

13. 어드벤처랜드(Adventureland)에는 빌과 테드라는 두 명의 시민이 있다. 빌은 개인 법률 사업을 하고 있고, 시간당 50달러를 번다. 소득세율이 0%인 경우, 빌은 주당 20시간 일을 한다. 25% 세율에서는 주당 16시간,

40% 세율에서는 주당 8시간만 일한다. 테드는 제조업에 종사하고 있다. 그는 주당 20시간 일하고 세율에 관계없이 시간당 6달러를 받는다. 정부는 빌에게 25% 또는 40%의 소득세를 부과하고 그 세수를 테드에게 이전지출하려 한다. 아래 표에는 가능한 세 가지 정책이 요약되어 있다.

a. 세 가지 정책을 비교해보자. 이 중 명확하게 최적화 수준에 이르지 못하는 정책이 있는가?

빌과 테드가 동일한 효용함수 $U(Y) = Y^{1/2}$을 갖고 있으며 이때 Y는 소비(= 세후소득)를 의미한다고 가정하라.

b. 세 가지 조세정책을 롤스의 사회후생함수의 관점에서 서열을 정하라. 공리주의적 사회후생함수의 관점에서 다시 서열을 정해보라.

c. 효용함수가 $U(Y) = Y^{1/5}$으로 바뀌면 앞 문제의 답은 어떻게 변하는가?

d. 빌과 테드가 서로 다른 효용함수를 갖는다고 가정해보자. 빌의 효용은 $U^B(Y) = 1/4Y^{1/2}$에 의해 결정되고, 테드의 효용은 $U^T(Y) = Y^{1/2}$에 의해 결정된다. (만일 빌에게 심한 장애가 있어 같은 수준의 효용을 얻기 위해 그만큼 많은 소득이 필요하다면 이런 효용함수가 나타날 수 있을 것이다.) 롤스의 사회후생함수 관점에서 세 가지 조세정책의 서열은 어떻게 정해지겠는가?

어드벤처랜드에서 재분배 정책의 효과

	0%	25%	40%
빌의 세전소득	$1,000	$800	$400
빌의 세금	0	200	160
빌의 순소득	**1,000**	**600**	**240**
테드의 세전소득	120	120	120
테드의 이전지출	0	200	160
테드의 순소득	**120**	**320**	**280**

14. 어느 소비자가 올해 오락에 지출할 돈이 4,000달러가 있다. 하루짜리 여행(T)의 가격은 40달러, 피자를 먹고 영화를 관람하는(M) 가격은 20달러이다. 이 소비자의 효용함수는 $U(T, M) = T^{3/4} M^{1/4}$이다.

a. T와 M의 적정 소비량을 구하라.

b. 하루짜리 여행의 가격이 50달러로 인상되었다. 적정 소비량에는 어떤 변화가 생기겠는가?

15. 보편적 기본소득 보장(Universal Basic Income Guarantee, UBI)이라는 개념은 점점 더 인기를 얻고 있으며, 다양한 정치적 성향에 걸쳐 많은 관심을 불러일으켰다. 이러한 제도 아래서, 모든 시민은 소득에 관계없이 미국 정부로부터 직접 최소 급여를 받게 될 것이다. 이 장의 이론적 도구를 사용하여, 이러한 제도가 국가적인 소비와 노동공급에 어떤 영향을 미칠 것인지 설명하라. 만약 정부가 이 정책을 실행하기 위해 세금을 인상해야 하고, 그 결과 근로자들의 세후임금은 더 작아지게 된다면 당신의 대답은 어떻게 바뀌겠는가?

James Andrews/iStock/Getty Images

효용극대화의 수학

이 부록에서는 46~48쪽에 나오는 효용극대화 사례와 그림 2-10 및 2-11의 배경이 되는 수학을 살펴보기로 한다. 그림 2-10의 무차별곡선은 아래의 효용함수에서 도출된 것으로 이때 C는 소비를, L은 여가를 의미한다.

$$U = 100 \times \ln(C) + 175 \times \ln(L)$$

이 효용함수의 한계대체율은 다음과 같다.

$$MRS = MU_L / MU_C = (175 / L) / (100 / C) = 1.75 \times (C / L)$$

나오미는 시간당 10달러의 임금을 받고 연간 2,000시간까지 일할 수 있다. 그녀는 또한 기초수당 5,000달러에 50%의 급여 감축률을 갖는 TANF 프로그램의 수급자이다. 따라서 예산제약선은 다음과 같은 2개의 선분을 갖는다.

만일 여가가 1,000시간 이상인 경우(TANF 적용 부분)

$$C = 5{,}000 + (2{,}000 - L) \times 10 \times 0.5$$

만일 여가가 1,000시간 이하인 경우(TANF 비적용 부분)

$$C = (2{,}000 - L) \times 10$$

이제 이 한부모가정 가구주의 여가와 소비의 적정량을 계산할 수 있다. 먼저 예산제약선의 각 선분마다 최적묶음을 찾아낸 다음 이 둘 중에서 어느 쪽이 더 높은 효용을 주는지 평가하면 된다.

예산제약선의 첫 번째 선분(TANF 적용 부분)의 경우 다음의 적정화 과제를 풀어보자.

$$\text{Maximize } U = 100 \times \ln(C) + 175 \times \ln(L)$$
$$\text{s.t. } C = 5{,}000 + (2{,}000 - L) \times 10 \times 0.5$$

예산제약선을 효용함수에 대입하면

$$\text{Maximize } U = 100 \times \ln(5{,}000 + (2{,}000 - L) \times 10 \times 0.5) + 175 \times \ln(L)$$

이를 여가에 대해 미분한 다음 영(0)으로 놓으면

$$(100 \times -5) / (5{,}000 + (2{,}000 - L) \times 5) + 175 / L = 0$$

이제 이 방정식을 풀어주면 $L = 1{,}910$을 얻고, 이 여가 수준에서 소비는 5,450단위가 된다. 이를 효용함수에 대입하면 $100 \times \ln(5{,}450) + 175 \times \ln(1{,}910) = 2{,}182$가 된다.

이제 동일한 적정화 과제를 예산제약선의 두 번째 선분(TANF 비적용 부분)에 대해 풀어보자.

$$\text{Maximize } U = 100 \times \ln(C) + 175 \times \ln(L)$$
$$\text{s.t. } C = (2{,}000 - L) \times 10$$

위에서와 마찬가지로 예산제약선을 효용함수에 대입하면

$$\text{Maximize } U = 100 \times \ln((2{,}000 - L) \times 10) + 175 \times \ln(L)$$

이를 다시 여가에 대해 미분한 다음 영(0)으로 놓고 풀어주면 적정 L은 1,273이며 그에 따른 소비 수준은 7,270단위가 된다. 이를 효용함수에 다시 대입해주면 2,140의 효용을 얻게 된다. 이 효용은 2,182보다 낮으므로 이 한부모가정 가구주는 예산제약선의 첫 번째 선분(TANF 적용 부분)상의 A점을 선택하게 될 것이다.

TANF의 기초수당을 3,000달러로 낮춘다면 어떻게 될까? 이제 낮아진 기초수당하에서 동일한 적정화 과제를 풀면 된다. 이 한부모가정 가구주의 경우 1,655시간의 여가(그리고 345시간의 노동공급)를 선택함으로써 여전히 TANF가 적용되는 예산제약선상의 한 점을 선택하게 될 것이다.

그림 2-11에 나오는 무차별곡선을 가지는 효용함수는 다음과 같다.

$$U = 75 \times \ln(C) + 300 \times \ln(L)$$

이 효용함수의 경우 한계대체율은 다음과 같다.

$$MRS = MU_L / MU_C = (300 / L) / (75 / C) = 4 \times (C / L)$$

사라의 예산제약선도 나오미의 것과 동일하다.

만일 여가가 1,000시간 이상인 경우(TANF 적용 부분)

$$C = 5{,}000 + (2{,}000 - L) \times 10 \times 0.5$$

만일 여가가 1,000시간 이하인 경우(TANF 비적용 부분)

$$C = (2{,}000 - L) \times 10$$

TANF가 적용되는 첫 번째 예산제약선의 경우 다음의 적정화 과제를 풀어야 한다.

$$\text{Maximize } U = 75 \times \ln(C) + 300 \times \ln(L)$$
$$\text{s.t. } C = 5{,}000 + (2{,}000 - L) \times 10 \times 0.5$$

이를 풀면 여가의 적정량은 3,200시간이 나오는데 이는 여가의 최대시간인 2,000시간을 넘는 수준이다. 따라서 사라는 최대치인 2,000시간을 선택하고 5,000단위를 소비함으로써 2,919의 효용을 얻는다.

이 가구주는 여가에 대해 극단적 선호를 갖고 있으므로 예산제약선의 TANF 비적용 선분상에서는 효용 수준이 더욱 낮아질 것이다. 기초수당이 3,000달러로 낮아지는 경우에도 마찬가지로 사라는 2,000시간의 여가와 3,000단위의 소비 수준을 누리는 '모서리(corner)' 해를 선택할 것이다.

CHAPTER 3

James Andrews/iStock/Getty Images

재정학의 실증분석 도구

생각해볼 문제

- 정책 변화가 개인행동 변화에 미친 영향을 어떻게 측정할 수 있는가?
- '준실험'이란 무엇인가? 또 준실험은 행동 변화 예측에 어떻게 활용될 수 있는가?
- TANF 프로그램의 혜택의 변화가 한부모가정 가구주의 노동공급에 어떠한 영향을 미치는가?

이제 당신이 주정부의 보건복지부 직원이었던 그 시기로 되돌아가 보자. 제2장에서 공부한 이론적 분석기법 덕분에 당신은 이제 주지사와 복지부 장관 사이의 논쟁에 적절한 조언을 해줄 능력을 갖추게 되었다. 당신은 주지사와 장관에게 TANF 프로그램의 보조금 삭감은 한부모가정 가구주들의 노동공급을 (확실하지는 않지만) 증가시킬 수도 있다고 조언할 수 있다. 하지만 사실 정치가들은 TANF 프로그램의 보조금 삭감이 노동공급의 변화에 미치는 영향에는 별반 관심이 없다. 복잡한 그래프와 설명으로 가득한 사회후생효과에 대한 분석 따위에는 더더욱 관심이 없다. 그들이 알고 싶은 것은 단지 '얼마나 좋아지는지'에 대한 짧은 숫자일 뿐이다.

이를 파악하기 위해서는 **재정학의 실증분석 도구**(empirical tools of public finance)를 활용해야 한다. 재정학의 실증분석 도구들은 정부 정책이 개인이나 시장에 실제로 미치는 영향을 측정하는 데 사용되며, 주로 데이터 활용과 통계분석으로 구성되어 있다. 우리가 앞서 공부했던 경제학의 고전적 분석들, 즉 효용극대화 및 시장균형분석 이론들에 비해 실증분석 연구는 비교적 최근에 발전된 분야이기 때문에 전통적 고전 이론들에 비하면 아직 불완전한 편이다. 예컨대 실증재정학의 영역에서는 TANF 프로그램의 보조금 삭감과 관련된 한부모가정 가구주의 노동공급 문제 등에 대해 활발한 논쟁이 진행 중이지만, 아직 정책효과 측정을 위한 최선의 방식이 무엇인지에 대해서는 아직 명확한 결론에 이르지 못하고 있다.

재정학의 실증분석 도구 데이터 및 통계적 기법을 활용하여 정부 정책이 시장과 경제주체에 미치는 영향을 측정하는 방법

상관관계 두 개의 경제변수가 함께 움직이는 경우(같은 방향이거나 반대 방향이거나) 두 변수는 상관관계라고 함

인과관계 하나의 변수가 다른 변수의 변화를 유발하는 경우 두 경제변수는 인과관계라고 함

이 장에서 우리는 이러한 실증분석 방법론에 대해 살펴볼 것이다. 그 과정에서 상관관계에서 인과관계를 끌어내는, 경제학의 실증분석 이슈들에 대해서도 자연스럽게 논의하게 될 것이다. 두 개의 경제변수가 함께 변화할 때(같은 방향 또는 다른 방향으로) 우리는 두 변수가 서로 **상관관계**(correlation)에 있다고 말한다. 반면, **인과관계**(causality)란 한 변수가 다른 변수의 변화를 유발하는 경우만을 일컫는다. 따라서 모든 인과관계는 상관관계이지만, 상관관계라고 해서 인과관계라고 단정할 수는 없다. 마찬가지로 만약 제3의 변수가 두 변수의 변화를 이끌어냈다면, 두 변수 간의 상관관계는 인과관계라 볼 수 없는 것이다.

이 장에서는 이와 같은 기초 개념으로부터 시작하여, 정부의 시장 개입효과를 측정하는 데 '아주 이상적인 방법(gold standard)'이라 평가되는 임의시행(randomized trial)에 대해서까지 논의해볼 것이다. 임의시행은 재정학보다 약학분야에서 더 많이 활용되고 있으며, 다른 실증분석 방법들에 대한 평가기준을 제공하고 있을 정도로 유효한 분석 방법이다. 이제 우리는 우리가 직면한 과제, 즉 'TANF 프로그램의 보조금 변화에 따른 한부모가정 가구주의 노동공급 변화'와 같은 인과관계분석을 위한 실증분석 기법들에 대해 살펴볼 것이다. 이때 편의상 이 장에서는 TANF 프로그램의 사례를 계속 활용하도록 한다. 이 장의 학습을 통해 앞서 우리가 제기했던 문제들에 대한 해답에 이를 수 있을 것이다.

3.1 상관관계와 인과관계 사이의 중요한 차이점

콜레라 대유행이 러시아를 휩쓸던 19세기 초반, 러시아 정부는 전염병 창궐에 대응하기 위해 상황이 심각한 지역에 우선적으로 의사를 파견하였다. 하지만 해당 지역의 주민들은 의사가 많이 파견된 지역일수록 콜레라가 더욱 심각했음을 파악하였고, 의사들의 숫자와 콜레라 발생빈도 사이에 매우 밀접한 관계가 있다고 생각했다. 결국 파견된 의사들은 조직화된 주민들에 의해 무참히 살해되고 말았다.[1]

이는 상관관계와 인과관계를 명확히 구분하지 못하는 경우 어떠한 문제가 발생할 수 있는지를 보여주는 극단적인 사례이다. 주민들이 의사의 수와 발병횟수가 함께 증가한다고 본 것은 상관관계를 옳게 파악한 것이다. 하지만 그들이 저질렀던 치명적인 오류는 의사 수의 증가가 질병 창궐의 원인이었다는 식으로 잘못 이해했다는 점이다. 물론 이 현상은 '전염병이 심각해짐에 따라 더 많은 의사들이 투입된 것'이라 해석하는 것이 맞다. 통계학에서는 이를 식별의 문제(identification problem)라고 한다. 즉 식별의 문제란 두 데이터 계열이 서로 상관관계에 있을 때 한 변수가 다른 변수의 변화를 유발하는지를 파악하는 것이다.

식별의 오류는 최근에도 발생하는 문제이다. 2014년 9월, 한 구호단체가 에볼라 전염병으로 8명이 사망한 기니의 한 마을을 방문했을 때 일어난 일이다. "사람들이 죽고 나면, 꼭 그곳에서 전염병이 발생하더군요"라는 마을 지도자의 설명은 식별의 문제를 고스란히 드러내는 것이다.[2]

1 Fisher(1976)의 예를 재인용한 것이다.

2 McCoy(2014).

식별의 문제는 단지 저개발 국가에서만 관찰되는 현상이 아니다. 1988년 하버드대학의 한 학장은 신입생들의 면접 결과를 통해 SAT 준비 특강(이를테면 사교육기관에서 제공하는 시험대비 특강)과 실제 학생들이 획득한 SAT 점수 사이의 흥미로운 관계를 발견하였다. SAT 특강은 1988년 당시에는 그다지 흔하지 않았는데, 특강을 수강했던 학생들의 평균점수가 그렇지 않은 학생들의 평균점수에 비해 63점가량 낮았음을 발견한 것이다(당시 SAT의 총점은 1,600점이었다). 그 학장은 이를 대단한 발견으로 생각한 나머지, 'SAT 특강이란 단지 부모들의 불안감을 이용한 학원들의 돈벌이 수단일 뿐, 실제 학생들의 성적 향상에는 별 도움이 되지 않는다'고 결론지었다.[3] 이 역시 상관관계를 인과관계로 혼동한 또 다른 좋은 예다. SAT 특강이 필요한 학생들은 과연 누구일 것인가? 당연히 평소 SAT 시험 성적이 좋지 않은 학생들일 것이다. 이미 충분히 높은 점수를 받는 학생들은 특강이 필요 없을 것이기 때문이다. 결국 현상을 있는 그대로 해석해보면 '특강이 필요한 학생들이 수강했지만 좋은 성적을 거두지는 못했음'일 뿐이다. 따라서 SAT 특강이 학생들의 낮은 성적을 유발했다는 것은 주관적인 해석일 뿐 아니라 현실을 과도하게 왜곡한 것이다.

"도넛 소비와 생산성 향상과의 관계는 나중에 말씀하시고, 일단 드시지요."

또 다른 유사 사례는 신생아 모유수유에 대한 연구 결과에서 찾아볼 수 있다. 보편적인 어린이 영양학에서는 신생아가 12개월이 넘을 때까지 모유수유를 지속할 것을 권장하고 있다. 하지만 어떤 의학자들은 모유수유가 유아의 영양상태에 이롭지 않다고 보고한 바 있는데, 이러한 연구 결과는 일련의 영양학자들에게 모유수유를 오래 하는 것이 영양학적으로 유아 건강에 해롭다는 결론을 도출하게끔 하였다. 하지만 이 주장의 오류는 페루에서 수행되었던 한 연구를 통해 밝혀졌다. 이에 따르면 모유수유를 오랫동안 하는 유아들의 경우, 원래부터 저체중이거나 영양상태가 좋지 않았다는 것이다.[4] 즉 모유수유의 지속이 유아의 저성장을 가져온 것이 아니라, 성장과 발육에 문제가 있는 유아들일수록 더 오랫동안 모유수유를 받는다는 것이다.

문제점

우리가 앞에서 살펴본 사례들은 사실 분석 과정에서 흔히 발생하는 문제들로, 데이터 특성에 대한 충분한 숙고 없이 상관관계에서 인과관계를 성급히 도출하려다 발생한 것들이다. SAT 특강을 수강한 학생들이 SAT 시험에서 낮은 점수를 받은 것이나, 모유수유를 가장 오래 한 아이의 건강이 가장 나빴다는 것은 연구진행을 위한 첫 번째 단계, 즉 변수들 간의 상관관계를 찾아냈다는 것일 뿐이다. 일단 두 변수들의 측정량 데이터가 확보되면, 각 변수들이 같은 방향으로 움직이는지 반대방향으로 움직이는지를 살펴보는 것은 비교적 쉽다. 여기까지가 **상관관계**를 파악하는 것이다.

---

3 *New York Times*(1988).

4 Marquis et al.(1998).

상관관계의 파악보다 더 어려운 것은 한 변수의 움직임이 다른 변수 움직임의 **원인**이 되는지를 판별해내는 것이다. 두 변수 *A*와 *B* 사이의 상관관계에 대한 판단은 대체로 다음의 셋 중 하나이다.

- *A*는 *B*의 원인이다.
- *B*는 *A*의 원인이다.
- 제3의 요인이 둘(*A*와 *B*)의 원인이다.

앞서의 SAT 특강 사례를 다시 생각해보자. 이를 통해 객관적으로 확인할 수 있는 점은 SAT 특강을 수강했던 신입생들은 평균보다 더 낮은 점수를 받았다는 것뿐이다. 하지만 하버드대학 학장이 내린 결론은 다음과 같은 다양한 해석 가운데 하나일 뿐이다.

- SAT 특강은 SAT 시험 준비에 나쁜 영향을 준다.
- SAT 특강을 수강하는 학생들은 대개 실력이 부족한 학생들이다.
- 시험대비 특강은 대개 SAT와 같이 큰 시험에 약한, 소심한 학생들이 주로 수강한다.

학장의 결론은 첫 번째 해석에 해당하지만, 사실 그 외의 다른 해석들 역시 똑같이 유효하다. 위의 세 가지 해석들이 함의하는 바는 추가적 정보나 가정 없이, 상관관계로부터 인과관계를 함부로 도출해서는 안 된다는 점이다. 즉 특강의 수강 여부와 실제 받은 점수만을 가지고 인과관계를 마음대로 해석해서는 안 되는 것이다.

모유수유에 대한 사례 역시 다음과 같이 다양한 해석이 가능할 것이다.

- 모유수유의 기간이 길어지는 것은 유아 건강에 해롭다.
- 건강상태가 좋지 않은 유아일수록 모유수유 기간이 더 길다.
- 최저소득계층의 엄마들일수록 모유수유를 길게 하는 경향이 있는데, 왜냐하면 모유수유가 아동에게 영양을 공급하는 가장 저렴한 방법이며, 저소득은 유아의 나쁜 건강과 관련 있기 때문이다.

SAT 특강 사례에서와 마찬가지로, 모유수유에 대한 설명들 역시 인과관계에 대한 가능한 해석일 수 있다. 하지만 모유수유가 유아 건강에 해롭다는 앞서의 주장은, 이처럼 가능한 다른 해석들은 외면한 채 첫 번째 해석만이 옳다고 가정한 것이다.

문제는 상관관계에서 인과성 여부를 판단하는 것이 생각보다 쉽지 않다는 점이다. 이러한 인과성 판단에 관심을 갖는 이유는 이의 확인 여부가 정책수립에 매우 중요하기 때문이다. 정책입안자들은 정부의 시장 개입이 경제주체들의 행동에 어떤 영향을 미칠 것인지 매우 궁금해한다. 그런데 정책 결과에 대한 이와 같은 예측은 요소들 사이의 상관관계를 잘 이해하는 것으로부터 비롯된다. 예컨대 모유수유가 유아 건강에 해롭다는 인식하에서는 올바른 정책이 수립될 수 없다. 보다 올바른 정책을 수립하기 위해서는 모유수유와 신생아 건강 사이의 진정한 인과관계를 정확히 파악해야 한다. 다음 절에서는 실증연구 수행에서 직면하게 되는 가장 중요한 질문, 즉 '상관관계에 있는 변수들 사이의 인과관계를 어떻게 도출할 수 있는가'에 대한 답의 탐구로부터 시작할 것이다.

3.2 이상적 데이터를 통한 인과성 측정 : 임의시행

현대사회의 가장 중요한 이슈 가운데 하나는 의학적 치료가 환자의 건강에 어떠한 영향을 미치는지에 대해 이해하는 것이다. 이에 대한 아주 좋은 사례는 폐경기 중년여성에 대한 에스트로겐 대체치료 요법(estrogen replacement therapy, ERT)이라 할 것이다.[5] 폐경은 여성의 체내에서 자연스럽게 생성되던 에스트로겐 수치를 급격히 낮추는데, 이로 인해 불규칙적인 체온 급변('열감'), 안면홍조, 불면증, 요로감염 등과 같은 많은 부작용을 동반한다. ERT는 폐경으로 인해 부족해지는 에스트로겐을 인위적으로 보충해줌으로써 폐경에 따른 다양한 부작용을 억제하는 치료법이다.

비록 ERT가 폐경의 문제를 완화하는 데 유효한 치료라는 점에 대해서는 의문의 여지가 없지만, ERT의 부작용에 대한 우려 역시 존재한다. ERT가 뇌출혈, 심장마비와 같은 심장질환의 발생위험을 높일 수 있다는 주장도 간헐적으로 제기된 바 있다. 이와 관련하여, 1980년대 초반 수행되었던 일련의 연구들에서는 폐경 이후 ERT를 받은 여성들과 그렇지 않은 여성들에 대한 비교실험이 수행된 바 있는데, 분석 결과 ERT가 여성 심장질환에 유의미한 영향을 유발하지 않는다고 결론지었다. 심지어 어떤 연구들에서는 ERT가 여성 심장질환을 실제로 완화시킨다고 주장한 바 있다.

ERT 부작용에 대한 염려는 일리가 있는 것이지만, 엄밀하게 따져보면 1980년대 초의 비교연구들은 ERT와 심장질환 사이의 인과관계를 증명해낸 것이라 볼 수 없다. 왜냐하면 ERT 비교연구가 완전히 동일한 여성들을 대상으로 한 것이 아니기 때문이다. 예컨대 ERT를 받은 여성들은 의사들로부터 더 많은 보살핌을 받았을 것이며, 결과적으로 더욱 건강한 생활방식을 취하였을 것이다. 경우에 따라서는 이러한 보살핌으로 인해 ERT가 심장질환의 위험성을 낮춘 것처럼 보일 수 있다(이는 앞서 살펴본 상관관계의 세 가지 판단 가운데 세 번째 것에 대한 좋은 사례라 할 수 있다. 즉, 제3의 요인이 ERT와 심장질환이라는 두 변수들의 원인으로 작용했음을 의미한다). 결국 ERT가 심장질환 발병위험을 높였을 수는 있지만, 동시에 약을 복용함에 따라 더 건강해진 여성들로 인해 이러한 발병위험의 증가가 실제로는 감추어졌을 수도 있다.

임의시행을 통한 문제 해결

연구자들은 이 문제를 어떻게 해결할 것인가? 가장 좋은 방법은 인과성 테스트를 위한 가장 이상적인 분석 방법인 **임의시행**(randomized trial)을 수행하는 것이다. 임의시행이란 어떠한 조치(이를테면, 의료처방이나 정부 정책의 혜택과 같은)를 취한 **분석집단**(treatment group)과 조치를 취하지 않은 **비교집단**(control group)으로 구분하여 비교하되, 그 선별방식을 임의로(randomly) 하는 방법이다. 이때 임의성을 충족하기 위해서는 동전던지기 식으로 분석집단 또는 비교집단

임의시행 집단 내의 개인들을 분석집단과 비교집단으로 무작위 구분하여 인과성을 검증해보는 이상적 형태의 실험

분석집단 분석하고자 하는 정책대상들의 집합

비교집단 분석집단과 비교되는 집단. 즉, 분석하고자 하는 정책대상이 아닌 이들의 집합

5 ERT 이슈들과 관련한 개요에 대해서는 Kolata(2002)를 참조하라.

을 배정하는 것이 효과적이다.

이러한 임의시행이 우리가 직면한 문제를 어떻게 해결해줄 수 있는지 살펴보기 위해, 다음과 같은 이상적 시험상황을 가정해보자. 먼저 노년여성들로만 이루어진 집단을 구성한 다음, 이들을 완벽하게 복제한 집단을 만들었다고 가정하자. 어느 한 집단에만 ERT를 수행했다고 하면, 두 집단 사이에는 ERT 시행 여부만이 다를 뿐 다른 모든 것이 동일할 것이다. 이러한 상황에서 두 집단 간 심장질환의 차이가 존재한다면, 이는 전적으로 ERT에 의한 것으로 판단할 수 있다. 왜냐하면 두 집단은 원래 똑같았기 때문에 만약 ERT를 시행한 집단에서 심장병 발병률이 높아졌다면 그 원인은 단 하나, ERT의 시행 여부라는 인과성이 명쾌히 밝혀지는 것이다.

하지만 불행히도 우리가 사는 현실에서는 공상과학 이야기에서나 나옴 직한 집단복제 실험이란 불가능하다. 그러나 놀랍게도 임의시행을 활용하면, 앞서의 집단복제와 유사한 효과를 기대할 수 있다. 이는 임의화 과정(randomization)이 갖는 성격, 즉 분석집단 및 비교집단의 배정이 마치 동전던지기와 같은 임의성을 갖기 때문이다. 결과적으로 이 경우 분석집단은 ERT를 받았다는 점을 제외하고는 모든 면에서 비교집단과 똑같아지는 것이다.

편의의 문제

이제 앞서 논의되었던 모든 예를 비교집단과 분석집단의 개념을 적용하여 재해석해보자. SAT의 사례에서 SAT 특강을 수강했던 학생들은 분석집단이고 그렇지 않았던 학생들은 비교집단이다. 모유수유의 예에서는 1년 이상 모유수유를 받은 유아들이 분석집단이고 그렇지 않은 유아들은 비교집단이다. 임의시행에 대한 설명 직전 공부한 ERT에 대한 사례에서도 ERT를 받은 환자들은 분석집단이고 받지 않은 환자들은 비교집단이다. 심지어 러시아 콜레라의 예에서도 의사가 투입된 지역은 분석집단이고 의사가 투입되지 않은 지역은 비교집단이다. 우리가 재정학 과목에서 공부하게 될 어떠한 실증분석의 문제들도 분석집단과 비교집단 사이의 비교로 접근할 수 있는 것이다.

따라서 우리는 실증분석 방법론에 대해서 항상 다음과 같은 간단한 질문으로 시작할 수 있다. '분석집단과 비교집단이 처방(분석하고자 하는 정책 등) 외에 다른 점이 있는가?' 앞에서 살펴본 모든 예에서는 분석집단이 비교집단과 다른 측면이 있다. SAT 특강을 거친 그룹은 아마도 이를 수강하지 않은 학생들에 비해 성적이 좋지 않았을 것이다. 모유수유를 오랫동안 받은 유아들은 그렇지 않은 유아들에 비해 건강상태가 더 좋지 않았을 것이다. ERT를 받은 사람들은 그렇지 않은 사람들보다 더 건강했을 것이다. 이와 같이 분석하고자 하는 효과 외에 분석집단과 비교집단 사이에 존재하는 차이는 상관관계로부터 인과성을 도출하는 데 있어 근본적 문제를 발생시킨다.

편의 분석집단과 비교집단 사이에 원래부터 존재하고 있었던 차이. 즉 정책 적용 여부 이외에 두 집단 사이에 원래부터 존재하던 차이들을 통칭하여 편의라고 함

우리는 이러한 차이점들을 **편의**(bias)라고 부른다. 따라서 편의란 우리가 분석하고자 하는 대상(정책 변화 등)은 아니지만 분석하고자 하는 문제와 상관관계가 있으며, 분석집단과 비교집단이 원래부터 다른 집단이 되게끔 만드는 요소들을 뜻한다. SAT 특강의 사례에서는 SAT 특강을 수강한 학생들의 성적이 좋지 않도록 만들었던 또 다른 이유들이 편의라 할 수 있다. 모유수

유의 예에서는 가장 오랫동안 모유수유를 받은 유아가 사실은 건강상태가 가장 좋지 않았던 신생아였다는 사실 등이 편의라 할 수 있다. ERT와 심장질환의 발병률에 대한 추정에서도 ERT 치료를 받은 여성이 그렇지 않은 여성에 비해 원래부터 건강한 상태였다는 사실도 편의의 원인이 된다. 이와 같이 분석하고자 하는 효과(SAT 특강, 모유수유, ERT 치료)가 아닌 다른 이유들로 인해 분석집단과 비교집단이 서로 상관관계가 있는 것처럼 나타난다면, 언제나 편의가 발생할 수 있다.

하지만 임의시행에서는 그 정의상 편의가 존재할 수가 없다. 임의시행에서는 동전던지기와 같은 방법 말고는 두 그룹의 차이를 만들어낼 수 없기 때문이다. 따라서 임의시행의 경우에는 비교집단과 분석집단 사이에 원래부터 있었던 차이가 존재할 수 없다. 결국 임의시행에서는 편의가 개입될 수 없으며, 그러한 이유로 임의시행을 인과성의 실증 추정을 위한 가장 이상적인 분석 방법이라 하는 것이다.

▶ **즉석 힌트** 여기서 설명된 임의시행은 충분히 많은 수의 분석집단과 비교집단이 확보되었을 때 의미가 있다. 대규모 표본집단의 확보는 연구자들이 분석대상 집단들 사이의 근본적인 차이를 제거할 수 있게끔 해준다. 통계학에서는 이를 *대수의 법칙*(law of large numbers)이라 부른다. 표본 수가 커질수록 잘못된 답을 얻게 될 가능성은 0에 가까워지는 것이다.

어떤 친구가 매우 공정한 동전던지기 게임에서 *항상* 동전의 앞면만 나오게 할 수 있다고 주장하는 상황을 생각해보자. 이는 불가능한 일이다. 매번 동전이 던져질 때마다 뒷면이 나올 확률도 50%나 된다. 이제 당신이 25센트짜리 동전을 하나 건네주면서 증명해보라 했다고 치자. 만일 동전을 한 번만 던졌다면 앞면이 나와 그 친구가 이길 확률은 50%이다. 만약 두 번 던진다고 해도 두 번 다 앞면이 나와서 그 친구가 이길 확률은 아직 25%나 된다. 횟수가 충분히 많아지지 않는 한, 동전던지기 게임을 계속 진행해서 그 친구가 이길 가능성은 아직 존재하는 것이다.

그러나 이러한 게임이 계속 진행된다면 어떻게 되겠는가? *매번* 앞면이 나올 확률은 점점 더 낮아지게 된다. 만약 동전던지기가 10회 시행된다면 그 친구가 이길 확률은 단지 1/1,024에 불과해진다. 20번 시행된 이후에는 그 확률이 1/1,048,576이 되는데, 100만분의 1이란 수학적으로는 0은 아니지만, 사실상 0이다. 즉 동전을 던지는 횟수가 증가할수록 우리가 편의된 답을 얻을 확률이 작아지는 것이다. 마찬가지로 충분히 많은 사람들을 임의로 그룹에 배정하는 경우, 편의가 발생할 가능성을 최대한 배제할 수 있게 되는 것이다.

ERT에 대한 임의시행

1991년 버나딘 힐리(Bernadine Healy) 박사가 미국 국립보건원(NIH) 최초의 여성 책임자가 되었을 때 가장 중요한 일로 생각했던 것은 ERT의 임의시행에 대한 후원이었다. 이 임의시행에는 미국 전역 40개의 보건소에서 50~79세 사이의 16,000명이 넘는 여성들의 자료가 동원되었다. 이 연구는 원래 8.5년 동안 시행될 예정이었지만, 연구 결과가 예상보다 빠르고 명확히 나타나는 바람에 5.2년 만에 종결되었다. 연구 결과에 따르면 ERT가 실제 심장질환의 발병률을 높인다고 분석되었다. ERT를 받은 여성 1만 명을 기준으로 했을 때, 연간 7명이 관상동맥 심장질환(치명적이든 그렇지 않든 간에)에 더 걸리는 것으로 나타났으며, 뇌졸중은 8명 더, 폐색전증(허파에 혈전이 엉키는 것)도 8명 더 발병하는 것으로 나타났다. 또한 이 연구에서는 ERT를 받은 여성들 가운데 침투성 유방암도 8명 더 발병한 것으로 보고되었다. 결국 ERT에 대한 임의시행 분석 결과는 앞서의 ERT 연구 결과들이 편의에 의한 것임을 밝혀낸 것이다. 이러한 새로운 발견은 폐경기 여성들에게 ERT를 권유했던 의사들로 하여금 그들의 결정에 대해 다시 생각해보게끔 하는 계기를 만들어주었다.[6]

TANF에 대한 임의시행

임의시행은 신약이 건강에 미치는 영향을 측정하는 경우뿐 아니라, 공공정책의 유효성을 측정하는 경우에도 유용하게 활용된다. 여기에서는 TANF 프로그램이 노동공급에 미치는 인과성을 추정하는 경우를 가정해보자. 분석을 위해 현재 5,000달러의 현금보조를 받고 있는 한부모가정 가구주를 대규모(예 : 5,000명)로 모았다고 하자. 이렇게 모인 수급자들을 한 명씩 격리된 방으로 데려가 동전던지기를 시킨다. 만약 동전의 앞면이 나온다면 이들은 계속해서 5,000달러의 현금보조를 받는데, 이들은 편익이 변치 않는 **비교집단**이다. 만약 동전의 뒷면이 나오면 현금보조액은 3,000달러로 삭감되며, 이들은 편익이 삭감되는 **분석집단**에 해당한다. 이제 정책효과를 살펴보기 위해 모든 가구주에게 보조금을 지급한 다음 일정 기간이 지난 후 그들의 노동공급 변화를 관찰한다. 이 상황에서 두 집단은 동질적이라 보아도 무방하기 때문에, 즉 편의가 존재하지 않기 때문에 모든 노동공급의 변화는 전적으로 현금보조금 변화에 의한 효과라 볼 수 있다.

현금 복지급여가 저소득 가구주의 노동공급에 미치는 영향에 대한 임의시행도 실제로 시행된 바 있다. 1992년 캘리포니아주에서는 어린이 부양가정에 대한 보조 프로그램(AFDC, TANF 프로그램의 전신)으로 3인 가정에 대해 한 달에 663달러(1년에 7,956달러)를 지급한 바 있다. 이는 당시 미국에서 가장 관대한 현금보조정책 가운데 하나였다. 캘리포니아주는 예산절감을 위해 AFDC의 현금보조 수준을 낮추는 정책을 고려하였고, 주 내의 4개 카운티에 걸쳐 보조금 수혜가구를 대상으로 정책효과 추정을 시도하였다. 이를 위해 AFDC 보조를 받고 있는 가정 가운데 1/3은 계속 보조를 받는 집단으로, 나머지 2/3는 정책실험집단으로 임의배정하였다. 이때의 정책실험은 보조금 상한액을 15% 낮추되 보조금 수급자의 근로는 계속되도록 장려하는 것이었다. 이 실험은 모든 가정에 대한 보조금이 15% 인하 조정된 1998년까지 계속되었다.

Hotz 외(2002)의 연구에서는 이러한 사회보장급여의 변화, 즉 보조금 삭감이 고용률을 높일 수 있음을 밝힌 바 있다. 비교집단의 고용률이 44.5%인 데 비해, 보조금이 삭감된 가정, 즉 분석집단의 고용률은 49%까지 증가한 것이다. 두 집단 간의 차이인 4.5%는 비교집단의 비중을 고려할 때 약 10% 고용률 증가에 해당한다. 경제변수들 간의 이러한 관계를 나타내는 한 가지 편리한 방법은 **탄력도**를 사용하는 것이다. 고용의 % 변화분을 현금급여의 % 변화분으로 나누면 급여 삭감에 대한 고용탄력도를 추정할 수 있는데, 계산 결과 약 −0.67로 나타났다. 이는 현금급여 15% 삭감으로 인해 분석집단의 고용이 비교집단의 고용에 비해 약 10%가량(= 0.67 × 0.15) 증가함을 의미한다.

---

6 연구 결과는 집필단체인 '여성건강을 선도하는 조사관들(Writing Group for the Women's Health Initiative Investigators, 2002)'에 보고되어 있다.

kmsdesen/Shutterstock

응용사례
개발도상국들에서의 임의시행

지난 10년간 임의시행의 활용은 경제성장이라는 중요한 주제를 설명하기 위한 방법으로 눈부신 성장을 거두었다. 이의 상당 부분은 MIT대학의 Jameel 빈곤연구실(J-PAL)을 통해 이루어졌다.[7] J-PAL은 2003년 MIT대학의 경제학과의 Abhijit Banerjee, Esther Duflo, Sendhil Mullainathan 교수 등에 의해 설립되었다. 연구소의 목적은 임의시행과 같은 평가기법의 활용을 돕고, 보다 엄격한 평가기법을 가르칠 뿐 아니라, 임의시행을 통해 긍정적으로 평가된 정책들이 더 장려되도록 함에 있었다. 2003년 이래 J-PAL은 90개 대학의 261명의 협력교수들과 협업을 수행할 정도로 성장했으며, 7개 연구실에서 다양한 사회프로그램의 개선연구를 수행하고 있었다. J-PAL의 협력교수들은 1,000개 이상의 임의시행 관련 연구를 수행했으며, 91개국의 정부, 비영리단체(NGO), 기업, 연구기관들과 협업을 시행하였다. J-PAL의 협력교수와 스태프들은 사회복지 정책들의 규모증대 방침과 증거 중심의 정책들이 매우 효과적임을 발견하였다. 2003년 J-PAL의 설립 이래, 규모증대 방침의 수혜자들은 전 세계적으로 5억 4,000명에 이르는 것으로 나타났다.

J-PAL 연구의 영향력을 보여주는 좋은 사례는 Abhijit Banerjee, Rema Hanna, Benjamin Olken 등에 의해 수행된 인도네시아의 라스킨(Raskin) 프로그램에 대한 연구이다. 라스킨 프로그램은 농촌가구 중 소득하위 25% 가구에 쌀을 보조해주는 사업이다. 제17장에서 더 상세히 살펴볼 것이지만, 빈곤층이 대상인 이 프로그램의 핵심 난제는 정책혜택을 가장 필요로 하는 국민들을 대상으로 하고 있다는 점이다. 정책대상 가운데 1/3은 당초에 정해진 양의 쌀을 받을 수 있었지만, 정책대상이 아닌 가구들에게도 충분한 양의 쌀이 지급되는 심각한 문제를 안고 있었다. 필요 이상의 쌀이 지급됨에 따라 집행상의 비효율도 컸다. 이와 같은 문제를 해소할 수 있는 한 가지 방법은 '정보'의 측면에서 찾을 수 있다. 대개의 경우 정책대상인 빈곤가구들은 스스로가 정책대상인지조차 잘 모를 뿐 아니라, 설사 이를 안다고 해도 이를 어떤 방식으로 증명해야 할지를 알지 못했다. 이에 대한 자연스럽고도 비용효과적인 해결방안은 정책대상가구들에게 자격증명서를 발급해주는 것이다. 과연 이와 같은 소소한 조치로 문제를 해결할 수 있었을까?

정책효과를 파악하기 위해 연구진들은 378개 마을을 임의로 고른 후, 정책대상가구들에게 저소득가구임을 확인하는 증명서를 발급하도록 하였다. 동시에 또 다른 194개 마을을 임의로 선택하여 증명서가 발급되지 않은 비교집단을 구성하였다. 이제 두 부류의 마을은 증명서 발급조치 외에는 사실상 동일하다 볼 수 있는 것이다. 따라서 이 두 마을들을 비교해봄으로써 증명서 발급조치가 라스킨 프로그램의 효과를 높일 수 있는지 파악할 수 있게 되었다.

결론부터 말하자면, 이러한 조치는 유효했던 것으로 평가된다. 증명서를 발급받은 마을(정책

---

7 Abdul Latif Jameel Poverty Action Lab(2021).

집단)에서는 그렇지 않은 마을(비교집단)과 비교할 때 보조받는 쌀의 양이 크게 증가하였다. 동시에 자격이 되지 않는 가구들에 지급되는 쌀의 양 역시 더 이상 증가하지 않았다. 증명서 발급과 같은 간단한 조치로 인해 정책의 효율성을 크게 높일 수 있었던 것이다. 이 실험적 연구 결과에 인도네시아 정부는 크게 만족하였고, 2013년 6월에 이르러서는 증명서 발급조치를 전국적으로 시행하였다. 그뿐만 아니라 현금 이전과 관련한 다른 2개 정책에까지 증명서 발급조치를 확대 시행하기에 이르렀다. 그 결과 1,550만에 이르는 저소득 가구(6,567만 명)가 정책의 혜택을 받게 되었다.[8] ■

임의시행 외의 다른 분석 방법이 왜 필요한가?

만약 우리가 상관관계 속에서 인과관계를 도출해내는 어떤 흥미로운 임의시행을 할 수 있다면 정말로 대단한 일일 것이다. 하지만 흥미의 대상이 되는 많은 문제에 있어서 임의시행은 현실에서는 가능하지 않은 경우가 대부분이다. 그런 시도는 상상하기 어려울 정도로 비용이 많이 들어가기도 하고, 계획에서 실행까지 지나치게 오랜 시간이 투입되기도 하며, 때로는 윤리적 문제를 발생시키기도 한다. 2001년에 시행되었던 다음과 같은 극단적인 예를 살펴보자. 파킨슨병은 신경계 질환의 일종으로 치료를 위해 다음과 같은 실험적 처방이 시도되었다. 이 실험에서는 비교집단을 구성하기 위해 연구자들이 총 18명의 환자의 머리에 구멍을 뚫고 이 가운데 10명에게 돼지의 태아세포를 이식했다.[9] 세포 이식의 효과만을 파악하기 위해서는 세포 이식을 받지 않는 사람들까지, 즉 실험대상자들 전체의 머리를 뚫어야 했던 것이다. 예상대로, 세포 이식을 받지도 않는 8명의 머리까지 뚫은 이러한 실험에 대해서 엄청난 비난이 있었다.

더욱이 임의시행이라는 이상적인 방법조차도 약간의 잠재적 문제를 내포하고 있다.[10] 첫째, 임의시행의 결과는 비교대상이든 분석대상이든 간에 개인지원자로 구성된 표본집단에만 유효한 결과일 수 있다는 점이다. 이는 이러한 표본집단이 전체 모집단과는 다를 수도 있다는 점이다. 예컨대 임의시행에 선정된 표본집단이 모집단보다 덜 위험회피적이거나 고통에 대해 자포자기하는 경우를 가정해보자. 이러한 경우 도출된 임의시행의 결과는 비록 표본집단의 특성은 성공적으로 설명할 수 있겠지만, 전체 모집단의 평균 성향을 대표하는 데는 유효하지 못할 수도 있다.

표본마모 시간이 지남에 따라 발생하는 표본규모의 감소. 만약 임의적인 것이 아니라면 추정 결과의 편의를 발생시킬 수 있음

임의시행의 두 번째 문제는 **표본마모**(attrition)에 대한 것이다. 실험에 참여하고 있는 어떤 사람이 실험 종료 전에 그만둬 버릴 수도 있다. 만일 개인이 임의로 떠난 것이라면 표본은 여전히 임의성을 띠게 되므로 이는 크게 문제될 것이 없다. 하지만 실험이 표본집단의 절반에게는 긍정적인 효과를, 다른 절반에 대해서는 부정적인 효과를 갖는 경우를 가정하면, 이 경우 중대한 문제를 발생시킬 수 있다. 만약 부정적인 효과를 갖는 절반의 표본집단이 실험 종료 이전에 실험

8 이 연구에 대한 설명은 Banerjee 외(2014)를 참조하라. 정책효과에 대한 논의는 Abdul Latif Jameel Poverty Action Lab(2017)을 참조하라.

9 Pollack(2001).

10 임의시행의 결과와 잠재적 한계 등에 대한 심층적인 논의는 Deaton과 Cartwright(2018)의 연구를 참조하라.

을 그만둔다면, 우리는 그 치료가 긍정적 효과만 존재한다는 결론을 내릴 수도 있는 것이다.

이하에서는 경제학자들이 실증연구에서 인과관계를 추정하는 데 사용하는 다양한 접근법에 대해 논의해볼 것이다. 이를 위해 우리는 TANF 프로그램의 사례를 계속 사용할 것이다. 중요한 점은 임의시행보다 일관성 있는 더 우수한 방법은 아직까지 개발되지 않았다는 것이다. 편의는 광범위하게 존재하는 문제지만 이를 쉽게 제거할 수는 없다. 하지만 다행히도 임의시행만큼이나 이상적인 결과를 기대할 수 있는 다른 기법들도 존재한다.

3.3 현실 데이터를 통한 인과성 추정 : 관찰자료의 활용

우리는 3.2절에서 ERT가 심장질환에 영향을 미치는지, 또 TANF 보조금 삭감이 노동공급에 영향을 미치는지를 평가하는 데 있어서 임의시행이 어떻게 활용될 수 있는지 살펴보았다. 임의시행은 실증분석을 위한 거의 완벽한 분석기법이지만, 현실에서는 데이터의 제약으로 인해 마음껏 활용할 수 없다. 대개 연구자들이 사용할 수 있는 데이터들은 현실세계에서 관찰되어 얻어진 자료들, 즉 **관찰자료**(observational data)에 해당한다. 예컨대 신약실험에 대해 우리가 구할 수 있는 자료는 약을 복용한 사람들에게서 얻은 결과(ERT에 대한 맨 처음 결론의 근거가 되었던)뿐일 가능성이 높은데, 이러한 데이터만으로 임의시행을 완벽히 수행할 수는 없다. 반면, 관찰자료에 내포되어 있는 편의의 문제를 제어할 수 있는 방법들 역시 그동안 발전되어 왔으며 그 결론은 때로 임의시행의 수준에 이를 정도로 우수한 것으로 평가된다.

관찰자료 인위적으로 생산된 자료가 아닌, 현실 경제주체들의 행동에 의해 생성된 실제 자료

이 절에서는 인과성 추정을 위해 관찰자료를 어떻게 활용할 수 있는지, 앞서 논의했던 다양한 사례들을 통해 살펴볼 것이다. 먼저 우리가 활용할 사례는 TANF 프로그램의 보조금 삭감이 서로 다른 두 집단의 노동공급에 어떠한 영향을 미치는지에 대한 것이다. 이를 위해 먼저 TANF 급여 수준이 낮은 그룹은 분석집단으로, TANF 급여 수준이 높은 그룹은 비교집단으로 구분한 뒤, 급여 수준을 제외한 모든 차이를 제거하여 두 집단 사이의 편의를 없앤다. 결국 이 절의 핵심은 변수 간의 인과성(만약 존재한다면)을 도출함에 있어서 편의 문제를 어떻게 극복할 것인가로 요약할 수 있다.

시계열분석

시계열분석(time series analysis)은 관찰자료를 활용하여 인과적 영향을 도출하는 보편적 방법 가운데 하나이다. 시계열분석은 관심변수들이 시간흐름에 따라 어떠한 상관관계를 나타내는지를 설명하는 것이다. TANF 프로그램의 맥락에서 보자면, 우리는 매년 TANF 급여기록을 확보할 수 있는데, 이를 같은 기간 동안 가구주들의 노동공급량에 대한 자료와 비교해보는 것이다.

시계열분석 시간 변화에 다른 두 변수의 변화자료를 활용하여 인과성을 분석하는 기법

그림 3-1은 이와 같은 시계열분석용 데이터를 도식화한 것이다. 가로축은 1975년부터 2019년까지의 시간 변화이며 세로축의 왼쪽 계열은 해당 기간 동안 미국 4인 가구의 현금보조금 확정급여(2020년의 불변가격으로 인플레이션을 조정)를 나타낸다. 보조금 급여액은 1975년 1,099달러에서 2019년 661달러까지 거의 절반 수준으로 급감하는데 이는 보조금 급여액의 증가율이 물

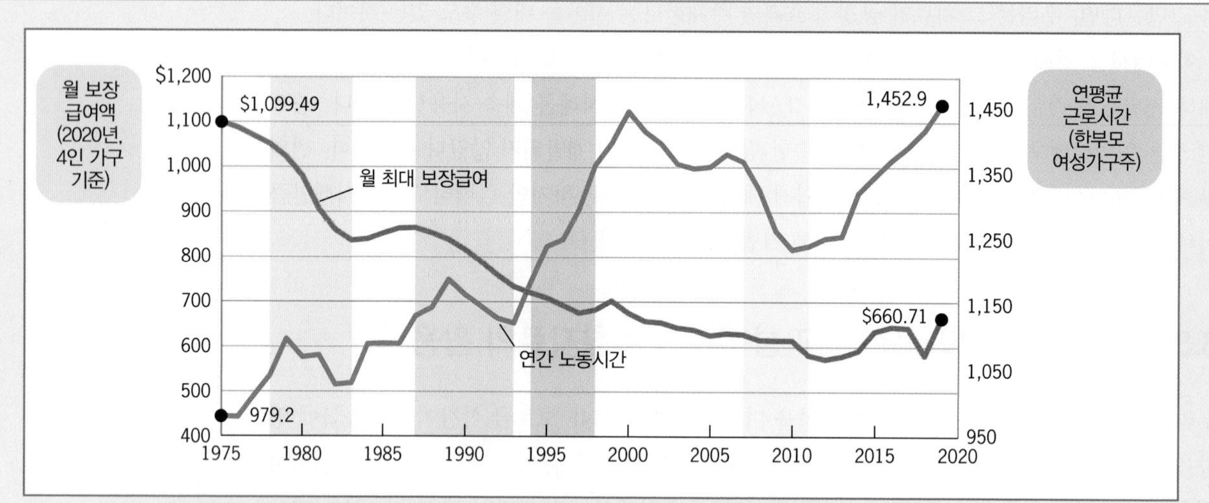

그림 3-1 보조금의 평균 보장급여액과 한부모 여성가구주의 노동공급(1975~2019년) 세로축의 왼쪽 계열은 보조금의 월 보장급여액이 1,099달러(1975년)에서 661달러(2019년)로 감소되었음을 나타내는 반면, 세로축의 오른쪽 계열은 연평균 근로시간이 979시간(1975년)에서 1,453시간(2019년)으로 증가하였음을 나타내고 있다. 45년간의 전체 시계열로 보면 보조금 보장액수와 근로시간 사이에는 뚜렷한 음(-)의 상관관계가 있다 할 수 있으나, 일부 기간 동안에는 이와 같은 상관관계가 뚜렷하지 않은 시기도 존재한다.

출처 : 미국 인구현황조사(CPS)의 3월 정기보완자료를 통해 계산되었음(http://www.census.gov/programs-surveys/cps.html).

가상승률을 감당하지 못했기 때문이다. 세로축의 오른쪽 계열은 한부모 여성가구주의 연평균 근로시간(일을 전혀 하지 않는 여성가구주의 0시간 근로를 포함)을 나타낸 것이다. 1975년 연간 1,000시간에 머물렀던 근로시간은 2019년에 이르면 1,450시간으로 증가하였다. 따라서 현급보조액과 노동시간 사이에는 음(−)의 상관관계가 존재하는 것으로 평가되며, 결국 한부모 여성가구주의 현급보조액 감소는 노동공급의 증가와 관련된 것으로 해석할 수 있다.

시계열분석의 문제점 보조금 감소에 따라 노동공급이 감소한다는 시계열 상관관계는 놀랍지만, 이러한 결과가 TANF 보조금과 노동공급 사이의 음(−)의 인과성을 보장하지는 않는다. 확정 보조금액이 하락하는 것과 같이 한 변수가 오랜 시간에 걸쳐 서서히 변화하는 추세를 보일 때, 이와 상관관계에 있는 또 다른 변수와의 인과성을 유추해내는 것은 사실 매우 어려운 과제다. 왜냐하면 1975년의 한부모 여성가구주가 현재의 한부모 여성가구주에 비해 더 많은 시간을 일하는 데는 다양한 이유가 존재할 것이기 때문이다. 여성근로자들의 일자리가 더 증가했을 수도 있고, 자녀를 맡길 곳이 더 많아졌을 수도 있으며, 나아가 이제는 엄마들도 일을 해야 한다는 사회적 압력이 더 커졌을 수도 있다. 이러한 점들을 고려하면 노동공급이 40년 전에 비해 더 증가하였다는 단순한 사실만으로 현금보조금의 감소가 노동공급의 증가를 가져왔다는 식의 단정은 어려운 것이다.

이러한 문제는 일부 기간만을 살펴보아도 뚜렷이 파악할 수 있다. 현금보조금의 감소는 근로시간 증가라는 인과성을 암시하기는 하지만, 1978년부터 1983년 동안의 실제 시계열자료는 이러한 인과성과는 어긋나는 모습을 나타내기 때문이다. 실제로 해당 기간 동안 현금보조금은 20%가량(월 1,051달러에서 월 836달러로) 급격히 감소했음에도 불구하고 근로시간은 1%가량(1,042시간에서 1,030시간으로) 하락한 것으로 나타났다. 1987년부터 1993년 사이 급여 수준은 15% 하락(864달러에서 733달러)했지만 노동공급은 초기에 잠깐 증가했다가 이후에 감소하여 전반적으로 1% 감소하였다. 앞서의 예상에 따르면 현금보조금이 크게 감소함에 따라 노동공급은 의미 있는 수준으로 증가했어야 하지만, 그렇지 않았다. 결국 해당 기간 동안의 현금보조금과 근로시간과의 상관관계는 전체 분석기간의 전반적 흐름과는 상당히 다른 인상을 주고 있다.

시계열분석이 갖는 한계에 대한 특별한 예는 1993~1998년 사이의 경험에서 찾을 수 있다. 이 기간에는 현금급여가 급격히 삭감되었는데(월 733달러에서 681달러로 7%가량 감소), 한부모 여성가구주의 근로시간은 증가하였다(연간 1,121시간에서 1,361시간으로 약 21% 증가). 이러한 데이터는 현금보조금의 감소가 노동공급의 증가를 유발한다는 견해를 뒷받침해주는 것으로 보인다. 그러나 사실 이 기간은 급격한 경제성장이 달성되었던 시기로, 1993년 1월 7.3%였던 실업률이 1998년 12월에는 4.4%로 하락한 기간이었다. 또한 이 기간에는 근로장려세제(EITC)라는 연방정부의 임금보조 정책이 팽창적으로 도입된 시기였으며, 이에 따라 한부모 여성가구주의 노동공급은 크게 증가한 것으로 평가된다. 이와는 대조적으로, 2007년에서 2011년의 경기침체기에는 1993년에서 1998년까지의 경제성장기와 비교해볼 때 급여 수준의 하락은 대체로 비슷한 수준이었지만, 근로시간은 오히려 증가한 것으로 파악된다.

이러한 점들을 미루어 볼 때, 결국 여성가구주의 근로시간 증가의 원인은 보조금 급여삭감 외의 다른 요인들에서도 찾아봐야 함을 암시하는 것이다. 경제성장, 전보다 관대해진 근로장려세제(EITC) 등의 요인들 역시 우리의 관심변수들과 상관관계가 존재할 것이기 때문에 시계열분석 결과의 편의를 유발할 수 있는 것이다.

시계열분석은 어떠한 경우 유용한가? 그렇다면 모든 시계열분석은 무의미한 것일까? 반드시 그렇지는 않다. 어떤 경우에는 편의를 일으킬 수 있는 제3의 요소와 관련이 없는 시계열에서 중요한 분기점이 나타나기도 한다. 이에 대한 고전적인 예가 그림 3-2에 나타나 있다. 세로축의 왼쪽 계열은 담배 한 보루의 가격(2020년 불변가격 기준)을, 오른쪽 계열은 최소 월 1회 이상 흡연하는 고3 학생들의 비율(**청소년 흡연율**)을 나타내고 있다. 그림은 1975년에서 2018년까지의 자료들을 도식화한 것이다. 1980년부터 1992년까지는 실질 담배가격이 지속적으로 증가(1.97달러에서 3.33달러로)하고 있으며, 청소년 흡연율은 지속적으로 감소(30.5%에서 27.8%로)하고 있다. 앞서 살펴본 바와 같이 이러한 변화가 반드시 인과관계를 의미하지는 않는다. 흡연율이 하락한 것은 이 기간 동안 담배가 건강에 해롭다는 인식이 높아져서일 수도 있고, 담배가격의 경우는 단순히 담배산업 전반에 걸친 생산비 증가의 결과일 수 있다.

그런데 1993년 4월 담배산업에 '가격전쟁'이 발생하여 가격의 급격한 하락(실질가격 기준으로 1갑당 3.33달러에서 2.90달러로)이 발생한 바 있다.[11] 바로 그때, 청소년 흡연은 증가하기

[11] 이날의 급격한 가격 하락을 '말보로 금요일(Marlboro Friday, 1993년 4월 2일)' 가설이라 부른다. 이의 원인에 대한 가장 유력한 가설은, 주요 담배회사들이 저가의 유사담배들에 점유당한 시장을 다시 빼앗아 오기 위한 가격 인하조치 때문이라는 것이다.

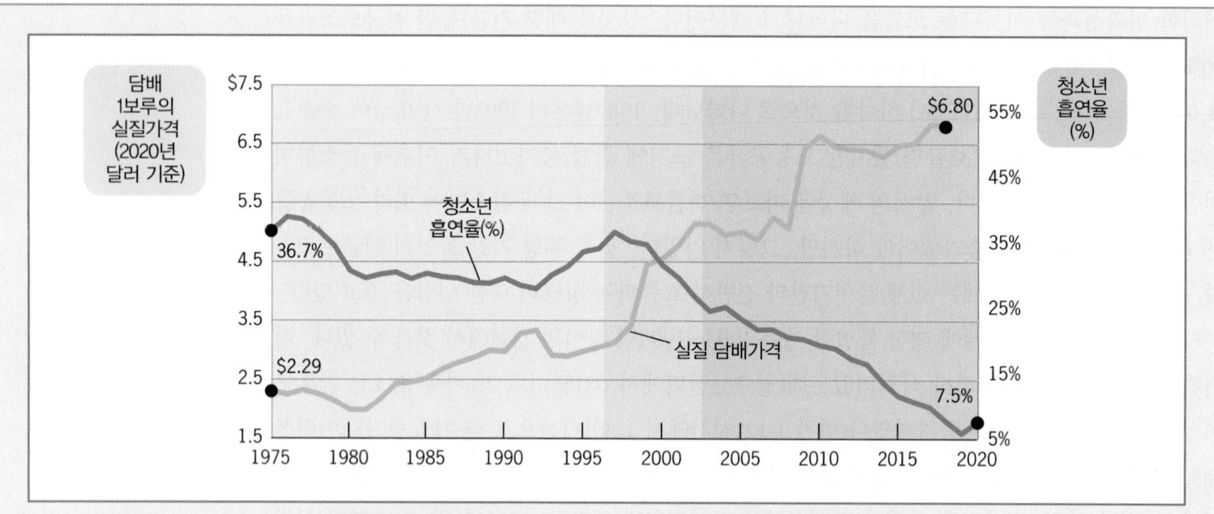

그림 3-2 실질 담배가격과 청소년 흡연(1975~2018년) 세로축의 왼쪽 계열은 실질 담배가격이 2.29달러(1975년)에서 6.80달러(2018년)로 증가함을 나타낸다. 오른쪽 계열은 청소년 흡연율(한 달에 한 번 이상 흡연경험이 있는 고등학교 3학년 기준)이 1980년에서 1992년 사이에는 감소하다가, 1997년 급격히 증가한 후, 이후부터는 하락하는 것을 나타낸다. 특정 시기 동안 담배가격과 청소년 흡연율 사이에는 매우 강력한 음(-)의 상관관계가 있는 것으로 보인다.

출처 : 미래를 위한 감시(Monitoring the Future, 2020)의 자료를 통해 계산함.

시작했다. 두 변수 사이에 동시에 발생한 이 놀라운 시계열 반전현상은 인과관계로 간주되며, 1980~1992년까지 오랜 기간 동안 서서히 변화된 상관관계보다 더욱 강력한 증거가 될 수 있다. 하지만 1993년에는 다른 요소들도 함께 변하는 중이었기 때문에 이것이 인과관계를 증명해주지는 못한다. 예컨대 경제성장이 시작되는 중요한 시기였기 때문에 청소년 흡연율이 증가했을 수도 있는 것이다. 더욱이 단지 가격 하락에 의해서만 설명되기에는 청소년 흡연의 증가폭이 너무 크다.

다행스럽게도 이 경우에는 시계열상에 또 다른 급격한 변화가 있었다. 1998년 이후 담배산업이 여러 주에서 일련의 값비싼 소송에 휘말리면서(경우에 따라서는 민간단체와도) 담배가격의 급격한 인상이 발생하였다. 소송비용을 소비자가격에 전가한 것이다. 그런데 바로 그때 청소년 흡연은 다시 감소하기 시작했다. 이런 식의 패턴은 주어진 시계열의 한계에도 불구하고 두 변수 사이에 인과효과가 존재하고 있음을 강력히 시사하는 것이다. 즉 청소년 흡연은 1992년까지는 증가하다가 1997년까지는 감소하였으며 이후 다시 증가하였는데, 이는 담배가격의 변화방향과는 반대인 것이다. 청소년 흡연과 담배가격의 변화방향이 서로 다르다는 것은 담배가격이 흡연율의 변화를 유발하였음을 의미한다. 결국 시계열 상관관계는 자료 사이의 장기적 추세 변화에는 별로 유용하지 않은 반면, 상대적으로 짧은 추세의 급격한 변화가 있을 때는 매우 유용한 것으로 평가된다.

2014년 이후의 패턴은 같은 형태의 문제, 즉 외부적 요인들이 시계열 추세를 만들어내는 문제를 드러내고 있다. 2014년에서 2018년까지는 담배 한 갑에 6.28달러에서 6.8달러로 완만하게 (8.7%) 인상되었으나, 청소년 흡연율은 13.6%에서 7.6% 수준으로 급격히(29%) 하락하였다. 이처럼 드라마틱한 하락은 담배수요의 가격탄력성 때문이라 보기는 어렵다. 대신 청소년들의 흡연방식이 기존의 연초에서 전자담배로 엄청난 변화가 나타났다. 2017년과 2018년 사이에만 고등학교 3학년 학생들의 전자담배 흡연율은 11%에서 20.9%로 증가하였고, 2019년에는 거의 26%의 고등학교 3학년 학생들이 전자담배를 피운 경험을 갖고 있었다.[12] 결국 담배가격 인상은 청소년 흡연율 감소의 부분적 원인일 뿐 주된 원인이라 보기는 어렵다.

횡단면 회귀분석

인과적 효과를 확인하는 두 번째 접근법은 다른 요소는 고정시킨 채 두 변수 사이의 통계적 관계를 평가하는 **횡단면 회귀분석**(cross-sectional regression analysis)이다. 시계열분석이 시간흐름에 따른 변화를 살펴보는 것임에 비해, 횡단면 회귀분석은 한 시점에서 많은 개인들을 비교하는 방법이다.

횡단면 회귀분석 특정 시점에서 둘 혹은 그 이상 변수들의 변화를 통해 변수 사이의 관계를 통계적으로 분석하는 기법

두 변수 회귀(bivariate regression)라고 하는 가장 간단한 형태의 횡단면 회귀분석은 두 변수가 동시에 움직이는 정도를 정량화하여 변수 간 상관관계 분석을 시도하는 방법이다. 제2장 그림 2-10과 그림 2-11의 예로 돌아가, 여가 소비와 식료품 소비를 통해 효용을 얻는 두 여성가구주들의 예를 생각해보자. TANF 보조금에 변화가 없는 상태에서 여가에 대한 선호가 낮은 여성가구주(그림 2-10의 나오미)는 여가에 대해 높은 선호를 가진 여성가구주(그림 2-11의 사라)보다 더 낮은 TANF 보조금을 받으며 더 많은 노동을 공급한다고 하자. 만일 우리가 이 두 가구주의 경우를 통해 TANF 보조금과 노동공급의 관계를 찾는다면, 높은 TANF 보조금 급여와 낮은 노동공급을 연계시킬 수 있을 것이다.

이러한 상관관계는 그림 3-3에 도식화되어 있다. 먼저 TANF 보조금 보장액이 5,000달러일 때의 두 데이터 점을 도표에 그려보자. *A*점은 그림 2-11의 사라의 경우에 해당하는 점으로 5,000달러의 보조금과 0시간의 노동공급을 나타낸다. *B*점은 그림 2-10의 나오미의 경우에 해당하는 점으로 연간 90시간의 근로시간과 4,550달러의 TANF 보조금을 나타낸다. 우하향선은 TANF 보조금 액수와 노동공급 사이의 음(−)의 상관관계를 명확히 나타내고 있다. 즉 TANF 보조금을 적게 받는 여성가구주는 더 많은 노동을 공급하는 것이다.

회귀분석이란 TANF 보조금 액수와 노동공급 사이의 관계를 정량화하여 나타냄으로써 이와 같은 상관관계를 더 구체화한 것이다. 회귀분석에서는 이러한 관계를 가장 잘 표현하는 최적의 회귀선을 찾아 그 기울기를 추정한다.[13] 이상의 설명은 그림 3-3에 도식화되어 나타나 있다. 그림에서 두 점을 연결한 선의 기울기는 −0.2이다. 이 두 변수 회귀분석이 의미하는 것은 월간 TANF 보조금 액수가 1달러 감소하면 노동시간은 0.2시간 증가한다는 것이다. 이와 같이 회귀

12 Monitoring the Future(2020).

13 여기서는 회귀분석 기법들 가운데 선형회귀에 대해서만 논의한 것이다. 직선뿐 아니라 다른 형태의 비선형 회귀분석기법 역시 즐겨 사용되는 대안적인 기법이다.

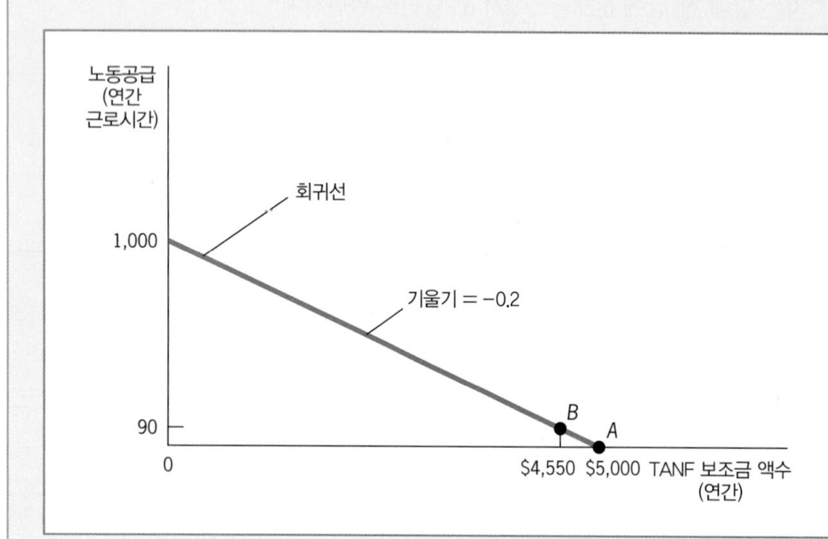

그림 3-3 TANF 보조금과 노동공급(이론적 사례) 만약 제2장의 이론적 사례를 그래프로 그리면, 한부모 여성가구주의 TANF 보조금과 노동공급 사이에는 완만한 음(−)의 관계가 관찰될 것이다.

분석은 우리가 설명하고 싶은 변수(**종속변수**, 이 예에서는 노동공급)와 이에 영향을 미칠 수 있는 변수들의 집합(**독립변수**, 이 예에서는 TANF 보조금 액수)과의 관계를 기술하는 것이다.

실제 데이터에 의한 사례 그림 3-3은 가상의 상황을 묘사한 것이지만 실제 자료를 사용해서도 이와 유사한 사례를 학습해볼 수 있다. 재정학에서 가장 즐겨 이용하는 자료는 인구현황조사(CPS) 자료인데, 이를 통해 앞서 살펴보았던 횡단면분석 연습을 유사하게 재현해볼 수 있다.

매달 CPS는 경제와 인구통계적인 주제에 대해 미국 전역의 개인들로부터 정보를 수집한다. 당신이 뉴스에서 자주 접하는 통계치인 실업률 데이터도 역시 이 조사를 통해 생산된다. 매년 3월에는 전년도 개인소득과 근로시간에 대해 특별조사가 실시된다. 이를 통해 우리는 한부모 여성가구주의 표본도 얻을 수 있으며 다음과 같은 질문도 해볼 수 있다. '이러한 횡단면 자료를 통해 TANF 보조금과 노동공급 사이의 관계를 도출해보면 어떤 결과를 얻을 수 있을 것인가?'

그림 3-4는 CPS 데이터에 있는 모든 여성가구주에 대한 1년간 TANF 보조금 액수(가로축)와 이에 상응하는 노동공급시간(세로축)을 도식화한 것이다. 보다 용이한 그래프 해석을 위해 TANF 보조금에 따라 자료의 범위를 나누어보자(TANF 보조금 기준으로 0달러인 한부모 여성가구주들, 1~99달러에 속하는 여성가구주들, 100~250달러 등). 이때 각 범위는 직전 범위의 대략 2배가량(자연대수, 즉 로그 값을 척도로)으로 설정되어 있다. 각 범위에 대해 그룹별 평균 노동공급시간도 데이터로 나타낼 수 있다. 예를 들어 그림 중간의 한 점이 나타내는 바와 같이, 500~999달러의 보조금 급여를 받는 한부모 여성가구주들의 연간 노동공급시간은 약 800시간 정도로 나타난다.

그래프를 통해 즉각적으로 알아낼 수 있는 것은 TANF 보조금과 노동시간 사이에는 음(−)의 상관관계가 있다는 사실이다. 그래프 왼쪽에 위치하는 여성가구주(보조금액이 가장 적은)는

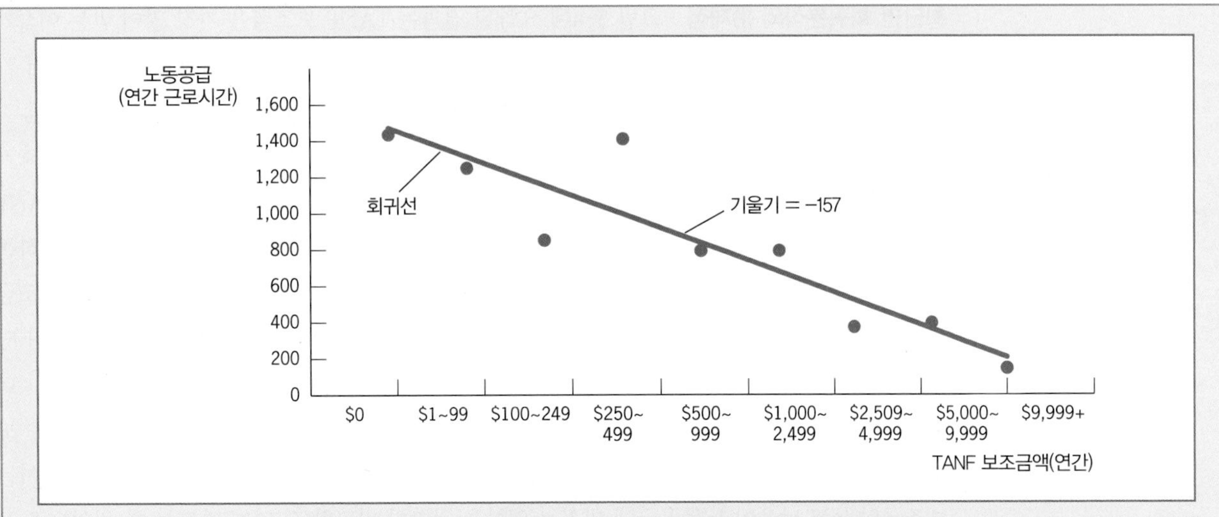

그림 3-4 TANF 보조금과 노동공급의 관계(CPS 자료 사용) CPS 자료를 사용하여 TANF 급여 수준별로 한부모 여성가구주들을 그룹화할 수 있다. TANF 급여가 가장 낮은 사람이 가장 많은 시간 동안 일하는 것으로 나타난다.

출처 : CPS의 2019년 3월 정기보완자료를 통해 계산되었음(https://www.census.gov/programs-surveys/cps.html).

그래프 오른쪽에 위치하는 여성가구주(현금급여가 가장 많은)에 비해 일을 더 많이 한다. 그림 3-4의 직선은 이러한 눈짐작을 공식화한 것이다. 이 선형 **회귀선**(regression line)은 점들에 의해 표시된 TANF 보조금 액수와 노동공급 사이의 관계에 대한 최적의 근사치들을 직선 형태로 나타낸 것이다. 가상의 자료를 통해 꾸며낸 그림 3-3과는 달리, 실제 자료를 통한 분석에서 모든 데이터 점들을 완벽히 관통하는 완벽한 선을 그리는 것은 가능하지 않다. 현실세계의 자료는 절대 그렇게 깔끔하게 나타나지 않기 때문이다. 선형 회귀라는 것은 데이터 점들의 군집을 가장 가깝게 지나는 직선을 찾아내는 것이기 때문이다.[14]

회귀선 두 변수 사이의 관계를 가장 잘 나타내주는 직선형태의 추정선

이 선은 기울기가 −157이다. 이는 TANF 보조금액이 2배씩 증가할 때 연간 근로시간이 157시간씩 단축됨을 의미한다. (가로축 보조금액의 각 범위는 이전 단계의 2배에 해당한다는 것을 기억하라.) 앞서도 살펴본 바와 같이, 경제변수 사이의 관계는 탄력도의 형태로 표시하는 것이 더 편리하다. CPS 자료에 의하면 표본에 있는 노동시간의 평균은 1,412시간이다. TANF 보조금이 100% 증가하면 노동시간은 11% 감소하는데(157시간은 1,412시간의 11%가량임), 이에 따라 탄력도는 −0.11이 되는 것이다. 이는 상당히 비탄력적인 반응이라 할 수 있다. TANF 보조금액의 증가(100%)에 비해 노동공급의 감소는 상대적으로 작은 규모(11%)로 나타나기 때문이다.

14 기술적으로 회귀선이란 각 관찰점들과 회귀선과의 차의 제곱들을 합한 후, 합을 가장 작게 만드는 점들을 의미한다. 따라서 예외적으로 발생하는 극단값(outlier)들의 처리는 선형 회귀분석에서 중요한 관심사항이라 할 수 있다. 보편적인 관찰값들과 아주 큰 편차를 갖고 있는 극단값들은 '오차 값을 제곱한 후 이의 총합을 최소화하는' 회귀분석의 특성상 분석 결과를 좌지우지하는 문제를 지니고 있다. 오차를 '제곱'하는 과정에서 관찰값과 회귀선의 차이가 기하급수적으로 커질 수 있기 때문이다. 이러한 이유 때문에 극단값들이 분석 결과에 미치는 영향을 저감시킬 수 있는 여러 접근 방법들이 사용되기도 한다.

횡단면 회귀분석의 문제점 그림 3-4에 요약된 결과는 TANF 보조금을 가장 많이 받는 여성가구주가 가장 적게 일한다는 점을 강력하게 시사한다. 그러나 이 상관관계에 대해서는 여러 가지 가능한 해석이 있을 수 있다. 한 가지 해석은 더 많은 보조금이 여가 소비 증가를 유발할 가능성인데 이 경우 노동공급은 감소한다. 또 다른 해석은 어떤 여성가구주는 여가에 대한 선호가 매우 높아서 TANF 보조금을 받지 못하는 한이 있어도 일을 더 하지 않는다는 것이다. TANF 보조금은 대상 수급자가 일을 더 할수록 급여액이 감소하는 구조이기 때문에 여가를 선호하는(즉, 일을 덜하는) 여성가구주는 자동적으로 높은 수준의 현금급여를 받게 된다. 따라서 보조금과 여가(여가는 노동공급과 직결되어 있음) 사이의 상관관계에 대해 찬찬히 생각해볼 필요가 있다. 왜냐하면 여가를 더 많이 선택할수록 더 많은 보조금을 받게 되지만, 더 많은 보조금이 더 많은 여가를 유발하는 것은 아니기 때문이다. 결국 여가에 대한 선호 변화를 허용하는 것은 보조금과 노동공급 사이의 인과성 파악에 편의를 유발하게 되는 것이다. 여가에 대한 선호 차이는 보조금의 높고 낮음이 노동공급에 미치는 영향을 정확히 비교할 수 없게 만드는 한 원인으로 작용하는 것이다.

이러한 문제는 그림 3-3을 통해 명확히 설명될 수 있다. 왜냐하면 그림 3-3의 *A*점과 *B*점으로 표시된 두 여성가구주의 선호, 즉 노동공급 결정에 대한 효용함수를 실제로 나타내고 있는 것이기 때문이다. 일을 적게 하는 여성가구주는 보조금이 높아서 일을 적게 하는 것이 아니라, 그녀가 원래 여가를 더 선호하기 때문이다. 여가 증가(= 노동 감소)에 따라 보조금이 늘었기 때문에, 사실 여가에 대한 높은 선호는 결과적으로 그녀의 보조금 수급액이 많아지도록 하는 작용을 한다. 따라서 그림 3-3에서 나타난 음(−)의 관계는 인과관계는 아니며, 대신 우리가 분석하고 있는 두 여성가구주 사이의 여가에 대한 선호 차이가 보조금 수준(편의)과 관련되어 있음을 나타내고 있다. 바꾸어 말하면, 보조금 액수 변화에 따라 노동공급량의 변화를 측정하는 인과분석을 함에 있어서 완전히 동일한 두 여성가구주를 대상으로 한 것이 아니라는 점이다. 오히려 그보다는 2명의 매우 다른 여성가구주를 택하여 이들의 현금급여와 노동공급을 비교함으로써 분석상의 편의를 발생시킨 것이다.

이상의 내용은 그림 3-4에서는 덜 뚜렷하게 나타난다. CPS 자료에서는 여성가구주의 효용함수를 알 수 없기 때문이다. 그러나 여기에서도 같은 문제가 발생할 가능성은 존재한다. 아마도 TANF 보조금을 적게 받는 여성가구주의 여가에 대한 선호가 낮았을 수도 있다. 만일 이것이 사실이라면 TANF 보조금을 2배씩 증가시킨 것이 노동공급을 11% 감소시킨 원인이라고 할 수 없다. 그보다는 보조금을 많이 받는 그룹과 적게 받는 그룹(즉, 여가에 대한 선호가 다른) 사이의 일관성 있는 차이가 이러한 관계에 편의를 가져왔다고 할 수 있다.

통제변수 횡단면 회귀분석 모형에 포함된 변수들로서, 분석집단과 비교집단 사이의 편의를 발생시킬 수 있는 차이를 감안하기 위해 포함된 변수들

통제변수 회귀분석에서는 편의의 문제를 해결하기 위한 유용한 수단이 있다. **통제변수**(control variable)의 활용이 바로 그것이다. 만약 CPS 데이터에 각 개인이 여가에 대해 느끼는 만족도를 정확히 반영하는 '여가에 대한 선호'라는 변수가 포함되어 있다고 가정해보자. 이 변수에는 '여가 선호'와 '근로 선호'라는 두 가지 범주 값(categorical value)이 있으며, 같은 범주 값 내 개인들

은 여가와 근로에 대한 선호가 동일하다고 가정하자. 따라서 이 경우 편의는 범주 값이 다른 그룹 사이에만 존재할 뿐, 같은 그룹 내에서는 존재하지 않는다. 따라서 그룹 내의 개인들은 여가와 근로에 대한 선호 측면에서 동일한 존재라 할 수 있다.

만약 우리가 이러한 정보를 가지고 있다면, 이 표본을 여가변수에 따라 두 그룹으로 나누고 각 그룹에 대한 분석을 다시 시도할 수 있다. 같은 그룹 내에서는 여가에 대한 선호가 동일하게끔 그룹을 나누었기 때문에, 그룹 내 개인들의 경우 여가에 대한 선호 차이가 TANF 보조금과 노동공급 사이의 관계에 영향을 미칠 수가 없다. 이와 같이, '여가에 대한 선호'라는 통제변수는 우리가 수행하는 비교에서 편의를 제거해주는 역할을 한다. 왜냐하면 이제 그룹 내의 개인들은 여가 선호가 동일하게끔 설정했기 때문에, 보조금과 연관된 여가 선호의 차이는 더 이상 존재하지 않기 때문이다. 회귀분석에서 통제변수는 바로 이런 기능을 수행한다. 이 변수는 표본에서 개인 간의 차이를 통제하여 종속변수(노동공급)와 독립변수(TANF 보조금) 사이에 남아 있는 어떤 상관관계도 근로에 대한 보조금의 인과효과로 해석될 수 있도록 해주는 것이다.

통제변수의 활용은 이론적으로 매우 유용하지만, 현실에서는 통제변수가 문제를 완벽히 해결해주지는 못한다. 왜냐하면 우리가 원하는 핵심 변수 — 이 예에서는 개인들의 여가에 대한 본능적인 선호 — 를 측정하여 데이터화하는 것이 실제로는 불가능하기 때문이다. 대개는 여가에 대한 선호를 수치화하여 표현할 수 있는 나이나 교육, 근무경력과 같은 대리변수를 이용하지만, 이와 같은 대리변수들 역시 모집단 전체의 성격을 완벽히 반영할 수는 없기 때문에, 여가 선호의 차이를 완전히 통제할 수는 없다(심지어 나이나 교육, 근무경력이 같은 사람들 사이에도 여가에 대한 선호는 서로 다를 것이다). 따라서 통제변수를 사용하더라도 편의를 완전히 제거하기는 어려운 것이다. 통제변수는 비교집단과 분석집단 사이의 내재된 차이를 단지 제한된 방법으로만 나타내기 때문이다. 부록에서 이에 대한 보다 상세한 논의를 계속할 것이다.

▶ **즉석 힌트** ERT의 예와 같이, 많은 실증분석에서는 하나의 분명한 분석집단과 하나의 분명한 비교집단이 있을 것이다. 반면 횡단면 TANF 분석 같은 또 다른 실증분석들에서는 비교가 되는 다수의 그룹들이 존재할 수도 있다. 따라서 횡단면 회귀분석에서는 TANF 보조금과 노동공급 사이의 관계를 추정하기 위해 그림 3-4에 있는 각 점들을 다른 점들과 반드시 비교해야만 한다.

하지만 비교집단과 분석집단과 같은 용어들이 더 이상 명확히 구분되지 않는 상황에서도 일반적으로 통용되는 직관은 적용된다. 즉 독립변수(TANF 보조금)와 상관관계가 없으면서도 두 집단 사이의 행동(노동공급량)에는 일관성 있는 차이를 발생시키는 요소가 있어야 한다는 것이다. 이는 집단이 둘 이상일 때에도 동일하게 적용된다. TANF의 예에서는 보조금을 적게 받는 집단과 보조금을 많이 받되 노동을 적게 공급하는 집단 사이에 일관성 있는 차이를 발생시키는 요소는 보조금 외에는 없어야 한다.

준실험

앞서 우리는 비록 매우 중요한 재정정책이라 하더라도 그 효과를 분석하기 위한 임의시행은 실제로 가능하지 않음을 살펴보았다. 또한 임의시행을 대신할 수 있는 시계열분석과 횡단면분석 등의 대안들도 편의의 문제에서 자유로울 수 없음도 확인하였다. 그렇다면 임의시행 외에 인과성을 정확히 추정할 수 있는 방법은 없는 것일까? 또는 통제변수를 사용하여 편의를 제거하는 방법 말고는 다른 대안이 없을까?

준실험 경제환경의 변화가 비교집단과 통제집단에 미치는 영향에 대해 연구하는 재정학의 실증분석 방법. 이때 정책 변화에 영향을 받는 비교집단과 통제집단은 현실과 거의 유사하다는 특징이 있음. 준실험은 인위적으로 만들어지지 않은 임의성을 분석 과정에 활용할 수 있기 때문에 임의시행과 유사한 결과를 얻을 수 있는 장점이 있음

지난 20년간 재정학의 실증연구에서는 이러한 문제에 대응하기 위한 하나의 잠재적 해결방안인 **준실험**(quasi-experiment)에 관심을 두어왔다. 준실험이란 정책 변화와 같은 경제환경의 변화가 실제와 거의 유사한 비교집단과 통제집단에 미치는 영향에 대해 연구하는 것이다. 따라서 준실험에서 정책 변화와 같은 외부적 변화요인은 임의성과 같은 작용을 하는 것이다.

준실험을 보다 쉽게 설명하기 위해 다음과 같은 가상의 사례를 살펴보자. 예를 들어 우리가 가지고 있는 데이터에는 서로 인접한 아칸소주와 루이지애나주의 한부모 여성가구주에 대한 정보가 충분하며, 각 주에 대해 2017년과 2019년 두 해의 데이터가 구축되어 있다고 가정해보자. 또한 아칸소주는 2018년에 보조금을 20% 삭감한 반면, 루이지애나주에서는 보조금 액수에 변화가 없었다고 가정하자. 이러한 정책 변화는 원칙적으로 우리의 분석에 임의성을 부여해주는 것이다. 아칸소주에서 현금급여 삭감을 경험한 여성가구주는 분석집단이 되고 현금급여가 변화하지 않은 루이지애나주의 여성은 비교집단이 되는 것이다. 이들 집단 간의 노동공급 변화를 계산하고, 분석집단(아칸소주)과 비교집단(루이지애나주) 사이의 차이를 검토하는 일련의 분석을 통해 우리는 보조금 지급액이 노동공급에 미치는 영향을 편의의 문제 없이 살펴볼 수 있는 것이다.

물론 원론적으로는 아칸소주에 거주하는 여성가구주만을 분석해도 정책 변화의 효과에 대해 살펴볼 수 있다. 만일 2017년 그 주에 살았던 여성가구주 집단과 2019년에 살았던 여성가구주 집단 사이에 보조금 삭감 외에 다른 아무런 차이가 없었다면, 노동공급의 모든 변화는 현금급여의 변화에 기인했다고 할 수 있으며, 이러한 결과는 편의의 문제에서도 자유로울 것이다. 하지만 현실적으로 이와 같은 비교는 시계열분석이 갖고 있는 보편적 문제를 내포하고 있다. 예를 들어 2017년부터 2019년까지는 미국 역사상 최장기 호황기였으며, 실업률 역시 역대 최저 수준이었다고 가정해보자. 실업률이 낮다는 것은 한부모 여성가구주들 역시 노동시장에 참여했음을 의미하는 동시에 이들이 TANF 보조금을 포기했음을 뜻한다. 따라서 아칸소주의 여성가구주는 아마도 TANF 보조금 감소 때문이 아닌 경기호황으로 인해 더 많이 일했을 것이다.

아칸소주 여성가구주들의 노동공급에 영향을 미치는 요인들이 변했을 것이므로, 정책 변화가 없는 비교집단과 정책 변화를 경험한 분석집단을 비교하는 준실험 접근법을 사용하기 위해서는 추가적 조치가 필요하다. 루이지애나주는 2017~2019년 동안 TANF 보조금을 변화시키지 않았지만, 루이지애나주의 여성가구주들 역시 전국적인 경기호황의 영향을 받았을 것이다. 만약 아칸소주 여성가구주의 노동공급 증가가 경기호황에 의한 것이라면, 이와 비슷한 양상이 루이지애나주에서도 발생했을 것이다. 즉 경기호황에 의한 노동공급 증가는 인접한 주에서 동일하게 나타날 것이다. 만약 아칸소주의 노동공급 증가가 TANF 보조금 삭감에 의한 것이라면 이러한 현상은 루이지애나주에서는 관찰되지 않을 것이다. 이 분석에 개입된 경기호황 편의가 전국적이라 가정하였으므로, 2017년과 2019년 사이의 경기호황 편의는 아칸소주와 루이지애나주에서 동일한 양상으로 나타날 것이다. 따라서 각 주의 노동공급 변화는 각 시점 간 근로시간 변화로

표현될 수 있는데, 경기침체 편의를 고려하면 다음과 같은 개념식을 세워볼 수 있을 것이다.

$$
\begin{array}{rl}
\text{아칸소 : 근로시간(2019년)} - \text{근로시간(2017년)} & = \text{정책효과} + \text{경기호황 편의} \\
-\big)\ \text{루이지애나 : 근로시간(2019년)} - \text{근로시간(2017년)} & = \qquad\qquad\quad \text{경기호황 편의} \\
\hline
\text{차이} & = \text{정책효과}
\end{array}
$$

위의 개념식에서와 같이, 루이지애나주(비교집단)의 두 시점 간(2019년과 2017년) 근로시간 변화를 아칸소주(분석집단)의 시점 간 근로시간 변화에서 차감함으로써 경기침체로 인한 편의를 통제하면 TANF 보조금이 근로시간에 미치는 효과에 대한 인과성에 대해 추정할 수 있다.

표 3-1에는 이와 같은 준실험의 결과 설명을 위한 가상의 숫자들이 담겨 있다. 만약 2017~2019년 사이, 아칸소주의 보조금이 5,000달러에서 4,000달러로 감소되었다고 가정해보자. 또한 같은 기간 동안 연간 노동공급은 1,000시간에서 1,200시간으로 증가했다고 가정하자. 아칸소주의 자료를 이용한 시계열 추정치를 살펴보면 1,000달러의 보조금 감소(20%)가 200시간의 근로시간 증가(20%)를 발생시켰는데, 이 결과는 보조금에 대한 총근로시간의 탄력도가 −1임을 의미한다(20%의 보조금 감소가 20%의 노동공급 증가를 유발). 이 추정치는 캘리포니아의 임의시행을 통해 추정된 결과인 탄력도 −0.67(이상적인 추정 결과)에 비해 상당히 큰 것이다.

표 3-1 준실험의 또 다른 응용 아칸소주에서는 2017년과 2019년 사이 TANF 보조금 삭감에 따라 근로시간이 증가하였다. 만약 이 기간 동안 여성가구주들에게 다른 변화가 없었다면 이것은 인과관계가 될 수 있다. 만약 보조금 외의 또 다른 변화가 존재했다면 우리는 보조금 삭감이 없었던 인접한 루이지애나주의 자료를 사용함으로써 추정 결과의 편의를 제어할 수 있다.

아칸소	2017년	2019년	차이
보조금	$5,000	$4,000	−$1,000
연간 근로시간	1,000	1,200	200
루이지애나	**2017년**	**2019년**	**차이**
보조금	$5,000	$5,000	$0
연간 근로시간	1,050	1,100	50

표 3-1의 하단을 보자. 2017~2019년 사이 루이지애나에서는 TANF 보조금에는 변화가 없었지만 연간 근로시간은 50시간이 증가했다. 따라서 경기호황은 여성가구주의 근로시간을 증가시킨 것으로 분석할 수 있다. 아칸소의 시계열자료만으로 판단한다면 경기호황 효과는 무시되었을 가능성이 크지만 인접한 루이지애나의 자료를 살펴봄으로써 이를 구분해낼 수 있게 된 것이다. 만약 우리가 경기호황으로 인한 근로시간 변화효과를 고려하지 않는다면 TANF 보조금이 노동공급에 미치는 영향에 대한 분석 결과는 편의되어 나타날 것이다.

이에 대한 간단한 해결책은 루이지애나주의 변화와 아칸소주의 변화 차이를 살펴보는 것이다. 즉 아칸소주의 경우 복지 수준의 하락(보조금 삭감)과 경기호황을 모두 경험하였으며 이때 노동시간은 200시간 증가하였다. 반면 루이지애나주는 경기호황만이 있었으며 노동공급은 50시간만 증가하였다. 결국 경기호황 효과를 제어하고 난 후 아칸소주의 보조금 삭감의 순효과는 150시간의 노동공급 증가라 볼 수 있는 것이다. 미국 전역에 걸친 전반적 경기호황 편의를 통제하는 경우, 보조금의 근로시간 탄력도는 −0.75인데, 이는 캘리포니아주의 데이터로 추정된 결과와 유사한 수준이다. 이러한 방법론을 우리는 **이중차감 추정치**(difference-in-difference

이중차감 추정치 정책실험이 가해진 분석집단과 그렇지 않은 비교집단 사이의 결과 변화의 차이를 통해 추정한 것

estimator)라고 부른다. 이중차감 추정치란 변화를 경험한 분석집단(아칸소주의 여성가구주)의 노동공급 변화의 차이에서 변화를 경험하지 않은 비교집단(루이지애나주의 여성가구주)의 노동공급 변화의 차이를 차감해주는 것이다. 우리는 이와 같은 방법으로 TANF 현금급여가 노동공급에 미치는 인과적 영향을 편의의 영향 없이 추정할 수 있다.

이중차감 추정치는 시계열분석과 횡단면분석을 조합하여 각 분석법이 가지고 있는 단점을 해결해준다. 이중차감 추정치는 루이지애나주의 변화와 아칸소주의 변화를 비교함으로써 아칸소주 내에서의 시계열 편의를 발생시키는 다른 시계열 교란요인을 통제하는 것이다. 이와 같이 한 시점의 두 집단을 비교하기보다는(즉, difference), 집단 내의 시점 간 변화를 다른 주와 비교함으로써(difference in difference) 횡단면분석의 편의를 유발하는 생략요인을 통제할 수 있게 된다.

이러한 맥락에서 횡단면분석은 아칸소주와 루이지애나주의 보조금이 달라진 2019년을 대비시킨다. 2019년 아칸소주는 루이지애나주보다 TANF 보조금을 1,000달러 삭감하였고 아칸소주의 여성가구주는 1년에 100시간 더 많이 일하였다. 따라서 횡단면분석에서는 연간 1,000달러의 보조금 축소가 100시간의 노동공급 증가를 유발하였다고 결론 내릴 것이다. 하지만 이중차감분석의 결과(그리고 임의시행의 결과를 통해 이것이 사실이라고 믿고 있는)인 150시간의 노동공급 증가가 현실에 더 부합하는 것이므로, 횡단면분석의 결과는 현실을 과다추정하는 결과를 낳게 된다.

횡단면 추정 결과가 편의된 원인은 아칸소주 여성가구주의 경우 TANF 보조금 수준과는 무관하게 일을 적게 하려는 성향이 있었다는 데 있다. 이것은 두 주의 TANF 보조금이 같았던 2017년에 루이지애나주의 근로시간이 더 짧았다는 사실에 의해 설명될 수 있다. 원칙적으로, 아칸소의 낮은 근로시간을 설명하기 위해서는 통제변수를 찾아내야 하지만, 이는 현실적으로 매우 어렵다. 이중차감 추정치는 이러한 문제에 대응하기 위한 최적의 현실적 통제 방법을 제시하는 것이다. 즉 보조금이 변화하기 이전의 같은 주 내에서의 근로시간을 활용하는 것이다. 즉 이중차감 추정치는 주 내에서의 변화를 다른 주 내에서의 변화와 비교함으로써 편의를 발생시킬지 모르는 주 간 횡단면 차이에 대해 통제할 수 있게 해주는 것이다.

준실험 분석의 문제 이중차감과 같은 준실험 접근법은 편의를 제어할 수 있는 효과적인 방법이기는 하지만 완벽하지는 않다. 예를 들어 경기호황의 영향이 루이지애나주와 아칸소주에 다른 양상으로 나타난 경우를 가정해보자(아마도 루이지애나는 경기 영향을 받지 않는 헬스케어 산업의 의존도가 크기 때문에 전국적인 경기호황의 영향이 작을 것이다). 이러한 상황에서는 '경기침체에 의한 편의'가 두 주에서 동일하게 나타날 수 없을 것이며, 이에 따라 단순히 두 주의 차이를 차감하는 방법으로 TANF 보조금이 여성가구주의 노동공급에 미치는 효과를 분리시킬 수는 없게 될 것이다. 이 경우 아칸소주와 루이지애나주의 경기침체 영향이라는 새로운 편의항이 생기게 될 것이다.

근로시간(2019년 아칸소) − 근로시간(2017년 아칸소)
= 아칸소 경기호황 편의 + 정책효과

근로시간(2019년 루이지애나) − 근로시간(2017년 루이지애나)
= 루이지애나 경기호황 편의 차이
= 정책효과 + (아칸소 편의 − 루이지애나 편의)

이때 아칸소주의 경기호황 편의와 루이지애나주의 경기호황 편의는 같지 않을 것이기 때문에 TANF 보조금 변화로 인한 정책효과를 명확히 식별해낼 수 없다.

모든 조건이 완벽히 통제되는 진짜 실험과 달리 준실험 연구에서는 분석집단과 비교집단의 비교에서 발생하는 모든 편의를 완벽히 제거해냈다고 확신하기 어렵다. 준실험 연구에서는 인과성 추정치를 얻었다고 주장하기 위해서 두 가지 접근법을 사용한다. 첫 번째는 직관, 즉 주어진 분석/비교집단에서 편의가 거의 제거된 것처럼 보이도록 주장하는 것이다. 두 번째는 통계적 수단, 즉 편의가 제거되었다는 확신이 들 때까지 지속적으로 대안이나 추가적 비교집단을 활용하는 것이다. 이와 같은 방법, 즉 대안이나 추가적 비교집단이 어떻게 준실험분석에서 확신을 갖게 해주는지에 대해서는 제14장의 부록에서 논의할 것이다.

구조적 모형화

만약 적절하게 적용될 수 있다면, 앞서 설명한 임의시행과 준실험 접근법은 상관관계에서 인과성을 도출해내야 하는 어려운 문제를 해결해줄 수 있다. 하지만 이들 역시 두 가지 중대한 한계점을 갖고 있다. 첫째, 이 방법들은 **특정 정책**의 인과관계에 대한 추정치만 제공해준다는 점이다. 캘리포니아 실험에서는 보조금을 15% 삭감했을 때 고용률은 4.5% 증가한다는 점을 밝힌 바 있다. 이러한 발견은 보조금의 15% 삭감이 고용에 미칠 영향에 대한 최선의 추정치라 할 수 있겠지만, 보조금이 30% 삭감되거나 15% 증가되는 경우 고용에 미치는 영향에 대해서는 의미 있는 해답을 제공해주지 못한다. 이는 특정 정책의 결과를 알 수 있다고 해서 반드시 다른 정책의 결과까지 유추해낼 수는 없음을 시사한다. 결국 임의시행과 준실험 접근법은 특정 질문에 대한 답은 비교적 정확히 알려주지만, '보조금의 변화가 개인의 행동 변화에 미치는 영향'과 같은 포괄적인 주제에 대해서는 일반적인 해답을 주지 못한다.

둘째로 실증분석적 접근은 정책 개입이 있을 때 그 결과가 어떻게 될 것인지에 대해서는 알려줄 수 있지만, '왜 그렇게 되는지?'에 대해서까지는 알려주지 못하는 경우가 있다. 제2장의 예로 돌아가서, 소득이 6,000~10,000달러 사이인 가구주의 TANF 보조금이 삭감되었을 때의 반응에 대해 생각해보자. 우리는 이미 이 가구주에게는 일을 더 많이 하게끔 하는 두 가지 효과, 즉 소득효과와 대체효과의 존재를 알고 있다. 보조금이 삭감되었기 때문에 이 가구주는 더 가난해졌을 것이고, 소득효과는 이 가구주로 하여금 더 적은 여가 소비 또는 더 많은 노동공급을 유발할 것이다. 동시에 보조금의 삭감은 여가가격을 낮추는 방식으로 작용하기 때문에, 대체효과는 여가 소비 증가 또는 노동공급 감소를 유발할 것이다. 보조금 삭감에 대한 가구주들의 반응은 실험이건 준실험 연구이건 우리에게 정책이 노동공급에 미치는 총효과를 보여주는 것이긴 하지만, 소득효과와 대체효과의 상대적 크기나 중요성에 대해서는 자세히 알려주지 못한다.

구조적 추정 소득효과와 대체효과 또는 효용함수 파라미터들에 대한 추정과 같이, 개인의 의사결정에 중요한 영향을 미치는 특성 파악에 관심을 두는 추정 방법

축약형 추정 효용함수 등에 내재되어 있는 행태적 반응 정도(파라미터 등)를 구분하지 않는 추정 방법으로서, 독립변수가 종속변수에 미치는 총체적 영향에만 관심을 두는 개념. 축약형 추정에서는 총효과에만 관심을 둘 뿐, 소득효과와 대체효과 등을 구분하지 않음

이후에 자세히 공부할 것이지만, 우리는 종종 노동공급반응의 **구조적 추정**(structural estimate)에 대해서도 관심을 가질 때가 있다. 이때 구조적 추정치란 개인의 선택에서 대체효과와 소득효과를 유발하는 효용함수의 특성에 대한 추정치를 의미한다. 하지만 임의시행이나 준실험에서의 추정치는 오직 축약된 추정치만을 제공해줄 뿐이다. **축약형 추정**(reduced form estimate)은 특정 정책 변화에 대한 노동공급의 전반적 효과만을 알려준다. 임의시행과 준실험의 이러한 두 번째 단점은 앞서 살펴본 첫 번째 단점과도 관계가 있다. 만약 우리가 확실히 알려지지 않은 노동공급반응의 구조에 대해 잘 이해하게 된다면, 다른 종류의 정책 개입에 대해서도 노동공급이 어떻게 변화할 것인지 보다 잘 설명할 수 있게 될 것이다.

이와 같은 이유로, 구조적 추정은 재정학의 활발한 연구분야가 되었다. 실증경제학자들은 이 방법을 통해 단지 축약된 형태의 반응만이 아닌, 효용함수 속에 내재되어 있는 보다 실질적인 특징도 추정해내려 하고 있다. 추정치를 도출함에 있어서 앞서 설명된 이론을 보다 면밀하게 활용하는 것은 물론, 총효과를 소득효과와 대체효과로 구분하는 식으로 보다 구체적인 분석을 수행하는 것이다.

구조적 모형은 실험이나 준실험 분석을 더욱 유용하게 활용할 수 있도록 하는 보완적 기능을 제공한다. 하지만 구조적 모형은 주어진 정보로부터 더 많은 것을 얻어내야 제 기능을 발휘할 수 있기 때문에, 동일한 양의 정보에 의존해야 하는 경우에는 종종 축약형 분석에 비해 추정의 어려움도 존재한다. TANF의 예를 들어보면, 앞서의 분석들은 TANF 보조금 변화가 어떠한 영향을 미치는지를 파악하기 위해 축약형 분석을 사용한 것이다. 하지만 이와 같이 주어진 정보만을 활용하는 간단한 접근 방법으로는 전체 효과를 소득효과와 대체효과로 구분해내는 것이 불가능하다. 제2장에서 살펴본 바와 같이, 이와 같은 구분은 연구자가 효용함수에 대한 특정한 가정을 부여할 때만 가능해지는 것이다. 만약 효용함수에 부여한 가정이 맞다면 구조적 모형의 접근 방법은 우리에게 더 많은 것을 알려줄 수 있다. 하지만 만약 그 가정이 맞지 않다면 이 방법론에 의해 도출된 대체효과와 소득효과에 대한 추정치는 틀린 것이 될 것이다.

이러한 맥락에서 보자면, 생각하기 쉽고 이해하기도 쉬운 축약형 추정법의 특징은 또 다른 장점이 될 수 있다(이에 대해서는 이 절의 내용을 다 읽고 난 후에 더 명확히 이해하게 될 것이다). 따라서 이후 부분에서는 재정학의 실증적 결과들을 논의할 때 대부분 축약형 모형과 그 증거를 주로 사용하게 될 것이다. 하지만 그렇다고 해서 구조적 모형의 장점들을 과소평가해서는 안 될 것이다. 특히 향후 경제학에 대해 더 깊이 공부할 사람들에게는 구조적 모형에 대한 분석이 매우 유용한 연구 주제가 될 수 있을 것이다. 이 책의 실증분석을 통해 우리가 얻을 수 있는 교훈은 모든 형태의 연구에 통용될 수 있을 것이다. 이를 토대로 구조적 모형화와 같은 보다 정교한 실증적 접근 방법으로 나아갈 수 있을 것이다.

3.4 결론

어느 정책이건, 정책적 질문의 핵심은 정책과 그 결과 사이의 뚜렷한 인과성을 파악하는 것에 있다. 한부모 가구주들에 대한 낮은 복지혜택이 더 많은 근로를 이끌어낼 수 있는지, 심각한 대기오염이 건강에 더 나쁜 영향을 주는 것인지, 실업자들에게 실업보험금을 더 많이 주면 더 오랫동안 실업 상태에 머무르는지 등은 이 책에서 실증분석을 통해 설명해보고자 하는 질문들이다.

이 장에서 우리는 상관관계에서 인과관계를 구별해내기 위한 다양한 접근법에 대해 논의해보았다. 가장 이상적인 분석 방법인 임의시행은 비교 및 분석집단을 임의로 배정해서 편의를 제거하는 것임을 확인하였다. 하지만 불행히도 임의시행은 우리가 실증재정학에서 다루고 싶어 하는 모든 의문에 대해 적용할 수 없다. 결과적으로 우리는 시계열분석, 횡단면분석, 준실험분석 등과 같은 대안적 방법을 찾아야 하는 것이다. 대안으로 열거한 이상의 방법들에는 단점도 물론 존재하지만, 우리가 충분한 주의를 기울인다면 실증분석 결과에 부정적 영향을 미치는 편의 문제에 대해서도 의미 있는 해답을 줄 수 있을 것이다.

요약

- 실증분석의 주된 목적은 경제적 요소들 간에 인과성을 찾는 데에 있다. 예컨대 TANF 보조금을 인상했을 때 노동공급이 어떻게 변할 것인지와 같은 인과적 관계를 규명해보는 것이다.
- 하지만 이러한 목적을 달성하는 것은 현실적으로 쉽지 않다. 왜냐하면 이러한 분석을 수행하기 위해서는 (정책 영향을 받는) 분석집단과 (정책 영향을 받지 않는) 비교집단이 필요한데, 분명한 분석 결과를 얻기 위해서는 분석집단과 비교집단이 정책적 처방만 제외하고는 모든 면에서 동일해야 하기 때문이다.
- 만약 분석집단과 비교집단이 동일하지 않다면 편의가 나타날 수 있다. 편의란 정책 적용 여부 외에 분석집단과 비교집단 사이에 존재하는 차이를 의미한다.
- 편의의 문제를 해결하기 위한 최적의 방법은 임의시행이다. 임의시행에서는 분석집단과 비교집단 사이에 편의가 존재하지 않으며 두 그룹 간에 나타나는 모든 차이는 전적으로 인과적 영향에서 비롯되는 것이다.
- 시계열분석은 분석 결과에 영향을 주는 많은 요인들이 시간흐름에 따라 변화될 수 있다는 점에서 추정된 인과관계의 결론에 확신을 주기 어렵다.
- 횡단면 회귀분석 역시 편의의 문제에서 자유롭지 않다. 왜냐하면 비슷한 사람들이라 하더라도 관찰되지 않는 요인들로 다른 선택을 할 수도 있기 때문이다. 이때 분석에 통제변수를 포함시키는 경우에는 편의를 제어할 수도 있다.
- 준실험은 임의시행과 비슷한 효과를 기대할 수 있는 방법이다. 하지만 이 경우에라도 편의의 문제를 피하기 위해서는 비교집단을 매우 신중하게 선정해야 한다.

연습문제

1. 당신은 임의시행을 수행하고 있는 중이며, 학습 참여자들을 분석집단과 비교집단에 임의배정하고 있다. 그런데 배정을 마치고 보니 분석집단의 평균연령이 비교집단보다 더 낮은 것으로 나타났다. 어떻게 이런 일이 일어난 것인가?
2. 식별의 문제를 해결하는 데 있어 왜 임의시행이 최적의 방법이 될 수 있는가?
3. 상관관계와 인과관계를 구분해야 한다는 말의 뜻은 무엇인가? 실증분석을 수행하는 연구자들이 상관관계와 인과관계를 구분하기 위해 쓰는 방법들은 무엇인가?
4. 한 연구자가 어린이들의 성과에 대한 횡단면분석 연구를 수행하였다. 연구 결과에 따르면 부모가 이혼한 가정의 어린이의 평균성적이 그렇지 않은 가정의 어린이의 성적보다 더 낮은 것으로 나타났으며, 이에 따라 이 연구자는 이혼이 어린이의 성적에 나쁜 영향을 준다고 결론지었다. 이 분석에서 틀린 점은 무엇인가?
5. '사실과 다른 연구의 역사'라는 연구에서는 이동식 주택단지가 많은 지역일수록 토네이도의 발생빈도가 높다고 보고하였다. 이를 통해 연구자들은 이동식 주택단지가 토네이도를 발생시킨다는 결론을 내렸다. 이 사실에 대한 바른 설명은 무엇인가?
6. 임의시행 시 우려되는 사항은 무엇인가? 준실험은 이 문제를 어떻게 해결해주는가?
7. 당신은 정책효과 평가를 위해 정부에 채용되었는데, 평가대상 정책은 한 그룹에는 영향을 미치지만 다른 그룹에는 영향을 미치지 못한다고 한다. 정책 변화 전, 정책에 영향을 받는 그룹의 평균소득은 17,000달러이며 영향을 받지 않는 그룹의 평균소득은 16,400달러였다. 정책 변화 후 각 그룹의 평균소득은 각각 18,200달러(영향받는 그룹)와 17,700달러였다고 한다.
   a. 정책효과를 어떻게 추정할 수 있는가? 이 방식을 무엇이라 부르는가?
   b. 의미 있는 추정 결과를 얻기 위해서 어떤 가정을 전제해야 하는가?
8. 이 장의 부록에 제시된 사례 가운데 어떤 계수의 추정치가 '통계적으로 유의'하거나 '0과 다른' 것인가?
9. 어떤 연구자는 교육비 지출이 주택가격에 미치는 영향에 대해 조사하고 있는데, 횡단면 자료만 사용할 수 있다고 한다. 연구자는 분석을 위해 1월과 7월의 연평균 기온을 통제변수로 설정하였다. 그 이유는 무엇이겠는가? 그 외에 어떤 변수들이 통제되어야 하며 그 이유는 무엇인가?
10. 보편적으로, 초급 미시경제학 과목에서는 최저임금제가 실업을 유발한다고 설명하고 있다. 2020년 미국 연방정부는 최저임금을 7.25달러로 설정하고 있다. 하지만 미국의 절반 이상의 주에서는 그보다 높은 최저임금을 규정하고 있다. 각기 다른 최저임금을 갖는 주들의 실업률 단순비교를 통해, '최저임금이 실업을 유발한다'는 이론을 시험해볼 수 없는 이유는 무엇인가? 이를 시험하기 위한 더 좋은 방법이 있는가?

심화 연습문제

11. 당신의 친구 오스카는 관련 데이터를 수집, 분석한 후 신설 고등학교가 많은 지역의 SAT 성적이 다른 지역보다 더 높은 추세가 있다고 결론지었다. 그는 당신에게 신설 고등학교가 높은 SAT 점수를 유발한다는 것을 증명했다고 말했다. 당신이 '상관관계가 인과관계를 의미하지는 않는다'고 반박하려 하자 그는 준비해둔 다른

자료를 제시했다. 그 자료에 따르면 어떤 도시에 신설 고등학교를 세우자 일시적으로 SAT 점수가 증가하는 추세를 보인 반면, 최근 SAT 점수가 급등한 지역에서는 신설 고등학교가 없었던 것으로 나타났다. 이 자료는 신설 고등학교가 높은 SAT 점수를 유발한다는 주장을 뒷받침할 수 있는가? 만약 아니라면, 당신은 오스카의 데이터와는 다른 대안적 설명을 할 수 있겠는가?

12. 연구자들은 회귀분석을 수행할 때, 때로는 패널데이터(동일한 사람에 대한 여러 관측치를 시간에 걸쳐 수집한 것)를 이용하기도 한다. 이 데이터를 활용하면 동일한 사람의 행동을 시간의 흐름에 따라 비교할 수 있어, 어떤 정책의 효과가 개인 행동에 미치는 영향을 평가할 수 있다. 패널데이터를 사용하는 방법은 앞서 살펴본 횡단면분석보다 어떤 점에서 더 우수한가?

13. 당신이 사는 지역에서는 2022년부터 고교 우수졸업생들에게 무료교육을 제공하는 정책을 시행하겠다고 발표했다. 당신은 2022년 이후 정책 수혜 가정들이 새 자동차를 더 많이 구매하는지를 살펴보기로 했다. 이를 위해 당신은 '반증의 자료'로 2021년도에 졸업한 자녀를 둔 가정의 새 자동차 구매 패턴을 관찰하였다. 이러한 관찰은 왜 유용한가?

14. 2021년 당신이 사는 지역에서는 감세정책을 실시하였다. 당신은 이 감세정책이 지역 내 개인소비를 증가시켰는지에 대해 관심이 있다. 당신이 관찰할 수 있는 정보는 다음과 같다.

연도	지역 내 소비
2016	330
2018	350
2020	370
2022	430

a. 당신의 친구는 감세효과에 대한 가장 좋은 추정치는 60단위의 소비 증가라 주장한다. 하지만 당신은 감세 이전부터 소비는 이미 상승 추세에 있었기 때문에 진짜 효과는 이보다 더 적다고 생각한다. 더 좋은 추정치는 무엇이겠는가?

b. 당신은 같은 기간 감세를 하지 않은 이웃 지역의 정보를 얻을 수 있었다고 가정하자. 당신이 관찰할 수 있는 이웃 지역의 정보는 다음과 같다.

연도	지역 내 소비
2016	300
2018	320
2020	340
2022	350

이상의 정보를 통해 감세가 소비에 미치는 효과를 가장 잘 추정할 수 있는 방법은 무엇인가? 감세효과의 올바른 추정치를 얻기 위해서는 어떠한 가정이 필요한가? 설명해보라.

15. 영국에서 수행된 한 보건연구[15]에서는 1972~1974년부터 약 20년간 국민들에 대한 추적조사를 시행했다고 한다. 초기 표본에서 여성 흡연율은 44%였지만, 65세 이상의 여성 흡연율은 19%였다고 한다. 연구 종료 시점에서는 흡연자들 가운데 24%가 사망했지만, 비흡연자들의 경우에는 31%가 사망했다고 한다. 이러한 연구 결과를 통해 흡연이 건강에 좋다고 할 수 있는가? 흡연이 사망률에 미치는 영향을 살펴보기 위한 더 좋은 방법은 없는가?

16. 100개 이상의 관찰연구들에서는 적정한 음주가 혈관건강에 유익하다고 밝힌 바 있다. 이 가운데에는 적정한 음주는 심장마비, 심장발작 등은 물론 모든 혈관 관련 사망위험을 낮출 수 있음을 지적하고 있다. 연구 결과에 따르면, 남녀는 물론 모든 국가, 모든 연령에서 일관되게 혈관질환의 위험성이 25~40%가량 저감된 것으로 보고되었다. 이 연구들에 대한 검토 결과는 http://www.hsph.harvard.edu/nutritionsource/healthy-drinks/drink-to-consume-in-moderation/alcohol-full-story/에서 확인할 수 있다. 당신은 저빈도 음주자 또는 음주를 전혀하지 않는 환자들에게 술을 더 많이 마시도록 권하겠는가?

15 Appleton et al.(1996).

부록 제3장

James Andrews/iStock/Getty Images

횡단면 회귀분석

본문에서 다루었던 횡단면분석과 조정변수의 기능에 대해 조금 더 알아보기로 하자. 익숙한 TANF 사례를 활용하기로 한다.

데이터 이 분석에서는 2019년 3월의 인구현황조사(CPS) 자료를 사용하기로 한다. 자료에서는 미혼이면서 19세 이하 자녀를 키우고 있는 모든 여성을 추출한다. 총표본은 6,779명의 한부모 여성가구주들이다.

표본분석을 위해 각 여성에 대한 다음과 같은 변수자료를 추출해보기로 한다.

- TANF : 전년도 TANF 총보조금 액수(단위 : 천 달러)
- 시간(hours) : 전년도의 총노동시간, 일을 한 주의 수 × 주당 노동시간
- 인종(race) : 백인, 흑인, 기타로 나눔
- 나이(age) : 연령
- 교육(education) : 교육 정도는 개인에 따라 고등학교 중퇴, 고등학교 졸업, 고등학교 졸업 후 대학 진학, 대학 졸업 등 네 종류의 집단으로 구분
- 거주지(urbanicity) : 거주지 정보를 이용하여 도시중심부, 부도심부, 농촌 지역, 불분명(CPS는 개인정보 보호를 위해 어떤 여성가구주들에 대해서는 거주를 확인하지 않음) 등의 네 집단으로 구분

회귀분석 이상의 자료를 사용하여 복지정책이 노동시간에 미치는 영향에 대한 다음과 같은 회귀식을 구성해볼 수 있다.

$$(1)\ \text{Hours}_i = \alpha + \beta\ \text{TANF}_i + \epsilon_i$$

여기서 i는 각 한부모 여성에 대한 관찰치를 의미한다. 이는 그림 3-4의 회귀분석에 대한 대응값이지만 편의상 자료를 범주별로 집단화하기보다는 각 개인별로 표시되는 데이터 포인트(자료점)를 사용하기로 한다.

이 회귀분석에서 α는 상수항이며 복지급여가 영(0)일 때 추정된 노동시간을 나타낸다. β는

기울기 계수이며 보조금 1달러당 노동시간의 변화를 나타낸다. ε_i는 오차항으로 각 관찰치에 대해 실제 값과 모형에서 예측된 값의 차이를 나타낸다.

이 회귀모형의 추정 결과는 부록 표의 첫 번째 열에 나타나 있다. 표의 첫 번째 행은 상수항 α이며 그 값은 1,437이다. 이는 복지급여가 영(0)일 때의 노동시간을 의미한다. 두 번째 행은 계수 β이고 그 값은 −163이다. 이것은 보조금이 1,000달러씩 증가할 때마다 노동시간이 163시간씩 감소함을 뜻한다. 이는 본문에서 추정된 값인 −157에 비해 약간 높은 수치라 할 수 있다. 따라서 보조금을 전혀 받지 않는 여성가구주의 근로시간은 1,437시간이며, 5,000달러의 보조금을 받는 여성의 예상근로시간은 622시간($= 1,437 - 5 \times 163$)이 되는 것이다.

각 추정치 밑의 괄호 안 숫자는 **표준오차**이다. 이 숫자는 계수 추정의 정확성을 나타내는 것으로 우리가 여기서 얻은 것은 보조금과 노동시간 사이의 상관관계에 대한 통계적 표현일 뿐임을 상기시켜 준다. 개략적으로 이야기하자면 β값 추정치로부터 표준오차의 구간 내에서는 어느 값이 더 맞다고 판단하기 어렵다는 의미이다. 즉 최적 추정치는 매 1,000달러의 보조금 지급은 근로시간을 163시간 낮춘다는 것이지만, 보조금의 효과는 140.4시간($= 163 - 2 \times 11.3$)일 수도 있고 185.6시간($= 163 + 2 \times 11.3$)일 수도 있음을 의미한다.

실증경제학의 맥락에서 보자면 이는 매우 정확한 추정치라 할 수 있다. 대체로 추정치가 표준오차 크기의 2배보다 더 크다면 우리는 이를 **통계적으로 유효**하다고 한다.

표의 마지막 행은 회귀분석의 R^2값을 나타낸다. R^2이 1이라는 것은 자료가 모형에 의해 완벽하게 설명됨을 의미하는 것으로 모든 자료점이 회귀선상에 정확히 놓여 있음을 뜻한다. 반면 R^2이 0이라는 것은 모형이 자료를 전혀 설명하지 못함을 의미한다. 여기서의 0.054라는 것은 이 회귀모형이 설명할 수 있는 것은 실제 변화의 5% 미만임을 뜻한다.

그러나 본문에서 논의한 바와 같이 여가에 대해 높은 선호를 갖는 여성가구주는 낮은 근로시간과 높은 보조금을 모두 가지고 있기 때문에 이 회귀모형은 심각한 편의 문제를 안고 있다. 이 문제를 설명하기 위한 한 가지 접근법은 통제변수를 포함시키는 것이다. 하지만 우리는 개인의 여가 선호를 적절히 설명할만한 통제변수를 찾기 어렵다. 하지만 우리는 여가와 관련되어 있음 직한 다양한 변수들에 대한 정보를 활용할 수 있다. 인종, 교육, 나이, 거주지 등 노동공급과 관련된 변수들인데, 이를 활용하여 다음과 같은 회귀모형식을 구축할 수 있다.

부록 3 표 횡단면 회귀분석

	회귀식(1)	회귀식(2)
상수항	1,437	1,396
	(11)	(64)
TANF 보조금	−163	−147
	(11)	(11)
백인		30
		(39)
흑인		29
		(44)
고등학교 중퇴		−692
		(36)
고등학교 졸업		−389
		(27)
대학교육 수료		−234
		(30)
연령		6
		(1)
도시중심부 거주		89
		(34)
부도심부 거주		79
		(32)
농촌 지역 거주		−39
		(37)
R^2	0.030	0.101

$$(2)\ \text{Hours}_i = \alpha + \beta \text{TANF}_i + \delta \text{CONTROL}_i + \epsilon_i$$

여기서 CONTROL은 *i*라는 개인의 통제변수들의 집합이다.

부록 표의 둘째 열은 통제변수들을 포함한 모형의 추정 결과이다. 인종(백인, 흑인, 기타)과 같이 범주별 변수가 있을 때 개인이 해당 인종이면 1, 아니면 0 등으로 표시하는 **지시변수**를 포함하게 된다. 따라서 어떤 변수에 대해 *N*개의 범주가 있다면(우리의 예에서 인종에 대해서는 3개의 범주가 있음) $N-1$개의 지시변수가 포함된다. 따라서 모든 추정치는 배제된 범주에 대해 상대적이라는 의미를 갖게 된다(예를 들어 히스패닉이라는 집단을 생략한 경우 '흑인'을 지시하는 계수는 히스패닉 그룹에 대한 흑인들의 상대적 복지소득에 대한 효과를 나타내게 된다).

이러한 통제변수들을 추가하면 TANF 보조금이 노동공급에 미치는 추정치가 낮아진다. 추정치는 −147로 하락하지만 그래도 매우 높은 유의성을 나타낸다. 흥미로운 점은 통제변수를 도입했을 때, 그림 3-4의 그룹 데이터를 사용한 경우와 거의 같은 추정치를 얻을 수 있다는 점이다.

통제변수들은 다음과 같은 관점에서 흥미롭게 보인다.

- 인종(race) : 백인은 다른 인종들(생략된 인종그룹 포함)에 비해 연간 30시간 더 일하는 것으로 나타났지만 이 추정치는 표준오차보다도 작기 때문에 통계적으로 유의하다고 볼 수 없다. 흑인은 생략된 인종들에 비해 연간 21시간 더 일하는 것으로 추정되었다.
- 교육(education) : 더 많이 교육받을수록 노동시간은 더 증가하는 것으로 파악되었다. 고등학교 중퇴자들은 대졸자들(생략된 그룹)에 비해 연간 692시간 덜 일하는 것으로 추정되었으며, 고졸자들은 대졸자들에 비해 연간 389시간 덜 일하는 것으로 파악되었다. 대학 중퇴자들은 대졸자들에 비해 연간 234시간 덜 일하는 것으로 나타났다. 이상의 추정치는 매우 정확한 것으로 평가된다(계수들이 괄호 안에 있는 표준오차에 비해 매우 크다).
- 나이(age) : 노동시간은 나이 증가에 따라 감소하는데, 나이가 한 살 더 느는 것은 연간 6시간의 노동 감소를 가져온다. 이 추정치 역시 매우 정확한 수치이다.
- 거주지(location) : 거주지 불명인 경우에 비해 도시와 부도심 지역에 거주하는 경우 더 일을 많이 하는 것으로 나타났으며, 이는 통계적으로도 유의하다. 반면 농촌 지역 거주자들은 거주지 불명의 경우에 비해 더 적게 일하는 것으로 추정되었지만, 정확하다 보기는 어렵다.

이러한 통제변수들이 TANF 보조금과 노동공급 사이의 편의를 제거하는가? 단정하기 어렵지만 아마 그렇지 않을 것이다. 많은 통제변수들이 개인 간 노동공급 변화의 오직 7%만 더 설명할 수 있다는 사실은, 통제변수들이 노동공급과 TANF 보조금 사이의 상관관계를 모두 설명할 수 없음을 의미한다.

CHAPTER 4

James Andrews/iStock/Getty Images

예산분석과 적자재정

생각해볼 문제

- 지난 수십 년 동안 미국의 재정적자는 어떻게 변해왔는가?
- 장기 재정적자를 측정하기 위한 올바른 방법은 무엇인가?
- 재정적자 심화가 경제에 미치는 영향은 무엇인가?

"우리는 균형경제 상태에서 균형예산을 향해 계속 나아갈 것입니다."

린든 존슨 대통령, 대통령 연두교서(1965년 1월 4일)

취임 첫해 재정적자(1964년) : GDP의 0.9%
재임 마지막 해 재정적자(1968년) : GDP의 2.9%

"우리는 미국 가정의 예산균형을 위해서라도 꼭 국가재정의 균형을 달성해야 합니다."

리처드 닉슨 대통령, 대통령 연두교서(1970년 1월 22일)

취임 첫해 재정적자(1969년) : GDP의 −0.3%(재정흑자)
재임 마지막 해 재정적자(1974년) : GDP의 0.4%

"만일 우리가 재정지출을 억제할만한 용기와 지혜가 있다면, 1979년까지 균형예산을 달성할 수 있을 것입니다."

제럴드 포드 대통령, 대통령 연두교서(1975년 1월 15일)

취임 첫해 재정적자(1975년) : GDP의 3.4%
재임 마지막 해 재정적자(1976년) : GDP의 4.2%

"신중한 계획, 효율적 관리, 적절한 지출 통제를 통해 빠르게 균형재정을 달성할 수 있을 것이며, 반드시 그렇게 할 것입니다."

지미 카터 대통령, 대통령 연두교서(1978년 1월 29일)

취임 첫해 재정적자(1977년) : GDP의 2.7%
재임 마지막 해 재정적자(1980년) : GDP의 2.7%

"(이 예산안은) 지속적으로 적자를 줄여 1980년대 말까지 균형예산 목표를 달성하도록 해줄 것임을 확신합니다."

로널드 레이건 대통령, 대통령 연두교서(1983년 1월 25일)

취임 첫해 재정적자(1981년) : GDP의 2.6%
재임 마지막 해 재정적자(1988년) : GDP의 3.1%

"(이 예산안은) 적자를 더욱 줄여서 1993년까지 균형예산을 달성하도록 할 것입니다."

조지 H.W. 부시 대통령, 대통령 연두교서(1990년 1월 31일)

취임 첫해 재정적자(1989년) : GDP의 2.8%
재임 마지막 해 재정적자(1992년) : GDP의 4.7%

"(이 예산안은) 미국 역사상 최대의 재정적자 감소안이 될 것입니다."

윌리엄 클린턴 대통령, 대통령 연두교서(1993년 2월 17일)

취임 첫해 재정적자(1993년) : GDP의 3.9%
재임 마지막 해 재정적자(2000년) : GDP의 −2.4%(재정흑자)

"절제되지 않은 정부 지출은 적자로 가는 위험한 길입니다. 우리는 다른 길을 선택해야만 합니다."

조지 W. 부시 대통령, 대통령 연두교서(2001년 2월 27일)

취임 첫해 재정적자(2001년) : GDP의 −1.3%(재정흑자)
재임 마지막 해 재정적자(2008년) : GDP의 3.2%

"이번 예산안은 다음과 같은 개혁을 달성할 것입니다… 우리가 미래의 재정적자를 줄이기 바란다면 반드시 거쳐야 하는 길입니다."

버락 오바마 대통령, 미 의회 합동회의 연설(2009년 2월 24일)

취임 첫해 재정적자(2009년) : GDP의 9.8%
재임 마지막 해 재정적자(2016년) : GDP의 3.2%

"우리가 쓰고 있는 돈으로 더 많은 일을 할 수 있습니다. 20조 달러의 빚을 가진 정부는 허리띠를 더 졸라매는 법을 배워야 하고, 전국의 모든 가정들도 그래야 합니다."

도널드 트럼프 대통령, 전미 주지사 모임(2017년 2월 27일)

취임 첫해 재정적자(2017년) : GDP의 3.5%
재임 마지막 해 재정적자(2020년) : GDP의 14.9%

"당신은 적자를 감당하지 못할 것입니다."

조셉 R. 바이든 대통령, 플로리다주 탬파시의 원탁회의(2020년 2월 15일)

취임 첫해 재정적자(2021년) : GDP의 13.4%

린든 존슨 대통령을 필두로 미국의 역대 대통령들은 균형예산 달성, 또는 최소한 재정적자를 줄여보겠다고 맹세한 바 있다. 하지만 이 가운데 2명만 제외하고는 대부분 목표달성에 처참할 정도로 실패했다. 6명의 대통령 집권기 동안에는 적자가 늘었고, 2명의 대통령 집권기에는 흑자가 적자로 반전되었으며, 오직 클린턴과 오바마 대통령 집권기 동안에만 적자가 실제로 줄어들었다. (클린턴 대통령 집권기에는 적자에서 흑자로 반전되기도 하였다.)

정부재정의 균형을 달성하는 것은 왜 이리 어려운 것인가? 보수주의자들은 재정적자는 정부가 돈을 너무 많이 써서 그런 것이라고 비난하는 반면, 자유주의자들은 조세제도의 누진성이 충분히 강하지 않아 중요한 정책에 써야 하는 충분한 재원이 마련되지 않는다고 비판한다. 일반적인 재정적자의 지속은 세금 인상을 반대하는 보수주의자와 정부 지출 감소를 반대하는 자유주의자의 충돌 때문일 수도 있다. 또는 그보다 더 심오한 미국 예산 과정의 특성에 기인하는 구조적 문제일 수도 있다.

국가의 재정적자 문제를 다루는 것은 대부분의 미국 가정에서 수입과 지출의 흐름을 어떻게 맞출 것인지 주기적으로 고민하는 것과 유사하다. 가정의 의사결정 가운데 지출과 관련된 고민이 가장 중요시되는 것처럼, 국가예산에 대한 고민 역시 정책결정자들이 직면하는 많은 문제들 가운데 우선시된다. 그렇기 때문에 정부가 어떻게 예산을 작성하는지, 그리고 예산상의 불균형이 경제에 주는 함의가 무엇인지를 반드시 이해해야 하는 것이다.

현실적으로 정부의 예산 작성은 가계의 그것보다 훨씬 더 복잡하다. 가계는 상대적으로 적은 수의 소득원천과 적은 수의 지출항목에만 돈을 쓰지만, 연방정부는 수백 종류의 수입원천을 통해 수천 가지 사업에 돈을 쓰고 있기 때문이다.

시간 변화에 따른 동태적 특성까지 고려하는 경우 연방정부 수준에서의 예산 과정은 훨씬 더 복잡해진다. 연방정부의 사업들이란 대개 1년에 끝나는 것이 아닌, 수년에 걸쳐 지속되는 사업들이다. 이보다 더욱 복잡하고 어려운 것은, 정책담당자나 예산분석가들은 예산이 투입되는 정책의 결과를 함께 고려해야 한다는 점이다. 문제는 오랜 기간이 소요되는 정책의 경우에는 정책 결과의 평가 자체 역시 매우 어렵다는 데 있다.

이 장에서는 정부가 수입과 지출정책을 고민하는 가운데 일어

"저런! 데이브, 가정예산의 균형을 달성하겠다는 제안(proposal)은 내가 기대했던 청혼(propose)이 아니네요."

나는 예산 관련 이슈들의 복잡한 문제에 대해 탐구해보도록 한다. 이를 위해 연방예산 과정과 재정적자를 제한하려는 노력에 대해 먼저 살펴보고, 예산규모 및 재정적자의 측정과 관련된 주제들에 대해 논의해보도록 할 것이다. 또한 정부 개입의 장기예산 결과를 어떻게 모형화할 것인지에 대해 살펴보고, 우리가 왜 재정적자 감축에 관심을 가져야 하는지에 대해 논의할 것이다.

4.1 정부예산

부채 정부가 채권자들에게 빚지고 있는 금액

재정적자 특정 연도에 정부의 지출이 수입을 초과하는 금액

이 절에서는 정부 부채와 재정적자의 측정과 관련된 이슈들에 대해 논의해보도록 한다. 제1장에서도 살펴본 바와 같이 정부 **부채**(debt)란 정부가 다른 누군가에게 돈을 빌려 빚지고 있는 상태를 의미한다. 정부 부채는 저량(stock)의 개념으로서 특정 시점에 빚지고 있는 양을 뜻한다. 반면 **재정적자**(deficit)는 특정 연도에 지출이 수입을 초과하는 양을 말한다. 재정적자는 유량(flow)으로서 매년 지출이 수입을 초과하는 양이다. 매년 재정적자 유량이 전년도의 정부 부채 저량에 더해지면 그다음 해의 부채 저량이 된다.

최근의 재정적자

그림 4-1은 1965년 이후 현재까지의 미국 연방정부의 수입, 지출, 그리고 흑자/적자의 수준을 나타내고 있다. 제1장의 그림 1-4에서와 같이 제2차 세계대전 이후 미국의 균형재정 시대는 1970년대 중반에 마감되었다. 1960년대 후반부터 1992년 사이에는 가장 큰 규모의 사회보험을 도입하고 확대적용하는 등 재정지출이 본격적으로 확대되었다. 조세수입은 정부 지출의 증가속도를 감당하지 못했다. 비슷한 시기에 시행되었던 일련의 감세조치와 1980년대 초반의 대규모

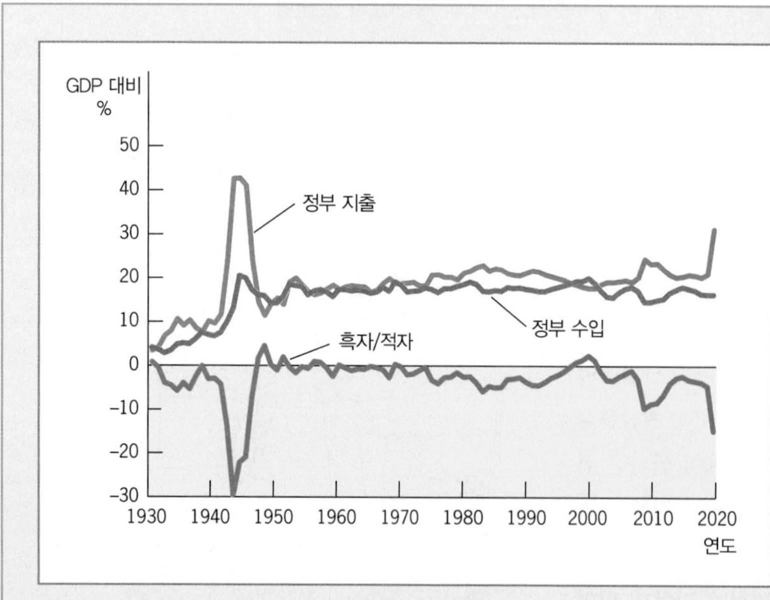

그림 4-1 미국 연방정부의 조세수입, 재정지출, 재정적자 추이 정부 지출은 1965년부터 80년대 중반까지 꾸준히 증가했지만 세수입은 이에 미치지 못했기 때문에 대규모 재정적자가 발생하였다. 재정적자는 이후 감소하는 추세를 나타내다가 1990년대에는 흑자로 반전되었으나 2002년 즈음에는 다시 적자로 돌아섰다. 2008년 금융위기로 인해 적자가 매우 큰 폭으로 증가하였으나 이후 다시 1980년대 수준까지 하락하였다가, 최근 코로나19 전염병 사태로 인해 사상 최고 수준에 이르고 있다.

출처 : Office of Management and Budget(2021), Table 1.2.

조세감축이 이루어졌기 때문이다. 정부 지출은 1965년 GDP의 16.6%에서 1982년에는 22.5%까지 증가했지만 세금은 대략 GDP의 18% 수준을 유지하였다. 그 결과는 1980년대 초의 대규모 적자로 나타났으며, 이는 1980년대 내내 지속되었다.

1990년대들어 재정상황은 극적으로 반전된다. 1990년대 말까지 정부 지출이 GDP의 20% 이하로 감소했기 때문이다. 이는 국방비 지출의 감소와 국가 공적의료보험의 증가율이 완화됨에 기인한다. 의료보험 지출은 과거 재정지출 팽창의 주된 원인으로 손꼽힌다. 조세수입은 의미 있는 수준으로 증가하는데, 이는 1993년 도입된 최고소득 계층에 대한 과세 강화와 자본소득세 수입이 늘어났기 때문이다. 당시는 GDP 대비 자산가치가 급격하게 증가하였는데, 이에 따라 자산에 대한 세금수입이 덩달아 늘어난 것이다.

그러나 재정적자는 21세기 초반 다시 본색을 드러내기 시작했다. 경기침체, 의료비 지출의 증가, 국방비 증가 등으로 인해 정부 지출은 2008년 GDP의 20.2%까지 다시 증가하였다. 동시에 자산가치의 하락, 감세정책 등으로 인해 세수입은 다시 GDP의 18% 이하로 떨어졌다. 2000년대 중반까지 재정적자는 증가하기 시작하여 2004년에는 3.4%까지 증가하였다. 2007년까지 소폭 감소하던 재정적자는 2008년에는 GDP의 3.1%(당시 4,590억 달러)를 기록하였다가, 글로벌 금융위기로 인한 대규모 경기침체로 인해 2009년에는 무려 GDP의 9.8%(1조 4,000억 달러)까지 폭증하였다. 이후 재정적자는 2014년까지 조금씩 감소하여 과거 40년 동안의 보편적 수준까지 하락하였지만, 그 후부터는 계속 증가하는 모습을 나타내고 있다. 코로나19 사태가 갑작스럽게 세계를 강타한 2020년에 이르러 미국의 재정적자는 14.9%까지 급증했는데, 이는 제2차 세계대전 이후 가장 높은 수준으로 기록되었다.

예산 과정

미국 연방정부의 예산 과정은 2월 첫 번째 월요일 또는 그 이전에 대통령이 의회에 예산안을 제출함으로써 개시된다. 연방정부 내 다양한 부처의 요구를 통합하여 만들어지는 정부예산은 행정부의 정책, 재원투입의 우선순위, 그리고 미래 경제전망에 대한 자세한 설명이 담겨 있다. 상원과 하원은 이듬해와 적어도 향후 5년간 미래에 일어날 예산 활동의 청사진인 의회예산결의안에 대해 심의한다. 결의안은 4월 15일까지 준비되어야 하며, 대통령의 서명이 필요하지는 않지만 예산의 입법 과정이 시작되기 전에 상원과 하원의 동의를 얻어야만 한다.

예산 과정은 크게 연방정부의 두 종류 지출, 즉 의무지출과 재량지출로 구분된다. **의무지출**(entitlement spending)은 재정지출이 다른 상황과는 무관하게 법률에 의해 결정된 지출을 의미하며 대부분의 복지 관련 지출이 이에 해당된다. 대표적인 정부 의무지출 사업은 노령자 소득보전을 위한 사회보장제도와 노령자 건강보험인 메디케어 사업이다. 의무지출 프로그램의 수혜자격을 갖춘 개인은 의회가 자격기준을 바꾸기 전에는 지속적으로 혜택을 받을 수 있다(적어도 10년 이상 일한 적이 있는 65세 이상의 미국 시민과 영주권자들은 메디케어 프로그램의 병원비 지원 혜택을 받을 자격이 있다). 요컨대 의무지출이란 정부의 재정지출액 가운데 법과 제도에 의해 반드시 지출해야만 하는 부분을 의미한다. 반면 **재량지출**(discretionary spending)이란 (고속도로

의무지출 법률에 의거, 자격이 있는 수혜자 수에 따라 지출 수준이 자동적으로 결정되는 강제적 재정지출. 의회의 심의를 거치지 않음

재량지출 의회의 승인을 거쳐 매년 지출 수준이 정해지는 선택적 재정지출

나 국방에 대한 지출과 같이) 의회에 의해 결정된 **세출예산 수준**에 의해 결정되는 지출이다. 의무지출에 대한 재정투입이 강제적인 데 반해 재량지출은 선택적이다. 의회의 예산결의안은 재량지출의 수준, 적자에 대한 전망, 그리고 의무적 성격의 사업과 조세정책 변경과 관련된 훈령 등을 포함하고 있다.

예산결의안에 따라 하원과 상원의 세출위원회는 지출 가능액을 산하 12개의 위원회에 재배분한다. 각 산하위원회는 담당 부처의 예산결정, 대통령 예산안의 처리, 지난해 지출안에 대한 심사, 그리고 새로운 지출우선순위 파악 등이 주된 업무이다. 12개의 세출예산안은 궁극적으로 전원 세출위원회의 승인을 받아야 한다. 상원 버전과 하원 버전 예산안이 서로 상이한 경우에는 전체회의를 통해 조정하도록 되어 있으며, 12개의 세출예산안은 하원에 의해 6월 30일 이전에 승인되어야 한다. 의회에서 결정한 예산안이 대통령에게 보내지면 대통령은 동의 서명하거나 반대하거나, 또는 서명 없이 없이 발효(10일 이후에)되는 것을 허락하게 된다.

예산 과정은 재량지출을 결정할 뿐 의무지출은 결정하지 못한다. 만일 의회가 의무지출 관련 사업을 변경하고 싶은 경우에는 예산결의안에 '예산조정방안'을 포함시켜야 한다. 예산조정방안은 이에 대한 법적 권한을 가지고 있는 해당 위원회에서 의무지출 관련 예산지출과 재원조달을 위한 조세정책의 내용을 담고 있어야 한다. 예산조정방안은 세출예산 과정과 비슷한 과정을 거쳐 상원과 하원 자체 또는 통합회의를 거쳐 작성되어야 하며, 6월 15일까지 대통령에게 제출된다. 이후 대통령은 세출예산안 과정에서 설명한 바와 같은 선택을 할 수 있다.

kmsdesen/Shutterstock

응용사례
재정적자 완화를 위한 노력들

지난 35년간 미국 의회는 1980년대 초반부터 발생한 급격한 재정적자를 억제하기 위해, 행정부의 재정지출 확대 억제를 위한 몇 가지 노력을 시행한 바 있다. 1985년 말, 정부의 연방재정적자가 계속 확대되자 정치적 압력을 의식한 의회는 균형예산 및 긴급적자통제법(Gramm-Rudman-Hollings의 적자감축법, 또는 GRH라 불리기도 함)을 통과시켜 레이건 대통령에게 전달하였다. 레이건 대통령은 1985년 12월 12일 이 법에 서명하였다. GRH의 내용은 1986년 1,800억 달러인 연방정부 적자를 매년 360억 달러씩 감축하여 1991년에는 균형예산이 되도록 하는 것이었다.

GRH에는 미리 정해놓은 적자목표를 벗어나면 스스로 지출을 감축하도록 하는 자동안정화 장치가 구축되어 있었다. 그러나 GRH의 자동안정화 장치는 정작 법률안을 만드는 의원들의 다양한 꼼수에는 무력했기 때문에, 적자를 줄이는 데에는 별다른 효과가 없었다. 예를 들어 1988년, 적자 조정목표가 달성되기 어렵다는 것이 명백해지자 균형예산의 달성연도를 당초의 1991년 대신 1993년으로 수정하였다. 그럼에도 불구하고 예측된 적자와 실제 적자 사이의 간격은 점점 더 증가해갔으며 나중에는 예측 자체의 신뢰성마저 점차 상실하였다.

GRH를 도입했음에도 불구하고 재정적자 감축목표를 좀처럼 달성하지 못하게 되자, 미 의회는 1990년 다시 예산집행법(Budget Enforcement Act, BEA)을 제정하였다. BEA의 목표는 적자 수준에 대한 설정이 아니라 단순히 정부 성장을 제한하는 것이었다. BEA는 향후 수년간 지속되는 재량적 지출에 충분히 낮은 수준의 상한을 설정함으로써 궁극적으로 실질적인 재량지출이 점점 감소하도록 하는 것이었다. BEA는 재정수입과 의무지출 사이에 현금지불 방식(pay-as-you-go process, PAYGO)을 설정하여, 추정된 향후 6년간(현재 재정연도와 CBO가 예측하는 다음 5년간의 재정연도)의 예상 적자 규모를 증가시키는 어떠한 정책 변화도 금지하도록 하였다. 만일 적자가 증가하는 경우, 대통령은 적자 증가를 상쇄하도록 직접지출을 정해진 비율만큼 줄이는 감축조치를 반드시 취하도록 하였다.

BEA는 1990년대 정부 성장을 성공적으로 억제하게끔 하여 미국 재정의 흑자반전에 기여한 것으로 보인다. 1990년에서 1998년까지 재량적 정부지출은 실질지표상으로 10%나 감소하였으며 비용 증가를 동반하는 의무지출의 증가정책도 없었다(비록 1997년 감세를 상쇄하기 위한 비용절약적 변화는 있었지만). 그러나 1998년 균형예산 시대가 도래하자, BEA법에 의한 강력한 제재를 지속하고자 하는 의회의 의지는 사라지게 되었다.

재량지출은 1998년에서 2005년(재량지출이 9,690억 달러에 도달한)까지 실질개념으로 연간 8%나 증가했으며, 이는 그 기간의 상한선을 훨씬 초과하는 액수이다.[1] '긴급지출' 등에 대해서는 상한선 설정을 면제해주도록 한 법의 허점을 이용해 BEA 지출 상한규정을 대부분 피해나가게 되었다. 이러한 지출 가운데 몇몇은 매우 합법적인 지출(아프가니스탄과 이라크 전쟁, 허리케인 카트리나와 같은 자연재해)이었지만, 대부분은 그렇지 않았다. 2006년의 한 긴급지출안은 표면적으로는 전쟁지출과 허리케인 재해복구비용이라 하였지만, 이 가운데에는 40억 달러에 달하는 농장 프로그램 관련 지출까지 포함하는 것이었다. 또한 7억 달러는 미시시피 지역철도의 철로를 이설하는 데, 또 다른 11억 달러는 어업 관련 사업에 배정되었는데, 어업 관련 사업에는 '해산물 소비촉진전략' 사업에 소요되는 1,500만 달러도 포함된 것이다.[2] 1990년대 전반에 걸쳐 의회와 행정부의 긴급지출 규모는 대개 연평균 220억 달러에 불과하였지만, 2000년대 중반에 이르러서는 1,000억 달러까지 증가하였다.

재정적자에 대응하기 위한 새로운 수단은 부채한도 설정 방안이다. 전통적으로, 연방정부가 빌릴 수 있는 부채의 한도는 상당히 모호한 제도하에서 운영되어 왔다. 필요하다면 살짝 분위기를 조성한 후 부채한도를 증가시킬 수도 있었다. 이에 대한 논쟁은 2011년 연방예산 논쟁 당시 하원의 주도권을 쥐고 있었던 공화당이 부채한도를 높이려면 대규모 재정감축을 수반해야 한다고 주장하면서 촉발되었다. 그 결과로 제정된 2011년의 부채감축법(Budget Control Act, 2011)에 따르면 2012년부터 2021년까지 예산당국이 지켜야 할 부채 수준을 고정시키기 위해 최초년도에는 220억 달러의 부채를 감축시키면서 10년간 총 9,170억 달러의 부채감축을 규정하고 있

---

1 Office of Management and Budget(2008), Table 8.1.

2 Stolberg and Andrews(2006).

다.[3] 추가적으로 부채감축법에서는 재량지출에 대해서 특별한 한도를 적용하여, 향후 10년간 재량지출 부문에서 총 1조 2,000억 달러 감축을 규정하고 있다. 예컨대 2012~2013 회계연도에 설정된 재량지출의 상한은 1조 500억 달러로 설정되어 있었다. 만약 어떤 시점에서 지출이 상한을 넘어서는 경우에는 자동 예산 삭감 또는 예산 축소 등이 발동되도록 하였다.[4] 이에 대해 공화당에서는 아직 예산 삭감 규모가 충분치 않다고 주장하는 반면, 민주당에서는 아직 금융위기로 인한 경기침체를 벗어나지 못하는 상황을 고려할 때 부채감축법이 경기를 더욱 위축시킬 것이라고 주장하였다.

재정적자 감축을 위한 노력은 2012년에도 지속되었다. 공화당과 민주당은 부채감축에 대해서는 이견이 크지 않았지만, 어떻게 감축할 것인지에 대해서는 매우 큰 의견차이를 보였다. 오바마 대통령은 향후 10년간 증세를 통해 1조 달러 정도를 더 거두어 부채를 감축하자고 주장한 반면, 공화당에서는 향후 10년간 4조 2,000억 달러의 감세를 포함하여 총 5조 8,000억 달러 규모의 지출 삭감을 주장하였다. 결국 양자 간의 의견은 조정되지 않았고, 이전의 예산계획이 지속되었다. 결국 재량지출은 이듬해에도 삭감되어, 미국 근대 역사에서는 최초로 2년 연속 삭감되는 기록을 세우게 되었다.[5]

2013년 들어 상황은 더욱 악화되었다. 공화당은 오바마 대통령이 제안한 의료보험 지출예산을 감축하지 않는 한 어떠한 지출안에도 서명할 수 없다고 나선 것이다. 국회의 동의가 없는 경우, 16일 동안의 정부 기능 정지는 불가피했다. 그 기간 동안 연방정부의 공무원들은 총 660만 일 동안의 강제휴가를 사용해야 했으며 국가적으로 약 20억 달러가량의 생산성 상실이 발생하였다. 정부는 연체이자를 추가적으로 지불해야 했고 소비와 기업활력은 침체되었다.[6] 정부 기능 정지가 끝난 후, 상원은 2011년 제정한 자동 예산 삭감 방안에 따른 대규모 지출 삭감 안건에 직면하게 되었다. 결국 상원은 2013년 양당예산법(Bipartisan Budget Act, 2013)을 제정하여 자동 예산 삭감을 대신할 지출 삭감 방안을 대체하기에 이르렀다.

2014년과 2015년의 예산논쟁은 그동안의 논란이 지속되는 방식으로 진행되었다. 최근의 논쟁 결과를 요약해보면, 비국방부문 재량지출의 대규모 감축에 합의했는데, 2010~2014년 사이의 재량지출 감소는 15%에 이르며, 이는 최저치를 갱신한 것이다. 향후에도 이러한 예산 삭감 기조는 지속될 것으로 예상된다. 이러한 지출 감소는 정부 서비스의 공급 축소 형태로 귀결되었다. 2013년에는 예산 삭감에 따라 저소득계층에 대한 유아보육 서비스 감축이 일어나면서 57,000명분의 교육 서비스, 18,000명분의 고용 감축 및 임금 하락 사태가 벌어졌다.[7] 2010~2012년 사이에 일어난 환경 분야 예산의 18% 감축 결과는 수자원부문의 오염 감축량이 절반가량으로 줄어드는 결과를 가져왔으며, 74억 파운드에 달하는 위험물 제거량도 감소하였

3 U.S. House of Representatives Committee on the Budget(2011).
4 Riggell(2011).
5 U.S. House of Representatives Committee on Appropriations(2011).
6 Burwell(2013).
7 Lu(2013).

다.[8] 질병통제 및 예방센터 예산은 2013년에 비해 2억 8,500만 달러가 감축되었는데, 이로 인해 4,000만 명분의 소아마비 백신과 175,000명분의 후천성 면역결핍증 검사의 공급이 감소하였다.[9]

2010년 이후의 채무감소 논의는 최근 들어 많이 약화되었다. 그러나 2016년에는 모든 분야의 예산이 증가하게 되었고, GDP 대비 연방정부 적자도 2009년 이후 최초로 증가하는 상황에 이르렀다. 2017년 중반 의회는 연간 재정적자가 GDP의 3.5% 수준으로 증가하면서 국방과 비국방부문의 재량지출 증가를 용인하였다. 그리고 2018년에는 재정지출 증가는 지속하면서도, 개인소득세와 법인세 제도를 전면적으로 수정하는 큰 폭의 감세정책을 단행하였다. 코로나19 대유행이 시작되기도 전인 2019년 말의 재정적자는 GDP의 4.6% 수준까지 증가하였는데, 이는 2015년의 2배 수준이다.

과거 10여 년 동안 완만하게 증가하던 재정적자는 2020년 코로나19 대유행이 시작되자 아주 급격하게 증가하기 시작하였다. 2월 말 즈음 트럼프 행정부는 25억 달러의 전염병 대응지출 계획을 수립하였다가, 다시 한 달 후에는 2조 2,000억 달러 규모의 CARES 법을 입법하였다. 또 한 달이 지난 4월에는 또 3,490억 달러의 급여보호 프로그램을 발표하였다.[10] 그해 11월 30일까지 2조 7,000억이 연방정부의 전염병 재난에 할당되었는데, 이로 인해 정부의 재정적자는 GDP의 14.9% 수준까지 폭발적으로 증가하였다. 이는 1945년 이후 가장 큰 수치이다.[11] 2020년 12월, 추가적인 9,000억 달러의 촉진자금이 의회를 통과하였다. 2021년 1월 바이든 대통령은 새로운 1조 9,000억 달러의 코로나 대응재정을 편성하였다.[12] 2019년 GDP의 3.7% 수준까지 축소할 것으로 계획되었던 재정적자는 2021년 현재 GDP의 13.4% 수준이다. 이는 전년도 예상치의 3배가 넘는 것이다.[13] ■

주정부와 각국 정부의 적자준칙

적자를 통제하는 데 있어서 무능력했던 연방정부와는 달리 주정부는 극명한 대조를 나타낸다. 제1장에서 살펴본 바와 같이 주정부의 예산은 매년 균형을 이루고 있으며 이에 따라 순적자 역시 거의 없다. 그 이유는 무엇일까?

버몬트주를 제외하면 연방 내의 대부분의 주는 **균형예산법**(balanced budget requirement, BBR)을 가지고 있다. 주정부들이 예산균형을 달성하는 것은 바로 이 법 때문인 것으로 보인다. 1840년대에 은행위기를 촉발한 재정적자를 경험한 후, 많은 주들은 균형예산법이라는 요구 기준을 채택하였다. 연방에 신규편입된 주들 역시 BBR을 보편적으로 받아들였다. 그 결과 현존하는 모든 BBR의 경우 늦어도 1970년 이후 즈음에는 도입되게 되었다.

균형예산법 정부예산이 매년 균형(수입 = 지출)을 맞추도록 강제하는 법

8 Greenhaw(2013).
9 Centers for Disease Control and Prevention(2013).
10 Van Dam(2020).
11 USAspending.gov(2021).
12 Luhby and Lobosco(2021).
13 Congressional Budget Office(2020c), Office of Management and Budget(2021).

사후적 균형예산법 정부가 회계연도 말에 예산균형을 강제적으로 맞추도록 하는 법

사전적 균형예산법 매 회계연도가 시작될 무렵 주지사가 균형예산을 제출하거나 의회가 균형예산을 통과시킬 것을 강제하는 법

하지만 모든 주의 BBR이 동일하지는 않다. 대략 2/3의 주는 **사후적 균형예산법**(ex post BBR)을 가지고 있는데, 사후적 균형예산법이란 당해연도 말에 예산균형이 달성되도록 강제하는 것이다. 1/3의 주들은 **사전적 균형예산법**(ex ante BBR)을 운영하고 있는데, 사전적 균형예산법이란 당해연도 초에 주지사가 균형예산(사실은 원래 그렇게 하도록 되어 있는)을 제출하거나, 또는 주의회가 예산안을 균형으로 맞추어 통과시키거나, 아니면 둘 다 하도록 하는 것이다. 주정부의 적자 증가를 억제하는 데 사후적 균형예산법이 매우 효과적임은 많은 연구들을 통해 이미 밝혀진 바 있다. 사전적 균형예산법의 경우에는 적자 억제를 위한 규제들을 회피하기 쉽도록 되어 있다. 왜냐하면 재정연도가 시작할 때에는 미래에 대한 장밋빛 전망을 통해 예산안을 균형예산인 것처럼 꾸미기 쉽기 때문이다. 이에 대한 연구들은 주정부들이 예산에 대해 부정적 충격(예 : 주정부의 조세수입을 감소시킬 수 있는 경기침체 등)이 발생할 때 사후적 균형예산법을 운영하는 주들이 사전적 균형예산법을 운영하는 주들보다 더욱 강력한 지출 삭감을 시행하도록 함으로써 이러한 충격에 보다 효과적으로 대응한다는 사실을 밝혀낸 바 있다.

다른 나라들 역시 재정준칙을 중시하고 있다. Grembi 외(2016)의 연구에서는 1999년 이탈리아의 도시(시나 군)의 재정적자가 매년 0%에서 3% 이내로만 증가할수 있도록 한 재정준칙의 영향에 대해 살펴본 바 있다. 2001년 이탈리아 정부는 인구가 5,000명 이하인 소규모 도시에서는 이와 같은 재정준칙을 완화적용할 수 있도록 하였는데, 연구 결과에 따르면 재정준칙의 영향을 받지 않은 도시들의 경우 세금이 감소하거나 적자가 증가하는 경향을 보인 것으로 나타났다.

4.2 정부 재정상태의 측정 : 대안적 접근 방법

앞서 살펴본 재정적자 규모 변화에 대한 여러 설명들은 정부의 재정상태를 측정하는 가장 흔한 방법이다. 하지만 재정상태에 대해서는 다양한 형태로 표현할 수 있으며, 실제로 연방정부의 예산담당자들은 정책 책임자에게 중요한 상황을 알리기 위해 대안적 방식으로 보고하고는 한다.

실질 대 명목

실질가격 특정 연도를 기준으로 가격을 고정시킨 불변가격

명목가격 오늘을 기준으로 표시된 가격

소비자물가지수(CPI) 대표 상품묶음에 대한 구매비용의 시계열적 변화를 측정하는 지수

재정적자를 표현하기 위한 첫 번째 대안은 채무자로서 정부가 갖는 인플레이션의 편익효과를 고려해보는 것이다. 우리가 이 부분에서 중요하게 파악해야 하는 점은 **실질가격**(real price)과 **명목가격**(nominal price)의 차이이다. 명목가격은 '오늘은 커피 한 잔의 가격이 3달러'라는 것과 같이, 달러로 표시한 어떤 물건의 오늘 가격이다. 이는 오늘 커피 한 잔을 소비함으로 인해 다른 상품의 소비를 3달러만큼 못 했음을 의미한다. 반면 실질가격은 '1982년 커피 한 잔의 가격은 아마 0.97달러였을 것이다'는 표현처럼 어떤 물건의 특정 연도의 가격을 의미한다. 따라서 1982년에 커피 한 잔을 산 것은 1982년에 다른 재화 0.97달러만큼을 사지 못한 것이다. 실질가격은 시간이 지남에 따라 어떤 물건의 가치가 전반적 가격 수준에 비해 어떻게 변했는지, 그 상품의 소비로 인해 다른 상품을 얼마나 포기해야 하는지를 짐작하도록 해준다. 이때 전반적 가격 수준이란 시간 변화에 따른 '전형적인' 상품묶음의 구매비용을 나타내는 지표로서, **소비자물가지수**

(Consumer Price Index, CPI)로 측정된다.

1982년부터 2020년까지 CPI는 159% 올랐다. 즉 대표적 상품묶음의 가격이 159% 인상된 것이다. 따라서 특정 물품의 가격이 159%보다 적게 오른 경우에는 **실질가격이 하락했다고** 할 수 있으며, 경제 내 다른 제품의 구매비용에 비해 그 상품의 구매비용이 하락한 것이다. 이는 당신이 그 상품을 위해 포기해야 하는 다른 상품의 소비량이 1982년보다 오늘 더 작아졌음을 의미한다. 이와 유사하게, 가격이 159%보다 더 오른 제품은 **실질가격이 상승한** 것이다. 예컨대 미국에서의 보편적 의료서비스의 가격은 1982년부터 2018년 사이 419% 인상되었다. 따라서 실질개념으로 의료서비스의 비용은 260%(= 419 − 159) 증가한 것이다. 이는 2020년 의료서비스를 구매하기 위해서 포기해야 하는 다른 소비가 1982년보다 260% 증가했음을 의미한다.[14]

정부 부채와 재정적자 모두 일반적으로 명목가치(즉 오늘의 달러가격으로)로 표현된다. 의미가 자칫 잘못 전달될 수도 있겠지만, 명목가치로 표시되는 부채의 특성상 인플레이션이 발생하면 국가부채 부담을 감소시키는 작용을 한다.

아주 쉬운 예를 들어 설명해보자. 당신은 은행으로부터 학자금 융자를 받았는데 이로 인해 100달러의 이자를 지불해야 한다고 가정하자. 추가적으로, 당신은 소득이 허락하는 한 1봉지에 1달러인 사탕을 사고 싶어 한다고 가정하자. 따라서 당신이 1년에 100달러의 이자를 학자금 융자로 갚는 것은 100봉지의 사탕을 매년 포기해야 하는 것과 같다.

이제 모든 재화의 가격이 2배로 올라서 사탕 1봉지의 가격이 2달러가 되었다고 가정하자. 이제 은행에 100달러를 갚게 되면 당신은 사탕 50봉지만을 포기하면 된다. 이는 이자 지불을 위해 당신이 포기해야 하는 실질개념의 비용이 절반으로 줄어들었음을 의미한다. 물론 은행의 입장에서는 가격 상승은 달가운 일이 아닐 것이다. 그들은 원래 당신이 내는 이자로 사탕 100봉지를 살 수 있었지만, 물가 상승 이후에는 50봉지밖에 살 수 없게 되었기 때문이다. 물가 상승으로 인해 당신은 좋아졌지만 은행은 전보다 못해진 것이다.

국가채무에도 비슷한 논리가 적용될 수 있다. 가격이 오를 때에는 국가채무를 지불하기 위해 정부가 포기해야 하는 소비는 줄어든다. 정부가 지불하는 이자는 명목개념이기 때문에 물가가 상승하면 지불해야 하는 이자의 가치는 줄어들게 되며, 따라서 물가가 오르면 실질개념의 재정적자는 감소하는 것이다. 반면 정부 부채에 대한 채권자의 입장에서는 이자로 받아야 할 돈이 감소하는 결과가 된다. 이러한 결과를 (채권자들의) **인플레이션 세금**이라고 부른다. 물론 직접적으로 세금을 내지는 않지만 연방정부 부채에 대한 채권자들은 인플레이션으로 인해 실질적으로 세금을 내는 것과 유사한 효과가 발생하기 때문이다(앞서 살펴본 사례에서의 은행과 같이).

물가 상승률이 낮았던 21세기 초반에도 이와 같은 인플레이션 세금은 상당히 큰 규모일 것이라 추정된다. 2020년 미국의 국가부채는 26조 9,000억 달러이고 물가 상승률은 1.2%이다. 따라서 해당 연도의 '인플레이션 세금'은 3,230억 달러(= 0.012 × 26.9조 달러)로 추정된다. 통상적으로 추정된 2020년도의 재정적자(정부 지출 − 정부 수입)는 3조 1,300억 달러이지만, 만약 여

14 US Bureau of Labor Statistics(2021a, 2021b).

기에 인플레이션 세금을 적용하는 경우 적자 규모는 2조 8,100억 달러로 줄어들게 된다.[15] 결국 국가부채의 가치를 축소시키는 인플레이션 효과를 고려하면, 재정적자는 알려진 수준보다 더 작아지게 되는 것이다.

경제 여건

재정적자를 표현하는 두 번째 대안은 정부의 수입과 지출에 영향을 미치는 단기적 요인들과 재정상태를 결정짓는 장기적 추세 차이를 인식하는 것이다. 정부는 실제 GDP가 잠재 성장 수준 이하에 머무르는 경기침체 시기에는, 세금은 덜 걷으면서 재정지출을 늘리는 **자동안정화 장치**(automatic stabilizer)를 통해 재정을 운용할 수 있다. 세금을 덜 걷으면서 재정지출을 늘리면, 단기적으로는 재정적자가 심화되지만, 경기호황기에는 세금수입은 증가하고 재정지출은 감소하는 방식으로 운영되기 때문에 결국 호황기와 불황기를 거치면서 재정은 균형을 이루게 된다.

자동안정화 장치 경기침체기에는 자동적으로 세금을 덜 걷으면서 재정지출은 늘리고, 경기호황기에는 자동적으로 세금을 더 걷고 재정지출을 줄여 경기진폭의 과도한 변동을 억제하는 재정운용 방법

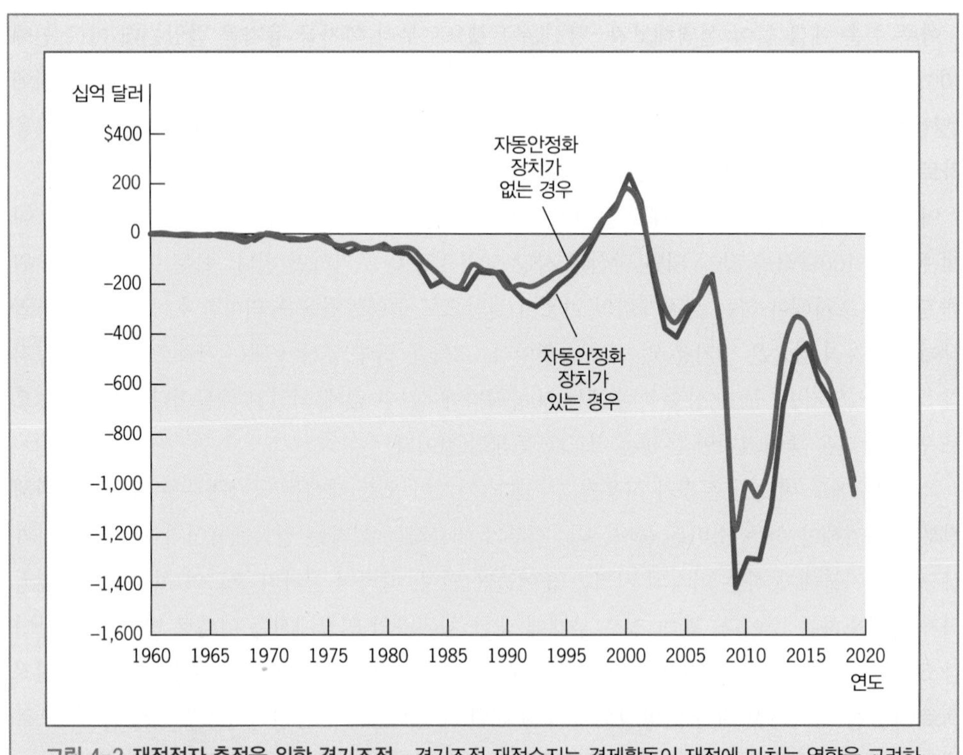

그림 4-2 재정적자 측정을 위한 경기조정 경기조정 재정수지는 경제활동이 재정에 미치는 영향을 고려하여 추정된다. 경제호황기(즉 1990년대 후반)에는 경기조정 재정수지는 실제의 재정수지보다 더욱 높은 것으로 나타난다. 반면 경기침체기(예컨대 1990년대 초반이나 2000년대 초반, 그리고 2010년 초중반까지)에는 경기조정 재정수지는 실제의 재정수지보다 훨씬 더 작은 것으로 나타난다.

출처 : Congressional Budget Office(2021a).

15 U.S. Department of the Treasury's Bureau of the Fiscal Service(2020), U.S. Bureau of Labor Statistics(2021), Congressional Budget Office(2020).

이와 같은 요인들을 적절히 고려하기 위해 의회예산처는 **경기조정 재정수지**(cyclically adjusted budget deficit)를 계산하고 있다. 먼저 경기변동효과와 다른 요인들을 감안하여 수입과 지출에 대한 기초 예측을 한 다음, 만약 경제적 자원들이 충분히 투입되었다고 전제하였을 때의 잠재적 GDP로부터 실제의 GDP가 얼마나 이격되었는지, 즉 수입은 얼마나 감소하고 지출은 얼마나 늘었는지 등을 추정한다. 이와 같은 자동안정화 장치의 조정 결과가 그림 4-2에 설명되어 있다. 예상한 바와 같이, 호황기(예 : 1990년대 후반)에는 경기조정 재정수지상의 재정적자는 실제 발표된 재정수지보다 더 높은 것으로 나타난다. 반대로 불황기(예 : 1990년대 초반과 2000년대 초반, 그리고 2010년대 초중반)에는 경기조절 재정수지는 실제 발표된 재정적자보다 훨씬 더 낮은 것으로 나타난다.

경기조정 재정수지 만일 한 경제가 잠재성장률을 충분히 달성한 상태라 가정했을 때의 정부 재정상태에 대한 측정

현금회계 대 자본회계

정부가 200만 달러를 빌려 두 가지 활동에 지출했다고 가정하자. 100만 달러는 대통령의 생일 축하 파티에 사용하고 나머지 100만 달러는 정부고관들의 새 사무실을 짓는 데 사용하였다. 정부가 매년 말 예산을 짤 때는 이 두 가지 지출은 동일한 것처럼 보고되며 만약 이에 상응하는 세수 증가가 없다면 200만 달러의 재정적자를 발생시킬 것이다. 하지만 이 두 가지 지출은 절대 같지 않다. 하나는 일회성 행사를 위해 써버린 돈이고 또 다른 하나는 오늘뿐 아니라 미래를 위한 투자, 즉 영속성 있는 자산을 마련하기 위해 쓴 것이다.

이러한 예는 정부가 **현금회계**(cash accounting)를 사용하는 데 따른 일반적인 염려를 지적한 것이다. 현금회계는 정부의 재정상태를 단지 현재의 지출과 수입의 차이로만 측정하는 평가 방법이다. 어떤 사람들은 이와 같은 현금회계 대신 정부가 소유한 순자산의 가치 변화로서 정부의 재정상태를 측정하는 **자본회계**(capital accounting)가 실제를 더욱 적절히 평가하는 방법이라 주장한다. 자본회계하에서 정부는 투자지출(건물이나 고속도로와 같은 장기적 자산에 지출하는 자금)을 현재의 소비지출(실업급여와 같이 단기적 항목에 지출하는 자금)과 구분하여 기록하는 자본계정을 만들어야 한다. 자본회계하에서 투자지출은 기존의 자본계정에서 삭제되면서 이를 통해 사들인 자산의 가치는 더해진다. 예를 들어 두 번째 예의 경우 100만 달러를 들여 만든 건물이 100만 달러의 시장가치를 가지고 있다면 이 지출은 정부의 자본계정에 변화를 주지 않을 것이다. 왜냐하면 정부는 단지 100만 달러의 현금을 100만 달러의 건물로 지출을 바꾼 것에 불과하기 때문이다.

현금회계 정부의 재정상태를 단지 현재의 지출과 수입의 차이로만 측정하는 평가 방법

자본회계 정부가 소유한 순자산의 가치 변화로서 정부의 재정상태를 측정하는 방법

자본회계를 사용하지 않는 한 정부의 재정상태를 정확히 파악하는 것은 어렵다. 예컨대 1997년 클린턴 정부는 28년 만에 처음으로 균형예산을 달성하는 크나큰 쾌거를 달성하였지만, 이러한 성과가 사실은 정부가 전파사용권(이동통신과 같은 무선통신용 전파의 사용권)을 판매한 수입 360억 달러 때문이었음을 아는 사람은 별로 없다. 정부는 전파사용권을 판매해서 수입을 올렸지만 이는 동시에 전파사용권이라는 고가의 자산을 판 것이기도 하다. 결국 클린턴 행정부는 균형재정을 이루는 데는 성공하였지만, 이는 정부가 보유한 자산을 내다 팔아서 달성한 것에 불과한 것이었다.

자본회계 방식의 문제점 예산 과정에 자본회계제도를 추가적으로 활용하는 것은 매우 좋은 생각처럼 보이지만 이를 도입하는 데는 엄청난 실무적 어려움이 따른다. 현실에서는 정부 지출을 소비와 투자로 명확히 구분하기 어려운 경우가 있기 때문이다. 예를 들면 미사일을 사는 것은 현재의 소비인가, 아니면 자본 투자인가? 이러한 구분은 얼마나 빨리 미사일을 사용할지에 달려 있는 것이 아닌가? 교육에 대한 지출은 소비인가, 투자인가? 교육은 근로자의 미래 능력을 형성하는 것이므로 자본지출로 보는 것이 타당하지 않을까? 그런데 만약 교육 지출이 자본지출에 해당한다면 그 가치는 어떻게 평가해야 하는가? 또한 1997년에 만약 전파사용권을 팔지 않았다면 그 가치는 어떻게 추정할 수 있을까? 이러한 투자의 가치추정의 어려움에 대해서는 제8장에서 상세히 논의하기로 한다. 이상의 어려움들은 정치가들로 하여금 정부 재정상태에 대해 호도할 가능성을 높이는 것들이다.

이러한 어려움 때문에, 이미 몇몇 주정부가 자본예산제도를 도입했음에도 불구하고 연방정부 수준에서는 아직 도입되지 않고 있다. 국차 차원의 자본예산제도의 도입은 나라별로 차이가 있다.

뉴질랜드는 1989년 세계 최초로 국가 차원의 자본예산제도를 도입하여 현재에도 활용하고 있다.[16] 덴마크, 핀란드, 네덜란드는 한때 자본예산을 도입했었으나, 앞서 지적했던 문제들로 인해 더 이상 자본예산제도를 운용하고 있지 않다. 영국은 2001년에 자본예산제도를 도입했다. '미래에 대한 투자'라 명명된 2013년 예산안에서 영국은 정부의 각 부처별로 자본예산법을 사용함은 물론, 향후 연도별 투자를 자본 투자 방식을 통해 개략적으로 밝힌 바 있다. 예컨대 영국은 최소한 2024년까지 매년 220억 파운드에 달하는 연구개발투자 증액을 통해 2027년까지 국가 R&D 지출이 GDP의 2.4% 수준에 이르도록 계획하고 있다.[17]

정태적 예산회계제도 대 동태적 예산회계제도

예산 측정과 관련한 최근의 논쟁 가운데 또 다른 중요 이슈는 정태적 또는 **동태적 예산회계제도**에 대한 것이다. 정책이 예산에 미치는 효과를 측정할 때 예산작성자들은 정책이 유발한 행동 변화를 고려한다. 예를 들어 정부가 육아보조금을 증가시키는 경우, 보조금 수혜자들은 육아 관련 지출을 증가시키는 것이 일반적이다. 마찬가지로 자산이득에 대한 세금이 감소하면 자산보유자들은 세금 감소 혜택을 실현시키기 위해 자산을 더 매매하곤 한다. 예산작성자들은 정책이 개인과 기업 행동에 미치는 영향까지 고려하여 예산 관련 법률작업을 진행하지만, 정책이 경제 규모에 미칠 영향에 대해서는 사실상 별 관심을 두지 않는다. 즉 이들은 경제라는 파이는 고정된 것일 뿐이며, 정부 정책은 파이조각의 상대적 크기만을 변화시킨다고 가정하는 것이다. 이러한 접근 방법을 **정태적 예산회계제도**(static scoring)라고 한다.

정태적 예산회계제도 정부 정책은 오직 총자원의 분배를 변화시킬 뿐, 총자원의 양을 변화시키는 것이 아니라는 견해의 회계 방법

하지만 정태적 예산회계제도는 정책이 자원배분뿐 아니라 경제 규모의 크기 자체에도 영향을 줄 수 있다고 믿는 이들로부터 심각한 비판을 받아왔다. 이러한 견해를 가진 분석자들은 정

16 The Treasury(2014).

17 HM Treasury(2020).

동태적 예산회계제도 정부 정책의 효과가 총자원금액뿐 아니라, 총자원금액의 분배 영향까지 모형화하려는 견해의 회계 방법

책효과가 자원배분은 물론, 경제 규모에 미치는 영향까지 포괄적으로 고려하는 **동태적 예산회계제도**(dynamic scoring)를 선호한다. 예컨대 경제활동에 대한 세금을 낮추는 것(근로소득세와 같은)은 근로시간의 양을 증가시켜 국가 전체의 생산을 증가시킨다. 결국 같은 세율하에서 경제 전체의 파이가 더 커져, 감세로 인한 세수 감소를 어느 정도 상쇄하게 된다. 이와 같은 감세에 따른 동태적 반응을 무시하는 경우 정부는 감세로 인한 세수 감소를 과대보고할 수 있다.

예산작성자들은 정부 정책이 경제에 미치는 영향이 명확하지 않음을 이유로 동태적 접근법의 도입을 반대한다. 그럼에도 불구하고 동태적 예산회계제도의 도입을 주장하는 이들은 왜 정책결정자들 및 예산작성자들이 정책효과가 없음을 가정해야 하는지가 명확하지 않다고 지적하고 있다. 의회예산처는 2003년 상당 규모의 감세와 국방비 지출 증가를 담고 있는 부시 정부의 예산을 평가하면서 동태적 예산회계제도를 향한 첫걸음을 뗀 바 있다. 의회예산처는 다섯 가지 다른 모형을 통해 행정부 예산이 경제에 미치는 영향을 평가하였다. 이에는 조세수입과 정부 지출이 유발하는 간접효과 등의 환류효과까지 포함한 것이다. 그들이 전달한 메시지는 일관성이 매우 뚜렷한 것이었다. 2003년에 제출된 예산안이 10년 내에 세금 증가를 동반하지 않는다면, 동태적 효과로 말미암아 예산비용이 증가할 것이라는 점이다.[18] 이러한 이유는 순계(on net) 개념으로 적자를 증가시키기 때문이다. 4.4절에서 논의할 것이지만 정부 지출 증가의 결과로 나타난 정부 부채의 증가는 결과적으로 민간 지출을 구축시켜 투자를 감소시키고, 궁극적으로는 경제성장을 억제한다. 장기적으로 저조한 경제성장은 미래 세수입을 감소시키고 나아가 재정적자까지 더 증가시킨다.

2011년 의회예산처는 심각한 경기침체에 대응하기 위한 '경기부양 지출'이 경제에 미치는 단기 및 장기 영향을 동태적 예산회계제도의 측면에서 살펴본 바 있다. 실업급여의 증액지급이나 조세환급 등은 정책효과에 따라 2012~2013년의 GDP를 약 0.1에서 1.9%까지 증가시킬 것으로 내다보았다. 동시에 동태모형에서는 부양정책을 위한 정부 채무의 증가가 투자를 감소시켜 장기적으로는 경제성장이 약간 감소할 것으로 평가하였다. 이에 따라 2012년 투자된 부양자금 1달러당 2021년의 효과는 0~0.1달러가량 감소할 것으로 예상하였다.[19] 이러한 예측은 정확성 측면에서 한계가 존재하지만, 단기적 부양정책과 장기적 성장위축 사이의 상충효과에 대해 명확히 지적했다는 점에서 의미가 있다.

2015년 의회예산처는 중요 법안을 검토할 때는 동태적 예산회계 방식을 사용하는 데 착수하였다. 이는 어떠한 정책 변화에 거시적 영향분석을 적용했다는 점에서 의의가 있다. 동태적 예산회계법을 적용한 초기의 보고서에서는 오바마 케어(Affordable Care Act)의 도입으로 말미암아 노동공급과 GDP가 감소하기 때문에 당초의 예상보다 재정적자 개선효과가 제한적일 것이라 평가한 바 있다. 이러한 연구 결과는 즉각적인 비판에 직면하였는데, 의회예산처의 분석 결과는 산출물 측면의 분석에 치우쳐, 오바마 케어의 혜택을 받게 되어 더 이상 치료를 받기 위해 일을 하지 않아도 되는 사람들이 얻게 되는 편익을 무시한 결과라는 것이다(관련 내용은 제15장

18 보다 상세한 정보는 미국 의회예산처(2003b)의 동태적 예산회계 활용을 참조하라.

19 Congressional Budget Office(2011).

에서 상세히 다룰 것이다).[20]

2020년 코로나19 대유행으로 인한 정부 지출 확대, 이로 말미암은 기록적 적자 등으로 인해 동태적 예산회계제도는 다시금 시험대에 올랐다. 의회예산처가 발간하는 '예산과 경제전망'이라는 보고서 2020년 9월판의 경제전망은 2020년 3월판의 내용과 엄청나게 차이가 있었다. 이는 대부분 재정적자 증가의 결과에 기인한다. 예를 들면, 2049년의 부채에 대한 수정된 전망치는 이전 전망치보다 45% 증가한 것이다. 그럼에도 불구하고, 2021~2030년 사이의 누적적자 전망치는 실질적으로 거의 변화하지 않았는데, 전염병 대유행으로 인한 낮은 이자율과 저인플레이션 등이 경기를 위축시킬 것으로 보았기 때문이다. 따라서 코로나19 대응정책들에도 불구하고 저성장, 낮은 임금 등은 재정적자를 2조 1,000억 달러 증가시키지만, 이는 예상되는 이자지출 2조 2,000억 달러 증가에 의해 완전히 상쇄될 것으로 보았다.[21]

4.3 현재 부채와 적자가 의미하는 것 : 장기적 관점

정부가 올해 두 가지 정책을 주도한다고 가정해보자. 하나는 100만 달러를 저소득층 개인에게 올해에 나누어 주는 것이고 다른 하나는 100만 달러를 내년에 나누어 주겠다고 약속하는 것이다. 올해의 예산적자의 관점에서 보면 전자의 정책은 100만 달러의 비용이 드는 것이지만 후자는 비용이 전혀 들지 않는다. 그러나 사실 이러한 생각은 옳지 않은 것이다. 후자의 정책 역시 전자만큼이나 값비싼 비용을 치러야 하는 것이며, 단지 오늘이 아닌 미래의 약속이기 때문에 그 가치가 조금 작을 뿐이다.

암묵적 채무 매년도 예산 과정에서는 인식되지 않는 미래의 재정적 채무

미국과 전 세계 여러 국가의 정부들은 항상 미래에 대한 **암묵적 채무**(implicit obligation)를 안고 있다. 의회가 미래의 개인에게 채무를 지는 법을 통과시킬 때마다 현재는 인식되지 않는 암묵적 채무가 발생하게 된다. 이 절에서는 이러한 암묵적 채무가 정부의 장기 재정상태를 측정하는 데 함의하는 바를 논의해보도록 한다.

이론적 배경 : 현재할인가치

앞서 설명한 암묵적 채무를 이해하기 위해서는 현재할인가치의 개념을 살펴볼 필요가 있다. 예를 들어 내가 당신에게 올해 1,000달러를 빌려서 내년에 갚는 것에 대해 당신의 견해를 물어보았다고 해보자. 당신이 내년에 돌려받을 1,000달러는 올해 당신이 포기한 1,000달러의 가치보다 작을 것이므로, 당신은 이 거래를 당연히 거절해야 한다. 만약 당신이 그 돈을 내게 빌려주는 대신 은행구좌에 넣어두었다면 이자를 포함하여 1,000달러보다 더 되는 돈을 가질 수 있기 때문이다. 각기 다른 기간에 있는 돈의 가치를 비교하기 위해서는 각 기간의 할인된 현재가치를 비교해야만 한다. **현재할인가치**(present discounted value, PDV)란 현재 개념으로 계산된 각 기간의 지불가치를 의미한다. 미래의 1달러를 받는 것은 현재 1달러를 받는 것보다 가치가 낮다. 그 기

현재할인가치 매 기간의 화폐양을 현재 시점의 가치로 표현한 것

---

[20] Krugman(2015).

[21] Congressional Budget Office(2020c).

간 동안 발생할 이자를 상실하기 때문이다. 상이한 기간에 달러가치는 같지 않기 때문에, 단순히 더하는 것만으로는 그 가치를 파악할 수 없다. 우선 상이한 가치들을 비교가 가능하도록 같은 기준, 즉 시점을 일치시킨 가치로 환산해야 한다. 미래의 모든 지출을 현재 시점의 가치로 환산해주는 것, 이것이 바로 현재할인가치(PDV)의 개념이다.

어떤 지출흐름의 현재가치를 계산하기 위해서는 이자율로 미래 지불액들을 할인해야 한다. 만일 당신이 10%의 이자율을 예상한다면 7년 후 당신이 받을 1달러의 현재가치는 51.3센트에 불과하다. 왜냐하면 지금 10%의 이자율로서 51.3센트를 투자하면 7년 후 당신이 받을 수 있는 돈이 1달러가 되기 때문이다. 현재 10%의 이자율로 91센트를 투자하면 내년에 당신이 받을 수 있는 돈은 1달러가 될 것이다. 따라서 1년 후의 1달러는 현재의 91센트와 같은 가치를 갖는다.

수학적으로 이자율이 r이고 미래 각 기간의 지불액이 F_1, F_2, …이면 현재할인가치는 다음과 같이 계산된다.

$$PDV = \frac{F_1}{(1+r)} + \frac{F_2}{(1+r)^2} + \frac{F_3}{(1+r)^3} + \cdots$$

만일 충분히 먼 미래(예 : 50년 이상)에 걸쳐 이자율이 r이고 일정량의 돈(F)을 계속 받을 수 있을 때, 이 돈의 현재가치를 편리하게 계산할 수 있는 공식은 $PDV = F/r$이다.

kmsdesen/Shutterstock

응용사례

스포츠 스타 연봉의 재해석

2015년 1월 19일, 미국 메이저리그(MLB)의 워싱턴 내셔널스 구단은 투수 맥스 슈어저(Max Scherzer)와 7년간 2억 1,000만 달러의 계약을 발표하였다. 야구 역사상 최고의 투수 가운데 한 명인 슈어저의 이 계약은 전체 프로스포츠를 통틀어 가장 큰 계약 가운데 하나로 손꼽힌다. 실제로 계약 당시에는 미국 프로야구 역사상 11번째, 투수로서는 2번째 큰 액수였던 것이다.[22]

하지만 실제로 그 계약은 알려진 것만큼 대단치는 않았던 것으로 밝혀졌다. 이는 연봉을 보편적이지 않은 방식으로 지급받도록 계약되었기 때문이다. 일반적으로 7년간 2억 1,000만 달러를 받기로 했다면, 대개는 3,000만 달러씩 7년간 받는 것을 생각하기 쉽지만, 슈어저의 계약은 14년간 1,500만 달러씩 받기로 한 것이다. 즉 선수로 뛰는 7년 이후에도 7년간 연봉을 지급받기로 한 것이다. 총액을 기준으로 보면 동일한 계약이라 생각하기 쉽지만, 사실 현재가치의 개념에서 보자면 슈어저가 받는 액수는 7년에 걸쳐 3,000만 달러씩 지급받는 방식에 비해 훨씬 작은 것을 알 수 있다. 즉 8~14년까지 은퇴 후 7년 동안 받을 돈을 선수생활을 하는 기간 동안(즉 1~7년) 받을 수 있다면, 그 돈을 투자할 수도 있었을 것이고 이에 따라 추가적으로 받을 수 있는 이자 등의 수익이 상당했을 것이기 때문이다.

22 Wikipedia(2019).

의회예산처가 설정한 4.7%의 장기이자율로[23] 슈어저의 연봉을 현재가치로 계산해보면 '겨우' 1억 6,600만 달러로 급격히 감소한다. 이렇게 되면 계약 시점을 기준으로 한 그의 계약 규모는 미국 프로야구 역사상 20번째, 투수로는 4번째 액수가 된다. 슈어저가 마지막 해인 2029년에 받는 연봉 액수는 그가 선수로 뛰는 마지막 해인 7년 차 연봉의 73%에 불과한 수준이다.[24] 그럼에도 불구하고 슈어저는 충분한 연봉을 받는 셈이지만, 현재가치의 개념을 도입하면 당초의 발표보다 훨씬 더 낮은 액수가 되는 것이다. ■

현재의 가격표가 무의미할 수도 있는 이유는 무엇인가?

전통적으로 예산 관련 정책논쟁은 올해의 정부 수입보다 정부 지출이 얼마나 더 컸는지에 초점을 맞추어왔다. 그러나 외적으로 드러나지 않는 채무의 존재는 이와 같은 논쟁이 잘못된 것일 수도 있음을 지적하고 있다. Gokhale과 Smetters(2003)의 연구는 이를 잘 설명하고 있다. 예를 들어 당신이 20세가 되었을 때 정부가 다음과 같은 거래를 제안했다고 하자. 만일 당신이 은퇴를 했을 때 정부가 당신에게 지급해야 하는 사회보장급여를 1달러 적게 주는 대신, 당신이 사회보장급여를 받기 위해 현재 내야 하는 세금액수를 8.7센트 감해주는 것이다.[25] 정부의 순채무를 미래까지 포함해서 고려하자면, 이 정책은 정부의 재정적자에 아무런 영향을 미치지 못한다. 정부의 현재수입을 낮추면서(세금액수를 8.7센트 덜 받으므로) 같은 가치만큼의 미래지출(사회보장급여를 1달러 적게 지급하므로)을 감소시켰기 때문이다. 하지만 이를 현재라는 관점에서만 보자면 이야기가 달라진다. 현재의 정부 수입은 줄었지만 현재지출이 감소한 것은 아니기 때문에 이는 정부의 재정적자를 증가시킬 것이다. 급여세의 감소가 낮은 보장급여를 통해 상환될 때까지는 향후 50년간 더 큰 국가부채로 이어지므로 현재의 재정적자는 증가하게 되는 것이다.

이 예는 우리가 다음과 같은 대안을 고려하는 경우 더욱 충격적이다. 정부가 사회보장급여를 1달러 줄이는 대신 현재 내야 하는 1달러의 급여세 현재할인가치의 절반만큼만 감해준다고 제의했다고 하자. 예를 들어 20세의 성인에게 1달러의 사회보장급여의 현재할인가치가 8.7센트라면 이 사람의 현재 급여세에서 감해주는 액수는 4.35센트가 될 것이다. 이는 당연히 정부에 유리하고 당신에게는 불리한 결과를 가져올 것이다. 현재할인가치 개념으로 보면 이 거래는 정부가 현재 깎아주는 급여세의 가치보다 미래의 사회보장급여 삭감액이 더 큰 결과를 가져오기 때문이다. 하지만 그럼에도 불구하고 현재라는 관점에서만 보자면 정부는 현재의 세금을 줄이는 것일 뿐 현재의 지출을 줄이는 것은 아니기 때문에 재정적자와 정부 부채는 증가하게 된다. 자본예산제도의 경우와 마찬가지로, 비록 당장은 좋은 정책으로 보일 수 있을지 몰라도, 장기적으로 재정상태에 나쁜 영향을 가져온다면 이 역시 편향된 정부 정책일 수 있는 것이다.

---

23 Congressional Budget Office(2014).

24 계약 후 7년 차의 할인가치는 그해의 연봉에 1/(1.047)7을 곱해준 것과 같고, 계약 후 14년 차의 달러가치는 당해 연봉에 1/(1.047)14을 곱해준 값과 같다.

25 예를 들면, 현재 이자율이 5%이고 예측 가능한 미래의 일정 시점까지 현재 이자율이 유지된다고 가정하자. 당신이 20세이고 사회보장급여 지급을 70세에 신청한다고 하면, 이러한 거래는 당신의 현재 급여세를 8.7센트만큼 감소시킨다. 이는 50년 후 받게 될 사회보장급여 1달러의 현재가치[$=\$1/(1.05)^{50}=0.087$]와 같다.

장기 정부예산의 또 다른 측정법

지난 20년간 연구자들은 정부예산을 측정하는 데 있어서 미래의 암묵적 채무까지 포함시킬 수 있는 다양한 방법을 고민해왔다. 이러한 대안적 측정 방법의 기본 아이디어는 정부의 모든 채무(명시적이거나 암묵적인)의 총현재할인가치와 정부 수입의 총할인가치를 비교해 **정부의 기간별 예산제약**(government's intertemporal budget constraint)을 정확히 측정하고자 하는 것이었다.

정부의 기간별 예산제약 정부가 의무적으로 지출해야 하는 현재 또는 미래 지출액의 현재가치를 정부가 얻게 되는 수입의 현재할인가치와 연관시킨 방정식

정부의 기간별 예산제약이라는 개념은 2003년 Jagdish Gokhale과 Kent Smetters에 의해 처음 제기되었다.[26] 그들은 정부가 미래를 포함하여 해마다 얻을 수 있는 세금수입과 써야 하는 재정지출 액수를 계산한 다음, 각각의 현재가치를 계산해냈다. 현재가치로 환산된 세금수입에서 재정지출의 현재가치를 차감한 액수는 '정부가 향후 세금을 통해 걷을 수 있는 수입과 정부가 향후 써야 할 지출액이 얼마나 차이가 나는지'를 의미하게 되며, 이를 통해 재정적자의 현재가치를 계산할 수 있다.

Gokhale과 Smetters의 연구 가운데 주목해야 하는 부분은 미국 정부의 장기 재정적자를 가져오는 중요한 요인들은 노령층에 대한 정책, 사회보장 지출, 그리고 의료보험 등에 있을 뿐, 그 외의 정부 지출은 사실 적자 심화의 큰 원인은 아니라는 점에 있다. 최근 들어 이러한 접근 방식은 의료보험과 사회보장기금의 운영이사들에게도 인정받아, 2012년에는 장기 분석을 위한 데이터들이 공개되기 시작하였다. 결과는 아주 놀라웠다. 2012년 현재가치로 측정된 의료보험과 사회보장 프로그램의 적자가 64조 8,000억 달러에 달하는 것으로 나타났기 때문이다. 이러한 결과는 정부의 정책이 변하지 않는다면 현재의 정책은 정부가 세금을 통해 걷는 액수보다 64조 8,000억 달러만큼 더 지출하게 됨을 의미한다. 이 가운데 54조 4,000억 달러는 의료보험으로부터 발생하게 된다. 이는 인구 고령화가 진행되고 있음에도 불구하고 정부가 의료보험 프로그램을 유지하기 위한 수입을 충분히 준비하지 못했음을 의미한다. 특히 의료보험의 경우에는 인구 고령화로 인한 영향이 의료비의 가파른 상승으로 인한 영향과 맞먹을 정도로 큰 것으로 알려져 있다.

더욱이 이러한 결과는 아직 업데이트되지 않았지만, 오늘날에는 더욱더 크게 증가했을 것이다. Gokhale이 밝힌 바와 같이, 그의 예측은 의료와 사회보장 부문을 제외한 정부 지출들은 장기적으로 감소할 것이라는 비현실적인 가정을 바탕으로 하였기 때문이다. 만약 정부 지출이 증가할 것이라는 보다 현실적인 가정을 적용하는 경우, 재정불균형은 910억 달러까지 증가한다. 이는 2017년에 통과된 개인소득세와 법인세의 대규모 감면은 고려되지 않은 것이다.

이러한 분석 결과는 숫자로 표현할 때 더욱 실감 난다. 분석 결과가 의미하는 바는, 현재가치로 환산된 미국의 장기 재정적자(즉 미래에 정부가 국민들에게 지급해야 하는 혜택의 현재가치가 현재부터 미래까지 국민들로부터 걷을 수 있는 세금액수의 현재가치를 넘어서는)는 현재 방식대로 계산된 재정적자에 비해 대략 3~4배 정도 더 크다는 것이다. 이러한 장기 재정적자를

26 이는 1990년대 초 Auerbach와 Gokahale, 그리고 Kotlikoff에 의해 수행되었던 세대 간 회계에 대한 선구적 연구에 영향을 받은 것이다. 상세한 논의는 Gokhale과 Smetters(2003)를 참조하라.

"이 추정치들은 제 상상의 일부입니다만, 마음에 드셨으면 합니다."

균형상태로 돌려놓기 위해서는 급여세를 현재보다 12% 더 높여야 하는데, 이는 현재 정부가 사회보장제도를 운영하기 위해 걷는 급여세율을 현재보다 거의 2배가량 높여야 함을 의미한다.[27]

미국 정부가 현재 처한 상황은 마치 어린 자녀들은 줄줄이 커나가는데 저축은커녕 약 15,000달러가량의 카드 빚을 진 가정과 비슷하다. 카드 빚은 대규모의 이자지출을 지속적으로 발생시킨다는 점에서 문제지만, 자녀들이 성장함에 따른 지출에 비교하면 별로 심각한 문제도 아니다. 자녀들이 성장해서 대학에 진학하게 되면, 거액의 등록금 등의 학자금 문제가 더욱 심각해지기 때문이다.

측정상의 문제점 이 절에서 나타난 사실들은 정신이 번쩍 들 만한 충격적인 이야기지만, 정작 정책결정자들에게는 전혀 심각한 문제가 아니다. 사실 정치가와 같은 정책결정자들의 주된 관심사는 어떻게 하면 다음 선거에도 승리할 것인지에 있기 때문에, 재정적자 규모 등에 대해서는 별반 관심이 없다(이에 대해서는 제9장에서 보다 상세히 논의할 것이다). 또한 정책결정자들의 무관심은 계산 결과의 속성, 즉 계산 과정에서 사용된 이자율이나 비용 및 소득성장률에 대한 폭넓은 가정들이 그리 신뢰할만하지 못하다는 점에도 기인한다.

예를 들어 이러한 재정불균형이 3.2%의 예상 이자율 가정하에서 계산된 것이라 가정해보자. 이러한 이자율 수준에서 장기 재정지출 적자를 감당하기 위해서는 급여세가 11.7% 인상되어야 한다. 만약 예상 이자율이 예측오차의 범위 내인 4% 수준으로 증가한다면 재정적자 규모는 현재보다 10% 정도 감소하게 되며, 급여세 역시 10.7%만 인상되어도 된다.

원래 예측이라는 것은 과다 또는 과소추정의 위험에 노출되어 있기 때문에, 예측된 결과가 한쪽으로만 편의되었다고 판단할 수는 없다. 만약 이자율이 2.4%까지 떨어진다면 장기 재정적자는 10% 정도 증가하게 되며, 급여세 인상 수준 역시 13.4%로 조정되어야 한다. 따라서 3.2%라는 중앙 이자율 가정은 의미 있는 예측치이기는 하지만, 사실 매우 광범위한 불확실성이 존재하는 것이다.[28]

더욱이 이자율, 비용, 소득 등과 같은 주요 변수들의 추정치들은 비록 현실성 있는 수치라고는 하겠지만, 마찬가지로 틀릴 가성성도 제법 높다. 이보다 더 중요한 것은 정부 정책이 향후에도 변하지 않을 것이라는 점을 전제한 것이다. 만약 사회보장급여를 약간 삭감하는 정도의 작은 정책 변화만 도입된다 하더라도 이상의 추정 결과에 커다란 영향을 미칠 수 있다. 따라서 현재의 추정 결과는 현재 정책들로만 구성된 결과일 뿐이라고 간주하는 것이 더 합리적이다.

장기 불균형 추정 결과의 또 다른 문제는 사회복지 프로그램의 시간적인 변화에만 신경 쓴 나

27 Gokhale(2012).

28 Gokhale(2012).

머지 다른 투자나 정부 정책들에 대해서는 충분히 고려하지 않았다는 점이다. 정부가 오늘 10억 달러를 빌려 환경 문제를 해결하는 데 투자했다고 가정하자. 이와 같은 정책 변화는 외형적으로 정부의 재정적자를 심화시킬 것이므로, 결국 기간별 예산제약을 만족시키기 위해서는 미래 세대에 더 많은 세금부담을 지우는 정책으로 평가될 것이다. 하지만 이러한 평가는 합리적이지 않다. 왜냐하면 이는 미래 세대가 세금부담을 통해 얻을 수 있는 것, 즉 환경 개선이라는 편익을 고려하지 않은 것이기 때문이다. 이러한 관점에서 진정한 세대 간 회계 또는 장기 재정회계란 단순히 미래의 세금과 이전지출뿐 아니라, 오늘 실현된 투자로 인해 미래 세대가 누릴 수 있는 편익도 함께 고려되어야 하는 것이다.

정부는 재정적자 관리를 위해 무엇을 하고 있는가?

미국 정부는 정책 도입에 있어 매우 긴 장기적 영향까지는 고려하지 않지만, 적어도 정책효과의 장기적 측면을 고려하는 방향으로는 정책기조를 바꾸어나가고 있다. 1990년대 중반까지의 많은 정책들은 1년 또는 5년의 정책기간을 고려해가면서 도입되었다. 하지만 정책효과의 평가기간을 제한한 정책 도입은 부작용을 가져오기도 하였다. 왜냐하면 비용이 매우 많이 소요되는 정책들의 경우에는 보편적인 정책기간을 피해가면서 시행되는 경향을 보였기 때문이다. 예를 들어 6년 후부터 시행되는 감세정책은 당장은 예산비용을 발생시키지 않는 것으로 보여 별다른 논쟁을 유발하지 않지만, 사실 정책 도입으로 말미암아 정부가 미래에 부담하게 되는 재정적자 규모는 매우 클 수도 있는 것이다.

미국 정부는 이러한 문제를 해결하기 위해 1996년에 정책평가의 기간을 10년으로 변경하였다. 원론적으로, 이러한 방향전환은 좀 더 장기적인 재정균형을 도모하려는 것으로 평가되었지만, 예상하지 못한 새로운 문제를 발생시켰다. 정부가 도입하려는 정책효과의 예측오차를 더욱 악화시킨 것이다. 분석기간이 증가할수록 의회예산처가 정부의 예산상황을 예측하는 것은 더 어려워질 것이다. 늘어난 기간만큼 조세나 재정정책의 도입으로 인한 예측오차의 가능성 역시 함께 증가하기 때문이다.

이와 같은 문제는 그림 4-3에 잘 설명되어 있다. 그림은 1986~2020년 사이 예산적자의 실제치와 예측치를 나타낸다. 그림에서 파란색 선은 각 연도별 실제 예산적자 또는 예산흑자를, 초록색 선은 5년 전 예측되었던 해당 연도의 적자 또는 흑자를 나타낸다.[29] 예를 들어 1981년 7월 의회예산처는 연방정부가 1986년 480억 달러의 재정흑자를 달성할 것으로 예측했다. 그러나 실제로 나타난 1986년의 결과는 2,110억 달러 적자였다. 의회예산처가 1983년에 예측한 1988년 재정수지는 1988년도의 실제 재정적자와 단지 500억 달러의 차이만 보임으로써 예측 정확성이 향상된 것처럼 평가되었다. 하지만 1987년 최대치를 기록하고 1992년에 이르면 균형재정을 달성할 것이라 예상했지만 실제 1992년의 재정적자는 거의 3,000억 달러에 이를 정도로 큰 예측

---

29 이와 같은 미국 의회예산처의 추정치는, 법률 변동으로 인한 예측이 반영되지 않은 경우(즉, 1981년도에 추정된 1986년의 재정적자 추정치에 반영되지 않는 법률 영향)와 이자율 변화로 인한 정부의 이자지출 부담 변화가 발생하는 경우에는 수정되도록 하고 있다.

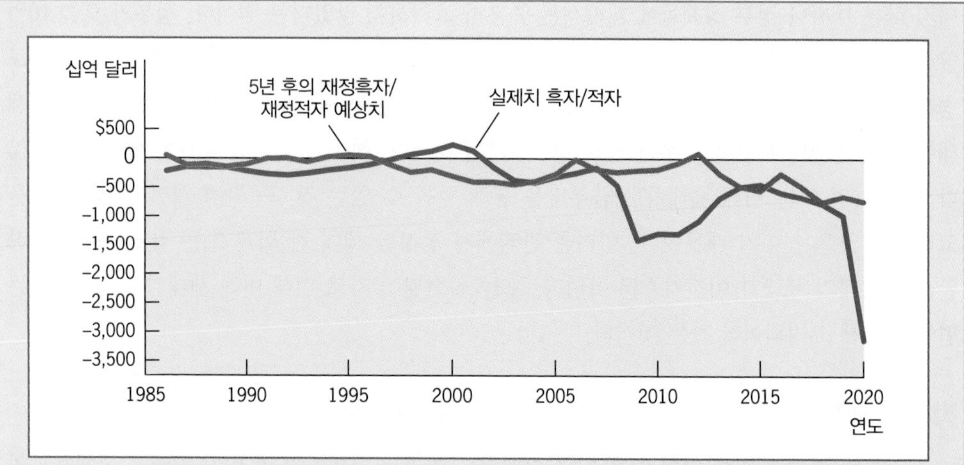

그림 4-3 재정흑자/재정적자 : 실제치 대 예측치 의회예산처가 예측한 5년 후의 재정흑자/재정적자는 실제치와 많은 차이를 나타냈다. 특히 1990년대 초반 대규모 재정적자 기간과 1990년대 말에서 21세기 초반의 재정흑자 기간, 그리고 2020년 코로나19 전염병 사태가 발발한 시기에 굉장한 차이를 발생시켰다.

출처 : Congressional Budget Office(2015a). 재정흑자에 대한 그림은 의회예산처의 예산과 경제전망에 대한 연차보고서가 작성되기 이전인 2007년까지의 불확실성 데이터(link A1)를 근거로 도식화된 것임. 이후 시기의 그래프는 의회예산처의 연간 예산과 경제전망(2015a)을 토대로 작성되었음. 실제치에 대한 그래프는 미국 재무부의 자료(2021)를 활용했음.

오차를 발생시켰다.

하지만 이와 같은 예측오차는 일방적이지만은 않다. 그림 4-3에서 살펴볼 수 있듯이 의회예산처는 정부가 실제로 달성하겠다는 목표보다 훨씬 더 큰 적자를 예측한 바 있다. 1992년 의회예산처가 추정한 1997년의 재정적자는 실제보다 과도하였다. 1995년 예측했던 2000년의 재정적자는 3,110억 달러 이상이었지만 실제로는 2,360억 달러의 흑자를 기록하여 예측오차는 무려 5,470억 달러에 달했다!

이러한 예측오차의 문제는 2001년 더욱 뚜렷하게 나타났다. 조지 W. 부시 대통령이 취임한 2001년 1월 당시, 의회예산처는 10년 예측기조를 유지하고 있었다. 당시 의회예산처는 향후 10년에 걸쳐 거의 6조 달러의 재정흑자를 예측했다. 사실 그 당시 관심은 정부가 부채를 갚고도 너무 많은 돈이 남기 때문에, 이러한 재정흑자액을 가지고 민간자산을 살 필요가 있는지에 있었다. 연방준비제도 이사회의 의장인 앨런 그린스펀은 2001년 1월 25일 상원 예산위원회에서 다음과 같이 증언했다. "…현재 예측된 통합예산 흑자는 연방정부가 민간자산을 많이 소유하고 있음을 의미한다. … 정부의 투자결정에 정치적인 영향을 배제한다는 것은 현실적으로 대단히 어려울 것이므로, 연방정부가 상당량의 민간자산을 갖는 것은 자본시장의 효율성을 낮출 뿐 아니라 경제효율성 및 전반적인 생활 수준의 악화를 가져올 위험이 있다."[30]

이 예측은 2000년 대선에서 양 대선주자인 앨 고어와 조지 부시로 하여금 대규모 감세안을

30 Greenspan(2001).

이끌어냈으며, 부시 대통령은 2001년 6월 감세안 실행을 약속했다. 이 안은 10년간 1조 3,500억 달러에 달하는 비용이 소요될 것으로 추정되었다(다음의 '응용사례'에서 논의될 것이지만 실제 그 비용은 이보다 훨씬 더 컸다). 그럼에도 불구하고 이것은 향후 미국 납세자들에게 혜택으로 돌아올 재정흑자 6조 달러의 일부분에 불과한 것처럼 보였다.

이미 우리가 알고 있는 것처럼, 6조 달러의 재정흑자는 실제로 발생하지 않았다. 2001년(그리고 그 이후)의 감세, 경기침체, 2001년 9월 11일 테러로 인한 경제적 충격 등의 복합적인 요인들로 인해 예산상황에 대한 예측은 크게 엇나가기 시작했다. 재정상태는 이미 2002년에 적자로 돌아섰다. 2000년대 중반까지 의회예산처의 예측은 꽤 정확했던 것으로 보이지만, 금융위기가 발생하자 그 예측은 상당히 낙관적이었던 것으로 밝혀졌다. 금융위기가 일어나기 5년 전에는 금융위기의 여파가 이 정도로 심각할 줄 몰랐기 때문이다. 의회예산처의 경기전망 결과는 미국 경기가 회복되면서, 또한 의회예산처 스스로가 예측치를 조정하면서 최근 예측력이 다소 높아진 것으로 평가된다. 하지만 2020년 예상치 못했던 코로나19 사태가 발생하면서, 기존의 예상치는 다시금 크게 벗어나게 되었다. 코로나19 발발 이전 GDP의 일정 비율로 나타낸 예측치에 비해, 실제치는 3배 이상 증가하였다.[31]

물론 의회예산처의 경제전망 능력에 대해 비난만 하는 것 역시 합리적이지 않다. 사실 의회예산처는 주어진 정보를 통해 정부의 수입과 지출에 대해 상당히 훌륭한 전망을 내놓고 있다. 문제의 본질은 의회예산처의 예측력에 있는 것이 아니라 5년 후나 10년 후를 예측하는 것이 매우 불확실한 작업이라는 점이다. 10년 예산계획을 수립하는 것은 제도의 허점을 이용해 감세를 시도하는 것 같은 정책적 속임수를 억제하는 효과도 가져오지만, 동시에 더 큰 예측오차를 발생시키기도 한다.

예산기간을 10년으로 설정하면서 연방정부가 장기 재정원칙에 더욱 충실해진다면, 예측오차가 증가하는 부작용은 감수할만한 가치가 있다. 하지만 불행히도 다음의 응용사례에서 살펴볼 수 있듯이 현실은 그렇지 않다.

응용사례

2001년과 2018년의 재정적 속임수들[32]

2001년 6월에 발효된 감세안은 이후 10년간 GDP의 1.7%가 넘는 규모의 정부 수입이 감소하는 미국 역사상 가장 큰 감세안 중 하나이다. 이는 당초 2011년까지 11년간 감세 규모를 1조 3,500억 달러로 제한하려 했던 의회예산안에 보조를 맞추는 것이었지만, 일정 기한 후 폐지되도록 하는 장치를 두는 등 사실상 매우 특이한 구조를 가지고 있다. 이 가운데 가장 극단적인 것은 일몰제의 적용이라 할 수 있다. 2001년 시작된 감세규정들은 2010년 12월 31일 갑자기 폐지되는데,

---

31 Congressional Budget Office(2020c).

32 Friedman 외(2001)를 참조하라.

이에 따라 2011년의 감세액은 영(0)으로 급감하게 되었다. (미 상원은 원래 2011년 12월 31일 일몰하도록 하였으나, 당초 감세한도로 설정했던 1조 3,500억 달러를 너무 일찍 넘어설 것으로 예상되자 일몰기한을 2010년 12월 31일로 1년 앞당긴 것이다.)

이 예산안 자체는 변덕스러운 일정의 수많은 감세계획을 포함하고 있다. 예산안 내의 많은 감세안들은 미국의 어떤 다른 입법 과정보다 긴 기간에 걸쳐 도입되는 것이며, 2010년까지의 재정상황에 상당한 충격을 미쳤다. 감세안들은 점진적으로 도입되었지만 일몰기한이 정해져 있기 때문에 온전히 실행되는 기간은 매우 짧았다. 예를 들어 상속재산이 200만 달리가 넘는 경우 부과되는 유산세는 매년 조금씩 감소해 일몰연도인 2010년 완전히 폐지되지만, 2011년에 갑자기 부활하였다. 노벨 경제학상 수상자인 폴 크루그먼은 이러한 감세일정에 대해 '자녀들은 아마도 그들의 부모가 정확히 2010년에 사망하기를 바랄 것'이라 지적하면서, 이 법안을 '부모의 조기사망을 바라는 악법!'이라 비난하였다. 조세감면과 세액공제에도 이와 유사한 꼼수가 포함되었다. 2006년 시작된 고소득자들에 대한 세율 인하 방침이 2010년에 일몰되도록 한 것들이 그 예라 할 수 있다.

이처럼 복잡한 감세일정으로 말미암아 의원들은 다양한 주제에 대해 광범위하게 논의하기는 하지만, 재정상태에 대한 의사결정은 가급적 미루는 경향을 보였다. 비록 상하 양원 합동조세위원회가 감세안의 세수 감소액을 1조 3,490억 달러(당초 설정한 제한액 1조 3,500억 달러보다 살짝 작은)로 추정하였음에도 불구하고, 별도로 수행된 연구 결과에서는 이보다 세수 감소액이 훨씬 더 큰 것으로 추정하였다. 예컨대 예산 및 정책우선권연구소(CBPP)는 1조 8,000억 달러로 증가될 것이 거의 확실하다고 밝힌 바 있다. 이 연구소는 감세로 인해 발생하는 부채의 이자비용을 추가적으로 계산하였으며, 이를 포함한 감세안의 비용은 2011년까지 2조 3,000억 달러에 육박할 것이라 보았다. 또한 일몰이 확실히 시행된다고 가정하더라도 2012년부터 2021년까지 10년간 감세비용은 4조 1,000억 달러로 증가하게 될 것이라 전망하였다. 이는 2021년까지 10년간 발생하게 될 이자비용은 포함시키지 않은 분석 결과이다. 사실 향후 75년간 이 감세안으로 인해 발생하는 세수 감소비용은 GDP의 1.7%에 달할 것으로 추정되고 있는데, 이는 더 많은 논란을 일으켰던 사회보장제도의 적자 규모보다 2배 이상 많은 것이다.

이와 같은 정책적 꼼수에 대한 염려는 2010년 오바마 대통령과 의회가 감세안을 당초 계획보다 2년 더 연장하기로 하면서 현실화되었다. 감세 비용이 기존보다 8,580억 달러 더 증가한 것이다.[33] 2012년 납세자 세부담 완화법(American Taxpayer Relief Act of 2012)에 따라, 고소득자 세율은 인상되면서 40만 달러 이하 소득자들에 대한 세율 인하가 영구화된 것이다.[34]

이러한 결과에도 불구하고, 적자목표를 달성시키기 위한 재정적 꼼수는 2018년의 감세안에 다시금 사용되었다. 큰 폭의 개인소득세 감면이 도입되지만 2025년에 일몰되도록 한 것이다.[35] 또한 다국적 기업의 해외이윤에 대해 1회성으로 세금을 부과하는 방안 역시 여러 감세안에 묻

33 CNN Wire Staff(2010).

34 납세자 세부담 완화법에 대한 상세한 정보는 http://www.congress.gov/bill/112th-congress/house-bill/8/text를 참조하라.

35 Jacobson(2018).

혀 함께 도입되었다.[36] ■

4.4 왜 정부의 재정상태를 걱정하는가?

이상에서 우리는 연방정부의 재정적자 및 부채의 정의, 그리고 그 복잡성에 대해 알게 되었다. 이제 우리는 다음 질문, '왜 걱정해야 하는가?'에 대해 살펴볼 차례이다. 제1장에서부터 계속 논의되어 온 바와 같이, 우리가 이 문제에 대해 관심을 가져야 하는 까닭은 효율과 (세대 간) 형평이라는 두 가지 이유 때문이다.

정부 정책의 거시경제적 영향 : 단기효과 대 장기효과

우리가 재정적자에 대해 걱정해야 하는 이유 한 가지는 **단기 안정화 이슈**(short-run stabilization issue), 즉 정부 정책은 경기호황은 물론 불황에도 적절한 역할을 수행해야 하기 때문이다. 단기 안정화는 두 가지 요소에 의해 이루어진다. 첫 번째는 자동안정화 정책이다. **자동안정화**(automatic stabilization)란 경기침체기에는 세금을 자동적으로 낮추어 가계소비를 활성화시키면서, 불황으로 늘어난 실업자들에게 실업급여를 더 많이 지급하도록 하는 방식으로 경기를 회복시키는 정책이다. 두 번째는 재량적 안정화 정책이다. **재량적 안정화**(discretionary stabilization)는 경기침체나 경기과열 시 이로 인한 문제를 상쇄하기 위해 도입되는 적극적인 정책들을 의미한다. 불황기에 적극적인 감세정책을 도입하여 가처분소득 증가 및 소비활성화를 도모하는 것 등이 좋은 예이다.

단기 안정화 이슈 경기호황과 경기불황에 대응하는 정부의 역할

자동안정화 조세나 정부 지출 수준을 자동적으로 변화시키게 끔 하여 경기변동에 따른 가계소비의 변화를 상쇄하는 정책

재량적 안정화 정부가 경기침체나 경기과잉 등에 대응하여 취하는 정책

정부의 경제안정화 기능과 관련해서는 여러 가지 흥미로운 질문들이 제기된 바 있지만, 20년이 넘도록 재정학 연구의 주된 관심사항으로 부각되지는 못했다. 이러한 무관심의 배경에는 아마도 1970년대의 결론, 즉 불규칙적인 경기침체에 대응하기 위한 정책수단으로 조세와 재정지출은 그리 효과적이지 못하다는 인식 때문인 듯하다. 왜냐하면 정책입안과 정책실행 사이에 소요되는 기간이 길어 적시대응 측면에서 취약하기 때문이다.

대공황은 이러한 논란을 다시 부활시켰다. 비록 대부분의 논의는 거시경제학이나 불황기의 정부의 임무 등을 논하는 강의에서 이루어졌지만, 최근 10년간 발표된 많은 연구들에서는 감세와 같은 재정정책이 거시경제적 안정에 긍정적 효과가 있음을 분명히 밝힌 바 있다.[37] 그럼에도 불구하고 재정학은 재정적자가 경제성장에 미치는 보다 장기적인 영향에 관심이 있다.

배경 : 저축과 경제성장

경제성장론은 광범위하면서도 급격히 발전하는 경제학 이론의 한 분야이다. 무엇이 국가를 더

---

36 Seguerra(2018).

37 이와 관련된 예는 Mankiw(2015)의 제10~14장을 참조하라. 최근 수행된 많은 연구들에서는 이 책의 제3장에서 논의되었던 '재정승수', 즉 정부의 정책이 어떻게 불황에 대응하는지를 실증분석을 통해서 설명하고 있다. 상세한 내용은 Chodorow-Reich 외(2010), Nakamura와 Steinson(2011), Serrato와 Wingender(2010), Shoag(2010), Wilson(2010)을 참조하라.

빠르게 성장시키는지에 대해 흥미롭고 다양한 주제들이 발굴되고 있지만, 아마도 가장 오랫동안 제기되어 온 주제는 저축이 경제성장에 미치는 영향에 대한 연구라 할 수 있다. 초기 경제성장모형에서는 저축이 경제성장의 중심동력으로 인정되었으며, 이러한 시각은 오늘날까지지도 중요하게 인식되고 있다.

더 많은 자본은 더 큰 성장을 유발 저축이 성장에 미치는 중요한 역할을 직관적으로 이해하기 위해 제2장의 생산함수(노동과 자본이 산출물로 전환되는) 논의로 돌아가보자. 단기 생산함수에서, 투입되는 자본 수준을 고정시킨 채 노동투입량을 증가시키는 경우 노동의 한계생산은 체감한다. 장기가 되면 자본도 가변화된다. 생산을 늘리기 위해 새로운 공장이 건설될 수도 있고, 기계를 사들일 수도 있으므로 장기에는 더 이상 자본이 고정되어 있다고 볼 수 없다. 더 많은 자본을 투입한다는 것은 노동의 한계생산성이 향상됨을 의미한다. 노동자들에게 더 나은 기계와 설비가 주어진다면 생산성이 더욱 높아질 것이기 때문이다.

생산함수에 대한 이와 같은 분석은 경제 전체의 생산 수준에도 적용될 수 있다. 경제에 더 많은 자본이 존재할수록 노동생산성은 더욱 높아질 것이고, 경제 전체의 총생산은 증가할 것이다. 자본 수준이 더 높으면 같은 노동력으로도 생산 수준이 더 높아진다. 따라서 자본의 규모는 중요한 성장동력으로 작용하는 것이다.

더 많은 저축은 더 큰 자본을 의미 자본의 크기를 결정하는 것은 그림 4-4에 나타나 있다. 가로축은 자본(K)의 양이고 세로축은 자본의 가격인 이자율(r)을 나타낸다. **이자율**(interest rate)은 1기에 실행된 투자에 대해 2기에 지급되는 수익이다. 따라서 이자율이 10%이라는 것은, 1기에 1달러를 투자하면 2기에 원금 1달러와 추가로 10센트를 더 받게 됨을 의미한다. 기업은 건물

이자율 n기에 이루어진 투자의 대가로 발생한 n + 1기의 수익률

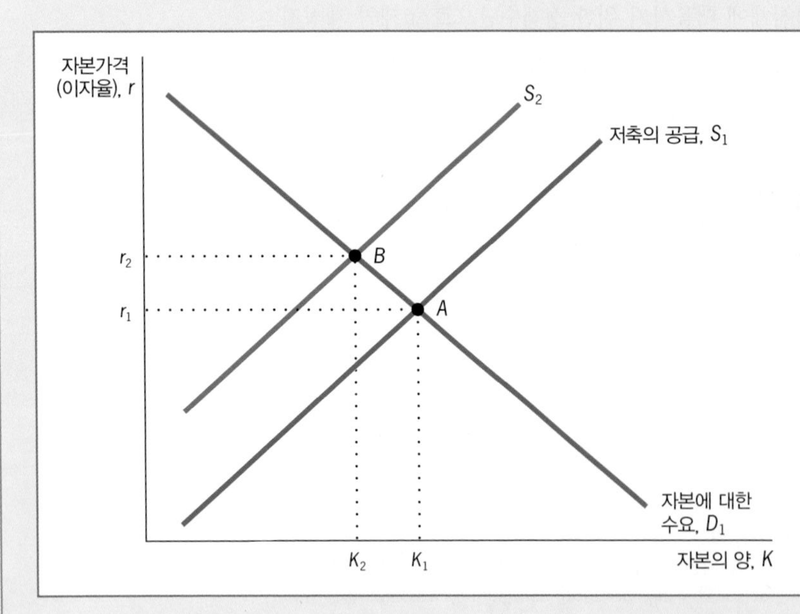

그림 4-4 자본시장의 균형 자본시장의 균형은 기업들에 의한 자본수요(D_1)와 개인들의 저축으로 조성된 자본공급(S_1)의 상호작용에 의해 결정된다. 정부가 재정적자 감축을 위해 저축으로부터의 자본공급을 활용하게 되면, 민간 자본시장에 공급되는 저축은 감소하고(S_2), 이자율은 r_2 수준으로 높아지며, 자본 축적 수준은 K_2로 낮아진다. 이러한 자본 축적의 감소는 궁극적으로 경제성장을 억제한다.

을 짓고 설비를 갖출 자금을 마련하기 위해 투자자들에게 돈을 빌리고 그 대가로 이자를 지불한다. 따라서 이자는 자본의 가격이 되는 것이다.

자본에 대한 수요는 기업의 투자수요로부터 비롯된다. 기업이 설비투자자금을 마련하려 할 때, 이자율이 높으면 자금을 덜 수요할 것이므로 수요곡선은 우하향하게 된다. 이자율이 높으면 투자할 자금을 얻기 위해 자본가들에게 더 많은 대가를 지불해야 하기 때문에 투자의 매력이 줄어든다. 반면 자본의 공급곡선은 개인의 저축결정과 밀접한 관련이 있다. 개인은 현재의 소득액을 가지고 오늘 당장 소비해버릴 것인지, 아니면 내일을 위해 저축할 것인지를 결정한다. 이자율이 높아지면 오늘의 저축은 더 큰 이자수익을 가져다줄 것이며, 이를 통해 미래에 더 많은 소비를 할 수 있다. 따라서 개인들은 더 높은 이자율이 제공되면 기꺼이 오늘의 소비를 포기하고 이를 저축할 것이다. 결국 이자율이 높아질수록 저축은 증가할 것이며, 이에 따라 공급곡선의 기울기는 우상향하게 되는 것이다. 이는 높은 임금이 주어지는 경우 개인들이 여가를 포기하고 더 일하는 것을 선택하는 것과 같다. 마찬가지로 높은 이자율은 개인들로 하여금 소비를 포기하고 더 많은 저축을 선택하게끔 한다. 오늘의 저축은 미래소비를 의미하므로 결국 미래소비가 증가하는 것이다.[38]

경쟁적 자본시장에서 자본의 균형량은 이들 수요와 공급곡선의 교차점에 의해 결정된다. 제2장의 노동시장분석에서 도출된 노동의 균형량과 함께 자본의 균형량이 생산함수에 적용되면, 사회적 균형 산출 수준을 결정짓게 된다.

연방예산, 이자율, 그리고 경제성장

이제 앞서의 자본시장 시나리오에 정부를 포함시켜 보자. 매년 그랬던 것처럼 정부는 올해도 적자를 발생시켰으며, 이를 메우기 위해 자금을 빌려야 한다. 연방정부 재정적자에 대한 핵심적 관심사항은 연방정부의 채무행위가 민간기업의 채무행위와 경합관계에 놓일 수 있다는 점이다. 만약 저축액이 고정되어 있고, 이를 민간과 정부가 모두 빌리는 상황이라면 정부의 대출은 민간대출을 **구축**(crowd out)할 수도 있으며, 그 결과는 자본 축적 수준의 감소로 나타날 것이다.

그림 4-4는 이 구축효과의 작동기제를 도식화하고 있다. 정부는 재정적자를 메우기 위해 시중에 공급되는 저축의 일부를 사용할 것이므로, 정부 채무가 자본시장을 통해 조달되면 민간자본시장의 자금 공급이 감소하게 된다. 결국 정부가 재정적자를 메우기 위해 자본을 빌리게 되면 민간 자본시장에 공급되어야 하는 저축은 줄어드는 것이다. 따라서 그림 4-4에서 보는 것처럼, 공급은 S_1에서 S_2로 감소한다. 이러한 공급 감소는 이자율을 상승시키고(r_2) 결과적으로 기업들의 자본수요량(K_2)을 감소시킨다. 낮아진 자본 수준은 단위당 노동생산성을 하락시켜 경제성장을 낮출 수도 있다. 따라서 정부가 제한된 민간저축을 놓고 민간부문과 경쟁한다면, 민간에게 투입되어 성장동력으로 활용될 수 있는 재원이 더 작아지게 되는 것이다.

---

38 이처럼 간단한 논의는 높은 이자율로 인한 대체효과(이자율이 높아지면 저축을 더 하려 하는)가 소득효과(이자율이 높아지면 저축을 덜 하려 하는)를 압도한다고 가정한 것이다. 사실 이러한 가정에 대한 실질적인 증거는 별로 없다. 이에 대한 보다 자세한 논의는 제22장에서 다룰 것이다.

이는 정부의 재정조달이 이자율과 성장에 어떠한 영향을 미치는지에 대한 아주 간단한 모형이지만, 현실에서는 추가적으로 생각해야 할 몇 가지 복잡한 문제가 있다.

국제 자본시장 그림 4-4에서는 기업의 자본지출이 감소하는 이유는 자본시장에서 정부가 돈을 더 빌려감에 따라 발생하는 이자율 상승 때문이라 밝힌 바 있다. 그러나 저축의 합은 그림 4-4에서 의미하는 것처럼 이자율에 의해 제한되지 않으며, 본질적으로 무한하기 때문에 이자율에 영향을 받지 않는다고 가정하자. 즉 민간투자와 공공채무에 사용될 수 있는 저축의 합은 완전탄력에 가까우며 따라서 약간의 이자율 상승소자 추가적 저축 증가를 가져온다고 가정하자. 이 경우 연방재정적자는 이자율을 약간만 상승시킬 뿐이며, 따라서 이 경우 정부가 자본시장에서 돈을 더 빌리는 것은 민간자본의 축적을 방해하지 않게 된다.

이는 국제 자본시장이 완전히 통합되어 있다면 가능한 일이다. 미 연방정부의 적자는 활용 가능한 미국의 저축에 비해서는 상대적으로 꽤 큰 편이지만, 전 세계의 저축 총량에 비하면 매우 작은 수준이다. 만약 연방정부가 적자를 조달하기 위해 국내뿐 아니라 해외에서도 자금을 빌릴 수 있다면, 재정적자가 자본 축적과 성장에 미치는 부정적 영향이 발생하지 않을 수도 있다. 실제로 미국 정부 부채의 1/3 이상은 미국 국채를 소유한 외국인에 의해 지탱되고 있다.

국제 자본시장 통합에 대한 연구는 많이 진행되어 있다. 이러한 연구들은 현재 국제 자본시장 통합은 상당히 진전되었으나(아마 지금 현재도 진행 중일 것이다), 완벽한 통합은 아직도 먼 일이라 결론짓고 있다. 결국 미국 내 자본시장의 공급곡선은 아직 완전탄력적이라 할 수 없으며, 이에 따라 재정적자는 어느 정도 민간저축을 구축하고 있을 것이다.

그러나 미국의 빚이 해외부문에 의해 지탱되고 있다는 점은 재정적자의 확대와 관련하여 또 다른 이슈를 불러일으키고 있다. 현재 시점에서 미 정부의 파산(정부가 빚을 갚지 못하는)은 상상할 수 없는 일처럼 보이지만, 부채가 충분히 커지는 경우 파산의 위험을 완전히 배제할 수는 없다. 부채가 충분히 커지게 되면, 아마도 해외 투자자들은 미국 국채 구매를 꺼릴지도 모른다. 이러한 해외수요의 감소는 정부 부채를 미국 내부에서 더 많이 소화해내야 한다는 것을 의미하므로, 이는 더 큰 이자율의 상승과 민간저축의 구축으로 이어질 것이다. 미 정부가 감당할 수 있는 재정적자의 규모가 '얼마나 큰지'는 아무도 모르는 것이지만, 해외 투자자의 신뢰는 재정적자 문제를 다룸에 있어서 매우 중요하게 생각해야 하는 부분이 되었다.

기대 그림 4-4에 적용된 매우 특별한 가정은 개인의 인생을 단 두 기간으로만 단순화했다는 점이다. 즉 오늘 저축하면 내일 이자까지 더하여 사용할 수 있다는 식으로 단순화한 것이다. 현실적으로 우리는 몇 년 앞을 내다보면서 사업을 운영하는 세상에 살고 있다. 결과적으로 현실에서는 단기(예 : 30일 정도)와 장기(예 : 10년 정도) 이자율이 공존하고 있다. 단기 이자율은 현재의 경제 여건을 반영하는 반면, 장기 이자율은 미래에 대한 기대를 반영한다. 만약 정부가 오늘 재정흑자를 기록하고 있다면 총저축에 대한 수요를 감소시켜 이자율을 낮추게 된다. 만약 정부가 내년부터 재정적자를 발생시킬 것으로 예상된다면, 장기 이자율은 높아질 것이다. 보편적 비즈니스에서 투자란 긴 안목의 장기 투자를 고려하는 경우가 일반적이기 때문에, 사업가들이 관심을 갖는 것은 장기 이자율이다. 결과적으로 미래 전반에 걸친 정부재정의 향방은 단지 오늘의 흑자, 적자의 문제가 아니라 자본 축적에도 중요한 영향을 미치는 것이다.

증거 이와 관련된 이론은 높은 재정적자가 높은 이자율과 낮은 자본 투자를 유발한다고 설명하고는 있지만, 과연 얼마나 높아질 것인지 또는 얼마나 낮아질 것인지에 대해서까지는 알려주지 못한다. 과거의 증거들은 장기 재정적자가 장기 이자율에 어느 정도 영향을 미칠 수 있음을 밝히고 있지만, 이와 관련된 실증연구들에서는 아직 단정적인 결론을 내리지 못하고 있다. 하지만 최근 발생한 대규모의 정부 적자가 이자율의 상승을 유발하지 않는 현상은 의미심장하다. 실제로 이자율은 매우 낮은 수준에 머물러 있다. 다음의 '응용사례'에서 살펴볼 것이지만, 미국은 이자율 증가 없이도 매우 큰 정부 채무의 증가가 가능함을 보여줌으로써 거시경제 정책과 관련한 '새로운 견해'의 사례로 거론된다.

응용사례

일상화된 경기침체와 재정적자에 대한 새로운 견해

지난 30년간 관찰된 가장 놀라운 세계 경제의 규칙성은 실질이자율의 지속적인 하락이라 할 수 있다. 그림 4-5는 1985년 이후 산업화가 진행된 주요 국가들의 실질이자율 변화추이를 나타낸

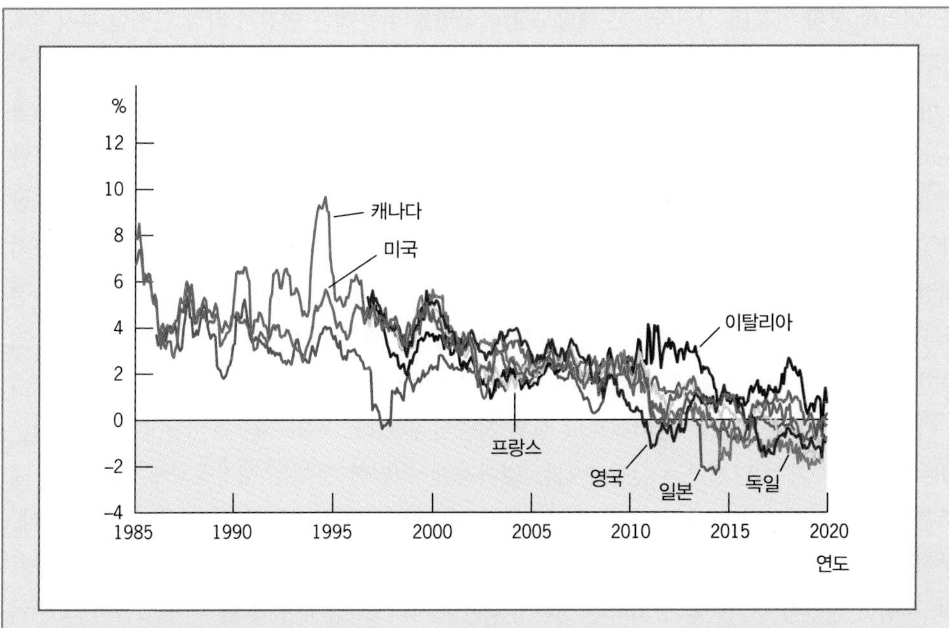

그림 4-5 세계적인 실질이자율 하락현상 지난 35년간 전 세계 각국의 실질이자율 하락현상은 매우 강력하고 체계적으로 진행되어 왔다.

출처 : Furman and Summers(2020).

것이다. 평균 실질이자율은 1980년대 중후반의 5% 수준보다 약간 높았으나 2020년에 이르면 0% 이하로 하락하였고 최소한 그다음 10여 년간은 마이너스 수준까지 떨어졌다. 그림에서 볼 수 있다시피, 이는 단순히 미국에서만 나타난 특이한 현상이 아니다.

아마도 이와 관련한 가장 충격적인 사실은, 상승압력의 유발요인이 있음에도 불구하고 실질이자율이 매우 빠른 속도로 하락했다는 점이다. Furman과 Summers(2020)의 연구에서 지적한 바와 같이, 2000년 1월 미국의 부채가 10년에 걸쳐 모두 상환예정일 때 실질이자율은 4.3%였다. 2020년 2월 코로나19 사태가 발발하기 직전, 미국의 거시경제 상황은 국가부채가 GDP의 100% 수준을 넘어서리라는 점만 제외하면 2000년의 그것과 유사했으나 실질이자율은 −0.1% 수준까지 하락하였다. Rachel과 Summers(2019) 연구의 결론은 외부적 요인들이 실질이자율에 영향을 미치기는 하지만 산업화된 국가들의 실질이자율은 기본모형에서 예측된 결과보다 7% 낮다는 것이었다.

그래서 무슨 일이 일어났는가? 이에 대한 해답은 Summers(2014)의 연구에서 제시된 개념, 즉 영구적으로 낮은 이자율과 같이 소위 **일상화된 경기침체**(secular stagnation)의 형태로 제시될 것이다. 이와 같은 침체의 원인은 아직까지 밝혀지지 않았지만, 가능한 이유 가운데 하나는 세계적인 과잉저축 현상을 꼽을 수 있다. 은퇴 후의 삶이 길어지고, (부자들의 높은 저축률로 인한) 불평등의 심화, 불확실성의 증가(제22장에서 논의될 예비적 동기의 저축과 관련) 등은 더 많은 저축을 유발하였다. 이에 반해 노동력의 증가는 이전에 비해 더디게 진행되었고, 이제 시장지배력을 갖게 된 기술기업들은 제조업 위주의 전통적 기업들에 비해 더 작은 자본만을 필요로 하였다. 이러한 상황 가운데 선진국들은 개발도상국 국민들의 눈에는 여전히 가장 안전한 투자처로 간주되었다.

이유가 무엇이든 간에 일상화된 경기침체 가설은 무척 도발적이라는 인상을 준다. Furman과 Summers(2020)는 "…재정의 지속가능성은 전통적인 GDP 대비 부채 비율 등으로 평가하면 안 되며, GDP 가운데 명목 또는 실질이자율의 비중과 같이 이해 가능한 수단으로 평가되어야 한다"고 말한 바 있다. 재정적자가 증가함에도 불구하고 이자율 변동이 없는 상황에서는, 정부의 재정적자 확대가 민간투자를 위축시킨다는 식의 전통적인 견해는 더 이상 성립하지 않는다. 결국 Furman과 Summers는 GDP 대비 실질이자지출액 등, 재정부담을 측정할 수 있는 대안적 지표가 필요함을 주장한 것이다.

이와 같은 새로운 견해는 장기적으로 정부 지출이 완전히 '자유로울 수 있음'을 의미하지는 않는다. 물론 부채는 언젠가는 갚아야 하는 것이지만, 이러한 견해는 재정정책에 대한 전혀 새로운 시각을 제시하고 있다. 우리가 후손들에게 떠넘긴 '관리 불가능한 부담' 등을 생각할 때, 부채 수준에 대한 걱정 등의 전통적 개념에 더 이상 집착할 필요가 없다. 더 일반적으로 말하자면, 시장의 일반적 수익률을 상회하는 정부의 어떤 투자라도, 심지어 몇 년 후 고스란히 그 수익을 상실하는 경우라 하더라도 투자할 가치가 있다. 이 책에서 언급한 많은 투자는 초기 교육에서부터 연구개발에 이르기까지 수익액이 투자액를 넘어서는 것으로 설명해왔다. 하지만 투자를 위한 차입비용이 낮은 현재가 바로 투자의 적기인 것이다. ■

4.5 결론

이 책의 내용은 대부분 조세와 재정지출과 같은 정부 재정정책에 초점을 맞출 것이다. 정부의 모든 정책은 연방정부 재정적자에 영향을 미친다. 재정적자에서 흑자로, 다시 극심한 재정적자로 이행하는 지난 10년의 과정 동안, 재정적자의 문제는 정책적 관심과 정치적 논쟁의 끊임없는 원인을 제공하였다. 미국의 재정적자는 현재 상태로도 매우 크지만, 현금흐름상의 적자보다 더 심각한 문제는, 앞으로 사회보장제도와 의료보험 등을 통해 노인 세대에게 지급되어야 하는 알려지지 않은 장기 부채라 할 수 있다. 이 장기적 부채는 현재의 현금부채보다 몇 배는 더 클 뿐 아니라 경제적 효율성(민간저축을 구축하고 궁극적으로 국가성장도 억제하는)과 세대 간 형평성(현재 세대를 위한 경제적 부담을 미래 세대에 미루는)에 중대한 악영향을 미칠 수 있다.

요약

- 균형재정을 유지하기 위한 다양한 법률적 노력에도 불구하고 1960년대 이후 미국 정부의 예산은 대개 적자상태를 면치 못하였다.
- 정부의 예산상태에 대한 적절한 논의를 위해서는 다음의 몇 가지 이슈에 대해 명확한 기준이 필요하다. 즉 '실질예산을 기준으로 하는지, 혹은 명목예산을 기준으로 하는지', 또는 '현재의 재정적자인지 완전고용 수준의 장기적 재정적자인지', 또는 '현금회계 기준인지, 자본회계 기준인지' 등이 그것이다. 더욱 중요한 것은 미 연방정부의 적자가 단기 적자인지 장기 적자인지에 대한 것이다. 먼 미래까지 고려한 세금수입 및 재정지출의 현재가치를 각각 더해서 비교해보면 미국 정부의 재정적자는 더욱 심각한 것으로 평가된다.
- 미국 정부는 10년 예산계획을 사용함으로써 보다 장기적 이슈에 초점을 맞추려 하고 있지만, 장기적 접근법은 예측의 문제로부터 자유롭지 못하며 정치적 논란에서도 자유롭지 못하다. 이때 정치적 논란이란 예산상의 제약을 피하기 위해 과세시점과 지출시점을 두고 벌이는 끊임없는 게임을 의미한다.
- 재정적자는 민간자본 축적을 억제하며, 장기적으로는 경제성장을 저해할 가능성이 높다는 점에서 심각한 문제라 할 수 있지만, 최근의 경제 상황은 이러한 전통적 견해에 부합하지 않는 것으로 보인다.

연습문제

1. 매년 관리예산처는 연방정부의 지출명세와 지출액 등으로 구성된 역사적인 표를 발간한다. 다음의 사이트(http://www.whitehouse.gov/omb/historical-tables/)에서 확인해보기 바란다. 상세한 표를 통해 1940년 이후 현재에 이르기까지 연방예산의 역사를 살펴볼 수 있을 것이다(어떤 경우는 1789년까지로 거슬러 올라간다!). 또한 표는 4년 이후의 미래에 대한 예측까지 담고 있다. 표 6.1을 활용하여 '지출액 구성'이 1940년부터 지금까지 어떻게 변화되어 왔는지를 논의해보라. 또한 4년 후에는 무엇이 가장 큰 변화일지 설명해보라.
2. 우리는 한 변수가 경기호황일 때 증가, 불황일 때 감소하면 경기순응적이라고 한다. 만약 이와 반대로 변화한

다면 경기역행적이라 한다. 미국 연방예산 가운데 어떤 요소가 경기순응적이며, 어떤 요소가 경기역행적인가? (예산을 구성하는 중요 요소에 대한 감각을 얻기 위해서는 재정지출과 관련된 다음의 웹사이트 http://www.whitehouse.gov/omb/historical-tables/를 방문해보기 바란다.)

3. 연방정부의 균형재정을 도모하기 위해 도입되었던 주요 연방법들이 시간이 경과하면서 어떻게 그 효과를 상실하게 되었는지 설명해보라.

4. 1930년 이후의 정부 수입, 지출 그리고 흑자/적자를 살펴보고, 현재의 재정적자는 전형적인 것인지 아니면 특수한지를 역사적 관점에서 평가해보라.

5. 1962~1964년 사이 국방과 관련되지 않은 교육과 훈련 지출은 13억 1,000만 달러에서 16억 1,000만 달러로 증가하였지만 2012~2014년 사이에는 969억 달러에서 995억 달러로 증가하였다.[39] 1월에 측정한 소비자물가지수가 1962년 30.0, 1964년 30.9, 2012년 226.7, 2014년 233.9로 주어졌다면 두 기간 중 어떤 경우의 지출 증가가 더 큰 것인가?

6. 미국 의회예산처는 연방정부의 수입과 지출을 감시하는 데 있어 경기조정 재정수지라는 개념을 왜 도입하였는가?

7. 연방정부는 정부 소유의 토지를 민간에 판 수입을 통해 해외의 지진 희생자들을 돕는 정책을 고려 중이다. 만약 연방정부가 현금회계제도를 사용한다면 이 정책은 연방정부의 수입, 지출, 그리고 재정적자에 어떤 영향을 미치겠는가? 만약 자본회계를 사용한다면 당신의 답은 어떻게 바뀌겠는가?

8. 정부는 최근 새로 개발된 '안 닳아'라는 물질로 고속도로를 포장하는 사업을 구상 중이다. 도로 포장에는 40억 달러의 비용이 들지만 향후 10년에 걸쳐 관리비용을 매년 4억 달러씩 절약해줄 것이다. 정부가 이자율 4%하에서 이 사업을 추진하는 것이 나은지에 대해 현재가치의 개념을 적용하여 판단해보라. 이자율이 0% 또는 8%인 경우, 이 정책을 추진할 가치가 있는지 판단해보라. 만약 어떤 정치가가 당신에게 "이 사업은 굉장히 훌륭한 투자이기 때문에 이자율 따위는 중요하지 않습니다. 8년 이내에 투자한 금액을 모두 회수할 수 있으며, 그 이후에 발생하는 비용절감분은 심지어 은행에 차곡차곡 쌓일 것입니다"라고 말했다면 이 정치가의 말은 어디가 잘못된 것인가? 왜 이자율이 중요한 것인가?

9. 1985년 이후 실질이자율의 하락은 왜 경제학자들을 혼란스럽게 한 것인가? 그 이유를 현실의 실질이자율 하락에 영향을 미친 요인들을 중심으로 설명해보라.

10. 126,000달러의 비용이 소요되는 어떤 사업은, 매년 70,000달러씩 5년간 수입을 발생시킨 뒤 5년 말에 225,000달러의 청산비용이 발생한다고 한다. 이 사업의 첫 번째 지출은 사업이 착수된 다음 연도 초에 발생된다고 한다. 이 사업은 추진되어도 괜찮은가? 0%, 2%, 5%, 10%의 이자율 수준에서 판단해보라.

11. 2018년의 세제개편에서는 개인과 법인소득세 모두를 경감시켰지만, 개인소득세의 경감조치는 2025년에 일몰되도록 하는 조치가 포함되었다. 왜 이런 조치를 포함시킨 것인가? 2025년에 법률지지자들은 어떤식으로 반응할 것으로 예상되는가? 의회예산처의 당초의 예상과 비교할 때, 이러한 일몰조치와 관련된 정치적인 고려는 최종 제도개편비용에 어떠한 영향을 미칠 것인가?

[39] Office of Management and Budget(2018), Table 9.9.

심화 연습문제

12. 예산을 동태적으로 기록한다는 것은 무엇을 의미하는가? 왜 동태적 예산회계법이 예산적자의 규모를 보다 '사실'에 가깝게 추정하도록 하는가? 동태적 예산회계법이 안고 있는 방법론적 이슈들은 무엇인가? (동태적 예산기록에 대한 다양한 자료들은 미국 의회예산처의 웹사이트에서 찾을 수 있다. 의회예산처 경제학자들의 유익한 발표자료들은 http://www.cbo.gov/publication/50919와 http://www.cbo.gov/publication/50803에서 확인할 수 있다.)

13. 2015년 의회예산처는 오바마 케어 폐지의 영향을 추정함에 있어서 전통적인 예산회계기법과 동태적 예산회계기법을 모두 사용한 바 있다. 전통적 예산회계기법하에서 오바마 케어의 완전한 폐지는 재정적자를 3,530억 달러 증가시킬 것으로 추정되었으나, 동태적 예산회계기법하에서는 이보다 작은 1,370억 달러 미만일 것으로 예측되었다. 동태적 예산회계기법은 제도 폐지에 따른 예산상의 영향을 더 감소시키는가?

14. 예산감시 분야의 몇몇 시민단체들은 연방예산 가운데 '지출대상을 미리 정해둔 항목들'에 대해 지적하였다. 즉 이들 예산은 국가적인 편익이 전혀 없거나 아주 작은 반면, 특정 지역에 집중 거주하고 있는 소수의 사람들에게만 혜택이 돌아간다는 것이다. 왜 연방예산 과정에는 이러한 유형의 지출들이 더 많이 포함되는 것인가?

15. 불평등이 심화되는 시기에 교육 관련 예산이 증가하는 현상을 Summers와 Furman 가설을 통해 설명해보라.

16. 재정적자는 미래 경제성장에 어떠한 영향을 미칠 수 있는가? 만일 미국의 부채상환 능력에 대해 외국인들의 신뢰가 저하된다면, 앞서의 답변은 어떻게 변경되어야 하는가?

17. 문제 8에서 다루었던 고속도로 포장사업에 관한 문제를 다시 생각해보자. 또 다른 정치가는 "4%의 이자율 수준에서 이 사업의 추진은 바람직하지 않습니다. 이 사업이 비록 10년간 유지비용을 40억 달러 저감시킨다고 해도 40억 달러를 10년간 4%의 이자로 빌리는 것은 이자비용으로만 14억 4,000만 달러를 지불하는 것을 의미합니다. 따라서 이 사업의 10년간 총비용은 54억 4,000만 달러입니다"라고 주장하였다. 두 번째 정치가의 주장 가운데 틀린 것은 무엇인가?

18. 1990년의 예산집행법은 당해연도를 포함하여 향후 6년간의 적자추정치를 증가시키는 어떠한 정책도 금지시키는 PAYGO 제도를 탄생시켰다. 또 다른 형태의 PAYGO 제도는 전체 6년간 적자의 현재가치를 증가시키는 어떠한 정책도 금지시키는 방안을 생각해볼 수 있다. 이상과 같은 '매년' 단위의 PAYGO 제도와 '누적' 단위의 PAYGO 제도의 장단점에 대해 논하라.

제 2 부

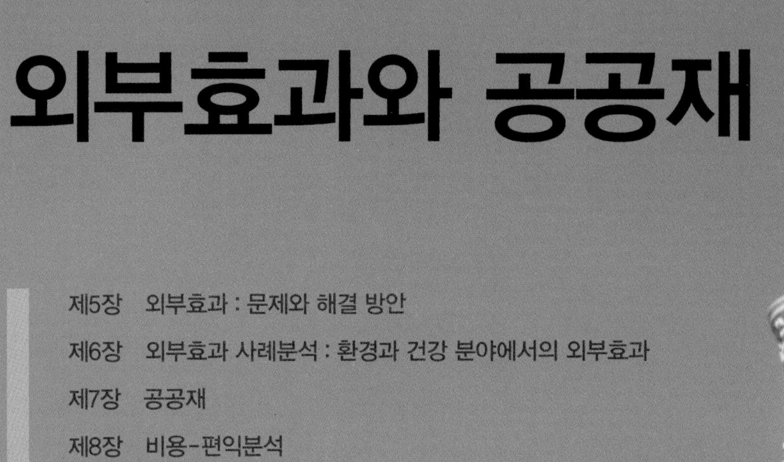

외부효과와 공공재

James Andrews/iStock/Getty Images

CHAPTER 5

외부효과 : 문제와 해결 방안

생각해볼 문제

- 외부효과란 무엇이며 왜 시장실패 요인이 되는가?
- 민간시장이 외부효과 문제를 해결할 수 있는 것은 언제인가?
- 외부효과 문제에 대한 공공부문의 해결책에는 어떤 것들이 있을 수 있으며 각각의 장단점은 무엇인가?

2015년 12월에 195개국의 대표가 역사상 가장 야심 찬 국제협상 중 하나를 시도하기 위해 프랑스 파리에서 회동하였다. 그리고 그 목적은 지구의 기온 상승을 억제하고 기온 상승의 결과에 대응할 준비를 하기 위한 국제협약을 마련하는 것이었다. 이 국제회의의 동기는 기후변화 문제에 대한 우려가 점증하고 있다는 것이었다. 그림 5-1에서 보여주듯이 20세기와 21세기에 지구의 기온은 꾸준히 상승해왔다. 이러한 온난화 추세의 이유가 인간의 활동, 특히 화석연료의 사용량 증가 때문이라는 데에 과학적으로 상당히 의견이 모이고 있다. 석탄, 석유, 천연가스와 휘발유 등의 화석연료를 연소시킬 때 배출되는 이산화탄소가 지구의 대기권 내 태양복사열을 가두어둠으로써 지구의 기온을 상승시키고 있는 것이다. 실제로, 과학자들은 금세기 말까지 지구의 기온이 10°F 정도 상승할 것이라고 예상하고 있다.[1] 지구의 해수면은 30년 후에 30cm 이상 상승할 것이며 이에 따라 일반적인 홍수와 저지대 해안 지역의 침수 위험이 증가할 것으로 전망된다. 예컨대 기후전문가들은 같은 기간 동안 방글라데시 영토의 17%가 사라질 것이며, 2,000만 명이 살던 곳을 떠나고 해당 지역경제는 파괴될 것으로 전망하고 있다.[2]

1 International Panel on Climate Change(2007). 지구온난화는 이산화탄소뿐만 아니라 메탄과 같은 다른 온실가스에 의해서도 영향을 받지만 이산화탄소가 주된 요인이기 때문에 편의상 모든 '온실가스'의 대표 격으로 이산화탄소를 쓰기로 한다.

2 Szczepanski et al.(2018).

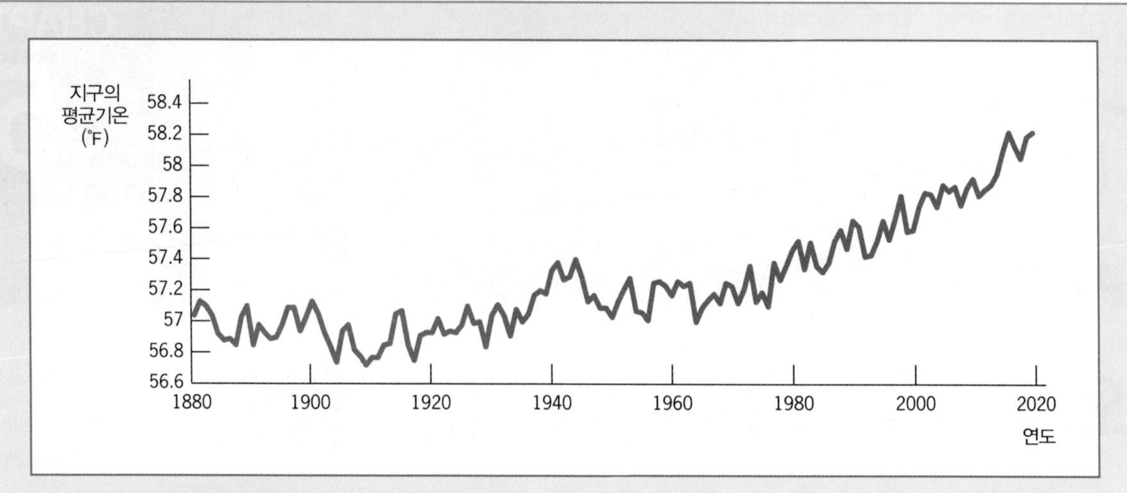

그림 5-1 지구의 평균기온(1880~2020년) 20세기에 걸쳐 지구의 기온은 지속적인 상승추세를 보여주었고, 이는 21세기에 들어와서도 지속되고 있다.

출처 : 수치는 NASA의 Goddard Institute for Space Studies(2021)에서 얻었음.

이러한 비관적 전망에도 불구하고 파리에 모인 국가들은 해결하기 대단히 힘든 문제에 맞닥뜨리게 되었다. 화석연료의 사용을 줄이는 데 드는 비용은 특히 주요 선진국들의 경우 어마어마한 규모이다. 화석연료는 난방, 운송, 조명 등에 필수적인 만큼 화석연료를 다른 에너지로 대체하게 되면 선진국 국민들의 생활비는 엄청나게 상승할 것이다. 혹자는 우리가 기후변화 문제를 종식시키려면 화석연료의 사용 규모를 산업혁명 이전의 19세기 수준으로까지 줄여야 한다고 주장한다.

그것은 어느 국가나 기꺼이 수용할 수 있는 요구사항이 아니지만 미국을 포함하여 대부분의 국가에서 온실가스를 상당히 감축할 것을 약속하였다. 미국은 온실가스 배출량을 2005년 수준보다 26~28%까지 감축할 것을 약속하였다.[3] 이러한 약속을 이행하기 위해 오바마 행정부는 기후행동계획(Climate Action Plan)을 수립하였다(자세한 내용은 제6장 참조). 이 합의를 지지하는 사람들은 그것을 지구를 위한 전환점이라 부르며 환영하였다. 블로그 '기후 진전(Climate Progress)'의 설립자인 조 롬(Joe Romm)은 이 협정을 '말 그대로 세상을 바꾸는 합의'라고 불렀다.[4] 지지자들은 화석연료 사용 감축에 따라 사라진 일자리들은 풍력과 태양에너지 같은 친환경 에너지 부문에서 대체할 것이라 주장하였다.

비판하는 사람들은 다른 예견에 초점을 맞추었다. 그들은 경제성장의 둔화와 미국에 대한 불공정한 부담을 이유로 이 합의를 무시하였다. 2017년, 트럼프 대통령은 파리협정을 탈퇴할 계획을 발표하였다. 미치 매코널 상원 원내대표는 파리협정에서 탈퇴하는 것을 '전국의 중산층과

3 United Nations Framework Convention on Climate Change(2016).

4 Romm(2015).

석탄 국가의 노동자들을 높은 에너지 가격과 잠재적인 실직으로부터 보호'한 것이라며 칭찬하였다. 2021년 1월 21일 대통령 취임 첫날, 바이든 대통령은 즉시 파리협정에 가입하고 미국이 야심 찬 기후 목표들을 달성할 것을 다시 약속하였다.[5]

화석연료의 사용에 따른 기후변화는 경제학자들이 **외부효과**(externality)라고 부르는 것의 전형적인 사례이다. 외부효과란 한 경제주체의 행동이 제3자에게 피해를 입히거나 편익을 가져다주지만 이 경제주체는 그에 따른 비용을 부담하지도, 보상을 받지도 않는 경우를 말한다. 따라서 미국의 어느 운전자가 도로주행을 하는 경우 이산화탄소의 배출량이 증가하게 되고, 이는 다시 지구 기온의 상승을 유발하며, 이로 인한 홍수 때문에 100년 이내에 방글라데시가 사라질 가능성이 커지게 될 것이다. 지금 이 책을 읽고 있는 학생은 강의를 듣기 위해 학교에 차를 몰고 오면서 이러한 점에 대해 생각해보았는가? 환경정책에 관심이 많은 학생이었다면 모르겠지만 그렇지 않다면 아마도 모르고 있었을 것이다. 배기가스가 초래할 피해 때문에 자동차 주행이 주는 즐거움이 감소하지는 않을 테니 말이다. 외부효과는 일상생활에서 사람들이 상호작용을 하는 과정에서 자주 발생한다. 때때로 외부효과는 기숙사에서 방을 함께 쓰는 학생이 음악을 너무 크게 틀어놓았을 경우 룸메이트에게 미치는 효과나 자신이 키우는 개가 이웃집 정원을 엉망으로 만들어놓았을 경우처럼 국지적이고 사소한 문제로 나타난다. 하지만 외부효과는 기후변화나 산성비의 경우처럼 훨씬 더 큰 규모로 나타날 수도 있다. 중서부 지역의 전기회사가 석탄을 사용하여 전기를 생산한다면 그 부산물로서 이산화황과 질소산화물이 대기 중에 배출될 것이고 이들은 황산 및 질산을 만들게 된다. 이들 산성 물질은 수백 마일 떨어진 지역으로 이동하여 지상으로 다시 떨어지게 되는데 그 과정에서 삼림을 황폐화시키므로 수십억 달러의 재산피해와 함께 해당 지역의 인구 중 호흡기 질환자를 증가시킨다. 정부의 개입이 없다면 중서부 지역의 전기회사들은 그 누구도 자신들의 생산 활동이 가져온 오염피해의 비용을 부담하려 하지 않을 것이다. 그러나 제6장에서 논의하게 될 정부 규제 덕분에 이런 유형의 오염은 상당한 정도로 감소하였다.

외부효과 한 경제주체의 행동이 다른 경제주체의 후생을 증가시키거나 감소시키지만 그에 대해 보상을 받지도, 비용을 부담하지도 않는 경우

외부효과는 제1장에서 논의한 **시장실패**(market failure)의 전형적인 사례가 된다. 재정학의 네 가지 질문 중에서 가장 중요한 것은 과연 정부의 개입이 언제 바람직한가라는 것이었다. 이 장에서 살펴보게 되겠지만 외부효과는 정부 개입에 정당성을 부여하는 전형적인 사례가 된다. 실제로 2012년에는 연방정부에 고용되어 있는 공무원 가운데 약 6.4%인 176,950명의 공무원이 환경보호청(EPA)이나 내무부와 같은 정부기관에서 환경과 관련된 외부효과를 다루는 업무에 종사하고 있는 것으로 추산되었다.[6] 이 장은 외부효과의 성격을 논의하는 것으로부터 출발한다. 이 장에서 다른 외부효과 사례도 간략하게 다루기는 하겠지만 주로 환경 문제에 초점을 맞추어 논의가 진행될 것이다. 그다음에는 과연 외부효과 문제에 대응하기 위해 정부 개입이 필요한지, 그리고 어떤 조건하에서 민간시장이 외부효과 문제를 해결할 수 있는지에 대해 살펴보고자 한다. 그리고 정부가 외부효과 문제를 다루기 위해 사용할 수 있는 정책적 수단들을 살펴볼 것인

시장실패 시장경제가 효율성을 극대화하지 못하는 결과를 가져오게 하는 문제

5 Levy(2017).

6 U.S. Office of Personnel Management(2012)의 추정치.

데, 특히 정부가 개입하려는 시장의 특성에 관한 여러 가지 가정하에서 각 정책수단의 비용과 편익을 비교해볼 것이다. 다음 장에서는 미국을 위시해서 많은 나라들이 오늘날 직면하고 있는 가장 중요한 외부효과 문제 중 하나인 미세먼지, 기후변화 및 흡연 · 음주 · 비만과 같은 보건상의 외부효과 사례들에 대하여 이러한 이론들을 적용해볼 것이다.

5.1 외부효과의 이론적 측면

이 절에서는 외부효과에 관한 기본 이론을 살펴본다. 뒤에서 강조하게 되겠지만 외부효과는 재화의 생산 과정뿐만 아니라 소비 과정에서 나타나기도 하며, 앞에서 다룬 예에서처럼 부정적일 수도 있고 긍정적일 수도 있다. 먼저 가장 전형적인 사례로서 생산에 있어서의 부정적 외부효과를 다루어보자.

생산의 부정적 외부효과

미국의 어느 강 옆에 철강 공장이 위치해 있다고 가정하자. 이 공장에서는 강철 제품을 생산하지만 동시에 공장 소유주에게는 아무 소용이 없는 '슬러지(끈적끈적한 침전물)'가 부산물로서 만들어지고 있다. 그는 원치 않는 이 부산물을 버리기 위해 공장의 뒷부분 바깥에 파이프를 설치해놓고 강으로 방류하고 있다. 슬러지의 양은 강철 생산량에 직접적으로 비례해서 강철 한 단위를 추가적으로 생산하면 그에 따라 슬러지도 한 단위 더 생산된다.

그러나 이 철강 공장만 강을 사용하는 것은 아니다. 저 밑의 하류에는 전형적인 어장이 형성되어 있어서 어부들이 고기를 잡아 그 지역 식당에 공급하고 있다. 철강 공장이 슬러지를 강에 투기하면서부터 어획량이 줄어들어 어부들의 수입이 크게 줄어들게 되었다.

생산의 부정적 외부효과 한 기업의 생산 활동이 다른 경제주체의 후생을 감소시키지만 이에 대해 해당 기업이 보상하지 않는 경우

이 시나리오는 외부효과의 전형적 사례이다. 철강 공장은 어부들에게 **생산의 부정적 외부효과**(negative production externality)를 끼치고 있는데 이는 강철 생산이 어부들의 후생 수준을 낮추고 있음에도 공장은 그들의 손실을 보상하지 않고 있기 때문이다.

이 외부효과를 분석하는 한 가지 방법은 이 공장이 생산하는 강철시장의 수요 · 공급에 관한 그래프를 그려서 사적인 편익 및 비용을 사회적인 편익 및 비용과 비교해보는 것이다(그림 5-2). 사적인 편익 및 비용이란 강철시장의 참여주체(강철제품의 생산자 및 소비자)에게 직접적으로 발생하는 편익 및 비용이다. 사회적인 편익 및 비용이란 사적인 편익 및 비용에 이 강철시장의 외부에서 철강 공장의 생산 과정으로 인해 영향을 받는 제3자(어부)가 누리는 편익이나 부담해야 하는 비용을 합한 것이다.

사적 한계비용(*PMC*) 재화를 추가적으로 한 단위 더 생산할 때 생산자가 직접 부담하는 비용

사회적 한계비용(*SMC*) 생산자의 사적 한계비용과 재화의 생산과 관련하여 제3자가 부담해야 하는 비용의 합계

제2장에서 이미 공부한 것처럼 어떤 재화(이 경우 강철)의 시장공급곡선 위의 모든 점은 해당 단위에 있어서 생산의 **사적 한계비용**(private marginal cost, *PMC*)을 나타낸다는 사실을 상기하자. 그러나 생산 측면에서의 후생은 강철 한 단위를 추가적으로 생산하기 위해 기업이 부담하는 사적 한계비용과 이 재화의 생산으로 인해 제3자가 부담해야 하는 모든 비용을 합한 **사회적 한계비용**(social marginal cost, *SMC*)에 의해 결정된다. 제2장에서는 시장실패가 없는 상태에서

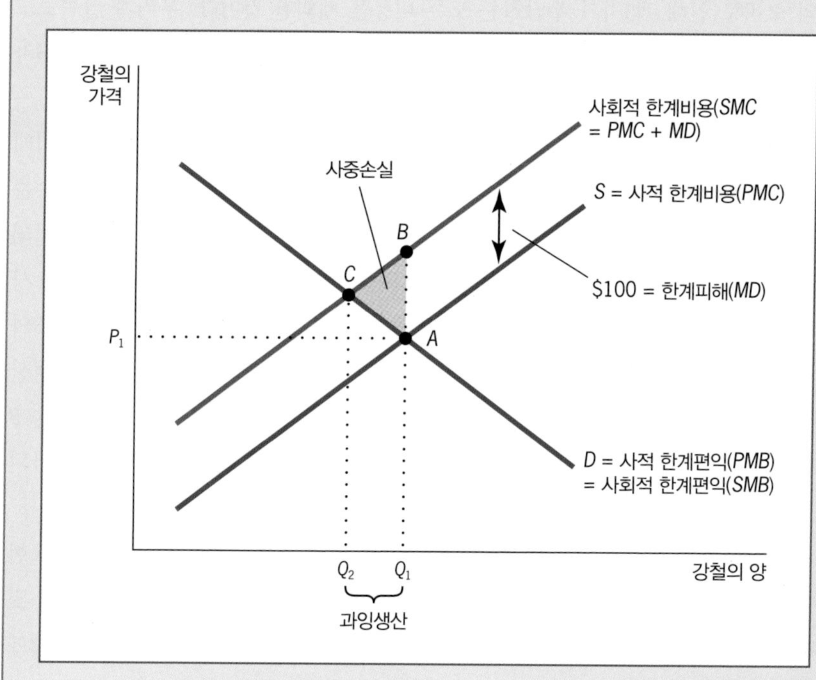

그림 5-2 강철시장에서 생산의 부정적 외부효과로 인한 시장실패 생산되는 강철 1단위당 100달러의 부정적 외부효과(한계피해, *MD*)로 인해 사회적 한계비용곡선은 사적 한계비용곡선의 위에 위치하게 되며, 사회적 적정량(Q_2)은 경쟁적 시장에서의 균형량(Q_1)에 비해 적다. 따라서 $Q_1 - Q_2$만큼의 과잉생산이 이루어지고 있으며 이로 인해 면적 *BCA*만큼의 사중손실이 발생하고 있다.

강철 생산의 사회적 비용이 생산자의 사적 비용과 일치하므로 $SMC = PMC$여서 양자를 구분할 필요가 없었고, 따라서 사회후생을 계산함에 있어서 공급곡선을 그대로 사용하였다.

그러나 외부효과가 존재하는 경우 이런 방법은 적절하지 않다. 외부효과가 존재한다면 $SMC = PMC + MD$이며 이때 *MD*는 어부가 입는 손실처럼 강철 생산으로 인해 제3자가 입게 되는 한계피해를 의미하는 것으로 강철을 한 단위씩 추가로 생산함에 따라 발생하는 피해를 말한다. 예를 들어 강철 한 단위를 생산할 때마다 100달러어치의 물고기를 죽이는 슬러지가 만들어진다고 가정하자. 따라서 그림 5-2에서처럼 *SMC* 곡선은 *PMC*(공급) 곡선을 100달러의 한계비용만큼 상향 이동한 것이다.[7] 즉 Q_1의 생산량 수준(*A*점)에서 사회적 한계비용은 그 점(P_1의 크기에 해당하는)에서의 사적 한계비용에 100달러를 합한 것(*B*점)이 된다. 매 생산 단위는 어부에게 100달러의 피해를 입히지만 이 손실은 보상받지 못하기 때문에 모든 생산량 수준에서 사회적 비용은 사적비용보다 100달러가 더 높다.

제2장에서 이미 공부한 것처럼 강철의 시장수요곡선 위의 모든 점은 해당 단위에 있어서 모든 소비자의 지불의사를 합한 것 또는 **사적 한계편익**(private marginal benefit, *PMB*)을 나타낸다는 사실을 상기하자. 그러나 이번에도 역시 소비 측면에서의 후생은 강철 한 단위의 **사회적 한계편익**(social marginal benefit, *SMB*)에 대해 정의되어야 하며 이는 소비자가 얻는 사적 한계편

사적 한계편익(*PMB*) 재화를 추가적으로 한 단위 더 소비할 때 소비자가 직접 누리는 편익

사회적 한계편익(*SMB*) 소비자의 사적 한계편익에서 재화의 소비와 관련하여 제3자가 부담해야 하는 비용을 빼준 것

7 이 예에서는 생산되는 강철 매 단위마다 피해가 똑같다고 가정하고 있지만 실제로는 생산량 변화에 따라 피해 규모가 커질 수도, 줄어들 수도 있다. 피해 규모가 변화하는지 아니면 동일한지에 따라 사회적 한계비용곡선의 형태는 달라진다. 삼각형의 높이는 사회적 한계비용과 사회적 한계편익의 차이, 즉 한계피해(MD)이다.

익에서 이 재화의 소비로 인해 제3자가 부담하는 모든 비용을 제외한 것이다. 우리가 살펴보고 있는 예의 경우 강철 소비의 외부비용이 존재하지 않으므로 그림 5-2에서처럼 $SMB = PMB$가 된다.

제2장에서 경쟁적 시장의 사적 균형은 그림 5-2의 *A*점이라는 사실을 살펴본 바 있으며 이때 P_1의 가격 수준에서 Q_1이 생산된다. 동시에 이는 민간시장에서 사회적 효율이 극대화되는 수준이라는 사실도 살펴보았다. 외부효과가 존재하는 경우라면 이와 같은 관계는 더 이상 성립되지 않는다. 사회적 효율은 사적 한계편익과 사적 한계비용곡선이 아니라 사회적 한계편익과 사회적 한계비용곡선에 대하여 정의되어야 한다. 슬러지 투기의 부정적 외부효과 때문에 *SMB*와 *SMC* 곡선은 *C*점에서 교차하고 이때 소비 수준은 Q_2가 된다. 철강 공장의 소유주는 강철 생산량 매 단위 때문에 하류의 물고기가 죽어가고 있다는 사실을 고려하지 않으므로 공급곡선은 *B*점이 아니라 *A*점에서 Q_1의 생산비를 과소평가하게 된다. 따라서 지나치게 많은 강철이 생산되고($Q_1 > Q_2$), 사적인 시장 균형은 더 이상 사회적 효율을 극대화하지 못하게 된다.

사회적 효율을 극대화하는 생산량 수준으로부터 멀어지게 되는 경우 (*SMC* 곡선에 의해 표현되는) 사회적 비용이 ($D = SMB$ 곡선으로 표현되는) 사회적 편익을 능가하는 수준에서 생산 및 소비가 이루어지므로 사회적 차원에서 사중손실(deadweight loss)이 발생하게 된다. 우리의 예에서 사중손실의 크기는 *BCA*의 면적과 같다. 사중손실 삼각형의 너비(width)는 사회적 비용이 사회적 편익을 능가하는 규모인 $Q_1 - Q_2$와 같고, 높이는 사회적 한계비용과 사회적 한계편익의 차이, 즉 한계피해비용과 같다.

소비의 부정적 외부효과

외부효과가 시장의 생산 측면에서만 발생하는 것은 아니다. 흡연의 경우를 생각해보자. 흡연이 허용되는 식당 안에서 한 손님이 담배를 피우게 되면 다른 손님의 즐거운 식사에 부정적인 영향을 끼친다. 그러나 그렇다고 해서 어떤 식으로든 그에 대한 보상이 이루어지는 것도 아니다. 이는 **소비의 부정적 외부효과**(negative consumption externality)의 예로서 이 경우 한 재화의 소비는 다른 사람의 후생 수준을 낮추지만 이 손실에 대한 보상은 이루어지지 않는다. 소비에 있어서 부정적 외부효과가 존재하는 경우 $SMB = PMB - MD$이며 이때 *MD*는 한 단위의 소비가 다른 사람에게 미치는 한계피해를 의미한다. 예컨대 *MD*가 담배 한 갑당 40센트라면 다른 사람에게 미치는 한계피해의 크기는 담배 1갑을 피울 때마다 40센트가 된다.

소비의 부정적 외부효과 한 소비자의 소비 활동이 다른 경제주체의 후생을 감소시키지만 이에 대한 보상이 이루어지지 않는 경우

그림 5-3은 담배시장의 수요와 공급을 나타내고 있다. 공급곡선과 수요곡선은 각각 *PMC*와 *PMB*를 나타낸다. 사적 균형은 공급(*PMC*)과 수요(*PMB*)가 일치하는 *A*점이며 이때 담배가격은 P_1, 거래량은 Q_1이 된다. 이 예에서 담배 생산의 외부효과는 존재하지 않으므로 *SMC*와 *PMC*는 일치한다. 그러나 *SMB*는 *PMB*보다 갑당 40센트가 더 낮다는 사실에 유의하자. 즉 담배 소비로 인한 사회적 편익은 사적 편익보다 매 단위당 40센트가 더 낮은 것이다. 즉 Q_1만큼을 생산하는 경우(*A*점) 사회적 한계편익은 그 점에서의 사적 한계편익(P_1의 크기에 해당하는)에서 40센트를 차감한 만큼이 된다(*B*점). 담배 1갑마다 사회적 편익은 사적 편익에 비해 40센트가 더 낮은데,

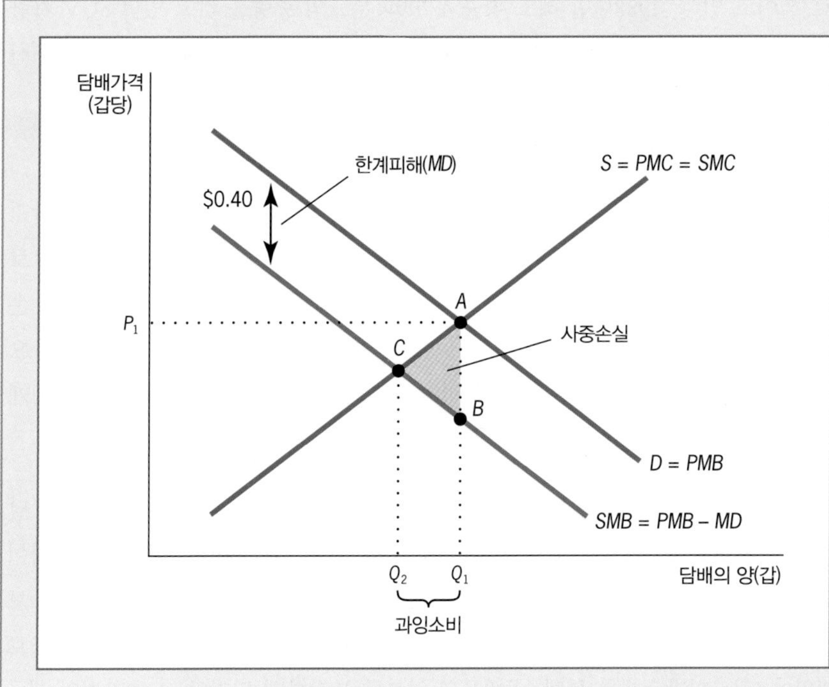

그림 5-3 담배시장에서 소비의 부정적 외부효과로 인한 시장실패 담배 1갑당 40센트의 부정적 외부효과로 인해 사회적 한계편익곡선은 사적 한계편익곡선의 아래에 위치하게 되며, 사회적 적정량(Q_2)은 경쟁적 시장에서의 균형량(Q_1)에 비해 적다. 따라서 $Q_1 - Q_2$만큼의 과잉소비가 이루어지고 있으며 이로 인해 면적 *ACB*만큼의 사중손실이 발생하고 있다.

이는 흡연자가 담배 한 갑을 피울 때마다 다른 사람들에게 보상하지 않는 40센트씩의 비용을 발생시키기 때문이다.

사회적 후생을 극대화하는 소비 수준인 Q_2는 *C*점이며 이 점에서 *SMB*＝*SMC*가 된다. 따라서 $Q_1 - Q_2$만큼 담배의 과소비가 이루어지고 있으며 Q_1과 Q_2 사이의 모든 단위에 있어서 사회적 비용(*SMC* 곡선의 *A*점)은 사회적 편익(*SMB* 곡선상에 있는)을 능가하고 있다. 결과적으로 담배시장에는 사중손실(면적 *ACB*)이 존재한다.

응용사례

SUV 차량의 외부효과[8]

1985년에 자동차의 평균적인 중량은 약 3,200파운드 정도였으며 도로상의 가장 무거운 차는 4,600파운드였다. 2020년에 자동차의 평균 중량은 4,035파운드이었고, 가장 무거운 차는 6,600파운드에 달하였는데 이러한 변화의 주범은 SUV 차량이다. 원래 SUV라는 용어는 일반 포장도로가 아닌 험난한 지역에서 주행할 수 있는 대형 차량에 대해서만 사용했지만, 현재는 일반 도로가 아닌 곳을 주행하기에 적합하지 않아도 SUV라는 명칭으로 판매되는 모든 대형 승용차량

---

8 이 응용사례에서 제시된 모든 수치들은 환경보호청, 국민소득 및 생산품 계정, Ulrich(2019), www.vehq.com과 Grabar (2019)에서 수집되었다.

을 일컫는 말로 쓰이고 있다. 1988년만 해도 평균 4,799파운드의 중량을 갖고 있던 SUV 차량은 전체 자동차 판매량의 6.4%에 불과하였지만 31년이 지난 2019년에는 당해연도에 판매된 신차의 70% 이상을 차지하였다.

SUV 차량과 같은 대형차의 소비는 세 가지 종류의 부정적 외부효과를 발생시킨다.

환경적 외부효과 자동차 주행이 기후변화 문제를 야기하는 정도는 자동차가 1마일을 달리는데 필요한 화석연료의 양에 비례한다. 2020년 평균적인 소형차나 중형차의 경우 1갤런으로 32.0마일을 달리지만 평균적인 SUV 차량은 23.9마일밖에 달리지 못한다. 이는 SUV 차량의 운전자가 통근 등을 위해 차를 사용하는 경우 더 많은 휘발유를 소비함으로써 화석연료의 사용으로 인한 배기가스의 배출을 증가시킨다는 것을 의미한다. 그러나 SUV 차량의 운전자는 이렇게 증가된 환경비용을 부담하지 않으므로 부정적 외부효과가 된다.

도로의 마모 2019년에 미국의 연방정부, 주정부 및 지방정부는 도로 보수를 위해 1,630억 달러를 지출하였다. 도로 손상은 여러 가지 이유에 의해 일어나지만 그중에서도 주범은 승용차이고, 손상의 정도는 차의 중량에 비례한다. 사람들이 SUV 차량을 운전할 때마다 정부의 도로 보수비용은 그만큼 늘어나게 된다. SUV 차량의 운전자는 더 많은 휘발유를 사용하므로 고속도로 보수비용의 재원이 되는 휘발유세를 통해 이 비용의 일부를 부담하게 되지만 그 추가적인 세금이 SUV 차량이 야기하는 도로 손상을 보수하기에 충분한 재원이 될지는 불확실하다.

안전상의 외부효과 SUV 차량의 주된 매력은 도로상의 다른 차보다 훨씬 더 크다는 점에서 안전하다는 느낌을 준다는 점이다. 그러나 다른 차의 입장에서 보면 이는 그만큼 더 불안감을 조성하게 되므로 안전감의 장점은 추가적인 불안감이라는 단점으로 상쇄된다. 평균적인 중량의 차가 전형적인 SUV 차량과 부딪치는 경우 이 사고가 치명적일 확률은 같은 크기의 차와 부딪칠 때보다 4배나 더 증가한다. 따라서 SUV 차량의 운전자는 다른 운전자에게 부정적인 외부효과를 일으키게 되는데 이는 위험한 사고가 발생할 가능성의 증가에 대해 다른 운전자들이 보상을 받지 못하기 때문이다.그리고 보행자의 피해는 더욱 심각할 수 있다. 운전자의 사망자 수는 꾸준히 감소하고 있는 반면, 자전거 이용자와 보행자의 사망자 수는 증가하고 있다. 2018년에는 6,200명 이상의 보행자가 사망하였으며 이는 2009년보다 50% 증가한 수치이다. 이러한 사망사고에 대한 SUV의 연관성은 다른 종류의 자동차보다 훨씬 빠르게 증가하고 있다. ■

긍정적 외부효과

생산의 긍정적 외부효과 한 기업의 생산 활동이 다른 경제 주체의 후생을 증가시키지만 이에 대해 해당 기업이 보상받지 못하는 경우

외부효과라고 하면 보통 부정적 외부효과를 생각하는 경향이 있지만 모든 외부효과가 다 나쁜 것은 아니다. 시장에 의한 자원 배분과 관련하여 **생산의 긍정적 외부효과**(positive production externality)도 있을 수 있는데 이 경우 한 기업의 생산 활동은 다른 기업에게 혜택을 주지만 이에 대해 이 기업이 보상을 받지는 않는다. 긍정적 외부효과의 전형적인 사례로 기업의 연구개발(R&D) 지출을 들 수 있다. 이는 기업이 새로운 기술, 프로세스 및 재화의 생산성을 증대시키는 여타 요인들을 개발하는 데에 투자하는 것이다. 미국의 기업 R&D 지출액은 2018년에

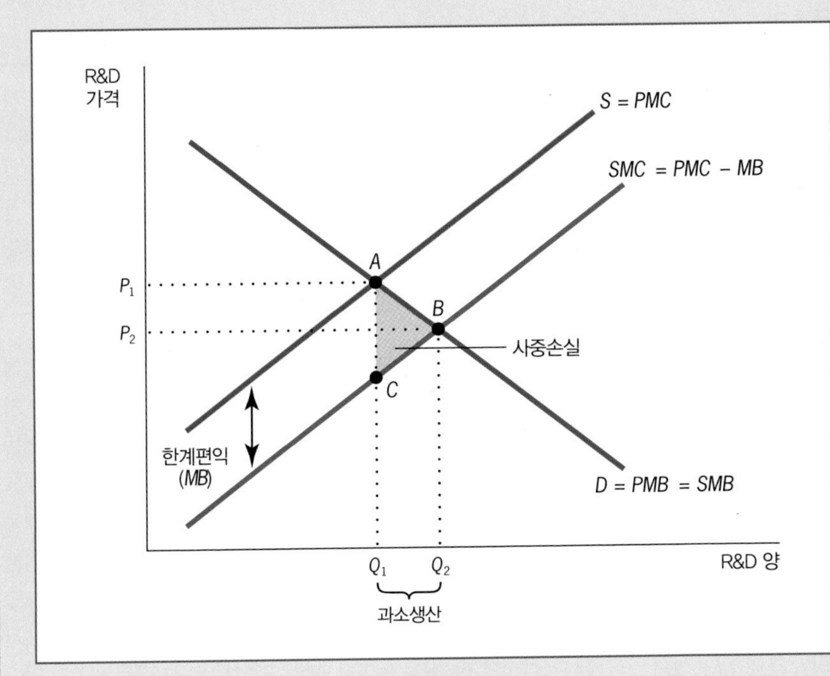

그림 5-4 연구개발 시장에서 생산의 긍정적 외부효과로 인한 시장실패 어느 한 기업의 R&D 지출은 다른 기업들에게 더 많은 이윤 기회를 제공하므로 긍정적인 외부효과를 발생시킨다. 이로 인해 사회적 한계비용은 사적 한계비용 아래에 위치하며 사회적 적정량(Q_2)은 경쟁적 시장에서의 균형량(Q_1)에 비해 많다. 따라서 Q_2-Q_1만큼의 과소생산이 이루어지고 있으며 이로 인해 면적 *ABC*만큼의 사중손실이 발생하고 있다.

4,040억 달러를 기록하였다.[9]

'실증적 증거' 코너에서 논의하듯 기업 R&D 지출에 대한 수익률은 높지만 그 사회적 수익률은 훨씬 더 높다. 이는 한 기업의 R&D에서 창출된 다른 기업들에 대한 막대한 파급효과 때문이다. 과학 분야에서 기업 투자의 대부분은 완전히 그 기업에 국한된 것이 아니며 관련 기술 분야의 다른 기업들에 대한 보다 일반적인 교훈을 가질 수 있다. 따라서 어떤 기업의 R&D는 다른 기업들의 지식과 기술 역량을 증대시켜 긍정적 외부효과를 창출한다.

그림 5-4는 R&D에서의 긍정적 외부효과를 보여주기 위해 R&D에 대한 시장을 나타낸다. R&D의 사회적 한계비용은 사적 한계비용보다 낮은데 이는 R&D가 다른 기업의 미래이윤에 긍정적인 영향을 미치기 때문이다. 한 기업의 R&D 1달러의 한계편익이 관련 기술을 개발하는 다른 기업들의 예상이윤을 증가시킨다는 측면에서 일정한 금액 *MB*라고 가정하자. 이 결과 *SMC*는 *MB*만큼 *PMC*의 밑에 위치한다. 따라서 R&D 시장에서의 사적 균형(*A*점의 Q_1)은 적정 수준(*B*점의 Q_2)에 비해 과소생산(underproduction)의 문제를 낳는데 이는 최초의 기업이 다른 기술개발자들에게 제공한 편익에 대해 보상을 받지 못하기 때문이다.[10] 이와 함께 **소비의 긍**

소비의 긍정적 외부효과 한 소비자의 소비 활동이 다른 경제주체의 후생을 증가시키지만 이에 대한 보상이 이루어지지 않는 경우

9 National Science Foundation(2020).

10 생산에 있어서 긍정적 외부효과의 존재는 경제학자들의 오랜 관심사이다. 최근 Greenstone 외(2010)는 '집적의 경제(agglomeration economies)'가 존재할 가능성을 주장하였다. 대규모 공장이 설립되면 집적의 경제를 통해 더 풍부한 노동시장이 형성되고, 판매자와 구매자 사이의 운송비가 낮아지며, 지식의 확산을 용이하게 하는 조건이 형성되므로 주변에 있는 공장의 생산성이 상승하게 된다는 것이다. 연구자들은 새로운 주요 계획에 대한 경쟁에서 '이긴' 카운티와 '진' 카운티를 비교한 결과 승자가 지역 내 기존 공장에서의 생산성 증가가 훨씬 더 빨랐음을 알게 되었다.

실증적 증거 R&D의 파급효과

한 기업의 연구개발(R&D)은 생산에서의 긍정적 외부효과를 초래하는 중요한 '지식 파급'으로 이어질 수 있다. 그렇지만 이러한 지식 파급효과와 기업의 R&D 활동에 대한 사회적인 수익에 대해 결과적인 함의를 측정하는 것은 제3장에서 제기한 측정상의 어려운 문제들과 비교불가능성 편의로 인한 문제들로 인하여 도전적이었다.

파급효과의 영향을 실증적으로 추정하는 데 있어 가장 큰 어려움은 지식이 누구에게 파급될 것인지를 식별하는 것이다. 이론적으로 한 기업이 연구를 수행하면 다양한 다른 기업에게 혜택을 줄 수 있다. 예를 들어, 한 제약회사가 신약 제조에서의 효율성을 높이는 신기술을 개발하면 유사한 제품을 제조하는 다른 모든 기업에 이익이 된다. 그러나 어디까지가 '유사한' 것이며, 그것을 어떻게 측정할까?

그다음의 어려움은 지식 파급효과의 이점을 공유하는 기업들이 제품 판매를 위해서는 또한 경쟁할 수도 있다는 것이다. 따라서 한 기업이 R&D에 더 많이 투자하면 경쟁자에게 두 가지 상쇄하는 효과를 줄 수 있다. 경쟁자는 더 나은 지식으로 인하여 더 많이 생산할 수도 있지만, 더 치열한 경쟁에 직면하면서 판매량이 줄어들 수도 있다. 그러므로 한 기업의 R&D 투자가 다른 기업의 생산과 이윤에 미치는 순효과는 불분명하다.

마지막으로, 우리는 제3장에서 설명한 유형의 편의 문제에 직면해 있다. R&D에 얼마나 투자할지에 대한 기업의 의사결정은 유사한 기업들에도 영향을 미치는 외부 시장 조건에 의해 결정된다. 예를 들어, 인터넷의 급속한 확장은 모든 기업의 정보 기술 R&D 투자에 대한 높은 수익을 가져왔다. 따라서 한 기업이 R&D에 더 많이 투자하였고 다른 유사한 기업들도 그렇게 투자하였다는 사실이 파급효과라 할 수 없으며, 오히려 일반적으로 생략된 요소들이 있음을 의미한다.

Bloom 외(2013)의 인상적인 논문은 이 세 가지 문제 모두를 설득력 있게 다룬다. 첫 번째 문제를 해결하기 위해 연구자들은 기술발전의 핵심 척도가 특정 기술활동과 관련된 새로운 특허라는 것을 강조하면서 '기술적 근접성'이라는 척도를 만들었다. 연구자들은 각 기업의 특허가 가지는 특성을 사용하여 기업들이 기술 공간에서 얼마나 가까운지, 그리고 어떤 기업이 지식 파급효과로부터 가장 많은 혜택을 얻을 수 있는지 정의하였다. 두 번째 문제를 해결하기 위해 연구자들은 '제품 시장 근접성'이라는 동일한 척도를 만들어 기업 유사성을 판매하는 제품 유형에 기반하여 정의하였다.

중요한 것은 이 두 척도는 서로 독립적이라는 것이다. 애플과 인텔을 생각해보자. 애플은 반도체 기술을 이용한 다양한 제품들을, 인텔은 다양한 기업에서 사용하는 반도체를 생산한다. 기술적인 응용 프로그램에서 반도체를 가장 잘 활용하는 방법에 대한 R&D는 두 기업 모두 공통적이기에 두 기업은 지식 공간에서 가까이 있다. 그러나 그들은 매우 다른 제품들(애플은 전화, 태블릿 및 컴퓨터 등을 생산하지만 인텔은 반도체 칩을 생산)을 판매하므로 제품 공간에서는 그다지 경쟁하지 않는다. 따라서 인텔의 R&D가 애플에 미치는 영향을 조사하여 제품 시장의 파급효과가 아닌 기술 파급효과를 식별할 수 있다.

마지막으로 편의 문제를 해결하기 위해 Bloom 외(2013)는 기업에 따라 R&D에 보조금을 차등 지급하는 다양한 정부 정책이 있다는 사실을 이용하였다. 예를 들어, 법인세법(제24장에서 자세히 설명)에는 R&D에 대한 세액공제가 포함되어 있어 기업의 R&D 비용을 낮추고 더 많은 R&D를 하도록 장려한다. 더욱이, 미국 주별로 R&D 세액공제제도는 상당한 차이가 있으며, 시간이 지남에 따라 이러한 세액공제상의 변화는 일부 기업에게 다른 기업에게는 제공되지 않는 R&D에 대한 차등적인 혜택을 제공하였다. 예를 들어, A라는 주(state)에서는 R&D 세액공제율을 높이고 B라는 주에서는 공제율을 바꾸지 않았다고 가정해보자. 이러한 정책 변화는 A주에 위치한 기업들의 R&D 증가로 이어질 것이다. 기술 공간상 근접한 B주의 기업들에게는 이러한 R&D 증가가 긍정적인 파급효과를 가져온다. 그들은 새로운 세금감면으로 인한 지식 증대로부터 혜택을 받지만 세금혜택 자체는 받지 않는다. 따라서 A주에서의 세금감면 정책으로 B주의 기업들 중 A주의 세제혜택을 받은 기업들과 기술 공간상 가깝지만 제품 공간상에서는 그렇지 않은 기업들에서 더 많은 R&D가 발생한다면 이는 R&D의 긍정적 파급효과의 증거가 된다.

연구자들의 모형은 놀라운 결과를 제공한다. R&D에 대한 사회적 수익은 사적 수익의 약 3배에 이르는 것으로 나타났다! 특히, 기업 자체의 R&D 투자 수익률은 21%이다. 즉, R&D에 100달러를 투자하면 기업의 생산량이 연간 21달러 증가한다. 이것은 매우 높은 수익률이며, 더 위험한 투자가 은행에 돈을 보관하는 것과 같은 안전한 투자보다 더 높은 수익을 얻는다는 사실과 일관된다.

그러나 사회적 수익률은 기술 공간과 제품 공간을 공유하는 기업들에 미치는 모든 파급효과를 고려할 경우 58%로 R&D 기업 자체 수익률의 거의 3배에 달한다! 다시 말해, 한 기업이 R&D에 100달러를 투자할 때마다 사회 전체적인 생산량은 거의 연간 60달러 증가한다는 말이다. 이것은 엄청난 수익률이다. 더 중요한 것은, 이러한 결과가 매우 중요한 긍정적인 지식의 파급효과, 즉 긍정적 외부효과를 시사한다는 것이다.

정적 외부효과(positive consumption externality)도 있을 수 있다. 예를 들어 내 이웃사람이 자신의 집 주변을 조경하려고 한다고 가정해보자. 이를 위해 그는 1,000달러의 비용을 지불해야 하지만 조경을 통해 그가 얻는 편익은 800달러에 불과하다. 우리 집의 침실이 그의 집을 바라보고 있기 때문에 나는 더 멋진 경관을 즐길 수 있게 되며 더 좋아진 경관은 나에게 300달러만큼의 가치가 있다. 따라서 집 주변의 경관이 더 아름다워지는 것에 대해 내 이웃사람의 사적인 편익은 800달러에 불과하지만 사회 전체의 한계편익은 1,100달러가 된다. 이와 같은 사회적 한계편익이 사회적 한계비용(1,000달러)을 능가하므로 내 이웃사람이 집 주변 경관을 꾸미는 것은 사회적 관점에서 보아 효율적이다. 그러나 내 이웃사람은 그의 사적인 한계비용(1,000달러)이 사적인 편익(800달러)을 능가하므로 조경공사를 하려 하지 않을 것이다. 내 이웃사람이 집 주변의 경관을 아름답게 꾸미면 나에게는 긍정적인 효과를 미칠 것이지만, 이런 효과에 대해서 아무런 보상이 존재하지 않으므로 조경 활동에 대한 자원 배분은 너무 적게 이루어지게 된다.

▶ **즉석 힌트** 그래프를 사용하여 외부효과를 분석하는 경우 어느 곡선을 어느 방향으로 이동시켜야 하는지에 대해 혼란이 생길 수 있다. 정리해보자면 다음과 같이 네 가지 경우가 있을 수 있다.

- 생산의 부정적 외부효과 : *SMC* 곡선은 *PMC* 곡선의 위에 위치한다.
- 생산의 긍정적 외부효과 : *SMC* 곡선은 *PMC* 곡선의 밑에 위치한다.
- 소비의 부정적 외부효과 : *SMB* 곡선은 *PMB* 곡선의 밑에 위치한다.
- 소비의 긍정적 외부효과 : *SMB* 곡선은 *PMB* 곡선의 위에 위치한다.

이러한 사실을 염두에 두면서 고려해야 할 핵심 사항은 특정 사례가 어떤 경우에 해당되는지를 생각해보는 일이다. 이는 두 단계로 이루어진다. 첫째, 외부효과가 생산 활동에서 비롯되는지 아니면 소비 활동에서 비롯되는지를 파악해야 한다. 그다음으로는 외부효과가 긍정적인지 부정적인지를 파악해야 한다.

철강 공장의 예는 외부효과가 강철의 생산과 관련된 것이지 소비와 관련된 것이 아니라는 점에서 생산의 부정적 외부효과이다. 즉 슬러지는 소비가 아니라 생산 과정에서 만들어지는 것이다. 마찬가지로 우리가 살펴본 흡연의 사례는 외부효과가 담배의 소비와 관련된 것이므로 소비에 있어서의 부정적 외부효과이다. 간접흡연은 담배의 제조 과정에서가 아니라 담배를 소비하는 과정에서 나타나는 문제점이다.

5.2 부정적 외부효과에 대한 민간부문 해결 방안

미시경제학에서 시장은 결함이 있다는 증거가 나타나기 전까지는 아무 문제도 없는 자원 배분 기구이다. 이와 같은 원리를 탁월하게 적용한 사례로는 시카고대학교 법대의 로널드 코스(Ronald Coase)의 고전적인 연구를 들 수 있다. 1960년에 코스는 왜 시장이 외부효과의 관련 당사자들에게 보상을 하지 않는지 의문을 품었다.[11]

해결 방안

시장이 외부효과의 당사자들에게 어떻게 보상할 수 있는지 알아보기 위해서 철강 공장의 예에

11 원 논문을 참고하려면 Coase(1960)를 보라.

서 어부들이 강물을 소유하고 있다면 어떻게 달라질지 알아보자. 그들은 철강 공장으로 달려가 그들의 생계를 위협하는 슬러지 투기를 당장 멈추도록 요구할 것이다. 강의 소유권은 그들에게 있으므로 당연히 그럴 수 있는 권리가 있으며 그 소유권이 강의 사용 방법을 통제할 수 있는 권한을 부여해주기 때문이다.

만일 슬러지로 인한 피해를 줄일 수 있는 오염방지기술이 아직 개발되지 않았다고 가정한다면 이제 슬러지를 줄이는 유일한 방법은 생산 감축뿐이다. 따라서 슬러지 투기의 근절은 철강 공장의 폐쇄를 의미한다. 이 경우에 철강 공장의 주인은 협상을 제안할 것이다. 생산되는 강철 매 단위당 100달러씩을 보상함으로써 슬러지로 인한 어장 피해를 모두 보상해주겠다는 것이다. 철강 공장 입장에서는 매 단위마다 100달러씩을 보상해주고 나서도 여전히 이윤을 얻을 수 있는 한 공장을 폐쇄하는 것보다는 나을 것이고, 어부 입장에서도 그들이 받은 모든 피해가 보상될 수 있다.

외부효과의 내부화 어떤 경제주체의 행동에 따른 외부비용이나 외부편익이 완전히 반영되도록 민간주체 사이의 협상이나 정부 개입을 통해 해당 경제주체가 부담하는 가격을 조정하는 것

이런 방식의 해결책을 **외부효과의 내부화**(internalizing the externality)라고 부른다. 현재는 어부들이 강에 대한 소유권을 갖고 있기 때문에 철강 공장이 강을 오염시킬 때 시장을 이용하여 그 피해를 보상하도록 할 수 있다. 어부들은 철강 공장의 바람직하지 않은 행태에 대해 가격을 책정함으로써 암묵적으로 오염시장(market for pollution)을 개설한 것이다. 철강 공장의 관점에서 보자면 생산을 계속하기 위해서는 어획량 감소 피해를 반드시 보상해야 한다는 점에서 단지 또 다른 생산요소를 고용하는 비용으로 간주할 수 있다.

그림 5-5에서 이런 문제가 예시되고 있다. 최초에 강철시장은 $PMB = PMC_1$인 A점에서 Q_1의 생산량 및 P_1의 가격에서 균형 상태를 달성하고 있다. 강철 생산의 사회적 최적수준은

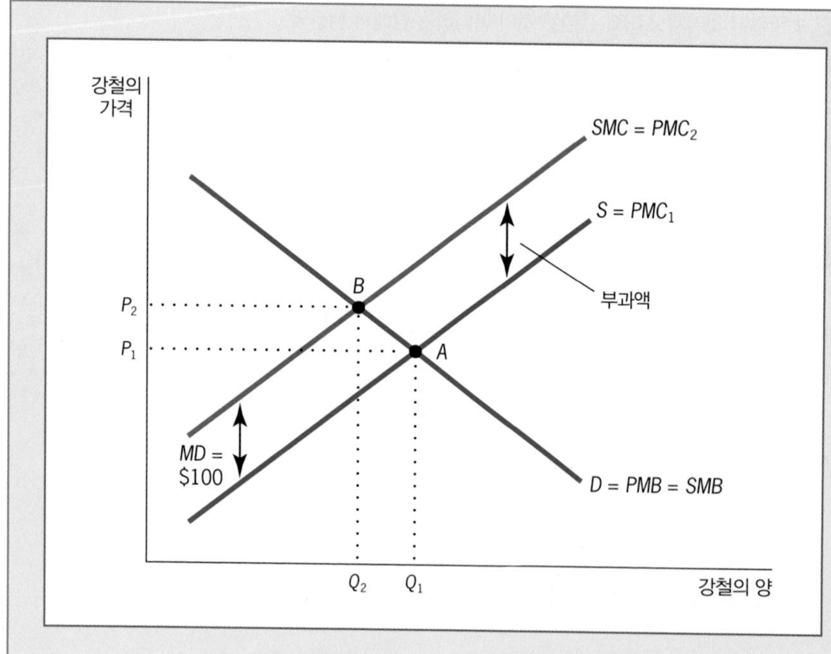

그림 5-5 강철시장에서의 생산의 부정적 외부효과에 대한 코스 해결 방안 만일 어부들이 철강 공장에 강철 1단위당 100달러를 부과한다면 공장의 사적 한계비용 곡선은 PMC_1에서 PMC_2로 증가하여 SMC 곡선과 일치하게 된다. 생산량은 Q_1에서 사회적 적정 수준인 Q_2로 감소한다. 부과금은 외부효과를 내부화함으로써 부정적 외부효과의 비효율을 제거한다.

$SMB = SMC = PMC_1 + MD$의 관계를 만족시키는 B점이며 이때 생산량은 Q_2, 가격은 P_2이다. 강철 매 단위의 한계비용이 어부에 대한 피해보상비용인 100달러씩 상승했기 때문에 사적 한계비용곡선은 PMC_1에서 SMC와 같은 PMC_2로 상승한다. 즉 사회적 한계비용은 사적 한계비용에 100달러를 더한 것이며, 사적 한계비용에 100달러를 더함으로써 PMC를 SMC와 같아지도록 끌어올린 것이다. 이제 강철 생산에 있어서 사회적 한계비용과 사회적 한계편익이 같아졌으므로 더 이상 과다생산의 문제는 존재하지 않는다. 지금까지 논의한 예는 **코스의 정리(제1부)**(Part I of the Coase theorem)에 해당된다. 즉 소유권이 명백히 정의되고 협상에 비용이 들지 않는다면 외부효과를 발생시키는 주체와 그 피해를 입는 주체 사이에 이루어지는 협상은 사회적으로 최적 수준의 생산량을 이끌어내게 된다. 이 정리의 의미는 외부효과라고 해서 꼭 시장실패를 가져오지는 않는다는 것이다. 왜냐하면 관련 당사자 간의 협상을 통해 피해를 입히는 생산자나 소비자의 외부효과를 내부화하는 것이 가능하기 때문이다. 즉 협상을 통해 가해자는 생산이나 소비 활동에 있어서의 외부효과를 고려하게 되는 것이다.

코스의 정리(제1부) 소유권이 명백히 정의되고 협상에 비용이 들지 않는다면 외부효과를 발생시키는 주체와 그 피해를 입는 주체 사이의 협상을 통해 사회적으로 최적수준의 생산량을 이끌어낼 수 있음

코스의 정리는 외부효과의 문제를 다룸에 있어서 정부의 역할이 재산권의 확립이라는 매우 제한적이고도 특정한 역할에 국한되어야 함을 요구하고 있다. 코스의 관점에서 보자면 외부효과의 사적 해결에 있어서 근본적인 문제는 재산권의 확립이 미비하다는 것이다. 만일 정부가 이 재산권을 확립하고 이를 시행에 옮길 수 있다면 나머지 문제는 모두 민간시장이 처리하게 될 것이다.

또한 대단히 중요한 **코스의 정리(제2부)**(Part II of the Coase theorem)가 있는데 이는 외부효과의 당사자 중 누군가에게 소유권이 귀속되기만 한다면 누가 그 소유권을 갖느냐와는 무관하게 외부효과의 효율적 해결이 가능하다는 것이다. 코스의 정리 제2부 밑에 깔려 있는 의미의 직관적 이해를 위해 철강 공장 예를 계속 살펴보자. 이번에는 강물의 소유권이 어부들이 아니라 철강 공장에 귀속되어 있다고 가정해보자. 이 경우 어부들은 공장에 대해, 생산되는 강철 매 단위당 100달러씩 보상하라고 요구할 권리가 없다. 그러나 어부들은 강철 생산을 줄이도록 하기 위해 공장에 돈을 지불하는 것이 자신들에게 더 이득이 된다는 사실을 알게 될 것이다. 만일 어부들이 공장 주인에게 생산량을 줄이는 경우 생산되지 않는 강철 매 단위당 100달러씩 주겠다고 약속을 한다면 공장 주인은 그동안 생산된 강철 매 단위당 100달러의 추가적 비용이 발생했다는 사실을 합리적으로 고려하게 될 것이다. 경제원론에서 기업의 비용은 기회비용을 의미한다는 사실을 상기해보면 생산되지 않는 철강 매 단위마다 어부들로부터 100달러씩 받는 것이나 또는 생산되는 철강 매 단위마다 어부들에게 100달러씩 지불하는 것이나 모두 철강 공장의 생산량 결정에 동일한 효과를 미친다는 사실을 알 수 있다. 이번에도 역시 사적 한계비용곡선은 이 추가적 (기회)비용을 포함하게 될 것이고 이에 따라 사회적 한계비용곡선과 같아지면서 철강 생산이 과도하게 이루어지는 문제는 사라지게 된다.

코스의 정리(제2부) 외부효과의 효율적 해결은 외부효과의 당사자 중 누군가에게 소유권이 귀속되기만 한다면 누가 그 소유권을 갖느냐와는 무관함

▶ **즉석 힌트** 당신은 도대체 왜 어부가 공장 가동으로 어획량이 줄어드는 피해에 대해 100달러를 받거나 아니면 어획량 감소 피해를 막기 위해 100달러를 지불하는 두 가지 거래 중 하나를 선택하는지 의아해할지도 모르겠다. 이 의문에 대한 대답은 경제모형을 만들면서 "어부들은 슬러지 투기에 대해 최소한 100달러의

벌금을 부과했다" 또는 "어부들은 슬러지 투기를 막기 위해 최대한 100달러까지는 지불할 것이다"라는 말을 단순화한 것에 불과하다. 지불금액이 꼭 100달러라는 가정을 함으로써 사적 한계비용과 사회적 한계비용이 정확히 일치하는 것으로 모형을 간단하게 만들 수가 있는 것이다. 학생들 입장에서 어부들의 수취의사금액은 101달러이고 지불의사금액은 99달러라고 생각해서 사적 비용과 사회적 비용이 대략 비슷하되 어부들이 조금 더 이득을 본다고 생각해보는 것도 유용한 일이다. 실제에 있어서 어부의 수취금액이나 지불금액의 규모는 거래 당사자들의 협상 능력과 노련함 여부에 달려 있다. 그러므로 다음에서 제기되는 문제는 대단히 중요하다.

코스 해결 방안의 문제점

이 정연한 이론은 외부효과라고 하는 시장실패의 중요한 요인으로부터 표준적인 완전경쟁모형을 살려내고 재산권의 확립 이외에는 정부의 역할을 불필요한 것으로 만들어버린 것처럼 보인다. 그러나 현실적으로는 코스 정리가 시장실패를 가져오는 여러 가지 종류의 외부효과를 해결할 가능성은 별로 크지 않다. 강의 오염 문제에 대해 '코스식 해결'을 모색하는 과정에서 생기는 문제점들을 현실적으로 검토해보면 이 점을 알 수 있을 것이다.

원인 제공자 식별 문제 첫 번째 문제는 누가 피해의 원인 제공자인지를 식별하는 일이다. 강은 대단히 길기 때문에 강줄기를 따라서 물고기에 피해를 입히는 다른 오염원이 있을 수 있다. 게다가 물고기들은 질병이라든지 천적의 증가 등 자연적인 원인으로 감소할 수도 있다. 따라서 대다수의 경우에 하나의 특정 주체에게만 외부효과의 원인을 돌릴 수는 없다.

식별 문제의 또 다른 측면은 피해의 규모를 산정하는 일이다. 앞에서 피해액은 100달러라고 가정한 바 있다. 현실에서 이 수치는 어떻게 구할 것인가? 어부들이 정확한 피해액을 알려줄 것으로 기대할 수 있을까? 코스식 협상에 있어서 피해자들에게는 가능한 한 많은 보상액을 얻어내기 위해 피해 규모를 과장할 유인이 존재한다. 그리고 일단 보상액을 받아냈다면 어부들은 이를 어떻게 나누어 가질 것인가? 일정한 유역에서 다수의 어부들이 고기를 잡았다면 외부효과로 인해 일정한 어획량이 감소하는 경우 누가 가장 큰 손해를 보는지 알아내기는 어려울 것이다.

외부효과의 내부화에 있어서 식별 문제가 장애가 되는 정도는 외부효과의 성격에 따라 달라진다. 만일 누군가가 음악을 크게 틀어놓아 옆집 학생의 공부에 방해가 된다면 가해자와 손실의 크기를 식별하는 일은 어렵지 않다. 그러나 기후변화의 경우처럼 전 세계의 무수히 많은 배출원에서 배출되는 탄소에 의해 문제가 일어나고 있다면 어떻게 책임을 명확하게 지정할 수 있겠는가? 게다가 누군가는 다른 사람들보다 기온 상승에 의해 더 많은 영향을 받을 경우 어떻게 피해를 명확하게 지정할 수 있겠는가? 이러한 식별 문제 때문에 코스의 해결책은 지구적 차원의 대규모 외부효과보다는 국지적으로 발생하는 소규모 외부효과의 경우에 보다 효과적일 수 있다.

버티기 문제 이제 식별 문제를 어떤 식으로든 극복했다고 가정해보자. 그리고 면밀한 과학적 분석을 통해 철강 공장의 슬러지 한 단위는 100명의 어부에게 한 명당 1달러어치의 물고기 피해를 입힘으로써 철강 생산량 한 단위당 모두 100달러의 피해액을 발생시키는 것으로 판명되었다고 가정하자.

이제 강의 소유권은 어부들에게 있고, 이 100명의 어부가 모두 동의하지 않는 한 철강 공장은 조업에 착수할 수 없다고 가정하자. 코스의 해결책은 100명의 어부들에게 강철 한 단위당 1달러씩 지급하고 나서야 철강 공장은 생산을 계속할 수 있다는 것이다. 이에 따라 어부들은 한 명씩 공장을 찾아가서 1달러 수표를 받아 올 것이다. 그런데 맨 마지막 어부가 공장을 찾아가던 도중 갑자기 자신이 엄청난 권한을 갖고 있다는 것을 깨닫게 된다. 즉 자신이 강의 소유주 중 한 명이므로 자신의 허락 없이는 공장은 가동될 수 없다는 것이다. 그렇다면 왜 겨우 1달러를 받는 것으로 만족할 것인가? 공장은 단위당 99달러를 이미 지급했기 때문에 공장 가동의 이 마지막 장애물을 없애기 위해 1달러 이상을 지불할 의사가 틀림없이 있을 것이다. 그렇다면 2달러, 아니 그 이상도 요구할 수 있는 것이 아닌가?

이는 **버티기 문제**(holdout problem)의 한 예로서 소유권이 한 주체 이상에게 분산되어 있는 경우에 나타난다. 소유권이 분산되어 있다면 한 주체는 다른 모든 주체에 대해 지배력을 행사할 수 있는 것이다. 만일 다른 어부들이 사전에 이 사실을 깨달았다면 그들 모두가 공장에 돈을 받으러 가는 마지막 사람이 되고자 할 것이고, 이렇게 되면 협상은 결렬되게 되고 코스 방식은 더 이상 해결 방안이 될 수 없게 된다. 식별 문제와 마찬가지로 버티기 문제 역시 수십억 인구가 잠재적인 피해자가 되는 기후변화와 같은 거대한 외부효과 문제에 있어서는 엄청난 규모로 증폭될 것이다.

버티기 문제 재산권을 공유하는 경우 한 소유자가 다른 소유자와 일치된 행동을 하지 않아서 발생하는 문제

무임승차자 문제 만일 협상자가 한 명인 쪽(이 경우 공장)에 소유권을 부여한다면 버티기 문제가 사라질까? 유감스럽게도 이 경우에는 또 다른 문제가 발생한다.

철강 공장이 강에 대한 소유권을 갖고 있고, 어부들이 지불하는 100달러마다 강철 생산을 한 단위씩 줄이기로 합의를 보았다고 가정하자. 그렇다면 코스 해결책은 어부들은 100달러씩을 지불하고 그 대가로 공장은 최적 생산 수준으로 생산량을 변화시키는 것이 된다. 강철 생산의 최적 절감분은 사회적 한계편익과 비용이 일치하는 100단위이기 때문에 어부 한 명마다 100달러를 지불해서 공장은 총 1만 달러를 받고 생산량을 100단위 줄이게 된다고 가정하자.

다시 한 번 더 마지막으로 100달러를 지불하는 어부의 입장을 생각해보자. 공장은 생산량을 감축하기 위해 이미 9,900달러를 받아놓은 상태이므로 이제 생산량을 99단위 줄여야 하는 입장이다. 그런데 이 99단위의 생산 감축은 어부들이 강을 공동으로 소유하고 있기 때문에 모든 어부들에게 동일한 편익을 가져다줄 것이다. 그러므로 마지막 어부는 100달러를 지불하지 않는다 해도 어획량 면에서 지불한 경우와 거의 차이가 없게 된다. 즉 마지막 한 단위의 강철 생산을 줄이기 위해 마지막 어부가 100달러를 전부 지불한다 해도 마지막 한 단위의 생산 감소를 통해 얻는 피해 감소의 편익은 100명의 어부가 똑같이 나누어 갖게 될 것이다. 그렇다면 왜 마지막 어부가 돈을 지불하겠는가? 이는 **무임승차자 문제**(free rider problem)의 한 예로서 만일 개인적 비용을 들여 어떤 투자를 하는 경우 그 편익을 다른 사람들과 공유해야 한다면 투자는 일어나지 않을 것이다. 이런 유인을 이해했다면 마지막 어부 역시 100달러를 지불하지 않을 것이며 외부효과는 해결되지 않은 채 남아 있게 될 것이다. 즉 만일 누군가가 무임승차하려 한다는 사실을 깨닫게 되면 다른 어부들 역시 먼저 지불할 유인을 갖지 못하게 되는 것이다.

무임승차자 문제 개인적으로 비용을 부담하는 투자의 편익이 공유될 때 과소투자가 이루어지는 문제

거래비용과 협상 문제 마지막으로 코스 접근법은 협상의 주체 중 일방 또는 쌍방이 모두 다수의 개인을 포함하는 경우 협상은 난관에 봉착하게 된다는 근본적인 문제점을 간과하고 있다. 어떻게 100명이나 되는 어부들이 모여서 철강 공장으로부터 얼마를 받을지 또는 철강 공장에 얼마를 지불할지를 결정하겠는가? 이 문제는 기후변화와 같은 외부효과의 경우 더욱 증폭될 수밖에 없는데, 이 경우 협상이 이루어지려면 수십억 인구의 다양한 이해관계가 어떤 방식으로든 하나로 합해져야만 한다.

더욱이 이런 문제는 코스의 이론이 가장 잘 들어맞는 소규모의 국지적인 외부효과가 나타나는 경우라고 해도 대단히 중요한 것일 수 있다. 이론적으로는 음악을 크게 틀어놓는 측과 그로 인해 공부에 방해가 되는 측이 협상을 통해 적절한 보상 규모를 찾아낼 수 있을 것이다. 그러나 현실적으로는 이 경우의 협상이라는 것이 돈을 주고받는 문제로 끝나는 것이 아니라 이웃 간의 긴장관계를 조성하는 말다툼이 될 공산이 크다. 마찬가지로 식당에서 옆 자리에 앉은 사람이 담배를 피우는 경우 담배를 피우지 말아달라고 요구하면서 몸을 굽혀 5달러를 건넨다면 이는 사회통념과 동떨어진 행동일 뿐만 아니라 모욕감을 주는 일이기조차 할 것이다. 안타깝게도 세상은 경제학자들이 바라는 것처럼 늘 합리적으로 움직여주지는 않는다.

결론 경우에 따라 외부효과가 내부화될 수 있다는 로널드 코스의 통찰력은 대단히 중요한 것이다. 이는 우리가 이 과목에서 집중적으로 다루게 될 시장실패의 공격으로부터 경쟁적 시장 모형을 구해내는 방어수단을 제공해준다. 이는 또한 소규모의 국지적인 외부효과의 경우 시장에 의한 내부화 가능성을 타진해보는 훌륭한 근거가 되기도 한다. 이것이 별 도움이 안 되는 경우는 우리가 이미 앞에서 살펴본 대로 환경정책의 핵심인 전 지구적 차원의 대규모 외부효과의 경우이다. 따라서 대규모의 외부효과 문제를 다룰 때는 정부가 수행해야 하는 역할이 존재하게 되는 것이다.

5.3 외부효과에 대한 공공부문 해결 방안

미국의 정책결정자들은 대규모 외부효과를 다루는 데 있어 코스의 해결책만으로 충분하다고 생각하지는 않는다. 환경보호청(EPA)은 1970년에 환경에 있어서의 외부효과 문제에 대한 공공부문의 해결책을 마련하기 위해 만들어진 정부기관이다. 이 기관은 깨끗한 공기, 깨끗한 물부터 토지 관리에 이르기까지 광범위한 환경 문제에 대한 규제를 담당하고 있다.[12]

정책결정자들은 부정적인 외부효과와 관련된 문제에 대한 대응책으로 다음과 같은 세 가지 종류의 수단을 사용하고 있다.

교정적 조세

'외부효과의 내부화'라는 코스의 목표가 실제로 민간시장에서 실현되기는 어렵다는 사실을 살펴보았다. 그러나 정부는 생산되는 강철 한 단위당 *MD*(오염에 의한 한계피해)만큼의 세금을

12 보다 많은 정보를 얻으려면 www.epa.gov를 참조하라.

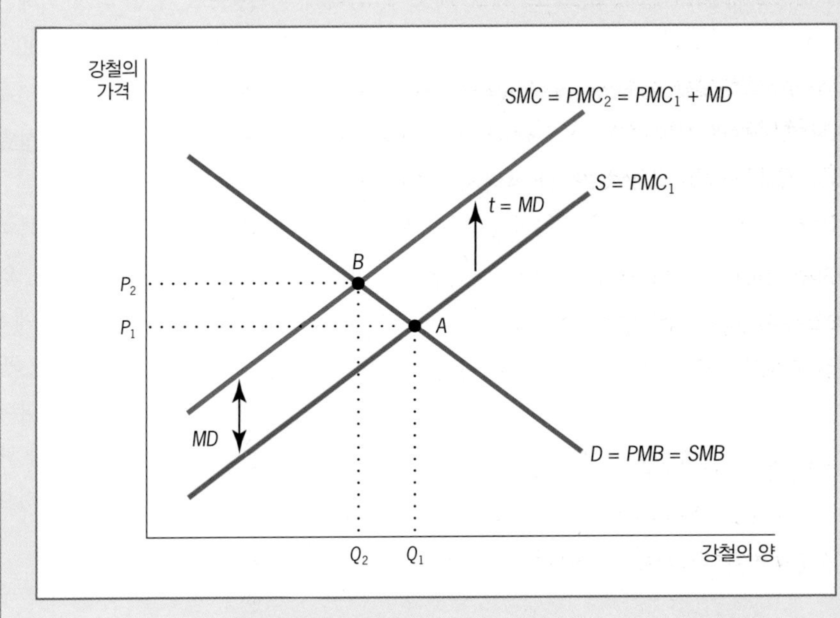

그림 5-6 강철시장에서의 생산의 부정적 외부효과에 대한 조세 해법 만일 철강 공장에 강철 1단위당 100달러의 세금이 부과된다면 기업의 사적 한계비용곡선은 PMC_1에서 PMC_2로 증가하여 SMC 곡선과 일치하게 된다. 생산량은 Q_1에서 사회적 적정 수준인 Q_2로 감소한다. 코스 해법과 마찬가지로 조세 역시 외부효과를 내부화함으로써 부정적 외부효과의 비효율을 제거한다.

철강 공장에 부과함으로써 동일한 결과를 얻을 수 있다.

그림 5-6은 이런 세금의 효과를 보여주고 있다. 강철시장은 최초 공급($= PMC_1$)과 수요($PMB = SMB$)가 일치하는 A점에서 균형을 이루고 있으며 이때 P_1의 가격에 Q_1 단위의 강철이 생산되고 있다. MD만큼의 비용을 유발하는 외부효과 때문에 사회적으로 적정한 수준의 생산은 사회적 한계비용과 한계편익이 일치하는 B점에서 이루어진다. 정부가 생산되는 강철 단위당 $t = MD$만큼의 세금을 부과한다고 가정해보자. 이 세금은 철강 공장에 또 다른 요소비용으로 작용할 것이고 사적 한계비용곡선을 MD만큼 위로 이동시킬 것이다. 이로 인해 새로운 PMC 곡선인 PMC_2가 나타나는데 이는 SMC 곡선과 겹치게 된다. 따라서 조세는 외부효과를 완벽하게 내부화함으로써 사회적 최적점으로 이끈다(B점, 생산량 Q_2). 정부가 강철에 대해 단위당 세금을 부과하는 것은 마치 어부들이 강물을 소유한 것과 같은 결과를 낳는다. 이러한 교정과세는 외부효과에 대한 이런 방식의 해결책을 처음으로 제안한 피구(A. C. Pigou)의 이름을 따서 '피구세(Pigouvian taxation)'라고 불린다.[13]

응용사례
혼잡통행료

교통체증은 비싼 대가를 지불한다. 2019년에 실행된 연구에 따르면 모든 미국인 운전자는 교통체증으로 99시간 이상을 낭비하였다. 이러한 시간비용만으로도 운전자 한 명당 연간 거의

13 Pigou(1947)를 참조하라.

1,400달러에 해당하지만, 이는 연료 소모, 탄소 배출 및 심리적 어려움으로 인한 환경 피해는 포함하지도 않은 것이다. 이러한 요소들을 포함할 경우, 미국에서의 혼잡비용은 연간 1,500억 달러 이상 발생한다.[14] 교통과 관련된 이러한 부작용은 부정적 외부효과의 전형적인 예이다. 각 운전자는 도로에 자신의 차가 추가됨으로 인해 대기 시간이 증가하고 그 지역에 있는 다른 사람들의 건강과 환경을 악화시킨다는 사실을 고려하지 않는다.

이러한 외부효과에 대하여 경제학자들이 선호하는 해결책은 교정세를 부과하는 것인데, 특히 교통의 외부효과에 대해서는 이를 '혼잡통행료'라고 부르며, 전 세계적으로 유행하고 있다. 영국 런던은 2003년에 혼잡세를 최초로 제정한 곳 중 하나이다. 오전 7시에서 오후 10시 사이에 8제곱마일의 혼잡구역에 진입하려면 하루에 약 21달러의 고정요금을 지불해야 된다. 전기차, 필수 서비스에 사용되는 차량, 택시 및 장애인 차량은 면제된다. 이 정책이 도입된 이후, 요금이 부과되는 시간 동안 도시에 진입하는 자가용 차량의 수는 39% 감소하였다.[15] 우버(Uber)나 택시와 같은 자가용 임대 차량의 급격한 증가는 런던 혼잡세의 성공적인 실적을 소폭 축소시켰으나 이러한 문제를 해결하기 위한 새로운 정책들이 등장하고 있다.

스웨덴 스톡홀름에서는 혼잡통행료가 최대 12.5달러이지만, 가장 큰 외부효과를 야기하는 주행에 대하여 가장 높은 비용을 부과하기 위해 언제, 어디에서 혼잡구역에 진입하느냐에 따라, 그리고 얼마나 오래 머무르느냐에 따라 다양하게 부과된다.[16] 세금을 부과하면서 자동차로 인한 오염의 감소가 건강에 미치는 영향을 조사할 기회를 얻게 되었다. 연구자들은 교통에서에서의 오염이 1단위 감소됨에 따라 어린이들의 급성 천식으로 인한 의료기관 이용이 장기적으로 15%만큼 감소한 것을 발견하였다.[17] 이 외에도 2006년에서 2010년 사이에 세금을 부과한 지역에서 매출은 5% 증가하고, 교통량은 22% 감소하였으며, 온실가스도 14% 감소한 것으로 나타났다.[18]

혼잡통행료의 성공을 위한 하나의 중요한 요소는 혼잡구역을 이동해야 하는 사람들을 위한 대안을 만드는 것이다. 런던에서는 혼잡통행료를 시행한 날 300대의 버스를 추가로 운행시켰으며,[19] 2000년에서 2016년 사이에 자전거 이용이 210% 증가하였다.

그럼에도 불구하고 뉴욕시의 정책입안자들이 발견한 바와 같이 혼잡통행료의 도입은 정치적으로 매우 어려운 일이 될 수 있다. 뉴욕시는 세계에서 세 번째로 혼잡한 도시이다. 혼잡통행료는 2008년에 처음 제안되었지만 그 즉시 정치적 반대에 부딪히게 되었다. 정책 지지자들은 혼잡세에서 모은 기금을 대중교통을 개선하는 데 사용해야 한다고 주장하지만(런던에서와 같이), 뉴욕시는 대중교통기금을 효율적으로 사용한 전력이 없었다는 것도 문제의 일부이다.[20] 결국, 2019년에 뉴욕시는 혼잡세 도입을 시도한 최초의 미국 도시가 되었고, 그 시행은 2020년 말부터로 계획되어 있었다. 그렇지만 코로나19 전염병으로 인한 지역 폐쇄와 규제로 혼잡세 정책을

---

14 Friedman(2020).

15 Beland(2018).

16 Badstuber(2018).

17 Simeonova et al.(2018).

18 San Francisco County Transportation Authority(2010).

19 Badstuber(2018).

20 Durkin and Aratani(2019).

계획했던 지역인 맨해튼에서 수만 명이 몰림에 따라 이러한 노력은 뒤편으로 밀려났다.[21] ■

보조금

앞에서 본 것처럼 모든 외부효과가 부정적이지는 않다. 연구개발이나 이웃집의 조경과 같은 경우 외부효과는 긍정적일 수 있다.

R&D 투자와 같은 경우에 있어서 코스의 해법은 다른 기업들이 최초 기업에게 지불할(그리하여 R&D 활동으로부터 더 많은 돈을 벌 기회가 생기도록) 돈을 모으는 것이다. 그러나 앞에서 논의한 것처럼 이는 가능한 일이 아닐지도 모른다. 결국, 어느 기업이 특정 금액의 파급효과를 보고 있는지 정확히 정의하고 R&D를 수행하는 다른 기업에 그 금액을 지불하도록 체계를 마련하는 것은 불가능할 것이다. 그러나 정부는 R&D를 수행하는 기업들에게 **보조금**(subsidy)을 지급함으로써 동일한 결과를 얻을 수 있다. 이 경우 보조금의 규모는 다른 기업들이 얻는 편익, 즉 앞선 실증적 사례에서 추정한 사적 수익과 사회적 수익의 차이와 정확히 일치하게 된다. 이러한 보조금은 최초의 기업이 훨씬 더 많은 R&D를 수행하게 함으로써 최적의 R&D 규모에 도달하게 할 것이다.

보조금 개인의 소비나 기업의 생산에 따른 비용을 줄여주기 위한 정부의 지출

이와 같은 보조금이 R&D 시장에 미치는 영향은 그림 5-7에 나와 있다. 시장은 최초 PMC_1이 PMB와 같은 A점에서 균형을 이루고 있으며, 이 점에서 P_1의 가격에 Q_1 단위의 R&D가 수행되고 있다. MB만큼의 편익을 낳는 긍정적 외부효과가 발생하므로 사회적으로 최적인 생산량 수준은 B점으로 이 점에서는 사회적 한계비용과 한계편익이 같아진다. 이제 정부가 배럴당

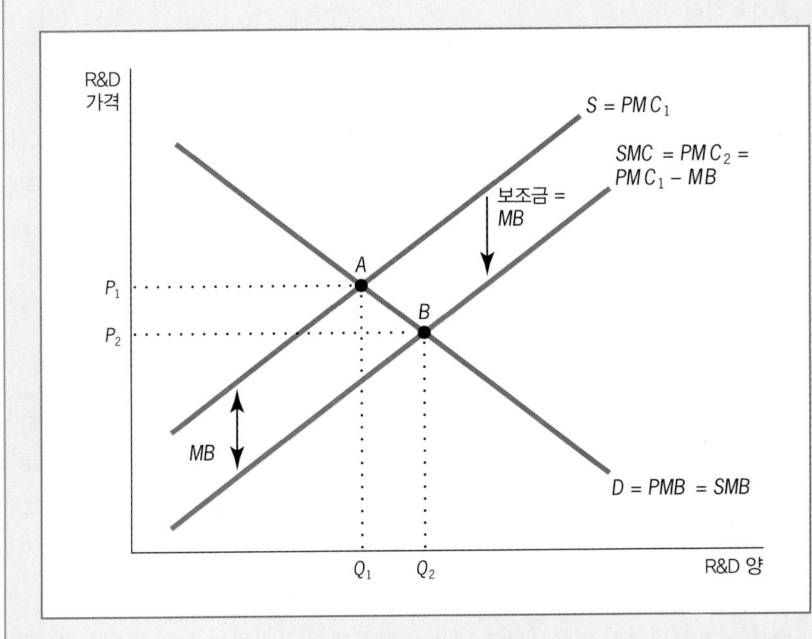

그림 5-7 R&D 시장에서 생산의 긍정적 외부효과를 해결하기 위한 보조금 R&D로부터의 한계편익과 동일한 보조금은 최초 기업의 사적 한계비용을 PMC_1에서 SMC 곡선과 일치하는 PMC_2로 낮춘다. 생산량은 Q_1에서 사회적 적정 수준인 Q_2로 증가한다.

21 Goldwyn(2018).

$S = MB$만큼의 보조금을 지급한다고 가정해보자. 이 보조금은 연구개발의 사적 한계비용을 낮춤으로써 사적 한계비용곡선은 배럴당 MB만큼 아래로 이동한다. 이로 인해 새로운 PMC 곡선인 PMC_2가 나타나게 되는데 이는 SMC 곡선과 일치한다. 보조금은 최초의 기업으로 하여금 긍정적 외부효과를 내부화하도록 하여 그 결과 시장은 과소생산에서 적정 생산 상태로 옮겨 가게 된다.

정책결정자가 긍정적 외부효과를 장려하기 위해서만 보조금을 사용하는 것은 아니다. 때로는 부정적 외부효과를 낳는 활동의 대안적 활동에 대해 보조금을 지급하는 방식으로 부정적 외부효과에 대한 대응수단이 되기도 한다. 이러한 정책의 가장 흔한 형태는 전통적인 에너지원(예 : 화석연료)보다 더 적은 환경적 외부효과를 낳는 재생에너지(예 : 태양에너지나 풍력 등) 생산자에게 세액공제나 다른 혜택을 제공하는 것이다. 이러한 정책은 일반적으로 부정적 외부효과를 초래하는 활동에 대해 세금을 부과하는 것보다 덜 바람직한데, 이는 세금 부과의 경우처럼 조세수입을 얻기보다는 보조금 지급을 위한 재원 조달을 위해 세금을 거두어야 하기 때문이다(제18~20장에서 보여주는 것처럼 세금을 거두는 과정에서 경제적 효율이 상실될 가능성이 높다). 더욱이 보조금 지급은 훨씬 더 모험에 가깝다. 탄소세를 부과하면 그 사용이 줄어든다는 것을 우리는 이미 알고 있지만 미지(未知)의 대안에 보조금을 지급할 경우 장기적으로 효과적인 대안이 될 수도 있고, 그렇지 않을 수도 있는 것이다.[22]

kmsdesen/Shutterstock

응용사례
초고속 작전

예방접종은 전통적인 소비에서의 긍정적 외부효과 중 하나이다. 개개인이 예방접종을 하면 그들은 질병으로부터 자신을 보호한다. 그렇지만 아직 예방접종을 하지 않았을 수 있는 다른 사람들도 보호하게 된다. 불행하게도, 예방접종을 하는 사람들은 다른 사람들의 건강 증진으로부터 아무런 직접적인 편익을 누리지 못하며, 이로 인해 예방접종의 사적 편익이 사회적 편익보다 낮게 되어 결과적으로 사회적으로 최적수준보다 낮은 수준에서 예방접종이 이루어지게 된다.

코로나19는 이러한 외부효과를 엄청난 규모로 보여주고 있다. 예방접종을 확대하면 다른 사람들의 건강 위험이 낮아질 뿐만 아니라 감염에 대한 일반적인 두려움도 감소시킨다. 코로나 바이러스는 경제활동을 크게 저하시켰다. 우리가 일단 '집단 면역'에 도달하게 되면, 경제활동은 정상적으로 회복될 수 있다. 각각의 추가적인 예방접종은 우리에게 집단 면역이 더 가깝게 다가오게 하며, 사회의 나머지 구성원에게 편익을 제공한다. 결과적으로, 신속하고 포괄적인 코로나 백신 접종을 보장하기 위하여 정부의 개입은 정당화된다.

그렇게 하기 위한 첫 번째 단계는 개인이 예방접종을 받도록 보조금을 지급하는 것이다. 실제로, 지금까지 정부는 2021년까지 의료보험이 없는 사람들까지 포함하여 모든 사람들의 예방

22 현실에서 대안적인 에너지원에 대해 보조금을 지급할 때 나타날 수 있는 위험에 대한 논의는 Lipton과 Krauss(2011)를 참조하라.

접종을 무료로 제공할 것을 발표하였다. 그러나 예방접종에 대한 거부감과 이 새로운 세대의 mRNA 백신을 둘러싼 잠재적인 부작용과 잘못된 정보에 대한 광범위한 공포를 감안할 때 접종 비용에 대한 보조만으로는 충분치 않을 수 있다. 전체적으로, 미국 대중의 60%만이 가능한 한 빨리 백신을 맞을 의향이 있다고 밝혔으며, 의료 전문가의 1/6조차도 예방접종을 꺼리는 것으로 나타났다.[23] 이러한 거부감을 해결하기 위한 잠재적인 전략에는 재정상의 유인이 포함된다. 예를 들어, 멕시코는 단순히 어린이에게 예방접종을 하기 위해 가구에 지원금을 제공하고 있으며, 인도는 같은 목적을 위해 식료품과 생활용품을 제공한다.[24]

그러나 백신 수요를 증가시키는 것은 공급이 충분하지 않으면 아무 소용이 없다. 그리고 여기에서 정부는 또 하나의 문제에 직면해 있다. 민간부문 기업들이 백신 개발에 투자하기를 꺼리는 것이다. 제약회사는 미래 판매의 현재가치가 개발비용을 크게 초과할 것으로 예상할 때 신약 개발에 투자한다. 그러나 전염병을 둘러싼 불확실성으로 인해 기업은 이것이 가치 있는 투자인지 여부를 알기 어렵게 되었다. 예를 들어, 2013년에 치명적인 에볼라 발병이 서아프리카를 강타하였을 때 기업들은 백신 개발에 뛰어들었다. 그러나 테스트가 시작될 즈음에는 발병이 거의 통제되고 있었기 때문에 첫 번째 에볼라 백신은 발병이 시작된 지 6년 후인 2019년까지 승인되지 않았다. 이러한 재무적, 의학적 불확실성에 직면하여 많은 질병의 백신에 대한 투자가 상당히 과소하게 이루어지고 있다.[25]

이 문제를 해결하기 위해 트럼프 행정부는 초고속 작전(Operation Warp Speed, OWS)을 수립하였다. 이 계획은 코로나19에 대한 백신의 신속한 개발을 가속화하기 위해 '밀기' 및 '당기기' 유인을 제공하였다. '밀기' 유인은 막대한 연구 및 개발비용을 상쇄하기 위해 기업에 거액의 보조금을 지급하는 것으로, 기업이 향후 백신 판매를 통해 연구개발 비용을 회수하는 데 직면한 위험을 상쇄시켜 준다. OWS는 백신 개발을 장려하기 위하여 124억 달러를 지원하였으며 12개 이상의 민간 기업을 위한 다양한 코로나19 구호 노력에 자금을 지원하였다.[26]

'당기기' 유인은 구매 보증으로, 이를 통해 기업들은 의약품 개발뿐만 아니라 개발된 의약품을 제조하기 위한 자원에도 투자할 수 있었다. 이러한 '사전 구매 약속'은 의약품이 신속하게 개발될 뿐만 아니라 일단 개발되면 신속하게 배포될 준비가 되도록 보장하였다. 전반적으로, 미국 정부는 모더나와 화이자로부터 2021년 여름까지 6억 회분의 백신을 구매하기로 합의하였으며 필요한 경우 추가 구매 옵션이 있었다. 최소 3개의 다른 제조업체와도 추가 사전 구매 약속이 이루어졌다.[27]

OWS는 백신 개발 측면에서 큰 성공을 거두었다. 이전 백신들의 평균 개발 시간은 10년에서 15년 정도였다.[28] 그러나 코로나19 백신은 불과 7개월 만에 개발되었으며 이는 그동안 개발된

23 Gerencher(2020).
24 Konish(2020).
25 Hooker(2020).
26 U.S. Department of Health & Human Services(2020).
27 Subramanian(2021).
28 International Federation of Pharmaceutical Manufactures & Associations(2020).

두 번째로 빠른 백신보다 4배 빠른 속도로 90% 이상의 효능을 나타내었다.[29] 게다가 이 백신은 과거에는 거의 성공하지 못했던 기술인, 다양한 질병과 싸우는 mRNA의 효과를 입증하였다. 전반적으로, 초고속 작전은 미국이 한 세기 동안 직면한 가장 파괴적인 전염병을 신속하게 해결했을 뿐만 아니라 후속 백신 접종 및 질병 예방 노력에 대해서도 밝은 미래를 만들었다.[30]

그러나 앞서 언급한 것과 같이 예방접종에 대한 거부감 등으로 2021년 9월 현재 미국 인구의 52%만이 코로나19 백신을 완전히 접종하였다.[31] 이러한 거부감을 해결하기 위해 앞서 언급한 멕시코, 인도와 같이 재정적인 유인을 포함할 수 있다. 미국의 여러 주에서는 새로 예방접종을 한 사람들에게 최대 100만 달러의 상금의 복권을 제공하였다.[32] ■

규제

지금까지의 논의 과정에서 가격, 세금, 보조금 등에 그토록 관심을 갖는 이유가 무엇인지 의아했을지 모르겠다. 만일 정부가 최적 생산 수준을 알고 있다면, 민간 경제주체들이 최적수준에서 생산하도록 유인을 주려고 애쓸 것 없이 그 수준에서 생산하도록 직접 명령을 내리면 되지 않을까? 예를 들어 그림 5-6에서 정부가 강철 생산을 Q_2 수준에서 하도록 명령하고 상황을 종료시키면 될 일이 아닌가?

이상적인 상황에서는 피구세와 규제가 동일한 결과를 가져올 것이다. 그러나 규제는 훨씬 더 간단해 보이기 때문에 미국뿐 아니라 전 세계적으로 환경 분야에서의 외부효과 문제에 대한 전통적인 대응책으로 선호되어 왔다. 예컨대 1970년대에 미국 정부는 이산화황(SO_2)의 배출을 줄이기 위한 수단으로 세금을 부과한 것이 아니라 생산자가 배출할 수 있는 이산화황의 상한선을 설정하였다. 1987년 세계 각국이 오존층에 피해를 주는 염화불화탄소(CFC)의 사용을 점진적으로 줄이고자 했을 때 CFC를 사용하는 제품에 세금을 부과하기보다는 아예 사용 자체를 금지시켰다.

이렇듯 정부가 수량규제를 선호하는 마당에 경제학자들은 왜 세금과 보조금에 그토록 관심이 많은 것일까? 현실은 좀 더 복잡해서 외부효과 문제를 다룰 때 세금이 보다 효과적인 수단이 될 수 있기 때문이다. 이와 관련해 다음 절에서는 대단히 복잡한 문제 중 두 가지 경우를 살펴보기로 한다. 여기에서 우리는 정책결정자가 왜 어떤 상황에서는 규제, 즉 '수량 접근법'을 선호하면서 또 다른 상황에서는 세금, 즉 '가격 접근법'을 선호하는지 그 이유를 살펴볼 것이다.

5.4 외부효과 문제에 대한 수량 접근법과 가격 접근법의 차이

이 절에서는 좀 더 복잡한 모형을 사용하여, 외부효과에 대응하기 위해 정부가 사용할 수 있는 두 가지 방법인 가격(조세)과 수량(규제) 접근법을 비교해봄으로써 정부의 시장 개입이 사회적

29 Agrawal(2020).
30 Kwon(2020).
31 Mervosh(2021).
32 https://www.mass.gov/news/commonwealth-launches-mass-vaxmillions-vaccine-lottery-program

효율에 미치는 영향이 다르게 나타날 수 있음을 알아보기로 한다. 이 두 가지 방법을 비교하는 이유는 환경정책의 목표에 가장 효율적으로 접근할 수 있는 길을 찾아보기 위함이다. 즉 일정한 수준의 오염감축을 최소의 비용을 들여 달성할 수 있는 수단을 찾아보자는 것이다.[33]

기본 모형

가격과 수량 접근법의 중요한 차이를 예시하기 위해 지금까지 사용한 기본적인 완전경쟁모형을 조금 복잡하게 수정할 필요가 있다. 지금까지 오염을 줄이기 위한 유일한 방법은 생산량을 줄이는 것뿐이었다. 실제로는 그 외에도 오염을 줄이는 데 사용할 수 있는 다양한 기술이 존재한다. 예를 들어 석탄을 사용하는 발전소의 이산화황 배출을 줄이기 위해 전력회사는 굴뚝집진기를 설치하여 이산화황을 안전하게 처리할 수 있는 액체 또는 고체의 슬러지 형태로 제거하거나 분리시킬 수 있다. 승용차 또한 유해한 질소산화물을 인체에 무해한 화합물로 바꾸어주는 장치인 '촉매 컨버터'를 설치함으로써 대기오염을 줄이도록 할 수 있다.

오염감축을 위한 가격 접근법과 수량 접근법의 차이를 이해하기 위해서는 그림 5-8에 나와

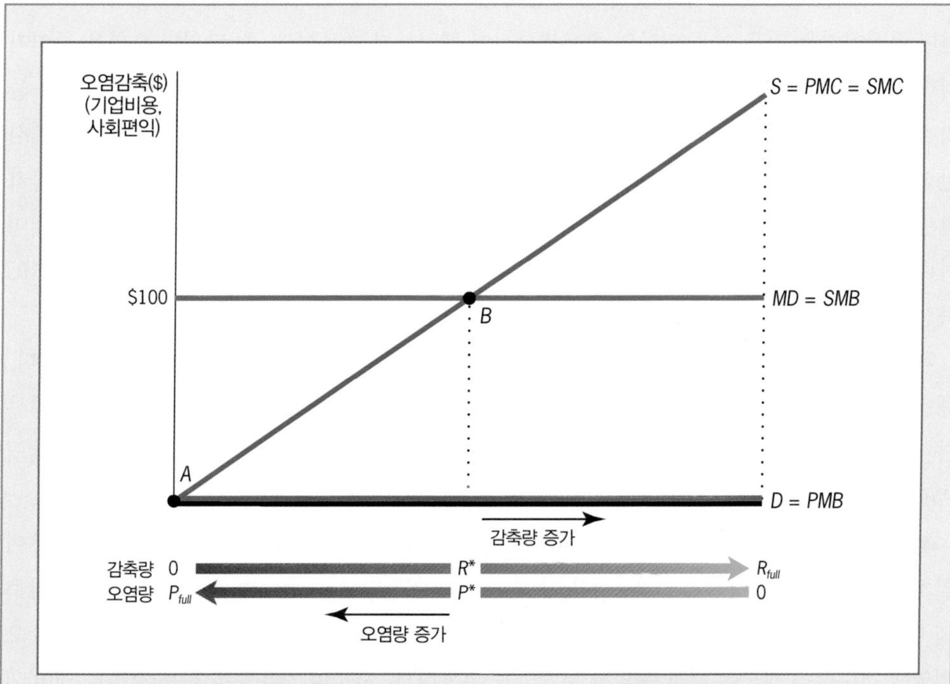

그림 5-8 오염감축시장 오염감축의 한계비용(*PMC*=*SMC*)은 증가함수인 데 반해 오염감축의 한계편익(*SMB*)은 (가정에 의해) 평평한 한계피해곡선이다. 왼쪽에서 오른쪽으로 움직임에 따라 오염감축 규모는 증가하는 반면 오염 수준은 낮아진다. 최적 오염감축량은 *R**로서 이 점에서 두 곡선이 교차한다. 오염 수준은 감축 수준과 상보적 관계에 있으므로 최적오염량은 *P**이다.

33 이 절에서의 논의는 외부효과에 대한 대응 방안으로서 세금 대 수량규제가 효율에 미치는 영향에만 전적으로 초점을 맞출 것이다. 그러나 정부의 정책수단 선정에 영향을 줄 정도로 중요한 형평상의 문제도 있을 수 있다. 조세의 형평성에 관한 논의는 제19장에서 다룰 예정이다.

있는 것처럼 초점을 재화시장(예 : 철강)으로부터 '오염감축시장'으로 바꾸는 것이 유용하다. 이 그림에서 가로축은 기업에 의해 이루어지는 오염감축의 정도를 측정하고 있으며 영(0)의 값은 기업이 오염감축 활동을 전혀 하지 않는다는 것을 의미한다. 동시에 가로축은 오염의 양을 나타내고 있는데, 가로축의 오른쪽으로 이동함에 따라 오염감축의 정도가 커지면서 오염이 줄어든다. 이를 나타내기 위해 가로축의 오른쪽으로 이동함에 따라 감축량 증가(more reduction)라고 표기해놓았으며, R_{full}은 오염이 완전히 사라졌음을 의미한다. 가로축의 왼쪽으로 이동함에 따라 오염량 증가(more pollution)가 나타나고 있으며 P_{full}에서 최대량의 오염물질이 배출되고 있다. 한편, 세로축은 기업의 오염감축비용, 또는 오염감축의 사회적 편익(즉 부정적인 외부효과에 대해 보상받지 못하는 다른 생산자와 소비자가 얻는 편익)을 나타내고 있다.

MD 곡선은 추가적인 오염감축을 통해 회피할 수 있는 한계피해(marginal damage)를 나타내고 있다. 한계피해는 단순화를 위해 100달러에서 평평하게 그려져 있지만 수확체감으로 인해 우하향하도록 그릴 수도 있다. 오염감축의 사적인 편익은 영(0)이기 때문에 가로축이 이를 나타내고 있다. 해당 기업은 오염물질의 투기를 줄이는 것으로는 사적으로 아무런 이득을 얻지 못한다.

PMC 곡선은 공장이 오염을 줄일 때 부담하는 사적인 한계비용을 나타내주고 있다. *PMC* 곡선이 우상향하는 것은 이 투입물의 한계생산성이 체감하기 때문이다. 첫 단위의 오염을 줄이기 위해서는 나사 몇 개를 더 조이든지 슬러지 펌프에 싸구려 필터를 끼우면 되므로 큰 비용이 들지 않는다. 그러나 추가적으로 줄이기 위해서는 점점 더 많은 비용이 들어가며 생산 과정에서 완전히 오염을 없애는 데는 엄청난 비용이 들 것이다. 오염감축의 생산으로부터는 외부효과가 발생하지 않으므로(외부효과는 오염을 실제로 감소시키는 것과 관련된 과정에서 발생하는 것이 아니라 *SMB* 곡선에 반영되는 것처럼 오염감축이라는 최종재로부터 발생함) 오염감축의 *PMC* 곡선은 동시에 *SMC* 곡선이기도 하다.

어떤 시장을 자유롭게 작동하도록 내버려둔다면 오염감축현상은 전혀 나타나지 않을 것이다. 해당 공장은 오염에 따른 비용을 전혀 부담하지 않기 때문에 오염을 줄일 유인이 존재하지 않는다. 따라서 공장은 영(0)의 오염감축과 최대량의 오염 수준 P_{full}을 선택하게 될 것이다[영(0)의 *PMC*와 영(0)의 *PMB*가 일치하는 *A*점].

최적의 오염감축 수준은 어디일까? 최적점은 언제나 사회적 한계편익과 사회적 한계비용이 일치하는 점인데 이 경우에는 *B*점이다. 오염감축의 최적수준은 R^*이며 이 수준에서 오염감축의 한계편익(오염에 따른 피해)과 한계비용이 일치한다. 오염감축의 최적수준을 정하는 것은 오염의 최적수준을 정하는 것과 동일한 문제임을 주목하자. 시장의 자유로운 작동 결과가 영(0)의 오염감축과 P_{full}의 오염 수준이라면 최적은 R^*의 오염감축과 P^*의 오염이다.

모형 내에서의 가격규제(조세)와 수량규제

이제 이 틀 안에서 조세와 규제의 작동 방식을 비교해보자. 최적조세는 앞에서와 마찬가지로 오염에 따른 한계피해액 100달러와 동일하다. 이 상황에서 정부는 오염물질 단위당 100달러의 세금을 부과할 것이다. 이런 세금하에서 공장의 결정에 대해 생각해보자. 공장은 생산 과정에서 발생하는 오염물질 매 단위당 100달러의 세금을 납부해야 한다. 만일 비용이 100달러가 안 되는 수준에서 오염을 줄일 수 있는 수단이 있다면 오염을 줄이는 것이 비용 면에서 효과적일 것이다. 즉 100달러에 못 미치는 비용으로 오염을 감축시킴으로써 100달러의 세금을 안 내도 되는 것이다. 그렇다면 공장 입장에서는 오염감축비용이 100달러에 도달할 때까지 오염을 줄일 유인을 갖게 된다. 즉 공장은 자신의 한계비용곡선을 '따라 올라가' *B*점의 R^*까지 오염을 감소시킬 것이다. 그 이상으로 오염을 줄인다면 오염감축비용은 세금 100달러를 초과하게 되므로 오염을 계속 줄이기보다는 세금을 내고 말 것이다. 따라서 100달러의 교정(矯正)적인 피구세는 앞의 분석에서와 마찬가지로 사회적으로 최적인 오염감축 수준을 달성한다.

이 틀 안에서 규제의 분석은 더욱 단순하다. 정부는 단지 최적오염 수준인 P^*를 달성하기 위해 R^*의 오염감축을 명령하기만 하면 된다. 그러나 이 경우 규제는 세금보다 더욱 어려운데 이는 정부가 *MD*뿐만 아니라 *MC* 곡선의 형태도 알고 있어야 하기 때문이다. 그런데 우리가 가정한 것처럼 *MD*가 일정하지 않고, 보다 일반적인 경우로서 우하향하는 형태를 취한다면 이 경우 정부는 최적조세 또는 최적규제를 달성하기 위해 *MC*와 *MD* 곡선의 형태를 모두 알고 있어야 한다.

감축비용이 서로 다른 다수의 기업

이제 기본 모형에 두 가지의 복잡한 요소를 덧붙여보자. 첫째, 오염물질을 투기하는 2개의 철강공장이 있는데 각각 매일 200단위의 슬러지를 강에 버리고 있고, 슬러지 1단위에 의한 한계피해액은 앞에서처럼 100달러라고 가정한다. 둘째, 슬러지를 줄이는 기술이 있는데 이 기술을 사용했을 때 두 공장의 비용은 서로 다르다. A공장은 새로운 생산공정을 채택했기 때문에 이 슬러지를 줄이는 데 모든 감축 수준에서 낮은 비용을 들인다. 반면 B공장은 모든 감축 수준에서 더 많은 비용을 들여야 한다.[34]

그림 5-9에는 이런 상황하에서의 오염감축시장이 나타나 있다. 이 그림에는 A공장의 한계비용곡선(MC_A)과 B공장의 한계비용곡선(MC_B)이 각각 나와 있다. A공장은 최신의 효율적인 생산공정을 사용하고 있으므로 A공장의 한계비용은 모든 수준에서 B공장의 한계비용보다 더 낮다. 시장 전체의 총한계감축비용은 이 두 곡선을 수평으로 합한 것으로서 MC_T로 나타나고 있다. 이 곡선은 어떤 수준의 오염감축총량에 대해서 감축비용이 두 공장 사이에 가장 효율적으로 분배된다면 얼마가 될지를 알려주고 있다. 예를 들어 50단위 감축을 위한 총한계비용은 0달러인데 이는 A공장이 비용을 전혀 들이지 않고 감축할 수 있는 수준이기 때문이다. 따라서 가장 효율적인 조합은 A공장이 모두 감축하는 것이다. 오염감축의(그리고 오염의) 사회적 최적수준은 MC_T 곡선이 한계피해곡선 *MD*와 교차하는 *Z*점에서 달성되며 이때의 오염감축(오염) 수준은 200단위이다.

정책대안 1 : 수량규제 이제 이 맥락 안에서 정부의 정책대안을 검토해보자. 첫 번째 대안은

[34] Lyubich 외(2018)에서 에너지와 이산화탄소 생산성에 있어 기업별 이질성에 대한 현실 세계에서의 근거를 정리하고 있다.

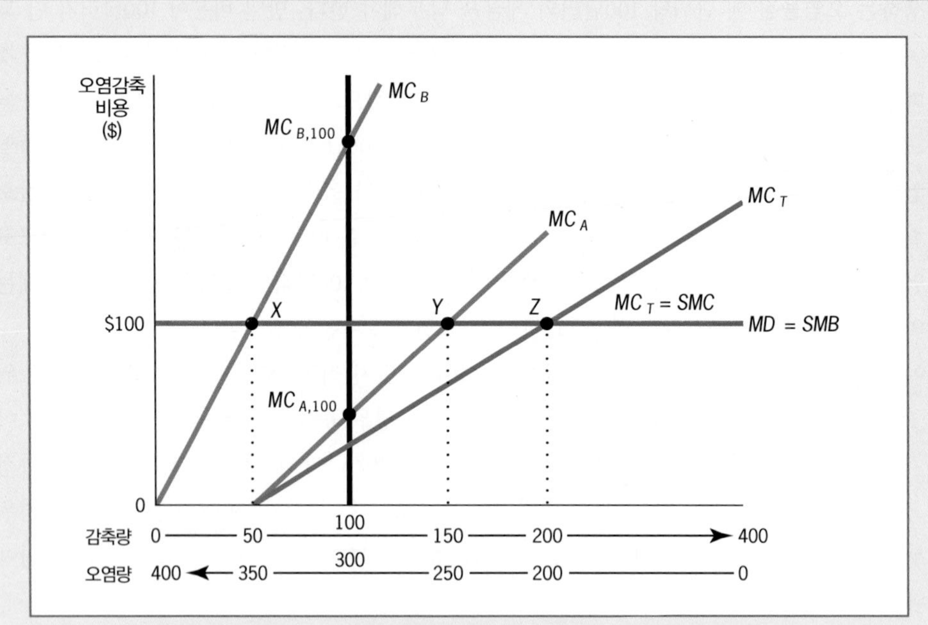

그림 5-9 복수 기업의 오염감축 A공장은 B공장보다 모든 수준에서 한계오염감축비용이 낮다. 최적오염감축 수준은 한계비용의 합이 한계피해비용과 같아지는 점이다(200단위가 감축되는 *Z*점). 두 공장에서 100단위씩을 똑같이 감축하는 것은 B공장의 한계비용(MC_B)이 A공장의 한계비용(MC_A)보다 훨씬 크기 때문에 비효율적이다. 이 감축량의 최적분배는 각 공장의 한계비용이 사회적 한계편익(한계피해와 동일한)과 같아지는 지점에서 이루어진다. 이는 모두 100달러의 한계비용으로 A공장이 150단위를 감축하고 B공장이 50단위를 감축함으로써 달성된다.

수량규제로서 이 경우 정부는 총 200단위의 슬러지 감축을 요구할 수 있다. 그렇다면 문제는 정부가 각 공장에 요구할 감축량 규모를 어떻게 결정하는지다. 이 문제에 대한 과거의 전형적인 해법은 각 공장에 부담을 똑같이 나누도록 하는 것이다. 이 경우 200단위의 총량을 줄이기 위해 각 공장은 100단위씩 줄이면 된다.

그러나 이는 각 공장의 한계감축비용이 상이하다는 사실을 무시한다는 점에서 효율적인 해법이 될 수 없다. 동일한 오염감축(오염) 수준에서 매 단위당 감축비용은 A공장(MC_A)이 B공장(MC_B)보다 더 낮다. 따라서 만일 A가 B보다 더 많은 양을 감축한다면 저비용대안(A공장)을 활용함으로써 오염감축의 총사회적 비용을 낮출 수 있을 것이다. 따라서 두 공장이 동일한 양을 감축한다면, 오염감축부담을 보다 효율적으로 분담하는 경우에 비해 전반적인 사회적 비용은 늘어나게 된다.

그림 5-9에 이러한 요지가 나타나 있다. 효율을 달성하기 위한 해법은 각 공장마다 오염의 한계감축비용을 그 감축의 사회적 한계편익과 일치시키는 것이다. 즉 각 공장의 한계비용곡선이 한계편익곡선과 일치하는 수준에서 오염감축이 이루어질 때 가장 효율적이 된다. 따라서 효율적인 수준은 B공장의 경우 50단위(*X*점)이며, A공장의 경우 150단위(*Y*점)이다. 그러므로 공장마

다 100단위의 감축을 요구하는 것은 비효율적이며 만일 A공장이 더 많은 양을 감축한다면 200단위 감축을 위한 총비용은 더 낮아질 것이다.

정책대안 2 : 교정과세를 통한 가격규제 두 번째 접근법은 피구세를 사용하는 것으로 한계피해액과 동일한 수준에서 세금을 책정함으로써 각 공장은 투기하는 슬러지의 매 단위마다 100달러의 세금을 내야 한다. 이 세금에 직면해서 각 공장은 어떻게 행동할까? A공장의 경우 150단위까지의 슬러지 감축은 그 비용이 100달러에 미치지 못하기 때문에 150단위까지 감축하려 할 것이다. B공장의 경우 50단위까지의 슬러지 감축은 그 비용이 100달러에 미치지 못하기 때문에 50단위까지 감축하려 할 것이다. 이 결과는 효율적인 오염감축 수준과 정확히 일치한다는 점에 주목하자. 앞에서의 분석과 마찬가지로 피구세는 투입요소의 비용을 외부피해의 규모만큼 올려주어 사적 한계비용이 사회적 한계비용과 같은 수준이 되도록 함으로써 효율적인 생산이 이루어지도록 한다. 세금은 공장으로 하여금 자신들의 최적오염감축 수준을 선택하도록 신축적으로 작동하므로 나름대로 가장 효율적인 수준의 선택이 가능하다. 이런 점에서 조세는 모든 공장마다 동일한 양을 감축해야 하는 수량규제보다 바람직하다.

정책대안 3 : 오염배출권을 통한 수량규제 이런 결과는 다수의 공장이 존재하는 경우 조세가 언제나 수량규제보다 우월하다는 것을 의미할까? 꼭 그렇지만은 않다. 만일 정부가 각 공장에게 적정량(A로부터 150단위와 B로부터 50단위)의 감축을 요구한다면 수량규제는 조세와 동일한 결과를 달성할 수 있을 것이다. 그러나 이런 결과를 얻으려면 엄청난 양의 정보가 필요하다. 정부가 한계피해와 전체 한계비용만 알면 되는 일이 아니라 각 개별 공장의 한계비용곡선도 알아야 하는데 이런 자세한 정보를 확보하기는 매우 어려운 일이다.

그러나 정부는 신축성이라는 매우 중요한 특성을 덧붙임으로써 수량규제를 살려낼 수 있다. 즉 일정량의 오염을 허용하는 배출권을 발행하고 이 배출권을 공장들이 거래하게끔 하면 문제는 해결될 것이다. 정부가 다음과 같은 제도를 도입한다고 가정해보자. 우선 정부는 배출권의 소지자가 장당 1단위의 오염물질을 생산할 수 있는 권리를 인정하는 배출권을 200장 발행하여 최초 각 공장에 100장씩 배분한다. 그러므로 거래가 없는 상황에서는 각 공장이 100단위의 슬러지만 생산할 수 있는데 이는 각 공장이 오염을 절반씩 감축하도록 요구하는 것과 동일하다(앞에서 살펴본 비효율적 방안).

그러나 정부가 이 배출권을 공장들끼리 서로 거래하도록 허용하면 B공장은 A공장으로부터 배출권을 구입하는 데 관심을 가질 것이다. B공장의 입장에서 보면 100단위의 슬러지를 줄이기 위해서는 MC_{B100}이 발생하는데 이는 MC_{A100}인 A공장의 한계비용보다 훨씬 더 높은 수준이다. 따라서 만일 B가 A로부터 MC_{B100}과 MC_{A100} 사이의 어떤 금액으로 1장의 배출권을 구입할 수 있다면 B공장은 101단위의 오염을 배출하고(99단위만 처리) A공장은 99단위의 오염을 배출함으로써(101단위를 처리) A와 B는 모두 이득을 얻는다. B공장의 입장에서 볼 때 배출권의 구입비용이 MC_{B100}보다 낮다면 자신이 스스로 처리하는 비용보다 비용이 적게 들기 때문에 이 거래로부터 이득을 얻게 된다. A공장의 입장에서 볼 때도 배출권의 판매로부터 최소한 MC_{A100} 이상의 수입을 얻을 수 있다면 처리비용보다 더 많은 수입을 얻기 때문에 그 차이만큼의 이득을 얻게 된다.

같은 논리로 두 번째 배출권의 거래 역시 서로에게 이득을 가져다줄 것이며 B공장은 슬러지를 98단위만 감축하고 A공장은 102단위를 감축할 것이다. 실제로 이 거래는 B가 50단위를 감축하고 A가 150단위를 감축할 때까지 계속해서 서로에게 이득을 가져다줄 것이다. 이 수준에서는 두 생산자의 한계감축비용이 100달러로 동일해지기 때문에 배출권의 거래로부터 추가적인 이득은 발생하지 않는다.

무슨 일이 생긴 것일까? 우리는 단지 코스 해법이 갖는 직관으로 돌아간 것뿐이다. 즉 오염에 재산권을 부여함으로써 외부효과를 내부화한 것이다. 그러므로 배출권 거래제는 피구세와 마찬가지로 시장으로 하여금 기업들 사이에 존재하는 오염감축비용의 차이를 반영하도록 한 것이다. 제6장에서 우리는 환경의 외부효과에 배출권 거래제를 성공적으로 적용한 사례를 살펴볼 것이다.

감축비용의 불확실성

조세와 수량규제 중 어느 한쪽을 선호하는 유일한 이유가 기업 간 감축비용의 차이만은 아니다. 또 다른 이유는 규제의 비용이나 편익이 불확실하다는 점이다. 기후변화와 산불이라는 외부효과의 극단적 사례 두 가지를 생각해보자. 그림 5-10은 그림 5-8의 오염감축 분석모형을 확대한 것으로서 한계피해 규모(오염감축의 사회적 한계편익과 동일한)가 더 이상 상수가 아니라 하락하는 상황을 보여주고 있다. 즉 첫 단위의 오염감축으로 인한 편익은 대단히 크지만 일단 생산공정이 오염을 비교적 덜 배출하는 상황에서는 추가적인 감축의 편익이 미미하다(즉 오염감축에 한계수확체감현상이 나타나고 있음).

그림 5-10(a)에서는 기후변화의 경우를 다루고 있다. 이 경우 오염감축량을 정확하게 알아내는 것은 환경에 그다지 중요하지 않다. 기후변화의 규모를 결정하는 것은 전 세계의 모든 오염원으로부터 오랜 기간에 걸쳐 축적된 이산화탄소의 총축적량이므로 어느 한 국가에서 지금 당장 이산화탄소의 배출을 상당량 줄인다 할지라도 기후변화에는 거의 영향을 미치지 못한다. 이 경우 사회적 한계편익곡선(기후변화로부터의 한계피해와 동일한)은 매우 평평할 것이다. 즉, 사회는 고만고만한 규모로 이산화탄소를 추가적으로 감축한다 해도 이로부터는 편익을 거의 얻지 못한다.

그림 5-10(b)는 산불의 사례를 다루고 있다. 이 경우 퍼져가는 산불의 규모가 조금만 달라져도 생존자의 숫자에는 엄청난 차이가 날 수 있다. 실제로 산불의 한계피해곡선(역시 오염감축의 사회적 한계편익과 동일한)은 거의 수직선으로서 이는 산불의 확산 규모가 한 단위 감소하는 것이 생존자 수에서 볼 때 매우 중요함을 의미한다. 따라서 이 경우의 사회적 한계편익곡선은 그 기울기가 매우 가파르다.

이제 두 경우 모두 기업이나 개인 차원에서 오염감축의 진정한 비용을 알지 못한다고 가정해보자. 오염감축의 한계비용에 대해 정부가 추측할 수 있는 최선은 (a), (b) 모두에서 MC_1으로 나

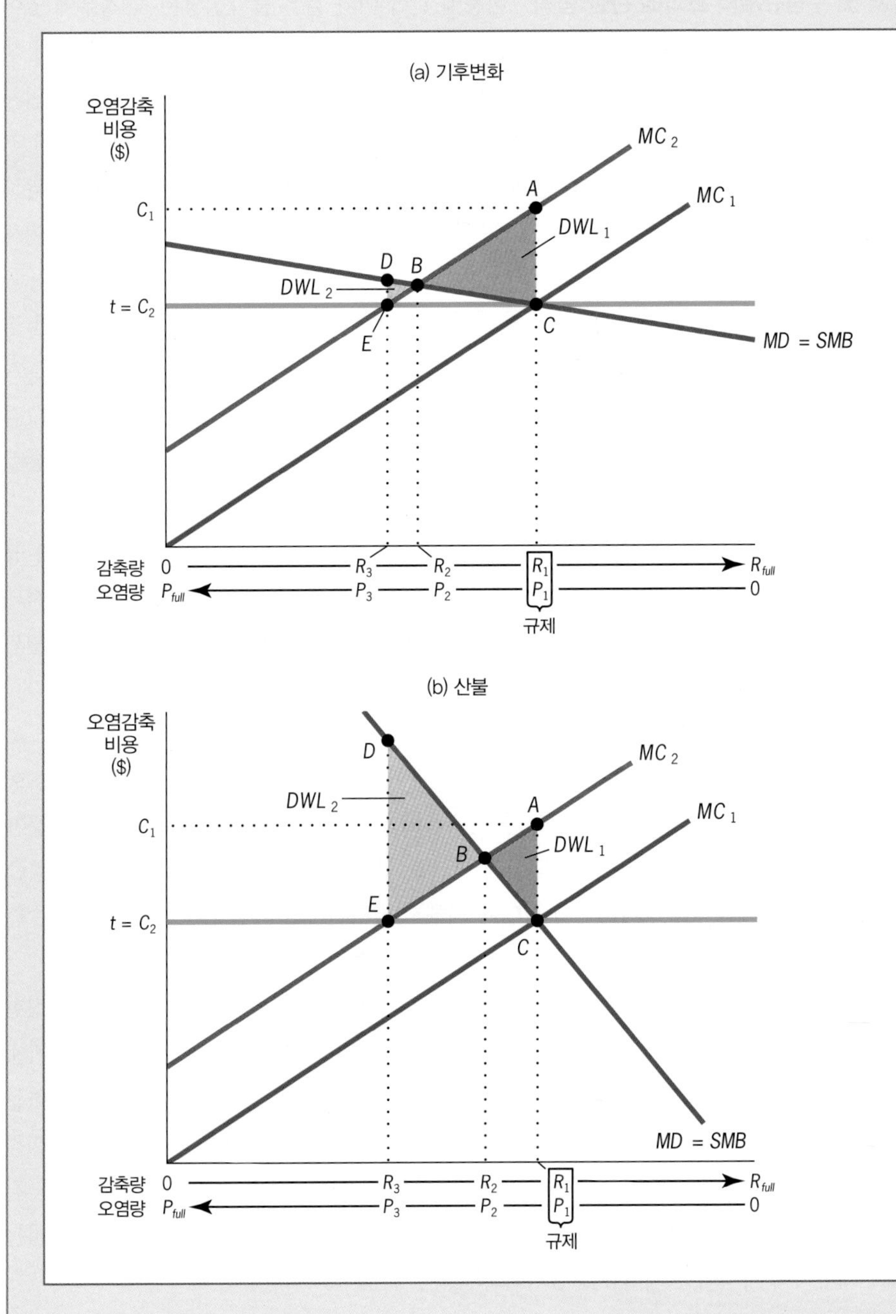

그림 5-10 불확실한 비용과 오염감축시장 기후변화의 경우[그림 (a)]에는 한계피해곡선은 배출량(또는 배출량 감축 수준)의 넓은 범위에서 비교적 일정하다. 만일 비용이 불확실하다면 $t=C_2$ 수준의 세금은 R_1의 규제에 따른 사중손실(ABC)에 비해 훨씬 더 작은 규모의 사중손실(DBE)을 낳는다. 반면에 산불의 경우[그림 (b)], 한계피해곡선은 매우 가파르다. 만일 비용이 불확실하다면 세금부과는 규제(ABC)의 경우보다 훨씬 더 큰 사중손실(DBE)을 낳는다.

타나고 있다. 그러나 오염감축의 진정한 한계비용은 MC_2처럼 훨씬 더 높을 수도 있다. 이와 같은 불확실성은 정부가 기업의 한계오염감축비용을 제대로 파악하지 못해서일 수도 있고, 정부와 기업 모두가 궁극적인 비용 규모에 대해 알지 못하기 때문일 수도 있다.

가격규제 및 수량규제의 효과에 관한 함의 비용에 관한 이와 같은 불확실성은 각 경우에 있어서 가장 효율적인 개입 수단이 어떤 것인지에 관해 중요한 함의를 갖는다. 수량규제를 먼저 생각해보자. 만일 비용이 MC_1인 경우에 정부가 오염감축의 사회적 한계편익과 한계비용이 일치하는 최적수준인 R_1의 감축을 지시했다고 가정해보자. 그런데 만일 진정한 비용이 MC_2라면 최적감축 수준은 R_1이 아니라 $SMB = MC_2$인 R_2가 된다. 즉 정부가 지시한 오염감축 규모가 과도하여 오염감축의 한계편익은 한계비용 밑에 위치하게 된다. 이런 정책적 오류는 효율에 있어서 어떤 의미를 갖게 될까?

기후변화의 경우[그림 5-10(a)]에는 이 효율손실이 대단히 크다. 지시된 감축 규모가 R_1인 경우에 기업의 감축비용은 R_1에서의 MC_2인 C_1이 되며, 사회적 한계편익은 R_1에서의 SMB인 C_2가 된다. 기업이 부담해야 하는 감축비용 C_1은 그 편익 C_2보다 훨씬 더 크기 때문에 면적 ABC(감축비용이 편익을 능가하는 모든 단위를 포함하는 삼각형)에 해당하는 큰 규모의 사중손실(DWL_1)이 존재한다.

산불의 경우[그림 5-10(b)] 수량규제의 비용은 그리 크지 않다. 이번에도 역시 지시된 감축 규모가 R_1인 경우에 기업의 감축비용은 R_1에서의 MC_2인 C_1이 되며, 사회적 한계편익은 R_1에서의 SMB인 C_2가 된다. 그러나 이 경우 사중손실 삼각형 ABC(DWL_1)는 그림 5-10(a)에 비해 훨씬 작으며, 따라서 수량규제의 비효율이 훨씬 더 작다.

이제 이 두 시장에서 교정과세의 효과를 비교해보자. 두 경우 모두 한계비용이 MC_1일 때 R_1의 최적감축 수준을 달성하기 위해 정부가 세금을 부과한다고 가정해보자. 앞에서 본 것처럼 이는 정부가 기업으로 하여금 R_1의 감축 규모를 선택하도록 만드는 세금 규모 t를 선택하는 문제이다. (a), (b) 모두에서 기업들이 R_1을 선택하게 만드는 세금 규모는 MC_1이 MD와 교차하는 C_2이다. 이 세금은 만일 진정한 한계비용이 MC_1에 의해서 결정된다면 기업들이 정확하게 R_1 수준의 감축을 선택하도록 만드는 규모이다.

그러나 만일 진정한 한계비용이 MC_2인 것으로 판명된다면 이 세금하에서 기업들은 진정한 한계비용이 세금과 같아지는 R_3($t = MC_2$인 E점)를 선택할 것이며 이에 따라 감축 규모가 과소해지는 문제가 발생한다. 그림 5-10(a)의 기후변화 사례에서는 R_2가 아니라 R_3만큼을 감축하는 데 따르는 사중손실(DWL_2)은 작은 면적 DBE이며 해당 단위에서는 사회적 한계편익이 사회적 한계비용을 능가하고 있다. 그러나 그림 5-10(b)의 산불 사례에서는 R_2가 아니라 R_3만큼을 감축하는 데 따르는 사중손실(DWL_2)이 훨씬 더 큰 면적 DBE로서 이 경우 역시 해당 단위에서는 사회적 한계편익이 사회적 한계비용을 능가하고 있다.

개입 수단 선택의 함의 이 분석의 핵심적 직관은 정부가 정확한 오염감축량을 달성하고 싶은지 아니면 비용을 최소화하고 싶은지에 따라 정책수단의 선택이 달라진다는 것이다. 정부는 비용이 얼마가 드는가에 무관하게 수량규제를 통해 원하는 양의 오염을 감축시킬 수 있다. 따라서 만일 오염감축량을 정확히 달성하는 것이 중요하다면 수량규제가 가장 좋은 방법이다. 이것이 그림 5-10(b)에서처럼 불확실성하에서 산불의 경우 수량규제의 효율손실이 훨씬 더 적은 이유가 된다. 이 상황에서는 감축량을 최적수준에 접근시키는 것이 무엇보다 중요하다. 만일 그 과정에서 기업이 더 많은 비용을 들여야 한다고 해도 이 고비용을 받아들일 수밖에 없다. 기후변화의 경우에는 감축량을 정확히 달성한다는 것이 그리 중요한 일이 아니다. 따라서 이 상황에서 기업들에게 고비용이 드는 방안을 요구하는 것은 비효율적이다.

한편, 세금을 통한 가격규제의 경우에는 감축비용이 결코 세금을 초과하지 않으리라는 점은 확실하지만 감축량이 얼마가 될지는 불확실하다. 즉 기업은 납부해야 하는 세금보다 더 많은 비용이 드는 수준(세금과 진정한 한계비용 MC_2가 교차하는 점)까지 오염을 줄이려 하지는 않을 것이다. 만일 한계비용이 예상보다 더 높은 것으로 나타났다면 기업은 오염감축을 줄이게 될 것이다. 기후변화의 경우 가격규제의 사중손실이 그림 5-10(a)에서처럼 아주 작은 이유가 바로 이것이다. 더욱 효율적인 결과는 설사 감축량이 최적수준이 아니라 해도 기업이 부담하는 감축비용이 너무 높지 않아야 하는 것이다. 그림 5-10(b)에서는 전혀 그렇지 않다. 산불의 경우 기업이 부담해야 하는 비용과는 무관하게 거의 정확한 최적감축 수준에 도달하는 것이 무엇보다 중요하다.

요약하자면 수량규제는 환경보호를 보장하지만 기업이 부담해야 하는 비용은 가변적이며, 가격규제는 비용은 보장하지만 양은 가변적이다. 따라서 만일 최적수준에서 환경을 보호하는 것의 가치가 매우 크다면 수량규제가 올바른 선택이며, 반면에 그것이 그리 중요한 문제가 아니라면 가격규제가 올바른 선택이다.

5.5 결론

외부효과는 "정부는 '언제' 개입해야 하는가?"라는 재정학의 물음에 대한 전형적인 답이 된다. 한 주체의 행동이 제3자에게 영향을 주지만 이 효과에 대해 보상하지 않는다면(또는 보상받지 않는다면) 시장은 실패하고 따라서 정부 개입은 정당화될 수 있는 것이다. 경우에 따라 시장은 관련 당사자의 협상을 통해 외부효과를 '내부화'할 수 있다는 코스 해법을 사용할 수 있다. 그러나 많은 경우 정부가 개입해야 시장실패의 문제를 해결할 수 있다.

그렇다면 그다음 단계에서는 당연히 '어떻게?'라는 개입 수단의 문제가 등장하게 된다. 외부효과 문제를 다룸에 있어 정부는 가격에 기초한 방법(세금과 보조금)과 수량에 기초한 방법(규제)이라는 두 가지 종류의 정책수단을 갖고 있다. 이 두 가지 중에서 어느 쪽이 가장 효율적인 결과를 낳느냐 하는 것은 규제대상으로서 기업의 다양성, 수량규제의 신축성, 외부효과를 줄이는 데 들어가는 비용의 불확실성 등 다양한 요인에 의해 결정된다. 다음 장에서는 다소 추상적인 이 원리를 미국과 세계가 직면하고 있는 가장 중요한 외부효과 문제에 적용해보자.

요약

- 외부효과는 한 경제주체의 행동이 제3자에게 피해를 입히거나 편익을 가져다주지만 이 경제주체는 그에 따른 비용을 부담하지도, 보상을 받지도 않는 경우를 말한다.
- 부정적인 외부효과는 완전경쟁시장에서 재화의 과다생산을 초래하며, 긍정적인 외부효과는 완전경쟁시장에서 과소생산을 초래하는데 두 가지 경우 모두 사중손실을 낳는다.
- 민간시장은 협상을 통해 외부효과의 문제를 '내부화'할 수 있지만 이러한 코스 해법은 대부분의 환경적 외부효과의 경우처럼 전 지구적인 차원의 외부효과 문제를 해결할 가능성은 없다.
- 정부는 외부효과 문제를 다룸에 있어서 가격(세금 또는 보조금) 또는 수량(규제) 접근법 중 한 가지를 사용할 수 있다.
- 기업들 간 오염감축의 한계비용이 상이한 경우에는, 수량규제가 오염원들 사이의 오염배출권 거래를 통해 규제목표를 달성할 수 있는 능력을 갖추지 않는 한 가격기구가 환경목표의 달성에 있어 보다 효율적인 수단이 된다.
- 오염감축의 한계비용에 대한 불확실성이 존재할 경우 가격규제와 수량규제의 상대적인 장점은 한계편익곡선의 기울기에 따라 달라진다. 수량규제는 비용과 무관하게 적정 수준의 오염감축량을 달성하므로 한계편익곡선의 기울기가 큰 경우 적절한 수단이 된다. 조세를 통한 가격규제는 오염감축량과 무관하게 오염감축비용의 최적수준을 달성하므로 한계편익곡선의 기울기가 낮은 경우 적절한 수단이 된다.

연습문제

1. 2012년에 캘리포니아주는 배출권 거래제를 포함하는 온실가스 수량규제 체계를 도입하였다. 온실가스 배출에 대한 이 '배출권 거래' 제도는 발전소 및 대규모 산업 플랜트와 같은 대규모 온실가스 배출원들에게 고정된 양의 온실가스 '할당량'을 분배한다. 그 후 배출원들은 경매에서 추가로 온실가스 배출권을 구매하거나, 다른 오염원으로부터 사용하지 않은 배출권을 구매할 수 있다. 이론적으로 이 거래제도는 사회적으로 효율적인 수준의 오염 배분이 가능하도록 해줄 것이다. 이런 결과가 어떻게 도출되는지 설명해보라.
2. 어떤 행동이 동시에 긍정적이기도 하고 부정적이기도 한 외부효과를 일으킬 수 있는지 설명해보라.
3. 바람이 서쪽에서 동쪽으로 부는 미국 중서부 지역에 있는 주들은 주의 동쪽 경계 끝에 입지한 오염유발 산업의 승인을 더 쉽게 내주는 경향이 있다. 왜 그렇다고 생각하는가?
4. 우버(Uber)나 리프트(Lyft)와 같은 앱의 등장으로 주요 도시 지역의 정책입안자와 정치인 사이에서 이러한 서비스의 순효과가 해로운지 또는 유익한지에 대하여 상당한 논쟁이 유발되었다. 논쟁은 부분적으로 이러한 승차 공유 서비스에 의해 생성되는 긍정적, 부정적 외부효과에 집중되었다. 이러한 서비스에 의해 발생하는 부정적 외부효과 하나, 긍정적 외부효과 하나를 논해보라.
5. 정부가 재산권을 부여하고 집행하면 외부효과를 내부화할 수 있는가? 직접적인 정부 개입과 비교할 때 이런 접근 방법은 더 나은가, 더 못한가, 아니면 마찬가지인가? 이 해결책과 관련된 어려움 가운데 한 가지를 기술하고 설명해보라.

6. 의회의 비공개투표에 있어서 많은 의원들은 마지막 순간까지 '미결정' 상태로 남아 있으려고 한다. 이유가 무엇인가? 이 예를 통해 우리는 외부효과 문제에 대한 코스 해법이 갖고 있는 잠재적 단점에 관해 어떤 시사점을 얻을 수 있는가?

7. 어떤 기업의 한계생산비용이 $MC = 10 + 30Q$로 주어졌다고 가정하자. 이 기업의 생산 과정에서 유독성 폐기물이 배출되므로 인근 주민들의 고통은 점점 증가하고 있고 Q번째 단위의 생산에 따른 한계외부비용은 $6Q$로 주어져 있다. 열 번째 산출물의 사적 한계비용과 사회적 한계비용은 각각 얼마인가?

8. 두 대의 자동차 사고에서 대형 차량의 승객은 소형 차량의 승객에 비해 살아남을 확률이 훨씬 더 크다. 실제로 사망확률은 운전하는 차량의 크기에 따라 줄어들며, 충돌하는 차량의 크기와 함께 증가한다. 일부 정치인들과 로비스트들은 이것이 대형 차량의 판매를 촉진하고 자동차 제조업체들로 하여금 소형차를 생산하도록 하는 입법을 막는 데 대한 근거를 제공한다고 주장한다. 외부효과 개념을 사용하여 이 주장을 비판적으로 검토해보라.

9. 정부는 왜 부정적인 외부효과를 낳는 소비 활동의 규모를 제한하기 위해 어떤 때는 수량규제를 실시하고 또 왜 다른 때는 이 소비에 과세를 하여 가격규제를 실시하는가?

10. 다음의 예에 대해 문제 (a)와 (b)의 두 가지 물음에 답하라. (i) 개인의 흡연, (ii) 기업의 유독성 폐기물 배출, (iii) 하이테크 기업에 의한 연구개발, (iv) 전염성 질환에 대한 개인의 예방접종.

    a. 외부효과가 존재하는지, 존재한다면 긍정적인 외부효과인지, 부정적인 외부효과인지, 그리고 소비의 외부효과인지, 생산의 외부효과인지 설명해보라.
    b. 외부효과가 존재한다면 민간시장이 이 외부효과를 스스로 내부화할 수 있는가? 이유는 무엇인가?

심화 연습문제

11. 워레니아에는 2개의 지역이 있다. 올리비랜드에서는 오염정화의 한계편익이 $MB = 300 - 10Q$이고, 라인랜드에서는 $MB = 200 - 4Q$이다. 정화의 한계비용이 단위당 120달러에서 일정하다고 가정해보자. 각 지역에서 오염정화의 최적수준은 얼마인가?

12. 어떤 제품 소비의 사적 한계편익은 $PMB = 350 - 4Q$이고 생산의 사적 한계비용은 $PMC = 6Q$이다. 더욱이 이 재화의 생산에 따른 한계외부피해는 $MD = 4Q$이다. 외부효과를 교정하기 위해서 정부는 판매단위당 T의 세금을 부과하기로 했다. 사회적 최적수준을 달성하기 위해 T는 얼마로 정해야 하는가?

13. 어떤 제품의 수요가 $Q = 1{,}200 - 4P$이고 공급이 $Q = -240 + 2P$라고 가정해보자. 더욱이 이 제품의 한계외부피해는 단위당 12달러라고 가정하자. 시장에서는 이 재화를 사회적 최적수준보다 얼마나 더 많이 생산하겠는가? 외부효과에 따른 사중손실의 크기를 계산해보라.

14. 오염정화를 통해 회피한 한계피해는 $MD = 200 - 5Q$, 오염정화의 한계비용은 $MC = 25 + 2Q$이다.

    a. 오염감축의 최적수준은 얼마인가?
    b. 이 수준의 오염감축은 조세를 통해 달성될 수 있음을 보여라. 단위당 세금이 얼마여야 최적수준의 오염감축을 달성할 수 있겠는가?

15. 연방정부가 2개의 기업에 오염 수준을 감축하도록 명령하였다. 오염감축의 한계비용은 기업 A의 경우 $MC = 150 + 3Q$이고 기업 B는 $MC = 10 + 9Q$이다. 오염감축의 한계편익은 $MB = 250 - 4Q$이다.

    a. 각 기업의 오염감축의 사회적 최적수준은 얼마인가?
    b. 세 가지 가능한 결과의 사회적 효율을 비교해보라.

i. 각 기업에게 동일한 감축량을 요구하는 경우

ii. 오염 단위당 동일한 세금을 부과하는 경우

iii. 각 기업에게 동일한 감축량을 요구하지만 오염 배출권의 거래는 허용하는 경우

16. 100명의 통근자들이 직장에 가기 위해서는 고속도로를 이용해야 한다. 이들은 모두 나홀로 운전자들이며, 사회적 위신을 높여주고 더 안전한 대형차를 선호하고 있다. 그러나 연비가 낮기 때문에 대형차들은 마일당 주행비용이 더 높다. 게다가 대형차들은 도로에 영구적인 손상을 더 많이 초래하기도 한다.

차의 중량을 w로 표기하자. 주행의 편익이 $12w$이고 비용은 $3 \times w^2$이다. 도로 손상은 $2 \times w^3$이다. 개인들은 $U = x$ 형태의 효용함수를 갖고 있는데 여기에서 x는 일정한 크기의 차의 운행을 통해 얻는 순편익이다.

a. 운전자들이 선택하는 차 중량은 얼마겠는가?

b. 차의 최적중량은 얼마인가? 문제 (a)와 차이가 난다면 왜 그러한가?

c. 운전자들이 최적의 차 중량을 선택하게 만드는 통행세 제도의 설계가 가능한가? 만일 그렇다면 그런 제도는 어떻게 작동하는가? (예 : 통행세는 차에 따라 어떻게 매겨지겠는가?)

17. 기업 A와 B는 각각 80단위의 오염을 배출하고 있는데 연방정부는 오염 수준을 낮추고 싶어 한다. 오염감축의 한계비용은 A기업의 경우 $MC_A = 50 + 3Q_A$이고 B기업은 $MC_B = 20 + 6Q_B$인데 이때 Q_A와 Q_B는 각 기업이 감축한 오염물질의 양이다. 오염감축으로부터의 사회적 한계편익은 $MB = 620 - 3Q_T$이며 이때 Q_T는 총오염감축량이다.

a. 각 기업의 오염감축의 사회적 최적수준은 얼마인가?

b. 사회적 최적수준에서 오염의 총량은 얼마인가?

c. 만일 거래가 허용되지 않는다면 각 기업에 동일한 숫자의 오염배출권을 주는 것이 왜 비효율적인지 설명해보라.

d. 각 기업에 동일한 숫자의 오염배출권을 주었지만 거래가 허용된다면 어떻게 사회적 최적이 달성되는지 설명해보라.

e. 오염에 대한 조세부과를 통해 사회적 최적을 달성할 수 있는가?

18. 오염으로 인한 (외부) 피해가 $MD = 300 + 5Q$이고 (사적) 비용과 편익이 $MC = 100 + 2Q$와 $MB = D_0 - 2Q$라고 가정하자. 단, D_0는 정확히 알지 못한다.

a. 만일 $D_0 = 1{,}000$이라면 적정량은 얼마인가? 이것이 균형량이 되려면 세금은 얼마여야 하는가?

b. 문제 (a)에서의 결과에 기초하여 오염의 적정량이 생산되도록 하는 배출량 상한 및 배출권 거래제도(cap-and-trade system)가 적용된다고 가정하자. 만일 $D_0 = 900$이라면 적정량이 아니어서 발생하는 사중손실은 얼마인가?

c. 문제 (a)에서의 결과에 기초하여 오염의 적정량이 생산되도록 하는 세금이 적용된다고 가정하자. 만일 $D_0 = 900$이라면 적정 규모의 세금이 아니어서 발생하는 사중손실은 얼마인가?

d. 만일 D_0를 정확히 모른다면 배출량 상한 및 배출권 거래제도와 조세 중 어느 쪽이 더 나은 결과를 낳을 수 있는가? 만일 한계피해가 $300 + 5Q$가 아니라 $300 + 3Q$라면 이 질문에 대한 답은 무엇인가?

CHAPTER 6

James Andrews/iStock/Getty Images

외부효과 사례분석 : 환경과 건강 분야에서의 외부효과

생각해볼 문제

- 대기오염물질 문제에 대한 공공정책은 환경과 경제에 어떤 영향을 미치는가?
- 각국은 기후변화에 대응하기 위해서 어떻게 공조를 취하고 있는가?
- 흡연, 음주 및 비만과 관련된 보건 분야에서의 외부효과에 대응하기 위한 정부 정책으로 어떤 것이 적절한가?

제5장의 앞부분에서 논의한 것처럼 앞으로 세계가 직면해야 할 주요 환경위협은 지구온난화와 이에 따른 기후변화이다. 이 위협에 대한 대응으로서 환경보호청(EPA)은 2009년에 기후변화의 주된 요인인 이산화탄소(CO_2)를 규제할 수 있는 역량을 갖추었음을 공표하였다.[1]

2014년 여름에 오바마 행정부는 청정전력계획(Clean Power Plan)을 발표하였다. 이 계획은 기존의 발전소에서 이산화탄소의 연간 배출량을 2020년까지 17%, 2030년까지 30%를 줄이도록 규정하였다. 이를 위해 이 계획은 탄소 배출을 줄이기 위한 여러 가지 옵션['건축용 블록(building block)'이라고 함]을 제공하였으며, 각 주가 블록을 활용할 수 있는 정도를 추정하여 각 주의 배출 비율을 구체적으로 제안하였다. 블록에는 화석연료 발전소의 효율 제고, 더 적은 CO_2를 배출하는 에너지원의 사용, 전력 생산에 바람, 태양 등 재생에너지 사용 확대, 전기의

[1] U.S. Environmental Protection Agency(2012b). 후술하는 청정전력계획에 대한 자세한 내용은 U.S. Environmental Protection Agency(2014)를 참조하라.

보다 효율적인 사용 등이 포함된다. 각 주는 현격히 차이가 나는 목표를 설정할 수밖에 없을 것인데, 이는 각각의 블록에 대하여 에너지 창출을 위해 사용하는 자원, 에너지 기술, 비용, 배출량 감축 능력이 주마다 다르기 때문이다. 예를 들어 워싱턴주는 2030년까지 탄소 배출을 72% 줄여야 하는데 이는 이 주에 있는 거대한 센트럴리아(Centralia) 석탄발전소가 2020년대에 폐쇄될 예정이므로 EPA는 이를 합리적인 수준으로 생각하였다. 이와 대조적으로 인디애나주는 천연가스에 대한 접근도가 낮기 때문에 20%만 줄이면 된다.[2]

환경단체들은 이 규제안을 적극적으로 찬성하였다. 아메리카대학교의 환경정책센터 소장인 대니얼 J. 피오리노(Daniel J. Fiorino)는 이러한 접근 방법이 연방정부의 기준을 어떻게 준수할지에 대해 각 주에 상당한 정도의 선택권을 부여하고 있기 때문에 '더욱 정교한 규제의 진정한 모범사례'라고 추켜세웠다. 세계자원연구소(World Resource Institute)의 앤드루 스티어(Andrew Steer)도 역시 청정전력계획은 '미국의 탄소 배출량 통제에 대한 장애물을 제거했다는 점에서 기념비적인 쾌거'라고 주장하였다.[3] EPA는 이 규제가 2030년까지 이산화황, 질소산화물, 매연과 같은 전통적인 대기오염물질을 25%까지 감소시킴으로써 이 계획의 실행에 따라 2030년까지 매년 550~930억 달러의 긍정적 외부효과를 일으킬 것으로 추정하였는데 이는 매년 발생할 70~90억 달러의 비용을 훨씬 더 초과하는 수준이다.[4]

한편, 이 규제를 반대하는 측에서는 현재의 기술 수준에 비추어볼 때 오바마가 제안한 감축 목표는 실현이 불가능하다고 주장한다. 하원의장 존 베이너(John Boehner)는 최근 다음과 같은 주장을 공식적으로 내놓았다. "대통령의 계획은 미친 소리이다. 정말이지 달리 표현할 방도가 없다." 그는 기후변화를 다루기 위한 오바마의 노력은 '해외로 일자리를 수출하는 것'이며 미국인들로 하여금 '더 많은 비용을 부담하면서 소득은 줄어들게 만들 것'이라고 주장하였다.[5] 미상공회의소는 최근 청정전력계획이 기업들에게 연간 500억 달러 이상의 비용을 부담 지울 것이라는 요지의 보고서를 발간하였다.

법원의 반대로 인해 청정전력계획은 오바마 행정부에서 발효되지 않았다. 트럼프 대통령이 취임하자 정책은 매우 다른 방향으로 바뀌었다. 트럼프 백악관과 EPA는 청정전력계획을 포함하여 오바마 대통령이 시행한 광범위한 기후 관련 제도개편 사항들을 해체하기 시작하였다. 신규 발전소의 배출 기준과 기존 발전소의 기동 및 정지 실무에 대한 기준이 완화되었다. 석탄재 폐기물 및 유독성 부산물의 배출 제한도 축소되었다.[6] 그리고 주에서 자체 배출 기준을 설정하는 권한을 폐지하려는 트럼프 행정부를 상대로 23개 주에서 소송을 제기하였지만, 신차와 소형 트럭의 연료 효율을 2026년까지 매년 5%씩 증가시키도록 요구하는 배기가스 배출 기준은 단지 1.5%씩의 연료 효율 개선만 요구하는 수준으로 되돌아갔다.[7]

---

2 이 규제 방안의 전반적인 내용을 검토해보고 싶다면 Eilperin과 Mufson(2014a) 그리고 Plumer(2015)를 참조하라.
3 Eilperin and Mufson(2014b).
4 U.S. Environmental Protection Agency(2015b).
5 Prokop(2014a).
6 Popovich et al.(2018), Dennis and Eilperin(2020).
7 Shepardson(2019).

법에 EPA가 이산화탄소 배출을 규제하여 인간에 대한 피해를 최소화해야 한다고 명시되어 있기 때문에 트럼프 행정부는 청정전력계획을 대체 없이 단순히 폐지해버릴 수는 없었다.[8] 이러한 법적 요구사항과 행정부의 목표 사이의 반대되는 상황을 타개하기 위하여 트럼프 행정부의 EPA는 오바마 행정부의 EPA에서 처음 개발한 '탄소의 사회적 비용' 계산을 다시 검토하였다. 탄소의 사회적 비용은 농업 생산성 감소, 기후 관련 재해로 인한 파괴, 담수 가용성 감소 및 인간 건강에 대한 영향과 같은 추가적인 탄소 배출로부터 발생하는 모든 피해를 평가함으로써 추정한다. 사망 관련 피해(조기 사망과 생산성 손실과 같은 연관된 비용으로 발생하는 피해)만으로도 금세기 말까지의 배출량 규모에 따라 2100년까지 전 세계 GDP의 0.6~3.2%에 이를 것으로 예상된다.[9]

2009년 오바마 행정부 아래 모인 전문가 팀은 탄소의 사회적 비용을 이산화탄소 1톤당 47달러로 추산하였다. 이것이 청정전력계획을 공격적으로 실행하는 근거가 되었다. EPA는 2017년에 이 추정치를 수정하여 비용이 1달러에서 6달러 사이인 것으로 조사하였다. 비용이 감소된 것은 부분적으로, 2009년 계산은 탄소 배출 감축 편익의 범위로 전 세계를 포함한 반면, 2017년 계산에서는 할인율을 높이고 탄소 배출 감축의 편익을 국내에 한정하여 고려하였기 때문이다. 탄소의 사회적 비용이 작아지면서 청정전력계획과 같은 오바마 시대의 많은 규제를 폐지하는 선례를 만들게 되었다.[10]

2019년에 트럼프 행정부의 EPA는 대체 계획인 적정 청정에너지법(ACE Rule)을 확정하였다. 청정전력계획은 국가적인 이산화탄소 배출량 감축 계획과 함께 주별 배출량 목표를 골자로 하고 있지만 적정 청정에너지법은 개별 발전소의 성능에 대한 지침에만 초점을 맞추고 있다. 정책상의 차이는 상당 부분 화석연료에서 청정 대체자원으로 전환하기 위한 표준의 설정과 같은 연료 전환을 요구하는 조치를 공표하는 EPA의 권한에 대한 논쟁에서 비롯되었다. 그 결과 적정 청정에너지법의 지침은 기존 청정전력계획의 세 가지 구성 요소 중 기존 석탄화력발전소의 열소비율 개선에 대한 지침을 제공하는 첫 번째 구성 요소만을 다루었다. 적정 청정에너지법은 배출량에 대한 정량적 지침을 제공하지 않았으며 본질적으로 EPA가 권장하는 행동방침을 근거로 하여 청정에너지로 가장 잘 전환하는 방법에 대한 판단을 개별 주에 맡겼다. 아무 조치를 취하지 않을 때에 비해 2030년까지 청정전력계획하에서는 4억 1,500만 톤의 이산화탄소 감축을 추진하였으나, 적정 청정에너지법은 1,100만 톤의 이산화탄소 배출량만을 감소시킬 것이다.[11] 그러나 트럼프 대통령의 집권 마지막 날, D.C. 순회항소법원은 적정 청정에너지법이 적절한 환경보호를 제공하지 못한다고 판결한 뒤 이를 기각하였다.

이 장에서는 이산화탄소 배출 규제와 같은 현실에서의 정책적 쟁점에 대해 제5장에서 살펴본 이론적 도구를 적용해본다. 우리는 역사적으로 굉장히 중요한, 환경 분야에 있어서의 부정적 외부효과의 원천으로서 대기오염물질 문제에 초점을 맞추면서 시작할 것이다.

---

8 Roberts(2017).

9 Carleton et al.(2020).

10 The Economist(2017).

11 Wentz et al.(2019).

미국의 대기오염물질에 관한 규제 경험은 앞 장에서 소개한 정책수단인 배출권 거래제의 막대한 가치를 잘 보여주고 있다. 대기오염물질의 규제 방안으로서 배출권 거래를 허용한 것은 그 규제 비용을 50% 이상 낮추는 결과를 가져왔다. 여기서 얻은 교훈은 앞으로 전 세계가 직면할 가장 큰 환경문제인 기후변화에 대한 논쟁에 상당한 영향을 미쳤다. 이 장에서는 기후변화 문제를 해결하기 위한 초기의 노력과 향후 규제를 통한 정부 개입에 있어서 배출권 거래제가 수행할 중요한 역할에 대하여 논의할 것이다.

그다음으로는 잠재적으로 매우 중요한 보건 분야에 있어서의 외부효과, 특히 흡연으로 인해 초래되는 외부효과 문제를 다루고자 한다. 건강 관련 행태는 어떤 행동이 다른 사람에게 외부효과를 발생시키는 경우와 그렇지 않은 경우에 대한 훌륭한 논의의 장을 제공한다. 또한 개인의 행위로 인한 피해가 자기 자신에게만 국한되는 경우에도 정부가 규제해야 하는지에 관한 문제를 논의하는 토론의 장이 될 수도 있다.

6.1 환경 규제에 있어서 경제학의 역할 : 대기오염물질 사례

여기 축약된 내용이지만 중요한 화학 수업을 진행하겠다. 석탄과 천연가스를 연소하는 발전소는 탄소 원자 간의 결합을 끊어 에너지를 생성한다. 이러한 결합을 끊으면 에너지가 방출되고 발전소는 이를 포집한다. 문제는 탄소 결합을 끊는 과정에서 다른 화학 반응들도 일어난다는 것이다. 이러한 반응에서 유해한 미세먼지와 화학물질들은 공기 중으로 방출된다. 석탄을 연소하는 과정에서는 인간에게 유독한 중금속인 수은이 방출된다. SO_2(이산화황) 및 NOx(질소산화물)는 대기 중에서 수소와 결합하여 '산성비'를 생성한다. 그리고 미세먼지(그을음)는 짧은 가시거리에서부터 심장마비에 이르기까지 모든 것과 관련되고 있다. 이러한 대기오염물질의 대부분은 오하이오 리버 밸리에 집중적으로 분포해 있는 석탄화력발전소로부터 발생한다.[12]

미세먼지는 물의 산성도를 높이고 금속과 페인트를 부식시키고 가시거리를 떨어뜨리는 등 환경에 수많은 부정적인 영향을 가져온다.[13] 그러나 가장 중요한 영향은 인간의 건강에 있다. 방출된 미세먼지는 사람의 폐 깊숙이 흡입되어 폐, 혈관 및 심장 염증을 유발한다. 미세먼지는 실내에도 침투할 수 있다. 많은 과학적 연구에서 천식이나 기관지염과 같은 폐와 심장의 장애로 인한 질병 및 조기 사망의 증가가 고농도 미세먼지와 연관되어 있음이 확인되었다. 노출에 의한 기타 건강 영향에는 호흡 곤란, 기침, 폐 손상, 불규칙한 심장 박동, 심장마비 및 각종 암이 있다.[14] 사실 공기 중의 미세먼지에는 벤젠, 폴리염화 비페닐, 다핵 방향족 탄화수소(PAH)를 포함한 복잡한 유기물질이 포함되어 있는 경우가 많으며, 이들 중 다수는 발암물질로 알려져 있거나 의심된다.[15] 어린이, 노령자, 심장 및 폐 질환자와 같은 사람들은 특히 위험하다.

---

12 Union of Concerned Scientists(2018).

13 산성비에 대한 정보는 U.S. Environmental Protection Agency(2015a)에서 가져왔다.

14 U.S. Environmental Protection Agency(2019).

15 Holgate(1999).

대기오염물질은 생산에 있어서의 부정적 외부효과를 보여주는 전형적인 사례이다. 전기 생산의 부산물로 미드웨스트 지역의 화력발전소들은 미 동부 지역 주민들의 삶의 질을 떨어뜨린다. 이 문제에 대한 민간부문(코스) 해법은 불가능한데, 이는 제5장에서 살펴본 대로 수백 군데의 오염원과 수백만 명의 피해자들 사이의 협상은 매우 어렵기 때문이다. 따라서 이러한 외부효과를 해결하기 위해서는 정부의 개입이 필요하다. 실제로 정부는 대기오염물질을 줄이기 위해 지난 30년 이상 이 문제에 개입해왔다. 이러한 정부의 개입이 환경 및 건강과 경제에 미친 영향에 관한 논의는 환경 문제에 대한 정부 정책의 해결 가능성과 그 한계에 관한 적절한 사례가 된다.

대기오염물질 규제의 역사

유해 미세먼지를 포함한 오염물질의 배출 규제는 **1970년 대기정화법**(1970 Clean Air Act, CAA)에서 시작되었는데, 이 법에서는 이산화황을 포함한 여러 물질의 대기농도 상한선에 관한 기준이 설정되었다. 이 법은 석탄을 사용하는 신설 화력발전소에 대해 '신오염물질저감 수행기준(New Source Performance Standards, NSPS)'을 적용하였는데 이는 신설되는 발전소가 두 가지 방법 중 하나로 오염물질의 배출을 제한하도록 하고 있다. 즉, 저황 석탄을 사용하거나 아니면 발전소의 배기가스로부터 나오는 다량의 오염물질 제거장치인 집진기를 설치하는 것이다. 제5장에서 논의한 정부 정책에 관한 이론의 관점에서 보자면 정부는 이 환경 문제를 다루기 위해 조세(가격) 접근법보다는 규제(수량) 접근법을 선택한 것이다.

1970년 대기정화법 아황산가스를 포함한 다양한 물질의 대기 중 농도에 대한 허용기준을 정함으로써 산성비의 원인이 되는 배출가스를 최초로 규제한 연방정부 법률

이산화황의 총배출량은 1980년대 초까지 감소하였으나 배출량 문제에 대해 더욱 많은 관심을 불러일으킨 일이 일어났다. 가장 중요한 문제는 거의 대부분의 배출이 NSPS의 적용을 받지 않는 기존의 발전소로부터 발생한다는 것이다. NSPS 조항을 신설 발전소에만 적용함으로써 1970년 법안은 전기회사들로 하여금 더 오래되고 오염물질도 더 많이 배출하는 발전소를 예상보다 더 오랫동안(즉 발전소의 자연 '수명'보다 더 오랫동안) 가동하게끔 하는 커다란 유인을 부여하였다. 더욱이 1977년에 모든 신설 발전소는 집진기를 갖추어야 한다는 추가적인 요구조항이 신설됨으로써 노후 발전소의 유지를 더욱 조장하였다. 이러한 문제들은 부분적인 정책적 개혁의 위험성을 보여주는 적절한 사례가 된다. 신설 발전소만 규제함으로써 정부는 기업들로 하여금 오래되고 더욱 심하게 오염물질을 내뿜는 기존 공장의 사용을 연장하도록 조장하는 법률상의 허점을 남겨놓았고, 그럼으로써 법의 효과를 감소시켰다.

1990년 수정법과 배출권 거래제 1990년에 대기정화법에 대한 일련의 개정안이 통과되었는데, 가장 주목할만한 것은 전국적으로 이산화황 배출량 수준을 50% 이상 의무적으로 감소하도록 하는 규제조항이었으며 또한 규제대상을 기존 발전소까지 포함하여 모든 발전소로 확대시켰다는 점이다. 수정법의 중요한 한 가지 특성은 발전소의 과거 연료 사용량에 따라 제한된 범위 내에서 이산화황을 배출할 수 있는 권리를 발전소에 부여하는 **이산화황 배출허용제도**(SO_2

이산화황 배출허용제도 제한된 양의 SO_2만을 배출하도록 기업에 배출권을 부여하고 그 거래를 허용한 대기정화법의 1990년도 수정법의 핵심

실증적 증거 미세먼지가 건강에 미치는 부정적 영향의 추정

미세먼지의 건강비용에 관한 추정치는 오염과 건강에 관한 대량의 실증적 연구문헌에서 찾을 수 있다. 이 문헌에서 사용된 전형적인 접근법은 어떤 지역의 성인 사망률을 그 지역 내 대기 중 미세먼지 수준에 연관시키는 것이다. 그러나 이런 종류의 분석 결과는 그대로 받아들일 수가 없는데 이는 제3장에서 강조했던 실증분석에서의 중요한 문제 때문이다. 즉 미세먼지가 많은 지역과 적은 지역은 단지 미세먼지의 양에서뿐만 아니라 다른 많은 점에서도 차이가 날 것이다. 예를 들어 어떤 연구자들이 두 지역을 비교하려 하는데 한 곳의 발전소는 오래되어 많은 미세먼지를 배출하고, 다른 한 곳의 발전소는 신설된 것이므로 훨씬 더 깨끗하다고 가정해보자. 연구자들이 오래된 발전소가 있는 지역에서 더 높은 사망률을 발견했다면 그들은 이것을 인간 건강에 미치는 미세먼지의 영향이라고 생각할 것이다. 그러나 낡은 발전소가 신설 발전소보다 작업환경이 더 위험하다면 이 지역의 높은 사망률은 오염 때문이 아니라 작업장에서의 산업재해 때문일 수 있다. 이런 상황에서 분석집단과 비교집단을 구분하는 것은 어려운 일이다. 오염 이외의 다른 여러 가지 측면에서 차이가 나기 때문에 두 지역을 단순 비교하는 것은 추정치에 편의를 초래하게 된다.

Chay와 Greenstone(2003a)은 1970년의 대기정화법에 따른 규제 변화를 사용한 최근의 연구에서 이 문제를 다루고 있다. 이 법은 규정된 대기의 청정 수준을 초과했는지 아니면 미치지 못하는지에 따라 미국의 모든 카운티 지역에 대해 다른 규정을 적용하였다. 규정된 청정 수준을 초과한 카운티의 경우 주정부의 규제 대상이 아니었으나, 기준에 미달된 카운티의 경우 비슷한 양의 오염물질을 배출했다 하더라도 주정부의 규제 대상이 되었다. 기준을 달성하지 못한 카운티의 경우 규제 대상이 됨에 따라 그림 6-1에 나타나는 것처럼 총부유먼지(total suspended particulate, TSP)로 측정했을 때 대단히 많은 배출량 감소를 달성하였다. 이 그래프는 규정된 기준치를 초과한 카운티 및 그 이하인 카운티의 TSP를 나타내고 있다. TSP가 기준치 이하인 지역의 경우 시간의 흐름에 따라서 TSP가 60㎍/㎥를 약간 넘는 수준에서 60㎍/㎥에 약간 못 미치는 수준으로 큰 변화가 없었다. 그러나 이 규제의 적용 대상이었던 기준치 초과 지역의 경우 1971년에 이 규제가 시행된 이후 100㎍/㎥를 넘는 수준에서 80㎍/㎥로 배출량이 크게 감소하였다.

제3장에서 배웠던 용어를 사용하자면 이 경우 우리는 아주 훌륭한 준실험의 결과를 갖게 된 것이다. 여기에서 분석집단은 TSP가 극적으로 감소한 기준미달 지역이고, 비교집단은 TSP가 거의 변화하지 않은 기준충족 지역이 된다. 이 두 집단은 전에는 모든 면에서 비슷했으므로 시간의 흐름에 따라 규제 여부를 제외하고는 비슷한 변화를 겪는다고 생각할 수 있다. 그러므로 미충족 지역과 충족 지역 사이에 차이가 나는 것은 오로지 규제뿐이므로 건강상에 어떤 변화가 나타났다면 이는 규제의 효과라고 생각할 수 있다. Chay와 Greenstone은 건강 수준을 측정하는 지표로서 영아 사망률(생후 1년 이내에 사망하는 영아의 비율)을 사용하였다. 영아들은 대기 중의 미세먼지 때문에 심각한, 그리고 치명적일 수도 있는 호흡기질환에 걸릴 수 있다.

Chay와 Greenstone의 연구 결과는 놀라운 것이었다. 규제가 적용된 지역의 영아 사망률은 그렇지 않은 지역에 비해 크게 감소했으며, 미세먼지의 10% 감소는 영아 사망률의 5% 감소를 가져온 것으로 밝혀졌다. 이러한 추정치에 기초해 계산해보면 1970년 대기정화법이 시행된 결과 1972년 한 해 동안 1,300명의 영아가 덜 사망했다는 결과를 얻는다. 그리고 이는 미세먼지의 건강비용과 규제의 편익이 대단히 높다는 점을 설득력 있게 보여주고 있다.

이 연구 이후 상당히 많은 문헌에서 미세먼지가 건강에 미치는

---

allowance system)를 도입했다는 점이다.[16] 발전소들은 이 배출권을 구입하거나 판매할 수도 있었으며 미래를 위하여 보유할 수도 있었다. 배출량을 줄이는 데 엄청난 비용이 드는 발전소들은 허용 수준 이하로 배출량을 더욱 쉽게 줄일 수 있는 다른 발전소로부터 배출권을 구입할 수 있었다. 배출권 시장 개설의 의도는 전기회사들로 하여금, 제5장에서 이론적으로 논의한 것처럼,

---

16 예를 들어 브라이언이 발전소를 운영하는 데 1987년에 석탄을 100억 Btus[에너지 측정 단위로서 영국식 열량 단위(British thermal units)]만큼 사용하였고 대기 중으로 15톤의 이산화황을 배출하였다고 가정하자. 이는 100만 Btus당 3파운드의 이산화황 배출률에 해당하는 것으로서 브라이언의 발전소에서 매우 많은 오염물질이 배출됨을 의미한다. 2000년부터 시작해서 EPA는 매년 브라이언에게 1987년의 배출률보다 훨씬 더 낮은 수준인 100만 Btus당 1.2파운드의 이산화황 배출률에 해당하는 양만을 배출할 수 있도록 허용하는 배출권을 교부하였다. 이 경우 그는 장당 1톤씩 배출할 수 있는 배출권을 6장만 받을 수 있다. 따라서 브라이언은 배출량을 15톤에서 6톤으로 60%를 과감하게 줄이거나 다른 발전소로부터 배출권을 구입해야만 한다.

영향을 추정하기 위해 혁신적이고 새로운 실증적 방법을 사용하였다. 일부 연구에서는 오염의 단기 변화를 살펴보았다. 예를 들어, Deryugina 외(2016)는 풍향의 변화가 일부 지역에서 미세먼지 농도를 유의하게 증가시킬 수 있다고 지적하였다. 연구자들은 사망률에 영향을 주는 다른 요인들을 통제한 상태에서 풍향이 바뀔 때 동일한 지역을 비교함으로써 미세먼지의 효과에 대한 불편추정량을 도출할 수 있었다. 그 결과, 이러한 미세먼지 증가가 고령자의 사망률을 높인다는 것을 발견하였다.[17]

다른 연구에서는 좀 더 장기적인 증거를 조사하였다. 예를 들어 Barreca 외(2017)는 정부가 오염물질 배출량을 규제하는 석탄화력발전소에서 더 가까운 혹은 더 먼 곳에 거주하는 개인들을 분석하였다. 연구자들은 배출 규제가 도입된 후 발전소 근처에 사는 사람들이 규제의 영향을 받지 않는 멀리 떨어진 사람들에 비해 사망률이 크게 감소하고 있음을 발견하였다.

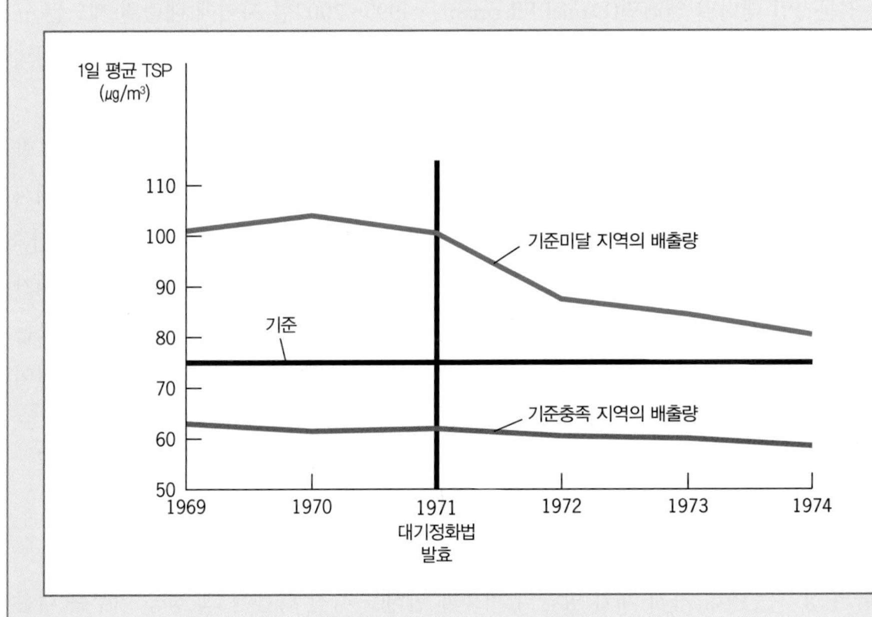

그림 6-1 대기정화법 적용 지역과 비적용 지역의 배출량 추세 대기정화법 발효 이전에 총부유먼지(TSP)가 낮은 카운티 지역(기준충족 지역)들은 이 기간 중 배출량에 큰 변화가 없다. 배출량 수준이 높아 규제의 적용 대상이었던 카운티(기준미달 지역)들은 1971년 이후 TSP가 극적으로 감소하였다.

출처 : Chay and Greenstone(2003a), Figure 2a.

배출량을 줄이는 비용의 차이를 활용하게 함으로써 규제의 비용 효과성을 높이자는 것이었다. 저감비용이 가장 높은 오래된 발전소들은 저감비용이 낮은 신설 발전소들로부터 배출권을 구입할 수 있었다. 거래의 편익에 대한 경제학자들의 조언에 따라 배출권 시장에는 규제가 거의 적용되지 않았다. 나라 안 어느 곳에서나 거래가 이루어질 수 있었고, 거래에 대한 심의나 승인이 필요하지 않았으며, 그 누구라도(발전소, 브로커 업자 등) 거래에 참여할 수 있었고, 거래의 빈도와 방식에도 아무런 제한이 없었다.

이러한 개정안에 대해 두 곳에서 강력한 반대의사를 표명하였다. 한편으로는 경제적인 이유

17 비록 감소된 수명이 기대한 것보다는 낮으나 이는 오염의 영향을 가장 많이 받는 지역에 사는 사람들이 가장 병약한(공해가 없어도 가장 빨리 사망할) 노인들이기 때문이다.

에서 전기회사와 석탄업자들이, 특히 황의 함유량이 많은 석탄을 공급했던 동부 지역의 업자들이 엄청난 규모의 이산화황 규제에 대하여 비난하고 나섰다. 1989년의 산업분석에 따르면 산성비 프로그램의 완전시행에 따르는 비용이 연간 41억 달러에서 74억 달러에 이르고 최대 400만 개의 일자리가 사라질 것으로 예측되었다.[18] 또 한편으로는 환경주의자들이 배출권 거래제를 강력히 비난하였다. 미네소타주의 전 상원의원 유진 매카시(Eugene McCarthy)는 배출권 거래제를 중세의 신자들이 자신들의 죄를 용서받기 위해 구입했던 면죄부에 비유하여 '오염면죄부'라고 부르기도 하였다. 매카시와 다른 환경주의자들은 정부가 '선악(善惡, vice and virtue)에 대한 시장'을 창출한다는 이유에서 이 개정안을 반대하였다.[19]

실제로 규제비용은 배출권 거래제의 장점 때문에 예측한 것보다 훨씬 적게 들었다. 산성비 규제에 관한 전문가인 대니얼 엘러먼(Daniel Ellerman)은 1995~2007년 사이에 배출권 제도는 규제비용을 350억 달러에서 150억 달러로 절반 이상 낮춘 것으로 추정하였다.[20] 더 넓은 범위의 연구들은 배출권 제도가 33~67% 사이에서 비용을 낮춘 것으로 보고 있다.[21]

대기정화법 수정법은 경제학자들이 제안한 것처럼 배출권 거래제가 규제의 효율성을 크게 향상시켰다는 점을 보여주고 있다. 이런 성공에 힘입어 배출권 거래제도는 미국의 환경 분야에서 많은 지지를 얻고 있으며, 그 정도는 아니라고 해도 세계적인 차원에서 널리 지지를 얻고 있다.

환경주의자들은 정부 규제의 증가에 대한 경제적 반대가 감소함에 따라 더욱 효율적인 규제가 자신들의 이해관계에도 부합한다는 사실을 깨닫게 되었다. 엘러먼과 그 동료들에 따르면 "모든 관련당사자들은 이 제도가 엄청난 성공을 거두었다는 사실을 재빨리 간파하였다. … 채 10년이 되기도 전에 배출권 거래제는 정책입안자들 사이에서 천덕꾸러기에서 일약 스타로 변모하여 오염 문제를 다루는 모든 사람들이 선호하는 정책수단이 되었다"(Ellerman et al., 2000, p. 4).[22]

대기정화법의 시행은 성공적이었는가?

경제학자들의 장기는 여러 가지 개입 방안의 비용과 편익을 따진 다음에 그 성공 여부는 다른 사람들이 결정하도록 넘겨주는 것이다. 특히 1990년 수정법 이후 대기정화법은 분명히 바람직한 측면을 많이 갖고 있다. 그러나 이 제도의 순경제적 비용이 과연 편익보다 적은지를 파악하는 일은 대단히 어렵다. 이 제도에 의해 적용되는 일련의 규제에는 분명히 엄청난 비용이 들어간다. Greenstone(2002)은 대기정화법이 시행에 들어간 이후 최초 15년간에 걸쳐 오염집약적인 산업들에서 60만 개의 일자리와 750억 달러어치의 산출물이 사라진 것으로 추정하였다. 동시에 분진의 배출로 인한 비용을 낮춘다는 측면에서, 특히 건강의 향상을 가져온다는 점에서 편익도 분명히 존재한다. 그리고 이러한 건강 향상은 장기적인 효과를 가질 수 있다. Isen 외(2017)는 1970년 CAA에 의해 보호를 받은 사람들은 인생의 후반부에 훨씬 더 많은 수입을 벌 수 있었음

18 Perciasepe(1999).
19 McCarthy(1990).
20 Ellerman et al.(2000), Table 10.5.
21 Ellerman et al.(2000), p. 296.
22 대기정화법의 1990년 수정법에 대한 더 최근의 훌륭한 개관을 보고자 한다면 Chan 외(2012)를 참조하라.

을 알아냈다. 이 법이 새롭게 적용되었던 카운티에서 태어난 150만 명의 수입이 평생 동안 매년 4,300달러 더 많았다는 것이다.

중요한 것은 이 모든 관찰 결과들을 모아 명확한 결론을 도출해내는 것이다(제8장에서 경제학자들이 이 문제에 어떻게 접근하는지 논의할 것이다). 그러한 결론에 도달하기 위한 한 가지 시도로서 Burtraw 외(1997)는 일단 비용이 적게 드는 배출권 거래제가 자리를 잡으면 배출 감소로 인한 건강상의 편익만도 저감비용의 7배를 넘는 것으로 추정하였다.

불행하게도 대기정화법과 그 수정법은 성공적이었다 하더라도 우리가 충분히 나아가지는 못한 것으로 보인다. 최근 연구에서는 배출권 거래를 통해 기업의 한계저감비용의 금액을 책정하였으며, 미국의 거의 모든 시장에서 이러한 한계비용이 한계편익 추정치보다 훨씬 낮은 것으로 나타났다. 더욱이 수십 년 동안 감소한 대기오염은 경제 활동 및 산불의 증가와 대기정화법의 집행 감소로 인하여 다시 증가하기 시작하였다. 많은 미국 카운티의 미세먼지는 5.5% 증가하였다.[23]

6.2 기후변화

인간에게 가장 큰 잠재적 위해를 초래할 환경 분야의 외부효과로 기후변화를 들 수 있다. 지구는 대기를 통과해 들어와 표면을 따뜻하게 해주는 태양복사열에 의해 데워진다. 지구는 이 열의 일부를 우주공간으로 다시 반사해 내보내는데, 그중 상당량이 이산화탄소나 메탄 같은 지구 대기권의 가스에 의해 붙잡히게 되고 이로 인해 열은 다시 지구로 향하게 된다. 이러한 현상은 **온실효과**(greenhouse effect)로 알려져 있는데 이는 온실이 태양광선을 받아들여 광선에서 발산되는 열을 가두어두기 때문이다. 온실효과는 생명 유지에 필수적인 현상으로 이 효과가 없다면 지구의 기온은 60도나 더 내려갈 것이며, 우리가 알고 있는 형태의 모든 생명체들은 종말을 맞게 될 것이다.[24]

온실효과 태양으로부터의 열이 지구 대기 중의 가스에 반사되어 지구로 되돌아오는 과정

문제는 인간의 활동이 이산화탄소나 메탄 같은 온실가스의 대기 중 농도를 증가시킴으로써 온실효과의 규모가 점증해왔다는 것이다. 예를 들어 산업혁명 이래로 대기 중 이산화탄소의 양은 1/3이 증가하여 8,000억 탄소톤에 이르렀는데 이는 지난 40만 년 동안 최고 수준이다(이산화탄소의 양은, 만일 석탄 덩어리와 같은 고체 형태라면 그중 탄소의 무게가 얼마나 나가는지로 측정된다). 이 이산화탄소의 대부분은 석탄, 석유, 천연가스와 같은 화석연료의 사용으로 인해 발생한다. 화석연료를 사용함으로써 인간은 1951년 이래로 지구 표면 온도를 적어도 지난 1,000년 동안 가장 빠른 속도인 1°F 이상 상승시키면서 지구 대기의 온난화에 기여해왔다(그림 5-1 참조). 1960년 이래 지구상에서 눈으로 덮인 지역은 10%나 감소했으며, 해수면은 지난 세기에 걸쳐 2/3피트가 상승하였다. 2020년은 가장 무더웠던 해로 기록되었으며, 지난 7년은 기록이 작성된 이래로 가장 더운 7년에 해당하였다.[25]

23 Shapiro and Walker(2020), Clay and Muller(2019).
24 Congressional Budget Office(2003a).
25 Climate Central(2018).

"여러분, 이제 지구온난화 문제를 심각하게 생각해볼 때가 되었군요."

보다 우려되는 것은 다음 세기에 걸친 예측 결과이다. 이에 의하면 21세기 말에 지구 표면의 온도는 2005년과 비교할 때 0.5°F에서 8.6°F까지 올라갈 가능성이 있으며, 최선의 추정치는 적어도 3.2°F 증가하는 것이다. 인간이 거주하는 각 대륙에서 온난화의 평균 속도는 20세기에 겪었던 것보다 최소한 2배 더 빠를 가능성이 있다.[26] 기온이 6도가 올라가면 2100년 전 세계 GDP는 10% 이상 감소할 것이며, 인도 및 아프리카와 서유럽에서는 15% 이상 감소할 것이다.[27]

온도 상승은 생물다양성에도 극적인 의미를 갖는다. 온도가 3% 상승하면 지구에 존재하는 모든 종의 30%까지 멸종할 것으로 예측되고 있다.[28] 마지막 대량 멸종의 5건 중 4건은 바다에 용해된 탄소의 양이 '대재앙의 임곗값'을 넘었을 때 발생하였다. 생물 종들은 이미 이전의 대량 멸종과 비슷한 속도로 멸종되고 있지만 우리는 2100년경에 그 임곗값에 도달할 것으로 예상된다.[29]

이산화탄소(CO_2)가 바다에 용해되면 물(H_2O)과 결합하여 탄산(H_2CO_3)을 생성한다. 지난 200년 동안 바다는 30% 더 산성화되었다. 이것은 해양 생물에게 믿기 어려울 정도로 위험하다. 물은 말 그대로 동물의 껍질을 녹여서 전체 먹이 사슬을 위험에 빠뜨리게 된다. 완두콩 크기의 껍질을 가진 동물인 익족류(pteropods)는 많은 먹이 사슬의 근간을 형성하고 있는데 그들의 껍질은 이미 남극해에서 녹고 있다.[30]

그리고 기후변화는 극한 기상 조건의 심각성을 극적으로 증가시킬 것으로 예측된다. 표면 온도가 1970년대 이후 1% 증가함에 따라 4, 5등급의 허리케인이 75% 증가하였다. 최근의 자연 재해로 인한 피해를 기반으로 할 때, 우리는 이제 탄소세와 '기후 재해 세금' 중 하나를 선택해야 할지도 모른다. 2017년에 미국은 기후 관련 재해 기금에 1,360억 달러를 지출하였으며, 이는 납세자 1인당 약 1,000달러에 해당한다. 더욱이 이러한 재난은 갈수록 더 빈번해지고 더 높은 비용을 치르고 있다. 2019년에는 각각 10억 달러 이상의 비용이 소요된 기상 및 기후 재해가 14건 발생하였으며, 5년 연속으로 10건 이상의 재해가 발생하였다. 기후변화 완화 조치가 없는 시나리오에서는 2050년까지 중대 허리케인 피해 위험이 275% 증가할 것으로 예측되었다.[31]

기후 관련 피해의 충격적인 예는 2020년 캘리포니아를 휩쓴 산불이다. 캘리포니아주의 기록상 가장 더운 8월이 포함되었던 단 한 번의 여름에 캘리포니아에는 역사상 가장 큰 산불과 그다

26 Intergovernmental Panel on Climate Change(2014).

27 Nordhaus and Boyer(2000), Figure 4.4. 인도와 아프리카가 입을 피해는 많은 열대성 질병들이 현재의 범위를 벗어나 창궐할 수 있게 됨에 따라 지구온난화가 인간의 건강에 미치는 효과를 통해 나타나게 될 것이다. 인도의 농업생산은 몬순의 활동이 증가함에 따라 산출량이 감소할 것이므로 큰 피해를 입을 가능성이 높다. 지구온난화가 대양의 조류를 바꾸어놓음으로써 기온이 급강하할 것이므로 서유럽의 농업과 삶의 질 역시 큰 피해를 입게 될 것이다.

28 Intergovernmental Panel on Climate Change(2007).

29 Rothman(2017).

30 *Smithsonian*(2018).

31 Bodnar and Grbusic(2020).

음 9개 중 4개 산불이 강타하였다. 불행히도, 그 해의 파괴적인 화재는 예외적인 것이 아니라 추세의 연속이었다. 2020년은 2018년을 능가하여 화재 피해면적에서 기록적인 최악의 해였다. 캘리포니아의 산불은 1972년 이후 발생지역이 5배 이상 증가하였다.[32]

이러한 재해로 인해 광범위한 유형의 피해가 발생하지만 기온 상승이 이미 인간의 건강에 미친 영향은 더욱 분명해지고 있다. 수년 동안, 특히 중앙 아메리카와 같은 따뜻한 지역에서 만성 신장 질환이 증가하고 있다. 만성 신장 질환은 종종 잦은 탈수로 인해 발생하며, 이는 신장에 더 큰 부담을 주게 된다. 신부전의 궁극적인 원인인 급성 신장 손상의 확률은 온도가 5도 올라갈 때마다 47%씩 증가한다. 코스타리카의 과나카스테주에서는 1970년대 이후 만성 신장 질환의 유병률이 남성의 경우 10배, 여성의 경우 4배 증가하였다. 온도가 상승함에 따라 '신장 결석 위험 벨트'가 북쪽으로 이동하고 있다. 2000년의 40%에 비해 2050년까지 미국인의 70%가 고위험 지역에 살게 될 것이다.[33]

인간 건강에 대한 영향과 함께 기후변화가 인프라 및 공급망에 미치는 효과는 많은 비용을 발생시킬 것이다. 현재 추정에 따르면 기후변화는 금세기 말까지 미국 경제를 10%까지 위축시킬 수 있다. 그때까지 열 관련 사망과 해수면 상승으로 인한 비용은 연간 총 2,500억 달러가 넘을 것으로 예상되었다.[34]

아마도 기후변화로 인한 피해의 가장 생생한 단기적 사례는 워드 헌트 빙붕(氷棚)의 붕괴일 것이다. 이 빙붕은 두께가 80피트에 이르고 면적은 보스턴의 3배로 북극에서 가장 크지만 2003년 여름에는 거대한 2개의 조각과 작은 크기의 여러 섬으로 쪼개졌으며 과학자들은 이를 '전례가 없는' 사건이라고 부르고 있다. 전례가 없는 일인지는 모르겠지만 그다지 놀라운 일은 아닌 것이 북극의 기온은 10년마다 1°F씩 상승해왔으며 이 빙붕의 두께는 1980년 이래로 절반으로 줄어들었다.[35]

2017년 7월 12일, 기록상 가장 큰 빙산 중 하나가 남극의 라르센 C 빙붕에서 부서졌다. 이 얼음 덩어리는 2,000평방마일 이상을 덮고 있었고 무게는 약 1조 톤이었다.[36] 지난 25년 동안 남극에서는 2조 7,100억 톤의 얼음이 사라졌다.[37] 최근의 연구에 따르면 남극 대륙 서쪽에 있는 빙상(氷床)이 붕괴될 가능성이 있으며 그럴 경우 다음 몇 세기에 걸쳐서 해수면의 높이가 기존에 예측된 해수면 상승 말고도 4피트나 더 올라갈 것으로 보인다.[38]

그림 6-2에는 오염 정도가 가장 심한 국가에서 온실가스 배출의 주원인인 화석연료를 사용함으로써 연간 얼마나 많은 이산화탄소를 배출하고 있는지가 나타나 있다(예를 들어 2019년 미국에서 화석연료는 전체 에너지 사용의 약 63%를 차지하고 있다).[39] 중국과 미국은 단연 최대의

---

32 Barclay et al.(2020).
33 Belluz(2019).
34 Davenport and Pierre-Louis(2018).
35 Revkin(2003). 지구온난화의 효과에 대한 전 세계 차원의 상호작용적 사례에 대해서는 http://gain.globalai.org/를 참조하라.
36 Howard(2018).
37 Irfan and Zarracina(2018).
38 이러한 연구 결과들은 Plumer(2014)에 정리되어 있다.
39 Friedlingstein et al.(2020).

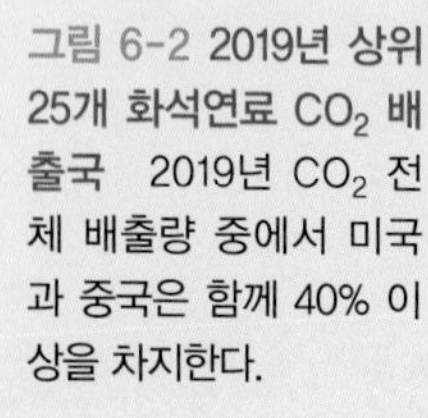

그림 6-2 2019년 상위 25개 화석연료 CO_2 배출국 2019년 CO_2 전체 배출량 중에서 미국과 중국은 함께 40% 이상을 차지한다.

출처 : Friedlingstein et al.(2020).

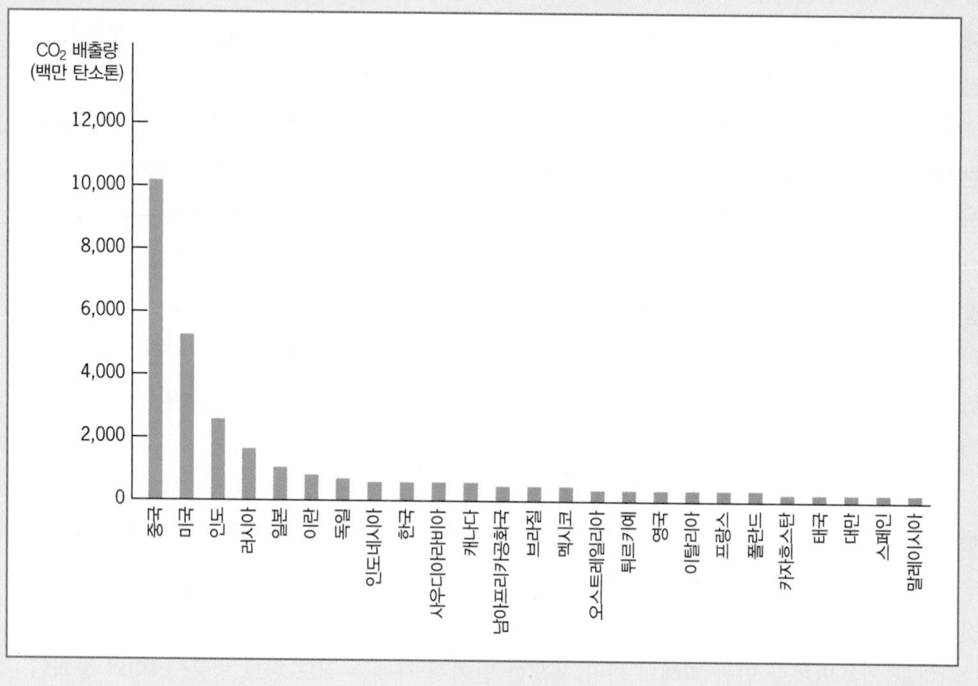

이산화탄소 배출 국가인데 두 나라의 배출량을 합하면 전 세계 총량의 2/5가 넘는다. 그러나 중국이나 인도 같은 개발도상국이 온실가스 배출량 면에서 높은 비중을 차지하는 것은 비교적 최근의 현상이다. 20세기까지의 모든 배출량을 합한다면 선진국은 세계 인구의 20%를 차지할 뿐이지만 화석연료로 인한 온실가스 배출총량에서는 60%나 차지한다.[40]

이러한 선진국과 개도국 간 배출량의 차이에도 불구하고 기후변화는 진정으로 전 지구적 차원의 문제이다. 보스턴에서의 탄소 배출과 방콕에서의 탄소 배출은 지구 환경에 똑같은 효과를 미치는 것이다. 더욱이 온난화를 초래하는 것은 연간 배출 수준이 아니라 대기 중 이산화탄소의 축적량이다. 그러므로 기후변화는 탄소 사용을 줄인다고 해서 곧바로 해결될 수 있는 문제가 아니다. 설령 모든 국가들이 화석연료의 사용을 오늘 당장 멈춘다고 해도 선진국의 산업화로 인한 피해를 되돌리는 데는 앞으로 수 세기가 걸릴 것이다.

응용사례

몬트리올 의정서

염화불화탄소(CFC)의 사용을 금지한 1987년의 몬트리올 의정서(Montreal Protocol)는 국제협력의 좋은 사례이다. CFC는 냉장고, 에어컨 및 데오도란트, 헤어스프레이와 같은 스프레이 등

40 Global Carbon Atlas(2018).

일상생활의 여러 면에서 널리 사용되는 화학물질이다. 널리 쓰이는 이유 중 하나는 그 수명이 아주 길다는 점인데, 바로 이것이 중요한 환경 문제를 일으켰다. 즉 CFC는 성층권에서 떠돌다가 소멸되는 과정에서 태양광선의 해로운 자외선으로부터 지구를 보호하는 오존층을 파괴했던 것이다. 기후변화와 마찬가지로 이는 장기적으로 엄청난 문제를 야기할 가능성이 있었다. 한 예측에 의하면 2050년까지 오존층의 감소는 북반구에서 50~70% 수준에 달하게 되고 이로 인해 비흑색종 피부암이 1,900만 건, 흑색종 피부암은 150만 건, 백내장은 1억 3,000만 건 더 발생할 것으로 나타났다.[41]

기후변화 문제와는 달리 CFC 문제는 즉각적인 대응이 필요한 긴급한 문제로 인식되었다. 1980년대에 남극 대륙 상공의 오존층에 2,500만 km^2의 구멍이 났던 것이다. 이 구멍은 국제사회로 하여금 당장 행동을 취하도록 자극하였고, 마침내 1987년 9월 몬트리올 의정서가 채택되었다. 이 의정서의 목적은 정해진 예정표에 따라 특정 화학물질(거의 대부분은 CFC와 할론가스)의 사용을 단계적으로 완전 금지하는 것이었다. 이 협정은 184개국에서 비준되었고, CFC의 세계 소비량은 1986년의 110만 톤에서 2004년의 64,112톤으로 감소하였다.[42] 그 결과 오존층의 구멍은 2000년에 최대 3,000만 km^2까지 커진 후에 지금까지 9%가 줄어들었다. 이는 구멍을 처음 발견했을 때와 비슷한 크기지만 앞으로도 계속 줄어들어 2070년경에는 완전히 회복될 것으로 전망되고 있다.[43]

염화불화탄소 금지의 의도하지 않은 결과 중 하나는 수소불화탄소(HFC)의 대체재가 발견된 것이다. HFC는 온실 효과에 놀라울 정도로 크게 기여한다. 이를 인식하고 2016년 197개국이 르완다 키갈리에서 만나 몬트리올 의정서를 개정하였다. 심의는 어려웠다. 개발도상국에서는 더 비싼 HFC의 대체물질을 사용하면 수백만 명이 에어컨을 사용할 수 없게 될 것을 우려하였다. HFC 사용이 폭발적으로 증가할 것으로 예상됨에 따라 당사국들은 결국 몬트리올 의정서를 수정하는 것에 동의하였다. 부유한 국가들은 2019년까지만 HFC 사용을 허용하고, 중국과 브라질과 같은 개발도상국은 2024년까지 HFC 사용을 억제하기로 하였다. 또한 최빈국들은 2028년까지 HFC 사용을 허용하되 외국으로부터 금전적 지원을 제공받기로 하였다. 이러한 오염물질을 줄이면 지구의 기온 상승은 0.4°F에서 0.8°F가량 억제할 수 있을 것으로 추정되었다.[44] 미국은 2016년 키갈리 수정안에 서명하였지만 바이든 대통령 집권 첫 주인 2021년 1월이 되어서야 수정안을 비준하기 위한 절차를 밟기 시작하였다.

CFC와 HFC를 억제하기 위한 국제적 공조의 이러한 긍정적인 예는 매우 흥미롭다. 그러나 이러한 사례는 그 공조효과를 즉각적으로 관찰할 수 있으며 대응을 위해 그렇게 큰 행동 변화를 요구하지도 않는다. 반면, 기후변화 사례는 변화를 감지하기 더 힘들고, 이에 대응하기 위해 우리가 제한해야 할 행동은 일상생활(예 : 운전 및 난방)에서 훨씬 더 핵심적이라는 점이 문제이다. 이러한 특성으로 기후변화에 대한 국제공조는 훨씬 더 도전적인 상황이다. ■

---

41 United Nations Environment Programme(2003).

42 United Nations Environment Programme(2006).

43 National Aeronautics and Space Administration(2019).

44 Plumer(2016).

교토의정서

기후변화 문제를 다루는 국제회의가 시작된 것은 1988년의 일이다. 그리고 그 첫 번째 절정은 170개 이상의 나라가 참석한 1997년 일본 교토에서의 회의였다. 이 회의에서 집중적인 협상이 이루어진 후 38개의 선진국들은 2010년까지 온실가스의 배출을 1990년 수준의 5%까지 감축함으로써 기후변화 문제에 대한 대응을 시작한다는 데 동의하였다.[45]

이러한 목표는 협약으로 체결되어 협상 결과에 서명했던 38개국 중 37개국이 비준을 하였으며 이는 2005년 초부터 발효되었다. 비준국가명단에서 유일하게 빠진 나라는 미국으로, 미국은 이 정도 수준의 배출량 감축을 약속할 의사가 없었다. 교토의정서에 서명한 이후 미국 경제의 성장에 기초하여 계산해볼 때 1990년 수준의 7%를 감축한다는 것은 2010년 배출량의 16%를 감축하는 것을 의미한다.[46] Nordhaus와 Boyer(2000, 표 8.6)는 미국이 교토의정서의 목표를 달성하려면 현재가치로 1조 달러 이상의 비용이 들 것으로 추정하였다. 연구자들은 교토의정서를 준수하는 데 소요되는 전 세계의 비용에서 미국이 차지하는 비중은 전 세계의 연간 온실가스 배출량에서 차지하는 비중보다 훨씬 더 높은 수준이 되었을 것이라 추정하였다. 이는 미국의 배출량이 앞으로 빠른 속도로 증가할 것이기 때문이며 또한 미국이 앞으로도 (일본과 같은 다른 나라들이 훨씬 더 낮은 수준의 온실가스를 만들어내는 천연가스나 원자력을 사용하여 발전소를 돌리는 것과는 달리) 석탄을 사용하는 화력발전에 계속 의존해야 하므로 배출량을 줄이는 데 엄청난 비용이 들 것이기 때문이다.

배출권 거래제를 통해 환경협약이 보다 비용 효과적으로 달성될 수 있을까?

앞에서 제시한 엄청난 비용 수치를 감안한다면, 미국이 교토의정서를 비준하는 것에 마음 내켜하지 않는 것은 이해할만하다. 그러나 이러한 추정치는 주로 미국의 요청으로 교토의정서에 들어가 그 주요 특징이 된 **국제 배출권 거래제**(international emission trading)를 무시하고 있다. 교토의정서하에서 협약에 서명한 선진국들은 총배출량 목표만 충족된다면 자신들끼리 배출권을 거래할 수 있도록 되어 있다. 즉, 만일 미국이 1990년 대비 7%를 줄이는 것이 아니라 1990년 수준으로만 배출량을 줄이고 싶다면 다른 나라로부터 배출권을 구입하여 이를 감축 부족분을 메우는 데 사용하면 된다.

국제 배출권 거래제 교토의정서하에서 협약에 서명한 선진국들은 총배출량 목표만 충족된다면 자신들끼리 배출권을 거래할 수 있도록 되어 있음

이는 두 가지 이유에서 감축목표의 달성에 드는 비용이 선진국 간에 엄청난 차이가 나기 때문에 협약의 중요한 측면이 된다. 첫째, 1990년 이래 경제성장률에 엄청난 차이가 있다는 점이다. 예를 들어 러시아의 경우 1990년대에는 경제성장이 부진했고 따라서 배출량이 증가하지 않았는데 이는 러시아가 1990년 배출량 수준으로 돌아가는 것에 그다지 많은 비용이 들지 않음을 의미한다. 둘째, 어떤 나라의 경제성장은 다른 나라보다 더 '환경 친화적'이었기 때문에 전력 생산에 천연가스나 원자력을 사용하는 일본과 같은 경우 경제성장만큼 배출량이 증가하지 않았다. 따

45 이는 여러 국가들 사이의 타협을 반영하는 평균치이다. 예를 들어 미국은 1990년 수준의 7%까지 감축하는 데 동의하였다. 또한 시한이 정확히 2010년인 것도 아니다. 2008년에서 2012년 사이에 평균 수준까지 감축시켜야 하는 것이다.

46 U.S. Environmental Protection Agency(2012a). 2010년의 배출량은 6,821.8탄소톤이었으며 1990년에는 6,175.2탄소톤이었다.

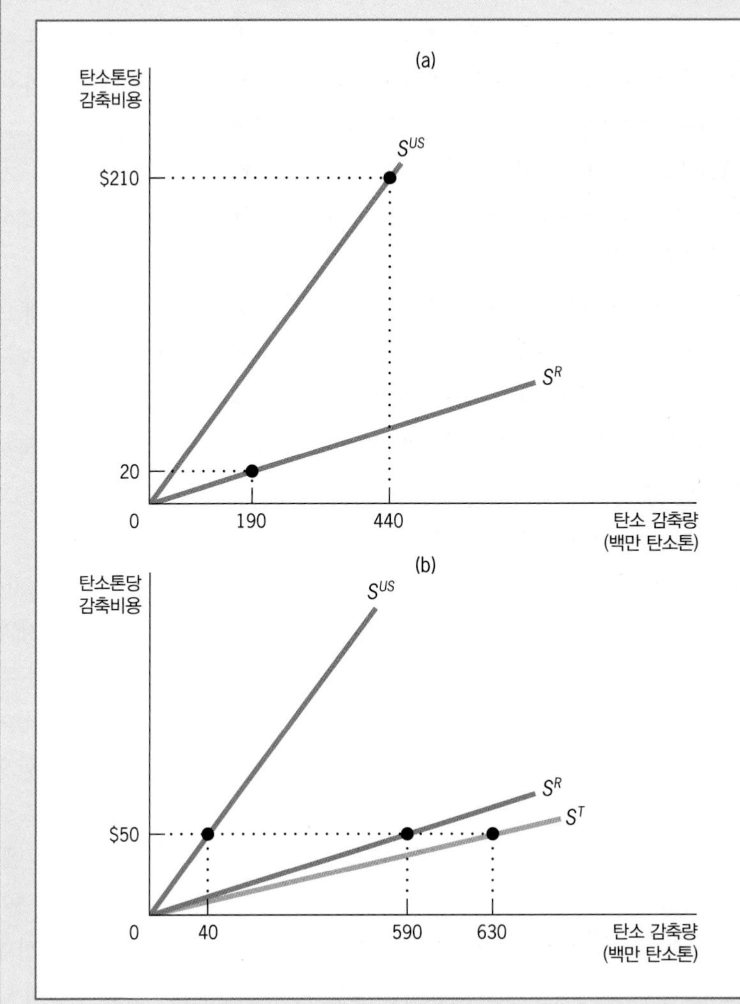

그림 6-3 배출권 거래제의 편익 미국의 탄소 감축 공급곡선(S^{US})은 여타 국가의 공급곡선(S^R)보다 기울기가 훨씬 가파르다. 만일 미국이 모든 감축량을 스스로 해결해야 한다면[그림 (a)] 톤당 저감비용이 210달러이다. 이 경우 미국은 4억 4,000만 탄소톤을 줄이게 되며, 여타 국가들은 1억 9,000만 탄소톤을 줄이게 된다. 만일 미국과 여타 국가들이 거래를 할 수 있다면[그림 (b)], 이 경우에 부합되는 공급곡선은 S^T이다. 이 경우 톤당 비용은 50달러로 떨어지며 여타 국가들은 5억 9,000만 탄소톤을 줄이고 미국은 단지 4,000만 탄소톤만을 줄이게 된다.

라서 제5장에서 살펴본 두 기업의 사례에서와 마찬가지로 러시아처럼 저감비용이 낮은 나라가 미국처럼 저감비용이 높은 나라와 배출권을 거래하게 만들어주면 배출량 저감의 총비용은 줄어들 수 있다. 어떤 추정치에 의하면 그러한 거래는 교토의정서의 목표를 달성하는 데 드는 전 세계의 비용을 75%까지 줄일 수 있다.[47]

그림 6-3에서 이러한 점이 예시되고 있다. 이 그림은 탄소감축시장을 나타내고 있으며 가로축의 눈금은 저감된 탄소 백만 미터톤을 나타내고 있다. 교토의정서에 따라 미국은 탄소 배출량을 1990년 대비 7% 감소하도록 목표가 정해져 있는데 이는 4억 4,000만 톤의 탄소 배출량을 줄여야 함을 의미한다. 교토의정서하에서 전 세계가 감축해야 하는 탄소 배출량은 6억 3,000만 톤이므로 나머지 국가들은 1억 9,000만 톤을 줄여야 한다.

---

47 Nordhaus and Boyer(2000), Table 8.5.

그림 6-3(a)에서처럼 탄소 배출권 거래가 없는 경우 각국은 스스로 저감기회를 제공함으로써 이 목표치를 달성해야만 한다. 미국의 저감기회는 공급곡선 S^{US}로 나타나고 있다. 이 곡선은 우상향하는 모습을 하고 있는데 이는 최초의 저감기회에서는 비용이 낮기 때문이다. 예를 들어 이미 에너지 효율에 근접한 발전소는 비교적 적은 비용으로도 에너지 효율적으로 될 수 있다. 그러나 저감 수준이 증가할수록 비용은 증가하게 된다. 탄소 배출량을 더욱 줄이기 위해서는, 작동은 완벽하게 하지만 에너지 비효율적인 발전소를 더욱 큰 비용을 들여 새 발전소로 교체해야 하기 때문이다.

배출권 거래가 없는 이 세계에서는 교토의정서의 목표치인 4억 4,000만 톤을 감축하는 데 드는 한계비용이 S^{US} 곡선에서 읽을 수 있는 것처럼 탄소톤당 210달러이다. 분석의 편의를 위해서 미국 이외의 다른 나라들을 하나의 집단으로 묶어 그 저감기회를 그림 6-3(a)에서처럼 S^R로 나타내기로 하자. S^R 곡선은 S^{US} 곡선보다 훨씬 아래에 위치해 있는데 이는 다른 나라들이 미국보다 훨씬 더 낮은 한계비용 저감기회를 갖고 있음을 의미한다. 이들 국가들이 1억 9,000만 톤을 감축하는 데는 탄소톤당 20달러밖에 들지 않는다.

이제 미국이 러시아 및 다른 나라들로부터 배출권을 구입할 수 있다고 가정하자. 그림 6-3(b)에서처럼 총공급곡선 S^T를 구하기 위해서는 두 공급곡선 S^R과 S^{US}를 수평으로 더함으로써 세계시장 전체의 총공급곡선을 알아낼 수 있다. 이 공급곡선에 의하면 세계 전체적으로 요구되는 수준인 6억 3,000만 톤을 감축하기 위해서는 톤당 50달러의 비용을 들이면 된다. 이는 50달러 이상이 드는 감축량에 대해서는 스스로 감축하는 대신 국제적인 거래를 통해 배출권을 구입함으로써 상쇄시킬 수 있음을 의미한다. 이 가격에서 미국은 자신의 감축 수준을 4,000만 톤으로 줄이고(왜냐하면 이 이상을 감축하려면 배출권의 가격인 50달러보다 더 많은 비용이 들기 때문에) 나머지 4억 톤은 다른 나라들로부터 배출권을 구입하여 해결하려 할 것이다. 다른 나라들은 5억 9,000만 톤의 배출량을 감축하게 되는데 이는 원래 요구되었던 1억 9,000만 톤에 미국에게 판매한 4억 톤을 합한 것이다. 이제 전 세계가 교토 목표치를 달성하는 데 드는 총비용은 현저히 낮아지게 된다. 대부분의 감축은 비용이 많이 드는 미국에서 이루어지는 것이 아니라 더 낮은 비용으로 다른 나라에서 이루어지기 때문이다.

환언하면 고비용의 미국으로부터 저비용의 다른 나라로 감축의무를 배분함으로써 세계적인 차원에서 감축비용을 현저하게 낮출 수 있게 된 것이다. 비록 다른 나라들의 한계감축비용이 상승하기는 하였으나 이는 자신의 공급곡선을 위로 끌어올렸기 때문임을 유의하자. 다른 나라들은 톤당 50달러의 비용으로 더 많은 감축량을 공급함으로써 만족스러운 결과를 얻게 된다(이들은 대부분의 감축비용이 50달러보다 낮은 수준이기 때문에 이 거래로부터 상당한 정도의 생산자 잉여를 얻게 된다). 미국의 환경협상가들이 이 거래제도의 협상에 부여하는 중요성을 보면 미국의 환경주의자들이 환경목표를 달성하는 데 있어서 신축성을 허용함으로써 얻는 편익에 관해 산성비 프로그램으로부터 얻은 교훈을 어느 정도로 내부화(internalization)했는지 잘 알 수 있다.[48]

---

[48] 미국 및 전 세계에서 배출권 거래제가 성공한 사례에 대한 개괄적인 내용은 Schmalensee와 Stavins(2017)를 참조하라.

개발도상국의 참여 그러나 배출권 거래가 선진국만의 관심사는 아니다. 개발도상국의 배출량은 지난 수십 년 동안 빠르게 증가하였다. 2019년의 경우, 선진국에서 전 세계 배출량의 약 3분의 1만을 배출하였으며 이는 중국과 인도에서 발생한 배출량과 거의 같은 수준이다.[49] 그 결과 개도국을 포함시키지 않는 협정은 기후변화 문제를 해결하기 위한 메커니즘으로서 실패하게 될 것이다.

더욱이 이런 계획에 개도국을 참여시키는 것은 배출량 감축목표를 달성하는 데 있어 신축성은 늘리면서 비용은 낮출 수 있는 길이 된다. 개발도상국은 선진국보다 엄청나게 낮은 수준의 비용으로 배출량을 줄일 수 있다. 그 이유는 연료를 효율적으로 사용하기 위하여 기존의 산업기반을 '개조'하는 것보다는 산업기반을 개발해나가면서 연료를 효율적으로 사용하는 것이 훨씬 더 낮은 비용이 들기 때문이다. 어떤 추정치에 의하면 개도국이 포함되는 국제적인 거래제도가 이루어지는 경우 교토의정서를 준수하기 위한 선진국의 비용은 다시 4배나 더 떨어지게 된다.[50] 즉 국제거래와 개도국의 참여라는 두 가지 요소의 결합을 통해 교토 목표치를 달성하는 데 따르는 비용은 이러한 '신축성'이 결여되었을 때에 비해 1/16로 줄어들게 된다.

그러나 개도국은 교토에서의 논쟁에 끼어들고 싶은 마음이 없다. 그들은 전 세계에서 직면하고 있는 문제가 일부 선진국들이 환경을 돌보지 않고 추구했던 경제성장의 결과라는 사실을 올바르게 지적하고 있다. 개도국은 도대체 왜 우리가 환경을 의식해야 하고, 미국과 다른 선진국들이 뒤에 남겨놓은 쓰레기를 치우도록 강요받아야 하느냐고 항변한다. 이와 같은 선진국과 개도국 간의 갈등은 이 지구적 문제의 효과적인 해결을 위해 반드시 해소되어야 한다. 개도국의 참여를 이끌어내기 위해서 궁극적으로는 선진국에서 개도국으로 상당한 양의 자원이 보상 차원에서 이전되어야만 할 것이다.

kmsdesen/Shutterstock

응용사례
기후변화에 대한 의회의 대처와 실패

2009년에 민주당 대통령이 새로 선출되고 상하 양원에서 모두 민주당이 다수의석을 차지하게 됨에 따라 기후변화 문제를 줄이기 위해 정부가 제출한 법안이 다시금 '뜨거운' 쟁점으로 떠올랐다. 하원에서는 헨리 왁스먼(Henry Waxman)과 에드워드 마키(Edward Markey) 민주당 의원이 미국 청정에너지보장법(American Clean Energy and Security Act, ACES)을 공동발의하였는데 이는 현재까지 탄소 배출을 규제하기 위한 가장 광범위한 노력을 담고 있다.

이 법률안의 중요한 특징은 탄소 배출권의 시장거래를 허용하는 것인데 이는 경제학의 기본원리와 1970년 대기정화법 및 수정법에 의해 시작되었던 배출권 거래제도의 성공에 기반을 두고 있다. ACES는 허용되는 배출량의 하한을 설정해놓고 있으며, 기업들은 다음과 같은 다양한

49 Baker and Mitchell(2020).

50 Nordhaus and Boyer(2000), Table 8.5.

방식으로 더 엄격한 감축목표를 준수할 수 있다.

- 기업들은 스스로 배출량을 줄일 수 있다.
- 기업들은 자신이 구입한 배출권의 한도 안에서 계속 오염물질을 배출할 수 있다.
- 기업들은 자신의 배출량을 상쇄시키기 위해 온실가스 감축 인증실적(pollution credits)을 구입할 수 있다. 이러한 인증실적은 할당대상업체가 아니지만 기후변화를 줄이는 행동을 취한 주체에게 주어지는 것이다. 예를 들어, 대기 중에서 탄소를 격리시키는 나무를 심은 농부들의 경우 나무를 심은 행동에 대해 온실가스 감축 실적을 인정받을 수 있다. 전력회사가 농부들로부터 이 인증실적을 구매하면 이 인증실적을 사용하여 자신의 배출량을 상쇄시킬 수 있다.

의회예산처(CBO, 2009)는 거래되는 배출권의 가격이 2020년경 톤당 28달러가 될 것으로 예측하였다.[51] 이해에 약 80%의 배출권이 기존의 탄소 배출 기업들에게 분배되고, 약 20%는 정부 수입을 올리기 위해 오염원인자들에게 판매될 것이다. 시간이 지남에 따라 배출권의 판매 비중은 늘어나게 되어 2035년에는 70% 수준에 이르게 될 것이다.

ACES는 즉각 여러 집단으로부터 비난을 받았다. 첫째는 탄소를 배출하는 기업들이 이제는 배출권을 구입하든지, 인증실적을 구입하든지, 아니면 자신의 배출량을 감축하기 위해 비용이 많이 드는 다른 조치를 취해야 하므로 에너지 생산비용이 늘어나는 것에 대한 비난이었다. 어느 비판자는 "에너지 비용의 상승은 필연적으로 소비자가격의 상승과 일자리 감소를 가져올 수밖에 없다"고 주장한다.[52] 실제로 CBO는 배출권을 확보해야 하는 기업들의 경우 그 비용을 에너지가격의 상승을 통해 소비자들에게 전가할 것인데 그 총규모가 2020년에는 경제 전체적으로 1,100억 달러, 또는 가구당 거의 900달러에 이를 것으로 추산하고 있다. 이런 반대에 대해서 CBO는 배출권이 처음에는 기업들에게 무상 분배될 것이므로 이 배출권을 판매해서 얻는 수입이 가격 상승의 필요성을 상쇄할 것이라는 점을 지적하고 있다. CBO는 이 배출권의 가치가 2020년에 850억 달러에 달할 것이므로 2020년의 순비용은 250억 달러(1,100억 달러 − 850억 달러), 또는 가구당 175달러에 불과할 것으로 예측하고 있다.[53]

그러나 이런 분석은 모두 추계에 불과할 뿐이며, 제5장에서 언급된 것처럼 오염물질 배출량을 감축하는 비용은 불확실하기 때문에 일정한 배출량 목표를 달성하기 위한 사회적 비용은 훨씬 더 많이 들 수도 있다는 점을 상기하자. 법안은 이 점을 인식하여 문제 해결을 위한 여러 가지 조치를 강구해놓았다. 예를 들어 기업들은 자신이 구입하거나 할당받은 배출권의 초과분을 '예치'할 수 있도록 허용한다든지, 기업들이 2년에 걸쳐 목표치를 달성하도록 함으로써 어느 한 해 동안 많은 양을 급격히 감축하지 않아도 되도록 한다든지, 배출허용량의 비용이 예측된 가격의 160%를 초과할 경우 시장에 공급될 추가 허용량인 '전략적 예비분'을 설정하는 조치들이 포

---

51 CBO의 추정치는 정확했다. 즉 2020년 대부분에 걸쳐 배출권의 가격은 톤당 28달러 수준에서 거래되었다.

52 *Washington Examiner*(2009).

53 경제 전체의 비용이 영(0)이 될 수 없는 이유는 감축되는 배출량의 일부가 다른 국가로부터의 구매상쇄(purchasing offset)에 의해 이루어진다는 점과 배출량 감축을 위해서는 자원이 투입되어야 한다는 점 때문이다.

함되어 있는 것이다.

ACES에 대해 비판적인 두 번째 부류는 허용량의 총가치를 오염물질을 배출하는 산업에게로 그냥 돌려줄 것이 아니라 소비자에게 환불되어야 한다고 생각하는 사람들이다. ACES는 이런 우려를 불식시키기 위하여 오염물질을 배출하는 전력회사가 무상 분배되는 배출권의 가치를 소비자에게 되돌려주어야 한다고 규정하였다. 하지만 이 해결책은 두 가지 문제를 갖고 있다. 첫째, 전력회사들이 그렇게 하리라는 보장이 없다. 대신에 그들은 배출권을 판매해서 얻는 수입을 회사 및 회사 투자자들의 수익성 제고에 사용할 것이다. 둘째, 만일 배출권의 가치가 에너지 소비자들에게 돌아가게 된다면 이는 에너지 가격을 올려서 소비를 줄이고자 하는 ACES법안의 취지 자체를 무색하게 만드는 것이 된다.

바로 이런 이유로 인해서 경제학자들은 배출권 거래제와 함께 경매를 통한 배출권의 초기 분배를 강력하게 옹호하는 것이다. 즉 배출권을 오염물질 배출 기업들에게 무상 분배할 것이 아니라 정부가 경매에 부쳐 기업들이 일정한 양의 오염물질 배출을 허용하는 배출권을 놓고 서로 입찰하도록 하자는 것이다. 오염원인자에게 배출권을 그냥 주는 것이 아니라 비용을 부과함으로써 정부는 수입을 얻음과 동시에 에너지 소비의 가격을 인상하여 기후변화라는 부정적 외부효과 문제를 직접적으로 해결할 수 있는 것이다. 그러나 이는 배출권 구입비용을 부담해야 하는 오염산업 및 높은 에너지 가격을 부담해야 하는 에너지 소비자들로부터 반대에 부딪힐 것이기 때문에 정치가들에게는 인기가 없는 방식이다. 정치가들이 이런 비판을 의식해서 과연 경매 수입을 사용할 수 있을지 여부는 불확실하다. 정치가들은 ACES의 경우 법안이 통과될 수 있는 유일한 방법은 오염원인자들에게 오염배출권을 판매해서 수입을 올리기보다는 무상 분배하는 것이라고 생각했다.

마지막 우려는 이 법안이 기후변화 문제의 해결에 큰 도움이 못 된다고 생각하는 다른 사람들로부터 나온 것이다. 그러나 버락 오바마 대통령은 "이 입법은 궁극적으로 청정에너지를 수익성 있는 에너지로 만들어줄 것"이라고 말하면서 이로 인해 미국은 더욱 효율적인 에너지 사용을 향한 고지를 넘을 수 있을 것으로 확신하였다.[54]

하원에서는 이 법안에 대하여 치열한 논쟁이 벌어졌다. 이 법안의 반대자들은 이 법안이 국민들의 에너지 소비에 대한 세금 폭탄이라는 사실을 계속 부각시켰다. 펜실베이니아의 공화당 소속 조 피츠(Joe Pitts) 의원은 "당신들이 어떤 식으로 손질하고 고치든 간에 그것은 세금일 뿐이다"라고 공격했다.[55] 이 법안은 결국 2009년 6월 26일에 7표의 근소한 차이로 통과되었다. 그러나 상원에서는 법안의 표결에 대해 충분한 지지가 없었는데 이는 부분적으로 경기침체기에 에너지 비용을 올리는 것이 정치적으로 부담스럽기 때문이었으며 결국 법안은 실패하였다. 최근에도 기후변화에 대응하기 위한 광범위한 입법노력을 꺼리는 경향은 지속되고 있다. ■

---

54 Walsh(2009).

55 Walsh(2009).

파리협정과 미래

개발도상국을 온실가스 감축을 위한 범세계적 계획에 포함시키는 가장 중요한 최근의 움직임은 2015년의 파리협정이었다. 2015년 12월 12일 195개 국가들이 파리협정에 동의하였다.[56] 파리협정을 통해 이들 국가는 UN 기후변화기구의 의견에 따라 '금세기 지구 기온을 산업화 이전보다 2℃ 상승하는 수준 이내로 유지하여 기후변화의 위협에 대한 전 세계의 대응'을 강화하기로 약속하였다. 서명에 앞서 186개국은 2025년 또는 2030년까지 자체 배출량을 제한하는 방법에 대한 계획을 제출하였다. 이 협정에 따라 당사국들은 2020년에 기후 영향을 억제하기 위한 새롭고 보다 적극적인 계획을 제출해야 한다. 2023년부터는 5년마다 전 세계 진행 상황 평가를 실시하여 국제사회에서 각국의 약속 이행 성공 여부를 가늠할 수 있게 하였다.[57]

미국은 온실가스 배출량을 2005년 대비 26~28% 감축하고 28%까지 감축하는 데에 최선을 다하기로 약속하였다.[58] 이 약속은 이 장의 서두에서 논의된 CPP를 포함하여 오바마 행정부의 기후행동계획에 반영되었다. 그러나 2017년 트럼프 대통령이 미국은 파리협정에서 탈퇴하겠다는 의사를 발표하면서 파리협정에 명시된 목표는 위태로워졌다.

2020년 11월 4일, 미국은 파리협정에서 공식적으로 탈퇴하면서 이 협정에서 탈퇴한 최초의 국가가 되었다.[59] 트럼프 대통령은 미국의 탈퇴를 발표한 성명에서 이번 합의가 미국 노동자와 산업계에 부담으로 작용한 영향과 미국이 이미 탄소 배출량 감축을 위해 이룬 진전에 대해 언급하였다. 그렇지만 파리협정에서의 탈퇴 결정에도 불구하고 많은 주에서 원래의 약속을 지키기로 서약하였으며 바이든 대통령이 취임하면서 취임 첫날 미국은 파리협정에 재가입하였다.

대조적으로, 세계 최대의 온실가스 배출국인 중국은 파리에서 야심 찬 약속을 하였다. 이를 충족시키기 위해 중국은 세계에서 가장 큰 배출권 거래제를 도입할 예정이다. 이 배출권 거래제에는 제1차 계획기간에 연간 1,400개 기업과 30억 톤의 이산화탄소를 포함할 계획이다.[60] 해당 거래제에서는 기업의 최대 허용배출량을 설정하고 할당대상업체들은 해당 상한선 미만의 배출권을 사고팔 수 있게 될 것이다. 시간이 지남에 따라 최대 한도는 감소할 것이고 중국의 모든 탄소 다배출 산업이 거래제에 포함되도록 확대될 것이다.

이산화탄소 배출에 대한 이러한 거래제 외에도 중국은 2014년에 오염 억제 캠페인을 시작하였다. 캠페인의 중점사항은 대기질 모니터링 및 오염으로 인한 피해에 대한 대중의 인식을 높이는 것이었다. 불과 4년 후, 도시의 대기 중 미세먼지는 32% 감소하였다. 중국은 더 엄격한 규칙을 적용하고 대부분의 국가에서 헤아릴 수도 없을 금액을 지출하였다. 베이징시는 정부가 오염을 25% 감축하도록 명령하였을 때 1,250억 달러를 별도로 책정하였다.[61] 그 돈은 효과가 있었던 것으로 보인다. 2017년 겨울, 증거는 어디에서나 발견되었다. 하늘은 스모그 낀 회색 대신

---

56 World Resource Institute(2018).

57 *New York Times*(2015).

58 United Nations Climate Change NDC Registry(2016).

59 U.S. Department of State(2019).

60 Xu and Mason(2017).

61 Greenstone(2018).

파란색이었다. 그린피스는 2016년보다 2017년 중국 전역에서 환경적 원인으로 인한 조기 사망이 116,000명 감소한 것으로 추정하였다.[62]

개인의 의사결정에 미치는 영향에 대한 분석에서도 이러한 프로그램은 성공적인 것으로 나타났다. 대기오염 문제에 대한 대중의 인식이 높아짐에 따라 집값과 구매 활동에 반영된 바, 공기 필터를 더 많이 구입하였고 오염이 심한 지역에서의 노출을 제한하였다. 최소한 이러한 행동은 공중 보건에 유익하다. 위험을 줄이는 방향으로의 행동 변화는 연간 사망률이 감소하는 효과를 가져왔으며, 이러한 편익의 가치는 최소 1,220억 위안(약 200억 달러)으로 이 프로그램의 실행에서 소요된 비용과 사람들이 포기한 소비에 따른 비용을 크게 초과하는 것으로 밝혀졌다.[63]

기후변화에 대한 앞으로의 논쟁에 있어서 중요한 의문은 국제사회가 교토의 수량 접근법을 계속 유지해야 하는 것인지 아니면 예컨대 Nordhaus(2006)의 주장처럼 국제적 공조하에 탄소세(taxes on carbon usage)를 포함한 가격 접근법으로 이행해야 하는지의 문제이다. 제5장에서 살펴본 불확실성 모형은 이런 맥락에서는 조세가 규제(배출권 거래제조차도)보다 훨씬 우월한 정책이라는 점을 보여주고 있다. 이는 배출 감소의 편익이 대기 중 온실가스의 기존 축적량과 관련이 있어서 배출량 감소의 한계편익이 일정하기 때문이다. 기후변화를 멈추기 위해서 옮겨야 할 돌의 크기가 엄청난 상태에서 추가적인 사람이 이 거대한 돌을 미는 효과는 거의 일정한 것이다. 그러나 배출량에 대한 한계저감비용은 불확실할 뿐만 아니라 나라마다 똑같지도 않아서 어떤 나라는 낮은 비용으로 감축이 가능하고 어떤 나라는 높은 비용을 들여야 감축이 가능하다. 제5장에서 배운 것처럼 이러한 상황(즉 한계편익은 일정한데 한계비용은 불확실하고 다양한)하에서는 조세가 규제보다 우월한 정책인데 이는 배출량 감축에 아주 많은 비용이 들어갈 때 규제는 과도한 사중손실을 가져올 수 있기 때문이다.[64] 미래에는 감축량 목표를 '안전판 규정(safety valve rule)'과 짝지음으로써 수량 접근법과 가격 접근법이 하나로 통합될 수도 있을 것이다. 안전판 규정이란 감축비용이 과도하게 높아질 경우 각국이 자국의 감축 규모를 줄일 수 있도록 허용함으로써 감축량 제한에 대해 가격상한선을 설정해놓는 방법을 말한다.

물론 이러한 논의는 기후변화 문제를 다룸에 있어서 단지 두 가지 유형의 접근 방법에만 초점을 맞추고 있다. 우리의 식습관 변화(소가 배출하는 메탄이 주요 온실가스이므로)부터 재화 및 서비스의 생산에 있어서 더 낮은 수준의 온실가스를 배출하는 새로운 '청정'기술의 개발에 이르기까지 다양한 종류의 다른 정책수단 또한 존재한다. 실제로 최근 영국과 미국 정부가 합동으로 후원한 범세계 계산기 프로젝트(Global Calculator project)에서는 사용자가 지구의 온도패턴에 대한 대안적인 정책적 개입의 효과를 평가할 수 있도록 하고 있다.[65]

그러나 이러한 대안적 수단의 사용이 궁극적으로는 정부의 가격 및 수량정책에 의해 좌우된다는 점을 유념하는 것이 중요하다. 예를 들어 최근의 연구는 자동차에 대한 청정기술의 사용 여부가 더 높아진 탄소세 비용에 아주 민감하게 반응한다는 사실을 밝혀냈다.[66]

62 Myers(2018).

63 Barwick et al.(2019).

64 2013년 의회예산처가 발간한 보고서에는 탄소 과세의 수입효과와 경제적 함의에 대해 자세히 논의하고 있다(CBO, 2013).

65 '범세계 계산기'에 대해서는 http://tool.globalcalculator.org를 참조하라.

66 Aghion et al.(2012).

6.3 흡연의 경제학

모든 외부효과가 대규모의 환경 문제는 아니다. 가장 중요한 외부효과 중 일부는 국지적이고 개인적인 성격을 갖고 있기도 하다. 이러한 외부효과는 개인보건 분야에서 많이 발생하며, 그러한 사례로 가장 흥미로운 것 중 하나가 담배 흡연이다.

흡연은 오늘날 미국에서 자신에게 스스로 가하는 건강위해요인 중에서 단연 가장 중요한 것이다. 그림 6-4에 나와 있듯이 흡연량은 지난 수십 년 동안 현저히 감소하였지만 미국인 중 거의 14.2%는 여전히 담배를 피우고 있다. 이는 흡연을 요인으로 하는 사망건수가 AIDS, 교통사고, 살인 및 자살을 모두 합친 것보다 훨씬 더 많은 연간 48만 건 이상인데도 그러하다. 흡연으로 인해 조기 사망한 미국인들의 숫자는 미국 역사상 모든 전쟁에 나가 전사한 사람들의 숫자보다 10배 이상 많다.[67]

세계적인 차원에서 보자면 문제는 더욱 심각해진다. 현재 생존해 있는 13억 명 이상의 흡연자들 중에서 거의 절반이 흡연과 관련된 질환으로 사망하게 될 것이다. 연간 800만 명 이상이 흡연과 관련된 질환으로 사망하게 될 것이며, 머지않아 흡연은 전 세계를 통틀어 (단지 예방 가능한 사망에서가 아니라) 모든 사망에 있어서 사인 1위 자리를 차지하게 될 것이다.[68]

이 끔찍한 사실이 흡연을 규제하는 이유가 될 수 있을까? 미시경제학의 전통적인 견해에 따르면 그렇지 않다. 효용극대화 모형 안에서 흡연과 같은 해로운 행동을 통해서 스스로에게 발생

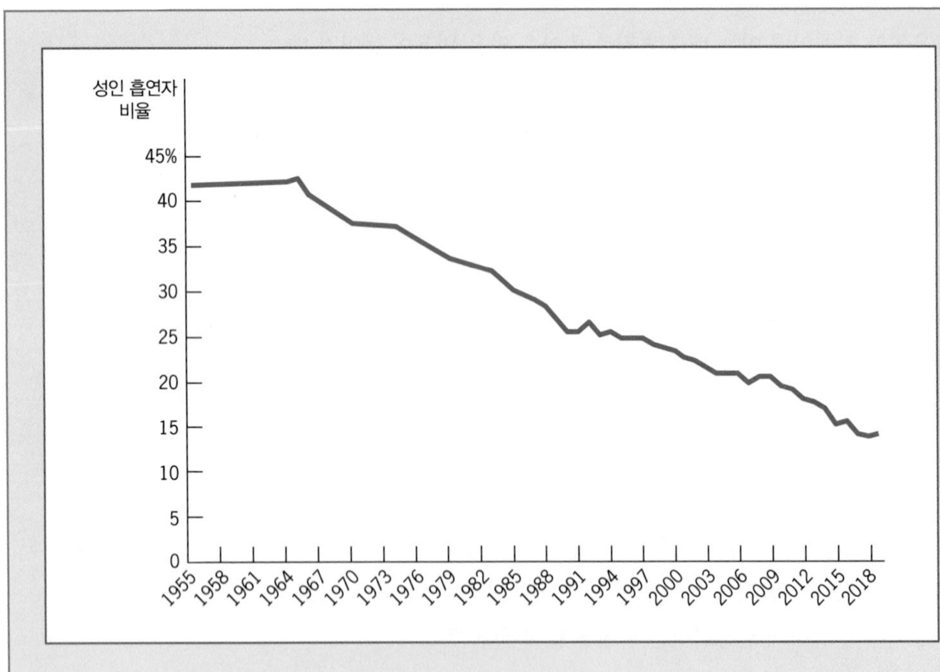

그림 6-4 성인 흡연자 비율(1955~2019년) 1964년에 흡연의 유해한 효과에 관한 미국 외과의사협회의 보고서가 나오기 전 미국의 흡연율은 비교적 일정한 수준을 유지했지만 그 후에는 지속적으로 하락해왔다.

출처 : Centers for Disease Control and Prevention(2015, 2019).

67 Centers for Disease Control and Prevention(2018a).

68 World Health Organization(2020).

시키는 손실은 편익과 잠재적인 비용의 맞교환을 통한 합리적 선택의 결과이다. 흡연이 건강에 해롭다는 것은 이제 잘 알려져 있는 사실이다. 이러한 위험에도 불구하고 흡연자가 담배를 피우는 것은 수명의 단축이라는 먼 훗날에 나타날 비용에 대해서 흡연으로부터 만끽하는 현재의 즐거움에 대한 선호를 드러내는 것이라고 경제학자들은 말한다.

이러한 주장은 흡연이 고도로 중독성이 있는 행동이라는 사실을 무시한 것일까? 중독에 관한 전문가들에 따르면 니코틴은 카페인이나 마리화나보다 더 중독성이 강하고 어떤 경우에는 코카인과 유사하다. 담배와 코카인을 모두 이용하는 사람들 중 절반 정도는 흡연 욕구가 코카인을 사용하고 싶은 욕구만큼이나 강하다고 말한다. 이러한 사실은 사람들이 스스로에게 가하는 위해를 막기 위해 정부의 개입이 필요함을 의미하는 것이 아닐까?

전통적인 경제학의 답변은 이번에도 그렇지 않다는 것이다. Becker와 Murphy(1988)는 그들의 유명한 논문에서 '합리적 중독자'는 오늘 담배 1개비를 피울 때마다 중독성이 커져서 내일은 더 많은 담배를 피워야 한다는 사실을 이해하고 있다고 가정한다. 따라서 그들은 담배 1갑을 살 때 그 1갑의 비용뿐만 아니라 중독성이 더 강해져서 앞으로 더 많이 사게 될 담배의 구입비용까지 고려하게 된다. 더욱이 흡연자는 담뱃불을 붙일 때 단지 현재의 흡연행위로 인해 건강이 상하는 것이 아니라 중독의 결과 소비하게 될 미래의 모든 흡연행위로 인해 건강이 상하는 것이라는 점을 알고 있다. 어쨌든 흡연자가 담배를 피운다면 이는 합리적 선택의 결과이며 따라서 정부의 개입을 필요로 하지 않는다.

흡연의 외부효과

전통적인 경제학의 접근 방법이 갖는 가장 중요한 공공경제학적 함의는 정부의 적절한 역할은 오로지 흡연자가 다른 사람에게 가하는 외부효과의 함수라는 점이다. 다른 모든 소비결정과 마찬가지로 흡연은 합리적 선택에 의해 이루어진다. 따라서 흡연자들이 스스로에게 발생시키는 엄청난 비용은 공공경제학과는 무관하며 오로지 흡연자가 다른 사람들에게 발생시키는 비용만이 정부의 개입을 요구한다. 그러나 표 6-1에 요약되어 있는, 흡연의 외부효과 측정은 아래에서 논의되는 것처럼 대단히 복잡한 일이다.

흡연으로 인한 의료비의 증가 한 추정에 따르면 흡연과 관련된 질병으로 인한 미국의 의료비용은 1,760억 달러에 이르며 이는 미국 총의료비의 약 8.7%에 해당하는 수치이다(Xu et al., 2015). 그러나 이 엄청난 의료비용 자체만으로는 정부의 개입이 정당화되지 않는다. 모든 사회 구성원이 스스로 구입한 의료보험을 갖고 있고, 의료보험의 가격은 흡연 여부의 함수로서 보험회사에 의해 결정된다고 가정하자. 보험회사는 흡연자의 추가적인 의료비 예상 지출금액을 계산할 것이고 이 추가적인 비용을 충당하기 위해서 흡연자에게 더 높은 보험료를 부과할 것이다. 이렇듯 예상 지출금액의 차이를 충당하기 위해서 보험가격을 인상하는 것을 **보험계리적 조정**(actuarial adjustment)이라고 한다. 보험계리적 조정은 흡연으로 인한 의료비의 외부효과를 내부화해준다. 이 단순한 모형 안에서는 보험계리적 조정을 통해 흡연과 관련된 더 높은 의료비용을

보험계리적 조정 보험회사가 예상되는 지출의 차이를 충당하기 위해 보험료를 조정하는 것

표 6-1 흡연의 효과 : 외부효과인가, 아닌가? 흡연은 다양한 물리적 · 금전적 효과를 낳지만 많은 경우 외부효과가 아닐 수 있다. 이 표의 첫 번째 열에는 흡연의 효과에 대한 예가 열거되어 있다. 두 번째 열에서는 이 효과들이 외부효과가 아닌 경우가, 세 번째 열에서는 외부효과인 경우가 나와 있다.

효과	외부효과가 아닌 경우	외부효과인 경우
의료비 증가	보험회사가 흡연자에게는 보험료를 높게 책정함	흡연자의 의료비용을 모든 보험 가입자가 나누어 부담하는 경우와 보험에 가입하지 않은 흡연자의 의료비용이 제3자에게 전가되는 경우
근로자의 생산성 하락	고용주가 생산성에 따라 흡연자의 임금을 조정함	고용주가 개인별 생산성에 따라 임금을 조정하지 않아 고용주는 생산성 손실을 상쇄하기 위해 모든 근로자의 임금을 낮추어야 함
화재 발생 건수 증가	흡연자는 자신의 재산에만 불을 내므로 소방차가 출동할 필요가 없으며, 보험회사는 흡연 여부에 따라 보험료를 조정함	화재가 비흡연자의 재산 손실을 가져오게 되면 소방서의 비용이 올라가거나 모든 화재보험 가입자의 보험료를 인상시킴
조기 사망	흡연자는 사회보장세를 안 내거나 노년기의 의료비를 발생시키지 않음	흡연자가 사회보장연금급여를 모두 수령하지 않은 채 조기 사망하기 때문에, 또한 노령에서의 높은 의료비 지출이 줄어들기 때문에 비흡연자들은 돈을 절감할 수 있음(긍정적 외부효과)
간접흡연	효과가 아주 작거나 또는 흡연 시 가족의 효용을 고려함	효과가 아주 크거나 흡연 시 가족의 효용을 고려하지 않음

흡연자가 부담해야 하므로 건강상의 외부효과는 존재하지 않는다. 사회(이 경우 보험회사들)는 이 더 높은 보험료를 통해 흡연으로 인해 추가적으로 발생하는 비용을 완전히 보상받을 수 있게 되는 것이다.

흡연으로 인해 증가하는 의료비의 외부효과는 현실세계가 이 단순한 예와는 세 가지 점에서 다르기 때문에 발생한다. 첫째, 보험회사가 언제나 흡연행위에 대해 보험계리적 조정을 하는 것은 아니다. MIT에서 내가 단체보험을 구입하기 위해 지불하는 가격은 나의 흡연습관과는 무관하게 결정된다. 만일 내가 담배를 피워서 의료비용이 증가하게 되면 의료보험회사는 이 손실을 충당하기 위해 MIT의 모든 구성원에게 약간 더 올라간 보험료를 부과해야만 할 것이다. 이 경우 나는 동료들에게 부정적인 외부효과를 발생시키게 되는데 이는 나의 흡연 때문에 올라가게 된 보험료를 내가 모두 지불하지 않기 때문에 내부화되지 못하는 외부효과이다. 그러나 이 외부효과는 회사가 흡연 근로자들에게 추가 보험료를 더 자주 부과하기 때문에 시간의 흐름에 따라 줄어든다.[69] 더욱이 환자보호 및 진료비 적정부담법(ACA)은 연령과 흡연 여부(다른 건강지표는 안 됨)에 따라 개인들마다 다른 차등보험료율의 적용을 허용하고 있다.

▶ **즉석 힌트** 외부효과는 '물리적(physical)'일 뿐만 아니라 '금전적(financial)'일 수도 있다. 나의 흡연습관은 외부효과를 발생시키는데 이는 내 담배 소비의 사회적 한계편익이 사적 한계편익보다 내 동료들이 추가로 부담해야 하는 보험료만큼 더 낮기 때문이다.

69 예를 들면 Abelson(2011)이 다루고 있는 월마트의 사례를 참조하라.

둘째, 정부가 제공하는 의료보험의 혜택을 받는 사람들은 담배를 피운다 해도 더 높은 보험료를 지불하지는 않는다. 이 경우 부정적 외부효과가 발생하는데 이는 흡연자에 의해 발생하는 의료비용은 조세의 증가를 통해 모든 사회 구성원이 부담해야 하기 때문이다. 마지막으로 어떤 사람들은 보험이 없으므로 그 의료비를 부담하지 않을 것이다. 이 경우 의료 공급자들은 통상 다른 의료비 지불주체에게 더 많은 진료비를 받아냄으로써 이 비용을 충당하기 때문에 해당 지불주체에게 부정적인 금전적 외부효과를 발생시키게 되는 것이다.

직장에서의 생산성 흡연자는 보다 많은 병가를 요구한다든지, 일을 하는 도중에 담배를 피우기 위해 더 자주 휴식시간을 갖는다든지 하는 등의 여러 가지 이유로 직장에서 덜 생산적일 수밖에 없다. 한 연구에 의하면 흡연자들은 생산성 및 결근 비용으로 회사에 연간 600~1,100달러를 발생시키며 또 다른 연구에 의하면 흡연자들은 비흡연자들에 비해서 연간 50%나 더 결근을 하는 것으로 나타났다.[70] 이는 회사에 대해 부정적인 외부효과일까? 대답은 이번에도 조건부이다. 이 경우 그 대답은 낮을 것으로 예상되는 생산성을 반영하도록 흡연하는 근로자들의 임금이 조정되는지 여부에 달려 있다. 즉 보험계리적 조정은 보험시장에서만 볼 수 있는 것이 아니라 노동시장에서도 존재할 수 있는 것이다. 만일 흡연자의 낮은 생산성을 보상하도록 임금이 낮아진다면 기업은 흡연과 관련된 생산성 외부효과를 내부화할 수 있다. 그렇지 않다면 외부효과는 내부화되지 않을 것이다.

화재 흡연자들은 흔히 담뱃불을 끄지 않은 채 잠이 드는 경우가 많아 화재를 일으킬 가능성이 비흡연자보다 더 높다. 예를 들어 2011년에는 흡연자가 일으킨 화재 때문에 미국에서 540명이 사망하고 6억 2,100만 달러의 재산 손실이 발생하였으며, Markowitz(2010)에 의하면 흡연이 미국에서 발생하는 모든 주택 화재요인의 3~4%를 차지한다.[71] 이러한 사망과 재산피해는 외부효과일까? 만일 흡연자가 홀로 산에서 살고 있는데 집도 다 태우고 그 자신도 사망했지만 다른 사람이나 동물, 식물 등에 전혀 피해를 주지 않았다면 이 경우 외부효과의 문제는 발생하지 않는다. 그러나 현실적으로 그러한 화재로 인한 외부효과는 얼마든지 존재한다. 화재를 진압하는 소방서 비용, 화재로 인한 다른 사람의 재산피해, 화재보험시장에서 보험계약자의 흡연 여부를 반영하는 적절한 보험계리적 조정이 없을 경우 모든 사람들이 부담해야 하는 화재보험료의 인상 등이 그러한 예이다.

사망으로 인한 편익 흡연의 외부효과를 측정할 때 흥미로운 뜻밖의 사실은 흡연자의 조기 사망이 납세자들에게 긍정적인 외부효과를 일으킨다는 점이다. 예를 들어 근로자가 퇴직할 때까지 급여세를 거두어 사망할 때까지 연금을 지급하는 사회보장 프로그램을 생각해보자. 흡연자들은 평균적으로 퇴직연령 근처에서 사망하기 때문에 그들이 받을 수 있는 연금급여를 받지 못하게 된다. 이 경우 흡연자들은 비흡연자들에게 긍정적인 금전적 외부효과를 발생시킨다. 흡연

70 결근통계는 Manning 외(1991)의 표 4-11, 비용통계는 p. 139의 문헌검토를 참조하라.

71 Hall(2013), Leistikow et al.(2000).

자들은 연금급여를 받기 위해 세금은 내지만 연금을 수령할 만큼 오래 살지 못하기 때문에 정부는 비흡연자들에게 지급할 더 많은 연금재정을 확보할 수 있게 되는 것이다. 따라서 사회보장 프로그램의 존재로 말미암아 흡연자들은 조기 사망을 통해 비흡연자들에게 혜택을 준다.

더욱이 흡연자들이 조기 사망하는 것은 흡연으로 인한 의료비용의 증가효과를 상당 부분 상쇄하기도 한다. 만일 흡연자가 65세에 사망한다면 상당한 고령이 될 때까지 들어가야 하는 요양시설 비용이나 여타의 의료비가 발생하지 않는다. 이러한 의료비용의 회피는 젊은 시절에 걸렸던 암이나 심장질환을 치료하는 데 들였던 의료비의 상당 부분을 상쇄하게 될 것이다.

외부효과의 추정치 이러한 네 가지 요소에 사소한 부정적 외부효과를 포함시켜 추정해본 결과 흡연의 외부비용은 2020년 물가로 1갑당 약 0.56달러였다.[72] 이 수치는 여러 가지 요인에 의해 민감하게 변화하는데 특히 흡연의 편익은 지금 당장 나타나지만 그 비용은 먼 미래에 나타난다는 사실을 어떻게 반영하는지에 따라 크게 달라진다. 그럼에도 불구하고 현재까지의 모든 추정치에 의거해 판단해볼 때 흡연의 외부비용은 담배에 대해 연방정부와 주정부가 부과하는 세금의 평균치인 1갑당 1달러 조금 넘는 수준에 훨씬 못 미친다. 물론 이러한 추정치에는 잠재적으로 매우 중요하지만 수량화하기는 대단히 힘든 또 다른 외부효과로서 **간접흡연**(secondhand smoke)의 문제가 빠져 있다.

간접흡연 흡연자 근처에 있는 사람들이 흡입하는 담배 연기

간접흡연의 문제 비흡연자가 담배연기를 간접적으로 맡아 피해를 입는 문제는 사람들이 공기에 대한 소유권을 갖고 있지 못하다는 점에서 전형적인 외부효과이다. 명백하게 정의된 재산권이 없다면 이 문제에 대한 완벽한 코스의 해법은 존재하지 않는다. 그러나 간접흡연으로 인해 발생하는 비용은 두 가지 이유에서 우리가 지금까지 고려한 외부효과의 목록에 추가되기가 쉽지 않다. 첫째, 간접흡연으로 인한 피해에 대해서는 의료적 측면에서 상당한 불확실성이 존재한다. 그 결과 간접흡연으로 인한 외부효과의 추정치는 1갑당 0.01달러에서 1.39달러까지 편차가 극심하다.[73]

둘째, 간접흡연으로 인한 대부분의 피해는 흡연자의 배우자와 자녀들에게 발생한다. 그리고 이러한 피해는 상당할 수 있다. 최근 연구에서는 담뱃세가 인상되면 부모의 흡연을 감소시키면서 어린이 병가, 의사 방문 및 기타 의료서비스 사용도 감소하는 것을 발견하였다.[74] 만일 흡연자인 부모가 자신의 효용함수에 가족의 효용까지 포함한다면 (개인의 효용이 아니라 가족의 효용을 극대화하면서) 그는 흡연으로 인해 배우자와 자녀들이 입을 피해까지 고려하게 될 것이다. 이 경우 흡연 여부에 대한 의사결정을 할 때 흡연으로부터 그가 얻는 편익은 자신과 가족의 건강비용을 능가한다고 판단하였을 것이다. 이런 방식으로 외부효과가 내부화되면 질병으로 인한 다른 가족 구성원들의 비용은 흡연으로부터 흡연자인 부모가 얻게 되는 큰 편익과 상쇄되어야 한다. 만일 상쇄되지 못한다면 그는 담배를 피우지 않을 것이다. 그렇지만, 흡연자인 부모가

---

72 Gruber(2001a), 2020년도 물가로 조정하였다.

73 Viscusi(1995), 표 11, 2020년도 물가로 조정하였다.

74 Simon(2016).

가족 구성원의 비용을 완전히 고려하지 못한다면(즉 가족의 효용을 극대화하는 데 실패한다면) 그들이 다른 사람들에게 입히는 피해는 완전히 내부화되지 못하므로 이 부분만큼은 외부효과 계산에 포함되어야 한다. 현재까지의 증거에 의하면 가족의 효용극대화는 실제로 불완전해서 간접흡연으로 발생하는 비용이 어느 정도는 외부효과가 된다.[75]

외부효과와 '내부효과' 전통적인 경제학에 따르면 흡연과 관련하여 정부가 개입한다면 그 유일한 동기는 흡연이 다른 사람에게 가하는 외부효과뿐이라는 것인데 이는 흡연이 흡연자 자신에게 가하는 피해는 이미 의사결정을 할 때 고려되었기 때문이다. 그러나 이 모형은 정부 개입에 또 다른 근거가 있을 수 있음을 시사하는 흡연 의사결정의 중요한 특성을 무시하고 있다. 특히 두 가지의 특성이 중요한데 청소년의 흡연 의사결정과 성인이 금연하는 데 따르는 어려움이 그것이다.

이들 특성을 살펴본 다음에는 이들 특성이 스스로에게 가하는 흡연의 피해에 대해서도 정부 정책이 중요함을 지적함으로써 오로지 외부효과에만 기초해서 부과되어야 한다는 담뱃세에 대한 기존의 관점이 어떻게 도전받는지의 문제로 넘어갈 것이다.

청소년 흡연 흡연하는 모든 성인 중에서 75% 이상이 19세가 되기 이전에 담배를 피우기 시작하지만 경제학에는 아직 10대 청소년들의 행태에 관한(실은 부모도 마찬가지지만!) 만족할만한 모형이 존재하지 않는다.[76] 전통적인 흡연모형은 중독성이 있는 이런 행동을 시작하고자 하는 결정은 현재의 편익과 미래의 비용 사이에 존재하는 합리적인 상충관계를 완전히 이해한 상태에서 이루어진다고 전제한다. 만일 흡연을 시작하려는 10대가 이 상충관계를 정확히, 그리고 합리적으로 평가하지 못한다면 정부의 정책결정자는 흡연자 자신에 대한 흡연의 효과에 대해 관심을 가질 수 있을 것이다.

실제로 흡연의 시작이라는 이 엄청난 의사결정이 합리적 중독모형에서 상정하는 것처럼 미래지향적인 방식으로 이루어지지 않는다는 증거가 존재한다. 하루에 1갑 이상을 피우는 고등학교 상급반 학생들에게 행한 어느 조사에서 과연 5년 후에도 흡연할지 여부를 물어보았고, 이 학생들을 5년 후에 다시 추적조사를 해보았다. 그 결과 5년 후에도 담배를 피우겠다고 응답한 학생들의 흡연율은 72%였고, 피우지 않겠다고 응답한 학생들의 흡연율도 자그마치 74%나 되었다. 이런 결과를 보면 흡연하는 10대들이 중독의 장기적 의미까지 고려하는 것 같지는 않다. 그리고 금연에 대한 이러한 과신은 청소년에게만 국한된 것이 아니다. 최근 연구에 따르면 성인 흡연자

75 가족효용극대화 가설에 대한 주목할만한 반증은 Lundberg 외(1997)를 참조하라. 이 논문은 (모든 사람이 모든 가족 구성원에게 똑같은 정도로 배려하는) 가족효용극대화 모형과는 달리 가정의 경제권을 남편이 아내에게 넘겨주게 되면 자녀에 대한 지출이 크게 늘어남을 보여주고 있다. 더욱 최근의 증거는 Wang(2013)에 나와 있는데 중국에서 양도재산소유권을 남자와 여자 중 어느 쪽에 주느냐에 따라 남성이 좋아하는 재화의 소비가 상당한 정도로 영향을 받는다는 사실을 알아냈다. 그리고 Field 외(2019)는 여성의 임금이 자신의 계좌에서 관리되는지 남편 계좌에서 관리되는지 무작위로 변화시켜 그 효과를 분석한 결과, 여성 자신이 임금을 관리할 때 여성 노동공급이 단기적으로 증가하고 시간이 지남에 따라 여성과 남편이 그들이 일하는 것을 더 수용하게 됨을 발견하였다.

76 내부효과에 관한 이 절에서 흡연과 관련된 모든 사실은 다른 언급이 없는 한 Gruber(2001a)에서 가져온 것이다. 청소년의 위험행동에 관한 보다 광범위한 경제적 분석은 Gruber(2001b)를 참조하라.

들이 미래의 금연 가능성을 100% 이상 과대평가하고 있는 것으로 밝혀졌다.[77]

성인들의 금연 실패 흡연과 관련된 또 하나의 중요한 점은 흡연하는 많은 성인들이 금연하고 싶어 하지만 그렇게 하지 못한다는 점이다. 아래의 사실을 생각해보자.

- 미국에서 10명의 흡연자 중 8명은 흡연습관을 버리고 싶어 하지만 실제로 금연에 성공하는 사람들은 얼마 되지 않는다.
- 어느 연구에 의하면 연간 80% 이상의 흡연자들이 금연하고 싶어 하며, 평균적인 흡연자의 경우 8.5개월마다 금연을 시도한다.
- 굳은 결심으로 금연을 시도한 사람들의 54%는 일주일 이내에 실패한다.

자기통제 문제 적정한 소비 전략을 이행하지 못하는 문제

이러한 사실은 흡연자들이 소비를 최적으로 하지 못하는 **자기통제 문제**(self-control problem)에 직면하고 있음을 보여준다는 점에서 우려할만한 일이다. 경제 이론은 사람들이 자신의 효용함수를 최적화할 수 있을 뿐만 아니라 최적소비계획을 실행에 옮길 수 있다고 가정한다. 그러나 심리학에는 이 가정과 위배되는 많은 증거가 존재한다. 사람들이 자기통제가 필요한 장기 계획을 실행에 옮길 때 단기적으로 비용이 발생한다면 그 계획을 실행에 옮기지 못하는 일이 흔히 발생한다. 이에 관한 아주 좋은 사례가 흡연이다. 장기적으로는 건강이라는 편익을 얻지만 단기적으로는 금연에 비용(금단증상과 정신적 스트레스)이 발생하기 때문이다. 그 밖에도 노후대책으로서의 저축(현재소비의 감소라는 단기 비용과 은퇴 후 생활 수준의 향상이라는 장기 편익)이나 다이어트와 (또는) 운동(현재 음식 섭취의 감소 또는 더 많은 노력과 수명의 증가라는 미래의 편익) 등을 들 수 있다. 많은 분야에서 사람들은 보다 장기적인 후생을 위해서 단기적인 욕구를 통제하는 데 실패하는 것 같다.

자기통제 문제의 존재에 대해서 두 가지 종류의 증거가 있다. 한 가지는 심리학 실험을 통해 얻은 것이다. 실험실 상황에서 사람들은 미래에는 인내할 의사가 있지만 현재 시점에서는 참지 못함을 일관되게 보여주는데 이것이야말로 바로 자기통제 문제의 전형적인 특성이다. 자기통제 문제를 갖고 있는 사람은 올바른 장기적 의도(예산제약하에서 합리적으로 효용함수를 최적화하면서)를 갖고 있지만 그것을 실행에 옮기지는 못한다. 예를 들면 어느 실험에서 사람들은 2년 후에나 현금화가 가능한 200달러짜리 수표보다 오늘 당장 현금화할 수 있는 100달러짜리 수표를 선호하였다. 그러나 동일한 피실험자들이 6년 후에 받을 100달러짜리 수표보다는 8년 후에 받을 200달러짜리 수표를 더 선호하였다. 그러나 두 가지 문제는 단지 6년 후의 미래에 일어난다는 차이만 있을 뿐 동일한 선택 문제이다.[78] 사람들은 미래에는 인내할 의사가 있지만 같은 선택에 직면했을 때 지금 당장은 참기가 어려운 것이다.

구속장치 자기통제 문제를 인식하고 있는 사람이 자신의 나쁜 습관을 버릴 수 있도록 도와주는 장치

자기통제 문제에 대한 두 번째 종류의 증거는 **구속장치**(commitment devices)에 대한 수요가 존재한다는 점이다. 만일 누군가가 자기통제 문제를 갖고 있고 스스로 이를 알고 있다면 이 문

[77] Chaloupka IV et al.(2019).

[78] Ainslie and Haslam(1992).

제에 대항하는 데 도움을 줄 수 있는 어떤 수단을 원할 것이다. 그리고 그런 구속장치를 찾는 일은 사람들이 추천하는 모든 금연 전략의 특징이다. 사람들은 다른 사람과 내기를 하거나, 다른 사람들에게 공언을 하거나, 그렇지 않으면 담배를 피우는 경우 스스로 낭패를 보게 만들어 자신의 금연약속을 지키려 한다. 사람들은 흡연의 단기적 편익을 상쇄하기 위해 이러한 방법으로 단기적 비용을 증가시킴으로써 자기통제 문제에 대항하는 데 도움을 얻는다. 자기통제장치는 다른 분야에서도 많이 쓰이고 있다. 명절 선물을 구입하기에 충분한 돈을 마련하기 위해 거래하는 은행에 '명절 클럽' 계좌를 만들기도 하고, 일반적으로 일일입장료보다 1회 입장비용이 더 저렴한 체육관 회원권을 구입하면서 운동하기로 약속하기도 한다.[79]

정부 정책에 대한 함의 청소년 흡연자들의 비합리성과 성인 흡연자들 사이의 자기통제 문제는 모두 흡연결정에 관한 어떠한 모형에서든 다루어야 할 중요한 특성이다. 우리는 모두 비합리적인 청소년을 알고 있거나 우리 스스로 그러했던 적이 있고, 또한 자기통제 문제를 갖고 있는 사람들을 알거나 우리 스스로 그러한 문제를 갖고 있다. 그러나 표준적인 경제모형에 이러한 심리적 통찰을 추가하면 정부 정책에 대해 극적인 함의를 도출할 수 있는데, 이는 두 가지 경우 모두 정부 개입을 위해 중요한 것이 흡연으로 인한 외부적 피해가 아니라 흡연자가 자기 자신에게 초래하는 피해이기 때문이다. 만일 흡연자가 어린 시절에 실수로 흡연을 한다면, 또는 금연을 하고 싶은데 그럴 수 없다면 흡연으로 인한 피해는 **부정적 내부효과**(negative internality)가 되는데 이는 부정적인 건강행태 또는 다른 행위를 통해 자기 자신에게 피해를 주는 일을 말한다. 이 내부효과는 전통적인 모형에서 외부효과가 정부 개입을 정당화해주는 것과 마찬가지로 흡연에 대한 정부 규제를 정당화해준다. 이번에도 역시 정부는 실패의 문제를 다루는 것인데 이 경우에 실패는 다른 사람에게 끼치는 외부효과가 아니라 단기적인 인내심의 부족이나 청소년기의 비합리성에 따른 장기적인 건강상의 비용이 된다. 만일 정부가 개인들의 단기적인 실패 문제에 개입하여 장기적으로 이득을 보게 해줄 수 있다면 이는 마치 시장실패를 교정하는 것과 마찬가지로 효율을 제고하는 일이 될 수 있다.

부정적 내부효과 건강을 해치거나 다른 행동을 통해 사람들이 자기 자신에게 가한 피해

이와 관련된 금전적 규모는 대단한 것이다. 흡연자가 다른 사람들에게 끼치는 손실은 아주 작지만 자기 자신에게 끼치는 손실은 광범위하다. 그 손실의 한 측면으로서 수명의 감소에 대해 살펴보자. 평균적으로 흡연자는 비흡연자에 비해 수명이 6년 더 짧다. 경제학자들이 평가하는 수명 1년의 가치는 (제8장에서 더 자세히 살펴볼 방법을 사용해서 구했을 때) 약 200,000달러이다. 이 추정치를 사용하면 흡연으로 잃어버리는 수명의 가치는 1갑당 약 35달러에 이른다! 이는 흡연으로 인한 외부피해의 추정치보다 75배나 더 큰 엄청난 금액이다.

정부는 내부효과의 문제를 다루기 위해 사용할 수 있는 몇 가지 정책적 수단을 가지고 있다. 한 가지 수단은 정보이다. 지난 30년간 이루어진 흡연율의 감소는 대부분 흡연이 건강에 미치는 위험성에 관한 정보의 확대에 기인한 것이다. 그러나 장기적인 건강상의 효과에 관한 정보는 자

---

79 DellaVigna and Malmendier(2004).

기통제 문제나 10대의 비합리성 문제를 효과적으로 해결하는 데 도움이 되지 않는다.[80]

정부는 또한 민간 시장이 충분한 구속을 제공하지 못하는 문제를 해결할 수 있다. 앞서 자기통제에 대한 사실에서 강조한 바와 같이 사적으로 구속하는 구조는 흡연자에게 완전히 성공적이지는 않다. 보다 일반적으로, 사적으로 구속하는 구조에서는 개인이 예방 치료에 투자하도록 약속하게 만들지 못한다.[81] 그렇지만 정부가 사용할 수 있는 훌륭한 구속장치가 있으니 그것은 바로 담배가격을 인상시키는 세금이다. 많은 증거에 따르면 흡연자들은 담배가격에 꽤 민감해서 담배가격이 10% 인상될 때마다 흡연율은 약 5% 정도 하락하고 가격에 특히 민감한 청소년들의 경우에는 더욱 그러하다. 세금 인상을 통해 정부는 흡연자들이 더 높은 비용에 직면하도록 함으로써 그들이 원하는 자기통제를 제공하게 된다.[82] Gruber와 Koszegi(2004)는 실험에서 나타났던 자기통제 문제에 있어서 적정한 조세 규모는 1갑당 5~10달러 사이일 것으로 계산하였는데 이는 외부효과에 대응하기 위해 부과되었던 그 어떤 조세보다 더 높은 수준이며 현재의 세율을 훨씬 초과하는 수준이다.

정부 정책이 외부효과뿐만 아니라 내부효과에 의해서도 결정되어야 한다는 생각은 전통적인 미시경제학적 정책분석으로부터 크게 이탈한 것이다. 그러므로 내부효과의 크기가 실제로 얼마나 되는지를 파악하기 위해 많은 추가적 연구가 필요하다. 그럼에도 불구하고 흡연으로 인한 엄청난 건강비용(1갑당 35달러)을 생각해보면 설사 내부효과의 크기가 작다고 해도 광범위한 정부 개입은 정당화될 수 있을 것이다.

6.4 다른 외부효과 유발 행동의 경제학

흡연이 각별히 흥미로운 응용사례인 것은 분명하지만 외부효과나 내부효과가 시장실패를 초래하는 유일한 건강 관련 행위는 아니다. 이제 세 가지 다른 사례를 간략하게 살펴보기로 하자.

음주

알코올 소비는 흡연에 대해 흥미로운 대안적 사례를 제공하는데 이는 음주와 연관된 외부효과는 흡연과 관련된 외부효과보다 훨씬 더 규모가 크기 때문이다. 이는 알코올의 소비와 관련된 주된 외부효과가 음주운전으로 인한 손실이기 때문이다. 미국에서는 음주와 관련된 교통사고로 매일 30명이 사망한다. 이는 48분마다 1명씩 사망하는 셈이다. 2019년에 음주운전으로 인한 사망자는 10,142명으로 전체 교통사고 사망자의 거의 1/3(28%)을 차지하였다.[83] 전체적으로,

80 내 아이가 다니는 학교는 흡연의 장기적인 위험에 관해 학생들에게 경고하는 일이 효과가 없다는 사실을 잘 알고 있다. 아이가 최근에 받아 온 흡연반대 책갈피(bookmark)에는 흡연을 하면 안 되는 열 가지 이유가 적혀 있는데, 그중 단 하나만 장기적인 건강위험에 관한 것이다. 다른 아홉 가지는 여드름이 생길 가능성의 증가라든지 운동에서의 부진한 성과와 같은 단기적 비용에 관한 것이다. 이것들은 장기적인 관점에서의 조기 사망에 비해 분명히 사소한 효과지만 책갈피는 청소년들이 흡연의 단기적 편익을 상쇄하는 단기적 비용을 인식시키는 목적을 달성하는 데 도움을 준다.

81 Bai et al.(2017).

82 실제로 Hersch(2005)는 금연을 계획하는 흡연자가 다른 흡연자보다 흡연 규제를 훨씬 더 지지한다는 것을 발견하였다.

83 National Highway Traffic Safety Administration(2020).

과도한 음주로 인한 사회적 비용은 연간 약 2,500억 달러 또는 미국 가구당 약 2,000달러에 해당하는 것으로 추정된다.[84] 비록 면허가 취소되고 보험료가 올라간다 하더라도 그의 행동이 사회에 끼친 모든 비용을 음주운전자가 부담하지는 않는다. 음주로 인한 외부효과의 추정치는 음주당 2.05달러이며,[85] 이는 에탄올 1온스당 평균 0.21달러 수준의 현행 주세보다 훨씬 더 높으며 주종에 따라서도 다르다(에탄올 1온스당 세금은 맥주, 포도주 및 기타 주류에 따라 다양하다).[86]

이 수치에는 잠재적으로 중요한 음주로 인한 또 다른 외부효과로서 증가하는 폭력과 범죄는 포함되어 있지 않다. 폭력 피해자의 55%와 친밀한 사람에게 공격받은 피해자의 2/3는 가해자가 범죄를 저지르기 전에 음주를 한 상태였다고 보고하고 있다.[87] Sara Markowitz와 동료들이 발표한 일련의 논문에 의하면 반(反)음주 정책(주류에 대한 더 높은 세금 등)은 폭력, 범죄, 위험한 성적 행동, 성병 등을 줄이는 데 강력한 효과를 발휘한다.[88] 인도의 한 연구에서는 금주가 여성에 대한 폭력을 크게 줄이는 데에 관련이 있는 것으로 나타났다.[89] 그리고 사우스다코타주에서는 음주운전 범죄자에게 지속적인 모니터링이 수반된 금주 의무를 선고하는 24/7 금주 프로그램을 시행한 이후, 음주운전 체포, 가정폭력 및 사망자가 상당히 감소하였다.[90] 다시 한번, 이러한 폭력적인 행동의 결과가 가족 구성원에게만 영향을 미친다면 이는 외부효과일 수도 있고 아닐 수도 있다. 만일 이런 행동이 범죄적인 행동을 통해 타인에게 피해가 돌아간다면 이는 분명히 외부효과가 된다.

그러나 음주로 인한 내부효과는 흡연에 비해 훨씬 더 작다. 소량의 음주를 할 경우 비록 운전은 제대로 못하겠지만 실제로 장기적인 건강을 위해서는 더 좋다. 그리고 음주를 통해 자신의 건강에 피해를 주거나 그렇지 않으면 스스로에게 다른 피해를 주는 사람들은 전체 음주자 중에서 단지 일부에 지나지 않는다. 따라서 음주에 대한 정부 규제의 정당성은 대부분 표준적인 근거인 외부효과로부터 오는 것이다. 다만, 음주는 건강 악화를 통해 최소한 어느 정도 내부효과를 가지고 있다. 최근 러시아의 한 연구에서는 음주자유화가 사망률을 높이는 데 강한 영향을 미치고 더 높은 주세는 사망률을 낮추는 데에 강한 영향을 가지는 것으로 나타났다.[91]

음주의 규제에 있어서 정부의 적절한 역할은 정하기 어려운데 이는 음주로 인한 외부효과가 음주운전과 폭력을 불러오는 일부의 음주로부터만 발생하기 때문이다. 이론적으로 최적의 정책은 음주운전과 폭력을 목표로 하여 벌금과 처벌을 강화하는 것이다. 그러나 음주로 인한 외부효과를 충분히 감안할 만큼 음주운전과 폭력에 따른 비용을 올리기는 현실적으로 불가능하다. 반대쪽 입장에서 보자면 모든 술 소비에 대해 세금을 올리는 것은 음주운전을 하지 않거나 폭력을 휘두르지 않는 사람들로 하여금 음주를 지나치게 많이 줄이게 하지만 반면에 그 반대의 사람

---

84 Sacks et al.(2015).

85 Centers for Disease Control and Prevention(2018b).

86 Lopez(2017).

87 National Council on Alcohol and Drug Dependence(2015).

88 이에 관한 예시는 다음을 참조하라. Markowitz and Grossman(1999); Markowitz(2000a, b); Markowitz et al.(2005).

89 Luca et al.(2015).

90 Humphreys(2016).

91 Yakovlev(2018).

들에게는 전혀 충분하지 않다.

그럼에도 불구하고 음주에 따른 엄청난 피해를 생각하면 주세를 올리는 것은 음주의 외부효과보다 훨씬 더 낮은 수준에서 세금을 유지하는 시스템에 비해서 사회후생을 전반적으로 올리는 길이 될 것이다.[92] Lopez(2018)가 설득력 있게 주장하는 것처럼 세금이 높을수록 사회에 막대한 이익이 될 것이며 세금은 가장 많은 주류를 소비하는 사람들이 불균형적으로 부담하게 될 것이다. 따라서 일반 음주자에게는 상대적으로 적은 비용이 소요되지만 과음으로 인한 외부효과의 감소로 인하여 엄청난 편익이 발생할 것이다.

불법마약

정부가 관심을 갖고 있는 또 다른 중독적인 행동은 마리화나, 코카인, 엑스터시 및 헤로인과 같은 불법적 마약을 사용하는 것이다. 대부분의 다른 나라에서와 마찬가지로 미국에서도 불법마약류의 사용을 형사처벌의 대상이 되는 범죄행위로 보아 금지하고 있다. 이는 각별히 흥미로운 경우가 되는데 왜냐하면 불법마약과 관련된 대부분의 외부효과가 그 불법성 자체로 인해 발생하기 때문이다. 실제로 일부 마약류의 사용은 술 소비에 비해 훨씬 더 낮은 외부효과를 발생시킨다. 따라서 합리적 중독모형은 흡연을 규제하는 것에 비해 마약류의 사용을 규제할 필요가 없음을 시사하고 있다. 유명한 경제학자인 밀턴 프리드먼은 1972년에 마약의 합법화를 지지하면서 "마약 중독의 피해는 거의 대부분 마약이 불법이라는 사실 그 자체로부터 초래된다. 최근 미국변호사협회의 한 위원회는 미국 내 모든 노상 범죄의 1/3 내지 1/2을 마약 중독자들이 저지르는 것으로 추정하였다. 만일 마약을 합법화한다면 길거리 범죄는 현저하게 감소할 것이다"라고 주장하였다.[93] 그리고 2016년에 존스홉킨스대학교에서 결성된 22명의 의료 전문가 그룹은 모든 비폭력적인 약물 사용과 소지행위를 비범죄화하고 그 대신에 규제된 약물 시장으로 점차 나아가야 한다고 촉구하였다.[94]

이러한 주장은 최근 미국에서 일어나고 있는 마리화나의 합법화 움직임에 영향을 미쳤다. 마리화나는 44개 주와 컬럼비아구(District of Columbia)에서 의학적 목적을 위해 합법화되었다. 그리고 2014년 콜로라도주를 시작으로 18개 주(알래스카, 애리조나, 캘리포니아, 콜로라도, 일리노이, 메인, 매사추세츠, 미시간, 몬태나, 네바다, 뉴저지, 뉴멕시코, 뉴욕, 오리건, 사우스다코타, 버몬트, 워싱턴)와 컬럼비아구에서 오락용으로 마리화나를 사용할 수 있게 되었다.[95] 법이 통과된 이후 마리화나로 인한 체포건수는 59% 감소하였다.[96] 이와 함께 의료용 마리화나를 합법화한 주에서의 과거 연구에 의하면 10대가 마리화나를 시작할 가능성과 성인이 더 자주 마리화나를 피울 가능성이 의미 있는 수준으로 증가하였다.[97]

---

92 Cook과 Durrance(2013)에 의한 최근 연구에 따르면 1991년에 주류에 대한 연방 물품세(federal excise tax)를 2배로 올린 결과 사고로 인한 사망자 수가 4.7%, 또는 연간 거의 7,000명이 감소하였다.

93 Friedman(1972).

94 Ingraham(2016).

95 https://disa.com/map-of-marijuana-legality-by-state의 자료를 사용하였다. 또한, Lopez(2018)도 참조하라.

96 https://cdpsdocs.state.co.us/ors/docs/reports/2018-SB13-283_Rpt.pdf.

97 National Conference of State Legislatures(2015)의 자료를 사용하였다.

그러나 마리화나의 합법화 움직임에도 불구하고 더 광범위하게 마약을 합법화하는 것은 미국 등 대부분의 국가에서 아직은 급진적인 생각으로 남아 있다. 이는 정책결정자들이 불법마약, 음주 및 흡연과 같은 잠재적으로 중독적인 행동에 대해 합리적 중독모형이 똑같이 적용될 수 있음을 믿지 않는다는 것을 의미한다. 흡연과 음주는 그렇지 않지만 마약의 경우에는 사람들이 자신을 위해 올바른 장기적 결정을 하지 못한다고 정부는 믿고 있는 것 같다. 그렇지 않다면 대부분의 선진국이 추구하고 있는 공공정책을 합리화하는 것은 쉽지 않은 일이다.[98] 2020년에 오리건주는 모든 마약을 비범죄화한 최초의 주가 되었으며, 이는 광범위한 마약 합법화를 향한 중요한 진전이었다.

과학적 발견과 의학적 발전으로 질병을 치료하고, 기대수명을 늘리고, 더 건강하게 살 수 있게 되었음에도 약물 과다복용 사망과 같은 예방 가능한 특정 사망은 이러한 긍정적인 추세를 따르지 않았다. 실제로 약물 과다복용에 의한 사망자는 전반적으로 증가해왔으며, 2009년에는 현대에 접어들어 처음으로 약물 과다복용으로 인한 사망자가 자동차 사고로 인한 사망자 수를 넘어섰다.[99]

과다복용의 이러한 추세를 주도한 것은 오피오이드(opioids)의 남용이었다. 20세기의 상당 기간 동안 의료계에서는 중독에 대한 우려로 인해 오피오이드를 처방하는 것을 제한하였다.[100] 그러나 옥시콘틴(OxyContin)과 같은 '서방성' 오피오이드 제제의 발전과 의사가 통증을 과소치료하고 있다는 인식의 증가로 1990년대 후반부터 오피오이드를 훨씬 더 적극적으로 사용하게 되었다.

불행하게도, 치료 방식의 이러한 변화가 엄청난 부정적인 결과를 가져왔다는 것은 대략 10년도 지나기 전에 명백해졌다. 새로운 제형의 중독성이 강하였기에 오피오이드 처방전을 과도하게 작성해주는 사례가 엄청나게 발생하였다. 게다가 알약을 부수고 코로 흡입함으로써 이러한 약물의 효능을 쉽게 높일 수 있었고, 이는 중독을 부추기고 진통제 처방전에 대한 대규모 불법 시장을 만드는 결과를 낳았다. 2009년까지 매년 37,000명 이상의 미국인이 오피오이드 과다복용으로 사망하였다.[101]

이에 대한 대응으로 여러 주에서 오피오이드 처방을 훨씬 어렵게 만드는 법률을 통과시켰으며, 연방정부는 2010년에 옥시코돈을 '남용 억제' 제제로 전환하도록 명령하였다. 불행히도, 이러한 선의의 정책은 이미 중독된 사용자들이 이제 더 저렴하지만 훨씬 더 위험한 대안인 헤로인 쪽으로 이동하면서 위기를 악화시켰다. 훨씬 더 강력한 합성 오피오이드인 펜타닐이 의약품 시장에 등장하기 시작한 2013년 이후 상황은 더욱 악화되었다. 이로 인해 그림 6-6에서 보여주는 엄청난 사망자 증가세가 나타났다. 이러한 일화는 잠재적으로 중독성이 있는 약물의 경우 합법적인 약물이라 할지라도 주의 깊게 규제해야 할 필요가 있음을 강조한다.

---

98 마약의 합법화를 둘러싼 쟁점에 관한 훌륭한 논의로는 Donohue 외(2013)를 참조하라.

99 National Safety Council(2019).

100 이하의 논의는 Quinones(2015)에서 제시한 연대표를 요약한 것이다.

101 Centers for Disease Control and Prevention(2020).

실증적 증거 합법적인 음주연령을 21세로 지정한 효과

오늘날 미국의 합법적인 음주연령은 21세지만 많은 주에서 1970년대 초에 18세, 19세, 또는 20세로 하향조정되었고, 이는 1980년대 말에 다시 21세로 바뀌었다. 음주연령의 하향조정에 대한 우려 중 한 가지는 젊은이들이 음주의 내부효과와 외부효과, 특히 음주운전의 가능성이 커진다는 점이다. 동시에 어떤 사람들은 21세라는 음주연령이 젊은이들의 음주를 막지는 못하며 실제로는 상황을 더 악화시킨다고 주장한다. 사우스대학교의 부총장이자 총장인 존 매카델(John McCardell)은 *뉴욕타임스* 기고에서 "법이 겨냥하고 있는 사람들은 일상적으로 법을 피하고 종종 생명을 위협하는 결과를 초래한다"고 말하였다. 매카델은 이 법이 무책임하고 부주의한 행동과 그 어떤 감독자도 없는 상태에서의 술판과 과도한 음주행위로 나타나는 위험한 문화를 만들었다고 말한다.[102] 그래서 과연 음주연령 문제는 중요한 것일까? 이 문제를 다루기 위해 단지 21세 이상과 그 미만인 사람들의 음주율을 비교하는 것은 의미가 없는데 이는 두 집단의 음주에 대한 기호가 다를 수 있기 때문이다. 예를 들어 음주에 대한 기호가 연령에 따라 증가한다고 가정해보자. 그렇다면 21세를 지남에 따라 음주율이 상승하겠지만 이는 음주연령을 법으로 정해놓는 것과는 아무 관련이 없는 일이다. 만일 비교할 수 없다는 문제가 법적 상태의 차이가 아니라 연령별 음주에 대한 기호의 차이 때문에 생기는 것이라면 음주에 대한 연령의 효과를 반영하는 추정치에는 편향이 존재할 것이다. 그러나 최근의 연구는 이 비교불가 문제를 다룸에 있어서 두 가지의 흥미로운 실증연구 전략을 제안하고 있다.

첫째는 각 주(州)가, 낮아진 음주가능연령에서 21세라는 전국적으로 동일한 연령으로 이행해나갈 때 1980년대의 서로 다른 시기에 음주연령을 변화시켰다는 사실을 이용하는 것이다. 이는 아주 훌륭한 준실험적 상황을 제공하는데 이 경우 실험군은 음주연령을 상향조정한 주들이고 통제군은 그렇게 하지 않은 주들이다. 만일 음주연령의 제한이 음주 여부에 중요하다면 음주연령이 21세로 상향조정된 후에는 기존의 음주연령과 21세 사이에 놓여 있는 젊은이들의 음주율은 음주연령을 바꾸지 않은 주와 비교했을 때 떨어져야 한다.

많은 연구가 이 준실험적 상황을 분석하였고 그 결과 음주연령의 상향조정이 젊은이들의 음주를 억제했을 뿐만 아니라 다른 중요한 효과를 가져왔다는 사실을 알게 되었다. Carpenter와 Dobkin(2011)은 증거들을 요약하여 음주연령을 낮춘 것은 18~20세 사이에 있는 젊은이들의 음주를 6~17% 증가시켰음을 보고하였다. Cook과 Moore(2001)는 음주연령을 낮춘 것이 젊은이들의 음주를 늘렸을 뿐만 아니라 이 젊은이들의 경우 나이가 듦에 따라 더 많은 음주를 했다는 사실을 알아냈다. 즉 음주를 일찍 시작할수록 나이 들어서 더 많은 음주를 하게 된다는 것이다. Carpenter와 Dobkin(2011)은 음주연령을 낮추는 것은 18~20세 사이에 교통사고로 사망하는 비율을 17% 증가시킨다는 사실을 발견하였다. 또한 Fertig와 Watson(2009)에 의해 음주연령의 하향조정이 저체중아 출산 및 조산을 포함, 10대 모(母)의 출산 결과를 악화시킨다는 것도 밝혀졌다.[103]

두 번째 실증연구 전략은 21세 생일 전후의 최근 자료를 비교하는 것이다. 21세가 지난 사람들은 그 미만의 사람들과는 일반적인 측면에서 다르겠지만 21세 생일 이전의 며칠 동안 관찰된 사람들과 21세 생일 이후의 며칠 동안 관찰된 사람들 사이에는, 후자가 이제 합법적으로 음주를 하게 되었다는 것을 제외하면 큰 차이가 없어야 할 것이다. 21세 생일 직전과 직후의 비교 가능한 집단 사이에서 나타난 결과를 비교함으로써 연구자들은 회귀 단절 접근법(regression discontinuity approach)을 사용하여 음주의 합법화가 결과에 미친 영향을 나타내는 인과적 추정치를 도출해낼 수 있게 된다.

이 접근법이 그림 6-5에 예시되어 있는데 이는 Carpenter와 Dobkin (2009)에서 인용한 것이다. 그림의 가로축은 월 단위로 측정된 연령을 나타낸다. 빨간색으로 그려진 아래쪽의 선은 사람들이 술을 마신 날의 비율을 나타내는 그래프이다(그 수치는 왼쪽의 세로축에 나타나 있다). 그림의 점들은 월 단위로 측정된 실제 나이이다. 굵은 선은 제3장에서 논의한 것과 같은 회귀선인데 다만 여기에서의 회귀선은 21세 미만과 21세 이상에 대해 별도로 추정되어 있다. 이 그림에 분명히 나타나 있는 것은 21세 지점에서 불연속적인 이동효과가 존재한다는 점이다. 즉 21세 생일 시점에 즈음하여 음주한 날의 비율은 명백히 급증하고 있는 것을 볼 수가 있다. 생월(生月)이 아니라 실제 생일을 사용한 회귀분석은 21세를 지난 사람들이 그렇지 않은 사람들에 비해 음주한 날이 30%가 더 많다는 사실을 보여주고 있다.[104] 이러한 큰 차이는 21세에 음주를 합법화하는 효과가 분명히 존재함을 시사하고 있다.

녹색으로 그려진, 위쪽에 있는 선은 (오른쪽 세로축에 나타나 있는)

---

102 McCardell(2012).

103 Nilsson(2008)은 스웨덴에서 알코올 접근성을 높였을 때의 자료를 사용하여 영아 건강의 그러한 감소가 교육적 성취라든지 수입과 같은 결과에 부정적인 효과를 미칠 수 있음을 밝히고 있다.

104 생일 축하와 관련된 효과를 제거하기 위해서 이 분석에서는 생일 당일과 그다음 날의 음주효과를 통제하는 변수를 포함시켰다.

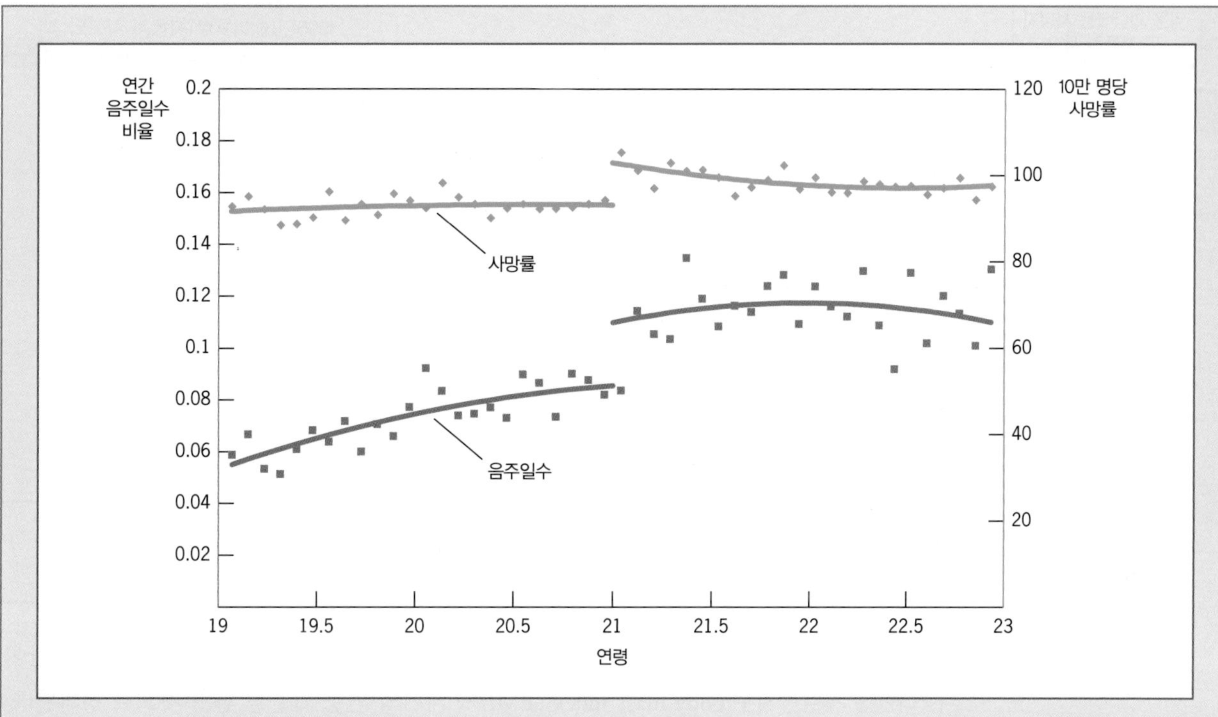

그림 6-5 21세 근처에서의 음주행태와 사망률 연간 음주일수 비율과 사망률 모두에 있어 21세 근처에서 명백한 '불연속적 회귀선'이 나타나고 있다.

출처 : Carpenter and Dobkin(2009).

사망률에 대해 동일한 방법을 적용한 결과이다. 21세 생일을 전후하여 사망률의 경우에도 마찬가지로 엄청난 변화가 나타나고 있는데, 21세 생일 직후의 사망률은 직전에 비해 9% 더 높게 나타나고 있다. 즉 음주가 합법화된 이후에 술 마시는 사람들의 증가는 사망률의 증가와 연관되어 있는 것이다. 또한 연구자들은 이러한 사망률 증가 효과가 주로 음주운전으로 인한 사망에 의한 것이라는 점을 밝히고 있다.

다른 연구에서도 음주로 인한 피해에 대해 21세의 중요성을 확인하였다. Carrell 외(2011)는 음주연령에 도달함에 따라 학업 성과 또한 부진해진다는 점을 알아냈다. 음주연령에 도달하면 학업 성취도가 저하됨을 발견하였다. Yoruk(2015)은 음주가 합법화되었을 때 청년들이 더 적게 일한다는 것을 발견하였다. Ahammer 외(2020)는 음주연령이 16세인 국가에서 법적 음주연령에 도달하면 알코올 소비일수가 39% 증가하는 유사한 변화를 발견하였다. 그리고 Hansen과 Waddell(2016)은 범죄가 21세에 바로 증가하였고, 우발적인 폭행과 알코올 관련 소란행위가 주된 원인이었음을 발견하였다. 이러한 실증연구의 분석을 통해 미국에서 음주연령을 낮춘다는 것은 실제로 매우 중요한 문제라는 점과 음주연령을 낮출 경우 18~20세 사이의 젊은 이들에게 심각하게 부정적인 효과를 미친다는 점이 분명해졌다.[105]

105 그러나 Lindo 외(2014)의 최근 연구는 아주 엄격하게 음주운전을 규제하는 법을 갖고 있는 오스트레일리아의 어떤 지역에서는 음주연령의 변화가 교통사고에 미치는 효과가 없음을 밝히고 있는데 이는 음주 관련 규제의 유형 사이에 잠재적인 대체관계가 있음을 시사한다.

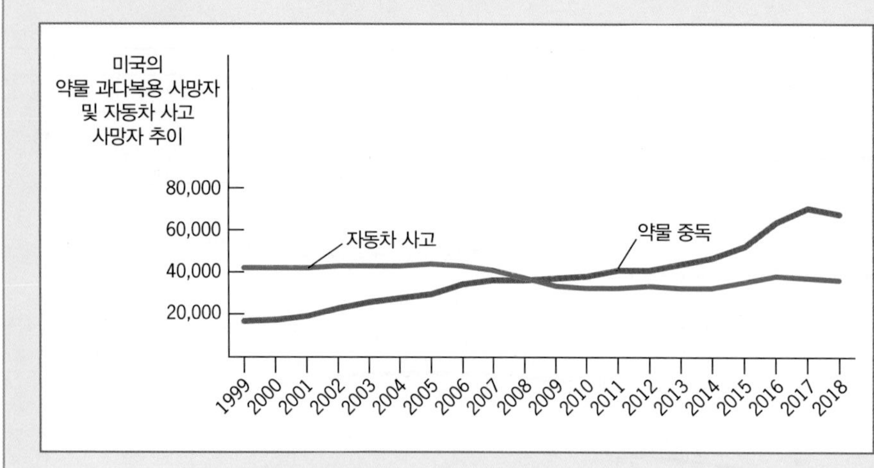

그림 6-6 **자동차 사고 사망자 수를 추월한 약물 과다복용 사망자 수** 1990년대 이후로 자동차 사고와 같이 예방할 수 있는 사망자 수는 감소하였으나 약물 과다복용으로 인한 사망자 수는 주로 오피오이드 중독의 증가로 인하여 증가하였다.

출처 : https://www.cdc.gov/nchs/data/databriefs/db356_tables-508.pdf#1
https://www.iihs.org/topics/fatality-statistics/detail/yearly-snapshot.

응용사례

비만에 대한 공공정책

최근 미국과 여러 나라에서 많은 관심을 받고 있는 중요한 건강상의 외부효과는 바로 비만이다. 비만은 체질량지수(body mass index, BMI)가 자기의 연령 기준을 넘는 것으로 정의된다. BMI 지수는 체중에 대한 신장의 비율로 측정된다. 미국의 경우 비만 인구가 엄청나게 늘어나고 있다. 성인 인구 중에서 비만으로 분류된 사람들의 비율은 1960년 13.4%에서 2018년에는 42.8%까지 증가하였다.[106] 비록 미국이 다른 선진국보다 더 빠른 속도로 비만 인구가 늘어나고 있기는 하지만 비만 인구의 일반적 증가는 전 지구적 현상으로 세계보건기구(WHO)는 전 세계적으로 6억 5,000만 명 이상이 비만 인구인 것으로 보고 있다.[107]

비만 인구가 늘어나는 이유는 무엇일까? 관련 연구에 따르면 칼로리 섭취량의 증가와 신체 활동의 감소가 그 주범이다. 칼로리 섭취량은 소득의 증가에 따라 자연적으로 증가하고 있고, 시간의 경과에 따라 건강한 음식(조리에 시간이 많이 걸리는)이 건강에 좋지 않은 간편식(snack, 바로 먹을 수 있고 조리도 간편한)으로 대체되고 있다. 바로 먹을 수 있다는 점은 특히 사람들이 이 장의 앞부분에서 설명한 '자기통제' 문제를 갖고 있을 경우에 저비용으로 쉽사리 체중을 늘릴 수 있다는 점에서 비만에 기여하는 것 같다. 예를 들어 사람들은 자기 앞에 많은 음식이 놓여 있을 때 더 많이 먹는 경향이 있음을 많은 연구들이 보여주고 있다. Downs 외(2009)가 주장하고 있는 것처럼 많은 사람들은 가장 중요한 문제여야 할 내부적 신호(얼마나 배가 부른지)보다는 외부적 신호(접시에 얼마나 많은 음식이 담겨 있는지)에 불합리할 정도로 민감하게 반응한다. 또 다른 연구인 Read와 van Leeuwen(1998)은 사람들이 미래에는 건강한 식습관을 가

106 Centers for Disease Control and Prevention(2020a).

107 World Health Organization(2020).

질 의향이 있지만 지금 당장 선택을 해야 하는 상황에서는 그런 의향을 무시하고 건강하지 않은 음식을 선택한다는 사실을 발견하였다.

더욱이 칼로리 섭취는 늘어나고 있지만 이와 동시에 신체 활동은 줄어들고 있다. 산업화 사회는 사람들이 신체 활동에 대해 (신체적 활동과 노동을 요구하는 일을 통해서) 돈을 받는 상황에서 신체 활동에 대해 (앉아서 하는 일과 여가를 희생시키고 해야 하는, 그리고 흔히 헬스센터 가입비용을 내야 하는 운동을 통해서) 돈을 내야 하는 상황으로 변화하고 있다.

정책당국이 이러한 비만 증가에 관심을 가져야 하는 이유는 비만이 엄청난 외부효과와 내부효과를 갖고 있기 때문이다. 실제로 지난 수십 년 동안 미국에서 가장 빠른 속도로 증가하고 있는 건강 문제는 당뇨병으로서 이는 신체가 포도당 섭취를 조절하지 못하는 질병이다. 당뇨병은 퇴행성 질환으로서 아직 치료법을 찾지 못하고 있으며, 치명적일 수도 있다. 당뇨병은 신체의 모든 장기를 공격하여 심부전 및 뇌졸중, 발가락과 팔다리의 절단에까지 이를 수 있는 혈액순환 문제 등의 위험을 높인다. 2018년 기준으로 미국 인구의 10.5%에 해당하는 3,400만 명이 당뇨병을 앓고 있으며, 성인 인구의 34.5%가 당뇨병 전 단계에 있다.[108] 미국에서 당뇨병의 증가를 초래하는 가장 큰 두 가지 인자는 비만의 증가와 비활동적인 생활습관이다.

비만과 관련된 모든 부정적인 건강상의 효과를 고려해보았을 때 최신의 추정치에 따르면 미국에서 비만 관련 질환으로 인한 의료비는 연간 3,420억 달러에 이른다.[109] 2055년까지 비만은 적어도 2~5년의 평균수명을 단축시킬 가능성이 있으며, 이는 암이나 심장질환보다 더 큰 규모이다.[110] 따라서 전통적인 모형에서든 아니면 자기통제 문제를 고려하는 모형에서든 이 문제에 대한 대응에 있어서 정부가 큰 역할을 할 수 있는 여지가 있는 것 같다.

그러나 비만의 증가 이유와 이것이 초래할 피해를 이해하는 것은 비만 문제에 대한 적절한 정책을 강구하는 일에 비하면 아주 쉬운 일이다. 비만의 감소를 위해 공공정책수단을 사용하는 문제에 대해 여러 가지 다른 접근법이 제안되었지만 지금까지 성공은 제한적이었다.

첫 번째는 더 건강한 식품에 대한 접근이 쉬워지도록 식품공급체계의 성격을 바꾸는 것이다. 특히 과거에 건강한 음식 섭취가 제한되었던 저소득층의 '식품 사막(food desert, 신선한 식품을 구하기 어려운 지역)'의 경우에 그러하다. 그러나 이런 방식으로 건강한 식이습관으로 바꾸려는 노력은 실패하였다. 예를 들어, 필라델피아의 저소득 지역에 새로운 식료품점에 대하여 대규모로 투자하였으나 그 지역 사람들의 식이습관에는 거의 영향을 미치지 못하였다.[111]

또 다른 접근법은 건강하지 못한 식품에 대해 세금을 부과하거나 아예 판매 및 소비를 금지하는 것이다. 그러나 식품에 대한 과세를 통해 비만 문제를 다루는 일은 흡연의 경우보다 훨씬 더 어려운 일인데, 이는 모든 흡연이 건강에 해롭지만 어떤 식료품 소비는 분명히 건강에 이롭기 때문이다! 이는 세금이 식료품의 특별히 건강에 해로운 측면에 초점을 맞추고 있음을 시사한다.

108 Centers for Disease Control and Prevention(2020b).

109 Cawley and Meyerhoefer(2012).

110 Olshansky(2005).

111 Kliff(2014), Handbury 외(2015), Handbury 외(2016)를 참조하라. 신규 식품가게를 통해 저소득층 주거 지역에서의 식이습관을 변경하는 것이 얼마나 어려운 일인지에 관한 자세한 분석은 McMillan(2014)을 참조하라.

이 분야에서 특히 인기 있는 정책 대상은 설탕이 함유된 음료이다. 연구에 따르면 청량음료 소비는 1988~2008년 사이에 300% 증가하였다.[112] 캘리포니아 버클리, 펜실베이니아 필라델피아와 같은 미국 도시에 대한 최근 증거는 이러한 세금이 가당 음료 소비에 지속적으로 큰 영향을 미치지는 않은 것으로 나타났다. 그러나 가당 음료의 소비에서 발생하는 상당한 외부효과와 내부효과로 인하여 해당 도시에서 시행되는 수준보다 훨씬 더 높은 세율을 부과하는 것이 정당화될 수 있다.[113]

실제로 다른 국가에서는 설탕에 적극적으로 세금을 부과하고 있다. 멕시코는 2013년에 탄산음료 가공업체에 가당 음료 1리터당 1페소를 과세하는 법안을 통과시켰고(16온스 콜라의 경우 약 10% 가격 인상) 1년 뒤 탄산음료 소비량은 12% 감소하였다.[114] 영국은 2018년 그들의 설탕세를 색다르게 설계하였다. 12온스 캔당 12~19g의 설탕 함량을 가진 탄산음료가 19g 이상 가당된 탄산음료보다 낮은 세율로 과세되는 2단계 체계로 운영된다[1인분당 6센트 대(對) 8센트]. 세금제도가 시행되기 전에도 음료 회사는 음료의 첨가당 함량을 줄이기 위한 계획을 발표하였으며 식당은 높은 세금을 피하기 위해 셀프 서비스 청량음료 분수대에서 설탕 함량이 높은 음료를 제외시켰다. 이 설탕세가 비만에 미치는 영향을 판단하기에는 아직 이르지만, 설탕세가 시행된 이후로 가당 음료의 보급률이 상당히 낮아져 100ml당 설탕이 5g 이상 함유된 음료의 판매 비중이 49%에서 15%까지 하락하였다.[115]

지금까지 가장 중요한 정책목표는 학교급식 및 아동비만이다. 미국의 학교에서는 정크 푸드에 대한 접근성이 증가해왔는데 이는 아마도 이런 음식의 판매를 통해 학교가 이윤을 얻고자 하는 금전적 이유 때문이었을 것이다. 한 연구에 의하면 정크 푸드에 대한 접근성이 10%p 증가하면 학생들의 평균 BMI는 1%p 증가했다. 이 연구는 1990년부터 2000년까지 성인들 사이에서 나타난 평균 BMI 증가의 1/5이 건강하지 않은 학교 급식 때문에 비롯된 것으로 추정하고 있다(Anderson and Butcher, 2005). 이런 추세를 막기 위한 정책으로는 학교에서 정크 푸드의 판매를 제한하고, 더욱 건강한 메뉴를 제공하도록 학교급식계획의 구조를 개혁하는 것을 들 수 있다. 어떤 정책은 신체 활동을 늘리기 위해 학교체육교육 프로그램의 강화를 요구하기도 한다. 일부 연구자들은 심지어 학생들에게 더 건강하게 먹도록 비용을 지불하고 큰 효과를 보고 있는 실험을 진행하고 있다. 그러한 연구 중 하나는 작은(25센트) 격려금이 과일이나 채소를 먹는 어린이의 비율을 2배로 늘릴 수 있으며 이러한 효과는 격려금 지급이 끝난 후에도 대부분 지속된다는 것을 발견하였다.[116]

비만 문제에 대응하기 위한 또 다른 정책 중점사항은 정보를 개선시키고 비만과 가장 밀접한 관계를 갖는 물질을 정책 대상에 포함하는 것이다. 예를 들면 뉴욕시는 2008년 7월부터 모든 레스토랑 체인(15개 이상의 점포를 갖고 있는 경우)의 메뉴판에 칼로리를 표시하도록 하는 법을

---

112 Harrington(2008).

113 Cawley et al.(2019a; 2019b), Allcott et al.(2019).

114 Sanger-Katz(2015).

115 Scarborough et al.(2020).

116 Loewenstein et al.(2016).

시행하였으며 이를 어기는 경우 200~2,000달러에 이르는 벌금을 물어야 한다(Sorrel, 2009). 이러한 규제의 초기 시행효과에 관한 연구는 작기는 하지만 통계적으로 유의하게 주문 음식당 칼로리가 감소하는 것을 확인하였다. 그러나 후속연구에 따르면 개인이 점차 칼로리 표시를 무시하게 되면서 시간이 지남에 따라 시행효과는 사라져버렸다.[117] 의료보험개혁법(ACA)은 모든 체인 레스토랑, 자판기, 20개 지역 이상에 점포를 갖고 있는 식품 소매업체에 대해 칼로리 표시를 부착하도록 의무화하였다. 이 정책은 2018년에 시행되어 그 효과를 평가하기에는 너무 이르다. 2019년 준실험 연구에 따르면 패스트푸드점에서 칼로리 라벨 부착 제도를 시행하여 즉각적으로 거래당 평균 칼로리가 60칼로리 감소한 것으로 나타났다.[118]

보다 성공적인 전략은 소비자로 하여금 직접 자기통제 전략을 사용하도록 하는 것이다. 연구들은 중국음식점에서 손님이 주문한 음식에서 탄수화물을 줄일 기회를 주면 상당수의 사람들이 실제로 그렇게 하며, 식사를 하는 동안에 다른 음식에서 더 많은 칼로리를 섭취함으로써 이를 상쇄하지도 않는다는 사실을 알아냈다. 그리고 체인점 식당에서 어린이 메뉴에 더 많은 건강식이 포함되게 바꾸자 건강식에 대한 주문이 증가하는 것으로 밝혀졌다. 또한 더 낮은 칼로리 메뉴를 주문하도록 영수증에 손님마다 개별적으로 표시를 해주면(예를 들어 소시지 대신에 햄을, 또는 아이스크림 대신에 냉동 요구르트를 추천하는 등) 이들이 나중에 레스토랑을 다시 찾을 때 어느 정도는 추천되는 다른 메뉴를 주문한다는 사실을 알아냈다.[119]

더욱 적극적인 접근 방법으로 일부 국가에서는 비만이 될 경우 직접적으로 개인에게 벌칙을 적용하는 방향으로 나아가고 있다. 2008년에 일본 후생성은 지방정부와 고용주가 성인들의 의무적인 건강검진에 '허리 치수 테스트'를 추가하도록 하는 명령을 통과시켰다. 만일 이 테스트를 통해 허리 치수가 일정한 기준을 초과하는 사람들은 허리 치수를 줄이는 조치를 취해야 하고, 지방정부나 회사의 경우 구성원들 중 비만 인구가 기준치를 초과하면 벌금을 내야만 했다.[120] 미국의 일부 주와 고용주들은 비만을 해결하기 위해 보상을 사용하고 있다. 예를 들어, 피용자들이 자신의 체중을 관리해주는 건강 프로그램에 등록하도록 금전적 유인을 제공하기도 한다. 그러나 그러한 직장 건강 프로그램에 대한 연구에서는 프로그램의 지속적인 효과를 거의 찾지 못하였다.[121] ■

요약

다른 건강 관련 행태를 규제하는 것은 흡연의 경우 제기되었던 것과 유사한 쟁점들을 제기한다. 그러나 음주와 비만의 경우 기존의 세금은 이미 부정적인 외부효과보다 훨씬 낮은 수준이어서 자기통제 문제와 내부효과의 크기를 평가하는 것은 그리 중요한 문제가 아니다. 사실상 어떤 경제모형으로부터도 만일 이러한 외부효과의 계산이 정확하다면 세금이 늘어나야 한다는 정책적

117 Bollinger et al.(2011), Cantor et al.(2015).
118 Petimar et al.(2019).
119 Scharwartz et al.(2012), Anzman-Franca et al.(2015), Bedard and Kuhn(2013).
120 Onishi(2008).
121 Jones et al.(2019), Song and Baicker(2019).

함의를 도출할 수 있다. 하지만 음주와 비만 두 가지 경우 모두 세금을 인상하는 데에는, 적당량 소비하는 것이 실제로는 건강에 좋을 수 있다는 점에서부터 외부효과를 적절하게 겨냥하는 조세정책을 설계하는 것이 어렵다는 점에 이르기까지 여러 난관이 존재한다.

6.5 결론

이 장에서는 제5장에서 살펴본 외부효과 이론의 흥미롭고도 적절한 적용사례를 살펴보았다. 재정학은 미세먼지와 같은 국지적 외부효과와 기후변화와 같은 전 지구적 외부효과, 그리고 심지어는 흡연의 '내부효과'와 같은 문제에 대한 규제를 이해하는 데 도움을 주는 분석 도구를 제공한다. 공공정책의 여러 가지 대안에 대해 주의 깊게 분석을 할 때는 진정한 의미에서의 외부비용과 시장기구를 통해 흡수되는 비용을 구분해야 하고, 외부효과 문제를 다루기 위한 여러 가지 규제 방안의 비용과 편익을 이해해야 하며, 규제에 관한 의사결정을 할 때 오로지 외부효과만 고려할 것인지, 아니면 내부효과까지 고려해야 하는지를 생각해볼 필요가 있다.

요약

- 미세먼지는 주로 화력발전소에서 발생하여 야생동물, 삼림, 구조물과 인간의 건강에 영향을 끼치는 명백한 부정적 외부효과이다.
- 원래의 대기정화법은 대기 중 오염물질의 양을(그리하여 산성비를) 현저히(그러나 비효율적으로) 낮추었다. 이 규제는 1990년 대기정화법의 수정법안에 규정된 배출권 거래제를 통해 훨씬 더 효율적이 되었다.
- 기후변화는 그 효과가 전 지구적이고 장기간에 걸쳐 지속될 것이므로 대단히 어려운 문제이다.
- 교토의정서는 기후변화 문제를 해결하기 위한 첫걸음으로 (미국의 경우) 많은 비용이 소요되지만 배출권 거래제를 도입하고 개발도상국들이 참여한다면 그 비용은 상당히 낮아질 것이다.
- 흡연의 순외부비용은 별로 크지 않기 때문에 전통적인 경제 이론의 범위 안에서는 정부 개입의 필요성이 제한적이다. 소비자의 자기통제 문제를 설명하는 대안적인 모형들에 따르면 정부의 역할은 더 커질 수 있다.
- 알코올 소비나 비만과 같은 다른 활동의 경우 훨씬 더 큰 외부효과 문제를 갖고 있지만 외부효과의 정확한 원천(음주운전이나 건강에 해로운 식단 및 운동습관 등)을 목표로 해서 규제방안을 설계하는 것은 어려운 과제이다.

연습문제

1. 2012년에 시행된 캘리포니아의 온실가스 배출권 거래제(cap-and-trade)가 국지적으로 유해가스 및 미세먼지와 같은 유해 오염물질이 아주 높은 농도로 존재하는 장소인 '오염 집중지역'을 초래하였다는 우려가 있다. Cushing 외(2018)의 최근 연구는 캘리포니아의 배출권 거래제에 따라 사회경제적으로 소외된 지역사회가 이러한 대기오염물질에 불균형적으로 노출되었음을 보여주었다. 비록 배출권 거래제로 캘리포니아주 전체의 온

실가스 배출량과 오염물질에 대한 노출은 크게 감소했음에도 불구하고 이러한 불균형적 노출은 발생하였다. 배출권 거래제는 어떻게 이러한 '오염 집중지역'을 만들 수 있는가? 이러한 '오염 집중지역'의 존재가 전체 사회후생의 관점에서 반드시 바람직하지 않은 일인지 설명해보라.

2. 석탄화력발전소의 배출로 인한 환경 피해를 고려해보자. 이 발전소들은 이산화황(SO_2)과 질소산화물(NO_x)과 같은 오염물질을 생성하며, 이러한 물질들은 수소와 결합하여 산성비를 만들게 된다. 발전소들은 수은을 환경으로 방출하고 그을음과 같은 미세먼지도 배출한다. 이 중에서 어떤 비용이 매우 국지적이고 어떤 비용이 사회적으로 더 넓은 범위에서 발생하는지 설명해보라.

3. 글로벌 기후협약에서 무임승차 문제에 대하여 논하라. 교토의정서와 파리협정에 대한 최근의 역사적 경험이 이 문제와 어떤 관련이 있는가?

4. ⓔ 본문에서 언급된 1970년 대기정화법 원안에 관한 우려에 대해 생각해보자. 1990년의 수정법은 어느 정도로 이런 우려를 불식시켰을지 설명해보라.

5. 오바마 행정부에서는 이산화탄소 1톤당 탄소의 사회적 비용을 47달러로 계산하였고 트럼프 행정부에서는 이 수치를 1~6달러로 수정하였다. 이러한 불일치의 일부는 탄소 배출 감축의 전 지구적 편익을 포함할지 아니면 국내 편익만 포함할지에 대한 의견 차이에서 발생하였다. 미국 국민에 대한 정책을 개발하는 데 사용되는 탄소의 사회적 비용에 전 지구적 편익을 포함하는 것에 대한 경제적 정당성은 무엇인가? 전 지구적 편익을 제외하는 이유는 무엇인가?

6. 매년 연방정부는 청소년 약물 사용 추세를 연구하기 위해 미래 모니터링 조사를 실시한다. 설문조사는 흡연, 음주 및 기타 약물 사용을 다루고 있다. 국립약물남용연구소(National Institute on Drug Abuse) 웹사이트(https://www.drugabuse.gov/drug-topics/trends-statistics/monitoring-future)에서 미래 모니터링(Monitoring the Future) 설문조사에 대한 가장 최근 연도의 '약물에 대한 사실들(DrugFacts)' 요약 보고서를 검색하고, 다양한 약물의 보급률 추세를 보고하는 그래프나 통계를 찾아보라.

   가장 최근 연도의 미래 모니터링 설문조사 결과를 사용하여 다음 질문에 답하라.

   a. 지난 1년 동안 10대들이 가장 많이 사용한 약물과 가장 적게 사용한 약물은 무엇인가?
   b. 지난 4년 동안 주류, 마리화나 및 전자담배 사용에서 어떠한 변화가 관찰되는가?
   c. https://teens.drugabuse.gov/teachers/stats-trends-teen-drug-use에 있는 대화형 차트를 사용하여 지난 4년 동안의 헤로인 사용 그래프와 헤로인 이외의 모든 등급 마약 사용 그래프를 두 개의 패널에 나란히 만들어보라. 10대들이 사용하는 두 가지 약물 범주에서 유사점과 차이점에 대해 논하라.

7. 2017년 현재, 미국 대다수의 주에서 직장, 레스토랑, 바와 같은 공공장소에서의 흡연 금지령을 통과시켰다. 공공장소에서 이렇게 금지하는 경제적 이유는 무엇인가? 자동차, 아파트, 개인 주택과 같은 사적인 장소에서의 흡연을 금지할 유사한 이유가 존재하는가?

8. 문제 7번에서 공공장소에서 간접흡연의 외부효과를 고려하였다. 이러한 외부효과에 대한 우려는 비록 금지령이 레스토랑 및 바 산업에 부정적인 경제효과를 가져올 것이라는 염려에도 불구하고, 미국 대부분의 주에서 정책 입안자들이 바와 레스토랑에서의 흡연 금지령을 제정하도록 동기를 부여하였다. 부정적인 경제효과가 발생하였는지 여부는 논쟁의 주제가 되었다. 여러 경제학적 연구에서는 이러한 법률이 경제적으로 효과가 없거나 긍정적인 효과를 가져온 것으로 나타났다. Shafer(2017)는 이러한 법률이 서로 다른 종류의 계층에

ⓔ 기호는 학생들이 제3장과 '실증적 증거' 코너에서 공부한 실증적 경제 원리를 적용해야 하는 문제임을 의미한다.

대해 차별적인 경제효과를 일으킬 수 있다고 상정하였다. 그의 연구는 이러한 법률이 평균적으로 효과가 없거나 긍정적인 효과를 가져왔다는 것이 일부 계층에서 경제적으로 피해를 입었다는 사실을 감출 수 있다는 가설을 검증하였다.

흡연 허용 체제에서 흡연 금지제도로 변화할 때 흡연자와 비흡연자의 행동에 대해 논의해보라. 금지제도의 경제적인 순효과가 긍정적이려면 무엇이 사실로 성립되어야 하겠는가? 경제적인 순효과가 부정적이려면 어떠해야 하는가? Shafer의 가설이 어떻게 사실일 수 있는지 설명해보라.

9. 어떻게 흡연이 다른 사람에게 긍정적인 외부효과를 끼칠 수 있겠는가?

10. 성인 비만율이 가장 높은 주의 일부 정책 전문가들은 비만이 여러 가지 중요한 건강 문제를 초래하기 때문에 지방이 많은 음식을 규제해야 한다고 주장한다. 당신은 이에 동의하는가?

심화 연습문제

11. ⓔ Chay와 Greenstone(2003b)이 산성비의 효과를 측정하기 위해 사용한 접근 방법이 보다 '전통적인' 접근 방법이 갖는 식별 문제를 감소시킨 이유는 무엇인가?

12. ⓔ 대학 졸업 후 첫 직장에서 새로운 공해방지법을 제정하는 국회의원의 입법 보좌관으로 고용되었다고 상상해보자. 그 국회의원은 과거의 주요 입법 활동에 대한 역사를 통찰하는 시야를 얻기 위해 당신에게 1970년 대기정화법에 대한 역사적 연구를 수행시켰다. 그 시대의 일부 연구자들은 대기정화법이 새로운 발전소만을 대상으로 하기 때문에 실제로는 공기를 더 오염시킬 수 있다는 흥미로운 주장을 했다는 것을 알게 되었다.
    a. 이 연구자들이 이러한 주장을 할 때 의미한 바는 무엇이겠는가?
    b. 다른 연구자들은 이 법안을 지지하며 이러한 효과가 실현될지에 대해 개의치 않는다. 이러한 가설을 실증적으로 검증하려면 어떻게 해야 하는가?

13. 카페인은 커피, 차, 탄산수 등에 들어 있는 매우 중독성이 강한 약물이다. 그러나 담배와는 달리 세금을 부과해야 한다거나 그 소비를 규제해야 한다거나 또는 공공장소에서의 사용을 제한해야 한다는 요구는 없다. 양자 간에 무슨 차이가 있어서 그러한가? 카페인의 사용을 규제해야 하거나 세금을 부과해야 할 어떤 경제적 이유를 생각해낼 수 있는가?

14. 위스콘신주가 인접 주에 비해 음주연령을 낮추고 나니 내륙에 위치한 카운티 지역에서보다 다른 주와의 경계 지역에 있는 카운티에서 음주 관련 교통사고가 급증하였다. 이러한 사실은 어느 한 주(또는 카운티)의 정책이 다른 지역에 미치는 파급효과와 관련하여 무엇을 의미하는가?

15. Becker와 Murphy(1988)의 '합리적 중독모형'에 있어서 흡연자들은 흡연이 중독을 일으킨다는 사실을 잘 알고 있으며 흡연 여부를 결정할 때 이를 고려한다. 1970년대와 1980년대에 등장한 니코틴 대체 요법(예 : 니코틴 껌, 니코틴 패치)을 생각해보자. 만약 Becker와 Murphy의 모형이 맞다면 이러한 기술의 발명이 담배 흡연율에 어떤 영향을 미칠 것으로 예상하는가? 이러한 예상은 청소년들과 장년층에게 있어서 어떻게 다르겠는가?

James Andrews/iStock/Getty Images

공공재

생각해볼 문제

- 공공재의 적정량 수준을 어떻게 정할 수 있는가?
- 어떤 경우에 민간부문이 공공재의 적정량을 공급할 가능성이 있는가?
- 공공부문이 공공재를 공급할 때 제기되는 주요 쟁점에는 어떤 것들이 있는가?

레바논 공화국에서 해변이 보이는 집을 샀다면 이제는 쓰레기 냄새와 전망이 있는 집을 갖게 될 수도 있다. 레바논에는 국가적이고 종합적인 폐기물 관리 시스템을 갖추지 못하였다. 도시화되고 인구가 도시로 이동함에 따라 폐기물 배출이 증가하여 위기를 초래하였다. 2015년, 레바논에서 가장 큰 쓰레기 매립지 중 하나가 폐쇄되면서 레바논의 수도이자 최대 도시인 베이루트의 거리에 쓰레기가 쌓여 국제적인 관심을 받았다. 쓰레기는 광범위한 항의를 불러일으켰고, 결국 정부는 임시 쓰레기장을 만들어 베이루트 밖으로 쓰레기를 처리하였다.

레바논에는 평균적으로 6.5마일당 1개의 쓰레기 매립장이 있다.[1] 이러한 쓰레기 매립장의 대부분은 부적절하게 운영되어 사람들의 건강과 주변 환경에 심각한 위협이 되고 있다. 해변의 매립지에서는 쓰레기가 바다로 흘러들어 가고 있다. 특히 베이루트 주변의 해안 리조트 타운은 해변과 바다에 산더미처럼 쌓인 쓰레기로 인해 관광 산업이 쇠퇴하면서 경제가 붕괴되는 것을 목도하고 있다. 그뿐 아니라 많은 쓰레기 매립장에서 공간제약을 해결하기 위해 개방적으로 쓰레기를 소각하고 있는데, 이로 인해 천식, 폐쇄성 폐 질환 및 호흡기 자극을 일으키고 있다. 쓰레기 소각 현장 인근에 사는 한 주민은 "마을 전체에 안개가 낀 것 같다"며 "우리는 항상 기침을 하고 숨을 제대로 쉴 수 없으며, 잠에서 일어나 침을 뱉으면 재가 나올 때도 있다"고 말하였

1 Francis(2018).

다.[2] 최근 연구에 따르면 이러한 야외 쓰레기 소각으로 인해 조산 및 저체중 출산이 50~120% 증가한 것으로 나타났다.[3]

이러한 엄청난 문제를 감안할 때 베이루트 주민들이 단순하게 사설 쓰레기 수거업체를 고용하여 쓰레기를 수거하고 실어 나르게 하는 것은 어떠할까? 이러한 방식으로 시장에서 문제를 해결할 수 있다. 문제는 이웃 주민들끼리 자발적으로 지불하여 자금을 조달하는 사설 쓰레기 수거 방식은 제5장에서 소개된 전통적인 **무임승차자 문제**에 직면한다는 것이다. 무임승차는 어떤 주민이 쓰레기를 길거리나 매립장에 버리면서도 이웃에서 쓰레기 수거비를 부담하려니 생각하고 그 비용을 부담하지 않을 때 발생하는 문제이다. 이웃이 수거비용을 부담하면 무임승차자는 쓰레기 수거의 모든 혜택을 누리지만 그 비용은 지불하지 않는다. 그러나 이웃 중 누군가가 무임승차를 한다면 다른 사람들은 돈을 지불하지 않는 이웃의 쓰레기를 수거하는 것까지 비용을 지불함으로써 착취당한다고 느끼게 될 것이고, 그들도 비용을 지불하지 않기로 결정할 수도 있다. 결국, 도시에서 민간 회사를 통해 쓰레기 수거하는 데에 필요한 자금을 충분히 모을 수 없을 만큼 무임승차자의 수가 증가할 수 있다.

레바논이 안고 있는 문제는 민간 메커니즘을 통해서 무임승차자 문제를 효과적으로 해결하고자 할 때 부딪히는 어려움을 잘 보여주고 있다. 이런 무임승차자 문제를 겪는 재화를 **공공재**(public goods)라 하며 이 장에서는 공공재에 초점을 맞추어 살펴보고자 한다. 우선 공공재의 정의를 내린 다음 공공재 제공의 최적수준을 결정하는 문제에 대해 알아본다. 그다음에는 재정학의 첫 번째 과제로 돌아가서 공공재의 제공에 정부가 개입해야 하는지의 문제를 다룬다. 실제로 민간부문은 무임승차자 문제 때문에 공공재를 지나치게 적게 생산한다는 점을 알아볼 것이다. 그러나 가끔 민간부문에 의해 공공재가 성공적으로 제공되기도 하는데, 그렇다면 이를 가능하게 하는 요인은 과연 무엇인지 알아보도록 한다.

그다음으로는 공공부문에 의한 공공재 제공의 문제를 논의한다. 원리상 정부는 공공재의 최적수준을 계산해서 알아낸 다음 그만큼을 제공할 수 있다. 그러나 현실적으로 정부는 최적수준의 공공재를 제공함에 있어 몇 가지 문제를 갖는다. 첫째, 민간부문이 이미 공공재를 제공하고 있다면 정부의 공공재 제공은 단지 민간부문의 몫을 **구축**하는 데 지나지 않아 제공되는 공공재의 총량은 증가하지 않는다. 둘째, 공공재 제공에 있어서 공공부문과 민간부문의 최적 혼합(optimal mix)을 결정하는 일이 어려울 수 있다. 셋째, 공공재를 최적으로 제공하기 위해서는 실제로 발생하는 비용과 편익을 측정해야 하지만 이는 대단히 어려운 일이다. 마지막으로 공공재에 대한 사회 구성원들의 진정한 선호를 파악하고 이를 통합하여 공공재 사업을 추진할 것인지를 결정하는 일에는 여러 가지 어려움이 도사리고 있다.

이 장에서는 공공재를 제공하는 문제부터 시작한다. 제8장과 제9장에서는 공공사업의 비용과 편익을 측정하는 문제(**비용-편익분석**)와 공공사업에 대한 유권자들의 선호를 공공정책으로 효과적으로 전환하는 문제(**정치경제학**)의 어려움에 대해 자세히 알아볼 것이다. 제10장에서는

---

2 Human Rights Watch(2017).

3 Mouganie, Ajeeb, and Hoekstra(2020).

지방공공재를 제공하는 문제를 논의하고 지방자치단체 사이의 경쟁이 과연 제7~9장에서 제기된 공공재의 제공 문제를 해결할 수 있을지에 관한 중요한 의문을 제기할 것이다. 마지막으로 제11장에서는 미국에서 제공되는 가장 중요한 공공재의 하나로서 교육에 대해 알아볼 것이다.

7.1 공공재의 최적공급

순수공공재(pure public goods)는 두 가지 성격을 갖는다. 첫째는 **소비의 비경합성**(non-rival in consumption)이다. 즉 한 사람이 어떤 재화를 사용한다 해도 이는 다른 사람이 그 재화를 소비할 기회에 아무런 영향도 미치지 못한다. 두 번째는 **비배제성**(non-excludability)이다. 어떤 사람의 공공재 소비 기회나 접근을 막고 싶지만 그럴 수 있는 방법이 없다는 것이다. 이는 상당히 강한 조건이어서 현실적으로 이를 만족시키는 재화는 거의 없다. 우리가 공공재라고 생각하는 대부분의 재화는 실제로는 **비순수공공재**(impure public goods)로서 이들은 이 두 가지 조건을 어느 정도는 만족시키지만 완전히 만족시키지는 못한다.

순수공공재 소비에 있어 완전히 비경합적 · 비배제적인 재화

소비의 비경합성 한 사람의 재화 소비가 다른 사람의 소비기회에 영향을 줄 수 없는 성질

비배제성 한 사람이 다른 사람의 소비기회를 거부할 수 없는 성질

비순수공공재 공공재의 두 가지 조건(소비의 비경합성과 비배제성)을 어느 정도는 만족시키지만 완전히 만족시키지는 않는 재화

표 7-1에는 공공재가 갖는 성격의 여러 가지 조합이 나와 있다. 배제적이고 경합적인 재화는 순수사유재이다. 아이스크림 같은 사유재는 완전히 경합적이어서 누군가가 아이스크림을 먹으면 다른 사람은 전혀 먹을 수가 없으며, 완전히 배제적이어서 어떤 사람에게는 아이스크림의 판매를 거부할 수 있다.

비순수공공재에는 두 가지 종류가 존재한다. 어떤 재화는 배제적이지만 경합적이지는 않다. 이런 경우의 가장 좋은 예는 TV 스트리밍 서비스이다. 누군가가 이 서비스를 이용한다고 해서 다른 사람이 TV 프로그램이나 영화를 시청하는 것을 방해받지는 않기에 비경합적이다. 그러나 프로그램 스트리밍 서비스를 소비하는 것은 배제할 수 있다. 스트리밍 서비스 회사는 단지 당신의 접근을 허용하지만 않으면 되는 것이다. 도시의 혼잡한 인도 위를 걷는 것과 같은 재화는 경합적이지만 배제적이지 않다. 누군가가 혼잡한 거리를 걷는다면 인도 위의 수많은 사람들에 시달려야 하므로 그가 인도를 걷는 즐거움은 감소된다. 그렇다고 해서 인도에서 사람들의 보행을 막을 수는 없는 일이다. 이런 종류의 재화는 종종 '공유재(common goods)'로 알려져 있는데, 이는 지역 주민들이 한때 가축을 먹였던 '공동 목초지'를 지칭하는 표현이다.

표 7-1 순수공공재 및 비순수공공재의 정의 어떤 재화가 사유재인지 아니면 공공재인지는 경합성과 배제성에 따라 다르다. 아이스크림과 같은 순수사유재는 경합적인 동시에 배제적이다. 국방 서비스와 같은 공공재는 경합적이지도 않고 배제적이지도 않다. 경합적이지만 배제적이지 않거나 그 반대인 재화는 비순수공공재이다.

		소비에 있어서 경합적인가?	
		예	아니요
배제가 가능한가?	예	사유재 (아이스크림)	비순수공공재 (TV 스트리밍)
	아니요	비순수공공재 (혼잡한 도시의 인도)	순수공공재 (국방)

비배제적인 동시에 비경합적인 재화는 거의 존재하지 않으므로 순수공공재는 희귀하다. 순수공공재의 전형적인 예는 국방 서비스이다. 누군가가 다른 사람의 집 옆에 집을 짓는다 해서 국방 서비스가 줄어드는 것은 아니라는 점에서 국방은 비경합적이다. 동시에 어느 지역이 국방 서비스의 보호를 받는다면 해당 지역 내의 모든 사람이 혜택을 받게 되므로 국방은 비배제적이다.

정부가 어느 한 사람만 골라내서 배제할 수가 없는 것이 이 사람의 집은 다른 사람들의 집과 같이 붙어 있기 때문이다. 또 다른 고전적 사례로는 등대와 불꽃놀이를 들 수 있다.

공공재는 대규모로 긍정적인 외부효과가 발생하는 문제로 볼 수 있다. 내가 불꽃을 하늘 높이 쏘아 올리면 다른 사람들도 같이 볼 수 있으므로 그 편익은 나 말고도 다른 많은 사람이 누릴 수 있다. 그러나 내가 다른 사람이 누리는 즐거움에 대해 보상받지는 못한다. 다른 사람들이 불꽃을 보는 것을 내가 막을 수 없기 때문에 그들의 즐거움에 대해 내가 비용을 청구할 수는 없는 것이다. 공공재는 종종 높은 고정비용과 큰 규모의 경제를 갖는다는 것도 인식할 필요가 있다. 예를 들어, 미사일 방어체계는 설치하는 데에 고정비용이 너무 크기 때문에 하나의 집에서 그 방어체계를 갖추는 것은 말이 되지 않는다.

사유재의 최적공급

공공재의 최적공급 문제를 살펴보기에 앞서 사유재 공급의 최적조건을 복습해보자. 쿠키와 아이스크림이라는 두 가지의 순수사유재 사이에서 각각의 소비량을 결정해야 하는 두 소비자 벤과 제리가 있다고 가정하자. 단순화를 위해 쿠키의 가격을 1달러로 가정하자.

기준재 절대가격이 아니라 상대가격에 따른 재화 간의 선택을 모형화하기 위해 가격을 1달러로 정해놓은 재화

▶ **즉석 힌트** 경제학에서 그 편리함 때문에 사용되는 개념으로 **기준재**(numeraire good)가 있는데 이는 그 가격이 1달러로 정해져 있는 재화이다. 이 개념이 유용한 이유는 모든 선택모형은 기술적으로 보아 어떤 특정 재화의 선택이 아니라 여러 재화 사이의 선택 문제이기 때문이다. 따라서 아이스크림과 같은 특정 재화에 대한 수요모형에 있어 중요한 것은 그 재화의 절대적인 가격 수준이 아니라 쿠키와 같은 다른 재화의 가격에 대한 상대가격이 된다. 이때 쿠키의 가격을 1달러로 정하면 아이스크림의 절대가격과 상대가격이 같아지므로 분석이 보다 쉬워진다.

그림 7-1에서는 아이스크림시장의 분석이 이루어지고 있다. (a)와 (b)에는 아이스크림에 대한 벤과 제리의 개별 수요곡선이 나와 있다. 그림 7-1(c)에는 시장수요곡선이 나와 있는데 이는 2개의 개별 수요곡선을 수평으로 합한 것이다. 즉 아이스크림의 모든 가격에 대해서 벤의 수요량과 제리의 수요량을 합하면 시장 전체의 수요량이 된다. 아이스크림의 가격이 2달러라면 벤은 2개의 아이스크림을, 제리는 1개를 수요하므로 시장 전체로는 3개의 아이스크림 수요가 존재한다. 제5장에서 공부했듯이 그림 7-1(c)의 수요곡선은 아이스크림 소비의 사회적 한계편익(*SMB*), 즉 아이스크림의 소비에 대해 사회가 부여하는 가치의 크기가 된다.

아이스크림의 시장공급곡선은 아이스크림 생산의 한계비용을 나타낸다. 제5장에서 보았듯이 시장실패가 없다면 이 곡선은 또한 아이스크림 생산의 사회적 한계비용(*SMC*), 즉 아이스크림 1단위의 생산을 위해 사회가 부담하는 비용을 나타내주고 있다. 그렇다면 민간시장에서는 수요와 공급이 일치하는 점으로서 $SMB = SMC$인 곳에서 균형이 달성된다. 그림 7-1에서 균형은 *E*점에서 나타나고 있으며 2달러의 가격에서 수요량과 공급량이 일치한다.

사유재시장의 균형이 갖는 핵심적인 특성은 동일한 가격에서 수요하고자 하는 양은 소비자들마다 다르다는 점이다. 벤과 제리의 쿠키에 대한 아이스크림 기호는 서로 다르다. 시장은 이들의 다른 기호를 각자의 수요량을 합한 다음 공급에 일치시켜 줌으로써 모두 존중한다. 이런 방식을 통

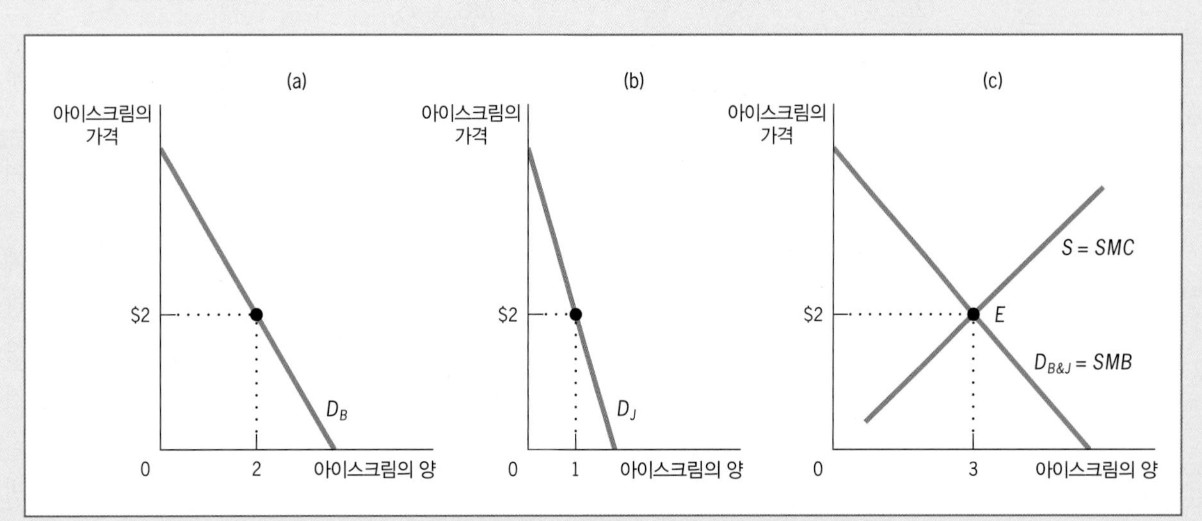

그림 7-1 사유재시장에서의 수평합 사유재시장에서는 아이스크림에 대한 시장수요를 구하기 위해 벤과 제리의 수요를 수평으로 합한다. 만일 벤이 2달러에 2개의 아이스크림을 수요하고, 제리가 1개를 수요한다면 2달러의 시장가격에 시장수요량은 3개가 된다.

해 벤과 제리는 그들만의 취향에 따라서 소비할 수가 있는 것이다. 벤은 제리보다 아이스크림을 더 좋아하므로 그는 생산된 3개의 아이스크림 중 2개를 가져가게 되는 것이다.

이 균형을 수학적으로 나타내면 아주 유용하다. 제2장에서 소비자 개인의 최적선택은 무차별 곡선과 예산제약선의 접점에서 이루어졌다는 사실을 상기해보자. 이는 아이스크림과 쿠키 사이의 **한계대체율**(쿠키와 아이스크림에 대한 소비자의 주관적 교환비율)이 아이스크림과 쿠키의 가격비와 동일한 점이다. 즉 벤과 제리는 각각 아이스크림과 쿠키의 소비로부터 얻는 상대적인 효용이 그 상대가격비와 동일해질 때까지 두 재화를 소비하게 될 것이다. 사유재 소비의 적정조건은 다음과 같이 쓸 수 있다.

(1) $$MU^B_{ic}/MU^B_c = MRS^B_{ic,c} = MRS^J_{ic,c} = P_{ic}/P_c$$

여기에서 MU는 한계효용, MRS는 한계대체율, 위첨자는 벤(B) 또는 제리(J)를 나타내며 아래첨자는 아이스크림(ic)과 쿠키(c)를 각각 나타낸다. 쿠키의 가격이 1달러이고 아이스크림의 가격이 2달러라면 가격비는 2이다. 이는 균형에서 모든 소비자가 2개의 쿠키와 1개의 아이스크림을 교환하는 것에 대해 무차별하게 느낀다는 것을 의미한다. 아이스크림을 더 좋아하는 벤은 아이스크림 2개를 가졌을 때 이런 교환을 할 의사가 있다. 그러나 아이스크림을 덜 좋아하는 제리는 첫 번째의 아이스크림에 대해서만 아이스크림 1개에 대해 쿠키 2개를 교환할 의사가 있다. 그 다음부터는 아이스크림 1개를 더 얻기 위해 쿠키 2개를 포기할 의사는 없다.

공급 측면을 보자면 아이스크림은 그 한계비용이 한계편익과 같아질 때까지 생산되는데 완전경쟁시장에서는 한계비용과 가격이 같아진다. 따라서 공급 측면의 균형조건은 다음과 같다.

(2) $$MC_{ic} = P_{ic}$$

$P_c = 1$달러로 정했음을 상기하자. 그러므로 식 (1)로부터 $MRS = P_{ic}$이며, 식 (2)로부터 $MC = P_{ic}$이다. 그러므로 균형에서는 $MRS = MC$이다.

민간시장에서의 균형은 동시에 사회적 효율이 극대화되는 선택(사회적 잉여가 극대화되는 점)이기도 하다. 이는 시장실패가 일어나지 않기 때문인데, 아이스크림을 얼마를 소비하든 이 때의 *MRS*는 그 양에서의 사회적 한계편익과 동일하다. 즉 완전경쟁시장에서는 사회의 한계편익이 소비자 개인의 한계편익과 동일한 것이다. 마찬가지로 시장실패가 없다면 어떤 생산량에서든 아이스크림의 한계비용은 그 양에서의 사회적 한계비용과 동일하다. 즉 완전경쟁시장에서는 사회의 한계비용이 생산자의 한계비용과 동일한 것이다. 따라서 민간시장의 균형조건은 $SMB = SMC$로서 이는 제5장에서 효율극대화의 달성을 위해 유도한 효율조건이다. 즉 어느 소비자가 한 단위를 더 소비하는 것으로부터의 한계가치가 그 한 단위의 생산에 필요한 한계비용과 같아질 때 효율극대화가 달성되는 것이다.

공공재의 최적공급

이제 벤과 제리가 아이스크림과 쿠키를 선택하는 것이 아니라 미사일(공공재)과 쿠키를 선택한다고 생각해보자. 이번에도 역시 쿠키의 가격은 1달러로 정해놓았다. 미사일과 아이스크림의 차이는 소비자들이 미사일 소비량을 나름대로 제각기 결정할 수 없다는 점이다. 미사일은 공공재이므로 얼마나 많은 양이 제공되든지 모든 사람은 동일한 양을 소비해야만 한다.

공공재의 이러한 특성 때문에 그림 7-2에서처럼 사유재시장의 분석은 수정되어야 한다. 각자는 이제 동일한 양의 공공재를 공동으로 소비할 수밖에 없다. 벤과 제리는 미사일과 쿠키에 대해 다른 기호를 갖고 있으므로 공동소비량에 대해 서로 다른 가격을 지불하려 할 것이다. 벤은 미사일에 대해 아주 평평한 수요곡선을 갖고 있다. 그는 최초의 미사일에 대해 2달러를, 다섯 번째 미사일에 대해 1달러를 지불할 의사가 있다[그림 7-2(a)]. 제리는 더욱 가파른 수요곡선을 갖고 있어서 최초 미사일에 대해 4달러를, 다섯 번째 미사일에 대해 2달러를 지불할 의사가 있다[그림 7-2(b)].

미사일은 공공재이므로 몇 단위가 선택되든 벤과 제리는 공동으로 소비해야 한다. 미사일에 대한 시장수요를 얻기 위해서는 사유재처럼 주어진 시장가격에서 각자의 수요량을 모두 합하는 방식으로, 즉 수평으로 합해서는 안 된다. 일정하게 고정된 양에서 각자가 지불할 의사가 있는 가격을 수직으로 합해서 얻어야 한다. 벤과 제리는 최초의 미사일에 대해 모두 6달러를 지불할 의사가 있지만 미사일의 양이 증가함에 따라서 지불의사가 감소하므로 다섯 번째 단위에 대해서는 3달러만을 지불하고자 한다. 이렇듯 수직으로 합하여 도출한 수요곡선은 그림 7-2(c)에 나와 있다.

그림 7-2(c)는 또한 미사일의 공급곡선도 보여주고 있는데 이는 미사일 생산의 한계비용곡선이다. 사회적으로 적정한 수준의 미사일 생산은 수직으로 합한 수요와 공급이 만나는 점에서 결

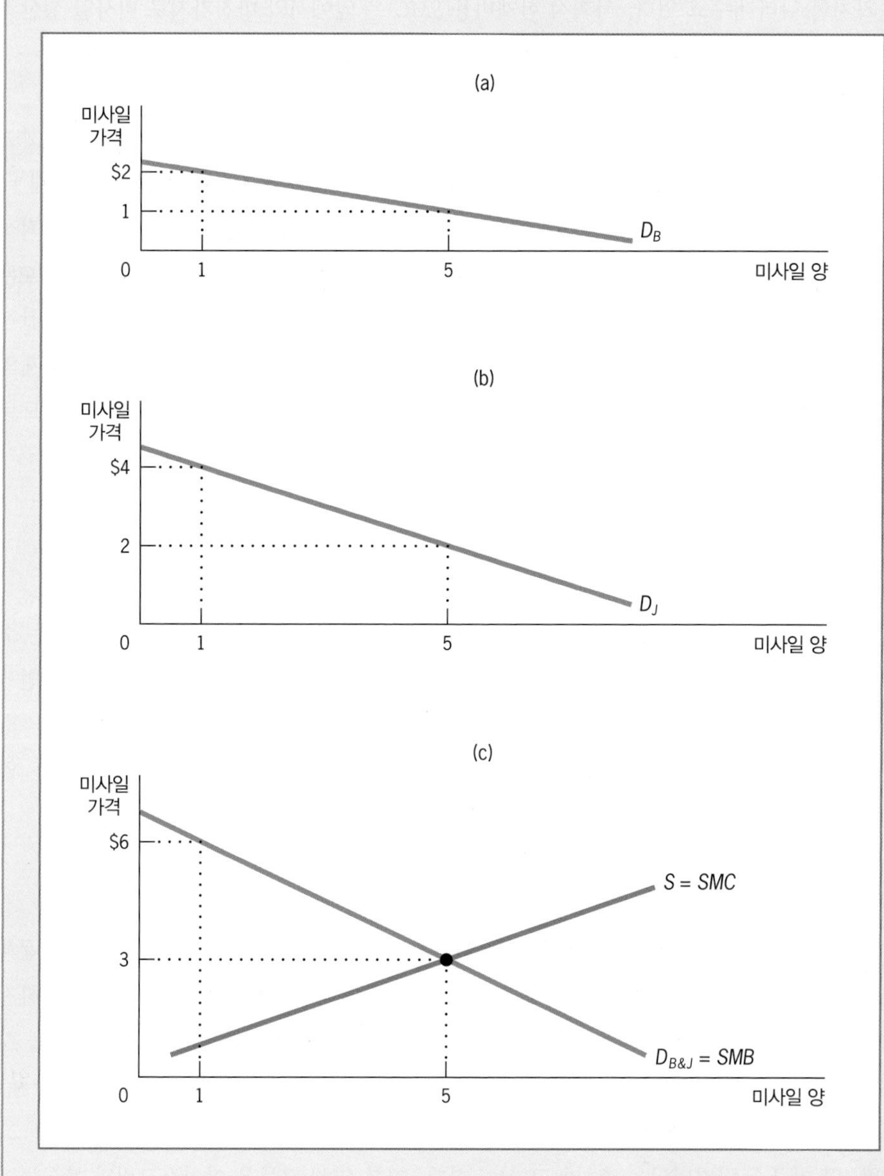

그림 7-2 공공재시장에서의 수직합 공공재의 경우에는 공공재의 사회적 가치를 구하기 위해 벤과 제리의 수요를 수직으로 합한다. 만일 벤이 다섯 번째 미사일에 대해 1달러를 지불할 의사가 있고, 제리는 2달러를 지불할 의사가 있다면 다섯 번째의 미사일에 대해 사회적으로는 3달러의 가치를 부여하는 것이 된다. 미사일의 사적 공급곡선이 주어지면 미사일의 최적량은 사회적 한계편익($3)이 사회적 한계비용($3)과 일치하는 5가 된다.

정된다. 즉 몇 단위의 미사일이 생산되든 벤과 제리를 동시에 보호해준다면 생산자는 생산에 관한 의사결정을 함에 있어서 그들이 부여하는 가치(지불의사)의 합을 고려해야만 한다. 그 결과 사회적으로 최적인 생산 수준은 5단위의 미사일이 된다.

이번에도 역시 수학적 설명이 이 결과의 밑에 깔려 있는 메커니즘을 이해하는 데 도움이 된다. 미사일 마지막 단위(한계 미사일)는 벤에게 $MRS^B_{m,c}$만큼의 가치가 있고, 제리에게는 $MRS^J_{m,c}$만큼의 가치가 있으므로 사회 전체적으로는 $MRS^B_{m,c} + MRS^J_{m,c}$만큼의 가치가 있다. 다음번 미사일의 사회적 한계편익(*SMB*)은 벤과 제리의 한계대체율을 합한 것인데 이는 그 미사일에 대한 각자의 가치를 나타내주고 있다. 사회적 한계비용(*SMC*)은 앞에서와 마찬가지로 미사일 생산의 한계비용이다. 따라서 공공재의 경우 사회적 효율을 극대화하기 위한 조건은 다음과 같다.

(3) $$MRS^B_{m,c} + MRS^J_{m,c} = MC$$

사회적 효율은 한계비용이 각 소비자의 *MRS*와 일치할 때가 아니라 *MRS*의 합과 일치할 때 극대화된다. 사유재의 경우 한계비용이 한계소비자의 편익과 같아질 때까지 생산하는 것이 최적이며 이것이 완전경쟁시장에서 나타나는 결과이다. 그러나 공공재의 경우에는 한계비용이 모든 소비자의 편익을 합한 것과 같아질 때까지 생산하는 것이 최적이다. 이는 사유재의 경우 경합적이므로 사유재가 어느 소비자에 의해 소비되면 완전히 사라져버리고 말기 때문이다. 공공재의 경우에는 비경합적이기 때문에 모든 소비자에 의해 공동으로 소비되므로 사회는 생산자가 모든 소비자의 선호를 합한 결과를 고려하기를 원하는 것이다.

7.2 민간부문의 공공재 공급

앞에서 공공재의 적정공급을 위한 조건을 도출하였다. 공공재는 생산자의 한계비용이 모든 소비자의 한계대체율의 합과 같아질 때까지 생산되어야 한다. 이 결과를 염두에 두고 우선 (언제나 그랬듯이) 다음과 같은 질문을 던져보자. 과연 민간부문이 이 문제를 잘 해결할 수 있을까? 만일 민간부문이 어떤 시장가격에서 재화의 적정량을 제공할 수 있다면 시장실패의 문제는 일어나지 않으며 정부가 효율성을 제고할 잠재적 역할은 존재하지 않는다.

민간부문의 과소공급

무임승차자 문제 개인적으로 비용을 부담하는 투자의 편익이 공유될 때 과소투자가 이루어지는 문제

일반적으로 민간부문은 공공재를 과소공급하게 되는데 이는 제5장에서 다루었던 **무임승차자 문제**(free rider problem) 때문이다. 누군가의 공공재 향유가 공공재에 대한 그의 기여에만 의존하지 않는다면 그는 공공재 양이 사회적으로 적정한 수준에 이를 만큼 기여금을 부담하지는 않을 것이다. 이러한 문제로 인하여 레바논과 같은 곳에서 수거되지 않은 쓰레기가 너무 많게 된다.

예를 통해서 이 문제를 생각해보자. 벤과 제리가 서로 멀리 떨어져서 산다고 가정해보자. 그들은 7월 4일 미국 독립기념일을 축하하고 싶어 한다. 이를 위해 그들은 아이스크림과 불꽃놀이라는 두 가지 재화만 소비할 생각이다. 두 재화의 가격은 모두 1달러이기 때문에 그들이 구입하는 불꽃 1개당 아이스크림 1개씩 포기해야 한다. 여기에서 아이스크림은 사유재지만 불꽃놀이는 공공재이다. 불꽃놀이는 벤과 제리가 모두 다른 사람의 즐거움에 영향을 미치지 않으면서 즐길 수 있으므로 비경합적이며, 또한 벤과 제리가 모두 볼 수 있도록 높은 하늘에서 터지므로 비배제적이다. 벤과 제리는 그 누구도 자신들이 볼 수 있도록 높은 하늘에서 불꽃이 터지는 한 누가 불꽃을 쏘아 올렸는지에 대해서는 무관심하다. 벤과 제리는 모두 둘 중 한 사람이 쏘아 올린 불꽃에 의해 동일한 편익을 누릴 수 있다. 그들에게 중요한 것은 오로지 불꽃의 총량뿐이다. 이 예를 더 단순화하기 위해서 벤과 제리는 불꽃과 아이스크림의 서로 다른 조합에 대해 동일한 선

호를 갖는다고 가정해보자.

만일 그들 자신에게 맡겨둔다면 벤과 제리는 그들의 무차별곡선이 예산제약선과 접하는 점에서 불꽃과 아이스크림 조합을 선택할 것이다. 예산제약선의 기울기는 1인데 이는 두 재화의 가격이 모두 1달러이기 때문이다. 무차별곡선의 기울기는 *MRS*, 즉 한계효용의 비율이다. 따라서 벤과 제리 모두는 $MU_F / MU_{ic} = 1$, 또는 $MU_{ic} = MU_F$가 되도록 상품조합을 결정할 것이며 그 결과 불꽃과 아이스크림의 소비량이 결정될 것이다.

공공재의 적정조건은 그 한계비용이 한계대체율의 합과 동일해야 한다는 것이다. 따라서 불꽃의 최적소비는 $MU_F^B / MU_{ic}^B + MU_F^J / MU_{ic}^J = 1$이 되는 점에서 나타나게 될 것이다. 벤과 제리의 선호가 동일하기 때문에 이는 $2 \times (MU_F / MU_{ic}) = 1$ 또는 $MU_F = 1/2\, MU_{ic}$와 동일하다.

어떤 재화의 소비가 증가함에 따라 한계효용은 감소한다는 사실을 상기하자. 민간시장의 균형에서는 불꽃놀이의 한계효용이 아이스크림의 한계효용과 같아질 때까지 불꽃이 소비될 것이다(왜냐하면 두 재화의 가격은 모두 1달러이기 때문이다). 그러나 공공재의 최적균형에서 불꽃은 그 한계효용이 아이스크림 한계효용의 절반이 될 때까지 소비될 것이다. 즉 민간시장의 균형에서보다 공공재의 최적균형에서 불꽃은 더 많이 소비될 것이다.

이러한 결과는 무임승차자 문제로부터 우리가 예상하는 것과 정확히 일치한다. 벤과 제리는 모두 불꽃 1개를 위해 아이스크림 1개를 희생시켜야 하는데 벤과 제리 모두가 제공된 불꽃 1단위로부터 편익을 얻는다. 여기에는 분명히 아주 강한 긍정적 외부효과가 존재한다. 즉 벤이나 제리가 불꽃놀이를 제공하면 다른 사람에게 커다란 편익을 제공하게 되는 것이다. 앞에서 긍정적인 외부효과를 다룰 때 본 것처럼 이런 상황은 자연히 과소생산으로 이어진다. 따라서 무임승차자 문제는 정부 개입의 잠재적 역할로 이끌게 된다(이 장의 부록에서는 민간시장에 의한 공공재 과소공급 문제를 예시하면서 무임승차자 문제를 수학적으로 다루고 있다).

kmsdesen/Shutterstock

응용사례

현실에서의 무임승차자 문제[4]

무임승차자 문제는 경제학에서 가장 강력한 개념 중 하나로서 일상적인 상호작용에서부터 국제정치에 이르기까지 모든 문제에 적용이 가능하다. 아래에서는 일상에서 경험할 수 있는 몇 가지 사례와 흥미로운 해결책을 소개한다.

- 오스트레일리아의 빅토리아주에서는 소방 서비스의 제공에 있어서 무임승차자 문제에 직면하고 있다. 2013년까지 소방 서비스를 제공하기 위한 재원은 주택화재보험증권에 대한 세금부과를 통해 마련했었다. 이는 누군가가 주택화재보험에 가입하지 않았다 해도 여전히 소방 서비스를 제공받을 수 있지만 그 비용은 주택화재보험에 가입한 사람들이 부담한다는 것을 의미한다. 이로 인해 보험료가 인상되었고 이는 다시 더 많은 사람들이 보험에

4 Carter(2013)의 빅토리아주 소방 서비스 재원조달 사례.

가입하지 않고 이웃이 내는 세금에 의존하게 만드는 이유가 되었다. 이런 문제를 깨닫게 되자 2013년에 빅토리아주는 모든 사람이 비용을 부담할 수 있도록 소방 서비스 제공을 위한 재원조달 방법을 재산세로 변경하였다.

- 입장료를 부과하지 않는 박물관이나 기타 공립예술기관들은 심각한 무임승차자 문제에 직면한다. 1970년부터 뉴욕 메트로폴리탄 미술관은 입장료 대신 '추천' 기부를 받아왔다. 메트로폴리탄 미술관은 수년 동안 안내판의 다른 글자들보다 훨씬 작은 글자로 '추천'이라는 문구를 넣어 무임승차자 문제를 해결하려 하였다. 그렇지만 2013년 소송 이후 기부는 의무적이지 않으며 권장하는 것임을 분명히 하기 위해 안내판을 바꾸어야 했다.[5] 그리고 안내판을 변경하자 25달러 전액을 지불하는 방문자의 비율은 50% 이상에서 17%로 하락하였다. 메트로폴리탄 미술관은 이러한 무임승차자 문제를 해결하기 위하여 결국 시민들을 제외한 외부 방문객에게 입장료를 부과하기로 결정하였다.[6]
- 2018년 말까지 온라인 파일 호스팅 서비스인 드롭박스(Dropbox)는 중대한 무임승차자 문제에 직면하고 있었다. 당시 드롭박스는 5억 명의 사용자를 보유하였지만 서비스 비용을 지불하는 사용자는 1,200만 명에 불과하였다. 이는 4억 8,800만 명이 넘는 사용자가 무임승차를 하고 있었다는 것을 의미한다! 새로운 경쟁업체의 압박과 매출 성장 둔화에 직면하면서 드롭박스는 2019년 3월, 하나의 계정으로 연결되는 장치 수를 3개로 제한하여 많은 개인과 기업들이 월 9.99달러의 구독료를 지불하게 하였다. 그 후로, 추가 가입한 230만 명의 사용자는 서비스 이용비용을 지불하기 시작하였다.[7] ■

민간부문 공급자는 무임승차자 문제를 극복할 수 있을까?

무임승차자 문제가 있다고 해서 민간부문이 공공재를 전혀 제공하지 못하는 것은 아니다. 우리들 중의 많은 사람들은 민간부문에서 재원을 조달한 불꽃놀이, 공원, 심지어 쓰레기 수거사업까지 이루어졌던 도시에서 성장하였다. 실제로 공공부문이 사유재를 공급해야 하는 필요성에 대한 가장 유명한 반론은 등대의 경우에서 제기된 바 있다. 등대는 순수공공재의 정의에 잘 들어맞는 것으로 보인다. 등대 불빛을 한 척의 배가 사용한다고 해서 다른 배가 사용할 불빛이 줄어들지도 않고, 배들은 바다에 있는 동안 불빛을 못 보도록 배제될 수도 없다. 실제로 여러 세대에 걸쳐서 경제학자들은 등대가 민간부문에 의해 과소하게 공급되는 공공재의 대표적인 사례로 지목해왔다. 철학자 존 스튜어트 밀은 '바다에 있는 배가 등대의 불빛을 사용할 때마다 사용료를 지불할 수는 없기 때문에' 정부가 등대를 건설해야 한다고 주장한 최초의 경제학자였다. 위대한 경제학자인 폴 새뮤얼슨은 그의 고전적 교과서인 경제학(*Economics*)에서 등대의 건설은 '외부효과 때문에 정당화될 수 있는 정부 활동'이라는 점에 동의하고 있다.[8]

---

5 Cep(2014).

6 Freeman(2018).

7 Dropbox(2020).

8 이 인용의 출처는 다음 각주에서 다룰 Coase(1974)이다.

그럼에도 불구하고 코스의 정리를 제안한 로널드 코스는 유명한 1974년 논문에서 영국의 등대 건설은 정부가 이 일을 넘겨받기 오래전부터 이미 민간부문에 의해 성공적으로 수행되고 있었다는 사실을 밝힌 역사적인 연구를 수행하였다. 이윤기회를 포착한 민간업자들이 정부로부터 등대 건설 허가를 받은 후 배들이 항구에 정박하면 사용료를 징수했다는 것이다. 이 민간업자들은 배가 항로를 따라 들어올 때 등대를 몇 번 지나쳤는지를 헤아려서 사용료를 부과하였다. 따라서 1842년까지 등대 서비스는 민간시장에 의해 성공적으로 공급될 수 있었는데 이해부터 영국 정부는 공공부문이 제공하도록 모든 민간등대를 구입하였다.[9]

따라서 민간부문은 경우에 따라서는 공공재의 무임승차자 문제를 극복할 수 있는 것으로 보인다. 앞에서 든 파일공유 프로그램의 경우 그 한 가지 방법을 보여주고 있다. 즉 공공재에 대해 사용자가 부여하는 가치에 비례하여 사용료를 부과하면 되는 것이다. 아래의 정책적 응용사례에서는 그러한 사용료를 통해 공공재 제공을 위한 재원을 조달하는 또 다른 예를 알아보고 이런 방법이 직면하는 문제점을 살펴보기로 하자.

kmsdesen/Shutterstock

응용사례

상업개선지구

도시 거리의 품질은 공공재의 또 다른 사례이다. 주민들은 모두 걷기에 청결하고 안전한 공간을 원하지만 보행자들에게 거리 사용료를 부과한다는 것은 생각하기 어려운 일이다. 이런 이유로 여러 도시들은 세금을 거두어 거리안전을 위해 경찰국을, 청결을 위해 위생국을, 공공의 공간을 장식하기 위해 공공사업국의 서비스를 제공하고 있다.

안타까운 일이지만 공공부문이 이들 서비스를 제공하는 일이 언제나 효과적으로 작동하지는 않는다. 예를 들어 뉴욕시의 타임스퀘어를 생각해보자. 맨해튼 중부에 위치한 이곳은 1980년대까지만 해도 노상강도, 소매치기, 마약상, 매춘부들이 몰려들고 각종 성인용품과 무기를 파는 상점들이 밀집해 있던 지역이었다. 뉴욕시는 타임스퀘어를 정화하기 위해 10년 동안이나 노력했지만 결국은 '더럽고, 위험하고, 낡아빠지고, 점점 더 버림받는' 지역으로 일컬어졌던 이 지역을 포기하고 말았다.[10]

그러다가 1992년에 일단의 지역 상인들이 상업개선지구(Business Improvement District, BID) 사업을 시작하였는데 BID는 사적으로 지역의 안전과 위생 서비스를 제공하는 법적 실체로서 그 재원은 지역의 상인들에게 부과하는 요금으로 조달하였다. 이론적으로 보아 BID는 무임승차자 문제 때문에 실패해야 한다. 상인들마다 다른 지역의 상인들이 돈을 내 서비스가 제공되면 그 편익을 함께 누릴 생각만 할 것이니 말이다. 그러나 뉴욕의 법에 따르면 BID를 조직하려는

9 Coase(1974)에 의하면 정부가 등대를 소유해야 하는 이유로 정부가 내놓은 것은 민간업자가 사용료를 올리는 것을 막음으로써 실제로는 요금이 하락할 수 있다는 것이었다고 한다. 코스는 정부의 등대 인수가 실제로는 가격을 내리지 못했다고 주장한다.

10 타임스퀘어 BID에 대해 더 많은 것을 알고 싶다면 McDonald(2001), p. 66 또는 www.timessquarenyc.org를 참조하라.

자가 지역 상인 중 60%의 동의만 받아내면 BID는 모든 상인에게 요금을 부과할 수 있도록 되어 있었다. 타임스퀘어의 경우 84%의 찬성을 받아낼 수 있었다.

타임스퀘어 얼라이언스는 널리 알려진 성공을 거두었다. 현재 BID는 2,300만 달러가 넘는 예산을 쓰면서 200명의 직원을 거느리고 있는데 이 중 절반은 청소, 쓰레기 수거, 낙서 제거 등 위생업무에 종사하고 있고, 나머지 절반은 경찰과 함께 비무장 '공공안전요원'으로 일하고 있다.[11] BID 덕분에 이 지역의 범죄 건수는 현저히 줄어들었으며, 보다 청결해지고, 더욱 매력적인 거리로 변모한 결과 상업과 관광이 다시금 성수기를 맞이할 수 있었다. BID의 전(前) 책임자가 말했듯이 "BID가 할 수 있었던 것은 작은 지역에 집중적인 노력을 기울였다는 것인데, 이는 뉴욕시 당국이 그동안 전혀 하지 못했던 일이다. 그것은 시정부의 기능 중 많은 부분을 지역화하고 지역사회의 노력을 집중시키는 일이었다."[12] BID가 지역 상인들에게 요금을 부과할 수 있는 능력이 있었던 덕분에 안전과 청결이라는 공공재를 민간부문 채널을 통해 제공할 수 있었던 것으로 보인다. 또 다른 성공사례는 로스앤젤레스의 BID이다. Brooks(2008) 및 Cook과 MacDonald(2011)는 로스앤젤레스 BID에 대한 심층분석을 진행했는데, 그 결과 범죄의 감소가 민간부문에서보다 훨씬 더 효율적으로 이루어졌음을 밝혀냈다.

BID의 원활한 작동 여부는 무엇보다도 우선 이를 용인하는 법 조항에 달려 있다. 예를 들어 매사추세츠의 경우 BID법에 따라 지방정부가 BID를 허용한 지 30일 이내에는 지역 상인들이 요금을 내지 않아도 된다. 이 조항 때문에 BID 사업계획은 추진되기가 어려운데 이는 추진할 사업의 기초 계획을 수립한 후 상인들이 마지막 순간에 돈을 내기보다는 프로그램에 참여하지 않으려 하기 때문이다. 이 조항 때문에 매사추세츠에서는 9개의 BID만이 성공적으로 조직되었을 뿐이다. 전국적으로는 각 주에 1,000개가 조직되어 있다.[13] ■

민간부문이 공공재를 제공할 때 어떤 경우에 무임승차자 문제를 극복할 수 있을까?

무임승차자 문제가 존재하는 것은 분명하지만 민간부문이 이 문제를 어느 정도는 해결할 수 있는 사례 또한 존재한다. 민간시장의 힘은 어떤 상황에서 무임승차자 문제를 해결하고 어떤 상황에서 무임승차자 문제를 해결할 수 없을까? 이 절에서는 민간부문에서 공공재를 성공적으로 제공하기 위한 세 가지 요인으로서 공공재 수요에 있어서의 개인 간 차이, 공공재에 대한 잠재적 기부자들의 이타주의, 공공재에 대한 자신의 기여로부터의 효용 등을 검토해보자.

다른 사람보다 더 많은 공공재를 원하는 일부 소비자 민간부문의 공공재 공급은 공공재에 대한 소비자들의 선호가 같지 않고 일부 소비자들이 특별히 다른 사람들에 비해 높은 수요를 갖고 있을 때 특히 무임승차자 문제를 극복할 가능성이 높다. 예를 들어 벤이 제리보다 더 많은 소득을 올리지만 두 사람의 총소득은 일정하다고 가정하면 불꽃의 사회적 최적수준은 그들의 소득이 동일할 때와 똑같다. 이 장의 부록에서 수학적으로 유도한 것처럼 이 경우 벤은 제리보다 더

11 Times Square District Management Association(2020).

12 *The Irish Times*(2001).

13 Massachusetts Legislature(2015), Barry(2019), Ferris(2020).

많은 불꽃을 제공할 것이다. 만일 소득격차가 충분히 크다면 사적으로 제공되는 불꽃의 총량은 사회적으로 적정한 수준을 향하여 증가할 것이다. 만일 벤과 제리가 동일한 소득을 갖고 있다면 비슷한 결과가 나타나겠지만 벤은 불꽃으로부터 더 많은 즐거움을 얻게 될 것이다. 비록 불꽃이 공공재이기는 하지만 벤은 여전히 더 많은 양을 제공할 것이다.

여기에서의 핵심적인 직관은 어느 한 개인이 제공하는 불꽃의 양은 그들이 부담하는 비용을 제외한 후 불꽃의 총량으로부터 개인이 누리는 즐거움의 함수라는 점이다. 만일 한 사람이 많은 즐거움을 갖게 된다면, 또는 불꽃의 재원을 조달하기 위한 엄청난 돈을 갖고 있다면 비록 그가 편익을 다른 사람과 공유한다 하더라도 그는 더 많은 불꽃을 구입하려 할 것이다. 어느 한 개인에게 있어 비용을 제한 후의 즐거움이 엄청나게 커지게 되면 공공재의 제공은 사유재의 제공과 유사해지기 시작할 것이다.

예를 들어 맨션주택과 다 쓰러져가는 오두막이 같이 사용하는 차도를 생각해보자. 이론적으로, 차도를 만드는 비용은 한 사람이 부담하지만 혜택은 두 집 모두 누리는 경우 무임승차자 문제가 존재한다. 그럼에도 불구하고 맨션 주인은 돈이 더 많기 때문에 그리고 아마도 정비된 차도로부터 더 많은 편익을 누리기 때문에 오두막 주인이 무임승차하도록 그냥 놔두고 누군가를 고용하여 차도를 만들 것이다.

더 많은 소득 또는 공공재에 대해 더욱 강한 취향이 무임승차자 문제를 어느 정도는 완화할 수 있지만 문제가 완전히 해결될 것 같지는 않다. 비록 한 사람이 모든 공공재를 혼자 제공한다고 해도 이 사람은 여전히 다른 사람의 편익에는 무관심하므로 공공재는 지나치게 적은 양만 공급될 것이다. 따라서 맨션주택의 주인은 차도를 만들겠지만 오두막 주인이 원하는 것처럼 오두막 근처까지 길을 정비하지는 않을 것이다.

이타주의 사적인 주체가 우리의 모형이 예측하는 것보다 더 많은 공공재를 제공할 수 있는 또 다른 이유는 이 모형이 순수하게 이기적인 효용극대화 소비자를 가정하고 있기 때문이다. 실제로는 사람들이 자신들뿐만 아니라 다른 사람들의 후생도 배려한다는 점에서 **이타적**(altruistic)으로 행동한다는 증거가 많이 쌓여 있다. 만일 사람들이 이타적이라면 무임승차자 문제를 생각할 때 그렇게 해서는 안 되겠지만 그럼에도 기꺼이 공공재 생산에 필요한 비용을 부담하고자 할 것이다. 우리가 사용해온 모형의 경우, 이는 벤이 자신의 비용만 생각하는 것이 아니라 제리의 비용까지 생각해서 그의 부담을 덜어주기 위해 더 많은 비용을 부담함을 의미한다.

이타적 개인이 소비에 있어 다른 사람의 편익과 비용에 가치를 두는 태도

이타주의적 행동에 대한 증거는 심리학처럼 다른 학문 분야에서 사용되는 실험 결과로부터 얻게 되지만, 최근에는 어려운 경제학적 쟁점을 해결하기 위한 수단으로서 실험이 각광을 받고 있다. 전형적인 공공재 실험은 다음과 같은 식으로 진행된다. 5명의 대학생이 단순게임을 10회 하기 위해 어떤 방에 들어가 있다. 매 회마다 학생은 학생들은 1달러를 받게 되는데 이들은 1달러를 그냥 갖고 있을 수도 있고 어떤 '공공기금'에 기부할 수도 있는 선택권을 갖는다. 기부 여부가 결정되었다면 이제 (실험을 진행하는 경제학자는) 공공기금액수를 2배로 늘린 다음 이를 기부 여부와는 무관하게 5명의 학생에게 똑같이 나누어 다시 돌려준다. 따라서 만일 5명이 모두 기

금에 기부하기로 했다면 각자는 2달러씩 돌려받게 된다. 만일 4명만 기부했다면 1.60달러(2달러 × 4/5)씩을 받게 되는데, 기부하지 않은 학생의 경우 원래의 1달러에 더하여 공공기금에서 1.60달러를 추가로 받으므로 모두 2.60달러를 갖게 된다. 이 경우 모든 학생들이 기부에 참여할 때와는 달리 기부자는 돈을 잃게 되고, 비기부자는 돈을 벌게 된다. 따라서 이 경우 아주 분명한 무임승차의 유인이 존재하게 되므로 경제학자는 아무도 기부하려고 하지 않을 것이라 예측할 수 있다. 아무도 기부하지 않은 상태에서 출발하는 경우 누군가가 자발적으로 기부한다면 돈을 잃을 것이기 때문에 아무도 기부하려 하지 않을 것이다.

실험 결과는 경제 이론이 예측하는 바와는 판이하게 다른 결과를 보여주었다. Ledyard(1995)에 의하면 이러한 공공재 실험에서마다 30~70%의 참여자가 공공기금에 기부를 한 것으로 나타났다. 흥미로운 것은 실험이 반복될 때마다 기부자가 줄어들기는 했지만 결코 0으로까지 줄지는 않았다는 점이다. 따라서 이타심은 무임승차자 문제의 밑에 깔려 있는 순수한 이기심에 기초한 예측을 무색하게 만드는 것 같다.

그러나 실험은 현실에서의 행태에 관한 정보의 원천으로서 여러 가지 한계를 갖는다. 사람들은 이해관계가 작은 실험 상황과 이해관계가 큰 실제 시장 상황에서 서로 다르게 행동할 수 있다. 더욱이 경제학에서 사용되는 실험적 증거의 대부분은 대학생들을 대상으로 한 실험에서 도출된 것이어서 전반적인 계층에 대한 대표성을 가지지 않을 수 있다.

그럼에도 불구하고 일부 현실적 증거들은 공공재의 사적인 제공에 있어 이타주의의 영향과 부합하고 있다. 예를 들면 Brunner(1998)는 공공재의 전통적 이론은 사용자의 숫자가 늘어날수록 사람들은 그들이 하는 기여의 효과가 점점 작아짐을 느끼게 되고, 이에 따라 공공재의 재원조달에 기여하고자 하는 경향은 감소한다는 점을 시사한다고 지적한다(사용자가 1명만 존재한다면 무임승차의 가능성은 없을 것이지만, 사용자의 숫자가 증가할수록 각자의 기여가 자신에게 제공하는 편익은 점점 줄어들 것이며 남들에게 제공하는 기여는 점점 늘어날 것이다). 그래서 Brunner는 전국의 공영 라디오 방송국을 연구해보았는데 이 연구에서 그는 어떤 특정 방송국의 청중 규모와 관련하여 청취자의 기부 정도를 살펴보았다. 놀랍게도 청취자의 숫자가 늘어남에 따라 기부금을 내는 사람들의 숫자는 아주 조금만 감소하였으며, 기부금을 내는 사람들의 기부금 액수에는 변화가 없었다. 이는 단지 공공재에 대해 자신들의 몫이라고 느끼는 기부금을 내는 것으로부터 효용을 얻는 일단의 기부자가 있음을 시사하는 것으로 보인다.

사회적 자본 사회 내에서 이타적이고 공공적인 행동의 가치

이타주의에 영향을 미치는 요인은 무엇일까? 이는 대단히 어려운 질문이고, 이로부터 사회 내에서 이타적이고 공동체적인(communal) 행태가 갖는 가치인 **사회적 자본**(social capital)이라는 하나의 독립된 연구 분야가 생겨나기도 하였다. 이 분야의 가장 중심적인 연구 결과는 개인들이 다른 사람들을 더욱 '신뢰'할 수 있을 때 더욱 이타적이 될 가능성이 많다는 것이다. 예를 들어 Anderson 외(2003)는 앞에서 언급한 것과 같은 공공재 실험을 시도해보았는데, 모든 실험대상자들에 대하여 신뢰에 대한 태도지표(attitudinal measures, "'모든 사람을 신뢰할 수 있다'와 같은 진술에 찬성합니까?")와 신뢰에 대한 행태지표(behavioral measures, "당신은 친구와 낯선 이에게 돈을 빌려줍니까?", "당신은 범죄의 피해자가 되어본 적이 있습니까?", "당신은 일부러

문을 열어둡니까?" 등)에 관한 두 가지 결과를 확보하였다. 그들은 신뢰의 태도지표와 행태지표가 대부분 공공재에 대한 고액기부와 정(+)의 상관관계를 보인다는 사실을 확인하였다.

자긍심 사적인 개인이 우리의 모형이 시사하는 것보다 더 많은 공공재를 제공하는 마지막 이유는 사람들은 자신의 기부금 그 자체에 관심이 있다는 것이다.

자긍심 모형(warm glow model)에 따르면 사람들은 공공재 총량뿐만 아니라 자신들의 기부금 규모 그 자체에도 관심을 갖는다. 사람들이 기부금을 내면 자신의 이름이 새겨진 기념명판을 받을 수도 있고, 자신들의 기부행위가 널리 알려져서 친지들의 칭송을 받을지도 모르며, 가치가 있는 대의에 기여했다는 사실로부터 정신적 편익을 얻을 수도 있을 것이다. 어떤 이유에서건 사람들이 그들의 기부행위로부터 효용을 얻는다면 공공재는 사유재와 비슷해지며 사람들은 (공공재의 총량에만 관심을 갖는) 우리의 원래 모형이 예측하는 것보다 공공재 생산에 더 많은 기여를 하게 될 것이다. 그러나 사람들은 자신이 제공하는 공공재가 다른 사람들에게 미치는 긍정적인 효과를 여전히 고려하지 않기 때문에 자긍심은 과소생산 문제를 완전히 해결하지는 못한다.

자긍심 모형 개인들이 공공재의 총공급량뿐만 아니라 그 자신의 기여에도 각별한 관심을 보이는 공공재 공급 모형

7.3 공공부문의 공공재 공급

7.2절의 논의에서는 민간부문의 경우 일반적으로 공공재를 과소하게 공급하므로 정부의 개입을 통해 잠재적으로 효율을 제고할 수 있다는 점이 강조되었다. 원리적인 차원에서 정부는 앞에서 다룬 바 있는 공공재의 최적공급 문제를 해결한 다음에 그 결과를 얻기 위해 개입할 수 있다.

그러나 현실적으로 정부가 공공재를 제공하면서 무임승차자 문제를 해결하고자 하는 경우 여러 가지 어려운 문제에 부딪히게 된다. 이 절에서는 이러한 장애로서 공공부문 제공에 대한 민간의 반응, 즉 '구축(crowd-out)' 문제, 무임승차자 문제를 공공부문이 해결해야 하는지, 민간부문이 해결해야 하는지의 문제, 공공재의 비용과 편익을 측정함에 있어서의 어려움, 공공재에 대한 사회 구성원의 선호체계를 알아내는 일의 어려움 등 네 가지를 검토해보기로 한다.

공공부문 제공에 대한 민간부문 반응 : 구축의 문제 어떤 경우에는 정부가 명령을 하기 전에는 공공재가 민간부문에 의해 제공되지 못한다. 또 다른 경우에는 이미 앞에서 본 것처럼 정부가 개입하기 전에 민간부문이 어느 정도 공공재를 제공하는데 정부가 개입하게 되면 민간부문은 이에 반응을 하게 될 것이다. 특히 공공부문의 공공재 제공은 민간부문의 공공재 제공을 **구축**(crowd out)하게 될 것이다. 즉 정부가 공공재를 더 제공하면 민간의 공공재 제공은 줄어들 것이다. 민간부문의 공공재 제공이 이렇듯 감소한다면 정부의 개입을 통한 공공부문 제공의 순이득은 상쇄될 것이다.

구축효과 정부가 공공재를 더 많이 공급함에 따라 민간부문의 공공재 공급이 줄어드는 효과

이러한 구축효과의 정도는 공공재를 제공하는 사적 주체의 선호에 따라 달라질 것이다. 계속 불꽃의 예를 통해 이 문제를 알아보기로 하자. 우선 다음의 세 가지를 가정하자.

1. 벤과 제리는 불꽃놀이의 총량에만 관심이 있으며 기부행위에 대한 자긍심은 존재하지 않는다.

2. 정부가 제공하는 불꽃놀이의 재원은 벤과 제리에게 동일한 세금을 거두어 조달된다.
3. 정부는 벤과 제리가 그 전에 제공할 때보다 더 적은 양의 불꽃놀이를 공급한다.

이 경우 이 장의 부록에서 수학적으로 도출한 것처럼 **공공부문이 공공재를 제공하기 위해 들이는 돈 1달러마다 민간부문의 공공재 제공을 일대일로 구축한다.** 즉 정부의 개입은 제공되는 불꽃의 총량에 순효과(net effect)를 발생시키지 못한다.

이런 결과는 **경제적 균형이 근본적으로 확고하다**는 사실을 보여주고 있다. 즉 어느 경제주체가 자신의 개인적인 균형 상태에 도달해 있을 때 시장을 둘러싼 환경이 변화하는 경우 균형에서 벗어나게 되는데 이 주체가 다시 원래의 균형 상태로 되돌아가기 위해 이 변화를 무력화시킬 수 있다면 그는 그렇게 할 것이다. 사적인 균형은 벤과 제리가 가장 선호하는 결과이다. 만일 그들이 바로 그 선호하는 결과로 복귀하기 위해 정부의 개입을 무력화시킬 수 있다면 그들은 그렇게 할 것이라는 말이다. 앞에서의 세 가지 가정하에서 정부가 개입하기 이전의 최적은 정부가 개입하고 나서도 여전히 최적으로 남는다.

예를 들어 정부 개입 이전의 최적상태에서 벤과 제리는 10달러씩의 비용을 들여서 각자 10회의 불꽃놀이를 제공하고 있었다. 따라서 사적으로 제공되는 총량은 20회인데 사회적 최적은 30회라고 가정하자. 사회적 최적에 도달하기 위해서는 정부가 벤과 제리에게 각각 5달러씩을 거두어 이 10달러로 불꽃 10개를 더 사야 할 것이다.

벤과 제리의 소득이 5달러씩 줄어든 상태에서 정부가 불꽃 10개를 제공하는 것을 보면 그들은 불꽃에 대한 지출을 5달러씩 줄일 것이며 그 결과 동일한 금액(불꽃 구입에 5달러, 정부에 5달러)을 지출함으로써 불꽃놀이의 총량에는 변화가 없을 것이다. 결국 그들은 원래 그들이 원하던 상태로 되돌아갔으며 정부 개입으로 변한 것은 아무것도 없다. 이는 완전구축(full crowd-out)의 사례이다.

구축은 제1장에서 처음 언급했던 정부 활동의 의도하지 않은 결과에 대한 고전적 사례가 된다. 정부는 불꽃놀이를 사회적 최적수준까지 증가시킴으로써 올바른 일을 하려고 했지만 결국 아무런 효과도 보지 못하고 말았는데, 이는 정부의 행동이 사적인 주체의 행동 변화에 의해 완벽히 상쇄되었기 때문이다.

완전구축의 사례야 그렇게 많지 않지만 부분적 구축의 사례는 훨씬 더 흔하고 이는 두 가지 다른 경우에서 나타날 수 있다. 첫째는 공공재 생산에 기여하지 않은 사람에게 그 재원 조달을 위해 세금을 부과하는 경우이며, 둘째는 개인들이 공공재 총량뿐 아니라 자신의 기여 그 자체로부터도 효용을 얻는 경우이다.

기여자 대 비기여자 남들보다 더 부유해서든 아니면 공공재를 더 좋아해서든 일부 사람들은 다른 이들보다 공공재에 더 많은 기여를 한다고 가정해보자. 극단적인 경우로서 벤이 제리보다 불꽃놀이를 더 좋아해서, 또는 그가 제리보다 부유하기 때문에 벤은 20개의 불꽃 구입을 위해 20달러를 기부하고 벤은 전혀 기여한 바가 없다고 가정하자. 그러나 이는 여전히 사회적 최적 수준인 30개에 미치지 못하는 양이다.

이제 정부가 사회적 최적수준에 도달하기 위해 밴과 제리에게 각각 5달러씩 부과해서 10개의 불꽃을 더 제공했다고 가정하자. 제리는 그 전에는 전혀 기여하지 않았는데 이제는 불꽃에 5달러를 지출해야 한다. 한편, 벤은 (정부가 공급한 부분을 상쇄하기 위해) 불꽃 소비를 10달러만큼 줄이지는 않을 것이다. 사실상 벤의 후생 수준은 증가했는데 이는 10개의 불꽃을 더 구입하기 위해 벤은 10달러를 더 지출했어야 했지만 정부의 개입 덕분에 5달러만으로 그것이 가능해졌기 때문이다. 이러한 벤의 실질적 부(effective wealth, 불꽃의 가치와 그가 구입할 수 있는 다른 재화의 가치의 합계)의 증가는 벤의 불꽃 구입에 정(+)의 소득효과를 발생시킴으로써 정부의 개입이 그의 지출을 완전히 구축하지는 않으며, 그 결과 불꽃놀이의 총횟수는 20회 이상으로 증가할 것이다. 결국 정부는 제리에게 세금을 부과함으로써 공공재 총량을 증가시킬 수 있었다.

자긍심 자긍심 모형에서처럼 만일 관련 주체가 자신의 기여 그 자체에 관심이 있다면 완전구축은 일어나지 않는다. 어떤 이유에서건 자신의 기여로부터 효용을 얻는다면 정부가 기여하는 부분이 증가한다 해도 이것이 그의 기여를 완전히 구축하지는 않을 것이다. 예를 들어 어떤 사람의 관심은 온통 자신이 얼마나 기여하는지일 뿐 다른 사람의 기여에는 전혀 관심이 없는 극단적인 경우를 생각해보자. 만일 정부가 다른 사람의 기여금을 올린다 해도 이것이 그의 기여금을 상쇄하지는 않는데 이는 그의 입장에서 자신이 내는 기여금은 사유재이기 때문이다. 이런 극단적인 경우에는 정부 개입으로 인한 구축효과는 전혀 존재하지 않을 것이다. 자신의 기여로부터 어느 정도의 자긍심이 존재하는 이상 그 기여의 일부는 사유재이기 때문에 구축효과는 일대일로 일어나지 않을 것이다.

구축효과에 대한 증거 현실에서 구축효과의 문제는 얼마나 중요할까? 안타깝게도 구축효과에 대해 현존하는 증거는 사뭇 혼란스럽다. 한편으로, 정부 지출에 대해 사람들의 기여가 어떻게 반응하는지를 평가한 연구들에서는 구축효과가 대단히 적은 것으로 나타났다. 그러나 뒤에 나올 '실증적 증거'에서 설명하듯이 이 연구들은 제3장에서 다룬 다양한 편의(bias) 문제를 갖고 있다. 또 다른 한편으로, 실험을 통해 얻은 증거에 의하면 구축효과가 완전하지는 않다 하더라도 대단히 큰 것으로 나타났다. 따라서 완전구축에 대한 증거는 존재하지 않지만 정부의 개입에 대해 사람들이 반응하는 정도의 규모에 대한 합의 또한 존재하지 않는다.

공공과 민간의 최적조합

정부가 개입해야 한다는 점이 명확해졌다 해도 여전히 재정학의 두 번째 질문이 남는다. 정부는 어떻게 개입할 것인가? 민간부문이 공공재를 과소공급하기는 하지만 공공재의 적정량을 달성함에 있어서 민간부문 주체들은 여전히 중요한 역할을 수행할 수 있다. 따라서 해명되어야 할 중요한 질문은 공공재의 제공에 있어서 공공과 민간부문 주체들의 최적조합을 찾는 일이다.

여기에는 이미 제1장에서 살펴봤던 것처럼 다양한 선택 대안이 있다. 한쪽 극단은 전적으로 정부가 공공재를 제공하는 것이다. 이 경우 관리운영, 근로자, 재원 등 모든 것이 정부로부터

실증적 증거 구축효과의 측정

어떤 공공재에 대해 공공부문 지출이 증가할 때 민간부문 지출은 어떤 반응을 보이는지에 대한 연구는 대단히 많다. 그 고전적인 예가 공영 라디오 방송에 대한 Kingma(1989)의 연구이다. 공영 라디오 방송의 재원은 일부는 청취자의 기부금으로부터 오고, 일부는 정부 기여금으로 조달된다. 그는 전국의 여러 도시에 있는 공영 라디오 방송의 정부 기여금에 대한 자료를 구득한 다음 동일한 도시의 공영 라디오 방송에 대한 개인들의 기부금 자료를 확보하였다. 그 결과 정부의 기여금이 1달러 증가할 때마다 민간부문 기부금은 13.5센트가 감소하는 것으로 나타났는데 이는 아주 미미한 구축효과이다. 같은 맥락에서의 다른 연구들이 찾아낸 구축효과 역시 아주 작은 규모에 불과하였다.[14]

이는 흥미로운 결과이기는 하지만 제3장에서 다루었던 편의의 문제로부터 자유롭지 못하다. 예를 들어 정부가 저소득층 지역보다는 고소득층 지역의 공영 라디오에 더 많은 지원을 해줄 수 있고(정부는 고소득층 지역에서 더 많은 조세수입을 올릴 수 있으므로), 사람들은 저소득층 지역보다는 고소득층 지역에서 자선사업(공영 라디오와 같은)에 더 많은 돈을 낸다고 가정해보자. 그렇다면 소득 수준이 높은 지역과 낮은 지역은 정부의 지출이 민간의 지출에 미치는 영향을 파악하는 데 그다지 좋은 분석집단과 비교집단이 되지 못한다. 이와 같이 비교하게 되면 소득 수준이 높은 지역에서는 정부의 개입이 없다 해도 기부금을 더 많이 낼 것이라는 사실 때문에 편의가 발생하게 된다. 소득 수준을 통제한 후에 회귀분석을 하면 원리상으로는 이 편의를 교정할 수 있지만 제3장에서 논의한 것과 같이 통상 이런 통제는 이런 종류의 문제를 완전히 해결하지 못한다.

이러한 문제에 대한 한 가지 접근 방법은 실험을 활용하는 것이다. 이런 방법을 사용한 고전적인 연구로는 Andreoni(1993)를 들 수 있다. 그는 참가자들이 주어진 토큰을 공동기금에 기부하는 상황을 설정하여 개인들이 공공재에 기여하는 실험을 수행하였다. 그는 이 실험에 보수를 도입했는데, 만일 각 참가자가 무임승차자로서 행동한다면 참가자가 얻을 수 있는 수익을 극대화하기 위해서는 3개의 토큰을 기부해야 한다. 이 예상 기여 수준(토큰 3개)은 각 참여자가 실제로 선택한 수준(2.78개)에 아주 근접하였다.[15] 그다음에 Andreoni는 실험적인 게임에 다음과 같은 변화를 주었다. 즉 동일한 지불 방식하에서 각 참가자에게 토큰 2개의 세금을 부과하였다. 이 세금은 공공재의 재원으로 조달될 터였다. 이 변화는 앞에서 살펴보았던 완전한 구축효과의 예를 반영한 것으로서 자긍심 효과를 고려하지 않는다면 정부의 개입을 상쇄하기 위해 참가자들이 기부하는 토큰을 2개 줄여서 0.78개를 기여할 것이다. 그러나 실제로는 각 참가자가 1.43개만을 줄였기 때문에 기여금은 겨우 1.35개로 줄었을 뿐이다. 즉 구축효과는 완전하지 않아서 정부가 세금으로 조달하는 토큰 1개에 대해 사적 기여는 0.715(= 1.43/2)개만이 감소했을 뿐이었다.

이 문제에 대한 또 다른 접근 방법은 정부 지출에서의 준실험적인 변화를 찾아 동일한 활동에서의 민간 기여에 미친 영향을 평가하는 것이다. 이 접근법에 따른 분석 결과는 더 뒤섞여 있다.

Andreoni와 Payne(2011a,b)의 일련의 연구는 자선단체에 대한 정부지원금으로 인해 해당 자선단체에 대한 개인 기부금의 구축효과를 측정하였다. 연구자들은 자선단체에 대한 정부지원금 규모의 차이에 따라 각 자선단체에 대한 기부금이 어떻게 달라지는지 살펴봄으로써 분석을 진행하였다. 이들은 정부지원금 1달러당 개인 기부금이 73센트~1달러 감소하여 상당한 구축효과가 존재함을 발견하였다. 연구자들은 그렇지만 이 구축효과는 0에 가까운 개인 기부금 감소에서 발생하는 것이 아니라 자선단체의 기금 마련 노력이 줄어드는 데에서 대부분 발생한다는 것을 보여주었다. 반면에, Andreoni, Payne과 Smith(2014)의 영국 자선단체에 대한 추가 연구에서는 앞선 연구와는 다른 전략을 사용하였다. 정부지원금을 신청하고 평가에서 동일한 점수를 받은 자선단체들을 조사함으로써 무작위 추첨을 기반으로 정부지원금의 구축효과를 분석하였다. 연구자들은 당첨된 자선단체와 그렇지 않은 자선단체(이들 단체는 평가점수가 동일하기 때문에 정부지

나온다. 반대쪽 극단은 보조금을 지급받아서, 또는 강제적으로 민간이 제공하는 것이다. 이 경우 정부는 민간부문이 적정량의 공공재를 공급할 수 있도록 유인을 제공하거나 그 공급을 의무

14 이 문제를 개관하고 있는 논문으로는 Steinberg(1991)나 Manzoor와 Straub(2003) 등이 있다. 심지어 Manzoor와 Straub는 보다 최근의 더 많은 표본을 분석하면 Kingma의 작은 구축효과는 유의하지 않음을 밝히고 있다.

15 Andreoni의 피실험자는 앞에서 언급한 이타적인 경우와는 달리 아주 전형적인 무임승차자처럼 행동했는데 이는 아마도 게임의 구조에 대해 사전에 파악할 수 있었던 경제학 전공 학생이었던 때문인 듯하다. 공공재에 관한 한 실험에서 Marwell과 Ames(1981)는 일반적인 피실험자가 49%의 토큰을 기부한 데 반해 경제학과 대학원생들은 20%만 기부함으로써 훨씬 더 심한 무임승차 경향이 있음을 밝히고 있다.

원금 당첨 여부를 제외한 다른 측면에서는 평균적으로 차이가 없는 것으로 간주할 수 있다)를 비교함으로써 구인효과(crowd-in)가 실재함을 발견하였다. 즉, 정부지원금에 당첨된 자선단체들이 실제로 시간이 지남에 따라 더 많은 개인 기부금을 받게 된 것이다. 연구자들은 연구마다 결과가 달라진 것은 부분적으로 자선단체 규모의 차이에 의한 것일 수 있다고 주장하였다. 영국 사례에 대한 연구에서 자선단체의 규모가 작을수록 정부지원금의 구인효과가 더 크게 나타났다.

다른 연구에서는 정부 지출에 대한 종교자선단체의 반응을 연구하기 위해 준실험적 접근 방법을 적용하였다. Hungerman(2005)은 연방정부의 이전지출 프로그램 변화에 대해 장로교회의 자선활동에 대한 지출 변화를 연구하였다. 제17장에서 자세히 살펴보겠지만 1996년에 연방정부는 현금급여를 제공하는 복지 프로그램의 개혁을 대대적으로 추진하였고, 그 결과 비시민권자의 수급자격이 크게 제한되었다. 그는 이민자가 많은 지역(정부의 이전지출이 가장 많이 감소한)에서의 교회 자선활동 지출과 적은 지역(정부의 이전지출이 그렇게 많이 감소하지는 않은)에서의 지출을 비교해보았다. 그는 개혁 조치가 시행된 이후 이민자가 많은 지역의 교회가 적은 지역의 교회보다 자선활동 지출을 훨씬 더 많이 늘린 것을 발견하였고, 이런 결과는 구축현상과 부합하는 것이다. 즉 정부의 이전지출이 교회의 자선활동사업 규모를 줄였기 때문에 이민자에 대한 정부의 이전지출이 줄어들면서 이민자가 많이 사는 지역의 자선활동이 다시금 늘어났던 것이다. 그러나 자선활동에 대한 지출의 구축효과는 비교적 적은 것으로 나타났다. 정부의 이전지출 1달러 증가에 대해 자선활동 지출은 20센트만이 감소했던 것이다. Hungerman과 Gruber(2007)는 비슷한 방법을 사용하여 대공황 시절의 뉴딜정책에 따른 지출 증가로 인해 교회 지출이 감소했던 사실을 밝혀냈다. 이들은 정부의 이전지출 1달러 증가에 대한 자선활동 지출 5센트 감소라는 더욱 적은 효과를 확인하였다.

구축효과 분석에 대한 또 다른 중점 영역은 교육이다. Dinerstein과 Smith(2015)는 뉴욕시의 공정학생기금제도 개편이 사립 및 공립학교 등록에 가져온 영향을 분석하였다. 연구자들은 해당 프로그램에서 증액된 자금 지원을 받은 공립학교와 그렇지 않은 공립학교를 비교함으로써 지원금의 증가로 학생 등록이 증가하였으며 이러한 학생의 32%가 기존 사립학교 출신임을 증명하였다. 실제로 이들은 기금을 받은 공립학교 근처의 사립학교들은 이후 6년 이내에 폐교될 가능성이 30% 더 높아졌음을 발견하였다. Bassok 외(2014)는 오클라호마와 조지아에서 보편 공립유치원 정책의 확대로 이 제도에 참여하는 학생의 60~100%가 사립유치원에서 오는 등 훨씬 더 큰 구축효과가 발생하였음을 발견하였다. 반면, Bastos와 Straume(2016)은 브라질에서 유사한 연구를 수행하여 공립유치원에 대한 기금의 증가가 사립유치원 등록에도 긍정적(또는 구인효과)인 영향을 미친다는 것을 발견하였다. 연구자들은 이러한 연구 간의 차이가 두 국가의 소득불평등의 차이에서 기인할 수 있으며, 이러한 소득불평등의 차이로 인해 본질적으로 브라질의 공립 및 사립유치원에 대한 수요가 구분된다고 주장하였다.

구축효과의 추정 결과가 다양하게 나타난 것은 실증적 연구가 때때로 구축효과와 같은 '일반적인' 모수를 추정할 수 없으며, 그 대신에 구축효과의 정도가 연구되는 맥락에 따라 상당히 다를 수 있음을 강조한다. 이것은 Hungerman(2009)에 의해 잘 설명되었는데, 그는 다양한 구성원의 공동체가 더 작은 구축효과로 인하여 정부 개입에 더 순응할 수 있음을 발견하였다. Hungerman은 (제17장에서 논의되는) 보충소득보장제도의 확대가 교회의 자선 지출에 미치는 영향을 분석함으로써 다양한 구성원의 공동체에서는 구축효과가 거의 0이고 동질적인 구성원의 공동체에서는 구축효과가 65%라는 것을 발견하였다. 이러한 결과는 다양한 구성원의 공동체에서는 이타적인 목적보다는 자긍심으로 기부가 이루어지며, 이로 인해 구축효과가 작게 발생하는 것을 시사한다.

화해야 한다. 두 극단 사이에는 다양한 정도의 **외주계약**(contracting out)이 존재한다. 이 방법하에서는 정부가 재화나 서비스를 제공할 책임을 갖지만 재화와 서비스의 실제 공급은 민간기업을 고용하여 이루어진다. 이런 맥락에서 정부는 재화 및 서비스를 공급할 수 있는 권리를 얻기 위해 여러 민간기업이 입찰을 하도록 하는 **경쟁입찰**(competitive bidding)을 통해 경쟁의 힘을 활용할 수 있다. 그렇다면 정부는 원리적인 차원에서 볼 때 가장 효율적인 민간 주체에게 재화와 서비스를 공급할 수 있는 권리를 부여할 수 있다. 바로 이어지는 '응용사례'에서는 매사추세츠

외주계약 정부가 어떤 재화나 서비스의 제공에 책임을 지지만 실제로 제공하는 기능은 민간기업에 위탁하는 방식

주의 주민들에 대한 의료보험 제공 문제에 있어서 경쟁적 입찰의 성공 사례를 다루고 있다.

그러나 실제로는 외주계약에 두 가지 문제가 존재한다. 첫째, 민간부문의 유인(incentive)이 공공부문의 목표와 부합하지 않을 수 있어서 공공부문의 비용이 절감되기는 하지만 정책결정자가 관심을 갖는 다른 차원에서의 성과가 바람직하지 못한 결과로 이어질 수 있다. 둘째, 외주계약에서의 입찰 과정이 결코 경쟁적이지 못한 경우가 자주 있다. 많은 상황에서 정부의 관료들은 자신들의 힘을 이용하여 가장 효율적이고 최저의 비용을 들이는 입찰자가 아니라 관료 자신들의 힘을 극대화하는 데 도움을 주는 입찰자, 또는 리베이트나 뇌물을 주는 입찰자와 계약을 맺을 수도 있다. '응용사례'에서는 이 두 가지 유형 모두의 사례를 보여주고 있다. 따라서 외주계약이 공공재를 제공하는 최선의 방법인지 여부는 계약의 성격 및 계약자와 정부 모두의 이해관계에 따라 달라진다.

응용사례
외주계약의 장점과 단점

본문에서 다룬 것처럼 민간기업에 공공재의 생산을 맡기는 것은 공공재를 효율적으로 제공하는 방안이 될 수도 있고 그렇지 않을 수도 있다. 이 응용사례에서는 먼저 성공적인 외주계약의 최근 사례를 알아보고, 이어서 보다 문제가 많은 사례를 살펴보기로 한다.

성공 사례는 (제16장에서 자세하게 살펴보게 될) 2006년 매사추세츠주의 의료개혁하에서 저소득층 가입자에게 의료보험을 제공하기 위해 외주계약을 맺은 것이다. 이 개혁의 핵심적 측면 중 하나는 커먼웰스케어(Commonwealth Care)라는 이름의 새로운 프로그램을 확립한 것인데 이를 통해 매사추세츠주는 최빈곤층에게 의료보험을 제공하였다. 하지만 이는 공공부문이 비용을 부담하는 의료보험이 아니었다. 그 대신에 월정액으로 최빈곤층에게 의료보험을 제공하기 위해 주정부는 5개의 다른 민간 '관리의료조직(managed care organization, MCO)'에게 외주를 주었다. 대상자는 5개의 MCO 중 하나를 선택하면 되었는데 그 비용은 모두 주정부가 부담하기로 했다. 이렇듯 주정부가 모든 MCO 가입자들의 보험료를 부담하기로 했으므로 MCO는 가입자에게 낮은 수준의 보험료를 부과할 아무런 경제적 유인이 없었다. 따라서 그 비용을 줄이기 위해 주정부는 MCO가 낮은 보험료로 의료보험을 제공하도록 하는 어떤 유인을 고안해내야 했다.

이 문제를 다루기 위해 주정부는 혁신적인 입찰 방법을 사용하였다. 주정부는 가장 낮은 비용으로 입찰에 응한 MCO에게 새로운 가입자를 '자동배정'하였다. 그런데 이들 새 가입자들의 상당수가 건강했기 때문에 MCO에게 많은 재정적 이득을 가져다주었다(왜냐하면 MCO는 주정부로부터 보험료를 받지만, 이들의 의료비로 많은 돈을 지출하지 않아도 되었으므로). MCO는 건강한 가입자를 배정받기 위해 경쟁적으로 낮은 가격으로 응찰하였다. 이러한 공격적 입찰 덕분에 커먼웰스케어 프로그램의 비용은 2007년부터 2013년 사이에 3.7%밖에 오르지 않았다. 이에 반해 매사추세츠주 고용주 지원 의료보험(employer sponsored insurance)의 보험료는 같은 기간 동안 30%가 상승하였다. 비록 보험료는 천천히 올라갔지만 가입자들은 이 프로그램에 아주 만족스러워했다. 설문조사 자료에 의하면 커먼웰스케어 가입자의 85%가 이 프로그램이 아주 또는 극히 만족스럽다고 응답하였다.[16]

불행하게도, 의료분야는 외주계약에 대한 성공적인 사례뿐만 아니라 덜 긍정적인 사례도 제공한다. Knutsson과 Tyrefors(2020)는 스웨덴의 스톡홀름에서 민간 구급차와 공공 구급차의 성과를 비교하였다. 연구자들은 민간 구급차가 비용을 낮추고 신고전화에 대한 응답이나 환자에게 도착하기까지의 소요시간과 같은 계약사항에 대한 실적에서 더 나은 성과를 낸 것으로 분석하였다. 그러나 이러한 더 나은 계약 성과는 서비스 품질 측면에서 급격한 대가를 치른 것으로 보인다. 3년 사망률은 민간 구급차의 경우 1.4% 더 높았으며 이는 매년 약 400명에 달하는 수치이다. 민간 구급차의 낮은 품질은 비용 절감 방식에서 대부분 기인한 것으로 보인다. 비용 절감 방식들로 인해 민간 구급차에서 일하는 것의 매력을 떨어뜨리고, 결과적으로 직원의 역량이 저하된다. 실제로 연구자들은 민간 구급차 직원들이 더 젊고 경험이 적음을 발견하였다.[17]

외주계약에 있어서 덜 성공적인 다른 사례는 공공안전 분야에서 찾아볼 수 있다. 예를 들어 Hart 외(1997)는 사설 교도소와 공공 교도소를 비교하였다. 재소자 1명당 비용이 사설 교도소에서 10% 정도 더 낮았지만 이런 재정 절감은 교도관에게 낮은 임금을 지급함으로써 가능했다. 낮은 보수 때문에 교도관의 질이 떨어졌으며 이로 인해 폭력 사건이 빈발했고 한 번은 폭동으로까지 번지기도 했다. 그러므로 비용 절감은 질의 감소를 통해 이루어진 것이었다. 최근 연방보고서에서는 영리 목적의 사설 교도소는 공공 교도소보다 더 위험한 것으로 확인하였으며, 법무부는 연방정부가 수감자를 수용하기 위해 사설 교도소에 의존하는 것을 중단할 것이라고 발표하였다.[18]

이와 관련이 있는 사례로서 뉴저지주의 새로 석방된 교도소 수감자들을 위한 중간시설(halfway house)을 들 수 있다. 중간시설 또는 재진입주거센터(residential reentry center, RRC)는 교도소에서 막 석방된 사람의 용이한 사회복귀를 위한 각종 지원 서비스를 제공한다. 이러한 민간 운영 시설은 일반적으로 교도소보다 저렴하여 이론적으로는 죄수를 개과천선시키는 비용효과적인 수단이 될 수 있다. 그러나 실제로는 뉴저지 RRC들이 제대로 운영되지 않고 위험하다는 것이 폭로로 밝혀졌으며, 2009년의 한 연구에서는 이러한 시설이 교도소보다 훨씬 더 큰 범죄조직 문제를 가지고 있는 것으로 밝혀졌다. 한 RRC에서 실시한 깜짝 마약검사에서 센터 거주자의 73%가 마약에 양성반응을 보였으며, 한 상담사는 일부 수감자들이 RRC에서 안전하지 않다고 느껴 다시 교도소로 돌아가고 싶어 한다고 언급하기까지 하였다. 이러한 유형의 문제는 미국에만 국한되지 않는다. 영국에서도 노령자와 장애인을 위한 집을 유지 · 관리하는 민간 기

16 커먼웰스케어 보험료와 만족도 자료는 매사추세츠주 커넥터(Massachusetts Connector)로부터 제공받았다. 2007~2014년의 고용주 지원 의료보험의 보험료는 State Library of Massachusetts(2019)에서 확인할 수 있다.

17 Knuttson and Tyrefors(2020).

18 Lopez(2016), Stern(2016).

업의 충격적인 태만을 둘러싸고 유사한 논란이 발생하였다.[19]

외주계약은 잠재적인 계약자들이 비용 절감이나 질 향상을 위해 경쟁할 경우 효율 제고의 가능성이 훨씬 더 높아진다. 그러나 실제로는 그런 경쟁입찰은 또 하나의 중요한 문제를 일으킨다. 즉 계약자 자신이 절감액과 품질을 측정하는 책임을 가지고 있다는 것이다. 이 문제는 2014년 시설 내 폭력이 급증한 뉴욕시의 라이커스섬(Riker's Island) 교도소의 사례에서 생생하게 설명된다. 뉴욕시 시장은 교도소 시설 내 폭력을 줄이기 위한 계획을 수립하고자 매킨지 & 컴퍼니에 2,750만 달러 이상을 지불하였다. 3년 뒤, 매킨지는 그들의 계획으로 시설 내 폭력이 70% 감소한 것으로 보고하였다. 그러나 교도소 내 폭력이 실제로는 50% 증가한 것으로 확인되었다. 매킨지는 폭력에 취약한 것으로 알려지지 않은 수감자들이 있는 구역에서만 폭력 건수를 측정함으로써 결과를 조작한 것으로 추정되었다.[20]

한층 더 심각한 사례로서 와켄헛 코퍼레이션(Wackenhut Corporation)은 2000년대 초반 이래로 미국 전역의 무기 공장에서 가장 중요한 안전 분야 계약자였다. 2004년 1월에 미국 에너지부의 검사관이 무기 공장에서의 안전성을 테스트하기 위한 훈련을 하던 중에 와켄헛 공격팀이 방어팀에게 양동 전략의 사용 여부는 물론 어떤 건물과 표적이 공격대상인지 알려주었다는 사실을 밝혀냈다. 따라서 이 훈련에서 방어팀이 엄청난 성과를 보인 것으로 나타났지만 이 결과는 검사관이 보고한 것처럼 흠결이 있고 신뢰할 수 없는 것이었다. 매사추세츠주의 에드워드 마키 하원의원은 와켄헛이 발전소에서 안전성 검사를 하게끔 하는 것은 육상선수들 스스로에게 약물반응검사를 맡기는 것과 마찬가지라고 항의하였다.[21]

이론적으로 이러한 문제들은 더 나은 성과 측정과 생산효율성에서의 진정한 개선에 대해 보상하는 엄격한 경쟁입찰을 통해 해결할 수 있다. 그러나 미국 정부가 비경쟁입찰을 사용하는 일은 실제로 증가하고 있다. 연방정부 자료에 따르면 '비경쟁적으로 이루어진' 계약 금액은 2001년의 약 500억 달러에서 2019년의 2,100억 달러 이상으로 2001년부터 4배 이상 증가하였다. 2008년 이후, 미 국방부는 경쟁적으로 부여된 계약의 지출 비중이 매년 하락하여 2018년에는 54%에 불과하였다.[22]

부적절한 비경쟁적인 계약의 영향은 2017년 9월 허리케인 마리아가 푸에르토리코를 강타하여 섬의 전력망을 파괴한 후 완전히 드러났다. 전력망을 재건하는 데 필요한 3억 달러 규모의 사업에 대한 자연스러운 접근 방식은 이러한 유형의 사업에 경험이 있는 회사들 사이에서 경쟁입찰을 하는 것이었다. 그러나 푸에르토리코 공익사업회사(PERPA)는 공개입찰 과정을 건너뛰고 그 대신 계약금을 요구하지 않은 유일한 회사와 계약하기로 결정하였다.[23] 그 결과 몬태나에 기반을 둔 직원이 2명뿐이고 경험이 없지만 트럼프 대통령 및 내무장관과 관련이 있는 회사

19 Goodman(2018).

20 MacDougall(2019).

21 Wald(2004a, b). 비록 와켄헛은 이후 수많은 스캔들의 일부가 되었지만, 와켄헛(현 G4S 보안시스템)은 여전히 정부로부터 비경쟁적인 계약을 받고 있다.

22 U.S. Government Accountability Office(2020).

23 Mufson, Gillum, Davis, and Hernandez(2017).

인 화이트피시 에너지(Whitefish Energy)사와 계약을 체결하였다. 화이트피시의 주요 투자자인 조 콜론네타는 2016년 대선기간 동안 트럼프 대통령의 저명한 기부자였으며 회사는 이전에 내무장관의 아들을 고용하였다. 계약은 처음부터 잘못되었다. 화이트피시는 PERPA에 공익사업 직원의 일반적인 급여보다 2배 이상 높은 비용을 부과하였고 정상보다 높은 식비를 청구하였다. 결국 화이트피시의 요구사항에 대한 조사로 PERPA는 10월 말에 계약을 중단하게 되었다. 그렇지만 계약서의 30일 예고 조항으로 인해 PERPA는 11월 말까지 화이트피시에 계속 비용을 지급할 수밖에 없었다.[24]

때로는 코로나19에서 볼 수 있듯이 빠른 진행이 요구되기 때문에 경쟁입찰을 하기가 어려울 수 있다. 예를 들어, 2020년 3월 영국이 폐쇄정책을 시행하였을 때 영국 관리들은 개인 보호 장비, 인공호흡기, 코로나바이러스 검사기 및 바이러스 퇴치에 중요한 여타 코로나바이러스 관련 물품을 나눠주기 위해 분주하게 움직였다. 그러나 쟁탈전에서 이러한 계약들은 가장 효율적인 입찰자에게 배정되기보다 집권 보수당과 연관된 사람들에게 돌아갔다. 지급된 220억 달러 가운데 50억 달러가 전직 장관을 직원으로 두고 있거나 보수당에 기부한 기업에게 지급되었다. 또 다른 60억 달러는 패션 디자이너 및 해충 회사와 같은 의료장비 취급 경험이 없는 회사에서 수주하였다.[25]

비슷한 상황이 미국에서도 발생하였다. 비슷한 시기에 미국 정부는 이전에 의료분야에 대한 경험이 없었거나 사기 계약으로 기소된 바 있는 250개 이상의 기업에 완전한 경쟁입찰 과정을 거치지 않고 지원금을 제공하였다. 보드카 수입업체인 메데아(Medea Inc.)는 안면 마스크 배포 계약을 4,880만 달러에 수주했다. 메데아는 한 달 이상 안면 마스크 배송기한을 맞추지 못하였다. 메데아는 코스트코(Costco)와 크로거(Kroger)와 협약을 맺어 전국적으로 브랜드 재고를 확보하였다고 거짓으로 주장한 것이 나중에 조사에서 밝혀졌다. 다른 사례로, 3인 기술 회사의 CEO인 케돈 바울은 연방정부에서 근무하는 친구에게 이메일을 보낸 뒤 2,000만 달러의 계약을 체결할 수 있었던 것으로 추정된다. 바울은 의료장비를 배송하기로 한 원래 기한을 지키지 못하고 수차례 기한연장을 요청해야만 하였다.[26]

이러한 이유로 많은 사람들이 긴급 상황에서는 정부가 외주계약에서 벗어나 직접 공급을 진행해야 한다고 주장한다. 그렇게 하는 한 가지 접근 방식이 코로나19 기간 동안 등장하였다. 그것은 국방물자생산법을 사용하는 것이었다. 원래 6·25 전쟁 발발 당시 통과된 이 법안은 대통령에게 국방 목적으로 민간 기업의 자재 및 서비스의 공급을 통제할 수 있는 권한을 부여한다. 이 법안으로 대통령은 민간 기업에 정부 명령을 우선적으로 따르게 하고, 필요한 물품 생산을 북돋기 위해 대출 또는 대출약속을 실행하고, 자원 할당을 통제하도록 지시할 수 있다. 비록 반대론자들은 이 법안이 정부에게 민간 산업에 대한 지나친 권한을 부여한다고 주장하지만, 많은 사람들은 이러한 통제가 코로나19 기간 동안 의무보급(medical supply) 수요를 충족시키는 데 필

24 Campell and Irfan(2017).

25 Bradley, Gebrekidan, and McCann(2020).

26 Thompson, Rose, and Benincasa(2020), McSwane and Torbati(2020).

수적이라고 주장한다. 바이든 대통령은 취임 첫날 이 법의 사용과 백신, 검사기 및 기타 필수장비의 생산부양을 허용하는 일련의 행정 명령에 서명하였다.[27] ■

공공재의 비용과 편익 측정

앞의 이론적 분석에서 정부는 공공재의 제공에 따른 비용과 편익을 모두 측정할 수 있다고 가정하였다. 그러나 실제로 이는 엄청나게 어려운 일이다. 교통체증을 줄이고 안전성을 높이기 위해 고속도로를 보수공사하는 예를 생각해보자. 이 일을 민간부문에 맡기는 경우 분명히 무임승차자 문제가 발생한다. 고속도로 보수의 편익은 고속도로를 이용하는 모든 운전자에게는 큰 것이겠지만 어느 한 운전자에게는 아주 미미할 것이다. 따라서 그 어떤 운전자도 고속도로를 보수하기 위해 필요한 자원을 투입하려 하지 않을 것이다.

정부가 이 일을 떠맡아야 할까? 이는 결국 그 비용이 고속도로를 이용하는 모든 운전자의 편익보다 더 큰지의 여부에 달려 있지만 이 경우 비용과 편익의 측정은 대단히 복잡하다. 고속도로를 보수하기 위해 필요한 노동의 비용을 생각해보자. 예산상의 인건비는 정부가 인부들에게 지급한 임금이 되겠지만 경제적 비용은 다를 수 있다. 만일 이 고속도로사업이 아니었더라면 인부의 절반이 실업자인 경우 어떻게 될까? 이 사업이 이들에게 임금을 지급할 뿐만 아니라 새로운 일자리까지 제공하는 것을 정부는 어떻게 반영해야 할까?

정부는 이 사업의 편익을 측정하고자 할 때 더 어려운 문제에 봉착하게 된다. 교통체증이 줄어서 절감된 통근시간의 가치는 얼마인가? 교통사고로 인한 사망자가 감소한다면 그 사회적 가치는 얼마나 될까?

이 어려운 문제들은 공공사업의 편익과 비용을 측정하는 틀로서 **비용-편익분석**(cost-benefit analysis) 분야에서 다루어진다. 제8장에서는 이 고속도로 사례의 맥락에서 비용-편익분석을 자세히 설명할 것이다.

공공재에 대한 선호를 어떻게 측정할 것인가?

공공재의 적정공급에 관한 지금까지의 논의에 있어서 정부는 사유재와 공공재에 대한 개인들의 선호를 알고 있다. 그렇기 때문에 공공재에 대한 한계가치(사유재에 대한 공공재의 한계대체율)를 계산하고 이를 모든 개인들에 걸쳐 합한 다음 이 결과를 (사유재의 한계비용에 대한) 공공재의 한계비용과 일치시킨다.

물론 실제에 있어서는 개별적인 선호를 공공재 제공의 결정으로 전환하고자 할 때 정부는 적어도 세 가지 문제에 직면하게 된다. 첫째는 **선호의 표출**(preference revelation)이다. 예를 들면 개인들은 공공재에 대해 높은 가치를 부여하는 것을 정부가 알게 되면 자신에게 더 많은 세금을 부과할까 봐 자신이 느끼는 진정한 공공재의 가치를 정부에 드러내려 하지 않는다. 둘째는 **선호에 관한 지식**(preference knowledge)이다. 설사 개인들이 공공재에 대한 자신의 진정한 가치를 드

27 Ward(2021).

러내고 싶어도 고속도로나 국방과 같은 공공재의 가격 책정에 관해 경험이 거의 없기 때문에 자신이 부여하는 가치를 모를 수도 있다. 셋째는 **선호의 취합 문제**(preference aggregation)이다. 정부는 공공사업의 가치를 정하기 위해 수백만 주민의 선호를 어떻게 의미 있게 통합할 것인가?

이러한 난제들은, 정부는 어떻게 공공재의 적정 수준과 같은 공공정책적인 의사결정을 하는지를 연구하는 **정치경제학**(political economy) 분야에서 다루는 문제이다. 제9장에서는 이러한 문제들을 다루기 위해 사용되어 온 다양한 접근 방법과 무임승차자 문제와 같은 문제에 대해 효과적으로 개입하는 정부의 능력에 대해 이들 접근 방법이 갖는 함의에 관해 논의할 것이다.

7.4 결론

모든 수준에서의 정부가 갖는 주요 기능 중 하나는 공공재의 공급이다. 정부 개입의 잠재적 편익은 레바논의 적절한 폐기물 및 쓰레기 처리시설 부족 사례와 같은 무임승차자 문제를 볼 때 명백하다. 어떤 경우는 민간부문이 공공재를 제공할 수 있지만 일반적으로 최적수준은 달성하지 못한다.

공공재를 시장이 제공함에 있어 문제가 있을 때는 정부의 개입이 잠재적으로 효율을 제고할 수 있다. 과연 그 잠재성이 실현되느냐 하는 것은 공공사업의 비용과 편익을 적절하게 측정하는 정부의 능력과 함께 사회적으로 효율적인 의사결정을 실현시킬 수 있는 정부의 능력에 달려 있다. 이어지는 2개 장에서 이 두 가지 문제를 자세하게 알아보자.

요약

- 순수공공재는 비경합적이고(어떤 재화의 사용이 다른 사람의 소비기회에 영향을 미치지 않음) 비배제적이다(공공재의 소비기회나 접근을 막고 싶지만 그럴 방도가 없음).
- 순수공공재를 공급할 때 그 최적수준은 모든 수혜자의 한계편익을 합한 것이 한계비용과 같아질 때 달성된다.
- 무임승차자 문제 때문에 민간시장에 의해서는 적정 수준의 공공재가 제공될 가능성이 적다.
- 어떤 경우 민간시장은 적어도 부분적으로라도 무임승차자 문제를 극복할 수 있다. 만약 고소득계층이나 아니면 공공재에 대한 선호도가 높은 사람이 존재할 때, 이타적이거나 자신의 기여로부터 '자긍심'을 느끼는 사람들이 존재할 때 사회적 최적수준에 근접한 결과가 나타날 가능성이 높아진다.
- 공공부문이 공공재를 제공하는 경우 민간부문에 의한 공공재 제공을 구축하는 효과를 가져올 수 있다.
- 외주계약은 민간부문과 공공부문의 공공재 제공을 통합하는 효과적인 수단이 될 수 있지만 여러 가지 한계도 가지고 있다.
- 공공재의 적정량을 제공하는 문제와 관련, 추가적인 문제는 공공사업의 비용과 편익을 정하고, 공공재에 대한 사회 구성원의 수요를 효과적으로 반영하는 것이다.

연습문제

1. 사회적 총편익을 도출하기 위해 사유재에 대한 수요는 수평으로 합하지만 공공재에 대한 수요는 수직으로 합한다. 이렇듯 서로 다른 방법을 사용하는 이유는 무엇인가?

2. 발라랜드의 주민들이 과거에는 연간 120마일의 도로를 포장했었다. 정부가 100마일의 도로포장을 시작한 이후 주민들은 연간 30마일로 줄여 포장된 도로는 연간 130마일에 불과하게 되었다. 이 나라에서는 무슨 일이 일어난 것인가?

3. 햄버거(사유재)에 대한 라이언의 수요는 $Q = 21 - 6P$이고 매디슨의 수요는 $Q = 6 - 3P$이다.
   a. 햄버거 소비에 대한 사회적 한계편익곡선의 방정식을 구하라.
   b. 이제 햄버거가 공공재라고 가정해보자. 햄버거 소비에 대한 사회적 한계편익곡선의 방정식을 구하라.

4. 당신의 동네 주민들은 반상회에 연회비를 납부한다. 이 모임은 마당을 각별히 예쁘게 꾸민 집들을 선택하여 회비를 되돌려주고 있다.
   a. 반상회는 왜 돈을 돌려주는가?
   b. 가장 최근의 반상회에서 동네의 유지비용을 일부 주민이 안 낸다는 것은 공정하지 않다고 생각하여 이 제도를 없애려고 투표를 실시하였다. 이것이 동네의 미화 수준에 전반적으로 어떤 영향을 미칠지 설명해보라.

5. 조로랜드에는 모든 면에서 똑같은 다수의 주민들이 살고 있다. 보포랜드에는 조로랜드와 동일한 숫자의 주민이 살고 있고 평균소득도 똑같지만 소득분포가 더욱 불균등하다. 보포랜드가 조로랜드보다 더 많은 공공재를 누린다면 이유는 무엇인가?

6. 공공재의 경합적이고 배제적인 성격을 생각해보자. 라디오 방송은 어느 정도로 공공재인가? 또한 간선도로는 어느 정도로 공공재인가?

7. 당신이 살고 있는 지역에는 어떤 무임승차자 문제가 있는지, 해당 지자체가 이 문제를 극복할 수 있는 방안은 무엇인지 생각해보라.

8. 공공재의 적정량을 결정하기 위해 와칸다 정부는 지역주민들이 공공재에 대해 얼마나 많은 가치를 부여하는지 조사해보기로 하였다. 그 이후에 주민들에게 조세를 부과하여 공공재 제공의 재원을 조달할 것이다. 주민들이 자신의 선호도를 낮추어 답하게 만드는 조세제도는 어떤 것인지 설명해보라. 또한 주민들이 자신의 선호도를 높여서 답하게 만드는 조세제도는 어떤 것인지 설명해보라.

9. ⓔ 정부 지출이 공공재의 민간 제공을 구축하는 정도를 실증적으로 확인하는 일이 어려운 이유는 무엇인가?

10. 공공재를 제공하는 문제가 왜 외부효과 문제가 되는가?

ⓔ 기호는 학생들이 제3장과 '실증적 증거' 코너에서 공부한 실증적 경제원리를 적용해야 하는 문제임을 의미한다.

심화 연습문제

11. 당신의 마을에 있는 공영 라디오 방송국에서 재원마련 활동을 하는 친구가 있다고 가정하자. 어느 날 사람들은 방송국이 연방정부로부터 거액의 지원금을 받는 것으로 막 선정되었다며 신이 나서 말하였다. 방송국의 마케팅 부서는 이 소식이 새로운 기부의 물결을 주도할 수 있기를 희망하면서 다가오는 홍보 이메일에 지원금에 대한 세부 정보를 제공할 계획이다.
    a. 이 장의 이론적인 도구를 사용하여, 기부금을 늘리

는 데 효과적인 새로운 지원금이 포함된 홍보 이메일에 대한 친구의 아이디어와 관련하여 무엇이 사실이어야 할지 논의하라.

b. 신진 실험경제학자로서 당신은 지역 공영 라디오 방송국의 마케팅에 대하여 친구와 이야기할 때 등장하는 구축효과에 대한 질문들에 관심이 있다. 당신은 친구에게 이것이 구축효과를 실증적으로 연구할 수 있는 완벽한 기회라고 하며, 방송국에서 이메일 수신자를 무작위로 두 집단으로 나누는 작은 실험을 할 것을 제안한다. 한 집단은 새로운 연방 지원금을 홍보하는 이메일을 수신하고, 다른 집단은 방송국이 최근에 수행한 훌륭한 업적을 강조하지만 지원금에 대한 언급을 생략한 이메일을 수신하게 한다. 이러한 실험은 Kingma의 1989년 공영 라디오 연구에 대하여 무엇을 개선할 것인가? 이러한 접근 방식의 함정은 무엇인가?

12. 가로등에 대한 수요가 20명은 각각 $Q = 20 - P$이고, 5명은 각각 $Q = 18 - 2P$이다. 가로등 하나의 설치비용은 10달러이다. 가로등을 분수로 구입할 수 없다면 몇 개의 가로등이 사회적으로 최적인가?

13. 에이미, 브룩, 첼시는 미니애폴리스에 살고 있다. 공공재로서 자전거 도로에 대한 에이미의 수요는 $Q = 24 - 4P$이다. 브룩은 $Q = 14 - P$이고, 첼시는 $Q = 5 - P/3$이다. 자전거도로 건설의 한계비용은 $MC = 18$이다. 구청은 자전거 도로를 얼마나 건설해야 하는지를 결정하기 위해 다음과 같은 절차를 밟기로 했다. 구청은 모든 주민에게 몇 구간의 자전거도로를 건설해야 하는지 물어본 다음 가장 큰 숫자 값의 대답만큼을 건설하기로 했다. 구청은 재원을 조달하기 위해서 에이미, 브룩, 첼시에게 구간당 각각 a, b, c만큼의 세금을 부과하기로 했는데, 이때 $a + b + c = MC$이다(이들은 응답을 하기 전에 이 세율을 알고 있다).

a. 만일 세금이 각각의 몫이 동일하게끔 결정된다면 ($a = b = c$), 몇 구간이 건설되겠는가?

b. 구청은 a, b, c의 세율을 정확히 산정함으로써 사회적 최적수준을 달성할 수 있음을 보이라. 각 세율을 얼마로 정해야겠는가?

14. 스프링필드에는 2명의 거주자 호머와 바트가 살고 있다. 이 지역은 현재 오직 두 거주자가 내는 기여금만으로 소방서를 운영하고 있다. 두 거주자는 각각 사유재(X)와 소방관의 총인원수(M)에 대하여 효용함수 $U = 6 \times \log(X) + 2 \times \log(M)$을 갖고 있다. 소방관의 총숫자 M은 두 사람이 고용하는 소방관의 합으로서 $M = M_H + M_B$가 된다. 호머와 바트는 모두 100달러의 소득을 갖고 있고, 사유재와 소방관의 가격은 모두 1달러이다. 따라서 그들이 고용할 수 있는 소방관의 숫자는 0부터 100명까지로 제한된다.

a. 만일 정부가 개입하지 않는다면 몇 명의 소방관이 고용되겠는가? 호머와 바트가 소방관에게 지급하는 금액은 각각 얼마인가?

b. 사회적으로 가장 바람직한 소방관의 숫자는 얼마인가? 만일 이 문항에 대한 답이 문제 (a)와 다르다면 왜 그러한가?

15. 뮤직빌시에는 바흐와 모차르트라는 두 주민이 살고 있다. 시는 현재 오로지 시민들의 기여금만으로 무료 야외 음악회를 여는 데 드는 비용을 조달하고 있다. 두 주민은 각각 사유재(X)와 음악회 총횟수(C)에 대하여 효용함수 $U = 3 \times \log(X) + 2 \times \log(C)$를 갖고 있다. 개최된 음악회의 총횟수는 두 사람이 지불한 음악회 횟수의 합으로서 $C = C_B + C_M$이 된다. 바흐와 모차르트는 모두 60의 소득을 갖고 있으며 사유재와 콘서트의 가격은 모두 1이다. 따라서 그들이 개최할 수 있는 콘서트의 횟수는 0부터 60까지이다.

a. 만일 정부가 개입하지 않는다면 얼마나 많은 콘서트가 열릴 수 있을까?

b. 정부는 사적 균형에 만족할 수 없어서 바흐와 모차르트가 열기로 한 횟수에 8회를 더 열기로 했다고 가정하자. 이 추가적인 콘서트를 위해 정부는 두 사람

에게 동일한 세금을 부과하였다. 이제 콘서트의 총 횟수는 얼마나 되겠는가? 이런 결과는 문제 (a)와 어떤 차이가 있는가? 이는 사회적으로 최적수준인가? 그렇다면 왜 그렇고, 아니라면 왜 아닌가?

c. 신원을 알 수 없는 독지가가 이 8회의 콘서트 비용을 대주었다고 가정하자. 이런 가정하에서 콘서트는 모두 몇 회가 열리겠는가? 이 결과는 문제 (b)와 같은가, 아니면 다른가?

16. 오로지 기념비에 대해서만 선호가 다른 세 종류의 사람들이 사는 경제를 가정해보자. 첫 번째 종류의 사람들은 기념비의 숫자와는 무관하게 단지 기념비가 존재하기만 하면 250만큼의 고정편익을 얻는다. 두 번째와 세 번째 사람들은 다음의 식에 따라 편익을 얻는다.

$$B_{II} = 30M - 2M^2(\text{단, } M < 2)$$
$$B_{II} = 200 + 30M - 2M^2(\text{단, } M \geq 2)$$

그리고 세 번째 종류의 사람들은 다음과 같은 편익을 얻는다.

$$B_{III} = 150 + 90M - 4M^2$$

이때 M은 도시의 기념비 숫자를 의미한다. 각 종류에는 50명의 사람들이 있다고 가정하자. 기념비 하나를 건조하는 데는 3,000달러가 든다. 얼마나 많은 기념비가 건조되어야 하겠는가?

부록
제7장

James Andrews/iStock/Getty Images

공공재 제공의 수학

이 부록에서는 민간부문의 공공재 제공에 관한 분석의 밑에 깔려 있는 수학을 살펴보고 정부의 개입이 민간부문의 공공재 제공에 어떤 영향을 미치는지 논의하기로 한다. 이 분석에서는 하나의 의사결정을 위해 다수의 주체가 상호작용하는 경우의 문제를 풀기 위해 경제학자들이 사용하는 방법인 **게임이론**의 도구를 사용할 것이다.

사례의 설정

벤과 제리는 서로 멀리 떨어져 산다고 생각해보자. 그들은 가격이 1달러($P_x = 1$)인 사유재 X와 가격이 1달러($P_F = 1$)인 불꽃이라는 공공재의 소비 사이에서 선택을 하고 있다. 그들은 각각 100달러의 소득을 갖고 있다. 불꽃은 공공재이기 때문에 제공되는 총량은 각자가 제공하는 양의 합이 된다($F = F_B + F_J$). 각자(i)는 $X_i + F_i = 100$의 예산제약하에 극대화해야 할 효용함수 $U = 2 \times \log(X_i) + \log(F_B + F_J)$를 갖고 있다.

공공재를 민간부문에서만 공급하는 경우

우선 정부의 개입 없이 벤과 제리가 스스로 공공재를 제공하는 경우를 생각해보자. 공공재를 사적으로 제공하는 모형을 구축함에 있어 문제가 되는 것은 상대방도 역시 불꽃놀이를 제공한다는 사실을 서로 아는 상황에서 벤과 제리가 어떻게 행동할 것이냐 하는 점이다. 이런 종류의 문제를 다루기 위해 고안된 게임모형은 전형적으로 **내쉬 협상(Nash bargaining)**을 가정한다. 각 주체는 상대방의 행태를 주어진 것으로 보고 자신의 최적 전략을 세우며, 만일 서로 부합되는 일련의 최적 전략이 존재한다면 이때 균형이 존재한다. **내쉬 균형(Nash equilibrium)**은 상대방의 행동 전략이 주어졌을 때 모든 주체가 자신의 최적 전략을 추구하는 점이다.

벤이 풀어야 하는 적정화 과제는 효용함수와 예산제약이 합해져 다음과 같은 형태를 취한다.

$$\text{Max } U = 2 \times \log(100 - F_B) + \log(F_B + F_J)$$

이 방정식을 F_B에 대해 미분하면 다음과 같은 결과를 얻는다.

$$-2/(100-F_B)+1/(F_B+F_J)=0$$

또한 이를 풀어주면 다음을 얻는다.

$$(100-F_B)/(2\times(F_B+F_J))=1$$

따라서

$$F_B=(100-2F_J)/3$$

이 방정식은 무임승차자 문제를 의미하고 있다. 즉 제리의 기여금이 증가함에 따라 벤의 기여금은 줄어들고 있는 것이다.

같은 방법으로 제리에 대해서도 풀어주면,

$$F_J=(100-2F_B)/3$$

이제 2개의 미지수에 대해 2개의 방정식이 유도되었으므로 F_B와 F_J에 대해 풀 수 있으며, 이를 풀어주면 $F_B=F_J=20$이 되어 불꽃의 총공급량은 40이다.

사회적 최적수준

이런 결과는 사회적 최적수준과 비교할 때 어떤 차이가 있을까? 사회적 최적수준은 개인들의 *MRS*의 합이 가격의 비(이 예에서는 1)와 같아질 때의 양이다. 개인들의 *MRS*는 사유재의 한계효용에 대한 불꽃놀이의 한계효용 비이며 이는 앞에서의 효용함수를 불꽃에 대해 미분한 다음에 다시 사유재에 대해 미분함으로써 얻을 수 있다. 따라서 불꽃놀이의 적정량은 다음의 방정식에 의해 결정된다.

$$(100-F_B)/[2\times(F_B+F_J)]+(100-F_J)/[2\times(F_B+F_J)]=1$$

불꽃의 총량이 $F=F_B+F_J$임을 이용하여 위 방정식을 정리하면

$$(200-F)/2F=1$$

이고, 이를 풀어주면 $F=66.6$을 얻는다. 이는 무임승차자 문제하에서 민간부문에 의해 공급되는 양인 40보다 훨씬 많은 양이다. 공공재는 민간시장에 의해 과소공급된다.

다른 종류의 개인들

이제 벤이 125달러의 소득을 갖는 반면에 제리는 75달러의 소득만을 갖는다고 가정해보자. 이 경우 벤은 다음의 효용함수를 극대화한다.

$$U=2\times\log(125-F_B)+\log(F_B+F_J)$$

따라서 불꽃에 대한 벤의 수요는 다음과 같다.

$$F_B = (125 - 2F_J)/3$$

한편, 제리가 극대화해야 할 효용함수는 다음과 같다.

$$U = 2 \times \log(75 - F_J) + \log(F_B + F_J)$$

따라서 불꽃에 대한 벤의 수요는 아래와 같다.

$$F_J = (75 - 2F_B)/3$$

이 두 방정식을 풀어주면 $F_B = 45$와 $F_J = -5$를 얻는다. 개인들이 마이너스로 불꽃을 제공할 수는 없는 노릇이니 이는 제리가 불꽃을 제공하지 않음을 의미하며, 따라서 총공급량은 41.66이다. 이 결과는 벤과 제리가 동일한 소득을 갖고 있을 때 민간부문에 의해 제공되는 양보다는 많다. 따라서 한 사람이 더 많은 소득을 갖게 되면 사회적 최적수준에 더 가까워지는 결과를 낳게 된다.

완전구축

정부가 민간부문이 불꽃을 원래의 예보다 26.6만큼 적게 공급한다는 사실을 인지하고 있다고 가정해보자. 따라서 정부는 더 많은 불꽃을 위해 벤과 제리가 각각 13.3달러씩을 기여하도록 강제함으로써 이 문제를 해결하려고 한다. 과연 이런 방법으로 공공재의 과소공급 문제가 해결될 수 있을까?

사실 그것은 불가능하다. 강제로 기여하게 하는 것은 기존의 기여금을 구축해버리기 때문이다. 이와 같은 강제적 기여하에서 벤과 제리는 다음과 같은 형태의 효용함수를 극대화한다.

$$\text{Max } U = 2 \times \log(X_i) + \log(F_B + F_J + 26.6)$$

각자는 다음의 예산제약하에서 효용함수를 극대화한다.

$$X_i + F_i = 100 - 13.3$$

위에서처럼 이 적정화 과제를 풀어주면 벤과 제리의 적정 불꽃 공급량 수준은 각각 6.7로 떨어지며 따라서 총공급량은 40(공공부문 26.6 + 민간부문 13.4)에 머무르게 된다. 각자의 공급량을 6.7로 줄임으로써 벤과 제리는 그들의 입장에서 최적으로서 각자 20달러씩을 지출하여 총 40회의 불꽃놀이를 공급하는 사적인 해(解)로 돌아갈 수 있게 된다. 그러나 이 장에서 논의된 것처럼 완전구축이란 민간부문에 의해서도 공급되는 재화를 정부가 공급할 때 나타날 수 있는 가능한 여러 가지 결과 중 하나에 불과하다.

CHAPTER

8

James Andrews/iStock/Getty Images

비용-편익분석

생각해볼 문제

- 공공사업의 적절한 비용과 편익을 어떻게 측정하는가?
- 시간이나 인간 생명의 가치처럼 측정하기 어려운 비용과 편익 문제를 다루는 최선의 방법은 무엇인가?
- 공공사업의 적정성을 평가하기 위해 비용과 편익을 어떻게 비교하는가?

캘리포니아는 교통체계 때문에 상당한 어려움을 겪고 있다. 주(state)의 인구가 빠르게 성장해온 결과, 주의 고속도로를 이용하는 차량은 도로의 수용 능력에 비해 몇 배나 빨리 증가하고 있다. 이런 문제는 앞으로 계속 악화될 전망이다. 2019~2055년 사이 주의 인구는 약 1,050만 명이 늘어날 것으로 예측되고 있기 때문이다.[1] 진행 중인 이 위기 상황을 다루기 위해 주는 미국에서 최초로 고속철도(high-speed rail, HSR)를 확립할 계획이다. 이는 새크라멘토에서 샌디에이고까지 800마일에 걸쳐 건설될 것이며, 시간당 200마일이 넘는 속도를 낼 수 있는 능력을 갖추게 됨으로써 주행시간이 지금의 8시간 30분에서 약 4시간으로 줄어들 것이다. 그리고 그 비용은 800억 달러를 넘을 것으로 예측되었다.[2] 2008년에 캘리포니아 주민은 주가 발행하는 공채, 이산화탄소 배출권의 판매수입, 연방정부의 보조금 및 민간 투자의 혼합으로 재원을 조달하는 문제에 대해 투표를 실시하였다.[3]

캘리포니아의 유권자들은 주정부가 주관하여 이러한 사업의 비용과 편익을 평가한 연구로부

1 Lieberman(2018).

2 Lipkin(2020), Thompson(2020).

3 Sanders(2015).

터의 정보가 없었더라면 HSR을 용인하지 않았을 것이다.[4] 이 연구에서는 우선 해당 사업의 비용을 계산했는데 이는 (설계, 관리, 토지 수용 등과 같은) 자본비용, (인건비, 전력비용과 같은) 운영비, (철로와 신호체계 등의) 유지비로 구성된다. 또한 연구자들은 대기오염과 소음공해(그리고 이로 인한 수면장애, 소음의 증가로 인한 생산성 상실) 등과 같은 이 사업의 비화폐적 비용 문제도 다루었다. 연구자들은 이 모든 비용이 편익에 의해 상쇄되고도 남음이 있다고 결론지었다.

이 사업의 편익은 여러 형태를 띤다. 이 사업에 대한 가장 최신판 보고서(2020년 발간된)에 따르면 2040년까지 HSR의 승객은 4,000만 명에 이를 것이며, 이에 따라 교통체증 때문에 차 안에서 보내는 시간이 줄어들고 항공여행보다 철도여행의 신뢰성이 더 높아지면서 연간 1억 8,000만 시간을 절약할 것으로 나타났다. 또한 사람들은 기차 안에서 일을 하는 경향이 있으며 이는 자동차 운전 중에는 할 수 없는 것이기 때문에 생산성도 향상될 것이다. 2020년 보고서는 또한 HSR로 인해 연간 약 2억 1,300만 갤런의 휘발유 소비가 감소할 것으로 예측하였다. 다른 보고서들에서는 HSR로 2030년까지 매년 1,270만 달러의 유류 소비가 절감될 것으로 예상하였다. 그리고 도로 위를 주행하는 자동차 수가 줄어들어 교통사고가 줄어들고 이로 인한 소득 상실과 의료비 지출이 줄어들 것으로 예상했다. 또한 HSR로 40만 대의 차량에서 발생하는 배기가스와 3,500톤의 오염물질들이 제거됨으로써 전반적인 공해가 줄어들어 건강의 향상과 이로 인한 의료비 절감이 기대되고, 기후변화로 인해 발생하는 사회적 비용이 줄어들게 될 것이다. 마지막으로, 이 고속철도의 시행으로 혼잡비용은 해마다 200억 달러가량 감소할 것으로 예상된다. 2018년에 공개되어 있는 계획에 대하여 연구자들은 궁극적으로 열차가 가져올 편익의 가치가 약 2,590억 달러(2020년 달러 기준)에 달할 것이며, 이에 반해 금전적, 비금전적 비용을 모두 포함한 비용은 1,220억 달러(2020년 달러 기준)에 불과할 것이므로 이 사업은 1,370억 달러의 순편익을 가져올 것으로 결론지었다.[5] 이러한 엄청난 규모의 순편익은, 이 사업의 재원을 조달하기 위해 발행된 채권을 갚기 위해 요구되는 장기적인 주(州) 세금 증가에도 불구하고 캘리포니아 유권자들 중 다수가 HSR 사업을 찬성하는 이유를 설명해준다고 볼 수 있다. 최근 금전적인 비용이 800억 달러로 증가할 것으로 추정되고 있는데, 이러한 비용 증가에도 해당 사업에서 순편익이 발생하겠으나 비용 초과로 지원사업에 어려움을 겪을 수 있다.

제7장에서의 논의는 공공재의 사회적 한계편익과 한계비용이라는 이론적 개념에 의존하여 전개되었다. 그러나 정부가 얼마나 많은 공공재를 생산할 것인지를 결정함에 있어서 이와 같은 이론적 개념은 구체적인 숫자로 바뀌어야만 한다. 이를 위해서 정부는 공공재 사업이 추진되어야 하는지를 결정하기 위해 그 비용과 편익을 비교하는 **비용-편익분석**(cost-benefit analysis)을 사용한다. 원리적 차원에서 보자면 비용-편익분석은 회계학적으로 모든 비용을 더하고, 모든 편익을 더하여 양자를 비교하는 방법이다. 그러나 실제에 있어서 비용-편익분석은 제2장에서 복습한 미시경제학적 논리와 흥미로운 실증적 증거들을 집중적으로 사용하는 풍부한 경제학적 사고 능력을 발휘해야 하는 일이다.

비용-편익분석 공공재 사업의 수행 여부를 결정하기 위해 그 비용과 편익을 비교하는 일

4 자세한 내용은 다음을 참조하라. California High-Speed Rail Authority(2015; 2020).

5 Vartabedian(2018).

그 풍부함은 이미 앞에서 본 캘리포니아의 HSR 기차의 예에 잘 나타나 있다. 이 경우에 비용-편익분석을 수행하는 일은 다음과 같은 어려운 질문에 대한 답을 구하는 일이다. 즉 통근자의 통근시간 절약을 어떻게 평가해야 할까? 소음 발생과 도시미관의 훼손비용은 어떻게 평가해야 할까? 안전성 증가의 편익은 어떻게 평가할까? 그리고 이와 같은 편익과 비용의 많은 부분이 지금 당장 발생하는 것이 아니라 먼 미래에 발생한다는 사실을 어떻게 다루어야 할까?

이 장에서는 비용-편익분석을 수행함에 있어서 다루어야 할 일단의 주요 쟁점들을 논의한다. 이를 통해 우리는 정책결정자들이 제7장에서 전개된 이론을 이 분야의 분석 도구에 어떻게 적용하는지의 문제를 살펴보기로 한다.

8.1 공공사업의 비용 측정

이 절에서는 비용-편익분석에 관한 논의에 있어서 방향을 잡을 수 있도록 사례 한 가지를 살펴보고, 공공사업의 비용을 측정하는 일과 관련된 어려움에 대해서 알아보기로 한다. 비록 이 절에서 다루어질 원리가 일반적이기는 하지만 비용-편익분석을 이해하는 최선의 방법은 실제 사례를 분석해보는 것이다.

사례

다시 한 번 당신이 주정부에서 일하는 관료라고 생각해보자. 그러나 이번에는 보건복지부가 아니라 고속도로를 관리하는 부처에서 일한다고 가정하자. 현재 주 고속도로는 상태가 안 좋아서 여기저기에 패인 구멍이 있고 갓길이 무너져 내려 차들이 속도를 낼 수 없을 뿐만 아니라 사고의 위험도 매우 높은 상황이다. 주지사는 주정부가 도로 보수공사에 투자를 해야 하는지 여부

표 8-1 고속도로 건설사업의 비용-편익분석 고속도로 보수에는 아스팔트, 노동 및 미래의 유지비용 등 세 가지 비용이 발생한다. 편익으로서는 운전시간 단축과 교통사고 사망자 감소 등 두 가지가 있다. 비용-편익분석의 목적은 이러한 비용과 편익의 크기를 정량화하는 것이다.

		양	가격/가치	합계
비용	아스팔트	100만 부대		
	노동	100만 시간		
	유지비용	1,000만 달러/연간		
			1차연도 비용 :	
			사업기간 중 총비용 :	
편익	운전시간 단축	50만 시간/연간		
	교통사고 사망자 감소	5명/연간		
			1차연도 편익 :	
			사업기간 중 총편익 :	
			총편익 – 총비용 :	

를 결정하는 업무를 당신에게 맡겼다.[6]

표 8-1에 나와 있듯이 도로 보수를 위해서는 다음과 같은 투입요소가 필요하다.

- 아스팔트 100만 부대
- 건설인력 100만 시간(500명 × 2,000시간)
- 미래의 도로 유지비용 연간 1,000만 달러

한편, 도로를 보수하면 다음과 같은 두 가지 편익이 발생한다.

- 생산자(트럭)와 소비자의 운전시간이 연간 50만 시간 감소할 것이다.
- 도로가 더욱 안전해져서 연간 5명의 사망자가 줄어들 것이다.

현재비용의 측정

현금흐름회계 정부가 어떤 사업의 투입요소에 대해서 지불한 것만을 합해서 비용으로 계산하고 사업에 의해 발생하는 소득이나 정부 수입만을 합해서 편익으로 계산하는 회계 방법

기회비용 어떤 자원의 사회적 한계비용은 그 자원을 차선의 용도에 사용했을 때의 가치임

비용-편익분석의 첫 번째 과제는 이 공공재의 비용을 측정하는 일이다. 비용 수치를 얻기 위해서는 앞에 열거한 생산요소에 대해 정부가 지불하는 비용들을 모두 합하기만 하면 되므로 별로 어려운 일 같아 보이지는 않는다. 이 방법은 회계사들이 사용하는 방법으로서 **현금흐름회계**(cash-flow accounting)라고 한다. 그러나 이런 방법은 제7장에서 공공재의 최적규모를 결정할 때 사용했던 사회적 한계비용이라는 이론적 개념과 부합하지 않는다. 그것이 아스팔트건, 노동력이건, 또는 미래의 유지비용이건 어떤 생산요소의 사회적 한계비용은 **기회비용**(opportunity cost), 즉 이 자원을 차선의 용도에 사용했을 경우의 가치이다. 따라서 사회가 어떤 자원을 사용했다면 그 비용은 지불된 화폐비용에 의해서가 아니라 사회가 그 자원을 투입할 수도 있었던 차선의 용도에 의해 결정되는 것이다. 먼저 아스팔트의 경우를 생각해보자. 아스팔트 한 부대를 도로 보수에 쓰지 않았더라면 그 차선의 용도는 다른 사람에게 판매하는 것이다. 이 대안적 사용 방법의 가치는 그 시장가격이므로 이 경우 아스팔트의 기회비용은 그 가격이 되는 것이다. 기회비용에 대해 첫 번째로 우리가 알아야 할 사실은 해당 요소가 완전경쟁시장에서 거래될 때 이 자원의 기회비용은 그 시장가격과 같다는 것이다. 완전경쟁시장의 균형에서 가격은 사회적 한계비용과 일치하므로 만약 아스팔트 한 부대의 가격이 100달러라면 도로 보수사업의 아스팔트 비용은 1억 달러가 될 것이다.

만일 노동시장이 완전경쟁시장이라면 이 사업의 인건비에도 동일한 논리가 적용될 수 있다. 이 경우 이 사업에 투입된 노동 한 시간의 가치는 임금률, 즉 이 노동시간이 차선의 용도에 투입되었을 경우의 가치이다. 건설인력의 시장임금이 시간당 10달러라면 이 사업에 투입된 노동비용은 1,000만 달러가 된다.

시장의 불완전성 그러나 건설업 일자리가 차선의 일자리에 비해서 훨씬 더 많은 보수를 지불한다고 가정해보자. 예컨대 다른 근로자들의 시장임금은 모두 시간당 10달러인 데 반해서 주정

6 복잡한 유료도로를 주행해본 경험에 비추어보면 이 도로들은 경합적인 동시에 배제적이지만 이 예의 목적상 비경합적이고 비배제적이어서 주민들은 이 도로의 문제를 해결하기 위해 돈을 지불할 의사가 없음을 가정하자. 따라서 주정부는 과연 이 공사가 가치가 있는지를 결정해야 한다.

부의 최저임금법에 의해 건설인력의 최저임금은 시간당 20달러로 정해져 있다.[7]

건설업의 임금이 다른 업종의 임금보다 높기 때문에 건설 쪽에서 일을 하고 싶지만 일자리를 구할 수가 없어 어쩔 수 없이 10달러의 임금을 받고 다른 분야에서 일을 해야만 하는 근로자들이 있을 것이다.

이 경우 이러한 새로운 프로젝트의 기회비용은 이 프로젝트에 참여하는 근로자들이 선택할 차선의 대안이 되며 이 경우 다른 업종에서 받을 수 있는 10달러가 된다. 따라서 노동 100만 시간의 기회비용은 1,000만 달러가 된다.

정부가 이들 근로자를 고용하기 위해 실제로 지출하는 돈은 2,000만 달러인데 어떻게 1,000만 달러가 기회비용이 될 수 있을까? 주정부가 지불한 건설인력 인건비는 두 가지 요소로 구성되어 있다. 노동이라는 자원의 기회비용과 **지대**(rent)가 그것이다. 지대란 자원을 획득하는 데 필요한 수준 이상으로 자원 제공자(이 경우에는 근로자)에게 지급되는 부분을 말한다. 노동 1시간의 기회비용은 다른 곳에서 벌 수 있는 임금 10달러뿐이다. 따라서 이들에게 시간당 20달러를 지불함으로써 시간당 10달러를 추가적으로 이들에게 지급한 것이 된다. 사회의 관점에서 보자면 이 부분은 비용이 아니며 단지 한 주체(정부)로부터 다른 주체(건설 근로자)에게 이전된 지출일 뿐이다. 따라서 정부가 지출한 2,000만 달러 중에서 1,000만 달러는 정부로부터 근로자에게 이전된 지대일 뿐이며 (회계학적으로는 비용이 되겠지만) 이 프로젝트의 진정한 경제적 비용으로 산정되지 않는다. 경제적 비용은 차선의 용도로부터 자원을 전환시켜 최선의 용도에 사용하기 위해 소요되는 비용일 뿐이다. 우리의 예에서 건설 근로자가 다른 일자리에서 받을 수 있는 10달러만 기회비용일 뿐 나머지는 모두 이전지출에 불과하다.

지대 자원을 이용하는 데 필요한 기회비용 이상으로 자원 공급자에게 지불된 금액

마찬가지로 정부가 아스팔트를 완전경쟁시장의 기업으로부터 구입하지 않고 한계비용 이상으로 가격을 책정하는 독점기업으로부터 구입했다고 가정하자. 이 경우 아스팔트라고 하는 자원의 기회비용은 아스팔트 생산의 한계비용, 즉 이 아스팔트 생산에 투입된 자원을 다른 용도에 사용했을 경우의 비용이 된다. 정부가 아스팔트 한 부대에 지급한 가격과 그 한 부대를 생산하는 한계비용 사이의 차이는 정부로부터 아스팔트의 독점공급자에게 이전된 지대일 뿐이다.

미래비용의 측정 마지막 비용은 물자와 인력 모두가 관련되는 도로 유지비용이다. 물자와 인력에 대한 분석은 지금까지 해온 바와 동일하다. 그러나 건설과 관련된 일회성 비용과 미래에 발생할 비용의 흐름(유지비용)을 합해야 하기 때문에 새로운 어려움이 생겨난다. 이를 위해서는 제4장에서 검토한 대로 이 비용의 **현재할인가치**(present discounted value, PDV)를 고려해야 한다. 내일의 1달러는 현재 내 수중의 1달러에 비해 가치가 적은데 이는 이 돈을 은행에 넣어두는 경우 이자를 받을 것이고 따라서 내일의 1달러보다 더 큰 금액이 되기 때문이다. 그러므로 오늘의 1달러는 내일의 1달러보다 $(1 + r)$배만큼의 가치가 있는데 이때 r은 은행의 예금 이자율이다. 따라서 현재의 건설비용과 미래의 유지비를 비교하려면 미래비용은 할인이 되어야 한다.

현재할인가치(PDV) 1달러가 투자되면 r%의 이자가 발생하므로 다음 해의 1달러는 현재의 1달러에 $(1 + r)$을 곱한 가치보다 더 적음

현재할인가치 개념을 적용하는 데는 간단한 수학 지식만이 사용되지만, 이러한 계산을 하기

7 현대의 생활임금운동이 시작된 1994년 이래 140가지 이상의 '생활임금(living wage)' 조례가 통과되어 시행 중에 있다(Luce, 2011).

사회적 할인율 사회적 투자에 대해 현재할인가치를 계산하는 데 사용되는 적절한 r의 값

위해 적합한 **사회적 할인율**(social discount rate, 제4장의 PDV 표현에서 'r'값)을 선정하는 문제는 그렇게 단순하지 않은 경제학적 쟁점이다. 민간기업이 투자결정을 하는 경우 적절한 할인율은 동일한 자금으로 다른 사업에 투자했을 경우의 기회비용을 반영해야 한다. 기존의 투자가 연간 10%의 수익률을 확실하게 올리고 이에 대해 50%의 세금을 내야 한다면 이 투자는 기업에 연간 5%의 순수익을 가져다줄 것이다. 그렇다면 새로운 사업에 투자하는 경우 그 기회비용은 기존의 사업으로부터 얻을 수 있는 순수익률 5%가 될 것이다. 그러므로 새로운 사업과 관련한 모든 지출에는 5%의 할인율을 적용해야 한다.

정부 역시 할인율을 선정할 때 민간부문 기회비용에 기초해야 한다. 정부가 사용하는 어떤 돈이든 차선의 대안은 그 돈을 민간부문에서 사용하는 것이기 때문이다. 따라서 만일 민간기업이 10%의 수익률을 올릴 수 있다면 정부의 기회비용 역시 10% 모두가 되어야 한다. 그러나 민간부문과는 달리 정부는 세금을 징수하는 주체이므로 투자수익 중 세후수익만을 기회비용으로 간주할 필요가 없다. 따라서 민간부문으로부터 자금 사용 기회를 제거할 때의 기회비용은 10%로서 이 중 5%는 기업의 세후수익률이고 나머지 5%는 정부의 조세수입이다. 이 두 가지가 모두 민간이 아니라 정부가 자금을 쓰는 데 따르는 기회비용이 되므로 10%가 할인율이 되어야 한다.[8]

실제로 미국 정부는 다양한 할인율을 사용하고 있다.[9] 미국 관리예산처(OMB)는 1992년에 모든 공공사업에 대해 7%의 할인율 사용을 권고했는데 이는 민간부문 세전수익률의 과거 실적치다. 제4장에서 살펴본 것처럼 비용 지출의 장기적 흐름에 대한 현재할인가치는 지출총액을 할인율로 나누어준 결과라는 사실을 상기해보자. 그렇다면 7%의 할인율을 사용하는 경우, 1,000만 달러라는 미래 유지비용의 흐름은 1억 4,300만 달러의 현재할인가치를 갖는다(1,000만 달러/0.07 = 1억 4,300만 달러). 따라서 사업의 총비용을 현재의 달러 가치로 표현하면 아스팔트에 1억 달러, 인건비로 1,000만 달러, 그리고 유지비용 1억 4,300만 달러로 총계 2억 5,300만 달러가 된다. 표 8-2에 각각의 비용항목들이 정리되어 있다.

8.2 공공사업의 편익 측정

이 사업과 관련된 편익을 측정하는 일은 비용을 측정하는 일보다 어려운데 이는 편익의 가치를 평가하는 데 시장의 가치를 사용하기가 더 어렵기 때문이다.

통근시간 절감의 가치 평가

이 사업과 관련된 첫 번째 편익은 생산자와 소비자 모두 시간을 절약하게 된다는 것이다. 생산자의 경우 시간 절감의 가치는 단순하고도 명확한 방식으로 평가할 수 있다. 생산자에게 발생하는 편익은 재화 공급비용의 감소로 생겨나는데 이는 운송시간이 그만큼 줄어들기 때문이다.

8 혹은 공공사업을 위한 지출에 필요한 재원을 정부 채무의 증가로 조달한 것으로 생각할 수도 있을 것이다. 이 경우 공공자금의 기회비용은 정부 채무에 지급한 이자율이 된다.

9 할인율의 선정에 관한 가이드라인은 OMB(1992)에 의해 제시되었다.

표 8-2 고속도로 건설사업의 비용-편익분석　이 사업의 아스팔트 비용은 아스팔트의 시장가격인 부대당 100달러에 의해 결정된다. 노동비용은 임금이 아니라 노동의 기회비용에 의해 결정되는데 여기에는 앞으로 사업에 투입될 예정이지만 현재는 실업 상태에 있는 근로자까지 포함된다. 미래의 유지비용은 이러한 예상 지출의 현재할인가치이다.

		양	가격/가치	합계(백만 달러)
비용	아스팔트	100만 부대	$100/부대	100
	노동	100만 시간	$10/시간	10
	유지비용	1,000만 달러/연간	7% 할인율	143
			1차연도 비용 :	110
			사업기간 중 총비용 :	253
편익	운전시간 단축	50만 시간/연간		
	교통사고 사망자 감소	5명/연간		
			1차연도 편익 :	
			사업기간 중 총편익 :	
			총편익-총비용 :	

생산비의 절감은 공급의 증가로 연결되고(공급곡선의 오른쪽 이동) 이는 다시 사회적 편익의 규모를 증가시킨다. 이 사회적 잉여의 증가는 재화의 생산비가 하락함으로써 사회 전체가 얻는 편익이다.

소비자의 통근시간 절감을 평가하는 일은 훨씬 더 어렵다. 한 지점으로부터 다른 지점으로 더 빨리 이동할 수 있게 된 편익의 가치를 어떻게 평가할 수 있을 것인가? 이 문제에서 우선 필요한 것은 개인의 시간에 대해 사회가 부여하는 가치를 어떤 식으로든 측정하는 일이다. 차 안에 머무르는 시간이 몇 분 줄어든다는 것이 운전자에게 어느 정도의 가치를 갖는 일일까? 경제학자들은 이런 문제에 대해 여러 가지 방식으로 접근한다. 그 어느 것도 완전히 만족스러운 것은 없지만 이 방식들을 한데 모아보면 시간의 가치에 관한 일반적인 결론을 이끌어낼 수 있다.

시장에 기초한 지표인 임금을 사용하여 시간의 가치를 측정하는 방법　고속도로에서의 주행속도가 개선되어 절감되는 시간을 직장에서 사용한다고 가정해보자. 또한 노동시장이 완전경쟁시장이어서 직장에서 보내는 추가적인 시간에 대해 임금을 받을 수 있다고 가정해보자. 이 가정하에서 시간 절감의 가치를 평가하는 데 운전자의 임금을 사용할 수 있을 것이다. 기회비용은 차선의 대안이 갖는 가치이고 이 경우 차선의 대안은 직장에서 일을 하는 것이다. 완전경쟁인 노동시장에서 직장에서 보내는 시간의 가치는 그 시간 동안 벌어들이는 임금이다. 2020년도의 경우 미국 근로자의 평균임금은 시간당 24.64달러였다.[10]

절감된 시간의 일부만 직장에서 사용하고 나머지는 여가에 사용했다면 어떻게 될까? 시간을 여가에 사용했다고 해도 근로자가 몇 시간의 노동을 공급할 것인지를 마음대로 정하는 완전경쟁 노동시장이라면 임금은 시간가치를 평가하기 위한 합당한 지표가 된다. 완전경쟁인 노동시장에

10 이 수치는 U.S. Bureau of Labor Statistics Data(2020)로부터 계산되었다.

서 노동공급자는 여가시간의 가치를 임금과 동일하게 평가하기 때문이다. 만일 여가시간의 한계효용이 임금보다 높다면 근로자는 여가를 늘리고 노동공급을 줄이는 선택을 할 것이다. 그리고 보다 많은 여가를 누림에 따라 여가의 한계효용은 감소하게 될 것이다. 만일 여가시간의 한계효용이 임금보다 낮다면 근로자는 여가를 줄이고 노동공급을 늘리는 선택을 할 것이다. 그리고 여가시간이 줄어들면서 여가의 한계효용은 증가하게 될 것이다. 따라서 마음대로 노동시간을 조절할 수 있는 완전경쟁 노동시장에서는 비록 근로자가 시간을 여가 활동에 사용한다 해도 시간의 가치는 언제나 임금이 되는 것이다.

이와 같은 이론적 결과는 실제에 있어 당연히 몇 가지 문제를 일으킨다.

- 개인들은 노동공급과 여가시간을 마음대로 결정할 수 없다. 일자리는 일정한 시간제약과 함께 오는 것이다. 현재의 임금 수준에서 주당 40시간 이상을 일하고 싶다고 해도 초과근무수당을 지급해야 하는 고용주 입장에서는 원치 않는 일일 것이다. 따라서 근로자가 느끼는 여가시간의 가치가 임금보다 낮다 해도 더 많은 노동공급을 통해 양자를 일치시킬 수는 없다. 따라서 이 경우 임금은 시간 절감의 가치를 **과대평가**하도록 만든다.
- 직장에서의 보상에는 비화폐적인 측면이 있다. 예를 들어 여름에 직장에서는 냉방이 되지만 집에서는 안 된다고 가정하면 그 쾌적함에 대해 가치를 부여함으로써 직장에서 보내는 시간의 가치는 임금보다 높을 것이다. 따라서 직장에서 제공하는 총보상 수준은 임금보다 높아진다. 근로자는 여가의 가치를 임금이 아니라 총보상 규모에 일치시킬 것이므로 시간 절감의 가치는 **과소평가**된다.

이러한 문제들로 인해 시간의 가치를 측정함에 있어 임금 자료의 유용성에 한계가 있으므로 경제학자들은 시간가치를 평가하기 위해 다른 방법을 다양하게 사용하고 있다.[11]

설문조사에 기초한 지표로서 조건부 가치 평가법을 사용하여 시간의 가치를 측정하는 방법 어느 학생이 경제학 과목을 수강하기 전에 어떤 사람들에게 있어서 시간의 가치가 얼마나 되는지 알아내도록 요청받는다면 어떤 방식으로 접근할까? 아마도 가장 가능성이 높은 것은 그들에게 시간의 가치가 얼마나 되느냐고 직접 물어보는 방식일 것이다. 즉 "통근시간을 5분 줄이는데 얼마를 지불할 용의가 있는가?"라고 물어보는 것이다. 이 방법은 경제학자들이 **조건부 가치 평가법**(contingent valuation)이라고 부르는 것으로서 응답자에게 현재 시점에서 선택하지 않은 대안(또는 아직은 가능하지 않은 대안)의 가치를 평가하도록 요구하는 방식이다.

조건부 가치 평가법 사람들에게 현재 선택하고 있지 않거나 선택할 기회가 없는 대안의 가치를 물어보는 것

조건부 가치 평가법의 장점은 어떤 경우에는 공공재의 가치를 정할 수 있는 유일한 방법이라는 점이다. 부엉이와 같은 희귀종을 보존하는 일의 가치를 평가하고자 할 때 생기는 어려움을 생각해보자. 우선 희귀종의 가치를 평가하는 데 쓸 수 있는 분명한 시장가격이 존재하지 않는다. 그러나 사람들에게 희귀종을 보존하는 일이 어느 정도의 가치가 있는지 물어볼 수는 있다. 이렇게 설문조사를 통해 사람들이 표출하는 선호를 모아보면 희귀종 보존노력의 가치에 관한

11 실제로, Buchholz 외(2020)의 최근 연구에 따르면, 비업무시간의 시간가치가 업무시간의 시간가치보다 16% 낮은 것으로 나타났다.

수치를 찾아낼 수 있다.

그러나 이 방법은 다음의 '응용사례'에서 볼 수 있듯 엄청나게 많은 문제점을 가지고 있다.

kmsdesen/Shutterstock

응용사례

조건부 가치 평가법의 문제점

조건부 가치 평가법이 시간 절약과 같은 편익의 가치를 측정하는 가장 분명한 방법처럼 보이지만 비판자들은 조건부 가치 평가의 연구 결과를 보면 그 쓸모없음을 알 수 있다고 주장한다. Peter Diamond와 Jerry Hausman은 이 방법에 대해 가장 많은 비판을 하는 경제학자이며, 이들은 설문의 구조를 바꾸기만 해도 응답자들의 반응에 아주 큰 차이가 난다는 사실을 지적하고 있다.[12] 이 문제에 대한 예를 몇 가지 제시하면 다음과 같다.

- **쟁점을 따로 분리시키면 결과가 달라진다.** 그랜드 캐니언의 가시성을 향상시키기 위해 얼마를 지불할 의사가 있는지에 관한 질문 하나만을 묻는 경우 응답자들은 이 질문을 다른 질문과 함께 섞어서 세 번째에 위치시켰을 경우에 비해 5배나 더 많은 금액을 제시하였다.
- **쟁점의 순서를 바꾸면 결과가 달라진다.** 바다표범과 고래를 (이 순서로) 구하기 위해 얼마를 지불할 의사가 있는지 물었을 때 바다표범은 142달러, 고래는 195달러의 응답이 나왔다. 그런데 순서를 바꾸어 물어보면 고래는 이제 172달러, 바다표범은 고작 85달러의 응답이 나온다.
- **'포함효과'로 인해 결과가 달라진다.** 한 군데, 두 군데, 세 군데의 야생 지역을 벌목으로부터 보존하는 가치를 물었을 때 응답자들은 세 가지 시나리오 모두에 대해 비슷한 응답을 했는데, 이는 주어진 특정 문제에 대해 가치를 부여한 것이라기보다는 야생을 보존하는 것에 대한 일반적인 가치를 부여한 것이라는 점을 의미한다. 마찬가지로 응답자들은 새 2,000마리, 20,000마리, 200,000마리를 보존하는 문제에 대해서도 대략 비슷한 가치를 부여하였다. ■

현시선호를 사용하여 시간의 가치를 측정하는 방법 경제학자가 아니라면 시간의 가치를 찾아내기 위해 사람들에게 직접 물어보는 것이 자연스러운 방식이지만 위에서 본 바와 같은 문제점에 부딪히게 된다. 경제학자의 입장에서 자연스러운 방법은 **현시선호**(revealed preference)를 사용하는 것이다. 경제학의 만트라(주문)는 "사람들은 거짓말을 할 수 있어도 효용극대화로부터 비롯되는 그들의 행동은 거짓말을 못한다"는 것이다.

현시선호 개인의 행동을 통해 드러나는 가치 평가를 측정하는 방법

동일한 두 채의 주택을 비교한다고 가정해보자. 다만 한 채는 대부분의 통근자들이 일하는 시내 중심부에 5분 더 빨리 도달할 수 있다. 이때 만일 사람들이 이 도심에 더 가깝다는 점에 대해 지불의사가 있다면 이는 시간 절약에 대해 가치를 부여한다는 것을 의미한다. 따라서 5분의 통

12 Diamond and Hausman(1994).

실증적 증거

시간 절약의 가치 측정

현시선호 접근법을 실제에 적용할 경우 부딪히는 근본적인 문제는 제3장에서 논의한 것과 같은 종류의 편의이다. 현시된 선호를 분석할 때 분석집단은 어떤 속성을 가진 재화(도시에서 10분 거리의 주택)이며 비교집단은 이런 속성을 갖지 않은 다른 재화(도시에서 단 5분 거리의 주택)가 된다. 문제는 분석집단과 비교집단 사이에 관찰이 어려운 속성 간의 차이가 있을 수 있고 이로 말미암아 편의가 발생할 수 있다는 점이다. 도시에 더 근접한 주택의 규모가 더 작거나 또는 마당이 더 작다고 가정해보자. 이로 인해 주택의 가치가 떨어질 것이며 따라서 도시로의 접근성이 높은 주택과 낮은 주택의 가격을 비교하는 경우 접근성이 낮은 주택의 가격이 연구자의 예측대로 낮아지지 않는 결과를 얻게 될 수 있다. 예를 들어 보스턴의 경우 에버렛(Everett) 지역은 도심으로부터 평균 4마일밖에 떨어지지 않았지만 교외의 렉싱턴(Lexington) 지역은 11마일 떨어져 있다. 그러나 에버렛 지역에 위치한 주택의 중앙값은 32만 5,900달러이고 렉싱턴의 경우에는 약 2.7배 더 높아서 86만 5,744달러이다.[13] 이는 렉싱턴의 주택이 에버렛보다 일반적으로 훨씬 더 크고 주거환경이 더 뛰어나기 때문이다.

주택과 관련된 속성 중 많은 것들이 대지면적, 화장실의 개수처럼 관찰이 가능하다. 이런 경우 통제변수를 포함한 횡단면 회귀분석을 사용하여 다른 속성의 차이를 통제할 수 있는데 이런 분석 방법을 *헤도닉(hedonic) 시장분석*이라 한다. 헤도닉 시장분석은 주택의 가치를 도심으로부터의 거리, 침실 개수, 화장실 개수, 대지면적 등 주택의 여러 가지 속성에 대해 회귀분석을 함으로써 이루어진다. 만약 거리 이외의 다른 속성을 통제할 수 있다면 이는 기본적으로 입지만 다를 뿐 다른 모든 면에서 동일한 주택을 비교하는 셈이 된다.

그러나 제3장에서 강조했듯이 이는 완전히 만족스러운 방법이라고 보기 어렵다. 예를 들어 주택마다 동네의 분위기라든지, 전 집주인의 관리와 같이 관찰하기 매우 어려운 차이점들이 존재하기 마련이다. 만일 이런 속성들이 도심까지의 거리와 상관관계가 있다면 분석집단(도심 접근성이 좋은 주택)과 비교집단(도심 접근성이 떨어지는 주택)이 동일한 재화일 수가 없기 때문에 우리가 얻은 (편의가 있는) 추정치는 시간 차이의 진정한 가치를 포착하지 못한다.

시간 절약의 가치에 대한 보다 신빙성 있는 추정치를 얻기 위해 준실험적인 방법을 사용할 수 있으며 그런 연구의 예로는 Deacon과 Sonstelie(1985)를 들 수 있다. 1970년대의 석유위기 기간 중 정부는 대형 휘발유 회사에 대해 갤런당 휘발유의 최고가격을 설정하여 가격통제를 실시하였다. 시장가격에 비해 낮은 가격으로 휘발유를 구입하기 위해 소비자들은 긴 대기행렬에서 기다려야 했다. 그러나 독립적으로 운영되는 작은 주유소에 대해서는 가격통제가 실시되지 않았기 때문에 이쪽의 대기행렬은 더 짧았다. 따라서 시간의 가치를 측정하기 위해 독립적으로 운영되는 주유소(비교집단) 대신에 대형 휘발유 회사 소유의 주유소(분석집단)로 가서 대기하는 사람들이 기다릴 수 있는 시간과 그로 인해 비교집단 주유소에서보다 더 절약할 수 있는 돈의 액수를 비교할 수 있을 것이다.

연구자들은 비교집단 주유소에서 받는 휘발유가격보다 갤런당 0.54달러(2020년 물가로 조정) 더 낮은 가격을 받도록 통제된 캘리포니아의 셰브론 주유소를 비교하였다. 더 싼 휘발유를 구하기 위해 늘어선 줄에서 소비자들은 경쟁 주유소에서보다 평균 14.6분을 더 기다려야 했다. 그리고 이들이 구입한 휘발유는 평균적으로 10.5갤런이었는데 이는 분석집단 주유소의 소비자들이 대략 대기시간당 22.70달러(2020년 물가로 조정)를 절약했음을 의미하였다. 따라서 사람들은 22.70달러를 절약하기 위해 1시간을 기다릴 의사가 있음을 스스로 드러낸 셈인데, 이는 미국의 시간당 평균임금과 거의 일치하는 수준이었다.[14]

Gooldszmidt 외(2020)의 최근 연구는 더 일반적인 기준에서 우리 중 많은 사람들이 직면하는 시간과 화폐 간의 교환성에 대한 일반적인 자료를 사용하였다. 승차 공유 서비스를 통한 더 비싸지만 더 빠른 승차기록에 대한 자료이다. 이 연구에서는 승차 공유 회사인 리프트(Lyft)에 대하여 승차를 위한 대기시간과 그에 따른 지불가격을 다양하게 하는 무작위 시험을 실행하였다. 연구자들은 개인이 대기시간에 대하여 대략 시간당 19달러의 가치를 부여하며, 이는 기존 연구보다 다소 낮기는 하나 동일한 범위에 있다는 것을 발견하였다.

근시간 절약에 대한 가치를 알아내려면 두 집의 가격 차이를 비교해보면 되는 것이다. 이러한 비교를 통해 개인의 진정한 선호를 드러내주는, 시장에 기초한 시간의 가치를 찾아낼 수 있는 것이다.

13 통계치는 City-Data.com(2020)에서 얻었다.

14 소비자들은 갤런당 0.54달러를 절약하였으며, 평균 10.5갤런을 구입하였다. 따라서 15분을 기다림으로써 평균 5.67달러를 절약할 수 있었는데 이는 1시간의 가치가 대략 22.70달러(2020년 물가로 업데이트할 때)라는 것을 의미한다.

이론적으로는 매력적이지만 실제에 있어서는 이 방법 역시 문제가 있다. 이 예는 두 채의 집이 완전히 동일하기 때문에 성립한다. 그러나 도심 쪽에 위치한 집이 더 좋은 집이라면 어떻게 되는가? 이 경우 이 집의 가격은 훨씬 높을 것이며 이 차이를 시간의 가치를 아주 높게 평가하는 것으로 잘못 해석할 수도 있을 것이다. 문제는 어떤 재화이든 그 가격은 재화가 보유한 일련의 속성들에 대한 가치의 합인데 현시선호분석은 오직 한 가지의 속성(이 경우 도심까지의 거리)만을 문제 삼는다는 것이다. 따라서 재화마다 그 속성에 차이가 있을 것이므로 입지와 같은 한 가지의 속성만을 뽑아내기 위해 현시선호분석을 사용하기는 어려운 일이다.

시간의 가치를 알아내기 위한 이상적인 방법은 통제실험인데 재화의 다른 속성은 그대로 놓아두고 그 가치를 평가하고자 하는 속성만을 변화시켜 보는 것이다. 이 예에서는 주택을 도심에 5분 더 가깝게 이동시켜 보는 것이다. 그러나 이러한 방법은 두말할 것도 없이 대부분의 경우에 사용할 수 없다. 그러나 '실증적 증거'에서 다루고 있는 것처럼 이 문제를 해결하기 위한 현명한 시도는 한 시간의 가치가 시장에 기초한 지표를 사용한 추정치와 놀라울 정도로 일치한다는 점을 보여주고 있다.

구조 가능한 생명의 가치 측정

고속도로 예로 돌아가서 도로개선공사의 주요 편익 중 하나는 도로의 안전성이 높아지면서 교통사고로 인한 사망이 감소할 것이라는 점이다. 생명의 가치를 측정하는 일은 비용-편익분석에서 가장 어려운 쟁점사항이다. 흔히 인간의 생명은 값을 따질 수 없으므로 생명을 구하기 위해서는 얼마라도 지불해야 한다고 한다. 이런 주장에 따른다면 생명의 가치를 평가하는 일은 비난받아 마땅한 일이다. 그토록 귀중한 것에는 가치를 부여할 방도가 없다는 것이다.

이러한 주장은 한정된 정부 예산의 용도가 여러 가지이며 각각의 용도별로 다수의 생명을 구할 수 있다는 사실을 깨닫지 못하고 있는 것이다. 생명을 화폐가치로 평가해서는 안 된다는 주장이 맞다면 나름대로 생명을 구할 수 있는 여러 가지 사업을 앞에 놓고 우리는 아무런 결정도 할 수 없는 무력감에 빠질 것이다. 이런 논리라면 어떤 사업이건 간에 사람의 생명을 구할 수만 있다면 다른 사업 교육이나 주택 분야 같은 다른 사업의 예산을 전용하여 그 사업에 투입해야 마땅할 것이다. 반면에 사실상 거의 대부분의 정부예산이 생명을 구할 수 있는 가능성을 갖고 있다고 말할 수도 있을 것이다. 예컨대 교육을 통해 범죄가 감소하게 되면 피해자의 생명을 구하는 셈이 된다. '생명의 가치는 무한하다'는 주장으로 인한 무력감에서 벗어나기 위해서는 어떻게든 인간의 생명에 가치를 부여할 수 있어야 할 것이다.

kmsdesen/Shutterstock

응용사례

생명의 가치 평가

공공정책에 대한 논쟁에서 생명가치에 대한 문제는 '실제 생명'이 종종 '통계적 생명'보다 더 중요하다는 것이다. 사람들은 특정한 개인의 생명을 구할 수 있는 상황에 직면할 때 더 많은 생명을 구할 가능성이 있는 지출 앞에서보다 지불할 의사가 훨씬 더 높다. 실제로 사회 실험에 따르면 어떤 비극적인 사건의 희생자 수가 증가할수록 사람들의 지불의사금액은 줄어든다. 어떤 상황의 희생자가 한 명에서 두 명으로 증가해도 도움을 위한 지불의사금액은 감소하기도 한다.[15] 생명의 가치를 평가해야 하는 까다로운 윤리적 문제는 다음의 예에서 보듯이 많은 공공정책에서 발생하고 있다.

1. 1993년에 소비자단체는 1973년부터 1987년 사이에 생산된 500만 대의 픽업트럭을 리콜하도록 제너럴모터스(GM)에게 요구하였다. 이 트럭의 가스탱크는 차체 외부에 탑재되었는데 소비자단체는 트럭의 측면에 탑재된 가스탱크 때문에 트럭이 충격에 쉽게 폭발함으로써 트럭이 생산되었던 기간 중 150명의 운전자가 사망했다고 주장하였다. 리콜비용은 10억 달러에 이르렀고, 정부의 계산에 따르면 (트럭이 폐차 처분되는 속도가 늦어지기 때문에) 최대한 32명의 운전자를 구할 수 있을 것으로 파악되었다. 이 추정치를 사용해서 계산해보면 리콜을 통해 구할 수 있는 생명의 가치는 1명당 10억 달러/32 = 3,125만 달러가 된다.

GM은 이런 거액을 지출하고 싶지 않았기 때문에 정부와의 협상을 통한 문제 해결을 시도하였다. 그 결과 GM은 안전벨트와 음주운전교육에 5,000만 달러를 제공하고, 화상 및 외상성 상해에 대한 연구를 수행하며, 저소득가구를 위해 20만 개의 유아용 안전좌석을 구입할 것에 동의하였다. 소비자 운동가인 랠프 네이더는 이 타결을 두고 '비난받아 마땅한 기업이 사법 당국을 매수한, 규제의 역사에 있어서 전례 없는 사건'이라고 주장했다. 과연 그럴까? 정부는 유아용 안전좌석만으로도 50명의 생명을 구할 수 있을 것으로 계산하였다. (그렇지는 않지만) 만일 이것이 유일한 편익이라면 한 생명을 구하는 비용은 5,000만 달러/50 = 100만 달러로서 위에서 구한 3,125만 달러보다 훨씬 낮다. 환언하면 리콜 대신에 선택된 대안은 훨씬 낮은 비용으로 더 많은 생명을 구할 수 있었던 것이다. 이로 미루어 볼 때 정부와 GM 간의 타결은 리콜보다 훨씬 더 바람직한 것이었는데, 이는 정부가 생명에 가치를 부여하고자 하는 용의가 있었기 때문에 가능한 일이었다.[16]

2. 1999년 10월에 런던의 패딩턴 역에서 통근열차가 충돌하면서 31명이 사망하였고 이에 분노한 시민들은 열차의 안전조치에 더 많은 투자를 하도록 촉구하고 나섰다. 이 사건에 사람들이 분노한 까닭은 부분적으로는 한때 국영이었던 브리티시 레일(British Rail)이 최근에 민영화되면서(즉 민간부문에 매각되는 것인데 이는 제9장에서 더 많이 논의하게 될 것이다) 영리를 추구하게 된 이 기업이 수익성을 향상시키기 위해 안전조치를 소홀히 하지 않았느냐는 의구심이 생겨났기 때문이었다. 이런 반감은 열차충돌 사건이 일어나자 고조되기 시작했고, 정부 당국자는 "안전이 걸린 문제라면 10억이 많은 돈은 아니다"라며, 열차승객을 보호하기 위해 가능한 모든 조치를 취하겠노라고 약속하였다.

15 Resnick(2017).

16 Brown and Swoboda(1994).

이에 따라 정부는 모든 철도사업자에게 열차보호 및 경고체계(Train Protection and Warning System, TPWS)를 설치하도록 했는데, 이는 7억 달러의 비용이 소요되며 위험한 상황이 감지되면 시간당 75마일 이하로 운행하는 열차는 모두 신속하게 정지시킬 수 있는 체계이다. 그러나 철도안전 문제를 조사하고 나서 정부는 더욱 진보한 기술인 유럽열차통제체계(European Train Control System, ETCS)를 설치하도록 권유하였는데, 이는 어떤 속도에서라도 열차를 멈출 수 있게 할 수 있었다. ETCS를 설치하는 데 드는 비용은 30~90억 달러에 이르렀는데 이를 통해 연간 1~3명 사이의 인명을 구하고, 시스템은 30~50년 정도 사용할 수 있을 것으로 예상되었다. 따라서 최선의 경우 30억 달러를 들여 향후 50년간 매년 3명씩을 구한다고 본다면, 구하는 생명 1명당 2,000만 달러를 들이는 것이다. 반면에 최악의 경우 90억 달러를 들여 향후 30년간 매년 1명씩을 구한다고 본다면 구하는 생명 1명당 3억 달러를 들인다는 의미가 된다.[17]

ETCS의 엄청난 비용에 비판이 쏟아지자 정부는 철도안전을 보장하기 위해서는 얼마든지 쓰겠다던 약속에서 한 발 물러나기 시작했다. 더욱이 정부가 제안한 안전조치의 반대자들은 더 많은 영국인들이 열차사고보다는 도로 위에서의 교통사고로 사망하기 때문에 정부의 안전기준을 도로에 적용하는 경우 구하는 생명 1명당 200만 달러에 불과한 낮은 비용으로 더 많은 생명을 구할 수 있다는 사실을 지적하였다. 그 결과 영국 정부는 아직도 더 고비용의 철도안전체계를 설치하는 문제에 유보적인 태도를 견지하고 있다.

3. 생명의 가치 평가에 대한 이러한 논쟁은 코로나19에 대한 대응으로 생생하게 설명되는데, 여기에서 정부는 질병의 피해를 억제하는 것과 경제활동이 둔화되는 것 사이의 잠재적인 상충관계에 마주하였다. 정부의 개입 가운데 일부에서는 본질적으로 상충관계가 없다. Cutler와 Summers(2020)는 적극적인 감염 여부 검사가 10만 명당 600만 달러의 비용이 소요되지만 14명의 사망 사례와 33명의 중증 사례를 포함하여 2,750건의 감염사례를 예방하여 1억 7,600만 달러의 경제적 가치를 가지는 것으로 추정하였다.

경제사회의 봉쇄정책과 같은 다른 정책 개입은 상충관계와 더 많이 관련되어 있다. 경제활동에 대한 결과 때문에 이러한 봉쇄정책을 강력하게 반대한 사람들 중에는 트럼프 대통령도 포함되어 있었다. 그는 2020년 5월에 "우리는 우리나라를 폐쇄할 수 없습니다. 우리는 나라를 개방해야 합니다… 일부 사람들은 심각한 영향을 받을까요? 그렇습니다."[18]라고 말하였다. 그러나 이 주장을 비윤리적이라고 비판한 사람들도 있다. 몇 달 후 조 바이든 대통령 후보와 부통령 후보인 카멀라 해리스는 "생명을 구하기 위해 무엇이든 하겠다"라고 말하였다.[19] 그렇지만 올바른 질문은 봉쇄정책이 항상 옳은 일인지 아니면 결코 옳은 일이 아닌지를 묻는 것이 아니라, 오히려 봉쇄정책의 편익이 비용만큼 가치가 있는지 여부를 묻는 것이다. 그리고 이번 봉쇄정책들은 그러한 것 같다.

17 Jowit(2002).

18 Rupar(2020).

19 Semones(2020).

Scherbina(2020)는 미국에서 더 엄격한 봉쇄정책을 일주일 추가로 진행할 때마다 비용이 360억 달러 소요되었지만 건강 개선 측면에서 720억 달러의 편익이 발생한 것으로 추정하였다. Thunstrom 외(2020)는 사회적 거리두기 조치(대규모 모임 및 행사 제한, 학교의 임시 폐쇄, 여행 제한 등)로 미국에서 7조 2,000억 달러에 달하는 경제적 손실이 발생하겠으나 124만 명의 생명을 구할 것으로 추정하였다. 구한 생명 1명당 580만 달러의 비용이 소요됨을 의미하지만, 이는 나중에 제시할 생명가치에 대한 추정액보다 훨씬 낮은 것이다. 이러한 정책을 평가할 때 특히 어려운 문제는 구한 생명의 대부분이 노령자라는 사실이었고, 이는 다양한 연령대의 생명가치를 어떻게 평가할 것인지에 대한 골치 아픈 문제를 제기한다. 이 책에서는 나중에 이 문제를 다시 다룰 것이다. ■

생명의 가치를 평가하기 위한 임금의 사용 시간의 가치를 평가하는 일과 마찬가지로, 생명의 가치를 평가함에 이어서 시장에 기초한 방법은 임금을 이용하는 것이다. 즉 생애에 걸친 수입의 현재할인가치를 생명의 가치로 보는 것이다. 이 방법은 논리적인 것처럼 보이지만 많은 문제를 갖고 있다. 가장 중요한 문제 중 하나는 일하지 않는 시간은 가치를 갖지 못한다는 점이다. 완전경쟁모형에 있어서 우리가 원하는 바는 일을 하면서 벌었던 소득만을 더하는 것이 아니라 시장임금으로 측정되는 여가의 가치까지 포함하는 것이다. Keeler(2001)는 50세 이하 근로자는 미래시간의 10~20%를 일하는 데 사용하는 것으로 계산하였다. 그렇다면 여가시간의 가치를 임금으로 측정한다고 가정했을 때 생명의 가치는 미래수입의 5~10배가 될 것이다. 고용, 임금 및 사망률에 관한 자료를 사용하여 Keeler는 평균적인 20세 여성은 미래에 70만 달러(2020년 물가 기준 순현재가치)의 수입을 벌게 될 것이지만 생명의 가치는 444만 달러(2020년 물가 기준)에 이를 것으로 추산하였다. 남성은 수입이 더 많으므로 조금 더 높은 가치를 갖는 반면에 노인들은 여생이 얼마 남지 않았으므로 더 낮은 가치를 갖는 것으로 나타났다.

이 방법은 임금으로써 시간의 가치를 측정하는 경우와 마찬가지로 시장임금이 여가의 가치를 정확히 반영하지 못한다는 문제에 부딪히게 된다. 더욱이 생명은 단지 임금을 버는 것 또는 그에 상당하는 여가의 가치를 훨씬 능가하는 그 무엇이다. 예를 들어 사람은 다른 사람들이 그들이 살아 있다는 것으로부터 얻는 기쁨을 내부화할 수도 있다.

조건부 가치 평가법 생명의 가치를 평가하는 두 번째 방법은 조건부 가치 평가법이다. 이 방법 중 한 가지는 사람들에게 그들 생명의 가치를 직접 물어보는 것이다. 그러나 이는 당연히 대답하기 어려운 질문일 수밖에 없다. 따라서 보다 흔히 쓰이는 방법은 사망확률을 변화시킬 수 있는 것들의 가치를 물어보는 것이다. 예를 들어 이런 조사의 참가자들에게 50만 번의 비행에 추락사고가 2번 발생하는 항공사의 비행기표보다 1번 발생하는 항공사의 표를 구입하기 위해 얼마를 더 지출할 용의가 있는지를 물어보는 것이다. 또 다른 예로는 청정 지역 내에 있는 주택에 비해서 수명을 1년 단축시키는 환경오염 지역에 있는 주택을 구입할 때 얼마를 더 싸게 구입하고 싶은지 물어볼 수도 있다.

그러나 앞에서 살펴본 조건부 가치 평가법의 여러 가지 문제점은 이 경우에도 마찬가지로 발생한다. 아마도 이런 이유 때문에 조건부 가치 평가법을 사용한 연구들은 생명의 가치에 관해 대단히 넓은 범위의 수치를 제시하고 있는데 1명당 낮게는 109만 달러에서 높게는 3,145만 달러까지 나타나고 있다.[20]

현시선호법 절감된 시간의 가치를 평가할 때와 마찬가지로 경제학자들이 선호하는 방법은 현시된 선호를 사용하는 것이다. 예를 들면 사망확률을 줄여줄 수 있는 그 무엇인가에 얼마를 지불할 용의가 있는지를 알아봄으로써 생명의 가치를 측정해볼 수 있다. 신차를 구입할 때 350달러에 에어백을 장착할 수 있고 이것이 탑승자의 생명을 구할 확률이 10,000분의 1이라고 가정해보자. 이 경우 에어백을 구입하는 사람의 생명의 가치는 적어도 350만 달러에 달하는 것으로 결론지을 수 있다.

또는 근로자에게 사망확률을 높이는 직업을 받아들이게 하려면 얼마를 더 지불해야 하는지를 추정하여 생명의 가치를 측정할 수도 있다. 예컨대 광부와 소매점의 현금출납원과 같은 두 가지의 직업을 비교해본다고 가정하자. 광부는 현금출납원에 비해 연간 사망확률이 1% 더 높고 이에 따라 연봉이 30,000달러 더 높다고 가정해보자. 이 30,000달러를 **보상임금격차**(compensating differential)라고 부른다. 이 예에서 사망확률이 1% 더 높은 직업을 받아들이게 하기 위해서는 30,000달러를 더 보상받아야 하므로 이 경우 생명의 가치는 300만 달러(30,000달러/0.01)로 평가할 수 있다.

보상임금격차 사망확률을 높이는 위험(혹은 안락한 근무환경)과 같은 직장의 부정적인(혹은 긍정적인) 측면을 보상하기 위해 추가하는(또는 삭감하는) 임금 지불

생명의 가치를 추정하기 위해서 이와 같은 현시선호법을 사용한 엄청난 분량의 경제학 문헌이 존재한다. 이 방법을 통해 합의된 생명의 가치는 이 분야의 전문가인 밴더빌트대학교의 킵 비스쿠시(Kip Viscusi)가 정리한 것처럼 대략 1,050만 달러이다.[21]

그러나 이 방법 또한 단점을 갖고 있다. 우선 필요한 정보에 관해 지나치게 강한 가정을 채택해야 한다. 이런 방식의 현시선호법을 사용함에 있어서 우리는 광부가 현금출납원에 비해서 연간 1% 더 사망확률이 높다는 사실을 알고 있다고 가정하였다. 그러나 이런 종류의 정보는 쉽게 얻을 수 있는 것이 아니다. 보상임금격차를 통해 생명의 가치를 측정하는 일은 실제의 통계적 위험이 아니라 개인이 주관적으로 인지하는 위험의 크기에 달려 있다. 그러나 이는 생명의 가치를 측정하려는 연구자가 관찰할 수 있는 것이 아니다. 둘째, 설사 이런 정보를 갖추고 있다 하더라도 심리학적 관점에서 보면 개인이 안전도와 연봉 간의 상충관계를 제대로 평가할 수 있다고 보기 어렵다. 예컨대 실험 결과에 따르면 개인들은 아주 작은 위험(비행기 추락사고로 사망할 가능성)은 과대평가하고 큰 위험(위험한 직업으로 인해 사망할 가능성)은 과소평가하는 경향이 있다는 것이다.[22]

현시선호에 관한 연구의 세 번째 문제점은 앞에서 다룬 주택과 시간 절감에 관한 예에서 이미

---

20 Viscusi(1993), Table 2, 2015년도 물가로 환산하였다.

21 Viscusi and Aldy(2003), p. 26, 2020년 물가로 환산하였다. 최근 Lee와 Taylor(2019)는 공장 단위 위험에 대한 도구변수로 사업장 안전점검에서의 확률 변동을 사용하여 860~1,080만 달러(2020년 물가 환산)의 통계적 생명가치(VSL)를 추정하였다.

22 비용-편익분석에서 행동경제학의 함의에 대한 일반적인 검토는 Robinson 외(2011)를 참조하라.

잘 드러난 것처럼 제품이나 직업의 다른 속성을 통제하는 문제이다. 예를 들어 광부는 현금출납원에 비해 사망확률이 연간 1% 더 높고, 중상을 입을 확률은 5% 더 높다고 가정해보자. 그렇다면 이 경우 30,000달러의 보상임금격차는 두 가지 효과를 모두 합한 것이기 때문에 오로지 생명의 가치만을 추론하는 데 사용될 수 없다. 더욱이 업무 특성상 석탄을 캐는 일은 다른 직종에 비해 훨씬 고통스러운 일이다. 보상임금격차는 직업의 위험도와 직업의 전반적인 '매력도'를 결정하는 쾌적성을 모두 반영한 결과이다. 따라서 보상임금격차를 통해 생명의 가치를 추정한다면 이는 여타의 건강에 대한 위험요소와 함께 광부라는 직업의 환경이 열악함을 고려하지 못한다는 점에서(즉 보상임금격차 안에는 작업장에서의 사고 가능성과 함께 열악한 근로여건이 포함되어 있으므로) 생명의 가치를 과대평가하게 되는 것이다.

네 번째는 **생명의 가치에 차이가 존재한다는** 중요한 문제가 있다. 한 사회 내에 누구에게나 공통적으로 적용되는 생명의 가치에 관한 측정치가 하나만 있다기보다는 기호가 다른 여러 개인들 간에 측정치의 어떤 분포가 있다고 보아야 할 것이다. 현시선호법을 통해 얻을 수 있는 생명의 가치에 대한 추정치는 위험한 직업을 수용할 의사가 있는, 또는 보다 안전한 제품을 구입할 의사가 있는 어떤 개인들의 것일 뿐이며 이것이 인구 전체를 대표하는 수치는 아니다.

예를 들어 한 사회에 10,000명의 구성원이 존재하는데 1,000명은 직업상 위험에 대해 별로 관심이 없지만(위험중립적), 나머지 9,000명은 많은 걱정을 하고 있다고(위험회피적) 가정해보자. 그리고 이 사회에는 두 종류의 직업이 있는데 하나는 매년 1%의 사망률을 보이는 위험한 직업이고, 다른 하나는 사망의 가능성이 전혀 없는 안전한 직업이다. 위험중립적인 근로자들은 위험한 직업을 갖는 데 대해 연간 1,000달러만을 더 요구하는 데 반해 다른 근로자들은 10만 달러를 요구하고 있다.

만일 이 사회에 1,000개의 위험한 일자리가 있다면 누가 이 일자리를 차지할 것이며 안전한 일자리에 비해 얼마나 더 많이 받게 될까? 만일 기업들이 이 위험한 일자리에 대해 보상임금격차로서 1,000달러만을 지불한다면 이 일자리들은 1,000명의 위험중립적인 근로자들이 차지하게 될 것이며 위험회피적인 근로자들은 이렇게 적은 보상임금격차만으로는 위험한 일을 하려 하지 않을 것이다. 기업들은 보상임금격차로서 가장 적은 금액만을 지불하려 할 것이므로 1,000명의 위험중립적인 근로자들을 확보하기 위해 1,000달러를 지불하려 할 것이다.

그 결과 균형 상태에서 보상임금격차는 1,000달러가 될 것이며 이는 생명의 가치가 10만 달러(1,000달러/0.01)임을 의미한다. 그러나 그런 차이가 의미하는 것이 이 사회의 평균적인 구성원의 생명가치가 겨우 10만 달러라는 것은 아니며, 이는 단지 위험한 일자리를 차지하는 위험중립적인 사람들의 생명가치일 뿐이다. 따라서 이 생명의 가치는 사회 전반적인 생명의 가치를 매우 오도하는 추정치이다. Rohlfs 외(2015)는 분포의 중요성을 강조하고 있는데 이들은 1990년대와 2000년대 초 에어백에 대한 지불의사를 살펴보았다. 그들은 이 연구에서 지불의사가 의미하는 전형적인 개인의 생명의 가치가 대략 1,000만 달러지만 그 가치의 범위는 마이너스값에서부터 1,900만 달러까지 분포하고 있음을 알아냈다.[23]

---

23 Rohlfs et al.(2015).

보다 일반적으로 위험중립적인 개인들이 언제나 먼저 위험한 일자리를 차지하므로 현시된 선호를 통해서 위험의 가치를 측정하는 일은 일반적으로 평균적인 사람의 생명의 가치를 과소평가하게 된다. 이는 우리가 관찰하는 사람들이 평균적인 사람들이 아니라 (정의상) 평균보다 더 위험선호적인 사람들이기 때문이다.

앞선 '응용사례'에서 언급하였듯이 코로나19와 싸우는 맥락에서 생명의 가치를 평가하는 데 있어 하나의 특별한 난관은 구한 생명의 대부분이 노령자라는 사실이었다. 이론적으로 우리는 코로나19와 같은 질병을 줄이기 위한 정부의 개입으로 구한 사람의 숫자가 아닌 구한 수명의 가치를 평가해야 한다. 그러나 실제로 이것을 어렵게 만드는 것은 생명의 가치 평가에 대한 연구에서 노년층의 생명가치가 감소하지 않는다는 것이다. 사실 Kniesner, Ziliak, 그리고 Viscusi (2006)는 소비 양상을 고려할 때 노령자들이 실제로 청년들보다 생명의 암묵적 가치가 더 높다는 것을 발견하였다.

정부의 현시선호 생명의 가치를 측정하는 또 다른 방법은 개인들이 그들의 생명에 얼마의 가치를 부여하느냐에 의존하는 것이 아니라 현재 시행 중인 정부의 프로그램이 생명을 구하기 위해 얼마를 지출하는지에 초점을 맞추는 것이다. 최근의 한 연구는 공중안전을 보호하기 위해 만들어진 76개의 정부 규제 프로그램을 검토하면서 그에 따른 사망률의 하락과 관련 비용을 비교하고 있다(예를 들어, 규제 기준의 설정으로 증가한 생산자의 비용을 통해). 이 연구의 주요 결과가 표 8-3에 요약되어 있는데 비용은 2020년 물가로 환산한 것이다. 생명구조비용은 아동보호장치 부착 안전라이터와 같은 안전규제를 통해 구조한 사람 1인당 14만 6,000달러에서부터 가축사료의 규제를 통해 구조한 사람 1인당 2억 4,400만 달러에 이르기까지 다양하게 나타났다.

표 8-3 다양한 규제하에서의 생명구조 비용 정부의 안전규제는 비용을 발생시키지만 동시에 생명을 구하기 때문에 이러한 비용과 편익을 비교하여 구조된 생명당 암묵적 비용을 계산한다. 그 가치의 크기는 적게는 아동보호장치 부착 안전라이터의 14만 달러부터 많게는 고형폐기물 처리시설 규제의 1,438억 6,500만 달러에 이르는 범위 사이에 분포한다.

규제의 종류	연도	기관	생명구조 비용 (백만 달러, 2020년 기준)
아동보호장치 부착 안전라이터	1993	CPSC	$0.14
식료품 라벨 부착	1993	FDA	0.58
과적트럭 탐지장치	1999	NHTSA	1.29
아동용 잠옷의 인화성 정도	1973	CPSC	3.17
승용차 안전벨트	1989	NHTSA	6.33
석면	1972	OSHA	7.91
생명의 통계적 가치			**10.8**
벤젠	1987	OSHA	31.65
석면 금지	1989	EPA	112.21
고형폐기물 처리시설	1991	EPA	143.865
가축사료	1979	FDA	244.57

출처 : Morrall(2003), Table 2, 2020년도 달러로 환산하였음.

실증적 증거 교통사고 사망을 예방하기 위한 비용

전 세계적으로 가장 중요한 사망원인 중 하나는 교통사고이다. 전 세계적으로 교통사고로 인한 사망자 수는 해마다 130만 명에 이르는 것으로 추정되고 있다. 사고로 인한 피해는 미국에서만도 매년 4,138억 달러에 달한다.[24] 교통사고를 줄이기 위한 가장 중요한 정책 중 하나는 속도 제한과 교통법규의 준수를 위해 경찰력을 사용하는 것이다. DeAngelo와 Hansen(2014)의 연구는 오리건주가 경찰력을 대폭 줄였을 때 교통사고 사망자 수에 어떤 일이 나타날지를 평가한 것이다. 특히 그들이 알아보고자 했던 것은 경찰력을 줄였을 때 교통안전에 어떤 영향이 나타나는지, 그리고 그것이 추가적인 정책 집행을 통해 구조된 생명당 비용에 관해 어떤 의미를 갖는지에 관한 것이었다.

2003년 2월에 오리건주는 예산 문제로 인해 주 경찰을 대규모로 감원하였다. 고속도로 순찰대의 35%가 해고되었으며 이로 인해 교통안전을 위한 주 경찰의 집행 능력이 엄청나게 감소하였다. 운전자들은 적발될 가능성이 줄었다고 생각해서 더 위험하게 운전을 했으며 법이 변경된 후 평균속도는 시간당 0.5마일 이상으로 늘어났다. 이것이 얼마 안 되는 것 같아 보이지만 이 평균에는 경찰이 있든 없든 과속을 하지 않으면서 안전을 의식하는 운전자들이 다수 포함되어 있다. 따라서 주행속도가 이 정도 증가한 것은 일부 운전자들이 적발 가능성이 낮다는 생각에 훨씬 더 빨리, 그래서 더 위험하게 달렸다는 것을 의미한다.

경찰력 감소의 효과를 연구하기 위해 DeAngelo와 Hansen은 오리건주에서의 교통사고 사상자 수와 경찰력이 감소하지 않았던 인근 워싱턴 및 아이다호주의 사상자 수를 비교하였다. 오리건주의 경찰 감원은 교통안전을 위한 경찰단속에 관한 준실험적 상황을 만들었던 것이다. 실험집단은 오리건주의 운전자들로 이들은 경찰력 감소로 인해 속도제한 단속의 가능성이 낮아진 사람들이다. 통제집단은 아무런 변화가 없었던 워싱턴과 아이다호주의 운전자들이다.

DeAngelo와 Hansen(2014)은 경찰단속의 감소가 주행속도를 높였을 뿐만 아니라 더 많은 사망사고를 가져왔음을 발견하였다. 1979~2005년 기간 중에 만일 경찰 규모가 1979년 수준에서 변화하지 않았다면 고속도로에서의 사망이 2,167건 감소했을 것으로 추정했다. 고속도로 순찰대를 1979년 수준으로 유지하는 비용은 5,445명에 대해 연봉 12만 3,000달러(2014년 기준)를 지급한 것으로 계산하면 총 6억 7,000만 달러에 달한다. 이는 오리건주가 30만 9,000달러를 들여 1명의 생명을 구할 수 있었다는 것인데, 생명의 가치에 관한 추정치와 정부가 다른 방법으로 생명을 구할 때의 비용에 훨씬 못 미치는 수준이다. 더욱이 이는 오리건주가 거둘 수 있는 유일한 편익도 아니다. 더 강력한 단속을 했을 경우 안전운전이 늘어나면서 부상자 수도 줄었을 것이기 때문이다.

76가지의 규제 중 45가지는 구조 인원당 비용이 보상임금격차 연구로부터 얻은 수치인 1,050만 달러 이하였지만 31가지 규제는 그 이상의 비용을 지출하였다.

미국 정부가 생명을 구하는(또는 잃어버리는) 정책을 평가할 때 사용하는 생명의 가치에 대해 공식적인 기준을 갖고 있는 것은 사실이다. 그러나 놀라운 것은 기관마다 그 기준이 다르다는 점이다. 2016년에 사용된 가치의 범위는 미 교통부가 자동차 안전을 평가할 때 사용한 960만 달러에서부터 식품의약국(FDA)이 담뱃갑 경고라벨의 가치를 평가할 때 사용한 950만 달러, 그리고 환경보호청(EPA)이 오염감축의 가치를 평가할 때 사용한 1,000만 달러에까지 이르고 있다.[25] 여러 가지 정부 정책에 의해 다른 방식으로 구조된 생명의 가치를 나타내는 금액이 왜 그토록 차이가 나는지는 확실치 않다.

정부가 공공정책적 개입을 통해 생명을 구하기 위해 그토록 많은 돈을 사용할 의사가 있다는 것은 공공부문이 생명의 가치를 매우 높게 평가한다는 것을 의미한다. 그러나 다른 해석에 따르면 정부의 행동에는 일관성이 없으므로 어떤 특정 분야에 대해 다른 분야에서와 동일한 기준을 적용하지는 않는다는 것이다.

---

24 National Safety Council(2018).

25 Merrill(2017).

미래 편익의 할인

비용-편익분석에서 특별히 어려운 문제는 많은 사업에 있어서 비용은 즉각적으로 지출되어야 하지만 그에 따른 편익은 대부분 장기적으로 나타난다는 점이다. 이런 문제의 가장 좋은 사례는 (예컨대 재화의 탄소 함유량에 대한 과세를 통해) 탄소집약적인 제품의 사용을 줄임으로써 기후변화 문제에 대응하려는 노력을 들 수 있다. 소비자들이 휘발유처럼 그 소비가 기후변화를 악화시키는 재화에 대해 더 높은 가격을 지불해야 하므로 그러한 노력의 비용은 단기간에 발생한다. 그러나 그 편익은 아주 먼 미래에나 나타날 수 있는데 이는 정부 개입이 없을 때에 비해 이런 개입하에서 지구의 온도가 더 낮아지는 데는 100년이나 걸리기 때문이다.

이런 사례는 두 가지 이유에서 문제가 된다. 첫째는 먼 미래에 발생하는 편익의 경우 할인율의 선정은 대단히 중요하다. 예컨대 만일 할인율이 2%라면 1달러의 편익은 100년 후에는 13.8센트[$1/(1.02)^{100} = 0.138$]의 가치를 갖게 되며, 3%라면 5.2센트, 4%라면 2센트의 가치를 갖게 된다. 할인율의 아주 작은 변화에도 편익의 계산 결과가 민감하게 반응하므로 적절한 할인율의 선정은 엄청난 중요성을 갖는다.

둘째, 장기 사업은 비용을 부담하는 세대에게만 편익을 주는 것이 아니라 미래 세대에게도 편익을 제공한다. 그렇다면 미래 세대의 편익과 현재 세대의 편익을 달리 취급해야 할까? 혹자는 비용을 부담하는 현재 세대의 편익에 대해 더 많은 가중치를 주어야 한다고 주장할 것이다. 그러나 현재 세대가 그들의 자녀를 배려한다면 어떻게 해야겠는가? 그럴 경우에는 자녀 세대 또한 고려대상에 포함시켜야 할 것이다.

비용-효과분석

공공사업의 편익을 측정하기 위해 고안된 훌륭한 방법들이 많이 있음에도 불구하고 어떤 경우에는 측정 자체가 아예 불가능하거나 또는 그럴 의사가 없을 수도 있다. 그렇다고 해서 비용-편익분석이 무용지물이라는 것은 아니다. 그렇기보다는 이런 경우 비용을 편익에 비교하는 대신에 공공재를 제공하는 여러 가지 대안을 비교해서 공공재를 가장 효율적인 방법으로 제공할 수 있는 방법을 선택해야 함을 의미한다. 이와 같은 여러 대안 간의 비교를 **비용-효과분석**(cost-effectiveness analysis)이라고 하며 원하는 공공재를 제공함에 있어 가장 비용효과적인 대안을 모색하는 방법이다. 예컨대 그 편익을 추정하는 것이 불가능함에도 불구하고, 또는 워낙 먼 미래의 일이므로 편익의 발생이 극도로 불확실함에도 불구하고 정부가 기후변화 문제에 대응하기로 했다 하자. 그렇다 해도 이미 제6장에서 논의된 것처럼 기후변화 문제에 대응하는 방안에는 여러 가지가 있으며, 비용-효과분석을 통해 이들 중에서 가장 바람직한 방안을 선정할 수 있다.

비용-효과분석 편익을 측정할 수 없거나 편익의 수준에 상관없이 바람직한 것으로 간주되는 사업에 대해 비용만 측정하여 가장 비용효과적인 사업을 선택할 수 있음

8.3 비용과 편익의 비교

표 8-4에는 이 장의 도입부에서 논의했던 고속도로 보수공사의 비용과 편익이 비교되어 있다. 이 사업에 들어간 비용의 현재가치는 2억 5,300만 달러이다. 편익은 50만 시간의 주행시간 감

표 8-4 고속도로 건설사업의 비용-편익분석 이 사업으로 인한 시간 절감은 시간의 현시선호 가치 측정법으로 가장 잘 측정될 수 있으며 그 결과는 시간당 22.70달러이다. 생명의 가치는 생명의 현시선호 가치 측정법으로 가장 잘 측정될 수 있으며 그 결과는 평균 1,050만 달러이다. 이 보수사업을 위한 비용의 현재가치는 2억 5,300만 달러이며 편익의 현재할인가치는 9억 1,290만 달러이다. 편익이 비용보다 6억 5,990만 달러만큼 더 크므로 정부는 명백히 이 사업에 착수해야 한다.

		양	가격/가치	합계(백만 달러)
비용	아스팔트	100만 부대	$100/부대	100
	노동	100만 시간	$10/시간	10
	유지비용	1,000만 달러/연간	7% 할인율	143
			1차연도 비용 :	110
			사업기간 중 총비용(7% 할인율) :	253
편익	운전시간 단축	50만 시간/연간	$22.70/시간	11.4
	교통사고 사망자 감소	5명/연간	$1,050만/생명	52.5
			1차연도 편익 :	63.9
			사업기간 중 총편익(7% 할인율) :	912.9
			총편익－총비용 :	659.9

소, 연간 사망자 5명의 감소이다. 생산자건 소비자건 증가된 시간은 (앞에서 언급했던 현시선호 연구에서 얻은) 시간당 22.70달러의 가치를 갖는다고 가정하자. 그렇다면 시간 절감으로 인한 편익의 크기는 연간 1,140만 달러로 계산될 것이다. 또한 생명의 가치를 현시선호연구에서의 평균치인 연간 1,050만 달러라고 가정한다면 연간 5,250만 달러의 가치가 편익으로 발생한다. 따라서 총편익은 연간 6,390만 달러에 이르게 된다.

편익에 대해 동일한 할인율 7%를 적용해보면 이 편익의 현재가치는 9억 1,290만 달러가 되어 사업비의 3배 이상이 된다. 설사 시간과 생명의 가치가 여기에서 가정한 것의 절반만 된다 해도 이 사업의 편익은 비용을 크게 상회하고 있다. 따라서 사회는 도로개선을 통해 편익을 얻게 되므로 정부는 이 사업을 시행에 옮겨야 한다.

비용-편익분석의 다른 쟁점

앞에서의 논의가 이미 충분히 복잡하지만 비용-편익분석을 어렵게 만드는 또 다른 세 가지 주요 쟁점이 있다. 그것은 편익의 이중계산처럼 흔히 나타나는 계산상의 실수, 공공사업이 소득분배에 미치는 영향에 대한 우려, 비용과 편익의 불확실성 등이다.

자주 발생하는 계산상의 오류 비용과 편익을 분석할 때 다음과 같은 계산상의 오류가 자주 발생한다.

- 2차적 편익의 계상(計上) : 만일 정부가 고속도로를 개선하게 되면 도로를 따라 더욱 많은 상업 활동이 일어나게 될 것이다. 연구자는 이 역시 편익으로 계상하고 싶겠지만 이는 다른

지역에서의 상업 활동이 옮겨 온 것에 지나지 않는다. 편익을 측정할 때 중요한 것은 오로지 새로운 사업을 통한 사회적 잉여의 총증가분이다(개선된 도로 상황으로 인해 발생한 잉여를 증가시키는 거래의 순증가분).

- **고용을 편익으로 파악** : 고속도로 상태를 개선하는 사업의 필요성을 역설할 때 정치가들은 흔히 프로젝트로 인한 일자리 창출을 편익으로 꼽는다. 그러나 임금은 사업의 비용이지 그 편익이 아니다. 만일 이 사업으로 인해 실업이 줄었다면 근로자의 기회비용은 줄었을망정 그것이 비용을 편익으로 만들어주지는 않는다.
- **편익의 이중계산** : 공공사업은 흔히 자산가치를 상승시킨다. 예를 들어 고속도로의 개선으로 통근시간이 줄어든다면 도시에서 멀리 떨어진 지역의 주택가격이 상승하게 될 것이다. 고속도로의 편익을 분석하면서 어떤 연구자는 통근시간의 감소와 주택가치의 상승을 모두 편익으로 계상하기도 한다. 그러나 주택가치의 상승 자체가 통근시간의 감소 때문에 이루어진 것이므로 둘 다 편익으로 계상해서는 안 된다.

이런 종류의 실수는 서둘러 연구를 수행해야 하거나 정보가 부족할 때 흔히 발생할 수 있다. 그러나 때로는 비용-편익에 대해 뜨거운 논란이 벌어질 때 양쪽 중 어느 한쪽이 의도적으로 이런 오류를 만들어내기도 한다. 공공정책 결정 과정에서 비용-편익분석이 점점 더 중요한 역할을 맡게 되면서 객관적으로 이루어져야 할 분석이 이런 종류의 조작대상이 되는 것을 막아야 할 필요성이 커지고 있다.

분배 문제에 대한 관심 공공사업의 비용과 편익이 동일한 개인들에게 발생해야 할 이유는 없다. 예를 들어 고속도로를 확장하는 경우 통근자들은 편익을 얻지만 도로 인근 지역 주민은 교통량과 소음의 증가로 피해를 입게 된다. 이 사업의 편익이 비용보다 크다면 이론상으로는 편익을 보는 사람들로부터 돈을 걷어서 피해를 입는 사람들에게 재분배함으로써 모든 사람들이 편익을 볼 수 있다. 그러나 부분적으로는 (이런 재분배에 필요한 정보 요구량과 같은) 경제적 이유에 의해서, 그리고 부분적으로는 다음 장에서 다루게 될 정치적 이유에 의해서 실제로는 이런 재분배가 거의 일어나지 않는다.

이러한 재분배가 일어나지 않는다면 공공사업으로부터 구체적으로 누가 이득을 보고 누가 손실을 입는지의 문제가 관심의 대상이 될 수 있다. 예를 들어 어떤 공공사업이 부자에게는 편익을 주고 빈자에게는 손실을 입힌다면 이 사실을 고려하기 위해 편익은 할인하는 반면에 비용은 확대시키기를 원할 수도 있다. 물론 문제는 이런 상황에 적용할 가중치를 어떻게 정하느냐 하는 것이다. 이는 결국 제2장에서 다룬 사회후생함수의 종류에 따라 달라질 문제이다.

불확실성 앞에서의 논의를 통해 분명해졌겠지만 공공사업의 비용과 편익은 고도로 불확실한 것이다. 그러나 이러한 불확실성의 정도는 사업마다 다를 수 있으며, 여러 가지 사업을 서로 비교할 때 고려의 대상이 되어야 한다. 제12장에서 자세히 살펴보게 될 몇 가지 이유로 인해, 사람들은 예상할 수 있는 모든 결과에 대해 불확실한 결과보다는 더 확실한 결과를 선호한다. 따라서 정부는 비용과 편익의 어떤 차이에 대해서든 불확실한 추정치보다는 더 확실한 추정치를 갖는 사업을 선택해야 한다. 정부가 저소득계층에 가장 큰 편익을 가져다주는 사업을 선택하고 싶어 하는 것과 마찬가지로 가장 확실한 편익을 가져다주는 사업을 선택하고 싶어 할 것이다.

8.4 결론

정부의 모든 정책결정자들은 추진해야 할 공공사업의 선택을 위해 사회적 비용과 편익이라는 추상적 개념을 현실 상황에 적용하려 할 때 많은 도전적 과제에 부딪히게 된다. 처음에는 단순한 회계적 작업같이 보여도 경쟁적 시장에서 자원의 가치가 정해지지 않을 경우에는 매우 복잡한 문제가 되어버리고 만다. 시장이 경쟁적 균형 상태에 있지 않다면 이 경우 자원의 기회비용을 별도로 계산해야만 하는 복잡한 문제가 생기는 것이다. 또한 시장가격으로는 편익의 가치를 정할 수 없기 때문에 조건부 가치 평가법이나 현시선호 접근법을 사용해야만 하는 경우에는 또 다른 복잡한 문제가 발생한다. 그럼에도 불구하고 경제학자들은 공공사업의 비용과 편익에 대한 완전한 평가라는 목표를 향해 먼 길을 갈 수 있도록 인도해주는 일련의 개념적 도구들을 개발해왔다.

요약

- 공공재를 최적수준에서 제공하기 위해서는 공공사업의 비용과 편익을 평가해야 한다.
- 공공사업에 투입되는 자원의 비용은 그 기회비용, 즉 차선의 대안적 용도에 있어서의 가치로 측정해야 한다.
- 만일 시장이 경쟁적 균형 상태에 있다면 투입물의 기회비용은 그 시장가격이 된다. 그러나 그렇지 않다면 기회비용은 시장가격과 괴리가 있을 것이며 이 경우 정부 지출의 일부는 단지 지대의 이전에 불과하다.
- 만일 비용이 미래에 발생한다면 이 비용을 현재가치로 환산하기 위해 사회적 할인율을 사용해야 한다.
- 공공사업의 편익을 측정한다는 것은 어려운 일이며, 이를 위해서는 시간의 가치를 측정하기 위해 임금을 사용하는 것처럼 시장가치를 사용하는 방법, 조건부 가치 평가법처럼 개인들에게 그들이 부여하는 가치의 크기를 물어보는 방법, 생명의 가치를 측정하기 위해 위험한 직업을 갖는 데 따른 보상임금격차처럼 현시된 가치를 파악하기 위해 실제 관찰된 행태를 사용하는 방법 등이 사용되고 있다.
- 편익 또한 미래에 발생할 수 있으므로 그 현재가치는 선정된 사회적 할인율에 대단히 민감하다.
- 공공사업을 분석할 때는 사업의 분배적 함의, 비용과 편익에 대한 불확실성의 정도, 사업의 예산상 비용 등을 고려해야 한다.

연습문제

1. 새로운 공공부문 일자리사업을 완수하려면 30만 시간의 노동 서비스가 필요하다.
   a. 노동시장이 완전경쟁이고 시장임금은 20달러라고 가정하자. 이 사업에 고용된 노동의 기회비용은 얼마인가?
   b. 현재 실업이 존재하며 일부 근로자는 시간당 12달러에도 일할 의사가 있다고 가정하자. 이 사업에 고용된 노동의 기회비용은 얼마인가? 이 사업에 고용된 '자칭' 실업자의 비율에 따라 기회비용이 달라지겠는가?
   c. 만일 문제 (a)와 (b)에서의 답이 다르다면 그 이유를 설명해보라.

2. 정부 구입의 기회비용은 그 재화를 구입한 시장이 완전경쟁인지 독점인지에 따라 어떻게 달라지는가?

3. 2명의 시의원이 새로운 사업을 추진할지에 대해 논쟁을 벌이고 있다. 마일스 의원은 공급자들이 사업에 투입되는 자원의 비용을 낮출 때만 추진할 가치가 있다고 주장한다. 스퀴키 의원은 이에 동의하지 않으며 이는 문제가 되지 않는다고 말한다. 공급자들이 비용을 낮춘다고 해서 사회적으로 이득이 생기는 것은 아니라는 것이다. 누구의 말이 맞는지 설명해보라.

4. 졸업논문 작성을 위해 어느 학생이 같은 반 학생들에게 다음과 같이 물어보았다. "캠퍼스의 주차 규모를 2배로 늘리기 위해서 얼마를 지불할 용의가 있습니까?" 이 질문에 대한 응답에 기초하여 연구자는 동료 학생들이 집단적으로 1,200만 달러를 지불할 의사가 있다고 추정하였다. 이런 종류의 분석에는 어떤 문제점이 있는가?

5. 본문에서 다룬 것처럼 시간의 가치를 측정하기 위한 Deacon과 Sonstelie(1985)의 접근법을 생각해보자. 휘발유 탱크의 크기를 제외하고는 연비 등 모든 면에서 두 차 A와 B가 서로 똑같으며 A는 B에 비해 휘발유 탱크의 크기가 2배라고 가정하자. 어느 쪽 운전자가 독립적인 주유소보다 더 낮은 가격으로 팔아야 하는 셰브론 주유소의 고객이 될 가능성이 높은지 설명해보라.

6. 시정부는 조명시설이 갖추어진 새로운 자전거도로의 건설을 고려하고 있다. 이 계획을 지지하는 시의원은 도로의 잠재적 편익으로서 (1) 현재와 미래의 자전거 타는 사람에게 있어 자전거 타는 즐거움의 증가, (2) 자전거 통근의 증가에 따른 출퇴근시간대 차량통행의 감소, (3) 도로공사와 관련된 15개의 일자리 창출 등을 열거하였다. 과연 이 모두가 편익으로 간주될 수 있는지 설명해보라.

7. 어느 근로자가 주당 20시간보다는 40시간의 근로시간을 선호하며, 20시간이나 40시간보다는 32시간을 더 선호한다고 가정하자. 그러나 그는 20시간이나 40시간 중 하나를 선택해야만 한다. 이 경우 시간당 임금이 이 근로자의 시간가치를 정확하게 반영할 수 있는가?

8. ⓔ 메트로폴리타시는 기존의 두 지하철역 사이에 새 역을 추가하였다. 이 역이 만들어진 후에 평균 주택가격은 10,000달러가 올랐고 통근시간은 1일 평균 15분이 줄어들었다. 가구마다 1명의 통근자가 있고, 이들은 평균적으로 주당 5일, 연간 50주를 일하며, 줄어든 통근시간은 현재와 미래의 거주자들에게 영원히 적용된다고 가정하자. 또한 5%의 이자율을 가정하자. 이 정보에 기초하여 통근자의 평균적인 시간의 가치를 추정해보라.

9. 생명의 가치를 계산하는 한 가지 접근법은 보상임금격차에 관한 연구 결과를 사용하는 것이다. 이 방법에는 어떤 문제가 있는가?

ⓔ 기호는 학생들이 제3장과 '실증적 증거' 코너에서 공부한 실증적 경제원리를 적용해야 하는 문제임을 의미한다.

심화 연습문제

10. ⓔ 스몰빌에서는 새로운 공공수영장을 만들 것인지 여부를 고려하고 있는 중이다. 이 수영장은 하루에 800명을 수용할 수 있으며 입장료는 1인당 6달러로 책정되었다. 수영장 비용은 수영장의 내구 기간 동안 평균적으로 1인당 하루 4달러로 추정되었다.

스몰빌은 이 사업을 평가하기 위해 당신을 고용하였다. 다행히도 이웃한 쌍둥이 도시인 스프링필드시는 이미 수영장을 갖고 있으며, 이곳은 가격이 사용량에 어떤 영향을 미치는지 알아보기 위해 수영장 요금을 무작위로 변화시켜 보았다. 이 연구로부터의 결과는 다음과 같다.

수영장 1일 가격(달러)	1일 수영장 이용자
8	500
10	200
4	1,100
6	800
2	1,400

a. 만일 수영장이 계획된 대로 건설된다면 수영장으로부터 1일당 순편익은 얼마가 되는가? 이용자의 소비자잉여는 얼마인가?

b. 이 정보에 입각해볼 때 스몰빌이 지으려 하는 수영장의 경우 800명의 수용인원이 과연 적정한 수준일지 설명해보라.

11. 관리예산처(OMB)는 공공투자와 정부자산의 매각에 대해 정부가 각각 다른 할인율을 적용하도록 권고하고 있다. 공공투자의 경우 OMB는 민간부문 세전 투자수익률의 과거 실적치를 반영하는 할인율을 사용하는 한편, 정부자산의 매각에 대해서는 정부차입비용을 할인율로 사용하도록 하고 있다. OMB가 이런 구분을 하는 이유는 무엇이라고 생각하는가?

12. 애니멀타운시는 이 시를 절반으로 구분하는 강을 가로지르는 새로운 다리를 건설하였다. 시는 통행료의 부과 여부와 부과할 경우 그 금액을 결정하려고 한다. 다리 건설의 재원을 조달하려면 시간당 28,000달러를 거두어야 할 필요가 있지만 그 이하로 거둘 경우에는 그 차액을 일반조세수입으로 충당하려고 한다. 시 관계자는 시간당 다리 사용에 대한 수요곡선을 $Q = 2,800 - 100P$로 추정하였다. 이 다리는 혼잡 없이 매일 2,000명의 자동차가 통행할 수 있다. 통행료 징수비용은 무시해도 좋을 정도라면 통행료를 징수하는 것이 더 효율적인가? 만일 그렇다면 애니멀타운은 다리를 건너는 비용으로 얼마를 책정해야 하는가?

13. 2021년 중반인 지금 당신은 거의 2년 만의 첫 휴가를 어디로 갈지 결정하려 한다. 당신은 이미 코로나19 예방접종을 받은 상태이다. 당신은 예방접종으로 인해 코로나19에 감염될 위험이 낮으며, 입원하거나 사망에 이를 위험도 매우 낮지만 이 시기에 출현한 변종 바이러스로 인해 그 위험이 0은 아니다. 당신은 코로나19 감염사례가 매우 적은 한 나라(A국)로 휴가를 가는 것을 고려하고 있으며, 그곳에서 코로나19에 감염되어 사망할 위험은 1,000만분의 1로 계산되었다. 당신은 A국으로 휴가를 가기 위해 약 6,000달러를 지불할 의사가 있다. 두 번째 나라(B국)에서의 사망위험은 100만분의 1로 추산되며, 휴가를 가게 되면 약 5,500달러를 지불하게 될 것이다. 나머지 사항들에 대하여 당신은 이 두 나라 사이에 무차별하다. 태양, 모래, 바다 등 당신이 휴가에서 찾으려 하는 것들이 두 나라 사이에 모두 매우 유사하다.

당신은 당신이 하는 선택을 경제학을 공부하고 있는 친구와 이야기하고 있다. 친구는 당신이 비합리적이라고 주장한다. 즉, 위험도가 낮은 목적지에 대하여 그러한 할증료를 기꺼이 지불하려 한다는 점에서 당신은 당신의 생명가치를 너무 높이 평가하고 있다는 것이다. 친구는 주장을 할 때, 이 두 휴가지에 대한 당신의 평가를 기반으로 당신의 생명에 대한 내재 가치를 계산하였다.

당신의 친구는 당신의 생명에 대한 내재 가치를 얼마로 계산하는가? 당신은 당신이 비이성적이라는 데 동의하고, A국과 B국 사이에 여행하기 위해 지불할 의향이 있는 할증료에 대하여 마음이 바뀌었는가?

14. 젤리스톤 국립공원은 A시로부터 10분 거리에 위치해 있고 B시로부터는 20분 거리이다. 두 도시에는 각각 20만 명의 거주자가 있고 이들은 동일한 소득을 갖고 있으며 국립공원에 대해 동일한 선호를 나타낸다. 한 사람이 국립공원에 가는 비용은 공원에 도달하는 시간비용으로 나타난다고 가정하자. 또한 두 도시 사람들의 시간비용은 분당 0.5달러라고 가정하자.

관찰에 의하면 A시의 주민은 젤리스톤을 연간 10회 방문하며 B시의 주민은 연간 5회를 방문한다. 국립공원에 가는 사람들은 오직 두 도시의 주민들뿐이고, 젤리스톤의 연간 관리비는 150만 달러이며, 사회적 할인율은 10%로 가정하자. 또한 국립공원은 영원히 현재 위치에 존재한다고 가정하자.

a. 각 도시 주민의 젤리스톤 방문당 비용을 계산해보라.

b. 두 가지 사항(A시 주민당 방문횟수와 방문당 비용, B시 주민당 방문횟수와 방문당 비용)에 관한 관찰이 젤리스톤 방문에 대한 동일한 선형의 개별수요곡선의 두 점에 대응한다고 가정할 때 그 수요곡선을 유도하라. 각 도시 주민들의 소비자 잉여는 얼마인가? 총소비자 잉여는 얼마인가?

c. 사업목적으로 젤리스톤을 구입하고 싶어 하는 목재개발업자가 있는데 그가 제안하는 공원의 가격은 1억 달러이다. 공원을 매각해야 하는가?

15. 미국 국립보건원(National Institutes of Health, NIH)은 희귀질환 치료를 목표로 하는 유망한 연구사업에 지원금 자금 제공을 고려하고 있다. 연구기간은 5년이다. 이 지원금은 20명의 과학자를 고용하는 데에 5년 동안 연간 15만 달러, 첫해에는 새로운 실험실 장비에 대한 일회성 투자로 300만 달러, 그리고 실험실 용품 및 재료에 5년 동안 매년 100만 달러를 지급할 것이다. 성공적이라면 사업 완료시기인 6년 차부터 치료제가 이용 가능하게 될 것이다.

당신은 NIH에 대한 제안서를 검토하는 과학자로서 이 연구사업의 성공확률이 2%에 불과하다고 추정하고 있다. 그러나 일단 성공하면 치료제로 해당 질병에 걸린 모든 환자를 즉시 치료하게 된다. 해당 질병은 진단 후 1년 이내에 사망에 이르게 하며, 매년 이 질병으로 약 15명이 사망한다.

다음 질문들에 답하기 위해 NIH는 7% 할인율을 사용하며 위험중립적이라 가정하자.

a. 제안서의 자금 비용과 해당 질병에 대한 가능할 것으로 보이는 치료제의 편익을 적절히 가중하여 이 연구사업에 대한 정규적인 비용-편익분석을 수행하라. 생명의 가치로는 1,050만 달러의 수치를 사용하라. 비용이 이익을 초과하는가? 당신은 지원금 자금을 제공하기를 권장하는가? (참고 : 비용-편익분석을 위해 스프레드시트를 사용하라. 이러한 계산은 0년 차에 이루어지고 자금 제공 및 연구사업 비용은 1년 차에 시작된다고 가정하라.)

b. 당신의 동료 중 한 사람이 2%의 성공확률은 아마도 과대추정되었고 보다 현실적으로 볼 때 연구의 성공 가능성은 1% 수준일 것이라고 주장한다. 만일 동료의 주장이 맞다면 문제 (a)에서 도출한 계산 결과는 어떻게 바뀌겠는가?

16. NIH는 다양한 질병을 연구하는 과학자들로부터 많은 지원금 신청서를 받는다. 문제 15(a)에 제시된 희귀질환 연구에 대한 자금 승인으로 이어지는 지원금 의사결정을 고려하라. 상황이 바뀌어 지원금 신청서가 이제 더 이상 따로 고려되지 않는다고 가정하자. 그 대신 현재 NIH 예산에 따라 30개의 신청서 중 10개만 승인될 수 있다고 한다. 과학자가 이러한 신청서들을 검토할 때 이러한 새로운 세부 정보가 의사결정에 어떤 영향을 미치겠는가? 연구사업에 대한 자금 지원 결정에 영향을 미치는 주요 고려사항들은 무엇인가?

CHAPTER 9

James Andrews/iStock/Getty Images

정치경제학

생각해볼 문제

- 공공사업의 적절한 비용과 편익을 어떻게 측정하는가?
- 선호 취합 방법은 공공재의 선택에 어떠한 영향을 미치는가?
- 대의민주주의의 결과는 일반 유권자의 선호를 얼마만큼 반영할 수 있는가?
- 정부가 유권자들의 후생극대화 외에 다른 것들을 고려하는 경우, 어떠한 문제가 발생할 수 있는가?

애리조나는 미국에서 가장 일조량이 많은 지역으로, 태양광 에너지 발전에 대해서는 엄청난 잠재력을 가진 주이다.[1] 2019년 애리조나주는 미국의 50개 주 가운데 1인당 태양광 관련 일자리 2위, 태양광 자원역량 3위를 기록한 바 있다.[2] 그러나 일조량이 많은 캘리포니아, 네바다, 하와이와는 달리 애리조나주의 전체 에너지 생산량 가운데 태양광 부문의 비중은 7%가 채 안 되는 수준이다. 이는 대부분 정치적 갈등에 기인한다.[3] 애리조나주의 사막 기온이 빠르게 상승하는 것과 같이 기후변화는 애리조나주가 직면한 중요한 과제이지만, 오랫동안 주 정치를 대표해온 공화당의 주된 이슈는 아니다. 청정에너지의 확산을 반대하는 측에서는 일자리 상실과 높은 전기료의 문제, 그리고 대체에너지의 개발은 당장 추진해야 하는 시급한 문제가 아니라는 식의 주장을 펼치고 있다. 이의 대표적 인물로 공화당의 마사 맥샐리(Martha McSally) 의원을 꼽을 수 있다. 애리조나주 제2의회 선거구에서 당선된 맥샐리 의원은 2018년, 탄소세 도입안에

1 Kormann(2018).

2 Solar Foundation(2019).

3 Solar Foundation(2019).

반대표를 던진 바 있으며 2017년에는 기존 에너지 회사들에 대한 몇몇 규제도 폐지한 바 있다. 그뿐만 아니라 2015년 오바마 행정부의 청정전력계획에 대해 '주 내 중소기업들과 빈곤층에 대한 추가적 부담 증가'를 앞세워 반대입장을 밝힌 바 있다.[4]

맥샐리 의원은 민주당의 키어스틴 시너마(Kyrsten Sinema) 의원과 뚜렷하게 대비된다. 시너마 의원은 2013년 애리조나 제9의회 선거구에서 접전 끝에 당선된 사람이다. 시너마 의원은 보수 성향 유권자, 환경옹호론자 77%의 지지를 받은 바 있다. 반면 맥샐리 의원은 7%의 지지만을 받았을 뿐이다.[5] 시너마 의원은 환경행동을 중심으로 하는 녹색당의 대변인과 행동가로서 정치 경력을 시작했으며, 민주당에 합류하기 이전에는 두 번이나 무소속으로 지방선거에 출마하기도 하였다. 그녀는 2004년 민주당 애리조나주 당원대표로 선출되었으며,[6] 임기 중 유력 환경단체인 시에라 클럽(Sierra Club)으로부터 '최우수상(MVP)'을 수상하기도 하였다.[7]

2018년 맥샐리와 시너마 의원은 상원의 한 자리를 두고 치열하게 경쟁하였다. 이 선거에서 시너마 의원이 근소한 차이로 승리하여 1988년 이후 민주당이 애리조나 상원에 처음 진출하는 결과를 거두게 되었다. 이는 전통적으로 공화당 강세지역이었던 애리조나주의 정치적 입장이 변화되는 계기가 되었다. 하지만 2019년 1월, 공석이 된 상원의원 자리에 공화당 출신 맥샐리 애리조나 주지사가 지명되었다. 이는 2020년 11월 특별선거에서 맥샐리가 민주당 후보와 맞붙어야 함을 뜻한다. 이전에 많은 이슈들로 잘 맞지 않던 두 상원의원은 이제 불안정한 상황이 되어버렸다. 변덕스러운 유권자들에게 양당제의 우수함을 보여주어야 하는 입장에서 재선 여부는 불확실했다.

2019년 10월, 맥샐리 및 몇몇 공화당 의원들은 같은 당 출신 트럼프 대통령의 발전소 폐기물에 대한 환경보호법 폐지방침에 반대입장을 밝힌다. 법안이 폐지되면 전력생산비는 낮아질 수 있지만 오염도가 강한 에너지원 사용에 따른 환경피해가 증가하기 때문이다. 이에 따라, 이러한 방침은 '오염된 발전계획'이라 불리우기도 했다. 지역의 유력 환경단체인 시에라 클럽에서는 '무도하며, 불법적인 조치'라 비판했다.[8] 민주당의 시너마 의원은 정치적 입장 차이에도 불구하고, 맥샐리 및 공화당 의원들을 지지하기에 이른다. 당시 공화당 의원에게 투표한 민주당 의원들은 맥샐리를 포함하여 3명에 불과했다. 그녀의 팀은 '이와 같이 당파를 넘어선 해법은 … 애리조나주의 모든 가정에 보다 확실하고 융통성을 부여하는 일'이라고 인용하였는데, 이에 따라 시너마 의원은 전보다 온건한 이미지를 갖추게 되었다.[9] 그달 말 시너마 의원이 '2019년 태양광 에너지 연구개발법'을 상원에 제출했을 때, 맥샐리 의원은 예상 외로 초당적인 협력을 기울였다. 심지어 맥샐리 의원은 해당 법안의 공동발의자가 되었는데 이는 주정부로 하여금 태양광 분야의 연구개발에 더 많은 지출을 요구하는 것이었다. 2019년 들어 맥샐리 의원에 대한 보수유권

---

4 인터넷 여론조사기관 Five Thirty Eight(2021), Fahys(2020).

5 League of Conservation Voters(2021a, 2021b).

6 Kaczynski and Massie(2018).

7 Bahr(2006).

8 Sierra Club(2020).

9 Bravender(2019).

자 연맹의 지지율은 14%였는데, 이는 이전에 비해 2배가량 높아진 것이었다.[10] 하지만 민주당 지지자들에 대한 맥샐리 의원의 호소에도 불구하고, 2020년 11월 선거에서 재선에 실패하였다.

맥샐리와 시너마 의원의 이러한 행동은 그들이 소속된 주가 이전보다 약한 당파성을 갖고 운영되도록 하는 계기가 되었다. 국민의 대표로 선출된 정치인들이 유권자의 선호에 이전보다 더 민감하게 반응하게 된 것이다. 동시에, 두 상원의원은 많은 사회적 이슈들에 대해 매우 다른 의견을 갖고 있었고, 서로 다른 부류의 유권자들에게 지지를 호소하였다. 예컨대, 미 상원 역사상 최초의 양성애자였던 시너마 의원은 의회의 성적 소수자 입법 간부회의의 공동의장을 맡기도 하였다. 반면, 맥샐리는 성적 소수자를 위한 입법 금지조치에 대한 공개적인 지지자였고 동성혼을 금지하고 있는 헌법개정에도 노력을 기울였다. 무엇이 정치인들의 이러한 행동을 결정하는가? 또한 결과적으로 정부의 어떠한 정책이 미국과 세계 각국에서 시행되고 있는 것인가?

우리는 제7장에서 공공재의 최적공급수준 결정방법, 즉 사회적 한계비용과 편익이 같아지도록 하는 방법에 대해 공부하였고, 제8장에서는 공공투자사업의 비용-편익분석 방법과, 이를 위한 비용과 편익의 계량기법에 대해서도 학습하였다. 하지만 현실에서는 정책 추진 여부에 대한 결정권은 경제학자들이 아닌 어떤 통치자나 통치집단에 의해 이루어진다. 어떤 나라에서는 이러한 의사결정이 선출된 공직자나 시민들에 의한 직접투표에 의해 이루어지기도 한다. 이 가운데 최적 정책 개입의 이론과 부합하는 것이 과연 있을까? 몇몇은 그럴 수도 있겠지만 대부분은 그렇지 않을 것이다.

이 장에서 우리는 공공재 공급 등에 대한 결정을 내릴 때, 정부가 실제로 어떻게 하고 있는지에 대해 논의해볼 것이다. 특히 이 장에서는 재정학의 네 번째 문제, 즉 정부가 어떠한 일을 수행함에 있어서 왜 그 일을 하는지에 대해 논의의 초점을 맞출 것이다. 이를 위해 우리는 먼저 정부가 공공사업의 추진을 결정할 때 어떤 방식으로 개개인의 선호를 측정하고 이를 취합할 것인지를 논의하는 것에서부터 시작할 것이다. 그다음 우리는 이론에서 전제하고 있는 이상적 상황의 문제점들은 물론, 보다 현실적 상황은 어떠한지에 대해서도 살펴볼 것이다.

보다 현실적 상황 가운데 하나는 유권자들이 특정 공공사업에 대해 찬성 또는 반대표를 던지는 **직접민주주의**의 경우이다. 우리는 공공재의 공급 수준 등을 결정할 때 유권자들의 다양한 견해를 취합하는 데 투표제도가 어떻게 작동하는지를 살펴볼 것이다. 또 다른 방식은 유권자가 그들의 대표를 뽑아 특정 공공사업에 찬성하거나 반대하도록 하는 **대의민주주의**이다. 우리는 대의민주주의가 직접민주주의와 같은 결과를 가져오는 경우와 그렇지 않은 경우에 대해 논의해볼 것이다.

마지막 절에서는 투표제와 행태분석 모형 등 기존의 논의를 넘어선 더 다양한 관점에서의 이슈, 즉 **정부의 실패**에 대해 살펴볼 것이다. 이때 정부의 실패란 시장실패를 적절히 설명하기 위한 정부의 무능력 또는 무의지 등과 관련한 논의들이다. 우리는 정부실패의 진정한 의미와 정부실패가 경제적 후생 수준에 얼마나 중요한 영향을 미치는지에 대한 실증 증거들에 대해서도 살펴볼 것이다.

---

10 League of Conservation Voters(2021b).

9.1 공공재 공급 수준에 대한 전원합의

린달가격체계 공공재 구축을 위한 재원조달 방법 가운데 하나로, 개인이 정직하게 밝힌 공공재의 지불의사(지불액)만큼 분담금을 부과하는 방법

정치경제학에 대한 논의의 시작은 공공재의 최적수준을 시민들의 만장일치로 결정하게끔 하는 정부의 예로부터 출발할 것이다. **린달가격체계**(Lindahl pricing)는 추가적 공공재 공급에 대해 개인들이 밝힌 지불의사를 취합하여, 이를 공공재에 대한 사회적 편익으로 측정하는 체계를 의미한다. 이 과정에서 얻어진 사회적 한계편익을 공공재 공급의 한계비용과 비교하여 최적 공공재의 공급 수준을 결정하는데, 이렇게 결정된 공급량 수준에 상응하는 개인의 지불의사액을 통해 공공재 공급재원이 조성된다. 우리는 이러한 공공재 공급방안이 현실화되었을 때 발생할 수 있는 잠재적 문제들에 대해 살펴보고, 보다 현실적인 상황에서 정부가 공공재 공급 수준을 결정할 때 적용할 수 있는 방안에 대해서도 논의해볼 것이다.

린달가격체계

한계지불의사액 개인이 추가적인 재화 한 단위 소비를 위해 기꺼이 내고자 하는 금액

이 접근법은 1919년 스웨덴의 경제학자 에릭 린달(Erik Lindahl)에 의해 소개된 것으로, 공공재의 공급은 개인의 **한계지불의사액**(marginal willingness to pay)에 의존한다는 이론이다. 이때 한계지불의사액이란 공공재의 추가적 한 단위 공급을 위해 개인이 기꺼이 지불하고자 하는 액수를 의미한다. 제2장과 5장에서 살펴본 내용, 즉 어떤 사적재화에 대한 수요곡선은 그 재화에 대해 개인이 기꺼이 지불하고자 하는 의사를 측정한 것이라는 점을 상기해보자. 린달이 제안한 것은 이러한 사적재화의 수요곡선과 마찬가지로 공공재에 대해서도 개인의 지불의사 수준을 통해 수요곡선을 도출할 수 있다는 점이다.

린달가격의 도출 과정을 설명하기 위해 한계비용이 1달러인 불꽃놀이(공공재)의 경우를 가정해보자. 이 공공재는 에바와 잭, 두 사람에게 공급될 것이다. 제7장에서 배운 바와 같이 공공재의 핵심적 특징, 즉 불꽃놀이는 에바와 잭에게 같은 양만큼 공급될 것이라는 것에 주의하자. 이 경우 린달가격을 도출하는 과정은 다음과 같다.

1. 먼저 정부는 공공재 공급을 위한 비용으로 국민들이 얼마를 세금으로 부담해야 하는지를 발표한다. 이때 국민 개개인이 얼마씩 분담해야 하는지도 알려준다. 예컨대 에바와 잭이 불꽃놀이 비용으로 각각 50센트씩, 또는 에바가 90센트, 잭이 10센트를 부담하여야 한다는 식으로 발표한다.
2. 각 개인은 본인이 부담해야 하는 세금 수준에서 얼마만큼의 공공재 공급을 원하는지를 밝힌다.
3. 정부는 이러한 과정을 반복하여 개인이 원하는 공공재의 양과 기꺼이 지불하고자 하는 세금분담액의 조합(즉, 공공재에 대한 개인별 수요곡선)을 파악한다.
4. 정부는 개인들의 공공재 수요곡선을 합하여 공공재에 대한 전체 수요곡선(D_{A+J})을 도출한다.
5. 정부는 공공재에 대한 전체 수요곡선과 한계공급곡선을 통해 공공재의 최적공급량을 파악한다.

6. 정부는 이렇게 결정된 공공재의 공급량에 상응하는 개인별 지불의사액만큼씩을 세금으로 부과하여 공공재 공급을 위한 재원을 마련한다.

이러한 과정은 그림 9-1에 설명되어 있다. 그림 (a)는 불꽃놀이를 즐기기 위해 기꺼이 지불하

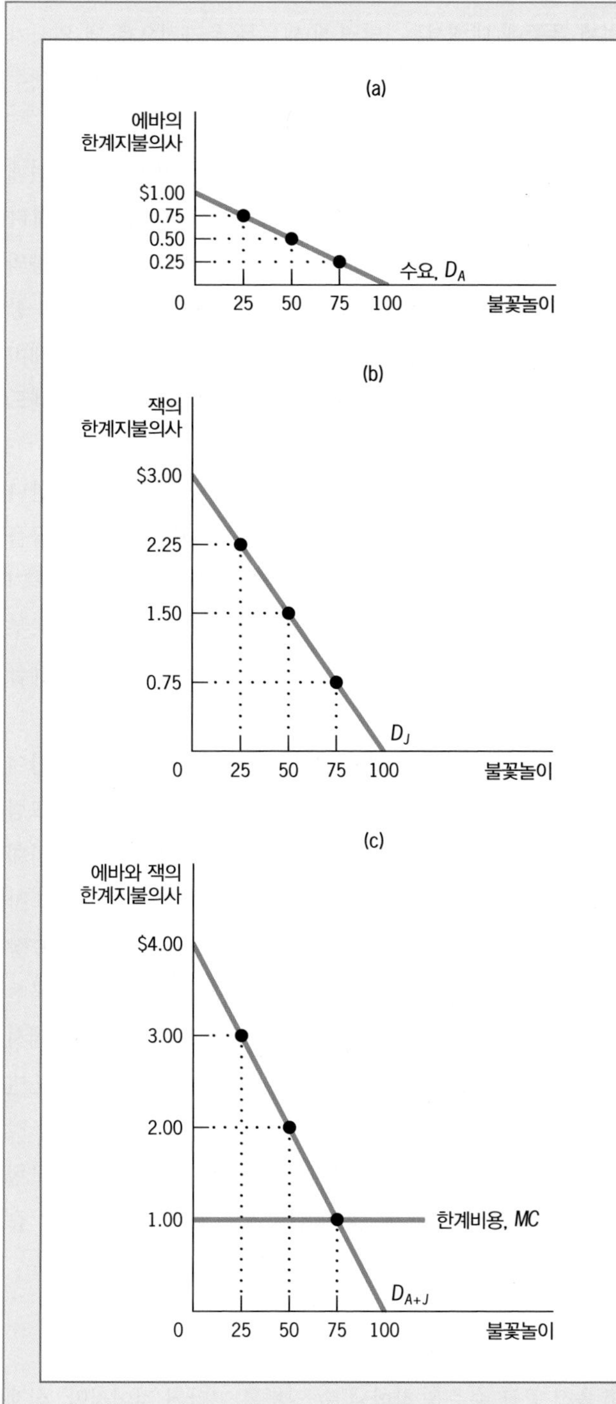

그림 9-1 린달가격 그림 (a)는 불꽃놀이에 대한 에바의 한계지불의사를 나타내고 있으며, 그림 (b)는 불꽃놀이에 대한 잭의 한계지불의사를 나타낸다. 둘의 한계지불의사의 합은 그림 (c)에 나타나 있다. 불꽃놀이의 한계비용이 1달러라고 하면 최적공급 수준은 75개(75번째 폭죽)인데, 이는 한계비용과 한계지불의사의 합이 같아지는 점이다.

고자 하는 에바의 한계지불의사를 나타낸다. 첫 번째 폭죽에 대해 에바는 1달러의 지불의사를 가지고 있다. 50번째 폭죽에는 추가적으로 50센트를 지불할 의사가 있으며, 75번째에는 25센트를, 100번째 폭죽에 지불하고자 하는 액수는 0이다. 그림 (b)는 잭의 불꽃놀이 소비, 즉 폭죽 한 단위당 얼마씩의 지불의사를 가지고 있는지를 나타내고 있다. 첫 번째 폭죽에 대해서 잭은 3달러의 지불용의를 가지고 있다. 50번째 폭죽에 대해서는 1달러 50센트를 추가적으로 낼 의사가 있으며, 75번째에는 75센트를, 그리고 100번째 폭죽에 대해 추가적으로 지불하고자 하는 액수는 0이다.

그림 (c)는 불꽃놀이에 대한 에바와 잭의 한계지불의사를 합한 것을 나타내고 있다. 첫 번째 폭죽에 대한 에바와 잭의 지불의사액의 합은 4달러인데, 이 가격은 폭죽의 한계비용 1달러보다 높기 때문에 불꽃놀이가 공급되는 것이 바람직하다. 50번째 폭죽에 대해서 에바와 잭의 지불의사액의 합은 2달러인데, 이 역시 폭죽의 한계비용인 1달러보다 높기 때문에 불꽃놀이는 계속 공급되는 것이 좋다. 두 사람의 지불의사액의 합이 1달러가 되는 75번째 폭죽에서 비로소 한계비용곡선과 한계지불의사곡선이 교차하게 된다. 따라서 린달균형은 에바가 25센트, 잭이 75센트를 지불하게 하는 75번째 폭죽에서 결정되게 된다.

이것이 균형이 되는 이유는 두 가지 이유로 설명할 수 있다. 하나는 에바와 잭 모두 만족한다는 것이다. 둘은 모두 75번의 불꽃놀이를 보게 되는데 각자의 만족도만큼에 해당하는 분담금을 낼 수 있기 때문이다. 둘째로 정부는 불꽃놀이를 두 사람이 각각 지불하고 싶은 만큼의 돈을 거두어서 불꽃놀이에 소요되는 비용을 조달할 수 있기 때문이다. 린달가격은 개인이 그 재화로부터 얻을 수 있는 편익에 대해, 그들이 충분히 낼만한 가치가 있다고 생각하는 액수만큼을 세금으로 걷는 **응익과세**(benefit taxation)의 개념과 관련이 있다.

응익과세 개인이 해당 재화로부터 얻는 편익가치를 토대로 세금을 부과하는 과세원칙 가운데 하나

중요한 것은 이 린달균형이 공공재의 효율적 공급 수준에 대한 원칙, 즉 사회적 한계편익의 합이 사회적 한계비용의 합과 같아야 한다는 조건을 만족시킨다는 점이다. 그림 9-1이 제7장의 그림 7-2와 같은 개념이라는 것에 주목할 필요가 있다. 두 경우 모두에서 우리는 공공재에 대한 사회수요함수를 구하기 위해 개인의 수요함수를 수직으로 더하고, 공공재의 사회적 한계비용을 사회수요함수와 같아지게 하는 점을 도출하여 공공재의 최적공급 수준을 도출한 바 있다. 제7장에서는 이러한 결과를 효용함수를 극대화하는 과정을 통해 각 개인의 공공재에 대한 수요곡선을 도출했고, 개인들의 수요곡선을 합하여 사회수요함수를 구했었다. 반면 린달가격 이론에서는 정부가 각 개인 투표자들의 효용함수를 알아야 할 필요가 없다. 대신 공공재의 공급 수준별로 투표권자가 기꺼이 지불할 수 있는 의향을 표현하게 함으로써 자신의 선호를 표출하게 한 것이다. 두 경우의 출발은 다르지만 결과는 같다. 제7장에서 정부가 계산한 것이나, 린달균형모형에서 각 투표권자가 보여준 사회적 한계편익의 합이 한계비용과 같아지도록 한 것의 결과는 같기 때문이다.

린달가격의 문제점들

린달가격은 이론적으로 공공재의 효율적 공급 수준을 찾아낼 수 있도록 고안된 것이지만, 실제

로 적용되기는 쉽지 않다. 특히 린달 방식의 해법이 현실에서 구현되려면 다음의 세 가지 문제가 해결되어야 한다.

선호 표출의 문제 첫 번째 문제는 공공재 공급에 참여하는 개인들이 자신의 선호를 솔직히 밝히지 않을 유인이 상존한다는 점이다. 린달가격 이론이 제대로 작동하기 위해서는 각 개인들이 밝힌 지불의사액, 즉 만족도가 실제로 내는 액수와 같아야 하는데 현실에서는 이를 장담하기 어렵다. 왜냐하면 공공재를 마련하는 데 드는 비용을 적게 낸다 해도 자신이 사용할 수 있는 공공재의 양은 줄어들지 않기 때문에 자신의 지불의사는 가급적 적게 밝히면서 다른 사람이 더 많은 비용을 부담하도록 할 유인이 있는 것이다. 따라서 공공재의 경우에는 자신의 진정한 지불의사를 '전략적'으로 낮춰 표현할 가능성이 있다. 린달모형에서 이러한 유인이 생기는 것은 공공재의 특성, 즉 무임승차의 가능성 때문이다. 만일 개인이 공공재에 대해 낮은 가치를 갖고 있다는 식으로 거짓표현을 하는 경우, 이 개인은 더 작은 세금부담으로도 원하는 만큼의 공공재를 얻을 수 있다. 예를 들어 잭이 자신의 선호체계가 에바와 같다고 거짓말을 했다고 가정해보자. 그러면 앞서 우리가 살펴보았던 과정에 따라 우리는 잭과 에바가 각각 50번 불꽃놀이에 50센트씩을 지불하는 린달균형을 찾을 수 있을 것이다. 잭은 이제 불꽃놀이 50번에 총 25달러를 지출하는 반면, 앞서의 경우(진실을 말했을 경우)에는 불꽃놀이 75회에 각각 75센트씩 총 56달러 25센트를 지불하게 된다. 따라서 잭은 전에 자신이 지불했던 총액의 절반도 안 되는 적은 액수를 지불하면서도 기존 공급량의 2/3 수준의 불꽃놀이를 즐기게 된다. 이는 잭이 에바에 대해 무임승차하고 있는 것을 의미한다. 에바는 75번의 불꽃놀이에 각 25센트씩 총 18달러 75센트를 지불했었다. 그런데 잭이 거짓말을 하는 경우 에바는 75개 대신 50번이라는 더 적은 불꽃놀이 횟수에 25달러라는 더 많은 세금을 내야 하는 것이다. 이러한 문제는 특히 구성원이 많은 집단에서 더 빈번히 나타난다. 즉, 각 개인은 공공재에 대한 자신의 가치를 실제보다 더 낮추어 말함으로써(즉, 전략적으로 거짓을 말함으로써) 본인의 비용을 타인에게 전가시키고자 하는 강력한 유인이 생기는 것이다.

선호 지식의 문제 린달 이론의 두 번째 문제는, 개인들은 공공재 소비에 따라 느끼는 자신의 가치를 사실 잘 모른다는 점에 있다. 비록 정직하게 자신의 선호를 밝히고 싶어도, 어떠한 공공재의 경우에는 실제 가치가 얼마인지 정확히 알지 못한다는 것이다. 예를 들어, 불꽃놀이나 국방과 같은 공공재에 대해 당신이 느끼는 가치는 얼마인가? 정기적으로 구매하지 않는 재화에 대해 개인이 그 가치를 적절히 책정하는 것은 현실적으로 매우 어려운 일이다.

선호 취합의 문제 비록 개인들이 정직하고, 또 공공재에 대해 느끼는 가치를 잘 알고 있다 하더라도 문제는 있다. '정부가 개인의 가치를 사회적 가치로 어떻게 합산할 것인가?'에 대한 문제이다. 우리의 예에서는 잭과 에바에게 직접 물어보아 그들의 지불의사곡선을 도출했고 이를 단순히 더하는 방식으로 사회적 수요를 찾아냈다. 하지만 이와 같은 방법은 현실에서 적용하기 매우 어렵다. 3억 2,200만 명에 이르는 미국 국민들에게 미사일, 탱크, 군인 등에 대한 개별가치를 일일이 묻는 것은 불가능하다. 이러한 이유 때문에 린달가격모형은 이론적 매력에도 불구하고 실제로 적용되기 어려운 것이다.

다음 두 절에서는 공공재의 최적공급을 결정하는 보다 현실적인 해법에 대해 논의하기로 한다. 특히 우리는 다음의 두 가지 질문에 초점을 맞출 것이다. 하나는 사회가 개인적 선호를 취합하여 사회적 선호를 도출함에 있어서 투표제도를 어떻게 활용할 것인가에 대한 것이고, 또 다른 하나는 선출된 대표들이 개인 유권자들의 선호를 어떻게 대변할 것인가에 대한 것이다.

9.2 개인 선호 취합의 메커니즘

이 절에서는 투표제도가 어떻게 개인 선호를 취합하여 사회적 결정에 이르게 하는지에 대해 살펴보도록 한다. 우리는 아직 유권자들이 그들의 대표를 선출한다는 사실에 대해서는 논의하지 않았다. 따라서 다음의 응용사례에서는 직접투표의 경우만을 고려할 것이다.

kmsdesen/Shutterstock

응용사례
미국의 직접민주주의[11]

1657년 2월 11일 뉴욕 헌팅턴 마을 주민들은 주민회의를 개최하여 지역학교의 초대 교장으로 조나스 홀즈워스를 초빙하는 안건에 대해 투표하였다. 거의 350여 년이 지난 후, 매사추세츠주의 스톤햄 마을에서도 비슷한 회의가 열렸다. 안건은 600만 달러를 들여 낙후된 지역 체육관을 인기 스포츠를 위한 종합시설로 바꾸는 사업계획이었지만, 투표 결과 안건은 통과되지 않았다. 미국에서는 3세기 반이 지나는 동안에도 자신의 생활에 직접 영향을 미치는 정책에 대해 개인이 직접 투표하는 **직접민주주의**의 전통이 강하게 남아 있으며, 이는 20세기를 거치면서 더욱 발전해왔다.

뉴잉글랜드주에서는 아직도 주민회의가 지역의 의사결정을 하는 중요한 행사로 남아 있다. Bryan(2003)은 1970~1998년 사이 버몬트주의 210개 마을에서 누적인원 63,140명이 참여한 총 1,435번의 주민회의에 대한 포괄적 연구를 수행한 바 있다. 주민회의는 평균적으로 1/5 이상의 버몬트주민들이 참여하고 있다. 주민회의 없이 지역 예산에 대해 직접투표만 하는 곳도 있다. 예를 들어 2015년 델라웨어주의 레드 클레이 교육청 관할지역에서는 재산세 인상에 대해 12,000명에 육박하는 유권자들이 투표한 바 있다. 6,395명의 찬성에 의해 통과된 세금 인상안으로 인해, 교육청은 예산 삭감을 피하게 되었을 뿐 아니라 더 많은 돈을 투자할 수 있게 되었다. 2018년 로스앤젤레스의 코리아 타운 인근지역에서는 코리아 타운과 방글라데시 타운을 분

11 직접민주주의에 대한 정보는 대부분 서던캘리포니아대학교에 있는 창의와 국민투표연구소에서 나온 것이며, 이와 관련된 것은 http://www.iandrinstitute.org/에서 찾아볼 수 있다. Matsusaka(2005)의 연구는 직접민주주의와 관련된 이슈들에 대해 아주 훌륭한 개관을 제공하고 있다.

리할 것인지에 대해 투표를 진행한 바 있다. 투표는 당일 오후 8시에 마감하기로 되어 있었지만 밤 11시가 지나서까지 진행되었다. 양측이 각자의 입장을 밝힌 것처럼, 유권자들 역시 투표를 통해 의견을 피력하였는데, 투표 결과는 현상유지로 나타났다.[12]

직접민주주의는 주정부 수준에서도 중요한 역할을 한다. 주의 **국민투표**(referendum)에서는 주 의회에 의해 이미 통과된 주법이나 헌법일지라도 시민들의 투표에 의한 개정을 허용하고 있다. 미국의 모든 주들이 입법부에 대한 투표를 허용하고 있으며 주 의회나 관리가 시행한 정책이라 하더라도, 주민들의 찬반 투표로 개정이 가능하다. 24개 주는 국민투표를 허용하고 있어 투표청원을 위한 충분한 서명이 모아지는 경우 주 의회의 결정 사항에 대해서도 찬반투표가 실시될 수 있다. 이와 같이 국민투표의 중요한 특징은 정치인들이 이미 승인한 입법사항에 대해서도 국민들의 견해가 반영될 수 있도록 설계되어 있다는 점이다.

국민투표 주 의회에 의해 이미 통과된 주법이나 헌법 개정안에 대해 시민투표를 허용하는 민의 반영 방법

국민투표보다 더 빈번히 사용되는 것은 **투표발의**(voter initiatives)로, 시민들이 청원을 위한 충분한 서명을 받아오는 경우 유권자들 스스로 입법 발의에 대한 투표를 추진할 수 있다. 24개 주가 이러한 투표발의를 허용하고 있는데, 초기 두 번의 투표발의(투표개혁과 알코올 규제에 관한)는 1904년 오리건주에서 시행되었다. 이후 전 미국에 걸쳐 8,000번이 넘는 투표발의가 시민들에 의해 제기된 바 있으며 2,600회 이상이 주 투표로 이어져 이 가운데 41% 이상이 통과되었다. 흥미로운 것은 이 투표발의의 60%가 애리조나, 캘리포니아, 콜로라도, 노스다코타, 오리건, 워싱턴 등 6개 주에서 제기되었다는 점이다.[13]

투표발의 시민에 의한 투표로 법률 제정이 이루어지는 것

20세기 초 진보정치운동의 부흥과 더불어 투표발의는 많은 대중적 지지를 얻었다. 1911년에서 1920년 사이에는 주 입법과 관련하여 300개에 육박하는 발의가 있었다. 하지만 이러한 행동은 1960년경 급감하여 주 투표에 대해 100개 이하의 발의만이 제기되었을 뿐이다. 1978년 캘리포니아 유권자들은 주정부가 부과하는 재산세를 대폭 낮추는 주 헌법 개정발의권(제10장에서 심도 있게 논의할 것이다)인 '법안 13호(proposition 13)'를 통과시켰다. 이는 심각한 '조세저항'을 촉발시켜, 다른 여러 주에 전파되었다. 이를 계기로 투표발의는 다시 한 번 가장 빈번히 사용되는 정치적 도구가 되었다. 1990년대에는 400여 개에 육박하는 입법발의가 있었고 이 가운데 48%가 승인되는 기록을 세웠다. 1996년에만 100건의 발의가 투표에 부쳐졌다. 하지만 1996년 이후 발의율은 감소하였으며, 2020년 선거 당시에는 39건의 발의만 제기되었다.[14]

국민투표와 투표발의는 온갖 종류의 이슈들로 번져나갔다. 20세기 초반 유권자들은 투표규칙과 알코올 규제, 노동법, 정부 행정을 바꾸었다. 1970년대 유권자들은 조세개혁, 환경, 핵개발 문제들에 관심을 가졌었다. 최근에는 최저임금제, 대마초 및 여가용 약물 규제, 총기 규제, 그리고 생식과 출산에 대한 권리, 선거모금의 개혁 등이 주된 관심사로 떠올랐다. ■

12 Haskell(2018).

13 출처 : Ballotpedia(2021), 발의 및 국민투표 연구소(Initiative and Referendum Institute) 데이터베이스, http://www.iandrinstitute.org/data.cfm.

14 출처 : Ballotpedia(2020).

다수결 투표제 : 적절히 작동하는 경우

린달가격 체계는 공공재 공급 수준 결정에 있어 매우 까다로운 기준을 제시하고 있다. 모든 국민들이 린달균형을 통해 제시된 결과에 대해 만장일치로 동의할 때만 적절히 작동하는 것이다. 하지만 현실에서는 그 정도로 높은 수준의 동의를 요구하지는 않는다. 개개인의 견해를 토대로 사회적 의사결정을 도출하는 데 가장 빈번하게 사용되는 것은 **다수결 투표**(majority voting)이다. 이는 개인의 정책 선택을 투표에 붙여 가장 많은 표를 획득하는 것을 채택하는 방법이다. 그리니 이와 같이 느슨한 기준조차도 정부가 공공재의 최적공급 수준을 결정하는 데에는 문제를 발생시킬 수 있다.

다수결 투표 구성원들의 투표를 취합하여 사회적 결정을 도출하는 대표적 방법으로, 각 개인이 원하는 성책에 투표한다고 할 때 가장 많은 표를 획득한 정책이 선택되는 방법

이 절에서는 다수결 투표가 개인 투표자의 선호를 취합하는 데 성공하는 경우와 그렇지 않은 경우의 조건에 대해 논의해보도록 한다. 이때 성공적이라는 것은 개인들의 선호를 모아 일관성 있는 사회적 결정으로 취합하는 것을 뜻한다. 이때 일관성을 갖추기 위해서는 구성원들의 개별 의사를 취합하는 체계가 다음의 세 가지 조건을 만족해야 한다.

- 우월성 : 만일 어떤 대안이 모든 유권자들로부터 선호된다면 사회적으로도 같은 대안이 선호되도록 하는 취합체계의 성질을 의미한다. 예컨대 모든 사람들이 공원의 동상 건립을 선호한다면, 개인 선호의 취합 결과인 사회적 선호 역시 동상 건립을 선호해야 한다.
- 이행성 : 대안들 사이에는 수학적 이행성이 만족되어야 한다. 예컨대 커다란 동상이 중간 동상보다, 그리고 중간 동상이 작은 동상보다 더 선호된다면 커다란 동상은 작은 동상보다 더 선호되어야 한다.
- 대안 간의 독립성 : 만일 한 대안이 다른 대안에 대해 선호된다면 이 두 대안 간의 선호순위는 이와 무관한 제3의 대안이 등장한다 하더라도 변화되지 않아야 한다. 예컨대 동상 건립이 공원 조성보다 선호된다면, 경찰서를 건립하는 새로운 안건이 등장하여도 동상 건립은 공원 조성보다 더 선호되어야 한다. 다시 말하면 새 경찰서를 만든다는 새로운 선택이 등장한다고 해서 공원 조성이 동상 건립보다 더 선호되어서는 안 되는 것이다.

이상은 개인의 선호를 사회적 선호로 적절히 전환시켜 주는 취합체계가 갖추어야 할 필요조건들이다. 그러나 사실 다수결 투표제도는 개인선호가 특정 형태로 제한될 때에만 일관성 있는 취합체계로 기능할 수 있다.

이의 설명을 위해, 학교의 운영자금 마련을 위한 다양한 대안이 있고 그 가운데 하나를 선택해야 하는 마을을 가정해보자. 비순수공공재(제11장에서 논의할 것이다)인 학교는 재산세로 운영되므로 재원 규모가 커질수록 재산 소유자들이 더 많은 세금을 내야 한다. 이 마을은 다음의 세 가지 가능한 재원 규모 가운데 하나를 선택해야 한다고 하자. H는 가장 큰 재원 규모(따라서 가장 높은 재산세를)를, M은 중간 정도의 재원 규모와 중간 정도의 재산세를, L은 가장 작은 규모의 재원과 재산세를 의미한다. 이 마을에는 다음과 같은 세 종류의 유권자들이 있으며 각 그룹에 속한 주민 수는 같다고 가정한다.

- 학부모 : 그들의 자녀에게 가장 양질의 교육이 제공되기를 원한다. 따라서 재원 규모의 선택 가운데 *H*를 가장 선호하며, 그다음 *M*, 그다음 *L*(가장 덜 선호됨)의 순서로 선호가 구성되어 있다.
- 노령자 : 학령자녀가 없기때문에 지역 학교의 교육 수준에 대해 관심이 없다. 따라서 이들의 가장 큰 관심은 낮은 재산세 납부액이다. 따라서 이 집단의 선호는 *L*, *M*, *H* 순이다.
- 자녀가 없는 젊은 부부 : 현재 높은 재산세를 내고 싶지는 않지만 미래에 태어날 자녀가 다닐 학교가 좋아지는 것은 반대하지 않는다. 따라서 이들의 선호는 *M*, *L*, *H* 순이다.

표 9-1 다수결 투표가 일관성 있는 결과를 도출하는 경우 이 예에서 다수결 투표에 의한 선택은 중간 정도(*M*)의 재정 수준이다. 이는 중위투표자(젊은 부부들)의 선호를 반영한 것이다.

		투표자의 종류		
		학부모 (33.3%)	노령자 (33.3%)	젊은 부부 (33.3%)
선호순위	1위	*H*	*L*	*M*
	2위	*M*	*M*	*L*
	3위	*L*	*H*	*H*

세 집단에 대한 선호도는 표 9-1에 나타나 있다.

이 마을은 지역학교의 재원 규모를 선택하기 위해 다수결 투표를 시행한다고 가정하자. 마을 사람들은 학교 재원 규모를 결정함에 있어서 하나의 최종안이 도출될 때까지, 2개의 안으로 구성된 대안조합들 사이에 선호투표를 하기로 한다. 매 투표마다 개인은 더 선호하는 안에 투표하게 되는데, 다음은 마을의 최종안 도출 과정에 대한 예시이다.

- **첫 번째, 대안 *H*와 대안 *L*이 상정되는 경우를 생각해보자.** 학부모들은 대안 *H*를 대안 *L*보다 더 선호할 것이다. 하지만 노령층과 젊은 부부들은 대안 *H*보다 대안 *L*을 선호할 것이기 때문에 이 투표의 결과는 대안 *L*이 2표, 대안 *H*가 1표를 획득하여 *L*이 선택될 것이다.
- **그다음 대안 *H*와 대안 *M*이 상정되는 경우를 생각해보자.** *M*은 2표(노령층과 젊은 부부)를 얻게 될 것이므로 1표를 얻은 대안 *H*보다 우월하다. *M*이 선택될 것이다.
- **다음 대안 *L*과 대안 *M*이 상정되는 경우를 생각해보자.** *M*은 2표(학부모와 젊은 부부)를 얻게 되어 이번에는 1표를 얻은 대안 *L*을 이기게 된다.

대안 *M*이 대안 *H*와 *L*을 이길 것이므로 결국 최종적으로 선정되는 대안은 *M*이 될 것이다. 사실 2개의 대안들을 두고 투표를 하는 경우에는 어떤 순서로 투표를 해도 *M*이 선택될 것이다. 이와 같이 다수결 투표제는 개인의 선호가 사회적 선택, 즉 중간 정도의 교육재정과 중간 정도의 세금이라는 결과로 연결시켜 주는 것이다.

다수결 투표제 : 적절히 작동하지 않는 경우

이제 앞서의 예에서 한 집단만 변화된 상황을 가정해보자. 세 집단 가운데 노령층 대신에 현재 자녀를 키우고는 있지만 공립학교보다 사립학교를 선호하는 학부모 그룹을 가정해보자. 이들은 자녀에게 더 좋은 교육을 제공해주는 사립학교를 더 선호하므로 가장 선호하는 선택은 낮은 재산세와 적은 공교육 재원이다. 재산세가 적다면 사립학교 등록금을 감당할 여력이 더 생기기 때문이다. 만약 낮은 공교육 지출을 선택할 수 없다면, 이들의 두 번째 선호는 높은 재산세와 높

표 9-2 다수결 투표가 일관성 있는 결과를 도출하지 못하는 경우
이 예에서 다수결 투표는 일관성 있는 결과를 도출하지 못한다.

		유권자 유형		
		공립학교 학부모 (33.3%)	사립학교 학부모 (33.3%)	젊은 부부 (33.3%)
선호순위	1위	*H*	*L*	*M*
	2위	*M*	*H*	*L*
	3위	*L*	*M*	*H*

은 공교육 지출이 될 것이다. 하지만 만약 재산세가 높으면 자녀들을 사립학교에 보낼 여유가 없어지며, 이 경우 공립학교를 선택할 수밖에 없다. 이러한 상황에서 그들은 공립학교의 높은 교육 수준 유지를 위해 기꺼이 세금을 더 낼 용의가 있다. 이러한 새로운 가정에서 보자면, 이들에게 최악의 결과는 중간 정도의 재원 규모가 될 것이다. 그들은 어느 정도의 재산세를 내고는 있지만 학교가 기대만큼의 양질의 교육을 제공하지 못하기 때문에, 공립학교로는 만족하지 못한다. 세금은 세금대로 내면서 공교육을 받지 못하는 것이다.

새로운 상황을 가정한 선호집합은 표 9-2에 나타나 있다. 만일 이러한 선호집합을 가지고 앞서와 같이 2개의 안으로 구성된 대안조합들 사이에 선호투표를 하면 어찌 될 것인가? 결과는 다음과 같을 것이다.

- **첫 번째, 대안 *H*와 대안 *L*이 상정되는 경우이다.** 대안 *L*은 2표를 얻고(사립학교 학부모들과 젊은 부부들은 대안 *L*을 선호한다), 대안 *H*는 1표를 얻을 것이므로 대안 *L*이 선택될 것이다.
- **두 번째, 대안 *H*와 대안 *M*이 상정되는 경우이다.** 대안 *H*는 2표를 얻고(공립학교 학부모들과 사립학교 학부모들은 대안 *H*를 선호한다), 대안 *M*은 1표를 얻을 것이므로(젊은 부부들은 *M*을 선호한다) 대안 *H*가 선택될 것이다.
- **세 번째, 대안 *L*과 대안 *M*이 상정되는 경우를 생각해보자.** 대안 *M*은 2표를 얻고(공립학교 학부모들과 젊은 부부들은 대안 *L*을 선호한다), 대안 *L*은 1표를 얻을 것이므로(사립학교 학부모들은 대안 *L*을 선호한다) 대안 *M*이 선택될 것이다.

이와 같은 결과는 분명히 선택되는 대안이 없기 때문에 문제가 된다. 대안 *L*은 대안 *H*보다 선호되고, 대안 *H*는 대안 *M*보다 선호되며, 대안 *M*은 *L*보다 선호된다. 실제로 어떤 순서로 짝을 지어 투표를 하든지 간에 뚜렷하게 선택되는 대안은 없다. 이 결과는 앞서 살펴본 이행성 조건을 만족시키지 못하기 때문에 **순환투표**(cycling)의 문제를 발생시키는 것이다. 따라서 이 경우 다수결 투표는 마을의 사람들의 선호를 일관성 있게 취합하지 못하게 된다.

여기에서 주목할 점은 다수결제도를 통해 일관성 있는 선택이 도출되지 않는 이유가 개인의 실패 때문이 아니라는 것이다. 서술한 바와 같이 각 개인은 지출 수준에 대해 민감한 선호집합을 가지고 있다. 문제는 개인의 선호를 취합하는 데 있다. 투표제도는 개인의 선호를 사회적 선호로 일관성 있게 취합하지 못한다. 이는 투표 결과에 결정적 영향을 미칠 수 있는 **의제설정자**(agenda setter)의 문제를 야기할 수 있다. 예를 들어 낮은 재원 규모를 원하는 의제설정자는 맨 먼저 대안 *M*과 *H*에 대해 투표를 시행하여 *H*가 이기도록 한 다음, 대안 *H*와 *L*에 대한 투표를 진행하여 대안 *L*이 선택되도록 할 수 있다. 만약 큰 재원 규모를 원하는 의제설정자라면 먼저

대안 *M*과 *L*에 대해 투표를 하도록 하여 *M*이 이기도록 한 다음, 대안 *M*과 *H*에 대해 투표를 시행하여 의도적으로 대안 *H*가 선택되게끔 할 것이다. 다수결 투표제로부터 일관성 있는 선택을 얻을 수 없다는 것은 의제설정자에게 궁극적으로는 독재적인 권력을 주는 결과를 가져올 수도 있는 것이다.

애로의 불가능성 정리

개인의 선호를 일관성 있게 취합하는 데 실패한 것은 다수결제도만의 문제는 아니다. 사립학교 부모들의 예에서처럼, 일관성 있는 결과를 도출할 수 있는 **투표제도는 사실상 없다**. 다음과 같은 대안적 접근 방법을 고려해보자.

- 각 투표자가 2개 대안이 아닌 3개 대안에 대해 가장 선호하는 대안에 투표하는 방법은 어떠한가? 그러나 이 방법 역시 3개 대안이 동률이 되는 결과를 낳을 수 있다. 이는 투표자 집단이 같은 크기(유권자 수가 같음)이고 각각 첫 번째 선호에 대해 투표하는 것이기 때문이다.
- 투표자가 각 대안별로 가중치를 두어 투표하는 방법은 어떠한가? 가장 선호하는 대안에 대해서는 3점을, 차선의 대안에 대해서는 2점을, 그리고 세 번째로 선호하는 대안에 대해서는 1점을 부여하는 방식이다. 이 방법을 사용하면 첫 번째 예에서 대안 *M*은 7점을, *L*은 6점을, *H*는 5점을 각각 얻을 것이다. 그러나 비록 이 방법을 사용한다 하더라도 사립학교 학부모가 있는 두 번째 예에서는 각 대안들이 모두 6점씩을 얻어 비기게 된다.

정치경제학 이론에서 가장 중요한 이론 가운데 하나인 불가능성 정리는 1951년 노벨경제학상 수상자인 케네스 애로(Kenneth Arrow)에 의해 발전되었다.[15] **애로의 불가능성 정리**(Arrow's Impossibility Theorem)는 (1) 투표자의 선호를 제한하지 않고 (2) 독재성을 강요하지 않으면서 개인의 선호를 일관성 있는 사회적 선호로 전환시켜 주는 선택(투표)의 법칙은 없음을 의미한다. 즉 투표의 규칙이 어떠하든지 (1), (2) 두 조건을 만족시키면서, 개인의 선호가 사회적 선호로 적절히 취합되게끔 할 수는 없다는 것이다. 조건 (1)을 만족시킨다는 의미는 투표자의 선호에 제약을 가하는 어떠한 추가적 가정도 도입해서는 안 된다는 것이다. 조건 (2)를 만족시키기 위해서는 사회적 의사결정에 있어서 집권자나 집권정당의 선호가 강요되어서는 안 된다는 의미이다.

애로의 불가능성 정리 (a) 개인 선호에 제약을 가하거나 (b) 독재성을 부과하지 않고는 개인 선호를 취합하여 사회적 선호로 전환시키는 규칙은 존재하지 않는다는 정리

선호 제약을 통한 불가능성 문제의 해결

선호에 제약을 주어 불가능성 문제를 해결하는 가장 흔한 방법은 소위 **단일정점선호**(single-peaked preference)를 설정하는 것이다. 이때 선호의 '정점'이라는 것은(다른 말로 **지역적 최대치**) 주위의 모든 점에 비해 즉각적으로 선호되는 한 점을 의미한다. 단일정점선호란 오직 한 점(하나의 선택)만이 선호된다는 특징을 가지며, 이로부터 멀어질수록 효용이 하락하는 것을 뜻한다.

단일정점선호 오직 하나의 지역적 최대치나 극대치를 가진 선호체계로, 선택이 단일한 최대치에서 어떤 방향으로 멀어지더라도 효용이 감소하게 되는 선호체계

15 보다 자세한 내용은 Arrow(1951)를 참조하라.

반면 다정점선호(multi-peaked preference)란 이러한 정점이 여러 개가 있음을 의미하며, 정점에 가까워지면 효용이 증가되고 멀어지면 낮아지는 현상이 여러 정점들에 걸쳐 발생함을 의미한다. 경제학에 있어서 단일정점선호체계가 애용되는 이유는 그 정점이 어떠한 것이든 유일하다는 확신을 주기 때문이다. 만일 어떤 점에서 양방향으로 멀어질 때, 유권자의 효용이 하락하고 있다는 것은 유권자가 그 점을 가장 선호하고 있다는 점을 확실하게 알려준다. 다정점선호체계에서는 이러한 확신을 가질 수 없다. 하나의 정점으로부터 멀어질 때 유권자의 효용이 감소할 수는 있지만 또 다른 정점이 나타나면 다시 증가할 수도 있기 때문이다.

만약 효용이 단일정점체계로 구성되어 있다면 다수결 투표제는 일관성 있는 결과를 가져올 수 있다. 우리는 이 개념을 앞의 예를 도식화한 그림으로 이해할 수 있다. 그림 9-2는 각각의 선택으로부터 효용 수준(세로축)과 각 선택에 따른 학교 지출 수준(가로축)의 관계를 나타내고 있다. 예를 들어 그림 9-2에서 학부모들의 선호는 선 *AB*로 나타낼 수 있다. 가장 큰 지출 수준에서 가장 큰 효용가치(U_{first})를 갖는다. 중간 정도의 지출 수준에서는 중간의 효용가치(U_{second})를, 가장 작은 지출 수준에서는 가장 낮은 효용가치(U_{third})를 보인다.

표 9-1을 도식화한 그림 (a)에서는 모든 선호들이 하나의 정점만을 갖는다. 학부모들의 정점은 높은 학교 지출 수준(*A*점)에서 결정된다. 다른 지출 수준은 *A*점에 비해 항상 낮은 효용을 나타낸다. 노령자들의 정점은 낮은 학교 지출 수준(*C*점)이다. 다른 모든 지출 수준은 *C*점에 비해 항상 열등한 효용을 제공해줄 뿐이다. 젊은 부부들의 정점은 중간 정도의 학교 지출 수준(*F*점)이다. *F*점 이외의 지출점들에서의 효용은 항상 열등하다(비록 지출 수준은 증가하기도 하고 감

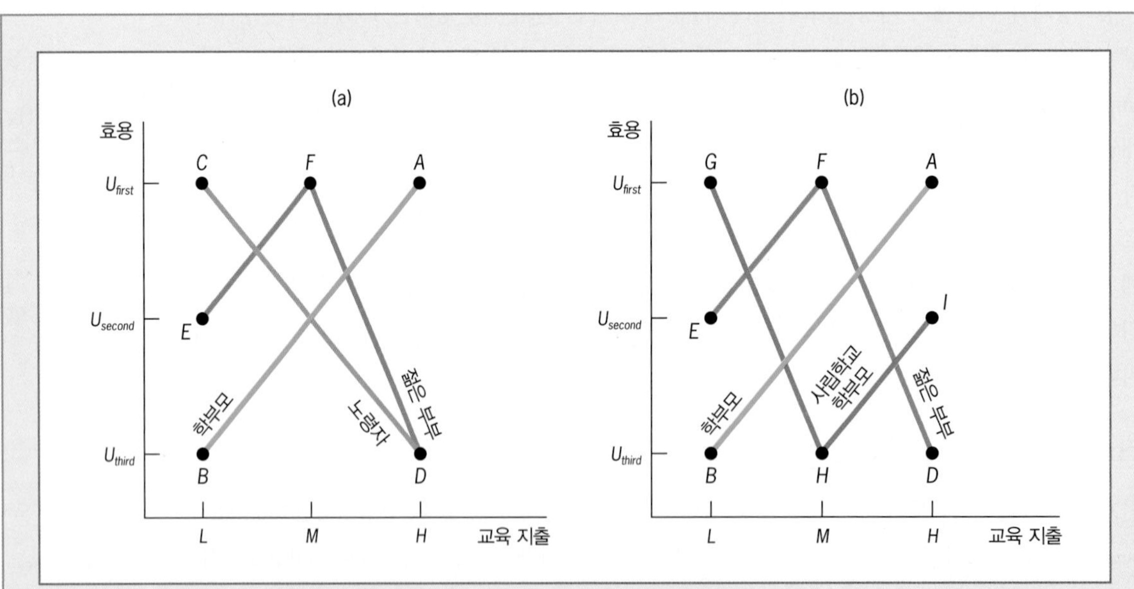

그림 9-2 단일정점선호 대 비단일정점선호 그림 (a)는 표 9-1의 단일정점선호체계를 그림으로 나타낸 것이며 선택점에서 멀어질수록 효용은 감소한다. 그림 (b)는 표 9-2의 선호체계를 도식화한 것이다. 이때 사립학교 학부모들의 효용은 교육 지출 수준이 높아짐에 따라 초기에는 감소하다가 이후 증가하는 형태를 나타내므로 단일정점선호가 아니다.

소하기도 하지만).

그림 (b)는 두 번째 예시(표 9-2에 요약)를 도식화한 것이다. 여기서는 선호체계에 2개의 정점을 가지고 있는 사립학교 학부모가 노령층을 대신한 것이다. 사립학교 학부모들은 작은 학교 지출점(*G*점)에서 효용의 정점을 갖는데, 이는 가장 선호하는 선택이며 지출이 증가하면 효용이 감소하여 *H*점(중간 정도의 지출 수준)에서는 효용이 가장 낮아진다. 그러나 다른 그룹들과는 달리 사립학교 학부모들의 효용 수준은 중간 지출 수준 이상 증가하는 경우 효용이 다시 상승하여 두 번째 정점(*I*점)으로 높아지게 된다. 이 경우 단일정점선호체계의 가정을 충족하지 못하는 것이며, 다수결제도가 일관성 있는 선호취합체계로 기능하지 못하는 상황이 발생하는 것이다.

다행히도 단일정점에 대한 가정은 보편적으로 받아들여지는 현실적 가정이라 할 수 있다. 대부분의 경우 국방서비스와 같은 공공재를 선택할 때 개인은 하나의 선택 수준을 가질 것이며, 그 국방 수준보다 높거나 낮으면 효용은 하락하게 될 것이다. 그러나 공공재에 대한 민간 대체재가 있는 경우에는 단일정점에 대한 가정은 잠재적 문제를 가지고 있다. 만약 민간 대체재가 있다면 개인에게 중간 정도의 선택은 가장 후생을 떨어뜨리는 경우가 되어 2개의 정점을 갖게 되는 것이다. 또 다른 예는 마을공원의 질적 수준에 대한 투표를 생각해볼 수 있다. 개인은 매우 훌륭한 마을공원을 갖는 경우나, 아니면 아예 공원이 없는(차라리 뒤뜰에 자신의 정원을 꾸미는) 경우를 원할 수도 있다. 이 경우 이도 저도 아닌 어중간한 정도의 마을공원(지방세를 내서 만든)은 최악의 선택이 될 수도 있을 것이다.

중위투표자 정리

만약 투표자의 선호가 하나의 정점만을 가지고 있다면 다수결제도는 개인 투표자들의 선호를 일관성 있게 취합해낼 수 있을 것이다. 이러한 단일정점선호 가정하에서 다수결 투표가 공공재 선택에서 발생시킬 수 있는 더욱 강력한 명제에 대해 살펴볼 수 있다. **중위투표자 정리**(Median Voter Theorem)는 만일 선호체계가 하나의 정점을 갖는다면 투표의 결과는 중위투표자가 선호하는 수준에서 결정됨을 의미한다. 이때 **중위투표자**(median voter)란 투표자 집합에서 한가운데 위치하는 선호를 가진 사람을 뜻하므로, 중위투표자보다 더 많은 양의 공공재를 선호하는 사람들이나 더 적은 양의 공공재를 선호하는 사람들의 수가 중위투표자를 중심으로 고르게 분포해 있음을 의미한다.

중위투표자 정리 만약 투표자들이 단일정점선호체계를 가지고 있다면, 다수결 투표의 결과는 중위투표자의 선호에 의해 결정된다는 이론

중위투표자 자신의 선호(taste)가 전체 투표자의 중간에 위치한 투표자

앞서 설명한 두 가지 예에서 중위투표자는 젊은 부모들이다. 이들의 첫 번째 선호는 중간 정도의 학교 지출 수준이며 이보다 낮은 지출을 선호하는 그룹과 높은 지출을 선호하는 그룹이 있다. 하나의 정점을 가지는 첫 번째 예의 경우에는 중위투표자가 선호하는 결과인 중간 정도의 지출 수준이 결정될 것이다. 이는 중위투표자의 정리와 부합하는 결과이다. 반면 한 유권자가 2개의 선호를 갖는 두 번째 예에서는 일관성 없는 결과가 도출되는데 이는 중위투표자 정리의 성립조건이 위배되기 때문이다.

중위투표자 이론이 갖는 잠재적 문제점

다수결 투표제에 있어 중위투표자 결과는 매우 편리한 것이다. 이러한 결론이 의미하는 바는 공공재 선택에 있어 정부가 해야 할 일이란 문자 그대로 사회적 선호분포에서 한가운데 있는 사람이 누구인가만 알아내면 되는 것이다. 정부는 중위투표자의 좌우에 위치한 투표권자들의 선호에 대해서는 알 필요가 없다. 정부가 해야 할 유일한 일은 중위투표자를 찾아내어 이 중위투표자의 선호에 따라 집행하면 되는 것이다. 이러한 중위투표자 결과는 매우 편리하지만, 이것이 사회적으로는 효율적이지 않을 수도 있다. 사회적 효율성은 공공재의 사회적 한계편익과 사회적 한계비용이 일치하는 수준에서 결정된다. 중위투표자의 결과는 **선호의 강도**를 반영하지 않은 것이기 때문에 이와 같은 효율성 조건을 충족하지 못할 수도 있다.

공공재의 사회적 편익은 그 재화로부터 각 개인이 얻는 한계편익의 합이라는 것을 상기하자. 만일 작은 수의 개인들이 공공재로부터 막대한 편익을 얻고 있다면, 이 역시 사회적 총편익을 취합하는 데 고려되어야 한다. 그러나 투표의 결과가 개별 투표자의 순위(즉 중위투표자)에 의해서만 결정되고, 투표자의 선호 강도가 반영되지 않는 경우는 중위투표자의 결과가 반드시 효율성 조건을 만족시킨다고 볼 수 없다.[16]

예를 들어 당신이 사는 마을에서 당신의 업적을 기리기 위해 기념물 건립을 고려하는 경우를 상상해보자. 당신 마을에는 1,001명의 유권자가 살고 있다. 이 기념물을 설치하는 데에는 40,040달러가 소요되며 각 유권자들에게 40달러씩 거두어 이를 조달한다고 하자. 이 마을은 기념물을 세울지 말지에 대해 투표로 결정한다. 마을에 있는 모든 주민이 단일정점선호체계를 가지고 있다면, 투표의 결과는 중위투표자가 결정할 것이다.

당신 마을에 사는 500명의 투표자는 당신이 사회에 기여한 공헌을 잘 알고 있어 기념물 건립에 기꺼이 100달러씩을 지불할 용의가 있다. 이는 기념물로 인한 그들의 편익이 1명당 100달러임을 의미한다. 반면, 501명의 유권자들은 당신의 공헌에 대해 알지 못하며 따라서 기념물 건립에는 한 푼도 지불하려 하지 않는다. 이 경우 기념물 건립의 사회적 한계편익은 $500 \times 100 + 501 \times 0 = 50{,}000$달러이며, 사회적 한계비용은 40,040달러이다. 따라서 사회적으로 효율적인 결과는 이 기념물을 건립하는 것이다. 그러나 투표권자 1인당 40달러의 세금을 거두어 이 기념물을 건립하려는 제안은 1표($= 501 - 500$) 차이로 부결될 것이다. 중위투표자가 40달러의 비용을 내면서 기념물 건립하는 것을 원치 않기 때문이다.

이와 같이 사회적으로 비효율적인 결과가 나타나는 이유는 중위투표자의 이론에서는 선호의 강도가 투표에 반영되지 않기 때문이다. 이는 기념물 건립을 위해 40달러보다 훨씬 더 많은 세금을 내려는 사람들도 많이 있다는 사회적 선호가 결과에는 아무런 영향을 미치지 못하게 됨을 의미한다. 중요한 것은 중위투표자가 40달러를 지불할 용의가 없다는 사실인 것이다. 결국 이러한 비효율은 투표에서 어느 한편에 특별한 선호가 몰려 있는지 여부에 따라 발생할 가능성이

---

16 기술적으로 효율성과 관련하여 중요한 것은 공공재 가치의 평균값이다. 만일 중위자의 양쪽에 있는 자의 선호가 같다면(즉, 선호분포가 대칭적이라면), 평균치와 중위수가 같게 되어 중위투표자의 결과는 효율성을 만족한다. 하지만 만약 한쪽이 다른 쪽보다 더 집중적이라면 중위수와 평균값은 상이해지며 중위투표모형의 결과는 비효율적이 될 것이다.

높아지는 것이다.

요약

직접민주주의에서는 많은 선택들이 다수결 투표에 의해 결정된다. 이 절에서 우리는 다수결 투표제도가 개별 투표자의 선호를 일관성 있게 취합할 수도, 또는 그렇지 못할 수도 있는 상황들에 대해 논의하였다. 만일 선호가 하나의 정점을 갖는 경우 다수결 투표제는 일관성 있게 선호를 취합할 수 있을 것이다. 이때 선택된 결과는 중위투표자의 선호에 따라 결정되며, 이 결과는 편리하기는 하지만 효율적이지 않을 수도 있다.

9.3 대의민주주의

현실적으로 선진국 국민들은 공공재의 공급과 관련한 사안들에 대해 직접 투표하지 않는다. 이보다는 공공의 선호를 취합할 수 있는 대표들을 선출하여 공공재의 적절한 공급 수준에 대해 고민하도록 한다. 미국과 같은 나라의 대의민주주의 결과를 이해하기 위해서는 정치가들이 어떻게 행동하는지를 설명해주는 이론이 필요하다. 재정학에서 흔히 사용하는 이론은 직접민주주의 부분에서 논의했던 **중위투표자 정리**의 형태, 즉 정치가들은 중위자가 선호하는 결과를 선택할 것이라는 이론이다. 이 절에서는 대의민주주의를 위한 중위투표자 정리에 대해 돌아보고, 관련된 가정들에 대해 논의해볼 것이다. 또한 대의민주주의 이론과 부합하거나 혹은 그렇지 않은 증거들에 대해서도 살펴볼 것이다.

정치가들의 득표 극대화 전략 : 중위투표자에게 집중하기

중위투표자 정리가 성립하기 위한 매우 중요한 가정은 정치가들은 오로지 득표수 극대화에만 관심을 둔다는 것이다. 만약 이러한 가정이 사실이라면 선출된 정치가는 중위투표자의 선호에만 초점을 둘 것이다(선호체계가 단일정점이라는 전제하에서). 따라서 정치가들이 득표 극대화에만 관심을 두는 경우, 중위투표자의 정리는 직접민주주의뿐 아니라 대의민주주의의 경우에도 적용될 것이다.

이 점은 Downs(1957)에 의해 설명된 바 있다. 만일 유권자들의 선호가 단일정점선호체계를 가지고 있다면, 우리는 유권자들의 분포를 그림 9-3처럼 모형화할 수 있다. 이 선은 정부 지출의 백분율로서 국방비 지출 수준의 선호 정도를 보여주며, 이는 왼쪽의 0%에서 오른쪽의 50%까지 분포되어 있다. 투표자들이 이 선을 따라 고르게 분포되어 있다면, 중위투표자는 정부의 25% 국방비 지출을 선호할 것이다. 마지막으로 투표자들이 이 사안에 대해 자신의 견해를 가장 잘 대표하는 후보자, 즉 선에서 가장 가까운 후보자에게 투표한다고 가정하자.

이제 두 명의 정치가, 조와 도널드가 각자 득표를 극대화하기 위해 경쟁하고 있는 상황을 가정하자. 조는 국방비 지출을 낮게 유지하고자 하는 사람들에게 호소하고자 하며, 따라서 J_1에 위치하고자 할 것이다. 반면 도널드는 국방비 지출을 많이 하고자 하는 사람에게 호소하고자 하

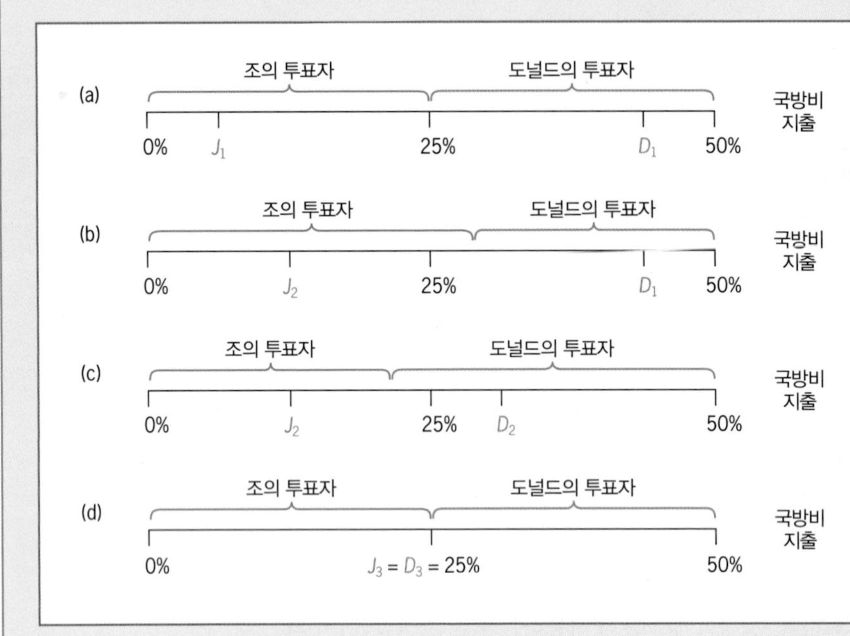

그림 9-3 득표 극대화 전략 : 중위투표자에게 집중하기 그림 (a)에서 조는 낮은 국방비 지출을, 도널드는 높은 국방비 지출 수준을 선호하며 둘의 득표수는 같다. 그림 (b)에서 조는 선호하는 국방비 지출 수준을 높여 과반수 이상의 표를 얻는다. 그림 (c)에서 도널드는 선호하는 국방비 지출 수준을 낮추어 과반수 이상의 표를 얻는다. 그림 (d)에서 두 정치가는 중위투표자가 선호하는 수준을 지지하게 되고, 결국 똑같은 수의 표를 얻게 된다.

며 그 스스로가 D_1에 위치하려 할 것이다. 이 경우 두 후보자는 전체 표를 나누어 가지게 될 것이며, 그 결과 그림 9-3(a)처럼 두 명이 선을 따라 똑같은 양의 표를 얻게 될 것이다.

만약 조가 국방비 지출 증액을 원하는 사람들의 수준인 J_2로 이동하면 어찌 될 것인가? 이 경우 조는 좀 더 많은 득표[그림 9-3(b)]를 확보할 것이다. 그는 적은 국방비 지출을 원하는 유권자들의 지지는 물론, 이전에는 도널드를 지지하던 사람들의 의견에도 더욱 다가간 것이기 때문에 국방비 지출 증액을 원하는 유권자들의 지지를 전보다 더 얻어낼 수 있을 것이다.

이와 같은 조의 변화에 대해 도널드는 어떻게 대응할 것인가? 도널드는 그 전보다 더 왼쪽으로, 즉 국방비 지출 감액을 원하는 사람들의 지지를 얻을 수 있는 위치인 D_2[그림 9-3(c)]로 이동해야 할 것이다. 도널드는 이렇게 함으로써 조를 지지하는 유권자들을 소수로 만들어 더 많은 득표를 얻어낼 수 있을 것이다. 만일 정치가들이 득표수 극대화만을 추구한다면, 결국 두 후보 모두 중위자에게로[그림 9-3(d)] 올 때까지 반복될 것이다. 만일 어떤 출마자이건 중위에 해당하는 양보다 더 많거나 더 적은 양의 국방비 지출을 주장하게 된다면, 그는 선거에서 떨어질 것이다. 결국 중위로부터 멀어져야 할 이유가 없는 것이다.

이러한 맥락에서 보자면, 직접민주주의의 경우와 마찬가지로 중위투표자 모형은 대의민주주의를 해석하는 데에도 매우 강력한 수단이 될 수 있다. 정치가들과 정치분석가들은 이 모형에서 투표 결과를 예측하기 위해 전반적인 선호 분포를 알아낼 필요가 있다. 그들이 실제로 알아내야 하는 것은 중위투표자의 선호이기 때문이다.

중위투표자 모형의 가정

비록 중위투표자 모형이 대의민민주의의 역할을 설명하는 데 편리한 분석 수단이기는 하지만, 여기에는 몇 가지 중요한 가정이 만족되어야 한다. 이 절에서는 이러한 가정들에 대해 살펴보고, 왜 현실에서는 그 가정들이 위배될 수 있는지, 왜 정치가들이 중위투표자로부터 멀어지는 결과가 발생하는지에 대해 논의해보도록 한다.

일차원적 투표 첫째로 중위투표자 모형은 투표권자들이 한 가지 이슈에 근거해 투표한다고 가정한다. 하지만 현실에서 대표자들은 한 가지 이슈가 아니라 매우 다양한 이슈들에 근거하여 선출된다. 즉 하나의 이슈에 대해서는 투표 범위의 한쪽 끝에, 또 다른 이슈에 대해서는 또 다른 한쪽 끝에 위치할 수 있다. 따라서 하나의 이슈에는 한쪽 끝에 위치한 유권자들에게 호소하면서 또 다른 이슈에 대해서는 다른 한쪽 끝에 위치한 유권자들에게 호소하는 것이 득표수를 극대화하는 방법일 수 있다. 예를 들어 중위투표자인 사람들이 국방비 지출을 증가시키는 것을 찬성한다면, 정치가들은 중위투표자들의 지지를 얻어내기 위해 국방비 지출 증액에 찬성하는 방향으로 이동하게 될 것이다.

동시에 만약 투표권자들의 선호가 각기 다른 이슈들에 대해 매우 높은 상관관계를 가지고 있다면 투표 결과는 일차원적 투표와 유사하게 나타날 수도 있다. 즉 만약 적은 국방비 지출을 원하는 모든 투표권자들이 더 많은 교육 지출과 더 많은 복지 지출, 그리고 더 많은 실업급여 지출을 원하며, 이와 반대로 많은 국방비 지출을 원하는 유권자들이 더 적은 교육 지출과 적은 복지 지출, 그리고 더 적은 실업급여 지출을 원한다면 투표는 다양한 이슈에 대해서도 일차원의 경우처럼 효과적인 결론을 낼 수도 있다.

오직 두 명의 후보 둘째로, 중위투표자 모형은 투표 대상이 오직 두 명의 후보자들만 있다고 가정한다. 만약 두 명보다 더 많은 후보가 있다면 중위투표자 모형의 단순한 예측은 실패할 것이다. 만약 세 명의 후보자가 중위에 위치하고 있다면 오른쪽이나 왼쪽으로 약간만 움직여도 그 가운데 한 후보자의 득표수가 증가(왜냐하면 그 후보자는 그 범위의 다른 한쪽에 있는 모든 유권자들의 표를 얻게 될 것이므로)하는 반면, 다른 두 후보자들은 다른 한쪽의 투표수를 나누어 갖게 될 것이다. 실제로 셋 또는 그 이상의 후보자가 있는 모형에서는 반대편 위치에 대응해 움직이려는 유인이 항상 존재하기 때문에 안정적인 균형은 존재하지 않는다. 즉 정치가들 중 어느 한 사람이 움직여서 득표수를 늘릴 수 있는 위치의 집합은 존재하지 않는 것이다.

미국 대선에서는 전통적으로 민주당과 공화당 오직 두 명의 후보들만이 출마하였지만, 많은 국가들에서 세 명 이상의 후보들이 출마하는 경우가 많다.

이념 또는 영향의 배제 세 번째로, 중위투표자 이론은 정치가들이 득표수를 극대화하는 것에만 관심이 있다고 가정한다. 하지만 현실적으로 정치가들은 득표수의 극대화에만 관심을 갖는 것이 아니라, 자신의 정치적 입장에 대해서도 신경을 쓰고 있다. 더욱이 이념적 확신을 가진 정치가들은 유권자들을 설득하여 자신의 견해를 따르도록 하고 싶어 한다. 이념적 확신은 정치가로 하여금 유권자들의 주된 성향이나 중위투표자들의 견해로부터 멀어지게 할 수도 있다.

선별적 투표의 부재 넷째, 중위투표자 정리는 모든 사람들이 공공재에 의해 영향을 받는다고 가정하지만 실제로 미국의 경우 국민 일부만이 투표에 참여한다. 대통령 선거에서는 반 정도의 국민만이 투표하며 다른 선거에서는 참여율이 더욱 저조해 전체의 1/3을 살짝 상회하는 유권자들만이 투표한다.[17] 심지어 특정 주제에 대한 시민들의 견해가 골고루 분포되어 있다 하더라도, 정작 투표에는 이념적으로 편향된 사람들이 더욱 적극적이라는 점도 고려해야 할 것이다. 이 경우 정치가가 중앙의 오른쪽이나 왼쪽을 택해 유권자들에게 호소하는 것은 비록 이 위치가 시민의 다수(투표자와 비투표자를 합쳐서)가 선호하는 것은 아닐지라도 최적이 될 수도 있다.

금전의 배제 중위투표자 정리는 선거를 치르는 데 꼭 필요한 도구인 금전, 즉 돈의 역할을 무시하고 있다. 투표는 정치적 과정의 결과이지만 그 과정에는 많은 요소들이 투입되고 있다. 재선을 위한 캠페인, 광고, 선거유세 등 여러 요소들이 선거 결과에 영향을 미치지만, 사실상 이 가운데 가장 중요한 것은 선거자금이다. 미국에서 선거사무실을 운영하는 비용은 점점 늘어나고 있다.[18] 1990년에서 2018년까지 하원의원 한 석을 얻는 데 소요되는 비용은 81만 달러에서 209만 달러로 2배 이상 증가하였다. 같은 기간 동안 상원의원 한 석을 얻기 위한 비용 역시 630만 달러에서 1,490만 달러 이상으로 2배 이상 증가하였다.[19] 따라서 주어진 이슈에 대해 극단적인 입장을 갖는 것이 정치헌금을 극대화하는 것이라면, 이를 통해 다소의 표를 잃는다 하더라도 결과적으로는 후보자에게 유리할 수 있다. 이렇게 확보한 정치자금을 가지고 더 많은 광고를 하면, 장기적으로는 득표수 증가에 유리해질 수 있기 때문이다.

완전한 정보 마지막 여섯 번째로, 중위투표자 모형은 세 가지 차원에 걸친 완전한 정보를 가정하고 있다. 이슈에 대한 유권자들의 지식, 이슈에 대한 정치가의 지식, 그리고 유권자 선호에 대한 정치가들의 지식이 완전하다고 가정한 것이다. 하지만 이러한 가정은 비현실적이다. 우리가 선출한 대표자가 투표에 임하는 많은 이슈들은 매우 복잡해서 사실 유권자들 대다수가 잘 이해하고 있지 못하며, 심지어 선출된 대표자들조차 이해하지 못하는 경우가 있다.[20] 미 상원 민주당의 로버트 버드 의원은 한때 하원에서 통과된 5,200억 달러짜리 복합지출안(4,000페이지가 넘는)에 어떠한 내용이 담겨 있는지 알고 있느냐는 질문을 받은 적이 있다. 그는 "어떤 내용인지 알고 있냐고요? 지금 농담하십니까? 이 보고서에 무엇이 담겨 있는지는 오직 신만이 아실 것입니다"라고 답한 바 있다.[21] 설사 유권자들이 이슈에 대해 이해한다고 하더라도 정치가가

---

17 DeSilver(2014). 최근 두 차례의 선거에서, 투표율은 이전에 비해 괄목할만하게 증가하였다. 2020년 대선 투표율은 67%에 육박했고 2018년 총선 투표율은 50%를 기록하였다(McDonald, 2020).

18 Center for Responsive Politics(2019)의 통계를 참조하였다.

19 Campaign Finance Institute(2021).

20 유권자들의 정치 참여 증가가 이와 같은 문제를 해결해주지는 못하는 것으로 알려져 있다. Lopez de Leon과 Rizzi(2014)는 투표를 억지로 장려한다고 해서 유권자들이 안건에 대해 더 잘 알게 되는 것은 아니라고 지적한 바 있으며, Hodler 외(2015)의 연구에서는 투표비용의 하락은 유권자의 관심도 함께 낮춘다고 주장하였다.

21 McDonald(1998).

유권자들의 선호 분포를 완벽하게 파악하는 것은 어려운 일이다.

로비

이와 같이 정보나 선거자금이 충분할 때 얻을 수 있는 이점은 선거가 이익집단과 정보집단들의 로비에 노출될 가능성을 높인다는 것이다. **로비**(lobbying)는 정치가들에게 영향을 미치려는 특정 개인이나 집단에 의한 자원 지출을 의미한다.[22] 정치가들이 로비에 흥미를 갖는 것은 두 가지 이유 때문이다. 첫째, 이들 집단은 정보가 없는 정치가에게 특정 주제에 관련된 정보를 제공할 수 있다. 왜냐하면 어떤 집단이 복잡한 문제에 강한 관심을 갖는 경우, 그들은 대개 그 주제에 대해 철저히 이해하게 되기 때문이다. 둘째, 이들 집단은 정치가의 유세에 도움을 주고 그들 집단의 구성원들이 정치인에게 투표하도록 함으로써 정치인의 득표수 극대화에 영향을 미친다. 결국 이들 집단은 그들의 견해를 지지하는 정치가를 돕는 것이다.

로비 정치가에게 영향을 미칠 목적으로 특정 개인이나 집단의 자원을 동원하는 것

원칙적으로 로비는 두 가지 유용한 역할을 한다. 정보를 제공하고 선호의 강도를 나타내는 것이다. 실제로 중위투표자 결과가 비효율적이라면 약간의 로비는 아마도 적정하다고 볼 수 있을 것이다. 로비가 발생시키는 진짜 문제는 로비를 행하는 소수는 대단한 이익을 보는 반면, 그 외의 대다수 국민들에게는 약간의 비용만이 발생하도록 하는 데 있다. 이는 정치가로 하여금 비효율적 결과를 지지하게끔 하는 문제를 발생시킨다. 예를 들어 이익집단에 속한 100명은 각각 100만 달러씩의 편익을 얻게 되지만, 나머지 259,999,900명의 국민들은 100달러씩 손해 보는 사업이 있다고 가정하자. 분명히 이 사업이 발생시키는 사회적 편익은 음(−)이 될 것이다 (100 × 1,000,000달러 < 100달러 × 259,999,900). 그러나 만약 이익집단이 유력한 선거 공헌을 통해 정치가에게 로비를 한다면, 그리고 만약 나머지 시민들이 이 이슈에 대해 별다른 관심이 없어 투표하지 않는다면, 이 사업은 자기 이익만 추구하는 정치가들에 의해 통과될 것이다.

Bertrand 외(2014)의 연구에서는 로비의 두 가지 측면에 대한 증거를 제시한 바 있다. 이 연구에서는 특정 분야의 전문 로비스트와 정치가와의 관계에 대해 주목한 바 있다. 먼저 그 로비스트는 처음 유대관계를 맺었던 정치가를 '따라다니는' 경향이 있음을 발견하였다. 즉 초기부터 좋은 관계를 형성한 정치가가 소속 상임위를 바꾼다 하더라도 로비스트와의 관계는 쉽게 단절되지 않는다는 것이다. 이는 로비스트의 능력은 특정 사업분야에 대한 전문지식보다는 정치인과의 인맥에 더 의존함을 암시하는 것이다. 반대로 이슈가 복잡히 얽혀 있는 사업의 경우에는 로비스트가 가지고 있는 전문지식이 더 중요한 경우도 있다. Bertrand의 연구에서는 전문지식이 높은 로비스트보다는 정치인들과의 인맥이나 유대관계가 더 강한 로비스트가 더 많은 보수를 받는 것으로 나타났는데 이는 결국 로비스트에게는 전문지식보다 정치인과의 인맥이 더 중요한 요소임을 암시하는 것이다.

중요한 점은 어떤 이슈에 대해 작은 이해관계를 갖고 있는 거대 집단은 정치적인 무임승차의 문제에 시달리게 된다는 것이다. 즉 100달러의 손해 때문에 시간과 노력을 써가며 정치가에게

---

22 이 용어는 율리시즈 그랜트 대통령이 워싱턴시에 있는 윌라드 호텔의 로비에서 오후 시간을 보내면 그날 이후 특허권을 얻어내기가 수월했다는 사실을 특정 이익집단이 제기한 후 자주 사용되었다.

매달릴 개인은 없는 반면, 커다란 이익을 얻게 되는 소수집단은 결사적이고 집요하게 로비에 나선다는 것이다. 이는 사회적으로 비효율적인 결과를 가져오게 된다. 이어서 논의할 미국의 농가 보조금 정책은 이를 극명하게 보여주는 좋은 사례이다.

kmsdesen/Shutterstock

응용사례

미국의 농장정책

1900년에는 미국 전체 근로자의 35%가 농장에 고용되어 있었지만, 2019년 즈음에는 농장의 생산성 향상과 농산물 수입 증가로 인해 1.3%까지 하락하였다.[23] 하지만 농업분야는 산업적으로는 작은 규모이지만 매년 224억 달러의 연방정부 지원금이 투입되고 있다.[24] 지원금은 두 가지 형태로 구성되어 있다. 약 60억 달러가 농민들에 대한 **직접보조금**으로 지급되고 있고, 농작물의 최저가격을 보조해주는 **가격보조금**으로 50억 달러가 지원되고 있다.[25] 가격보조는 식료품가격 인상으로 이어져 소비자가 치러야 하는 비용은 매년 160억 달러가량 된다.[26] 하지만 2014년 농장법이 제정된 이래, 직접보조금이 대폭적으로 삭감되면서 작물보험 프로그램으로 대체되었다. 작물보험 프로그램이란 자연재해나 가격 폭락으로 인한 농민들의 손해를 보상해주는 것인데, 미국에서는 2014년부터 2019년까지 연평균 80억 달러가 소요되었다.[27] 평균적인 미국 가정들은 농가보조를 위해 연간 144달러씩을 추가적으로 부담하는 셈이다. 작물보험과 상품 프로그램으로 인해 농민 1인당 평균 연간 15,736달러의 보조금을 받는데, 이는 사회보험정책(제12~17장에서 논의할 것임)의 대다수 수혜자들이 받는 금액보다 더 큰 금액이다.[28]

왜 미국 가정들은 농장부문을 지원하기 위해 이렇게 많은 비용을 지불해야 하는가? 정치 성향이 짙은 공공정책 담당자들은 대규모 농업기업과 외국 경쟁자들로부터 미국 '가족농'을 보호하기 위함이라 답한다. 부시 대통령은 10여 년간 1,900억 달러의 비용이 소요될 것으로 추정되는 2002 농장법안에 서명할 당시, "이 법안은 농민의 독립성을 높여줄 뿐 아니라, 미래에도 농민생활 보전에 기여할 것이다"라고 언급하였다.[29] 이와 같은 판단이 가지고 있는 문제 가운데 가장 심각한 것을 꼽으라면, 그것이 사실과 전혀 다르다는 점이다. 미국에서 생산되는 400여 개의 농산물 가운데 단지 20가지만이 보조금을 받을 자격이 있다. 또한 보조금이란 생산되는 농산물의 양에 따라 증가하므로 대규모 농가가 소규모 농가보다 더 많은 보조금 혜택을 받게 된다. 결과적으로 전체 보조금의 3/4은 1년에 10만 달러 이상의 소득을 올리는 소수의 고소득 수

---

23 World Bank(2020).
24 United States Department of Agriculture(2020a).
25 McFadden and Hoppe(2017).
26 Phillips(2012), 2020년 가격으로 업데이트되었음.
27 United States Department of Agriculture(2020b).
28 U.S. Bureau of the Census(2017); U.S. Department of Agriculture(2014).
29 Allen(2002).

혜자(상위 10%)들에게 집중되는 것이다.[30] 2019년 상위 10%의 농장들은 연평균 56만 달러가량의 보조금을 받은 반면 하위 80%의 농장의 경우에는 연간 8,014달러만 받았을 뿐이다.[31]

만약 농장보조금으로 인한 비용이 그렇게 크고, 당초의 정책목적과 이토록 괴리가 있다면 어떻게 보조금 정책이 생존할 수 있었을까? 그 해답은 농장보조금 비용을 대고 있는 보편적 미국 가정의 분담비용에서 찾을 수 있다. 농장들이 연간 작물보험 등으로 받는 혜택은 15,736달러임에 반해, 이를 부담하는 평균적인 미국 가정의 부담은 연간 144달러에 불과하다. 농장들은 작물보험제도를 유지하기 위해 조직을 결성하고 로비를 할 유인이 충분한 반면, 비용을 부담하고 있는 거대집단인 미국 가정들은 로비의 유인이 없는 것이다. 공화당 출신으로 인디애나주의 상원의원에 오른 리처드 루거는 의회 농업위원회 상임위원으로 재직 당시, 부시 대통령에게 2002년의 농장법안 서명에 반대해줄 것을 요청하면서 "이 법안은 일부 소수를 위해 다수의 커다란 희생을 요구할 것"이라 개탄하였다.[32] 그럼에도 불구하고 대통령 예비선거에 출마한 후보들은 아이오와(농가보조금 정책의 대표적 수혜 지역)의 유세에서 농가보조금을 반대한다면 자칫 대통령 출마에 부정적 영향을 미칠 수 있다고 경계한 바 있다.

농가에 대한 대규모 보조금 정책은 미국에만 있는 독특한 현상은 아니다. 유럽연합은 농가보조를 위해 연간 1,130억 달러를 투입한다.[33] 유럽의 소들은 하루 평균 2.33달러 정도의 보조금을 정부로부터 받는 셈이다. 일본 정부는 자국의 쌀 생산 보호를 위해 거의 800%에 가까운 관세를 유지하고 있으며, 이에 따라 연간 470억 달러를 지출하고 있다.[34] OECD는 선진국들이 농민보조를 위해 투입하는 보조금 총액이 연간 3,190억 달러에 달할 것으로 추정하고 있다.[35]

어떤 경우는 농업부문의 강력한 로비가 보조금 정책에 작동하는 것으로 보인다. 농장보조금은 EU 연간 지출의 거의 40%를 형성하고 있다. 하지만 최근 조사에 따르면 이와 같은 막대한 규모의 농장보조금은 근면성실한 농가와 농촌을 보호한다기보다는 마피아와 신흥재벌집단, 그리고 극우 성향의 포퓰리스트를 위해 쓰인 것으로 보고된 바 있다. 중앙 및 동유럽 국가의 정부들은 보조금의 분배권한을 갖고 있기 때문에 정부 고위층들은 자신의 정치적 이해에 따라 보조금을 활용한다. 체코공화국의 수상을 예로 들면, 4,200백만 달러의 보조금을 자국의 기업들에게 나누어줬고 추가적으로 700만 달러를 독일, 슬로바키아, 그리고 헝가리의 기업들에게 보조해주었다. 헝가리의 빅토르 오르반 총리는 수백만 달러의 토지보조금을 그의 친구와 정치적 우호세력에게 나누어주었다.[36] EU는 이러한 부정행위를 제한하지 못했으며, 어떤 경우에는 스스로에게 보조금을 주기도 했다. EU의 농가보조금이 부정 사용되지 않도록 정치인들의 영향력을 제한하는 'Babish 개정안'이 2020년 봄 발의되었지만, 상임위원회도 통과하지 못했다. 농업계와

30 Environmental Working Group(2017).

31 Environmental Working Group(2021).

32 Allen(2002).

33 OECD(2020).

34 OECD(2020). 관세란 수입품에만 부과되는 세금을 말한다; Lakshmanan(2012).

35 OECD(2020).

36 Gebrekidan, Apuzzo, and Novak(2019), Apuzzo and Gebrekidan(2019).

연계된 위원들이 절반가량을 차지하였기 때문이다.[37]

보통의 미국 시민들의 힘으로는 농업계의 강력한 로비를 당해내지 못하는 것으로 보이지만, 뉴질랜드의 사례는 농업분야의 개혁이 불가능한 것만은 아닐뿐더러, 나아가 장기적으로는 농업분야에도 손해가 아닐 수 있음을 시사하고 있다. 미국을 비롯한 다른 여러 선진국들과 마찬가지로 뉴질랜드 역시 1980년대 중반까지는 대규모의 농가보조금 정책을 사용하고 있었다. 여기에는 가격보조부터 비료 구매를 위한 대출이자 지출액 보조까지 아주 다양한 정책들이 포함되어 있었다. 몇몇 전문가들은 이러한 보조금 정책이 농산물의 과다생산을 부추겨 가격 폭락은 물론 비잔틴 방식의 정책 모순까지 발생시킬 수 있다고 결론지었다. 예를 들면 어떤 농민들은 자연 그대로의 땅을 그대로 보존하는 데 반해, 또 어떤 농민들은 더 많은 보조금을 받기 위해 관목으로 우거진 습지까지 경작지로 만들기까지 하였다.

뉴질랜드는 1980년대 중반부터 이러한 대규모 농업보조금 정책을 점차 줄이기 시작하였다. 보조금 정책이 중단된 초기에는 다소간의 부작용이 나타났다. 약 1%가량의 농장이 문을 닫았고, 양을 기르는 축산업자(가장 큰 보조금을 받던 그룹)들은 급격한 소득 감소를 경험하였다. 하지만 6년 정도의 과도기가 지난 이후에는 토지가격과 생산물 가격, 그리고 농장의 수익률이 안정화되기 시작했다. 오늘날 뉴질랜드의 농업분야 종사자 수와 농촌지역 거주자 숫자는 보조금 중단 이전 시기와 거의 비슷한 수준으로 유지되고 있다.[38]

최근 가장 야심 차게 추진된 농가보조금 개혁정책은 2014년의 농업법이라 할 수 있다. 농업법은 농가에 부여되는 직접보조금을 작물보험 등으로 바꾸어 보조금 제도의 효율성을 높이려 한 것이다. 의회예산처는 이러한 정책 전환으로 인해 연간 230억 달러의 비용절감 효과가 있을 것으로 추산한 바 있다. 하지만 농업법에 대해 비판적 입장을 견지하는 인사들은 농업법이 대형 농업기업이나 거대 농가로의 보조금 집중 문제를 개선시키지 못하고 있음을 지적하였다. 어떤 평가자는 '어떤 이들은 농업법이 미국의 가족농을 돕기 위한 것이라 하지만, 사실은 대규모 기업농을 지원하는 것일 뿐'이라 비판하기도 하였다.[39] ■

중위투표자 모형의 증거 : 대의민주주의의 경우

중위투표자 모형은 정치경제학을 이해하는 데 매우 유용한 도구이기는 하지만 상당히 비현실적인 가정들을 전제로 하고 있다. 많은 정치경제학 관련 문헌들은 투표행위에 대한 유권자의 선호와 정당/개인의 이념과 같은 요소들 사이의 역학관계를 비교하는 방식으로 중위투표자 모형에 대한 평가를 시도해왔다. 예를 들어 개인적으로는 자유주의적 견해를 가진 민주당 정치인이 보수 성향의 남부 지역구를 대표하고 있다고 가정해보자. 중위투표자 정리에 따르면 이 정치가가 자신의 지역구에서 득표를 극대화하기 위해 매우 보수적인 성향을 나타낼 것이지만, 그의 소속 정당이나 개인적 이념으로 인해 자유주의적 성향을 드러낼 수도 있다.

---

37 Apuzzo and Gebrekidan(2019).

38 이에 대한 논의는 Sayre(2003) 보고서에 요약되어 있다.

39 MacGillis(2015).

이와 관련된 여러 연구들에서는 비교적 다양한 결론을 내리고 있지만, 그럼에도 불구하고 중위투표자에 대한 선호는 여전히 분명한 것으로 보인다. 예를 들어 선거구의 경계가 새로 설정되어 이전보다 많은 보수 성향 유권자들이 포함되는 경우 지역구 대표는 전보다 보수 성향으로 변하는 경향을 보인다.[40]

이와 같이 자신의 핵심 지지자들의 요청에 부응하는 정치인들에 대한 흥미로운 예는 2007년의 사례에서 찾아볼 수 있다. 이 장의 도입부에서 논의한 바와 같이, 미 하원의 민주당 지도부는 소속당의 의원들에게 지역구 사업비를 요청할 때 보다 분명하게 당과 지지자들의 성향을 대표해줄 것을 규정화한 바 있다. 당초 이러한 방칙은 지역구 사업비 요청이 이전보다 감소할 것을 염두에 둔 것이었지만 그 결과는 완전히 반대로 나타났다. 뉴욕타임스는 이에 대해 "투명성을 높이고자 도입된 새로운 규정은 지역구민들의 강력한 요구라는 명분으로 지역구 사업비 요청을 경쟁적으로 증가시켰지만, 사실 이는 별로 당황스럽지 않은 결과다. 오히려 의원들은 지역구 사업비를 요청할 때 자신의 이름을 자랑스럽게 명시할 뿐 아니라, 언론의 지적에 대해서도 별다르게 신경 쓰지 않는다"고 논평했다. 예컨대 뉴욕주 와인 생산단지인 핑거 레이크스(Finger Lakes) 지역에 위치한 코넬대학교 포도종 연구센터에 260만 달러가 요청된 것과 같이, 지역구를 위한 사업비 요청은 계속 증가하고 있다. 캔자스주 포트 레번워스 지역의 교도소 박물관 사업에 10만 달러를 요청한 낸시 보이다 하원의원은 "민주주의는 신체를 접촉하는 스포츠와 같다. 나는 내가 속한 지역사회를 위해 돈을 요구하는 것이 부끄럽지 않다"고 말했다.[41]

2011년 상원은 이와 같은 지역구 사업비 요청을 금지시켰다. 하지만 이는 지역구 사업비 요청을 전보다 덜 노골적으로, 또는 더 은밀하게 요구하게 했을 뿐, 지역구 사업비 요청을 막지는 못했다. 상원은 쓸모없는 사업에 대한 자금을 지키기보다, 지역 기업들로부터 지원받은 추가 비행기들을 미 공군에게 전달하는 방식과 같이 다른 부처를 통해 자금을 조달했다.[42] 트럼프 대통령은 지역구 사업비 금지제도의 폐지는 상원의 교착상태를 해소할 것이라고 주장하면서, 지역구 사업비 조달 제약을 해제하였다. 상원의 공화당과 민주당 의원들은 지역구 사업비는 지역을 위하는 매우 중요한 수단이라 하면서 환영하였다. 그럼에도 불구하고 지역구 사업비 요청 금지 조항은 오늘날까지 존재하고 있다.[43]

정치적 양극화의 심화

중위투표자 이론이 현실을 설명하는 데 실패했다는 주장은 최근 미국에서의 선거 결과가 양극화 현상을 나타내고 있음을 통해서도 살펴볼 수 있다. McCarthy 외(2006)의 연구에서는 양 정당 간의 이념에 따라 투표 결과가 나뉘고 있고, 그 정도가 점차 심화되고 있음을 지적한 바 있다. 그림 9-4는 과거 미국 상원과 하원의 선거 결과를 도식화하여 나타내고 있다. 그래프의 두

40 Stratmann(2000).

41 Andrews and Pear(2007).

42 Goulka(2013).

43 Ferris(2018).

실증적 증거

중위투표자 모형에 대한 시험

앞서 살펴본 바와 같이 중위투표자 모형에 대한 실증적 증거들은 복합적으로 나타나고 있다. 어떤 연구들은 이 모형이 현실적임을 강력히 반증하는 결과를 나타낸다. Stratmann(2000)은 중위투표자 선호에 제약을 받는 국회의원들의 투표행태에 대한 연구를 수행한 바 있다. 미국에서는 자료조사가 가능한 매 10년마다 과거 10년간의 인구이동을 반영하여 의회 지역선거구가 다시 획정된다.

이러한 지역구 재획정은 중위투표자의 성향을 변화시킬 수도 있다. Stratmann은 재획정된 지역구 사이에서 대통령에 대한 투표행태 차이를 통해 새 지역구의 유권자와 옛날 지역구 유권자의 선호를 비교하였다. Stratmann은 지역구 재획정을 통해 보다 보수적으로(1988년과 1992년 사이에 있었던 공화당 대통령 후보에 대해 얼마나 많이 투표하였는가로 측정하였음) 변화되었지만, 여전히 같은 정치가가 당선된 지역의 의원에게 전보다 보수적으로 투표하기 시작했는지를 살펴보았는데, 그 결과는 '그렇다'로 나타났다. 이는 중위투표자의 선호가 정치가들에게 중요하다는 사실을 다시금 확인시켜 준 결과이다. Aidt와 Shvelts(2012)의 연구 역시 중위투표자 모형을 강력히 지지하고 있다. 연구 결과는 정치가들이 지역구 챙기기 사업은 덜하는 한이 있더라도, 지역구의 중위투표자의 성향을 보다 강력히 추구한다고 밝힌 바 있다.

반면, 정치인에게는 비록 지역구에서 중위투표자인 유권자의 성향과는 배치되더라도 자신의 '핵심 유권자' 성향을 중시하고 이에 맞춘다는 명확한 증거도 있다. 이와 관련된 놀라운 사실 가운데 하나는, 같은 주 출신의 다른 정당 소속의 상원의원 두 명에 대한 비교실험이다. 상원의원은 주 전체에서 두 명이 선출되기 때문에 두 상원의원은 같은 투표자 집합을 대표하고 있다. 따라서 중위투표자 모형에 따르면 이 두 의원은 입법활동에서 같은 성향을 가져야 한다. 하지만 실제는 전혀 달랐다. Levitt(1996)의 연구에서처럼 양당에서 한 명씩의 상원의원을 둔 주에서의 투표 성향은 매우 달랐던 것이다. 즉 그들은 같은 당에 소속된 다른 주 상원의원과 비슷한 성향으로 투표한다는 것이다. Lee 외(2004)의 연구에서도 유사한 증거가 제시된 바 있다. Lee의 연구에서는 박빙의 경쟁 끝에 선출된 의원들의 행태에 주목하였는데, 이들의 경우에는 소속 정당과는 무관하게 의정활동에서 유사한 성향을 보였다는 것이다. 이는 어렵게 당선된 정치가일수록 지역구 주류의 견해를 따름을 의미한다.

정치적 행태와 연관된 이념의 중요성에 대한 직접적인 증거들도 존재한다. Washington(2008)의 연구에서는 서로 비슷한 가정을 둔 의원들 가운데 딸을 둔 의원과 아들을 둔 의원을 비교한 바 있다. 자녀의 성별은 임의적인 것이기 때문에, 두 부류의 국회의원 집단 가운데 딸을 더 많이 둔 국회의원들은 분석집단이 되고, 아들을 더 많이 둔 국회의원들은 자연스럽게 비교집단이 될 수 있다. 연구 결과에 따르면 딸을 많이 둔 국회의원들은 여성적 문제, 예컨대 낙태권(미성년 낙태 제한법에 반대하는)이나 여성안전(성폭력에 대한 처벌 수위를 높이는)과 같은 문제에 호의적으로 투표하는 경향이 있음을 발견하였다. 이 연구는 의정활동에서는 정치인의 개인적 이념 역시 중요하다는 견해를 강력히 뒷받침하고 있다. 즉 정치가는 단지 유권자들의 요구만을 중시하는 것이 아니라 그들 자신의 경험과 이를 토대로 한 이념 역시 중요하게 생각한다는 것이다.

곡선 차이는 양 정당 간의 정치 성향과 이념의 차이를 나타내므로, 두 곡선의 간격이 더 벌어질수록 그 차이가 심화되고 있음을 의미한다. 1930년대까지 미국의 정치체계는 양극화 현상이 강하였으나, 이후 1950년대까지는 그 차이가 점차 감소한 것으로 나타난다. 양극화 현상은 최근 들어 다시 심화되는 것으로 보이는데, 하원의 경우에는 그 정도가 역대 최고치를 경신하였다. 이러한 추세는 공화당의 경우 더욱 뚜렷하게 나타나는데, 1960년대에 비해 정치적 양극화 점수가 2배 이상 증가한 것으로 파악되었다.

사실 민주화가 진행된 국가들 가운데에서 미국은 양극화 측면에서 가장 열등한 국가이다. 9개 국가들의 정치 양극화 현상을 분석한 연구에서는 지난 40년간 미국의 정치 양극화가 가장 강력하게 진행된 것을 보았다. 캐나다, 스위스, 뉴질랜드 역시 양극화 진행이 관찰되었으나 그 속도는 서서히 진행된 것으로 평가되었다. 나머지 5개국들, 즉 호주, 영국, 노르웨이, 스웨덴,

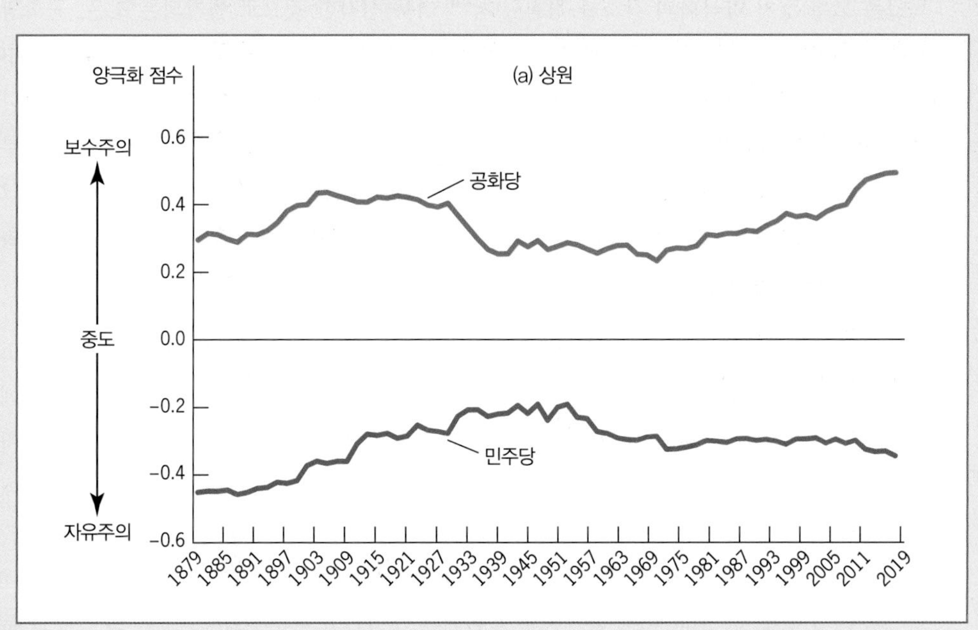

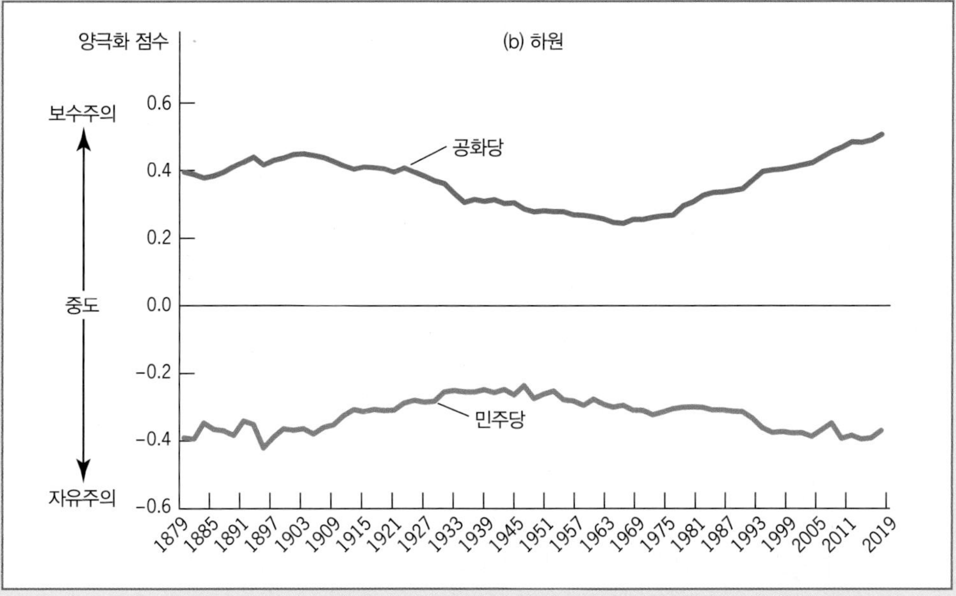

그림 9-4 미 상원과 하원의 정치적 양극화 현상(1879~2020년) 그림 (a)는 미 상원의 정당 간 양극화 추세를 나타내고 있다. 공화당과 민주당 양당은 1930년대에서 1950년대 초까지는 이념적 유사성을 띠었으나, 이후에는 양극화가 뚜렷하게 진행되고 있다. 특히 최근 공화당의 경우에는 1970년에 비해 보수성 지표가 3배 가까이 증가한 것으로 나타난다. 그림 (b)는 미 하원의 정당 간 양극화 추세를 나타내고 있다. 20세기 초반 민주당은 뚜렷한 보수성을 나타내었으나 20세기 후반에는 보수성이 완화되면서 자유주의 성향을 보이고 있다. 1900년대부터 1970년대까지 공화당은 보수성이 약화되는 모습을 나타내었으나, 1977년을 기점으로 보수 성향으로 급격히 회귀하는 모습을 보이고 있으며, 이는 현재에도 진행 중이다. 양극화 현상은 양당 모두 역대 최고 수준으로 진행되고 있으며, 중도 성향은 오히려 덜 일반적으로 보인다.

출처 : Lewis(2020).

독일은 모두 정치 양극화의 감소를 경험했다.[44] 더욱 심각한 것으로 평가되는 것은, 공화당과 민주당은 미국이 직면한 중요한 현안들에 대해 더 이상 동의하지 않기로 한 것 같다는 점이다. 심지어 코로나19가 미국을 황폐화시키고 있었음에도 공화당원의 37%만이 사태가 심각하다고 생각했다는 점이다. 이는 민주당원의 73%에 비해 상당히 적은 숫자이다.[45] 미국 정치에서 무엇이 이러한 문제를 불러일으켰는가? 이에 대해서는 매우 다양한 설명이 가능한데, 이들은 크게 유권자들의 양극화, 미디어의 확산, 자기 당 위주의 선거구 획정, 그리고 다른 제도적 변화들 등 네 가지로 구분해볼 수 있다. 이들에 대해서 차근차근 살펴보기로 하자.

유권자의 양극화 정치적 양극화의 첫 번째 원인은 유권자 스스로 극단화하기 때문이거나 또는 Klein(2017)이 지적한 바와 같은 정당들의 '부족주의(tribalism)' 성향의 강화를 들 수 있다. 예를 들면 미국인의 10%는 자녀가 다른 인종의 배우자와 결혼하는 것을 반대하는 반면, 공화당 지지자의 49% 그리고 민주당 지지자의 33%는 자녀가 다른 정당 지지자와 결혼하는 것조차 반대한다고 보고된 바 있다. 1960년만 하더라도 이 비율은 공화당 지지자의 경우 5%였고, 민주당 지지자는 4%에 불과했다. 유권자의 양극화 현상과 관련한 유용한 통계는 Haidt와 Abrams(2015)의 연구에서 찾을 수 있다. 이에 따르면 1972년에는 개인들이 보수주의나 자유주의 정당과 동일시하는 현상이 상당히 약한 단계에 머물렀으나, 그 이후로는 극적으로 강화되기 시작하여 보수주의자와 자유주의자들의 투표 성향은 완연히 구분되었다는 것이다. Barber와 Pope(2018)의 실험에 따르면 보수주의 정당과 자신을 동일시하는 사람의 경우 그 자신의 입장이 보수주의인지, 또는 자유주의인지 여부와는 무관하게 트럼프 대통령의 정치적 입장을 따르는 경향을 나타내었다.[46]

이와 같이 자신과 다른 정치적 성향을 보이는 사람에게 느끼는 부정적 감정은 '정서적 양극화'라고 부른다. 정서적 양극화는 미국에서 비교적 최근에 급격히 증가한 현상이다. '감정온도계'는 다른 사람들에 대해 느끼는 상대적 감정을 측정하는 지표인데, 1978년에는 평균적으로 지지 정당이 같은 사람에게 27점 더 높은 점수를 부여하였지만, 2016년이 되면서 이 점수는 46점으로 높아졌다.[47] 더욱 중요하게, 이러한 변화는 다른 선진국들에 비해 미국에서 더 빠르게 진행되고 있다는 점인데, 이는 국제화의 진전과 같은 국제적 경향이라기보다는 인터넷의 확산이나 소득불평등의 심화 등 미국만의 특성에 기인하는 것으로 보인다.

미디어의 확산 유권자의 양극화는 두 번째 요인, 즉 다른 정당을 지지하는 유권자들이 정보를 얻는 경로가 이전보다 훨씬 더 다변화되었다는 점에서 찾을 수 있다. 제2차 세계대전이 끝난 후 수십 년간, 미국인들은 전국뉴스 네트워크와 같은 제한된 공급원으로부터 제공되는 동일한 뉴스만을 접할 수 있었다. Haidt와 Abrams(2015)는 "모든 변화는 1980년대의 케이블 TV의 출현,

---

44 Boxell, Gentzkow, and Shapiro(2020).

45 Dunn(2020), Scott(2018).

46 Klein(2019).

47 Boxell, Gentzkow, and Shapiro(2020).

1990년대의 인터넷의 등장에서 비롯되었다"라고 지적한 바 있다. "현대 미국인들은 수백 개의 정당 뉴스를 고를 수 있는데, 이들 대부분은 일반적인 언론보다 훨씬 더 감정을 자극하는 방식으로 운영된다. 이와 같은 매체의 촉진은 인간의 인지능력과 결합하여, '확증편의'라는 최악의 결과를 낳는다. 사람들은 도덕적이고 정치적 이슈에 대한 결론을 내림에 있어서 객관적 증거를 찾고 확인하기보다는 자신의 첫 믿음에 부합하고, 이를 확인시켜 줄 만한 증거만 찾아다니곤 한다."

정치 미디어는 유권자의 믿음을 확인시켜 주는 데에서 끝나지 않을 뿐 아니라, 나아가 이를 형성하기도 한다. Martin과 Yorukoglu(2017)는 이를 '양극화의 피드백 고리'라 하였는데, 같은 소리만 계속 반복되는 '메아리 밀실(echo chamber)'과 같이 그들이 형성했던 최초의 편의를 더욱 강화하는 기능을 하는 것이다. 이러한 주장에 대한 좋은 사례는 대체로 보수적 성향을 띠고 있는 폭스 뉴스이다. Della Vigna와 Kaplan(2007)의 연구에서는 케이블 채널에 폭스 뉴스가 포함된 지역에서는 공화당의 득표 비중이 유의한 수준으로 높았음을 지적하고 있다. Martin과 Yorukoglu(2017)는 매우 영리한 방법으로 이를 확인한 바 있다. 수없이 많은 채널로 구성된 케이블 TV의 경우 보편적인 채널선택 방식은 낮은 번호로부터 높은 번호로 '옮겨가는' 식으로 진행되는데, 폭스 뉴스가 낮은 채널에 배치된 지역일수록 보수 성향의 공화당 득표가 더 많았다는 것이다. 즉 이 연구의 결론은 폭스 뉴스가 낮은 채널에 배치된 지역의 시청자들일수록 폭스 뉴스의 시청 가능성이 높으며, 이에 따라 공화당 득표 비중이 높았음을 지적한 것이다.

최근에는 새로운 정보의 원천인 소셜 미디어의 부각과 이에 대한 의존도가 높아지는 '메아리 밀실' 문제가 더욱 심화되고 있다. 2020년 소셜 미디어 뉴스를 접해본 미국인들의 비중이 71%였고, 모바일 기기로부터 뉴스를 접하는 사람들의 비중은 89%인 것으로 보고된 바 있다. 이들 매체의 특징은 보도내용과 논평을 우선순위에 따라 골라낼 수 있기 때문에, 뉴스 소비자들이 읽고 싶고, 접하고 싶은 뉴스 위주로 제공할 수 있다는 데에 있다. 결국 이로 인하여 소비자들은 원하는 내용만을 반복적으로 받아들이는데, 이는 '메아리 밀실'의 문제를 더욱 악화시키는 결과를 낳았다.[48] '메아리 밀실'의 문제는 심지어 유권자들의 현실 인식까지도 조작한다. 옳은 사실임에도 불구하고, 유권자들은 그들의 정치 성향에 따라 사실을 선택적으로 받아들이기도 한다. 사실의 양극화 현상은 2017년 오바마 케어(ACA) 투표에서도 나타났다. 응답자들은 오바마 케어의 폐지가 메디케이드의 포괄범위와 민간보험에 대한 보조금 확대를 의미하는지에 대해 질문받았는데, 공화당 지지자들은 49%만이 바르게 이해하였다. 같은 질문에 대해 79%가 옳게 이해한 민주당 지지자들에 비해 무려 30%p가 차이 나는 것이다. 이러한 선택적 인지는 정치적인 입장을 정하는 데 직접적인 영향을 미칠 뿐 아니라(이와 같은 의료보험 정책의 경우), 좌우 어느 한쪽으로 쏠리는 양극화를 보다 강화하게 된다.[49]

48 Shearer and Mitchell(2020), Walker(2019).

49 Alesina, Miano, and Stantcheva(2020), Dropp and Nyhan(2017).

당파적 선거구 획정(게리맨더링)의 문제 심화되고 있는 정치적 양극화의 세 번째 원인은 당파적인 선거구 획정, 즉 게리맨더링의 문제이다. 투표에 임함에 있어서 유권자들은 단지 법률 제정을 가장 잘할 것인가에 대해서만 고려하지 않는다. 유권자들은 지도에 선거구의 경계를 잘 그릴 줄 아는 정치인에게 투표하기도 한다. 미국에서 정당의 힘은 하원 선거구로부터 비롯된다. 정치인들은 모든 선거구가 모든 미국인들을 동등하게 대표한다고 믿는다. 이는 이상적으로는 맞지만, 불행히도 현실은 그렇지 않다. 정치인들은 어떻게 해야 자신의 정당지배력이 최대치에 이를 수 있는지를 선거구 경계를 이리저리 다시 그려보면서 최적의 결과에 대한 시뮬레이션을 시행해보곤 한다. 이와 같이 지도에 모종의 조작을 가해 선거구의 경계를 조정하고, 이를 통해 정치력을 유지 또는 증가시키려는 과정을 **게리맨더링**(gerrymandering)이라 한다.

게리맨더링 지도에 모종의 조작을 가하여 선거구의 경계를 조정하고, 이를 통해 정당의 정치력을 유지하거나 증가시키려는 일련의 과정

게리맨더링은 선거 결과에 엄청난 영향을 미친다. 예를 들어 펜실베이니아주의 경우, 2018년 이전에는 가장 게리맨더링의 영향을 받은 주로 간주되었다. 2016년 선거에서 민주당은 인구의 48%의 지지를 얻었지만 상원의 의석은 단지 23%만 획득하는 데 그쳤다. 득표와 의석수 사이의 커다란 괴리는 게리맨더링이 존재한다는 신호로 이해되었다. 이에 펜실베이니아주 대법원은 정치적으로 보다 중립적인 선거구 재획정을 2018년 선거 이전까지 마칠 것을 명령하였다. 그 결과, 2018년 선거에서 민주당은 53%의 대중적 지지와 절반에 육박하는 하원의석을 차지하게 되하였다.[50]

게리맨더링은 선거구의 분할과 통합이라는 두 가지 방식으로 진행된다. 분할은 상대 정당의 유권자들을 여러 선거구로 분산시킬 수 있도록 선거구의 경계를 조정하여, 각 선거구마다 근소한 차이로 패배하도록 유도하는 전략이다. 통합은 상대 정당의 유권자들이 소수의 선거구에 집중되도록 하여 필요 이상의 많은 격차로 이기게끔 선거구를 획정하는 것이다. 이 경우 상대 당은 소수의 몇몇 선거구에서는 대승을 거두는 반면, 다수의 많은 선거구에서 작은 표 차이로 패배하게 된다. 기본적으로 게리맨더링을 수행하는 정당의 목표는 상대 당의 지지표가 사표화, 즉 쓸모없어지도록 유도하는 데에 있다. 낙선한 후보에게 쏠린 모든 표는 결과적으로 사표가 되며, 당선을 위한 최소 필요 표(50% + 1표) 이상의 표도 따지고 보면 모두 사표이다. 게리맨더링을 측정하는 하나의 지표는 **효율갭**(efficiency gap)인데, 이는 정당 A의 사표 수에서 정당 B의 사표 수를 차감한 후, 전체 투표수로 나누어 산출된다.

효율갭 게리맨더링을 측정하는 지표. 정당 A의 사표 수에서 정당 B의 사표 수를 차감한 후 전체 투표수를 나누어 도출됨

효율갭은 2017년 위스콘신주 하원 선거구에서 제기된 청원에 대한 대법원 심리의 주제로 논의된 적이 있다. 위스콘신주의 편의를 고발한 원고는, 위스콘신주의 커다란 효율갭(대략 12%p 수준)에 대한 검증자를 증인으로 소환하였는데, 이에 따르면 이 정도의 효율갭은 우연으로 인한 결과라 보기 어렵다고 답한 바 있다. 미시간대학교의 Jowei Chen 교수는 컴퓨터 알고리즘을 통해 이러한 상황을 설명한 바 있다. 그는 위스콘신주의 200여 개 선거구를 지리적 요인 등을 포함한 여러 가지 방법으로 재획정하는 방식의 시뮬레이션 분석을 시도하였다. 분석 결과를 통해 그는 정해진 선거구가 얼마나 임의성을 충족시키는지를 검증할 수 있었는데, 컴퓨터 시뮬레

50 Washington Post(2021).

이션으로 도출된 200여 개의 선거구 획정안 모두 현재의 선거구에 비해서는 효율갭이 더 낮은 것으로 분석되었다. 실제로 시뮬레이션 결과 가장 편의가 큰 것으로 나타난 선거구 획정안의 경우에도 현재의 선거구에 비해 8%p가량 더 공평해지는 것으로 추정되었다.

실행되고 있는 게리맨더링이 없다고 해도, 대통령이나 상원의원을 선출하는 선거 과정은 인구변동에 의해 당파성이 강해질 수밖에 없다. 하원 의석수는 주의 인구수에 비례하도록 되어 있지만, 상원 의석수는 각 주당 2명씩 할당되어 있다. 문제는 미국 인구가 소수의 몇몇 주로 집중되는 현상이 지속되고 있다는 점이다. 이에 대한 한 예상은 2040년까지 100명의 상원의원 가운데 70명이 인구가 작은 35개 주에서 선출될 것으로 내다보고 있다. 이와 같이 '과다대표'된 주들은 전형적으로 백인, 남성, 농촌 비중이 국가 평균보다 높다.

대선 선거인단 역시 유사한 편의를 나타내고 있다. 각 주는 538명의 선거인단 가운데 최소한 3명 이상의 선거인이 할당받고 있다. 따라서 작은 주의 경우 인구 대비 선거인단 수도 과다대표되는 것이다. 이는 대선에서 와이오밍주(인구 57만 9,000명)의 투표는 캘리포니아주(가장 인구가 많은 주, 4,000만 명에 육박) 인구 대비로 볼 때 거의 4배 이상 더 큰 것으로 인식된다.

기타 제도적 변화 법률제도는 미국 민주주의의 진실성을 유지하게끔 하는 도구이지만, 때로는 의도와는 정반대의 효과를 가져오기도 한다. 유권자에 대한 규정은 정당을 갈라놓기도 한다. 공화당 지지자들은 부정투표를 방지한다는 명분으로 제한과 규제를 도입했다. 유권자의 신원증명, 사전 투표의 제한, 조기 투표종료 금지 등이 그것이지만, 이는 민주당 지지 성향이 강한 저소득자나 소수인종 등의 투표를 제한하는 결과로 이어졌다. 대선 전에 투표자 등록을 미리 해두었어야 하는 플로리다주를 사례로 살펴보자. 2000년 대선 이전, 공화당원이었던 플로리다주의 국무장관은 사설 탐정을 고용하여 10만의 신원불명의 불법 투표자들을 색출하였다. 부적격 투표자들의 66%는 흑인이었고, 이 가운데 12,023명은 신원증명 단계부터 실패하였다.[51] 이러한 신원불명의 투표는 조지 W. 부시가 537표 차이로 당선된 대통령 선거의 결과를 바꾸어 놓았을 수도 있었다.[52] 한편, 민주당은 지역 교육청 위원이나 소방장 등의 지역행정가를 뽑는 지방선거는 주요 선거와 겹치지 않도록 하는 비년선거(off-year election)을 주장하였다. 이러한 비년선거는 투표율을 높이는 데에는 기여했지만, 투표자들의 민주당 의존도를 높이는 결과를 가져왔다.

Haidt와 Abrams(2015)의 연구에서 지적한 바와 같이, 그 외의 제도적 변화 역시 정치적 양극화 증가에 영향을 주었다. 예를 들면, 정치적 과정에 선거자금의 역할과 영향력이 증가한 것은 정치인들에게 상반된 두 가지 효과, 즉 정당 중립적인 선거자금을 모으는 데에는 전보다 시간을 덜 투입하는 반면, 선거자금에 큰돈을 내는 사람들의 비위를 맞추는 데에는 더 많은 시간을 할애하는 효과를 발생시켰다. 마찬가지로 지방선거를 위한 모금이 전국으로 확산되면서, 자금력이 풍부한 주요 정당들은 지역선거에서 유력한 후보들에 관심을 두기 시작했다. 하원의 변화는

51 Getter(2001).
52 Millhiser(2020).

정치 양극화를 더욱 심화시켰다. 과거 하원의장은 연장자 우선원칙에 따라 선출되었으나, 최근에는 소속 정당에 충성심이 강한 당파의 리더가 맡는 식으로 변화되었다. 이러한 변화는 의원들이 소속 정당에 더욱 예속되게 하였으며, 상대 정당의 의원들과의 협의를 더욱 어렵게 하였다.

도시화 현상 역시 정치 양극화에 일정한 역할을 한 것으로 평가된다. 정치이념과 함께 지리적인 요인들이 영향을 미친 것이다. 경제적 번영과 기회가 증가함에 따라, 자유주의적 성향과 고급 교육을 받은 백인들은 농촌을 떠나 도시로 모여들었다. 도심의 밀도는 더욱 높아졌다. 그 결과 농촌은 더욱 보수화되었고 지역경제의 침체는 지속되었다. 이러한 갈등은 미국 국민들을 더욱 양극화시키는 데 일조한 것으로 평가된다.[53]

결론적으로, 양극화의 심화는 정치제도를 설계하고 민주주의를 정상적으로 작동하도록 하는 데 중요한 의미를 담고 있다. 이와 관련된 한 접근은 선거 과정에 정당의 영향을 가급적 배제하는 것, 즉 선거를 '비당파화'하는 것이다. 이러한 가능성에 대한 Ash와 McLeod(2016)의 연구는 주목할만하다. 해당 연구는 다양한 선거 메커니즘을 통해 얻어진 판사의 '실력'에 초점을 두었다. 이때 판사의 실력은 한 판사의 판결이 다른 재판을 담당하는 판사들에게 얼마만큼 인용되는지를 통해 측정된다. Ash와 McLeod(2016)의 연구 결과에 따르면 가장 '실력'이 낮은 판사는 특정 정당에 의해 추천되고 선출된 판사였다. 대신 특정 정당과의 연계성이 없거나 정치색이 배제된 판사 선출의 과정에서 선출된 판사들의 실력은 매우 출중했던 것으로 나타났다. 이 가운데 가장 높은 실력을 갖춘 판사는 정당색이 배제된 기술성과위원회 등에 의해 선출되는 경우인 것으로 파악되었다.

9.4 공공선택 이론 : 정부실패 이론의 기초

이 책을 포함하여, 현대 경제학에서의 정부에 대한 가정은 '자애롭고 이타적'이라 가정한다. 즉 정부는 사회 및 구성원들의 후생을 극대화하는 것을 목표로 정책을 펼친다고 가정하는 것이다. 이와 비슷한 가정은 정치가들에게도 적용된다. 즉 이 장에서는 직접민주주의 체계이건 간접민주주의 체계이건 간에 정치가들은 궁극적으로는 국민의 뜻을 대표하려고 노력한다는 가정을 전제하는 것이다. 하지만 1950년대부터 시작된 **공공선택 이론**(public choice theory)을 주장한 학파에서는 이러한 가정의 타당성에 대해 의문을 제기하기 시작하였다. James Buchanan(1986년 노벨상 수상자)과 Gordon Tullock 등으로부터 비롯된 공공선택 이론가들은 현실에서의 정부는 이상적으로 행동하지 않는 경우가 많음을 주목하고, 사회후생을 극대화하기 위해 자애롭게 행동한다는 정부에 대한 그동안의 가정이 적절하지 않은 것일 수 있다고 주장했다.[54] 이 절에서는 정부가 의도적이건 아니건 간에 국민들의 이익을 우선시하지 않은 현상, 즉 **정부실패**(government failure)의 중요한 원인들에 대해 살펴보도록 한다.

공공선택 이론 정부가 의사결정을 할 때 국민들의 후생극대화를 목적으로 하지 않을 수 있음을 강조하는 학파의 이론

정부실패 정부가 국민들의 이익을 위해 행동하려는 능력 또는 의지가 없는 상황

53 Wilkinson(2019).

54 초기 공공선택이론에 대한 설명은 Buchanan과 Tullock(1962)을 참조하라.

규모극대화를 추구하는 관료주의

정부가 이상적으로 행동한다는 가정에 대한 초기 비판 가운데 하나는, 현실에서의 정부는 개인들처럼 이기적일지 모른다는 의문에서 시작되었다. 즉 정부 제공 서비스(연방정부의 교육부나 마을의 공공투자 담당부서들)를 실행하는 **관료조직**(bureaucracies)의 관심은 어떻게 하면 대민봉사 업무를 더 효과적으로 할 것인가보다 자신의 지위를 보전하거나 조직의 이익에 있을지도 모른다는 의심이 제기된 것이다. 1971년 William Niskanen은 관료의 예산극대화 모형을 개발하였다. 이 모형에서 관료는 정부 제공의 재화와 용역에 대해 독점권을 가진 관청의 운영 주체이다. 예컨대 거대한 지역정부의 공공사업 부서는 쓰레기를 수거하고 하수구를 관리하는 일을 맡고 있으며, 관료조직은 이 사업 부서를 관리한다. 또한 정치가들은 지역정부를 관리하는 관료의 권한과 급여를 결정하는 기능을 한다.

관료조직 중앙정부의 교육부나 시청의 공공관리 부서와 같이 정부의 대민업무를 수행하는 공공조직

Niskanen은 민간부분의 급여는 생산의 효율성에 근거하여 결정되는 반면, 관료들의 급여는 대개 효율성과는 무관하다는 점에 주목했다. 그의 모형에서 관료의 보상(급여, 공무원연금등의 각종 편익, 보조직원의 수준 등)은 측정 가능한 관료의 모든 산출물을 토대로 결정된다. 예를 들어 공공사업 부서장의 보상은 그의 부서가 지역의 일을 많이 할수록 증가된다. 따라서 관료의 목표는 그가 통제하는 직원들의 수를 늘이고 사업 부서가 하는 일의 규모를 증가시켜 예산을 최대한 따내는 것이지, 효율을 극대화하는 방식이 아닌 것이다. 만약 중앙정부에서 지방정부의 관료가 자신의 이익을 추구하고 있음을 알고 있다 해도, 지방정부의 사업비용과 같은 세세한 부분에서는 하위정부의 관료가 더 자세히 알고 있기 때문에 효율성을 강요하기 어렵다.[55]

리바이어던 이론

Niskanen의 이론에서는 각 관료가 자신이 관리하고 있는 조직 크기의 극대화가 주된 관심이며, 이렇게 하여 비대화된 정부가 국민들을 지배하는 것이라 가정한다. 반면 Brennan과 Buchanan(1980)은 관료들과 정부를 하나의 통합된 독점적 지배자(투표자의 무지를 이용해 공공부문의 크기를 극대화하려는)로 보았으며, 이를 전설상의 괴물에 빗대어 '리바이어던(Leviathan)'이라 이름 지었다. 리바이어던 이론에서 유권자들은 세금을 효율적으로 사용하겠다 말하는 정부를 믿을 수 없으며, 오히려 정부의 탐욕과 어떻게 싸워야 할지를 고민해야 한다.

이와 같은 견해는 세금과 지출 등 정부가 정해놓은 명백한 규칙들로써 설명 가능하다. 제4장에서 우리는 정부예산 규모를 제한하는 규칙에 대해 논의한 바 있다. 같은 맥락에서, 미국의 많은 주에서 주정부의 재산세(개인과 기업 소유의 토지가치에 부과하는 세금) 인상을 제한하는 법률 등이 제정된 바 있다. 이에 대한 보다 자세한 내용은 다음 장에서 설명할 것이다. 만약 정부가 사회 및 구성원들의 후생을 극대화하려는 자애로운 존재라는 가정이 사실이라면, 재산세 인상을 제한하는 법과 같이 정부의 행동을 제약하는 '원천봉쇄적'인 대응은 불필요하다. 하지만

---

55 이러한 견해에 반하는 증거들은 Barbosa와 Ferreira(2019)의 최근 연구에 의해 제기된 바 있다. 새로 집권한 브라질의 정치 연합체는 기존 공무원들을 자신들과 정치적 친분이 있는 사람들로 바꿔치기하도록 영향력을 행사하여 정부 규모의 합이 증가하지 않도록 하였다.

리바이어던과 같이 엉뚱하게 변질된 괴물정부를 상대하기 위해서는 정부의 비효율과 비대화 문제를 억제할 수단을 찾아야 하는 것이다.

Besley 외(2005)의 연구에서 제시한 바와 같이 괴물정부와 싸우는 또 다른 방법은 유권자들이 투표압력이라는 수단을 통해 정치가로 하여금 공공서비스의 효율성에 신경을 쓰도록 하는 것이다. 이 연구에서는 20세기 동안 미국 남부 흑인밀집 지역에서의 자치권 확대와 '정치적 경쟁' 증가의 효과에 대해 소개하고 있다. 이때 정치적 경쟁 증가는 지방선거에 출마한 후보자들이 얼마나 정당별로 균형 있게 분포하였는지를 통해 측정되었는데, 다양한 후보가 출마하여 경쟁압력이 높아질수록 반대 정당을 견제하려는 유권자들의 압력이 후보자 명부의 균형을 가져온다고 믿었기 때문이다. 연구의 결론은 정치적 경쟁압력이 강한 지역일수록 낮은 세금과 좋은 직장의 제공을 통해 더 빠른 경제성장(장기적으로 25% 정도 높은)을 달성하였다고 밝혔다.

부패

부패 정부 관료가 본인 또는 동료집단의 부 또는 이익극대화를 위해 권력을 남용하는 것

관료의 규모극대화 이론과 리바이어던 정부 이론은 정부가 그들의 법적 기능을 수행하기 위해 어떻게 그 규모와 권력을 극대화하는지를 설명하고 있다. 하지만 이보다 더 심각한 문제는 **부패**(corruption)의 문제이다. 이는 정부 관리가 개인 또는 동료집단의 부를 극대화하기 위해 권력을 남용하는 문제를 의미한다. 부패는 다음 '응용사례'에서 볼 수 있듯이 국제적인 현상이다.

kmsdesen/Shutterstock

응용사례
정부의 부패

부패의 형태는 다양하지만, 흔하게 관찰되는 것은 정부 관료들이 권력을 자신과 동료집단의 부와 재산을 키우는 데 사용하는 것이다. 다음은 세계 각국에서 발생한 유명 부패 사례들이다.

- 2003년 12월, 일리노이주의 전 주지사였던 조지 라이언은 주정부의 계약권을 자신의 친구들에게 현금, 선물, 가족여행경비 등의 대가를 받고 판 혐의로 연방대법원에 고발당했다. 이 스캔들은 앞서 가던 트럭이 떨어뜨린 쇳조각으로 6명의 어린이가 사망한 사건 때문에 밝혀졌다. 아이들의 죽음은 트럭운전사들이 주정부의 관리들에게 뇌물을 증여하는 등의 부정한 방법으로 운전면허증을 발급받았다는 조사로 이어져, 도로안전운영 문제로 비화되었다. 최소한 20명의 사망사고가 뇌물을 주고 면허를 받은 운전자에 의해 발생하였다. 조사 결과 70여 건의 고발 가운데 60건 이상이 유죄선고를 받았으며, 이 가운데 많은 이들이 라이언 주지사의 선거에 도움을 주었던 친구와 동지들이었던 것으로 밝혀졌다.

  2002년 일리노이주의 주지사는 부패 없는 깨끗한 주정부를 표방한 로드 블라고예비치 주지사로 바뀌었다. 그러나 2008년 12월 9일 주지사인 블라고예비치와 그의 수석 보좌관이었던 존 해리스는 부패 혐의로 체포되었다. 미 사법부의 보도자료에 따르면 버락 오바마 대통령 당선으로 공석이 된 상원의원 자리를 더 높은 액수를 제시하는 사람에게 매도하려

"예끼! 권력남용도 안 해본 자네가 어찌 권력자란 말인가!"

했던 두 번의 음모가 있었다고 밝혔다.[56] 더욱이 블라고예비치는 자신에게 비판적이었던 편집진들을 해고하지 않으면 유력 일간지인 시카고 트리뷴 소유의 시카고 컵스(MLB) 구단의 매각을 승인하지 않겠다고 협박한 바도 있다. 2009년 1월 29일, 일리노이 상원의회는 블라고예비치의 해임과 향후 일리노이주의 공식적 업무에 다시 복귀하지 못하도록 하는 안건에 대해 만장일치로 합의했다.[57] 2011년 12월, 블라고예비치는 14년 형을 언도받았다.[58]

- 말레이시아의 전 국무총리인 나집 라작(Najib Razak)은 2018년 7월 다년간에 걸친 부패 스캔들과 정부자금 횡령 혐의로 체포되었다. 미 법무부는 2015년 이후 말레이시아 정부자금 45억 달러가 도난당해 미국 기업을 통해 자금세탁이 된 사실을 조사하였다. 이 가운데 10억 달러는 미국산 재화 구매에 사용되었는데 미 법무부는 이러한 지출이 적절하기를 기대하였다.[59] 이 재화에는 라작의 부인이 사들인 2,730만 달러 상당의 22캐럿의 핑크 다이아몬드 목걸이가 포함되어 있고, 130만 달러 상당의 금목걸이 27개도 포함되어 있다. 이 와중에 라작의 양아들의 회사는 〈더 울프 오브 월 스트리트〉라는 영화를 제작하기도 했는데, 영화 제작에 투입된 자금의 일부는 라작이 훔친 말레이시아 정부자금이었다. 또한 라작의 양아들은 영화에 출연한 스타들에게 사치스러운 선물을 건네기도 하였는데, 이 가운데에는 레오나르도 디카프리오에게 준 1,200만 달러 상당의 예술품도 포함되어 있다.[60]
- 그럼에도 불구하고 부패의 끝판왕은 조셉 모부투(Joseph Mobutu)라 할 수 있다. 1965년 콩고(1997년 폐위된 후, '자이르'로 국호를 바꿈) 대통령에 취임한 이래, 자원 부국이던 콩고를 마치 자기의 소유의 봉토인 양 활용했다. 세계은행의 추정에 따르면, 세계 각국의 경제성장이 빠르게 진행되던 1967년에서 1997년 사이, 콩고의 1인당 국민소득은 2/3 수준으로 하락했다. 같은 기간 동안 모부투는 세계에서 가장 돈이 많은 거부가 되었는데, 그의 재산은 약 50억 달러로 추정된 바 있다.[61]

부패는 왜 존재하는가? 몇몇 공공선택이론가들은 액턴 경의 다음과 같은 유명한 통찰에 동의할 것이다. "권력은 부패하는 경향이 있다. 절대 권력은 반드시 부패한다." 이러한 견해에서 보자면 국민 생명을 두고 벌이는 몇몇 국가의 부패는 충분히 이해할 수 있다. 운전면허 접수를 빨리 진행하기 위해 왜 도로안전국 직원에게 10달러를 줘야 하는가? 담당자는 운전면허 발급과

56 U.S. Department of Justice(2008).
57 Long and Pearson(2009).
58 Davey(2011).
59 Latiff(2018).
60 Paddock(2017).
61 Acemoglu et al.(2015).

실증적 증거

정부실패와 경제적 성장

최근 수행된 몇몇 연구들에 따르면 정부 구조가 부실할수록 경제성장에 미치는 부정적 영향은 증가하는 것으로 나타났다. Mauro(1995)의 연구에서는 다국적 기업의 자료를 사용하여 공적 절차와 부패 수준이 경제성장에 미치는 효과 등을 분석하였다. Mauro는 부패 수준이 높은 국가일수록 경제성장 수준도 낮음을 발견하였다. 또한 만약 공적 절차가 복잡한 국가(자이르와 같은)에서 절차적 효율성이 높은 국가(스위스, 뉴질랜드, 네덜란드, 싱가포르) 수준으로 효율성 개선이 이루어진다면 경제성장률이 연간 4.9% 더 높아질 것으로 예상하였다.

Mauro식 연구가 안고 있는 어려움은 효율성이 높은 국가(분석집단)와 낮은 국가(비교집단)의 차이를 가져오는 원인이 다를 수 있으므로, 정부 간 품질추정 결과에 편의가 있을 수도 있다는 것이다. 예컨대 관료주의의 효율성이 공무원 임금 인상에 따라 증가한다고 가정하면 경제성장이 저조한 국가에서는 공무원의 임금 수준 역시 천천히 올릴 수밖에 없으므로, 정부 품질이나 국가구조 역시 부실할 수 밖에 없다. 이 경우 저조한 경제성장이 정부실패를 초래한 것이지, 그 반대는 아닐 것이다.

역사적 관점을 통해 이 문제를 관찰하려는 최근의 시도는 Acemoglu 외(2001)에 의해 수행되었다. 식민지 국가들은 같은 유럽국가에 의해 점유되었다는 공통점이 있지만 어떤 식민지인가에 따라 매우 다른 형태를 취하게 된다. 연구자들은 바로 이 점에 착안하여 식민지들을 분석집단과 비교집단으로 구분하여 분석하였다. 카리브해 연안, 중앙아메리카, 그리고 아프리카 지역의 식민국가들은 비교적 멀리 떨어져 있는 유럽의 통치국가들로부터 자원(다이아몬드, 은, 구리 등)을 수탈당했다. 유럽의 통치국가들은 자원 수탈에만 관심을 두었을 뿐, 이들 국가의 제도(재산권, 관료제도)를 구축하는 일 따위에는 관심이 없었다. 반면 비교집단이라 할 수 있는 북아메리카, 남아메리카, 오스트레일리아, 뉴질랜드와 같은 국가들은 제도권 내의 통치를 받을 수 있었다. 유럽 식민지 국가들로부터 많은 사람들이 이주해와 경제적 성장을 위한 제도 구축을 시도했기 때문이다.

분석집단 식민지들에서 제도 구축 등의 통제수단이 부족했던 이유는 무엇인가? 식민지 개척 과정에서 겪어야 했던 높은 사망률 때문이었다. 카리브해 연안, 중앙아메리카, 아프리카 지역은 말라리아 등 풍토병이 만연해 있는 지역으로, 유럽에서 온 이주자들로서는 이를 이겨낼 면역력이 부족했던 것이다. 반면 남북 아메리카, 오스트레일리아, 뉴질랜드 등은 상대적으로 풍토병이 강하지 않은 곳이었으며 이에 따라 식민지로 온 이주자들의 사망률도 낮았다. 이는 이들 식민지에서의 성공적 제도 구축으로 이어져 경제성장의 토대를 제공하였다. 따라서 분석집단과 비교집단 식민지들의 경제적 성공 여부는 초기 이주자들의 면역력 차이에 근거한다고 볼 수 있다.

관련하여 충분한 권한을 가지고 있는가? 물론 담당자는 당신에게 직접적으로 뇌물을 요구하지는 않을 것이다. 만약 그랬다가는 도로안전국의 부패를 근절하겠다는 정치가에게 투표할 것이기 때문이다.

이 견해에 따르면 부패를 견제하는 유일한 방법은 **투표책임성**, 즉 투표자가 부패한 정권을 몰아내려는 능력에 달려 있다고 한다. 투표책임성이 부패를 일차적으로 억제하는 것이라는 개념은 Persson과 Tabellini(2000)가 제시한 증거로 설명될 수 있다. 이들은 정부 부패로 인한 가장 직접적 희생자인 기업 임원들을 대상으로 설문조사를 시행하였다. 설문조사에서는 유권자가 직접 후보자를 선택하는 미국식 방법과 유권자가 후보자의 정당을 선택하는 영국식 비례투표자 방법을 비교하였다. 연구 결과에 따르면 후자의 경우 유권자들은 정치가 개인이 아닌 소속 정당에 투표를 하므로, 정치가의 책임감은 영국 방식이 더 부족하다고 설명하였다. 또한 연구자들은 부패는 현실적으로 비례투표제하에서 더 만연해 있다는 사실도 발견하였다.

부패가 투표에 매우 민감하다는 또 다른 증거는 Ferraz와 Finan(2008)의 연구에서도 제시된 바 있다. 이 연구에서는 브라질 시정부들에서 시행된 정부 지출에 대한 불시감사가 매우 효과적이었음을 소개하고 있다. 연구에 따르면 부패에 연루된 시장들은 재선 가능성이 현저히 낮았

식민통치 이전의 유사성에도 불구하고 분석 및 비교집단 식민지들의 경제적 성과는 식민통치 이후 많은 차이를 나타낸다. 카리브해 연안, 중앙아메리카, 아프리카 국가들은 북아메리카, 남아메리카, 오스트레일리아, 뉴질랜드 등보다 현저히 낮은 경제성장률을 보이고 있다. 이들 분석집단은 비효율적 정부제도와 이로 인한 부정적 효과 때문에 경제적 어려움을 겪는 것으로 파악된 바 있다. 예컨대 나이지리아 정부제도의 품질이 칠레 수준으로 향상되었다면 나이지리아의 1인당 국민소득은 현재보다 7배 이상 높아졌을 것이라고 추정된다.

Acemoglu(2003)는 이와 유사한 방식으로, 제2차 세계대전 이후 일본에서 분리독립한 남한과 북한의 경제적 성과도 관찰하였다. 제2차 세계대전 이전까지 두 나라는 전혀 차이가 없던 하나의 나라였다. 그러나 제2차 세계대전 이후, 소비에트 연방이 한반도의 북쪽 반을 점령하여 공산주의 북한을 형성하였다. 이에 맞서 남쪽에는 UN과 미국이 진주하여 자본주의 대한민국을 세웠다. 이와 같은 국가분리의 결과 2개의 다른 제도를 선택한 것은 매우 극적인 결과를 낳았다. Maddison(2001)에 의하면 분리 이전의 두 나라의 1인당 국민소득은 850달러였으며, 북한의 산업화 정도가 남한보다 월등하였다. 하지만 60여 년이 지난 후, 북한의 1인당 국민소득은 1,990달러에 불과한 반면, 남한의 1인당 국민소득은 39,400달러로 증가하였다.[62]

정치제도가 경제성장에 미치는 함의는 단지 역사적 이슈에만 머무르지 않는다. Acemoglu 외의 연구에서 논의된 것처럼, 인터넷은 현대사회에서 가장 커다란 기술적 발견이라 할 수 있다. 하지만 바레인, 이란, 사우디아라비아, 우즈베키스탄과 같이 여러 나라에서 인터넷 사용은 제약을 받고 있으며, 온라인상에서 의견을 제시하는 것 역시 억압받고 있는 현실이다. 인터넷과 정보를 통제하는 것은 집권세력이 스스로의 정치력을 유지하기 위함이다. 이러한 나라들에서 시행되고 있는 정보 제한 정책은 현 지배세력의 권력을 강화하는 성공적 전략으로 보일지 몰라도, 장기적으로는 핵심기술의 발전을 막아 낮은 경제성장률로 이어질 수 있다.

최근의 연구는 부정선거 관행의 심화는 국민들을 죽음으로 내몰 수도 있다는 점을 지적하고 있다. 2007년 선거 이후, 브라질의 선거개혁은 표를 돈 주고 사는 매표행위와 선거 결과에 결정적 영향을 미치는 사기적 관행들을 억제시킨 동시에 정치적 경쟁압력을 가중시키는 결과를 가져왔다. 이에 정치인들은 정부의 건강보험 지출을 강제적으로 상향 조정하였는데, 개혁 이후 3년이 지난 시점에서 정부의 건강보험 지출은 매년 10%씩 증가한 것으로 파악되었다. 2011년 이후, 브라질의 출산율은 12.5% 증가했는데 이와 같은 사례는 한 국가의 정치개혁은 경제성장만 향상시키는 것이 아니라 국민 전체의 건강에도 기여할 수 있음을 시사한다.[63]

다. 이와 유사하게 Campante와 Do(2014)의 연구에서는 도청 소재지가 인구밀집 지역에서 이격될수록 부패의 강도가 높아짐을 발견한 바 있다. 도청 소재지가 인구밀집 지역에서 멀어질수록 지역정부 행태에 대한 대중적 관심이 낮아지기 때문이다.

부패는 복잡한 규제 때문에 사업가들이 더 많은 비용을 써야 하는 관료주의적 장벽이 강한 나라에서 더 흔하게 관찰된다. Djankov 외(2002)의 연구에서는 창업할 때 거쳐야 하는 시간과 인허가 단계를 85개 국가의 자료를 통해 조사한 바 있다. 캐나다와 오스트레일리아의 경우에는 2일 정도면 되는 반면, 마다가스카르는 152일이 소요되는 등 그 편차는 국가 간에 매우 큰 것으로 나타났다. 이와 같이 관료주의적 절차로 인해 소요되는 비용 역시 미국의 경우에는 1인당 GDP의 0.5%에도 미치지 못하지만 도미니카공화국의 경우에는 1인당 GDP의 460%에 달할 정도로 그 차이가 크다. 또한 연구에서는 기업가들이 사업을 시작하기 위해 공적 절차를 거쳐야 하는 경우 그 단계가 길고 복잡할수록 부패 수준이 높은 경향이 있다고 지적하였다. ■

62 통계적 수치들은 2020년 달러 기준으로 업데이트 된 것이다.

63 Rarim(2019).

정부실패의 시사점들

정부실패에 대한 명료한 증거 가운데 하나는 정부가 선한 의지를 갖는 경우, 즉 지역 주민들이나 시민들을 위해 사심 없이 일을 하는 경우에도 정부실패가 발생할 수 있다는 것이다. 이러한 실패들은 중요한 함의를 갖는가? 또는 재산세 제한과 같이 주민들의 정치력 발휘가 정부의 부정적 영향을 억제할 수 있는가? 어떠한 증거들은 정부실패로 인한 부정적 영향들이 장기화될 수 있음을 제시하고 있다. 정부의 실패가 경제성장에 미치는 부정적 영향에 대해서는 앞서 다룬 '실증적 증거'를 통해 논의하였다.

9.5 결론

이 책을 포함하여 대부분의 재정학에서는 정부를 자애로운 존재로 가정하고 있다. 외부효과를 치유하고, 공공재와 사회보험을 형평성 있게 공급하며, 효율적인 조세제도를 개발하는 등 적재적소에 필요한 정책을 수행하는 자비로운 행위자로 가정하는 것이다. 하지만 현실에서 정부는 수많은 국민의 선호를 통합해야 하는 어려운 임무를 수행하는 개인의 집합일 뿐이다. 정부가 현실에서 운영하는 경제정책이 이 책의 어디서인가 소개한 이론에 따라 정책을 운영하였는가?

대의민주주의의 핵심 모형인 중위투표자 정리에서는 정부가 중위투표자의 선호를 따르는 방식으로, 즉 대개의 경우 평균적인 사회적 요구에 부응하는 방식으로 정책을 집행한다고 밝히고 있다. 이러한 주장은 많은 현실적 증거들에 의해 강조되고는 있지만, 반면 정치인들은 때때로 자신의 주관적 행동에 따라 행동한다는 증거들도 있다. 특히 정부가 시민 후생의 극대화에 실패하여 경제적 측면에서 잠재적 재앙을 발생시킬 수 있다는 명백한 증거도 있다. 정부가 시민 관심사항의 어느 수준까지 봉사할 것인지, 아니면 이에 실패할 것인지는 향후 정치경제학의 연구에 있어 가장 중요한 연구과제 중 하나일 것이다.

요약

- 이론적으로, 개인들이 공공재에 대해 느끼는 가치와 이에 대한 지불의사액을 정부가 알 수 있다면, 공공재의 효율적 공급을 달성할 수 있다(린달가격 이론).
- 하지만 현실에서 린달가격 이론에 입각한 문제해결은 선호 표출의 문제(개인들이 자신의 선호를 정직하게 보고하지 않는), 선호 지식의 문제(자신의 선호에 대해 잘 알지 못하는), 선호 취합의 문제(정부가 개인 선호를 제대로 취합하지 못하는) 등에 직면할 수 있다.
- 선호를 취합하는 방법 가운데 하나는 특정 사안에 대해 직접투표를 하는 것, 즉 직접민주주의이다. 이 투표제도는 오직 선호가 특별한 형태(단일정점선호체계)일 때만 일관성 있는 결과를 도출할 수 있다.
- 만약 선호가 단일정점이라면 선택된 결과는 중위투표자의 선호와 같을 것이다. 그러나 만일 투표자가 한 가지 이상의 주제에 대해 강력한 선호를 보이고 있다면(즉, 선호체제가 단일선호가 아니라면) 이는 효율적인

결과가 아닐 것이다.

- 만약 정치가가 자신의 득표를 극대화하려 하고, 몇 가지 강력한 가정들이 성립한다면 중위투표자의 정리는 대의민주주의에서도 적용될 수 있을 것이다. 하지만 현실에서는 단지 득표수 극대화만이 아닌 정치가의 이념과 같은 요인들도 정치가들의 입법행위에 영향을 미친다.
- 공공선택 이론은 입법을 담당하는 정치인의 선호와 함께 정치인이 공동의 이익보다 자신의 개인적 이해를 추구할 때 발생하는 시장실패의 경우를 직접 모형화한다. 부패와 같은 정부실패는 경제적 후생에 치명적이며, 부정적 효과를 사회 각 부분으로 세세히 전파시키는 나쁜 작용을 한다.

연습문제

1. 최근 연구에 따르면 미국인들은 멸종위기에 처한 생물들 전체를 위해 700억 달러를, 1개 종을 멸종에서 보호하기 위해서는 150억 달러를 지불할 용의가 있다고 한다. 이 사례에서 린달가격의 문제점들 가운데 어떠한 것을 발견할 수 있는가?
2. 린달가격체계와 관련한 선호 표출의 문제는 사회 구성원의 수가 증가할수록 더 심각해진다. 왜 그러한가?
3. Matsusaka(1995)는 유권자에게 주도권을 부여하는 주가 그렇지 않은 주에 비해 정부 비대화의 문제가 상대적으로 억제되었음을 지적하였다. 왜 그렇겠는가?
4. 메이저리그(MLB)에서는 매년 MVP 선수를 선출하기 위해 '5-3-1 시스템'이라는 방법을 사용하는데, 이 방법에서 각 심사위원은 그해의 최우수선수라고 생각하는 3명에게 투표하되, 1등에게는 5점, 2등에게는 3점, 3등에게는 1점씩 부과하게 된다. 각 심사위원이 부여한 점수의 합이 가장 높은 선수는 그해의 최우수선수가 된다. 네이어, 로, 필립스라는 세 명의 심사위원과 다섯 명의 후보 알렉스, 데이비드, 래피, 매니, 마리오가 있다고 가정하자. 다음의 표에는 심사위원들이 어떻게 투표하였는지가 나타나 있다. 그런데 선수들 가운데 래피가 약물남용과 관련된 소문이 돌고 있다. 유죄 여부에 대한 법원의 판정은 투표 전날 발표될 예정이고 만약 유죄로 판결 난다면 그가 얻은 득표들은 모두 무효가 된다.

등수	네이어	로	필립스
1등	데이비드	데이비드	래피
2등	알렉스	알렉스	알렉스
3등	래피	래피	매니
4등	매니	매니	마리오
5등	마리오	마리오	데이비드

   a. 만약 래피가 무죄라면 누가 MVP가 될 것인가?
   b. 만약 래피가 유죄라면 누가 MVP가 될 것인가?
   c. '일관성 있는 취합'이라는 측면에서 이 상황의 문제는 무엇인가?
5. 관련 연구에 따르면 선거구에 더 많은 노령자들이 포함되는 경우 국회의원들의 투표는 보다 더 노령자들에게 우호적인 방향으로 진행된다고 밝혔다. 왜 이러한 결과가 예상되는지를 중위투표자 정리를 통해 설명해보라.
6. Stratmann(1995)은 의회에서 어떤 법안에 대한 투표를 다른 사안에 대한 투표와 맞바꿀 수 있는 '통나무 굴리기(표 맞바꾸기)' 조건에 대해 설명한 바 있다. 이것은 효율적인 방법인가? 아니면 규제되어야 하는가? 설명해보라.
7. 중위투표자 모형의 문제점은 유권자의 선호 강도가 반영되지 않는다는 것이다. 만약 정부가 강한 찬성 혹은 강한 반대의 선호를 가진 사람에게 복수의 투표권을 허

용하기로 했다고 가정하자. 이 방법은 좋은 해결책이 될 수 있는가? 만약 그렇다면 그 이유는 무엇인가? 만약 그렇지 않다면 그 이유는 무엇인가?

8. 지역 전력공급 회사들이 요금을 인상하고자 한다면 우선 규제담당기관의 공청회에서 자신의 주장을 인정받아야 한다. 요금 인상이 보편적으로 통과되는 현상을 무임승차자 이론을 통해 설명해보라.

9. 환경정책과 성적 소수자 문제에 대한 키어스틴 시네머와 마사 맥셀리의 입장을 고려해보자. 중위투표자 정리는 각자의 입장에 어떻게 적용되는가?

10. 세계은행은 매년 각국 정부 지배구조의 질적 수준을 지수화하여 평가하는데, 200개가 넘는 국가의 정부 실력 수준에 대해 순위를 매겨 보고하고 있다. 지표는 여섯 가지 핵심 영역을 통해 정부의 실력을 평가하는데, 이때 핵심 영역이란 국민의 목소리와 책임성, 정치적 안정과 폭력의 부재, 정부의 효과성, 규제 수준, 법률의 규칙, 부패의 조절이다. 다음의 웹 주소(http://info.wolrdbank.org/governance/wgi/index.aspx)를 참고하여 엑셀이나 Stata용 데이터를 다운로드받아 다음의 질문에 답해보라.

    a. 정부 실력 수준에 대한 지표들 가운데 경제적 건강 및 미래의 경제성장과 가장 근접한 것은 무엇인가? 왜 그렇게 생각하는가?

    b. 문제 (a)에서 식별한 지표들 가운데 2000년 이후 지금까지 가장 개선이 많이 이루어진 3개 국가를 찾아보고, 이에 대해 설명해보라.

심화 연습문제

11. 2016년 선거 이후, 경제학자 Hunt Alcott과 Matt Gentzkow(2017)는 가짜뉴스가 미국 유권자들에게 미치는 영향에 대한 실험을 수행했다. 빈번하게 이용되는 다양한 매체(TV, 활자매체, 소셜 미디어)를 통해 유통되는 매우 당파적인 뉴스를 유권자들에게 전달하였다. 유권자들은 세 가지 다른 성격의 뉴스를 접하게 되는데, 첫 번째는 명확한 진실, 두 번째는 소셜 미디어를 통해 활발히 공유되지만 명확한 거짓, 세 번째는 조사목적에서 연구자들이 '위약(플라세보)'처럼 만들어낸 가짜뉴스 등이다. 응답자들은 선거 기간 동안 뉴스를 보았는지, 또한 그들이 당시에 알고 있던 정보를 토대로 새롭게 접한 뉴스를 믿는지에 대해 답을 하도록 하였다.

    Alcott과 Gentzkow에 따르면 진실이었던 뉴스를 본 25%는 이를 기억했으며 19%는 이를 진실이라 믿었다. 이와는 달리 소셜 미디어를 통해 광범위하게 알려진 명백한 가짜뉴스의 경우 15%가 기억했고 8%만이 이를 진실로 믿었다. 흥미롭게도, 연구자들에 의해 완전히 창작된 '위약' 범주의 뉴스에 대해서도 같은 비중의 응답자들(14%와 8%)이 기억해내고 진실이라고 믿었다.

    위 사례를 통해 본문에서 살펴본 미국의 정치 양극화 현상에 대해 설명해보라. 어떠한 조사 결과가 정치 양극화에 부합하는가?

12. 다음은 인구 49,000명인 어떤 주에 대한 선거구 '지도'이다. 각각의 사각형은 1,000명의 주민으로 구성된 구역이고 색깔(회색과 검정색)로 구분되는 사각형 안의 원은 1,000명 단위로 정당에 가입한 유권자들을 의미한다. 이때 같은 블록에 속한 유권자들은 미 하원선거에서 동일정당에 투표한다(회색은 공화당, 검정색은 민주당).

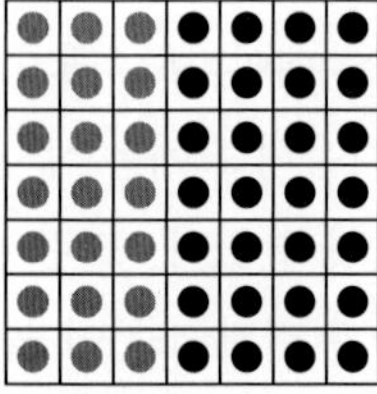

49,000명의 유권자들은 7명의 하원의원을 선출한다. 따라서 지도상의 선거구는 7개의 경계로 구성된 7개의 선거구로 나뉘며, 따라서 각 선거구별 유권자 수는 7,000명이다. 지도상에 선거구를 다시 획정함에 있어 단 한 가지 규칙이 적용되는데, 어떤 선거구의 경계는 최소한 하나의 다른 선거구의 경계와 수평 또는 수직으로 연계되어야 한다(대각선 연계 금지).

a. 하원 선거구 7개의 선거구 지도를 그리되, 공화당과 민주당 의원 비율이 각 정당에 속한 유권자들의 비율과 완벽히 일치하도록 하라. 새로운 그림을 사용하여, 미 하원에 몇 명의 공화당 의원과 몇 명의 민주당 의원이 진출할 수 있는지 판단해보라.

b. 이제 민주당이 지난 일련의 지방선거에서 승리함으로써 주정부의 운영을 맡게 되었다고 가정하자. 이제 민주당은 하원선거의 선거구 재획정을 마음대로 정할 수 있게 되었다. 선거구 지도를 다시 설정함에 있어서, 민주당의 유일한 목표는 민주당에 가장 유리하게끔 획정하는 것이다. 이에 맞추어 선거구 재획정 지도를 그려보고, 민주당과 공화당에서 각각 몇 명의 하원의원이 당선될 것인지를 추정해보라. 또한 앞서 본문에서 공부한 '분할'과 '통합' 기법을 공화당이 사용하면 그들의 목적이 달성될 수 있을 것인지에 대해 설명해보라.

c. 이제 공화당이 지방선거에서 승리하여 하원선거의 선거구 재획정을 할 수 있게 되었다고 가정하라. 민주당이 그랬던 것처럼 공화당의 유일한 목표 역시 하원선거에서 공화당이 가장 유리해지게끔 선거구 지도를 다시 그리는 것이다. 선거구 재획정을 통해 공화당은 몇 석을 차지할 수 있을지, 또 민주당은 몇 석을 차지할 수 있을지 추정해보라. 또한 민주당이 '분할'과 '통합' 기법을 사용하는 경우, 민주당이 원하는 결과를 얻을 수 있는지를 설명해보라.

13. a. 11번 문제의 (a), (b), (c)에서 묘사된 상황을 활용하여 하원선거 3회의 '효율갭'을 계산해보라.

b. 문제 11에서 제시된 3회의 선거 결과를 공평성의 관점에서 논평해보라. 어떠한 선거 결과가 가장 공평하게 인지되는지, 왜 그러한지 설명해보라. 문제 (a) 상황의 선거 결과의 인지적 공평성과 '효율갭'의 계산 값은 어떻게 연관되어 있는지 설명해보라.

14. 알피, 빌, 그리고 코코는 경찰 치안(Q)에 대해 각기 다른 가치를 부여하고 있다. 공공재에 대한 알피의 수요함수는 $Q = 70 - 10P$, 빌의 수요함수는 $Q = 70 - 5P$, 그리고 코코의 수요함수는 $Q = 44 - 4P$이다. 만약 경찰치안에 대한 한계비용이 10달러라면 사회적으로 적정한 수준의 경찰 치안(Q)은 얼마나 되겠는가? 린달가격체계하에서 각각의 개인이 부담하여야 할 액수는 얼마인가?

15. 카르보로시에는 구성원 수가 같은 세 그룹이 존재하는데, (1) A타입의 사람들은 지속적으로 더 많은 경찰의 보호를 선호하고, (2) B타입의 사람들은 낮은 치안 수준보다는 높은 치안 수준을, 중간 치안 수준보다는 낮은 치안 수준을 더 선호한다. (3) C타입의 사람들은 높거나 낮은 치안 수준보다는 중간 정도의 치안 수준을 선호한다.

a. 어떤 타입의 사람들이 단일정점선호체계를 갖는가? 다중정점선호체계를 보이는 것은 어느 타입인가?

b. 과반수 투표로 일관성 있는 결과를 얻을 수 있겠는가? 그렇다면 그 이유를, 그렇지 않다면 그 이유를 설명해보라.

16. 유권자들이 공공재 수준을 정확하게 선택하는 경우는 드물다. 대신 그들은 정부가 제안하는 수준 또는 이를 받아들이지 않을 경우 채택될 기본 값('복귀 수준') 가운데 하나를 선택할 수 있다. 리바이어던 이론에 따르면 정부는 의도적으로 많은 수준을 제시하며, 기본 값은 의도하는 양보다 훨씬 더 적은 수준을 배정한다고 하자. 이러한 행태가 지속적인 규모극대화를 꾀하는 정부의 의도와 부합하는 이유는 무엇인가?

17. 제4장의 논의를 살펴보자. 미국에서는 세대 간 예산불

균형 문제가 매우 심각하다. 현재 세대는 적정 수준보다 훨씬 더 쓰며 그 비용은 고스란히 미래 세대들에게 귀속될 것이다. 미국의 정치 시스템은 왜 이와 같은 세대 간 재원 이전을 용인하게 되었는가?

18. 미국 하원은 두 법안 A와 B에 대해 고민하는 중이다. 상원에서는 A안 또는 B안을 그대로는 통과시켜 주지 않을 것이다. 200여 명의 하원의원들은 A안을 다소 선호하면서 B안에 대해서는 강력히 반대하고 있다. 200여 명의 하원의원들은 B안을 다소 선호하면서 A안에 대해서는 강력히 반대한다. 나머지 35명은 두 안 모두에 대해 비슷한 선호를 가지고 있다. 하원의 대변인은 A안과 B안을 결합한 안을 제출할지(그래서 하원의원들이 A안 B안을 모두 선택하든지, 아니면 A안과 B안 모두를 부결시키든지) 아니면 A안과 B안을 따로 제출할지를 결정하는 중이다.

a. 만약 법안이 결합제출된다면 어떠한 결과가 예측되는가? 만약 분리제출된다면 어떠한 결과가 나타나게 될 것인가?

b. 선호의 강도를 설명하기 위해서는 어떠한 것이 낫겠는가?

CHAPTER 10

James Andrews/iStock/Getty Images

주정부와 지방정부의 지출

생각해볼 문제

- 지방정부의 공공재 공급참여는 공공재의 최적화 문제에 어떤 영향을 미치는가?
- 상위정부와 하위정부 사이의 재정지출 분담 원리는 무엇인가?
- 상하위 정부 사이의 지출 분담에 있어 교부금이 미치는 영향은 무엇인가?

코로나19의 발발은 미국인의 삶에 여러 가지로 막대한 고통을 안겨주었다. 수백만이 감염되었고, 수십만 명이 목숨을 잃었다. 2020년 3월 갑작스럽게 중단된 경제활동이 회복되기에는 아직 갈 길이 멀다. 실업률은 6.2%에 머무르고 있고 GDP 역시 전염병 사태 이전에는 미치지 못하고 있다.[1] 전염병 사태의 정점 무렵에는 주정부 및 지방정부의 상황은 더욱 비관적었다.

주정부 및 그 하위의 지방정부는 미국인의 일상생활과 밀접한 매우 다양한 공공서비스를 제공하고 있다. 주정부는 의료복지 프로그램을 운영하고 비용의 일부를 담당한다. 7,000만 명 이상에게 제공하고 있는 의료보험은 주정부 예산 가운데 가장 큰 규모를 차지하고 있을 뿐 아니라, 가장 빠르게 증가하고 있는 분야이다. 또한 주정부는 경제적 취약계층을 위한 다양한 의료서비스도 제공하고 있다.[2] 주정부와 하위의 지방정부, 즉 기초자치단체들은 미국의 초중등 학생 90%를 담당하는 공교육 시스템을 운영하고 있다.[3] 하위의 지방정부들은 경찰과 소방, 도로보수, 쓰레기 수거 등 생활필수적인 공공서비스를 제공하고 있다. 대부분의 주정부는 소득과 소비에 부과하여 얻은 세금수입으로 행정서비스를 운영하고 있으며, 기초자치단체들은 주로 재

1 https://fred.stlouisfed.org/series/GDP and U.S. Bureau of Labor Statistics(https://www.bls.gov/charts/employment-situation/civilian-unemployment-rate.htm).

2 Centers for Medicare and Medicaid Services(2021), The National Association of State Budget Officers(2020).

3 National Center for Education Statistics(2019).

산세 수입으로 재원을 마련하고 있다.

코로나19 위기는 주정부와 지방정부(기초자치단체)들에게 엄청난 스트레스를 가져다주었다. 예산과 인력이 부족한 가운데에도 병원과 보건소는 물론, 긴급대응팀, 감염검사시설 등을 운영해야 했다.[4] 더욱이 주정부와 지방정부들은 전염병 사태로 발생된 극심한 경기침체 결과들, 예컨대 주거, 식음료, 정신건강, 의료보험 부문에 전보다 훨씬 더 많은 재정을 투입해야 한다.[5]

전염병 사태로 인해 주정부와 지방정부의 어려움이 가중되고 있지만, 당초에 우려했던 세수기반의 급격한 붕괴는 발생하지 않았다. 물론 주성부 사이의 특성에 따른 영향은 있었다. 예컨대, 관광업과 카지노업으로 유명한 플로리다와 네바다주는 재정적으로 가장 큰 타격을 입은 지역 중 하나이다. 전염병 사태로 인해 해당 산업의 수입이 10% 이상 감소했기 때문이다. 그럼에도 불구하고 21개 주의 세금수입은 2019년에 비해 증가하였는데, 이는 심지어 연방정부 자금지원이 추진되기 이전의 일이다. JP Morgan의 분석에 따르면, 주정부의 평균적인 세금수입은 '대체로 불변'한 것으로 추정되며, 하위의 지방정부의 경우 그동안 매년 5%가량씩 증가한 재산세 수입 증가로 인해, 전염병 사태 기간 동안에도 세수가 증가한 것으로 평가된다.[6] 정부의 판매세 수입 규모와 해고된 근로자들이 기초적인 소비를 이어갈 수 있도록 발행한 재난지원금의 규모는 대체로 비슷했다. 비대면 활동이 많아지면서, 소비자들의 지출 역시 서비스부문에서 재화부문으로 전환되었다. 서비스 소비보다 재화 소비에 더 큰 세금이 부과되기 때문에, 이러한 지출 전환 역시 정부의 세수입을 증가시켰다. 또한 2020년 이후 반등한 주식시장 호황으로 인해, 자본이득세 수입은 괄목상대하게 증가하였다.[7]

더욱이 연방정부는 역사적으로 전례가 없는 수준의 재난대응용 자금을 주정부와 지방정부에게 보조해주었다. 이는 단순히 경기대응용이 아니며, 직접지원까지 포함되었다. 2020년 3월 27일 코로나19 대응법률(CARES Act)이 통과되었다. 즉각적인 대응을 위해 주정부 및 지방정부가 부담해야 할 1,500억 달러를 지원했으며, 메디케이드의 대응자금, 교육 및 인프라 부문에도 교부금이 지급되었다.[8] 민주당에서는 이를 두고 주정부와 지방정부가 필요로 하는 수준 이상의 과도한 지원이라 비판하였다. 트럼프 대통령이 추가적인 자금지원을 논의하기 위해 뉴저지 주지사인 필 머피를 만났을 때, 그는 "지역사회가 필요로 하는 만큼 소방관, 교사, 경찰과 긴급의료진의 급여용으로 쓰십시오"라고 말했다.[9]

연방정부의 지원은 추가적인 두 가지 법률을 통해 실현되었다. 9,000억 달러 규모의 통합지출승인법(CAA)과 1조 9,000억 달러 규모의 미국 구조법(ARP)이 각각 2020년 12월 27일과 2021년 3월 11일 통과된 것이다. 통합지출 승인법은 820억 달러를 대학과 학교에, 480억 달러를 각 주의 백신개발과 접종에, 290억 달러를 교통과 고속도로 부문에, 260억 달러는 구호용 식료품

---

4 https://www.epi.org/blog/state-and-local-governments-have-lost-1-5-million-jobs-since-february-federal-aid-to-states-and-localities-is-necessary-for-a-strong-economic-recovery/

5 Cohen and Madowitz(2020).

6 https://www.nytimes.com/2021/03/01/business/covid-state-tax-revenue.html

7 Badger et al.(2020).

8 Committee for a Responsible Federal Budget(2021).

9 Werner(2020).

부문에 지출하도록 책정되었다.[10] 비록 그 이상의 어떤 항목들도 주정부와 지방정부에 직접적으로 지급되지는 않았지만, 지방정부와 주정부의 핵심 지출에 큰 도움이 되었다. 버클리시의 행정담당관인 디 윌리엄스 라이들리는 "우리 시의 입장에서 연방정부 지원금은 솔직히 뜬금없는 횡재"라고 말했으며, 리빙스턴 카운티의 책임자인 이언 코일은 "엄청난 규모의 지원금은 당초의 용도 외에 지역 주민, 방문객, 사업자들을 위한 다른 용도로 쓰일 가능성이 있다"고 언급했다.[11] 마찬가지로, 대규모 도시나 작은 카운티 지역의 행정담당자들 역시 조심스럽게 전염병 재난이 지역경제를 위해서는 오히려 긍정적이라는 식의 낙관적인 견해를 밝히기도 하였다.

주정부와 지방정부를 위한 재난지원금을 둘러싼 논쟁의 핵심에는 **최적 재정연방주의**(optimal fiscal federalism)라는 이슈가 자리하고 있다. 최적 재정연방주의란 어떠한 사안에 대한 정부의 대응이 필요할 때 이를 어느 수준의 정부가, 즉 연방정부가 주도적으로 수행할 것인지 아니면 '하위'의 지방정부가 수행할 것인지에 대한 논의이다. 이를 위해 먼저 미국과 다른 선진국에서는 상하위 정부 간 책임을 어떻게 분담하는지 그 현황을 살펴보기로 한다. 또한 공공재를 지방정부가 공급하는 경우 앞서 살펴본 공공재 공급에서 발생할 수 있는 문제들이 어떻게 해소될 수 있는지에 대해 논의해보도록 한다. 지방정부에 의한 공공재 공급은 개인 스스로 자신의 취향에 가장 맞는 지역을 선택하게 함으로써, 국가 주도의 공공재 공급에 문제를 야기하는 현시선호의 문제와 선호의 취합 문제를 극복할 수 있는지에 대해서도 살펴볼 것이다.

최적 재정연방주의 특정 정책이 상위(중앙)정부와 하위(지방)정부 가운데 어떤 수준의 정부에 의해 집행되는 것이 좋은지에 대한 학문

이하에서는 정부가 하위정부, 즉 지방자치단체에 대해 자원재분배를 해야 하는지, 한다면 어떻게 해야 하는지에 대해서도 논의한다. 한편, 토지 등의 재산가치는 지역별로 편차가 심한 편인데 이 때문에 재산세에 주로 의존하는 지방자치단체들의 수입 역시 차이가 크며, 결과적으로 지방공공재의 공급능력의 차이로 이어지게 된다. 이 장에서는 이와 관련된 이슈들, 즉 주정부와 연방정부는 이러한 문제에 관여해야 하는지, 만약 해야 한다면 어떤 방법을 통해 지방자치단체 사이의 재원 재분배를 다루어야 하는지에 대해서도 논의해볼 것이다.

10.1 미국과 세계 각국의 재정연방주의

미국 헌법 권리장전의 마지막 수정조항(수정조항 X)은 다음과 같이 기술하고 있다. "헌법에 의해 미국 연방정부에 위임되지 않았거나 주정부에 의해 금지되지 않은 권력은 각 주정부나 시민들에 의해 소유된다." 이에 따라 미국의 건국 초기에는 경제 문제를 포함한 국민생활의 많은 영역에서 연방정부의 역할이 상대적으로 제한적이었다. 그림 10-1에서 보는 바와 같이 연방정부는 전체 정부 지출의 34%만을 담당하고 있었으며, 주정부가 58%, 나머지 8%는 하위의 지방정부가 책임지고 있었다. 연방정부의 역할은 국방, 외교, 법률, 우편 서비스 등에만 제한되어 있었다. 주정부와 지방정부는 교육, 경찰, 도로, 위생, 복지, 건강, 병원 등의 영역을 책임지고 있

10 https://www.washingtonpost.com/business/2020/12/20/stimulus-package-details/

11 https://www.berkeleyside.com/2021/03/16/berkeley-ca-american-rescue-plan, https://www.thelcn.com/news/local/19m-american-rescue-plan-windfall-could-be-transformative-for-livingston-county/article_42ad2ad9-ded8-5036-a9ce-aca578b846a2.html

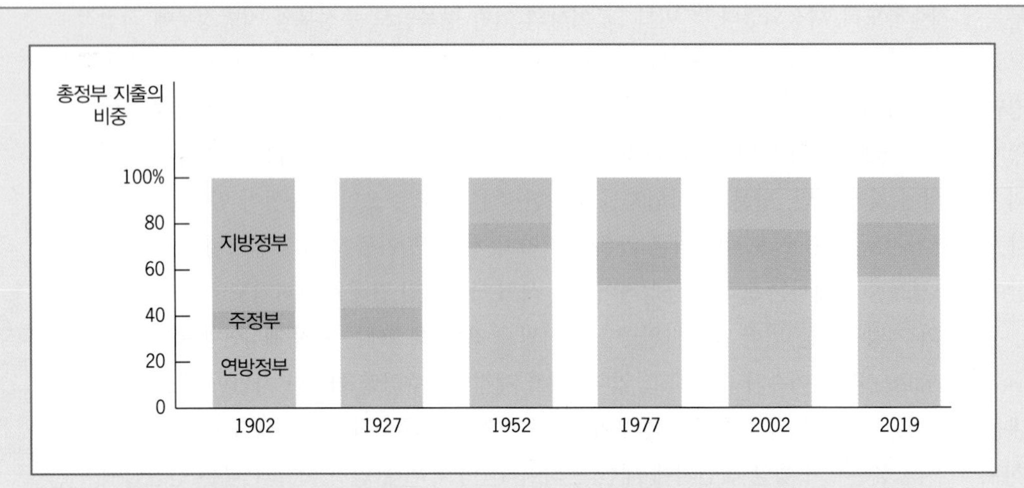

그림 10-1 **재정연방주의의 변화** 1902년부터 2019년까지 지난 117년간 연방정부는 주정부 및 지방정부에 비해 현격히 성장하였다.

출처 : 1902~1977년 자료는 Wallis와 Oates(1998), 표 5.1에서 인용; Bureau of Economic Analysis(2021).

었다. 각 정부가 담당하는 고유 영역은 서로 중복되거나 간섭되는 일이 드물었으며, 나아가 주정부와 지방정부는 정부 지출에 소요되는 비용을 각자의 세원으로부터 조달하고 있었다. 그 당시 연방정부가 내려보내는 교부금은 주정부와 지방정부의 전체 수입 가운데 1%에도 미치지 못했다. 이때 **정부 간 보조금**(intergovernmental grants)이란 한 수준의 정부에서 다른 수준의 정부로 이전되는 재정자금을 의미한다.

정부 간 보조금 한 수준의 정부에서 다른 수준의 정부로 이전되는 재정자금

이후 50년이 지나는 동안 이러한 상황은 급격히 변화했다. 1952년 연방정부는 총 정부 지출의 69%를 책임진 반면, 지방정부와 주정부는 각각 20%와 11%를 책임지게 되었다. 더구나 주정부와 지방정부 수입의 10%는 연방정부로부터 받는 지방교부금이다. 이러한 변화는 다음의 세 가지 요인에 기인한다. 첫째는 연방정부가 직접 국민들에게 소득세를 부과할 수 있게 됨에 따라 중앙정부의 탄탄한 수입이 확보된 것이다. 원래 미국 헌법에는 이러한 조세를 근본적으로 금지하였으나 1913년에 법제화된 제16차 헌법 개정안에서 이를 허용하였다. 연방정부 성장의 두 번째 요인은 연방정부가 대공황에 대응하는 과정에서 추진한 1930년의 뉴딜정책에서 찾을 수 있다. 다수의 연방정부 사업들로 시작된 이 정책은 연방정부, 주정부, 그리고 하위 지방정부의 관계를 근본적으로 변화시켰다. 연방정부에서 지방정부로 내려가는 교부금이 풍선처럼 팽창하면서 지방정부의 영역이었던 공공사업촉진국과 도로사업 등이 연방정부의 지시를 따르게 되었다. 세 번째 요인은 대규모 사회보험 및 복지사업, 사회보장성 노령소득 보장사업, 그리고 노인, 맹인, 장애인들을 지원하는 사업들이 연방정부의 대응교부금 제도에 의해 추진된 것 때문이었다.

이후 50년 동안 지방정부, 주정부, 연방정부의 재정지출 비중은 매우 안정적으로 유지되어 왔다. 이 기간 동안 주정부의 재정지출 비중이 증가하였는데, 이는 과거 중앙정부가 운영하던 빈

곤층에 대한 현금복지와 메디케이드와 같은 사회보험제도가 주정부로 이관되었기 때문이다. 이러한 복지 프로그램들은 1960년대 주정부와 연방정부가 공동으로 재원을 조달하여 운영해 왔던 것이었다. 2016년 현재 연방정부의 교부금은 주정부와 지방정부 수입의 22%를 차지하고 있다.[12]

주정부 및 지방정부의 수입과 지출

제1장에서 살펴본 바와 같이 주정부와 지방정부 수입의 원천과 지출 형태는 연방정부의 그것과는 완연히 다르다. 지출 측면을 살펴보면, 주정부와 지방정부의 가장 큰 지출은 교육부문이 차지하고 있으며, 보건과 교통분야가 그뒤를 잇고 있다. 반면 연방정부 중요 지출분야는 보건, 사회보장, 그리고 국방이며, 교육부문에 대한 연방정부의 지출은 상당히 작은 편이다. 수입 측면에서 보면 주정부의 수입 가운데 22.2%가 소득세로부터 충당되는 반면, 연방정부의 경우에는 거의 절반 정도를 소득세에 의존하고 있다.[13]

하위의 지방정부 수준에서 가장 중요한 수입은 **재산세**(property tax)로 이는 토지와 상업용, 주거용 건물에 부과되는 세금이다. 재산세는 2019년 5,490억 달러로 지방정부 수입(교부금 제외)의 거의 절반에 육박한다.[14] 재산세에 대해서는 제23장에서 부유세를 논의하면서 상세히 설명할 것이다.

재산세 토지와 토지 위 건물(상업용 건물이나 주택)에 부과되는 세금

미국의 각 주들이 수입과 지출을 충당하는 방식은 매우 다양하다. 표 10-1은 주정부의 재정수치를 최곳값, 중간값, 최젓값으로 구분한 것이다. 예를 들어 와이오밍주는 주민 1인당 교육지출이 5,389달러로 가장 높고, 중간 수준인 미시간주는 1인당 3,015달러를 지출하는 것으로 보고되었다. 반면 주정부 교육 지출이 가장 낮은 아이다호주는 1인당 1,995달러를 지출하였다. 보건 지출이 가장 높은 워싱턴 D.C.의 경우에는 1인당 보건비 지출이 가장 작은 유타주보다 2배 이상을 쓰고 있다. 1인당 소득세는 뉴욕주가 가장 높아 최대 2,877달러를 내는 반면, 소득세가 아예 없는 주도 7개나 된다. 소비세는 워싱턴주가 가장 높아 1인당 2,476달러를 내고 있지만 소비세가 아예 없는 주도 4개나 된다.

세계 각국의 재정연방주의

다른 선진국들과 비교해보면 미국의 하위정부(주정부와 지방정부)가 전체 정부(상하위 정부를 망라한)의 총지출과 수입 가운데 차지하고 있는 비중이 큰 편이다. 전체 정부의 수입 가운데 지방정부가 차지하고 있는 비중은 OECD 국가들 평균이 19.5%가량인 반면, 미국은 47.9%에 달한다. 표 10-2는 이에 대한 OECD 자료를 정리한 것이다. 지출 측면에서의 국가 간 차이는 이보다 더 뚜렷하다. OECD 국가의 평균 지방정부 지출비중은 정부 전체의 지출 가운데 31.1%로 나타나지만 미국은 43.3%이다.

---

12 Bureau of Economic Analysis(2021), Table 3.3.

13 Bureau of Economic Analysis(2021), Table 3.20.

14 Bureau of Economic Analysis(2021), Table 3.21.

표 10-1 미국의 주별 재정지출과 수입의 비교

		주	1인당 금액
지출	교육	와이오밍	$5,389(최고)
		미시간	3,015(중간)
		아이다호	1,995(최저)
	보건	워싱턴 D.C.	11,944(최고)
		미주리	8,107(중간)
		유타	5,982(최저)
세금	소득세	뉴욕	2,877(최고)
		미주리	1,073(중간)
		아칸소/사우스다코타/플로리다/네바다/와이오밍/워싱턴/텍사스	0(최저)
	소비세	워싱턴	2,476(최고)
		와이오밍	1,116(중간)
		델라웨어/오리건/몬태나/뉴햄프셔	0(최저)

출처 : U.S. Bureau of the Census(2020); Kaiser Family Foundation(2014); National Center for Education Statistics(2018).

표 10-2 전체 정부의 지출/수입 가운데 하위정부의 지출/수입이 차지하는 비중(2019년) 다른 나라의 하위정부에 비교해서 미국의 주정부와 지방정부 활동 비중은 상대적으로 더 크다.

	지출(%)	수입(%)
그리스	7.0	2.97
포르투갈	13.28	10.10
프랑스	19.78	16.48
노르웨이	34.07	16.36
미국	43.26	47.86
덴마크	64.49	26.63
OECD 평균	**31.11**	**19.48**

출처 : OECD(2019), Table 5, Table 7.

멕시코, 오스트리아, 노르웨이 등 다수의 국가들에서 지방정부는 국민에게 세금을 부과할 법적 권한이 거의 없기 때문에 재정의 중앙정부 집중 정도는 미국보다 더 높다. 조세부과 권한은 중앙정부만 갖기 때문이다. 또한 대부분 국가들의 중앙정부는 거두어들인 수입 가운데 많은 부분을 지방정부로 재분배한다. 즉 **재정평준화**(fiscal equalization)를 실현하고 있는 것이다. 반면 중앙정부는 부의 차이를 평준화시키기 위한 노력으로 지방정부에 교부금을 재분배하고 있다. 이는 1인 기준으로 더 많은 국가 교부금을 더 가난한 지역에 제공함으로써 이루어진다. 예를 들어 오스트리아에서는 각 지방의 재정수입 차이의 절반가량을 연방정부의 세금을 통해 상쇄시키고 있다. 이와 같은 관점에서 볼 때, 미국은 주목할만한 국가다. 각 지방 간 재정수입 평준화를 위해 교부금이라는 수단을 사용하지 않기 때문이다. 미국에서는 1970년 초반 리처드 닉슨 대통령에 의해 발의된 평준화 교부금조차 1986년에 폐지된 바 있다.[15]

재정평준화 중앙정부가 하위의 정부들에게 보조금을 분배하여 지역 간 부의 차이를 완화하려는 정책

다른 국가들에서 중앙정부와 지방정부의 지출은 매우 다르게 분배된다. 예컨대 미국에서는 주정부와 지방정부 지출의 30~40%가 교육부문에 투입되는 반면 OECD 국가들은 평균적으로

15 미국에서도 지역평준화를 위한 암묵적 평준화 지출이 존재하기는 한다. 사회보험과 복지사업 자금 충당을 위한 공동지출(연방정부와 주정부)이 여기에 해당하는데, 수입이 부족한 지역에는 연방정부의 부담이 증가하고 있기 때문이다.

25%가량만을 교육부문에 투입하고 있어, 교육 지출에서 중앙정부의 역할이 더 큰 것을 알 수 있다.[16]

최근에는 전 세계적으로 재정분권화가 진행되고 있는 추세이다. 미국의 복지개혁의 예에서 살펴볼 수 있다시피, 공공투자사업을 위한 재원이 주정부로 옮겨가고 있는 경향이 높아지고 있다. 헝가리, 이탈리아, 대한민국, 멕시코, 스페인 등 다양한 나라에서 보건, 교육, 복지에 대한 지방분권화가 진행 중이다. 지난 20여 년 동안 많은 국가에서 지방정부에 의한 지출이 증가해 왔으며, 이들 대부분은 중앙정부의 보조금으로 충당되고 있다. 물론 이러한 재정분권화에는 중앙정부로부터의 간섭과 통제가 따른다. 예컨대 지방정부가 주로 공급하는 교육의 경우 교과과정에 대한 국가 차원의 기준 및 규범 설정이 엄격화되고 있는 것처럼, 중앙정부는 보조금 지급의 대가로 지방정부 공급재화에 대한 국가적 품질기준(국가교육 커리큘럼의 필수적 준수 등)을 요구하는 것이다.

10.2 최적 재정연방주의

많은 나라에서 재정연방주의가 나타나고 있는 것은 자연스럽게 다음과 같은 의문을 불러일으킬 수 있다. 상하위 정부 등 각기 다른 수준의 정부 사이의 적절한 책임의 구분은 무엇인가? 지방정부는 왜, 무엇인가를 해야만 하는가? 이러한 질문을 다른 식으로 표현하면, '중앙정부는 왜, 어떤 역할을 하는가? 특정 부류의 사업은 어떤 수준의 정부가 수행할 때 가장 적절하게 운영되는가?'에 대한 논의라 할 수 있다. 이와 같은 질문들에 대해 답하기 위해 여기에서는 각기 다른 수준의 정부에서 공공재를 공급하는 경우 효율성이 어떻게 달라지는지에 대해 살펴볼 것이다.

티부 가설

정부의 공공재 공급과 관련한 두 가지 중요한 문제점은 앞 장에서 논의한 **선호 표출**과 **선호 취합**에 대한 것이다. 개인이 공공재에 대한 자신의 선호를 정직하게 표출하도록 하는 민주적 제도의 형성은 어려운 일이다. 또한 개인의 선호를 사회적 선호로 취합하는 것도 어려운 일이다. 결과적으로 정부는 종종 공공재의 적정 수준을 공급할 수 없게 될 것이며, 이러한 문제는 실제로 발생하고 있다.

1956년 경제학자 찰스 티부(Charles Tiebout)는 다음과 같은 질문을 제기하였다. "민간시장에서는 사적재화의 적정공급이 보장되는데, 왜 공공재의 경우에는 그렇지 못한가? 무엇이 부족하기 때문인가?"[17] 그의 직관에 따르면 공공재 시장에는 소비자의 **구매행위(쇼핑)**와 **경쟁**이 부재하였다. 사실 민간재화 시장에서 소비자의 구매행위는 효율성을 이끌어내는 근본적인 힘이다. 만일 기업이 다른 경쟁자에 비해서 열등한 재화를 팔고 있다면, 소비자는 그 기업이 아닌 다른 경쟁자로부터 물건을 구매할 것이다. 이러한 경쟁이 기업으로 하여금 완전경쟁인 사적재화시장에

16 OECD(Organization for Economic Cooperation and Development, 2018).

17 티부의 원래 논문은 Tiebout(1956)를 참조하라.

서 생산의 효율성을 보장하는 것이다.

그러나 공공재의 경우에는 대부분의 경우 이러한 구매행위란 없다. 미국의 주민이든 캐나다의 주민이든, 개인은 연방정부가 어떤 미사일을 생산할 것인가에 대해 논쟁하지 않는다. 유권자들은 공공재를 공급하겠다는 정당을 투표를 통해 쇼핑(선택)할 수는 있으나 이것은 연방정부에 대한 투표를 결정하는 다양한 요인 중에 단지 하나일 뿐이다. 더구나 연방정부 정책 변경 과정은 매우 느리다. 공공재 공급에 대해 연방정부가 직면하는 경쟁은 사실 경쟁이랄 것이 없는 수준이기 때문에 결국 이에 대한 결정은 비효율적인 결과를 가져올 수밖에 없는 것이다(제9장에서 살펴본 바와 같이).

하지만 티부는 공공재가 시나 읍과 같은 지방정부에서 공급될 때에는 상황이 달라진다는 점을 지적했다. 이 경우 그는 각 개인이 **발로 투표**(vote with their foot), 즉 이동성을 통해 지방정부를 선택할 수 있으므로, 자연스럽게 경쟁이 발생한다고 보았다. 만일 어떤 개인이 한 지역의 공공재 공급에 대해 만족하지 않는다면, 어렵지 않게 다른 지역으로 이사할 수 있기 때문이다.

예를 들어 미 국방부가 실제로는 4센트짜리 전자부품 하나를 110달러를 주고 구매했다거나 망치 하나에 435달러, 줄자 하나에 437달러를 줬다는 사실을 알았다면(1980년대 미국에서 실제로 발각된 일이다), 당신은 이 경우 어찌하겠는가?[18] 이는 분명 불만스러운 일이지만, 이를 이유로 다른 나라로 이민을 갈 수는 없을 것이다. 당신은 집권세력에 대해 투표할 수는 있지만, 이러한 일들은 당신이 국회의원이나 대통령에 대해 투표하는 많은 이유 가운데 하나일 뿐이기 때문이다. 따라서 이러한 비효율에 대해 당신이 할 수 있는 일은 현실적으로 별로 없다.

이제 대신 다음과 같은 예를 생각해보자. 당신이 거주하고 있는 지역의 공립도서관이 도서관 간부의 스포츠카를 사는 데 1년에 37,000달러를 썼다고 생각해보자. 이는 2014년에 실제로 뉴욕시에서 일어난 일이다.[19] 이러한 낭비들은 분명, 당신이 지역정부에 납부하는 재산세를 어느 정도 인상시키게 될 것이다. 이 경우 당신이 합리적인 사람이라면, 거의 비슷한 환경이면서도 재정규율은 훨씬 더 잘 지키는 다른 지역으로의 이사를 고려할 것이다. 지방공공재를 가지고 우리는 새로운 **선호 실현 도구**인 이동성을 갖게 되는 것이다.

티부는 이와 같이, 내가 거주하는 지역의 정부가 방만하게 운영되고 있다면 다른 지역으로 이사할 수 있다고 보았다. 지방정부는 그 운용재원을 지역 주민들로부터 거두는 재산세에 의존하고 있으므로, 지역 주민들이 다른 지역으로 이주한다는 것은 분명 해당 지방정부에게는 위협으로 인식될 수 있다. 이는 결국 지방정부의 재정운영을 엄격히 집행하도록 작용하며, 이를 통해 지방공공재 공급의 효율성이 높아지게 된다고 주장하였다. 경쟁균형이 민간재 공급에 효율적 수준을 보장한다는 논리처럼, 지방정부 사이의 경쟁은 비로소 공공재 공급의 효율성을 보장하게 되는 것이다. 공공재를 효율적으로 공급하지 못하는 지역은 이를 효율적으로 공급하는 지역에게 주민을 빼앗기게 될 것이며 이러한 상황이 지속되는 경우 궁극적으로는 파산하게 될 것이다.

---

18 Barron(1983).

19 Gozalez(2014).

티부 모형 이 절에서는 티부의 직관을 설명해주는 구체적 모형에 대해 논의해보기로 한다. 다음 절에서 논의하게 되겠지만, 이 모형은 몇 가지 비현실적인 가정을 전제하고 있다. 하지만 이 모형의 핵심은 지역 간 경쟁이 지방공공재 공급에 있어 경쟁압력을 제공한다는 점에 있다. 이는 후에 우리가 살펴보게 될 실증적 증거들과 일치하는 매우 중요한 내용을 시사한다.

티부 모형은 지역에서 제공되는 다양한 공공재 공급 수준에 대한 선택권을 가진 개인들이 매우 많다고 가정한다. 각 지역 i에는 N_i명의 주민들이 거주하고 있으며, 공공재 공급을 위한 재원 G_i는 지역민에게 부과되는 단일한 세금 G_i/N_i에 의해 조달된다. 티부는 이 모형에서 어느 지역에 있는 주민이건 간에 공공재에 대해서 같은 기호를 가지고 있고, 같은 수준의 공공재(G_i)를 수요할 때까지 주민들이 자발적으로 나뉠 수 있음을 보이고 있다.

이 모형은 정부가 공공재를 공급할 때 발생할 수 있는 문제들, 즉 선호 표출과 선호 취합의 문제를 해결해줄 수 있다. 공공재 공급을 위한 자금이 세금에 의해 조성되기 때문에 사람들은 이제 자신의 선호를 거짓으로 말할 유인이 없어진다. 따라서 선호 표출에 대한 문제가 해결되는 것이다. 이를 확인하기 위해 제9장 그림 9-1의 잭과 에바의 예로 돌아가보자. 이번에는 불꽃놀이를 위한 폭죽이 1개당 75센트이며, 잭은 똑같은 사람들 100명이 사는 마을에 새로 이사 왔다고 가정하자. 이 마을에서는 불꽃놀이를 위해 각 개인당 56센트씩 지불하며, 75개의 폭죽까지 불꽃놀이를 진행하기로 투표할 것이다. 이제 잭이 다시 한 번 에바와 똑같은 선호를 가지고 있다고 거짓말했다고 하자. 티부 모형에서 잭이 이와 같은 거짓말을 시행하기 위해서는 실제로 에바와 같은 사람들이 사는 마을로 이사해야 한다(왜냐하면 잭의 마을 사람들은 75번의 불꽃놀이를 원하기 때문에, 실제로 75개의 폭죽을 발사할 것이기 때문이다). 1개의 폭죽당 19센트를 지불하는 에바의 마을에서는 25번째 폭죽까지 터뜨리는 불꽃놀이를 하게 될 것이다. 에바의 마을로 이사함에 따라, 잭은 이제 1/3만큼의 돈만 지불하면 된다. 하지만 그가 소비할 수 있는 불꽃놀이 역시 그가 진정으로 원하는 양의 1/3만큼밖에는 되지 않는다. 이러한 상황에서 잭은 그가 밝힌 선호에 맞는 마을로 이동해야 하기 때문에 거짓말을 할 유인이 없어진다. 즉 각각의 마을에 사는 사람들의 선호가 같고, 공공재 공급을 위한 재원을 동일 액수로 나누어 내야 하는 경우, 잭은 더 이상 무임승차를 할 수 없게 된다. 마을에 있는 모든 사람들이 같은 수준의 공공재 공급량(G_i)을 원하고 이에 필요한 재원을 마을 사람들 모두 똑같이 나누기 때문에 선호 취합의 문제 역시 해결되는 것이다.

선호 표출과 선호 취합의 문제가 해결된다는 것은 티부 모형에서 린달가격(Lindahl pricing)의 메커니즘이 작동하고 있음을 의미한다. 각 개인은 공공재에 대한 그들 스스로의 가치를 표출하고, 표출된 가치의 합에 의해 공공재가 공급된다. 이때 공공재 공급을 위한 재원은 공공재 총비용을 인구수로 나누어 각 개인이 분담하게 된다. 각 개인이 공공재 공급을 위한 조세부담에 만족하고, 공급된 공공재 수준이 개인의 편익 합과 같아지기 때문에 최적 공공재 공급조건을 만족시키는 것이다. 이는 균형이 달성됨을 의미한다.

티부 모형의 문제점

티부 모형은 분명 흥미롭지만 지나치게 극단적이다. 지방공공재 공급이 효율적일 것이라는 티부 모형의 예측은 현실에서는 여러 가지 문제점을 내포하고 있다.

티부 경쟁의 문제점 티부 모형은 현실에서 실현되기 어려운 몇 가지 가정을 필요로 한다. 첫째는 완벽한 이동성에 대한 가정, 즉 개인은 발로 투표하기를 원할 뿐 아니라 실제로도 그럴 수 있어야 한다. 문제는 이러한 가정이 현실적이지 않다는 것이다. 예를 들어 내가 매사추세츠주에서 많은 친구들과 편의시설에 만족하면서 살고 있다고 하자. 이 경우 단지 우리 동네 공공도서관 간부의 스포츠카 구매와 같은 부적절한 행위가 마음에 들지 않아서 다른 동네로 이사하는 것은 비현실적이다.

아마도 더욱 비현실적인 것은 주민들이 내는 세금과 이를 통해 받는 공공서비스에 대해 모든 주민들이 완벽히 알고 있을 것이라는 가정이다. 만약 우리 동네 공공도서관 사서가 공금을 써서 스포츠카를 샀다고 해도, 이러한 내용을 방송 등의 언론매체를 통해 접할 수 없다면(더욱이 언론에서 다루었다고 해도 내가 주목하지 않는다면), 이를 내가 알 방법이 없기 때문이다.

더욱이 티부 모형이 성립하기 위해서는 공공재에 대한 나의 취향을 만족시켜 주는 마을을 자유롭게 선택할 수 있어야 한다. 나의 경우 이러한 선택의 범위는 내 직장이 있는 MIT와 매우 가까운 보스턴 근교로 제한된다. 직장과 멀리 떨어져 있는 곳은 비록 취향에 맞는다고 해도 선택할 수가 없기 때문이다. 이는 이동성에 의한 투표가 현실에서는 생각보다 훨씬 더 어려움을 의미한다. 따라서 적합한 대체재에 대한 제약은 티부 모형의 작동 기제를 심각하게 제한할 수 있다.

마지막으로 어떤 공공재의 공급은 충분한 규모 및 범위의 경제를 요구한다. 학교나 공원을 만드는 데에는 대규모 고정비용이 소요되기 때문에 몇 명 안 되는 학생들을 위해 학교를 운영한다거나, 소수 주민들을 위해 공원을 새로 만드는 것은 효율적인 답이 아니다. 이러한 고정비용은 공공재 공급의 효율성이 소수보다는 다수에 의해 사용될 때 더 높아진다는 **규모의 효율성**(efficiency of scale) 문제로 귀착된다. 1,000명의 학생이 사용하는 학교는 10명의 학생이 사용하는 학교보다 학교의 고정비용(즉 건물, 교장의 급여 등과 같은)을 더 많은 가정이 나누어 부담할 수 있으므로 가구당 재산세 부담을 훨씬 더 낮출 수 있다.

이와 동시에, 티부 모형이 성립하기 위해서는 개인들이 충분히 고려하고 선택할 수 있을 만큼 많은 수의 마을이 있어야 하며, 이 마을들이 공급하는 공공재에 대해 비슷한 취향을 가진 사람들을 그룹으로 나눌 수 있어야 한다. 이 점은 모형이 가지고 있는 분명한 문제로 인식된다. 왜냐하면 현실에서는 다음과 같은 질문, 즉 '우리가 공공재에 대해 비슷한 기호를 가진 사람들로 그룹을 만들 수 있으며, 나아가 이 그룹이 규모의 경제를 달성할 만큼 충분히 큰가?'라는 질문에 대해 명쾌히 대답할 수 없기 때문이다.

티부 재원조달 방식의 문제점 티부 모형과 관련된 중요 문제점 가운데 두 번째는 모든 주민간에 공공재 분담액이 똑같다고 전제한 모형의 가정이다. 이와 같은 재원조달 방식은 **정액세**(lump-sum tax) 방식인데, 이는 개인의 소득 수준, 재화와 용역의 소비, 보유자산 수준과는 무관하게 정해진 액수로 세금을 부과하는 것을 의미한다. 조세와 관련된 부분에서 상세히 논의하겠지만, 대부분의 조세부담은 빈곤층보다 부유층에 더 많이 부과되는 것이 일반적이다. 따라서 부자와 가난한 자가 똑같은 금액의 세금을 부담하는 형태의 조세, 즉 정액세는 형평성 측면에서 합리적이지 않다. 짐작하겠지만, 정액세는 정부 재정지출을 조달하는 데 있어 현실에서는 거의 사용되지 않는다. 영국의 마거릿 대처 정부는 정액세 부과를 가장 많이 시도한 바 있는데, 매우 극심한 반발을 샀다. 믿을 수 없을 만큼 지지도가 높았던 대처 수상의 사임을 이끌어낸 폭동을 촉발한 것이다.

정액세 개인의 소득과 소비 능력, 부 등과는 무관히 정해진 액수로 부과되는 세금

현실에서는 정액세 대신 재산세로 조달한다. 즉 마을에서 공공재 공급에 필요한 재원을 마을 내의 위치한 주택의 가치에 부과하는 방식인 것이다. 이러한 방식의 문제점은 가난한 사람들이 부자들을 계속 쫓아다니게 한다는 점이다. 부자가 공공비용에 대해 더 많은 부담을 해야 한다면, 공공재에 대해 선호가 높은 가난한 사람들은 부자 이웃이 내는 더 많은 세금의 혜택을 받고 싶어 할 것이다. 자기보다 부자가 사는 마을에 거주함으로써 부자 이웃이 내는 높은 세금에 무임승차하는 것이다.[20]

이러한 문제에 대응하기 위한 한 가지 방법은 **지역규제**(zoning)를 이용하는 것이다. 지역규제는 겉으로는 지역사회의 특성을 보존한다는 목적을 표방하지만 실은 마을의 부동산 활용에 대해 제한을 가하는 것이다. 한 가지 흔한 지역규제는 주택의 마당과 관련된 것이다. 마을의 미학적 특징을 유지한다는 명분으로 주택을 지을 때는 일정 크기 이상의 마당을 만들어 도로로부터 얼마간 떨어지게끔 짓게 하는 것이다. 또 다른 대표적 지역규제들은 주택가에서 상업적 활동을 제한하는 것, 주민 수와 주택 수의 상한을 설정하는 것, 최소한의 토지 소유 규모를 설정하는 것, 건물의 최대 규모를 제한하면서 다가구 주택건설을 금지하는 것 등이다.

지역규제 부동산의 사용에 대해 마을(하위정부)에서 규제하는 것

이런 방식으로 지역규제를 하면 주택가격이 높은 수준으로 유지되어 사실상 저소득층은 해당 지역에 진입할 수가 없다. 결국 부자마을의 조세기반이 보호되는 것이다. 예를 들어 여러 가구가 거주할 수 있는(듀플렉스나 아파트와 같은) 주택 신축을 막는 마을에서는 마을의 전체 주택 수 증가를 제한하는 방식으로 기존 주택의 가격 상승을 유도한다. 공급을 억제하여 높은 가격을 유지하게끔 하는 것이다. 이는 가난한 사람들의 유입을 막아 고소득 이웃이 지불하는 세금에 무임승차하지 못하도록 기능한다. 실제로 Glaeser와 Gyourko(2002)는 지역규제가 있는 마을과 없는 마을을 비교해보고, 지역규제가 있었던 곳의 토지가격이 10배나 더 비쌌다는 사실을 발견한 바 있다.

외부효과/파급효과에 대한 고려 티부 모형의 세 번째 문제는 공공재가 해당 마을에만 효과를 미치고 다른 이웃 마을에는 그 효과가 파급되지 않는다고 한 가정에서 찾을 수 있다. 공공재의

20 이에 대한 현실적 논의는 이 장의 끝부분에 있는 심화 연습문제 15번을 참조하라.

효과가 다른 마을로 파급되는 효과, 즉 유출효과가 존재한다는 것은 공공재의 공급이 해당 마을 정부가 아닌 더 넓은 지역을 관할하는 상위의 정부에서 이루어져야 함을 뜻한다. 이러한 관점에서 보면 하위의 지방정부가 공공재를 공급할 때에는 그보다 더 넓은 지역을 관할하는 상위 정부의 보조금, 즉 교부금이 지급되어야 함을 뜻한다.

내가 사는 마을에서 새로운 공원 건설을 고려 중이라고 해보자. 이 공원으로 인해 우리 마을의 주민들이 우선적으로 혜택을 볼 것이지만, 이웃 마을의 사람들도 우리 마을의 공원을 방문하게 될 것이다. 티부 모형의 메커니즘에서는 우리 마을의 공원을 지을 때 우리 마을의 사람들의 선호만을 고려할 뿐, 다른 마을에서 올 사람들의 선호는 고려하지는 않는다. 따라서 우리는 공공재 공급의 기초적인 문제, 즉 내 마을에서 제공하는 공원 서비스를 과소공급하게 되는 문제에 직면할 것이다. 만약 사회적 편익(내 마을과 이웃 마을들 편익의 합)이 공원을 짓는 비용보다 더 크다면 공원이 지어지는 것이 바람직하지만, 내 마을에 대한 사적 편익이 공원을 짓는 비용보다 적다면 공원은 공급되지 않을 것이고 이는 사회적 비효율을 야기하게 된다.

많은 지방공공재가 이와 유사한 외부효과와 유출효과의 문제를 가지고 있다. 경찰(만일 우리 마을의 경찰서가 충분히 크지 않아 우리 마을의 범죄활동이 이웃 마을에 영향을 준다면), 공공설비(만약 내 마을 도로에 구덩이가 여기저기 파여 있어서 이웃 동네 운전자가 내 마을을 지날 때 고통을 받는다면), 교육(더 잘 교육된 국민들로부터 국가 전체가 편익을 얻는) 등의 외부/유출효과가 존재한다면 티부식의 접근법은 근본적으로 한계가 있다. 비슷한 개인들이 사는 작은 마을은 공공재를 지역에서 공급한다는 장점이 있지만, 이와 같이 외부/유출효과가 존재하는 경우에는 보다 상위 수준의 정부에서 공급하는 것이 더 바람직할 것이기 때문이다.

티부 모형에 대한 실증적 증거

티부 모형은 분명히 몇 가지 매우 제한적인 가정을 전제한다. 그럼에도 불구하고 문자 그대로 보면 개인들이 발로 투표(voting by feet)한다는 기본적인 직관은 여전히 실효성이 있다고 평가된다. 실제로 두 종류의 공공재를 공급하는 실험 결과에 따르면, 티부 모형은 여전히 일관성 있게 현실을 설명할 수 있는 것으로 나타났다.

지역 주민들의 동질성 티부 모형이 강력히 시사하는 바는 같은 지역의 주민들은 지역 공동체에 대해 유사한 선호를 갖을 것이라는 점이다. 이 모형의 논리를 따르자면 더 많은 지방자치단체가 있을수록 선호가 유사한 주민들이 더 많이 모일 수 있다는 것이다. 만약 대도시 주변에 이사할 수 있는 소도시가 오직 하나만 있다면 도시에서 일하는 주민들은 해당 지역의 공공재 수준이 마음에 들지 않더라도 발로 투표, 즉 이사를 선택하지 못할 것이다. 따라서 티부 모형의 실험이 가능하다는 의미는 지방자치단체에 대한 선택이 더 많아질수록 지역 주민들의 선호 역시 더욱 비슷해짐을 의미한다(비슷한 성향의 주민들이 더 잘 모일 수 있게끔 한다는 측면에서).

이에 대한 강력한 증거는 미시간주에서 주민들과 공공재에 대한 수요조사를 수행한 Gramlich와 Rubinfeld(1982)의 연구에 제시되어 있다. 이들은 주거선택의 여지가 더 넓은 대도시 지역 사람들의 공공재 선호가 그렇지 않은 지방 소도시 사람들의 선호보다 더 동질적임을 발견하였다. 더욱이 주거지역 선택의 여지가 더 다양한 대도시 사람들의 경우, 이사할만한 동네가 별로 없는 지방 소도시 사람들의 경우보다 지역 공공재에 대한 만족가 더 높은 것으로 나타났다. 한편 Bergstrom 외(1988)의 연구에서는 미시간 근교지역 자료를 사용하여 이 지역 공공재 제공 수준에서 주민의 한계대체율의 합과 한계비용이 일치하는 효율성 조건을 만족한다는 것을 보인 바 있다.

재정격차가 주택가격 자본화에 미치는 영향 많은 개인들은 그들이 어디에서 살 것인가를 결정할 때, 단지 지역 공공재의 수준만을 고려하지는 않는다. 실제로 많은 주민들이 티부 시스템이 작동하기 위해 필요한 지방세나 재정지출에 대한 기본적 정보도 접하지 못하고 있다.[21] 현실에서 티부 시스템이 적절히 작동하기 위해서는 모든 주민이 실제로 이사해야 하는 것이 아니라, 공공재의 적정공급을 강요하기에 충분한 만큼의 주민들의 투표만 있으면 된다. 이는 지역 주민들이 현재의 공공재 수준에 만족하지 않는다는 사실을 주민들이 모두 마을을 떠나버리기 전에 지방관리가 깨달으면 된다는 뜻이다. 즉 티부 모형적 접근은 비록 소수일지라도 공공재 공급 수준에 충분히 영향을 미칠 수 있을 정도의 이주민만 있으면 실효성이 있음을 의미한다.

티부 모형의 작동을 위한 필요조건인 주민들의 이동은 현실적으로 매우 작다. 왜냐하면 주민들은 이동성을 통해 투표하기도 하지만, 주택가격과 같은 경제적 이해관계에 의해서도 이동여부를 결정하기 때문이다. 티부 모형에서는 어떤 도시의 재정적 매력은 **주택가격 자본화**(house price capitalization)에서 비롯될 수 있음을 지적한 바 있다. 주택가격은 그 주택에서 거주에 따른 비용(재산세 포함)과 편익(지방공공재 서비스까지 포함)을 반영하기 마련이다. 따라서 주어진 세금 수준에서 공공재 공급 수준이 높은 도시의 주택가격은 비쌀 것이고, 반대로 주어진 공공재 공급 수준에서 상대적으로 높은 세금을 내야 하는 도시의 주택가격은 덜 비쌀 것이다. 따라서 주택가격은 경제적 이해관계에 따른 투표 결과를 반영하는 것이다. 사람들은 지방공공재를 보다 효율적으로 공급할 수 있는 도시의 주택에 더 많은 값을 지불할 것이기 때문이다.

주택가격 자본화 거주에 따른 비용(지방재산세 포함)과 편익(지방공공재로부터 발생하는 서비스까지 포함)이 주택가격에 체화되는 것

다음에 설명될 '실증적 증거'에서처럼 현실에서는 경제적 이해관계에 따라 투표한다는 강력한 증거가 존재한다. 따라서 사람들이 비록 티부 이론에 따라 거주지를 직접 결정하지는 않더라도, 주택가격에 따라 거주지를 결정하는 사람들은 충분히 많이 존재하는 것이다.

최적 재정연방주의

비록 티부 모형이 현실을 완벽하게 설명해주지는 못하지만, 지방정부의 세금과 지출의 변화는 주거 이동과 주택가격에 영향을 준다. 티부 모형이 가지고 있는 이러한 긍정적 결과(경제주체들의 행동 변화를 모형이 잘 예측한다는 측면에서)가 재정연방주의의 최적 디자인에 주는 규범적 의미는 무엇인가? 즉, 각기 다른 수준의 정부가 티부 모형이 의미하는 바에 따라 공공재를 공급

21 티부 증거에 대한 고찰은 Dowding 외(1994)를 참조하라. 공공재와 세금에 대한 이주자들의 지식과 관련된 연구는 Teske 외(1993)와 Dowding 외(1995)를 참조하라.

실증적 증거

캘리포니아주 법안 13호에 나타난 주택가격 자본화의 증거

주정부와 지방정부 재정의 자본화 효과에 대한 연구들은 다수 존재한다. 이 연구들은 주로 교육 수준이나 지방재산세율이 주택가격에 미치는 영향을 분석한 것이다. 즉, 공립학교 수준을 높이는 것이 주택가격을 인상시키는지, 재산세율의 증가가 주택가격을 하락시키는지를 회귀분석적 기법을 통해 검증한 것이다. 그러나 이와 같이 간단한 비교는 편의의 문제, 즉 수준 높은 공립학교가 있는 지역은 고소득 가정에 더 매력적일 수 있다는 편의를 가질 수 있다. 따라서 좋은 학교가 있는 지역의 주택가격이 높다는 사실 자체는 '질 높은 학교가 높은 주택가격의 원인이 된다'는 가설을 증명하지 못하는 것이다. 이러한 인과관계는 단지 고소득층 그룹이 주택에 더 많은 돈을 지출한다는 것만을 반영할 뿐이다.

주택가격의 자본화 효과에 대한 보다 더 확실한 증거는 캘리포니아주 법안 13호에 대한 Rosen의 연구(1982)에서 찾을 수 있다. 법안 13호는 유권자의 발의에 의해 1978년 법률로 제정된 것이며, 지난 반세기 동안 주정부 및 지방정부의 재정을 규정짓는 가장 의미 있는 사건 가운데 하나이다. 법안 13호는 재산세를 부과하려는 주에 대해 제한을 가하는 일련의 법안 가운데 최초로 제정된 것이다. 이 법의 통과 이후 18개 주에 걸쳐 거의 40개의 조세제한 법률들이 유권자들에 의해 통과되었다.

법안 13호는 재산에 대한 어떤 세금의 최대치도 그 재산의 '완전현금화 가치'의 1%를 넘지 못하도록 강제하고 있다. 이때 재산의 완전현금화 가치란 1976년을 기준으로 매년 2% 이하의 증가율만을 적용한 가치를 의미하며, 만약 거래가 된 경우에는 매매가격을 완전현금화 가치로 인정한다.[22] 법안 13호는 지방의 재산세 징수를 두 가지 방법으로 제한하도록 한 것이다. 첫째는 부과되는 세율을 주택평가가치의 1%를 넘지 못하도록 제한한 것이고 둘째는 과세표준이 되는 주택가치가 1년에 2% 이상 높아지지 않도록 제한한 것이다. 1970년대 말의 높은 인플레이션을 고려할 때, 이는 세부담이 과도해지지 않도록 한 강력한 제한조치로 평가된다. 실제로 법안 13호가 제정되기 이전인 1973년에서 1977년 사이, 로스앤젤레스시의 평균적인 주택에 대한 재산세 증가율은 무려 80%에 육박했다.[23]

Rosen(1982)은 샌프란시스코 인근 권역 60개 지자체를 대상으로 법안 13호 시행 6개월 전과 6개월 후의 세율 및 주택가격을 조사하여 연구한 바 있다. 이 연구에서는 1978년 법안 13호 시행 이전에는 재산세율이 높았다가 시행 이후 재산세율이 낮아진 지역(분석집단)과 법안 13호 시행 이전과 이후에 재산세율의 변화가 없었던(재산세율이 낮아서) 지역(비교집단)을 비교하였다. 다른 변화요인이 없는 한, 법안 13호는 재산세가 주택가격에 미치는 효과를 평가할 수 있게 하는 준실험의 기회를 제공한 것이다. Rosen은 재산세의 하락과 주택가격 상승 사이에 강한 상관관계, 즉 재산세가 1달러씩 하락할 때마다 주택가격은 7달러씩 높아진다는 사실을 발견하였다. 주택 구입은 향후 지속적인 재산세 납부에 대한 약속을 의미하므로, 미래 재산세 납부액 하락의 완전자본화란 주택가격 상승을 의미한다(주택가격은 낮아진 재산세로부터 발생한 미래 전체의 편익을 반영하여 현재에 오르기 때문). 수학적으로 이자율이 r이라고 할 때, 완전자본화는 재산세 감소분에 $1/r$을 곱한 것만큼 주택가격을 인상시킨다(제4장에서 지불액의 장기적 흐름의 현재가치는 지불액에 $1/r$을 곱한 것임을 상기하라). 법안 13호가 시행될 당시의 이자율은 대략 12%가량이었으므로, 재산세 감소분 1달러당 주택가격 상승분이 7달러였다는 사실은 재산세 인하로 인한 효과가 완전자본화에 매우 가깝다는 것이다(완전자본화에

해야 한다는 것이 무엇을 의미하는가?

조세-편익 연계 사람들이 납부하는 세금과 그 대가로 받는 정부 제공의 재화 및 용역 사이의 관계

티부 모형에 따르면 지역에서의 공공재 공급은 다음의 세 가지 요소에 의해 결정되어야 한다. 첫째는 **조세-편익 연계**(tax-benefit linkage)인데, 이는 주민 자신들이 내는 세금과 지방정부가 제공하는 편익이 직접적으로 연관되어 있음을 느끼는 정도이다. 지방도로와 같이 조세-편익의 연관관계가 강한 재화는 지방정부에서 공급하는 것이 맞다. 지역 주민들이 주로 이용하는 지방도로에 대한 재정지출은 세금과 직접적 연관성이 있기 때문이다. 높은 재산세는 그 지역 주민 대

---

22 제23장에서 보다 자세히 논의되겠지만, 미국에서 재산세는 주택의 평가가치를 과세표준으로 하여 부과되는데, 이때 평가가치란 시장가격과는 매우 다를 수도 있다.

23 Sears and Citrin(1982).

서는 재산세 감소분 1달러당 주택가격이 1/0.12 = 8.33달러 상승시킬 것이다).

이러한 결과는 정책 변화에 따른 자본화가 매우 컸음을 의미한다. 왜냐하면, 원칙적으로 재산세 하락은 미래의 공공재 공급 감소와 주택가격 하락으로 이어질 것이기 때문이다. 예를 들어 만약 공공재 공급을 위한 세금 1달러가 주민에게 1달러만큼의 편익가치를 제공해준다면 주택가격은 변하지 않을 것이다. 왜냐하면 재산세 인하로 인한 이득은 공공재 서비스의 공급 감소로 인해 상쇄될 것이기 때문이다. 주택가격 인상분이 세금의 현재가치 수준과 같다는 사실은, 비록 세금 인하에도 불구하고 캘리포니아에서는 공공재 공급 수준의 충분한 감소가 이루어지지 않았음을 의심하게 한다.

Rosen은 캘리포니아 지역에서 공공재 공급 감소를 억제하기 위해 주정부가 보충자금을 사용했을 것이라고 추측하였다. 주민들은 주차원의 상쇄가 지속되거나, 또는 대안적으로 감세가 '불필요한' 지출만 줄일 것임을 알고 있었다는 것이다. 그러나 이러한 낙관적 예상은 실현되지 않았다. 양질의 공공서비스를 갖고 있던 부자동네 산호세는 법안 13호의 여파로 공공서비스의 급격한 감소를 경험하였다. 산호세의 교육청은 초등학교 미술과 음악선생들을 일시 해고하였고, 스쿨버스를 줄였으며 학교 간호사, 상담사도 해고하였다. 또한 수업기간을 6기에서 5기로도 감소시켰다. 하지만 모두 소용이 없었다. 1983년 산호세 교육청은 파산을 선언하였는데, 이에 따라 지난 40여 년 동안 미국에서 파산한 첫 번째 교육청이 되었다. 마을의 다른 지역 역시 도서관 개관시간 감소, 공원관리 중단, 정신과 간호사의 해고 등의 고통을 경험하였다. 산호세 주민투표 결과 주민 대다수는 법안 13호가 주민들에게 '불리하게' 작용했다고 답했다.[24]

이와 관련한 보다 최근의 논의는 Cellini 외(2010)의 연구에서 찾아볼 수 있다. 이 연구에서는 캘리포니아 주민들이 추가적인 공공투자의 편익을 적절히 경험하지 못했다고 주장했다. 그들은 교육구들을 비교하면서, 새로운 투자를 위한 채권승인의 결과가 적절히 나타나지 않았음을 근거로, 학교에 대한 투자가 진행되는 경우 매우 큰 주택가치의 증가, 즉 투자액 1달러당 주택가격은 1.5달러가 인상된다고 주장하였다. 즉 학교에 대한 투자는 주택가격을 큰 폭으로 인상시킨다는 것이다. 나아가 납세자들에 의해 거부되는 학교투자라 하더라도, 그 비용을 넘어서는 수준의 주택가격 인상을 가져올 수 있다고 밝혔다. 이러한 상황은 캘리포니아에만 국한된 것은 아니다. Bayer 외(2020)의 연구에서는 학교투자에 대한 사법부의 명령 역시 주택가격을 인상시킬 수 있다고 주장하였다. 이하에서 설명하겠지만, 연간 지출이 가장 작은 교육구에 대한 법원의 강제적 투자 증액 명령은 주택가격을 인상시킬 수 있으며 이러한 효과는 기존의 지출비용이 작은 교육구일수록 더 크다고 밝혔다. 이 연구에서는 법원의 강제이행 명령 이전과 이후의 교육구별 주택가격을 비교하였는데, 법원이 더 많은 비용지출을 명령할수록 주택가격은 더 큰 폭으로 증가하는 것으로 나타났다. 또한 연구에서는 주택 재산세수를 통해 교육 지출을 증액시킴에 있어, 교사들의 임금 인상 폭이 더 큰 교육구의 경우가 그렇지 않은 교육구에 비해 주택가격 상승분이 더욱더 크다고 주장하였다. 이러한 결과는 세금으로 운영하는 현재의 국가 교육 지출 수준은 비효율적으로 낮은 것으로 평가된다.

부분에게 혜택이 돌아가는 양질의 도로건설에 자금을 공급하게 된다. 반면 지역의 최저소득자들에게 지불되는 복지혜택과 같이 조세-편익의 연계가 낮은 재화는 주정부나 연방정부 수준에서 공급되어야 한다. 이러한 성격의 복지 지출에는 조세-편익 연계가 매우 낮기 때문이다. 재산세를 내는 거의 대부분의 지역 주민들은 저소득계층에 대한 소득재분배 정책에서 혜택을 보지 못하기 때문이다(주민들 대부분이 지역 극빈자들에 대한 이타적 선호를 갖고 있지 않은 한).

만약 지역 주민들이 재산세를 내는 대가로 직접적인 편익을 얻을 수 있다면 기꺼이 세금을 낼 것이다. 그러나 주민들이 재산세에 대한 편익을 받지 못한다면 재산세가 낮은 지역으로 이주함으로써 발로 투표(voting by feet)를 선택할 것이다. 만약 한 지역이 현금복지 프로그램을 제도화

24 *Washington Post*(1983).

하고 있다면 고소득 주민들은 재산세를 아끼기 위해 이러한 프로그램이 없는 지역으로 떠나버릴 것이다. 결국 발(이동성)로 투표하는 개인의 능력은 소수 주민에게만 혜택이 돌아가는 프로그램을 운영하는 지역에는 결정적 위협이 될 수 있는 것이다.

지방분권화의 적정 수준에 대해 결정하는 두 번째 요인은 지방공공재 공급에 있어서 긍정적 외부효과 또는 파급효과의 정도라 할 수 있다. 만일 지방공공재가 다른 지역에 커다란 파급효과를 미친다면 이 공공재는 어느 지역에서 공급되든지 간에 과소 공급될 것이다. 이 경우 보다 상위의 정부가 보조금 또는 교부금을 하위정부에 지급함으로써 이러한 공공재 공급을 촉진할 수 있을 것이다.

지방분권화의 적정 수준을 결정하는 세 번째 요인은 규모의 경제가 존재하는 공공재의 특성에서 찾을 수 있다. 국방과 같이 규모의 경제가 큰 공공재는 경쟁적 입장에 놓여 있는 다수의 지방정부에 의해서는 효율적으로 공급될 수 없다. 반면 경찰 치안과 같이 규모의 경제가 크지 않은 공공재는 티부 경쟁을 통해 보다 효과적으로 공급될 수 있을 것이다.

앞서 논의한 요소들을 고려해보면, 결국 지방정부는 외부효과가 작고 규모의 경제가 낮으며 수혜자 폭이 상대적으로 넓은 사업, 즉 도로보수나 쓰레기 수거, 그리고 거리청소 등의 공공재 공급에 초점을 맞추는 것이 바람직하다는 결론에 이르게 된다. 유사한 논리로, 지방정부는 (현금복지와 같은) 재분배 기능을 하는 사업, (교육과 같이) 대규모 확산효과를 갖는 사업, (국방과 같이) 규모의 경제가 큰 사업들에 대해서는 상대적으로 제한적인 역할만 수행해야 할 것이다. 미국 재정연방주의의 특성은 이 예측과 상당한 일관성을 보인다. 공공사업의 자금은 지역 수준에서 우선적으로 조달되는 반면, 재분배 프로그램의 자금은 주정부와 연방정부 수준에서 조달된다. 교육의 경우 대체로 반 정도는 지역에 의해, 나머지 반은 보다 상위 수준의 정부(대부분 주정부)에 의해 자금이 조달되는데 이것은 교육과 연관된 파급효과와 일관성을 갖는다. 여기서 생기는 유일한 의문점은 현재 교육 지출의 10% 미만을 담당하고 있는 연방정부가 산업화가 이루어진 다른 국가들과 같이 교육에 필요한 소요재원을 거두어들이는 것이 맞느냐는 점이다.

이러한 논의는 상하위 정부 간의 재정적 역할에 초점을 맞춘 것이지만, 정부의 규제와 같은 이슈들과도 무관하지 않다. 즉 지방의 이해관계가 더 강한 사안들에 대해서는 지방정부가 주도권을, 국방이나 사회복지와 같이 규모의 경제가 존재하여 그 영향이 전국적인 사안에 대해서는 중앙정부가 주도적인 역할을 해야 하는가에 대해서도 유사한 논리가 적용되는 것이다. Grabar(2016) 또는 Badger(2017)의 연구에서 지적한 바와 같이, 최근 주정부들은 하위의 지방정부들이 주도하던 규제에 대해 보다 강력하게 제한하기 시작했다. 하위의 지방정부들이 제정하던 최저임금법, 총기사용 규제, 흡연금지법, 성전환자들의 화장실 이용법 등에 대해 주정부가 제동을 걸기 시작한 것이다. 어떠한 경우에는 특정 지방정부의 규제 완화가 이웃한 다른 지역에 비교적 큰 확산효과를 가져오는 경우도 있다. 예컨대 어떤 지역의 총기규제 완화가 이웃한 다른 지역의 총기 밀반입을 촉진시킬 수도 있다. 하지만 성전환자의 화장실 이용 규정과 같은 경우에는 규제 강화의 확산효과가 그리 뚜렷하지 않다. Grabar와 Badger는 제9장에서 논의한 정치적 양극화 현상이 티부 원칙의 현실 설명력이 낮아지는 원인이라 주장하였다.

10.3 지역 간 재분배

티부 모형은 재정연방주의에 있어 매우 중요한 문제인 '공적자금의 지역 간 재분배가 필요한가?'에 대해서도 의문을 제기한다. 현재에도 공공재 공급을 위한 재원조달(재산세 세원의 가치로 평가된) 능력과 수준은 지역마다 엄청난 차이가 있다. 예컨대 매사추세츠주의 레이크빌 지역은 공립학교 학생 1인당 9,347달러의 세금만을 걷고 있지만, 칼라일 지역은 23,617달러를 걷고 있다.[25] 이와 같은 차이는 지역별 세율 차이에 기인하는데, 레이크빌 지역은 재산가치 1,000달러마다 12.77달러를 세금으로 걷는 반면, 칼라일 지역은 16.28달러를 걷고 있다.[26] 하지만 세율보다 더 중요한 것은 지역별 재산가치의 차이이다. 지역 내 생활 수준이 중간쯤 되는 가정의 주택가치를 기준으로 레이크빌 지역은 291,604달러인 반면, 칼라일 지역은 757,018달러 정도이다.[27] 뉴욕주의 한 연구에 따르면, 공립학교 학생 1인당 재산가치는 지역에 따라 6배 이상 격차가 있음을 발견하였다. 재산가치가 낮은 하위지역 10%에 해당하는 극빈층 초등학생 1인당 재산가치는 313,891달러 수준인 반면, 재산가치가 높은 최부유층 10% 지역의 재산가치는 1,871,956달러 이상인 것으로 나타났다.[28]

저소득 지역을 도와주어야 하는가?

공공정책 담당자는 지역적 불평등에 대해 관심을 가져야 하는가? 보다 구체적으로 설명해보면, 재산가치와 같은 세수기반과 이에 따라 징수된 세수입(재산가치와 세율에 의해 결정된)의 지역 간 격차로 인한 불평등을 고려할 필요가 있는지에 대한 질문인 것이다. 아울러, 상위정부는 지역 간 격차를 완화시키기 위해 하위정부 사이의 재분배를 강요해야 하는가? 앞서 살펴본 바와 같이 소득이 낮은 지역에 대한 교부금 지원을 통해 격차 해소를 도모하는 식의 재분배는 재정연방주의의 중요한 특징이다.

이 경우 '도와주어야 하는가?'에 대한 광의적 답은 티부 모형이 현실을 얼마만큼 설명할 수 있는지에 달려 있다. 티부 모형이 완벽히 구현된 세상이라면 지역 간 재분배는 필요치 않을 것이다. 각 마을들은 공공재의 효율적 공급을 위해 형성될 것이며, 이 경우 지역 간의 어떤 재분배도 효율성 저하를 가져올 것이다. 만약 어떤 도시가 낮은 세수입을 가지고 있다면 그것은 해당 도시 주민들이 낮은 수준의 공공재 공급을 원했기 때문이며, 이는 주민들의 선호에 적절히 부응한 가장 효율적인 결과라 할 수 있다. 이 경우 정부는 지역 간 재분배보다는 개인 간 재분배에 초점을 맞추는 것이 바람직할 것이다.

'고수입-고지출' 지역과 '저수입-저지출' 지역 간 재분배는 티부 모형의 현실 설명력이 낮아짐에 따른 두 가지 논쟁을 발생시킨다. 첫째는 티부 메커니즘의 실패에 대한 것이다. 예컨대 특

25 U.S. Department of Education(2020)의 자료.

26 출처 : https://www.lakevillema.org/, https://www.carlislema.gov/

27 출처 : *Boston Globe*(2013), 2020년 달러 수준으로 보정됨.

28 New York State Education Department(2014).

정 지역의 주택들이 크고 비싸지게끔 하는 규정(예컨대 각 주택은 최소한 1에이커 이상 되어야 한다는 식의)이 있다고 하자. 이런 상황에서는 주민들의 이동성이 유효한 결과를 가져올 수 없다. 왜냐하면 지역규정에 의해 강요된 높은 품질의 주택을 감당해내지 못하는 사람들이 있을 수 있기 때문이다. 이러한 사람들은 그들이 감당해낼 수 있을 만큼 낮은 수준의 공공재가 공급되는 지역에 살 수밖에 없다. 이 경우 어쩔 수 없이 공공재를 과소 소비하도록 강요된 개인을 돕기 위해 재분배를 시도하는 것은 효율적일 수 있다.

재분배가 필요한 두 번째 이유는 외부효과에서 찾을 수 있다. 만약 지방세 수입의 많은 부분이 외부효과 또는 파급효과를 발생시키는 공공재에 투입된다면, 이러한 지방정부에 대해 상위정부가 보조금을 지불하는 것은 효율적이다. 예컨대 어떤 도시에서 높은 수준의 초등학교 교육을 공급하는데, 그 결과 그 도시는 물론 주변 도시의 범죄율이 하락하였다고 하자. 이 경우 양질의 초등교육을 공급하는 지역의 세수가 낮다면, 상위정부는 세수입이 많은 다른 지역으로부터 세금을 거두어 이를 재분배하는 것이 적정할 수 있다.[29]

kmsdesen/Shutterstock

응용사례

티부 이론의 장애물과 '엄청난 격차'[30]

미국에는 IT와 BT 기술 혁명으로 '슈퍼스타'급 반열에 오른 도시들도 있지만, 동시에 이들 도시와 그 외의 낙후지역과의 격차 역시 굉장히 커졌다. 2016년 미국 20대 도시들의 평균수입은 나머지 지역들이 벌어들인 수입의 50% 수준에 육박한다. 20개 가운데 14개 도시는 바다에 인접해 있다. 이는 1980년대의 상황과는 극명한 대비를 가져온다. 대도시들은 기타 평균 도시의 수입보다 25%가량만 더 벌어들일 뿐이었으며, 20대 대도시 가운데 8개만이 바다에 인접해 있었다. 이와 같은 '슈퍼스타'급 대도시들과 이를 제외한 나머지 지역들 사이의 격차 증가는 Enrico Moretti의 책 직업의 지리학(*The New Georaphy of Jobs*, 2013, Moretti)에서 깊이 탐구된 바 있다.

경제학자들은 '항상 시장은 서로 다른 지역 사이의 경제적 기회 차이를 개인의 이동성, 자연적 수렴, 균등화 등의 과정을 통해 장기간에 걸쳐 해소한다'고 가정한다. 보편적 경제모형에서는 대도시의 높은 생활비와 인터넷으로 인한 소통 개선으로 인해 대도시 거주자들이 중소도시로 이동할 것으로 보았다. 중소도시는 생활비가 적게 들 뿐 아니라, 인터넷의 확산으로 전처럼 대도시에 머무를 필요성이 약해지기 때문이다. 또한 높은 비용으로 인해 수렁에 빠진 기술중심의 도시는 새로운 성장중심 도시에게 그 지위를 내어주어야 할 것으로 보았다.

이에 대해 Moretti는 최근 진행되는 지식기반 경제의 강력한 응집력은 이와 같은 중소도시로의 이동을 억제한다고 주장하였다. 더 재능 있는 근로자의 출현은 경제부흥을 가져왔고, 기술자들이 같은 지역에 정착하는 현상을 발생시켰다. 결국 지식기반 경제하의 도시는 이러한 재능

29 '지역을 기반으로 한 정책', 경제발전 등에 대한 보다 상세한 논의는 Kline과 Moretti(2014)의 연구를 참조하라.

30 대부분의 논의는 Gruber와 Johnson(2019)에서 발췌하였다.

들이 더 많은 보상을 받게끔 하였고 도시는 더 빨리 발전했다. Moretti는 "도시의 성공은 더 많은 성공을 길러냈으며, 숙련된 근로자들과 일자리가 있는 커뮤니티는 또 다른 근로자와 일자리를 이끌어냈다. 숙련된 기술자들이 좋아하지 않는 지역은 갈수록 동력을 잃어갔다"고 지적했다.

응집은 나눔(교통 또는 개인적 편의 등의 자원)과 어울림(고용이든 이성 간의 데이트이든 간에, 더 많은 개인들이 어울림을 시도할 때 더 높은 수준의 어울림을 형성함), 그리고 배움(경제혁신과 성장은 대면교류에서 발생하므로, 특정 공간에 많은 사람이 모여 있다는 것은 서로서로 배울 수 있는 기회를 더 많이 형성함)의 힘에서 비롯된다. 또한 Moretti는 이러한 결과는 더 많은 교육을 받은 주민들이 있는 지역은 발전을 가속화하였고, 이러한 현상이 지속됨에 따라 결국 미국 도시 간의 격차를 더욱 심화시킴을 밝혔다.

하지만 이와 같은 사실들은 또 다른 질문을 불러일으켰다. 만약 어떤 도시들이 다른 도시들에 비해 우월하다면 왜 모두들 발전된 도시로 이주하지 않는가? 사실 Moretti가 발견한 것은 기술로 무장된 근로자들뿐 아니라 모든 사람들은 더 나은 도시들에 있을 때 더 나은 성과를 발휘한다는 점이다. 미국은 전통적으로 높은 이동성을 갖고 있다. 강력한 의지를 갖고 있는 개척자들은 부를 위해 새로운 지역을 찾아왔다. 만약 어디에서 부자가 될 수 있는지를 쉽게 알 수 있다면, 왜 모든 사람들은 개발시대의 개척자들처럼 그곳을 향해 찾아가지 않겠는가?

이에 대한 해답은 호황을 겪고 있는 도시에서 산다는 것은 이에 상응하는 대가, 즉 높은 생활비 부담을 감당해야 한다는 점에서 찾을 수 있다. 산호세, 샌프란시스코, 보스턴, 뉴욕, 워싱턴 D.C., 로스앤젤레스 등등 생활편의가 잘 제공되는 도시들을 살펴보면, 대부분 생활비가 가장 비싼 도시임을 알 수 있다. 높은 생활비는 도시로의 진입장벽으로 작용하며, 이에 따라 개인들이 도시근로자로 편입되는 것을 막고 있다. 도시 간 생활비 차이를 유발하는 가장 큰 요인은 대개 주거비인데, '슈퍼스타'급 도시들의 주택가격은 미국 내 다른 도시들의 주택가격 평균의 2배가 넘는다.

만약 이러한 도시들의 주택수요가 그렇게 높다면 왜 주택을 더 공급하지 않는가? 우리가 앞서 살펴보았던 지역규제는 수요에 부응하는 주택공급을 불가능하게끔 작용한다. 미국의 역사를 살펴보면 특정 지역의 경제호황은 지역 부동산 호황을 유발하는 경우가 많았지만 지금은 그런 시대가 아니다. 예컨대, 1960년 한 해에 맨해튼은 13,000채의 새로운 주택건설이 허가되었지만, 이는 1990년대 10년간의 신축주택 허가 수와 같은 수준이다. 지역별로 주택건축 비용은 다소간의 차이가 있지만(언덕이 있는 동북지역보다 비교적 평평한 남서지역의 신축비용이 조금 더 저렴하다), 주택가격은 지역별로 엄청난 차이를 나타내고 있다. 이는 맨해튼 주택가격의 차이는 건축비용에서 기인하는 것이 아니라, 주택 신축과 관련된 지역규제에서 비롯됨을 시사한다.

실리콘밸리 신화의 중심에 위치한 캘리포니아 팔로 알토 지역의 사례를 살펴보자. 도시 내외에 위치한 첨단기술 기업들이 눈부시게 발전하였지만, 주택 수는 이를 따르지 못했다. 팔로 알

토시의 주택은 대부분 도로 인근의 단독주택이 주류를 이루었지만, 도시에 거주하는 수천 명의 학생과 젊은 직장인들은 소규모의 아파트를 선호했다. 팔로 알토의 평범한 주택가격은 2020년 말에 이미 310만 불을 넘어섰으며, 주택 임대료는 2007년의 수준의 2배를 넘어섰다.[31] 그럼에도 불구하고 팔로 알토의 지도자들은 신축주택의 증가율보다는 일자리 증가율의 억제에만 초점을 맞추고 있다. 2017년 발전속도를 낮추기 위해 도시계획위원회는 신규 사무실 개발면적을 1년에 50,000제곱피트로 제한하는 도시개발 규제를 더 연장하도록 승인하였다.

지역건물 규제가 안고 있는 핵심적인 문제는 미국 경제가 최선의 효율을 달성하지 못하고 있음에서 찾을 수 있다. 소도시 거주민이 벌어들이는 소득으로는 대도시로 이주하지 못하기 때문에, 결과적으로 대도시가 주는 기회도 얻을 수 없는 것이다. 따라서 대도시에 거주하지 않는 사람들은 응집된 경제가 주는 각종 혜택으로부터 제외된다. 최근의 한 연구 결과는 수많은 근로자들이 생산성이 매우 높은 대도시로부터 '제외'되었고, 이러한 비효율성으로 인해 미국 경제는 최적상황에서 14% 미달한 상태라고 추정하였다.[32] 또한 특정 소수민족 공동체 등으로 구성된 저소득 도시의 증가로 굉장한 경제적 불이익이 발생하고 있다는 증거들도 많이 발표된 바 있다.[33] 전염병 사태는 첨단기술 기업들이 원격근무로의 전환을 이루는 계기가 되었지만, 이러한 현상이 고등교육을 받은 근로자들의 이동성을 증가시켜 미국을 둘러싼 도시의 응집성에 영향을 미치게 될지는 아직 단정하기 어렵다. ■

재분배의 수단 : 교부금

만약 앞에서 서술한 두 가지 이유 가운데 하나로 상위정부가 하위정부로 재원 재분배를 결정하였다면, 이를 위한 보편적 수단은 **정부 간 교부금**이 될 것이다. 교부금은 연방정부 지출의 큰 부분을 차지하고 있으며, 지속적으로 증가하는 추세이다. 1960년부터 2019년 사이 하위정부로의 이전된 교부금은 연방정부 전체 지출의 3.7%에서 12.5%로 증가하였다. 주정부 역시 예산의 상당 부분을 하위의 지방정부로 내려보내 왔다. 1960년부터 2019년 사이, 주정부로부터 지방정부로 전달된 교부금은 지방교육비 등으로 인해 31.6%에서 28.6%로 약간 감소하였다.[34] 상위 정부는 다양한 종류의 교부금을 사용한다. 이러한 교부금을 정의하고 설명하기 위해, 이 책에서는 주정부가 하위의 지방정부로 내려보내는 실제의 교부금 사례들을 활용할 것이다(이는 '연방정부에서 주정부로'의 형태와 같이 '상위에서 하위정부로' 하달되는 사례는 동일하게 적용될 것이다).

예를 들어, 렉싱턴이라는 지역은 공공재로서 지역 주민들에게 교육서비스 하나만 공급하고 있다고 가정하자. 렉싱턴시는 재산세를 통해 교육재정을 조달하며, 가정의 세후소득은 모두 자

---

31 관련 데이터는 다음의 웹 주소를 참조하라. https://www.zillow.com/palo-alto-ca/home-values/, 그리고 https://www.rentjungle.com/average-rent-in-palo-alto-rent-trends/.

32 Hsieh and Moretti(2015).

33 Chang(2018).

34 Office of Management and Budget(2019), Table 12.1.

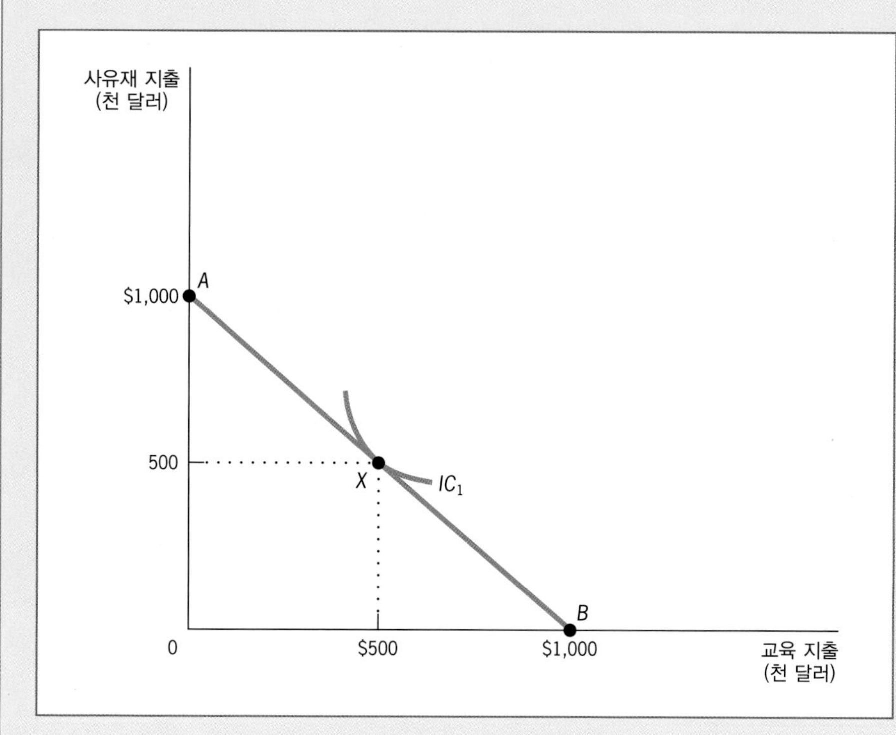

그림 10-2 교육과 사유재에 대한 렉싱턴시의 선택 100만 달러를 교육(공공재)과 사유재에 조합하여 지출할 때, 렉싱턴시는 무차별 곡선 IC_1과 예산제약선이 접하는 점인 예산제약선 *AB*상에 있는 *X*점을 선택할 것이다. 이는 각 재화에 50만 달러씩 지출함을 의미한다.

동차나 의복 같은 사유재 구매에 투입된다고 하자. 그림 10-2는 교부금을 받기 전 렉싱턴시의 상황을 도식화한 것이다. 우리는 이 예산을 어떻게 사용할 것인지 모형화해볼 것이다. *A*점은 렉싱턴 주민들이 교육에는 한 푼도 쓰지 않고 100만 달러 모두를 사유재에 쓰는 점을, 반대로 *B*점은 렉싱턴 주민들이 모든 예산을 교육에 투입하면서 사유재화에는 한 푼도 쓰지 않는 점을 의미한다.

렉싱턴시의 유권자들은 두 종류의 재화, 즉 교육과 사유재 사이의 선호를 가지고 있으며 이는 무차별곡선 IC_1으로 대표된다. 우리는 이미 우리가 알고 있는 방식, 즉 두 재화에 대한 개인의 선택과 같은 방법을 통해 렉싱턴시 주민들의 선택을 분석할 수 있다. IC_1은 유권자들의 무차별 곡선을 투표제도와 같은 방식을 통해 취합한 것이다. 교부금을 받기 이전에 렉싱턴시는 교육과 사유재에 각각 1년간 50만 달러를 지출하고 있으며, 이 지출 조합은 렉싱턴시 주민들의 무차별곡선과 예산제약선이 접하는 *X*점으로 표현된다.

대응교부금 주정부가 사용할 수 있는 교부금의 한 형태는 **대응교부금**(matching grant)으로, 이는 지방정부가 공공재에 지출하는 액수만큼을 상위의 주정부가 교부해주는 것이다. 예를 들어 교육에 대한 1:1 대응교부금은 지역정부가 교육에 대해 1달러를 지출할 때마다 주정부 역시 1달러의 자금을 제공하는 것이다. 우리는 여기서 1:1 대응을 예로 들었지만, 그 비율은 작게는 0.01부터 크게는 1을 상회할 수도 있다.

대응교부금 지방정부 지출액과 연동되어 이전되는 보조금

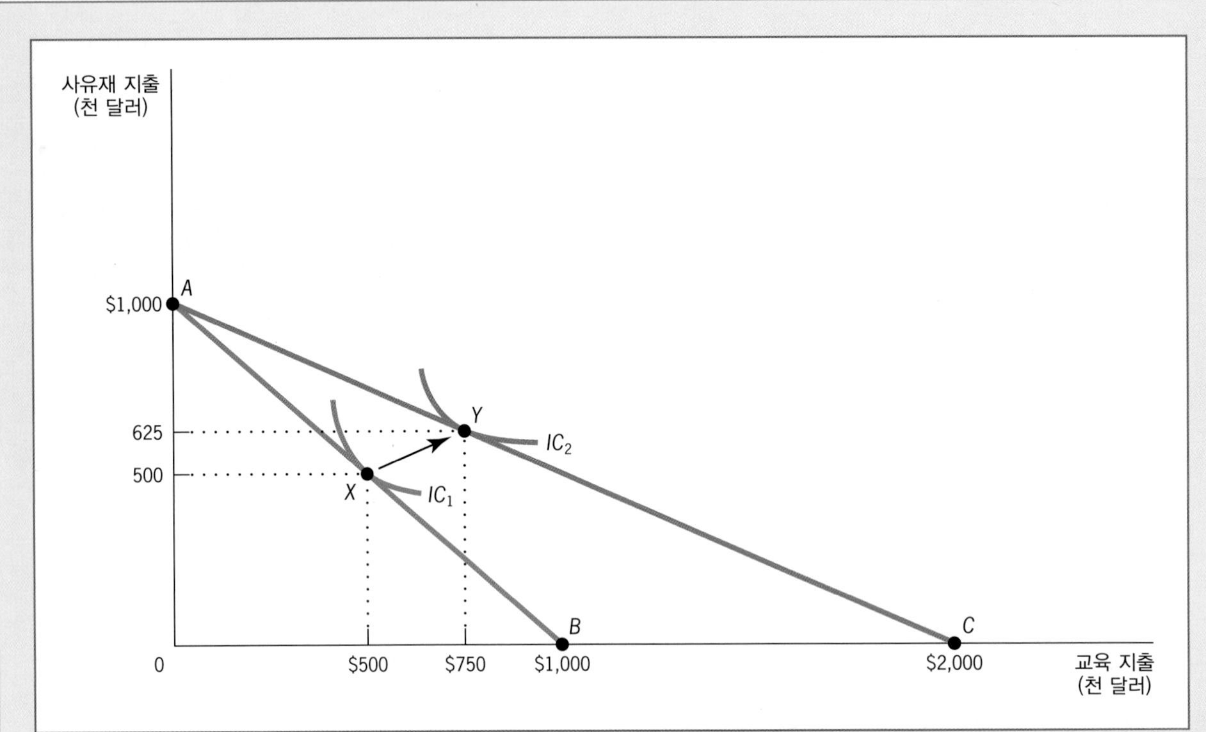

그림 10-3 대응교부금이 렉싱턴시 예산에 미치는 효과 렉싱턴시의 교육 지출 1달러에 대해 1달러의 대응교부금을 지원받는 경우, 시의 예산선 *AB*는 바깥쪽으로 회전하여 *AC*의 위치로 이동한다. 이에 따라 렉싱턴시의 새로운 선택은 *Y*점이 되며(교육 지출이 500,000달러에서 750,000달러로 증가), 교육에 대한 지출은 250,000달러 증가, 사유재에 대한 지출도 125,000달러 증가한다.

이와 같은 1:1 대응교부금은 렉싱턴시가 직면한 교육가격을 절반으로 절감시켜 준다. 대응교부금 제도하에서 1달러의 교육비 지출은 렉싱턴시와 매사추세츠주가 각각 0.5달러씩 부담하기 때문이다. 이러한 변화는 그림 10-3의 예산제약선을 *AB*에서 *AC*로 이동시킨다. 이와 같은 교부금은 분명히 소득효과와 대체효과를 통해 교육에 대한 지출을 증가시킬 것이다. 앞서의 예와 비교하면 총 교육 지출은 500,000달러에서 *Y*점의 750,000달러로 증가하게 된다. 이때 렉싱턴시는 375,000달러를 교육에 투입하고 375,000달러를 주정부로부터 대응교부금으로 받는다. 이제 렉싱턴시는 원래의 예산액 100만 달러 가운데 사유재에 625,000달러를 사용한다(이는 원래 사유재에 지출하던 500,000달러와 교육 지출액에서 절감된 125,000달러를 합한 금액이다). 따라서 대응교부금의 도입 결과 교육과 사유재에 대한 총지출은 이전보다 증가하게 되는 것이다.

포괄교부금 사용 용도에 대한 강제적 제약이 없는 고정된 액수의 보조금

포괄교부금 또 다른 형태의 교부금은 **포괄교부금**(block grant)이다. 이는 주정부가 하위의 지방정부에게 교부금의 지출용도를 사전에 지정하지 않고 제공하는 것이다. 지방정부에 지급하는 액수를 동일하게 유지하기 위해, 이제 주정부가 375,000달러를 포괄교부금으로 지급한다고 하자. 포괄교부금으로 인해 이제 렉싱턴시는 교육이나 사유재 각각에 최대 1,375,000달러를 지출

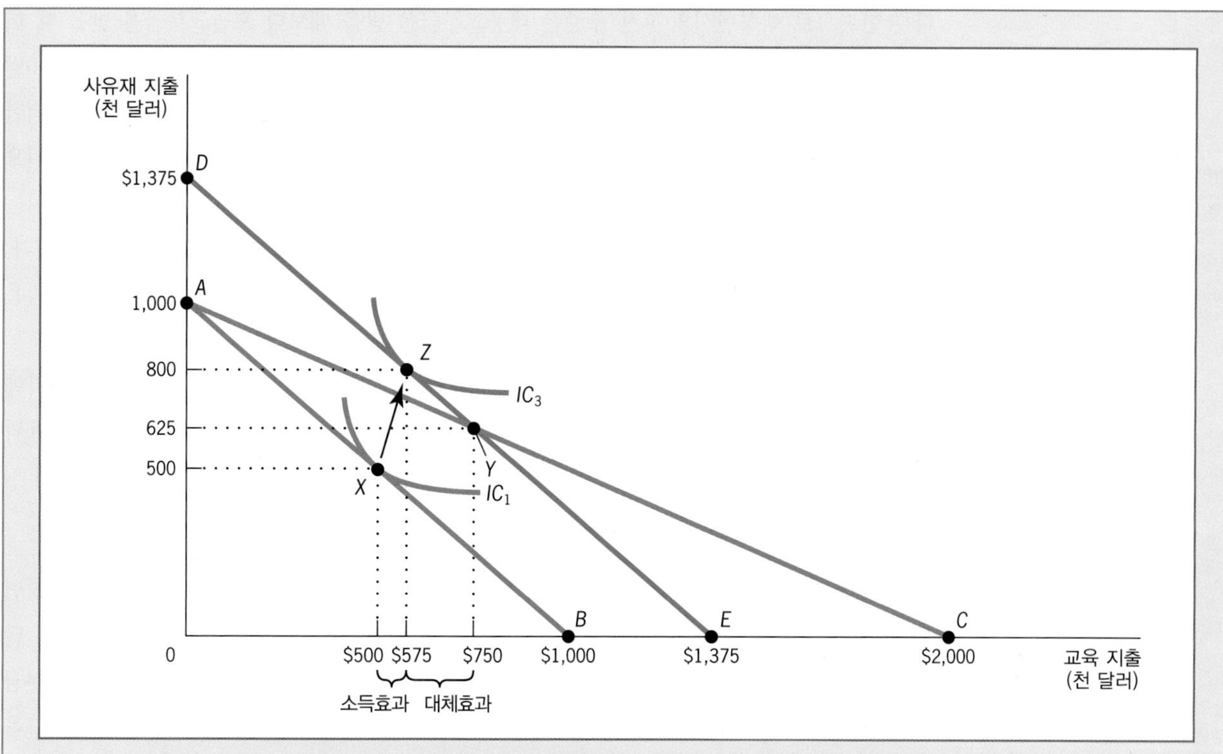

그림 10-4 **무조건부 포괄교부금이 렉싱턴시 예산에 미치는 효과** 렉싱턴시가 375,000달러의 무조건부 포괄교부금을 제공받으면, 시의 예산선은 *AB*에서 *DE*로 이동하게 되며, 이때 렉싱턴시는 *DE*선상의 한 점 *Z*를 선택하게 된다. 이때 렉싱턴시의 교육 지출은 75,000달러 증가(500,000달러에서 575,000달러로)하며 사유재에 대한 지출도 300,000달러 증가(500,000달러에서 800,000달러로)한다.

할 수 있게 되었다. 이는 렉싱턴시를 전보다 더 부유하게 만들 것이므로, 그림 10-4의 예산제약선을 *AB*에서 *DE*로 평행이동시킬 것이다.

매사추세츠주는 렉싱턴시에 같은 액수의 돈을 주고 있지만 시의 지출 행태에는 사뭇 다른 효과를 발생시킨다. 새롭게 받은 돈 가운데 어떤 부분은 교육 지출을 늘리는 데 사용될 것이지만, 또 어떤 부분은 사유재 지출에 투입할 것이다. 이 예에서 렉싱턴시의 선택은 *Z*점으로 이동하여 교육 지출은 75,000달러 더 증가하고, 사유재 지출은 300,000달러(500,000달러에서 800,000달러로) 더 증가한다.

렉싱턴시에 있어서 대응교부금은 대체효과와 소득효과를 모두 발생시키는 반면, 포괄교부금은 교육 지출에 대해 오직 소득효과만을 가져오기 때문에, 교육 지출 증가는 대응교부금의 경우(250,000달러)보다 포괄교부금의 경우(75,000달러)에 더 작아진다. 소득효과는 교육 지출을 500,000달러에서 575,000달러로 증가시켜 이제 렉싱턴시의 지출은 *X*점에서 *Z*점으로 이동하게 된다. 대응교부금에서 덧붙여진 대체효과는 교육 지출을 175,000달러 더 늘려 750,000달러로 증가시키며, 이 경우 렉싱턴시의 선택은 *Z*점에서 *Y*점으로 이동시키는 것이다.

다른 한편으로 렉싱턴시의 후생 수준은 대응교부금을 받을 때보다 포괄교부금을 받을 때 더 개선된다. 이것은 포괄교부금하에서의 새로운 예산제약선으로인해 시가 교육 지출 750,000달러와 사유재 지출 625,000달러로 증가된 *Y*점을 선택할 수 있음에도 불구하고 다른 점을 선택한다는 사실에 의해서도 확인될 수 있다. 렉싱턴시는 *Z*점을 선택함으로써 더 높은 무차별곡선으로 이행할 수 있다. 포괄교부금의 경우 교부금 사용처에 대한 어떠한 조건도 없기 때문에, 시는 재원의 대부분을 사유재에 투입하고 교육에는 상대적으로 적게 투입하는 자유를 누릴 수 있다. 반면, 대응교부금의 경우 효용이 더 발생할 수 있는 곳보다는 교육에 지출이 집중되도록 지출용도를 제한함으로써 더 낮은 무차별곡선상에 남아 있도록 한 것이다.

따라서 교부금 지급형태에 대한 상위정부의 선택은 교부금 정책의 목적이 어디에 있는가에 달려 있다. 만약 교부금의 목적이 하위정부의 후생극대화에 있다면 포괄교부금이 훨씬 더 효과적일 것이다. 하지만 만약 교부금의 목적이 교육과 같은 공공재 지출을 늘리는 데 있다면 시 지출상에 소득효과와 대체효과를 모두 발생시키는 대응교부금이 더 효과적일 것이다.

조건부 포괄교부금 대응교부금에서 포괄교부금으로 전환한 후, 매사추세츠주정부는 렉싱턴시의 후생 증가 자체는 바람직하다고 생각하지만, 교육 지출이 감소한 것에 대해서는 그리 달가워하지 않는다고 가정하자. 이러한 문제를 해결할 수 있는 한 가지 방법은 **조건부 포괄교부금**(conditional block grant)을 사용하는 것인데, 이는 교부금을 줄 때 사전에 정해진 금액을 교육 지출에만 써야 한다는 강제조항을 덧붙이는 방법이다. 예컨대 주정부가 렉싱턴시에 375,000달러의 포괄교부금을 제공하되 교부금 전액을 교육 지출에 사용하도록 강제조항을 추가하는 방식인 것이다.

조건부 포괄교부금 특정한 방법으로 쓰이도록 강제하는 고정된 액수의 보조금

조건부 포괄교부금의 효과는 그림 10-5에 도식화되어 있다. 렉싱턴시는 이제 원래의 100만달러 예산을 계속 사용하면서 교부금으로 받은 375,000달러를 교육 지출에만 사용할 수 있게 되었다. 따라서 교부금을 받은 상황만을 고려할 때 렉싱턴시의 예산제약선은 *AF*로 표현될 수 있다. 그러나 일단 렉싱턴시 정부가 교육 지출로 375,000달러 이상을 지출하게 되면 시정부의 예산제약은 전과 같은 상충관계(교육과 사유재 사이의 선택)에 직면하게 된다. 만약 시가 교육에 375,000달러 이상을 지출한다고 하면 시의 새로운 예산제약은 선 *AFE*가 된다. 가로축에서 375,000달러 점을 넘어서게 되면 이 새로운 예산제약선은 조건 없는 교부금(즉, 포괄교부금)의 경우와 같아진다.

그림 10-5를 통해 명백히 확인할 수 있는 바는 주정부가 추가한 조건이 렉싱턴시의 선택에는 아무런 영향을 주지 못했다는 것이다. 비록 조건부 포괄교부금의 경우라 하더라도, 렉싱턴시는 여전히 조건 없는 포괄교부금 당시의 교육 지출과 같은 575,000달러(*Z*점)를 교육 지출에 투입할 것이기 때문이다. 렉싱턴시는 이미 교육 지출로 375,000달러 이상을 지출하고 있기 때문에 이 교부금은 효과적인 조건으로 작용하지 못한다. 만약 주정부가 준 375,000달러를 아무런 조건 없이 자유롭게 사용하라고 했을 때의 결과와 같은 효과를 보일 것이므로 이 교부금은 렉싱턴시에 대한 강제조항으로 효과적이지 않은 것이다. 결국 시는 강제조항을 맞추기 위해 주어진 지출을 단

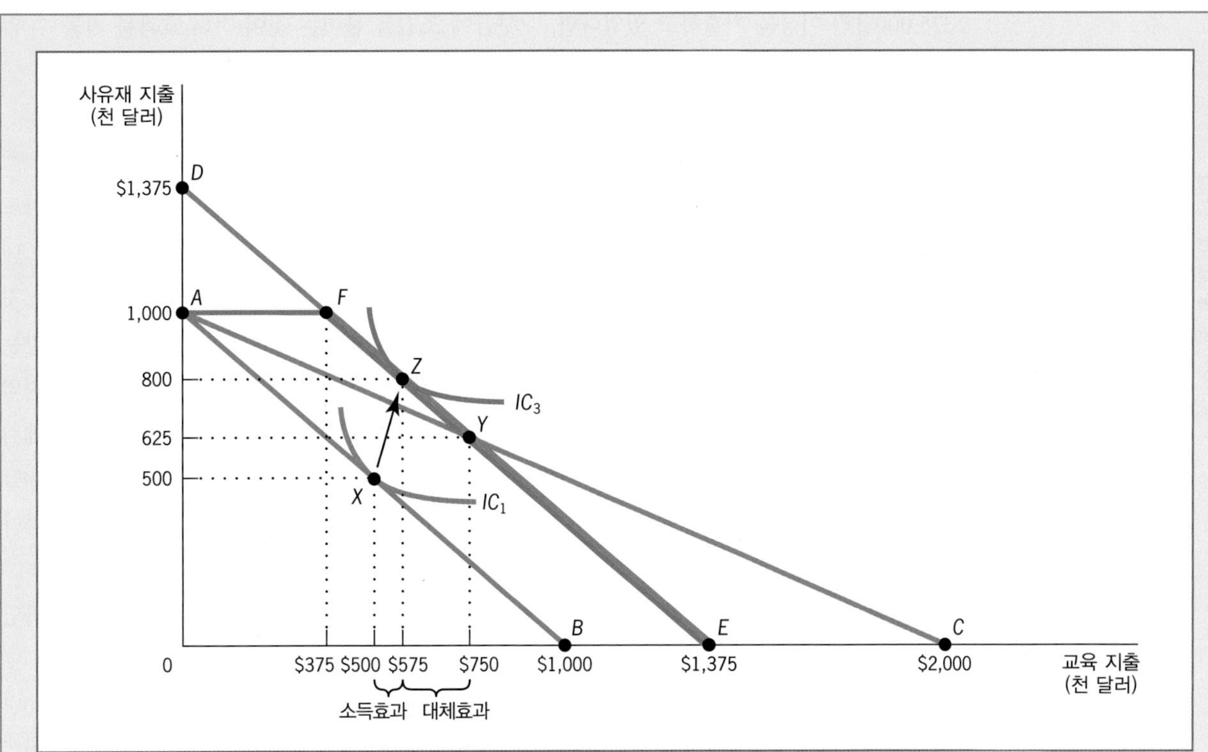

그림 10-5 **조건부 포괄교부금이 렉싱턴시 예산에 미치는 효과** 렉싱턴시가 교육 지출에만 사용할 수 있는 조건부 포괄교부금을 제공받게 되면 시는 375,000달러를 교육에 우선 할당하게 된다(예산선 *AF*). 이후에도 렉싱턴시는 자체예산 100만 달러를 지출할 수 있으므로 이를 교육과 사유재 지출에 투입한다. 따라서 조건부 포괄교부금을 받은 이후 렉싱턴시의 예산선은 *AFE*가 된다. 이미 높은 수준의 교육 지출을 하고 있던 렉싱턴시의 경우, 조건부 교부금은 무조건부 교부금과 같은 효과(교육 지출 75,000달러 증가)를 가져온다.

순히 재분배함으로써 교육에 대한 지출액 증가라는 주정부의 정책목표를 이행하지 않아도 되는 것이다. 이는 제7장에서 논의한 **구축**(crowding out)의 한 형태이다. 주정부는 교육에 대한 지출 용도로 시에 375,000달러를 교부하였으나 시는 이미 자체예산으로 300,000달러를 교육에 투입하고 있었으므로, 주정부로부터 받은 액수 가운데 75,000달러만을 교육에 추가지출하면 의무조건을 만족하게 된다. 이는 렉싱턴시 정부가 교부금 가운데 300,000달러를 사유재 지출에 투입할 수 있음을 의미한다. 따라서 주정부 지출 가운데 80%(= 300,000달러/375,000달러)가 시정부에 의해 구축된 것이다. 결국 주정부의 대규모 교부금 지급에도 불구하고 지역의 교육 지출은 약간만 증가하는 결과를 가져오는 것이다.

조건부 포괄교부금이 무조건부 포괄교부금보다 효과적이기 위해서는, 렉싱턴시가 교부금의 목적사업(교육)에 더 적은 금액을 지출하고 있어야 한다. 즉 조건부 포괄교부금은 렉싱턴시가 포괄적 교부금을 받아 375,000달러보다 적은 액수를 교육에 지출하고 있는 경우에만 렉싱턴시의 행동에 영향을 줄 수 있다. 이 경우 포괄교부금에 조건을 붙이는 것은 렉싱턴시로 하여금 75,000달러보다 더 많은 액수를 교육에 지출하도록 할 수 있다. 만약 렉싱턴시가 교육에 이미

375,000달러 이상을 지출하고 있었다면, 교부금에 조건을 붙이는 것이 전혀 효과를 거둘 수 없게 되는 것이다.

현행의 재분배 정책 : 학교재정 평준화

학교재정 평준화 주 내의 학교재정을 보다 균등화하기 위해 지역 간 재원을 강제적으로 재분배하는 법

상위정부가 하위정부에 영향을 미치기 위해 교부금을 사용했던 가장 극단적인 사례는 아마도 **학교재정 평준화**(school finance equalization)법의 도입이었을 것이다. 학교재정 평준화법은 주 내의 학교재정 평준화를 보다 확실하게 하고자, 지역 내 교육재원의 재분배를 법으로 강제하는 것이다. 미국에서 지방 교육청은 지역 재산세로부터 걷는 지방재정 자금의 44%를 우선 할당받는다.[35] 이와 같이 교육재정의 재산세 의존도 심화는 지역들 사이의 재산가치 차이로 인해, 지역 간 교육재정에도 큰 편차를 유발한다. 재산가치 불균형으로 인해 교육재정은 같은 주 내에서도 지역에 따라 큰 편차가 존재한다. 예를 들어 텍사스주의 톰 빈 교육청은 학생 1인당 9,789달러를 지출하는 한편, 보든 교육청은 33,056달러를 지출하여 그 격차는 3배 이상인 것으로 나타났다.[36]

주정부는 이러한 불균등 문제 해결을 위해 앞서 논의한 교부금 등을 사용해서 상쇄하려 하였다. 모든 지역에서 세금을 징수하지만 대응교부금이나 포괄교부금은 재산가치가 낮은 지역 또는 교육 지출이 낮은 지역에만 재분배함으로써 지역 간 교육 지출의 평준화를 꾀하였다. 1970년 이후, 모든 주는 최소 한 번 이상의 학교재정 평준화 정책을 시도한 바 있다. 어떤 주는 주 법원에 의해 신속하게 추진된 바 있으며, 다른 주들은 공공투표를 통해 추진하기도 하였다.

평준화 체제의 구조 학교재정 평준화 체제는 매우 다양한 형태를 갖는다. 어떤 주들은 교육구 사이의 지출을 완전평준화 또는 이에 매우 가깝도록 하는 평준화 체제를 가지고 있다. 예를 들어 캘리포니아주에서는 교육구에 대한 교육재정의 기본 수준을 설정하고, 학교 간의 지출 차이가 학생 1인당 350달러를 넘지 못하도록 규정하고 있다. 따라서 어떤 지역의 학교가 캘리포니아주 내의 지출액이 가장 작은 학교보다 1인당 350달러를 더 지출하면, 주정부가 징수하는 추가 재산세는 다른 지역으로 재분배하도록 하고 있다. 결국 이러한 체제하에서는 추가적인 세수입이 그 주의 다른 지역으로 이전될 것이기 때문에, 지역 주민들에게 세금을 더 거둘 인센티브가 없는 것이다.[37]

이 보다 덜 극단적인 경우는 재산세를 징수할 때, 학생 1인당 지출의 '기초 수준'이라는 것을 정해두고 이를 토대로 제도를 운영하는 방식이다. 예컨대 뉴저지주에서는 주 전체의 재산가치 순위상으로 상위 15% 이내에 드는 부유한 지역에 대해서는 주정부가 교부하는 기초보조금을 적게 할당한다. 이러한 지역에서 교육에 필요한 자금을 충당하기 위해서는 하위의 지방정부 스스로가 자체 조달해야 한다. 이 보다 낮은 재산가치를 가지고 있는 지역에서는 자체 교육 지출에 해당하는 대응교부금을 주정부로부터 받을 수 있기 때문에, 교육 지출을 위해 재산세를 더

35 New America Foundation(2014).

36 U.S. Department of Education(2020)의 자료.

37 출처 : EdSource Online(2015).

거둘 인센티브가 존재하지 않는다.[38]

평준화의 효과 학교재정 평준화 정책의 효과는 다수의 연구들에 의해 평가된 바 있다. 관련 연구들에서는 평준화법이 지역 내 학교 지출을 평준화시키는 데 유효했으며, 그 결과 학생들의 실력 평준화도 달성되었다는 점에 동의한다. 예를 들어 Murray, Evans, Schwab(1998)의 연구에서는 법원이 규정한 평준화가 주 내의 지출불평등을 19~34%가량 저감시켰다고 결론지었다. Card와 Payne(2002)은 평준화가 고등교육을 받은 부모를 가진 학생과 그렇지 않은 학생들 사이의 평균 SAT 점수 차이를 대략 8점, 즉 점수 차이의 5%가량을 감소시켰다고 주장하였다.

이 평준화가 교육 지출이 낮은 지역 사이의 지출을 증가시켜서 나타난 결과인지, 혹은 교육 지출이 높은 지역 사이의 지출을 억제하여 나타난 결과인지, 아니면 두 가지 모두에 의한 것인지에 대해서는 아직 명확하지 않다. 이에 대한 구체적인 연구는 Hoxby(2001)에 의해 수행되었는데, 지역 교육 지출을 1달러 더 늘리기 위해 징수해야 하는 세수입의 양을 통해 정책의 가격, 즉 학교평준화제도의 **조세가격**(tax price)으로 계산하였다. 캘리포니아 지역의 조세가격은 무한대로 나타났는데, 이는 아무리 많은 지방세를 더 거두어들인다 해도 제도에서 규정한 교육 지출을 증가시킬 수 없음을 의미한다. 이때 제도에서 규정한 교육 지출이란 학생 1인당 지출액이 가장 낮은 지역보다 350달러 이상이 되게끔 하는 지출액을 의미한다. 뉴저지주의 경우에는 대부분 1달러보다 작은 것으로 추정되었다. 만약 교육 지출 1달러를 증가시키기 위해 지방정부가 세금으로 0.6달러를 걷고, 주정부가 0.4달러를 보조금으로 지급했다면, 이 지역의 조세가격은 0.6달러가 됨을 의미한다.

조세가격 학교재정 평준화를 위해 지방정부가 1달러를 더 지출한다고 할 때, 이를 조달하기 위해 거두어야 하는 세금의 양

Hoxby는 캘리포니아와 같이 매우 높은 조세가격을 가진 극단적 평준화지역에서는 평준화제도가 학생 1인당 교육 지출을 전반적으로 낮추는 식으로 작용한다고 지적했다. 최저 수준(캘리포니아의 경우 350달러)을 넘어서는 어떠한 세금 징수액도 주정부가 흡수하여 다른 지역으로 재분배되기 때문에, 오히려 자기 지역의 세금을 낮추어서 지출을 저감시킬 인센티브가 존재한다는 것이다. 평준화 정책은 캘리포니아주의 학생 1인당 지출을 15%나 감소시켰으며, 이와 비슷하게 뉴멕시코주는 13%, 오클라호마주, 유타주, 애리조나주의 지출은 10% 감소시켰다. 캘리포니아주의 경우에는 학생 1인당 지출 평준화가 모든 지역 간 교육 지출을 '전반적으로 낮추는(leveling down)' 방식으로 달성되었다. 이러한 정책은 공립학교 교육의 질을 전반적으로 낮추어 경제적 형편이 좋은 학생들이 사립학교로 전학하게끔 하는 결과를 가져왔다. 뉴저지, 뉴욕, 펜실베이니아주와 같이 낮은 조세가격을 갖는 주의 평준화제도는 학생 1인당 지출을 7~8%가량 증가시킨 것으로 나타나, 이 경우 전반적인 '수준 제고(level up)'가 달성된 것으로 볼 수 있다. 결국 학교재정 평준화는 경제력이 있는 지역을 과도하게 징벌하지 않으면서 지출을 늘릴 수 있는 유인제도를 개발해야만 경제력이 약한 지역의 교육 지출 증가를 달성할 수 있는 것이다.[39]

Jackson 외(2014)의 연구는 Hoxby의 연구 결과를 확인시켜 주는 결과를 제시한 바 있다. 연구

38 교육법센터(Education Law Center)의 자료 인용. http://www.edlawcenter.org/index.htm.

39 사실, Lafortune 외(2016)의 연구에서는 저소득 지역의 전반적 생활 수준 향상을 목적으로 추진된 최근의 평등화 개혁법들은 교육 측면의 실적을 높이는 방식으로 작동했음을 밝힌 바 있다.

실증적 증거

끈끈이 효과

만약 포괄교부금이 아무런 조건 없이 주어진다면, 또는 조건이 있더라도 해당 지역의 공공재 공급이 원하는 수준 이하로 집행되고 있다면, 포괄교부금은 단순히 해당 지역 소득의 증가요인으로 작용한다. 결과적으로 지역정부는 포괄교부금에 대해 렉싱턴시와 같이 행동하게 될 것이다. 즉 교부금으로 받은 돈의 일부만을 공공재에 투입함으로써, 공공재에 대한 지역정부의 재정지출을 급격히 감소(제7장에서 논의한 바 있는 일종의 구축효과)시키는 것이다.

이와 같은 이론은 연방정부가 주정부에게로 내려보내는 교부금의 경우를 통해 테스트해볼 수 있다. 연구자들은 연방정부의 지출이 주정부 지출을 대폭적으로 구축하는지 여부를 평가해보기 위해 연방정부로부터 교부금을 많이 받는 주와 더 적게 받는 주의 지출을 비교해왔다. 사실 이러한 가설은 확인되지 않았다. Hines와 Thaler(1995)는 이 문제에 대한 실증분석을 통해 주정부에 의한 연방정부의 교부금 구축은 거의 0에 가까울 정도로 낮다고 지적하였다(따라서 연방정부의 교부금 1달러에 대한 주정부의 지출액 증가는 1달러가 되는 것이다). 그림 10-5를 통해 설명하자면, 렉싱턴시와 같은 지역은 이론이 의미하는 것처럼 *Z*점에서 끝날 가능성이 적은 것으로 나타났으며, 대신 대략 비슷한 액수를 사유재(예 : 500,000달러)에 지출하면서, 포괄교부금 전액을 교육에 투입하는 것이다. 경제학자인 Arthur Okun은 이러한 현상을 *끈끈이 효과*라고 하였는데, 연방정부 교부금이 주정부의 다른 지출에 대신 쓰이는 것이 아니라 원래 목적했던 곳에 '(*끈끈*하게) 붙어서 쓰인다'는 점에서 *끈끈*이 효과라는 이름을 붙인 것이다.

그러나 이러한 연구들은 잠재적 편의 문제를 내포하고 있다. Knight(2002)는 공공재에 가장 큰 가치를 두는 주는 아마도 연방정부 교부금에 대한 로비에 가장 성공을 거둔 주일 것이라고 주장하였다. 만약 이것이 사실이라면 교부금과 지출 사이에 양의 상관관계가 있다는 것인데, 이는 *끈끈*이 효과 때문이 아니라 단지 교부금을 가장 많이 받는 주가 지출도 가장 좋아하는 주일 수 있기 때문이다. 따라서 교부금을 받지 못한 주는 공공지출에 대한 기호가 다를지도 모르기 때문에 좋은 비교집단이 아닐 수도 있다는 것이다.

Knight는 연방정부에서 주정부로 하달되는 고속도로 교부금이 주정부의 정치적 대리인의 힘에 의해 결정될 수 있음에 주목함으로써 이 문제를 푸는 준실험 방법을 제안하였다. 하원이나 상원의원은 (1) 그들이 모두 상원/하원의 교통위원회 소속인 경우, (2) 여당 의원인 경우, (3) 의회 경력이 긴 경우에 고속도로 지출에 대한 결정권한이 더 강해지는 것으로 나타났다. 제9장에서 논의한 바와 같이 득표극대화 모형에서 국회의원들은 이 권력을 자신의 지역구 교부금을 늘리는 데 사용한다.

Knight는 의회 대리인인 국회의원의 힘이 증가한 분석집단에 속하는 주(해당 주의 상원의원이 교통위원회 위원으로 임명되거나, 의회 권력이 그 국회의원이 소속된 당으로 넘어오거나 하는 등의 이유로)의 지출 수준과 지역 국회의원의 힘이 약해진 비교집단에 속한 주(오랜 의회 경력을 가진 의원이 낙선했다는 등의 이유로)의 지출 수준도 비교하였다. 예상했던 바와 같이 그는 지역 국회의원의 권력이 강화된 주에서는 교부금 지출도 증가했음을 발견하였다. 그는 또한 표준모형(*끈끈*이 효과가 아닌)에서 예측한 바와 같이, 이러한 교부금은 주정부 지출을 상당한 수준으로 구축한다는 사실을 발견하였다. 즉 의회권력의 증가로 인해 증액된 연방정부 교부금 1달러는 주정부 지출을 0.9달러 감소시키는 것이다(따라서 주정부와 연방정부의 총지출은 연방정부 교부금 1달러당 겨우 0.1달러만 증가시킬 뿐이다).

결국 Knight의 연구는 *끈끈*이 효과에 대한 이전 연구들에 대해 의문을 제기한 것으로 볼 수 있다. Gordon(2004), Lutz(2004)에 의해 수행된 추가적 연구들 역시 *끈끈*이 효과와 일치하지 않는 증거들을 발견하였으며, 아울러 포괄교부금이 상당한 구축효과를 가진다는 전통적 결론을 뒷받침하는 증거들도 제시하였다.

그러나 Leduc과 Wilson(2017)의 최근 연구에 따르면 *끈끈*이 효과가 완전히 사라진 것은 아니다. 이 연구에서는 2009년의 미국회생법안(ARRA)하에서의 고속도로 인프라 건축을 위한 개방형 교부금제도의 효과를 살펴본 바 있다. 이에 따르면 주별로 배분된 교부금은 당시의 경제상황과 별다른 관계가 없는 지역 고유의 특성(특정 주 내 고속도로의 총연장 길이 등)에 토대를 두고 있음을 발견하였다. 그러므로, 각 주들이 받는 ARRA 교부금의 규모는 대체로 비슷하였다. 분석결과에 따르면 ARRA 교부금 1달러는 교부금 지급 다음 해의 고속도로 지출을 80센트가량 증가시켰고, 심지어 수년간의 누적지출액은 2달러를 넘어서는 것으로 나타났다. 이는 *끈끈*이 효과가 매우 강력함을 시사하는 것이다. 결국 *끈끈*이 효과에 대한 결론은 아직 확실히 결정되지 않았으며, 어느 분야에 지출되는지, 그리고 교부금이 지급되는 시점에서의 경제상황이 어떠한지 등에 영향을 받는 것으로 평가된다.

에서는 학교재정개혁의 효과가 지역별로 차이가 나는 이유에 대해 살펴보고 이러한 개혁이 향후 학생들의 인생에 어떠한 영향을 미칠 수 있는지에 대해 분석해보았다. 연구 결과에 따르면 이상에서 살펴본 학교재정 개혁정책은 빈곤하지 않은 가정의 학생들에게는 별다른 영향을 미치지 못한 반면, 빈곤가정의 학생들에게는 상당히 큰 영향을 미쳤음을 지적하였다. 즉 교육 지출의 20% 증가는 1년 또는 그 이상 기간 동안의 교육에 충분한 영향을 미칠 수 있으며, 교육재정 수입을 20%가량 증가시키는 경우에는 빈곤가정과 그렇지 않은 가정의 학생들 사이의 차이를 없앨 수 있다고 밝혔다. Lafortune 외(2018) 역시 1990년 이후의 학교재정 개혁은 평균적으로 저수입 교육청의 지출을 증가시키고 학생들의 성과를 개선시켰다고 밝혔다. 또한 Biasi(2019)는 학교재정 평준화가 저소득 가정의 학생들의 소득이전성을 향상시켰음을 밝힌 바 있다.

kmsdesen/Shutterstock

응용사례

학교재정 평준화 정책과 재산세의 제한 : 캘리포니아주의 사례

William Fischel(1989)은 정부가 마음대로 재산세를 인상하지 못하도록 한 캘리포니아주 법안 13호에 대해 다음과 같은 흥미로운 의문들을 제기하였다. 만약 캘리포니아 주민들이 재산세가 '너무 높다'라고 느꼈다면 재산세 인하를 왜 1978년에야 단행했는가? 1968년부터 1972년까지 재산세 제한을 제안하였던 그 이전의 주민투표들은 왜 실패하였는가? 1978년에는 무엇이 달라진 것인가?

이에 대해 Fischel은 '법안 13호란 학교재정 평준화를 이끌어낸 법정재판(Serrano 대 Priest)에 대한 반발'이라 답했다. 법안 13호의 핵심은 앞서 살펴보았던 무한대의 조세가격, 즉 지방재산세와 학교 지출 간의 연결고리를 끊었다는 점에서 찾을 수 있다. 이러한 결론은 Fischel이 지적한 바와 같이 티부 메커니즘이 현실에서는 유효하지 않음을 의미한다. 티부 모형에서 재산세는 본질적으로 지방정부가 제공하는 서비스에 대한 가격이다. 이 모형에서 개인은 각 지역을 옮겨 다니며, 그들 취향에 맞는 가장 최선의 지출과 가격 조합을 찾아낸다(마치 물건을 고르듯이). 그들은 만약 자신들이 높은 세금을 징수하는 지역을 고르면 그만큼 높은 편익을 얻을 것이라는 사실을 알고 있다. 따라서 티부의 메커니즘이 작동하는 경우에는 세금-편익 사이에 확실한 연결고리, 즉 높은 세금이 더 나은 공공서비스(예를 들면, 교육서비스)를 제공할 것이라는 믿음을 가지고 있는 것이다.

캘리포니아의 평준화 결정은 주민들이 내는 세금과 이의 대가로 받는 편익 사이의 연결고리를 훼손한 것이다. 세금은 더 이상 편익에 대한 대가로서 기능하지 못하였다. 즉 세금은 그냥 세금일 뿐이었다. 결과적으로 세금을 더 낸다고 해도 추가적인 편익을 얻지 못할 것임을 깨달은 주민들 입장에서 세금 인하에 투표한 것은 어쩌면 당연한 결과인 것이다. Fischel은 학교재정 평준화가 없었다면 부유한 납세자들은 법안 13호에 반대했을 것이라 주장하였다. 왜냐하면 법안 13호가 없었다면 그들이 내는 많은 세금이 다른 지역으로 새어 나가지 않고 온전히 자신들의 원하는 지역에만 집중될 수 있었을 것이기 때문이다. 학교재정 평준화는 부유한 납세자들이 낸 세금을 형편이 좋지 않은 다른 지역학교에 쓰여지도록 한 것이다. 결국 이러한 작동 방식으로 인해, 부유한 납세자들은 법안 13호의 통과를 기쁘게 승인하게 된 것이다. ■

10.4 결론

모든 국가의 중앙정부는 국가 전체 조세수입 가운데 일부만을 징수하며 국가 공공재정 지출의 단지 일부분만을 집행한다. 미국에서 조세수입과 지출의 나머지 부분은 주정부와 지방정부와 같은 하위정부에 의해 집행된다. 다른 선진국들과 달리 미국은 정부 책임의 상당 부분이 지방정부에 있다. 이 장에서는 왜 재정수입이 중앙과 지방으로 나누어 징수되고 지출되는지에 대한 이론들에 대해 살펴보았다. 티부 모형에서는 공공지출이 지역적 선호가 유사한 재화에 집행될 때에는 지출결정 역시 지역 차원에서 결정되는 것이 바람직하다고 지적하였다. 또한 만약 공공지출이 소득재분배와 같이 지역 내 선호의 일부만을 반영할 때에는 지역의 다수가 '발로 투표(vote with their feet)'하는 방법으로는 편익을 얻을 수 없기 때문에 지출결정이 지역 차원에서 결정되기 어렵다고 하였다. 이러한 결과는 교육과 공공안전(지역적), 그리고 재분배(국가적)에 대한 지출 책임을 중앙정부와 지방정부가 나누는 것이 타당성 있는 것임을 강조해주는 것이다. 덧붙여 만약 특정 지역의 공공재 공급이 외부효과를 발생시켜 다른 지역에 영향을 미친다면, 지방정부가 단독으로 공급하는 것은 비효율적일 수 있음을 지적하였다. 이는 교육재정을 지방정부와 주정부가 분담하는 것과 일맥상통하는 것이다. 물론 이 경우에도 연방정부가 개입하여 더 큰 역할을 해야 하는지에 대한 의문은 여전히 남는다.

상위정부가 하위정부와 재분배를 도모하는 과정에서, 아마도 상위정부는 티부 모형의 이상적인 결론을 믿지 않을지도 모른다. 만약 상위정부가 하위정부와 재분배를 결정한다면 상황에 맞는 다양한 교부금을 통해 보다 나은 결과를 얻을 수 있다. 다만, 최적선택을 위해서는 정책목표가 무엇인지(티부 실패를 상쇄하기 위해 재분배를 할 것인지, 또는 외부효과를 상쇄하기 위해 재분배를 할 것인지 등)를 보다 명확히 판단할 필요가 있다.

요약

- 산업화가 진행된 다른 선진국들에 비해 미국은 하위정부에 의한 조세수입과 공공지출의 집행이 더 크다.
- 티부 모형은, 만약 개인들이 취향이 유사한 사람들끼리 모여 사는 방식으로 '발(이동성)로 투표'할 수 있다면 지방정부에 의한 공공재 공급은 효율적일 수 있음을 의미한다.
- 엄밀한 형태의 티부 모형은 현실에서 존재하기 어렵지만, 지방 세수와 지출이 지역 선호를 반영하는 주민들의 이동성(발로 투표하는)에 민감하게 반응한다는 뚜렷한 증거가 있다. 이 경우 지방공공재의 가치와 조세의 차이는 주택가격에 자본화된다.
- 티부 모형은 조세-편익의 관계가 강한 공공재의 경우

(치안, 공공안전과 같이)에는 지방정부에 의한 지출이, 반면 이러한 관계가 약한 공공재의 경우(현금복지와 같은 소득재분배)에는 보다 상위 정부에 의한 집행이 더 바람직하다고 제시하였다.

■ 상위의 정부가 하위의 정부에 재분배를 할 때에는 교부금제도를 활용한다. 대응교부금(교부금의 양을 하위정부의 지출액과 대응시키는)은 하위정부로 하여금 특정 행위를 하도록 장려하는 데 최선의 방법인 반면, 조건이 추가되지 않는 포괄교부금(교부금액이 일정하게 정해진)은 재분배로 인한 지역의 후생 증가를 극대화하는 방법이다.

■ 정부 간 재원 재분배의 고전적 사례는 학교재정 평준화를 위한 다양한 노력들에서 찾을 수 있다. 이러한 정책들은 지방교육 지출 간의 불평등을 완화시켜 왔지만 몇몇의 경우에는 전반적 교육 지출을 감소시키는 부작용도 발생시켰다.

연습문제

1. 붐타운의 시민들은(모두 동일하다고 가정) 200만 달러를 공원 유지비용이나 사유재 소비에 지출한다고 한다. 공원 유지비용은 단위당 1만 달러이다.
   a. 붐타운의 예산제약식을 그래프로 나타내보라.
   b. 붐타운이 공원 유지를 위해 100단위의 지출을 선택했다고 하자. 이 선택에 대한 무차별곡선을 그래프로 나타내보라.
   c. 이제 주정부가 붐타운의 공원 유지 지출 2단위에 대해 1단위만큼을 보조해주기로 했다고 가정하자. 새로운 예산선을 그래프로 나타내보라. 붐타운은 공원 유지 지출을 더 늘릴 것인가, 아니면 줄일 것인가? 그래프로 나타내고 설명해보라.
2. 티부 모형에서는 린달가격 이론에서 제기된 선호 표출의 문제를 어떻게 해결하였는가?
3. 어떤 사람들은 지역과 학교의 다양성이 긍정적 외부효과를 발생시킨다고 주장하였다. 이러한 견해는 티부 균형의 효율성에 어떤 함의를 갖는가? 정부 정책에서는 어떠한 의미를 주는가?
4. Brunner, Sonstelie, 그리고 Thayer(2001)는 주택소유 여부 및 지역사회의 소득이 아동들의 학교 선택과 관련된 발의안 투표에 어떠한 영향을 미쳤는지에 대해 연구한 바 있다. 캘리포니아에서 발의된 이 법안은 아동들이 지역공립학교보다 지방재정으로 지원받는 공립 또는 사립학교에 취학하는 것을 허용하는 것이었다. 교육과 관련된 공공서비스가 어떻게 주택가격에 자본화되었는지를 생각해보라. 왜 고소득 지역의 주택임대자들이 주택소유자들보다 더 학교 선택에 대한 발의안을 지지하겠는가? 저소득 지역에서는 왜 반대의 현상이 나타나겠는가?
5. 두 가지 공공재 — 공립학교와 식료품 지원(생계곤란 가정에 대한)의 경우를 가정해보자. 어떤 재화를 지방정부가 제공하는 것이 효율적이겠는가? 중앙정부가 더 효율적으로 공급할 수 있는 것은 무엇이겠는가? 티부 모형을 통해 설명해보라.
6. 외부효과에 대한 주장을 통해 한 지역에서 다른 지역으로 재원을 분배하는 것에 대해 설명해보라. 외부효과에 근거한 이와 같은 재분배 사례를 들어보라.
7. 미니건주는 지방 도로건설을 위해 두 가지 재원조달 방안을 고려하는 중이다. 하나는 조건부 교부금이고 다른 하나는 조건 없는 교부금이다. 조건부 교부금의 경우 지방정부의 1달러 지출에 대해 주정부가 1달러를 투입하는 것이다.
   a. 각각의 경우 지방정부의 추가적 1달러 지출의 가격은 무엇인가?
   b. 두 가지 방법 가운데 어느 것이 지방정부의 도로지출을 더 많이 하도록 할 것인가? 당신의 답변에 대

해 설명해보라.

8. 매사추세츠주는 최근 주가 발행하는 복권을 홍보하면서 "비록 당첨되지 않더라도 귀하는 이미 성공하셨습니다"라는 문구를 사용하였다. 이 광고의 핵심은 복권수입은 교육과 같은 좋은 목적에 사용된다는 것이다. 전통 경제학 이론은 이러한 광고 캠페인의 배경에 대해 어떻게 평가하겠는가? 또 공공지출의 끈끈이 효과를 믿는 경제학자들은 이를 어떻게 평가하겠는가?

9. 캘리포니아주의 학교재정 평준화 정책은 왜 한계조세가격과 깊은 연관이 있는가? 설명해보라.

10. 코로나19 사태는 첨단기술 기업 소속의 많은 고연봉 근로자들이 원격근무로 전환하는 계기가 되었다. 만약 이러한 전환이 영구적이라면 응집화에 어떠한 함의를 갖겠는가?

11. 만약 급여가 높은 첨단기술 기업들이 영구적으로 원격근무를 채택한다면, 주정부와 지방정부의 예산에는 어떠한 파급효과를 가져올 것인가?

심화 연습문제

12. 교육에 대한 취향은 세대 간에 별다른 관계가 없다고 가정하자. 자녀교육에 지대한 관심을 갖고 있는 가정에서 학교 가기 싫어하는 아이가 태어날 수 있는 것처럼, 자녀교육에 신경 쓰지 않는 가정에서도 열심히 공부하려는 학생이 태어날 수 있다고 가정하는 것이다. 학생의 입장에서 공교육을 보자면, 지역의 교육시스템이 미래의 인적자본을 위해 투자되는 것이다. 교육에 대한 학생과 학부모의 취향 차이가 있다고 할 때, 지방 재산세를 통한 학교재정 운영방식이 티부 균형의 효율성에 어떠한 잠재적 함의를 갖는지 설명해보라.

13. ⓔ Rhode와 Strump(2003)는 이주비용의 변화가 티부 모형에 어떤 영향을 미칠 것인지를 검토하기 위해 100여 년간의 역사적 증거를 평가하였다.
    a. 이주비용이 낮아지면 지역 내 거주민들의 유사성은 어떻게 될 것인가? 티부 모형을 근거로 예측해보라.
    b. Rhode와 Strump는 이주비용이 지속적으로 감소하면서 지역 간 공공재 공급량의 '차이' 역시 감소했다는 사실을 발견하였다. 이러한 공공재 공급량의 균일화가 티부 분류에 의해 설명될 수 있겠는가? 아니면 더 큰 영향을 미친 다른 요인이 있었겠는가? 설명해보라.

14. 델라랜드주에는 A형과 B형 두 종류의 마을이 있다. A형 마을은 생활 수준이 풍족하고 B형 마을은 훨씬 가난하다. A형 마을은 더 부유해질수록 교육에 더 많은 재원을 투입한다. A형 마을의 교육수요곡선은 $Q = 100 - 2P$로, B형 마을의 교육수요곡선은 $Q = 100 - 4P$로 나타난다(이때 P는 교육 1단위의 가격을 의미한다).
    a. 만약 교육 1단위의 비용이 20달러라면, 두 마을에서 요구되는 교육은 몇 단위이겠는가?
    b. 델라랜드는 두 마을 간 교육의 질이 크게 차이 난다는 점에 주목하여, A형 마을에서 B형 마을로 재분배하기로 결정하였다. 특히 A형 마을에 제공되는 교육에는 단위당 5달러의 세금을 부과하고 B형 마을의 교육에는 단위당 5달러씩 보조해주기로 하였다. 두 마을에서 교육의 조세가격은 얼마이겠는가? 이제 각 마을들은 몇 단위의 교육을 구매하겠는가?
    c. 델라랜드는 이제 A형 마을의 교육에 세금을 부과하여 B형 마을에 보조하는 방식을 통해, 두 도시의 교육량을 완전히 같게 하려 한다. 이를 위해 A형 도시

ⓔ 기호는 학생들이 제3장과 '실증적 증거' 코너에서 공부한 실증적 경제 원리를 적용해야 하는 문제임을 의미한다.

에 부과되는 세금이 B형 마을에 지급되는 보조금을 정확히 충당할 수 있도록 하려 한다. 만약 B형 도시 4개마다 A형 도시가 3개씩 있다면 A형 도시는 얼마나 많은 양의 세금을 부담하겠는가? B형 도시는 얼마만큼의 보조금을 지원받겠는가?

15. ⓔ 장애인 교육법에 따르면, 장애인들은 단지 특수한 조건을 필요로 할 뿐, 그 외의 부분에서는 모든 학생들과 동일시되도록 지역에서 교육을 제공해야 한다고 강조한다. 이에 주에서는 몇 가지 다른 메커니즘을 통해 특수교육을 위한 기금마련 방법을 고려하였다. 이들 메커니즘 가운데 하나는 '인구조사' 식의 방법으로 주 내에 특수교육을 필요로 하는 아동이 몇 명인지 추산하고 그 추정치만큼 보조금을 해당 지역에 배분하는 것이다. 또 다른 한 가지는 '한계보조' 방식인데, 이는 지역에서 특수교육에 사용되었다고 보고한 비용의 일정 부분을 주에서 지급하는 것이다.
   a. 한계보조 접근법은 인구조사 접근법에 비해 한 지역에서 특수교육을 필요로 하는 아동의 수를 더 많이 보고하는 것으로 밝혀졌다. 왜 이런 일이 발생하겠는가?
   b. 당신은 보조금 지급 수준과 특수교육 프로그램에 등록된 아동의 수를 횡단면 분석하고 있다. 그러던 가운데 주에서 특수교육 비용을 가장 많이 보상해준 지역이 가장 높은 특수학생 등록비율을 나타낸다는 사실을 발견하였다. 이 분석의 잠재적 문제점 가운데 하나를 제시하라.

16. 본문에서 설명된 바와 같이, Fischel(1989)은 캘리포니아의 Serrano 대 Priest의 법정 판례에 따른 학교재정 평준화는 재산세 제한법 제정의 원인이 되었다고 밝혔다. 그렇다면 빈곤한 지역에 더 많은 재정을 투입하는 대안적 재정평준화 정책이 캘리포니아에서처럼 재산세 제한을 더 강화할 것인지, 약화시킬 것인지에 대해 답해보라.

17. 뉴욕주의 브루클린과 브롱스시에는 교수와 학생 두 종류의 주민이 산다고 가정해보자. 교수는 $Y = 200$의 소득을 갖고, 학생은 $Y = 100$의 소득을 갖는다. 브루클린과 브롱스 모두 시민들을 위해 도로 보수서비스를 제공하고 있다. 교수들은 학생들에 비해 좋은 차를 많이 가지고 있기 때문에 도로 수에 상대적으로 더 높은 가치를 부여하고 있다. 실제로 도로보수에 소요되는 비용은 $((Y \times R)/10) - (R^2/2)$이다. 거주민 한 사람이 부담하는 비용은 $5R$이다.
   a. 교수와 학생 각자에게 도로보수의 한계가치는 얼마인가? 또 각각에게 한계비용은 얼마이겠는가?
   b. 교수는 도로보수에 얼마를 지불하고자 하겠는가? 학생의 경우에는 얼마를 지불하려 하겠는가?
   c. 거주민이 다음 표와 같이 분포되어 있다고 가정해보자. 두 도시에서 각각 도로 보수에 얼마를 지출할 것인지를 다수결로 결정한다면, 그 결과는 얼마가 되겠는가? 이 결과에 만족하지 못하는 사람들이 있겠는가?

	브루클린	브롱스
교수	75	25
학생	25	75

   d. 이제 교수와 학생들이 브루클린과 브롱스 가운데 자유롭게 선택하여 이주할 수 있다고 해보자. 어떤 거주민이 이사를 하겠는가? 도로보수 수준에 만족하지 못하는 거주민이 여전히 있겠는가? 또 이 도로보수량은 효율적인가? 그렇게 생각하는 이유는 무엇인가?
   e. 다시 이주 전의 균형으로 돌아가, 뉴욕주에서도 도로 공사에 대한 법안이 통과되었다고 가정해보자. 이 법안에서는 주 내의 모든 교수들은 75단위의 도로 보수비용을 의무적으로 기부해야 하고, 학생들은 25단위를 기부해야 한다. 이 새로운 제도하에서 도로 보수량은 얼마나 될 것인가? 이주를 원하는 사람이 있을 것인가? 그 이유는 무엇이겠는가?
   f. 이제 몇몇의 교수들은 고액연봉에도 불구하고 낮은

수요($10R - R^2/2$)를 가지고 있다 가정하자. 또한 학생들 일부는 높은 수요($20R - R^2/2$)를 가지고 있다고 하자. 이러한 새 수요하에서 도로보수를 위해 내야 하는 세금액수가 같다면, 주민들은 어디로 이동할 것인가? 반면에 만약, 세금액수가 소득에 비례한다면 교수와 학생 그룹이 원하는 도로 보수량은 어떻게 될 것이며, 어디로 이동할 것인가?

CHAPTER 11

James Andrews/iStock/Getty Images

교육

생각해볼 문제

- 정부는 교육에 왜, 어떻게 개입해야 하는가?
- 교육시장에 있어 경쟁의 적절한 역할은 무엇인가?
- 고등교육을 제공함에 있어 정부의 현재 역할은 무엇이며, 변해야 하는가?

미국에서 주정부나 지방정부 예산 중 단일 항목으로 지출 규모가 가장 큰 것은 교육 예산이다. 주정부나 지방정부는 주(혹은 지방) 주민들에게 교육 서비스를 제공하는 데 총예산의 32%를 사용하고 있다.[1] 미국의 학생 1인당 공교육비 지출은 대부분의 나라들보다 높다. 그러나 미국 학생들의 학업 성취도는 읽기, 수학, 과학 능력 시험에 있어 국제 평균 수준에 불과하다. 더욱이 미국 8학년의 수학 성취도는 헝가리, 리투아니아, 슬로베니아와 같이 미국보다 훨씬 가난한 국가들보다 낮다. 이들 나라들의 GDP 총액은 미국의 2.5%에 불과하다.[2] 그림 11-1에는 미국과 다른 나라들을 대상으로 학생 1인당 교육비 지출 규모와 8학년 수학 성취도를 비교한 결과가 정리되어 있다. 이 표를 통해 학생들의 성취도에 비해 미국은 다른 나라들보다 많은 1인당 교육비를 지출하고 있음을 알 수 있다.

오늘날 미국 교육이 문제가 많다는 데는 대체로 의견의 일치를 보이고 있는 반면 문제점의 원인이나 해결책이 무엇인지에 대해서는 상이한 의견들이 존재한다. 2009년 오바마 대통령은 시카고 교육청의 CEO였던 안 던컨(Arne Duncan)을 교육부장관으로 임명하였는데 그는 재임기간 동안 성과가 좋지 않았던 학교를 폐교시키는 것을 포함해 강력한 교육개혁가로서의 평판

1 Bureau of Economic Analysis, Table 3.16(2021).
2 Organization for Economic Cooperation & Development(2020).

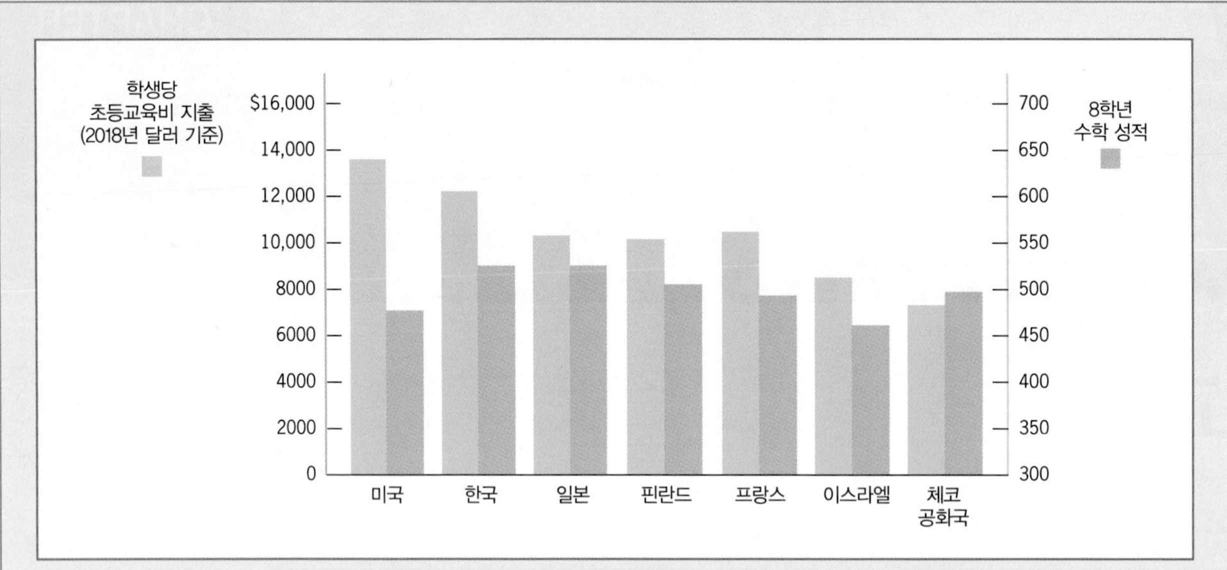

그림 11-1 각국의 교육비 지출 및 성과 미국은 교육비 지출이 전 세계에서 가장 많은 편이지만 교육 성과는 평균 수준에 불과하다.

출처 : National Center for Education Statistics(2018). Organization for Economic Cooperation and Development(2018).

"대박, 수학 A 받았어. 다른 나라 가면 그 점수는 D야."

을 가지고 있었다.[3] 그는 학생과 교사에 대한 책무 강화, 실패한 학교 지원책 강화, 공교육이지만 규제를 받지 않는 탈규제학교(charter school)와 같은 전통적인 공립학교 모델의 대안에 대한 관심 증대 등을 통해 지방 초·중등교육에서 연방정부의 역할을 실질적으로 확대할 계획을 세웠다.

그의 이러한 실행계획은 2009년 초 통과된 경기회복예산안(stimulus bill)의 일환으로 처음 시행되었다. 입법부는 해고를 막고, 새로운 직업을 창출하고, 학교 건물들을 현대화하기 위해 2년 동안 540억 달러를, 장애 학생들의 교육 촉진을 위해 250억 달러를 각각 주정부에 지원했다. 이러한 지원을 받기 위해 주정부는 다음과 같은 사항들을 준수해야만 했다.

- 주의 가장 실력 있는 교사들은 부자 학군들과 가난한 학군들에 동일한 비율로 할당되어야 한다.
- 교사, 학생 및 학생들의 시험 성적을 연계하는 정교한 자료체계를 구축하고 이를 통해 지방교육청 관계자들이 교사들의 성과를 측정하도록 해야 한다.
- 낙오학교에 대한 과감한 지원책을 강구해야 한다.

3 Parker(2009).

■ 교육의 대안으로 탈규제학교를 인정해야 한다.

또한 입법부는 학교 간 혹은 학교와 비영리단체 간의 협력체계를 구축하는 것과 교육제도를 혁신한 주들에 대해 던컨이 보상금으로 사용할 수 있도록 추가적으로 44억 달러의 '정상으로의 경주(Race to the Top) 기금'을 마련하였다. 주정부는 이를 성과급 프로그램에 대한 재원으로 사용할 수 있었다. 이 프로그램의 첫 번째 단계에서는 40개 주가 지원해 2개 주(델라웨어와 테네시)가, 두 번째 단계에서는 47개 주가 지원해서 10개 주가 각각 선택되었다. 1단계와 2단계 과정 동안 35개 주와 워싱턴 D.C.에서는 새로운 독서 및 수학 표준을 채택했으며 34개 주에서는 '교육 개선을 위해 법률이나 정책을 변경'했다.[4]

던컨의 지지자들에게는 이러한 변화를 포함한 그의 야심 찬 계획들은 근본적인 교육개혁을 위해 매우 필요한 것이라 인식되었다. 민주당의 캘리포니아주 하원의원이자 하원의 교육상임위원회 의장인 조지 밀러(George Miller)는 던컨의 개혁을 다음과 같이 옹호하였다. "이는 매우 큰 돈이다… 대통령과 장관은 미국 전역의 교육체제를 현대화하고 효과적으로 만들기 위한 개혁을 단행함에 있어 1~2년을 허송세월로 보내길 원치 않는다."[5] 던컨의 개혁에 비판적인 사람들은 경기회복예산안은 주정부나 지방자치단체가 해야 할 일에 연방정부가 지나치게 간섭하는 것으로 여겼다. 반대자들은 탈규제학교를 옹호하고 있는 부문을 특히 비판하였다. 이 중에서도 (종종 일반 공립학교에 의해 조롱을 받고 있는) 탈규제학교를 인정하지 않고 있는 주들에게는 '정상으로의 경주 기금'을 받을 수 없도록 한 조치에 대해 특히 강력히 비판하였다. 이와 관련해 하이스코프교육연구재단(High/Scope Education Research Foundation)의 부회장인 제럴드 브레이시(Gerald Bracey)는 다음과 같이 반대 의견을 피력하였다. "던컨은 주정부들에게 탈규제학교를 인정하든지 아니면 기금의 혜택을 받지 말든지 둘 중 하나를 선택하라는 협박 메일을 보내고 있다. 탈규제학교로부터 무엇을 얻을 수 있는지는 아직 명백한 증거가 없다".[6]

교육개혁에 관한 또 다른 논쟁은 2008년 교육수준 향상을 위한 연방정부의 계획인 '공통핵심교육과정(Common Core)'의 도입에 관한 것이다. '공통핵심교육과정'은 K-12학년 학생들이 수학 및 영어에 대해 알아야 할 내용을 개괄적으로 설명하는 일련의 국가학력기준제도(national academic standards)이다.

공통핵심교육과정이 처음 주정부들에 제시되었을 때, 논쟁의 여지는 없었다. 주지사들과 학교장들이 참석한 2009년 시카고 회의에서 많은 참석자들은 그것이 올바른 제도라는 데 동의하였다.

그러나 '공통핵심교육과정'에서 제시하고 있는 일부(지식과 비판적 사고 깊이를 강조하는) 국가학력 기준들이 여러 주정부 차원에서 시행되고 있었던 기준보다 엄격했기 때문에 '공통핵심교육과정' 제도는 순탄하게 시행되지 않았다. 새로운 국가 기준으로 점수가 강화되면서 많은

---

4 미국 교육부(2010). 5년 후 RTT를 평가한 결과 이 프로그램이 고등학교 졸업률과 AP 시험 점수에서 상당한 개선을 가져온 것으로 나타났다. 미국 교육부(2015b) 참조. *Under Race to Top*은 미국 교육부에서 2015년 11월에 출판되었다.

5 Glod(2009).

6 Bruce(2009).

주에서 부정적인 반응들이 나타났기 때문이다. 예컨대 뉴욕주에서는 2012~2013년에 1/3 미만의 학생만이 공통핵심교육과정 영어언어 부문 기준을 충족시켰는데, 이는 전해에 실시되었던 다른 표준화된 시험에서 55% 학생들이 기준을 충족시켰던 것과 비교하면 매우 작은 것이었다.[7] 오바마 행정부에서 46개 주가 '공통핵심교육과정' 제도를 채택한 반면 알래스카, 텍사스, 네브래스카, 버지니아는 처음부터 동 제도 도입을 거부했고 플로리다, 사우스캐롤라이나, 인디애나, 오클라호마, 애리조나 같은 주들은 이를 시행하려다 포기했다. 24개 주들은 '공통핵심교육과정'에서 처음 제시되었던 기준들에 대해서는 반대했다.[8]

'공통핵심교육과정'에 대한 반대는 트럼프 행정부의 핵심이었고, 2018년 1월 교육부 장관 벳시 디보스(Betsy DeVos)는 "나는 '공통핵심교육과정 제도는 재앙이다'라는 것에 대해 트럼프 대통령과 같은 생각이었고 미국 교육부에서 '공통핵심교육과정' 제도는 죽었다"라고 말했다.[9]

던컨과 오바마 대통령이 추구했던 이러한 접근이 타당했는가? 교육체제가 보다 경쟁적이고 책무를 강조하는 방향으로 가야 하는가? 혹은 기존 체제를 유지하면서 교육투자를 보다 많이 하면 교육은 나아질 것인가?

이 장에서는 교육 서비스 제공과 관련된 공공경제학 주제를 검토한다. 이 장에서 소개될 공공경제학과 관련된 교육 주제는 두 가지이다. 첫 번째는 교육 문제에 있어 정부 개입의 정당성이고, 두 번째는 정부 개입의 방법이다. 두 번째 주제는 두 단계로 나누어 설명할 수 있다. 첫 번째 단계에서는 정부가 일정 수준의 교육을 제공하는 것이 사적 부문의 교육을 감소시킬 수 있다는 것을 보임으로써 정부 개입 방법에 대해 살펴본다. 정부 개입 때문에 발생한 구축효과는 공립학교나 사립학교에서 모두 사용될 수 있는 학교 바우처 제도의 도입을 통해 해결될 수 있다. 이와 관련해 이 장에서는 학교 선택과 학교 바우처에 대한 논쟁, 학교 바우처에 대한 이론적 찬반 논쟁, 이러한 논쟁에 대한 실증적 증거 등을 가용한 범위 안에서 광범위하게 살펴본다.

두 번째 단계에서는 정부의 개입을 전제로 정부의 적정 교육예산 규모에 대해 살펴본다. 정부가 얼마만큼을 교육에 지출해야 하는지를 결정함에 있어 주요 결정 요소는 지출로부터 발생하는 수익이다. 따라서 이 장에서는 교육투자수익에 대한 기존 연구를 검토하고 이것이 정부 개입에 있어 어떤 의미를 갖는지를 살펴본다. 끝으로 다른 어떤 나라들보다 미국에서 잘 작동되고 있으나 여전히 정책적 논쟁거리가 많은 고등교육시장에 대해 논의한다.

11.1 정부는 교육에 왜 개입해야 하는가?

미국에서는 초 · 중등생의 90%가 공립학교에 다니고 있다. 정부에 의한 교육 서비스 제공이 이렇게 압도적으로 많아야 할 이유가 있을까? 사교육시장에 어떤 실패 요인이 있기에 이런 압도적인 정부의 역할이 정당화되는가? 교육은 비경합성과 비배제성을 충족시키지 않기 때문에 공

7 Resmovits(2014).
8 McKneely(2020).
9 U.S. Department of Education(2018).

공재는 아니다. 교육은 명백히 경합재이다. 학생 수가 많으면 수업의 질적 수준은 떨어진다. 교육은 또한 어느 정도 배제가 가능하다. 사립학교는 학생들을 선별적으로 선택할 수 있다.

이와 동시에 정부의 교육 서비스 제공을 정당화하는 교육에 대한 많은 공공재적 편익(긍정적 외부효과) 또한 존재한다.

생산성

교육의 첫 번째 잠재적 외부효과는 생산성이다. 생산성이 받은 교육 수준과 비례한다면, 사회는 높아진 생산성으로부터 삶의 질이 향상되는 편익을 누릴 수 있다. 그러나 제6장에서 논의한 바와 같이 만일 생산성 증가로 인한 편익이 본인에게만 발생한다면 향상된 삶의 기준은 외부효과가 아니다. 예컨대 교육을 많이 받아 소피아의 노동 한계생산이 증가했으나 생산성 증가가 전적으로 자신의 임금 증가로만 나타난다면 소피아가 받은 교육으로부터 사회가 얻게 되는 긍정적 외부효과는 존재하지 않는다.

높아진 생산성에 기인한 사회적 편익은 다음의 두 경로 중 하나로부터 발생한다. 첫 번째는 다른 근로자들에게로 '확산'이다. 소피아의 증가한 생산성은 동료 근로자의 생산성을 증가시킬 수 있고, 따라서 그들의 임금과 복지를 증가시킨다. 소피아는 동료 근로자들의 임금 증가에 대한 기여에 대해 충분히 보상받지 않을 것이기 때문에 소피아가 받은 교육은 동료 근로자에게 긍정적인 외부효과를 발생시킨다. 두 번째는 세금을 통해서이다. 만약 소피아의 높아진 생산성이 임금의 증가로 반영된다면, 결과적으로 정부는 보다 많은 세금을 징수하게 된다.

시민권

공공교육은 간접적인 방법을 통해서도 삶의 질을 향상시킨다. 교육은 시민들을 계몽하고 적극적인 투표자가 되게 한다. 이런 것들은 민주적 절차의 수준을 높여 다른 시민들에게 긍정적인 편익을 발생시킨다. 교육은 또한 사람이 범죄를 저지를 가능성을 줄이는데, 이는 다른 사람들의 안전을 보장하고 치안비용을 감소시킨다는 점에서 다른 시민들에게 긍정적인 편익을 제공한다. 보다 일반적으로는 교육은 미국 사회에서 가장 생산적인 구성원 중 하나인 이민자들이 미국 사회에 쉽게 정착할 수 있도록 도와주는 역할을 수행한다. 이러한 주장들은 초등학교와 같은 기본 교육에 대한 정부 개입 근거로는 적절하지만, 중등교육 및 특히 고등교육에 대한 정부의 재정 지원에 대한 근거로는 미흡하다.

신용시장의 실패

정부의 개입을 정당화하는 또 다른 시장실패는 어떤 가계의 경우 교육비용을 충당하기 위한 차입이 불가능할 수도 있다는 데서 발생한다. 정부의 개입이 전혀 없다면, 가계들은 교육 서비스를 구매하기 위해 사립학교에 스스로 비용을 지불해야 한다. 교육이 전적으로 사적으로 이루어지며, 저소득 가계에서 태어난 재능이 뛰어난 아이는 적절한 교육을 받는다면 성인이 되었을 때 평안한 삶을 살 수 있다고 해보자. 사회적으로는 이 아이가 교육을 받는 것이 최적일 것이다.

그러나 이 아이는 교육이 전적으로 사적으로 이루어지는 세상에서는 교육을 받을 수 없다.

원칙적으로 가계는 아이의 미래 소득을 담보로 교육비용을 차입할 수 있다. 그러나 실질적으로는 은행이나 다른 대부자들은 담보물건(대출을 갚지 못할 경우 은행이 청구할 수 있는 그 사람에 의해 소유되고 있는 자산들)이 없기 때문에 대출을 해줄 수 없다. 만약 가계가 집을 구매하기 위한 자금을 빌린다면, 집 자체가 담보가 된다(저당). 즉 만약 그들이 대출을 상환하지 못한다면, 은행은 손실을 보전하기 위해 그들의 집을 손해보상으로 요구할 수 있다. 그러나 교육비용의 경우 가계가 대출을 상환하지 않는다면 아이를 요구할 수 없기 때문에 은행은 교육비용에 대해서는 아이의 미래 소득을 담보로 대출을 해주려고 하지 않을 것이다. 무엇보다도 가계의 요구에도 불구하고 은행은 실질적으로 그들의 아이가 좋은 투자 대상인지 아닌지 여부를 알 수 없다. 이러한 상황은 **교육신용시장실패**(educational credit market failure)에 해당된다. 신용시장은 생산성이 높은 교육 분야 투자를 통해 사회적 잉여를 증가시킬 수 있음에도 불구하고 교육과 관련된 대출을 제공하지 않는다.

교육신용시장실패 생산성이 높은 교육 분야 투자를 통해 사회적 잉여를 증가시킬 수 있음에도 교육 관련 대출이 이루어지지 않는 신용시장의 실패

정부는 가계들이 교육비용을 쉽게 조달할 수 있는 대출제도를 만들어줌으로써 이러한 신용시장실패 문제를 해결할 수 있다. 그러나 미국을 포함한 대부분의 산업화된 나라들에서는 대학교육을 제외하고는 이러한 역할을 정부가 수행하지 않고 있다(이에 대해서는 후술할 것임). 정부는 초등 및 중등교육을 위한 대출을 제공하는 대신, 정부의 재원으로 일정 수준의 교육을 직접 제공하고 있다.

가계효용극대화 실패

정부가 대출제도가 신용시장실패를 치유하는 데 만족스러운 해결책이 아니라고 생각하는 이유는 대출제도가 존재하더라도 부모가 자식들을 위해 여전히 적절한 수준의 교육을 선택하지 않을 수도 있다는 우려 때문이다. 신용시장이 잘 기능한다고 해도(혹은 정부 대출이 가능하다 해도), 교육이 사적 부문에 의해 공급된다면 부모들은 대출을 통해 충당되지 못하는 학교비용이나 이자비용은 여전히 지불해야 하기 때문에 부모의 희생이 따를 수밖에 없다. 자녀들이 교육을 보다 많이 받을 때 총가계효용이 증가한다 하더라도, 자녀들의 미래 소득보다는 그들의 현재 소비를 더 중요시할 경우 부모들은 자녀의 교육비용을 조달하기 위해 소비를 줄이려 하지 않을 것이다(제6장에서 보았듯이 부모들은 그들 가계 전체의 효용극대화를 위해 행동하지 않는다는 증거도 있다). 아이들은 부모가 교육비용을 기꺼이 조달하지 않으려는 행위로부터 해를 입을 수 있다. 따라서 교육비 대출제도를 만든다고 이러한 문제가 해결되지는 않는다. 이보다는 정부가 교육을 직접 제공하는 것이 보다 나은 방안이다. 그렇지 않다면 똑똑한 아이들이 이기적인 부모 때문에 손해를 보게 될 것이다.

소득재분배

끝으로 교육에 대한 정부 개입의 정당성은 분배에서 찾을 수 있다. 교육비용이 사적으로 조달되는 모형에서는, 교육이 정상재인 한 소득 수준이 높은 가계는 소득 수준이 낮은 가계보다 자녀

에게 보다 많은 교육 서비스를 제공한다. 교육을 많이 받을수록 높은 임금을 받게 되기 때문에(이에 대해서는 이 장의 후반부에서 설명할 것이다), 이러한 상황에서는 고소득층 자녀들이 가장 좋은 교육 기회를 가질 것이기 때문에 계층 간의 소득 이동 가능성은 줄어든다. 저소득층들은 **소득 이동**(income mobility)을 통해 소득을 증가시킬 기회를 갖기 때문에 소득 이동은 대부분의 민주주의 사회가 오래전부터 가지고 있는 목표이다. 공교육은 소득 이동의 가능성을 증가시키기 위한 공정한 경쟁의 장을 제공한다.

요약하면, 교육에 정부가 개입해야 할 이유는 여러 가지가 있다. 즉 잠재적인 생산성 확산, 계몽되고 범죄율이 적은 시민 양성, 신용시장의 실패, 가계효용극대화의 실패, 소득재분배이다. 우리는 다음으로 정부가 교육에 어떻게 개입해야 하는지와 교육 성취에 있어 정부 개입의 효과는 무엇인지에 대한 문제로 돌아간다.

11.2 정부는 교육에 어떻게 개입하는가?

제5장에서는 정부가 긍정적인 외부효과를 처리하는 두 가지 방법인 가격 조정과 수량 조정에 대해 배웠다. 교육부문에서 가격 조정은 학생들에게 가계가 부담해야 하는 교육비용을 저감시켜 주는 것이고, 수량 조정 접근법은 개인이 일정 수준의 교육을 받도록 요구하는 것이다. 실질적으로, 대부분의 선진국은 이런 방법들을 사용하고 있지 않다. 대신 정부가 무상으로 일정 수준의 교육을 제공하고 있다. 이 절에서는 정부가 무상으로 일정 수준의 교육 서비스를 제공할 때 **교육 성취**(개인들이 받는 교육의 양과 질) 수준에 어떤 효과를 미치는지를 살펴본다.

무상 공교육과 구축효과

우리는 제7장에서 공공재의 공급을 모델화할 때 사용했던 것과 같은 방법으로 공교육에 대한 모델을 만들 수 있다. 교육은 어느 정도는 사적 부문에 의해 제공되는 공공재이다. 교육을 공공부문이 제공하는 체제에서의 중요한 문제는 사적 부문에서 제공되는 교육을 감소시킬 수도 있다는 것이다. 1973년 샘 펠츠먼(Sam Peltzman)이 주장했듯이, 정부가 일정 수준의 공공교육 서비스를 제공하면 학생들은 실질적으로 양질의 사립학교 대신 수준이 낮은 공립학교를 선택함으로써 사회 전반적인 교육 성취도 수준은 낮아질 수 있다.[10]

펠츠먼 모델에서, 각 가계는 자녀에게 얼마만큼 지출할 것인지를 결정하며 교육 서비스 질은 지출 규모에 비례하는 것으로 가정한다(이 장의 후반부에서 지출 규모와 교육 수준 사이의 관계를 뒷받침하는 증거들에 대해 살펴본다). 펠츠먼 모델에서 공공부문은 일정 수준의 교육 지출을 통해 이에 상응하는 수준의 교육을 제공한다. 만약 부모들이 공공부문에 의해 제공되는 것보다 양질의 교육을 자녀에게 제공하고 싶다면 자녀를 사립학교에 보내야 한다.[11] 그러나 자녀

---

10 Peltzman(1973) 참조. 펠츠먼의 이러한 주장은 교육의 질에 관한 것이지만, 동일한 주장이 교육의 양의 관점에서도 적용될 수 있다.

11 이 모델은 개인이 단순히 과외와 같은 사교육을 통해 공교육을 '정상화'시킬 수 없다고 가정한다.

를 사립학교에 보낸다면 부모들은 무상교육을 받을 수 있는 자격을 잃게 된다. 결과적으로 자녀들이 보다 양질의 교육을 받기를 원하는 부모들 중 사립학교에 보내는 것을 포기하는 부모들도 생기게 된다. 이들은 무상으로 공립학교에 다닐 수 있는 이점을 누리기 위해 그들이 바라던 교육의 질적 수준을 감소시킨다. 즉 무상교육은 이런 유형의 부모들에게는 원래 '구매'하려던 교육의 질적 수준보다 낮은 교육 수준을 구매토록 하는 역할을 한다.

그림 11-2는 가계가 직면하고 있는 교육 지출과 다른 재화 지출 사이의 선택의 문제를 보여주고 있다. 공공부문이 교육을 제공하기 전 가계의 예산선은 *AB*이다. 예산선의 기울기는 사교육의 가격과 다른 재화 가격의 상대가격이다. 자녀의 교육에 지출된 돈은 다른 재화를 구매하기 위해 사용될 수 있는 예산을 감소시킨다.

이제 정부가 E_F만큼의 지출을 동반하는 교육 수준을 무상으로 제공한다고 해보자. 당분간 정부가 교육 지출을 위해 필요한 재원을 어떻게 조달할 것인지에 대해서는 생각하지 않기로 한다(다른 모든 정책대안들 역시 필요한 재원을 어떻게 조달할 것인지와 관련된 문제가 있기 때문에 이에 대해서는 별도로 논의한다). 정부가 무상으로 E_F만큼의 교육 서비스를 제공함에 따라 각 가계는 모든 소득을 다른 재화를 구매하는 데 사용하더라도 그림 11-2의 *C*점과 같이 E_F만큼의

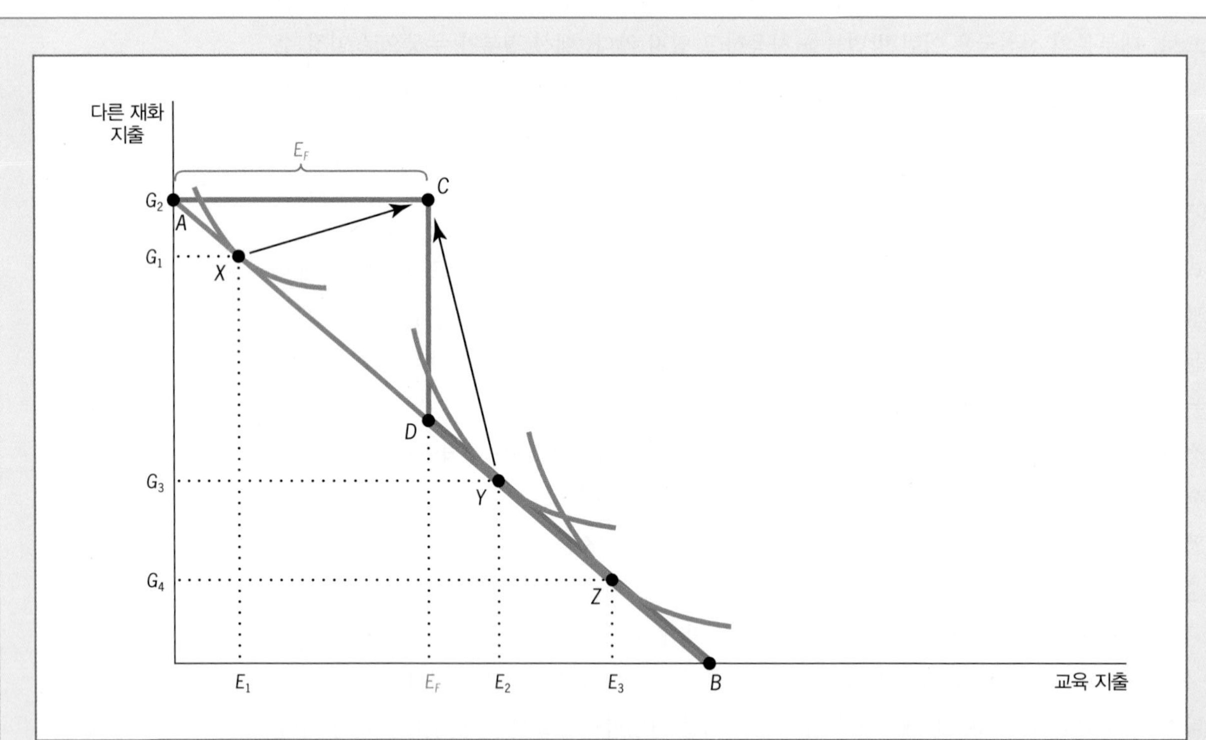

그림 11-2 **공교육 지출은 사적인 소비를 구축한다** 정부가 E_F만큼 무상교육을 제공할 때, 예산제약은 *AB*에서 *ACDB*가 된다. 이에 따라 *X* 같은 가계는 교육 소비량을 E_1에서 E_F로 늘리고, *Z* 같은 가계는 교육 소비량을 E_3로 유지한다. 하지만 *Y* 같은 가계는 교육 소비량을 E_2에서 E_F로 줄인다.

교육 서비스를 받을 수 있다. 그러나 교육에 E_F보다 많이 지출하고자 할 경우 가계는 정부가 제공하는 무상교육은 포기해야 한다. 정부가 제공하는 교육은 무상이지만 E_F까지만 사용할 수 있다. 따라서 새로운 예산선은 *A*로부터 *C*로 간 뒤 *D*로 떨어진다. *D*로 떨어진 후의 예산선은 원래의 예산선과 같은 *DB*가 된다. 정부가 무상으로 교육 서비스를 제공할 때 이는 교육 지출(따라서 질) 선택에 어떤 영향을 미칠까?

이를 그림 11-2를 통해 설명해보자. 그림 11-2에는 세 종류의 가계 *X*, *Y*, *Z*가 있다. 정부에 의한 무상교육이 도입되기 전, 이 가계들은 다른 수준(다른 비용)의 사적 교육을 선택하고 있다. 가계 *X*는 예산선 *AB*와 무차별곡선이 접하는 *X*점을 선택하고 있다. 이 점은 교육 지출의 수준은 E_1으로 비교적 낮은 반면 다른 재화에 대한 지출은 G_1으로 비교적 높다. 정부에 의한 무상교육이 도입된 후 가계 *X*는 *X*점에서 *C*점으로 이동하게 되고 여기서 종전보다 높은 교육 지출(E_F)과 다른 재화에 대한 보다 많은 지출(*A*점에서 G_2)을 누린다. 이 가계는 예산선이 꺾인 부분에서 무차별곡선과 접하게 되어 교육과 다른 재화를 종전보다 많이 소비하게 되어 효용이 증가한다.

가계 *Z*는 매우 높은 수준의 교육 지출(E_3)과 다른 재화에 대한 지출은 비교적 작은(G_4) *Z*점을 선택하고 있다. 정부가 무상교육을 제공할 때 가계 *Z*의 교육이나 다른 재화에 대한 지출은 변하지 않는다. 이 가계는 정부의 무상교육과 무관하게 자녀에게 양질의 교육 서비스를 제공한다.

가계 *Y*는 가계 *X*나 *Z*와 비교해 교육과 다른 재화에 대해 모두 중간 수준의 지출을 하는 *Y*점을 선택하고 있다. *Y*점에서 가계 *Y*의 교육 지출은 E_2이며 다른 재화에 대한 지출은 G_3이다. 그러나 정부의 무상교육이 도입된 후 이 가계는 *C*점을 선택하며, 이때 교육 지출은 E_2에서 E_F로 다소 떨어지고 다른 재화에 대한 지출은 G_3에서 G_2로 크게 증가한다. 이 가계의 효용은 *C*점을 지나는 무차별곡선이 *Y*점을 지나는 무차별곡선보다 위에 있기 때문에 증가한다. 따라서 정부의 무상교육 제공은 가계 *Y*의 교육에 대한 지출을 감소시킨다. 교육에 다소 적은 돈을 사용함으로써 이 가계는 다른 재화에 대해 사용할 수 있는 지출을 크게 증가시킬 수 있다. 이와 같은 상충관계는 이 가계에 있어서는 매우 매력적인 선택이 된다. 사실 가계 *Y*의 자녀들은 원래의 사립학교에 계속 다님으로써(E_2) 보다 높은 수준의 교육을 받을 수 있다. 그러나 이렇게 할 경우 다른 재화에 대한 소비가 크게 줄어들게 된다. 이 가계는 교육 서비스의 양을 약간 줄이면 다른 재화에 대한 소비를 많이 늘릴 수 있고 이로부터 더 큰 효용을 얻을 수 있다. *Y*와 같은 유형의 가계는 정부가 무상으로 교육 서비스를 제공할 때 교육 지출을 감소시킨다. 이 경우 공공부문에 의한 교육 서비스 제공은 사적 교육 지출을 구축시킨다.

따라서 정부에 의한 무상교육 제공은 *X*와 같은 가계에 있는 자녀들에게는 교육 수준을 증가시키고, *Y*가계에 있는 자녀들에게는 감소시키며, *Z*가계의 자녀에게는 아무 효과도 미치지 않는다. 정부가 무상교육을 실시할 때, *Y*유형이 *X*유형보다 충분히 많다면 총교육 지출(따라서 교육의 질 혹은 수준)은 실질적으로 감소할 수 있다.

구축효과의 해결 방안 : 바우처

교육 바우처 공립이든 사립이든 학교 유형에 관계없이 사용할 수 있도록 취학 자녀가 있는 가계에 정부가 제공하는 고정금액

교육 바우처(educational vouchers)는 정부가 무상으로 교육 서비스를 공급할 때 발생하는 구축효

과를 해결하는 데 사용될 수 있는 방안이다. 교육 바우처는 공립이든 사립이든 학교 유형에 관계없이 학비로 사용될 수 있는 일정 금액(예 : 공공교육체제에서 특정 연령의 아동에게 지출되는 평균 지출액)의 전표를 학부모들에게 주는 제도이다. 그림 11-3은 바우처 제도가 어떻게 작동하는지를 보여주고 있다. 가계들에게 E_F만큼의 바우처가 주어졌고 가계들은 이것을 무상교육을 받는 대가로 지역 공립학교나 사립학교 학비로 사용할 수 있다. 바우처의 도입은 예산선을 *ACE*로 변경시킨다. 가계들은 다른 소비 지출을 감소시키지 않고도 E_F만큼을 교육 지출에 사용할 수 있다. 바우처는 지방정부에게 조건부 정액보조금을 주는 것과 같은 효과를 발생시킨다. 바우처는 소득을 증가시키지만 가계들로 하여금 교육에 적어도 최소한의 양을 지출하도록 한다.

바우처 제도가 도입될 경우 세 유형의 가계 모두에서 교육 지출(따라서 질)은 증가한다. 가계 *X*는 교육과 다른 재화 소비에 대한 지출이 모두 증가한 *C*점으로 이동한다. 바우처 제도에서도 무상교육과 마찬가지로 보다 높은 무차별곡선상에 있기 때문에 가계 *X*의 효용은 증가한다.

가계 *Y*는 더 이상 *C*점으로 이동하지 않을 것이며 그림 11-2에 나타나 있는 바와 같이 교육 지

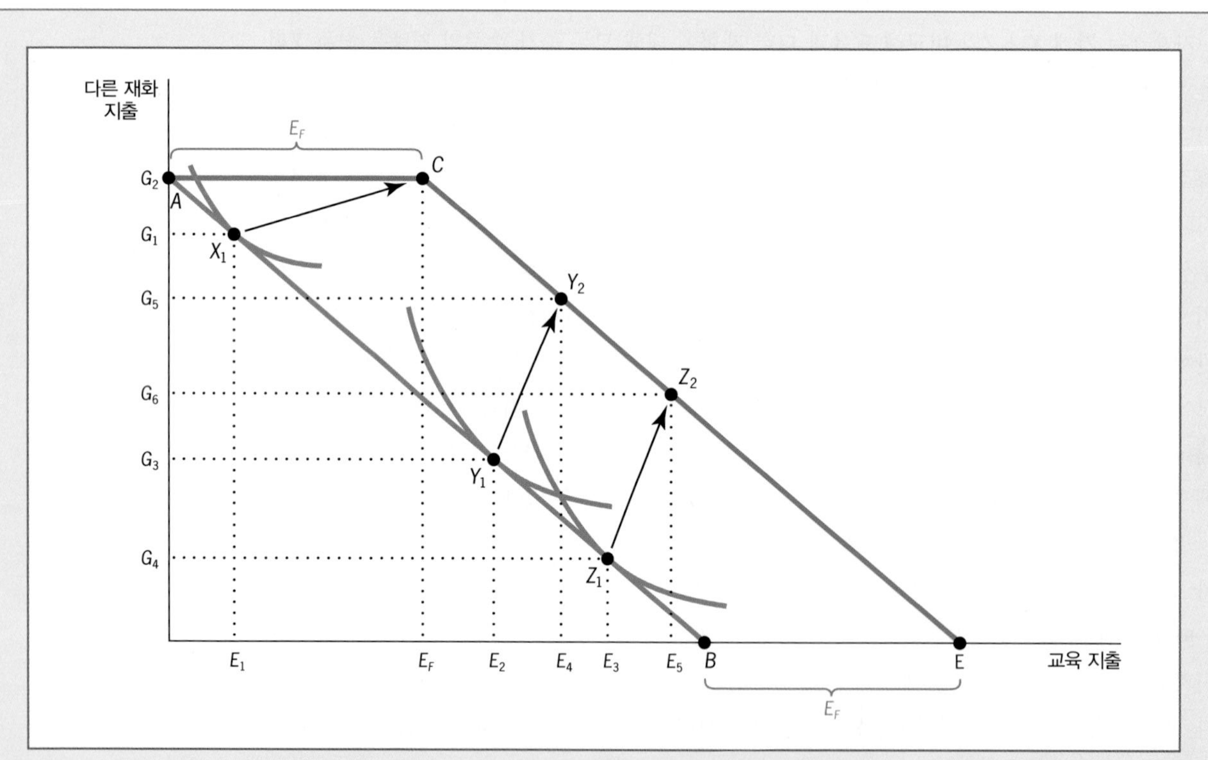

그림 11-3 바우처는 공교육의 구축효과를 상쇄한다 정부가 E_F만큼의 바우처를 제공하는 경우, 예산제약은 *AB*에서 *ACE*가 되며, 모든 가계는 교육 지출을 늘리게 된다. *X*같이 교육 지출이 적은 가계는 바우처를 모두(E_F) 공교육에 지출할 것이며, *Y* 같은 가계는 E_F만큼의 공교육에서 E_4만큼의 사교육으로 교육 지출에 대한 선택을 바꿀 것이다. *Z*같이 교육 지출이 큰 가계 역시 바우처로 인해 실효임금이 늘어나기 때문에 교육 지출을 다소 늘리게 된다(E_3에서 E_5로).

출을 줄이지도 않을 것이다(E_2 대신 E_F). 이는 양질의 사립교육을 받기 위해 공공보조를 더 이상 포기해야 할 필요가 없기 때문이다. 가계 Y는 그들의 높아진 소득의 일정 부분을 보다 많은 교육(E_2 대신 E_4)과 보다 많은 다른 재화의 구입(G_3 대신 G_5)에 사용함으로써 그림 11-3에서 Y_2와 같은 점으로 이동한다. 이 점은 C점에 비해 보다 많은 교육과 다른 재화를 소비하는 점이기 때문에 C점보다 선호된다.

가계 Z는 증가된 소득의 일부분을 교육 지출을 늘리거나(E_3 대신 E_5) 보다 많은 다른 재화 구입에 사용함으로써(G_4 대신 G_6) 그림 11-2의 결과와는 달리 Z_2점을 선택한다. 바우처 제도하에서 총교육 지출은 명백히 증가한다.

지금까지의 분석은 교육 바우처가 정책대안이 될 수 있음을 보여준다. 많은 분석가들은 개별 가계에 무상교육을 받는 선택 외에 사립학교에 지원할 수 있는 선택권을 추가로 준다는 점에서 교육 바우처의 도입을 지지한다. 바우처의 도입을 옹호하는 자들은 두 가지 관점에서 도입 근거를 말하고 있다. 이들 두 가지 관점은 시장경제에서 자유로운 선택의 이점을 주장할 때 사용되는 개념들이다.

소비자 주권 바우처 도입을 지지하는 자들의 첫 번째 주장은 바우처는 교육 소비자들로 하여금 그들의 선호와 가까운 수준의 교육을 선택하도록 한다는 것이다. 현행 체제하에서는 개인들은 무상으로 공교육을 받든지 아니면 이를 포기하고 사립학교에 다니든지 두 가지 중 하나를 선택할 수밖에 없다. 따라서 현 체제하에서 개인은 자신의 효용을 극대화하는 교육 수준을 선택하지 못하게 된다. 이러한 제약 때문에 정부가 무상으로 교육 서비스를 제공할 때 의도치 않게 구축효과가 발생한다.

경쟁 바우처 도입을 찬성하는 자들의 두 번째 주장은 교육시장 역시 자유경쟁으로부터 이익을 얻을 수 있다는 것이다. 이들은 공공교육부문은 비효율성으로 가득 차 있다고 주장한다. 이들은 비효율성의 보기로 다음의 두 사례를 들고 있다. 하나는 1970년 이후 학생 1인당 지출은 실질가치의 관점에서 2배 증가했지만 같은 기간 12학년 학생들의 수학과 읽기 능력은 단지 2%만 증가했다는 것이며, 또 다른 하나는 1970년 이후 학교 행정관리 수는 91% 증가한 반면 등록된 학생 수는 9%만 증가해 학교 행정관리들이 터무니없이 많이 증가했다는 것이다.[12]

비평가들은 비효율적인 관료주의가 증가한 것은 경쟁압력이 없었기 때문이라고 주장한다. 바우처는 사립학교에 대한 선택을 보다 쉽게 만듦으로써 공립학교에도 경쟁원리를 도입케 한다. 만약 학생들이 재정적인 이점의 관점에서가 아니라 생산되는 품질의 관점에서 지역 공립학교를 선택한다면, 지출에 비해 낮은 수준의 교육 서비스를 제공하는 비효율적인 학교들은 선택받지 못하게 될 것이다. 선택받지 못한 학교들은, 경쟁이 비효율적인 기업을 시장에서 도태시키듯이 이들 역시 교육시장에서 퇴출될 것이다. 따라서 경쟁압력은 학교를 관료보다는 학생들이나 학부모들의 요구에 부응하도록 유도할 것이다. 바우처는 현재 공립학교들이 가지고 있는 재정적

---

12 National Center for Education Statistics(2012).

이점을 없앰으로써 사립과 공립학교 사이의 '경쟁 여건'을 공정하게 만든다.

이러한 주장에 대한 반응 중 하나는 이미 티부 메커니즘(제공되는 지방공공재의 수준과 재산세의 적절한 조합을 선택하는 '발 투표')을 통해 지역 공립학교들 역시 경쟁에 직면하고 있다는 것이다. 만약 지역 공립학교가 비효율적이라면, 가계는 자녀에게 보다 나은 교육 서비스를 제공하기 위해 재산세를 효율적으로 사용하고 있는 다른 도시로 이사를 갈 것이다. 한 연구 결과에 따르면 학부모들이 선택할 수 있는 학군이 많은 소규모의 근교 지역에서는 학군이 적은 지역보다(예컨대 몇몇 대규모 근교) 교육 성취도는 높은 반면 학교 지출은 적은 것으로 나타났다.[13] 이는 학교의 교육생산성을 높인다는 티부 압력의 결과와도 일치한다.

그러나 이 경우 티부 메커니즘이 완벽하게 작동되지는 않을 것이다. 주거할 도시를 선택할 때 사람들은 교육의 질뿐만 아니라 도시의 다른 여러 특성도 고려한다. 바우처 제도는 티부 메커니즘에서는 불가능한 선별구매를 가능하게 한다. 바우처 제도하에서는 사람들은 학교가 공립이든 사립이든 그들이 보내고 싶은 학교로 자녀를 보내면서도 비교육적 이유들이 좋아 살고 싶어 하는 곳에 살 수 있다.

교육 바우처의 문제점

소비자 주권과 경쟁은 교육 바우처 도입을 뒷받침하는 주요 논리적 근거이다. 그러나 교육 바우처를 교육의 질을 향상시키기 위한 수단으로서 사용하는 것에 반대하는 주장 역시 존재한다.

바우처는 과도한 학교특화를 초래할 것이다 교육 서비스는 공공부문을 통해 제공되어야 한다는 주장은 공통적인 교육 프로그램(특히 초등학교 수준에서)을 통해 발생하는 외부효과가 교육에 있어 매우 중요하다는 주장에 근거하고 있다. 바우처에 대한 첫 번째 논쟁은 바우처 제도가 도입될 경우 학교는 개인의 선호를 충족시키기 위해 맞춤교육을 실시하게 될 것이고 따라서 공통 프로그램을 통해 발생하는 편익은 없어질 수 있다는 것이다. 원칙적으로 자유로운 교육시장하에서는 미식축구 교육을 과도하게 시키는 '미식축구학교'나 예술교육에 보다 치중하는 '예술학교'를 만들 수 있다. 이와 같이 특정 부문의 교육에만 치중함으로써 학교는 읽기, 쓰기, 수학적 기술 등과 같은 교육의 기본적인 요소들을 소홀히 다룰 수 있다.[14]

이러한 문제는 모든 학교에게 일정 수준의 공통교육을 반드시 실시할 것을 규정하는 규제를 통해 해결할 수 있다. 학생들의 학업 기초 능력이 수락할만한 수준인지를 학교 단위 차원에서 검증하는 시험제도를 도입한다면 이와 같은 규제제도들은 보다 강력히 시행될 수 있을 것이다.

그러나 이러한 규제를 통해 공통 프로그램이 소홀히 취급될 수 있다는 문제점을 해결하기 위해서는 번거로운 점이 많을 뿐만 아니라 비용도 많이 든다. 나중에 논의하겠지만 학교에게 학생들의 학업 성취도에 대해 책임지도록 요구하는 것은 의도치 않은 부작용을 초래한다. 궁극적으

---

13 Hoxby(2000). 이 중요한 연구는 논란의 대상이 되어왔다. Rothstein(2007) 및 Hoxby(2007)를 참조하라.

14 이 문제의 실제 사례가 최근 텍사스에서 발생했다. 일부 탈규제학교는 창조론을 가르치고 진화론을 무시하는 것으로 나타났다. 자세한 내용은 Koplin(2014)을 참조하라.

로 학교에 대해 어느 정도 획일성을 갖게 하는 것이 최적이냐는 그 사회가 각 학교급별 수준에서 교육의 획일성에 대해 부여하는 가치에 의해 결정된다. 통상적으로 고등교육에서 발생할 수 있듯이 이 가치가 낮다면 자유로운 선택으로부터 보다 많은 이득이 발생할 것이다. 반면 초등학교 교육처럼 공통 가치가 높다면 규제를 지닌 경쟁체제보다는 공공부문이 교육 서비스를 직접 제공하는 것이 보다 효율적일 것이다.

"바우처를 가지고 SNS 인플루언서를 위한 학교에 다니고 있어요."

바우처는 격리교육을 조장할 수 있다

지난 60년 동안 미국의 교육부문에서 이루어진 주요 성취 중 하나는 인종차별이 감소했다는 것이다. 한때 아프리카계 미국인들과 소수민족들은 격리되어 공평하지 못한 교육을 받았으나 지난 60년 동안 이 문제는 많이 개선되었다. 원칙적으로는 모든 시민은 동일한 양질의 교육을 받을 권리가 있다. 바우처의 도입을 반대하는 자들은 바우처는 인종, 소득, 혹은 자녀의 능력 등과 같이 여러 차원에서 오히려 격리교육을 강화할 수 있다고 주장한다. 반대론자들은 바우처 제도하에서는 무관심하고 무지한 부모를 둔 자녀는 낮은 수준의 교육 서비스를 제공하는 공립학교에 다니는 반면, 자녀 양육에 관심이 많은 부모의 자녀들은 양질의 교육 서비스를 제공하는 사립학교에 다니게 되는 현상이 발생할 수 있다고 주장한다. 교육에 관심이 많은 부모를 둔 자녀가 그렇지 못한 부모의 자녀와 인종, 소득, 능력 등에 있어서도 차이가 있다면 격리 현상은 더욱 강화될 수 있다.

바우처를 찬성하는 자들은 바우처가 현행 교육체제에 이미 존재하고 있는 격리를 감소시키는 역할을 한다고 주장한다. 현재 학생들은 지역 공립학교들이 교육생산에 대해 가지는 독점력 때문에 피해를 보고 있다. 바우처는 의욕적인 아이들과 보다 나은 교육을 원하는 부모들에게 학교 선택의 폭을 보다 넓혀줌으로써 거주 지역에 따른 격리를 없애는 역할을 한다. 이와 관련해 노벨 경제학상 수상자인 밀턴 프리드먼은 새 차를 사고 싶어 하는 학업 성취도가 낮은 학군의 아이들이 그들의 돈으로 원하는 차를 사는 것은 가능하지만, 같은 돈으로 더 나은 교육을 받으려 한다면 공교육 보조금을 포기하지 않고는 그렇게 할 수 없다는 것은 매우 불공평하다고 지적했다.

이들 논쟁의 양쪽 주장 모두 설득력이 있다. 미국의 교육체제에서 격리교육은 여전히 심각한 문제로 남아 있다. 비록 백인 학생들이 총학생에서 차지하는 비율은 절반 이상이지만, 전형적인 백인 학생들은 전체 학생의 75%가 백인인 학교에 다니고 있다. 흑인 학생들의 40%, 라틴 학생들의 41%는 학생의 90~100%가 소수민족 출신으로 구성된 격리학교에 다니고 있다.[15] 캘리포니아는 격리된 학교가 가장 많은 주이다. 흑인 학생중 48%, 히스패닉 학생의 56%가 90~100%가 소수민족 출신으로 구성된 격리학교에 다니고 있다.[16] 결과적으로 일부 개인들이 바우처를 사용하여 대안적인 교육 선택권을 찾음으로써 이익을 얻을 수 있다는 바우처 주창자들의 지적은 옳다.

동시에 바우처는 학생들의 역량과 공부를 하고 싶어 하는 동기에 의해 격리를 증가시킬 수 있다. 공부하고자 하는 욕구가 강하고 역량이 뛰어난 학생들은 질적 수준이 낮은 공립학교에서 양질의 사립학교로 옮기기 때문에 공립학교에는 역량이 떨어지고 공부하고자 하는 의욕이 적은 학생들이 남아 있을 가능성이 크며 따라서 학교 간의 차이는 더욱 커질 수 있다. 즉 학교 선택은 어떤 면에서는 격리를 줄일 것이지만(예 : 매우 가난한 학교에 있는 의욕이 강하고 역량이 뛰어난 소수민족 학생들을 질적 수준이 높은 학교에 보다 많이 섞이게 함으로써) 어떤 점에서는 격리를 증가시킬 것이다(예 : 역량과 공부하고자 하는 동기가 적은 학교와 많은 학교로 격리시킴으로써).

바우처는 공공재원의 사용을 비효율적이고 불평등하게 만들 수 있다

바우처의 효과에 대한 이론적 논의에서 다루어지지 않았던 한 가지 이슈는 교육 바우처의 재원 조달에 관한 것이다. 교육재원은 대부분 지방정부의 재산세와 주세(state tax)에 의해 조달된다(앞 장에서 논의되었다). 만약 현 재원 조달 방식이 바우처로 대체된다면, 현재 학생과 그들 가계가 부담하고 있는 사립학교 비용의 일부를 정부가 부담해야 하기 때문에 공공부문이 부담해야 할 총비용은 증가한다.

그림 11-2와 11-3에 있는 가계 X의 자녀들에 대해서는 비용이 증가하지 않는다. 이 가계의 자녀들은 공립학교에 계속 다니고 따라서 이들을 교육시키기 위한 공공비용은 여전히 E_F이다. 가계 Y의 자녀들은 사립학교로 옮기기 때문에 교육 지출은 증가한다. 그러나 공공부문의 비용은 바우처의 크기가 E_F와 같기 때문에 변하지 않는다. 사립학교의 추가비용은 가계가 부담한다. 반면 가계 Z의 자녀들에 대해서는 공공부문이 부담해야 할 비용이 증가한다. 바우처가 도입되기 전에 가계 Z는 자녀의 사립학교 비용은 전액 자신들이 부담했지만 바우처 도입 후에는 지방정부가 사립학교 비용 중 E_F만큼을 부담한다. 이 경우 교육에 대한 정부 지출은 크게 증가하지만 이로 인해 발생하는 교육 성취 수준(혹은 교육 지출)은 E_3에서 E_5로 크게 증가하지 않는다. 이들 가계에서 이와 같이 다소나마 교육 성취(혹은 교육 지출) 수준이 증가한 이유는 E_F의 정부보조만큼 부유해졌기 때문이다.

따라서 Y유형의 가계들이 선택한 교육 수준을 증가시킬 때 드는 실질적인 비용은 교육 성취도(혹은 교육 지출)를 크게 변화시키지 않은 가계 Z에 제공된 큰 크기의 정부보조금 형태로 발

[15] National Center for Education Statistics(2018).

[16] Orfield et al.(2016).

생한다. 즉 공공부문의 교육비 부담에 따른 사교육 지출의 구축효과는 가계 Y에 대해서는 줄어든 반면, 가계 Z에 대해서는 새로이 발생했다. 바우처가 자녀들이 다니는 사립학교에 대한 비용을 가계 스스로가 부담했던 Z와 같은 가계들에 대해 주로 사용된다면 이는 재원 배분을 비효율적으로 만든다. 한편 바우처가 공교육에서 보다 양질의 교육 서비스를 제공하는 사교육(그림 11-3의 E_4에서 그림 11-2의 E_F로)으로 전환하는 Y와 같은 가계들에 주로 지원된다면 이는 재원 배분의 효율성을 증가시킨다. 정부의 목표는 현재 가계 Y와 같이 과소교육을 받고 있는 가계에 재원이 분배되도록 하는 데 있다. 만약 바우처의 사용으로부터 발생하는 이득이 대부분 Z와 같은 가계에서 발생한다면 이러한 목표는 충족되지 않는다.

형평성을 고려할 때 문제는 더 심각해진다. 소득과 사립교육 사이에는 강한 양(+)의 상관관계가 존재한다. Z유형 가계들은 Y유형 가계들보다 소득 수준이 높다. 이미 사립학교에 자녀들을 보내고 있는 소득 수준이 높은 가계들에 바우처를 주는 것은 공공재원의 배분을 비효율적이게 할 뿐만 아니라 형평성도 저해한다.

이상적으로는, 정부는 가계가 Z유형에 있는지 아니면 Y유형(보다 많은 교육을 받도록 장려하고 싶은 사람)에 있는지를 식별해서 Y유형에 보다 많은 재원이 배분되도록 함으로써 이런 문제를 해결할 수 있다. 불행하게도 정부는 이를 식별할 수 없고 따라서 이러한 유형의 표적화를 정확하게 수행할 수 없다. 대안적인 방법은 바우처의 크기를 가계소득에 연계하는 것이다. 바우처의 크기를 가계소득과 반비례하도록 만들면 세 가지 목표를 달성할 수 있다. 첫째, 바우처는 교육 성취도를 높이는 데 재원을 가장 효율적으로 사용할 가계에 재원이 지원되도록 한다. 둘째, 자녀를 사립학교에 보내고 있는 고소득층에 편익이 주로 발생하는 불형평성이 감소한다. 셋째, 역량이 뛰어나고 공부하고자 하는 의욕이 넘치는 학생들은 떠나고 그렇지 못한 저소득층 자녀들만 공립학교에 남아 있는 경우, 소득과 연계한 바우처 제도는 이들 공립학교들이 계속 운영될 수 있도록 재원을 배분한다(보다 많은 양의 바우처가 저소득층 자녀들이 많이 다니는 학교에 배분되기 때문이다).

교육시장은 경쟁시장이 아닐지도 모른다 바우처 지지자들의 주장은 교육시장이 완전경쟁시장이라고 전제한다. 그러나 교육시장은 하나의 공급자가 재화를 제공할 때 효율적으로 공급되는 **자연독점**(natural monopoly)에 의해 보다 잘 설명된다. 교육 서비스를 제공함에 있어 규모의 경제가 존재할 때는 매우 많은 소규모 학교들이 학생들을 확보하기 위해 경쟁하는 것은 비효율적이다. 이보다는 하나의 독점 공급자가 교육 서비스를 공급하는 것이 효율적이다.

교육시장이 자연독점일 수도 있다는 사실은 교육시장의 실패가 존재할 수 있다는 것을 의미한다. 만약 도심의 대규모 학교가 수요 부족으로 폐교된다면, 예컨대 다른 학교로 옮기고 싶어 하지 않는, 공부할 의욕이 없는 학생들은 어떻게 되는가? 이들의 요구를 충족시켜 줄 만한 소규모 학교는 도심에 존재하지 않는다. 따라서 폐교를 시키는 것은 잠재적으로 이들 학생들에게 학교 선택을 박탈하는 것과 같다. 유사하게, 인구밀집도가 낮은 시골 지역에서 경쟁을 효율적으로 도입하기 위해서는 선택할 학교들이 많아야 하는데 이런 문제는 어떻게 해결할 것인가?

이러한 학교 선택권 문제 때문에 정부는 실질적으로 학교를 폐교시키지 못할 것이다. 학교 당국이 이를 안다면, 학교에 대한 경쟁적 압력은 약화될 수밖에 없다. 교육 성취에 관계없이 계속해서 지원을 받을 수 있다는 것을 학교가 안다면 효율성 제고를 위해 노력해야 할 이유가 있겠는가? 교육을 받을 기회를 모두에게 제공하려는 정부의 노력과 성취도 낮은 학교에 압력을 가하는 교육시장의 경쟁 사이에는 상충관계가 존재한다.

특별교육비용 앞서 언급된 바우처하에서는 각 학생이 받는 바우처의 크기는 같은 시에 사는 같은 학년 학생들의 평균 교육비용과 같다. 그러나 모든 학생들의 교육비용이 같은 것은 아니다. 예컨대 장애 학생들의 경우 **특수교육**(special education)이나 특별훈련을 받은 교사, 소규모 학급, 특별 장비 등이 필요하기 때문에 이들을 교육시키기 위해서는 추가적인 비용이 많이 든다. 미국에서 3~21세 사이의 학생들 중 643만 명의 학생이 특별교육 서비스를 받고 있으며, 이들 학생들의 1년 평균 비용은 일반 학생 교육비용의 2배인 12,700달러이다. 미국은 현재 특별교육으로 1년에 약 500억 달러를 사용하고 있으며 이는 초 · 중등교육 총지출의 14%에 해당된다.[17]

특수교육 장애 어린이를 교육시키는 프로그램

바우처 체제하에서는 학교가 비용이 많이 드는 장애 학생들을 받을 유인이 없다. 이들 학생들이 내는 바우처의 크기는 일반 학생과 같지만 교육비용이 많이 들기 때문이다. 학교의 입장에서는 특별한 교육이 필요한 학생이든 그렇지 않은 학생이든 그들이 내는 바우처의 크기는 같기 때문에 효율적으로 교육시킬 수 있는 학생들만 받고 싶어 한다. 학교들의 이러한 선택으로 특별교육이 필요한 학생들의 학교 선택권은 줄어들게 된다. 원칙적으로 정부는 이런 문제를 해결하기 위해 반차별규제를 사용할 수 있다. 그러나 학교는 특별교육이 필요한 학생들의 지원을 저지할 수 있는 여러 가지 방법을 가지고 있다. 예컨대 특별교육이 필요한 학생들에게 의도적으로 수준이 낮은 교육 프로그램을 제공할 수 있다.

정부는 바우처의 크기를 교육비용과 연계함으로써 이 문제를 해결할 수 있다. 즉 특별교육이 필요한 학생들에게는 보다 큰 크기의 바우처를 제공할 수 있다. 바우처의 크기를 학생의 필요에 따라 조정하는 것은 사실 어려운 일이기 때문에 이 문제는 여전히 바우처의 문제점으로 남아 있다.

11.3 교육시장경쟁에 대한 증거

앞 절에서는 이론적 관점에서 미국을 대상으로 바우처가 교육시장의 효율성을 증가시킬 수 있는지에 대해 살펴보았다. 바우처의 궁극적인 효과는 확실하지 않다. 이 절에서는 미국과 다른 나라들에서 바우처 사용을 증가시킬 때 예상되는 효과를 이해하기 위해 경쟁이 교육시장에 미치는 효과를 검토한다.

---

17 New America Foundation(2014).

바우처의 직접 경험

최근 미국에서는 몇 가지 소규모의 바우처 제도가 실시되었는데 '실증적 증거' 코너에 정리되어 있듯이 이들 바우처 효과에 대한 실증분석 결과는 혼재되어 있다. 다른 나라들의 대규모 바우처 프로그램을 대상으로 한 실증분석 결과는 이와는 달리 긍정적인 효과를 제시하고 있다. 바우처가 광범위하게 채택될 경우 바우처는 모든 학교가 그들의 성과를 개선하도록 경쟁압력을 행사할 수 있기 때문에 효과는 더 커질 수 있다.[18]

공립학교 선택에 대한 경험

어떤 학군에서는 바우처를 단지 공립학교 내에서만 자유롭게 사용하도록 한정시켰던 반면 어떤 학군들에서는 학생들에게 그들 집과 가장 가까운 학교가 아니라 지역에 있는 어떠한 학교도 선택을 할 수 있도록 허용했다. 이와 같이 학교 선택권이 학생들에게 주어지면 좋은 학교에는 정원보다 많은 학생들이 지원해서 정원 모집을 위해 추첨을 하게 된다. 추첨제도는 일종의 임의실험 형태이기 때문에 좋은 학교에 배정된 학생과 그렇지 못한 학생의 차이를 단지 좋은 학교에 배정이 되었는지 여부에만 기인하도록 만든다(다른 특성들은 같다고 볼 수 있음). 따라서 추첨제도는 두 그룹 간의 학업 성취도 결과를 직접 비교하는 것을 가능하게 한다. 이러한 프로그램에 대한 결과는 혼재되어 있다. 결과는 공립학교가 속해 있는 지역 및 질적 차이에 따라 다른 것으로 나타났다.[19]

바우처를 이용해 선택할 수 있는 공립학교 범위에 **마그넷학교**(magnet school)나 탈규제학교를 포함시키는 것도 가능한 대안이다. 마그넷학교는 재능이 있는 학생들이나 특정 주제 혹은 특정 교습 방식에 관심이 있는 학생들을 위해 만든 특별학교이며, **탈규제학교**(charter school)는 일반 공립학교와는 달리 교사의 자질 등을 포함해 정부의 규제를 받지 않는 학교이다. 많은 연구들에 따르면 특히 탈규제학교는 뉴욕시(Dobbie and Fryer, 2013; Hoxby and Murarka, 2009)와 매사추세츠(Angrist et al., 2013)에서 학생들의 성적을 향상시키는 데 효과적인 것으로 나타났다. 이 문헌은 특히 성공적인 학교를 구별하는 두 가지 핵심 특징이 엄격한 기준과 집중 과외 제공임을 시사한다(Chabrier et al., 2016).

마그넷학교 재능이 있는 학생들이나 특정 주제 혹은 특정 교습 방식에 관심이 있는 학생들을 위해 만든 특별한 공립학교

탈규제학교 일반 공립학교와는 달리 교사의 자질 등을 포함해 정부의 규제를 받지 않는 학교

공립학교에 있어서 유인정책에 대한 경험

비록 미국은 바우처나 학교 선택에 대한 경험은 많이 가지고 있지 않지만, 교육개혁의 또 다른 축인 학교의 책무성에 대해서는 풍부한 경험을 가지고 있다. 학교 선택의 폭을 넓히려는 시도에 부합하기 위해, 미국에서는 학교가 교육 기준들을 충족시키는 책무를 다하도록 다양한 실험적인 방법들이 사용되고 있다. 2002년 현재 25개 주에서는 명백하게 학생들의 학년 진급이나 졸

---

18 예컨대 미국에 대해서는 Figlio와 Hart(2014), 캐나다에 대해서는 Chan과 McMillan(2009), 칠레에 대해서는 Neilson (2013)을 참조하라. 반대 견해에 대해서는 캐나다는 Card, Dooley, 그리고 Payne(2008), 칠레는 Hsieh와 Urquiola(2003)를 참조하라.

19 Cullen 외(2003), Deming 외(2016)를 참조하라.

실증적 증거

바우처 프로그램의 효과에 대한 추정 결과

최근 많은 연구들이, 미국뿐만 아니라 다른 나라들에서도 바우처 프로그램이 학생들의 성적에 어떤 효과를 미쳤는지를 분석했다. 초기 연구는 위스콘신주의 바우처 프로그램에 초점을 맞췄다. 위스콘신 주정부는 1990년부터 빈곤선 175% 이하의 소득을 가진 가구들에게 비종교적인 사립학교의 등록금으로 사용할 수 있는 약 3,200달러 상당의 바우처를 신청할 수 있도록 허용했다.

Rouse(1998)는 밀워키 바우처 프로그램을 대상으로 사립학교로 옮기는 데 바우처를 사용한 학생들의 성적이 바우처에 의해 어떤 영향을 받았는지를 연구했다.[20] Rouse는 바우처를 사용한 학생들과 사용하지 않은 학생들은 많은 점에서 다르기 때문에 이들을 직접 비교할 경우 편의가 발생할 수 있다고 생각했다. 예컨대 바우처를 이용한 학생들은 그렇지 않은 학생들보다 공부하고자 하는 의욕이 강한 학생들이다. 따라서 두 그룹을 직접 비교한다면 편의가 발생한다. 그러나 밀워키 프로그램의 중요한 특징은 사립학교들은 가용한 자리가 있는 한 학생들을 모두 받아야 하며, 모집 정원을 초과할 때는 추첨을 통해 무작위로 학생들을 선발한다는 것이다.

추첨을 통한 무작위 선별 방법은 일종의 임의시행과 유사하기 때문에 실증분석을 위한 자료로는 매우 적합하다. Rouse는 사립학교에 지원한 학생들을 무작위 추첨에 의해 당첨이 되지 않은 학생들은 비교집단으로, 당첨된 학생들은 분석집단으로 분류하였다. 분석집단은 비교집단과 달리 공립학교에 남아 있지 않고 사립학교로 옮긴다는 것을 제외하고는 모든 면에서 동일하다. Rouse는 이들 두 그룹을 비교한 결과 그룹 간에 읽기 능력 차이는 없었지만 수학 성적은 비교집단에 비해 분석집단 학생의 성적이 매년 1~2% 향상되었다는 것을 발견했다. 뉴욕, 워싱턴 D.C. 및 오하이오 데이턴에서도 유사한 소규모 바우처 프로그램이 운영되고 있었는데 이들을 대상으로 한 연구들에서도 바우처는 전반적으로 긍정적이지만 작은 유의미한 긍정적인 효과가 있었던 것으로 나타났다.[21]

루이지애나주의 바우처 프로그램을 대상으로 한 Abdulkadiroglu 외(2015)의 연구 결과는 밀워키를 대상으로한 연구 결과와는 달랐다. 연구자들은 Rouse가 밀워키에서 사용했던 것과 같이 무작위 수용 접근법을 사용했지만, 그들 연구에서는 비당첨자에 비해 당첨자의 학업 성적이 크게 감소한 것으로 나타났다. 주목할만한 점은 뉴올리언스의 성공적인 공립학교 선택 메커니즘에 대한 증거와는 대조적이라는 것이다.[22] 추가적으로 최근 일련의 연구들에서도 학교 선택 프로그램은 부정적인 효과를 갖는 것으로 나타났다(Carey, 2017a). 최근의 이러한 부정적인 연구 결과들은 공립학교 선택과 책무 강화가 사립학교와 공립학교 사이의 성취 격차를 줄였다는 사실을 반영한 것일 수도 있

업을 주나 지방정부가 시행하고 있는 평가시험과 연계시키고 있고, 18개 주에서는 시험 성적이 우수한 학생 수에 비례해서 교사들과 관리자들에게 상을 주고 있으며, 20개 주에서는 표준시험의 성취도가 평균 이하인 학생들의 성적에 기초해서 교사들이나 관리자에게 벌칙을 주고 있다. 학교 책무성은 '2001년 아동낙오방지법'이라는 이름으로 연방정부의 법으로 법령화되었다.

학생들의 성취도에 대해 학교에게 책임을 묻는 것은 교육의 질을 개선하고자 하는 유인을 학교에게 제공할 수 있다. 일부 조치에 의해, 책무성 요구 사항들은 의도한 대로 효과를 보였다. 몇몇 연구들에서 책무성 요구는 학생들의 시험 성적을 향상시킨 것으로 나타났다. 텍사스 학생들을 대상으로 장기 추적 관찰한 자료를 이용해 분석한 Deming 외(2016)에 따르면 낮은 학업 성취도로 인해 제재를 받을 위험에 처했던 학교의 학생들이 대학에 입학하고 졸업해 4년제 학사 학위를 취득할 가능성이 더 높았다.

책무를 강화하는 것은 동시에 의도하지 않았던 두 가지 결과를 발생시킬 수 있다. 첫째, 교사와 학교를 '시험을 잘 치르도록 가르치는 사람과 장소'로 만들 수 있다. 즉 학교는 교육 수준을

20 Rouse의 연구는 초기 상반되는 두 연구인 Greene 외(1996)와 Witte(1997)에 기반한다.

21 Abdulkadiroglu 외(2018)를 참조하라.

22 Harris(2016).

고 사립학교가 바우처 프로그램에 참여할지 여부를 결정할 수 있다는 사실을 반영할 것일 수도 있다. 루이지애나에서는 바우처 프로그램에 참여하기로 한 학교들은 참여 전에 이미 등록생 수가 감소하였는데, 이는 이들 학교들이 수준이 낮은 사립학교였음을 의미한다.

미국에서는 약 10%의 학생들이 사립학교에 다니고 있다. 이는 개발도상국보다 2~3배 높은 비율이며 개발도상국들에서 공립학교 수준은 낮다. 따라서 바우처 도입 효과는 개발도상국에서 보다 클 것이다. 선진국들보다 개발도상국들에서 사립학교와 공립학교는 보다 밀접한 대체재이다. Angrist 외(2002)는 125,000명 이상의 학생들에게 사립중등학교 비용의 절반 이상에 해당되는 금액의 바우처를 주었던 컬럼비아의 바우처 제도(PACES라 부름)에 대해 연구했다. 바우처의 대부분은 추첨을 통해 나누어졌기 때문에 Angrist 외는 무작위 추첨에서 당첨된 학생(바우처를 받은 분석집단)과 당첨되지 못한 학생(바우처를 받지 못한 비교집단)으로 그룹을 나눌 수 있었다.

이들 연구에 따르면 바우처를 받은 학생들은 바우처를 받지 못한 학생들에 비해 8학년을 마칠 확률이 10% 높았다. 주된 이유는 졸업 전에 같은 학년을 다시 다니지 않아도 되었기 때문이다. 이들 연구에 따르면 표준시험의 성적도 추첨에 당첨된 학생이 탈락한 학생보다 월등히 높았을 뿐만 아니라 결혼이나 동거할 가능성도 낮았고 주당 일도 1, 2시간 덜한 것으로 나타났다. 이는 추첨에 당첨된 자들은 그렇지 않은 자들보다 학교생활에 보다 많이 집중한다는 것을 의미한다. 이 연구는 당첨자당 24달러의 비용이 정부에 발생하지만 학교의 성취도 및 수준의 증가에 기인해 바우처를 받은 학생들의 임금이 36~300달러 증가했기 때문에 이 제도는 매우 성공적으로 시행되었다고 결론지었다.

다른 나라들을 대상으로 분석한 연구 결과도 이러한 견해를 지지하는 것으로 나타났다. 칠레의 바우처 제도 효과를 분석한 Neilson(2013)에서도 바우처 혜택을 받은 가난한 집안의 자녀들에게서 효과는 컸다. 그의 추정 결과에 따르면 학교 바우처는 가난한 집안의 자녀와 그렇지 않은 집안의 자녀의 성적 차이를 1/3 줄인 것으로 나타났다. 보다 최근에 칠레는 소외계층 가구 학생들에게 더 많은 혜택이 제공되도록 하기 위해 바우처 프로그램을 개혁했는데, 이는 소외계층 가구의 학생과 부유한 소득 가구의 학생 사이의 시험 점수 차이를 약 1/3 줄인 것으로 보인다(Murnane et al., 2017).[23] Muralidharan과 Sundararaman(2015)은 인도에서 추첨을 통해 학생들을 사립학교에 배정한 사례를 연구했는데, 이들에 따르면 매우 낮은 교육비용에서 완만한 성취도의 증가가 있었다.

전반적으로 향상시키는 데 초점을 맞추기보다는 학생들에게 시험을 잘 칠 수 있는 기술을 가르치는 데 초점을 맞출 수 있다. Jacob(2005), Dee와 Jacob(2011)에 따르면, 학교가 책무를 다하고 있는지 여부를 판단하는 데 사용되는 시험 성적이 높다고 해서 반드시 학생들의 역량이 높다는 것을 의미하지는 않았다. Reback 외(2014)에 따르면 책무성이 강화됨에 따라 학교는 수업 전반에 대한 교육보다는 교사들의 만족도는 떨어지나 일반적인 시험에서조차도 성적을 향상시키는 데 도움이 되는 전문가 및 목표 지향적인 교사들에게 학교 자원이 집중되고 있는 것으로 나타났다. 사실, 시험 성적 향상을 위해 가장 도움이 필요한 학생에게 재원이 집중되도록 하는 것은 다른 학생에게 피해를 줄 수 있다. Deming 외(2016)는 장기적으로 책무성 강화의 긍정적인 효과는 성적이 가장 나쁜 학생에게 집중되는 반면 학업 성적이 보다 나은 학생에게는 오히려 장기적으로는 부정적인 효과를 초래할 수 있다는 것을 밝혔다.

둘째, 시험 성적을 극대화하기 위해 시험을 치르는 주변 여건뿐만 아니라 시험 보는 학생들의 대상까지도 조작할 수 있다. 예컨대 Jacob(2005), Figlio와 Getzler(2002)의 연구 결과에 따르면 시카고와 플로리다주에서 학교책무제도를 도입하자 학교의 평균 시험 성적을 올리기 위해

23 이와 대조적인 결과에 대해서는 Feigenberg 외(2017)를 참조하라.

성적이 낮은 학생들을 특별교육이 필요한 학생이나 장애 학생으로 분류하기도 하였다. Figlio와 Winicki(2005)의 연구에 따르면 학교들은 시험 기간 동안에는 학생들의 에너지 수준을 높이기 위해 고칼로리의 음식 위주로 식단을 짜는 것으로 나타났다. Jacob과 Levitt(2003)은 책무제도 도입으로 인해 교사가 퇴출될 위험에 처하게 된다면 학생들에게 표준시험에 대한 답을 가르쳐 줄 가능성도 있다는 것을 보여주었다.

바우처와 학교 선택의 하한선

바우처와 학교 선택이 학업 성취도에 미치는 효과는 앞 절에서 검토된 바와 같이 다소 불명확하나 학교책무가 강할수록, 탈규제학교 등을 포함해 학교 선택권이 확대될수록 바우처가 학생의 성취도에 미치는 효과가 커진다는 것은 명백하다. 그러나 바우처는 역량이 뛰어나고 학업 의욕이 있는 학생들이 좋은 학교로 옮김에 따라 남겨진 '열등한' 학생들을 어떻게 공평하게 취급할 것인지와 관련된 문제를 안고 있다. 학교에 대한 경쟁압력이 감소되더라도, 모든 학생이 최소한 하나의 교육 대안에 접근할 수 있도록 하는 보장책이 마련되어야 한다.

11.4 교육수익 측정

공교육에 사용되든 사교육에 사용되든 정부는 교육에 얼마만큼의 예산을 사용할 것인지를 결정해야 한다. 정부가 교육에 얼마만큼 투자를 해야 할 것인지를 결정하기 위해서는 제8장에서 논의된 비용-편익분석을 사용해야 한다. 교육과 관련된 비용은 제8장에서 설명한 기회비용의 개념을 이용함으로써 자명하게 측정할 수 있다. 그러나 편익을 측정하는 것은 훨씬 까다롭다. 보다 많은 교육을 받거나 혹은 (좋은 교사나 작은 학급당 크기와 같은) 보다 양질의 환경에서 교육을 받는 것으로부터 사회가 얻게 되는 편익인 **교육수익**(returns to education)을 추정한 경제학 문헌은 많다.

교육수익 학생들이 학교 교육을 더 많이 받거나 양질의 교육을 더 많이 받음으로써 사회에 발생시키는 편익

교육 수준이 생산성에 미치는 효과

교육을 연구하는 경제학자들이 가장 많은 관심을 가지고 있는 분야는 교육이 근로자의 생산성에 미치는 효과이다. 경쟁적인 노동시장에서, 근로자들의 임금은 그들의 한계생산과 같아서 임금은 생산성의 대리변수로 사용된다. 이들 연구의 아이디어는 노동시장을 통해 교육이 생산성을 증가시키는지 여부를 알아보는 데 있다. 만약 개인이 보다 많은 교육을 받았기 때문에 생산성이 높다면, 기업은 이들을 고용하기 위해서 보다 높은 임금을 지불해야 한다.

받은 교육의 양과 임금 수준은 비례한다는 것을 보여주는 연구는 매우 많다. 교육을 많이 받은 사람과 그렇지 못한 사람과의 소득 비교를 통해 얻을 수 있는 전형적인 추정 결과에 따르면 1년의 교육은 소득을 평균적으로 약 7% 증가시킨다. 보다 많은 교육을 받은 자들이 소득이 높다는 데는 대부분의 사람들이 동의하고 있다. 그러나 이들의 상관관계에 대해서는 두 가지 상반된 견해가 존재한다.

인적자본 축적으로서의 교육 교육과 생산성 사이의 관계에 대한 견해 중 전형적인 것은 교육은 근로자의 기술을 향상시킴으로써 생산성을 증가시킨다는 것이다. 기업들이 실물자본에 투자하듯이, 교육은 사람들이 **인적자본**(human capital)에 투자하는 수단이다. 교육을 많이 받을수록 근로자들의 기술 저량이 증가해 근로자들은 노동시장에서 보다 많은 소득을 얻게 된다.

인적자본 추가적인 교육에 의해 증가되는 사람의 숙련 저량

선별 도구로서의 교육 대안적인 견해에서도 교육과 소득 사이에는 강한 양의 상관관계가 존재한다. **선별 모형**(screening model)에서, 교육은 단지 능력이 뛰어난 사람과 낮은 사람을 구별하는 수단으로서만 작용하지 실질적으로 근로자의 기술을 향상시키지는 않는다. 이 모형에서 교육을 많이 받은 근로자들은 보다 생산적이어서 높은 임금을 받지만 교육이 그들의 인적자본을 증가시키기 때문에 그런 것은 아니다. 오히려 가장 생산적인 노동자로 판명된 사람들만이 높은 수준의 교육을 추구할 수 있는 능력을 지니기 때문에 더 많은 교육을 받았다는 사실은 그들이 높은 능력(및 생산성)을 가졌다는 것을 나타낸다. 이 모형에서 학교는 생산성을 높이는 데 어떠한 역할도 하지 못한다. 교육의 유일한 가치는 많은 교육을 받을 수 있는 가장 유능하고 생산적인 근로자를 선별하는 것이다.

선별 모형 교육은 단지 능력이 뛰어난 사람과 낮은 사람을 구별하는 수단으로서만 작용하지 근로자의 기술은 향상시키지 않는다는 것을 제시한 모형

따라서 선별 모형에서 고용주들은 교육이 근로자들의 생산성을 높이기 때문이 아니라 열심히 일할 사람과 그렇지 않을 사람을 식별하기 위한 적절한 수단이기 때문에 교육을 많이 받은 사람에게 높은 임금을 지불한다. 인적자본 모형에서는 교육이 생산성을 증가시키기 때문에 교육을 많이 받을수록 소득도 많아진다. 반면 선별 모형에서는 교육은 능력을 반영하기 때문에 교육을 많이 받을수록 소득이 높다.

정책적 함의 인적자본 이론이나 선별 모형 모두 임금과 교육 사이에는 양의 상관관계가 있지만, 정책적 함의는 다르다. 인적자본 이론하에서는 사람들의 생산성은 받은 교육에 비례하기 때문에 정부는 교육 서비스를 직접 제공하거나 혹은 적어도 개인들에게 교육과 관련된 대출을 하려 할 것이다. 그러나 선별 도구 모형에서는, 정부는 개인들에게 보다 많은 교육을 받도록 지원하려 하지 않는다. 이 모형에서 교육에 대한 수익은 전적으로 개인에게 발생한다. 많은 교육을 받았다는 것은 그 사람이 보다 생산적이라는 것을 나타내는 신호로서 역할을 하지만 사회적 생산성을 증가시키지는 않는다. 사실 이 모형에서는 보다 많이 교육을 받는 것은 노동시장에서 자신을 제외한 사람들의 교육에 대한 가치를 낮춤으로써 음의 외부효과를 발생시킨다. 옆의 삽화에서와 같은 왕의 발언은 교육의 신호 기능을 약화시킨다. 왜냐하면 비생산적인 노동자들이 그들이 생산적이라는 것을 알리기 위해 교육을 받는다면 이는 실질적으로 학위를 취득하기 위해 열심히 공부한 생산적인 근로자들에게 피해를 끼치기 때문이다.

"짐의 소원은 우리나라가 세상에서 가장 교육 수준이 높은 나라가 되는 것이다. 이에 짐은 이 나라의 모든 백성에게 학위를 수여할 것을 명하노라."

동시에 교육은 노동시장으로 하여금 가장 능력 있는 근로자를 식별해서 보상하게 하기 때문에 선별 모형에서 선별 도구로서 매우 가치

있는 사회적 역할을 한다. 따라서 만약 교육이 최선의 선별 도구라면 선별 모형에서 제시하는 적절한 정부 정책은 개인들에 대한 교육비 지원이 아니라 교육기관의 설립을 지원하는 것일 것이다.

이론의 구별 정책 처방에 있어 두 이론은 상당한 차이를 보이고 있는 반면, 실질적으로 두 이론을 별개로 얘기하기는 매우 어렵다. 노동경제학의 많은 문헌들에서는 두 이론을 구분하는 다양한 방법이 제시되고 있는데 결론은 자명하다. 교육이 선별 도구로서의 역할은 하지만 교육에 따른 수익의 대부분은 인적자본 축적의 결과라는 것이다. 이 연구들에 대한 상세한 내용은 '실증적 증거' 코너에 정리되어 있다.

다른 부문들에 대한 교육 수준의 효과

이 장의 앞부분에서 논의되었듯이, 정부가 교육에 직접 개입하는 이유는 외부효과 때문이다. 교육 수준의 증가가 어떤 외부편익을 발생시키는지에 대한 연구들이 최근 많이 이루어졌다. 이들 연구들의 주요 결과를 보면 다음과 같다.[24]

- 교육 수준이 높을수록 정치 과정에 대한 참여가 높아지고 정치논쟁에 대해 보다 많이 관심을 갖는다(Milligan et al., 2004; Dee, 2004).
- 교육 수준이 높을수록 범죄율이 낮아진다(Lochner and Moretti, 2004).
- 교육 수준이 높을수록 자신뿐만 아니라 자녀의 건강상태도 증진시킨다(Currie and Moretti, 2004; Lleras-Muney, 2005; Chou et al., 2010).[25]
- 부모의 교육 수준이 높을수록 자녀의 교육 수준이 높다(Oreopoulos et al., 2003).
- 동료의 교육 수준이 높을수록 같이 일하는 근로자의 생산성은 증가한다(Moretti, 2004).
- 교육 수준이 높을수록 흡연이나 음주와 같이 위험한 행위에 탐닉할 가능성이 줄어든다(Jensen and Lleras-Muney, 2012).

교육을 많이 받을수록 임금이 증가한다는 사실과 함께 위의 연구 결과들은 교육연수가 많아질수록 인적자본 수준은 증가하고 이로부터 사적 및 사회적 수익은 증가한다는 것을 함의한다.

학교 질적 수준의 효과

학교의 질적 수준이 교육수익에 미치는 효과에 대한 연구는 제한적이지만 최근 증가하는 추세에 있다. 초기 문헌들에서는 학교의 질적 수준을 어떻게 정의할 것인지에 대한 논란이 있었다. 평균 학급당 크기(학교 내에서 교사에 대한 학생의 비율)와 1인당 학교 지출이 학교의 질적 수준을 나타내기 위한 수단으로 가장 많이 사용되고 있다.

'실증적 증거'에서 검토되었듯이, 교육의 질이 학생들의 시험 성적에 미치는 효과를 추정하기 위해 많은 방법이 사용되었다. 테네시주를 대상으로 한 실증분석 결과에 따르면 학급당 크기가

---

24 이와 관련한 자세한 내용은 Oreopoulos와 Salvanes(2009)를 참조하라.

25 영국을 대상으로 한 Clark와 Royer(2010)의 연구 결과는 Lleras-Muney(2005)의 연구 및 보다 많은 교육을 받은 사람들은 사망률도 낮다는 다른 연구들의 결과와는 달랐다.

실증적 증거

교육수익 추정

임금의 관점에서 교육수익을 추정하는 가장 간단한 방법은 사람들을 단순히 교육을 많이 받은 집단과 그렇지 않은 집단으로 나누어 임금을 비교하는 것이다. 그러나 이 방법은 제3장에서 논의된 편의 문제를 발생시킨다. 이는 받은 교육과 능력 사이에는 양(+)의 상관관계가 존재하므로 두 집단 간의 임금 차이는 인적자본(교육)의 차이에서 올 수도 있고 능력의 차이에서 올 수도 있기 때문이다.

교육이 인적자본에 미치는 효과를 추정할 때 야기될 수 있는 이러한 편의 문제를 통제하기 위해 두 가지 방법이 사용되고 있다. 하나는 교육변수의 계수 값이 진실된 생산성을 반영하도록 하기 위해 능력을 나타내는 변수를 직접 포함시키는 것이다. 예컨대 연구자들은 능력을 통제하기 위해 표준화된 시험 성적을 포함시킨다. 그러나 이 방법은 공부하고자 하는 의욕과 같은 관찰되지 않은 학생들의 특성을 반영하지 못한다는 문제점이 있다(예를 들어 딕은 제인보다 총명하지 않을 수 있다. 그러나 공부를 열심히 하기 때문에 높은 능력을 갖게 된다).

다른 방법은 준실험 방법을 이용하는 것이다. 준실험 방법은 표본을 받은 교육 수준을 제외하고는 모든 면에서 동일한 2개의 그룹, 즉 분석집단과 비교집단으로 나누고 두 집단 간의 소득을 비교한다. 이 방법은 Duflo(2004)에 의해 사용되었다. 그는 이 방법을 이용해서 인도네시아에서 행해진 대규모 공립학교 프로젝트의 효과를 분석했다. 1973~1978년 사이 61,000개 이상의 초등학교가 새로 문을 열었고 이 학교들은 주로 특정 지역에 집중되어 있었다. Duflo는 이 학교들이 지어졌을 때 초등학생 나이였던 학생들을 대상으로 연구했다. 분석집단은 보다 많은 학교들이 신축된 지역에 살고 있었던 학생들이며 비교집단은 학교 신축이 상대적으로 적었던 지역에 살고 있었던 학생들이다. 신설될 학교의 위치는 무작위적인 정치적 요인들에 의해 결정되었기 때문에 두 지역 학생들의 능력은 같다고 보아도 무방하다. Duflo는 학교가 설립되기 전에는 두 집단의 성적은 비슷했다는 것을 발견했다. 그러나 그는 사전적으로는 두 집단 간에 차이가 없었지만 학교 건설 프로젝트 이후 분석집단 학생들의 성적은 크게 향상되었을 뿐만 아니라 수년 후 성인이 되었을 때 임금이 훨씬 높았다는 사실을 발견했다. 이러한 발견들은 교육이 생산성을 증가시킨다는 사실을 뒷받침한다.

준실험 방법이 사용된 또 다른 예로는 1800년대 말과 1900년대 초 미국에 도입된 의무교육제도와 미성년노동법을 통해 교육이 생산성에 미친 효과를 분석한 연구이다. 두 제도가 도입되기 전 미성년자들은 학교에 의무적으로 가야 할 필요도 없었고 노동시장 참여에 대해서도 아무런 제약을 받지 않았다. 이들 두 법에서는 의무적으로 취학해야 하는 최소한의 나이, 중퇴할 수 있는 최소한의 나이, 전임근로자가 되기 전에 마쳐야 하는 최소한의 교육연수 등에 대한 규정 등이 명시되어 있었다. 연구들에 따르면 이들 두 법의 통과 후 학생들의 교육 수준이 크게 향상되었다고 한다. 이 연구들은 보다 많은 교육을 받도록 법이 수정된 주에서 태어난 사람들(분석집단)과 그렇지 않은 주에서 태어난 사람들(비교집단)을 비교했다. 두 집단 간에는 요구교육연수만 차이가 날 뿐 능력 등에 있어서는 차이가 나지 않았다. 비교 결과 성인이 된 후 분석집단의 임금이 비교집단의 임금보다 높은 것으로 나타났다. 이러한 결과는 다시 한 번 교육은 생산성을 증가시킨다는 것을 보여주고 있다.

이들 방법은 다소 한계가 있지만 분석 결과는 놀랍게도 매우 유사하다. 교육을 추가적으로 1년 받을 때 임금은 7~10% 증가한다는 것이다. 이는 교육이 인적자본을 증가시킨다는 것을 보여주는 좋은 증거이다.

그렇다고 이것이 교육 성취도에 있어 교육의 선별 기능이 없다는 것을 의미하지는 않는다. 고등학교, 대학 또는 대학원에서 학위를 받음으로써 얻는 이익인 '양가죽 효과'를 지지하는 많은 연구들이 있다. 일부 연구(Tyler, Murnane, and Willet, 2000; Jaeger and Page, 1996)는 비슷한 시험 점수와 학교 교육을 받은 학생들과 비교해서 학위를 받는 학생들이 임금을 10~25% 더 많이 받는다는 것을 밝혔다. 새로운 최근 연구는 스웨덴에서 고등학교 수학 시험을 채점할 때 교사 재량의 장기적 효과를 분석했다(Diamond and Persson, 2016). 연구자들은 교사들이 학생들을 시험에 '거의 합격' 수준에서 '합격' 수준으로 상향 조정하기 위해 재량권을 사용한 것을 알아냈다. 이러한 간단한 서류 작업으로 학생들은 인적자본이 전혀 증가하지 않았음에도 불구하고 이로 인해 대학에 진학하고 더 높은 소득을 받게 되었다.

작을수록 학생들의 시험 성적은 높아지는 것으로 나타났다. 그러나 최근 캘리포니아주의 사례를 보면 학급당 크기가 현저히 줄었음에도 불구하고 학생들의 성적은 향상되지 못했다. 추측컨대 이는 학급 수가 급격히 늘어남에 따라 자격을 갖춘 교사들을 충분히 채용하지 못했기 때문인 것으로 추정된다. 이와 같이 상이한 실증분석 결과로부터 알 수 있는 사실은 학교의 질적 수준을 향상시키고자 하는 노력들이 어떤 결과를 가져올지는 학교의 질적 수준을 높이기 위해 어떤 방법을 택했는지에 따라 달라진다는 것이다.

탈규제학교가 학업 성취도에 미친 효과를 분석한 최근 연구에 따르면 학업 성취도 향상을 위해서는 학급 규모를 줄이는 것과 같은 전통적인 방법을 넘어서는 방안이 강구되어야 한다. 특히 탈규제학교를 분석한 연구에 따르면 늘어난 수업일수 및 학년, 빈번히 피드백을 받는 교사, 학생의 성과에 관한 자료에 의거한 교육 등이 학업 성취도를 향상시킴에 있어 효과적이다. Fryer(2011)는 이들을 전통적인 공립학교체제에 적용해 첫해에 성공한 사례들에 대해 논의하고 있다. 다른 최근 연구들에서는 교육의 질을 높이는 추가적인 방법들을 제시했다. 예를 들어 Collins와 Gan(2013)은 학교들 사이의 학업 성취도 차이를 연구했는데, 그들의 연구 결과에 따르면 학생을 수준별로 나누어 교육을 시킨 학교에서는 상위그룹과 하위그룹 학생들의 성적이 향상되었다.

11.5 고등교육에서 정부의 역할

지금까지의 분석은 주로 초 · 중등교육에 초점을 맞추어왔다. 그러나 미국에는 198개의 종합대학교, 3,011개의 4년제 대학, 1,616개의 2년제 대학 등 많은 고등교육기관이 존재한다. 고등교육기관들은 매년 총교육예산의 약 43%인 5,590억 달러를 지출하고 있다.[26] 흥미롭게도, 초 · 중등교육과는 달리 미국의 고등교육체제는 매우 성공적인 것으로 평가받고 있다. 미국의 연구대학교들은 계속해서 세계 최고로 꼽히고 있다. 미국의 고등교육기관에 대한 성공적인 평가는 시장을 통해서도 잘 나타나고 있다. 매년 121만 명의 외국 학생들이 미국의 대학교와 대학에 등록하고 있으며 390억 달러 이상을 지출하고 있다. 외국 학생들의 수는 지난 20년 동안 거의 2배 증가해 미국의 모든 고등교육기관에 등록된 학생 수의 5.9%를 차지하고 있다. 이 수치는 외국에서 전임(full time)으로 공부하는 미국 학생들의 수가 단지 60,292명임을 감안할 때 매우 큰 수치이다.[27]

미국에서 초 · 중등교육과 대학교육의 가장 큰 차이는 민간부문이 공급하는 공급의 양과 경쟁의 정도이다. 초 · 중등교육의 경우 학생들의 10%만이 사립 초 · 중등학교에 다니고 있어 공립학교들은 지역적으로 독점력을 행사하고 있다.[28] 고등교육의 경우 학생들 중 39%가 사립학교에 다니고 있어 초 · 중등교육보다 이 비율이 높을 뿐만 아니라 학교에 대한 선택권이 지역이 아니라 미국 전역을 대상으로 하고 있다.[29] 미국이 세계의 선도적인 역할을 하고 있는 고등교육과 비교적 성취도가 낮은 초 · 중등교육의 실상을 통해 교육의 질을 향상시킴에 있어 경쟁의 역할이 얼마나 중요한지를 알 수 있다. 민영화에 대한 토론에서도 언급되었듯이, 사립학교에 등록된 학생들 수가 적더라도 사립학교와의 경쟁을 통해 공립학교의 효율성은 높아질 수 있다.

---

26 National Center for Education Statistics(2015a), Table 106.40.

27 Institute of International Education(2015).

28 National Center for Education Statistics(2015b).

29 Chingo(2017).

실증적 증거

학교의 질적 수준 효과에 대한 추정 결과

노동경제학의 주요 연구과제 중 하나는 학교의 질적 수준이 학생들의 성적에 어떤 효과를 미치느냐를 분석하는 것이다. 이와 관련된 최근 연구들은 좋은 학교들이 있는 학군과 나쁜 학교들이 있는 학군을 단순 비교해서 이를 통해 학교 질이 학생들의 성적에 어떤 효과를 미치는지를 분석하는 것은 잘못된 결론을 유도할 수 있음을 지적하고 있다. 좋은 학교들이 있는 학군(분석집단)은 나쁜 학교들이 있는 학군(비교집단)과 여러 면에서 차이가 있다. 예컨대 분석집단에 거주하고 있는 사람들은 그들의 자녀에게 보다 좋은 학습 여건을 제공할 것이다. 따라서 학생의 성취도 중 학교의 질적 수준에 의해서만 영향을 받는 부분을 식별할 방법이 필요하다.

이 문제를 해결하기 위해 두 가지 방법이 사용되고 있다. 첫 번째는 실험자료를 사용하는 것이다. 테네시주는 1985~1986년 STAR 프로젝트를 실행했다. STAR 프로젝트의 목적은 11,000명의 학생(유치원~초등학교 3학년)들을 무작위로 소규모 학급(13~17명), 정규 학급(22~25명), 보조 교사가 있는 정규 학급으로 나누고 학업 성취도가 학급 규모에 따라 차이가 나는지를 분석하는 데 있었다. Krueger(1999)는 이 실험을 통해 제공된 자료를 분석했다. 분석 결과 소규모 학급에 할당된 학생들의 표준화된 시험 성적은 처음 1년 동안은 월등히 높았고 그 후에는 다소 높았던 것으로 나타났다. 이 효과는 특히 가난하고 소수민족인 학생들에게서 컸다. Krueger와 Whitmore(2001)는 소규모 학급의 효과는 지속적이었다는 것을 밝혀냈다. 그들의 연구에 따르면 4년 동안 소규모 학급에서 공부한 학생은 중학교에서의 성적이 높았을 뿐만 아니라 대학입학시험을 볼 가능성도 높았다는 것이다. 이들의 추정 결과에 따르면 소규모 학급에 기인한 수익률은 매년 대략 5.5%였다.

또 다른 방법은 학교자원의 변화에 대한 준실험적 분석을 사용하는 것이다. 재미있는 예는 1990년대 중반까지 미국에서 학급당 규모(평균 학급당 학생 수는 29명이었음)가 가장 컸던 캘리포니아주에서 찾을 수 있다. 1996년 캘리포니아주는 유치원~초등학교 3학년을 대상으로 학급당 학생 수를 20명으로 줄이기 위해 학교들에게 매년 10억 달러의 재원을 제공했다. Bohrnstedt와 Stecher(2002)는 학교 사이에 소규모 학급으로 이행해가는 속도의 차이를 이용해서 이 계획의 효과를 추정했다. 이행속도가 빠른 학교는 분석집단으로, 이행속도가 느린 학교는 비교집단으로 삼았다. 연구 결과에 따르면 이행속도의 차이가 학생들의 학업에는 별로 영향을 미치지 않았다. 이에 대한 이유는 두 가지였다. 첫째, 학급 수가 늘어남에 따라 자질 있는 교사들을 충분히 확보하는 것이 불가능했기 때문일 수도 있고, 둘째, 주정부가 학교들에게 한 학급에 학년이 다른 학생들을 섞는 것과 같은 비생산적인 방법을 강요했기 때문일 수도 있다. 따라서 학교 투입물의 질적 수준을 높이기 위한 투자가 높은 수익을 창출하느냐에 대해서는 찬반양론이 존재한다.

Jackson 외(2018)는 대공황의 재정압박에 따른 교육청의 지출 감소의 결과를 통해 학교 지출이 학생 성과에 미치는 영향을 추정하였다. 그들은 학교 지출 감소가 대부분 행정과 같은 '비핵심' 부문에서 발생했지만, 교육에 대한 핵심 부문에서도 발생했음을 발견했다. 이러한 지출 감소는 시험점수와 졸업률을 낮추었는데, 이는 학교 지출이 중요하다는 것을 보여준다.

현재 정부의 역할

미국 정부는 현재 네 가지 경로를 통해 고등교육부문에 개입하고 있다.

주정부의 재정 지원 고등교육에 대한 정부 지원의 가장 기초적인 형태는 지역 혹은 주정부가 대학교 혹은 대학에 재정 지원을 하고 이 학교들이 고등교육을 직접 제공하는 것이다. 이 기관들은 같은 주에 거주하는 학생들에게는 낮은 등록금을, 다른 주에 거주하는 학생들에게는 이들보다는 다소 높은 등록금을 각각 책정함으로써 같은 주에 거주하는 학생들에게 보조를 해주고 있다. 현재 주와 지방정부들은 고등교육을 제공하는 이들 기관에게 매년 약 945억 달러를 지원하고 있다.[30]

30 Mulhere(2018).

펠 보조금 펠 보조금(Pell Grant) 프로그램은 저소득층 가계에 지원되고 있는 연방정부의 보조금제도이다. 펠 보조금 프로그램은 연소득 15,000달러 이하 가계의 자녀들에게 5,775달러의 보조금을 제공한다. 다소 높은 소득을 지닌 가계의 자녀들에게는 부모의 소득, 자산, 학생의 소득, 자산에 따라 보조금의 액수가 줄어든다. 펠 보조금은 현재 매년 700만 명의 학생에게 300억 달러가 지원되고 있다.

직접학자금대출 연방교육부가 학생들에게 직접 대출해주는 대출제도

대출 연방정부는 고등교육비용을 **직접학자금대출**(direct student loans) 프로그램을 통해 대출해주고 있다. 소득과 자산에 기초해 자격이 되는 학생들에게 정부는 (1) 낮은 이자율을 보장해주고(2018년과 2019년에 15년 가계저당 이자율은 민간은행으로부터 차입 시 약 4.12%인 반면 10년 대출의 학자금대출 이자율은 5.05%였음), (2) 졸업 때까지 상환을 연기해줌으로써 대출비용을 지원해주고 있다. 자격이 안 되는 학생들은 동일한 낮은 이자율에서 차입이 가능하나 졸업 시 상환이 연기되지 않는다. 집안에 다른 대학생이 있을 때는 학위 프로그램당 31,000달러까지(23,000달러는 우대 융자) 차입할 수 있으며, 혼자일 때는 57,500달러까지(23,000달러는 우대 융자), 대학원생이나 전문 학위 과정생들은 138,500달러까지(65,500달러는 우대 융자) 각각 차입할 수 있다. 이러한 프로그램으로 매년 대출되는 총액은 949억 달러이다.[31]

세금 우대 고등교육기관에 대한 정부 지원의 마지막 형태는 대학진학 학생들과 그 가계에 대한 세금 우대책들이다. 이 중 가장 큰 부분을 차지하는 것은 1998년에 도입된 평생학습세금공제(Lifetime Learing Tax Credit, LLTC)와 HOPE의 확장 형태인 2009년에 도입된 미국인 기회세금공제(American Opportunity Tax Credit, AOTC)제도이다. LLTC제도는 저소득층 및 중위소득층 가계에게 매년 1인당 2,000달러까지 고등교육비용에 대해 세액공제를 해주는 제도이다. AOTC는 2,500달러까지 세액공제된다. 대안적으로 개별 가계는 고등교육비용에 대해 과세표준(과세소득)으로부터 매년 4,000달러까지 소득공제를 받을 수 있다. 이자 역시 소득공제가 된다. 이 4개의 조세 우대책 때문에 발생하고 있는 정부의 세수 감소액은 매년 약 195억 달러 정도이다.

시장실패는 무엇이고 어떻게 해결되어야 하는가?

앞서 교육시장에서의 정부 개입을 정당화하는 논리로 언급된 사회의 공통된 가치의 제공과 같은 것들은 고등교육시장에서의 정부 개입을 정당화해주지 못한다. 왜냐하면 대학교육에 따른 편익의 대부분은 사적 편익이기 때문이다. 최근 연구에 의하면 대학교육은 건강을 향상시키고 생산을 확산시킨다는 점에서 공공편익을 발생시킨다고 한다. 그러나 이들 편익들은 고등교육에 대한 정부 지출에 비해 그리 크지 않다. 고등교육시장에 정부 개입이 필요한 이유는 두 가지이다. 첫째는 고등교육을 통한 공공편익이다. 고등교육이 긍정적인 외부편익(공공편익)을 발

---

31 Congressional Budget Office(2015b), Table 2. 이는 연방정부가 민간은행에 보조금을 지급하여 학자금대출을 제공했던 이전 프로그램인 학자금 보장 프로그램(Guaranteed Student Loan Program)과 뚜렷한 대조를 이룬다. 이 프로그램은 2010년에 종료되기 전까지 정부에 막대한 비용을 발생시켰다.

생시킨다는 것을 보여준 앞서 소개된 많은 연구(예 : 향상된 건강 또는 생산성 파급효과에 대한 연구)들에 따르면 교육 수준이 낮은 사람들에게뿐만 아니라 교육 수준이 높은 사람들도 이러한 공공편익의 혜택을 받는다. 그뿐만 아니라 많은 연구에 따르면 대학에서 공적자금 지원으로 이루어지고 있는 연구는 혁신과 경제성장에 중요한 것으로 나타났다.[32]

두 번째는 신용시장의 실패이다. 이 장을 시작할 때 언급하였듯이 담보 물건이 없기 때문에 자동차를 구매하기 위해 대출을 받는 것보다 교육을 받기 위해 대출받는 것이 힘들다. 결과적으로 정부 개입이 없을 때 은행들은 고등교육에 대해 융자지원하는 것을 매우 꺼리게 된다. 고등교육을 받는 것이 생산적이라면 학생들에게 고등교육을 받을 수 있도록 대출을 보증해주는 것이 바람직하고 이를 위해 정부의 개입은 필요하다. Sun과 Yannelis(2016)는 은행 대출을 받기 쉽게 만든 미국의 금융 규제 완화가 대학 진학률과 졸업률을 크게 높였음을 입증하였고 Marx와 Turner(2017)는 대출 자격에 대해 학생들에게 통지하는 것이 대학 진학 확률을 크게 증가시켰다는 것을 보였다. 그러나 그림 11-4에 나타나 있듯이 고등교육에 대한 정부 지출의 대부분은 대출이 아니다. 다른 형태의 정부 지원은 정부 개입의 정당성이 약하다. 사실 Marx와 Turner(2015)의 연구에 따르면 펠 보조금은 차입을 구축하여 대학교육을 위해 지불해야 하는 총액이 단지 조금 증가한 것으로 나타났다.

동시에, 다른 연구들에 따르면 융자보다 보조금을 받는 것은 오히려 교육의 성격에 영향을 미쳤다. 예를 들어 Field(2006)는 뉴욕대학교 법과대학에 입학허가를 받은 학생들을 무작위로 동일한 금액의 대출 대상자와 보조금 대상자로 나눈 프로그램을 연구하였다. 그의 연구에 따르면, 보조금 대상자가 된 학생들은 대출 대상자가 된 학생들보다 등록률이 2배 높았고, 또한 졸업 후 높은 임금을 지불하는 법률회사에 가기보다는 낮은 임금을 지불하는 공공이익과 관련된 직업을 가질 확률이 40% 이상 높았다. 대출을 보조금으로 전환했던 몇 개의 학부 대학을 대상으로 한 연구에서도, 보조금으로 전환 시 학생들은 임금이 낮은 '공공직업'을 선택할 확률이 높았다(Rothstein and Rouse, 2007). 이러한 사실은 지원 방법을 보조금에서 대출로 전환할 때 학생들의 반응이 크게 달라질 수 있음을 시사한다.

조세 경감으로부터 혜택을 받는 고소득층에게만 보조금을 제공해야 할 이유 또한 없다. Bulman과 Hoxby(2015)에 따르면 세금공제제도가 대학 참여에 미치는 효과는 거의 없었다.

그림 11-4에 나타나 있듯이 고등교육에 대한 정부 지출 중 가장 큰 부분을 차지하고 있는 주정부에 의한 교육 공급 역시 정당성이 명확하지 않다. 추측컨대 주정부는 주 노동력의 기술 수준을 향상시키기 위해 공공교육을 제공한다. 그러나 졸업 후 졸업생들의 대부분이 다른 주로 이동하기 때문에 이는 설득력이 약하다. Bound 외(2004)에 의한 최근 연구에 따르면 주립학교에서 교육을 받은 10명의 학생 중 3명만이 장기적으로 그 주에 남아 있다고 한다. 고등교육에 대한 주요 시장실패가 신용시장에 있다고 할 때 주정부의 재원을 교육을 직접 제공하는 데 사용하기보다는 대출로 전환하는 것이 보다 효율적이다. 또한 지난 20년 동안 공공교육자금이 크게

32 이러한 증거는 Gruber와 Johnson(2019)에 정리되어 있다.

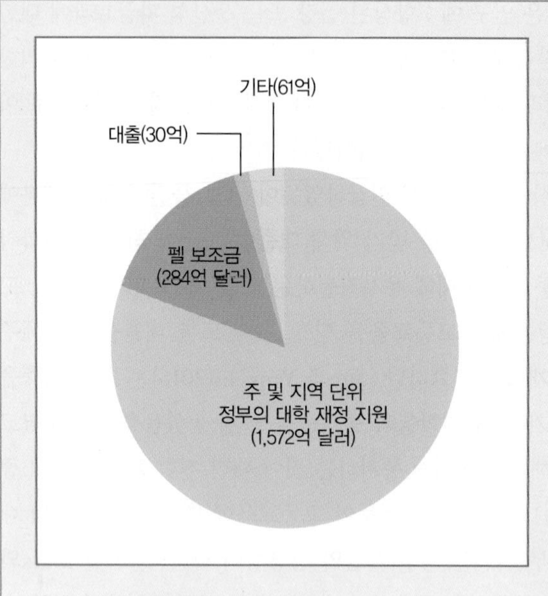

그림 11-4 고등교육에 대한 정부 지출(2017년) 대략 매년 고등교육에 대한 지출 2,000억 달러 중 81%는 주 및 지방정부에 의한 지출이다. 나머지는 주로 펠 보조금 형태이다. 학자금대출은 비록 규모는 크지만 정부의 순비용은 아니다. 세금우대로 인한 상실된 세수는 지출에 포함되지 않는다.

출처 : Bureau of Economic Analysis(2021); Congressional Budget Office(2021).

삭감되면서 '응용사례'에 나타나 있듯이 학생이자채무 부담은 지속적으로 증가하고 있다.

응용사례

미국의 학자금대출 부채 해결 방안

학자금대출이 이론적으로는 고등교육에 대한 신용시장의 제약을 해결하는 최적의 수단일 수 있지만, 실제로는 최근 졸업생들에게 잠재적으로 감당할 수 없는 부담으로 이어졌다. 미국에서 학생 부채의 총부담은 1조 4,000억 달러가 넘는다.[33] 교육을 추가로 받지 않은 2007~2008년 대졸자의 경우 24%는 최소 1회 납입을 연체한 경험이 있었고, 5%는 채무를 불이행했고, 22%는 채무상환액이 전문가들에 의해 매우 염려스러운 수준으로 여겨지고 있는 소득의 12%를 넘었다.[34]

이와 같은 상당한 크기의 부채 부담이 청년들의 교육에 대한 최적 재정투자 결정에 반영된다면 문제가 되지 않는다. 그러나 다른 기관에서 제공되는 교육의 가치에 대한 정보가 충분하지 않기 때문에 학생들이 최적 교육투자 결정을 할 때 부채 규모가 적절히 반영되었다고 볼 수 없는 충분한 근거가 있다.

특히, 대학 부채와 채무 불이행의 상당 부분은 학생이 받게 될 혜택을 허위 광고하는 것으로 밝혀진 영리기관에 재학 중인 학생들로부터 기인한다. 예컨대, 그러한 영리기관 중 하나인 ITT

33 Nilsen(2018).

34 Velez and Woo(2017).

Technical Institute는 수십 년 동안 TV와 라디오에서 매우 공격적인 광고 캠페인을 해왔다. 정부 조사 결과, 이 광고들은 부정직했을 뿐만 아니라 특히 학자금대출을 받을 수 있는 저소득층 학생들과 참전용사들을 대상으로 한 것으로 나타났다. 정부는 ITT가 학생들에게 이자비용이 매우 높아 채무 불이행 가능성이 높은 사채를 쓰도록 압력을 가한 것에 대해 소송을 제기했다. ITT가 2016년 전국 137개 캠퍼스를 폐쇄함에 따라, 3만 5,000명의 학생들이 빚을 지게 되었을 뿐만 아니라 졸업장도 받지 못하게 되었다. 연방정부는 결국 ITT 학자금대출로 약 5억 달러를 지원하였다.[35]

일반적으로 보면 영리대학에 다니는 학생의 34%만이 8년 이내에 졸업을 하고 있고, 이들 기관의 학자금대출 연체율은 전국 평균의 4배에 달하며,[36] 영리기관들이 폐쇄될 때 대부분의 학생들은 8년째 졸업률이 60%를 훨씬 넘는 지역 대학으로 옮기는 것으로 나타났다.[37]

동시에, 일부 영리기관들은 특히 온라인 학습을 촉진하는 교육 분야의 혁신가였다.[38] 한 연구에 따르면 영리대학의 소수자 및 취약계층 학생 비율은 다른 기관에 비해 높고 1학년 유지율 역시 높았다.[39]

이러한 점들을 감안할 때 미국의 학자금 대출 프로그램의 성과를 개선하기 위한 방안으로는 다음 세 가지 접근 방식이 제시될 수 있다. 첫 번째는 학생들이 특정 기관에서 교육 자금을 조달하기 위해 대출을 받을지 여부를 결정하는 데 사용할 수 있는 정보의 질을 향상시키는 것이다. 오바마 행정부는 예비 학생들이 경제성(affordability)과 졸업할 때 대출을 갚을 수 있을지에 대한 정보를 포함하여, 그들이 다니려고 생각하고 있는 학교의 재정 타당성을 조사할 수 있는 교육부의 웹사이트인 칼리지 스코어카드(College Scorecard)를 만들었다.

오바마 행정부가 추구한 보다 공격적인 전략은 졸업생이 학자금 빚을 갚을 만큼 충분히 벌지 못하는 대학에 대해서는 학자금대출 자격을 거부하는 것이었다. 이들 대학 중 일부는 일부 학생들에게 교육 기회를 제공하고 있는 반면 다른 대학은 약속을 분명히 과장하고 있기 때문에 이런 전략은 논란의 여지가 있다. 트럼프 정부 들어 교육부는 이 전략의 시행을 미루고 영리대학의 부정행위 조사를 담당하는 팀을 해체했다.[40]

두 번째 접근 방식은 소득이 최소 임계점에 도달할 때까지 학자금대출이 미지불 상태로 유지되는 영국 및 호주와 같은 다른 많은 국가에서 사용되는 '소득 조건부' 대출 상환 옵션을 완전히 수용하는 것이다. 상환 시 상환 액수는 근로소득의 함수가 된다. 이 접근 방식은 학생들이 학자금대출 상환 능력을 추정하는 오류로부터 학생들을 보호할 것이며 또한 잠재적으로 사회적 가치는 있으나 급여가 낮아 상환이 부담되는 직업을 가지고 있는 대출자에게 상환을 위해 그러한 직업에서 벗어나려는 결정을 완화시킬 수 있다. 미국에도 이러한 프로그램 옵션이 있지만 필

35 Puzzanghera(2016).
36 Carey(2017b).
37 Cellini et al.(2016).
38 Cohen(2017b).
39 Deming et al.(2012)
40 Cohen(2017a), Green(2018).

수가 아니라 선택이며 대학 참석자의 약 25%만 사용하고 있다.[41] 트럼프 행정부는 이러한 옵션을 확대하기보다는 저임금의 공공서비스 일자리로 진입하는 학생들에 대해 대출 탕감을 종료시키는 방향으로 움직였다. 또한 트럼프 정부는 조건부 상환 프로그램의 상환제도를 변경하고 저소득층 학생들의 재학 기간 동안 발생한 대출금에 대한 이자를 지불하는 프로그램을 종료하는 초안을 작성하기도 하였다. 종합하면, 이러한 정책들로 인해 학생 재정 지원에 대한 삭감액은 2,000억 달러에 달했다.[42]

셋째, 대학교육을 무상으로 제공하거나 비용을 크게 줄이자는 일부 정치인들의 제안이다. 2018년 3월 브라이언 샤츠(Brian Schatz) 상원의원(하와이주)은 모든 학생들에게 등록금뿐 아니라 주택, 식사비용까지 무상으로 제공하고 재정 지원을 받을 자격이 있는 일부 학생들에게는 도서비용까지 제공하여 부채 가능성을 없애는 2년제 및 4년제 공립 대학을 설립할 것을 발의했다. 그의 법안은 각 주가 공립대학과 대학을 위해 지정하는 달러 대 달러 대응기금과 같은 주정부와 연방정부 간의 자발적인 파트너십을 만들 것을 제안한다.[43]

샤츠 상원의원이 제안한 계획들은 학자금대출 문제를 해결하는 데 큰 도움이 될 것이지만, 이를 위해서는 많은 비용이 수반된다. 예를 들어, 섀츠 계획은 첫해에 800억 달러의 비용이 들고, 그 후 매년 거의 1,000억 달러까지 비용이 증가할 것으로 추정되었다.

11.6 결론

순수 공공재가 아님에도 불구하고 교육 서비스의 공급은 미국이나 세계 다른 나라들에서 가장 중요한 정부 기능 중 하나가 되었다. 외부편익, 시장실패, 재분배 등 때문에 정부는 전통적으로 교육 서비스의 주요 공급자가 되었다. 이 장에서 정부의 개입은 자녀들의 교육 성취 수준을 감소시킬 수 있음을 배웠다. 바우처 제도는 이러한 문제를 해결할 수 있으나 격리나 사적 교육시장의 가용성과 관련된 또 다른 문제를 야기한다. 교육시장에서 정부 개입의 최적수준은 교육의 사적 공급에 따른 시장실패와 교육에 따른 공공편익의 정도에 의해 결정된다. 많은 연구에 따르면 교육은 공공편익 못지않게 사적 편익도 많이 발생시킨다.

요약

- 교육은 미국에서는 주로 주정부나 지방정부에 의해 공급되며 학생들 중 소수만이 사립학교에 다니고 있다.
- 교육에 있어 정부 개입의 정당성은 외부편익, 신용시장에서의 실패, 가계효용극대화의 실패, 재분배에서 찾을 수 있다.
- 공공부문에 의한 무상교육의 제공은 보다 높은 수준의 교육을 받고는 싶으나 정부에 의해 제공되는 무상교육의 기회를 놓치고 싶지 않은 사람들의 교육 성취도를

41 College Board(2016).
42 Douglas-Gabriel(2018).
43 Nilsen(2018).

감소시킬 수 있다.

- 바우처는 교육시장에 경쟁을 유발할 뿐만 아니라 사람들로 하여금 그들 스스로가 정한 최적의 교육 수준을 선택하게 함으로써 구축효과 문제를 해결할 수 있다.
- 동시에, 바우처는 교육의 계층화를 심화시킬 수 있고 교육시장에서의 경쟁을 어렵게 만들 수 있다.
- 기존 연구 결과에 따르면 바우처를 사립학교에도 사용을 허락할 경우 학생들은 보다 좋은 학교로 옮길 수 있는 기회가 증가하는 것으로 나타났다. 그러나 어떠한 정책적 결론을 도출하기에 앞서 바우처의 총사회적 효과를 보다 정교하게 분석할 필요가 있다.
- 추가적으로 교육을 받을 경우 인적자본이 증가하고 이로부터 상당한 크기의 사적 편익뿐만 아니라 투표율이 증가하고 건강상태가 개선되는 것과 같은 공공편익 또한 발생한다.
- 정부는 직접지출, 보조금, 대출, 세금 우대 등과 같은 방법으로 고등교육을 지원하고 있다.

연습문제

1. 주정부와 연방정부는 초 · 중 · 고 · 대학교육을 적극 지원하고 있다. 그러나 초 · 중 · 고등교육은 의무교육을 실시하고 있지만 대학교육에 대해서는 보조금이나 대출을 통해 지원하고 있을 뿐이다. 11.1절에서 논의되었던 교육에 대한 정부 개입의 정당성들 중 이러한 차별적인 지원을 정당화하는 것은 무엇이라 생각하는가?

2. 두 대도시를 생각해보자. 한 도시는 소규모의 학군들이 매우 많고 다른 도시는 몇 개의 큰 학군이 있다. 바우처 도입에 따른 효율성 및 형평성의 효과는 이들 두 도시에서 어떻게 다르게 나타나는가?

3. 어떤 사람들은 바우처 제도의 도입은 특히 두 그룹의 학생[현 체제하에서 가장 불이익을 받고 있는 학생그룹(혹은 성적이 가장 나쁜 그룹)과 가장 이익을 받고 있는 학생그룹(성적이 가장 좋은 그룹)]들에게 득이 된다고 주장한다. 그 이유를 설명해보라.

4. 자녀 한 명을 둔 가계가 매년 사적 재화와 교육에 20,000달러를 사용하고 있으며 모든 교육은 사적으로 공급된다고 하자. 이 가계의 예산선을 그려보라. 지금 매년 4,000달러의 무상교육이 제공되는 선택권이 이 가계에 주어졌다고 해보자. 다음과 같은 세 가지 상황에 대응되는 무차별곡선을 그려보라 — (a) 무상교육이 자녀 교육비를 증가시킨다. (b) 무상교육이 자녀 교육비를 감소시킨다. (c) 무상교육이 자녀 교육비에 영향을 미치지 않는다(단, 모든 교육은 민간부문에서 공급된다고 가정).

5. Harris와 Larsen(2015)은 뉴올리언스의 학부모들이 자녀 학교 선택 의사결정을 어떻게 하고 있는지를 분석했다. 뉴올리언스에서는 학교 배정의 일환으로 자녀를 공립학교에 보내는 학부모들에게는 선호에 따라 학교 순위를 매기도록 요구하고 있다. 이들 연구는 학교 선택의 우선순위를 정함에 있어 학부모들은 학업의 질도 중요하게 여기지만 보다 중요하게 여기는 것은 집과 학교와의 거리라는 것을 밝혔다. 부모들은 아이들이 집에서 3/4마일 더 가까운 학교에 다니게 하기 위해 학교 전체의 '문자 성적(letter grade, 뉴올리언스에서 학교의 질을 측정하기 위해 사용하는 지표)'을 기꺼이 희생했다. 다시 말해, 학부모들은 그들의 아이가 1마일도 안 되는 거리에 있는 B학교 대신에 바로 길 건너편에 있는 C학교에 다니기를 더 선호한다는 것이다. 학업성취도 대비 거리의 중요성은 저소득층일수록 높았다. 이러한 발견

들이 학교 선택에 대한 정책 논쟁, 특히 바우처와 탈규제학교에 대한 논쟁에 어떻게 영향을 미칠 수 있을까?

6. ⓔ 실증분석 결과들은 비슷한 소득을 가지더라도 교육을 많이 받은 사람이 그렇지 않은 사람들보다 기부를 많이 한다고 한다. 이러한 증거가 왜 정부가 교육에 보조금을 지원하는 것을 정당화하는가? 어떤 잠재적 편의 때문에 실증분석 관계를 이와 같이 해석하는 것이 어려운가?

7. 몇몇 연구 결과에 의하면 노동시장의 수익이 11학년보다는 12학년이 높고 대학 3년을 마친 사람보다는 졸업한 사람이 높다는 양가죽 효과가 존재하는 것으로 나타났다. 이와 같은 양가죽 효과에 대한 실증분석 결과들이 왜 교육과 소득 사이의 관계에 대한 선별 이론을 뒷받침한다고 생각하는가?

8. ⓔ 교육과 소득 사이의 관계를 조사하기 위해 쌍둥이를 비교하는 것의 이점은 무엇이며 문제점은 무엇인가?

9. ⓔ 특정 시에서 바우처를 요구하는 학생들이면 누구에게나 바우처를 제공함으로써 바우처가 교육 성취도에 미치는 효과를 평가하기를 원한다고 하자. 단순히 바우처를 받지 않는 학생들과 바우처를 받고 있는 학생들의 교육 성취도를 비교할 경우 어떤 문제가 발생하는가? 바우처의 효과를 연구하기 위한 보다 나은 방법은 무엇인가?

10. ⓔ Abdulkadiroglu 외(2011)는 매우 영리한 연구 전략(clever research strategy)을 사용하여 보스턴 지역의 탈규제학교의 효과를 연구했다. 그들은 이 지역의 많은 탈규제학교는 지원자가 많아 정원을 초과하고 있기 때문에 무작위 추첨을 통해 학생들을 선발하고 있다는 사실을 이용했다. 이들은 추첨의 승자와 패자를 비교하여 탈규제학교가 학생 성취도에 미치는 영향을 추정하였다. 연구 결과에 따르면 탈규제학교에 다닌 학생들은 그렇지 않은 학생들보다 크고 유의미하게 시험 성적이 높았다.

이 연구 결과를 바탕으로, 한 정책 입안자는 매사추세츠주의 모든 학교가 탈규제학교로 대체되어야 한다고 주장했다. 이 연구는 어떤 측면에서 이 정책 입안자의 제안을 뒷받침하는가? 논쟁의 다른 측면을 고려해 볼 때, 연구 결과를 이 제안에 적용할 때 무엇을 구체적으로 조심해야 하는지를 설명해보라.

11. ⓔ 미국 교육부는 2년에 한 번 'National Assessment of Educational Progress'라고도 불리는 '국가평가보고서(Nation's Report Card)'를 발행하는데, 이 보고서에는 수학과 읽기 및 다른 과목에 대한 미국 학생들의 학업 성취도가 담겨 있다. 학업 성취도는 전국적으로 무작위로 선발된 학교에서 무작위로 선발된 학생들을 대상으로 1~2시간 시험을 실시함으로써 얻어진 결과로 측정되며 이들 결과들은 주별, 성별, 사회경제적 지위, 인종/민족별 등으로 나누어 세밀히 분석된다. https://www.nationsreportcard.gov/ndecore/xplore/nde에서 확인할 수 있는 National's Report Card Data Explorer로 이동해서 8학년 수학 평가를 보고 다음의 질문에 답해보라.
   a. 가장 최근의 자료를 구할 수 있는 연도에, 백인 학생들의 8학년 수학 성적이 가장 낮았던 주는 어디인가? 제일 높은 주는 어디인가? 흑인 학생들의 8학년 수학 성적이 가장 낮은 주는 어디인가? 제일 높은 주는 어디인가? 각 경우에 대해 평균 점수는 얼마인가?
   b. 가장 최근의 자료를 구할 수 있는 연도에, 어느 주에서 여학생들의 성취도가 가장 낮았는가? 제일 높은 주는 어디인가? 남학생들의 성취도가 가장 높은 주는 어디인가? 가장 낮은 주는 어디인가? 각 경우에 대해 평균 점수는 얼마인가?
   c. 전국적으로, 백인 학생과 흑인 학생 사이의 성취도 차이는 얼마나 되는가? 남학생과 여학생의 성적 차이는 얼마나 되는가?

12. 이 장에서 논의한 Deming 외(2016)의 연구 결과 관점

ⓔ 기호는 학생들이 제3장과 '실증적 증거' 코너에서 공부한 실증적 경제 원리를 적용해야 하는 문제임을 의미한다.

에서 '공통핵심교육과정(Common Core)' 및 '아동낙오 방지법(No Child Left Behind)'과 같은 학교책무성 강화 개혁을 고려해보자. Deming의 결과는 이 두 가지 개혁을 둘러싼 높은 수준의 정치적 논쟁을 어떻게 설명할 수 있을까?

심화 연습문제

13. Epple과 Romano(2002)는 학교 바우처가 사립학교들은 좋은 자질의 학생들을 뽑을 수 있는 반면 공립학교에는 낮은 수준의 학생들이 남아 있게 되는 '크림 스키밍(cream-skimming)'을 초래할 수 있다는 이론적 근거를 제공했다. 이런 문제를 없애기 위해 이들은 여러 그룹 학생들에게 차등 지원되는 표적화된 바우처 제도 도입을 제안했다. 크림 스키밍을 감소시키기 위해 어떤 표적화된 바우처를 도입할 것인지를 생각해보라(크림 스키밍 현상은 경쟁업체들 사이에 서로 유리한 시장만 선택적으로 진입하려고 경쟁을 벌이는 현상을 말한다).

14. 그린빌시에는 세 가구가 살고 있다. 각 가구에는 자녀가 1명씩 있고, 매년 세전으로 20,000달러를 벌고 있으며, 시에 있는 공립학교를 지원하기 위해 4,000달러의 세금을 내고, 어떤 가구도 무상으로 학교에 다닐 수 있다. 공립학교의 학생 1인당 교육 지출은 6,000달러이다. 이들 세 가구는 교육에 대해서는 서로 다른 선호를 가지고 있다. 가계 A와 B는 모두 자녀들을 공립학교에 보내고 있다. 그러나 가계 B는 A보다 교육에 더 높은 가치를 부여하고 있다. 가계 C는 교육에 가장 높은 가치를 부여하고 있으며 자녀를 사립학교에 보내고 있다.
    a. 세 가구의 예산선과 무차별곡선을 각각 그려보라. 이 도시는 현 체제를 바우처 제도로 바꿀 것을 고려하고 있다. 새로운 제도하에서 각 가계는 교육비용으로 6,000달러를 받게 되며 종전과 같이 자녀들을 동일한 공립학교에 보낼 수도 있다. 바우처 제도로 바꿀 경우 교육비용이 많이 들기 때문에 가구당 세금은 6,000달러로 증가한다.
    b. 이 제도하에서 세 가구의 예산선을 그려보라. 새로운 제도가 도입되었을 때 가계 A는 자녀를 공립학교에 보내는 반면 가계 B는 가계 C와 같이 사립학교에 보낸다고 하자.
    c. 이 제도의 도입으로 가계 C는 종전보다 후생이 증가하는 반면 가계 A는 종전보다 후생이 악화된다는 것을 어떻게 알 수 있는가? 설명해보라.
    d. 가계 B는 종전보다 후생이 증가할 수도, 감소할 수도 있음을 그림을 이용해서 보여라.

15. ⓔ 여러분이 1985년 주의회에서 통과된 교육 법안을 사용하여 교육투자수익률을 추정하는 연구자라고 가정하자. 이 법안은 한때 법으로 제정되었던 것으로, 모든 초등학교에 대한 교육 기금을 상당히 증가시켰다. 분석집단은 1981~1991년 사이에 태어난 아이들이고 비교집단은 1965~1975년까지 태어난 아이들이다. 두 그룹에 속해 있는 아이들이 성인이 되었을 때의 임금은 해당 주정부 국세청에서 자료를 얻게 될 것이다.
    a. 교육 서비스 제공에 있어 정부가 개입할 경제적 근거는 많다. 이 중 어떤 것이 당신의 연구 설계를 저해할 수 있는가?
    b. 이 장에서 논의된 Duflo(2004)를 고려해보자. 당신의 연구 설계를 개선하기 위해 이 연구 설계에서 어떤 영감을 얻을 수 있다고 생각하는가?

16. 학생들의 대출 상환을 구조화하는 하나의 방법은 그것을 소득과 연계시키는 것이다. 즉 학생이 상환해야 하는 월정액을 소득 규모와 연계시킨다. 이러한 제도가 도입된다면 학생들의 대학 전공 선택은 어떻게 바뀌겠는가? 이러한 상환제도가 사회적으로 효율적인가?

제 3 부

사회보험과 소득재분배

CHAPTER 12

James Andrews/iStock/Getty Images

사회보험 : 정부의 새로운 역할

생각해볼 문제

- 무엇이 시장실패가 공공사회보험을 제공하는 것을 정당화하는가?
- 개인들이 항상 소비를 평탄화하기 위해 공공사회보험이 필요한가?
- 사회보험의 도덕적 해이 비용은 무엇이며 왜 경제적으로 중요한가?

미합중국 헌법의 제정자들은 그 전문에서 합중국 설립의 목적이 "정의를 확립하고 국가의 안녕을 보장하며 공동 방위를 도모하고 국민복지를 증진하며 우리와 우리의 후손들에게 자유의 축복을 확보"하는 데 있음을 밝히고 있다. 대부분의 미국 역사상 '공동 방위'는 연방정부 재정지출에 있어 명백한 우선순위를 차지해왔다. 예로, 1953년에는 연방정부 지출 1달러당 69센트가 국방비에 할애되었다(그림 12-1). 반면 제도 도입 후 17년이 경과한 사회보장연금제도에는 4센트만이 배정되었다. 당시 사회보장연금은 전형적인 노인가구의 소득 중 18%를 차지하고 있었다. 또한 연방정부 지출 1달러당 0.4센트만이 미국 시민의 의료보호 제공을 위해 사용되었으며 5% 정도가 실업자나 장애인을 위해 지출되었다.

그 이후 정부 지출의 우선순위는 '국방'에서 '국민복지 증진'으로 급격히 전환되었다.[1] 2019년에 와서는 연방정부 지출 1달러당 15센트만이 국방비로 지출되었다(그림 12-1의 오른쪽 그림). 사회보장연금제도에는 19센트가 배정되었으며 이로 인해 사회보장연금급여는 이제 전형적인 노인가구 소득의 30%를 차지하게 되었다.[2] 또한 의료보호를 위해서는 24센트가 배정되었으

1 그림 12-1은 연방 지출과 비슷한 배분을 보여주었던 제1장의 그림 1-7과 다르다는 점에 주목하라. 이러한 차이의 대부분은 정의의 차이에 따른 것들이다. 예를 들어 이 그림에서 사회보험 지출은 장애인보험을 포함하지만 그림 1-7에서는 장애인보험이 다른 데 포함되었다.

2 미국 경제분석국(2021)의 예산통계, 노인 소득 통계는 Dushi와 Trenkamp(2021)로부터 자료를 얻었다.

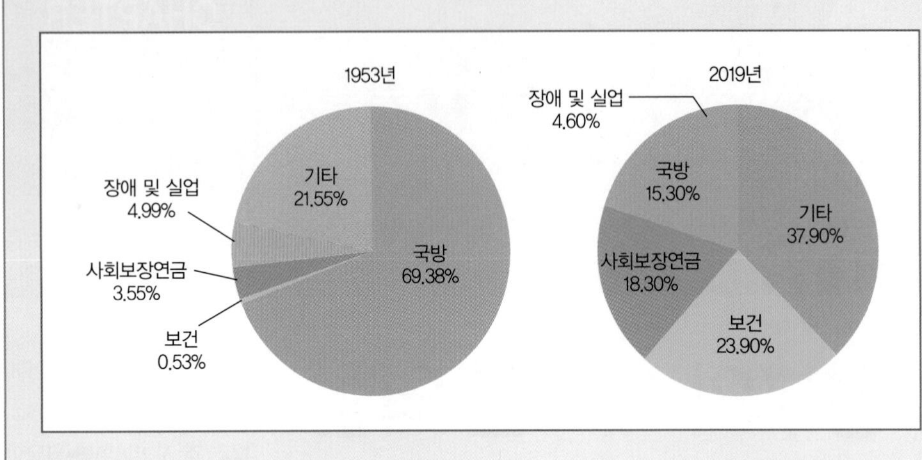

그림 12-1 기능별 정부 지출(1953년과 2019년) 현재 정부는 70년 전에 비해 훨씬 더 많은 예산을 사회보험에 할애하고 있다.

출처 : Office of Management and Budget(2014); Bureau of Economic Analysis(2021), Table 3.16.

며, 이는 주로 1953년 당시에는 존재하지 않았던 두 제도 — 노인을 대상으로 한 보편적 의료보험제도인 메디케어(Medicare)와 다수의 빈곤층 및 장애인들에게 의료보험을 무상으로 제공하는 메디케이드(Medicaid) — 에 쓰였다. 저명한 경제학자인 폴 크루그먼은 이러한 재정지출 구조의 급격한 변화를 일컬어 "냉전시대 이후의 연방정부는 군대를 거느린 거대한 연금기금으로 보아도 무방하다"라고 말했다.[3]

사회보험제도 사회적 위험에 대해 정부가 직접 제공하는 보험제도

이러한 정부 지출의 성격 및 범위의 급격한 전환은 지난 68년간 미국 공공정책의 가장 근본적인 변화 중 하나이다. 그동안 발전해온 제도를 총칭하여 **사회보험제도**(social insurance program)라 부르며, 이는 사람들이 어려운 일을 겪을 경우를 대비한 보험을 제공하는 데 있어 정부가 개입하는 것을 말한다. 이 장에서는 미국의 사회보험제도에 대해 개괄적으로 살펴보고자 한다. 다음 장들에서는 아래와 같은 사회보험제도들에 대해 보다 구체적으로 살펴볼 것이다.

- 은퇴나 사망으로 인한 소득 상실에 대해 보험을 제공하는 사회보장연금제도
- 실직에 대해 보험을 제공하는 실업보험제도
- 치명적인 장애 발생에 대해 보험을 제공하는 장애보험제도
- 업무상 상해 발생에 대해 보험을 제공하는 근로자 상해보상제도
- 노후 의료비 지출에 대해 보험을 제공하는 메디케어

자산조사 개인의 현 소득이나 재산 수준에 따라 급여수급자격이 주어지는 제도

사회보험제도는 몇 가지 공통적인 특성을 지니고 있다. 근로자들은 급여세를 내거나, 또는 본인이나 고용주가 보험료를 의무적으로 납부함으로써 보험을 '구매'하는 형태로 제도에 가입하게 된다. 이를 통해 근로자들은 장애나 근무 중 상해 등 측정 가능한 사건이 발생할 경우 보험급여를 받을 수 있는 자격을 얻게 된다. 보험급여는 보험료를 납부한 사람에게 사건이 발생할 경우에 한해서만 지급이 된다. 보험급여는 일반적으로 소득 및 **자산조사**(means-test) 없이(즉 현재의 소득 수준이나 자산의 규모에 관계없이) 지급된다.

3 Krugman(2001).

다음 몇 장에서는 각 사회보험제도를 구체적으로 살펴보게 될 것이다. 그러나 먼저 보험시장에 대한 일반적인 경제 이론을 이해할 필요가 있다. 이 장에서는 먼저 보험의 기본 원리와 필요성을 설명하기로 한다. 그다음에는 민간보험시장의 잠재적 실패와 정부 개입의 필요성을 살펴볼 것이다. 이러한 시장실패의 가장 중요한 원인은 피보험자가 보험자에 비해 자신의 위험 수준에 대해 더욱 잘 알고 있음에 따라 보험시장이 실패할 수 있는 **역선택**(adverse selection)의 문제이다. 이 책의 앞부분에서 논의해온 바와 같이, 시장실패는 잠재적으로 정부 개입을 필요로 하게 된다.

그러나 이러한 정부 개입의 유용성은 각 개인의 **자가보험**(self-insurance) 능력(즉 저축이나 대출 등을 통해 스스로 위험에 대처할 수 있는 능력)이 있을 경우 약화된다. 이 경우 정부의 개입은 큰 혜택을 제공하기 어려우며, 단지 자가보험을 **구축**(crowd out)하는 효과를 보일 수도 있다. 더욱이 사회보험을 비롯한 모든 보험은 **도덕적 해이**(moral hazard)라는 중요한 문제점을 가지고 있다. 도덕적 해이란 개인이 위험에 대비하여 보험에 가입할 경우 이로 인해 바람직하지 않은 행태를 부추기게 되는 것을 의미한다. 만일 근무 중 상해의 위험에 대해 보험에 가입할 경우, 이로 인해 근무 중 상해에 대한 주의를 게을리할 수도 있을 것이다. 또한 장기 실업의 위험에 대해 보험에 가입할 경우, 새로운 직장을 찾으려는 노력을 덜하게 될 수도 있다. 혹은 만일 의료비 지출에 대한 보험에 가입할 경우 과잉진료를 받을 수도 있을 것이다.

도덕적 해이의 문제는 개인이 위험에 대비한 보험에 가입할 경우 언제든지 발생하게 된다. 따라서 이 장에서는 **사회보험제도의 상충성**(trade-off) — 역선택 등에 의해 시장실패가 발생할 경우 정부의 개입으로 효율성을 제고할 가능성과 정부 개입 자체가 도덕적 해이로 인해 효율성 비용을 발생시키고 그 효과가 약화될 가능성 — 에 대해 정리해보기로 한다.

12.1 사회보험이란 무엇이며, 왜 필요한가?

정부의 사회보험에 대한 논의는 보험이란 무엇이며 소비자들이 이를 왜 필요로 하는가에서부터 출발해야 할 것이다.

보험이란 무엇인가?

보험은 매우 다양한 여건하에 제공되나, 모든 보험은 공통적인 구조를 가지고 있다. 개인이나 또는 그를 대신하는 자(예 : 고용주나 부모)는 보험업자에게 돈을 지불하며, 이 경우 보험업자는 민간보험회사일 수도 있고 정부일 수도 있다. 이러한 지불금은 **보험료**(insurance premium)라고 불린다. 보험업자는 그 반대급부로 피보험자나 피보험자에게 서비스를 제공하는 자(예 : 병원이나 자동차 정비소 등)에게 보험급여를 지급한다는 약속을 하게 된다. 이러한 급여는 특정한 사건(예 : 사고 발생이나 병원 방문 등)의 발생을 조건부로 한다.

보험료 역경에 처할 위험에 대비한 보험을 들기 위해 보험업자에게 지불하는 금액

이러한 광범위한 정의는 현재 미국에서 제공되고 있는 다양한 민간보험상품들을 포괄할 수

있다. 이러한 보험상품의 예는 다음과 같다.[4]

- 의료보험 : 개인과 고용주들은 건강 문제나 의료비용 발생에 대비한 보험료로 매년 1조 1,200억 달러를 납부한다.
- 자동차보험 : 운전자들은 교통사고나 차량 도난으로 인한 비용과 신체 손상에 대비한 보험료로 매년 2,470억 달러를 납부한다.
- 생명보험 : 개인과 고용주들은 사망 시 상속자에게 소득을 제공하기 위해 매년 1,570억 달러를 납부한다.
- 손해보험 : 개인과 사업체들은 화재, 자연재해 및 도난 등으로 인한 주택 및 자산손실에 대비하여 매년 6,380억 달러를 보험료로 납부한다.

소비자들은 왜 보험을 필요로 하는가?

개인이 보험을 필요로 하는 이유는 제2장에서 논의한 **한계효용체감**의 원칙 때문이다. 소비로 인한 한계효용은 소비 수준이 높을수록 떨어진다는 일반적 가정을 상기해보자. 즉 피자의 첫 조각은 다섯 번째 조각에 비해 훨씬 더 맛있을 것이다. 이러한 직관적인 가정의 의미는 만일 개인에게 (1) 2년간 균등한 소비와, (1) 1년간 과다한 소비와 1년간의 굶주림 중에서 선택을 하라고 하면 전자를 선호할 것이라는 것이다. 과다한 소비가 한계효용을 높이는 효과보다는 굶주림으로 인한 한계효용의 감소가 더 크기 때문에 2년간 균등한 소비를 선호하게 된다.

예를 들어 우리가 경제학에서 흔히 사용하는 효용함수하에서는 1차 연도와 2차 연도에 각각 30,000달러를 소비하는 것이 1차 연도에 50,000달러, 2차 연도에 10,000달러를 소비하는 경우에 비해 더 높은 효용을 얻게 될 것이다. 1차 연도에 소비를 30,000달러에서 50,000달러로 늘릴 때 증가하는 효용의 크기는, 2차 연도에 소비를 30,000달러에서 10,000달러로 줄일 때 감소하는 효용의 크기보다 훨씬 작을 것이다. 따라서 개인들은 **소비평탄화**(consumption smoothing)를 원하게 된다. 즉 개인은 소비 수준이 높은(한계효용이 낮은) 기간으로부터 소비 수준이 낮은(한계효용이 높은) 기간으로 소비를 이전하기를 원할 것이다.

소비평탄화 소비 수준이 높아서 한계효용이 낮은 기간으로부터 소비 수준이 낮아서 한계효용이 높은 기간으로 소비를 이전시키는 것

사람들이 시기별로 소비평탄화를 원하는 것과 마찬가지로, 불확실성이 존재할 경우 사람들은 각각의 **불확실한 상태**(state of the world) 사이에도 소비를 평탄화하기를 원한다. 또한 앞의 예에서 1차 연도와 2차 연도에 동일한 수준의 소비를 할 경우 효용이 극대화되는 것처럼 불확실한 상태의 결과에 상관없이 각 상태마다 동일한 소비를 할 경우 효용이 극대화된다.

불확실한 상태 불확실한 미래에 발생 가능한 결과의 집합

당신이 내년 중에 자동차 사고를 당해 막대한 의료비 지출이 발생할 가능성이 있다고 상상해보자. 이 경우 내년에 실제로 실현될 상태는 자동차 사고를 당하거나 아니면 사고가 나지 않는 두 가지 상태, 또는 가능성일 것이다. 당신의 목적은 이 두 가지 상태 간에 효용을 극대화하기 위해 각 상태하의 소비 수준을 지금 결정하는 것이다.

[4] American Council of Life Insurers(2020); Insurance Information Institute(2021a, b); Centers for Medicare and Medicaid Services(2020).

각 개인들은 현재의 소득으로 미래의 위험에 대비한 보험을 구매함으로써 각각의 상태하에서의 소비 수준을 선택하게 된다. 보험을 구매할 경우 미래의 상태가 어떻게 실현되는지에 상관없이 보험료를 납부해야 하며, 불확실한 상태의 실현된 결과가 부정적(사고 발생)일 때 보험급여를 받게 된다. 보험료를 많이 납부할수록 부정적 상태 발생 시 받게 되는 보험급여는 늘어나게 된다. 따라서 보험 구매액의 수준을 변경함에 따라 각 개인은 소비를 한 상태로부터 다른 상태로 이전시킬 수 있다. 예를 들어 보험을 많이 구매한 개인은 긍정적 상태(보험료만 납부하는 경우)로부터 부정적 상태(보험료를 납부하고 보험급여를 받는 경우)로 소비를 이전시키게 된다.

기본 보험 이론의 핵심은 개인들이 각각의 불확실한 상태하의 소비 수준을 완전히 평탄화할 수 있도록 완전보험(full insurance)을 구매한다는 것이다. 즉 보험시장이 완전하다면 각 개인들은 부정적 상태(교통사고의 발생 등)의 발생 여부에 관계없이 소비 수준이 동일해질 수 있도록 보험을 구매하기를 원하게 된다. 한계효용이 체감한다면 이러한 결정은 사고 발생으로 소비 수준이 감소하는 경우에 비해 효용 수준을 높이게 된다. 이는 앞에서 설명한 시기별 소비 배분의 이치와 동일하다. 즉 모든 상태하에서 동일한 소비를 하는 것이 각 상태마다 소비 수준이 달라지는 것에 비해 우월하다는 것이다.

기대효용모형

이처럼 어려운 이치를 보다 잘 이해하기 위해서는 경제학자들이 불확실성하에서의 소비 선택을 모형화하는 데 사용하는 **기대효용모형**(expected utility model)이 매우 유용하다. 이 모형은 제2장에서 소개했던 소비자 선택 모형과 유사하나, 재화 사이의 효용극대화가 아니라 서로 다른 상태 간의 효용극대화라는 점에서 차이가 있다. 먼저 한 개인의 결과가 불확실한 상황에 놓여 있으며 실제로 부정적인 상태가 발생할 확률이 p일 경우를 생각해보자. 이때 기대효용은 다음과 같이 표시된다.

기대효용모형 각 상태가 발생할 확률을 가중치로 하여 각 상태에서의 효용을 가중평균한 모형

$$EU = (1 - p) \times U(\text{부정적 상태가 발생하지 않았을 경우의 소비}) +$$
$$p \times U(\text{부정적 상태가 발생할 경우의 소비})$$

우리는 이 모형을 통해 각 개인이 보험을 얼마나 구매할 것인지에 대해 살펴볼 수 있다. 예를 들어 미미가 내년에 교통사고를 당할 확률이 1%($p = .01$)이고, 이로 인해 30,000달러의 치료비가 발생할 경우를 상정해보자. 미미는 이러한 잠재적인 치료비의 전부 또는 일부에 대해 보험에 가입하거나 전혀 보험에 가입하지 않을 수 있다. 보험에 가입할 경우에는 보험 가입액 1달러당 m센트의 보험료를 내야만 한다. 따라서 만일 미미가 교통사고를 당할 경우 b달러를 지급해주는 보험상품을 구매한다면 미미가 내야 하는 보험료는 mb달러가 된다(예 : 완전보험에 가입한다면 미미는 $m \times 30{,}000$달러를 내야 한다). 만일 미미가 보험을 구매하고 교통사고가 발생하지 않는다면, 그녀는 보험 구매를 안 했을 경우에 비해 mb달러만큼 소득이 감소할 것이다. 만일 사고가 발생했을 경우에는 보험 구매를 안 했을 경우에 비해 $(b - mb)$달러만큼 소득이 증가할 것이다(왜냐하면 b달러만큼의 보험급여를 받는 대신 mb달러만큼의 보험료를 내기 때문이다). 따라

서 보험 구매는 소비 수준이 높고 한계효용이 낮은 기간(사고가 안 날 경우)으로부터 소비 수준이 낮고 한계효용이 높은 기간(사고가 날 경우)으로 소비를 이전시키는 데 유용한 수단이 된다.

미미의 사고 미발생 상태로부터 사고 발생 상태로의 소비이전 욕구는 보험가격의 수준에 달려 있다. 먼저 보험회사가 **보험계리적 공정보험료**(actuarially fair premium)를 책정할 경우를 가정해 보자. 즉 보험회사가 기대급여액과 동일한 보험가격을 책정하는 경우이다. 이 가정이 의미하는 바는 보험회사가 관리비용이 없으며 이윤을 창출하지 않고 보험료 수입 전액을 보험급여로 지급한다는 것이다. 예로 만일 보험자(보험회사)가 30,000달러를 지급해야 하는 확률이 1%라면, 이 경우 기대급여액은 $0.01 \times 30,000 = 300$달러가 될 것이다. 따라서 보험자가 책정하는 보험료는 300달러가 된다. 사고확률이 1%일 경우 이러한 보험료 수준하에서는 모든 피보험자에게 300달러씩 받아 100명 중 1명에게 30,000달러(1인당 평균 300달러)를 지급함으로써 보험자가 이윤이나 손실을 발생시키지 않을 것이다. 보다 일반적으로는 보험급여가 b달러이고 지급확률이 p일 경우 보험회사가 책정하는 보험료는 $p \times b$달러가 된다.

보험계리적 공정보험료 보험업자가 예상하는 기대급여와 동일한 보험료

완전보험이 최적이다 기대효용 이론의 주요 결론은 보험계리적 공정성이 유지될 경우 각 개인은 모든 상태에서 동일한 소비를 할 수 있도록 완전보험에 가입하길 원한다는 것이다. 이 점은 표 12-1에 잘 나타나 있다. 미미가 소비로 전액 지출하는 소득 수준이 1년에 30,000달러라 하자. 표의 첫 번째 줄은 미미가 의료비에 대한 보험을 구매하지 않고 교통사고를 당할 경우이다. 이 경우 미미가 다음 기에 30,000달러를 소비할 확률은 99%이며, 사고 발생에 따른 30,000달러의 의료비 지출로 인해 소비를 한 푼도 못할 확률은 1%이다. 또한 그녀의 효용함수가 $U = \sqrt{C}$라고 하자. 여기서 C는 그녀의 소비이며, 이는 그녀의 소득과 일치한다(저축은 없음). 따라서 보험이 없을 경우 미미의 기대효용은 다음과 같다.

$$(0.99 \times \sqrt{30,000}) + (0.01 \times \sqrt{0}) = (0.99 \times 173.2) + (0.01 \times 0) = 171.5$$

만일 미미가 사고를 당하면 의료비 전액을 지급해주는 보험을 구매할 경우를 상정해보자. 보험료는 300달러이며, 이 보험료는 사고 발생 여부에 관계없이 지불해야 한다. 그러나 사고를 당할 경우 그녀는 의료비 30,000달러를 자신의 소득으로 지불할 필요가 없어진다. 보험에 가입할 경우 그녀의 기대효용은 다음과 같다.

$$(0.99 \times \sqrt{30,000 - 300}) + (0.01 \times \sqrt{30,000 - 300}) =$$
$$(0.99 \times 172.34) + (0.01 \times 172.34) = 172.34$$

비록 미미가 보험료만 내고 급여를 받지 못할 가능성이 거의 확실하다 하더라도 보험을 구매할 경우 그녀의 효용은 커지게 된다. 이로 인해 미미는 한계효용체감의 법칙에 따라 보험 구매를 통해 두 가지 상태하의 소비를 평탄화하기를 원하게 된다. 더욱이 미미는 30,000달러의 완전보험을 다른 어떠한 보험급여 수준 b보다 선호하게 된다. 예를 들어 미미가 사고 발생 시 비용의 절반인 15,000달러에 대해서만 보험을 구매했다고 하자. 이 경우 미미의 연간 보험료는 절

표 12-1 기대효용모형 미미는 교통사고 발생의 위험에 대해 보험 구매 수준을 선택할 수 있다. 이 표는 미미가 교통사고를 당할 경우와 안 당할 경우 각 상태의 소비 및 효용 수준을 보여준다. 이 두 가지 상태의 발생확률을 가중치로 하여 각 상태의 효용을 가중평균한 기대효용은 보험 구매 수준이 클수록 높아진다.

보험 가입 형태	사고 발생 여부	소비(C)	효용($\sqrt{C}$)	기대효용
보험 미가입	교통사고 미발생($p=99\%$)	\$30,000	173.2	$0.99 \times 173.2 + 0.01 \times 0 = 171.5$
	교통사고 발생($p=1\%$)	0	0	
완전보험 가입 (보험료 300달러)	교통사고 미발생($p=99\%$)	\$29,700	172.34	$0.99 \times 172.34 + 0.01 \times 172.34 = 172.34$
	교통사고 발생($p=1\%$)	\$29,700	172.34	
부분보험 가입 (보험료 150달러)	교통사고 미발생($p=99\%$)	\$29,850	172.77	$0.99 \times 172.77 + 0.01 \times 121.86 = 172.26$
	교통사고 발생($p=1\%$)	\$14,850	121.86	

반인 150달러로 줄어들 것이다. 그러나 그녀의 효용은 172.26으로 완전보험을 구매할 경우보다 낮아질 것이다.

따라서 보험이 아무리 비싸더라도 그 가격(보험료)이 보험계리적으로 공정하다면, 사고에 대비한 완전보험을 들기를 원할 것이다. 이러한 이치는 이 장의 부록에 수학적으로 설명되어 있다. 중요한 교훈은 보험계리적으로 공정한 가격하에서는 완전보험과 이에 따른 소비의 완전평탄화가 보험시장의 최적 결과라는 점이다.[5]

위험회피의 역할 각 개인들 사이에는 위험을 감수하려는 정도, 즉 **위험회피**(risk aversion)의 수준이 다르다. 위험을 회피하려는 정도가 매우 큰 사람들은 소비의 한계효용이 급격히 체감한다. 그들은 소비가 하락하는 것을 매우 두려워하며 나쁜 상태에서의 현저한 소비 감소를 피하기 위해 좋은 상태하의 소비 중 일부를 기꺼이 희생하길 원한다.[6] 반면에 위험회피 정도가 낮은 사람들은 소비의 한계효용이 서서히 체감한다. 그들은 나쁜 상태에 대비하여 좋은 상태의 소비를 크게 희생하는 것을 원하지 않는다. 보험가격이 보험계리적으로 공정하다면 사람들은 그들의 위험회피 정도에 관계없이 보험을 구매하길 원할 것이다. 이는 한계효용이 체감하는 한 소비평탄화의 가치가 있기 때문이다. 그러나 다음에서 논의할 것인 바 보험료가 보험계리적으로 공정하지 않을 경우에는 위험회피 정도가 큰 사람들은 보험을 구매하고 위험회피 정도가 낮은 사람들은 보험 구매를 원치 않는 경우가 발생할 수 있다. 왜냐하면 전자의 사람들이 후자에 비해 나쁜 상태에 대비하여 좋은 상태하의 희생을 보다 많이 감수하려 하기 때문이다.

위험회피 개인이 위험을 감수하려는 정도

5 물론 역경을 당할 경우 소비취향이 바뀔 수도 있다. 예를 들어 장애가 있는 경우, 일과 관련된 지출을 하지 않거나 오락 관련 지출이 크지 않기 때문에 (건강보험이 적용되는 의료 지출 이외에) 소비를 줄여야 할 수도 있다. 이런 환경에서는 소비를 완전히 평탄화하지 못할 수 있다. 효용의 극대화가 장애인의 경우는 소비 감소를 용인하는 것을 의미한다. 이런 경우를 **상태의존적 효용함수**라고 부른다. 여기서는 이런 경우는 무시하고 개인이 소비에 대해 모든 상태에서 같은 선호를 가진다고 가정한다(부작용이 있든 없든 상관없이). 이러한 가정의 결과 모든 불리한 상황이 예산선에는 영향을 주지만 효용함수에는 영향을 주지 못한다. 그러나 최근 연구들이 이런 가정에 의문을 제기하고 있다. Finkelstein 외(2009)는 개인이 아플 때도 한계효용이 감소하지 않는다는 것을 보여주는 일련의 연구들을 검토하였다.

6 좀 더 일반적으로, 위험회피 정도는 효용함수의 형태에 좀 더 복잡한 관계를 갖고 있지만 한계효용이 좀 더 급격히 감소하여 좀 더 위험회피하는 것과 같아질 것이라는 직관이 일반적이다.

12.2 왜 사회보험이 필요한가? 정보의 비대칭 및 역선택

앞 절에 기술된 세상에서는 보험시장에 대한 정부의 간섭이 불필요할 것이다. 각 개인들은 민간 보험시장에서 보험계리적으로 공정한 가격으로 완전보험을 구매하기 때문이다. 그러나 현실의 정부는 보험시장에 광범위하게 개입하고 있으며 그 개입 범위가 점점 넓어지고 있다. 이 절에서는 경제학자들이 흔히 보험시장에 대한 정부 개입의 근거로 제시하는 보험자와 피보험자 간 정보의 비대칭성 및 이로 인해 발생하는 역선택의 문제를 살펴보기로 한다.

정보의 비대칭

정보의 비대칭 시장에서 판매자와 구매자가 가진 정보 차이

보험시장에는 판매자와 구매자가 가진 정보의 차이, 즉 **정보의 비대칭**(information asymmetry)이 존재할 수 있다. 보험시장에서 정보의 비대칭은 개인들이 보험자에 비해 자신의 위험 정도에 대해 더 많이 알고 있을 경우에 발생하게 된다. 이러한 비대칭성은 완전경쟁시장의 실패를 야기할 수 있다.

정보의 비대칭으로 인한 시장의 실패는 중고차시장을 통해 가장 잘 이해할 수 있으며, 이러한 예는 노벨 경제학상을 수상한 경제학자인 조지 애컬로프가 1970년에 제시하였다.[7] 중고차 판매자는 차량의 문제점에 대해 잠재적인 구매자들보다 더 잘 알고 있다. 판매자가 팔려는 차가 심각한 결함이 있는 차, 즉 '레몬(lemon)'일 수 있다. 구매자들은 이 차가 레몬인지 아닌지를 알 수 없으며, 판매자는 의심하지 않은 구매자에게 차를 팔아넘기려고 할 것이기에 판매자가 제공하는 정보를 믿을 수도 없다. 따라서 구매자들은 중고차시장을 아예 외면하게 된다. 이로 인해 중고차시장의 전체 수요는 작아지며, 중고차 판매자들은 평균적으로 자동차의 실제 가치보다 낮은 가격을 받게 된다. 아무리 판매자가 좋은 중고차를 갖고 있고 이를 증명하길 원하더라도 구매자들은 판매자가 정직하다고 확신할 수 없기에 가격을 충분히 지불하지 않을 것이다. 또한 판매자는 자신의 좋은 중고차를 헐값에 팔길 원치 않으므로 중고차 매매가 성사되지 않을 수 있다.

이러한 결과는 판매자와 구매자 양측에게 가치 있는 매매행위가 정보의 비대칭으로 인해 성사되지 않을 수 있기에 시장의 실패가 된다. 구매자는 기꺼이 좋은 차에 대해 높은 가격을 지불하길 원하고, 판매자도 그 가격에 기꺼이 차를 팔려는 마음을 가질 수 있다. 그러나 구매자가 레몬을 사게 될 것을 염려함에 따라 이러한 거래가 이루어지지 않게 된다.

중고차시장에서의 불완전성은 판매자가 구매자보다 정보가 많고 이로 인해 구매자가 시장을 경계하는 데서 발생한다. 보험시장에서 정보의 비대칭은 이와 반대이다. 즉 보험 구매자들이 판매자(보험자)보다 자신의 위험 정도에 대해 잘 알고 있을 수 있다. 이 경우 보험자는 보험 가입에 문제가 있는 사람들만이 보험에 가입할 것을 우려하여 보험 판매를 꺼리게 될 것이다. 예를 들어 아픈 사람들만이 의료보험을 구매하거나, 조만간 직장을 잃게 될 사람들만이 실업보험을 구매할 것이다. 그 결과 보험자는 보험계리적으로 공정한 수준보다 높은 보험료를 책정하거나

7 원문은 Akerlof(1970)를 참조하라.

위험 수준이 특히 의심되는 사람들에게는 보험을 판매하지 않으려 할 수 있다. 다음 절에서는 이러한 원리를 의료보험시장을 예로 들어 설명하기로 한다.

완전정보의 예

각각 100명씩으로 구성된 두 집단을 상상해보자. 한 집단은 부주의하여 길을 건널 때 주의를 하지 않는 집단이다. 이로 인해 이 집단이 매년 차에 치일 확률은 5%이다. 다른 집단은 길을 건너기 전에 항상 양측 도로를 살펴보는 신중한 집단이다. 이 집단 내 구성원의 매년 교통사고 확률은 겨우 0.5%이다. 이러한 두 유형의 보행자가 존재할 경우 과연 보험시장에 어떠한 영향을 주게 될까? 그 결과는 각 개인들과 보험회사의 상대적인 정보력 차이를 어떻게 가정하는지에 따라 달라진다.

예를 들어 보험회사와 보행자들 모두 누가 부주의하고 누가 신중한지에 대해 완전한 정보를 가지고 있는 경우를 생각해보자. 이 경우 보험회사는 부주의한 집단과 신중한 집단에 대해 각기 다른 보험계리적으로 공정한 보험료를 부과할 것이다. 부주의한 집단은 보험급여 1달러당 5센트의 보험료를 내는 반면 신중한 집단은 0.5센트만을 낼 것이다. 이처럼 보험계리적으로 공정한 가격하에서는 (12.1절에서 증명한 것과 같이) 각 집단의 구성원은 완전보험을 선택할 것이며 이에 따라 부주의한 집단은 각자 매년 30,000달러 × 0.05 = 1,500달러를, 신중한 집단은 각자 매년 30,000달러 × 0.005 = 150달러의 보험료를 내게 될 것이다. 보험회사의 이윤은 0이 되며, 이 사회는 최적의 결과(모든 집단이 완전보험에 가입)를 달성하게 될 것이다.

표 12-2의 첫 번째 줄은 이러한 두 집단의 소비자에게 차별된 가격을 책정하는 완전정보의 사례를 제시하고 있다. 이러한 보험료 정책하에서는 100명의 신중한 사람이 총 15,000달러를, 부주의한 100명은 총 150,000달러의 보험료를 납부하여 전체 보험료 수입은 165,000달러가 된다. 보험자는 100명의 신중한 소비자 중에서 0.5건의 사고가 발생하여 15,000달러(사고당 비용 0.5 × 30,000달러)를 보험급여로 지급하고, 부주의한 소비자 중에서는 5건의 사고가 발생하여 150,000달러(5 × 30,000달러)를 지급하게 될 것을 예상한다. 따라서 총보험급여는 165,000달러가 되고, 보험회사의 이윤은 0이 된다.

정보 비대칭의 예

이제 보험회사가 100명의 부주의한 소비자와 100명의 신중한 소비자가 있다는 것은 알고 있으나, 특정한 소비자가 어느 집단에 속해 있는지는 모르는 경우를 생각해보자. 이 경우 보험회사는 두 가지 중 하나를 택할 수 있다.

첫째, 보험회사는 각 개인들에게 신중한지 부주의한지를 물어보고 표 12-2의 두 번째 줄과 같이 차별화된 보험료를 제시할 수 있을 것이다. 만일 개인이 도로 횡단 시 신중하다고 말하면 150달러를, 부주의하다고 말하면 1,500달러의 보험료를 내게 될 것이다. 그러나 이 경우 모든 소비자들은 자신이 신중하다고 말하고 연 150달러로 보험을 구매하려 할 것이다. 왜 자발적으로 10배나 높은 보험료를 내려 하겠는가? 소비자 입장에서 볼 때 이러한 결과는 모두가 낮

표 12-2 소비자 유형별 보험료 책정 방식 만일 구매자가 신중한지 아니면 부주의한지에 대해 보험자가 완전한 정보를 갖고 있다면(첫째 줄), 보험자는 부주의한 집단에는 1,500달러의 보험료를, 신중한 집단에는 150달러의 보험료를 책정할 것이며 순이윤은 0이 된다. 만일 피보험자는 자신이 신중한지 또는 부주의한지에 대해 알고 있으나 보험자는 이를 모른다면, 보험자는 각 집단별로 상이한 보험료를 책정하거나(둘째 줄), 또는 모든 집단에 동일한 보험료를 책정할 수 있을 것이다(셋째 줄). 어느 경우에나 보험자는 역선택의 문제로 인해 손실을 입게 될 것이기에 보험을 판매하지 않을 것이며, 이로 인해 시장의 실패가 발생한다.

정보 상태	보험료 책정 방식	부주의한 자의 보험료(100명)	신중한 자의 보험료(100명)	총보험료 수입	총급여 지급액	보험자 순이윤
완전정보	분리 책정	$1,500	$150	$165,000 (100 × $1,500 + 100 × $150)	$165,000	0
비대칭 정보	분리 책정	$1,500	$150	$30,000 (0 × $1,500 + 200 × $150)	$165,000	−$135,000
비대칭 정보	평균 책정	$825	$825	$82,500 (100 × $825 + 0 × $825)	$150,000	−$67,500

은 보험료로 완전보험에 가입할 수 있기에 매우 바람직할 것이다. 그러나 보험자의 입장에서는 어떠한가? 보험회사의 보험료 수입은 총 30,000달러(200명 × 1인당 150달러)가 될 것이다. 그러나 회사는 부주의한 집단의 사고 5건과 신중한 집단의 사고 0.5건을 합하여 총 165,000달러(5.5 × 30,000달러)를 보험급여로 지급할 것을 기대하고 있다. 따라서 이러한 예에서는 보험회사에 135,000달러의 손실이 발생하게 된다. 이러한 조건하에서 보험회사는 보험을 판매하려 하지 않을 것이 자명하다. 이로 인해 시장은 실패하게 되고, 보험회사의 판매 거부로 인해 소비자들은 적정한 수준의 보험에 가입할 수 없게 된다. 이러한 결과는 표 12-2의 두 번째 줄에 나타나 있다.

이와 달리, 보험회사가 누가 부주의하고 누가 신중한지를 가려낼 수 없다는 것을 인정하고 단일한 평균비용으로 보험을 제공할 수도 있다. 즉 보험자는 100명의 부주의한 소비자와 100명의 신중한 소비자가 있으므로 평균적으로 1년에 165,000달러의 보험급여를 지급해야 한다는 것을 알고 있다. 만일 보험회사가 200명에게 연간 825달러의 보험료를 부과하면, 이론적으로는 보험회사의 이윤은 0이 될 것이다.

실제로 그렇게 될까? 신중한 소비자의 경우를 보자. 그는 825달러를 내고 보험을 구매할 것인지, 아니면 보험을 구매하지 않을 것인지 중에서 선택을 해야 한다. 신중한 소비자들은 자신들이 차에 치일 확률이 단지 0.5%임에 비추어볼 때 이러한 보험료 수준이 너무 높다고 생각할 것이다. 따라서 그들은 보험을 구매하지 않을 것이다. 반면 부주의한 소비자들은 이러한 제안을 받아들여 보험을 구매할 것이다. 보험회사는 결국 (100명의 부주의한 소비자들로부터) 82,500달러의 보험료 수입만을 거둘 것이며, 이 부주의한 소비자들에게 30,000달러 × 5 = 150,000달러의 보험급여를 지급해야 하므로 이 경우 역시 보험회사는 손실을 입게 될 것이다. 더욱이 소비자들의 절반(신중한 소비자들)은 완전보험에 가입하길 원함에도 불구하고 보험을 구매하지 못하게 된다. 다시 한 번 보험시장은 두 집단의 소비자들에게 적정한 보험을 제공하는 것에 실패하게 된다. 이러한 결과는 표 12-2의 세 번째 줄에 나타나 있다.

역선택의 문제

앞 절의 신중한/부주의한 보행자의 예는 보험시장을 괴롭히는 정보의 비대칭성, 즉 **역선택**(adverse selection)의 문제에 대한 사례이다. 역선택이란 피보험자가 보험자에 비해 자신의 위험 수준에 대해 더 많이 알고 있는 까닭에 위험 수준이 높은 자들만이 보험을 구매하게 되고, 이로 인해 보험자가 보험을 제공할 경우 손실을 입게 되는 것을 의미한다. 역선택의 문제가 일반적으로 어떻게 작동하는지는 앞의 예에 잘 나타나 있다. 즉 보험거래가 공정하다고 여기는 사람들만이 보험을 구매할 것이다. 그런데 고비용 집단과 저비용 집단을 평균한 단일가격하에서는 고비용 집단만이 보험거래가 공정하다고 여길 것이다(실제로 그들은 그 이상의 혜택을 받게 된다). 만일 고비용 집단(위험 수준이 높은 집단)만이 보험을 구매한다면 보험회사는 평균 가격을 책정한 반면 부주의한 자들에게 높은 기대급여를 지급해야 하기에 손실을 입게 된다. 또한 만일 보험회사가 보험을 판매할 경우 손실이 발생할 것을 알고 있다면 보험을 판매하지 않을 것이다. 그 결과, 이 경우에는 어떤 유형의 소비자들에게도 보험 가입 기회가 제공되지 않을 것이다.

역선택 피보험자인 개인이 보험자보다 자신의 위험에 대해 더 잘 알고 있음으로 인해, 위험이 높은 사람들만이 보험을 구매하고, 이로 인해 보험 판매 시 보험자가 손실을 입게 되는 것

따라서 역선택은 보험시장의 실패를 야기하고, 보험시장을 점진적으로 붕괴시키는 원인이 된다. 이는 어느 한 보험회사도 단일한 평균 가격으로 보험을 판매하려 하지 않으므로 결국 모든 회사가 보험을 제공하지 않게 되기 때문이다. 예를 들어 캘리포니아주의 의료보험회사인 헬스아메리카는 1980년대에 샌프란시스코 지역에 AIDS가 많이 발생한다는 믿음하에 그 지역 주민들의 개인 의료보험 가입을 거부하였다. 샌프란시스코의 지방법원에 의하면 헬스아메리카는 샌프란시스코 주민들의 가입 신청서를 심사하는 척만 하고 실제로는 서랍 속에 넣어두었다가 몇 주 뒤 거절 통지를 보냈다고 한다.[8]

이는 시장실패의 경우이다. 왜냐하면 완전정보하에서는 비록 AIDS의 위험에 따라 보험료가 높다 하더라도 샌프란시스코의 주민들이 보험계리적으로 공정한 보험료로 보험을 구매할 수 있었을 것이기 때문이다.

정보 비대칭은 반드시 시장실패를 야기하는가?

정보의 비대칭이 있으면 보험회사는 반드시 실패하게 되는가? 꼭 그렇지는 않다. 우선 모든 사람은 위험을 회피하려는 성향이 매우 강하다. 위험회피적인 사람들은 미래의 나쁜 상태에 대비하기 위해 보험 가입을 간절히 원하므로 보험을 구매하기 위해 보험계리적으로 공정한 보험료 이상의 가격을 지불할 의향이 있다. 즉 그들은 보험계리적 공정보험료를 훨씬 초과하는 **위험보험료**(risk premium)를 지불할 준비가 되어 있다. 앞의 예에서 신중한 집단의 사람들이 매우 위험회

위험보험료 위험회피적인 개인이 보험계리적으로 공정한 가격을 초과하여 지불하는 보험료

8 *Journal of Commerce*(1988).

피적이라 무보험 상태를 매우 두려워하고 평균 가격으로라도 보험을 구매할 의향이 있을 수도 있다. 즉 비록 신중한 사람들에 대한 보험계리적 공정가격이 150달러이고 시장가격이 825달러여서 그들의 위험보험료가 675달러(825달러 − 150달러)라 하더라도 그들은 여전히 보험을 구매할 것이다. 이러한 상황을 기술적으로 **통합균형**(pooling equilibrium)이라 하며 이 말은 보험료가 모든 사람에게 공정하지 않더라도 모든 유형의 사람들이 완전보험에 가입하는 시장 균형을 의미한다. 통합균형은 두 집단 모두 완전보험에 가입하고 보험자도 기꺼이 보험을 제공하므로 최적의 결과가 된다.

통합균형 공정한 가격이 책정되지 않았음에도 불구하고 모든 유형의 사람이 완전보험을 구매하는 시장 균형

통합균형이 비록 존재하지 않더라도 보험회사는 다른 보험상품을 다른 가격에 제공함으로써 역선택의 문제를 해결할 수 있다. 앞의 예에서 역선택의 문제가 발생하는 원인이 부주의한 사람들이 싼 가격에 보험을 구매하기 위해 신중한 사람으로 가장하는 데 있음을 상기해보자. 보험회사는 사람들이 자신의 실제 유형(신중한 자 또는 부주의한 자)을 밝혀주길 원하나 회사는 우리가 앞서 살펴본 공공재의 경우처럼 현시선호의 문제에 직면하게 된다. 비록 개인들이 그들의 실제 유형을 자발적으로 밝히길 원하지 않더라도 그들이 비자발적으로 실제 유형을 밝힐 수 있는 선택을 유도할 수도 있다.

보험회사가 두 가지 상품을 제공하는 경우를 생각해보자. 하나는 사고와 관련된 의료비에 대해 30,000달러의 완전보험을 1,500달러의 보험료(부주의한 자의 보험계리적 공정가격)로 제공하는 것이며, 다른 하나는 10,000달러의 의료비를 50달러(신중한 자의 부분보험에 대한 보험계리적 공정가격)의 보험료로 제공하는 경우이다. 이러한 두 상품이 제공될 경우 부주의한 자는 더 비싼 보험을, 신중한 자는 덜 비싼 보험을 구매할 수 있다. 이러한 결과는 사고확률이 상대적으로 높은 부주의한 사람들의 경우 보험급여로 10,000달러만을 받게 되는 위험을 감수하길 원치 않기 때문이다. 즉 그들은 완전보험에 가입하기 위해 높은 가격을 지불하려 할 것이다. 반면에 사고확률이 매우 낮은 신중한 자의 경우에는 이러한 위험을 택할 수 있다. 이 경우 보험회사는 두 가지 다른 보험상품을 다른 가격에 제공함으로써 소비자들이 그들의 실제 유형을 밝히도록 유도할 수 있게 된다. 이러한 시장 균형을 **분리균형**(separating equilibrium)이라 부른다.

분리균형 각기 다른 유형의 사람들이 자신의 실제 유형을 밝힐 수 있도록 고안된 다른 종류의 보험을 구매하는 시장 균형

이것이 지나친 논리처럼 들리는가? 그렇다면 30년 전에 의료보험시장에서 어떤 일이 있었는지를 생각해보자. 그 당시 보험회사들은 모든 소비자에게 높은 단일가격으로 매우 관대한 보험을 제공하고 있었다. 그러나 의료보험비용이 상승하면서 보험회사들은 이 전략으로는 더 이상 이윤을 얻을 수 없게 되었다. 이러한 고비용에 대응하여 보험회사들은 두 가지 보험상품을 제공하기 시작했다. 하나는 전통적인 보험상품이며, 새로운 상품은 건강유지조직(health maintenance organization, HMO)이라 명명되었다. HMO는 전문의 진료를 제한하는 등 훨씬 더 엄격히 감독을 받는 진료 서비스를 제공하였다. 그러나 이와 동시에 HMO의 보험료도 매우 낮았다. 이로 인해 대다수 건강한 소비자들이 새로운 저부담/저급여 상품으로 전환하게 되었다. 이는 전형적인 분리균형의 사례이다.

그러나 통합균형의 경우와는 달리 분리균형은 여전히 시장의 실패를 의미한다. 부주의한 사람들은 완전정보하에서와 마찬가지로 그들이 원하는 높은 가격으로 완전보험에 가입할 수 있게

된다. 그러나 신중한 사람들의 경우에는 낮은 보험계리적 공정가격으로 완전보험에 가입하는 최선의 선택을 할 수 없게 된다. 시장의 실패에 대응하기 위해 보험회사들은 신중한 사람들로 하여금 매우 높은 가격으로 완전보험을 구매하거나, 낮은 가격으로 부분보험을 구매하는 것 중 한 가지를 선택하도록 강요한다. 이 경우 대다수의 신중한 사람들이 부분보험을 선택할 것이기에 최적의 결과가 되지 못한다. 최적의 결과는 두 집단이 그들의 상대적인 위험 수준을 반영하는 차별화된 가격으로 완전보험을 구매하는 경우이다. 따라서 아무리 차별화된 상품을 제공하더라도 역선택의 문제로 인해 시장은 효율적인 결과를 도출하지 못하게 된다.

kmsdesen/ Shutterstock

응용사례

역선택과 의료보험의 '죽음의 악순환'

역선택이 의료보험시장에 끼치는 피해에 대한 대표적인 사례는 하버드대학의 Cutler와 Reber (1998)의 연구에 잘 나타나 있다. 하버드대학은 교직원들에게 다양한 의료보험상품을 제공하였으며, 이 중 몇 가지 상품은 다른 상품에 비해 매우 관대한(고액진료 포함 등) 것이었다. 보험회사가 학교에 청구하는 보험료는 각 보험의 가입자가 보험적용이 되는 의료서비스를 받는 빈도에 따라 결정되었다. 예를 들어 어떤 의료보험에 아픈 사람들이 많이 가입하였다면 비용이 높아질 것이며 보험회사는 학교에 보다 높은 보험료를 청구할 것이다. 이러한 가격체계를 **경험률**(experience rating)이라 부르며, 이는 실현된 결과에 따라 보험가격을 청구하는 것을 의미한다. 이는 보험계리적 조정에 상응한 '사후적인' 수단이다. 보험계리적 조정은 기대되는 경험을 근거로 가격을 책정하는 반면에 경험률은 실현된 경험을 근거로 가격을 책정하는 것이다.

경험률 보험가격을 실현된 결과의 함수로 책정하는 것

의료보험의 비용은 대학교와 교직원이 분담하였다. 전통적으로 대학교는 일부 의료보험이 다른 의료보험보다 비싼 것으로부터 교직원들을 보호하기 위해 보다 관대하고 비싼 의료보험에 대해서는 비용을 더 많이 분담함으로써 교직원들이 어떤 의료보험을 선택하는지에 상관없이 유사한 비용을 부담하도록 해왔다. 따라서 교직원들의 입장에서는 더 비싸고 관대한 보험을 선택하는 것에 대한 벌금이 상대적으로 적었다. 그러나 대학교는 1995년에 각 의료보험에 대해 비용에 상관없이 동일한 금액을 학교가 부담하는 체계로 전환하였으며, 이에 따라 교직원들은 보다 관대하고 비싼 의료보험에 가입할 경우 보다 많은 금액을 지불하게 되었다.

Cutler와 Reber는 이 새로운 시스템이 하버드 의료보험체계 내의 역선택의 범위를 크게 증가시킨 사실을 발견하였다. 1995년 이전에는 모든 의료보험가격이 비슷해서 많은 건강한 사람들이 관대하고 비싼 의료보험에 가입하였다. 즉 건강한 사람이나 몸이 불편한 사람들 모두 관대한 (완전)보험에 가입하는 통합균형의 상태였다. 그러나 관대한 의료보험에 대해 훨씬 더 많은 비용을 지불하게 되자 일부 건강한 사람들은 보다 싼 의료보험을 선택하였으며 건강하지 못한 사람들은 관대한 보험을 계속 선택하였다. 즉 건강한 사람들은 보다 싼 가격으로 덜 관대한 의료보험에 가입하고 몸이 불편한 사람들은 비싼 가격으로 보다 관대한 보험에 가입하는 분리균형의 상태로 바뀌었다.

그러나 건강하지 못한 교직원들이 의료서비스를 훨씬 더 많이 이용함으로 인해 보다 관대한 의료보험에 대한 (가입자의 평균 의료 이용 빈도를 반영하는) 경험보험료가 크게 증가하게 되었다. 총보험비용에 관계없이 대학이 일정 비용만을 분담하는 새로운 하버드 의료보험체계하에서는 관대한 의료보험의 비용 증가분을 가입자들이 전적으로 부담하게 되었다. 또한 이에 따라 더 많은 건강한 교직원들이 관대한 의료보험을 포기하고 보다 싼 보험으로 전환하게 되었다. 건강한 사람들이 관대한 의료보험을 포기하면서 보험비용은 더욱 올라가게 되고(남아 있는 가입자들은 평균적으로 몸이 더 불편한 사람들이기에), 이는 다시 더 많은 건강한 사람들이 이 보험을 포기하도록 유도하여 보험료 상승의 악순환을 초래하였다. 이러한 악순환은 1998년 과다한 비용 상승으로 인해 가장 관대했던 의료보험이 결국 폐지될 때까지 계속되었다. 역선택이 이 의료보험에 대해 '죽음의 악순환(death spiral)'을 초래하게 된 것이다.

이는 명백히 비효율적인 결과이다. 왜냐하면 가장 관대한 보험에 가입하길 원하는 사람들이 더 이상 어떠한 가격으로도 이를 구매할 수 없게 되었기 때문이다. 결국 생산비와 같은(또는 그 이상의) 가격하에 수요가 존재하는 상품을 더 이상 제공할 수 없게 되었다는 점에서 하버드대학 교직원의 의료보험시장은 실패하였다. 이러한 사례연구는 역선택이 어떻게 시장실패를 야기하는지에 대해 잘 보여주고 있다. ■

정부는 역선택에 대해 어떻게 대응하는가?

정부는 이러한 역선택의 문제에 대응하기 위해 여러 가지 형태로 개입할 수 있다. 신중하거나 또는 부주의한 보행자의 예에서 정부가 모든 사람들이 연간 825달러의 평균 가격으로 완전보험을 강제적으로 구매하도록 했을 경우를 생각해보자. 이러한 조치는 두 가지 유형의 보행자들이 모두 완전보험에 가입한다는 점에서 효율적인 결과일 것이다. 그러나 이러한 조치는 신중한 보행자들에게는 별로 매력적이지 않을 것이다. 왜냐하면 이들은 자신의 위험 수준에 비해 높은 보험료를 냄으로써 시장 유지를 위한 세금을 납부하고 있다고 생각할 수 있기 때문이다. 즉 많은 신중한 소비자들은 825달러의 보험료를 내고 강제로 완전보험에 가입하기보다 차라리 보험에 미가입하는 것을 선호할 것이며 정부는 결국 이들을 더 불리하게 만들게 된다.

다른 방법은 정부가 보험을 제공하는 경우이다. 즉 정부가 모든 사람들이 완전하게 보험에 가입할 수 있도록 완전보험 수준에 맞추어 보험을 직접 제공할 수도 있다. 또는 모든 사람들이 (최적의) 완전보험에 가입할 수 있도록 하기 위해 민간시장에서 완전보험을 구매할 때 보조금을 지급해줄 수도 있다. 그러나 이러한 정부 개입은 재정으로 충당되어야 한다. 만일 이러한 개입을 위해 모든 사람에게 동일한 세금을 부과한다면 그 결과는 강제 가입의 경우와 동일해질 것이다. 즉 신중한 소비자들은 완전보험에 대해 자발적으로 가입할 때보다 많은 금액(이 경우에는 보험료가 아닌 세금의 형태로)을 지불하게 된다. 이와 같이 정부는 여러 가지 방법으로 역선택에 대응하고 시장 효율성을 제고할 수 있다. 그러나 이러한 방법은 건강한 사람들로부터 건강하지 못한 사람에게로의 소득재분배를 수반하게 되며 이러한 정책은 인기가 없을 수 있다.

12.3 보험시장에 대한 정부 개입의 다른 이유

앞에서 살펴본 바와 같이 역선택은 보험시장에 대한 정부 개입의 가장 대표적인 이유이다. 그 외의 이유들은 다음과 같다.

외부효과

보험시장에 대한 정부 개입의 고전적인 근거는 불완전한 보험 가입으로 인해 다른 사람들에게 부(−)의 외부효과를 줄 수 있다는 것이다. 제1장에서 논의하였듯이 당신이 보험에 가입하지 않는 것이 나의 질환의 원인이 될 수 있으며 이로 인해 신체적으로 부의 외부효과를 줄 수 있다. 마찬가지로 당신이 자동차보험에 가입하지 않고 내게 자동차 충돌로 인한 상해를 입힌다면 나와 내 보험자가 나의 상해에 대한 비용을 부담해야 하기에 금전적으로 부의 외부효과가 발생한다. 제5장과 제6장에서 정부가 외부효과를 해결하기 위해 개입하는 것처럼, 보험시장에 있어서도 정부는 보험 가입에 대해 강제화, 직접 제공 또는 보조금 지급 등을 통해 간섭할 수 있다.

관리비용

정부가 운영하는 노인 대상 의료보험인 메디케어의 관리비는 급여 지급액의 2% 수준이다. 반면에 민간의료보험의 관리비는 평균적으로 급여 지급액의 약 12.4%나 된다.[9] 왜 이것이 문제가 되는가? 보험회사가 완전정보하에서 부주의한 소비자와 신중한 소비자에게 적절한 보험료를 책정할 수 있는 경우를 상기해보자. 앞서 살펴보았듯이 이 경우 보험회사는 신중한 소비자에겐 150달러를, 부주의한 소비자에겐 1,500달러를 부과할 것이며 모든 소비자들은 이 가격으로 완전보험에 가입할 것이다. 그러나 만일 보험회사의 관리비용이 보험료의 15%라면, 회사는 이윤이 0이 되기 위해서는 신중한 소비자에게 172.5달러(150달러 × 1.15 = 172.5달러)를, 부주의한 소비자에게 1,725달러(1,500달러 × 1.15 = 1,725달러)를 보험료로 부과해야 할 것이다. 그러나 이처럼 (보험계리적으로 불공정한) 높은 가격하에서는 위험회피 정도가 낮은 일부 소비자들은 보험 가입을 하지 않을 수도 있다. 이러한 이유로 관리의 비효율성은 모든 사람들이 최적인 완전보험에 가입하는 것을 저해함으로써 시장실패를 초래할 수 있다.

소득재분배

완전정보하에서는 부주의한 소비자가 신중한 소비자에 비해 10배나 높은 보험료를 내는 것이 최적의 결과이다. 많은 사회의 경우 이러한 결과는 분배적 측면에서 볼 때 그리 흡족한 결과가 아닐 수 있다. 이 경우 정부는 저위험집단에게 세금을 부과하고 고위험집단의 보험료를 보조해 줌으로써 보험비용 부담의 격차를 줄이기 위해 보험시장에 개입하길 원할 수도 있다.

흥미롭게도 민간보험시장이 잘 작동하도록 만드는 기술들이 동시에 소득분배를 악화시키기도 한다. 예를 들어 보험자가 유전자 검사를 통해 각 개인들의 건강비용을 보다 정확하게 예측

9 Woolhander and Himmelstein(2017).

할 수 있는 경우, 정보 비대칭으로 인한 많은 문제들을 궁극적으로 제거할 수 있을 것이다. 그러나 이러한 검사는 유전적으로 불행한 운명을 지니고 있는 사람들이 유전적으로 건강한 사람들에 비해 훨씬 높은 보험료를 내야 함을 의미하기도 한다. 현대 사회가 나쁜 유전자를 갖고 태어난 사람들이 몇 배나 높은 보험료를 내야 하는 보험시장을 과연 용인하겠는가?

온정적 간섭주의

온정적 간섭주의(paternalism)는 모든 사회보험제도의 중요한 동기 중 하나이다. 정부는 만일 강제 적용을 안 할 경우 사람들이 위험에 대해 적절한 보험에 가입하지 않을 것이라 생각할 수 있다. 이러한 개입 근거는 시장의 실패와는 무관하다. 다만, 이는 개인들이 자신의 효용극대화에 실패하는 것과 관계가 있다. 그러므로 개인들이 기능을 잘하고 있는 민간보험시장에서 보험에 가입하지 않더라도 정부는 국민의 이익을 위해 사회보험의 제공을 주장할 수 있다.

kmsdesen/Shutterstock

응용사례

홍수보험과 선한 사마리아인의 딜레마

사회보험에 대한 또 다른 근거는 선한 사마리아인의 딜레마(samaritan's dilemma)라 불린다. 온정적인 정부는 역경에 처한 사람들을, 특히 자신의 잘못이 아닌 경우 모른 체하기 힘들 것이다. 정부는 재앙이 닥칠 경우 피해자들이 스스로 다시 일어설 수 있도록 도와주기 위해 지원을 할 것이다. 이 경우 개인은 나쁜 일이 생기면 정부가 구제해줄 것을 미리 알고 있기에 일이 잘못될 경우에 대한 대비를 게을리할 것이다(즉 우리가 곧 배우게 될 도덕적 해이의 문제가 발생한다). 그 결과 선량한 정부는 위험한 행동으로 인한 비용을 대신 떠맡아주는 셈이 된다.

홍수로 인한 주택피해에 대한 보험은 선한 사마리아인의 딜레마의 좋은 예다. 원칙적으로는 홍수보험에 의해 잘 작동되는 시장이 존재해야만 한다. 왜냐하면 각 가구의 홍수위험에 대해서는 보험자도 주택 소유자만큼 알고 있으므로 역선택을 걱정하지 않아도 되기 때문이다. 그러나 1960년대 후반까지 가장 위험하고 홍수가 잦은 지역에서조차 홍수보험에 가입한 가구가 매우 드물었다. 개인이나 사업자 모두 홍수가 나면 연방정부로부터 재해지원을 받을 것을 알고 있기에 이러한 사태에 대해 보험에 가입할 아무런 이유가 없었다. 따라서 이러한 정부의 안전망으로 인해 사람들은 홍수나 다른 자연재해의 위험이 높은 지역에 주거지 개발을 지속해왔다.

연방정부는 홍수 조절 및 재해지원에 소요되는 세금 지출을 절약하고 이 비용 중 일부를 당사자들에게 부담시키려는 목적으로 1968년에 국가홍수보험제도(National Flood Insurance Program, NFIP)를 도입하였다.[10] 이 제도하에서 연방재난관리청(FEMA)은 미국 전역에 걸쳐 홍수 발생확률이 1%를 넘는 특별 홍수위험지역(special flood hazard areas, SFHAs)에 대해 지도를 만들고 있다. 이 SFHAs에 위치한 지역사회에는 연방 홍수지역 관리규제를 준수한다는 조건

10 Drew and Treaster(2006).

하에 국가홍수보험에 가입할 수 있는 선택권이 주어졌다. 지역사회가 NFIP에 가입할 경우 이 지역의 주택 및 사업체의 소유자들은 그들의 홍수위험 수준을 평가하고 홍수보험의 구매 여부를 결정해야 한다. 보험계약은 주요 손해보험회사와 이루어지며 보험회사는 수수료를 공제한 보험료 수입을 국가홍수보험기금에 맡기도록 되어 있다. 이러한 보험료 수입을 토대로 급여가 지급되나 비상사태가 발생할 경우에는 재무성으로부터 융자 지원을 받을 수도 있다.[11]

FEMA의 주장에 의하면 국가홍수보험제도는 1969년 이후 500억 달러의 보험금을 지급하였으며, 만일 이 제도가 없었더라면 이 부담은 조세로 충당되는 재해지원예산이나 희생자들 자신이 떠안았을 것이다. 또한 FEMA는 홍수지역 관리규제를 통해 홍수 피해의 수준 및 빈도를 크게 낮추었다고 주장한다. 즉 국가홍수보험제도의 기준에 맞춰 지어진 건물들의 피해 수준은 80%나 낮아졌으며 이로 인해 매년 12억 달러를 절감할 수 있었다는 것이다.[12]

그러나 2005년에 발생한 엄청난 허리케인 카트리나의 피해 사례에서 보듯이 국가홍수보험제도는 그 설립 목적을 달성하는 데 명백히 실패하였다. 태풍 발생 몇 주 후 피해자들의 거의 절반이 홍수보험에 가입하지 않았다는 것이 밝혀졌다. 더욱이 홍수보험 가입자들의 보험청구액이 250억 달러에 달하여 매년 보험료 수입이 단지 22억 달러에 불과한 홍수보험은 파산하게 되었다. 결국 FEMA는 재정을 충당하기 위해 재무부로부터 175억 달러를 차입해야 했다.[13]

국가홍수보험제도의 실패 원인은 여러 가지다. 첫째, 국가홍수보험에 적용을 받는 지역사회 내에서도 많은 사람들이 보험에 가입하지 않았다.[14] 한 보험회사의 홍수 프로그램 매니저인 린다 매키에 의하면, "매번 재앙이 닥친 후에는 항상 홍수보험에 대한 가입 요청이 늘어납니다. 통상적으로 재난이 닥친 후 사람들은 위험에 빠질 수 있다는 것을 깨닫고 보험에 가입하지만 곧 보험소멸시효를 놓치게 되며 다음번 재난이 닥치면 다시 보험에 가입하려고 달려갑니다."[15] 이는 선한 사마리아인의 딜레마의 전형적인 예이다. 만일 정부가 홍수보험 가입을 법적으로 의무화하지 않고 재난이 발생할 때마다 지원을 해준다면 왜 홍수보험에 가입할 것인가? 실제로 연방정부는 루이지애나, 뉴저지, 플로리다, 매사추세츠주 등 허리케인 출몰이 잦은 지역의 사회간접자본시설들을 지속적으로 수리해주고 있다.[16]

국가홍수보험제도가 허리케인 카트리나 피해자들의 수요를 충족시키는 데 실패한 결과로 인해 의회는 홍수보험 개혁 및 현대화 법안(Flood Insurance Reform and Modernization Act)을 2007년 통과시켰다. 이 법안은 FEMA가 재무성에서 받은 차입금을 면제하고, FEMA가 재해위험이 높은 지역에 대해서 홍수보험의 보험료를 최대 25%까지 올릴 수 있도록 하는 것이다. 이 개혁안이 정부 정책을 민감한 방향으로 전환하도록 하였지만, 주택 소유자들이 단지 부분적으로만 참여하고 있다는 근본적인 문제가 남아 있다(보험료가 올라갈수록 가입률은 더욱 떨어질

11 Federal Emergency Management Agency(2014).

12 Federal Emergency Management Agency(2021).

13 Congressional Budget Office(2007a).

14 Federal Emergency Management Agency(2015).

15 Pasha(2005). 이런 현상에 대한 직접적인 증거는 Gallagher(2014)를 참조하라.

16 Koebler(2012).

것이다). Evans(2007)에 의하면 "지금까지 의회는 보험제도가 차입한도를 올리는 것 이상으로 한 것이 없다 보니 궁극적으로는 납세자들에게 불안한 차용증서를 넘겨주게 되었다."

2012년 여름 의회는 양당의 지원을 받아 비거트-워터스 홍수보험개혁법안(Biggert-Waters Flood Act)을 통과시켰다. 이 법안은 허리케인 카트리나가 이 프로그램을 파산시키고 이에 따른 많은 문제점들이 노출된 후에 연방재난관리청이 문제점들을 고치기 위해 고안된 것이다. '반복적 손실'(반복적으로 홍수로 침수되는)로 간주되는 주택은 좀 더 높은 보험료를 내야 하며 홍수지역지도를 좀 더 정교하게 작성하기 위해 기술지도자문위원회가 만들어졌다. 많은 사람들이 비용 부담을 납세자로부터 사적시장으로 이전하며 정부 지출을 줄이고 기후변화와 해수면 상승 비용을 정확하게 평가하는 방법이라고 이 법안을 칭찬하였다. 그러나 다른 이들은 홍수보험료가 인상되어서 타깃이 된 지역의 주택 소유자에게 불이익을 주고 그들이 동시에 주택 구입을 회피할 수도 있다는 우려를 나타내기도 하였다. 결국 2014년 3월 그로부터 2년도 지나지 않아 의회는 주택소유자 홍수보험 경제성 법안(Homeowners Flood Insurance Affordability Act, HFIAA)을 통과시키게 되었다. 이 법안은 비거트-워터스 홍수보험개혁법안의 다양한 측면을 없애버리게 되었다. 없애버린 것들로부터 환불을 제공하면서 전에 인상된 요율을 낮추게 된 것이다. 요율은 계속 인상되겠지만 즉각적으로 완벽하게 인상되지 않고 점진적으로 인상될 것이다.

홍수보험의 고질적인 문제는 2017년 휴스턴과 텍사스 남동부를 강타하여 홍수 위험에 취약한 재산에 약 1,250억 달러의 피해를 발생시킨 허리케인 하비(Harvey)에서도 여실히 드러났다. 실제로 이 지역 중 71가구로 구성된 한 행정단위 구역에서 2001년 이후 최소 5번의 홍수가 발생하여, FEMA는 1,200만 달러 이상의 비용을 지불하였다.[17] 이러한 문제를 해결하기 위한 대안은 홍수보험시장의 경쟁을 강화하는 것부터 홍수가 발생하기 쉬운 지역의 재산을 정부가 환매하는 방법에 이르기까지 광범위하다.[18]

분명히 홍수보험에 대한 논쟁은 끝나지 않았으며 공정하게 책정된 보험으로 홍수가 심한 지역에서 부과된 높은 비용에 대한 홍수구제 금융의 연방정부 비용을 보호하려는 목표를 중심으로 계속해서 나가게 될 것이다. ■

12.4 사회보험 대 자가보험 : 소비평탄화의 정도는?

앞의 논의는 왜 민간보험시장이 위험회피적인 사람들이 소비를 평탄화하려는 욕구를 충족시키지 못하게 되는지에 대한 여러 가지 이유를 제시하고 있다. 하지만 소비평탄화가 완전히 불가능한 것은 아니다. 사람들은 저축이나 다른 가족 구성원들의 노동, 또는 친구로부터 돈을 빌리는 것 등 소비평탄화를 위한 다른 사적인 수단들을 가지고 있다. 사회보험의 정당성은, 소비자들이 이러한 사적인 소비평탄화의 수단을 가지고 있을 경우 사회보험이 얼마나 추가적 역할을 할

17 Song et al.(2017).

18 Walsh(2017), Flavelle(2020).

수 있는지에 달려 있다. 비록 이러한 사적인 소비평탄화 수단들은 실제로는 보험은 아니지만 편의상 이를 **자가보험**(self-insurance)이라 부르기로 하자. 만일 사람들이 위험에 대해 많은 자가보험을 가지고 있다면, 사회보험의 혜택은 줄어들게 될 것이다.

자가보험 개인 저축, 다른 가족 구성원의 노동 또는 친구들로부터 돈을 빌리는 등 사고 발생 시 소비평탄화를 위한 사적인 수단

예 : 실업보험

자가보험이 어떠한 역할을 하는지를 보다 잘 이해하기 위해 실직한 근로자에게 소득을 제공하는 실업보험(UI)의 경우를 예로 들어보자. 사람들은 일반적으로 사적인 실업보험을 가지고 있지는 않지만 실직을 당했을 경우 소비를 평탄화할 수 있는 다른 잠재적인 수단들(자가보험)을 가지고 있다.

- 그들은 저축을 깨서 쓸 수 있다.
- 그들은 담보(보유하고 있는 주식 등)나 무담보(신용카드 등)로 대출을 받을 수 있다.
- 다른 가족 구성원들이 일을 더 할 수 있다.
- 그들은 친척이나 친구, 교회 등 지역단체로부터 소득이전을 받을 수 있다.

소비평탄화 수단으로서 사회보험의 중요성은 자가보험의 이용 가능성에 달려 있다. 자가보험이 없다면 사회보험은 소비평탄화의 중요한 수단이 될 것이다. 일단 자가보험을 통한 사적인 소비평탄화의 수단을 인정하게 되면 제7장의 공공재 이론에서 제기된 것과 유사한 문제가 발생한다. 즉 정부의 개입(사회보험)은 민간의 공급(자가보험)을 구축할 수 있다. 만일 사회보험이 자가보험을 완전히 구축한다면 소비평탄화에 있어 사회보험의 순혜택은 없어질 것이다. 정부가 재정수입을 거두는 데 있어 효율성 비용이 발생하는 것을 감안한다면(제20장 참조) 소비평탄화의 실익이 없는(단지 사적인 지원 수단을 구축할 뿐) 정부의 보험시장 개입은 더더욱 정당화될 수 없다.

예를 들어 누군가가 직장을 잃었을 때 세 가지 시나리오를 상상해보자. 하나의 극단적인 경우로 직장을 잃었을 때 자가보험이 전혀 없는 — 저축도 없고 신용카드도 없으며 돈을 빌려줄 친구도 없는 — 경우이다. 실업보험이 없다면 이 사람의 소비는 0으로 떨어진다. 실업보험에서 나오는 1달러가 소비 증가 1달러와 같게 될 것이다. 이런 경우 실업보험은 완전한 소비평탄화 역할을 하게 된다 — 자가보험을 구축하지 않으며(자가보험이 없기 때문에), 실업보험에서 나오는 매 달러가 실업 때문에 줄어드는 소비 감소를 직접적으로 줄이게 된다.

또 다른 극단적인 예는 완벽한 자가보험을 가지고 있는 사람의 경우이다. 예를 들어 보험계리적으로 공정한 가격에 파는 사적 실업보험이 존재한다거나 실직자가 원하는 만큼의 자금을 빌려줄 수 있는 부자 부모가 있는 경우이다. 앞서 설명한 보험 이론에서 보면 정부의 간섭이 없으면 개인들은 가능하다면 완전보험을 선택할 것이다. 이는 개인이 실직을 당했을 때 공공보험이 없다면 사적 수단을 동원하고 만일 공공보험이 가능하다면 공공보험을 사용해서 소비를 완전히 평탄화하려고 한다는 것을 의미한다. 이 경우 실업급여의 소득대체율이 0(실업보험이 없는)일지라도 실직자의 소비는 감소하지 않는다. 자가보험이 원하는 소비를 완전히 유지할 수 있도

록 해준다. (실업보험의 급여 수준이 어떤 정도가 되더라도 소비의 변화는 없다.) 오히려 실업보험급여 증가의 유일한 효과는 개인이 사적보험을 사는 정도나 부모로부터 차입금을 빌리는 정도의 감소가 될 것이다. 이런 상황에서 실업보험은 소비평탄화의 역할을 전혀 하지 못하고 오직 사적보험을 구축하는 역할을 하게 된다. 즉 실업보험의 1달러 증가는 단순히 사적보험의 1달러 감소를 의미한다.

이 예가 가설적이긴 하나 결코 터무니없는 것은 아니다. 내 아내의 숙모는 중서부에 있는 큰 제조회사에서 일했다. 그 회사는 매년 여름마다 문을 닫았지만 노동자들에게 다음 가을에 다시 고용할 것을 약속했다. 그녀는 여름 동안 주에서 가장 뛰어난 소프트볼 투수로 즐겁게 활동했으며 이를 위해 그녀는 1년 동안 저축을 했다. 그런데 그녀가 살던 주의 실업급여 수준이 점차로 높아지게 되자, 그녀는 저축을 줄이고도 자신이 원하는 수준의 소비평탄화를 유지했다. 이 경우 실업급여는 그녀의 소비평탄화에 아무런 기여를 하지 못했으며 단지 1년 동안 동일한 소비를 하기 위해 필요한 저축액을 감소(구축)시켰을 뿐이다.

마지막으로 '불완전한' 혹은 '부분적인' 자가보험이 있는 세 번째 개인의 경우를 고려해보자. 예를 들어 차입금을 더 높은 이자율로만 빌릴 수 있거나 부모님한테서 차입금을 빌릴 수는 있는데 차입금을 빌릴수록 부모님에 대한 죄의식이 더 커지는 경우이다. 실업급여가 없을 경우 이 개인은 자가보험이 불완전하기 때문에 일부만 사용하게 된다. 따라서 이 개인은 소비를 완전하게 평탄화(완전한 자가보험을 가졌을 때처럼)하지 못하고, 부분적으로만 평탄화(자가보험이 비싸기 때문에)하게 된다. 이 경우 실업보험급여를 늘리게 되면 어떤 일이 일어나게 될까? 실직자는 실업급여로 받은 돈의 일부만 소비평탄화를 늘리는 데 사용될 것이다. 그러나 이 자금의 일부는 불완전한 자가보험을 줄이는 데도 사용될 것이다. 자가보험을 구축하겠지만 부분적으로만 구축하게 될 것이다. 소비평탄화를 하기 위해 실업보험의 추가급여액 1달러를 사용하는 것과 자가보험을 줄이는 것 사이의 혼합은 소비와 자가보험비용의 상대적 가치에 달려 있다.

요약하면, 실업보험의 소비평탄화와 자가보험 구축효과는 자가보험에 달려 있다. 만일 자가보험이 없다면 실업보험은 100% 소비평탄화의 역할을 한다 — 1달러의 실업급여 증가는 1달러의 소비 증가로 직접 전환된다. 마찬가지로 자가보험이 없으면 정부의 실업보험제도가 구축할 것이 아무것도 없으므로 실업급여는 구축효과를 발생시키지 않는다. 자가보험은 사람들이 의지할 수 있는 대체 수단을 제공하므로 자가보험이 커질수록 실업급여에 의한 소비평탄화 효과는 떨어지게 된다.

따라서 사회보험이 역경에 처한 사람들에게 제공하는 가치는 자가보험의 이용 가능성에 달려 있다. 만일 자가보험이 매우 불완전하거나 매우 비싸다면, 사회보험은 상당한 소비평탄화의 기능을 함으로써 중요한 역할을 하게 된다. 만일 자가보험이 거의 완전하다면 사회보험은 자가보험만을 구축할 것이기에 별로 가치가 없을 것이다.[19]

---

19 개발도상국의 맥락에서 이 점에 대한 논의는 Chetty와 Looney(2006)를 참조하라.

사회보험의 소비평탄화 역할에 대한 교훈

앞의 예에서는 실업보험이라는 특수한 경우를 살펴보았으나 이러한 교훈은 우리가 다음 몇 개 장에서 살펴볼 모든 사회보험에 일반적으로 적용된다. 예를 들어 저축은 자신의 은퇴에 대비한 중요한 자가보험 수단이다(제13장에서 논의할 것이다). 은퇴 후 소득을 제공하는 사회보장연금제도가 개인들이 자신의 은퇴를 위해 준비하는 저축을 얼마나 구축할 것인가? 또는 사회보장연금제도가 근로시기와 은퇴시기 사이의 소비평탄화에 얼마나 기여할 것인가? 우리는 다음 장에서 이러한 구체적인 사안들을 다룰 것이다.

일반적으로 소비평탄화에 있어 사회보험의 중요성은 다음의 두 가지 요인에 의해 좌우된다.

- 사건의 예측 가능성 : 사회보험은 예측 가능한 사건에 대해서는 소비평탄화의 역할이 크지 않으며, 그 이유는 사람들이 예측 가능한 사건에 대해서는 다른 수단(저축 등)을 통해 미리 대비할 수 있기 때문이다. 따라서 사회보험의 혜택은 예측이 불가능한 사건의 경우에 가장 커지게 된다.
- 사건의 비용 : 저축이나 대출은 실업기간이 몇 주 정도일 경우에는 소비평탄화의 수단이 될 수 있을 것이나, 만성적 또는 항구적인 장애로 인해 실업기간이 장기화될 경우에는 그 역할이 매우 제한적이게 될 것이다. 따라서 사회보험의 혜택은 사건 발생의 비용이 매우 클 경우에 가장 높아진다.

어떤 사회보험제도가 제공해주는 소비평탄화의 정도를 이해하는 것은 이 장의 서두에서 언급한 상충성을 평가하는 데 있어 매우 중요하다. 사회보험의 혜택은 그 제도가 제공하는 소비평탄화의 크기에 의해 측정된다. 다음에는 비용의 측정 방법에 대해 살펴보기로 한다.

12.5 보험의 문제 : 도덕적 해이

제5장에서 다룬 외부효과의 분석은 명료하다. 즉 시장실패가 있다면 정부는 원칙적으로 관계자들이 발생시키는 외부비용(또는 편익)을 내부화하도록 강제화함으로써 효율성을 달성할 수 있다. 그러나 정부가 보험시장에 개입할 경우에는 **도덕적 해이**(moral hazard)라는 또 다른 정보 비대칭의 문제로 인해 분석이 한층 더 복잡해진다. 도덕적 해이란 역경에 대비하여 보험에 가입하는 것이 유해한 행위를 부추기게 되는 것을 의미한다. 도덕적 해이는 보험시장의 주요한 특징이다. 가구들이 그들의 주택에 대해 화재보험에 가입하면 그들은 소화기를 가까이 두려는 노력을 덜하게 될 수도 있을 것이다. 만일 사람들이 의료보험에 가입하면 그들은 질병 예방을 위한 노력을 덜하게 될 수도 있다. 만일 근로자들이 실업보험에 가입하면 그들은 새 직장을 찾기 위한 노력을 덜하게 될 수도 있다. 셰익스피어는 아테네의 타이몬(*Timon of Athenes*) 5막 3장에서 "자비만큼 죄를 용서하는 것이 없다"라고 썼다.

도덕적 해이 개인이나 생산자가 보험 가입에 반응해서 취하는 유해한 행위

도덕적 해이가 존재하면 정부가 위험회피적인 소비자들이 원하는 완전보험을 제공하는 것이 최적이 아닐 수도 있게 된다. 근로자들이 근무 중 발생하는 상해에 대한 보험을 제공하는 630

억 달러 규모의 근로자 상해보험의 예를 생각해보자(이에 대해서는 제14장에서 보다 구체적으로 다룰 것이다).[20] 근무 중 상해의 발생은 물론 좋지 않은 일이며 사람들은 이에 대해 보험 가입을 원할 것이다. 그러나 근로자 상해보험에는 큰 문제가 있다. 즉 사람들이 정말로 상해를 입었는지, 그 상해가 과연 근무 중에 발생하였는지를 제대로 파악하기 힘들다는 것이다. 많은 상해들은, 특히 척추 손상이나 반복되는 스트레스 장애와 같이 장기적인 상해들은 정확한 진단을 내리기가 불가능하다. 또한 이러한 상해가, 특히 장기적인 상해가 근무 중에 발생했는지 아니면 스포츠와 운동과 같은 여가활동을 하다가 발생했는지를 구별하기가 어렵다.

근로자 산재 보상 프로그램의 수혜자격이 매우 매력적이기 때문에 부상 평가의 어려움은 문제가 된다. 근로자 산재 보상에는 근로자가 부상당하기 전 임금의 2/3가 넘는 금액에 달하는 부상 치료 의료비 지불과 상실한 임금에 대한 현금보상이 포함된다. 일반적인 경제 모형에서 여가는 개인들이 일하기보다는 집에 있는 것과 동일한 효과를 가지는 정상재라고 가정한다는 것을 기억하라. 만일 실제로 다치지 않았는데 일하다 부상을 입었다고 주장할 수 있다면 집에서 쉬면서 일했을 때의 소득의 2/3를 받을 수 있는 것이다. 따라서 이런 프로그램의 존재 자체가 개인들로 하여금 실제로 부상을 가장하거나 부상이나 건강상태가 직무와 관련이 있다고 거짓 진술하는 것을 부추길 수도 있다.

보험자는 역경(실제 상해의 발생)에 대비한 보험을 제공함으로써 사람들이 거짓으로 상해가 발생했다고 가장하도록 부추길 수 있다. 이는 도덕적 해이의 대표적인 예다. 우리가 다음 장에서 살펴볼 몇몇 유럽 국가들의 사회보장제도의 경우처럼 만일 당신이 일할 때보다 집에서 쉴 경우 실제로 근로 시 임금과 유사하거나 또는 그 이상의 보수를 받게 된다면, 도덕적 해이가 얼마나 심각해질 것인지를 상상해보라!

kmsdesen/ Shutterstock

응용사례
근로자 상해 평가의 문제점

근로자가 실제로 상해를 입었는지 여부에 대한 평가가 어렵다는 점을 보다 잘 이해하기 위해 실제로 상해가 발생하지 않았음에도 불구하고 보험급여를 받는 근로자의 사례를 살펴보자.

- 폴 해버트는 2010년부터 근로자 보상금을 받기 시작했다. 참치잡이 어부 3세였던 그는 신체장애로 어떤 직업에서도 일을 할 수 없었고, 혼자 살기 때문에 경제적으로 어려움을 겪고 있어서 사회보험을 신청하였다. 하지만 2년 후, 해버트는 내셔널 지오그래픽의 리얼리티 TV 쇼 〈위키드 튜나〉에 출연하기 시작했고, 그 속에서 선장의 모습으로 낚시를 하며(무려 무게가 2,000파운드 가까이 되는!) 참다랑어를 휘청거리며 들어 올리는 모습들을 보여주었다. 2015년 7월, 그는 2010~2014년까지 사회보장시설에서 44,000달러 이상을 받은

[20] National Academy of Social Insurance(2020).

것으로 알려져 4건의 사기혐의로 기소되었다.

- 2015년, 도널드 레이 시몬스 주니어는 건설 현장에서 심각한 팔 부상을 입어 일을 할 수 없게 되었다고 주장했다. 그는 수사관들에게 적발되기 전 52,000달러의 보험금을 받았던 것으로 알려졌다. 건설일을 떠난 이후로 그는 스카이다이빙 강사로서 수입을 얻고 있었던 것이다. 수사관들은 시몬스가 무거운 장비를 다루는 모습과, 돈을 지불한 손님이 비행기에서 뛰어내리도록 돕는 모습, 부상당했다고 주장한 팔을 격렬하게 사용하는 모습, 별다른 문제 없이 낙하산을 조작하는 모습 등을 비디오로 촬영했다.[21]
- 2017년, 셰일라 베로니카 화이트는 포트로더데일에 위치한 사무실에서 그녀의 컴퓨터로 작업을 하고 있었는데, 그때 사무실의 천장 스프링클러가 그녀의 책상에 떨어졌다. 그녀는 스프링클러를 집어 들고 살펴본 후, 그녀의 고용주에게 가져갔다. 스프링클러가 떨어져서 부상을 입었다는 인상을 주기 위해서였다. 그녀는 그 후에 근로자 보상을 청구했다. 하지만 이런 모든 조작은 영상 테이프에 의해서 거짓임이 발각되었다. 그녀의 고용주는 사기행각임을 드러내는 당시 보안 영상을 검토했고, 그녀는 근로자 보상금을 받지 못하게 되었다(대신에 그녀는 18개월 동안 보호관찰을 받았다).[22]

도덕적 해이는 민간보험이나 사회보험에서 불가피하게 발생하는 비용이다. 개인이나 회사의 효용극대화 행위로 인해 보험에 가입할 경우 사고 발생 빈도가 늘어나게 된다. 따라서 도덕적 해이가 존재한다면 **사회보험의 핵심적인 상충성 문제**가 발생할 수 있다. 즉 민간보험시장의 실패를 교정하기 위한 정부의 개입이 사고 발생의 문제를 악화시킬 수도 있다는 것이다. ■

도덕적 해이의 결정 요인?

도덕적 해이의 정도는 두 가지 요인에 좌우된다. 첫 번째 요인은 사고 발생 여부를 얼마나 쉽게 관찰할 수 있는지다. 만일 근로자가 근무 중에 상해를 입었는지 여부를 고용주가 정확히 알 수 있다면 도덕적 해이의 문제는 크게 줄어들 것이다. 두 번째 요인은 사고 발생을 주장하기 위해 행동을 변화시키기가 얼마나 쉬운지다. 사망보험과 같이 보험급여 신청을 위해 행동을 바꾸기가 불가능할 경우에는 도덕적 해이는 문제가 되지 않을 것이다. 그러나 사고 발생을 위장하는 것이 쉽고 비용이 들지 않는다면 도덕적 해이가 심각해질 수 있다.

금전적 이득을 위해 시련을 감내할 수 있는 정도는 개인마다 다를 수 있다. 아마도 가장 극단적인 사례는 1950년대 후반과 1960년대에 명성을 떨친 플로리다주 버논의 경우이다. 조사관이 미국의 플로리다 지역에서 발생한 사고의 2/3 이상이 이 지역에서 발생했다는 사실에 주목하여 조사를 해본 결과 한 그룹의 사람들이 사지를 잃는 개인적 비용이 그들이 수령할 수 있는 보험금의 혜택보다 적다고 결심한 데 따른 것임이 밝혀졌다. 결과적으로, 많은 보험 배상금이 작업장에서 왼손이 절단된 남자, 닭을 보호하려다 자기 발을 쏜 남자, 매를 쏘려다 손을 잃은 남자

---

21 CBS San Francisco(2015).

22 Bowles(2017).

와 같은 사람들에 의해 청구되었다. 그 지역의 거의 50명의 남성들은 소위 이런 류의 사고를 이유로 보험금을 받았다(Lake, 2007).

도덕적 해이는 다차원적이다

도덕적 해이는 여러 차원에서 발생할 수 있다. 사회보험의 효과를 측정하는 데 있어 네 가지 형태의 도덕적 해이가 특히 중요한 역할을 한다.

- **사고 발생을 예방하기 위한 노력을 줄이는 경우** : 건강보험에 가입하였기에 코로나19를 걸리지 않기 위해서 마스크를 쓰려는 노력을 게을리하는 경우 혹은 근로자 상해보험에 가입하였기 때문에 일할 때 부주의한 경우이다.
- **사고 발생확률을 높이는 경우** : 근로자 상해보험에 가입하였기에 근무 중 상해를 입었다고 주장할 확률이 커지거나 실업보험에 가입하였기에 실직할 확률이 증가하는 경우이다.
- **사고 발생 시 비용이 증가하는 경우** : 의료보험에 가입하였기에 예전보다 의료서비스를 더 많이 이용하는 경우나 근로자 상해보험에 가입하였기에 재활치료를 위해 열심히 노력하지 않는 경우이다.
- **보험 가입 시 공급자의 행태가 바뀌는 경우** : 환자가 의료보험이 있을 경우 의사가 과다한 진료를 제공하거나 근로자 상해보험에 가입했을 경우 회사가 직장 내 사고 발생 위험을 줄이려는 노력을 게을리하는 경우이다.

앞으로 배울 장들에서 우리는 이러한 도덕적 해이의 다른 유형들을 크게 구별하지 않고 논의할 것이지만 그럼에도 불구하고 도덕적 해이에는 여러 차원이 있음을 제대로 인식해야 할 것이다.

도덕적 해이의 결과

왜 도덕적 해이가 문제가 될까? 예를 들어 아무리 사회보험이 사람들로 하여금 상해를 입었다고 가장하여 집에서 쉬도록 부추기더라도 그것이 왜 사회보험의 중요한 비용이 되는 것일까?

도덕적 해이는 두 가지 측면에서 비용을 발생시킨다. 첫째, 보험 가입으로 인한 행태 변화는 사회적 효율성을 낮추게 된다. 예를 들면 사회적으로 효율적인 노동공급을 감소시킨다. 완전경쟁적인 노동시장에서 근로자의 임금은 그가 생산하는 재화의 가치, 즉 한계생산성과 일치하게 된다. 근로자 상해보험이 없을 경우 근로자들은 그들의 임금(한계생산성)이 여가시간의 한계가치(TV 시청의 가치 등)와 일치할 때까지 노동을 공급할 것이다. 만일 임금이 여가의 한계가치보다 높다면 사람들이 일을 더 하는 것이 사회적으로 효율적이다. 왜냐하면 근로의 편익(근로의 한계생산성)이 근로의 비용(상실된 TV 시청의 가치)을 초과하기 때문이다.

근로자 상해보험이 있다면 여가의 가치가 증가하게 된다. 한 시간의 여가는 한 시간의 TV 시청 기회뿐 아니라 상해보험급여도 함께 제공해주기 때문이다. 따라서 사람들은 임금이 여가의 한계가치와 상해를 가장했을 때 받을 수 있는 상해보험급여를 더한 금액과 일치하는 수준까지 노동을 공급할 것이다. 이로 인해 사람들은 사회적으로 효율적인 수준보다 적게 일하게 된다.

비록 임금(한계생산성)이 TV 시청의 가치보다 높더라도 사람들은 상해보험급여 때문에 일을 하려 하지 않을 것이다.

이러한 도덕적 해이의 비용은 의료보험을 비롯한 모든 보험에서 발생한다. 의료보험의 경우 사람들은 의료서비스의 한계적 편익(건강 증진 등)이 한계적 비용과 일치할 때까지 의료서비스를 이용해야 한다. 그러나 사람들이 완전보험에 가입하여 의료서비스에 대한 비용을 지불할 필요가 없다면 그들은 의료서비스의 한계적 편익이 0이 될 때까지(완전보험 가입 시 한계비용은 0이므로) 의료서비스를 이용할 것이다. 의료서비스의 실제 한계비용이 0보다 크기 때문에 이 경우 의료서비스의 수준은 비효율적으로 높아지게 될 것이다.

도덕적 해이로 인해 사회보험에서 발생하는 두 번째 비용은 조세비용이다. 정부가 재정 지출을 늘리기 위해서는 세금을 적어도 장기적으로 더 거두어야 한다. 앞의 조세 이론에서 살펴보았듯이 세금의 징수는 근로동기나 저축동기 등에 대한 부정적 영향을 통해 효율성 비용을 발생시킨다. 따라서 사회보험이 비용을 증가시키는 행태 변화를 야기할 경우 조세부담을 높이고 사회적 효율성을 감소시키게 된다.

12.6 종합적 논의 : 적정 사회보험

지금까지의 논의에는 네 가지 기본적인 교훈이 담겨 있다. 첫째, 사람들은 모든 상태에 대해 소비를 평탄화하기 위해 보험에 가입하길 원한다. 즉 사람들은 실업이나 상해 등의 사고 발생 여부에 관계없이 항상 동일한 소비를 하길 원한다. 둘째, 이러한 보험을 제공하는 데 있어 역선택을 비롯하여 시장실패를 야기하는 많은 원인이 존재한다. 셋째, 시장의 실패가 발생할 경우 사회보험의 정당성은 다른 사적인 소비평탄화 수단의 존재 여부에 달려 있다. 이 경우 사회보험이 얼마나 새로운 소비평탄화의 기회를 제공할 수 있으며, 얼마나 자가보험을 구축할 것인지가 핵심적인 질문이 된다. 넷째, 보험 적용을 확대할 경우 바람직하지 못한 행태 변화를 초래하여 도덕적 해이의 비용을 발생시킬 수 있다.

이러한 교훈은 분명한 정책적 시사점을 지니고 있다. 즉 적정한 사회보험제도란 사고 발생에 대해 완전한 보험이 아닌 부분적인 보험을 제공해주는 것이다. 모든 정부 정책과 마찬가지로 정부가 사회보험을 적절하게 제공하기 위해서는 정부 개입으로 인한 편익과 비용을 동시에 고려해야 한다. 사회보험의 편익은 보험 제공으로 인한 소비평탄화의 크기이다. 만일 사람들에게 근무 중 상해가 발생할 경우 정부가 사회보험을 통해 소비평탄화의 기회를 제공한다면 시장의 실패가 교정되어 사회적 효율성은 증가하게 된다. 반면에 만일 사람들이 완전한 자가보험을 가지고 있어 정부가 사회보험을 통해 아무런 소비평탄화의 기능을 못할 경우 정부 개입의 편익은 크게 줄어들 것이다(자가보험이 비효율적일 경우에는 약간의 편익이 있을 수도 있다).

사회보험의 비용은 보험 가입으로 인해 야기되는 도덕적 해이다. 만일 사람들이 실제로 상해를 입지 않았음에도 상해보험급여를 받게 되면 사회적 효율성은 두 가지 이유로 인해 떨어지게 된다. 첫째, 이러한 사람들은 근로를 하지 않기 때문에 사회적 생산은 효율적 수준보다 낮아지게 될 것이다. 둘째, 정부는 상해보험의 급여 지급을 위해 더 많은 세금을 징수해야만 하며 이 경우 조세부담의 증가는 사회적 효율성을 떨어뜨린다.

따라서 사회보험이 커질 경우 시장실패를 교정하여 사회적 효율성을 증진시키는 한편, 생산의 감소와 조세부담 증가를 통해 사회적 효율성을 감소시킨다. 경제학의 많은 상충성 문제와 마찬가지로 이러한 완전보험-행태 변화 사이의 상충성 문제에 대한 일반적인 해법은 사고에 대비한 완전보험의 제공이 아니라 적절한 수준의 부분적 보험을 제공해주는 것이다.

12.7 결론

보험시장의 정보 비대칭성은 두 가지 중요한 의미를 지니고 있다. 첫째, 정보 비대칭은 역선택의 문제를 발생시키며 이에 따라 보험시장이 보험계리적으로 공정한 보험을 원하는 사람들에게 이를 제공해주기가 어려워진다. 둘째, 도덕적 해이의 문제를 발생시키며 이 경우 보험의 제공은 보험 구매자들에게 바람직하지 못한 행태 변화를 유발시킨다. 그러므로 정보 비대칭은 사회보험을 통한 정부 개입의 정당성을 한편으로는 강화시키나 또 다른 한편으로는 약화시키게 된다.

이후에서는 실업, 근무 중 상해, 치명적인 장애, 은퇴 및 질병 등 생애기간 중 발생할 수 있는 중요한 위험에 대한 보험 제공자로서 정부의 역할을 검토해보기로 한다. 모든 경우에 있어 불완전한 보험시장을 완전화하는 편익과 피보험자의 행태 변화를 유발하는 비용 간에 상충성이 발생하게 된다. 이러한 상충성의 정도는 위험의 성격에 따라 달라진다. 이후에는 방대한 기존 연구들에 대한 검토를 토대로 정책 입안자들이 사회보험제도를 어떻게 개혁해야 하는지에 대하여 살펴보고자 한다.

요약

- 정부의 기능 중 가장 크고 빠르게 증가하는 부문은 은퇴, 실업, 장애 및 질병 등 부정적인 사건에 대비한 사회보험의 제공이다. 사회보험제도는 강제 적용이 되며 측정 가능한 사건의 발생 시 지급되는 보험급여는 보험료에 의해 충당된다.
- 보험은 서로 다른 상태 간의 소비평탄화 기회를 제공한다. 보험계리적으로 공정한 보험료하에서는 각 개인이 완전보험에 가입하는 것이 최적의 결과이다.
- 정부가 사회보험을 제공하는 주요 동기는 역선택에 의한 민간보험시장의 실패이다. 역선택은 보험자가 정보의 불완전성으로 인해 서로 다른 유형의 소비자들에게 완전보험을 제공할 수 없게 함으로써 보험시장의 실패를 야기한다.
- 사회보험의 다른 동기들은 외부효과, 민간보험시장의 관리 비효율성, 소득재분배 및 온정적 간섭주의 등이다.
- 사회보험의 소비평탄화 혜택의 크기는 개인들이 다른 형태의 자가보험을 얼마나 사용할 수 있는지에 달려 있다.
- 사회보험의 혜택은 도덕적 해이라는 비용에 의해 상쇄된다. 역경에 대비한 보험을 제공할 경우 이러한 피보험자의 도덕적 해이의 발생 빈도가 증가할 수 있다.

- 완전보험은 최적이 아니다. 사회보험의 적정 급여 수준은 도덕적 해이의 비용과 소비평탄화의 편익에 의해 결정된다.

연습문제

1. https://www.fidelity.com/life-insurance/term-life-insurance/overview와 같은 많은 웹사이트들은 종신보험에 대한 즉각적인 견적을 제공한다. 그러한 웹사이트 중 하나를 사용하여 45세 남성과 45세 여성의 100만 달러, 20년 만기 생명보험에 대한 월 보험료를 비교해보라. 각각 건강 상태가 우수하고 담배를 피지 않는다고 가정하자. 남자와 여자의 견적 차이를 설명해보라. 만일 미국 정부가 보험사들에게 남성과 여성에게 동일한 보험가격을 적용하도록 하는 법을 통과시켰다고 하자. 이 경우 보험가격 및 보험급여 수준에 어떠한 영향을 줄 것인가?

2. 소비평탄화란 무엇인가? 보험은 사람들의 소비평탄화를 어떻게 도와주는가?

3. 당신이 1년에 50,000달러를 받는 직장에 다니고 있다고 하자. 내년에 당신의 임금 수준이 20,000달러로 줄어들 확률이 5%라 하자.
   a. 당신의 내년도 기대소득은 얼마인가?
   b. 만일 당신이 내년에 소비 감소 위험에 대비한 보험에 가입하였다고 하자. 이 경우 보험계리적으로 공정한 보험료는 얼마인가?

4. 대체로 소규모 업체는 근로자 건강보험을 구매할 경우 대규모 업체에 비해 근로자 1인당 구매가격이 비싸다. 또한 일반적으로 고용주가 제공하는 건강보험이 근로자가 보험회사에서 건강보험을 직접 구매하는 경우보다 저렴하다. 이러한 현상을 이 장에서 배운 이론들로 설명해보라.

5. 보험시장의 역선택 문제는 일반적으로 보험자가 모든 고객에게 동일한 가격으로 보험을 제공할 경우 손해를 보게 되는 것이다. 그런데도 왜 어떤 보험회사들은 이러한 보험(여행상품을 구매했다가 가지 못할 경우 돈을 되돌려주는 '여행보험' 등)을 판매하고 있는 것인가?

6. 왜 민간보험보다 정부가 제공하는 보험에서 보험 청구 건수가 많아지는 것인가?

7. 왜 정부는 특정한 경우(자동차손해보험 등)에는 각 개인이 보험을 구매하도록 의무화하는 반면 다른 경우(의료보험 등)에는 직접 보험을 제공하는가?

8. 교수는 1년 중 9개월 동안만 급여를 받는다. 만일 교수가 매년 봄에 해직을 당하고 가을에 재고용이 되어 실업보험급여를 받을 수 있다고 하자. 이 경우 교수들은 현재(해직당하지 않는 경우)에 비해 소비평탄화에 어떠한 변화가 있을까? 설명해보라.

9. 현재 근로자 상해보험급여를 받으려면 급여 신청자는 자신이 선택한 의사로부터 상해 발생 여부에 대한 검증을 받아야 한다. 만일 상해보험제도가 바뀌어 정부가 지정한 의사들만이 상해에 대한 검증을 할 수 있게 되었다고 하자. 이 경우 근무 중 상해의 신고율은 어떻게 될까? 설명해보라.

10. 도덕적 해이가 존재할 수 있는 상황들을 열거해보라. 당신은 각 상황에 있어 정부가 만연한 도덕적 해이를 줄일 수 있는 방법이 무엇이라 생각하는가?

심화 연습문제

11. ⓔ 실업보험이 없을 경우 교육을 제대로 받지 못한 가정이 교육을 잘 받은 가정에 비해 소비평탄화를 잘하기가 힘들다고 하자. 당신은 이러한 명제를 어떻게 실증적으로 테스트하겠는가? 당신은 어떤 통계자료를 사용하겠는가?

12. 두 유형의 자동차 운전자가 있다고 하자. 고속주행자는 1년당 사고 발생확률이 5%인 반면, 저속주행자의 확률은 1%이다. 고속주행자와 저속주행자의 수는 동일하며, 사고비용은 12,000달러이다.
    a. 만일 보험회사가 각 운전자의 유형을 정확히 알고 있다고 하자. 보험회사는 각 운전자에게 얼마의 보험료를 부과할 것인가?
    b. 이제 정보 비대칭이 있어 보험회사가 운전자의 유형을 정확히 구별할 수 없다고 하자. 다음의 경우 보험 판매가 이루어질 것인가?
        i. 각 개인이 보험회사에 자신의 유형을 직접 보고할 경우
        ii. 각 개인의 유형에 대해 아무런 정보가 없을 경우

    만일 보험 판매 여부가 불확실할 경우에는 그 이유를 설명해보라.

13. 당신의 효용함수는 $U=\sqrt{C}$이며, C는 각 기의 소비량이다. 당신의 소득은 연간 40,000달러이며, 당신이 큰 사고를 당해 30,000달러의 비용이 발생할 확률은 2%이다.
    a. 당신의 기대효용함수는 무엇인가?
    b. 보험계리적으로 공정한 보험료를 계산하라. 당신이 보험계리적으로 공정한 보험을 구매했을 경우 기대효용함수는 무엇인가?
    c. 주어진 효용함수하에서, 당신이 지불하기를 원하는 최대보험료는 얼마인가?

ⓔ 기호는 학생들이 제3장과 '실증적 증거' 코너에서 공부한 실증적 경제원리를 적용해야 하는 문제임을 의미한다.

14. 헤이든의 효용함수는 $U=\log(C)$이며, 팻의 효용함수는 $U=\sqrt{C}$이다. 이들 중 누가 보다 더 위험회피적인가? 누가 소비평탄화를 위해 보다 많은 보험료를 지불하겠는가?

15. 침네시아 국가에는 동일한 수의 흡연자와 비흡연자가 있다. 이들 모두는 동일한 효용함수 $U=\sqrt{C}$를 가지고 있으며, C는 각 시점의 소비량이다. 이들은 건강한 상태에서는 그들의 소득 16,000달러를 모두 소비한다. 만일 이들이 (의료보험이 없이) 질병에 걸리게 되면 치료비로 12,000달러를 지출하게 되어 소비는 4,000달러로 줄어들게 된다. 흡연자가 질병에 걸릴 확률은 10%이며, 비흡연자는 2%이다.

    보험회사는 두 가지 보험상품을 판매할 수 있다. 첫째는 치료비 중 2,000달러를 초과하는 비용의 전액을 지급하는 보험(L-보험)이며, 두 번째는 10,000달러를 초과하는 치료비용에 대해서만 보장을 해주는 보험(H-보험)이다.
    a. 각 보험상품의 두 집단에 대한 보험계리적 공정보험료는 얼마인가?
    b. 만일 보험회사가 누가 흡연자인지를 구별할 수 있어 각 보험상품에 대해 보험계리적 공정보험료를 책정할 경우, 두 집단 모두 L-보험을 구매하게 됨을 보여라.

    정보 비대칭으로 인해 각 개인은 누가 흡연자인지를 알고 있으나, 보험회사는 이를 모른다고 하자.
    c. 이 경우 어떠한 가격하에서도 두 집단 모두가 L-보험을 구매하는 것이 불가능해지는 이유를 설명해보라. 어느 집단이 어떠한 가격으로 L-보험을 구매하게 되는가?
    d. 한 집단은 L-보험을, 다른 집단은 H-보험을 구매하는 것이 가능해지는 경우를 보여라.

16. 어드벤처랜드에는 빌과 테드 두 사람이 살고 있다. 이

들은 같은 회사의 동일한 직업을 가지고 있어 모두 주당 1,000달러를 번다. 빌과 테드는 내년의 시장 여건 악화로 인해 해고 위험에 당면해 있으며, 실직 시에는 파트타임 근로를 통해 단지 250달러를 벌 수 있다. 빌이 해고될 확률은 10%이며, 테드의 해고확률은 30%이다. 이 두 사람은 동일한 효용함수 $U = \ln(C)$를 가지고 있다.

정부는 사회보험을 도입하려 하고 있으며, 두 가지 대안을 검토 중이다. 첫째는 실업자에게 100달러를 지급하는 대안이며, 두 번째는 600달러를 지급하는 대안이다. 이에 대한 비용은 실직당하지 않은 근로자로부터 세금을 거두어 충당하게 된다.

a. 각 대안의 경우, 정부는 손실을 입지 않기 위해 세금을 얼마나 거두어야 하는가?
b. 문제 (a)에서 구한 각 대안별 세율하에서 빌과 테드의 효용 수준을 계산하라. 빌과 테드가 세 가지 가능성(두 대안 및 무보험 상태)을 선호하는 순서는 어떻게 되는가? 이러한 결과를 소득재분배와 위험회피의 측면에서 설명해보라.
c. 만일 사회가 공리주의적 사회후생함수를 가지고 있다면 어느 대안이 최적이 되는가? 롤스의 사회후생함수의 경우에는 어떠한가? (사회후생함수에 대해서는 제3장을 참조하라.)

부록 제12장

James Andrews/iStock/Getty Images

기대효용의 수학적 모형

이 부록은 제12장에서 논의한 기대효용의 수학적 모형을 보여주고 있다. 또한 이러한 모형을 통해 보험시장에서의 역선택 결과를 살펴본다.

기대효용모형

이 모형은 다음과 같은 변수들로 구성된다.

- 당신이 자동차 사고를 당할 확률은 p이다.
- 사고 발생 여부와 관계없이 당신의 소득은 W이다.
- 사고 발생 시 발생하는 의료비용은 δ이다.
- 당신은 보험 1달러당 m의 보험료로 보험을 구매할 수 있다.
- 이 보험은 사고 발생 시 b달러의 급여를 지급한다.

이 경우 당신의 기대효용함수(EU)는 다음과 같다.

$$EU = (1 - p) \times U(W - mb) + p \times U(W - \delta - mb + b)$$

위 식에서 방정식은 하나지만 미지의 변수는 2개(m과 b)이다. 따라서 이 식을 풀기 위해서는 다음과 같이 또 다른 조건이 필요하다. 즉 보험계약은 보험계리적으로 공정하며 보험회사의 기대이윤은 0이다(관리비용은 없다고 하자). 이 경우 보험자의 기대이윤($E\pi$)은 다음과 같다.

$$E\pi = m \times b - p \times b = 0$$

보험자의 기대이윤은 보험료 수입에서 기대급여 지출액을 차감한 금액과 같아지게 되어 0이 된다. 이 식에 의해 다음의 조건이 성립된다.

$$m = p$$

즉 사고확률이 10%라면, m은 보험 1달러당 10센트가 된다. 이를 기대효용함수에 대입하면 기대효용극대화의 문제를 풀 수 있다. 효용함수의 형태는 $U = \sqrt{C}$라 하자.

$$\text{극대화 } EU = (1-p) \times \sqrt{(W - b \times p)} + p \times \sqrt{(W - \delta - bp + b)}$$

이를 b로 미분하면 다음과 같아진다.

$$-(1-p) \times p/\sqrt{(W - bp)} + p \times (1-p)/\sqrt{(W - \delta - bp + b)}$$

위 식이 0이 될 경우 적정 보험급여(b^*)를 구할 수 있다. 이 경우 $b^* = \delta$가 된다. 즉 사람들은 사고 발생 시 보험급여가 치료비용을 정확히 상쇄할 수 있는 수준의 보험을 구매하게 된다. 다시 말해 사람들은 각 상태 간의 소비평탄화를 위해 완전보험을 구매한다. 이를 다시 효용함수에 대입하면 다음과 같다.

$$\begin{aligned} EU &= p\sqrt{(W - p\delta)} + (1-p)\sqrt{(W - \delta - p\delta + \delta)} \\ &= p\sqrt{(W - p\delta)} + (1-p)(W - p\delta) \end{aligned}$$

즉 모든 상태에 있어 소비 수준은 $(W - p\delta)$로 일치하게 된다. 이 결과는 보험계리적으로 공정한 보험시장에서는 사람들이 완전보험을 구매한다는 제12장의 핵심적인 결론을 보여준다.

역선택

역선택의 의미를 보다 체계적으로 이해하기 위해, 두 집단(신중한 집단과 부주의한 집단)을 생각해보자. 여기서 신중한 집단의 사고확률은 p_c이며 부주의한 집단의 사고확률은 $p_a > p_c$이다.

본문에서 논의한 대로, 완전정보하에서는 보험회사가 부주의한 집단에 $m_a = b \times p_a$, 신중한 집단에는 $m_c = b \times p_c$의 보험료를 책정한다. $p_a > p_c$이므로 전자가 후자에 비해 높다. 즉 사고확률이 큰 집단이 더 높은 보험료를 낸다.

만일 정보가 불완전하여 보험회사가 두 유형의 인구비율만을 알고 있다면 이 경우 두 가지 보험료 책정 방법이 있다. 한 가지는 사람들이 정직하다는 가정하에 자신이 신고한 유형에 따라 보험료를 책정하는 방안이다. 그러나 본문에서 논의한 대로 이 전략은 모든 사람들로 하여금 신중한 유형으로 신고하게 만들 것이다. 이 경우 신중한 사람들로부터의 이윤은 $E\pi = m_c - b \times p_c = b \times p_c - b \times p_c = 0$이 된다. 즉 보험회사는 신중한 사람들에 대해서는 손익이 발생하지 않게 된다. 그러나 부주의한 사람들로부터의 이윤은 $E\pi = m_c - b \times p_a = b \times p_c - b \times p_a < 0$이 되어, 총이윤은 마이너스가 되므로 보험을 제공하지 않을 것이다.

본문에서 논의한 또 다른 전략은 사고확률의 평균값($p_a > p_v > p_c$)에 근거하여 평균 보험료(m_v)를 제공하는 방안이다. 이 가격하에서는 보험 구매가 부주의한 집단에게는 유리하지만 신중한 집단에게는 불리해진다. 이 경우 보험자의 기대이윤은 다시 마이너스가 된다. 즉

$$E\pi = m_v - b \times p_a = b \times p_v - b \times p_a < 0, \quad p_a > p_v$$

그러나 이 경우 신중한 사람들도 완전보험을 구매할 수 있다(통합균형). 만일 (불공정한 가격으로) 보험을 구매할 경우의 기대효용이 구매하지 않을 경우보다 여전히 높다면 이들은 보험을

구매할 것이다. 이 경우를 식으로 표시하면 다음과 같다.

$$EU(\text{보험 구매 시}) = (1 - p_c) \times U(W - p_v\delta) + p_c \times U(W - p_v\delta) >$$
$$EU(\text{보험 비구매 시}) = (1 - p_c) \times U(W) + p_c \times U(W - \delta)$$

이러한 부등식의 성립 여부는 신중한 집단의 위험회피 정도와, p_a와 p_c의 상대적 차이 두 가지에 달려 있다. 신중한 집단의 위험회피도가 클수록 소비가 낮아질 가능성을 피하기 위해 (불공정한 보험료를 내더라도) 보험을 구매할 의향이 커질 것이다. 또한 평균 위험(평균 사고확률)이 신중한 자의 위험과 가까울수록 평균 보험료와 신중한 자의 보험계리적 공정보험료의 차이도 줄어들 것이므로 신중한 사람들이 보험을 구매할 가능성이 높아질 것이다.

CHAPTER 13

James Andrews/iStock/Getty Images

사회보장연금

생각해볼 문제

- 사회보장연금은 어떻게 작동하며 사회 전체에 소득재분배를 어떻게 결정짓는가?
- 사회보장연금은 소비평탄화와 조기은퇴에 어떠한 영향을 주는가?
- 사회보장연금의 적자 문제를 헤쳐 나가기 위해 어떻게 개혁해야 하는가?

향후 몇십 년간, 제2차 세계대전 중에 미국에서 태어난 '베이비붐' 세대의 고령화로 인해 노인 수는 근로자 수에 비해 크게 늘어나게 될 것이다. 이로 인해 보다 적은 수의 근로자들이 보다 많은 62세 이상 노인들을 부양할 수밖에 없어 **사회보장연금제도**(Social Security program)는 매우 심각한 재정적인 문제에 놓이게 될 것이다. 이는 향후 75년간 사회보장연금의 지출 규모는 근로자가 납부한 조세수입에 비해 19조 8,000억 달러나 초과할 것이기 때문이다.[1]

사회보장연금제도 노인들에게 소득을 지원해주기 위해 근로자에게 세금을 부과하는 연방정부 제도

사회보장연금제도에 대한 우려는 2016년 공화당 대선 예비선거에서 부각되었다. 한 토론에서, 테드 크루즈 상원의원은 사회보장연금제도는 '무책임하다'고 말하며, '부실에 대한 경각심'을 가져야 한다고 주장했다. 이와 비슷하게, 마르코 루비오 상원의원은 현재 제도의 구조를 비판하면서 "현재 사회보장연금제도는 '도산'할 것이며, '국가를 파산'시킬 것이다"라고 말했다. 두 후보는 모두 은퇴연령을 높여 연금 지출을 제한하고, 급여 인상률을 인플레이션에 맞게 낮추어야 하며, 근로자들이 사회보장연금에 대한 기여금을 개인계좌에 저축하는 것을 허용해야 한다고 제안했다.[2] 도널드 트럼프 후보는 크루즈와 루비오 상원의원과는 극명한 대조를 이뤘다. 그는 "사회보장연금제도를 건드리지 않기 위해서 최선을 다할 것"이라고 선언했다. 트럼프는

1 Social Security Trustees(2021).

2 Horsley(2016).

"나보다 사회보장연금을 구출해!"

은퇴연령을 높이고 혜택을 줄이는 것을 반대했으며, 대신 더 강력한 경제에 의존할 것을 제안하면서 "우리나라를 다시 부자로 만들어 [사회보장연금]을 감당할 수 있게 할 것"이라고 주장했다.[3] 이 토론의 진정한 승자가 누구였지는지, 또한 2016년 대선 경선의 승자가 국가의 부를 늘렸는지 여부는 논란의 여지가 있지만, 그는 기존의 제도를 바꾸지 않겠다는 약속은 지켰다.

5년 후, 조 바이든 대통령이 제안한 사회보장개혁 계획에는 사회보장혜택을 줄이는 것이 아니라 늘리는 것이 포함되었다. 바이든은 적격 근로자에게 빈곤선의 125%에 해당하는 최소 수혜금을 보장하고 배우자 사망 후 홀로 사는 남편과 아내에 대해 월별 수당을 20% 인상할 것을 제안했다. 이렇게 증가된 비용을 상쇄하기 위한 바이든의 제안은 사회보장급여세(사회보장을 위한 주요자금의 출처이며, 현재 연간 최대 142,800달러까지의 소득에만 적용됨)를 40만 달러 이상 소득에 적용하는 것이었다. 결국 이로 인해 142,800달러에서 40만 달러 사이의 소득에 포함되는 사람들도 사회보장급여세의 대상으로 포함하도록 확대하였다.[4]

이러한 논란은 미국 최대의 사회보험제도인 사회보장연금제도의 잠재적 개혁이 현재 직면한 중요한 도전과제라는 점을 잘 보여주고 있다. 한편, 사회보장연금은 미국 노인인구의 가장 큰 단일 수입원이다. 수혜자의 약 절반이 소득의 50% 이상을 사회보장연금으로부터 얻으며, 수혜자의 4분의 1가량이 소득의 90% 이상을 사회보장연금에 의존한다.[5] 따라서 이 제도의 수혜를 축소시킨다고 판단되는 모든 개혁은 정치적 공격의 대상이 된다. 반면, 이 제도는 혜택을 삭감하지 않는다면 정치적으로 인기 없는 세금 인상을 단행해야 할 정도로 자금조달에 있어 장기적인 고갈 상태에 직면해 있다.

이 장에서는 제12장에 배운 방법들을 사용하여 주요 사회보험제도의 비용과 편익을 분석한다. 우리는 먼저 사회보장연금제도의 제도적 특징에 대해 검토한 다음, 정부가 노인들의 소득을 보장하기 위해 개입하기를 원하는 이유에 대해서 논의할 것이다. 다음으로는 앞 장과 마찬가지로 각 개인들이 저축을 통해 은퇴 후 소득 상실에 스스로 대비할 수 있는 자가보험의 능력과, 사회보험의 자가보험에 대한 구축효과를 논의할 것이다. 그 후에는 이러한 노후소득 보장을 제

3 Ibid.
4 Konish(2021).
5 Center on Budget and Policy Priorities(2020).

공하는 비용과 함께 조기은퇴 등 바람직하지 못한 행태를 조장할 가능성에 대해 살펴보고, 이러한 도덕적 해이에 대한 이론 및 실증적 증거들을 검토할 것이다. 끝으로 현재의 사회보장연금제도를 기존의 틀 내에서 다소 변경하거나 제도의 본질 자체를 바꾸는 등 여러 가지 가능한 개혁 방안을 살펴볼 것이다.

13.1 사회보장연금은 무엇이며, 어떠한 기능을 하는가?

이 절에서는 사회보장연금의 기본 구조에 대해 살펴보기로 하자.[6] 이 제도는 대공황이 정점에 이르렀던 1935년에 도입되었다. 그 당시 자산가치는 폭락하였고 이로 인해 많은 노인들은 평생 모았던 저축이 한순간에 물거품이 되어버렸다. 사회보장연금 도입의 주요 동기는 이러한 어려움을 겪은 노인 세대들에 대한 소득 지원이었다.

이 제도의 기본적인 작동원리는 간단하다. 근로자가 자신의 근로소득으로부터 납부한 세금은 연금기금에 적립되며 이 기금은 국채를 매입하는 데 투자된다. 사회보장연금에 가입하고 62세에 도달한 대부분의 가입자에게는 기금에서 연금급여가 지급된다. 연금급여는 수급자가 사망할 때까지 계속 지급되며 생존한 배우자가 있을 경우에는 배우자가 사망할 때까지 유족연금이 지급된다.

세부 내용

실제로 사회보장연금이 어떻게 운영되는지 알기 위해서는 많은 세부사항을 설명해야 할 것이나 여기에서는 이 중 몇 가지 중요한 사항들만을 살펴보기로 한다. 이하에서 설명하는 사회보장연금제도는 2021년 현재의 수급자격 및 수치들을 기준으로 한 것이다.[7]

사회보장연금의 자금은 어떻게 조달되는가? 미국의 대부분 근로자들은 연방기금보험법(FICA)에 의해 소득에서 세금을 납부한다. 세율은 현재 6.2%이다. 이에 더하여 근로자들의 고용주(자영업자일 경우에는 본인)도 동일하게 6.2%의 세금을 납부하여 총세부담은 12.4%가 된다. 이러한 세금부과는 연소득 중 최대 142,800달러까지에만 적용된다.

누가 사회보장연금을 받을 수 있는가? 사회보장연금급여를 받기 위해서는 가입자가 전체 생애기간 중 40분기(10년) 이상 근로를 하고 세금을 내야 하며, 62세가 경과해야 한다.

사회보장연금은 어떻게 계산되는가? 수급자격이 발생하면 수급자는 사망 시까지 연금을 받게 된다. **종신연금**(annuity payment)의 수준은 수급자의 평균 생애소득의 함수이며, 이 경우 과거 월소득의 가치는 현재까지의 임금 상승률을 반영하여 현재가격을 기준으로 재평가된다. 보

종신연금 수급자가 사망할 때까지 계속 지급되는 연금

6 제12~17장에서 논의하는 모든 사회보험 및 복지 프로그램과 마찬가지로 이 장에서는 프로그램의 경제성을 유지하는 데 필요한 최소한의 제도적 세부사항을 제시한다. 이 프로그램에 대한 좀 더 자세한 내용은 Robert Moffitt(2003)이 편집한 *Means-Tested Transfer Programs in the United States*에서 풍부한 경제학 문헌 리뷰와 더불어 설명하고 있다.

7 2021년 사회보장제도에 대한 모든 정보는 https://www.ssa.gov에서 얻었으며, 여기서 사회보장제도에 대한 최신 정보를 얻을 수 있다.

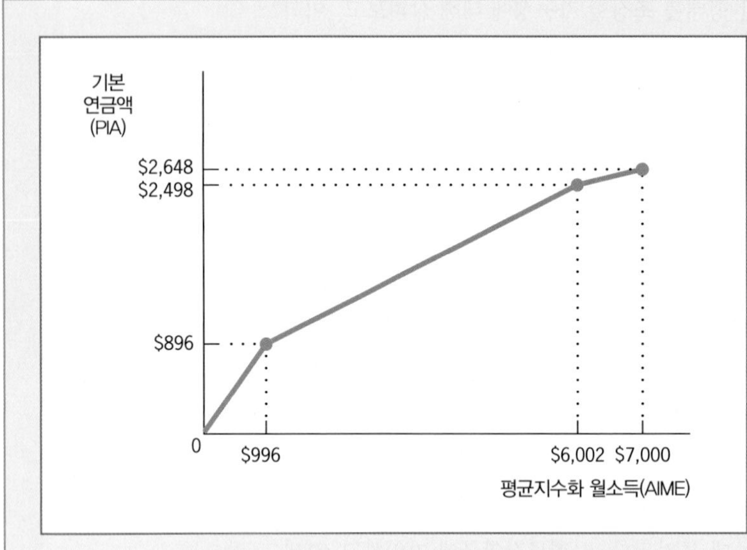

그림 13-1 사회보장연금 급여의 산정 방식 사회보장연금의 기본 연금액(PIA)은 평균지수화 월소득(AIME)의 소득재분배적인 함수이다. 그림의 굵은 선은 각 구간에서의 AIME 1달러당 연금급여 증가액을 의미한다. 예를 들어 AIME가 996~6,002달러 사이에 있다면 추가 AIME 1달러당 0.32달러의 연금급여를 받게 된다.

출처 : Social Security Administration(2021).

다 구체적으로, 정부는 근로자의 소득이 가장 높았던 35년 동안의 소득을 기준으로 평균값을 산정한다. 만일 근로자가 35년보다 적은 기간 일했을 경우에는 연금산식에서 부족한 기간의 소득을 0으로 처리한다. 예를 들어 근로자가 총 30년간 일했을 경우 30년간 소득의 합을 35년(5년간 무소득기간 포함)으로 나누어 평균값을 구한다. 만일 근로자가 35년 이상 일했을 경우에는 이 중 저소득기간을 제외하고 평균값을 계산한다. 이러한 35년 평균 실질월소득은 **평균지수화 월소득**(Average Indexed Monthly Earnings, AIME)이라 정의된다. 연금급여는 과거 소득의 재분배적 함수에 의해 계산되며 저소득자가 고소득자에 비해 상대적으로 후한 연금급여를 적용받게 된다. 그림 13-1은 AIME가 어떻게 기본 연금액(PIA)으로 전환되는지에 대한 급여산식을 보여주고 있다. 한 달에 996달러 이하의 AIME를 받는 근로자는 AIME 1달러당 0.90달러의 급여를 받는다. AIME를 996~6,002달러 사이를 받는 근로자는 AIME 1달러당 0.32달러의 급여를 받는다. AIME가 6,002달러를 넘는 근로자의 경우에는 AIME 1달러당 0.15달러의 급여밖에 받지 못한다. 이 두 가지 기준의 결과는 (1) 수입이 더 많은 근로자가 더 높은 급여를 받지만, (2) 급여가 수입만큼 빠르게 상승하지 않는다. 이는 과거 소득에 대한 재분배 기능을 의미하는 것이다 — 과거 수입은 수입 증가속도보다 더 느린 속도로 급여로 변환된다.

소득대체율 보험급여의 급여 수급 전 소득에 대한 비율

사회보장제도 관대함의 핵심 척도는 수급자 자격이 되기 전의 수입 대비 사회보장급여의 비율인 **소득대체율**(replacement rate)이다. 사회보장제도의 경우 퇴직이 바로 급여를 받는 자격을 얻는 사건이므로 대체율은 퇴직 전 수입에 대한 급여의 비율이다. 평균적인 사람의 사회보장급여는 퇴직 전 소득의 약 40%이다.[8] 전형적인 저소득층 근로자의 경우 이 대체율은 50%에 가깝지만, 고소득자의 경우 수입의 전환비율이 낮아서 평균적으로 대체율이 20%에 불과하다(그림

8 Congressional Budget Office(2019).

13-1). 퇴직하여 급여를 받은 후, 노년층의 급여를 물가 상승으로부터 보호하기 위해 매년 소비자물가지수(CPI)를 사용하여 인플레이션을 반영 조정한다.

kmsdesen/Shutterstock

응용사례
왜 35년인가?

사회보장연금의 소득평균화 기간을 35년으로 정한 데는 두 가지 이유가 있다. 첫째, 가입자들이 파트타임 근로나 저소득 근로기간으로 인해 부당하게 손해를 보지 않도록 하기 위함이다. 만일 어떤 근로자가 졸업 후 35년 동안 높은 소득을 벌었다면 그의 연금급여가 고등학교 때 맥도날드에서 일한 경력 때문에 줄어드는 것은 타당하지 않을 것이다.

둘째, 소득평균화 기간이 너무 짧을 경우에는 고령 근로자들의 근로행위에 왜곡을 초래할 수 있기 때문이다. 이에 대한 대표적인 예는 보스턴에서 지하철 운행 중에 졸음으로 인한 충돌사고로 18명을 다치게 한 61세 운전기사의 경우이다.[9] 조사에 의하면 이 운전기사는 최대한의 초과근무수당을 받기 위해 25시간을 연속해서 근무한 것으로 밝혀졌다. 이러한 과다근무의 부분적인 이유는 그가 받게 될 연금이 최종 5년간 급여의 함수였기 때문이다. 사고 후 지하철 회사 대표가 밝혔듯이 "이러한 제도는 당장 초과근무수당을 지급할 뿐 아니라 추후 연금급여도 늘어나 중복혜택을 제공한다… 어떠한 급여제도나 연금제도도 근로자의 수명을 단축시키거나 공공안전을 위험에 빠뜨릴 정도의 과다근무를 조장해서는 안 될 것이다." 이 사고 후 지하철 회사는 연금급여가 은퇴 직전의 과다근무에 의해 늘어나지 않도록 제도를 변경하였다.

이와 유사한 문제가 세계에서 가장 후한 공무원연금제도를 가지고 있고 이로 인해 매우 심각한 재정적 압력을 받고 있는 브라질에서 발생하였다. 브라질 공무원의 연금급여는 전적으로 공무원의 최종 월급여 수준에 의해 결정된다. 세계은행의 지적대로, 이로 인해 '공무원들을 은퇴 직전에 무리하게 승진시키는 사례가 비일비재하게 발생'하였다. 최근 몇 년 동안 브라질은 연금을 1994년부터 퇴직 날짜까지 월 최고 소득의 80%로 계산하고 점차 평균 기간을 늘려나가면서 이 문제를 해결하려고 시도하고 있다.[10] ■

사회보장연금은 어떻게 지급되는가? 사람들은 1959년에 태어난 경우 66세 10개월부터인 **완전은퇴연령**(Full Retirement Age, FRA)이 되면 기본 연금액을 받을 수 있다. 뒤에서 자세히 논의할 것이나, 1983년 법 개정으로 인해 1960년 이후 출생자들에 대해서는 완전수급연령이 점차로 67세까지 연장될 것이다.[11]

조기노령연금은 **조기수급연령**(Early Entitlement Age, EEA)인 62세부터 받을 수 있다. 그러나

완전은퇴연령(FRA) 사회보장연금 가입자가 완전 기본 연금액(PIA)을 받을 수 있는 연령

조기수급연령(EEA) 사회보장연금 가입자가 감액연금을 받을 수 있는 최소 연령

9 Radin(1980).

10 Organization for Economic Cooperation and Development(2014b).

11 이전에는 이 연령을 정상퇴직연령(Normal Retirement Age)이라 불렀으나, 현재 근로자 중 80%가 이 연령 이전에 은퇴하고 있으므로 적합한 명칭이라 할 수 없다. 중요한 것은 67세가 되면 근로자가 완전한 기본 연금액의 수급자격이 발생한다는 점이다.

연금급여를 완전은퇴연령 이전에 신청할 경우 급여액은 1년당 6.67%(FRA 이전 3년 동안) 혹은 5%(그전 달에는)가 감액된다. 이로 인해 62세에 연금을 신청한 사람은 완전은퇴연령이 되어 받을 경우에 비해 30% 정도 낮은 급여를 받게 된다. 이러한 '보험계리적' 감액은 조기연금 신청자가 보다 장기간 연금을 받게 되는 것을 감안하여 조정하는 것이다. 즉 동일한 연령의 두 사람 중 A는 62세에, B는 66세에 연금을 신청했으며 두 사람 모두 75세까지 산다고 하자. 이 경우 A는 B에 비해 3년 동안 더 연금을 받게 될 것이다. 보험계리적 감액은 A가 4년 동안 더 받게 되는 점을 감안하여 매년 받는 연금액을 인하 조정하는 것이다. 이러한 보험계리적 조정을 통해 A와 B의 은퇴 후 생존기간에 받는 총기대연금급여액이 같아지게 된다. 이와 동일한 원리로, 완전은퇴연령 이후에 연금을 신청할 경우에는 연기은퇴연금(Delayed Retirement Credit, DRC)을 받게 되며 이 경우 연금액은 연기한 1년당 8%씩 상향조정된다.

일을 하면서 사회보장연금을 받을 수 있는가? 사회보장연금의 주요 특징 중 하나는 소득조사제도이다. 이 제도는 FRA에 이른 개인의 소득이 18,960달러를 초과하는 경우, 소득 1달러당 0.50 달러씩 연금을 감액하는 제도이다. 이러한 감액제도는 흔히 일하는 노인들의 연금급여에 세금을 부과하는 것으로 간주된다. 그러나 이는 사실과 다르다. 감액된 급여는 상실되는 것이 아니며 이후에 근로자의 소득이 최저소득 기준 아래로 떨어질 경우 되돌려받게 된다. 이 경우 환급액은 이자가치가 포함되도록 보험계리적으로 재조정된다. 따라서 소득조사제도는 실제로 조세가 아니라 근로자의 고소득기간에 연금급여를 유보하여 근로자가 실질적인 은퇴를 할 경우 이를 되돌려주는 '강제저축제도'이다. 이러한 원리를 잘못 이해하고 있는 까닭으로 인하여 많은 노인들이 감액제도의 적용을 받기보다는 근로소득을 줄이거나 또는 조기은퇴를 하고 있다. 우리는 이에 대한 증거를 향후 검토할 것이다.

부양가족에 대한 급여혜택이 있는가? 사회보장연금은 수급자 자신뿐 아니라 부양가족에게도 혜택을 제공한다. 수급자의 배우자는 자신의 연금급여액과 배우자 연금급여액의 1/2 중 큰 금액을 받을 수 있다. 따라서 소득이 낮거나 40분기의 근로경력을 채우지 못해 연금 수급자격이 없는 사람들은 자신의 배우자 연금액의 절반을 받을 수 있다. 사망한 근로자의 자녀들 역시 일정액의 연금을 받을 수 있으나 이 경우 가족에 대한 총연금급여액은 수급자 연금액의 188%를 초과할 수 없다. 또한 수급자가 사망할 경우 그 배우자는 유족연금을 받을 수 있다. 이 경우 배우자는 자신의 연금급여와 사망한 배우자의 연금급여 중 큰 급여를 받을 수 있다.

▶ **즉석 힌트** 전문용어의 정의

- AIME : 평균지수화 월소득으로 평균 생애소득을 산정하는 방법
- PIA : 기본 연금액으로 연금급여 수준을 산정하는 방법
- FRA : 완전은퇴연령(현재 67세)으로 PIA를 신청할 수 있는 연령
- EEA : 조기수급연령(현재 62세)으로 연금급여를 신청할 수 있는 최소연령
- DRC : 연기은퇴연금(현재 8%)으로, 근로자가 FRA 이후로 은퇴를 연기할 경우 PIA가 증가하는 정도(근로자가 EEA에 연금급여를 신청할 경우 PIA는 같은 원리로 보험계리적으로 감액 조정됨)

사회보장연금은 어떻게 변화해왔는가?

사회보장연금의 운영 방식을 민간연금과 비교해보면 이해가 가장 쉬울 것이다. 민간연금은 기금 **적립 방식**(funded) 제도이다. 즉 현재의 저축은 국채, 회사채 및 주식 등의 자산에 투자되고 이렇게 적립된 자산은 약정된 미래의 연금급여를 지급하는 데 쓰인다. 반면 사회보장연금은 전통적으로 **미적립 방식**(unfunded) 제도로 운영되어 왔다. 즉 현재의 근로자들로부터 거둔 세금은 납세근로자들의 은퇴 후 연금 지급을 위해 저축되는 것이 아니라 현재의 은퇴자들에게 먼저 사용된다[이러한 제도를 흔히 '부과 방식(pay-as-you-go)'이라 부른다].

적립 방식 보험료 수입을 미래의 연금급여 지출을 위해 다양한 자산에 투자하는 저축형 연금제도

미적립(부과) 방식 현재의 근로자가 납부한 보험료를 미래 연금급여를 위해 투자하는 대신 현재의 은퇴자들에게 직접 지급해주는 연금제도

그러나 이러한 제도가 반드시 잘 운영되리라는 보장은 없다. 만일 사회보장연금제도가 파산하거나 근로자들이 은퇴자에게 연금을 지급하기 위한 세금을 납부하기를 거부한다면 어떻게 될까? 만일 이러한 사태가 발생한다면 은퇴자들은 불행해질 것이다. 그들은 이전에 세금을 납부했음에도 불구하고 아무런 연금혜택을 받지 못하기 때문이다. 반면에 적립된 자산을 가지고 있는 적립식 제도에서는 은퇴자들이 은퇴 후 소득을 보조해줄 자산이 존재하고 있다는 것을 확신할 수 있다.

다시 말해 적립식 민간연금제도에서는 실제로 적립된 자산에 의해 연금 지급이 보장된다. 사회보장연금에서는 정부의 정책에 의해 연금 지급이 보장된다. 정부가 이러한 약속을 깨뜨릴 가능성은 매우 희박할 것이다. 그러나 제4장에서 살펴보았듯이 미국이나 여러 다른 국가들은 앞으로 어떻게든 해결해야만 하는 매우 심각한 장기적 재정불균형의 문제를 안고 있으며 이러한 재정불균형을 해결하기 위한 한 가지 방안은 사회보장연금의 급여를 삭감하는 방안일 것이다. 바로 이러한 이유로 인해 50세 미만 근로자의 60% 이상이 은퇴할 때 사회보장혜택을 받지 못할 것이라 생각하고 있는 것으로 나타났다.[12]

여러분 중 일부는 이미 알고 있겠지만 현재의 사회보장연금은 미적립 제도가 아니며 부분적인 적립 제도로 운영되고 있다. 현재의 근로자들이 납부한 세금은 현재의 은퇴자들에게 연금급여를 지급하는 데 쓰일 뿐 아니라 미국 국채에 투자되는 사회보장기금에 적립되고 있다. 뒤에서 자세히 논의될 것이나 이러한 적립기금은 향후 50년간 사회보장연금제도가 당면하게 될 재정적인 문제에 대한 해결책이다. 그러나 이 적립기금은 2035년까지 완전 소진될 전망이며 그 이후엔 사회보장연금제도가 다시 완전미적립(부과) 방식으로 전환될 것이다.

사회보장연금의 소득재분배 기능 다음의 예에서 보듯이 사회보장연금의 미적립적 특성은 세대 간 소득재분배에 대한 중요한 시사점을 가진다. 표 13-1에 제시되어 있는 것처럼 사람들이 두 기간에 생존하는 단순한 경우를 생각해보자. 첫 기간은 젊은 시절로, 사람들은 근로를 하고 사회보장연금을 유지하기 위한 세금을 납부한다. 두 번째 기간은 전기의 근로자들이 나이가 들어 은퇴하고 사회보장연금을 받아 생계를 유지한다. 매 기간에 있어 젊은 층 인구는 5%(인구증가율)씩 늘어나며 그들의 임금은 생산성 증가로 인해 5%씩 증가한다.

제1기에는 100명의 젊은 근로자가 있으며 사회보장연금제도는 없다고 하자. 또한 근로자는

12 Newport(2019).

표 13-1 2기간 모형하의 사회보장연금 2기간 모형하에서는 제1기의 근로자들은 근로기간 중 세금을 내지 않지만, 제2기에 은퇴해서는 연금급여를 받는다. 제2기에는 각 근로자가 2,100달러의 세금을 내며, 각 은퇴자는 2,205달러의 연금급여를 받는다. 따라서 제2기 은퇴자들의 수익률은 무한대가 된다. 제3기와 제4기에서는 은퇴자들이 젊었을 때 세금을 냈기에 수익률은 10%가 되며, 이 수익률은 인구증가율과 임금 상승률에 의해 결정된다. 제5기에서는 마지막 세대가 젊었을 때 세금을 납부하지만 은퇴 후 연금을 받을 수 없으므로 수익률은 −100%가 된다.

기	근로자 수	근로자 1인당 소득	근로자 1인당 세금	총납세액	은퇴자 수	연금액	은퇴자의 세금	수익률
1	100	$20,000	0	0	0	0	–	–
2	105	$21,000	$2,100	$220,500	100	$2,205	0	∞
3	110	$22,050	$2,205	$242,550	105	$2,310	$2,100	10%
4	115	$23,153	$2,315	$266,225	110	$2,420	$2,205	10%
5	121	$24,310	0	0	115	0	$2,315	−100%

근로기간 중에 20,000달러를 번다고 하자.

제2기에는 1기의 100명의 근로자들이 은퇴를 하고, 10%의 급여세로 충당되는 미적립 방식의 사회보장연금이 새로이 도입되었다고 하자. 2기의 근로자들이 납부한 세금은 은퇴자들에게 즉시 지급된다.

제2기에는 105명의 근로자들이 있으며, 각 근로자는 21,000달러의 소득을 벌어 2,100달러의 급여세(10%)를 납부한다. 220,500(105 × 2,100)달러의 조세수입은 제2기의 100명의 은퇴자들에게 1인당 2,205달러의 연금급여를 지급하는 데 사용된다. 제2기의 은퇴자들은 젊었을 때 세금을 내지 않았기에, 그들의 수익률은 무한대가 된다. 즉 그들은 아무것도 내지 않고 연금혜택을 받게 된다. 따라서 이러한 초기 세대는 미적립 방식 사회보장연금제도의 가장 큰 혜택을 받는 세대이다. 이들은 근로기간 중 연금제도에 거의 기여를 하지 않았음에도 불구하고 은퇴연금을 받게 된다. 앞서 지적한 대로 이것은 미국 사회보장연금제도가 1935년에 처음 도입될 당시의 명시적인 정책목표였다.

제3기의 은퇴자들은 자신들이 젊었던 2기에 세금을 낸 사회보장연금의 첫 세대들이다. 이 은퇴자들은 근로기간 중에 1인당 2,100달러의 세금을 납부하였으며, 노후에는 이보다 약 10%가 많은 2,315달러의 연금급여를 받는다. 이러한 추가금액은 어디에서 나오는 것일까? 첫째는 **임금 인상효과**이다. 즉 3기의 근로자는 생산성 증가로 인해 현재의 은퇴자들이 근로기간 중 받았던 것보다 높은 임금을 받는다. 3기의 젊은 근로자들의 높은 소득에 세금이 부과되므로, 당시의 은퇴자들에게 지급할 수 있는 자금이 많아지게 된다. 둘째는 **인구증가효과**이다. 세금을 내는 근로자가 상대적으로 많기 때문에 은퇴자들을 위한 자금이 커지게 된다.

위의 예에서 우리는 인구와 임금 수준이 각각 5%씩 증가하는 것으로 가정하였다. 그러나 현실세계에서는 이러한 증가율들이 변화하게 되며 실제로 사회보장연금이 '중간 세대' 수급자에게 미치는 영향은 불확실하다. 그 영향은 인구 규모와 임금 상승효과에 달려 있다. 이 두 변수의 증가율이 클 경우 수급자들은 자신이 낸 세금에 대해 높은 수익률을 얻게 될 것이다. 이 두 변수 중 한 가지 또는 두 가지 모두가 작거나 음(−)일 경우에는 수급자들은 납부한 세금에 대해 매우 낮은 수익률을 얻게 된다.

제3기와 제4기의 은퇴자들은 젊었을 때 납부한 세금에 대해 10%의 수익률을 얻는다. 그러나 제5기에 젊은 근로자들이 사회보장연금제도에 더 이상 가입하지 않기로 결정할 경우를 상상해 보자. 그들은 아직 세금을 납부하지 않았기에 제도를 탈퇴하더라도 아무런 손해가 없을 것이다. 이 결정에 대한 비용은 누가 감당하게 될까? 그것은 제5기 은퇴자들의 몫이다. 그들은 근로 기간 중 1인당 2,315달러의 세금을 냈음에도 불구하고 은퇴 후 아무런 연금혜택을 받지 못하게 된다. 따라서 마지막 세대는 미적립 사회보장연금제도에 의해 손해를 보게 되는 것이다.

kmsdesen/Shutterstock

응용사례

이다 메이 풀러[13]

사회보장연금의 첫 수혜자는 이다 메이 풀러(Ida May Fuller)였다. 그녀는 1874년 9월 6일 버몬트주의 농장에서 태어났으며 캘빈 쿨리지 대통령과 함께 학교에 다녔다. 그녀는 사회보장연금이 도입된 후 단지 3년간 일을 하였으며 총 24.75달러의 급여세를 납부하였다. 1939년 11월 4일 그녀는 버몬트주 러틀랜드시의 사회보장사무소를 방문하였다. 그녀가 후에 말했듯이 방문 이유는 '무엇을 기대한 것이 아니라 사회보장연금이란 것에 대한 세금을 냈는데 이것이 과연 무엇인지를 물어보려 했던 것'이다. 그녀의 사례는 새로운 사회보장청에 의해 취급된 첫 사례이며 1940년 1월 31일 미국 역사상 처음으로 22.54달러의 사회보장연금급여가 그녀에게 지급되었다.

이다 메이는 이후 35년을 생존한 후 1975년에 100세의 나이로 사망하였다. 35년 동안 그녀는 총 22,888.92달러의 사회보장연금급여를 받았다. 이는 그녀가 투자한 24.75달러에 비해 엄청난 수익이었다! 그녀는 새로운 사회보장연금을 수급한 첫 세대가 얼마나 엄청난 혜택을 받았는지에 대한 대표적인 사례이다. ■

교훈 요약하면 앞의 예는 두 가지를 말해준다. 첫째, 미적립 방식의 사회보장연금제도가 '중간 세대'에게 제공하는 수익률은 인구증가율과 임금 상승률에 달려 있다. 둘째, 미적립 사회보장연금은 Diamond와 Orszag(2004)가 명명한 **계승부채**(legacy debt)를 안고 있다. 사회보장연금을 받는 이다 메이 풀러와 다른 1세대 퇴직자에게 지불된 미적립 급여는 즉각적으로 해당 제도에 커다란 부채를 남기게 된다. 만일 사회가 사회보장연금을 종료하기로 결정한다면 이 제도에 세금을 이미 납부한 현재의 고령 근로자와 은퇴자들은 연금혜택을 못 받게 될 것이며 결국 이전에 납부한 세금은 계승부채를 갚는 데 쓰일 것이다.

계승부채 초기 세대들이 납부한 세금보다 훨씬 더 많은 연금급여를 받음으로 인해 발생한 정부 부채

정치적으로 이러한 막대한 부채를 어느 한 세대의 근로자들이 책임지도록 할 가능성은 희박할 것이다. 따라서 모든 사회보장연금제도의 개혁에 있어서는 현재의 미적립 사회보장연금제도의 재정균형을 회복하기 위해 계승부채를 어떻게든 갚아나가야 한다는 사실과 씨름을 해야 한다.

13 이다 메이 풀러에 대한 자료는 Social Security Administration(n.d., 1996)에서 구한 것이다.

사회보장연금의 소득재분배 기능?

표 13-1에는 가상적인 사회보장연금이 세대 간에 어떻게 소득을 재분배하는지에 대한 예시가 제시되어 있다. 첫 번째 세대는 가장 큰 수혜자이며 중간 세대들은 임금 상승과 인구증가에 의해 결정되는 수익률을 얻게 된다. 만일 마지막 세대가 존재한다면, 그들은 가장 큰 손해를 보게 될 것이다. 현실세계는 이러한 단순한 예보다는 훨씬 복잡하다. 여기에서는 미국 사회보장연금의 소득재분배 기능에 대한 실증적 증거를 살펴볼 것이다. 즉 어떤 세대가 제도로부터 수혜를 받거나 손해를 입었는지, 또 그 크기는 얼마인지를 검토해보자.

사회보장연금자산(SSW) 미래의 사회보장연금급여액의 현재할인가치에서 급여 납부액의 현재할인가치를 뺀 금액

소득재분배를 측정하기 위해 미국의 각기 다른 세대의 **사회보장연금자산**(Social Security Wealth, SSW)의 규모를 계산해보자. SSW는 각 개인이 평생 받게 될 미래 사회보장연금의 총기대현재가치에서 본인이 납부할 급여세의 총기대현재가치를 차감한 금액이다. SSW는 다음과 같이 계산된다.

- 가입자가 앞으로 본인의 사망 시까지 받을 것으로 예상하는 미래 연금급여의 흐름을 계산한다. 이 경우 사망 시점이 불확실한 점을 감안하여 매기의 연금급여액은 그 당시의 생존확률을 곱하여 계산한다(이러한 이유로 기대현재가치라 부른다). 예를 들어 68세의 생존확률은 80세보다 높으므로 68세의 연금급여는 80세의 경우보다 그 가치가 높게 평가된다.
- 할인율을 이용하여 연금급여흐름의 현재가치(PDV)를 계산한다(제4장 참조).
- 가입자의 사망 시까지 납부하게 될 미래 납부액의 흐름을 계산한다.
- 납부액 흐름의 현재가치를 계산한다.
- SSW는 이 두 값의 차이로 계산된다.

표 13-2에는 1960년, 1995년 및 2030년에 65세에 도달하는(즉 1895년, 1930년, 1965년에 태어난) 독신 남성의 SSW가 제시되어 있다. 또한 표에서는 각 연령층별로 저소득, 평균 소득 및 고소득 근로자들의 SSW를 보여주고 있다. 표에서 각 칸의 수치들은 상단과 왼쪽의 분류집단에 속한 사람들의 SSW의 값이다. 예를 들어 1960년에 65세에 도달했던 평균 소득자는 납부한 세금에 비해 110,000달러나 많은 연금급여를 받았다. 1995년에 65세에 도달한 평균 소득자는 납세액에 비해 61,000달러나 많은 연금급여를 받게 될 것이다. 2030년에 65세에 도달한 평균 소

표 13-2 **사회보장연금의 소득재분배 : 독신 남성의 경우** 독신 남성의 사회보장연금자산은 세대별로 차이가 있으며, 후세대보다 전 세대가 더 많이 받게 된다. 각 세대 내에서는 예전에는 고소득자의 연금자산이 컸지만, 최근에는 저소득자의 연금자산이 더욱 크다.

소득 수준	1960년에 65세인 은퇴자	1995년에 65세인 은퇴자	2030년에 65세인 은퇴자
저소득자	$78,000	$67,000	$61,000
평균 소득자	$110,000	$61,000	$9,000
고소득자	$118,000	$49,000	–$86,000

출처 : Kolasi and Steuerle(2020).

득자는 자신이 낸 세금보다 9,000달러나 더 많은 연금급여를 받게 될 것으로 예상된다.[14]

왜 이처럼 후세대로부터 전 세대로의 소득재분배가 발생하게 되는가? 첫째, 1960년 당시 65세였던 은퇴자들은 표 13-1의 2기의 경우와 마찬가지로 혜택을 받게 된다. 이들은 1895년에 태어났다. 만일 이들이 1913년(당시 18세)부터 일하기 시작했다면 사회보장연금이 1937년에 도입되었기에 그들은 24년의 근로기간 동안에는 세금을 납부하지 않았을 것이다. 따라서 이들은 근로생애 중 일부 기간에만 세금을 납부하고서도 은퇴 후 생존기간에 연금급여를 받을 수 있었다.

둘째, 사회보장연금제도가 도입된 이후 오랫동안 인구증가 및 임금 상승효과가 있었을 뿐 아니라(앞의 예 참조), 이와 함께 조세 인상효과도 존재하였다. 즉 급여세율은 장기간에 걸쳐 인상되어 왔다(앞의 예에서는 급여세율이 10%로 고정된 것으로 가정했음). 1937년 당시 사회보장연금제도를 충당하기 위한 급여세율은 2%였으나, 지금은 12.4%로 인상되었다. 인구증가 및 임금 상승과 함께 세율이 인상될 경우 초기 세대의 연금혜택도 함께 증가하게 된다.

21세기에 67세가 되는 자의 경우에는 세 가지 이유로 인해 일반적으로 손해를 보게 된다. 첫째, 1960년에 65세였던 자와는 달리 이들은 전 근로기간에 걸쳐 세금을 내야만 했다. 둘째, 세율 인상속도가 느려짐에 따라 세율 인상효과도 상당히 줄어들었다. 끝으로, 1970년대 초부터는 인구증가 및 임금 상승효과도 크게 줄어들었다. 예를 들어 1973년 이전까지는 인구증가효과가 연평균 1.5%였으며, 임금 상승효과도 연평균 2.5%였다. 반면에 1973년 이후에는 인구증가효과는 연평균 1%, 임금 상승효과는 연평균 1% 이하로 낮아졌다.[15] 2030년에 65세에 도달하는 사람들은 급여세가 더 이상 인상되지 않고 임금 및 인구증가속도도 매우 느려져서 가장 큰 손해를 입게 될 것이다.

표는 사회보장연금제도의 혜택이 세대 간에 어떻게 재분배되는지를 보여줄 뿐 아니라 소득수준이 다른 근로자들 간의 재분배효과도 보여주고 있다. 특히 사회보장연금제도의 초기에는 빈곤층보다 부유층의 SSW가 높아 부유층에게 유리한 제도였으나 이후 빈곤층의 SSW가 부유층에 비해 높아져서 빈곤층에게 보다 유리한 제도로 전환되어 왔다. 이러한 변화의 원인은 고소득 근로자들이 급여세를 통해 더 많은 돈을 내기 때문이다. 따라서 사회보장연금의 수익률이(임금 상승, 인구증가 및 급여세 인상효과를 통해) 높을 때에는 고소득 근로자들이 저소득 근로자보다 더욱 큰 혜택을 보게 된다. 그러나 사회보장연금의 수익률이 낮을 경우에는 고소득자들이 보다 많은 소득을 저수익 자산에 투자한 셈이 되므로, 저소득 근로자에 비해 더 큰 피해를 입게 된다. 그러나 이 효과는 시간이 지나면서 가장 부유한 미국인과 가장 가난한 미국인 사이의 기대수명격차가 커지는 이유로 일부 상쇄되고 있다. Auerbach 외(2017)는 1960년에 태어난 사람들의 기대수명이 1930년에 태어난 가장 부유한 미국인에 비해 7~8년 증가할 것이라고 예상하지만, 가장 소득이 낮은 미국인의 경우에는 증가하지 않을 것이라고 추정했다. 비록 사회보험연금제도의 전반적인 누진적 성향을 상쇄할 만큼 충분하지 않지만, 이러한 추정은 부자들이

---

14 Brown 외(2009), Goldman과 Orszag(2014)는 소득계층별로 재분배되는 금액이 부자와 가난한 사람 사이의 평균 기대수명의 격차와 전반적인 가계소득 및 인적자본 축적의 차이로 인해 여기에 측정된 것보다 훨씬 적다고 주장한다.

15 인구 및 임금 상승률은 U.S. Bureau of the Census(2020) 및 이전 자료들에서 구한 것이다.

사회보장과 같은 연금 기반 프로그램에서 시간이 지남에 따라 더 많은 혜택을 누릴 수 있음을 의미한다.

이러한 다른 소득계층 간의 재분배 외에도, 사회보장연금은 한 세대 내의 다른 집단 간에 다양한 소득재분배 기능을 수행하고 있다. 동일한 연령계층 내의 서로 다른 집단 간에 SSW가 어떻게 달라지는지에 대한 몇 가지 사례를 살펴보면 아래와 같다.

- 여성은 남성보다 SSW가 더 크다. 이는 여성이 동일한 세금을 납부하고도 평균수명이 길어 더 오랫동안 연금을 받기 때문이다.
- 기혼부부는 독신에 비해 SSW가 더 크다. 이는 근로자의 배우자는 근로자의 연금급여의 50%를 자동적으로 받을 수 있으며 근로자의 사망 후에도 근로자 연금급여의 100%를 계속해서 받을 수 있기 때문이다. 따라서 기혼인 근로자는 사회보장연금세금을 냄으로써 자기 자신뿐 아니라 배우자의 연금도 함께 구매하게 되어 높은 수익을 얻게 된다.
- 홑벌이 부부가 맞벌이 부부에 비해 SSW가 더 크다. 부부 중 한 사람만 일할 경우에는 무직 배우자가 전혀 세금을 내지 않았음에도 불구하고 근로자 연금급여의 150%를 받게 된다. 맞벌이 부부는 홑벌이 부부의 연금급여액보다 그다지 높지 않은 연금급여를 받으면서도 각자 자신의 근로소득에서 납부해야만 한다.[16]
- 평균수명은 소득 수준이 높아짐에 따라 길어지므로 부유층은 일반적으로 빈곤층에 비해 더 오랫동안 연금급여를 받게 된다. 따라서 사회보장연금제도가 부유층에 비해 빈곤층에게 상대적으로 높은 혜택을 준다는 주장에는 다소 과장된 측면이 있다. 그러나 이러한 효과에도 불구하고 현재의 사회보장연금제도가 빈곤층에게 혜택을 주고 부유층에게 손해를 입힌다는 기본적인 결과는 변함이 없다.

13.2 사회보장연금의 소비평탄화 편익

사회보장연금제도의 근본적인 도입 동기는 노인들이 은퇴 후 자신의 생계나, 사망 후 유족의 생계를 유지하기 위한 충분한 소득을 가지고 있지 않다는 인식에 있다. 이에 대한 증거는 Poterba(2014)에 의해 검토된 바, 예컨대 소득분위 하위 50%의 사람들에게는 사회보장연금 외에 은퇴를 대비한 재원이 거의 없는 것으로 나타났다. 따라서 정부는 근로자들의 은퇴 후 생계유지를 위해 강제로 세금을 징수하고 은퇴 후 연금급여를 제공해줄 필요가 있다.

사회보장연금의 이론적 근거

대부분의 은퇴가 개인의 결정에 따른 예견된 사건임을 고려할 때 왜 정부가 은퇴 후 소득을 제공하는 데 간섭을 할 필요가 있을까? 은퇴가 상당 정도 예측 가능하다면 사회보험의 필요성은

16 내가 10,000달러의 사회보장연금급여를 받을 수 있다고 하자. 만약 내 아내가 일을 하지 않았다면 우리 부부는 15,000달러(내 연금액의 150%)를 받게 된다. 만약 내 아내의 소득이 나와 같아 동일한 급여세를 냈다면, 우리 부부는 1년에 총 20,000달러의 연금급여를 받게 된다. 비록 급여세를 2배나 많이 냈지만 연금급여액은 단지 33%만 늘어난다.

무엇인가?

제12장의 논의에 비추어볼 경우 사회보장연금에 대해서는 기본적으로 두 가지 이론적 근거를 들 수 있다. 첫 번째 근거는 **민간연금시장**에서의 시장실패이다. 순수한 의미의 연금이란 가입자가 보험회사에 미리 일정 금액을 지불하면 보험회사는 그 대가로 가입자의 사망 시까지 고정된 금액을 계속 지급하는 계약을 의미한다. 연금은 제12장에서 설명한 소비평탄화 효과를 제공해 주므로 연금의 가치는 미래 수명이 불확실한 소비자의 입장에서 평가해야 한다.[17] 즉 연금은 미래 수명이 불확실한 소비자로 하여금 남은 생애기간 중에 그들의 소비를 평탄화할 수 있는 기회를 제공함으로써 저축을 너무 적게 하거나(이로 인해 노후에 굶주리게 되거나) 또는 너무 많이 하는(이로 인해 자신의 자산을 충분히 소비하지 못하는) 문제를 해결해준다.[18]

그러나 역선택의 문제로 인해 연금시장이 실패할 수도 있다. 역선택은 보험자(회사)에 비해 피보험자가 보다 많은 정보를 가지고 있을 때 시장의 실패를 야기할 수 있음을 상기하자. 연금의 경우에는 명백히 이러한 경우에 속한다. 왜냐하면 각 개인은 보험자에 비해 자신의 기대수명에 대해 보다 잘 알고 있기 때문이다. 그들은 자기 가족의 건강에 대한 역사(모든 조상들이 100세 이상 살았다든지)나 자신의 수명을 단축하거나 연장할 수 있는 행동을 하는지(건강식품을 좋아하는지 또는 운전 시 속도위반을 하지 않는지 등) 등에 대해 보다 잘 알고 있다. 가입자가 오래 살수록 보험자는 연금계약에 의해 보다 적은 이득을 얻게 될 것이다. 따라서 보험회사는 가장 오랫동안 생존할 사람들만이 연금을 구매할 것을 두려워하여 연금을 판매하려 하지 않을 것이다(역선택). 또한 이로 인해 보험회사는 연금의 판매가격을 높게 책정하게 되어 대부분의 잠재적 구매자들이 이를 구매하기를 원치 않게 될 수도 있다.[19] 사회보장연금은 공적연금을 제공함으로써 이러한 시장의 실패를 해결할 수 있다.[20]

연금시장의 실패는 사회보장연금의 유서 깊은 경제적 근거지만 대부분의 정책입안자들이 이 제도를 선호하는 진정한 이유는 **온정적 간섭주의**에 있다. 즉 그들은 사람들이 자신의 은퇴에 대비해 저축을 충분히 하지 않을 것을 염려한다. Hurd와 Rohwedder(2012)의 연구는 퇴직 전 소비를 사용하여 66~69세 사이의 사람들이 퇴직 이후에 기본적인 생활 수준을 유지할 수 있도록 적절하게 준비되었는지 여부를 평가하였다. 대부분 적절하게 준비되었지만, 상당 부분의 소수자 그룹은 그렇지 않다고 평가하였다. 예를 들어 결혼한 부부의 80%와 대학졸업자의 89%는 준비가 되어 있는 반면 비혼자는 55%, 고등학교 졸업장이 없는 사람들은 70%만이 준비가 되어 있었다.

---

17 개인은 또한 사망일에 대한 불확실성뿐만 아니라 은퇴일에 대한 불확실성 때문에 연금을 가치 있게 여길 것이다. Caliendo 외(2016)는 젊은 근로자가 은퇴 날짜에 대해 매우 불확실하다는 것을 보여준다.

18 종신연금을 개인이 보험회사에 돈을 미리 지불하고 보험회사는 사망 후 유족에게 돈을 지급하는 생명보험과 비교해보면 이해가 쉽다. 생명보험은 너무 짧게 사는 것(이로 인해 사망 시 유족에게 물려줄 자산이 없는 것)에 대한 보험인 반면, 종신연금은 너무 오래 사는 것(이로 인해 생존기간에 사용할 수 있는 자산이 없는 것)에 대한 보험이다.

19 Finkelstein과 Poterba(2004)는 종신연금시장에서의 역선택 문제에 대한 놀라운 증거를 제시하였다. 즉 생존기간이 긴 사람들이 생존기간이 짧은 사람들에 비해 종신연금을 구매할 확률이 매우 높다는 것이다. 더욱이 생존기간이 긴 사람은 '순수' 보장형 종신연금을 구매할 확률이 훨씬 높은 반면, 생존기간이 짧은 사람들은 조기사망 시 유족에게 돈을 지급해주는 부분 종신연금을 구매할 확률이 매우 높았다.

20 연금보험시장 실패는 생존 확률에 대한 비관론 때문인 것일 수도 있으며(O'Dea and Sturrock, 2020), 이뿐만 아니라 보험 상품의 복잡성에 대한 소비자의 혼란 때문일 수도 있다(Brown et al., 2013).

사회보장연금은 소비를 평탄화하는가?

시장실패나 온정적 간섭주의 중 어느 것이 그 이유라 할지라도 사회보장연금의 존재는 개인들이 은퇴 후 소비를 위해 충분한 준비를 하지 못한다는 인식에 근거하고 있다. 그러나 이로 인해 과연 개인들이 소비평탄화에 실패하고 정부의 개입이 필요한지 여부는 명확치 않다. 근로자들은 은퇴 후에도 오랫동안 소비를 해야 한다. 그러나 다른 한편으로는 은퇴는 일반적으로 예측이 충분히 가능한 사건이기에 대부분의 근로자가 미리 대비를 할 수 있다. 따라서 사회보장연금이 근로기간과 은퇴기간에 걸쳐 소비평탄화를 하는 데 얼마나 중요한 역할을 하는지는 명백하지 않다. 특히 사회보장연금이 각 개인들이 은퇴를 위해 미리 준비했을 저축을 구축하는 효과만을 가질 수도 있을 것이다. 사회보장연금이 단지 저축을 구축하지 않고 실제로 얼마나 보험효과를 제공해주는지는 매우 중요한 문제이며, 이에 대해서는 두 분야에서 많은 연구가 진행되어 왔다.

사회보장연금과 민간저축 은퇴에 대비한 자가보험 중 가장 중요한 형태는 개인 저축이다. 사회보장연금이 없다면 사람들은 은퇴 후 소비를 위해 자신의 저축(개인 저축이나 기업연금 등)에 의존해야만 할 것이다. 사회보장연금이 있을 경우에는 사람들은 정부로부터의 이전소득을 통해 노후소득을 보충할 수 있게 되므로 개인 저축을 구축할 수 있다. 이러한 구축효과가 클수록 사회보장연금이 은퇴자들에게 제공하는 소비평탄화 효과는 줄어들 것이다. 기존의 연구들은 SSW 1달러당 개인 저축이 0.3~0.4달러가 구축된다는 결과를 제시하였다. 따라서 사회보장연금의 개인 저축에 대한 구축효과는 부분적으로 존재하고 있는 것으로 보인다.

노인의 생활 수준 사회보장연금과 소비평탄화와의 관계에 대한 또 다른 증거는 노인의 생활수준을 통해 살펴볼 수 있다. 그림 13-2는 1959~2019년까지의 65세 이상의 노인 빈곤율을 보여주고 있다. 빈곤율이란 빈곤선 — 식료품, 주거 및 기타 재화 등 생계유지를 위한 '최소한'의 재화를 구매할 수 있는 소득 수준(이에 대해서는 제17장에서 자세히 논의할 것임) — 이하의 소득을 가지고 있는 인구의 비율을 말한다. 4인 가구의 경우 2020년 기준 빈곤선은 26,200달러였다. 그림에서는 노인 빈곤율의 변화를 사회보장연금의 GDP 대비 비율과 대비하여 보여주고 있다. 1959년에는 노인 인구의 35%가 빈곤층이었다(비노인층 빈곤율은 21%). 2019년에는 빈곤율이 8.9%로 줄어들었다(비노인층 빈곤율은 10.8%).

13.3 사회보장연금과 은퇴

사회보장연금의 근본적인 목적은 은퇴자 및 사망근로자의 배우자에게 소득을 지원해줌으로써 사망이나 노령으로 인한 근로 능력 상실의 위험에 대비하기 위한 보험을 제공하는 데 있다. 이러한 목표는 당연히 도덕적 해이의 문제를 야기하게 된다. 즉 근로자들은 연금급여를 받기 위해 조기퇴직을 할 수도 있다. 앞서 살펴본 대로 미국의 사회보장연금제도하에서는 조기퇴직을 할 필요가 없다. 노인들이 계속 일을 할 경우 소득조사제도에 의해 연금급여가 삭감되지만 완전은퇴 후에는 이러한 급여 삭감분(보험계리적 조정 포함)을 되돌려받는다. 그러나 거의 모든 사람

실증적 증거 사회보장연금의 저축에 대한 구축효과의 추정

사회보장연금의 민간저축에 대한 영향에 대해서는 지난 45년간 많은 연구가 진행되어 왔다. Feldstein(1974)은 사회보장연금자산 및 민간저축에 대한 시계열분석을 통해 사회보장연금이 미국의 민간저축률을 50% 감소시켰다고 주장하였다. 그러나 이후의 연구들은 이러한 분석 방법에 오류가 있음을 지적하였으며, 이와 상이한 결과들을 도출하였다. 이는 시계열분석의 난이성을 보여주는 대표적인 예다. 민간저축의 시계열적 변화는 사회보장연금을 비롯한 많은 요인에 의해 영향을 받는다. 따라서 사회보장연금의 몇몇 제도 변화들만으로는 저축에 대한 영향을 시계열적으로 파악해내기가 어렵다.

사회보장연금의 저축에 대한 영향을 모형화하는 또 다른 방법은 제3장에서 논의한 횡단면적 회귀분석이다. 많은 연구들이 사회보장연금의 기대급여 수준이 높은 사람들이 과연 저축을 적게 하는지를 조사하였다. 대부분의 연구 결과들은 높은 사회보장연금이 민간저축을 감소시키지만 저축을 1 : 1로 감소시키지는 않는다는 것을 발견하였다.

그러나 제3장에서 논의했듯이 실증적 분석 결과들은 적절한 분석집단과 비교집단을 설정할 수가 없어 편의를 지닐 수 있다. 사회보장연금의 저축에 대한 효과를 계량경제적 분석을 통해 올바르게 측정하기 위해서는 사회보장연금 이외의 다른 특성이 동일한 사람들을 상호 비교해야 한다. 그러나 사회보장연금의 급여 수준은 평균 생애소득, 결혼 상태, 연령 및 은퇴연령 등 개인적 특성들에 의해 결정된다. 따라서 연금 수준이 다른 사람들은 다른 특성들도 다를 것이다. 소득 수준이나 연령 등의 요인들은 개인의 저축선호도와 밀접한 상관성이 있기 때문에, 연금 수준과 저축의 관계가 반드시 사회보장연금제도에 기인한다고 가정하기는 어려울 것이다.

이를 해결하기 위해서는 동일한 특성을 지니고 있지만 사회보장연금의 수준이 매우 상이한 사람들을 비교할 수 있는 준실험적 접근이 요구된다. 그러나 사회보장연금제도는 미국의 모든 근로자에게 적용되는 범국가적 제도이므로 이러한 준실험적 상황을 찾아내기가 매우 어렵다. 유사한 특성을 가진 사람들은 연금급여 수준도 유사할 것이기 때문이다. 그러나 최근의 세 연구는 이탈리아와 폴란드 그리고 영국의 공적연금제도의 저축에 대한 영향에 관하여 준실험적 증거를 보여주었다.[21] 각 연구는 연금개혁이 일부 근로자들의 연금자산을 변화시켰으나 일부 근로자들에게는 영향을 주지 않은 점에 초점을 맞추었다.

예로, 이탈리아의 1992년 연금개혁은 정부부문의 젊은 근로자들의 연금급여를 대폭 삭감하였지만, 고령 근로자 및 민간부문 근로자의 연금 수준에는 큰 영향을 주지 않았다. 이러한 변화는 공공부문의 젊은 근로자들이 미래의 사회보장연금자산의 감소를 보충하기 위해 저축을 증대시켰는지를 평가할 수 있는 준실험분석의 여건을 조성해 주었다. 연구자들은 연금개혁 전후 공공부문의 젊은 근로자들(분석집단)의 저축 수준 변화를 공공부문의 고령 근로자 및 민간부문 근로자들(비교집단)의 저축 수준 변화와 비교하였다. 이를 통해 다른 시계열적 변화들에 의해 발생할 수 있는 편의를 제거하였다(제3장의 '이중차감법'). 추계 결과에 의하면 연금자산 감소분의 30~40%가 민간저축 증대를 통해 상쇄된 것으로 나타났다.

영국에 대한 연구 결과도 이와 유사하였다. 즉 사회보장연금은 부분적으로 민간저축을 구축시킨다. 영국(고용집단을 비교)과 폴란드(SSW가 급진적으로 변화하는 것을 보면서 다른 시기에 태어난 사람들을 비교)에서의 연구 결과도 비슷했다. 즉, 사회보장연금은 어느 정도 개인 저축을 구축하였지만 완전히는 아니었다.

이러한 변화는 사회보장연금제도의 발전과 깊은 관련이 있다. 사회보장연금제도가 가장 빠르게 확대되었던 1960년대 및 1970년대에 노인 빈곤율은 급격히 감소하였다. 실제로 Engelhardt와 Gruber(2006)는 사회보장연금의 확대로 혜택을 받은 세대들이 다른 세대들에 비해 빈곤율이 얼마나 감소했는지를 분석하였으며, 이 기간 중 노인 빈곤율 감소는 전적으로 사회보장연금의 확대에 기인하였다는 결론을 내렸다. 이처럼 사회보장연금의 확대가 노인 빈곤율을 현격히 감소시켰다는 사실은 개인들이 은퇴 후 생활에 대비하여 적절한 준비를 하지 못했으며 사회보장연금이 상당한 소비평탄화 혜택을 제공해주었음을 시사한다. 위의 두 증거를 종합해보면 사회보장연금은 개인 저축을 부분적으로만 구축한다고 결론을 내릴 수 있다.

Galiani 외(2016)의 멕시코에서의 실증연구는 사회보장의 소비평탄화 역할의 중요성을 더욱 뒷받침해주고 있다. 멕시코의 농촌 노인들에 대한 급여 프로그램을 연구한 결과 보험급여를 받는 노인들의 소비지출이 크게 증가했으며, 자가보험을 감안해 소비를 줄인 증거는 거의 없었다. 그리고 Slavov 외(2017)의 연구는 미국의 사회보장연금 계수(parameter)의 변화가 저축에 거의 영향을 미치지 않음을 보였다.

---

21 Attanasio and Brugiavini(2003); Attanasio and Rohwedder(2004); Lachowska and Myck(2018).

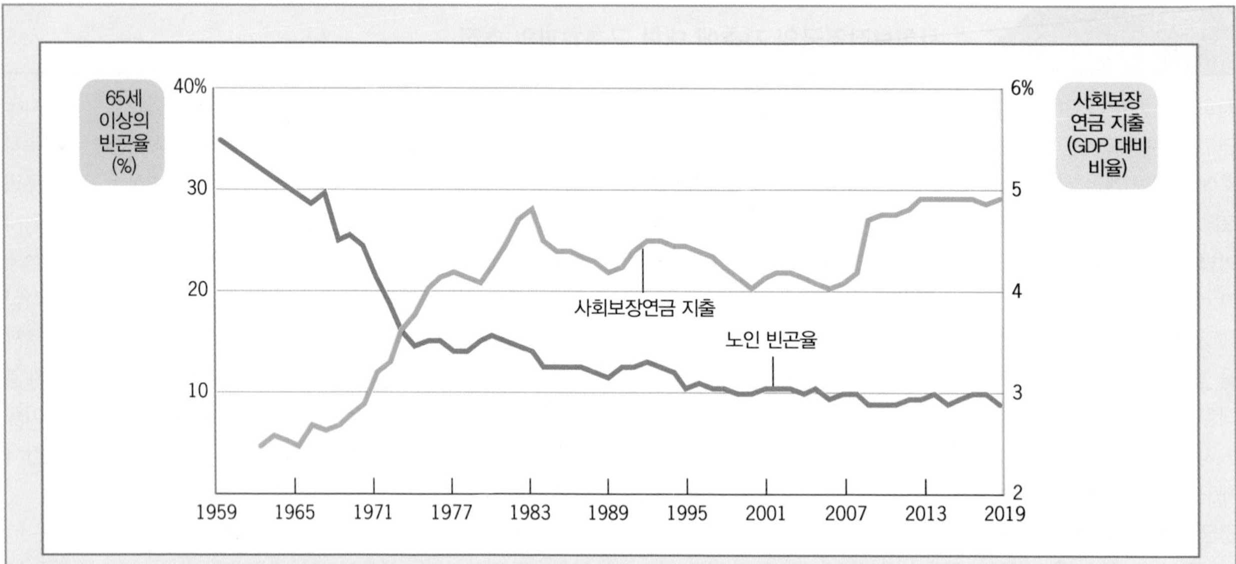

그림 13-2 노인 빈곤과 사회보장연금(1959~2019년) 감소 추세를 보이는 65세 이상 노인 빈곤율과 증가 추세를 보이는 사회보장연금 지출 간에는 높은 음(−)의 상관관계가 있다.

출처 : U.S. Bureau of the Census(2021), Table 3; Office of Management and Budget(2021), Table 1.2 & 3.2.

이 소득조사제도를 근로소득에 대한 세금으로 잘못 인식하고 있으며, 완전은퇴 후에만 연금급여를 받을 수 있는 것으로 생각한다. 따라서 제12장의 도덕적 해이의 예에서 살펴본 것처럼 은퇴에 대비한 보험을 제공할 경우 왜곡된 행위를 조장하여 사회적 효율성을 낮추고 제도 운영비용 및 조세부담을 높이게 될 수도 있다.

이론

이론적으로 사회보장연금은 은퇴 결정에 두 가지 효과를 주게 된다. 첫째, 은퇴를 늦출 경우 사회보장연금의 가치가 감소하게 된다면 이러한 제도는 노령자 근로에 대해 **잠재적으로 세금을 부과하는 효과**를 갖게 된다. Gruber와 Wise(1999)는 이러한 사회보장연금의 잠재적 세율을 가입자가 1년을 더 일할 경우의 사회보장자산(사회보장연금급여의 기대현재가치−세금 납부액의 기대현재가치)의 감소분을 해당연도의 근로소득으로 나눈 비율로 정의하였다. 여기서 분자는 각 은퇴 가능한 연령에서의 SSW를 계산한 후, 가입자가 1년을 더 일할 경우 이 값이 어떻게 변하는지를 측정한다. 예를 들어 62세의 근로자를 생각해보자. 만일 그가 62세에 퇴직하여 연금급여를 신청하는 대신 63세까지 일하게 되면 사회보장연금제도를 통해 다음의 네 가지 사건이 발생하게 된다.

- 근로자는 자신의 근로소득으로부터 급여세를 1년 더 납부해야 한다.
- 근로자의 사회보장연금의 수급기간이 1년 줄어들 것이다.

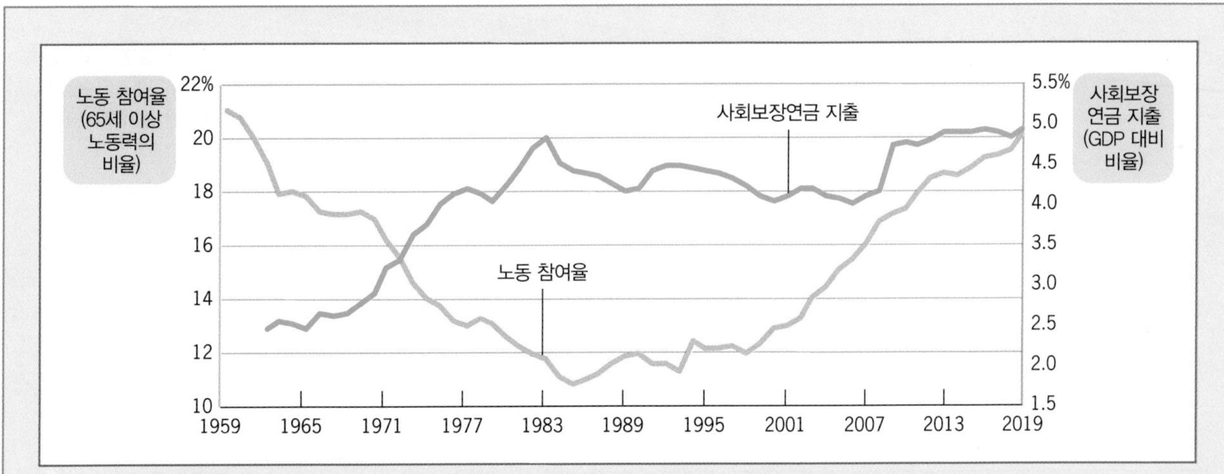

그림 13-3 **고령근로와 사회보장연금(1959~2019년)** 감소 추세의 65세 이상 노인 노동 참여율과 증가 추세의 사회보장연금 지출 간에는 높은 음(−)의 시계열적 상관관계가 있다.

출처 : U.S. Bureau of Labor Statistics(2021).

- 근로자의 사회보장연금은 보험계리적 조정에 의해 인상될 것이다.
- 일반적으로 근로소득은 연령에 따라 증가하므로 그는 35년의 소득평균화 기간에서 저소득기간 1년을 고소득기간 1년으로 대체할 수 있다.

이 중 첫 두 가지 요인은 1년간의 추가근로에 대한 보상을 감소시키는 반면 뒤의 두 가지 요인은 추가근로에 보상을 높여줄 것이다. 만일 첫 두 가지 요인의 효과가 우세할 경우(뒤에서 살펴볼 것이나, 대부분의 국가들이 이 경우에 해당한다) 추가근로에 대해 잠재적인 세금이 부과되며 이에 따라 은퇴가 증가하게 된다. 즉 은퇴 후 소득 상실로부터 개인들을 보호하기 위해 만들어진 제도가 실제로는 사람들을 은퇴하도록 유도하는 경우이다.

둘째, 사회보장연금은 앞서 살펴본 소득재분배 기능을 통해 은퇴행위에 영향을 주게 된다. 사회보장연금제도의 소득재분배 기능으로 인해 일부 계층은 생애기간에 더욱 부유해지며 일부 계층은 오히려 손해를 보게 된다. 이러한 자산의 변화는 소득효과를 통해 은퇴 결정에 영향을 준다. 즉 부유해진 계층은 자산의 증가로 인해 조기은퇴를 하는 경우가 보다 많아질 것이며 손해를 본 계층은 더 오랫동안 일을 하게 될 것이다.

증거

사회보장연금이 은퇴 결정에 결정적인 영향을 미친다는 것은 세 가지 형태의 증거에서 나타난다. 첫 번째 증거는 그림 13-3에 제시된 시계열적인 증거이다. 사회보장연금이 1960년대와 1970년대 중에 급격히 확대되는 동안 노인의 경제활동 참여율(근로를 하거나 구직 중인 노인 인구의 비율)은 감소하였다. 이후 1980년대 중반에 사회보장연금이 안정적인 추세를 보이면서 경제활동 참여율도 비록 몇 년의 시차가 있었으나 함께 안정되었다. 그러나 이 기간 중 노인의 경

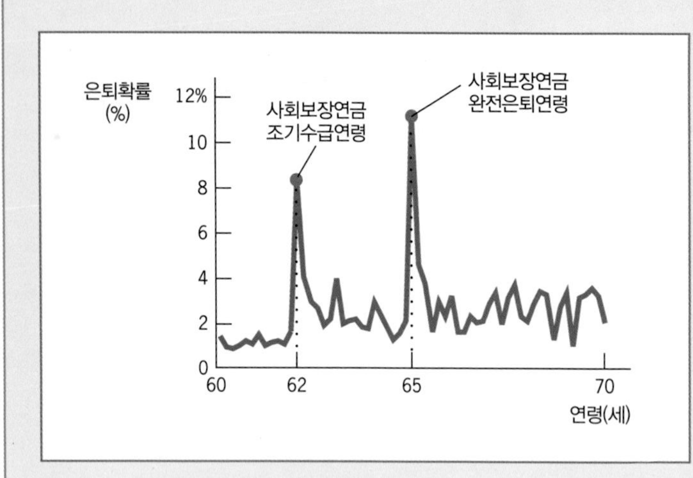

그림 13-4 미국의 은퇴확률 미국의 각 연령별 은퇴확률은 사회보장연금제도의 주요 제한연령인 62세(조기수급연령)와 65세(이전 완전은퇴연령)에서 뚜렷한 증가를 보이고 있다.

출처 : Anil Kumar와 Gary Englehardt가 제공한 데이터.

제활동 참여율에 영향을 미칠 수 있는 많은 요인이 함께 변화하였으므로, 이러한 증거만으로는 사회보장연금의 은퇴 결정에 대한 효과를 확신하기 어렵다. 더욱이, 가장 최근에는 노인의 사회보장 지출과 경제활동 참여율이 모두 증가하고 있어 이러한 시계열 증거를 해석하는 데 어려움이 있다.

은퇴확률 특정 연령에 근로자가 은퇴하는 비율

둘째, 사회보장연금이 은퇴행위에 영향을 준다는 증거는 미국의 연령별 은퇴 패턴에서 찾아볼 수 있다. 그림 13-4는 **은퇴확률**(retirement hazard rate, 각 연령층의 근로자들이 은퇴하는 비율)을 보여주고 있다. 은퇴확률은 62세까지 서서히 증가하다가 62세 시점에서 급격히 높아지고 이후 다시 급격히 떨어진다. 61세에서는 10%의 근로자들이 은퇴를 하며 63세에서는 8%의 근로자들이 은퇴를 한다. 그러나 62세의 경우에는 은퇴확률이 25%나 된다. 사회보장연금을 신청할 수 있는 최소연령인 조기수급연령(EEA)이 62세인 점을 기억하자. 또한 완전은퇴연령(FRA)인 65세의 경우에도 은퇴확률이 급격히 상승하고 있다. 근로자들이 이러한 특정 연령 시점에서 은퇴를 많이 한다는 것이 반드시 사회보장연금의 효과라는 증거가 되지는 않는다. 사람들은 다른 이유로 인해 이러한 연령 시점에 은퇴를 결정할 수도 있다. 그러나 Gruber와 Wise(1999)에서 보여주듯이 EEA가 도입되기 이전인 1960년에는 이러한 62세에서의 은퇴확률 급증 현상이 없었다. 이러한 은퇴확률 증가 정도는 1970년에는 적었으나 1980년에는 크게 확대되었다. 이러한 양상은 1963년에 도입된 EEA 제도가 은퇴확률 급증 현상의 원인이었음을 보여준다. 최근 Behaghel과 Blau(2012)는 완전은퇴연령의 증가로 65세 퇴직이 급증하는 현상이 줄어들었다는 연구 결과를 보여주었다. 더 흥미로운 것은 새로운 완전은퇴연령에 대해 인지 능력이 높은(즉 학습 및 기억 능력이 더 큰) 사람들은 새롭게 퇴직연령이 급증하는 현상이 나타나는 반면, 인지 능력이 낮은 사람들은 은퇴 행동에서 새로운 완전은퇴연령에 신속하게 적응하지 못하는 것처럼 보인다는 점이다.

세 번째로, 사회보장연금이 은퇴 결정에 영향을 준다는 가장 확실한 증거는 국제 비교를 통해 찾아볼 수 있다. 많은 다른 나라들의 경우에도 미국과 같이 조기은퇴연령 및 정상은퇴연령에서 은퇴확률이 급증하는 현상이 발견된다. Gruber와 Wise(1999)와 Borsch-Supan과 Coile(2019)의 논문은 은퇴연령에 따른 은퇴확률 급증 현상의 다양한 예시들과 이러한 현상이 사회보장연금제도에 따라 어떻게 진화하여 왔는지를 보여준다. 아래의 '응용사례'에서는 사회보장연금제도가 은퇴에 어떻게 영향을 미쳤는지에 대한 국제적인 근거들을 제시하고 있다.

kmsdesen/Shutterstock

응용사례

잠재적 사회보장세와 은퇴 결정

Gruber와 Wise(1999)는 앞에서 서술한 방법에 따라 각국 사회보장연금의 잠재적 세금을 계산하였다. 이 연구에서 미국의 경우 62세의 근로자가 한 해 더 일할 경우 잠재적 세금은 0이라는 것을 보였다. 이는 (1) 근로자가 1년 동안 추가로 급여세를 내야 하고 (2) 연금을 1년 동안 적게 받게 되는 효과가, (3) 근로자가 추후 은퇴할 경우 연금급여액이 올라가고 (4) 급여 산정을 위한 35년 평균 기준소득이 높아지는 효과에 의해 정확하게 상쇄된다는 것을 의미한다.[22] 따라서 잠재적인 유효세금은 완전은퇴연령까지 0이 된다. 완전은퇴연령부터는 잠재적 세율이 양(+)의 값을 가지게 된다. 이는 연금 수급기간이 1년 짧아지는 것에 대한 보상(연기은퇴연금, DRC)보다 1년간 급여손실가치가 크기 때문이다.

네덜란드는 미국과는 반대이다. 네덜란드의 경우 조기은퇴연령인 60세의 소득대체율은 91%나 된다. 즉 연금급여 수준은 근로자가 일을 계속했을 때 받는 근로소득의 91%이다. 더욱이 조기연금 신청 시 보험계리적 감액제도가 없어 60세 이후 계속 일하게 되면 연금을 1년 적게 받게 될 뿐 연금급여액은 (미국처럼) 늘어나지 않는다. 이렇게 생각해보자. 만일 당신이 60세에 일을 하면 당신은 임금을 받게 될 것이다. 반면에 당신이 60세에 은퇴를 하면 아무런 일도 하지 않고 아무런 벌칙도 없이 임금의 91%를 받게 된다.

네덜란드의 경우 조기은퇴로 받게 되는 혜택은 한 가지가 더 있다. 네덜란드는 이처럼 관대한 은퇴제도를 재정적으로 충당하기 위해 근로자들에게 매우 높은 급여세를 부과해야만 한다. 그러나 은퇴를 할 경우에는 이러한 세금을 내지 않아도 된다. 이러한 요인들로 인해 네덜란드의 근로자들은 60세 이후 일을 하면 손해를 보게 된다. 즉 일을 할 때 실제로 받게 되는 세금공제 후 순임금은 은퇴 시 받게 되는 연금급여보다 작아지게 된다. 사정이 이렇다면 당신은 어떻게 하겠는가? 아마도 대부분의 네덜란드 사람들처럼 60세에 근로를 중단해버릴 것이다.

---

22 그렇다면 왜 미국에서 62세에 은퇴확률이 급증하는 것일까? 이는 은퇴행위에 있어 큰 수수께끼이다. 이에 대한 한 가지 견해는 사람들이 '유동성 제약'에 처하기 때문이라는 것이다. 즉 사람들은 62세 이전에 은퇴하길 원하지만 저축이 없어 연금 수급이 가능해지는 62세까지 은퇴를 늦춘다는 것이다. 다른 견해는 사람들이 연금제도를 충분히 이해하지 못하여 62세 이후에 근로를 계속하면 벌금을 받게 된다고 생각한다는 것이다(또는 사람들이 인내심이 부족하여 그 결과를 생각하지 않고 62세에 은퇴한다는 것이다).

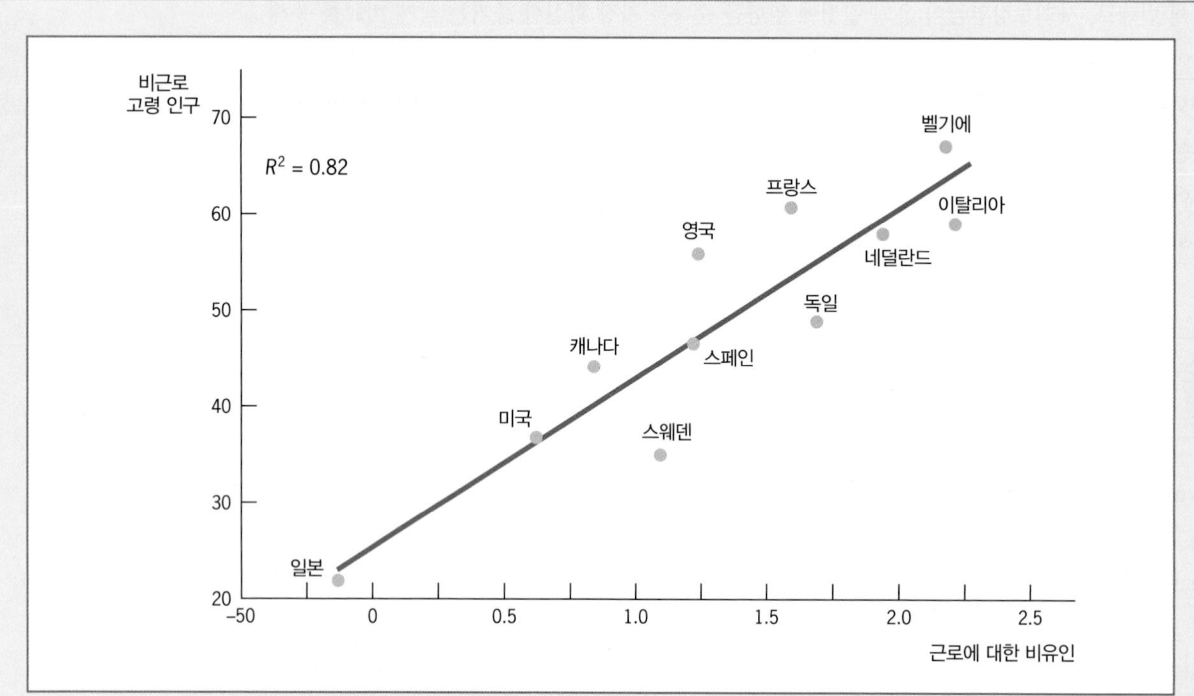

그림 13-5 근로 및 비근로자에 대한 잠재적 세금 노년층 근로의욕 저하는 국가마다 큰 차이가 있다. 여기서 노동의욕을 꺾는 것은 고령자의 노동에 대한 잠재적 세금 합계의 자연로그로 측정된다. 노동의욕이 더 큰 국가들은 고령 노동자들 사이에서 실업률이 훨씬 더 높은 경향이 있다.

출처 : Gruber and Wise(1999), Figure 17.

Gruber와 Wise의 연구에 포함된 여러 국가들을 살펴보면, 실제로 이러한 '잠재적 세금'과 근로 결정 사이에는 밀접한 관계가 존재한다. 그림 13-5의 가로축에는 각국의 잠재적 세금으로 인한 근로감소유인이 나타나 있다.[23] 세로축은 55~65세의 인구 중 일을 하지 않는 인구비율의 평균값을 보여준다. 이 두 변수 간에는 매우 강한 양(+)의 상관관계가 존재한다. 잠재적 세금이 거의 없는(연금제도가 조기은퇴연령 이후 계속 근로를 해도 벌칙을 주지 않는) 미국이나 스웨덴, 특히 일본에서는 비근로비율이 상대적으로 낮게 나타난다. 반면 잠재적 세율이 높은 네덜란드, 벨기에, 프랑스 및 이탈리아에서는 대다수가 노후에 근로를 하지 않는다. 이러한 잠재적 세금의 차이는 조사된 국가들의 비근로율 차이의 82%를 설명할 수 있다. ■

시사점

이러한 증거는 사회보장연금이 은퇴연령 이후의 추가적인 근로에 대해 벌칙을 주는 것의 비용이 매우 클 수 있음을 시사해준다. 유럽과 같이 추가근로 시 연금급여가 증가하지 않는 연금제

23 각 국가별로 조기수급연령부터 69세까지 근로 시의 잠재적 세금의 합계에 자연로그를 취한 값으로 계산했다.

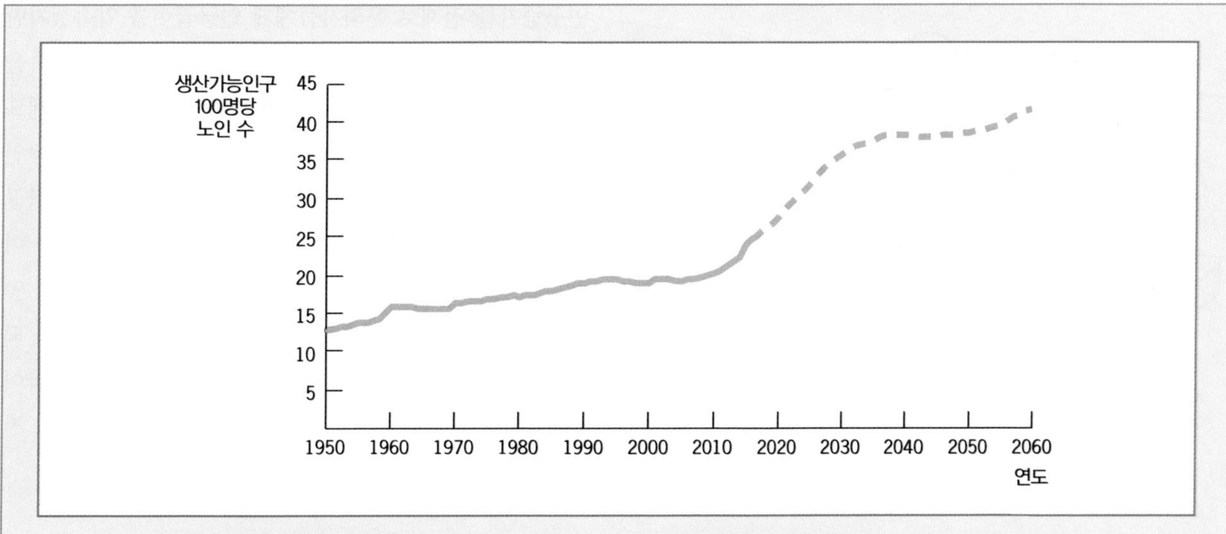

그림 13-6 **생산가능인구에 대한 노인의 비율(1950~2060년)** 15~64세의 생산가능인구에 대한 65세 이상 인구의 비율은 1950년 13%에서 2060년 42%로 100년 동안 거의 3배 이상 증가하게 될 것이다.

출처 : U.S. Bureau of the Census(2017), Table 1.

도들은 고령근로자들을 노동시장으로부터 대량으로 퇴출하도록 유도하는 것으로 보인다. 연금제도를 노후의 근로에 대해 공정한 보상을 해줄 수 있도록 조정한다면 사회보장연금의 도덕적 해이 효과를 크게 줄일 수 있을 것이다.

13.4 사회보장연금의 개혁

사회보장연금은 현재 심각한 재정적 불균형에 직면해 있다. 1950년 당시에는 미국의 근로자 100명당 65세 이상 인구는 12명에 불과하였다. 그림 13-6에 나타나 있듯이 2060년에는 근로자 100명당 65세 이상 인구가 42명을 초과하게 될 것이다. 이러한 증가는 제2차 세계대전 중에 태어난 막대한 베이비붐 세대의 고령화에 기인하고 있다. 다음과 같이 생각해보면 실감이 날 것이다 — 2030년에는 미국의 노인 인구 비율이 오늘날 플로리다주의 인구 비율보다도 높아질 것이다. 앞서 지적한 대로 향후 75년 동안의 사회보장연금 지급의무의 현재가치는 납부할 세금의 현재가치에 비해 17조 8,000억 달러를 초과할 것이다.[24]

이러한 재정적 불균형에는 세 가지 원인이 있다. 첫째, 20세기에 지속적으로 기대수명이 현저하게 증가하였고, 이로 인해 노인들은 보다 오랫동안 연금급여를 받게 되었다. 둘째, 출산율의 감소로 인해 보다 적은 수의 근로자들이 보다 많은 노인들을 부양하게 되었다. 끝으로, 임금 인상률이 현격하게 감소해왔다. 따라서 앞의 표 13-1에서 설명했듯이 우리는 높은 임금 인상과

[24] Social Security Trustees(2021).

"또 사회보장연금제도에 대한 악몽을 꿨어요."

인구증가를 전제로 은퇴자들에게 연금급여를 약속했지만 이러한 증가율들이 실제로는 낮아졌기에 이러한 약속을 지키기가 불가능한 상태이다. 또한 사회보장연금은 제도 도입 후 첫 세대 수급자들에게 연금을 지급함에 따라 쌓인 '계승부채'를 계속 안고 있으며 이는 제도의 장기 재정불균형의 추가적인 요인이 되고 있다. 사회보장연금의 기금 미적립 문제는 단지 베이비붐 세대의 은퇴 문제뿐 아니라 앞에서 제시한 여러 요인으로 인해 보다 장기적인 문제가 되고 있다. 사회보장청은 향후 2095년까지 사회보장연금이 미국 GDP의 1.2%에 해당하는 적자를 기록할 것이라고 전망하고 있다.[25]

1차 개혁 : 그린스펀위원회

미국은 1983년에 처음으로 사회보장연금의 재정적 문제에 직면하게 되었다. 당시 사회보장연금 기금은 그해 7월이면 소진되어 연금 지급 곤란 사태가 발생할 것으로 예상되었다. 정부는 전 경제자문회의 의장(미래의 연방준비제도이사회 회장)인 앨런 그린스펀을 위원장으로 한 그린스펀위원회를 설립하였다.[26] 이 위원회는 향후 베이비붐 세대가 은퇴하고 근로자 수가 감소하더라도 연금 지급을 위한 충분한 자금을 확보하기 위해서는 기존의 미적립 방식의 사회보장연금을 부분적으로 수정하여 사회보장기금을 쌓아가야만 한다고 정부에 권고하였다. 그린스펀위원회는 연금기금을 확대하기 위해 추후 예정되어 있는 급여세의 인상속도를 가속화하고 연금급여를 삭감하는 등 여러 가지 개혁을 단행하였다.

응용사례

사회보장연금기금과 국민저축

이론적으로는 사회보장연금의 기금 적립을 통한 부분적립식 운영의 장점은 국민저축 수준을 높여 제4장에서 강조한 대로 자본 축적과 생산성 향상에 기여하는 데 있다. 그러나 실제로는 연금기금이 국민저축을 추가적으로 증가시키지 않을 수도 있다. 이러한 연금기금은 법적으로 '예산 외(off budget)' 항목이며 이는 정부가 연금기금을 타 재정수입 및 지출의무와는 별도로 관리해야 한다는 것을 의미한다. 그러나 관례적으로는 이처럼 운영되어 오지 못했다. 정부가 매년 예산적자 또는 흑자 규모를 발표할 때 정부는 통상 예산 외 항목을 포함한 '통합예산'을 발표한다. 예를 들어 연방정부는 2019년 적자 규모가 9,840억 달러라고 발표하였다. 그러나 사실 이

25 Ibid.

26 위원회의 최종보고서는 Social Security Administration(1983)에서 찾을 수 있다.

수치는 예산적자 9,920억 달러와 사회보장연금의 80억 달러의 흑자(우편 서비스 적자 25억 달러 별도 포함)를 합친 수치로, 실제 적자(9,920달러)는 발표된 것보다 대략 1% 이상 많았다.[27]

실제로 그러하겠지만, 정부가 예산 지출과 예산 외 지출의 구분을 무시하고 통합재정수지에만 관심을 둔다고 가정해보자. 더 나아가 정부와 국민들이 균형재정 등 특정한 재정수지 목표를 가지고 있다고 하자. 사회보장연금기금은 정책입안자들이 다른 부분의 적자를 감출 수 있게 함으로써 다른 정부 저축을 대체해버리게 된다. 즉 연금기금이 없었더라면 정책입안자들은 균형재정을 달성하기 위해 조세 인상이나 지출 삭감 등 인기 없는 정책을 통해 정부 저축을 늘려야 했을 것이다.

연금기금은 정책입안자들로 하여금 재정적자를 감추도록 함으로써 이러한 어려운 결정을 최대한 늦출 수 있게 해준다. 추후 베이비붐 세대가 은퇴를 할 때에는 연금기금이 완전히 고갈될 것이며 이에 따라 균형을 유지해온 것처럼 보이던 통합재정수지는 갑작스레 적자 상태에 빠지게 될 것이다. 따라서 정책입안자들이 통합재정에만 신경을 쓴다면 연금기금은 새로운 저축이 되지 못하고 다른 정부 저축을 대체하게 될 뿐이다. 2019년의 경우 연금기금이 실제로 80억 달러만큼의 저축을 증가시킨 것으로 볼 수는 없다. 오히려 정부의 국민저축을 높이기 위한 어려운 결정을 이 금액만큼 회피할 수 있게 해주었을 수도 있다.[28] ■

점진적 개혁

1983년의 연금개혁은 사회보장연금의 재정적 문제를 어느 정도 완화하였으나 이러한 재정적 문제는 향후 베이비붐 세대가 고령화되면서 다시 제기될 것이다. 장기 재정 문제를 해결하기 위해서 1983년 연금개혁에 이어 앞으로 무엇을 할 수 있을까? 이에는 여러 가지 접근 방법이 있다. 이 절에서는 사회보장연금의 현재 구조하에서 제도를 수정하는 방안을 먼저 살펴본 후 제도의 기본적 성격을 바꾸는 보다 근본적인 개혁에 대해 검토해보기로 한다.

세금의 추가 인상 사회보장연금의 재정 문제가 심각하기는 하나 그렇다고 해결이 불가능한 것은 아니다. 만일 급여세율을 현재의 12.4%에서 15.54%로 3.14%p 인상한다면 향후 75년 동안의 재정 문제를 해결할 수 있는 것으로 전망된다. 또한 세율을 4.7%p 인상할 경우에는 재정 문제를 항구적으로 해결할 수 있을 것이다.[29]

과세소득기반의 확대 연금 지급을 충당하기 위한 급여세의 과세소득기반을 확대하는 것도 한 가지 대안일 것이다. 즉 재정 문제의 원인이 근로자 수에 비해 노인 수가 급격히 늘어나는 데 있으므로 세금을 납부하는 근로자의 수를 확대함으로써 이 문제를 해결할 수도 있다. 예를 들어

---

27 Office of Management and Budget(2021), Table 1.1.

28 실제로 연금기금이 다른 정부 지출을 구축하는지에 대해서는 기존 연구들이 상이한 결과를 보이고 있다. Nataraj와 Shoven(2004)은 완전한 구축효과가 존재한다고 주장하였으며, Bosworth와 Burtless(2004)는 연금흑자를 적립한 OECD 국가들이 그렇지 않은 국가들에 비해 결국 더 큰 적자를 발생시켰다는 것을 발견하였다. 반면, Bosworth와 Burtless는 주 정부 공무원연금제도의 기금 적립이 다른 정부 지출의 적자를 증가시켰다는 증거는 없다는 것을 보였다.

29 Social Security Trustees(2020).

현재 많은 주정부 및 지방정부 공무원들은 사회보장연금의 적용을 받지 않고 있다(사회보장연금제도 대신 그들은 주정부 및 지방정부 공무원연금제도에 가입할 수 있는 선택권을 가지고 있다). 우리는 이들을 강제적으로 사회보장연금에 가입시킬 수 있을 것이다. 또한 젊은 근로자들에 대한 이민 제한을 완화할 수도 있다. 이러한 확대는 제도의 재정 여건을 두 가지 점에서 개선하게 된다. 첫째, 단기적으로 급여세의 과세기반이 확대될 것이다. 둘째, 현재의 사회보장연금제도하에서 근로자들은 평균적으로 앞으로 받게 될 연금급여의 가치보다 더 많은 급여세를 납부하고 있다. 따라서 새로운 근로자들이 제도에 가입하면 제도의 재정 여건은 개선(근로자들에게는 손해)될 것이다.

과세기반을 확대하는 또 다른 방법은 급여세 과세 대상 소득의 상한을 올리는 것이다. 2021년의 경우 근로자들은 연간 14만 2,800달러까지의 소득에 대해서만 급여세를 내고 있다. 사회보장연금제도는 누진적이기에 소득상한을 높이면 연금재정은 장 · 단기적으로 개선이 될 것이다. 이러한 조세 개편에 대한 평가는 제20장 및 제21장에서 다루게 될 것이다.

은퇴연령의 연기 사회보장연금의 완전은퇴연령에 비해 기대수명은 지속적으로 증가해왔다. 1950년의 경우, 65세인 남성은 평균적으로 12.7년을 더 살 수 있을 것으로 기대했다. 지금은 이 수치가 18.9년으로 늘어났다. 여성의 경우에도 65세 시점에서의 기대수명은 1950년의 15년에서 지금은 21.5년으로 늘어났다.[30] 이처럼 사람들이 오래 살게 되면 이에 따라 은퇴기간이 지나치게 길어지지 않도록 더 오랫동안 일을 하는 것이 합당할 것이다. 그러나 완전은퇴연령(FRA)은 오랫동안 65세로 고정되어 왔으며, 최근에 들어서야 67세(1960년 이후 출생)로 서서히 늦춰지기 시작하였다. 만일 완전은퇴연령을 더욱 연기하거나 그 조정속도를 가속화한다면 사회보장연금의 지출부담을 크게 낮출 수 있을 것이다.

FRA는 단순히 각 개인들이 기본 연금액(PIA)을 받을 수 있는 자격이 발생하는 시점을 의미할 뿐이다. 이러한 소위 '정상은퇴연령'은 더 이상 정상적이라고 보기 힘들다. 실제로 보다 많은 사람들이 1943년에서 1954년 사이에 태어난 사람들의 완전은퇴연령인 67세보다 조기수급연령(EEA)인 62세에 은퇴하고 있다. 따라서 완전은퇴연령을 연기하는 것은 모든 시점의 연금급여를 단순 삭감하는 셈이 된다. 즉 완전은퇴연령 이전에 연금급여 신청을 할 경우 연금급여의 보험계리적 감액을 통해 신청자에게 불이익을 주게 되므로 완전은퇴연령을 연기하면 각 연령별로 이러한 불이익이 커지게 된다. 예를 들어 현재 62세에 은퇴하는 사람들은 PIA의 73.3%를 받고 있다. 2025년 이후에는 완전은퇴연령의 연기에 따라 62세에 은퇴하는 사람들은 PIA의 70%만을 받게 된다. 따라서 완전은퇴연령의 연기는 제도의 급진적 재구조화라기보다는 연금급여의 삭감으로 보는 것이 보다 정확할 것이다.

보다 급진적인 방안은 조기수급연령을 현재의 62세에서 뒤로 연기하는 방안일 것이다. 미국이나 다른 나라들의 경험적 증거에 의하면 조기수급연령에서 은퇴확률이 크게 높아지기 때문에 조기수급연령의 연기는 은퇴확률을 크게 낮출 수 있을 것이다. 그러나 여기에서 상충되는 문제

30 기대수명은 http://www.ssa.gov/planners/lifeexpectancy.html에서 계산한다.

점은, 62세 이후 계속 일을 하는 것이 매우 어려운 사람들이 있을 수 있으며 조기수급연령의 연기 시 이들의 부담이 지나치게 과다해질 수 있다는 것이다.

kmsdesen/Shutterstock

응용사례

초기 자격 : 유동성 제약 대 행동 편의

미국 사회보장시스템에서 지속적으로 나타나는 미스터리 중 하나는 62세의 '과잉은퇴'이다. 앞서 언급한 바와 같이 미국에서 계속 일하는 것은 62세에 은퇴하는 것과 비교할 때 재정적인 순유인이 거의 없다. 하지만 이는 노동력이 퇴출하는 전형적인 나이이기도 하다. 그 나이에 특별한 재정적 유인이 없다면 이러한 은퇴확률 증가 현상을 무엇으로 설명할 수 있을까?

이에 대해 두 가지 유력한 이론이 있다. 하나는 유동성 제약(liquidity constraint)이다. 많은 사람들이 62세 이전에 은퇴하기를 원할 수 있지만, 노후를 위해 준비된 저축이 없고 또한 사회보장연금 수급자격으로 인해 대출을 받을 수 없기 때문에 그렇게 하지 못한다. 이에 따라 개인들은 은퇴자금을 마련하기 위해서 62세까지는 일을 해야 한다. 다른 하나의 이론은 개인이 은퇴를 연기해서 얻는 경제적 이익을 제대로 인지하지 못하게 하는 '행동편의(behavioral bias)'이다. 아마도 이는 오늘 사회보장연금을 받는 것과 미래에 받는 것 중에서 선택할 때 자제력의 문제가 있기 때문일 것이다.[31] 그 결과, 비록 나중에 은퇴하는 것이 최선일지라도 개인들은 62세에 은퇴를 선택하는 것이다.

이러한 이론들을 규명하는 것은 사회보장정책에 있어서 매우 중요하다. 유동성 제약이 문제라면, 사회보장연금혜택을 더욱 빨리 받을 수 있도록 하여 후생을 개선할 수 있다. 만약 행동편의가 문제라면, 개인들이 나중에 연금혜택을 받을 때까지 기다리도록 제한함으로써 후생을 증가시킬 수 있다.

불행하게도, 이러한 원인을 구별할 수 있는 확실한 근거는 없다. 싱가포르에서의 최근 연구는 두 설명 모두를 지지하는 연구 결과를 제시하였다.[32] 싱가포르에서는 55세에 연금저축의 10~30%를 인출할 수 있다. 55세가 되면서 다수의 사람들이 이 방법을 이용하게 되는데, 이는 유동성 제약이 있는 사람들에게서 가장 크게 나타난다. 이와 동시에 유동성 제약이 있는 소비자들 사이에서 이처럼 과다한 유동성 증가는 '과잉 지출'로 나타나게 되고, 또한 이들은 퇴직금 계좌에서 인출한 돈을 수익률이 훨씬 낮은 은행 계좌에 투자하는 것으로 나타났다. Clark 외(2017)는 미국에서 공무원들은 62세 이후에 낮은 연금급여를 받는 대가로 62세 이전에 더 높은 연금급여를 받을 수 있는 선택권을 보유하고 있는데, 이를 택한 공무원들의 상당수가 이 결정을 후회하고 있음을 보였다. 그리고 Engelhardt 외(2018)는 1960년대 초에 조기퇴직 옵션이 생긴 후에 조기퇴직을 선택한 사람들이 나중에 빈곤하게 살 가능성이 더 높음을 보였다.

---

31 Diamond and Koszegi(2000).

32 Agarwal et al.(2018).

이와 같은 논쟁은 소득조사제도의 개혁에서도 나타난다. 이미 언급했듯이, 소득조사제도는 사실상 강제차입제도임에도 불구하고, 노인들은 그것을 세금으로 인식할 수 있고 그 결과 소득조사에 대응하여 이들은 노동공급량을 변화시킨다. Haider와 Loughran(2008)에서 검토한 바와 같이, 소득조사가 실제로 노동공급을 감소시키는지에 대한 연구 결과는 혼재되어 있다. 가장 최근에 Gelber 외(2018)는 회귀불연속성 접근법을 사용하여 노인의 노동공급이 소득조사에 강하게 반응하였음을 보였다. 이는 노동공급의 예산제약선이 꺾여 있음(kinked budget constraint)을 의미한다. 이와 동시에 Gruber와 Orszag(2003)는 소득조사를 폐지할 경우 개인들이 더욱 빨리 연금급여를 신청함(즉, 조기퇴직)을 보였으며, Figinski와 Neumark(2015)는 이와 같은 조기퇴직의 결과로 빈곤이 더욱 증가함을 보였다. 여기서 우리는 과도한 조기퇴직에 대한 대응책으로 노인의 노동에 세금을 부과하여서 효율성을 저해하는 것과 노년의 빈곤 증가 사이에 상충관계(trade-off)가 나타남을 다시 한 번 확인할 수 있다. ■

연금급여의 삭감 또 다른 대안은 사회보장연금의 연금급여 수준을 낮추는 것이다. 이를 수행하기 위해서는 다양한 방법이 있다. 예를 들어 평균지수화 월소득(AIME)을 PIA로 환산하는 비율을 인하함으로써 급여 수준을 낮출 수 있다. 또는 사회보장연금의 지수화율을 낮출 수도 있다. 현재 수급자들이 받는 연금급여액은 물가 상승에 따른 생활비의 증가를 반영하여 매년 소비자물가지수(CPI)에 따라 상향조정된다. 만일 이러한 지수화율을 낮출 경우(CPI 상승률 − 1%) 연금 지출을 상당히 감축시킬 수 있게 된다. 이러한 지수화율을 통한 지출 삭감은 일반국민들이 잘 인식하지 못하기 때문에 정치가들에게는 매력적인 대안이 된다.

비록 이러한 조정이 정치적으로는 유리하다 하더라도 지수화율의 인하보다는 연금급여 수준을 전반적으로 낮추는 방안이 보다 바람직한 정책일 것이다. 지수화율이 낮아지면 개혁 전에 비해 연금급여 수준이 매년 줄어들게 되기 때문에 오랫동안 생존한 수급자들이 가장 큰 영향을 받게 된다.[33] 그런데 현재 '최고령층'(특히 미망인들)의 빈곤 문제가 가장 심각한 상황이다. 현재 65~69세 연령층의 빈곤율은 8%인 반면, 80세 이상 노인 중에서는 12%가 빈곤층이다.[34] 전반적인 연금급여의 삭감은 모든 사람에게 동일한 영향을 주게 될 것이나, 지수화율의 인하는 노인들 중 가장 도움이 필요한 계층에게 치명적인 영향을 주게 된다.

고소득계층의 연금급여 삭감 급여 수준의 일률적인 삭감에 대한 다른 대안으로는 고소득계층에 대해서만 급여를 삭감하는 방안을 고려할 수 있다. 실제로 연금급여 지출의 1/3 이상은 연간 소득이 50,000달러 이상인 가구에게 지급되고 있으므로, 이들의 연금급여를 어느 정도 삭감하더라도 생활에 큰 지장을 주지는 않을 것이다.[35]

---

33 매년 물가 상승에 대한 지수화율을 1%씩 낮추는 경우를 생각해보자. 지수 조정 후 1차 연도에는 모든 노인들이 지수 조정 전에 비해 1% 낮은 연금급여를 받게 될 것이다. 2차 연도에는 생존한 수급자들은 2% 낮은 연금급여를 받게 된다. 시간이 경과하면서 가장 오래 생존한 사람들의 연금급여가 개혁 이전(또는 급여 수준의 일률적 삭감 시)에 비해 가장 많이 줄어들 것이다.

34 Cubanski et al.(2015).

35 Current Population Survey's March 2003 Supplement에 입각하여 계산하였다.

이를 달성할 수 있는 가장 간단한 방법은 사회보장연금급여에 대한 세금을 올리는 방안일 것이다. 현행법에 의하면 사회보장연금소득의 1/2과 기타 소득의 합계가 25,000달러를 초과할 경우에만 사회보장연금소득에 대해 세금을 부과하고 있다. 이에 따라 수급자의 대략 절반 정도가 연금급여에 대해 세금을 내고 있으며 사회보장연금급여 지출액의 2%만이 세금으로 연방정부에 반납되고 있다.[36] 그러나 대부분의 노인가구들은 여러 가지 중요한 지출항목들(주택융자상환, 자녀 돌봄, 교육비 등)에 대한 부담이 없다는 점을 감안하면 25,000달러의 소득을 가진 노인가구가 동일 소득의 젊은 가구에 비해 세금을 적게 내야 하는가에 대한 이유는 명확하지 않다.

많은 관심을 끌어온 또 다른 대안은 Pozen(2005)이 제안한 '누진적 물가지수화' 방안이다. 앞서 설명한 대로 사회보장연금의 급여 산정 시에는 과거 소득을 임금 상승률을 기준으로 인상시켜 현재가치화하고 있다. Pozen은 고소득 근로자의 소득에 대해서는 임금 상승률 대신 이보다 통상적으로 낮은 수준인 물가 인상률을 기준으로 인상시킬 것을 제안하였다. 이러한 전환은 시간이 경과함에 따라 저소득 근로자에 비해 고소득 근로자의 연금급여 수준을 상대적으로 낮추게 될 것이며 이로써 사회보장연금의 향후 75년간 부족분의 75%를 절약할 수 있을 것이다.

이처럼 부자들의 연금급여만 삭감하는 것을 반대하는 사람들은 이 제도가 도입될 경우 사회보장연금에 대한 국민적 지지기반을 위태롭게 할 것이라는 점을 우려하고 있다. 사회보장연금을 모든 은퇴자들에게 보편적으로 혜택을 주는 제도라기보다 가난한 사람들을 위한 '복지제도'로 간주해야 하는가에 대해서는 노인 투표권자들이 의견의 일치를 보이지는 않을 것이다. 그러나 위에서 제시된 개혁 방안들이 사회보장연금에 대한 기본적인 시각을 바꿀 가능성은 희박할 것이다.

연금기금의 주식투자 1983년의 그린스펀위원회에서 지적한 한 가지 문제는 연금기금이 매우 비효율적으로 투자되고 있다는 것이다. 은퇴계획을 세우고 있는 사람을 생각해보자. 그는 주식과 채권이라는 서로 다른 두 가지 투자 대상에 대한 선택권이 있다. 주식은 단기적 위험이 매우 높은 투자 대상이지만 장기적(예 : 30년)으로는 지속적으로 수익률이 높게 유지되어 왔다. 따라서 대부분의 전문가들은 은퇴에 대비한 저축을 할 때, 특히 젊었을 때에는 자산의 절반 이상을 주식에 투자할 것을 권한다. 이들은 오랫동안 저축을 되찾지 않을 것이며 또한 전통적으로 주식은 보다 높은 장기 수익률을 보여주고 있기에 주식투자의 단기적인 위험을 보상해줄 것이기 때문이다.

마찬가지로 사회보장연금기금도 본질적으로는 미래 은퇴 세대를 위한 저축이므로 적어도 일부분은 주식에 투자되어야 할 것이다. 그러나 현재는 연금기금자산의 전액을 국채에 투자하고 있다. 따라서 연금기금이 비효율적으로 투자되고 있는 점이 문제가 되고 있다. 만일 민간연금의 관리자가 자산을 전부 국채에만 투자한다면 그는 당장 파면될 것이다! 연금기금의 주식투자 비중을 점진적으로 40%까지 확대할 경우 향후 75년간의 사회보장연금 예상적자의 절반 이상을

36 Social Security Trustees(2014).

줄일 수 있을 것이다.[37] 그렇다면 왜 연금기금을 주식에 투자하여 보다 높은 장기 수익을 얻고 연금제도의 장기 재정불균형을 줄이지 않는 걸까?

연금기금을 주식에 투자하는 데 있어서는 두 가지 심각한 우려가 존재한다. 첫째, 만일 우리가 정치인들이 연금기금에 손을 대지 못하게 막을 수 없다면 연금기금을 확대해봐야 무슨 소용이 있을까? 만일 연금기금이 정부의 다른 사업들에 쓰일 것이라면 사회보장연금의 장기적 문제들은 주식투자로 해결될 수는 없을 것이다.

둘째, 과연 국민들은 정부가 막대한 자금을 민간주식시장에 투자하는 것을 원하고 있을까? 만일 정부가 연금기금의 절반을 주식시장에 투자하게 되면 현재 전체 주식시장의 거의 6%를 차지하게 될 것이다. 또한 연금기금이 점차로 커지면 이 비중도 늘어나게 될 것이다. 따라서 이 경우 정부가 이러한 입장을 남용해서 자신의 이익을 위해 자본시장을 조작할 수도 있다는 우려는 타당성이 있을 것이다. 예를 들어 노동조합이 없는 기업들을 혐오하는 정치가들은 정부로 하여금 이들 기업들의 주식을 매각하도록 투표할 수도 있을 것이다. 또한 흡연을 반대하는 정치가들은 담배제조회사의 모든 주식을 매각하도록 투표할 수도 있다. 지난 1999년 연방준비제도이사회 위원장인 앨런 그린스펀은 "행정부 및 일부 사람들의 주장대로 연금기금자산의 일부를 주식에 투자하게 되면 미국의 자본시장 및 국가경제의 효율성에 위험을 초래할 가능성이 있을 것이다. 나는 아무리 큰 노력을 기울인다 하더라도 과연 연금기금을 비생산적인 자원배분을 위해 사용하려는 직간접적인 정치적 압력으로부터 보호하는 것이 가능할 것인가에 대해서는 매우 회의적이다"라고 증언하였다.[38]

이론적으로는 적절한 투자 전략의 수립을 통해 앞서 설명한 두 가지 우려에 대처할 수 있다. 정부는 연금기금의 주식투자로부터의 수익에 대해서 지금보다 더 '철저하게' 예산 외 항목으로 관리할 수 있을 것이다. 또한 연방준비제도이사회와 같이 독립된 주식투자관리기관을 설립하여 정치적 압력을 배제할 수도 있다. 실제로 규모는 작지만 이와 유사한 퇴직 신탁 펀드인 철도 퇴직 신탁 펀드는 최근 성공적인 투자성과를 보였으며, 이러한 보호 장치가 성공적으로 작용된 것으로 나타났다. 그러나 실제로 이러한 보호장치들이 얼마나 성공을 거둘 수 있을지는 아직 미지수이다.

근본적 개혁 : 민영화

민영화 개인 계좌를 통해 각 개인이 자신이 납부한 급여세를 다양한 자산에 직접 투자할 수 있도록 허용하는 연금개혁 방안

끝으로, 가장 급진적인 개혁 방안은 연금제도를 **민영화**(privatization)하여 개인 저축계좌를 바탕으로 한 완전적립식 제도로 전환하는 방안이다. 즉 사회보장연금을 민간연금처럼 각 개인들이 급여세를 투자하고 은퇴 후 투자한 세금에 이자를 붙여 되돌려받게 하는 것이다.

연금 민영화에는 두 가지 장점이 있다. 첫째, 이 제도는 개인 저축에 의해 적립되므로 미국의 자본스톡과 장기적인 후생을 증가시키게 될 것이다.[39] 더욱이 적립된 자산을 정부가 아닌 개인

---

37 Sass(2013).

38 Federal Reserve Board(1999)에 나와 있는 앨런 그리스펀 의장의 1999년 1월 28일자 증언을 참조하라.

39 이 주장은 이러한 변화가 개인의 다른 은퇴저축을 줄이지 않는다는 것을 전제한 것이다. 이러한 상쇄효과의 중요성에 대해서는 제22장에서 다룰 것이다. Aguila(2011)는 멕시코에서 개인 계좌를 도입함으로써 유발된 개인 저축의 약 25%가 다른 저축 감소에 의해 상쇄되었다고 추정했다.

들이 보유하게 되어 실질적인 '예산 외 항목'이 될 것이기에 정부는 이를 토대로 지출을 늘리려는 유혹에 빠지지 않게 될 것이다. 둘째, 민영화로 인해 투자 결정에 있어 소비자 주권이 보장될 수 있을 것이다. 매우 위험회피적인 소비자들은 그들의 은퇴저축을 보수적으로 투자하려 할 것이다. 반면 위험선호적인 소비자들은 은퇴저축을 공격적으로 투자하고 싶어 할 것이다. 현재의 사회보장연금제도는 모든 소비자들이 동일한 방식으로 투자하게끔 되어 있어, 잠재적으로 선택권 제한에 따른 후생손실을 발생시키고 있다.

이러한 긍정적 측면에도 불구하고 민영화는 동시에 중요한 문제점도 지니고 있다. 물론 가장 중요한 문제는 어떻게 각 개인이 자신의 은퇴를 위해 저축을 하도록 하면서 이와 동시에 현 은퇴 세대들에 대한 지원을 계속할 수 있을 것인지다. 연금제도를 민영화하더라도 우리는 여전히 첫 수급자 세대에게 지급한 계승부채를 갚아야만 한다. 이 경우 현 세대들은 막대한 이중부담을 안게 되거나 또는 재정적자가 엄청나게 늘어나게 될 것이다. 만일 후자의 경우라면 재정적자의 증가가 민영화로 인한 저축 증가효과를 완전히 상쇄해버릴 것이다. 즉 만일 현재의 은퇴자들에게 연금 지급을 위해 막대한 부채를 쌓아나간다면 우리는 저축과 차입을 동시에 늘리는 셈이 되어 자본스톡에는 아무런 영향을 주지 못하게 될 것이다.

민영화를 찬성하는 사람들은 흔히 민영화 시 개인들이 납부한 급여세에 대해 보다 높은 수익률을 얻을 수 있게 된다고 주장한다. 앞에서 살펴본 바와 같이 사회보장연금제도는 민간저축에 비해 매우 낮은 수익률(임금 인상률과 인구증가율의 합계)을 제공하고 있다. 사회보장연금의 수익률은 현재 약 2%에 불과한 반면 주식투자에 대한 역사적인 실질수익률은 약 7%이다. 따라서 민영화 주장의 중요한 지지 근거는 민영화가 각 개인들로 하여금 자신의 돈을 실적이 저조한 사회보장기금의 투자에서 꺼내 보다 효율적인 민간투자로 교체할 수 있는 기회를 제공할 수 있다는 점일 것이다.

그러나 Geanakoplos 외(1999)는 우리가 계승부채를 갚아야 한다는 점을 고려하면 민영화된 사회보장연금제도는 지금보다 높은 수익률을 제공하지 못할 것이라고 주장하였다. 그들은 연금제도를 민영화하면서 계승부채를 갚기 위해 미래의 모든 세대들이 추가적인 세금을 납부하는 경우 이러한 추가적인 세금부담이 민간투자로부터 얻게 되는 높은 수익률을 정확히 상쇄하게 됨을 보여주었다. 따라서 민영화는 사람들로 하여금 비효율적인 저축을 효율적인 저축으로 교체할 수 있게 해주지만 이와 동시에 계승부채를 갚기 위해 납부할 추가세금으로 인해 효율성 증진 효과가 상쇄된다. 따라서 사회보장연금제도의 가입자들에게는 투자효율성상 아무런 혜택이 없게 된다.

민영화의 또 다른 문제점은 이로 인해 관리비용이 크게 늘어날 수 있다는 점이다. 사회보장연금제도는 투자비용의 측면(연금기금은 모두 국채 매입에 쓰이므로)이나 연금화 비용의 측면(연금 제공에 드는 고정비용이 다수의 가입자에게 분산되므로)에서 관리비용이 매우 낮게 유지되어 왔다. 사회보장연금제도의 총관리비용(64억 달러)은 전체 기금자산(2조 8,949억 달러)의 0.221%에 불과하다.[40]

[40] Social Security Trustees(2020).

반면 사회보험제도의 전체 또는 일부를 민영화한 나라들의 경우에는 관리비용이 이보다 훨씬 높다. 예를 들어 영국의 경우 투자계좌에 소요되는 관리비용만도 연간 1.24%에 달한다. 이처럼 높은 관리비용이 발생하는 원인은 투자풀의 협소성으로 인한 관리 비효율성, 민간관리자들의 이윤 확보, 개인 퇴직계좌에 대한 경쟁에 따른 광고비용 등이다. 이것이 큰 차이로 보이지 않을 수 있겠지만 연간 수익률이 1.24%씩 줄어드는 것을 장기간 합산하면 엄청난 차이가 발생한다. 예를 들어 40년간 투자를 했을 때 연간 관리비용이 1.24%일 경우의 기금 규모는 관리비용이 0.19%인 경우에 비해 2/3로 줄어든다.[41]

영국이 예외적인 경우는 아니다. 예를 들어 칠레의 경우도 민영화된 연금제도의 관리비용은 초기에는 연간 5%였으며, 30년이 경과한 후 비용은 연간 1% 수준으로 떨어졌다.[42] 멕시코의 개인연금기금제도의 관리비용은 급여의 2% 정도이다.[43] 뮤추얼펀드 및 생명보험산업이 발달한 미국의 경우 이러한 관리비용을 보다 더 낮출 수 있겠으나 국제적인 사례들은 그리 고무적이지 못하다.

민영화의 세 번째 문제는 정책입안자들이 은퇴저축에 대해 소비자 주권을 존중하길 원하지 않을 수 있다는 점이다. 대부분의 정책입안자들에게 있어 사회보장연금의 주요 도입 동기는 개인들이 너무 근시안적이거나 정보 부족으로 인해 은퇴에 대비해 충분한 저축을 하지 않는다는 데 기인하고 있다. 그러나 민영화는 개인들이 어떻게 그들의 (강제적인) 은퇴저축을 적정하게 투자할 것인가라는 훨씬 더 어려운 결정을 내릴 능력이 있음을 전제로 한다. 이것은 명백한 상호 모순일 것이며 예를 들어 오늘날의 고령자는 "주식 및 채권 가격, 위험 분산, 포트폴리오 선택 및 조달 비용에 대한 신중한 이해조차도 부족하다"는 기존의 증거를 감안할 때 매우 희박한 것으로 보인다(Lusardi et al., 2009). 정부가 소비자로 하여금 강제로 저축을 하도록 가부장적인 역할을 담당해야 한다면 정부는 또한 어떻게 저축을 해야 하는지를 가르쳐주는 역할도 맡아야 할 것이다.

kmsdesen/Shutterstock

응용사례
401(k) 제도와 자사주식

미국의 은퇴저축에 있어 중요한 변화는 401(k) 제도의 성장이다. 제22장에서 더욱 자세히 다룰 이 제도는 개인들이 은퇴에 대비한 저축을 자신의 의사에 따라 투자할 수 있도록 선택권을 주는 제도이다. 그러나 최근의 많은 연구들은 이러한 선택 결정상의 문제점들을 제시하고 있으며 사회보장연금의 투자를 개인들이 직접 운영할 경우의 위험들을 지적하고 있다.

많은 회사들의 401(k) 제도에서는 자기 회사의 주식에 돈을 투자하는 선택권을 주고 있다. 그

[41] Orszag(1999), Carrera(2010)가 지적했듯이 최근에는 비용이 이 범위 내에 있었다.
[42] James et al.(2001).
[43] Mitchell(1999).

러나 이러한 선택은 이치에 맞지 않으며 특히 자사주식이 은퇴 포트폴리오에서 많은 부분을 차지할 때는 더욱 그러하다. 근로자는 생애기간 중 두 가지 중요한 측면에서 재정적 불확실성에 부딪히게 된다. 그중 하나는 직업안정성이며, 또 하나는 자산저축에 대한 수익성이다. 자사주식에 투자를 하게 되면 이러한 두 가지 불확실성 요인들을 한데 묶는 셈이 된다. 회사가 잘 운영된다면 근로자에게도 이익이 될 것이다. 그러나 회사의 성과가 나쁠 경우에는 근로자는 직장과 저축을 모두 잃을 수도 있다. 소비평탄화의 욕구를 감안할 때 소비자는 이 두 가지 불확실성이 서로 연관되지 않는 경우를 선호할 것이다. 즉 아주 잘되거나 아니면 망해버리는 것보다는 중도를 걷는 것이 항상 우월한 선택일 것이다.

이러한 논리에도 불구하고 401(k) 계좌를 가진 사람들은 자사주식에 투자하는 사례가 흔하다. 401(k) 계좌를 가진 사람들 중 38%가 자사주식투자를 선택하고 있으며, 전체 자사주식은 401(k) 총자산의 1/14을 차지하고 있다. 자사주식에 투자한 근로자들 중 6%는 그들이 보유한 전체 자산의 80% 이상을 자사주식에 투자하고 있다.[44]

이러한 선택의 위험성에 대한 일례는 한때 세계에서 가장 큰 에너지 회사 중 하나였던 엔론의 근로자들에서 찾을 수 있다. 2001년 엔론이 막대한 회계상 부정으로 인해 파산했을 당시 4,000명 이상의 근로자들이 단 하루 만에 직장을 잃었으며 이보다 더 많은 사람들의 은퇴저축이 물거품이 되어버렸다. 엔론의 401(k) 자산 중 62%가 자사주식에 투자되어 있었으며 엔론 파산 즈음에는 주식가치의 99%가 사라져버렸다.[45] 다행히 이들 근로자들은 은퇴 후 사회보장연금을 받을 수 있다. 그러나 만일 민영화된 사회보장연금을 그들의 401(k) 기금처럼 잘못 투자했더라면, 사회보장연금도 함께 사라져버렸을 것이다. ■

근본적 개혁의 상충성 요약하자면 연금기금의 주식투자와 개인 계좌 간에는 명백하고 중요한 상충관계가 존재한다. 정부의 주식투자는 민간 개인 계좌에 비해 보다 효율적일 수 있다. 왜냐하면 이 경우 관리비용이 줄어들고 개인 은퇴저축이 비효율적으로 투자되는 문제를 해결할 수 있기 때문이다. 그러나 정부에게 민간주식시장에 대한 막대한 권한을 주는 것은 위험할 것이며 또한 이 경우 정부가 연금기금 흑자를 써버리는 문제를 해결할 수 없게 된다.

이에 대한 절충적인 방안은 **정부규제계좌**이다. 이 제도하에서는 각 개인은 자신의 계좌를 갖게 되나 정부가 개인의 투자 선택권을 제한하고 급여를 연금의 형태로 받도록 강제화한다. 이러한 제도의 성격에 대해서는 '응용사례'에서 검토해볼 것이다. 그러나 대부분의 절충적 대안들과 마찬가지로 이 제도가 누구에게도 만족스럽지 않을 수도 있다. 즉 전통주의자들은 이 제도가 너무 위험하다고 생각할 것이며 민영화론자들은 이 제도가 충분히 민영화되지 못했다고 생각할 것이다. 따라서 사회보장연금의 개혁은 현재와 미래에 있어 미국이 당면하고 있는 가장 도전적인 과제 중 하나이다.

---

44 VanDerhei et al.(2012).

45 Davis(2002).

kmsdesen/Shutterstock

응용사례
사회보장연금의 혼합적 개혁 방안[46]

부시 대통령은 지난 2001년 사회보장연금의 장기 재정 문제를 해결하기 위해 위원회를 설립하였다. 이 위원회는 세 가지 개혁대안을 제시하였으며 각 대안들은 정부규제 개인 계좌를 포함하고 있다. 이 중 어떤 대안도 현재의 사회보장연금제도를 개인 계좌 방식으로 완전히 전환할 것을 제안하지는 않았다. 각 대안은 현재의 사회보장연금 구조와 민영화된 구조의 혼합형으로 짜여졌다. 예를 들어 이 중 한 가지 대안은 근로자들이 자신의 임금소득의 2%까지를 개인 계좌에 투자할 수 있는 선택권을 부여하는 방안이다. 만일 근로자가 이를 선택하면 그들이 개인 계좌에 투자한 금액에 3.5%의 가정 이자율을 가산한 액수만큼 사회보장연금급여가 줄어들게 된다. 따라서 근로자가 개인 계좌 투자로 3.5% 이상의 수익률을 얻을 수 있다면 그들은 전통적인 사회보장연금의 일부를 개인 계좌로 전환하려 할 것이다.

세 가지 개혁대안은 모두 민영화에 따른 우려사항을 해결하려고 노력하고 있다. 개인 계좌의 투자에 대해서 정부가 규제를 하는 방안이 그 일례이다. 그러나 이러한 개혁대안들의 가장 큰 문제점은 비용이다. 모든 대안들이 급여세 수입의 일부를 개인 계좌로 전환할 것을 제안하고 있는데, 이 경우 현재 약속된 사회보장연금을 지급하기 위해서는 추가적 수입이 필요하게 된다. 개혁대안은 이를 다른 수입원들로부터 충당할 것을 제안하고 있고, 또 다른 대안은 사회보장연금급여의 삭감을 통해 부분적으로 조달하는 방안을 제시하였다.

Liebman 외(2005)는 혼합형 개혁 방안을 제안하였다. 이 방안은 매우 다른 정치적 노선을 가진 3명의 정책자문가들이 상호 합의하에 제시한 대안이다. 이 대안은 네 가지 중요한 요소를 포함하고 있다. 첫째, (1) 평균지수화 월소득(AIME)을 기본 연금액(PIA)으로 환산하는 비율(그림 13-1 참조)을 67.6%, 15% 및 7.5%로 낮추고 (2) 완전은퇴연령(FRA) 및 조기수급연령(EEA)을 각각 68세 및 65세로 연기함으로써 사회보장연금급여를 삭감하는 방안이다. 둘째, 추가적인 수입 확대를 위해서는 (1) 급여의 1.5%를 의무적으로 은퇴계좌에 기여하고 (2) 과세 대상 소득이 총근로소득의 90%가 되도록 소득상한을 올리는(현 수준의 약 2배인 204,000달러) 방안을 제안하였다. 셋째, 근로소득의 3%를 기여하고 연금으로 지급되는 개인 은퇴계좌를 도입하되, 투자 선택권은 (관리비용 절감 및 투자 비효율성의 방지를 위해) 최대 15개 회사가 제공하는 투자 상품 중 5개까지만 선택할 수 있도록 제한하였다. Liebman 외(2005)는 이러한 개혁대안이 고소득자에게 보다 높은 급여를 제공하면서도 제도의 수지균형을 맞출 수 있을 것으로 추정하였다.

아마도 현재 정치적 논쟁은 당파적 성격을 반영할 수밖에 없지만, 사회보장연금 개혁에 대해서 최근에 논의되는 방안은 양당의 합의에 이르지 못하였다. 2016년 공화당원이자 하원 사회보

46 사회보장연금 강화를 위한 대통령위원회(CSSS)에 대한 정보는 https://govinfo.library.unt.edu/csss/index.htm에서 찾아볼 수 있다.

장소위원회 의장인 샘 존슨 하원의원은 급여 삭감을 통해 사회보장연금제도를 개혁하는 법안을 발의했다. 이는 정년을 69세로 높이고 생활비 조정(COLA) 공식을 더 보수적으로 조정하는 방안이다. 반면, 민주당의 존 라슨 하원의원은 세금을 늘리는 동시에 급여를 증가시킬 수 있는 개혁 방안을 제안했다. 하원 민주당의 80%가 지지한 이 방안에서는 최저연금급여를 빈곤선보다 25% 높게 인상하여 연금액을 증가시키고, 모든 수급자의 연금급여를 2% 증가시키며, 생계비 조정을 보다 느슨하게 적용한다. 이 법안에서는 2042년까지 근로자와 기업의 세율을 7.4% 인상하여, 재원을 확보하고 적자를 해소한다. 또한 40만 달러 이상의 소득자에게는 다시 세금이 부과된다. ■

13.5 결론

사회보장연금은 미국에서 가장 큰 사회보험제도이며 연방정부 지출 중 가장 큰 비중을 차지하는 항목이다. 이 제도는 노인의 생계뿐 아니라 급여세를 납부하는 근로자들에게도 지대한 영향을 주는 제도이다. 현재 사회보장연금은 해결하기 어려운 장기 재정 문제에 당면해 있다. 이를 어떻게 해결할 것인가의 문제는 적어도 21세기 전반부의 가장 뜨거운 정책적 논쟁거리가 될 것이다.

요약

- 사회보장연금은 미국의 가장 큰 사회보험제도이다.
- 사회보장연금은 근로소득에 부과한 세금에 의해 조달되고 은퇴한 근로자에게 연금급여를 제공한다. 이러한 연금급여는 근로자의 평균 생애소득에 대한 소득재분배적 함수이다.
- 사회보장연금은 미적립 제도로, 초기 세대들에게 과다한 연금혜택을 제공하였다. 이 결과 사회보장연금은 향후 다시 갚아야만 하는 '계승부채'를 떠안고 있다.
- 정부가 사회보장연금을 제공하는 목적은 민간보험시장의 실패를 치유하고 근로자들이 은퇴에 대비하며 적절한 수준의 저축을 하게 하는 가부장적인 역할에 있다.
- 사회보장연금은 민간저축을 어느 정도 구축하나 지난 60년간의 현격한 노인 빈곤율 감소에서 보듯이 소비평탄화의 역할을 해왔다.
- 이와 동시에 사회보장연금은 미국이나 다른 나라들의 은퇴율을 크게 증가시켰다.
- 현 제도는 평균수명의 연장, 출산율 하락, 임금 상승률 하락 및 고정된 급여세율 등으로 인해 향후 75년간 심각한 재정적자가 예상된다.
- 사회보장연금의 재정안정화를 위해서는 기초적 대안(급여세의 인상)에서부터 급진적 대안(민영화) 등 다양한 개혁대안들이 있다.

연습문제

1. 웨스트로바키아 정부는 최근 사회보장연금제도를 개혁하였다. 이번 개혁에 포함된 내용은 두 가지로, (1) 조기 은퇴에 대한 보험계리적 감액제도를 폐지하였고 (2) 조기은퇴연령 이후 계속 일하는 근로자들에게는 급여세율을 절반으로 낮추었다. 이러한 개혁으로 인해 웨스트로바키아 근로자들의 평균 은퇴연령은 증가하였을까, 아니면 감소하였을까? 설명해보라.

2. 한 국회의원은 사회보장연금의 평균지수화 월소득(AIME) 금액을 계산할 때 집계되는 소득 연수를 35년에서 40년으로 늘리는 법안을 제안했다. 이 정책 변화가 근로자들의 은퇴 행태에 어떤 영향을 미칠까? 사회보장연금 기금의 잔액이 증가할 것인가, 감소할 것인가? 설명해보라.

3. 사회보장연금의 향후 75년간 재정불균형을 해결하기 위해 당장 급여세율을 16.4%로 인상했다고 하자. 이러한 정책이 연령별, 소득계층별 및 성별 사회보장연금의 가치를 각각 어떻게 변화시킬지 설명해보라.

4. 딜 상원의원은 앞으로 은퇴할 사람들에게 다음과 같은 선택권을 제시하였다 — 만일 당신이 70세 이전에 은퇴하면 당신의 연금급여는 당신의 최종 35년간 소득을 기준으로 계산될 것이다. 그러나 만일 당신이 73세에 은퇴하면, 당신의 연금급여는 단지 최종 15년간의 소득을 기준으로 계산된다. 이 경우 고소득 근로자들은 어느 쪽을 택할 가능성이 높겠는가? 또 저소득 근로자들은 어떻겠는가? 이유를 설명해보라.

5. 로메로 씨 가구와 페레이라 씨 가구가 있다고 하자. 로메로 씨 가구는 맞벌이 부부이며 오드리, 제이미 두 사람의 연간소득 수준은 동일하다. 페레이라 씨 가구는 홑벌이 가구이며 부인 이사벨라는 일하고 남편 조너선은 가사를 돌본다. 사회보장연금제도의 배우자 혜택을 감안하여 다음 질문에 답하라.
   a. 이 두 가구의 급여세에 대한 상대적 수익률을 비교해보라.
   b. 조너선은 자녀들이 대학에 진학한 후 자그마한 시간제 근로를 하려고 생각 중이다. 사회보장연금의 세금 및 급여제도가 그의 결정에 어떠한 영향을 미치게 되겠는가?
   c. 이 두 가구가 은퇴를 하여 사회보장연금을 받는다고 하자. 만일 각 가구에서 한 명이 사망한다면 사회보장연금은 얼마나 감소하게 되겠는가? 또한 이 두 가구의 소비평탄화에 대한 상대적인 영향은 어떠한가?

6. 데어 상원의원은 향후 은퇴자들에 대해 평균지수화 월소득(AIME)을 기본 연금액(PIA)으로 환산하는 비율을 낮추는 방안을 제안하였다. 반면 스노 상원의원은 연금급여의 지수화율을 낮추어 소비자물가지수가 1%p 상승 시 연금급여는 1%보다 적게 인상되도록 하는 방안을 제시했다. 이 중 어느 쪽이 현재의 은퇴자들에게 보다 불리한가? 또 미래의 은퇴자들에게는 어떠한가?

7. 최근에 제안된 것과 같이 사회보장연금기금의 상당 부분을 주식시장에 투자하는 방안에서 예상되는 정치적 · 경제적 결과는 무엇인가?

8. 1982년 이전에는 사망한 근로자의 자녀가 대학에 진학할 경우 사회보장연금으로부터 대학등록금에 대한 보조금을 받았다. 제11장의 교훈에 입각해볼 때 이러한 제도의 타당성은 무엇이라 생각하는가?

9. Dominitz와 Manski와 Heinz(2003)는 젊은 미국인들이 추후 사회보장연금을 제대로 받을 수 있을지에 대해 매우 회의적이라는 설문조사 결과를 발표하였다. 미국의 인구구조 변화가 이러한 우려에 대해 어떠한 영향을 주게 될 것인가?

10. 사회보장청 웹사이트에는 전 세계 사회보장 프로그램이라는 제목의 출판물에 대한 링크가 있으며, https://www.ssa.gov/policy/docs/progdesc/ssptw에서 구할 수 있거나 '전 세계 사회보장 프로그램'을 검색하여 이용할 수 있

다. 이용 가능한 가장 최근 연도의 보고서를 사용하여 모든 유럽 국가의 퇴직제도의 특성을 비교하는 요약 표를 찾고, 특히 각 국가의 사회보장연금 수급연령에 대한 표를 조사해보라. 이를 기준으로 볼 때, 사회 보장 혜택을 받기 전에 직장을 그만두는 조기퇴직 비율이 가장 높은 나라는 어디라고 생각하는가? 이유를 설명해보라.

심화 연습문제

11. 라라랜드에는 인구 변화 없이 200,000명의 주민이 살고 있으며, 이 중 절반은 근로자이고 나머지 절반은 은퇴자들이다. 매년 말 100,000명의 은퇴자들이 사망하고 100,000명의 근로자들이 은퇴를 하며 100,000명의 새로운 근로자가 태어난다. 근로자들은 매년 총 8,000달러의 근로소득을 받는다. 이 나라의 사회보장연금은 '부과 방식'으로 운용되며 각 근로자는 3,000달러의 세금을 내고 이 수입은 각 은퇴자들에게 3,0000달러씩 지급된다. 이웃나라인 고고비아는 더 크고 역동적인 국가이다. 고고비아에는 주식시장이 있으며 라라랜드 사람들도 여기에 투자해서 10%의 수익률을 얻을 수 있다. 또한 고고비아의 은행들은 라라랜드 정부에 연 10%의 이자율로 자금을 기꺼이 대출해줄 수 있다. 라라랜드는 사회보장연금을 개인 계좌제도로 전환하는 방안을 고려 중이다. 이 경우 라라랜드 사람들은 3,000달러를 고고비아의 금융시장에 투자하게 된다(이로 인해 수익률이 크게 높아질 것이다!). 라라랜드 정부는 현재의 은퇴자들에게 연금을 지급하기 위해 고고비아의 은행들로부터 3억 달러(3,000달러 × 100,000)를 빌릴 것이다. 또한 이러한 부채의 이자를 상환하기 위해 정부는 매년 은퇴자들에게 세금을 부과하게 된다. 이 새로운 제도는 라라랜드 사람들에게 어떠한 영향을 줄 것인가?

12. 고령자에게 소득 지원을 하는 사회보장연금과 실직 후 일정 기간 소득 지원을 하는 실업보험을 비교 대조해보자. 사회보장연금과 실업보험이 개인의 자가보험을 대신해 소비평탄화를 위해 정부가 제공해야만 하는 사회보험제도의 기준을 얼마나 잘 충족하고 있는지를 설명해보라.

13. Edwards와 Edwards(2002)는 칠레의 연금개혁에 의해 공식부문 근로자의 잠재적 세금이 감소되고, 비공식부문의 임금 수준이 올라갔다는 것을 보였다. 이러한 변화가 발생하게 된 원인이 무엇이라 생각하는가?

14. ⓔ 사회보장연금제도의 도입 이전과 이후의 개인 저축 수준에 대한 정보를 가지고 있다고 하자. 만일 제도 도입의 개인 저축에 대한 영향을 이중차감분석을 통해 파악하려면 이를 어떻게 분석해야 하는가?

15. ⓔ 고교를 중퇴한 근로자들이 대졸 근로자에 비해 62세에 은퇴하는 비율이 높다는 증거를 발견했다고 하자. 당신은 이에 대해 고교 중퇴 근로자들이 다른 근로자들에 비해 유동성 제약이 크기 때문이라는 결론을 내렸다. 이러한 증거에 대한 또 다른 설명은 무엇이라 생각하는가?

16. 2기 동안 생존하는 동일한 사람들로 구성된 경제를 가정해보자. 각 개인의 1기 및 2기의 소비에 대한 효용함수는 $U = \sqrt{(C_1)} + \sqrt{(C_2)}$이다. 그들은 1기에 45만큼의 소득을 벌고, 2기에는 20만큼의 소득을 번다. 그들은 자신이 원하는 만큼 은행계좌에 저축을 할 수 있으며 저축이자율은 1기당 10%이다. 그들은 자녀의 후생을 고려하지 않으며 모든 자금을 2기 말 이전에 써버린다.

각 개인의 생애기간 동안의 예산제약식은 $C_1 + C_2/(1 + r) = Y_1 + Y_2/(1 + r)$이다. 각 개인은 이러한 예산

ⓔ 기호는 학생들이 제3장과 '실증적 증거' 코너에서 공부한 실증적 경제 원리를 적용해야 하는 문제임을 의미한다.

제약하에 평생 효용을 극대화할 수 있도록 각 기의 소비 수준을 결정한다.

a. 각 개인의 매기 적정 소비 수준은 얼마인가? 1기의 적정 저축 수준은 얼마인가?

b. 이제 정부가 사회보장연금을 도입하기로 했다고 하자. 이 제도는 1기에 개인들로부터 10달러를 거두어 은행에 예치한 후, 2기에 이자를 가산하여 되돌려 주는 제도이다. 이 경우 평생예산제약식은 어떻게 바뀌게 되는가? 이 제도로 인해 개인 저축량은 어떻게 변화할 것인가? 이 제도는 국가저축(사회 내의 총저축)에 어떠한 영향을 주게 되겠는가? 이러한 사회보장연금제도의 명칭은 무엇인가?

c. 이와는 달리 정부가 각 개인이 낸 10달러를 (근로기간 중에 세금을 내지 않았던) 당시의 은퇴자들에게 연금급여를 지급하는 데 사용했다고 하자. 이 제도는 또한 후세대 근로자들에게 세금을 거두어 현재의 근로자들에게 은퇴 후 10달러(이자 가산 포함)를 주겠다고 약속했다고 하자. 이와 같이 하여 미래의 근로자들에게도 차후 세대 근로자들의 세금으로 원금 및 이자를 되돌려주게 된다. 한 영향력 있는 정치가가 이러한 제도를 '공짜 점심'이라고 주장하였다. 왜냐하면 '현 근로자 세대가 현재의 은퇴자들을 도와주면서도 현재 및 미래의 근로 세대들은 동일한 세금을 내고 동일한 연금급여를 받게 되므로 아무런 피해를 받지 않기 때문'이다. 당신은 이러한 주장에 동의하는가? 아니라면 그 이유는 무엇인가?

17. 다음의 각 연금개혁 대안에 대해서 효율성(어떠한 행태 변화가 있는지) 및 형평성(누가 이득을 보고, 누가 손해를 보는지) 측면에서의 장점과 단점을 간략히 서술하라(모든 개혁안은 재정을 절약하는 데 목적이 있으므로 이를 장점에 포함시킬 필요는 없음).

a. 연금 산정 시 소득평균화 기간을 35년에서 40년으로 연장

b. 자산이 많은 수급자들의 연금급여를 삭감

c. 주정부 및 지방정부의 신규 공무원들을 사회보장연금의 적용을 받도록 함(즉 이들도 급여세를 납부하고 은퇴 후 사회보장연금을 수급케 함).

d. 완전은퇴연령(FRA)을 점진적으로 67세에서 70세로 연기

James Andrews/iStock/Getty Images

실업보험, 장애보험, 상해보상제도

생각해볼 문제

- 실업보험, 장애보험, 상해보상제도가 우리의 일반적인 사회보험체제 내에서 어떻게 어울리는가?
- 소비평탄화의 혜택과 이들 프로그램의 도덕적 해이 비용은 무엇인가?
- 행동반응에 대한 증거는 이들 프로그램이 개혁되어야 한다는 것을 어떻게 제시하고 있는가?

코로나19 대유행은 2021년 8월 현재 미국에서 4,000만 명 이상의 환자와 65만 명 이상의 사망자를 발생시키면서 공중보건 대재앙을 낳았다.[1] 이와 함께 국가의 실업보험(UI) 시스템에 행정, 재정 및 정치적으로 엄청난 부담을 과중하면서 경제적 대재앙도 낳았다. 주간 신규 실업수당 청구 건수는 2020년 4월 초에 600만 건 이상으로 정점을 찍었으며, 이는 2007~2009년 경제불황기 동안 발생한 주간 신규 청구 건수의 6배 이상에 달하는 수치이다.

이 장에서 더 자세히 설명하겠지만, 실업보험제도는 고용주에게 급여세를 부과하여 직장에서 해고된 사람들에게 현금혜택을 제공하는 제도이다. 이러한 복지혜택은 '보험가입(covered)' 직장에서 직전년도에 충분한 시간을 근로한 근로자만이 받을 수 있다. 이 근로자들이 일자리를 잃었을 때, 이들은 실업 전 소득의 일정 비율에 해당하는 실업급여를 한도 내에서 받을 수 있다. 비록 최근 불황기 때에는 지급기간이 연장(최대 99주까지 연장되기도 하였다)되기도 하였지만, 일반적으로 이와 같은 혜택은 26주 동안 받을 수 있다.

---

1 Centers for Disease Control and Prevention(2021).

코로나 대유행 초기에 통과된 CARES(Coronavirus Aid, Relief, and Economic Security) 법은 실업보험제도에 대한 세 가지 중대한 제도 변화를 담고 있다. 이 제도 변화는 고용자가 지급하는 급여에 기반하는 실업보험의 전통적인 자금조달 방식과 달리, 연방정부가 자금을 100% 조달하는 것을 내용으로 하고 있다. PEUC(Pandemic Emergency Unemployment Compensation) 제도는 직전 경기불황기에 이루어진 변경사항을 반영하여 실업보험자격을 소진한 사람들에게 최대 13주 동안 추가로 연방재정지원 실업보험 혜택을 받을 수 있도록 승인하였다. PUA (Pandemic Unemployment Assistance) 제도는 자영업자, 프리랜서, 임시직 근로자 등 전통적으로 실업보험제도에서 제외된 개인에게 39주 동안 실업보험의 혜택을 받을 수 있도록 확대하였다. 또한 FPUC(Federal Pandemic Unemployment Compensation) 제도는 7월 31일까지 모든 실업보험 수혜자에게 주당 600달러의 혜택을 추가적으로 제공하였다.[2]

이러한 지원정책이 통과되자마자, 해당 제도들(특히 FPUC 제도)은 논란의 대상이 되었다. 해당 제도의 지지자들은 FPUC 제도가 경제폐쇄 상태에서 수백만 명의 실업 노동자들이 재앙을 견딜 수 있는 필수적인 생명줄이라고 주장했다. 상원 소수당 대표인 척 슈머는 이 정책이 없었다면 "수백만 명의 미국 가정이 최악의 시기에 그들의 다리마저 잘라내야 했을 것이다"라고 주장했다.[3] 실제로 이 기간 동안 미국은 CARES 법안의 일부로 시행되어 다수의 미국인에게 1,200달러를 지급한 생활구호자금(Economic Impact Payment stimulus check)과 더불어 실업보험제도의 확대로 인해 빈곤이 감소한 것으로 나타났다. Han 외(2020)의 연구는 2월부터 4월까지 빈곤율이 2.3% 감소하였는데, 이는 전적으로 실업보험제도와 생활구호자금을 포함한 정부 지원제도로 인해 나타났음을 보였다. 이 같은 빈곤율의 감소는 사상 최대로 14% 고용이 감소한 최악의 달인 4월임에도 불구하고 나타났다.

그러나 반대론자들은 실업자에게 주어지는 이 같은 엄청난 혜택이 실업자들 스스로 새로운 일자리를 찾는 동기를 없앨 것이라고 주장했다. 실제로, 600달러의 보너스는 상당수의 근로자들의 기존 수입에 비해서도 매우 높았으며, 이를 실업보험급여와 합해보면 76%의 근로자들이 일할 때보다 실직 상태에서 더 많은 돈을 벌게 되었다.[4] 그 결과, 구제 법안의 실업보험 지급은 의회에서 반대에 부딪히게 되었다. 릭 스콧 상원의원은 "우리는 일하지 않을 유인을 만들 수 없다. 우리는 실업자에게 그들이 직장에서 받는 것보다 더 많은 돈을 지불할 수 없다"라고 주장했다.[5]

FPUC 제도의 만료가 다가옴에 따라, 이에 관한 논의는 2020년 여름 동안 화두가 되었다. 민주당이 장악한 하원은 600달러의 보너스 지급을 2021년 초까지 6개월 더 연장하는 HEROES 법안을 통과시켰다. 이에 대응하여 공화당이 장악한 상원은 9월까지 주당 200달러만 지급하고 연말까지 손실 임금의 70%를 보전하는 HEALS 법을 발의했다.[6] 하지만 이 같은 의견 차이는

---

2 U.S. Department of Labor(2020b).

3 Caldwell(2020).

4 Ganong et al.(2020).

5 Daugherty and Dumain(2020).

6 Watson(2020).

끝내 해소할 수 없었고, FPUC는 7월 말에 종료되었다. 이후 2021년 3월 중순까지 실업자들에게 주당 300달러의 보조금을 제공하는 PUA와 PEUC 제도가 만료된 다음 날인 12월 27일 9,000억 달러의 구제 법안이 승인되었으며, 그때까지 양측은 그해(선거년) 내내 실업급여의 연장 문제를 두고 다투었다.[7] 바이든 대통령은 이 보조금을 400달러로 올리고 2021년 3월까지 연장할 것을 제안했다. 이 같은 보조금 혜택은 종료되기 전에 2021년 9월까지 다시 연장되었다.

이 논쟁은 공공실업보험의 제공이 미국 정부의 얼마나 중요한 역할인지를 단적으로 보여주고 있다. 그러나 제12장에서 살펴보았듯이 재정학자들은 왜 정부가 이러한 보험을 제공해야 하는지에 대해 곰곰이 생각해보아야 한다. 재정학자들은 실업보험 확대로 인한 편익(실직자들에게 추가적인 소비평탄화 기회의 제공)과 비용(실업에 대한 도덕적 해이 효과)을 함께 고려해야만 한다.

우리는 이 장에서 실업보험과 또 다른 두 가지 사회보험제도(근무 중 상해에 대한 상해보상제도와 치명적 장애 발생에 대한 장애보험제도)에 대해 자세히 살펴볼 것이다. 이 제도들은 미국의 가장 큰 사회보험제도이며 서로 간에 많은 공통점을 지니고 있다. 즉 이들 보험급여는 불행한 사건(실업, 상해, 장애 등)의 발생을 조건부로 지급되며 급여 수준은 기존의 근로소득 수준에 따라 달라진다. 가장 중요한 점은 이러한 급여가 적어도 부분적으로는 구직노력이나 상해·장애로 인한 근로 능력 상실 정도 등 관측할 수 없거나 검증이 어려운 상태를 전제로 지급된다는 것이다. 이러한 불관측성은 도덕적 해이의 문제를 야기하게 되므로 제도 고안에 있어 신중을 기해야 한다.

이 장에서는 먼저 세 가지 제도의 구조상 유사점과 차이점을 살펴본다. 다음으로 이들 제도의 혜택과 비용에 대한 실증적 증거들을 살펴보고 제12장의 논의 내용을 토대로 적정 급여 수준에 대하여 검토해본다. 그다음에는 이 제도들이 근로자 해고 및 근로안전성 등에 대한 사용자의 의사결정에 미치는 영향을 살펴본 후 결론 부분에서는 제도 개혁에 대한 시사점을 논의해보겠다.

14.1 실업보험, 장애보험 및 상해보상제도의 제도적 특성

사회보장연금과 마찬가지로 이러한 사회보험제도의 경제적 의미를 논의하기 위해서는 먼저 이 제도들이 어떻게 운영되는지를 이해해야 할 것이다. 여기서는 이 제도들의 특성을 간략히 살펴보기로 하자.

실업보험의 제도적 특성

실업보험(unemployment insurance, UI)은 미국의 50개 주 및 워싱턴 D.C.에서 의무적으로 시행되고 있는 연방제도로, 각 주는 실업급여 수준 및 제반 사항을 자유롭게 정할 수 있다.[8] 실업보

실업보험(UI) 연방정부의 강제하에 주정부가 운영하는 제도로서, 회사에 의해 실직을 당한 근로자에게 급여세를 재원으로 실업급여를 지급하는 제도

7 Liu(2020).

8 실업보험에 대한 자세한 정보는 Green Book(U.S. House of Representatives Committee on Ways and Means, 2018)의 제4장을 참조하라.

험이 각 주별로 상이하게 운영되고 있다는 사실은 실증경제학적 측면에서 매우 좋은 사례가 된다. 왜냐하면 각 주 급여 수준의 관대성 차이에 따라 실업보험의 소비평탄화 효과 및 도덕적 해이 효과가 어떻게 변하는지를 연구해볼 수 있기 때문이다. 실제로 여기서 논의하는 많은 실증적 연구들은 이러한 각 주별 실업보험의 다양성을 토대로 분석한 것이다.

부분적인 경험료율 실업보험의 급여세가 해고율 증가에 따라 올라가지만 1:1보다는 적게 증가하는 제도

실업보험은 사용자에게 부과된 급여세를 통해 재원이 조달되며 각 주의 평균 급여세율은 0.51%이다.[9] 사회보장연금의 급여세와 마찬가지로 이 세금도 근로소득의 일정 수준까지만 적용되며 이러한 소득상한은 대부분의 주들에서 상당히 낮게 책정되어 있다. 실업보험급여세는 **부분적인 경험료율**(partially experience-rated) 제도이다. 즉 직원 해고가 많을수록 세율이 높아지게 되나 급여세율이 해고율에 대해 완전 비례적인 것은 아니다. 따라서 해고율이 2배 높은 회사가 반드시 2배의 급여세를 내는 것은 아니다.

실업보험의 중요한 특징은 모든 실업자가 실업급여를 받는 것은 아니라는 점이다. 수급자격을 얻기 위해서는 근로자들이 다음의 네 가지 기준을 만족시켜야 한다. 첫째, 근로자는 개인 사업자가 아니며 고용주를 위해 근로활동을 하는 보험가입 직장에 고용되어야 한다. 이들은 미국 경제에서 비농업 근로자의 97%에 달한다.[10] 둘째, 근로자는 전년도에 최소한의 근로소득이 있어야 한다. 대부분의 주에서는 실직 전 몇 분기 동안 최소한의 근로소득이 있었을 경우에만 수급자격을 부여하고 있다. 셋째, 자발적 퇴직이나 합당한 사유로 파면된 근로자들에게는 수급자격이 없다. 실업보험은 경제적 사유로 인해 실직을 당한 근로자들만을 대상으로 한다. 마지막으로, 근로자는 적극적인 구직활동을 해야 하며 실직 전 직장과 유사한 고용기회가 있을 경우 기꺼이 수용할 의사가 있어야 한다. 이러한 수급자격을 갖추었더라도 실업급여가 자동적으로 지급되는 것은 아니다. 그들은 실업보험사무소를 방문하여 등록을 해야 하며, 새로운 직장을 찾고 있다는 증거를 보여주어야 한다.

수급자격 발생자와 실제 급여 신청자 사이에는 차이가 있으며 실제로 2019년 기준 실업자의 28%만이 실업급여를 받고 있다.[11] 더욱이 수급자격이 있는 사람들 중에서도 2/3만이 실업급여를 수급하고 있다.[12] 이처럼 수급자격이 있는 근로자들의 저조한 참여율에 대한 이유는 명확하지 않으나 보통 두 가지 원인이 거론된다. 첫째는 정보의 문제이다. 즉 일부 근로자들은 실직 시 자신에게 실업보험의 수급자격이 있다는 것을 알지 못할 수 있다. 둘째는 실업으로 인한 낙인효과(stigma)이다. 즉 사람들은 실업급여를 정부가 주는 구호금으로 생각하여 이를 신청하기를 꺼릴 수 있다. 특히 실업급여를 받으려면 공공사무소에 직접 가서 직장을 구하지 못하고 있다는 것을 보고해야 하기에 더욱 그러하다.

실업보험의 수급자격이 있을 경우 그 급여액은 실업 전 근로소득의 함수이며 일반적으로 전년도 중 평균 주당 임금이 가장 높았던 분기를 기준으로 계산된다. 미시간주의 급여체계는 그림

9 U.S. Bureau of Labor Statistics(2020a).

10 U.S. Bureau of Labor Statistics(2020).

11 U.S. Department of Labor(2021b), Table A.13. 이 수치는 실업보험 혜택 확대로 인해 초기 코로나19 발생기간인 2020년 78%까지 치솟았다.

12 Auray, Fuller, and Lkhagvasuren(2019).

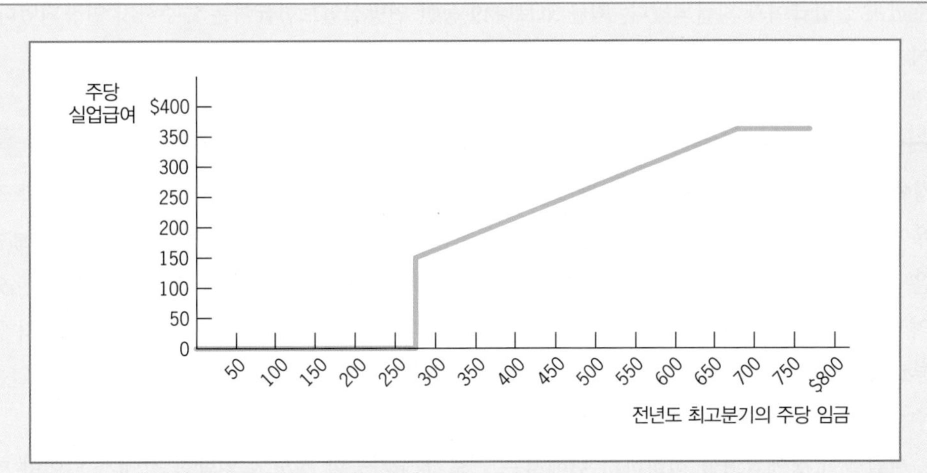

그림 14-1 미시간주의 실업급여체계 미시간주에서는 전년도 최고분기의 주당 임금이 282달러 이하인 경우에는 실업급여가 지급되지 않는다. 임금이 282달러를 넘어서면 실업급여는 임금 수준에 따라 최대 362달러까지 증가한다.

출처 : U.S. Department of Labor(2020a).

14-1에 나타나 있다. 전년도 중 소득 수준이 가장 높았던 분기의 평균 주당 임금이 282달러 이상인 근로자들에게는 최소급여로 주당 150달러가 지급된다. 만일 근로소득이 282달러 이하일 경우에는 실업급여가 지급되지 않는다. 실업 전 근로소득이 1달러 증가할 경우 실업급여는 0.53달러(최고소득분기 중 임금의 4.1%)씩 증가하며, 최대급여는 주당 362달러이다.[13]

사회보장연금의 경우처럼 실업보험의 관대성은 **소득대체율**(실업급여가 실직 전 근로소득을 대체하는 비율)로 측정한다. 미국 실업보험의 소득대체율은 저소득 근로자에게는 높으나 최대급여 제한(미시간주의 경우 주당 362달러)으로 인해 고소득 근로자에게는 낮을 수 있다. 소득대체율은 또한 각 주별로 매우 상이하다. 소득대체율의 국가 전체 평균은 44%지만 알래스카주의 평균 소득대체율이 33%에 불과한 반면 펜실베이니아주는 약 50%가 된다.[14] 다른 사회보험제도와는 달리 실업급여는 임금소득으로 간주되어 과세 대상이 된다.

실업보험의 급여체계상 또 다른 중요한 측면은 지급기간이다. 실업급여는 일반적으로 26주간 지급되지만 일부 예외도 있다. 첫째, 근로경력이 간헐적인 근로자들도 수급자격이 있으나 이들은 보다 짧은 기간 동안만 급여를 받게 된다. 둘째, 각 주의 실업률이 (상당히 높은) 일정 수준을 초과할 경우 지급기간 연장이 자동적으로 발효된다. 이 경우 사람들은 13주 동안 추가급여를 받을 수 있다. 마지막으로 앞의 예에서 보았듯이 경기침체기에는 연방정부가 개입하여 실업급여 지급기간의 추가 연장을 의무화할 수 있다. 제2차 세계대전 이후 가장 극심한 불황기였던 1980년대 초에는 주정부 및 연방정부의 지급기간 연장을 합하여 평소 지급기간의 2.5배인 65

13 https://oui.doleta.gov/unemploy/statelaws.asp/Statelaw으로부터 복지일정에 대한 정보를 얻을 수 있다.

14 데이터는 미국 노동부가 관리하는 복지제도대체율 보고서에 확인할 수 있다(U.S. Department of Labor, 2021a).

주까지 실업급여가 지급되었다. 최근 코로나19 동안 연방실업보험급여는 57주까지 연장되었다. 이 책이 출간되는 시점에는 불황 이전의 지급 기간인 26주로 환원되었다.[15]

장애보험의 제도적 특성

장애보험(DI) 사회보장연금 급여세의 일부를 의료장애로 인해 근로 능력을 상실한 근로자에게 지급해주는 연방정부제도

장애보험(disability insurance, DI) 제도는 일을 계속할 수 없을 정도의 치명적 장애가 발생할 경우에 보험을 제공하기 위한 목적으로 1957년 처음 도입되었다. 사회보장연금과 함께 장애보험은 노후소득보장 및 장애소득제도(OASDI)의 일부이다. 현재 장애보험의 급여 지출액은 1,451억 달러로, 총 OASDI 예산의 13.7%를 초과하고 있다.[16] 재원 조달은 사회보장연금급여세의 일부로 충당되고 있다. 이 제도는 연방정부에서 관리하고 있어 급여 수준은 미국 전역에서 동일한 수준이나 이 제도의 수급자격 결정은 주정부에서 맡고 있다.

사람들이 장애급여를 신청하기 위해서는 근로가 불가능할 정도의 의학적 장애가 있어야 한다. 이를 증명하기 위해 장애보험제도는 장애 발생 후 5개월 이전에는 급여를 지급하지 않는다. 다시 말해 장애급여를 받으려면 자신이 실제로 장애인이 되었다는 것을 보여주기 위해 5개월간 일을 하지 않아야 한다. 장애급여 신청자들은 주정부 의료판정위원회의 판정을 받아야 하며 이 위원회의 판정은 매우 엄격하다. 장애급여 신청자 중 약 1/3만이 수급자격 인정을 받고 있다.[17]

수급자격이 주어지면 근로자들은 사회보장연금제도하의 완전은퇴연령(FBA)인 67세에 은퇴했을 때 받게 되는 기본 연금액(PIA)과 동일한 금액의 장애급여를 받게 된다. 사회보장연금과 마찬가지로 이러한 장애급여도 대부분 비과세 대상이다. 장애 발생 후 2년이 경과한 사람들은 65세 이상 노인을 대상으로 한 의료보험인 메디케어의 적용도 받을 수 있게 된다. 장애 판정을 못 받은 사람들은 법정에 소송을 제기할 수 있다. 이러한 소송 결과를 포함하여 최종적으로 장애급여 신청자 중 약 절반이 장애급여를 받고 있다. 일단 장애급여를 받게 되면 중도에 지급이 중단되는 경우는 매우 희박하며 67세부터는 사회보장연금의 수급자로 전환된다.

장애 판정은 숙련된 전문가에 의해 이루어지나, 그럼에도 불구하고 장애 정도를 완벽하게 평가하는 것은 매우 어려운 일이다. 이러한 문제는 Parsons(1991)의 연구 결과에 잘 나타나 있다. 이 연구에서는 이미 주정부 위원회의 심의를 거쳤던 장애급여 신청서들을 1년 후 마치 익명의 새로운 신청서처럼 동 위원회에 다시 제출하였다. 위원회는 이 중 대다수에 대해서 전년도와 동일한 판정을 내렸으나 나머지 22%에 대해서는 판정 결과가 뒤바뀌었다. 장애급여 지급이 인정되었던 사람들의 22%는 1년 후 재심의에서 탈락되었으며 기존에 탈락되었던 사람들 중 22%는 1년 후 재심의에서 장애 판정을 받은 것으로 나타났다. 이처럼 동일한 전문가들도 많은 경우에 대해 일관성 있는 장애 판정을 내리지 못했다는 사실은 장애 판정이 얼마나 어려운 일인지를 단적으로 보여준다. 이 같은 어려움은 심각한 영구적 장애로 인해 근로활동에 제약이 있는 여성 지원자들의 불합격률이 훨씬 높다는 점에서 더욱 드러난다. 이 범주에 속한 여성들은 (사실이라

15 Center on Budget and Policy Priorities(2021a).
16 Social Security Trustees(2020).
17 Center on Budget and Policy Priorities(2021b).

는 증거는 없음에 불구하고) 직장을 더욱 쉽게 구할 수 있을 것으로 평가될 가능성이 높아서 남성보다 장애 판정에서 탈락할 확률이 20% 더 높다.[18]

근로자 상해보상제도의 제도적 특성

근로자 상해보상제도(workers' compensation, WC)는 정부가 제공하는 보험이 아니라는 점에서 실업보험이나 장애보험과는 차이가 있다. 대신 상해보상의 경우에는 주정부가 모든 고용주들에게 근무 중 상해 발생에 대해 보험을 구매하도록 의무화하고 있다. 상해보상보험은 주로 민간회사가 제공하고 있으나 몇 개 주에서는 주정부도 이러한 보험을 제공할 수 있도록 하고 있다. 실업보험과 마찬가지로 상해보상제도의 급여 수준 등은 각 주별로 매우 상이하다. 이 보험에 대해 회사가 지불하는 보험료는 경험료율 체계를 따르고 있으며 이러한 경험료율은 실업보험보다 엄격하다. 대부분의 대기업의 경우 보험료율은 순전히 그들의 과거 상해보상급여 신청 실적에 의해 결정된다(중소기업의 경우에는 경험료율 적용이 덜 엄격하다).

근로자 상해보상제도(WC) 각 회사가 근무 중 상해 발생 시 의료비와 임금손실분을 보상해 주는 민간보험을 구매하도록 주정부가 강제화하는 제도

상해보상급여는 두 가지로 구분된다. 첫째는 상해로 인한 의료비용에 대한 보상이며, 둘째는 재활치료기간 중 상실한 임금에 대한 현금보상이다. 대부분의 주에서는 상해보상보험의 급여가 근로자 임금의 2/3를 대체하도록 규정하고 있다. 또한 실업보험과 달리 상해보상급여는 연방소득세의 적용을 받지 않는다.[19] 이 결과 세후 소득대체율은 상당히 높아진다. 25%의 소득세율 적용을 받는 (중위)근로자의 경우 근로 시 세후 순소득은 근로소득 1달러당 0.75달러가 된다. 상해보상급여를 수급할 경우에는 세금 없이 0.67달러를 받게 된다. 따라서 조세 후 소득대체율은 실제로 89%(67/75)에 달한다.

상해보상의 급여 수준은 각 주마다 매우 상이하다. 표 14-1에는 각 신체 부분에 항구적 상해를 입었을 때의 미국 10개 주의 상해보상급여 수준이 제시되어 있다. 예를 들어 다리가 절단되었을 때 워싱턴 D.C.의 급여 수준(479,057달러)은 미시시피주(101,086달러)에 비해 거의 5배나 높다.[20] 급여 지출의 대부분은 단기간에만 근로를 할 수 없는 소위 '일시적 상해'에 대해 지급되고 있다. 일시적 상해의 대표적인 예는 열상이나 허리를 삐는 것 등이다. 이러한 형태의 상해를 지속적으로 진단하는 문제는 장애보험보다 더 어렵다. 일반적으로 일시적 상해는 항구적인 장애에 비해 진단하기가 어려우며 또한 근무 중 발생한 상해인지 판단하기 힘든 경우가 많다.

상해보상제도의 중요한 특징은 사고에 대해 **무과실보험**(no-fault insurance)을 제공한다는 것이다. 20세기 초 상해보상제도가 도입되기 전에는 근로자가 근무 중 상해를 입었을 경우 보상을 받기 위해 고용자를 고소해야만 했다. 그러나 상해를 입은 가난한 저소득 근로자들이 고용자와 법정소송을 하는 것은 불공평한 것으로 인식되었다. 더욱이 이러한 법정소송은 상당한 사중손실을 발생시켰다. 즉 고용자로부터 근로자에게 자금이전이 이루어지는 과정에서 발생하는

무과실보험 상해가 근로자 또는 회사의 과실로 인한 것인지에 관계없이 보험회사가 상해급여를 지급하는 보험

18 Low and Pistaferri(2019).

19 근로자 상해보상제도(WC)에 대한 보다 자세한 정보는 Green Book(U.S. House of Representatives Committee on Ways and Means, 2004)의 15절 WC 편을 참조하라.

20 미시시피주에 대한 자료는 https://mwcc.ms.gov/#/maximumBenefitMileageRatesChart에서, 워싱턴 D.C.에 대한 자료는 https://code.dccouncil.us/dc/council/code/sections/1-623.07.html에서 얻은 것이다.

표 14-1 2020년 근무 중 상해 유형별 최대 배상급여액 상해 유형별 급여액은 각 주마다 매우 상이하다. 표의 마지막 열은 근로자가 일시적 장애로 10주 동안 근로가 불가능할 경우의 급여 수준을 보여준다.

주	항구적 상해					일시적 상해 (10주)
	팔	손	눈	다리	발	
조지아	$151,875.00	$108,000.00	$101,250.00	$151,875.00	$91,125.00	$6,750.00
하와이	$288,600.00	$225,700.00	$148,000.00	$266,400.00	$189,625.00	$9,250.00
일리노이	$397,718.53	$322,262.05	$254,665.62	$337,982.15	$262,525.67	$15,720.10
인디애나	$159,300.00	$127,440.00	$68,320.00	$143,370.00	$68,320.00	$7,800.00
미시간	$251,246.00	$200,810.00	$151,308.00	$200,810.00	$151,308.00	$9,340.00
미시시피	$101,086.00	$75,814.50	$50,543.00	$88,450.25	$63,178.75	$5,054.30
미주리	$122,971.60	$92,758.75	$74,207.00	$109,720.35	$79,507.50	$10,119.20
뉴저지	$311,850.00	$283,500.00	$189,000.00	$297,675.00	$269,325.00	$9,450.00
뉴욕	$301,635.36	$235,894.32	$154,684.80	$278,432.64	$198,189.90	$9,667.80
워싱턴 D.C.	$479,057.28	$374,647.36	$245,670.40	$442,206.72	$314,765.20	$15,354.40

출처 : 데이터는 각 주의 상해보상 웹 사이트에서 얻었으며, 주 WC 웹사이트의 전체 목록은 https://www.dol.gov/agencies/owcp/dfec/regs/compliance/wc를 참조하라.

소송비용(변호사비용 및 기타 법정비용)은 사회적 낭비가 된다.[21] 반면에 상해보상제도는 상해에 대한 책임을 묻지 않는다. 상해 발생이 누구의 잘못이든 간에 근로자가 근무 중 상해를 입는 경우에는 보험급여를 받을 수 있다. 이 결과 무과실보험의 존재는 이러한 자금이전상의 거래비용을 크게 감소시켰다.

일부 주에서는 정부 의무 상해보상제도에서 벗어나려는 움직임을 보이고 있다. 텍사스는 수년 동안 선택적인 상해보상제도를 가지고 있었고, 상당수의 기업들은 상해보상제도를 포기하는 대신 주정부 의무 상해보상제도 수준보다 혜택은 훨씬 적지만 자체적인 대체 상해보상제도 커버리지를 제공하고 있었다. 사우스다코타주도 비슷한 정책을 채택하고 있으며, 현재 두 주의 근로자 중 약 80%가 비의무 상해보험에 가입하고 있다. 오클라호마주에서도 2013년에 선택적인 상해보상제도를 채택하였지만 2016년 법원에 의해 위헌 결정이 내려졌다. 그럼에도, 테네시주와 사우스캐롤라이나주와 같은 몇몇 다른 주들도 비슷한 정책을 고려하고 있다.[22]

실업보험, 장애보험 및 상해보상제도의 비교

표 14-2는 이 세 가지 제도의 주요 특징을 비교하고 있다. 실업보험은 급여 수준이 가장 낮고 지급기간도 가장 짧다. 실업 여부를 파악하는 것은 쉬운 일이지만 실업자가 실제로 구직활동을 하고 있는지를 확인하는 것은 거의 불가능하다. 장애보험급여는 보다 관대한 수준이며, 또한

21 제8장의 비용-편익분석에서 지적하였듯이 한 집단으로부터 다른 집단에게 소득이전을 하는 것은 사회적 비용에 아무런 영향을 주지 않는다. 따라서 이러한 소득이전 과정상의 비용은 사회적 관점에서는 낭비가 된다.

22 Jinks et al.(2019).

표 14-2 실업보험, 장애보험 및 상해보상제도의 비교 실업보험, 장애보험 및 상해보상제도는 수급자격, 지급기간, 검증의 난이도, 평균 세후소득대체율 및 각 주별 편차 등 여러 차원에서 서로 상이하다.

특성	실업보험	장애보험	상해보상제도
수급자격	실직 및 구직	장애	근무 중 상해
지급기간	26주	무기한	무기한(의료 검증 필요)
검증의 난이도	실업 : 용이함 구직 : 거의 불가능	약간 어려움	매우 어려움
평균 세후소득대체율	44%	60%	89%
각 주별 편차	급여 및 제반 규칙	장애 판정만	급여 및 제반 규칙

출처 : U.S. Department of Labor(2021a); National Academy of Social Insurance(2005); Hunt(2004).

항구적으로 지급된다. 장애보험에 있어 장애 발생을 판명하는 작업은 다소 어려운 일이다. 상해보험의 급여는 이 중 가장 높은 수준이며 근로자가 아직 미회복 상태라는 의사의 소견이 있는 한 계속 지급된다. 이 제도의 상해를 판명하는 작업은 통상적으로 장애보험보다 더 힘들다.

응용사례

사회보험급여의 지급기간에 대한 국제비교

앞에서 살펴본 미국의 세 가지 제도는 지급기간이 매우 상이하다. 실업보험급여는 한정된 기간(일반적으로 26주)에만 지급되는 반면, 장애보험급여는 장애자가 다시 근로를 할 수 있는지에 대한 재평가가 거의 없이 무한정 지급된다. 상해보상급여는 의학적으로 상해 인정을 받는 기간에만 지급된다. 지급기간에는 이러한 형태만 있는 것은 아니다. 예를 들어 실업보험은 사람들이 실직을 당한 시점에서 일정 금액을 일시에 지급해줄 수도 있다. 또는 그림 14-2에 나와 있는 유럽 국가들의 사례를 따를 수도 있다. 유럽 국가들은 전형적으로 더 높은 소득대체율 수준으로 더 긴 기간(여기서 보여지는 예에서는 30개월 이상) 지급하고 있다. 사실상 오스트리아와 벨기에 같은 유럽 국가들은 지급기간이 종료되면 급여 지급이 중단되는 것이 아니라 대개의 경우 복지수혜 대상으로 전환되어 낮은 수준의 급여를 무한정 계속 받게 된다.

사회보험제도의 급여 지급기간을 적정화하기 위해서는 다음의 세 가지 상충성 간에 균형을 이루어야 한다. 첫째는 도덕적 해이다. 지급기간이 길어질수록 개인들은 보다 오랫동안 일보다 여가를 선택하려 할 것이다. 이것이 미국이 (유럽에 비해) 실업급여 지급기간을 6개월(26주) 정도로 짧게 유지하고 있는 근본적인 이유이다.

둘째는 소비평탄화의 문제이다. 제12장에서 보았듯이 개인들은 역경의 기간이 길 때보다 짧을 때 더 용이하게 소비에 대한 자가보험을 준비할 수 있다. 예를 들어 실업기간이 길어지면 저

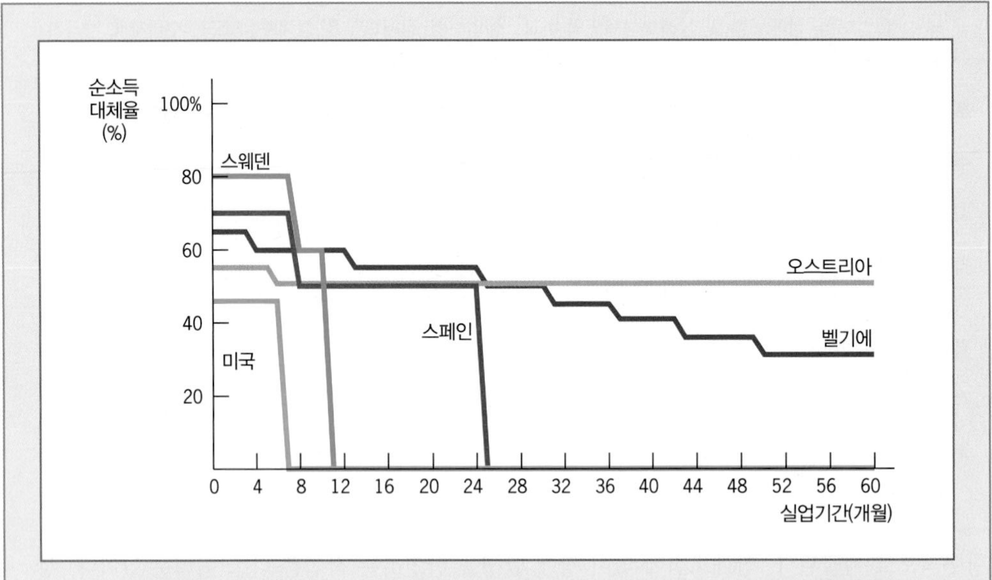

그림 14-2 실업급여의 지급기간 대부분의 유럽 국가들에서는 실업급여 지급기간이 미국의 6개월(26주)에 비해 훨씬 길다. 비교 대상 국가 중 미국만이 유일하게 실직 후 5년(60개월) 이내에 급여를 중단하고 있다.

출처 : European Commission(2018).

축의 고갈 등에 의해 자가보험 능력이 떨어지게 될 것이다.[23] 이는 급여 수준이 지급기간 경과에 따라 줄어드는 것이 아니라 오히려 증가해야 한다는 점을 의미한다.

마지막 고려사항은 보험급여가 이를 가장 필요로 하는 사람에게 지급되어야 한다는 점이다. 실직기간이 긴(실업이나 장애 등으로) 근로자일수록 구직활동에 대한 정부의 지원을 가장 필요로 하게 될 것이다. 이들은 그만큼 구직이 어려운 사람들이기 때문이다. 이러한 논리에서 보면 일정 기간 후 급여를 중단하는 것은 잘못된 일이다. 이러한 세 가지 고려사항을 감안할 때, 사회보험급여의 적정 지급기간을 산정하는 것은 매우 어려운 일이며, 이로 인해 유사한 선진국들 간에도 급여 구조가 큰 차이를 보이고 있다.

Kolsrud 외(2018)는 이러한 효과를 스웨덴의 실업보험 지급기간의 사례를 통해 설명하였다. 그들은 소비평탄화와 도덕적 해이가 지급기간에 따라 어떻게 다른지를 살펴보기 위해 스웨덴에서 개인에게 적용되는 소득대체율이 실업의 지속기간에 따라 다르다는 사실을 이용하였다. 이들은 실업 초기에 지급되는 실업급여에 대해서는 도덕적 해이가 크게 나타나고, 실업기간이 증가할수록 소비평탄화의 문제가 더욱 증가한다는 것을 보였다. 이 같은 결과는 실업보험의 최적의 지급기간이 시간에 따라 감소하지 않고, 심지어 증가할 수도 있다는 것을 분명하게 보여준다. ■

---

[23] Gruber(2001c)는 대부분의 실업자들이 평균적인 실업기간 동안 견뎌낼 수 있는 자산을 보유하고 있음을 보였다. 그러나 실업기간이 가장 긴 실업자들의 경우에는 대부분 소비를 충당하기에 충분한 자산을 가지고 있지 못한 것으로 나타났다.

14.2 사회보험제도의 소비평탄화 효과

제12장에서 살펴보았듯이, 사회보험의 적정 수준을 결정하는 데 있어 중요한 결정 요인 중 하나는 사회보험이 소비평탄화 효과를 제공하는 대신 자가보험을 얼마나 구축할 것인지에 있다. 불행히도 앞의 세 가지 제도의 소비평탄화 효과에 대한 실증적 증거는 별로 없는 편이다. Gruber(1997)는 실업보험의 소비평탄화 효과를 직접 측정해보았다. 그는 개인들이 실업으로 인한 소득 상실에 대비하여 충분한 보험 수단을 가지고 있지 못하며 이로 인해 실직 시 소비 수준이 크게 떨어지고 실업급여 수준이 높을수록 이러한 소비 수준 하락의 효과를 줄여주게 된다는 것을 발견하였다. 그러나 그의 연구는 또한 실업보험의 소비평탄화 효과가 제한적임을 보여주었다. 즉 실업급여가 1달러 증가할 경우 소비 하락을 단지 30센트 정도 줄여주는 것으로 나타났다. 즉 실업자들은 자신의 실직 전 소비 수준을 부분적으로 유지할 수 있는 자가보험을 가지고 있으므로 실업보험의 소비평탄화 효과는 제한적으로 나타난다.

이를 달리 표현하면 실업보험은 근로자의 실직 시 다른 소득 유지 수단을 구축하게 된다. 이러한 구축효과가 발생한다는 직접적인 증거는 다른 연구에서도 나타나고 있다. 즉 실업급여가 높은 사람일수록 저축을 적게 하며 실업자의 배우자가 대신 일할 확률도 낮아진다. 이러한 연구들은 실업보험의 구축효과가 실업급여 1달러당 약 0.7달러인 것으로 추계하고 있으며 이는 앞의 소비평탄화 효과의 추계 결과와 일치하고 있다. 다시 말해서 이러한 결과들은 실업급여 1달러 중 0.3달러만이 소비 증가에 쓰이고 나머지 0.7달러는 실업에 대비한 다른 보험 수단들을 구축해버린다는 것을 의미한다.[24]

물론, 소비평탄화의 정도는 개인이 자가보험을 들 수 있는 역량에 따라 다르다. Rothstein과 Valletta(2017)는 실업보험이 종료되어서 장시간 실업상태에 있으면서 자가보험이 고갈되었을 가능성이 높은 사람들에 대해 연구했다. 그 결과, 이러한 사람들의 경우 빈곤과 자가보고 장애가 증가하면서 소비평탄화를 더욱 많이 수행하는 것을 발견하였다. 그리고 Ganong과 Noel(2019)은 실업보험 혜택이 예상대로 종료된 후에 소비가 급격히 감소함을 보였으며, 이를 통해 실업보험혜택을 연장함로써 얻는 소비평탄화의 이득이 실업보험 혜택 수준을 높이는 것보다 4배 더 크다는 것을 보였다.

이러한 유형의 장애보험에 대한 증거는 Autor 외(2015)에서 찾을 수 있다. 동 연구는 노르웨이 사례를 통해서 장애보험이 거부되었을 때 소비에 미치는 효과를 분석했다. 이들의 연구에 따르면 장애보험이 거부되었을 때 감소된 소득의 약 60%가 소비 감소로 이어져 장애보험의 구축효과는 40%인 것으로 추정되었다. 또한 동 연구에 따르면 장애보험을 사용할 수 없을 때 이러한 구축효과는 대부분 배우자의 노동공급 증가로 나타났다. 이런 연구 결과는 장애보험의 구축효과는 있긴 하지만 실업보험보다는 훨씬 작다는 것을 보여준다. 이는 장애가 생기면 소비가 상당히 감소함을 보인 Meyer와 Mok(2018)의 연구와, 장애보험을 받은 사람들이 그렇지 못한 사

24 Engen and Gruber(2001); Cullen and Gruber(2000).

실증적 증거 실업보험의 도덕적 해이 효과

Bruce Meyer(1989)의 고전적인 연구는 준실험적 분석의 대표적인 예이다(그림 14-3). 뉴저지주 실업보험제도의 주당 실업급여 수준이 최대 350달러였다고 하자. 주당 근로소득이 700달러를 넘는 근로자들은 최대실업급여를 받을 수 있다. 뉴저지주는 이러한 최대급여 수준을 주당 400달러로 인상하였다. 이로 인해 주당 근로소득이 800달러 이상인 사람들(*H*그룹 근로자)은 새로운 최대실업급여를 받을 수 있게 되었다. 따라서 주당 800달러 이상 소득자들의 실업급여는 실제로 50달러가 증가한 셈이 된다.

이러한 정책 변화로 인해 자연적으로 준실험적인 상황이 제공된다. 우리는 뉴저지주의 *H*그룹 근로자들(분석집단)을 펜실베이니아주와 같이 급여 인상이 없었던 지역의 동일 소득(주당 800달러 이상) 근로자들(비교집단)과 비교해볼 수 있다. 이러한 비교를 통해 우리는 실업기간에 영향을 줄 수 있는 시계열적 변화들, 예를 들어 뉴저지주와 펜실베이니아주에 함께 영향을 미친 경기침체의 효과를 제거할 수 있다. 비교대상 지역(펜실베이니아주)의 실업기간 변화는 실업기간이 경기침체 시 얼마나 변화하는지를 추정하는 기준이 된다. 분석대상 지역과 비교대상 지역의 차이를 비교하면 경기침체효과를 감안한 실업급여 수준 변화의 실업기간에 대한 효과를 추정할 수 있다.

이러한 분석을 위해 Meyer는 다음과 같은 이중차감 추정식을 계산하였다.

실업기간(분석대상 지역, 변경 후) − 실업기간(분석대상 지역, 변경 전) =
분석대상효과 + 경기침체효과

실업기간(비교대상 지역, 변경 후) − 실업기간(비교대상 지역, 변경 전) =
경기침체효과

차이 = 분석대상효과

분석대상 지역과 비교대상 지역의 실업기간 변화를 비교함으로써, Meyer는 경기침체 등 시계열적 변화의 효과를 제거하였다. 이러한 추계 결과, 그는 실업급여가 10% 증가할 때 실업기간은 8%가 늘어난다는 것을 보였다.

그러나 그가 지적하였듯이, 이러한 이중차감법이 정확한 추정치를 도출해내지 못할 수도 있다. 만일 경기침체가 각 주에 서로 다른 영향을 주었다고 생각해보자. 보다 구체적으로 뉴저지주의 경기침체가 보다 극심하였으며, 이로 인해 실업급여를 올리게 되었다고 하자. 이 경우에 펜실베이니아주를 비교대상 지역으로 선정하면 이러한 편의를 충분히 제거할 수 없을 것이다. 왜냐하면 뉴저지주의 실업기간은 실업급여 인상보다 극심한 경기침체에 의해 올라갔을 수 있기 때문이다. 만일 경기침체가 분석대상 지역과 비교대상 지역에 서로 다른 영향을 주었다면, 지역 간 비교 시 편차의 문제는 계속 남아 있게 될 것이다.

Meyer는 이러한 비교상의 편의를 제거하기 위해 추가적인 조정을 하였다. 그림 14-3에서 *L*그룹인 뉴저지주의 저소득 근로자들은 실업급여가 변하지 않았다. 이들은 *H*그룹과 같은 주에 있으므로 뉴저지주의 특정한 경기침체를 함께 경험하였으며, 따라서 경기침체로 인한 동일한 잠재적인 편의를 지니게 된다. 그러므로 우리는 Meyer의 분석과 유사한 이중차감 추정치를 구할 수 있다. 이 경우 펜실베이니아주의 *H*그룹 근로자들이 아닌 뉴저지주의 *L*그룹 근로자들이 비교집단이 된다. Meyer는 이러한 두 가지 추정(*H*그룹을 같은 주의 *L*그룹과 비교할 경우와, 다른 주의 *H*그룹과 비교할 경우)을 시도하였으며, 그 결과는 달라지지 않았다(추정상의 편의를 제거하기 위해 이러한 두 가지 추정을 한 번에 동시 추정할 수 있다. 이러한 추정법은 이 장의 부록에 자세히 설명되어 있다).

람들에 비해서 파산할 확률이 30% 감소함을 보인 Deshpande 외(2019)의 연구 결과와도 일치한다.

상해보상제도에도 소비평탄화에 대한 실증적 증거는 없으며 상해보험제도로부터 무엇을 기대할 수 있을지도 명확하지 않다. 한편으로는 진정한 근무 중 상해의 발생은 실업보다 더 예측하기 어려우며 또한 상해기간이 실업기간보다 길어지는 경우가 흔하다. 그러나 다른 한편으로는 다음 절의 도덕적 해이의 증거에서 볼 수 있듯이 상해급여 신청이 계획적인 경우가 많으며 이 경우 사람들은 소비평탄화를 위해 사전에 충분히 대비할 수 있게 된다.

실업급여의 실업기간에 대한 효과에 있어서는 또 다른 임의시행 증거가 있다. 1980년대에 많은 주들이 '재취업 보너스' 실험을 하였다. 이 실험에서는 실업급여를 받고 있는 분석집단에게 직장을 빨리 구할 경우 보너스를 지급하는 방안을 제시한 반면, 비교집단의 실업자들에게는 이러한 제안을 하지 않았다. 예를 들어 일리노이주에서는 실업급여 수급 개시 후 11주 내에 직장을 구하면 500달러의 현금 보너스(당시 전형적인 근로자에 대한 4주치의 실업급여와 동일)를 제공하였다. 이 실험 결과 보너스를 제공받은 분석집단의 실업기간이 비교집단에 비해 현저하게 줄어들었다. 평균적으로 이러한 보너스로 인해 실업기간은 약 1/2주, 또는 평균 실업기간의 3%가 감소하였다.[25] 따라서 이러한 임의시행 결과는 실업기간이 실업급여에 대해 실제로 민감하게 반응한다는 것을 확인해준다.

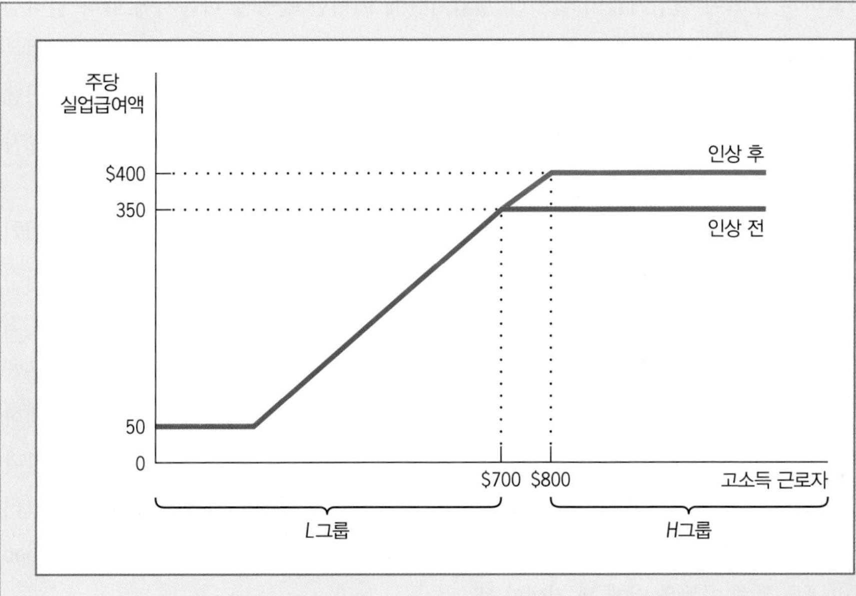

그림 14-3 실업급여의 실업기간에 대한 영향의 준실험분석 분석대상 지역인 뉴저지주는 기존에는 주당 700달러 이상을 버는 근로자들에게 최대 350달러의 실업급여를 제공하였다. 이후 이 최대실업급여액은 주당 800달러 이상 근로소득자(*H*그룹)에 대해 400달러로 인상되었다. 근로소득이 주당 700달러 이하였던 근로자(*L*그룹)들은 이러한 제도 변경에 의해 아무런 영향을 받지 않았다.

출처 : Meyer(1989), Table 1.

14.3 사회보험제도의 도덕적 해이 효과

사회보험제도의 소비평탄화 효과에 대한 연구가 많지 않은 반면에 도덕적 해이 효과에 대한 연구는 매우 활발하게 진행되어 왔다. 여기에서는 이러한 실증적 증거들을 살펴보기로 하자.

실업보험의 도덕적 해이 효과

실업보험의 도덕적 해이 효과는 주로 실업기간과 관련되어 있다. 실업보험이 실업을 당할 확률에 어떠한 영향을 주는지는 또 다른 문제이고 이것은 이 장에서 기업행태 변화에 대해 논의할

25 Woodbury and Spiegelman(1987).

때 다루게 된다.

실업급여의 수준이 실업기간에 미치는 영향에 대해서는 많은 경제학적 연구가 진행되어 왔다. 이러한 연구들 중 제3장에서 논의한 준실험적 분석 방법을 사용한 연구가 가장 설득력이 있다. 특히 실업보험제도가 주마다 매우 상이하므로 연구자들은 이를 이용하여 각 주별 실업급여 수준의 차이에 따른 실업기간의 변화를 측정해볼 수 있다. 이러한 분석 결과 실업급여가 높을수록 실업기간이 장기화되는 것으로 나타났다. 앞의 '실증적 증거'에서 볼 수 있듯이 실업급여 수준이 10% 증가하면 실업기간이 8%씩 길어지는 것으로 추계된다.

실업기간 장기화의 규범적 시사점 실증적 연구 결과는 높은 실업급여가 실업기간 장기화와 뚜렷한 인과관계를 가지고 있음을 명백하게 보여준다. 그러나 이러한 실증적 증거의 규범적인 의미는 명확하지 않으며 실업자들이 늘어난 실업기간에 어떠한 활동을 하는지에 따라 달라진다. 만일 실업자들이 쉽게 직장을 구할 수 있음에도 불구하고 높은 실업급여로 인해 재취업을 연기하고, 대신 늘어난 실업기간에 여가를 즐긴다고 하자. 이러한 경우 실업기간의 증가는 비효율적인 것이 될 것이다. 왜냐하면 이들이 생산적 활동에 종사하지 않을 뿐 아니라, 다른 근로자들이 실업급여에 대한 재원 조달을 위해 더 많은 세금을 내야 하기 때문이다.

그러나 이와 달리 근로자들이 늘어난 기간에 보다 좋은 직장을 구하려고 노력한다면 실업기간의 장기화는 효율적일 수가 있다. 왜냐하면 이들이 자신에게 보다 적합한 직장을 구하게 될수록 그들의 생산성이 높아지기 때문이다. 근로자가 어떤 직장에서 생산성이 높았더라도, 다른 직장에서는 생산성이 낮을 수도 있다. 더욱이 특수한 기술을 가진 근로자가 실직을 당할 경우에는 새로운 직장을 구하는 데 많은 시간이 소요될 수도 있다. 자신에게 제공된 첫 직장을 선택하는 것이 반드시 효율적인 것은 아니다. 만일 뇌수술 전문 외과의사가 패스트푸드점에서 일한다면 분명히 사회적 생산성은 극대화되지 못할 것이기 때문이다. 만일 실업보험이 효과적인(그러나 많은 시간이 소요되는) 구직 활동 기간을 늘린다면 사회적으로는 보다 나은 **일-사람 매치**(job match quality)를 통해 이득을 얻게 될 것이다.[26]

일-사람 매치 특정한 근로자가 특정한 직업과 매치될 경우의 한계생산성

그렇다면 우리는 실업보험이 비생산적인 여가활동을 보조해주는지, 아니면 생산적인 구직활동을 보조해주는지를 어떻게 구별할 수 있을까? 가장 좋은 방법은 일-사람 매치의 질적인 결과를 사후적으로 살펴보는 것이다. 만일 실업급여를 높임으로써 보다 생산적인 구직활동 기간이 늘어난다면, 이로 인해 일-사람 매치의 질은 높아지게 될 것이다. 그러나 높은 실업급여가 단순히 여가활동을 보조해주는 것이라면 실업급여 증가로 인해 일-사람 매치의 질적인 결과는 바뀌지 않을 것이다. 왜냐하면 실업급여 증대는 재취업 이전까지의 여가기간을 늘려줄 뿐이며 사람들은 실업급여 수준에 상관없이 같은 직장을 선택할 것이기 때문이다.

일-사람 매치의 질을 측정하는 것은 매우 어려운 일이지만 각 직장의 임금 수준과 그 직장의 질은 어느 정도 연관성이 있을 것이다. 즉 높은 실업급여가 재취업 후의 임금 수준을 높여준다

26 자본시장이 완전할 경우 이러한 논리는 성립하지 않는다. 왜냐하면 자신에게 알맞은 직장을 구하려는 대기자들은 대출을 받으면 되기 때문이다. 그러나 실업자에 대한 대출시장은 매우 불완전하므로 실업자에 대한 소득 지원은 이러한 구직활동을 도와줄 수 있을 것이다.

면 이는 일-사람 매치의 질이 향상되었다고 볼 수 있을 것이다. 그러나 실제로는 이러한 결과가 발견되지 않는다.[27] 따라서 실업급여의 증가가 일-사람 매치의 질을 높이지는 않으며, 실업급여는 비생산적인 여가를 보조해줌으로써 상당한 도덕적 해이를 야기한다고 볼 수 있다.

"난 정말로 직장을 구하고 있지만 언제 어디서 일할 건지는 내가 정할 거야."

장애보험의 도덕적 해이에 대한 증거

장애보험제도의 도덕적 해이 정도에 대한 수많은 연구가 진행되어 왔다. 아래에서 검토하는 바와 같이 이러한 연구들은 각기 다른 접근 방식을 취하지만 공통적인 점은 노동시장 기회에 비해 상대적으로 더욱 관대한 장애보험제도로 인해 제도 이용률이 증가하고 노동 참여율이 감소하였는지 여부에 대한 검증을 시도한다는 점이다. 도덕적 해이가 없다면 정말로 장애를 입은 사람들만 이 제도를 이용할 것이므로 제도 이용률(과 노동공급)은 장애급여 수준과 무관할 것이다. 그러나 만일 장애 발생 정도나 근로노력 수준이 급여 수준에 따라 현저히 변화한다면 이 제도는 도덕적 해이의 문제를 지니고 있는 것이다.

장애보험의 도덕적 해이에 대한 연구들은 Parsons(1984)에서 인용한 그림 14-4의 현상을 토대로 하고 있다. 장애보험이 처음 도입된 1957년부터 1980년까지 45~54세의 남성근로자 중 장애급여 수급자 수가 급격히 증가하였을 뿐 아니라 이 연령대의 노동 참여율도 크게 하락하였다. 이러한 두 가지 충격적인 현상은 장애보험이 노동 참여율 감소에 중요한 역할을 했다는 도덕적 해이 현상을 시사해준다. 그러나 이러한 증거만으로 단정적인 결론을 내리기는 어렵다. 왜냐하면 1960년대 및 1970년대 동안의 많은 다른 변화들이 고령근로자로 하여금 일을 덜하도록 유도했을 수도 있기 때문이다. 예를 들어 많은 장애자들이 제2차 세계대전 참가 중에 부상을 입어 나이가 들면서 근로 능력을 상실했을 수도 있다. 이 사람들은 장애보험이 없었더라도 근로를 중단했을 것이다. 또한 이 기간 중 개인 연금제도의 성장이 조기은퇴의 원인이었을 수도 있다.

장애보험의 도덕적 해이 효과에 대한 두 번째 증거는 경기변동과 관련되어 있다. 많은 연구들이 경기침체 시에 장애급여 신청이 급격히 증가하는 현상을 발견하였다. 최근 한 연구는 대공황으로 인해 장애보험제도가 6.7% 증가했음을 보였다.[28] 그러나 경기침체 시라고 해서 다른 때보다 장애 발생이 늘어날 이유는 특별히 없기 때문에 이러한 현상은 도덕적 해이 효과에 따른 것

---

27 Meyer(1989)는 실업급여 수준이 높아지면 실업기간은 장기화되지만 재취업 후 임금 수준은 올라가지 않는다는 것을 보여주었다. Card 외(2007)는 오스트리아에서 퇴직금 지급이 기간 연장과 관련하여 UI와 유사한 효과를 나타내지만 궁극적인 일-사람 매치의 품질에는 아무런 영향을 미치지 않는 것으로 나타났으며 van Ours와 Vodopivec(2008)는 슬로베니아에서의 관대한 UI 축소가 일-사람 매치 품질에 영향을 미치지 않는다는 것을 발견했다. 이와 대조적으로 나타난 최근 증거는 Nekoei와 Weber(2017)를 참조하라.

28 Maestas et al.(2015), 177-82.

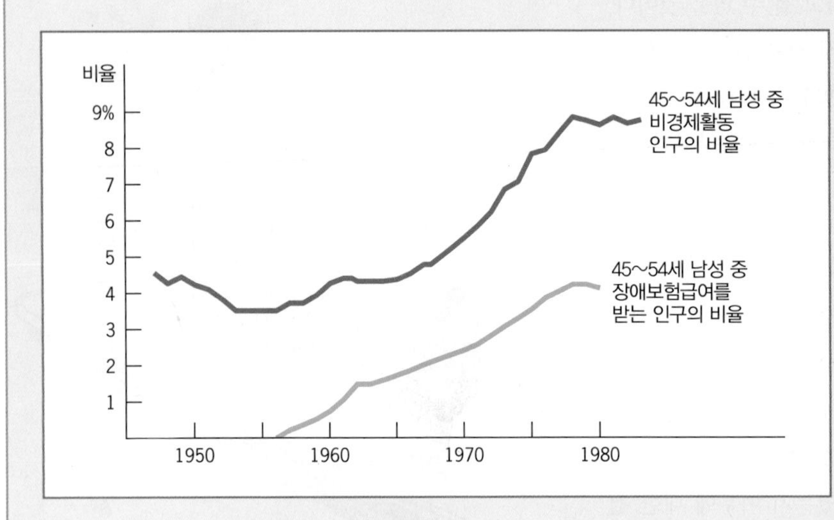

그림 14-4 고령층 남성의 비경제활동과 장애보험의 증가 1950년대 중반부터 1970년대 중반까지 장애보험의 증가와 이 기간 중 45~54세 남성의 비경제활동 비율의 증가 사이에는 밀접한 상관관계가 있다. 이는 장애보험이 고령층 남성의 노동시장 이탈을 유도했다는 것을 의미하기도 하겠지만, 다른 요인들도 이러한 상관관계를 설명할 수 있다.

출처 : Parsons(1984), Figure 1.

이라 볼 수 있다. 경기침체로 인해 어차피 일자리를 잃게 된 근로자들에게는 장애보험의 5개월 대기기간이 크게 문제가 되지 않을 것이며, 실제 장애가 발생하지 않았더라도 밑져야 본전이라는 식으로 장애급여를 신청하려 할 것이다.

장애연금의 도덕적 해이에 대한 세 번째 증거는 개인의 노동공급과 장애연금 신청 결정이 장애 판정의 엄격성에 따라 달라진다는 점이다. 만일 사람들이 정말로 장애가 발생했을 경우에만 장애연금 신청을 한다면, 심사의 엄격성에 따라 장애 판정률은 달라지겠지만 장애로 인한 근로이탈이나 장애연금의 신청률은 영향을 받지 않을 것이다. 그러나 많은 연구들이 장애 판정심사가 덜 엄격할 경우 장애연금 신청률이 늘어나고(Parsons, 1991) 근로이탈이 증가하는 것을 발견하였다(Gruber and Kubik, 1997). 최근의 네덜란드에서 이루어진 대규모 실험연구에 의하면, 장애 판정심사가 2개 지역에서 보다 엄격해지고 나머지 24개 지역은 그대로였을 경우, 2개 지역의 장기 근로이탈이나 장애연금 신청이 줄어든 것으로 나타났다(van der Klaauw, 2006). '실증적 증거' 코너에서 검토해본 바와 같이 최근의 연구들은 장애보험을 거절당한 사람들이 상당한 작업 능력이 남아 있다는 것을 보여주고 있다.

도덕적 해이 효과를 측정하는 마지막 방법은 장애급여의 수준이 변할 경우 근로노력에 어떠한 영향을 주는지를 평가하는 것이다. 최근의 연구는 노동공급이 장애급여의 관대성에 따라 달라지나 노동공급의 장애급여 수준에 대한 탄력성은 0.3에서 0.5 정도로 그 효과가 그다지 크지 않음을 보였다.[29] 이 결과는 실업기간의 실업급여에 대한 탄력성이 0.8이라고 추계한 Meyer의 분석 결과에 비해 매우 약한 것으로, 장애급여의 도덕적 해이 효과는 실업급여의 경우에 비해 작다는 것을 의미한다.

29 Gruber(2000); Autor et al.(2016); Gelber et al.(2017).

상해보상의 도덕적 해이에 대한 증거

상해보상제도의 도덕적 해이 효과가 매우 크다는 것을 보여주는 증거들도 많이 있다. 첫 번째로 Krueger(1990)는 '근무 중 상해의 신고율이 상해보상제도의 관대성에 따라 달라지는가?'를 분석하였다. 그는 상해보상급여가 각 주별로 상이한 점에 착안하여, 상해보상급여가 증가할 경우 근무 중 상해의 신고율이 어떻게 변화하는지를 검토하였다. 도덕적 해이가 없다면 상해보상급여가 증가한다 하더라도 상해 발생률이 늘어날 이유는 없을 것이다. 그러나 Krueger는 실제로 상해보상급여가 10% 증가하면 상해 신고율이 7%씩 높아진다(탄력성 0.7)는 것을 보여주었다.

두 번째 증거는 상해보상급여의 상해지속기간에 대한 영향을 분석한 Krueger(1991)의 연구에서 찾을 수 있다. 이는 앞에서 살펴본 실업급여가 실업기간에 미치는 영향과 유사한 경우이다. '실증적 증거'에 제시되어 있는 바와 같이, Krueger는 상해보상급여가 10% 증가하면 상해지속기간이 17%나 길어지는 것으로 추계하였다. 이는 실업급여가 10% 증가할 때 실업기간이 8% 늘어나는 것에 비해 상당히 큰 효과이다.

상해보상제도의 도덕적 해이에 대한 또 다른 증거는 신고된 **상해의 유형**에서 찾아볼 수 있다. 도덕적 해이가 발생하는 원인은 실제 상해 상태에 대한 **불관측성**에 있음을 상기하자. 불관측성이 의미하는 바는 삐거나 인대 손상 등 검증이나 관찰이 어려운 상해일수록 도덕적 해이가 커지며 팔다리의 골절 및 절단, 열상 등 검증 가능한 상해일수록 도덕적 해이의 문제가 작아진다는 점이다. 실제로 Krueger(1991)는 검증이 어려운 상해는 검증이 쉬운 상해에 비해 급여 인상에 따른 상해지속기간의 반응 정도가 훨씬 크다는 것을 발견하였다. 즉 급여 수준의 인상으로 인해 허리를 삐었다는 신고 건수는 크게 증가하는 반면에 열상의 신고 건수는 거의 늘어나지 않았다.

마지막으로 상해보상제도의 도덕적 해이 효과에 대한 흥미로운 증거는 악명 높은 '월요일 효과'에서도 찾아볼 수 있다. 상해보상급여 신청의 유형을 요일별로 살펴보면 월요일에는 열상에 비해 삐거나 인대 손상 등의 발생 건수가 크게 늘어난다.[30] 이는 월요일에 보고된 상해의 대다수가 실제로는 주말에 발생했음에도 급여 수급자격을 얻기 위해 월요일 근무 중에 발생했다고 거짓 보고했을 가능성이 크다는 것을 시사해준다. 만일 근로자가 일요일에 소프트볼을 하다가 삐었다면 이를 월요일 근무 중에 다친 것으로 거짓 보고하기가 쉬울 것이다. 그러나 만일 근로자가 일요일에 전기톱에 베였다면 이를 월요일 근무 중의 사고로 돌리기가 훨씬 어려울 것이다.

30 Smith(1989).

실증적 증거 장애보험의 선별과 노동공급

앞서 보았듯, 장애보험 체제가 직면한 가장 어려운 문제는 진정한 장애인을 식별하는 일이다. 각 국가는 이 문제에 대해 다른 접근법을 취하고 있지만 최근 많은 국가에서의 증거는 일관된 결론을 제시한다. 즉 장애보험이 거부된 사람들은 종종 유익한 일자리를 얻을 수 있다는 것이다.

장애보험이 거부된 사람들의 업무 능력을 평가하는 것은 매우 어렵다. 왜냐하면, 선별이 어느 정도 효과가 있는 한 장애보험에서 거부된 사람들은 프로그램에 남아 있는 사람들보다 건강이 좋을 것이기 때문이다. 따라서 장애보험 급여를 받는 사람들과 거부된 사람들을 직접 비교하면 편의가 발생한다. 그러나 최근의 두 연구는 준실험적 방법을 사용함으로써 이러한 편의 문제를 해결했다.

French와 Song(2014)은 미국의 장애보험 체제를 분석했다. French와 Song(2014)은 개인이 초기 장애보험 결정에 이의를 제기하면 행정법 판사(ALJ)가 초기 판결을 재검토하는데, ALJ의 항소 승인비율에 상당한 편차가 있음을 주목했다. 관대한 판사에게 배정되면 항소 신청 확률이 15.3%나 증가했다.[31] 가장 중요한 점은 판사 배정은 완전히 무작위이며 부상 정도나 신청자의 다른 특성과는 무관하다는 것이다. 따라서 '깐깐한' 판사에게 배정된 사람은 장애보험 없이 끝날 가능성이 무작위적으로 더 높다. 장애보험 체제의 이러한 편차로 인해 French와 Song은 다음과 같은 의문을 갖게 되었다 — 신청자가 깐깐한 판사에게 무작위로 배정되어 장애보험이 거부되면 일을 하게 될 확률이 더 높은가? 장애보험 신청자가 일을 할 수 없는 진짜 장애자라면, 어떤 판사에게 배정되든 일에 아무런 영향을 미치지 않아야 한다. 즉 거부당한 사람들이 장애보험 승인이 된 사람들보다 일을 할 가능성이 더 높지 않아야 한다.

French와 Song은 깐깐한 판사에게 배정될수록 DI가 거부될 확률과 거부된 지원자가 일을 할 확률이 높다는 것을 발견했다. 무작위로 거부당한 사람들은 승인된 사람들과 비교할 때 일할 가능성이 26% 더 높았다. 이는 장애보험급여를 받는 사람들의 상당수가 보험급여를 거부당할 경우 일할 수 있음을 시사한다.

Borghans 외(2014)는 네덜란드의 주요 장애보험 개혁을 연구하기 위해 다른 접근법을 사용했다. 네덜란드는 미국보다 더 관대한 장애보험 프로그램을 운영하고 있으며, 보다 관대한 수령 기준(즉 신청자가 혜택을 받기 위해 심각한 장애인일 필요는 없는)과 보다 높은 급여를 제공하고 있었다. 또한 급여는 측정된 장애 수준에 따라 다르며 대부분의 장애인이 더 높은 급여를 받고 있었다. 1993년에, 이전 분류보다는 더 엄격하게 장애를 재분류하는 개혁이 이루어졌다. 중증장애가 있는 사람은 덜 장애가 있는 것으로 분류되었고(따라서 더 낮은 급여를 받았다), 중증장애 정도가 약한 사람은 장애인이 아닌 것으로 재분류되었다. 장애보험 대상자 모두가 개혁의 일환으로 재검토되었지만, 이 새로운 엄격한 기준은 45세 이하의 사람들에게만 적용되었다. 이를 분석하기 위해 제6장에서 논의된 '불연속 회귀분석(regression discontinuity)'을 적용하였다. 우리는 이 방법을 통해 정확히 45세에서 행동에 눈에 띄는 변화가 있는지를 조사할 수 있다.

이 분석의 결과는 그림 14-5 및 그림 14-6에 나타나 있다. 그림의 각 지점은 특정 연령대의 출생 코호트(예 : 1944년에 태어난 45세의 사람들)의 평균 급여/소득을 나타낸다. 각 그림의 가로축은 연령을 표시하고 세로축은 장애보험급여 금액(그림 14-5) 또는 소득(그림 14-6)을 나타낸다. 45세의 실선 양쪽은 45세 이상과 이하의 사람들을 분리하여 나이와 급여/소득 간의 관계에 대한 회귀 예측을 보여준다.

그림 14-5는 예측했던 대로 장애보험급여는 연령에 따라 증가하지만, 45세에서 불연속 점프가 있음을 보여준다. 45세 이상인 사람들은 느슨한 선별검사로 약 1,100유로의 혜택을 더 받는 것으로 나타났다. 그림 14-6은 45에서의 소득에 정확히 상응하는 소득 감소가 있었다는 것을 보여준다. 왼쪽에 비해 45세의 오른쪽에서 선의 뚜렷한 기울기 감소가 있었다. 이 결과는 장애보험급여를 상실한 사람들의 소득이 크게 회복된 것을 의미한다. 즉 그들의 소득은 감소된 장애보험급여 100유로당 62유로 증가한다.

종합해보면, 이 연구들은 장애보험에 심각한 도덕적 해이가 있음을 시사하고 있다. 장애보험에 의존하는 많은 사람들이 장애보험이 없었다면 일할 수 있다는 것이다.

31 표준편차는 그룹의 개체들이 얼마나 넓게 변화하는지 나타내는 데 사용되는 숫자 값이다. 개별 관측치가 그룹 평균과 크게 다를 경우 표준편차가 크며, 그 반대도 마찬가지다(stattrek.com).

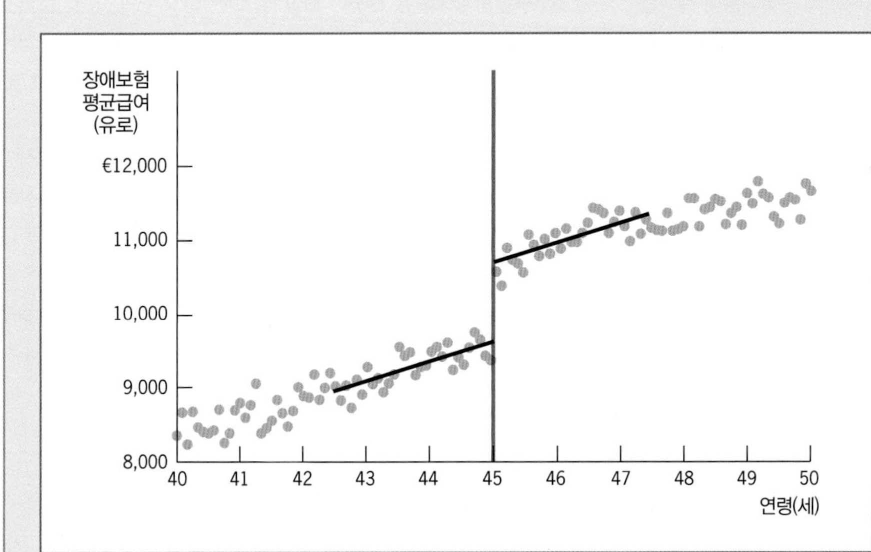

그림 14-5 연령별 장애보험급여 사람들이 나이가 들수록 장애보험 급여를 받을 확률이 높아지고 따라서 기대급여액이 높아진다. 그러나 45세에서 보험급여액이 약 1,100유로 증가한다. 이는 45세 이상의 사람들에 대해서는 완화된 식별 기준이 적용되었기 때문일 것이다.

출처 : Borghans et al.(2014).

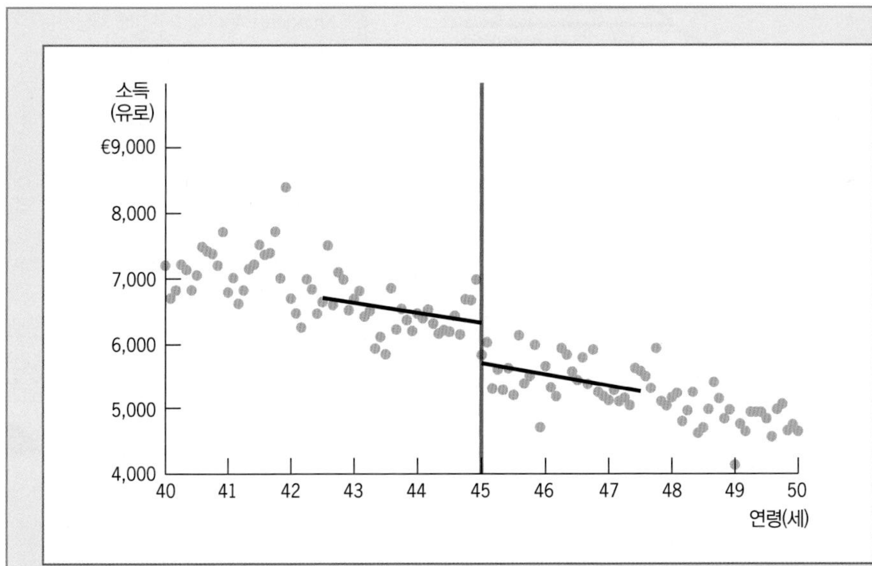

그림 14-6 연령별 소득 45세 이전 사람들의 근로소득이 45세 이후 사람들의 근로소득보다 624유로 더 높다. 이는 근로소득이 45세를 기점으로 좀 더 쉽게 접근 가능한 장애보험에 의해 구축된다는 것을 의미한다.

출처 : Borghans et al.(2014).

실증적 증거

상해보상제도의 도덕적 해이 효과

그림 14-7은 미네소타주에 대한 Krueger(1991)의 준실험분석 결과를 보여준다. 미네소타주의 상해보상제도는 3개의 평탄구간과 이를 이어주는 2개의 상승구간으로 구성되어 있다. 미네소타주는 1986년 10월 1일 상승구간의 기울기는 그대로 둔 채 각 평탄구간의 급여 수준을 인상하였다. 이러한 정책 변화는 각 평탄구간에 해당하는 3개 집단으로 구성된 근로자들(*A*, *C*, *E*그룹) 분석집단과, 상승구간의 두 집단의 근로자들(*B*와 *D*그룹)로 구성된 비교집단을 형성해준다. 이러한 급여 변화 이외에 세 분석집단과 두 비교집단에 차별적으로 작용하는 다른 요인들은 거의 없을 것이다. 따라서 분석집단과 비교집단은 상호 비교가 가능할 것이며, Krueger는 이를 이용하여 급여 수준 변화의 인과적인 효과를 추정하였다.

각 구간의 수치들은 1986년 10월 1일 이전 및 이후의 상해지속기간의 변화율(%)을 나타낸다. 급여 수준이 증가한 *A*, *C* 및 *E*그룹에서는 상해지속기간이 크게 늘어났다. 즉 *A*그룹은 23.5%, *C*그룹은 10.7%, 그리고 *E*그룹은 13.2%가 증가하였다. 그러나 급여 수준이 변하지 않은 *B*와 *D*그룹의 비교집단에서는 상해지속기간의 증가가 매우 작았다(*B*그룹 1.4% 및 *D*그룹 4.5%).[32] 따라서 급여 수준의 증가는 상해지속기간의 증가에 영향을 미친 것으로 보인다. 상해지속기간의 급여 증가에 대한 탄력성은 1.7로 추정되어 매우 크게 나타났다. 즉 급여 수준이 10% 증가하면 상해지속기간은 17%가 길어진다. Cabral과 Dillender(2020)의 최근 연구에 따르면 탄성치는 0.7로, 실업보험의 추정치와 비교해볼 때 상대적으로 크기가 작은 것으로 나타났다.

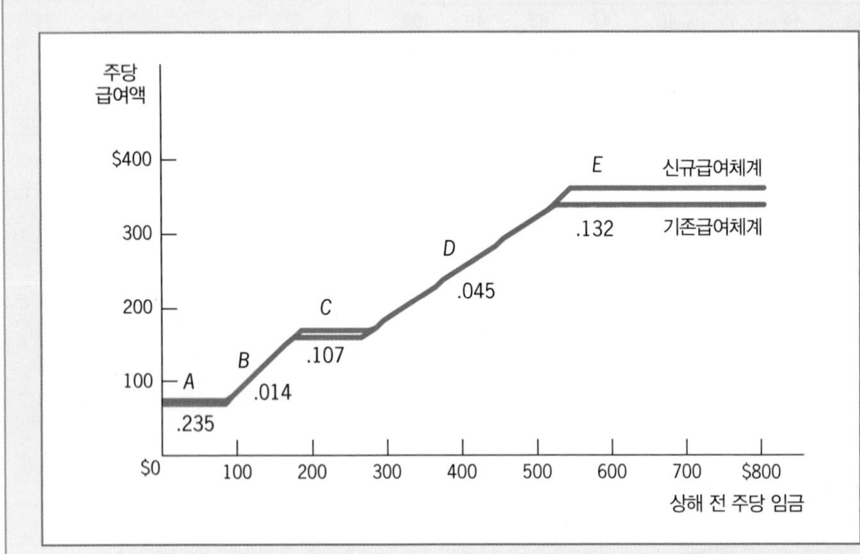

그림 14-7 상해보상급여의 변화와 상해지속기간 미네소타주는 1986년 10월 1일 상해보상급여체계의 *A*, *C* 및 *E*구간의 급여 수준을 인상하였다(*B* 및 *D*구간은 변동이 없었다). Krueger는 *A*, *C* 및 *E*구간에 해당하는 근로자들의 상해지속기간이 크게 증가한 반면 *B* 및 *D*구간에서는 별다른 변화가 없었음을 발견하였다. 각 구간 아래의 수치들은 급여 변화 이전 및 이후의 차이[log(급여 지급 주)]를 나타낸다.

출처 : Krueger(1991), Figure 2.

14.4 사회보험이 기업에 주는 편익과 비용

앞에서는 사회보험제도가 근로자들에게 미치는 영향에 초점을 맞추어 분석했다. 그렇지만 고용주도 해고 및 근무 중 상해 발생에 있어 중요한 역할을 담당하고 있으므로 실업보험과 상해보상

32 제3장 부록의 회귀분석에 대한 논의를 재구성해보면, 세 분석집단의 추정치는 통계적으로 유의한 반면에 두 비교집단의 추정치는 통계적으로 유의하지 않다.

제도는 기업의 의사결정에도 중요한 영향을 미치게 된다. 먼저 실업보험의 기업에 대한 영향을 살펴본 후 상해보상제도의 영향을 논의해보자.

실업보험의 부분경험료율 제도의 해고에 대한 효과

기업의 입장에서 볼 때 실업보험의 중요한 특징은 **부분경험료율 제도**이다. 완전경험료율 제도하에서는 기업이 근로자를 1명 해고할 때마다 1만큼의 추가적인 세금을 내야만 한다. 이 경우 기업은 해고된 근로자에게 지불해야 할 기대실업급여와 동일한 금액을 세금으로 납부해야 한다. 실제 실업보험제도에서는 급여세가 거의 해고 실적에 따라 증가하지만 급여세율이 해고 증가에 완전 비례하지는 않는다.

부분경험료율의 정도는 그림 14-8에 나타나 있다. 이 그림은 전형적인 경험료율 제도를 시행하고 있는 버몬트주의 과거 해고 실적과 실업보험급여세율 간의 관계를 나타낸 것이다. 이 주의 모든 기업은 최저급여세로 1.1%를 납부한다. 그 이상의 급여세율은 소위 **급여율**에 따라 증가하게 된다. 급여율이란 지난 4년간 각 기업의 해고근로자들에게 지급된 실업급여를 그 기업의 총급여지불액으로 나눈 비율을 평균한 값이다. 따라서 급여율이 10이라면 지난 4년간 기업 총

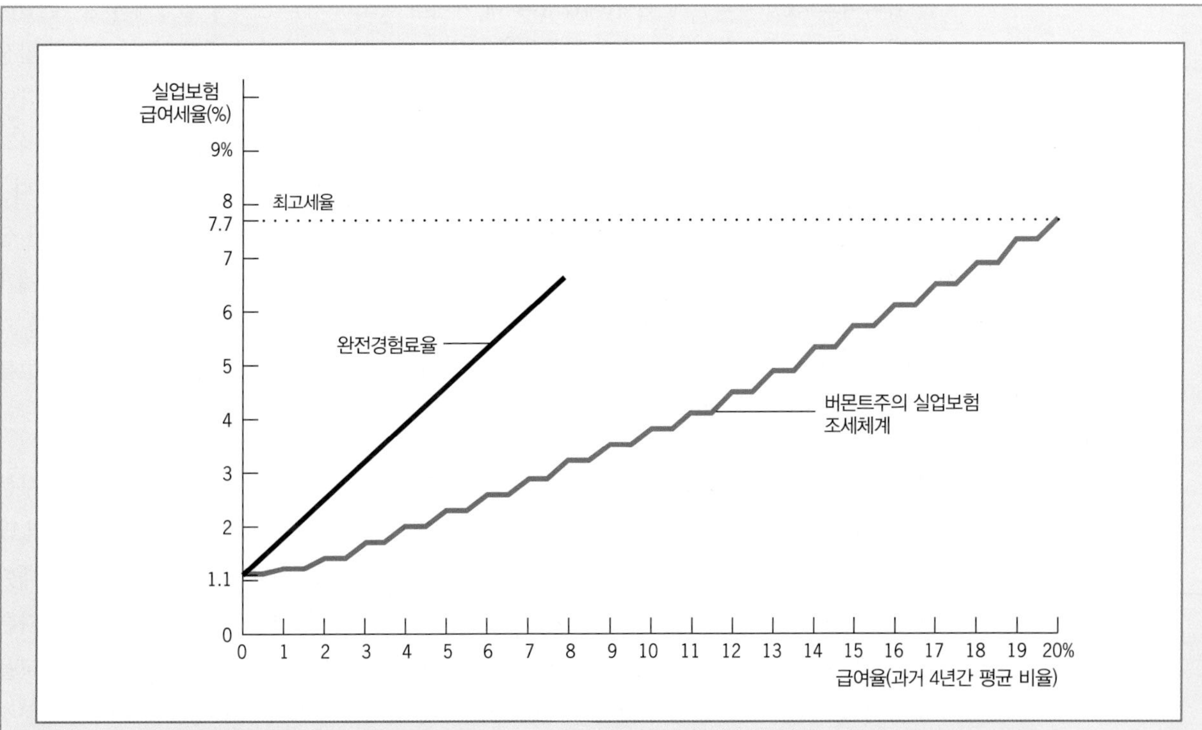

그림 14-8 **버몬트주의 경험료율 체계** 대부분의 주들과 마찬가지로 버몬트주의 고용주가 납부하는 실업보험의 세율은 과거 해고 실적이 많을수록 증가한다. 해고 실적은 회사의 총급여지불액에 대한 실업급여 지급액의 비율인 급여율로 측정된다. 그러나 이러한 증가율은 완전경험료율처럼 1 : 1로 증가하지는 않는다. 이에 따라 해고 실적(급여율)이 높은 고용주들이 상대적으로 보조를 받게 된다.

출처 : Vermont Department of Labor(2018).

급여액의 평균 10%가 실업급여로 지급되었음을 의미한다. 과거 해고 실적이 일정 수준을 초과하면 급여세는 증가하게 되며 기업의 급여율이 20% 이상이면 최대 7.7%의 급여세를 납부해야 한다.

부분경험료율 제도는 해고를 보조해주는가 그림에서 완전경험료율 제도는 원점으로부터 45도 선이 되고 이는 급여세가 실업급여 지급 실적에 따라 완전 비례적으로 증가하게 됨을 뜻한다. 완전경험료율 제도와 비교해볼 때 버몬트주의 제도에서는 해고 실적이 낮은 기업들의 부담이 상대적으로 커지고(45도 선 위) 해고 실적이 높은 기업들의 부담이 적어진다(45도 선 아래). 따라서 완전경험료율 제도에 비해 부분경험료율 제도는 해고율이 높은 기업들을 보조해주고 있다. 이것은 최고급여세율 제한에 의해 보다 잘 설명될 수 있다. 즉 기업이 최고급여세율에 도달하게 되면 추가 해고에 대한 조세비용이 더 이상 발생하지 않게 된다. 이처럼 완전경험료율 제도에 비해 해고율이 높은 기업들의 추가적인 해고를 보조해주고 있는 제도는 미국 각 주의 일반적인 현상이다.

이것이 왜 보조금인가? 근로자를 일시적으로 해고할 것인가에 대해 기업과 근로자가 함께 결정을 내리는 경우를 생각해보자. 이 경우 근로자는 일정 해직기간 이후 재고용을 (명시적으로든 암묵적으로든) 약속받게 된다(제12장의 내 아내의 숙모의 예). 근로자 입장에서 볼 때 일시적 해고는 부분적으로 임금을 받으면서 휴직을 하는 부분적 유급휴가인 셈이 된다. 기업의 입장에서는 일시적 해고의 득실은 경험료율의 적용 여부에 달려 있다. 만일 경험료율 제도가 없다면 기업은 근로자를 일시적으로 해고할 때 아무런 비용이 발생하지 않는다. 따라서 이 경우 일시적 해고는 근로자에게는 정부가 보조해주는 휴가가 되며 기업과 근로자 모두가 이득을 얻게 된다.

이를 완전경험료율의 경우와 대비해보자. 완전경험료율 제도하에서는 근로자에게 지급된 실업급여는 기업이 납부한 세금에 의해 정확히 상쇄되기 때문에 정부로부터 근로자 및 기업에게로의 순소득이전은 발생하지 않는다. 따라서 근로자가 유급휴가를 원한다면 기업이 급여를 지급해야만 한다. 기업이 근로자 해고로 인한 모든 비용을 감수해야 하기 때문에 정부가 해고를 보조해주는 일도 없어진다.

부분경험료율 제도의 해고에 대한 효과 앞의 '실증적 증거' 논의에서 보았듯이 주정부의 부분경험료율 적용의 정도가 적을 경우(즉 기업이 아닌 정부가 해고근로자에 대한 급여비용을 더 많이 부담할 경우), 기업의 해고는 늘어나게 될 것이다. 실제로 경험료율 구조의 해고 결정에 대한 효과에 관하여 여러 상세한 연구가 진행되어 왔다. 이 연구들은 경험료율의 적용 정도가 다른 주정부의 제도들을 비교 조사한 결과, 이론적 예측과 같이 부분경험료율 제도는 일시적 해고율을 증가시킨다는 것을 발견하였다. 이 연구들은 미국 전역의 일시적 해고 중 21~23%가 부분경험료율 제도에 기인하고 있다고 주장한다.[33]

---

33 Topel(1983); Anderson and Meyer(1993).

부분경험료율 제도의 '편익'

이처럼 부분경험료율 제도가 미국 노동시장 내의 해고자 수를 증가시킨다면 왜 많은 주들이 이러한 실업보험제도를 운영하고 있는 것일까? 그 이유는 이러한 도덕적 해이의 비용이 소비평탄화로 인한 편익에 의해 상쇄되기 때문이다. 완전경험료율 제도는 '기업의 경영 여건이 나쁠수록 더 큰 부담을 주게' 된다. 즉 기업이 (경영 악화로 인해) 많은 근로자들을 해고하게 되면 이로 인해 기업이 내는 세금도 크게 늘어나게 된다.

만약에 부분경험료율이 위험성은 높지만 고속성장을 하는 기업들을 보호할 수 있다면 이는 효율적이 될 수 있다. Van Doornik 외(2020)는 브라질의 무경력 등급 시스템이 안전한 기업에서 위험한 기업으로 재분배하는 역할을 하고 있다는 것을 보였다. 하지만 이러한 기업들이 다른 효율적인 경쟁기업에게 대체되어 곧 파산할 기업이라면 이 같은 시스템은 비효율적이 될 수 있다. 특히 부분경험료율 제도는 1년 중 일정 기간에만 근로자를 고용할 능력이 있는 계절적 기업들을 보조해주는 역할을 한다. 왜냐하면 이들 기업의 근로자들은 1년 중 남은 실업기간에는 실업급여를 받을 수 있으며 이 경우 기업에게는 아무런 한계비용이 발생하지 않기 때문이다. Anderson과 Meyer(2000)의 추계에 의하면 지난 4년 연속 워싱턴주에서 실업보험제도의 보조를 받은 기업들 중 1/8이 전체 실업급여 지출의 1/3을 가져간 것으로 나타났다.

kmsdesen/Shutterstock

응용사례

부분경험료율 제도의 '캐시 카우'

실제로 미국은 선진국 중 부분경험료율을 적용한 실업보험제도를 가지고 있는 유일한 국가이다. 대부분의 국가들은 기업의 실제 해고율과는 관계가 없는 고정률의 급여세를 토대로 실업보험제도를 운영하고 있다. 이러한 고정료율 제도는 실업보험제도를 매우 비효율적인 기업들을 보조해주는 '캐시 카우'로 만들어버릴 수 있다.

캐나다 실업보험제도는 근로자들은 10주만 일했어도 소득대체율이 60%나 되는 실업급여를 42주 동안 받을 수 있으며, 기업들은 아무런 추가비용을 부담하지 않는다. 이처럼 관대한 제도를 가상적인 예를 통해 평가해보자. 당신과 당신의 친구 4명이 1년 중 단지 10주만 일을 하고 나머지 기간에는 휴가를 즐길 수 있는 방안을 찾고 있다고 하자. 당신들 5명은 낚싯배를 공동구매하여 각자가 10주씩 총 50주 동안 고기를 잡는 방안을 강구 중에 있다고 하자. 이 낚싯배는 1년 동안 40,000달러어치의 고기를 잡을 수 있다고 하자. 따라서 각자는 매 10주 동안 8,000달러어치의 고기를 잡을 수 있으며 이 소득으로는 각자가 1년간 생활하기가 어렵다고 하자. 만일 실업보험제도가 없다면 당신들은 이 낚싯배를 구매하지 않을 것이며 이는 사회적으로 효율적인 결정이 된다. 왜냐하면 5명의 근로자가 1년 동안 단지 40,000달러어치의 재화를 생산하는 것은 비효율적인 것이기 때문이다.

그러나 캐나다의 실업보험제도하에서는 낚싯배를 구매하는 것이 보다 이득이 된다. 이 제도하에서는 당신과 당신 친구들은 각자 10주씩 총 50주 동안 일을 하고 정부에게는 10주 동안 주급 800달러를 받다가 해고를 당했다고 신고할 수 있으며 각자는 1년 중 나머지 기간에 실업급여로 총 20,160달러[신고소득(800달러)의 60% × 42주]를 받게 될 것이다. 따라서 5명이 받게 되는 실업급여소득은 20,160달러 × 5 = 100,800달러가 된다. 여기에 고기잡이로 인한 40,000달러의 소득을 합치면 총소득은 140,800달러가 된다. 즉 당신들 각자는 1년 중 10주 동안만 일을 하고도 28,160달러의 연소득을 받게 된다. 이러한 여건하에서는 낚싯배를 구매하는 것이 훨씬 이득이 된다.

위의 예는 부분경험료율 제도가 비효율적인 기업들을 보조한다는 근본적인 문제점을 잘 보여주고 있다. 실업보험제도가 없었다면 당신들 5명으로 구성된 기업은 경제적으로 살아남을 수 없을 것이다. 왜냐하면 각 종업원에게 임금으로 연 8,000달러만 줄 수 있기 때문이다. 그러나 부분경험료율 제도를 이용하면 각 종업원들은 연 28,160달러의 소득을 받을 수 있기 때문에 이 기업은 계속 생존할 수 있게 된다. 따라서 캐나다의 실업보험제도는 실제 실업위험에 대비한 보험을 제공할 뿐 아니라 정부가 비효율적인 기업들과 이들 기업의 해고근로자들에게 막대한 소득이전을 해주는 제도이다. ■

근로자 상해보상제도와 기업

근로자 상해보상제도에서도 이와 동일한 문제가 발생한다. 실업보험의 부분경험료율 제도는 정부가 기업 및 근로자에게 여가를 지원해준다는 점을 악용하여 근로자 해고를 증가시킬 유인을 제공한다. 근로자 상해보상제도가 완전경험료율 제도가 아니라면 기업 및 근로자의 '상해 발생'을 증가시킬 수 있다. 이 밖에도 다른 추가적인 문제가 있다. 상해 발생에 대해 무과실보험이 적용된다면, 기업은 산업안전을 위한 투자를 줄일 유인을 갖게 된다. 과거에 상해 발생이 기업 소송으로 이어질 때에는 기업은 작업환경을 보다 안전하게 만듦으로써 상해 발생 시의 소송비용을 줄여야 했다. 하지만 현재의 부분경험료율의 적용을 받는 기업들은 작업장을 보다 안전하게 만들더라도 그 절약효과는 상대적으로 줄어들게 되었다. 왜냐하면 근로자에게 상해가 발생하더라도 상해보상에 대한 기업의 비용 부담이 상대적으로 줄어들었기 때문이다. 따라서 무과실 근로자 상해보상제도는 작업환경의 안전도를 낮춤으로써 추가적인 기업의 도덕적 해이 문제를 발생시키게 된다.

Krueger(1991)의 연구는 근로자 상해보상제도의 경험료율 제도가 매우 중요한 역할을 할 수 있음을 보여주었다. 그는 상해보상비용을 직접 부담하는 기업들과 부분경험료율이 적용된 상해보상보험을 구매한 기업들의 근로자 상해지속기간을 비교해보았다. 상해보상비용을 직접 부담하는 기업들은 상해 발생 빈도가 높을수록 지불해야 할 보상비용도 함께 증가하게 되므로 완전경험료율의 적용을 받는 경우와 동일하다. Krueger는 각 상해 유형별로 직접부담 기업의 근로자들이 부분경험료율 제도에 가입한 기업의 근로자들보다 업무복귀기간이 빠르다는 것을 발견하였다. 더욱이 직접부담 기업의 경우 상해보상급여가 증가하더라도 상해지속기간이 별로 늘어나지 않는다는 것을 발견하였다. 이러한 결과는 경험료율의 적용 정도가 높은 기업일수록 근로자의 상해지속기간을 보다 엄격하게 감시한다는 것을 시사해준다.

14.5 제도 개혁에 대한 시사점

이 장에서는 미국의 가장 중요한 세 가지 사회보험제도의 비용과 혜택에 대해 많은 실증적 증거들을 살펴보았다. 이러한 실증적 증거 및 제12장의 이론적 논의를 토대로 제도 개혁에 대한 교훈을 도출해보면 다음과 같다.

급여 수준의 관대성

보험급여의 적정 수준은 도덕적 해이와 소비평탄화 혜택 사이의 상충성을 반영하여 결정되어야 할 것이다. 앞에서 살펴본 세 가지 보험제도의 심각한 도덕적 해이 문제로 인해 소득대체율은 100%보다 낮아야 할 것이다. 또한 많은 연구들이 (실업기간 또는 상해지속기간의 장기화 등) 부정적인 행태 변화가 근로자 상해보상제도에서 가장 심각하고 실업보험에서도 큰 반면 장애보험에서는 작다는 것을 보였다. 이와 동시에 소비평탄화 혜택은 장애보험에서 가장 크며 실업보험 및 근로자 상해보상제도에서는 단지 부분적이다. 이를 종합해보면 장애보험의 급여 수준이 가장 높아야 하고 다음으로 실업급여 및 상해보상급여의 순서가 되어야 할 것이다.

그러나 표 14-2에 나타나 있듯이 실제로는 근로자 상해보상제도의 급여 수준이 가장 관대하다. 이는 앞의 논의와는 상반된 결과이다.

표적화

'실증적 증거' 및 제12장의 논의에서 제기된 또 다른 이슈는 이들 제도들이 소비평탄화 혜택이 가장 크고 도덕적 해이 문제가 가장 적은 사람들을 보다 잘 표적화해야 한다는 것이다. 고용주로부터 복직에 대한 암묵적인 약속을 받고 규칙적으로 일시적 실업을 하는 사람들을 생각해보자. 이들의 해고는 규칙적이고 예측 가능하기에 스스로 소비평탄화를 위한 자가보험 능력을 갖출 수 있다. 따라서 실업보험에 의한 소비평탄화 효과는 거의 없을 것이다. 더욱이 실증분석 결과에 의하면 이들은 실업급여 수준의 변화에 가장 민감하게 반응하는 사람들이다. 이들에게는 높은 실업급여의 비용이 편익을 초과하게 될 것이다. 따라서 실업급여 대상에서 항구적인 해고를 당한 사람들을 보다 잘 표적화한다면 제도의 효율성이 향상될 수 있을 것이다.

장애보험 및 근로자 상해보상제도의 경우에도 상해 및 장애의 유형에 따라 표적화가 가능할 것이다. 어떤 장애나 상해들은 진단하기가 용이하므로 도덕적 해이의 문제를 최소화할 수 있다. 시력 상실이나 마비, 열상 또는 수족 절단 등의 경우에는 사회보험제도의 관대성에 따른 부정적인 행태 변화의 소지가 거의 없을 것이다. 원칙적으로는 검증이 쉽고 보다 확실한 장애나 상해를 입은 사람들에게 보다 높은 급여를 지급해줄 수 있도록 제도를 재정비해야 할 것이다. 왜냐하면 이러한 사람들에게는 소비평탄화의 편익이 도덕적 해이의 비용을 능가하게 될 것이기 때문이다. 실제로 앞서 언급했듯이, 이것은 다른 국가들과 마찬가지로 네덜란드에 있는 시스템 유형이다. French와 Song(2014), Borghans 외(2014)는 장애보험의 도덕적 해이 효과가 청년(French와 Song)이거나 장애도가 약한(Borghans 외) 근로자에게는 더 작다는 것을 발견했다. 더욱이, Meyer와 Mok(2018)는 더 심각한 장애를 가진 사람들의 경우 소비가 더 크게 감소하는 것을 발견했다. 그러나 이를 실제로 적용하려면 장애 유형을 재분류해야 하는 어려운 문제가 발생하게 된다.[34]

근로자의 자가보험?

이들 세 가지 사회보험제도에 대한 보다 급진적인 개혁 방안은 근로자로 하여금 역경에 대비하여 자가보험을 마련하도록 하는 방안일 것이다. 예를 들어 정부는 강제적인 근로자 상해보상제도와 급여세를 폐지하고 대신 근로자들이 '사회보험 개인 저축계좌'에 일정액을 기여하도록 의무화할 수 있다. 만일 근로자들이 역경에 처하게 되어 사회보험 수급자격이 발생하면 이 저축계좌에서 돈을 찾을 수 있으며 계좌한도를 초과할 때에는 정부가 대출해주게 된다. 만일 근로자들의 은퇴 시점에서 이 저축계좌에 잔고가 남아 있으면 근로자들은 이를 은퇴 후 소비를 위해 사용할 수 있다.

실업보험의 근로자 자가보험제도는 일종의 민영화된 사회보장연금제도와 유사한 역할을 하며, 동일한 장단점을 지니고 있다. 한 가지 중요한 장점은 실업보험 및 근로자 상해보상제도의 도덕적 해이 효과가 사회보장연금제도에 비해 명백히 크고, 정부의 보험 제공에 따른 소비평탄화 효과는 훨씬 작다는 점이다. 이 경우 실업자나 상해근로자들이 자기 자신의 저축계좌를 통해 소득을 보전할 수 있도록 하면 도덕적 해이의 문제를 최소화할 수 있을 것이다. Feldstein과 Altman(2007)은 실업보험 급여세 4%를 이러한 저축계좌에 투자하면 모든 근로자의 실업비용을 충족시킬 수 있을 것이라고 결론 내렸다. 그러나 이러한 자가보험제도의 단점은 취업자로부터 실업자에게로의 소득재분배를 도모할 수 없다는 데 있다.

응용사례

실업보험의 현대화

실업보험은 1935년에 도입되었지만, 수십 년 동안 거의 변하지 않았다. 코로나19 위기 동안 실업보험 청구가 폭발적으로 증가하면서 실업보험제도의 다양한 근본적인 약점이 표출되었고, 이에 실업보험제도를 현대화하는 방식에 대한 광범위한 토론이 이루어졌다.

그림 14-9는 2019년 9월부터 2020년 말까지의 주별 실업보험 신청 건수를 보여준다. 2020년 3월 21일에 나타난 신청 건수의 급등은 역사적으로 유례가 없는 수준이었다. 사례 비교를 위해서, 2007~2009년 경제불황의 절정기였던 11년 전 같은 기간 동안의 실업보험 신청 건수도 함께 제시하였다. 2020년 4월 4일 600만 건 이상으로 신청 건수가 최고점을 찍었는데, 이는 2009년 1

34 단기와 장기 상해를 구분하는 상해보험의 자세한 개혁 방안에 대해서는 Autor와 Duggan(2010)을 참조하라.

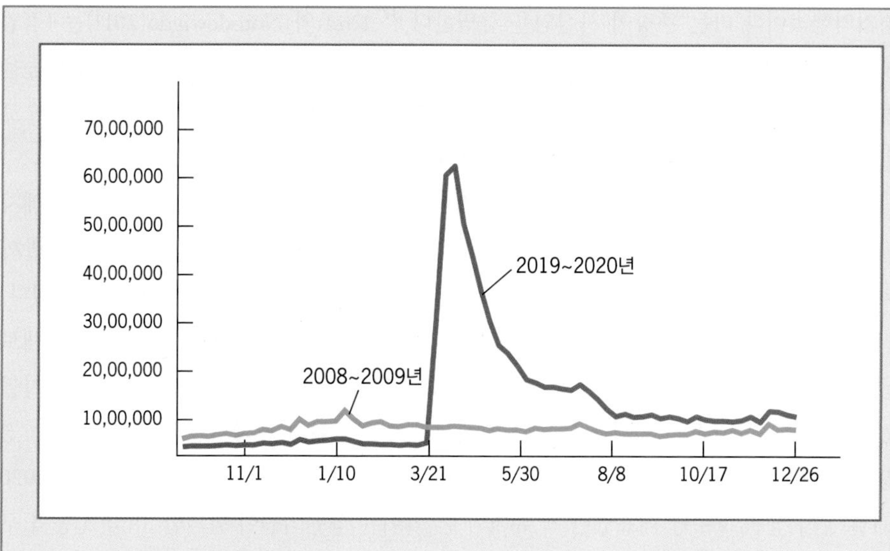

그림 14-9 2020년 실업보험 적용 방안 이 수치는 2019년 9월부터 2020년 말까지 주간 실업보험 신청자 수(빨간색)를 나타내며, 비교를 위해서 2008년 9월부터 2009년 말까지 동일한 수(녹색)를 표시하였다.

출처 : https://oui.doleta.gov/unemploy/claims.asp

월 10일 정점의 6배 이상이며, 2020년 3월 21~28일 사이에 290만 건에서 600만 건으로 급증한 증가폭은 2009년 초에 나타난 신청 건수 증가폭의 거의 12배에 육박한다.

서두에 논의한 바와 같이, 실업보험제도 수급자 수가 급격히 증가한 중요한 요인은 CARES 법안으로 인한 제도의 확대에 있으며, 이 법안은 실업급여 지급기간의 연장, 자영업자 및 계약직 종사자와 같은 직업그룹까지 수급 대상을 확대, 일반적인 실업급여액에 더하여 추가적으로 주당 600달러의 보너스를 지급하는 내용을 포함하고 있다. 이 제도의 도입효과에 관한 초기 연구들은 해당 제도가 심각한 도덕적 해이를 유발하지 않은 채 전염병으로 인한 실업자들에게 중요한 경제적 지원을 제공하는 역할을 했음을 주장했다.

경제가 붕괴하는 와중에 실업보험의 전국적인 확대가 나타났을 때, 실업보험 확대로 인한 소비평탄화의 효과를 측정하는 것은 매우 어렵다. 그럼에도 빈곤율을 살펴보면 후생에 미친 영향을 대략적으로 평가해볼 수 있다. 앞서 언급한 바와 같이 Han 외(2020)의 연구진은 코로나 기간 동안 정책의 효과로 빈곤이 상당히 감소했음을 발견했다.

이와 동시에 다른 연구들은 실업보험의 혜택이 확대된다고 해서 개인이 취업에 대한 노력을 게을리한다는 근거는 없다고 밝혔다. 한 연구에서는 실업급여를 받고 있는 실업자들이 실업급여가 종료된 사람들보다 이력서를 작성하거나 기업정보를 수집하는 등 취업을 위한 노력을 더 많이 한다는 것을 보였다.[35] 그리고 또 다른 연구들은 정액급여를 받으며 실업보험 혜택이 가장 크게 증가한 근로자들이 보조금을 받기 시작하였을 때 고용이 크게 감소하거나 혹은 보조금이 종료되었을 때 고용이 크게 증가하지 않았음을 보였다.[36]

이러한 연구 결과들은 실업보험에 관한 문헌에서 수년 동안 제기되어 온 주장인 '제도의 관대

35 Faberman and Ismail(2020).

36 Scott and Finamor(2020); Dube(2021).

함은 경기역행적이다'라는 주장이 사실임을 증명한다.[37] Kroft와 Notodowigdo(2011)는 (직업탐색을 하지 않는 사람이 직업탐색을 하더라도 취업을 하지 못할 것이기 때문에) 실업률이 높을 때 실업보험의 도덕적 해이가 더 감소함을 보였다. 그리고 East와 Kuka(2014)는 실업보험으로 인한 소비평탄화의 편익이 다른 때보다 불황의 시기에 훨씬 증가한다는 것을 보였다.

실업보험의 지급기간은 일반적으로 경기역행적이지만, 실업급여액에 격차를 두어서 수혜자들을 불확실하게 만드는 의회의 재량적인 조치를 통해서만 변화한다. 예를 들어, 2020년 말까지 약 400만 명의 근로자들은 CARES 법안으로 인해 받는 주간 실업급여 혜택이 종료되었다. 연방실업급여는 12월 27일 연장됐지만, 입법 통과가 지연된 이후에도 연방 및 주정부가 새로운 지급금을 분배하는 작업에 시간이 걸리기 때문에 수혜자들은 여전히 시행 단계에서 시차를 겪고 있다.[38] 보다 합리적인 체계를 만들기 위해서는 실업보험의 지급기간과 수혜 규모를 경제 상황과 체계적으로 연계할 필요가 있다. 이 같은 '트리거링(triggering)' 정책의 예로는 2020년 7월 1일 당시 상원 소수당 대표였던 척 슈머와 론 와이든 상원의원이 발의한 '미국 노동력 구조법'이 있다. 실업률이 높은 와중에도 실업보험 확대개편에 매달리는 것이 아니라, 필요에 따라 실업급여 혜택을 보전할 수 있는 '자동안정화 장치'를 설정하는 것이다. 예를 들어, 실업자들이 3개월 평균 실업률이 11% 이하로 떨어질 때까지 주당 600달러의 실업급여를 받고, 실업률이 6% 이하로 떨어질 때까지는 실업률이 1% 감소할 때마다 급여를 100달러씩 감소시키는 방안을 채택하는 것이다.[39]

코로나 사태는 경기역행적인 복지 체계를 만드는 것 외에도 실업보험제도에 수많은 결함이 있음을 보여주였다. 한 가지 명백한 결함은 모든 수혜자의 혜택을 균등하게 증가시키는 것은 최적이 아닐 수도 있다는 것이다. 위기 상황(예를 들어, 전염병)은 예외이지만, 수많은 근로자의 소득대체율을 100% 이상으로 만드는 제도는 최적이 아니다. 그러나 그렇게 하지 않은 고정급여는 근로자에게 도움이 되지 않는다. 따라서 경제 상황에 따라 소득대체율을 높이는 것이 훨씬 더 합리적일 수 있다.

그렇다면 의회는 왜 고정급여를 선택했을까? 이는 기존의 실업보험제도가 너무 오래전에 만들어진 제도라서 현재의 매우 복잡한 방안들을 수행할 수 없기 때문이다. 대공황 시기에 고작 25달러 급여를 증가하였는데, 대부분의 주에서는 이 제도를 구성하는 데에도 몇 주가 걸렸다.[40] 아직도 많은 주에서 실업보험 시스템은 1959년에 만들어진 프로그래밍 언어인 코볼(COBOL)로 프로그래밍되어 있다. 2020년 봄, 대다수의 주에서는 실업보험 신청 건수가 홍수처럼 불어나 혼란이 일어났지만, 코볼을 다룰 수 있으며 신규 신청자를 접수할 수 있도록 시스템을 고칠 수 있는 프로그래머가 부족하였다. 이렇게 시스템이 시대착오적인 이유 중 하나는 국가의 실업보험 주관기관이 기술인프라를 확충할 수 있는 자금이 부족했기 때문이다. 1990년대

37 최적의 UI 혜택 모델에 순환성을 도입하는 방법에 대한 공식화는 Landais 외(2018)를 참조하라.

38 Stewart(2020).

39 Schumer(2020).

40 U.S. Department of Labor(2020c).

중반 이후 이러한 지출에 대한 연방정부의 기금이 30% 감소했기 때문에 주정부들은 현대화는 고사하고 노후화된 실업보험 시스템을 유지하기 위해 고군분투해왔다.[41] 그러므로 실업보험제도 현대화의 핵심으로 경제 상황 변화에 대응하여 실업보험 시스템을 보다 유연하게 설계할 수 있도록 제도적 인프라에 투자하는 것이 필요하다.

일반적으로 실업보험제도에서 제외되는 사람들을 지원하는 PUA 제도의 필요성은 고용의 사각지대가 증가하는 경제사회에서 실업보험제도의 단점을 더욱 부각시킨다. 2018년 설문조사에 따르면 현재 노동력의 36% 이상이 프리랜서 또는 '임시직 근로자'로 구성되어 있다고 추정했다.[42] 이 같은 영역은 프리랜서 작업을 수월하게 하는 온라인 플랫폼의 사용이 증가함에 따라서 더욱 가속화되었으며, 이러한 직업의 유연한 특성으로 인해 코로나19 유행 동안 개인들에게도 인기 있는 주 수입원 혹은 부수입원이 되었다. PUA 제도는 실업보험에서 제외된 사람들을 편입하는 매우 단순한 접근 방식이었지만, PUA의 성급한 시행은 연방정부와 주정부의 기록 상 수혜자 수에 커다란 차이가 나타나는 등의 제도적 오류를 드러냈다. 예를 들어, 노동부는 거의 700만 명의 캘리포니아 주민들이 PUA 혜택을 받았다고 보고한 반면, 주정부 자체 집계에 따르면 그 숫자는 200만 명 미만이라고 보고하였다.[43] 이러한 오류는 부분적으로는 도난당한 신분증을 도용한 사람들이 제출했던 청구서 때문일 수도 있다.

현대 노동력을 위해서 실업보험을 발전시키려면 더 정교한 접근 방식이 필요하다. 한 가지 대안으로는 앞서 논의한 것처럼 근로자 자가보험의 형태로 유형을 전환하는 것이다. 또 다른 대안은 임시직 근로자의 경우 별도의 실업계좌를 만들어 그들의 소득에 의거하여 고용주가 해당 계좌에 급여를 적립하도록 하는 것이다. 어떤 경우든, 노동자들을 위해 전통적인 경제체제에서보다 더욱 유연한 조항이 필요하다.

마지막으로, 우리는 실업자의 소득대체율에 집중하는 편협한 시각에서 벗어나 실업보험제도를 확대할 수 있는 방안을 탐구해야 한다. 대부분의 유럽 국가들은 그들만의 실업보험제도와 적극적인 구인 지원 및 매칭서비스를 연계하고 있으며, 이는 취업알선을 상당히 개선하고 있는 것으로 추정된다.[44] 네바다주는 2009년에 실업보험 수혜자 표본을 무작위 추출하여 개인 맞춤형 직업상담 서비스를 실험적으로 시행하였는데, 그 결과 이 같은 서비스가 단기적으로는 실업보험 신청을 감소시켰으며, 장기적으로는 고용과 임금까지 증가시킴을 알 수 있었다.[45]

또 다른 잠재적인 개혁 방안은 단기적으로 실업보험이 실업으로 인한 소득손실을 대체할 수 있지만, 장기적으로는 소득이 크게 감소한 상당수의 실업자들에게는 크게 도움이 되지 않는다는 사실에 초점을 맞춰보는 것이다. 평균적으로 경제적인 이유(기업 폐쇄 등)로 실직한 정규직 근로자가 재취업 시 받는 소득 수준은 실직하지 않은 근로자에 비해 17% 정도 낮은 것으로 나타난다(Farber, 2005). 이로 인한 생애소득의 감소는 26주간 일시적으로 상실한 소득가치에 비

41 Botella(2020).
42 McCue(2018).
43 Casselman(2020).
44 Cheung et al.(2019).
45 Manoli et al.(2018).

해 훨씬 더 클 것이다. 그럼에도 이 같은 소득 감소에 대응하는 사회보험은 존재하지 않는다. Kling(2006)은 부분적인 재취업소득보험제도를 이용하여 실업보험을 보완할 것을 제안하였는데, 이 제도는 이전 시급과 새로운 시급 간의 차액의 25%에 해당하는 금액을 정부가 제공하는 방식으로 이루어진다. 지급기간(최대 6년)은 실직 전 2년 동안 근무한 시간에 따라 결정된다. 임금차이의 25%만을 대체해주기 때문에 근로자들은 임금 수준이 높은 새 직장을 찾기 위해 계속 노력하게 될 것이다. 실제로 캐나다에서 이와 유사한 형태의 제도를 실험적으로 시행해보았는데 근로자의 구직노력이나 근로행태에 부정적인 영향을 주지 않으면서도 임금 감소에 대해 상당한 보험효과를 제공하는 것으로 나타났다. ■

14.6 결론

이 장에서 살펴본 세 가지 사회보험제도(실업보험, 장애보험 및 근로자 상해보상제도)는 제12장에서 배운 사회보험의 기본 원리에 대한 좋은 사례를 제공해주고 있다. 각 제도가 제공하는 소비평탄화의 가치는 매우 클 것이다. 그러나 이러한 보험제도를 제공하는 데 있어서는 상당한 도덕적 해이의 비용이 발생하게 된다. 이러한 도덕적 해이로 인해 사회보험의 수준은 완전보험 수준보다 낮아야 한다. 이 제도들에 대한 많은 실증적 분석 결과는 향후 정책입안자들이 개혁 방안을 마련하는 데 참고가 될 수 있을 것이다.

요약

- 실업보험(UI)은 실직 후 구직노력을 하고 있는 근로자들에게 26주간의 실업급여를 제공한다.
- 장애보험(DI)은 장애로 인해 근로가 불가능한 근로자들에게 사회보장연금 수준의 급여를 제공한다.
- 근로자 상해보상제도(WC)는 관대한 현금급여와 함께, 근무 중 상해를 입은 근로자에게 의료보험을 제공한다.
- 실업보험은 다른 형태의 자가보험을 상당 정도 구축하기 때문에 실업보험으로 인한 소비평탄화 효과는 부분적이다. 장애보험과 근로자 상해보상제도의 소비평탄화 효과에 대해서는 충분한 연구가 없어 결론을 내리기가 어렵다.
- 실증적 분석 결과에 의하면 실업보험의 도덕적 해이 비용은 크며 실업급여에 대한 실업기간의 탄력성은 0.8(실업급여 10% 증가 시 실업기간은 8%씩 증가)이다.
- 비록 실업보험보다는 작지만 장애보험에도 도덕적 해이의 문제가 있으며 장애급여가 10% 증가할 경우 노동시장 탈퇴율은 3~5%가 증가한다.
- 상해보상제도의 도덕적 해이 효과는 가장 심각하며 상해보상급여가 10% 증가할 경우 근무 중 상해의 신고확률은 7%가 증가하고 상해지속기간은 17%가 늘어난다.
- 실업보험과 근로자 상해보상제도의 부분경험료율 제도는 해고율과 상해로 인한 휴직기간을 증가시키는 것으로 나타난다.
- 실증적 증거들에 의하면 근로자 상해보상제도의 급여 수준은 너무 관대한 반면 장애보험의 급여 수준은 미흡한 것으로 보인다. 또한 사회보험제도들은 장기 실업자나 심각한 장애를 입은 사람들을 표적화해야 할 것이며, 기업들에게는 근로자에 대한 사회보험급여 제공에 있어 보다 완전한 경험료율 제도를 적용해야 할 것이다.

연습문제

1. 실업보험의 경우 과거 근로자 해고율이 높았던 기업들의 급여세율이 증가하는 부분경험료율 제도를 적용하고 있다. 이처럼 급여세율을 기업의 해고 실적의 함수로 책정하는 이론적인 근거는 무엇인가?

2. 실업보험의 최대급여 수준의 인상이 고소득 근로자들의 저축률에 미치는 효과를 설명해보라. 이러한 정책의 소비평탄화 효과는 얼마나 클 것인가? 최대급여 수준을 인상할 경우 다른 잠재적 혜택이 있는가?

3. **e** 상해보상급여는 상해 유형별 및 각 주별로 상이하다. 상해보상급여의 관대성에 대한 상해 발생의 탄력성을 추정하려 한다면 이러한 정보를 어떻게 이용하겠는가?

4. 경제협력개발기구(OECD)는 OECD 국가의 조세와 복지 기준이 근로자의 실업과 고용 사이의 이행 시에 근로자의 순소득에 어떤 영향을 미치는지 추정하기 위해 조세-복지 모형을 만들었다. 현재 OECD 조세-복지 자료 포털은 https://www.oecd.org/els/soc/benefits-and-wages/data/에서 찾을 수 있으며, '실업의 순대체율'을 클릭하라. 웹 데이터는 현재 https://stats.oecd.org/Index.aspx?DataSetCode=NRR에서 찾을 수 있다.
   a. '실업의 순대체율'과 '실업급여의 총대체율 이력'이라는 두 개의 데이터 시리즈를 보라. 순대체율(NRR)과 총대체율(GRR)의 두 가지 유사한 통계 간의 차이점을 이해하려면 정보 탭의 설명을 읽어보라. 실직한 개인이 노동시장에 재진입할지 여부를 결정할 때 일반적으로 고려하는 가장 관련성이 높은 요인을 포착하는 데 두 가지 지표 중 어느 것이 더 잘 작동한다고 생각하는가?
   b. 실업 순대체율(NRR)의 경우 2001년과 2019년의 NRR을 비교하라. 직전 근로소득이 평균임금이며 2개월 동안 실직한 자녀가 없는 독신자를 고려하고, 해당 계산에서 사회부조 및 주택수당을 포함하라. 이 독신자를 부부 중 한 사람이 실직한 두 자녀를 둔 부부와 대조해보라. 2001년과 2019년 사이에 개인의 NRR이 가장 많이 감소한 세 국가는 어디인가? 부부의 경우는 어떠한가? 가장 많이 증가한 세 국가는 어디인가? 복지 수준이 1인 가구와 가족 단위 가구에서 유사한 흐름으로 나타나는가?

5. 실업보험의 소비평탄화 효과에 대한 실증적 증거들에 의하면 실업보험은 실업으로 인한 소득 상실에 대비하기 위한 노력에 평균적으로 어떠한 영향을 주는가?

6. **e** Meyer(1989)는 실업급여가 실업기간에 미치는 효과에 대해 분석하였다. 이 연구에서는 경기침체기에 실업급여와 실업기간이 함께 증가할 가능성을 어떻게 처리하였는가?

7. Gruber(2000)는 장애급여에 대한 노동공급의 탄력성은 실업급여에 대한 실업기간의 탄력성에 비해 상당히 작다는 것을 발견하였다. 왜 장애보험이 실업보험에 비해 도덕적 해이가 별로 문제가 되지 않는가?

8. 정부는 전형적으로 장애보험과 실업보험을 직접 제공한다. 반면에 정부는 상해보상제도를 직접 제공하지 않고 기업으로 하여금 근로자들을 상해보상보험에 가입시키도록 의무화하고 있다. 왜 이런 차이를 두는가? 왜 정부는 근로자 상해보상제도를 직접 제공하지 않는가?

9. 버몬트주는 지난 2004년 5월 근로자 상해보상제도를 개혁하였다. 이 개혁의 한 가지 중요한 특징은 상해보상급여 신청의 접수 시한을 단축한 것이다. 이러한 개혁이 근로자 상해보상제도에 대한 사기행위를 줄이는 데 도움이 될 수 있는가? 설명해보라.

10. 도플갱어 상원의원은 장애급여의 신청 및 수급이 보다 용이해지도록 제도를 개선하는 방안을 제안하였다. 이

e 기호는 학생들이 제3장과 '실증적 증거' 코너에서 공부한 실증적 경제 원리를 적용해야 하는 문제임을 의미한다.

로 인해 장애급여 신청률은 어떻게 되겠는가? 또한 실업신고율은 어떻게 되겠는가?

11. 실업급여는 소득세 대상이지만 보유세나 급여세 대상은 아니다. 만일 어떤 근로자가 급여의 7.65%를 급여세로 내고 평균 10%의 소득세를 내고 있는데 실직했으며 전주 주급의 60%를 실업급여로 받을 자격이 있다고 가정하자.
   a. 이 근로자는 집으로 가져가는 임금의 어느 정도를 실업보험급여로 받게 되겠는가?
   b. 실업보험급여에 대해 세금을 내게 하는 것이 수급자에게 소득 평탄화를 제공하는 능력에 어떤 영향을 미치는가?

심화 연습문제

12. 사람들은 예방하기 쉬운 근무 중 상해가 발생한 후에 이전의 소비 수준을 유지하기가 쉬운가, 아니면 예방이 어려운 상해가 발생한 후 이전 소비 수준을 유지하기가 쉬운가? 설명해보라.

13. e 실업기간에 대한 실증적 증거들은 실업을 빨리 탈출한 근로자들의 재취업 후 임금 수준이 실업을 늦게 탈출한 근로자들에 비해 높지 않다는 것을 보여주고 있다. 이 결과는 실업기간이 길어지더라도 일-사람 매치의 질은 향상되지 않는다는 증거로 해석될 수 있다.
   a. 이러한 해석이 실업보험의 도덕적 해이 비용에 대해 갖는 함의는 무엇인가?
   b. 이러한 증거에 대한 또 다른 해석은 실업기간이 긴 근로자들이 실업기간이 짧았던 근로자들에 비해 질적 수준이 낮다는 것이다. 이러한 해석과 문제 (a)의 해석을 어떻게 실증적으로 구별해낼 수 있겠는가?

14. 코로나19 대유행 기간 동안 미국 실업보험제도에 적용된 변경 사항이 대유행 이전과 비교해볼 때, 소비평탄화 혜택을 증가시켰는가 혹은 감소시켰는가?

15. 만일 당신이 현재 실직 후 26주 동안 근로자 임금의 약 45%를 대체해주고 있는 실업보험제도를 재검토해달라는 정부의 요청을 받았다고 하자. 실업보험제도에 대한 두 가지 개혁 방안을 생각해보자. 첫째는 기업들로 하여금 근로자가 받는 실업급여에 상응한 세금을 내도록 완전경험료율 제도를 적용하는 방안이다(급여 수준은 임금의 45%로 유지된다). 두 번째 개혁 방안은 정부가 실업자에게 임금의 45%를 대출해주고 재취업 후 이를 상환하게 하는 개인에 대한 완전경험료율 제도이다.
   a. 이 두 가지 대안의 실업기간에 대한 효과 및 해고율에 대한 효과를 대비해보라.
   b. 이 두 가지 대안의 소비평탄화 효과는 얼마인가?

부록 제14장

James Andrews/iStock/Getty Images

준실험분석

본문에서 논의한 바와 같이 Meyer는 실업급여의 실업기간에 대한 효과를 분석하기 위해 2개의 비교대상그룹(다른 주의 고소득 근로자 및 같은 주의 저소득 근로자)을 고려하였다. 본문에서는 두 비교대상그룹을 이용해서 어떻게 두 가지의 이중차감 추정치를 계산하는지 설명하였다. 부록에서는 어떻게 하면 이 두 가지 추정치를 결합하여 실업급여의 실업기간에 대한 효과를 보다 확실하게 보여줄 수 있는 '삼중차감' 추정치를 구할 수 있는지를 설명한다.

두 가지 이중차감 추정치의 산출 추정치를 정의하기 위해서 실업기간에 대한 여덟 가지의 척도가 필요하며, 이를 DUR(*e*, *s*, *p*)라고 정의하기로 하자.

*e*는 각 그룹의 근로소득 수준을 의미한다. *H*는 실업급여 수준이 변동된 분석집단 내의 고소득 근로자(주당 800달러 이상 소득자)이며, *L*은 실업급여의 변동이 없는 비교집단 내의 저소득 근로자이다.

*s*는 각 집단이 거주하고 있는 주를 의미한다. *T*는 실업급여 수준이 변동된 분석대상 지역(뉴저지주)이며, *C*는 실업급여 변동이 없는 비교대상 지역(펜실베이니아주)이다.

*p*는 시간을 의미한다. *B*는 실업급여가 변동하기 이전이며, *A*는 실업급여가 변동한 이후이다. 따라서 DUR(*H*, *T*, *B*)은 실업급여가 바뀌기 전 분석대상 지역(뉴저지주)에 거주하는 고소득 근로자의 실업기간이 된다.

본문에서 설명한 것처럼 우리는 두 가지 이중차감 추정치를 구할 수 있다. 첫 번째 추정치는 분석대상 지역과 비교대상 지역의 고소득 근로자들의 (정책 변화 이전 및 이후의) 실업기간 변화를 비교한 것이다.

$$\text{DD1} = [\text{DUR}(H, T, A) - \text{DUR}(H, T, B)] - [\text{DUR}(H, C, A) - \text{DUR}(H, C, B)]$$

이 추정치는 경기침체와 같은 다른 시계열적 변화요인들이 두 지역에 동일한 영향을 준다는 가정하에서 실업급여 증가의 실업기간에 대한 효과를 추정한 것이다. 위 식에서 첫 번째 항은 실업급여 증가 및 경기침체의 효과를 측정한 것이며, 두 번째 항은 경기침체의 효과만을 추정한 것이다. 따라서 이 두 항의 차이는 실업급여 증가의 효과가 된다.

두 번째 이중차감 추정치는 분석대상 지역 내의 고소득 근로자와 저소득 근로자의 (정책 변화 이전 및 이후의) 실업기간 변화를 비교한 것이다.

$$\text{DD2} = [\text{DUR}(H,\ T,\ A) - \text{DUR}(H,\ T,\ B)] - [\text{DUR}(L,\ T,\ A) - \text{DUR}(L,\ T,\ B)]$$

DD2는 경기침체가 분석대상 지역 내의 H 및 L그룹의 근로자들에게 동일한 영향을 준다는 가정하에 실업급여 증가가 실업기간에 미치는 효과를 추정한 것이다. 첫 번째 항은 실업급여 증가 및 경기침체효과를 추정한 것이며, 두 번째 항은 경기침체효과만을 추정한 것이다. 따라서 이 두 항의 차이는 실업급여 증가의 효과가 된다.

그러나 이 두 가지 가정이 모두 틀렸을 수도 있다. 만일 경기침체가 비교대상 지역보다 분석대상 지역에서 더 극심하였다면, DD1은 실업급여 증가의 실업기간에 대한 영향뿐 아니라 경기침체의 효과도 부분적으로 반영하게 된다. 또한 경기침체가 고소득 근로자보다 저소득 근로자에게 더 악영향을 끼쳤다면, DD2는 실업급여 증가의 효과와 함께 부분적으로 경기침체효과를 반영하게 된다.

삼중차감 추정치 비록 위의 두 이중차감 추정치가 개별적으로는 한계가 있을지라도 이 두 추정치를 결합하면 더욱 확실한 추정치를 구할 수 있다. 즉 이 두 추정치의 차이를 구한다면 우리는 뉴저지주의 경기침체가 펜실베이니아주보다 극심했다는 사실과 경기침체로 인해 저소득 근로자가 보다 큰 영향을 받았다는 사실을 모두 반영할 수 있다. 이러한 방법이 삼중차감 추정법이다. 먼저 분석대상 지역의 고소득 근로자와 저소득 근로자의 실업기간을 비교하고, 그다음 비교대상 지역에 대해서도 동일한 비교를 한다. 그리고 이 두 DD 추정치의 차이를 구하면 다음과 같다.

$$\begin{aligned}\text{DDD} = {} & \\ & \{[\text{DUR}(H,\ T,\ A) - \text{DUR}(H,\ T,\ B)] - [\text{DUR}(L,\ T,\ A) - \text{DUR}(L,\ T,\ B)]\} \\ - & \{[\text{DUR}(H,\ C,\ A) - \text{DUR}(H,\ C,\ B)] - [\text{DUR}(L,\ C,\ A) - \text{DUR}(L,\ C,\ B)]\}\end{aligned}$$

이 추정치는 경기침체의 고소득 근로자 및 저소득 근로자에 대한 영향이 분석대상 지역과 비교대상 지역에서 동일하다는 가정하에 실업급여 증가의 실업기간에 대한 효과를 추정한 것이다. 이러한 가정하에서는 경기침체효과가 두 지역 또는 두 소득집단에 대해 다른 영향을 주었더라도 편의가 없는 추정치를 구할 수 있다.

위에서 설명한 가정 역시 틀릴 수 있다. 제3장에서 강조한 것처럼, 준실험분석은 보다 '정확한' 임의시행 방법을 불완전하게나마 재현한 것이다. 그럼에도 불구하고 이 부록의 논의는 준실험분석 방법에서 발생할 수 있는 편의의 문제를 어떻게 해결할 수 있는지를 보여주고 있다.

CHAPTER 15

James Andrews/iStock/Getty Images

의료보험(I) : 의료경제학과 민영의료보험

생각해볼 문제

- 미국인들이 가입할 수 있는 의료보험에는 어떤 것들이 있는가?
- 의료보험은 얼마나 많은 진료비를 부담해야 하는가?
- 의료보험은 의료 제공자에게 얼마나 많은 진료비를 지불해야 하는가?

로널드 레이건 대통령이 집무를 시작한 지 겨우 두 달밖에 안 되었던 1981년 3월 30일, 영화배우 조디 포스터의 광적 팬인 존 힝클리는 대통령을 암살하면 이 여배우가 자기에게 더 많은 관심을 보일 것이란 생각에서 레이건에게 총격을 가했다. 레이건은 조지워싱턴 병원으로 급히 이송되어 3시간 동안 폐에 박힌 총알을 제거하는 수술을 받았다. 상처는 치명적일 수 있었지만 레이건은 완전히 회복되었고 그 후 만 8년 동안 대통령직을 수행하였다.

100년 전 제임스 가필드 대통령은 그런 행운을 누리지 못했다. 그 역시 집무를 시작한 지 두 달 후인 1881년 7월 2일에 신으로부터 대통령을 죽이라는 명을 받았다고 생각한 찰스 기토가 쏜 총에 맞았다. 가필드가 백악관으로 돌아오고 나서 10여 명의 의사들이 80일 동안이나 그의 척추 근처에 박혀 있던 총알을 찾아내기 위해 무진 애를 썼다. 의사들이 소독하지 않은 손가락과 금속 막대로 대통령의 상처를 헤집는 바람에 총알은 발견되지 않은 채 상처 부위는 더 넓어지고 감염되기까지 했으며 간에 구멍이 나기도 했다. 알렉산더 그레이엄 벨이 가필드의 몸을 금속 탐지기로 훑자마자 총알을 찾았다고 했다. 이에 외과의들이 다시 찾기 시작했지만 여전히 총알은 나타나지 않았다. 그때는 몰랐지만 벨이 찾았던 것은 총알이 아니라 대통령의 침대 밑에 있던 스프링 중 하나였던 것이다. 그 당시의 낮은 의료 수준에 기인한 감염 때문에 심장마비가 왔고 마침내 그가 사망했을 때 검시관은 의사들이 그를 그냥 내버려두었더라면 살 수 있었을 것이라고 말했다.[1]

가필드 대통령이 사망한 이후부터 레이건이 대통령으로 당선될 동안 의료 분야는 눈부시게 발전했으므로 이제 의사들이 사람들의 생명을 빼앗는 일은 거의 일어나지 않는다. 미국에서 의료의 질이 이토록 향상된 것은 미국의 전체 자원 중에서 의료 분야로 투입되는 비율이 엄청나게 증가했기 때문이다. 1950년에 의료비는 GDP의 5%만을 차지했을 뿐이다. 그 당시 미국인들은 의료보다는 자동차, 연료, 의복 등에 더 많은 돈을 지출하였다. 그런데 2019년에 이르러 의료비는 GDP의 17.7%를 차지하여 주택과 식료품을 합한 것보다 더 많은 비중을 차지하게 되었다.[2] 이러한 의료비의 증가는 앞으로도 멈출 것 같지 않다. 의료지출은 2028년까지 5.4%의 연평균 증가율을 보일 것으로 예상되는데, 이는 GDP 성장률을 1.1% 상회하는 수치이다.[3]

이미 높은 수준의 의료비 지출이 급증한다는 것이 과연 문제일까? 따지고 보면 건강보다 중요한 것이 무엇이겠는가? 더욱이 어떤 기준에서 보자면 우리는 의료 지출을 통해 경이로운 그 무엇인가를 구입하고 있다. 1950년대와 현재의 무릎 손상에 대한 치료법을 생각해보자. 70년 전에 반월상판(슬개골 아래의 연골)이 찢어졌다면 유일한 치료 방법은 절개 수술뿐으로 무릎을 절개하여 연 다음 반월상판을 통째로 들어내는 식이었다. 이 경우 병원에 여러 날 입원해야 하고, 회복에만 수개월이 걸렸으며, 15년만 지나면 수술받은 무릎에 관절염이 생길 가능성이 증가하였다. 하지만 오늘날 반월상판이 찢어졌다면 무릎에 아주 작은 구멍을 뚫은 다음 관절경 수술을 통해 아주 작은 부분만 제거하면 되며 수술시간은 평균 30분밖에 소요되지 않는다. 그리고 수술 당일에 귀가할 수 있으며, 수일 이내에 가벼운 일을 할 수 있고, 3~6주 이내에 일어나 달리기를 하거나 좋아하는 다른 스포츠를 즐길 수 있다.

마찬가지로 1950년에는 1,000명 중 6명이 심장마비로 사망했지만 오늘날에는 그 수치가 1.6으로 떨어졌다.[4] 1950년에 생후 1년 이내에 사망하는 영아의 숫자(영아사망률)는 1,000명당 29명이었지만 현재는 5.6명 이하로까지 떨어졌다.[5]

미국의 의료체계로부터 엄청난 편익을 얻을 수 있음에도 불구하고 모든 것이 완전무결하지는 않다. 우선 의료 이용에 따른 건강 수준 변화(medical outcome)에 엄청난 격차가 존재한다. 예를 들어 2018년에 백인의 **영아사망률**은 캐나다나 그리스와 같은 선진국과 마찬가지로 4.6 수준이었다. 그러나 같은 해에 흑인의 영아사망률은 10.8로서 리비아(11.5)보다 약간 더 낮았고 세르비아(5.3)에 비해 2배나 더 높았다.[6] 메릴랜드주 볼티모어시에서 55개 중 22개 지역의 평균수명은

---

1 가필드 대통령에 관한 이야기의 출처는 www.anecdotage.com이다.

2 Centers for Medicare and Medicaid Services(2020).

3 Centers for Medicare and Medicaid Services(2021a).

4 Cutler(2004)의 제3장과 4장의 기술적 부록을 참조하라. Kaiser Family Foundation(2021a)의 자료를 업데이트하였다.

5 Centers for Disease Control and Prevention(2021).

6 Centers for Disease Control and Prevention(2018c); 국가 간 비교는 https://www.cia.gov/the-world-factbook/field/infant-mortality-rate의 CIA World Factbook에서 찾을 수 있다.

북한과 같은 최빈국보다 더 낮은 수준이다.[7]

이러한 결과는 미국이 주요 선진국 중에서 보편적인 의료보장제도를 갖추지 못한 유일한 나라라는 역사적 사실에 기인한다. 그 결과 2010년에 미국 인구의 1/6을 넘는 5,000만 명이 의료보험을 갖지 못하였다. 앞에서 언급했듯이 의료보험개혁법(ACA)은 이 문제를 해결하기 위한 시도이며 이를 통해 2020년 시점에서 1,600만 명이 새로 의료보험을 갖게 되었지만 미적용 인구 문제는 여전히 심각한 상태로 남아 있다.[8]

미국 의료체계가 다분히 '민간적'인 성격을 갖고 있음에도 의료에 대한 정부 지출은 거의 총의료비의 절반에 이르고 있다. 의료비 지출은 연방정부 예산의 거의 1/4을 차지하고 있으며, 주정부 및 지방정부 예산의 1/3 이상을 차지하고 있다.[9]

더욱이 의료비 지출의 증가는 미국 인구의 노령화와 진료비의 급증으로 말미암아 미국 정부가 직면하게 될 장기 재정 문제의 대부분을 차지할 것으로 예측되고 있다. 따라서 이렇듯 거대하고 성장일로에 있는 의료경제에서 제기되는 재정학적 쟁점이 분명하게 존재한다. 다음 2개 장에서는 의료 분야에 관련된 여러 쟁점과 경제 및 정부 정책에 있어서 의료의 중요성에 대해 논의하고자 한다. 이 장에서는 의료서비스의 특성과 의료보험의 제공과 관련하여 정부의 개입과 관련된 일반적인 의료보험의 쟁점을 다룬다. 이 장에서는 의료경제의 이해를 위한 기초를 다룰 것이며, 의료 제공의 문제에 있어서 정부의 역할을 개혁하는 문제에 대해 생각해볼 것이다. 다음 장에서는 정부가 운영하는 두 가지 의료보장제도로서 메디케어(Medicare)와 메디케이드(Medicaid)를 살펴보고 의료개혁을 위한 미래의 방향 설정을 위해 기존의 증거가 갖는 함의를 검토한다.

15.1 미국 의료체계의 개관

2019년에 미국은 의료에 3조 8,000억 달러로 GDP의 17.7%를 지출하였다.[10] 앞에서 살펴보았듯이 이는 70년 전에 비해 엄청나게 증가한 것이다. 이는 비교 가능한 다른 선진국의 지출 규모보다 훨씬 더 높은 수준이다. 그림 15-1이 보여주듯이 2019년에 미국은 핀란드나 영국의 거의 2배를 의료비로 지출하였다.[11] 이와 같은 총의료비용은 미국 국민 1인당 11,582달러씩 지출한 것을 의미한다.[12]

의료비는 어디로 흘러가는가? 그림 15-2는 주요 지출항목 간 의료비 지출의 분포를 보여주고 있다. 40% 이상이 병원 서비스에 지출되고 있고, 약 1/3이 의사 서비스에 지출되고 있다. 처방

---

7 볼티모어의 평균수명에 대한 자료는 https://vital-signs-bniajfi.hub.arcgis.com의 Neighborhood Indicators Alliance와 https://www.cia.gov/the-world-factbook/field/life-expectancy-at-birth의 CIA World Factbook에서 찾을 수 있다.

8 Kaiser Family Foundation(2020).

9 Center on Budget and Policy Priorities(2020); Kaiser Family Foundation(2021c).

10 Centers for Medicare and Medicaid Services(2020).

11 Organization for Economic Cooperation and Development(2021).

12 Centers for Medicare and Medicaid Services(2020).

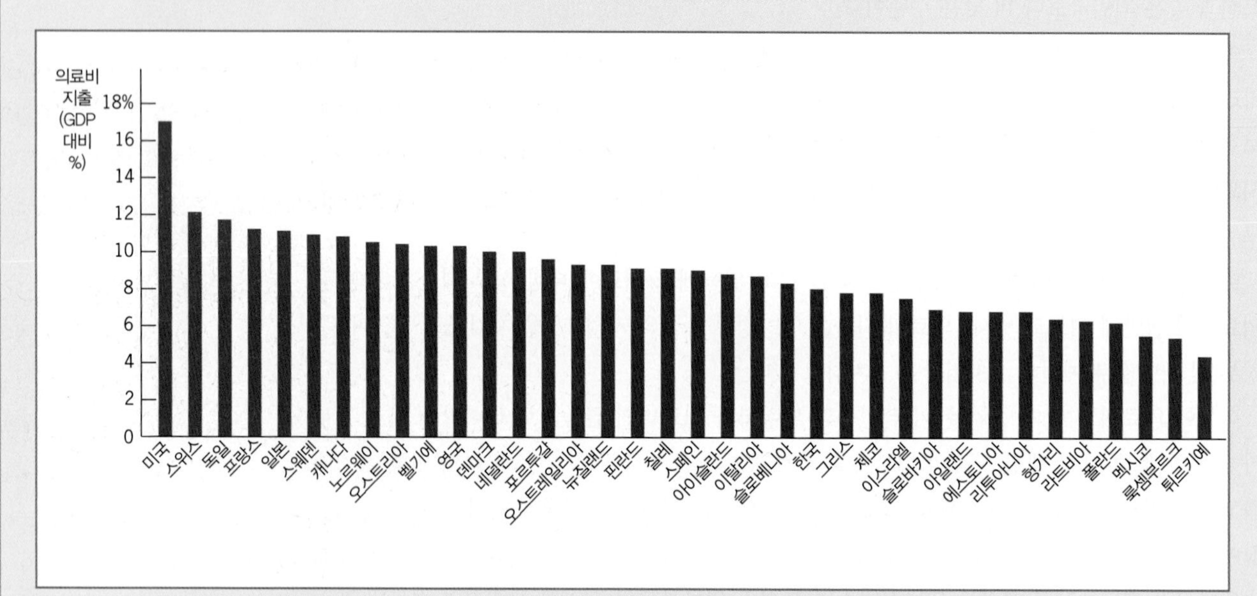

그림 15-1 OECD 국가들의 의료비지출(2019년) 미국은 다른 선진국보다 훨씬 더 많은 의료비를 지출하고 있다.

출처 : Organization for Economic Cooperation and Development(2021).

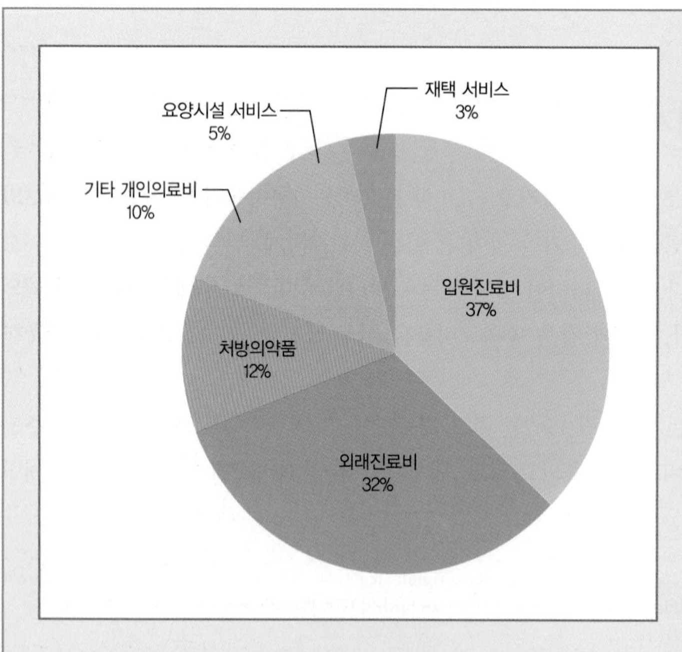

그림 15-2 국민의료비 지출 분포(2019년) 2019년 미국에서 가장 많은 의료비 지출 항목은 입원진료비이다. 입원 및 외래진료비는 전체 의료비의 2/3 정도를 차지한다.

출처 : Centers for Medicare and Medicaid Services(2020), Table 2.

약에 대한 지출은 의료비의 1/10을 차지하고 있으며, 요양원 및 노인의 재택 서비스에 대한 지출 또한 1/10 정도를 차지하고 있다.

응용사례
미국 의료의 비효율성

그림 15-1에서 보았듯이 의료비 지출에 관한 한 미국은 국제 비교의 관점에서 열외군(outlier)에 속하는 나라이다. 이는 그림 15-3에서처럼 커먼웰스 기금(Commonwealth Fund)의 자료를 사용하여 다른 관점에서 볼 수도 있다.[13] 이 그림은 의료체계의 몇 가지 성과지표에 대해 다른 선진국들과 비교한 결과를 보여주고 있다. 모두 다섯 가지 성과지표가 사용되고 있고 이 모두에서 미국의 성과는 1로 정규화되어 있어 다른 나라의 수치는 이에 대해 상대적 비율을 나타내고 있다. 예를 들어 첫 번째 막대들은 비교대상 국가 중에서 미국이 1인당 의료비 지출에서 가장 높은 수준임을 보여주고 있으며 영국 같은 나라는 미국의 45% 수준에 불과한 것으로 나타나고 있다. 또한 미국은 영아사망률, 예방 가능한 사망률, 비용 때문에 의료 이용을 못한 사람들의 비율에서 수위를 차지하고 있으며, 의사진료 대기시간 지표에서만 캐나다가 수위를 차지하고 있다.

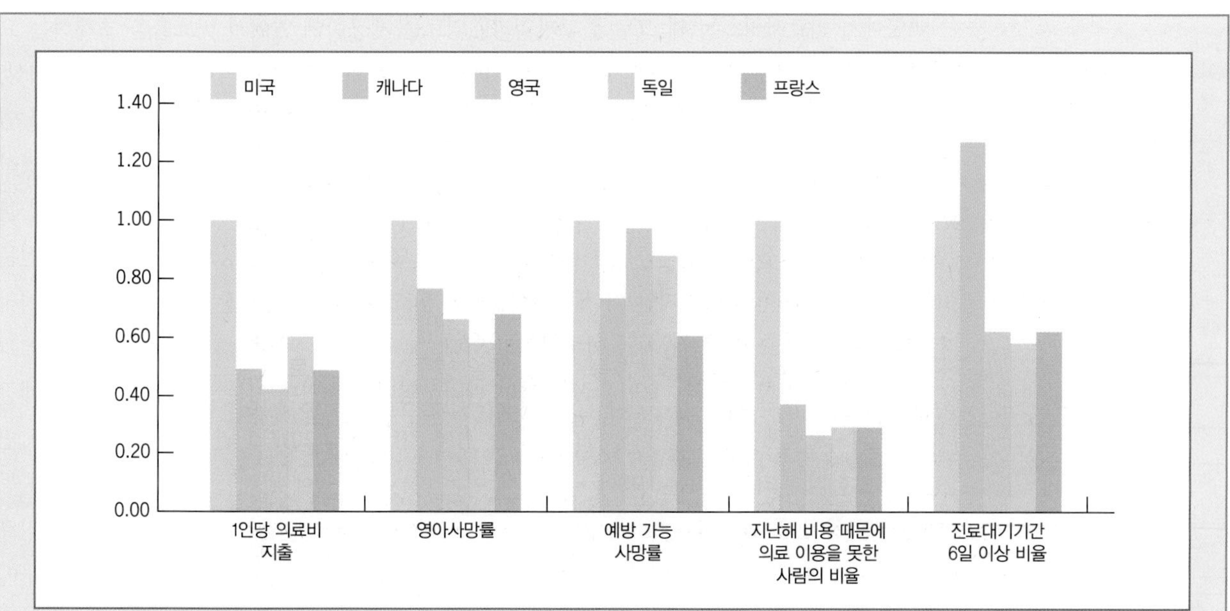

그림 15-3 미국의 의료체계 성과지표 순위 이 그림은 주요 의료체계 성과지표에 있어서 다른 선진국에 대한 미국의 순위를 보여주고 있다. 미국은 대부분의 다른 나라들보다 의료비를 2배나 더 많이 지출하지만 모든 지표에서 다른 나라에 미치지 못하고 있다.

출처 : The Common Wealth Fund(www.commonwealthfund.org).

13 데이터는 www.commonwealthfund.org에서 이용 가능하다.

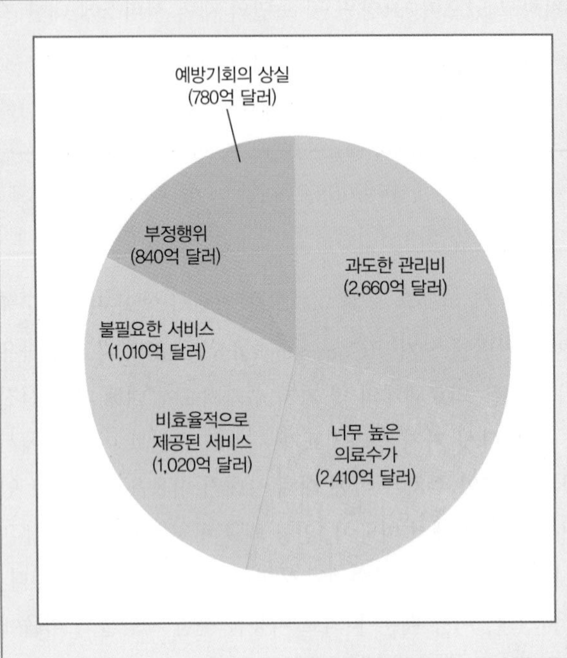

그림 15-4 과도한 의료비 지출항목 2019년에 미국에서 지출된 의료 관련 비용 중 9,350억 달러는 환자 진료에 쓰이지 않았다. 그래프는 이 비용이 어디로 흘러갔는지 보여주고 있다. 낭비적 지출의 3대 요소는 너무 높은 의료수가, 과도한 관리비 및 불필요한(또는 비효율적으로 제공된) 서비스이다.

출처 : Shrank, Rogstad, and Parekh(2019).

미국에서 의료서비스는 왜 그토록 고가일까? 의료를 제공함에 있어서 비효율을 초래하는 요인은 무엇일까? Shrank, Rogstad, Parekh의 2019년 연구에 의하면 미국 의료비 지출의 1/4 이상, 또는 약 9,350억 달러는 미국인들의 건강 수준을 향상시키는 데 아무런 역할을 하지 못하고 있다. 이 연구는 이런 낭비적인 의료비 지출을 그림 15-4에서처럼 몇 가지 범주로 나누어 설명하고 있다. 낭비적 지출의 세 가지 주요 요인은 높은 의료서비스 가격, 과도한 행정관리비용 및 불필요한 또는 비효율적으로 제공된 서비스 등이다. 이 요인들의 상대적 중요성에 대해서는 전문가들 사이에 의견이 다르겠지만 이 세 가지가 미국 의료체계 안에서 가장 중요한 낭비요인이라는 점에는 일반적으로 의견일치가 이루어지고 있다.[14]

가장 쉽게 발견할 수 있는 요인은 낭비적인 관리운영비 지출인데 이는 주로 미국의 의료제공체계와 의료보험체계가 분절적(分節的)이라는 점에 기인한다. 2017년 연구에 의하면, 미국 민영 의료보험의 관리운영비는 15%에 달하는데 이는 다른 선진국에 비해 상당히 높다.[15] 이와 동시에 각종 공공 및 민간의료기관은 많은 숫자의 공적의료보험과 민영의료보험을 대상으로 진료비를 청구하고 지급받는 데 어마어마한 금액을 지출하고 있다. Himmelstein 외(2014)의 연구에 의하면 병원들이 관리비용으로 쓰는 돈은 GDP의 1.43%에 달하고 있다. (다음 장에서 논의하겠지만) 보다 중앙집중화된 의료제공체계에 관한 많은 찬반양론이 존재하지만 분명한 것은 우리가 갖고 있는 분절적인 의료체계의 관리비용이 과도하다는 것이다.

14 특히 의료 분야 전문가들은 가격 격차가 여기에서 예시된 것보다 훨씬 더 큰 역할을 한다고 주장할 것이다. 이에 대해서는 Anderson 외(2003)를 참조하라.

15 Himmelstein, Campbell, and Woolhandler(2020).

그다음으로 중요한 요인은 미국이 의료서비스에 대 해 지불하는 가격이 다른 나라에 비해 훨씬 더 높다는 점이다. 이런 주장에 대한 증거는 국제의료보험연맹(International Federation of Health Plans)이 수행한 국제비교연구에 잘 정리되어 있다(www.ifhp.com에서 구할 수 있음). 이 기구는 전 세계의 다양한 의료보험회사들로부터 의료서비스 및 재화에 지불한 가격 자료를 보고받아 취합하고 있다. 비교 결과는 그림 15-5에 나타나 있다. 그림 (a)는 고관절치환수술에서부터 맹장수술에 이르기까지 다섯 가지 종류의 의료서비스에 대한 비용이 나타나 있다. 그림 15-5(b)는 다발성 경화증(multiple sclerosis), 관절염, 백혈병과 같은 질병 및 증상 등을 치료하는 의약품가격을 보여주고 있다. 파란색 막대는 가장 낮은 국가의 가격을 나타내고, 초록색 막대는 전 세계 평균가격을 나타내며, 분홍색 막대는 미국에서의 가격을 나타내고 있다.[16] 미국인들은 이 모든 서비스와 의약품에서 있어서 평균적으로 다른 나라들보다 훨씬 더 높은 가격을 지불하고 있으며, 가장 낮은 나라들의 몇 배에 달하는 비용을 요구받고 있다. Vox가 조사한 연구에 따르면, 발가락 연고 937달러, 정맥수액 3,500달러, 처방전이 없이 구입할 수 있는 약품 3가지 또는 수면제 18,836달러와 같이 표준진료에 대해서도 엄청나게 높은 가격이 부과되었던 수십 가지 사례가 발견됐다![17]

이들 가격이 미국에서 훨씬 더 높은 이유가 뭘까? 주된 이유는 다른 나라들의 경우 의료서비스 및 의약품가격에 훨씬 강력한 규제를 가하고 있다는 점이다. 미국에서 의료서비스 및 재화는 공공부문의 가격 책정과 민간부문에서의 경쟁이라는 두 가지 요인이 혼합적으로 작용한 결과로서 이로 인해 다른 나라에서 볼 수 있는 수준으로 가격이 내려갈 수도 없고 그럴 의향도 없는 것 같다.

게다가, 환자와 의료보험회사들은 모두 가격을 결정할 강한 유인이 없다. 환자의 경우에는 의료비 대부분을 보험에서 보장받는다. 의료보험회사의 경우 이들이 더 비싼 치료법을 선택할 경우에 잠재적으로 더 많은 보수를 받는다. 여기서 노화로 인한 눈의 황반변성을 치료하는 데 승인된 세 가지 약들(이 약들은 환자들의 시력을 빼앗을 수 있다)을 비교할 때 놀라운 차이가 있음을 알 수 있다. 이 약들 중 하나는 치료비로 매달 50달러가 드는 반면, 다른 약은 2,000달러 혹은 그 이상이 들 수 있다. 그리고 한 약물이 다른 약물에 비해 더 우수하다는 임상적 증거도 없는데도 불구하고, 의사들의 3분의 1 이상이 더 비싼 약을 처방한다.[18] 또 다른 연구에서는 의료제공자가 거의 동일한 품질로 제공하는 하지 MRI 스캔의 경우에 대부분의 환자들이 심지어 가격 탐색을 돕는 컴퓨터 도구를 사용할 수 있었음에도 불구하고(이는 환자의 1% 미만이 사용할 뿐이다) 집과 해당 치료를 받는 병원 사이에서 가격이 더 저렴한 병원 6개를 평균적으로 지나쳐 간 것으로 보고하고 있다.[19]

아마도 효과적인 가격비교가 부족한 탓으로, 의료서비스 제공자들 또한 상당한 시장지배력을

---

16 가장 많이 비교대상이 되는 나라는 오스트레일리아, 스위스, 뉴질랜드, 네덜란드, 스페인, 아르헨티나 등이다.

17 Gold(2018); Kliff(2018).

18 Lam(2015).

19 Chernew et al.(2018).

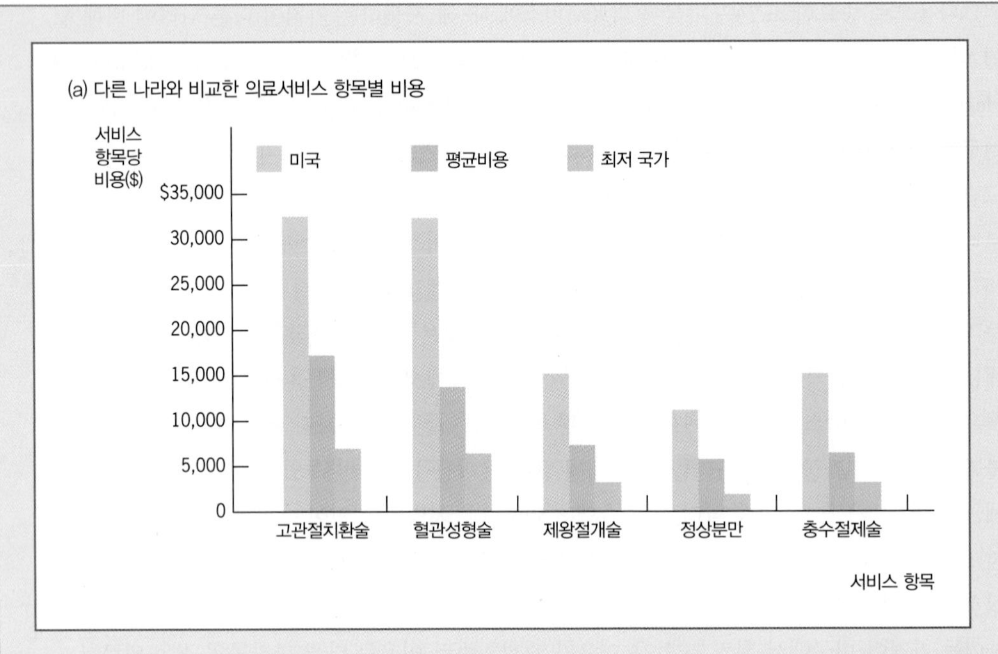

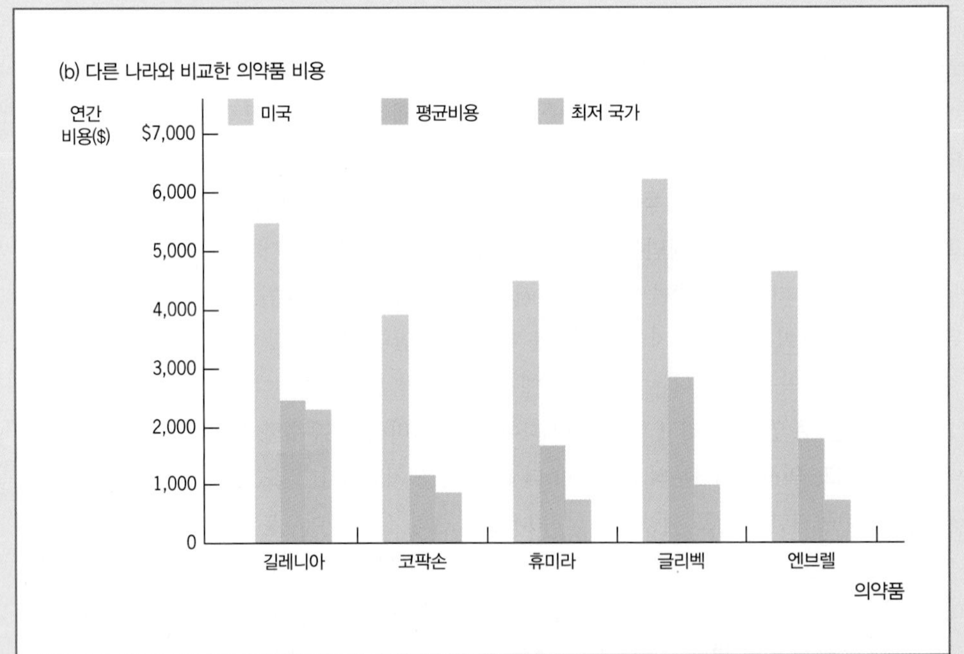

그림 15-5 **다른 나라와 비교한 의료서비스 및 의약품 비용** 미국은 평균적으로 모든 항목에서 다른 나라보다 더 비싼 의료수가[(a)]와 의약품 가격[(b)]을 지불하고 있는데 이는 가장 싼 나라와 비교할 때 여러 배에 달하는 수준이다.

출처 : International Federation of Health Plans(www.ifhp.com).

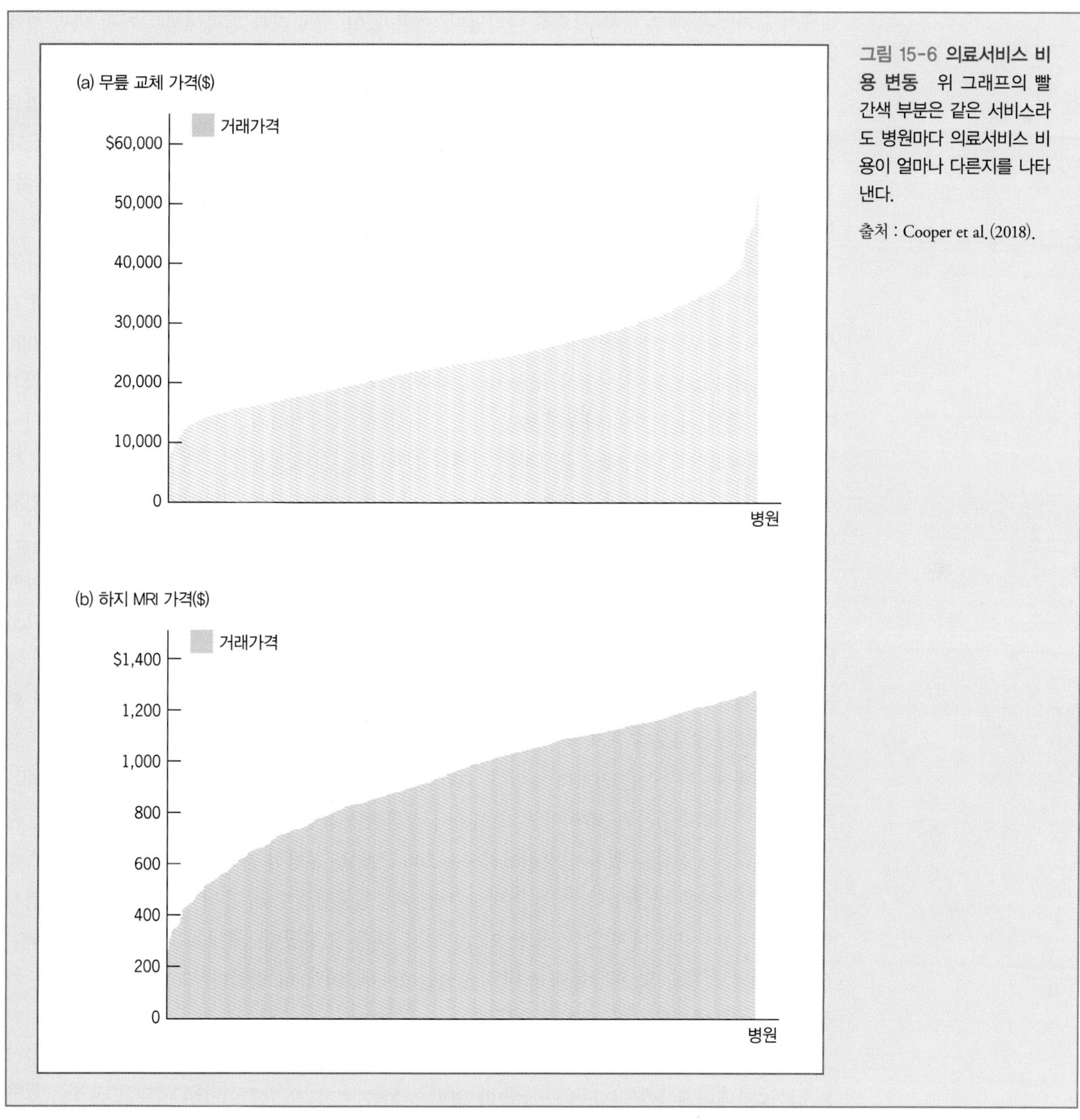

그림 15-6 의료서비스 비용 변동 위 그래프의 빨간색 부분은 같은 서비스라도 병원마다 의료서비스 비용이 얼마나 다른지를 나타낸다.

출처 : Cooper et al.(2018).

발휘하고 이에 따라 가격을 책정한다. 그 결과, 가격을 비교할 수 있는 서비스가 엄청나게 다양해졌다. 이러한 변화는 미국 전역의 병원에서 무릎 교체[그림 (a)]와 하지 MRI[그림 (b)]의 가격을 나타낸 그림 15-6에서 확인할 수 있다. 빨간색 세로 막대의 높이는 각 병원의 서비스 가격을 나타낸다. 이를 통해 알 수 있듯이, 빨간 막대들의 높이는 병원마다 천차만별이다. 즉, 무릎 교체의 가격 범위는 6,404~52,503달러이며, MRI의 비용은 270~3,251달러에 이른다. 이 중 일부는 지역에 따른 가격 차이 때문이기도 하지만 이러한 차이가 전부는 아니다. 심지어 같은 도시

내에서도 가격은 매우 다른 것으로 나타났다. 예를 들어, 플로리다 템파에서는 가장 비싼 혈액 검사가 가장 싼 혈액 검사보다 40배 이상 더 비싼 것으로 나타났다.[20]

마지막으로 미국에서 제공되는 의료서비스의 강도(intensity)는 훨씬 높은데 이로 인해 불필요하고 비효율적인 서비스가 제공되고 있다. 이에 대한 증거로 가장 많이 인용되는 것은 미국 내에서만도 의료 이용량에 있어서 엄청난 변이가 존재하지만 이런 변이가 건강 수준의 변화와는 관련이 없다는 점이다.

의사이면서 의료 문제 전문가인 아툴 가완디는 2009년 5월 뉴요커지에 미국에서 (플로리다주 마이애미에 이어) 두 번째로 비싼 의료서비스 시장인 텍사스주 맥앨런 카운티의 상황에 대해 기사를 썼다. 2006년에 노인에게 의료보장을 제공하는 메디케어는 맥앨런의 대상자 1인당 15,000달러를 지출하였는데 이는 전국 평균치의 2배이고 모든 지역 주민 평균소득보다 3,000달러가 더 높은 수준이다. 더욱이 이렇게 높은 지출 수준은 이 지역에서의 심혈관 질환 발생률이 미국 내 어느 지역보다도 낮음에도 불구하고 나타난 결과이다. 실제로 이 카운티 주민의 인구학적 특성은 인근의 엘파소 카운티 주민의 특성과 거의 차이를 보이지 않았지만 엘파소의 대상자 1인당 메디케어 지출은 맥앨런의 절반 수준에 불과하였다.

메디케어는 두 지역 모두에서 서로 비교 가능한 수가표에 따라 제공자에게 진료비를 상환했으므로 지출 수준에 차이가 난 것은 두 지역 간 서비스 단위당 비용의 차이 때문은 아니다. 그보다는 환자 치료의 강도가 엘파소와 같은 다른 지역에서보다 맥앨런에서 훨씬 높았기 때문인 것으로 보인다. 그는 다음과 같이 쓰고 있다. "2001~2005년 사이에 맥앨런의 중증 메디케어 환자들은 엘파소에서보다 거의 50%가 더 많은 전문의 진료를 받았으며 6개월 이내에 10명 이상의 전문의를 볼 가능성은 2/3 더 높았다. 2005년과 2006년에 맥앨런의 환자들은 복부초음파는 20% 이상, 골밀도 검사는 30% 이상, 초음파 심장검진을 통한 스트레스 테스트는 60% 이상, 손목터널증후군의 진단을 위한 신경전도검사는 200% 이상, 전립선 문제를 진단하기 위한 요속검사는 550% 이상을 더 받았다. 이들은 담도수술, 무릎인공관절수술, 유방 생체검사, 방광경검사를 1/5에서 2/3 이상 더 받았다. 또한 이들은 심장 박동 조절장치, 제세동기 이식, 심장우회술, 경동맥 내막 절제술 및 관상동맥 스텐트 시술을 2~3배 이상 더 받았다. 그리고 메디케어는 가정간호사 방문에 5배를 더 지출하였다"(Gawande, 2009).

놀라운 것은 이렇듯 더 높은 의료 이용에도 불구하고 의료 개입의 성과는 엘파소보다 더 낮다는 점이다. 메디케어가 치료 성과에 따라 병원 순위를 매긴 결과에 의하면 맥앨런 카운티 소재 5대 병원의 성과는 엘파소 병원보다 못했다. 가완디는 "맥앨런에서의 극단적인 메디케어 지출의 주요인은 아주 단순하게도 의료의 모든 분야에 걸친 과다이용이다"(Gawande, 2009)라고 결론지었다.

가완디의 결론은 다트머스대학의 전문가들이 수십 년에 걸쳐 수행한 연구 결과와 일치하는 것이다. 지역 간 의료비 지출을 차트로 나타낸 '다트머스 아틀라스'는 의료비 지출에 있어서 지

20 Sanger-Katz(2019).

역 간 변이가 엄청나지만 이것이 건강 수준의 차이와는 일치하지 않음을 보여주고 있다. 예를 들어 Baicker와 Chandra(2004)는 심장마비 환자에 대한 베타 차단제와 아스피린의 적절한 사용, 노인에 대한 독감 예방주사의 접종, 유방암 검사용 유방 X선 촬영 등을 포함하는 의료의 질 측정치에 따라 주(State)의 순위를 매겨보았는데 이들이 발견한 것은 메디케어 지출과 품질 사이의 부(−)의 상관관계였다. 즉 지출 수준이 높은 지역에서는 낮은 품질의 의료가 제공되었던 것이다. Fisher 외(2003)는 골반 골절이나 심장마비 등 다양한 이유로 입원한 환자들의 결과를 검토해본 결과 가장 많은 지출을 했던 지역의 환자들은 60% 더 많은 의료서비스를 받았지만 그들의 생존확률은 가장 낮은 지출 수준을 보인 지역의 환자보다 높지 않았음을 발견하였다. 더욱이 지출 수준이 높은 지역의 환자들은 그들이 받은 의료서비스의 품질에 대해 더 만족해하지도 않았다.

보다 광범위하게, 미국의 의료시스템이 의료 비용을 절감할 수 있는 적절한 수단을 모두 사용하고 있지 않다는 다양한 증거가 나타나고 있다. 미국에서 시행된 모든 의료 시술의 절반 정도가 비효율적일 수 있다. 가완디가 주장하였듯, "수백만 명의 사람들이 그들에게 도움이 되지 않는 약물, 나아지지 않는 수술, 도움은 안 되고 더 악화시키는 검사를 받고 있다."[21]

예를 들어, 2000년대 초반까지 척추 융합 수술이 요통 완화에 있어 (훨씬 저렴한) 비수술적 치료보다 더 효과적이지 않다는 것을 보여주는 임상시험이 네 차례 있었다. 이러한 증거에도 불구하고 미국에서는 척추 수술 비율이 계속해서 증가했고, 높은 수준을 유지하고 있다.[22] 게다가 저품질의 (덜 효과적인) 약물이 다른 나라들에 비해 미국에서 훨씬 더 빨리 확산되는 경향이 있다.[23] 또한 아세트아미노펜 정맥주사(IV)가 타이레놀의 경구 섭취보다 더 효과적이지 않고 비용이 수백 배나 든다는 사실에도 불구하고, 아세트아미노펜 정맥주사 사용은 빠르게 증가하고 있으며 현재 의료비 지출에서 수억 달러를 차지하고 있다.[24] ■

의료보험 작동원리에 관한 기초적 논의

개인들은 통상 의료비 문제를 의료보험의 구입을 통해 해결한다. 제12장에서 살펴본 것처럼 위험회피적인 사람들은 보험계리적으로 공정한 기초 위에서 보험에 들 수 있다면 일반적으로 불확실한 지출의 재원 조달 수단으로서 보험을 선호한다. 미국에는 몇 가지 주요 의료보험이 존재하며 2019년도 각 보험의 종류별 인구분포는 표 15-1에 나타나 있다.

의료보험에도 제12장에서 논의한 보험의 일반적 구조가 그대로 적용된다. 의료보험 가입자들 또는 이들을 위해서 기업은 보험회

표 15-1 건강보험 유형(2019년) 의료보험을 갖고 있는 미국인의 2/3가 민영보험 가입자이며 이들 중 대부분은 고용주제공보험을 보유하고 있고 나머지는 공적의료보험 적용자이다. 대략 미국인의 8%는 의료보험 미적용자이다. 한편, 보험 종류별 적용인구는 상호 배타적이지 않은데 이는 한 해 동안 한 가지 이상의 의료보험을 가졌던 사람들이 있기 때문이다.

	적용 인구 (백만 명)
총인구	**324.6**
민영보험	220.8
고용주 제공	183.0
개별 구입	33.2
공적보험	110.7
메디케어	58.8
메디케이드	55.9
TRICARE/CHAMPVA	3.2
미적용	26.1

출처 : Keisler-Starkey and Bunch(2020), Table 1.

21 Patashnik(2018).
22 Kolata(2016).
23 Kyle and Williams(2017).
24 Johnson(2018).

사에 매월 보험료를 지불하며, 그 대가로 보험회사는 가입자들이 이용한 의료서비스의 비용(청구된 진료비)을 의료기관에 지불한다. 그러나 대부분의 의료보험에서 환자는 비용의 일부를 부담하며, 나머지를 보험회사가 지불한다. 환자의 본인부담에는 세 가지 종류가 있다.

- 공제제(deductibles) : 환자는 일정한 상한선까지의 의료비를 본인이 전액 부담한다. 예를 들어 100달러의 공제제라면 연간 의료비 중에서 최초 100달러까지는 본인이 부담하고, 그 나머지의 일부 또는 전부를 보험회사에서 부담한다.
- 본인부담 정액제(copayment) : 환자가 의료 이용을 할 때 정액을 지불한다. 예를 들어 의사를 방문할 때마다, 또는 새로운 처방전 발급에 대해 10달러의 정액을 지불한다.
- 본인부담 정률제(coinsurance) : 환자가 정액제에서처럼 일정한 금액을 지불하는 것이 아니라 진료비의 일정 비율, 예컨대 20%를 지불한다.

민영보험

미국에서 가장 중요한 의료보험은 민영의료보험이다. 2019년의 경우 전체 인구의 68.5% 또는 2억 2,080만 명이 민영보험에 가입해 있다. 이들 중에서 상당 부분은 고용주가 제공하는 의료보험이 차지하고 있다. 민영의료보험을 구입한 사람들 중 오직 15%만이 **비(非)단체보험시장**(nongroup insurance market)을 통해 개별적으로 보험에 가입하였다.

비(非)단체보험시장 개인이나 가족이 직장과 같은 단체를 통해서가 아니라 개별적으로 직접 보험을 사는 시장

고용주들은 통상 정규 직원으로서 최소근무기간(예 : 6개월)이 지나 자격을 갖춘 사람들을 대상으로 의료보험을 제공한다. 또한 고용주는 대개 보험료의 일부를 근로자에게 부담시킨다. 근로자가 부담해야 하는 보험료 때문에 일부 근로자는 설사 보험 가입이 가능하다 해도 이를 거부하기도 한다. 2020년에 전형적인 고용주 제공 의료보험에 가입한 독신은 7,470달러, 가족은 21,342달러를 지출하였는데, 이 중 고용주는 보통 독신에 대해서는 17%, 가족에 대해서는 26%의 비용만을 부담하였다.[25] 이로 인한 직원 보험료 때문에, 일부 직원들은 보험이 제공되더라도 보험에 가입하지 않는 것을 선택한다.

고용주가 제공하는 보험이 대부분을 차지하는 데는 위험 공유와 조세보조금이라는 두 가지 이유가 있다.

고용주가 의료보험을 제공하는 이유 I : 위험 공유 고용주가 대부분의 민영보험을 제공하는 첫 번째 이유는 위험의 공유이다. 보험의 **위험 풀**(risk pool)은 보험에 가입한 개인들의 집단을 말한다. 보험회사가 단체보험을 판매할 때는 단체 구성원의 개별적인 질병위험에 대해서는 신경을 안 써도 된다. 보험자에게 중요한 것은 위험 풀 전체로부터의 보험료 수입과 진료비 지급액이다. 제12장에서 들었던 예를 상기해보자. 보험계리적으로 공정한 가격 책정을 위해 필요한 것은 단지 가입자 집단 전체에 대한 보험금 지급을 충당할 만큼 가입자들부터 받는 보험료 수입이 충분해야 한다는 것이다.

위험 풀 보험에 가입한 개인들의 집단

[25] Claxton et al.(2020).

그렇기 때문에 모든 보험자의 목표는 **질병 발생의 확률분포에 관한 예측이 가능할 만큼 충분한 규모의 보험 가입자 풀을 확보**하는 것이다. 보험자가 보험 가입자들을 위해 지급해야 하는 진료비의 청구 규모를 정확히 예측할 수 있다면 (관리운영비 및 이윤과 함께) 청구된 비용을 충당하기 위한 보험료를 부과할 수 있게 된다. 만일 정확한 예측을 할 수 없다면 보험료가 가입자들의 진료비를 충당하지 못하는 위험이 발생할 수 있다.

"얘들아, 미안하지만 건강보험비용이 증가하였단다. 이제 만약 너희들이 놀이터에서 등반하길 원한다면, 250달러 공제액을 지불해야 한단다."

다음의 두 가지 상황에서는 보험의 위험 풀에 대한 질병 발생의 확률분포를 정확하게 알아낼 수 있다. 첫 번째는 역선택 문제가 없는 경우이다. 보험자는 위험 풀에 있는 개인들의 관찰 가능한 특성(성별이나 연령 등)에 기초하여 질병 발생 위험을 예측하며 그러한 예측은 이들이 자신의 연령계층이나 성별 집단의 평균적인 질병 발생 위험을 가지고 있을 때만 유효하다. 만일 개인이 (보험자가 관찰하지 못하는) 건강상태에 기초해서 풀을 형성한다면 보험자는 풀의 예상비용을 제대로 예측할 수 없다. 예측 가능성을 높이는 두 번째 요인은 집단의 규모이다. 제3장에서 소개한 통계학에서의 **대수의 법칙**(law of large numbers)에 의하면 가입자 증가할수록 보험자가 풀의 평균적인 건강 수준을 예측하지 못할 가능성은 줄어든다.

기업, 특히 대기업의 근로자들은 이들 두 가지 조건을 만족시킬 가능성이 상당히 높다. 근로자들은 일반적으로 직장을 선택할 때 자신들의 건강 수준은 고려하지 않기 때문에 이 위험 풀에 역선택 문제가 발생할 가능성은 낮다. 즉 어느 기업, 특히 대기업에서 특별히 병약하거나 또는 건강한 사람들만 모여서 일을 하지는 않을 것이기 때문에 한 기업 내에서 특정 연령계층과 성별의 근로자는 평균적으로 그 나이와 성별에 있어서 예측된 의료비를 지출하게 될 것이다. 더욱이, 대부분의 기업은 상당수의 근로자들을 고용하고 있기 때문에 질병 발생 위험을 예측함에 있어 대수의 법칙이 적용될 수 있다.

이러한 이유로 보험자 입장에서 보면 기업은 매력적인 위험공유 메커니즘을 제공한다. 반면 개인은 그렇지 않다. 집단의 규모 문제를 해결하기 위해 개인이 모여 큰 집단을 형성할 수는 있지만 역선택의 문제는 언제나 남아 있다. 즉 개인들이 보험 가입을 위해 집단을 이루어 보험자를 찾아온다면 그 이유는 단지 질병에 걸려 있기 때문인 것이다. 역선택 때문에 보험자는 개인이나 영세기업보다는 대기업에게 보험을 팔려는 경향이 훨씬 강하다.

보험자가 대규모 그룹을 선호하는 또 다른 이유는 관리운영비이다. 보험을 관리하는 비용의 많은 부분(예 : 보험상품을 판매하는 비용 등)은 가입자 풀의 규모와는 무관하게 어느 수준까지는 **고정적**이다. 그 결과 풀이 크면 클수록 1인당 관리운영비가 낮아질 수 있다. 개인이나 영세기업은 고정적 성격의 관리비가 보험료의 많은 부분을 차지하지만 대기업은 아주 작은 비중만을 차지한다.

이런 문제는 미국의 민영보험 적용 현황에 반영되고 있다. 대부분의 대기업 고용주는 근로자에게 의료보험을 제공하고 있는데 50인 이상 근로자를 고용하는 기업의 94%가 건강보험을 제공하고 있다. 반면 영세기업 중에서 의료보험을 제공하는 기업의 비율은 훨씬 낮아서 50인 이하 근로자를 고용하는 기업은 53%만이 의료보험을 제공한다.[26] 이러한 차이는 부분적으로는 작은 규모의 풀에 대해서는 보험자가 대수의 법칙을 적용하지 못하기 때문이다. 영세기업의 암 환자 또는 장기이식 환자 1명에 대한 진료비 청구 규모가 보험회사의 예측 수준을 벗어나 보험료 수입을 초과할 수 있는 것이다. 그 결과 보험회사(보험자)는 보험료 수입으로 충당해야 할 지출 규모를 확실하게 예측할 수 없기 때문에 영세기업의 보험 가입을 꺼리게 된다. 양자 간에 차이가 나는 또 다른 이유는 영세기업은 근로자 1인당 (고정적인) 관리운영비가 너무 높기 때문이다. 제12장에서 논의된 것처럼 만일 관리운영비 때문에 보험료가 보험계리적으로 공정한 수준을 초과하게 되면 보험에 대한 수요는 감소할 것이다.

고용주 제공 의료보험에 대한 조세보조금 근로자는 임금보상에 대해서는 세금을 내지만 의료보험 형태의 보상에 대해서는 세금을 내지 않아 고용주를 통해 제공받는 의료보험의 보조금을 받는 결과를 가져옴

고용주가 의료보험을 제공하는 이유 II : 조세보조금 고용주가 의료보험의 주된 제공자인 두 번째 이유는 **고용주 제공 의료보험에 대한 조세보조금**(tax subsidy to employer-provided health insurance)에서 찾을 수 있다. 현재 미국의 세법하에서 임금 형태의 근로자 보수는 과세대상이지만 의료보험 구입을 위한 지출이라는 형태의 근로자 보수는 그렇지 않다. 만약 고용주가 임금으로 1달러를 지급한다면 근로자는 1달러 중에서 1달러 × $(1 - t)$만을 손에 쥘 수 있으며, 이때 t는 세율이다. 만일 세율이 33%라면 근로자가 버는 돈 1달러마다 67센트만을 손에 쥐게 된다. 반면에 고용주가 근로자의 의료보험을 구입해준다면 이 경우 의료보험 지출을 위한 1달러에 대해서는 세금을 전혀 내지 않기 때문에 1달러를 온전히 받게 되는 셈이다. 이 조세보조금은 고용주가 제공하는 의료보험에 대해서만 적용된다. 따라서 본인이 직접 의료보험을 구입하면 보조금이 전혀 없지만 고용주를 통해 의료보험을 구입하면 많은 보조금을 받게 되는 것이다.

예를 들어 니겔과 카디자가 같은 직장에서 근무한다고 가정해보자(표 15-2 참조). 노동시장은 완전경쟁시장이므로 임금은 한계산출물과 같고 이는 각자 연간 30,000달러라 하자. 두 근로자 모두 33%의 비례세율을 적용받기 때문에 의료보험을 구입하지 않는 경우 세후소득은 30,000달러 × (1 − 0.33) = 20,000달러가 된다. 이제 직장에서 5,000달러의 비용을 들여 의료보험을 구입할 수 있는 기회를 제공하고 근로자들이 이를 수용한다고 가정하자. 그러면 임금은 5,000달러만큼 감소하게 되지만 총보수는 여전히 한계산출물과 같아진다.

니겔은 4,000달러를 주고 의료보험을 스스로 구입할 수 있으므로 직장에서의 제안을 거절했다고 하자. 그의 세후소득은 20,000달러이고 여기에서 4,000달러를 들여 의료보험을 구입하면 최종적으로는 16,000달러를 손에 쥐게 된다. 반면 카디자는 직장에서 제시한 의료보험에 들기로 했다. 그러면 그의 수입은 25,000달러가 되고, 세후소득은 25,000달러 × (1 − 0.33) = 16,666달러가 된다. 따라서 카디자는 비록 니겔보다 비싼 의료보험에 들었지만 세후 및 의료보험 구입

---

26 Claxton et al.(2020).

표 15-2 고용주 제공 의료보험에 대한 조세보조금 예시 니겔과 카디자의 한계산출물은 동일하지만 카디자는 고용주를 통해 의료보험에 가입함으로써 임금이 5,000달러가 감소하는 반면에 니겔은 스스로 4,000달러를 들여 의료보험을 구입하고 있다. 니겔이 구입한 보험이 더 싸지만 카디자는 고용주가 제공하는 의료보험에 대한 조세보조금 덕분에 세후소득이 니겔보다 666달러가 더 많다.

	한계산출물, 임금	고용주 의료보험 지출	세전임금	세후임금	개별 의료보험 지출	보험 구입 후 소득
니겔	$30,000	0	$30,000	$20,000	$4,000	$16,000
카디자	30,000	5,000	25,000	16,666	0	16,666

후 소득은 더 많아진다. 이는 고용주가 제공하는 의료보험에 가입함으로써 1,666달러(5,000달러 × 0.33)만큼의 세금혜택을 받게 되었고, 이는 더 비싼 보험료 1,000달러를 상쇄하고도 남기 때문이다.

▶ **즉석 힌트** 고용주가 제공하는 의료보험에 대한 보조금은 일반적으로 잘 이해되지 않고 있다. 이는 고용주에 대한 보조금이 아니라 구입한 보험에 대해 근로자에게 지급되는 보조금이다. 고용주 관점에서 보자면 근로자에게 보수를 지급할 때 임금으로 지급하든 의료보험으로 지급하든 아무런 차이가 없다(어떤 형태로든 근로자에 대한 보수는 법인세에서 공제되므로). 두 경우 모두 고용주의 지출은 기업의 결산서에 동일한 결과를 가져온다. 그러나 근로자의 관점에서 보자면 양자 사이에는 큰 차이가 있다. 임금이 아니라 의료보험 형태로 보수를 받음으로써 근로자는 세금을 줄일 수 있다. 만일 정부가 조세보조금을 철폐하고자 한다면 기업이 내는 법인세를 증가시키는 방식으로 하지는 않을 것이다. 그보다는 의료보험 구입을 위한 고용주의 지출을 근로자의 과세대상소득에 포함시키는 방식으로 조세보조금을 철폐할 것이다.

다른 대안 : 비단체보험 역사적으로 [의료보험개혁법(ACA) 이전에] 비단체보험시장은 매우 작았다. 이는 소규모 시장이 갖는 문제(역선택과 높은 1인당 행정관리비용) 때문인데, 이 문제들은 개인이나 가족을 가입단위로 하는 경우 더욱 심각해진다. 보험자들은 이러한 시장실패 문제에 대응하기 위해 건강하지 않은 사람들이 이 시장에 접근하지 못하도록 높은 진입장벽을 만들었다. 비단체의료보험상품의 경우 대부분 '기왕력(旣往歷) 배제' 조항이 있는데 이는 가입자가 의료보험을 구입할 당시 갖고 있는 질병(예 : 과거 암 병력이 있는 경우 재발된 암 등)의 진료비에 대해서는 급여를 제공하지 않는다는 것을 의미한다. 대부분의 주에서 보험자들은 환자에 대해서는 건강한 가입자의 몇 배에 이르는 보험료를 부과하였으며, 가입자가 병이 날 때까지 의료보험을 유지하지 못하도록 시간이 지나면서 보험료를 엄청나게 인상하였다. 따라서 이러한 시장에서도 보험을 구입한 사람들은 과거나 미래의 질병에 대해 완벽한 대응을 할 수가 없었으므로 진정한 의미에서의 의료보험을 갖지 못했었다고 말할 수 있다.[27]

(제16장에서 더 자세히 논의하겠지만) ACA의 핵심적인 특징은 비단체의료보험시장에서의 이런 장벽을 제거하기 위한 노력에서 찾을 수 있다. 이 법은 기왕력 배제를 금지하였으며, 가입

27 개별보험상품을 판매하는 의료보험시장의 문제점에 관한 자세한 논의는 Pollitz와 Sorian(2002) 또는 Collins 외(2006)를 참조하라.

자가 건강하지 못하다고 해서 더 많은 보험료를 부과하지 못하도록 했다. 이는 개인의무가입조항 및 의료보험 구입을 위해 보조금을 지급하는 세액공제(tax credit)와 함께 비단체의료보험시장의 성장을 촉진하였으며 그 결과 2010년에는 가입자가 50% 이상이나 증가하였다.

메디케어

메디케어 급여세를 통해 재원을 조달하여 65세 이상의 노인과 65세 이하의 장애인 모두에게 의료보험을 제공하는 연방정부 프로그램

두 번째 주요 의료보험은 노인의료보험인 **메디케어**(Medicare)로서 65세 이상의 모든 사람과 65세 이하의 장애인에게 의료보험을 제공하는 프로그램이다. 메디케어는 근로자와 고용주가 각각 1.45%씩 부담하는 급여세를 재원으로 한다. 수입이 200,000달러 이상인 개인과 250,000달러 이상인 가구는 여기에 0.9%씩 더 많은 급여세를 부담하며 총 3.8%의 세금은 투자소득에 대해서도 마찬가지로 적용된다.[28]

메디케어가 적용되는 직장에 10년 이상 근속한 근로자(및 그의 배우자)가 65세에 도달하면 메디케어 수급권자가 될 수 있다(사회보장연금과는 달리 65세 이전에는 메디케어의 적용을 받을 수 없다). 2019년 현재 약 5,300만 명의 노인들이 메디케어의 적용을 받고 있다. 장애보험의 적용자들도 2년간의 대기기간을 거친 후에 메디케어의 수급권자가 될 수 있다. 65세 이하의 장애인 중 메디케어 수급권자는 850만 명에 이르고 있다.[29]

메디케이드

메디케이드 빈곤층에게 의료서비스를 제공하는 연방정부와 주정부의 프로그램

미국의 또 다른 주요 공적 의료보장제도로서 저소득층에게 의료서비스를 제공하는 **메디케이드**(Medicaid)가 있으며 이 프로그램의 재원은 일반 조세수입으로서 연방정부와 주정부가 나누어 부담하고 있다.

메디케이드는 다음의 인구계층에게 급여를 제공한다.

- 현금급여를 수령하는 복지제도 수혜자로서 주로 한부모 가구주와 그 부양자녀
- 대부분의 저소득계층 자녀(연방정부 책정 빈곤선의 200% 미만)와 대부분의 저소득계층 임산부(빈곤선의 200% 미만 소득계층으로서 임신 관련 비용)
- 최저소득가구(연방정부 책정 빈곤선의 138% 미만)의 모든 가구원(그러나 ACA하에서 이들 계층에게 프로그램을 확대하기로 한 주에서만 대상자가 됨)
- 저소득계층 노인 및 장애인(메디케어 비급여 항목 및 요양원과 같은 시설에서의 장기 요양비용)

메디케이드가 젊은 빈곤계층, 특히 여성가구주 및 그 자녀에 대해 급여를 제공한다는 사실은 잘 알려져 있다. 노인이 아니며 장애가 없는 성인과 아이들이 제도 수혜의 4분의 3 이상을 차지한다. 다만 제도비용의 50% 이상은 고령 제도 수급자와 장애인이 부담하고 있다.[30] 이 중에는

28 Payroll tax information found(https://www.irs.gov/taxtopics/tc751).

29 Centers for Medicare and Medicaid Services(2021b).

30 Centers for Medicare and Medicaid Services(2018).

전체 메디케이드 지출의 21%를 차지하는 장기요양비가 포함되어 있으며 이는 노인들이 집에서 받는 재가서비스와 요양원 등에서 받는 시설 서비스를 받는 데 따른 지출이다.[31]

TRICARE/CHAMPVA

다른 주요 의료보험으로서는 현역 및 퇴역군인과 그 부양가족을 위한 의료보험이 있다. TRICARE는 현역 및 퇴역군인과 그 가족, 전사자의 가족을 대상으로 국방부가 운영하는 프로그램이다. CHAMPVA(Civilian Health and Medical Program for the Department of Veterans Affairs)는 예비군과 그 유족들을 대상으로 의료급여를 제공하는 프로그램이다. 이 두 가지 프로그램은 거의 1,180만 명의 미국인들에게 의료급여를 제공한다.[32]

의료보험 미적용자

마지막으로 어떤 종류의 보험에도 가입하지 못한 2,600만 명의 미국인이 존재한다. 그들은 과연 누구일까?[33]

- 의료보험 미가입자들의 소득은 평균보다 낮다. 미가입자의 절반은 소득이 연방 빈곤 수준의 200% 이하인 가구의 가구원이다. 그렇지만 모든 미가입자가 빈곤층인 것은 아니다. 미가입자의 17%는 연방 빈곤 수준의 400% 이상인 가구이다.
- 2019년도에 미가입자의 거의 2/3는 가구원 중 1명 이상의 전업근로자가 있는 사람들이었는데 이들은 고용주가 의료보험을 제공하지 않았거나, 아니면 제공했지만 본인을 위해서든, 부양가족을 위해서든 그 보험에 가입하지 않았던 사람들이다.
- 미가입자 중 약 14.2%가 아동이다.

미가입자가 존재하는 이유는 무엇인가? 왜 그토록 많은 미국인들이 의료보험이 없을까? 이에 대해서는 다양한 설명이 가능하다. 첫 번째 이유는 위험회피적 소비자라 할지라도 보험계리적으로 공정한 가격이 아니라면 보험을 구입하려 하지 않는다는 점이다. 미국 민영의료보험의 관리운영비는 대략 보험료 수입의 12% 수준이다.[34]

제12장에서 살펴본 기대효용모형에서는 보험계리적 공정성으로부터 멀어진다면 위험회피 성향이 낮은 사람들은 무보험을 선택할 수도 있다.

두 번째 이유는 의료보험시장의 역선택 문제이다. 역선택은 제12장에서 언급된 표준적인 레몬가격 책정효과(lemons-pricing effect)를 통해서 보험의 비용을 증가시킨다. 즉 보험 가입을 선택하는 일부 고위험군을 고려해서 가격은 더 높아진다. 이 역선택 효과는 ACA의 일부인 개인의 의료보험 의무가입조항에 의해 일부 상쇄되는데 이는 보다 건강한 사람들이 보험 가입자 집

---

31 Kaiser Family Foundation(2021d).

32 Keisler-Starkey and Bunch(2020), Table 1.

33 Keisler-Starkey and Bunch(2020), Table 1; Tolbert, Orgera, and Damico(2020).

34 Himmelstein, Campbell, and Woolhandler(2020).

단에 포함되기 때문이다. 하지만 의료보험 가입을 의무화한다고 해서 역선택 효과가 완전히 사라지는 것은 아닌데, 의무가입조항 자체가 완벽하게 보편적이지는 않기 때문이다.

세 번째 이유는 질병 발생의 가능성이 낮기 때문에 합리적으로 보험을 선택하지 않을 것이다. 그리고 만일 질병이 발생할 경우 그들은 의료 제공자로부터 무상의료를 받을 수 있다. 연방법에 따르면 메디케어로부터 진료비를 상환받는 병원이라면 지불 능력과 상관없이 위급상태로 도착하는 환자는 반드시 치료해야 한다. 병원은 보험이 없는 환자로부터 진료비를 받아내려 할 수 있지만 이들은 대부분 진료비를 내지 않기 때문에 **무상진료**(uncompensated care) 비용이 발생하게 되어 환자는 '암묵적 의료보험'을 제공받게 된다.

무상진료 공급자가 그 진료비를 상환받지 못하는 의료서비스

네 번째 이유는 단지 높은 수준의 의료보험료를 감당하지 못해 미가입자로 남아 있을 수 있다는 점이다. 고용주로부터 의료보험을 제공받지 않는 사람들이나 고용주가 보험료의 극히 일부만을 부담하는 사람들은 나머지 비용을 부담할 능력이 없을 수도 있다.

다섯 번째 이유는 사람들이 실수로 의료보험의 가치를 제대로 평가하지 못할 수도 있다는 점이다. 이런 경우는 젊거나 건강한 사람들이 건강상의 위험을 제대로 이해하지 못해서 나타날 수 있다. 또는 사람들이 건강상의 장기 위험에 비해 의료보험의 단기 비용을 과도하게 높게 평가함으로써 제6장에서 논의한 자기통제 문제에 직면하기 때문에 나타날 수도 있다.

왜 미가입자에 대해 관심을 갖는가? 의료보험을 갖고 있지 못한 사람들이 있다는 것이 왜 문제가 될까? 이에 대해서는 몇 가지 답이 있을 수 있다. 첫째, 전염성 질환에는 외부효과가 존재한다. 보험이 없는 사람들은 전염성 질환을 막기 위해서 예방접종을 받을 가능성이 낮다(제1장에서 다루었던 홍역의 예를 생각해보자). 둘째, 무상진료를 통해 보험 비가입자가 가입자에 대해 야기하는 엄청난 규모의 금전적 외부효과를 발생시킨다. 비보험환자가 진료를 받은 후 진료비를 지불하지 않는다면 이 진료비용은 의료서비스의 가격 상승을 통해 다른 의료 소비자가 부담해야 하는데 이런 현상을 비용전가(cost-shifting)라고 한다. 가장 최근의 추정치에 따르면 미국에서의 무상진료 규모는 ACA가 시행되기 이전인 2013년 500억 달러에 달하였다. ACA가 시행되기 시작한 2014년에 병원에서의 무상진료비 지출은 21% 감소하였다.[35] 이는 비보험환자가 그 비용을 스스로 부담하지 않고 다른 사람들이 부담하는 의료비용을 증가시킨다는 점에서 전형적인 금전적 외부불경제이다.

셋째, 비보험환자에게는 의료서비스가 제대로 제공되지 못함으로써 건강이 더욱 악화되고 이는 다시 보험 가입자들이 부담해야 하는 무상진료의 비용을 더욱 높인다. 비보험환자가 단순감기와 같은 1차 진료를 위해 급박한 응급상황에서나 이용해야 하는 응급실을 이용하는 것이 전형적인 사례이다. 이런 식으로 비효율적으로 이용되는 의료서비스의 실제 사례는 매우 많다. 예를 들어 로스앤젤레스의 한 응급실에 입원하고 있는 사람들을 대상으로 한 조사에 의하면 응답

35 U.S. Department of Health and Human Services(2015b).

자의 38%가 3일 이내에 응급실을 퇴원하여 개원의의 진료를 받을 의향이 있다고 응답하였다.[36] 이와 같은 응급실 서비스의 오남용은 응급실이 단순질환을 치료하기에는 너무나 고가라는 점에서 문제가 된다. 단순질환자들을 의료시설이나 응급시설이 아닌 개업의들에게로 보낸다면 의료체계의 효율성은 제고될 것이다.

넷째, 온정적 간섭주의와 형평의 관점에서이다. 특히 사람들은 자신에게 다가오는 위험을 제대로 알지 못하기 때문에 합리적인 수준까지 의료보험을 구입하지 않을 수도 있으며 이는 정부의 의료보험시장에 대한 개입을 정당화하는 근거가 될 수 있다. 또한 많은 사람들이 의료를 식료품이나 주거처럼 기본적인 권리로 생각하고 있으며 보험이 없는 사람들은 일반적으로 평균적인 사람들보다 더 가난하기 때문에 의료자원이 재분배되어야 할 대상으로 간주되고 있다.

마지막으로, 많은 사람들이 의료보험을 잃게 될까 봐 더 나은 직장으로 옮기는 일을 두려워할 때 발생하는 경제적 영향, 즉 **직장고착**(job lock)으로 불리는 현상으로 인해 보험미적용자에 대한 우려가 발생한다. 현재 의료보험을 갖고 있는 수백만 명이 보험미적용자가 될 가능성에 대한 우려는 그들이 더 생산적일 수 있는 직장을 탐색하거나 직장을 옮기는 일을 방해한다. 이러한 행태는 결국 근로자와 직장 간의 불일치 문제를 가져와 전반적으로 미국 경제의 생산성을 낮출 수도 있다.

직장고착 의료보험 상실의 두려움 때문에 더 나은 직장으로 옮기는 것을 꺼림

예를 통해 이 문제를 이해하기 위해 엠마라는 여성이 의료보험과 소비라고 하는 두 가지의 재화로부터 효용을 얻는다고 가정해보자. 따라서 그녀의 효용함수는 $U = U(C, HI)$이고 여기에서 C는 소비를, HI는 의료보험을 나타내는데 의료보험이 있을 때는 1, 없을 때는 0의 값을 갖는다. 그녀는 완전경쟁시장인 노동시장에서 일을 하고 있으므로 그녀가 받는 임금은 자신의 한계생산성과 동일하며 여기에서 의료보험 구입비용을 뺀 순소득을 소비에 사용한다.

엠마가 현재 기업 1(회계법인)에서 일하고 있는데 기업 2(신생 소프트웨어 기업)에서 일자리를 제안하고 있다고 가정하자. 그리고 그녀의 생산성은 기업 2에서 더 높다(즉 $MP_1 < MP_2$). 그녀가 직장을 바꾸면 이는 사회적 관점에서 효율성이 증가될 것이다. 그러나 기업 1은 대기업이므로 의료보험 보험료가 비교적 낮아서 P의 비용으로 의료보험을 구입할 수 있지만 기업 2는 영세해서 의료보험이 매우 비싸기 때문에 직원들에게 의료보험을 제공하지 못하고 있다. 소비는 의료보험 구입비용을 뺀 나머지만큼만 가능하므로 엠마가 기업 1에 남을 경우 그녀의 효용은 $U(MP_1 - P, 1)$이 되고, 만일 기업 2로 이동하면 $U(MP_2, 0)$이 된다. 기업 1에서 그녀는 더 낮은 한계생산성을 보이며 여기에서 의료보험 구입비용을 뺀 나머지를 소비할 수 있지만 의료보험을 가질 수 있다. 기업 2에서는 더 높은 한계생산성을 보이며 여기에서 의료보험 구입비용을 뺄 필요가 없지만 의료보험을 가질 수 없다.

이 경우 만일 엠마가 의료보험에 대해 그 비용보다 더 높은 가치를 부여한다면(즉 그녀의 효용함수에서 첫 번째 변수보다 두 번째 변수에 더 많은 가중치를 준다면) 그녀는 $MP_2 > MP_1$임에도 불구하고 의료보험을 잃을 때의 비효용(disutility)을 감안해서 직장을 옮기지 않을 것이다.

---

36 Hadley and Holahan(2003).

실증적 증거

의료보험과 직장이동성

직장고착은 실제로도 중요한 문제일까? 이 의문에 대해 많은 연구들이 내린 결론은 실제로 중요한 현상이라는 것이다. 이 분야의 연구에서 처음에는 의료보험에 가입한 사람들과 가입하지 않은 사람들을 비교해보았는데, 그 결과 의료보험을 가진 사람들이 직장을 그만둘 가능성이 낮은 것으로 나타났고 이는 직장고착을 의미하는 것으로 해석되었다.

그러나 이 두 집단은 적어도 다음의 두 가지 점에서 차이가 있기 때문에 분석집단과 비교집단으로서 적합하지 않았다. 첫째, 의료보험을 제공하는 직장을 선택하는 사람들은 그렇지 않은 사람들과 크게 다를 수 있다는 것이다. 예를 들면 그들의 건강에 문제가 있을 수 있다. 만일 건강이 안 좋다는 사실이 낮은 직장이동성과 관련이 있다면 이는 의료보험과 이동성 사이에 상관관계가 나타나는 이유가 될 수 있다(의료보험을 갖고 있는 사람은 의료보험의 적용 그 자체가 아니라 그가 앓고 있는 병 때문에 직장을 떠나지 못하는 것이다). 둘째, 의료보험을 제공하는 직장이라면 임금, 퇴직연금, 휴가 등 여러 가지 면에서 '더 좋은' 직장일 가능성이 높다. 사람들이 이런 직장을 떠나려 하지 않는다면 이는 의료보험을 잃고 싶지 않아서가 아니라 많은 것을 누릴 수 있는 직장 그 자체를 떠나고 싶지 않아서인 것이다. 따라서 의료보험을 갖고 있는 분석집단과 의료보험이 없는 비교집단 사이의 이러한 차이 때문에 이들 추정치에는 편의(bias)가 존재하게 된다.

1990년대의 보다 정교한 연구들은 이 문제를 두 가지 다른 방법으로 극복하였다.[37] 첫째, 일부 연구에서는 분석집단 중에서 의료보험에 특별히 높은 가치를 부여하는 사람들과 비교집단 중에서 그렇지 않은 사람들을 비교하는 이중차감법(difference-in-difference strategy)을 사용하였다. 이 연구들은 배우자나 또 다른 원천으로부터 의료보험의 적용을 받는 사람들(비교집단)에 대해서 별도의 다른 의료보험을 갖고 있지 않은 사람들(분석집단)의 경우에 과연 의료보험을 갖고 있다는 사실이 직장이동성을 낮추는지의 문제를 알아보고자 하였다. 만일 직장고착이 중요한 문제라면 이는 배우자를 통해 적용되는 의료보험이 없는 사람들에게서 가장 현저하게 나타나야 한다. 이때 의료보험과 이동성 간의 상관관계를 낳는 다른 요인들(진정한 의료보험의 효과를 반영하지 않는 편의)은 배우자를 통한 의료보험을 갖고 있지 않은 비교집단이 포착해준다.

둘째, 이 연구들은 근로자가 직장을 떠난 뒤에도 당분간 고용주가 제공하는 의료보험에 계속해서 가입할 수 있도록 한 주법(州法)의 효과를 검토해보았다. 이 법은 근로자가 의료보험을 제공하는 직장으로부터 제공하지 않는 직장으로 옮긴다 해도 당분간은 의료보험을 계속 유지할 수 있게 한다는 점에서 직장고착의 효과를 어느 정도는 완화한다.

이 법이 일부 주에서 통과된 것은 1970년대와 80년대였는데 이에 따라 준실험적인 분석이 가능하게 되어 이 법이 통과된 주의 사람들이 (직장고착이 완화될 것이므로) 분석집단이 되고, 이런 법이 없는 주의 사람들은 비교집단이 되었다. 그리고 이 상황에서 양자 간 이동성에 어떠한 차이라도 있다면 이는 이 법을 통해 직장고착이 완화되었기 때문이다. 1986년에 통합일괄조정법(COBRA)의 일부로서 연방정부의 입법에 의거하여 의료보험의 적용 연장이 전국적으로 확대되었고, 이 때문에 이런 형태의 의료보험 연장은 'COBRA 적용'으로 알려지게 되었다. COBRA의 통과로 인해 또 다른 준실험적인 분석이 가능하게 되었는데 이 법을 갖고 있지 않은 주의 근로자들은 분석집단이 되고, 이미 이 법을 갖고 있어 연방법의 영향을 받지 않았던 주의 근로자들은 비교집단이 되었다.

이러한 연구 결과에서 알 수 있는 것은 직장고착이 정량적인 차원에서 중요하다는 것이다. 예를 들어 Madrian(1994)은 직장고착이 의료보험을 제공하는 직장의 이동성을 25%나 감소시키는 것으로 추정하였다. 같은 맥락에서의 후속연구들은 은퇴자에게 의료보험이 적용되지 않는다는 사실이 65세 이전에 직장으로부터 조기은퇴할 가능성을 낮춘다는 사실을 밝혀냈는데, 이는 노인들이 65세가 되어 메디케어 수급자가 되기 전에는 의료보험 미적용을 원치 않기 때문이다. 이러한 의료보험개혁법의 주요 목표 중 하나는 제16장에 기술된 보험거래소를 통해서 고용보험에 가입하지 않은 사람들에게 차별 없는 보장을 제공함으로써 직장고착을 줄이는 것이었다.

---

[37] 관련 문헌을 검토하고자 한다면 Gruber와 Madrian(2004)을 참조하라.

따라서 의료보험의 유지 여부가 생산성을 높이는 직장이동을 가로막고 있다는 것을 알 수 있다.[38] 실제로, '실증적 증거' 코너에서 살펴보겠지만, 직장고착은 미국에서 중요한 현상이다. 의료보험을 갖고 있는 근로자들은 의료보험 그 자체 때문에 직장을 바꿀 가능성이 25%나 낮아진다.

15.2 의료보험의 급여 범위

의료보험시장에 대한 정부의 개입 문제를 생각할 때 제일 먼저 드는 의문은 의료보험이 얼마나 관대해야 하는가이다. 제12~14장에서 다룬 다른 보험과 마찬가지로 의료보험의 적절한 급여 범위는 소비평탄화가 주는 편익과, 보험 때문에 발생하는 도덕적 해이의 사회적 비용 사이의 상충관계를 통해 결정될 문제이다. 그러나 의료보험의 관대함은 다른 보험과는 아주 다른 방식으로 나타난다. 사회보장연금이나 실업보험의 보장성은 소득대체율이나 수급기간으로 나타나지만 의료보험에서는 보험자가 부담하는 진료비의 비율로 나타난다.

"1에서 10까지의 척도를 기준으로 귀하의 보험은 얼마나 좋은가요?"

그러므로 의료보험의 관대함은 두 가지 차원에서 측정된다. 첫째는 **환자**에 대한 의료비 보장의 정도이다. 즉 진료비의 몇 퍼센트를 보험자가 부담하고 공제제, 정액 본인부담 및 정률 본인부담을 통해 진료비의 몇 퍼센트를 환자 본인이 부담할 것인가? 가장 보장성이 높은 의료보험은 환자가 모든 의료서비스에 대해 진료비를 한 푼도 내지 않는 **전액보장보험**(first-dollar coverage)이다. 보장성이 낮은 의료보험에서는 특정 의료서비스를 급여 범위에서 제외함으로써 본인이 전액을 부담해야 한다든지, 환자가 서비스를 받을 때 지불해야 하는 진료비의 본인부담률이 높아진다. 따라서 이 절에서 논의하는 문제는 환자의 진료비 중 얼마를 보험자가 부담하고 얼마를 환자 본인이 부담해야 하는가의 문제이다.

전액보장보험 모든 의료비를 지불해주고 환자는 전혀 또는 거의 부담을 지지 않는 보험

관대함의 두 번째 차원은 **의료 제공자**에 대한 진료비 상환 규모이다. 의료기관이 가입자에게 제공하는 의료서비스에 대해 보험자는 얼마를 지불해야 하는가? 의료 제공자가 요구하는 금액을 모두 지불해야 하는가, 아니면 보험자는 어떤 식으로든 상환액의 한도를 정해야 하는가? 이

38 이런 결론은 (1) 기업은 일부 근로자에 대해서만 의료보험을 제공할 수는 없다 또는 (2) 기업은 근로자의 의료보험에 대한 가치 평가를 반영하기 위해 근로자마다 별도의 임금을 책정할 수는 없다는 것을 가정하고 있다. 만일 기업이 이 두 가지를 할 수 있다면 기업 2는 그녀에게만 의료보험을 제공함으로써, 그리고 그에 따라 임금을 낮춤으로써 기업 1로부터 엠마를 불러올 수 있다. 하지만 가정 1은 법적으로 정당화될 수 있다. 기업은 근로시간 또는 재직기간(tenure)을 제외한 다른 특성에 근거하여 의료보험에 대한 수급자격을 제한할 수 없다. 가정 2는 좀 더 복잡한 문제이며 우리는 제18장에서 이 문제를 논의할 것이다.

문제는 다음 절에서 다루기로 한다.

의료보험이 환자에게 제공하는 소비평탄화의 편익

제12장에서 공부한 것을 적용해보면 개인들이 얻는 의료보험의 편익은 명백하다. 위험회피적 소비자 의료보험에 가치를 부여하는 이유는 의료비가 발생할 때 안정적 소비가 가능하도록 해주는 수단이 되기 때문이다. 그러나 의료를 이용해야 하는 상황이 다 똑같지는 않다. 단순한 검진을 위해 의사를 방문하는 것처럼 사소하면서 예측이 가능한 경우가 있는가 하면 심장마비로 인해 입원하는 것처럼 중대하고 예측 불가능할 때도 있다. 기대효용이론에 따르면 의료보험은 후자일 때 훨씬 더 의미가 있으며 전자와 같은 사소한 상황을 보장해준다면 보험을 통한 소비평탄화의 편익은 거의 존재하지 않는다. 따라서 소액진료비는 본인이 전액 부담하고, 중증 질환에 대한 고액진료비만을 보험에서 부담해주는 경우에 비해, 전액보장의 소비평탄화의 편익은 크지 않다.

사소하면서 발생 여부를 예측할 수 있는 질환을 보장해주는 의료보험의 소비평탄화 편익이 줄어드는 것은 두 가지 이유 때문이다. 첫째, 위험회피적 소비자는 사소한 위험의 보장을 통해 효용을 거의 얻지 못한다. 사소한 위험을 보장받기 위해 보험료를 지불해야 하는 비효용이 사소한 위험을 보장받음으로써 얻는 효용과 거의 비슷하기 때문이다. 표 12-1의 예로 돌아가서 이 점을 알아보자. 그 예에서 미미는 재난적 위험을 보장받기 위해 보험계리적으로 공정한 보험료를 지불해야 했다. 자동차 사고가 나서 치료비로 그녀의 소득 30,000달러를 잃어버릴 수 있는 위험이 1%였다. 발생 가능성은 낮지만 일단 발생하면 큰 손실을 봐야 하는 이 재난적 위험에 대해서 미미가 그 손실을 전액 보상해주는 보험에 가입하면 그녀의 효용이 크게 증가할 수 있다는 점을 살펴보았다.

이제 같은 예를 통해 논의를 진행하되 자동차 사고의 치료비가 30,000달러가 아니라 단지 100달러에 불과하다고 가정해보자. 미미가 보험에 가입하지 않았다면 기대효용은 다음과 같다.

$$(0.99 \times \sqrt{30,000}) + (0.01 \times \sqrt{29,900})$$
$$= (0.99 \times 173.2) + (0.01 \times 172.9) = 173.2$$

이제 미미가 사고가 날 것에 대비해 100달러를 지급하는 보험에 가입했다고 가정하자. 사고가 날 확률은 1%이므로 이 경우에 보험계리적으로 공정한 보험료는 1달러로서 미미는 사고 발생 여부와 무관하게 1달러를 지불해야 한다. 미미가 보험에 가입한다면 기대효용은 다음과 같다.

$$(0.99 \times \sqrt{30,000 - 1}) + (0.01 \times \sqrt{30,000 - 1})$$
$$= (0.99 \times 173.2) + (0.01 \times 173.2) = 173.2$$

따라서 미미의 효용은 보험을 구입한다고 해서 증가하지 않는다. 이 결과는 보험 가입을 통해 효용이 크게 증가했던 앞에서의 예와 크게 다른데 사소한 위험에 대해서는 보험이 큰 가치를 갖지 못한다는 사실을 보여주고 있다. 작은 위험에 대한 보장으로부터 얻는 소비평탄화의 편익이 적은 이유는 소비의 아주 작은 변화에 대해서는 한계효용이 거의 감소하지 않기 때문이다. 소비를 1달러어치 줄였을 때 감소하는 효용의 크기는 소비를 1달러어치 늘렸을 때 증가하는 효용의 크기와 거의 같다. 이로부터 아주 작은 소득 상실을 가져오는 위험은 특별히 회피할 필요가 없다는 것을 알 수 있다. 이 경우 대략적으로 **위험중립적**이라고 할 수 있다.

전액보장 의료보험 소비평탄화 편익이 작은 두 번째 이유는 의료비 지출 규모가 작고 예측 가능하다면 그렇지 않은 경우에 비해 자가보험(self-insurance)에 들 수 있기 때문이다. 사람들은 예정된 의사 방문에 앞서 그 비용을 마련하기 위해 저축을 할 수 있지만 심장마비가 발생할 적은 가능성에 대비해 200,000달러를 추가적으로 저축하는 것은 대단히 비효율적인 일이 될 것이다.

소비자의 도덕적 해이 비용

의료보험을 통한 소비의 평탄화라는 편익을 상쇄시키는 것은 도덕적 해이의 문제이다. 의료보험에 있어서 소비자 측면의 도덕적 해이에 관한 고전적 분석은 Feldstein(1973)에 의해 이루어졌으며 (모든 의료서비스에 대해 일반적으로 적용되기는 하지만) 그림 15-7에서처럼 의사 방문 사례를 통해 예시되고 있다. 가로축에는 마티의 의사 방문 횟수가 나타나 있으며 세로축에는 방문할 때마다 마티가 지불해야 하는 가격이 나타나 있다. 1회의 의사 방문을 위한 한계비용(의사의 시간비용, 의료소모품 비용 등)이 100달러에서 일정하다고 가정하면 의료서비스의 공급곡선은 수평선 *S*가 된다. 또한 마티는 의사 방문과 같은 의료서비스에 대해 우하향하는 수요곡선을 갖고 있다고 가정하자. 이는 (한계효용의 체감으로 말미암아) 의료에 대한 그의 지불의사가 점점 줄어들기 때문이다. 마지막으로 마티가 가입한 보험의 가입자 규모가 대단히 크기 때문에 마티의 의료비 지출은 그가 지불해야 하는 보험료의 크기와 무관하다고 가정하자. (개인 보험료는 개인 경험료율에 의해 영향을 받지 않는다.) 그렇다면 그가 의료를 이용하면서 부담해야 하는 유일한 비용은 본인부담금뿐이다.

만일 마티가 진료비를 전액 부담해야 한다면(즉 100%의 본인부담률에 직면한다면) 그는 연간 Q_1번의 방문을 소비할 것이다(*A*점). *A*점에서 의료서비스를 소비하는 데 따른 한계편익(수요곡선)은 진료비 총액 100달러와 같다. Q_1은 또한 사회적 한계편익(수요곡선)이 사회적 한계비용(공급곡선)과 일치하고 있기 때문에 사회적으로도 최적인 수준이다.

이제 마티가 의사를 방문할 때마다 현재의 모든 의료보험이 그러하듯 10달러의 본인부담금을 내야 한다고 가정하자. 이 경우 그는 겨우 10달러의 사적 한계비용에 직면하게 되므로 Q_2번의 의사 방문을 선택하게 될 것이다(*C*점). Q_2는 비효율적으로 과도한 의료서비스 양인데 이는 이 수준에서 사적인 한계비용(10달러)이 사회적 한계비용(100달러)에 크게 못 미치기 때문이다. 따라서 면적 *ABC*에 해당하는 만큼의 비효율이 발생하게 되며 이는 의료 이용의 한계편익(수요곡선)이 사회적 한계비용에 미치지 못하는 모든 단위에서 나타나는 비효율을 반영하고 있다. 마티가 진료비 전액을 부담하지 않음으로써 면적 *ABC*만큼의 사중손실이 발생하게 된 것이다.

이 적은 금액의 본인부담이 가져오는 편익은 소비평탄화이다. 마티와 같은 개인들은 의사

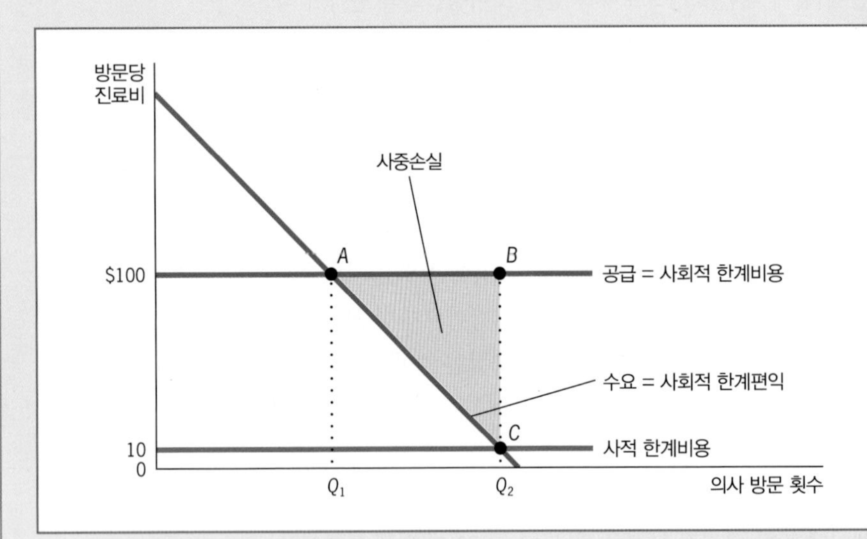

그림 15-7 소비자 측면의 도덕적 해이 의료보험이 없는 상태에서 방문당 비용이 100달러일 때 소비자들은 한계비용과 한계편익이 같아지는 Q_1까지 의사 방문 서비스를 소비한다. 그러나 본인부담금이 10달러에 불과하다면 소비자들은 사적인 한계비용과 사회적 한계편익이 같아지는 Q_2까지 서비스를 소비하게 된다. 이러한 의료서비스의 과잉소비는 *ABC*만큼의 사중손실을 낳는다.

를 방문할 때 진료비 전액을 다 부담하지는 않는다는 사실에 가치를 부여한다. 본인부담률이 100%라면 효율적인 의료 이용이 가능할지 모르지만 위험회피적인 소비자가 가치를 부여하는 고액진료비를 보장하는 의료보험을 제공하지는 못한다. 여기서 우리는 (의사를 찾아갈 때 100달러가 아니라 10달러만 지불함으로써 얻게 되는) 소비평탄화의 편익과 (사회적 최적수준인 Q_1이 아니라 Q_2를 소비함으로써 발생하게 되는) 의료의 과다이용이라는 형태의 비용 사이에서 의료보험의 근본적인 상충관계에 직면하게 된다.

'곡선의 평평한 부분' 이처럼 비효율적인 의료 이용 때문에 어떤 사람은 현대 의료가 '곡선의 평평한 부분'에 놓여 있다('flat of the curve' medicine)고 주장하기도 한다. 이런 주장은 그림 15-8의 의료비 지출과 그에 따른 건강증진에 관한 관계를 보여주고 있는 '건강효과곡선(health effectiveness curve)'을 통해 설명할 수 있다. 이 그림에서 가로축은 의료비 지출의 수준을 측정하며 세로축은 추가적인 의료비로부터 얻는 **한계건강편익**(marginal health benefit)을 나타내고 있다. 이 그림에서 건강편익은 달러로 측정되고 있는데 이는 건강증진의 화폐적 가치를 의미한다. 따라서 건강이 1달러어치 향상된다면 이는 이 건강 수준 향상이 개인에게 그만큼의 가치를 갖는다는 것을 의미한다.

처음에는 의료비 지출이 건강을 향상시키는 측면에서 매우 생산적인데 이는 (노인에 대한 독감예방접종처럼) 매우 비용효과적인 의료서비스를 받기 때문이다. 예를 들어 *A*점은 의료에 일단 1,000달러를 지출한 후에 추가로 1달러를 더 지출하는 경우의 한계건강편익을 나타내고 있다. 1달러를 더 지출하게 되면 5달러(세로축), 즉 의료비 1달러 지출의 5배나 더 많은 건강증진을 가져온다. 그러나 의료비 지출이 증가함에 따라 명백하게 비용효과적인 의료서비스로부터 비용효과가 떨어지는 의료서비스로 옮겨 가게 된다. 2,000달러의 의료비 수준으로부터 2,001달

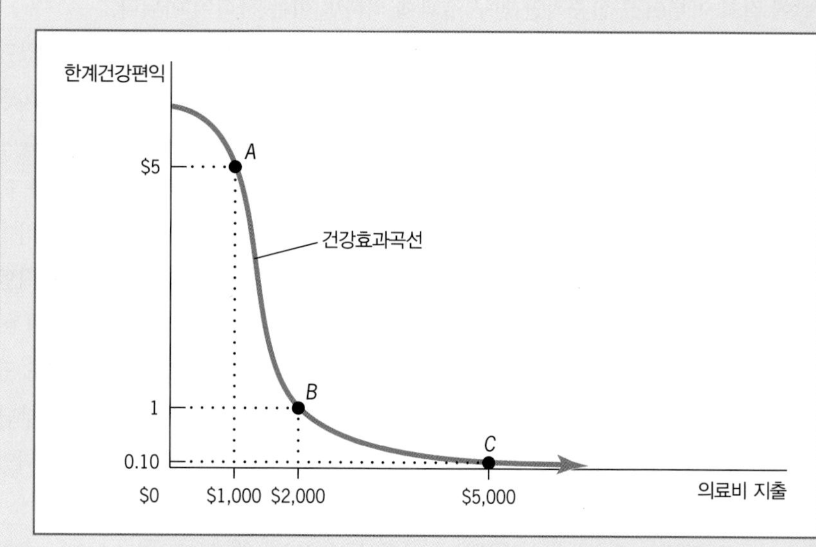

그림 15-8 '곡선의 평평한 부분' 의료에 대한 지출은 건강 수준의 향상이라는 측면에서 처음에는 매우 생산성이 높은 것으로 가정되고 있지만 의료비 지출이 증가하면서 생산성은 차츰 하락한다. 이 곡선은 의료비 지출 1달러당 향상된 건강의 가치를 보여주고 있다. 소비자들이 의료에 1,000달러를 지출하고 있는 *A*점에서는 건강 향상의 가치가 지출 1달러당 5달러에 상당하고, 2,000달러를 지출하고 있는 *B*점에서는 건강 향상의 가치가 지출 1달러당 1달러에 상당한다. 그러나 *B*점을 넘어서면 건강 향상의 가치는 지출 1달러당 1달러에 미치지 못한다.

러의 의료비 수준으로 이동하는 *B*점에서, 건강편익은 1달러어치 증가하는데 이는 의료비 지출 증가분과 똑같다. 의료비를 5,000달러에서 5,001달러로 증가시키는 *C*점에서는, 건강증진의 편익은 0.1달러, 즉 의료비 지출의 1/10에 불과하다. 종국적으로는 추가적인 의료비 지출의 증가는 건강증진에 아무런 도움이 안 되며 효과곡선은 평평해진다. 어떤 사람들은 과도한 의료 이용이 실제로는 사람들의 건강 수준을 낮출 수도 있다고 주장하는데 만일 그렇다면 아주 높은 의료비 지출 수준에서 효과곡선은 우하향하는 형태를 갖게 될 것이다.

추가적인 건강편익이 추가적인 의료비보다 낮아진다면 의료 이용을 그만두는 것이 바람직하다. 그림 15-8을 보면 의료비 지출 1달러마다 1달러어치의 건강을 구입할 수 있는 *B*점을 초과할 만큼 의료를 이용해서는 안 된다. 만일 진료비를 개인이 모두 부담해야 한다면 *B*점에서의 의료 이용은 경쟁시장에서 선택되는 사회적 최적이 될 것이다. 그러나 만일 추가적인 의료 이용에 대해 본인이 부담하는 부분이 크지 않다면 효과곡선이 완전히 평평하지 않은 한 의료수요는 여전히 존재할 것이다. 이 수요 때문에 우리 사회는 *B*점의 오른쪽으로 넘어갈 것이며 이 영역에서는 1달러의 의료비 지출이 1달러에 미치지 못하는 건강증진 편익을 낳는다. 어떤 연구에 의하면 미국에서 제공되는 모든 의료서비스의 1/3은 '그 편익이 의심스러운' 것들이다.[39]

의료수요는 얼마나 탄력적일까? RAND 의료보험실험

도덕적 해이 때문에 의료 이용이 사회적으로 적정한 수준을 벗어나는 정도는 본인부담금의 크기와 의료수요의 가격탄력성에 따라 달라진다. 과거 정책결정자들은 이 탄력성이 영(0)에 근접할 것이라고 가정했었다. 사람들은 아프면 의사를 찾아가고 아프지 않으면 찾아가지 않는다는

[39] RAND는 다양한 임상적 상황에 있어서 '진료의 적절성'에 관한 연구를 수행하였다. 대략 3건에 1건 정도로 잘못 시행되고 있는 의료시술의 사례에 관해서는 Winslow 외(1988)를 참조하라.

것이다. 수십 년에 걸쳐 이루어진 실증적인 연구 결과에 의하면 이는 사실이 아니다.

의료수요의 탄력성에 관한 최상의 증거는 미국 역사상 가장 야심 찬 사회적 실험의 하나였던 RAND 의료보험실험(Health Insurance Experiment, HIE)으로부터 나왔는데 이 실험은 1970년대 중반 미국의 몇 개 지역에서 실시되었다. HIE에서 사람들은 여러 가지 다른 본인부담률에 무작위로 할당되었다. 예를 들어 어떤 사람들은 본인부담이 없는 의료보험에 할당되었는가 하면 또 다른 사람들은 95%의 본인부담률을 갖는 의료보험에 할당되기도 하였고(즉 총진료비의 95%를 본인이 지불함), 또 다른 사람들은 그 사이의 본인부담률을 갖는 의료보험에 할낭되었다. 보장 수준이 낮은 의료보험에 할당된 사람들의 경우 더 많은 진료비를 부담해야 했는데 이는 명백히 비윤리적이기 때문에 이로 인해 아마도 참가자를 모집하는 데 어려움을 겪을 수도 있다는 것이다. 따라서 이런 문제 때문에 HIE에서는 모든 종류의 보험에 1,000달러의 '본인부담 상한'을 두었다. 즉 일단 환자가 진료비로 1,000달러를 지출했다면 어떤 의료보험에 할당되었던 그 이상의 진료비는 지불하지 않아도 되도록 하였다.

이렇게 설계된 HIE를 통해 얻은 결과는 상당히 충격적인 것이었다.[40] 첫째, 의료수요는 가격에 민감한 것으로 나타났다. 본인부담이 전혀 없었던 사람들은 본인부담률이 95%였던 사람들에 비해 1/3 이상 더 많은 의료서비스를 이용했던 것이다. 이 실험을 통해 계산된 탄력성은 0.2로 나타났는데 이는 의료서비스의 가격이 10% 상승할 때마다 의료수요는 2%씩 감소한다는 것을 의미한다.

둘째, 의료서비스의 가격이 더 낮아졌기 때문에 더 많은 의료서비스를 이용했던 사람들의 건강은 평균적으로 더 나아지지 않았다. 이 연구 결과는, 전형적인 환자의 경우 본인부담률의 변화에 반응함에 있어서 실제로 건강효과곡선의 평평한 부분에 위치하고 있다는 것을 의미한다. 그러나 이런 결과가 의료보험이 전혀 가치가 없음을 의미하는 것은 아닌데, 이는 이 실험에 참가했던 모든 사람들이 의료보험의 적용을 받았기 때문이다. 일단 한 가구의 의료비 지출이 1,000달러에 도달하게 되면 그 이상의 진료비는 한 푼도 내지 않았다. RAND 실험 결과는 사람들이 일단 보험을 통해 고액진료비를 보장받는다면 소액진료비에 대한 본인부담률의 변화는 평균적으로 사람들의 건강 수준에 영향을 미치지 않음을 의미한다.

셋째, 만성질환을 갖고 있으면서 본인부담금을 어렵지 않게 낼 만큼 소득이 충분치 않은 사람들의 건강은 어느 정도 악화되었다. 특히 고혈압이 있는 저소득층은 적절한 진료를 받지 않아서 혈압이 위험한 수준으로까지 올라간 것으로 나타났다. 보다 최근의 연구도 이러한 연구 결과와 같다. 즉 최근의 연구에서도 상태의 호전이 가능하지만 만성적인 질환을 갖고 있는 사람들의 경우 본인부담 때문에 건강상태가 악화된 것으로 나타났다. 실제로 어떤 연구는 만성질환자의 경우 본인부담률을 높이면 의사 방문과 투약을 줄이기 때문에 건강이 악화되고, 이는 결국 진료비가 더 높은 입원으로 귀결되므로 실제로는 총진료비를 상승시키는 것으로 보고 있다.[41]

---

40 이 연구 결과에 대한 포괄적인 요약은 Newhouse and the Insurance Experiment Group(1993)을 참조하라.

41 Chandra, Gruber, and McKnight(2010).

최적의료보험

의료보험시장에 있어서 도덕적 해이로 인한 사중손실이 적지 않은 규모라는 사실은 개인들이 감당할 수 있는 범위 안에서는 진료비의 많은 부분을 본인이 부담하고, 진료비가 감당할 수 없을 정도로 높을 때에 한해서만 완전한 보장을 해주는 것이 최적의 의료보험정책이라는 점을 시사하고 있다. 이러한 구조가 최적인 것은 전액보장보험은 소비평탄화의 편익은 거의 없는 반면에 도덕적 해이에 따른 비용은 크기 때문이다.

이미 본 것처럼 전액보장보험의 소비평탄화 편익은 매우 적다. 이에 반해 전액보장보험은 사람들로 하여금 의료의 사회적 비용이 사회적 편익을 능가할 때까지 의료를 과도하게 이용하도록 조장함으로써 상당한 도덕적 해이로 인한 비용을 발생시킨다. 바꿔 말하면 소액 진료비에 대한 급여는 (사람들이 작은 위험에 대한 소비평탄화에는 큰 가치를 부여하지 않기 때문에) 편익은 작으면서도 (사람들이 한계편익이 한계비용보다 작아질 때까지 의료를 이용하므로) 비용은 상당하기 때문에 최적의 의료보험을 추구한다면 그런 급여를 제공해서는 안 되며 오히려 반대로 소비평탄화의 편익이 크면서도 (심장마비처럼 도덕적 해이의 문제가 적은) 고액의 진료비가 발생하는 경우만을 급여대상으로 삼아야 한다는 것이다. 최적의료보험의 예로는 Feldstein(1973)의 '중대 리스크 보험(Major Risk Insurance)'을 들 수 있는데 이 보험에서 사람들은 의료비 지출이 소득의 10%에 이를 때까지는 모든 의료서비스에 대해 50%의 본인부담금을 지불해야 하며, 그 이상에서는 본인부담이 없다.

그러나 RAND 의료보험실험 및 후속연구의 결과는 이러한 일반적 구조에 중대한 전제가 있어야 함을 시사하고 있다. 즉 적절한 진료를 조장하는 한편 부적절한 진료를 억제하기 위해서는 소비자의 비용분담 대상을 구분할 필요가 있다는 것이다. 예를 들어 만성질환자의 경우에는 처방약에 대한 본인부담을 줄이는 것이 비용-효과적이다. 실제로 만성질환을 가진 인구가 장래에 더욱 고가의 치료를 피하도록 하기 위해서는 심지어 예방적 서비스에 보조금을 지급하는 것이 더 적절한 대책일 수도 있다. 의료체계의 성과를 개선하는 데 소비자의 의사결정을 반영하기 위한 수단으로서 현재 '가치기반 의료보험 설계(value-based insurance design)'에 관한 관심이 점증하고 있다. 최근 수십 건의 연구에서는 이러한 설계가 총 의료비 지출 증가 없이 약물 의존도를 증가시킬 수 있는 것을 보여주고 있다.[42]

상쇄압력 : ESI에 대한 조세보조금 최적의료보험은 높은 비용분담이 특징이지만, 적어도 일부 서비스에서 미국의 고용주 제공 의료보험은 전통적으로 매우 관대한 편이었다. 그 이유는 고용주의 의료보험 지출에 대해서는 조세보조금 혜택이 존재하기 때문이다. 근로자에 대한 보수가 임금 형태로 지급되면 세금을 내야 하지만 의료보험 형태로 지급되면 세금이 면제된다. 이는 또한 다른 재화에 대한 의료보험의 상대가격을 낮춤으로써 의료보험의 소비를 증가시키는 효과도 갖는다. 전형적인 근로자에게 있어서 의료보험 구입에 1달러를 지출하면 1달러어치의

---

42 Agarwal et al.(2018). 이러한 문제들의 개관과 이 주제에 대한 자료를 보려면 가치기반의료보험설계센터(Center for Value Based Insurance Design)의 웹사이트(www.vbidcenter.org)를 방문해보라.

실증적 증거

의료수요의 탄력성 추정

의료수요의 탄력성에 관한 처음의 연구는 서로 다른 형태의 의료보험에 가입한 사람들을 비교하는 방식이었다. 어떤 의료보험은 본인부담이 전혀 없는 전액보장급여를 제공하였고, 다른 의료보험은 20% 이상의 본인부담 정률제를 통한 비용분담제를 실시하기도 하였다. 이러한 연구들은 본인부담률이 높을수록 사람들이 의료를 덜 이용한다는 사실을 보여주었으며 이는 의료수요가 어느 정도는 탄력적임을 의미했다.

그러나 이러한 초기의 연구들은 상당한 편의를 가지고 있는데 이는 의료보험이 개인들에게 무작위로 할당된 것이 아니었기 때문이다. 의료비 지출을 많이 하는 사람들은 본인부담률이 낮은 의료보험을 선택할 가능성이 높기 때문에 낮은 본인부담률과 높은 의료 이용 사이의 상관관계를 본인부담이 의료 이용 수준에 미친 인과적 효과라고 해석해서는 안 된다. 이 상관관계는 오히려 의료 이용 수준이 높은 사람이 낮은 본인부담률을 선택한다는 사실을 반영하고 있을 뿐이다. 이는 상관관계에 인과적 해석을 부여하려고 할 때 전형적으로 나타나는 편의의 예이다.

RAND 의료보험실험(HIE)은 이런 문제를 해결하기 위한 목적에서 설계되었다. 이 실험에서는 참가자들에게 의료보험이 무작위로 할당되었기 때문에 서로 다른 의료보험을 가진 사람들을 비교함으로써 본인부담이 의료 이용에 미친 인과적 효과를 평가하기 위하여 HIE의 자료를 사용할 수 있게 되었다. 무작위실험이라는 정의에 따라, 다른 본인부담률을 갖고 있는 사람들은 그 이외의 모든 면에서 동일하다고 볼 수 있으므로 의료수요의 탄력성을 추정하기 위해 높은 본인부담률과 낮은 본인부담률을 가진 사람들의 의료 이용 수준을 비교하는 일이 가능해진 것이다.[43]

안타깝게도 우리는 RAND 의료보험실험 이후 40년간 의료보험의 관대성에 관한 또 다른 무작위실험을 하지 못하고 있다.[44] 그러나 최근의 연구는 의료수요의 가격탄력성을 추정하기 위해 준실험적 방법을 사용하였다. 이 연구들은 본인부담을 변경하지 않은 의료보험을 기준으로 본인부담을 변경한 의료보험에 있어서 변경 전후의 의료 이용량을 비교했다. 이 경우 본인부담의 변화는 실험적 상황이 아니라는 문제점이 있다. 예를 들어 처방약에 대한 수요가 증가하는 바람에 보험회사가 이에 대한 대응으로 처방약의 본인부담금을 올린다면, 이는 마치 본인부담의 증가가 더 많은 약의 사용을 유도한 것처럼 나타나게 된다. 그러나 실제로 여러 가지 다른 맥락에서 이루어진 많은 연구가 같은 방법을 사용하였고 그 결과는 대부분 유사하였다. 즉 이 연구들은 본인부담이 높아지면 의료 이용이 줄어들며, 특히 처방약제에서 그러한 경향이 더욱 뚜렷이 나타났다는 것을 보였다. 이는 RAND 의료보험실험의 결론과 일치한다. 그러나 또한 이 연구들은 만성질환자의 본인부담 증가는 의료 이용의 감소를 통해 건강에 악영향을 미쳤다는 것을 보였는데, 이는 대상에 따라 달리 적용되는 본인부담정책의 중요성을 부각시켰다.

일본에서 이루어진 새로운 준실험적 연구는 매우 흥미롭다. 왜냐하면 이 연구는 이런 결과가 다른 나라에서도 마찬가지로 나타난다는 점을 확인시켜 주기 때문이다. Shigeoka(2013)가 기술한 바에 따르면 일본 의료보험 비용분담 구조의 특징은 70세가 되면 본인부담 수준이 급격히 떨어진다는 것이다. 이 나이에 도달하기 전 환자들은 30%의 본인부담률을 적용받으며 본인부담 상한금액은 80,000엔이다. 그러나 일단 70세에 도달하게 되면 본인부담률은 10%로 낮아지고 상한액은 12,000엔에 불과하다. 따라서 70세 이상의 환자들은 진료비 부담이 크게 낮아진다.

그런데 이에 따른 70세 이후의 의료 이용 양상은 일반적인 패턴을 훨씬 더 초월하고 있다. 이는 그림 15-9(a)와 (b)에 나타나 있다. 그림의 점들은 나이에 따른 월평균 외래 방문 횟수와 입원건수의 자연대수값이다(예를 들어 첫 번째 점은 정확히 65세를, 두 번째 점은 65세 1개월을 나타낸다).[45] 입원, 외래 모두 연령이 증가함에 따라 이용량이 증가하고 있는데 이는 나이가 들면서 의료 이용 요구도가 늘어나기 때문이다. 하지만 본인부담이 현저히 낮아지는 70세부터 정확히 엄청난 이용량 증가가 갑작스럽게 나타나고 있음을 볼 수 있다. 그림의 회귀선은 이 '불연속적 회귀분석'의 크기를 보여주고 있는데 우리는 이미 제6장의 '합법적인 음주연령을 21세로 지정한 효과'에 관한 '실증적 증거' 코너에서 이 문제를 다룬 바 있다. Shigeoka의 추정에 의하면 70세가 되면 외래 방문은 10%가, 입원은 8%가 갑자기 증가하는 것으로 나타났다.

놀랍게도 이런 결과가 의미하는 가격탄력성은 RAND 의료보험실험에서의 결과인 −0.2와 거의 비슷한 수치이다. 더욱이 환자 사망률

---

43 본문에서 언급된 것처럼 RAND 의료보험실험에서는 그 누구도 손해를 보지 않도록 하기 위해 모든 참여자에게 1,000달러를 지급하였다. 그러나 이것이 어떤 편의를 발생시키지는 않는데 이는 분석집단에게나 비교집단에게나 똑같이 지급되었기 때문이다. 그러므로 돈의 지급 때문에 발생한 소득효과는 모든 집단에서 동일하게 나타났고, 본인부담률 차이의 효과를 평가하기 위한 두 집단의 비교는 아무런 문제도 일으키지 않았다.

44 그러나 다음 장에서 논의하겠지만 최근 의료보험의 유무에 관한 대단히 흥미로운 무작위실험이 이루어졌다.

에는 어떠한 차이도 없었다. 70세부터 의료 이용량이 엄청나게 증가했음에도 불구하고 사망률에는 불연속적인 양상이 관찰되지 않았다. 이를 통해 의료보험실험에서 나타났던 '평평한 곡선'을 다시 확인할 수 있다.

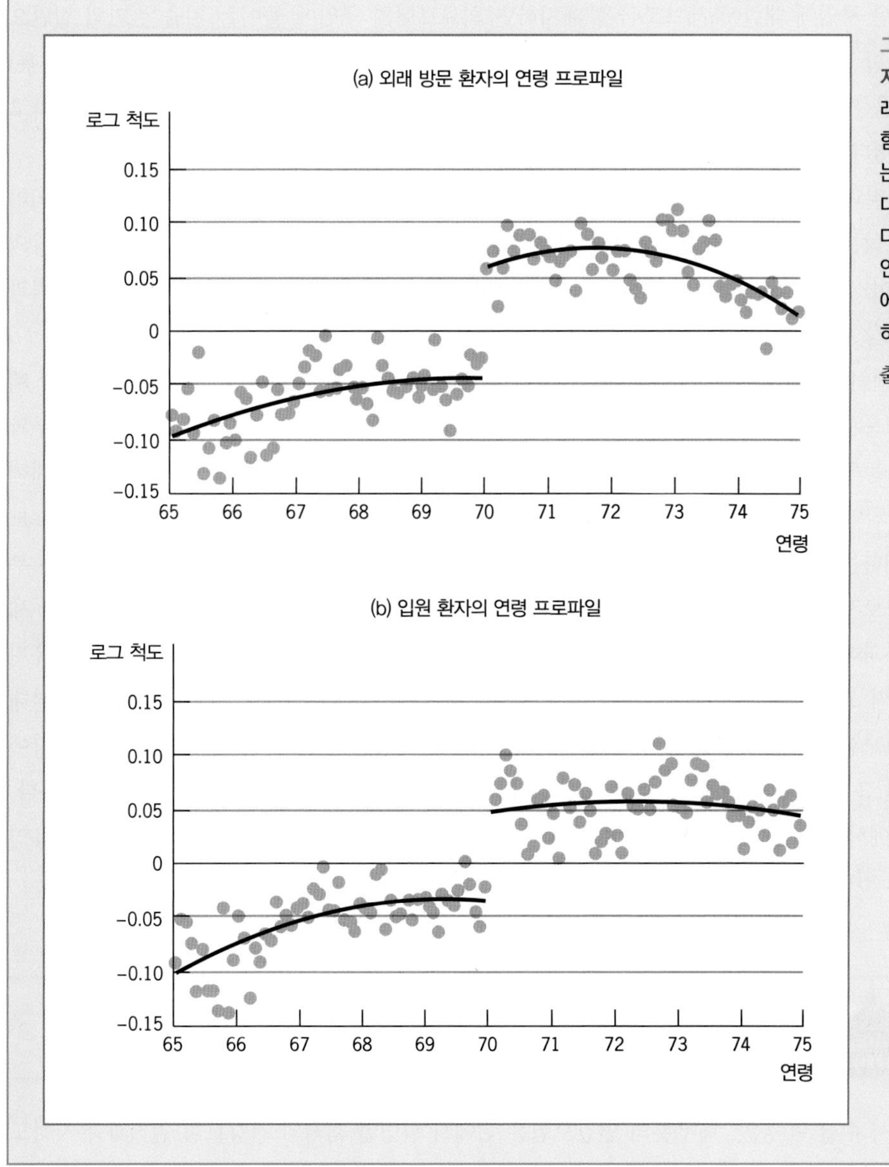

그림 15-9 외래 방문 환자와 입원 환자의 연령 프로파일(로그 척도) (a)(외래 방문)와 (b)(병원 입원)는 모두 연령과 함께 증가하는 것을 보여주고 있는데 이는 나이가 들어감에 따라 의료서비스에 대한 필요가 증가한다는 사실과 부합된다. 70세가 되면 노인에게 적용되는 본인부담액이 엄청나게 줄어들게 되고 이에 따라 의사 방문 및 병원 입원이 급격히 증가하게 된다.

출처 : Shigeoka(2014), Figure 2A, 4A.

45 이 분석에서 자연대수가 사용된 이유는 월별 비교가 퍼센트로 해석될 수 있기 때문이다. 따라서 만일 두 달간에 로그값으로 0.1만큼 차이가 난다면 이는 10%만큼 차이가 난다는 것을 의미한다.

의료보험을 구입하지만, 임금으로 지급된 1달러는 다른 재화에 지출하면 0.30달러는 세금으로 납부해야 하므로 0.70달러어치밖에는 구입하지 못한다. 이는 결국 근로자들로 하여금 보조금이 없는 경우에 비해 보수의 더 많은 부분을 의료보험 구입에 쓰게 만드는 결과를 가져올 것이다. 비록 사람들이 보조금이 없는 가격(보험료) 수준에서 더 관대한 의료보험을 수요하지는 않겠지만, 조세보조금이 있다면 그러한 보험을 선택하게 될 것이다. 어떤 연구에 따르면 고용주의 의료보험 구입에 대한 조세보조금을 폐지하면 의료보험의 구입에 들이는 지출은 거의 절반으로 감소할 것으로 추정되었다.[46] Poaell(2016)은 (낮은 의료 비용을 과도하게 커버할 수 있도록) 보조금을 지급하는 의료보험으로 인한 왜곡이 연간 340~440억 달러의 사중손실로 이어진다고 추정하였다.

이런 결과가 반드시 현재의 보조금을 폐지하는 것이 바람직한 의료보험정책이라는 것을 의미하지는 않는다. 보조금이 폐지된다면 많은 사람들이(어떤 추정치에 따르면 2,000만 명 이상의 사람들이) 고용주가 제공하는 의료보험을 잃어버리게 되고, 비단체보험시장에서는 높은 가격과 낮은 보장 수준 때문에 사람들이 의료보험 구입에 곤란을 겪게 될 것이다.

절충적인 방안으로서 조세보조금의 상한을 정하는 정책이 제안된 바 있다. 조세보조금의 폐지는 고용주의 모든 의료보험 구입비용이 근로자에게 지급된다고 보고 이에 대해 세금을 부과하면 가능하다. 조세보조금에 상한을 정하는 것은 고용주의 의료보험 구입을 위한 지출에 대해 일정한 금액까지는 소득세를 면제하지만 그 이상의 지출에 대해서는 근로자의 임금소득으로 보고 과세하는 것이다. 예를 들면 고용주가 부담한 의료보험 구입비용 중에서 상한선을 넘는 부분은 근로자에게 지급된 임금에 포함시켜서, 임금에 대해 세금을 부과하는 것과 마찬가지로 세금을 부과하는 것이다. 이 방안은 기본적인 의료보험 구입비용에 대해서는 조세보조금을 유지함으로써 고용주가 어느 정도까지는 의료보험을 계속 제공하도록 한다. 그러나 과도하게 관대한 의료보험에 대한 보조금은 없어진다. 일단 고용주가 상한선까지 지출했다면 근로자 입장에서 보면 그 이상에 대해서는 현금급여보다 의료보험을 선택할 이유가 더 이상 존재하지 않는다. 제16장에서 논의하겠지만 ACA에 포함되어 있는 '캐딜락세(Cadillac Tax)'가 이와 유사한 유인을 갖고 있다.

kmsdesen/Shutterstock

응용사례

미국의 고액공제 의료보험의 성장

미국에서 수십 년 동안, 대부분의 민간보험은 위에서 설명한 최적의 건강보험 원칙과 유사하도록 설계되어 있지 았았다. 그림 15-10은 미국의 고용주 제공 건강보험제도의 평균 공제액을 보여준다. 공제액과 기타 유형의 비용분담은 2000년대 초까지 매우 낮았고, '전액'보장보험(first dollar insurance coverage)이 일반적이었지만, 이는 지난 20년 동안 극적으로 변화되었다. 오늘

46 Gruber and Lettau(2004).

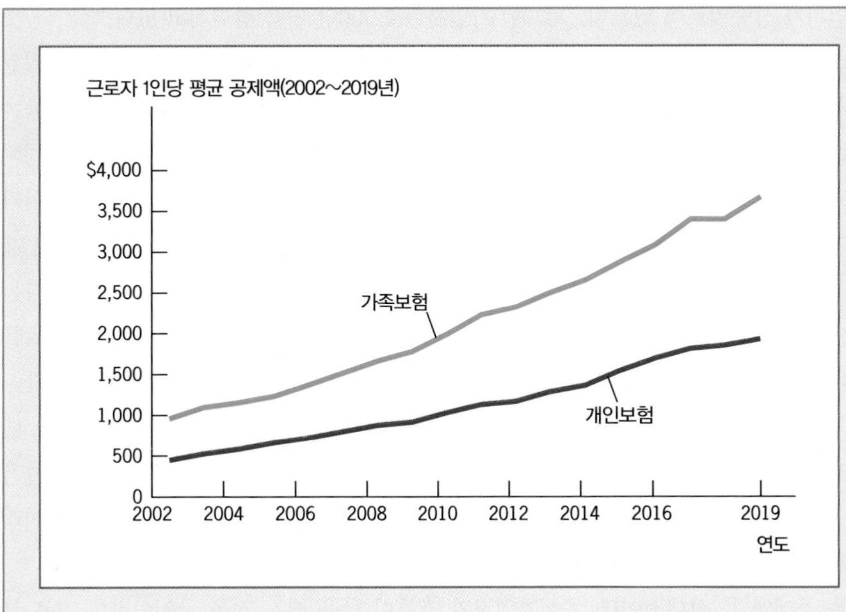

그림 15-10 고용주가 후원하는 건강보험의 평균 공제액 평균 건강보험공제액은 2002년부터 현재까지 꾸준히 증가했다.

출처 : Agency for Healthcare Research and Quality(2021).

날 평균적인 고용주 보험의 공제액은 1,930달러이며, 전체 보험의 25%는 연간 최소 2,700달러의 공제액이 있다.

공제율이 높은 보험이 증가하는 이유 중 하나는 **건강저축계정**(Health Savings Account, HSA)의 사용에서 찾을 수 있다. (다음 장에서 자세히 논의하겠지만) 2003년의 메디케어 의약처방법안의 일부로서 도입된 건강저축계정(HSA)은 공제액이 아주 고액(개인의 경우 최소한 연간 1,000달러, 가족의 경우 2,000달러)인 의료보험과 명시적으로 연계된 저축계정이다. 건강저축계정에 예치된 저축액은 공제금액을 포함해서 개인부담 의료비 지출 시에 이 계정에서 인출하게 된다. 중요한 것은 계정에 예치되는 금액에 대해서는 세금이 부과되지 않는다는 점이다. 이는 (보험 구입을 위한 지출에 대해서는 조세보조금이라는 세제혜택이 있지만 근로자가 부담하는 본인부담에 대해서는 세제혜택이 없는 다른 의료보험과는 달리)[47] 보험 구입을 위한 지출과 의료 이용 시 근로자 본인이 부담해야 하는 의료비용에 대한 지출이 조세의 관점에서는 동일하게 취급된다는 것을 의미한다. 어떤 특정 연도에 이 계정에서 인출하지 않은 돈은 다음 연도로 이월되며, 퇴직할 때 남은 돈은 퇴직자의 장기 요양비용이나 기타 용도로 사용될 수 있는데 전자의 경우 세금이 부과되지 않지만 후자의 경우에는 세금이 부과된다. 따라서 건강저축계정은 본인이 부담해야 하는 기초공제금액이 고액인 의료보험을 선택할 경우 상당한 규모로 조세보조금을 제공하며, 이를 통해 그러한 의료보험에 대한 가입을 촉진시키고자 함이다. 최근 건강저축

건강저축계정(HSA) 공제액이 아주 고액인 의료보험의 경우 가입자가 이 기초공제금액을 면세대상인 건강저축계정에 미리 예치하고 의료 이용을 할 때마다 이 계정에서 진료비를 인출하는 의료보험의 한 형태

47 그러나 많은 직장에서 고용주들은 직원들이 비과세 기준으로 의료비를 지불하기 위해 연초에 돈을 적립할 수 있는 유연한 지출계정을 설정했다. 그러나 Fns 46과 47은 사용하지 않는 자금의 이체를 허용하지 않는 '사용하지 않으면 손실' 기능을 가지고 있기 때문에 건강저축계좌만큼 가치가 있지는 않다. 그 결과, 직원 중 13%만이 이러한 계정을 가지고 있다(Leonhardt, 2019).

계정은 그 인기가 상승일로에 있으며, 2020년 가입자는 2,900만 명을 넘어서고 있다.[48]

아쉽게도 건강저축계정은 여러 가지 단점도 갖고 있다. Brot-Goldberg 외(2017)는 모든 직원이 고액공제 플랜으로 전환해야 했던 대기업의 직원들에게 미치는 영향을 연구하였다. 그들은 이 전환으로 인해 RAND HIE에서 발견된 것과 유사한 내재적 탄력성과 함께 (계획이 변경되지 않은 통제기업에 비해) 전사적 의료 지출이 상당히 감소했다는 것을 발견했다. 하지만 이와 동시에 두 가지 우려점을 발견할 수 있었는데, 첫째, 그들은 고액공제 요금제의 옹호자들이 제안한 주요 주장 중 하나인, 가입자들이 여러 서비스에 걸쳐서 가격 쇼핑을 하도록 유도되었다는 증거를 발견하지 못했다는 점이다. 둘째, 예방 서비스와 같은 잠재적으로 높은 가치의 치료를 포함하여 의료서비스의 스펙트럼 전반에 걸쳐 소비자가 의료 사용을 줄인다는 것을 발견했다.

Wharam 외(2019)는 공제율이 높은 점으로 인하여 필요한 예방치료를 억제하게 되는 점에 대해 우려를 나타냈다. 또한 고용주가 공제율이 낮은 플랜에서 높은 플랜으로 전환된 여성들은 유방 촬영, 생체검사, 유방암 진단, 화학 요법의 검사를 받는 기간이 상당히 지연됐으며, 이러한 지연이 저소득 여성보다 고소득 여성의 경우가 더 적다는 것을 발견했다.

물론 '높은 공제액'은 상대적이다. 즉, 가입자가 소득이 낮을 때는 적은 금액이라도 비용 분담이 중요할 수 있다. Gross, Layton 및 Prinz(2020)는 약품에 대하여 소액 공동 지불하는저소득 메디케어 가입자에게 어떤 일이 일어나는지 연구하였다. 그들은 사회보장수표(Social Security check)의 도입이 이러한 작은 공동 부담금조차 부담스러워하는 저소득 소비자에게 '유동성'을 제공함으로써 중요한 처방약의 조제량을 크게 증가시켰음을 발견했다.

따라서 고액공제 보험은 절충안을 제시한다. 먼저 고액공제 보험은 의료비 지출을 상당히 낮출 수 있다. 실제로 Rabiseau 외(2021)는 다른 지출을 줄이는 것보다 훨씬 더 높은 비율로 영상 촬영과 같은 '저가치 서비스'에 대한 지출을 줄인다는 것을 발견했다. 반면, 이에 따른 지출 감소의 일부는 예방 치료와 같은 '고가치 서비스'에 쓰이고 있다.

다행히도, 가치 기반 보험 설계를 사용하면 고액 의료 이용에 대한 고액공제제도의 부정적인 영향을 잠재적으로 상쇄할 수 있다는 증거가 있다. Reed 외(2017)의 연구에서는 만성질환 약물치료를 무료로 제공하는 추가 보장을 가진 사람들과 그렇지 않은 사람들이 고액공제 보험으로 전환하는 효과를 살펴보았다. 그들은 추가 보장이 없는 사람들 중에서 약물요법을 이용하는 만성질환자의 비중이 현저히 떨어지지만, 이러한 약물비용을 커버하는 가치 기반 보험을 보유하고 있는 사람들에서는 그렇지 않다는 것을 발견했다. 이와 동시에, Gruber 외(2020)는 가치 기반 인센티브의 다른 측면으로 통증이나 척추 수술과 같은 저가치 서비스에 대해 공제율이 높은 보험의 가입자는 해당 서비스의 사용을 줄였다는 것을 보였다.

종합하면, 이러한 증거들은 고액공제 보험이 의료 사용률을 크게 줄일 수 있지만, 너무 무차별적으로 줄일 수 있다는 점을 뒷받침한다. 의료서비스 과다이용을 줄이는 것과 건강 증진 사이의 적절한 균형을 찾기 위해 고가치 의료를 보장하되 저가치 의료를 줄이는 가치 기반 인센티브

48 Devenir Research(2020).

와 고액공제 보험을 보다 정교하게 결합할 필요가 있다. 또한 의료보험개혁법에서 의료교환 서비스를 보조하듯이 비용분담체계의 소득별 특성을 반영하는 것이 극빈층 가입자를 보호하는 데 중요할 수 있다. ■

접근 동기 의료보험의 과도한 보장에 관한 두 번째 이유는 기존의 분석이 도덕적 해이의 비용을 과대평가한다는 점이다. 의료보험에 관한 전통적인 모형에서 추가적인 의료 이용은 모두 도덕적 해이의 탓으로 돌려지고 있다. Nyman(1999)은 이런 입장의 문제점들을 부각시키고 있는데, 추가적인 의료 이용에 있어서 그 일부는 도덕적 해이 때문이라기보다는 사람들이 더 고품질의 의료서비스를 구입할 수 있게 되었기 때문이라는 것이다. 예를 들어 치료비로 100만 달러가 드는 질환을 당신이 갖고 있다고 해보자. 더욱이 누가 당신에게 오늘 100만 달러를 준다면 이 돈을 즉시 병 치료에 쓸 만큼 당신은 건강에 관심이 많은 사람이라고 가정해보자. 마찬가지로 당신이 이 질병에 대한 치료비를 보장해주는 의료보험을 갖고 있다면 치료를 받을 것이다. 이 경우 도덕적 해이는 존재하지 않는다. 의료보험이 해준 일은 당신이 가치를 부여하는 치료를 받을 수 있도록 해준 것뿐이다.

기술적으로 표현하자면 도덕적 해이란 100만 달러의 의료보험으로 구입하는 의료서비스와 100만 달러의 현금으로 구입하는 의료서비스의 차이이다. 만일 의료보험이 있다면 의료서비스를 이용하지만, 의료보험이 부담하는 것과 같은 금액의 현금이 당신에게 주어질 때 이 돈을 의료가 아닌 다른 용도에 지출한다면 그때 의료보험은 도덕적 해이의 문제를 발생시킨다. 그러나 만일 의료보험이건 현금이건 상관없이 고가의 진료를 받는다면 이는 도덕적 해이가 아니다. 이때 의료보험이 한 일은 자원을 건강한 상태로부터 질환이 발생한 상태로 이전시킬 수 있도록 해준 것뿐이다. 도덕적 해이는 상대가격의 변화로 인해 환자가 의료 이용행태를 변화시키는 만큼 발생하며, 이는 의료보장제도의 **대체효과**(substitution effect)로 측정된다. 환자가 더 부유해졌기 때문에 행태를 변화시키는 부분은 **소득효과**(income effect)이며 이는 도덕적 해이가 아니다.

이러한 분석은 의료보험 때문에 발생하는 의료비 상승과 관련된 사중손실 중 일부는 순수한 도덕적 해이가 아니라 소득효과임을 의미한다. 따라서 우리가 최적이라고 생각한 것보다 관대한 의료보험이 제공되고 있다는 근거로 사용된 사중손실은 과대평가됐다.

안타깝게도 의료서비스 이용의 증가를 접근성 효과(access effects)와 도덕적 해이 효과로 분리하기는 대단히 어렵다. 고액진료비를 요하는 치료의 경우 접근 동기는 매우 중요한 고려사항이 될 것이지만 의사 방문과 같은 일상적인 치료는 그렇지 않을 것이다. 그러므로 접근 동기는 환자의 본인부담 지출에 대한 고액상한에 대한 강한 수요를 설명할 수 있지만 왜 개업의가 제공하는 치료와 같은 경증의 진료에 대해서는 높은 본인부담을 받아들이지 않는지 설명하기 어렵다.

심리적 동기 마지막으로 의료보험의 과도한 보장에 관한 세 번째 이유는 사람들이 의료보험을 구입하는 이유가 제12장에서 다룬 단순한 기대효용모형이 다루는 범위를 벗어날 수 있다는 점이다. 예를 들어 자기통제 문제를 갖고 있는 사람은 의료보험을 구속 장치로 사용할 수도 있을 것이다. 의료보험이 없다면 가진 돈을 당장 다 써버리고는 혹시 발생할지 모를 미래의 의료비 지출을 위해 한 푼도 저축하지 않는다는 사실을 스스로 안다면 의료보험을 구입함으로써 앞날의 질환에 대비해 스스로 강제저축을 하도록 만들 수도 있는 것이다. 이 경우 인내심의 부족 때문에 고액진료비를 지불할 돈이 한 푼도 안 남을 수도 있는 상황을 대비하기 위해 과도하게 급여 수준이 높은 의료보험을 구입할 수도 있을 것이다. 그러나 이 역시 경증 진료에 대해 그다지 많지 않은 본인부담을 환자가 기피하는 것을 제대로 설명하지 못한다.

또 다른 설명으로서 사람들은 단지 의료 이용에 대해 돈을 주고받는 것이 싫은 것인지도 모르겠다. 사람들은 의료서비스를 이용하는 시점에서 진료비를 지급할 것인지의 어려운 결정을 회피하기 위해 미리 비싼 의료보험을 구입해놓을 수도 있을 것이다. 분명한 것은 오늘날 미국인들의 과잉보험에 대한 이유를 이해하기 위해서는 더 많은 분석이 필요하다는 점이다.

15.3 의료 제공자에 대한 진료비 상환

"먼저 해를 끼치지 마라. 그 후에 미쳐버려라."

의료에 있어서 또 다른 종류의 도덕적 해이는 공급 측면에서 발생한다. 설사 보험자가 가입자의 질병 위험을 정확하게 평가할 수 있다고 해도 그 질병을 치료하기 위해 얼마의 비용이 드는지를 완전하게 알 수는 없다. 많은 질병에 있어서 진료 과정이 분명하게 명시되어 있는 경우는 없으며 주요 질병들은 사람들마다 달리 진행될 수도 있다. 그 결과 보험자는 전통적으로 의료 제공자가 요구하는 대로 진료비를 지불해왔다. 만일 두 의사가 심장질환의 치료에 다른 금액의 진료비를 청구했다면 설사 두 환자의 증상이 비슷하다 해도 서로 다른 진료비가 지불되었던 것이다. 이런 진료비 지불제도를 **사후적 상환제도**(retrospective reimbursement)라고 부르는데 이는 보험자가 단지 의사가 이미 발생시킨 비용에 대해 진료비를 지불하기 때문이다.

사후적 상환제도 의사가 이미 발생시킨 비용에 근거해 진료비를 지불하는 방식

사후적 상환제도에서는 의료 제공자가 그의 환자를 비용-효과적으로 치료할 유인이 존재하지 않는다. 의사의 유일한 관심은 환자가 가능한 한 건강해지는 것이라고 가정해보자. 이 경우 의료적 편익이 환자가 부담하는 사적비용(본인부담금에 더하여 진료에 들이는 시간비용이나 불편함 등)을 조금이라도 능가하는 진료 방법이나 검사가 있다면 의사는 그 진료를 제공할 것이다. 어차피 누군가의 건강 문제라면 절약을 할 필요가 있을까? 문제는 이들 진료의 사회적 비용보다 환자가 부담하는 사적비용(과 사적편익)이 훨씬 크다는 것이다. 특히 의료서비스가 '곡선의 평평한 부분' 위에서 제공되고 있을 때에는 더욱 그렇다. 결과적으로 과잉진료가 제공되고, 이에 따라 공급자 측의 도덕적 해이로 인한 사중손실이 발생하게 된다.

과잉진료 문제는 공급자가 자신의 소득을 고려한다면 더욱 악화될 수 있다. 의사가 환자의 건강극대화뿐만 아니라 자신의 소득극대화에도 관심이 있다고 가정해보자. 이 경우 환자에게는 편익이 없지만(또한 해롭지도 않거나 아니면 적어도 지나치게 해롭지 않지만) 자신이 순이윤을 얻을 수 있다면 그러한 진료를 의사는 제공할 것이다.

관리의료와 사전적 상환제도

환자와 공급자의 쌍둥이 도덕적 해이 문제는 전후 기간 중 급격한 의료비 증가의 주요 동인으로 간주되어 왔다. 의료보험시장은 처음에 환자의 비용분담을 증가시킴으로써 도덕적 해이의 문제에 대응하였다. 그러나 이 방식은 의료비의 증가속도를 늦추지 못했으며 1960년대, 70년대 및 80년대에 걸쳐 실질의료비는 급격하게 증가하였다.

1980년대 후반 및 90년대에 (공적의료보험제도도 마찬가지였지만) 민간보험시장은 의료비 통제를 위한 대안적 방법으로 **관리의료**(managed care)로 돌아섰는데 이는 의료 제공에 대해 공급 측면을 통제하는 것이다. 관리의료에는 두 가지 형태가 있다.

관리의료 의료 제공자의 선택을 제한하는 등 공급 측면을 규제하여 의료비용을 통제하는 접근 방식

우선제공자조직 의료시장의 가장 근원적인 실패요인은 의료 제공자의 선택이 대단히 어렵다는 점이다. 의료 소비자가 어떻게 병원과 개원의를 효과적으로 비교할 수 있겠는가? 게다가 병원이나 개원의들이 특정 진료 방법의 요금표를 붙여놓은 것도 아닌데 소비자가 어떻게 비용효율적인 의료 제공자를 찾아 나서겠는가? 이런 딜레마는 응급상황에서 특히 그렇다. 어떤 환자도 구급차 기사에게 "가장 싼 곳이 어딘지 알아보고 싶으니 병원을 몇 군데 데려다 달라"고 부탁하지는 않을 것이다. 의료시장에서는 가격 탐색 행태가 일어나기 어렵기 때문에 의료 공급자의 가격결정에 경쟁의 압력이 작용하지 못하고 따라서 의료 공급자에게는 의료비용을 낮추려할 유인이 존재하지 않게 된다.

1980년대에 **우선제공자조직**(preferred provider organization, PPO)이라고 불리는 새로운 의료제공조직이 이 문제를 해결하는 수단으로서 각광을 받았다. 기본적으로 PPO는 중개인으로서 가입자들을 대신하여 의료 제공자를 알아보고 진료비를 낮추는 협상을 한다. 예를 들어 PPO는 해당 지역의 기업을 찾아가서 직원들이 의료기관을 이용할 때 PPO의 '네트워크' 내 병원을 이용한다면 진료비의 20%를 할인해주겠다고 제안한다. 그런 다음 PPO는 지역 의료기관에 이 회사와 (또는 이 PPO를 이용하는 다른 회사와) 거래를 할 의사가 있다면 진료비의 20%를 할인해주도록 제안을 한다. 이를 수락하는 병원들은 PPO 네트워크 병원의 일원이 되는 대가로 PPO 가입자들에게 낮은 진료비를 제공한다. 한편, 기업은 직원들에게 PPO 네트워크 병원만 이용할 수 있다고 공지를 한다. 이론적으로는 이러한 쇼핑 전략은 가격 인하를 유도할 뿐만 아니라 다른 시장에서의 쇼핑이 효율을 제고하는 것과 마찬가지로 보다 효율적인 의료 제공을 가능케 할 것이다.

우선제공자조직(PPO) 보험회사를 대신하여 의료 제공자를 탐색하고 이를 통해 의료비용을 낮추는 의료 제공자 조직

건강유지조직 또 다른 종류의 관리의료조직으로 **건강유지조직**(health maintenance organization, HMO)이 있다. PPO와 마찬가지로 HMO 역시 가입자의 의료기관 선택에 제한을 두지

건강유지조직(HMO) 보험과 의료 제공의 두 가지 기능을 통합하여 의사와 병원이 제공한 진료량과 무관하게 의료 제공자에게 일정한 급료를 지불하는 의료보험조직

만 HMO는 한 단계 더 나아가 의료보험과 의료 제공을 하나로 통합했다는 점에 차이가 있다. 전형적인 **스태프 모델**(staff model)의 경우 HMO는 직접 의료기관을 소유하고 의사들을 고용하는 방식으로 운영된다. 의사들은 환자들에게 제공한 진료량과 무관하게 HMO로부터 일정한 급료를 받는다. 이러한 접근은 과도한 진료의 제공을 통해 더 많은 소득을 올리려는 인센티브를 원천적으로 차단한다.

HMO에서 가장 큰 비중을 차지하는 모델은 독립개원의협회모형(Independent Practice Association, IPA)이다. 이 모형에서 HMO는 가입자들에게 진료를 제공하기 위해 (제한된 네트워크 내에서) 독립개원의들과 계약을 맺고, 환자의 진료를 위해 의료 제공자가 얼마를 썼느냐가 아니라 얼마의 비용을 들여야 하느냐에 기초하여 진료비가 지불되는 **사전적 상환제도**(prospective reimbursement)를 통해 도덕적 해이를 막는다. 예를 들어 HMO는 환자 진료에 얼마나 많은 의료자원을 소모했는지와 무관하게 가정의와 같은 1차 진료의에게 등록 인원당 매월 100달러를 지급한다.[49]

사전적 상환제도 의료 공급자의 비용 지출에 기초해서가 아니라 환자에게 얼마의 비용을 들여야 하느냐에 근거해 진료비를 지불하는 방식

사전적 상환제도는 의사의 재정적 인센티브가 완전히 바뀐다. 사후적 상환제도하에서는 의사가 청구하는 만큼 지급되기 때문에 의사가 진료를 많이 제공하면 많은 수입을 올릴 수 있는 반면 사전적 상환제도에서는 반대로 진료를 적게 할수록 수입이 증가한다. 의사가 어떤 진료를 하든 의사는 100달러만을 받기 때문에 진료를 적게 할수록 수입이 늘어나는 것이다. 따라서 사후적 상환제도가 과잉진료에 대해 재정적 유인을 주는 것과 마찬가지로 사전적 상환제도는 과소진료에 대해 재정적 유인을 준다.

사전적 상환제도는 여러 가지 형태를 띨 수 있는데 실제로 HMO는 매우 다양한 형태를 사용하고 있다. 어떤 HMO는 1차 진료의에 대한 정액지급제도에 전문의나 병원진료에 대한 역유인을 가미해 사용하기도 한다. 예를 들어 1차 진료의가 환자를 전문의나 병원에 의뢰할 때마다 HMO는 지급액을 깎거나, 그 반대로 환자를 의뢰하지 않은 의사에 대해 지급액을 높이는 방법을 사용한다. 이러한 방식으로 HMO는 의사 개개인이 그 자신의 진료량을 줄이도록 할 뿐만 아니라 시스템 전체가 진료량을 줄이도록 인센티브를 주기 위해 애쓰고 있다.

1980년대 말과 90년대에 걸쳐 보험 가입자의 상당수가 PPO로부터 스태프 모델 HMO에 이르기까지의 스펙트럼상에 있는 여러 가지 형태의 관리의료조직으로 이동하였다. 2009년 기준, 민영의료보험의 98%가 관리의료조직이다.[50]

관리의료의 영향

가장 중요한 질문은 과연 관리의료 때문에 의료보험시장이 더욱 원활하게 작동할 수 있었느냐 하는 것이다. 특히 관리의료가 과도한 의료 이용으로 발생하는 사중손실을 감소시켰을까? 만일 그렇다면 사전적 상환제도가 너무 지나치게 의료 이용을 억제한 것은 아닐까? 현재 이러한 질

49 이는 인두제(capitated payment schemes)로도 불리는데, 제공된 진료량에 대해 진료비가 지급되는 것이 아니라 1인당(per capita), 즉 등록된 환자당 일정액이 제공자에게 지불되기 때문이다.

50 Kaiser Family Foundation(2009).

문에 답을 찾기 위한 보건경제학 분야의 매우 많은 문헌이 있다.

의료비 지출 모든 문헌들에서 공통적으로 나타나는 연구 결과에 따르면 HMO가 전통적인 사후적 상환제도를 사용하는 의료보험에 비해 가입자당 의료비 지출이 훨씬 적다. 그러나 이런 결과를 해석하는 일이 그렇게 단순하지만은 않다. 두 종류의 의료보험에 있어서 1인당 의료비 지출을 비교하는 일이 어려운 이유는 각각의 의료보험에 가입한 사람들의 유형이 다르기 때문이다. 예컨대 여러 연구에 의하면, HMO로 바꾸기 전에 얼마의 의료비를 지출했는지 등을 기준으로 할 때 관리의료조직은 가장 건강한 사람들을 가입자로 받아들이는 경향이 있다. 이렇듯 가장 의료비 지출 수준이 낮은 사람들을 선택하는 경향 때문에 관리의료조직과 전통적인 의료보험의 단순 비교는 불가능하다. 설사 HMO가 의료 제공 방식을 변화시키지 않는다 해도 가장 건강한 등록자들을 보유하고 있으므로 비용이 낮을 수밖에 없는 것이다.

의료비에 대한 HMO의 영향을 평가함에 있어서 이와 같은 선택 문제를 통제하기 위한 여러 시도가 있었다. 이 중 가장 설득력 있는 증거는 아마도 앞에서 언급한 바 있는 RAND HIE의 결과일 것이라 생각한다. 이 실험에서 참가자들은 워싱턴 지역의 초기 HMO 중 하나에 무작위하게 배정되었다. 따라서 이들은 전통적인 의료보험의 가입자들과 비교가 가능하며, 두 보험 사이에 비용 차이가 난다면 이는 의료 이용에 대한 HMO의 영향을 반영한다고 볼 수 있다. 이 연구는 HMO 가입자의 진료비가 전통적 의료보험 진료비의 72%에 불과하다는 사실을 밝혀냈는데 이는 부분적으로는 HMO의 입원율이 낮았기 때문이었다(전통적 보험이 11.2%였는 데 반해 HMO는 7.1%에 불과하였음).[51] 따라서 HMO의 진료비 절감이 전적으로 HMO가 건강한 사람들만을 가입시키는 위험 선택 때문만은 아니었음을 알 수 있다.

의료의 질 앞에서 본 것처럼 사후적 상환제도는 공급자로 하여금 과도한 진료를 제공하도록 유도하는 반면 사전적 상환제도는 HMO로 하여금 과소한 진료를 제공하도록 유도한다. 그렇다면 과연 HMO는 과소진료를 제공하는 것일까, 아니면 사후적 상환제도하에서의 과도한 진료량을 단지 바로잡는 것일까? 현재 환자의 진료에 미치는 HMO의 효과에 대해 많은 문헌이 존재하기는 하나 이 질문에 대한 대답은 분명치 않다. HMO가 제공하는 의료 수준이 전통적 보험보다 더 높다는 결과, 더 낮다는 결과, 유사하다는 결과를 보인 연구들이 대략 비슷한 숫자로 분포하고 있다. 현재 시점에서 의료 수준에 대한 HMO의 영향에 대해서는 일치된 견해가 존재하지 않는다. HMO 가입자들이 더 적은 진료비를 내는 것은 분명하지만 그렇다고 해서 명백히 과소한 진료를 받는다든지, 또는 그들의 건강에 분명히 측정할 수 있는 부정적인 영향이 존재하는지는 분명하지 않다.

어떤 진료비 지불제도를 사용해야 하는가?

관리의료의 '혁명'은 일부의 사람들이 우려하듯 환자의 건강에 부정적인 영향을 끼친 것 같지

---

51 Manning et al.(1984).

는 않다. 관리의료가 도래하면서 의료 공급자들이 받는 진료비의 상환 규모는 분명히 낮아졌지만 측정 가능한 차원에서 의료의 질이 낮아지지는 않았다. 따라서 사후적 상환제도로부터 사전적 상환제도로의 이행은 의료 분야의 효율성을 제고한 것으로 보인다. 향후 가장 중요한 문제는 사전적 상환제도를 더욱 '확대'할 필요가 있겠는가 하는 것이다. 이 문제는 다음 장에서 노인의료보험인 메디케어를 논의하면서 자세히 다룰 것이다.

15.4 결론

이 장에서는 미국의 의료경제에 관해 개관해보았다. 의료보험의 성격에 관한 논의로부터 출발해서 대부분의 국민들이 민영의료보험에 가입해 있다는 것, 대기업 근로자들이 가입한 의료보험시장은 원활히 작동하고 있다는 사실 등을 살펴보았다. 영세기업 근로자들과 개인 관점에서 보면 민영의료보험시장에는 많은 시장실패 요인이 있고 이는 거의 2,600만 명이 의료보험을 갖고 있지 못한 이유 중 하나이다.

의료보험의 편익은 제12장에서 다룬 이론에 비추어볼 때 명백하다. 즉 위험회피적인 소비자는 의료비 지출에 대한 소비평탄화에 대해 많은 가치를 부여한다. 그러나 이와 함께 소비자와 공급자 양 측면에서 명백히 도덕적 해이에 따른 비용이 발생한다. 소비자 측면의 도덕적 해이 문제에 대응하기 위해 비용분담제가 사용되었고, 공급자의 도덕적 해이에 대한 대응수단으로서 관리의료가 생겨났다. 이러한 접근 방법의 성공 여부는 아직 분명치 않다. 다음 장에서는 필요한 사람들에게 의료보험을 제공하는 것과 도덕적 해이를 통해서 과도한 의료 이용이 초래되는 것 사이의 상충관계 문제에 대해 정부가 어떻게 접근했는지에 관해 논의할 것이다.

요약

- 지난 70년간 미국의 의료는 눈부시게 발전했지만 상당한 불평등이 여전히 문제로 남아 있다.
- 대부분의 국민들은 민영의료보험에 가입해 있는데 대부분은 위험 풀과 고용주 제공 의료보험에 대한 조세보조금 때문에 기업을 통해 가입하였다.
- 외부효과, 노동시장의 비효율성(직장고착), 온정적 간섭주의 등의 이유로 인해 2,600만 명의 의료보험 미적용자 문제는 정책적 관심의 대상이 되고 있다.
- 의료보험의 급여 수준이 더 높아진다고 해서 이렇다 할 건강증진이 없는 데다 의료수요가 다소 탄력적이므로 의료 소비자 측면에서 도덕적 해이가 나타날 잠재적 가능성이 분명히 존재한다.
- 그럼에도 불구하고 미국인들은 여전히 보장성이 높은 의료보험을 원하고 있는데 이는 의료보험에 대한 조세보조금, 보험에서 제공하는 고액 진료에 대한 접근도, 또는 심리적 동기 때문이다.
- 의료 공급자 측면에서 도덕적 해이가 발생할 가능성 때문에 관리의료가 등장하였으며 관리의료는 의료비 억제를 위해 탐색(shopping)과 사전적 상환제도를 사용한다.

■ 지금까지의 연구 결과에 의하면 관리의료가 의료비를 억제하는 데 성공하였지만 그렇다고 의료의 질이 낮아졌다는 명백한 증거는 없다.

연습문제

1. 매년 미국 인구조사국은 미국사회조사(American Commuity Survey)와 현인구조사(Current Poplucation Survey) 데이터를 이용하여 미국인들의 보험 커버리지에 대한 그래픽과 통계를 담은 '미국 의료보험 커버리지'라는 보고서를 발간한다. 사용 가능한 가장 최근 연도의 PDF 보고서는 센서스(Census)의 '출판물'에서 확인할 수 있다. https://www.census.gov/topics/health/health-insurance/library/publications.html 또는 웹에서 '미국의 의료보험 보장(Health Insurance Coverage in the US)'을 검색하여 확인할 수 있다. 이 글을 쓰는 시점에서 2020년에 발행되고, 2019년까지의 기간을 다루는 가장 최근 보고서는 https://www.census.gov/content/dam/Census/library/publications/2020/demo/p60-271.pdf에서 찾을 수 있다.
   a. 연령대별로 미국 무보험 비율을 묘사한 그림을 찾아보라. 보험 미가입률에 가장 큰 변화가 일어난 해는 언제인가? 어느 연령대에서 효과가 가장 컸는가? 무엇이 이러한 변화를 설명할 수 있는가? 그해 이전에, 보험 미가입률의 추세는 어땠는가? 그해 이후 추세는 어땠는가?
   b. 어떤 주들이 가장 높은 보험료율과 가장 낮은 보험료율을 가지고 있는가? 지난 몇 년 동안 보험 미가입률이 가장 많이 감소한 주는 어디인가? 어떤 주들이 가장 큰 증가를 보였는가?

2. 미국 정부가 고용주가 제공하는 의료보험에 대한 조세혜택을 철폐했다고 가정하자. 그 대신 정부는 고용주가 제공하는 의료보험에 대해 20%의 보조금을 지급하여 고용주는 의료보험 구입비용의 80%를 부담하게 된다. 이와 같은 정책적 변화는 기업이 의료보험을 제공할 근로자의 종류에 어떤 영향을 미치게 되겠는가? 이 정책으로 가장 많은 영향을 받는 것은 어떤 기업들인가?

3. 개별적으로 구입하는 민영의료보험의 경우 '기왕력' 배제 조항을 매우 엄격하게 적용하여 가입 당시 건강 문제가 있는 사람은 의료보험 가입을 거부한다.
   a. 이 배제조항은 왜 보험시장에서 시장실패 요인이 되는가?
   b. 의료보험개혁법은 민간 개별 의료보험 시장에서 기존 조건을 어떻게 변경하였는가?

4. 어떤 사람이 의료보험을 갖고 있지 않은 경우 왜 부정적 외부효과가 발생하는가?

5. 어떤 사람의 의사 방문에 대한 연간 수요는 $Q = 10 - (1/20)P$(단, P는 의사 방문 가격)로 나타나고 있다. 의사 방문의 한계비용은 120달러이다.
   a. 만일 개인이 진료비 전액을 부담해야 한다면 연간 의사 방문 횟수는 몇 번이겠는가?
   b. 만일 20달러의 본인부담금이 있다면 연간 의사 방문 횟수는 몇 번이겠는가?
   c. 환자 개인에게 모든 진료비를 부담시키지 않아서 생기는 사중손실의 크기는 얼마인가?

6. 아디티야는 콘택트렌즈, 류머티즘 관절염으로 매달 두 번 복용하는 유명 브랜드의 항류머티즘제 아달리무맙, 골절 같은 사고나 폐렴과 암 같은 급성질환 등 세 가지 종류의 약품에 대해 의료비를 지출해왔고 그는 이제 의료보험에 가입하는 것을 고려하고 있다. 그가 생각하고 있는 여러 가지 다양한 의료보험은 처방의약품, 병원 복리후생비를 포함한 다양한 유형의 지출에 대한 급여를 제공한다. 콘텍트렌즈, 항류머티즘 약물, 사고 및

급성질환에 대한 급여에 대해 각기 소비평탄화의 편익과 도덕적 해이 비용을 설명해보라.

7. 그림 15-1에 나타나 있듯이 미국은 GDP 대비 의료비에 있어서 OECD 평균의 2배에 달할 만큼의 의료비를 지출함으로써 OECD 국가들 중 수위를 차지하고 있다. 그러나 미국의 건강 수준은 다른 OECD 국가에 비해 그다지 높지 않다. 의료비 지출의 격차와 건강 수준 격차 사이의 이러한 단절은 무엇으로 설명할 수 있는가?

8. ⓔ 보편적인 무료 보건 의료에 대한 법안을 상정하고자 하는 리 상원의원은 사람들의 의료수요가 의료서비스 가격에 민감하지 않기 때문에 보편적 무상 의료보장제도하에서 의료비용이 오를 것을 걱정할 필요가 없다고 주장한다. 그는 사람들이 의사를 방문할 필요가 있으면 그 비용에도 불구하고 의사를 방문할 것이라고 주장한다. 의료수요의 가격 민감도에 근거한 경험적 증거에 비추어 의원의 주장을 평가해보라. 이 장에서 논의된 연구에 따르면, 보편적 무상 의료보장제도하에서 의료 지출이 어느 정도까지 변화할 수 있다고 생각하는지 평가해보라.

9. 고액공제 의료보험과 건강보험 저축계좌에 대한 최근 연구는 혜택이 높은 보험에서 고액공제 보험으로 전환한 개인들은 고혈압과 같은 만성질환을 관리하기 위해 의사가 추천한 약물치료를 줄인다는 것을 발견하였다. 이 결과는 고액 공제 보험이 최적이라는 것을 시사하는가?

10. 너트국(國)에서 고액진료비를 요하는 상해 및 질환은 총의료비의 2/3를 차지한다. 이 나라의 정부는 두 가지 보편적 의료보험제도 중 하나를 선택하려고 한다. 제도 *X*는 국민들의 의료비 중 2/3를 부담해주는 방안이고, 제도 *Y*는 재난적 상해와 질환만을 급여대상으로 하되 진료비 전액을 부담해주는 방안이다. 국민들의 소비평탄화 측면에서 어느 제도가 더 바람직한가? 어떤 방안이 정부 부담이 더 적은가? 설명해보라.

11. ⓔ 소득세율이 더 높은 주에서 고용주가 제공하는 의료보험 가입자 비율이 더 높은 것으로 나타났다고 가정하자. 이러한 관찰이 고용주가 제공하는 의료보험에 대한 조세정책의 효과를 검증한 것으로 볼 수 있을지 설명해보라.

12. 팻, 제이미, 테일러는 갖고 있는 의료보험만 다를 뿐 다른 면에서는 모두 동일한 사람들이라고 가정하자. 세 사람 모두 완치될 수 있고 생명에는 지장이 없는 질병에 걸린 것으로 진단되었으며 치료비는 20,000달러이다. 팻이 치료를 받기로 마음먹으면 보험회사는 그 비용을 100% 부담해줄 것이다. 제이미는 20,000달러를 모두 본인이 부담해야 한다. 테일러의 보험회사는 진단을 받자마자 20,000달러를 지급하였다. 테일러는 이 20,000달러를 치료비로 쓸지, 아니면 자기 주머니에 넣어둘지 마음대로 정할 수 있다. 당신은 누가 치료를 받고 누가 받지 않을 것인지를 관찰하려고 한다. 어떤 관찰을 하면 의료보험이 의료 이용을 증가시켰다는 결론을 내릴 수 있겠는가? 어떤 관찰을 하면 의료보험으로 인해 도덕적 해이가 발생했다는 결론을 내릴 수 있겠는가?

13. 고용주가 제공하는 의료보험에서 환자가 의사를 몇 번 방문하든 상관없이 의사는 의료보험회사로부터 일정한 금액을 지불받는 HMO와 의사가 제공한 진료량에 따라 의료보험회사가 진료비를 지불하는 PPO 중에서 하나를 선택할 수 있다면 의사를 만나기 위해 예약을 하려고 할 때 어느 쪽이 더 쉬울지 설명해보라.

ⓔ 기호는 학생들이 제3장과 '실증적 증거' 코너에서 공부한 실증적 경제원리를 적용해야 하는 문제임을 의미한다.

심화 연습문제

14. 오르웰리아 정부가 모든 사람들의 유전자 진단 검사를 통해 심각한 질병에 걸릴 위험을 알아내고, 사람들이 의료보험 가입 신청을 할 때 보험자에게 그 검사 결과를 통보해주기로 결정했다고 가정해보자. 이 프로그램이 시작되기 전에 비해 건강한 사람이 대기업에서 일하는 것이 더욱 좋아졌겠는가, 나빠졌겠는가, 아니면 똑같을 것인가? 건강 문제가 있는 사람이라면 어떻겠는가? 설명해보라.

15. 아래의 질문은 고용주가 제공하는 의료보험 때문에 직장이동성이 낮아지는 현상, 즉 '직장고착(job lock)'이라고 명명된 현상에 관한 것이다. 직장고착은 근로자들이 현재의 직장보다 한계생산성이 더 향상될 직장으로 옮기는 것을 막고 있다.

    아래와 같은 선호를 갖는 세 근로자를 생각해보자.

$$U_{ij} = W_{ij} + (50 \times H_{ij})$$
$$U_{kj} = W_{kj} + (110 \times H_{kj})$$
$$U_{lj} = W_{lj} + (150 \times H_{lj})$$

    이때 W_{ij}는 근로자 i가 직장 j에서 받는 임금이며 H_{ij}는 근로자 i가 직장 j에서 고용주가 제공하는 의료보험(EPHI)을 갖고 있는지 여부를 나타내는 지시변수(즉 제공하면 1의 값을 갖고, 그렇지 않으면 0의 값을 갖는)이다. 의료보험의 구입을 위해 근로자가 일부 부담하는 비용은 없으며 노동시장은 완전경쟁이라고 가정하자. 근로자 i, k, l은 모두 한계산출물이 200달러이다. 경제 내에는 무수히 많은 기업이 존재하고, 기업은 근로자마다 서로 다른 보상패키지를 제공할 수 없다. 따라서 만일 한 근로자에게 EPHI를 제공한다면 다른 모든 근로자에게도 제공해야 한다. EPHI는 기업에게 근로자 1명당 100달러의 비용을 발생시킨다. 완전고용이어서 세 근로자가 모두 고용되었다고 가정하자.

    a. 세 근로자가 받는 임금은 각각 얼마인가? EPHI는 어떠한가? EPHI에 대한 보상임금격차(EPHI를 제공하는 직업에 있어서 노동시장 전체적으로 임금이 내려가는 현상)는 얼마일까?
    b. 유형 1과 유형 2 등 두 가지 종류의 기업이 있다고 가정하자. 유형 1은 EPHI를 제공하는 데 근로자당 200달러가 들고, 유형 2는 근로자당 100달러가 든다고 가정하자. 세 근로자는 각각 어떤 종류의 기업에 취업하겠는가? 그 이유는 무엇인가? EPHI를 가질 근로자는 누구인가?
    c. 유형 1 기업이 근로자의 한계생산성을 230달러까지 향상시키는 신기술을 개발했다고 가정하자. 이제 근로자들은 각각 어떤 기업에 취업하게 되겠는가? 직장고착의 문제를 겪는 근로자가 있는가?

16. ⓔ 1985년의 통합일괄조정법(COBRA)은 근로자가 20인 이상인 사업체의 경우 근로자들이 직장을 떠난다고 해도 당분간은 기존의 의료보험을 유지하는 것을 허용하도록 규정하고 있다. 의료보험과 관련된 직장고착 여부를 검증하기 위해 이 법을 어떻게 활용할 수 있는가?

17. 칩랜드라는 나라는 현재 모든 진료비의 90%를 국가가 부담하는 의료보험제도를 운영하고 있다. 이 나라의 정부는 의료공급자에게 모든 질환에 대해 사전에 정해놓은 일정한 금액만을 지불해주고, 국민들은 전혀 본인부담금을 내지 않도록 하는 정책적 변화를 고려하고 있다. 이러한 정책은 어떤 방식으로 도덕적 해이를 줄일 수 있는가? 또한 어떤 방식으로 도덕적 해이가 늘어나겠는가?

CHAPTER 16

James Andrews/iStock/Getty Images

의료보험(II) : 메디케어, 메디케이드와 의료개혁

생각해볼 문제

- 메디케이드 프로그램은 환자 건강에 어떤 영향을 미쳤는가?
- 메디케어 프로그램의 의료비 억제 노력은 어떻게 진행되고 있는가?
- 의료보험개혁법(ACA)은 어떻게 작동하는가?

지난 세기의 대부분에 걸쳐 미국 의료체계의 근본적인 개혁은 끊임없는 정치적 논쟁거리였다. 전후 기간 동안 해리 트루먼 대통령이 1950년에, 리처드 닉슨 대통령이 1974년에, 빌 클린턴 대통령이 1994년에 미국 의료의 변화를 위한 중대한 개혁을 시도했지만 모두 실패했다. 그러나 2010년 버락 오바마 대통령이 1965년 메디케어와 메디케이드를 도입한 이래 가장 광범위하게 의료체계를 개조하기 위한 법안에 서명했을 때 의료개혁의 실패 가능성은 종지부를 찍게 되었다.

환자보호 및 진료비 적정부담법(Patient Protection and Affordable Care Act, ACA)(일명 의료보험개혁법 또는 오바마 케어)은 미국 의료체계에 네 가지 근본적인 변화를 가져왔다.

- 이 법은 의료보험자가 기왕력을 이유로 의료보험 가입을 거절하는 행위와 가입자의 건강 수준에 따라 보험료를 차등 부과하는 행위를 금지했다.
- 이 법은 불법이민자, 극빈층 및 의료보험을 구입할 수 없는 사람을 제외한 모든 미국 국민의 의료보험 가입을 의무화했다.

- 이 법은 연방정부가 메디케이드 프로그램을 확대함으로써, 그리고 의료보험 구입비용을 상쇄하는 대규모의 세액공제를 새로 시행함으로써 저소득층의 의료보험 가입을 위해 광범위한 보조금을 지급하도록 했다.
- 이 법은 의료비를 낮추기 위해 다음과 같은 다양한 행동 전략을 포함하고 있다. 첫째, 민영 의료보험 거래소의 도입을 통해 보험자들이 가격을 낮추도록 하는 경쟁의 압력에 노출되게끔 하였다. 둘째, 고용자 제공 의료보험의 세금면제에 대해 상한선을 설정하였다. 셋째, 제15장에서 논의했던 최적의 진료비 지불 제도로 가기 위한 복적으로 설계된 대안석인 공급자 상환제도를 도입하였다.

이 법안은 엄청난 논란을 불러일으켰으며 (공화당이 전원 불참한 상태에서) 민주당만의 참여로 가까스로 의회를 통과했다. 우파의 비판자들은 이 법이 환자 선택권을 제약하고 정부의 관료기구를 확대하는 결과를 가져올 것으로 보았다. 공화당의 대통령 후보였던 허먼 케인은 2011년 8월에 다음과 같이 말했다. "만일 내가 암에 걸렸을 때 오바마 케어가 전면적으로 시행되고 있었다면 나는 살아남지 못했을 것이다."[1]

이 법안은 좌파 진영에서도 크게 환영받지는 못했다. 그들은 이 법안이 보다 효과적으로 의료보험 적용대상을 넓히고 비용을 통제할 수 있는 정부주도 **단일재원 방식**(single-payer system)에서 후퇴하는 것이라고 생각했다. 버몬트주의 전 주지사인 하워드 딘(Howard Dean)은 "이는 본질적으로 미국 상원에서 의료개혁이 붕괴된 것이다"라고 말했다. 우파 진영과 좌파 진영 사이의 이런 논란은 미국 의료체계에 있어서 정부의 적절한 역할에 대한 중대한 논점을 보여주고 있다.

단일재원 방식 정부가 전 국민 의료보장을 실시하고 그 비용을 부담하는 의료체계의 한 유형

양측의 불만으로 인해 의료보험개혁법(Affordable Care Act)은 미국에서 인기를 얻기 위해 고군분투했고, ACA에 대한 반대론자들은 2016년 선거에서 공화당 후보들의 지지를 외쳤다. 그러던 중 트럼프 대통령이 2017년 1월 공화당 하원 다수당으로 취임했고, 이로 인해 ACA의 미래는 더욱 암울해졌다.

하지만 상황은 역전됐다. 해당 조항으로 인해 혜택을 받는 미국인들이 증가함에 따라, ACA도 인기를 얻기 시작했다. 2017년까지 약 2,000만 명의 미국인이 ACA를 통해 보험혜택을 받게 되었는데, 이는 대부분 메디케이드 프로그램을 통한 공적보험의 확대 때문이었다. 한편, 의료비는 계속 증가했지만 과거에 비해 더디게 증가하였고, 경제성장도 거침없이 지속되어 ACA가 의료 인플레이션 폭주와 경제활동 약화로 이어질 것이라는 우려를 잠식시켰다. 그 결과 공화당 의회가 2017~2018년 회기 동안 ACA 폐지 법안을 반복적으로 발의하였지만, 통과되지 못하였다. 일련의 후속 입법 및 규제 조치, 특히 개별 강제조항의 폐지로 인해서 법이 크게 약화되었지만 여전히 국법으로 남아 있다.

미국이 민간 의료체계를 운영하고 있다는 사실은 널리 알려져 있기는 하지만 그럼에도 불구하고 정부는 모든 의료비 지출 중 거의 절반은 정부가 부담하고 있을 정도로 이미 의료 제공 측

---

1 Lee(2012).

면에서 막대한 역할을 담당하고 있다.[2] 공공부문 의료비 지출은 세 유형의 인구계층을 대상으로 하고 있다. 메디케어(Medicare)는 노인과 장애인을, 메디케이드(Medicaid)는 메디케어의 적용을 받지 못하는 노인과 장애인을 포함해서 저소득계층을 대상으로 하고 있다. 메디케이드와 메디케어는 연방정부와 주정부에서 가장 빨리 증가하고 있는 지출항목이다. 이들 프로그램은 1965년 이전에는 존재하지도 않았지만 오늘날에는 정부 지출의 1/4을 차지하고 있다.[3] 이 두 프로그램은 지출 규모가 워낙 크고 빠르게 증가하고 있기 때문에 끊임없이 정책적 논쟁의 대상이 되고 있다.

이 프로그램들의 작동 과정을 알아보기 위해 이 장에서는 이들 제도가 어떻게, 누구를 위해서 운영되는지에 관해 먼저 살펴본다. 동시에 이 두 제도에 관한 정책적 쟁점에 대해서도 검토해볼 것이다. 우선 저소득층 가정의 의료보장 적용과 건강에 미치는 메디케이드의 영향을 평가해보는 것으로부터 시작한다. 과연 저소득계층에 대하여 공적의료보장을 확대하는 것이 저소득층의 건강증진을 위한 비용-효과적 수단이 될 수 있을까? 그다음으로는 급격히 증가하는 메디케어의 비용을 어떻게 억제할 것인지에 관한 정책적 논쟁에 대해 살펴본다. 이와 관련하여 메디케어 비용을 억제하기 위한 정부의 두 가지 노력으로 사전적 지불제도로의 변경과 소비자 관리의료조직 가입 문제에 대해 논의하기로 한다. 그다음으로 이 두 프로그램 모두와 관련되어 있는 노인의 장기요양서비스(long-term care)와 관련된 일련의 쟁점을 살펴본다.

마지막으로 이 장의 마지막 절에서는 미국의 의료개혁이라는 광범위한 주제와 ACA의 설계 및 그 효과에 관한 초기 증거를 논의하기 위해 제15장과 이 장에서 얻은 교훈을 통합해보기로 한다.

16.1 저소득층 가구를 위한 메디케이드 프로그램

저소득층 인구를 대상으로 하는 미국의 공적의료보장제도는 메디케이드 프로그램이다. 이 제도는 저소득층 가구와 저소득층 장애인 및 노인 등 두 종류의 계층을 대상으로 하고 있다. 그러나 대다수의 수혜자는 첫 번째 집단이기 때문에 이 장에서의 논의는 저소득층 가구로 초점을 맞추기로 하되 뒷부분에서 장애인과 노인에 대하여 간단히 논의할 것이다.

메디케이드의 작동 방식

실업보험(UI)과 마찬가지로 메디케이드는 연방정부가 도입하고 주정부가 관리운영을 담당하고 있다.[4] 그 재원은 급여세가 아니라 일반재정수입에서 조달되는데 연방정부와 주정부가 함께 부담하고 있다. 메디케이드 지출 중에서 연방정부가 부담하는 비율은 주의 소득 수준에 역비례하

---

2 Centers for Medicare and Medicaid Services(2021a).

3 Office of Management and Budget(2021).

4 이 장에서 논의되고 있는 프로그램들의 자세한 사항을 알고 싶다면 2018 Green Book(U.S. House of Representatives Committee on Ways and Means, 2018)을 참조하라.

는 방식으로 결정되며 매사추세츠주처럼 수입이 많은 주에서는 비용의 절반을, 미시시피주처럼 수입이 적은 주에서는 비용의 3/4을 부담하고 있다. 연방정부는 수급자격과 급여 범위에 대해 의무적으로 준수되어야 할 최소 수준을 정해놓고 있으며, 각 주는 이 최소한의 수준을 초과함에 있어 재량권을 갖는다.

메디케이드 수급자가 될 수 있는 자격요건은 아래에서 설명하는 것처럼 소득 수준과 가족구조에 기초하고 있는데 요건이 충족되면 메디케이드에 등록할 수 있다. 환자의 본인부담금은 거의 또는 아예 없지만 메디케이드의 급여 범위는 민영보험과 비슷하며 의료 제공사는 등록된 환자에게 제공한 서비스에 대해 보상을 받는다.

메디케이드의 자격요건

메디케이드는 저소득층과 한부모 가정을 대상으로 각 주에서 운영하는 현금급여 프로그램의 의료보장 구성요소로서 1960년대 후반에 도입되었다. 1980년대 중반부터 시작하여 메디케이드는 현금급여 프로그램과 단계적으로 분리되었다. 첫 번째 단계에서는 부모가 모두 있는 저소득층 가정의 자녀들에게로 수혜 범위가 확대되었고, 두 번째 단계에서는 아동과 (오로지 임신과 관련된 비용에 대해서만 혜택을 받았던) 임신 여성의 소득요건 기준선이 상향조정되었다.

아동의료보험(CHIP) 기존의 메디케이드 자격제한을 초과하여 일반적으로 빈곤선의 200% 범위 내에 속하는 아동들에게까지 공적의료보험을 확대 적용하기 위해 1997년에 도입된 프로그램

1997년에 아동을 대상으로 하는 메디케이드 프로그램은 **아동의료보험**(Children's Health Insurance Program, CHIP)으로 확대되었다. CHIP의 목적은 기존의 메디케이드를 확대하거나 또는 민영의료보험과 매우 유사한 별도의 프로그램을 도입하는 방식으로 공적의료보장제도에 대한 아동의 적용 범위를 기존의 한계 이상으로 확대하는 것이었다. 주정부가 CHIP 기금을 활용하여 저소득층 의료보장제도의 수급자 규모를 늘리도록 유인을 제공하기 위해 연방정부는 메디케이드보다 CHIP에 대해 더 높은 비율로 비용을 분담하였다. 이 장의 나머지 부분에서는 메디케이드와 CHIP를 합쳐서 '메디케이드'로 부르기로 한다.

현 기준으로 빈곤선(4인 가족의 경우 26,200달러)의 100% 이내에 포함되는 18세 이하의 모든 인구는 메디케이드나 CHIP의 수급자가 되며, 6세 이하 아동 및 임신한 여성은 빈곤선의 138%(36,160달러)까지 수급자가 될 수 있다. 대부분의 주에서는 아동과 임신한 여성의 수급자격이 확대되었기 때문에 가장 전형적인 주의 경우 두 인구계층 모두 빈곤선의 200%(52,400달러)까지 수급자가 될 수 있다. 일부 주에서는 수급자격이 더 넓은데 예를 들면 아이오와주의 임신 여성은 빈곤선의 375%(98,250달러)까지 급여를 받을 수 있다.[5]

최근에는 수급자격을 가족구조와 무관하게 연방빈곤선 138% 이하의 모든 가구에까지 확대하도록 한 ACA로 인해 메디케이드 프로그램의 대상자가 엄청나게 증가할 뻔했다.[6] 이러한 확대는 전 미국을 대상으로 한 것이었으나 2012년의 대법원 판결에 따라 주들은 이 조치를 따를 필요가 없게 되었다. 비록 연방정부가 가입자 확대에 따른 비용의 90%까지를 부담한다고 하지

---

5 빈곤선에 관한 자료는 U.S. Department of Health and Human Services(2021); 메디케이드 수급자격에 관한 자료는 Centers for Medicare and Medicaid Services(2020).

6 기술적인 측면에서 확대는 빈곤선의 133%까지지만 소득을 정의하는 방식 때문에 실질적으로는 빈곤선의 138%까지다.

만 2020년 현재, 12개의 주가 해당 법안을 따르지 않아 메디케이드의 대상자를 확대하지 않고 있다.[7]

메디케이드의 급여 범위

자격요건 이외에도 주정부는 두 가지 차원에서 재량의 여지를 갖고 있다. 첫째는 급여 범위이다. 연방정부의 메디케이드 규정에는 주정부가 의사나 병원진료 등의 주요 서비스를 제공하도록 하고 있지만 처방약이나 치과진료와 같은 선택적 서비스는 포함되어 있지 않다. 그럼에도 모든 주는 고가의 선택적 급여, 이를테면 처방약이나 검안사 서비스를 급여 범위에 포함시키고 있으며 2개의 주만 빼고는 모두 치과진료를 포함시키고 있다.[8] 기존의 메디케이드 수혜자들이 이들 서비스를 이용할 때 환자의 본인부담은 거의 없거나 아예 없다. (CHIP를 운영하고 있는 주의 경우 빈곤선 150% 이상의 수급자에 대해서는 다소 높은 수준의 본인부담이 요구되기도 한다.) 이러한 급여패키지는 그 어떤 민영의료보험보다도 훨씬 관대한 것이다. 따라서 메디케이드는 돈으로도 살 수 없는 최선의 의료보험이 아닐 수 없다.

진료비 지불제도

주정부는 또한 의료 제공자에 대한 보상 수준을 규제할 수 있다. 모든 주가 기본적으로 같은 의료관리 서비스를 제공하는 것과는 달리 의료 제공자에 대한 보상 수준은 주마다 큰 차이가 있다. 대부분의 주에 있어서 메디케이드는 민간부문보다 훨씬 낮은 수준에서 진료비를 지불하고 있는데 이 때문에 의사들은 메디케이드 환자들을 기피하려는 경향이 있다. 예컨대 출산의 경우 메디케이드의 지불 수준은 평균적으로 민간부문의 절반에 불과하다. 2011년에 수행된 한 조사에 의하면 설문에 응한 의사 중 거의 1/3은 신규 메디케이드 환자를 아예 받지 않는다고 응답하였다.[9] 따라서 비록 모든 주에서 메디케이드의 급여 범위는 대단히 관대하지만 많은 주에서 수급자들은 자신들을 진료하려 하지 않는 의사들 때문에 급여 범위에 포함되는 서비스 이용에 곤란을 겪고 있다.[10]

16.2 메디케이드의 효과

메디케이드 프로그램은 2019년에 6,135억 달러를 지출함으로써 그 규모가 엄청나기도 하지만 그 비용은 빠르게 증가하고 있다. 메이케이드 지출은 향후 연평균 5.7%의 증가율을 보일 것으로 예상된다.[11] 이렇듯 막대하면서도 급속히 규모가 커지는 이 프로그램의 목적은, 민영 의료보

7 Kaiser Family Foundation(2020).
8 Center for Health Care Strategies(2019).
9 Decker(2012).
10 Alexander와 Schnell(2019)은 메디케이드 지급을 늘리면 수혜자를 외면하는 환자에 대한 보고가 줄어들어, 사무실 방문 증가, 자가보고 건강 개선, 학교 결석 감소의 결과가 나타남을 발견하였다.
11 Centers for Medicare and Medicaid Services(2021a, b).

험을 구입할 수 없는 저소득층 인구에 대한 의료보장을 통해 이들에게 재정적 보호를 제공하고 궁극적으로는 이들의 건강 수준을 향상시키는 것이다. 메디케이드가 이러한 소기의 목적을 달성했는지 여부는 실증적으로 검증할 문제이며, 이 절에서는 이 문제에 대한 증거를 검토해보기로 한다.

메디케이드가 재정적 보호를 제공하는가?

메디케이드와 같은 의료보험 프로그램의 1차적 목표는 의료비 지출이라는 위험에 대해 재정적 보호를 제공하는 것이다. 이는 이 프로그램의 수혜대상이 되는 소득 수준이 아주 낮은 가구의 경우에 특히 중요한 문제인데 이들의 경제적 능력으로는 통상적인 금액의 진료비조차 부담하기 어려울 수 있다.

메디케이드가 제공하는 재정적 보호의 개선 여부를 연구한 많은 논문들이 존재한다. Gruber와 Yelowitz(1999)는 메디케이드의 확대로 인해 의료 분야 이외의 재화 소비량이 증가했다는 사실을 밝히고 있다. Gross와 Notowidigdo(2011)는 메디케이드의 확대로 인해 소비자 파산율이 감소했음을 보여주었다. 그리고 Finkelstein 외(2012)는 오리건주에서 메디케이드에 새로 가입하게 된 사람들 사이에서 본인이 직접 내는 진료비, 의료기관 미수금, 추심업체로 넘어간 진료비 청구서 등이 엄청나게 감소했음을 밝혀냈다. 메디케이드는 명백히 저소득층 가구의 소비평탄화에 중요한 기여를 하고 있다.

메디케이드가 건강 수준 향상에 기여하는가?

재정적 보호에 대한 공적의료보험의 영향이 비교적 명확한 데 반해 건강에 미치는 효과는 보다 평가하기가 어렵다. 그림 16-1에 이 문제에 대한 답을 구하기 위한 조직적인 분석틀이 단계별로 나와 있다.

- 제1단계 : 자격요건의 변화가 실제 메디케이드 대상 인구의 변화로 전환되는 단계이다. 자격요건이 대상 인구를 변화시키는 데는 두 가지 전달경로가 존재한다. 첫 번째는 '수용'경로이다. 자격요건이 변화하면 그 이전의 비대상 인구가 대상 인구로 전환되는데 이들 중 일부만 실제로 메디케이드에 등록한다. 두 번째는 '구축'경로이다. 자격요건이 변화되면 일부는 민영보험을 탈퇴하고 공적의료보장제도에 등록하게 된다. 이는 제12~14장에서 다루었던 것으로 자가보험을 사회보험으로 대체하는 또 다른 형태의 효과(구축효과)라고 할 수 있다.
- 제2단계 : 메디케이드 대상 인구의 변화가 실제 의료 이용의 증가로 전환되는 단계이다. 앞에서 살펴본 것처럼 많은 의료 제공자들이 진료비 지불 수준이 낮다는 이유로 메디케이드 환자를 돌보지 않을 것이다. 따라서 메디케이드 적용 인구를 확대했다고 해서 의료 이용이 크게 증가할 것인지는 확실하지 않다. 만일 메디케이드 환자를 보려는 의료 제공자의 공급이 고정되어 있다면 의료수요가 증가한다고 해도 총의료이용량은 증가하지 않을 것이다.

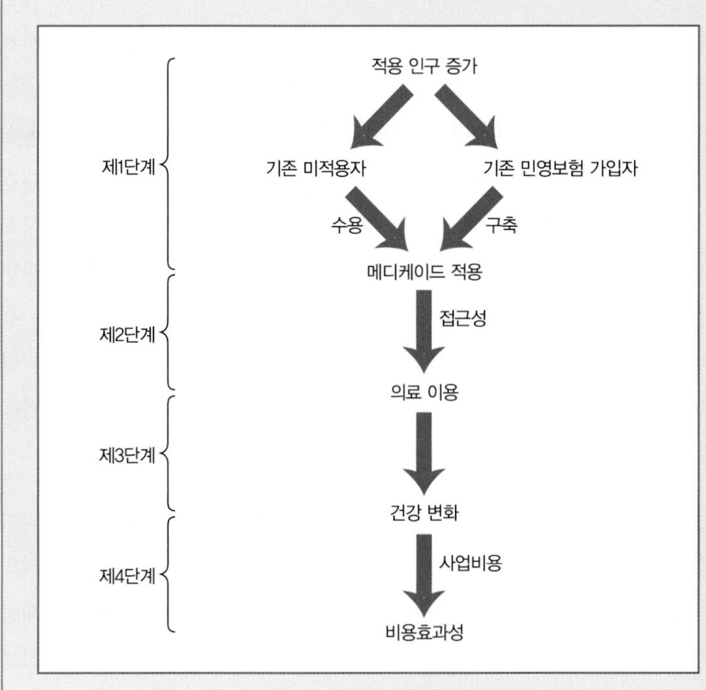

그림 16-1 메디케이드는 어떻게 건강에 영향을 미치는가? 이 그림은 메디케이드 적용 범위의 확대가 건강에 영향을 미치는 경로를 보여주고 있다. 적용 범위가 확대되면 미적용자가 메디케이드를 더 많이 수용하게 되고, 민영보험 적용자의 일부가 민영보험 대신 메디케이드를 선택하게 된다(구축)(제1단계). 이러한 적용인구의 증가는 메디케이드 등록자의 접근성 제한에 따른 의료 이용의 증가를 가져온다(제2단계). 의료 이용의 증가는 잠재적으로 건강 수준의 향상을 가져온다(제3단계). 이러한 건강 수준의 향상은 사업비용의 발생에 따른 것이므로 궁극적으로는 이러한 경로의 건강 향상에 대한 비용효과성 문제를 제기한다(제4단계).

- 제3단계 : 의료 이용의 증가가 건강증진으로 전환되는 단계이다. 의료 이용의 증가가 건강증진에 얼마나 중요한 역할을 하는지는 분명하지 않다. 예컨대 앞 장에서 살펴보았던 RAND 의료보험실험(HIE) 결과는 의료보험급여 범위의 확대가 건강증진에 별다른 영향을 미치지 못하였음을 시사하고 있다.
- 제4단계 : 메디케이드 적용 인구 확대의 비용효과성을 파악하는 단계이다. 메디케이드 제도로 인해 향상된 건강의 가치는 그 비용과 비교해보아야만 한다. 설사 메디케이드가 건강증진을 가져다준다 해도 다른 정책을 통해 더 비용효과적으로 건강을 향상시킬 수 있다면 메디케이드 대신에 다른 정책을 추구해야 할 것이다.

메디케이드가 건강 수준에 미친 효과에 관한 증거

그림 16-1에 나와 있는 여러 단계와 관련하여 어떤 증가가 있는가? 이 절에서는 관련 경제학 문헌을 간단하게나마 개관해보기로 한다.

수용 1980년대와 90년대의 메디케이드 확대 덕분에 적용 인구가 급증하였다. 1982년에는 18세 이하 인구의 12%만이 메디케이드의 적용을 받았는데 2000년에 이르면 같은 인구계층의 46%가 적용 인구에 포함됨으로써 거의 400%에 이르는 증가율을 나타냈다. 임신 여성의 경우에도 마찬가지 양상을 보였으며, 일부 주의 경우에는 자격요건을 갖춘 아동의 부모가 적용 대상

에 포함되기도 했다.[12]

그러나 새롭게 자격요건을 갖춘 사람들 중에서 메디케이드에 등록한 경우는 상대적으로 적다. 여러 가지 추정치를 통해 판단하건대 1980년대 말과 90년대 초에 새로 자격을 얻은 사람들 중에서 1/4만이 메디케이드에 등록했으며, 1990년대 말 CHIP의 자격을 얻은 사람들 중에서 실제로 등록한 사람들은 10% 정도에 불과했다. 제14장의 실업보험에서 본 것과 마찬가지로 이러한 낮은 등록률은 일부는 자격요건에 대한 정보의 부재에서 비롯되었을 수도 있고, 일부는 사회보장제도의 혜택을 받는 것에 대한 사회적 낙인 때문일 수도 있다. 그러나 메디케이드에만 관련된 또 다른 이유는 새롭게 자격을 얻은 사람들의 대부분이 이미 민영의료보험을 갖고 있었다는 점이다. 이들의 경우 민영의료보험에서 공적의료보장제도로 바꾸는 것이 그렇게 좋은 일만은 아니었다. 예를 들어 만일 소득이 증가하면 다시 자격을 잃을 수도 있었기 때문에 민영의료보험을 떠나 공적의료보장제도로 옮기는 것에 대해 그들은 매우 신중하게 대응을 했던 것이다.

구축 민영보험을 계속 보유하는 사람들과는 달리 어떤 사람들은 메디케이드의 급여 범위가 일반적인 민영보험보다 훨씬 넓으면서도 비용부담이 전혀 없기 때문에 민영보험을 떠나 공적의료보장제도로 옮기는 것이 낫다고 여길 수도 있을 것이다. 급여 측면에서 보자면 고용주가 제공하는 대다수의 의료보험이 사실상 모든 주의 메디케이드 프로그램에는 포함되어 있는 치과진료나 안과진료 등 '선택적' 급여를 포함하지 않고 있다. 비용 측면에서 보자면 의료보험을 제공하는 고용주는 근로자에게 평균적으로 가족당 매월 477달러 이상, 또는 연간 5,726달러를 부담시키고 있지만 메디케어는 무료이다.[13] 더욱이 환자의 비용분담 수준은 고용주 의료보험의 경우 경제 이론이 제시하는 적정 수준에 비해 낮지만 법에 의해 본인부담금이 거의 0에 가까운 메디케이드에 비해서는 훨씬 높은 수준이다. 민영보험과 공적보험 사이에 존재하는 이와 같은 급여 범위 및 비용의 차이 때문에 민영보험에 가입한 일부 사람들은 자격요건을 갖추기만 한다면 민영보험에서 공적보험으로 이동하는 것이 더 유리하다고 생각할 것이다. 이는 우리가 이미 불꽃놀이, 교육, 사회보험에서 본 바와 마찬가지로 정부의 개입이 민간부문의 공급을 구축하는 또 다른 예가 될 것이다.

많은 연구가 이러한 구축효과의 규모를 실증적으로 추정했는데, 이 연구들에 의하면 약간의 구축효과가 나타나기는 했지만 완전구축과는 거리가 멀어서 민영보험의 감소는 공적보험 증가의 20~50%에 불과하였다.[14]

의료 이용 및 건강 수준 구축효과의 규모를 아무리 크게 잡는다 해도 메디케이드의 확대로 인해 의료보장의 사각지대는 많이 줄어들었다. 따라서 새로운 적용자의 (의사 진료실 방문과 같은) 의료서비스 이용량은 물론이고 궁극적으로는 그들의 건강 수준도 영향을 받았을 것이다.

---

12 코넬대학교의 Kosali Simon과 저자가 공동으로 연구한 논문에서 인용한 수치이다.

13 Kaiser Family Foundation(2019).

14 관련 문헌 고찰을 위해서는 Gruber와 Simon(2008)을 참조하라. 보다 최근의 증거는 Goldstein 외(2014)에서 찾아볼 수 있는데 이들은 2008년부터 2012년 사이에 CHIP의 확대를 연구하면서 더 큰 규모의 구축현상을 발견했다.

실제로 기존의 증거들은 메디케이드가 확대되면서 의료 이용량 및 건강 수준이 모두 늘어났음을 시사하고 있다(그림 16-1의 2~3단계). 메디케이드의 적용을 받게 되면 특히 조기 산전 진찰과 아동의 예방 차원의 의사 방문과 같은 예방 서비스는 50% 이상 증가하는 것으로 나타났다. 이와 동시에 영아사망률과 아동사망률이 큰 폭으로 떨어졌다. 예컨대 임신한 여성에게 메디케이드를 확대한 덕분에 영아사망률은 8.5%가 하락하였다.[15]

의료보장의 혜택을 받지 못하던 사람들에게 의료보장을 확대한 결과 그들의 건강이 향상되었다는 연구 결과는 다른 연구에서도 마찬가지로 나타나고 있다. Hanratty(1996)는 캐나다의 국민의료보험 도입효과를 연구했는데 이로 인해 영아사망률은 4%가 감소하였고, 미혼모의 출산 시 저체중아의 발생이 8.9%나 감소하였음을 보였다. Lurie 외(1984)는 1980년대 주정부가 재정위기로 인해 대상 인구를 감축하여서 메디케이드의 혜택을 받을 수 없게 된 캘리포니아주의 주민들을 연구했는데 이들은 혜택 종료 후에 사망률이 크게 증가하는 등 건강이 상당히 악화된 것으로 나타났다. 튀르키예의 무료보편의료 제공에 대한 연구에 따르면 무료의료 제공이 유아사망률을 25%, 1~4세 사망률을 23%, 노년사망률을 7% 감소시킨 것으로 나타났다.[16] 스페인의 최근 연구는 미등록 이민자의 공공의료 접근을 제한함으로써 해당 집단에서 사망률이 크게 증가하였음을 보였다.[17] 마지막으로, Finkelstein 외(2012)는 제11장에서 논의했던 학교배정 추첨과 유사한 방식의 새로운 의료보험 적용 무작위실험(randomized trial)을 사용한 연구를 수행했다. 오리건주는 공적의료보험 프로그램에 10,000명을 더 포함시킬 수 있는 재원을 확보하고 주민들에게 등록기회를 주었는데 거의 100,000명이 가입을 원했다. 이에 따라 주는 추첨을 통해 무작위로 새로운 가입자를 정하였다. 이 연구의 결과에 따르면 당첨된 사람들의 신체적 건강이 썩 좋은 편은 아니었는데 다만 정신건강은 크게 좋아진 것을 발견했다. 특히 우울증이 크게 감소했는데 이는 부분적으로 진료비를 스스로 조달해야 하는 스트레스가 줄어들었기 때문일 것이다.

이러한 연구 결과는 본인부담률의 변경을 통해서 의료보험의 급여 범위를 변화시킨 것이 건강 수준에 영향을 미치지 못한 것으로 나타났던 RAND 의료보험실험의 결과와 배치되는 것일까? HIE의 경우 의료보험 적용 제외자는 없었기 때문에 그렇지는 않다. 모든 참가자들은 1,000달러 이상의 진료비에 대해 완전한 보장을 받고 있었던 것이다. 따라서 이 두 가지 종류의 증거를 합해보면 그림 15-8에서 보았던 의료의 효과성 곡선을 찾아낼 수 있다. 메디케이드처럼 대상인구 확대를 통해 의료보장 비수혜자가 수혜자가 되면 이들의 건강에는 긍정적인 변화가 나타난다. 그러나 일단 의료보장의 혜택을 받게 되면 RAND에서처럼 급여 범위를 변경시켜 보아도 건강 수준에 뚜렷한 변화가 나타나지는 않는 것 같다.

15 Currie and Gruber(1996a,b).

16 Cesur et al.(2017).

17 Mestres, Casasnovas, and Castello(2021).

실증적 증거

주정부의 메디케이드 확대와 메디케이드 프로그램의 효과 추정

건강 수준에 미친 메디케이드의 영향을 측정하는 방법은 당연히 이 프로그램에 등록한 사람과 등록하지 않은 사람을 비교하는 것이다. 그러나 이 방법에는 두 가지 종류의 편의가 존재한다. 첫째, 메디케이드의 자격요건은 소득과 같은 요인에 의해서 결정되는데 소득은 동시에 건강 수준에도 영향을 미친다(예를 들어 메디케이드의 적용대상이 되는 빈곤층 인구는 동시에 가장 건강 수준이 낮은 사람들이기도 하다). 둘째, 메디케이드의 적용대상이 된다 해도 실제로는 일부의 사람들만 등록하는데 이들은 등록하지 않은 사람들과 차이가 있을 수 있다(예를 들어 등록한 사람들의 건강 문제가 더 심각할 수 있다). 따라서 메디케이드에 등록한 분석집단은 등록하지 않은 비교집단과 여러 가지 차원에서 상이할 것이며 이는 결국 건강에 미치는 프로그램의 영향에 대한 추정치에 편의를 가져오게 된다.

다행스럽게도 1980년대와 90년대의 메디케이드 확대는 이러한 문제점들을 자연스럽게 해결해주는 수단을 제공해주었다. 메디케이드 확대의 중요한 특징은 표 16-1에 나와 있는 것과 마찬가지로 주별로 아주 다른 속도로 진행이 되었고, 한 주 내에서는 아동의 연령계층별로 다른 속도로 이루어졌다. 예를 들어 확대 이전에 자격요건이 매우 제한적이었던 미주리주의 경우 메디케이드 적용대상 중 아동은 1982년 12%에서 2000년 76%로 증가하였다. 반면에 이 수치가 1982년에 이미 20%에 달했던 미시간주는 2000년에 34%로밖에 오르지 않았다.

이처럼 확산 속도가 각 주마다 달랐다는 사실은 메디케이드 프로그램의 효과를 분석하는 데 훌륭한 준실험적인 환경을 제공하였다. 연구자는 보험 적용 인구를 더 많이 확대한 주(분석집단)의 (질병 발생 정도와 같은) 결과를 덜 확대한 주(비교집단)의 결과와 비교할 수 있다. 이들 주에서 적용 인구의 확대와 건강 수준과 같은 결과변수 모두에 대해 상관관계를 갖고 있는 변수에 변화가 없는 이상 이러한 접근 방법의 사용을 통해 메디케이드 적용자와 비적용자를 비교함에 있어 내재되어 있는 편의를 통제할 수 있게 된다.

그러나 주의 보험 적용 인구 확대와 다른 변수들의 변화가 서로 연관이 있을 가능성이 존재한다. 예를 들어 경기가 침체 상황일 때 의료보험 확대에 대한 주정부의 의지가 더욱 커진다면 (그리고 부모의 소득 수준이 낮아질수록 자녀를 위해 식료품과 의료서비스를 구입할 수 없게 된다면) 이는 건강에 독립적인 영향을 미치게 되는 것이다. 그러나 실업보험의 경우와 마찬가지로 편의를 더욱 줄일 수 있는 '주 내(within-state)' 비교집단이 존재하게 되는데, 이는 아동들의 연령계층에 따라 보험 적용의 확대 여부가 달라지기 때문이다. 예를 들어 연구자들은 1982~2000년 사이에 18~59%로 40% 이상 적용 인구가 확대되었던 워싱턴 D.C.에 거주하는 13세 아동들(분석집단)의 건강 수준 변화를, 1982년에 이미 상당수의 신생아가 보험 적용이 되어 있던 관계로 적용 인구 확대가 48~56%로 10% 미만에 불과했던 이 지역 신생아들(비교집단)의 건강 수준 변화에 비교해볼 수 있다. 두 집단 모두 경기침체와 같은 동일한 외부요인에 같은 영향을 받으면서도 두 집단 간에 상이하게 적용되는 메디케이드 정책에 의해 서로 다른 영향을 받게 된다. 제14장의 부록에서 살펴본 것처럼 주 간 비교(across-state comparisons)를 주 내 비교(within-state comparisons)와 통합함으로써 준실험 상황에서 더욱 설득력 있는 추정치를 얻을 수 있다.

ACA에 따라 보다 최근에 나타난 메디케이드 확대 개편은 빈곤선의 133% 미만인 개인으로 메디케이드 대상을 확장한 주와 그렇지 않은 주를 비교하여 건강보험의 효과를 측정할 수 있는 준실험(quasi-experiment) 환경을 제공하였다. 그 결과, 이러한 확대 개편을 활용한 수많은 연구들이 등장하였으며, 이들 문헌은 메디케이드의 확장이 의료 접근성, 의료서비스의 활용, 건강 증진의 개선에 기여하였다는 기존의 초기 연구들의 결과를 재확인하였다.[18]

표 16-1 주 간 및 주 내에서의 메디케이드 적용 범위 변화 1982~2000년 기간 중 메디케이드 적용 범위는 미시간주보다 미주리주에서 크게 확대되었다(위쪽). 또한 한 주 내에서도 큰 변화가 있었다. 워싱턴 D.C.의 경우 0세 아동보다는 13세 아동의 적용 범위가 훨씬 더 많이 확대되었다(아래쪽).

모든 아동에 대한 적용 범위(주별)		
연도	미주리 적용 범위	미시간 적용 범위
1982	12%	20%
2000	76%	34%
워싱턴 D.C.에서의 아동에 대한 적용 범위(연령별)		
연도	13세 적용 범위	0세 적용 범위
1982	18%	48%
2000	59%	56%

출처 : 코넬대학교의 Kosali Simon과 저자가 공동으로 연구한 논문에서 인용한 수치임.

[18] Rudowitz와 Antonisse(2018)에서 확인할 수 있다.

비용효과성 마지막으로 그림 16-1에서 마지막 화살표인 비용효과성에 대해 알아보자. 증거에 따르면 공적의료보장을 확대하는 경우 건강 수준이 향상되는데 이런 결과를 얻기 위해 드는 비용은 얼마나 될까? Currie와 Gruber(1996)는 메디케이드의 확대를 통해서 영아 1명을 살리는 데 대략 100만 달러가 드는 것으로 추정하였다. 이는 제8장에서 논의한 보상임금격차 연구에서 추정한 생명의 가치(300~700만 달러)보다 훨씬 낮은 수치이다. 또한 100만 달러는 식료품 규제나 안전띠 규제처럼 생명을 구하기 위해 설계된 정부의 다른 개입비용보다도 훨씬 더 낮은 수치이다. 이러한 연구 결과는 저소득층의 의료에 대한 투자가 미국인들의 건강을 증진시키는 데 있어서 비용효과적인 수단이라는 점을 시사하고 있다.

16.3 메디케어 프로그램

미국에서 가장 규모가 큰 공적의료보험은 메디케어로서 이 제도는 이미 앞에서 언급된 것처럼 1965년에 노인 및 비노인 인구 중 장애인(연방정부의 장애보험급여 대상자)에 대한 보편적 의료보장 프로그램으로 도입되었다. 메디케어와 메디케이드에 대한 독자의 이해를 돕기 위하여 표 16-2에 두 제도의 주요 특성을 정리해놓았다.

메디케어의 작동 방식

메디케어의 관리운영은 연방정부가 담당하고 있다. 10년간 급여세를 납부한 모든 근로자들과 그 배우자들은 메디케어의 적용대상이 될 수 있다. 근로경험이 없는 시민이라도 보험료 전액을

표 16-2 메디케이드와 메디케어(2021년 현재) 메디케이드는 저소득층 인구에게 제공되는 의료보험으로, 대상자는 거의 비용을 부담하지 않으면서도 광범위한 의료서비스를 제공받고 있다. 메디케어는 65세 이상 노인 인구에게 적용되는 의료보험으로, 대상자는 일부 비용을 부담하지만 상당한 범위의 의료서비스를 제공받고 있다.

	메디케이드	메디케어
대상자	생활보호 대상 가구 저소득층 아동, 임산부 저소득층 노령자, 장애인	65세 이상 은퇴자 및 그 배우자 65세 이하 장애인 (투석이나 이식을 필요로 하는) 신부전 환자
보험료	없음	입원진료 : 없음 외래진료 : 월 148.5달러 처방약 : 가변적
공제제/비용분담제	없거나 아주 적음	입원진료 : 급여기간 중 1,484달러 공제 외래진료 : 203달러 공제, 20% 본인부담 처방약 : 가변적
비급여 서비스	없거나 아주 사소함	처방약(2006년까지), 건강검진(2010년까지), 치과진료, 요양원 서비스, 안경, 보청기, 예방접종
진료비 상환 수준	아주 낮음	적당함(그러나 줄어들고 있음)

납부하고 메디케어 적용자가 될 수 있다. 정부가 의료 제공자들에게 진료비를 지불하고 환자들은 의료 이용 시 본인부담이 있다는 점에서 메디케어는 민영보험과 비슷하게 운영된다. 이 메디케어 프로그램의 개혁과 관련하여 우리가 명심해야 할 두 가지 사항이 있다.

메디케어 파트 A 급여세를 통해 재원을 조달하여 입원 환자이 병원비용과 장기요양비용의 일부를 부담하는 메디케어 프로그램의 한 부분

메디케어 파트 B 가입자의 보험료와 일반조세수입으로 재원을 조달하여 개원의 서비스 비용과 병원 외래진료비 및 기타 서비스 비용을 부담하는 메디케어 프로그램의 한 부분

메디케어 파트 D 처방약 비용을 부담하는 메디케어 프로그램의 한 부분

세 가지 다른 프로그램 메디케어는 실제로는 서로 다른 세 가지 프로그램으로 구성되어 있다. **메디케어 파트 A**(Medicare Part A)는 입원비용과 장기요양서비스(노인에게 제공되는 요양원 등의 시설서비스나 재가서비스) 비용의 일부를 보장한다. 이는 제15장에서 언급한 대로 고용주와 근로자 모두에게 급여세를 부과하여 조성하는 메디케어 병원보험신탁기금(Medicare Hospital Insurance Trust Fund)을 재원으로 한다. **메디케어 파트 B**(Medicare Part B)는 개원의 지출, 병원 외래 지출 및 기타 서비스를 보장한다. 그 비용의 약 25%는 가입자가 납부하는 보험료로 충당되며 이는 사회보장연금에서 직접 공제된다. 나머지 75%는 정부의 일반조세수입으로 충당된다. 파트 B의 보험료는 소득에 따라 달라지는데 대부분의 노인들에게 있어서 그 보험료는 월 148.5달러이다. 하지만 연간 소득이 330,000달러가 넘는 노인들의 경우 보험료는 475.2달러로 올라간다.[19] **메디케어 파트 D**(Medicare Part D)는 처방약에 대한 지출을 보장한다. 아래에서 언급할 것이지만 노인들은 다양한 민영보험 중 하나를 선택하여 약제급여를 받을 수 있다. 파트 D는 (선택하는 의료보험에 따라 천차만별인) 가입자의 보험료와 일반조세수입을 통해 재원이 조달된다.

높은 환자부담 민영보험이나 메디케이드에 비해 메디케어는 본인부담금과 기초공제 수준이 상당히 높으며 급여 범위는 상대적으로 협소하다. 파트 A의 경우 최초 60일 동안 공제액이 1,484달러(61~90일까지는 재원일당 371달러, 91~150일까지는 재원일당 742달러로 증가하고 그 이후에는 환자가 전액을 부담하는 비용과 함께)에 이르며, 파트 B의 경우 공제액은 203달러이며 본인부담률은 20%이다.[20] 파트 B의 본인부담에는 상한선이 없다는 점이 중요하다. 만일 누군가에게 연간 10,000달러의 진료비가 발생했다면 본인부담금으로 2,000달러를 지불해야 한다. 따라서 질병에 걸리는 경우 상당한 의료비 지출의 위험이 여전히 존재하기 때문에 본인부담의 상한선이 존재하지 않는다는 점은 메디케어의 소비평탄화 가치를 크게 낮추는 결과를 가져온다. 파트 D의 경우 어떤 의료보험은 높은 보험료를 부과하는 대신에 약제비의 상당 부분을 보장해주는 등 의료보험에 따라 상당한 변이가 존재하기는 하지만 이 역시(다음의 '응용사례'에서 보듯) 높은 수준의 환자부담을 특징으로 한다. 더욱이 메디케어는 치과 및 안과 서비스를 포함해 민영의료보험에서 제공되는 여러 가지 급여가 보장되지 않는다.

---

19 비용 분포는 Cubanski, Neuman, and Freed(2019)에서, 보험료는 https://www.medicare.gov/your-medicare-costs/part-b-costs에서 얻었다.

20 https://www.medicare.gov/your-medicare-costs/medicare-costs-at-a-glance로부터 정보를 얻었다.

kmsdesen/ Shutterstock

응용사례
메디케어의 약제급여 논쟁

21세기 초의 가장 활발한 의료정책 논쟁은 메디케어 프로그램에 약제급여를 추가시킬 것인지 여부에 관한 것이었다. 1965년에 도입되었을 때 메디케어는 병원 및 의사 비용을 포함하여 노인과 장애인이 갖고 있던 대부분의 의료요구를 보장해주었지만 처방약에 대한 급여는 제외시켰다. 메디케어 프로그램의 초기에는 이것이 큰 문제가 아니었지만 1990년대에 들어 노인들 사이의 통상적인 질환을 처방약으로 치료하는 일이 많아지면서 메디케어 급여 범위의 이 갭이 관심을 끌게 되었다.

이 문제를 해결하기 위해 민주당과 공화당은 서로 다른 두 가지 방안을 들고 나왔다. 민주당은 메디케어에 약제급여를 추가하고, 최저 약가를 보장하기 위해 정부가 직접 제약회사와 협상을 하는 방안을 제시하였다. 공화당은 HMO나 또는 약제비급여만을 담당하는 별도의 상품개발을 통해 노인들에게 약제급여를 제공할 수 있도록 정부가 민영보험에 보조금을 지급하는 방안을 제시하였다.

이들 두 가지 접근 방법 모두 장단점이 있다. 민주당 안의 경우 연방정부가 처방약에 대해 엄청난 구매력을 갖게 되므로 행정관리비용을 최소화하고 약가에 대한 협상력을 높일 수 있다. 그러나 또 다른 한편으로는 연방정부가 지나치게 고압적이고 과도하게 약가를 낮추어 신약개발의 수익성을 악화시킴으로써 제약 분야에서의 혁신을 저해하게 될 것이다.[21] 한편, 공화당 안처럼 민영보험을 통해 이 문제에 접근하는 경우 이들이 제약업자들과 협상을 할 것이므로 위와 같은 문제는 일어나지 않지만 이 경우 역선택이라는 새로운 문제를 불러들이게 된다. 즉 처방약을 가장 절실하게 필요로 하는 사람들만 민영의료보험에 가입하게 되어 재정적 곤란을 초래할 수 있는 것이다.

2003년 12월에 조지 W. 부시 대통령은 공화당의 방안에 기초하여 만들어진 법안에 서명을 했는데, 이 법안에는 역선택의 문제를 해결하기 위해 정부가 재보험을 제공하는 방안이 담겨 있었다. 이런 재보험하에서 연방정부는 민영의료보험의 보험자가 과도한 약제비로 인해 부당하게 재정적 곤란을 겪지 않도록 그 일부를 보험자에게 상환해주게 된다.

그런데 메디케어 수급자들이 새로운 파트 D 프로그램에 등록하는 과정에서 많은 문제가 나타났다. 2005년 11월 15일 공식적인 등록기간이 시작되기 직전부터 메디케어와 주정부에는 메디케어 수급자들로부터 매일 수백 통의 전화가 쇄도했는데 이들은 민영의료보험 중 하나를 선택해야 하는 문제에 대해 절망적일 정도로 곤혹스러움을 느끼고 있었다. 심지어 어떤 보험회사는 보험회사들 간의 극심한 경쟁으로 인해 소비자가 결정을 해야 하는 시점에도 계속 상품 내용을 변경하고 있었다. 이렇듯 평탄치 못한 출발에도 불구하고 시행 이후 몇 달 만에 연방정부는

21 Finkelstein(2003)은 제약 분야에서의 혁신이 정부의 의료보장급여 범위가 제공하는 인센티브에 의해 영향을 받는다는 사실을 보여주고 있다.

처음에 나타났던 많은 문제를 해결할 수 있었으며, 2006년 말에는 2,300만 명 이상의 노인들이 이 프로그램에 등록하게 되었다.[22]

이렇듯 민영보험에 의존하는 방법은 얼마나 성공적이었을까? 이에 대한 증거는 아직 불분명하다. 한편으로 이 프로그램의 비용은 처음에 추계된 것보다 훨씬 더 낮았다. 2020년에 파트 D 프로그램하에서 가입자의 월평균 보험료는 32.74달러였는데 이는 관련법이 통과되었던 2003년에 CBO가 예측했던 것보다 26% 더 낮은 수준이었다.[23] 이렇듯 낮은 비용의 부분적인 이유는 보험자들 간의 경쟁이 극심했다는 점과 보험자들이 파트 D 수급자들을 저가의 '제네릭(복제)' 약품으로 유도할 수 있었다는 점에서 찾을 수 있다(Duggan and Scott Morton, 2010). 한편, 노인들이 선택 가능한 여러 의료보험 중에서 최선의 보험을 선택하지 못한다는 분명한 증거가 존재한다. Abaluck과 Gruber(2011)는 처방의약품을 사용한 노인들의 대규모 표본을 사용하여 연구한 결과 이 표본을 대표하는 노인의 경우 덜 비싼 보험상품을 선택했더라면 30%의 비용을 절감할 수 있었을 것이라는 점을 알아냈다.

그러나 분명한 것은 이 약제급여의 기본 구조가 비논리적이었다는 점이다. 2006년에 메디케어 파트 D 프로그램 수급자는 다음과 같은 구조하에서 급여를 받았다.

- 연간 약제비가 최초 250달러까지는 급여가 없다.
- 그 이후 2,250달러까지(총 2,500달러까지)는 75%를 메디케이드에서 부담한다.
- 그 이후 3,600달러까지(총 5,100달러까지)는 전액을 수급자 본인이 부담한다.
- 5,100달러 이상의 약제비에 대해서는 95%를 메디케이드에서 부담한다.[24]

이는 대단히 기묘한 구조로서 250달러부터 2,500달러까지의 낮은 지출 수준에서는 관대한 급여를 제공하는 반면에 그다음부터는 5,100달러까지 급여가 전혀 없고, 그다음 5,100달러 이상의 고액 지출 수준에 대해서는 거의 완전한 급여를 제공하도록 되어 있다. 이러한 구조에서 조리 있는 경제적 논리를 찾기는 어렵다. 제15장에서 논의한 보험급여의 최적구조는 최초의 지출에 대해서는 도덕적 해이를 막기 위해 거의 급여를 하지 않고, 그다음부터는 소비평탄화를 위해 지출이 증가함에 따라 급여가 증가하는 것이었다. 기초공제가 적용되는 첫 번째 구간과 5,100달러 이상의 고액을 지출하는 마지막 구간의 경우에는 이와 같은 구조에 부합하고 있다. 그러나 중간의 두 구간의 경우 250~2,500달러 구간에서는 매우 관대한 급여를 제공하고, 그다음의 3,600달러 지출 구간에서는 전혀 급여가 없도록 설계된 것에는 아무런 경제적 근거가 없다. 이처럼 전도된 급여 구조는 최적급여 설계의 정반대 모습이다.

급여가 이러한 구조를 갖게 된 이유는 명백히 정치적인 것이다. 2012년에 대다수의 노인들은 약제비가 그렇게 많지 않다. 예를 들어 메디케어 수급자의 54%는 연간 약제비가 2,000달러에 미치지 못한다.[25] 법안의 목적은 일정한 연방정부 예산을 사용하여, 사람들이 어느 정도의 보

---

22 Chronic Conditions Data Warehouse(2015).

23 U.S. Department of Health and Human Services(2021).

24 https://www.medicare.gov/drug-coverage-part-d/costs-for-medicare-drug-coverage로부터 정보를 얻었다.

25 Congressional Budget Office(2012b).

험급여가 필요한지와는 상관없이, 가능한 한 많은 노인들에게 급여를 제공하자는 것이다. 이러한 정치적 목적은 위아래가 뒤집힌 약제급여의 구조를 통해 달성될 수 있다. 따라서 정치인들이 표를 가능한 한 많이 얻기 위한 수단으로서 낮은 지출 수준에서는 낮은 본인부담률이, 높은 지출 수준에서는 높은 본인부담률이 적용된 것이다.

이런 도넛 홀(donut hole) 구조는 즉각 비판의 대상이 되었고, 파트 D가 도입되자마자 정책적 논쟁의 대상이 되었다. 그럴만한 이유가 있었다, Chandra 외(2021)는 환자들이 도넛 홀에 처할 때 모든 종류의 약물을 극적으로 줄여 사망률을 상당히 증가시킨다는 것을 발견했다. ACA의 주요 특징으로 인해 도넛 홀은 현재 '채워진' 상태이며, 2021년 비용 분담 구조는 '고액 상한선'까지 75%를, 그 이상의 금액에서는 95%를 메디케어에서 부담하게 될 것이다. ■

16.4 메디케어의 비용 통제

메디케이드와는 달리 메디케어와 관련된 정책논쟁은 적용대상의 자격요건에 관한 것이 아니었다. 노인층과 장애인에 대한 보편적용의 원칙은 광범위한 지지를 받았던 것이다. 노인계층의 보편적용에 대해 광범위한 합의에 이르렀다면 이제 논쟁의 초점은 급격하게 증가하는 이 프로그램의 지출 규모에 있다. 도입 이후 처음 15년간 메디케이드 지출은 급격한 증가세를 보였는데 1966년에는 연방정부의 지출이 6,400만 달러에 불과했으나 1980년이 되면 321억 달러에 이르게 된다. 이러한 급격한 증가로 말미암아 정책 당국은 사전적 진료비 지불제도와 메디케어 관리의료라는 두 가지 경로를 통하여 의료비를 억제하려 노력해왔다.

사전적 진료비 지불제도

민영보험 관리자들과 마찬가지로 메디케어의 관리자들은 의료 제공자가 청구하는 바에 따른 사후적 진료비 지불제도가 급격한 지출 증가의 원인이라는 사실을 깨달았다. 따라서 메디케어는 사전적 진료비 지불제도의 선구자가 되었는데, 이 지불제도하에서는 과도한 의료 이용을 통제하기 위해 실제로 제공된 의료서비스의 양이 아니라 예상되는 비용에 기초하여 진료비 상환이 이루어진다. 1983년에 메디케어는 병원에 대한 진료비 상환을 위해 **사전적 진료비 지불제도**(Prospective Payment System, PPS)로 이행하였다. 이 제도의 핵심적인 특징은 다음과 같다.

사전적 진료비 지불제도(PPS) 특정 진단명에 대해 전국적으로 표준화된 지불금액에 기초해 병원들에게 입원진료비를 지불하는 메디케어의 상환제도

1. 병원에 입원한 환자의 모든 진단은 467개의 '진단명기준환자군(Diagnosis Related Groups, DRG)'으로 범주화된다.
2. 정부는 환자의 진료에 들어간 실제 비용과 무관하게 입원 환자의 DRG에 기초하여 일정한 금액만을 병원에 상환한다. 보다 '중증'의 DRG에 대해서는 상환금액이 올라간다.
3. 상환되는 일정 금액은 해당 DRG를 진료하는 비용에 관한 전국 기준에 따르되 수련병원과 저소득계층 환자를 많이 진료하는 병원의 경우 상향조정한다.

PPS로의 이행에 대한 경험적 증거 이론적으로 보자면 PPS는 병원들이 진료강도와 무관하게

일정한 금액만을 상환받기 때문에 환자를 가능한 한 비용효과적으로 치료해야 하는 유인 구조를 갖고 있다. 실제로 PPS의 효과는 놀라운 것이었다. 병원에서 치료받은 노인들의 진료강도가 현저히 감소되었는데 이는 사후적 지불제도로부터 사전적 지불제도로 이행하는 경우 예상되는 바와 일치하는 것이었다. 노인들의 평균재원일수는 1년 동안 9.7일에서 8.4일로 하락하였는데 이는 지난 20년 동안 하락한 것의 4배에 달하는 수준이었다. 인디애나주의 한 병원에서는 엉덩이 골절의 재원일수가 거의 22일에서 겨우 13일로 하락하였다. 집중치료실의 경우 입원이 15%가 감소하였으며 관상동맥 심질환 치료실은 16%가 감소하였다.[26]

더욱이 진료강도가 이처럼 엄청나게 하락했음에도 불구하고 이것이 환자의 건강에 부정적인 영향을 미쳤다는 증거는 없다. 진료 후 사망률은 지불제도의 변화 전후에 차이가 없었다. 이러한 결과는 그림 15-8의 '평평한 곡선' 모형의 또 다른 예이다. 즉 사람들이 의료보험의 적용을 받는 이상 진료강도를 낮춘다 해서 건강 수준이 하락하지는 않는 것이다.

PPS로의 이행으로 인해서 병원비용의 증가율은 크게 낮아졌다. 메디케어의 병원진료비가 1967~1982년 사이에는 연평균 9.6%의 증가율을 보였지만 1983~1988년 사이에는 단지 3.0%에 불과하였다. 안타깝게도 그 효과는 시간이 지나면서 사라져버린 것 같다. 1988~1997년 사이에는 메디케이드 병원진료비가 연평균 5.4%의 비율로 증가했던 것이다.

PPS의 문제점

왜 PPS는 메디케어의 장기적인 비용 증가 문제를 해결하지 못했는가? 아마도 충분히 사전적이 되지 못하기 때문일 것이다. 이 제도가 도입되자마자 'DRG 변형(DRG creep)'의 문제가 발생하기 시작했다. 메디케어는 진단명마다 일정한 가격을 지불하지만 진단명의 선택은 환자가 입원할 때 병원이 어느 정도 제어하는 것이 가능하다(특히 노인들은 입원할 때 여러 가지 건강 문제를 동시에 갖고 있기 때문에 더욱 그러하다). 따라서 병원은 환자를 입원시킬 때 보다 위중한 진단명을 부여함으로써 상환 수준이 더 높은 DRG로 바꿀 수가 있는 것이다. 실제로 PPS 도입 이후에 보고된 입원 환자 진단군의 중증도가 증가하는 현상이 나타났다.

어떤 사례는 너무 지나쳐서 미국 최대의 병원 체인인 컬럼비아/HCA 코퍼레이션은 형사상 처벌을 받아야 할 정도였다. 예를 들어 1995년에 마이애미에 위치한 컬럼비아시더스병원(Columbia's Cedars Medical Center)에서는 호흡기 질환을 갖고 있는 메디케어 환자의 93%를 (5,700달러가 상환되는) 복합호흡기감염으로 코딩을 하고 단지 7%만을 (1,700달러만 상환되는) 폐렴 및 합병증으로 코딩을 하였다. 반면에 길 건너편에 있는 컬럼비아 체인 병원이 아닌 잭슨기념병원(Jackson Memorial Hospital)에서는 복합호흡기감염으로 청구된 환자가 단지 28%에 불과하였다. 더욱이 시더스병원의 청구패턴이 현저히 변화한 것은 컬럼비아 코퍼레이션이 이 병원을 인수한 때와 시기적으로 일치하였다. 인수되기 전해인 1992년도에는 이 병원에서 호흡기 환자의 31%만이 가장 상환 수준이 높은 진단명으로 청구되었는데 컬럼비아 코퍼레이션이 이 병

[26] Fitzgerald et al.(1987); Leibson et al.(1991).

원을 매입한 지 1년 후에는 그 비율이 76%로 껑충 뛰었다. 결국 2000년에 (나중에 HCA로 개명한) 이 회사는 14건의 중죄에 대해 유죄를 인정하였으며, 의료 분야에서의 사기사건에서 연방검사가 구형한 민사 및 형사상 최고의 금액인 17억 달러의 벌금에 동의하였다.[27]

이러한 단기적인 문제는 훨씬 더 장기적인 의미를 갖게 되는데 이는 DRG 설계 자체가 갖는 문제점이다. 거의 절반의 DRG 지정은 순수하게 진단에만 기초하는 것이 아니라 환자에게 제공되는 실제 진료에 기초하고 있기도 하다. 예를 들어 심각한 심장질환을 갖고 병원에 들어오는 환자에게 '원인 미상의 심장정지(DRG 129)'를 진단하게 되면 병원은 5,000달러를 상환받을 수 있다. 하지만 이 환자는 입원 후 여러 가지 수술 중에서 관상동맥 우회술(DRG 106, 상환금액 33,000달러), 맥박조정장치 이식술(DRG 551, 상환금액 15,000달러)을 받을 수도 있고, 가장 극단적인 경우에는 심장이식수술(DRG 103, 상환금액 88,000달러)을 받을 수도 있다.[28] 이런 식으로 DRG를 지정한다면 이는 사실상 사후적 진료비 지불과 마찬가지다. 어떤 수술을 시행함으로써 의료 제공자는 환자의 환례를 더 높은 DRG로 이동시킬 수가 있고 그 결과 더 많은 상환을 받게 되는 것이다.

PPS가 갖는 또 다른 문제점은 병원에 대해 입원당 진료비를 상환하기 때문에 입원건수를 증가시키려는 유인이 생긴다는 점이다. 특히 이는 동일한 환자에 대해 재입원을 조장할 수 있다는 점에서 우려의 대상이 되었는데 병원은 환자가 회복되기 전에 퇴원을 시켜 진료비를 상환받고, 그다음에 다시 입원을 시켜서 한 번 더 진료비를 상환받을 수 있는 것이다. 실제로 ACA의 중요한 특징은 재입원률이 높은 병원에 대해 불이익을 줄 수 있도록 한 것이며 이런 불이익이 도입되자 병원의 재입원률은 현저히 하락하였다.[29] 하지만 병원 내부의 재정적 인센티브는 해로운 결과를 가져올 수 있다. 영리병원 체인인 헬스 매니지먼트 어소시에이트(Health Management Associate)를 상대로 한 소송에서 이 체인이 더 많은 메디케어 환자를 입원시킨 의사들에 대해 더 많은 보상을 했다는 주장이 제기된 바 있다. 예를 들어 의사들은 체온이 정상인 98.7도를 넘는 노인환자들에 대해 무조건 '열병'으로 진단하도록 압력을 받았던 것이다.[30]

마지막으로, 또 다른 PPS의 문제는 노인진료라고 하는 의료체계의 한 부분에만 적용하기 때문에 의료체계의 다른 요소 사이에 얼마든지 대체가 가능하다는 점이다. 이런 면에서 가장 훌륭한 사례는 재활병원을 연구했던 Newhouse와 Byrne(1988)에서 찾을 수 있다. 재활병원은 장기환자(예를 들어 고관절치환수술을 받고 나서 장기 재활치료를 요하는 환자)가 입원하는 곳이므로 단기 서비스는 거의 제공되지 않는다. 따라서 애초에 재활병원은 PPS의 적용을 받지 않았었다. 그 결과 PPS가 도입될 즈음에 단기병원에서 재활병원으로 엄청나게 많은 환자의 이동이 있었다. 그리고 이는 PPS로의 변화를 통해 절감한 의료비의 상당 부분을 상쇄해버리는 결과를 가져왔다.

27 Eichenwald(2002); Gottlieb et al.(1997).

28 Office of the Federal Register(2005).

29 Kliff(2015).

30 Creswell and Abelson(2014).

실증적 증거

장기요양병원에서의 단기 입원

앞에서 이미 논의된 것과 마찬가지로 병원에 대한 PPS로의 이동이 가져온 의도하지 않았던 효과는 이 제도가 적용되지 않는 부문의 이용량이 증가한다는 것이다. 1997년부터 메디케어는 다른 의료기관에도 PPS를 적용함으로써 이런 문제의 해결을 시도하였다. 하지만 이는 그 자체의 문제를 불러일으킬 수 있다.

이에 관해 Kim 외(2015)는 훌륭한 사례를 제공하고 있다. 이들은 장기요양병원(long-term care hospital)에 초점을 맞춰 연구를 했는데 "장기요양병원이 1980년대 처음 등장할 때는 단기급성병원에서 오랫동안 치료를 받았어야 할 환자들에 대한 비용효과적인 대안이었다. 시간이 지나면서 장기요양병원은 가장 빨리 증가하면서 후급성기 진료(post-acute care, 퇴원 후 제공되는 서비스)에 대해 메디케어로부터 가장 높은 수준의 보상을 받는 의료기관이 되었다. 1993년부터 2011년 사이에 장기요양병원은 192개에서 424개로 늘어났고, 이들에 대한 메디케어 지출은 연간 3억 8,900만 달러에서 56억 달러로 급격히 증가하였다."

이러한 성장요인의 일부는 이들이 PPS의 적용을 받지 않았다는 것인데 이로 인해 급성기 병원들이 환자들을 행위별 수가제가 적용되는 이들 병원으로 이동시킬 인센티브가 생겼던 것이다. 이런 상황을 타개하기 위해 2002년 10월에 정부는 수년에 걸쳐 단계적으로 장기요양병원에도 PPS를 도입하기로 하였다. 단기 입원 환자들을 이 시설로 전원시키는 것을 막기 위해 일정한 재원일(질병마다 달라짐) 이전에 조기 퇴원하는 환자에 대해 상환금액을 줄이는 조치를 취하였다. 감액 규모는 상당한 수준이었다. 연구자들이 초점을 맞추었던 장기간의 기계적 환기(ventilation)를 요하는 호흡기 진단의 경우 2015년 DRG 상환금액은 79,128달러이다. 하지만 환자가 의료기관에서 29일 이전에 퇴원한다면 상환금액은 31,376달러로 뚝 떨어져 50% 이상이 감액된다.

이 연구가 다루었던 문제는 과연 장기요양시설이 환자들을 29일 이상 입원시킴으로써 이런 인센티브에 반응할 것인지 여부였다. 특히 만일 병원들이 이런 인센티브에 반응한다면 환자들이 정상 금액을 모두 받을 수 있는 재원일 기준 직후에 퇴원하는 환자들이 급증할 것으로 예측할 수 있다.

물론 이런 분석이 갖는 문제점은 예를 들어 29일 만에 퇴원해야 할 정상적인 이유, 가장 전형적인 재원일수로 이 날짜에 퇴원이 권고되는 등의 이유가 있을 수 있다는 것이다. 이런 문제를 다루기 위해 연구자들은 2002년에 새로운 제도가 도입되기 이전의 퇴원 환자들을 비교집단으로 사용했다. 이 환자들의 경우에는 29일째에 퇴원해야 할 아무런 재정적 인센티브가 없었기 때문이다. 따라서 만일 2002년 이전에는 29일째의 퇴원율에 특별한 양상이 보이지 않지만 2002년 이후에는 급증하는 양상이 나타난다면 이는 재정적 인센티브가 중요한 역할을 한다는 것을 의미한다.

그림 16-2는 이런 일이 실제로 일어났음을 시사하고 있다. 이는 우리가 제13장에서 은퇴행동을 분석할 때 사용했던 것과 같은 종류의 '위험 그래프(hazard graph)'이다. 가로축에는 환자의 재원일수가 나타나 있고, 세로축에는 해당 재원일에 장기요양병원을 퇴원한 환자들의 퍼센트 비율이 나와 있다. 초록색 선은 정책 변화 이전인 2002년에 나타난 재원일 분포를 나타내며, 파란색 선은 정책 시행 이후인 2005~2010년 사이의 분포를 나타내고 있다. 정책 변화 이전에는 29

교훈 : 부분적 개혁의 어려움

이러한 연구 결과는 진료비 지불제도의 부분적 개혁이 갖는 핵심적 문제를 분명히 보여주고 있다. 정책결정자가 사후적 진료비 지불제도로 인한 과잉진료를 막기 위해 시스템 전체에 적용되는 인센티브를 고안하지 못한다면 부분적인 해법은 풍선의 한쪽 구석을 누르는 것과 마찬가지여서 비용은 다른 쪽으로 이동해갈 뿐이다. 따라서 진단명에 기초해서 진료비를 지불하게 되면 갑자기 환자들의 중증도가 올라가게 마련이다. 또한 특정 종류의 병원에 대한 진료비 상환을 엄격하게 하면 환자는 다른 병원으로 옮겨 가야 하는 불편을 겪는다.

연방정부가 이 사실을 알게 되면서 1997년에는 사후적 지불제도의 적용을 받던 다른 부문에도 사전적 지불제도를 의무화하는 조치를 취하였다. 최근에 이루어진 연구에 의하면 재택진료기관(home healthcare agencies)과 재활입원시설에 사전적 지불제도를 적용한 결과 건강 수준에

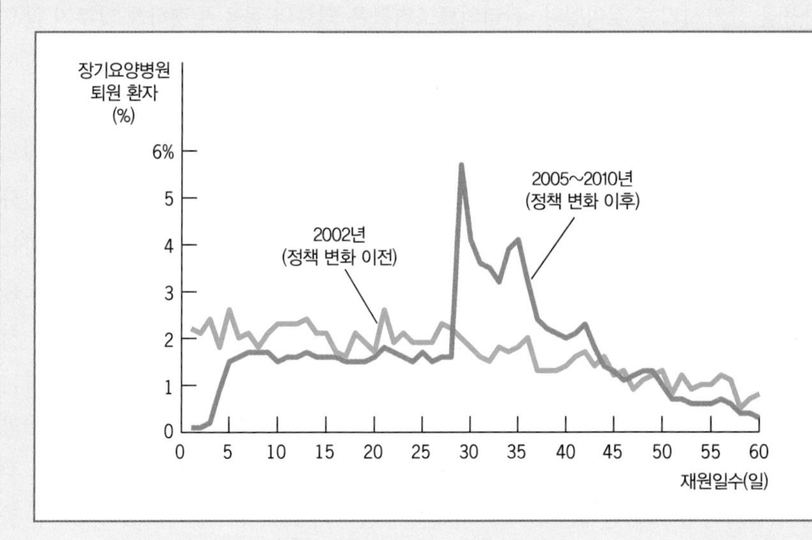

그림 16-2 **정책 변화 이전과 이후의 퇴원 시기** 그래프는 장기요양병원에서 각 재원일마다 퇴원한 환자의 비율을 보여주고 있다. 정책 변화 이전에는 29일째에 퇴원하는 환자가 2%에 불과했지만 정책 변화 이후에는 퇴원율이 5.7%까지 치솟아 거의 3배에 달하고 있다.

출처 : Kim et al.(2015).

일까지 매 재원일마다 2% 정도로 비교적 일정한 퇴원율을 보여주다가 그 후부터는 퇴원율이 떨어지기 시작한다. 그러나 정책 시행 이후에는 29일 미만(특히 1일부터 4일까지)의 재원일에서 퇴원율이 낮아진다. 그러다가 정상적인 상환금액을 받을 수 있는 기준일인 29일째가 되면 퇴원율이 급격히 증가하는 것을 볼 수 있다. 정책 변화 이전에는 29일째에도 2%의 퇴원율이 유지되었지만 정책 변화 이후에는 그 비율이 3배 가까이 증가하였다. 상환 방식의 변화가 명백히 병원의 행동에 영향을 미쳤던 것이다.

이런 인센티브에 대해 무엇을 할 수 있을까? 다음 절에서 논의하겠지만 이런 인센티브가 진정으로 사라지게 하려면 의료 제공자가 서비스 제공을 조정하고 서비스 제공 과정에 나타나는 비효율을 내부적으로 해결하도록 하는 더 폭넓은 지불제도가 유일한 해결책이다. 하지만 이런 지불체계를 묘사하는 것은 쉬운 일이겠지만 실제로 실행한다는 것은 대단히 어려운 일이다. 안타깝게도 정부는 반대 방향으로 가는 것 같다. 얼마 전에 메디케어는 장기요양병원에서의 단기 입원에 대해 상환금액을 더욱 줄이는 방안을 도입하였다.

는 큰 변화가 없이 이용량이 큰 폭으로 감소하였다.[31]

근로자에 대한 최적의 보험제도를 설계하는 일과 마찬가지로 공급자에 대한 최적의 상환제도를 설계하는 일 역시 상충관계의 문제에 부딪히게 된다. 한편으로, 사후적 진료비 지불제도는 의료비를 통제할 유인을 제공하지 못한다. 반면에 아직 실현되지는 않았지만, 순수한 사전적 제도는 재정적 이득을 위해 지나치게 진료량을 줄이도록 하는 유인을 갖는다. 따라서 최적의 제도는 두 가지 방법의 어떤 혼합이 될 것이다. 메디케어 프로그램에 대한 기존의 증거는 사후적 상환제도의 주요 특성을 유지하는 쪽으로 지나치게 쏠리는 것은 결코 바람직하지 않음을 시사하고 있다.

31 Huckfeldt(2011); Sood et al.(2013).

메디케어 관리의료

메디케어의 비용 지출을 억제하기 위해 정책결정자들이 사용한 또 다른 방법은 프로그램 내에 관리의료의 사용을 증가시키는 것이었다. 관리의료조직들은 의료의 질을 뚜렷하게 낮추지 않으면서도 가입자당 비용이 더 적었기 때문에 이론상으로는 수급자들이 관리의료로 이동한다면 정부는 비용을 절감할 수 있었다.

전통적으로 메디케어의 모든 수급자들에게는 사후적으로 진료비가 지불되는 동일한 형태의 의료보험이 적용되었다. 그러다 1985년부터 연방정부는 수급자들이 메디케어 HMO에 가입하는 것을 허락하였다. 이런 의료보험들은 메디케어의 경우 본인이 직접 진료비를 부담해야 하는 부분에 대해 급여를 제공했기 때문에 가입자들은 메디케어의 본인부담 및 기초공제에 덜 노출되게 되었다. 또한 메디케어의 비급여대상인 서비스를 급여로 제공했는데 가장 현저한 예는 처방약제급여였다. 환자의 입장에서 불리한 조건은 HMO가 의료 제공자의 선택을 제한한다는 것과 전통적인 의료보험에서는 사용하지 않았던 여러 가지 수단으로 비용을 억제한다는 것이었다. 이런 불리한 조건에도 불구하고 그림 16-3이 보여주는 것처럼 메디케어 HMO에 등록한 수급자들은 꾸준히 증가하여 1999년에는 전체 메디케어 수급자의 16%까지 증가하였다. 그 후 잠시 감소했다가 2003년 이후부터 다시 증가하고 있는데 이는 관리의료 제공자들에게 지불되는 상환비율이 올라갔기 때문이다. 등록자 증가율은 최근 들어 특히 가파르다.

메디케어 프로그램은 메디케어에 그대로 남은 수급자들의 연평균 진료비의 95%['1인당 평균 조정 비용(adjusted average per capita costs, AAPCC)']만을 HMO에 지급하는 방식으로 그 비용

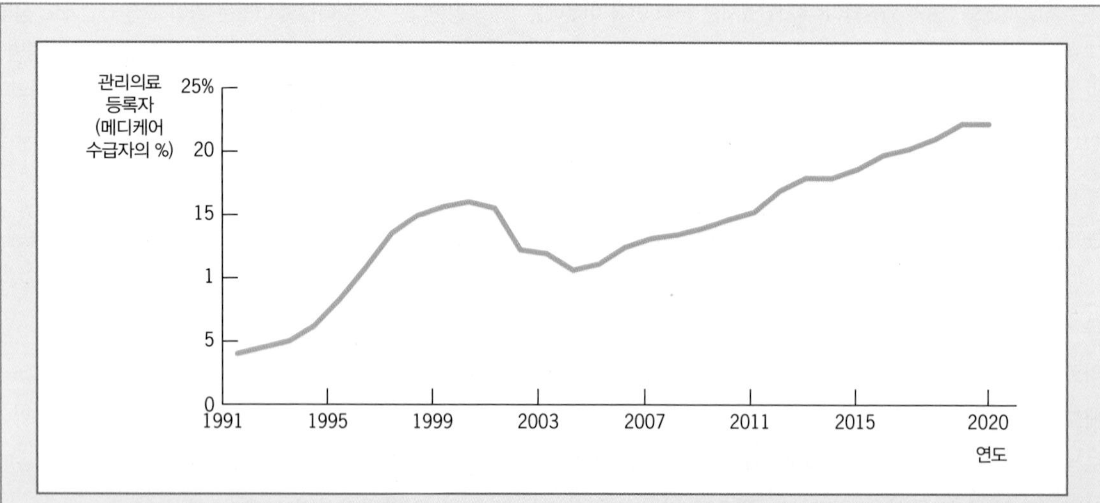

그림 16-3 **메디케어 수혜자 중 관리의료 등록자의 비율** 메디케어에 관리의료 선택권이 처음 도입된 이래로 등록자 비율은 꾸준히 증가하였으며 1999년에는 메디케어 수급자의 16%까지 증가하여 최고 수준에 도달하였다. 그 후 2000년대 초에 정부의 관리의료 제공자에 대한 상환율 인하 결정으로 등록이 감소했다. 2003년 이러한 상환율 증가는 이후 관리형 의료 등록의 추가적인 증가로 이어졌으며, 이는 1999년의 최고치를 넘어서기 위해 지속되고 있다.

을 절감하려 하였다. 이런 방식은 모든 당사자에게 이득이 되는데 메디케어 HMO를 선택한 환자는 자신들이 원하는 급여패키지를 받을 수 있고, 정부는 비용을 절감할 수 있었다.

그러나 정부는 실제로 비용을 절감했을까? 앞 장에서 건강한 사람들만 이런 옵션을 선택한다는 것에 대한 강력한 증거가 존재한다는 논의가 있었음을 상기해보자. 그러한 선택은 메디케어의 노인들에게도 마찬가지로 강하게 작용한다. 그 결과 많은 메디케어 HMO는 건강한 사람들만을 가입시키므로 이 가입자들의 연간 진료비는 AAPCC의 95%에 훨씬 미치지 못했다. 따라서 대부분의 추정치들은 HMO 옵션을 통해 정부가 실제로는 더 많은 비용을 지출하였음을 시사하고 있다. 정부는 평균적으로 95%만을 지불했을 뿐인데 어떻게 더 많은 비용을 지출한 것일까? 메디케어에 남은 사람들은 비교적 병약한 사람들인데 메디케어가 이들에 대한 평균 진료비의 95%를 지불했다면 건강한 사람들에 대한 HMO의 비용은 이 95%에 훨씬 미치지 못하기 때문이다. 그림 16-4에 가상적인 선택 과정이 예시되어 있다. HMO에 대한 선택 옵션이 존재하기 이전에 300명의 메디케어 수급자가 있었다. 이들 중 1/3은 연평균 진료비가 1,000달러이고, 또 다른 1/3은 2,000달러, 마지막 1/3은 3,000달러이다. 따라서 전체의 평균 진료비는 수급자당 2,000달러가 되며 정부는 총 600,000달러의 진료비를 지출하게 된다.

이제 HMO 옵션이 도입되면서 연평균 진료비가 1,000달러인 사람들 중 30명이, 2,000달러인 사람들 중 15명이 HMO를 선택하였고, 3,000달러인 사람들 중에서는 단 1명도 선택하지 않았다(왜냐하면 HMO는 건강한 사람들에 의해 선호되므로). 따라서 HMO를 선택한 사람들의 연평균 진료비는 1,333달러이고, 메디케어에 남은 사람들은 2,118달러가 된다. 정부가 메디케어

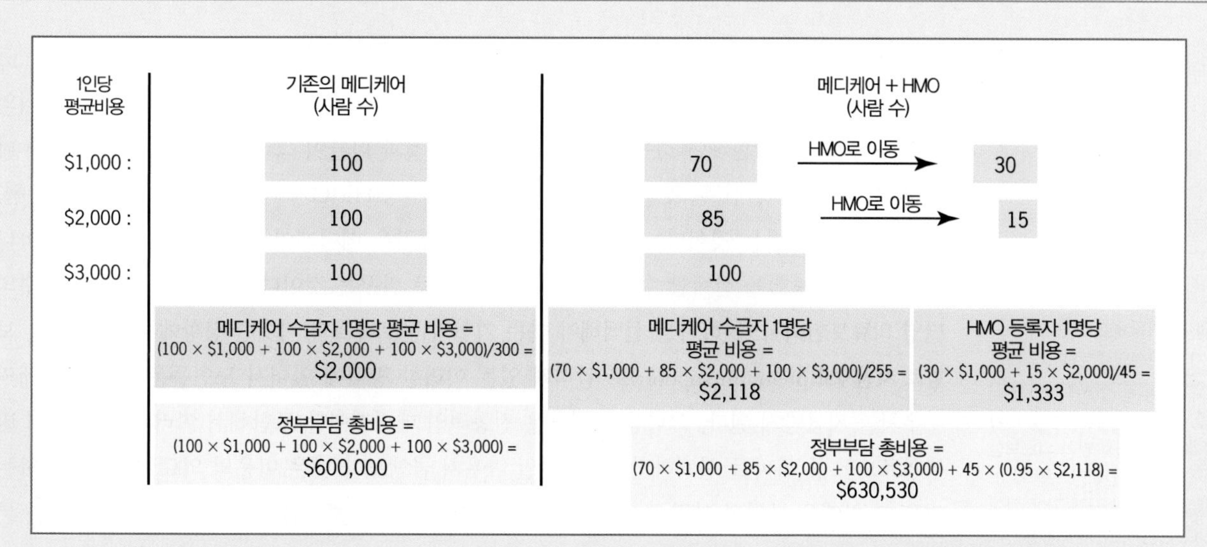

그림 16-4 메디케어와 HMO의 통합 HMO가 도입되기 전(왼쪽)에는 세 가지의 비용 수준에 대해 각각 100명씩 있고 메디케어 수급자당 평균비용은 2,000달러이다. HMO가 도입되면(오른쪽) 주로 의료비를 적게 지출하는 사람들이 선택함으로써 메디케어 평균비용은 2,118달러로 올라가고, HMO 평균비용은 1,333달러로 낮아진다. 그러나 정부는 평균적인 메디케어 비용의 95%(2,012달러)를 HMO에 상환하므로 HMO 선택이 허용되면 정부는 30,530달러를 더 지출하게 된다.

에 지불하는 비용은 남은 사람들의 연평균 진료비의 95%인 2,012달러(2,118달러 × 0.95 = 2,012달러)이다. 따라서 정부는 HMO 가입자당 연간 679달러(2,012달러 − 1,333달러)의 손실을 보게 되는 것이다. 환언하면, 정부는 남아 있는 수급자에게 (70 × 1,000달러) + (85 × 2,000달러) + (100 × 3,000달러) = 540,000달러를 지불해야 하고, HMO를 선택한 45명의 사람들에게 1인당 2,012달러(총 90,530달러)를 지불해야 하기 때문에 합계 630,530달러를 지불해야 한다. 따라서 정부는 HMO 옵션의 도입으로 30,000달러 이상을 잃게 되는 것이다!

정부가 이런 문제를 인식하게 되면서 1997년부터 HMO에 대한 지불금액을 더욱 낮추었다. 이로 인해 아마도 건강한 메디케어 수급자를 끌어오지 못한 많은 HMO들의 경우 이 사업을 포기하게 되었다. 그 결과 1999년에 16%까지 올라갔던 메디케어 수급자의 HMO 가입률은 2003년에 이르러 12.6%로 하락하였다. 이런 움직임에 당황한 의회는 (처방약제급여의 도입으로 더 잘 알려진) 2003년 메디케어 현대화법의 일환으로 기존의 조치를 역행하여 HMO에 대한 상환 수준을 최소한 전통적인 메디케어 상환 수준의 100%로 끌어올렸다(2004년의 경우 107%를 받았음). 이런 변화로 HMO 가입률은 다시금 올라가서 2009년에는 기존의 정점을 넘는 수준인 22%가 되었다. 그러나 메디케어 수급자의 HMO 가입률 자체가 왜 정부 정책의 목표가 되어야 하는지는 분명치 않다. 다만 정부가 전통적인 메디케어가 아니라 HMO에 대해 상환을 하면서 다시금 돈을 잃게 되었다는 것은 분명한 사실이다.[32] 이런 이유로 ACA하에서 메디케어 관리의료보험에 대한 '과다지불(overpayment)'의 감축이 신규 지출을 위한 주요 재원이 되었다. 그림 16-3에 나와 있듯이 메디케어 어드밴티지(Medicare Advantage) 상환율이 낮아졌음에도 불구하고 메디케어 어드밴티지의 성장은 계속되고 있다.

메디케어는 완전선택으로 가야 할까? 보험료 지원제도[33]

메디케어 수급자들의 선택과 관련하여 현재의 접근 방식이 갖고 있는 문제점은 정부가 관리의료조직에 얼마를 상환해야 하는지 예측해야 한다는 것과 더불어 그 결과가 과대추정(정부가 너무 많은 비용을 지출함)된 것일 수도 있고 또는 과소추정(HMO가 이 사업에 참여하지 않게 됨)된 것일 수도 있다는 것이다. 다른 대안이 있다면 그것은 메디케어 수급자가 (HMO뿐만 아니라) 모든 민영보험을 선택할 수 있도록 하는 방식으로 바꾸는 것이다. 이 경우 노인들은 다수의 민영 의료보험회사 중 하나를 선택해야 하는 기업의 근로자들과 비슷한 상황에 놓이게 된다. **보험료 지원제도**(premium support)로 알려져 있는 이러한 방식에 있어서 노인들은 일정한 금액의 바우처를 지급받게 된다. 그다음 노인들은 전통적인 메디케어를 포함해서 여러 가지 종류의 민영의료보험 중 하나를 선택하면 된다. 만일 바우처 금액보다 낮은 비용의 의료보험을 선택하는 경우 그 차액은 본인이 가질 수 있지만, 더 높은 비용의 의료보험을 선택하는 경우 그 차액은 본

보험료 지원제도 메디케어 가입자가 관리의료조직이나 다른 민영의료보험 가운데 하나를 선택할 수 있는 제도로서 일정한 금액의 바우처를 받아 의료보험을 선택하되 선택한 보험의 보험료와 바우처 금액 간에 차이가 나는 경우 그 차액은 본인이 지불하거나 자신의 소유가 될 수 있음

32 Brown 외(2011)는 과다지불 규모가 14%에서 50% 이상이 된다는 추정을 내놓았다. 메디케어 HMO가 전통적인 메디케어보다 급여 범위가 더 넓은 것은 사실이지만 정부가 왜 HMO를 선택한 사람들의 더 넓은 급여 범위에 대해 보조금을 지급해야 하는지는 이유가 확실치 않다. 실제로 Pizer 외(2003)는 HMO를 선택한 사람들의 경우 이 추가적인 급여항목에 대해 가치를 부여하지 않는다는 사실을 알아냈는데 이는 보조금을 지급해야 할 이유가 없음을 시사한다.

33 건강보험 시장의 선택에 관한 문제에 대한 개요는 Gruber(2017)를 참조하라.

인이 부담해야 한다. '응용사례'에서 논의되고 있는 것처럼 이 제도는 메디케어 내에 경쟁을 가져올 것이며 정부는 보다 쉽게 상환금액을 설정할 수 있는 장점이 있다. 그러나 동시에 병약자로부터 건강한 사람에게로 소득이 재분배되는 단점이 있기도 하다.

kmsdesen/Shutterstock

응용사례

메디케어의 보험료 지원제도

표 16-3의 상단에 전형적인 보험료 지원제가 예시되어 있다. 노인은 그의 거주지 내에서 예컨대 의료보험 A, B, C 중 하나를 선택할 수 있다. 이들 의료보험의 연간 보험료는 각각 1,800달러, 2,000달러 및 2,500달러이다. 정부는 바우처 금액을 어떤 수준에서라도 정할 수 있지만 중간치(이 경우 2,000달러)에 기초해서 상환 수준을 정했다고 가정하자. 그렇다면 보험 A를 선택한 사람은 200달러를 돌려받아야 하고, C를 선택한 사람은 500달러를 더 지불해야 하며, B를 선택한 사람은 이도저도 아니다.

표 16-3 역선택이 있는 경우와 없는 경우의 보험료 지원제도 전형적인 보험료 지원제도 하에서 사람들은 자신이 선택한 보험의 보험료와 보험료 중앙값 사이의 차액을 지불하게 된다(위쪽). 그러나 역선택은 병약한 환자가 가장 비싼 의료보험을 선택하게 함으로써 이 의료보험의 보험료를 더욱 올리는 결과를 가져온다. 반면에 건강한 사람들은 가장 저렴한 의료보험을 선택하므로 이 보험의 보험료는 더욱 낮아진다. 따라서 장기적으로 보아 바우처 제도는 건강한 사람에게 혜택을 주고 병약자에게 더 많은 비용 부담을 하게 만든다(아래쪽).

완전선택 메디케어(역선택이 없는 경우)			
보험	보험료(1인당)	바우처(보험료 중앙값)	개인지불액
A	$1,800	$2,000	−$200
B	$2,000	$2,000	0
C	$2,500	$2,000	$500

완전선택 메디케어(역선택이 있는 경우)			
보험	보험료(1인당)	바우처(보험료 중앙값)	개인지불액
A	$1,600	$2,100	−$500
B	$2,100	$2,100	0
C	$3,000	$2,100	$900

보험료 지원제도에 있어서 바우처의 장점은 (제11장에서 논의된) 교육에서의 경우와 마찬가지이다. 첫째, 이러한 방식은 정부가 제공하는 옵션 한 가지만을 강요하는 것이 아니라 사람들로 하여금 자신의 기호에 가장 잘 부합하는 의료보험을 선택하도록 함으로써 소비자 주권을 존중한다. 둘째, 이러한 방식은 사람들로 하여금 의료보험을 탐색하게끔 함으로써 의료 제공의 효율성을 증진시킨다. HMO와 메디케어는 모두 의료서비스를 가능한 한 효율적으로 생산해야 가입자 유치를 위해 가능한 한 최저의 보험료를 제시할 수 있을 것이다. 현재의 메디케어 프로그램에서는 그럴 만한 유인이 부족한데 그 이유는 가입자가 어떤 옵션을 선택하든지 동일한 보험료를 내야 하기 때문이다.

마지막으로 이러한 방식은 단지 시장 기능에 맡기는 것이기 때문에 관리의료조직에 대한 '적정한' 상환 수준을 결정해야 하는 문제가 자동적으로 해결된다. 정부가 해야 할 일은 단지 해당 지역 내에서 중간 수준의 비용을 상환해주겠다는 내용을 공표하는 것뿐이다. 그다음에는 의료보험들이 가입자 유치를 위해 비용을 낮추려고 경쟁을 할 것이며 이러한 경쟁이 일어난 후에 정부는 단지 중간 수준의 보험료를 찾아내 이에 상환 수준을 맞추기만 하면 될 일이다. 더 이상 모든 HMO에 적용되는 정확한 상환 수준을 알아내기 위해 예측을 해야 할 필요가 없는 것이다.

의료보험을 선택하게 하는 데는 이렇듯 여러 가지 긍정적 측면이 있지만 두 가지 명백한 문제가 존재한다. 첫째는 역선택의 문제다. 만일 정부가 일정한 금액만을 상환하고 각자가 차액을 갖든지 더 지불하든지 하게 하면 제12장의 하버드대학교의 맥락에서 처음 논의한 문제와 동일한 문제가 발생한다. 건강한 사람들이 더 싼 의료보험을 선택함으로써 급여 범위가 더 넓은 의료보험을 선호하는 병약자들의 의료비를 더욱더 높이게 되는 결과를 가져오는 것이다.

표 16-3의 하단에는 역선택이 악영향을 미친 다음에 보험료 지원제도가 어떤 모습을 하게 되는지 예시되고 있다. 건강한 사람들이 A 의료보험으로 이동하게 되면 그 비용은 연간 1,600달러가 더 줄어든다. 이들 중 일부는 B 의료보험으로부터 온 사람들로서 B는 평균적으로 더 허약한 사람들로 구성되므로 그 비용은 2,100달러로 증가하게 된다. 일부의 사람들은 C 의료보험으로부터 A로 이동할 것이고, 이들보다 더 많은 사람들이 B로 이동을 하므로 이제 C는 가장 허약한 가입자들만 남게 되어 그 비용은 3,000달러로 증가하게 된다. 이제 바우처의 액수가 중간 비용의 의료보험에 연계되므로 A에 가입한 사람들은 연간 500달러를 되돌려받게 되고, C에 가입한 사람들은 연간 900달러를 더 지불해야 한다.

중간 수준의 비용을 상환해주는 이런 제도에 있어서 역선택 문제로 말미암아 가장 건강한 사람들(일반적으로 A를 선택하는)은 상당한 금액을 환불받게 되고, 가장 허약한 사람들(일반적으로 C를 선택하는)은 상당한 금액을 더 부담하게 만든다. 따라서 역선택 문제는 본질적으로 소득재분배의 문제가 되어버린다. 과연 메디케어 내에 경쟁을 도입하기 위해 건강한 노인들은 돈을 절감하고 병약한 노인들은 더 많이 지불하는 것을 용납해야 할까? 메디케어에 있어서 적정한 수준에서 의료보험을 선택하는 문제는 경쟁으로부터 얻는 편익과 병약한 노인으로부터 건강한 노인에게로 소득이 재분배되는 문제로 인해 발생하는 비용 사이의 상충관계를 반영한다.[34]

두 번째 문제는 노인들이 잘못된 의사결정을 할 수 있다는 점이다. 전형적인 경제학 모형에서 선택대안은 많을수록 좋다. 그러나 선택대안이 늘어나면 의사결정 결과가 바람직하지 않게 된다는 행동경제학의 연구 결과가 점점 늘어나고 있다. 다양한 맥락에서 이루어진 연구를 보면 선택대안이 많아질수록 시장에서의 거래 참여가 줄어들게 되며, 선택을 했을 때의 만족도가 떨어진다. 그리고 Abaluck과 Gruber(2013)가 검토한 메디케어 파트 D에 관한 연구문헌을 보면 노인들이 처방약제보험의 많은 선택대안(전형적인 경우 50가지)에 접하게 되면 자신들을 위해 유리한 선택을 하지 못하는 경향이 있으며, 시간이 흐른다고 해서 더 나은 선택 방법을 배우는 것도 아니다. 그리고 광범위한 의료보험에 관한 후속연구는 이러한 '선택 불일치'의 문제를 재확인하였다. 가장 주목할만한 것은 개인이 자신의 의료보험 선택지 중에서 '열등한' 보험을 자주 선택한다는 것이다. 즉, 다른 대안보다 모든 면에서 더 나쁜 대안을 선택한다는 것이다.[35]

원리적으로 보자면 이 두 가지 문제점은 기술적으로 해결이 가능하다. 역선택으로 인한 재분

34 보험료지원제도가 실제로 작동하는 방식에 대한 자세한 내용은 Congressional Budget Office(2006)를 참조하라.

35 Bhargava et al.(2017).

배 문제는 적절한 위험조정을 통해 상쇄될 수 있는데 이는 가장 병약한 노인들이 등록한 보험회사가 가장 건강한 노인들이 등록한 보험회사로부터 재정적인 보조를 받는 것이다. 최근 들어 위험조정 기법이 엄청나게 발전하였으며, 현재 정부와 민영보험은 아주 정교한 조정 방법을 사용하고 있다. 하지만 조정 기법이 아무리 정교하다 해도 불완전할 수밖에 없으므로 의료보험회사 간의 위험 차이를 완벽하게 상쇄하는 것은 불가능하다.[36] 마찬가지로 노인들의 의사결정 능력 부족 문제는 의료보험 선택과 관련된 복잡한 측면을 주의 깊게 안내해주는 적절한 '의사결정 지원' 도구를 통해 해결할 수 있다. 그러나 이러한 지원 도구의 개발은 이제 시작 단계이며 현재까지 이런 도구가 의료보험을 선택하는 노인들의 개인별 역량을 크게 향상시켰다는 증거는 거의 존재하지 않는다. ■

메디케어 보장 범위의 간극

메디케어를 둘러싸고 벌어지는 정책적 논쟁의 대부분은 비용 억제에 초점이 맞추어져 있지만 다른 중요한 논란의 대상은 메디케어 급여 범위를 확대해야 하는지, 한다면 어떻게 확대해야 하는지의 문제이다. 메디케어의 본인부담금과 기초공제는 높은 수준이기 때문에, 그리고 일부 의료서비스 및 재화의 경우 비급여대상이기 때문에 대부분의 민영의료보험보다 덜 관대하다. 가입자들은 이러한 간극을 다음의 세 가지 방법 중 하나로 메우고 있다.

1. 저소득층 노인들의 경우 메디케이드 프로그램을 통해서 또는 민영의료보험에서의 처방약제급여에 대한 보조금 지급을 통해서 더욱 관대한 급여를 받을 수 있다.
2. 메디케어 수혜자의 약 28%는 보조적인 고용주 지원 보험을 갖고 있으며, 이는 많은 간극을 메워주고 있다.
3. 위의 두 가지에 해당하지 않는 노인들의 경우에는 이 간극을 메우기 위해 개별적으로 민영의료보험의 '메디갭(Medi-gap)' 보험을 구입한다.

메디케어 급여 범위의 간극을 메우기 위한 세 가지 수단이 갖는 중요한 문제점은 메디케어 프로그램에 **부정적인 금전적 외부효과**의 문제를 일으킨다는 것이다. 앞에서도 논의한 것처럼 진료비 중 일부를 본인이 부담하게 되면 메디케어 가입자의 총진료량은 줄어들게 된다. 따라서 다른 형태의 보험이 메디케어의 공제액과 본인부담액을 보장해주게 되면 의료 이용량은 늘어나게 될 것이다. 환자의 본인부담을 뺀 나머지 진료비는 메디케어의 부담이 되므로 다른 형태의 보험은 메디케어에 대해 부정적인 외부효과를 발생시키는 것이다. 이러한 보충적 의료보험에 가입한 사람들은 의료 이용 증가에 따른 비용 상승분을 부담하지 않으므로 결국 메디케어의 비용을 증가시키게 되는 것이다. 전통적인 메디케어하에서 의사 방문 비용 100달러 중 20달러를 환자가 부담해야 한다면 의사 방문을 포기할 수도 있고, 이럴 경우 메디케어에는 비용이 발생하지 않는다. 그러나 환자의 메디갭 보험이 이 20달러를 보장해주게 되면 환자는 의사를 찾아가게 될 것이고, 메디케어는 가만히 있었는데도 부담해야 하는 비용이 80달러 증가하는 것을 보고 있어야

36 이 문제에 대한 훌륭한 리뷰는 Geruso와 Layton(2017)을 참조하라.

한다. 메디갭 덕분에 메디케어는 80달러를 더 지출해야 했는데 메디갭 보험이나 환자는 80달러의 공공부문 지출 증가에 대해 단 한 푼도 부담하지 않는다. Cabral 외(2018)는 메디갭이 있으면 개인의 메디케이드 지출이 22% 증가함을 보였다.

16.5 장기요양서비스

장기요양서비스 급성질환보다는 만성질환의 관리를 위해 장애인이나 노약자에게 시설(요양원)이나 자택에서 제공해주는 돌봄 서비스

지금까지 이 장에서의 의료에 관한 논의는 독감이나 심장마비와 같은 급성 의료에 초점이 맞추어졌다. 그러나 노인과 장애인이 필요로 하는 요양시설서비스와 같은 만성적인 장기요양서비스에 대한 지출 비중이 점점 증가하는 추세이다. 1960년에는 총의료비 중에서 단지 3.4%만이 **장기요양서비스**(long-term care)에 지출되었다. 2019년에 이 지출은 연간 2,862억 달러에 달해 총의료비의 8%를 차지하였다.[37]

장기요양서비스는 주로 두 가지 형태로 제공된다.

1. 우선 요양원에서 제공되는 시설서비스(institutional care)이다. 병약한 사람들이 입소하는 시설의 서비스에 대해 상환되는 비용은 장기요양비용의 60%를 차지한다. 메디케이드는 장기요양시설의 주된 보험 조달자로서 전체 거주자의 62%를 지원하지만, 상대적으로 낮은 보상 때문에 이는 총비용의 29%에 불과하다. 또한 메디케어는 단기 요양시설의 주된 보험 조달자로, 배상률이 높은 병원에서 이전한 사람들에게 첫 100일을 보장하며, 이는 전국 총비용의 22%에 해당한다.[38]
2. 간호사나 다른 도우미가 환자의 자택에서 제공하는 재가서비스(home health care)가 장기요양비용의 나머지 40%를 차지한다. 그 주된 재원 조달자는 메디케어로서 파트 A의 재가서비스 급여를 통해 전국적으로 재가서비스 비용의 39%를 부담한다. 한편, 메디케이드도 이 비용의 거의 3분의 1을 커버하고 있다.[39] 1980년 이래 시설서비스로부터 재가서비스로 엄청난 규모의 환자가 이동하였다.

장기요양의 재원 조달

장기요양과 관련된 주된 논쟁은 재원 조달 문제이다. 현재 요양시설비용은 거의 대부분 (입소자의 본인부담과 아직은 적은 비중이지만 점점 증가하고 있는 민영 장기요양보험을 통해) 개인과 메디케이드가 부담하고 있다. 요양시설에 입소하는 사람들은 우선 자신의 저축으로 비용을 부담하게 되는데 일반적으로 연평균 93,000달러에 이르는 비용 때문에 저축액은 곧 바닥을 드러내기 마련이다.[40] 저축액이 일정 수준 이하로 떨어지게 되면 메디케이드가 요양비용을 부담해주는 프로그램의 자격을 얻게 된다. 따라서 요양시설 입소자들은 그 비용에 대해 보험급여를

37 Centers for Medicare and Medicaid Services(2021b).

38 Centers for Medicare and Medicaid Services(2020b), Tables 2 & 15.

39 Centers for Medicare and Medicaid Services(2020b), Tables 2 & 14.

40 독자가 살고 있는 주의 장기요양비용을 알고 싶다면 Genworth.com을 방문해보라(www.genworth.com/aging-and-you/finances/cost-of-care.html).

받을 수 있지만 그러기 위해서는 먼저 개인의 저축을 모두 소진해야만 한다. 이런 의미에서 메디케이드는 재산에 대해 암묵적 조세를 부과하는 셈이다. 메디케이드는 재산이 아주 낮은 수준일 때만 비용을 부담해주므로 많은 재산을 갖고 있다는 것은 정부가 그 비용을 대신 부담해주는 요양시설에 입소할 권리를 포기하는 것과 마찬가지다.

이러한 재원 조달 방식에는 여러 가지 문제점이 존재한다. 첫째, 사망한 다음에 유산을 남기고 싶어 하는 사람들에게는 모든 재산을 요양시설비용으로 탕진하는 것에 대한 보호장치가 없다. 둘째, 사람들에게 메디케이드 당국이 발견할 수 없는, 또는 접근할 수 없는 형태로 자신들의 재산을 숨겨놓음으로써 재산을 그대로 유지하면서도 공적 의료보장제도의 혜택을 조금이라도 빨리 보고자 하는 유인을 주게 된다. 마지막으로 이 제도는 사람들이 자신의 재산을 다 소진해야만 메디케이드 자격을 줌으로써 노인계층의 저축 동기를 없애 버린다. 이는 제11장에서 교육을 논의할 때 접했던 것과 동일한 상황으로서 노후에 고품질의 요양원 입소를 위해 저축을 하려는 사람들로 하여금 메디케이드 자격을 얻기 위해 전혀 저축을 하지 않게끔 만드는 것이다. 이론적으로는 이러한 문제를 해결할 수 있는 민영 장기요양보험시장이 존재한다. 그러나 지난 10년간의 빠른 성장에도 불구하고 이 시장은 여전히 영세한 규모여서 요양시설비용의 약 8.1%만을 부담하고 있을 뿐이다.[41] 이 시장이 실패하는 데는 여러 가지 이유가 있을 수 있는데 그중에서 가장 중요한 것은 개인은 요양원에 입소할 잠재적 위험을 알고 있지만 보험회사는 모르는 데 따르는 역선택 문제일 것이다. 따라서 장기요양비용에 대한 현재의 누더기 같은 재원 조달 방식을 사회보험 방식으로 전환해야 한다는 주장이 제기될 수 있다. 언제나처럼 이러한 변화에 따르는 비용은 노인들의 요양시설 입소 증가와 입소기간 증가 형태로 나타날 도덕적 해이로 인해 더욱 늘어나게 될 것이다.[42] 이런 프로그램을 제공하기 위한 시도로서 ACA의 한 요소인 'CLASS법'이 제안되어 있지만 재정적 지속 가능성에 대한 우려 때문에 아직 시행되지 못하고 있다.

16.6 미국의 의료개혁

1915년에 이루어졌던 초기의 개혁 시도 이래 미국은 거의 한 세기 동안 근본적인 의료개혁을 시도해왔으며 Starr(2011)가 말한 대로 ACA는 많은 점에서 이러한 노력의 정점에 위치해 있지만, 제도에 대한 계속된 논란은 동 제도의 지속 가능성을 불확실하게 만들고 있다.

역사적 난국

미국의 의료개혁론자들은 언제나 두 극단 사이의 어느 절충적인 지점을 찾기 위해 노력해왔다. 한편에서는 캐나다와 같은 공공부문이 주도하는 단일재원 방식의 의료체계를 원하는 사람들이 있다. 이런 제도하에서 모든 국민은 정부가 제공하는 공적의료보장제도의 적용을 받게 된다. 의료비는 전국적인 차원의 명시적인 의료예산을 통해 통제되는데 이는 결국 의료체계 전체

41 Centers for Medicare and Medicaid Services(2014b), Table 15.
42 Grabowski and Gruber(2007).

에 대해 적용되는 진정한 의미의 사전적 진료비 지불제도라고 할 수 있다. 예를 들어 정부는 각 지역마다 의료 공급자(개원의, 병원 등)의 네트워크를 확립하고 해당 지역 내 모든 주민의 의료비를 보상하기 위해 네트워크에 대해 일정한 금액을 지불하는 것이다. 이 정액 진료비는 의료비 증가를 제한하는 차원에서 완만한 속도로 상향조정될 수 있을 것이다.

이런 방안은 많은 장점을 갖고 있다. 첫째, 미적용 인구의 문제가 완벽하게 해결될 수 있다. 둘째, 미국 의료체계의 관리운영비가 감소할 것이다. 캐나다 국민의료보험제도의 관리운영비는 2.8%에 불과한데 이에 반해 민영의료보험에 의존하는 미국의 경우 평균 12%에 이르고 있다.[43] 셋째, 정부의 공적의료보험하에서는 비용통제가 지엽적이 아닌 포괄적 방식으로 이루어지므로 의료비 통제가 성공적일 가능성이 높다. 마지막으로, 현재 미국의 의료보험은 여러 가지 종류가 누더기처럼 잇대어져 있기 때문에 많은 비효율과 불공정이 발생하는데 이런 문제들이 상당 부분 해결될 수 있을 것이다. 예를 들어 고용주가 제공하는 의료보험을 잃을까봐 두려워 다른 일자리를 찾지 못하고 현 직장에 묶여 있게 되는 직장고착(앞 장에서 논의하였다)의 문제가 해결될 수 있다.

그러나 공공부문에 의해 제공되는 국민의료보험은 여러 가지 단점도 갖고 있다. 첫째, 이제 정부가 모든 국민의 의료비를 보장해주므로 정부는 새로운 대규모의 재정지출에 대한 부담을 떠안게 된다. 이 비용의 상당 부분은 비노인 인구에 대한 기존의 공적의료보장제도의 비용 감소로 상쇄되겠지만 대부분은 새로운 공공부문 수입을 요구하게 될 것이다.

▶ **즉석 힌트** 공적의료보험과 관련된 논쟁에서 혼란스러운 면은 공공부문 의료비는 엄청나게 늘어나겠지만 민영보험의 의료비 지출이 거의 같은 수준으로, 또는 더 많이 감소할 것이라는 점이다. 따라서 정부가 실제로 부담해야 하는 비용에 비해 사회적 총비용은 그렇게 많이 늘어나지 않을 것이다. 이론적 차원에서 문제가 되는 것은 정부의 예산 지출이 아니라 바로 이 사회적 비용이다. 그러나 실제로는 정부의 예산 지출이 중요한 두 가지 이유가 있다. 첫째, 조세에 관한 장에서 자세히 논의되겠지만 이 지출을 충당하기 위해 정부가 조세수입을 증가시켜야 할 필요성으로부터 사중손실이 발생할 수 있는데 민간 지출의 경우에는 이런 문제가 발생하지 않는다(다만 이 사중손실이 공적의료보험의 행정적 편익보다 큰지는 분명치 않다). 둘째, 실제적으로 더 중요한 것은 의료보험을 고용주의 지출을 통해 민간재원으로 충당하는 것으로부터 공공재원으로 바꾸는 것은 암묵적 조세로부터 명시적 조세로 바꾸는 것과 마찬가지이다. 경제학자들은 이것이 단지 재원 조달 주체의 변화에 불과하다는 점을 지치도록 역설하겠지만 일반 납세자들은 이를 엄청난 조세 증가로 볼 것이고 따라서 이런 방안을 지지하려 하지 않을 것이다.

둘째, 의료비를 통제하는 수단으로서 전국적인 차원에서의 총액예산제는 의사들이 높은 비용을 부담할 만한 가치가 있는 기술을 사용하지 못하도록 막는다는 문제가 있다. 예를 들어 1950년에 미국 정부가 의료비로 지출하기 위한 총액예산으로 GDP의 5%만큼을 할당했다고 가정하자. 오늘날 의료 분야는 훨씬 더 효율적으로 변해 있겠지만 또한 국민건강의 증진에 기여했을 많은 의료기술의 진보가 가져다주는 혜택을 누리기는 어려웠을 것이다. 앞서 언급한 것처럼 우리들 중 대부분이 설사 선택이 가능하다 해도 1950년대의 가격 수준에서라도 그 당시의 의료로

43 Himmelstein, Campbell, and Woolhandler(2020).

돌아가기를 원치는 않을 것이다. 2070년이 되어도 2020년의 가격과 의료 수준에 대해서 같은 말을 할 수 있을 것이다.

마지막으로 국민의료보험은 단기간에는 극복하기 어려운 정치적 장애물에 맞닥뜨려 있다. 미국 의료보험산업의 연간 수입은 9,600억 달러가 넘는데 이는 엄청난 이해관계여서 국민의료보험제도로 가는 길목을 막고 있는 강력한 장애가 된다.[44] 더욱이 대다수의 미국인들, 특히 여러 가지 보험 중에서 선택할 수 있는 대기업의 근로자들은 자신들의 민영의료보험에 대단히 만족하고 있다. 그들에게 소수의 미국인들이 의료보험을 가질 수 있도록 그들의 의료보험을 포기하라고 말하는 것은 정치적으로 대단히 어려운 일이고, 이는 이미 보험 선택에 제약이 가해질까 봐 클린턴의 의료개혁안을 공격했던 사실에서 알 수 있는 것이다.

반대쪽 극단에는 의료 문제를 순전히 민간부문이 해결하도록 맡기는 방안이 있다(예를 들면 무보험자가 의료보험을 구입할 수 있도록 세액공제 혜택을 주는 등). 이런 방식이 갖는 문제점은 민간시장으로는 미국 의료체계의 문제점들을 해결하기 어렵게 만드는 근본적인 시장실패를 전혀 인식하지 못한다는 것이다. 앞에서도 언급한 것처럼 고용주가 제공하는 의료보험이 없는 사람들에게는 설사 질병에 걸려 있다고 해도 가입할 수 없어 기능을 제대로 하지 못하는 비단체 의료보험시장밖에는 없다. 이는 민영보험시장에서의 역선택 문제로 인해 나타나는 결과이고 정부 개입 없이는 해결할 수 없는 문제이다. 더욱이 소비자 주권 하나만으로 급증하는 의료비를 억제할 수 있다는 증거는 존재하지 않는데 이는 의료비 지출 규모가 본질적으로는 환자들이 받는 의료서비스에 재정적 이해가 걸려 있는 의료 제공자에 의해 결정되기 때문이다. 최근 연구에서는 의사와 재정적 이익을 공유할 때, 유방암 치료에 대해서 훨씬 더 비싸지만 효과는 떨어지는 방사선 요법이 더욱 많이 사용된다는 실례가 발견되었다.[45]

점진적 보편주의에 입각한 매사추세츠주의 실험[46]

이런 문제에 대한 해결책으로서 2006년에 매사추세츠주에서 '점진적 보편주의(incremental universalism)'라고 불리는 방안이 제안되었다. 이 계획은 현재의 의료보험에 만족하는 사람들은 그대로 놔둔 채 기존의 민영 및 공적의료보험의 사각지대를 없애려는 것이었다. 매사추세츠주는 보편적용을 단지 희망사항 그 이상으로 만드는 세 가지 장점을 갖고 있었다. 첫째, 이 주는 비노인 인구 중 미적용자의 비율이 약 9%로 전국의 15%에 비하면 비교적 낮은 수준이었다. 이는 보편적용을 위해 지급되어야 하는 보조금이 그만큼 더 적게 들어감을 의미한다. 미적용자 비율이 이렇게 낮았던 것은 부분적으로 고용주 제공 의료보험의 비율이 전국 비율에 비해 더 높았다는 사실의 반영이다. 둘째, 연방정부가 주정부에게 제공하는 양여금 문제가 걸려 있었다. 오랫동안 연방정부는 저소득층을 진료하는 주의 안전망병원(safety-net hospital)에 잉여예산을 양여해왔는데, 부시 행정부는 추가적인 지급 중단 가능성을 내비치며 주정부를 압박했다. 연방정

44 Insurance Information Institute(2021).

45 Howard et al.(2017).

46 이 사례는 Gruber(2008, 2011, 2012)에서 가져온 것이다.

부는 주가 만일 보편적용을 추진할 경우 이 자금을 계속 가져갈 수 있도록 했지만 그것도 2006년 초까지 전 주민 의료보장안이 달성될 경우에 한해서였다. 마지막으로 매사추세츠주는 이미 무상의료기금(uncompensated care pool)이라는 기존의 재원을 갖고 있었다. 1980년대 말 추진되었던 이전 의료개혁안의 일부로 주정부는 병원이 저소득층을 진료했을 경우의 비용을 다른 재원 조달 주체에게 전가하는 대신에 주정부에게 청구하도록 하는 제도를 만들어 운영하고 있었다. 이 기금은 2005년도에 5억 달러 이상으로 늘어났는데, 전 주민에 대한 의료보장은 무보험자 규모를 줄일 것이므로 이만큼의 예산 수요가 사라질 것이고, 이로 인해 이 자금의 일부가 의료보장 확대 재원으로 전용될 수 있었다.

매사추세츠주가 채택한 방법은 '세 다리 의자'로 생각할 수 있다. 첫 번째 다리는 의료보험시장에 대한 규제로서 이를 통해 민영보험은 기왕력에 따른 가입 배제와 건강 수준에 따른 차등적 보험료 책정이 금지되었다. 이는 이미 매사추세츠주에서 시행되고 있었던 규제인데 매사추세츠는 의료보험시장에서 '집단요율(community rating)'을 의무화한 5개 주 중 하나였다. 결과는 충분히 예측할 수 있는 것이었다. 모든 5개 주의 의료보험회사들이 역선택을 이유로 보험료를 엄청나게 올렸다. 만일 보험회사가 모든 가입자에게 동일한 보험료를 부과해야 한다면, 그리고 사람들은 병이 날 때까지 보험 가입을 미룰 수 있다면 보험회사들은 모든 가입자가 환자라는 가정하에 보험료를 책정해야 할 것이다. 그 결과 이들 주는 비단체보험의 보험료가 가장 높은 주가 되었다. 이들 중에서도 매사추세츠주는 의료보험료가 단연 가장 높았다.

따라서 의자의 두 번째 다리는 개인의 의료보험 의무가입(individual mandate) 규정이 되었으며 이 규정하에서 모든 주민은 의무적으로 의료보험을 구입해야만 한다. 보험 구입을 의무화함으로써 매사추세츠주는 의료보험 풀(pool)에 들어가는 가입자를 확대할 수 있었으며 그럼으로써 의료보험회사들이 모든 주민에게 공정한 보험료를 부과하도록 했다. 특히 의료보험을 '구입할 수 있는 능력을 갖춘' 사람들이 보험을 구입하지 않으면 연간 1,000달러 이상의 세금을 물도록 했다. '구입 능력'은 가장 낮은 비용의 보험을 구입해야 하는 사람들이 버는 소득의 일정 비율로 정의되었다.

이러한 의무가입(mandate)은 이론적으로는 가능하지만 실제로는 보험 구입에 필요한 보조금 지급이라는 세 번째 다리가 없으면 실현될 수 없다. 매사추세츠주의 이런 계획이 시행에 옮겨질 즈음 가족이 모두 가입하는 의료보험상품의 보험료는 빈곤선 가구소득의 50%를 넘었고, 이들이 이런 비용을 부담하고 의료보험을 구입하는 것은 불가능한 일이었다. 따라서 매사추세츠주는 커먼웰스 케어(Commonwealth Care)라고 부르는 새로운 프로그램을 도입했고 이를 통해 소득이 빈곤선의 150% 이하인 모든 주민은 무료로, 300%까지는 엄청난 보조금 지급을 통해 의료보험을 구입할 수 있도록 했다. 이들 저소득층 인구를 위한 의료보험의 급여 범위는 매우 넓은 것이었으며 사람들은 5개의 '메디케이드 관리의료조직'(저소득층을 대상으로 하는 건강유지조직) 중 하나를 마음대로 선택할 수 있었다. 따라서 저소득층의 의료보험 구입비용의 상당 부분을 주정부가 부담하기는 하지만 보험 자체는 민영보험자에 의해 제공되었다. 빈곤선의 300%를 초과하는 사람들에게는 아무런 보조금이 없었지만 매사추세츠주는 '의료보험거래센터

(Connector)'라고 부르는 의료보험거래소를 설립했는데, 개인들은 이를 통해 여러 상품을 비교하면서 보다 효과적으로 자신들의 비단체보험을 구입할 수 있었다.

매사추세츠의 개혁 결과는 놀라운 것이었다. 과거 이 주의 의료보험 미적용자 중 2/3가 새로 의료보험에 가입하게 되었으며, 전국적으로 18%인 미적용자 비율은 3%로 낮아졌다. 증가한 적용 인구의 절반은 공적보장제도(메디케이드) 적용자거나 또는 정부가 보조금을 지급하는 민영보험 가입자였다. 나머지 절반은 급증한 고용주 제공 의료보험 적용자를 포함한 민영보험 가입자였다. 비단체보험시장에서 보험료는 전국 수준에 비해 절반으로 떨어졌다. 개혁이 완전히 실현될 경우 약 8억 달러에 이르게 될 비용은 예측된 수준과 일치하였다. 98%의 납세자가 보험 가입 의무를 준수하였으며, 60~70%의 주민들이 이 법을 찬성하였다.

그렇다면 이 법을 통해 매사추세츠 인구의 건강 수준은 향상되었을까? 실제로 많은 연구가 매사추세츠 인구의 건강 수준이 향상되었음을 확인하였다. 가장 최근의 연구인 Somers 외(2014)는 인근 주에 비해서 매사추세츠의 사망률이 유의미하게 감소했음을 보여주고 있다.

의료보험개혁법(ACA)[47]

매사추세츠주에서의 실험이 성공하면서 2009년 의회는 전국적으로도 비슷한 접근 방법을 적용해볼 것을 고려하게 되었다. 그러나 의회는 매사추세츠주보다 더 큰 난관에 부딪혀야 했다. 전체 인구의 미적용 인구 비율은 훨씬 더 높았기 때문에 잠재적인 개혁비용은 더 높을 것이었다. 더욱이 전체 인구의 평균소득은 매사추세츠주민의 평균소득보다 낮기 때문에 더 많은 보조금이 필요하고 이는 다시 의료비를 더욱 증가시킬 것이다. 그리고 연방정부에게는 엄청난 적용 인구 확대에 필요한 재원으로 전용할 수 있는 기존의 자금이 없었다. 마지막으로 중앙의 정치인들은 단지 의료보험 적용 인구 문제뿐만 아니라 급증하는 의료비 문제도 같이 다루고자 했다.

오바마 대통령과 민주당 의원들은 매사추세츠 모형에 기초한 개혁 노력을 지지하였다. 이 제안은 2009년의 대부분과 2010년 초까지 가장 뜨거운 국내 정치논쟁의 대상이 되었으며 여러 번이나 과거 개혁 노력이 실패했던 전철을 밟을 것처럼 보이기도 했다. 그러나 치열했던 정치적 전투가 끝난 뒤 오바마 대통령은 2010년 3월 23일 ACA 법률안에 서명하였다.[48]

ACA는 미국 의료체계에 여러 가지 근본적인 개혁을 가져왔다. 첫째, 이는 매사추세츠주의 세 다리 의자 구조를 따르고 있다. 이미 시행 중인 주를 제외한 나머지 주 모두에서 집단요율을 적용하도록 하였으며 이를 통해 기왕력에 따라 가입을 거절하고 건강 수준에 따라 차등적으로 보험료를 책정하는 민영보험의 행태가 종지부를 찍게 되었다. 또한 ACA는 가족보험은 26세까지의 자녀를 피부양자로 포함시켜야 한다든지 본인부담액의 상한(현재 개인의 경우 8,550달러, 가족의 경우 17,100달러)을 설정하는 등의 다른 규제도 도입하였다.[49]

---

47 ACA에 관한 자세한 내용은 Gruber(2012)를 참조하거나 카이저가족재단의 웹사이트(https://www.kff.org/health-reform/) 또는 커먼웰스기금(https://www.commonwealthfund.org/health-care-delivery-reform)을 참조하라.

48 ACA의 정치적 발전에 대한 자세한 내용은 Starr(2011)와 McDonough(2011)를 참조하라.

49 https://www.healthcare.gov/glossary/out-of-pocket-maximum-limit/으로부터 정보를 얻었다.

둘째, ACA는 모든 합법적 주민들이 의료보험을 구입하도록 개인의 의료보험 구입 의무화(individual mandate) 규정을 도입했으며(단, 가장 저렴한 의료보험 구입비용이 소득이 8%를 넘는 경우는 제외함), 보험을 구입하지 않을 경우 695달러 또는 소득의 2.5% 중 더 많은 금액을 벌금으로 내게 했다.

셋째, ACA는 소득이 빈곤선의 138% 이하인 모든 합법적 주민들에게 메디케이드를 확대하도록 함으로써 이 프로그램이 도입된 이후 최초로 어떤 인구계층의 범주가 아니라 순수한 자산심사(means-tested)에 기초하여 급여를 제공하는 제도가 되도록 했다. 그러나 앞에서 언급한 것처럼 ACA가 통과된 직후 대법원은 이런 메디케이드 확대가 주정부의 임의적 선택에 따라 이루어지도록 판결했고 2021년까지 38개 주와 D.C에서만 확대가 이루어지고 있다.[50] 이 법은 또한 빈곤선의 133~400% 사이에 있는 소득을 가진 사람들의 의료보험 구입비용을 상쇄해주기 위해 관대한 세액공제(tax credit) 제도를 도입하였다. 특히 빈곤선의 133% 소득을 가진 사람들의 경우 의료보험 구입에 소득의 3%만을 지출하도록 했으며 나머지는 모두 정부가 부담하도록 했다. 이 비율은 빈곤선 400%의 경우 소득의 9.5%로 올라가고 그 이상의 소득 수준에서는 보조금이 지급되지 않도록 했다.

ACA는 중요한 두 가지 점에서 매사추세츠 개혁보다 더욱 야심적이다. 첫째는 재원 조달 측면이다. 이 법은 향후 10년간 공적보험에 대한 새로운 지출과 세액 공제 등으로 발생할 1조 달러를 충당하기 위해 다양한 재원 조달 방법을 포함하고 있다. 이 중 절반은 지출 삭감에서 나온다. 즉 이 장의 앞부분에서 논의된 메디케어 어드밴티지 의료보험에 대한 과다지불을 감축하고 메디케어가 병원에 상환하는 금액의 시간에 따른 증가액 중 0.5%를 감축함으로써 충당된다. 그리고 남은 절반은 네 가지 수입원을 통해 조달된다. 그것은 근로자 50인 이상 기업에 대한 '무임승차 부과금(free-rider charge)'(이 기업의 고용주가 근로자에게 의료보험을 제공하지 않아서 근로자들이 개별적으로 의료보험을 구입할 때 세액공제 혜택을 받는 경우 부과함), 3,200만 명의 새로운 보험 가입자 때문에 가장 많은 혜택을 보는 산업에 대해 부과되는 물품세(의료기기, 의약품 및 민영의료보험), 부유층(가구소득 250,000달러 이상)에 대한 메디케어 급여세율 인상, 가장 고가의 의료보험상품에 대해 부과되는 40% 세율의 물품세[일명 '캐딜락세(Cadillac tax)']이다.

ACA와 매사추세츠 개혁의 두 번째 차이는 의료비 통제 노력이다. 다음의 '응용사례'는 의료비를 통제함에 있어서 연방정부가 직면하는 어려움과 ACA의 의료비 억제 노력을 다루고 있다.

---

50 메디케이드 확대에 대한 주정부의 채택에 대한 자세한 내용은 https://www.kff.org/medicaid/issue-brief/status-of-state-medicaid-expansion-decisions-interactive-map/을 참조하라.

응용사례

의료비 증가와 ACA의 의료비 억제 노력

1950년 이래 의료 분야의 소비자물가지수는 전체 소비자물가지수보다 연간 2%p 더 빨리 상승하였다.[51] 관리의료가 1990년대에 의료비 절감을 가져오기는 했지만 2000년 이래 의료비의 증가속도는 미국의 경제성장률을 계속 크게 앞지르고 있다. 끊임없는 의료비의 증가를 가져오는 동인은 무엇일까?

이 질문에 대한 간단명료한 답은 없으며, 이것이 미국에서의 근본적인 의료비 억제가 왜 그토록 어려운지에 관한 이유이다. 한편으로는 제15장에서 검토한 증거를 보면 우리의 의료체계에서는 엄청난 규모의 낭비가 이루어지고 있고, 훨씬 더 적은 의료비 지출로 비슷한 수준의 건강을 유지할 수 있음이 분명하다. 또 다른 한편으로 미국의 의료비를 급속히 증가시키는 가장 중요한 동인은 의료 제공에 있어서 **질을 향상시키는 기술 진보**(quality-improving technological change)이다.

의료기술의 효과에 관한 훌륭한 사례는 Cutler 외(1998)에 의한 시간의 흐름에 따른 심장마비의 치료법에 관한 연구이다. 연구자들은 심장마비를 치료하는 데 투약이나 심장 활동의 모니터링 등과 같은 아주 단순한(그래서 비용이 아주 낮은) 치료법부터 심장우회수술처럼 대단히 난이도가 높은(그래서 비용이 아주 높은) 치료법에 이르기까지 다양한 치료 방법이 있음에 주목하였다. 연구자들에 의하면 1984~1991년 사이에 심장마비의 치료비용은 실질가격으로 연간 4%씩 증가하였다. 그러나 동일한 기간 중에 (심장질환은 주로 노인들에게 많이 찾아오므로 그 주된 재원 조달자인) 메디케어가 각 치료 방법에 지급한 단위가격은 실제로는 하락하였다.

그러나 실제로는 비용이 증가했다는 사실은 치료 방법이 저렴하고 더 단순한 것으로부터 더 고가이면서 집약적인 것으로 이동했다는 것을 의미하고, 이것이 치료받은 환자 1명당 비용을 증가시켰던 것이다. 예를 들면 저렴한 비용(케이스당 평균 9,829달러 정도)이 드는 치료를 받은 환자의 비중은 89%에서 59%로 하락한 반면에 많은 비용(케이스당 평균 28,135달러 정도)이 드는 우회수술을 받은 환자의 비중은 5%에서 13%로 증가하였다. 동시에 이러한 변화에 따라 심장마비 환자의 치료 결과가 극적으로 향상되었다. 이 기간 중 심장마비 환자의 평균수명은 8개월, 또는 기준 평균수명(baseline life expectancy)의 13%가 증가하였다. 따라서 심장마비 환자에게 지출한 추가적인 비용 덕분에 건강 수준이 상당한 정도로 향상되었던 것이다. 보다 일반적으로 Cutler(2004)는 의료비의 증가가 사회 구성원들에게 그 이상의 가치가 있는 건강 수준의 향상을 가져왔다는 점을 설득력 있게 보여주면서 이렇게 묻는다. "당신은 1950년대의 가격으로 1950년대의 의료를 구입할 것인가, 아니면 현재의 가격으로 현재의 의료를 구입할 것인가?" 이 질문에 아마도 대부분의 사람들은 후자를 선택할 것이다.

---

51 Bureau of Labor Statistics(2018).

이러한 증거는 제15장에서 다룬 맥앨런과 엘파소의 비교와 부합될 수 있을까? 또는 우리가 (본인부담액의 인상이나 사전적 진료비 지불제도 때문에) 의료 이용을 줄이고도 건강에는 아무런 영향이 없어서 그림 15-8에서처럼 '곡선의 평평한 부분' 위에 위치하고 있다는 사실과 부합될 수 있을까? 여기에서 중요한 점은 의료기술 진보의 **평균적**(average) 가치와 특정 진료 방법의 추가가 갖는 **한계적**(marginal) 가치를 구분하는 것이다. 평균적으로, 의료 분야에서의 기술 진보는 그동안 엄청난 편익을 가져왔기 때문에 환자가 지불하는 더 높은 의료비용을 정당화할 수 있다. 그러나 한계적으로 보자면 부적절하고 효과가 없는 의료 이용에 관한 많은 사례가 존재한다. 만일 정부가 어떤 식으로든 이러한 사례들을 없앨 수 있는 방법을 찾아낸다면 국민들의 건강 수준을 희생시키지 않고도 의료 분야의 규모를 줄이는 일이 가능할 것이다.

그러나 이것이 말처럼 쉽지만은 않다. 사후에 낭비적인 의료를 찾아내는 일은 쉬울 것이지만 어떤 의료가 낭비적일지를 사전에 알아낸다는 것은 대단히 어려운 일이다. 예를 들어 우리의 의료체계가 얼마나 낭비적인지를 이야기할 때 연구자들이 흔히 인용하는 사실은 우리가 지출하는 의료비의 25%가 환자가 사망하기 전의 마지막 6개월 동안 쓰인다는 점이다. 이들은 어떻든 곧 사망할 사람들의 마지막 6개월 동안에 쓰이는 돈은 '낭비되고 마는' 돈이라는 것이다.

이런 주장이 갖는 문제점은 의사는 누가 인생의 마지막 6개월 사이에 있는 환자이며 누가 몇 년을 더 살 수 있는 환자인지를 미리 알 수 없다는 점이다. 마지막 순간의 환자에게 쓰인다는 점을 우리가 알 수 있는 것은 인생의 마지막 6개월 사이에 지출되는 아주 작은 부분일 뿐이다. 그 나머지는 수명을 상당한 정도로 늘릴 수 있는 가능성이 없지 않다는 점에서 낭비적 지출이 아닐 수도 있다. 만일 당신이 6개월 이내에 사망할 수도 있는 병에 걸렸지만 고가의 현대적 치료법으로 당신의 병이 치료될 수 있다면 (또는 적어도 수명이 상당한 정도로 연장될 수 있다면) 당신은 의사가 그 치료법을 사용해주기를 원치 않겠는가? 실제로, Einav 외(2018)의 최근 연구에 따르면 예측 사망률이 50%를 넘는 사람들의 지출은 메디케어 지출의 5% 미만에 불과하였다!

맥앨런과 엘파소를 한 단계 더 비교했던 연구는 어려운 문제를 부각시키고 있다. Franzini 외(2010)는 두 도시에서 블루크로스 민영보험에 가입해 있던 비노인환자를 비교한 결과 메디케어에 가입해 있는 노인들과는 달리 맥앨런에서의 의료비 지출이 엘파소보다 7% 더 낮았음을 알게 되었다. 이 연구의 결과는 두 도시의 비교가 어렵지 않은 사례처럼 보이지만 맥앨런에서의 과다 지출은 메디케어 환자를 비교하는 것보다 훨씬 더 복잡하다는 것을 의미하는 것으로 이해할 수 있다. 또는 연구자들이 해석한 것처럼 맥앨런에서의 환자 치료가 '금전 문화(culture of money)'에 지배당하고 있다는 아툴 가완디의 주장을 지지하는 것으로 볼 수도 있겠다. 전통적인 메디케어 프로그램은 환자가 받은 의료서비스를 어떤 식으로든 관리하지 않는 반면에 민영보험자는 주의 깊게 서비스를 관리하고 의료 제공자의 행태를 감독한다. 아마도 이것이 맥앨런에서 비노인환자의 비용 억제에 중요한 역할을 했을 것이다.

이러한 어려운 문제에 직면해서 ACA는 의료비를 통제함에 있어서 확실한 효과가 나타나는 방법을 찾지 못하였다. 그 대신에 비용 통제를 위해 다섯 가지 방안을 채택하였다. 첫째는 보험료가 가장 비싼 고용주 제공 의료보험에 대한 면세 혜택에 상한선을 설정하는 것이다. 원리적인 측면에서 보자면 이는 상한선을 초과하는 금액을 과세대상 소득에 포함시킴으로써 작동할 수 있다. 그러나 이는 정치적으로 어려운 일이기 때문에 의회는 그 대신에 '캐딜락세'를 도입했다. 이 세금은 2018년부터 시행이 되며 가장 비싼 의료보험(대략 보험료가 가장 많은 10% 정도)에 대해 40% 세율의 물품세를 부과하도록 되어 있다. 이 정도 수준이면 고소득계층의 면세혜택을 대략적으로 상쇄할 수 있기 때문에 이 계층에 대한 면세혜택을 사실상 폐지하는 것과 같은 효과를 낳는다. (다만 낮은 소득계층에서는 상쇄하고도 남을 것이다.) 더욱이 이 상한선 수준은 의료보험료 인상률이 아니라 전반적인 물가 수준에 연동되기 때문에 의료비 증가가 엄청난 수준으로 낮아지지 않는 한, 시간이 지남에 따라 점점 더 많은 의료보험상품이 그 적용대상으로 편입될 것이다.

두 번째는 비단체보험과 소규모 단체보험의 구입을 위한 경쟁적인 의료보험거래소(health insurance exchange)를 도입하는 것이다. ACA는 각 주에 성공적으로 운영되는 매사추세츠 의료보험거래센터를 모방한 거래소를 설립할 수 있는 권한을 부여하였으며 이는 비단체보험시장을 더욱 경쟁적인 경기장으로 만듦으로써 의료보험료가 낮아지도록 하기 위한 의도였다.

세 번째는 진료비지불자문위원회(Independent Payment Advisory Panel, IPAB)의 도입이다. 이는 메디케어 프로그램이 의료 제공자에게 지불하는 상환 수준을 결정함에 있어서 '정치적 색채'를 없애고, 이 프로그램의 전반적인 비용 증가율을 통제하기 위해 만들어졌다. IPAB는 의회에서 찬반투표에 부쳐져야 하는 진료비 지불과 관련된 사항에 대해 권고할 수 있는 권한을 갖는다. 네 번째는 '비교효과성(comparative effectiveness)' 연구에 대한 새로운 대규모 투자이다. ACA는 환자중심결과연구소(Patient-Centered Outcomes Reserach Institute, PCORI)를 설립하고, 의료서비스가 더욱 비용효과적으로 제공될 수 있는 방안을 찾도록 설계된 연구에 30억 달러를 투자하였다.

다섯 번째이자 마지막으로 ACA는 의료 제공 방식과 진료비 상환제도에 대한 대안적인 방법을 찾는 다수의 시범사업을 장려하고 있다. 이러한 노력의 궁극적인 목표는 제15장에서 논의했던 원래의 HMO 모형을 현재의 상황에 맞게끔 고친 수정판을 찾아보자는 것이다. 의사와 병원들은 '책임의료조직(Accountable Care Organization)'을 만들도록 장려되며, 이 조직에 대한 진료비 상환은 이들이 제공한 의료서비스의 양(how much)이 아니라 그 가치(value)에 따라 이루어지도록 한다. 이들 조직은 환자 1인당 일정한 금액을 상환받으며, 따라서 진료를 효과적으로 관리해야 하는 책임을 지게 된다. 기존의 HMO가 이룬 가장 중요한 혁신은 진료비 상환을 진료의 적정성(예 : 아동의 정기적인 예방접종 여부)과 진료의 결과(예 : 등록 환자들 사이의 사망률)로 측정되는 의료의 질에 연계시켰다는 것이다. ■

ACA의 효과에 관한 초기 증거

ACA와 같이 거대한 규모의 개혁이 갖는 영향을 예상하는 것은 매우 어려운 일이지만 의회예산처는 시도하였다. 의회예산처는 이 개혁을 통해 2019년까지 2,600만 명이 새로 의료보험을 갖게 될 것으로 예측했다(CBO, 2014). 그러나 이는 전체 무보험자의 50% 수준에 불과한데 이는

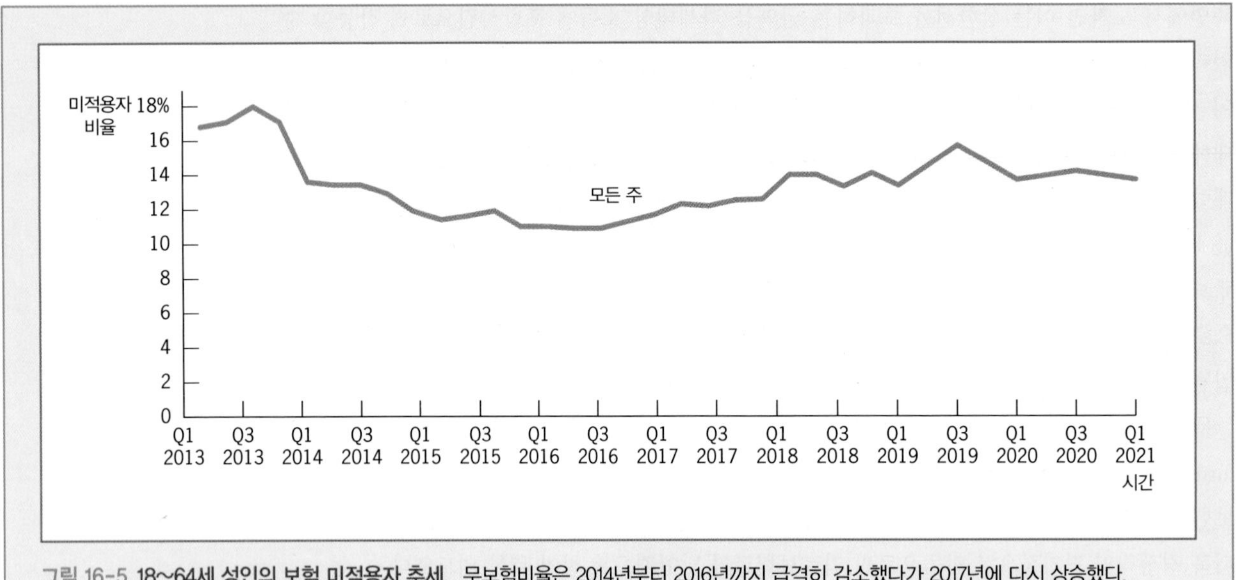

그림 16-5 **18~64세 성인의 보험 미적용자 추세** 무보험비율은 2014년부터 2016년까지 급격히 감소했다가 2017년에 다시 상승했다.

출처 : Gallup(2018), Centers for Disease Control and Prevention(2020), Supplemental Quarterly Tables on Health Insurance Coverage.

의무가입규정이 불법체류 중인 외국인에게는 적용되지 않고 또 일부는 의료보험에 가입하지 않은 채 벌금을 내고 말 사람들도 있기 때문이다.[52] CBO는 또한 ACA의 지출 감축과 수입 증가가 ACA하에서 발생하게 될 새로운 지출을 상쇄하고도 남을 것이기 때문에 시행 후 최초 10년간 1,000억 달러 이상, 그다음 10년간 1조 달러 이상의 적자가 줄어들 것으로 예측했다.

ACA의 효과에 관한 초기 증거를 보면 CBO 분석가들의 주장을 뒷받침하는 것으로 보인다. 미국에서 의료보험이 없는 사람들의 숫자는 적어도 2016년에만 2,000만 명이 줄었으며, 보험에 가입하지 않은 비율이 3분의 1 이상 감소했다. 그림 16-5는 2013년 이후 무보험자 비율을 보여준다.

다른 연구들은 부모의 의료보험에 얹혀 있는 성인 자녀들처럼 ACA가 특별히 표적으로 삼는 집단에서 의료보험 적용 인구가 크게 늘어난 것을 발견했다. 이 연구들은 이러한 적용 범위 확대가 의료서비스 접근성의 제고, 스스로 평가하는 건강 수준의 향상, 응급실 사용의 감소, 예방서비스의 증가를 가져온 것으로 보고하고 있다.[53]

가장 흥미로운 것은 ACA가 의료비 증가에 미친 잠재적 효과이다. ACA가 통과된 이후에 의료비 증가는 역사상 낮은 수준이다. 2011~2013년 사이의 의료비 지출은 사상 최저 수준에 머

---

52 또 다른 주요 이유로는 메디케이드를 확대하지 않기로 한 주들이 있다는 것이다. 기존에 CBO는 600만 명이 더 의료보험을 갖게 될 것으로 예측한 바 있다.

53 Sommers et al.(2014); Wallace and Sommers(2015); Barbaresco et al.(2015); Akosa Antwi et al.(2015); Lipton and Decker(2015) 참조.

물렀으며 2013년도에 1인당 실질의료비 증가율은 1.4%에 불과했다.[54] 의료비 증가율의 감소는 이미 법 시행 전부터 나타났기 때문에 이런 결과에 대해 어느 정도를 ACA에 돌려야 할지 확실치 않지만 이 법의 일부 측면은 분명히 의료비 감소에 기여한 것으로 보인다. 한 가지 예는 앞에서 언급한 메디케어 재입원에 대해 불이익을 준 것으로서 이로 인한 메디케어의 재정 절감은 2010년 이래 5억 2,800만 달러에 달하는 것으로 추정되었다.[55] 또 다른 예로는 ACA가 장려한 책임의료조직(ACO)의 급격한 증가이다. 최근의 두 가지 연구에 의하면 초기 ACO가 지출을 1.2~3.6%p 감소시킨 것으로 나타났다.[56]

ACA에 의해 촉진된 의료서비스의 재조직화가 가져올 잠재적 편익을 알아보는 최선의 방법은 아마도 아툴 가완디의 최근 논문을 통해 한 번 더 텍사스주 맥앨런 카운티의 사례를 알아보는 게 아닐까 한다.[57] 가완디는 그의 최초 분석 이래 맥앨런 카운티에서 메디케어 지출이 엄청나게 감소했는데 이는 메디케어 수혜자 1명당 3,000달러에 이르는 수준이었다고 보고하고 있다. 가완디는 이런 결과를 부분적으로나마 ACA가 규정한 ACO에 돌리고 있는데 이 규정은 중증 환자들에 대한 진료를 조정하는 의사들에 대해 인센티브를 부여하고 있다.

ACA 곤경에 처하다

ACA는 정책 목표 달성을 위해 오랜 시간을 걸어왔지만, '세 다리' 구조에 대한 지지를 구축하겠다는 정치적 목표에는 크게 미치지 못했다. ACA에 대한 대중의 지지도는 입법이 통과된 전후 모두 50%를 밑돌았고, 법이 제정되고 커버리지 혜택이 발생했음에도 불구하고 여전히 50% 미만을 유지했다. 2016년 모든 지자체에서 공화당 캠페인의 주요 특징으로 이 법의 낮은 지지도를 선전하였으며, 이는 그해 선거에서 공화당이 승리를 거두는 데 중요한 영향을 미쳤다. 2016년 대선에서 CNN 출구조사 결과 트럼프에 투표한 사람 중 82%가 ACA가 '너무 지나친 경향이 있었다'고 생각하는 것으로 나타났다.[58]

ACA가 직면한 문제 중 하나는 부분적 구조 개혁이 지지세력보다 더 많은 반대세력을 만든다는 점이었다. 많은 사람들이 보험 혜택을 받았지만, 그 혜택의 대부분은 확대된 메디케이드또는 유권자의 마음속에 '오바마 케어'와 직접 연결되지 않은 기타 메커니즘을 통해서 나타났다. 반면에, 일부 건강한 사람들은 이전 보험시장의 차별적 구조로부터 혜택을 받고 있었거나, ACA에서 불법으로 규정한 불완전한 보험상품을 구입하고 있었기 때문에 주립 거래소에서 더 높은 가격을 지불해야만 했다. 게다가, 2016년에 주립 거래소에서 보험료 인상이 널리 알려졌으며, 평균 보험료는 22% 인상되었다. 사실, 이러한 보험료 인상은 주립 거래소의 초기 보험료가 예상 수준보다 약 15% 낮은 수준에서 거래되었기 때문에, 보험료 인상은 단순한 시장조정에 불과

54 Furman and Fiedler(2014).
55 Boccuti and Casillas(2017).
56 Frakt(2015).
57 Gawande(2015a).
58 CNN Politics(2016).

했다. 그러나 이러한 주장은 보험료 인상을 ACA의 실패로 인식하였던 사람들의 분노 앞에서는 설득력이 없었다.

트럼프 대통령과 공화당은 당선 시 ACA를 폐지할 것를 최우선 과제로 삼았다. 세 다리 의자의 일부 또는 전체를 폐지하도록 하는 다양한 법안이 제기되었다. 또한 가장 많이 제안된 법안은 한 단계 더 나아가서 CBO가 기존 메디케이드 프로그램 등록을 크게 줄일 것으로 예상하였던 메이케이드에 대한 블록 보조금 구조로 전환하는 것이었다. 그 결과, 이 대안 법안들은 미국의 무부험자를 최소 2,000만 명, 어쩌면 3,000만 명 이상 증가시킬 것으로 예상되었다.

그러나 이 법안들은 국민들에게 강한 반대에 부딪혔다. 아이러니하게도, ACA가 공격을 받으면 그 어느 때보다도 인기를 얻었고, 무보험자 증가에 대한 헤드라인 숫자가 많아질수록 폐지 법안에 대한 인기가 극도로 떨어졌다. 결과적으로 ACA의 전면적인 폐지는 의회를 통과할 수 없었다.

이와 동시에 트럼프 행정부와 의회는 ACA를 크게 약화시키기 위한 여러 조치를 취했다. 그 중 가장 중요한 것은 2017년 말에 세법의 일부로 통과된 개인 의무가입의 폐지였다. 또한 다양한 ACA 펀딩의 삭감으로 인해 보험사 간에 상환이 불확실하게 되어, 거래에 참여할 의사가 줄고 보험료가 추가로 인상되었다. 2017년 평준화 이후 ACA 보험료는 2018년 5% 급등한 이래로 서서히 증가하는 추세에 있다. 그 결과 2019년까지 약 250만 명의 미국인이 보험을 상실하면서 무보험자가 꾸준히 증가했다.[59]

게다가 ACA의 예산 절감 및 비용 통제 요소 모두에서 상당한 후퇴가 있었다. 캐딜락세와 IPAB가 폐지되었고, 보험사와 의료기기 제조업체에 대한 기타 세금도 폐지되었다. 게다가 ACA 세금 보조금의 정부 비용이 보험료에 연계되어 있기 때문에, 보험료 인상은 2,150억 달러, 혹은 23%의 정부 지출 증가를 낳았다.[60]

미래에는 어떨까?

ACA는 여전히 인기가 있고 국가 의료 기반체계의 중추적인 부분이 되어, 미래 행정부나 의회가 이 법을 완전히 폐지하는 것을 상상하기 어렵게 되었다. 게다가 '응용사례'에서 보았듯이, 신규 연구들은 이 법이 미국인의 건강을 개선하는 데 효과가 있었음을 확인시켜 주고 있다.[61]

2021년 바이든 대통령이 집권한 직후 통과된 재정 구제 패키지에는 ACA에 사용할 수 있는 보조금을 일시적으로 확대하여, (연방 빈곤선의 400% 미만으로 제한하는 것이 아니라) 모든 소득자에 대해서 확대하는 내용이 포함되었다. 또한 이는 무보험자들에게 거래 옵션에 대한 지원을 확대하기 위한 자금 지원을 확대하는 내용을 포함하여, 더욱 많은 건강한 등록자들도 거래에 참여시켜 보험료를 낮추는 것을 목적으로 하였다. 이 조항은 2021년 이후에 만료될 예정이지만 대통령은 이를 영구적으로 지속시킬 것을 제안하였다.

---

59 Collins, Radley and Baumgartner(2019), Garfield et al.(2020), Tolbert, Orgera and Damico(2020).

60 Congressional Budget Office(2021).

61 ACA의 영향에 대한 더 넓은 개요는 Gruber와 Sommers(2019)를 참조하라.

더 중요한 것은 바이든 대통령이 선거운동에서 Hacker(2009)가 개발하여 ACA 초안에 포함되었던 '공공 옵션'을 제안하였다는 것이다. 공공 옵션은 보험거래소의 옵션으로 (메디케어와 같은) 공공보험을 제공하여서 단일 정부 보험사를 옹호하는 사람들과 보험사 경쟁을 믿는 사람들을 나누도록 고안되었다. 이러한 보험은 세 가지 장점이 있다. 첫째, 거래소에서 경쟁을 증진시킨다. Dafny, Gruber와 Ody(2015)는 거래소에 보험사가 추가되면서 보험료를 상당히 낮출 것으로 추정했다. 둘째, 이 제도는 아직 메디케이드를 확대하지 않은 주에 저소득자들이 보험에 등록할 수 있는 방법을 제공한다. 이들 주에서는 현재 ACA하에서 보험이 없는 빈곤선 이하의 사람들이 공공 옵션을 활용할 수 있다.

셋째, 공공 옵션은 메디케어와 같은 공공 프로그램이 의료서비스의 대한 낮은 가격 규제를 하고 있기 때문에 보험을 구입하는 사람들에게 훨씬 더 낮은 비용의 보험 옵션을 잠재적으로 제공할 수 있다. 공공 옵션이 논란이 되는 것 또한 이 기능 때문이다. 민간보험사는 가격 규제가 공공 옵션에 불공정한 혜택을 주어서 경쟁시장에서 민간보험을 소외시킨다고 주장한다. 한 추정에 따르면 공공 옵션이 민간보험 등록자를 1,000만 명 줄일 수 있다고 보고하였다.[62]

이 원고를 집필하는 시점에서 바이든 행정부의 법안 중 어느 것을 현실화될지는 불확실하다. 하지만 분명한 것은, ACA의 수혜대상 범위와 비용은 지속적으로 논란이 되고 있다는 것이다.

16.7 결론

지난 몇 년 동안 미국은 1960년 이래 가장 근본적인 의료체계의 변화를 목격하고 있다. ACA는 미국 의료보험체계의 많은 단점을 해결할 수 있는 잠재력을 가지고 있으며 특히 무보험자의 규모를 크게 줄일 수 있을 것이다. 초기의 증거들은 ACA가 건강 상태를 상당히 향상시켰으며, 의료 비용의 역사적인 둔화에 기여하였음을 시사한다. 하지만 이 법은 초기에 지지를 획득하지 못하였으며, 이로 인해 트럼프 행정부 하에서 규모가 상당히 축소되었다. 그럼에도 이 법은 대체로 그대로 유지되고 있으며, 현 정부는 이 법을 더 확대하겠다고 밝혔다.

의료비 억제라고 하는 더 큰 장기적인 문제를 해결하는 데 필요한 일련의 개혁은 이제 막 시작한 것에 불과하다. 비용통제를 위한 시도를 하려면 이미 미국 정부가 메디케어와 메디케이드를 통해 총의료비의 절반을 부담하고 있다는 점을 인식해야 한다. 따라서 의료비 증가를 늦추려면 이 두 가지 프로그램에 중대한 변화가 있어야만 할 것이다.

62 Liu et al.(2020).

실증적 증거 ACA가 사망률에 미치는 영향

ACA의 입법 통과에 대한 핵심 질문은 다음과 같다. ACA가 미국인들의 건강을 증진시키는가? 공공 개입이 건강에 미친 영향을 가늠할 수 있는 가장 좋은 지표는 아마도 사망률에 미치는 영향일 것이다. 하지만 다행히도, 사망은 미국에서 가장 나이가 많은 노인들을 제외하고는 모든 사람들에게 비교적 드물게 나타난다. 이는 통계의 '힘'에 대한 문제를 제기한다. 즉, 이처럼 드물게 나타나는 결과에서 표본이 크지 않으면 통계적으로 의미 있는 결론을 도출하기 어렵다.[63] 그러나 최근의 두 연구는 통계적 난제를 해결하였고, ACA가 미국에서 사망률을 낮췄다는 강건한 증거를 제시하였다.

이 중 첫 번째 연구는 Miller 외(2019)의 연구이다. 이들은 ACA를 따라서 메디케이드 프로그램을 확대한 주와 그렇지 않은 주에서 시간의 경과에 따른 사망률 결과를 비교하여, 메디케이드 확대가 노령 미국인들(55~64세)의 사망률에 미치는 영향을 준실험적 접근법을 적용하여 분석하였다. 이들은 사망 기록에 대한 행정데이터를 사용하여 거의 700,000명에 달하는 표본을 가지고 사망률을 연구할 수 있었다. 이들은 메디케이드 확대에 대한 기존 실증연구들과 동일한 방법론을 적용하였지만, 이에 더하여 '사례연구(event study)'에 대한 실증분석을 보완하여 연구를 확장하였다.

분석 결과는 그림 16-6에 제시되었다. 가로축은 해당 주에서 메디케이드가 확대된 시점 기준으로 전후의 시간을 보여준다. 예를 들어, 시간 -2는 확대 전 2년, 시간 0은 확대된 연도, 시간 2는 확대 후 2년이다. 모든 확대 개편 시점은 이러한 방식으로 표준화되었다. 개별 주에서 2014년에 메디케이드를 확대한 경우 0년은 2014년이다. 2016년에 확대되었으면, 0년은 2016년이다.

세로축은 메디케이드 확대가 사망률에 미친 추정효과의 규모를 보여준다. 점들은 계수 추정치를 나타내고 막대는 추정계수의 정확성을 반영하는 추정치의 '신뢰구간'을 나타낸다.[64] 즉, 막대가 0과 교차하는 모든 추정치는 통계적으로 유의하지 않다. 다른 모든 추정치는 해당 연도에 대해 표현되므로 정의에 따라 -1년 추정치는 0으로 설정되었다.

이와 같은 결과는 메디케이드가 확대되기 전에는 연간 사망률에 큰 영향을 미치지 않았다는 것을 보여준다. 추정치는 항상 0 주위에 있으며 어떤 경우에도 신뢰 구간이 0에서 수평선을 넘지 않는다. 이는 이전의 '실증적 증거' 코너에서 논의된 이유들 때문에 위안이 된다. 즉, 이는 (해당 법이 통과되기 전부터 효과가 나타나서) 추정치에 편의를 발생시킬 수 있는 사망률의 추세가 없었다는 것을 보여준다. 메디케이드가 확대된 후, 사망률은 현저히 떨어지고 그 영향은 시간이 지남에 따라 증가하는 것으로 보인다 (다만, 넓은 막대가 보여주듯이, 시간이 지남에 따라 정확도가 떨어진다). 연구자들은 메디케이드 확대가 이 연령대 노인들의 사망률을 9.4% 낮췄다고 추정한다.

더욱 혁신적인 연구는 놀라운 현장 실험(field experiment)를 수행한 Goldin 외(2019)의 연구이다. ACA의 개인 의무가입 준수를 높이기 위한 노력의 일환으로, 미국 국세청(IRS)은 2016년 말과 2017년 1월에 2015년 개인 의무가입에 대한 벌금을 납부한 사람들에게 서신을 보냈다. 이 서한은 "2015년에 벌금을 납부했음을 수령자들에게 알렸고, 2017년 벌금과 보험비용에 대한 정보를 제공했으며, healthcare.gov를 통해 수령자들이 메디케이드 적용 가능 여부를 조사하도록 하는 지침을 제공했다." 국세청은 390만 통의 편지를 보냈다.

이와 동시에, 국세청은 2015년에도 개인 의무가입 벌금을 납부했지만 통지서를 받지 못한 120만 명의 납세자들로 무작위 통제군을 만들었다. 서신을 받은 사람과 그렇지 않은 사람들을 임의 추출하여서, 연구자들은 편지를 받는 것이 보험 커버리지와 사망률 모두에 미치는 영향을 평가할 수 있었다.

이 연구는 먼저 후속된 세금신고 의무 준수 여부로 측정된 서신 수

63 이러한 점은 Black 외(2019)에서 강조하고 있다.

64 기술적으로 신뢰구간은 제3장 부록에 정의된 대로 계수에 표준오차를 1.96배 더하거나 빼서 만든다.

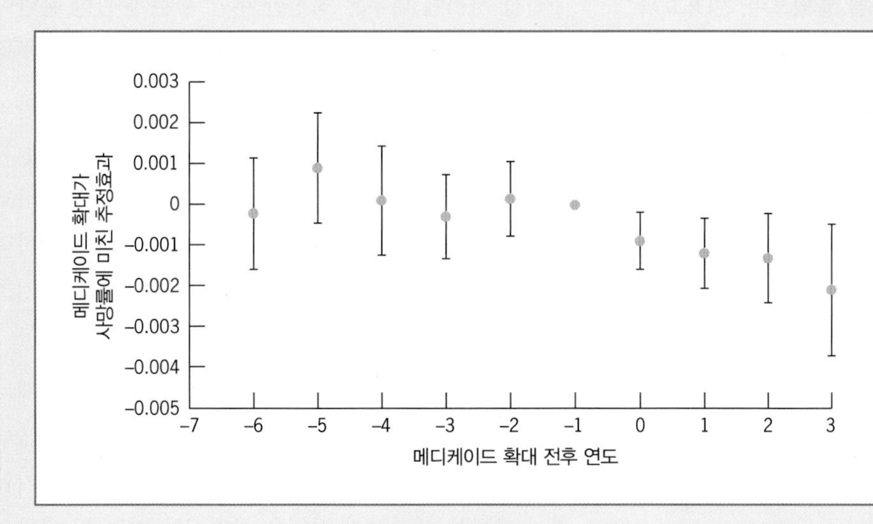

그림 16-6 **의료지원 확대 후 사망률 감소** 파란색 점은 메디케이드 확대가 사망률에 미치는 영향에 대한 계수 추정치를 나타내고 검은색 막대는 신뢰 구간을 나타낸다. 가로축의 음수는 메디케이드가 확대되기 전의 연도를 나타낸다. 이 자료들은 메디케이드 확대에 따른 사망률 하락 추세를 보여준다.

출처 : Miller, Johnson, and Wherry (2020).

신이 보험가입에 미치는 효과를 분석하였다. 연구자들은 서신을 받은 것이 통제그룹에 비해 보험가입을 크게 높인다는 것을 발견했다. 즉, 의무가입 벌금을 상기시키는 것이 의무의 이행을 증가시킴을 발견하였다. 이들은 대조군에 비해 처치군이 보험에 가입할 확률이 1.3% 증가했다고 추정하였다.

통계적으로 매우 유의하나, 그 효과는 작았다. 다행스럽게도 사망률 영향을 연구하기 위해 실험 표본과 정부 사망 기록을 통계적으로 연계할 수 있었으며, 이를 통해 수백만 납세자의 사망률에 대한 영향을 평가할 수 있었다. 그들이 집중한 45~64세 표본의 경우 실제로 서신을 수신한 것이 사망률을 약 0.06% 줄였다는 것을 발견했다.

이 작은 효과를 해석하기 위해, 이들은 신규 보험에 가입한 사람당 사망률로 표현하였다. 즉, 그들은 서신 수신이 보험가입을 늘리고 사망률도 낮춘다는 사실을 발견하였으며, 후자를 전자로 나누면 보험가입자 1인당 사망률이 2% 이상 감소한다는 사실을 발견했다.

이같이 계산된 보험 가입자 1인당 사망률은 보험가입자 1인당 사망률이 0.8~1.03% 범위 내에 있다고 추정한 Miller 외의 결과보다 더욱 높다. 이것은 동일한 주제에 대한 여러 실증적 연구가 설득력이 있지만 다른 답을 줄 수 있다는 중요한 점을 강조한다. 그러나 결론은 분명하다. ACA는 미국인의 건강에 긍정적인 영향을 미쳤다는 점이다.

요약

- 메디케이드는 저소득층 가족, 저소득층 장애인 및 저소득층 노인을 위한 의료보장제도이다.
- 저소득층 가족은 복지보조금을 수령하는 경우 메디케이드 수혜자가 될 수 있으며 저소득층 아동과 임산부들은 소득이 빈곤선의 200% 이하이면 그 수혜자가 될 수 있다.

- 메디케이드 프로그램은 (비록 민영의료보험 가입자의 구축효과가 상당한 정도로 있었지만) 의료보험 미적용자의 규모를 줄이고, 의료 이용을 늘렸으며, 비용효과적인 방법으로 건강 수준을 향상시켜 왔다.
- 메디케어 프로그램은 노인과 장애인에게 보편적인 의료보장을 실시하고 있는데 가입자들은 상당한 수준의 비용을 분담한다.
- 메디케어는 특히 사전적 진료비 지불제도(PPS)로 의료 제공자에 대한 상환제도를 변경함으로써 비용 증가에 제한을 두고 있는데 이를 통해 의료의 질을 크게 악화시키지 않고도 의료비를 낮출 수 있었다.
- 또한 메디케어는 여러 가지 옵션 중 하나를 선택하는 방안을 도입했지만 큰 성공을 거두지는 못하였다. 메디케어 안에서 보다 적극적인 선택을 하도록 만든 보험료지원 방안을 통해 비용을 통제할 수는 있었지만 가장 많은 질병에 시달리는 수급자들의 생활 수준에 부정적인 영향을 미치기도 하였다.
- 의료비 중에서 점증하는 비중을 차지하는 것이 장기요양비용인데 이 비용을 충당하기 위한 재원을 정부와 개인들 사이에 나누는 적정한 부담 수준에 관한 논란이 진행 중에 있다.
- 미국의 근본적인 의료개혁에 관한 1세기에 걸친 논란의 많은 부분이 아주 중요한 방식으로 ACA에 반영되었다. 이 법은 대부분의 무보험자에게 적용 범위를 확대하고 비단체보험시장에 있어서의 시장실패 문제를 해결하려고 했던 매사추세츠주의 성공적인 개혁 성과에 그 기초를 두고 있다.
- 그러나 미국이 여전히 직면하고 있는 장기적인 문제는 급증하는 의료비다. 이는 과거 의료비 증가의 상당 부분이 미국인들의 건강 수준 향상이라는 결과를 가져왔기 때문에 해결하기 어려운 문제이다. 미래의 개혁은 의료서비스의 개선을 통해 가능했던 건강 증진을 훼손하지 않은 채 의료비 증가를 억제해야 하는 도전에 직면하게 될 것이다.

연습문제

1. ⓔ https://www.census.gov/library/publications/2020/demo/p60-271.html에서 찾을 수 있는 미국 인구조사국 보고서 '미국의 건강보험 커버리지 : 2019년'의 표 A3과 '주정부별 건강 보험 커버리지가 없는 사람들의 비율 : 2010, 2018 및 2019'에 대한 엑셀 시트를 찾아보라.
   a. 이 스프레드시트를 사용하여 2010년과 2019년에 메디케이드가 확대된 주와 그렇지 않은 주의 평균 보험 미가입 비율을 계산하라(계산 시 D.C.를 포함하라).
   b. 문제 (a)의 결과가 ACA로 인한 메디케이드의 최근 확대 기간 동안의 수용(take-up) 대 구축(crowd-out)에 관해 시사하는 바가 무엇인가?
2. ⓔ 1997년에 어린이 건강 보험 프로그램이 도입되었고, 이후 15년간 확대되어 이 제도는 메디케이드 프로그램의 전통적인 한계를 넘어 공공의료보험에 대한 어린이의 접근을 크게 증가시켰다. 당신은 이것이 저소득에서 중산층으로의 부모의 직업 이동성에 어떤 영향을 미쳤다고 생각하는가? 이를 검증하려면 어떻게 해야 하는가?
3. ⓔ Finkelstein 외(2012)에 기술된 오리건 메디케이드 실험은 메디케이드가 메디케이드 수혜자의 정신건강을 개선했고, 의료 부채가 현저히 감소하였으며, 징수액이 감소하였다는 것을 발견했다. 이러한 결과가 메디케이

ⓔ 기호는 학생들이 제3장과 '실증적 증거' 코너에서 공부한 실증적 경제 원리를 적용해야 하는 문제임을 의미한다.

드의 주요 복지혜택이 일정 부분 소비평탄화를 제공하는 전통적인 사회보험으로서의 역할에서 기인한다는 것을 어떻게 입증할 수 있는지 설명하라.

4. 수혜자격을 갖춘 사람들 중에서 실제 가입한 사람들의 비율인 수용률이 메디케이드보다 메디케어에서 더 높은 이유는 무엇인가?

5. 매사추세츠 의료개혁의 주요 내용을 기술하라. 어떠한 점에서 매사추세츠가 ACA에 대한 모델을 제시하고 있는가? 매사추세츠의 개혁 경험이 ACA하의 국가 전체 개혁과 어떻게 유사하고 어떻게 다른가?

6. 브라운 의원은 ACA에 의해 도입된 기존 질환 보호법를 지지한다. 이러한 보호법은 보험회사가 기존 질환에서 발생하는 건강 문제를 보상하도록 강제하고, 이들에게 보험료를 더 비싸게 부과하는 것을 금지한다. 그러나 그는 개인 의무가입은 개인의 자유를 침해하고 보조금은 정부의 비용이 너무 크다고 주장하면서, ACA에 의해 도입된 개별 의무가입과 보조금에 반대한다. 그는 2017년 개인 의무가입 조항의 폐지를 지지했으며, 더 나아가 현재 ACA 전체를 폐지하기를 희망한다. 그는 ACA를 완전히 폐지하고 기존 질환 보호만을 포함하는 법안을 제안했다. 만약 이러한 법안이 통과될 시 어떤 일이 일어날까?

7. 메디케어 바우처와 (제11장에서 다루었던) 교육 바우처의 유사성과 차이점을 설명해보라.

8. 1960년대 이래로 미국의 국민 보건에 지출되는 GDP의 비중은 약 5%에서 약 18%(2016년 기준)로 증가했다. 보건 부문의 총 GDP 비중이 이토록 급속하게 증가하는 것은 반드시 낭비적인 의료 지출에 대한 증거인가? 왜 그런가? 혹은 왜 그렇지 않은가?

9. ACA의 중요한 목표 중 하나는 증가하는 의료 지출을 해결하는 것이다. https://www.healthaffairs.org/doi/10.1377/hlthaff.2017.1299에서 *Health Affairs*에 게시된 기사 '2016년 국민 의료 지출 : 초기 커버리지 확대 후 지출 및 등록 증가율 감소'를 참조하라. 이 기사는 메디케어 및 메디케이드 서비스 센터 데이터를 이용하여 국가 의료 지출에 대한 집계 통계를 제시한다.
   a. Exhibit 1을 참조하라. ACA 도입 전후 몇 년 동안 국가 의료비의 연간 증가율은 얼마인가? ACA의 주요 조항이 시행된 직후인 2014~2015년에 지출이 가장 많이 증가한 분야는 무엇인가?
   b. Exhibit 2를 참조하라. 제시된 보험 커버리지의 각 범주(민간보험, 메디케어 및 메디케이드)에 대해 ACA 이후 몇 년 동안 등록자 증가율과 등록자당 지출 증가율에 어떤 변화가 발생하였는가?
   c. 이 표가 ACA가 국가 의료비의 전반적인 증가에 미친 영향을 어떻게 설명할 수 있는지 논의해보라. 당신이 찾은 결과가 이 장에서 논의된 ACA의 다양한 비용 통제 조치와 어떤 관련이 있는지 설명해보라.

10. 그림 16-2에 나타난 장기요양병원 퇴원 패턴의 변화를 설명하는 것은 무엇인가? 이로 인한 정책적 함의는 무엇인가?

11. 미국 의료비의 상당 부분이 생애 마지막 6개월 사이에 지출된다는 사실 때문에 많은 사람들이 미국 의료체계를 '낭비적'이라고 부르고 있다. 이런 입장이 과도한 일반화일 가능성이 있는데 왜 그런가?

12. 2017년, 세법에 커다란 변화를 가져온 세제개혁의 일부로 ACA의 부분적인 폐지 법안이 의회를 통해 제정되었다. 왜 이와 같은 제정방식이 ACA의 부분 폐지가 의료비용과 커버리지, 경제 전반에 미치는 효과를 평가하고자 하는 노력들을 복잡하게 만드는가?

심화 연습문제

13. 메디케이드 자격 확대와 건강 개선 사이의 관계에 대한 경험적 증거를 설명하라. 그림 16-1에 나타난 바와 같이, 이 같은 관계에서 1-3의 각 단계의 경험적 증거는 얼마나 강건한가?

14. 모든 개인이 $U=\sqrt{C}$의 효용 함수를 가지고 있다고 가정하자. 여기서 C는 특정 기간 동안 개인의 소비량이다. 사고 확률이 4%로 위험도가 높은 사람과 사고확률이 2%로 위험도가 낮은 사람, 두 가지 유형의 사람이 있다. 사람들의 절반은 고위험자이고, 절반은 저위험자이다. 모든 개인의 소득은 연간 4만 달러이며, 재앙적 사고가 발생하면 사고가 난 해에 3만 달러의 비용이 든다.
    a. 보험사가 누가 고위험자이고 누가 저위험자인지를 파악할 수 있다고 가정하고, 유형별로 보험계리적으로 공정한 보험료를 계산해보라.
    b. 고위험자가 보험료를 얼마나 지불할 의향이 있는가? 저위험자는 어떠한가?
    c. 지역사회 등급을 요구하는 법이 통과되었고, 모든 보험계약의 가격이 동일해야 한다고 가정하자. 보험사들은 미래지향적(forward-looking)이고, 보험시장에서 사람들의 구성과 선호에 대해 알고 있지만, 가격을 설정하기 위해 그 정보를 사용하는 것은 금지되어 있다. 보험가격은 얼마이며, 누가 보험에 가입하는가?
    d. 입법부는 지역사회 등급제 외에 의무가입과 보조금의 두 가지 추가 규제를 고려하고 있다. 의무가입은 보험에 가입하지 않은 사람 모두에게 100달러의 벌금을 부과한다. 보조금은 보험을 가입한 사람에게 보험가격을 상쇄하기 위해 100달러를 제공한다. 이 제도하에서, 보험의 가격은 얼마이며, 누가 보험에 가입할 것인가?
    e. 이 같은 결과는 매사추세츠와 ACA 의료개혁 전략과 어떠한 관련이 있는가?

15. ⓔ 1997년 아동의료보험 프로그램의 도입에 따라 (워싱턴 D.C.를 포함한) 37개 주에서 메디케이드 수급자 범위를 빈곤선 200% 이하 아동들에게까지 확대하였으며 일부 주에서는 상한선을 더 높여 잡기도 하였다.
    a. 이들 중 일부 주에서는 수급자 범위에 모든 아동을 포함시키기도 하였다. 이러한 확대의 효과를 평가하기 위한 준실험적인 분석을 어떻게 설계할 것인가?
    b. 또 다른 주에서는 일정한 연령계층의 아동만 포함하였다. 이러한 확대의 효과를 평가하기 위한 준실험적인 분석을 어떻게 설계할 수 있는가? 문제 (a)에서의 평가보다 더 설득력이 있으려면 어떻게 하면 되는가?

16. 메디케어 프로그램이 사전적 진료비 지불제도(PPS)를 채택한 이후에 연구자들은 환자들이 어떤 질환의 경우 진료를 덜 받는 경향이 있음을 관찰하였다.
    a. 이에 대한 한 가지 설명은 PPS가 더 적은 진료량을 제공할 유인을 갖고 있다는 것이다. PPS가 이런 유인을 갖는 이유는 무엇인가?
    b. 이에 대한 다른 설명은 PPS가 의사들로 하여금 경미한 증상을 실제 이상으로 중한 증상으로 진단하도록 하는 유인을 갖고 있다는 것이다. PPS가 이런 유인을 갖는 이유는 무엇인가?
    c. 이러한 진료량의 감소로 인한 건강 수준의 하락을 관찰할 수는 없었는데 이를 통해 정책 변화 이전의 메디케어의 효율성에 관해 추론할 수 있는 것은 무엇인가?

17. 메디케어 급여 범위상의 한 가지 특성은 환자가 파트 B(1차 진료의사) 비용의 20%를 상한선 없이 부담해야 한다는 점이다. 사람들은 통상적으로 메디케어가 부담하지 않는 본인부담액을 지불하기 위해 메디갭(Medigap) 의료보험을 구입하였다. 그러나 일부 메디갭 의료보험은 이 20% 본인부담을 급여대상에서 제외하였다.

Finkelstein(2002)은 모든 메디갭 의료보험은 이 20% 본인부담을 급여대상에 포함시켜야 한다는 연방정부의 명령이 갖는 효과에 대해 연구하였다. 그 결과 이 명령으로 인해 메디갭 의료보험의 구입자가 줄어들었음을 알아내었다.

a. 연방정부의 명령은 왜 메디갭에 대한 수요를 줄였는가?

b. 이 정책이 메디케어 비용 그 자체에 미친 순효과는 무엇이라고 생각하는가?

18. 1981년에 연방정부는 각 주에 메디케이드 프로그램의 구조를 변경할 수 있도록 허용하는 법안을 통과시켰다. 이제 각 주는 원하는 경우 메디케이드 수급자들이 몇 가지 의료보험 중에서 한 가지를 선택하도록 허용된다면 이들로 하여금 메디케이드 '관리의료조직(MCO)'에 등록하도록 요구할 수 있게 되었다. 메디케이드 수급자들은 오직 MCO를 통해서만 의료 이용이 가능했다. 이 MCO들은 주정부로부터 정기적으로 일정액을 수령하고 그 대가로 메디케이드 등록자들에게 의료서비스를 제공해야 했다.

a. 메디케어와 관리의료에 대해 갖고 있는 지식을 활용하여 왜 정책결정자들이 메디케이드 수급자의 관리의료조직 등록 요구를 지지했는지 설명해보라.

b. 이러한 요구는 메디케이드 수급권자의 의사결정에 어떤 영향을 미쳤는지 생각해보라. 메디케이드 수급권자 중 어떤 사람들이 등록 결정을 바꿨는지 또는 바꾸지 않았는지 구체적으로 설명해보라.

c. 이러한 요구는 메디케이드 수급권자의 전반적인 의료 접근성에 어떤 영향을 미쳤는가?

19. 퓨스랜드는 모든 아동에게 정부가 관장하는 의료보험을 무료로 제공하지만 성인에게는 이런 혜택을 주지 않는다. 퓨스랜드에는 고소득층과 저소득층의 두 종류 성인들이 있다. 100,000명의 고소득층은 모두 고용주가 제공하는 의료보험을 갖고 있는데 100,000명의 저소득층은 절반만 그러하고 나머지 절반은 의료보험이 없다.

당신은 모든 저소득층에게 의료보험을 제공하는 방안의 효과를 분석하기 위해 고용된 연구자라고 가정하자. 퓨스랜드의 경제학 문헌을 조사한 끝에 최선의 추정치에 관해 당신이 내린 결론은 다음과 같다. (1) 미적용자 중 80%가 정부가 제공하는 의료보험을 선택할 것이다. (2) 현재 고용주가 제공하는 의료보험을 갖고 있는 저소득층 근로자들 중 60%는 정책 변화 후 정부가 제공하는 의료보험으로 바꾸고 나머지 40%는 그대로 남아 있을 것이다. (3) 고소득층 근로자의 10%는 (의료보험을 제공하지 않는 기업의) 저소득층 근로자가 되어 정부가 제공하는 의료보험에 가입할 것이다.

a. 보험에 가입한 성인은 얼마로 늘어날지 추정해보라.

b. 추가적으로 보험에 가입한 성인당 비용이 얼마가 될지 추정해보라. 그 금액은 왜 5,000달러보다 훨씬 더 많은가?

c. 어떠한 의료보험도 갖지 못한 상태에서 각 성인이 어느 한 해에 사망할 가능성은 5%라고 가정하자. 고용주가 제공하는 의료보험에 가입하면 이 가능성은 2%로 줄어들고, 정부가 제공하는 의료보험에 가입하면 3%로 줄어든다. 정부가 1명의 성인에게 의료보험을 제공하는 비용이 연간 5,000달러라면 구한 생명 1인당 들어간 사업비용을 추정해보라.

CHAPTER 17

James Andrews/iStock/Getty Images

소득불평등과 정부 이전지출 제도

생각해볼 문제

- 미국의 소득분배는 어떻게 측정하는가?
- 정부 이전지출의 도덕적 해이 비용을 결정하는 요인은 무엇인가?
- 어떻게 도덕적 해이 비용을 줄이도록 복지제도를 만드는가?

2015년 4월 마지막 주는 메릴랜드 볼티모어에서 발생한 몇 주간의 시위로 점철되었다. 이는 경찰이 구금 중이었던 소수인종인 프레디 그레이(Freddie Gray)라는 한 흑인의 죽음으로 촉발된 시위로, 이로 인해 약 500건의 체포, 900만 달러의 영업손실이 발생했다. 프레디 그레이의 죽음이 이 폭력을 자극했을 수도 있지만, 더 큰 원인은 볼티모어시의 놀라운 불평등 수준이다. 몇 마일 떨어진 지역과 볼티모어시의 생활환경은 극적으로 다르다.

이 점은 시위기간 동안 볼티모어시 주변의 평균수명을 보여주는 그림 17-1에 의해 분명하게 설명된다. 초록색 지역은 평균수명보다 길고 빨간색과 오렌지색 지역은 평균수명보다 짧다. 매우 가까운 인근 지역인데도 차이는 명백하다. 예를 들어 프레디 그레이가 사는 샌드타운-윈체스터에서는 2015년 기준 평균수명이 67세인 반면 불과 3마일 떨어진 부자동네인 롤랜드 파크의 평균수명은 84세이다. 다르게 표현하면, 평균수명이 미국 평균 이상인 지역과 세계에서 가장 가난한 국가 중 하나인 북한의 평균 기대수명(이는 미국의 1948년도 평균수명과 거의 같은 수준이다)과 같은 지역 사이의 거리가 3마일에 불과하다는 것이다. 이는 지역적으로 고립된 사례

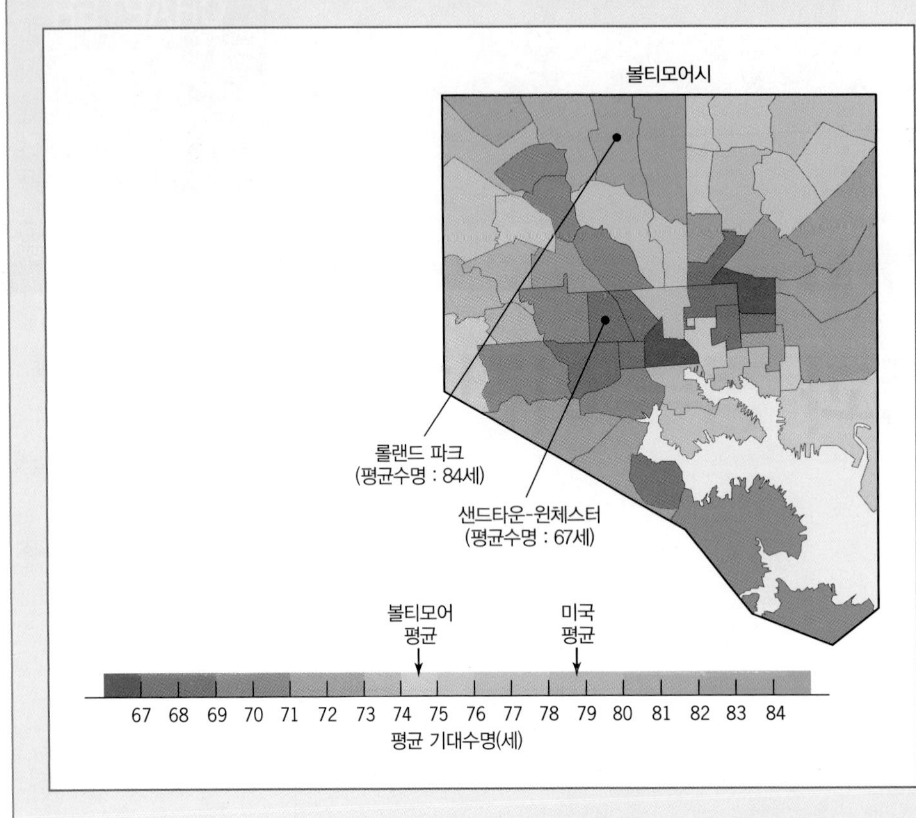

그림 17-1 볼티모어의 2015년 평균수명 볼티모어시의 평균수명은 지역에 따라 크게 다르다. 초록색 영역은 평균수명보다 길고 빨간색과 오렌지색 영역은 평균보다 짧다. 롤랜드 파크의 평균수명은 일본과 비슷하며 샌드타운-윈체스터는 북한보다 짧다.

출처 : Justice Policy Institute and Prison Policy Initiative(2015), Marton and Harris(2015).

가 아니다. 북한보다 평균수명이 낮은 지역이 볼티모어에 15개나 된다.[1]

이 엄청난 불일치는 서로 다른 이웃들이 소유한 경제적 자원에 근본적인 차이가 있음을 나타낸다. 2015년 샌드타운-윈체스터의 프레디 그레이가 사는 지역 중위가구의 연간 소득은 2만 4,000달러인 데 비해 풍요로운 지역인 롤랜드 파크의 경우 10만 7,000달러가 넘는다. 샌드타운-윈체스터 거주자의 절반 이상이 연간 2만 5,000달러 미만으로 살고 있지만 롤랜드 파크 주민의 10% 미만만이 그렇게 살고 있다. 롤랜드 파크의 어린이 중 2.5%만이 (뒤에 설명하는 절대적 결핍의 척도인) 빈곤선 아래 수준으로 살고 있지만, 샌드타운-윈체스터에 있는 어린이는 54.8%가 그렇다. 기자인 마이클 플레처(Michael Fletcher)는 "최근 30년간 고향으로 여겼던 볼티모어는 불행하게도 풍부한 역사, 친절한 사람들, 유서 깊은 기관 그리고 옛날의 금전적으로 풍요로운 분위기에 반해 빈곤, 범죄, 절망이라는 가연성과 함께 살아가고 있습니다"라고 말했다.[2]

---

1 항의성 통계는 Morse와 Bui(2015), Wenger(2015)를 이용하였고 평균수명통계는 Ingraham(2015b)의 자료와 https://vital-signs-bniajfi.hub.arcgis.com/datasets/life-expectancy의 Baltimore Neighborhood Indicators Alliance를 이용하였다.

2 Fletcher(2015). 해당 사실은 bniajfi.org/vital_signs/data_downloads/의 Baltimore Neighborhood Indicators Alliance에서 확인 가능하다.

이것은 볼티모어만의 문제가 아니다. 시카고에서, 스트리터빌과 엥글우드의 이웃들은 단지 8마일 떨어져 있지만 평균수명이 30년이나 차이가 난다.[3] 그리고 코로나19의 경험은 이러한 차이를 더욱 부각시켰다. 주민의 4분의 1 이상이 빈곤선 이하인 카운티에서 코로나19 사망률은 부유한 지역보다 2.5배 더 높았다.[4] 연령을 조정한 후에는, 흑인이 백인보다 코로나19로 인해 사망할 확률이 2배 이상 더 높았다.[5]

이러한 엄청난 차이는 재정학의 핵심 문제를 상기시킨다. 제2장에서 우리는 국가경제에 있어 "왜 사회적으로 효율적인 결과가 사회후생을 극대화하는 결과와 반드시 일치하지는 않는가?"에 대해 논의하였다. 만일 사회가 모든 구성원의 효용을 동등하게 배려한다면, 사회후생은 고소득계층(1달러 상실 시 한계효용비용이 낮은)으로부터 저소득계층(1달러 획득 시 한계효용이익이 높은)으로 소득을 재분배함으로써 극대화될 것이다. 만일 사회가 제2장에서 논의한 롤스의 사회후생함수의 철학대로 저소득자들을 더욱 배려한다면 소득재분배의 주장에 대한 설득력은 더 커질 것이다.

그러나 민간부문은 이러한 소득재분배 기능을 수행하기가 곤란하다. 왜냐하면 공공재의 민간공급 시 제기되었던 무임승차의 문제가 소득재분배의 경우에도 동일하게 발생하기 때문이다. 가난한 사람들의 소비를 공공재라 하자. 즉 나는 가난한 사람들이 더 많은 소비를 하기를 원하지만 내가 아닌 다른 사람들이 이를 도와주는 것을 선호한다. 왜냐하면 이 경우 나는 아무런 비용 부담 없이 가난한 사람들이 더 많은 소비를 하는 것을 볼 수 있기 때문이다. 만일 모든 사람들이 이처럼 생각한다면 각 개인은 자신이 아닌 다른 사람들의 기여만을 기대할 것이기에 사적인 소득재분배는 거의 발생하지 않을 것이다. 제7장의 공공재에서 논의했듯이 정부는 공적 소득재분배를 위해 시민들에게 조세를 부과함으로써 이러한 무임승차의 문제를 해결할 수 있을 것이다.

저소득층에게 소득을 재분배하는 가장 잘 알려진 방법은 **현금복지**이다. 연방정부의 현금복지 지출은 그 절정기에도 연방예산의 1.7%에 불과했다. 하지만 사실상 현금복지 지출은 다른 어떤 공공정책 개입보다도 더 많은 논란을 불러일으켰다.

일부 보수주의자들은 저소득 한부모 가정에 대한 현금급여의 부정적 효과가 미국의 많은 사회악의 원인이라고 생각하였다. 당시 뉴트 깅리치(Newt Gingrich) 신임 하원의장은 1995년 4월 7일 국회의사당 앞 계단에서의 TV 연설에서 "복지제도의 가장 큰 비용은 가난한 자들에 대한 인간적 비용입니다. 그동안 우리는 '동정'이라는 미명하에 가정을 파괴하는 잔인한 제도를 운영해왔습니다. 모든 지역 TV 뉴스에 나오는 폭력, 아동학대 및 마약중독 등이 제도 실패의 증거들입니다"라고 주장하였다.[6]

반면 일부 진보주의자들이 보기에는 저소득가구의 복지급여를 중단하고 강제로 일을 하도록

3 The New York Times(2020). 주별 불평등에 대한 사실의 더 많은 내용은 Leonhardt와 Serkez(2020)를 참조하라.

4 Schumaker and Nichols(2020).

5 APM Research Lab(2021).

6 Gingrich(1995).

하는 것은 잘못된 것이었다. 매사추세츠주의 에드워드 케네디(Edward Kennedy) 상원의원은 복지급여 수급자의 근로요건에 대한 논쟁에서 "우리는 근로자들을 저임금의 희망 없는 직장으로 내몰면서 그들이 가족을 부양할 수 있으리라 기대할 수는 없습니다. 우리는 아무런 기술도 갖지 못한 근로자를 직장으로 내몰면서 그들이 성공하리라 기대할 수는 없습니다"라고 주장했다.[7] 누가 옳을까? 복지제도가 저소득층의 생계유지에 긍정적 역할을 했을까? 아니면 부정적인 역할을 했을까?

이 장에서는 먼저 미국 및 세계 각지의 소득분배 현황을 살펴보고자 한다. 다음으로는 여러 가지 다른 소득재분배 수단들의 효과를 이론적 및 실증적으로 논의해보기로 한다. 이를 위해 우선 복지제도에 초점을 맞춘 후 식품구매권(SNAP), 무료아동보육 및 직업훈련 등 다른 제도들을 살펴본다. 끝으로 미국 복지제도에 대한 1996년의 급진적 개혁의 효과에 대해서 실증적 증거들을 검토해보기로 한다.

17.1 미국의 소득분배 현황

소득재분배에 있어 정부 개입의 적정성을 이해하기 위해서는 먼저 미국의 소득분배 현황을 살펴보아야 할 것이다.

상대적 소득불평등

상대적 소득불평등 부자에 대비한 가난한 자의 상대적인 소득 수준

소득분배에 대해서는 **상대적 소득불평등**(relative income inequality)과 절대적 결핍의 두 가지 측면에서 살펴볼 수 있다. 상대적 소득불평등은 가난한 사람들이 차지하고 있는 소득분배몫이 부자들에 비해 상대적으로 얼마나 큰지를 측정하는 것이다. 미국의 상대적 소득불평등도의 시계열적 변화는 표 17-1에 나타나 있다. 이 표에서는 미국의 각 소득계층(5분위)이 총소득에서 차

표 17-1 **가구당 소득분위별 총소득 비중** 1967년, 가장 가난한 20%의 가구는 국민 소득의 4%를 받았고, 가장 부유한 20%는 거의 44%를 받았다. 2019년에 가장 가난한 20%는 국민소득의 3.1%를, 가장 부유한 20%는 51.9%를 받았다.

소득	1967	1980	1990	2000	2010	2019
최하위 20%	4.0	4.2	3.8	3.6	3.3	3.1
2분위 20%	10.8	10.2	9.6	8.9	8.5	8.3
3분위 20%	17.3	16.8	15.9	14.8	14.6	14.1
4분위 20%	24.2	24.7	24.0	23.0	23.4	22.7
최상위 20%	43.6	44.1	46.6	49.8	50.3	51.9

반올림으로 인해 백분율이 100으로 합산되지 않을 수 있다.
출처 : U.S. Bureau of the Census (2021)—Historical Income Tables: Households, Table H-2.

7 Leonard(2002).

지하는 분배몫을 보여주고 있다. 예를 들어 1967년의 경우 소득 5분위 중 최하위계층은 총소득의 단지 4%만을 차지하였다. 반대로 최상위계층은 총소득의 약 44%를 차지한다. 상대적 소득불평등이 없는 사회에서는 모든 소득계층이 동일한 소득분배몫(20%)을 차지해야 한다. 상대적 소득불평등도는 고소득계층의 소득분배몫과 저소득계층의 소득분배몫의 차이를 측정한 것이다.

미국 내의 상대적 소득불평등도가 어떻게 변화해왔는지를 살펴보면 매우 흥미롭다. 1960년대 후반부터 1970년대 후반까지는 최하위계층의 분배몫이 늘어난 반면 최상위계층의 분배몫은 줄어들어 소득불평등도가 감소하였다. 그러나 1980년대부터 현재까지는 소득불평등도가 급격히 증가하였다. 최하위계층의 분배몫은 25% 이상 떨어져 2019년 현재 전체 소득의 3.1%로까지 줄어든 반면 최상위계층의 분배몫은 약 18% 정도 증가하여 2019년 현재 전체 소득의 51.9%나 된다.

이러한 소득불평등의 대부분은 최상위층의 급격한 소득 증가에 기인하고 있다. 그림 17-2는 Zucman, Pikketty, Saez(2020)가 만든 미국 상위 1% 소득계층 비중의 추이를 보여주고 있다.[8] 1920년대 중반 미국에서 상위 1%가 소득의 거의 1/4을 벌었다. 이 소득 비중은 대공황과 제2차 세계대전을 지나며 극적으로 하락했고 1950년대, 1960년대 및 1970년대 전반에 걸쳐 낮게 유지되었다. 이후 1980년대에 다시 상승하기 시작해 1920년대의 수준과 비슷한 수준까지 계속 상승했다.[9]

표 17-2에 나타나 있듯이 미국의 상대적 불평등도는 다른 선진국들에 비해 매우 높은 편이

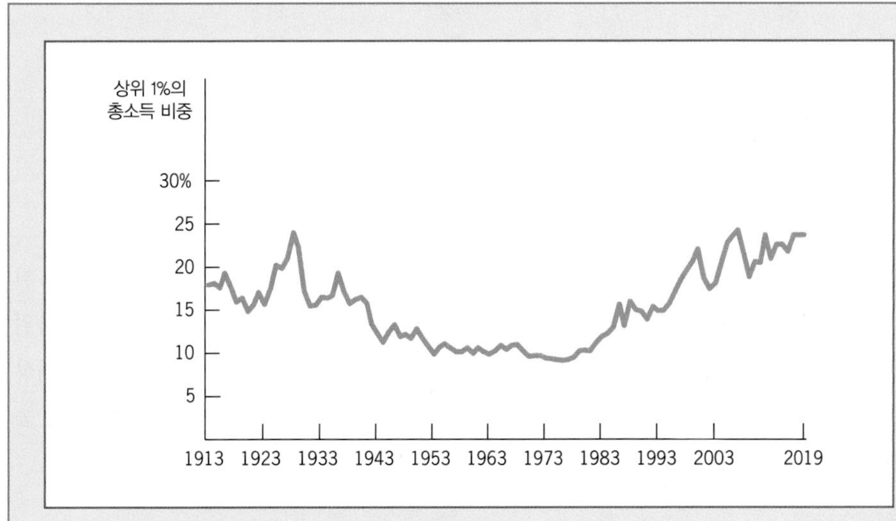

그림 17-2 상위 1%의 총소득 비중 미국의 상위 1%는 1920년대 중반 전체 소득의 거의 1/4을 차지했다. 이 비중이 대공황과 제2차 세계대전 중 극적으로 하락하여 수십 년 동안 낮은 수준을 유지하다 1980년대에 상승하기 시작하여 1975년 2배 이상 증가한 이후 계속 증가하고 있다.

출처 : Zucman, Pikkety, and Saez (2020), Table D2b.

---

8 표 17-1은 개별설문조사로 생성된 자료인 반면 이 자료는 세금신고자료이므로 두 자료 간에 일관성이 있지 않음에 주의하라.

9 경제학자 Thomas Piketty(2014)의 책에서는 그러한 광범위한 불평등이 20세기 중반의 평등 추세보다 자본주의 경제에 더 '자연스러운 것'이며 시간이 지남에 따라 악화될 것이라고 주장하고 있다.이 결론에 대한 비판도 있다. 비판은 Rognlie(2014)를 참조하라.

표 17-2 OECD 국가들의 총소득 점유율 데이터에 따르면, 2018년 미국 최하위 10% 계층의 소득분배몫은 OECD 국가 중 가장 낮은 수준이다. 반면, 최상위 10% 계층의 소득분배몫은 멕시코와 튀르키예, 영국을 제외하면 가장 높으며, OECD 평균보다 15%나 높다.

	총소득분위					
국가(2018)	하위 10%	하위 20%	하위 40%	상위 40%	상위 20%	상위 10%
오스트리아	3.1	8.5	22.7	59.4	36.6	22.3
벨기에	3.8	9.2	23.3	58.1	34.8	20.7
캐나다	2.9	7.8	21.0	61.1	37.8	22.9
체코공화국	4.1	9.9	24.3	57.5	34.7	20.5
덴마크	3.8	9.5	23.6	58.3	35.7	21.9
핀란드	3.9	9.4	23.4	58.8	36.3	22.3
프랑스	3.4	8.6	21.9	60.8	39.0	25.0
독일	3.3	8.5	22.1	60.1	37.5	23.2
그리스	2.9	7.7	20.9	61.5	38.2	23.4
헝가리	3.2	8.5	22.2	60.2	37.5	23.1
이탈리아	2.0	6.6	19.4	63.0	39.7	24.5
한국	2.2	6.2	18.4	64.4	40.7	25.0
룩셈부르크	2.7	7.6	20.5	62.2	39.5	24.6
멕시코	2.0	5.6	15.9	69.4	47.9	32.3
뉴질랜드	2.9	7.3	19.2	64.5	42.2	27.5
노르웨이	3.3	8.9	23.6	57.9	35.2	21.4
폴란드	3.2	8.5	22.3	59.6	36.6	22.2
포르투갈	3.0	7.8	20.7	62.2	39.8	25.1
슬로바키아공화국	3.5	9.4	24.5	56.5	32.8	18.5
스웨덴	3.5	8.7	22.6	59.4	36.6	22.7
튀르키예	2.4	6.2	17.1	67.7	46.3	31.3
영국	2.4	6.7	18.5	65.4	43.6	29.0
OECD	2.9	7.7	20.6	62.3	39.6	24.8
미국	1.6	5.3	16.2	67.6	44.5	28.5

출처 : Organization for Economic Coorperation and Development(2020).

다.[10] 표의 비가중평균을 보면 미국의 최하위 2018년 10분위 소득계층의 소득분배몫은 다른 전형적인 선진국들의 절반 이하 수준이다(1.6% 대 2.9%).[11] 실제로 미국 가계의 10% 이하 최하위 계층은 모든 OECD 국가에 비해 국가소득에서 차지하는 비중이 작다. 이 차이는 미국의 최상위 10분위 계층의 소득분배몫이 이동한 것으로 다른 OECD 국가들에 비해 거의 14.9% 이상 높은 편이다(28.5% 대 24.8%).

절대적 결핍과 빈곤율

절대적 결핍 '생계유지가 가능한 최소한의' 소득 수준에 대비한 가난한 자들의 상대적인 소득 수준

소득분배에 대한 두 번째 접근 방법은 **절대적 결핍**(absolute deprivation)의 측면이다. 즉 '생계유

10 이 데이터는 다른 OECD 국가와의 비교 가능성을 위해 가구 크기에 따라 조정되므로 이 수치는 표 17-1의 데이터와 다르다.

11 이 표는 경제협력개발기구(OECD)에 가입한 선진국들의 통계치를 사용한 것이다.

지가 가능한 최소한의' 소득 수준에 비해 가난한 사람들의 소득은 얼마인가의 문제이다. 미국의 경우 절대적 결핍을 측정하는 기준은 **빈곤선(poverty line)**이다. 이 빈곤선은 1964년에 사회보장청의 직원이었던 몰리 오션스키가 미국의 최저생계비를 계산하기 위해 개발한 것이다. 그녀는 먼저 각 가구의 구성원 수에 따라 최소한의 생계유지에 필요한 영양기준을 설정한 후 이러한 식료품의 구입비용을 국가평균 식료품가격을 적용하여 계산하였다. 다음으로 그녀는 3인 내지 4인으로 구성된 평균가구(빈곤가구만이 아닌)의 경우 세후소득의 1/3을 식료품비로 지출하고 있음을 고려하여 식료품 구입비에 3을 곱하여 빈곤선을 도출하였다. 이후 이 빈곤선은 매년 물가 상승률에 따라 조정되어 왔으며 그 결과는 표 17-3에 나타나 있다. 2020년의 경우 연소득이 26,200달러 이하인 미국 4인 가구가 빈곤가구로 간주되고 있다.

빈곤선 연방정부가 절대적 결핍을 측정하는 기준

표 17-3 가족 규모에 의한 빈곤선(2020년) **4인 가족이 연소득 26,200달러 이하의 수입이면 최저생계수준에 미달하는 것으로 간주된다.**

가족 단위 규모	빈곤선
1	$12,760
2	17,240
3	21,720
4	26,200
5	30,680
6	35,160
7	39,640
8	44,120
추가적인 1명당 비용	4,480

출처 : US Department of Health and Human Services(2021).

그림 17-3은 미국 내 모든 인구와 18세 이하 및 65세 이상 연령층의 빈곤율을 보여주고 있다. 1960년대와 1970년대 초에는 전체 인구의 빈곤율 및 18세 이하 아동들의 빈곤율이 감소하였다. 그러나 1973년부터 1995년까지 모든 개인들(특히 18세 미만의 아동들)은 더욱 빈곤한 환경에서 살았다. 아동들의 빈곤율은 1973년의 14.4%에서 1995년에는 20.8%로 늘어났다. 반면 노인들의 경우에는 이 기간에 빈곤율이 계속 하락하였다. 1990년대 후반에 모든 연령층에 걸쳐 빈곤율이 개선되었으나 21세기 초반에 반전되었다. 빈곤율은 2010년 이후 다시 감소하기 시작했다.

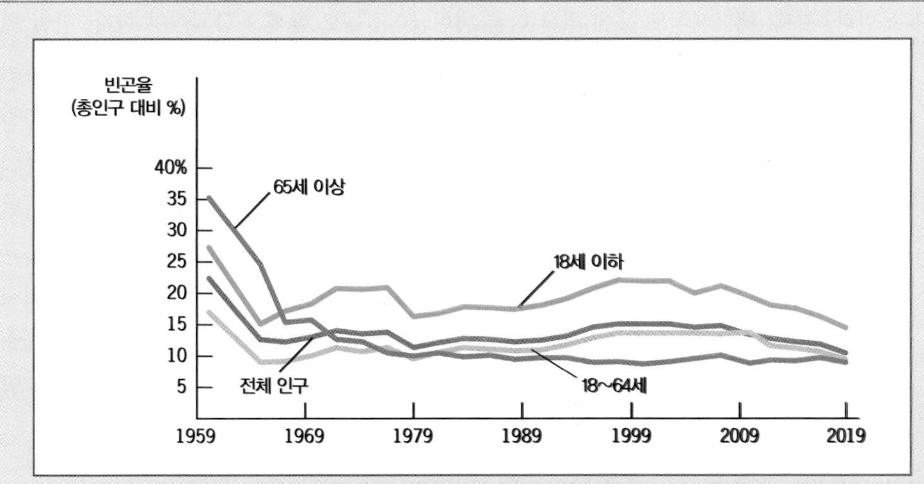

그림 17-3 미국 빈곤율의 시계열적 변화 **전체 빈곤율 및 아동 빈곤율은 1960년대 동안 크게 감소했으나, 이후 1990년대 중반까지 서서히 증가하였다. 1990년대 후반에는 빈곤율이 감소하다가 21세기 초에는 다시 높아지고 있다. 반면, 노인 빈곤율은 전 기간에 걸쳐 하락하는 추세를 보이고 있다. 모든 빈곤율은 2010년 이후 다시 감소하기 시작했다.**

출처 : U.S. Bureau of the Census(2021b), Table 3.

응용사례

빈곤선 측정의 문제점

빈곤선은 그동안 매년 수십억 달러의 정부 지출을 결정하는 데 있어 미국 공공정책의 핵심 역할을 해왔다. 그러나 이러한 빈곤선에 대해서 많은 다양한 비판이 제기되어 온 바 이를 검토해볼 필요가 있을 것이다.[12] 이러한 비판들은 세 가지 유형으로 구분된다.

- **가계 소비 구성이 바뀌었다** : 그동안 가계 소비에 있어 식료품의 비중은 의복 · 주거 · 의료 및 다른 재화들에 비해 상대적으로 줄어들었다. 빈곤선이 처음 산정된 1964년의 경우 전형적인 가구는 식료품비로 소득의 33%를 할애하였으나 2019년에는 13% 수준으로 떨어졌다.[13] 이에 따라 최저생계비 산정에 있어 식료품비에 3배를 곱하는 것은 더 이상 적절한 방법이 되지 못한다. 보다 좋은 방법은 매년 '전형적인' 가계 소비 구성에 대한 비용을 산정하고 여기에 일정 비율을 적용하여 빈곤선을 정하는 방법일 것이다.
- **생계비의 지역 간 격차가 무시되었다** : 2019년의 경우 매사추세츠주의 보스턴, 케임브리지 및 뉴턴 지역에 거주하는 중위 단독가구의 생계비는 491,900달러였다. 같은 해에 미주리주의 세인트루이스에 사는 중위 단독가구의 생계비는 단지 187,500달러였다.[14] 그러나 빈곤선은 이 두 지역에 동일하게 적용된다. 최저생계비용을 제대로 측정하기 위해서는 이러한 생계비의 지역 간 편차를 감안해야 할 것이다.
- **소득에 대한 정의가 불완전하다** : 빈곤율 계산에 있어서는 개인의 현금소득을 빈곤기준과 비교한다. 그러나 현금소득은 몇 가지 이유에서 개인의 가용자원에 대한 적절한 지표가 되지 못한다. 첫째, 메디케이드 등에 의한 다른 비현금이전들도 함께 포함되어야 한다. 만일 현금소득이 동일한 두 사람 중 한 사람만이 메디케이드의 적용을 받고 있다면 이 사람은 의료비용을 지불할 필요가 없으므로 실질적으로 더 부유한 사람일 것이다. 따라서 이러한 이전액도 빈곤율 산정에 반영되어야 한다. 둘째, 빈곤선과 비교하는 소득에는 근로에 드는 비용을 함께 고려해야 한다. 만일 두 사람이 동일한 직장에서 동일한 임금을 받는다 하더라도 이 중 한 사람은 직장에 나가기 위해 자녀보육비를 더 지불해야 한다면, 이 사람은 그만큼 지출할 수 있는 재원이 줄어들 것이다. 따라서 이 사람의 소득을 측정하는 데 있어서는 이러한 비용을 반영하여 조정해야 할 것이다. 셋째, 가구의 소비 능력은 조세 전 현금소득이 아니라 세후소득에 의해 결정된다. 빈곤율은 가구의 주어진 소비기준을 달성할 수 있는 능력을 측정하는 것이므로 세후소득을 기준으로 산정되어야 할 것이다.

이러한 지적들로 인해 미국 국립과학원은 1990년대 초반에 고위급 패널을 구성하였으며 이 패널은 위의 지적사항들을 반영하여 미국의 빈곤선 산정 방식을 과감히 바꿀 것을 권고하였다.

---

12 이 절은 이 문제에 대한 미국 국립과학원의 패널회의 결과를 정리한 것이다(National Research Council, 1995).

13 U.S. Bureau of Labor Statistics(2006, 2020).

14 National Association of Realtors(2020).

그러나 이 권고안은 두 가지 문제에 봉착하였다. 첫 번째 문제는 개선안을 실행에 옮기기가 어렵다는 것이다. 예를 들어 어떻게 메디케이드의 진정한 가치를 소득에 포함시킬 것인가? 제12장의 사회보험에 대한 경제 이론적인 분석에 의하면 메디케이드의 진정한 가치는 단순히 의료비의 환급만이 아니라 건강한 상태와 아픈 상태 간의 소비평탄화에 의한 효용편익이다.

두 번째 중요한 문제는 제도 개선에 대한 정치적인 분쟁이다. 예를 들어 생계비의 지역 간 격차를 감안할 경우 동부 해안 및 서부 해안 지역의 빈곤율은 크게 상승할 것이며 남부 및 중서부의 대부분 지역에서는 빈곤율이 낮아질 것이다. 이로 인해 동부 해안 및 서부 해안 지역의 신규 빈곤층에 대한 정부 소득이전이 증가하고 남부 및 중서부 지역에 대한 이전액은 감소하여 상당한 정부 소득이전의 지역 간 재분배가 발생할 것이다. 이러한 변화는 남부 및 중서부 지역에서는 정치적으로 인기가 없게 될 것이다. 따라서 이러한 정부 재원분배의 급격한 변화가 경제적으로는 합당하더라도 정치적으로는 실현 가능하지 않을 수 있다.[15] ■

상대적 결핍과 절대적 결핍 중 어느 것이 중요한가?

정부의 재분배 정책에 있어 중요한 문제는 상대적 결핍과 절대적 결핍 중 어느 것이 보다 적절한 재분배 지표인지다. 즉 정부는 부유층과 비교한 빈곤층의 상대적인 소득과 특정한 절대적 기준에 대비한 빈곤층의 소득 중 어느 것에 관심을 두어야 하는지다. 직관적으로는 정부 정책에 있어 후자가 중요할 것이다. 만일 가난한 사람들이 수긍할만한 소비 수준을 영위할 수 있다면 왜 부자들이 얼마나 많은 돈을 가지고 있는지가 문제가 되겠는가? 가난한 사람들이 수긍할 수 있는 소비 수준을 유지하는 한 부자들의 소득 수준이 중요하지 않다면 국가는 상대적 불평등이 아닌 절대적 결핍에 신경을 써야 할 것이다.

상대적 소득불평등도 측정은 두 가지 이유에서 중요하다. 첫째, 한 사회의 '최저'생계수준은 다른 사람들의 생활 수준에 견주어 상대적으로 결정되는 것이 가장 적절하다는 점이다. 1950년 당시에는 가난한 가정이 TV나 승용차가 없어도 최저생계를 유지할 수 있었으나 지금은 결코 그렇지 못하다. 이러한 문제는 빈곤선을 '전형적인' 미국 가구의 소비 구성에 대한 일정 비율로 정의함으로써 해결할 수 있을 것이며 이는 상대적 소득 측정법이다.

둘째, 절대적인 생활 수준과 무관하게 공정성 그 자체가 중요할 수 있다. 오이 조각과 교환하여 조약돌을 건네주는 법을 배운 원숭이들에게 실험을 해보자. 한 원숭이는 더욱 맛있는 포도와 조약돌 하나를 거래하는 기존보다 더욱 좋은 제안을 받자, 이를 기꺼이 받아들였다. 그러나 두 번째 원숭이는 오이 조각 하나와 조약돌을 거래하는 표준적인 제안을 받았을 때 거절했고, 분노해서 오이를 던지기까지 했다. 이러한 반응을 고려한다면, 비행기에서 좌석으로 가는 길에 일등석 객실을 지나가는 경우가 그렇지 않은 경우보다 비행기 내에서 불만 사고가 발생할 확률

---

15 Meyer와 Sullivan(2009)은 1960~2005년 동안의 빈곤 측정이 이러한 문제에 민감했음을 보였다. 이들은 개인들의 소득 수준보다는 소비 수준을 기준으로 빈곤을 측정하는 것이 보다 신뢰성이 있음을 발견했다. 이는 소비가 개인의 실제 가용재원의 변화를 보다 잘 반영하기 때문이다. 이들은 소비기준 측정법을 통해 1960년 이후로 빈곤이 소득기준 측정 시보다 훨씬 더 크게 감소했으며, 특히 재분배 정책의 확대에 따라 사회취약계층의 빈곤이 더욱 줄어들었음을 찾아냈다.

"이코노미석이 보이는 비즈니스석이 있습니까?"

이 3배 더 높다는 것은 놀라운 일이 아니다.[16] 인간과 원숭이에게 중요한 것은 그들이 얻는 것이 아니라 다른 사람과 비교하여 느끼는 바다.

최근의 연구들은 사회 내의 불평등도 자체가 후생 수준과 음(−)의 상관관계를 갖고 있다는 흥미로운 증거들을 보여주고 있다. 예를 들어 많은 연구들이 각 국가 또는 미국 내 각 주의 사망률이 소득불평등도와 매우 밀접한 상관관계를 가지고 있다는 것을 발견하였다.[17] 또한 Luttmer(2004)의 최근 연구에 의하면 사람들이 느끼는 후생 수준은 자신의 소득이 증가하면 올라가지만 이웃 사람들의 소득이 증가할 경우에는 떨어진다고 보고하고 있다. 이는 후생 수준을 결정하는 것이 절대적 소득 수준이 아니라 상대적 소득 수준임을 시사해준다.[18] 의료 레지던트들에 대한 또 다른 연구는 그들의 소득보다 소득분포가 더 낮은 도시로 이주하는 것을 선택할 가능성이 낮다는 것을 보였다.[19] 마찬가지로, 케냐와 우간다 가구의 이전지출에 대한 한 연구는 현금복지를 받는 가족들은 더욱 행복해졌지만, 그렇지 않은 이웃들은 더 슬퍼했다는 것을 발견했다. 그 결과, 전반적인 마을 소득은 증가했지만, 순효과로써 평균 마을 생활 만족도는 떨어진 것으로 나타났다![20]

이 같은 연구 결과는 소득분배를 확대하는 것 자체가 사회후생을 저하시킨다는 것을 의미하기 때문에 공공정책에서 시사하는 바가 크다. 최근의 연구는 경제학자 Marianne Bertrand와 Adair Morse가 '낙수 소비(trickle down consumption)'라고 부르는 이 같은 현상에 대한 한 가지 설명을 제시한다. 즉, 가계는 고소득자에게 노출될 때 소비를 더욱 많이 하게 되고, 이와 같은 '뱁새가 황새 따라잡기(keep up with the Joneses)'와 같은 행동으로 인해 궁극적으로 가계의 가처분소득이 감소하게 된다는 것이다.[21] 특히 주목할만한 캐나다 사례연구에 따르면, 복권 당첨자들의 이웃들이 파산할 확률이 매우 높고, 당첨금이 클수록 이웃들의 파산확률은 더욱 증가하는 것으로 나타났다![22]

---

16 Krist of(2017).

17 이에 대한 기존 연구들은 Deaton(2003)을 참조하라.

18 이 점에 대한 추가 증거로 Card 외(2011)는 대학 직원들이 동료 직원이 더 많이 벌수록 직장에 대해 덜 만족해한다는 사실을 보여주고 있다(직원이 벌어들이는 소득이 일정하다면). 잠재적인 메커니즘에 대한 흥미로운 증거로 Bertrand와 Morse(2013)는 부자가 한 지역에서 더 많이 소비하면, 중산층 가정도 소득을 일정하게 유지할 때 더 많이 소비한다는 사실을 발견했다.

19 Bottan and Perez-Truglia(2017).

20 Matthews(2016a).

21 Bertrand and Morse(2016).

22 Lee(2016).

17.2 미국의 이전지출 정책

전 세계적으로 정부는 소득재분배에 중요한 역할을 한다. 실제로 세금과 보조금을 무시하면 미국의 소득분배는 평등주의적인 유럽 국가의 소득분배와 비슷해 보인다.[23] 그러나 세금과 보조금을 포함하면 미국의 분배는 그 나라들과 매우 다르다. 세금과 보조금 분배 후 유럽 국가들이 평등해지는 것은 두 가지 이유이다. 불우한 사람들에게는 더 많은 자원을 관대하게 배분하며 부유층에게서는 더 많은 세금을 징수한다. 이 차이가 저소득층에게 자원을 재분배하는 정부 프로그램이 전 세계적으로 중요한 역할을 한다는 것을 강조해준다. 이 절에서는 미국의 저소득계층에게 소득을 재분배해주는 제도들에 대해 간략히 살펴보고자 한다. 재분배의 또 다른 측면인 부유층에 대한 조세부과에 관해서는 뒷장에서 다루기로 한다.

복지정책에 있어서는 각 제도의 두 가지 특성을 이해하는 것이 중요하다.

1. 선별적 제도와 자산조사형 제도 : **선별적 복지제도**(categorical welfare)는 한부모가정, 장애인 등 특정한 인구집단을 겨냥한 제도이다. **자산조사형 제도**(means-tested welfare)란, 소득 및 자산 수준과 연관된 제도이다. 예를 들어 빈곤선 이하의 소득을 가진 사람들에게만 급여를 제공하는 제도이다. 저소득 한부모가정에 대해 현금 형태의 복지급여를 제공하는 제도를 포함한 미국 대부분의 재분배제도들은 선별적(한부모가정) 제도이자 자산조사형(저소득층) 제도이다.
2. 현금복지제도와 현물복지제도 : **현금복지제도**(cash welfare)는 수급자들에게 현금급여를 제공한다. 반면에 **현물복지제도**(in-kind welfare)는 현금이 아닌 의료서비스나 공공주택 등 현물 급여를 제공한다.

선별적 복지제도 한부모가정이나 장애인 등 특정한 인구집단에 대한 복지제도

자산조사형 제도 소득 및 자산이 일정 수준 이하인 계층에게만 지급되는 복지제도

현금복지제도 현금급여를 제공하는 복지제도

현물복지제도 의료서비스나 공공주택 등 현물급여를 제공하는 복지제도

현금복지제도[24]

미국에는 취약가정 임시보조제도(Temporary Assistance for Needy Families, TANF)와 보충소득보장제도(Supplemental Security Income, SSI)의 두 가지 중요한 현금복지제도가 있다. 세 번째 재분배 제도인 근로장려세제(Earned Income Tax Credit, EITC)는 저소득 가정의 근로장려를 위한 보조금 제도로, 이에 대해서는 제21장에서 다루게 될 것이다.

취약가정 임시보조제도(TANF) TANF 제도는 저소득 한부모가정을 지원하는 제도로, 연방정부와 주정부가 재원을 공동부담하고 있다.[25] 1935년에 도입된 미망인 및 고아에 대한 지원제도인 유자녀가구에 대한 보조제도(AFDC)가 새로이 TANF 제도로 전환되었다. 1996년의 복지개혁에 따라 주정부는 TANF 자금을 한부모가정뿐 아니라 양부모가정을 지원하는 데도 사용할 수 있게 되었으나 아직도 대다수의 수급자들은 한부모가정이다(현재 총수급자의 5.6%만이 양

---

23 Joumard 외(2013)를 참조하라.

24 이 장에서 논의된 각 프로그램에 대한 자세한 내용은 Moffitt(2016)을 참조하라.

25 AFDC 및 TANF 제도의 자세한 내용은 미하원예산지출위원회의 2018년 보고서 제7장을 참조하라.

부모가정이다).[26] TANF 제도는 우리가 앞에서 살펴본 다른 정부제도들에 비해 규모가 상대적으로 작다. 2020년의 경우 이 제도에 대한 지출은 162억 달러로 다른 정부 프로그램에 비해 상대적으로 적다.[27]

보장급여 소득이 없는 자에게 지급되며, 소득이 증가하면 급여가 감액되는 현금복지급여

급여 감축률 소득 증가에 따라 복지급여액이 줄어드는 비율

TANF 제도의 수급대상은 저소득 가정이며, 수급자격이 주어지면 주정부로부터 **보장급여**(benefit guarantee)라 불리는 현금급여를 받게 된다. 예를 들어 2020년의 경우 두 자녀가 있는 한부모가정에 대한 보장급여 수준은 아칸소주에서는 월 204달러였던 반면 뉴햄프셔주에서는 월 1,086달러였다. 어느 주의 경우에도 이 제도의 급여 수준은 대상 가구를 빈곤선 이상으로 끌어올리기에는 부족한 수준이다.[28] 이러한 급여는 자산조사 대상이 된다. 즉 가구의 다른 소득이 증가하면 이에 따라 급여 수준이 줄어들게 된다. 이러한 **급여 감축률**(benefit reduction rate), 즉 소득이 증가함에 따라 급여가 감소하는 비율은 각 주별로 큰 차이가 있다. 대부분의 주에서는 소득의 일정 부분을 공제한 후, 추가소득 증가에 대하여 급여액을 50~100%씩 감액하고 있다.

이 제도에 대한 연방정부의 주된 역할은 재정 지원에 있다. 연방정부는 각 주정부의 TANF 제도를 지원해주기 위해 대규모의 포괄보조금을 제공한다. 아울러 연방정부는 TANF 제도의 수급자들에 대한 수급기간 제한 및 근로의무 요건을 부과하고 있다. 연방정부는 TANF 제도의 수급자들이 자신의 생애기간 중 최대 60개월(5년)까지만 급여를 받을 수 있도록 의무화하고 있다. 또한 연방정부는 수급자들이 최대 24개월 동안 급여를 받은 후에는 반드시 근로를 하도록 요구하고 있다. 각 주정부들은 이러한 근로의무 부여시한을 앞당길 수 있으며, 12개가 넘는 주들은 급여 지급 개시 시점부터 근로의무를 부과하고 있다. 전체적으로 연방정부는 매 시점에 있어 각 주정부 TANF 제도의 수급자 중 절반이 근로에 종사하도록 규정하고 있다. 그러나 이러한 의무조항에는 약간의 예외가 인정된다. 즉 주정부들은 복지급여 수급자의 20%에 대해서는 '생계곤란'을 이유로 급여기간 제한을 유예할 수 있다. 또한 '근로'에 대한 정의도 신축적이어서 수급자의 30%까지는 교육이나 직업훈련도 근로 참여의 한 형태로 간주할 수 있다.

보충소득보장제도(SSI) SSI 제도는 고령자, 맹인 및 장애인 등에게 현금급여를 제공하는 제도이다. SSI 제도의 본질적인 기능은 미국의 두 가지 주요 사회보험제도인 사회보장연금과 장애보험으로부터 혜택을 받지 못하는 사람들을 지원해주기 위한 제도이다. 즉 과거에 근로기간이 충분치 않았던 사람들은 이 두 사회보험제도의 수급자격을 얻지 못할 수 있으며 이 경우 SSI 제도의 수급자격을 얻을 수 있다. 예를 들어 근로경력이 없는 청년이 자동차 사고를 당해 장애인이 되었다면 이 사람은 장애보험의 수급자격은 없지만 SSI 제도로부터 급여를 받을 수 있다. 실제로 1990년 판례에 의해 학습장애도 SSI 급여를 받을 수 있는 장애인의 범주에 포함됨에 따라 SSI 제도의 급여대상 중 청소년층이 다수를 차지하고 있다. 1990년에는 청소년층 급여 수급자가 30만 명 이하였으나 이러한 판례로 인해 4년 후에는 80만 명 이상으로 급증하였다.[29] 이러한

---

26 Falk and Landers(2021).

27 U.S. Department of Health and Human Services(2020).

28 Safawi and Floyd(2020), Appendix Table 1.

29 이러한 제도 변경에 대해서는 Garrett과 Glied(2000)를 참조하라.

수급자의 급증은 특히 아동 장애에 대한 정확한 판단의 중요성을 암시해준다. SSI 제도의 지출 규모는 2019년 기준 560억 달러 이상으로 TANF 제도보다 더 큰 제도임에도 불구하고 잘 알려져 있지 않으며 TANF 제도처럼 뜨거운 논쟁의 대상이 되고 있지도 않다.[30]

현물복지제도

이러한 두 가지 현금복지제도와 함께, 미국에는 가난한 사람들을 위한 네 가지 주요 현물복지제도가 있다.

식품구매권제도(SNAP) 식품구매권제도는 전통적으로 사람들에게 지정된 소매업소에서 식품을 구매할 수 있는 바우처를 제공하였다. 이러한 바우처 제도는 이후 식품 구매 시 그 구매액만큼씩 줄어들게 되는 현금카드제도로 전환되었다.

식품구매권제도는 연방정부가 운영하며, 2019년에는 600억 달러가 지출되었다.[31] TANF 제도, SSI 제도 및 주정부의 다른 현금복지제도 수급가구들은 자동적으로 식품구매권제도의 급여 대상이 되며, 이 외에도 월 현금소득이 일정 수준 이하일 경우 수급자격이 주어진다. 가구원 중 노인이나 장애인이 없는 가구의 경우 소득이 빈곤선의 100% 이하일 경우 식품구매권을 받을 수 있으며 소득이 증가하면 식품구매권의 금액은 줄어들게 된다. 또한 근로 능력이 있는 성인의 경우에는 구직 등록을 해야 하며 제공된 직장을 수용해야만 한다. 만일 이러한 규정을 위반하면 복지사무소는 1~6개월까지 급여를 중단할 수 있다. 끝으로 시민권이 없는 사람들 중 다수에게는 수급자격이 주어지지 않으며 영주권자의 경우에는 최소 5년 이상 미국 내에 거주하거나 장애를 가진 사람들에게만 식품구매권이 제공된다.

메디케이드 메디케이드에 대해서는 앞 장에서 자세하게 논의하였는데, 상기해보면 이 제도는 미국의 선별적 복지제도 중 가장 큰 규모를 차지하고 있으며 2019년에는 그 지출 규모가 6,139억 달러에 달하였다.[32]

공공주택 미국의 공공주택제도는 2개로 구성되어 있다. 첫째는 주로 대형 아파트 형태의 공공주택건립사업이다. 둘째는 민간임대주택에 대한 임대료를 보조해주는 '바우처 제도'이다. 이 두 제도는 저소득가구를 대상으로 하며 대부분 중위소득의 50% 이하의 대도시 지역에 거주하는 가구들에게 제공된다(2020년의 경우, 미시시피주의 홈스 카운티의 중위소득은 26,200달러인 반면, 코네티컷주 페어필드 카운티의 중위소득은 143,400달러였다). 이러한 급여 수준은 소득이 증가할수록 떨어지게 된다.[33] 2019년의 경우 공공주택제도의 지출 규모는 292억 달러였으며 이 중 약 40%는 민간부문 바우처 제도에 쓰였다.[34]

---

30 Social Security Administration(2020).

31 U.S. Department of Agriculture: Food and Nutrition Service(2020a).

32 Centers for Medicare and Medicaid Services(2020).

33 중위소득 통계는 HUD 웹사이트 https://www.huduser.gov/portal/datasets//il.html#2020_data를 참조하였다.

34 Office of Management and Budget(2020), Table 4.1, U.S. Department of Housing and Urban Development(2020).

기타 영양보조제도 미국 현물복지제도의 또 다른 중요한 형태는 추가 영양보조제도이다. 이 중 한 가지는 여성, 영 · 유아 및 아동에 대한 보충영양보조제도(WIC)이며 이 제도는 태아 및 영 · 유아의 건강증진에 필요한 식품 구매를 지원해주고 있다. 임신 여성이나 출산 여성, 그리고 5세 이하 아동들이 현금복지제도나 메디케이드의 수급자거나 소득이 빈곤선의 185% 이하일 경우 이 제도의 수급자격이 주어진다. 2019년의 경우 약 640만 명이 이 제도의 혜택을 받았으며 지출예산은 52억 달러였다.[35]

이러한 범주 내의 또 다른 제도는 학교급식 및 조식 제도이다. 이 제도는 학생들이 연방정부가 정한 영양기준을 충족시킬 수 있도록 무료급식 또는 급식료 할인혜택을 제공하고 있다. 가구소득이 연방빈곤선의 130% 이하인 가구의 자녀들은 학교급식을 무료로 제공받으며, 가구소득이 빈곤선의 130~185% 사이일 경우에는 40센트 이하의 가격으로 급식을 제공받을 수 있다. 2019 예산연도의 경우 2,180만 개의 무료 또는 할인된 학교급식과 1,250만 개의 무료 또는 할인된 아침식사가 제공되었으며 여기에 188억 달러가 소요되었다.[36]

17.3 이전지출 정책의 도덕적 해이 비용

사회보험제도와 마찬가지로 가난한 사람들에게 소득을 재분배해주는 데 있어서는 편익(사회후생 증대 효과)과 함께 도덕적 해이라는 잠재적으로 큰 비용이 발생하게 된다. 부자에게서 1달러를 받아 가난한 자에게 1달러를 줄 수 있으면 좋겠으나 실제로는 그렇게 되질 않는다. 저명한 경제학자인 아서 오쿤은 소득재분배의 과정을 '구멍 난 물통'에 비유하였다. 즉 우리가 부자로부터 가난한 자에게로 소득이전을 하는 과정에서 자금의 일부가 새어 나간다는 것이다. 오쿤은 "소득이전 과정상의 누출이 과연 어느 정도면 이를 단념할 것인가?"라는 질문을 던졌다.[37] 이 질문에 대한 해답은 국가의 사회후생함수(SWF) 형태에 달려 있다. 이러한 사회후생함수는 낮은 소득재분배에 따른 사회적 효율성의 증대와 높은 소득재분배에 따른 사회적 효율성의 감소라는 **효율-형평 간의 상충성**(efficiency-equity trade-off)을 계량화한 것이다. 사회후생함수는 전체 사회후생에 대한 척도를 제공한다. 재정학자들은 이를 토대로 불균등하게 나누어진 큰 사회적 파이와 균등하게 나누어진 작은 사회적 파이 중 어느 것이 보다 바람직한지를 따져볼 수 있다.

사회가 고소득층으로부터 저소득층에게 소득이전을 하는 과정에서 세 가지 유형의 누출이 발생하게 된다. 첫째는 소득이전 과정상의 관리비용이며, 이 비용은 그다지 큰 것은 아니다(TANF 제도의 경우 총지출의 약 10%). 두 번째 누출은 고소득층에 대해 세금을 부과하는 것에서 발생한다. 이러한 세금은 근로 및 저축에 대한 수익을 낮춤으로써 고소득층의 근로유인 및 저축유인을 저해할 수 있다(이러한 누출은 뒤의 조세 부분에서 자세히 논의할 조세의 사중손실이다).

---

35 U.S. Department of Agriculture: Food and Nutrition Service(2020b).

36 U.S. Department of Agriculture: Food and Nutrition Service(2020c).

37 이러한 논의에 대해서는 Okun(1979)을 참조하라.

세 번째 유형의 누출은 이 절의 주요 관심대상인 소득이전의 잠재적 수혜자인 가난한 사람들의 도덕적 해이 효과이다. 정부가 사람들에게 빈곤에 대한 보험을 제공하게 되면 소득이전을 받기 위해 빈곤 상태를 유지하려는 유인이 커지게 되어 자산조사형 소득이전의 비용을 증대시킨다. 이는 또한 소득 감소로 인한 사중손실을 발생시킴으로써 사회적 효율성에도 중요한 영향을 미치게 된다. 사람들이 현금복지급여를 받기 위한 목적으로 노동공급을 줄여 빈곤 상태를 유지하게 되면 사회적으로는 생산량이 줄어들게 되어 사회적 잉여가 감소하게 된다(그림 2-17 참조). 효율-형평 간 상충성의 핵심적인 요인은 복지수혜자들의 노동공급 감소로 인한 사회적 잉여(효율성)의 감소이다.

자산조사형 이전제도의 도덕적 해이 효과

제2장에서 논의한 것처럼, 순수한 형태의 자산조사형 이전제도의 예를 이용하여 도덕적 해이의 문제를 살펴보기로 하자. 이 제도는 TANF 제도나 다른 재분배 제도의 단순화된 형태지만 소득재분배에 따른 도덕적 해이 효과를 명확하게 보여준다. 이 제도하에서는 정부는 모든 사람에게 소득이전을 보장(보장급여)해주나 이전액은 근로소득이 증가할 경우 급여 감축률(잠재적 세율)에 따라 줄어들게 된다. 급여액은 다음과 같이 결정된다.

$$B = G - (\tau \times w \times h)$$

위 식에서 G는 보장급여 수준이며, τ는 급여 감축률(잠재적 세율), w는 임금, 그리고 h는 근로시간을 의미한다. 예를 들어 보장급여 수준이 10,000달러이고 급여 감축률이 1일 경우, 사람들은 10,000달러에서 자신의 근로소득을 뺀 금액만큼의 급여를 받게 된다(근로소득이 10,000달러를 초과하면 급여 지급은 중단된다).

실제로 이러한 제도를 활용할 경우 미국의 빈곤 문제를 완전히 해결할 수 있을 것이다. 만일 정부가 보장급여 수준(G)을 빈곤선과 일치시키고 급여 감축률(τ)이 1인 제도(이 경우 소득 1달러 증가 시 급여는 1달러가 감소하여 잠재적 세율은 100%가 된다)를 도입한다고 하자. 이러한 제도에서는 정부가 빈곤선 이하의 모든 가구에 빈곤선과 실제 소득 간의 차액을 지급한다. 빈곤선 이하 가구에게 소득과 빈곤선의 차이만큼 급여를 지급할 경우 총비용은 1,530억 달러로 정부가 매년 사회보장연금제도에 지출하는 금액의 1/6 정도밖에 안 된다.[38]

그러나 이 1,530억 달러의 추계치는 이 제도의 도입에 따른 사람들의 반응을 고려하지 않았기에 잘못된 것이다. 그림 17-4는 급여보장 수준이 빈곤선(1인 가구의 경우 약 12,760달러)과 같고 급여 감축률이 100%인 복지제도하에서의 사람들의 소비-여가 선택을 보여주고 있다. 각 가구는 근로에 종사하는 1인으로 구성되어 있다고 하자. 이 근로자는 연간 최대 2,000시간의 여가를 누릴 수 있으며(노동시간 = 2,000 − 여가시간), 시장임금은 시간당 15달러이다. 이러한 자산조사형 복지제도가 도입되기 전에는 예산제약선이 *ABC*가 되어, 그 기울기는 임금의 마이너스

38 U.S. Bureau of the Census(2020), Table B-4.

값(−15달러)과 같아진다.

이제 각 가구에게 보장급여 수준(G)이 12,760달러이고 급여 감축률(τ)이 1인 제도가 도입되었다고 하자. 이 경우 가구의 소득이 12,760달러를 넘어서게 되면, 소득 1달러 증가 시 급여는 1달러가 감소한다. 따라서 예산제약선은 *ABD*로 변하게 된다. 근로시간이 851시간을 넘는(여가시간이 1,149시간보다 적은) 근로자의 경우에는 예산제약선의 *AB* 부분이 변하지 않는다. 즉 12,760달러의 보장급여와 급여 감축률이 1인 경우 12,760달러 이상의 소득을 버는 사람들은 제도의 수급자격이 없어진다. 그러나 851시간보다 적게 일하는(여가시간이 1,149시간이 넘는) 사람들은 제도의 적용을 받게 된다. 이들의 경우 근로소득의 증가 시 급여는 일대일로 줄어들게 되므로 근로시간에 관계없이 급여는 12,760달러가 된다. 따라서 예산제약선은 수평선 *BD*와 같아진다.

이 제도가 노동공급 결정에 어떤 영향을 미치게 될까? 이 복지제도가 도입되기 전에 여가 선택 결정이 달랐던 세 사람을 생각해보자. 제도 도입 전 X씨는 그래프의 *X*점을 선택했다고 하자. 즉 그는 1,600시간의 여가와 6,000달러의 소비를 선택하였다. 제도 도입 이후 X씨의 최적 결정은 *D*점으로 바뀔 것이며, 이 경우 그는 2,000시간의 여가와 함께 정부의 보장급여에 따라 12,760달러의 소비를 할 수 있게 된다. 즉 복지제도의 도입은 X씨의 여가시간과 소비 수준을 동시에 높여주게 되어 효용이 증가하게 된다.

예산제약선의 *B*점 위에 있는 사람들에 대한 복지제도의 효과는 그들의 선호도, 즉 무차별곡선의 모양과 위치에 따라 달라진다. Y씨는 현재 933시간의 여가와 1,067시간의 근로로 1년에 14,000달러를 번다고 하자. 만일 Y씨가 복지제도에 가입하기로 결정하였다면 그는 *D*점으로 이동할 것이다. 세율이 100%일 경우 이 제도의 급여를 받게 되면 근로를 할 이유가 없어진다. 왜냐하면 일을 하지 않을 경우 더 많은 여가를 누릴 수 있으면서도 소비 수준은 동일하기 때문이다. Y씨가 *D*점으로 이동할 경우 소비 수준(12,760달러)은 1년당 1,240달러가 줄어들 것이나, 여가시간은 1년당 933시간이나 늘어나게 된다. 따라서 Y씨는 이러한 소비 감소를 수용하고 *D*점으로 이동할 것이다. Y씨는 *D*점에서의 무차별곡선이 *Y*점보다 높을 경우 이러한 결정을 내리게 될 것이다. 그림 17-4는 이러한 경우(Y씨의 이전 무차별곡선이 새로운 예산제약선을 가로지르고 있는 경우)를 보여주고 있으며 이에 따라 Y씨는 새로운 복지제도에 가입할 것이다.

이제 제도 도입 전 소비-여가 선택이 그림 17-4의 *Z*점이었던 Z씨를 생각해보자. 그는 현재 1,500시간 동안 일을 하여 연간 22,500달러를 벌며 500시간의 여가를 누리고 있다. Z씨의 경우 *D*점에서의 무차별곡선이 *Z*점보다 낮은 위치에 있으므로 복지제도에 가입하지 않는 것이 보다 유리할 것이다.

이러한 행태 변화가 빈곤퇴치제도의 비용에 대해 의미하는 바는 무엇일까? 첫째, 소득이 빈곤선 이하인 모든 가구(X씨의 경우)는 즉시 근로를 중단하고 더 많은 여가와 더 많은 가구 소비를 영위할 것이다. 이 경우 빈곤선 이하의 가구들에 대한 소득이전액은 빈곤선(1인 가구의 경우 12,760달러)과 동일해진다. 왜냐하면 이들 가구의 근로소득이 없으므로 급여 감축도 없어지기 때문이다. 이 경우 제도비용은 각 가구 규모별 빈곤선에 빈곤선 이하의 가구 수를 곱한 액수, 즉

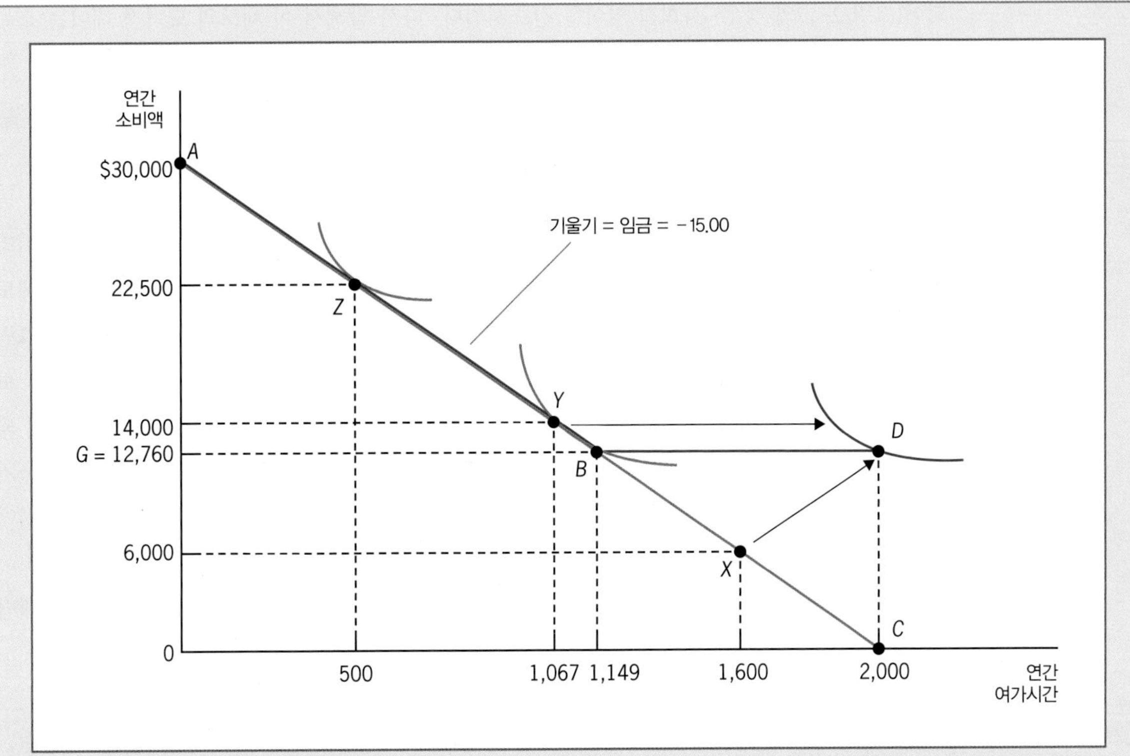

그림 17-4 **급여 감축률이 100%일 경우의 노동공급 결정** 급여 감축률이 100%일 경우 예산제약선은 *ABC*에서 *ABD*로 바뀐다. 이 경우 X씨와 같이 근로소득이 12,760달러 이하인 사람들은 더 이상 일을 하지 않고 2,000시간의 여가를 즐기게 될 것이다. Y씨와 같이 근로소득이 12,760달러를 약간 상회하는 사람들 역시 일을 그만두고 복지급여를 받을 것이다. 이 경우 Y씨의 소비점은 *Y*에서 *D*로 이동할 것이다. Z씨의 경우에는 아무런 변화가 없게 된다.

3,010억 달러가 된다. 우리가 당초 추정했던 1,530억 달러는 사람들이 제도 도입 전의 소득 수준을 계속 유지할 것이라는 정태적(행태 불변) 가정하에 잘못 계산된 것이다. 만일 X씨의 경우처럼 모든 근로소득이 0이 된다면, 제도비용은 엄청나게 늘어나게 된다.

둘째, 빈곤선 이상의 많은 사람들(Y씨의 경우)이 근로를 중단할 것이다. 이 경우 이들은 소비가 약간 줄어들지라도 훨씬 많은 여가시간을 영위하게 될 것이다. 만일 빈곤선보다 25% 이상의 소득이 있는 사람들이 이처럼 행태를 변화시키게 되면, 제도비용은 1,030억 달러만큼 추가로 늘어날 것이다. 따라서 빈곤퇴치제도는 처음 추계치인 1,530억 달러의 약 3배인 총 4,040억 달러가 될 것이다.

보다 일반적으로 그림 17-4는 TANF 제도와 같은 현금복지제도의 도덕적 해이 효과로 인해 발생하는 효율성 상실의 형태를 보여주고 있다. 이 제도는 저소득층에게 소득을 이전해줌으로써 빈곤 상태를 더욱 매력적이게 만들고 사람들로 하여금 일을 덜하도록 부추기게 된다. 이러한 도덕적 해이 효과는 저소득층의 노동공급을 줄임으로써 노동공급곡선을 왼쪽으로 이동시키게 되어(그림 2-17의 경우) 사회적 잉여를 감소시킨다. 다시 말해서 이 제도의 도덕적 해이는 소득재분배 제도의 추가적인 누출을 야기하게 된다.

급여 감축률 인하를 통한 도덕적 해이 문제의 해결

이러한 도덕적 해이의 문제를 해결할 수 있는 한 가지 방법은 급여 감축률을 낮추는 것이다. 근로에 대한 세율이 100%일 경우 사람들이 근로를 중단하는 것은 놀라운 일이 아니다. 만일 이러한 세율을 낮춘다면 근로 노력의 감소폭은 줄어들 수 있을 것이다. 급여 감축률(τ)이 0.5인 제도를 생각해보자. 이러한 제도는 그림 17-5의 새로운 예산제약선인 AB_2D로 표시되어 있다(그림 17-4의 예산제약선은 AB_1D이다). 제도 도입 전 예산제약선에 비해 AB_2 부분은 변동이 없다. 보장급여 수준이 12,760달러이고 급여 감축률이 50%일 경우, 소득이 25,520달러를 초과하게 되면 급여 수급자격을 상실하게 된다. 예산제약선의 두 번째 부분인 B_2D는 −7.50달러의 기울기를 가지고 있다. 즉 급여 수급자가 1시간 동안 일을 하면 15달러의 임금을 받게 되지만 급여액은 7.50달러로 줄어들게 된다.

이러한 제도가 급여 감축률이 100%인 제도에 비해 근로 비유인을 줄이게 될까? 사실 그 대답

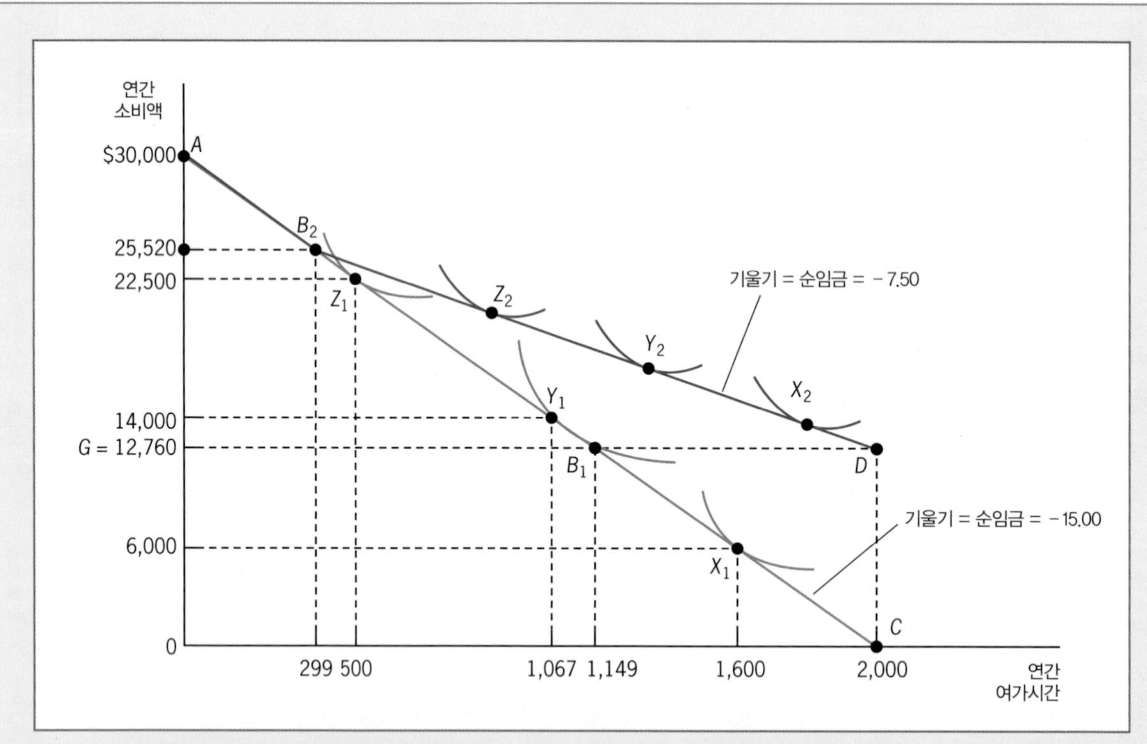

그림 17-5 **급여 감축률이 50%일 경우의 노동공급 결정** 급여 감축률이 50%로 줄어들 경우 예산제약선은 AB_2D가 된다. 이 경우 X씨와 Y씨는 100% 급여 감축률의 경우에 비해 여가시간을 줄이고 노동공급을 증가시켜 D점에서 각각 X_2점과 Y_2점으로 이동할 것이다. 그러나 Z씨의 경우에는 새로이 복지제도에 가입하여 노동공급을 줄이게 되어 Z_2점으로 이동할 것이다.

은 확실치 않다. 위의 세 사람의 경우를 생각해보자. X씨의 경우 근로에 대한 세율이 낮아짐에 따라 근로 비유인은 분명히 줄어들게 된다. 기존 제도하에서는 근로소득이 1달러 증가하면 보장급여가 일대일로 줄어들게 되므로 X씨는 근로를 할 이유가 없어지게 되어 *D*점을 선택하였다. 이제는 X씨가 1달러를 벌 경우 50센트를 가질 수 있으므로 새로운 X_2점으로 이동할 것이며 이 경우 *D*점의 경우에 비해 여가는 감소하고(노동공급은 증가하고) 소비는 늘어날 것이다.

Y씨의 경우에도 근로 비유인이 줄어들게 된다. Y씨도 이전에는 100%의 근로소득세를 내야 했었기에 일을 전혀 하지 않고 복지제도에 가입했었다(*D*점). 이제 근로소득에 대한 세율이 줄어들면 Y씨는 Y_2점을 선택할 것이며, 이 경우 *D*점에 비해 여가는 줄고 소비는 늘어나게 된다.

그러나 Z씨의 경우에는 이전에는 없었던 새로운 근로 비유인이 발생하게 된다. 기존 제도에서는 복지제도에 가입할 경우 무차별곡선이 크게 낮아지게 되므로 복지제도에 가입하지 않았다. 그러나 이제는 상황이 달라졌다. Z씨의 무차별곡선은 예산제약선의 새로운 구간인 B_2D 부분을 가로지르게 되므로 그는 복지제도에 가입하여 Z_2점으로 이동하게 된다. 이 경우 그의 여가시간은 크게 증가(노동시간은 감소)할 것이지만 소비는 조금만 줄어들게 된다. 새 제도하에서 X씨와 Y씨의 노동공급은 증가(여가는 감소)하게 되나 Z씨의 노동공급은 감소(여가는 증가)하게 된다. 따라서 새 복지제도의 노동공급에 대한 순효과는 불확실해지며, 각 계층의 상대적 규모 및 이들 계층의 선호도에 따라 달라진다. 예를 들어 X씨와 Y씨 유형의 사람들이 각각 100명인 반면 Z씨 유형은 1,000명이라면, 급여 감축률의 인하로 인해 총노동공급은 줄어들게 될 것이다.

재분배제도의 '철의 삼각형'

앞의 예는 현금복지제도의 **철의 삼각형**(iron triangle)의 문제를 보여주고 있다. 즉 이러한 단순한 형태의 현금복지제도를 개혁하여 (1) 근로를 장려하고, (2) 소득을 재분배하고, (3) 비용을 절감하는 세 가지 목표를 동시에 달성할 수 있는 방법은 없다는 것이다. 이러한 제도에서는 정부는 보장급여의 수준(G)과 급여 감축률(τ)의 두 가지 정책 수단을 가지고 있다. 그러나 이 두 변수를 어떻게 조정하더라도 위의 세 가지 목표를 동시에 달성할 수는 없다. 앞에서 살펴보았듯이 만일 정부가 급여 감축률을 낮추더라도 이 조치가 반드시 근로를 장려하고 비용을 감축시키는 것은 아니다. 만일 정부가 보장급여의 수준을 낮추면 근로장려효과 및 비용절감효과가 분명하게 발생할 것이지만, 이 경우 가난한 사람들이 보다 적은 보장급여를 받게 되므로 소득재분배의 규모는 줄어들게 된다. 만일 정부가 보장급여 수준을 올리게 되면 소득재분배는 분명히 증가하겠지만 동시에 근로유인은 줄어들고 비용은 늘어날 것이다.

철의 삼각형 아무리 급여 감축률이나 보장급여 수준을 변화시키더라도 근로의욕의 고취, 소득재분배의 확대 및 비용의 절감 등 세 가지 목표를 동시에 달성할 수는 없다는 것

17.4 이전지출 제도의 도덕적 해이 감축

17.3절의 중요한 교훈은 급여 감축률을 낮추더라도 복지제도의 비유인효과가 반드시 줄어드는 것은 아니라는 점이다. 이러한 철의 삼각형을 극복할 수 있는 복지제도를 만들 수 있을까? 이에

대해 세 가지 방안을 생각해볼 수 있다.

선별적 복지제도로의 전환

현금복지제도의 도덕적 해이 효과는 정부가 사람들의 근로 능력을 관찰할 수 없기 때문에 발생하게 된다. 만일 정부가 근로 능력을 정확하게 파악할 수 있다면 도덕적 해이가 없는 현금복지제도를 만들 수 있을 것이다. 예를 들어 사람들이 자신의 근로 능력을 이마에 새긴 채 태어나고 정부가 이를 완벽하게 관찰할 수 있다고 하자. 또한 이 경우 정부가 가장 근로 능력이 없는 사람들에게 가장 많은 현금복지급여를 주는 제도를 만들었다고 하자. 이 경우 사람들은 자신의 복지급여 수준에 영향을 주도록 행위를 변화시킬 수 없으므로 도덕적 해이 효과는 사라지게 될 것이다.[39]

문제는 정부가 각 개인의 근로 능력을 모른다는 점이다. 정부는 단지 각 개인들이 실제로 얼마의 소득을 벌고 있는지만을 관측할 수 있다. 이러한 소득 수준은 근로 능력과 관련이 있을 것이지만 동시에 개인의 노동공급 결정에 의해 좌우된다. 따라서 가난한 사람 중에는 근로 능력은 낮지만 열심히 일하는 사람이 있을 수도 있으며 근로 능력은 높지만 게으른 사람이 있을 수도 있다. 정부가 관측된 근로소득을 기준으로 복지급여를 제공하게 되면 사람들은 복지급여의 수준을 높이기 위해 일을 덜하도록 하는 유인을 주게 될 것이다.

만일 복지제도가 정말로 근로 능력이 취약한 사람들을 표적화할 수 있다면 이러한 문제는 해결될 수 있을 것이다. 이렇게 되면 복지급여를 받기 위해 일을 덜 열심히 하는 사람들이 아니라 복지급여를 정말로 필요로 하는 사람들에게 급여가 제공될 수 있을 것이다. 사람들이 자신의 근로 능력을 이마에 새기고 태어나지 않는 한 정부는 사람들이 쉽게 바꿀 수 없는 다른 특성들을 기준으로 급여 제공을 표적화할 수 있을 것이다.

예를 들어 시각장애인들에게 현금을 재분배해주는 제도를 생각해보자. 시각장애인들은 높은 임금을 받기가 어려울 것이기에 시각장애는 근로 능력에 대한 훌륭한 측정기준이 된다. 또한 사람들은 급여를 받기 위해 행동을 바꿀 수가 없으므로 현금복지제도의 도덕적 해이 문제도 사라질 것이다. 시각장애인들에게 급여를 제공함으로써 정부는 노동공급 유인에 대한 왜곡 없이 잠재적인 능력이 낮은 사람들에게 소득을 재분배할 수 있다. 이러한 표적화는 철의 삼각형 문제를 극복할 수 있게 된다. 즉 정부는 능력이 부족한 사람들(시각장애인 등)의 근로 유인을 저해하지 않으면서도 이들에게 소득 지원을 해줄 수 있다.

좋은 표적화 수단이란? 최선의 표적화 수단은 두 가지 특성을 가지고 있다. 첫째, 이러한 표적화 수단은 행동의 변경이 불가능해야 한다. 복지제도의 도덕적 해이와 이로 인한 자원누출의 근본적 원인은 사람들이 복지급여를 받기 위해 행동을 바꾸는 대체효과에 있다. 만일 바꿀 수 없는 특성을 기준으로 급여 제공 여부를 결정한다면 사람들은 수급자격을 얻기 위해 행동을 변

---

39 여가가 정상재이므로 이러한 복지제도는 근로행위에 영향을 주게 된다. 즉 복지급여를 받는 근로 능력 취약자들은 근로시간을 줄일 것이다. 그러나 이는 복지제도 자체가 아닌 소득 증가에 따른 결과이므로 도덕적 해이 효과는 아니다. 도덕적 해이는 소득효과가 아니라 복지제도에 내재된 유인체계에 따라 행위를 바꾸는 대체효과에 의해서만 발생한다.

화시킬 수가 없게 된다.

둘째, 최선의 표적화 수단은 근로 능력이 낮은 사람들을 겨냥해야 한다. 예를 들어 정부가 작년에 포춘지 선정 500대 기업의 사장이었던 500명에게 보너스를 주겠다는 계획을 발표했다고 하자. 이 제도는 좋은 표적화 수단으로서의 첫 번째 기준을 만족시킬 것이다. 즉 이 경우 보너스를 받기 위해 행동을 바꿀 수 없기 때문에 대체효과가 발생하지 않는다. 그러나 이 제도는 근로 능력이 낮은 계층을 겨냥한 것이 아니기에 두 번째 기준을 만족시키지 못할 것이다.

편모가정에 대한 표적화 전통적으로 미국의 현금복지제도에서는 편모가정을 표적화 수단으로 이용하였다. 이러한 표적화 방법이 위의 두 가지 기준을 만족시키겠는가? 이들 계층은 근로 능력 부족이라는 두 번째 기준을 분명히 만족시킬 것이다. 왜냐하면 자녀가 있는 편모가정의 빈곤율은 30%가 넘기 때문이다.[40] 그러나 이러한 계층이 행위 변경 불가라는 첫 번째 기준을 만족시키는지는 불명확하다. 여성들은 복지급여를 받기 위해 혼외출산이나 이혼을 통해 편모가정을 이룰 수 있다. 자산조사형 복지제도에 있어 근로 노력 감소로 인해 효율성 비용이 발생하는 것과 마찬가지로 여성들이 복지급여를 받기 위해 여성가구주가 되는 경우에도 효율성 비용(편모가정의 자녀들에 대한 부정적 영향 등)이 발생하게 된다.

실제로 복지제도가 논란의 대상이 되고 있는 가장 큰 이유는 이 제도가 핵가족에 대한 해체 유인을 제공한다는 점이다. 1992년의 로스앤젤레스 폭동사건 이후 당시 댄 퀘일 부통령은 "우리가 목격한 무법 상태의 사회적 혼란은 우리 사회 곳곳에서 가정과 개인적 책임, 그리고 사회적 질서가 무너진 것과 직접적인 관련이 있습니다. 가난한 사람들에게는 복지제도가 이러한 문제를 더욱 악화시키고 있습니다… 복지급여는 남편이 아닙니다"라고 공언하였다.[41]

여성들이 복지급여를 받기 위해 편모가정을 이루는 것은 이론적으로는 가능할 것이다. 그러나 이러한 이론적 가능성이 실제로는 그리 흔한 경우가 아니라는 것을 시사해주는 두 가지 유형의 증거가 있다. 첫째, 그림 17-6의 시계열적 증거는 1970년대 동안 3인 가족의 월평균 최대 복지급여 혜택은 극적으로 감소했으며, 편모가정과 복지급여 수준이 함께 증가하였다는 것을 보여준다. 그러나 항상 그러하듯이 이러한 느린 시계열적 추세는 다른 원인들에 의해 영향을 받았을 수도 있기 때문에 이 그래프로부터 인과관계를 도출하기는 어렵다. 둘째, 많은 연구들이 복지급여를 낮추거나 변화시키지 않은 주들에 비해 복지급여를 증가시킨 주들의 편모가정 증가율이 높았는지를 평가하였다. 이러한 연구들의 공통적 결과는 복지급여 증가의 효과가 없거나, 또는 매우 작다는 것이다.[42]

따라서 편모가정은 표적화 수단의 첫 번째 기준을 만족시키는 것으로 보인다. 즉 여성들이 복지급여를 받기 위해 편모가정을 이룰 가능성은 희박하다. 그렇다면 편모가정은 적절한 표적화 수단으로 보인다. 편모가정을 표적화하면 제도적 유인에 별로 민감하게 반응하지 않는(도덕적

---

40 Office of Financial Management(2020).

41 Quayle(1992).

42 Moffitt(1992) 혹은 Hoynes(1997)를 살펴보라.

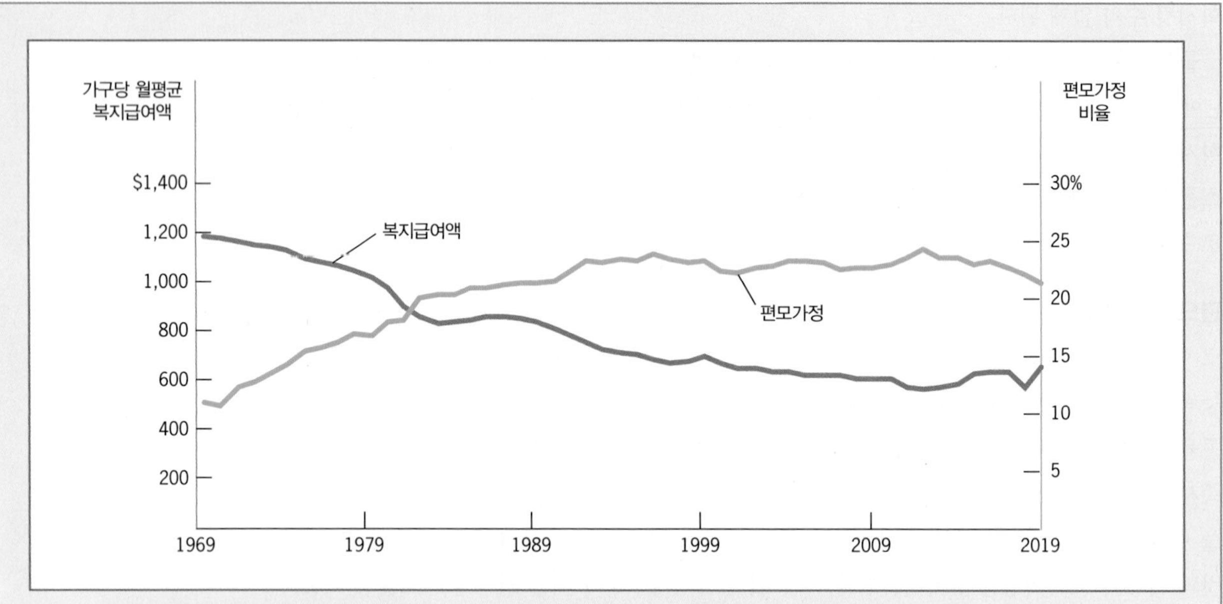

그림 17-6 **복지급여 및 편모가정(1970~2019년)** 지난 30년간 복지급여가 감소했음에도 편모가정은 계속 증가했다.

출처 : 복지급여액 자료는 U.S. Department of Health and Human Services(2020), 편모가정 비율 자료는 U.S. Bureau of the Census(2020), Table CH-1을 참조하였다.

해이 효과가 적은) 특성을 이용하여 저소득층을 지원해줄 수 있다. 결과적으로 편모가정에 대한 표적화는 철의 삼각형 문제를 극복할 수 있게 해준다.

현금복지제도에 대한 실증적 연구의 공감대 형성에도 불구하고 현금복지제도가 안정된 가족 형성에 부정적 영향을 줄 수 있다는 점은 정책입안자들이 이 제도를 반대하는 주요 원인이 되고 있다. 이러한 반대로 인해 1996년에 TANF 제도가 도입되면서 편모가정과 다른 형태의 가정들에 대한 구분을 폐지하였다(그러나 아직도 수급자들 중 대부분이 편모가정이다). 그러나 정책입안자들이 인식해야 할 점은 이러한 구분을 폐지(결혼에 대한 비유인을 제거)함에 따른 혜택은 두 가지의 비용에 의해 상쇄된다는 점이다. 첫째, 표적화를 포기함으로써 철의 삼각형 문제가 다시 제기된다는 것이다. 부부가구들을 도와주는 제도는 이들 가구의 노동공급을 감소시킬 것이다(왜냐하면 부부가구는 그림 17-4와 그림 17-5의 Z씨의 경우와 유사하기 때문이다. 즉 이전에는 복지급여대상이 아니었지만 앞으로는 일을 덜 열심히 할 유인이 생기게 되었다). 둘째, 이로 인해 더 높은 비용으로 더 많은 계층에게 급여를 지급해주게 되었다. 따라서 만일 편모가정들이 복지급여에 크게 반응하지 않는다면 표적화 포기에 따른 편익보다 예산의 왜곡 및 예산비용의 증가가 더 커질 수 있을 것이다.

현물급여의 활용

앞서 언급했듯이, 미국의 복지제도에서 현물급여는 많은 부분을 차지한다. 그 이유 중 하나는 저소득계층이 그들의 돈을 적절하게 사용하지 못한다는 가부장적인 우려로 인해 투표권자들이 현물급여 방식의 소득재분배를 더욱 지지할 수도 있다는 것이다. 이러한 가능성에 대한 증거는 Jacobsson 외(2007)의 창의적인 연구에서 찾아볼 수 있다. 이들은 많은 실험 참여자들이 다른 사람들에게 지원을 제공하는 데 있어 현금급여와 현물급여 중 한 가지를 선택할 수 있도록 하였다. 예를 들어 실험 참여자들로 하여금 당뇨가 있는 흡연자에게 현금을 주거나 또는 이와 동일한 가치의 금연제품을 주는 것 중 하나를 선택하도록 하였다. 이 결과, 참여자의 90%가 현물급여 방식을 선택하였다.[43]

현물급여를 지급하는 것은 '자기 선택'의 도구로서 또 하나의 중요한 정당성을 가진다. 위에서, 우리는 개인의 관찰 가능한 특성을 사용하여 소득 잠재력이 가장 낮은 사람들을 표적화하는 제도에 대해 논의하였다. 이러한 방법은 제한된 관측 가능한 특성들만으로는 근로 능력을 정확히 판단하기가 어렵다는 문제에 부딪히게 된다. 또 다른 접근 방법은 복지제도를 근로 능력이 높은 사람들에게는 불리하도록 설계함으로써 사람들이 스스로 자신의 능력 수준을 밝히도록 유도하는 방법이다. 정부는 복지제도가 별로 매력적이지 않도록 **식별 수단**(ordeal mechanisms)을 도입함으로써 이를 달성할 수 있다. 만약 복지제도가 충분히 매력적이지 않다면, 가장 능력이 없는 사람들만이 해당 제도에 가입하기를 희망할 것이다.[44]

식별 수단 가장 필요한 사람들만이 급여를 받도록 복지제도를 매력적이지 않게 고안하는 방법

복지급여를 받고 싶어 하는 두 유형의 사람들 — 열심히 일하지만 능력이 부족한 사람들과 능력은 있지만 게으른 사람들 — 이 있다고 하자. 정부는 복지제도가 게으른 사람들이 아닌 능력이 부족한 사람들에게 소득을 재분배할 수 있도록 설계를 하고 싶다. 한 가지 방법은 교육 수준과 같이 능력과 상관성이 높은 특성을 찾아내는 것이지만, 이러한 상관성은 매우 불완전하다. 또 다른 방법은 복지제도를 능력 있고 게으른 사람에게는 매력적이지 않게 만들어서 이들이 제도 가입을 포기하도록 스스로 선택하게 하는 것이다.

이러한 식별 수단의 좋은 예는 TANF 제도에서 사용하는 근로요구 조건 또는 직업훈련요구 조건이다. 이러한 요구 조건들은 복지급여를 여가시간 증가의 수단으로 활용하려는 게으른 사람들에게 비용을 부과하게 된다. 그러나 일을 열심히 하면서도 생계를 꾸려나갈 수 없는 사람들에게는 이러한 요구 조건들이 별문제가 되지 않을 것이다. 오히려 능력이 부족한 사람들은 직업훈련 기회가 제공되는 것을 환영할 것이다.

식별 수단의 또 다른 예는 복지제도가 현금급여가 아닌 현물급여를 제공하는 것이다. 현금은 모든 사람들에게 가치가 있으므로 표적화하기가 어렵다. 만일 정부가 현금을 지급해준다면 이것이 필요하지 않은 사람들도 이러한 현금 수급자격이 있는 것처럼 가장하게 될 것이다. 그러나 만일 정부가 공공주택사업으로 낡은 아파트를 제공해준다면 능력 있는 사람들은 별 흥미가 없을 것이다. 그들은 나쁜 아파트에 살기보다는 차라리 일을 할 것이다. 반면에 정말로 필요한 사

43 Cunha 외(2010)는 개발도상국에서 현물이전에 대한 또 다른 주장을 제시한다. 정책 당국자의 입장에서는 현금보다는 상품을 제공함으로써 불완전경쟁시장에서 상품 공급을 늘리고 전반적으로 가격을 낮출 수 있다.

44 이 일련의 문제에 대한 훌륭한 논의는 Nichols와 Zeckhauser(1982)를 참조하라.

실증적 증거

현물급여의 이점

본문에서 이론적으로 현물급여를 제공하기 위한 여러 가지 이유를 강조하였다. 실제로, 현물급여가 현금급여보다 더 적절하게 표적화할 수 있으며, 복지혜택을 효과적으로 배가시키도록 시장을 개선할 수 있다는 주장을 실증적으로 뒷받침할 수 있는 다양한 경험적 증거들이 있다.

Lieber와 Lockwood(2019)는 (비공식적으로 가족 구성원 및 다른 사람들이 수행하는 재택간호와 달리) 노인과 만성질환자를 위해 공식적으로 재택간호비용을 지불하는 경우 현물급여의 장단점을 살펴보았다. 제16장에서 지적한 바와 같이, 장기요양은 요양원과 같은 시설 기반 요양에서 가정 내 노인 돌봄으로 전환되고 있다. 메디케이드 프로그램은 현재 재택간호에 360억 달러를 지출하고 있다.[45] 전통적으로 재택간호는 현물급여의 형태로 제공되었으며, 적격한 수혜자들은 직접 재택간호 서비스를 제공받고 비용을 환급받았다. 그러나 1990년대 후반, 많은 주에서 대상자를 무작위로 추출하여 재택의료를 직접 제공하거나 '현금과 가까운' 등가물을 제공하는 '현금' 실험을 실시하였다. 이 등가물은 가족 구성원들의 비공식적인 보살핌에 대한 비용 지불을 포함하여 매우 다양한 물품을 자유롭게 소비할 수 있는 예산이었다. 거의 모든 개인이 재택간호에 기지출한 비용이 실험을 통해 받은 금액을 이미 상회하였다는 점을 감안할 때, 이는 본질적으로 현금복지에 해당한다. 즉, 이것은 초기 지출이 이미 이전지출의 수준을 넘어섰기 때문에 '조건부'가 중요하지 않은 조건부 블록 보조금 이전지출이었다.

Lieber와 Lockwood는 이 실험의 결과를 통해 두 가지를 확인하였다. 첫째, 선택권의 여지가 있을 때, 만성질환자들은 현물급여로 제공되던 것만큼 재택간호에 지출하지 않는다는 점이다. 그림 17-7은 이 실험에서 (유사현금을 받은) 처치군과 (현물을 받은) 통제군이 사용한 공식적인 요양시간 분포를 보여준다. 재택간호를 받지 않기로 선택한 사람들 중에서 현금을 받은 사람들의 비중이 더욱 높고, 사람들에게 현금 선택권이 주어지지 않았을 때 재택간호의 총이용시간이 훨씬 더 높았다. 따라서, 이 실험은 사람들이 현물급여보다 현금을 더 선호한다는 것을 보여준다.

둘째, 현물급여는 도움이 필요한 사람들에게 훨씬 더 효과적으로 혜택을 제공한다는 점이다. 이를 알 수 있는 첫 번째 방법은 재택간호의 사용에 엄청난 이질성이 존재한다는 점에 주목하는 것이다. 만성질환자의 거의 2/3는 재택간호를 받지 않는 반면, 이 중 일부는 엄청난 시간의 재택간호를 받는다. 만성질환자의 최소 5%는 24시간 치료가 필요하며, 이는 현물 제공 없이는 감당할 수 없다. 이러한 이질성은 현금에서 재택치료로의 전환이 효과적인 '시련 메커니즘'을 제공할 수 있음을 의미하며, 이는 현물급여가 수혜자들의 자기 선택을 증가시켜 정책입안자들이 정말 필요로 하는 사람들을 표적화할 수 있도록 돕기 때문이다. 연구자들은 서비스가 현금이 아닌 재택간호로 제공된다면 수혜자당 5~20배 더 많은 복지혜택을 받을 수 있다고 추정하였다.

현금 선호와 현물 혜택의 표적화의 상충관계를 평가하기 위해, Leiber와 Lockwood는 개인 선호에 대한 가정하에 선택들 사이의 후생분석을 수행할 수 있는 '구조 모형'을 설정하였다. 그렇게 함으로써, 그들은 표적화의 혜택이 현금 내신 현물을 사용해서 잃는 손실보다 더욱 크다고 결론 내렸다. 이 논문은 명확한 실증분석을 활용하여 상충관계에 있는 요인들을 설명하고, 이 같은 상충관계에 있는 선택들에 대한 평가에 경제 이론을 적용한 훌륭한 예이다.

본문에 언급된 현물급여의 또 다른 이점은 기존의 시장실패를 해결하는 역할을 할 수 있다는 것이다. 예를 들어, 현금이 아닌 재화를 제공함으로써, 정책입안자들은 불완전하게 경쟁하는 시장에서 재화의 공급을 늘리고 가격을 낮추어 정책효과를 확대할 수 있다.

이에 대한 예시는 Cunha 외(2019)에서 가져왔다. 이들은 멕시코에서 개인이 아니라 마을을 무작위추출한 현장실험을 평가했다. 어떤 마을에서는 정부에서 트럭으로 실어온 쌀이나 야채와 같은 포장 식품을 매달 가난한 사람들에게 현물로 전달하는 한편, 다른 곳에서는 가난한 사람들이 이와 동등한 현금급여를 받았다. 그리고 세 번째 마을 그룹은 복지혜택을 받지 못하는 통제그룹이었다.

현금급여와 현물복지의 차이는 지역경제로의 상품 유입이 미치는 가격 변화에 따른 공급효과에 있다. 이러한 공급효과로 인해 가격이 크게 하락하였고, 지역 생산자들 간의 불완전한 경쟁을 감안할 때 후생이 증가하였다. (불완전한 경쟁은 생산 부족을 초래하므로 공급의 증가는 사중손실을 감소시킴을 상기하라.) 게다가 가격이 떨어진 상품들은 정확히 정부가 소비를 진작시키고자 하는 상품의 종류였기 때문에, 이러한 가격 하락은 제도의 목표를 강화시켰다. 따라서 이러한 시장 상호작용은 현물급여에 대한 지지를 매우 견고히 하였다.

물론 모든 현물급여가 동일한 결과를 가져오는 것은 아니다. 이를 설명할 수 있는 좋은 예는 공공주택이다. 공공주택 프로젝트는 '가난한 집단'을 만들어냈다는 비판을 받았는데, 이는 〈더 와이어〉와 같은 인기 있는 TV 쇼에서 묘사된 것처럼 매우 가난한 주민들의 높은 밀집도가 부정적으로 작용하였기 때문이다.[46] 지난 수십 년 동안 주택사업은 직접 주택 공급에서 민간주택 구입비용을 지불하는 데 사용할 수 있는 섹션 8 바우처로 전환되었다.

미국 국토부는 주거 바우처가 취약 공공주택 지역에 거주했었던 가구에 미친 효과를 분석하기 위해 그 유명한 '기회로의 이동(Move to Opportunnity, MTO)' 실험을 설계하여 이 같은 전환사업을 평가하였다. 1994년부터, MTO는 무작위로 4,600개의 가족을 세 그룹으로 분류했다. 한 집단은 MTO가 사전 승인한 지역, 대개 빈곤층이 적은 지역에서만 사용할 수 있는 주택 바우처를 제공받았다. 다른 집단은 전통적인 섹션 8 바우처를 제공받았고, 나머지는 통제그룹 역할을 했다. 그 이후로, 연구자들은 이 그룹들을 포괄적으로 연구해왔다.

그러나 초기 결과는 상당히 실망스러웠다. Ludwig 외(2013)는 바우

---

[45] Centers for Medicaid and Medicare Services(2020).

[46] Turner, Popkin, and Kingsley(2005).

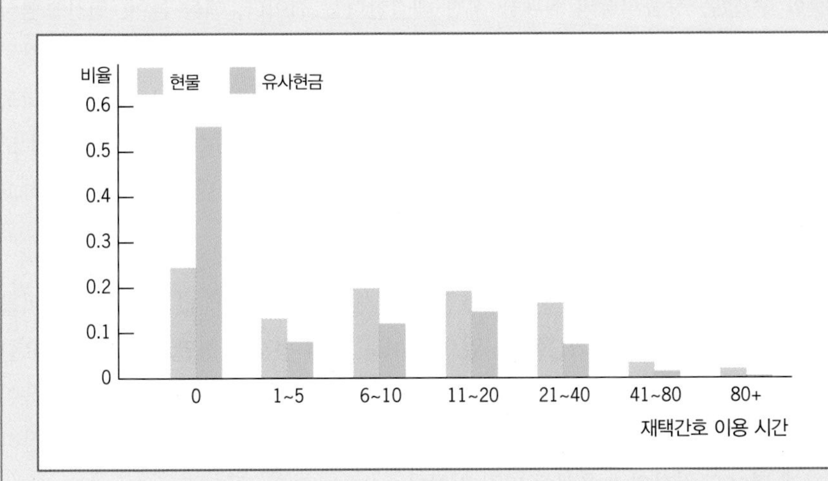

그림 17-7 유사현금 및 현물급여 그룹에 대한 재택간호 이용 분포 만성질환 환자는 현물급여를 받을 때보다 현금급여가 제공될 때 재택간호를 이용할 가능성이 훨씬 낮았다.

출처 : Leiber and Lockwood(2019).

처가 경제 효율성에 유의미한 영향을 미치지 않음을 보였다. MTO가 부모의 고용과 소득, 청소년 교육 성과에 유익한 영향을 미친다는 근거는 없었다. 다만 성인의 신체 및 정신건강에 일부 긍정적인 영향을 미친 것으로 나타났다. 실험 바우처를 받은 그룹의 성인들은 BMI가 40보다 클 확률이 40%, 당뇨병에 걸릴 확률이 50% 낮았다. 이와 유사하게, Ludwig 외(2011)는 대조군에 비해 전통적 바우처를 받은 그룹이 미미하지만 건강이 개선되었음을 보여주었다.

Chetty, Hendren, Katz(2016)의 이후 연구에서는 훨씬 더 놀라운 결과를 발견하였다. 아동의 장기적인 성과에 대한 새로운 데이터를 바탕으로, 이들은 특히 실험 바우처 그룹에 속한 아동들 중에서 더 어렸을 때 이사를 경험한 아동들은 대조군에 속한 아동들보다 훨씬 더 큰 경제적 성공을 경험했다는 것을 발견했다. 실험 바우처와 전통 바우처를 받아 8세 때 이주한 이들의 성인 소득은 각각 대조군보다 35%, 17% 높았다. 더욱이, 8세 때 실험 바우처를 받아 이주한 아이들은 대학에 갈 확률이 32%, 결혼할 확률이 44% 높았으며, 미혼모가 될 확률이 낮았다. 전통적인 바우처를 받아 이주한 어린이들은 전통적인 바우처를 사용하면 가족이 도시의 더 나은 곳으로 이사할 의무가 없기 때문에 비록 작지만 비슷한 혜택을 경험했다. 연구자들은 실험 바우처 프로그램이 평생소득을 302,000달러(이는 8세 당시의 99,000달러의 현재가치이다) 증가시킨 것으로 추정하였다. 2인 가족의 경우, 평생소득이 198,000달러가 증가하였으며, 그 결과 연방 세수입은 22,400달러 증가한다. 연방정부가 들인 MTO 바우처 비용은 3,783달러에 불과하며, 세수입으로 벌어들인 소득보다 훨씬 작다. 이는 MTO 바우처가 장기적으로 연방정부의 재정을 절약하였음을 시사한다.

공공주택에 비해서 바우처의 영향을 평가할 수 있는 다른 실증적 접근은 이미 철거된 공공주택시설에 살았던 사람들과 바우처를 받은 사람들과 공공주택이 철거되지 않은 곳에 살고 있는 사람들의 변화를 비교하는 것이다. Haltiwanger 외(2020)는 공공주택을 철거하고 주택 바우처를 제공하는 이니셔티브인 HOPE Ⅳ 프로젝트가 아동에게 어떤 영향을 미치는지 연구했다. 연구진들은 보조금을 받는 주택에 사는 아동들이 철거되지 않은 공공주택에 사는 비슷한 아이들에 비해 26세에 14% 더 많은 수입을 올렸고 직업 접근성이 더욱 개선되었다는 것을 발견했다. Chyn(2019)은 시카고에서 공공주택 철거로 인해 집을 잃은 아이들과 섹션 8 바우처를 받은 아동들의 결과를 공공주택에 남아 있는 아동들과 비교하였다. 마찬가지로, 그는 집을 잃은 아동들이 평균 16% 더 많은 돈을 벌고, 더 많이 고용될 가능성이 있다는 것을 발견했다. 게다가, 그들은 범죄율이 낮았고 고등학교 수료율이 높았다. Sandler(2016) 또한 시카고의 공공주택 철거로 범죄율이 8.8% 감소하였음을 보였다.

그러나 가계에 주택 바우처를 제공하는 것은 절반의 성과에 불과하다. 주택 바우처 수령자는 여전히 집주인으로부터 지속적인 차별을 받고 있다. 도시 내 좋은 지역의 집주인은 섹션 8 바우처를 받기를 계속 거부하는 반면, 가난한 지역의 집주인은 바우처가 다른 저소득 세입자보다 안정적인 수입원이 되기 때문에 바우처 수령인을 많이 모집하였다. 이는 주택을 찾는 시간적 제약을 가중하고, 가난한 이웃의 가족들을 수렁에 빠뜨렸다.[47] 예를 들어 Austin Tenant's Council(2012)은 텍사스주 오스틴에서 섹션 8 바우처를 받을 수 있는 78,157가구 중 8,590가구만이 바우처를 수락했으며 최소소득 요건을 갖추지 않은 것으로 보고하였다. 이러한 문제가 대두되면서, 많은 사람들이 소득원 보호가 포함될 수 있도록 주택 차별에 대한 연방 보호를 확대할 것을 제안했다. 실제로 바우처 소지자가 보호계층으로 간주되는 도시는 차별 비율이 훨씬 낮은 것으로 밝혀졌다.[48]

47 Semuels(2015).

48 Cunningham et. al.(2018).

람들은 길바닥에서 지내기보다는 나쁜 아파트를 선호할 것이다.

현물급여를 정당화할 수 있는 세 번째 이유는 가난한 사람들에게 단순히 자원을 제공하는 것만으로는 해결할 수 없는 상품시장의 실패를 직접 해결한다는 점이다. 예를 들어, 민간보험사의 시장지배력이나 환자에 대한 차별과 같이 보험시장에 불완전성이 있는 환경에서 공공건강보험을 제공하는 경우를 생각해보라. 이러한 경우에 현금보다는 건강보험을 제공하는 것이 더욱 가치 있는 것이 될 것이다. 이는 현금은 아픈 사람이 건강보험을 가입할 수 있도록 하는 데 도움이 되지 않기 때문이다. '실증적 증거' 코너에서 이러한 문제에 대해서 더욱 자세히 논의하고 있다.

식별 수단의 모순 소득이전제도의 근본적인 효율성 문제는 수급자격이 없는 사람들이 이를 받기 위해 수급자격이 있는 것처럼 가장할 수 있으며 이로 인해 정부는 정말로 지원이 필요한 사람들을 표적화할 수 없게 된다는 것이다. 만일 정부가 정말로 필요한 사람들에게는 도움이 되지만 불필요한 사람들에게는 매력적이지 않은 급여를 제공한다면 불필요한 사람들은 가장하는 것을 포기하게 되어 표적화의 효율성이 커질 것이다.

따라서 식별 수단의 모순은 능력이 없는 사람들에 대한 지원을 줄이는 것이 실제로는 이들에게 더 많은 도움을 주게 된다는 것이다. 그 이유는 정부가 복지 제공에 사용할 수 있는 예산이 한정되어 있기 때문이다. 만일 능력 없는 사람들이 이 예산을 능력 있는(가장을 한) 사람들과 나누어 받게 되면 그들이 받는 급여액은 줄어들게 된다. 만일 식별 수단을 통해 능력 있는 사람들을 복지급여대상에서 제외시킨다면 비록 이들이 불편한 식별 과정을 겪게 될지라도 결국 더 많은 급여를 받을 수 있게 될 것이다. 만일 정부가 식별 수단을 통해 누가 정말로 능력이 없는 사람들인지를 가려낼 수 있다면 이들 계층을 표적화하여 관대한 급여를 제공함으로써 철의 삼각형 문제를 극복할 수 있을 것이다.

이러한 식별 수단에 대한 논의는 복지급여를 받는 과정을 불편하게 만들어야 한다는 것에 대한 직관적인 근거를 제공한다. 예를 들어 복지 수급자들로 하여금 공공복지사무소에 줄을 서서 기다리게 하거나 슈퍼마켓에서 남들이 보는 앞에서 식품구매권을 사용하도록 하는 것 등이다. 이러한 접근 방법은 복지급여를 보다 효율적으로 표적화함으로써 수급자들에게 보다 많은 도움을 줄 수 있다. 즉 이를 통해 급여를 받기 위해 가난한 척하는 고소득자들을 가려냄으로써 제도상의 유실을 방지하게 된다.

응용사례
식별 수단의 예

다음의 예는 식별 수단이 얼마나 강력한 표적화 방법인지를 보여준다. 정부는 가난하고 능력이 없는 사람들을 위한 무료급식소를 세우고자 한다. 그러나 정부는 누가 정말로 능력 없는 사람인지, 아니면 능력은 있지만 게으른 사람인지를 구별할 수가 없다. 정부는 무료급식소의 종업원을 많이 고용해서 사람들이 오랫동안 기다리지 않게 할 수도 있고 반대로 적은 종업원들을 고용하여 사람들이 항상 길게 줄을 서게 할 수도 있다. 가난하고 배고픈 사람들을 줄을 서게 하는 것은 비효율적일 것이다. 그러나 이러한 방법을 통해 누가 정말로 무료급식을 필요로 하는지를 가려낼 수 있을 것이다. 즉 긴 줄은 능력 있는 사람들이 부당하게 무료급식을 받는 것을 막을 수 있을 것이다.

보다 구체적으로, 능력 없는 사람들이 무료급식으로부터 $U_l = 240S - W$의 효용을 얻는다고 하자. S는 무료급식량이고 W는 대기시간(분 단위)이다. 능력 있는 사람들의 효용은 $U_h = 120S - 2W$이다. 즉 능력 있는 사람들은 배가 덜 고프므로 무료급식에서 얻는 효용이 낮은 반면, 그들은 더 생산적인 일을 할 수 있기 때문에 대기시간에 대한 비효용은 더 크다. 또한 정부는 모든 사회 구성원의 효용을 동일하게 고려하는 공리주의적 사회후생함수 $SWF = U_l + U_h$를 극대화하고자 한다. 마지막으로 무료급식은 두 그릇뿐이며 정부는 사람들이 급식을 받기 위해 얼마나 기다려야 하는지를 결정하고자 한다.

먼저 정부가 대기시간을 없앴다고 하자($W = 0$). 이 경우 능력 있는 사람과 능력 없는 사람이 각 한 그릇씩의 무료급식을 받을 것이다. 따라서 능력 없는 사람은 $U_l = 240$의 효용을, 능력 있는 사람은 $U_h = 120$의 효용을 얻게 되어 총사회후생 수준은 360이 된다.

이제 정부가 무료급식을 받기 위해 61분을 기다리도록 제도를 바꾸었다고 하자. 이 경우 능력 있는 사람들의 효용은 음(−)이 되므로[$U_h = 120 - (2 \times 61) < 0$], 줄을 서지 않고 무료급식을 포기할 것이다. 따라서 능력 없는 사람이 두 그릇의 무료급식을 받을 것이며 이 경우 효용 수준은 $U_l = 480 - 61 = 419$가 될 것이다. 이에 따라 사회후생 수준은 360에서 419로 증가하게 된다. 이와 같이 능력 없는 사람들을 줄 서게 함으로써 이들의 효용뿐 아니라 사회 전체의 후생 수준도 커지게 된다.

이러한 결과는 효율적인 표적화의 편익(능력 있는 사람들을 제외시키는 것)이 능력 없는 사람들을 줄 서게 하는 비용을 초과하기 때문에 가능하다. 복지제도가 식별 수단(대기시간 등)을 이용할 경우 능력 없는 사람들이 재화를 더 많이 원하고 식별 과정에 대한 비효용이 낮다는 사실을 활용함으로써 한정된 자원의 재분배에 있어 보다 효율적인 표적화를 도모할 수 있게 된다. ■

외부 선택 기회의 확대

복지제도의 도덕적 해이 효과를 줄이는 세 번째 접근 방법은 사람들에게 보다 많은 외부 선택 기회를 제공해줌으로써 복지급여가 더 이상 매력적이지 않게 만드는 방법이다. 그림 17-8은 앞의 그림 17-4의 Y씨의 경우를 다시 보여주고 있다. 앞에서와 같이 Y씨의 시간당 임금은 15달러(예산제약선은 ABC)이며, 그는 Y_1점을 선택하여 1,067시간의 여가와 14,000달러의 소비를 한다. 만일 보장급여 수준이 12,760달러이고 급여 감축률이 100%인 복지제도가 도입되면 예산제약선은 ABD가 되며 그는 D점을 선택하여 일을 하지 않을 것이다. 이 경우 그의 소비는 1,240달러만 감소하지만 여가는 933시간이나 늘어나게 된다.

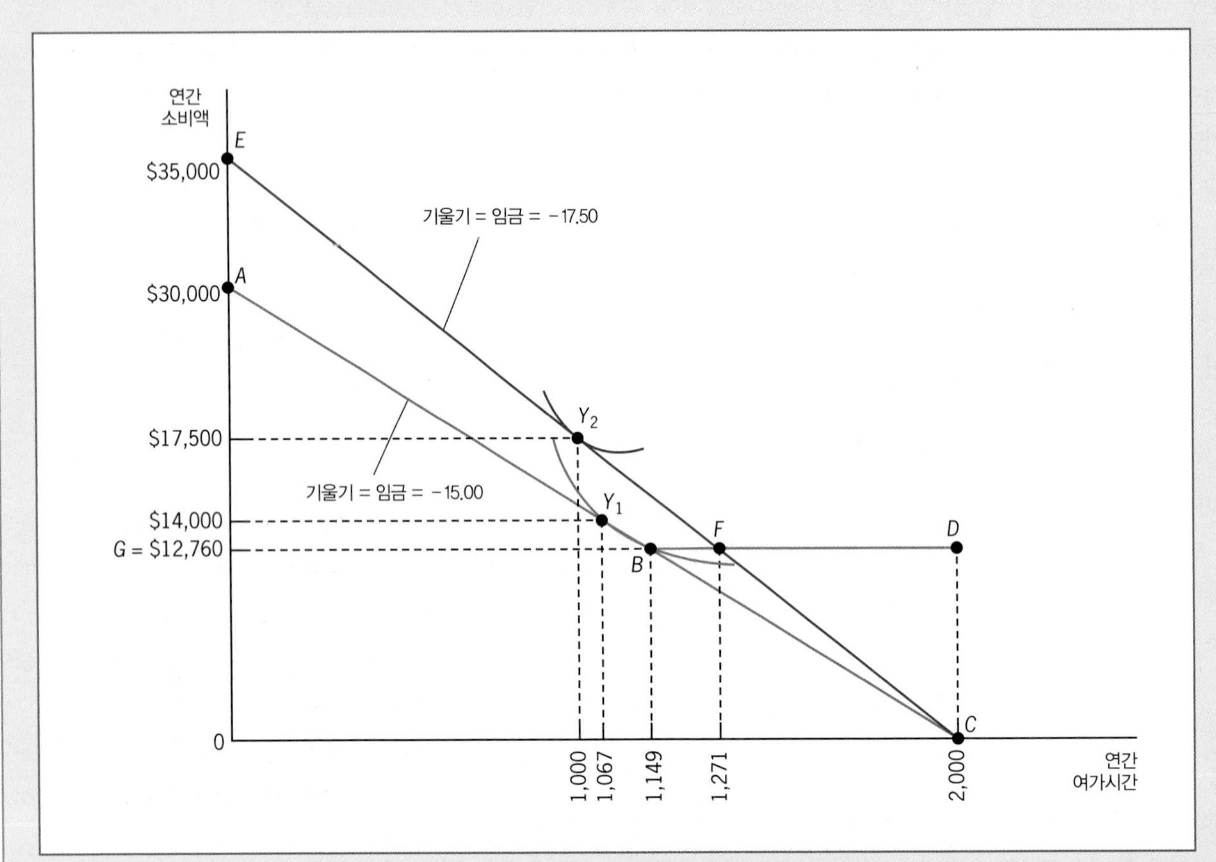

그림 17-8 **현금복지제도상의 외부 선택 기회의 확대** 급여 감축률을 변화시키지(따라서 철의 삼각형 문제에 직면하지) 않고서도 복지수혜자 수를 줄일 수 있는 한 가지 방법은 편모들의 외부 선택 기회를 확대시켜 줌으로써 '근로를 통한 복지 탈출'을 도모하는 것이다. 만일 편모의 임금을 17.5달러로 높여주면 예산제약선은 *ABD*에서 *EFD*로 변화한다. 이 경우 그녀는 더 이상 복지급여를 받지 않을 것이다.

이제 Y씨의 임금이 시간당 17.5달러로 올라가서 예산제약선이 각각 *EFC*(제도 도입 전) 및 *EFD*(제도 도입 후)가 되었다고 하자. 이러한 높은 임금하에서는 복지제도 도입 여부와 상관없이 Y씨는 Y_2점을 선택하여 17,500달러를 벌고 1,000시간의 여가를 영위하게 될 것이다. 복지제도가 도입되더라도, Y씨의 무차별곡선은 *D*점보다 Y_2점에서 보다 높은 위치에 있다. 따라서 시간당 임금을 17.5달러로 올리게 되면 일을 하는 것이 복지급여를 받는 것보다 유리해지므로, 복지 수급자들의 급여 수준을 낮추지 않고서도 복지제도의 비효율성을 감소시킬 수 있다. 이러한 이론은 복지개혁에 있어 '당근'식 접근법의 근거가 된다. 즉 복지급여를 줄이기보다는 그들이 일을 해서 생계를 꾸려나갈 수 있도록 도와줌으로써 수급자 수를 줄이는 방법이다.

정부가 복지급여 수급자들의 외부 선택 기회를 늘려주는 방안은 여섯 가지이다. 즉, 직업훈련, 최저임금 인상, 노동시장 보조금, 아동보육비 보조, 자녀양육비, '복지 함정' 제거이다.

직업훈련 직업훈련은 전통적으로 복지 수급자들의 외부 선택 기회를 확대하는 방안으로 사용되어 왔다. 복지 급여 수급자들은 대체로 기본적인 직업기술이 낮다. 만약 이들이 가치 있는 기술을 배울 수 있다면 이들의 잠재적 임금은 그림 17-8의 경우처럼 올라갈 것이며 이에 따라 복지급여를 받는 대신 노동시장으로 나가게 될 것이다.

주정부 복지제도들은 실제로 이러한 직업훈련(학교 내 훈련, 직장 내 훈련 및 구직 지원 등을 포함)이 얼마나 잘 작동하는지에 대해 많은 임의시행분석을 해왔다. 이러한 실증적 결과에 의하면 직업훈련은 복지 수급자를 어느 정도 감소시키고 수급자의 근로소득을 증가시키는 효과가 있는 것으로 나타났다.[49] 그러나 많은 전문가들이 동의하는 것은 직업훈련효과가 긍정적이기는 하지만 그다지 크지는 않으며, 복지 수급자의 수를 크게 감소시키지는 못한다는 것이다.

최저임금 인상 **최저임금**(minimum wage)은 노동시장에 대한 주요 규제이며, 이는 고용주가 직원들에게 지급하는 시간당 급여 최저액을 말한다. 현재 미국 연방정부의 최저임금은 시간당 7.25달러이다. 1968년 인플레이션 조정 최고치인 10달러를 넘은 이후 실질 기준으로 크게 하락했다.[50] 동시에, 주정부와 지방정부는 최근 몇 년 동안 최저임금을 극적으로 인상했으며, 시애틀과 샌프란시스코에서는 최저임금이 시간당 15달러까지 올라갔다.[51] 이러한 주정부 및 지방정부 최저임금을 고려하면 미국 전체 평균 최저임금은 11.8달러이다.[52]

최저임금 고용주가 직원들에게 지급할 수 있는 최저시급

최저임금을 인상하면 복지급여를 받는 사람들의 외부 선택 기회가 증가하기 때문에 노동시장이 더욱 매력적이게 된다. 최저인금 인상은 최근 민주당의 주요 공약이 되었으며, 이에 조 바이든 대통령도 전국적으로 최저임금을 15달러로 인상할 것을 제안하였고, 심지어 취임 이틀째에 행정명령에 서명까지 했다.

그러나 경제학자들은 수년 동안 최저임금 인상이 복지에 의존하는 저임금 노동자에게 피해를 줄 것이라는 우려를 표명해왔다. 전형적인 노동시장 모델에서는 최저임금을 균형임금 이상으로 올리면 고용이 감소하고, 저임금 노동자의 일자리 기회가 줄어들어 혜택이 상쇄된다. 이 때문에 통상 최저임금 인상에 대한 재계의 반발이 거셌다.

그러나 지난 30년간의 경험적 연구는 이러한 우려들이 과장되었다는 것을 분명하게 보여주었다. Card와 Krueger(1993)의 주옥같은 연구를 시작으로 경제학자들은 최저임금이 직업 전망에 피해를 준다는 가정에서 벗어나 제3장에서 제시된 실증분석 방법을 사용하여 최저임금을 효과를 연구했다. 이 기간 동안 나타난 수차례의 최저임금 인상은 이 같은 준실험적 연구를 위한 훌륭한 연구환경을 제공하였다. 다양한 결론이 도출되었으나, 최저임금 인상이 고용에 미치는 영향은 상당히 미미하다는 것이 압도적 의견이다(Dube, 2019; Dube et al., 2019). 다만 이들 연구의 대부분은 최저임금을 지역 중위임금의 60% 이하 수준으로 끌어올리는 변화에 초점을 맞추었다. 많은 지역에서, 15달러의 최저임금은 이 수준(중위임금의 60%)을 훨씬 상회하므로, 해당

49 관련 문헌에 대해서는 Gueron(1990)을 참조하라.

50 Cooper(2019).

51 Minimum Wage Facts and Analysis(2020).

52 Smith and Garcia(2019).

수준에서 최저임금이 장기적으로 미치는 영향에 대해서는 불확실성이 존재한다.

구체적으로, 최저임금을 인상이 복지 지출 감소를 야기한다는 연구 결과가 있다. Cooper(2016)는 시간당 임금이 1달러 증가할 때마다 복지 신청자가 3.8% 감소할 것으로 예상했으며, 연방 최저 임금이 12달러로 인상될 경우 정부 복지 지출이 연간 170억 달러 감소할 것으로 예측했다.[53] West와 Reich(2014)는 최저임금이 10% 인상되면 SNAP 등록이 2.4~3.2% 감소하고, 복지제도 지출이 1.9% 감소한다는 사실을 발견했다.[54]

노동시장 보조금 복지 수급자의 외부 선택 기회를 확대하는 또 다른 방안은 그들의 시장임금을 직접 보조해줌으로써 일을 하는 것이 복지급여를 수급할 때보다 유리해지게 만드는 것이다. 이러한 보조금에는 두 가지 형태가 있다. 첫 번째는 저소득 근로자들의 노동공급에 대한 일반보조금이다. 근로장려세제(EITC)가 한 예인데, 이 제도는 소득이 일정 수준 이하인 사람들에게 근로소득에 대한 보조금을 제공하고 있다. 2020년의 경우, 두 자녀 이상의 가구소득이 53,330달러 이하이면 EITC 제도의 수급자격이 주어진다. 자녀가 1명일 경우에는 47,646달러 이하, 자녀가 없을 경우에는 21,710달러 이하일 경우에 수급자격이 있다. 제21장에서 자세히 논의할 것이지만 이러한 제도는 저소득 근로자들의 노동공급을 증가시키는 데 있어 매우 성공적이었다. 동시에 이 제도에 대한 지출비용은 매우 커서 현재 연간 640억 달러 이상이 소요되고 있다.[55]

또 다른 방법은 보조금 제도의 비용을 절감하기 위해 기존에 복지 수급자였던 사람들만을 대상으로 임금보조금을 제공해주는 경우이다. Blank 외(2000)는 복지수혜가구의 노동수익률을 높여주는 제도들을 실증적으로 분석하였다. 그 결과 임금보조금은 고용을 증대시키고 수급자 수를 줄이는 효과가 있다는 것과, 그 효과는 보조금의 규모가 클수록 증가한다는 것을 발견하였다. 더욱이 이와 같이 표적화된 제도는 EITC 제도와 같은 일반보조금에 비해 비용이 훨씬 적게 든다.

그러나 표적화된 제도에는 두 가지 단점이 있다. 첫째는 많은 사람들이 임금보조금을 필요로 하지만 수급자격이 주어지지 않아 혜택을 받지 못한다는 것이다. 예를 들어 홀로 자녀를 키우는 엄마가 실직을 하고서도 복지급여 신청을 원하지 않는 경우 이러한 혜택이 복지 수급자들에게만 주어지고 그녀는 단지 정부의 도움을 받기를 꺼렸다는 이유로 피해를 보게 될 것이다. 이러한 문제는 두 번째 단점으로 이어진다. Blank 외(2000)는 복지 수급자들이 근로 활동에 복귀할 경우 임금보조금을 주게 되면 복지급여 수급자의 수가 증가한다는 것을 발견하였다. 사람들이 임금보조금을 받기 위해서는 복지 수급자가 되어야 하기 때문에(EITC 제도 같은 일반보조금의 경우와 달리) 이러한 보조금을 받기 위해 복지제도에 가입하려 할 것이다. 우리의 사례에서 엄마는 이제 수급자격을 갖추기 위해 복지제도에 가입할 가능성이 더 높아져 표적화된 보조금 제도에서 받는 혜택의 일부를 상쇄할 수 있다.

---

53 Cooper(2016). 각 복지 프로그램에 대한 자세한 내용은 해당 연구의 20페이지 표 3을 참조하라.

54 West and Reich(2014).

55 EITC 관련 정보는 미국 국세청(IRS) 홈페이지(http://www.irs.gov/)를 참조하였다.

아동보육비 보조 현실적으로는 자녀가 있는 가구의 경우 그림 17-3과 그림 17-8의 예산제약선은 엄마가 노동시장에서 버는 임금소득에서 그녀가 일하는 동안 자녀를 보육기관에 맡기는 데 드는 비용을 뺀 금액을 반영해야 한다. 보육비가 크면 클수록 그녀의 가처분소득은 줄어들 것이다. 이와 같이 여성의 외부 선택 기회를 확대하는 또 다른 수단은 자녀보육비를 보조해주거나 또는 무료 보육 서비스를 제공해주는 것이다. 이러한 조치는 임금을 올려주는 것과 같은 효과를 갖게 되어 예산제약선의 기울기를 올려주게 된다. 자녀보육비 보조는 여성의 노동공급을 증가시키는 것으로 나타난다. 최근의 추계들은 보육비 보조금이 10% 증가하면 여성의 노동공급이 약 2% 늘어난다는 것을 보여준다(제21장에서 논의하듯이).

그러나 보육시설의 이용률 증가는 부모들이 자녀를 직접 돌보지 못하는 경우가 늘어난다는 것을 의미하기에 이것이 정말로 바람직한 것인지에 대해서는 토론의 여지가 있다. 이러한 의문점에 대해 실증적인 적용을 검토한 많은 연구문헌이 있다. 고품질의 취학 전 교육이 취약층의 청년들에게 확실한 긍정적 효과가 있다는 결과가 있지만 중산층 청년에게 보육 서비스를 제공하는 것이 실제로 부정적 효과를 준다는 증거도 있다.

실증적 증거

캐나다의 자활사업

임금보조금의 매우 흥미로운 사례는 캐나다의 자활사업(SSP)이다.[56] 이 제도는 복지급여를 1년 이상 받고 있는 수급자들 중에서 임의로 추출한 분석집단에게 임금보조금을 제공하였다. 즉 만일 복지급여 수급을 중단한 후 1년 내에 정규적인 직장을 찾게 되면, 첫 3년간 받는 임금의 평균 100%에 해당하는 보조금을 제공하였다. 이 제도는 복지급여의 장기 수급자들만을 대상으로 함으로써 보조금을 받기 위해 복지급여를 신청하는 사람들을 최대한 배제하였으나, 이로 인해 혜택을 받을 수 있는 수혜자 수는 제한될 수밖에 없었다. 이 분석집단을 임금보조금을 제공받지 않은 장기 수급자들 중 임의추출된 비교집단과 비교해보았다.

이러한 임의시행의 결과는 놀라웠다. 보조금을 제공받은 분석집단의 고용률은 보조금을 제공받지 않은 비교집단에 비해 12%p(43%)가 높았으며, 복지 수급률도 유사한 수준으로 낮아졌다. 그러나 이러한 단기적인 보조금은 장기적인 효과를 보이지는 않았다. 5년 후에는 분석집단과 비교집단의 고용률 및 복지 수급률이 다시 유사해졌다. 만일 임금보조 지급을 연장하면 장기적인 효과가 나타날 것인지는 미지수이다. 5년간의 실험기간 중 정부 지출 1달러당 임금보조금을 받은 기존 복지 수급자들의 소득은 2달러가 증가하였다. 이는 '구멍 난 물통'의 사례와 정반대의 경우이다. 정부의 소득이전이 총소득을 소득이전액 이상으로 높였기 때문이다. 이는 표적화가 잘되고 규모가 큰 임금보조정책이 복지 수급률 감소에 매우 효과적인 수단이 될 수 있음을 시사해준다.

따라서, 보다 일반화되고 (기존 복지 수급자에게) 보다 표적화된 임금보조금제도에는 분명히 상충관계가 있다. 보다 표적화된 보조금 제도는 일반화된 제도에 비해 비용을 절감할 수 있지만, 수급 자격을 얻으려는 사람들 중에서 복지 등록자가 증가하지만 진정으로 궁핍한 사람들이 배제될 수 있는 위험을 감수해야 한다.

56 SSP의 구현 및 결과에 대한 자세한 내용은 Ford 외(2003)를 참조하라.

실증적 증거

육아, 유치원, 자녀에 대한 영향[57]

보조금 또는 무료 보육 혹은 유치원은 복지 프로그램에 안주할 수도 있었던 엄마들이 일을 하도록 할 수 있는 수단일 수 있지만, 이러한 프로그램의 가장 중요한 점은 아동에 대한 영향이다. 개방적이고 중요한 질문은 집에서 보육원에 이르기까지 다양한 보육 방식이 아이들에게 단기 및 장기적으로 어떻게 영향을 미치는지다. 그러나 이 질문에 대답하는 것은 대단히 어렵다. 왜냐하면 자녀를 돌보는 방식이 여러 면에서 가정마다 다를 수 있기 때문에 다른 환경에서 자란 자녀들을 비교하기가 매우 어렵기 때문이다.

이 문제를 해결하는 한 가지 접근 방법은 보육 서비스를 제공받은 혹은 받지 않은 형제자매를 비교하는 것이다. 동일한 가정환경에서 자란 형제를 비교하면 해당 차원에서 비교 가능한 차이점을 제거할 수 있다. 이 접근법은 Currie와 Thomas(1995)가 미국의 저소득층 가정에 보조금을 지급해 제공되는 고품질 유치원 프로그램인 헤드스타트(Head Start) 프로그램을 평가하기 위해 개척되었다. 그들의 연구와 후속연구들은 헤드스타트 프로그램에 전반적으로 긍정적인 그림을 그렸다. 이 프로그램은 젊을 때는 더 높은 시험 점수와 더 나은 건강 상태, 더 높은 졸업률을 보이며, 나이 들어서는 체포 가능성 및 흡연 가능성을 낮추는 결과를 보여준다. 그러나 이 접근법도 같은 가정 내에서 형제간에도 다를 수 있다는 문제로부터 자유롭지 못하다. 예를 들어 헤드스타트 프로그램에 참여한 형제자매들은 불우하지 않아서 프로그램에 참여하지 않은 다른 형제자매보다 그들의 가정이 더 불우한 때에 태어났을 수도 있다. (이 경우 헤드스타트의 긍정적 영향은 과소평가된다.)

또 다른 방법은 헤드스타트의 규칙에서 상대적으로 유사한 환경에 있는 아동이 프로그램 자격점 주변에서 작은 소득 차이로 자격을 얻거나 얻지 못하는 '불연속성'을 사용하는 것이다. Carneiro와 Ginja(2008)는 이 방법을 사용하여 헤드스타트에 참여한 아이들이 12~13세 사이에서는 행동장애 문제나 비만이 줄어들고 16~17세 사이에서는 우울증, 비만 및 범죄가 줄어들었다는 것을 보여주었다. 그러나 이 접근법의 한계점은 헤드스타트에 참여하기 위해 가족 소득을 조작할 수도 있다는 점이다. 다른 방법으로 자녀를 돌보려는 가족이 소득을 줄이거나 과소 보고하여 프로그램에 대한 자격이 주어지게 되는 경우 이는 긍정적인 프로그램 효과로 감지될 것이다.

연구 결과상의 이러한 한계로 인해 연방정부는 2002년에 헤드스타트 프로그램에 신청한 아동을 무작위로 두 그룹으로 나누는 연구(Head Start Impact Study, HSIS)에 자금을 지원했다. 분석집단은 프로그램 참여가 허용되었고 비교집단은 거부되었다. 무작위에 의한 추출은 이전에 연구를 괴롭혔던 비교 가능성 문제를 해결해주었다.

연구 결과는 단기적으로는 헤드스타트가 아동에게 상당한 긍정적 영향을 준다는 HSIS를 지지하는 개념과는 거리가 멀었다. 그러나 연

자녀양육비 이혼한 부모에게 법정이 자녀양육을 위한 지원금의 지급의무를 부과한 것

자녀양육비 외부 선택 기회를 확대하는 다섯 번째 수단은 엄마가 복지 수급자일 경우 아버지에게 **자녀양육비**(child support) 지급의무를 보다 강화하는 방안이다. 부부이혼이나 혼외출산의 경우 법원은 흔히 자녀와 같이 살지 않는 부모(주로 아버지)로 하여금 자녀를 양육하는 부모(주로 엄마)에게 재정적 지원을 하도록 명령한다. 문제는 현재 미국에서는 실제로 법원이 명령한 자녀양육비의 절반만이 지급되고 있다는 점이다. 이로 인해 여성들은 이러한 양육비 없이는 자신의 근로소득만으로 가정의 소비를 충당할 수 없게 되어 복지 수급자로 남아 있을 수밖에 없게 된다. 자녀양육비가 제대로 지급된다면 그림 17-8의 예산제약선은 오른쪽 위로 이동하게 되어 복지 수급의 유인은 줄어들 것이다.

이러한 방법은 복지의존성을 줄일 수 있는 매우 매력적인 방안이다. 자녀양육비를 지불하지 않는 '무책임한 아버지'들을 옹호하려는 사람들은 없을 것이기 때문이다. 이러한 이유로 인해 1981~1999년 동안 거의 해마다 연방법원은 양육비를 지급하지 않는 아버지들을 찾아내어 지급의무를 강제로 수행하도록 하기 위해 법을 강화해왔다. 현재 자녀양육법의 이행책임을 맡고 있

57 이 실증적 증거들은 Almond와 Currie(2010), Baker 외(2015), Bitler 외(2014)의 연구를 바탕으로 정리한 것이다.

구 결과에 따르면 이러한 효과는 시간이 지나면서 희미해져서 초등학교 1학년이 될 때까지 대부분의 시험 점수 효과가 사라졌다(Bitler et al., 2014). 이는 다른 연구에 의해 밝혀진 장기적인 긍정적 효과에 대해서도 의문을 제기하게 한다.

긍정적 효과가 나타날 것이라는 제안은 이 분야에서 아마도 가장 잘 알려진 연구에서 비롯된 것이다. 즉 매우 높은 수준의 유치원 교육에 아동을 무작위로 배정하여 이루어졌던 1960년대의 실험에 대한 평가이다. 이 연구들에 의하면 단기간 시험 점수가 올라간다는 효과가 사라졌을 때조차도 고소득, 높은 가족 안정성, 낮은 범죄율 등 상당한 긍정적 효과를 보였다. 이 프로그램을 통한 정부 개입에 지출된 1달러는 세금 납부자에게만 4달러를 저축하는 효과를 줄 뿐 아니라 범죄율 감소 및 기타 사회환경 개선으로 인한 세금절감효과가 높을 것으로 추정되었다. 시험 점수 상승에 대한 약간의 문제점에도 불구하고 긍정적인 장기적 효과가 도출되는 것은 이러한 교육 개입이 인생의 성공에 필요한 비인지 기술을 향상시킬 수 있다는 것으로 설명할 수 있다.

마지막으로, 최근의 많은 연구는 전 세계적으로 보육과 유치원 교육이 광범위하게 확장되고 있는 것을 평가하기 위해 준실험법을 사용했다. 이러한 연구는 보육원이나 유치원에 대한 접근이 불가능했던 지역과 가능했던 지역에서 이용했던 아동집단과 이용하지 못한 아동집단을 비교하는 이중차감법(difference-in-difference approach)을 사용하였다.

미국 전역에 유아원(pre-kindergarten) 프로그램 도입에 관한 많은 연구 결과에 따르면 이 프로그램이 불우한 학생들의 학업 성적은 향상시켜 주지만 불우하지 않은 학생의 경우는 아니다. 불우한 시민을 위해 보육을 제공한 캐나다 퀘벡주 보편적 보육제도 도입에 대한 연구는 장기적 · 단기적으로 모두 아동에게 부정적 영향을 주는 것을 발견했다. 덴마크, 독일, 노르웨이, 스페인에서는 보육 서비스 확장에 대한 연구 결과에 의하면 가장 불우한 아동에게 긍정적 효과가 있었지만 대부분의 불우한 아동에게는 긍정적 효과가 없었고 심지어는 좋은 가정환경의 아동에게는 부정적 효과가 나타났다.

종합하면, 이 방대한 연구 결과는 불우한 청소년에 대해 육아와 유치원 교육을 제공하는 것(특히 집중적인 개입을 통해)이 긍정적인 교육적 · 사회적 결과를 가져온다는 상당히 일관된 그림을 그리게 된다. 그러나 자원을 많이 가진 가정의 청소년들에게는 효과가 완만하거나 부정적으로 나타난다. 이는 육아정책이 보편적인 권리가 아니라 가장 취약한 아동에게 자원을 보급하기 위해 노력하는 정책이 되어야 장기적으로 보다 생산적일 수 있음을 시사한다.

는 주정부에는 친부모 확인을 위한 유전자 조사를 할 수 있는 권한, 양육비 지급을 위해 아버지의 재산 상태를 조사할 권한과 함께 양육비를 내지 않는 아버지들의 임금을 차압하거나 재산을 팔아버릴 수 있는 권한이 있다.[58]

그러나 복지의존성을 해결하려는 이 방법의 문제점은 많은 경우 양육비를 내지 못하는 아버지들도 마찬가지로 가난한 사람들이어서 실질적으로 별 도움이 되지 못한다는 것이다. 그리고 덴마크에서 나온 연구에 따르면 자녀양육 의무 강화는 자녀양육 명령을 받은 아버지들의 노동공급을 감소시키는 것으로 나타났다.[59]

더욱이 대부분 주정부의 TANF 제도 현행 구조하에서는 여성의 복지비용을 충당하기 위해 자녀양육권을 상실한 부모로부터 징수한 거의 모든 자금을 여성들에게 소액만을 지급하고 남은 모두를 주정부가 환수하고 있다. 따라서 현 제도는 실질적으로는 복지제도를 충당하기 위해 양육권을 잃은 가난한 부모들에게 세금을 부과하는 셈이 된다. 이 제도는 복지 수급 여성들에게 양육비를 내지 않는 아버지를 찾으려는 유인을 주지 못한다. 왜냐하면 양육비는 엄마가 아닌 주

58 U.S. House of Representatives Committee on Ways and Means(2004), Section 8.

59 Rossin-Slater and Wust(2018).

정부가 가져가기 때문이다. 이러한 이유로 인해 일부 주들은 함께 살지 않는 아버지들로부터 받는 자녀양육비의 전액을 복지 수급 여성에서 '전달'해주는 실험을 하고 있다.

다른 한편으로는 자녀양육비 지급의무를 강화하는 것의 중요한 장점은 아버지들이 가정을 포기하는 것에 대한 금전적 부담을 높임으로써 편모가정이 발생할 잠재적 가능성을 줄일 수 있다는 것이다. 그러나 자녀양육비 지급의무 강화가 이혼율이나 혼외출산율을 낮춘다는 확실한 증거는 거의 없다. 실제로, 경제학자 Maya Rossin-Slater의 최근 연구는 그 반대일 수도 있다는 것을 시사한다. 그녀는 주정부가 친자 확인을 강화하는 법을 통과시킨 결과, 혼인율을 낮추고 아버지들이 그들의 자녀에게 대한 간섭을 감소시켰다는 것을 발견했다. 마찬가지로, 덴마크에서 양육비의 증가는 아버지들이 자녀들과 함께 살 가능성을 낮아지게 했다. 이러한 결과는 그들 자녀의 어머니와의 결혼에 대해 확신이 없는 남성들이 결혼 대신에 양육비를 지급하는 것을 선택하였다는 것을 시사한다.[60]

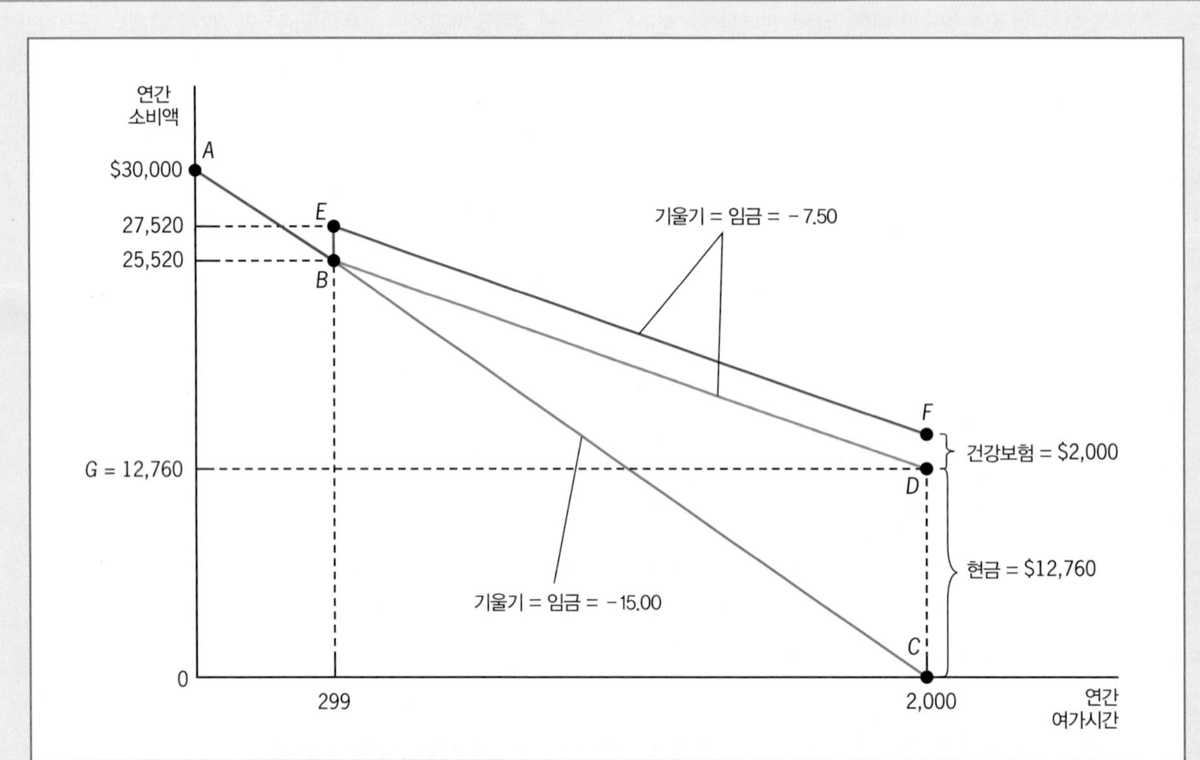

그림 17-9 **건강보험과 현금급여의 연계** 건강보험인 메디케이드를 현금급여와 연계시킬 경우 복지 수급 중단에 대한 비유인이 크게 늘어나게 된다. 이 경우 예산제약선은 *ABD*에서 *ABEF*로 변화하게 된다. 이 중에서 *BEF* 부분은 추가적인 메디케이드의 가치를 반영하고 있으며, 복지 수급을 중단할 경우 그 혜택도 함께 사라지게 된다. 따라서 메디케이드와 복지급여가 연계되어 있을 경우, 직장이 건강보험을 제공하지 않는 한 단지 약간의 소득 증가를 위해 일을 하려고 하지는 않을 것이다.

60 Rossin-Slater and Wust(2018); Rossin-Slater(2017).

복지 함정의 제거 마지막으로 외부 유인을 높일 수 있는 여섯 번째 방안은 현금복지급여와 다른 현물복지급여와의 연계를 끊어버리는 것이다. 예를 들어 1980년대 중반까지는 복지 수급 여성들만이 저소득층의 비장애인 여성들에 대한 공공의료보험인 메디케이드의 혜택을 받을 수가 있었다. 그러나 이 여성들은 복지급여를 더 이상 받을 필요가 없어지더라도 대부분의 경우 의료보험을 제공해주는 직장을 찾을 수가 없었다. 이처럼 현금복지급여와 의료보험혜택이 연계되어 있기 때문에 여성들이 단지 의료보험혜택을 받으려는 목적으로 복지 수급자로 남아 있으려는 결과를 초래하였다.

이러한 경우가 그림 17-9에 나타나 있다. 그림 17-5와 같이 복지제도 도입 전 예산제약선(*ABC*)의 기울기는 15달러(시간당 임금)이다. 보장급여 수준이 12,760달러이고 급여 감축률이 50%(근로소득 1달러당 급여액은 50센트씩 감소)인 복지제도가 도입되면 그림 17-5에서 보듯이 예산제약선은 *ABD*로 이동한다. 이제 정부는 빈곤 완화 대책으로 복지 수급자들에게만 무료의료보험을 제공한다고 하자. 이 의료보험의 가치는 2,000달러이다. 이 경우 복지급여를 받는 사람의 예산제약선은 2,000달러만큼 추가적으로 상향이동될 것이다. 즉 복지급여를 받고 있는 한 그녀는 2,000달러 가치의 의료보험혜택을 받게 된다. 그러나 복지급여의 수급을 중단하면 그녀는 현금급여와 함께 의료보험혜택을 상실할 것이다. 따라서 복지급여와 공적의료보험혜택을 감안한 예산제약선은 *ABEF*가 된다.

이 경우 복지급여의 수급을 중단하고 일을 하려고 생각 중인 여성에게 있어서는 복지제도를 벗어날 수 있는 마지막 1달러의 근로소득을 벌 경우 단지 50센트의 복지급여뿐 아니라 의료보험 가치의 전부를 포기해야만 한다. 따라서 이 제도는 근로를 통해 복지제도에서 벗어나려는 노력에 대해 엄청난 비유인을 제공한다. 여성들은 그들의 근로소득이 상실된 의료보험의 비용을 초과할 정도로 크지 않은 한 복지 수급자로 남아 있게 될 것이다. 이 경우 제15장의 직장고착에 대한 경우와 마찬가지로 **복지 함정** 문제가 발생하게 된다. 즉 여성들이 근로를 통해 그들의 소득 수준을 높일 수 있더라도 공적의료보험의 혜택이 상실되기 때문에 복지제도를 벗어나려고 하지 않는다.

따라서 여성들에게 외부 선택 기회를 확대해주기 위한 한 가지 방법은 현금급여의 수급자격과 의료보험의 수급자격을 분리하는 것이다. 이러한 이유로 1980년대 및 1990년대의 메디케이드 확대 과정에서는 현금급여와의 연계를 끊어버렸다. 그러나 불행히도 복지의 함정이 실제로 얼마나 중요한 역할을 했는지에 대한 확실한 증거는 없다. 가장 긍정적인 추정 결과를 따르더라도, 의료보험과 복지제도의 분리는 복지 수급자 수 감소에 아주 미미한 영향만을 준 것으로 추정되고 있다.

kmsdesen/Shutterstock

응용사례
1996년 복지개혁의 평가

클린턴 대통령은 1996년 8월 22일 소위 복지개혁법이라 불리는 '개인책임 및 근로기회조정법(PRWORA)'에 서명하였다. 이 법은 클린턴 대통령(및 다수의 정책입안자들)이 '이전의 복지제도를 종결(end welfare as we know it)'하겠다는 약속을 지킨 것이다. 가장 중요한 몇 가지 변화는 다음과 같다.

1. 기존에는 연방정부가 현금복지제도에 대한 주정부 예산의 절반 이상을 의무적으로 부담하였다. 그러나 개혁 이후에는 연방정부가 각 주정부에 고정된 금액의 **포괄보조금**을 지급하는 방식으로 바뀌었다. 이러한 변화는 연방정부가 주정부의 복지비용에 대해 사후적으로 보상하는 방식을 사전적으로 보상하는 방식으로 바꾼 것과 동일한 것이다.
2. 주정부가 급여 감축률을 낮추거나 여성들이 자녀의 아버지로부터 받은 양육비를 보다 많이 가질 수 있도록 하는 등 현금복지제도에 대해 다양한 실험을 할 수 있도록 장려하였다.
3. 복지 수급자들에 대한 최대수급기간을 제한하였다. PRWORA법 이전에는 이러한 수급기간제한이 없었다.
4. 복지 수급자들에 대한 근로요구조건이 부과되었다. 이전에는 근로요구조건이 매우 약했다.
5. 미혼모의 수를 줄이기 위한 새로운 대책이 도입되었다. 복지급여를 받으려는 10대 여성들은 반드시 그들의 부모와 함께 살아야 하며 학교에 다녀야만 한다. 자녀의 아버지를 밝히지 않는 엄마들에겐 급여의 25%가 삭감된다. 또한 자녀가 많을수록 급여액이 증가하는 것을 방지하기 위해 주정부가 '자녀 수 제한' 제도를 도입할 수 있게 허용하였다.

그림 17-10에 나와 있듯이, 이 법의 시행시기와 복지담당 건수(현금복지를 받는 사람의 수)의 감소 사이의 연관성이 확연하다. 1994년 최고점에 도달한 후 복지담당 건수는 2019년까지 3/4 이상 감소했다.

그러나 예상할 수 있듯이 그림 17-10의 복지개혁효과에 대한 시계열 증거는 두 가지 이유로 완전히 납득하기 어렵다. 첫째, 1994년 복지개혁이 실행되기 훨씬 이전에 담당 건수가 감소하기 시작했다. 둘째, 이 시기는 미국 역사상 가장 큰 경제호황기 중 하나로, 노동시장 환경 개선은 항상 복지급여 축소와 관련이 있어왔다. 비슷한 문제들로 인해 복지개혁이 노동공급 및 출산과 같은 다른 결과에 미치는 영향을 평가하려는 시도는 불투명해진다.

그러나 복지개혁은 국가 단위에서 이루어지기 때문에 시계열분석을 넘어서 분석하기는 매우 어렵다. 이 법은 각 주마다 새로운 신축성을 가지고 여러 주에서 각기 다른 형태로 진행되었지만 복지법의 너무 다른 여러 측면이 변경되어 변경사항 하나에 인과적 영향을 부여하기가 어렵다.

1996년 복지개혁의 분석가들은 이 문제에 대한 두 가지 해결책을 제시했고 둘 다 완전히 만족스럽지는 않지만 함께 개혁효과의 그림을 그리기 시작할 수는 있다. 첫 번째 접근법은 편모가정(분석집단)의 결과를 비슷한 경제적 충격은 받았으나 복지개혁에 별다른 영향을 받지 않는

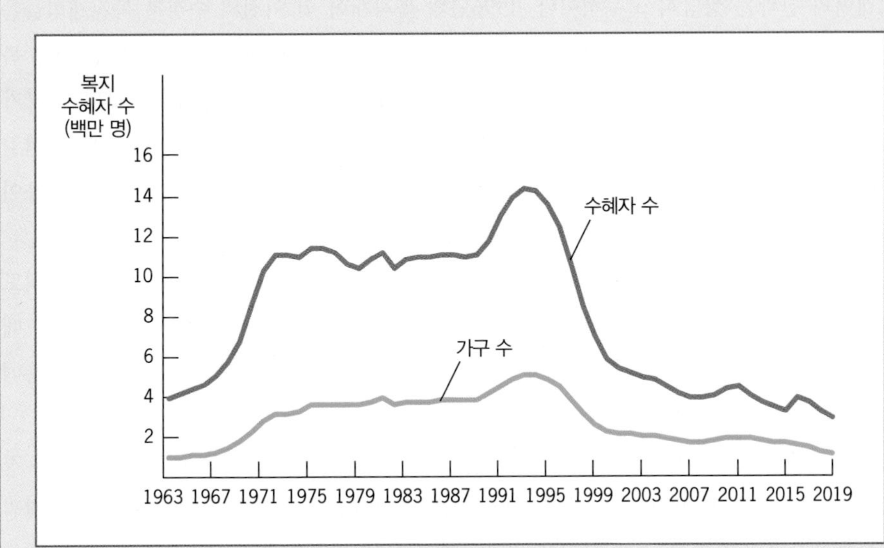

그림 17-10 미국의 복지 수혜자 수(1963~2019년) 복지 수혜자 수는 1960년대 동안 빠르게 증가한 후 안정적인 모습을 보이다가, 1990년대 초반의 경기침체기에 다시 증가하였다. 1994년 이후에는 복지 수혜자 수가 급격히 감소하였으며, 이는 1996년의 복지개혁법 및 이전의 주정부 복지개혁에 일부 기인하고 있다.

출처 : U.S. Department of Health and Human Services(2021b).

기혼모집단의 결과와 비교하는 것이다. 두 번째 접근법은 일부 주의 경우 소득 축소율과 근로유인이나 비근로에 대한 제재 같은 복지개혁법의 특정 사안을 실행하는 것을 면제받았다는 사실을 이용하는 것이다. 1990년대 중반에 이러한 정책이 일부 주에서는 시행되었지만 다른 주에서는 시도되지 않았다는 사실은 그 정책효과를 평가하기 위한 준실험 설정을 가능하게 한다.[61]

이러한 접근법을 바탕으로 연구자들은 복지개혁에 대한 많은 명확한 결과를 제시했다. 첫째, 복지 수급자 감소의 약 1/3이 개혁의 결과로, 나머지는 경제 개선으로 인한 것으로 귀결될수 있다. 둘째, 복지급여 지출의 엄청난 감소에도 불구하고 전반적으로 편모가정들의 소득이나 소비수준은 떨어지지 않았다. 이러한 놀라운 결과는 이 기간 중 편모가정 엄마들의 노동공급이 크게 늘어난 것에 기인하며 이로 인해 근로소득의 증가가 복지급여의 감소를 완전히 상쇄할 수 있었다. 편모가정 엄마들의 노동공급 증가는 복지개혁뿐 아니라 이 기간 중의 경기호황과 EITC 제도에 의한 임금보조금의 확대에도 부분적으로 기인하고 있다. 이와 동시에 소득을 향상시킬 수 있는 기술을 보유하지 못한 일부 편모가정 엄마들은 현금복지급여의 감축으로 인해 고통을 받게 되었다.

마지막으로 복지개혁의 주요 동기 중 하나는 혼외출산을 줄이기 위한 것이었다. 그러나 이 장의 표적화에 대한 논의 부분에서 지적된 것처럼, 복지개혁은 출산율에 별로 주목할만한 영향을 주지는 못했다. 예를 들어 최근에 주정부의 자녀 수 제한 정책을 분석한 Kearney(2004)에 의하면 복지급여 수준의 제한은 편모가정의 출산율에 아무런 영향을 주지 못한 것으로 나타났다.

복지개혁은 성공적인가? 복지개혁의 효과에 대한 이제까지의 실증적 증거들에 의하면 1996

61 이에 대한 기존의 연구들에 대해서는 Blank(2002)를 참조하라. 복지개혁과 소비에 대한 증거는 Meyer와 Sullivan(2004)을 참조하라.

년 복지개혁의 결과는 상당히 고무적이다. 1996년의 복지개혁 및 이전의 주정부 복지개혁들은 미국 편모가정의 소득 감소 없이 복지 수급자 수를 감소시킨 것으로 보인다. 그러나 이러한 복지개혁들이 궁극적으로 '성공'을 거둘 것인가는 다음의 네 가지 요인에 달려 있다. 첫째, 편모가정의 소득이 평균적으로는 떨어지지 않았지만 일부 여성들의 소득은 실제로 하락하였다. 만일 사회가 소득분배의 최하위층에 속한 사람들을 특별히 배려한다면 이러한 일부 여성들의 비용이 정부의 복지 지출 감소에 의한 이득을 초과할 수 있을 것이다.[62]

둘째, 편모가정의 소득이 평균적으로 떨어지지는 않았지만 그렇다고 해서 크게 향상되지도 않았다. 반면 이들의 여가시간은 분명히 줄어들었으며 이로 인해 효용극대화의 시각에서 볼 때 이들의 효용 수준은 낮아졌다. 정부의 복지 지출 감소의 혜택은 이러한 편모가정의 여가 감축에 따른 효용 감소분과 비교해보아야 할 것이다.[63]

셋째, 복지개혁은 미국 역사상 가장 경제호황기에 추진되었으며, 2000년대 후반의 가파른 경기침체기에는 복지제도가 잘 대응하지 못했다. DeParle(2012)이 기록한 바와 같이 식품구매권 제도는 수혜자격의 기반으로 경제 상태에 반응하기 때문에 경기침체로 인해 해당 제도가 엄청나게 증가하는 결과를 낳은 반면, 이전지출제도는 교부금으로 자금을 조달하기 때문에 증가하지 않았다. DeParle은 대공황기에 이전지출 제한으로 인한 고난의 여러 가지 사례들을 제공한다. 그럼에도 불구하고, 식품구매권 수급자에게 근로요건과 시간 제한을 부과하는 등 이 제도를 축소하기 위한 노력이 계속되고 있다.[64]

마지막으로, 복지개혁의 가장 중요한 장기적 효과는 수급자격이 있는 가족의 자녀에게 미치는 효과일 것이다. 복지개혁으로 인해 평균적으로 가구소득에 큰 변화가 없었지만, 이 아동들은 이제는 점점 더 자신의 부모(복지급여를 수급하기 위해 집에 머물지 않고 대신에 일을 하는 부모)의 보살핌을 받고 있다. 이것이 자녀들의 후생에 긍정적 영향을 주었는지, 아니면 부정적 영향을 주었는지는 앞으로 두고 보아야 할 것이다. 그러나 초기의 결과는 긍정적이지 않은 것으로 밝혀졌다. 한 연구에 따르면 복지 수급자의 자녀가 실제로 1996년 시점보다 오늘날 복지 수급자가 될 가능성이 더욱 높다는 것을 발견했다.[65] 또 다른 연구는 복지개혁이 다음 세대의 학교 결석 증가, 재산 파괴, 다툼, 흡연 및 마약 사용 증가로 이어졌다는 것을 발견했다.[66] ■

17.5 기본소득이란?

17.1절에 기술된 소득불평등 문제는 점점 더 악화되고 있다. 미국 경제는 대공황 이후 꾸준히 성

62 Bitler 외(2003)는 복지제도의 유인효과가 소득계층별로 달라진다는 점을 강조하였다.

63 실제로 Meyer와 Sullivan(2008)은 복지개혁 후 저소득 편모들의 여가시간이 급격히 줄어들었음을 보였다. 그들은 또한 여가시간의 가치가 시간당 3달러 이상이라면 이들 편모가정의 효용 수준은 감소했을 것이라고 지적했다. 마찬가지로 Greenberg와 Robins(2008)는 여가 가치가 통합될 때 캐나다에서 SSP 프로그램에 대해 예상되는 큰 편익이 훨씬 작거나 부정적인 것으로 나타남을 발견했다.

64 Clark(2016).

65 Duggan(2016).

66 Dhaval et al.(2019).

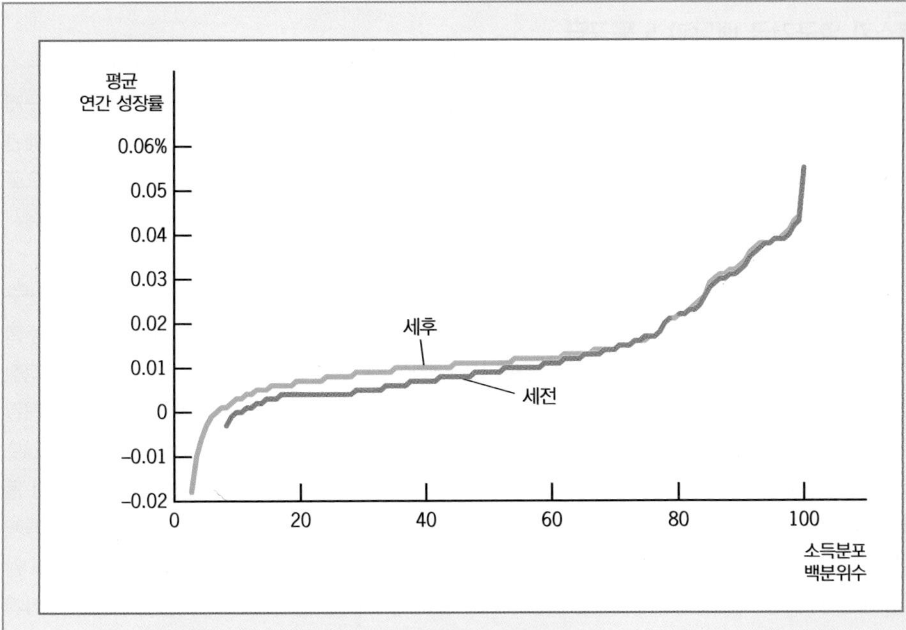

그림 17-11 **연평균 소득 증가율(1980~2019년)** 이 그림은 소득분포의 백분위수(가장 가난한 사람들은 왼쪽에 있고 가장 부유한 사람들은 오른쪽)를 나타낸다. 각 선은 세전(빨간색)과 세후(녹색) 분포의 각 백분위수에 대한 평균 연간 성장률을 보여준다.

출처 : Piketty, Saez, and Zucman (2018).

장했지만, 그로 인한 혜택이 사회에서 널리 공유되고 있지는 않았다. 이것은 Piketty 외(2016)의 연구에서 제시한 그림 17-11에서 자세히 설명되어 있다. 이 그래프는 1980년에서 2014년 사이에 미국 경제성장으로 인한 혜택을 받은 사람들을 보여준다. 가로축은 소득분포의 백분위수를 보여준다. 왼쪽은 가장 가난한 사람을, 오른쪽은 가장 부유한 사람을 나타낸다. 각 선은 세전(빨간색)과 세후(녹색) 분포의 각 백분위수에 대한 평균 연간 성장률을 보여준다. 하위 50% 인구의 소득 증가율은 1% 미만이다. 그러나 소득 규모의 최상위에 있는 사람들의 성장은 훨씬 더 빨랐다. 소득 상위 1%의 경우 연간 2.3%, 상위 0.001%의 경우 연간 6%씩 증가한 것으로 나타났다!

이러한 불평등이 심화됨에 따라 기존의 복지제도가 사회의 소득격차를 해소할 수 없다는 인식이 생겨났다. 이 장에서 다룬 이유들로 인해 소득조사 기반의 현금복지 접근 방식은 다양한 제한사항에 직면해 있다. 지난 수십 년간 시행된 체계의 개혁들은 이 같은 제한사항을 더욱 악화시켜 왔다.

이러한 이유로, 진보적인 정책 전문가들 사이에서 급진적이고 새로운 접근 방식인 기본소득(Universal Basic Income, UBI)에 대한 관심이 고조되고 있다. 이 방식에 따르면, 모든 시민들은 아무런 조건 없이 균일한 소득보조금을 받게 된다. 가장 중요한 것은, 이 소득은 소득조사대상이 아니므로 노동공급에 왜곡을 초래하지 않는다는 것이다. 이러한 방식으로 모든 시민은 현금복지의 암묵적인 세금과 관계된 비효율성 없이도 최소한의 생활 수준을 보장받는다. 기본소득은 단순히 이론적인 개념이 아니다. 앤드루 양(Andrew Yang) 대통령 후보는 2020년에 18세 이상의 모든 미국 시민에게 월 1,000달러 또는 연간 12,000달러의 기본소득을 제공하는 '자유 배

실증적 증거

알래스카 영구기금 배당과 노동공급

기본소득은 분배 혜택은 매력적이만 미국의 노동공급이 크게 감소할 것이라는 상당한 우려가 있다. 사회보장보험에 대해 다룬 제13장의 논의에서 보았듯이, 소득 지원 규모가 증가하면 그것이 대부분 단지 소득효과일지라도 노동공급의 대규모 감소로 이어질 수 있다. 이러한 감소는 단지 소득효과만 존재하기 때문에 이론적으로는 왜곡이 나타나지 않는다(더 자세한 설명은 제20장 참조).

이것이 실제로 사실인지 여부는 최근 알래스카 영구기금 배당금에 대한 흥미로운 연구의 주제였다. 알래스카는 1970년대 초반에 석유 탐사와 알래스카 횡단 송유관 건설을 위한 임대수익과 로열티가 거의 10억 달러에 달했으며, 주 의회는 이를 빠르게 사용하였다.[67] 알래스카 주민들은 1976년에 2대 1의 표차로 석유 수입의 최소 25%를 영구기금이라고 하는 전용기금에 투입하도록 헌법을 수정했다.[68]

알래스카 영구기금공사(APFC)는 이사회의 감독을 받으며 현재 약 600억 달러의 자산을 관리하고 있다. 성공의 핵심 요소 중 하나는 알래스카에 거주하는 모든 남성, 여성 및 어린이에게 매년 지급되는 배당금이다(주민들은 거주권을 받기 위해서 매년 다시 신청해야 함). 알래스카 영구기금 배당금(APFD)은 매년 APFC가 한 해 동안 벌어들인 순이익의 약 10%에 해당한다.[69] 1982년부터 이 기금은 알래스카주 거주자 1인당 40,000달러를 지급했다. 2016년 배당금은 1,022달러였고, 2015년에 2,072달러로 정점을 찍었다.[70] 이 같은 배당금 지불은 모든 알래스카 사람들이 석유 수입으로부터 동등하게 혜택을 받을 수 있는 방법을 제공하였고, 주 거주자들을 빈곤에서 구제할 수 있다는 장점이 있다. 2016년 한 연구에 따르면 배당금은 매년 15,000~25,000명의 알래스카 사람들을 빈곤에서 구제하는 것으로 나타났다.[71] 사실, 배당금은 알래스카가 소득 분배 면에서 미국에서 가장 평등한 주가 된 이유 중 하나일 수 있다.

Jones와 Marinescu(2018)는 APFD가 노동공급에 미친 영향을 연구하였다. 이를 위해, 이들은 APFD 도입 당시의 알래스카와 다른 주의 노동공급을 비교했다. 물론 알래스카는 상당히 독특한 주로서, 적절한 '통제' 상태가 무엇인지에 대한 의문이 제기될 수 있다. 이를 해결하기 위해, Jones와 Marinescu는 *합성 대조군*(shynthetic controls)으로 알려진 새로운 방법론을 사용하였는데, 이 방법론은 실험 기간 동안에 주요 관찰 가능한 특성들이 알래스카와 가장 잘 일치하는 통제군들을 선택하고 이를 가중평균하는 것이다. 그 후, 연구자들은 이 같은 가중평균한 통제군의 결과와 APFD가 시행되었을 때 알래스카에서 나타난 결과를 비교하였다.

분석 결과는 그림 17-12에 나와 있다. 이 그림은 1977~2014년까지 합성 대조군과 알래스카의 고용률을 그래프로 비교하여 나타낸 것이다. 1981년의 수직 점선은 APFD의 도입 시점을 의미한다. 1982년 이전 수년간, 알래스카의 고용률은 합성 대조군의 고용률과 유사하다. (이 같은 통제군을 만드는 것이 이 방법론의 목적이기도 하다.) APFD가 도입된 후 알래스카의 고용률은 그 값이 유사해지기 전까지는 통

당금'을 주요 공약으로 하여 선거를 진행했다.[72]

게다가 기본소득 제도는 최소한 실험적인 단계로 전 세계적으로 확산되고 있으며, 그 결과는 상당히 긍정적이다. 예를 들어, 1997년부터 노스캐롤라이나의 체로키인디언카지노배당금 동부 지구에서는 모든 부족 구성원에게 연간 4,000~6,000달러를 제공했다. 이 프로그램은 부족 토지에 있는 카지노 수익으로 기금을 조성한다. 경제학자들은 이 프로그램이 부족 구성원들의 근로의욕을 떨어트리지 않고도 교육 및 정신건강을 개선하고 약물남용과 범죄를 감소시키는 데 기여하였다는 사실을 발견했다.[73] 캐나다 밴쿠버의 새잎(New Leaf) 프로젝트는 밴쿠버 지역의 무주택자 50명에게 7,500달러의 일시금을 제공했다. 연구자들은 2년 후 이들을 추적하여

67 Goldsmith(2002).
68 Alaska Permanent Fund Corporation(2018).
69 Alaska Permanent Fund Corporation(2018).
70 Herz(2016).
71 Boots(2016).
72 Conway(2019).
73 Samuel(2020a).

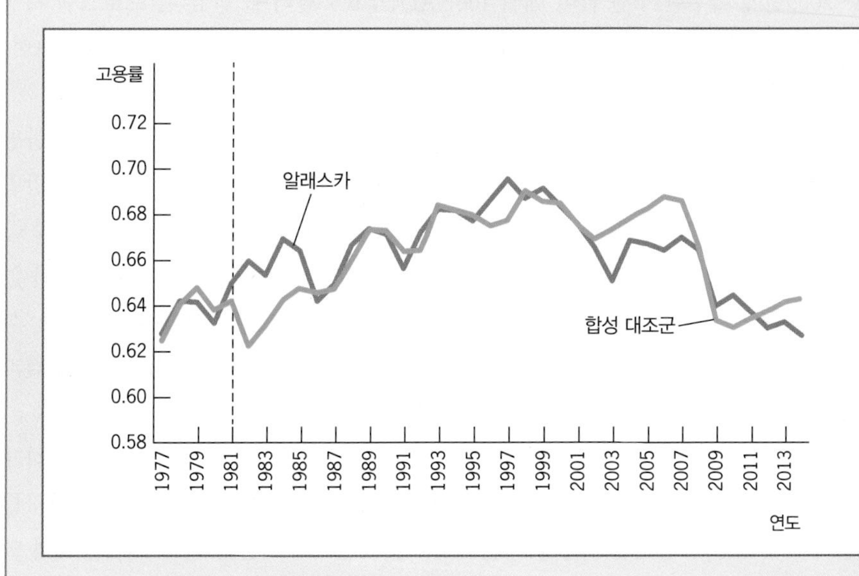

그림 17-12 기본소득의 고용효과 1982년 알래스카에서 APFD를 지급하기 시작했을 때, 알래스카에서는 통제군에 비해 고용에 뚜렷한 부정적인 영향이 나타나지 않았다.

출처 : Jones and Marinescu(2018).

제군보다 높았지만, 1982년 이후 전의 모든 기간을 살펴보면 본질적으로 노동시장의 결과에 차이가 없다는 것을 알 수 있다. 비교 가능한 다른 주와 비교해보았을 때, 알래스카는 기본소득으로 인한 장기적인 노동공급 감소현상이 나타나지 않았다.

지원을 받은 50명과 그렇지 못한 65명의 대조군과 비교했다. 현금복지를 받은 사람들은 안정적인 주택으로 더욱 신속히 이주했고, 그 후 재정 안정을 유지할 수 있었다. 사치품에 대한 지출은 39% 감소한 반면 음식, 의류 및 임차세에 대한 지출은 증가했다. 게다가 이 같은 현금복지는 정부 재정을 절약하는 효과도 가져왔다. 연방정부가 보호소 사람들을 지원하는 비용은 1인당 연간 8,100 달러가 소요되는데, 일회성의 현금복지 비용은 7,500달러로 이보다 훨씬 적게 소요된다.[74] 독일과 스페인에서의 새로운 제도 실험 또한 긍정적인 결과를 보여주고 있다.

기본소득은 비공식 시장으로 인해 소득 파악이 어려워 진정으로 가난한 사람이 누구인지 식별하기 어려운 개발도상국에서 특히 매력적인 전략이다.[75] 약 10년 동안 GiveDirectly 프로그램은 케냐 시골의 653개 마을의 10,500가구에 약 1,000달러의 일회성 현금복지를 제공하였다. 모두 합하면 이러한 현금복지 금액은 전체 지역 GDP의 15%를 넘는 수준이다. 최근 연구들은 이러한 제도가 장기적으로 상당한 긍정적인 효과가 있음을 발견했다. 수혜자들의 지출은 13% 증

74 Samuel(2020b).

75 개발도상국의 기본소득 프로그램을 둘러싼 문제에 대한 훌륭한 검토는 Hanna와 Olken(2018)을 참조하라.

가하였고, 고용도 증가하여 현금복지 1달러당 2.60달러의 경제적 이익을 창출한 것으로 추정된다.[76] 나미비아 오치베라-오미타라 지역의 기본소득 보조금으로 인해, 60세 미만의 모든 거주자는 2008~2009년에 아무런 조건 없이 매월 100NAD(약 6.56달러)를 받았다. 프로그램 시행 1년 이내에 가계 빈곤율이 76%에서 37%로 떨어졌고, 영양실조가 42%에서 10%로 감소했으며, 학교 출석률은 거의 2배가 되었으며, 범죄율은 42% 감소하였다.[77]

기본소득은 고정급여를 시급하여 근로유인에 왜곡을 주지 않고도 (이 장에서 다룬) 소득불평등 심화에 대항할 수 있는 강력한 도구가 될 수 있다는 점에서 매력적이다. 그러나 이러한 방법에는 두 가지 우려가 존재한다. 첫째, 비록 이것이 고정소득 보조금임에도 불구하고, 노동력 공급을 현저히 감소시킬 가능성이 있다. 다른 분야에서의 다양한 연구들은 근로유인의 왜곡이 없는 경우에도 재분배 제도의 소득효과가 노동력 감소로 나타날 수 있음을 보여준다. 그러나 '실증적 증거'에서 검토한 미국 알래스카 영구기금의 증거와 위에서 논의된 기존 사례연구의 결과들은 이것이 기본소득 제도에서는 주요 문제가 아닐 수 있음을 시사한다.

둘째, 기본소득은 많은 비용 지출을 필요로 한다. 기본소득의 목표가 어떤 가정도 가난하게 살지 않도록 하는 것이라고 가정해보자. 오늘날 미국에는 1억 2,300만 가구가 있다. 한 가구를 빈곤에서 벗어나게 하는 데 충분한 가구당 기본소득 12,800달러의 지급은 연간 1조 6,000억 달러가 소요되며, 이는 메디케어와 메디케이드 제도의 예산을 합한 금액과 거의 같다. 향후 연구의 중요한 문제는 기본소득과 표적화 방식으로 예산을 소비하는 것 사이의 절충안을 찾는 것이 될 것이다.

이러한 이유로 인해 과감하지만 다소 제약적인 제도 쪽으로 관심이 집중되고 있다. 이러한 접근 중 하나가 미국 아동들들의 최소한의 보장을 확실히 하기 위해 대규모 보편적 아동복지혜택으로 전환하는 것이다. 이는 네덜란드의 1,555달러부터 룩셈부르크의 4,890달러에 이르기까지 자녀수당을 제공하고 있으며, 적어도 10개의 주요 선진국에서 이를 운용하고 있다. 캐나다는 최근 아동지원제도의 일체를 폐지하고 6세 미만 아동 1인당 6,765달러와 6~17세 아동 1인당 5,710달러를 지급하는 보편적 아동수당으로 전환하고 있다.[78]

0~5세 아동에게 연간 3,600달러, 6~16세 아동에게 3,000달러의 세액공제를 적용하도록 한 2019년 미국 가족법(American Famaly Act)은 연간 910억 달러의 비용을 소요하면서 아동 빈곤을 3분의 1 이상 감소시킨 것으로 나타났다.[79] 또한 보육보조금과 비교하여 보편적인 아동수당의 주요한 장점은 보육 분야의 가격 상승에 덜 영향을 미친다는 것이다. 최근 연구에 의하면, 보육보조금에 지출된 금액 중 절반이 임금 상승과 보육비 상승의 형태로 보육 제공자에게 주어진 것으로 나타났다. 현금복지는 이러한 비용 증가를 방지하고, 부모들이 외부 보육 서비스를 지속적으로 이용할 수 있도록 할 것이다.[80]

---

76 Egger et. al.(2019).

77 Haarman et. al.(2009).

78 Government of Canada(2020).

79 Matthews(2019).

80 Hammond(2017), Rodgers(2018).

17.6 결론

미국 및 세계 여러 나라의 중요한 정부 역할 중 하나는 저소득층에게 자원을 재분배하는 것이다. 미국의 경우 이러한 소득재분배는 일반적인 저소득계층이나 또는 선별적으로 저소득 편모 가정에 대한 현금급여 및 현물급여를 통해 이루어진다. 이러한 복지제도들은 오랫동안 뜨거운 논쟁의 대상이 되어왔으며, 1996년 복지제도개혁은 제도 도입 이후 가장 급진적인 개혁을 경험하였다. 복지개혁에 대한 엇갈린 증거들을 감안할 때 이러한 논쟁은 앞으로도 계속될 것이 틀림없다.

요약

- 소득재분배에 있어서는 상대적 소득불평등이나 절대적 결핍 중 하나에 관심을 둘 수 있다. 절대적 결핍은 빈곤선으로 측정한다. 미국의 소득불평등도는 다른 나라와 비교하거나 과거와 비교해서도 높은 수준이다.
- 미국에는 두 가지의 주요 현금복지제도(TANF 제도와 SSI 제도)가 있으며 네 가지 주요 현물복지제도(식품구매권, 기타 영양보조제도, 메디케이드 및 공공주택)가 있다.
- 복지정책은 저소득층의 근로(노동공급) 유인을 왜곡할 수 있다. 이러한 근로 비유인 문제는 단순히 급여 감축률을 낮춤으로써 해결될 수는 없다. 왜냐하면 일부 계층에 대한 노동공급 유인의 증가는 다른 계층에 대한 새로운 근로 비유인에 의해 상쇄되기 때문이다(철의 삼각형 문제).
- 철의 삼각형 문제에 대한 한 가지 잠재적인 해결책은 선별적인 복지제도를 활용하는 방안이다. 이러한 제도가 실질적인 효과를 보이기 위해서는 (a) 사람들이 표적화된 계층처럼 쉽게 위장할 수 없거나 위장할 의사가 없으며, (b) 표적화된 계층의 근로 능력이 낮아야 한다. 편모가정은 이 기준에 비추어볼 때 좋은 표적화 수단이 될 수 있다.
- 철의 삼각형 문제에 대한 다른 해결책은 식별 수단(현물급여나 낙인효과 등)을 활용하는 방안이다. 이러한 식별 수단들은 복지급여에 대한 능력이 높은 계층의 가치를 감소시켜 공공지출을 능력이 부족한 계층에게 보다 잘 표적화할 수 있도록 해줄 수 있다.
- 철의 삼각형 문제에 대한 또 다른 해결책은 복지 수급자들의 외부 선택 기회를 확대해주는 것으로, 이러한 수단들로는 직업훈련, 임금보조금, 아동보육비 보조, 자녀양육비 의무화 및 현금급여-현물급여 간 연계 단절 등이 있다.
- 1996년의 복지개혁은 복지 수급자들의 소득을 감소시키지 않고 수급자 수를 감축하는 데 있어 성공적인 것으로 보인다. 하지만 이 같은 개혁은 장기적으로는 몇 가지 문제를 낳았다.
- 한 가지 더욱 급진적인 해결책은 모든 미국인들에게 대규모 고정 현금 보조금을 주어서 불평등 심화를 직접적으로 해결하는 기본소득일 것이다. 이 아이디어는 인기를 얻고 있지만, 지금까지는 어린이들만을 위한 매우 제한된 수준에서 시행되고 있다.

연습문제

1. 표 17-2가 보여주듯이 미국 가구의 최하위(5분위)계층은 다른 선진국들에 비해 총소득의 분배몫이 매우 적다. 이것이 미국의 최하위계층이 다른 나라의 최하위계층에 비해 가난하나는 것을 의미하는가? 그 이유는 무엇인가?

2. 미국 연방정부의 빈곤에 대한 정의는 모든 지역에 동일하게 적용되고 있다. 이것이 적절한가? 그 이유는 무엇인가?

3. 디플란디아 국가에는 오직 음식만을 중시하는 사람과 음식과 영화 티켓을 모두 중시하는 두 가지 유형의 사람들이 있다고 가정해보자. 디플란디아 정부는 현금복지제도를 식품구매권제도로 전환하는 것을 고려하고 있다. 새로운 제도는 동일한 혜택 수준을 제공하지만, 수혜자들은 현금 대신 음식을 살 수 있는 쿠폰을 받게 될 것이다. 이러한 변화가 디플란디아의 두 가지 유형의 사람들의 업무 노력과 효용 수준에 어떻게 영향을 미칠지 설명해보라. 당신은 이러한 변화가 디플란디아 경제에 어떤 영향을 미칠 것이라고 생각하는가?

4. 현재 정부는 모든 사람에게 연간 12,000달러의 소득을 보장해주고 있으며 근로소득이 1달러 증가하면 이 급여액이 1달러씩 감소한다고 하자. 정부는 이 제도를 근로소득이 2달러 증가할 때 급여액이 1달러씩 감소하는 제도로 바꾸려고 한다. 이러한 정책이 근로와 여가 사이를 선택하는 데 어떠한 영향을 주게 되겠는가? 설명해보라.

5. 오스트리치 상원의원은 '빈곤퇴치를 위해서는 빈곤선 이하의 사람들에게 그들의 소득과 빈곤선과의 차액만큼을 지급해주면 된다'고 주장하였다. 그는 현재 빈곤선 이하의 사람들을 기준으로 하여 이러한 정책은 1년에 980억 달러의 비용이 소요될 것이라고 주장하였다. 오스트리치 상원의원이 이 제도의 비용을 낮게 계산한 이유는 무엇인가?

6. 어떤 사람이 일을 할 경우 시간당 12달러를 번다고 하자. 다음의 세 가지 복지제도하에서 이 사람의 1개월 동안이 소비 여가의 괴리를 나타내는 예산제약선을 그려보라.
   a. 정부가 매월 600달러의 소득을 보장하고 근로소득이 1달러 증가할 때 급여를 1달러씩 감소시킬 경우
   b. 정부가 매월 300달러의 소득을 보장하고 근로소득이 3달러 증가할 때 급여를 1달러씩 감소시킬 경우
   c. 정부가 매월 900달러의 소득을 보장하고 급여액이 300달러가 될 때까지는 근로소득 2달러당 급여를 1달러씩 감소시킬 경우. 급여액이 300달러가 되면 급여액은 더 이상 줄어들지 않는다.

7. ⓔ 만일 당신이 관대한 복지급여가 편모가정을 증가시킨다는 가설을 검증한다고 하자.
   a. 이를 위해 당신은 어떠한 사람들을 분석대상으로 선택하겠는가?
   b. 복지급여의 편모가정에 대한 영향을 추계하는 데 있어 복지급여 수준의 변화를 어떻게 이용하겠는가?
   c. 당신은 관대한 복지급여가 편모가정에 영향을 미쳤는지 어떻게 알 수 있는가?

8. 최근의 몇몇 연구는 각 주정부들이 이웃 주가 복지급여를 깎으면 덩달아 자신의 복지급여를 깎는 '밑바닥으로의 경주' 현상을 발견하였다. 주정부들이 이웃 주들의 급여 인하에 이처럼 대응하는 이유는 무엇인가?

9. 근로장려세제(EITC)는 연간소득이 15,820달러 이하인 사람들의 근로소득 1달러에 대해 현금보조금을 주는 제도이다. EITC 제도는 사람들의 전반적인 근로 노력을 어떻게 증가시키는가? EITC가 사람들의 근로노력을 어떻게 감소시키는가?

ⓔ 기호는 학생들이 제3장과 '실증적 증거' 코너에서 공부한 실증적 경제 원리를 적용해야 하는 문제임을 의미한다.

10. 복지제도의 설계에 있어 한 가지 이슈는 복지급여를 모든 저소득가구에 제공할 것인지, 아니면 편모가정에만 제공할 것인지의 문제이다. 이러한 결정의 상충성을 설명해보라.

11. 17.4절에서 기술한 1996년의 복지개혁에 의한 주요 변화들을 생각해보자. 이러한 변화들 중 어느 것이 복지 수급자의 수를 감소시켰는가? 또한 어느 것이 복지 수급자 수를 증가시켰는가?

12. 스노 하원의원은 이 책의 제11장을 읽고 나서 교육 수준이 높은 사람들이 근로 능력도 높다고 동료들에게 말했다. 그는 또한 제17장을 근거로, 복지제도의 도덕적 해이를 줄이는 한 가지 방법은 근로 능력이 부족한 사람들에게 보다 많은 급여를 주는 것이라고 주장하였다. 따라서 스노 하원의원에 따르면, 교육을 제대로 받지 못한 사람들에게 높은 급여를 주면 될 것이다. 이러한 정책이 도덕적 해이를 없애겠는가?

심화 연습문제

13. 여성, 영 · 유아 및 아동에 대한 보충영양보조제도(WIC)는 필요가정들에게 특정한 식품들만을 구매할 수 있도록 쉽게 식별할 수 있는 쿠폰을 지급하고 있다. 반면에 많은 주의 식품구매권제도에서는 일반 현금카드와 매우 유사한 전자급여카드를 주고 있다. 어떤 제도가 철의 삼각형 문제를 보다 잘 극복할 수 있는가? 그 이유를 설명해보라.

14. 1996년의 개인책임 및 근로기회조정법(PRWORA)은 어린 자녀가 있는 가정이 현금복지급여를 받을 수 있는 기간을 제한하였다. Grogger와 Michalopoulos(2003)는 이러한 기간 제한이 가족 구성원 중 아무도 기간 제한에 걸리지 않았음에도 불구하고 복지급여의 수급자 수를 즉각적으로 감소시킨 것을 발견하였다. 어떠한 가정들이 이러한 기간 제한에 특별히 민감하게 반응했겠는가? 어린 자녀가 있는 가정인가, 아니면 나이 든 자녀가 있는 가정인가? 이유를 설명해보라.

15. e 자동화의 증가로 인해 언젠가 경제의 일부 부문에서 고용이 감소할 것으로 우려한 한 기술재벌은 기본소득의 무작위 통제실험에 자금을 지원하기로 결정했다. 이 실험은 3년 동안 지속되며 처치군과 대조군에 무작위로 배정된 1,000명의 사람들을 연구할 예정이다. 500명의 사람들은 아무런 조건 없이 무작위로 연간 5,000달러를 받도록 배정될 것이고, 나머지 500명은 연구에 참여하기 위한 약간의 인센티브를 받을 것이다. 모든 시민에게 전국적으로 시행되는 기본소득의 장단점을 이해하는 데 있어서 이러한 연구전략의 이점과 한계가 무엇인가?

16. 엠마는 그녀의 돈을 음식과 다른 재화를 구매하는 데 사용한다. 현재 그녀의 월소득은 600달러이다. 그녀가 참여할 수 있는 다음의 두 가지 복지제도를 비교해보자. A제도는 매월 300달러의 현금을 지급해준다. B제도는 매월 400달러어치의 신용을 주지만 이것을 식품을 구매하는 데만 사용할 수 있다.
    a. 이 두 경우 엠마의 예산제약선을 그려보라.
    b. 다음의 세 가지 경우에 해당하는 무차별곡선을 그려보라(그림 17-5 참조).
        i. 엠마가 B제도보다 A제도를 선호할 경우
        ii. 엠마가 A제도보다 B제도를 선호할 경우
        iii. 두 제도하의 엠마의 효용이 동일할 경우

17. 폴리, 몰리와 돌리는 모두 한부모 여성가구주이다. 그들은 모두 1년에 최대 2,000시간 동안 일을 해서 시간당 10달러의 임금을 받을 수 있다. 정부는 소득이 없는 한부모 여성가구주들에게 매년 5,000달러의 급여를 제공하는 복지제도를 운영하고 있다. 복지급여는 근로소득

이 2달러 증가할 때 1달러씩 줄어든다. 현재 정부는 또한 소득이 25,000달러 이하인 한부모 여성가구주의 자녀들에게 무료 의료서비스를 제공하고 있다. 이 의료서비스의 가치는 1년에 2,000달러이다. 이 제도하에서 폴리는 1년에 200시간을, 몰리는 1,025시간을, 그리고 돌리는 1,500시간을 일한다. 따라서 폴리만이 복지급여를 받고 있다.

a. 이러한 한부모 여성가구주들의 근로시간과 소비의 관계를 그려보라(예산제약선의 기울기를 정확하게 표시하라). 각 한부모 여성가구주들의 무차별곡선을 그려보라.

b. 정부는 예산 절약을 위해 의료보험비용을 줄이기로 결정했다. 이로 인해 앞으로는 복지 수급자인 한부모 여성가구주들만이 무료 의료서비스를 받을 수 있게 되었다. 이 경우 세 한부모 여성가구주들의 새로운 예산제약선을 새 그래프에 그려보라. 각 한부모 여성가구주들의 근로시간이 어떻게 변할 것인지를 설명해보라.

18. 가난한 사람들에게 식품을 구매할 수 있는 적절한 소득을 보장해주기 위한 복지제도를 생각해보자. 정부는 근로소득이 980달러 미만인 사람들에게 다음과 같이 현금급여를 제공한다.

$$C = \$294 - 0.3Y$$

소비재는 식품(F)과 기타 재화(X)로 구분되며, 효용함수는 다음과 같다.

$$U = 1/4\ln(F) + 3/4\ln(X)$$

식품과 기타 재화의 가격은 모두 1이다. 따라서 예산제약식은 다음과 같다.

$$F + X = Y$$

a. 근로소득이 380달러인 사람의 식품과 기타 재화의 적정소비량을 계산하라.

b. 이제 현금급여제도가 식품구매권제도로 전환되었다고 하자. 앞으로는 현금급여를 받는 대신, 이와 동일한 가치의 식품만을 구매할 수 있는 전표를 받게 된다. 근로소득이 300달러인 사람의 식품 및 기타 재화의 적정 소비량을 계산하라. 현금급여제도에 비해 불리해졌는가, 아니면 유리해졌는가?

c. 문제 (a)와 (b)를 근로소득이 900달러인 경우에 대해 계산하고 그 결과의 차이를 설명해보라.

제 4 부

조세 이론과 실제

CHAPTER
18

James Andrews/iStock/Getty Images

조세 : 어떻게 작동하고 어떤 의미를 갖는가?

생각해볼 문제

- 미국에서 소득세는 어떻게 작동하는가?
- 소득과세를 위한 적정한 세원은 무엇인가?
- 가족소득에 과세할 때 적정 과세단위는 무엇인가?

2001년 1월 취임을 앞둔 미국의 조시 W. 부시 대통령은 아주 희귀한 상황에 놓였다. 연방정부의 재정이 흑자 상태였던 것이다. 부시 대통령의 결정은 아주 빨랐다. 흑자 상황인 재정 상태를 이용하여 국세를 낮추기로 한 것이다. 2001년 2월 24일 라디오 연설을 통해 "연방정부의 재정이 흑자라는 것은 세금을 너무 많이 거두었음을 의미하며, 과도하게 많이 납부된 세금은 납세자들에게 돌려줄 것"이라고 밝혔다.

취임 1년이 지난 후, 부시 대통령은 '2001년 경제성장과 세부담 완화를 위한 법률'에 서명하였다. 이 법률안은 기존의 15~39.6%가량이었던 세율을 10~35% 수준으로 낮추는 내용을 담고 있었으며, 이 가운데에는 최부유층의 유산세를 2010년까지 단계적으로 낮춘 후 2010년에는 완전히 없애는 내용도 포함되어 있었다. 이와 같은 감세 기조는 '2003년 일자리와 성장, 그리고 세부담 완화를 위한 법률'으로 이어졌는데, 이 법률안은 세율 인하를 당초 계획보다 더 앞당기고, 주식배당과 자본이득에 대한 최고세율을 낮추며, 법인세 감면을 더 확대하는 감세정책들이 포함되어 있었다.

제4장에서 논의한 바와 같이, 부시 대통령이 퇴임할 즈음에는 취임 당시의 재정흑자는 온데간데없이 큰 폭의 재정적자 상태로 돌아섰다. 부시 대통령을 이은 오바마 대통령 집권기에는 이전의 감세정책을 어떻게 종결시킬 것인지가 중요한 정책이슈가 되었다. 부시 행정부 당시의 계획은 2010년까지 단계적으로 세금을 인하하는 것이었지만, 오바마 행정부는 이를 연소득 25만 달러 이하의 국민들에 대해서는 최소 1년간 연장하면서 그 이상의 고소득자들에 대해서는 세부담을 증가시키도록 변경하였다. 이때 기준이 되는 연 25만 달러 이하에는 미국 국민의 98%가 포함된다.[1]

오바마 대통령은 "이전 정부는 최부유층의 세금도 낮추도록 하였지만, 이는 경제성장에 결코 유리하지 않다"라고 논평하였다.[2] 하지만 야당인 공화당에서는 금융위기의 한가운데에서 증세정책으로 전환하는 것은 일자리 창출에 큰 기여를 하는 소규모 자영업자들에게 타격을 입히는 잘못된 정책이라 비판하였다. 소규모 자영업자들은 법인세 대신 소득세를 납부하므로, 오바마 행정부의 조세정책으로 인해 세부담이 가중되었기 때문이다.

결국 정부와 야당은 당시 미국의 금융위기로 인한 불황을 극복하기 위해 전체 감세안을 2년 더 연장하고 추가적인 세부담 완화도 추진하기로 합의하였다. 오바마 대통령은 "이전에 밝힌 바와 같이 중산층에 대한 감세를 조건으로, 부유층의 세금까지 낮추어줄 수는 없다. 이는 중산층을 인질로 삼은 것과 같다. 원래 인질이 다치지 않는 한, 협상은 하지 않는 법이다. 이때 인질은 누구인가? 다름 아닌 미국 국민들이다. 나는 국민들이 다치는 것을 원치 않는다"라고 하면서 추가적인 감세는 더 이상 허용할 수 없다고 선언하였다.[3] 하지만 이전 부시 행정부의 감세안 연장을 더 이상 허용하지 않겠다는 오바마 대통령의 의지에 대해서는 의문의 여지가 있었다. 왜냐하면 당시의 국회는 야당인 공화당이 장악했기 때문이다.

2012년에 이르러, 실제로 감세안의 종료가 시행된 이후 '2012년 납세자 세부담 경감법'이 다시 시행되었다. 이 법률안에는 연소득 45만 달러 이하의 가계에 대해서는 영구적 감세를 시행하면서, 이 수준 이상의 부유층 가계에 대해서는 35%였던 세율을 39.6%까지 인상하는 내용을 담고 있었다. 연소득이 25만 달러 이상인 개인이나, 30만 달러 이상인 부부의 경우에는 이전에 부여되던 다양한 감세조치들이 점차 폐지되었다. 유산세율 역시 35%에서 40%로 증가하였지만, 이전에 부여되었던 공제액 기준 500만 달러는 그대로 유지되었다(이는 당신이 500만 달러 이하의 유산을 물려받는 경우에는 유산세를 한 푼도 내지 않아도 됨을 뜻한다).

하지만 공화당의 트럼프 대통령이 2017년 1월 집권하면서 감세정책은 다시 초점에 오르게 되었다. 미주리주의 스프링필드 연설에서 트럼프 대통령은 "자기 돈을 효과적으로 쓰는 방법에 대해서는, 적어도 일반 국민들이 정치인들보다 한 수 위라고 생각합니다. 따라서 우리 행정부는 국민들이 가급적 더 많은 소득을 얻고 더 효과적으로 쓸 수 있도록 조치할 계획입니다"라는 의견을 밝힌 바 있다. 이는 트럼프 행정부가 추가적 세제개편을 단행할 것임을 의미하는 것이

1 Cohen(2012).
2 Landler and Cushman(2012).
3 Herszenhorn(2010).

었다.[4]

2017년 12월, 트럼프 대통령은 2001년 부시 행정부의 감세안 이후 가장 큰 규모의 감세안에 서명하였다. 트럼프 행정부 감세안의 주요 골자는 35%였던 법인세율을 21%로 낮추고 비법인 사업자들에 대한 특별과세 구간을 설정하는 것이었는데 이는 다국적 기업의 소득세부담을 대폭 줄여주는 것이었다. 또한 유산세에 대한 공제를 2배로 증가시켜 개인의 경우 1,100만 달러 가량의 세부담을, 부부의 경우에는 2,200만 달러가량의 세부담을 경감시켜 주었다. 개인소득세 측면에서는 최고소득세율이 적용되는 부부합산 소득을 47만 700달러에서 60만 달러로 증가시켰고, 해당 구간의 세율은 37%에서 39.6%로 상향 조정하였다. 또한 감세안에서는 과거 주정부와 지방정부가 무제한으로 부여하던 개인소득세의 공제한도를 10,000달러로 제한하였다. 추가적으로, 저소득 가계에 대해서는 이전에 비해 더욱 후한 자녀보조금을 제공하였다. 가구소득에 대한 대체최저한세(AMT) 적용기준은 16만 900달러에서 100만 달러로 상향 조정하였다. 또한 모든 개인소득세의 경감조치는 2025년 일몰되도록 설정하였다. 전반적으로 이러한 세제 개편안은 비교적 큰 규모의 세수입 감소를 의미하는데, 개편 이후 10년 동안의 감세 규모는 약 1조 5,000억 달러에 이를 것으로 추정되었다.[5] 이러한 감세안에 대해 민주당은 만장일치로 반대하였다. 2018년 매사추세츠 상원의원 엘리자베스 워런은 CNBC 방송과의 인터뷰에서 '일반 국민들에게는 부스러기나 던져주면서, 최부유층들에게는 1조 5,000억 달러나 안겨주는' 감세안이라고 비판하였다.[6]

이상의 논의는, 미국에서 정치적 논쟁의 영역이나 정부 정책의 차원에서 조세가 얼마나 중요한 역할을 하는지를 잘 보여주는 사례들이다. 이 장에서 우리는 이전에 공부하였던 정부 지출을 넘어서, 세금을 통해 징수되는 정부의 세수입에 대해 공부해볼 것이다. 이를 위해 먼저 조세정책과 그 효과를 이해하기 위한 제도적, 이론적 단계의 조세제도에 대해 살펴볼 것이며, 기초 개념들의 이해 이후, 3단계에 걸친 심화논의가 진행될 것이다. 제19장과 제20장에서는 조세의 기본 이론에 대해 다루어보고, 제21~24장까지는 조세제도가 어떻게 개인과 기업의 경제적 행동에 영향을 미치는지에 대해 살펴볼 것이다. 끝으로 제25장에서는 미국에서의 근본적 조세개혁이 함의하는 바에 대해 생각해보기로 한다.

논의를 시작하기 위해, 먼저 미국의 연방정부와 주정부, 그리고 지역정부 수준에서 실제로 존재하는 세금과 세계 각국에서 보편적으로 운영되고 있는 조세의 종류를 일괄해보기로 한다. 다음에는 미국에서 징수되는 가장 중요한 세금인 연방정부 소득세에 대해, 과세체계 및 소득세 '공평성' 측정 방법 등에 대해 상세히 살펴보기로 한다. 아울러 왜 소득세가 부과되어야 하는지, 소득세의 세원은 어떻게 추정하는지에 대한 문제를 살펴볼 것이다. 이는 다음과 같은 의문들, 즉 '모든 종류의 소득에 세금이 부과되어야 하는가? 혹은 몇몇 형태의 소득에 대해서만 세금이 부과되어야 하는가?', '정부는 공공재의 사적 제공을 장려하기 위해 세금을 면제해야 하는가?',

---

4 Salisbury(2017).

5 Soffen and Fischer-Baum(2017).

6 Harwood(2018).

'세금을 개인 단위로 부과해야 하는가? 혹은 가족합산 소득을 기준으로 부과해야 하는가?'에 대한 논의와 관계가 깊다. 이를 위해 정부가 소득에 대해 어떻게 세금을 부과해야만 하며, 실제로 어떻게 부과하고 있는지에 대해 살펴보기로 한다.

18.1 조세의 종류

미국과 세계 각국의 정부는 광범위하면서도 다양한 제도를 통해 세금을 거두어들이고 있다. 조세제도에 대한 우리의 논의는 이 절에서 설명하게 될 가장 보편적인 다섯 가지 세금에 초점을 맞추게 될 것이다(그 밖의 특수한 형태의 다양한 형태의 세금도 필요하다면 이 책의 다른 장에서 논의할 것이다).

소득에 대한 조세

급여세 직장의 근로소득에 부과되는 세금

첫 번째 종류의 조세는 근로자의 소득에 부과되는 **급여세**(payroll tax)이다. 급여세는 앞서 논의된 바 있는 사회보험제도(사회보장연금제도, 실업보험제도, 메디케어 등)의 재정을 감당하고 있는 중요한 재원조달 수단이다.

개인소득에 대한 조세

개인소득세 과세연도 동안 발생한 개인소득에 부과되는 세금

자본이득 주식, 미술품, 주택 등 자본의 매매로 인한 소득

두 번째는 **개인소득세**(individual income tax)로 개인이 연간 벌어들인 소득에 대해서 부과되는 세금이다. 소득세의 대상이 되는 소득에는 앞서 언급한 근로소득이 포함되지만 (1) 더 광범위한 소득(가계저축으로부터 발생하는 이자소득까지)에 부과된다는 점, (2) 가계 내 특정 개인의 소득만을 대상으로 하는 것이 아니라 가구 전체 소득을 대상으로 한다는 점에서 앞서 설명된 급여세와는 차별된다. 특별히 흥미로운 형태의 소득과세는 **자본이득**(capital gains)에 대한 과세, 즉 주식, 미술품, 주택 등 자본자산의 판매에서 발생한 소득에 대한 과세이다.

법인(기업)소득에 대한 조세

법인소득세 기업 등이 벌어들인 소득에 부과되는 조세

많은 나라에서 개인소득에 대한 과세와는 별도로 법인소득에 대해서도 과세하고 있는데, 이를 **법인소득세**(corporate income tax)라고 한다. 개인소득세 외에 법인소득세를 부과하는 이유는, 개인소득세로 미처 과세하지 못하는 자본 소유자들의 소득에 대해 세금을 부과하기 위함이다.

부에 대한 조세

부유세 개인이나 가족이 보유하고 있는 부동산 또는 주식 등의 재산가치에 부과되는 세금

재산세 토지와 그 위에 건축된 구조물 등 부동산 가치에 부과되는 부유세의 한 형태

유산세 사망한 사람이 남긴 재산가치에 대해 부과되는 부유세의 한 형태

부유세(wealth tax)는 가계가 소유하고 있는 자산소득뿐 아니라 자산의 가치, 즉 토지, 귀금속, 예술품, 부동산, 주식 등에도 과세를 하는 세금이다. 이 범주에 속하는 세금들은 주정부 및 지방정부가 토지 및 그 위에 지어진 건축물 가치에 부과하는 **재산세**(property tax)와 사람이 사망했을 때 유산으로 남긴 돈과 재산 등에 부과되는 **유산세**(estate tax) 등이 있다.

소비에 대한 조세

전 세계적으로 가장 일반적인 형태의 세금은 개인이나 가계가 재화(경우에 따라 서비스도 포함)를 소비할 때 내는 세금인 **소비세**(consumption tax)이다. 소비세는 **판매세**(sales tax)의 형태로 부과되는데, 판매되는 시점에서 소비자로부터 판매자에게 지불된다. 소비세는 특정 재화에만 부과되기도 하고, 광범위하고 다양한 보편적 재화 소비에 적용되기도 한다. 특정 재화, 예를 들어 담배나 휘발유에 대해 부과될 때에는 소비세를 **물품세**(excise tax)라 부르기도 한다.

소비세 개인 또는 가계의 재화 및 서비스 소비에 부과되는 세금

판매세 거래 시점에서 소비자가 판매자에게 지불한 세금

물품세 담배 또는 휘발유와 같은 특정 재화의 판매에 부과되는 세금

급여세, 소득세, 부유세는 개인에게 직접 부과된다는 차원에서 직접세(direct tax)라 부른다. 소비세는 개인에게 과세하기는 하지만 거래하는 과정에 부과되기 때문에 간접세(indirect tax)라 부른다.

세계 각국의 조세

그림 18-1과 그림 18-2는 미국과 다른 나라에서 각기 다른 종류의 세금으로 거둔 조세수입의 분포를 나타내고 있다. 미국 연방정부 조세수입의 대부분은 개인소득세(45.5%)와 급여세(39%)에서 징수한다. 이보다 작은 부분의 세금은 법인세(5.9%)로부터 징수되며, 소비세나 그 외의 세금들(예컨대 부유세)은 상대적으로 매우 작은 비중을 차지한다.

주정부와 지방정부 등 하위정부의 조세수입 분포는 연방정부의 그것과는 매우 다르다. 주정

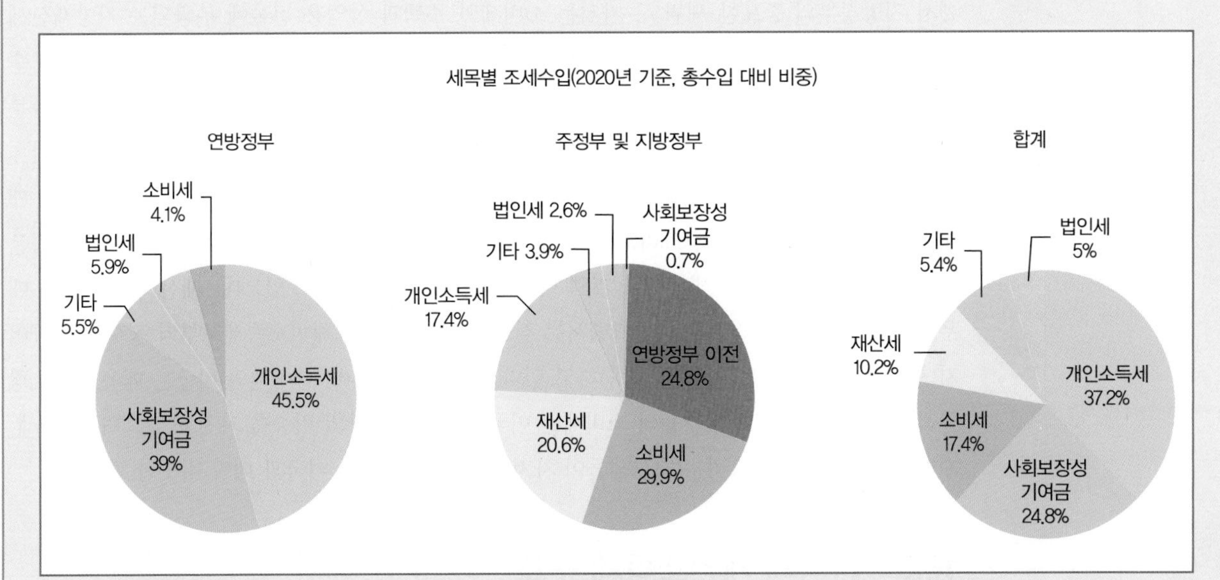

그림 18-1 **세목별 조세수입** 전체 연방세수 가운데 4/5 이상은 개인소득에 대한 과세(개인소득세와 급여세)로부터 발생한다. 주정부와 지방정부의 경우에는 부유세(재산세), 소비세, 개인소득세 등의 주요 세목들이 고른 비율로 걷힌다. 상하위 모든 정부들의 총조세수입 가운데 3/4 정도는 개인소득세와 급여세로부터 조달하는 것이다.

출처 : Bureau of Economic Analysis(2021a), Tables 3.1~3.3.

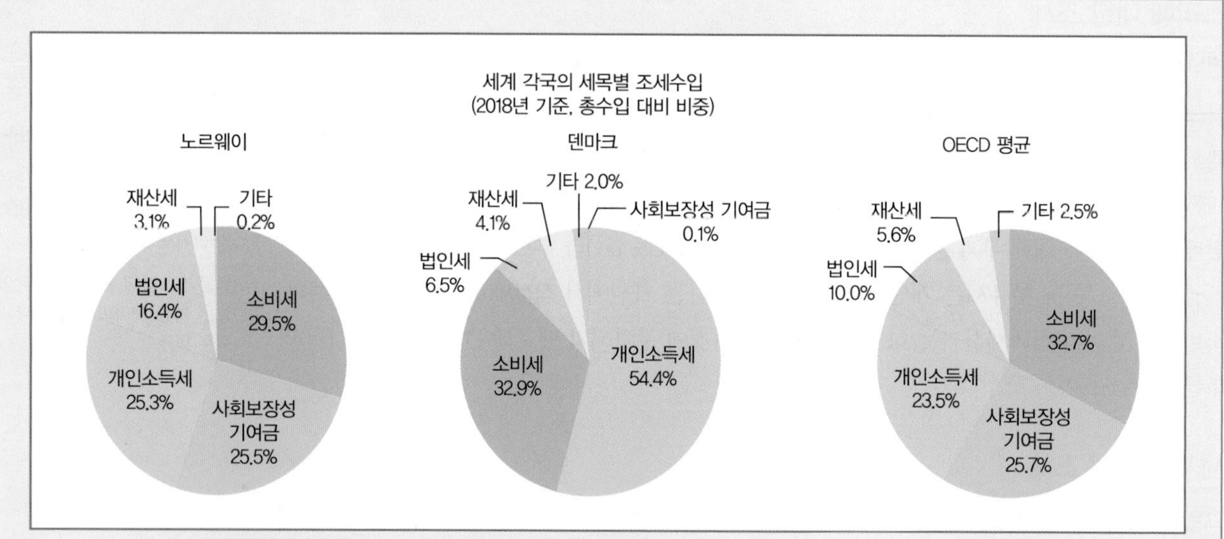

그림 18-2 **세계 각국의 조세수입** OECD 국가들의 국세수입은 상당 부분 소비세로부터 발생하는데, 이는 미국보다 더 큰 비율이다.

출처 : Organization for Economic Cooperation and Development(2020).

부와 지방정부의 세수입 가운데 개인소득세 수입 비중은 전체 수입의 16.3%에 불과하다. 미국에서 지방정부의 중요한 세원 두 가지는 소비세와 주택과 상업용 건물에 부과되는 지방재산세이다. 어떤 주들에서는 급여세를 징수하기도 하지만 급여세 자료는 주정부 차원에서는 구할 수가 없다. 미국 전체의 모든 정부들(연방정부부터 지방정부까지 망라하여)의 조세수입은 대부분 소득세, 급여세, 소비세의 순으로 징수되고 있으며, 재산세와 법인세는 대략 비슷한 수준이다.

반면 다른 나라의 세수 분포는 미국과는 상당히 다르다. 그림 18-2는 세수 분포가 미국과 매우 다른 노르웨이, 덴마크, 그리고 OECD 국가 평균을 나타내고 있다. 노르웨이의 조세수입은 소득세, 급여세, 소비세, 법인세가 거의 비슷한 비중으로 징수되고 있으며, 재산세의 비중은 매우 작다. 이와는 대조적으로 덴마크에서는 절반이 넘는 수입이 개인소득세로부터 징수되며 나머지 중 가장 큰 비중은 소비세가 담당하고 있다. 법인세, 재산세, 급여세의 비중은 매우 작다. 평균적으로, 다른 OECD 국가들의 소비세는 미국보다 2배 이상의 비중을 가지고 있으며, 급여세, 개인소득세, 법인세, 그리고 재산세들이 차지하고 있는 비중은 미국과 대략 비슷한 편이다.

18.2 미국의 개인소득세 구조

앞에서 살펴본 바와 같이 미국에서 가장 중요한 세수입의 원천은 연방정부의 개인소득세이다. 이 절에서는 표 18-1의 설명을 통하여 개인소득세의 구조에 대해 알아보기로 한다. 이해를 돕기 위해 잭이라는 가상 인물의 소득세 계산을 예로 들어보기로 한다.

과세소득의 계산

잭의 소득세 계산은 다양한 방식으로 벌어들인 소득을 모두 합하여 **총소득**(gross income) 85,000달러를 구하는 것에서부터 시작된다. 잭의 소득은 임금, 급여, 이자, 배당, 임대소득과 같은 자본소득, 그리고 기타 사업소득으로 구성된다. 일단 총소득이 결정되면 이제 다양한 지출항목들을 차감하는 소득공제를 적용한다. 소득공제 후 남은 금액을 **조정 후 총소득**(adjusted gross income, AGI)이라고 부른다. 이와 같은 공제 및 조정항목들은 시기에 따라 변화되지만, 현재를 기준으로 다음의 항목들이 포함된다.

- 자영업연금 또는 개인은퇴계정(IRA)을 통한 은퇴저축 기여금
- 이혼한 배우자에 대한 위자료
- 자영업자들이 납부한 건강보험료
- 자영업자들이 납부한 급여세 절반
- 교사들의 교육용 지출
- 건강저축계정에 대한 기여금
- 취업과 관련된 이사비용
- 학자금대출의 이자 지불비용

표 18-1 잭의 소득세 계산 잭의 총소득 85,000달러에서 몇 가지 공제를 거치고 나면 조정 후 총소득(AGI)을 도출할 수 있다. 조정 후 총소득에서 인적공제와 표준 또는 항목별 공제(잭은 전자를 선택)를 하고 나면 과세소득을 구할 수 있다. 과세소득과 세율표를 사용하여 소득세부담을 산출한 후, 세액공제를 적용하면 최종 납세액이 산출된다.

총소득		$85,000
− 공제액		− 2,000
= 조정 후 총소득(AGI)		= 83,000
− 인적공제		− 0
− 표준(또는 항목별) 공제		− 24,800
= 과세소득		= 58,200
↓	소득세율표 사용 (그림 18-3)	↓
= 세부담		= 6,589
− 세액공제		− 6,000
= 총납세액		= 589
− 원천징수		− 2,000
= 최종 납세(환불)액		− $1,411

이 사례에서 잭은 그의 개인은퇴계정에 2,000달러를 지출하였으므로 이를 차감한 잭의 조정 후 총소득 AGI는 83,000달러가 된다.

이다음 단계는 조정 후 총소득에서 소득공제를 적용하여야 한다. 공제 방법은 다음의 두 가지 선택이 있다.

1. **표준공제**(standard deduction)는 과세소득에서 고정된 금액을 공제하는 것이다. 2018년 기준 표준공제액은 미혼 납세자에 대해 1인당 12,400달러이고, 결혼한 납세자에 대해서는 부부당 24,800달러이다.
2. 납세자는 표준공제 대신 **항목별 공제**(itemized deduction)를 선택할 수 있다. 이 방법을 택하는 경우 다음과 같은 다양한 항목들에 대한 액수를 공제할 수 있다.
   - 조정 후 총소득의 10%를 넘는 의료 및 치과치료비용
   - 주정부와 지방정부의 소득세(혹은 주정부가 소득세를 부과하지 않는 경우에는 물품세), 부동산세, 개인재산세의 납부액
   - 펀드 투자용 대출금, 주택구입 대출금의 이자 지불액
   - 자선기부금
   - 절도, 상해로 인한 손실액
   - 조합회비나 출장비 가운데 변제되지 않은 종업원의 부담액

총소득 다양한 소득원으로부터 거두어들인 개인소득의 합

조정 후 총소득 소득 획득 과정에서 발생한 경비, 예컨대 은퇴계정에 대한 기여금 등을 총소득에서 차감한 후의 소득

표준공제 납세자의 과세소득에서 고정액으로 공제받는 액수

항목별 공제 납세자들이 표준공제 대신 선택할 수 있는 또 다른 공제 방식으로, 다양한 지출항목, 예컨대 자선기부금이나 주택담보대출(모기지)의 이자상환 비용 등을 개별적으로 공제받는 방식

납세자들은 공제액 최대화, 또는 납세액 최소화를 위해 표준공제 또는 인적공제 가운데 하나를 마음대로 고를 수 있다. 대개의 주택 소유자들은 충분히 많은 주택구입 대출금과 재산세 지출을 하고 있기 때문에 항목별 공제를 선택하는 것이 유리하다. 잭은 모기지 이자에 6,000달러를 지불했으며 주정부와 지역정부 세금으로 2,500달러를, 자선기부금으로 500달러를 지출했기 때문에 총 9,000달러의 항목별 공제가 가능하다. 하지만 이 금액은 결혼한 부부에 대한 표준공제액 24,800달러보다 작기 때문에 잭은 표준공제를 선택하는 것이 유리하다. 국가 전체적으로는 87.3%의 납세자들이 표준공세를 선택하고 있으며 11.4%는 항목별 공제를 선택하였다.[7]

과세소득 조정 후 총소득에서 과세면제 및 소득공제항목을 차감한 소득

조정 후 총소득에서 감면액과 공제액을 차감한 나머지 소득을 **과세소득**(taxable income)이라 부른다. 따라서 잭의 과세소득은 58,200달러가 된다.

세율과 납세액

잭이 다음으로 해야 하는 일은 과세소득 58,200달러에서 얼마만큼의 세금을 내야 하는지를 결정하는 것이다. 이를 알아내기 위해서는 그림 18-3의 세율표를 참고해야 한다. 미국을 비롯한 세계 각국에서는 소득이 증가할수록 달러당 적용세율이 높아진다. 예컨대 미국의 2020년 세율(부부합산의 경우)은 다음과 같다.

- 과세소득이 19,750달러 미만인 경우에는 1달러당 10센트
- 이후 추가적인 60,500달러의 과세소득에 대해서는 1달러당 12센트
- 이후 추가적인 90,800달러의 과세소득에 대해서는 1달러당 22센트

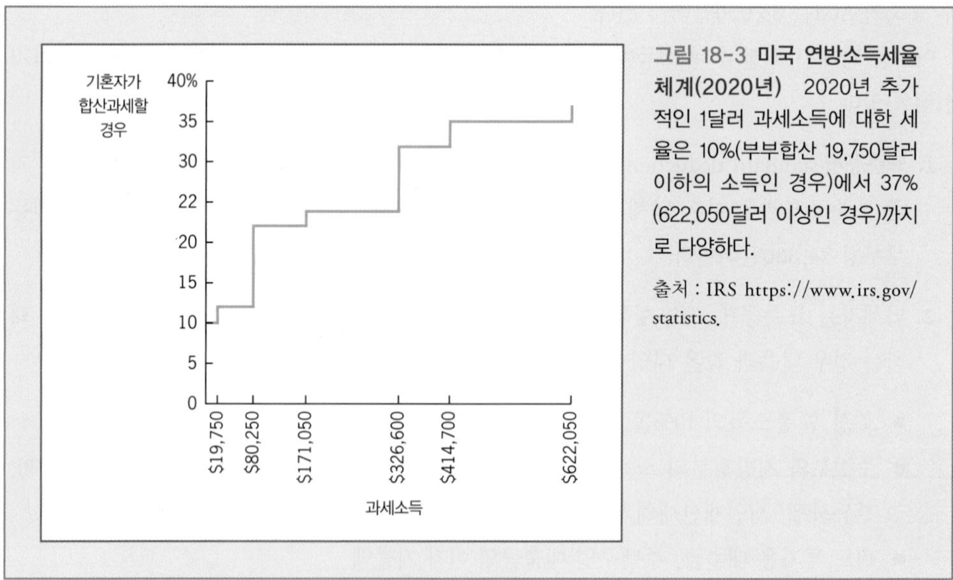

그림 18-3 미국 연방소득세율 체계(2020년) 2020년 추가적인 1달러 과세소득에 대한 세율은 10%(부부합산 19,750달러 이하의 소득인 경우)에서 37%(622,050달러 이상인 경우)까지로 다양하다.

출처 : IRS https://www.irs.gov/statistics.

7 미국 국세청 통계자료. http://www.irs.gov/statistics. 미 국세청은 "전체 153,744,296건의 세금신고 가운데 1.3%는 조정 후 총소득이 마이너스(−)로 표준공제나 항목별 공제가 필요하지 않은 경우이거나 공제 없는 부부개별과세신고 가운데 배우자 공제가 반납된 경우에 해당함"이라 밝혔음.

- 이후 추가적인 155,550달러의 과세소득에 대해서는 1달러당 24센트
- 이후 추가적인 88,100달러의 과세소득에 대해서는 1달러당 32센트
- 이후 추가적인 207,350달러의 과세소득에 대해서는 1달러당 35센트
- 622,050달러 이상의 과세소득에 대해서는 1달러당 37센트

이러한 세율체계에 따르면 잭의 결정세액은 6,589달러이다. 즉 과세소득의 처음 19,750달러에 대해서는 10%(1,975달러), 나머지 38,450달러의 과세소득에는 12%(4,614달러)의 세율이 적용된 결과이다.

납세자들은 납세액 가운데 일정 금액을 감해주는 **세액공제**(tax credit)를 통해 세금을 줄일 수 있다. 세액공제 항목들은 자녀의 수(자녀세액공제), 자녀나 노인들의 부양지출(자녀 및 부양자 공제), 연로, 가난, 장애자 여부(노인 및 장애자공제), 가족 구성원의 교육 지출(희망과 평생교육공제), 고용복지 수혜자 여부, 전과자 여부, 퇴역군인 및 기타 실업률이 높은 집단 구성원의 고용과 관련되었는지 여부(근로기회증진 공제), 그리고 가구소득이 매우 낮은지 여부(근로소득 장려 공제) 등으로 구성된다. 잭은 3명의 자녀를 통해 6,000달러의 세액공제를 받을 수 있으며, 결국 납부세액은 589달러(6,589달러 − 6,000달러)로 산출된다.

세액공제 세금액수에서 보육비와 같은 개인지출액을 차감해주는 것

해마다 소득세는 다음 해 4월 15일까지 납부해야 한다. 현실에서 대다수 납세자의 소득세는 **원천징수**(withholding)라는 과정을 통해 임금과 급여에서 차감된다.[8] 원천징수액은 근로자의 소득에 근거한 추정치이다. 따라서 이러한 원천징수액이 실제 납부해야 할 세금액과 정확히 같아지는 것은 매우 드문 일이다. 잭의 경우 해당 연도에 원천징수된 세액은 2,000달러였다. 결국 잭의 최종 산출세액은 원천징수액과 결정세액 간의 차이인 1,411달러를 소득세 **환급**(refund)을 받게 된다. 반대로, 결정세액이 원천징수액보다 큰 경우에는 소득세 신고 시에 그 차액만큼을 납부하면 된다.

원천징수 추정세액을 근로자의 소득으로부터 미리 징수하는 것

환급 근로자로부터 원천징수한 세금이 실제 납부해야 할 세금보다 더 클 때, 그 차액을 근로자에게 되돌려주는 것

18.3 조세 공평성의 측정

1990년 3월 런던에서는 폭동이 일어났다. 폭도들은 주차되어 있던 재규어 및 포르쉐 자동차들에 불을 지르고, 상점의 창문을 부수었으며, 르노자동차의 쇼룸을 박살 내는 등 폭력적인 난동을 피웠다. 이 폭동의 결과로 400명 이상이 부상을 입었고 350여 명가량이 입건되었다. 폭동은 마거릿 대처 내각의 조세개혁안 때문에 발생한 것이었다. 대처 정부가 제안한 조세개혁안의 주요내용은 재산세를(부동산 가치에 근거한) 모든 개인에게 똑같이, 즉 부자이거나 가난한 사람이거나 아니면 중간 정도의 사람이거나 무관하게 균등하게 부과하는 인두세로 대체하고자 하는 것이었다. 이 법안은 고액 재산을 보유한 부자 시민들만 내던 재산세 부담을 이전에는 세금을 내지 않던 가난한 사람들에게로 이전하는 것이었기 때문에 엄청난 사회적 분노를 일으킨 것

8 연금이나 이전지출 등 다른 형태의 소득에 대해서는 대안적인 원천징수 방법이 있다. 어떤 납세자들은 원천징수되지 않는 거액의 소득(이자소득, 자영소득 등)을 갖기도 하는데, 이 경우 연소득에 대한 최적예상치를 토대로 1년에 4번, **추정세액**(estimated tax payment)을 납부해야 한다.

이다. 이 인두세로 인한 인기 폭락으로 대처는 보수당 당수를 그만두어야 했으며, 결국 이 세제 개편안은 폐기되었다. 과거 역사에 비추어보면 대처의 경우는 상당히 양호했다고도 할 수 있다. 영국에서 이러한 시도는 대처 내각 이전인 1381년에도 있었는데 당시 고위직 관리 몇 명은 참수를 당하기도 했다.[9]

이 예는 조세 **공평성**이 세계 각국의 국민들에게 매우 중요한 문제라는 점을 나타내주고 있다. 하지만 공평성이란 명쾌히 파악되지 않은 목표이다. 어떤 이에게 공평한 조세제도가 당신에게는 매우 불공평할 수 있다. 조세제도가 공평한지를 평가하기 위해서는 공평성 혹은 **형평성**이라는 특별한 개념이 필요하며, 조세제도가 어떻게 소득재분배를 보다 형평성 있게 수행할 수 있는지 측정할 수 있는 방법이 필요하다. 이 절에서는 공평성을 측정하는 데 사용되는 보편적인 개념과 조세제도의 형평성 목표를 평가하는 데 효과적인 통계량을 정의해보도록 한다. 이를 위해서는 먼저 조세제도의 분배적 성격을 측정할 때 사용되는 몇 가지 용어를 정의해야 한다.

평균세율과 한계세율

한계세율 추가소득 한 단위에 납부되는 세금의 비율

소득에 부과되는 세율은 두 가지 핵심 개념으로 설명할 수 있다. 첫째는 **한계세율**(marginal tax rate)로 과세소득이 1달러 추가될 때 지불해야 하는 세금의 비율이다. 미국과 같은 조세제도하에서 한계세율은 소득이 증가함에 따라 인상된다. 19,750달러 이하에서 한계세율은 10%가 적용되지만, 622,050달러 이상의 소득에서는 37%가 적용된다.

평균세율 총소득에서 납부되는 세금의 비율

두 번째는 **평균세율**(average tax rate)의 개념으로 총소득 대비 세금 납부액의 비율로 계산된다. 어떤 개인의 평균세율은 소득 변화에 따라 달리 적용되는 세율을 모두 고려하는 개념이다. 따라서 평균세율은 개인이 납부하는 한계세율의 가중평균이 된다. 예를 들어 라냐라는 사람의 총소득이 200,000달러, 과세소득(조정, 공제, 감면을 거친 후의)이 180,000달러라고 가정한다면, 그의 소득세액은 다음과 같다.

$$(19{,}750\text{달러} \times 0.1) + (60{,}500\text{달러} \times 0.12) + (90{,}800\text{달러} \times 0.22) + (8{,}950\text{달러} \times 0.24) = 31{,}359\text{달러}$$

우리는 한계세율표에 따라 그의 소득 수준에 이를 때까지 계속 합산하여 라냐의 총세금액을 계산할 수 있다. 라냐의 소득세 한계세율은 그의 마지막 소득 1달러에 대해 지불하는 24%가 된다. 그러나 그의 평균세율은 그의 총소득(200,000달러)을 그의 세금 합계액(31,359달러)으로 나눈 비율인 15.7%이다. 이는 라냐가 지불하는 모든 한계세율의 가중평균치로, 그 가중치는 각 세금구간(세금이 부과되지 않아 한계세율이 0인 20,000달러의 소득을 포함)에 속하는 소득의 비중을 의미한다.

---

9 Slemrod and Bakija(2008), p. 49.

수평적 형평성과 수직적 형평성

조세의 공평성을 측정하는 데에는 두 가지 분배적 목표가 사용된다. 첫째는 **수직적 형평성**(vertical equity)으로 보다 많은 자원(많은 소득, 더 높은 부, 더 높은 이익)을 가진 집단은 적은 자원을 가진 집단보다 더 많은 세금을 내야 한다는 원칙이다. 이러한 생각은 제2장과 제17장에서 논의된 고소득과 저소득(또는 고/저능력) 집단 사이의 자원배분과 관련된 형평의 개념과 관련이 있다. 조세에서 수직적 형평에 대한 관심은 공리주의자들의 사회후생함수에 영향을 받은 바가 크다. 한계효용체감의 법칙에 의해 소득이 많은 집단일수록 소득의 한계효용은 감소할 것이기 때문에, 한계효용이 낮은 집단(고소득계층)에서 높은 집단(저소득계층)으로 소득이 재분배되어야 사회후생이 증가된다고 보는 것이다.

수직적 형평성 더 많은 자원을 가진 집단이 더 많은 세금을 내야 한다는 원칙

형평과 관련한 또 다른 개념은 조세정책 논의에서 자주 거론되는 **수평적 형평성**(horizontal equity)으로, 비슷한 수준에 있지만 경제적 상황 또는 생활선택이 다른 개인들은 조세제도에 의해 동등하게 취급되어야 한다는 것이다. 이를 살펴보기 위해 서로 상이한 두 주정부의 조세제도를 생각해보자. 한 주는 모든 재화에 대해 5%의 소비세를 부과한다. 또 다른 주는 당신이 물건을 살 때마다, 계산하는 직원이 동전을 던져 만일 앞면이 나오면 세금을 내지 않고 뒷면이 나오면 10%의 소비세를 부과한다. 후자의 경우는 평균적으로 전자와 같은 금액의 세금을 걷지만 개인들 사이에는 매우 다른 세금을 낼 수도 있기 때문에 수평적으로는 불공평한 것이다.

수평적 형평성 비록 경제적 선택은 다르더라도 소득이 비슷한 개인들에 대해서 유사하게 대우해야 한다는 원칙

이 극단적인 예는 수평적 형평성을 뚜렷하게 설명해주고 있지만, 현실에서 수평적 형평성은 정의하기 어렵다. 나와 지능, 교육, 동기 등의 면에서 같은 친구가 있다고 가정해보자. 나는 집에서 아이들과 더 많은 시간을 보내는 것을 선택한 반면, 친구는 직장에서 더 많은 시간을 보내는 것을 선택하였다. 친구는 나보다 더 많은 소득을 가지게 되고 결과적으로 더 많은 세금을 내게 될 것이다.

이러한 결과는 수평적 형평성을 저해하는가? 한편으로는 서로 다른 소득을 갖고 있기 때문에 서로 다른 수준의 세금을 내는 것이 수평적으로 공평해 보인다. 다른 한편으로는 능력이나 가지고 있는 자원 면에서 두 사람이 똑같은데 선택만 달랐다는 이유로 매우 다른 세금을 납부하는 것은 수평적으로 불공평한 것으로 보인다.

개인의 선택에 따라 다른 금액의 세금을 내게 된다면, 우리는 매번 이와 같은 딜레마에 직면하게 될 것이다. 가지고 있는 자원은 같지만 다른 선택을 한 개인은 다른 액수의 세금을 내게 된다. 수평적 형평성이 분명하게 성립하려면 앞에서 살펴본 동전던지기 세금처럼 세금은 경제적 선택과 독립적으로 결정되어야 한다. 따라서 수평적 형평이 깨지는 것은 납세자 입장에서는 궁극적으로 불행한 일이 될 것이다. 왜냐하면 이는 수평적 형평과 관련된 끊임없는 논란을 야기하게 될 것이고, 이러한 과정에서 어떤 조세안에 찬성 또는 반대하는 사람들의 견해를 맞추기 위해 조세제도가 계속 왜곡될 것이기 때문이다.[10]

10 수직 및 수평적 형평성은 조세 공평성에 대한 '응능적' 접근을 나타내주는 사례이다. 반면 '응익적' 방법이라 부르는 전혀 다른 접근법도 있는데, 이에 따른 조세 형평성은 개인이 부담하는 조세부담과 공공부문에서 개인이 받는 편익을 비교함으로써 측정되어야 한다는 것이다. 이 원칙은 조세정책 논쟁에서 매우 드물게 사용되지만 조세-편익 연관성에 대한 중요성을 제20장에서 논의할 것이다.

수직적 형평의 측정

누진세제도 소득 증가에 따라 실효평균세율도 함께 증가하는 조세체계

비례세제도 소득이 변하여도 실효평균세율은 변하지 않는 조세체계. 따라서 소득 가운데 납세자가 내는 세금의 비율은 일정함

역진세제도 소득 증가에 따라 실효평균세율이 감소하는 조세체계

수평적 형평성은 그 정의와 측정에 있어 어려움이 있지만, 수직적 형평성의 측정은 조세정책 논란의 한가운데 있다. 대부분의 분석가들은 수직적 형평성을 만족하는 조세체계는 **누진세제도**(progressive tax system)라고 결론 내리고 있다. 소득 증가에 따른 실효평균세율이 계속 높아져야 부자들이 가난한 사람들보다 소득 대비 더 많은 세금을 내게 된다는 것이다(예를 들어 누진세제도에서는 개인소득이 10,000달러일 때 소득세로 10%를, 소득이 100,000달러일 때는 30%의 세금이 부과된다). 반면 **비례세제도**(proportional tax system)는 모든 사람의 소득이 일정 부분을 세금으로 내기 때문에, 소득 변화에 따라 실효평균세율이 변화되지 않는 조세제도를 의미한다(예를 들어 비례세제도에서는 개인소득이 10,000달러이든 100,000달러이든 소득의 15%를 세금으로 낸다). 소득이 감소함에 따라 실효평균세율이 증가하는 조세제도는 **역진세제도**(regressive tax system)라고 한다(예를 들어 10,000달러 소득에 대해서는 소득세 15%를 내지만, 100,000달러 소득에 대해서는 10%의 세금만을 내는 것이다).

kmsdesen/Shutterstock

응용사례

조세 공평성 측정의 정치적 과정[11]

앞서 언급한 바와 같이 조세 공평성을 측정하는 것은 매우 어렵다. 공평성을 측정하는 방법들은 다양하지만, 정치가들은 조세정책 변화를 옹호 또는 반대하기 위해 그들의 입장에 가장 잘 맞는 측정법을 의도적으로 선택하는 경향이 있다. 이에 대한 좋은 예가 2003년 부시 대통령이 제안하고 서명한 소득세 감세논쟁이라 할 것이다. 이 감세안은 소득세 공제를 강화하였으며, 기혼부부의 세율구간 확대, 자녀양육 가정에 대한 세액공제 확대, 그리고 법인에 대한 세금우대 조치 등을 확대한 것이다.

민주당에서는 이 조세감면을 '공평성' 측면에서의 문제를 이유로 반대하였다. 예컨대 감세안에 따라 발생하는 세금혜택의 44%가 소득 최상위 1%의 납세자에게 집중된다는 것을 지적하였다. 부시 행정부는 이를 잘 알고 있었으며, 민주당의 지적에 대응하기 위해 이들 최상층 납세자들이 이미 전체 소득세의 38%를 납부하고 있다고 반박하였다. 따라서 감세혜택의 크기는 최상층 납세자들의 부담과 대체적으로 비례한다고 주장하였다. 이러한 관점에서 보자면, 결국 현재 세금부담을 많이 지고 있는 사람들에게는 감세안이 상당히 공평한 정책이 될 수도 있는 것이다.

이에 대해 민주당에서는 미국의 급여세제도가 전체 소득세제도보다 덜 누진적이기 때문에, 납세자의 상위 1%가 소득세의 38%를 부담하고 있지만 전체 세부담으로 보면 30%만을 담당하고 있음을 지적한 바 있다. 미국에서 급여세는 누진율이 아닌 단일율이고, 고소득자들이 내는 사회보장기여금은 제한되어 있기 때문이다. 따라서 소득 최상층 1%의 세금부담은 전체 부담의 30%이지만, 감세로 인한 혜택은 그보다 큰 44%를 받게 되는 것이며, 민주당은 이 점이 불공평

11 Lee and Friedman(2003).

한 것이라며 맞섰다.

이에 정부는 자녀를 가진 3,400만 가구가 한 가구당 1,549달러의 평균 감세혜택을 받을 수 있음을 강조하면서 반격했다. 그러나 비평가들은 이것이 '평균'이라는 용어를 잘못 사용하고 있다는 것에 주목했다. 감세의 상당 부분이 고소득자 가정과 관련되어 있기 때문에, 평균이라는 용어가 현실을 과장한다는 것이다. 경제학자이자 뉴욕타임스의 칼럼니스트인 폴 크루그먼(Paul Krugman)은 이에 대해 다음과 같이 언급했다. "빌 게이츠가 어떤 식당에 들어가면 식당 전체 손님들의 평균적인 부는 급격히 올라가겠지만, 그렇다고 해서 모든 손님들이 다 억만장자들은 아니다."[12] 자녀가 있는 3,400만 가정이 평균 1,549달러의 세금을 감면받는 것은 사실이지만, 이 평균은 100달러보다 적은 금액을 감면받는 1,000만 가정과 93,500달러의 감면을 받는 20만 가정(1년 소득이 100만 달러가 넘는 가정)으로 구성되어 있다는 것이다. 이 경우 소득분포의 중간에 위치한 가정은 평균적으로 단지 217달러만을 감면받도록 되어 있다.

"내가 발의한 세법개정안은 그 정도로 형편없지는 않아요. 감세혜택이 전혀 필요 없는 사람들에게는 그에 맞는 적당한 혜택만 줄 것이거든요."

워싱턴에서 자주 이야기되는 것처럼, 이 같은 주제에 대한 당신의 답은 당신이 견해가 어느 편에 가까운지에 따라 달라질 것이다. 대부분의 공화당원들은 이 감세안이 현재 소득세를 부담하고 있는 대부분의 사람들에게 공평하게 돌아간다고 대답한다. 반면 대부분의 민주당원들은 이 감세는 현재 조세부담에 비례하지 않고 부자들에게만 혜택이 집중되는 불공평한 것이라 대답한다. 경제학자들이 일반적으로 선호하는 조세정책의 분배적 효과에 대해서는 어느 정당도 특별히 언급하지 않는다. 누진적 조세개혁은 세후소득분배의 격차를 완화시켜 나갈 것이며, 역진적 조세개혁은 이 격차를 악화시킬 것이다. 2001년과 2003년의 감세안에 대해 중립적 입장을 견지하고 있는 조세정책센터의 평가에 따르면 소득 4분위의 가장 낮은 그룹은 감세 결과 세후소득이 0.7% 증가한 반면, 소득 4분위의 가장 높은 그룹은 4.4% 증가하였고, 납세자의 최상위 0.1%의 세후소득은 7.5% 증가한 것으로 나타났다. 이 측정방법에 따르면, 이와 같은 정책 변화는 세후소득분배의 격차를 넓힌 것이기 때문에 매우 역진적인 것으로 평가할 수 있다.[13]

2017년의 세제개편안에서는 이에 대해 중요한 논쟁이 있었다. 최저와 최고소득 과세구간의 세율은 그대로 두되, 모든 과세구간에 대해 한계세율을 인하하는 방식의 감세조치가 있었던 것이다. 또한 개편안에서는 소규모 자영업의 법인세율을 35%에서 21%로 크게 내려주었다. 이 조

12 Krugman(2003).

13 Elmendorf et al.(2008).

치로 인한 예상 감세액은 1조 5,000억 달러인데, 세제개편의 영향이 포괄적임을 의미한다.[14]

트럼프 대통령은 이러한 세제개편안의 목표는 '열심히 일하는 근로자들을 위하는 것'이라 하면서 '우리 경제의 강력한 추진연료'라고 논평하였다.[15] 대통령 경제정책 자문위원회에서는 이러한 개편에 따라 40,000달러에서 90,000달러가량의 임금이 증가하게 될 것으로 추정하였다.[16]

하지만 정파색을 띠지 않는 조세정책센터의 데이터에 따르면, 세제개편으로 인한 중위 또는 저위 소득자들의 감세혜택은 예상보다 훨씬 더 작을 것으로 보았다. 2018년 현재 상위 20% 소득자들의 경우에는 65.3%의 세금이 절감되었지만, 하위 20% 소득자들의 경우에는 절감분이 1%에 불과한 것으로 나타났다. 더 상세한 분석에 따르면, 미국 상위 1% 부자의 경우 33,000달러의 감세효과가 발생하였지만 가장 가난한 계층의 감세분은 겨우 40달러에 불과한 것으로 추정되었다.[17] 이러한 분석은 10년 내에 어떤 개인의 조세조항은 법률에 의거하여 만료되며, 감세정책의 혜택 가운데 83%는 상위 1%의 미국인들에게만 돌아갈 것임을 의미한다.[18] 이에 반해, 2018년의 경제성장은 2015년과 같았으며, 코로나19가 발발하기 이전의 2020년 경제성장 예측치 역시 최근 10년 평균치를 하회할 것으로 전망된 바 있다.[19] ■

18.4 소득세원의 정의

표 18-1을 통해 살펴본 바와 같이, 소득세는 단순히 그해 발생한 모든 소득의 총합에 세율을 적용하여 결정되는 것이 아니다. 미국을 포함한 많은 나라의 소득세제에는 소득공제 및 세액공제와 같은 다양한 조세감면 제도가 있다. 이는 소득세원을 축소시키는 작용을 한다. 이와 같은 세원 잠식을 용인하는 이론적 근거는 무엇인가? 또 조세제도의 공평성은 무엇을 의미하는가? 이 절에서는 이론적으로 적정한 소득세 과세표준에 대해 논의하고, 이론적으로 완벽한 이상적 과세가 이루어지지 않는 현실에 대해 살펴보기로 한다.

헤이그-사이먼의 포괄적 소득에 대한 정의

헤이그-사이먼의 포괄적 소득에 대한 정의 일정 기간 동안 개인의 소비 능력 변화를 과세소득으로 정의하는 것

재정학자들이 소득을 정의할 때 사용하는 기준은 **헤이그-사이먼의 포괄적 소득에 대한 정의**(Haig-Simons comprehensive income definition), 즉 개인의 납세 능력인 소득을 통해 세원을 정의하는 것이다. 이때의 납세 능력이란 개인의 연간 잠재소비, 다시 말해 한 해 동안 개인의 총소비와 부의 증가분을 합한 것이다.

---

14 https://www.npr.org/2017/12/20/572157392/gop-poised-for-tax-victory-after-a-brief-delay, https://www.npr.org/2019/12/20/789540931/2-years-later-trump-tax-cuts-have-failed-to-deliver-on-gops-promises#:~:text=As%20Growth%20Slows%2C%20The%20Economy,our%20economy%2C%22%20Trump%20promised.

15 https://www.npr.org/2019/12/20/789540931/2-years-later-trump-tax-cuts-have-failed-to-deliver-on-gops-promises#:~:text=As%20Growth%20Slows%2C%20The%20Economy,our%20economy%2C%22%20Trump%20promised.

16 https://www.crapo.senate.gov/imo/media/doc/2017DEC-CEAReportTaxReformandWages.pdf.

17 Stein(2018a).

18 Matthews(2017c).

19 https://www.npr.org/2019/12/20/789540931/2-years-later-trump-tax-cuts-have-failed-to-deliver-on-gops-promises#:~:text=As%20Growth%20Slows%2C%20The%20Economy,our%20economy%2C%22%20Trump%20promised.

헤이그-사이먼의 소득표준에 비추어볼 때, 미국의 조세제도는 여러 면에서 부합하지 않는다. 예를 들어 고용주가 기여하는 건강보험에 쓰는 액수는 현재 과세대상 근로자의 소득에는 포함되고 있지 않으나, 원래 이 액수는 근로자 스스로 건강보험에 지불해야 하는 것이다. 따라서 근로자는 회사가 대신 지불한 액수만큼 더 저축하거나 소비할 수 있는데, 이는 헤이그-사이먼의 포괄적 소득에 포함되는 것이다.

헤이그-사이먼의 정의는 소득세원, 즉 소득세 과세표준을 설정하는 데 적정한가? 조세제도의 형평성을 측정하는 데 두 가지 기준이 있음을 상기하자. 수직적 형평성은 고소득자가 소득의 상당 부분을 납세할 때 달성될 수 있으며, 수평적 형평성은 동일한 납세자가 그들의 선택과는 무관하게 같은 양의 세금을 낼 때 달성될 수 있다.

세금이 부과되는 과세표준을 결정함에 있어서 헤이그-사이먼의 소득 정의를 사용하면, 비과세 경로를 통해 소득을 얻는다 하더라도 더 큰 소득(사업주가 제공하는 건강보험료 같은)을 얻는 사람이 더 많은 세금을 내게 되기 때문에 수직적 형평성은 개선될 수 있다. 따라서 비록 당신과 내가 같은 임금을 받는다고 하더라도, 회사 측에서 제공하는 내 건강보험의 혜택이 더 좋다면 나의 세금 역시 당신보다 더 커야 한다.

헤이그-사이먼 접근법은 같은 양의 자원(소득)을 가진 사람이 그 자원을 어떤 형태로 쓰거나 받는다고 해도 같은 양의 세금을 내도록 함으로써 수평적 형평성도 개선시킨다. 내가 임금의 형태로 보수를 받는 것과 사업자 제공의 건강보험의 형태로 받는 것을 선택할 수 있다면, 미국의 현행 조세제도하에서는 당연히 사업자 제공의 보험을 선택해서 세금을 적게 내려 할 것이다. 하지만 모든 형태의 보수를 전부 소득으로 간주하는 헤이그-사이먼의 접근 방법은 이러한 문제를 해결해줄 수 있기때문에 수평적 형평성도 높일 수 있는 것이다.

따라서 헤이그-사이먼의 정의를 따르는 것은 수직적 형평성과 수평적 형평성을 모두 개선시키는 방법일 수 있다. 그러나 헤이그-사이먼의 정의를 현실에서 적용하는 것은 매우 어려운 일이다. 이하에서는 미국의 조세제도가 헤이그-사이먼 정의를 충실히 따르기 어려운 두 가지 문제점들, 즉 (1) 개인의 소비 능력과 지불 능력을 어떻게 정의할 것인가와 (2) 개인적 소비가 아닌 생계와 연관된 비용을 어떻게 다룰 것인가에 대해 살펴볼 것이다.

지불 능력 고려에 대한 문제

헤이그-사이먼 기준을 충족시키는 데 따르는 첫 번째 어려움은 개인의 세금 부담 능력, 즉 담세력을 어떻게 정의할 것인가에 대한 것이다. 어느 해에 소득이 같은 두 명이 있는데, 그중 한 사람은 집에 큰 불이 나 이를 복구하기 위해 소득의 20%를 지출해야만 한다고 가정하자. 따라서 그해에 이 사람은 소비가 감소할 것이고 세금 낼 능력도 줄어들게 된다. 이러한 상황은 이 사람의 소득세 과세표준에 반영되어야 한다. 따라서 이와 같이 지출 능력을 고려할 때 원치 않는 소비와 관련된 비용 역시 포함되어야 하는 것이다. 이는 과세소득에서 **재산손실과 재해피해**를 과세표준에서 공제해야 한다는 주장의 근거가 되는 것이다.

지불 능력에 대한 고려를 정당화해줄 수도 있는 또 다른 중요한 공제는 **의료비용**에 대한 것이다. 공제를 원하는 사람들은 조정 후 총소득(AGI)의 10%를 넘는 어떠한 의료비용도 과세소득에서 공제할 수 있다. 의료비용 공제는 대규모 의료비용 역시 화재처럼 납세자의 통제 범위를 넘어서는 것이며, 이는 결국 선택의 문제가 아니라는 것이다.

그러나 제15장에서 논의한 바와 같이, 이와 같은 가정은 의료 지출 면에서 유효하지 않을 수도 있다. 개인이 의료비용 지출 수준에 대해 약간의 선택권을 갖고 있고 그 지출의 일부분이 소비될 수 있다면, 이는 헤이그-사이먼 소득에 포함되어야만 한다. 이상적인 조세제도는 비재량적인, 즉 어쩔 수 없는 의료비 지출에 대해서만 공제해주는 것이다. 하지만 의료 소비 가운데 필수적이지 않은 부분이 존재하고 이에 대해 정부가 의료비용 공제를 제공한다면, 이는 결국 반드시 필요하지 않은 지출에 대해서 보조하는 결과를 가져올 것이다. 이때 중요한 점은 소득의 10%라는 수준이 개인이 통제권을 거의 갖지 못할 정도로 '충분히 높은' 것인지에 대한 것이다.

지불 능력 기준을 빈번히 거론하게 하는 또 다른 공제는 **주정부와 지방정부 조세 지불**에 대한 공제이다. 만약, 릴리와 롭의 소득 수준은 같지만 릴리는 높은 세금을 내는 지역에 살고, 롭은 낮은 세금을 내는 지역에 산다고 가정해보자. 주정부에 대한 세금을 내고 난 이후 릴리는 연방소득세 지불 능력이 롭에 비해 낮기 때문에, 연방정부에 납부해야 하는 소득세 산정 시, 주정부와 지방정부에 이미 납부한 세금은 릴리의 헤이그-사이먼 소득에서 차감해줘야 한다고 주장할 수 있을 것이다. 하지만 이 주장은 티부(Tiebout) 이론에 의한 또 다른 문제를 야기한다. 즉 릴리가 낸 높은 세금은 주정부와 지방정부가 릴리에게 제공한 수준 높은 공공재에 대한 대가라는 것이다. 만약 릴리가 완벽한 티부균형에서 살고 있다면 그가 납부한 지방세는 그가 만족하면서 사용하고 있는 지방공공재에 대한 단순한 사용요금이 될 것이다. 주정부와 지역정부가 개인으로부터 거두어들이는 세금은 적어도 어느 정도는 값어치 있는 편익의 대가로 제공되는 것이기 때문에, 주정부와 지방정부에 납세한 세금의 완벽한 공제는 헤이그-사이먼 논리에 근거하기에는 어려움이 있다.

2018년 세제개편안에는 주정부와 지방정부 납부세금에 대한 공제(SALT)가 도입된 이래 가장 강력한 반론이 포함되어 있다. 이 법안은 이전에는 제한 없이 공제되던 지방정부 납부세금 공제액의 상한을 1만 달러로 제한하였다. 지방정부 납부세금에 대한 공제는 두 부분으로 구성되어 있다. 첫째는 연방정부 세금납부 시 주정부와 지방정부에 납부한 재산세액을 공제하는 것이고 두 번째는 주정부의 소득세 또는 소비세 가운데 더 큰 것을 공제해주는 것이다. 2018년의 개편안에 포함된 공제액 상한제도는 세금부담을 증가시켰고, 그 대부분은 표준공제보다는 항목별 공제를 선택하는 고액 자산가들에게 집중되었다. 세금이 높은 주의 경우에는 이의 충격이 매우 컸기 때문에, 입법 당사자들은 해당 지역의 주택가격 하락이나 학교의 질적 저하를 우려하였다. 이러한 개편안이 하원에서 마무리 지어질 때쯤, 뉴욕주지사 앤드루 쿠오모는 그의 트위터에 "만약 뉴욕주와 산하 지방정부 납부세금의 공제가 의회에 의해 폐지된다면, 뉴욕주는 완전히 폐허가 될 것이다"라고 썼다. 하지만 의회는 그의 항변에 귀 기울이지 않았다.[20]

---

20 Matthews(2017b).

소득 발생을 위한 비용의 문제

현실에서 헤이그-사이먼 기준을 적용하기 어려운 또 다른 문제는, 우리의 지출 가운데는 단순히 소비를 위해서가 아니라 생계를 위한 지출도 존재한다는 것이다. 포괄적 소득의 정의는 일정 기간에 걸친 자원의 순(net)증가에 해당되기 때문에, 소득을 발생시키기 위해 사용된 정당한 비용은 한 개인의 소득으로부터 공제되어야 한다.

하지만 '정당한' 사업비용을 정의하는 것은 매우 어렵다. 영업을 위한 점심식사를 생각해보자. 당신이 새 사업을 시작하는데, 잡지 광고와 유망한 고객과의 점심식사라는 두 종류의 업무추진비 지출 방법을 가지고 있다고 가정해보자. 광고비용은 사업상의 비용이기 때문에 공식적으로 공제 가능한 항목이지만, 점심식사 비용은 그렇지 않다. 왜 점심식사는 다른가? 당신은 고객과의 점심식사로부터 효용을 발생시키기 때문에, 이와 같은 소비의 가치는 헤이그-사이먼 소득에 포함되어야 하기 때문이다. 결국 이론에 부합하려면 점심식사의 총비용에서 점심식사에 따른 당신의 만족도만큼을 제외한 부분만을 소득에서 공제해야 한다. 즉 점심식사 비용 전체 가운데 개인 용도 부분을 제외한 업무 용도 비용만 소득에서 제외되어야 하는 것이다.

이에 대한 인식은 미국 정책당국자들에 의해 점진적으로 확대되어 온 것으로 보인다. 1962년까지 기업은 식사를 포함한 사업용 접대비용의 공제를 허용받아 왔다. 1961년 존 F. 케네디 대통령이 사업상 조세혜택에 대한 강경조치 요구를 시작으로, 미국의 1962년 예산수입법은 '사업용' 접대비용 공제를 위한 증빙서류의 첨부를 의무화하고 있다. 그러나 의회는 사업상의 식사나 음료비용 공제의 경우 반드시 사업 목적의 논의가 있을 필요는 없다고 밝혔다. 이에 대한 유일한 요구조항은 식사가 '사업상의 논의에 도움이 되는 것으로 보편적으로 인정되는' 환경하에 있으면 된다는 것이다. 이 말은 결국 식사비용은 사실상 100% 공제 가능하다는 의미이다.

1976년 대통령 선거에서 지미 카터는 '업무용 호화 오찬'에 강력히 반대하는 정책제안을 내놓았다. 카터 대통령은 비록 선거에서 이겼지만 100% 공제를 50% 공제로 낮추는 목표조차 달성하지 못했다. 이에 대한 첫 번째 공제율 감소는 레이건 대통령 집권기(1986년 세제개혁안)에 이루어졌는데, 이때 공제율은 80%로 인하 조정되었다. 50% 공제는 1994년 클린턴 대통령 집권기에야 비로소 이루어졌다.

kmsdesen/Shutterstock

응용사례

사업용 비용 지출의 적정선은 무엇인가?

〈고스트 버스터즈〉라는 영화에 등장하는 밉지 않은 패배자 루이(그의 직업은 회계사이다)는 어느 날 저녁 큰 파티를 연다. 그는 초대된 손님들에게 훈제연어는 파운드당 24.95달러이지만, 세금을 낸 후에는 단지 14.12달러라고 허풍을 떤다. 이것이 어떻게 가능한가? 그는 회계 기법상의 속임수 때문이라고 설명하면서 "이 파티에 쓰는 돈은 모두 업무추진비야. 따라서 오늘 초대된 사람들 모두는 친구가 아닌 고객인 셈이지"라고 덧붙인다.

루이의 설명처럼, 미국의 조세제도는 사업상의 지출과 개인적 만족을 위한 지출을 구분하도록 하고 있다. 전자는 개인의 과세소득에서 전부 또는 일부 공제할 수 있지만, 후자는 공제가 불가능하다. 하지만 루이의 파티는 이 경계가 얼마나 불분명한지를 알려준다. 사업상의 공제가 적절한지 그렇지 않은지를 정의하는 데 있어서의 어려움은 다음과 같은 미국 조세법의 고전적 판례를 통해 잘 살펴볼 수 있다.

- 1981년 어떤 사람은 판매를 위한 사업비용 명목으로 30,000달러 상당의 공제를 신청하였다. 그런데 문제는 그가 판매한 물건들이 필로폰, 코카인, 마리화나 등이었다. 미 국세청은 이 남자가 명확히 기록하지 않았다는 이유로 공제를 허락하지 않았지만, 조세법원은 그의 사업관행에 대한 솔직한 증언에 근거해 공제를 허용하였다. 이 남자는 비록 공제는 허락받았지만 형사법원에서 마약 소지 및 의도적 판매죄로 4년 형을 선고받았다. 이듬해 의회는 마약 거래와 같은 불법적 행위에 대한 공제를 불법으로 규정하였고, 합법적으로 용인되는 마리화나와 같은 제품의 판매 및 소비행위에 대해서도 매우 높은 세율을 부과하였다.[21]
- 1970년대를 풍미한 대중음악 그룹 아바의 리더는 "우리가 입는 매우 특이한 의상들, 예컨대 초미니 반바지, 상하의 일체형 반짝이 옷, 통굽 구두 등은 사실 세금혜택을 위해 입었던 것"이라 말한 바 있다. 아바의 모국인 스웨덴의 세법에 따르면 영업용 의상으로 인정받기 위해서는 '일상생활에서는 도저히 입지 못할 정도로 특이'해야 하기 때문이었다. 미국에도 이와 유사한 법률이 있는데, 이에 따르면 '일상용으로 적합하지 않은' 의상비용만이 세금공제의 대상이다. 레이디 가가가 사랑해 마지않는다고 알려진 그 유명한 '생고기 드레스' 정도는 되어야 공제가 가능한 것이다. 우리가 유명인들의 흥미롭고 특이한 의상을 볼 수 있는 데에는 세법상의 이런 조항 덕분이라 할 수 있다.[22]
- 미식프로축구리그(NFL) 선수와 코치들은 활동 중의 벌금들은 비용 처리가 가능하다. 예컨대 경기 중의 말다툼, 위험한 태클, 과도한 행동 등으로 인한 벌금은 소득공제 대상인 것이다. 만약 NLF 본부에서 특정 선수의 터치다운 세리머니가 너무 과하다고 판단한다면, 이 역시 (벌금을 통한) 소득공제 대상인 것이다.[23]
- 미국을 제외한 다른 나라들에서는 전통적으로 외국 관료들에게 주는 뇌물을 사업상 비용으로 인정해주었기 때문에, 미국 회사들은 이러한 측면에서 불리하였다. 미국은 1996년 26개 OECD 국가들에게 이러한 뇌물을 더 이상 비용공제 해주지 말자는 내용의 세제개편 방안을 설득하였다. ■

21 Lopez(2015).
22 Wood(2014).
23 Vasilogambros(2015).

18.5 헤이그-사이먼 이론 적용상의 문제 : 외부효과와 공공재 논리

현실에서 포괄적 소득 정의를 적용하기 어려운 고전적 이유 가운데 하나는, 어떤 특정 행동에 대한 세금감면이 사회적 외부편익을 발생시킬 가능성 때문이다. 이 절에서는 사적시장이라면 과소공급될 수 있는 전형적인 두 가지 사례(기부금, 주택 지출)를 통해 헤이그-사이먼 방식의 소득 정의가 현실에 부합하지 않는 이유를 살펴볼 것이다.

자선 기부금

자선단체에 대한 기부금 공제는 외부편익 이론의 아주 훌륭한 예라 할 수 있다. 제7장에서 논의한 무임승차 문제(비용은 특정 개인이 지불하지만 편익은 대중 모두 누릴 수 있을 때, 시장의 결과는 과소공급으로 귀결됨)로 인해, 민간시장에 의한 공공시설의 자선적 기부는 과소공급될 가능성이 높다.

정부가 노숙자 쉼터 건립에 필요한 자금이 민간시장에서는 충분히 제공되지 않는 문제에 관심을 갖고 있다고 가정해보자. 이 문제를 해결하기 위한 한 가지 방법은 민간부문으로부터의 지원을 확대하기 위해, 노숙자에 대한 자선행위에 보조하는 것이다. 기부행위를 보조하는 한 방법은 기부한 양만큼을 개인의 과세소득에서 공제하는 것이다. 이렇게 함으로써 세후 가격 기준으로 기부의 가격이 다른 재화에 비해 상대적으로 낮아지게 할 수 있다. 미국의 조세제도는 과세소득에서 자선단체에 기부하는 기여금을 차감할 수 있도록 하는 공제를 허용하고 있다.

엘리가 4달러짜리 커피를 마실 것인가 아니면 노숙자 쉼터에 4달러를 기부할 것인가를 결정하려는 상황을 가정해보자. 만약 그녀가 커피를 선택한다면 커피값 4달러에 대해 세율 t에 상응하는 세금을 내야만 할 것이다. 따라서 4달러어치의 커피를 마시기 위해서 엘리는 4달러/$(1-t)$를 벌어야 할 것이다. 예컨대 세율이 50%라면 4달러의 커피를 마시기 위해 엘리는 8달러를 벌어야만 하는 것이다. 만약 엘리가 기부를 선택한다면 세금을 지불할 필요가 없어질 것이므로 그녀는 4달러만 벌면 된다. 따라서 다른 소비에 대한 기부의 상대가격은 4/[4달러/$(1-\tau)$], 혹은 $(1-\tau)$달러이다. 세율이 50%라면 8달러를 벌어야 4달러짜리 커피를 마실 수 있겠지만, 기부를 위해서는 4달러만 벌면 되기 때문에 기부의 상대가격은 2달러가 되는 것이다. 이와 같은 과세방안은 편익(자선적 기부가 더 매력적이게끔 하는)을 발생시키지만, 헤이그-사이먼의 포괄적 소득 이론에는 부합하지 않는다. 왜냐하면 이 경우 기부 액수는 소득에는 포함되지 않기 때문에 과세기준으로서의 포괄적 소득, 즉 지불 능력을 작게 평가하는 것이기 때문이다.

공공재 공급을 지원하기 위한 다른 선택도 존재한다. 정부가 공공재를 직접 공급하는 것이다. 세금감면을 통해 민간의 자선적 기여를 간접적으로 유도하기보다는 정부가 가지고 있는 돈을 노숙자 쉼터 개선 사업에 사용하는 것이다. 그렇다면 정부는 왜 직접지출을 늘이는 것 대신 헤이그-사이먼 정의에 부합하지도 않는 공제 방식을 사용하는 것일까? 이에 대한 해답은 적어도 두 가지 이상 존재한다.

재정지출의 구축효과 대 조세보조금의 구인효과

먼저 제7장에서 논의한 바와 같이 정부 지출은 공공재에 대한 민간의 기여를 구축(밀어냄)할 수 있다. 만약 정부가 노숙자 쉼터에 대해 지출한다면 이에 따라 민간 기부금의 양은 대개 감소할 가능성이 크다.

하지만 정부가 자선적 기부에 대해 세금보조를 하면 민간의 기여를 증가 또는 구인(끌어들임)히게 된다. 이는 정부의 조세보조가 기부의 상대가격을 낮추기 때문이다. 기부의 상대가격이 낮아지면 대체효과(기부의 상대가격 하락)와 소득효과(기부가격 하락으로 인한 실질소득 증가) 모두 기부가 증가하는 방향으로 작용하게 된다(조세 보조금으로 인해 기부의 상대가격은 하락하기 때문에 엘리는 부자가 될수록 더 많은 자선기부를 하게 된다)

조세보조의 한계효과 대 하부한계효과 정부가 자선적 기부에 대해 조세보조를 한다는 것은, 이러한 혜택 없이도 이미 기부를 하고 있던 사람들에게도 동일한 조세보조 혜택을 부여해야 함을 의미한다. 이는 아마도 세금감면이 기부를 행하는 모든 사람들에게 똑같이 적용되게끔 함으로써 수평적 형평성을 높이는 데 도움이 될 것이다. 하지만 이는 헤이그-사이먼 방식의 소득세 과세기반을 심각히 잠식시키는 것이다. 왜냐하면 조세감면을 통해 새로운 기부를 유도하는 것뿐 아니라, 조세감면 없이도 기부되었을 액수에 대해서도 세금감면이 이루어지기 때문이다.

예컨대, 조세감면이 없는 상황에서 노숙자 시설에 대해 기부된 액수가 100만 달러였다고 가정해보자. 이제 정부가 기부에 대해 50% 소득공제를 허용하는 정책을 추진하여 노숙자에 대한 기부가 총 150만 달러로 늘었다고 해보자. 조세보조정책으로 정부는 민간으로부터 50만 달러의 추가적 기부를 이끌어낼 수 있었다. 하지만 이로 인해 정부는 조세혜택이 없어도 기부되었을 100만 달러의 기부금에 대해서도 50만 달러의 조세감면을 해주어야 한다.

경제학자들은 자선적 기부에 대한 조세보조의 효과를 논의할 때, 한계효과와 하부한계효과로 구분하여 분석한다. **한계효과**(marginal impacts)는 정부가 이러한 조세유인을 통해 장려하기를 희망하는 행동 변화를 의미한다. 정부가 기부금 공제를 통해 활성화하고 싶어 하는 것은 사람들이 더 많은 자선기부를 하도록 하는 것이다. 우리의 예에서 한계효과는 조세보조에 의한 기부금 증가액 50만 달러이다. **하부한계효과**(inframarginal impacts)는 이 정책에 의해 행동이 변화되지 않는 사람에게도 부여하는 조세감면을 의미한다. 자선기부금의 예에서 하부한계효과는 세금감면 없이도 노숙자 시설에 대해 기부를 하던 개인들에게 부여되는 새로운 조세감면 50만 달러(기존 기부금 100만 달러의 50%)이다.

한계효과 조세유인정책을 통해 정부가 장려하고자 하는 행동의 변화

하부한계효과 조세유인정책을 통해 행동이 바뀌지 않는 사람들에게도 부여하게 되는 조세정책상의 혜택

자선적 기부의 경우와 같이 행동 변화를 목적으로 추진된 조세혜택의 효율성은 어떻게 측정할 수 있는가? 이는 정책으로 인해 행동이 변화된 사람들에게 주어지는 조세혜택의 비중 대 행동 변화가 없는 사람들에게도 주어지는 조세혜택의 비율로 측정될 수 있다. 비용 대비 가장 효율적인 조세혜택은 행동 변화를 일으킨 사람들의 혜택이 큰, 즉 한계효과가 큰 것이다. 이 경우 정부 지출이 상대적으로 작아야 대규모 한계효과를 발생시킬 수 있다. 비용 대비 가장 비효율적인 조세감면은 작은 한계효과를 갖으며, 보조금이 지급되지 않았더라도 참여하는 사람들이

이미 많아 정책 시행 후 추가적으로 더 많은 보조금이 소요되는 경우이다. 이 경우, 한계효과가 그리 크지 않더라도 정부의 지출은 대규모로 투입된다.

정책효과 : 조세보조 대 직접지출 결국 직접지출이나 조세보조, 이 두 가지 방법론 중에 어느 한 가지를 선택할 때에는 상충관계가 발생하게 된다. 만약 정부가 돈을 직접적으로 지출한다면 노숙자들에게 돌아가는 자원을 늘리게 되지만, 동시에 구축효과가 발생하여 민간의 잠재적 자원을 감소시킨다. 반면 정부가 조세감면을 제공하는 경우에는 새로운 기부를 이끌어낼 수는 있지만, 이로 인해 이미 존재하는 기부금에도 보조금을 지급해야 한다. 이러한 상충관계는 다음과 같은 질문으로 요약될 수 있다. 만약 정부가 노숙자 쉼터와 같은 자선사업에 사용할 수 있는 돈이 있다면, 어떻게 써야 최선인가? 수학적으로, 정부는 직접 지출보다 감세를 선택해야 한다. 만약,

(감세 1달러당 기부금 증가) > (1 − 정부 지출 1달러당 기부금 감소)

라는 부등식이 성립한다면, 정부가 직접적으로 돈을 쓰는 것보다 민간의 기부금을 세금으로 보조하는 것이 총자선금액 증가에 더 유리하다.

증거 : 구축효과 대 구인효과 많은 연구들이 자선적 기부에 대한 조세보조금의 효과를 분석한 바 있다. 관련 연구들에서는 일반적으로 보조금에 대한 자선적 기부의 탄력성은 대략 −1, 즉 기부금 상대가격의 1% 감소는 기부금을 1% 증가시킨다고 결론짓고 있다. 이러한 결론은 정책 변화로 인해 유발된 기부금 증가액(조세보조금의 한계효과)이 정책 변화로 인해 지급해야 하는 조세지출(조세보조금의 하부한계효과)과 같다는 것을 의미한다. 이는 앞의 예와 연결된다. 조세가격의 50% 하락은 자선적 기부금을 50% 증가시키기 때문에 탄력성 값은 −1이 된다. 이 때문에 기부금 50만 달러의 증가는 정책 변화 이전에 기부하고 있던 사람들에게 지급되는 50만 달러와 정확히 같아지는 것이다.

제7장에서 논의한 바와 같이, 정부 지출이 민간의 자선기부금을 얼마나 구축했는지(부등식의 우변)는 다양한 요인들에 영향을 받기 때문에 명확히 알 수 없다. 다만 가능한 증거들을 통해 살펴볼 때, 완전구축보다는 다소 작은 규모(10~70%)인 것으로 나타나고 있다. 따라서 정부 지출 1달러는 민간 지출과 정부 지출의 합을 대략 30~90센트가량 증가시킨다. 이는 위 식의 우변을 이용하여 계산할 수 있다(1 − 정부 지출 1달러당 민간기부금 감소액 = 0.3~0.9).

따라서 이 기준을 사용하는 경우 사적 기부를 보조하는 것이 정부가 직접 지출하는 것보다 노숙자 보조에 더욱 효과적인 것으로 보인다. 민간기부금에 보조하는 방식은 감소되는 정부 수입 1달러당 약 1달러의 민간기부를 발생시키는 반면, 정부가 직접 지출하는 방식은 정부 지출 1달러당 단지 30~90센트만이 노숙자들에게 전달될 뿐이다(민간기부금을 쫓아내는 구축효과로 인해).

소비자 주권 대 불완전정보

조세보조금 정책은 민간의 자선기부금을 증가시키는 데 효율적인 방법일 뿐 아니라, 소비자 주권이라는 측면에서도 정부의 직접지출보다 더 선호될 수 있다. 정부가 직접지출을 할 때에는 암묵적으로 정부의 선호가 지출행위에 반영된다. 하지만 정책결정자의 선호가 시민들의 선호와 같지 않은 경우에는 우리가 제9장에서 논의한 바 있는 정부의 실패를 유발할 수 있다. 자신의 뜻에 의해 기부하는 개인들에게 조세보조금을 제공하는 것은, 정부가 시민 개인들의 선호를 존중한다는 의미를 갖는다.

이와 같이 민간으로 분권화된 자선금 제공의 단점은 민간부문에 의한 자선 지출이 효율성을 보장할 수 없다는 점이다. 대부분의 개인은 자선적 기부를 결정할 때 신중하게 살펴보지 않는다. 최근의 연구 결과에 따르면 매년 기부자의 2/3가량은 아예 고민을 하지 않는다고 하며, 기부자의 5%가량만이 2~3시간 동안 숙고한 후 기부를 결정한다고 한다. 평균적으로 미국 국민들은 기부를 결정할 때(1시간)보다 TV를 살 때 대략 4배가량(4시간), 컴퓨터를 살 때는 약 8배가량(8시간) 더 살펴본다고 한다.[24] 이러한 관점에서 보면 자선적 기부가 당초에 의도했던 바와 같이 쓰이지 않을 수도 있을 것이다. 이와 관련된 아주 극적인 사례는 2002년 설립된 미 해군재향군인회와 관련된 일화이다. 이 단체는 빈곤 상태인 해군 퇴역자들을 위해 조직되었으며 2010년에 즈음해서는 전 미국의 41개 주에 지부를 설립하고, 대략 1억 달러의 기금을 조성하기에 이르렀다. 하지만 이 모든 것이 한 범죄자의 사기극이었다는 것이 2년 후 밝혀졌다. 이러한 사례에서 우리를 가장 거슬리게 하는 문제는 '자선'이라는 이름을 붙이면 모든 것이 완벽히 합법적이라는 믿음을 주는 데 있다. 사건의 재판 과정에서 이 단체를 돕던 한 영리기금단체는 전체 기부자들의 90% 이상이 아직도 돈을 보내오고 있다고 밝힌 바 있다. 사기극은 드러났지만 기부자들은 이를 알지 못한 채 계속해서 이 범죄단체에 기부금을 보내고 있었던 것이다.[25]

물론, 정부가 공공재를 직접 공급한다 해도 비효율은 존재한다. 아직 분명한 답은 내릴 수 없지만, 이에 대한 중요한 질문은 기부성 지출의 효과를 극대화하는 데 공공과 민간부문 가운데 누가 더 우수한가에 대한 것이다.

주택

외부효과 측면에서 헤이그-사이먼 방식의 소득 정의를 현실에 적용하기 어려운 두 번째 좋은 예로 주택 보유에 대한 조세보조금을 들 수 있다. 예를 들어 당신이 현재 거주할 집을 찾고 있는데, 시장가로 한 달 임대료가 1,000달러인 집을 발견했다고 가정하자. 집주인은 당신에게 두 가지 선택을 제안하였다. 하나는 매달 1,000달러를 내고 집을 빌리는 것이고 또 다른 하나는 10만 달러를 내고 집을 사는 것이다. 후자를 선택하는 경우 당신은 은행으로부터 주택담보대출을 받고

---

24 Stern(2013b).

25 Stern(2013a). 정직하지 않은 자선단체에 대한 감시 부족과 관련한 더 광범위한 문제는 Matthews(2019a)에서 더 상세히 다루고 있다. 또한 Stevenson(2020)에서 밝히고 있는 바와 같이, 이와 같은 문제는 GoFundMe와 같은 온라인 기부 플랫폼 등으로 인해 더 심각해지고 있다.

그 대가인 **모기지**(mortgage) 이자로 한 달에 1,000달러씩을 은행에 내야 한다. 당신의 한 달 소득은 4,000달러이고 소득세율은 50%이다.

모기지(주택담보대출) 특정 자본(보통은 주택)을 담보로 빌려준 대출

헤이그-사이먼의 정의에 따라 당신의 소득을 엄밀히 정의해보면, 그 집의 거주를 통해 얻게 되는 순소비가치를 당신의 소득에 더하고 이에 따르는 비용을 빼야 한다. 당신이 집을 임대하든 구입하든 상관없이 당신은 매달 주거서비스로 1,000달러를 소비하고 있다. 경제학에서는 이를 귀속임대가치라 한다. 따라서 어느 경우이든 당신은 그 집에 사는 권리에 대해 1,000달러를 지불하고 있는 중이다.[26] 따라서 헤이그-사이먼 조세부담은 주택 임대이든 매매이든 당신의 어떠한 결정에도 영향을 받지 않을 것이다.

현재 미국의 조세제도는 과세소득에 주택의 임대가치는 포함하지 않는다. 그럼에도 불구하고 소득세는 개인의 과세소득에서 주택담보대출이자에 대한 공제를 허용하고 있다(그러나 주택임대료 지출은 공제되지 않는다). 이러한 조세체계에서 당신이 집을 사기로 한다면 과세소득이 4,000달러에서 3,000달러로 낮아지며 이때 세금은 1,500달러가 된다. 하지만 당신이 임대해서 사는 것을 선택한다면 과세소득은 4,000달러가 되며 세금은 2,000달러가 된다. 주택담보대출의 이자지출 소득공제 때문에 임대보다는 주택구매가 더 유리해진다. 이러한 관점에서 보면, 주택담보대출의 이자지출에 대한 소득공제는 실질적으로 주택 보유에 대한 보조금과 같으며, 그 규모는 연방정부 조세지출에 중요한 예산비용을 차지하고 있다. 실제로 그 규모는 연간 800억 달러에 이른다(이는, 만약 주택담보대출에 대한 이자지출 소득공제가 없다면 연방정부의 세수입은 연간 800억 달러가 증가하게 됨을 의미한다).

왜 주택 보유에 보조금을 지급하는가? 미국에서 주택 보유에 대한 보조금 지급정책의 가장 보편적인 논거는 주택 보유가 임대에서는 발생하지 않는 긍정적 외부효과를 발생시킨다는 점이다. Glaeser와 Shapiro(2002)는 "주택담보대출의 이자지출에 대한 소득공제를 지지하는 입장에서, 이 제도는 미국 사회의 안정적 기초를 제공하는 것으로 본다. 사람들이 내 집을 갖게 되면 자신이 사는 도시와 이웃을 더욱 사랑하게 되며, 이는 미국 사회를 더욱 튼튼하게 만들기 때문이다. 따라서 주택 소유에 대한 소득공제는 재산소유권에 대해 보조함으로써 사람들이 민주주의를 내 것처럼 사랑하게 만든다. 또한 궁극적으로 소유권은 사람들로 하여금 단기보다는 장기투자에 눈을 돌리게끔 하는 것이다"라고 말했다.

Glaeser와 Shapiro는 이러한 긍정적 외부효과를 증명하는 많은 양의 실증 증거들을 검토한 바 있다. 임대와 비교할 때, 집을 소유하는 것은 정치적 행동주의 및 사회적 유대감에 긍정적 효과를 갖는다. 또한 주택 소유자들은 자신의 재산을 소중하게 생각하고 돌보기 때문에 집 주변이나 이웃들의 재산가치도 덩달아 높아지는 효과[이웃에 대한 양(+)의 재무적 외부효과]를 발생시킨다. 그러나 불행히도 이 분야에 대한 실증연구들은 제3장에서 우리가 논의했던 문제들에 대해 아직 확신을 줄 정도는 아니다. 다음의 '실증적 증거'에서는 이러한 문제를 해결하기 위한

26 만약 당신이 집을 산다면 주택 모기지의 이자지출 외에 원금도 매달 갚아야 할 것이다. 하지만 이는 당신의 자산(현금)을 또 다른 자산(주택)으로 바꾸는 것에 불과하기 때문에, 헤이그-사이먼의 조세부담에는 영향을 주지 않는다.

최근의 연구들을 살펴본다. 하지만 이들 연구에서는 주택 보유와 관련된 긍정적 외부효과가 당초의 예상처럼 그리 강력하지 않다는 증거를 제시하고 있다.

주택에 대한 조세보조의 효과 주택에 대한 조세보조가 긍정적인 외부효과를 발생시키기 위해서는 다음의 두 가지 조건이 만족되어야 한다. 하나는 긍정적인 외부효과가 존재해야 하며, 또 다른 하나는 조세감면이 주택 보유를 증가시켜야 한다. 만약 후자의 조건이 만족되지 않는다면 조세감면은 정책의 사회적 편익이라 할 수 있는 한계효과가 아닌 하부한계효과만 발생시킨다.

하지만 주택에 대한 조세보조가 주택 구매를 증가시킨다는 증거는 없다. 사실 이와 같은 다양한 조세보조금에도 불구하고 미국에서의 주택 보유율은 65% 선으로, 1950년대 이후로 오랫동안 정체되고 있다. 물론 1990년대 말부터 2000년대 초반에는 주택 보유율이 일시적으로 급격히 증가하기도 하였으나 최근의 불황으로 인해 다시 예전 수준으로 돌아갔다. Gruber 외의 연구에서는 1980년대 덴마크에서 있었던 주택 보유에 대한 조세보조정책에 대해 살펴본 바가 있는데, 주택 보유에 대한 세금감면이 주택 보유에 미친 영향은 없었다고 밝힌 바 있다.[27]

주택에 대한 조세보조가 주택 지출에 미치는 영향을 탄력성의 측면에서 접근한 결과에 따르면 주택보조에 대한 주택 지출의 탄력성은 대략 1, 즉 1달러의 조세보조금이 주택 지출 1달러 증가를 유발한다고 밝히고 있다.[28] 이러한 결과는 주택보조금이 개인들로 하여금 주택에 더 많은 돈을 쓰도록 한 것은 맞지만, 사실 이들 주택 구입자들은 주택보조금을 주지 않아도 집을 구매했을 사람들이라는 것을 의미한다.

하지만 긍정적 외부효과와 관련한 대부분의 주장은 주택 보유에 관련된 것이지 그 주택이 얼마나 크고 비싼 것이냐에 대한 것이 아니다. 따라서 비록 주택 보유로 인한 외부효과가 존재한다고 하더라도, 이러한 이슈에 대한 설명력은 높지 않은 것으로 보인다. 즉 주택 보유에 대한 보조금 정책은 적어도 긍정적 외부효과라는 측면에서는 그리 뚜렷한 논거가 될 수 없다는 것이다.

헤이그-사이먼의 개념에서 보자면, 주택담보대출의 이자지출에 대한 소득공제의 긍정적 외부효과가 뚜렷이 나타나지 않았다는 것은 공제타당성에 대한 분명한 논거가 부족함을 의미한다. 하지만 현실적으로 이자지출에 대한 소득공제는 조세제도 중 가장 인기 있는 규정 가운데 하나로 남아 있으며, 정치가들은 이에 대해 비판이나 규정에 대한 제한도 하지 않으려 한다. 제9장에서 논의한 바와 같이 이러한 현상에 대한 그럴듯한 이유는, 보조금의 수혜자들은 이 편익에 대해 잘 알고 있을 뿐 아니라 자신들의 이해를 지키기 위해 잘 조직되어 있는 반면, 손해를 보는 사람들(즉 1년에 1,000억 달러 이상의 세금을 내는 납세자들)은 조직화되어 있지도 않고 이러한 손해가 얼마인지도 잘 모른다는 것이다. 그럼에도 불구하고 만약 정책당국자들이 주택 보유에 대한 보조를 지속적으로 제공하고 싶다면, 현재보다 훨씬 더 효율적이고 공평한 방법이 있을 수 있다. Gale 외(2006)의 연구에서 논의된 바와 같이 생애 첫 주택 구입자들에게 조세지출을 통해 직접적으로 보조하는 방법이 현재의 모기지 이자지출에 대한 공제 방식보다 더 우수한 방법이라 평가되기 때문이다.

---

27 Gruber et al.(2017).

28 Rosen(1985).

소득공제 대 세액공제

현실 조세제도가 헤이그-사이먼의 포괄적 소득 정의와 다른 방식으로 운영될 때 제기될 수 있는 중요한 문제 가운데 하나는, 정책을 소득공제의 형태로 운영할 것인지 아니면 세액공제의 형태로 운영할 것인지에 대한 문제이다. **소득공제**(tax deductions)란 납세자들의 과세소득에서 특정액(예를 들어 기부금 액수나 주택모기지 이자지출액)의 차감을 허용하는 것이다. 따라서 공제액은 t가 한계세율이라고 할 때, 특정 행동의 가격을 $(1-t)$만큼 낮추는 효과를 갖는다. 반면 **세액공제**(tax credits)는 납세자가 정부에 내야 하는 세금 가운데 특정액(예를 들어 보육비 액수만큼)을 세금에서 빼주는 것이다. 만약 개인의 지출이 세금액보다 작다면 세액공제는 공제대상의 가격을 영(0)으로 낮춘다.

소득공제 납세자의 과세소득에서 자선기부금 또는 주택담보대출의 이자지출액 등의 항목을 통해 차감되는 공제액

세액공제 납세자의 결정세액에서 자녀보육에 대한 공제 등과 같은 항목을 통해 차감되는 공제액

실증적 증거 주택 보유의 사회적 편익

앞서 논의한 바와 같이 주택담보대출의 이자지출에 대한 소득공제 정책의 정당성을 확보하기 위해서는 과연 주택 보유에 따른 사회적 편익이 존재하는가에 대한 명확한 증거를 찾아야 한다. 사회적 편익이 존재한다고 주장한 많은 연구들은 우리가 제3장에서 논의했던 편의의 문제에서 자유롭지 못하다. 유주택자들과 무주택자들은 여러모로 다르기 때문에, 단지 그들의 행태만을 비교하는 방법으로는 주택 소유 여부로 인한 본질적인 효과를 식별해낼 수 없는 것이다. 즉, 주택을 구입한 사람들은 특별히 사회성이 높고 자신의 재산에 대한 애착이 강한 사람들일 가능성이 높지만, 이들 가운데에는 반드시 주택을 구입하지 않아도 그러한 행동을 보일 수 있는 것이다. 이러한 문제를 극복하기 위해 연구자들은 주택 보유자들 사이의 다른 성격과 독립성을 구분할 수 있는 방법을 고안해야만 했다.

Mills 외(2008)의 연구에서는 바로 이 내용에 대한 흥미로운 연구결과를 제시하고 있다. 이 연구는 1998년부터 2003년 사이 오클라호마 주 털사 지역에서 있었던 '미국인 꿈의 실현'이라는 임의화 실험결과에 초점을 맞추었다. 이 실험은 최소 한 명의 근로자가 있는 가구 가운데 가구 소득이 빈곤선(2009년 가격으로 16,000달러) 150% 이하인 가정만이 참여자격이 있었다. 실험에 참여하게 되면 개인들은 분석집단으로 구분되어 개인개발계좌(IDA)의 개설이 허용된다. 반면 이 개인개발계좌는 비교집단에는 허용되지 않는다. 개인개발계좌는 주택계약금과 같이 기준에 부합하는 예금인출의 경우에는 정부로부터 매칭기여금이 제공되는 저축예금이다. 이러한 매칭기여금은 새집 구매의 경우 2 : 1, 즉 개인이 1달러의 소비를 절감하여 주택 구입에 쓰는 경우, 정부가 이에 2달러를 매칭기여금으로 보조해주는 것이다. 다른 목적(예컨대 교육이나 창업 등)의 저축에 대해서는 1 : 1로 제한된다. 예치금과 매칭자금을 합하여 개인은 주택 구입 시 최고 6,750달러까지 저축할 수 있는데 이 기간 동안 털사 지역의 중간 수준 주택가격이 89,000달러임을 고려할 때, 이는 상대적으로 큰 액수라 할 수 있다.

연구자들의 이전 연구에서는 이와 같은 재정적 유인정책이 주택 보유를 상당 규모 증가시켰음을 밝힌 바 있다. 이와 같이 분석집단에 개인개발계좌를 설정해준 경우 주택 구입이 7~11% 정도 증가한 것으로 나타났기 때문이다. 그들의 2007년 연구에서 연구자들은 주택 보유 여부 외에는 비교집단과 분석집단이 동일했지만 실험 이후에는 주택 보유율이 확연히 달라지기 때문에, 이와 같은 실험이 주택 보유의 사회적 편익을 추론하는 데에도 활용 가능하다고 밝혔다.

만약 주택 보유가 사회적으로 긍정적인 편익을 발생시킨다는 것이 사실이라면, 이 연구에서 사회적 편익은 비교집단보다는 분석집단에서 발견되어야만 한다. 하지만 이러한 결과는 가시적으로 나타나지 않았다. 연구자들은 실험에 참여한 사람들의 자본을 매우 다양한 각도에서 조사하였다. 주택 미보유자들과 비교할 때 주택 보유자들은 여러 가지 다양한 사회적 활동에 참여하고 있었음이 발견되었다. 하지만 분석집단(주택 구입에 대한 임의적 보조를 받으며, 결과적으로 주택 구입률이 높았던 집단)은 비교집단(보조를 받지 못했던 집단)에 비해 정치적 적극성이 다르지 않았으며, 사교 등의 사회활동이나 지역학교에 대한 참여율이 특별히 높았다는 *증거도 발견되지 않았다*. Englehardt 외는 분석집단이 주택 관리에 더 많은 돈을 지출한다는 것은 발견했지만, 이는 공적편익을 발생시키는 주택 *외부* 시설에 대한 지출이 아니라 사적편익만을 발생시킬 뿐인 주택 *내부*에 대한 지출이 대부분이었음을 지적하였다. 결국 모든 측면을 종합적으로 고려할 때, 주택보유의 사회적 편익에 대한 뚜렷한 증거는 없는 것으로 나타났다.

효율성의 고려 둘 중 어떤 방법이 더 선호되어야 하는가? 효율성 측면에서 분명한 답은 내릴 수 없다. 예를 들어 현재의 자선적 기부금에 대한 소득공제를 1,000달러까지 100% 공제해주는 세액공제 방식으로 바꾸었다고 해보자. 현재 1,000달러보다 더 적게 기부하는 사람들에게는 기부가 무료이기 때문에(기부를 1달러 더 하면 세금이 1달러 줄어들기 때문에, 기부한 액수만큼 세금을 돌려받게 된다) 기부금을 늘릴 유인이 있다. 만약 기부액이 1,000달러가 넘어서면 세액공제로부터 얻을 수 있는 편익이 존재하지 않는다. 하지만 소득공제 방식에서는 1,000달러(세액공제의 혜택이 사라지는)를 넘어서는 기부에 대해서도 기부를 지속할 유인을 제공한다. 정부가 직면하는 선택의 문제는, 어느 수준까지의 기부금에 대해서는 전액보조하고 그 이후는 전혀 보조가 없는 방식(즉 세액공제 방식)과 모든 기부금에 대해 일부분만을 보조하는 방식(즉 소득공제 방식) 사이에서 어느 것을 고를 것이냐에 대한 것이다.

세액공제 방식과 소득공제 방식 가운데 어느 정책이 더 효율적인지는 두 가지 고려사항에 의해 설명될 수 있다. 첫 번째는 보조정책이 부여되는 상품의 수요특성이다. 이 책에서는 일반적으로 상품의 수요탄력성은 일정하다고 가정했지만 현실에서의 수요탄력성은 가격 변화의 크기에 따라 매우 달라질 수도 있다. 어떤 상품의 개인 수요는 큰 폭의 가격 하락에 대해서는 매우 탄력적으로 반응할 수도 있지만, 가격 하락폭이 작은 경우에는 매우 비탄력적으로 반응할 수도 있다. 이 경우에는 세액공제가 큰 폭의 가격 하락을 가져오기 때문에 소득공제보다 자선적 기부를 늘리는 데 효과적일 수 있다.

둘째는 정책결정자가 목표로 하는 행동 변화의 하한을 달성하는 것이 얼마나 중요한지를 결정해야 한다. 자선적 기부의 경우 1,000달러가 목표가 되어야 하는 뚜렷한 근거는 어디에도 없다. 따라서 얼마가 되었든 자기가 원하는 만큼 기부하고자 하는 사람들에게 보조를 제공하는 것이 더 나은 방법일 수 있다. 어떤 경우에는 정부가 목표하는 수준까지는 보조를 해주되, 이를 넘어서는 수준에 대해서는 보조하지 않을 수도 있다. 우리가 제15장에서 논의했던 의료보험의 예가 아마도 이 경우에 해당될 수 있을 것이다. 즉 기초적인 수준에 대해서는 보조를 해주되, 일정 수준을 넘어서는 값비싼 의료보험료에 대해서는 전혀 보조해주지 않는 것이다. 이와 유사하게 주택에 대한 보조 역시 기본적인 거주생활에 필요한 주택 지출 수준에 대해서는 보조할 수 있지만, 외부편익이 뚜렷하지도 않은 고가의 대규모 저택 구매에 대해서는 전혀 보조해주지 않는 방법도 있을 것이다.

형평성에 대한 고려 수직적 형평성을 근거로 할 때, 세액공제는 소득공제보다 더 우수하다. 소득공제의 가치는 개인 세율과 함께 증가하기 때문에, 고소득자에 대한 공제가치가 저소득자에 대한 공제가치보다 크다. 따라서 소득공제는 **역진적**이다. 반면 세액공제는 소득과 무관하게 모든 개인에게 똑같이 적용되기 때문에 **누진적**이다. 만약 같은 금액을 세액공제 받는다면 소득 대비 공제 비율은 고소득자의 경우 더 작아진다. 이러한 차이는 미국 조세제도의 항목별 공제 특성에 의해 더욱 뚜렷하게 나타난다. 미국에서 항목별 공제 비율은 고소득 계층에서 매우 높다. 20만 달러 이상의 고소득 가계의 96%가 항목별 공제를 선택한다. 하지만 20,000달러 이하의 소득을 갖는 저소득 가계의 항목별 공제 비율은 6%에 불과하다.[29] 소득공제는 항목별 공제를 하는 사람에게만 가능하기 때문에 이는 고소득층에 의해 주로 사용될 것이고, 이는 수직적 형평성을 더 약화시키는 방향으로 작용하는 것이 사실이다.

kmsdesen/Shutterstock

응용사례

조세환급 논쟁[30]

앞서 살펴본 바와 같이 세액공제는 소득공제보다 더 누진적이지만 누진의 정도는 **조세환급**(refundable)이 가능한지, 또는 개인들이 세금을 아예 안 내는지, 아니면 적게 내는지에 따라 달라질 수 있다. 이 경우 환급 가능한 세액공제는 개인들에게 순납세액, 즉 환급받는 개인들의 수령액을 증가시키는 것이다. 환급 가능성은 세금은 내지 않으면서 세액공제의 혜택을 받는 오늘날 미국의 많은 저소득 가계에 매우 중요한 제도이다. 결과적으로 만약 세액공제가 완전히 환급 가능하지 않으면 수직적 형평에는 별다른 효과를 발휘하지 못한다.

조세환급 세금을 약간 또는 전혀 내지 않는 사람들에게도 세액공제혜택을 부여하는 것

그럼에도 불구하고 많은 보수주의자들은 소액 납세자 또는 심지어 세금을 전혀 내지 않는 사람들이 조세환급을 명분으로 보조금을 받아가는 것에 대해 반대하고 있다. 이에 대해 공화당의 스펜서 바커스(앨라배마주 하원) 의원은 “이것은 세액공제가 아니라, 다른 사람의 돈을 무상수령하는 것이다. 만약 우리 소득세제가 복지제도로 전환되는 것을 원한다면 지금 현재 무슨 일을 꾸미고 있는지 전 국민에게 솔직히 밝혀야 한다”라고 말했다. 반면 조세환급에 대해 찬성하는 사람들은 저소득 가정이 소득세를 적게 내는 것은 사실이지만, 그들은 실제로 급여세, 소비세 등을 내고 있기 때문에 소득 대비 납세액의 비율은 낮지 않으며 이를 조세환급으로 돌려주는 것이 타당하다고 주장하고 있다. 더욱이 특정 연도에 조세환급을 받은 사람들이라 하더라도, 10년 동안에 걸친 납세액은 0보다 큰 것으로 나타난다.[31]

이와 관련된 적절한 예가 1997년 도입된 저소득층 및 중산층에 대한 자녀세액환급(그러나 대부분의 가정에는 환급 불가능한)에 대한 논란이다. 2001년 이 환급제도는 자녀 1인당 500달러에서 600달러로 증액되었고, 부분환급도 가능하게끔 변경되었다. 만약 세금공제가 완전히 환급 가능하다면, 각 가정은 그들의 납세액과 관련 없이 자녀 1인당 600달러를 받을 것이다. 대신 자녀세액환급액보다 작은 액수의 소득세를 내는 가정에 대해서는 10,500달러(2003년 기준)를 넘는 소득액의 10%에서 한 자녀당 최대 600달러까지를 환불받는 것을 허용하고 있다.

예를 들어 두 명의 자녀가 있고 연소득 20,000달러인 부부가 표준공제와 개인적 세금감면으로 연방소득세를 전혀 내지 않고 있는 경우를 생각해보자. 2001년 조세감면하에서 이 가정은 950달러의 환급액[$= 0.1 \times (20,000 - 10,500)$], 혹은 자녀 1인당 475달러를 받을 수 있다. 만약

29 Lowry(2014).

30 이에 대한 논의는 대부분 Firestone(2003)에서 인용한 것이다.

31 Batchelder et al.(2006), 이 사실에 대한 근거는 조세원칙으로서 세금환급에 대한 고상한 논리를 제공하고 있다.

세금공제가 환급 가능하지 않다면 이 가정은 연방소득세를 내지 않고 있기 때문에, 자녀세액환급을 한 푼도 받을 수 없다. 하지만 만약 완전히 환급 가능하다면 그 가정은 자녀 1인당 600달러, 또는 1,200달러(두 명)를 받게 된다. 따라서 현행의 950달러라는 것은 세금환급 찬성자와 반대자 사이의 타협의 결과로 볼 수 있다.

이러한 이슈는 2009년의 감세안에서도 계속 이슈가 되었다. 2009년의 감세안에서는 공제가 적용되는 소득기준을 파격적으로 낮추어, 자녀세액공제액을 3,000달러까지 확대하였다. 또한 공제 대상 소득기준을 상회하는 가구의 경우라도 최소한 부분적인 자녀세액공제는 받도록 조정하였다. 구체적으로, 17세 이하 자녀 1인당 최대 1,000달러까지 자녀세액공제가 가능하도록 하였으며, 만약 세액공제로 인한 조세환급액이 결정세액보다 더 크다면 가구소득의 15%까지 조세환급을 받을 수 있도록 했다. 이는 약 300만 명의 새로운 어린이가 자녀세액공제 대상으로 추가되었으며, 이에 따라 공제 대상도 1,000만 명으로 증가하게 되었다. 세액공제 확대로 인한 정부의 조세지출은 연간 120억 달러 규모이며, 이를 통해 약 100만 어린이들이 빈곤상태에서 구제되었다. 자녀세액공제가 적용되는 소득 하한은 2010년, 2015년 두 차례 인하 조정된 바 있으나, 2017년 세액공제가 종료되었다.[32]

자녀세액공제제도는 2017년 세제개편 당시 또다시 업데이트되었다. 개편안에서는 자녀 1인당 세액공제 액수를 2배로 증액하여 2,000달러로 설정하였다. 만약 세액공제로 인한 조세환급액이 결정세액보다 더 크다면 다음의 두 가지 옵션, 즉 1,400달러 또는 2,500달러를 넘어서는 소득의 15% 가운데 하나를 선택하여 조세환급 상한으로 삼도록 하였다. 완전환급이 안 되도록 한 것은 저소득층에 대한 자녀세액공제 혜택이 더 커지도록 한 조치이다. 2017년 감세안에 대한 논쟁 당시, 공화당 상원의원 마코 루비오와 마이크 리는 2,000달러의 조세보조를 급여세에도 적용할 것인지를 두고 맞섰다. 저소득가구의 경우 소득세보다 급여세 납부액이 더 큰 경우가 많기 때문이다. 그들은 조세보조를 위한 세수 감소를 보충하기 위해 법인세 인하계획분의 0.94%를 감소하는(13% 대신 13.06%) 방식을 제안하였다. 하지만 이러한 개정안에 대해 공화당 의원들의 절반 이하, 그리고 민주당에서는 8명만이 찬성하였다. 이 정도로는 저소득 가정의 어려움을 충분히 완화시킬 수 없기 때문이다.[33]

2017년 세제개편안 가운데 자녀세액공제에 대한 보다 파격적인 법률안은 민주당 상원의원인 셰러드 브라운과 마이클 베닛에 의해 제기된 바 있다. 이 법률안에서는 자녀당 세액공제액을 6세 이하 자녀에 대해서는 3,600달러까지 완전공제, 6~17세 자녀에 대해서는 3,000달러로 설정한 것을 제안하였다. 또한 이러한 조세보조는 물가상승률이 고려되도록 하여 보조금의 가치를 유지하도록 하였으며, 필요한 가정에 대해서는 보조금을 월단위로 지급받을 수 있도록 하였다. 이 조치는 유년 빈곤의 절반가량, 유년 절대빈곤을 750%(1.7%에서 0.2%로)가량 완화시

32 제도 변화에 대한 설명은 Maag(2013) 또는 Committee for a Responsible Federal Budget(2013)을 참조하라.

33 Hendrickson and Galston(2017).

킬 수 있을 것으로 기대되었다.[34] 이 정책은 제17장에서 논의된 보편적 어린이 보조금과 사실상 거의 유사하다. 하지만 최근의 연구 결과들에 따르면 최저소득 가정의 어린이들 대부분은 제도의 혜택을 전혀 받지 못하고 있으며, 하위 3분위 소득 가정의 경우에는 일부만이 혜택을 받는 것으로 보고되었다. 반면 상위 5분위 소득 가정의 경우에는 사실상 거의 모든 가구가 조세혜택을 받는 것으로 나타났다. 한편, 인종별로 살펴보면 백인과 동양인 가정의 자녀 3/4가량은 자녀세액공제를 충분히 잘 활용하고 있지만, 흑인과 히스패닉 가정의 경우 자녀의 1/2가량만이 혜택을 받는 것으로 파악되었다.[35] ■

핵심 사항 : 조세지출

결국, 현실 조세체계가 헤이그-사이먼 소득 정의와 부합하지 않는 원인은 **조세지출**(tax expenditure) 항목들 때문이다. 조세지출이란 '정부에 의해 정의된 연방조세법 규정에 따른 세입 손실, 즉 정부의 총세수입에서 특별제외, 면제, 공제된 세입 손실이나 특별세액공제, 우대세율 적용, 납부 이연 등으로 발생한 세입 손실'을 의미한다. 미 연방정부는 1976년 이후 연방예산에서 이러한 조세지출을 별도로 명시하고 있다. 예컨대 얼마나 많은 조세수입이 과세 가능한 의료보험에서 제외되었는지, 혹은 개인들의 자선적 기부금공제로 인해 얼마나 많은 조세수입이 감소되었는지를 예산서에 밝혀두는 것이다.

조세지출 납세자들에게 부여되는 조세혜택으로 인해 발생되는 정부의 세수 손실. 이때, 조세혜택에는 특별공제, 면제, 우대세율, 세금 이연 등의 모든 예외 조항들이 포함됨

표 18-2에는 중요한 조세지출 항목들이 정리되어 있다. 2020년 정부는 총조세지출로 인해 1조 3,800억 달러(일일히 열거하기 어려운 소규모의 조세지출들을 포함해서)의 세수 감소가 발생할 것으로 예상한 바 있다. 단일 조세지출 항목으로 가장 큰 것은 고용주에 의한 의료보험료를 과세소득에서 감면해주는 것으로, 2020년 연방정부 소득세 수입에서 2,144억 달러나 감소시켰다. 그 외의 큰 조세지출은 귀속임대소득에 대한 과세 제외(1,260억 달러), 연금납부액에 대한 공제(835억 2,000만 달러), 자녀공제(757억 7,000만 달러) 등이다. 조세지출 총액은 2020년 기준 전체 조세수입의 40%를 상회하는 수준으로, 코로나19 대응을 위해 사상 가장 큰 규모로 작성되었던 2020년 예산의 절반 수준에 육박한다.[36] 따라서 과세기반에 대한 논쟁은 단지 학술적인 수준에서만 그치는 것은 아니다. 헤이그-사이먼 소득 정의로부터 제외되는 여러 가지 예외 조항들로 인해 매년 상당량의 돈이 미 재무부에서 빠져나가고 있는 것이다.[37]

34 Matthews(2017a).

35 Goldin and Michelmore(2020).

36 Office of Management and Budget(2021b).

37 이러한 조세지출액에 대한 예측치는 일시적인 조세규정 변화의 영향을 나타내는 것임을 주목할 필요가 있다. 따라서 이러한 조세지출 총액이 만약 조세지출이 없었다면 더 거둘 수 있는 세금액수와는 반드시 같지 않을 수도 있는 것이다.

표 18-2 2020년 미 연방정부의 15대 조세지출(법인세, 소득세제 해당 사항만 반영함. 급여세 및 기타 세목들은 제외됨) 2020년 정부는 여러 가지 다양한 정책의 조세지출로 인해 1조 3,000억 달러 이상의 세금수입을 상실하였다. 이 표는 조세지출의 큰 비중을 차지하는 주요 항목들을 정리해둔 것이다. 이에 따르면 의료보험의 고용주 기여금 공제와 귀속임대소득에 대한 과세 제외가 가장 중요한 항목으로 보고되었다.

조세지출의 주요 범주	**2020년 기준 (백만 달러)**
의료보험의 고용주 기여분 과세 제외	214,420
귀속임대소득에 대한 과세 제외	125,990
자본이득(농업, 임업, 철광 및 석탄업 제외)	104,920
직장연금의 확정기여금 공제	83,520
자녀세액공제	75,770
직장연금의 확정급여액 공제	73,831
특정 도관소득에 대한 20% 공제	53,132
사망 시 자본이득 기준에 대한 상향 조정	51,750
주택매매 시 발생한 자본이득세 과세 제외	45,750
기계설비에 대한 가속감가상각	43,460
통제소득 활성화에 대한 세율 인하	40,000
교육과 보건 분야 이외의 자선적 기여금	39,540
정책목적의 배당공제	31,530
은퇴자 및 장애근로자의 배우자, 직계가족에 대한 사회보장 급여공제	30,900
주택 보유자의 모기지 이자상환 공제	27,090
소계	**$1,041,603**
소득과세 조세지출합, 정부 수입에 미치는 영향액	**$1,383,242**

출처 : U.S. Department of the Treasury(2021a).

kmsdesen/Shutterstock

응용사례
올림픽 국가대표에 대한 조세혜택?

당파성이 극도화된 상황을 고려할 때, 하원을 415 대 1로 통과하고 상원에서 만장일치를 얻는 법안의 존재는 대단히 비현실적이다. 하지만 2016년 10월 7일 오바마 대통령이 서명한 법률안은 이의 현실판으로 평가된다. 도대체 어떤 법률이길래 만장일치로 통과되었는가? 앞서 우리가 논의한 과세예외 사항과는 아무런 관계가 없는, 올림픽 메달리스트에 대한 완전비과세안이다.[38]

미국 올림픽위원회의 규정에 따르면, 국가대표 출전선수가 메달을 따는 경우에는 상금을 받을 수 있도록 되어 있다. 예를 들면, 2018년 대한민국에서 개최된 평창 동계올림픽에서 금메달을 획득한 선수는 37,500달러, 은메달과 동메달의 경우에는 각각 22,500달러와 15,000달러를 상금으로 받았다. 최근까지 이와 같은 상금은 과세소득에 해당했다. 이는 우리가 지금까지 학습한 내용과 다르지 않다. 이와 같은 상금은 헤이그-사이먼의 소득 정의에 정확히 부합할 뿐 아니라, 긍정적 외부효과와도 별 관계가 없다. 소득세 과세대상인 의사나 근로자의 소득, 노벨상

38 Congress.gov(2016).

수상자의 상금, 또는 군인들의 소득과 다를 바 없는 것이다.

하지만 국제무대에서 미국이 얻는 승리의 기쁨에 대해서 경제이론은 전혀 힘을 쓰지 못한다. 뉴욕타임스에는 이러한 법률안을 용감무쌍하게 비판하는 논평이 실렸다. 코네티컷주의 민주당 의원인 짐 하임스(심지어 그는 과거 조정선수로 올림픽 출전에 도전하기도 했다)는 '이 법률안은 양당 지지자들의 포장된 애국심에 호소하여 그저 비위만 맞추는 것'이라고 비판하였다. 또한 그는 '왜 운동선수들은 국가예산으로 받는 상금 외에 또 다른 특전까지 누려야 하는가?'라고 주장했다.[39] 하지만, 하임스 의원의 이러한 주장은 애국심의 물결에 휩싸여 변변한 논의조차 없이 사라졌다. ■

18.6 적정 과세단위

헤이그-사이먼의 원리가 왜 현실에 적용되지 못하는지에 대한 논의 가운데 하나는 **적정 과세단위(unit of taxation)**에 대한 것이다. 즉 한 가족에 속해 있는 구성원들에게 조세부담은 어떻게 나뉘어야 하는지, 소득세는 가족 전체의 소득에 부과되어야 하는지, 아니면 개인별 소득에 부과해야 하는지 등에 대한 논의인 것이다.

'결혼세'의 문제점

당신은 다음과 같은 세 가지 목표를 만족시키는 조세체계를 개발하기 위해 정부에 고용되었다고 가정하자.

- **누진성** : 가족 소득이 증가함에 따라 한계세율도 증가해야 한다.
- **가족 간 수평적 형평성** : 소득이 같은 가족들은 같은 액수의 세금을 내야 한다.
- **결혼에 대한 수평적 형평성** : 세금부담은 결혼에 대해 중립적, 즉 세금부담이 두 개인의 결혼결정 여부에 영향을 미쳐서는 안 된다.

이상의 목표들은 매우 가치 있는 것으로 보이지만 한 가지 문제가 있다. 세 가지 목표는 동시에 달성될 수 없다는 것이다.

이는 다음의 간단한 예를 통해 쉽게 확인할 수 있다. 먼저 20,000달러까지의 소득에 대해서는 10%의 세율을, 80,000달러까지는 20%의 세율을, 그리고 80,000달러를 초과하는 소득에는 30%의 세율을 부과하는 조세제도를 생각해보자. 그리고 성공적인 삶을 살고 있는 두 부부를 등장시켜 보자. 첫 번째 부부인 야스민과 더그의 가구소득은 연간 15만 달러이지만, 이 가운데 14만 달러는 야스민의 소득이고, 10,000달러는 더그의 소득이다. 반면 얀과 엘레나 부부는 각각 1년에 75,000달러씩 벌어, 연간 가구소득은 15만 달러이다.

이들 가구에 대해 어떻게 과세할 것인지에 대해, 우리는 두 가지 선택을 생각해볼 수 있다. 만약 정부가 개인 단위로 과세한다면 부부에 대한 세부담은 각 개인의 세부담을 먼저 계산한 뒤 이

39 Macur(2016).

표 18-3 **결혼이 납세액에 미치는 영향** 비록 소득 수준이 같더라도(150,000달러), 누진세 제도하에서 기혼부부의 개인별 소득 수준을 토대로 계산된 세금액은 야스민과 더그 부부(33,000달러)가 얀과 엘레나 부부(26,000달러)보다 더 많다. 반면 누진세 제도라 하더라도 가구총소득을 토대로 계산하는 경우 두 부부 모두 세금을 더 내게 되는데 (35,000달러), 이 경우 '결혼세' 문제가 발생하게 된다.

	개인소득($)	가구총소득($)	개인세금($)	개별합산 시 가구세금($)	가구합산 시 가구세금($)
야스민	$140,000	$150,000	$32,000	$33,000	$35,000
더그	10,000		1,000		
얀	75,000	150,000	13,000	26,000	35,000
엘레나	75,000		13,000		

를 합하여 산출할 수 있을 것이다. 이러한 방식으로 각 부부에 대한 세금을 계산해보면 표 18-3과 같이, 야스민과 더그의 소득세는 33,000달러, 얀과 엘레나의 세금은 26,000달러가 된다. 따라서 이러한 접근 방법은 앞서 세워둔 두 번째 과세원칙, 즉 소득이 같은 가족들 간에는 세금이 같아야 한다는 조건을 위반하게 된다.

또 다른 방법은 가족 단위로 세금을 부과하는 것이다. 이러한 과세체계하에서는 먼저 가족 구성원들의 소득을 모두 더하고, 이를 통해 세금을 계산하게 된다. 표 18-3에서처럼, 이러한 방식으로 세금을 계산하면 두 가족 모두 35,000달러의 세금이 산출된다. 이는 둘째 조건을 만족시킨다. 하지만 이러한 제도는 개인별 합산 방식의 세금(즉 33,000달러 또는 26,000달러)보다 더 커지기 때문에 세 번째 조건을 위반하게 된다. 즉 개인이 단순히 결혼했다는 이유만으로 세금 부담이 증가하게 되는, 소위 **결혼세**(marriage tax)가 발생하는 것이다.

결혼세 결혼으로 인해 두 개인에게 부과된 세금부담의 합이 증가하는 것

이와 같은 문제들은 첫 번째 조건, 즉 누진성 때문에 발생하는 것이다. 만약 우리가 개인을 기준으로 세금을 부과한다면 개인소득 증가에 따라 한계세율이 높아지기 때문에 세금도 증가한다. 따라서 보다 균일한 소득 분포를 가진 가정은 더 낮은 세금을 내게 되므로 두 번째 조건을 위배하게 된다. 또한 소득 증가에 따른 한계세율의 증가는 개인 소득을 가족 단위로 합하였을 때 더 높은 한계세율을 적용받게 한다. 따라서 개인은 미혼일 때보다 결혼했을 때 더 많은 세금을 내게 되는데, 이는 세 번째 조건에 위배되는 것이다.

다시 앞의 예로 돌아가서, 개인 단위로 세금을 부과하는 경우 야스민은 소득의 23%를 세금으로 내고 더그는 10%를 낸다. 얀과 엘레나는 각자 17%씩을 낸다. 개인들의 세금을 합하여 가족별 세금을 계산해보면 야스민과 더그는 총소득의 22%를 내는 반면, 얀과 엘레나는 17%를 낸다. 이는 두 번째 조건에 위배되는 것이다. 만약 가족 단위로 세금제도가 전환되면 더그의 10,000달러 소득은 개인 기준 과세 시의 10%보다 훨씬 더 높은 30%의 세율을 적용받게 된다. 개인 단위 과세체계에서 야스민과 더그는 각각 첫 10,000달러의 소득에 대해 10%의 세율을 적용받았지만 가족 단위의 과세체계에서는 낮은 세율이 적용되는 첫 번째 10,000달러를 야스민이 '사용해버리는' 결과를 가져오게 되므로 더그의 10,000달러는 더 이상 10%의 낮은 세율 과세대상이 되지 못한다. 따라서 야스민의 소득 위에 합쳐진 더그의 10,000달러 소득에는 더 높은 한계세율이 적

용되는 것이다. 비슷한 현상이 얀과 엘레나에게도 발생한다. 그들은 처음 10,000달러 소득에 대해 각각 낮은 세율을 적용받았지만 가족 단위 세금제도하에서는 둘 중 한 명만이 낮은 세율을 적용받게 된다. 이는 결국 결혼세와 같은 결과를 가져오게 되므로 세 번째 조건을 위배하게 된다. 결국 두 번째와 세 번째 조건을 모두 만족시키는 유일한 방법은 비례세를 적용하는 것인데, 이는 첫 번째 조건인 누진성을 즉시 위반하게 되는 것이다.

현실에서의 결혼세

세 번째 조건의 진정한 의미는 결혼의 **중립성**에 있는 것이지 **결혼세를 두지** 말라는 것은 아니다. 사실 미혼자보다 기혼 부부에게 상대적으로 더 큰 소득공제를 해주어서 결혼세를 내지 않도록 할 수도 있다. 앞서의 예에서 미혼자에게는 소득공제를 해주지 않으면서 결혼한 부부에게는 1년에 20,000달러의 소득공제를 허용해준다고 가정해보자. 이 경우 각 부부는 이제 13만 달러의 과세소득을 갖게 되므로 29,000달러의 소득세를 내게 된다. 이러한 제도하에서 얀과 엘레나는 결혼세를 내게 될 것이지만, 야스민과 더그는 **결혼보조금**(결혼으로 인한 세금액 인하)을 받게 될 것이다. 만약 기혼 부부에 대한 공제를 40,000달러로 확대한다면 두 부부 모두 결혼 보조금을 받게 될 것이다.

이 논의의 핵심은 정부가 결혼세금을 없애느냐 마느냐가 아니라 가족 단위의 조세제도를 결혼 **중립적**으로 만들 수 있느냐에 있다. 하지만 유감스럽게도 현실에서는 어떤 부부에게는 결혼보조금을 주면서 또 어떤 부부에게는 결혼세금을 부과하는 것 외에 가족 단위 조세제도를 결혼 중립적으로 만들 수 있는 방법은 없다는 것이다. 두 부부 사이의 차이와 조세정책의 목표가 주어진 상황에서 두 부부 모두에게 세금 또는 보조금을 영(0)으로 만드는 제도는 고안할 수 없다. 이것이 가족 단위 조세제도가 당면하는 문제의 핵심인 것이다.

미국에서의 결혼세 결혼세는 미국에서도 많은 논란을 일으켜왔다. 2001년 공화당 하원의 다수당 당수였던 딕 아미는, "미 국세청은 결혼 적령기의 사람들에게 '당신이 만약 사랑에 빠져 결혼한다면 (세금을 통해) 괴롭혀드리겠습니다'라는 안내문을 보내야 할 것이다"라고 비난하였다.[40] 이와 같은 과장법에도 불구하고 미국의 조세제도는 사실상 앞의 20,000달러 소득공제의 예와 비슷한 것으로 보인다. 사실 2012년 납세자 부부에 대한 조사보고서에 의하면 48%의 부부가 결혼세를 내고 있고, 38%는 결혼보조금을 받고 있으며, 15%는 벌칙이나 보조금 어디에도 해당되지 않는 부부인 것으로 나타났다.[41] 범칙금, 즉 결혼세를 내고 있는 부부들의 평균 액수는 1,657달러, 보조금을 받고 있는 가구들은 평균 914달러를 받고 있는 것으로 보고되었다.[42]

따라서 미국에서 결혼세 논란의 진정한 의미는 전체가 아닌 **일부** 가족만이 결혼세를 내고 있다는 것이다. 결혼세를 완전히 제거하는 유일한 방법은 부부합산 세금신고에 공제를 크게 해주

---

40 O'Rourke(2001).

41 Lin and Tong(2012).

42 결혼을 하면 벌금을 얼마나 내야 하는지가 궁금하다면 http://taxpolicycenter.org/taxfacts/marriagepenaltycalculator.cfm 에서 당신도 확인해볼 수 있다.

어 아무도 결혼세를 내지 않도록 하는 것이다. 하지만 이런 정책하에서는 대부분의 가정이 매우 큰 결혼보조금을 받게 될 것이다.

이와 같은 이슈에 대한 다양한 수사적 논쟁에도 불구하고 보다 본질적인 의문, 즉 우리가 결혼세에 대해 관심을 가져야 하는지에 대한 진지한 논의는 충분치 않았다. 우리가 결혼세에 관심을 갖는 이유 가운데 하나는 수평적 형평성 때문일 것이다. 또 다른 이유는 미국 사회가 결혼을 장려한다는 것이며, 결혼세를 통해 결혼을 억제하는 결과는 원치 않는다는 점이다. 정부가 결혼을 장려하기 위해 조세유인을 사용한다면, 이 유인의 한계효과와 하부한계효과를 고려해야만 할 것이다. 세금이 결혼이라는 의사결정에 중요한 역할을 하는가? 아니면 결혼한 사람들은 세금혜택과 무관하게 결혼을 했을 것인가? 이에 대한 답은 대체로 후자인 것으로 보인다. 이에 대한 연구들 가운데 대다수는 세금이 결혼이라는 의사결정에는 거의 영향을 주지 않는 것으로 결론짓고 있다. 따라서 결혼을 장려하는 것이 어떤 가정에 부과된 결혼세를 없애기 위해(어떤 가정에는 결혼 보조금을 높이기 위해) 거대한 세수를 희생해야 한다는 것은 논의의 본질이 아닌 것이다.[43]

우리가 이러한 주제에 관심을 갖는 또 다른 이유는 결혼 자체보다는, 가정에서 두 번째 소득자에게 적용되는 높은 한계세율에 대한 것이다. 앞의 예에서 개인 단위 과세에서 가족 단위 과세로 옮겨 가는 것은 더그의 소득에 대한 한계세율을 10%에서 30%로 높이게 된다. 이와 같은 높은 세율은 더그의 근로유인을 낮추어 두 번째 소득자의 노동공급을 억제할 수 있다. 이 문제를 해결할 수 있는 한 가지 방안(부부합산 소득공제를 높이는 것보다 훨씬 덜 비싼)은 두 번째 소득자에게도 일정액의 소득공제를 허용하는 '둘째 소득자 공제제도'를 재도입하는 것이다. 예를 들어, 두 번째 소득자에게도 10,000달러 공제를 허용한다면 가족 단위 조세제도하에서도 더그의 노동에는 높은 세율이 부과되지 않을 수 있다. 이 공제는 결혼세 문제와 두 번째 소득자의 노동공급 왜곡 문제 모두를 상당히 감소시킬 수 있을 것이다. 그러나 동시에 맞벌이 가정이 홑벌이 가정보다 더 많은 돈을 가져가게 될 것이기 때문에, 수직적 형평성은 약화될 것이다.

세계 각국의 결혼세 미국은 가족 단위 소득에 근거한 조세제도를 운영하는 거의 유일한 나라이다. 산업화가 진행된 OECD 국가들 가운데 19개의 국가가 남편과 부인에게 개별적으로 세금을 부과하고 있으며, 5개 국가(프랑스, 독일, 룩셈부르크, 포르투갈, 스위스)는 **소득분할**을 허용하는 가족조세제도를 운영하고 있어 거의 모든 부부에게 실질적인 결혼보조금을 지급하고 있다.[44] 이 제도는 가족 간의 소득 합산, 균등분할을 모두 허용하는 것으로써 소득분할 시 부부 사이(독일, 그리고 1948~1969년 사이의 미국)뿐 아니라 어린아이를 포함한 모든 가족 구성원 사이의 균등분할(다른 4개국)까지 허용하는 것이다. 표 18-3에서 확인할 수 있다시피, 가족조세제도하에서는 가족 간 소득이 균등한 가정(얀과 엘레나)이 그렇지 않은 가정(야스민과 더그)보

43 Frimmel 외(2010)는 오스트리아에서 결혼보조금 폐지를 미리 공시한 이후, 제도 폐지 이전까지 결혼이 급격히 증가했다고 보고한 바 있다. 하지만 이러한 결혼 증가는 이전보다 이혼이 17% 더 증가한 것에 따른 것이므로 결혼보조금 폐지와 같이 경제적인 유인제도로 인한 사회적 편익은 그리 크지 않을 것이라 지적하였다.

44 Congressional Budget Office(1997), Appendix A.

다 더 적은 세금을 낸다. 따라서 가족에게 관대한 규정과 더불어 그들의 소득을 가족 간에 공평히 나누는 것은 대부분의 경우 결혼보조금의 결과를 낳게 된다. 미국과 유사한 '순수' 가족조세제도를 유지하고 있는 국가들은 아일랜드와 노르웨이 2개국뿐이다.

18.7 결론

미국의 조세제도와 관련한 논의는 조세제도가 공공정책에 핵심적인 역할을 한다는 점에 그 토대를 두고 있다. 이 장에서 우리는 미국과 다른 여러 나라들의 세금에 대해 살펴보고 어떠한 방식으로 조세의 '공평성'을 측정하는지에 대해 알아보았다. 다음 장부터는 세율과 세원 결정에 대한 경제 이론적 도출 과정에 대해 공부해보도록 할 것이다.

요약

- 세금의 종류는 매우 다양하지만 크게 네 가지 범주, 즉 개인소득에 대한 세금, 법인소득에 대한 세금, 부에 대한 세금, 소비에 대한 세금으로 구분할 수 있다. 미국 연방정부의 세수는 개인소득세가 큰 비중을 차지하고 있는 반면, 주정부와 지방정부는 수입의 대부분을 부와 소비세로부터 징수하고 있다. 다른 나라에서는 소비세수의 비중이 미국보다 훨씬 더 크다.
- 미국 세수입의 주요 원천은 개인소득세로 연간 벌어들이는 총소득에서 다양한 면제, 공제를 제외한 금액을 차감한 후, 소득 구간에 해당하는 세율을 적용하여 세액을 확정하게 된다.
- 소득세의 '공평성' 또는 형평성을 측정하기 위해서는 형평성을 어떻게 정의할 것인지, 세율은 어떻게 측정할 것인지의 문제가 포함되며, 이는 상당히 어려운 작업이다.
- 소득세 기반을 정의하는 '가장 이상적인' 기준은 헤이그-사이먼의 정의로, 소비와 순자산의 변화를 합친 담세력을 의미한다. 하지만 미국의 소득세 과세기반은 이와 같은 기준으로부터 많이 벗어나 있다.
- 헤이그-사이먼의 기준이 현실에 적용되지 못하는 이유 가운데 하나는 소득을 발생시킬 때 소요되는 비용에 대한 공제가 현실적으로 어렵기 때문이다.
- 헤이그-사이먼 기준을 적용하지 못하는 또 다른 이유는 외부효과에서 찾을 수 있다. 만약 조세보조가 커다란 하부한계효과(이미 자선기부를 하고 있는 사람들에게도 보조금을 지급하는 데서 발생하는 세수손실) 없이 한계효과(자선적 기부를 장려하는 효과)를 발생시킬 수 있다면 조세보조는 정당화될 수 있을 것이다. 기존의 증거들은 기부에 대한 조세감면이 타당함을 증명하고 있으나, 주택 보유에 대한 조세감면은 그렇지 못하다.
- 현실의 소득세 과세기반이 헤이그-사이먼의 이론적 소득 정의로부터 멀어지는 원인은 과세소득에 세액공제나 소득공제를 추가하기 때문이다. 소득공제와 세액공제 사이의 상대적 효율성 제고효과는 명확하지 않지만, 세금을 조금 또는 전혀 내지 않는 납세자들의 경우에는 환불 가능한 세액공제가 수직적 형평성 측면에서 우수하다.
- 이상적인 조세제도는 결혼의사를 왜곡시키지 않아야 하지만, 조세제도의 누진성이나 수직적 형평성까지 달성하기 위해서는 결혼에 대한 중립성은 달성되기 어렵다. 미국 조세제도는 현재 결혼세뿐 아니라 결혼보조금까지 제공하고 있다.

연습문제

1. 피시카사국에서는 20,000왈랍(이 나라의 화폐단위)까지의 과세소득에 대해서는 5%의 세율을, 그다음 30,000왈랍까지의 과세소득에 대해서는 20%의 세율을, 50,000왈랍을 넘어서는 소득에 대해시는 50%의 세율을 적용한다. 피시카사국은 가족 구성원에 대해 1인당 5,000왈랍까지 소득공제를 허용하고 있다.
   a. 3명으로 구성된 자밀 가족은 1년에 60,000왈랍을 벌고 있다. 이 가족의 한계세율과 평균세율을 계산해보라.
   b. 보바의 가족은 5명으로 구성되어 있고 연소득이 100,000왈랍이라고 한다. 이 가족의 한계세율과 평균세율을 구해보라.
   c. 피시카사국이 세율체계를 바꾸어서 30%의 단일세율에 1인당 소득공제를 10,000왈랍으로 변경하였다고 한다. 이러한 정책 변화는 조세체계를 더 누진적으로 만들겠는가? 역진적으로 만들겠는가? 혹은 둘 다 아니겠는가?
2. 대체최저한세(AMT) 제도를 운영하는 논리적 배경은 무엇인가?
3. 미국의 소득세제도가 '평률세제'로 변경되었다고 가정해보자. 평률세제도에서 모든 납세자에게는 하나의 단일세율이 적용되며, 공제나 면제는 모두 폐지된다. 어떻게 하면 평률세제의 도입이 현재의 세제보다 더 역진적일 수 있겠는가? 또 어떻게 하면 더 누진적일 수 있겠는가?
4. 왜 상해손실이나 대규모 의료비지출은 오직 특정 상황에서만 완전공제되어야만 하는가?
5. 많은 고용주들이 '카페테리아'식의 사내 후생계획을 지원하고 있다. 이러한 제도하에서 근로자들은 자신들의 소득 가운데 일부를 그다음 과세연도의 의료비계정에 넣어둘 수 있다. 이 계정으로 들어간 소득은 과세소득에서 제외된다. 어떻게 하면 이같이 과세소득에서 제외하는 것이 바람직해질 수 있겠는가? 또 어떻게 하면 바람직하지 않겠는가?
6. 자(Jha) 교수는 남극 경제학회에 참석했다. 소득세 계산에서 그녀의 호텔비는 전액 공제되지만 식비는 반만 공제된다. 왜 미국의 조세제도는 이러한 공제비율의 차이를 두었는가? 이러한 공제 조항은 헤이그-사이먼 소득 개념에 비추어볼 때 타당한 것인가?
7. 에드와 웬디는 부부이며 아이는 없다. 매년 각자 75,000달러를 벌어 조정된 부부합산 총소득은 150,000달러이다. 존과 크리스틴도 조정된 부부합산 총소득이 150,000달러이며 역시 아이는 없다. 하지만 이 부부의 소득은 모두 크리스틴이 벌어들이는 것이며, 존은 일을 하지 않는다. (이 문제에 대해 답을 하기 위해서는 개인소득세 신고 방식에 따라 적용되는 다양한 세율을 파악해야 한다. 미국 국세청 사이트 http://www.irs.gov/formspubs를 참조하라.)
   a. 본문에서 제시된 2020년 부부합산 세율을 적용하여 각 부부가 내야 하는 소득세액을 계산해보라. 이때 두 부부 모두 표준공제를 선택한다고 가정하라.
   b. 두 부부 가운데 어느 부부가 '결혼세'를 내고, 어느 부부가 '결혼보조'를 받는가?
8. 제7장에서는 민간에 의한 공공재의 공급은 비효율적으로 과소공급되는데, 여기에 보조금을 지급하게 되면 최적공급 수준을 달성할 수 있다고 하였다. 공공재 공급에 세금혜택을 부여하는 것이 이러한 목적을 달성하는 데 왜 비효율적인 방법이 될 수 있는가?
9. 유토피아국의 정부는 가족들이 직장이나 학교에 출퇴근하는 데 소요되는 교통비용의 일부를 세금계산에서 차감해주는 교통세액공제제도를 제공할 계획이다. 유토피아국은 이 세액공제에 대해 두 가지 형태를 고려하

고 있는데, 하나는 완전히 환급 가능한 것이고 또 다른 하나는 세액공제의 한도를 가족이 지불한 세금액만큼으로 제한하는 것이다. 어떤 형태의 세액공제가 더 누진적이겠는가? 설명해보라.

10. 정부가 헤이그-사이먼의 포괄적 소득 정의를 채택했다고 가정하자. 이로 인해 고용주 제공의 연금이나 의료보험이 전보다 증가하겠는가, 감소하겠는가? 왜 그러한지 설명해보라.

심화 연습문제

11. 2017년 마리아는 부양가족이 없는 미혼이었으며, 연소득은 125,000달러였다. 그녀는 400,000달러에 달하는 주택 구매를 고려 중이었지만 그 와중에 2017년 세제개편안이 통과되어 소득공제와 과세구간이 변화되었다. 개편안에 따르면 그녀는 4,050달러 상당의 소득공제를 상실하였지만 표준공제액이 6,350달러에서 12,000달러 수준으로 증가하였다. 또한 주정부 및 지방정부 소득세 납부액에 대한 연방정부 소득공제는 10,000달러로 제한되었다.

 그녀가 거주하는 주에서는 모든 소득에 대해 5% 단일세율이 적용되며 공제나 감면은 전혀 없다. 재산세는 주택가치에 대해 2% 세율로 부과된다. 마리아는 항목별 공제를 선택할 것이며, 주 및 연방세, 그리고 모기지 이자지출(적정하다고 판단되는 경우) 이상의 공제는 없다고 가정하자. 만약 그녀가 주택을 구매한다면 첫 번째 해의 모기지 이자는 15,000달러라고 가정하자.

 a. 세제개편 이전인 2017년 세제에 따라, 주택 구매 첫해 마리아가 절약할 수 있는 세금액수는 얼마이겠는가?

 b. 2018년의 세법을 적용한다면 주택 구매 첫해 마리아가 절약할 수 있는 세금액수는 얼마이겠는가?

 c. 만약 마리아가 거주하는 지역의 모든 사람들이 비슷한 소득과 과세 상황에 놓여 있다면, 2018년 세제개편안에 따른 이 지역의 주택가격은 오를 것인가? 아니면 내릴 것인가?

12. 당신의 고용주는 당신이 '세전소득(pretax dollars)'으로 주차권을 구매하는 것을 허용하고 있다. 이는 당신의 소득 가운데 주차권 구매액은 과세되지 않음을 의미한다. 이와 같이 어떤 사람의 세전소득으로 특정 재화나 용역구매를 하게 하는 정책은 미국 조세제도의 형평성을 증가시키겠는가, 저하시키겠는가? 설명해보라.

13. 오리건주는 소득세제도를 운영하고 있지만 판매세제도는 없다. 반면 워싱턴주는 소득세는 없지만 판매세는 있다. 오리건주 주민이 지불하는 세금은 연방소득세 계산에서 공제할 수 있지만, 워싱턴주 주민은 주세금(판매세 지출)을 공제할 수 없다. 이러한 차이가 형평성에 미치는 함의는 무엇인가?

14. ⓔ 한 연구자가 국가별 자선기부금 수준을 비교하였다고 가정해보자. 연구 결과에 따르면 주택 소유율이 높은 국가들이 기부금 수준도 높은 것으로 나타났다(단 비교대상 국가들은 주택 소유율 외의 다른 지표들은 모두 동일하다고 한다). 미국의 개인소득세 체계를 통해 이러한 결과에 대해 설명해보라. 주택 보유율과 기부금 수준 사이의 이와 같은 관계가 사실은 소득세 과세체계의 영향이라고 생각할 근거가 있는가?

15. ⓔ 당신은 조세혜택이 자선적 기부 수준에 미치는 영향을 추정하는 것에 흥미를 느끼고 있다. 시간의 흐름에 따른 세율 변화와 기부금 수준의 변화를 측정하는 방법이 어떻게 한계효과와 하부한계효과를 구분하는데 도움이 되겠는가?

ⓔ 기호는 학생들이 제3장과 '실증적 증거' 코너에서 공부한 실증적 경제 원리를 적용해야 하는 문제임을 의미한다.

16. 대부분의 미국인들에게 부여되는 가장 큰 조세혜택은 주택담보대출의 이자지출에 대한 소득공제이다. 이는 주택 구매를 위해 대출받은 경우 이자상환액을 소득에서 공제해주는 것이며, 주택 구매를 장려하기 위한 것이다. 이와 같은 소득공제 방식과 주택 보유자 모두에게 단일한 세액공제를 제공하는 방식을 형평성과 효율성 측면에서 비교해보라.

CHAPTER 19

James Andrews/iStock/Getty Images

조세 형평성의 함의 : 조세귀착

생각해볼 문제

- 세금을 누가 부담하는지 결정짓는 요소들은 무엇인가?
- 세금이 다른 시장에 미치는 영향은 어떻게 분석해야 하는가?
- 미국에서 세부담은 어떻게 분배되고 있는가?

2017년 트럼프 대통령이 서명한 감세와 일자리 법률안(TCJA)은 최근 30년간 시행된 세제개편안들 가운데 그 규모가 가장 컸다. 개편안에 포함된 다양한 내용 가운데 가장 중대한 변화는 법인세율을 35%에서 21%로 인하 조정한 것이다. 이는 현대 미국 역사상 가장 큰 폭의 세율 변화였다. 법안 통과 이후, 과연 기업의 세부담 감소가 근로자의 임금 인상이나 배당을 통한 주주들의 이익 증가로 이어졌는지에 대한 굉장히 심도 있는 토론이 이루어졌다.

법인세 인하에 찬성하는 측은 법인세의 대규모 감세는 기업으로 하여금 자본 투자를 늘리고, 근로자들의 임금을 인상하며, 더 많은 고용을 창출하는 데 기여한다고 주장하였다. 트럼프 행정부의 경제자문위원회 의장인 케빈 해싯은 "높은 법인세율은 장기적으로 근로자들의 임금인상을 억제하므로, 법인세율을 35%에서 20%로 낮추면 근로자 임금 인상폭이 대략 4배가량 증가하게 되어… 근로자 1인당 최대 7,000달러 정도의 추가적 소득을 가져올 것이다"라고 논평한 바 있다.[1] 또한 그는 법인세율 인하는 기업의 해외소득을 미국 내로 가져와 국민에게 더 많은 일자리를 제공할 것이므로, 고용률 역시 획기적으로 제고될 것이라고 주장하였다.

반면, 법인세 인하에 반대하는 측은 세제개편이 임금과 고용에 미치는 잠재적 영향에 대해 다소 비관적인 입장을 견지하였다. 그들은 법인세율의 인하가 반드시 임금 인상과 투자 증가로 이

1 Tax Foundation(2017).

어진다는 보장이 없으며, 기업이 세부담 감소로 증가한 이익을 단순히 주주들끼리 나누어 가질 수도 있다고 지적하였다. 새로운 세제개편안이 발효된 지 수개월이 지난 후, 당초 개편안에 찬성했던 마코 루비오 상원의원마저 "기업들은 자사주를 재매입했고, 일부는 보너스로 써버렸다. 감세로 인한 기업의 이익이 미국 근로자들에게 큰 폭의 혜택으로 돌아갔다는 증거는 사실상 찾아보기 어렵다"고 하면서 감세안의 효과에 대해 비관적인 견해를 피력했다.[2] 실제로 IMF는 법인세 완화로 인한 기업의 추가이익 가운데 20%만이 자본 지출에 쓰여졌고, 나머지 80%는 대부분 자사주 매입이나 배당 확대 등에 쓰였을 것이라 추정한 바 있다.

비록 법인세율 인하의 효과를 충분히 평가하기에는 아직 이른 것으로 평가되지만, 부분적으로는 드러난 데이터만으로도 빠른 판단이 가능하다. 법인세율 인하가 단행되고 난 1년 후, 법인 부문의 투자 증가는 전년도 예상치에 비해 4.5% 증가하였다. 그러나 분석 결과에 따르면 이러한 증가의 상당 부분은 2018년의 강력한 총수요 증가에 기인하는 것으로 나타나, 감세의 영향이 그리 크지 않았던 것으로 평가된다.[3] 또한 감세로 인해 수입이 증가한 기업 대부분은 그 이익을 근로자들과 나누어 가지는 행태를 보였는데, 사실 이는 임금 인상이라기보다는 1회성 상여금에 더 가까운 것이다.

조세귀착 소비자와 공급자 가운데 궁극적으로 누가 조세부담을 지는지를 따져보는 것

이 논쟁의 초점은 **조세귀착**(tax incidence)이라는 핵심 질문, 즉 '누가 세금을 부담할 것인가?'에 맞추어져 있다. 이에 대한 가장 단순한 답은 정부가 세금을 부과하면 누군가는 반드시 그 세금을 부담해야 한다는 점이다. 하지만 이와 같은 대답은 세금부담과 관련된 중요한 사실, 즉 세금에 대한 시장의 반응과 이러한 반응이 세금을 누가 부담할 것인지를 결정한다는 사실을 깨닫지 못한 것이다.

앞서의 질문이 왜 중요한지를 파악하기 위해서 잠시 제1장에서 살펴보았던 연방 조세수입의 과거 변화추세를 살펴볼 필요가 있다. 그림 19-1은 이를 도식화한 것이다. 1960년 연방세금 수입의 23%는 기업에서, 61.5%는 소득세, 급여세 등을 통해 개인들로부터 징수되었다. 반면 오늘날에는 6%만이 기업에서 징수되고 있으며 84%는 개인들로부터 거두어들이고 있다. 이러한 변화를 두고 조세부담의 공평한 변화라 할 수 있을까? 아마도 당신의 첫 반응은 "아니, 전혀 공평하지 않아. 개인보다는 기업이 훨씬 더 부자이기 때문이지. 따라서 이러한 불균형은 공평하지 않아"에 가까울 것이다. 당신의 분노에 찬 반응은 언뜻 고귀하다 할 수 있겠지만, 유감스럽게도 틀린 것이다. 왜냐하면 법인세는 기업이 내는 것이 아니기 때문이다. 법인세를 내는 주체는 기업을 소유하고, 기업을 위해 일하며, 기업으로부터 물건을 사는 개인들이 내는 것이다. 우리가 조세귀착을 공부할 때, 우리는 항상 한 집단으로부터 거두어지는 세금을 다른 집단의 세금과 비교하려 든다. 집단과 개인은 다른 것인데, 이러한 잘못된 비교로 인해 세금을 누가 부담하는지에 대한 파악이 어려워지는 것이다. 마치 세금을 누가 부담하는지를 파악한다면서, 부자기업과 개인을 싸움 붙이는 것과 같은 꼴인 것이다.

이 장에서 우리는 조세의 형평성에 대한 몇 가지 중요한 개념을 공부해볼 것이다. 먼저 과세

---

2 Economist(2018).

3 Kopp et al.(2019).

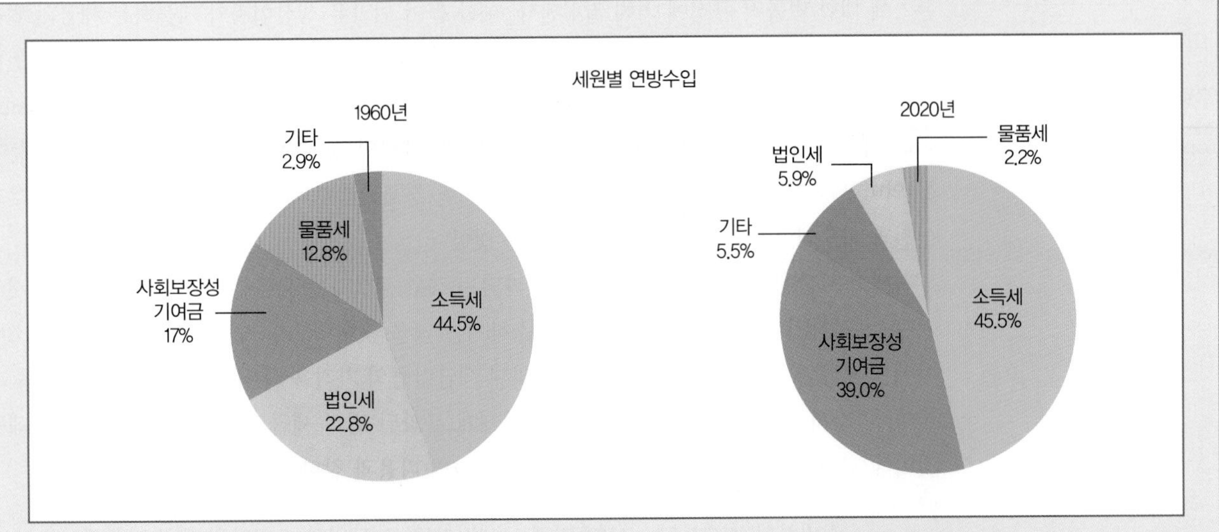

그림 19-1 **연방정부 수입의 구성(총수입의 백분율)** 2020년 연방정부 수입은 1960년에 비해 급여세 의존도는 훨씬 더 높고, 법인세와 물품세 의존도는 훨씬 낮다. 현재 연방정부 수입의 가장 큰 부분은 개인소득세가 차지하고 있다.

출처 : Bureau of Economic Analysis(2021a), Table 3.2.

의 분배적 효과를 모형분석을 통해 살펴보고, 이를 토대로 조세귀착의 세 가지 원리를 도출할 것이다. 이어 한 시장에 대한 과세가 여러 시장에 어떠한 영향을 미치는지를 살펴보기 위해 일반균형 조세귀착에 대해서도 알아볼 것이다. 미국의 세부담 변천과 관련한 실증적 증거에 대해서는 마지막 절에서 살펴보도록 할 것이다.

19.1 조세귀착의 세 가지 원리

조세귀착을 공부하는 목적은 조세를 궁극적으로 누가 부담하는지를 설명하기 위함이다. 경제적 조세귀착은 세 가지 기본 원칙에 의해 설명될 수 있다. 이러한 원칙을 설명함에 있어서 우리는 상품의 양에 세금이 부과되는 경우, 즉 특정 물품세와 같은 종량세의 예를 통해 살펴볼 것이다. 반면 부가가치세와 같이 상품가격의 일정 비율로 세금을 부과하는(예컨대 주정부가 부과하는 판매세) 경우는 종가세라 하는데, 이 절에서 도출하게 될 경제적 원리는 두 가지 조세 형태에 모두 해당된다. 종가세와 종량세의 중요한 차이는 종량세의 경우 수요곡선이나 공급곡선이 일정량 변화하는 반면(예컨대 5단위만큼 양이 증가한다는 식), 종가세의 경우에는 이러한 변화가 비례적으로 발생(예컨대 양이 10%가량 증가한다는 식)한다는 점이다.

원리 1 : 법적인 납세의무자가 실제로 세금을 부담하는 사람은 아니다

조세귀착에 대한 첫 번째, 그리고 가장 중요한 법칙은 조세법은 실제 납세자가 누구인지를 정확히 알려주지 못한다는 점이다. 조세의 **법률적 귀착**(statutory incidence)은 누가 정부에 세금을 내

법률적 귀착 외형적인 납세의무자가 지는 세금부담

는가에 대한 법률적 규정에 의해 결정된다. 예를 들어 휘발유 생산업자가 지불하는 세금의 법률적 귀착은 생산업자들에게 있다. 그러나 법률적 귀착은 시장이 조세에 반응한다는 사실은 전혀 모르고 있다. 이와 같이 조세부과에 대한 시장의 반응을 조세의 **경제적 귀착**(economic incidence)이라 하는데, 이는 세금을 부과받은 경제주체들이 자신의 경제적 자원을 얼마나 변화시키는지를 의미한다. 따라서 어떤 세금의 경제적 귀착이란 경제주체가 사용할 수 있는 자원이 세금부과 이전과 이후에 얼마나 변하는지를 나타내는 것이다.

경제적 귀착 세금 납부 후 납세자의 가용자원 변화로 측정한 조세부담

경쟁적 시장에서 생산자에게 세금이 부과되는 경우 생산자는 세금부담만큼 가격을 올릴 것이지만, 생산자의 소득은 세금액수만큼 감소하지는 않을 것이다. 마찬가지로 경쟁시장에서 소비자에게 세금이 부과된 경우, 소비자는 부과된 세금만큼의 가격을 다 내면서 구매하지는 않을 것이다. 따라서 가격은 하락할 것이며 소비자에게 부과된 법적 세금의 일부는 어느 정도 상쇄될 것이다. 소비자의 세금부담을 기술적으로 정의하면 다음과 같다.

소비자의 조세부담 = (세후가격 − 세전가격) + 단위당 소비자의 세금 납부액
공급자의 조세부담 = (세전가격 − 세후가격) + 단위당 공급자의 세금 납부액

예를 들어 내일 연방정부가 휘발유 갤런당 50센트의 세금을 공급자에게 부과했다고 가정하자. 이러한 세금의 결과로 휘발유 생산업자는 그들이 생산하는 휘발유에 대해 갤런당 50센트를 덜 받을 것인가?

이에 대해 답하기 위해서는 그림 19-2(a)에 묘사된 것과 같이 휘발유 세금이 휘발유시장에 미친 영향을 생각해볼 필요가 있다. 세로축은 휘발유의 갤런당 가격을 나타내며 가로축은 휘발유의 양을 십억 갤런 단위로 표시한 것이다. 공급곡선은 주어진 가격에서 생산자가 기꺼이 공급하고자 하는 양을 나타내는 것이다(제2장 참조). 경쟁시장에서 공급곡선은 기업의 한계비용에 의해 결정된다. 생산자는 휘발유 가격이 자신의 한계비용보다 높거나 같다면 기꺼이 시장에 참여하여 휘발유를 공급할 것이다. 그림 19-2에서 시장의 초기 균형은 A점, 즉 갤런당 1.5달러의 시장가격(P_1)에서 1,000억 갤런의 양(Q_1)이 공급될 것이다. 공급자들은 1,000억 갤런의 공급량 수준에서 한계비용이 1.5달러이기 때문에, 기꺼이 이만큼의 양을 공급하는 것이다.

그림 19-2(b)는 휘발유 공급자에게 갤런당 50센트의 세금을 부과한 효과를 나타내고 있다. 이는 생산자의 한계비용이 갤런당 50센트씩 증가한 것과 같다. 기업은 원래의 한계비용과 50센트의 세금을 다 내야 하기 때문에, 전보다 50센트 높은 가격을 요구하게 될 것이다. 예컨대 세금이 부과된 후, 1,000억 갤런의 초기 균형량을 공급하기 위해서는 P_2 = 2달러(초기 균형가격보다 50센트 더 높은 가격)를 요구할 것이다. 조세는 한계비용이 증가한 것처럼 작용할 것이므로 공급곡선은 이제 S_1에서 S_2로 상향 이동하고, 휘발유 공급량은 감소할 것이다.

초기 균형가격인 1.5달러에서 이제 휘발유에 대한 초과수요가 존재하게 된다. 소비자는 1.5달러 수준에서 예전의 휘발유량(1,000억 갤런)을 요구하지만 이 가격 수준에 공급자가 원하는 공급량은 800억 갤런(C점)이다. 따라서 1.5달러 수준에서는 Q_1(A점)에서 Q_2(C점)의 차이인 200억 갤런의 공급량이 부족해진다. 이제 부족한 공급량으로 인해 소비자들은 경쟁을 벌이게 될 것

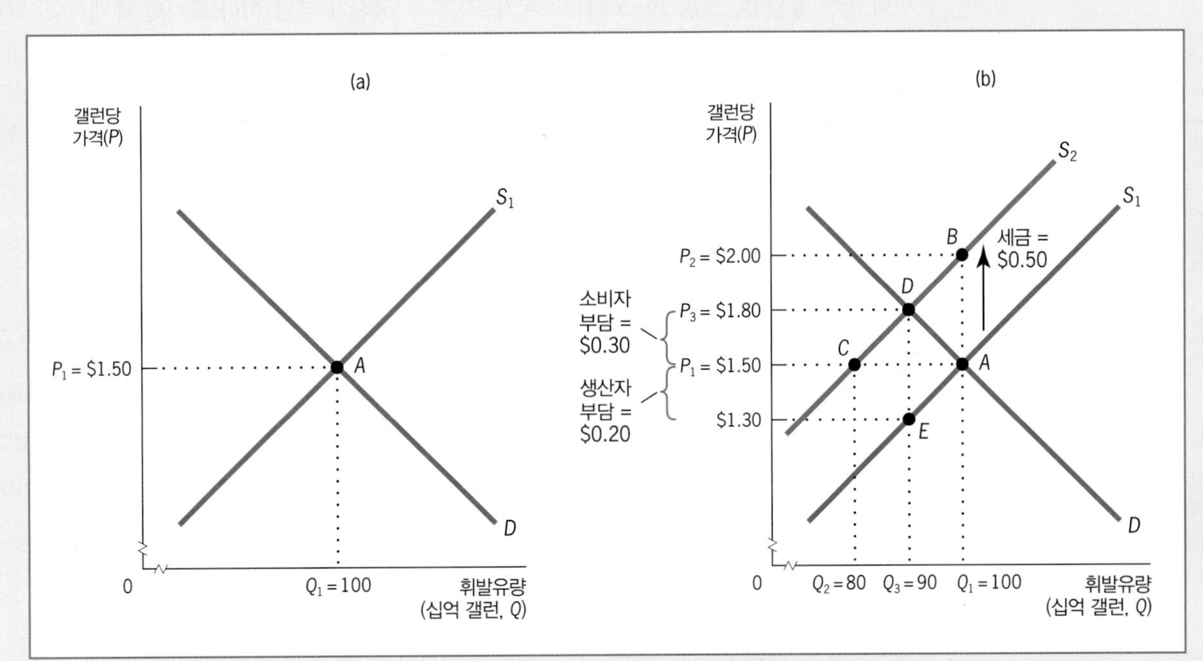

그림 19-2 법적 납세부담은 실제의 세금부담과 다르다 그림 (a)는 세금부과 이전의 휘발유시장 균형(A점)을 나타낸다. 그림 (b)에서처럼 휘발유세 50센트가 공급자(법적 납세의무자)에게 부과되면 공급은 S_1에서 S_2로 감소하고 휘발유 가격은 P_1에서 P_3로 30센트 상승한다(D점). 조세로 인한 실제 부담은 상당량이 소비자에게 전가된다. 인상된 가격을 통해 소비자는 30센트를 부담하고 공급자는 20센트만을 부담하게 된다.

이고, 이는 가격 상승으로 작용한다. 가격 인상은 시장이 새로운 균형(D점)에 이를 때까지 지속적으로 올라, 새로운 균형은 $P_3 = 1.8$달러, $Q_3 = 900$억 갤런에서 달성될 것이다. 시장가격은 조세부과 이전보다 30센트 더 오르게 된다.

소비자와 생산자의 세금부담 세금은 휘발유시장 참여자들에 대해 두 가지 효과를 발생시킨다. 첫째는 소비자가 내고 수요자가 받는 가격을 변화시킨다. 세금부과 전 1.5달러에서 1.8달러로 인상시켰다. 둘째, 생산자는 이제 판매된 휘발유 1갤런에 대해 50센트의 세금을 정부에 내야 한다.

생산자의 관점에서 볼 때, 세금으로 인한 50센트의 부담은 세금부과 이전 가격보다 30센트 더 받을 수 있다는 사실로 인해 일부 상쇄된다. 따라서 생산자가 순수하게 내야 하는 세금은 20센트가 된다.

한편 소비자의 관점에서는 세금부과 이후 갤런당 30센트를 더 내야 하기 때문에 세금으로 인한 부담을 느끼게 된다. 비록 세금을 내는 주체는 생산자이기 때문에, 소비자는 외형적으로 세금을 내고 있지 않지만 실제로는 소비자가 부담하는 세금이 더 크다(소비자 부담 30센트, 공급자 부담 20센트). 결국 세금부담의 상당 부분은 가격 인상을 통해 생산자로부터 소비자에게로 전가된 것이다.

이와 같은 부담은, 그림 19-2에서 '소비자 부담'과 '생산자 부담'이라 표시한 데에서 잘 나타난다. 앞서 설명한 공식을 사용하여 우리는 생산자와 소비자의 부담을 계산할 수 있다. 소비자 부담은 다음과 같다.

$$\text{소비자의 조세부담} = (\text{세후가격} - \text{세전가격}) + \text{단위당 소비자의 세금 납부액}$$
$$= P_3 - P_1 + 0 = 1.8\text{달러} - 1.5\text{달러} = 0.3\text{달러}$$

$$\text{공급자의 조세부담} = (\text{세전가격} - \text{세후가격}) + \text{단위당 공급자의 세금 납부액}$$
$$= P_1 - P_3 + 0.5 = 1.5\text{달러} - 1.8\text{달러} + 0.5\text{달러} = 0.2\text{달러}$$

이와 같은 분석의 핵심은 조세부담의 일부분이 가격 상승의 형태로 소비자에게 전가되기 때문에 생산자가 부담해야 할 세금은 갤런당 50센트가 아니라 이보다 더 낮은 것이다. 결국 소비자와 생산자가 부담해야 할 세부담의 합은 세금으로 인해 발생한 **조세격차**(tax wedge) 50센트이며, 이는 소비자가 내는 가격(1.8달러)과 생산자가 받는 가격(1.3달러, *E*점)의 차이인 것이다.

조세격차 거래에서 소비자가 지불하는 가격과 생산자가 받는 가격(세후)의 차이

원리 2 : 외형적인 과세대상과 실제 세금부담의 분배와는 관계가 없다

조세귀착의 두 번째 원리는 시장에서 보여지는 세금부과, 즉 외형적 과세대상과 실제 세금부담의 분배와는 상관이 없다는 것이다. 사실 조세귀착의 결과는 외형적으로 세금이 누구에게 부과되는지와 무관하다.[4] 원리 1과 그림 19-2의 관점에서 보면, 원리 2는 50센트의 세금이 생산자에게 부과되든 소비자에게 부과되든, 소비자가 30센트, 생산자가 20센트를 부담하는 조세귀착은 동일함을 의미한다.

그림 19-3은 휘발유 소비자에게 50센트의 세금이 부과된 상황을 고려해본 것이다. 이 경우 세금은 생산자에게서가 아니라 소비자에게서 징수된다. 소비자가 휘발유 가격을 지불할 때 징수되는 것이다. 수요곡선은 상품의 양에 대해 소비자가 기꺼이 지불하고자 하는 지불의사를 나타낸다는 제2장의 내용을 상기해보자. 수요곡선의 각 점은 소비자가 직면한 가격에 대해 수요하고자 하는 양을 나타내는 것이다. 시장가격에 50센트가 세금으로 추가되면, 이제 소비자들은 각각의 양에 대해 전보다 50센트씩 덜 지불하려 할 것이다. 따라서 소비자의 지불의사는 전보다 50센트씩 낮아져, 수요곡선은 D_1에서 D_2로 이동하게 된다. 세금을 내기 전, 소비자는 *A*점에서 휘발유 1,000억 갤런에 대해 $P_1 = 1.5$달러를 기꺼이 지불해왔다. 하지만 세금이 부과되면 휘발유를 살 때마다 50센트의 세금을 내야 하기 때문에, 1,000억 갤런 수준에 대해 기꺼이 내고자 하는 가격은 $P_2 = 1$달러가 된다(*B*점).

세금이 부과되고 난 후, 이전의 균형가격인 1.5달러 수준에서는 이제 초과공급이 존재한다(*C*점). 즉 이 가격에서 생산자는 전과 같은 1,000억 갤런을 공급하려 하지만 소비자가 원하는 양은 오직 800억 갤런뿐이기 때문이다. 수요곡선이 이동하고 난 후, 이전의 균형가격인 1.5달러 수준에서는 이제 200억($= Q_1 - Q_2$) 갤런의 초과공급이 존재하게 되는 것이다. 생산자는 이제

4 기술적으로 두 번째 원리는 첫 번째 원리의 응용이라 할 수 있지만, 조세귀착의 원리를 설명할 때에는 이 둘을 구분하여 생각하는 것이 더 유용하다.

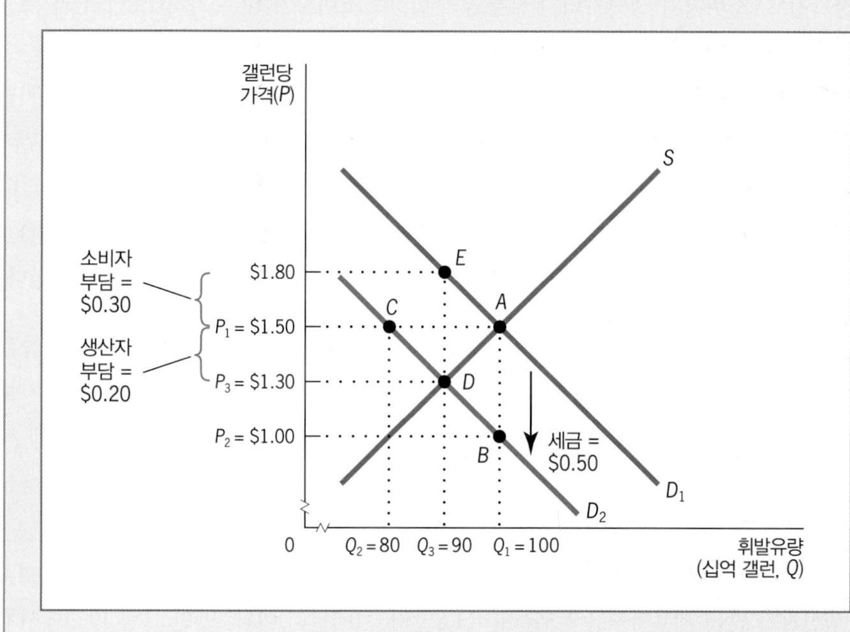

그림 19-3 외형적 과세대상이 누구인지는 중요하지 않다 이제 50센트의 휘발유세가 소비자에게 부과되면 수요는 D_1에서 D_2로 감소하며, 가격은 20센트 하락하여 P_1에서 P_3이 된다(시장균형은 과세 전 A점이었다가 과세 후 D점으로 이동한다). 외형적으로 세금을 부담하는 소비자는 일단 50센트를 납부하지만, 진정한 세금부담은 이보다 작다. 소비자는 50센트를 납부하지만 20센트의 가격 하락을 통해 일부 보상받으며(소비자 세부담 30센트), 생산자는 20센트의 세금만을 부담하게 된다.

초과공급분을 팔기 위해 가격을 P_3 = 1.3달러(D점)까지 내리게 될 것이며, 이때의 균형량은 900억 갤런(Q_3)이 된다. 시장가격은 이제 세금이 부과되기 이전보다 20센트 낮아진 것이다.

조세는 앞의 예에서 휘발유시장의 두 참여자, 소비자와 생산자에게 두 가지 효과를 발생시킨다. 하나는 소비자와 생산자가 1갤런의 휘발유를 사고파는 가격을 변화시키게 된다. 세금부과 이전의 균형가격 1.5달러를 1.3달러로 20센트 낮추게 된다. 두 번째로 소비자는 휘발유 1갤런당 50센트를 세금으로 내야 하므로, 균형가격 1.3달러에서 1.8달러로 추가적 비용 50센트의 조세를 부담하게 된다(E점).

소비자의 입장에서, 세금으로 인한 50센트의 부담은 가격 하락으로 인한 20센트에 의해 일부 상쇄된다. 생산자의 관점에서는 1갤런당 20센트를 전보다 덜 받게 되기 때문에 세금으로 인한 고통을 일부 부담하게 된다. 외형적으로는 생산자가 세금을 내는 것이 아니기 때문에, 생산자의 세금부담은 없는 것으로 보이지만 세금으로 인한 가격 하락분이 소비자로부터 생산자에게 전가되기 때문에 소비자와 생산자 모두 세금부담을 안게 되는 것이다.

이러한 부담은 그림 19-3의 '소비자 부담'과 '생산자 부담'이라는 표시로 나타나 있다. 앞서의 공식을 사용해 각자의 부담을 계산해보면 다음과 같다.

소비자의 조세부담 = (세후가격 − 세전가격) + 단위당 소비자의 세금 납부액

$$= P_3 - P_1 + 0.5\text{달러} = 1.3\text{달러} - 1.5\text{달러} + 0.5\text{달러} = 0.3\text{달러}$$

공급자의 조세부담 = (세전가격 − 세후가격) + 단위당 공급자의 세금 납부액

$$= P_1 - P_3 + 0 = 1.5\text{달러} - 1.3\text{달러} + 0\text{달러} = 0.2\text{달러}$$

앞서와 마찬가지로, 소비자와 생산자의 세금부담의 합, 즉 소비자가 내는 가격(1.8달러)과 생산자가 받는 가격(1.3달러)의 차이는 조세격차 50센트와 같다.

소비자가 세금을 낼 때의 세금부담은 생산자가 세금을 낼 때의 부담과 같다는 점을 주목할 필요가 있다. 소비자는 이제 휘발유 1갤런을 살 때마다 50센트의 세금을 내야 하지만, 세금부과 후의 균형가격이 하락하기 때문에 최종적으로 내는 가격은 공급자가 세금을 낼 때와 같아진다(= 1.3 + 0.5 = 1.8달러). 반면, 생산자는 이제 세금을 낼 필요는 없지만 전보다 더 낮은 가격(1.5달러 대신 1.3달러)을 받게 되므로, 결국 생산자에게 세금이 부과될 때와 같은 결과가 나타난다.

총가격 세금부과 후 시장가격

세후가격 총가격에서 세금을 차감하거나(생산자가 세금을 내는 경우), 세금을 더한(소비자가 세금을 내는 경우) 가격

총가격 대 세후가격 세금이 부과된 후에도 시장가격은 단 하나만 존재하지만, 경제학자들은 두 가지 서로 다른 가격을 따져보기도 한다. 하나는 **총가격**(gross price)으로 정부에 세금을 지불하지 않는 쪽이 내거나 받는 가격이다. 또 다른 하나는 **세후가격**(after-tax price)으로 정부에 세금을 내는 쪽이 내거나 받는 가격이다. 세후가격은 세금을 내는 양만큼 낮아지거나(만약 생산자가 세금을 내는 경우), 높아질 것(소비자가 세금을 내는 경우)이다.

그림 19-2에서처럼, 휘발유세가 생산자에게 부과될 때 소비자에 의해 지불되는 총가격은 1.8달러이며, 생산자가 받는 세후가격은 1.3달러(= 1.8달러 − 0.5달러)이다. 반면 그림 19-3에서처럼 휘발유세가 소비자에게 부과되면, 생산자가 받는 총가격은 1.3달러이며 세후가격은 1.8달러(= 1.3달러 + 0.5달러)가 된다. 따라서 세금이 소비자에게 부과될 때 세후가격은 총가격에 조세격차를 더한 것과 같아지지만, 세금이 생산자에게 부과될 때 세후가격은 총가격에서 조세격차를 뺀 것과 같아지는 것이다.

원리 3 : 비탄력적인 쪽은 세금을 더 부담하고, 탄력적인 쪽은 세금을 덜 부담한다

앞서 살펴본 예에서는 소비자가 생산자에 비해 더 많은 세금을 부담하였다. 하지만 이는 많은 경우 가운데 하나일 뿐이다. 생산자와 소비자에 대한 조세귀착은 궁극적으로 생산과 소비의 가격탄력도, 즉 생산 또는 소비되는 양이 가격 변화에 얼마나 민감하게 반응하는지에 따라 결정된다.

완전비탄력적인 수요 다시 50센트의 휘발유세가 생산자에게 부과되는 경우를 생각해보자. 그러나 이번에는 그림 19-4처럼 소비자의 수요곡선이 완전비탄력적이라고 가정하자. 초기 균형 상태에서 1,000억 갤런의 휘발유 가격은 P_1(1.5달러)이다. 이때 세금이 생산자에게 부과되면 생산자의 비용을 단위당 50센트씩 인상시킬 것이므로 공급곡선은 S_1에서 S_2로 이동하게 된다. 새로운 균형가격은 2달러(P_2)가 될 것이며, 이는 원래 가격 P_1에 비해 상승한 것이다. 수요가 완전탄력적이면 세금부담은 다음과 같이 분석된다.

$$\text{소비자의 조세부담} = (\text{세후가격} - \text{세전가격}) + \text{단위당 소비자의 세금 납부액}$$
$$= P_2 - P_1 = 2\text{달러} - 1.5\text{달러} = 0.5\text{달러}$$

$$\text{공급자의 조세부담} = (\text{세전가격} - \text{세후가격}) + \text{단위당 공급자의 세금 납부액}$$
$$= P_1 - P_2 + 0.5 = 1.5\text{달러} - 2\text{달러} + 0.5\text{달러} = 0\text{달러}$$

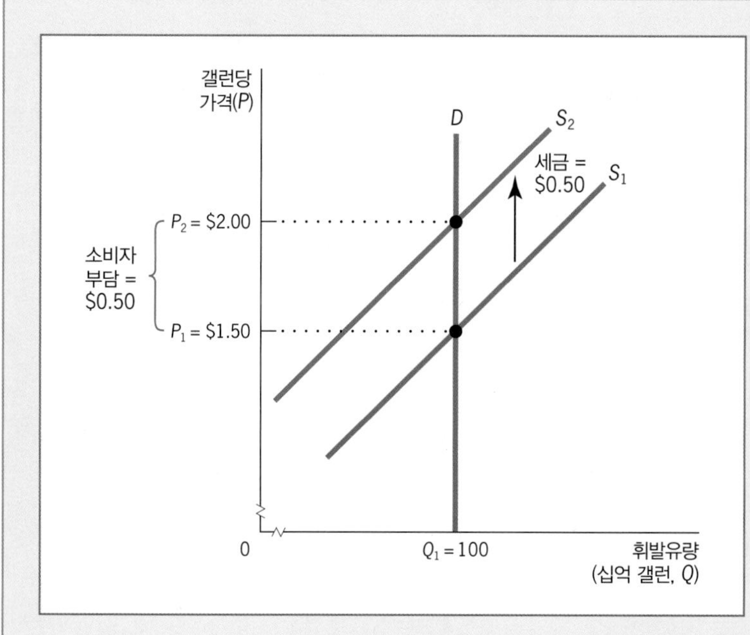

그림 19-4 비탄력적인 측은 세금을 더 많이 부담한다 수요가 비탄력적인 경우 생산자에 부과된 세금은 전적으로 가격에 반영되어 소비자가 모두 부담한다.

수요가 완전히 비탄력적일 때 생산자는 세금을 전혀 부담하지 않는 반면 소비자는 모든 세금을 혼자 부담하게 된다. 이러한 경우 세금이 소비자에게 **완전 전가**(full shifting)된다고 부른다.

완전 전가 거래 시 한쪽이 모든 세금을 다 부담할 때

완전탄력적인 수요 이제 그림 19-5에서처럼 휘발유에 대한 수요가 완전탄력적인 경우를 생각해보자. 세금이 부과되기 이전의 시장균형은 $P_1 = 1.5$달러와 $Q_1 = 1,000$억 갤런이다. 이 경우 생산자에게 50센트의 세금을 부과하게 되면, 공급곡선은 S_1에서 S_2로 이동하게 되는데, 이 경우 가격은 $P_1 = 1.5$달러 수준에서 머무르게 되지만 균형공급량은 $Q_2 = 800$억 갤런으로 감소하게 된다. 수요가 완전탄력적일 때 조세부담은 다음과 같다.

소비자의 세금부담 $= P_1 - P_1 = 1.5$달러 $- 1.5$달러 $= 0$달러

생산자의 세금부담 $= P_1 - P_1 + 0.5$달러 $= 1.5$달러 $- 1.5$달러 $+ 0.5$달러 $= 0.5$달러

이 경우 앞서의 경우와 달리 모든 세금은 생산자에게 귀착되고 소비자는 세금을 전혀 내지 않게 된다.

일반적인 경우 이상에서 살펴본 극단적인 경우는 일반적 조세귀착의 중요한 특징, 즉 비탄력적인 측이 세금을 부담하고 탄력적인 측은 세금을 부담하지 않음을 설명하고 있다. 대체재가 많은 재화에 대한 수요는 더 탄력적(수요의 가격탄력성이 절댓값으로 더 높은 경우)이다. 예컨대 패스트푸드는 고급 레스토랑의 음식이나 정성 들여 준비한 집밥에 비해 대체성이 높기 때문에 패스트푸드에 대한 수요는 매우 탄력적이라 할 수 있다. 따라서 만약 정부가 패스트푸드에 세금을 부과하려 한다면, 패스트푸드 식당은 가격을 올리는 방식으로 세금을 소비자에게 전가시키

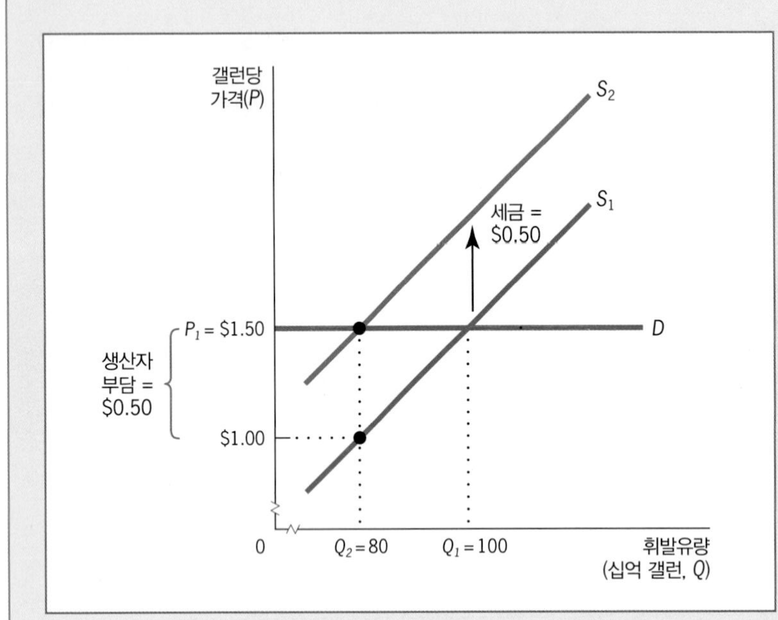

그림 19-5 탄력적인 측은 세금을 덜 부담한다 수요가 완전탄력적인 경우 생산자에게 세금이 부과되면, 생산자는 더 이상 가격 인상을 통해 세금을 소비자에게 전가시킬 수 없다. 따라서 모든 세금은 생산자가 부담한다.

는 것이 매우 어려울 것이다. 그럼에도 불구하고 패스트푸드 식당이 세금을 가격 인상으로 전가시키려 한다면 소비자는 다른 음식으로 소비를 돌려버릴 것이다. 따라서 가격탄력성이 높은 패스트푸드 식당은 세금의 대부분을 부담하게 되는 것이다.

비탄력적인 수요를 가진 생산자에 대한 세금부과는 소비자가 전적으로 세금을 부담할 가능성이 높다. 예를 들어 인슐린은 당뇨 환자에게는 매우 필요한 약이기 때문에 인슐린에 대한 가격탄력도는 비탄력적, 즉 매우 낮다. 만약 정부가 인슐린 생산업자에게 세금을 부과한다면 대부분의 세금을 소비자가 부담할 가능성이 높다. 왜냐하면 생산자가 세금을 가격 인상으로 대응한다해도, 이를 대체할만한 재화가 없기 때문에 소비자는 세금을 부담하고서라도 인슐린을 구매할 것이기 때문이다. 결국 비탄력적인 수요를 가진 생산자들은 가격을 쉽게 올리고 이를 통해 대부분의 세금부담을 소비자들에게 완전 전가할 것이다.

공급의 탄력성 조세부담이 어떻게 분배되는지는 공급탄력성도 영향을 미친다. 공급자들이 그들의 자원을 어디에 사용할 것인가에 대한 대안이 많을수록 공급곡선은 더 탄력적이게 된다. 단기에 철강생산자는 매우 비탄력적인 공급곡선을 갖는다. 철강을 생산하기 위한 공장설비와 기계류는 매우 비싸기 때문에 생산의 대안이 별로 없기 때문이다. 따라서 철강의 공급곡선은 매우 비탄력적이다(수직적). 이와 비교해서 뉴욕시의 노점에서 파는 상품들(시계, 핸드백, 스카프 등)의 공급은 매우 탄력적이다. 이런 상품을 파는 판매자들은 자신의 판매물품에 대해 큰 투자를 하지 않았기 때문에, 만약 자신의 판매물품에 세금이 부과된다면 과세가 되지 않는 다른 상품을 노점에서 팔게 될 것이다. 결국 노점에서 파는 물건들은 대부분 대체성이 높다고 할 수 있

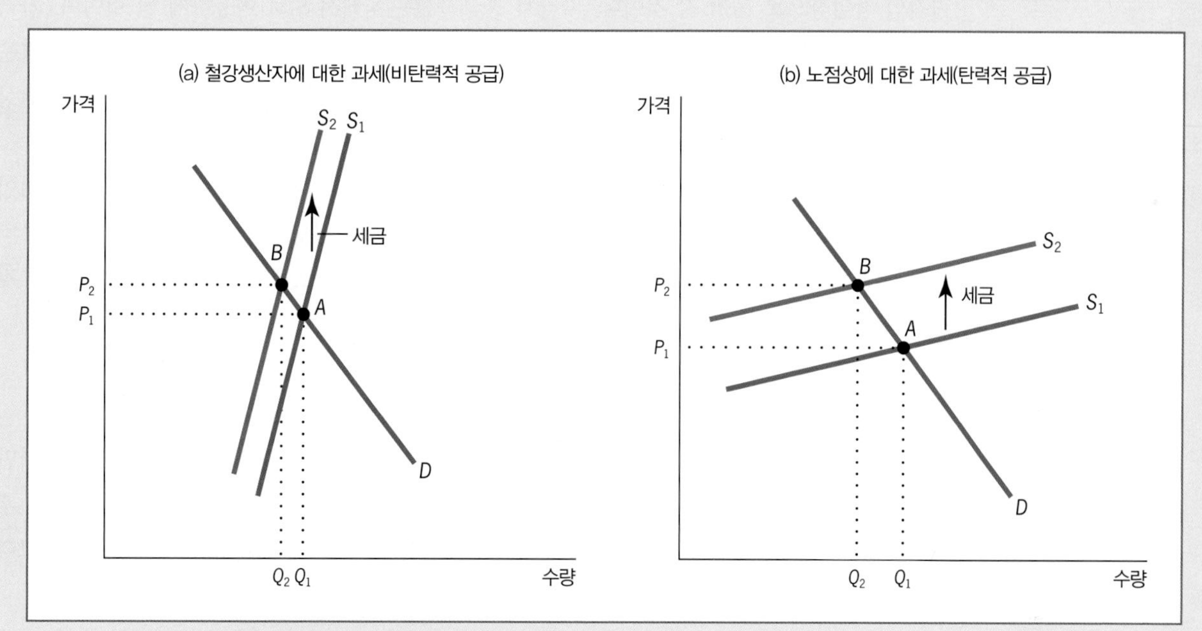

그림 19-6 공급의 탄력성도 중요 그림 (a)처럼 비탄력적인 공급에 세금이 부과되면 가격의 약간 상승하며 대부분의 세금을 생산자가 부담한다. 반면 그림 (b)와 같이 공급이 탄력적인 경우에는 같은 크기의 세금이 부과되어도 가격은 크게 상승하며 생산자가 부담하는 세금은 매우 작아진다(소비자가 세금 대부분을 부담한다).

으며, 이에 따라 노점에서 파는 상품의 공급곡선은 매우 탄력적(수평적)이게 되는 것이다.

수요곡선(완전탄력적이지도 완전비탄력적이지도 않다고 가정한)이 주어진 가운데 철강에 대한 조세(철강생산업자에게 부과된)의 귀착을 노점 상품에 대한 조세(노점상에게 부과된)의 귀착과 비교해보자. 그림 19-6(a)는 철강생산자에 대한 과세의 효과를 보여준다. 철강시장은 초기에 *A*점의 균형상태를 나타내고 있다. 철강회사는 고정된 자본 투자금이 있기 때문에 생산량을 줄일 여지가 별로 없다. 결과적으로 정부가 철강회사에 50센트의 세금을 부과한다고 해도, 거의 비슷한 양의 생산을 유지하려고 할 것이다. 따라서 세금부과 후의 철강회사 공급곡선은 S_1에서 S_2로 변화될 것이며, 가격은 P_1에서 P_2로, 거래량은 Q_1에서 Q_2로 이동하여 결국 이에 따른 새로운 균형은 *B*점이 된다. 가격 상승폭이 높지 않기 때문에 철강회사에서 지불해야 하는 세금은 가격 변화로 인해 크게 상쇄되지 못한다. 따라서 대부분의 세금은 철강회사가 지불해야 할 것이고, 소비자는 상대적으로 작은 세금만을 부담할 것이다(상대적으로 탄력적인 소비자들은 높은 가격을 지불하려 하지 않을 것이기 때문에).

그림 19-6(b)는 똑같은 크기의 세금이 노점상에 부과된 경우를 나타내고 있다. 노점상은 생산 결정을 하는 데 생산비용에 매우 민감하며, 이는 매우 탄력적인 공급곡선을 의미한다. 세금이 부과되기 이전, 노점상들은 P_1의 가격에서 Q_1의 양을 기꺼이 공급할 용의가 있다. 만약 정부가 그들이 파는 모든 상품에 대해 50센트의 세금을 부과한다면, 노점상들 가운데 다수는 보다 매

력적인 작업장으로 옮겨 갈 것이다. 따라서 공급곡선은 S_1에서 S_2로 이동하게 될 것이며, 가격은 P_1에서 P_2로 인상되고, 거래량은 Q_1에서 Q_2로 감소될 것이다(*B*점). 노점시장에서의 가격은 상대적으로 크게 인상되는데, 노점상인이 지불한 세금 가운데 상당 부분은 이와 같은 가격 인상폭에 의해 상쇄될 것이다. 따라서 이 경우 대부분의 세금은 소비자가 부담하게 될 것이다.

따라서 수요탄력성의 경우와 마찬가지로, 공급탄력성에도 같은 원칙이 적용된다. 탄력적인 측은 세금을 덜 부담하는 반면, 비탄력적인 측은 세금을 많이 부담하게 되는 것이다.

부록에서는 이와 같은 직관적인 설명을 수학적 기법을 통해 조세귀착의 공식을 도출해볼 것이다.

재확인 : 조세귀착은 양이 아니라 가격에 대한 것

휘발유의 수요가 그림 19-5와 같이 완전탄력적일 때, 소비자는 세금을 전혀 부담하지 않지만 휘발유의 소비량은 급격히 감소할 수 있음을 살펴본 바 있다. 이와 같은 소비 감소가 소비자 후생을 악화시키지는 않는가? 만일 그렇다면 조세귀착을 판단할 때 이와 같은 요소도 함께 고려해야만 하지 않을까?

이 두 가지 질문에 대한 답은 세금부과 이전의 균형과 세금부과 이후의 균형에서 모두 '아니다'이다. 이 경우 소비자는 휘발유를 사는 것과 그들의 돈을 다른 곳에 쓰는 것에 대해 무차별하다. 수요곡선상의 각 점은 해당 재화에 대한 소비자의 지불의사를 나타내는 것이다. 지불의사는 예산을 차선의 대안에 사용하는 것에 대한 가치를 반영한다. 만약 휘발유에 대한 수요곡선이 완전탄력적이라면 소비자는 시장가격으로 휘발유를 소비하는 것과 다른 재화를 소비하는 것 사이에서 완전무차별하다. 따라서 만약 세금으로 인해 소비자가 휘발유를 덜 사면서 다른 재화를 더 산다면 소비자의 후생은 나빠지지 않는 것이다.

조세귀착을 분석할 때, 양의 변화는 무시하고 오직 소비자와 공급자에 의해 매매된 가격의 변화에만 초점을 맞추는 것이 보다 일반적이다. 이 가정은 조세귀착의 분석을 보다 용이하게 해주는 것이다.[5]

재확인 : 균형예산 조세귀착

이제까지 살펴보았던 완전경쟁시장과 독점시장의 모형들은 조세귀착에만 초점을 맞추어온 것이 사실이다. 조세는 기본적으로 세금을 거두는 것이지만, 사실 조세수입은 궁극적으로는 국민이나 납세자들을 위해 다시 지출되는 것이다. 따라서 조세귀착을 보다 엄밀하게 판단하기 위해

5 여기에서의 조세귀착 분석은 기술적으로 세금으로 인한 변화가 매우 작은 경우에만 국한하여 적용되는 것이다. 매우 작은 변화에 대해서도 그 상품을 더 이상 소비하지 않는 유일한 소비자는 그 상품의 가치가 차선적 대안 제품의 구매가치와 같은(즉 소비자 잉여가 0인) 사람이다. 이와 유사하게, 세금으로 인한 변화로 그 상품을 더 이상 팔지 않는 유일한 생산자는 그 상품을 생산할 때 비용이 그 상품을 팔 때 받는 수익과 같은 사람(즉 생산자 잉여가 0인)이다. 따라서 완전탄력적 수요의 경우처럼 단지 가격만이 문제가 될 뿐, 소비자나 생산자의 후생 변화는 의미가 없다. 실제로 큰 폭의 세금 변화에 대해서도 우리는 같은 공식을 적용하면서 양적 변화는 계속 무시할 것이다. 대규모 세금 변화에 따른 형평성 효과를 후생 측면에서 보다 엄밀히 분석할 때에는 가격 측면과 양적 측면을 모두 포함할 것이다. 하지만 조세귀착 분석의 핵심 사항은 이와 같은 간단한 분석체계를 통해 가장 잘 설명될 수 있는 것이다.

서는 조세를 누가 부담하는지뿐 아니라, 조세수입을 지출함에 따른 편익이 누구에게 돌아가는지도 함께 고려해야 한다.

예를 들어, 연방정부가 휘발유 판매에 연방 휘발유 소비세를 부과하는 경우를 생각해보자. 휘발유에 대한 수요가 매우 비탄력적(혹은 생산이 매우 탄력적)이라 가정하면 부과된 세금만큼 소비자가격은 상승할 것이다. 그러나 동시에 18.3센트의 휘발유세로 거두어진 세금수입의 84%가 고속도로 건설기금을 통해 도로 품질개선과 보수에 사용된다고 하자.[6]

이 경우 운전자가 휘발유 소비세를 모두 부담한다는 것은 전적으로 옳다 보기 어렵다. 그들은 세금을 내고 있지만, 일부는 고속도로 품질개선을 통해 일부 보상받았기 때문이다. 이와 같이 납세와 세수지출을 통한 편익까지 모두 고려하는 조세귀착을 **균형예산 귀착**(balanced budget incidence)이라 부른다.

균형예산 귀착 조세와 재정지출이 발생시키는 편익까지 모두 고려한 조세귀착

하지만 현실에서는 세금의 부담과 이에 관련된 지출을 추적하는 것은 매우 어렵다. 누가 어떠한 혜택을 얼마만큼 받았는지 일일이 파악할 수 없기 때문이다. 이러한 이유로 조세귀착을 분석할 때, 지출 측면은 통상적으로 무시되는 경향이 있다. 그러나 실제로 조세정책의 완전한 부담이 조세지출과 조세 관련 분배에 의존한다는 사실을 기억하는 것은 매우 중요한 일이다.

19.2 사례 : 요소시장의 조세귀착

이제까지 우리의 논의는 휘발유나 패스트푸드와 같은 상품시장에 부과된 조세에 초점을 맞추어 왔다. 그러나 현실에서는 많은 세금들이 노동시장과 같은 생산요소시장에 부과된다. 앞서 우리가 공부했던 원리는 생산요소시장에도 동일하게 적용된다. 산출물시장에 대한 과세와 생산요소시장에 대한 과세의 유일한 차이점은 요소시장에서의 수요자는 기업(노동과 같은 생산요소를 수요 하는)이고 공급자는 개인(노동을 공급하는)이라는 점이다.

예를 들어 그림 19-7(a)에 나타난 노동시장을 생각해보자. 가로축은 시장에서 공급되는 노동시간을, 세로축은 시장에서 결정된 임금을 나타낸다. 기업의 노동수요곡선(D_1)은 우하향하며 개인의 노동공급곡선(S_1)은 우상향한다. 세금이 부과되기 이전, 시장의 초기 균형은 A점에서 달성되며, 이때 균형임금(W_1)은 7.25달러이다.

이제 정부가 모든 노동자의 시간당 임금에 1달러의 급여세를 부과한다고 가정하자. 이로 인해 모든 노동공급에 대한 수익을 1달러씩 낮추게 되는데, 노동자들은 이에 대응하기 위해 모든 노동공급에 1달러씩 임금을 인상하게 될 것이므로 공급곡선은 S_1에서 S_2로 이동하게 된다. 반면 수요는 원래의 수준에서 그대로 유지될 것이기 때문에, 새로운 시장균형은 B점으로 이동하여 임금이 7.75달러(W_2)로 인상될 것이다. 조세의 귀착은 수요와 공급의 탄력성에 따라 노동자(공급자)와 기업(수요자)이 나누어 부담하게 될 것이므로, 만약 이들의 탄력성이 동일하다면 세금부담 역시 똑같이 나누는 방식이 될 것이다. 결과적으로 시장에서 결정된 임금 수준은 7.75달

6 Institute for Energy Research(2015).

실증적 증거

조세부담의 귀착 : 현실경제의 복잡성

조세부담의 귀착과 관련된 세 가지 원리는 명백히 설명될 수 있지만, 현실에서의 조세부담의 귀착은 과세대상 시장이 완전경쟁시장에서 멀어질수록 이론보다 훨씬 더 복잡해진다.[7] 여기서는 조세귀착 분석의 복잡성에 대해 설명한 5개의 연구들을 살펴보도록 한다.

미국에시 휘발유, 주류, 담배 등에 부과되는 물품세는 수에 따라 매우 다르며, 같은 주 내에서도 시기적으로 빈번히 변화되었다. 이와 같은 제도상의 변화는 과세대상 재화가격의 물품세 효과 추정을 위한 준실험적 상황을 제공해준다. 분석자들은 물품세 1센트 인상이 재화가격에 미치는 영향을 측정하기 위해 물품세를 부과한 주(분석집단)와 부과하지 않은 주(비교대상)의 재화가격을 비교해보았다.

담배에 대한 물품세 효과분석은 아주 훌륭한 연구사례이다. 미국에서 담배 한 갑에 부과되는 물품세는 가장 낮은 미주리주의 17센트부터, 가장 높은 뉴욕의 4.35달러에 이르기까지 매우 편차가 크다.

Harding 외(2012)의 연구에서는 2006~2007년 사이 담배가격 인상은 담배세의 인상에서 비롯된 것이라고 밝혔다. 이 연구에서는 담배가격 측정을 위해 닐슨 홈스캔(Neilson Homescan) 데이터라고 불리우는 매우 혁신적인 자료를 활용하였는데, 닐슨사의 데이터는 미국 전체 소비자들이 구매하는 물품가격에 대한 정보를 활용한 방대한 소비자 데이터이다. 물론 이 데이터에는 담배가격 정보도 포함되어 있다. 연구자들은 서로 다른 주별 담배가격을 담배세의 크기에 따라 구분하지는 않았는데, 이는 비교대상이 되는 각 주별로 담배세의 부과 과정이 상이함을 고려한 조치이다. 왜냐하면 담배세에 대한 정책결정은 이를 결정하는 투표자들의 취향을 반영하는 것이기 때문에, 이러한 취향이 동일하지 않다면 단순히 담배세율의 높고 낮음에 대한 구분은 분석 결과의 편의를 가져올 수 있기 때문이다. 즉 미국 남부지역에 보편적인 낮은 담배세율은 주민들의 높은 흡연율을 반영한 결과일 수도 있지만, 남부지역의 전통적 주력산업인 담배산업 보호를 위해 지역 주민들이 정치적 압력을 동원했을 수도 있다는 논리인 것이다.

이러한 잠재적 편의의 문제를 인식하여 Harding과 공동연구자들은 분석대상 12개 주들의 담배가격 변화를 활용한 준실험을 시도하였다. 이들은 담배세 인상 이후의 가격 변화에 주목하였는데, 이 경우 담배가격의 변화는 흡연에 대한 선호 변화나 담배가격에 영향을 미치는 다른 요소들의 변화가 아닌 담배세의 변화로 인한 것으로 간주할 수 있기 때문이다. 결국 담배가격이 인상된 주의 경우 담배세가 변화되지 않은 주에 비교할 때, 가격 변화의 상당 부분은 담배세 인상에 기인했을 가능성이 높다. 연구 결과에 따르면 담배세 인상분의 거의 대부분(85%가량)은 가격 인상을 통해 소비자들에게 전가되는 것으로 분석되었다. 이는 담배수요가 매우 비탄력적임을 시사하는 결과라 할 수 있다(이는 제6장에서 논의된 추정 결과와도 부합하는 것이다).

하지만 흥미롭게도 이러한 양상은 전 미국에서 동일하게 관찰되지는 않았다. 특히 담배세 인상으로 인한 담배가격 상승은 주 경계에 인접한 지역일수록 낮았던 것으로 나타났다. 이는 주 경계지역에 거주하는 주민들의 경우, 담배세 부담을 피하기 위해 기꺼이 인접한 주로 이동하여 담배를 구매하는 수고를 마다하지 않았기 때문이다. 실제로 연구자들은 담배세가 인상되는 경우 인접한 주로 이동하여 구매하는 행위가 증가했다는 결과를 제시하기도 하였다. 이와 같은 주 접경지역의 탄력적 수요로 인해, 해당 지역의 담배세 부담은 가격을 49%가량만 인상시키는 데 그친 것으로 분석되었다. 보다 일반적으로, 주 경계로부터의 이격거리가 1% 변화할 때마다 담배세 인상이 가격에 미치는 영향은 7.6% 정도인 것으로 나타났는데, 이는 이격거리가 증가할수록 담배세 부담의 소비자 전가 정도가 증가함을 의미한다.

세부담 귀착의 복잡성에 대한 두 번째 연구는 각기 상이한 시장에서 다른 형태의 탈세가 발생하는 경우에 대한 것으로, Kopczuk 외(2016)의 연구에서 수행된 바 있다. 이 논문은 주 경유세 부담의 귀착에 대한 주제를 다루고 있는데, 경유세의 경우 각 주별로 징세점(조세를 거두는 시점)이 다른 것에 착안하여 조세귀착을 살펴본 것이다. 실제로 미국의 어떤 주에서는 경유세가 소매 단계에서 과세되는 반면, 또 어떤 주에서는 도매 단계에 과세되고 있다. 우리는 앞서, 조세귀착의 결과는 소비자에게 과세되는지 공급자에게 과세되는지보다는 소비와 공급의 상대적 탄력도가 더욱 중요하다고 배운 바 있다.

하지만 Kopczuk 외가 밝힌 바와 같이, 소매상들이 세금을 회피할 수 있는 상황이 되면(즉, 탈세가 가능해진다면) 이러한 원리는 더 이상 적용되지 않는다. 이때, 소매상들이 탈세를 할 수 있는 이유는 주행용 경유(경유세 부과대상)를 난방용 경유(경유세 부과대상이 아님)로 조작할 수 있기 때문이다. 이와 같은 조작은 주행용과 난방용 경유를 소매업자들에게 제공하는 도매상들의 경우에는 사실상 불가능하다. 대규모로 거래를 하는 도매상들은 소매상들과 달리 정부로부터의 감시가 매우 엄격하기 때문에 판매량을 과소보고하여 세금을 줄이는 행위가 매우 어렵다. 반면 소매상들의 경우에는 정부가 일일이 감시

7 불완전경쟁시장의 조세귀착 원리와 상세한 설명은 Weyl과 Fabinger(2013)의 연구를 참조하라.

하기 어렵기 때문에 용도별 조작은 물론, 판매량 조작 등을 통해 탈세가 가능해지는 것이다. 따라서 소매상들이 판매량을 과소보고하는 경우에는 경유세 납부액도 작아지며, 이에 따라 세금이 소비자들에게 전가되는 규모도 작아진다. 따라서 경유세로 인한 세금귀착은 세금이 도매상에게 부과되는지 또는 소매상에게 부과되는지에 따라 달라지는 것이다.

징세점은 시기별로, 또는 주별로 변화되어 왔으므로 Kopczuk 외는 일반적인 이중차감 추정법을 통해 경유세 부담이 어떻게 가격에 전가되어 왔는지를 분석할 수 있었다. 분석 결과에 따르면 경유세 부담이 경유가격에 전가되는 정도는 도매상 단계에서 더욱 강력한 것으로 나타났다. 이는 앞서의 설명과 같이 소매업자들의 경우에는 판매량 조작을 통한 탈세가 보다 용이하기 때문에, 가격에 전가시킬 세부담 역시 작은 편이며 이에 따라 경유세로 인한 가격 인상 역시 제한적이었기 때문으로 분석된다. 결국 경유세 부과가 가격 인상에 미치는 영향은 세금이 도매업자에게 부과되는지, 또는 소매업자에게 부과되는지가 중요해지는 것이다.

복잡성에 관한 세 번째 연구는 불완전경쟁의 경우에 대한 것이다. 이와 관련한 모형은 기업이 가격조정 능력은 있으나 시장을 완전히 장악하지는 못한 경우, 즉 *과점시장*에서의 조세귀착 모형으로서, 완전경쟁시장에서 얼마나 멀어지는지에 따라 조세귀착이 변화됨을 살펴본 연구이다.

Ganapati 외(2018)의 연구에서는 과점산업인 전력공급 시장에서 에너지 과세가 전기비용에 전가되는 과정을 살펴본 것이다. 물론 전력생산 비용과 관련된 요소들이 많기 때문에, 원인에 따라 비용에 미치는 결과는 상이할 수 있다. 이를 설명하기 위해, 연구자들은 '변이할당'분석(shift-share analysis) 기법을 활용하였다. 즉, 이질적인 지역과 산업들은 매우 다른 형태의 전력 조합을 사용함에 착안한 것이다. 어떤 지역은 석탄화력발전으로 생산된 전력을 사용하는 반면, 또 다른 지역은 천연가스나 석유화력발전으로부터 생산된 전력을 사용한다는 식인 것이다. 이 경우 가격 변화 양상은 에너지원에 따라 달라진다. 예를 들어 석유가격은 상승하고 석탄가격은 하락하는 경우 발전연료의 가격 차이가 발생하게 된다(예컨대, 국가적 석유수출 금지 조치나 중동지역의 전쟁발발 등). 이 경우 어떤 연료를 사용하여 발전했느냐에 따라 전력가격의 차이가 발생하는데, 석유를 원료로한 전력가격은 석탄을 원료로 한 전력에 비해 가격이 더 오르게 될 것이다. 연구자들은 이러한 방식으로 산업별 에너지원료 조합을 지역별로 구분하여 분석하였는데, 그 결과 에너지 생산비용의 70%는 소비자가격 상승으로 전가되며, 나머지들은 전력생산 기업들이 낮은 이윤을 감수하는 방식으로 흡수된다고 밝혔다.

현실의 복잡성과 관련한 네 번째 연구는 소비자가격 민감도를 급격히 높이고 있는 정규시장과 비정규시장 또는 불법시장과의 경쟁에 대한 논의이다. Hansen 외(2017)는 워싱턴주에서 시행된 여가용으로 승인된 대마초 과세의 효과를 살펴보았다. 연구자들은 세금이 생산의 매 단계에 부과되는 경우들과 최종 판매 단계에 부과되는 경우를 분석하였는데 그 결과 다음의 두 가지 중요한 사항을 발견하게 되었다. 첫째는 대마초 생산 단계별로 세금을 부과하는 경우, 생산자들은 세금회피를 위해 '수직적 통합'을 모색한다는 것이다. 즉 비효율적으로 분리된 생산 단계를 효율적으로 결합함으로써 감세를 도모하는 것이다. 따라서 이 경우 대마초에 대한 과세는 생산자들로 하여금 더욱 효율적 생산이 가능하게끔 유인하는 작용을 하는 것으로 평가하였다. 두 번째는 대마초 소비자들이 담배나 주류 소비에 비해 더욱 가격탄력적으로 변화된다는 것이다. 이는 아마도 불법시장 제품과의 대체 가능성과도 관계가 있는 것으로 보인다. 결국 연구자들은 대마초에 대한 과세는 대략 절반 이하가량만이 소비자들에게 전가될 것이라고 결론지었다.

복잡성 논의의 마지막 사례는, 과세로 인한 영향이 '감추어져서' 그 귀착 역시 명확하게 판명되지 않는 경우이다. Bradley와 Feldman(2020)의 연구에서는 세전과 세후 항공권 가격분석을 통해 조세귀착을 살펴본 바 있다. 대개 판매자가 광고하는 항공권 가격은 세전가격인 경우가 많으며, 세후가격은 구매의 최종 단계에 공개되는 경우가 많다. 이러한 과정으로 인해, 항공권에 부가되는 세금이 구매의 마지막 단계에서 공개되는 경우 소비자에게 크게 전가(약 75%)는 것으로 분석되었다. 이는 구매 단계별로 세금부과 과정을 투명하게 공개하는 경우 소비의 가격탄력성을 증가시킴을 의미하는데, 이로 말미암아 소비자들의 세부담이 감소하는 결과를 가져오게 된다. 결국 과세 과정이 얼마나 명확한지 역시 조세귀착의 결과에 영향을 미치는 것이다. Cheety 외(2009)의 연구에 따르면 과세 과정이 불투명해서 판매가격(세전가격)과 구매시점의 최종가격(세후가격)의 차이가 커질수록 소비자들은 가격 변화에 민감하게 반응한다고 밝혔다.

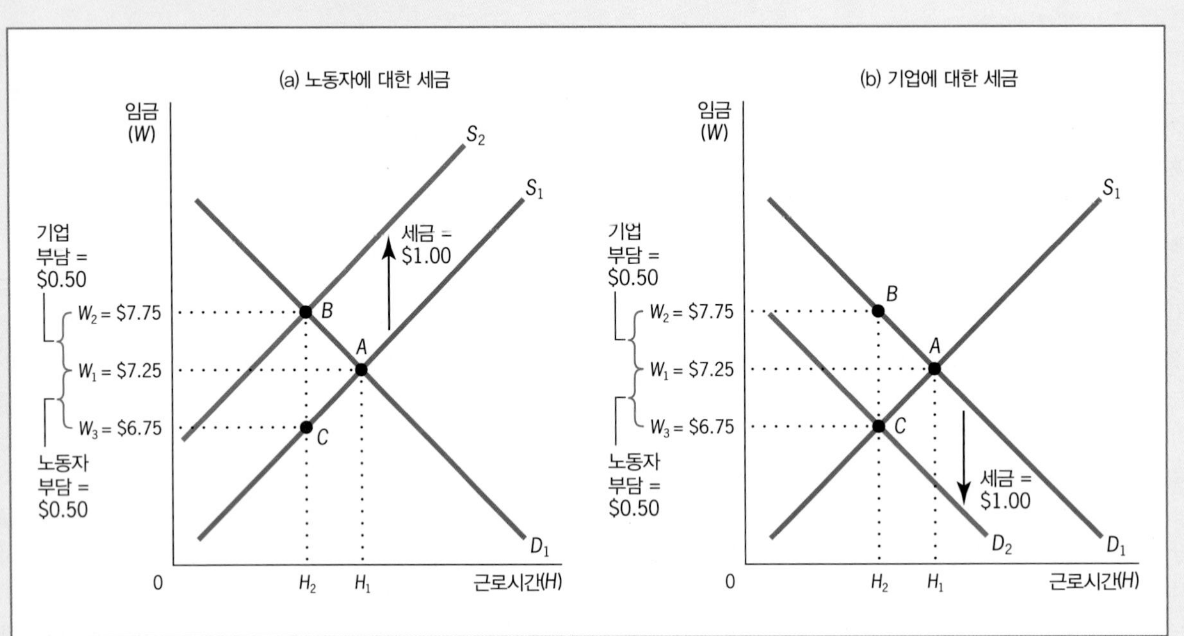

그림 19-7 조세귀착에 대한 원리는 요소시장에서도 동일하게 적용된다 이 그림은 기업이 소비자이고 근로자는 W 수준의 임금에서 노동을 공급하는 노동시장을 나타내고 있다. 그림 (a)에서와 같이 시간당 1달러의 세금이 근로자에게 부과되면 공급곡선은 S_1에서 S_2로 이동하고, 임금은 초기 임금 수준인 7.25달러에서(*A*점) 7.75달러로(*B*점) 인상된다. 그림 (b)에서처럼 근로시간 1시간당 1달러의 세금이 기업에 부과되면 노동수요 곡선이 D_1에서 D_2로 이동하며, 균형임금은 7.25달러에서 6.75달러(*C*점)로 하락한다. 결국 누구에게 세금이 부과되는지와는 상관없이 근로자와 기업이 시간당 50센트씩의 세금을 부담한다.

러가 될 것이며, 노동자들은 여기에서 세금 1달러를 뗀 6.75달러를 가져가게 될 것이다. 노동자와 기업은 세로축에 나타난 바와 같이 1달러의 세금을 절반씩 나누어 각자 50센트씩 나누어 부담할 것이다. 기업은 전보다 50센트 높은 임금을 지불하고(7.75달러) 노동자는 50센트 더 낮은 임금(6.75달러)을 받게 될 것이다. 이때 총임금은 7.75달러가 되고, 세후임금은 6.75가 되는 것이다.

조세귀착의 두 번째 법칙에 따르면, 중요한 것은 외형적으로 누가 세금을 내느냐가 아니라 총조세격차와 수요와 공급의 탄력성이다. 그림 19-7(b)는 급여세의 납부의무자가 노동자가 아니라 기업인 경우의 효과를 나타내고 있다. 이 경우 노동공급곡선은 S_1으로 유지되지만, 이제 납부의무자인 기업(수요자)의 노동수요곡선을 D_2로 감소시킬 것이다. 시장임금은 7.75달러에서 1달러 하락하여 6.75달러가 될 것이며(*C*점), 조세부담은 변화되지 않는다. 기업은 전과 같이 50센트의 세금을 부담하지만 이제는 초기 균형임금인 7.25달러보다 50센트 낮은 6.75달러를 지급할 것이다. 또한 기업은 정부에 단위당 1달러씩의 세금을 납부하게 될 것이므로 결국 실제로 내는 임금은 7.75달러가 되는 것이다.

노동자 역시 50센트의 세금부담을 지는데, 앞서의 경우처럼 50센트 더 높은 임금을 받고 1달

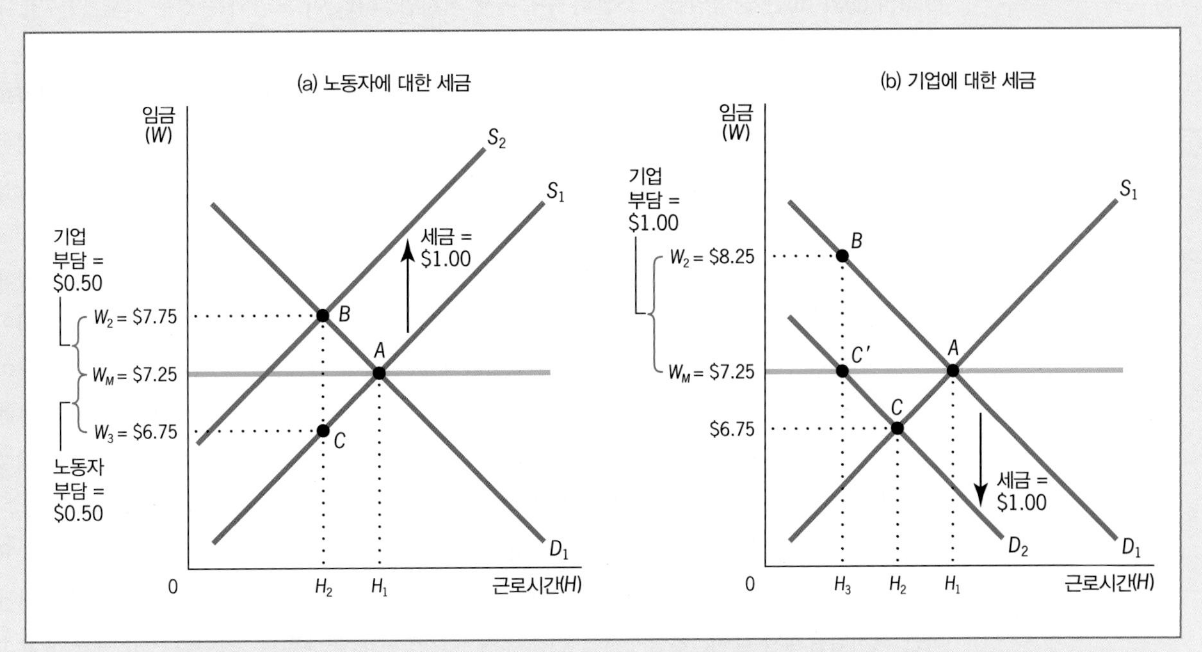

그림 19-8 **최저임금제하에서 요소시장 귀착분석은 이전과 다르다** 여기서의 분석은 임금이 7.25달러로 설정된 최저임금 이하로 떨어질 수 없다는 점만 제외하면 앞서의 그림 19-7과 같다. 그림 (a)에서와 같이 만약 급여세가 근로자에게 부과되면 이와 같은 제약(최저임금제)은 아무런 효과가 없다. 그러나 그림 (b)와 같이 급여세가 기업에 부과되면 최저임금제도로 인해 임금 수준은 6.75달러까지 하락하지 않는다. 따라서 이 경우 모든 세금은 기업에게 귀착된다.

러의 세금을 납부하기보다는 전보다 50센트 낮은 임금을 받되, 세금은 내지 않는 상황이 되었다. 이제 시장에서 총임금은 6.75달러로 하락했지만 기업이 지불하는 세후임금은 7.75달러가 되는 것이다.

이상에서 살펴본 급여세에 대한 조세귀착분석은, 사회보장성 급여세를 운영함에 있어서 근로자와 기업이 절반씩 내는 것이나 기업이나 근로자 가운데 어느 한쪽이 100%를 다 내도록 하는 것이나 사실은 근본적인 차이가 없음을 의미한다. 조세귀착의 두 번째 원리는 사회보장세 부담의 결정은 총조세규모(총조세격차)에 달린 것이지, 외형적으로 세금이 수요자와 생산자 사이에 어떻게 분배되는지는 아닌 것임을 일깨워준다.[8]

임금조정 장애 그러나 만약 노동시장에서 임금이 자유롭게 조정되지 못한다면 앞서의 그림 19-7의 (a)와 (b)의 결론은 더 이상 맞지 않는다. 이와 같은 상황 중의 하나가 모든 임금노동자에게 적용되는 **최저임금**(minimum wage)제도이다. 미국의 현재 최저임금은 7.25달러이다. 그림

최저임금 근로자가 근로시간당 받아야 하는 최소한의 임금 수준을 법으로 규정한 것

8 아마도 제13장에서 배운 바와 같이 사회보장기금을 조달하는 FICA 조세가 여기에서 모형화한 1달러의 세금 형태가 아니라 (임금의 고정비율로 내는) 부가가치세 형태로 운영되었음을 기억할 것이다. 이 절에서 도출한 결론은 종량세가 아닌 종가세의 형태로 바뀐다 하더라도 변화는 없을 것이다. 하지만 종가세의 경우에는 수요나 공급곡선이 평행이동하는 것이 아니라, 약간 회전하는 형태가 될 것이다.

19-8의 (a)와 (b)는 균형임금 7.25달러 수준에서 최저임금 W_M이 도입되는 경우 그림 19-7의 내용이 어떻게 변화되는지를 나타내주고 있다.

그림 (a)는 급여세가 노동자에게 부과되는 경우를 나타낸다. 이 경우 최저임금은 조세귀착의 분석에는 아무런 영향을 주지 않는다. 조세가 도입될 때 임금은 B점의 7.75달러가 되며(기업은 50센트 더 높은 임금을 냄), 노동자는 여기에서 1달러를 세금으로 낸 후 6.75달러의 세후임금을 받게 된다.

그림 (b)는 급여세가 기업에 부과된 경우를 나타낸다. 이 경우 공급곡선은 S_1에 머물러 있게 되지만 수요곡선은 D_2로 이동하게 된다. 하지만 기업은 최저임금제로 인해 새로운 균형점인 6.75달러로 임금을 낮출 수 없다(C점). 최저임금제로 인하여 임금은 7.25달러를 유지해야 하며 이때 기업이 모든 세금을 부담해야 한다. 따라서 근로자의 최저임금 7.25달러와 기업이 부담해야 하는 세금 때문에 이제 세후임금은 8.25(= 7.25 + 1)달러가 될 것이다. 이에 따라 시장에서 거래되는 노동량은 새로운 수요곡선 D_2가 최저임금선과 교차하는 H_3로 감소하게 된다(C'점).

최저임금제와 같이 경쟁시장 균형을 달성할 수 없는 제약이 존재하는 경우에는 세금이 수요와 공급 중 어느 쪽에 부과되는지가 중요해진다. 근로자의 임금을 명시적으로 삭감하지 못하게 하는 최저임금제와 같이, 현실에서는 잠재적 제약들이 다수 존재한다. 이러한 이유 때문에 요소시장분석에서는 어느 쪽에 세금을 부과해야 하는지가 중요해지는 것이다.

19.3 일반균형 조세귀착

부분균형 조세귀착 조세가 발생시키는 효과를 조세가 부과된 시장에 대해서만 관심을 두는 분석

일반균형 조세귀착 조세가 한 시장에 부과되었을 때, 그 시장과 관련된 모든 시장에 미치는 영향까지 고려하는 분석

지금까지 우리가 살펴본 조세귀착 모형은 시장에서 조세효과만을 따로 분리해 고려한 것으로, 이를 경제학자들은 소위 **부분균형 조세귀착**(partial equilibrium tax incidence)이라 부른다. 하지만 현실적으로 조세가 부과된 시장이 다른 시장과는 독립적으로 존재하지는 않으며 각 시장이 서로 연결되어 있다. 이에 경제학자들은 세금이 부과된 시장과 연관되어 있는 다수시장의 효과를 연구하기 위해 **일반균형 조세귀착**(general equilibrium tax incidence)이라는 분석 방법을 사용한다.

식당세의 효과 : 일반균형의 예

수많은 여행전문가들은 몬태나주의 보즈먼시를 작지만 가장 아름다운 마을이라 추천한다. 이제 보즈먼시 정부가 관할구역 내 모든 식당의 음식 판매에 1달러씩의 세금을 부과하기로 했다고 가정해보자. 보즈먼시의 식당음식은 가격에 대해 매우 탄력적일 것이다. 왜냐하면 집에서 음식을 해 먹거나 식당세가 없는 가까운 이웃마을의 식당으로 갈 수도 있기 때문이다. 보다 용이한 분석을 위해 이제 보즈먼시 식당음식의 수요가 완전탄력적이라 가정하자.

이러한 가정을 전제한 보즈먼시의 식당세 부과효과는 그림 19-9에 나타나 있다. 보즈먼시의 식당음식 시장은 A점에서 초기 균형 상태에 있다. 식당은 20달러의 가격(P_1)으로 하루에 1,000단위의 음식(Q_1)을 판다. 식당세의 부과는 식당의 한계비용을 증가시킬 것이기 때문에 공급곡

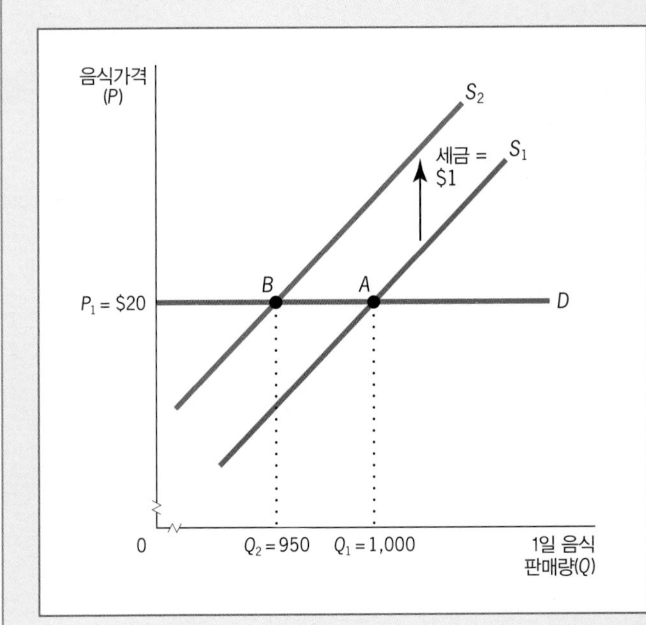

그림 19-9 보즈먼시 식당세의 조세귀착 보즈먼시 식당에 대한 수요는 완전탄력적이므로 세금이 부과된다 하더라도 가격은 오르지 않는다. 식당음식에 부과되는 1달러의 식당세는 음식공급을 S_1에서 S_2로 감소시키며, 거래량은 Q_2(950)로 하락하게 된다. 따라서 음식의 가격은 20달러에서 유지되고, 납세의무자인 식당은 모든 세금을 부담하게 된다.

선을 S_1에서 S_2로 평행이동시키며, 거래량은 950단위(Q_2)로 감소하게 된다. 수요곡선이 완전탄력적이기 때문에 손님들은 가격 인상에 극도로 민감할 것이며, 이에 따라 세금부과는 가격에 아무런 영향을 미치지 못할 것이다. 따라서 이 경우, 식당세의 모든 부담은 음식점에게 귀착되며, 소비자는 어떠한 부담도 지지 않는다.

그러나 매우 단순한 이유, 즉 '식당이 세금을 부담할 수 없다'는 이유 때문에 세부담의 논의는 여기서 끝나지 않는다. 노벨경제학상 수상자인 밀튼 프리드먼은 에너지세를 논의하면서 "어떻게 산업이나 공장이 '세금'을 '부담'할 수 있겠는가? 그들이 비명을 지를 때까지 압박할 것인가? 아니면 감옥에 보낼 것인가? 세금부담은 오직 사람만이 '질' 수 있는 것이지 산업이나 공장시설이 지는 것은 아니다"라고 지적한 바 있다.[9]

보편적인 미시경제모형에서는 기업을 스스로 작동하는 실체가 아니라, 자본과 노동을 결합하여 상품을 생산하는 일종의 기술로 본다. 식당의 예에서 자본이란 건물, 오븐, 식탁 등에 소요되는 돈, 즉 **재무적 자본**을 의미하는 것이며, 노동이란 식당 종업원들이 식당에서 일하는 시간을 의미하는 것이다. 보즈먼시가 1달러의 식당세를 부과하는 것은 식당이 음식이라는 상품을 생산하기 위해 조직한 생산요소들(자본과 노동)에 세금을 부과함을 의미한다. 누가 식당세를 부담하는지를 보다 명확히 규명하려면 우리는 보다 객관적 입장에서 분석할 필요가 있다. 과연 생산요소들은 어떤 비율로 세금을 부담할 것인가?

일반균형 조세귀착 먼저 그림 19-10(a)에서 설명하고 있는 보즈먼시 식당의 노동시장을 살펴

9 Friedman(1977).

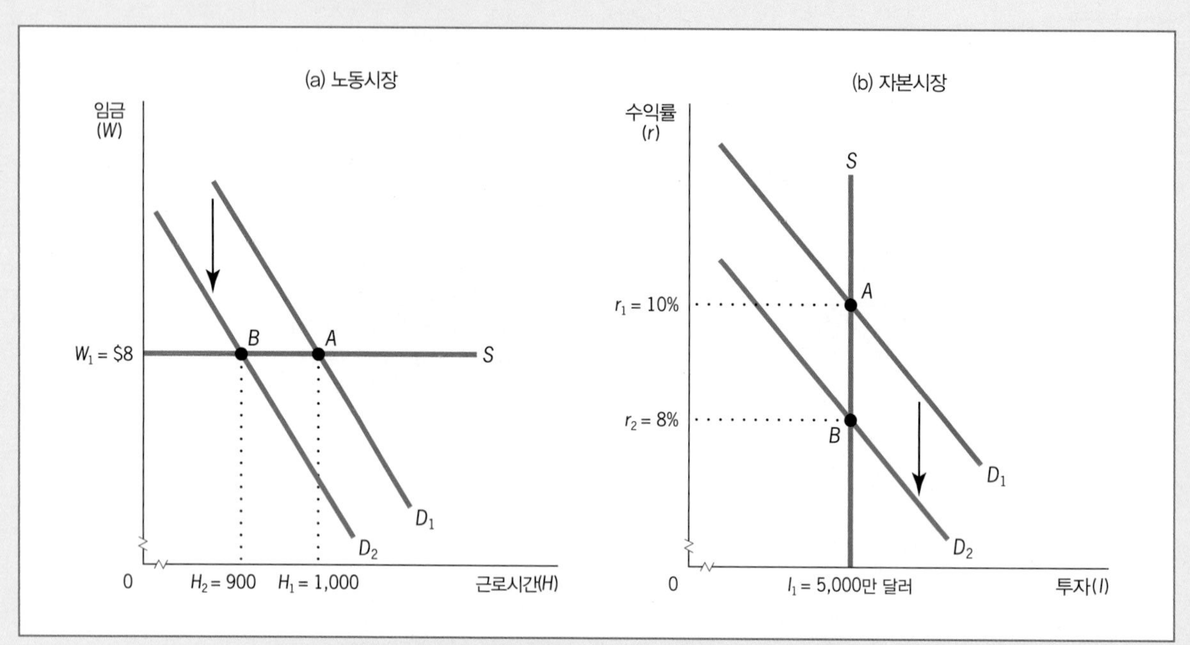

그림 19-10 식당세의 조세귀착 : 노동 대 자본 식당세를 식당이 전부 부담하게 되면, 이제 식당세부담은 식당 서비스에 투입되는 생산요소들에 전가된다. 그림 (a)와 같이 보즈먼시의 노동공급은 완전탄력적이기 때문에, 세금부과로 노동수요가 D_1에서 D_2로 하락해도 임금 하락은 발생하지 않는다. 한편 그림 (b)처럼 보즈먼시의 자본공급은 완전비탄력적이기 때문에 자본수요가 D_1에서 D_2로 감소하면 자본수익률은 부과된 세금만큼 하락한다(r_2).

보자. 이 시장에서 공급을 담당하고 있는 노동자들은 보즈먼시 말고도, 인접한 마을 식당에서도 얼마든지 일을 할 수 있기 때문에 매우 탄력적인 공급곡선을 가지고 있다. 분석의 편의를 위해 다시 한 번 노동공급곡선이 완전탄력적이라 가정해보자. 초기 균형인 A점에서 임금은 시간당 8달러(W_1)이고 노동량(H_1)은 연간 1,000시간이다. 식당세가 부과되면 (식당음식에 대한 수요가 완전탄력적이기 때문에) 식당의 노동수요는 감소할 것이다. 이제 세금은 노동의 대가(식당음식)에 부과되기 때문에, 노동의 시간당 임금은 감소하게 되고 이는 노동의 가치를 낮추는 결과를 가져온다.[10] 이에 따라 식당의 노동수요곡선은 D_1에서 D_2로 이동하지만, 노동공급이 완전탄력적이기 때문에 임금은 하락하지 않으며, 결과적으로 노동자들은 아무런 세금도 부담하지 않게 된다. 만약 식당주인이 노동자에게 W_1보다 낮은 임금을 지불한다면, 노동자는 다른 곳으로 가버릴 것이기 때문이다.

그림 19-10(b)는 보즈먼시 식당의 자본시장에 대한 것이다. 식당에 투자한 자본 소유주는 세금이 부과된다 하더라도 스토브, 탁자, 빌딩 등에 이미 투자된 자금을 즉시 환수할 수 없기 때문에 단기적으로는 선택의 여지가 거의 없다. 물론 현실적으로 자본 소유주는 의자나 탁자, 그

10 노동에 대한 수요는 세후 한계가치에 의해 결정된다. 이때 세후 한계가치는 '노동의 한계생산×세금을 차감한 생산물의 가치'로 결정된다.

리고 건물 등을 팔 수는 있겠지만 이 경우 투자금의 일부만을 받을 수 있을 것이다. 따라서 현실적으로 자본의 공급은 완전비탄력적이라 할 수는 없지만, 분석의 편의를 위해 그림 19-10(b)에서처럼, 자본의 공급은 완전비탄력적이라고 가정해보자.

자본시장에서의 초기 균형은 *A*점이다. 자본수익률은 10%(r_1)이고 식당에 대한 투자금은 5,000만 달러이다. 세금은 식당이 완전히 부담하기 때문에, 자본에 대한 수요는 노동에 대한 수요가 감소하는 것과 똑같이 감소한다. 식당이 자본의 산출물(즉 음식)에 세금을 전가할 때, 자본의 가치는 감소하게 되므로 이제 식당은 전보다 낮은 수익률도 기꺼이 감수하려는 자본만을 수요해야 할 것이다. 따라서 자본수요곡선은 D_1에서 D_2로 하락하게 될 것이며, 이에 따른 새로운 균형은 *B*점에서 결정될 것이다. 이때 자본수익률은 8%(r_2)가 된다. 자본공급은 단기적으로 비탄력적이기 때문에, 자본 소유주는 더 낮은 투자수익률을 얻는 형태로 세금을 부담하게 될 것이다. 결국 보즈먼시 식당세의 조세귀착은 궁극적으로 보즈먼시의 식당에 투자하는 사람들에게 귀착될 것이다. 일반균형 조세귀착이란 이와 같이 조세귀착이 다른 시장으로 전이되는 것을 의미한다.

일반균형 조세귀착 분석에서 고려해야 할 이슈들

일반균형 조세귀착분석은 일종의 '조세부담 릴레이'나 '세금부담 따라가 보기' 게임이다. 일반균형에서 조세귀착분석은 세금이 부과된 시장에 대한 효과만으로 끝나는 것이 아니라, 궁극적인 세부담자를 확인할 때까지 관련된 모든 시장으로 확대된다. 이 과정은 일반균형분석 접근을 고려할 때 포함해야 하는 세 가지 의미 있는 문제를 일으킨다.

조세귀착의 시간효과 : 단기 대 장기 앞서의 예에서 우리는 미리 설정해둔 가정하에서의 식당세의 조세귀착을 일반균형분석적 시각으로 살펴보았다. 이 가정들은 단기에 (말하자면 1년 정도) 유효할 것이다. 하지만 장기(예컨대 10년 이상)에는 적용한 가정들이 더 이상 유효하지 않을 수 있다. 시간이 지남에 따라 보즈먼시의 식당에 투자한 자본들은 더 이상 비탄력적이지 않을 것이기 때문이다. 투자자들은 식당 문을 닫아버리거나, 아니면 식당을 매각한 돈으로 다른 어딘가에 투자할 수도 있다. 실제로 장기적 관점에서 보면, 식당 말고도 투자를 대체할 수 있는 것들이 너무 많기 때문에, 자본공급은 완전탄력적이 될 수도 있다. 따라서 장기에 자본 소유주들은 어떠한 세금도 부담하지 않으려 들 것이다.

▶ **즉석 힌트** 자본공급이 탄력적이라는 것은 무엇을 의미하는가? 단기에 자본 투자는 비가역적일 수 있음을 상기할 필요가 있다. 자본공급이 단기에 비탄력적인 이유도 바로 여기에 있다. 하지만 장기적으로 식당은 자본의 새로운 공급, 즉 재투자를 필요로 한다(식당설비와 가구 등은 교체되어야 하며, 건물도 보수되어야 하기 때문이다). 자본공급의 탄력성은 장기적으로 투자 여부를 선택하는 투자자의 능력에 의해 결정된다. 만약 기업이 생산하는 제품에 세금이 부과되고 이 세금이 자본 투자자들의 수익률을 저하시키는 형태로 전가된다면, 투자자들은 식당에 재투자를 덜할 가능성이 높다.

수요이건 공급이건 더 탄력적인 측이 세금을 회피한다는 세 번째 원리는 '조세부담 릴레이'

게임을 푸는 핵심이다. 우리는 방금 자본의 공급도 장기적으로는 완전탄력적이 될 수 있음을 살펴보았다. 노동공급은 단기적으로 이미 탄력적이었지만, 장기에는 더 탄력적으로 변화한다. 왜냐하면 식당과 관련된 근로자는 세금부담을 지지 않으면서 더 높은 임금을 주는 일자리로 이직할 수 있기 때문이다. 이 대목에서 우리는 한 가지 의문에 직면하게 된다. 만약 장기에 자본과 노동 어느 측도 세금을 부담하지 않는다면, 도대체 누가 세금을 부담한다는 말인가?

식당의 생신과 관련해서는 비탄력적인 요소가 하나 더 있는데, 이는 바로 식당이 위치하고 있는 토지이다. 토지의 공급은 고정되어 있기 때문에, 정의에 따라 당연히 비탄력적이다. 자본과 노동이 세금을 회피할 때 그 부담은 이제 토지 소유자들에게 오롯이 부과된다. 낮은 임금을 꺼리는 노동자와 낮은 수익률을 꺼리는 자본가만이 있는 보즈먼시에서, 식당 영업이 지속될 수 있는 방법은 오직 토지 임대료가 낮은 경우뿐이기 때문이다. 따라서 장기와 단기에 모두 비탄력적으로 수요 또는 공급될 수 있는 생산요소가 장기에도 세금을 부담하게 되는 것이다.

과세범위에 따른 조세귀착 효과 조세귀착은 조세가 부과되는 산출물시장의 비중에 의해서도 영향을 받는다. 몬태나주의 모든 식당에 세금이 부과되는 것과 보즈먼시의 식당에만 세금이 부과되는 경우를 생각해보자. 보즈먼시의 식당음식에 대한 수요는 매우 탄력적이겠지만, 몬태나주의 모든 식당에 대한 수요는 비탄력적일 것이다. 대체재를 찾는 비용이 많이 소요될 것이기 때문이다. 개인들은 집에서 요리를 해 먹을 수도 있지만, 당신이 주 경계 근처에 살고 있지 않는 한 세금을 내지 않는 식당으로 외식을 하러 가기란 쉽지 않다. 외식을 위해 주 경계선을 넘나드는 것은 비합리적이기 때문이다. 수요가 덜 탄력적이기 때문에 식당 소비자들도 이제는 어느 정도 세금을 부담하게 된다.

단기적으로 소비자에 의해 부담되지 않는 남은 세부담은 다시 생산요소인 노동과 자본이 나누어 분담하게 된다. 하지만 노동에 대한 조세귀착 역시 이제는 변화될 것이다. 노동자는 식당세가 오직 보즈먼시의 식당에만 부과되었을 때 다른 직장으로 갈 수 있을 뿐(이 경우 그들은 인접한 시의 식당으로 이동해서 보즈먼시의 세부담을 피할 수 있었다), 이제는 전보다 이동성이 더 낮아지게 된다. 단지 얼마간의 세금을 회피하기 위해 주 경계를 넘는다는 것 역시 비현실적인 가정이기 때문이다. 따라서 주 전체 식당의 노동공급은 보즈먼시의 노동공급보다 덜 탄력적일 것이고, 결국 노동자도 어느 정도의 세금을 부담하게 된다. 일자리에 대한 대안이 축소되기 때문에 식당들은 이제 전보다 적은 임금을 지불할 것이다. 물론 이 경우에도 자본은 단기에 비탄력적일 것이므로 세금의 많은 부분을 부담하게 될 것이다.

결과적으로 몬태나주의 모든 식당에 부과된 세금은 이제 자본만 혼자 부담하는 것이 아니라 소비자, 노동자, 자본가가 나누어 부담하는 형태가 될 것이다. 부담이 나뉘는 정확한 비율은 각각의 시장에서 수요와 공급의 정확한 탄력도에 따라 달라질 것이다. 일반균형 조세분석의 목표는 그것이 모든 납세자 간에 배분될 때까지 세부담의 끝을 따라가 보는 것이다. 수요나 공급이 완전탄력적이 아니거나 완전비탄력적일 때 조세부담은 많은 부분으로 전이될 수 있을 것이다. 과세범위는 조세귀착의 분석과 관련된 탄력성을 결정짓기 때문에 매우 중요하다. 과세범위가

실증적 증거

사업체 소유주에 대한 세금은 근로자들에게 전가되는가?

제24장에서 상세히 논의할 것이지만, 미국에서 대부분의 사업체 소유주들에게는 법인세가 아닌 개인소득세가 부과된다. 소위 도관회사(pass-through business)라고 불리우는 이들은 전체 기업 수의 80%를 점유하고 있으며, 전체 기업소득의 절반 이상, 모든 산업에 걸친 전체 고용의 1/3을 담당하고 있다. 사실 이들 기업의 소유주들은 대부분 매우 부유하다. 소득분배의 최상위 1%에 위치하고 있으며, 이들의 57%는 도관회사를 통한 소득을 갖고 있다. 이는 기업을 운영함으로써 소득을 얻는 사업체 소유주들 대부분은 소득세 최고세율에 직면함을 의미한다.

Risch(2020)는 최대 100명의 소유주로 구성된 'S기업'이라고 하는 특이한 형태의 도관회사(미국의 주요 대기업들을 포함하여 수백만의 주주들을 갖고 있는 'C기업'과는 달리)에 대한 연구이다. Risch는 각 S기업 주요 소유주들과 근로자들의 소득자료를 통합하였으며, 이 거대한 자료를 통해 '소유주들에게 부과되는 소득세율이 증가될 때, 근로자들의 세금은 어찌 되는지'를 살펴보았다. 다시 말하면, 부자들에게 높은 세금이 부과되는 경우 그 세부담이 직원들에게 전가되는지를 살펴본 것이다.

사실 소유주와 근로자들의 소득에 공히 영향을 미치는 생략된 요소들이 존재하기 때문에, 이는 쉽게 답하기 어려운 질문이다. 대표적인 것이 이윤이다. 기업이 이윤을 많이 발생시키면 소유주와 근로자들의 소득 모두가 증가한다. 소유주의 소득이 증가함에 따라 그들의 세금은 증가하게 될 것이다. 하지만 이때, 근로자의 소득 역시 함께 증가하기 때문에 이들의 세금 역시 증가하게 된다. 이와 같은 모호성 때문에 소유주에게 부과된 세금이 근로자들에게 전가되는지에 대한 귀착 여부는 명확하게 식별되지 않는다.

이러한 문제에 대응하기 위해, Risch는 가상의 준실험분석을 구성하였다. 그는 연소득 20만 달러 이상의 고액 소득자들에 대한 증세가 이루어졌던 2012년 개편안에 초점을 맞추었다. 그는 이윤이 비슷한 회사들을 추려낸 뒤, 2012년의 세제개편이 소유주의 소득에 서로 다른 영향을 미친 회사들을 비교하였다. 세제개편으로 인해 더 큰 세금부담을 지게 된 소유주의 소속회사 근로자들의 임금이 감소했는지를 살펴본 것이다.

예컨대, 10명의 소유주가 있는 두 기업을 생각해보자. 각 회사는 연간 100만 달러의 이윤을 벌어들이며 근로자 수도 같다. 첫 번째 기업의 10명의 소유주는 모두 매우 높은 소득을 거두었으며, 이에 따라 2012년 세금도 증가할 것으로 전망되었다. 반면, 5명의 소유주들만이 매우 높은 소득을 거둔 두 번째 기업의 경우 전체 소유주들의 세금이 첫 번째 기업의 절반 정도밖에는 안 될 것이다. 앞서 논의했던 Risch의 질문을 이 상황에 적용하면, '첫 번째 기업 근로자들의 임금이 두 번째 기업 근로자들의 임금보다 더 낮을 것인가?'로 정리될 것이다.

실제로, Risch의 연구 결과에 따르면 소유주의 세부담이 증가된 기업의 경우, 이 세부담은 근로자들의 임금 감소의 형태로 전가되는 것으로 나타났다. 소유주 세부담 1달러 증가에 대해, 약 15~18센트 정도가 근로자들에게 전가되는 것으로 분석되었다. 이러한 결과는 부자들의 소득세 증가는 단순히 부자들의 세부담 증가에만 그치는 것이 아니라, 그들 소유 기업의 근로자에게까지 전가됨을 암시한다.

넓은 세금이 좁은 세금보다 회피하기 어려우며, 따라서 조세에 대한 생산자와 소비자의 반응 역시 더 작고 비탄력적이게 되는 것이다.

산출물시장으로의 확산 지금까지의 논의는 주로 음식점 시장에서의 소비자와 생산자에 초점을 맞추어왔지만, 조세귀착은 이 시장을 넘어 다른 재화시장으로 확산될 수도 있을 것이다. 재화시장의 소비자가 세금을 부담하게 되면, 이는 그 소비자의 예산제약선을 이동시켜 다른 재화의 소비에까지 영향을 미치게 된다. 이와 같은 확산현상은 한 시장의 세금이 다른 시장의 소비자나 생산자에게 비용 또는 편익으로 작용할 수 있음을 의미한다.

다시 몬태나주의 식당세의 예로 돌아가보자. 이 세금은 소비자가 직면하는 세후가격을 인상시켜 식당음식에 대한 수요를 감소시킨다. 더 높은 세후가격은 다른 재화에 다음과 같은 세 가지 효과를 발생시킨다.

1. 소비자의 소득은 더 낮아지기 때문에 소비자가 구매하는 다른 모든 재화의 소비량을 감소시킬 것이다(소득효과).
2. 소비자는 음식에 비해 상대적으로 더 싸진 대체재(영화와 같은 재화 및 용역)의 소비를 증가시킬 것이다(대체효과).
3. 소비자는 음식 소비를 감소시킬 것이기 때문에, 식당음식의 보완재(대리주차 서비스와 같은 재화 및 용역)의 소비를 감소시킬 것이다(보완효과).

따라서 예컨대 식당에 세금을 부과하면 부모들의 외식 횟수를 줄여 보모 서비스(베이비시터)에 대한 수요를 감소시킬 수도 있는 것이다. 반면 외식을 덜하는 부모들이 음악회를 전보다 자주 갈 수 있기 때문에 음악회에 대한 수요는 증가될 수도 있다.

완벽한 일반균형 조세귀착분석은 세금이 부과되지 않는 다른 시장에서의 효과도 고려해야만 한다. '조세부담 릴레이' 또는 '세금부담 따라가 보기' 게임은 조세부담을 시장 내에서의 이동뿐 아니라 다른 시장으로의 수평이동, 그리고 다른 시장에서의 수직적 이동까지 모두 따라가 보는 것을 의미한다. 예를 들어 식당세가 영화에 대한 수요를 증가시키면(수요곡선이 밖으로 이동함) 영화가격의 인상을 가져오고(즉, 영화 관람자들이 식당세를 일부 부담하고), 영화산업 종사자들에게는 더 높은 임금을 주게 되며, 영화산업에 투자한 자본에는 더 높은 수익을 안겨준다. 실제로 완벽한 일반균형분석에서는 공급부문으로의 확산효과도 분석해야 하는 것이다. Bradford(1978)의 논문에서 중요함을 강조한 바와 같이, 한 영역에서 자본 또는 노동을 변화시키는 세금이 다른 영역의 자본 또는 노동공급을 증가시키게 된다면, 투입요소의 수익률도 하락시키게 될 것이다.

19.4 미국에서의 조세귀착

과세 공정성에 대한 정책논의는 미국의 조세귀착에 대한 보다 깊이 있는 분석을 불러일으켰다. 미국의 조세귀착분석에 대한 가장 잘 알려진 연구는 의회예산처(CBO)에 의한 정기 분석과 도시연구원 조세정책센터(TPC)의 업데이트된 최근의 분석 결과들이다. 이 절에서는 이러한 분석을 통해 알려진 사실에 대해 검토해보기로 한다.

조세정책센터에서 적용한 가정

조세정책센터는 미 연방정부가 부과하는 모든 세금에 대한 귀착을 분석하고 있다. 이를 위해 조세정책센터는 모든 세목별로 별도의 가정을 세웠으며, 그 중요 내용은 다음과 같다.

1. 소득세의 부담은 이를 납부한 가계에 모두 귀착된다.
2. 급여세의 부담은 노동자, 기업 또는 어느 누가 납부한다 하더라도, 궁극적으로는 노동자에게 귀착된다.
3. 물품세의 부담은 모두 가격에 전가되며 그 물건의 소비가격에 비례하여 개인들에게 귀착된다.

4. 법인세 부담의 20%가량은 노동자들에게 전가되며, 80%가량은 개인의 자본소득에 비례하여 그 소유주(즉, 자본가)들에게 귀착된다.

이와 같은 가정들은 이론과 실증적 증거 모두에 걸쳐 일관성을 확보하고 있다. 제21장의 예에서처럼, 미국 가장들의 노동공급이 세금에 대해 둔감하게 반응한다는 사실은 노동에 대한 과세가 노동자에 의해 부담됨을 의미한다(비탄력적 공급). 또한 앞선 실증적 분석에서 논의한 것과 같이 담배와 술에 대한 물품세는 대부분 소비자가격에 전가된다는 유의미한 증거도 있다.

이 가운데 설명하기 가장 어려운 가정은 법인세 귀착에 대한 것이다. 제24장에서 충분히 논의하겠지만 법인세 귀착에 관해 확정적인 실증적 증거는 아직 없다. 그럼에도 불구하고 법인세 부담은 자본 소유주들에게만 귀착되는 것이 아니라, 적어도 어느 정도는 소비자와 노동자들에 의해 부담되는 것으로 보인다. 조세정책센터는 전통적으로 법인세 부담은 전적으로 자본 소유주들에게 귀착된다고 가정하였지만, 최근에는 세부담의 20%가량은 노동자들에게도 전가될 수 있다는 식으로 가정을 변화시켰다. 그럼에도 불구하고 최근의 연구 결과들은 노동자들에게 전가되는 비중이 20%보다도 클 수 있음을 지적하고 있다. 이는 법인세 부담이 매우 누진적이라는 조세정책센터의 분석이 옳지 않음을 의미하는 것이다. 왜냐하면 법인세 부담을 분담하는 노동자들 가운데에는 소득이 평균보다도 훨씬 낮은 사람들도 있을 것이기 때문이다(조세정책센터에서는 법인세의 세부담은 상대적 고소득 계층인 자본 소유주들에게 모두 귀착된다고 가정하였다).

조세정책센터의 조세귀착분석 결과

조세정책센터의 조세귀착분석 결과들은 표 19-1과 표 19-2에 정리되어 있다. 표 19-1은 1980, 1990, 2000, 2010, 2015, 2017년의 소득구간별 평균세율을 계산한 것이다. 표에서는 가구 전체와 최저소득 분위, 그리고 최고소득 분위의 계산 결과를 제시한 것이다. 표 19-1의 맨 위 항목은 모든 세금을 합하여 계산한 평균세율이고 나머지 항목들은 각 세목별 평균세율을 나타낸다.

이와 관련된 흥미로운 결론들은 다음과 같다.

1. 전체 가구에 대한 모든 세율합의 평균을 통해 산출된 총평균세율은 1980년 22.4%에서 1990년 21.7%로 하락했으나, 2000년 23.1%로 반등했다가 2010년까지 다시 18.6% 수준으로 하락하였다. 2017년까지 총평균세율은 20.8%까지 상향되었다.
2. 소득 최하위인 1분위(하위 20%)의 총평균세율은 1980년부터 1990년까지 8.9%에서 10.7%로 급격히 상승했다가, 이후 지속적으로 인하되어 2000년 6.6%까지 하락했다. 이후 경기침체기에 0%까지 하락했다가 2017년 1.3%까지 증가하였다.
3. 소득 최상위인 5분위(상위 20%)의 총평균세율은 1980년부터 26.9%에서 1990년 24.9%로 하락했으나 2000년에는 27.8%로 반등했다가, 2010년에는 다시 24.0%까지 하락하였다. 이후 다시 상승하여 2017년에는 26.1%까지 증가하였다.
4. 소득 1분위(하위 20%) 계층은 소득세보다 급여세를 더 많이 내며, 이러한 불균형은 시간

표 19-1 실효세율

	1980	1990	2000	2010	2015	2017
				총실효세율		
전체 가구	22.40%	21.70%	23.10%	18.60%	21.10%	20.80%
저소득(1분위)	8.90%	10.70%	6.60%	0.00%	1.50%	1.30%
고소득(5분위)	26.90%	24.90%	27.80%	24.00%	26.70%	26.10%
				소득세 실효세율		
전체 가구	12.30%	10.20%	11.80%	7.90%	10.10%	10.50%
저소득(1분위)	0.00%	−1.20%	−6.10%	−13%	−11.60%	−10.90%
고소득(5분위)	11.10%	14.50%	17.60%	13.80%	16.20%	16.60%
				급여세 실효세율		
전체 가구	6.90%	8.40%	8.00%	7.90%	7.80%	7.80%
저소득(1분위)	6.00%	8.60%	9.30%	9.80%	9.80%	9.40%
고소득(5분위)	5.50%	6.90%	6.30%	6.80%	6.50%	6.50%
				법인세 실효세율		
전체 가구	2.80%	2.20%	2.40%	2.10%	2.50%	1.80%
저소득(1분위)	1.20%	1.00%	1.00%	0.80%	0.90%	0.60%
고소득(5분위)	4.10%	3.00%	3.30%	3.00%	3.50%	2.50%
				물품세 실효세율		
전체 가구	0.80%	0.90%	0.90%	0.60%	0.70%	0.70%
저소득(1분위)	1.60%	2.30%	2.40%	2.40%	2.40%	2.20%
고소득(5분위)	0.60%	0.60%	0.50%	0.40%	0.40%	0.20%

출처 : Tax Policy Center(http://www.taxpolicycenter.org/statistics).

이 지남에 따라 점차 증가하였다. 1980년 최하위 1분위의 평균소득세율은 영(0)이지만 평균급여세율은 6%이다. 2010년까지 평균소득세율은 −13%(순계 기준으로 소득세제도는 저소득층 개인들에게 조세지출, 주로 근로장려세제를 통해 세수보다 더 많은 지출이 이루어졌다)가 되었으며 평균급여세는 9.8%로 인상되었다. 2011년에는 세계금융위기와 일시적인 급여세 면제정책으로 인해 평균급여세율이 하락하였으나 2017년에 다시 상승하여 9.4% 수준을 나타내었다. 사실 2019년 기준 전체 가계의 2/3 이상이 소득세보다 급여세를 더 많이 내고 있다.[11]

5. 평균법인세율은 소득세율과 급여세율과 비교할 때 더 낮으며 1980년 이후 소득분배상의 최상위층과 최하위층 모두에서 하락하였다. 최근의 분석 결과는 수정된 가정, 즉 노동자들도 법인세 부담을 진다는 가정이 적용된 이후 최하위인 1분위의 세부담이 2배로 증가한 것으로 나타났다.

---

11 Tax Foundation(2019).

표 19-2 저소득(1분위)과 고소득(5분위)의 소득과 납세비중 이 표는 상하위 분위별 소득과 납세액 비중의 변화를 시기별로 나타낸 것이다.

	1980	1990	2000	2010	2015	2017
			고소득(5분위)			
소득 비중	46.00%	49.50%	54.40%	53.40%	55.00%	55.20%
납세액 비중	55.30%	57.00%	65.60%	68.90%	69.50%	69.20%
			저소득(1분위)			
소득 비중	4.90%	3.90%	3.80%	3.80%	3.70%	3.70%
납세액 비중	2.00%	1.90%	1.10%	0.00%	0.30%	0.20%
			최상위 1%			
소득 비중	9.00%	12.00%	17.50%	15.30%	16.60%	16.70%
납세액 비중	13.20%	15.40%	24.50%	24.10%	26.20%	25.30%

출처 : Tax Policy Center(http://www.taxpolicycenter.org/statistics).

6. 평균물품세율 역시 낮으며 최상위층 비중은 하락해온 반면 최하위층의 비중은 증가되어 왔다(이는 과세되는 재화의 소비 감소가 최상위보다 최하위 분위층에서 더욱 컸음에 기인한다. 예컨대 고소득층의 담배 소비량 감소는 저소득층보다 더 크다).[12]

표 19-1이 제시하는 일반적인 결론은 미국의 조세제도는 꽤 누진적이라는 점이다. 비록 어떤 세목(소득세)은 매우 누진적이고 또 어떤 세목(급여세)들은 아니지만, 전반적으로는 누진적 세부담 체계를 갖추고 있다. 다만, 이러한 결과들은 전반적으로 소비세 등으로 인해 상대적으로 더 역진적인 주정부와 지방정부 세금은 고려하지 않은 것이다. 이를 고려하는 경우 저소득 계층의 세부담은 더 증가하게 된다.[13]

표 19-2는 시기별로 소득 최상위와 최하위 분위 계층에 의해 납부된 세액 비중과 소득 비중을 비교한 것이다. 최하위 분위(1분위) 계층은 항상 가장 작은 세금 비중을 차지하고 있으며, 그 규모 역시 하락해왔다(2%의 세금을 납부하다가 0.2%로 감소). 같은 기간 동안 1분위의 소득 비중은 전체 국가소득의 4.9%를 차지하다가, 3.7%로 감소하였다. 최상위 분위(5분위) 계층은 항상 대부분의 세금을 부담해왔으며 그 비중 역시 전체 국민소득에서의 비중 증가와 함께 높아져 왔다(전체 국민소득 가운데 고소득 계층의 비중은 46%에서 55.2%로 증가해왔으며, 납부하는 세금 비중 역시 전체 세입의 55.3%에서 69.2%로 증가해왔다). 오늘날 조세정책센터의 조세귀착 가정에 따르면, 소득 5분위는 미국 전체에서 발생하는 소득의 절반 이상을 차지하고 있으며, 전체 세금의 2/3가량을 분담하고 있다.

조세부담에 있어서 특별히 흥미로운 점은 표 19-2에 제시되어 있는 최상위 부유층에 대한 것

12 물품세에 대한 정보는 일관성이 부족하여 2006년부터 2011년까지는 물품세율이 일정하다고 가정하였다.

13 Ingraham(2019).

이다. 소득분포에서 최상위 1%는 과세 전 소득의 16.7%, 즉 현재 미국에서 발생하는 소득 가운데 5분의 1을 가져가는데, 이는 1980년 이후 2배가 된 것이다. 하지만 이 계층의 조세부담 역시 증가했는데, 1980년 이후 조세부담도 거의 2배가 되었다.

현재소득 대 평생소득에 대한 조세귀착

현재 조세귀착 개인의 현재 소득과 관련된 조세귀착

평생 조세귀착 개인의 평생 소득과 관련된 조세귀착

조세귀착과 관련된 논의 가운데 매우 중요한 것은 **현재 조세귀착**(current tax incidence)과 **평생 조세귀착**(lifetime tax incidence) 사이의 분석이다. 앞서 살펴본 조세정책연구소의 분석은 연간소득을 기준으로 측정된 것이다. 미국에서는 소득계층 간의 이동이 활발하기 때문에, 연간소득을 기준으로 한 조세귀착은 오해를 불러일으킬 수 있다. 최근 추정치에 따르면 미국인의 25~40%가 1년 내에 자신이 속한 소득분위를 바꾸며, 대략 56%의 미국인이 10년 내에 자신이 속한 소득분위를 바꾼다.[14]

현실 가계와 가까운 예로, 대학교재에 대한 세금귀착을 평가하는 경우를 생각해보자. 보편적인 미국 대학생들은 독립적으로 살아가고 있으며, 매우 낮은 소득을 가지고 있다. 따라서 대학교재에 부과되는 세금은 현재 기준으로 볼 때, 매우 역진적이라 할 수 있다. 하지만 대학교재를 보는 대부분의 학생들은 그들의 값비싼 대학교육의 결과로 인생 후반부에는 분명히 더 높은 수입을 달성하게 될 것이다. 사실 대졸자들의 평생소득은 대학 진학을 하지 못한 사람들의 평생소득보다 평균적으로 2배 이상 더 높다. 따라서 평생소득을 기준으로 보면, 대학교재에 대한 세금은 더 많은 소득을 버는 고소득자들에게 과세되는 것이므로 누진적인 것이다.

Poterba(1989)는 이와 같은 귀착의 중요성을 주세, 휘발유세, 담배세의 귀착을 통해 설명한 바 있다. Poterba는 1984년도 국민들의 소득을 5분위로 구분하고, 소득에서 휘발유와 술에 대한 지출 비중을 측정하였는데, 최하위 계층에서의 지출 비중이 최상위 계층의 비중에 비해 5배나 높음을 관찰하였다. 담배의 경우에는 최하위 계층의 비중이 최상위 계층에 비해 9배나 더 높았다. 따라서 이러한 재화들에 대해 세금을 부과하는 것은 매우 역진적이라 할 수 있다.

이후 Poterba는 사람들의 소득 대신 소비를 기준으로 5분위로 구분하였다. 소비는 평생수입의 대체 추정지표가 될 수 있기 때문이다. 예컨대 언젠가는 부자가 될 것으로 예상되는 저소득층 대학생은 부모로부터 돈을 빌릴 수 있을 것이다. 이와 비슷하게 현재소득은 적지만 저축이 많은 부유한 노인층은 소비성향이 높을 것이다. 세금을 현재소득과 연관시키기보다 소비와 연관시키면 현재소득보다는 평생소득에 부과하는 효과를 관찰할 수 있는 것이다. Poterba는 이 경우 조세부담이 여전히 역진적이기는 하지만, 현재소득에 과세하는 경우보다 훨씬 덜 역진적임을 발견하였다. 사실 5분위의 하위 네 계층은 휘발유와 술에 대한 총지출의 비중이 대체로 같았는데, 이는 최상위 계층의 비중에 비해 2배에 미치지 못하는 것이다. 담배의 경우 최하위 계층의 비중은 최상위 계층보다 단지 3배에 불과한 것으로 나타났다. 이는 소득을 기준으로 했을 때에 비해 훨씬 작은 수준인 것이다.

---

14 1년간의 소득분위 이동성은 McMurrer와 Sawhill(1996)의 연구를, 10년간의 소득분위 이동성에 대해서는 Auten과 Gee(2009)의 연구를 참조하라.

19.5 결론

조세귀착은 수십 년 동안 조세정책과 관련된 논쟁의 중심에 있었다. 어떠한 조세개혁이든지 '공평성'은 정책담당자의 입장에서는 우선적 고려사항 가운데 하나이다. 따라서 세금부담의 진정한 주체가 누구인지에 대해 깊은 이해가 가능하도록 잘 설명해주는 것은 경제학자들이 맡은 중요한 역할이다. 이는 기존 조세정책이나 제안된 조세제도의 형평성과 관련된 분배적 논쟁을 잘 파악할 수 있도록 해준다. 이 장에서 설명한 분석기술은 조세귀착에 대한 깊은 이해를 도모할 뿐 아니라, 조세정책 변화가 분배에 미치는 영향을 보다 주의해서 생각할 수 있도록 도와줄 것이다.

요약

- 조세귀착이란 경제주체들 사이의 세부담 분배에 대한 연구이며, 누가 세금을 부담하는지는 물론, 조세가 시장가격에 미치는 영향까지 함께 고려하는 것이다.
- 조세귀착은 외형적으로 누구에게 세금이 부과되는지, 즉 세금이 공급자에게 부과되는지 소비자에게 부과되는지는 중요하지 않다. 어떠한 경우라 하더라도 탄력적인 측은 세금을 회피하며 비탄력적인 측은 세금을 부담하게 된다.
- 비록 최저임금제와 같은 가격규제는 자유로운 가격조정을 방해할 수 있지만, 요소시장에서 조세귀착 역시 상품시장에서와 같은 방법으로 분석된다. 마찬가지로 불완전한 경쟁시장에서 조세귀착의 분석은 경쟁시장에서의 분석과 비슷하다.
- 일반균형 조세귀착분석은 상품시장에 관련된 투입물시장으로, 그리고 하나의 시장에서 또 다른 시장으로의 '조세부담 릴레이' 또는 '세부담 따라가 보기' 게임이다.
- 비록 과세체계의 전반적 누진성에 대한 파악이 조세귀착의 중요한 주제이기는 하지만, 미국 조세체계는 꽤 누진적이다.
- 조세귀착은 현재 또는 평생소득에 근거하여 분석될 수 있으며, 그 결과는 조세의 종류에 따라 심각하게 달라질 수 있다.

연습문제

1. 왜 대부분의 연구자들은 미국의 급여세가 고용주보다 근로자들에 의해 부담되는 것이라 가정하는가?
2. 뿌리가 노란 순무의 수요는 $Q = 2{,}000 - 300P$이고 공급은 $Q = -100 + 100P$이다. 이 순무의 판매에 단위당 2달러의 세금을 부과하는 경우, 법률적 세부담자는 누구인가? 이 세금의 경제적 세부담자는 누구인가?
3. 문제 2에서와 같이 순무의 수요는 여전히 $Q = 2{,}000 - 300P$이고 공급도 $Q = -100 + 100P$이다. 이제 주지사 잭슨은 문제 2에서의 판매세 2달러 대신, 판매점이 직접 세금을 내도록 하겠다고 결정하였다. 이러한 변화는 순무의 '고시가격'에 어떤 영향을 미치겠는가? 소비자의 조세부담의 크기는 어떻게 변화되겠는가?

4. 미식축구경기 입장권에 대한 수요는 $Q = 360 - 10P$이고 공급은 $Q = 20P$이다. 소비자가 입장권 1매당 4달러의 세금을 낼 때 총가격을 계산해보라. 또한 입장권 1매당 판매자가 받는 세후가격을 계산해보라.

5. 정부는 특정 상품의 범위별로 판매자들에게 과세하는 방안을 고려하고 있다. 그들이 고려하고 있는 대안 가운데 첫 번째 과세 옵션은 우유에 대한 2% 과세이고, 두 번째는 모든 유제품에 대해 과세하는 것이며 세 번째는 모든 식료품에 대해 과세하는 방안이다. 이 세 가지 과세방안들 가운데 어느 것이 상품 고시가격에 가장 큰 영향을 줄 것으로 예상하는가?

6. 새로운 건강보험 프로그램의 자금조달을 위해 밀로니아 정부는 시간당 2달러의 급여세를 고용주들에게 부과하였다.
   a. 이러한 정책은 임금과 노동력 규모에 어떠한 영향을 미칠 것으로 예상되는가?
   b. 만약 노동수요가 비탄력적이라면 문제 (a)의 답은 어떻게 변화되겠는가?

7. 당신은 어떤 세금의 부담을 소비자보다는 생산자가 주로 부담하게끔 결정하고자 한다. 조세의 세부담을 노동자가 더 부담할 것인지 자본가가 더 부담할 것인지를 결정함에 있어, 노동공급의 탄력성은 어떤 영향을 미치는가?

8. 현재소득의 관점에서는 역진적인 세금이 평생소득의 관점에서는 왜 누진적으로 보일 수 있는가?

9. 최저임금제도가 있는 노동시장을 생각해보자. 어떠한 경우에 급여세의 부담이 근로자에게 귀착되는지, 아니면 고용주에게 귀착되는지가 중요해지겠는가?

10. 본문의 표 19-1에 제시되어 있는 미국의 시기별 실효세율 변화에 대해 생각해보자. 10분위로 구분된 최상위 계층과 최하위 계층의 총실효세부담은 1980년과 2010년 사이에 어떻게 변화되었는가? 이 기간 중 각각 세목별 부담의 구성은 어떻게 변화되었는가?

심화 연습문제

11. 리듬악기인 마라카스의 수요탄력성은 −2.0이고 공급탄력성은 3.0이다. 단위당 2달러의 세금이 부과되는 경우 마라카스의 가격은 얼마나 변화되겠는가? 생산자와 소비자 가운데 누가 더 많은 세금을 부담하겠는가?

12. 빈지아 정부는 항공여행 티켓에 새로운 세금을 도입하였다. 빈지아에는 업무용과 여가용 두 종류의 여행자가 있다. 빈지아의 업무용 여행자의 수요탄력성은 −1.2이고, 여가용 여행자의 수요탄력성은 −3.0이다. 항공사는 이 두 여행자 그룹 사이에 가격차별을 시도할 수 있으며 시장에서 여행의 종류에 따라 다른 가격을 책정할 수 있다. 어떤 형태의 여행이 더 많은 세금부담을 질 것인지 설명해보라.

13. 독점생산자(독점에 대한 상세한 논의는 이 장의 부록을 참조하라)인 '주식회사 대량생산'의 생산비용은 $10Q + 2Q^2$(즉 한계비용곡선과 이와 동일한 역공급곡선이 $10 + 4Q$)이다. '주식회사 대량생산'의 생산품인 '대량생산'의 시장수요는 $Q = 200 - P$이다.
   a. 이 회사가 설정한 독점가격은 얼마인가? 독점생산자의 이윤은 얼마인가? 이때 소비자 잉여는 얼마인가?
   b. 단위당 15달러의 세금이 소비자에게 부과된다면, 독점가격과 독점자의 이윤은 어떻게 변화될 것인가?
   c. 세금의 사중손실은 얼마인가?

14. Harding 외(2012)는 담배세가 담배가격에 미치는 영향을 분석함에 있어서, 왜 각 주별 세율 차이를 사용하지 않고 세율 변화 데이터를 활용하였는가? 그들의 분석

결과를 토대로 소비자들이 평균적으로 담배세를 부담하는 정도를 예상하되, 많은 인접 주들에 둘러싸인 작은 주(예컨대 매사추세츠주)와 그렇지 않은 큰 주(예컨대 텍사스주)의 경우를 구분하여 설명해보라.

15. 멀레이즈시는 시 경계 안의 모든 호텔과 모텔 수입에 10%의 세금을 부과하려 하고 있다. 교외에 있는 호텔과 모텔은 시내의 것들과 별반 차이가 없지만, 시내의 호텔과 모텔들은 관광지와 컨벤션 센터에서 매우 가깝다는 장점이 있다. 따라서 소비자들은 시내 호텔에 더 높은 가격을 지불할 것이다.

 또한 모든 토지는 호텔, 모텔, 그리고 다른 형태의 사업체에 의해 잘 이용되고 있으며, 호텔 및 모텔에 쓰이지 않는 토지들은 다른 형태의 사업체들에 의해 언제든지 흡수될 수 있다. 시장 멀레이드로이트는 당신에게 세금귀착에 대한 조언을 듣고 싶어 한다. 그는 단기(한 달)와 장기(5년)에 누가 세금을 부담할 것인지에 특별한 관심을 가지고 있다.

a. 단기적 조세귀착은 어떠하겠는가? 직관적으로 답하되, 가급적 그림을 통해 설명해보라.
b. 장기적 조세귀착은 어떠하겠는가? 마찬가지로 가급적 그림을 사용하여 설명해보라.
c. 만약 교외에 있는 호텔 및 모텔이 멀레이즈시의 그것들과 완전 대체재라면 문제 (b)의 답은 어떻게 달라질 것인가? 세수입에는 어떤 변화가 있을 것인가?

James Andrews/iStock/Getty Images

조세귀착의 수학적 분석

부록에서는 제19장의 조세귀착 논의 뒤의 수학적 공식을 도출해보도록 한다. 또한 독점시장에서의 조세귀착과 관련된 다양한 측면들도 함께 살펴보도록 한다.

조세귀착의 공식들

조세귀착을 분석하기 위해서는 조세부과로 인해 시장가격이 어떤 영향을 받는지를 측정할 필요가 있다. 우선 소비자가 세금을 납부하는 경우를 살펴보자. 세금부과로 인한 소비자가격 변화는 다음과 같이 표현할 수 있다.

$$\text{총가격 변화} = \Delta P + \tau$$

여기에서 ΔP는 시장가격의 변화[추측하건대, 음(−)]이며 τ는 세금납부액이다. 생산자의 가격 변화는 단지 ΔP이며, 이는 가격 하락을 의미한다.

우리는 조세가 가격에 미치는 효과를 다음의 세 가지 단계로 구분해서 분석할 수 있다.

1단계 : 수요와 공급의 탄력성으로부터 출발한다.

$$\text{수요의 탄력성} = \eta_d = \Delta Q / (\Delta P + \tau) \times (P / Q)$$
$$\text{공급의 탄력성} = \eta_s = \Delta Q / \Delta P \times (P / Q)$$

2단계 : 각 항을 재배치하여 두 탄력성에 대한 표현을 일치시킨다.

$$\Delta Q / Q = \eta_d \times (\Delta P + \tau) / P = \eta_s \times \Delta P / P$$

3단계 : 이들을 일치시키고 조세귀착을 분석하기 위해 알아야 하는 가격 변화를 조세의 함수로써 푼다.

$$\Delta P = [\eta_d / (\eta_s - \eta_d)] \times \tau$$

이 방정식은 비탄력적 또는 탄력적인 측에 대해 우리가 공부한 내용을 공식으로 표현한 것이다. 예를 들어 수요가 비탄력적이면($\eta_d = 0$), $\Delta P = 0$이다. 즉 가격은 변하지 않으며 소비자가 정부에 세금을 납부하기 때문에, 이 경우 모든 세금을 소비자가 부담한다. 반대로 만약 수요가 완전탄력적이라면($\eta_d = \infty$), $\Delta P = -\tau$이다. 가격은 납부한 세금만큼 하락하여 소비자의 납세액을 상쇄하며, 이때 소비자는 세금을 전혀 부담하지 않는다.

이와 유사한 방법으로, 생산자에 의해 납부된 세금을 다시 연습해보면 다음과 같은 식을 얻을 수 있다.

$$\Delta P = [\eta_s / (\eta_s - \eta_d)] \times \tau$$

독점시장에서의 조세귀착

이상과 같은 수학적 도출 결과는 독점시장에서의 조세귀착을 분석하는 데에도 응용될 수 있다. 독점회사가 다음과 같은 비용함수를 가지고 있다고 가정하자.

$$C = 12 + q^2$$

한 단위 생산에 들어가는 추가비용, 즉 한계비용은 $2q$(비용함수를 생산량 q로 미분하여 도출)이다.

독점자가 직면하는 수요함수를 다음과 같이 가정하자.

$$p = 24 - q$$

이제 주어진 수요함수를 통해 독점자의 수입과 한계수입을 도출할 수 있다.

수입 $= p \times q = (24 - q) \times q = 24q - q^2$
한계수입 $= 24 - 2q = 2q$(위의 수입함수를 q로 미분하여 도출)

이윤극대화 조건인 한계수입과 한계비용을 일치시키면($MR = MC$) 독점자의 이윤극대화 산출량인 $q = 6$을 구할 수 있다. 독점자의 이윤극대화 산출량을 수요곡선에 대입하면 독점가격($p = 24 - 6 = 18$)을 도출할 수 있다. 따라서 초기 상태에서 독점자는 단위당 18달러에 6단위를 판매하여 이윤극대화를 달성한다.

이제 정부가 각 단위당 4달러의 세금을 부과한다고 가정하자. 세금을 반영한 비용함수는 $12 + q^2 + 4q$가 되고 한계비용은 $2q + 4$이다. 앞서의 방법대로(즉, $MR = MC$) 이윤극대화 산출량을 풀면 $q = 5$가 되며, 수요곡선에 따라 가격 $p = 24 - q = 19$를 구할 수 있다. 따라서 세금이 부과된 후 독점자는 단위당 19달러에 5단위를 판매한다. 이때 독점자는 세금의 3/4를 부담하게 되는데, 가격은 단지 1달러만 오르지만 독점자는 4달러의 세금을 낸다.

만약 정부가 세금을 소비자에게 부과한다면 이 결과는 어떻게 변하겠는가? 소비자가 세금을 내면 수요함수는 $p = 24 - q - 4 = 20 - q$가 된다. 이 경우 독점자의 수입은 $p \times q = (20 - q) \times q = 20q - q^2$이 되며, 이를 q에 대해 미분하여 한계수입 $20 - 2q$를 구할 수 있다. 이

제 이윤극대화 산출량을 도출하면 $q = 5$를 구할 수 있다. 새로운 수요곡선에 의해 소비자 가격을 구하면 15달러가 되는데, 이때 소비자는 4달러의 세금을 부담해야 하므로 세후가격은 19달러가 된다. 따라서 소비자가 내는 세금은 1달러에 불과하며(원래 가격이 18달러였으므로 가격 하락분 3달러가 세금을 상쇄, 결국 세금은 $4 - 3 = 1$달러임), 독점자가 3달러의 세금을 내는 것이다. 이와 같은 분석 결과는 앞서 우리가 살펴본 바와 같이 외형적으로 세금이 어디에 부과된다 하더라도 세금을 실제로 부담하는 사람은 외형과는 무관하게 결정된다는 점을 재확인시켜 준다.

CHAPTER 20

James Andrews/iStock/Getty Images

조세의 비효율성과 최적조세의 의미

생각해볼 문제

- 과세의 효율성은 무엇에 의해 결정되는가?
- 상품세는 어떻게 과세해야 하는가?
- 소득세는 어떻게 과세해야 하는가?

제19장에서 논의된 일반균형 조세부담 이론의 창시자 중 한 사람인 아널드 하버거(Arnold Harberger)는 인도네시아에서의 경험에 대해 글을 쓴 적이 있다. 인도네시아에서는 오토바이에 비해 자동차에 중과세되었으며 이러한 세금 차이 때문에 많은 사람들이 오토바이를 자동차와 비슷하게 개조해 타고 있었다. 이 글은 이를 보고 쓴 것이었다. 하버거는 "오토바이는 버스로 개조되거나 아니면 적어도 택시로 개조되었다. 승객들이 뒤를 보고 앉도록 되어 있는 벤치를 하나 더 부착하기도 하였고, 뒤로 펼쳐서 양쪽 아래로 벤치 2개를 더 붙이기도 하였으며, 심지어는 뒷부분의 측면으로 작은 흔들거리는 널빤지를 더 붙이기도 하였다. 8명의 승객이 타는 오토바이를 처음으로 보았을 때 나는 무척 놀라웠다"라고 언급했다.[1]

이러한 예는 '시장은 조세를 감수하지 않는다'는 단순한 사실을 강조한다. 시장 참여자들은 세금부담을 최소화할 수 있는 방법이 있다면 그렇게 할 것이다. 세금이 부과된 상품에 대해 대체재가 존재하는 한 소비자들은 이 상품으로 소비를 전환할 것이고, 세금이 부과된 재화의 생

1 Harberger(1995), p. 307.

산에 대한 대안이 존재하는 한 생산자들은 이들 대안으로 생산을 전환할 것이다.

이 장에서는 조세부담을 최소화하고자 하는 시도가 사회적으로 어떻게 **비효율성**을 초래하는지를 배울 것이다. 시장실패가 없을 때는, 사회적 효율성은 정부의 개입이 없는 완전경쟁시장에서 최대가 된다. 정부가 시장 참여자들에게 세금을 부과할 때, 그들은 세금을 피하기 위해 행동을 변화시키고 시장은 완전경쟁 상태에서 멀어져 사회적 효율성은 감소한다. 간단히 말하면, 위의 보기에서 자동차에 중과세하게 되면 자동차 대신 위험한 8인승 오토바이로 승객들을 수송하는 것과 같은 사회적 비용이 발생한다.

이 장의 나머지 부분에서는 방금 소개된 것과 같이 일상생활에서 쉽게 발견되는 사례를 통해 시리얼이나 자동차와 같은 상품이나 소득에 대한 최적조세가 어떻게 결정되는지를 설명한다. 또한 재화나 소득에 대한 최적조세를 설명하기 위해 경제 이론의 분석 도구들이 어떻게 사용될 수 있는지를 설명하고 정책 입안자들이 보다 효율적인 세제를 만들기 위해서는 경제학자들의 실증분석 결과를 어떻게 이용해야 하는지에 대해서 논의한다.

20.1 세제와 경제적 효율성

세제에 대한 논의가 형평성(제19장에서 논의되었듯이 시장 참여자들 사이에서 경제 파이가 어떻게 배분되는가)에서 효율성(조세가 경제 파이의 크기에 어떻게 영향을 미치는가)으로 바뀜에 따라, 세제에 대한 우리의 관심도 그것이 시장가격에 미치는 효과에서 시장 **생산량**에 미치는 효과로 바뀐다. 조세귀착에 대한 논의는 납세나 가격 변화를 통해 누가 조세를 부담하느냐에 관한 것이었다. 반면 조세효율성에 대한 논의는 조세 때문에 거래가 방해받을 때 사회가 희생해야 하는 효율성의 크기에 관한 것이다. 조세가 사회적 효율성에 미치는 크기는 생산량에 미치는 효과에 의해 결정된다.

그림을 통한 접근 방법

세금부과에 따라 효율성이 어떻게 변하는지를 모형화하기 위해 먼저 그림을 통해 이를 설명해보자. 그림 20-1은 휘발유 생산자에게 갤런당 50센트의 세금이 부과되었을 때의 효과를 보여주고 있다. 세금이 부과되기 전 수요곡선은 D_1이며 공급곡선은 S_1, 처음의 시장 균형점은 이들 두 곡선이 만나는 A점이다. 여기서 시장 균형량은 Q_1(1,000억 갤런)이며 시장 균형가격은 P_1(갤런당 1.5달러)이다.

제2장에서 이미 우리는 완전경쟁시장에서 시장수요곡선은 휘발유 수요의 사회적 한계편익을, 시장공급곡선은 휘발유 생산의 사회적 한계비용을 나타낸다는 것을 배운 바 있다. 완전경쟁시장 균형(A점)에서, 사회적 한계비용보다 사회적 한계편익이 큰 휘발유 단위는 모두 생산되고 소비된다. 1,000억 번째 갤런(Q_1)에서 사회적 한계편익과 사회적 한계비용은 1.5달러로 같고 따라서 이 점은 완전경쟁시장 균형점이다. 1,000억 번째 전 단위에서는 사회적 한계비용은 1.5달러보다 작은(공급곡선상에서 보다 아래에 있기 때문에) 반면, 사회적 한계편익은 1.5달러보다

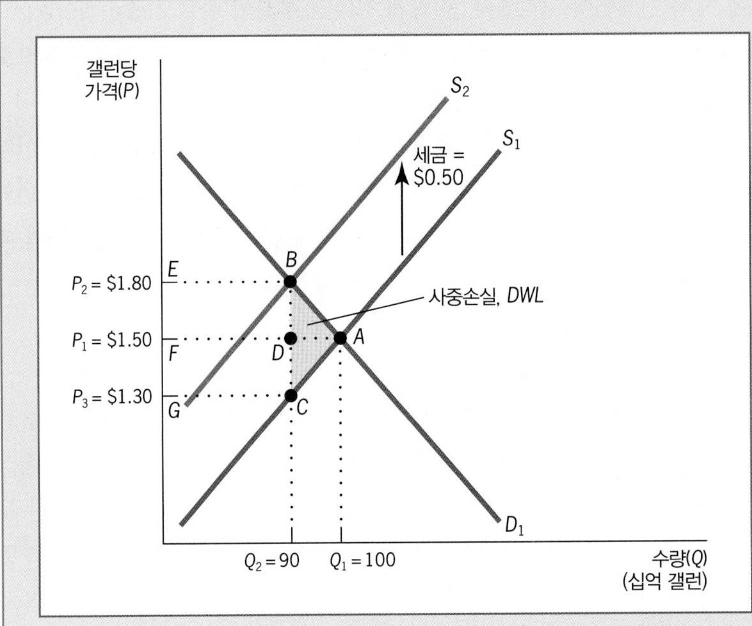

그림 20-1 세금으로 인한 사중손실 세금이 부과되었을 때, 공급곡선은 S_1에서 S_2로 이동한다. 이에 따라 시장의 균형수량은 Q_1에서 Q_2로 떨어지게 되며, 삼각형 *BAC*의 사중손실이 발생한다. 이 사중손실은 사회적 한계편익(수요곡선)이 사회적 한계비용(공급곡선)을 초과하는 $(Q_1 - Q_2)$에서 거래가 이루어지지 않기 때문에 발생한다.

크다(수요곡선상에서 보다 위에 위치하고 있기 때문에). 균형에서 소비자 잉여와 생산자 잉여의 합계는 최대가 된다.

50센트의 세금부과는 생산자 비용을 증가시키는 것과 같다. 세금부과는 각 가격에서 생산자로 하여금 공급량을 감소시켜 공급곡선을 S_1에서 S_2로 이동시킨다. 새로운 균형점은 *B*가 된다. 판매된 휘발유량은 Q_1(1,000억 갤런)에서 Q_2(900억 갤런)로 감소하고 가격은 P_1(1.5달러)에서 P_2(1.8달러)로 증가하였다. 판매량이 완전경쟁시장 균형량 Q_1보다 작다는 것은 세금 때문에 소비자와 생산자 모두에게 득이 되는 거래[소비자 잉여와 생산자 잉여가 모두 양(+)인 거래]가 이루어지지 않았다는 것을 의미한다. 900억 갤런과 1,000억 갤런 사이에 있는 단위(즉 Q_2와 Q_1 사이)에서는 소비에 따른 사회적 한계편익이 한계비용보다 크다. 이 단위들에서 소비자의 가치는 1.5달러 이상인 반면 생산비용은 1.5달러보다 작다(세전 수요곡선은 세전 공급곡선보다 위에 있다). 그러나 일단 세금이 부과되면 이들 단위들은 생산되지도 소비되지도 않는다.

거래량에 있어 이러한 감소는 삼각형 *BAC*만큼의 **사중손실**(deadweight loss, DWL)을 초래한다. 완전경쟁 생산량일 때 사회적 효율성은 최대가 되기 때문에, Q_1 아래로 생산량이 떨어진다면 사회적 효율성은 감소한다. Q_2와 Q_1 사이의 단위에 대해서는 소비자들은 시장가격(=1.5달러) 이상의 가치를 부여하기 때문에 이를 구매하려 할 것이다. 세금이 부과된 후, 소비자들은 이들을 구매할 기회가 없어지기 때문에 소비자 잉여는 사다리꼴 *EBAF*만큼 감소한다. 생산자들은 Q_2와 Q_1 사이의 단위에서 이윤을 창출할 수 있었기 때문에 생산자 잉여는 사다리꼴 *FACG*만큼 감소한다. 이러한 사회적 잉여의 감소분은 상당 부분 정부의 조세수입(직사각형 *EBCG*) 증가로 전환된다. 그러나 그중 일정 부분(삼각형 *BAC*)은 잉여가 발생함에도 불구하고 거래 자체가 발생하지 않기 때문에 사회 전체에서 사라진다. 이렇게 사라진 부분이 바로 사중손실이다. 사중손실은 조세부과에 따른 생산량의 감소 때문에 발생한다. 이는 생산량의 감소는 사회적으로 효율적인 거래의 수가 줄어든다는 것을 의미하기 때문이다.

세금이 생산자 대신 소비자에게 부과되더라도 효율성 분석의 결과는 달라지지 않는다. 이때 시장가격은 갤런당 1.8달러로 증가하는 대신 갤런당 1.3달러로 감소한다. 그러나 거래량의 변화는 같다. 세금이 부과되었을 때 효율성이 어떻게 변하는지는 거래량의 변화에 의해 결정되기 때문에 세금이 누구에게 부과되든 사중손실의 크기는 달라지지 않는다.

조세의 비효율성은 탄력도에 의해 결정된다

공급과 수요의 탄력성은 실질적으로 누가 세금을 부담하느냐뿐만 아니라 세금의 비효율성을 결정할 때도 중요한 역할을 한다. 수요와 공급의 가격탄력성이 증가할수록 조세에 따른 사중손실은 늘어난다. 이를 그림 20-2를 통해 설명해보자. 그림 20-2에는 수요의 가격탄력도가 다른 두 시장에 있는 생산자에게 세금을 부과할 때 사중손실의 크기가 어떻게 달라지는지를 보여주고 있다. 그림 (a)에 있는 수요는 비교적 비탄력적이다. 생산자에 대한 세금은 공급곡선을 S_1에서 S_2로 이동시킨다. 이는 시장가격을 P_1에서 P_2로 크게 증가시키는 반면 시장생산량은 Q_1에서 Q_2로 소폭 감소시킨다. 사중손실은 사회적으로 효율적인 거래가 감소하기 때문에 발생하므로, 이 경우

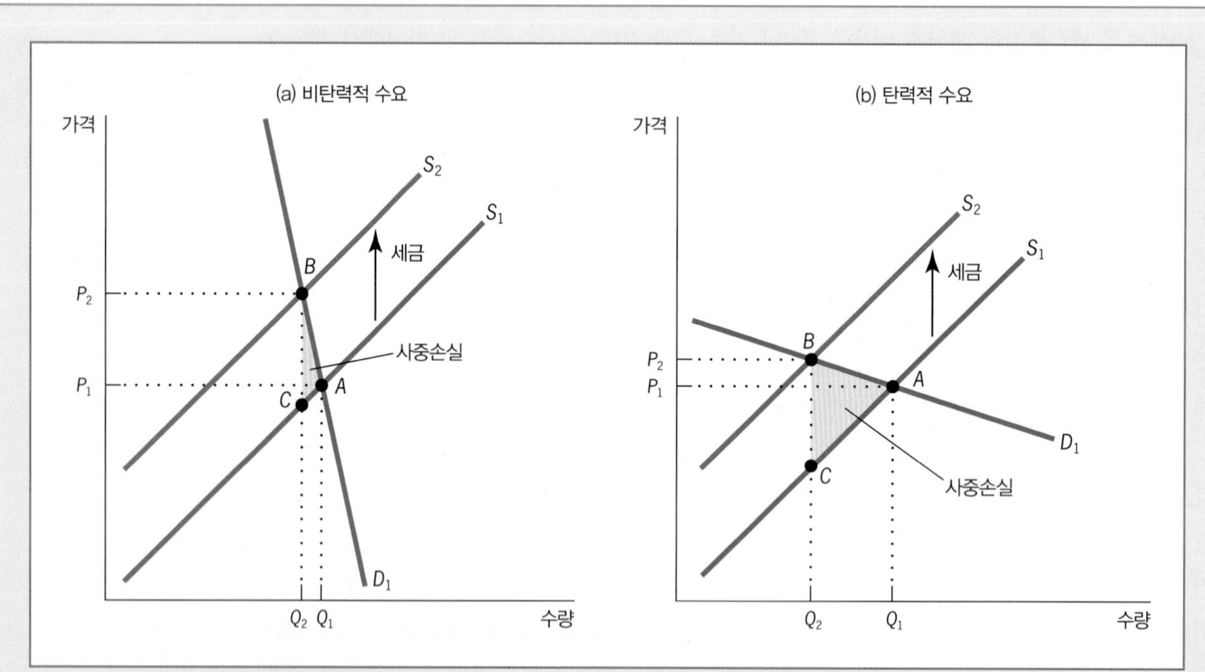

그림 20-2 탄력도를 따라 증가하는 사중손실 주어진 세금에 대한 사중손실은 수요곡선이 (b)처럼 탄력적일 때보다 (a)처럼 비탄력적일 때 작아진다.

실증적 증거

창문세[2]

지금까지 이 책에서 소개된 '실증적 증거'들은 대부분 방대한 자료에 기초해 정교하게 분석된 것들이었다. 그러나 때로는 비교적 적은 양의 자료에 기초한 직관적인 분석만으로도 설득력 있는 결과를 얻을 수 있다. 영국의 창문세(window tax)를 분석한 연구인 Oates와 Schwab(2015)가 이에 해당된다.

1696년 영국 왕 윌리엄 3세는 진행 중이었던 프랑스와의 전쟁을 위한 전비를 마련해야 했고, 이를 위해 가구당 창문 수에 기초한 창문세를 도입했다.[3] 창문세 도입의 기본 취지는 창문을 많이 가진 집 소유자를 징벌하기 위해서가 아니고, 창문 수가 집의 가치를 잘 대변할 수 있을 것이라 생각했기 때문이었다 — 고가의 주택은 창문이 많을 것이기 때문에 보다 높게 과세되어야 한다.

이러한 접근 방법의 문제점은 개인들은 창문을 판자로 막거나 아예 없앰으로써 세금을 최소화할 수 있다는 것이었다. 이는 주택가치 척도로서 창문의 효용을 떨어뜨렸고, 창문이 폐쇄된 집에 거주하게 함으로써 국민들의 삶의 질을 감소시켜 사중손실을 발생시켰다.

창문을 막거나 제거하는 것은 집에 들어오는 햇빛의 양을 감소시켰을 뿐만 아니라 보다 중요하게는 집이 환기가 잘 안 되도록 만들었다. 의사들의 연구에 따르면 환기가 잘 안 될 경우 이질, 괴저 및 발진티푸스와 같은 질병이 확산되는 것으로 나타났다. 사실 1781년 칼라일에서 창궐한 발진티푸스는 가난한 여섯 가구에서 시작된 것으로 밝혀졌다. "창문세를 줄이기 위해 창문이 폐쇄되었고 이로 인해 환기가 전혀 되지 않았다. 이들 집에서 나오는 냄새는 참을 수 없을 정도였다. 이들 집에서 발생한 열이 마을의 다른 지역으로 전파되었고 그로 인해 52명이 사망했다"(Oates and Schwab, 2015).

이러한 비과학적인 관찰은 폐쇄된 창문 수와 창문세의 크기 사이에 인과관계가 있다는 것을 가정했다. 그러나 그 당시 집의 창문 수는 창문세와 관련 없는 이유로 폐쇄되는 것도 가능했다. Oates와 Schwab는 창문세가 창문 수에 영향을 미쳤는지를 분석했다. 1747~1757년까지 창문세의 세율 구조는 다음과 같았다. 창문 수가 10개 미만이면 세금이 없었고, 10~14개 사이면 하나당 6펜스의 세금이, 15~19개 사이면 9펜스의 세금이, 20개 이상이면 하나당 1실링(12펜스)의 세금이 부과되었다. 따라서 한계세율은 10번째, 15번째, 20번째에서 크게 증가했다. 9개의 창을 가진 집을 생각해보자. 집주인이 창문을 하나 더 추가해서 낸다면, 그가 내는 세금은 0에서 60펜스로 증가한다. 따라서 10번째 창문의 한계세율은 60펜스이다. 11번째, 12번째, 13번째, 14번째 창문을 추가로 내면 창문마다 세금은 6펜스씩 늘어난다(매 창문마다 한계세율은 단지 6펜스이다). 15번째 창문을 추가할 때 한계세율은 84펜스(= 6 × 14)에서 135펜스(= 9 × 15)로 51펜스 증가한다. 따라서 15번째 창의 한계세율은 11~14번째 창의 한계세율 6펜스보다 8배 이상 높다.

또한 10번째 창문이 가계에 주는 효용이 9번째 혹은 11번째 창문이 주는 효용과 다르지 않다면 같은 이치로 15번째 창문이 가계에 주는 효용이 14번째 혹은 16번째 창문이 주는 효용과 다르지 않을 것이다. 따라서 창문세가 창문 수를 줄이는 행위에 영향을 미쳤는지를 분석하기 위해서는 창문 수가 9개, 14개, 19개인 집의 수가 세금 증가 전에 불균형적으로 많았는지를 보면 된다. 세금을 줄이기 위한 행위 외에는 다른 이유가 없었을 것이기 때문이다.

이를 증명하기 위해 Oates와 Schwab는 이 기간 동안의 500채 집의 창문 수와 관련된 영국 세수 기록을 이용했다. 분석에 사용된 자료 수는 이 책에서 소개된 '실증적 증거'에 사용된 자료 수보다 매우 작다. 그러나 검증하고자 하는 것이 명료하고 그 효과가 클 때는 반드시 큰 자료가 필요한 것은 아니다. 그림 20-3에 보여지듯이 이들 연구는 이 경우에 해당한다. 이 그림에는 그들이 사용한 표본의 창문 수가 나타나 있다. 예측되었던 바와 같이, 창문 수가 9개, 14개, 19개인 집의 수가 명확하게 많은 것으로 나타났다. 예컨대 창문이 8개나 혹은 10개인 집은 4%였으나 창문이 9개인 집은 19%였다.

9개, 14개 혹은 19개의 창문을 가진 집이 많았다는 사실은 아마도 영국의 풍습이나 다른 이유 때문인 것으로 주장할 수 있다. 그러나 1761년 창문을 8개, 9개 가진 집에 창문 하나당 1실링의 창문세를 새로 부과하였다는 사실을 통해 Oates와 Schwab는 이러한 가능성을 반박하였다. 그림 20-4에 나타나 있듯이, 이 법 개정 후 창문이 7개 미만인 집의 수가 크게 증가했다. 1761~1765년 자료로부터 창문 수가 6개와 8개인 집은 각각 5%와 3%인 반면 창문수가 7개인 집은 27%였다. 이는 그림 20-3에서 보여진 바와 같이 몇 년 전 창문 수가 7개인 집의 비율은 3%인 점을 감안한다면 9배 증가한 것이다. 이는 명백히 세금 때문에 발생한 것이다.

영국 정부는 창문세의 비효율성과 세금회피에 따른 결과들을 충분히 인지하게 되었고 결국 1851년 창문세를 폐지하였다.

(계속)

2 자세한 내용과 인용문은 Oates와 Schwab(2015)를 참조하라.

3 창문세와 유사한 세제로는 1662년 난로와 스토브에 부과된 난로세가 있었다. 이 세금은 난로와 스토브의 숫자를 세기 위해서는 감시관이 집 안에 들어가야 했기 때문에 국민의 입장에서는 매우 혐오스러운 세금으로 간주되었다. 이에 반해 창문세는 집 밖에서 수를 셀 수 있다는 점에서 난로세보다는 덜 혐오스러운 세제라 여겨졌다.

실증적 증거

창문세(계속)

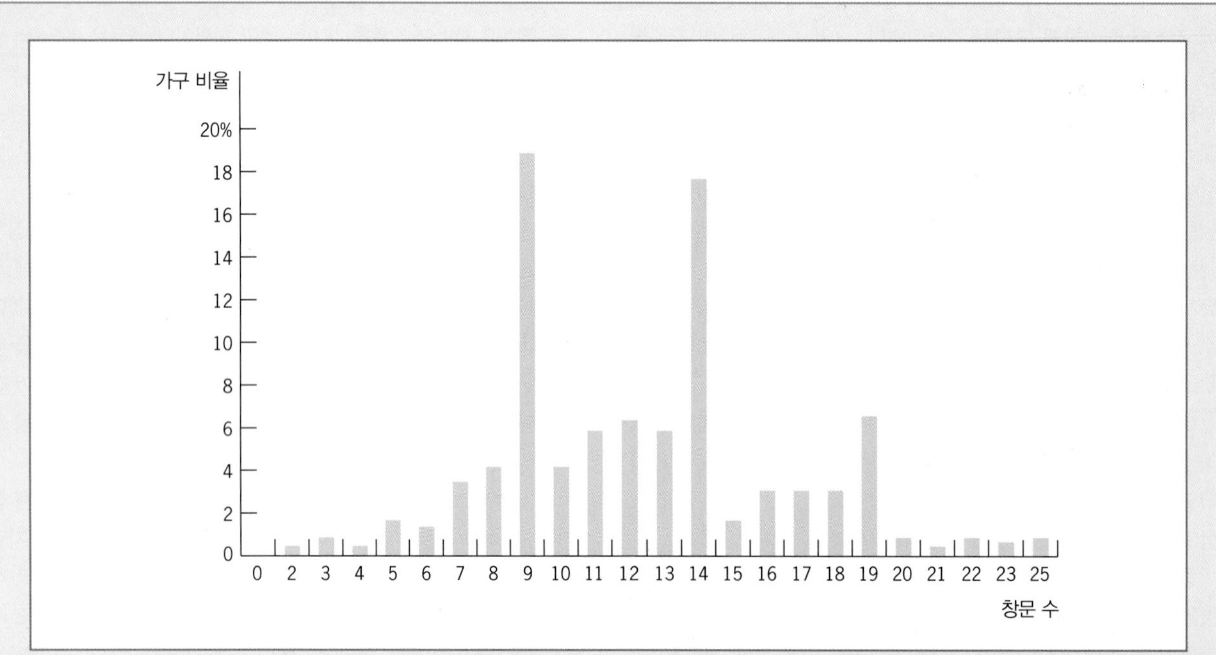

그림 20-3 창문세의 효과(1747~1757년) 총가구들 중 창문을 9개, 14개, 19개 가진 집의 수가 각각 19%, 17.7%, 6.5%로 가장 많았다. 창문이 10, 15, 20개인 집의 경우 세금이 증가했다.

출처 : Oates and Schwab(2015).

의 사중손실은 작다(삼각형 *BAC*). 예컨대 정부가 인슐린에 세금을 부과한다면 새로운 균형에서 인슐린 수요량은 종전과 비교해 크게 줄지 않기 때문에 사중손실은 작다.

그림 (b)에 있는 수요는 매우 탄력적이다. 따라서 공급자에 대한 세금부과로 공급곡선이 S_1에서 S_2로 이동할 때 시장가격은 P_1에서 P_2로 다소 증가하는 반면 시장 생산량은 Q_1에서 Q_2로 크게 감소한다. 결과적으로 사중손실은 삼각형 *BAC*로 매우 커진다. 이는 사회적으로 효율적인 거래(세전 수요가 세전 공급보다 위에 있는 곳)들이 이루어지지 않기 때문이다. 예컨대 정부가 특정 패스트푸드 식당인 맥그루버에 세금을 부과한다고 하자. 이로 인해 사람들은 그루버킹과 같은 밀접한 대체재로 소비를 전환하기 때문에 맥그루버의 식사에 대한 수요는 크게 감소할 것이다. 그러나 세금이 부과되기 전에 맥그루버에서 사람들이 식사를 하고 있었다는 사실은 그들의 선호를 반영한 선택이었다는 점에서 이러한 선택의 변화는 비효율성을 초래한다. 사중손실이 큰 것은 많은 사람들이 세금을 회피하기 위해 선호를 극대화하는 선택을 하지 못했기 때문

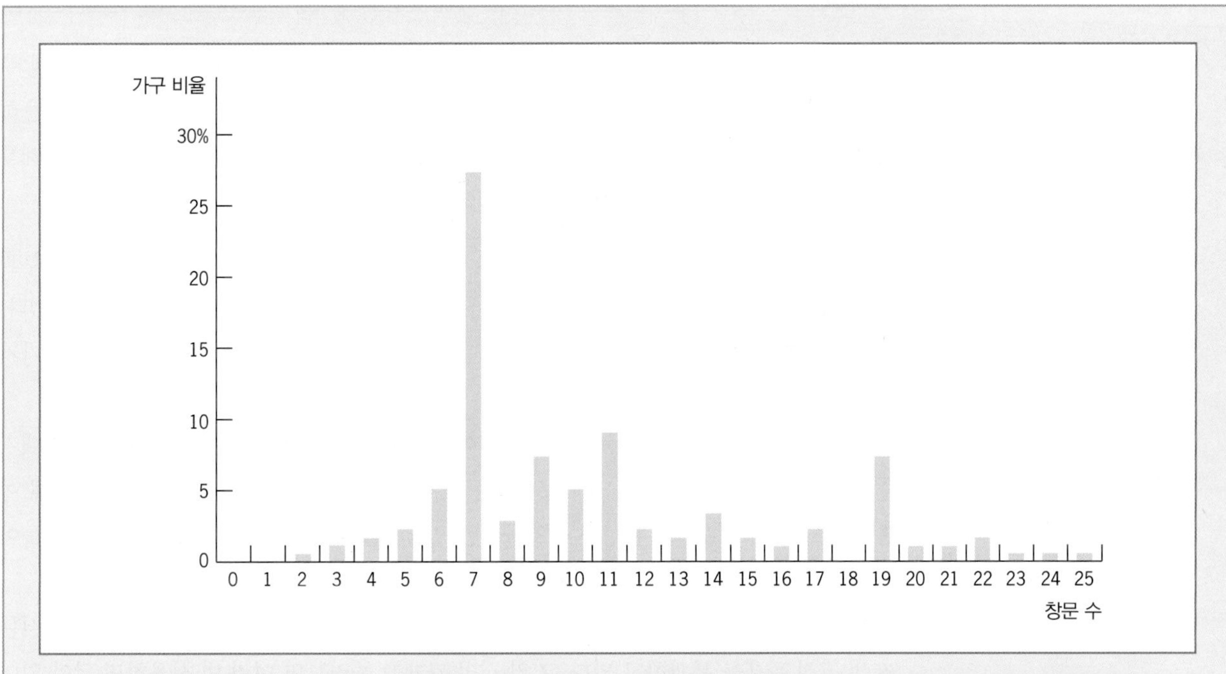

그림 20-4 **창문세의 효과(1761~1765년)** 창문을 8개 혹은 9개 가진 집들에 대한 추가적인 세금으로 인해 창문이 7개인 집에 대한 선호가 크게 증가했다.

출처 : Oates and Schwab(2015).

이다.

인슐린과 맥그루버의 보기에서 알 수 있듯이, 조세의 비효율성은 생산자와 소비자들이 세금을 회피하기 위해 그들의 행위를 변화시키는 정도에 의해 결정된다. 사중손실은 세금을 회피하기 위해 소비자와 생산자가 선택하는 소비 및 생산이 비효율적인 수준에서 이루어지기 때문에 발생한다. 완전경쟁시장의 균형량은 사회적 잉여를 극대화한다. 완전경쟁시장보다 적게 결정된 균형량에서는 비용보다 편익이 큰 거래는 발생하지 않는다. 따라서 비효율성의 정도는 세금에 의해 유도된 거래량의 변화에 비례한다. 인슐린에 세금을 부과할 때는 이로 인한 균형량의 감소는 많지 않아 비효율성의 발생 정도는 작다. 패스트푸드 식당인 맥그루버에 대한 과세는 큰 폭으로 양을 감소시키기 때문에 비효율성은 크다. 재화의 수요나 공급곡선이 탄력적일수록 세금 부과로 인한 거래량의 변화는 커지고 이에 비례해 세금의 비효율성 또한 커진다.

kmsdesen/Shutterstock

응용사례

조세회피(절세)의 실사례

전설적인 경제학자인 존 메이너드 케인스는 "절세는 어떤 형태로든 보상이 따르기 때문에 추구할만한 유일한 일이다"라고 말한 적이 있다. 이는 절세를 위해 세금에 탄력적으로 대응하는 사람들에게는 마음에 매우 와 닿는 말일 것이다. 몇 가지 보기를 통해 구체적인 절세 사례를 보자.

- 수 세기 전 교황청이 토스카나를 지배했을 때, 통치자들은 소금에 매우 높은 세금을 부과했다. 토스카나 빵 제조업자들은 이에 대한 항의 표시로 소금 없이 빵을 만들기 시작했다. 점차 소금 없이 만들어진 빵이 보편화되었고, 현재까지 토스카나 빵에는 소금이 들어가지 않는다.[4]
- 1980년대 초 키프로스를 방문한 한 영국인이 여행 가이드에게 왜 많은 집들이 마치 꼭대기 층에 돌출된 철재보강 기둥을 세우고 있는 것처럼 보이는지에 대해 물었다. 이에 대해 여행 가이드는 키프로스는 완성된 구조물에만 빌딩세를 부과하고 있기 때문에 자기 집들이 아직 공사 중인 것처럼 보이기 위해 집주인들이 이런 행동을 한다고 설명했다.[5]
- 미국 정부는 신발에 대해 최고 37.5%의 수입세를 부과하고 있는 반면 슬리퍼에 대해서는 3%의 고정 관세를 부과하고 있다. 지역 신발 가게를 둘러보면 여러 번 사용하면 닳아 없어지는 얇은 펠트층이 있는 유명한 컨버스 척테일러 운동화를 포함하여 푹신한 밑창이 있는 신발을 많이 볼 수 있다. 이는 컨버스와 같은 신발 제조업체들이 관세를 회피하기 위해 제품을 슬리퍼처럼 보이도록 위장하고 있기 때문이다.[6]
- 아일랜드의 예술가와 음악가는 작품 판매 소득에 대해 세금을 내지 않는다. 원래는 가난한 예술가들이 겪고 있는 경제적 어려움을 덜어주기 위한 목적이었지만 이러한 면세제도는 이미 높은 소득을 올리고 있는 예술가들의 수익을 더욱 증대시키는 역할도 했다. 그러나 아일랜드는 2006년 면세 한도를 250,000유로로 제한하는 제도를 도입하였다. 당시 연간 100만 유로 이상 수입을 올리고 있는 예술가들은 7명에 불과했다. 그중 아일랜드 밴드 U2는 전년도 세계 투어에서 2억 2,000만 유로 이상의 수익을 올렸다. U2는 2006년 면세 한도 제도의 도입 후 대부분의 사업을 네덜란드로 옮겼다. 왜냐하면 네덜란드에서는 네덜란드에서 벌어들인 소득에 대해서만 세금을 내면 되었기 때문이다. 아일랜드는 2011년에 면세 한도를 40,000유로로 줄였지만 2015년에는 다시 50,000유로로 인상했다.[7] ■

---

4 Balakrishnan(2010).

5 http://www.wirksworth.org.uk/MAIL-1.htm의 Doug Porter의 서신을 참조하라.

6 Eveleth(2013).

7 *Billboard*(2005), Chrisafis(2005), Boland(2010), O'Halloran(2018) 및 Office of the Revenue Commissioners(2021)를 참조하라.

사중손실의 결정요인

이 장의 부록은 사중손실은 수요와 공급의 탄력성 및 세율에 의해 결정된다는 것을 수학적으로 보여주고 있다. 부록의 결과에 따르면 사중손실의 크기를 결정하는 식은 다음과 같다.

$$DWL = -\frac{\eta_s \eta_d}{2(\eta_s - \eta_d)} \times \tau^2 \times \frac{Q}{P}$$

여기서 η_d는 수요의 가격탄력성이며, η_s는 공급의 가격탄력성이고 τ는 세율이다. 이 식으로부터 두 가지 중요한 교훈을 얻을 수 있다. 첫째, 사중손실은 수요와 공급의 가격탄력도와 함께 증가한다. 시장 참여자들이 대체재를 소비하고 생산할 기회가 많을수록(수요와 공급이 보다 가격탄력적일수록) 대체를 통해 야기되는 비효율성은 커진다.

부록에서 논의하듯이, 사중손실의 크기를 계산하기 위해서는 소득효과가 아니라 대체효과만을 반영한 탄력성(보상탄력도가 불리는)이 필요하다. 이는 소득은 개인으로부터 정부로 이전되기 때문에 어떠한 정부 수입도 소득효과를 발생시키기 때문이다. 따라서 특정 조세의 비효율성은 대체효과로 인해 조세가 사람들의 행위를 얼마나 왜곡시키느냐에 의해 결정된다. 현실적으로 대체효과와 소득효과를 구분하는 것은 매우 어렵다. 이런 이유 때문에 일반적으로 사중손실을 계산할 때는 총(비보상)탄력도를 사용한다. 즉 대체효과만을 반영한 것이 아닌 가격 변화에 대한 전반적인 수요량의 변화를 사용한다.

둘째, 사중손실은 세율의 제곱에 비례한다(τ^2). 같은 크기의 세금이더라도 이로부터 발생하는 조세왜곡은 기존 세율이 높을수록 커진다. 따라서 세금이 없는 상태에서 5센트의 세금이 부과될 때보다 25센트의 세금이 이미 부과되어 있는 상태에서 5센트가 부과될 때 조세왜곡은 더 커진다. 세금의 단위 증가당 사중손실의 증가를 나타내는 **한계사중손실**(marginal deadweight loss)은 세율과 함께 증가한다.[8]

한계사중손실 세금의 단위 증가당 사중손실의 증가

이를 그림 20-5를 통해 설명해보자. 가스시장은 처음에는 *A*점에서 균형을 이루고 있으며 이때 균형량은 Q_1이고 가격은 P_1이다. 정부는 생산자에게 단위당 10센트의 세금을 부과한다고 하자. 그러면 생산자들은 생산 단위당 보다 높아진 비용(그래서 각 가격에서 덜 생산한다)에 직면하기 때문에 공급곡선은 S_1에서 S_2로 움직인다. 새로운 균형점은 *B*가 되고 균형량은 Q_2로 떨어진다. 이러한 세금은 삼각형 *BAC*만큼의 사중손실을 초래한다.

이제 정부가 생산자에게 추가적으로 10센트의 세금을 더 부과한다고 하자. 공급곡선은 S_3로 움직이고 새로운 균형점은 *D*가 되어 균형량은 Q_3로 감소한다. 추가적인 조세로 인한 사중손실은 사다리꼴 *DBCE*가 되며 이는 삼각형 *BAC*보다 훨씬 크다. 추가적인 10센트 세금으로(총세금은 20센트가 된다) 인한 한계사중손실은 처음 10센트 세금에 의한 한계사중손실보다 크다. 20센트의 세금이 부과된 후 총사중손실은 삼각형 *DAE*가 된다.

---

8 사중손실은 탄력도들이 일정할 때만 세율의 제곱에 비례한다. 보다 일반적인 것은 어떤 세금의 한계사중적 손실도 세율과 함께 증가한다는 것이다.

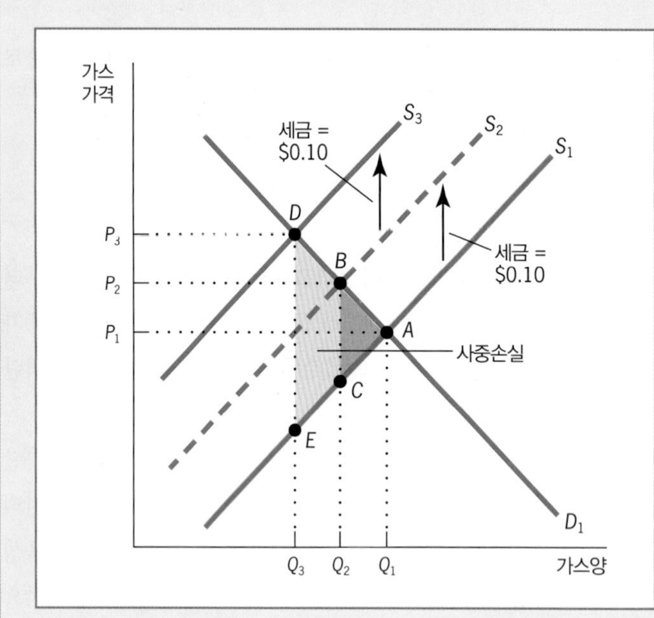

그림 20-5 세율에 따라 증가하는 한계사중손실 애초에 공급자에게 부과했던 10센트의 세금은 삼각형 *BAC*만큼의 사중손실을 발생시킨다. 추가적으로 10센트의 세금을 더 부과하면 훨씬 더 큰 사중손실 *DAE*가 발생한다. 사다리꼴 *DBCE*는 애초에 존재하고 있었던 *BAC*의 사중손실에 추가된 한계사중손실이다.

이러한 결과는 제2장에서 배운 사중손실과 관련이 있다. 시장 균형이 완전경쟁시장 균형으로부터 약간 이탈될 때는 사회적 잉여가 크게 감소하지 않기 때문에 큰 비용을 발생시키지 않는다. 단지 한 단위의 판매량만을 감소시키는 조세에서는 소비자들은 마지막 거래에 대해 그것의 가치를 대략적으로 가격과 같게 평가하고(소비자잉여는 없음), 생산자 비용은 가격과 거의 같기 때문에(생산자잉여는 없음) 사중손실은 거의 발생하지 않는다. 가스의 1,000억 번째 갤런에서는 생산자 잉여도 소비자 잉여도 없고 따라서 그 거래가 없더라도 사회적 손실은 거의 없다.

그러나 시장이 점점 더 완전경쟁시장 균형으로부터 벗어남에 따라 조세에 의해 방해를 받은 거래(처음 10센트의 세금에 대해 Q_2와 Q_1 사이의 거래, 두 번째 10센트의 세금에 대해 Q_3와 Q_2 사이의 거래)들은 보다 많은 사회적 잉여를 발생시키는 거래들이다. 사회적 잉여는 수요와 공급곡선의 차로 나타낼 수 있다. 높은 잉여를 가진 거래가 없어진다는 것은 시장이 완전경쟁 균형으로부터 벗어남에 따라 사중손실은 더욱 커진다는 것을 의미한다.

사중손실과 효율적 세제의 고안

조세의 한계사중손실이 세율과 함께 증가한다는 사실은 효율적인 세제를 고안함에 있어 매우 중요한 의미를 가진다. 이 절에서는 다양한 세금 제도가 효율성에 미치는 영향을 살펴본다.

기존 왜곡 정부의 개입 전에 이미 존재하고 있었던 외부효과나 불완전경쟁과 같은 시장실패

세제의 효율성은 시장의 기존 왜곡에 의해 영향을 받는다 한계사중손실이 세율과 함께 증가한다는 사실은 시장에 이미 존재하고 있던 외부효과, 불완전경쟁 혹은 기존 조세 등과 같은 **기존 왜곡**(preexisting distortion)들 또한 조세의 효율성을 결정짓는 주요 요소라는 것을 의미한다.

그림 20-6에 그려져 있는 두 재화시장을 고려해보자. 그림 (a)의 첫 번째 시장에서는 외부효과가 없으며 최초 균형점이 *A*이고 균형량은 Q_1이다. 그림 (b)에 나타나 있는 두 번째 시장에서는 (제5장에서 논의된 R&D와 같은 것) 생산에 따른 양(+)의 외부효과가 있다. 생산에 따른 양(+)의 외부효과로 사회적 한계비용(*SMC* 곡선)은 사적 한계비용(S_1 곡선)보다 아래에 있다. 이는 공급량을 결정할 때 기업들은 이러한 외부효과를 고려하지 않기 때문이다. 기업은 공급과 수요곡선이 만나는 *E*점에서 생산한다. 그러나 사회적 잉여는 *SMC*와 수요곡선이 만나는 *D*점에서 최대가 된다. 따라서 기업이 생산하는 Q_2는 사회 전체의 관점에서 볼 때 바람직한 생산량보다 적다. 사회적 효율성이 극대가 되는 생산량은 Q_1이다. 기업의 생산량이 Q_1보다 적다는 것은 사회적 한계편익(수요곡선으로 측정)이 사회적 한계비용(*SMC* 곡선)보다 큰 부분이 생산되지 않는다는 것을 의미하기 때문에 비효율적이다. 따라서 재화가 과소생산되어 사회적 순잉여가 양(+)인 거래들(Q_1과 Q_2 사이의 거래들)이 없어지기 때문에 *EDF*만큼의 사중손실이 발생한다.

지금 정부가 두 시장에서 생산자에게 판매 단위당 1달러 크기의 세금을 부과한다고 하자. 이러한 세금부과는 두 그림에서 모두 공급곡선을 S_1에서 S_2로 이동시키고 그림 (a)에서는 생산량을 Q_2로, 그림 (b)에서는 생산량을 Q_3로 감소시킨다. 외부효과가 없는 그림 (a)에서는 세금부과로 인해 *BAC* 크기의 사중손실이 발생한다. 양(+)의 생산외부효과 때문에 사전적으로 사중손

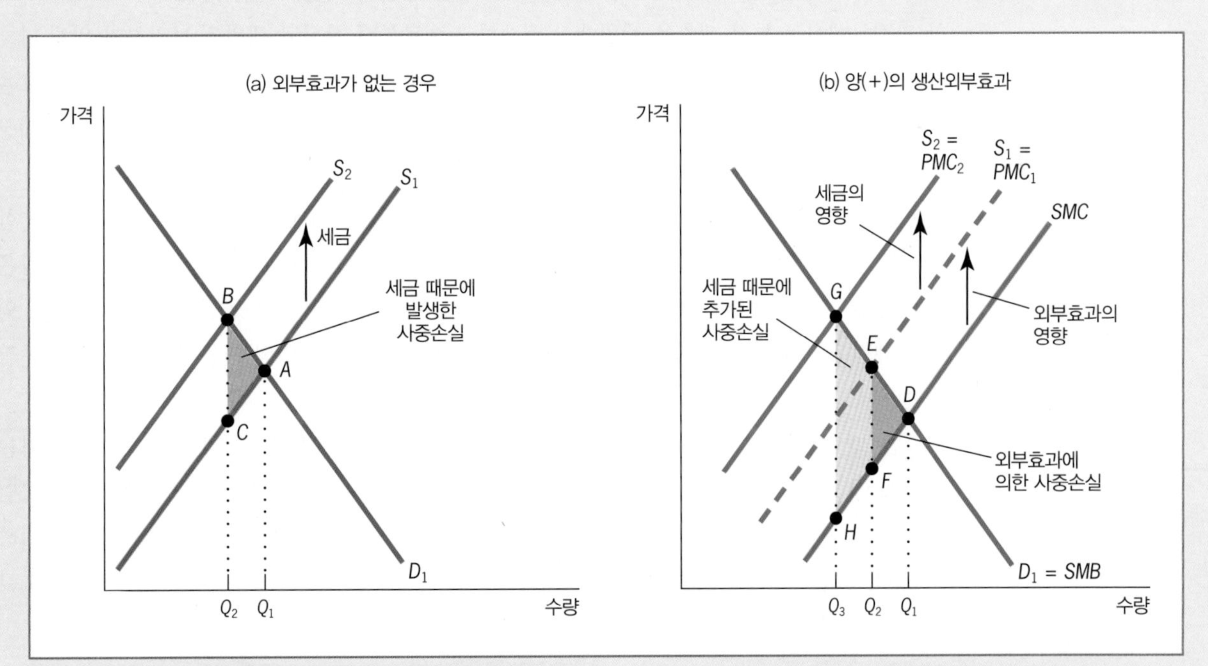

그림 20-6 기존 왜곡의 중요성 (a)를 보면, 왜곡(외부효과 등)이 없는 시장에 세금을 부과하면 삼각형 *BAC*에 해당하는 사중손실이 발생한다. (b)를 보면, 긍정적인 생산외부효과 때문에 *EDF*만큼의 사중손실이 발생하게 된다. 이 시장에 세금을 부과하면 *GEFH*만큼의 사중손실이 더 생기게 된다. 양(+)의 생산외부효과와 세금이 있는 시장에서 총사중손실은 삼각형 *GDH*이다.

실이 존재하고 있었던 시장을 나타내고 있는 그림 (b)에서는, 세금부과로 사다리꼴 *GEFH* 크기의 큰 사중손실이 추가로 발생한다. 이러한 사다리꼴은 그림 (a)의 삼각형 *BAC*보다 크다. 왜냐하면 두 번째 시장에서의 세금은 시장 생산량을 Q_2보다 사회적 잉여를 극대화하는 생산량 수준 Q_1에서 더 많이 떨어져 있는 Q_3로 감소시키기 때문이다. 일단 시장이 과소생산되고 있다면, 세금 때문에 생산이 감소된 부분은 한계사회편익이 한계사회비용을 초과하는 생산량이기 때문에 비용이 특히 많이 발생한다.

독점과 같은 불완전경쟁시장에서 세금이 부과될 때도 동일한 논리가 적용된다. 불완전경쟁시장에서는 이미 완전경쟁시장에 비해 재화가 과소생산되고 있기 때문에, 동일한 크기의 세금이 부과되더라도 조세부과에 따른 효율성 비용은 완전경쟁시장에서보다 크다. 물론 시장에서 음(−)의 외부효과가 존재한다면, 지금까지의 분석 결과와는 반대가 될 것이다. 조세부과는 음(−)의 외부효과를 교정하기 때문에(제5장에서 본 바와 같이) 사중손실의 크기를 감소시킨다.

누진세제는 비효율적일 수 있다 지금까지 설명한 사중손실에 대한 기본 개념들은 상품세뿐만 아니라 소득세에도 적용된다. 사중손실과 관련된 규칙들로부터 또 하나 유추할 수 있는 사실은 세제를 비례세(모든 사람에 대해 동일한 평균 세율을 적용하는 세제)에서 누진세(부자에게 높은 세율을 부과하는 세제)로 전환할 경우 세제의 비효율성이 증가한다는 것이다. 누진세로 세제를 바꾼다는 것은 세원을 줄이는 것을 의미한다. 부자와 가난한 자들의 세율에 대한 소득창출탄력도가 같아서 세율 증가 시 두 그룹에서 과세소득은 동일한 비율로 줄어든다고 가정하자. 이러한 가정하에서는 특정 계층을 세원에서 배제하고 이로부터 상실된 세원을 보완하기 위해 다른 계층에 높은 세율을 부과하는 것보다는 모든 사람에게 동일한 세율을 부과하는 것이 보다 효율적이다. 특정 계층에 높은 세율을 부과함으로써 발생하는 효율성 상실은 특정 계층을 과세대상에서 배제시킴으로써 얻는 효율성 이득보다 크다.

이러한 사실을 다음과 같은 예를 통해 설명해보자. 어떤 사회에 두 사람만이 살고 있으며 한 사람의 임금은 시간당 10달러이고 또 다른 사람의 임금은 시간당 20달러라고 하자. 두 사람은 모두 임금이 10% 올라갈 때 노동공급을 10% 증가시킨다(그들의 노동공급탄력도는 1이다). 임금에 대한 노동수요탄력도는 −1이다(임금이 10% 증가한다면 기업의 노동시간 수요는 10% 감소한다).

그림 20-7에는 두 사람의 처음 균형점이 나타나 있다.[9] 세금이 부과되기 전 저임금 근로자는 그림 (a)에 보여진 바와 같이 시간당 10달러의 임금(W_1)에서 1,000시간(H_1)을 일하는 반면 고임금 근로자는 그림 (b)에 나타나 있는 바와 같이 20달러의 임금(W_1)에서 1,000시간(H_1)을 일하고 있다. 그림 밑의 표에는 처음의 균형점과 아래의 보기에서 설명될 정부의 세금부과 후의 균형점에서의 세금, 노동시간, 사중손실의 크기가 각각 정리되어 있다.

9 이 예의 기초가 되는 수학적 도출은 일정한 탄력성을 가진 수요 및 공급곡선을 가정하지만 그림 20-7의 곡선은 일정한 기울기를 가정하고 있다.

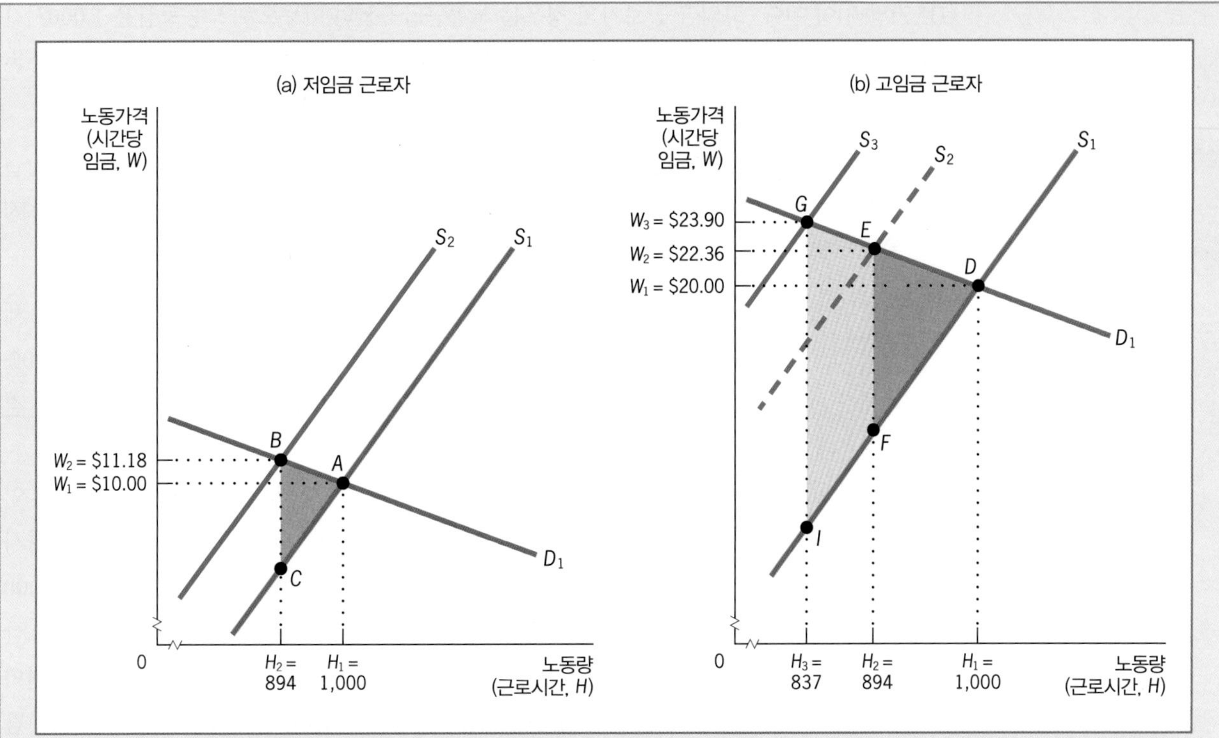

그림 20-7 넓은 세원에 낮은 세율을 부과하는 것이 바람직하다 정부는 처음에는 저임금 근로자와 고임금 근로자에게 모두 같은 세율을 부과한다. 결과적으로 그림 (a)와 (b)에 보여진 바와 같이 저임금 근로자와 고임금 근로자의 사중손실은 각각 삼각형 *BAC*와 *EDF*이다. 정부가 세제를 저임금 근로자에 대한 세율을 0%로 감소키는 세제로 전환할 때, 저임금 근로자의 사중손실은 0이 되지만, 고임금 근로자의 사중손실은 사다리꼴 *GEFI*만큼 증가해 총사중손실의 크기는 늘어난다.

	10,000달러 이하 소득에 대한 세율	10,000달러 이상 소득에 대한 세율	저임금 근로자: 노동 공급 시간	저임금 근로자: 과세에 따른 사중손실	고임금 근로자: 노동 공급 시간	고임금 근로자: 과세에 따른 사중손실	총 사중손실
세금이 없을 때	0	0	1,000(H_1)	0	1,000(H_1)	0	0
비례세	20%	20%	894(H_2)	115.71달러 (삼각형 *BAC*)	894(H_2)	231.42달러 (삼각형 *EDF*)	347.13달러 (*BAC* + *EDF*)
누진세	0%	60%	1,000(H_1)	0	837(H_3)	566.75달러 (삼각형 *GDI*)	566.75달러 (*EDF* + *GEFI*)

지금 정부가 두 사람에게 모두 비례세로 20%의 급여세를 부과한다고 하자. 20%의 급여세 부과는 두 사람 모두 근로의욕을 감퇴시켜 노동공급곡선을 S_1에서 S_2로 이동시킨다. 이러한 노동공급곡선의 이동으로 저임금 근로자의 노동공급시간은 1,000시간(H_1)에서 894시간(H_2)으로 줄고 임금은 11.18달러로 증가한다. 결과적으로 저임금 근로자의 사중손실은 삼각형 *BAC*만큼

(115.71달러)이 된다. 고임금 근로자의 경우는 노동공급곡선의 이동으로 노동공급은 1,000시간에서 894시간으로 줄고 임금은 22.36달러로 증가하여 삼각형 *EDF*만큼(231.42달러)의 사중손실이 발생한다.

▶ **즉석 힌트** 노동시간이 동일하게 감소했음에도 불구하고 고임금 근로자에 대한 사중손실이 큰 이유는 무엇인가? 완전경쟁적인 노동시장에서 임금은 노동의 한계생산과 같기 때문에, 고임금자의 노동의 한계생산은 높다. 결과적으로, 저임금 근로자보다 고임금 근로자의 노동시간을 감소시킬 때 사회의 손실이 크다.

이제 정부가 세제를 누진세로 전환하기로 했다고 하자 — 시간당 임금이 10달러 때까지는 세금이 없고 그 이후부터는 60%의 세율을 부과한다. 누진세로 전환되더라도 정부의 세수는 20%의 비례세가 부과되었을 때와 같다. 그러나 이들 두 세제는 효율성 측면에서는 매우 상이한 결과를 가져온다.

이를 그림 20-7를 이용해 설명해보자. 그림 (a)에 나타나 있듯이 누진세로 전환 시 시간당 임금이 낮은 사람은 세금이 없기 때문에 일에 따른 편익은 증가한다. 노동공급곡선은 S_1으로 다시 돌아오게 되고 균형도 최초의 균형점 *A*로 돌아온다. 즉 종전과 같이 10달러의 임금에서 1,000시간을 일을 하게 된다. 시간당 임금이 낮은 사람의 사중손실은 115.71달러에서 0달러로 감소한다. 반면 그림 (b)에 나타나 있는 바와 같이 시간당 임금이 높은 사람의 경우는 일에 따른 편익은 감소하고 공급곡선은 S_3로 상향 이동하여 노동공급시간은 894시간에서 837시간(H_3)으로 감소한다. 결과적으로 사중손실은 사다리꼴 *GEFI*만큼 증가한 삼각형 *GDI*가 되고 이를 화폐로 환산할 경우 566.75달러가 된다.

누진세로 전환 시 사중손실은 시간당 임금이 낮은 사람에게서는 115.71달러만큼 줄어드는 반면 시간당 임금이 높은 사람에게서는 335.33달러만큼 증가한다. 따라서 총사중손실은 347.13달러에서 566.75달러로 63%(219.62달러) 증가한다.

사중손실이 이와 같이 크게 증가하는 것은 줄어든 세원에 보다 누진적인 세율이 부과되었기 때문이다. 비례세에서는 세원이 30,000달러(저임금 근로자의 소득 10,000달러와 고임금 근로자의 소득 20,000달러)이나 누진세하에서는 세원은 10,000달러(시간당 임금이 높은 사람의 10달러 이후의 소득)로 감소한다. 줄어든 세원에서 동일한 세수를 얻기 위해서는 보다 높아진 누진세율이 부과되어야 한다. 세율이 높아진다는 것은 한계사중손실이 증가한다는 것을 의미한다. 누진세로의 전환으로 저임금 근로자의 한계세율은 20%에서 0%로 감소하는 반면 고임금 근로자의 한계세율은 20%에서 60%로 증가한다. 사중손실은 세율의 제곱에 비례하기 때문에 저임금 근로자의 세율을 20% 감소시킴으로써 발생하는 사중손실의 감소분보다는 고임금 근로자의 세율을 40% 증가시킴으로써 발생하는 사중손실의 증가분이 크다.

지금까지 살펴본 보기는 한 세원에 세금을 많이 부과할수록 사중손실은 빨리 증가한다는 것을 잘 보여주고 있다. 이러한 논리에 따르면, 세제를 효율적으로 만드는 방법은 세율을 극소화할 수 있도록 가능하면 세원을 넓히는 것이다. 즉 과세 효율화를 위해서는 특정 사람이나 상품에 높은 세율을 부과하고 다른 사람이나 상품에 대해서는 과세하지 않는 것보다는 세원은 넓히고 세율은 균등하게 하는 것이 바람직하다.

정부는 세율을 '평탄화'시켜야 한다 한계사중손실이 세율과 함께 증가한다는 사실은, 정부는 단기적인 예산 필요에 따라 세율을 조정하기보다는 장기적으로 평균적인 예산 요구를 충족시킬 수 있는 수준에서 세율을 결정해야 하며, 단기적으로 발생할 수 있는 세수와 예산의 차이는 재정적자나 흑자를 통해 관리하는 것이 바람직하다는 정책적 함의를 내포하고 있다. 예컨대 어떤 국가가 필요한 세수를 조달하기 위해 세율을 20%로 책정했다고 하자. 지금 이 나라가 한 해 통상적으로 필요한 세수의 2배가 들 것으로 추정되는 1년짜리 전쟁을 하기로 했으며 1년 뒤에는 다시 정상으로 돌아온다고 하자. 정부는 내년에 세율을 40%로 인상하고 다시 내후년에 20%로 세율을 낮추는 방식으로 필요재원을 조달해서는 안 된다. 이보다는 예컨대 20년 동안 1%씩 증가시키는 것과 같이 매년 조금씩 세율을 올리는 방법이 훨씬 효율적이다.

이는 한계사중손실의 크기는 세율이 올라감에 따라 증가하기 때문이다(한 해에 세율이 20%에서 40%로 증가할 때 발생하는 한계사중손실은 20년 동안 세율을 20%에서 21%로 증가시킬 때 발생하는 한계사중손실보다 크다). 따라서 한 해에 세율을 40%로 하고 그다음에 20%로 하는 것보다는 20년 동안 세율을 21%로 유지하는 것이 사중손실을 줄이는 데 보다 효과적이다. 개인 효용이 기간에 관계없이 소비를 평탄하게 유지할 때 극대가 되듯이, 세율도 기간에 관계없이 세율을 일정하게 유지하는 것이 사중손실을 최소화한다.

kmsdesen/Shutterstock

응용사례
잘못 인식된 세금들

지금까지의 논의는 개인들이 세제에 존재하는 복잡한 유인을 완전히 이해하고 대응한다고 가정했다. 그러나 최근의 증거에 따르면 이는 사실이 아니다. 오히려 개인은 조세가 행동과 세제의 최적 설계에 어떻게 영향을 미치는지에 대한 중요한 의미를 지닌 조세 유인을 잘못 인식하고 있다.

Feldman 외(2016)는 자녀가 17세가 될 때 가구는 자녀세액공제 자격을 상실하게 되는데 이 때 어떤 일이 일어났는지에 대한 연구를 통해 이를 뒷받침해주고 있다. 이 세액공제제도는 예측 가능한 균일 금액이기 때문에 한계세율에 영향을 미치지 않고 따라서 노동력 공급 결정에 영향을 미치지 않아야 한다. 그럼에도 불구하고, 이 연구에 따르면 세액공제제도가 17세에 끝났을 때, 가구의 신고된 노동소득을 상당히 감소시켰음을 보였다. 가구의 이러한 행위는 납세 의무의 균일한 변화를 한계세율의 변화로 잘못 인식하고 있음을 시사한다.

또 다른 예는 Abeler와 Jager(2015)에서 찾을 수 있다. 이들은 개인이 시간당 임금을 받고 기본 업무를 수행하는 실험을 했다. 동일한 유인을 가지고 있으나 한 그룹에는 임금에 단순한 세제를, 다른 그룹에는 복잡한 구조를 지닌 세제를 적용시켜 두 그룹의 행위 변화를 분석했다. 이들의 연구에 따르면 복잡한 세제에 직면한 사람들이 그렇지 않은 세제에 직면한 사람들보다 세제

혜택에 덜 반응하는 것으로 나타났다. 일부 사람들은 세제가 복잡해졌을 때 아예 세금을 무시했다.

Rees-Jones와 Taubinsky(2018)는 다른 접근법을 사용했다. 그들은 납세자 패널을 모집하고, 소득이 다양함에 따라 가상의 납세자가 부담해야 할 세금에 대해 일련의 질문을 했다. 그들은 납세자들이 두 종류의 체계적인 실수를 저지르고 있다는 것을 발견했다. 첫째, 납세자들은 세제가 실제보다 '더 펑펑하다'고 믿었는데, 이는 저소득 납세자의 평균세율은 과대평가하고 고소득 납세자의 평균세율을 과소평가하고 있다는 것을 의미한다. 둘째, 납세자들은 평균세율과 한계세율을 선형으로 인식했다. 즉, 그들은 그들이 얼마나 더 벌든 덜 벌든 간에, 증가된 소득에 기인한 세금 증가분은 현재 평균적으로 지불하는 세금과 비슷하다고 믿었다.

Rees-Jones와 Taubinsky는 그들의 연구 결과가 조세 정책에 대한 어떤 함의를 가지고 있는 지를 논의하였다. 그들은 이러한 오해들이 조세의 사중손실을 줄였다고 결론지었다. 예를 들어 개인은 소득이 높을수록 세율이 높아진다는 사실을 생각하지 않았기 때문에 누진세제하에서 발생하는 노동공급 감소와 같은 조세왜곡 현상이 일어나지 않았다. 마찬가지로, 사람들은 낮은 소득자에 대한 세금이 실제보다 더 높고, 높은 소득에 대한 세금이 실제보다 더 낮다고 생각했기 때문에, 세제가 소득을 감소시키는 유인은 더 많이 줄어들었다. 그들의 모델은 이러한 인식의 오류로부터 발생하는 세금징수자의 효율성 이득은 전체 세금징수의 0.9~4.4%에 이른다는 것을 암시했다. ■

20.2 최적상품세

앞 절은 우리의 관심을 사중손실을 어떻게 측정할 것이냐에 대한 **실증적** 문제에서 세제 설계 시 사중손실의 존재를 어떻게 고려할 것인가에 대한 **규범적** 문제로 전환하는 데 필요한 분석의 틀을 제공했다. 우리는 두 가지 종류의 세금과 관련해 이러한 규범적인 문제를 다룬다. 이 절에서는 재화에 대한 세금인 **상품세**에 대해 살펴보고 다음 절에서는 소득세에 대해 논의한다.

램지 조세 : 최적상품세 이론

최적상품세 정부의 세입을 충족시키면서 사중손실을 최소화하도록 재화들에 대해 세율을 정하는 것

최적상품세(optimal commodity taxation) 이론은 20세기 초 경제학자인 프랭크 램지(Frank Ramsey)에 의해 처음 고안되었다. 그는 정부의 두 가지 특성, 즉 업무 수행을 위해 예산이 필요한 반면 필요재원을 조달하기 위해 여러 상품들(음식, 옷, 담배 등)에 대해 세율을 다르게 책정할 수 있다는 점에 착안하여 이 이론에 대한 연구를 시작했다. 램지는 다음과 같은 질문을 통해 최적조세의 문제를 명확히 했다. 조세왜곡을 최소화하면서 목표로 하는 정부의 세수입을 어떻게 조달할 수 있는가? 달리 말해, 정부의 필요 세수를 충족시키면서 세제의 사중손실을 최소화하기 위해 상품들에 대해 세율을 어떻게 책정할 것인가?

이 장의 부록에는 램지의 최적상품세를 수학적으로 도출하였다. 여기서는 이 모형이 의미하는 바를 배우기로 한다. 정부는 세수의 한계수입에 대한 한계사중손실의 비율이 모든 상품에 대

해 같아지도록 상품에 세율을 부과해야 한다.

$$\textbf{램지 법칙}\text{(Ramsey Rule)}: \frac{MDWL_i}{MR_i} = \lambda \text{가 되도록 상품세를 부과}$$

램지 법칙 정부의 세입을 충족시키면서 사중손실을 최소화하기 위해서는 세수의 한계수입에 대한 한계사중손실의 비율이 모든 상품에 대해 같도록 상품에 세율을 부과해야 한다는 법칙

여기서 *MDWL*은 재화 *i*에 대한 세율을 증가시킴으로써 발생하는 한계사중손실이며 *MR*은 세율 증가로 인해 징수된 한계수입, λ는 **추가 세수의 가치**(value of additional government revenues)이다. λ는 상수이며 세수가 차선으로 민간부문에서 사용되었을 때 발생하는 가치에 비해 정부가 사용할 때 어느 정도의 가치가 발생하는지로 측정된다. 만약 λ가 크다면, 추가적인 재원을 민간부문이 사용하는 것보다는 세금으로 징수해서 정부가 사용하는 것이 보다 가치 있다는 것을 의미한다. 만약 λ가 작다면, 추가적인 재원을 세금으로 징수하기보다는 민간부문이 사용하도록 놓아두는 것이 보다 가치 있다는 것을 의미한다.[10]

추가 세수의 가치 차선으로 민간부문이 사용했을 때 발생하는 가치에 비해 정부가 세수로 거두어 사용할 때 어느 정도의 가치가 발생하는지를 측정한 것

램지 법칙은 상품 *i*에 대한 과세로부터 발생하는 정부 세수의 사중손실은 모든 상품에 대해 같아야 한다는 것을 말하고 있다. 만약 재화 *A*에 대한 세금으로부터 발생하는 *MDWL*/*MR*이 재화 *B*에 대한 세금으로부터 발생하는 *MDWL*/*MR*보다 크다면, 재화 *A*에 과세하는 것이 재화 *B*에 과세하는 것보다 비효율적이다. *MDWL*은 세율의 양(+)의 함수임을 상기하자. 앞서 논의하였듯이, 보다 높은 세율은 완전경쟁으로부터 시장을 더 이탈시키기 때문에 한계사중손실은 더 커진다(사중손실은 세율의 제곱에 비례한다). 그러므로 시장에서의 비효율을 극소화하기 위해서는 정부는 재화 *A*에 대해서는 세율을 떨어뜨려 *MDWL*을 감소시키고 재화 *B*에 대해서는 세율을 올려 *MDWL*을 증가시켜야 한다. 이러한 조정은 두 재화에 대한 *MDWL*/*MR* 비율이 같아져서 세수 1달러당 효율성 비용이 같아질 때까지 계속된다.

만약 λ가 크다면 정부의 추가적인 세수의 가치는 높고 따라서 *MDWL*/*MR*은 모든 상품에 대해 커야 한다(세율이 높아야 한다). 만약 λ가 작다면 정부의 추가적인 세수의 가치는 낮고 따라서 *MDWL*/*MR*은 모든 상품에 대해 작아야 한다(세율이 낮아야 한다). 환언하면, 예산이 많이 필요하다면 정부는 잠재적으로 비효율성이 높은(높은 *MDWL*) 세금을 가질 수밖에 없다. 이는 정부 세수의 한계편익(λ)이 높으면 한계비용(*MDWL*/*MR*)이 높을 수밖에 없다는 것을 의미한다.

이론적으로는 램지 법칙을 통해 상품에 대한 최적조세 수준을 알 수 있다. 그러나 실질적으로는 정부의 추가적 세수의 가치인 λ를 측정할 수 없기 때문에 램지 법칙은 세제개혁이나 기존 상품세를 동일한 세수를 발생시키는 다른 형태의 상품세로 전환할 때 편익과 비용이 어느 정도 발생하는지를 알고자 할 때 주로 사용된다. 파키스탄의 응용사례를 통해 램지 법칙이 실질적으로 세제개혁에 어떻게 사용되고 있는지를 알 수 있다.

---

10 예를 들어, λ는 전쟁이나 정부 개입이 필요한 기타 위기 중에 클 수 있다.

역탄력성 법칙

램지의 결과를 수요의 가격탄력도 관점에서 표시하는 것은 매우 편리하다. 부록에서 보듯이, 만약 상품의 공급이 완전경쟁시장에서 이루어진다면(공급탄력도는 무한), 램지 법칙은

$$\tau_i^* = -1/\eta_i \times \lambda$$

가 된다. 여기서 τ_i^*는 상품 i에 대한 최적세율이며, η_i는 상품 i의 수요탄력성이다. 이 식은 정부는 각 상품에 대한 세율을 탄력도에 반비례하도록 책정해야 한다는 것을 의미한다. 수요의 가격탄력도가 높은 재화(높은 η_i)들은 수요의 가격탄력도가 낮은 재화들보다 세율이 낮게 과세되어야 한다.

이러한 구체적 형태의 램지 법칙으로부터 최적상품세를 책정할 때는 다음의 두 가지 요인을 균형 있게 고려해야 한다는 것을 알 수 있다.

- 탄력성 법칙 : 재화에 대한 수요가격탄력성이 높을 때는 낮은 세율이, 탄력성이 낮을 때는 높은 세율이 책정되어야 한다. 사중손실은 수요의 가격탄력도가 높은 재화들보다 낮은 재화들에 대해 높은 세금이 부과될 때 작아진다.
- 넓은 세원 법칙 : 몇몇 재화에 대해 높은 세율을 부과하는 것보다는 많은 재화들에 대해 낮은 세율을 부과하는 것이 낫다. 한계사중손실은 세율과 함께 증가하기 때문에 정부는 특정 상품들에 대해서만 높은 세율을 부과하지 말고 많은 상품들에 대해 과세해야 한다. 이는 앞서 언급된 '조세 평탄화'의 보조 이론이다. 세율을 1%에서 2%로 증가시키는 것은 세율을 0%에서 1%로 증가시킬 때보다 큰 한계사중손실을 발생시키기 때문에 특정 재화들에 대해서만 2% 세율을 부과하는 것보다 많은 상품들에 1%의 세율을 부과하는 것이 좋다.

탄력성 법칙에 따른다면 정부는 비탄력적인 재화에 대해 높은 세율을 부과해야 한다. 그러나 수요의 가격탄력도가 완전비탄력적이 아니라면 이들 재화들로부터 모든 세금을 징수해서는 안 된다. 정부가 탄력성 법칙만을 중요시 여긴다면, 가장 비탄력적인 재화를 찾아 그 재화에 대해 과세하고 모든 세수를 이를 통해 걷어야 하지만 이는 넓은 세원 법칙과 상충된다. 정부가 비탄력적인 재화에 대해 보다 높은 세금을 부과한다면, 역시 다른 재화에 대해서도 그렇게 해야 넓은 세원 법칙에 맞다.

램지 모형에서 형평성의 의미

램지 모형의 역탄력성 법칙으로부터 도출된 결과들은 형평성의 관점에서는 납득하기 어려운 부분이 있다. 정부가 단지 2개의 상품, 즉 시리얼과 캐비어에만 세금을 부과할 수 있다고 해보자. 캐비어의 수요가격탄력도는 시리얼보다 훨씬 높다. 따라서 역탄력성 법칙에 의하면 정부는 캐비어보다 시리얼에 보다 높은 세금을 부과해야 한다. 이는 전적으로 고소득 가계가 소비하는 재화에 부가된 세금이 모든 사람들에 의해 소비되는 재화에 부과되는 세금보다 낮다는 것을 의미한다. 이러한 결과는 사회적 효율성은 높이지만 조세의 형평성은 약화시킨다(수직적 형평성).

최적상품세 구조는 각 상품의 가격탄력도뿐만 아니라 소비자들의 소득 분포를 고려함으로써 형평성 문제를 다룰 수 있다. 고소득 소비자들에 의해 주로 소비된 재화들은 역탄력성 법칙에 의해 제시된 것보다는 높은 세율을, 저소득 소비자들에 의해 주로 소비되는 재화들에 대해서는 역탄력성 법칙에 의해 제시되는 세율보다 낮은 세율을 적용할 수 있다. 이들 상품들에 대해 최적조세의 '가중치'를 얼마나 반영할 것인지는 정부가 형평성을 위해 효율성을 어느 정도 희생할 것인지에 달려 있다. 정부가 세제 고안 시 형평성 문제를 포함시킨다면 세제는 램지 효율성으로부터 멀어지게 되어 비효율적이나 공평하게 된다.

추측컨대 이러한 분배적 고려 때문에, 미국에서는 최적상품세에 대한 신뢰도가 상대적으로 낮다. 조세수입의 대부분은 바로 다음(20.3절)에서 다루게 될 개별소득으로부터 온다.

kmsdesen/Shutterstock

응용사례

파키스탄의 가격개혁

미국에서는 상품세가 폭넓게 사용되고 있지는 않지만, 개발도상국에서는 주요 세원으로 널리 사용되고 있다. 이는 이들 나라에서는 소득을 파악하는 것이 매우 어려워 소비가 보다 믿을 수 있는 세원이기 때문이다. 게다가 개발도상국들에서는 쌀과 같은 주요 식품들에 대해서는 보조금을 지불하는 보조금 정책이 공공정책의 수단으로 사용되고 있다. 이들 보조금들은 정부가 생산자로부터 시장가격에 재화를 구매해서 소비자들에게 시장가격보다 낮은 가격에 판매하는(가격 차이는 정부 세수로 보전한다) 방식으로 사용되고 있다. 이러한 보조금들은 형평성 때문에 도입되었지만(정부는 저소득층 가계에 생계비를 보조) 효율성 문제를 야기한다. 조세의 비효율성에 대한 논리는 보조금에도 동일하게 적용된다. 즉 소비를 최적수준으로부터 벗어나게 하는 어떠한 정부의 개입도 비효율성을 야기한다. 세금은 효율성을 극대화하는 소비에 비해 재화에 대한 소비를 과소하게 만드는 반면 보조금은 소비를 과도하게 만든다. 보조금이 지불된 재화는 소비자들에게 인위적으로 싸게 공급되기 때문에 사회적 한계편익이 생산의 사회적 한계비용보다 실질적으로 낮은 영역에서 생산 및 소비가 이루어진다.

노벨상 수상자인 경제학자 Angus Deaton(1997)은 개발도상국들을 대상으로 재화 수요를 분석했다. 그는 수요의 가격탄력도를 추정하기 위해 쌀, 밀 그리고 다른 상품들을 대상으로 소비자들이 직면하고 있는 가격 변화를 사용했다. 그는 역시 이들 재화들에 대한 기존 보조금이나 세금으로부터 발생하는 수요의 사전적 왜곡을 추정했고 그다음 이들 정보를 이용해서 각국에서의 상품보조금이나 세금의 최적 변화를 추정했다.

파키스탄을 대상으로 분석한 결과는 특히 주목할만하다. 파키스탄은 1984~1985년에 밀과 쌀에 대해 40%의 보조금을 지불하고 있었고 따라서 소비자들은 시장가격보다 40% 싼 가격에 이 재화들을 구매할 수 있었다. 파키스탄 정부는 유지류(오일과 지방)에 대해서는 5%의 세금을 부과하고 있었다. 밀에 대한 수요의 가격탄력도는 −0.64로 비탄력적이었던 반면 쌀에 대한 수요의 가격탄력도는 −2.08, 유지류에 대한 탄력도는 −2.33으로 매우 탄력적이었다. 즉 후자의 두 재화는 가격 1% 증가 시 수요량은 2% 이상 감소하였다(혹은 가격 1% 보조마다 2% 이상 수요는 증가했다). 다른 재화에 대해서도 세금이 부과되거나 보조금이 지불되었으나, Deaton의 분석에 초점을 맞추기 위해 논의를 세 재화에 국한한다.

표 20-1에는 세 재화의 수요와 관련된 정보들이 요약되어 있고 그림 20-8에는 세금과 보조금 정책이 이들 재화에 어떤 영향을 미쳤는지가 예시되어 있다. 그림 (a)는 밀 시장을 분석하고 있다. 이 시장은 처음에는 *A*점에서 균형을 이루고 있었다. 여기서 *D*는 P_1의 가격과 균형량 Q_1에서 S_1과 교차하고 있다. 밀에 대한 보조는 밀의 공급곡선을 S_2로 이동시켜 밀에 대한 소비를 Q_2로 증가시킨다. Q_1과 Q_2 사이의 밀의 소비는 사회적 한계편익(수요곡선)이 사회적 한계비용(S_1)보다 작아 *BAC*만큼의 사중손실을 초래하기 때문에 비효율적이다. 그림 (b)는 쌀 시장을 보여주고 있다. 여기에서의 분석은 그림 (a)와 유사하나 쌀에 대한 수요곡선이 밀에 대한 수요곡선보다 탄력적이기 때문에 보조금으로부터 발생하는 사중손실은 훨씬 크다. 세금이 부과될 때와 마찬가지로 수요의 가격탄력도가 높을 경우 보조금으로부터 발생하는 사중손실 또한 커진다. 그림 (b)에 있는 Q_1과 Q_2 사이의 소비는 사회적으로 비효율적이 된다. 그림 (c)는 유지류 시장을 분석하고 있다. 여기서 시장의 처음 균형점은 *A*이며 과세는 공급곡선을 S_1으로부터 S_2로 이동시켜 수요량을 Q_1에서 Q_2로 감소시키고 *BAC*의 사중손실을 발생시킨다.

램지와 유사한 구조를 이용해서 Deaton은 특정 재화들에 대해 세금을 증가시키거나 보조금을 감소시킬 때 발생하는 사회적 비용을 계산했다. 계산 결과는 표 20-1의 다섯 번째 열에 정리되어 있다. 계산 결과에 따르면 밀에 대한 보조금을 감소시켰을 때는 사회적 편익이 완만하게 증가한 반면 쌀에 대한 보조금을 감소시켰을 때는 사회적 편익이 크게 증가하였다. 이는 그림 20-8을 통해서도 자명하게 나타난다. 밀에 대한 보조금을 감소시킬 때는 작은 크기의 사중손실이 제거되는 반면 쌀에 대한 보조금을 삭감시킬 때는 큰 크기의 사중손실이 없어진다. 쌀에 대한 수요가 밀에 대한 수요보다 훨씬 가격탄력적이어서 보조금으로 인해 발생하는 왜곡이 쌀에 대해 더 크기 때문이다. 따라서 쌀에 대한 보조금을 줄일 때 얻을 수 있는 사회적 편익이 밀에 대한 보조금을 줄일 때 얻을 수 있는 사회적 편익보다 훨씬 크다.

Deaton은 또한 유지류(오일과 지방)에 대한 과세로 인해 사회적 비용이 발생하기 때문에 이에 대한 상품세를 감소시키는 것이 사회적 후생을 증가시킨다는 것을 발견했다[그림 20-8(c)에서 *BAC*의 사중손실을 제거함으로써]. 유지류에 대한 수요는 매우 탄력적이기 때문에 이들에 대해서는 비탄력적인 다른 재화들보다 낮은 세율이 과세되어야 한다. 따라서 Deaton은 효율성을 높이기 위해 유지류에 대한 세율은 낮추고 이로 인해 발생하는 세수의 감소는 쌀(특히)과 밀에 대한 보조금을 줄임으로써 보전하는 세제개혁을 제안했다. 이렇게 한다면 정부의 순세수를 변화시키지 않고도 효율성을 향상시킬 수 있다.

Deaton은 분배를 고려할 때 이들 세제개혁의 결론들이 완화될 수 있을지 여부도 검토했다. 그는 밀은 저소득층에 의해 많이 소비되고 있다는 것을 발견했다. 따라서 재분배가 중요하다면 밀에 대한 보조금은 그대로 유지되어야 한다. 이에 반해 쌀은 비교적 모든 소득계층에 고르게

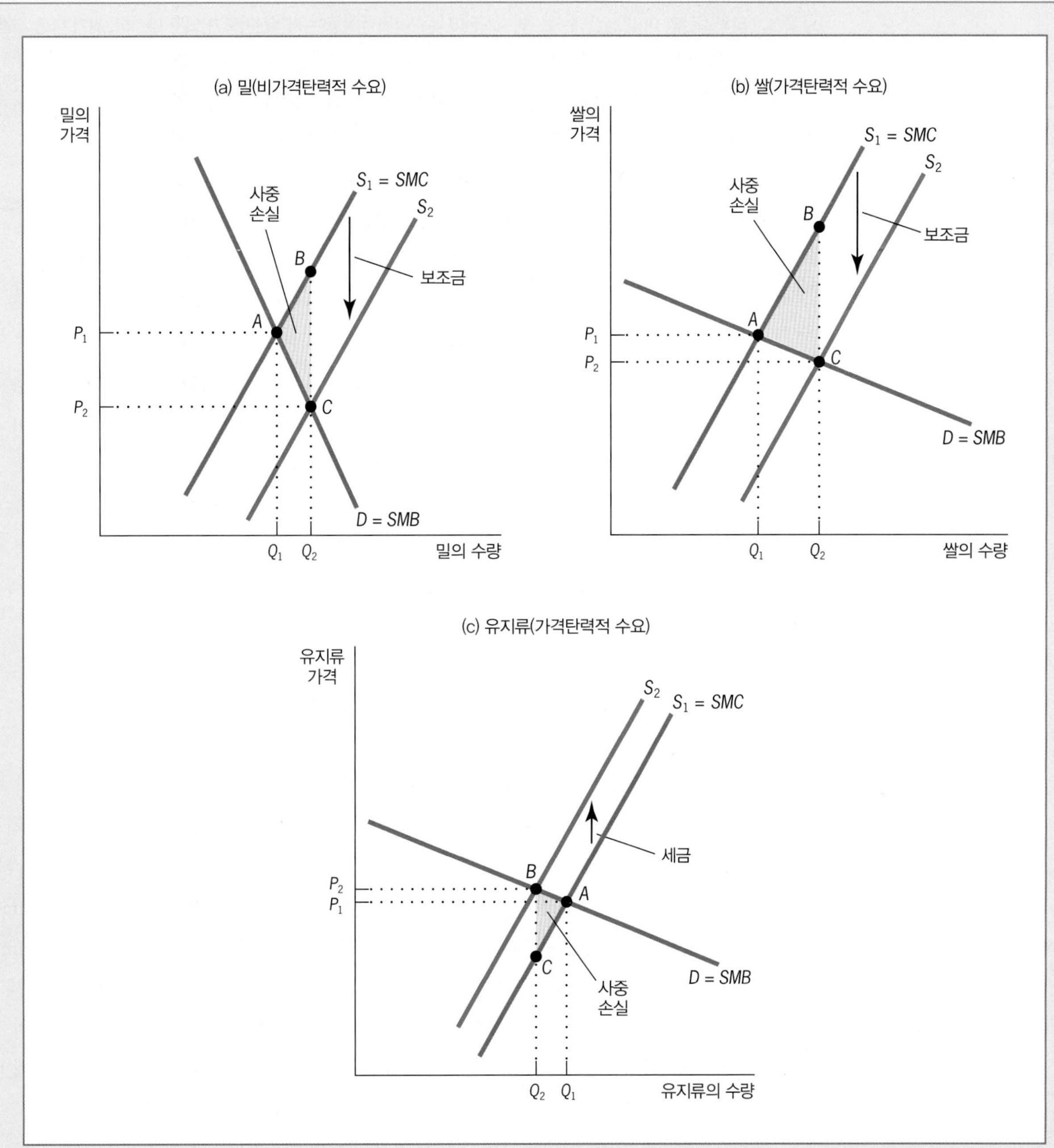

그림 20-8 파키스탄에서 보조금과 세금의 효율성 (a)에서 밀 시장의 수요는 비탄력적이며, 공급에 보조금이 있다. 이에 따라 수량은 Q_1에서 Q_2로 증가하며, *BAC*의 사중손실이 생긴다. (b)에서 쌀 시장의 수요는 매우 탄력적이다. 따라서 공급에 보조금이 주어지면 수량은 훨씬 많이(Q_1에서 Q_2로) 늘어나며 사중손실은 더 커진다(*BAC*). (c)에서 유지류 시장의 수요는 역시 매우 탄력적이다. 따라서 세금을 조금만 부과하더라도 공급은 Q_1에서 Q_2로 줄며 *BAC*만큼의 사중손실이 발생한다.

표 20-1 파키스탄의 여러 상품 수요 파키스탄에서 각각의 상품들은 가격탄력도가 모두 다르며, 각기 다른 세금과 보조금이 적용되고 있다. 이 표는 파키스탄 정부가 상품 중 세 가지에 대한 세금/보조금 정책을 개혁했을 때의 후생개선효과를 보여준다. 최적상품세 모의실험에 따르면 밀에 대한 보조금을 삭감하는 것은 후생개선효과가 약하며(비탄력적 수요), 분배를 고려하면 밀에 대한 보조금은 유지되는 것이 바람직한 것으로 나타났다. 반면 쌀에 대한 보조금 삭감(탄력적 수요)이나 유지류에 대한 세금 삭감은 후생개선효과가 큰 것으로 나타났다.

상품	보조금	가격탄력도	정책 변화	후생개선효과	분배 고려 시
밀	40%	−0.64	보조금 삭감	작음	보조금 삭감 안 함
쌀	40%	−2.08	보조금 삭감	큼	보조금 삭감
유지류	−5%	−2.33	세금 삭감	큼	세금 더 많이 삭감

소비되고 있었다. 따라서 사회가 저소득층을 돕는 것에 비중을 높게 둔다면 쌀에 대한 보조금은 철폐해야 한다. 유지류는 저소득층들에 의해 많이 소비되기 때문에 저소득층을 돕는 것이 사회의 주된 관심이라면 이들에 대한 세금은 크게 감소시켜야 한다.

따라서 최적상품세의 개념은 다소 추상적이지만 파키스탄의 사례를 통해서 실질적으로 유용하게 사용될 수 있다는 것을 알 수 있다. 개념이 확실하고 이를 뒷받침해줄 수 있는 실증적 증거가 존재하기 때문에, 경제학자들은 정책입안자들에게 상품세와 보조금에 대한 적절한 개혁을 조언해줄 수 있다.[11] ■

20.3 최적소득세

미국과 대부분의 선진국들에서 소득세는 상품세보다 필요세수를 조달하는 데 훨씬 중요한 수단으로 사용되고 있다. 최적소득세를 고안함에 있어 정부의 목표는 여전히 조세로 인한 왜곡을 극소화하면서 필요재원을 조달하는 데 있으나 소득세의 경우 세제의 수직적 형평성이라는 또 다른 목표가 있다. 정부는 개인들의 효용 수준을 집계한 국가의 사회후생함수(social welfare function)를 극대화하는 방법으로 필요세수를 조달하고자 한다. 이 절에서는 **최적소득세**(optimal income taxation) 이론을 공부하고 이를 토대로 최적소득세의 보기를 제시한다. 최적상품세가 상품에 대한 일련의 세율(보조율)로 구성되듯이, 최적소득세는 여러 소득그룹에 대한 일련의 세율(그리고 소득이전)로 구성된다. 최적소득세에서는 재화들에 대한 최적세율 대신 개인들에 대한 최적세율을 구한다.

최적소득세 정부 세수를 충족시키면서 사회후생함수를 극대화하도록 소득계층별로 세율을 정하는 것

간단한 예

다음을 가정하고 있는 간단한 예를 통해 분석을 시작해보자.

1. 모든 사람의 효용은 동일하다($U_1 = U_2 = \cdots$).
2. 소득이 증가함에 따라 한계효용은 감소한다.

---

11 멕시코의 가격개혁도 이 방법을 적용했는데, 이에 대해서는 Nicita(2004)를 참조하라.

3. 사회 총소득의 크기는 고정되어 있다(따라서 소득은 세율에 반응하는 개별 선택에 의해 결정되지 않는다).
4. 사회는 개인의 효용이 동일한 가중치를 갖는 공리주의적 사회후생함수($V = U_1 + U_2 + \cdots$)를 가지고 있다.

이들 가정하에서, 최적소득세는 모든 사람의 세후소득을 같게 만드는 것이며 이때 세후소득은 사회의 총세후소득을 사회의 총인구로 나눈 것이 된다. 이 소득 수준보다 적은 소득을 가진 사람은 그들의 소득이 평균소득과 같아지도록 정부로부터 이전소득을 받게 되며 소득이 평균소득보다 많은 사람은 소득이 평균소득과 같아지도록 소득에 과세된다.

이러한 구조에서 한계세율은 100%이다. (만약 소득이 평균보다 낮다면) 1달러의 추가적인 소득은 1달러만큼 자신의 이전소득을 감소시키든지 (소득이 평균보다 높다면) 1달러만큼 세금을 증가시킬 것이다. 평균세율은 평균소득 이하에서는 이전소득을 받기 때문에 음(−)이고 평균소득 이상에서는 양(+)이며 모든 구간에서 소득이 증가함에 따라 평균세율은 증가한다.

이것은 매우 극단적으로 보이나 우리가 생각하는 것만큼 비현실적인 소득세제는 아니다. 미국에서 소득세율이 가장 높았을 때(1945년) 최고 한계세율은 94%였다.[12] 그러나 여기서 사용된 가정들은 매우 비현실적이다. 추측컨대, 가장 비현실적인 것은 소득이 고정되어 있다는 것이다. 이는 한계세율이 100%일 때 근로자들이 노동공급을 줄이지 않는다는 것을 의미하는데 이는 상식과도 부합하지 않을 뿐만 아니라 실증분석 결과와도 맞지 않다.

인지행위적 효과를 고려한 일반적인 모형

제2장과 제17장에서 논의되었듯이, 정부는 개인들에게 자원을 재분배할 때 통상적으로 **형평성과 효율성 사이의 상충관계**에 직면하게 된다. 사회가 자원을 재분배할 때 파이의 크기는 동일하게 분배되는 반면 소득이 발생하지 않기 때문에 경제적 파이의 총크기는 줄어들 가능성이 높다. 앞의 보기에서는 형평성과 효율성 사이의 상충관계는 존재하지 않았다. 사회의 총소득은 고정되어 있어 조세 징수에 따른 효율성 비용은 발생하지 않기 때문이다. 따라서 최적소득세 고안 시 형평성만 고려되었기 때문에 모든 개인들의 세후소득이 같아지도록 소득세를 부과하는 것이 최적이었다.

현실에서 세금부과는 파이의 크기에도 영향을 미친다. 소득은 부과된 세율에 따라 변한다. 따라서 최적소득세율을 결정함에 있어 정부는 세율을 올릴 때 그것이 세원의 크기에 미치는 효과를 고려해야 한다.

근로소득에 대한 과세의 예를 통해 이를 설명해보자. 근로소득세에 의해 징수된 세수는 세율과 근로소득의 세원의 곱이다. 근로자들은 세후소득이 감소할 때 노동공급을 줄인다고 가정하자(제21장에서 보다 자세히 논의한다). 근로소득에 대한 세율 증가는 세수에 두 가지 효과를 미친다. 먼저, 근로소득이 주어졌을 때 세율의 증가는 세수를 증가시킬 것이다. 두 번째, 그러나

---

12 Tax Policy Center(2020b).

어떤 점에서는 근로자들은 노동시간을 줄일 것이고 따라서 세원은 감소될 것이다. 낮은 세율에서는 첫 번째 효과가 클 것이다. 세율이 영(0)에서 출발한다면, 처음에는 세율 증가에 기인한 세원 감소는 없기 때문에 단지 첫 번째 효과만 존재한다. 그러나 세율이 증가함에 따라 두 번째 효과가 보다 중요하게 될 것이다. 100%의 세율에서는 어떤 사람도 일을 하지 않을 것이기 때문에 세원은 없어지고 따라서 세수도 없다.

이들 두 효과는 1980년대 초 미국에서 단행된 대규모 감세의 이론적 기반을 제공한 **래퍼곡선** (Laffer curve)의 기본 개념이다. 그림 20-9에는 래퍼곡선이 그려져 있다. 여기서 세로축은 세수를, 가로축은 세율을 나타낸다. 세율이 0%이거나 100%일 때 세수는 영(0)이다. 세율이 0%에서 증가함에 따라 세수는 증가하나 τ^*에서 극대에 이른 후 세수는 감소하기 시작해서 100%에서 다시 영(0)으로 떨어진다. 따라서 래퍼곡선의 '잘못된' 방향(오른쪽)에 있을 때는 **세율을 내리는 것이 세수를 증가시키는** 것이 된다. 1980년대 초 미국은 래퍼곡선의 오른쪽에 위치하고 있다는 믿음 때문에 국회는 고소득가구에 대한 세율을 낮추었다. 사실 이 장과 제25장에서 논의하겠지만 그 당시 미국은 래퍼곡선의 '옳은' 방향(왼쪽)에 있었고 부유한 사람들에 대한 세율 감소는 세수를 오히려 감소시켰다.

세율을 올리는 것은 세수에 상반되는 효과를 미치기 때문에[세율이 충분히 높다면 음(−)이다] 최적소득세를 분석하는 목적은 여러 소득그룹에 대해 사회후생을 극대화하는 세율을 찾는데 있다. 이 장의 부록에는 최적소득세 조건이 수학적으로 도출되어 있으며 도출된 최적소득세 조건은 다음과 같다.

여러 소득그룹에 대해 $MU_i/MR_i = \lambda$가 되도록 소득세율을 정한다.

여기서 MU_i는 개인 i의 한계효용이며 MR_i는 개인 i에 대한 과세로부터 발생하는 한계수입, λ는 (최적상품세의 내용에서 논의되었던) 추가적인 세수의 가치이다. 최적소득세는 세수 1달러당

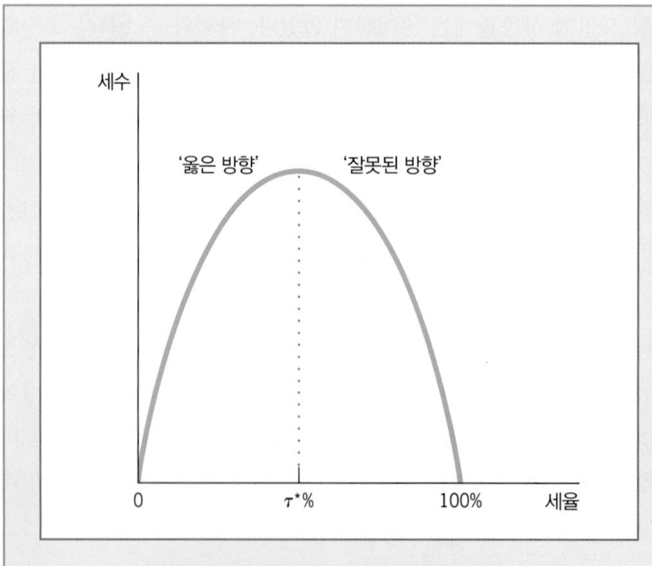

그림 20-9 래퍼곡선 세율이 영(0)에서 τ^*로 올라감에 따라 세수는 증가한다. 그러나 세율이 τ^*에서 100%까지 올라감에 따라 세수는 줄어든다.

한계효용이 모든 개인들에 대해 같아지도록 부과하는 것이다.

개인의 한계효용은 제2장에서 배운 한계효용체감의 법칙 때문에 소비의 감소함수이다. 보다 높은 세금은 세후소득을 낮춤으로써 소비를 감소시켜 개인 *i*의 소비의 한계효용을 증가시킨다. 만약 현 소득세제하에서 세수 1달러당 개인 *i*의 한계효용이 개인 *j*의 한계효용보다 높다면, 최적소득세 이론에 따르면 개인 *i*의 세금은 낮추어야 하고 개인 *j*의 세금은 높여야 한다. 이런 조정을 통해 개인 *i*의 세후소득은 증가하고 소비가 늘어나 한계효용은 감소하는 반면 개인 *j*의 세후소득은 감소해 소비가 줄고 한계효용은 증가한다. 이러한 조정은 모든 개인들에 대해 MU/MR 비율이 λ와 같아질 때까지 계속된다.

이러한 결과는 최적상품세와 마찬가지로 최적소득세 역시 상충되는 두 가지 사실에 직면해 있다는 것을 말해주고 있다. 최적상품세의 경우에는 탄력성 법칙(비탄력적인 상품에 보다 많은 세금을 부과)과 세원확충 법칙(세율을 최소화하기 위해 보다 폭넓게 세율을 적용) 사이에 상충관계가 존재했다. 반면 최적소득세는 다음의 두 가지 요인 사이에 상충관계가 존재한다.

- **수직적 형평성** : 소비 수준이 높은, 즉 낮은 한계효용을 가진 자에게 보다 높은 세금이 부과되고 낮은 소비 수준, 즉 높은 한계효용을 가진 자에게 낮은 세금이 부과될 때 사회후생은 극대가 된다. 높은 소비 수준을 가진 자들은 세금부과로 인해 '상실된 소득에 대한 아쉬움'이 작을 것이다.
- **인지행위적 반응** : 특정 집단(통상적으로 고소득층)에 대해 세금을 증가시킬 때, 그 집단에 속해 있는 개인들은 일을 적게 하고 소득을 줄일 수 있다. 따라서 세율이 증가하더라도 세원이 감소해 세수는 증가하지 못할 수도 있다.

따라서 소득세율의 누진 정도를 결정할 때, 정부는 두 가지 상반된 사실을 모두 고려해야 한다. 하나는 소득세율을 보다 누진적으로 한다면 고소득층과 저소득층의 한계효용은 같게 되어 형평성은 높아진다는 것이고, 다른 하나는 고소득층들에게 보다 많은 세금을 부과하는 것은 이들의 노동시간을 감소시켜 조세의 한계수입을 낮춘다는 것이다. 후자는 조세의 한계 비효율성은 세율과 함께 증가하고 고소득층은 사회에서 가장 생산적인 사람들이어서 생산량의 감소가 가장 크다는, 앞서 언급된 사실과 일맥상통한다. 따라서 저소득층에게는 세금을 낮추고 부유한 자들에게는 세금을 중과세하는 것은 사회 전반적인 효율성을 떨어뜨린다.

예시

세금이 전혀 없는 세상을 상상해보자. 여기서 정부가 지금 1%의 소득세를 도입하기를 원한다고 하자. 이러한 세계에서 부유한 자의 MU/MR는 가난한 자보다 훨씬 낮다. 부유한 사람들은 이미 높은 수준의 소비를 누리고 있기 때문에 MU는 가난한 자들보다 훨씬 낮다. 1%의 소득세를 부과한다면 소득이 높은 그룹에 과세하는 것이 세원이 풍부하기 때문에 보다 많은 세수를 징수할 수 있다. 즉 부유한 사람들의 MR은 높다. 따라서 부유한 자들의 MU/MR는 가난한 자들보다 훨씬 낮다.

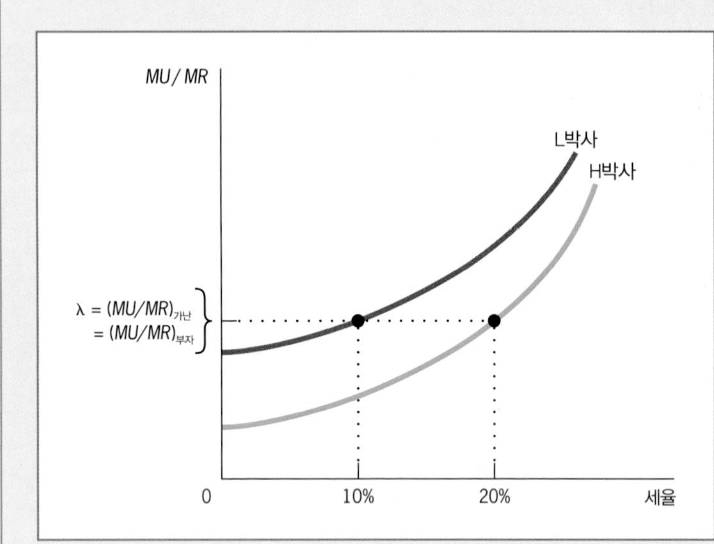

그림 20-10 최적소득세 모든 납세자에게 있어서 한계수입에 대한 한계효용의 비율은 세율에 따라 증가한다. 그러나 H박사의 이 비율은 L박사보다 전 구간에서 낮다. 최적소득세는 모든 납세자에 대해 이 비율을 같게 만드는 것이다. 이 경우, 최적소득세율은 L박사에게 10%, H박사에게 20%를 매기는 것이다.

그러나 부자들에게 세금을 보다 많이 부과할수록 *MU*/*MR* 비율은 증가한다. 분자인 *MU*는 소비 수준이 감소하기 때문에 증가하고 반면 분모인 *MR*은 노동공급의 인지행위적 반응 때문에 감소한다. 즉 부유한 자들에 대한 세금을 높일 경우 이들의 노동공급은 감소하고 세원은 줄어 세수는 감소한다. 최상위 부자들에 대한 세율이 충분히 높다면, 그들의 *MU*/*MR*는 실질적으로 최하위 빈자들의 *MU*/*MR* 비율보다 높아질 것이다. 부유한 자들에게는 높은 세율을 적용해야 하나 정부가 부유한 사람들의 소득을 모두 '가지려' 해서는 안 된다. 이렇게 할 경우 부유층의 *MU*는 증가하나 과세에 따른 *MR*은 매우 작아진다.

그림 20-10은 이러한 사실을 잘 설명해준다. 가로축은 세율을, 세로축은 *MU*/*MR* 비율을 나타낸다. 그래프에 있는 곡선들은 세율이 증가함에 따라 *MU*/*MR* 비율이 어떻게 변하는지를 보여주고 있다. 이 곡선들은 우상향한다. 세율이 증가함에 따라 *MU*는 한계체감의 법칙에 의해 증가하는 반면 *MR*은 세율이 증가할 때 노동공급의 감소로 감소하기 때문이다. 분자의 증가와 분모의 감소가 동시에 발생하기 때문에 이 곡선들은 우상향할 뿐 아니라 기울기는 체증적으로 증가한다. 극단적으로 100% 세율에서는 세원이 없어지기 때문에 모든 사람에게 *MU*/*MR*는 무한대가 된다(곡선은 완전수직이다).

두 사람, H박사와 L박사를 고려해보자. H박사의 곡선은 추가적인 1달러의 소득에 대해 *MU*가 낮기 때문에 L박사의 곡선보다 낮다. 만약 두 사람 모두에게 10%의 세금을 부과한다면, H박사의 *MU*/*MR*는 역시 L박사의 *MU*/*MR* 아래에 있다.

H박사에 대한 세금을 증가시킴에 따라 H박사의 *MU*는 증가하고 *MR*은 떨어진다. 세율이 20%일 때 H박사의 *MU*/*MR*와 세율이 10%일 때 L박사의 *MU*/*MR*는 같다. 따라서 H박사의 최적소득세율은 20%이며 L박사의 최적소득세율은 10%이다.

20.4 조세-편익 연계와 사회보장 프로그램의 재원 조달

앞의 2개 장에서 우리는 세수의 사용에 대해서는 고려하지 않고 단지 과세에 따른 효율성과 형평성에만 초점을 맞추어 설명했다. 따라서 지금까지 세금과 세금으로부터의 편익을 직접적으로 연결하는 **조세-편익 연계**(tax-benefit linkage)의 효과는 전혀 고려되지 않았다. 이들 연계는 조세의 효율성과 형평성에 상당한 영향을 미친다. 이는 정부의 사회보장 프로그램의 관점에서 Summers(1989)에 의해 강력히 제기되었다. 그는 급여세와 급여세에 의해 재원이 조달되는 사회보장편익 사이의 연계를 고려했을 때 근로자들에 대한 급여세의 귀착 정도는 제19장의 분석에서 추정된 것 이상이 될 수 있으며 또한 사회보장 프로그램의 재원 조달에 따른 효율성 비용은 제19장의 분석에서 추정된 것보다 낮아질 수 있음을 보였다. 사회보장 프로그램의 재원을 조달하기 위한 수단으로 사용되는 급여세는 미국을 포함한 대부분의 나라들에서 조세부담의 큰 몫을 차지하기 때문에 조세-편익 사이의 연계와 관련된 논쟁을 이해하고 평가하는 데 유용하게 사용될 수 있다.

조세-편익 연계　납세와 정부가 그 대가로 제공하는 편익을 직접 연계시키는 것

모형

사회보장 프로그램의 재원을 조달하는 급여세의 효과를 보기 위해 급여세에 의해 재원이 조달되고 있는 (상해 시 근로자에게 보상을 제공하는) **근로자 상해보상제도**를 고려해보자. 그림 20-11(a)에 나타나 있듯이 근로자들이 어떠한 상해보상제도도 갖고 있지 않은 노동시장을 먼저 고려해보자. 이 시장은 처음에는 A점에서 균형이 발생하여 L_1만큼 일을 하고 W_1만큼의 임금을 받는다. 그다음 정부가 고용주에 대한 급여세를 통해 재원이 조달되는 근로자 상해보상제도를 도입한다고 하자. 이러한 급여세는 고용주에게 생산에 따른 비용을 추가시켜 모든 임금 수준에서 노동수요량을 줄이게 해 노동수요곡선을 D_1에서 D_2로 이동시킨다. 균형점은 D_2와 원래의 공급곡선인 S_1이 만나는 B점으로 이동한다. 균형임금은 W_2로 떨어지고 노동공급은 L_2로 감소한다. 새로운 균형점 B에서는 $(L_1 - L_2)$만큼의 비자발적인 실업이 발생한다. 일단 세금이 부과되면 이들 근로자를 고용하는 것이 기업에게는 더 이상 득이 되지 않기 때문이다. 그러나 $(L_1 - L_2)$에서는 한계편익이 한계비용보다 크기 때문에 결국 급여세 부과로 인해 노동시장에서는 $(L_1 - L_2)$만큼의 효율적인 거래가 없어지게 되어 CAB만큼의 사중손실이 발생한다.

그런데 이러한 분석은 세금이 부과된 이유가 고려되지 않았기 때문에 정확하지 않다. 급여세는 상해보험과 같은 근로자들의 편익을 위한 재원으로 사용된다. 근로자들에 대한 보상이 없을 때에는, 위험한 일에 종사하고 있는 근로자가 상해를 입어 일할 기회를 잃는다면 근로자는 일을 못하고 있는 동안 임금을 받지 못하고 상해로부터 회복되는 데 필요한 의료비용을 스스로 부담해야 한다. 따라서 위험한 일에 종사하고 있는 근로자들은 제8장에서 언급된 종류의 보상임금을 요구할 것이다. 이들 근로자들은 잠재적 상해비용을 보상받기 위해 위험을 제외하고는 유사한 일에 종사하고 근로자들이 받고 있는 임금보다 높은 임금을 요구할 것이다. 그러나 근로자 상해보상제도가 존재한다면 상실된 노동소득과 치료비용을 정부가 보상하기 때문에 고용주들

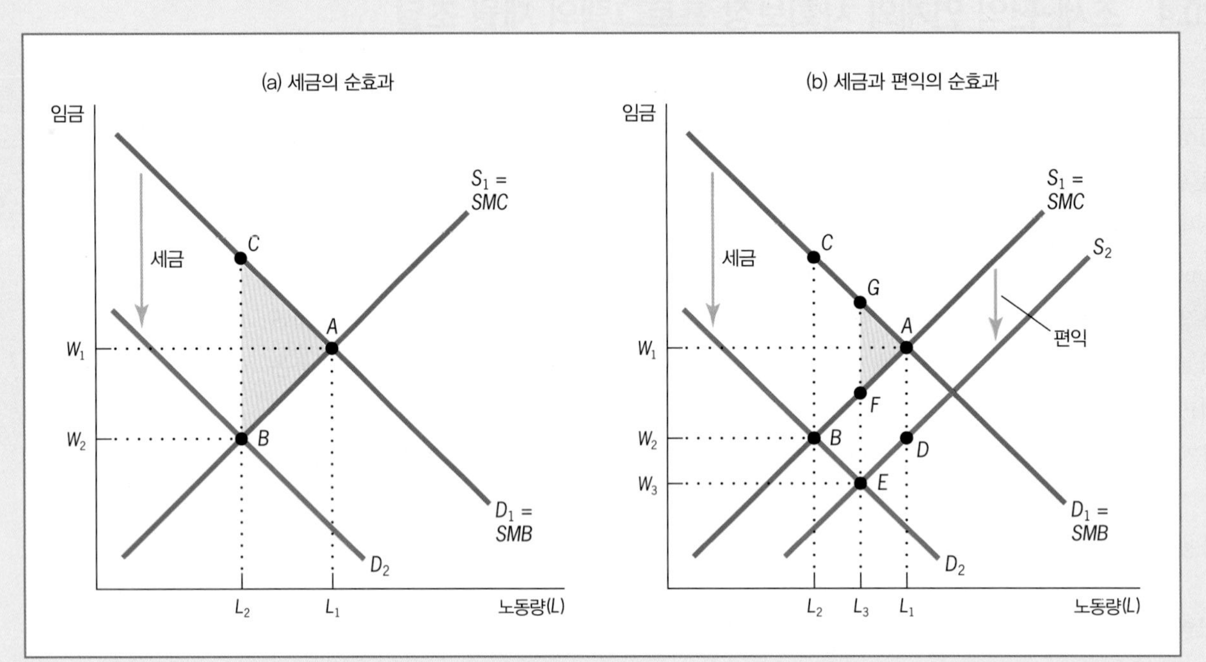

그림 20-11 조세-편익 연계 (a) 노동에 대해 세금만 부과했을 때 수요곡선은 D_1에서 D_2로 이동해 노동을 L_1에서 L_2로 감소시킨다. 이때 사중손실 삼각형(*CAB*)이 만들어진다. (b) 세금이 근로자의 편익에 연계되어 있는 경우 공급은 S_2로 이동한다. 왜냐하면 편익은 실질적으로 임금이 올라간 효과를 가져오고 노동공급을 촉진하기 때문이다. 노동공급은 단지 L_3 수준까지만 떨어지며 사중손실 삼각형은 *GAF*로 축소된다.

에게 보상임금을 요구하지 않는다. 근로자들은 보다 낮은 임금에서 기꺼이 노동을 공급하려 할 것이다.

그림 20-11(b)는 급여세 부과로 인해 발생하는 사중손실이 편익이 고려될 때 어떻게 변하는지를 보여주고 있다. 임금 W_1에서 근로자들은 처음에는 L_1만큼의 노동을 공급했으나(*A*점) 근로자 상해보상제도가 도입된 후 근로자들은 보다 낮아진 임금인 W_2에서도 동일한 양의 노동을 기꺼이 공급하려 할 것이다(*D*점). 이러한 변화는 모든 노동공급량에서 발생하기 때문에 공급곡선은 S_2로 이동한다. 새로운 균형점은 D_2와 S_2가 만나는 *E*점에서 발생한다 — 임금은 W_3로 떨어지고 노동공급은 L_3로 증가한다. 그림 (a)에 비해 노동시장에서 노동공급량이 증가했기 때문에 조세에 따른 효율성 비용은 감소한다. 이는 거래가 이루어지지 않았던 효율적인 고용주-근로자 사이의 결합량이 급여세 때문에 L_2L_1에서 L_3L_1으로 작아졌기 때문이다. 사중손실은 *GAF*로 줄어든다.

*E*점에서 새로운 균형이 발생할 때 사중손실은 왜 *GAF*인가? 사중손실은 사회적 한계비용보다 사회적 한계편익이 큰 단위들이 시장에서 거래가 되지 않아 사회적 잉여가 감소되기 때문에 발생한다. 정부가 개입하기 전에는 노동의 사회적 한계편익은 수요곡선 D_1으로, 노동의 사회적 한계비용은 공급곡선 S_1으로 각각 측정된다. 따라서 사중손실은 이들 곡선의 관점에서 도출되어야 한다. 새로운 노동균형량 L_3에서 사회 전반적인 효율성을 증가시킴에도 불구하고 거래가

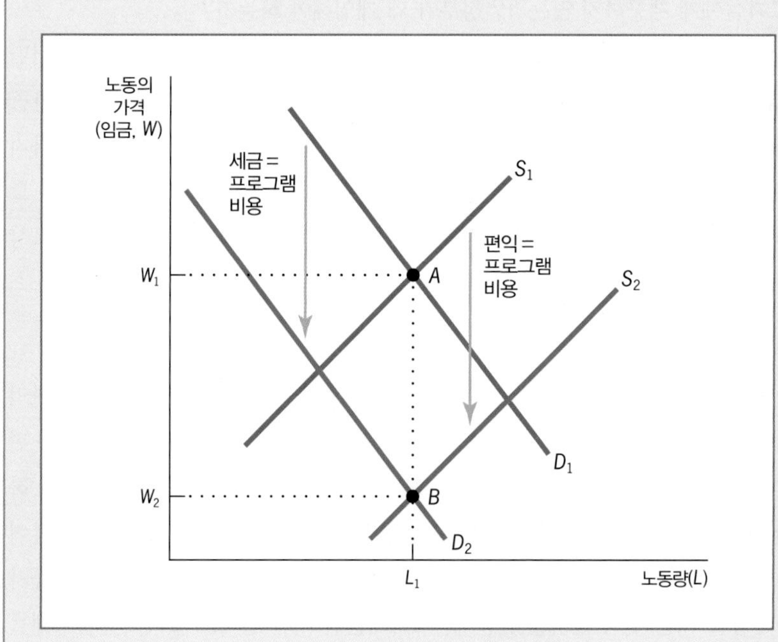

그림 20-12 **조세-편익 연계로 인해 사중손실이 없는 조세** 근로자들이 낮은 임금으로 비용 전체를 감수할 만큼 조세-편익 연계에 큰 가치를 부여하는 경우, 세금을 부과해도 고용에는 변화가 없다. 노동공급의 상승이 정확하게 노동수요의 감소를 상쇄하기 때문에 임금은 W_2로 떨어지고 노동량은 L_1에서 변동이 없다.

이루어지지 않았던 거래량은 L_3와 원래의 균형점 L_1 사이에 있는 노동량이다. 따라서 사중손실은 이들 양에 대한 사회적 한계편익(D_1)과 사회적 한계비용(S_1)의 차가 된다.

사실 근로자들이 받게 될 상해보상제도의 편익을 고용주에 대한 비용으로 간주한다면 **사중손실은 발생하지 않는다**. 이러한 가능성은 그림 20-12에 잘 나타나 있다. 그림 20-12에서는 D_2로의 이동을 완전히 상쇄할 정도로 공급곡선이 S_2로 이동한 경우를 보여주고 있다. 노동량은 최초의 균형점(A점)과 새로운 균형점(B점)에서 동일하게 L_1으로 남아 있다. 임금은 W_1에서 이 프로그램의 비용을 정확히 뺀 것과 같은 임금 W_2로 떨어진다. 따라서 근로자의 보상세금 비용은 전적으로 보다 낮아진 임금의 형태로 근로자에게 전가된다. 정부가 근로자 상해보상제도를 도입하고 근로자들이 이 프로그램의 편익을 고용주들의 비용으로 간주한다면 고용주들의 노동비용은 변하지 않는다. 단지 임금과 보험편익 사이에 대체만 발생하게 된다. 따라서 사중손실은 발생하지 않게 된다.

조세-편익 연계 분석과 관련된 여러 가지 쟁점

조세와 편익을 연계해 분석할 경우 효율성과 관련해서 여러 가지 흥미로운 쟁점들이 존재한다.

편익을 제공할 때 비효율성이 발생하지 않는다면, 고용주들은 왜 스스로 상해보상보험을 제공하지 않는가? 그림 20-12에서 보듯이 근로자에게 상해보상보험을 제공할 때 비효율성은 발생하지 않는다. 즉 근로자들은 상해보상보험의 편익을 고용주의 비용으로 간주하고 필요한 재원을 조달하기 위한 비용만큼 기꺼이 임금을 적게 받는다. 그렇다면 고용주들은 왜 스스로 이러한 프로그램을 근로자들에게 제공하지 않는가? 정부가 왜 개입해야 하는가?

이에 대한 답은 시장실패에서 찾을 수 있다. 예컨대 시장에서 역선택이 존재할 수 있다. 어떤 사람이 기업을 운영하고 있고 고용인들이 새로운 근로자상해보상보험을 구매해준다면 그만큼 임금을 적게 받아도 된다는 조건을 제시했다고 하자. 시의 어떠한 기업들도 이러한 제도를 가지고 있지 않다고 하자. 만약 이 기업이 이러한 조건을 제시받은 최초의 기업이라면, 시에 있는 모든 비상식적인 사람들(혹은 상해를 입은 체하는 자들)이 이 기업으로 몰려와 근로자의 상해보상비용을 크게 증가시킬 수도 있을 것이다. 이러한 전형적인 역선택 문제 때문에 고용주들은 스스로 상해보상보험을 제공하지 않을 수 있다.[13]

조세-편익 연계는 언제 존재하는가? 조세-편익 연계는 근로자가 낸 세금과 근로자의 편익이 직접 연계될 때 가장 크다. 근로자들의 세금이 비근로자의 편익을 위해 사용된다면 조세-편익 연계는 없어진다. 국민 전체 건강보험의 재원 조달을 위해 새로운 급여세를 도입한다고 하자. 근로자상해보상보험 예에서 보듯이, 급여세가 도입되면 노동수요는 감소한다. 그러나 급여세에 의해 재원이 조달된 편익을 얻기 위해 일을 해야 할 필요가 없기 때문에 노동공급은 증가하지 않을 것이다. 세금을 내는 것과 편익을 받는 것 사이에는 어떠한 연계도 없다. 즉 급여세를 내든 내지 않든 이에 관계없이 모든 사람은 국민건강보험의 혜택을 누린다. 따라서 조세-편익 연계가 없을 때는 사중손실을 포함하고 있는 통상적인 조세분석을 사용해야 한다.

조세-편익 연계에 대한 실증적 증거는 무엇인가? 사회보장기여금이 임금 및 고용에 어떤 효과를 미치는지를 분석한 연구는 많다. 이 연구들의 대부분은 사회보장기여율이 서로 다른 근로자 집단이나 주들을 대상으로 이들의 임금 및 고용을 비교하고 있다. 예를 들어 Gruber와 Krueger(1991)는 주들을 대상으로 근로자의 보상비용 변화가 임금 및 고용에 미치는 효과를 추정했고, Anderson과 Meyer(2000)는 기업들을 대상으로 실업보험급여세의 변화가 임금 및 고용에 미치는 효과를 분석했다. 보다 최근에, Saez(2010)는 높은 급여세가 그리스 노동자의 노동공급과 세금 기여에 미치는 영향을 추정했고, Ku 외(2018)는 노르웨이의 지역마다 다양한 급여세 유인제도의 영향을 연구했다. 이들 연구에 따르면 평균적으로 볼 때 사회보장 프로그램의 재원을 조달하기 위한 비용은 고용에는 영향을 크게 미치지 않았던 반면 임금 수준은 크게 감소시킨 것으로 나타났다.

기존 연구 결과들을 요약하면, 사회보장의 재원조달비용은 고용이 아니라 낮은 임금의 형태로 노동자들에게 전가되고 있다는 것이다. 사회보장 프로그램의 재원을 마련하기 위해 부과된 세금은 Summers의 최초의 연구에서 제시된 것처럼 사중손실을 크게 발생시키지 않는다.

---

13 실제로 그러한 시장실패가 있다면 상해보상보험과 같은 프로그램이 시장에서 노동의 양을 증가시키는 것은 가능하다. 근로자가 고용주에 대한 비용보다 근로자 보상을 더 중요하게 여긴다면(근로자가 위험을 회피하는 경우와 같이), 노동공급곡선은 수요곡선이 안쪽으로 이동한 것보다 많이 바깥쪽으로 이동한다. 즉, 근로자는 이러한 혜택을 받기 위해 근로자 보상 비용보다 더 많은 임금 삭감을 기꺼이 받아들인다. 이것은 실질적으로 고용을 증가시킬 것이다.

실증적 증거

특정 집단 고용주 의무편익제도

Gruber(1994)는 작업장 내의 특정 집단에 대해 의무적으로 편익을 제공하는 특정 집단 고용주 의무편익제도(group-specific employer mandate)가 임금 및 고용에 어떤 효과를 미치는지를 검토했다. 이 논문은 1970년대 중반 임신과 출산에 따른 비용을 포괄적으로 보상하는 것을 의무화했던 주법(후속으로 연방법이 만들어졌음)에 대한 효과를 연구했다. 이 법이 제정되기 전에는 다른 의료서비스에 대해서는 의료보험을 통해 모든 비용이 보상되었으나 임신이나 출산과 관련해서는 비용 중 극히 일부분만이 의료보험을 통해 보상되었다. 몇몇 주에서는 이를 명백한 차별이라 간주하고 다른 의료서비스와 마찬가지로 임신 및 출산과 관련된 비용도 전액 의료보험을 통해 보상되도록 법제화했다.

이 법을 시행하고 있는 주들에서는 출산 가능한 나이에 있는 여성들의 의료보험비용이 크게 증가했고 그 결과 이 여성들을 고용하는 데 따른 기업의 비용이 크게 증가했다. 이 연구에서는 분석을 위해 출산 가능한 나이의 여성들을 분석집단으로, 이 법이 통과되지 않았던 다른 주에 있는 유사한 근로자 집단, 법을 통과시켰던 주에 있는 다른 근로자 집단을 비교집단으로 각각 사용했다. Gruber는 제14장의 부록에서 소개된 이중차감법을 이용해서 이 법안이 통과된 시점 근처에서 분석집단과 두 비교집단 사이에 임금 및 노동공급의 차이가 있는지를 비교했다. 추정 결과에 따르면 이 법 시행으로 인한 비용은 편익을 받는 집단(즉 분석집단)의 임금에 전적으로 전가되는 반면 고용에는 거의 영향을 미치지 않은 것으로 나타났다.

주법의 후속조치로 1978년 연방정부는 모든 주에서 임신에 대해서도 다른 질병과 동일하게 의료보상이 이루어지도록 하는 임신차별금지법을 통과시켰다. Gruber는 준실험적 방법을 이용해 이 법의 효과에 대해 분석했다. 분석집단과 비교집단은 종전의 분석과는 '반대로' 사용하였다. 즉 이미 주 자체적으로 이 법을 통과시켰던 주들은 비교집단으로, 자체적으로는 이 법이 없었던 주들은 분석집단으로 사용하였다. 분석 결과는 종전의 분석과 마찬가지로 의무편익 실시에 따른 비용은 편익을 받는 대상자들의 임금 감소로 나타났다.[14]

이들 연구를 통해 얻어진 결과들은 의무출산휴가(자녀가 태어났을 때 부모들에게 주어지는 무급 혹은 유급출산휴가)와 같은 특정 집단 의무편익제도들에 대한 논쟁과 관련해 매우 중요한 시사점을 제공한다. 많은 경우 이 법은 출산 가능한 나이에 있는 여성들에 대한 수요를 감소시켜 이들의 고용전망을 어둡게 할 것이라는 비판을 받아왔다. 그러나 이들 연구에 따르면 이 법이 도입되었을 때 고용은 변하지 않았고 단지 임금만 감소되었다. 이러한 결과는 규제로 인해 사중손실이 발생하지 않았기 때문에 효율성의 관점에서는 문제점을 발생시키지 않으나 편익에 따른 비용이 전적으로 이 편익을 받는 여성의 임금 감소 형태로 나타났기 때문에 형평성의 관점에서는 문제를 발생시킨다.

이러한 결과는 최근 Kim과 Koh(2021)의 연구에서도 확인되었다. 그들은 고용주들이 26세까지의 모든 부양가족을 부모의 임금에 포함하도록 하는 2010년 ACA의 의무제도(ACA's mandate)가 임금에 미치는 영향을 분석했다. 특히, 19~26세의 자녀를 둔 부모에 대한 시간 경과에 따른 임금의 변화를 살펴보고, 17~18세와 26~28세의 자녀를 둔 부모들과 비교하였다. 첫 번째 그룹은 새로운 의무에 의해 영향을 받은 반면, 나머지 두 그룹은 영향을 받지 않았다. 그들 연구에 따르면 19~26세 부모의 임금은 큰 폭으로 감소하였고 감소 폭은 보험의무 강화에 따른 비용 증가 폭과 같았다.

20.5 결론

세제를 고안함에 있어 근본적인 쟁점은 형평성-효율성 간의 상충이다. 제19장에서는 조세부담의 분포 혹은 조세가 형평성(경제적 파이의 분포)에 미치는 영향에 대해 분석했다. 이 장에서는 조세가 효율성(경제적 파이의 크기)에 어떻게 영향을 미치는지와 최적상품세와 최적소득세를 고안함에 있어 이들 효과가 가지는 의미에 대해 논의했다. 효율성에 대한 분석은 다소 복잡하지만, 조세의 효율성은 결국 다음의 두 가지 사실로 요약된다. 첫째, 재화의 수요와 공급곡선이

14 이에 대한 보완적인 연구로는 Sheiner(1999)가 있다. 그는 의료보험비용이 증가할 때 기혼노령층과 같이 의료비용이 가장 많이 드는 근로자의 임금이 가장 많이 감소했음을 보였다. 이 문헌에 대한 보다 자세한 설명은 Gruber(2001d)를 참조하라.

탄력적일수록 과세에 따른 사중손실은 커진다. 둘째, 세율이 높을수록 과세로 인한 사중손실의 증가는 더욱 커진다. 이 책의 나머지 부분들을 통해 분석하게 될 조세정책들의 효율성 측면을 제대로 이해하기 위해서는 이 두 요소를 잘 숙지해야 한다.

요약

- 조세의 효율성 비용은 재화의 소비 감소로부터 발생하는 사중손실로 측정된다.
- 이러한 효율성 비용은 수요와 공급의 탄력도와 세율의 제곱에 비례한다.
- 사중손실이 세율의 제곱에 비례한다는 것은 외부효과, 보조금, 그리고 기존의 조세들과 같은 사전적인 왜곡요인이 존재할 때 조세의 효율성 비용은 더욱 커지며 누진세는 비례세보다 효율성 비용이 커진다는 것을 의미한다.
- 최적상품세는 비탄력적인 상품에 높은 세율을 부과하고자 하는 측면과 보다 많은 상품에 과세해서 전반적으로 세율을 줄이고자 하는 상반되는 측면 모두를 내포하고 있다. 그러나 특정 가정하에서는 수요의 가격탄력성에 반비례해서 상품에 과세하는 것이 최적이 되는 '역탄력성' 법칙이 성립한다.
- 최적소득세는 고소득층에 대해 높은 세율을 과세할 때 발생하는 조세왜곡을 줄여야 한다는 효율성 측면과 이와 상충되는 형평성 측면 모두를 내포하고 있다. 모의실험 결과에 따르면 최적소득세에서 한계세율은 소득에 대해 평평하거나 감소해야 하나 평균세율은 소득에 대해 급격히 증가해야 한다.
- 조세-편익 연계를 감안할 때 급여세는 사중손실은 감소시키나 근로자에 대한 귀착은 증가한다. 이러한 연계는 사회보장 프로그램에 있어 특히 현저하게 나타난다. 이론적 분석이나 실증적 분석 결과에 따르면 급여세는 전적으로 낮은 임금의 형태로 노동자에게 귀착된다.

연습문제

1. 초강력접착제의 시장수요곡선은 $Q = 240 - 6P$이고 시장공급곡선은 $Q = -40 + 2P$이다.
   a. 초강력접착제의 생산자에게 단위당 4달러의 세금을 부과했을 때 사중손실을 구하라.
   b. 만약 세금이 소비자에게 부과되는 것으로 바뀐다면 사중손실은 어떻게 달라지는가?
2. 워시로비아 정부는 옷 건조기에 세금을 부과하고 싶어 한다. 이스트워시로비아에서는 옷 건조기에 대한 수요의 가격탄력성이 -2.4이며 웨스트워시로비아에서는 -1.7이다. 조세 비효율성은 어느 쪽이 더 큰가? 설명해보라.
3. 최근 암스테르담을 방문했을 때, 운하에 접하고 있는 집들은 높고, 깊고, 극히 좁다는 것을 알게 되었다. 집주인에 따르면 이는 절세를 위한 건축주의 욕심에서 비롯된 것이라고 한다. 어떤 세제하에서 이러한 행위가 유발되겠는가? 설명해보라.
4. 미치콘신 정부는 치즈커드 제품에 과세하기로 했다고 하자. 단기와 장기 중 조세의 비효율성이 어느 쪽이 더 큰가? 그 이유를 설명해보라.
5. 주 하원의원인 포드는 차고 면적은 거주자의 소득을 측정할 수 있는 좋은 지표라 생각하고 이에 기초해서 상당한 크기의 차고세를 제안했다. 이러한 차고세의 잠재

적인 문제점들은 무엇인가? 만약 차고세가 도입된다면 각 가구들에 있어 어떤 변화가 예상되는가?

6. 해밀타운시는 잭슨데일시로부터 야구팀을 유치하기 위해 새로운 스타디움을 짓기로 결정했다. 한 경제 자문가는 2년 동안 10%의 판매세를 통해 재원을 조달해야 한다고 주장한 반면 다른 자문가는 20년 동안 1%의 판매세를 통해 재원을 조달해야 한다고 주장했다고 하자. 이자율이 영(0)이라 가정할 때 어떤 쪽의 주장이 보다 효율적인 결과를 낳을 것인가? 이유를 설명해보라.

7. 당신은 지금 버트니 정부의 고문이라 하자. 정부는 사과, 바나나 혹은 멜론에 대한 세금을 줄이기로 결정했다. 정부가 당신에게 어떤 과일에 세금을 줄이는 것이 가장 좋은지에 대해 의견을 묻기로 결정했다고 하자. 정부가 아래와 같은 정보를 당신에게 주었다면 과세 대상으로 무엇을 추천할 것인가? 이유를 설명해보라.

재화	단위 가격	판매 (천 개)	단위당 세금	한계세입 (추가 1달러당 천 달러)	한계사중손실 (추가 1달러당 천 달러)
사과	$1	100	$0.10	20	5
바나나	$2	100	$0.25	30	20
멜론	$4	50	$0.15	10	20

8. 사치재는 일반 사람들에 의해 구매되는 재화들보다 수요의 가격탄력도가 훨씬 높다. 그렇다면 정부는 '주요 식품'과 관련된 재화들보다 사치재에 왜 보다 많은 세금을 부과하는가?

9. ⓔ 급여세를 통해 재원이 조달되며 단지 근로자들에게만 혜택이 돌아가는 사회보장 프로그램, 예컨대 실업보험을 고려해보자. 만약 사회보장 프로그램에 대한 편익이 모든 시민에게 돌아가도록 사회보장 프로그램이 변경되었다고 하자. 예컨대 실업보험 규칙이 근로 여부에 관계없이 실업보험 수당을 받도록 되었다고 해보자. 본문에서 살펴본 Saez(2010), Ku 외(2018), Kim과 Koh(2021)의 관점에서, 근로자의 세전 임금에 어떤 변화가 있을 것으로 예측되는가? 이러한 프로그램으로 인한 사중손실은 어떻게 되는가?

ⓔ 기호는 학생들이 제3장과 '실증적 증거' 코너에서 공부한 실증적 경제 원리를 적용해야 하는 문제임을 의미한다.

심화 연습문제

10. 트리비아국이 노동자의 노동력 공급은 $H = 140W$이고, 기업의 노동수요곡선은 $H = 2000 - 20W$라 하자. W는 시간당 임금이고, H가 노동시간이다.
    a. 트리비아 정부가 소득세를 부과하기로 결정했다고 가정하자. 정부가 근로자의 모든 소득에 대해 25%의 비례세를 부과할 경우 예상되는 사중손실을 계산하라.
    b. 트리비아 정부가 노동자를 두 그룹에 임의할당하는 실험을 시도한다고 가정하자. A그룹은 급여별로 비례세를 원천징수하고, B그룹은 급여에서 즉시 원천징수하지 않고, 대신 근로자에게 매년 연말에 벌어들인 모든 임금에 대해 세금을 신고 · 납부하도록 하는 방식으로 비례세가 시행된다.

    두 그룹에서는 비례세는 전체 소득의 25%로 같다. 정부는 A그룹은 문제 (a)의 예측에 따라 균형노동공급이 감소되는 반면 B그룹의 균형노동공급은 1,715시간인 것으로 파악하고 있다. 이 결과를 무엇으로 설명할 수 있는가?

11. 양털박제 토끼의 시장수요곡선은 $Q = 2,600 - 20P$이고 정부는 양털박제 토끼 구매 시 한 마리당 4달러의

세금을 부과할 의향이 있다. 다음의 경우에 대해 사중손실을 계산해보라.

a. 공급 $Q = 400$

b. 공급 $Q = 12P$

c. 문제 (a)와 (b)에서 사중손실이 왜 다른지 그 이유를 설명해보라.

12. 페스트왈리아에는 시간당 10달러를 버는 저숙련근로자와 시간당 20달러를 버는 숙련근로자가 있다. 페스트왈리아 정부는 현재 모든 근로소득에 20%의 비례세를 부과하고 있다. 페스트왈리아 정부는 비례세를 역진세로 대체할 것을 고려하고 있다. 새로운 역진세하에서는 비례세와 세수는 같으나 저숙련근로자에게는 20% 이상의 세율을, 숙련근로자에게는 0%의 세율을 부과한다. 이러한 역진세는 비례세보다 효율적인가, 아니면 비효율적인가?

13. 시미즐과 시무즐은 펠드스파 정부의 자문가들이다. 시미즐은 화강암 주방용 조리대의 수요가격탄력성은 −3이고 개수대의 수요가격탄력성은 −1.5이기 때문에 전적으로 화강암 주방용 조리대에 과세되어야 한다고 주장한다. 반면 시무즐은 두 재화 모두에 세금이 부과되는 것이 더 좋다고 말한다. 펠드스파 정부는 누구의 의견을 귀담아들어야 하는가? 그 이유를 설명해보라.

14. 래퍼곡선의 이론적 당위성은 무엇인가? 본문에서 언급된 실증적 증거에 기초할 때, 세수를 증가시키기 위해 미국은 세율을 증가시켜야 하는가, 아니면 낮추어야 하는가? 그 이유를 설명해보라.

15. 버하마의 스노클 수요는 $Q_S = 500 - 8P_S$로 주어졌고 공급은 $Q_S = 200 + 4P_S$로 주어졌다. 카약의 수요는 $Q_k = 650 - 6P_k$, 공급은 $Q_k = 50 + 1.5P_k$로 주어졌다. 두 재화에 대한 세금은 현재는 없다. 그러나 등대를 건설하기 위해 두 재화에 대한 과세를 통해 버하마 정부는 5,000달러를 마련하고자 한다. 두 재화에 각각 어떤 세금을 부과해야 하는가?

16. ⓔ 주정부가 남성과 여성 모두에게 출산 후 산후휴가를 줄 것을 의무화시켰다고 하자.

a. 당신은 이 주에서 이러한 정책이 남자와 여자의 상대임금에 어떤 영향을 미쳤는지를 실증적으로 어떻게 분석하겠는가?

b. 본문에서 언급된 특정 집단 고용주 의무편익제도에 기초할 때 이 주에서 남자와 여자의 상대임금에 어떤 일이 일어날 것이라 예견하는가?

17. 그라니타 정부는 모루, 책, 카디건 중 하나 혹은 그 이상에 대해 작은 규모의 세금을 부과할 것을 생각하고 있다. 모루와 책은 한계비용이 일정한 완전경쟁시장에서 생산되는 반면 카디건은 한계비용이 일정한 독점시장에서 생산되고 있다. 세 재화에 대한 수요탄력도는 각각 −3, −1.5, −1.2이다. 사중손실을 극소화하려면 어떤 재화 혹은 재화들에 아주 작은 세금을 부과해야 하는가?

부록
제20장

James Andrews/iStock/Getty Images

최적과세의 수학적 도출

이 장의 부록에서는 본문에서 직관과 그림을 통해 살펴본 여러 가지 내용을 수학적으로 도출한다.

사중손실식의 도출

세금에 따른 사중손실을 계산하기 위한 가장 명확한 방법은 삼각형 면적을 구하기 위한 식인 '면적 = 1/2 × 밑변 × 높이'를 이용하는 것이다. 사중손실 삼각형의 밑변은 세금으로 인해 발생한 거래량의 변화(ΔQ)이며 높이는 세금의 크기이다.

$$DWL = -1/2 \times \Delta Q \times \tau$$

DWL은 $\Delta Q < 0$이므로 양의 값을 갖는다.

제19장의 부록으로부터 다음의 사실을 알 수 있다.

$$\Delta Q/Q = \eta_s \times \Delta P/P$$

$$\Delta P = \frac{\eta_d}{\eta_s - \eta_d} \times \tau$$

이들 두 식을 결합해서 재정리하면 세금에 의해 발생한 거래량의 변화는 다음과 같이 표시할 수 있다.

$$\Delta Q = \frac{\eta_s \eta_d}{\eta_s - \eta_d} \times \tau \times \frac{Q}{P}$$

DWL 식에 위 식을 대입하면 다음과 같은 식을 구할 수 있다.

$$DWL = -\frac{\eta_s \eta_d}{2(\eta_s - \eta_d)} \times \tau^2 \times \frac{Q}{P}$$

조세의 인지행위적 반응과 사중손실 : 기술적 관점

조세는 두 가지 효과를 가지고 있다 — 소득을 재분배하고 시장 참여자들로 하여금 세금을 회피하기 위한 인지행위적 반응을 하도록 한다. 조세의 사중손실은 경제주체가 세금을 피하기 위해 하는 인지행위인 두 번째 효과 때문에 발생한다.

과세에 따른 분배효과와 대체효과(즉 인지행위적 반응)를 대조하기 위해 가장 좋은 방법은 지금까지 논의했던 세금의 유형들과 **정액세**(lump-sum tax)를 비교하는 것이다. 정액세는 소득, 재화나 서비스에 대한 소비, 부와 무관하게 사람들에게 고정된 양을 과세하는 것이다. 따라서 자신의 행위를 변화시킴으로써 지불해야 할 세금의 크기를 바꿀 수 없다. 지금까지 논의되었던 세금들은 이와는 달리 자신의 행위 변화에 의해 세금의 크기를 바꿀 수 있는 **왜곡세**(distortionary tax)들이다. 정액세는 세금에 반응해서 개인들이 그들의 행위를 바꾸지 않기 때문에 세수를 걷는 데 가장 효율적인 수단이다.

정부가 필요한 세수는 세금에 의해 충당되기 때문에 조세의 효율성을 논함에 있어 세금이 없는 경우와 비교하는 것은 적절하지 않다. 조세의 효율성을 분석하기 위해서는 주어진 세수를 충당함에 있어 가장 효율적인 세금인 정액세와 기존 혹은 제안된 조세의 효율성을 비교해야 한다. 정액세는 행위에 대해 대체효과는 없고 단지 소득효과만을 가지고 있다. 따라서 조세왜곡은 소득효과가 아니라 대체효과에 의해 발생한다.

소득 변화에 기인한 수요나 공급의 변화는 포함되지 않아야 하기 때문에 일반적인 수요와 공급함수를 이용해 효율성을 분석해서는 안 된다. 예컨대 일반적인 수요곡선은 정액세 과세로 인해 발생하는 수요의 감소도 포함하고 있다. 가격이 높아지면 소비자들은 보다 높아진 가격 때문에 (소득효과에 기인해서) 보다 가난해질 것이다. 그 결과 균형 소비량은 감소하나 이로 인해 사중손실이 발생하지 않는다. 사중손실은 세금에 기인해서 개인들이 재화를 대체할 때만 발생한다.

조세의 효율성 비용을 정확하게 추정하기 위해서는 가격 변화에 대한 대체효과만을 반영해야 하며 따라서 **보상수요곡선**(효용 수준이 일정한)을 사용해야 한다. 조세에 따른 사중손실 역시 **보상수요탄력도**를 사용해야 한다. 공급곡선에 대해서도 동일하다. 즉 조세에 기인한 공급반응을 분석하기 위해 **보상공급곡선**과 **보상공급탄력도**를 사용해야 한다.

보통 수요나 공급곡선을 이용해 측정된 탄력도와 보상탄력도는 이론적으로는 그 차이가 분명하다. 그러나 실질적으로는 보상탄력도를 측정하는 것이 매우 어렵다. 이러한 측정상의 어려움 때문에 조세와 관련된 장에서 논의하게 될 연구의 대부분은 보통 수요나 공급곡선을 이용해 추정된 탄력도를 사용하고 있다.

최적상품세 도출

램지 최적상품세는 주어진 세수 제약하에서 사중손실을 극소화하는 상품세율을 선택함으로써 구해진다.

$$\min(DWL_1 + DWL_2 + DWL_3 + \cdots + DWL_n)$$
$$\text{s.t 세수 제약} : R_1 + R_2 + R_3 + \cdots + R_n = \underline{R}$$

여기서 R_i는 조세 i에 의해 징수된 세수를, $\underline{R}$은 정부의 세수 목표, 그리고 아래첨자 1, 2, ⋯ n은 정부에 의해 과세될 수 있는 상품들이다. 정부는 이러한 극소화 문제를 푸는 세율 τ_1, τ_2, ⋯ τ_n을 선택한다.

극소화 문제를 풀기 위해 라그랑지안을 이용한다. 라그랑지안은 효용과 같은 맥시맨드에서 승수 λ에 예산제약식을 곱한 것을 뺀 것과 같다. 상품에 대한 세율로 이 식을 미분한 뒤 이를 영(0)과 같게 놓고 풀면 이 극소화 문제에 대한 답을 주는 방정식이 구해진다. 이 절차는 예산제약을 효용함수에 대입시킨 제2장과 제7장의 부록에서 사용했던 방법과 같다. 그러나 램지 문제의 경우에는 이러한 간단한 방법을 사용할 수 없기 때문에 라그랑지안 분석을 이용해야 한다.

램지 문제에서 라그랑지안은 다음과 같다.

$$(DWL_1 + DWL_2 + DWL_3 + \cdots) - \lambda \times (R_1 + R_2 + R_3 + \cdots - \underline{R})$$

이들 식을 각 상품에 대한 세율로 미분하고 영(0)으로 놓으면, 다음의 식이 도출된다.

$$MDWL_1 = \lambda MR_1$$
$$MDWL_2 = \lambda MR_2$$
$$\cdots$$

여기서

$$MDWL = \delta(DWL)/\delta\tau$$
$$MR = \delta R/\delta\tau$$

이는 일반적인 램지 법칙을 의미한다. 모든 i에 대해 $MDWL_i/MR_i = \lambda$로 놓는다.

일반적인 사중손실식은 다음과 같다는 것을 이미 알고 있다.

$$DWL = -\frac{1\eta_s\eta_d}{2(\eta_s - \eta_d)} \times \tau^2 \times \frac{Q}{P}$$

$P = 1$과 공급탄력도는 무한대라고 가정하면 DWL은 다음과 같이 간단해진다.

$$DWL = -1/2\eta_d Q\tau^2$$

이로부터 다음의 식을 도출할 수 있다.

$$MDWL = \delta DWL/\delta\tau = -\eta_d Q\tau$$

수입은 $\tau \times Q$이며 따라서 한계수입은 Q임을 역시 알고 있다. 따라서 램지 법칙을 따를 경우 다음의 식이 얻어진다.

$$MDWL/MR = \lambda \rightarrow \tau = -1/\eta_d \times \lambda$$

최적소득세의 도출

최적소득세의 목표는 주어진 세수 목표를 충족하면서 사회후생을 극대화하는 개인들에 대한 세율을 선택하는 것이다. 공리주의적 사회후생함수를 이용할 경우 최적소득세의 문제는 다음과 같이 표시될 수 있다.

$$\max V = U_1 + U_2 + \cdots$$
$$\text{s.t } R_1 + R_2 + \cdots = \underline{R}$$

위와 같이 라그랑지안 함수를 설정할 수 있고 이를 풀면 다음의 식이 도출된다.

$$MU_i/MR_i = \lambda$$

CHAPTER 21

James Andrews/iStock/Getty Images

노동공급에 대한 세금

생각해볼 문제

- 이론적으로 세금이 노동공급에 어떤 영향을 미치는가? 실질적으로는 어떤가?
- EITC는 어떻게 작동하며, 노동공급에 어떻게 영향을 미치는가?
- 자녀 양육비용에 적합한 세제는 무엇인가?

1993년 8월 10일 클린턴 대통령은 지출 삭감과 세입 증대를 통해 연방 재정적자를 줄이는 것을 목표로 하는 옴니버스 예산조정법(Omnibus Budget Reconciliation Act)에 서명했다. 클린턴 행정부는 재정적자를 줄이려는 데 성공했다. 1998년부터 2001년까지는 1969년 이후 흑자를 기록한 유일한 연도들이다.[1] 그러나 이러한 세금 인상이 노동력 공급에 어떤 영향을 미쳤는가?

이 법안에 반대하는 사람들은 세금 인상이 노동공급을 줄일 것이라는 확고한 생각을 가지고 있었다. 레이건 행정부 시절 미 재무부 경제정책담당 차관보였던 폴 크레이그 로버츠는 이 법안에 대해 "민주당이 한계세율의 인상이 노동력과 자본의 공급을 감소시켜 정적인 추정으로는 세입 예측을 하지 못한다는 공급 측 주장을 수용한다는 증거"라는 글을 쓰기도 했다.[2] 그러나 클린턴은 고소득자에 대한 수십 년간의 세율 인하가 경제를 성장시키지 않았다고 지적했다. 그는 "아무도 세금 인상을 좋아하지 않는다. 하지만 사실을 직시하자. 양당 정부를 통해 20년 동안, 소득은 정체되었고 부채는 폭발적으로 증가했으며 생산성은 딱히 증가하지 않았다. 우리 상황

1 Office of Management and Budget(2021c).

2 Roberts(1993).

의 실체를 부정할 수는 없다"라고 말했다.[3]

클린턴의 후임자는 반대 입장을 취했다. 2001년과 2003년에 부시 대통령은 세율을 낮추는 법안에 서명했다. Gale과 Orszag(2004)는 이 법안은 노동에 대한 한계유인을 증가시키지 않고 많은 납세자들의 소득을 증가시킬 것이기 때문에 실제로 노동공급을 저해할 것이라고 주장했다. 반면 2008년 의회조사국 보고서는 이와는 다른 결과를 제시하였다. 이 보고서에서는 "현재까지는 세금 감면에 따른 공급 부작용의 증거가 없다. 감세안이 통과된 후 노동시간과 노동력 참여는 모두 감소했다. 그러나 이는 경기 변동적인 요인들에 기인한 것이었다. 이러한 사실들은 공급 측면의 영향이 다른 요인들보다 충분히 크지 않다는 것을 시사한다"라고 밝히고 있다.[4]

오바마 대통령의 2010년 '건강보험개혁법(Affordable Care Act)'의 한 조항의 내용은 단일 납세자는 20만 달러 이상, 기혼 납세자는 25만 달러 이상의 소득에 대한 메디케어 급여세를 0.9% 인상한다는 것이었다. 클린턴의 세금 인상처럼, 이것은 고소득에 대한 세금 부과가 노동공급에 어떤 영향을 미치는지에 대한 통찰력을 준다. 2015년 CBO 보고서에 따르면 2025년까지 근로자의 8%가 이 세금의 대상이 될 것으로 추정되었다.[5] CBO는 고소득층의 노동력 대체탄력성에 대한 조사 결과를 이용하여 세금 부과에 따른 총노동력 감소를 추정하였는데 추정 결과 0.15% 노동력이 감소하며 소득효과를 고려했을 때는 노동공급량이 0.12% 감소하는 것으로 추정되었다. 그러나 다른 연구에 따르면 ACA가 노동력 공급에 미치는 전반적인 영향은 미미한 것으로 나타났다.[6]

2017년 감세 및 일자리법(Tax Cuts and Jobs Act, TCJA)에는 근로소득에 대한 한계세율 인하가 포함됐다. 2019년 대통령 경제 보고서는 TCJA의 한계 개인소득세 인하가 노동공급을 증가시킬 것이라고 예측했다.[7] 반면 Ernst와 Young은 "장기 실질 세후 임금률은 TCJA 이전 기준 전망치보다 0.1%만 증가할 것으로 추정되며, 노동공급은 거의 변하지 않을 것으로 추정된다"라고 밝혔다.[8]

제20장에서 보았듯이, 사회가 보다 공평한 소득재분배를 요구한다면 소득세율은 높아져야 한다. 그러나 높아진 소득세율은 경제에 악영향을 미친다. 높아진 세율은 사람들의 근로의욕을 감퇴시키고 경제적 파이의 크기를 줄어들게 한다. 세원의 감소가 실질적으로 발생할지 여부는 파이의 크기가 여러 경제활동에 부과되는 세율에 얼마나 민감하게 반응하는지에 달려 있다.

세율이 경제에 어떻게 영향을 미치는지를 이해하기 위해 다음 3개 장에서는 개별 경제적 의사결정이 노동에 대한 세금, 저축에 대한 세금, 그리고 부와 위험 감수에 대한 세금에 어떻게 반응하는지를 살펴본다. 각 경우에 과세가 개별 의사결정('얼마나 열심히 일을 할 것인가', '얼마나 저축을 할 것인가', '투자 시 얼마나 많은 위험 부담을 감수할 것인가')에 어떻게 영향을 미치는

3 Marcus and Devroy(1993).

4 Congressional Research Service(2008).

5 Congressional Budget Office(2015).

6 Duggan, Goda, and Jackson(2017).

7 Economic Report of the President(2019).

8 Pizzola, Carroll, and Mackie(2018).

지와 관련된 이론적 논의부터 시작한다. 그다음 실증분석 결과를 소개한다. 끝으로 각 경우에 이들 행위들에 영향을 미치는 미국의 주요 조세정책에 대해 논의한다.

이 장에서는 근로소득에 대한 과세부터 논의를 시작한다. 논의는 지난 30년간 재정학과 노동경제학에서 이와 관련된 연구들이 많이 이루어진 바 이에 근거한다. 이는 이를 통해 객관적인 사실에 근거해 논의가 이루어질 수 있기 때문이다. 그다음 노동공급을 증가시키는 가장 중요한 현행 정책 중 하나로 간주되고 있는 저소득계층을 위한 임금보조금 정책인 근로장려세제(EITC)에 대해 논의한다. 근로장려세제에 대한 연구는 두 가지 점에서 의미가 있다. 하나는 이를 통해 소득세와 노동공급에 대한 분석을 이론적으로 할 수 있기 때문이며, 또 다른 하나는 정확한 실증적 증거에 기초해서 정부의 조세정책이 노동공급에 어떻게 영향을 미치는지를 알 수 있기 때문이다. 끝으로 부모들의 일 행태를 결정짓는 데 주요 결정요소일지도 모르는 자녀보육 지출의 조세우대정책에 대해 논의한다.

"그것이 부자에게 유리하다고 말할 수 있다고 생각하지만, 다른 한편으론 모든 사람이 매년 20만 달러를 벌 큰 유인이 있다고 말할 수도 있어."

21.1 과세와 노동공급 : 이론

제20장의 최적소득세 분석에서 노동공급이 소득세에 따라 어떻게 반응하는지를 보았다. 소득세가 증가함에 따라 개인들이 노동공급을 크게 줄인다면, 소득세는 사회에 큰 사중손실을 가져다준다.

기본 이론

소득세가 노동공급에 미치는 영향을 평가하기 위한 이론적 모형은 제2장과 제17장에서 현금이전이 노동공급에 미치는 영향을 분석하기 위해 사용된 모형과 같다. 그림 21-1에는 여가시간과 소비(달러로 표시) 사이에 테일러의 선택 가능한 소비가능집합(혹은 예산선)이 나타나 있다. 노동공급시간은 먼저 최적 여가 수준을 구하고 그다음 매년 총가용시간에서 여가시간을 뺌으로써 구해진다. 예산제약의 기울기는 임금률이며 여기서는 15달러이다. 임금률은 일보다는 여가를 택해서 발생한 여가의 기회비용이기 때문에 여가의 가격이다. 세금이 부과되기 전 테일러는 900시간의 여가와 $C_1 = 16,500$달러의 소비를 하고 있었다(A점). 지금 달러당 30%의 세금이 부과된다고 하자. 테일러의 예산제약선의 기울기는 세후임금이 되어 $15 \times (1 - 0.3) = 10.5$가 된다.

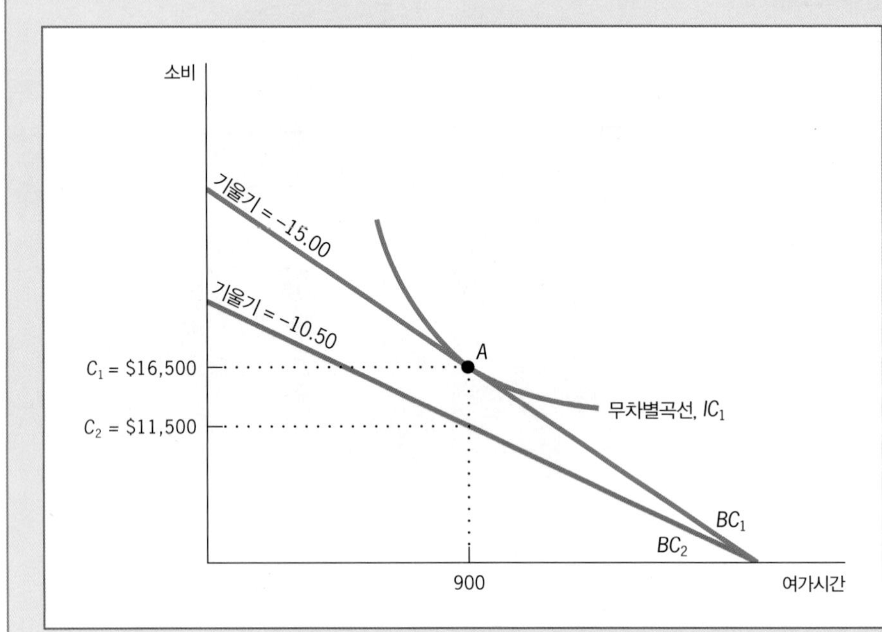

그림 21-1 세금, 그리고 소비-여가시간의 상충관계 세금이 부과되기 전 테일러는 여가를 1시간씩 늘릴 때마다 15달러의 소비를 포기해야 한다. 이제 $\tau = 0.3$의 세금이 부과되면, 테일러의 세후임금은 15달러 × (1 − 0.3) = 10.5달러가 된다. 테일러의 소득 중 일부가 세금으로 납부되기 때문에 테일러는 동일한 양의 근로/여가에 대해 적은 소비(C_2 = 11,500달러)를 하게 된다.

이는 테일러는 세후소득을 일에 따른 화폐적 수익으로 보기 때문이다. $\tau = 0.3$의 고정률로 소득에 과세된다면 예산제약은 BC_1에서 BC_2로 움직인다. 여가의 양은 종전과 같이 900시간이지만 소득 중 일부가 세금으로 빠져나가기 때문에 소비(C_2)는 11,500달러로 줄어든다.

대체효과와 소득효과 두 가지 효과가 상반되기 때문에 과세가 노동공급에 미치는 영향은 확실히 알 수 없다. 세후임금은 여가의 실효가격이다. 세후임금은 세전임금보다 낮기 때문에 여가의 가격은 감소한다. 여가가격의 감소는 여가를 늘리고 일을 적게 하는 **대체효과**를 발생시킨다. 그러나 일에 대한 수익의 감소는 주어진 노동공급에서 테일러가 보다 가난해졌다는 것을 의미한다. 소득의 감소는 여가를 포함한 정상재에 대한 구매를 줄이는 **소득효과**를 야기한다. 줄어든 여가시간은 보다 많은 노동공급을 의미한다. 노동공급에 대한 대체효과와 소득효과는 반대 방향으로 움직이기 때문에 세율 τ에 반응해서 노동공급이 증가할지 감소할지 예측할 수 없다.

▶ **즉석 힌트** 노동공급에 대한 소득효과를 직관적으로 이해하기 위해서는 개인들이 고정된 양만큼의 소득을 벌고자 하는 개인 목표치가 있다고 가정하는 것이 도움이 된다. 테일러가 일을 하는 유일한 이유는 매주 4잔의 자바칩프라푸치노를 구매하기 위해서라고 하자. 만약 시간당 5달러를 벌고 가격은 20달러라고 한다면 테일러는 주당 4시간 일을 할 것이다. 만약 정부가 노동소득에 20%의 세금을 부과한다면, 세후소득은 4달러 떨어질 것이다. 동일한 양의 커피음료를 구매하기 위해 테일러는 주당 5시간 일을 할 것이다. 따라서 세후소득이 떨어졌다 하더라도 테일러는 벌고자 하는 소득 목표치가 있기 때문에 더 열심히 일한다. 이 경우 소득효과는 대체효과를 압도하고 노동공급은 증가한다.

그림 21-2에 있는 두 그림은 노동소득 과세에 대한 두 가지 가능한 효과를 보여주고 있다. 그

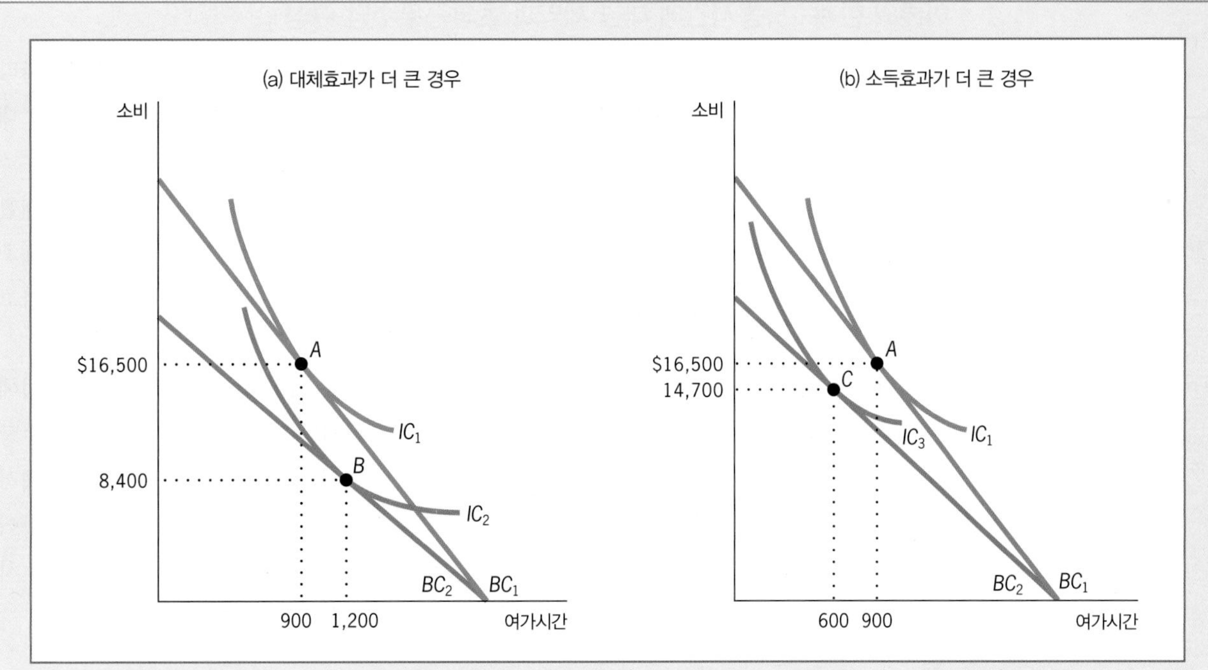

그림 21-2 대체효과 대 소득효과 근로소득에 대한 세금은 두 그래프에서 모두 예산제약선을 안쪽으로 이동시킨다(BC_1에서 BC_2로). (a) 과세 후 임금 변화에 대한 대체효과가 더 클 경우, 테일러는 한 단위 더 일하는 것보다 여가를 더 선호하게 되어 1,200시간의 여가를 사용하는 *B*점으로 이동한다. (b) 소득효과가 더 클 경우, 테일러는 가난해졌다고 느끼고 감소한 소득을 충당하기 위해 여가를 줄여(근로시간을 증가시켜) 600시간 여가를 사용하는 *C*점으로 이동한다.

림 (a)는 과세의 대체효과(여가가격을 감소시켜 보다 많은 여가를 선택하게 하는 것)가 과세로 인해 줄어든 세후소득의 소득효과(여가를 줄이게 만드는 효과)보다 큰 경우이다. 이때 테일러의 여가시간은 900시간에서 1,200시간으로 증가하여 노동공급은 줄어든다. 그림 (b)는 줄어든 세후소득의 소득효과가 대체효과보다 클 때로 소비를 증가시키기 위해 테일러는 더 열심히 일을 한다. 이 경우는 테일러의 여가수요는 900시간에서 600시간으로 감소한다.

두 효과들 중 어떤 것이 더 큰지에 따라 노동공급곡선은 상이한 형태를 갖는다. 첫 번째와 같이 대체효과가 소득효과보다 크다면, 지금까지 논의되었던 것처럼 노동공급곡선은 우상향하는 형태가 될 것이며, 두 번째와 같이 소득효과가 대체효과보다 크다면 우하향하는 형태가 되어 임금의 증가 시 노동공급은 감소한다. 노동공급에 대한 소득효과는 임금 변화 전 노동공급시간에 비례하기 때문에 모든 곳에서 노동공급곡선이 우하향하지는 않는다. 만약 어떤 사람이 전혀 일을 하지 않았고 임금에 과세가 된다면, 이 사람에게는 소득효과는 없고 단지 대체효과만이 존재한다. 과세 전 일을 하지 않았기 때문에 어떤 소득도 없었고 과세로 인해 더 가난해질 수 없기 때문이다. 따라서 노동공급 수준이 낮을 때는 소득효과가 대체효과보다 클 가능성은 없다. 반면 일을 많이 할 때는 과세로 인해 소득이 많이 상실되기 때문에 세금부과 시 소득효과가 대체효과보다 클 것이고 노동공급은 증가할 것이다.

이론의 한계 : 노동시간에 대한 제약과 초과근무수당 규정

소득세가 노동공급에 미치는 영향을 분석할 때 사용되는 기본 이론은 조세정책의 변화에 따라 사람들이 자유롭게 노동공급시간을 조정할 수 있는 이상적인 노동시장을 가정한다. 그러나 대부분의 노동시장에서 사람들은 무차별곡선과 예산제약이 접하도록 그들의 시간을 자유롭게 조정할 수 없다. 기업들은 근로자들에게 특정 시간만큼 일을 하도록 요구할 수도 있다. 이에 대한 근거는 두 가지 관점에서 찾을 수 있다. 하나는 생산의 보완재적인 측면에서 찾을 수 있다. 제조공장 생산라인의 일부분인 근로자는 주당 32시간의 근로시간이 자신의 입장에서는 최적이라고 하자. 그러나 다른 근로자들이 주당 40시간 일을 한다면 32시간만 일할 수는 없다.

초과근무수당 규정 주당 40시간을 초과해서 일할 때 근로자에게 정규시간 임금의 1.5배를 주도록 법으로 규정한 제도

또 하나는 법으로 정해져 있는 **초과근무수당 규정**(overtime pay rules)에서 찾을 수 있다. 법에는 근로자가 주당 40시간을 초과해서 일할 때 사용자는 정규시간 임금의 1.5배인 초과근무수당을 근로자에게 지불하도록 규정하고 있다.[9] 40시간을 초과해서 일하는 것이 근로자의 입장에서는 최적이라 하더라도 기업들은 초과근무수당 규정으로 인한 과다비용 때문에 초과근무를 많이 요구하지 않는다. 전반적으로 이러한 시간에 따른 제약 때문에 근로자들은 획일적으로 같은 시간 동안 일을 하게 되고 따라서 세후소득에 대한 노동시간의 실질적인 변화는 작다.

21.2 소득세와 노동공급 : 증거

주소득자 한 가계 근로소득의 주요 원천이 되는 가구 구성원

보조소득자 주소득자 외의 가계에 있는 다른 근로자

소득세가 노동공급에 미치는 효과를 추정한 계량경제학적 문헌은 많다. 이들 문헌들은 소득자를 **주소득자**(primary earner)와 **보조소득자**(secondary earner)로 구분한다. 주소득자라 함은 가계의 주된 근로소득원인 가구원을 말하며 보조소득자라 함은 가계에 있는 다른 근로자를 말한다. 주소득자는 노동시장에서 일을 가장 많이 하는 가구원이며, 보조소득자는 자녀보육과 같은 다른 가계 활동을 주로 책임지고 있는 가구원이다. 전통적으로 주소득자는 남편이며 보조소득자는 자녀 보육을 책임지고 있는 부인이다.

문헌으로부터의 일반적인 결론은 두 가지이다. 첫째, 주소득자는 일을 얼마나 할 것인지를 결정함에 있어 세금 변화에 따른 임금 변화를 심각하게 고려하지 않는다. 세후소득이 10% 감소할 때 주소득자들은 노동시간을 1% 감소시킨다. 즉 세후소득에 대한 노동공급의 탄력도는 0.1이다. 반면 보조소득자들의 노동공급은 임금에 매우 민감하게 변한다. 보조소득자들의 세후소득에 대한 노동공급의 탄력도는 0.5~1의 범위에 있다. 즉 보조소득자들의 경우 세후소득이 1% 증가할 때 노동공급은 0.5~1% 늘어난다. 보조소득자들의 세후소득에 대한 노동공급의 반응은 얼마만큼 일을 할 것인지보다는 노동시장에 참여할 것인지 여부를 통해 대부분 나타난다.

이러한 연구 결과들은 역사적 내용을 통해서 유추될 수 있는 사실과도 일치한다. 세후소득에 대한 노동공급의 탄력도는 노동 대신 선택할 다른 대안이 있는지 여부에 의해 결정된다. 노동시

---

9 임원, 행정 및 전문직과 같은 특정 부류의 종사자들에 대해서는 초과근무 규정이 적용되지 않는다. 예를 들어, 교수는 해당 분야에서 '고급 지식'이 요구되기 때문에 전문직으로 분류된다. 관련 법에 대한 보다 자세한 내용은 https://www.dol.gov/whd/overtime_pay.htm에 있다.

장에서 일을 하는 것 외에 다른 좋은 대안이 존재할 때 노동공급은 탄력적이 될 것이다. 전통적으로 미국에서 주소득자는 전임근로자일 가능성이 높기 때문에 주소득자는 노동공급에 대한 다른 마땅한 대안을 가지고 있지 않았다. 반면 보조소득자는 자녀 보육과 같은 시장 외적인 좋은 대안이 있기 때문에 노동공급은 매우 탄력적이었다. 또한 이들 결과들은 앞 절에서 논의된 시장 제약이 있을 때 보다 민감해진다. 20세기 대부분의 기간 동안 전통적으로 남성은 시간 제약이 매우 중요했던 생산부문에서 일을 했기 때문에 근로시간을 그들의 적정시간으로 조정하는 것이 어려웠다. 이에 반해 여성은 전통적으로 근로시간이 가변적인 서비스부문에서 일을 했기 때문에 근로시간을 그들의 적정시간으로 조정하는 것이 비교적 쉬웠다.

기존 연구들의 한계

기존 문헌들에 대해 제기된 중요한 논쟁 중 하나는 주소득자와 보조소득자의 구분이 모호하다는 것이다. 1970년에는 기혼여성의 47.7%만이 일을 했지만 2017년에는 60.4%가 노동시장에 참여하였다. 2017년 기준 미국의 부부들 중 53% 이상이 맞벌이를 하고 있고, 18.6%는 남편만 일하고 있고, 6.3%는 부인만 일을 하고 있다. 또한 여성의 가구소득 기여 중간값은 37.1%이다.[10] 이러한 사실 때문에 노동시장을 분석할 때 누구를 주소득자로 하고 누구를 보조소득자로 할지가 매우 어렵게 되었다. Blau와 Kahn(2007)의 연구에 따르면 1980년부터 2000년까지 기혼여성들의 노동공급탄력도는 1980년 0.8에서 2000년 0.4로 반으로 줄었다. 따라서 전통적으로 보조소득자라 생각되어 왔던 기혼여성들의 노동시장에 대한 참여가 활발해짐에 따라 임금에 대한 노동공급탄력도는 주소득자의 탄력도와 같이 작아지게 되어 노동결정 시 세금에 덜 민감하게 되었다. 보다 최근의 연구 결과에서도 보조소득자의 세금에 노동공급탄력도가 주소득자와 유사해지고 있는 것으로 나타나 위의 사실을 더욱 뒷받침해주고 있다(Chetty et al., 2011).

기존 문헌의 또 다른 한계는 노동공급의 측정과 관련해서 노동시장 참여나 근로시간과 같은 매우 한정된 부분에만 초점을 맞추고 있다는 것이다. 사실 노동공급의 다른 측정치들 역시 세금에 반응할 수 있다. 예컨대 직장에서 근로시간당 보다 열심히 일을 함으로써 보다 높은 임금을 받을 수 있으며 이러한 노력은 비용이 많이 들기 때문에 보상으로 충분히 높은 임금이 주어질 때만 가능하다고 하자. 세율이 낮을 때는 세후소득이 충분히 높기 때문에 열심히 일을 할 것이다. 그러나 일단 세율이 증가하면 세후소득은 열심히 일을 한 것에 대해 충분한 보상이 되지 않기 때문에 열심히 일을 하려 하지 않을 것이다. 유사하게, 근로자가 지금 두 가지 일을 고려하고 있다고 해보자. 한 가지 일에서는 보다 생산적이나 스트레스를 많이 받고 다른 일에서는 덜 생산적이나 스트레스 역시 덜 받는다. 세후소득이 스트레스를 보상할 만큼 충분히 높다면 스트레스를 많이 받는 일을 택할 것이다. 그러나 세율이 증가함에 따라 보다 많은 스트레스와 임금을 받는 일을 택할 가능성은 작아질 것이다. 얼마만큼 **인적자본**을 축적할 것인가에 대한 결정 역시 세금의 변화로 인해 영향을 받을 수 있는 노동공급의 또 다른 측정치이다. 이와 관련된 세금의 효과는 보다 복잡하다. 이에 대해서는 제23장에서 다루기로 한다.

---

10 소득이 있는 기혼여성의 비율과 기혼부부의 상대 소득에 대한 정보는 미국 노동통계국(2019b)에서 제공되고 있다.

실증적 증거 노동공급탄력도 추정

세후소득에 관한 노동공급탄력도는 네 가지 방법으로 추정되고 있다.

횡단면 선형회귀분석 증거 : 첫 번째 방법은 제3장에서 논의되었던 선형회귀분석 방법을 이용해 횡단면 자료를 분석하는 것이다. 이들 연구들은 노동공급을 세후소득과 다른 통제변수들의 함수로 놓고 노동공급함수를 추정한다. 연구 결과에 따르면 보조소득자들의 세후소득에 대한 노동공급탄력도는 큰 반면 주소득자의 노동공급탄력도는 매우 작았다[경우에 따라서는 음(−)의 값을 가지기도 했다].

그러나 임금에 대한 노동공급탄력도 추정 시 횡단면 선형회귀분석 방법은 중요한 편의 문제를 발생시킨다. 제3장에서 배웠듯이 노동공급 의사결정과 상관관계가 있는 요인들이 분석집단(고소득자)과 비교집단(저소득자)을 차별화할 때는 편의가 발생한다. 노동공급과 관련해서도 이런 편의 문제가 발생할 여지가 있다. 임금이 높은 자들은 임금에 관계없이 긴 시간을 일할 가능성이 높기 때문이다. 이를 효과적으로 반영하는 독립변수들이 포함되지 않는다면, 임금이 노동공급에 미치는 효과를 추정할 때 편의가 발생한다.

실험에 의한 증거 : 두 번째 방법은 제3장에서 제시되었듯이 임의시행법이다. 부(−)의 소득세(negative income tax, NIT)에 대한 분석은 임의실험을 사용한 대표적인 사례이다. NIT 실험은 존슨 대통령 때 설립된 연방기관인 경제기회국에 의해 1968~1976년 사이에 실시되었다. 이 실험에서는 무작위로 사람들을 뽑고 이들을 다시 무작위로 분석집단과 비교집단으로 나누었다. 분석집단에 대해서는 기존 세제 대신 고정소득보증 및 편익축소/세율을 지닌 세제를 적용했다. 예컨대 4인 가족에게는 4,000달러의 고정소득보증(이 당시 4인 가족의 최저생계수준이었던 8,000달러의 반)과 50%의 편익축소/세율이 적용되었다. 만약 어떤 가계가 소득이 전혀 없었다면 4,000달러의 보증소득을 받는다. 소득이 8,000달러라면 보조금을 전혀 받지 못하게 되고 8,000달러를 초과한 소득에 대해서는 반을 세금으로 내야 한다. 보증소득과 축소율의 크기는 카운티의 여러 지역에 거주하고 있는 분석집단에 대해 무작위로 할당했고, 분석집단에 대한 결과를 비교집단 및 다른 분석집단과 비교했다. 이 실험에서는 사람들을 무작위로 분석집단과 비교집단으로 나누었기 때문에 소득 및 세후소득의 변화가 노동공급에 미친 영향을 분석할 때는 편의 문제를 걱정할 필요가 없다.[11]

NIT 실험으로 얻을 수 있었던 사실들은 주로 남성에 관한 것이었다. NIT 실험을 통해 얻은 결론들은 횡단면 선형회귀분석 결과와 일치했다. 세후소득에 대한 남자의 노동공급탄력도는 약 0.1로 작았다.

준실험에 의한 증거 : 세 번째 방법은 제3장에서 논의했던 준실험적 방법을 이용하는 것이다. 추측컨대, 이 방법을 사용한 가장 잘 알려진 연구는 Nada Eissa가 1986년 세제개혁이 노동공급에 미친 효과를 분석한 연구이다. 1986년 세제개혁에서는 중상위 소득계층보다 최상위 소득계층에 대한 세율을 많이 낮추었다. Eissa의 연구(1995)에서 분석집단은 1986년 세제개혁으로 세율이 크게 감소한 소득분포의 최상위 1% 이상인 남편을 둔 부인이었다. 이를 분석할 때 직면했던 가장 어려운 문제는 고소득 여성들이 노동공급을 자연적으로 증가시켰던 다른 요인(예컨대 1980년대 후반 동안 여성들의 노동시장에 참가할 기회 증가)들이 시간이 지남에 따라 변화했다는 것이다. 이를 해결하기 위해 Eissa는 세율이 크게 변하지 않은 소득분포상의 75%에 위치하고 있는 남성의 부인을 비교집단으로 삼고 이들과 비교했다.

Eissa는 준실험 자료를 분석하기 위해 제3장에서 논의되었던 '이중차감법'을 이용했다. 즉 1986년 세제개혁 전후로 최상위 고소득자 부인의 노동공급 변화와 중상위 소득자 부인의 노동공급 변화를 비교했다. 분석 결과, 세율이 크게 감소했던 최상위 소득자 부인의 노동공급은 중상위 소득자의 부인에 비해 크게 증가한 것으로 나타났다. 세후소득이 10% 증가할 때 노동공급은 8% 증가했다. 동일한 방법을 사용해서 최상위 남자 소득자와 중상위 남자 소득자의 노동공급 변화를 추정했다. 결과에 따르면 최상위 남자 소득자는 중상위 남자 소득자에 비해 세율의 변화에 따라 민감하게 노동공급을 변화시키지 않았다. 고소득층 배우자들의 세금을 크게 감소시켰던 캐나다의 세제개혁 결과를 연구한 Crossley와 Jeon(2007)에서도 유사한 결과가 도출되었다.

세율이 크게 증가하는 구간에서 나타나는 '집중현상(bunching)'에 대한 증거 : 조세가 노동공급에 미치는 효과를 추정할 때 적용되는 가장 새로운 접근법은 세율 구조의 특징을 이용하는 것이다 — 추가적인 소득에 대해 특정 구간에서 매우 높은 한계세율을 보이는 세율 구조. Chetty 외(2011)는 덴마크의 소득세율 구조의 특징을 이용해 소득세율이 노동공급에 미치는 영향을 분석했다 — 덴마크의 경우 267,600크로네 바로 아래 소득에 대해서는 세율이 45%인 반면 267,601크로네 이상의 소득에 대해서는 세율이 63%가 되어 최고소득구간에서 한계세율이 크게 증가하고 있다. 이러한 세율 구조하에서는 267,600크로네 소득 근처에서 소득을 유연하게 조정할 수 있는 근로자들은 보다 높은 세율을 피하기 위해 소득의 많은 부분을 267,600크로네 아래로 떨어지도록 노력할 것으로 예견된다.

Chetty 외는 한계세율이 크게 증가할 때 사람들이 어떻게 반응하는지를 보기 위해 신고된 상세 소득 자료를 이용했다. 1997년에 대한 결과는 그림 21-3에 나타나 있다. 이 그림에는 각 소득에 대한 납세자의 빈도, 즉 각 소득에서 신고된 표본의 비율이 나타나 있다. 그래프

[11] 부의 소득세에 대한 보다 자세한 내용은 http://www.econlib.org/library/Enc1/NegativeIncomeTax.html(2015)을 참조하라.

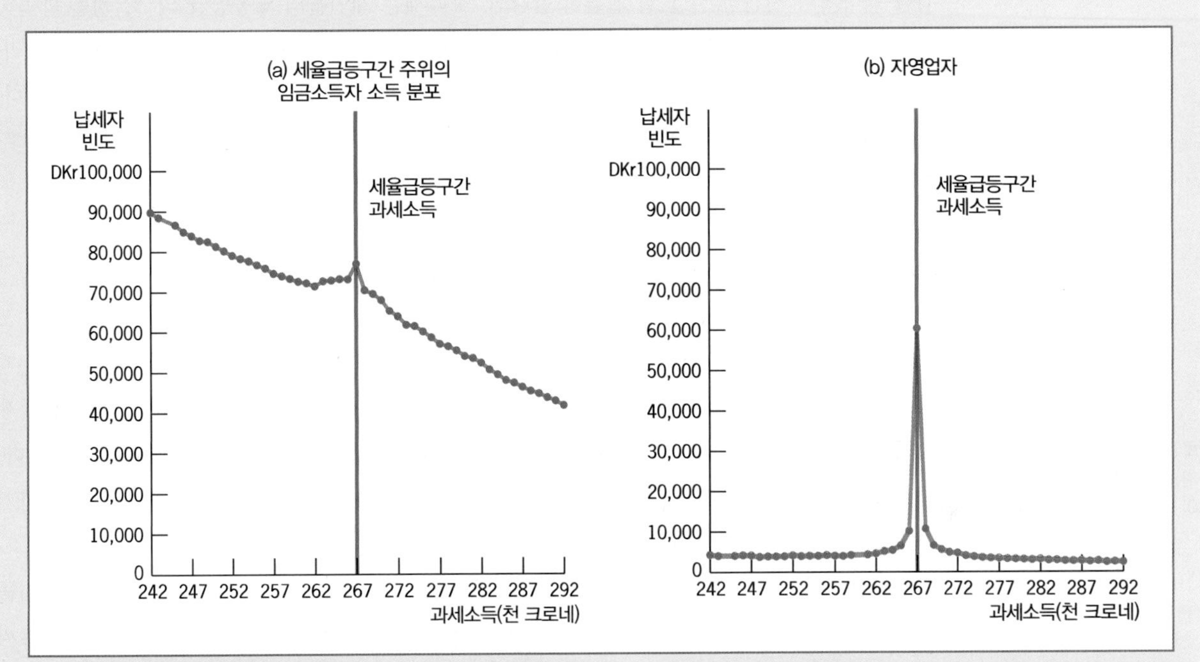

그림 21-3 세율 증가 주위의 소득 분포 이 그림은 세금이 증가할 때 세금을 회피하기 위해 사람들이 어떻게 그들의 소득을 '집중'시키는지를 보여줌으로써 노동공급에 대한 조세효과를 설명한다. 그림 (a)에는 과세소득이 증가함에 따라 임금소득자의 납세자 수는 감소함을 보여주고 있다. 그러나 소득 262,000크로네와 세율이 증가하는 소득인 267,000크로네 구간 사이에는 이러한 추세가 나타나지 않는다. 세율이 증가하기 바로 전 소득 구간에 상당한 수의 납세자가 존재한다. 그림 (b)는 자영업자의 경우이다. 이 그림에 나타나 있듯이 임금소득자에 비해 고소득 자영업자의 수는 적지만 동 세율 증가에 대한 반응 정도는 훨씬 크다.

출처 : Chetty et al.(2011).

위의 각 점은 해당 소득을 신고한 납세자의 수이며, 붉은색의 수직선은 세율이 크게 증가한 소득 구간이다. 그래프는 (a)이든 (b)이든 수직선의 양쪽 25,000크로네의 범위에 초점을 맞추고 있다. 만약 세율 증가에 따른 반응이 없었다면, 소득 빈도는 소득이 증가함에 따라 점차 감소했을 것이다. 그러나 두 그림을 통해 명백히 나타나듯이 최고소득세율 구간으로 가기에 앞서 '집중현상'이 존재한다.

그림 (a)는 고용주에 의해 소득이 보고되고 노동시간과 소득을 자유롭게 조정하는 것이 어려운 임금근로자를 대상으로 한 것이다. 이 그림에서 볼 수 있듯이 세율 증가선 바로 앞에서 상당한 크기의 '집중현상'이 나타나고 있다. 특히 그 효과는 세율 증가선상에서 크게 나타났다. Chetty 외는 이 증거가 세후소득에 대한 노동공급의 탄력성을 의미하는 것으로 해석했다. 그림상으로는 노동공급탄력도가 클 것으로 예견되지만 실제 탄력도는 0.025보다 작았다. 세후소득을 감소시키는 조세 증가는 노동공급에 영향을 미치지 않았다. 비록 Chetty 외에서 추정된 탄력도는 기혼여성에 대한 탄력도를 추정한 다른 연구들보다 작지만, 주소득자들의 노동공급은 세금에 비탄력적이라는 기존 결과와는 일치한다.

그림 (b)는 자신의 노동시간과 소득을 자유롭게 통제할 수 있는 자영업자들에 대한 분석 결과가 나타나 있다. 이 그림에서도 '집중현상'이 뚜렷하게 나타났다. 이 결과는 탄력도가 0.25의 범위에 있다는 것을 의미하는데 임금근로자 탄력도 0.025에 비해 매우 높다. 그러나 이러한 결과가 세율 증가에 대한 자영업자의 노동공급 반응 때문인지 아니면 조세당국에 보고하는 소득의 변화에 기인한 것인지는 명확하지 않다. 이에 대해서는 제25장에서 자세히 논의한다.

과세에 따른 사회적 효율성 결과에 있어 중요한 것은 세금이 사회의 총생산에 어떻게 영향을 미치느냐이다. 만약 개인들이 소득세 때문에 노동시간을 변화시키지는 않으나 덜 생산적인 직업을 택하거나 시간당 일을 덜 열심히 한다면, 소득세는 개인들의 노동공급 의사결정을 왜곡하게 되고 사회의 총생산을 감소시킨다. 이 문제는 제25장에서 총소득(단지 노동시간이 아니라) 관점에서 다시 다룰 것이다. 그러나 여기서 Chetty 외(2011)의 연구 결과를 언급할 필요는 있다. 이들 연구는 방금 언급된 이슈를 단순히 노동시간 관점이 아닌 총소득 관점에서 분석했다. 연구 결과에 따르면 소득의 범위를 넓게 잡더라도 노동공급탄력도는 여전히 낮았다.

21.3 노동공급을 장려하는 조세정책 : 근로장려세제

근로장려세제(EITC) 저소득층의 임금을 보조해주는 연방정부의 소득세 정책

앞 절에서 소득세율이 주소득자와 보조소득자의 노동공급 의사결정에 어떻게 영향을 미치는지를 살펴보았다. 이 절에서는 이를 통해 배웠던 지식을 이용해 저소득자를 위해 고안된 소득세 정책인 **근로장려세제**(Earned Income Tax Credit, EITC)가 노동공급에 미치는 효과를 살펴본다. 근로장려세제는 두 가지 목표(저소득자에 대한 자원의 재분배와 노동공급의 증가)를 달성하기 위해 저소득층 소득자의 임금을 보조하는 연방정부 소득세 정책이다.

제17장에서는 일반적인 소득재분배 프로그램들에서 존재하는 상충관계에 대해 배웠다. 이들 소득재분배 프로그램은 수직적 형평성은 제고시키나 저소득층의 근로의욕을 감소시킴으로써 사회적 효율성을 감소시킨다. 근로장려세제에서는 통상적인 소득재분배 프로그램들이 갖고 있는 이러한 상충관계가 성립하지 않는다. 근로장려세제는 임금보조를 통한 소득재분배로 수직적 형평성을 높일 뿐만 아니라 저소득층의 근로의욕을 고취시켜 노동공급을 증가시킨다.

근로장려세제의 배경

EITC의 규모는 1976년 도입 이후 그림 21-4에서 보듯이 매년 증가해오고 있다. 연방정부는 EITC로 연간 650억 달러를 지출하고 있는데 이는 반빈부 프로그램으로서는 현재 미국에서 가장 규모가 크다.[12] EITC의 수혜자는 90% 이상이 소득이 35,000달러 이하인 사람들이기 때문에 수직적 형평성 관점에서는 매우 성공적인 제도로 평가받고 있다. 이 절에서는 이 프로그램의 또 다른 목적인 저소득층의 노동공급을 증가시켰는지에 대한 증거를 검토한다.

EITC의 수혜 조건은 자녀가 1명일 때는 가구소득이 0~약 47,646달러, 자녀가 2명일 때는 가구소득이 0~53,330달러, 자녀가 3명 이상이면 가구소득이 0~56,844달러, 자녀가 없을 때는 가구소득이 0~21,710달러 사이에 있어야 한다. 자녀가 없을 때 EITC 지불 액수는 매우 적다(자녀 1명을 둔 가계가 받을 수 있는 최대량의 약 15%). 중요한 것은 모든 가계에 대해 EITC는 환급 가능하다는 점이다. 즉 가계가 과세대상이 아니더라도 EITC를 받을 자격이 된다면 정부는

[12] IRS SOI 세금 통계표 2.5 참조 : https://www.irs.gov/statistics/soi-tax-stats-individual-income-tax-returns-publication-1304-complete-report.

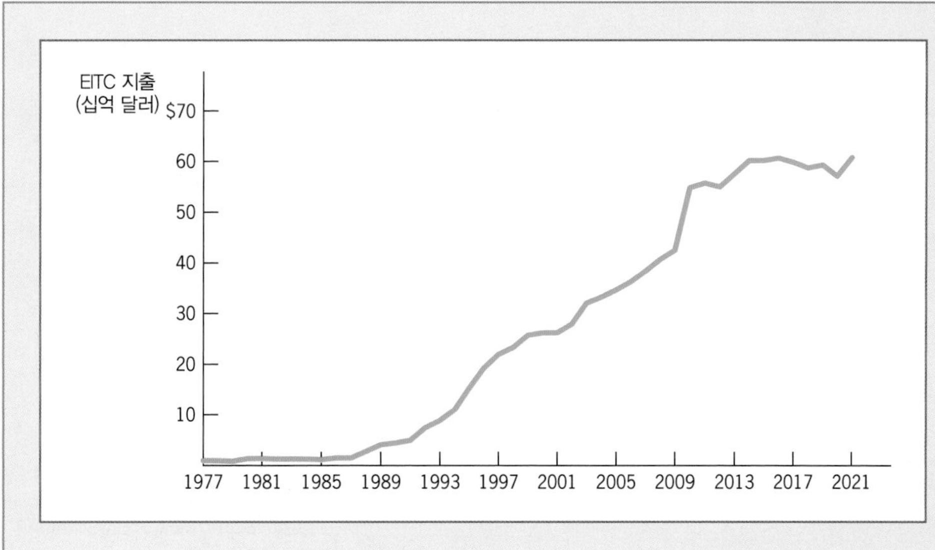

그림 21-4 근로장려세제의 확대 EITC 프로그램의 규모는 1976년 10억 달러 미만이었던 것이 현재 600억 달러가 넘는 수준으로 증가했다.

출처 : Office of Management and Budget(2021d), Table 8.5.

그 금액만큼을 그 가계에게 조세환급의 형태로 지불한다.[13]

EITC의 구조는 그림 21-5에 예시되어 있다. 이 그래프는 자녀는 2명이고 가구 소득자는 1명이인 스테판이 직면하고 있는 EITC 구조이다. 가구 소득자인 스테판의 첫 소득 14,250달러에 대해, 정부는 임금 1달러당 40센트(40%)를 지불하며 최대 지불액수는 5,920달러이다(14,800달러의 40%). 따라서 그림 21-5의 첫 번째 부분의 기울기는 0.4가 된다. 다음 4,550달러의 소득(총 19,350달러까지)에 대한 EITC 지불 크기는 5,920달러로 일정하기 때문에 14,800~19,350달러 사이에서는 그래프가 평평하게 된다. 그러나 스테판의 소득이 19,350달러를 넘어서게 되면, 정부는 공제액을 1달러당 약 21센트씩(21%)으로 줄이기 시작한다. 따라서 소득이 47,440달러나 그 이상인 가계는 EITC의 혜택을 전혀 받지 못한다.

근로장려세제가 노동공급에 미치는 효과 : 이론

대부분의 소득세 정책들과 같이 EITC는 소득효과와 대체효과를 통해 노동공급에 영향을 미친다. EITC가 노동공급에 미치는 효과는 통상적인 소비-여가 사이의 상충관계를 나타내고 있는 그림 21-6에 EITC를 추가시킴으로써 분석할 수 있다(노동공급에 미치는 효과를 명백하게 보여주기 위해 숫자는 단위화하지 않았다). 파란색 선은 EITC가 도입되기 전 시간당 임금을 20달러로 가정했을 때의 예산선이다. 초록색 선은 두 자녀를 둔 단일 소득원인 근로자에 대해 EITC가 도입된 후(파란색 예산선과 새로운 예산선이 같아지는 점인 47,440달러까지)의 새로운 예산선이다. 그림 21-6은 4개의 소득계층에 대한 EITC의 효과를 보여주고 있다.

1. *A*와 같이 노동시장에 참여하고 있지 않은 사람들이 EITC의 혜택을 받을 유일한 방법은

---

13 Maag and Carasso(2014). EITC제도에 대한 현 내용에 대해서는 IRS Publication 596 참조.

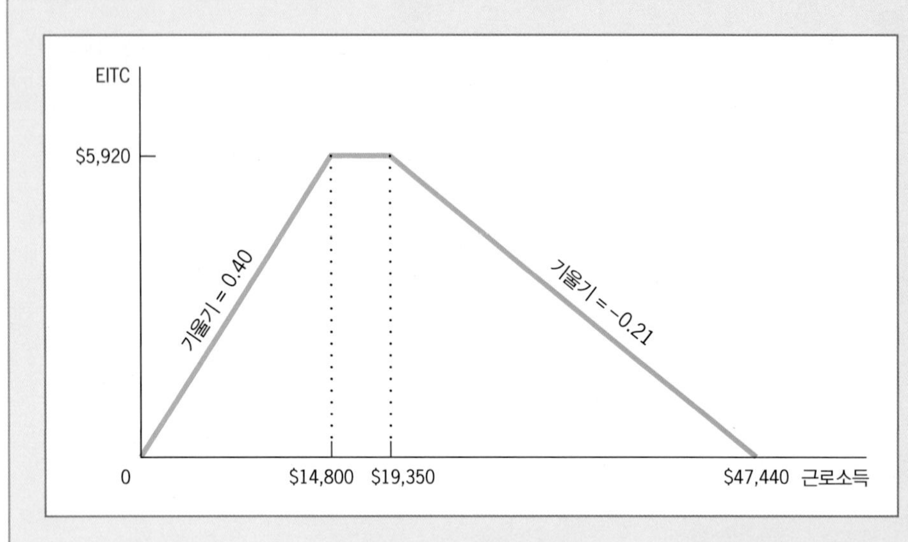

그림 21-5 근로장려세제 스테판은 14,800달러의 근로소득까지에 대해서는 1달러당 40센트의 EITC 지급액을 받게 되며 최대 5,920달러까지 받을 수 있다. 14,800~19,350달러까지의 근로소득에 대해서는 EITC 지급액이 5,920달러로 일정하다. 19,350~47,440달러에 해당하는 근로소득에 대해서는 EITC 지급액이 1달러당 21센트씩, 영(0)이 될 때까지 일정하게 감소한다.

출처 : Internal Revenue Service, 1040 and 1040-SR Tax and Earned Income Credit Tables, Tax Year 2020, https://www.irs.gov/pub/irs-pub/i1040tt.pdf.

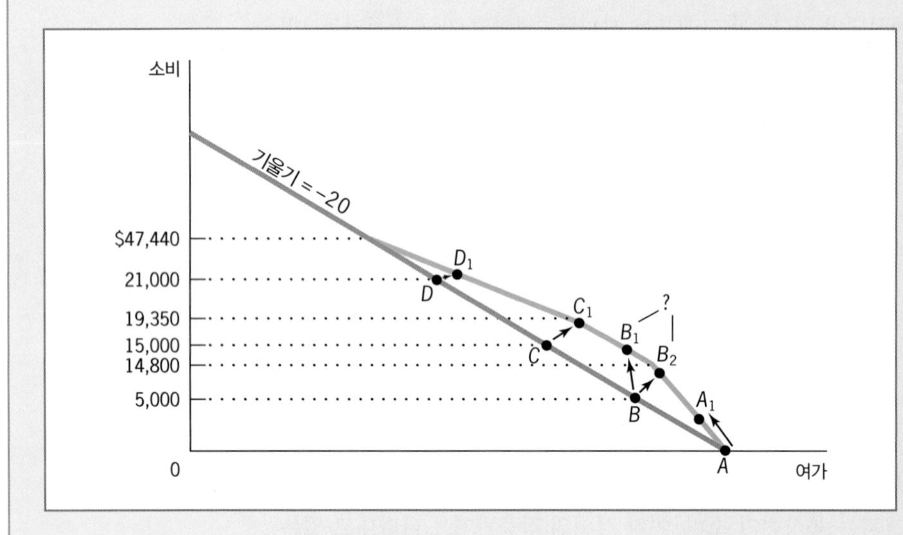

그림 21-6 노동공급에 대한 EITC의 효과 EITC는 비근로자들의 노동공급을 증가시키고(A에서 A_1으로 이동) 소득보조를 받는 저소득층의 노동공급 역시 증가시키나 그 크기는 확실히 알 수 없다(B와 같은 사람의 경우 B_1과 B_2로 모두 이동할 가능성이 있다). EITC는 또한 평탄 구간에 속하는 사람들의 노동공급을 감소시키며(C와 같은 사람은 C_1으로 이동한다) 점감 구간에 속하는 사람들의 노동공급 역시 감소시킨다(D는 D_1으로 이동한다).

노동시장에 참여하는 것이다. 따라서 EITC는 이들의 노동공급을 증가시킬 것이다. EITC는 노동시장에 참여하고 있지 않을 때는 근로소득이 없기 때문에 소득효과를 발생시키지 않는다. 그러나 대체효과는 존재한다. EITC 때문에 47,440달러보다 작은 어떠한 소득 수준에 대해서도 노동시장 참여에 따른 수익은 증가한다. 따라서 EITC는 일을 전혀 하고 있지 않은 사람들을 A_1과 같은 점으로 움직이게 함으로써 노동시장 참여를 유도한다.

2. 5,000달러의 소득을 가지고 있는 B와 같이 소득이 14,800달러 이하인 노동시장에 이미 참여하고 있는 사람들은 그림 21-6의 EITC 표에서 '점증(phase-in)' 구간에 위치해 있다. 따

라서 일할 때마다 가장 높은 근로장려세제의 혜택을 받는다. 이 그룹에 속해 있는 사람들의 노동공급 효과는 모호하다. 일을 할 때마다 높은 임금을 받기 때문에 대체효과에 의해서는 노동공급을 늘리는 반면 소득효과에 의해서는 보다 부유해졌기 때문에 노동공급을 줄인다. 만약 대체효과가 소득효과보다 크다면 노동자들은 B_1과 같은 점으로 움직여 노동공급시간은 늘리고 여가는 줄인다. 만약 소득효과가 압도적이라면, 근로자들은 B_2와 같은 점으로 움직여 노동공급시간은 줄이고 여가는 늘린다.

3. 노동시장에 이미 참여하고 있고 소득이 14,800~19,350달러 사이에 있는 사람들, 예컨대 그림에서 15,000달러의 소득이 있는 *C*와 같은 사람들은 EITC 표상의 '평평한 부분'에 있다. 따라서 이 소득 범위에 있는 근로자들은 일을 더 많이 하든 적게 하든 받는 근로장려세제의 양은 같다. 이러한 편익 구조는 예산선을 기울기는 변화시키지 않은 채 바깥쪽으로만 움직이게 하여 노동공급을 줄인다. 이 소득 구간에서 EITC는 추가적인 노동시간에 대해 시간당 임금을 증가시키지 않기 때문에 대체효과는 발생시키지 않는다. 그러나 과거 일한 시간에 대해서는 보조금을 받기 때문에 보다 부유해져 소득효과는 존재한다. 이러한 소득효과는 노동시간을 줄이게 해 C_1과 같은 점으로 이들을 움직이게 한다.
4. 노동시장에 이미 참여하고 있고 소득이 19,350~47,440달러 사이에 있는 사람들, 예컨대 그림에서 21,000달러의 소득이 있는 *D*와 같은 사람들은 EITC 표상의 '점감(phase-out)' 부분에 있다. 여기에서는 노동시간을 증가시킴에 따라 받게 되는 근로장려세제의 양은 줄어든다. 이 때문에 예산선의 기울기는 전 단계에 비해 작아진다. 추가적인 노동시간에 대해 정부의 보조금이 줄어들기 때문에 대체효과는 노동공급을 감소시킨다. 노동자들은 계속해서 보조금을 받기 때문에 소득효과는 노동공급을 감소시킬 것이다. 따라서 노동공급은 확실히 감소하게 될 것이고 그림에서와 같이 D_1과 같은 점으로 움직인다.

4개의 소득그룹을 모두 고려한다면, EITC가 저소득층의 총노동공급에 미치는 효과는 모호하다. 이러한 모호성 때문에 EITC가 노동시장에 어떤 영향을 미칠지를 분석한 실증연구는 많다.

EITC가 노동공급에 미치는 효과 : 증거[14]

EITC가 노동공급에 미친 영향을 실증분석한 문헌들은 EITC의 구조 변화로 인해 노동공급이 어떻게 변했는지를 보는 데 초점을 맞추어왔다. 그림 21-7에는 1986년의 세제개혁(TRA 86)으로 인해 변화된 EITC의 구조가 나타나 있다. 1986년 세제개혁 전 EITC의 구조는 지금보다 훨씬 완만했다. 1986년 세제개혁 전의 EITC의 구조는 임금보조율이 단지 11%에 불과했으며 받을 수 있는 최대량은 550달러였고, 점감률은 12.2%였다. 1986년 세제개혁으로 임금보조율은 14%, 받을 수 있는 최대량은 851달러로 각각 증가하였고, 점감률은 10%로 낮아졌다. 받을 수 있는 최대량을 늘리고 점감률을 낮춤으로써 소득 11,000~15,432달러 사이의 근로자들도 EITC의 대상에 포함됨에 따라 대상자 수는 크게 증가했다. 그러나 1986년 이후(특히 1993년) 저소득층에 대

14 EITC와 노동공급에 대한 문헌의 전반적인 개관은 Nichols와 Rothstein(2015)을 참조하라.

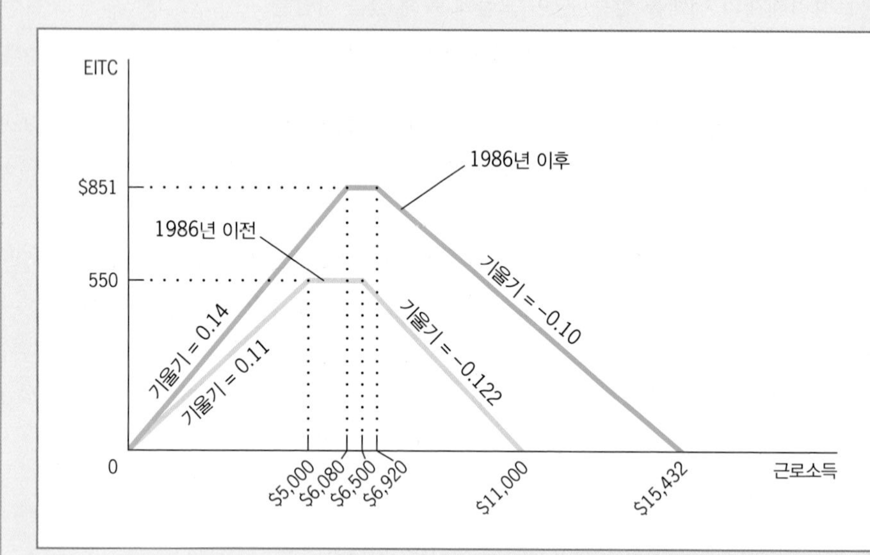

그림 21-7 EITC 구조의 변화 1986년에 시행된 세제개혁법은 EITC의 구조를 변화시켰는데, 보조율을 높이고 평탄 구간의 액수를 증가시켰으며 점감률을 감소시켜 더 다양한 소득계층이 보조를 받을 수 있도록 하였다. 이러한 변화는 경제학자들로 하여금 EITC 구조 변화에 영향을 받은 사람들과 그렇지 않은 사람들을 비교함으로써 EITC의 효과를 분석할 수 있게 하였다.

출처 : Eissa and Leibman(1996).

한 임금보조율은 계속해서 확대되어 왔기 때문에 이들 두 프로그램을 통해 제공된 저소득층에 대한 혜택은 그림 21-5에 있는 현재의 EITC보다는 작다. 또한 현 체제와는 달리 TRA 86 전후의 EITC는 자녀를 둔 가구들만을 대상으로 하였다.

1986년 이후 EITC를 통해 저소득층에 대한 지원을 강화한 것이 노동공급을 증가시켰는지에 대해서는 확실치 않다. 일을 하지 않은 근로자들에 대해서는 분명히 일에 대한 수익이 높아졌기 때문에 노동공급을 증가시킨 것이 분명하다. 이미 일을 하고 있는 소득이 11,000달러 이하인 근로자들에서는 임금보조율은 증가했고 점감률은 감소되었기 때문에 노동공급시간을 증가시키는 대체효과는 강화되었다. 반면 EITC를 통해 받을 수 있는 최대량은 550달러에서 851달러로 증가했기 때문에 소득효과에 의해서는 노동공급이 감소했다. 소득이 11,000~15,432달러 사이에 있는 근로자들은 EITC의 확대로 수혜 대상이 되었기 때문에 이들에 대해서는 소득효과와 대체효과 모두가 노동공급을 감소시키는 방향으로 작용하였다.

EITC의 효과를 분석한 문헌들은 다음과 같은 몇 가지 분명한 사실을 발견했다.

노동시장 참여에 대한 효과 EITC가 노동시장에 어떤 효과를 미쳤는지에 대한 연구는 대부분의 문헌들에서 EITC가 한부모 여성가구주의 노동시장 참여에 미친 효과를 통해 분석되고 있다. 대부분의 연구들은 노동시장에 참여하고자 하는 한부모 여성가구주의 비율은 EITC의 도입으로 증가했다는 데 의견의 일치를 보고 있다. 예컨대 '실증적 증거' 코너에서 논의되듯이 Eissa와 Leibman(1996)의 연구에 따르면 1986년 EITC의 확대 실시로 한부모 여성가구주의 노동시장 참여 비율은 1.4~3.7%포인트 증가했다. 이 문제에 관한 최근 문헌들의 연구 결과는 엇갈린다. 5개의 연방 EITC 개혁을 분석한 Kleven(2020)에서는 EITC가 미혼모의 노동력 참여에 영향을 미치지 않은 것으로 나타난 반면, Schanzenbach와 Strain(2020)에서는 미혼모의 노동공급을 강력히 증가시킨 것으로 나타났다. 기존 문헌의 연구 결과들은 Schanzenbach와 Strain(2020)의 연구 결과와 유사하지만, 이 연구들을 통해 알 수 있는 사실은 정확히 동일한 데이터를 가지고도 연구자들의 결과는 매우 다를 수 있다는 것이다.

미국을 제외한 다른 나라를 대상으로 노동시장 보조금이 노동공급에 미친 효과를 분석한 연구도 최근 증가하고 있다. EITC와 유사한 제도를 운영하고 있는 영국을 분석한 Blundell과 Hoynes(2004)에 따르면 그 효과는 미국과 유사하나 작았다. 효과가 작게 나타난 것은 일하지 않는 사람들에게도 편익을 주는 프로그램이 동시에 확장되었기 때문인 것으로 이들은 주장하고 있다. 즉 이들에 따르면 근로유인 증가로부터 오는 편익이 일하지 않는 사람들에게도 편익을 주는 프로그램의 확장에 의해 상쇄되었다는 것이다. Bravo와 Rau(2013)는 칠레의 청년들을 대상으로 임금보조 프로그램 효과를 분석했는데 이들의 연구에 따르면 시간이 지남에 따라 노동시장 참여에 미치는 효과는 다소 감소했지만 첫해 효과는 매우 컸다. 이들 사실을 종합해보면, EITC와 같은 임금보조 프로그램은 나라마다 크기는 다르지만 노동시장 참여는 높인다는 것을 알 수 있다.

노동시간에 대한 효과 방금 논의된 이론에 따르면, 1986년 EITC 확대 실시는 노동시장 참여는 증가시킬 것으로 예상되지만 이미 일을 하고 있는 근로자들, 특히 EITC의 점감 단계에 있는 근로자들에 대해서는 노동시간을 감소시킬 수도 있다. 점감 단계에 있는 근로자들의 추가적인 소득에 대한 한계세율은 대부분은 42.5%였다(15%의 연방한계소득세율, 15.3%의 급여세, 12.2%의 EITC의 점감률). 이러한 높은 세율은 노동공급을 저해하는 역할을 했을 가능성이 높다. Eissa와 Leibman은 노동시장에 이미 참여하고 있었던 사람을 대상으로 EITC의 확대 실시가 노동공급시간에 어떤 영향을 미치는지도 분석했다. 결과에 따르면 놀랍게도 노동공급시간에 미치는 효과는 거의 없었다. 즉 EITC를 통한 임금보조는 사람들을 노동시장에 참여하게 하는 데는 큰 효과가 있지만, 일단 노동시장에 참여한 사람들의 노동시간 결정에는 별 영향을 미치지 않았다는 것이다. 이러한 결과는 두 가지 측면에서 설명될 수 있다. 하나는 임금보조에 대한 노동시장 참여도는 탄력적인 반면 소득세에 대한 노동공급시간의 탄력도는 비탄력적이기 때문에 이러한 현상이 발생했다는 것이다. 또 다른 하나는 EITC가 점감 단계에 있는 사람들은 점감에 따른 복잡한 불이익을 실질적으로 이해하지 못해 노동공급을 줄여야 할 충분한 재정적 유인이 존재함에도 불구하고 노동시간을 줄이지 않았기 때문이라는 것이다.

부부에 대한 영향 EITC는 한부모 여성가구주의 노동공급에는 양(+)의 효과를 미치는 것처럼 보이지만 부부의 노동 의사결정에는 음(−)의 효과를 미칠 수 있다. 노동 의사결정을 연속적으로 하는 부부를 고려해보자. 먼저 주소득자가 얼마만큼 일을 할 것인지를 결정한 뒤 보조소득자가 얼마만큼 일을 할 것인지를 결정한다. EITC가 주소득자의 노동공급에 어떤 영향을 미칠 것인지는 이론적으로는 한부모 여성가구주의 경우와 같다(노동시장에 참여하고 있지 않은 근로자들은 일을 시작할 것이고, 이미 노동시장에 참여해 일을 하고 있는 근로자들에 대해서는 모

실증적 증거

근로장려세제가 한부모 여성가구주의 노동공급에 미치는 효과

EITC가 한부모 여성가구주의 노동공급에 미치는 효과는 통상적으로 준실험적인 방법을 이용해서 분석되고 있다. 이와 관련한 대표적인 연구로는 Eissa와 Leibman(1996)이 있다. 이 연구는 1986년 대대적으로 개편된 EITC를 연구 대상으로 하고 있다. Eissa와 Leibman은 EITC가 노동공급에 미친 효과를 한부모 여성가구주(정책에 의해 영향을 받는 분석집단)의 노동공급과 자녀가 없는 독신녀(1990년대에는 EITC의 혜택을 받았지만 1986년 EITC의 개편에서는 영향을 받지 않았던 비교집단)의 노동공급을 비교함으로써 추정했다. 결과는 EITC는 한부모 여성가구주의 노동공급을 1.4%에서 3.7%로 증가시켜 한부모 여성가구주의 노동공급에 큰 영향을 미친 것으로 나타났다.

이는 매우 흥미로운 결과이긴 하지만, 사용된 비교집단의 유효성에 대해 의문이 제기되었다. EITC를 제외한 다른 요인들이 이들 두 그룹에 차등적으로 영향을 미칠 수 있으나 이를 나타내는 변수가 통제되지 않았다면 이 변수들의 효과가 EITC에 대한 효과로 추정되기 때문이다. 예컨대 이 기간에 어린 자녀를 둔 여성들이 노동시장에 참여하는 것에 대한 사회적 분위기는 관대했기 때문에 확장적인 EITC가 실시되지 않았더라도 한부모 여성가구주의 노동시장 참여율은 높았을 것이다.

Meyer와 Rosenbaum(2000)의 연구에서뿐만 아니라 Eissa와 Leibman(2000)에서도 이러한 노동공급의 변화가 EITC에 기인한 것임을 보이기 위해서는 추가적인 실험이 필요했다. 이 실험은 노동공급의 변화가 EITC에 기인한 것임을 보여줄 수 있는 분석집단을 추가적으로 찾아 결과를 비교하는 것이었다. 예컨대 1993년 EITC는 또 한 번 개편되었다. 1993년 개편에서는 자녀를 1명 둔 가계에 대해서는 혜택의 폭이 그리 크지 않았던 반면 둘 이상의 자녀를 둔 가계에 대해서는 혜택의 폭이 크게 증가했다. 두 그룹은 모두 자녀가 있기 때문에, 일하는 부모에 대한 사회적 기준이 바뀜에 따라 야기될 수 있는 편의로부터 자유롭다. 따라서 이중차감법을 이용해서 1993년을 전후해 둘 이상의 자녀를 둔 한부모 여성가구주(분석집단)의 노동공급과 자녀를 1명 둔 한부모 여성가구주(비교집단)의 노동공급 비교를 통해 EITC가 노동공급에 미친 효과를 분석할 수 있었다. 이들 자료를 사용해 추가적으로 추정한 결과에 따르면 앞의 결과와 마찬가지로 EITC는 한부모 여성가구주의 노동공급을 증가시키는 데 큰 역할을 한 것으로 나타났다.

호하다). 그러나 보조소득자에 대해서는 EITC가 가구의 총소득에 기초해서 이루어지기 때문에 EITC는 보조소득자의 노동공급을 감소시키는 방향으로 작용할 것이다. 이는 자녀들이 있는 대부분의 저소득가구에서, 가구는 주소득자의 소득에 기초해서 이미 받을 수 있는 최대의 EITC를 받을 것이기 때문에 보조소득자들이 얼마만큼 일을 할 것인지를 결정할 때는 EITC가 점감하는 단계에 있을 가능성이 높기 때문이다. 사실, 교육 수준이 낮고 자녀가 있는 가구들 중 9%는 EITC의 점증 단계에, 6%는 평탄 단계, 43%는 점감 단계에 있다.[15] 앞서 보았듯이 점감 단계에서는 지급된 근로장려세제를 회수하기 위해 소득이 추가적으로 1달러 발생할 때마다 정부가 21센트씩 가져가기 때문에 일을 하지 않을 유인이 강하게 존재한다. 따라서 EITC는 보조소득자들에게는 오히려 일을 하지 않을 유인을 제공한다.

Eissa와 Hoynes(1998)의 연구에 따르면, EITC는 남자의 노동시장 의사결정에는 전혀 영향을 미치지 않았다. 이는 대부분의 남자들은 이미 노동시장에 참여하고 있었기 때문이며 이러한 분석 결과는 한부모 여성가구주의 분석 결과와도 일치한다(EITC는 한부모 여성가구주의 노동시장 참여율은 증가시키지만 일단 일을 한다면 노동시장에는 영향을 미치지 않았음). 동시에, 연구자들은 EITC는 기혼여성의 노동공급을 감소시켰다는 사실을 발견했다. 이는 한부모 여성가구주의 노동공급 증가를 어느 정도 상쇄시키는 효과를 갖는다.

---

15 Eissa and Hoynes(1998), Table 2.

증거의 요약

전반적으로 미국에서는 EITC를 성공한 정책으로 평가하고 있다. 이는 현재 시행되고 있는 어떠한 복지 프로그램보다도 EITC가 저소득층에게 많은 현금을 제공하는 강력한 소득재분배 정책일 뿐만 아니라 일반적인 현금복지정책과는 달리 사회 전체의 총노동공급을 감소시키지도 않기 때문이다. 대신, 이러한 재분배는 한부모 여성가구주에 대해서는 노동공급을 증가시켰으며(노동시간을 감소시키지 않고 노동시장 참여율을 증가시킴), 기혼남성(특히 아버지)에 대해서는 어떠한 효과도 미치지 않았고, 기혼여성(특히 자녀를 둔 어머니)에 대해서는 노동공급을 다소 감소시켰다.[16] 추가적으로, 일련의 최근 연구에 따르면 EITC 보조금이 늘어남에 따라 자녀에 대한 장기적인 편익이 증가했다 — 저체중 출산아의 감소, 학교 성적의 향상, 대학등록률 제고.[17]

응용사례
근로장려세제 개혁

EITC는 성공적인 정책으로 평가받고 있는 반면 Furman(2006)에서 자세히 논의되었듯이 구조와 관련해서는 상당한 결점이 있는 것으로 지적받고 있다. 첫째, 자녀가 없는 근로자들이 매년 최대로 받을 수 있는 근로장려세제액은 538달러에 불과하다. 결과적으로 연방정부가 정의한 빈곤선상에 있으면서 자녀를 둔 가계의 연방정부 소득세율은 1986년 15%에서 현재 10%로 떨어진 반면, 자녀가 없는 가계의 소득세율은 대략 15% 수준이다. Weissmann(2016)의 추정 결과에 따르면 750만 명의 자녀가 없는 가계에 대해서는 EITC와 유사한 제도가 없기 때문에 매년 '과세로 빈곤층(taxed into poverty)'이 되고 있는 것으로 나타났다. EITC는, 특히 최저소득층의 노동공급을 증가시키는 효과가 있기 때문에 노동공급을 증가시키기 위해서는 자녀가 없는 가계에 대해서도 자녀가 있는 가계와 동일한 EITC 혜택을 제공할 필요가 있다.

둘째, 자녀가 2명 이상일 때는 추가적인 근로장려세제는 없다. 자녀가 1명일 때 받을 수 있는 최대 근로장려세제액은 3,584달러이며 자녀가 3명 이상일 때는 6,660달러이다. 자녀가 있는 가계의 빈곤율은 자녀가 1~2명일 때는 약 11%, 3명일 때는 19% 이상, 4명일 때는 약 30%로 자녀수가 많아질수록 증가하는데 이는 EITC의 구조적 특성에 기인한 것으로 생각된다.[18] 따라서 EITC의 혜택이 가족 수에 비례한다면 자녀를 둔 가계의 빈곤율은 낮아질 수 있다. 두 자녀를 둔 가계에 대해서는 받을 수 있는 최대량을 감소시키고 셋 혹은 그 이상의 자녀를 둔 가계에 대

16 이러한 결과가 현금복지를 폐지하고 보다 확장된 EITC로 대체되어야 함을 의미하지는 않는다. 일부 가장은 단순한 생계조차 유지할 수 없기 때문에(아마도 그들이 미숙련노동자이기 때문에), 근로를 요구하지 않는 순수한 소득 관련 이전제도가 여전히 필요하다. Saez(2000)의 시뮬레이션 결과에 따르면, EITC를 사용할 수 있다면 이때 최적의 재분배 정책은 제20장의 최적소득세 절에서 논의한 것과 같은 최저 소득자에게 EITC와 같은 유인제도가 제공되는 보장된 소득제도이다.

17 Hoynes et al.(2012), Dahl and Lochner(2012), Manoli and Turner(2014)에서의 증거.

18 U.S. Bureau of the Census(2018).

해서는 받을 수 있는 최대량을 증가시키면 예산의 크기를 증가시키지 않더라도 전체 인구의 빈곤율을 줄일 수 있다.

셋째, 근로장려세제액은 세금을 한 사람이 내든 두 사람이 내든 상관없이 납세신고 단위의 소득에 기초해서 결정되기 때문에 한부모 여성가구주가 결혼할 때 불이익을 받게 된다. 예컨대 두 자녀를 둔 연간소득이 16,000달러인 한부모 여성가구주가 역시 연간소득이 16,000달러인 사람과 결혼을 했다고 해보자. 그러면 이들의 소득은 32,000달러가 되고 5,227달러의 EITC를 받는다. 반면 결혼을 하지 않는다면 각각의 소득에 기초해서 총 5,920달러의 EITC를 받는다.[19] 기혼자들에게는 693달러가 일종의 **결혼에 따른 벌과금**이 되는 셈이다. 이에 대해서는 제18장에서 논의되었다. 한 신문의 사설에서는 이러한 벌칙에 대해 "이는 마치 연방정부가 EITC를 통해 '결혼한다면 그것은 너에게 큰 비용을 초래할 것이다'라고 말하는 것과 같다"고 비판하기도 하였다.[20]

그러나 모든 결혼에 대해 EITC가 벌칙을 가하는 것은 아니다. 두 자녀가 있고 소득이 없는 한부모 여성가구주를 보자. 만약 연간소득이 16,000달러인 사람과 결혼한다면, 한부모 여성가구주나 배우자는 자신들의 소득에 기초해서는 근로장려세제의 혜택을 전혀 받을 수 없지만, 결혼을 통해 그들은 근로장려세제의 최대 금액인 5,920달러의 세액공제를 받게 된다. 따라서 EITC는 소득이 없는 한부모 여성가구주가 소득이 낮은 사람과 결혼할 때는 보조금이지만, 소득이 낮은 한부모 여성가구주가 소득이 낮은 사람과 결혼할 때는 벌칙금이 된다.

Ellwood(2000)는 결혼벌칙과 보너스 사이의 균형이 이루어지는지를 조사했는데, 조사를 통해 결혼에 앞서 3명의 자녀를 둔 재혼부부는 결혼 때문에 EITC의 혜택이 늘어나기보다는 줄어들 가능성이 3배 높다는 것을 발견했다. 또한 Ellwood는 평균 결혼벌칙금은 약 1,600달러 수준이며 이는 저소득층에 대해 약 50억 달러에 이르는 결혼벌칙비용을 부과하는 것과 같다는 사실을 발견했다.[21] 결혼벌칙을 해결하는 하나의 방법은 부부에 대한 EITC의 혜택 수준을 높이는 것이다. 대안적으로 Ellwood와 Sawhill(2000)은 근로장려세제 계산 시 저소득층에 대해서는 그들의 소득을 나누어서 계산하는 방법을 제시했다. 이 방법하에서 부부는 총소득을 반으로 나눌 수 있고 이에 기초해서 근로장려세제를 받을 수 있다. 각자 16,000달러를 버는 부부에 대해 이 방법을 적용한다면 이 가계는 여성이 결혼 전에 받았던 수준으로 근로장려세제를 받게 되고 따라서 결혼에 따른 벌칙은 없어진다.

마지막으로, EITC는 너무 복잡하다. IRS의 EITC를 설명하는 설명집은 56쪽에 달하고 있다. 이러한 복잡함 때문에 EITC의 대상인 사람들 중 약 1/7은 이 프로그램에 참여하지도 않았고, 수령자들 중 상당 부분은 근로장려세제로 증가한 소득의 일정 부분을 세금 수령을 위해 전문가들을 고용하는 데 사용했을 것으로 추측된다. Bhargava와 Manoli(2015)는 근로장려세제를 신청하지 않은 납세자들에게 실험적인 메일을 배포했다. 이들 연구에 따르면 신청 절차를 간소화할

---

19 https://www.irs.gov/pub/irs-pdf/i1040tt.pdf로부터 계산된 근로장려세제액임.

20 Sawhill and Horn(1999).

21 Ellwood(2000), Table 9; Holtzblatt and Rebelein(2000).

경우 청구자의 수는 크게 증가하는 것으로 나타났다. 근로장려세제 신청 절차가 쉬워지면 빈곤퇴치 수단으로서의 근로장려세제의 효과는 더 커질 것이다.

2015년 초 오바마 대통령은 EITC의 이러한 문제점들을 해결하기 위해 새로운 EITC 패키지를 제안했다. 그는 최대 크레딧을 높이고 크레딧 ID 범위를 연장함으로써 아이가 없는 부부에 대한 EITC를 확대하고, 자녀가 둘 이상인 가계에 대해서는 EITC 한도를 확대하고, 결혼벌칙을 줄이기 위해 부부에 대해서는 EITC 적격성을 확대하는 안을 각각 제안했다. 오바마 새 행정부가 들어선 2년 후에도, 이러한 제안은 제도화되지 못했다.[22] ▪

21.4 자녀보육의 조세 우대와 노동공급에 대한 효과

노동공급에 대한 실증분석 문헌으로부터 얻을 수 있는 주요 교훈은 보조소득자의 노동공급에 대한 의사결정은 세후소득에 매우 민감하다는 것이다. 이 외에 노동공급 의사결정에 중요한 영향을 미칠 수 있는 요소는 일을 하고 있는 부모의 자녀에 대한 **자녀보육**(child care)비용일 것이다. 현재 취학 전 자녀(4세와 5세)의 23.7% 정도만이 전적으로 부모가 보살피고 있고, 12.5%는 친척들이, 61.5%는 보육기관이 각각 보살피고 있다. 부모가 일을 하고 소득이 많을수록 이러한 현상은 심화된다. 연방정부가 제시하고 있는 빈곤선의 2배 이상 소득을 지닌 가구에서는 취학 전 자녀들의 18%만이 부모가 보살피고 있고 70.3%는 보육기관에 다니고 있다. 미국의 경우 부모 및 정부가 부담하고 있는 총자녀보육 지출은 연간 950억 달러를 넘고 있다.[23]

자녀보육 부모를 제외한 다른 사람에 의해 제공된 보육

이론적으로 볼 때 일을 하고 있는 부모들의 자녀보육 지출은 임금에 세금을 부과하는 것과 같다. 자녀보육 지출이 많으면 많을수록 일하는 것으로부터의 순수익이 낮아진다. 따라서 자녀보육 지출은 노동공급을 줄이는 대체효과와 보다 많이 일을 하도록 하는 소득효과를 동시에 갖는다. 실증분석 문헌들에 따르면 보조소득자에 대해서는 대체효과가 압도적으로 큰 것으로 나타났다. 즉 보조소득자들은 자녀보육 지출이 늘어날수록 일을 줄인다(Anderson and Levine, 2000).

자녀보육의 세금 우대

소득을 제18장에서 논의한 헤이그-사이먼의 포괄소득 개념으로 생각한다면 자녀보육에 대한 세금 우대는 매우 재미있는 논쟁거리를 제공한다. 미국의 소득세제하에서는, 시장에 공급된 노동은 과세되는 반면 집에서의 자녀보육과 같은 비시장 활동을 통해 공급된 노동에 대해서는 과세되지 않는다. 이는 돈을 벌어 자녀보육 서비스를 구매하는 가계보다 스스로 자녀를 보육하는 가계에 낮은 세금을 과세하는 것이 되기 때문에 형평성에 위배된다. 또한 이는 시장을 통한 자녀보육에 비해 가정에서의 자녀보육에 대해 보조금을 지불하는 것이기 때문에 비효율적이다.

---

22 Sperling(2017).

23 National Center for Education Statistics(2019a); Congressional Budget Office(2020b). https://www.cbo.gov.; U.S. Bureau of Labor Statistics(2019a).

표 21-1 **자녀보육 선택** 첫 번째 줄에서, 사람들이 일할 경우 단 500달러의 세후임금을 받고 자녀보육에 대해 600달러의 세전비용을 지불해야 한다. 따라서 이들은 일하지 않게 된다. 두 번째 줄에서는, 가정에서 이루어지는 자녀보육의 가치가 소득으로 귀속되므로 사람들이 일할 경우 세후임금이 더 높아진다(500달러 대 300달러). 세 번째 줄에서, 자녀보육비용이 과세소득으로부터 공제 가능하기 때문에 사람들이 일할 경우 세후소득은 더욱 높아진다(600달러가 아닌 800달러).

	자녀보육 이전의 세전소득	자녀보육 비용	자녀보육 공제	귀속소득	근로 시 세율 50%일 경우 납부 세금	가정보육 시 납부 세금	근로의 세후가치	가정보육의 세후가치
기준	$1,000	$600	0	0	$500	0	$500	$600
귀속	$1,000	$600	0	$600	$500	$300	$500	$300
소득공제	$1,000	$600	$600	0	$200	0	$800	$600

샘이 주소득자인 곤살레스 가구를 생각해보자. 그와 그의 아내 소피아는 세 자녀를 스스로 돌보든지 아니면 일을 하고 자녀들을 보육기관에 보내든지 둘 중 하나를 선택해야 한다. 아내는 시간당 25달러를 벌 수 있다. 자녀의 시간당 보육비용은 5달러이고 따라서 총보육비용은 시간당 15달러라고 하자. 아내의 시장소득에 대한 세율은 연방소득세, 급여세 그리고 주소득세를 포함해서 50%라 하자. 아내는 일을 하거나 자녀를 돌보는 것에 대해 무차별해서 의사결정은 단지 경제적 관점에 근거해서 이루어진다고 하자. 이러한 보기는 표 21-1에 예시되어 있다.

만약 아내가 주당 40시간 일을 한다면 1,000달러를 벌 것이다. 그러나 40시간 동안 자녀들을 보육기관에 보내야 하고 그 비용은 600달러가 된다. 아내의 시장소득에 대해 세율이 50%이기 때문에 세금으로 500달러를 지불해야 하므로 세후소득은 주당 500달러가 된다. 이는 자녀보육비용 600달러보다 작다. 따라서 아내의 세전소득(1,000달러)은 자녀보육비용 600달러보다(마지막 열) 높지만 세후소득은 오히려 낮다. 달리 말하면, 세후소득의 관점에서는 아내가 집에서 제공하는 자녀보육은 600달러의 가치가 있는 반면 일을 함으로써 집으로 가져오는 세후소득은 단지 500달러에 불과하다(끝에서 두 번째 열). 시장 일에 대해서는 과세하고 집안일에 대해서는 과세하지 않는 것은 시장에서 일을 하는 것에 대해 불이익을 제공하는 조세격차를 발생시킨다. 조세격차는 2개의 비교 가능한 활동이 차등적으로 과세될 때 발생한다.

▶ **즉석 힌트** '조세격차'라는 말은 제19장과 위의 논의에서는 다르게 적용되고 있다. 제19장에서는 한 시장에서의 조세격차를 논의했다. 제19장에서의 조세격차는 한 시장에서 세금 때문에 유발되는 생산자가격과 소비자가격 사이의 차이를 말한다. 반면 여기서의 조세격차는 여러 시장에서의 요소(노동공급)에 대한 수익의 차이를 말한다. 이들 두 정의들은 모두 유효할 뿐만 아니라 **조세격차의 가장 포괄적인 정의**(broadest definition of tax wedge)인 '조세에 의해 생겨난 활동에 대한 세전과 세후수익의 차이'의 부분 개념이기도 하다.

조세격차의 가장 포괄적인 정의 조세에 의해 야기된 활동에 대한 세전과 세후 수익의 차이

실증적 증거

자녀보육비용이 자녀가 있는 기혼여성의 노동공급에 미치는 효과

자녀보육비용이 보조소득자의 노동시장 참여에 장애 역할을 할 수 있다는 가능성 때문에 자녀보육비용이 보조소득자의 노동공급에 어떤 영향을 미치는지를 실증적으로 분석한 연구들은 많다. 이 연구들에 대해서는 Anderson과 Levine(2000)에 잘 정리되어 있다. 이 연구는 특정 지역에서의 여성의 노동시장 참여율을 자녀보육비용의 함수로 모형화하고 자녀보육비용이 비싸질 때 자녀를 둔 기혼여성들이 일을 덜할지 여부를 살펴봄으로써 이 문제를 분석했다. 그러나 이 방법은 자녀보육비용의 가장 중요한 요소는 자녀보육을 담당하는 사람의 임금이며 이들의 임금은 교대로 그 지역에서의 노동수요를 반영하고 있다는 점을 고려하고 있지 않다. 노동수요가 많은 지역에서는 자녀보육 일을 하는 사람의 임금은 높을 것이고 따라서 자녀보육은 비쌀 것이다. 그러나 노동수요가 높은 지역에서는 이로 인해 여성들의 노동시장 참여가 높기 때문에 값비싼 자녀보육비용이 반드시 여성의 노동시장 참여율을 낮추는 것을 의미하지 않을 수도 있다. 달리 말해 고전적인 편의 문제가 존재한다. 종속변수(어머니가 일할지 여부)와 관심의 대상이 되고 있는 설명변수(자녀보육비용)에 모두 영향을 미치는 제3의 요인(노동수요 수준)이 존재한다.

이 문제를 해결하기 위한 창의적인 방안들이 여러 연구에서 제시되었다. Berger와 Black(1992)은 한정된 수의 사람에게만 자녀보육비용을 보조하는 복지 프로그램에 지원한 여성들을 조사했다. 이 보조금들은 Berger와 Black이 분석대상으로 삼은 지역에서는 무작위로 할당되었다. 따라서 보조금을 받았던 여성과 받지 못했던 여성의 차이는 단지 보조금을 받았는지 여부이며 그 외의 모든 측면에서는 같았다. Berger와 Black은 보조금을 받은 여성들의 노동공급이 많았다는 것을 발견했다. 그러나 탄력도는 −0.1∼−0.35 사이의 값을 보여 보조금에 따른 기혼여성들의 노동공급 변화는 그리 크지 않았다.

Gelbach(2002)는 다른 독창적인 방법을 사용했다. 그는 유치원에 들어갈 수 있는 연령은 제한되어 있다는 사실을 이용했다. 에밀리는 2002년 8월 31일에 태어났고 제이다는 2002년 9월 1일 태어났으며, 두 아이가 사는 학군에서 유치원 취학 연령은 8월 31일이다. 즉 5년 전 9월 1일 전에 태어난 아동들만 유치원에 갈 수 있다. 이러한 상황에서 에밀리는 5세가 된 2007년 가을에 유치원에 다닐 수 있으나 단지 하루 뒤에 태어난 제이다는 유치원에 다닐 수 없다. 제이다는 6세가 될 때까지 거의 1년을 기다려야만 한다. Gelbach는 가장 어린 자녀가 9월 1일 전에 태어난 어머니의 노동공급(분석집단)과 자녀가 그 후에 태어난 어머니의 노동공급(비교집단)을 비교했다. 자녀가 유치원에 다닐 수 있었던 여성은 자녀가 유치원에 들어가기 위해서는 1년을 기다려야만 했던 여성보다 1년을 무료로 공교육을 더 받을 수 있다. 추정 결과는 이론과 같이, 자녀가 9월 1일 전에 태어난 어머니는 9월 1일 이후에 태어난 자녀를 둔 어머니보다 노동공급을 많이 하는 것으로 나타났다. 그러나 탄력도는 −0.16∼−0.35 사이의 값을 가져 그리 크지 않았다.[24]

Baker, Gruber, Milligan(2008)은 준실험적 방법을 이용했다. 1990년대 말, 캐나다의 퀘벡주에서는 모든 가계에게 하루 5달러의 비용으로 자녀보육을 받을 수 있도록 하는 법을 통과시켰다. 하루당 5달러의 비용은 그 당시 자녀보육 시장가격의 15% 수준에 해당했기 때문에 이는 정부가 85%의 보육 보조금을 지불하는 것과 같았다. 다른 주들에서는 기혼여성들의 자녀보육 가격에 큰 변화가 없었다(단, 한부모 여성가구주에 대해서는 국가 차원의 후생개혁이 있었기 때문에 많은 변화가 있었다). 연구자들은 준실험에 기초한 이중차감법을 이용해서 퀘벡주의 정책 변화 전과 후의 기혼여성들의 노동공급 변화를 캐나다의 나머지 주들과 비교했다. 연구 결과에 따르면 다른 연구들과 마찬가지로 자녀보육비용에 대한 노동공급탄력도는 −0.24로 노동공급의 변화가 크지 않은 것으로 나타났다. Baker 외는 그들의 결과가 옳았다는 것을 보이기 위해 EITC에서 사용된 것과 유사한 방법을 사용해 장성한 자녀를 가진 기혼여성들의 노동공급을 추정했다. 추정 결과에 따르면 이들의 노동공급은 크게 변하지 않았다.

조세격차를 해결하기 위한 조건

곤살레스 가구의 사례를 통해 과세된 행동과 과세되지 않은 행동 사이의 차이인 조세격차와 관련해서 일반적으로 야기될 수 있는 문제가 무엇인지를 알 수 있다. 조세격차는 사람들을 과세되지 않은 행동을 하도록 유인함으로써 행동을 왜곡하고 사중손실을 발생시킨다. 시장에서의 노

24 탄력도를 계산하기 위해서, Gelbach는 세 번째 아이에 대해서 무료로 제공되는 자녀양육 귀속비용을 추정하기 위해 지역의 자녀 양육비용을 사용했다.

동에는 과세를 하고 집에서의 노동에는 과세를 하지 않음으로써, 600달러의 가치가 있는 자녀보육을 위해 1,000달러를 벌 수 있는 기회를 포기했기 때문에 아내는 집에 머무르게 되고 결과적으로 총생산성은 400달러만큼 감소하게 된다. 이러한 생산성의 감소로 사중손실은 증가한다. 아내가 한계생산성이 낮은 곳에서 일을 하기 때문에 400달러만큼 사회적 손실이 발생한다. 재정학자들의 연구에 따르면 조세격차 때문에 종종 경제활동들에 대한 형평성은 저해되고 사람들은 그들의 선택에 따라 달리 취급받게 된다.[25]

귀속가사소득 이 경우, 표 21-1의 두 번째와 세 번째 줄에 예시되었듯이, 시장노동에만 과세함으로써 발생하는 형평성 문제를 해결하는 방법은 두 가지다. 하나는 시장노동과 마찬가지로 가사노동에도 동일하게 과세를 하는 것이다. 정부는 **귀속가사소득**(imputing home earnings) 혹은 가정에서 행해지는 자녀보육의 양에 기초해 소피아에게 소득가치를 부여함으로써 과세할 수 있다. 위 보기에서 정부는 소피아와 샘이 시장에서 자녀보육을 시켰다면 지불했을 비용이 600달러이기 때문에 이 600달러를 곤살레스 가구에서의 자녀보육에 대한 귀속비용으로 간주한다. 가정에서의 자녀보육이 과세되고 소피아가 시장에서 일을 하지 않는다면 세금으로 300달러를 지불해야 할 것이고(600달러의 귀속가사소득의 50%) 가사노동의 세후가치는 300달러가 된다. 이러한 세제하에서는, 소피아가 노동시장에서 일을 한다면 그들 가계는 200달러만큼 소득이 증가하기 때문에 소피아는 일을 할 것이다.

귀속가사소득 가사노동으로부터의 수익에 화폐가치를 부여한 것

그러나 이는 현실적으로 가능한 해결책은 아니다. 가정에서 제공되는 자녀보육과 같이 명백하게 시장가치를 부여할 수 없는 재화에 과세할 때 정책입안자들은 많은 어려운 문제에 직면하게 되기 때문이다.

자녀보육비용의 공제 다른 방법은 시장을 통해 자녀보육 서비스를 받을 때 발생하는 비용을 소득에서 공제 가능하도록 하는 것이다. 가사노동에는 과세하지 않고 자녀보육비용을 소득에서 공제할 수 있도록 한다고 하자. 이러한 세제하에서 소피아의 과세소득은 1,000달러에서 400달러로 감소하고(곤살레스 가구는 자녀보육비용으로 지불된 600달러는 공제받기 때문에) 그들의 세금은 200달러로 감소한다. 소피아의 세후근로소득은 800달러가 되어 자녀보육비용인 600달러를 초과한다. 가사노동에 과세했을 때와 같은 양인 200달러의 소득이 증가한다. 요약하면, 조세격차에 의해 발생하는 불형평성 문제를 해결하는 방안은 두 가지이다. 즉 모든 활동에 대해 동일하게 과세하거나 동일하게 보조금을 지불하는 것이다.

두 방법에 대한 비교

두 방법 모두 시장노동에만 과세함으로써 발생하는 형평성 문제를 해결하지만, 세원에 미치는 효과는 다르다 — 자녀보육비용을 공제해주는 것은 세원을 줄인다. 위 보기에서 정부가 가사노동에 대해 과세하고 소피아가 일을 한다면 정부는 500달러의 세수가 생긴다. 반면 정부가 자녀보

---

[25] Gelber와 Mitchell(2011)은 가사노동과 시장노동은 대체성이 매우 강하다는 것을 발견하고 이러한 조세격차의 중요성을 강조했다.

육을 소득에서 공제해주고 소피아가 일을 할 경우 정부 세수는 단지 200달러에 불과하다. 따라서 후자의 방법을 통해 불형평성을 시정하고자 할 때 발생하는 비용은 전체 세원 크기의 감소분인 300달러이다. 세원의 크기가 줄어듦에 따라 동일한 세수를 걷기 위해서는 세율이 증가해야 하고 이로 인해 사중손실이 증가할 것이다.

이상을 종합할 때 선택할 수 있는 방안은 세 가지이며 이들은 모두 결점을 가지고 있다. 첫째, 계속해서 시장노동에만 과세할 수 있다. 이는 보조소득자의 노동시장 참여도를 낮춤으로써 사회적 비효율성을 발생시킨다. 둘째, 가사노동에 과세를 함으로써 불형평성을 시정할 수 있다. 이는 가장 경제학적인 방법이긴 하나 시행하기가 어렵다. 셋째, 시장노동에 보조금을 지불함으로써 불형평성을 시정할 수 있다. 이는 세제의 전반적인 효율성을 감소시킨다.

시행상의 어려움 때문에 두 번째 방안을 고려하지 않는다면, 나머지 두 선택 대안 중 어떤 방법이 경제 전반에 대한 왜곡을 보다 많이 줄이는지를 어떻게 판단할 수 있는가? 자녀보육비용을 공제하지 않은 방안은 보조소득자들이 가사노동하는 것을 유리하도록 만들어 왜곡비용을 발생시키는 반면, 자녀보육비용을 공제하는 방안은 세원을 줄여 조세체계의 전반적인 효율성을 저해한다. 어떤 것이 보다 나쁜가?

앞 장에서 강조되었듯이, 효율성 비용은 과세된 행위의 탄력도에 따라 달라질 것이다. 전반적인 세원을 줄이는 효율성 비용은 과세에 대한 경제활동의 전반적인 탄력도에 의해 결정될 것이다. 보조소득자들의 노동시장 참여를 불리하게 만드는 것에 따른 효율성 비용은 임금에 대한 보조소득자의 노동공급탄력도에 의존할 것이다. 이 장의 앞에서 논의되었듯이, 이 탄력도는 매우 높다. 따라서 조세격차를 줄이기 위해 자녀보육비용을 보조하는 것이 두 대안 중 나은 대안이다.

미국에서는 시장을 통한 자녀보육에 부분적으로 보조금을 지불하고 있다. 방금 논의된 두 대안의 중간쯤에 위치하고 있는 셈이다. 가계들은 자녀보육비용에 대해 자녀 1명에 대해서는 3,000달러까지, 2명 이상에 대해서는 6,000달러까지 세액공제를 받을 수 있다. 이러한 세액공제는 소득 대비 자녀보육비용의 비율로 계산된다. 소득이 43,000달러 이상인 가계는 자녀보육비용의 20%(600달러 혹은 1,200달러까지)까지의 세액공제를, 15,000달러 이하의 소득을 가진 가계는 자녀보육비용의 35%(1,050달러 혹은 2,100달러까지)까지의 세액공제를 각각 청구할 수 있다.[26]

21.5 결론

제20장의 최적소득세에 대한 논의에서는 세율 변화에 사람들이 어떻게 반응하는지가 최적소득세를 결정함에 있어 매우 중요하다는 것을 배웠다. 세율을 올림에 따라 노동공급이 줄어든다면, 이 변화들은 세금 증가에 기인한 이득(즉 세수 증가)을 상쇄시킬 것이고 궁극적으로는 소득

26 자녀 및 부양가족 양육비용 공제가 어떻게 계산되는지에 대해서는 IRS에 제공되고 있는 Publication 503을 참조하라.

세로 세수를 충당할 때 피할 수 없는 한계점으로 작용할 것이다.

이 장에서는 과세에 따라 노동공급이 어떻게 변하는지에 대한 증거를 검토했다. 대부분의 연구 결과에 따르면 세율은 가계의 주소득자의 노동공급에는 거의 영향을 미치지 않지만 보조소득자에게는 실질적인 영향을 미치는 것으로 나타났다. 이 장에서는 또한 노동공급을 증가시키고자 하는 주요 정책들 중 하나인 EITC에 대해 논의했고 근로장려세제는 저소득자들의 노동공급을 증가시킨다는 것을 실증분석 결과를 통해 살펴보았다. 끝으로 보조소득자들의 노동공급을 저해하는 주요 원인 중 하나인 자녀보육비용을 세제화하는 방안들과 이들 방안 중 현실적으로 어떤 방안이 가장 효율적인지에 대해서도 각각 살펴보았다.

요약

- 노동에 대한 과세가 노동공급에 미치는 효과는 이론적으로 모호하다. 대체효과는 노동공급을 증가시키나 소득효과는 여가가 정상재라면 노동공급을 감소시킨다.
- 많은 연구에 따르면, 주소득자들의 세율에 대한 노동공급의 탄력도는 비탄력적인 반면 보조소득자들의 노동공급탄력도는 상당히 탄력적이다.
- 노동공급에 대한 가장 큰 연방정부 보조는 최상위 저소득자들에게 임금을 보조하는 근로장려세제(EITC)이다. EITC는 소득이 일정 수준 이상으로 증가할 때 감소된다.
- EITC는 이론적으로는 노동공급에 대해 모호한 효과를 가진다. 그러나 가용한 증거들에 따르면 한부모 여성가구주의 노동공급은 명백하게 증가시킨다.
- 보조소득자의 노동공급을 저해하는 잠재적 요인은 자녀보육비용이다. 미국의 경우 가사노동에는 과세되지 않는 반면 시장노동에는 과세되기 때문에 이러한 장애요인은 더욱 커진다.
- 시장노동과 가사노동 사이에 존재하는 조세격차를 해소하기 위한 방안은 두 가지이다. 하나는 시행하기는 힘드나 가사노동에 과세를 하는 것이고 다른 하나는 현재 미국에서 부분적으로 시행되고 있듯이 자녀보육비용을 소득공제하는 것이다.

연습문제

1. 시간당 세전으로 10달러를 벌 수 있다고 하자. 또한 매년 365일 하루당 16시간까지 일을 할 수 있다고 하자. 다음의 소득세제하에서 소비와 여가의 상충관계를 반영하는 연간 예산제약선을 각각 그려보라.
   a. 모든 소득에 대해 20%의 고정소득세율
   b. 처음 10,000달러에 대해서는 세금이 없고, 10,000달러 이상에 대해서는 25%의 세율을 부과
   c. 처음 5,000달러에 대해서는 10%, 다음 10,000달러에 대해서는 20%, 그 이후의 소득에 대해서는 30%의 세율 부과
2. 주소득자와 보조소득자 중 세금 증가와 관련된 대체효과가 소득효과보다 큰 쪽은 어디인가? 설명해보라.
3. ⓔ 시간이 흐름에 따라 보다 많은 여성들이 가계의 주소득자가 되어가고 있다. 이러한 사실은 여성의 노동공

ⓔ 기호는 학생들이 제3장과 '실증적 증거' 코너에서 공부한 실증적 경제원리를 적용해야 하는 문제임을 의미한다.

급에 대한 세금의 실증분석 결과를 어떻게 복잡하게 만드는가?

4. 만약 다음과 같다면 전반적인 노동공급에 어떤 일이 발생하겠는가?
   a. 근로장려세제의 임금보상률이 달러당 30%에서 50%로 증가한다면?
   b. 근로장려세제의 점감률이 증가한다면?

5. 애컬로비아는 시민들에게 선불로 현금 5,000달러를 주며, 첫 10,000달러에 대해서는 세금을 면제하고 그 이상의 소득에 대해서는 25%의 소득세를 부과하고 있다. 지금 이러한 세제를 근로장려세제로 대체할 것을 고려하고 있다. 제안된 새로운 세제에서는 5,000달러를 현금으로 주는 것을 폐지하고 첫 10,000달러의 소득에 대해서는 50%를 보조한다. 10,000달러 이상의 소득에 대해서는 동일하게 25% 비율로 과세되며, 점감률은 결코 없다. 여러 소득계층에 대해 이러한 정책의 변화가 노동공급에 미치는 효과를 분석하라.

6. 자녀보육비용의 소득공제를 허용하는 것이 시장노동에는 과세되나 가사노동에는 과세되지 않기 때문에 발생하는 조세격차의 문제를 어떻게 감소시키는가? 자녀보육비용을 공제할 수 있도록 하는 것이 사회적 효율성을 증가시키는가, 아니면 감소시키는가?

7. 시간당 세전으로 16달러를 벌 수 있으며 주당 80시간까지 일을 할 수 있다고 하자. 두 소득세율 10%와 20%를 고려해보자.
   a. 동일한 그림에 두 다른 세율을 반영하는 2개의 주당 소비-여가 예산제약선을 그려보라.
   b. 세금의 소득효과가 대체효과를 압도하는 대표적인 무차별곡선들의 집합을 그려보라.
   c. 세금의 대체효과가 소득효과를 압도하는 대표적인 무차별곡선들의 집합을 그려보라.

8. 정부가 처음 8,000달러의 소득에 대해서 임금 1달러당 50센트를 주는 근로장려세제를 도입한다고 가정하자. 다음 3,000달러의 소득에 대해서 근로장려세제는 4,000달러로 고정되어 있고 그 후부터 근로장려세제는 달러당 20센트의 비율로 감소한다. 근로장려세제가 영(0)에 이르면, 추가적인 근로장려세제는 없다.
   a. 시간당 10달러의 임금에서 매년 4,000시간까지 일을 할 수 있는 노동자에 대한 근로장려세제를 반영하는 예산제약선을 그려보라.
   b. '어떠한 정책도 없었을 때'와 비교해 근로장려세제가 노동공급에 양(+)의 효과를 미치는 부분, 음(−)의 효과를 미치는 부분, 불명확한 부분을 각각 예산제약선 위에 나타내보라.

9. 하원의원인 페레즈는 부모 중 한 사람만이 가정 밖(시장)에서 일을 하고 있는 가계의 자녀들에 대한 세금면제를 감소시킬 것을 제안한다고 하자. 이러한 제안은 헤이그-사이먼의 관점에서 왜 형평성을 증가시키는가?

심화 연습문제

10. ⓔ 여성의 노동공급함수가 다음과 같이 추정되었다고 하자.

(노동공급)$_i$ = − 320 + 85(세후임금)$_i$ +
320(대학 졸업)$_i$ − 120(기혼자)$_i$

여기서 노동공급은 일한 시간으로 측정되며 임금은 시간당 임금으로 표시된다.
   a. 세후임금의 계수를 해석하라. 시간당 임금이 6달러에서 10달러로 증가할 때 임금의 증가가 노동공급에 미치는 효과에 대해 추정된 계수 값이 의미하는 바는 무엇인가?

b. 이러한 추정 결과로부터 노동공급에 대한 임금의 소득효과와 대체효과에 대하여 무엇을 알 수 있는가?

c. 이러한 계수는 어떠한 편의를 가질 수 있는가? 설명해보라.

11. 근로장려세제가 왜 저소득 노동자에 대한 결혼벌칙을 강화하는가? 이러한 벌칙을 약화시키는 대안적인 근로장려세제 방안을 제시하라.

12. NBER의 TAXSIM 모형(http://www.users.nber.~taxsim/taxsim32/)을 통해 개인은 각 연도의 과세소득세액을 계산할 수 있다. 22,000달러의 소득을 가진 저소득자와 82,000달러의 소득을 가진 고소득자의 세액 크기를 비교하기 위해 먼저 사이트로 가서 괄호 안을 채워보라. 두 사람 모두 집을 가지고 있지 않고 자녀 보육비용이 없는 14세와 15세 두 자녀를 둔 45세 한부모 여성가구주라 하자. 이들의 1993년, 1998년, 2008년, 2018년, 2021년의 연방한계세율과 연방정부 과세소득세액을 계산하기 위해 이 모형을 사용하라. 어떤 형태를 발견했는가? 설명해보라.

13. 대학졸업 후 시간당 25달러의 임금을 주는 컨설팅 기업에 취직했다. 노동시간은 매년 0~2,000시간까지 선택할 수 있다.

a. 소득세가 다음과 같다고 하자.

10,000달러까지는 세금이 없음

10,000~30,000달러까지는 20% 세율

30,000달러 이상의 소득에 대해서는 30% 세율

노동시간과 소비공간에 이러한 세제가 존재할 때와 존재하지 않을 때의 기회집합을 그려보라. 이러한 세제가 시행될 때 선택하고 싶지 않은 점들이 존재하는가? 그 이유를 설명해보라.

b. 매년 1,500시간 일하는 것을 선택했다고 하자. 한계세율은 얼마인가? 평균세율은 얼마인가? 이들 두 세율은 왜 다른가? 그 이유를 설명해보라.

14. 플리그레니아의 세제는 한계세율이 최저 0%에서 최고 50%에 이르며 몇 개의 과세구간으로 구성되어 있다. 현 세제하에서 부부의 한계세율은 양쪽 중 한 사람 소득의 마지막 1달러에 기초해 결정되고 있다. 그러나 플리그레니아는 지금 세제를 바꾸려 하고 있다. 새로운 세제하에서는 가계에서 높은 소득을 가진 자는 전과 같이 과세되나(총가계소득과 관련한 한계세율에 기초해서) 소득이 낮은 자에 대한 한계세율은 단지 그 노동자의 소득에 기초해 결정된다. 이러한 세제 변화로 어떤 가계가 가장 영향을 많이 받을 것이라 예상하는가? 그 이유는 무엇인가?

15. 갤과 팻이라는 커플을 생각해보자. 그들은 갤이 직장에 복귀해야 할지 아니면 그들 부부의 세 살짜리 아이를 돌보기 위해 집에 있어야 할지 결정해야 한다. 문제 12에서 논의된 https://users.nber.org/~taxsim/taxsim32/에서 찾을 수 있는 NBER의 TAXSIM 모델을 사용하여, 갤이 집에 머무는 시나리오와 갤이 직장에 복귀하는 시나리오의 두 가지 시나리오에 대해 부부의 총세금을 계산하라. 2018년도의 시뮬레이션을 사용하고, 연방 세금액과 주 세금액을 사용하라. 제13장과 제15장의 논의에 따라 부부의 사회보장세와 메디케어 급여세도 계산해야 한다.

팻은 연간 30만 달러를 벌고 있고, 갤은 직장에 복귀하면 연간 38,000달러를 벌게 된다. 부부가 살고 있는 지역의 육아비용은 한 달에 2,000달러이다. 그들은 캘리포니아에 살고 있으며, 결혼공동신고 형태로 세금을 신고하고 있으며, 각각 35세이다. 그들은 집을 소유하지 않고 배당금이나 양도소득은 없다.

올해 복직하는 세후가치는 얼마인가? 올해 집에 머무르는 것에 대한 세후가치는 얼마인가? 만약 그 결정이 순전히 이러한 금전적 고려에 근거한다면, 갤은 다시 일을 할 것인가?

16. e 21.3절에서 언급된 2015년 초 오바마 대통령이 제안한 EITC 변경안을 고려해보자.

a. 이 장에서 언급된 연구문헌들의 실증분석에 기초해서, 이러한 EITC 변경안이 도입된다면 어떤 유형의

개인과 가계의 노동공급 의사결정이 변할 것으로 생각되는가?

b. 변경안이 법으로 통과되었다고 하자. 문제 (a)에서 답한 것을 실증분석한다고 할 때 자연적인 통제그룹이 있는가?

James Andrews/iStock/Getty Images

저축에 대한 세금

생각해볼 문제

- 조세는 저축 의사결정에 어떻게 영향을 미쳐야 하는가?
- 조세가 저축 의사결정에 미치는 영향은 저축 결정의 기본 모형에 따라 어떻게 다른가?
- 은퇴 저축유인이 저축 의사결정에 어떻게 영향을 미치는가?

2020년 민주당 예비선거에서 당시 후보였던 조 바이든은 포괄적인 세금 계획을 발표했다. 특히 많은 관심을 끌었던 것은 401(k) 저축 계획에 대한 제안이었다. 401(k) 계정은 근로자들이 퇴직금을 저축하도록 장려하기 위한 목적으로 만들어진 제도이다. 근로자는 401(k) 계정에 낸 기여금에 대해서는 과세소득에서 공제받기 때문에 세금부담(퇴직 후 인출 시까지 세금이 이연되지만)이 줄어든다. 5,800만 명 이상의 근로자가 401(k) 계정을 갖고 있으며, 401(k) 계정의 총자산은 2000년 1조 7,000억 달러에서 2020년 6조 5,000억 달러로 지난 20년간 크게 증가했다.[1] 바이든이 401(k) 저축 계획과 관련해 발표한 제안은 세금혜택을 제한하는 것이었다. 종전까지는 401(k) 계정에 대한 기여금은 소득세에서 공제받도록 되어 있었으나 바이든의 제안은 기여금액의 26%에 대해 세액공제를 받도록 바꾸겠다는 것이었다.[2] 이 제안은 소득세율이 26% 미만인 근로자에 대해서는 401(k) 계정에 가입할 세금유인을 높이는 반면 26% 이상인 근로자에 대해서는 세금유인을 낮추는 것이다.

바이든의 계획안은 제안되자마자 큰 비난을 받았다. 트럼프 대통령은 2020년 2차 대선 토론

1 Investment Company Institute(2020).

2 Brooks(2021).

회에서 "만약 그가 대통령이 된다면… 당신의 401(k) 계획은 지옥에 떨어질 것"이라고 말했다.[3] 다른 비평가들은 이 계획안은 소득이 40만 달러 이하인 사람들에게는 세금을 올리지 않겠다는 바이든의 계획과 반하는 것이라고도 했다.

바이든 계획의 옹호론자들은 이 비판이 잘못되었다고 주장했다. 바이든의 수석 경제고문인 벤 해리스는 현 제도하에서는 "나의 소득세 구간이 0%이고 소득세가 아닌 급여세를 납부하고 있나면, 나는 401(k) 계정에 들어간 1달러에 대해 어떠한 실질적인 이익도 얻을 수 없다. 그러나 만약 누군가가 최상위 세금 계층 구간에 속한다면, 그들은 401(k) 계정에 납부된 1달러당 37센트의 세금혜택을 받게 된다"고 언급하면서 모든 소득 수준에서 저축에 대한 비용공제는 동등해야 한다고 강조했다.[4]

바이든 대통령은 취임 이후 401(k) 계정에 대한 구체적인 개혁안을 제시하지 않았다. 그러나 미국 정부가 401(k) 저축 계획에 더 많은 근로자, 특히 저소득층과 중산층들이 가입하는 것을 우선시하는 것은 자명하다. 재닛 옐런 재무장관은 인사청문회에서 "대통령의 계획에 따라 연금이나 401(k) 유형의 저축계정이 없는 대부분의 근로자가 직장에서 쉽게 퇴직금을 저축할 수 있는 기회를 제공하는 '자동 401(k)'에 가입할 수 있도록 해서 중산층 가계를 퇴직의 위험으로부터 보호받을 수 있도록 하겠다고 밝혔다."[5]

이는 정부가 은퇴저축을 장려하기 위해 세금유인책을 사용하는 것과 관련된 논쟁들 중 가장 최근 벌어진 논쟁이다. 공화당원들은 일반적으로 미국 국민은 저축률 수준이 낮을 뿐만 아니라 은퇴 준비도 부족하다는 점을 강조함으로써 은퇴저축에 대한 세금특혜를 확대하는 것을 찬성해왔다. 2017년 감세 및 일자리법(Tax Cuts and Job Act of 2017) 통과 후, 공화당 하원의원들은 기여금에 대해 세금 감면을 제공함으로써 유니버설 저축 계좌(Universal Savings Account)의 사용을 장려하는 '가족저축법(Family Savings Act)'을 공개하고 통과시켰다. 당시 하원 세입위원회(the House Ways and Means Committee) 의장인 공화당 케빈 브래디 의원은 "우리는 건강 관리를 위한 것이든 은퇴를 위한 것이든 가족이 보다 일찍 보다 쉽게 저축할 수 있고 시간이 지남에 따라 보다 많이 저축할 수 있는 방법을 찾고 있다.우리는 미국이 저축하는 나라가 아니라고 생각하기 때문에 그런 나라를 만들고 싶다"라고 말했다.[6]

반면, 민주당은 세금 감면이 미국의 은퇴 저축 부족을 해결하는 결코 적합한 방법은 아니라고 주장한다. 민주당은 오히려 이러한 세금감면 제도는 부유한 사람들에게 혜택을 주는 퇴행적인 제도임을 강조하고 있다. 예를 들어, 401(k) 제도에서는 소득이 407,000달러인 근로자는 소득이 36,000달러이고 같은 금액을 저축하는 근로자보다 12,000달러를 퇴직 계좌에 예치한다면 2,952달러를 더 절약할 수 있다.[7] 80~99번째 소득분위 계층은 은퇴 전 소득의 2.67%를 세금혜택을 받는 반면, 하위 5분위 계층은 세금혜택을 받지 못한다. 이러한 세금 불평등의 결과 때문

3 USA Today(2020).
4 Sword(2020).
5 Godbout(2021).
6 https://www.foxbusiness.com/politics/tax-cuts-2-0-what-we-know-so-far.
7 Ghilarducci(2015).

에, 민주당은 고용주 연금의무화 제도 도입이나 사회보장 프로그램 확대와 같은 방법으로 모든 미국인들의 노후 보장을 개선하는 데 초점을 맞추어야 한다고 주장하고 있다.

은퇴저축을 촉진하기 위한 경쟁적 접근 방식은 이 장에서 다룰 몇 가지 의문을 유발한다. 미국의 현행 소득세 구조가 개인 저축을 감소시키는가? 정부는 저축을 권장하기 위해 세법을 이용해야 하는가? 혹은 정부는 사람들에게 보다 많이 저축하도록 하는 유인을 제공하는 방향으로 은퇴저축 구조를 변경해야만 하는가?

과세가 개인 행동에 어떤 영향을 미치는지를 설명하는 3개 장 중 두 번째 장인 이 장에서는 저축 의사결정에 대해 논의한다. 제4장에서 논의되었듯이, 한 사회의 저축량은 곧 그 나라 기업이 얼마나 많은 자본 투자를 할 것인지와 직결된다는 점에서 경제성장의 주요 원동력이 된다. 따라서 저축의 수익에 대한 세금인 **자본소득세**(capital income taxation)의 적절한 역할에 대한 논의가 미국을 포함한 주요 국가들에서 정치적 논의의 핵심이 되고 있는 것은 당연하다.

자본소득세 저축수익에 대한 과세

제21장에서는 소득세가 노동공급에 어떻게 영향을 미치는지에 대한 전통적 이론을 살펴보는 것으로부터 시작했다. 이 장에서도 이와 유사하게 소득세가 저축 의사결정에 어떻게 영향을 미치는지를 보는 전통 이론을 살펴보는 것부터 시작한다. 그러나 노동공급과는 달리 전통적 이론을 통해 제기된 주요 문제, 즉 저축이 세후이자율에 얼마나 민감하게 반응하는지에 대해서는 입증된 증거가 많지 않다. 전통 이론을 살펴본 다음 저축에 대한 두 가지 대안적 모형인 예비적 모형(저축을 미래의 불확실성에 대한 자가보험으로 간주하는 견해)과 자기통제모형[단기의 성급함(현재 소비)과 장기의 인내심(미래 소비) 사이의 경쟁을 통해 저축은 결정된다고 보는 견해]에 대해 살펴본다. 이 대안들은 미국에서 저축을 증가시키기 위해 처음 제기되었던 정책(세금 우대 은퇴저축계정)들에 대해 중요한 정책적 의미를 가진다. 이 장에서는 이 계정들의 구조를 검토하고 예상되는 저축에 대한 효과, 그리고 한정적이지만 이들 효과에 대한 실증 증거들에 대해 살펴본다.

22.1 과세와 저축 : 이론과 증거

얼마나 많이 노동을 공급할 것인지와 같이 소득 중 얼마만큼을 저축하고 얼마만큼을 소비할 것인지에 대한 의사결정 역시 세금에 의해 영향을 받는다. 이 장에서는 세금이 저축결정에 어떻게 영향을 미치는지를 논의한다.

전통적 이론

전통적인 저축 이론에서, 저축의 역할은 시간에 대해 소비를 평탄화하는 것이다. 개인들은 일을 할 때는 소득이 높은 반면 은퇴 후에는 소득이 낮다. 저축이 없다면 소득이 낮을 때 소비를 적게 할 수밖에 없다. 그러나 한계효용은 체감하기 때문에 이러한 소비 행태는 효용을 극대화하지 못한다. 개인들은 시간에 대해 소비 수준이 평탄한 것을 선호한다. 소득이 높을 때 지출을 줄이고 소득이 낮을 때 지출을 증가시킴으로써 저축은 소비평탄화를 이룰 수 있다.

기간선택모형 시간에 대해 자신의 소비를 어떻게 배분할 것이냐에 대한 선택

저축 현재의 소비를 초과하는 현재 소득

기간선택모형(intertemporal choice model)하에서 얼마만큼 저축을 할 것이냐에 대한 결정은 실질적으로 시간에 대해 자신의 소비를 어떻게 배분할 것인지를 선택하는 것과 같다. 노동공급을 모형화할 때와 같이 저축모형을 직접적으로 모형화하지는 않는다. 이보다는 시간에 대해 소비를 어떻게 배분할 것인지를 모형화한다. 노동공급을 모형화할 때 노동은 '나쁜' 재화이기 때문에 보완재이면서 '좋은' 재화인 여가를 분석했으며 노동공급은 가용한 시간에서 여가시간을 뺌으로써 구했다. 유사하게, **저축**(savings)은 미래 소비의 재원 조달을 위한 것이나 직접적인 효용을 발생시키지는 않는다는 점에서 일종의 '나쁜' 재화이며 대응되는 '좋은' 재화는 소비이다.[8] 저축모형에서 분석대상은 소비이며 저축은 개인의 현재 소득에서 현재의 소비를 뺌으로써 구해진다.

단순화된 모형 민(Minh)은 두 기간을 산다고 가정하자. 1기는 일을 하는 기간이며 이때 소득은 Y이다. 2기는 은퇴 후 기간이며 소득은 없다. 일하는 기간의 소비 C^W는 1기에서의 소득에서 저축(S)을 뺀 것이다. 저축은 이자율 r만큼의 소득을 발생시킨다. 2기에서 민의 소비 C^R은 1기에서의 저축에 이자를 합한 $S \times (1 + r)$이다. 이러한 상황에서 민은 두 기간에서의 최적소비를 선택한다.

그림 22-1에서는 기간선택모형을 이용해 민이 1기에서의 소비 C^W와 2기에서의 소비 C^R(A점)을 각각 얼마나 택하는지를 통해 저축이 어떻게 결정되는지를 보여주고 있다. 이러한 과정은 이 책을 통해 논의된 효용극대화의 방법과 같다. 차이점은 이때 선택은 두 재화가 아니라 다른 두 기간 사이의 소비라는 것 외에는 없다. 무차별곡선 IC_1은 동일한 효용을 가져다주는 1기와 2기의 여러 소비점을 연결한 것이다. 민의 미래 소비에 대한 현재 소비의 선호는 시간에 대해 소비를 평탄화하고자 하는 욕구, 무차별곡선의 형태, 그리고 위치를 결정한다.

기간예산제약 다른 기간의 소비를 위해서 한 기간의 소비를 줄여야 하는 비율의 측정

저축에 대해 세금이 부과되기 전에, 민은 소득과 저축 의사결정을 연계하는 **기간예산제약**(intertemporal budget constraint, BC_1)하에서 효용을 극대화하는 1기와 2기의 소비 수준을 선택한다. 만약 민이 저축을 하지 않는다면 1기에 소득 Y를 소비할 수 있다. 만약 모든 소득을 저축한다면, 2기에 $Y \times (1 + r)$을 소비할 수 있다. 따라서 1기 소비의 상대가격은 예산제약선의 기울기인 $1 + r$이다. 노동공급모형에서 여가의 가격은 여가의 기회비용인 임금률이듯이, 2기간 저축모형에서 1기 소비의 가격은 1기 소비의 기회비용인 $1 + r$이다.

그림 22-1은 전형적인 C_1^W와 C_1^R의 기간소비선택을 보여주고 있다(A점). 이 소비 수준에서, 1기의 저축은 $S = Y - C_1^W$이고 2기에서의 소비는 $S \times (1 + r) = (Y - C_1^W) \times (1 + r)$이다. 다음에 정부가 저축에 대한 이자에 세금을 부과한다면 어떤 일이 발생할 것인지에 대해 살펴보자. 이를 위해 직접적으로 저축을 모형화하지 않는다는 사실을 다시 한 번 기억하길 바란다. 제21장에서 여가를 모형화해서 노동을 그 잔여분으로 간주하였듯이, 여기서 일을 할 동안의 소비인 C^W를 모형화하고 잔여분을 저축으로 정의한다.

---

8 적어도 표준 모형에서는 그렇지 않다. 일부 경제학자들은 개인이 실제로 저축을 통해 효용을 얻는다는 대안적 저축 모델을 제안했다.

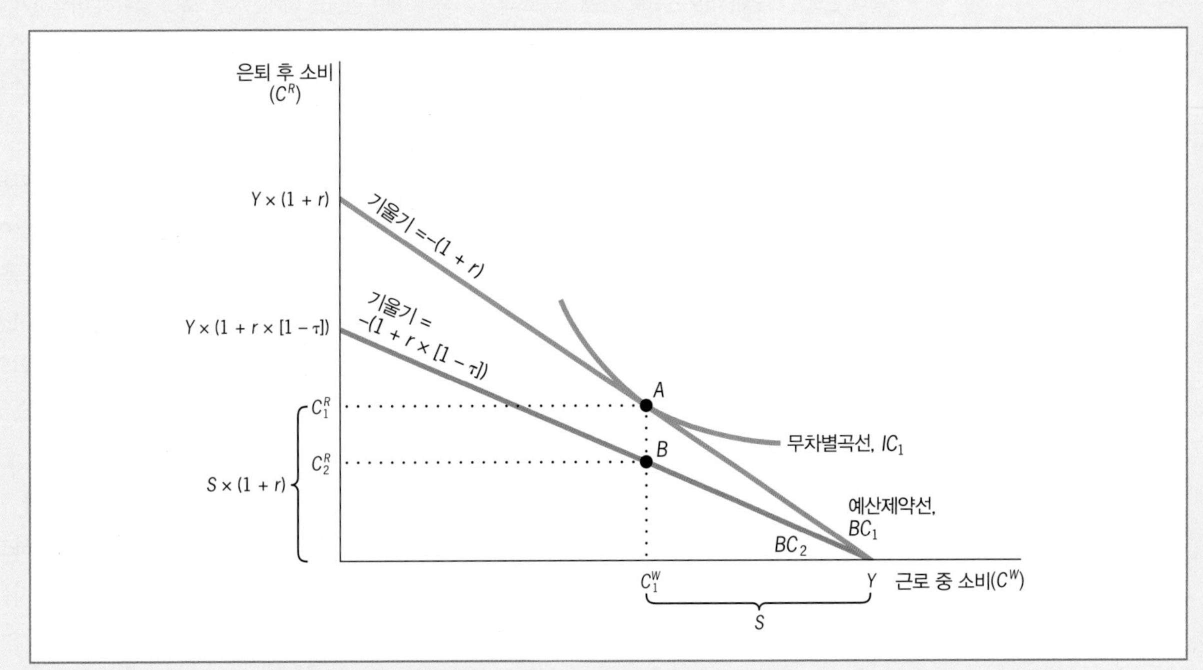

그림 22-1 세금 그리고 기간소비결정 과세되기 전 개인은 1기(C^W)의 소비 1달러당 2기(C^R)의 소비 $-(1+r)$만큼을 포기해야 한다. 이러한 예산제약하에서(BC_1) 개인은 1기에 S만큼 저축을 하고 2기에 $S \times (1+r)$만큼을 소비하기로 결정한다고 하자. 세금이 오르면 예산제약선은 BC_2로 이동하게 되며 이제 개인은 1기에 소비하는 1달러에 대해 2기 소득이 $-(1+r \times [1-\tau])$만큼 감소하게 된다. 이러한 변화는 대체효과와 소득효과 중 어느 것이 더 큰지에 따라서 저축을 증가시킬 수도, 감소시킬 수도 있다.

지금 정부가 이자소득에 대해 과세한다고 가정해보자. 이자소득에 대한 과세는 정부가 세금으로 $r \times \tau$만큼 거두어 가는 것을 의미하기 때문에 저축에 대한 세후수익률을 r에서 $r \times (1 - \tau)$로 감소시킨다. 이는 그림 22-1에서 예산제약선을 BC_1에서 BC_2로 낮추어 예산제약선의 기울기는 $1 + r$에서 $1 + (r \times [1 - \tau])$가 된다. 예산선이 보다 완만해진다는 것은 1기 소비 C^W의 가격이 떨어진다는 것을 의미한다. 저축된 1달러로 2기에 소비할 수 있는 양이 줄어들기 때문에 1기 소비의 기회비용은 감소한다. 1기 소비 수준이 변하지 않는다면, 저축의 수익이 줄기 때문에 민의 2기 소비는 줄어든다.

저축에 대한 세금의 대체효과와 소득효과 저축이자에 대한 세금 때문에 발생하는 가격 변화는 두 가지 효과를 가져온다. 낮아진 세후이자율(보다 낮아진 C^W의 가격)은 대체효과를 통해 1기의 소비를 증가시킬 것이다. 이것은 교대로 저축을 낮출 것이다. 그러나 낮아진 세후소득은 상반되는 소득효과를 발생시킨다. 민은 저축으로부터의 이자소득이 떨어졌기 때문에 모든 저축 수준에서 가난해지고 따라서 주어진 저축 수준에서 C^R은 감소한다. 예컨대 그림 22-1에서 1기의 소비를 C_1^W과 같은 수준에서 유지한다면 미래 소비는 단지 C_2^R만큼을 할 수 있다. 이와 같은 소득의 감소는 C_1^W을 감소시키는 반면 저축은 증가시킬 것이다.

▶ **즉석 힌트** 세후이자율 변화로 인한 소득효과가 저축에 어떤 영향을 미치는지를 보다 명확히 이해하기 위해서, 2기의 은퇴 후 소비에 대해 아주 극단적인 경우를 상정해보자. 만약 민이 목표로 하는 2기 소비 수준이 있다면, 목표를 달성하기 위해 세후이자율이 떨어질 때 민은 보다 많이 저축해야 하고 1기에서의 소비 C^W를 줄여야 한다.

대체효과와 소득효과가 반대 방향으로 작용하기 때문에 이자에 대한 과세가 저축에 미치는 순효과는 불확실하다. 그림 22-2의 두 그림은 이를 보여주고 있다. 그림 (a)에서는 보다 낮아진 세후이자율의 (1기의 소비 C^W의 가격이 떨어져 1기의 소비가 증가하는) 대체효과가 (소득의 감소로 1기의 소비를 포함해 모든 소비를 감소시키는) 소득효과보다 크다. 민은 처음에는 A점(C_1^W, C_1^R)에서 소비를 하고 있다. 이자에 대해 과세된 후(예산선이 BC_1에서 BC_2로 이동), 민의 1기의 소비는 증가하고(C_2^W) 저축은 S_1에서 S_2로 감소해 2기의 소비는 보다 줄어든 B점(C_2^R)으로 이동한다.

그림 (b)는 보다 낮아진 세후소득의 소득효과가 보다 낮아진 세후이자율의 대체효과보다 큰 경우를 보여주고 있다. 이 경우 민은 C점으로 이동한다. 1기의 소비는 C_1^W에서 C_3^W로 감소하고 저축은 S_1에서 S_3로 증가한다. 2기의 소비 역시 C_3^R로 여전히 감소하나 그림 (a)만큼 감소하지는 않는다. 이는 소득효과를 통해 소득의 감소를 충분히 보상할 수 있을 만큼 저축이 많이 증가하지 못했기 때문이다. 만약 C^R이 변하지 않았다면, 이는 앞서 언급한 바와 같이 2기에 목표로 하는 소비 수준을 달성하기 위해 저축수익의 감소를 정확히 상쇄할 만큼 저축을 증가시켰기 때문이다.[9]

증거 : 세후이자율이 저축에 어떻게 영향을 미치는가?

노동공급의 경우와는 대조적으로, 세금 혹은 이자율이 저축 의사결정에 미치는 효과는 불분명하다. 사실 이자소득세가 저축에 음(−)의 영향을 미치는지, 영향을 미치지 않는지, 양(+)의 효과를 미치는지에 대해서는 경제학자들 사이에서도 상이한 견해가 존재한다. Hall(1988)은 시계열자료를 토대로 세후이자율은 소비와 저축에 어떠한 영향도 미치지 않는다고 주장하였다. 그러나 보다 최근의 연구에 따르면 그 크기는 연구마다 다르지만 소비 의사결정은 세후이자율에 매우 민감하게 반응하는 것으로 나타나고 있다(Attanasio & Weber, 1995; Cashin & Unayama, 2016; Gruber, 2013).

세후이자율과 저축 사이의 관계를 연구할 때는 매우 어려운 문제들이 존재한다. 그중 하나가 적절한 이자율을 찾는 문제이다. 노동자의 임금은 측정이 가능하지만, 저축자에 대해 적절한 이자율을 찾기는 매우 어렵다. 어떤 이자율이 '적정한지'는 은행예금에서 세금 우대 연금에 이르기까지 개인들의 가용한 저축집합에 따라 달라진다. 또한 특정 형태의 저축을 통해서 벌어들

9 이 간단한 예에서 민은 1기에만 소득이 있다. 민이 1기와 2기에 모두 소득이 있고 2기의 소득을 차입하여 1기에 소비할 수 있는 보다 일반적인 모형에서는 세금의 부정적인 영향을 보다 강화하는 또 다른 효과가 존재한다—저축에 관하여 Summers(1981)가 강조한 인적 자산 효과. 이 모형에서 두 기간 동안 민의 소비는 평생소득 흐름의 현재할인가치에 의해 결정된다. 민은 2기의 소득을 세후이자율로 할인한다. 세금이 증가한다면 할인율은 낮아지고 2기 소득의 순현재가치는 높아진다. 평생 노동 소득의 현재가치가 높아지면 민은 높아진 세금에 대응하여 더 많이 소비하고 덜 저축한다.

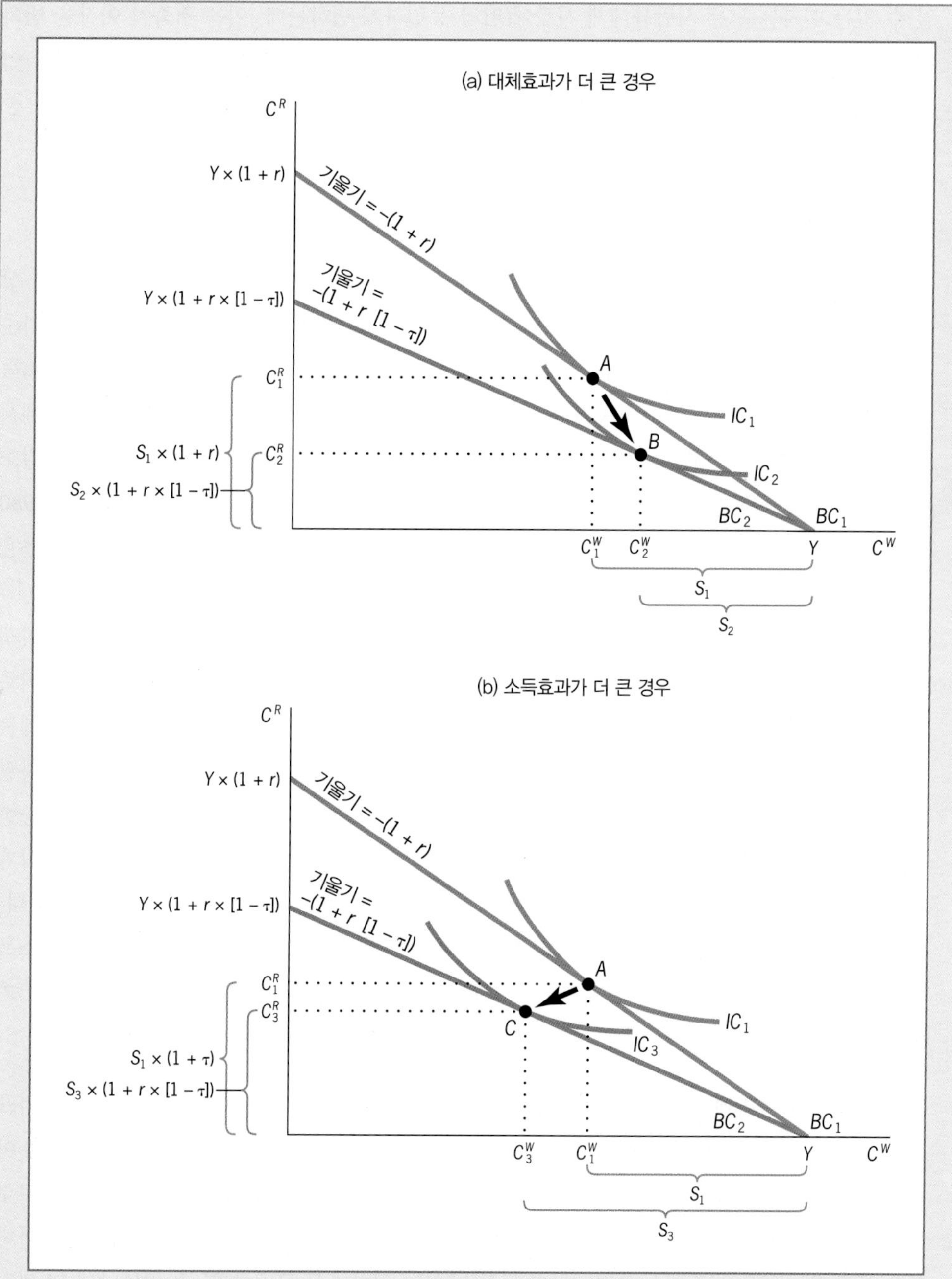

그림 22-2 기간대체효과 대 소득효과 만약 (a)와 같이 소득효과보다 대체효과가 더 크다면, 개인은 1기에 더 소비하고(C_2^W) 덜 저축하게 되어(S_2) *A*점에서 *B*점으로 이동하게 된다. 그 결과 2기의 소비(C_2^R)는 크게 감소한다. 만약 (b)와 같이 대체효과보다 소득효과가 더 크다면, 개인은 1기에 덜 소비하고(C_3^W) 더 저축하게 되어(S_3) *A*점에서 *C*점으로 이동하게 된다. 2기의 소비는 여전히 감소하지만(C_3^R), 대체효과가 더 클 때의 감소 폭보다는 작다.

일 수 있는 이자는 모든 사람들에게 시간에 따라 동일하게 변하는데, 이는 저축이 이자율 변화에 대해 어떻게 변하는지를 분석하기 위해 필요한 적절한 분석집단과 비교집단을 찾는 것을 어렵게 만든다. 그럼에도 불구하고 세후이자율에 대한 저축의 탄력도는 정책분석을 위해 매우 중요하기 때문에 보다 많은 연구를 통해 이의 크기가 명백히 밝혀져야 한다.

물가 상승과 저축에 대한 과세

1970년대와 1980년대 대부분의 기간 동안 미국의 물가 상승률은 높았다. 1980년에는 물가 상승률이 13.5%에 이르러 가장 높은 물가 상승률을 보이기도 하였다. 1981년 이전에는 과세기준이 되는 과표구간(그림 18-3에 제시된)은 물가에 연동되어 있지 않았었다. 이로 인해 실질소득은 증가하지 않았음에도 세율이 증가하는 **과세계급 상승** 현상이 발생하였다. 예컨대 1979년에서 1980년 사이 물가는 11.3% 올랐다. 만약 소득이 동일한 비율로 증가했다면, 소비자들의 실질소득은 변하지 않았을 것이고 따라서 구매력 역시 변하지 않았을 것이다. 그러나 1979년과 1980년의 과표구간은 같았다. 이는 곧 물가 상승만큼 소득이 오른 사람들의 경우 소득이 보다 높은 과표구간에 속하게 되기 때문에 보다 많은 세금을 내야 한다는 것을 의미한다.

예컨대 자말의 1979년 소득이 16,500달러라고 하자. 1979년 자말의 한계세율은 21%여서 2,370달러를 세금으로 내고 세후소득은 14,130달러이다. 1980년 자말의 소득은 18,365달러로 그해 물가 상승률인 11.3%만큼 올라 **실질소득**은 변하지 않았다고 하자. 과표구간은 1980년에는 물가와 연동되지 않았다. 따라서 21%가 적용되는 과표구간은 16,600달러까지이기 때문에 자말의 한계세율은 24%, 세금은 2,815달러이고 세후소득은 15,550달러이다. 물가는 11.3% 상승한 반면 자말의 소득은 단지 10% 증가했을 뿐이다. 이와 같이 소득 증가가 물가 상승률보다 작게 된 것은 과표구간이 경상가격으로 고정되어 있기 때문이다. 이 문제에 대한 해결책은 자명하다. 1981년 미국 의회는 실질정규소득세의 과표구간을 물가 상승률에 연동하게 만들었다[대체소득세(Alternative Minimum Tax)는 제외]. 그 결과 한계세율은 경상소득이 아니라 실질소득에 기초하게 되었다.

물가 상승과 자본과세 자본소득과세에 대한 과세기준은 개정되지 않았기 때문에 소득세 과표구간을 물가와 연동시킨다고 해서 소득과세에 대한 물가 상승효과가 완전히 없어지는 것은 아니다. 은행계좌로부터 발생하는 이자율은 **명목이자율**(nominal interest rate)인 반면 저축으로부터의 실질 구매력을 결정하는 것은 **실질이자율**(real interest rate)이다. 사람들은 내년에 얼마나 많은 돈을 받게 되느냐보다는, 내년에 그 돈을 가지고 얼마만큼 구매를 할 수 있느냐에 더 관심이 있다.

명목이자율 주어진 투자에 의해 얻어지는 이자율

실질이자율 명목이자율에서 물가 상승률을 뺀 것으로 저축으로부터의 실질 구매력을 결정하는 측정치

표 22-1은 인플레이션 존재 시 자본과세의 효과를 보여주고 있다. 로빈은 10%의 명목이자율에서 100달러를 저축하고 그 돈으로 개당 1달러 하는 스키틀즈를 구입한다고 가정해보자. 처음에는 이자소득에 세금이 없다고 하자. 로빈은 이자로 10달러를 벌어 세후소득은 110달러가 된다. 물가 상승이 없다면(첫 번째 행) 저축의 결과로 110개의 스키틀즈를 살 수 있다. 이제 정부가 자본소득에 과세를 한다고 하자. 표 22-1의 두 번째 행은 자본소득에 대해 50%가 과세되는

표 22-1 물가 상승 존재 시 자본과세 처음 두 행은 물가 상승이 없을 때이다. 로빈은 그녀의 저축금 100달러에 대한 이자로 10달러를 받는다. 첫 번째 행과 같이 세금이 없을 때는 그녀는 110개의 스키틀즈를 구입할 수 있지만 두 번째 행에서와 같이 50%의 이자소득세가 부과된다면 105개의 스키틀즈밖에 구입하지 못하게 된다. 그다음 두 행은 10%의 물가 상승이 있으나 명목이자율이 10%로 고정된 경우를 보여준다. 이 경우 로빈은 세금이 없을 때 100개의 스키틀즈만을 구입할 수 있고, 50%의 이자소득세가 부과된다면 95.5개만을 살 수 있다. 마지막 두 행은 명목이자율이 21%로 증가한 경우이다. 이 경우 10%의 물가 상승이 있어도 실질이자율은 10%가 된다. 세금이 없다면, 로빈은 물가 상승이 없을 때와 같은 소비 수준을 누릴 수 있다. 하지만 자본소득세가 부과되면 소비 수준은 이전보다 더 악화된다. 이제 로빈은 100.5개의 스키틀즈를 구입할 수 있게 되는데 이것은 두 번째 행의, 세금은 있지만 물가 상승이 없을 때 소비인 105개의 스키틀즈보다 작은 수준이다.

경우	물가 상승	이자소득 세율	저축	명목 이자율	이자소득	세후자산	스키틀즈 가격	구입 가능한 스키틀즈 수
물가 상승이 없을 때	0%	0%	100	10%	$10	$110	$1.00	110
	0%	50%	100	10%	$10	$105	$1.00	105
물가 상승이 있을 때	10%	0%	100	10%	$10	$110	$1.10	100
	10%	50%	100	10%	$10	$105	$1.10	95.5
일정한 실질이자율	10%	0%	100	21%	$21	$121	$1.10	110
	10%	50%	100	21%	$21	$110.5	$1.10	100.5

경우를 보여 주고 있다. 50% 과세 시 이자소득은 반으로 감소하여 로빈은 과세 후 단지 105개의 스키틀즈만을 구입할 수 있게 된다.

지금 10%의 물가 상승으로 스키틀즈 가격이 1.1달러가 되었다고 해보자. 세금이 없다면(세 번째 행) 로빈은 110달러로 오늘과 같이 100개를 구입할 수 있다. 10%의 이자소득이 정확히 10%의 물가 상승에 의해 상쇄되었기 때문에 그녀의 구매력은 증가하지 않았다. 자본소득세율이 50%라면 로빈의 세후소득은 105달러가 되고 단지 95.5개의 스키틀즈만을 구입할 수 있게 된다.

그러나 물가가 상승할 때, 물가상승률은 저축의 이자소득에 영향을 미칠 것이다. 명목이자율과 실질이자율 사이의 차이는 다음과 같이 정의할 수 있다.

$$\text{실질이자율}(r) = [1 + \text{명목이자율}(i)]/[1 + \text{물가 상승률}(\pi)] - 1$$

사람들이 저축 의사결정을 할 때 관심을 가지는 것은 실질이자율 혹은 저축으로부터의 구매력이다. 따라서 물가가 올라갈 때, 은행과 금융기관들은 저축을 유도하기 위해서는 보다 높은 명목이자율을 지불해야 할 것이다.

원칙적으로는 은행 및 기타 금융기관들은 실질이자율 수준을 유지하기 위해 물가 상승률과 같은 비율로 명목이자율을 증가시킬 것이다. 만약 물가 상승률이 10%였다면, 은행은 물가 상승 전에 받았던 10%의 이자율을 유지하기 위해 21%의 명목이자율을 지불할 것이다(왜냐하면 121달러/1.1달러 = 110개의 스키틀즈이기 때문). 표의 세 번째 행에 나타나 있듯이, 세금이 없고 명목이자율이 21%일 때 로빈은 1.1달러의 가격에서 전과 같이 110개의 스키틀즈를 구매할 수 있다. 따라서 은행들이 물가 상승률을 정확히 상쇄시키도록 명목이자율을 올린다면, 세금이 없을 때 물가 상승으로 인해 저축의 구매력은 잠식되지 않는다.

문제는 세금이 실질이자율에 기초한 소득이 아니라 명목이자율에 기초한 소득에 부과되고 있다는 데서 발생한다. 표 22-1의 마지막 행은 다시 이자율 소득에 대해 50%의 세금이 존재할 때를 보여주고 있다. 지금 세율이 50%이므로 로빈은 이자로 21달러를 벌고 10.5달러를 세금으로 낸 후, 그녀의 세후이자소득은 110.5달러가 된다. 110.5달러로 로빈은 단지 100.5개의 스키틀즈만을 구매할 수 있다. 이는 두 번째 행에 나타나 있는 물가 상승이 없고 세금이 존재할 때 구매할 수 있었던 105개의 스키틀즈보다 작다.

세금은 명목이자율 소득에 부과되기 때문에, 물가가 상승할 때는 은행이 물가 상승률만큼 명목이자율을 올리더라도 실질이자율이 감소하는 것을 정확히 보상해주지는 못한다. 따라서 1981년 과표구간을 물가에 연동시킴에 따라 과세계급 상승 현상은 없어졌지만, 물가 상승이 저축에 미치는 효과는 여전히 중요하게 남아 있다. 특히 물가 상승률이 높을수록 저축의 세후실질수익은 감소한다.

22.2 저축의 대안적인 모형

전통적인 기간 선택모형에서 저축은 전적으로 시간에 대해 소비를 평탄화하기 위해 이루어진다. 최근 연구들은 이 외에도 저축을 결정하는 다른 중요한 요인이 있을 수 있고 또한 전통적인 이론에서 제시된 것보다 이자율이 덜 중요할지 모른다는 점에 착안해 대안적인 저축모형을 제시하고 있다.

예비적 저축모형

저축은 재정 측면에서 사람들이 직면하는 불확실성과 재정 상태가 좋지 않을 때를 대비하고자 하는 욕구에 의해서도 결정된다. 저축이 시간에 대해 소비를 평탄화할 수 있듯이, 제12장의 자가보험에 대한 논의에서 강조된 것처럼 저축은 미래의 불확실한 상태에 대해서도 소비를 평탄화할 수 있다. 사람들에게 저축을 왜 하느냐고 물었을 때 은퇴 후를 대비해서라고 응답하는 사람도 많지만 실업이나 건강상의 '위험'에 대비해 저축한다고 응답하는 사람들도 이에 못지않게 많다.[10] 이러한 사실 때문에 시간에 대해 소비 수준을 평탄화하고자 하는 욕구뿐만 아니라 위험에 대비한 자가보험의 목적으로도 저축을 한다는 **예비적 저축모형**(precautionary savings model) 이론이 만들어졌다.

예비적 저축모형 저축은 적어도 부분적으로는 미래의 불확실성에 대해 소비를 평탄화하기 위해 행해진다는 것을 주장하는 모형

유동성 제약 개인의 대출 능력을 제약하는 신용 가용성에 대한 장애 요인

예비적 저축모형에서 사람들은 미래에 발생할지도 모르는 불행한 사건들(심장마비와 같은 건강상의 위험, 실업, 이혼 등)에 직면하며, 불행한 일을 당할 때 **유동성 제약**(liquidity constraints)에 빠질 수 있기 때문에 돈을 차입할 수 없다고 가정한다. 유동성 문제는 예컨대 은행들이 위중한 병을 가진 사람이나 실업자에게는 돈을 대출해주지 않으려 하기 때문에 발생한다. 결과적으로 사람들은 불행한 일을 당한 기간에도 그렇지 않았던 기간의 소비 수준을 유지하기 위해서 불

10 Aizcorbe et al.(2003), Table 2.

행한 일들에 대비한 유보저축을 가지고 있어야 한다. 다시 말해 유보자산을 가지려는 욕구 또한 저축동기가 될 수 있다.

예비적 모형에 대한 증거 예비적 모형을 설명하는 연구들은 두 부류로 나뉜다. 하나는 불확실성이 보다 많은 저축을 유도하며 불확실성을 줄이는 것은 곧 저축을 줄이는 것임을 보여주는 연구이고 또 다른 하나는 소득의 불확실성을 낮추는 사회보장 프로그램의 확대 역시 저축을 감소시킨다는 사실을 보여주는 연구이다. 이는 저축이 위험에 대비한 예비적 동기에 의해 이루어진다는 주장과 일맥상통한다. 우리는 '실증적 증거' 코너에서 이러한 연구 중 일부를 검토한다.

자기통제모형

저축 의사결정에 대한 또 다른 대안은 흡연과 관련해서 제6장에서 논의된 자기통제모형이다. 이 모형에서 개인들은 참을 수 없는 단기적 선호(오늘 담배가 필요하다)와 참아야 하는 장기적 선호(내일 담배를 끊고 싶다) 사이의 상충관계에 직면한다. 이러한 자기통제모형은 저축 의사결정을 분석하는 데도 적용된다.[11] 개인들은 안정적인 생애 소비를 위해서는 충분한 저축이 필요하다는 장기적인 선호와 함께 소득을 빨리 쓰고 싶어 하는 단기적인 선호를 모두 가지고 있다. 이 모형에서 저축 의사결정의 중요 요소는 참을 수 없는 '단기적인 욕구'에서 그들의 소득을 지킬 수 있도록 스스로가 저축을 위한 방법을 찾는 개인들의 능력이다.

자기통제모형에 대한 증거 저축 의사결정이 자기통제모형을 통해서 설명될 수 있다는 것을 보여주는 증거는 증가하고 있다. 제6장의 자기통제모형을 통해 자기통제를 못하는 사람들은 자기통제를 할 수 있도록 도움을 주는 자기구속장치에 대한 수요를 늘릴 것이라는 것을 배운 바 있다. 저축과 관련해서도 이러한 자기구속장치는 이미 널리 사용되고 있다. 크리스마스 때 선물 살 돈을 마련하기 위해 이자율이 매우 낮거나 아예 없는 은행계좌에 1년에 걸쳐 적립하는 '크리스마스 클럽'이나 다음 절에서 논의될 은퇴저축계정이 이러한 예에 속한다.

두 번째 증거는 매우 특이한 특징을 지닌 미국인의 자산 축적 형태에서 찾을 수 있다. 사람들은 현금화하기가 힘든 계좌(주택 혹은 은퇴계정)에 많은 돈을 저축하고 있는 반면 현금화하기가 쉬운 당좌계정에는 적은 돈을 예금하고 있다. 더 이해할 수 없는 것은 많은 사람들이 저축은 은퇴계정과 같이 이자율이 높지도 않고(5% 혹은 이보다 낮음) 찾기가 쉽지도 않은 형태로 많이 하는 반면, 이자율이 매우 높은(10% 혹은 이보다 높음) 신용카드를 통해 돈을 빌리고 있다는 것이다. 전통적인 모형에 따르면, 후생을 증가시키기 위해서는 이자율이 5%인 저축을 줄이고 10%의 이자율이 적용되고 있는 차입을 줄여야 한다. 사람들이 그렇게 하고 있지 않다는 사실은 저축 의사결정은 자기통제모형을 통해 설명될 수 있다는 것을 뜻한다. 즉 수중에 돈이 있으면 무분별하게 쓰게 되기 때문에 저축을 위해선 그들로부터 가급적 돈을 멀리 떨어져 있게 해야 한다. 따라서 개인들은 일단 돈을 가지고 있게 되면 저축하는 것이 어렵게 되나 주택 혹은 은퇴계

---

11 Laibson et al.(1998).

실증적 증거

사회보장과 개인저축

예비적 저축모형을 통해 예측될 수 있는 가장 핵심적인 내용은 정부가 소득의 불확실성에 대비해 보험을 제공할 때 사람들은 예비적 동기에 의한 저축을 줄일 것이라는 것이다. 이것은 제12장에서 논의된 구축효과이다. 정부가 사회보장을 확대할 때 저축들 중 자가보험적인 부분은 감소한다.[12] 많은 연구들에서 이러한 구축효과가 실제 발생한다는 것이 입증되었다.

추측컨대, 사회보장과 관련된 연구들 중 가장 주목할만한 연구는 1995년에 도입된 타이완의 국가의료보험(NHI)이 저축에 어떤 영향을 미쳤는지를 분석한 Chou 외(2003)의 연구일 것이다. 1995년 NHI가 도입되기 전 타이완의 건강보험시장은 매우 불완전했다. NHI의 도입으로 모든 국민은 폭넓은 의료서비스 혜택을 받을 수 있게 되어 의료비용을 조달하기 위해 저축을 해야 할 필요성이 크게 감소했다. 사람들이 의료비용을 마련하기 위해 저축을 하고 있었는지 여부는 1995년을 전후해 저축이 감소했는지를 분석함으로써 알 수 있으나 이들 연구에서는 이러한 방법을 사용하지 않았다. 이는 저축에 영향을 미칠 수 있는 다른 요인들이 타이완에서 변하고 있었기 때문이었다. 특히 그 당시 타이완은 경제가 매우 빠른 속도로 성장하고 있어 이로 인한 저축의 증대가 워낙 커 NHI 도입에 따른 저축의 감소를 압도하고 있었다.

Chou 외는 이 문제를 인식했고 합리적인 해결책을 제시했다. 1995년 이전 타이완에서는 민간부문에서 일을 하고 있는 근로자들은 직장을 통해 독자적으로 그들 자신만 혜택을 받을 수 있는 건강보험을 가지고 있었던 반면 공무원들은 자신들뿐만 아니라 가족들까지도 혜택을 받을 수 있는 건강보험을 가지고 있었다. 따라서 NHI가 도입될 때 이것이 공무원에 미치는 효과는 미미할 것이나 민간부문의 근로자에게 미치는 영향은 클 것으로 예상되었다. Chou 외는 이중차감법을 이용해서 분석집단(NHI의 도입으로 가족들의 의료비용이 크게 줄 것으로 생각되는 민간부문 근로자)과 비교집단(NHI의 도입으로 가족들의 의료비용이 크게 변하지 않을 것으로 생각되는 공공부문 근로자) 사이의 저축의 변화를 비교했다.

이들의 분석 결과는 놀랄만한 것이었다. NHI의 도입 전과 후에 공공부문 근로자의 저축은 평균적으로 타이완 달러로 30,000달러(미 달러로 약 1,165달러) 증가한 반면 민간부문 근로자의 저축은 경제성장에도 불구하고 20,585달러(미 달러로 약 800달러) 증가에 그쳤다. 따라서 민간부문 근로자들에게 건강보험을 확대한 것은 이들의 저축 감소와 관련이 있는 것으로 나타났다. 이는 사람들은 의료 불확실성에 대비해서 저축을 해왔다는 사실을 뒷받침한다.

이와 유사한 연구는 미국에서도 이루어졌다. 예컨대 Gruber와 Yelowitz(1999)에 따르면 메디케이드의 확대 실시로 종전까지 보험의 혜택을 받지 못했던 저소득층들이 의료비용을 마련할 필요성이 줄어듦에 따라 이들의 저축은 크게 감소하였다고 한다.

정과 같은 수단을 통해서는 성공적으로 저축을 할 수 있게 된다.

자기통제모형에 대한 보다 구체적인 검증은 Jones와 Mahajan(2015)에 의해 행해졌다. 이들은 소득세 환급액을 현금으로 받거나 비유동 저축계좌에 예치할 수 있는 선택권이 있는 저소득 납세자를 대상으로 현장실험을 진행했다. 이들 연구에 따르면 세금 신고자가 즉석에서 어떻게 할 것인지를 결정하도록 요청받았을 때는 즉시 현금으로 받는 것을 훨씬 선호한 반면 결정을 당장 하지 않아도 된다는 요청을 받았을 때는 환불금을 저축계좌에 기꺼이 예치할 의향이 더 높았다. 이는 정확히 자기통제모형이 예측하는 것과 같다. 또한 Beshears 외(2015)는 그들의 돈을 유동성 계정이나 비유동성 계정에 선택해서 넣을 수 있는 실험을 했는데 이들의 연구에 따르면 사람들은 자신들의 자제력 문제 때문에 후자를 선택했다.

세 번째 증거는 경제학자인 Richard Thaler와 Shlomo Benartzi(2004)에 의한 실험을 통해 얻을 수 있다. 그들은 실험에서 중간 규모의 제조업체에서 일을 하고 있는 고용인들에게 특이한 은퇴저축제도를 제안했다. 이 실험에선 "내일 더 많이 저축하자"라는 구호와 함께, 고용인들은

12 이러한 구축효과는 Hubbard 외(1995)에 의해 모형화되었다.

그들의 은퇴저축계정에 미래에 증가될 소득의 일정 부분을 저축하겠다고 소득이 실질적으로 증가하기 오래전에 약속을 한다. 일단 이 제도에 참가하게 되면, 고용인들은 임금이 증가할 때마다 저축계정에 약정한 기여금을 약속대로 증가시켜야 한다.

전통적인 기간선택모형의 관점에서 본다면 이러한 제도는 합리적이고 미래를 보는 저축자들에게는 전혀 매력이 없을 것이다. 다시 말해 전통적인 모형에서는 이런 방식으로 자기 자신을 통제할 이유가 없다. 근로자들이 미래 소득 증가의 일부분을 저축하고 싶다면, 임금이 증가했을 때 그렇게 하면 되는 것이다. 그러나 이러한 제도는 자기통제에 문제가 있는 사람에게는 매우 매력적이다. 자기통제가 어려운 사람들은 미래에 증가할 소득 일부분을 저축하겠다고 지금 약속을 해놓지 않는다면 소득이 증가했을 때 단기적인 욕구에 따라 돈을 쓰게 될 것을 두려워한다.

이 제도가 소개되었을 때, 제안을 받은 고용인 중 78%가 이 제도에 참여하기로 했고, 이들 중 80%가 임금이 네 번 증가할 동안 계속 이 제도에 참여했다. 놀라운 것은 이 제도에 참여한 사람들의 저축률이 40개월 동안 3.5%에서 13.6%로 크게 증가했다는 것이다. 전통적인 모형에선 쓸모가 없던 자기구속장치가 저축행위에 큰 영향을 미쳤다는 사실은 자기통제가 고용인들의 저축 의사결정에 중요한 역할을 하고 있다는 것을 의미한다. Ashraf 외(2006)는 필리핀에서도 자기구속장치가 저축에 유사한 영향을 미쳤다는 사실을 밝혔고, 인도를 대상으로 한 Somville과 Vandewalle(2018)에서는 채무불이행자들을 저축계정을 갖도록 했을 때 저축이 크게 증가했다. 이들 연구들은 자기통제를 위해 저축을 한다는 것이 단지 미국에만 국한된 현상이 아니라는 사실을 보여주고 있다.[13]

22.3 은퇴계정에 대한 세금 우대

제4장에서 논의되었듯이, 일부 경제학자들과 정책입안자들은 미국의 낮은 저축률 때문에 성장률이 낮다고 주장한다. 또한 사회보장 프로그램이 있음에도 불구하고 근로자들은 은퇴 후를 대비해 저축을 적게 하고 있지 않은지를 걱정하고 있다. 이러한 우려 때문에 미국 정부는 은퇴를 대비한 저축을 장려하기 위해 일련의 세금보조정책을 도입했다. 이 절에서는 이들 보조금 정책의 구조와 효과에 대해 살펴본다.

은퇴저축 장려를 위해 사용되고 있는 세금보조정책

미국에서는 은퇴저축을 장려하기 위해 다양한 세금보조정책들이 사용되고 있다. 이들 중 네 가지 유인정책에 대해 간략하게 살펴보자.

고용주 제공 연금에 대한 세금보조 고용주들이 고용인을 위해 제공하는 가장 큰 부가급부 중

13 자제력 문제만이 저축 결정에 영향을 미칠 수 있는 유일한 행동 편의(behavioral bias)는 아니다. 예컨대, Gathergood 외(2019)는 개인이 항상 (합리적으로) 이자율이 가장 높은 신용카드 대금부터 결제하기보다는 보유 잔액에 비례하여 카드 대금을 결제한다는 사실을 보여주고 있다.

연금제도 고용주와 고용자가 비과세로 고용자의 퇴직에 대비해 저축하는 고용주 후원 은퇴 저축제도

확정급여형 연금제도 근로자가 기업에 재직하는 동안 생기는 연금권리로 근로자가 은퇴할 때 근로자의 근무기간과 소득에 기초해 퇴직금을 지불하는 연금제도

확정기여형 연금제도 고용주가 근로자의 소득 중 일정 부분을 떼어 투자계정에 저축을 하고 근로자는 은퇴 시 저축분과 축적된 투자수익을 가져가는 연금제도

401(k) 계정 종종 고용주가 고용자의 기여금에 대응해서 기여금을 내기도 하는 고용주 제공 세금 우대 은퇴저축제도

하나가 고용인들에게 퇴직금을 주기 위해 고용주가 저축을 하는 **연금제도**(pension plan)이다. 전통적으로 고용주 제공 연금제도는 **확정급여형 연금제도**(defined benefit pension plan)였다. 이 제도하에서 근로자들은 그 기업에 있을 동안 연금을 받을 권리가 있고, 은퇴 시 기업들은 근로자에게 근무기간과 소득에 기초해서 퇴직금을 지불한다. 시간이 흐름에 따라 고용주 제공 연금제도는 **확정기여형 연금제도**(defined contribution pension plan)로 바뀌었다. 이 제도하에서는 고용주는 근로자 소득의 일정 부분(예컨대 5%)을 떼어 투자계정에 저축하고 근로자는 은퇴할 때 이 저축과 이 저축으로 발생된 누적 투자소득을 받는다.

고용주 제공 건강보험과 유사하게 고용주들이 연금에 기여하는 부분은 고용인의 소득으로 간주되지 않아 과세되지 않는다. 또한 연금저축으로부터 발생한 어떠한 이자수익도 발생 시 과세되지 않는다. 대신, 은퇴 시 인출할 때 정규소득으로 간주되어 고용인에게 과세된다.

401(k) 계정 은퇴저축 형태 중 가장 급격히 성장한 것이 **401(k) 계정**[401(k) plan]이다. 이 계정은 근무지를 통해 제공된 개별적으로 통제 가능한 저축 프로그램이며 근로자는 이 계정을 통해 은퇴 후를 대비해 세금이 우대된 저축을 할 수 있다. 근로자의 기여금은 급여에서 401(k) 계정으로 바로 인출되며 고용주들이 근로자의 계정에 기여를 할 수도 있다. 기업에서 채택되고 있는 전형적인 401(k) 계정은 근로자에게 은퇴계정에 소득의 10%까지를 불입할 수 있도록 허용하고 있으며, 불입된 기여금은 과세되지 않는다. 고용인의 기여에 추가해서 고용주들은 고용인의 기여금의 처음 5%에 해당되는 액수를 계정에 불입할 수 있다. 한도액은 2021년 기준으로 연간 19,500달러이다.[14] 401(k) 계정 잔고는 은퇴 시 인출될 때 일반소득으로 간주되어 과세된다.

개인은퇴계정(IRA) 고용주 제공 연금혜택을 받지 못하는 저소득층이나 중간소득계층을 위한 기여금에 대해서는 비과세되고 인출 시 과세되는 은퇴저축 수단

개인은퇴계정 은퇴저축의 수단으로 사용되고 있는 고용주 제공 연금이나 401(k) 계정의 문제점은 많은 사람들이 고용주에 의해 이런 혜택을 받지 못하고 있다는 데 있다. 민간부문에서 고용주 제공 연금혜택을 받고 있는 근로자는 55%에 불과하다.[15] 1974년 의회는 고용주 제공 연금혜택을 받지 못하고 있는 고용인들을 위해 은퇴저축의 수단으로 세금 우대 **개인은퇴계정**(Individual Retirement Account, IRA)을 도입했다. 도입 초기에는 저소득층 및 중간소득계층(가구자가 1명인 가구에 대해서는 66,000달러 이하 소득, 결혼한 부부에 대해서는 105,000달러 이하의 소득을 가진 가구)을 대상으로 하였다. IRA의 주요 기능은 다음과 같다.[16]

- 특별한 형태의 저축은 아니다. 어떠한 형태의 자산(주식, 채권, 금에 이르기까지)도 IRA에 넣을 수 있다.
- 개인들은 연간 6,000달러(50세 이상이면 7,000달러)까지 분담할 수 있고 비과세된다(과세소득으로부터 공제).

---

14 401(k)에 대한 보다 자세한 내용은 미국 국세청(IRS)의 https://www.irs.gov/retirement-plans/plan-participant-employee/retirement-topics-401k-and-profit-sharing-plan-contribution-limits를 참조하라.

15 자료는 Bureau of Labor Statistics, National Compensation Survey(https://www.bls.gov/ncs/ebs/benefits/2020/employee-benefits-in-the-united-states-march-2020.pdf)에서 왔음.

16 IRA에 대한 보다 자세한 내용은 IRS publication 590과 form 8800을 참조하라.

- 정규저축계정과는 달리 IRA 기여금에서 얻은 이자는 비과세로 축적된다.
- IRA 잔고는 59.5세 때까지 인출될 수 없고 72세 때까지는 인출되기 시작해야 한다(인출되지 않는다면 10%의 세금벌칙이 가해진다).
- IRA 잔고는 인출 시 정규소득으로 간주되어 과세된다.

고소득층은 1986년 세제개혁에 의해 가입이 제한되었다. 고소득층은 **비공제 IRA**에만 가입할 수 있다. 비공제 IRA에서는 기여금은 과세되나 이자소득은 비과세로 축적된다.

IRA 저축에 대한 세금보조는 2001년 '저축자 세액공제'의 도입으로 더욱 확대되었다. 이 프로그램은 저소득 가계가 내고 있는 IRA 계정 기여금에 대해 일종의 대응기여금을 정부가 지불하는 것과 같다. 예컨대 저축자 세금공제 도입으로 39,000달러 이하의 합산소득을 가진 부부는 4,000달러까지 기여금의 50%를 세액공제 받을 수 있게 되었다. 따라서 2,000달러를 IRA의 기여금으로 내고 있다면 기여금의 세후비용은 1,000달러가 된다. 세액공제는 그 후 감소하여, 합산소득이 39,001~42,500달러일 때는 기여금의 20%로, 합산소득이 42,501~65,000달러 일 때는 10%로 떨어지고, 65,000달러 이상일 때는 세금공제는 없어진다. 저축자 세금공제는 공식이 다소 복잡해지긴 하지만 401(k)에도 적용된다.

단순화된 고용인 연금 IRA 세금우대 은퇴저축의 마지막 형태로 **단순화된 고용인 연금 IRA** (Simplified Employee Pension IRA, SEP-IRA)가 있다. 이는 자영업자들을 위해 만들어진 제도이다. SEP-IRA를 가진 사람들은 자영소득 중 매년 57,000달러까지를 비과세로 저축할 수 있으며 은퇴 후 인출 시 과세된다.[17] 따라서 SEP-IRA는 고용주가 운영하지 않는다는 점을 제외하고는 대응기여금이 없는 401(k) 계정과 같다.

단순화된 고용인 연금 IRA (SEP-IRA) 연 53,000달러까지 비과세로 저축할 수 있는 자영업자를 위해 만들어진 은퇴저축제도

세금보조는 왜 저축수익률을 증가시키는가? 지금까지 논의된 세금보조 저축들의 구조는 모두 매우 유사하다. 즉 개인들은 소개된 네 가지 세금보조 저축하에서 저축뿐만 아니라 저축이자에 대해서도 세금혜택을 받으며 은퇴저축계정에서 돈을 인출할 때만 정규소득으로 간주되어 과세된다.

만약 은퇴저축이 인출될 때 어떤 형태로든 과세된다면, 어떻게 이것이 세금보조금 정책이 될 수 있는가? 이는 저축에 대한 세금을 선불로 지불하지 않고 인출할 때까지 납세(기여금과 이자소득 둘 다에 대해)가 연기되기 때문이다. 제4장의 현재할인가치(PDV)의 논의에서 오늘 받은 돈은 그 돈을 저축해서 이자수입을 올릴 수 있기 때문에 내일 받을 돈보다 가치가 있다는 것을 배운 바 있다. 오늘 지불되지 않은 세금은 저축을 통해 이자수입을 올릴 수 있기 때문에 세금에도 똑같은 논리를 적용할 수 있다. 즉 미래에 지불될 세금은 오늘 지불된 세금보다 적은 비용을 발생시킨다.

다시 말해 저축자는 세금이 우대되지 않은 저축에 대해서는 이자가 발생할 때 세금을 내야 하

---

17 SEP-IRA에 대한 보다 자세한 내용은 미국 국세청(IRS)의 https://www.irs.gov/retirement-plans/retirement-plans-faqs-regarding-seps-contributions를 참조하라.

표 22-2 IRA 저축의 세제상 이점 만약 테드가 그의 소득 100달러를 일반 은행계정에 예금하면 소득에 예금 전 과세율 25%로 세금이 부과되고 나머지 75달러에 대한 이자소득에도 25%의 세금이 부과된다. 하지만 테드가 IRA에 예금할 경우, 예금 전에 과세되지 않고 예금한 100달러에 대한 이자를 모두 받을 수 있으므로 테드의 최종 소득은 증가하게 된다.

계좌 형태	소득	소득에 대한 세금 (세율 25%)	초기 예금	이자소득 (이자율 10%)	인출 시 납부세금	인출 시 받게 되는 총금액
일반 은행계정	$100	$25	$75	$7.50	0.25 × ($7.50) = $1.88	$75 + 7.50 − $1.88 = $80.62
IRA	$100	0	$100	$10	0.25 × ($110) = $27.50	$100 + 10 − $27.50 = $82.50

고, 정부는 이들 세금을 거둬서 저축하고 이로부터 이자수입을 올릴 수 있다. 반면 세금 우대된 저축에서는 기여금과 이자소득에 대해 납부되었어야 할 세금을 저축자가 갖게 되고 이로부터 저축자가 이자수입을 얻게 된다. 선불로 세금을 납부하는 것(그래서 정부가 이자수입을 가지게 되는 경우)과 인출 시 세금을 납부하는 것(저축자가 이자수입을 가지게 되는 경우) 사이의 차이는 상당히 클 수 있다.

테드는 70세이며 100달러의 소득이 있고 1년 동안 이 돈을 은행에 저축해서 1년 뒤 찾고 싶어 한다고 가정하자. 세율은 25%이며 이자율은 10%라고 하자. 테드는 지금 그의 저축계정을 IRA로 해야 할지 여부를 결정하려고 한다. 이러한 결정이 갖는 의미는 표 22-2에 정리되어 있다. 저축계정을 IRA로 하지 않는다면 테드는 소득에 대해 세금을 내야 한다. 이때 세후소득은 75달러가 되고 이를 은행에 저축하면 7.5달러의 이자수입이 발생해서 세금으로 1.88달러를 내야 한다. 1년 후 인출 시 그는 80.62달러를 받게 된다. 만약 IRA로 저축을 한다면, (IRA 기여금은 세금공제가 되기 때문에) 100달러를 전부 투자할 수 있다. 이 투자로부터 10달러의 이자소득이 발생한다. 1년 후 인출 시 정부는 110달러의 25%를 세금으로 징수한다(27.5달러). 결국 그의 소득은 82.5달러가 되어 비IRA 계정으로 저축할 때보다 소득은 1.88달러 많아진다.

세금 지불의 유예로부터 얻어지는 IRA의 또 하나의 장점은 자산보유기간이 길어질수록 증가한다는 것이다. 예컨대 10%의 이자율과 25%의 세율에서 자산을 30년 동안 보유하고 있다면, IRA 계정에 저축을 할 경우 비IRA에 저축할 때보다 자산이 2배 증가한다.[18] 이 외에도 은퇴 시 소득은 일을 할 때보다 적기 때문에 적용되는 과세구간이 낮다는 장점이 있다. 결과적으로 세금을 은퇴할 때까지 유예시키는 것은 납부할 세금의 크기를 줄인다.

세금보조를 받는 모든 은퇴저축에 동일한 논리가 적용된다. 따라서 이러한 종류의 세금유인책들은 은퇴저축에 대한 세후수익률을 크게 증가시킨다.

세금보조된 은퇴저축들의 이론적 효과

이론적으로 은퇴저축에 대한 세금보조는 그림 22-1의 이자소득에 대한 과세효과와 반대이다. 이 효과는 구간 간 소비 상충관계를 보여주고 있는 그림 22-3을 통해 설명될 수 있다. 이 그림

18 사실, 1986년 이후 고소득 납세자에게 제공되는 비공제 IRA도 투자자가 투자를 철회할 때까지 이자소득에 대한 과세를 연기할 수 있게 해주기 때문에 장기 투자자에게 매우 가치 있는 기회이다. 실제로 장기적으로 IRA의 혜택의 대부분은 IRA 기여금의 초기 공제가 아니라 계정에서 얻은 이자의 비과세 누적으로부터 발생한다.

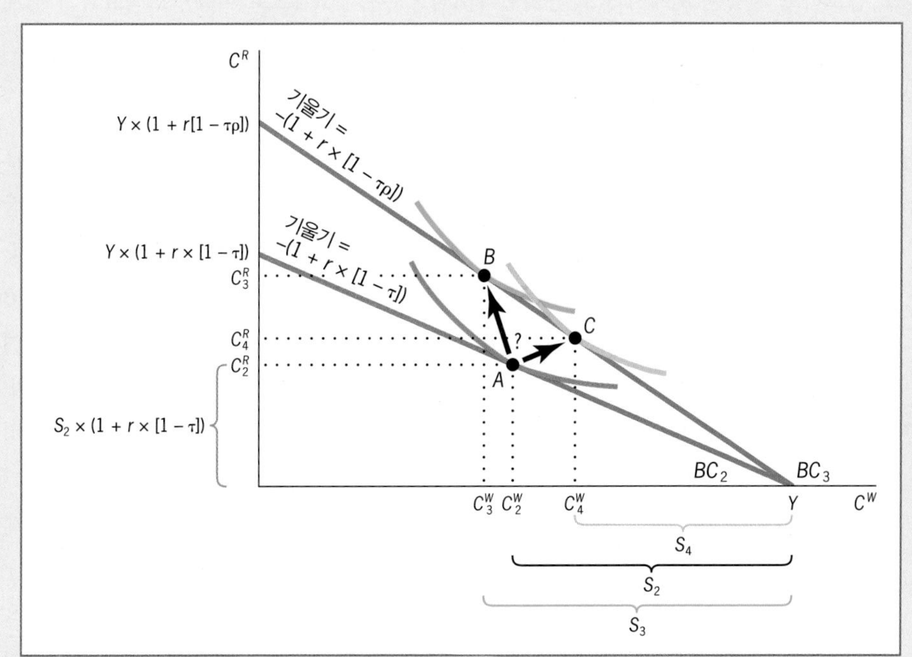

그림 22-3 세금보조와 기간소비의 상충관계 개인의 초기 예산제약선은 기울기가 $-(1+r \times [1-\tau])$인 BC_2이다. 은퇴 후 저축에 대해 세금이 보조된다면, 예산제약선은 기울기가 $-(1+r \times [1-\tau \times \rho])$로 더 가파른 BC_3로 이동한다. 이는 대체효과를 발생시켜 저축을 증가시키는 반면 동시에 소득효과도 발생시켜 저축을 감소시킨다. 만약 대체효과가 더 크면 1기의 소비는 C_2^W에서 C_3^W로 감소하고, 저축은 S_2에서 S_3으로 증가할 것이다. 소득효과가 더 크다면 1기의 소비가 C_2^W에서 C_4^W로 증가하고 저축은 S_2에서 S_4로 감소할 것이다.

에서 세금이 τ일 때 예산제약선 BC_2의 기울기는 $-(1 + r \times [1 - \tau])$이다. 이 기울기는 세후이자율이며 1기(일을 하는 기간) 소비 C^W의 가격이다.

은퇴저축에 대해 세금보조가 있을 때, 은퇴까지 세금이 유예되기 때문에(세금의 PDV를 낮춘다) 저축에 대한 세금은 작아진다. ρ를 납부될 세금에서 세금유예 부분을 뺀 나머지 부분이라 한다면 저축에 대한 세금부담은 τ에서 $\tau \times \rho$로 낮아진다. 예컨대 $\tau = 0.3$, $\rho = 0.33$이라 하자. 이는 세금보조를 받고 있는 은퇴저축의 실효세율은 $0.3 \times 0.33 = 0.1$이 된다는 것을 의미한다. 세금유예로 예산제약선의 기울기는 $-(1 + \rho \times [1 - \tau \times \rho])$로 증가해 예산제약선은 BC_2로부터 BC_3로 이동하고 1기의 소비가격은 상승한다. (높아진 이자율로 인해 소비의 기회비용이 높아졌기 때문에 대체효과에 의해서는 저축이 증가하고 소득효과에 의해서는 저축이 감소한다.) 즉 현 소비의 가격(세후이자율)이 증가하기 때문에 사람들은 대체효과에 의해서는 저축을 증가시키지만 목표로 하는 은퇴저축을 종전보다 쉽게 달성할 수 있기 때문에 소득효과에 의해서는 저축이 감소한다.

방금 논의되었듯이, 세후이자율의 변화효과는 분명치 않다. 그림 22-3에는 상이한 두 가지 결과가 나타나 있다. 대체효과가 소득효과보다 크다면, 세금보조로 1기의 소비는 C_2^W로부터

C_3^W로 감소하고 저축은 S_2에서 S_3로 증가한다(*A*점으로부터 *B*점으로 이동). 소득효과가 대체효과보다 크다면, 세금보조는 1기 소비는 C_2^W로부터 C_4^W로 증가시키고(*A*점으로부터 *C*점으로 이동), 저축은 S_2로부터 S_4로 감소시킨다.

세금보조를 받는 은퇴저축의 한도 지금까지 살펴보았던 세금보조 은퇴저축들의 대부분은 6,000달러의 한도를 지닌 IRA와 같이 상한이 있다. 한도를 고려한다면 이론적 분석은 복잡하게 된다. 마헤시가 지금 IRA가 있을 때와 없을 때인 두 경우에 대해 저축 의사결정을 한다고 해자. 그림 22-4는 예산제약선에 대한 IRA의 효과를 보여주고 있다. 그의 원래 예산제약선 BC_2는 1기의 소비와 2기의 소비를 이은 선인 *AB*가 되며 기울기는 $-(1 + r \times [1 - \tau])$가 된다. 여기서 r은 이자율이고 τ는 이자소득에 대한 세율이다. IRA가 없을 때에는, 상실된 2기의 소비의 관점에서 표시된 1기의 소비가격은 오늘 1달러를 소비하지 않고 저축한다면 2기에 얼마나 소비할 수 있는지를 나타내기 때문에 $1 + r \times (1 - \tau)$이다.

만약 마헤시가 IRA에 저축한다면, 저축에 대한 세후수익률은 변한다. 새로운 예산제약선 BC_3의 기울기는 저축의 처음 6,000달러(1기의 소비가 C_2^W에 해당됨)에 대해 $-(1 + r \times [1 - \tau \times \rho])$로 증가한다. 여기서 다시 한 번 언급하지만 $\tau \times \rho$는 세금보조 저축의 실효세율이다. 세금보조로 인해 *E*점과 *B*점 사이의 예산제약선의 기울기는 증가한다. (C_2^W보다 적은 1기의 소비를 가진) 6,000달러 이상의 저축에서는, IRA에 대한 상한 때문에 저축에 대한 수익률은 변하지 않는다. 따라서 6,000달러 이상의 저축에 대해서는 예산제약선의 기울기는 다시 원래의 예산제약선의 기울기인 $-(1 + r \times [1 - \tau])$가 된다.

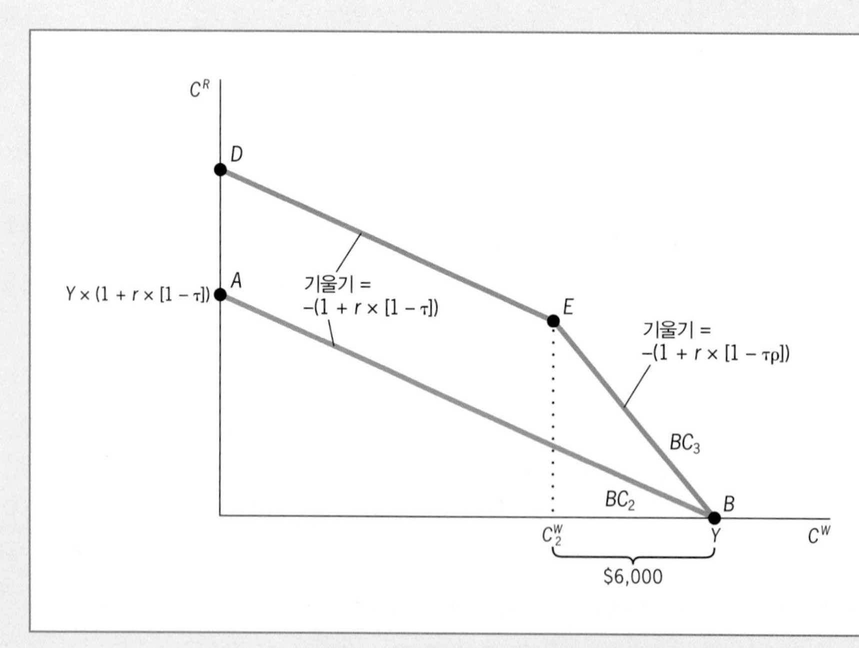

그림 22-4 IRA와 기간소비결정 기여금이 6,000달러 이하일 때 IRA를 이용할 경우 저축에 대한 수익은 증가하는데 그 크기는 $-(1+r \times [1 - \tau])$와 $-(1+r \times [1 - \tau \times \rho])$ 사이의 값을 갖는다. 여기서 ρ는 IRA를 사용함으로써 얻는 순조세혜택이다. 일단 기여금이 6,000달러 이상이면(1기의 소비가 C_2^W보다 적은 경우) IRA는 단지 2기의 소득만을 증가시켜 저축 달러당 수익은 다시 $-(1+r \times [1 - \tau])$가 된다.

IRA는 저축에 어떤 영향을 미치는가? 이를 보기 위해 그림 22-5에서 보는 바와 같이 두 가지 형태의 소비자가 있다고 해보자. 그림 (a)에서, IRA가 도입되기 전 메뚜기 군은 C_1^W만큼 소비하고 $S_1 = 1{,}000$달러의 상대적으로 적은 양의 저축을 하고 있었다(A점). IRA가 메뚜기 군의 저축

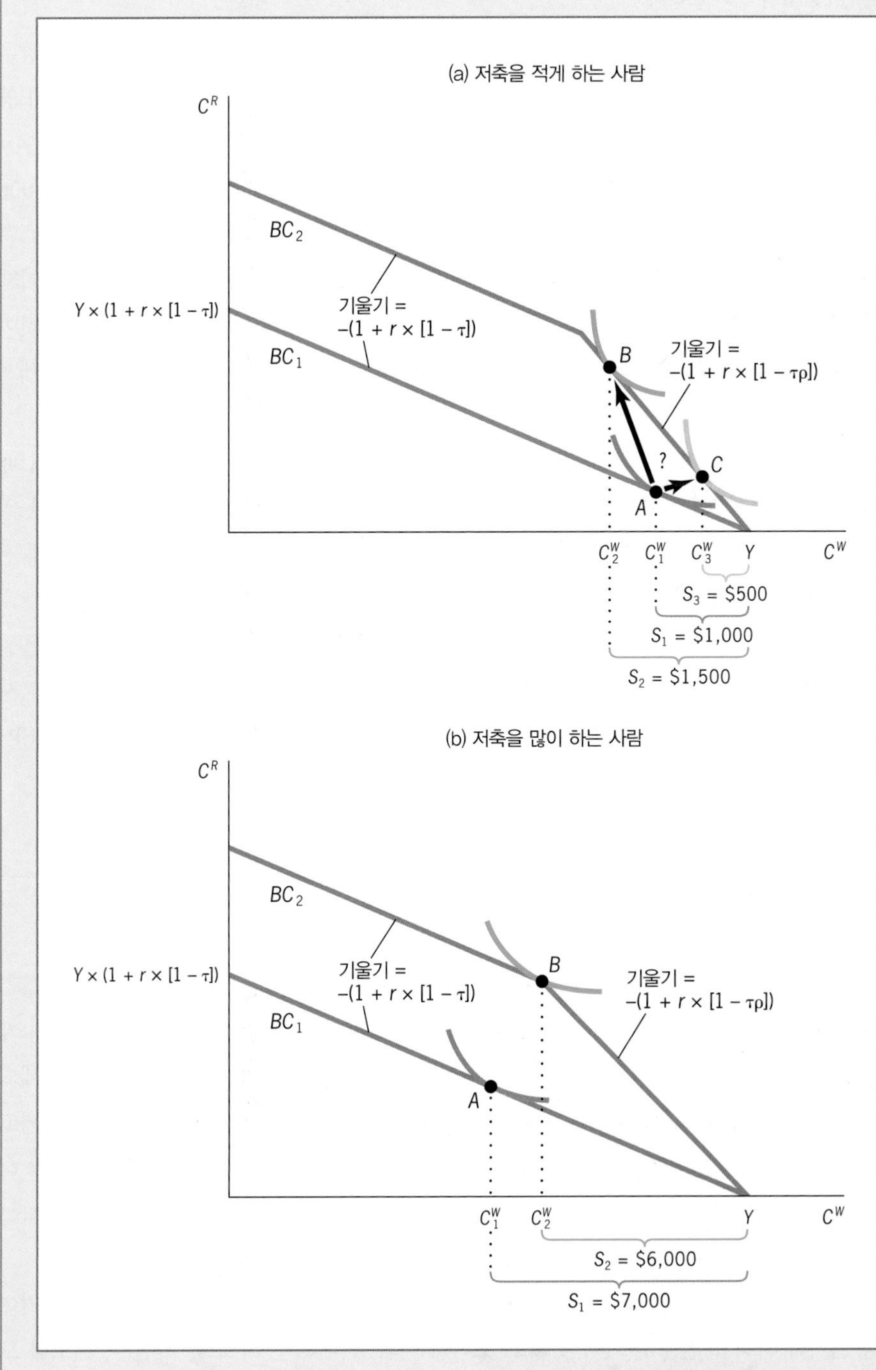

그림 22-5 저축을 적게 하는 사람 대 저축을 많이 하는 사람 (a)에서 메뚜기 군은 IRA가 도입되기 전 (A점), C_1^W의 소비를 하고 1,000달러의 저축을 한다. 메뚜기 군의 경우 IRA가 저축에 미치는 효과는 불확실하다. 만약 대체효과가 훨씬 크다면 메뚜기 군은 A점에서 B점으로 이동할 것이다(저축 증가). 만약 소득효과가 훨씬 크다면 A점에서 C점으로 이동한다(저축 감소). (b)에서 개미 양은 IRA가 도입되기 전 C_1^W을 소비하고 7,000달러를 저축한다(A점). 개미 양에게는 IRA의 도입이 1기의 소비가격을 증가시키지 않지만 이에 대한 소득효과는 발생하여 개미 양의 1기 소비는 C_2^W로 증가하고 저축은 S_2점인 6,000달러로 떨어진다.

에 미치는 효과는 (세후이자율 증가로 저축을 증가시키는) 대체효과와 (세후소득 증가로 저축을 감소시키는) 소득효과가 상쇄되어 불명확하다. 대체효과가 크다면, 메뚜기 군은 *A*점에서 *B*점으로 움직여 1기의 소비를 C_2^W로 줄이고 저축을 $S_2 = 1,500$달러로 증가시킬 것이다. 소득효과가 크다면, 메뚜기 군은 *A*점에서 *C*점으로 움직여 1기의 소비를 C_3^W로 늘리고 저축은 $S_3 = 500$달러로 줄일 것이다.

그림 (b)는 IRA 도입 전 저축을 많이 하고 있었던 개미 양의 행태를 분석하고 있다. 개미 양은 IRA 도입 전 C_1^W만큼 소비하고 7,000달러를 저축하고 있었다(*A*점). IRA의 도입 후에도 개미 양의 1기 소비가격이 변하는 것은 아니기 때문에 개미 양의 예산제약선 기울기는 여전히 $1 + r \times (1 - \tau)$이며, BC_1은 없고 BC_2를 가진 IRA 예산제약 기울기와 같다. IRA 도입으로 처음 6,000달러의 저축에 대해서는 세금이 보조되기 때문에 개미 양은 더욱 부유해졌고 따라서 소득효과는 존재한다. 수익률이 보다 높아졌기 때문에 2기의 소비 수준을 동일하게 유지하기 위해 이제 7,000달러를 저축할 필요가 없어졌다. 그는 증가된 소득을 1기의 소비를 늘리는 데 사용할 것이다. *A*점으로부터 *B*점으로 이동함에 따라 1기의 소비는 C_1^W에서 C_2^W로 증가하고 저축은 S_1에서 $S_2 = 6,000$달러로 감소한다.

개미 양과 같은 고저축자들은 이미 저축했던 6,000달러를 세금 우대인 IRA로 '전환'하기 때문에 저축에 대한 소득효과는 증가한다. 따라서 IRA는 고저축자들에게는 기존 저축에 대한 일종의 보조금이 된다. 자산 재구성이 가능하다면, IRA는 실질적으로 이러한 소득효과를 통해 전반적인 사적 저축을 감소시킬 수 있다.

지금까지의 분석은 IRA를 대상으로 하고 있으나 다른 형태의 은퇴저축에도 동일하게 적용될 수 있다. 차이점은 다른 형태의 은퇴저축은 상한이 훨씬 높아서 개미 양보다 메뚜기 군 같은 사람이 보다 많을 것이라는 점이다. 예컨대 상대적으로 적지만 자영업자들 중 고저축자들은 SEP-IRA 계정이 없었다면 계정의 한도인 57,000달러 이상을 저축했을 것이다.

응용사례
Roth IRA

Roth IRA 기여금에 대해서는 과세되나 인출 시 비과세되는 IRA 변형 은퇴저축제도

1997년 미 의회는 새로운 세금 우대 저축 수단인 **Roth IRA**를 도입하는 법안을 제정했다. 이 계정은 정규 IRA와 많이 유사하나 두 가지 주요 차이점이 있다. 첫째, 기여금에 대해서는 과세되지 않고 인출 시 과세되는 전통적인 IRA와는 달리, Roth IRA에서는 기여금에 대해서 과세되고 인출 시 과세되지 않는다. 둘째, 전통적인 IRA에서는 72세까지는 반드시 인출이 시작되어야 하는 반면 Roth IRA에서는 인출 시점에 대한 나이 제한이 없다. 따라서 자산으로부터 발생하는 소득은 과세되지 않고 무한정 적립될 수 있다.

정책입안자들은 왜 이런 정책을 만들었을까? 정책입안자들이 IRA를 확대시키려 했다면 기여 한도를 높이거나 자격 요건을 완화하지 않고 오히려 이와 '반대되는' 구조를 가진 이 제도를 도입했는가? 이는 예산 때문이었다.

IRA를 확대 실시할 경우 인출될 때까지 세금을 걷지 못하기 때문에 가까운 미래에 발생할 정부의 예산비용이 많아진다. 이에 반해 Roth IRA에서는 기여금에 대해 과세하기 때문에 IRA에 비해 가까운 미래에 발생할 정부의 예산비용은 크게 줄어든다. 정책입안자들은 정부의 예산비용을 줄이기 위해 인출 시 세금이 우대되는 Roth IRA 제도를 도입한 것이다.

조세공동위원회(Joint Tax Committee, 조세 변화에 대해 세수가 어떻게 변할 것인지를 추정하는 의회예산처의 의회 내 상대방기구)는 기존 IRA의 확대 실시와 더불어 Roth IRA를 제도화할 때 소요되는 예산비용을 추정하였다. 추정 결과에 따르면 1997~2002년 동안 단지 18억 달러가 소요될 것으로 추정되었다(실제로 Roth IRA는 예산비용을 절약시킨 반면, 기존 IRA의 확대 실시는 비용을 증가시켰다). 1997년 의회는 Roth IRA를 법규화했다. 이것이 가능했던 이유는 바로 낮은 가격 때문이었다. 그러나 Roth IRA의 참여자에 대한 비과세 혜택이 시작되는 시점인 2003~2007년 기간에 정부의 예산비용은 184억 달러에 이를 것으로 추산되었다. 이는 1997~2002년 기간의 비용보다 10배 이상 많은 것이었으며 보다 큰 문제는 앞으로 이 비용이 더 증가할 것이라는 데 있었다.[19] 이것은 예산에 관한 단기적 생각이 어떤 문제를 초래할 수 있는지를 보여주는 좋은 보기이다.

최근 Roth IRA는 2008년에 폐지하기로 되어 있었던 자본이득 및 배당세율 감세를 연장시키려는 세무조정 법안을 통과시키기 위한 수단으로 이용되기도 하였다(제23장과 제24장에서 더 자세히 논의한다). 원안대로라면 감세기간이 연장됨에 따라 정부는 10년 동안 510억 달러 그리고 2011~2015년 동안 310억 달러의 세수가 감소하는 예산비용을 부담해야 했다. 현 상원법규에 따르면, 조정기간 후(이 법안은 2010년 후) 몇 년 동안 적자를 증가시키는 법안은 어떠한 것이든 60명의 지지자가 없으면 상정하지 못하게 되어 있다. 상원은 이런 요건을 충족시키기 위해 인기가 없는 증세 방안을 내놓을 것이라 보였다. 그러나 놀랍게도 상원은 이러한 요건을 충족시키기 위해 세금을 더욱 낮추는 Roth IRA의 확대 실시 방안을 제안하였다.

과거에는 100,000달러 이하의 소득자에 대해 기존 IRA로부터 Roth IRA로 '전환'하는 것이 허용되었다. 즉 100,000달러 이하의 소득자는 기존 IRA 계정을 해지하고 수익에 대해 세금을 낸 후 Roth IRA에 그 돈을 저축할 수 있게 되었다. 가장 최근의 세무조정 법안에 따른 감세를 보완하기 위해, 상원은 100,000달러의 소득 제한을 없앨 것을 제안했고 그 결과 모든 사람이 기존 IRA를 Roth IRA로 전환할 수 있게 되었다.

Burman(2006)에 의해 요약되었듯이, 이와 같이 소득상한을 없애는 것은 고소득자들에게는 여러 가지 이유로 유리하다. 예컨대 전통적인 IRA와는 달리, Roth IRA는 인출을 하지 않아도 되기 때문에 고소득자들은 돈을 계속해서 세금 우대된 저축계정에 적립할 수 있어 총저축을 증가시킬 수 있다. 또한 Roth IRA로 전환할 경우 세금 납부 시 필연적으로 시점 이동이 발생한다. 즉 전통적인 IRA로부터 Roth IRA로 전환된 예금들은 즉각 과세되지만 그 이후 은퇴 시 인출될

---

19 U.S. Joint Committee on Taxation(1997).

때까지 비과세로 적립된다. 따라서 세율이 은퇴 시 증가할 것이라고 예상되는 사람들(연금수입이 많은 자들)이나 정부의 재정적자로 미래에 세율이 높아질 것을 우려하는 사람들은 미래보다는 현재 세금을 냄으로써 생애납부세금을 줄일 수 있다. 이 두 경우에 있어, 미래의 줄어든 세금으로 표시된 고소득자들에 대한 이득은 곧 정부의 미래 세수의 손실이 된다.

가장 심각한 문제는, 이러한 전환으로 인해 Roth IRA의 소득 제한은 사실상 없어지는 것과 같다는 것이다. 이는 고소득자들은 정규 IRA에는 참여할 수 없는 반면, 기여금에 대해서는 세금혜택을 받지 못하지만 이자소득에 대해서는 비과세되는 비공제 IRA에는 가입할 수 있기 때문이다. 2010년 법안으로 비공제 IRA는 Roth IRA로 전환이 가능하다. 따라서 고소득자들은 먼저 비공제 IRA에 가입한 후 Roth IRA로 전환함으로써 Roth IRA에 참여할 수 있다.[20]

이런 이유들 때문에 고소득자들 중 상당수는 그들의 은퇴저축계정을 전통적인 IRA로부터 Roth IRA로 전환한다. Roth IRA로 전환 시 소득상한을 없애는 것은 단기적으로는 Roth IRA로 전환되는 기금에 대해 과세하기 때문에 정부의 세수를 증가시킬 것이다. 그러나 장기적으로는 고소득자들에게 세금을 납부하지 않아도 되는 저축 기회가 많이 제공되는 것이기 때문에 세수는 감소할 것이다. 조세공동위원회 추산에 따르면 실행 후 첫 10년 동안에는 대략 64억 달러의 세수 증가가 예상되나 2014~2042년 기간 동안에는 거의 170억 달러(2015년 기준) 이상 세수 손실이 발생할 것으로 예견되었다.[21]

IRA가 전환될 수 있는 기간을 2010년(단지 1년 동안)으로 정했기 때문에, 이는 상원의 목적과는 부합된다. 왜냐하면 Roth IRA로의 전환으로 인한 세수 증가는 재원이 필요한 기간인 2011~2015년에 발생하게 되기 때문이다. 반면 장기적으로 볼 때 높아진 비용들은 법안의 세수비용에 포함되지 않았다. 따라서 상원은 세금 감소로 인해 발생한 세수 부족분을 Roth IRA와 같이 세수를 감소시키는 수단을 통해 재원을 조달하는 속임수를 쓴 것이다![22] 2006년 5월 부시 대통령은 이 법안에 서명했다.[23]

2010년 한 해에만 2009년보다 9배 많은 869,400건이 Roth IRA로 전환되었다. Roth IRA로 전환이 크게 증가한 이유는 부분적으로는 세율이 낮은 점에 있는 부유한 사람들의 참여 때문이었다. 이로 인해 재정적자와 부의 불균등은 더욱 악화될 것이다. 10% 이상의 백만장자가 IRA를 Roth IRA로 전환했는데 이는 Roth IRA에 투자된 총액의 22%이다.[24] ■

대안적인 모형의 의미

이미 언급했듯이 사람들이 예비적 목적이나 자기통제 부족 때문에 저축을 한다는 증거는 많다. 은퇴 세금유인이 저축에 미치는 영향은 전통적인 모형에서보다 이들 두 대안적인 모형에서 더 강하게 나타난다.

---

20 Burman(2006).

21 Rubin and Collins(2014).

22 Friedman and Greenstein(2006).

23 Lieber(2006).

24 Rubin and Collins(2014).

예비적 저축 IRA 가입자들 중 많은 사람들이 (1) IRA가 없을 때도 어떤 형태로든 6,000달러를 저축했고 또한 (2) IRA 저축과 비IRA 저축 사이의 대체 정도가 매우 높다면 예금의 전환을 통해 자산이 재구성될 가능성은 높다. IRA가 없을 때도 은퇴를 대비해 6,000달러를 저축하고 있었던 사람을 생각해보자. 이러한 사람은 은퇴 시까지는 돈을 찾을 수 없다는 사실을 크게 염두에 두지 않을 것이고 따라서 IRA와 비IRA는 서로 대체재 역할을 하게 되어 자산의 재구성이 일어날 가능성이 높다(새로운 저축이 발생하지 않는다).

이제 6,000달러 이상을 실업에 대비해 저축을 하는 사람을 상정해보자. 이 사람은 59.5세 전에 실직하더라도 IRA로부터 돈을 찾을 수 없기 때문에, IRA 저축은 현재의 저축에 대해 밀접한 대체재가 아니다. 따라서 IRA로 저축을 전환하지 않을 것이기 때문에 자산이 재구성되지는 않을 것이다. 그림 22-3~22-5는 은퇴저축만을 분석하고 있다. 세금 우대된 은퇴저축이 존재한다면 이 그림에서 6,000달러 이상을 예비적 목적으로 저축한 사람은 예금의 전환을 통해 자산을 재구성하지 않을 것이나 6,000달러 이상을 은퇴를 대비해 저축한 사람은 자산을 재구성할 것이다. 만약 사람들이 은퇴를 대비해서가 아니라 예비적 동기에 의해서 저축을 한다면, 사람들이 저축을 많이 한다고 해서 이것을 세금 우대 때문에 은퇴저축계정으로 전환하지는 않을 것이다. 따라서 은퇴를 대비한 저축은 전통적인 이론에 의해 제시되는 것보다 많을 것이다.

자기통제모형 저축의 자기통제모형의 신뢰성은 자기통제를 가능하게 하는 자기구속장치의 존재 여부에 달려 있다. 연금이나 401(k) 계정과 같은 은퇴계정들은 급여에서 원천징수되기 때문에 개인들은 은퇴 시까지 적립된 기여금을 인출할 수 없다. 따라서 이들 계정에 있는 돈은 단기적인 욕구를 충족시키기 위해 사용될 수 없기 때문에 결과적으로 전통적인 이론에 의해 설명되는 것 이상으로 은퇴저축계정을 통한 저축은 증가할 것이다. 즉 세금유인뿐만 아니라 은퇴저축계정을 통해 효과적으로 저축을 이행할 수 있기 때문에 은퇴저축계정을 통한 저축은 더욱 늘어날 것이다.

개인 대 국가 저축

지금까지 저축유인에 대한 논의는 개인 저축에 대한 효과에 초점을 맞추었다. 투자결정(잠재적인 성장)에서 궁극적으로 중요한 것은 개인과 정부 저축을 합한 국가 저축이다. 제4장에서 정부적자를 증가시키는 것은 자본 축적을 위해 사용할 수 있는 재원 규모를 감소시킬 수 있다는 것을 배웠다. 은퇴 세금유인은 개인 저축은 증가시킬 수 있지만, 세제상의 특전이 따르기 때문에 국가 저축은 감소시킬 수 있다.

401(k) 계정 도입으로 기여금 1달러당 30센트만큼 개인 저축이 증가했다고 가정해보자. 401(k) 계정에 저축된 1달러 중 70센트는 401(k) 계정이 도입되지 않았더라도 저축되었을 은퇴저축이고[그러나 지금은 세제상의 특전 때문에 401(k) 계정에 저축되었음], 30센트는 401(k) 계정 때문에 새롭게 발생한 저축이다. 가입자가 직면하고 있는 통상적인 세율은 43%라고 가정하자. 이러한 가정하에서, IRA 기여금의 달러당 비용은 기존 저축이 401(k) 계정으로 전환됨에 따

실증적 증거 세금유인이 저축에 미치는 효과 추정

세금유인이 저축에 미치는 효과를 분석할 때 직면하게 되는 어려운 문제점은 IRA가 저축에 미치는 효과를 분석한 연구들에 잘 예시되어 있다. 연구자들은 IRA 계정에 가입한 사람들이 기여금을 불입하기 위한 재원을 마련하기 위해 다른 자산들로부터 예금을 인출할 것인지 여부를 살펴봄으로써 자산 재구성 가설(혹은 전환가설)을 검증하였다. 분석 결과는 언뜻 보기에 동 가설이 성립하지 않는 것처럼 보인다. IRA 기여금이 증가할 때 자산 재구성 가설 예측과는 달리 다른 저축이 떨어지기보다 오히려 증가했기 때문이다.

그러나 이 연구들의 결과는 참여자(분석집단)와 비참여자(비교집단)를 비교할 때 존재하는 편의 문제 때문에 설득력이 떨어진다. IRA '가입자'들은 IRA '비가입자'들보다 *모든 면*에서 저축을 많이 할 가능성이 있다. 따라서 가입자들은 IRA가 없었더라도 어떠한 방식으로든 6,000달러 이상을 저축했을 것이다. 이와는 반대로 비가입자들은 비저축자일 가능성이 높다. 이 경우 비가입자는 좋은 비교집단이 되지 못한다. 분석집단은 IRA가 없었더라도 저축을 많이 했을 것이기 때문에 비가입자들을 이들 저축자와 비교하는 것은 편의를 발생시킨다. 이러한 편의를 해결하도록 고안된 검증 방법을 이용했을 때 IRA가 저축에 미치는 효과는 불분명했다. 그러나 불행하게도 아직 이러한 편의 문제를 완전히 극복할 수 있는 방법은 존재하지 않는다.

401(k) 계정이 저축에 어떤 효과를 미쳤는지를 연구한 문헌들은 분석을 위해 401(k)를 제공하는 기업의 근로자(분석집단)들의 저축과 401(k)를 제공하지 않은 기업의 근로자(비교집단)들의 저축을 비교하는 방법을 포함해 다양한 방법을 이용하였다. 그런데 401(k)를 제공하는 기업의 근로자(분석집단)와 제공하지 않은 기업의 근로자(비교집단)는 저축에 대한 선호가 다를 수도 있기 때문에 이들 두 그룹을 비교하는 방법은 적절하지 않다. 401(k)를 제공하는 기업의 근로자가 다른 기업에 있는 근로자보다 일반적으로 저축을 많이 한다면, 이들 두 그룹을 비교하는 것은 명백히 편의를 발생시킨다. 401(k)에 가입하고 있는 자들이 저축을 보다 많이 하고 있다는 사실이 401(k)가 저축에 미치는 인과관계를 설명해주는 것은 아니다.

401(k)가 제공되고 있는 기업의 근로자와 그렇지 않은 기업의 근로자 사이에는 뚜렷한 몇 가지 차이점이 발견된다. 예컨대 1991년 401(k)에 가입한 자들의 평균소득은 39,000달러였던 반면 401(k)에 가입하지 않은 자들의 평균소득은 27,000달러였다. 401(k) 가입자들의 69%는 기혼이었던 반면 비가입자들은 58%만이 기혼이었다.[25] 소득이나 결혼 여부 등과 같은 저축을 결정하는 요인들이 두 집단 사이에 차이가 있다면 두 집단의 저축에 대한 선호가 동일하다고 보기는 어렵다. 저축에 대한 선호가 다르다면, 이들은 비교 가능한 분석집단과 비교집단이 될 수 없다.

덴마크의 은퇴저축 프로그램을 연구한 Chetty 외(2014)는 이러한 문제를 해결한 연구이다. 1998년 덴마크는 은퇴저축 프로그램 기여금에 대한 세금우대정책을 수정했다. 즉 기여금에 대한 세금 우대가 최상위 소득계층에 대해서는 대폭 줄어든 반면 그 아래 소득구간 납세자들에 대해서는 크게 감소하지 않았다. 이러한 변화는 최상위 소득구간 바로 위에 있는 자들(저축유인이 상당히 감소한 사람들)과 최상위 소득구간 바로 아래에 있는 사람들(소득은 비슷하나 저축유인이 감소하지 않은 사람들) 사이의 이중차감 비교를 가능하게 했다. 이들 비교는 그림 22-6에 나타나 있다. 맨 윗줄은 최상위 소득구간 경계 바로 위에 소득이 있는 사람들에 의한 저축 기여금이고 아랫줄은 최상위 소득구간 경계 바로 아래 소득이 있는 사람들에 의한 저축 기여금이다. 세금 우대가 컸던 1998년 전까지 부유한 납세자들의 기여금은 매우 많았다. 중요한 사실은 변화가 일어나기 전까지 두 집단의 기여금 추세는 유사했다는 것이다.

세금 우대 변화가 발생한 직후인 1999년에는 고소득 납세자들의 기여금은 큰 폭으로 감소한 반면 바로 아래 소득그룹의 기여금은 크게 변화하지 않았다. 이는 고소득그룹에서 기여금이 크게 하락한 이유는 저축유인이 감소했기 때문임을 시사한다.

세금 우대와 관련한 주요 정책 관련 이슈는 세금 우대가 연금기여금에 미친 영향이 아니고 총저축(개인 및 국가 저축)에 미친 영향이다. Chetty 외는 세금 우대가 개인 저축에는 어떤 효과도 없었다는 것을 발견했다. 그림 22-6에 나타나 있는 최고소득층의 기여금 감소는 다른 종류의 저축 증가로 정확히 상쇄되었다. 즉 세금유인은 총저축에는 어떤 영향도 미치지 않았다 — 각 개인들로 하여금 단지 저축의 형태를 바꾸게 할 뿐이었다. Chetty 외(2014)의 이러한 연구 결과는 은퇴유인과 관련한 조세비용이 존재한다면 세금유인이 도입될 때 국가저축은 감소한다는 것을 의미한다.

Chetty 외의 분석을 통해서는 세금 우대가 저축에 영향을 미치지 않는다는 결과와 연금기여금을 강제적으로 증가시키는 것과 같은 다

25 Poterba et al.(1998).

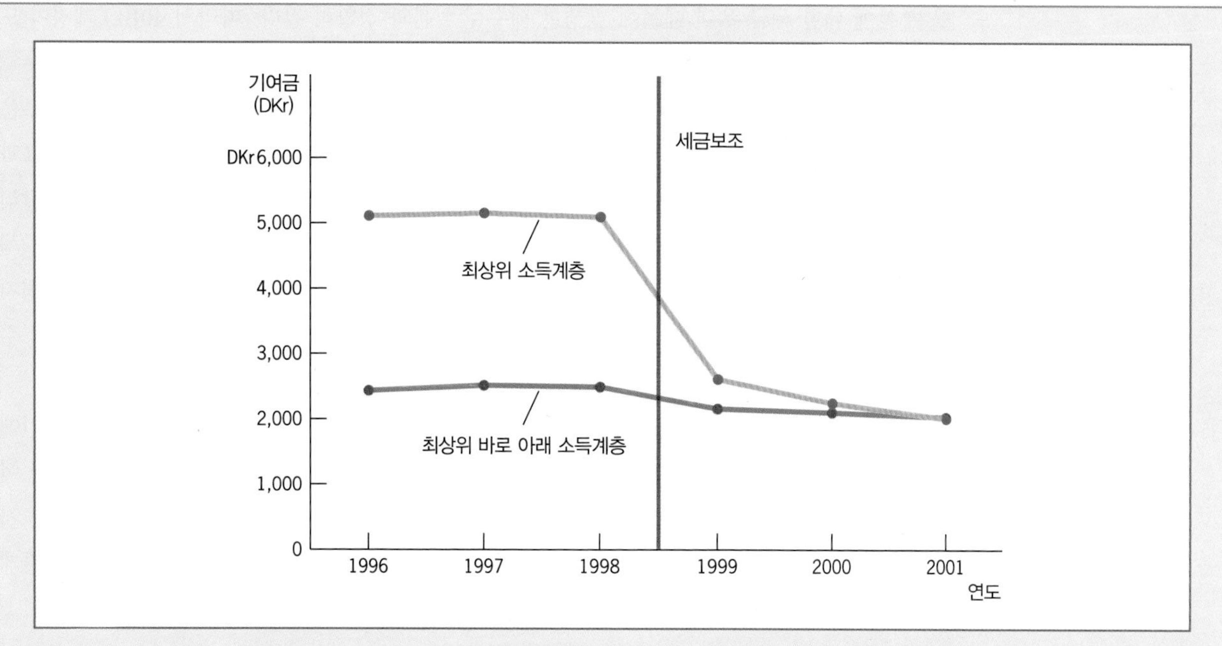

그림 22-6 강제구간 전후 기여금 이 그림은 매년 두 소득계층의 평균 자본연금기여금을 나타내고 있다. 감세 바로 위 및 아래 구간 소득계층 세금보조가 줄어든 이후, 최상위 소득계층의 기여금은 1998년 5,089덴마크 크로네에서 1999년 2,604크로네로 감소한 반면 바로 아래 구간 계층의 기여금은 2,488크로네에서 2,156크로네로 거의 감소하지 않았다.

출처 : Chetty et al.(2014).

른 변화는 저축에 영향을 미친다는 결과를 직접 비교할 수 있다. 덴마크 국민들에게 소득의 1%를 은퇴저축계정에 내도록 의무화했던 정책 변화는 대략 저축을 1% 증가시켰다. 즉 이 경우에는 자산 재구성이 최소화되었다. 이는 기존 연구와 어떻게 일치하는가? 연구자들이 설명하듯이 *저축자들은 수동적*이기 때문이다 — 그들은 저축에 대해 능동적으로 결정하지 않고 단지 의무화된 것만을 한다. 훨씬 적은 부분(그들이 추정키로 15%)의 사람들이 재정적 유인에 따라 저축을 재구성하는 *능동적인 저축자*들이다. 수동적인 저축자들은 정부의 의무 요구사항을 상쇄시키는 행동을 하지 않고, 세금유인에 반응하지도 않는다. 적극적인 저축자들은 연금저축에 대해 재무유인에 매우 강하게 반응한다 — 그러나 저축에 있어 순증가보다는 다른 형태로 저축을 전환한다.

환언하면, 연구자들은 은퇴저축자들은 가격유인에 반응하지도 않고 단지 그들이 하던대로 저축을 하거나, 세금이 발생한 곳으로부터 세금 우대된 곳으로 저축을 전환함으로써 가격 변화에 능동적으로 반응하거나 둘 중 하나를 선택한다고 주장한다. 어떤 것이든, 저축 장려를 위한 조세유인은 저축을 증가시키지 않는다. 그러나 수동적인 저축가들의 '태만(default)'을 움직이는 대안적인 정책들은 저축을 증가시킬 수 있다.

라 발생한 세수의 상실이며 이는 이 보기에서 30센트[0.43 × (기존 저축의) 70센트]이다. 위 보기에서 알 수 있듯이 401(k) 계정에 의해 발생한 저축의 증가분은 401(k)가 없었더라도 저축되었을 부분에 대한 세금 우대 때문에 발생한 세수 손실분과 정확히 같다. 따라서 401(k) 계정이 도입된다 하더라도 국가 저축은 변하지 않는다.

국가 저축에 대한 개인 저축의 비교는 제18장에서 배운 세금유인의 **한계효과**(조장된 새로운 행위) 대 **하부한계효과**(보상된 이미 이루어진 행위) 개념으로 귀착된다. 위의 보기에서 한계효과는 기여금 1달러당 증가된 30센트(0.43 × 70센트)의 개인 저축이다. 반면 하부한계효과는 달러당 401(k) 계정이 없었더라도 저축되었을 70센트의 개인 저축이다. 하부한계효과가 크다면 세수가 크게 줄어 401(k) 계정의 도입으로 발생한 국가 저축의 증가분은 상쇄된다. 따라서 은퇴저축제도가 큰 한계효과를 발생시키지 않는다면, 이들 제도로 인해 국가 저축은 오히려 감소될 수 있다.

저축에 대한 세금유인 때문에 발생하는 한계효과와 하부한계효과의 크기는 두 가지 요인에 의해 결정된다. 첫 번째는 저축 한도 내에서 저축을 하고 있는 은퇴저축자(예컨대 6,000달러 이하로 은퇴저축을 하고 있는 자)들의 소득효과와 대체효과이다. 두 번째는 저축 한도 이상을 저축하고 있는 은퇴저축자들의 비중이다. 이들에 대해선 대체효과가 없기 때문에 단지 하부한계효과만 존재하고, 따라서 새로운 저축은 발생하지 않는다.

세금유인과 저축에 대한 증거

고용자 제공 연금, IRA, 401(k)가 저축행위에 미치는 효과에 대한 연구는 많다.

'실증적 증거' 코너에서 논의되듯이, 이들 유인제도들이 저축에 미치는 인과관계를 밝혀내는 것은 매우 어렵다. 그러나 최근 연구들에 따르면 사람들은 저축을 보다 많이 함으로써 이들 저축유인제도에 반응하는 것으로 나타났다. 어쩌면 사람들은 개인 저축뿐만 아니라 국가 저축도 증가시킬 만큼 충분히 이들 저축유인제도에 반응하고 있을지도 모른다. 몇몇 연구들은 은퇴유인효과에 가장 큰 영향을 미치는 것은 세금유인이 아니라 프로그램 디자인에 포함된 다른 요소들이라고 주장한다.

예컨대 Madrian과 Shea(2001)는 근로자들이 401(k) 계정에 적극적으로 가입하고 싶을 때만 이 계정에 참여하도록 하는 체제에서 가입을 전제로 하고 원하지 않을 때 탈퇴하는 체제로 전환한 기업을 대상으로 이 계정의 참여도를 조사했다. 통상적인 경제 이론에 따르면 사람들은 어떤 경우든 가입 여부를 선택하기 때문에 두 체제의 효과는 동일해야 한다. 그러나 실질적으로 자동적으로 가입되지 않은 체제에서 가입이 전제되는 체제로 전환했을 때 401(k) 프로그램에 대한 참여율은 신입사원들의 경우 약 50%에서 90%로 증가했다. 이들 효과는 특히 혜택받지 못한 사람들에게서 크게 나타났다. 연 20,000달러 이하의 소득을 가진 자들에서, 401(k) 프로그램 가입률은 이러한 단순한 변화로 인해 13%에서 80%로 증가했다!

이러한 연구 결과는 오바마 대통령이 현행 은퇴저축체제를 개혁하도록 하는 방안을 마련하는 데 중요한 역할을 하였다. 오바마 대통령은 2009년 대통령예산안에서 직장에서 은퇴저축이 제공되고 있는 근로자들은 고용되어 있는 동안은 자동적으로 직장에서 제공하고 있는 은퇴저축에 가입할 것을 제안했다. 또한 오바마 대통령은 은퇴저축을 제공하고 있지 않은 기업들의 경우 의무적으로 IRA 형태의 계정을 마련하고 고용인들은 자동적으로 이 계정에 가입할 것을 제안했다. 고용인들은 고용을 유지하는 한 은퇴계정으로 직접 그들 급여의 3%를 저축해야 한다. 대통령은 저소득계층이 신설된 은퇴계정에 가입하는 것을 장려하기 위해 저축자공제제도를 보다 확대시킬 것을 또한 제안했다.

22.4 결론

미국에서 납세자의 가장 중요한 결정 중 하나가 저축결정이며 이런 결정을 할 때 세금은 매우 중요한 고려요인이다. 불행하게도 이론이나 실증분석 결과들 중 어느 하나도 세금이 저축에 미치는 효과를 명백하게 말해주지 못하고 있다. 이러한 증거 부족에도 불구하고, 저축에 대한 세금유인의 중요성은 계속해서 증가하고 있다. 1975년에 저축에 대한 조세유인에 따른 조세 지출은 200억 달러 미만이었으나 2018년에는 1,410억 달러로 증가했다.[26] 정책입안자들은 세금유인이 개인 저축 의사결정에 중요한 영향을 미친다고 확신하고 있다. 향후 연구들은 이러한 믿음이 과연 타당한지를 평가할 필요가 있다.

요약

- 세금은 저축에 대한 수익률을 낮춘다. 세금은 저축을 감소시키는 대체효과와 저축을 증가시키는 소득효과를 동시에 발생시키기 때문에 저축을 증가시킬지 감소시킬지는 불분명하다.
- 세금이 저축 의사결정에 영향을 미친다는 증거는 많지 않다. 그러나 적어도 부분적으로는 소득의 불확실성에 대비한 예비적 동기와 자기통제에 대한 욕구가 저축 의사결정에 영향을 미친다는 것은 확실하다.
- 납세유예를 통한 IRA나 401(k) 계정 같은 은퇴저축에 대한 세금보조는 은퇴저축에 대한 수익을 증가시킨다.
- 은퇴저축에 대한 세금보조가 저축에 미치는 효과는 모호하다. 이들 효과를 결정함에 있어 중요한 요소는 보조를 받고 있는 은퇴저축과 다른 저축 사이의 대체 정도이다.
- 은퇴저축에 대한 세금보조는 다른 형태의 저축으로부터 전환을 유도한다는 증거가 있다. 동시에 기업의 연금 불이행을 변경하는 것과 같은 행동적 개입은 상당한 영향을 미칠 수 있다.

---

26 Office of Management and Budget(2018), Table 18-2. 이 수치에는 연금 기여금 및 소득에 대한 순제외가 포함되지만 다른 형태의 저축은 포함되지 않는다.

연습문제

1. 어떤 사람이 두 기간을 산다고 해보자. 1기에서는 소비하고 2기의 소비를 위해 저축한다고 하자. 1기에 30,000달러의 소득이 있고 이자는 10%라고 하자.
   a. 이 사람의 구간예산제약선을 그려보라.
   b. 정부가 이자소득에 대해 30% 과세할 때 이 사람의 구간예산제약선을 그려보라.
2. 정부가 이자소득에 대한 세율을 증가한다고 가정해보자. 그 후 저축이 증가했다. 대체효과와 소득효과 중 어떤 효과가 더 큰가? 설명해보라.
3. 맬로비아는 2개의 과세구간을 가지고 있다. 처음 20,000달러에 대해서는 10%의 한계세율로 과세되며, 20,000달러 이상에 대해서는 30%의 한계세율이 부과된다. 모든 소득(근로소득, 명목이자, 배당금, 자본이득소득)은 동일하게 취급된다. 세율이 30%일 때는 현재 물가에 연동되며 실질이자율은 5%이다.
   a. 물가 상승률이 맬로비아에서 저축에 어떻게 영향을 미치는가? 예상 물가 상승률이 영(0)일 때의 저축률과 예상 물가 상승률이 10%일 때의 저축률을 비교해보라.
   b. 세율이 30%일 때 물가에 연동되지 않았다면 당신의 답은 어떻게 달라지는가?
4. 마우핀타니아 정부는 예기치 못한 대재앙에 대해 100%의 의료비용을 지불하는 새로운 의료보험제도를 도입했다. 전에는 단지 저소득층만 이러한 혜택을 받았다.
   a. 이러한 정책의 변화가 마우핀타니아 고소득층의 저축에 미치는 효과를 실증분석하기 위해 어떤 방법을 사용할 수 있는지 설명해보라.
   b. 마우핀타니아의 전반적인 저축률은 어떻게 되겠는가?
5. 쉬즈 대학은 급여계좌로부터 연금에 직접 저축되는 세후 기여금에 대해 자동적으로 세금이 공제되도록 하는 제도를 도입했다. 이 제도에 참여할 재정적인 유인이 없음에도 불구하고 사람들이 이 제도에 참여하였다면 그 이유는 무엇인가?
6. 정부가 저축의 처음 5,000달러에 대해서는 납세가 유예되도록 하는 세금유인제도를 도입했다. 현재소비와 미래소비 사이의 상충관계를 나타내는 예산제약선을 그려보라.
7. Gale과 Scholz(1994)의 추정 결과에 따르면 개인은퇴계정에 대한 기여금 상한을 올리더라도 이것이 전반적인 저축률에 미치는 효과는 미미할 것이라고 한다. 왜 그렇다고 생각하는가?
8. 사람들은 여러 관점에서 다르며 저축 또한 여러 관점에서 정의될 수 있다는 사실을 염두에 두고 IRA가 과거 20년 동안 미국의 저축을 증가시켰는지 여부를 논의하라. IRA에 가입한 사람과 가입하지 않은 사람들의 비IRA 자산을 비교함으로써 우리는 무엇을 배울 수 있는가? IRA가 저축에 미치는 효과를 추정하기 위한 대안적인 방법이 있는가?
9. 1인당 소득이 비슷한 두 나라가 각기 세금이 유예될 수 있는 저축의 양을 2,000달러까지 증가시킬 것을 제안했다. 웬티에서 현재 세금이 유예될 수 있는 저축의 최대 한도액은 2,000달러이고 세일에서는 5,000달러이다. 어떤 나라에서 저축이 보다 많이 증가할 것인가? 하부한계효과는 어떤 나라에서 큰가? 어떤 저축유인이 정부에 가장 많은 비용을 발생시킬 것인가? 설명해보라.
10. 매디슨은 연간 125,000달러를 버는 58세의 컨설턴트이며 헥터는 여름방학 동안 일을 함으로써 7,000달러를 버는 19세의 대학생이다. 두 사람 모두 결혼도 하지 않았고 직장에서 은퇴저축도 제공하지 않는다. 둘 다 모두 소득을 IRA에 넣을 것을 계획하고 있다. 전통적인 IRA 대신 누가 Roth IRA를 보다 많이 사용하겠는가?
11. 레나는 상당한 급여를 받고 매년 그녀의 401(k) 계정에 최대 금액을 기여하고 있는 임원으로 채권과 CD에 투

자하여 약 3%의 이자를 받고 있다. 그녀가 은퇴할 때, 그녀는 연금뿐만 아니라 많은 은퇴계좌 잔고를 갖게 될 것이다. 그녀의 남동생은 그녀가 은퇴 후에도 현재와 같은 고액 소득과세 구간에 있을 가능성이 높기 때문에 401(k) 계정에 가입하지 말고 대신 그 돈을 세후저축계좌에 저축해야 한다고 주장한다. 동생의 주장은 옳은가?

심화 연습문제

12. 직원들의 낮은 은퇴저축률에 실망한 대기업의 CEO는 두 가지 새로운 저축 계획 중 하나를 시행할 것을 고려하고 있다. 계획 A는 직원들에게 개인 저축 계획을 약정할 수 있는 옵션을 제공하며, 여기서 모든 향후 인상은 직원의 401(k) 계정에 대한 기여금으로 자동 납부된다. 계획 B는 현재 시작되는 401(k)에 직원들이 가입하여 2%까지 기여금을 내도록 권장하고, 직원이 소득의 2%를 기여하면 고용주도 2%를 기여하는 새로운 고용주 매칭 제도를 도입하여 참여를 장려한다.

이 회사 직원의 평균 연봉은 50,000달러이고 매년 2% 연봉이 인상되며, 401(k)에서 매년 8%의 수익을 올릴 것이라 가정하자. 5년 동안 계획 A 또는 계획 B 중 어떤 것이 선택한 직원에게 더 나은 결과를 제공하는가? 은퇴저축을 결정할 때 개인의 행동에 대해 논의한 장의 내용을 고려할 때, 어떤 계획이 가장 높은 직원 수입을 가져올 것이라고 생각하는가? CEO에게 어떤 계획을 택하도록 권장하겠는가?

13. 많은 전문가들은 미래의 소득세율은 현재보다 높아질 것이라고 예측하고 있다. 이러한 정보는 저축률에 어떤 영향을 미치는가? 이것은 Roth IRA와 세금유예가 된 전통적인 IRA 중 상대적으로 어떤 것에 더 유리한 영향을 미치겠는가?

14. 어떤 사회에서는, 정부가 제공하는 사회보장 프로그램의 혜택을 받지 못하고 있는 사회 구성원들이 불행한 일을 당했을 때 나머지 사람들이 그들의 상태가 좋아질 때까지 그들에게 돈을 빌려준다. 이러한 사회에서, 완충재고 형태의 저축(buffer-stock savings)이 미국에서 현재 발생하고 있는 것보다 많이 발생하겠는가, 적게 발생하겠는가? 설명해보라.

15. 개인들이 두 기간을 살며 $U = \ln(C_1) + \ln(C_2)$ 형태의 효용함수를 가진 모델을 고려해보자. 이들은 1기에 100달러의 소득이 있고 2기의 소비를 위해 S를 저축한다. 이자율 r은 10%이다.

a. 개인의 생애효용극대화 문제를 구축하라. 최적 C_1, C_2, S를 풀라(힌트 : C_2를 소득, C_1, r의 관점으로 표시하라). 기회집합을 보여주는 그래프를 그려보라.

b. 정부가 근로소득에 대해 20%의 세금을 부과했다. C_1, C_2, S의 새로운 최적해를 구하라. 소득효과와 대체효과의 관점에서 문제 (a)의 저축과의 차이를 설명해보라.

c. 근로소득세 대신 이자소득에 대해 20%의 세금을 과세한다고 하자. C_1, C_2, S의 새로운 최적해를 구하라(힌트 : 새로운 세후이자율은 무엇인가?). 소득효과와 대체효과의 관점에서 문제 (a)의 저축과의 차이를 설명해보라.

16. 하원의원 창과 디아즈는 미국의 저축률을 높이기 위한 제안을 경쟁적으로 내놓았다. 창의 제안은 발생한 이자에 대해서는 비과세이고 언제든지 인출할 수 있도록 되어 있는 특별저축계정에 20,000달러까지 저축할 수 있게 하는 것이다. 반면 디아즈의 제안은 두 가지로 구성되어 있다. 첫째, 모든 고용주는 모든 고용인을 위해 401(k)형 계정을 개설해야 하며, 둘째, 거부하기 위해 한 페이지 분량의 양식을 작성하지 않는 한 종업원은 월급의 3%를 기본적으로 이 계좌에 입금해야 한다. 이 장에서 언급된 연구에 기초해 어떤 제안이 국가 저축에 보다 큰 영향을 미칠 것이라고 생각하는가? 설명해보라.

CHAPTER 23

James Andrews/iStock/Getty Images

위험 감수와 부에 대한 조세

생각해볼 문제

- 조세는 위험 감수 행위에 어떻게 영향을 미치는가?
- 자본이득세는 어떻게 작동하며 위험 감수 행위에 어떻게 영향을 미치는가?
- 상속세는 어떻게 작동하며 위험 감수 행위에 어떻게 영향을 미치는가?

2017년 12월 22일, 트럼프 대통령은 감세 및 일자리법에 서명했다. 이 법에는 '기회 구역(opportunity zone)'에 대한 새로운 조항이 포함되어 있었다. 자본이 부족한 지역사회에 대한 투자를 촉진하기 위해, 이 법은 50개 주 전체에 걸쳐 8,700개 이상의 기회 구역 내에서 부동산을 통하거나 또는 직접 사업을 통해 투자하는 사람들에게 주요 세금 감면을 허용했다. 이 지역들은 높은 빈곤율과 실업률을 가진 '경제적으로 고통받는 공동체'로 묘사되었다. 1,000만 명 혹은 이 지역에 사는 사람들 1/3의 소득은 빈곤선 아래에 있었다.[1] 새로운 세금 유인을 통해 입법자들은 이 법을 통해 저소득 지역사회에 새로운 주택을 개발하고 지역경제를 지원하기 위한 새로운 사업 개발에 수십억 달러가 투자되기를 희망했다.

세금 감면은 자본자산 매각으로 실현된 **자본이득**에 대한 감세의 형태로 이루어졌다. 자본이득세는 자산을 매각할 때 발생한 자산의 가치 상승에 적용되는 세제이다. 기회 구역에 대한 투자로부터 발생하는 이득에 대해서는 과세되지 않을 것이며, 이전에 발생한 자본이득에 대해서도 이 지역에 재투자된다면, 이전의 자본이득에 대한 세금도 줄어든다. 한 추정치에 따르면, 이러한 세금 혜택으로 투자자들의 수익은 70% 이상 증가할 것이라고 한다.[2]

1 Urban Institute(2020), Brookings Institution(2020), Simon(2019).

2 Drucker and Lipton(2019).

기회 구역 제도는 당초 의회에서 초당적인 지지를 받았다. 양당의 저명한 의원들은 소수민족과 저소득 지역사회에 대한 투자를 늘려야 할 필요성을 언급했다. 양당, 특히 공화당원들은 기회 구역 제도가 새로운 사업, 일자리, 주택을 창출함으로써 가난한 지역사회를 활성화시킬 수 있다고 믿었다.[3] 공동 위원회의 청문회에서 미네소타 출신의 공화당 대표인 에릭 폴슨은 기회 구역은 "신규 및 확장 사업, 인프라 및 에너지 프로젝트, 상업용 부동산, 저렴한 주택 등에 대한 가능한 최고의 혼합 투자를 가져올 것"이라고 주장했다.[4]

기회 구역을 지지하는 일부 민주당원을 포함한 다른 사람들은 여전히 회의적이었다. 그들은 세금 감면 혜택이 잠재적으로 부유층, 특히 부동산 산업에 종사하는 사람들과 동 제도 도입 전부터 기회 구역 지역에 존재했던 사업들에게만 전적으로 혜택이 돌아갈 수 있다고 우려했다.[5] 불행하게도, 기회 구역의 조기 시행의 증거는 이런 비평가들의 두려움을 입증한 것으로 보인다. 이번 대책은 크게 두 가지 측면에서 저소득 지역보다는 부유층 투자자들에게 큰 혜택을 줄 것으로 보인다.

첫째, 많은 기회 구역이 실제로 저소득층이 아니다. 예를 들어 뉴올리언스에 있는 최신 유행에 따르고 있는 고급스러운 창고들이 있는 지구를 예로 들어보자. 이 지구는 기회 구역으로 지정되었으며, 이는 전 백악관 커뮤니케이션 이사이자 창고 지구에서 이미 진행 중인 많은 개발 사업 중 하나의 투자자인 앤서니 스카라무치(Anthony Scaramucci)와 같은 투자자들에게 큰 혜택을 주었다. 뉴올리언스 주민 테런스 로스(Terrence Ross)는 "왜 연방정부는 이미 돈이 쌓이고 있는 곳에 돈을 투입하는가"라는 의문을 피력했다. 한편, 창고 지구에서 불과 2마일 떨어진 곳에 루이지애나에서 가장 가난한 기회 구역에 위치한 호프만 삼각지대(Hoffman Triangle)가 있다. 지금까지 이 구역에 대한 기회 구역 프로젝트는 발표되지 않았는데, 이는 아마도 같은 세금 감면을 받게 되는 인근 창고 구역이 부동산 개발업자들에게 보다 더 매력적인 장소이기 때문일 것이다.[6]

전체적으로 기회 구역의 7% 이상이 중위가구소득이 인구조사상의 국가중위소득보다 높은 것으로 추정되었다. 이러한 불일치의 일부는 저소득 지역으로 분류할 때 시대에 뒤떨어지거나 오해의 소지가 있는 인구조사 데이터를 사용했기 때문이다. 예를 들어, 메릴랜드주의 칼리지 파크는 상대적으로 부유한 지역임에도 불구하고 많은 학생 인구 때문에 기회 구역으로 분류되었다. 그러나 대부분의 불일치는 보다 직접적인 조작에서 비롯되었을 가능성이 있다. 이 법에 따르면 기회 구역의 최대 5%는 저소득 지역 바로 바깥에서 행해지고 있는 사업들을 포함할 수 있도록 되어 있다. 따라서 비저소득 지역이라도 이 규정에 해당되면 기회 구역에 포함될 수 있다. 이는 이를 통해 기회 구역으로 보다 많은 돈이 투자될 것으로 생각되었기 때문이다. 그러나 많은 공무원들은 로비에 의해 압력을 받거나, 건설 중인 사업이 인근 저소득 지역사회에 도움이 되지 않더라도 특정 토지 구획을 기회 구역으로 편입시킴으로써 자산들의 사적 유인을 위해 이러한

---

3 Frank(2020).

4 U.S. Joint Economic Committee(2018).

5 U.S. Joint Economic Committee(2018).

6 Drucker and Lipton(2019).

규칙을 이용하였다.[7] 증권과 세법을 어긴 죄로 연방 교도소에 복역한 것으로 널리 알려져 있지만 그럼에도 불구하고 기회 구역에서 수십억 달러를 벌어들인 마이클 밀켄이 대표적이 예이다. 밀켄은 재무장관과의 개인적인 관계를 이용해 재무부를 설득하여 자신이 투자한 지역을 기회 구역에 포함시켰다.[8]

기회 구역 프로그램의 두 번째 문제점은 실제로 저소득층인 지역에서도 투자에 따른 혜택이 저소득층 주민들에게 귀속되지 않고 있다는 것이다. 휴스턴에서는 기회 구역 기금이 저렴한 주택 대신 373채의 '고급 아파트' 건설 자금으로 쓰였다. 뉴욕주 뉴로셸에서는 지역경제를 활성화시키는 사업 대신, 24시간 발렛 서비스와 애완동물을 위한 스파를 제공하는 고급 아파트 건설 자금으로 사용되었다.[9]

이런 이유로 기회 구역 프로그램은 민주당의 지지를 크게 잃었다. 당초 민주당에서 기회 구역 프로그램을 가장 지지했던 코리 부커 상원의원은 기회 구역을 지속하기 위해서는 '저소득층은 배제하고 투자자 또는 고소득 예상 거주자에게만 혜택을 주기 위한 투자 조작'을 막는 방향으로 법을 개정해야 한다고 주장해왔다.[10]

제22장에서는 저축의 수익률을 변화시키는 정부 정책이 개인의 저축 의사결정에 어떤 영향을 미치는지를 살펴보았다. 이 장에서는 납세자의 저축행위에 영향을 미칠 수도 있는 과세의 또 다른 두 측면에 대해 살펴본다. 첫째, **위험 감수**에 대한 과세이다. 사람들은 얼마만큼 저축을 할 것인지에 대한 의사결정뿐만 아니라 어떤 형태로 저축을 할 것인지에 대해서도 의사결정을 한다. 예컨대 사람들은 안전하나 수익률이 낮은 정부채권의 형태로 저축을 할 것인지 아니면 위험은 있으나 수익률이 높은 주식의 형태로 저축을 할 것인지를 결정한다. 세금이 저축의 규모에 영향을 미치듯이, 저축 형태에도 영향을 미친다. 위험 감수에 영향을 미치는 특정 세제정책은 자본자산 판매 시 발생하는 실현 이득인 자본이득에 대한 과세이다.

사람들은 매기 저축으로부터 발생되는 수익에 대해서뿐만 아니라 과거 저축으로부터 축적된 부에 대해서도 과세된다. 미국에서 부유세 형태는 두 가지이다. 하나는 유산세를 포함한, 한 사람으로부터 다른 사람에게 양도되는 자산에 대한 일련의 세금인 **양도세**(transfer tax)이며 또 다른 하나는 **재산세**(property tax)이다. 재산세는 미국에서 가장 큰 지방세 세원이다. 대부분의 미국인들에게서 저축의 가장 큰 부분을 차지하는 것이 집이기 때문에, 재산세 역시 저축에 영향을 미칠 수 있다.

23.1 과세와 위험 감수

제12장에서 논의되었듯이, 사람들은 살아가면서 여러 유형의 위험과 불확실성에 직면하게 된다. 어떤 위험들은 나쁜 결과들(자동차 사고, 주요 질병, 상처)만을 발생시키기 때문에 사람들

---

7 Drucker and Lipton(2019).

8 Lipton and Drucker(2020).

9 Drucker and Lipton(2019).

10 Dumain(2019).

은 보험을 통해 이러한 위험을 회피하고자 한다. 반면 어떤 위험들은 동일한 확률로 좋은 결과를 발생시키기도 하고 나쁜 결과를 발생시키기도 한다. 금전적인 투자와 관련된 위험이 여기에 해당된다. 사업이 성공할 것인가, 실패할 것인가? 자산 구성의 가치가 올라갈 것인가, 내려갈 것인가? 위험이 있는 것에 투자를 해야 할지 여부에 대한 결정은 세금에 의해 영향을 받는다. 이 절에서는 과세가 위험 감수에 어떤 효과를 미치는지를 살펴본다.

기본적인 재정투자모형

과세 및 위험 감수와 관련된 기본 모형은 도마(Domar)와 머스그레이브(Musgrave)에 의해 재정투자모형의 관점에서 1994년 개발되었다. 이들의 모형에서, 사람들은 실질 수익률이 '영(0)'인 무위험자산에 투자하는 것과 양(+)의 수익률이 발생할 수 있는 위험자산에 투자하는 것 사이에 선택을 한다. 정부는 위험자산으로부터 발생하는 양(+)의 수익률에 대해서는 과세하지만 손실에 대해서는 손실만큼 과세소득에서 공제해준다. 이러한 상황에서, 도마와 머스그레이브는 그들의 모형을 통해서 위험자산 수익이 과세될 경우 사람들은 위험자산에 대한 투자를 늘림으로써 세금을 회피할 수 있기 때문에 궁극적으로 위험 감수를 증가시킨다는 것을 보였다.

이를 표 23-1을 통해 설명해보자. 베시는 작은 벤처기업에 100달러를 투자하였고 120달러가 될 확률이 50%(20달러를 얻음), 80달러가 될 확률이 50%(20달러를 잃음)라고 하자. 이러한 투자의 **기대수익**(expected return)은 0달러이다([20달러 × 0.5] + [−20달러 × 0.5]). 처음에는 세금이 없고 따라서 표 23-1의 첫 번째 행에 나타나 있는 바와 같이 세전수익은 세후수익과 같다.

기대수익 성공 시 발생하는 수익에 성공확률을 곱한 것과 실패 시 발생하는 손실에 실패 확률을 곱한 것을 더한 것

이제 정부가 투자소득에 대해서는 50%를 과세하고 손실에 대해서는 과세소득에서 손실분만큼을 공제하는 세제를 도입했다고 하자. 투자로부터 발생한 양(+)의 수익에 대해서는 과세되기 때문에 베시는 수익의 반은 가지고 반은 세금으로 낸다. 투자로부터의 손실에 대해서는 과세소득에서 공제되기 때문에, 베시는 손실의 반만을 부담한다. 즉 손실은 과세소득에서 공제되기 때문에 감소된 세금이 손실의 반을 상쇄한다(정부는 과세소득 1달러당 50%를 가지기 때문에, 과세소득에서 손실을 공제하는 것은 정부가 손실 1달러당 50%를 부담하는 것과 같다). 이러한 정책하에서는 두 번째 행에서 보이는 바와 같이, 베시는 투자가 성공할 때는 세금으로 10달러를

표 23-1 베시의 세제와 위험 감수 첫 번째 행에서 베시가 100달러 투자 시 투자가 성공하면 20달러의 수익을, 실패하면 20달러의 손실을 얻는다. 두 번째 행에서 정부는 투자에 대해 50%의 세금을 부과하며, 베시는 투자가 성공했을 때 10달러의 수익을, 투자가 실패하면 10달러의 손실이 발생한다. 세 번째 행에서 베시는 투자를 200달러로 증가시킴으로써 정부의 정책을 무력화하고 첫 번째 행에서의 수익과 동일하게 만들 수 있으므로, 조세정책은 위험 감수를 증가시킨다. 그러나 만약 네 번째 행에서처럼 조세상쇄가 없거나, 다섯 번째 행에서처럼 세제가 누진세제라면, 베시는 정부의 정책을 무력화할 수 없고, 누진세제하에서 위험 감수는 반드시 증가하지는 않을 것이다.

정책	투자	승리 시 이득	패배 시 이득	승리 시 세율	패배 시 세율	공제세후 이득	세후 손실
(1) 세금이 없는 경우	$100	$20	−$20	0	0	$20	−$20
(2) 세금이 있는 경우	$100	$20	−$20	50%	50%	$10	−$10
(3) 조세상쇄가 있는 경우	$200	$40	−$40	50%	50%	$20	−$20
(4) 조세상쇄가 없는 경우	$200	$40	−$40	50%	0	$20	−$40
(5) 누진세	$200	$40	−$40	75%	50%	$15	−$20

내야 하기 때문에 베시의 이익은 10달러가 되고 실패할 경우에는 과세소득에서 20달러를 공제받을 수 있기 때문에 세금이 10달러만큼 감소해 베시의 손실은 10달러가 된다. 따라서 기대수익은 역시 영(0)이다. 그러나 이것은 베시로 하여금 좋아하는 것보다 위험을 덜 택하게 만든다. 베시의 처음 투자에 나타났듯이, 베시는 10달러를 벌고 10달러를 잃을 위험(처음에 단지 50달러를 투자해서 얻을 수 있었던 위험. 그러나 택하지 않았다)이 아니라 20달러 벌고 20달러를 잃을 위험을 원했다.

베시는 위험투자에 보다 많이 투자함으로써 조세정책이 자산 구성에 미치는 이런 효과를 무력화시킬 수 있다. 표 23-1의 세 번째 행에 나타나 있듯이 위험투자를 2배 늘려 200달러를 투자한다고 하자. 투자가 성공한다면 세후 20달러를 벌 확률이 50%이고(세전으로 40달러를 벌고 반을 세금으로 낸다), 투자가 실패한다면 20달러를 잃을 확률이 50%이다(세전으로 40달러를 잃으나 세금의 감소로 손실이 20달러가 된다). 위험한 자산에 대한 투자를 늘림으로써, 베시는 완벽하게 정부의 조세정책을 무력화하고 세금과 공제제도가 없는 첫 번째 행과 같은 결과를 얻게 된다. 이는 '경제주체는 원래의 균형으로 돌아가기 위해 정부의 간섭을 무력화할 수 있다면 그렇게 한다'라고 하는 제7장에서 배운 교훈을 잘 보여주고 있다.

사람들이 위험한 투자를 할 때 정부는 필연적으로 '조용한 동반자' 역할을 한다고 할 수 있다. 정부가 성공과 실패에 따른 위험 중 일부를 부담하기 때문에, 개인들은 위험투자를 늘리고 싶어 할 것이다. 위험투자에 대한 과세는 실질적으로 위험 감수를 증가시킨다.

실세계의 복잡성

방금 설명된 바와 같이, 도마-머스그레이브의 단순화된 모형에서는 투자(자본)소득에 대한 과세는 실질적으로 위험 감수를 증가시킨다. 그러나 이 모형은 두 가지 중요한 점을 간과하고 있기 때문에 실세계에서는 투자소득에 대한 과세가 위험 감수를 증가시키지 않을 수도 있다.

불완전 조세상쇄 도마-머스그레이브 모형에서는 손실이 발생할 때 사람들은 과세소득에서 손실을 완전히 공제받을 수 있다. 즉 위 보기에서 베시는 도박에서 이길 때 얻은 이익을 과세소득에 포함시키듯이 질 때 과세소득에서 손실을 완전히 공제받을 수 있다. 현실에서는 손실의 일정 부분만을 세금 계산 시 공제받을 수 있다. 공제받을 수 있는 손실의 크기를 **조세손실상쇄**(tax loss offset)라 부른다.

조세손실상쇄 납세자가 과세소득에서 투자 순손실을 차감할 수 있는 정도

미국에서 납세자들은 매년 3,000달러까지의 투자손실에 한해서만 과세소득에서 공제를 받을 수 있다.[11] 이와 같은 법규가 도입된 취지는 납세자들이 과세소득을 줄이기 위해 손실이 확실히 발생할 곳에 투자함으로써 생기는 세수 손실을 막기 위해서이다(이 점에 대해서는 제25장에서 보다 자세히 논의된다). 불완전한 조세상쇄 법규는 투자로부터의 손실이 세금에서 완전히 공제되지 않기 때문에 납세자들은 단순히 위험투자를 증가시킴으로써 정부의 조세정책을 무력화할

11 보다 구체적으로, 개인은 같은 해의 투자이익에 대해 그해의 어떠한 투자손실도 상쇄할 수 있다. 나머지 순손실은 최대 3,000달러까지 다른 과세소득에 대해 공제될 수 있다.

수 없다는 의미를 또한 내포하고 있다.

표 23-1의 보기를 통해 이를 설명해보자. 정부는 지금 세율 50%에서 어떠한 투자손실에 대해서도 공제를 허용하지 않기로 했다고 하자. 이 경우, 베시는 세 번째 행과 같이 단순히 위험투자를 늘림으로써 정부의 조세정책을 무력화할 수 없다. 표 23-1의 네 번째 행에는 투자손실에 대해 소득공제가 허용되지 않음에도 불구하고 위험투자를 늘릴 때 발생하는 결과가 정리되어 있다. 베시는 중소기업에 대한 투자를 200달러로 증가시키며, 40달러를 벌고 세후이득이 20달러가 될 가능성이 50%, 세후 40달러를 잃을 확률이 50%라고 하자. 이 경우 소득공제가 없기 때문에 베시는 세후 기대수익은 −10달러(=[20달러 × 0.5] + [−40달러 × 0.5])가 된다. 따라서 베시는 투자를 증가시킴으로써 정부의 조세정책을 상쇄할 수 없다.

베시는 단순히 보다 많은 위험을 택함으로써 정부 정책을 무력화할 수 없기 때문에, 세금에 반응해서 필연적으로 위험을 감수하려 하지 않을 것이다. 손실상쇄에 대해 상한이 존재할 때 이것이 위험을 감수하는 것에 어떤 영향을 미칠지는 예측하기가 어렵다. 손실에 대한 상쇄가 불완전하게 이루어진다면 도마-머스그레이브 모형은 적용될 수 없다.

재분배 성격의 과세 위험 감수의 이상적인 모형에서는 투자소득의 크기에 관계없이 세율은 일정하다고 가정한다. 현실에서는 소득과 함께 세율이 증가한다. 이러한 누진세제하에서는 투자자가 큰 게임에서 이긴다면, 그들의 소득은 세율이 높은 구간에 위치하게 될 것이며, 진다면 낮은 구간에 위치하게 될 것이다. 따라서 게임에 이길 때 적용되는 세율은 져서 세금을 공제받을 때 적용되는 세율보다 높다.

세율이 소득에 관계없이 50%로 일정하다는 가정 대신 정부가 20달러까지는 소득에 대해 50%의 세율을, 20달러 이상부터는 75%의 세율을 적용한다고 가정해보자. 어떤 손실도 50%의 세율에서 과세소득으로부터 완전상쇄된다고 가정하자. 이 경우 표 23-1의 마지막 행에 나타나 있듯이 베시는 게임에 '이겼을 때' 얻는 소득에 부과되는 세금을 상쇄할 수 없다. 만약 베시가 투자를 200달러로 증가시킨다면, 이겼을 때 세후로 15달러만을 가져갈 수 있다. 이는 처음 20달러에 대해서는 50%를, 그다음 20달러에 대해서는 25%만을 수익으로 가져가기 때문이다. 반면 진다면, 세후로 20달러의 손실을 입게 된다. 따라서 이 경우 베시는 기대수익은 −2.5달러(=[15달러 × 0.5] + [−20달러 × 0.5])가 되어, 단순히 투자 증가를 통해 조세정책을 무력화할 수 없다.

과세와 위험 감수에 대한 증거

이러한 복잡한 문제 때문에, 현실세계에서는 과세가 위험 감수에 어떤 영향을 미치는지를 확실하게 예측할 수 없다. 궁극적으로 위험 감수에 대한 조세의 효과는 실증분석의 문제이다. 관련된 실증분석이 왜 많이 이루어지지 않는지에 대해서는 의문이 있지만, 아무튼 자본이득세가 위험 감수에 미치는 효과를 실증분석한 연구는 많지 않다.[12]

---

12 세율이 상승할 때 개인이 세금우대 자산으로 포트폴리오를 재할당한다는 증거는 존재한다. 예컨대, Alan 외(2010)는 꽤 작긴 하지만 자산할당에 대한 조세의 효과는 존재한다는 것을 밝혔다.

노동투자 사례

재정투자만이 위험투자가 아니다. 사람들은 교육이나 직업훈련 등을 통해서 인적자본에 투자한다(제11장에서 보다 자세히 논의되었다). 인적자본에 대한 투자 역시 미래의 소득 증가를 위해 현재의 수익을 희생하는 것이기 때문에 위험이 존재한다. 인적자본에 대한 투자가 미래의 높은 소득으로 어느 정도 연결될지는 불확실하다.

대학에 진학하는 결정을 고려해보자. 대학진학에는 두 가지 비용이 발생한다. 학비, 책값과 같은 직접비용과 대학에 진학하지 않고 취업을 했더라면 벌었을 소득인 유실소득이다. 편익은 교육을 보다 많이 받음으로써 발생하는 소득의 증가이다. 평균적으로 대학교육 1년에 따른 소득 증가는 7%이다. 그러나 이는 단지 평균 추정치에 불과하다. 어떤 사람에 대해서는 수익률이 이보다 높을 수도 있고 낮을 수도 있다.

소득세가 인적자본을 축적하고자 하는 결정에 어떤 영향을 미칠까? 분석 방법은 재정투자와 유사하다. 인적자본 투자의 순수익은 증가된 임금에서 직접비용과 유실소득을 뺀 것이다. 단일 소득세가 존재하며 등록금과 같은 인적자본 축적에 소요된 재정비용은 과세소득에서 완전히 공제된다고 하자. 소득세는 근로소득에 한해서만 과세되기 때문에, 교육의 기회비용 역시 완전히 공제된다. 이는 교육을 받는 것이 소득창출을 의미하지 않기 때문이다. 이와 같은 비용공제를 통해 납세액은 감소한다. 정부가 높은 세금을 부과할 경우 재정투자와 마찬가지로 사람들은 인적자본에 대한 투자를 증가시켜 적정 수준의 순기대수익을 유지할 수 있다.

그러나 현실세계에서의 세제는 복잡하다. 초등 및 중등교육의 비용은 공제되지 않는다. (제11장에서 논의된) 대학교육만이 세금보조를 통해 부분적으로 공제될 뿐이다. 또한 대부분의 나라들에서 세제는 누진적이기 때문에 성공적인 인적자본의 투자로부터 발생하는 이득에 대한 세율은 일을 선택했다면 벌어들였을 소득(유실소득)에 대한 세율보다 높다. 대학에 가지 않고 패스트푸드 가게에서 일을 했다면, 높은 임금을 받을 기회는 잃게 된다. 그러나 적어도 세금은 적게 낸다. 대학에 진학하기 위해 패스트푸드 가게에서 일하는 것을 포기했다면, 교육에 대한 수익은 높은 세율로 과세된다. 이는 인적자본에 대한 투자를 덜 매력적으로 만든다. 따라서 재정투자와 마찬가지로, 인적자본 투자에 대한 소득세의 순효과는 분명치 않다.

23.2 자본이득세

앞의 두 장(제21, 22장)에서는 노동소득이나 이자소득과 같이 발생한 소득에 대한 과세가 논의의 초점이었다. 그러나 많은 자산들은 매년 발생하는 이자의 형태가 아니라 자산의 구매가격과 판매가격의 차인 **자본이득**(capital gain)의 형태로도 수익을 발생시킨다. 자본이득은 사업이나 주식 투자뿐만 아니라 집이나 예술품에 대해서도 투자수익의 주요 형태이다. 이들 수익에 대한 과세 문제는 과거 수십 년간 가장 격론이 있어왔던 조세정책의 논쟁들 중 하나이다.

자본이득 자산의 취득가격과 판매가격 사이의 차

현행 세제하에서의 자본이득

발생주의 조세 자산에 대한 수익이 발생할 때 발생 시 수익에 부과된 세금

실현주의 조세 자산이 매각될 때에만 자산의 수익에 부과된 세금

은행계좌나 정부채권과 같은 자산들로부터 발생하는 이자에 대한 과세는 **발생주의 조세**(taxed on accrual) 원칙에 기초하고 있다. 반면 자본이득에 대한 과세는 **실현주의 조세**(taxed on realization)에 입각하고 있다. 즉 자산이 팔렸을 때 과세되며, 납세액은 자산의 판매가격과 구매가격의 차에 의해 결정된다. 납세가 발생보다는 실현에 기초할 때 자산소유자들의 납세의무 크기는 줄어든다. 이는 세금보조된 은퇴저축계정에서 논의되었던 논리와 동일하다. 즉 가치 발생 시보다는 자산 판매 시 과세됨으로써 과세유예로 인해 납세자에게 이자소득이 발생하기 때문이다.

예컨대 어떤 사람이 100달러에 그림을 구매했다고 하자. 이 그림은 매년 10%씩 가치가 상승해 7년 후 195달러에 팔렸다고 하자. 세금은 판매 시점에서 판매가격과 구매가격의 차인 95달러에 대해 과세된다. 만약 자본소득세율이 20%라면, 자본소득세로 19달러를 지불하고 순이득은 76달러가 된다. 대신 100달러를 매년 10%의 수익을 발생시키는 은행계좌에 저축했다면, 이자소득세율이 20%일 때 7년 후의 이자소득은 단지 71달러가 된다. 발생 시 세금을 부과할 경우 정부가 먼저 세금을 징수하고 자산소유자들은 나머지를 이자소득으로 얻게 된다. 따라서 자본이득을 발생시키는 자산들은 일종의 저축에 대한 세금 우대를 받고 있는 셈이 된다.

이론적으로, 이러한 유형의 세금 우대는 매 기간 자산 보유를 평가해서 이전 기간 이후 발생한 이득에 대해서만 납세자들에게 과세하는 '시가평가(mark to market)'를 통해 제거될 수 있다.[13] 자본이득에 대한 세금 우대는 두 가지 이유 때문에 이를 없애는 것이 어렵다. 첫째, 발생한 자본이득을 측정하는 것은 불가능하다. 주식에 대해서는, 정부는 주식가치의 매년 변화를 이용함으로써 매년 발생하는 이득에 대해 과세하는 것이 가능하다. 그러나 집이나 그림의 경우 매년 발생하는 이득을 어떻게 측정할 것인가? 이론적으로는 매년 말 전문가들에게 이들의 가치를 평가하게 할 수 있다. 그러나 전문가에 의한 평가는 불완전하고 조작이 가능하다는 문제점이 있다. 실현된 이득은 시장에 의해 평가되는 것이 가장 바람직하다.

둘째, 정부가 적절하게 발생이득을 측정할 수 있다 하더라도 납세자가 납세액을 충당할 능력이 없을 수 있다. 유동성이 높은 주식이 가치가 2배가 되었다고 하자. 이러한 이득은 개인의 부에 비해 가치가 너무 커서 주식을 팔지 않고서는 납세할 방법이 없다. 납세를 위해 납세자들에게 강제로 생산적인 주식을 처분하게 하는 것은 비효율적일 수 있다.

미국의 조세법에는 자본이득에 대해서는 실현될 때 과세하는 것 외에도 두 가지 우대책이 더 있다. 하나는 사망 시 자산가치를 상향조정하는 것이고 다른 하나는 주택에 대한 자본이득을 제외하는 것이다.

과세기준 자본이득을 결정할 때 기준으로 사용되는 자산의 구매가격

사망 시 기준의 '상향조정' 개인들이 구입해서 사망 전에 파는 자산에 대한 자본이득세는 판매가격에서 구매가격을 뺀 것에 기초해 결정된다. 이때 구매가격은 자본이득세에 대한 **과세기준**(basis)이 된다. 상속자산에 대한 기준은 사망 시점의 가치로 '상향조정'된다. 구매자 사망 후 팔

13 시가평가에 대해서는 Wyden(2019)을 참조하라. 대안적인 방법에 대해서는 Saez, Yagan, Zucman(2021)을 참조하라.

린 자산에 대한 자본이득세는 판매가격에서 구매 시점의 가격이 아니라 사망 시점의 가격을 뺀 것에 기초해 결정된다. 따라서 어떤 자산이 구매자 사망 후 팔리고 가격이 크게 증가하지 않는다면 자본이득세는 거의 없다.

파티마가 20세 때 100달러를 주고 그림을 구입해서 사망 시점인 75세 때 가치가 10,000달러가 되었다고 하자. 만약 사망 전에 그림을 판다면, 9,900달러의 이득에 대해 자본이득세를 지불해야 할 것이다. 대신, 그림을 자식들에게 물려주고 자식들이 파티마가 사망 후 판다면, 그림의 가치는 10,000달러이고 새로 조정된 기준 역시 거의 10,000달러이기 때문에 자본이득세는 거의 없다.

집에 대한 자본이득의 면제 미국의 조세법에서는 집에 대한 자본이득에 대해서는 전통적으로 면세하고 있다. 집 판매에 따른 자본이득을 새로운 주거지를 구입하기 위해 사용한다면 면세된다. 또한 55세 이상의 사람들에 대해서는 한 번에 한해 125,000달러까지 자본이득을 면세해주고 있다. 이는 1997년에 500,000달러로 상향조정되었다.[14]

자본이득세율의 변천 자본이득에 대해서는 방금 설명한 것과 같은 세금 우대 외에도 다른 형태의 소득보다 전통적으로 낮은 세율이 적용되어 왔다.

1. 1978년부터 1986년까지, 6개월 이상 보유한 자산의 자본이득에 대해 단지 40%만이 과세되었다.
2. 1986년의 세제개혁에서는 이러한 차등을 없애고 자본이득을 다른 소득과 동일하게 취급하였고 최고 세율은 28%였다.[15]
3. 1993년 세제개혁에서는 다른 소득에 대해서는 최고 세율을 39%로 올렸으나 자본이득에 대해서는 세율을 28%로 유지했다.
4. 1997년 납세자구제법에서는 장기 자본이득에 대한 최고 세율을 20%로 감소시켰다(예술품이나 동전 등과 같은 수집품에 대해서는 최고 세율을 28%로 유지했음).
5. 2003년 일자리와 성장에 관한 법에서는 2003년 5월 5일 이후 실현된 자본이득에 대해 최고 세율을 15%로 낮추었다(수집품에 대해서는 계속 28%로 유지).[16]

자본이득에 대한 세율이 어느 정도가 적정 수준인지에 대해서는 아직도 논쟁 중이다. 2008년 대통령 선거전 동안 버락 오바마 후보자는 부시의 감세안이 끝나는 2010년에 자본이득세를 높일 것을 제안했던 반면 존 매케인 후보자는 계속해서 낮은 세율을 유지할 것이며 부시 감세안에 더해 '자산가치를 증식시키고, 기업을 돕고, 근로자연금제도를 장려하기' 위한 유인을 제공하기 위해 2년 동안 자본이득세율을 반으로 줄일 것을 제안했다.[17] 궁극적으로 2012년 조세개혁은

14 Chen(2020).

15 Cordes(1992).

16 Congressional Research Service(2007).

17 Lambro(2008).

부시의 자본이득률을 그대로 유지시켰다.[18] 자본소득의 여러 형태에 대해 세율을 달리 적용하는 것은 미국뿐만이 아니다. 대부분의 OECD 국가들은 자본이득에 대해 낮은 세율을 적용하고 있다.

자본이득에 대한 세금 우대 논쟁

다른 소득에 비해 자본이득에 낮은 세율을 적용하는 것이 형평성에는 위배되지만 낮은 세율을 적용해야 하는 명분 또한 존재한다. 이러한 명분은 세 가지(물가 상승에 대해 자산소유자를 보호하기 위해, 자본시장의 효율성을 높이기 위해, 기업가 정신을 높이기 위해)로 요약할 수 있다. 이하에서는 이에 대해 살펴보자.

물가 상승에 대한 보호 물가 상승 때문에 현 세제정책은 자본이득의 가치를 과대평가하게 된다. 7년 동안 가치가 95% 증가한 그림의 예를 보자. 7년 후 물가 수준 역시 95% 증가했다고 하자. 이 경우 그림의 실질가치는 증가하지 않았고 소유자의 부 역시 실질가치의 관점에서는 증가하지 않았다. 그러나 납세고지서는 실질이득이 아니라 명목이득에 기초해서 계산된다. 따라서 그림 및 부의 실질가치는 오르지 않았지만, 이 사람은 자본이득세로 19달러를 내게 되어 전보다 후생은 감소하게 된다. 자본이득에 대해서는 낮은 세율을 적용해야 하는 첫 번째 이유는 자본이득 실현 시 물가 상승으로 인한 불이익을 상쇄하기 위해서이다.

첫 번째 이유는 유효한 논점이지만, 물가 상승이 다른 종류의 저축에 비해 자본이득에 대해서만 유독 심각한 문제를 야기하는 것은 아니다. 제22장에서 지적하였듯이, 물가 상승은 이자소득에 대해서도 과도한 세금을 부과한다. 따라서 물가 상승에 따른 불이익을 상쇄하기 위해 다른 형태의 자본소득에 비해 자본이득에만 낮은 세율을 적용해야 한다는 논리는 타당하지 않다. 자본이득이나 다른 자본소득에 대해 물가 상승에 따른 불이익을 상쇄하기 위해서는 낮은 세율을 적용하는 것보다 (비자본소득에 대해 정부가 하고 있는 것과 같이) 세제를 지수화하는 것이 보다 타당하다.[19] 실제로 2018년 트럼프 대통령은 미국에서 자본이득 소득을 물가에 무연동시키는 제안을 했지만, 이는 부유층에게만 이익이 되는 1,000억 달러의 세금 감면이 될 것이라는 우려 때문에 채택되지 못했다.[20]

자본거래의 효율성 향상 자본이득에 대해 낮은 세율을 적용해야 한다고 주장하는 두 번째 근거는 사람들은 조세부담의 현재가치를 낮추기 위해 자본자산 판매를 늦출 수 있기 때문이다. 은행계좌와 같이 발생 시 과세되는 투자와는 달리 실현에 기초해 과세되는 자본자산은 판매까지 납세를 유예할 수 있다. 유예기간이 길면 길수록 납세의 현재가치는 낮아진다. 사람들은 죽

---

18 Tax Policy Center(2012).

19 다른 국가들은 자본이득세를 지수화해서 관리해오고 있다. 인도는 자본이득이 과세될 때 비용-인플레이션 지수를 사용하고 있다(https://taxsummaries.pwc.com/india/corporate/income-determination). 영국은 한때 '물가연동공제(indexation allowances)'를 통해 자본이득세를 물가에 연동시켰다. 2008년부터 과세 가능한 이득에 대해 더 이상 물가연동제를 적용하지 않고 있으며, 2017년에는 기업에 대한 물가연동도 동결시켰다(https://www.informaccounting.co.uk/blog/corporate-gains-end-of-indexation-allowance).

20 Morgan(2018).

을 때까지 자산을 보유하다가 자식에게 물려줌으로써 자본이득세를 내지 않을 수도 있다. 이와 같이 사람들은 자본이득에 따른 납세의 현재가치를 최소화하기 위해 자본자산의 판매를 늦출 수 있는데 이를 **동결효과**(lock-in effect)라고 한다.

동결효과 자본이득에 따른 납세의 현재가치를 최소화하기 위해 자본자산의 판매를 늦추는 현상

자본시장 성공 여부는 상당 부분 투자자들에게 그들의 자산을 가장 생산적인 곳에 사용하도록 하는 유동성에 달려 있다는 점에서 동결효과는 많은 비용을 발생시킨다. 지금 새로운 사업에 대해 아주 좋은 아이디어가 있으나 이를 실현하기 위해서는 가지고 있는 상품성이 높은 운동화 소장품을 팔아야 하며 이때 자본이득세가 발생한다고 하자. 새로운 사업에 투자하기 위해 운동화 소장품을 팔지 않는다면, 이는 자식들에게 물려주게 될 것이고 그럴 경우 자본이득세는 내지 않아도 된다. 따라서 자본이득세를 최소화하기 위해서는 소장하고 있는 조던 운동화를 팔지 않아야 하며 그렇게 되면 새로운 사업에 투자를 못하게 된다. 상품성이 높은 운동화 소장품을 계속 가지고 있는 것보다는 처분해서 새로운 사업에 투자하는 것이 사회적으로 효율적이라면 운동화를 계속 소장하고 있는 것은 효율성 비용을 초래한다. 이것이 동결효과를 줄이기 위해 낮은 자본이득세를 적용해야 한다는 두 번째 주장의 핵심 논리이다.

기업가 정신의 조장 대학졸업 후 자신의 사업을 시작할 때, 기대수익은 매년 벌 것으로 예상되는 소득이 아니라 기업가치의 증가일 것이다. 이는 자신의 사업을 시작하는 기업가들의 부의 대부분은 사업 초기에 발생하는 소득으로부터가 아니라 기업가치의 증가로부터 발생하기 때문이다. 이와 같은 관점에서 볼 때 기업가에 대한 적절한 세금은 소득세가 아니라 자본이득세이다. 따라서 높은 자본이득세율은 기업가 정신을 저해할지도 모른다. 자본이득세는 기본적으로 위험 감수에 대한 세금이고 위험 감수는 성장의 동력이다. 기업가 정신을 조장하는 것이 낮은 자본이득세율을 유지해야 하는 세 번째 이유이다.

이에 대해 상반되는 세 가지 논쟁 또한 존재한다. 첫째, 앞서 논의되었듯이 위험을 감수하는 것에 대한 과세가 위험 감수를 조장할지 아니면 오히려 저해할지에 대해서는 명확하지 않다. 다시 말해 자본이득세가 위험 감수를 증가시킬지 아니면 감소시킬지에 대한 명확한 근거는 없다. 둘째, 기업으로부터 발생하는 자본이득은 매우 적다. 예컨대 한 추정치에 따르면 벤처 캐피털 투자의 10%만이 자본이득세의 영향을 받는 것으로 나타났는데, 이는 대부분의 벤처 자금은 개인이 아니라 연금 펀드 같은 기관으로부터 나오기 때문이다.[21]

마지막으로 오늘 자본이득세율을 감소시키는 것은 현재와 미래의 기업가적 행위를 증가시키는 반면, 이는 또한 과거에 자본 투자를 했던 자들에게도 막대한 이익을 가져다준다. 낮은 자본이득세는 기업가적 위험 감수를 택한 투자자들에 대한 유인일 뿐만 아니라 과거에 위험을 택한 자들에 대한 보상이기도 하다. 결과적으로 자본소득세율을 낮게 함으로써 발생하는 세수 손실의 상당 부분은 위험을 감수하는 것을 조장하는 것이 아니라 오히려 과거에 택한 위험에 대한 보상으로 사용될 수 있다.

제18장과 제22장에서 논의된 조세유인의 한계효과와 하부한계효과는 자본이득세에도 적용될

---

[21] Hungerford(2012). 물론 대부분의 기업가 정신은 벤처 자본가에 의해 자금이 조달되지 않는다.

수 있다. IRA와 자선기부의 한계효과는 추가적으로 발생한 저축이나 자선기부였으며 하부한계효과는 어떤 경우로든 발생했을 것이나 지금은 세금이 우대된 IRA나 자선기부로 전환된, 전부터 계획된 저축이나 자선기부였다. 이들 두 효과는 자본이득세에서도 존재한다. 즉 자본이득에 대해 낮은 세율을 적용하는 것은 오늘의 새로운 투자를 장려할 뿐만 아니라 어떤 방법으로든 발생했었을 투자에 대해서도 보조금을 지불하는 것이다. 그러나 자본이득은 이외에도 과거의 투자에 대한 수익에 대해서도 보조를 하기 때문에 추가적인 하부한계효과를 발생시킨다. 이로 인해 정부의 세수는 더 감소할 것이다.

달리 말하면, 자본이득세를 낮추는 것은 기업가 정신을 장려하는 좋은 수단이 되지 못한다. 이는 미래의 기업가 정신에 대한 수익을 증가시키나 동시에 과거 투자에 대한 보상을 통해 막대한 세수 감소 비용을 초래한다. 이에 대한 이해를 돕기 위해 자본이득세율이 오늘 이후 이루어질 투자에 대해서만 감소되는 **미래 자본이득세율 감소**(prospective capital gains tax reduction)와 자본이득세율 감소를 대조해보자. 자본이득세율 감소와 미래 자본이득세율 감소는 둘 다 미래의 기업가적 활동에 대해서는 동일한 효과를 가질 것이다. 그러나 미래 자본이득세율 감소는 과거의 투자에 대해서는 낮은 세율이 적용되지 않기 때문에 비용이 훨씬 적게 든다.

미래 자본이득세율 감소 오늘 이후로 이루어진 투자에 대해서만 적용되는 자본이득세 감소

과세와 자본이득에 대한 증거 요약하면, 다른 형태의 자본소득보다 자본이득에 대해 낮은 세율을 적용해야 하는 것에 대해서는 두 가지 주요 논쟁(과거 이득에 대한 반동결효과와 기업가 정신 장려)이 존재한다. 과거 투자를 포함한 모든 자본이득에 대해 세율을 낮추는 것은 단순히 오늘 이후 이루어진 투자에 대해서만 낮은 세율을 적용하는 것보다 기업가 정신을 장려함에 있어 비용이 더 많이 든다. 그렇다면 이와 관련된 논쟁은 과거에 얻은 자본이득을 포함한 전반적인 자본이득에 대해 낮은 세율을 적용하는 것이 과연 보다 많은 자본이득, 즉 자산 판매를 창출할 것이냐로 귀결된다. 이는 두 가지 이점이 있다. 즉 자산을 가장 생산적인 곳에 사용되도록 하고 자본이득으로부터 조세수입을 증가시킨다.

'반동결'효과가 크다면, 즉 낮은 자본이득세율이 자산 판매를 증가시킨다면, 자본이득세율의 감소로 세수는 증가할 것이다. 이는 세율이 낮아지면서 자본이득세원이 넓어졌기 때문이다. 다시 말해 세율을 낮출 때 세수가 증가한다면 정부는 자본이득세에 대해서는 래퍼곡선의 잘못된 부분(하향 부분)에 있다. 그러나 자본이득세율의 감소가 자산 판매에는 영향을 미치지 않고 판매 시점에만 영향을 미친다면, 자본이득세율의 감소는 세수를 감소시킬 것이고 자본이득을 실현시켰던 자산보유자들에게 이전소득만을 제공하는 셈이 된다.

그림 23-1에는 연도별 자본이득의 규모가 나타나 있다. 이 그림은 자본이득을 실현시킬 때 세금이 얼마나 중요한 역할을 하고 있는지를 잘 보여준다. 1985년에는 1,720억 달러, 1986년에는 3,280억 달러, 1987년에는 1,480억 달러의 자본이득의 실현이 각각 있었다. 1986년에 실현된 자본이득이 크게 늘어난 것은 1987년부터 자본이득세율이 크게 증가할 것이라는 발표가 있었기 때문이다. 앞서 언급되었듯이, 1987년부터 실현된 자본이득에 대해 다른 형태의 자본소득과 동일하게 과세되도록 세제가 바뀌었다. 따라서 사람들은 세금이 오르기 전에 그들의 자산을

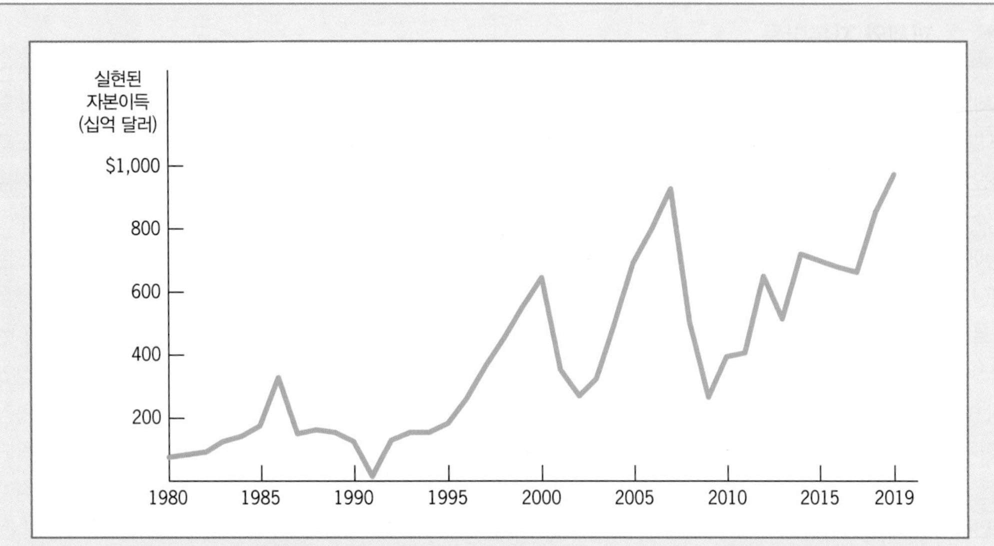

그림 23-1 연도별 자본이득세율과 실현된 자본이득 자본이득세율의 변화가 자본이득 실현에 미치는 효과는 명확하다. 자본이득 실현은 1986년 최고조에 달했는데 이는 1987년에 자본이득세율이 증가하기로 되어 있었기 때문이다. 자본이득 실현은 2000년대 중반부터 2010년대 후반까지의 주식시장 호황기 동안 다시 한 번 최고점을 기록했다.

출처 : U.S. Department of the Treasury(2014), Tax Policy Center(2021).

팔았던 것이다. 그러나 1987년 실현된 자본이득이 원래의 수준으로 돌아왔다는 것은 자본이득세율 증가에 대한 반응은 단지 일시적이라는 것을 뜻한다. '실증적 증거' 코너에서 과세에 대한 자본이득의 장단기 반응에 대한 실증적 증거가 소개되어 있다.

이러한 견해는 2012년 말에 발생한 행위에 의해서도 설명된다. 2013년 초 미국에서 가장 높은 소득세 납부자에 대한 세율이 인상되었다. 2012년이 끝나갈 때, 2013년부터 높아질 세금을 피하기 위해 2012년에 소득을 실현시키고자 하는 행위가 빈번히 발생했다. 2012년 말 **뉴욕타임스**는 부유한 사람들에게 "최우선 목표는 올해 가능한 한 그들이 할 수 있는 만큼 많이 미래소득을 실현시키는 것"이라고 보도했다. 뉴욕 법률회사의 파트너인 케네스 베조조는 2012년 말에 다음과 같이 말하기도 했다. "30년 동안 올해만큼 실제로 사업과 현금을 양도하려는 욕구와 행동이 많았던 때는 본 적이 없다."[22]

자본이득세율을 낮춤으로써 발생한 세수 증가의 일정 부분은 다른 세수의 감소로부터 온다. 예컨대 많은 고소득자들은 소득을 현금의 형태로 받을 것인지 아니면 자본이득을 발생시키는 주식의 형태로 받을 것인지에 대해 어느 정도 선택권이 있다. 임금보다 자본이득에 대한 세금이 낮다면, 이들은 임금 비중은 낮고 주식 비중이 높은 형태의 보상을 선호할 것이다. 이렇게 된다면 주식이 매각될 때 이로 인해 자본이득세 세수는 증가할 것이나 임금에 대한 세원은 줄어 소득세 세수는 감소할 것이다.

---

22 Popper and Schwartz(2012).

실증적 증거

과세와 자본이득

자본이득에 대한 적절한 과세는 가장 논쟁적인 조세정책 문제 중 하나이다. 논쟁의 한 쟁점은 자본이득세 감세가 과세의 현재가치를 줄이기 위해 보유하고 있던 자산의 동결을 해제함으로써(즉 매각함으로써) '스스로 비용을 지불'할 수 있는지 여부에 대한 질문이다. 그러나 이 질문에 대한 대답은 시점에 따라 복잡하다. 지본이늑세가 인하되면 개인은 어쨌든 팔려고 했던 자산의 매각 속도를 높일 뿐이다. 자산이 매각됨에 따라 단기적으로는 세수가 증가할 수 있지만 장기적으로는 세수의 기반이 되는 자산이 줄어들 뿐만 아니라 보다 낮아진 세율이 적용되기 때문에 세수는 줄어든다. 따라서 세금정책의 핵심 매개변수는 감세에 따른 자본이득 실현의 장기적 반응이다.

매개변수를 추정하는 것은 어렵다. 세율은 소득과 같이 자본이득 실현을 결정하는 동일한 요인들에 의해 결정되기 때문에 세율 변화에 따른 자본이득 실현 정도가 얼마나 되는지를 회귀분석을 통해 분석하는 것은 편의를 발생시킬 가능성이 높다. 편의의 문제는 준실험적 상황을 발생시키는 연방 자본이득세율의 변화를 사용하여 해결할 수 있지만, 연방정부 차원의 자본이득세율 변화는 최근 거의 발생하지 않았다.

최근 Agersnap과 Zidar(2020)는 자본이득 과세의 중요한 원천이 주 소득세들이며 주 차원에서는 자본이득에 대한 세후수익률을 변경시키는 자본이득세율을 자주 바꾸었다는 점을 이용하여 이러한 편의 문제를 해결하고자 했다. 주정부 차원에서 자주 발생한 자본이득세율의 변화는 시간이 지남에 따라 세율을 변경한 주와 변경하지 않은 주 사이의 비교를 가능하게 만드는 많은 준실험적 상황을 창출하였다.

그러나 이들의 접근 방법은 추가적으로 해결해야 할 두 가지 과제를 안고 있다. 첫 번째는 단기와 장기를 구별할 필요가 있다는 것이다. 이 문제를 해결하기 위해 이들은 제16장 '실증적 증거' 코너, "ACA가 사망률에 미치는 영향"에 설명된 유형의 사례연구(event study) 구조로 접근 방법을 전환한다. 그러나 제16장에서 언급된 사례연구와는 달리 이들 연구에서는 사례연구가 시간 경과에 따른 효과를 설명하는 데 사용될 뿐만 아니라 장기 추정치를 생성하는 데에도 사용된다.

사례연구 추정 결과는 그림 23-2에 나와 있다. 이전과 마찬가지로 가로축은 '사건 시간'을 나타내는데 주정부에서 자본이득 과세를 변경하는 시점을 0으로 설정한다. 세로축은 '순세율'(1에서 세율을 뺀)에 대한 자본이득의 반응을 측정한다. 이것은 공공경제학 분야에서 일반적으로 사용되고 있는 과세에 대한 응답을 표현하는 방법이다. 노동공급이나 저축과 같은 행동 반응을 모델화할 때 예산제약의 기울기는 세후임금 또는 이자율이다. 따라서 연구자들은 세금에 대한 행동의 탄력성을 추정할 때 세후수익률에 대한 탄력도를 추정한다. 이 탄력도는 대략적으로 세율에 대한 탄력도의 역수로 해석될 수 있다.

이 그림을 통해 흥미로운 세 가지 결론이 도출된다. 첫째, 세금 변화가 일어나기 전 몇 년 동안 실현된 자본이득 수는 상대적으로 작았다. 앞서 논의한 바와 같이, 회귀분석을 이용할 경우에는 세율 변경과 자본이득 실현을 주도하는 공통적인 요소들이 설명변수에 포함되지 않는다면 계수가 편의를 가지나 사례연구 방법론에서는 공통적인 요소들이 생략될 가능성을 해결할 수 있다. 만약 이러한 요소들이 존재한다면, 세율이 변경되기 몇 년 전부터 이득이 반응하는 것으로 보이는 *사전적인 추세*를 감지할 수 있을 것이다. 둘째, 본문에서 논의한 연방 자본이득세 과세와 달리 주정부의 자본이득세 세율은 변경 직전 예상효과는 없었다. 이는 *조세돌출*(tax salience)의 중요한 역할에 대해 조세귀착 논의에서 강조된 것을 반영한 결과일 수 있다. 셋째, 자본이득세는 과세에 반응한다. 즉, 자본이득 실현액은 순세금환급액이 증가(자본이득세율 감소)함에 따라 증가한다.

그러나 이러한 효과를 국가 차원으로 전환할 때, 이들 연구자들은 자본이득에 대해 주 사이의 이주라는 세 번째 문제에 직면하게 된다. 많은 연구에 따르면 부유한 사람들은 세율이 높아진다면 세율이 낮은 주로 이동하는 것으로 나타났는데, 이 연구의 결론 역시 기존 연구 결과와 같다. 자본이득세가 높을수록 주의 부유한 납세자의 수는 감소하는 것으로 나타났다.[23] 따라서 자본이득세율을 인상할 때 주정부의 세입은 두 가지 이유로 감소한다. 하나는 전형적으로 자본이득을 실현하는 부유한 납세자는 주를 떠나기 때문이고, 또 다른 하나는 남아 있는 사람들은 자본이득을 적게 실현하기 때문이다. 그러나 이러한 이주 반응은 연방 차원에서 중요하지 않다. 따라서 주정부 수준에서 이루어진 자본이득의 추정된 응답을 연방정부 차원으로 확대한다면 이는 과세에 따른 자본이득 반응을 과대 추정하게 된다. 이를 반영하기 위해 연구자들은 자본이득 과세에 대한 이주 반응을 직접 추정하고 이를 주정부 차원에서 실현된 추정치에서 뺐다.

그들의 계산에 따르면 자본이득세율 감소에 따른 자본이득 실현

[23] Moretti와 Wilson(2020)은 이 문헌을 검토하고 새로운 추정치를 제공하고 있다.

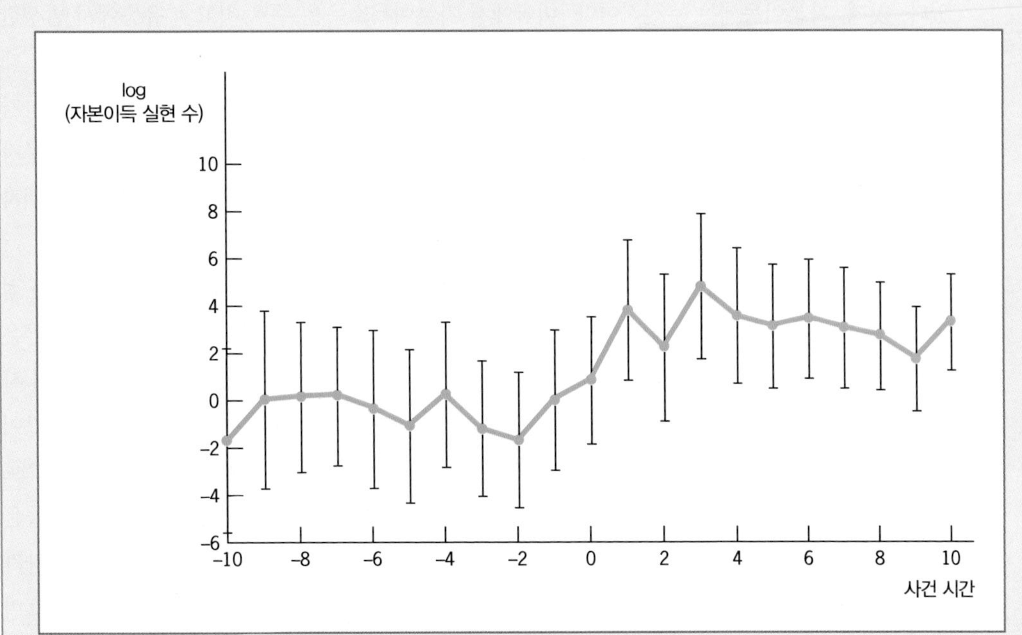

그림 23-2 순세율에 대한 자본이득 실현반응 측정 위 그래프에서 가로축에 표시된 점은 자본이득세가 감소한 해를 나타낸다. 위 그래프를 통해 자본이득세가 감소할 때 실현된 자본이득 수는 크게 증가한다는 것을 알 수 있다.

출처 : Agersnap and Zidar(2020) figure 2a.

탄력도는 −0.3∼−0.5 사이이다. 이는 자본이득세율 감소가 '래퍼효과'를 발생시키는 수준보다 훨씬 낮다. 그들 추정 결과는 현 세율로부터 자본이득세율을 높이는 것이 오히려 매년 세수를 180억 달러에서 300억 달러 증가시킨다. 그들의 추정에 따르면 세수를 극대화시키는 자본이득세율은 38%에서 47% 사이이다. 흥미롭게도 이것은 자본이득이 미국에서 가장 소득이 높은 사람의 노동소득과 같은 방식으로 취급될 경우 과세 수준과 대략적으로 같다.

Lavecchia와 Tazhitdinova(2021)의 연구는 특정 맥락(캐나다의 평생 자본이득의 첫 번째 100,000달러에 대해 과세 면제 조항 삭제)에서 이 질문을 다루고 있다. 생애 동안 100,000달러의 자본이득을 실현할 가능성이 없는 모든 납세자에게 처음으로 이러한 과세 면제 조항이 없는 자본이득 과세를 적용했다. 이들 연구에 따르면 면제 조항을 삭제했을 때 자본이득 실현이 증가한 것으로 나타났다. 즉 자본이득세 부과가 자본이득 과세 세원을 증가시켰다. 이와 같은 현상이 발생한 것은 소득효과에 기인한다고 연구자들은 주장한다. 즉, 자본이득세율이 증가할 때, 사람들은 세후 동일한 수준의 이득을 달성하기 위해서는 자본이득 실현을 더 늘릴 필요가 있다. 이는 이 장을 시작할 때 언급한 위험 감수에 대한 과세의 영향은 불확실하며 더 나아가 자본이득 과세를 높이는 것이 장기적으로 세수 감소로 이어질 가능성이 낮다는 것을 확인하는 결과라 할 수 있다.

자본이득의 세금 우대에 반한 논쟁

대부분의 국가들에서 자본이득소득에 대한 세금 우대를 반대하는 의견은 두 가지로 요약할 수 있다. 첫째, 자본이득세는 누진적이다. 미국에서 자본이득소득은 주로 최고 부유층에서 발생한다. 2017년에 소득 상위 0.01%(세전 평균소득이 4,850만 달러인 사람들) 납세자들의 소득 중 대략 2/3는 자본이득으로부터 온 반면 소득 하위 80%인 사람들은 평균적으로 소득 중 5% 이하가 자본이득으로부터 왔다.[24] 자본이득은 불균형적으로 부자들에게서 발생한다. 결과적으로 부자들은 불균형적으로 많은 자본이득세를 납부한다. 상위 0.1%의 납세자들이 하위 99%의 납세자들과 동일한 양도소득세(23%)를 납부하고 있다.[25]

둘째, 낮은 자본이득세율은 헤이그-사이먼의 세제 원리에 부합하지 않는다. [세금 우대를 정당화하는 양(+)의 외부효과와 같은] 형평성이나 효율성을 위한 특별한 목적이 없다면, 세금은 사람들의 경제적 선택이 차별적으로 이루어지도록 부과되어서는 안 된다. 다른 소득에 비해 자본이득소득에 적은 세율을 적용하는 것은 조세격차의 문제를 야기한다. 이미 배웠던 바와 같이 조세격차는 사람들로 하여금 세율이 낮은 것을 택하도록 유도하기 때문에 선택을 비효율적으로 만들 수 있다. 예컨대 앞서 논의된 바와 같이 자본이득세가 근로소득세보다 낮을 때, 사람들은 적은 임금과 많은 주식의 형태로 소득을 가지려 할 것이다. 다음 장에서 논의되듯이, 경영자가 소득 형태를 이와 같이 선택한다면 경영자는 보다 과감하게 위험한 사업에 투자를 할 수 있으며 심지어 부정한 일을 저지를 수 있다는 점에서 비효율을 초래한다.

유사하게, 이자소득보다 자본이득에 대해 낮게 과세하는 것은 사람들에게 채권과 같이 이자소득을 창출하는 자산보다는 주식과 같이 자본이득을 창출하는 위험자산에 보다 많은 투자를 하게 한다. 투자의 효율성을 높이기 위해서는 사람들의 투자결정이 조세격차에 의해서가 아니라 투자로부터 발생하는 가치에 기초해서 이루어지도록 해야 한다. 자본이득에 대한 세금 우대 때문에 사람들이 '위험한' 자산을 많이 택한다면 투자의 전반적인 효율성은 떨어진다.

kmsdesen/Shutterstock

응용사례

'성공보수'에 대한 자본이득세

2012년 대통령 선거에서는 자본이득에 대해 세금 우대를 해야 하는지 여부가 큰 쟁점이 되었다. 2012년 1월 공화당 대통령 후보인 밋 롬니는 2010년, 2011년 소득세 계산서를 공표했다. 사모펀드 책임자였던 롬니는 이 2년 동안 4,200만 달러를 벌었으나 세금은 단지 620만 달러만을 내어 평균세율은 14%에 불과했다. 미국 중산층 20%의 평균세율이 15.9%인 점을 감안한다면 매우 낮은 것이다.[26] 많은 사람들은 왜 부유한 사람들이 중산층보다 세율이 낮아야 하는지에 대해 의

---

24 Congressional Budget Office(2020c).

25 Tax Policy Center(2021), Table T18-0235.

26 Tax Policy Center(2013).

문을 가졌다.

롬니는 만약 그의 소득이 근로소득으로 분류되었다면 최고소득세율인 35% 구간에 속해야 하지만 그의 소득 대부분이 자본이득으로 분류되었기 때문에 이보다 훨씬 낮은 세율을 적용받았다.[27] 2011년에 롬니는 베인캐피털에서 2,170만 달러를 받았다.[28] 이 소득은 그들이 관리하는 자산의 성과에 대해 받는 '성공보수(carried interest)'이다. 많은 사모펀드 회사들은 관리 책임자들에게 관리하는 총자산의 2%와 이익의 20%를 성공보수로 지불하는 2-20의 지불 구조를 갖고 있다. 이러한 이익들은 펀드 매니저가 제공한 서비스에 대한 대가로 지불되긴 하지만 주식시장의 위험과 시장 투자의 수익률에 달려 있기 때문에 15%의 자본이득세율을 적용받는다. 성공보수에 대한 세금 우대로 인한 세수손실은 향후 10년간 177억 달러에 이를 것으로 추정되었다.[29]

많은 사람들은 성공보수는 특별 세금 우대를 받아서는 안 되고, 다른 소득과 같이 취급되어야 하며 세법은 모든 소득대상에게 동일하게 적용될 때 가장 효율적이라고 주장한다. 세법 평등 옹호론자들은 정치적 성향에 따라 구분되지 않는다. 조지 부시 대통령 때 경제자문회의 의장을 맡았던 맨큐는 "경제적 관점에서, 성공보수는 서비스에 대한 다른 보상과 마찬가지로 취급되어야 한다"고 했다. 유사하게, 오바마 대통령 때 미국 관리예산처(OMB) 전 국장이었던 피터 오재그는 "성공보수에 대한 세금 우대는 중요하다. 유사한 소득 활동들이 다른 방법으로 과세될 때는 언제든지 조세왜곡을 발생시키기 때문이다"라고 했고 또한 금융 분야에서 당사자에 따라 달리 과세하는 것은 이러한 왜곡을 발생시킨다는 것을 주장했다.[30] 혹자들은 여전히 성공보수에 대한 세금 우대 조치는 위험 감수를 위해 필요한 조치임을 주장하고 있다. OVP 벤처 파트너스의 게리 랭글러는 "수익이 발생할 때까지… 투자자들의 자본은 종종 5년에서 10년이라는 오랜 기간 동안 잠겨 있다. 자본 손실의 실질적인 위험이 존재한다. 사실, 많은 벤처 펀드들은 파트너의 자본을 포함해서 손실을 본다. 낮은 자본이득세율은 투자자가 취하는 높은 위험을 반영한 것이다"라고 썼다.[31] 이 분야에 대한 초당적 관심에도 불구하고, 최근 트럼프 세제개혁은 성공보수에 대한 세금 처리 방식을 변경하지 못했다. ■

23.3 양도세

앞으로 수십 년 동안 미국은 아마도 미국 역사상 가장 큰 부의 이전을 경험하게 될 것이다. 베이비 붐 세대와 그 세대의 자산은 현재 84조 달러로 미국 전체 부의 81%를 차지하고 있다. 이들 자산은 그들의 사망 시 상속인에게 돌아갈 것이다.[32] 이러한 막대한 부의 이전은 미국에서 자본에 대한 또 하나의 중요한 세금인 한 개인으로부터 다른 개인에게(주로 부모로부터 자식) 이

27 소득세 구간에 대해서는 https://www.fivecentnickel.com/2012-federal-income-tax-brackets-irs-tax-rates/ 참조.

28 Alesci and Kelly(2012).

29 Matthews(2012).

30 Aron-Dine(2007).

31 Langeler(2010).

32 Batchelder(2020).

양도세 한 개인에서 다른 개인으로 자산이 이전될 때 부과되는 세금

증여세 한 개인이 다른 개인에게 준 자산에 부과되는 세금

유산세 다른 사람에게 유산된 사망한 사람의 자산에 부과되는 일종의 부유세의 한 형태

양된 자산에 부과되는 **양도세**(transfer tax)의 중요성을 증가시킨다. 양도세는 두 가지 형태이다. 하나는 매년 15,000달러 이상의 가치가 있는 선물을 다른 사람에게 줄 때 선물을 준 사람에게 부과되는 **증여세**(gift tax)이다. 납세자들은 한 해 동안 15,000달러를 초과해 증여한 부분에 대해서는 납세를 위해 반드시 기록해야 하며 이를 초과해 증여한 양들은 생애 동안 합산된다. 사망 시 상속인에게 넘겨진 자산들은 **유산세**(estate tax) 대상이 된다. 증여세와 유산세는 동일한 세제하에 있으며 총유산은 남겨진 자산(즉 상속자산)과 생애 동안 상속인에게 준 총증여(매년 15,000달러 공제 이상)의 합이 된다.

이러한 세제하에서 확실하게 유산세를 내야 할 부유한 사람들은 상속인 한 사람에게 매년 15,000달러를 제공할 것이다. 사망할 때까지 모든 유산을 다 가지고 있는 것보다는 매년 15,000달러를 상속인에게 지불하면 상속인에게 돌아가는 금액만큼 세금이 줄어든다. 그러나 Poterba(2001)와 McGarry(2013)에 따르면 실제로 유산세 대상인 사람들은 이러한 방법을 많이 사용하지 않았던 것으로 나타났다. 즉 부유한 사람들은 세제상의 이점에도 불구하고 재산을 증여의 형태로 자식에게 물려주는 것을 꺼리는 것으로 나타났다. 이는 상속이 증여보다 자식들이 부모에게 더 잘할 유인을 제공하기 때문일 것이다.

유산세는 총유산의 합계가 1,160만 달러 이하까지는 면세되고 그 이상에 대해서는 18~40%의 세율이 적용되고 있다. 면세 수준은 지난 10년 동안 4번 수정되었는데 그 범위는 2004년 150만 달러에서 2020년 1,160만 달러였다. 유산세에 대한 최신 정보는 https://www.irs.gov/instructions/i706에 정리되어 있다. 중요한 것은 장례비용, 배우자에 대한 양여, 그리고 자선기부는 유산세로부터 모두 완전공제된다. 대략적으로 볼 때 유산세는 그 자녀에게 큰 자산을 물려주는 부모들에게만 적용되고 있다.[33]

표 23-2 정부 세수에서 양도세와 부유세가 차지하는 비율 양도세와 부유세 사용 정도는 나라마다 다르다. 미국은 다른 선진국들보다 평균적으로 볼 때 정부 세수에서 차지하는 비중이 양도세는 높은 반면 부유세는 낮다.

	양도세	부유세	양도세와 부유세
오스트레일리아	0.0%	0.0%	0.0%
캐나다	0.0	0.1	0.1
핀란드	0.7	0.0	0.7
프랑스	1.4	0.2	1.6
독일	0.5	0.0	0.5
일본	1.3	0.0	1.3
노르웨이	0.0	1.5	1.5
스페인	0.6	0.5	1.1
스위스	0.6	4.7	5.3
영국	0.7	0.0	0.7
미국	0.5	0.0	0.5
OECD 평균	**0.3**	**0.5**	**0.5**

출처 : Organization for Economic Cooperation and Development(2021d).

표 23-2에 나타나 있는 바와 같이 미국만이 양도세를 가지고 있는 것은 아니다. 2012년 기준 OECD 37개 국가들 중 2/3개국은 어떤 형태로든 양도세를 가지고 있다. 미국은 양도세로부터 비교적 많은 세수를 걷고 있다. OECD 국가들의 평균 양도세 세수는 단지 0.3%에 불과하나 미국은 0.5%이다. 그러나 13개국은 자산보유 가치에 기초해 부과되는 부유세를 가지고 있다. 반면 미국에는 부유세가 없다. OECD 국가들은 평균적으로 부유세와 양도세로부터 세수의 0.8%를 걷고 있다. 이는 미국의 0.5%보다 다소 높은 수준이다.

33 많은 자산을 손자 손녀에게 물려주고 싶은 사람들은 먼저 자녀에게 재산을 물려주게 되면 그 재산에 대해서는 궁극적으로 유산세가 두 번 적용되기 때문에 한 세대를 넘어 손자 손녀에게 직접 상속을 해왔다. 이러한 편법을 막기 위해 현행 조세법에는 세대 건너뛰기 양도세(generation-skipping transfer tax schedule)가 포함되어 있다.

왜 부에 세금을 부과하는가? 유산세 찬성 논점

유산세를 논의함에 있어 먼저 다음을 질문해보자. 정부는 매년 발생하는 소득(혹은 소비, 제25장에서 논의됨)보다 부의 저량(매년 혹은 사망 시)에 세금을 왜 부과해야 하는가? 부에 대해 과세하는 것에 대한 정당성은 다음의 세 가지로 요약할 수 있다. 첫 번째, 세수를 거두는 데 매우 누진적인 수단이기 때문이다. 유산세 대상인 부의 비율은 항상 제한적인데 2020년에는 사망한 사람들 중 0.1%보다 작은 비율만이 유산세 과세 대상이었다(약 1,900명). 그럼에도 불구하고 2019년 유산세로부터 걷힌 세수는 총정부수입의 0.5%를 차지했다 — 이는 식품의약국(FDA), 미국 질병통제센터(CDC), 환경청 지출들을 합한 것보다 많다.[34] 2018년 유산세 대상자들의 평균 유효세율은 16.5%에 불과했다.[35] Gale과 Slemrod(2001a)의 연구에 따르면 상속인들의 소득이나 자산의 형태는 부모와 유사하기 때문에, 세금이 피상속인(부모)에 기초해 계산되든 수령자에 기초해 계산되든 유산세의 누진적인 성격은 변하지 않는다.

미국은 자산 보유의 이러한 편향성 때문에 유산세 세율을 인상하면 정부의 세수는 증가할 것이다. 개인에 대한 유산세 면제가 현재의 1,160만 달러 수준이 아닌 350만 달러였던 2009년의 유산세제로 돌아간다면 향후 10년간 유산세 세수는 2,700억 달러 증가한다. 또 다른 대안은 유산세를 상속인에게 마치 정규소득인 것처럼 상속가치에 대해 과세하는 상속세(inheritance tax)로 전환하는 것이다. 상속세가 처음 100만 달러에 대해 면제된다면, 매년 가구의 0.08%에만 적용되지만 향후 10년 동안 상속세 세수는 7,900억 달러 증가할 것이다.[36]

두 번째, 부유세는 부와 힘이 몇 사람에게 집중되는 것을 막기 위해 필요하기 때문이다. 부유세는 사람은 태어날 때의 위치에 의해서가 아니라 가지고 있는 능력에 의해 평가되어야 한다는 것을 보장해주기 때문에 사회의 엘리트층을 유지하는 데 매우 필요하다고 많은 사람들은 주장한다. 미국생명보험회사연합회 회장인 프랭크 키팅은 다음을 언급하면서 유산세 폐지 움직임에 대해 강력히 비판했다. "나는 사회 통념에서나 개인적인 관점에서나 상속받은 재산들에 의해 거대한 세력이 형성되는 것을 반대한다. 나는 우리 사회에 엔론사의 자작이나 마이크로소프트사의 공작이 필요하다고 생각하지 않는다."[37] Piketty와 Saez(2006)는 20세기 동안 여러 국가들을 대상으로 가장 부유한 0.1% 사람들의 소득이 총소득에서 차지하는 비중이 어떻게 변화하는지를 분석했다. 그들의 결과에 따르면 자본소득과 부에 대해 누진적인 세제를 가진 국가들에서는 이들 계층의 소득이 총소득에서 차지하는 비중이 크게 감소했다. 이러한 사실은 부와 자본에 대한 과세는 장기적으로 부의 편중 현상을 막을 수 있다는 견해를 지지한다.[38]

세 번째, 많은 부를 상속할수록 상속인이 스스로 열심히 일하고 스스로 무언가를 성취하고자

---

34 Center on Budget and Policy Priorities(2020b); Tax Policy Center(2020d); Marr et al.(2015).

35 Center on Budget and Policy Priorities(2018).

36 Batchelder(2020).

37 *Wall Street Journal*(2006).

38 그러나 최근 몇 년 동안 일부 국가(특히 미국)에서 가장 소득이 높은 가구에게 돌아가는 소득 비율이 다시 급격히 증가하여 상위 0.1% 가구에게 발생하는 소득 비율이 지금은 20세기 초반 수준으로 돌아갔다. 다른 국가(예 : 프랑스 및 일본)에서는 미국처럼 부의 '재집중' 현상이 발생하지 않았다.

하는 동기를 약화시키기 때문이다. 1891년 카네기가 지적했듯이 "자식들에게 막대한 유산을 물려주는 것은 자식의 능력과 힘을 약화시켜 그들 자신의 삶을 덜 유용하고 덜 가치 있게 만들 것이다"(Holtz-Eakin et al., 1993). 사실 Holtz-Eakin 외(1993)는 자식들에게 유산을 많이 상속할수록 자식들의 노동시장 참여율이 떨어진다는 것을 발견했다.

유산세 반대 논점

유산세를 지지하는 사람들도 많은 반면 이를 폐지해야 한다고 주장하는 사람들도 많다. 유산세를 반대하는 주요 논점은 네 가지이다.

'사망세'는 비인간적이다 첫 번째 논점은, 사망에 과세하는 것은 적절하지 못하다는 것이다. Gale과 Slemrod(2001b)는 "유족들의 슬픔을 세금을 통해 더 아프게 하는 것은 매우 비인간적이다"라는 글을 썼다. 그러나 이들의 지적대로, 사망이 미국에서 양도세를 유발하는 필요조건도 충분조건도 아니다. 살아 있는 사람들 사이의 양도는 증여세의 대상이며 사망한 자들 중 99.9%는 유산세를 내지 않는다. 더 나아가, 사망은 사람들의 생애소득을 가장 명확하게 비교할 수 있는 시점이기 때문에 과세하기가 좋은 시점이다. Gale과 Slemrod가 썼듯이, "죽음에 대해 생각하는 것은 즐거운 일은 아니지만, 그렇다고 이것이 사망 시 과세를 부적절한 것으로 만들지 않는다… 사망에 대한 과세에 대해 불평하는 본질적인 이유는 누진세 때문이지… 그 자체가 비인간적이기 때문은 아니다."

유산세는 이중과세다 두 번째 논점은, 유산세는 이중과세라는 것이다. 즉 소득은 노동시장에서든 과세 가능한 이자 지불로든 과세되고 사망 시 자식들에게 다시 과세된다. 이러한 이중과세는 두 가지에 근거해서 비판받고 있다. 첫 번째는 수평적 형평성이다. 유산세를 내는 자들은 소득에 대해 왜 추가로 세금을 내야 하는가? 두 번째는 효율성이다. 유산에 대해 중과세될 것이라는 사실은 자식을 위해 저축하고자 하는 유인을 줄여 저축결정을 왜곡시킬 것이다. 사망 시 저축한 돈의 40%를 잃게 된다면, 자식을 위해 저축하기보다는 크루즈 여행을 하는 데 돈을 쓰게 될지도 모른다.

이들 논점에 대해서는 세 가지 문제가 있다. 첫째, 이중과세는 미국뿐만 아니라 모든 국가들에서 만연해 있는 현상이다. 세후소득으로 가게에서 사탕을 살 때도 판매세를 내기 때문에 이 역시 이중과세이다. 다른 부문에 대한 이중과세는 존속되는 반면 왜 유산세의 이중과세만 없어지거나 감소되어야 하는가?

둘째, 이중과세는 소득효과와 대체효과를 동시에 발생시키기 때문에 저축을 반드시 줄이지는 않는다. 이중과세로 인해 일과 저축으로부터의 보상이 감소하기 때문에 일과 저축을 적게 할 수도 있다(대체효과). 그러나 자식에게 물려줄 유산에 대해 높은 가치를 부여한다면, 세후 유산가치를 동일하게 유지하기 위해 이중과세는 오히려 사람들에게 일을 더 열심히 해서 저축을 보다 많이 할 유인을 제공할 수도 있다(소득효과).

마지막으로, 이중과세 논쟁은 사망 시 자본이득의 과세기준이 상향조정되기 때문에 이것을 동시에 고려할 경우 더욱 복잡해진다. 노동소득은 발생 시 과세되고 사망 시 과세되기 때문에 유산세를 내는 자들의 입장에서는 이중과세이다. 이와 유사하게, 이자소득이나 다른 과세 가능한 자본소득 역시 수익이 발생할 때 과세되고 사망 시 과세되기 때문에 이중과세이다. 그러나 자본이득은 사망 시 한 번만 과세될 수 있다. 부모가 자식에게 자본자산을 물려준다면, 자산의 기준이 양도 시 상향조정되기 때문에 발생된 자본이득에 대한 세금은 발생하지 않을 수 있다. 결과적으로 세대 간 양도된 자본이득으로부터 발생한 소득에 대해서는 과세되지 않을 수 있다.

유산세가 사람들의 행위에 미친 효과를 분석한 연구로는 Kopczuk(2009)가 있다. 그의 연구에 따르면 유산세율이 10% 증가할 때마다 유산은 1~2% 줄어드는 것으로 나타나 유산의 크기는 세율에 그리 민감하지 않았다. 이는 유산세율이 자산을 유산세 과세 대상으로부터 다른 형태로 전환하고자 하는 노력뿐만 아니라 유산의 크기에도 영향을 준 것에 기인한다. 따라서 유산세율의 증가는 저축이나 노동에 영향을 미치기는 하지만 그 효과는 제한적이다.[39]

관리의 어려움 유산세는 또한 앞서 언급된 자본이득 발생 시 과세할 때 제기된 문제와 유사한 문제를 가지고 있다. 즉 세금을 내기 위해 자산을 팔아야 할지도 모른다는 것이다. 예컨대 부모가 돌아가신 후 계속해서 농사를 짓고자 하나 유산세를 내기 위해 농지를 팔 수밖에 없는 생계형 농부의 경우 이는 매우 큰 문제일 수 있다.

비록 이것이 이론상으로는 매우 설득력 있지만 실질적으로 주요 논쟁거리인지에 대해서는 명확하지 않다. 2013년 유산세의 면제점이 549만 달러로 증가한 이후, 단지 80개의 농장과 소기업들만이 유산세를 냈고, 미국농업연합회에 따르면 유산세를 내기 위해 농장을 판 사람은 한 사람도 없었다.[40] 이는 아마도 현행법하에서 생계형 농업의 경우 유산세 지불기간을 최대 14년까지 유예해주고 있기 때문일 것이다.

순응과 공정성 유산세를 반대하는 마지막 논점은 순응과 공정성이다. 법리에 밝은 납세자들이 유산세를 피할 수 있는 방법은 많다. 이 중 가장 널리 이용되고 있는 방법은 부모들이 자식을 위해 재산을 신탁하는 것이다. 신탁은 합법적인 방법이다. 부모들은 신탁된 재산으로부터 발생한 편익이 그들의 자녀들 같은 특정인에게만 사용되는 조건으로 신탁회사와 계약을 맺고 신탁회사는 그 재산을 관리한다.

캉가는 투자로 500만 달러를 모았고 이를 그녀의 아들인 루에게 물려주고 싶어 한다고 하자. 만약 그녀가 살아 있을 동안 아들에게 물려준다면 증여세를 내야 하고 사망 시까지 기다린다면 유산세를 내야 한다. 그러나 캉가는 합법적으로 관재인인 티거가 관리하는 신탁기관에 500만 달러를 신탁할 수 있다. 캉가가 티거와 그 돈은 루에게만 사용되어야 한다는 계약을 맺는다면 이 신탁기관에 있는 기금은 과세되지 않고 루는 이로부터 발생하는 모든 혜택을 받게 된다(티거가 신뢰할 수 있는 사람인 경우). 또한 부모들은 보험신탁에 들고 보험신탁증권을 신탁기관에 투

---

39 Moretti와 Wilson(2020)의 최근 연구에 따르면 유산세가 가장 부유한 400명의 미국인의 이동성에는 큰 영향을 미치지만, 상속세가 없는 거의 모든 주에서 세수는 여전히 증가할 것이라는 것을 밝혔다.

40 Koba(2015).

자함으로써 이로부터 발생하는 수익이 세금 없이 자녀들에게 돌아가게 할 수 있다.

양도세를 피하기 위해 합법적으로 널리 사용되고 있는 또 하나의 방법은 가계형 사업을 새로이 시작하고 이 회사의 주식을 상속자에게 양도하는 것이다. 만약 빌 게이츠 3세가 마이크로소프트사를 상장한 1986년에 자녀가 있었다면, 증여세를 많이 내지 않고도 자녀들에게 마이크로소프트사 주식의 1%를 양도할 수 있었다. (사업을 시작할 때의 주식가치는 그리 높지 않았기 때문에) 그렇게 했다면, 그의 자녀들은 지금 상당한 재력가가 되었을 것이고 이와 관련된 많은 양의 양도세도 피할 수 있었을 것이다(물론 생애 동안 주식을 판다면 자본이득세는 내야 한다). 신탁과 주식양도는 법에 밝은 사람들이 합법적으로 양도세를 피할 수 있는 방법이다.

유산세와 증여세는 현금이나 재산이 양도될 때 부과되는 반면 서비스가 양도될 때는 부과되지 않는다. 가족 여행을 위해 20,000달러를 사용한다면, 이는 자식에 대한 증여로 간주되지 않는다. 그러나 20,000달러를 자식에게 양도한다면 이는 증여로 간주되고 유산세 면세 수준을 감소시킨다.

물론 이러한 유형의 허점은 규제를 통해 해결할 수 있다. 그러나 그렇게 하면 조세법이 복잡해지고 정치적 반대가 발생한다. 예컨대, 현행 유산세제는 '가족 기업'으로 분류된 유산에 대해 유산세를 줄이기 위한 목적으로 유산가치를 감소시킬 수 있는 제도적 허점이 있는데 오바마 행정부는 이를 종식시킬 것을 제안했다(현 유산세제하에서 유산세 납세자들은 유산세를 줄이기 위해 주식, 채권 및 기타 유가 증권을 '가족 사업'이라고 부르는 것에 투자하고 있었다). 그러나 트럼프 행정부는 이러한 제안이 지나치게 부담스럽다며 이를 거부했다.[41]

유산세는, 합법적으로 피할 수 있는 여러 방법이 존재한다는 점에서 어떤 이는 이를 '자발적 세금'으로 부르기도 한다. 이는 세금을 피할만한 법 지식이 없는 순진한 사람만이 결국 유산세를 낸다는 것을 의미한다. 혹자는 조세가 공정하게 적용될 수 없다면 폐지되어야 한다고 주장한다. 수평적 불형평에 따른 비용은 조세에 의해 걷힌 세수의 크기와 비교되어야 된다. 매년 180억 달러 이상의 세수를 가져다주는 세금을 없앨 만큼 불형평에 따른 비용이 큰가?

유산세 폐지 시 우려되는 점은 자선기부를 감소시킬 수도 있다는 것이다. 이는 유산 재산으로부터 발생하는 자선기부는 유산세에서 공제되기 때문이다. 미국에서 자선기부의 거의 10%는 유산으로부터 이루어지고 있다. 유산세가 없어진다면 자선기부의 가격이 증가하기 때문에 자선기부가 감소할 수 있다. 그러나 그 효과는 명확하지 않다. 이는 유산세 폐지로 소득효과에 의해 사람들은 전보다 더 부유하게 되어 자선기부를 증가시킬 수도 있기 때문이다.[42]

41 Ehrenfreund(2017).

42 Bakija 외(2003)에 따르면 유산세를 줄이면 순자선기부가 줄어들 것으로 추정되었다.

kmsdesen/Shutterstock

응용사례

부(wealth)에 과세해야 하는가

2020년 민주당 대선 경선의 중요한 정책 논쟁은 부(혹은)에 대한 과세였다. 표 23-2에서 보는 바와 같이 다른 많은 국가들은 유산세뿐만 아니라 부(혹은 자산)에 대해 매년 과세하고 있다. 실제로 스위스에서 부유세는 정부 수입의 4.2%를 가져오는 세수의 중요한 수단이다.

민주당 후보인 엘리자베스 워런(Elizabeth Warren)은 부유세를 선거 운동의 핵심 공약으로 삼았다. 그녀는 5,000만 달러 이상의 부(혹은)에 대해 2%의 부유세를 제안했는데, 이는 미국에서 가장 부유한 0.06%의 가구에 적용된다. 이러한 과세는 대상이 제한적이긴 하지만 이로 인해 향후 10년 동안 2조 7,500억 달러의 세수가 증가할 것으로 추산되었다.[43]

그녀의 제안은 두 가지 중요한 비판에 직면했다. 하나는 부에 과세하는 것은 막대한 행정상의 어려움이 따른다는 것이었다. 유산세와 마찬가지로 부자는 허점, 가치 측정, 신탁 및 기타 구조를 활용하여 유산세를 대폭 줄이거나 피할 수 있다. 또한 개인 사업체, 부동산 등과 같은 자산들은 공식적으로 인정되는 가치가 없기 때문에 부(혹은 자산)의 가치를 정확히 평가하고 판단하기 어렵다.[44] Sarin과 Summers(2019)에 따르면 부의 80~90%가 부유세를 회피할 수 있다고 추정되었지만, (제25장에서 논의되듯이) 부유세 지지자들은 집행 비용의 효율적 개선을 통해 손실의 상당 부분을 상쇄할 수 있다고 주장했다.

두 번째 비판은 가장 부유한 개인이 가지고 있는 부의 중요한 기능은 새로운 사업의 초기 단계에 필요한 자금의 조달이라는 것이다. 새로운 사업의 초기 단계에서는 대부분 유동성이 부족하기 때문에 부유한 사람들의 투자가 매우 중요하다. 부유세는 이러한 기업가적 투자를 훼손시켜 잠재적으로는 혁신과 일자리 창출을 방해하고, 경제 효율을 저하시킬 수 있다.

원론적으로, 우리는 부(혹은 자산)에 세금을 부과하고 있는 다른 나라들의 경험으로부터 이러한 비판의 중요성을 평가할 수 있다. 그러나 실제로, 부유세에 대한 국제적인 경험에 대한 최근의 연구는 부유세 부과와 관련된 불확실성이 존재함을 보여주고 있다.[45] 스웨덴과 같은 국가들을 대상으로 한 연구들에서는 부유세가 자산 보유에 큰 영향을 미치지 않는 것으로 나타났다. 이러한 결과는 부유세 부과 시 워런이 제시한 것과 비슷한 수준의 세수 증가가 있을 것임을 시사한다. 반면 스위스와 같은 국가들에서 부에 대한 과세는 자산 보유에 매우 큰 영향을 미쳤다. 스위스를 대상으로 한 연구에 따르면 장기적으로는 부유세율이 0.1% 상승할 때 보유 자산(혹은 부)이 3.5% 감소하는 것으로 나타났다. 이러한 연구 결과는 미국이 스위스와 비슷한 부유세를 부과하면 세수는 예상보다 훨씬 적을 것이고 투자를 위한 자본이 감소할 것임을 시사한다. 나라마다 부유세에 대한 반응이 다양하게 나타나는 주요 이유는 부유세 준수를 시행하기 위한 국가의 노력이 나라마다 다르기 때문이다. 스위스에서 부(혹은 자산)에 대한 신고는 자발

43 Yglesias(2019).

44 Sarin and Summers(2019).

45 관련 문헌을 검토한 연구에 대해서는 Scheur와 Slemrod(2020) 참조.

적이며 정부가 주의 깊게 감시하지 않고 있는데 이것이 스위스에서 부유세에 대한 반응이 큰 이유이다.

정치적 논쟁 또한 비판의 또 다른 원천이다. 미국은 이미 가장 부유한 사람들을 대상으로 유산세를 징수하고 있다. 한 가지 질문은 기존 세제를 통해 세수를 늘릴 수가 있는데 구태여 정치적 논쟁을 야기시키는 부유세를 도입할 필요가 있느냐 하는 것이다. 앞서 논의한 바와 같이 상속받은 재산에 대해서는 100만 달러까지 면세하고 그 이상의 상속 재산에 대해서는 소득으로 간주해 상속세를 부과하면 10년 동안 거의 8,000억 달러의 세수를 징수할 수 있다. 게다가, 부유세 부과는 정치적 투쟁을 야기시키고 그 과정에서 사회 구성원들에게 많은 상처를 준다. 미국에서 현재 부유세와 유사한 성격을 지니고 있는 세금이 재산세이다. 다음 절에서 검토되겠지만, 세금 중에서 가장 인기가 없고 논쟁의 여지가 많은 세금이 재산세이다. 이는 개인은 재산세를 낼 만큼 충분한 소득이 없고 재산세 납부를 위해 주택 자산을 파는 것을 싫어하기 때문일 것이다.[46]

반론은 많은 사람들이 수십 년 동안 보다 공격적인 유산세 과세를 주장해왔으나, 유산세제는 오히려 반대 방향으로 움직였다는 것이다. 한편, 소수의 사람들에게 편중되어 있는 부의 수준은 줄어들지 않고 계속되고 있으며, 이들 중 많은 사람들은 유산세가 적용될 수 있는 나이와는 매우 거리가 멀다. 경제학자 Gabriel Zucman과 Emmanuel Saez의 추산에 따르면, 25만 명 미만의 성인들이 미국 내 모든 부의 19.3%를 보유하고 있지만, 저소득 및 중산층 미국인들보다 이들의 실효세율은 낮았다.[47] 게다가 미국에서는 유산세가 제대로 시행되지 않고 있다. 세금을 집행하려는 정치적 의지가 약화되면서 2018년에 유산세 신고서의 8.6%만 감사를 받았기 때문에 보다 엄격한 유산세 또는 부유세의 필요성이 높아졌다.[48] ■

23.4 재산세

재산세 토지와 토지 위에 세워진 구조물의 가치를 포함해 부동산 가치에 부과되는 부유세의 한 형태

제10장에서 논의되었듯이 미국에서 지방정부의 필요재원을 조달하는 가장 주요한 수단은 **재산세**(property tax)이다. 재산세는 자동차, 보트, 재고 등과 같은 실물재산뿐만 아니라 토지, 건물, 기계를 포함한 사적으로 소유된 재산의 시장가치에 부과된다. 재산세가 과세되는 세목은 주마다 크게 다르다. 토지와 건물들은 모든 주에서 공통적으로 과세되고 있고 정부 재산은 모든 주에서 종교단체의 재산, 자선단체의 재산, 묘지 그리고 병원은 대부분의 주에서 각각 면세되고 있다. 개인 재산과 자동차는 대부분의 주에서 면세되고 있다.[49] 대부분의 재산세 세수는 토지와 집으로부터 발생하기 때문에 이하의 재산세에 대한 논의는 토지와 집으로 한정한다.

재산세는 통상적으로 지방정부가 정한 세율과 시의 사법부가 정한 거주재산과 상업재산의 평

46 Wong(2020), Brockmeyer et al.(2020).

47 Tankersley and Casselman(2020).

48 Emmanuel and Zucman(2019).

49 O'Sullivan et al.(1995).

가가치의 곱으로 계산된다. 지방정부는 평가가치를 시장가치와 연계시키려 하나 재산이 시장에서 거래되지 않았을 때는 연계가 불가능하다. 결과적으로 실효재산세율(시장재산가치에 대한 재산세 납부액 비율)은 법정률과 크게 차이가 날 수 있다. 실효세율은 명목세율에 과세 대상인 재산가치의 백분율인 **평가율**을 곱함으로써 계산된다. 예컨대 명목세율이 2%이고 평가율이 50%이면 실효세율은 1%이다.

평가율은 주마다 크게 다르다. 2015년 사우스캐롤라이나주 컬럼비아의 평가율은 4%에 불과했던 반면 로드아일랜드주의 프로비던스에서는 100%였다.[50] 2013년 각 주의 대도시 평균 평가율은 57%였다.[51] 이와 유사하게 미국의 실효세율도 지역마다 크게 다르다. 2019년 실효세율은 낮게는 하와이 호노룰루의 0.31%에서 높게는 일리노이 오로라(Aurora)의 3.3%였다.[52] 지역마다 평가율이 크게 다르기 때문에 재산세 부담은 인종에 따라 차이가 크게 난다. Avenancio-Leon 외(2020)에 따르면 재산세율을 일정하게 유지하면 흑인과 히스패닉 거주자의 재산세 부담은 10~13% 더 높아지는 것으로 나타났다. 이들 연구에 따르면 그 이유는 두 가지이다. 하나는 이웃 특성에 따라 평가가 충분히 다양하지 않기 때문이고(예컨대, 통상적으로 가난한 이웃의 주택은 과대 과세되는 경향이 있는 반면 부유한 동네 주택은 과소 과세되는 경향), 다른 하나는 소수민족은 부적절한 평가에 대한 항소에서 성공 확률이 떨어지기 때문이다.

사실 재산세가 주정부의 세수에서 차지하는 비중은 그리 높지 않은 반면, 지방정부의 세수에서는 총세수의 약 3/4을 차지하고 있어 단일 세목으로는 가장 크다.[53] 2019년에 주정부와 지방정부는 재산세로 5,640억 달러를 거두었는데 이 중 97%는 카운티, 시, 학군을 포함한 지방정부에 의해 걷힌 것이었다.[54]

재산세와 관련해서는 흥미로운 경제적 논쟁거리가 많다. 이들 중 재산세의 자본화가 주택가격에 미치는 효과(캘리포니아 법안 13호의 사례)나 학교 재원 조달에 있어 재산세의 역할과 같은 논쟁은 제10장에서 논의되었다. 이 장에서는 재산세의 귀착 및 재산세의 여러 과세 형태와 관련된 논쟁들에 대해 알아본다.

누가 재산세를 부담하는가?

재산세는 주정부와 지방정부 차원에서 많이 논쟁이 되고 있는 부문이다. 대부분의 주정부들은 재산세 징수와 관련해 지방정부의 권한을 제한하고 있다. 이는 평균소득의 가구 소유자에게 재산세는 부담이 된다는 견해를 반영한 것이다. 그러나 제19장에서 배웠듯이, 조세의 귀착은 세금을 지불하는 사람에 의해 결정되는 것은 아니다. 그렇다면 재산세는 실질적으로 누가 부담하

---

50 컬럼비아 정보는 https://dor.sc.gov/lgs/property-assessment 그리고 프로비던스 정보는 https://www.providenceri.gov/tax-assesspr/faqs를 참조하라.

51 이 비율은 모든 주의 최대 주거 평가 비율을 평균하여 계산되었다. 관련 정보는 https://www.lincolninst.edu/sites/default/files/pubfiles/50-state-property-tax-comparison-for-2016-full.pdf를 참조하라.

52 Lincoln Institute of Land Policy and Minnesota Center for Fiscal Excellence(2020).

53 Tax Policy Center(2020e).

54 U.S. Bureau of the Census(2021c).

는가?

재산세 귀착은 Zodrow(2001)에 의해 요약 · 정리되어 있듯이 재정학자들 사이에서 오랫동안 논쟁이 되어왔던 분야이다. 재산세 귀착에 대해서는 세 가지 학파의 이론이 있다. '전통적 견해'는 재산세의 부분균형 분석에 기초하고 있다. 전통적 견해에서 재산세는 두 요소, 즉 비탄력적인 공급을 가진 토지와 탄력적인 공급을 가진 건물(혹은 집)에 부과되고 있다는 점을 강조한다. 토지에 부과된 세금은 요소가 비탄력적으로 공급되는 경우에 항상 그렇듯이 토지 소유자에게 대부분 귀착된다. 그러나 건물에 부과된 재산세의 귀착은 보다 복잡하다. 건축물의 귀착은 건축물과 이 건축물을 사용하고 싶어 하는 사람들의 상대적 가격탄력도에 의해 결정된다. 장기적으로 건축의 공급은 완전탄력적이나 수요가 그렇지 않다면 건축물의 재산세는 수요자에게 귀착된다. 건축물의 수요자는 지역의 거주자들인 임차인들이다.

재산세 귀착의 '자본세 견해'(때로 '새로운 견해'로 언급된다)는 조세귀착의 일반균형 성격에 근거하고 있다. 시가 재산세를 부과할 때, 장기적으로 이는 자본을 다른 지역으로 이동시킨다. 자본에 대한 수요는 일정하다고 가정한다면 다른 지역들에서 자본공급이 증가할 경우 나라 전체(또는 심지어 세계 전체)의 자본에 대한 수익률은 떨어진다. 따라서 재산세의 부담은 부유한 그룹인 자본 소유자에 귀착된다. 그러나 이러한 견해에서도 나라 전체의 평균에서 벗어난 지역 특유의 편차가 존재한다면 이 부분은 그 지역의 토지와 집 소유자에게 귀착된다. 이와 같은 관점에서 본다면 Zodrow(2001)가 강조하듯이, '자본세 견해'는 전통적인 견해를 포함하고 있다. 단, 분석을 부분균형의 관점에서가 아니라 일반균형의 관점에서 한 차이가 있을 뿐이다.

마지막으로 '편익조세' 견해는 제10장에 배운 바 있는 티부 모형을 반영하고 있다. 재산세는 대부분 집 소유자들에 의해 가치가 있다고 생각되는 지방정부 지출에 사용되고 있다. 결과적으로 재산세는 어느 정도는 티부 모형에서 제시되고 있는 사용자 요금의 성격을 띠고 있다. 재산세는 최적의 지방공공재 양을 공급하기 위한 필요재원 조달을 위해 각 시에 의해 책정된 가격들이다. 예컨대 어떤 시의 모든 거주자들이 지방정부로부터 받고 있는 공공재 서비스 가치를 그들이 내는 세금비용과 같게 두는 완전티부 균형에 있다면 재산세와 관련된 조세부담은 없다. 재산세는 단지 거주자들이 지방공공재에 대해 자발적으로 지불하는 가격에 불과하다.

따라서 재산세의 귀착은 분석 시 어떤 모형을 사용하는지에 따라 다르다. 전통적인 견해에서 재산세는 주택가격에 비례해서 지역 거주자들에게 귀착된다는 점에서 비례적이거나 다소 역진적이다. 자본세 견해에서 재산세의 대부분은 자본 소유자에 의해 부담되어 훨씬 누진적이 된다. 편익 견해에서 재산세는 단순히 지방정부에 의해 공급된 서비스에 대해 지불된 가격이기 때문에 조세부담은 없다. 기존 증거들을 통해 어느 모형이 맞는지를 식별하는 것은 불가능하다. 그러나 경제 이론의 관점에서 본다면 '자본세 견해'가 많은 장점이 있기 때문에 재산세는 통상적으로 인식되어 왔던 것보다 훨씬 누진적이라 할 수 있다(Zodrow, 2001).

재산세 유형

재산세가 모든 유형의 재산에 동일하게 적용될 필요는 없다. 이와 관련해서는 두 가지 논쟁이 존재한다.

거주용 집 대 사업용 집 첫째, 거주용 주택과 사업용 주택에 대한 재산세 구분이다. 어떤 사람들은 경제 개발을 위해 사업용 주택에는 거주용 주택보다 낮은 세율이 적용되어야 한다고 주장한다. 그러나 기업용 거주지에 세금 우대를 적용하는 것이 세수의 상실을 정당화할 만큼 지역사회에 도움이 되는지는 확실치 않다.

kmsdesen/Shutterstock

응용사례
기업에 대한 재산세 우대[55]

기업에 대한 재산세 우대 혜택은 주와 도시의 공통된 경제 개발 수단이 되었다. 재산세 세금 감면의 규모를 측정하는 것은 복잡하지만, 초당파적 기관인 Upjohn Institute(지역경제를 연구하는 미국 최고의 싱크탱크 중 하나)의 2015년 추산에 따르면 그 규모는 연간 450억 달러 이상에 이른다고 한다. 이는 미국 내 기업이익의 1.42% 또는 주 및 지방정부가 실제 기업세(혹은 사업세)로 징수하는 평균 금액의 30%에 해당한다.

데이터 세트 goodjobsfirst.com은 이러한 데이터를 추적해서 주정부 비용, 특히 대규모 세금 감면에 따른 비용을 발표하고 있다. 여기에는 보잉사가 2013년 워싱턴주에 머물기 위한 87억 달러(2003년 32억 달러 계약 이후) 거래와 알코아사가 2007년 뉴욕에 머물기 위한 56억 달러 거래가 포함되어 있다. 21세기 초 이후 주정부에서 10억 달러 이상의 비용이 소요된 거래는 27건이었고, 그 속도는 점점 빨라지고 있다. 그중 19건이 2010년 이후에 발생하였다.

최근 가장 주목받는 사례는 폭스콘사의 위스콘신주로의 이주였다. 이 대만 제조업체는 2017년 1월에 미국에 신규 공장 설립을 고려하고 있다고 밝혔으며 설립자는 "그렇게 하려면 유인책이 필요할 것"이라고 말했다. 보도에 따르면 위스콘신주는 인디애나, 노스캐롤라이나, 오하이오, 텍사스, 펜실베이니아, 뉴욕을 제치고 경쟁에서 이겼다. 2017년 7월, 폭스콘은 위스콘신에 100억 달러 규모의 가전제품 제조 공장을 짓기로 합의했다. 보상은 주 세금 감면 30억 달러, 공장이 들어설 시 · 카운티로부터 또 다른 세금 인센티브 7억 5,300만 달러, 도로 개선 4억 달러, 1억 4,000만 달러가 소요될 지역 전기 시스템 업그레이드 등이었다. 위스콘신주의 자체 추산에 따르면, 최소 2043년이 되어야 주정부가 손실된 세수를 회복할 수 있는 것으로 조사되었다.

이러한 세금 감면 혜택이 위스콘신주의 시민들에게 좋은 거래일까? 그것은 두 가지 질문에 대한 대답에 달려 있다. 첫째, 기업이 어쨌든 지역에 왔을 것이기 때문에 세금 감면은 어느 정도 하부한계효과가 있는가? 둘째, 세제 혜택이 기업을 지역으로 끌어들이는 정도까지 실제로 경제 발전에 상당한 기여를 하는가?

한편, 두 질문 중 첫 번째에 대해서는 기업들이 적어도 기업 입지 결정을 결정하는 다른 모든

55 이 응용사례는 Gruber와 Johnson(2019)에서 발췌되었다.

요소들에 비해 세금 감면에 그다지 민감하지 않다는 증거가 있다. 예를 들어, 텍사스의 세금 감면에 대한 최근 연구에 따르면 주의 세금 감면을 받았던 사업의 약 85~90%가 세금 감면이 없었더라도 텍사스주에서 사업을 했을 것이라 한다.

한편, 기업이 한 지역에 정착하면 강력한 경제적 이점을 제공하는 것처럼 보인다. 특히 흥미로운 한 연구는 새로운 제조 공장을 유치하기 위한 경쟁에서 이긴 도시들과 이 경쟁에서 최종 후보였던 다른 도시들을 비교했다. 이 연구에 따르면 기존 기업의 생산성 향상을 포함하여 경쟁에서 이긴 도시들이 훨씬 더 빠른 성장을 보였다. 즉, 주변에 새로운 비즈니스가 창출되면 기존 비즈니스의 생산성이 높아진다는 것이다. 이는 우리가 논의한 응집효과에 대한 강력한 증거이다. 한 지역에서 생산 활동이 증가하면 주변의 모든 사람들이 더 생산적이 된다.

이러한 이유로 주들은 상충에 직면한다. 새로운 사업에 의해 창출되는 일자리와 높은 생산성은 주 세금 기반을 증가시켜 주에서 세금을 낮추더라도 동일한 세수를 징수할 수 있다. 그러나 세금 감면이 너무 많으면 새로운 비즈니스에서 얻는 이익을 초과하게 된다. 주들이 상충되는 안의 옳고 그름을 가리는 것은 명확한 해답이 없는 논쟁이다.

그러나 분명한 것은 이러한 세금 감면이 특정 지역의 관점에서 좋은 거래일 수도 있고 그렇지 않을 수도 있지만, 미국 전체의 관점에서 보면 끔찍한 거래라는 것이다. 이는 주들이 경쟁하고 있는 거의 모든 공장들이 어떤 경우에도 미국에 위치할 것이기 때문이다. 따라서 기업이 다른 도시보다 한 도시를 선택할 때 국가 전체의 일자리가 창출되는 것은 아니다. 어쨌든 이러한 일자리는 미국에 있었을 것이다. 폭스콘은 미국 공장을 지을 예정이었고, 단지 장소를 정해야만 했다.

더욱이 재산세에 대한 세금 우대는 자기 지역의 세수뿐만 아니라 다른 지역의 세수까지도 감소시키는 '제 살 깎아 먹기 경쟁(race to the bottom)'으로 갈 수도 있다. 이렇게 될 경우 재산세에 대한 세금 우대책은 기업의 입지에는 거의 영향을 미치지 않으나 실질적인 재산세 세수 감소를 악화시키는 자기파괴적인 감세를 유발할 수 있다. ■

토지 대 건조물 둘째, 토지에 대한 과세와 집, 사무용 건물, 쇼핑센터와 같은 토지 위에 지어진 건조물에 대한 재산세 구분이다. 재산세의 이러한 구분은 노동이나 자본에 의한 수익은 이들 요소들의 생산적인 활동에 의해 발생한 것이지만 토지 소유자에게 발생하는 수익은 그렇지 않다고 믿었던 19세기 사상가 헨리 조지에 의해 강조되었다. 토지 소유자는 노력에 의해서가 아니라 단지 그 토지를 소유했기 때문에 수익을 얻는다. 따라서 헨리 조지는 다음과 같은 극단적인 주장을 했다. "노동과 자본에 대한 모든 세금을 없애고 모든 세금을 토지가치에 대한 단일세로 대체하라." 조지는 건조물에 대해 과세할 것을 제안하지 않았다. 건조물에 대해 과세하는 것은 노력이 아니라 소유권에 대해 과세되어야 한다는 그의 기본적인 전제를 훼손하는 것이었기 때문이다.

그의 이론은 건물의 과소 활용과 빈 공간 때문에 세원이 줄어들어 고통을 받고 있는 옛 산업도시인 매사추세츠주 홀리오크시의 시의원인 마크 루볼드(Mark Lubold)에 의해 실행에 옮겨졌다. 최근 루볼드는 현행 세제는 '재산가치를 유지하거나 높이려는 사람들에게 높은 세율을 적용하여 벌을 주고, 재산을 방치하는 사람들에겐 오히려 낮은 세율을 적용함으로써 재산 방치를 돕고 있기 때문에 이를 폐지하고 대신 건물에 대해서는 세율을 낮추고 토지에 대해서는 세율을 높일 것'을 주장했다. 그는 이러한 세제는 '빈 건물의 소유자들에게 보다 높아진 세금을 충당하기 위해 그것들을 고쳐 세를 주고 사업을 하도록 유도하거나 그렇게 할 사람에게 건물과 토지를 팔게 할 것'이라 믿었다. 그는 전 세계적으로 시드니, 케이프타운을 포함해 700개의 시가 일종의 토지가치세를 채택하고 있음을 지적했다. 실제로 펜실베이니아주의 해리스버그시에서는 토지가치세의 도입 후 공실로 있던 4,000개의 건물이 500개로 줄었다.[56]

또 다른 예는 피츠버그시에서 찾을 수 있다. 피츠버그시는 1913년 당시 높은 땅값 때문에 사업하고자 하는 사람들이 큰 어려움을 겪고 있었다. 이러한 문제를 해결하기 위해 피츠버그시는 건물에 대한 세금은 낮추고 토지에는 6배의 세율을 높이는 세제를 도입했다. 어떤 이들은 1940년대와 1950년대에 걸쳐 일어났던 건물 신축 붐이 이러한 세제의 이원화에 기인했다고 주장한다. 그러나 2001년 토지가치세제는 건물과 토지에 대한 단일세제로 대체되었다. 그 이유는 추측컨대 평가자들이 토지 자체를 저평가함으로써 높은 토지세를 무력화했기 때문인 것으로 풀이된다. 외부 전문가가 토지가치가 작년에 비해 2배 상승했다고 평가했을 때 납세자들은 심하게 반발했고 정부는 이 제도를 폐지했다.

토지가치와 토지 위에 지어진 자산의 가치를 구분하고자 하는 세제의 기본적인 문제는 과세 시 시장가치가 사용될 수 없다는 데 있다. 시장은 전적으로 토지와 자산의 가치를 각각 평가하는 것이 아니라 통합적으로 평가한다. 평가와 같은 행정적인 메커니즘들은 토지를 독자적으로 평가하기 위해 사용되어야 하나 이러한 메커니즘은 오류와 조작에 직면할 수밖에 없다. 이것이 토지세가 세수를 징수하는 데 우월적인 수단이 되지 못하는 이유이다.[57]

23.5 결론

조세가 얼마만큼 저축할 것인가와 어떤 형태로 저축을 할 것인가에 미치는 효과는 세제개혁에 있어 항상 논쟁의 핵심이다. 이 장에서 우리는 미국에서 위험 감수와 부 축적에 영향을 미치는 세제의 주요 측면에 대해 검토했다. 우리는 먼저 과세가 반드시 위험 감수를 줄이지 않으며 어떤 가정하에서는 명백하게 위험 감수를 증가시킨다는 것을 배웠다.

이는 자본이득 과세에 대한 논쟁에서 중요한 의미를 가진다. 자본이득에 대한 세금 우대와 관련된 가장 강력한 논쟁은 다음의 두 가지, 즉 (1) 자본이득세율을 낮게 하는 것은 생산적인 자산을 '묶어두지 않고', (2) 자본이득세율을 낮게 하는 것은 기업가 정신을 고양할 것이라는 것이다. 전자에 대한 기존 연구에 따르면 장기에 이러한 효과는 크지 않다. 기업가 정신에 대한 예측은 이론적 관점에서는 명확하지 않다. 또한 낮은 자본이득세율이 위험 감수와 기업가 정신을 높

56 Restuccia(2003).

57 Fitzpatrick(2001).

인다 하더라도, 이는 과거 투자에 대해서도 큰 보조금을 지불하기 때문에 많은 비용을 발생시킨다.

우리는 또한 매우 누진적이나 수평적 형평성과 실행의 어려움이 있는 유산세에 대해서도 살펴보았다. 끝으로, 우리는 재산세의 귀착은 불확실하다는 점을 논의했고 또한 사업과 거주용 거주지, 토지와 토지 위에 지어진 건조물에 대한 재산세 차등 과세에 관한 중요한 논쟁에 대해서도 논의했다.

요약

- 과세는 위험 감수에 불확실한 효과를 갖고 있다. 완전 손실상쇄를 가진 비례적 과세는 위험 감수를 증가시킬 것이나 부분손실상쇄나 누진적 세제 등이 존재할 때는 과세가 위험 감수를 증가시키지 않는다.
- 임금이나 저축을 통한 이자소득에 추가해서, 사람들은 자산이 구입가격보다 높게 팔릴 때 수익을 발생시키는 자본이득의 형태로도 소득을 올린다. 자본이득은 실현 시 과세되고 사망 시 기준이 상향조정되기 때문에 일종의 보조금 혜택을 받고 있는 셈이며 또한 전통적으로 낮은 한계세율이 적용되고 있다.
- 자본이득세율을 낮추는 것은 물가 상승이 자산에 미치는 효과를 상쇄할 수 있고, 자산의 '동결효과'를 줄일 수 있으며 기업가 정신을 고양할 수 있다. 그러나 과거 투자에 대해서도 세금이 우대되기 때문에 큰 비용이 발생한다. 기존 연구에 따르면 낮은 자본이득세율에 기인한 동결효과는 거의 없는 것으로 나타났다.
- 유산세는 단지 미국에서 극소수의 부유층에만 부과되어 매우 누진적이다.
- 유산세에 대해서는 몇 가지 논쟁이 존재하나 그 근거는 매우 약하다. 예컨대 유산세는 노동소득과 이자소득에 대한 이중과세이기 때문에 폐지되어야 한다고 주장하는 사람도 있는 반면 한편으로는 재산을 물려주는 피상속인들에 대한 자본이득과 관련된 유일한 세금이기 때문에 존속되어야 한다고 주장하는 사람도 있다.
- 재산세는 지방정부의 주 세원이다. 재산세의 경제적 귀착은 불확실하나 적어도 일부분은 토지 및 자본의 소유자에게 귀착되기 때문에 자본의 경제적 조세귀착은 법적 귀착보다 누진적이다.
- 사업용에 대해 낮은 재산세율을 적용하는 것은 기업을 유치하기 위해 지방정부가 흔히 사용하는 방법이나 국가 전체로 볼 때는 비효율적이다.

연습문제

1. 위험투자로부터의 이득에 대해서는 50%의 세율이, 손실에 대해서는 손실의 50%를 소득공제할 수 있도록 세제가 되어 있다고 하자. 다음 중 어떤 조세정책이 위험 감수를 보다 증가시키는가?
   a. 어떠한 손실에 대해서도 소득공제를 허락하는 것
   b. 다른 이득을 상쇄시키는 손실에 대해서만 소득공제를 허용하는 것(손실상쇄는 없음)
2. 내년 1월부터 자본이득세를 크게 증가시키는 법이 통과되었다고 하자. 올해 남은 기간과 내년에는 이 법이 자본이득의 실현과 자본세수 수입에 어떤 영향을 미칠 것

으로 예상하는가?

3. 베리 대통령은 이득이 실현될 때보다 발생할 때 세금이 평가되도록 자본이득세법을 변경할 것을 제안했다. 투자자들은 왜 이 정책 변화를 반대하겠는가?

4. 1997년 이전에 보스턴이나 샌프란시스코와 같이 주택가격이 비싼 지역에서 위스콘신, 게인즈빌, 플로리다와 같이 주택가격이 싼 도시로 이동한 많은 대학교수들은 이동 시 매우 큰 집을 구입하는 경향이 있었다. 이러한 경향은 1997년 이후에는 크게 감소했다. 미국 조세법의 어떤 특징들이 이러한 행위를 조장했는가?

5. 자본이득세율의 감소가 자본이득 실현을 계속적으로 증가시킬지 여부에 대한 실증적 근거는 무엇인가? 장기적으로 세수를 발생시키는 수단으로서 낮은 자본이득세율의 전망에 대해 이러한 근거가 의미하는 것은 무엇인가?

6. 내가 자녀의 소비를 위해 돈을 쓸 때 이것은 과세되지 않으나 증여할 때는 과세된다. 이것은 양도세에 내재되어 있는 수평적 불형평성을 왜 나타낸다고 보는가? 이러한 불형평성들을 감소시킬 정책대안은 무엇이라 생각하는가?

7. 자본이득세 감소에 찬성하는 상원의원인 크로포드는 자본이득세 감소는 기업가 정신을 고양시킬 것이라고 말한다. 반면 자본이득세 감소를 반대하는 상원의원 롱은 그것은 사람들을 보다 위험 애호가로 만들어 투자효율성을 저해할 것이라고 말한다. 두 상원의원의 주장을 평가하라.

8. 메리는 2018년 사망 시 자식들에게 근로소득으로부터 번 현금 50만 달러, 1995년에 70만 달러로 산 500만 달러의 주식(물론 노동소득으로), 1990년에 80만 달러에 구매한(물론 노동소득으로) 600만 달러의 집을 각각 유산으로 남겼다. 유산세가 메리의 소득을 이중과세하고 있다는 논쟁에 대해 평가하라.

9. 미국에서 현재 시행되고 있는 재산세는 재산의 가치를 올리기 위해 노력하는 소유자에게 왜 불이익을 주는가? 토지세는 이러한 유인을 어떻게 변경시키는가?

10. ⓔ 루포스턴 정부는 대학교육과 훈련에 투자된 돈은 모두 공제하는 정책을 도입했다. 이러한 정책이 인적자본 축적에 미치는 효과를 검증하기 위한 실증분석 방법을 말해보라. 이러한 정책으로부터 당신은 어떤 결과를 기대하는가?

심화 연습문제

11. 애린, 바버라, 그리고 코리는 같은 회사에서 일하는 30세 동갑내기 친구들이며 모두 미혼이다. 2018년에는 각각 60,000달러를 벌 것이다. 그들은 각각 5,500달러의 세전 투자 자금을 가지고 있으며 이 돈을 저축하기 위한 계획을 논의하고 있다. 애린은 전통적인 IRA에 5,500달러를 저축하고 그 돈을 주식시장지수 펀드에 투자할 계획이다. 바버라는 5,500달러에 대한 세금을 낸 뒤 나머지 금액을 Roth IRA에 적립하고 이 돈을 애린과 같은 주식시장지수 펀드에 투자할 계획이다. 마지막으로, 코리는 5,500달러에 대한 세금을 지불하고 이 돈을 은퇴계좌 없이 주식시장지수 펀드에 직접 투자할 계획이다. 세 경우 모두 펀드의 기대수익률은 연 8%다. 각 전략의 장점과 단점에 대해 논의하라.

12. 이스톨루아니아는 지금 누진세를 동일한 세수를 발생시키는 평률세로 전환하는 것을 고려하고 있다고 하자. 이러한 변화는 어떤 경우에 위험 감수 행위를 조장하는가? 또 어떤 경우에 위험 감수 행위를 줄이는가?

13. 어떤 연구자가 자본이득세율이 감소할 때 평균 유산 규모도 감소했다는 것을 발견했다. 미국에서 자본이득에 대한 세금 우대가 이러한 관계를 어떻게 설명하는가?

14. e 팸플로비아는 유산세율을 30%에서 50%로 올렸다. 그러나 가구주가 80세 이상인 가구에 대해서는 원래 세율인 30%를 적용하도록 했다. 팸플로비아에서 이러한 유산세율이 유산의 크기에 미치는 효과를 추정하기 위해 어떤 방법을 사용할 수 있는가?

e 기호는 학생들이 제3장과 '실증적 증거' 코너에서 공부한 실증적 경제원리를 적용해야 하는 문제임을 의미한다.

15. 어떤 주들에서, 세원을 줄이는 지방정부는 지방공공재 공급 시 주정부로부터 지원을 받는다. 시들은 이러한 상황에서 왜 세금 우대를 제공하는가? 이 경우 세금 우대가 전반적인 후생에 특히 나쁜 이유는 무엇인가?

16. 어떤 시 공무원들이 표적화된 세금 우대 조치들은 그들의 시를 위해 도움이 된다고 주장하는 반면 다른 공무원들은 주정부 차원의 세금 우대 조치들은 법으로 사용하지 못하도록 막아야 한다고 주장한다. 두 주장이 왜 합리적인지에 대해 설명해보라. 같은 시 공무원들이 두 가지 주장을 동시에 하는 것이 합리적인가?

CHAPTER 24

James Andrews/iStock/Getty Images

법인세

생각해볼 문제

- 미국에서 법인세는 어떻게 작동하는가?
- 법인세는 투자 및 입지유인에 어떻게 영향을 미치는가?
- 법인세는 부채 수준과 배당금과 같은 기업의 재무결정에 어떻게 영향을 미치는가?

2017년 감세 및 일자리법(제23장의 시작 부분에서 논의됨)의 핵심 내용은 30년 만에 미국의 법인세제의 큰 폭의 개편이었다. 큰 폭의 개편이 이루어진 직접적인 동기는 미국 법인세 제도가 미국의 국제 경쟁력을 약화시키고 있다는 인식이 기업들에게는 널리 퍼져 있었기 때문이다. 35%의 법인세율은 24%인 세계 평균(가중평균이 아님)보다 높았다. 미국은 OECD 국가 중 법정 법인세율이 가장 높다. 일부 유럽 국가들은 세계적인 법인세율 인하 추세의 일환으로 법인세를 9%까지 낮추었다.[1]

트럼프 대통령과 그의 지지자들이 보기에 상대적으로 높은 미국 법인세율은 미국 기업들에게 상당한 타격을 입혔다. 기업 옹호자인 오린 해치(Orrin Hatch) 상원의원(R-UT)은 2012년 성명에서 다음과 같이 말했다. "전 세계의 모든 산업화된 국가는 세율이 기업의 성공 여부를 결정하는 것으로 이해하고 있다. 그리고 미국의 일자리 창출자들이 해외에서 경쟁력을 유지하고 국내에서 일자리를 창출하려면 근본적인 세제개혁이 필요하다는 것을 알고 있다."[2]

게다가, 미국에서 사용되는 기존의 '전 세계' 세제는 다국적 기업이 미국 내에서뿐만 아니라 해외에서 벌어들인 소득(단, 미국으로 송금되었을 때)에 대해 세금을 부과한다는 것을 의미했

---

1 Stein(2018b).

2 Hatch(2012).

다. 이로 인해 미국 기업들은 해외에 엄청난 양의 현금을 보유하게 되었다. 많은 사람들은 이 돈이 미국으로 왔다면 많은 일자리가 창출되었을 것이라 주장했다. 추정치에 따르면 외국 은행에 예치되어 있는 현금 규모는 약 2조 6,000억 달러에 이른다고 한다. 2017년에 애플에서만 미송환 이익이 2,523억 달러였다.[3] 2017년부터 2018년까지 트럼프 대통령의 수석 경제고문을 지냈던 게리 콘(Gary Cohn)은 "구세제하에서 기업들은 이익을 미국으로 가져오기 위해 종종 추가 세금을 내야 했다. 이것이 기업들이 이윤을 미국으로 다시 투자하지 않고 해외에 [보관]한 이유이다." 콘은 법인세 구조를 변경하면 이들 기업들이 외국에서 쌓아두었던 현금을 미국으로 가져올 수 있다고 판단했다.[4]

다른 사람들은 이 생각에 동의하지 않았다. 우선 기업에 대한 미국의 **법정세율**은 35%인 반면, 기업의 신규 투자이윤에 대한 **실효세율**은 많이 낮았다(평균 약 24%, 다른 G7 국가는 29%). 사실, 미국 기업들은 전 세계적으로 발생한 이윤에 대해 다른 G7 국가보다 낮은 세금을 지불했다(2017년 기준 미국 28%, 다른 국가 29%).[5] 즉, 미국은 다른 나라보다 크고 다양한 허점으로 인해 실제로 미국 기업이 훨씬 더 무거운 세금 부담을 겪고 있지 않다는 것이다. 게다가 이들은 외국에 예치되어 있던 현금이 미국으로 온다고 해서 미국에서 더 많은 일자리가 창출되지 않는다는 것을 강조했다. 마르코 루비오(Marco Rubio) 공화당 상원의원은 "대기업이 행복하면 저축한 돈을 미국 노동자들에게 재투자할 것이라는 시각이 여전히 우파에 많다"라고 말했다. "사실 그들은 주식을 다시 사들였고, 일부는 보너스를 주는 데 사용되었다. 그 돈이 미국 노동자에게 엄청나게 쏟아졌다는 증거는 전혀 없다."[6]

결국 첫 번째 주장이 우세했고 트럼프는 여러 측면에서 법인세를 근본적으로 줄였다. 첫째, 법인세율을 34%에서 21%로 낮추었다. 둘째, 미국은 기업에 대한 과세제도를 대부분의 국가들이 채택하고 있는 영토주의 세제로 전환했다. 즉, 미국에서 벌어들인 이윤에 대해서만 과세하는 세제로 바꾸었다. 전환의 일환으로 외국 자회사가 있는 미국 기업에 대해 일회성 의무 송환세를 두었다. 적용되는 세율은 현금에 대해서는 15.5%, 기타 자산에 대해서는 8%이며, 1989년부터 현재까지 아직 과세되지 않은 소득 및 이익에 적용된다. 세금은 8년에 걸쳐 분할납부할 수 있다.[7] 셋째, 법인세보다 개인세제로 납세하는 비법인에 근무하는 사람들은 법인세와 동일하게 부분적으로 감면을 받았다. 사업 투자의 공제율 증가 및 부채 융자의 공제율 한도와 같은 다양한 기타 변경 사항도 포함되었다.

최종 결과는 향후 10년 동안 법인세 세수를 6,441억 달러 감소시킬 것으로 예상되는 법안이었다. 1960년에 연방 수입의 거의 25%를 차지했던 법인세가 2030년까지 연방 수입의 평균 7%를 차지할 것으로 예상된다.[8]

---

3 Seguerra(2018).
4 Sevastopulo et al.(2017).
5 Center on Budget and Policy Priorities(2017).
6 Bryan(2018).
7 Alajbegu(2018).
8 Congressional Budget Office(2020b).

이 장에서는 법인세와 최근의 이들 주요 변화에 대한 논쟁을 검증한다. 논쟁을 논의하기 위해 법인 혹은 기업의 성격 및 법인세 관련 논쟁부터 논의를 시작한다. 먼저 미국의 법인세 구조를 소개하고 기업의 비용을 정의함에 있어 발생하는 어려운 점에 대해 살펴본다. 또한 제19장에서 배운 원리들이 법인세의 궁극적 귀착을 평가함에 있어 어떻게 적용될 수 있는지를 논의하고 기업의 투자 결정에 대한 법인세의 복잡한 영향을 모형화할 것이다. 그런 다음 여러 국가에서 소득을 올리는 기업에 세금을 부과함으로써 제기되는 어려운 문제로 돌아간다. 마지막으로, 기업의 사업 자금 조달 방법을 결정하는 데 대한 법인세와 개인 과세의 결합된 영향에 대해 살펴본다.

24.1 법인기업은 무엇이며 왜 과세하는가?

미국에서 재화 및 서비스가 모두 법인부문에서 생산되는 것은 아니다. 미국에는 법인 형태로 운영되고 있지 않은 큰 규모의 비법인부문도 존재한다. 이들은 주로 자영업자, 합명회사 및 기타 형태로 운영되고 있다. 비법인부문이 미국 판매에서 차지하는 비중은 약 1/4이다.

법인부문 내에서, 생산의 대부분은 많은 **주주**(shareholder)들로 구성된 기업들에 의해 이루어지고 있다. 법인 조직의 주요 이점은 기업의 소유자들이 기업의 책무에 대해 개인적으로 책임질 필요가 없다는 것을 의미하는 유한책임(limited liability)이 보장되어 있다는 것이다. 법인기업이 망하면, 주주들은 기업의 부채를 상환하기 위해 개인자산(예컨대 집이나 보석)을 처분할 필요가 없다는 것이 법으로 규정되어 있다. 주주들이 잃을 수 있는 최대량은 그 기업에 투자한 투자액이다.

주주 기업의 소유지분을 구입한 사람들

법인기업에는 두 가지 부류, 즉 S법인기업과 C법인기업(문자들은 소득세 신고 시 적용되는 세금표를 나타낸다)이 있다. 이 두 부류 기업의 주요 차이점은 기업에 적용되는 세제이다. S법인기업의 소득은 개인소득으로 취급되어 개인소득세가 부과된다. C법인기업의 소득은 발생 시 일단 법인세가 적용되고 주주들에게 배분될 때 다시 개인소득세가 부과된다. 이 장에서 법인세의 논의는 법인부문 생산의 대부분을 차지하고 있는 C법인기업에 초점을 맞춘다.

소유 대 경영

대부분의 기업들은 소유(ownership)와 경영(control)이 분리되어 있다. 어떤 기업들은 주식거래소에 상장되어 누구든 주식을 사고팔 수 있는 반면 어떤 기업들은 사적으로 보유되어 단지 몇몇 사람들만이 소유권을 가지고 있다.

어떤 경우든, 주주들은 기업을 어떻게 경영해야 할지에 대한 일상적인 의사결정에 참여하지 않는다. 이 결정들은 주주들에 의해 회사를 경영하도록 고용된 경영자들에 의해 이루어진다. 소유와 경영의 분리는 대기업에게는 필요하다. 대기업들의 경우 수천 명의 주주들이 기업의 경영에 필요한 의사결정을 하기 위해 매일 모일 수는 없다. 그러나 이러한 소유와 경영의 분리(소유자와 경영자의 관심의 불일치)는 경제학자들이 흔히 말하는 **대리인 문제**(agency problem)를 발생

대리인 문제 기업 소유자와 경영자 사이의 이해관계 상충

시킨다.

예컨대 업무용 제트비행기를 사고자 하는 경영자의 의사결정을 생각해보자. 경영자는 회사 소유의 제트비행기를 사는 것보다 출장 때마다 상업용 비행기를 타는 것이 비용이 보다 적게 든다는 것을 알고 있다고 하자. 따라서 주주의 입장에서는 경영자가 출장을 갈 때 상업용 비행기를 타는 것이 회사에 이익을 가져다주기 때문에 경영자가 상업용 비행기를 타는 것이 그들에게는 이득이 된다. 그러나 경영자는 편안함, 편리함 등 회사의 이익과는 관계없는 이유 때문에 업무용 제트비행기 구매를 선호한다. 경영자들이 회계 절차를 관리한다면, 그들은 실질적으로 지불한 가격보다 훨씬 비싼 비행기표 가격을 적용함으로써 업무용 비행기를 구매하는 것이 비용이 적게 들도록 조작할 수 있다. 따라서 그렇게 하는 것이 최선의 결정은 아니라 하더라도 경영자들은 업무용 비행기를 구입하기 위해 그들이 사용할 수 있는 방법들을 다 동원해서 소유자를 설득할 것이다.

이러한 유형의 대리인 문제는 최근 몇 년 동안 대중의 주목을 받고 있는 기업 임원의 막대한 보상의 원인일 수 있다. 예컨대, 2010년 암젠(Amgen)의 CEO인 케빈 셰어러의 소득은 2,110만 달러로 S&P 지수에 포함되어 있는 기업들의 CEO 중 가장 높았다. 셰어러는 막대한 봉급 외에도 기업용 제트기와 같은 특혜를 받았다. 한편, 주주들은 그해 3%의 손실을 기록했으며 지난 5년간 총 7%의 손실을 입었다. 암젠의 가장 큰 개인 투자자 중 한 명인 스티브 실버먼은 "그는 기본적으로 회사를 위해 아무것도 한 일이 없었으며, 여전히 모금을 하고 있을 뿐이다"라고 말을 하기도 했다. 2008년 애버크롬비 & 피치(Abercrombie & Fitch)의 CEO인 마이클 제프리스는 2007년 회사 주가가 71% 이상 하락했음에도 불구하고 총 7,180만 달러의 보상을 받았다. 아마도 가장 놀랄만한 것은 2011년 휴렛팩커드의 CEO에서 해임된 레오 아포테커(Leo Apotheker) 사례일 것이다. 11개월의 재직기간이 '거의 재해 수준'이었음에도 불구하고, 그는 1,300만 달러 이상의 해고 급여를 받았다.[9]

기업 재무 조달

기업은 투자를 하고 이들 투자로부터 발생한 이득을 축적함으로써 성장한다. 그러나 새로운 기계를 구입하는 것과 같은 자본 투자를 하기 위해 기업은 재원을 조달해야 한다. 기업이 재원을 조달하는 방법은 그림 24-1에 나타나 있는 바와 같이 세 가지이다. 첫째, 은행과 같은 대출자로부터 차입할 수 있다. 이러한 종류의 재원 조달은 **부채를 통한 재원 조달**(debt finance)이라 부른다. 차입은 때로는 기업 채권 발행을 통해서 조달될 수 있다. 기업 **채권**(bonds)은 소유자에게 만기 도래 시 원금뿐만 아니라 정기적으로 이자를 지급하겠다는 기업의 약속이다.

부채를 통한 재원 조달 은행과 같은 대출기관에서 차입하거나 채권을 발행해서 재원을 조달하는 방법

채권 채권 소유자에게 원금뿐만 아니라 주기적으로 이자를 지불하겠다는 기업의 약속

두 번째 방법은 투자에 필요한 재원을 조달하기 위해 회사의 소유권 일부를 파는 것이다. 이러한 종류의 재원 조달은 **주식을 통한 재원 조달**(equity finance)이라 부른다. 회사의 소유권을 가지고 있는 사람은 두 가지 방법으로 보상을 받는다. 하나는 보유하고 있는 주식에 대해 주당 정

주식을 통한 재원 조달 회사의 소유권을 매각함으로써 재원을 조달하는 방법

9 Stewart(2011); Johnson(2011).

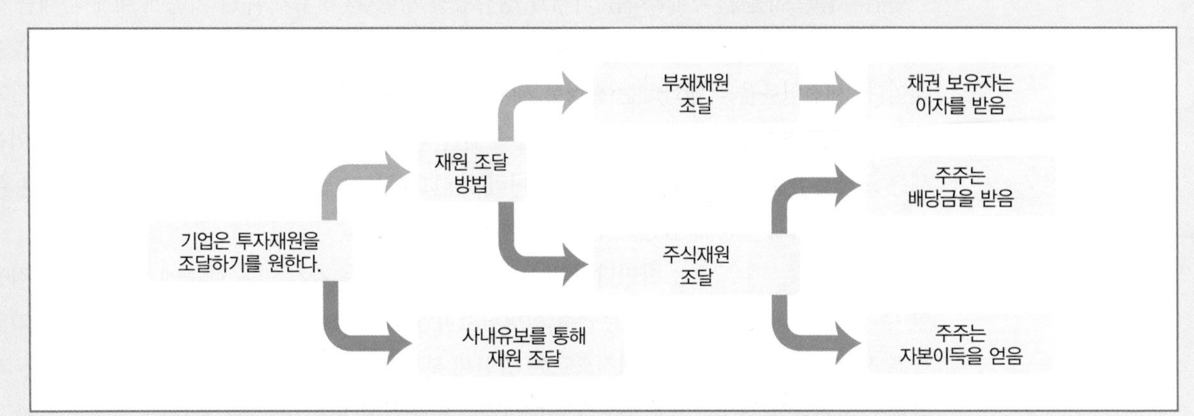

그림 24-1 기업 재무 조달의 원천 만약 기업이 투자재원을 조달하기 원하면 사내유보를 이용하거나 자본시장에서 두 가지 방법 중 하나를 통해 재원을 조달할 수 있다. 첫 번째는 채권 보유자에게 정기적으로 이자를 지급하는 채권을 발행하는 것이다(부채를 통한 재원 조달). 두 번째는 주주에게 배당이나 기업가치의 증가를 통한 자본이득으로 보상하는 주식 발행이다(주식을 통한 재원 조달).

기적으로 **배당금**(dividend)을 받는 것이고 다른 하나는 주식의 구매가격보다 가격이 오름으로써 **자본이득**(capital gain)을 얻는 것이다.

마지막으로 기업은 보유하고 있는 **사내유보**(retained earnings)로부터 재원을 조달할 수 있다. 사내유보는 수익 중 주식 소유자나 채권자에게 지불되고 난 뒤 회사에 남아 있는 부분이다. 최근에는 새로운 투자의 대부분이 이러한 사내유보로부터 이루어지고 있다는 것이 많은 연구들에 의해 밝혀지고 있다.[10]

배당금 소유한 주식에 대해 투자자가 기업으로부터 주당 정기적으로 받는 금액

자본이득 구매 후 주식가격의 증가

사내유보 채권자나 지분 소유자에게 지불되기보다 기업에 의해 보유된 순이윤

왜 법인세가 존재하는가?

법인세는 왜 존재하는가? 제19장에서 강조했듯이 기업은 주체가 아니라 요소들의 결합체이다. 따라서 기업에 세금을 부과할 때 그것은 궁극적으로 기업을 구성하고 있는 생산요소에 과세하는 것이다. 그렇다면 법인세라는 간접적인(그리고 불확실한) 수단을 통해 세금을 거두기보다는 생산요소(노동, 자본)들에 대해 직접 과세하는 것이 간단하지 않은가? 법인세를 독립적인 세목으로 두어야 하는 데는 적어도 두 가지 이유가 있다.

순수이윤에 대한 과세 법인기업이 시장지배력을 가지고 있는 정도에 한해, 이들은 생산요소(노동과 자본)에 대한 지출을 초과하는 순수이윤을 얻는다. Diamond와 Mirrlees(1971)의 분석에 의해 밝혀졌듯이, 순수이윤세는 생산요소에 대한 과세보다 세수를 징수하는 보다 좋은 방법이다. 이는 노동과 자본에 대한 과세는 제21~23장에서 논의되었던 종류의 왜곡(노동공급, 저축 혹은 위험 부담을 낮추는 것과 같은)을 발생시키는 반면 순수이윤세는 생산자의 의사결정을 변경시키지 않기 때문이다.

10 이와 관련한 설득력 있는 증거와 이 분야의 과거 문헌 검토에 대해서는 Rauh(2006)를 참조하라.

법인기업은 이윤을 극대화하는 가격과 생산량을 정한다. 정부가 내일 이윤에 대해 과세를 한다고 발표를 했다 하더라도, 이로 인해 기업의 가격과 생산량에 대한 최적결정은 바뀌지 않을 것이다. 세전이윤을 극대화하는 결정은 세후이윤을 극대화하는 결정[(1 − 세율) × 이윤]과 같기 때문이다. 따라서 순수이윤세는 생산자의 행위를 왜곡하지 않고 세수를 발생시킨다. 순수이윤세는 조세왜곡을 야기하지 않을 뿐만 아니라 생산으로부터 발생한 이윤을 가져가는 자들은 부유한 사람들이기 때문에 누진적이라는 이점도 가지고 있다.

순수이윤세는 매우 좋은 아이디어인 것처럼 보이지만, 두 가지 이유 때문에 법인세에는 적용할 수 없다. 첫째, 이 장의 후반부에서 설명하겠지만, 법인세는 순수이윤세가 아니다. 법인기업들은 생산요소의 사용을 변화시킴으로써 법인세 부담을 최소화할 수 있다. 따라서 법인세는 기업들로 하여금 최적생산 형태로부터 이탈시키기 때문에 비효율성을 야기한다.

경제적 이윤 기업의 수입과 생산의 경제적 기회비용 사이의 차이

회계학적 이윤 기업의 수입과 신고된 생산비용 사이의 차이

둘째, 순수이윤세는 기업의 수입에서 경제적 비용을 뺀 **경제적 이윤**(economic profits)에 부과된다. 이것은 제8장에서 논의되었던 바와 같이 자원의 가치는 기회비용의 관점에서 계산되어야 한다는 것을 뜻한다. 그러나 기업은 수입에서 신고된 비용을 뺀 **회계학적 이윤**(accounting profits)에 기초해 법인세를 낸다. 신고된 비용은 기회비용보다는 가격을 이용해 측정되고 기업은 비용으로 신고할 액수를 늘리기 위해 회계 절차를 조작할 수 있다는 점에서 경제적 비용과는 다르다.

유보수익 법인세가 독자적으로 존재해야 하는 또 하나의 정당성은 자본이득에 대해 논의했던 논쟁에서 찾을 수 있다. 법인소득이 과세되지 않는다면, 법인기업들의 주주들은 법인기업에게 법인소득을 배당금 등으로 사용하지 말 것을 요구할 수 있다. 법인소득은 세금 없이 기업 내부에 축적될 것이고 이는 다른 저축에 비해 법인소득에 대해서는 세금보조금을 지불하는 효과를 가져다준다. 법인기업이 수년 후 이 소득을 사용한다면 세금부담의 현재가치는 낮아질 것이다.

24.2 법인세의 구조

이 절에서는 법인세의 기본 구조에 대해 살펴본다. 법인세는 매우 복잡한 세제이기 때문에 이 절에서는 이해를 돕기 위해 단순화된 구조를 가진 법인세를 고려한다.

어떤 법인기업이든 법인세는 다음과 같이 정의된다.

$$\text{세금} = ([\text{수입} - \text{비용}] \times \tau) - \text{투자소득공제}$$

이들 항목들의 정의는 다음과 같다.

수입

이것은 시장에서 기업들이 재화나 서비스의 판매를 통해 획득한 수입이다.

비용

기업의 비용은 주로 세 가지 항목으로 구성된다. 첫째는 사업을 할 때 발생하는 현금흐름비용(cash-flow costs of doing business)이다. 비용은 지난 1년 동안 서비스 또는 상품에 대한 지출로 구성된다. 고용인들에 대한 보수, 철이나 에너지와 같은 중간투입물의 구매, 건물에 대한 집세 등에 대한 지출들이 비용에 포함된다.

두 번째는 이자 지출이다. 현금흐름비용과 이자 지출은 그것들이 발생하는 시점에서 법인기업들의 소득에서 공제된다. 이들 항목에 매년 지출된 액수는 그해의 법인세 계산 시 그해의 소득에서 제외된다.

마지막 항목은 자본 투자에 대한 **감가상각률**(depreciation)이다. 감가상각은 시간이 지남에 따라 상실된 자본 투자가치의 비율이다. 회사가 1년 동안 주어진 임금에서 근로자를 고용할 때, 회사는 1년 동안 근로자로부터 제공된 서비스에 대해 임금을 지불하고 이들 임금은 세금으로부터 완전히 공제된다. 그러나 설비나 새로운 건물을 구매할 때, 회사는 수년 동안 서비스를 제공하는 재화에 투자를 하는 것이다. 따라서 조세법에서는 구매 시점에서 기계 총비용의 공제를 허용하지 않는다. 대신 자본 투자의 가치가 매년 상실되어 가는 비율과 비슷하도록 고안된 세액공제인 **감가상각공제**(depreciation allowance)를 기업에게 허용하고 있다. 이 제도를 통해 법인기업들은 수년에 걸쳐 공제를 받게 된다.

감가상각률 자본 투자가 시간에 걸쳐 그 가치를 잃어가는 비율

감가상각공제 기업의 자본 투자의 감가상각에 대해 세금에서 공제받을 수 있는 금액

법인세 정책에 있어 적절한 감가상각공제를 택하는 것은 매우 중요하다. 이와 같은 내구재 구매는 조세 목적을 위해 어떻게 취급되어야 하는가?

경제적 감가상각 원칙적으로 조세법에서는 기업들은 매년 기계의 가치가 떨어지는 정도인 **경제적 감가상각**(economic depreciation)을 비용으로 공제받도록 하고 있다. 올해 100,000달러에 기계를 새로 구입한 기업을 생각해보자. 그 기계는 매년 10,000달러씩 가치가 감소한다. 10년 후 그 기계의 가치는 없어질 것이고 기업은 새로운 기계로 대체해야 한다.

경제적 감가상각 매기 자본가치의 실질적 마모율

1년 동안 기업이 이 기계를 사용한 비용은 얼마인가? 그것은 구매가격에서 1년 후 가치를 뺀 것(90,000달러)이다. 1년 동안 그 기계를 사용하는 기업의 비용은 10,000달러이다. 왜냐하면 그만큼 자산의 가치가 감소했기 때문이다. 10,000달러는 1년 동안 기업이 그 기계를 사용한 비용이기 때문에 소득으로부터 공제되는 것이 타당하다.

실질적인 감가상각 경제적 감가상각률은 관찰 가능하지 않을 뿐만 아니라 자산들마다 다르기 때문에 경제적 감가상각을 비용으로 사용하는 것은 현실적으로 어렵다. 사무용 건물의 감가상각은 마모가 천천히 진행되기 때문에 낮은 반면, 산업용 기계의 경제적 감가상각은 생산 과정의 마모 때문에 매우 클 수 있다.

이러한 불확실성 때문에 조세법에서는 여러 종류의 자산에 대해 **감가상각기준표**(depreciation schedule)를 제공하고 있다. 감가상각을 위한 하나의 방법은 자산의 전형적인 생애기간을 정하고(앞선 보기에서 10년) 감가상각의 양을 매년 동일하게 나누는 것이다. 이러한 방법을 정액감가상각이라 한다. 앞의 보기에서 정액감가상각법은 경제적 감가상각을 적절하게 반영한다.

감가상각기준표 자산 가치가 줄어드는 것을 나타낸 시간표

어떤 경우 감가상각은 이보다 훨씬 빠를 수 있다. 이들에 대해서는 정부는 **가속감가상각제도**를 적용한다. 정부는 기업들에게 보다 짧은 기간에 걸쳐(예컨대 앞의 보기에서 10년 대신 5년) 기계비용을 감가상각하도록 허용할 수 있다. 대안적으로, 주어진 기간 안에서 정부는 기업들에게 기계 생애의 초기 단계에 보다 많은 감각상각을 하도록 허용해줄 수도 있다. 극단적으로, 정부는 법인기업에게 투자가 이루어진 시점에서 투자비용을 모두 감가상각하도록 허용해줄 수도 있는데 이를 **투자비용전액공제**(expense investments)라 한다.

투자비용전액공제 매입한 첫 해에 모든 투자비용을 세금에서 공제하는 것

투자결정에 대한 조세법의 효과를 모형화할 때 감가상각공제의 가치는 감가상각이 허용되는 속도에 비례한다는 점을 가장 눈여겨보아야 한다. 이는 세금 우대의 현재가치(PDV)는 우대를 빨리 받으면 받을수록 높아지기 때문이다.

앞의 보기에서 기업이 10%의 이자율로 차입했기 때문에 현재가치 계산 시 10%를 할인율로 사용한다고 하자. 먼저 경제적 감가상각을 고려해보자(단 정액감가상각을 가정한다). 감가상각공제의 현재가치는 다음과 같다.

$$10,000 + \frac{10,000}{1.1} + \frac{10,000}{(1.1)^2} + \cdots + \frac{10,000}{(1.1)^9} = 67,590$$

지금, 정액가속감가상각이 적용되어 기업은 5년에 걸쳐 매년 20,000달러를 감가상각할 수 있다고 하자. 이때 감가상각공제의 현재가치는 다음과 같다.

$$20,000 + \frac{20,000}{1.1} + \frac{20,000}{(1.1)^2} + \frac{20,000}{(1.1)^3} + \frac{20,000}{(1.1)^4} = 83,397$$

기업이 감가상각할 수 있는 비율을 높여줌으로써 정부는 기업에게 과세소득에서 15,000달러 이상(현재가치 관점에서 표시된 액수임)을 추가적으로 공제받을 수 있도록 한 셈이다. 극단적으로, 투자비용전액공제를 허용한다면 감가상각공제의 현재가치는 100,000달러가 된다.

응용사례

경제적 감가상각은 무엇인가? PC의 사례

PC는 경제적 감가상각을 정의하기가 어렵다는 것을 잘 보여주는 예이다. Doms 외(2004)는 PC의 시장가치와 관련된 자료를 모아 PC의 시장가치를 나이의 함수로 모형화하였다. 이들은 PC에 대한 감가상각기간은 매우 빨라 수명이 단지 5년밖에 되지 않는다는 사실뿐만 아니라 이 기간에도 선형이 아니라 지수 형태로 감가상각되고 있다는 사실을 밝혔다. 이들의 추정에 따르면 PC는 구매하자마자 가치가 떨어져 1년 후 통상적인 PC의 가치는 구매가격의 50%가 되고 2년 후에는 25%, 3년 후에는 12.5%, 5년 후에는 가치가 거의 없는 것으로 나타났다. 이러한 결과는 PC의 감가상각기간은 짧아야 할 뿐만 아니라 가속적으로 이루어져야 한다는 것을 시사하고 있다.

이들의 연구는 또 다른 흥미로운 결과를 제시했다. PC 가치의 감가상각의 대부분은 기계의 실질적인 마모가 아니라 마이크로프로세서들의 향상에 따른 제품의 재평가로부터 발생한다는 것이다. PC의 실질적인 기능은 1년 후 대부분의 경우 50%보다는 덜 떨어지지만 가치는 50% 떨어지게 되는데 이는 비슷한 가격의 유사한 모형이 보다 나은 기능을 가지고 있기 때문이다.

재평가 외의 다른 요인들에 의해 발생한 잔존감가상각 역시 실물적인 마모에 기인한 것이라기보다는 소프트웨어의 발전으로 PC가 이를 수용할 수 없기 때문에 발생한 것이다. 이러한 감가상각은 PC의 생애 중 2년 후부터 급격히 발생한다. 따라서 경제적 감가상각은 실질적인 기계의 물리적인 감가상각보다 넓은 의미의 개념이다. 세제정책 입안자들은 미국의 기업들이 가지고 있는 여러 종류의 기계들에 대해 적절한 감가상각기준표를 고안해야 하는 매우 어려운 일에 직면해 있다. ■

법인세율

기업은 이윤(수입에서 비용을 뺀 금액)에 대해 21%의 고정세율로 과세되고 있다(이전 법인세제에서는 가장 작은 회사에 대해 누진세율을 적용했지만 대부분 기업의 법인세율은 최고세율인 35%였다).[11]

투자세액공제

법인세 부담을 계산할 때 최종적으로 고려해야 하는 부분은 **투자세액공제**(investment tax credit, ITC)이다. 투자세액공제는 법인기업에게 매년 적격한 투자 지출의 일정 부분을 세액에서 공제하는 것을 허용해주는 제도이다. 투자세액공제는 미국 법인세법에서 간헐적으로 허용되어 왔으나 1986년 이후로는(기업들이 자산의 수명에 따라 기업의 투자 지출 중 6~10%에 해당되는 세액공제를 받을 수 있게 되었을 때) 사용되지 않고 있다. 투자세액공제가 수년 동안 사용되지 않고 있지만, 법인세 논쟁 시 매번 논의되고 있다. 그러나 다른 세금 공제는 세법에 여전히 남아 있다. Kocieniewski(2011)에 따르면 비디오 게임 제조업체 일렉트로닉 아츠는 기존 세금 공제(및 기타 세금 허점)를 충분히 활용하여 12억 달러의 이익에 대해 법인세를 내지 않았다.

투자세액공제(ITC) 매년 적격한 투자 지출의 일정 부분을 세액에서 공제해주는 제도

24.3 법인세 귀착

제19장에서 배운 조세귀착에 대한 일반균형분석은 법인세 귀착에도 적용된다. 먼저 재화시장에서의 법인세 효과에 대해 살펴보자. 생산자에 대한 과세는 재화에 대한 수요가 완전비탄력적이라면 소비자에게 모두 전가될 것이다. 재화의 수요탄력도는 소비자들이 구매를 얼마나 줄이느냐 혹은 비법인부문이나 외국생산자들에 의해 생산된 제품으로 소비를 얼마나 전환하느냐에 의해 결정된다. 미국 경제에서 법인부문이 재화나 서비스 생산의 대부분을 차지하고 있기 때문에 수요는 완전탄력적이지는 않을 것이다. 따라서 적어도 법인세의 일정 부분은 소비자가격의 증

11 Tax Policy Center(2020c).

실증적 증거

법인과세와 임금

조세정책의 핵심은 법인세가 최종적으로 누구에게 귀착되느냐이다. 이는 어느 방향으로든 편향성을 가지기 때문에 법인세 납부나 임금을 보고 직접 판단하기는 어렵다. 이윤을 많이 남기는 기업은 세금을 많이 내기도 하고 임금을 많이 지불함으로써 직원들과 이윤을 공유할 수 있다. 반면 기업은 임금을 줄임으로써 이윤을 증가시켜 법인세를 많이 낼 수 있다. 따라서 법인세가 임금에 미치는 영향을 정확하게 평가하려면 제3장에서 설명한 준실험적 접근 방법을 이용해야 한다.

이 주제는 미국의 관점에서 해결해야 할 도전적인 과제였다. 미국의 법인세는 주마다 다르지만 기업 활동에 따라 매우 복잡한 방식으로 부과되고 있다. 결과적으로 단순히 준실험적 방법을 자료에 적용하는 것이 어렵다. 기존 연구들은 법인세 귀착이 주의 법인세 변경에서 간접적으로 파생될 수 있도록 하게 하는 보다 '구조적' 가정을 자료에 부과함으로써 문제를 해결했다. 이 접근 방식을 사용하여 Suarez Serrato와 Zidar(2016)는 (일반 균형 효과를 통해) 법인세의 35%가 임금으로 이전되고 25%가 토지 소유자에게 이전되고 40%만이 기업 소유주에게 귀착된다는 것을 보였다.

법인세 귀착을 평가할 수 있는 다양한 연구들이 국제적으로 행해졌다. Fuest 외(2018)는 세 가지 중요한 경험적 이점을 가진 독일을 대상으로 법인세 귀착에 대해 연구했다. 첫째, 법인세 제도의 전반적인 구조는 국가 단위에서 정해지나 세율은 지방자치단체 단위에서 정해지기 때문에 세율 변동과 상관관계가 있을 수 있는 다른 법인세 변동 요인을 통제할 수 있고 따라서 세율이 미치는 영향만을 평가할 수 있다. 둘째, 세율을 자주 변경하는 지방자치단체가 많다(거의 7,000건의 세율 변경이 있는 3,500개 이상의 지방자치단체를 연구했다). 준실험 상황을 이용한 추정치의 신뢰도는 일반적으로 분석에 통합할 수 있는 준실험 상황 수와 함께 증가한다. 이는 정책 변경과 관련이 있는 변수들이 모든 지방자치단체에 걸쳐 조직적으로 생략될 가능성은 낮아지기 때문이다. 마지막으로, 독일은 고용주-고용인 대응 자료가 잘 구축되어 있어 임금과 관련된 매우 풍부한 행정 자료를 보유하고 있으며, 이를 통해 연구자들은 지방자치단체 수준에서 발생한 법인세율 변화에 따라 임금이 어떻게 반응하는지를 면밀히 연구할 수 있다.

연구자들은 이와 같이 지방자치단체 차원에서 발생한 법인세 변화를 평가하기 위해 이중차감 구조를 신중하게 설정하였다. 또한, 그들은 '정책 내생성'에 대한 잠재적 우려를 조심스럽게 다루었다. 즉, 시방 경제 상황에 대응하여 세율이 인상되거나 인하되어 세율을 변경하는 지역과 변경하지 않는 지역 간에 비교 불가능성이 발생할 수 있다는 것이 자연스러운 우려이다. 예를 들어, 세금이 올라가고 있는 지역들은 침체된 경제에서는 세금이 증가하기 때문에 어쨌든 임금이 낮아질 수 있다. 연구자들은 두 가지 방법으로 이러한 우려를 다루었다. 첫째, 기존의 추세가 없다는 것을 보여주었다. 즉 세율 변경 이전에 세금을 변경하거나 변경하지 않은 곳에서 임금은 매우 유사한 방식으로 움직였다는 것을 보였다. 둘째, 이러한 변화가 경제 상황의 광범위한 변화와 관련이 없다는 것을 보였다. 지역경제에 따라 대응하는 정책적 내생성이 존재한다면, 세금을 변경하려고 하는 곳에서 임금이 조직적으로 하락하거나 상승하는 현상이 있어야 하고, 이러한 변화는 경제 상황과 관련된 세금 변화로 보아야 한다. 어느 쪽도 사실이 아니었다. 따라서 이로부터 세금 변화가 지역 경제 상황에 의해 주도되지 않았다는 것을 알 수 있다.

연구자들은 대규모 세율 변경 자료를 사용하여 법인세 귀착의 약 50%가 임금에서 발생한다는 것을 보였다. 이 수치는 미국 추정치보다 다소 높지만 비슷한 범위에 있다. 더욱이 그들은 귀착 정도는 저숙련노동자와 젊은 노동자에게서 컸다는 점을 보였다. 종합해보면, 이러한 결과는 법인세가 CBO 및 다른 사람들이 가정하는 것만큼 누진적이지 않을 수 있음을 시사한다.

가로 전가된다. 장기에는, 소비자들이 구매를 보다 잘 조절할 수 있기 때문에 수요는 보다 탄력적이 될 것이고 소비자들의 세금부담은 작아진다.[12]

법인기업들이 법인세의 일정 부분을 부담하는 정도에 한해서 법인세가 노동과 자본에 어떻게 전가되는지를 살펴볼 필요가 있다. 법인기업은 미국에서 노동자들의 상당 부분을 고용하고 있기 때문에, 법인부문에 대한 노동공급이 완전탄력적이지는 않다. 따라서 법인들이 세금을 지불할 때, 이들 비용들 중 적어도 일정 부분은 노동자의 임금 감소 형식으로 전가될 것이다.

12 실제로 Baker 외(2020)에 따르면 법인세의 약 31%가 더 높은 가격으로 전가되는 것으로 추정되었다.

단기의 법인기업에 대한 자본공급은 상당히 비탄력적이다. 따라서 법인세는 자본에 많이 귀착된다. 그러나 장기에 자본은 비법인부문이나 다른 나라로 이동할 수 있기 때문에 단기보다 유동적이다. 사실, 노동은 낮은 임금에 반응해서 외국으로 이동하는 것이 쉽지 않기 때문에 장기에 자본은 노동보다 유동적이다.

법인소득에 대한 과세는 확산효과를 통해 비법인부문에도 영향을 미친다. 자본이 법인에서 비법인부문으로 이동함에 따라, 비법인의 자본공급은 증가하고 이는 법인부문의 세후수익률과 비법인부문의 세후수익률이 같아질 때까지 비법인부문의 수익률을 낮춘다. 따라서 법인부문의 자본에 대한 과세는 비법인부문의 자본의 수익을 낮춤으로써 비법인부문에 법인세를 전가한다.

요약하면 법인세는 소비자, 노동자, 법인부문 투자자, 그리고 비법인부문 투자자들에게 일정 비율로 귀착된다. 최근의 연구 결과를 소개하고 있는 '실증적 증거' 코너에 나타나 있듯이 법인세가 임금에 미치는 효과는 매우 큰 것으로 나타났다. 법인세 귀착은 널리 퍼진 반면, Nallareddy 외(2019)는 순법인세 인하가 불평등을 증가시킨다는 것을 보여주고 있다.

24.4 투자에 대한 법인세의 결과

이 절에서는 법인세가 어떤 효율성 결과를 가져올지에 대해 논의한다. 법인세는 기업의 투자 규모를 감소시켜 효율성을 크게 저해할 수 있다.

법인세의 이론적 분석과 투자결정

투자결정에 대한 법인세의 효과를 이해하기 위해, 먼저 법인세가 없을 때 투자결정이 어떻게 이루어지는지를 모형화를 통해 알아보자. 투자는 매 기간 투자에 따른 한계비용과 한계편익이 같아지는 점에서 결정된다. 기업은 매기 투자로부터 얻게 될 수익을 추정하고 매기 이것을 비용과 비교해 편익이 비용보다 클 때 투자를 한다.

기계에 투자된 달러당 매기 MP_K센트의 생산물이 추가적으로 생산된다고 가정하자. 이는 기계의 한계생산이자 편익이다. 기계는 매기 1달러당 δ 크기로(예컨대 기계에 대한 투자의 달러당 10센트와 같은) 선형으로 감가상각된다. 그러나 감가상각이 매기 기계의 총비용은 아니다. 기업은 기계를 구매하기 위해 재원을 조달해야 한다. 앞서 논의한 바와 같이 기업들이 재원을 조달하는 방법에는 여러 가지가 있다. 기업은 주식을 발행해서 필요재원을 조달하며 이를 통해 조달된 달러당 매기 ρ만큼의 배당금을 지불한다고 가정하자. 이 경우 기계의 총비용은 매기 감가상각 + 배당금 $= \delta + \rho$이다. 만약 감가상각률이 10%이고 기업이 매기 투자가치의 10%를 배당금으로 지불한다면, 기계에 투자한 1달러당 매기 비용은 $\delta + \rho = 0.10$달러 $+ 0.10$달러 $= 0.20$달러가 된다.

이제 그림을 통해 법인세가 기업의 투자결정에 미치는 효과를 보기로 하자. 그림 24-2는 투자의 한계편익과 한계비용선을 통해 최적투자의 양(K)이 어떻게 결정되는지를 보여주고 있다. 한계편익선은 매기 투자 1달러당 실질적인 수익인 MP_K이다. 한계편익은 한계생산체감 법칙의

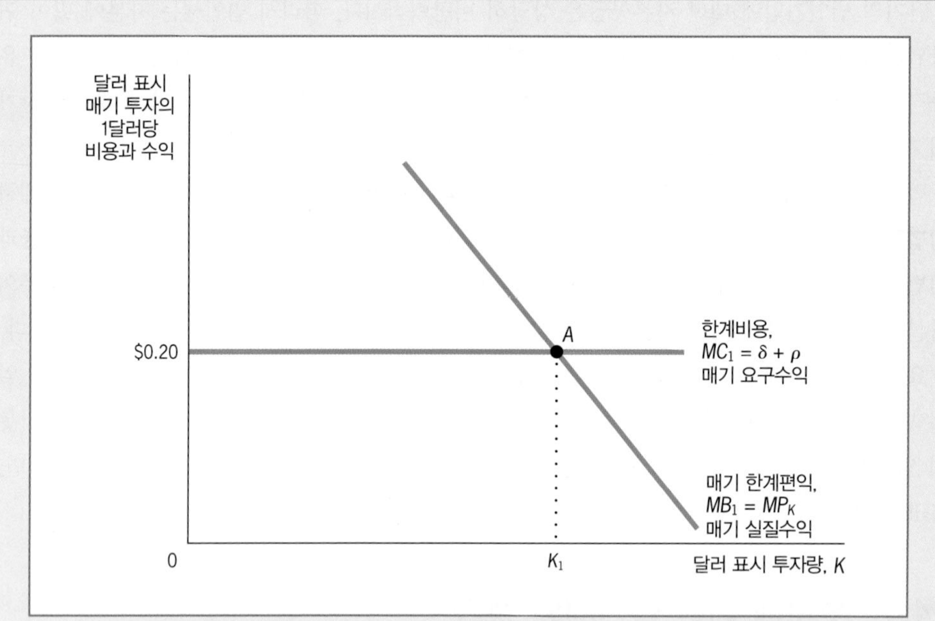

그림 24-2 법인세가 없을 때의 투자결정 법인세가 없을 때 기업은 추가적인 투자 1달러의 한계편익과 한계비용이 같아지도록 투자를 결정한다. 한계편익(MB_1)은 투자 1달러당 실질수익인 자본의 한계생산(MP_K)과 같다. 한계비용은 투자 1달러당 요구수익으로 감가상각률(d)과 재무 조달비용(r)의 합과 같다. 균형은 A점에서 이루어지고 이때 투자는 K_1이다.

가정 때문에 투자가 증가함에 따라 감소한다. 추가된 자본 1달러의 한계생산은 감소하기 때문에 투자 1달러의 수익률은 낮아진다. 한계비용선은 매기 추가적인 투자 1달러에 대한 요구수익이나 비용(감가상각률과 재원 조달비용)을 충당하기 위해 매기 투자로부터 얼마만큼의 수익이 발생해야 하는지를 나타낸다. 그림에 나타나 있듯이 한계비용은 MC_1이며 $\delta + \rho = 0.20$달러로 일정하다.

기업은 추가적인 투자 1달러에 대한 한계비용과 한계편익이 일치하는 수준까지 투자를 한다. 이는 그림에서 A점이고 투자의 양은 K_1이 된다. 기업은 추가적인 투자가 매기 비용(0.2달러)을 충분히 충족시키는 수익률을 창출할 때까지 투자를 한다. 만약 기업이 K_1보다 적게 투자를 한다면(K_1의 왼쪽), 추가적인 1달러의 투자로 인한 한계편익은 0.2달러보다 많아 투자를 증가시키는 것이 바람직하다. 만약 기업이 K_1보다 많은 투자를 한다면(K_1의 오른쪽), 한계편익이 한계비용보다 적게 되어 투자를 줄이는 것이 바람직하다.

법인투자에 대한 법인세의 효과 법인세가 도입된다면 결과는 어떻게 달라지는가? 먼저 법인세가 단순히 현금소득에서 노동비용을 뺀 이윤에 τ의 세율로 부과되었다고 해보자(어떠한 투자 지출에 대해서도 공제가 없다고 하자). 매기 기계에 투자된 달러당 현금소득은 MP_K이다. 일단 세금이 부과된다면 기계에 투자된 달러당 소득은 (매기 소득에서 새로운 세금이 지불되어야

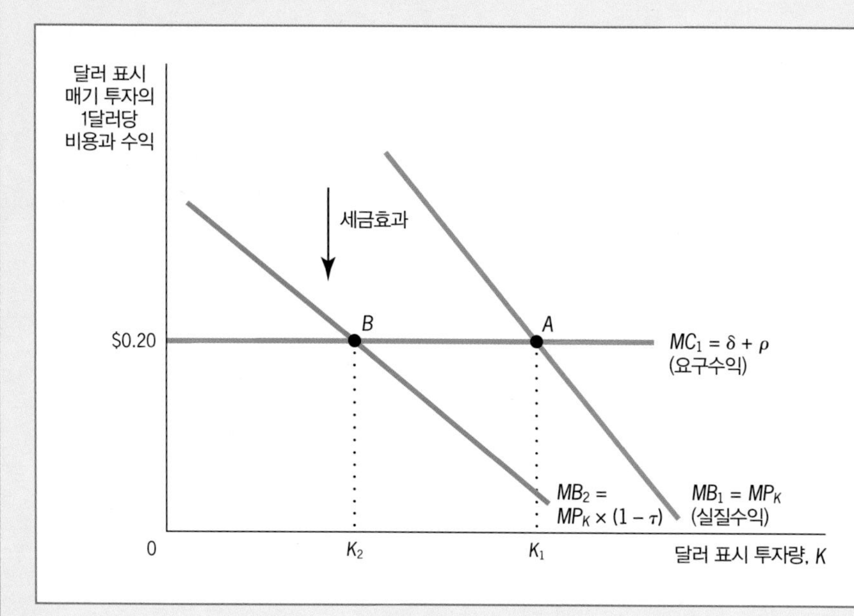

그림 24-3 법인소득에 세금이 부과되었을 때의 투자결정 기업 이윤에 세금을 부과하면 투자의 편익은 $MP_K \times (1 - \tau)$로 감소하여 한계편익선은 MB_2로 이동한다. 새로운 균형은 B점에서 이루어지고 이때 투자는 K_2로 감소한다.

하기 때문에) $MP_K \times (1 - \tau)$로 감소한다. 실질수익의 감소는 그림 24-3에 나타나 있듯이 한계수익선을 MB_2로 하향이동시킨다. 법인소득에 대한 과세는 투자의 한계편익을 감소시킨다. 투자의 달러당 비용은 $\delta + \rho$로 같고 따라서 한계비용은 과세 전 수준과 같다. 새로운 최적투자는 B점에서 발생하며 최적투자 규모는 K_2로 감소한다.

기업은 정부가 그들 수익의 일정 부분을 세금을 통해서 거두어 갈 때 투자를 보다 적게 한다. 이는 투자에 대한 기업의 세후 실질수익률이 요구수익률 $\delta + \rho$를 충족시킬 만큼 충분히 커야 하기 때문이다. 결과적으로, 세전수익률이 세금이 없을 때보다 높아야 하고 이는 기업이 투자를 줄일 때만 가능하다. 예컨대 세율이 50%일 때 투자 1달러당 감가상각과 재원 조달비용인 0.2달러를 지불하기 위해서 기업은 0.4달러를 벌어야만 한다. 따라서 기업은 투자를 보다 적게 해야 한다. 기업은 추가적인 투자 1달러의 수익이 0.2달러가 될 때까지 투자하기보다는 0.4달러가 되는 점에서 투자를 멈추어야 한다. 이러한 시나리오에서 법인세는 기업들의 투자를 감소시킨다.

감가상각공제와 투자세액공제가 법인투자에 미치는 효과 위의 분석에서는 감가상각공제와 투자세액공제와 같은 세금공제가 투자에 미치는 효과는 고려되지 않았다. 이들 세금공제 수단들은 감가상각과 재원 조달에 따른 비용을 낮춤으로써 투자의 가격을 마치 할인하는 것과 같은 역할을 한다.

감가상각공제는 구매한 해를 포함한 생애기간에 걸쳐 발생하며 이들 편익의 가치는 현재할인가치(PDV)로 계산된다. 새로 구입한 기계의 생애 동안 발생하는 감가상각공제의 현재할인가치를 구입가격에 대한 비율로 나타낸 값을 z라 하자. 기업이 기계를 구입한 첫해에 모든 비용을

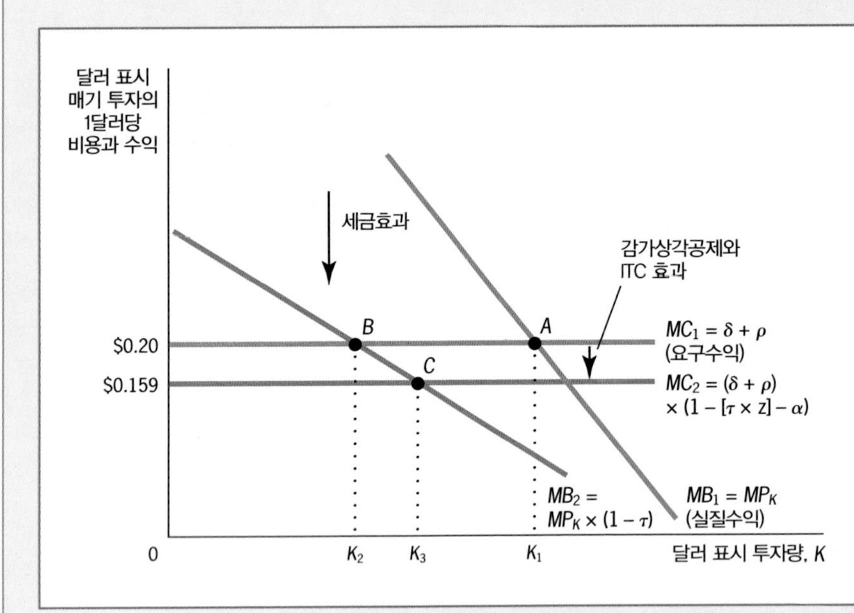

그림 24-4 감가상각과 투자세액공제 존재 시 투자결정 감가상각공제와 투자세액공제(ITC)는 투자의 비용을 $(\delta+\rho)$에서 $(\delta+\rho) \times (1 - [\tau \times z] - \alpha)$로 낮추어 한계비용선은 MC_2로 낮아진다. 새로운 균형은 C점이고 이때의 투자는 K_3로 감가상각공제와 투자세액공제가 없을 때보다 높지만 세금이 없을 때보다는 낮다.

공제받을 수 있다면, 감가상각공제는 구입가격의 100%이기 때문에 z는 1이 될 것이다. 감가상각공제는 감가상각되는 기간이 길어짐에 따라 z의 값은 감소한다. 이는 공제되는 기간이 길어질수록 감가상각공제의 PDV가 감소하기 때문이다.

감가상각은 법인과세소득 계산 시 기업 이윤에서 공제된다. 그러므로 1달러의 감가상각은 세원을 1달러만큼 낮추기 때문에 기업에게 τ달러만큼의 법인세 지출을 절감시켜 준다. 어떤 기업에 대한 감가상각공제가 z의 PDV를 갖는다면, 이것은 기업에게 $(\tau \times z)$달러의 가치를 발생시킨다. 예컨대 기업이 기계를 구입한 해에 모든 투자금액을 비용화할 수 있고 기업의 법인세율이 21%였다면, 기계의 구입가격 1달러당 감가상각공제는 기업에게 0.21달러만큼의 법인세 지출을 감소시켜 주기 때문에 0.21달러만큼 가치가 있다.

과거에는(1986년 이후로는 아니지만) 기업들은 감각상각공제 외에도 투자세액공제(ITC)를 받을 수 있었다. 투자세액공제는 투자한 해에 투자금액의 달러당 α센트를 기업의 세금에서 공제해 주는 제도이다.

감가상각공제와 투자세액공제는 투자비용에 대한 일종의 상환이다. 매기 기업이 구입한 기계의 달러당 비용은 감가상각공제와 투자세액공제 존재 시 이들로부터 일정 부분이 기업에게 상환되기 때문에 $\delta + \rho$에서 $(\delta + \rho) \times (1 - [\tau \times z] - \alpha)$로 떨어진다.

그림 24-4는 감가상각공제와 투자세액공제가 기업의 투자결정에 미치는 효과를 보여주고 있다. 그림 24-3에서처럼 기업의 한계편익선은 세후 MB_2이다. 감가상각공제와 투자세액공제로 인해 요구수익은 감소해 곡선 MC는 MC_1에서 MC_2로 이동한다. 감가상각공제와 투자세액공제 존재 시 MC의 가치는 $(\delta + \rho) \times (1 - [\tau \times z] - \alpha)$이다. 이들 변화들을 숫자로 보기 위해 앞의 예

로 돌아가자. 매기 감가상각률(δ)과 배당률(ρr)이 10%일 때, 세전한계비용은 0.2달러였다. 이러한 투자에 대해 감가상각공제의 현재가치는 기계 구입가격의 반이라고 가정하자($z = 0.5$). 법인세율은 21%이며 투자세액공제는 10%라 하자. 이 경우 매기 기계의 달러당 비용(투자 1달러에 대해 투자자에 의해 요구된 수익)은 $0.20 \times (1 - [0.21 \times 0.5] - 0.1) = 0.159$달러로 감소한다.

새로운 균형점은 C이며 매기 적정 투자 수준은 세후한계비용과 세후한계편익이 같아지는 K_3가 된다[즉 추가적인 투자 1달러에 대한 실질수익(MB_2 곡선)과 요구수익(MC_2 곡선)이 같아지는 점]. 적정 투자 수준은 감가상각공제와 투자세액공제가 없을 때(K_2)와 비교해서는 높으나 법인세가 없을 때(K_1)보다는 낮다(나중에 보겠지만 어떤 경우에 있어서는 법인세가 없을 때보다 높을 수도 있다). 법인세 부과 시 세후수익의 감소로 인한 한계편익의 감소가 감가상각공제와 투자세액공제로 발생한 한계비용의 감소보다 더 커 투자는 전반적으로 감소한다.

실효법인세율 법인세가 기업의 투자결정에 어떤 영향을 미치는지를 배웠으므로 이제 이를 수학적으로 요약해보자. 법인세의 효과는 **실효법인세율**(effective corporate tax rate, ETR)로 요약된다. 실효법인세율은 법인세 때문에 필요해진 자본의 세전수익률의 백분율 증가이다. 그림 24-2, 24-3, 24-4에서와 같이 법인세가 부과될 때, 기업이 투자로부터 벌어야 할 수익률은 세금비용을 충당하기 위해 증가해야 한다. 얼마만큼 증가해야 하는지는 세율, 감가상각을 어떻게 처리할 것인지 여부, 투자세액공제의 존재 여부 등에 의해 결정된다. 따라서 법인세가 투자결정에 미치는 전반적인 효과를 결정하기 위해서는 이러한 요소들을 모두 고려해야 한다.

실효법인세율 법인세 때문에 필요해진 자본의 세전수익률의 백분율 증가

먼저 그림 24-3과 같이 법인세율이 21%이고 감가상각공제와 투자세액공제가 없는 단순한 세제부터 고려해보자. 세금부과 전, 기업의 실질수익률은 적어도 요구수익률의 20%여야 한다. 21%의 법인세율 후 20%의 요구수익률을 충족시키기 위해서는 기업의 실질수익률은 적어도 $0.2/(1 - 0.21) = 0.253 = 25.3\%$여야 한다. 기업이 법인세를 내고 감가상각과 재무 조달비용을 충당하기 위해서는 법인세율(21%)보다는 높은 수익률을 올려야 한다. 결과적으로 실효법인세율은 법정 법인세율인 21%이다.

실효법인세율(ETR)을 일반화하면 다음과 같다.

$$\text{ETR} = \frac{MP_k(\text{세후}) - MP_k(\text{세전})}{MP_k(\text{세후})}$$

투자 1달러당 한계생산 MP_k는 법인세를 내고 요구수익률을 충족시키기 위해서는 과세 전보다 높아져야 한다. 감가상각공제와 투자세액공제가 없을 때, MP_k는 법인세 때문에 21% 더 높아야 한다.

다음으로 그림 24-4와 같이 21%의 법인세율과 감가상각공제 및 투자세액공제가 모두 존재하는 보다 현실적인 경우를 고려해보자. 이 경우 한편으로는 기업은 소득에 대해 세금을 내야 하기 때문에 수익률은 높아져야 하나 또 한편으로는 기계비용에 대해 감가상각공제와 투자세액공제를 받고 있기 때문에 수익률은 낮아져야 한다. 감가상각공제와 투자세액공제 존재 시 실효세

율은 다음과 같다.

$$\text{ETR} = \frac{(\tau - \tau z - \alpha)}{(1 - \tau z - \alpha)}$$

예컨대 만약 z와 α가 둘 다 0이라면(즉 감가상각공제와 투자세액공제가 없다면), 실효세율은 법정세율 τ와 같다. 위의 보기에서 $z = 0.5$이고 ITC = 0일 때 실효세율은 다음과 같이 계산된다.

$$\text{ETR} = \left\{ \frac{(0.21 - 0.21 \times .5)}{(1 - 0.21 \times 5)} = \frac{0.105}{0.895} = 11.7\% \right\}$$

감가상각공제와 투자세액공제 때문에 35%의 법정세율이 존재함에도 불구하고 실효세율은 단지 10.3%가 된다. 즉 기업은 20%의 요구수익률을 충족시키기 위해 법인세가 없을 때 벌어야 했던 비율보다 단지 10.3%만 더 벌면 된다. 이와 같이 실효세율이 법정 법인세율보다 낮은 것은 투자세액공제와 감가상각공제가 법인세의 효과 중 일부분을 상쇄하였기 때문이다.

음(−)의 실효세율

z와 α의 값이 충분히 클 때, 실효세율은 음(−)의 값을 가질 수 있다. 위의 보기에서 기업이 기계를 구입한 해에 모두 비용으로 처리할 수 있다면, $z = 1$이고 10%의 투자세액공제가 있다면 실효세율은 다음과 같이 계산된다.

$$\text{ETR} = \left\{ \frac{(0.21 - 0.21 \times 1 - 0.1)}{(1 - 0.21 \times 1 - 0.1)} = \frac{-0.1}{0.69} = -14.4\% \right\}$$

실효세율이 음(−)일 때는 그림 24-4의 MC가 많이 하향이동하여 C점이 A점의 오른쪽에 위치하게 되고 그 결과 기업들은 법인세가 없을 때의 투자(K_1)보다 더 많은 투자(K_3)를 하게 된다.[13]

투자에 대한 법인세 효과의 정책적 의미

앞 절에서 수학적 기법을 적용해서 법인세 구조가 기업의 투자결정에 미칠 수 있는 여러 가지 효과를 살펴보았다. 법인세율이 주어졌을 때, 세제는 투자에 대해 여러 유인을 주도록 고안될 수 있다. 감각상각공제도 없고 투자세액공제도 없이 단지 법인세만 존재할 때는 법인세는 투자의 1달러당 한계편익(세후 관점에서)을 낮춤으로써 투자 규모를 감소시킨다. 반면 감가상각, 특히 가속감가상각과 투자세액공제제도가 존재할 때는 투자에 대한 요구수익률이 낮아져 이들 제도가 없을 때에 비해 투자감소효과를 완화하거나 혹은 투자를 증가시킬 수 있다. 기업이 기계를 구입할 때, 기업은 기계의 구매로 인해 발생하는 세금혜택을 받는다. 감가상각이 빠를수록, 투

13 기업이 자본이 아닌 부채로 투자 자금을 조달한 경우 음의 유효법인세율이 발생할 가능성이 더 높다. 기업의 부채에 대한 이자는 세금 공제 대상이다. 이 공제는 부채를 통한 자금 조달 비용이 전체 r이 아닌 $r \times (1 - \tau)$에 불과하기 때문에 자금 조달 투자비용을 더욱 낮춘다.

실증적 증거 가속감가상각제도와 투자

모든 조세정책에서 가장 중요한 질문 중 하나는 법인세가 기업 투자 결정에 미치는 영향이다. 기업의 투자는 경제성장의 근간이다. 그리고 방금 설명한 모델은 세금정책이 기업의 투자 결정을 이끌어낼 수 있는 복잡하고 잠재적으로 중요한 방법임을 보여주고 있다.

법인세가 기업 투자 결정에 미치는 영향을 분석한 연구는 많다. 최근 연구에 따르면 투자 결정이 세금유인에 상당히 민감하며, 탄력도는 −0.5인 것으로 추정되었다. 즉, 이 연구에 따르면 세금이 투자 비용을 10% 낮추면 투자는 5% 증가한다는 것이다. 그러나 Zwick와 Mahon(2017)은 특정 유형의 법인세 유인은 이보다 더 큰 영향을 미칠 수 있음을 보였다.

그들 연구는 '보너스 감가상각'의 두 가지 에피소드에 대한 기업 투자 결정의 반응에 중점을 두었다. 이 제도는 기업이 투자를 감가상각할 수 있는 속도를 가속화하여 경기 침체기에 투자를 장려하기 위해 시행된 정책이었다. 위에서 언급한 바와 같이 더 빠른 감가상각(z값이 높을수록)은 투자 비용을 낮추고 투자 활동을 증가시킨다. 그러나 이 보너스 감가상각은 국가 차원에서 부과되었으며 분명히 경제 상황과 관련이 있다. 따라서 투자 행동을 유발할 수 있는 다른 요인들과 그 영향을 어떻게 분리할 것이냐가 새로운 과제로 남는다.

이 문제를 해결하기 위해 연구자들은 같은 산업에 있지만 투자가 다른 범주에 속하는 기업을 비교했다. 대부분의 투자가 수명이 짧은 자본 장비에 투자된 기업들은 감가상각 공제를 가속화해도 투자 비용이 크게 낮아지지 않았던 반면 오래 지속되는 자본 장비에 투자한 기업들은 투자가 가속감각상각될 경우 투자 비용이 크게 감소하였다. 결과적으로 동종 산업에 있는 기업이라 하더라도 사전 투자 조합에 따라 투자 비용의 변화가 컸다. 그들은 투자 비용이 가장 많이 낮아진 기업이 보너스 감가상각의 결과로 투자를 늘릴 가능성이 가장 높다는 것을 발견했다.

연구자들은 두 가지 방법으로 그들의 실증분석 전략을 확인했다. 첫째, 분석기업과 비교기업이 세금 변경 이전에 매우 유사한 투자 유형을 보였고, 두 기업 간의 차이는 정책이 변경된 후에야 나타났음을 보였다. 둘째, 세제개혁이 없었던 연도에도 발생하는 감가상각률의 '구부러짐(kinks) 현상'에 대한 투자의 반응을 살펴봄으로써 그 결과를 확인했다. '구부러짐 현상'은 소기업이 투자 비용을 어느 한도까지는 전액 비용으로 처리할 수 있도록 되어 있는 조세법 조항으로 인해 발생한다. 그들은 투자가 정확히 이 투자 한도에서 급증했음을 발견했다.

이 연구의 중요한 기여는 연구자들이 조세 유인의 평균 효과를 넘어 기업 유형에 걸친 이질성을 고려했다는 것이다. 이를 통해 두 가지 주요 결과를 얻었다. 첫째, 조세 유인의 효과는 세금 감면으로 투자가 가치 있게 된 소기업과 '현금 제약이 있는' 기업에서 훨씬 더 컸다. 둘째, 세금 우대 조치의 효과는 이미 세금을 내고 있지 않은 기업들이 미래에 사용하기 위해 세금 우대 조치를 '이월'해야 하는 기업에서는 나타나지 않았고 과세 연도에 세금 우대 조치를 사용할 수 있는 기업들에게만 나타났다

이상을 종합하면, 이 연구는 세금 가격에 대한 투자의 탄력성은 −1.7로 기존 문헌에서 추정된 것보다 훨씬 컸다. 연구자들은 기존 연구보다 탄력성이 높게 나타난 이유는 첫째, 기존 연구들보다 훨씬 많은 소규모 기업이 표본에 포함되었고, 둘째, 지연된 세금 혜택이 아닌 즉각적인 혜택이 발생하는 메커니즘에 초점을 맞추었기 때문이라고 생각하고 있다.

자세액공제가 많을수록 세금혜택은 커진다. 결과적으로 법인기업들의 실효한계세율은 최근에는 높게는 1980년 51%에서 낮게는 2010~2013년 사이 12.5%까지 큰 폭으로 변해왔다.[14]

2017년 세제개혁은 중요한 방식으로 유효세율을 더욱 변화시킨다. 첫 번째는 법인세율을 35%에서 21%로 낮추었다. 동시에 2017년 세제개혁은 특정 투자(유형 장비 등)의 비용 지출을 확대하여 이들 투자에 대해서는 세금 감면의 현재할인가치를 높이고 다른 투자(예 : 연구 개발)에 대해서는 비용 지출을 제거하여 세금 감면에 따른 현재가치를 낮추었다. 이 법은 또한 기업 이자공제(아래에서 논의)와 순영업손실공제(공제받을 수 있는 금액이 제한돼 있지만 더 오래 공제할 수 있는 경우)에 상당한 변화를 줬다. 이로 인해 평균 실효법인세는 2017년 17.2%에서

---

14 Clemente et al.(2016).

2018년 8.8%로 낮아졌다.[15]

24.5 국제법인소득의 취급

세계의 모든 법인기업들은 점점 더 통합된 세계상품시장에 직면하고 있다. 미국의 기업이 다른 나라에서 제품을 생산하는 이유는 낮은 노동비용, 미국에서 생산해서 이들 나라로 운송할 때보다 적게 드는 운송비용, 그 나라에 맞게끔 지역화시키는 상품화 능력 등 다양하다. 많은 국가들에서 생산 및 판매 활동을 하고 있는 기업들을 **다국적 기업**(multinational firms)이라 부르며 다른 국가들에 있는 그 법인의 생산회사를 **자회사**(subsidiary)라 부른다.

다국적 기업 많은 국가들에서 운영되고 있는 기업

자회사 다른 국가들에 있는 다국적 기업의 생산회사

생산비용과 판매상의 이점이 기업들이 외국에서 재화를 생산하는 유일한 이유는 아니다. 미국과 다른 나라의 법인세 구조는 해외 생산을 장려함으로써 미국의 과세를 피하는 수단으로 사용될 수도 있다. 미국 최대 기업들 중 일부는 해외 생산을 통해 세금 부담이 급격히 감소하는 것을 알고 있다. 예를 들어 제너럴 일렉트릭(GE)은 2010년 총 142억 달러의 이익을 창출했고, 그 중 51억 달러는 미국에서 창출되었다. 이익이 이와 같이 크게 발생했음에도 불구하고 GE는 세금을 내야 할 시간이 왔을 때 세금을 내기보다는 오히려 32억 달러의 세금 환급을 요구했다![16] 이 절에서는 미국의 법인세하에서는 이러한 다국적 기업의 소득이 어떻게 취급되는지에 대해 논의한다.[17]

해외소득에 대한 과세 방법

외국에서 소득을 창출한 법인기업에 대해 과세하는 방법은 두 가지이다.[18] 첫 번째는 **영토주의 세제**(territorial tax system)이다. 여기서는 소득을 올린 국가에게 법인세를 낸다. 두 번째는 **글로벌 세제**(global tax system)이다. 글로벌 세제에서는 소득이 어디서 창출되었든 상관없이 자국에서 세금을 낸다. 미국은 최근 세제개혁으로 글로벌 세제에서 대부분의 국가들이 채택하고 있는 영토주의 세제로 전환했다.

영토주의 세제 해외에서 창출된 소득에 대해 창출된 국가에게 법인세를 내는 세제

글로벌 세제 다국적 기업의 소득이 어디서 발생했든 본국에서 법인세를 내는 세제

이전가격 해외소득에 과세할 때 세무 당국이 직면하는 근본적인 문제는 재화가 많은 국가들로부터 들여온 요소들을 사용해 만들어질 때 그 재화로부터 얻어진 이윤을 나라별로 적절하게 배분하는 것이 어렵다는 것이다. 특히 기업들은 이윤은 법인세율이 낮은 나라에서 발생한 반면 비용은 이윤을 상쇄시키기 위해 법인세율이 높은 나라에서 발생했다고 신고할 유인이 크다. 기업은 두 자회사 사이의 이전된 재화들에 대한 상환인 **이전가격**(transfer price)의 조작을 통해 이

이전가격 다국적 기업의 한 자회사에서 다른 자회사로 이전된 재화에 대해 상환할 때 적용되는 가격

---

15 Congressional Research Service(2019).

16 Kocieniewski(2011).

17 이 논의는 Gordon과 Hines(2002)의 검토를 기반으로 한다. 이들의 논문에서 논의되었지만 여기에서 검토되지 않은 또 다른 흥미로운 문제는 한 국가의 세율에 대한 외국인 투자의 민감도이다. 사용 가능한 증거에 따르면 기업은 국가 전반에 걸쳐 투자 위치를 결정할 때 세율에 매우 민감하게 반응한다.

18 이 논의는 법인세에 관한 것이지만 여기에 소개된 많은 개념은 해외에서 벌어들인 개인 소득의 세금 처리에도 적용될 수 있다.

러한 목표를 달성할 수 있다.

미국은 법인세율이 21%인 데 반해 프랑스는 40%라고 하자. 미국의 컴퓨터 회사는 개당 100달러의 비용으로 마이크로 칩을 만들고 있는 프랑스 자회사를 가지고 있다. 미국 회사는 프랑스 자회사에서 생산된 마이크로 칩을 미국으로 들여와 500달러의 추가적인 비용을 들여 완성된 컴퓨터를 생산하고 이를 1,000달러에 판다. 이때 총이윤은 400달러이다. 이 회사는 400달러의 이윤을 모회사와 자회사 사이에 어떻게 배분할까?

미국 회사는 총이윤은 마이크로 칩 때문에 발생했다고 신고하고 프랑스 자회사에게 칩당 500달러를 이전할 수 있다(비용 100달러 + 이윤 400달러). 서류상으로 프랑스 자회사는 400달러의 이윤을 얻게 되어(미국에서 이전된 500달러에서 칩 비용 100달러를 뺀 것) 160달러(0.4 × 400달러)의 세금을 프랑스 정부에 낸다. 미국 모회사는 1,000달러에 컴퓨터를 팔았으나 칩 비용으로 프랑스 자회사에게 500달러를 지불하고 다른 비용으로 500달러가 들었기 때문에 이윤이 없고 따라서 내야 할 세금도 없다.

극단적으로, 미국 회사는 이익을 창출하는 데 칩은 어떤 기여도 하지 않았다고 신고할 수도 있다. 이때 프랑스 자회사에게는 칩 1개당 100달러만을 지불한다. 미국의 모회사는 컴퓨터 1대당 400달러(= 1,000달러 − 500달러 − 100달러)의 이윤을 내는 반면 프랑스 자회사의 이윤은 없다. 미국 기업이 내는 세금의 총액은 미국 정부에 내는 84달러(= 0.21 × 400달러)가 전부다.

미국 회사는 프랑스 자회사에게 단지 100달러만을 이전함으로써 컴퓨터 1대당 76달러의 세금을 절약할 수 있다. 이러한 예를 통해 다국적 기업들은 창출된 이윤을 세율이 낮은 나라에서 발생한 것처럼 신고해 법인세를 줄일 수 있다는 것을 알 수 있다.

미국을 포함한 OECD 국가들은 이와 같은 문제점을 인식하고 이들 나라의 세금당국들은 기업과 기업의 해외 자회사들 간의 거래에 적용되고 있는 이전가격을 마치 두 독립된 기업들이 가격을 협상할 때와 같이 기록할 것을 요구하고 있다. 이러한 규칙을 실질적으로 실행하는 것은 어렵다. 세금부담을 줄이기 위해 법인기업들이 자회사들에 대한 가격과 이윤을 조작한다는 실질적인 증거는 존재한다. 예컨대 Collins 외(1998)는 미국의 법인세율보다 외국의 법인세율이 낮을 때 미국의 기업들은 보다 많은 이윤이 외국의 자회사에서 발생했다고 신고했다는 것을 밝혔다.

이와 관련된 최근 가장 규모가 큰 사례로는 글락소스미스클라인 제약회사를 들 수 있다. 이 회사는 위궤양 약인 잔탁을 외국의 자회사를 통해 많은 국가들에게 판매하는, 영국에 모회사를 둔 다국적 기업이다.[19] 글락소사는 미국에 자회사가 있다. 그런데 미국은 영국보다 법인세율이 높기 때문에 비용을 미국에 전가함으로써 이윤을 영국으로 가져갈 수 있다. 미국의 국세청 조사에 따르면 글락소사는 법인세를 줄이기 위해 미국의 자회사에게 과도하게 많은 잔탁에 대한 로열티를 모회사에 지불하게 하였다. 이로 인해 글락소사는 영국에서는 많은 세금을 낸 반면 미국

19 Stewart(2004).

에서 낸 세금은 적었다. 이는 모회사에 지불된 로열티는 사업을 하는 데 수반되는 비용으로 간주되어 미국 자회사가 세금공제를 받았기 때문이다. 결과적으로 2004년 1월, 미국 국세청은 글락소사에게 1989년부터 1996년까지의 세금 27억 달러와 이자 25억 달러를 합한 52억 달러의 세금을 부과하였다. 글락소사의 세금 논쟁은 계속되었고 2007년 재판에 들어가게 되어 있었다. 그러나 2006년 9월 글락소사는 1989~2005년 기간의 세금에 해당되는 31억 달러를 미국 국세청에 냄으로써 미국 정부와의 분쟁을 해결할 것임을 밝혔다.[20]

kmsdesen/Shutterstock

응용사례

해외소득에 대해 법인세를 피하는 A(pple) B(urger King) C(aterpillar)

지난 몇 년 동안 기업들은 해외에서 벌어들인 소득에 대한 세금을 피하기 위해 많은 노력을 했다. 이 응용사례에서는 가장 주목할만한 세 가지 사례를 논의한다.

미 상원은 2013년 5월 21일 애플의 해외 이익 이동과 미국 조세법, 애플의 세금회피 시도에 대한 청문회를 개최했다. 2011년 애플은 세전이익 342억 달러 중 70%가 해외에서 발생했으나 동 위원회 추정에 따르면 이익에 적용된 세율은 2.2%에 불과했다.[21] 조사관들은 애플이 2009~2012년 사이 IRS에 적어도 740억 달러의 이윤을 보고하지 않은 것으로 추정했다.[22]

애플은 어떻게 세금을 회피했을까? 이는 아일랜드의 낮은 법인세와 창의적인 조직 구조에 기인했다. 애플은 수년 동안 한 자리 숫자인 특별법인세율 혜택을 받기 위해 이익의 상당 부분을 아일랜드로 이전했다. 이때 사용되었던 방법이 거래가격 책정 방식이었다. 이것이 어떻게 작동했는가? 2011년 340억 달러를 벌어들인 애플은 애플 최대 해외시장 중 하나인 일본의 자회사가 벌어들인 소득이 약 1억 5,000만 달러로 0.44%밖에 되지 않는다고 보고했다. 일본에서 벌어들인 이익이 아일랜드로 보내진 것이다. 그해 애플은 소득이 220억 달러라고 보고했다.[23]

최근 몇 년 동안 애플은 아일랜드와의 관계를 더욱 공고히 할 수 있었다. Apple Operations International(AOI)은 애플의 해외 사업체 대부분을 소유한 지주회사이다. 그러나 AOI는 물리적으로 실체가 있는 회사가 아니었다. 캘리포니아주 쿠퍼티노 출신의 두 명의 애플 직원과 AOI 소유의 다른 아일랜드 계열 자회사 직원 한 명만을 고용인으로 두고 있었다.[24] AOI는 아일랜드가 관리하거나 통제하는 회사가 아니기 때문에 아일랜드는 AOI를 과세 거주자로 인정하지 않

---

20 Hilzenrath(2006). 국제 조세에 대한 대부분의 논의는 영토주의 및 글로벌 세제의 비교에 중점을 두고 있지만 Auerbach(2010)는 세 번째 대안인 목적지 기반 과세(destination-based taxation)를 제안했다. 이 제도는 미국 기업이 미국 내 판매에 대해서만 세금을 부과하지만 미국 내 지출만 공제할 수 있도록 하는 것이다. 이 접근법은 다른 국가에서 다국적 기업의 소득에 과세하지 않는다는 단점이 있지만 기업이 국내 소득에서 얻은 이익을 해외 조세 피난처로 이전할 수 있는 가능성을 차단했다는 장점이 있다.

21 Duhigg and Kocieniewski(2012).

22 Shwartz and Duhigg(2013).

23 Ting(2014).

24 U.S. Senate Committee on Homeland Security and Governmental Affairs(2013).

았다. 또한 AOI는 미국의 법인도 아니기 때문에 미국 역시 과세 거주자로 간주하지 않았다. 이러한 허점을 이용해, AOI는 지난 5년간 애플 총순이익의 30%를 차지했지만[25] 법인세를 내지 않았다.[26] 2016년에 유럽 위원회는 아일랜드가 아일랜드 코크에서 5,500개의 새로운 일자리를 창출하는 대가로 애플의 아일랜드 자회사 3곳에 불법적으로 특별세율을 부여했다고 결론지었다.[27]

최근에는 기업의 외국 모회사 설립에 대한 관심이 집중되었다. 미국 기업의 외국 모회사 설립 은 미국에 본사를 둔 회사가 외국 회사와 합병하여 기술적으로 외국에 새로운 합병회사를 세우는 것을 말한다. 실질적으로는 외국 회사는 미국 회사의 통제하에 있다하더라도, 미국 회사는 합병된 회사의 자회사가 된다.[28] 필연적으로 미국 회사는 미국의 법인 지위를 잃었으므로 더 이상 미국 조세법을 따르지 않고 합법적으로 지금 거주하고 있는 나라의 법률에 따라 세금을 납부한다. 이러한 방법으로 미국 회사는 미국 정부에 상당한 정도의 세금을 납부하는 것을 피했다. 미국 회사들이 이와 같이 외국 모회사를 설립하는 이유는 세금 감면 외에는 다른 목적은 없다.[29]

이러한 방법은 미국의 가장 큰 패스트푸드 체인 중 하나인 버거킹(Burger King)이 캐나다에 외국 모회사 설립을 시도했을 때 주목을 받았다. 연간 총매출이 11억 달러인 버거킹은 연간 총매출이 25억 달러인 캐나다 식당 체인인 팀 호튼(Tim Hortons)을 110억 달러에 매입했다.[30] 버거킹은 향후 4년간 4~12억 달러의 미국 세금을 회피할 것으로 예상된다.

세금을 회피하기 위해 사용된 가장 간단한 방법은 캐터필러(Caterepillar)에서 이루어졌다. 1999년에 캐터필러는 전 세계 소비자들에게 부품을 팔아 발생한 이익에 대한 미국 세금을 크게 줄이기 위해 대금 청구서에 찍힌 이름을 스위스 자회사 이름으로 바꾸기로 결정했다. Norris (2014)는 "부품이 스위스의 수천 마일 이내조차도 들어가지 않았지만, 이익은 스위스의 자회사에 발생한 것으로 되었고, 캐터필러는 스위스 규범보다 훨씬 낮은 세율(4~6%의 범위)을 적용받기 위해 협상했다"라고 했다. 세금 절감액은 연간 3억 달러였다.

이것들은 동떨어진 예가 아니다. 최근 한 연설에서 제이슨 퍼먼 전 경제자문위원회의 의장은 미국의 통제하에 있는 법인기업들이 세금 감면 대상국에서 보고한 이윤이 해당 법인이 위치한 국가의 총경제적 산출량을 훨씬 초과했다고 언급했다. 예를 들어 2014년, 영국령 버진 제도에서 미국의 통제하에 있는 법인기업 이윤은 그 섬 GDP의 1,009%에 달했고 케이맨 제도에서는 1,430%에 이르렀다. 룩셈부르크에서는 미국 통제하에 있는 법인기업의 이윤은 GDP의 103%였고 아일랜드에서는 38%였다. 퍼먼은 "2010년 미국의 통제하에 있는 외국 모회사 이윤이 버뮤다

---

25 Sheppard(2013).

26 Hickey(2013).

27 Tankersley(2016).

28 보다 자세한 내용은 https://americansfortaxfairness.org/files/7-ATF-Corporate-Tax-Inversions-fact-sheet.pdf 참조.

29 Yglesias(2014).

30 Americans for Tax Fairness(2014); Tim Hortons의 매출 자료는 Tim Hortons(2014). Burger King의 매출 자료는 Restaurant Brands International(2014).

GDP의 1,578%를 차지한다는 사실은 단순히 사업상의 이유만으로 사업결정을 하는 것이 아님을 확실히 말해주고 있다"라고 언급했다.[31] ■

글로벌 세제 대 영토주의 세제

이전가격 문제를 고려할 때, 해외 소득 과세에 대한 글로벌 세제 방식과 영토주의 세제 방식 간의 상충관계에 대해 어떻게 생각해야 할까? 최근 조세개혁의 동기가 된 글로벌 세제에 대해 미국의 불만이 커지고 있다는 시각을 통해 이것을 보는 것이 유용하다.

해외세액공제 미국에 기반을 둔 다국적 기업이 외국 정부에 지불한 세금에 대해 미국 세금에서 공제받을 수 있는 제도

본국송금 해외에서 벌어들인 소득을 본국으로 송금하는 것

글로벌 세제에서는 미국 기업은 공장이 위치한 곳이면 어디든지 미국 법인세 의무가 있었다. 그러나 기업은 외국 정부에 지불한 세금을 미국에서 세액공제를 받을 수 있었다. 이러한 **해외세액공제**(foreign tax credit)로 인해 기업은 자회사의 소재지와 관계없이 원칙적으로 동일한 세율(미국 법인세율)로 법인세를 납부하도록 되어 있었으나 실제로는 그렇지 않았다.

이것은 해외소득에 대해서는 그 소득이 해외의 자회사로부터 본국의 모회사로 **본국송금**(repatriation)이 이루어질 때만 과세되기 때문이었다. 결과적으로 해외에서 번 소득을 자회사에서 보유하는 한 미국에서 세금을 낼 필요가 없다. 법인세율이 미국에 비해 낮은 국가에 있는 자회사들은 이러한 세제상의 이점 때문에 모회사에 대한 송금을 가능하면 늦출 것이다. 예컨대 미국의 법인세율은 35%인 데 반해 어떤 나라의 법인세율은 10%라면 이 회사는 해외에서 벌어들인 소득을 본국으로 송금하지 않음으로써 소득의 25%에 해당하는 세금의 납세를 연기할 수 있다. 궁극적으로 해외에서 벌어들인 소득은 해외에서 낸 세금을 뺀 나머지 부문에 대해 미국으로 송금되는 미래의 시점에서 미국의 세금(25%)이 적용된다. 따라서 해외에서 벌어들인 소득에 대한 세금 지출의 현재가치는 소득 발생 시 과세될 때보다 낮아져 세제상의 혜택이 발생한다. 만약 미국으로 영원히 송금되지 않는다면, 법인회사는 해외에서 벌어들인 소득에 대해서는 미국에서 세금을 내지 않아도 된다.[32] 이는 자본이득에 대해 발생 시점보다 실현 시점에서 과세할 때 세제상의 혜택이 발생한다는 논리와 매우 흡사하다. 세금이 미래에 지불되기 때문에 실효세율은 낮아진다.

이 세제의 결과로, 글로벌 세제에서도 기업은 외국에서 벌어들인 이윤에 대해 미국에서 법인세를 납부하는 것을 피할 수 있었다.애플이 이전가격을 통해 보고하지 않은 740억 달러의 이윤을 생각해보라. 이 740억 달러가 미국으로 송금되었다면 세금이 부과되었을 것이다. 당연히 애플은 해외소득을 송금하지 않았다. 사실, 이 이윤을 미국으로 돌려보내는 것을 피하기 위해 애플은 수십억 달러의 현금을 해외에 보유하고 있음에도 돈을 차입하여 빚을 지게 되었다.[33]

---

31 Cohen(2014). Torslov 외(2020)는 다국적 기업 이익의 약 40%가 전 세계적으로 조세 피난처로 이전되는 것으로 추정했다.

32 Desai 외(2001)는 해외소득이 본국으로 송환될 때까지 미국에서 세금을 내지 않아도 되는 미국 해외 **자회사**의 행태와 본국 송환 여부와 상관없이 벌어들인 소득에 대해 세금을 내는 미국 해외 **지점**의 행태를 비교했다. 이들은 세금이 낮은 지역의 외국 자회사가 동일한 국가의 외국 지점보다 배당금을 본국으로 송금할 가능성이 훨씬 낮음을 보였다. 이는 본국으로의 송금이 세제 유인에 의해 결정된다는 설명과 일치한다.

33 Gongloff(2013).

이러한 회피 행동을 감안할 때, 해외에서 벌어들인 이윤은 대부분 해외 현금 보유를 통해 회피된다는 점에서 많은 사람들은 미국의 글로벌 세제는 이미 효과적인 영토주의 세제와 같다고 주장하였다. 실제 일부 사람들은 회피 행위로 인해 이들 이윤이 가장 생산적인 곳에 투자되기보다 해외에서 보유되도록 유도하기 때문에 영토주의 세제보다 오히려 나쁘다고 주장했다. 영토주의 세제에서는 해외에서 발생한 이윤은 미국으로 돌아가 미국에서 경제 활동을 창출할 수 있다.

이러한 논리는 2004년 통과된 미국인의 일자리 창출법의 일환으로 '세금 공휴일'제도가 만들어진 동기가 되었다. 이름에서 알 수 있듯이, 세금 공휴일제도의 핵심은 해외에서 발생한 이윤에 대해 어떻게 과세할 것인가였다. 법안의 이름을 통해서도 알 수 있듯이, 이 법안은 경제를 회생시켜 일자리를 창출하기 위해 만들어진 것이었다. 법안의 가장 중요한 조항 중 하나가 해외에서 송금된 이윤에 대해 세율을 1년 동안 한시적으로 35%에서 5.25%로 낮추는 것이었다. 이는 한시적으로 세금혜택을 주면 다국적 기업들이 이를 이용해 현재 해외에서 보유하고 있는 수십억 달러의 이윤을 미국으로 송금할 것이라는 기대 때문이었다.

2008년 여름까지, 미국의 회사들은 대략 3,120억 달러를 송금했다. 그러나 기대했던 고용과 일자리 창출은 이루어지지 않았다. 12개 기업을 대상으로 한 초당적인 의회연구서비스(Congressional Research Service)의 2009년 보고에 따르면 적어도 2006년까지 8개 기업이 일자리를 줄였다. 이런 현상은 화이자제약에서 극명하게 나타났다. 화이자제약은 2005년 다른 기업의 2배가 넘는 370억 달러를 송금했으나 일자리는 오히려 10,000개를 줄였다. 이 보고서에 따르면, "실증분석 결과 송금조항은 제한적이나마 국내로의 송금은 증가시켰으나 이들 송금은 현금흐름의 목적으로 사용되었고 이것이 새로운 투자로 연결되었다는 증거는 없었다." 과세에 대한 합동조세위원회의 추정에 의하면 세금 공휴일제도 도입으로 2005년 국내송금이 증가했으나 이는 세율이 높더라도 어떤 방식으로든 미국 국내로 유입되었을 송금이었다. 또한 이 위원회의 추정에 따르면 세금 공휴일제도 도입으로 정부의 세수는 2014년까지 330억 달러가 감소할 것으로 나타났다. 2009년까지 세금 공휴일제도에 대한 아이디어가 다시 의회에서 논의되었고, 세금 공휴일의 예상비용은 향후 10년간 300억 달러가 될 것으로 추산되었다.[34]

세금 공휴일제도의 경험은 글로벌 세제와 영토주의 세제 중 하나를 선택하는 데 있어 신중을 기하게 한다. 글로벌 세제는 적어도 일부 이윤이 본국으로 송환되는 만큼 더 많은 세수를 창출하지만 세금을 피하기 위해 본국 송환율을 낮추도록 기업의 의사결정을 왜곡시킨다. 그러나 세금 공휴일제도의 경험으로부터 더 많은 현금이 송금되었다 해서 이것이 경제성장과 직결된다는 확실한 증거도 없다. 이러한 이유로 일부 사람들은 기업이 본국 송환 여부와 상관없이 소득에 대해 과세하는 수정된 글로벌 세제를 제안했다.[35] 해외세액공제는 기존 글로벌 세제하에서와 마찬가지로 계속 적용되지만, 이제는 어디에서 현금이 보유되고 있는지에 관계없이 미국 세금

34 Mundaca(2011).

35 예컨대, Furman(2017) 참조.

부담의 차액만큼이 부과되고 있다. 신청서에서 알 수 있듯이 최근의 세제개혁은 다소 다른 방향으로 진행되었다.

kmsdesen/Shutterstock

응용사례

2017년 세제개혁과 법인세 격차

공공경제학에서 있어 최적세의 핵심은 조세왜곡을 유발하는 조세격차를 최소화해야 한다는 것이다. 법인세는 경제 전반에 걸쳐 다양한 격차를 유발시키지만 그중 가장 중요한 두 가지는 국내외 경제 활동 사이의 격차와 법인과 비법인 기업 형태 사이의 격차이다.

도입부에서 논의했듯이 많은 사람들은 미국의 법인세가 매우 높은 세율을 통해 미국의 경제활동을 위축시키고 글로벌 세제를 통해 해외에 기업자산을 보유하는 것을 조장한다고 보았다. 이런 이유로 미국은 2017년 세제개혁을 통해 법인세율을 낮추고 법인세제를 영토주의 세제로 전환했다. 그러나 영토주의 세제로의 즉각적인 전환은 기업이 이미 이윤을 본국으로 송환한 정도에 한해 세수를 감소시킬 것이고 본국 송환을 회피함으로써 미국의 세수를 줄어들게 한 기업에게 보상을 주는 셈이 될 것이다. 또한, 영토주의 세제는 이전가격을 이용하여 이윤을 해외로 이전하는 유인을 추가로 제공할 것이다. 이는 한번 이전되면 과세되지 않기 때문이다(송환 시 과세되는 것과 반대됨). 실제로 Langenmayr와 Liu(2020)가 2009년 영국에서 글로벌 세제에서 영토주의 세제로 전환한 효과를 연구한 결과에 따르면, 저세율 국가에 있는 영국 자회사의 이윤이 동일 국가에 있는 비영국 자회사에 비해 증가했다.

2017년 세제개혁은 두 가지 방법으로 이러한 우려를 해결하려고 했다. 첫 번째는 특정 해외소득에 대해 최소 세금 부과이다. 특히 기업의 해외 유형자산(공장 등)의 10%를 초과하는 해외소득에 대해서는 세금이 부과된다. 그러나 Marr 외(2018)의 연구에서 강조했듯이 이 새로운 조항 자체는 여러 측면에서 문제를 발생시킨다. 첫째, 공제는 기업의 해외 유형자산(예컨대 공장)의 함수이기 때문에 그러한 자산과 그에 수반되는 일자리를 해외로 이전할 유인을 제공한다. 둘째, 이 최소 세금은 10%만 부과되므로 해외소득은 여전히 실질적으로 세금 우대 혜택을 받는다. 마지막으로 최소 세금은 글로벌 세제와 소득에 근거하고 있기 때문에 국가별로 부과되지 않는다. 따라서 기업들은 미국 이외의 다른 곳에 유형자산을 가지고 있는 한 조세 피난처에서 지속적으로 상당한 탈세를 할 수 있다.

상황을 더욱 복잡하게 만드는 것은 조세법은 국내 이윤에 의해 창출된 소득보다 수출로부터 발생하는 소득에 낮은 세율로 과세함으로써 유형자산을 해외로 이전하려는 유인을 해결하려고 한다는 점이다. 그러나 이것은 게임을 위한 더 많은 기회를 제공한다. 미국 기업은 미국에서 제품을 팔고 이윤에 대해 21%의 세금을 내는 것이 아니라 외국 유통업자에게 제품을 판매함으로써 제품을 '수출'할 수 있으며, 외국 유통업자는 제품을 미국에서 다시 판매할 수 있다. 이 제품이 미국에서 만들어지고 미국인들이 소비하지만 이 '수출'에서 발생한 이윤에 대해서는

13.125%의 세율이 과세된다.

두 번째는 '본국송금으로 간주(deemed repatriation)'라고 하는 송환되지 않은 해외 배당금 총액에 대한 일회성 세금이다. 이 기존 주식은 현금 자산의 경우 15.5%, 비현금 자산의 경우 8%가 과세된다. 기업들은 8년이라는 기간에 걸쳐 실제로 수익을 송환하거나 세금을 납부할 수 있는 선택권이 주어진다. 이 조항은 세수를 상당히 증가시키고 영토주의 세제로의 직접적인 전환에 의해 암시되는 '경품(giveaway)'을 방지한다. 그러나 글로벌 세제보다 더 나은지 여부는 이러한 소득이 결국 더 높은 세율로 송환되었는지 여부에 달려 있다.

세제개혁가들이 우려했던 두 번째 격차는 기업 형태 사이에 존재한다. 앞서 언급했듯이, 미국 내 대부분의 매출은 법인으로부터 발생하지만, 기업의 대부분은 비법인이다. 이것은 법인 형태와 비법인 형태 간의 세금 차이가 기업이 둘 중 하나를 선택하도록 왜곡할 수 있는 가능성을 높인다. 이는 세제개혁 전 법인세율이 35%인 이유였는데, 이는 대부분의 성공적인 비법인 기업이 납부하는 최고 개별 한계세율과 비슷한 수준이었다.[36]

그러나 법인세율을 21%로 낮추면서 2017년 세제개혁은 기업 조직 형태 사이에 상당한 격차를 발생시켰다. 이러한 잠재적인 문제를 해결하기 위해, 세제개혁은 파트너십, 개인 소유권, 그리고 S법인과 같은 '통과(pass-through)' 조직 형태에 대한 새로운 세금 감면을 추가했다. 즉 그러한 기관들은 그들의 비임금소득에 대해 20%의 공제를 받는다. 이러한 방식으로 조직 형태 간의 격차가 줄어들지만 막대한 세수 비용(revenue cost, 10년 동안 4,150억 달러)이 발생한다.

하지만 이러한 변화는 세제에 새로운 왜곡을 야기시켰다. 이는 자영업자의 임금소득과 비임금소득의 경계가 매우 모호하기 때문이다. 결과적으로, 임금소득이 아닌 비임금소득에 대해 큰 공제를 제공함으로써, 세제개혁은 새로운 격차를 만들었다. Marr 외(2018)에서 설명한 바와 같이, "13명의 주요 세무 전문가 그룹은 새로운 세금 감면으로부터의 혜택을 극대화하는 방식으로 사업의 여러 측면을 분리하거나 서로 다른 사업을 결합하는 '크래킹(cracking)' 및 '패키징(packing)'과 같은 잠재적 전략이 활용될 여지가 있음을 강조했다. 예를 들어, 의사 집단은 부동산 투자 수단인 리츠(REIT)를 형성하고 리츠로 하여금 그들 의료기관의 건물을 구입하도록 할 수 있다. 리츠는 구매한 의료기관 건물을 사용하는 대가로 의사들에게 '임대료'를 '청구'한다. 기본적으로 리츠에 의사들이 지불하는 임대료는 본인에게 지불하는 것이 되고 리츠의 임대소득은 통과 공제(pass-through deduction) 대상이 된다(리츠 소득은 공제 대상). 더욱이, 고임금 의사는 리츠로 하여금 의료 행위에 임대료를 과도하게 청구하게 하여 소득을 사실상 소득공제를 받을 자격이 없는 형태(의료행위 소득)에서 자격이 있는 형태(리츠 소득)로 이전할 유인을 갖게 된다."

세금격차를 쫓는 문제는 여기서 명백해진다. 미국은 국제 경쟁력을 높이기 위해 법인세율을 낮춘다. 그 후, 미국 내 기업 형태들 간의 평등을 보장하기 위해 비법인 기업에 대한 세율을 낮춘다. 넓은 의미에서, 이러한 세제개혁은 국가와 기업 형태에 걸쳐 보다 낮아진 세율과 형평성

---

36 실제로 법인과 비법인 법인 모두에 대한 실효세율은 훨씬 낮았다. Cooper 외(2016)는 최근 세제개혁 이전에 통과된 기업에 대한 실효세율이 19%였다고 제시하였다.

을 가지도록 세제를 재설정했다. 그러나 실제로 세제개혁은 새로운 일련의 조세 왜곡을 낳았고, 동시에 법인세 세수를 최저 수준으로 낮췄다. 이것이 미국의 경제 성과를 개선시킬 수 있을지는 두고 봐야 한다. ■

24.6 재원 조달에 대한 법인세의 결과

법인세는 얼마만큼 투자를 할 것인지와 관련된 기업의 결정뿐만 아니라 효율성에도 영향을 미친다. 법인세에 의해 영향을 받는 또 다른 중요한 결정은 투자재원을 어떻게 조달할 깃인지다. 앞서 언급했듯이 재원을 조달하는 방법은 세 가지였다. 사내유보금을 사용할 수도 있고, 차입을 통해 부채로 조달할 수 있고, 주식을 발행할 수도 있다. 기업이 주식 발행을 통해 재원을 조달한다면, 기업은 투자자에게 수익을 어떻게 돌려줄 것인지에 대해 두 가지 방안 중 하나를 선택해야 한다. 배당금을 줄 수도 있고, 수익을 재투자해서 자본이득이 생기도록 주식의 가치를 증가시킬 수도 있다. 사내유보를 통해 투자를 하는 방법은 상대적으로 관심을 덜 받고 있기 때문에 이 방법은 분석의 대상에서 제외한다. 논의는 새로운 자본으로 투자재원을 조달하고자 할 때 법인세가 이에 미치는 효과에 초점을 맞춘다.

재원 조달에 대한 법인세의 효과

기업이 매년 1달러의 법인소득을 창출하는 투자를 위해 10달러가 필요하다고 하자. 기업은 부채나 주식을 통해 투자에 대한 재원을 조달하기를 원하며 어떤 경우든 투자자에게 1달러를 돌려주고 싶어 한다. 그림 24-5는 법인세가 이러한 투자재원을 어떻게 조달할 것인지에 대한 의사결정에 어떤 영향을 미치는지를 보여주고 있다(사내유보를 통해 재원을 조달하는 방법은 무시한다). 첫 번째 단계에서, 기업은 10달러의 투자비용을 부채를 통해 조달할 것인지 아니면 주식 발행을 통해서 조달할 것인지에 대해 결정해야 한다. 만약 기업이 부채를 통해 재원을 조달한다면(그림의 윗부분), 기업은 채권 보유자에게 1달러의 이자를 지불해야 한다. 이자는 법인세 계산 시 법인소득에서 공제되기 때문에 기업은 1달러에 대해 법인세를 내지 않아도 된다. 법인소득 1달러는 세금 계산 시 정확히 1달러의 이자 지불로 상쇄된다. 따라서 채권 소유자들은 1달러를 온전히 받고 그 대신 1달러에 대해서는 개인소득세를 내야 한다. 개인소득세율이 τ_{int}라면 채권 소유자가 궁극적으로 받게 되는 이자소득은 1달러 $\times$ $(1-\tau_{int})$이다.

대안적으로 기업은 투자재원을 주식 발행을 통해 조달할 수도 있다. 이 경우에는 기업이 투자로부터 1달러를 벌 때 이자를 지불할 필요가 없기 때문에 법인세를 계산할 때도 이를 공제받지 못한다. 법인세율이 τ_c라면 주주들은 1달러의 법인소득에 대해 1달러 $\times$ $(1-\tau_c)$만을 받게 될 것이다.

기업이 주식 발행을 통해 재원을 조달한다면, 추가적인 결정을 해야 한다. 주주들에게 어떤 방법으로 수익금을 배분할 것인가? 부채를 통해 재원을 조달할 때는 이러한 결정을 할 필요가 없다. 수익금은 단지 이자뿐이기 때문이다. 주식 발행을 통해 필요재원을 조달할 때는 기업은

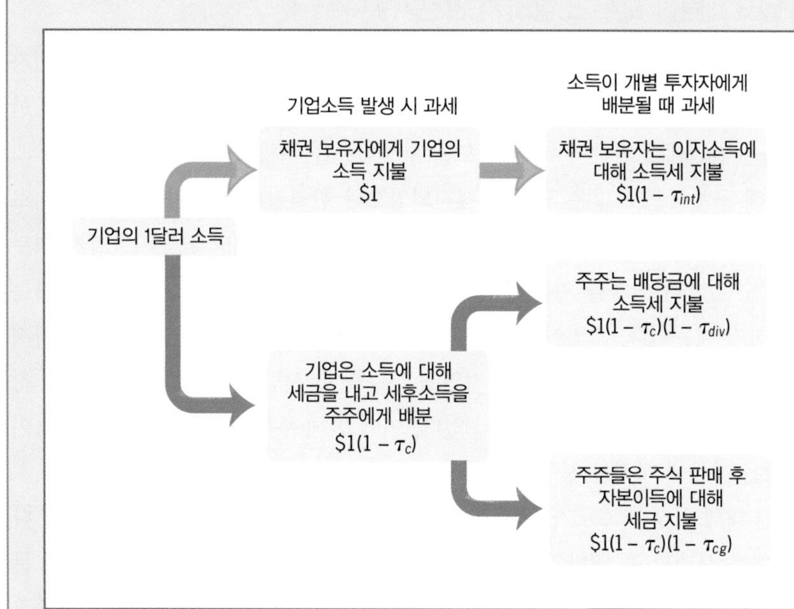

그림 24-5 기업의 재무 조달 의사결정 기업은 투자재원을 조달하기 원할 때 주식을 발행하거나 부채를 통해 자금을 조달할 수 있다. 만약 기업이 부채를 발행한 경우 기업이 1달러를 벌었을 때 1달러를 채권 보유자에게 이자로 지불하고 이는 법인세 이윤에서 공제된다. 채권 보유자는 1달러를 모두 받고 이자에 대해 세금을 지불하게 된다. 만약 기업이 주식을 발행하고 1달러를 번 경우 주식 보유자에게 1달러를 지불한다. 그러나 부채와는 달리 1달러에 대해 법인세를 지불하고 주식 보유자는 여기에 배당세나 자본이득세를 지불하게 된다.

배당금을 지불할 것인지 아니면 재투자할 것인지를 결정해야 한다. 배당금으로 지불한다면, 주주들은 배당금에 대해 배당세를 내야 한다. τ_{div}가 개인 배당세율이라면 주주들은 궁극적으로 1달러 $\times (1-\tau_c) \times (1-\tau_{div})$를 받게 된다. 개인 주주들에게 실질적으로 돌아가는 배당금이 이와 같이 결정되는 것은 법인세제와 개인세제에 의해 수익이 모두 과세되기 때문인데, 배당금의 이러한 특성을 종종 **배당금의 이중과세**(double taxation of dividends)라 부른다.

배당금 대신 기업이 1달러를 재투자한다면, 주주들은 주식을 팔 때 자본이득을 얻을 것이다. 1달러의 재투자가 주식가격을 1달러만큼 증가시킨다고 가정하자. τ_{cg}를 **실효자본이득세**라고 한다면 주주들은 1달러 $\times (1-\tau_c) \times (1-\tau_{cg})$를 받게 된다. 실현 시 과세되고, 사망 시 세원이 상향 조정되는 것 등을 포함해 제23장에서 논의되었듯이 다양한 자본이득에 대한 편익이 존재하고 이로 인해 실효자본이득세는 법정자본이득세율보다 낮게 된다. 실효자본이득세는 통상적으로 배당세율보다 훨씬 낮다. 2004년 현재 자본이득과 배당금에 대한 법정세율은 똑같이 15%이나 실효자본이득세율은 배당세율보다 낮다.

그림 24-5를 통해 명백히 알 수 있듯이, 법인세 구조는 투자재원을 어떻게 조달할 것이냐에 대한 기업의 의사결정에 중요한 역할을 할 수 있다. 부채를 통한 재원 조달은 소득에 대해 법인세를 절약시킬 수 있으나 개인들은 재투자와 같은 낮은 자본이득세율의 이점을 누릴 수 없게 된다. 주식 발행을 통해 재원을 조달하고 배당금을 지불하는 방법은 모든 방법들 중 조세의 효율성이 가장 낮다. 따라서 법인기업의 재원 조달과 관련해 두 가지 의문이 그림 24-5로부터 제기된다.

왜 부채를 통해 필요재원을 모두 조달하지 않는가?

회사는 두 가지 방법을 통해 필요재원을 조달한다. 부채를 통해 필요재원을 조달한다면, 이자 지출은 법인과세 시 공제된다. 만약 주식을 통해 필요재원을 조달한다면 법인세를 지불해야 한다. 그렇다면 회사들은 법인세를 피하기 위해 왜 모든 투자비용을 부채로 조달하지 않는가?

이러한 질문에 대해 구체적으로 많은 답들이 제시되었으나 한결같이 부채와 주식의 차이로 귀결된다. 부채는 고정 지출을 요구하나 주식은 그렇지 않다. 기업은 배당금을 지불할지 여부에 대해서는 선택할 수 있으나 이자를 지불해야 할지 여부에 대해서는 선택할 수 없다. 이자는 반드시 지불되어야 하기 때문이다. 기업이 이자를 지불하지 않는다면, 그것은 부채상환을 하지 않는 것이 되고 **부도**가 날 수밖에 없다. 부도 시 기업에 투자를 한 사람들은 잔존자산에 대해 청구권을 행사할 수 있으며 채권자들에게 우선권이 있다. 이에 반해 주식 보유자들은 채권자들이 권리를 행사한 후 남은 자산에 대해서 청구 자격이 주어진다.

공공경제학 과목에 대해 학생 스스로가 어떤 방법으로 성적을 받을지를 선택할 수 있으며 다음의 두 대안 중 하나를 선택할 수 있다고 해보자. 하나는 매주 문제집을 풀고 만약 하나의 문제집에서라도 통과하지 못한다면 이 과목을 낙제하는 것이고 다른 하나는 매주 문제집을 풀고 모든 문제집들에 대해 평균을 내서 낙제 여부를 결정하는 것이다. 대부분의 학생들은 융통성 때문에 후자를 선택할 것이다.

이와 유사하게, 주식 또한 그것이 갖는 융통성 때문에 세금상의 단점을 충분히 상쇄할 수 있다. 주식을 통한 재원 조달은 부도 위험에 대해 '안전장치'를 제공해줄 수 있다. 주식의 경우 기업의 재정상태가 좋지 않다면 기업은 부도에 직면하기보다는 배당금을 지불하지 않을 수 있다. 특히 기업의 경영자들은 소유자들의 이익을 극대화하기보다는 그들의 일자리를 잃게 할 매일매일의 위험을 감소시키는 데 신경을 더 많이 쓰기 때문에 투자재원의 조달 방법으로 부채보다는 주식을 선호한다.

세금상의 단점에도 불구하고 주식을 통한 재원 조달 방법은 기업 내 존재하는 대리인 문제(채권 보유자와 주식 보유자 사이의 이해관계 상충) 때문에 더욱 선호된다. 채권 보유자들은 기업이 부도가 나지 않는 한 기업의 성공 여부에 관계없이 고정수입(이자 지불)을 받는다. 이에 반해 주식 보유자들은 기업의 성과와 연계되어 수익을 받는다. 재투자된 기업소득은 회사의 가치가 증가할수록 그 가치가 높아진다. 그림 24-5에서는 기업에 재투자된 1달러는 단지 1달러의 가치를 낳는다고 가정했다. 실질적으로, 투자된 1달러당 수익은 불확실하다. 주식 보유자들은 기업 투자가 잘못될 때는 손실을 보고 투자가 성공적으로 이루어졌을 때는 이득을 보게 된다.

그러나 주식 보유자들의 손해에 대해서는 하한이 존재한다. 기업이 부도가 난다면 주식 보유자들이 잃게 될 손해는 그들이 투자한 돈이다. 반면 기업의 성과가 좋을 때 받을 수 있는 혜택에 대해서는 상한이 없다. 따라서 주식 보유자가 기업의 주식을 적게 가지고 있다면 감수할 위험에 비해 돌아올 혜택이 크기 때문에 기업이 공격적으로 투자하는 것을 선호할 것이다. 주식을 적게 소유하고 있어 손해 볼 돈이 많지 않기 때문이다. 주식 보유자들은 누구를 고용하고 잠재적으

표 24-1 부채 대 자본 표의 윗부분에서처럼 기업은 필요재원을 주식을 통해 100만 달러, 채권을 통해 500만 달러를 조달하고 있다. 고려 중인 투자는 주식 보유자의 관점에서 잠재이익은 300만 달러, 잠재손실은 200만 달러가 되어 기대수익이 양(+)이므로 이 투자는 하는 것이 바람직하다. 그러나 채권 보유자의 관점에서는 이러한 투자는 채권 보유자의 잠재이익은 없고 기대손실만 500만 달러가 발생하기 때문에 하지 않는 것이 좋다. 그러나 표의 아랫부분에서와 같이 주식 보유자가 기업 자산의 500만 달러를 가지고 있는 경우 주식 보유자의 관점에서 이 투자는 하지 않는 것이 타당하다.

	보유량	투자로부터 얻는 이익	투자로부터 얻는 손실	투자에 대한 기대수익	기업은 위험을 감수해야 하는가?
주식 보유자	$100만	$300만	$200만	$50만	그렇다
채권 보유자	$500만	0	$1,000만	−$500만	아니다
주식 보유자	$500만	$300만	$1,000만	−$350만	아니다
채권 보유자	$100만	0	$200만	−$100만	아니다

로 어떤 사업을 해야 할지에 대한 의사결정을 해야 하기 때문에 주식 발행을 통해 재원이 조달될 경우 기업들이 과도한 위험을 택할 가능성이 존재한다.

표 24-1의 윗부분에 정리되어 있는 바와 같이 현재 주식 100만 달러, 부채 500만 달러, 총 600만 달러의 가치가 있는 기업을 고려해보자. 매기 기업의 부채에 대한 이자는 50만 달러라고 하자. 이 기업은 매년 60만 달러의 수익을 내고 있으며 매년 50만 달러의 이자와 주식 보유자에게 10만 달러의 배당금을 지불한다.

이와 같은 수익에 추가해 기업은 50%의 확률로 300만 달러를 벌 수도 있고 50%의 확률로 600만 달러를 잃을 수도 있는 새로운 사업을 제의받았다고 해보자. 실패한다면, 600만 달러의 부채를 갚기 위해 이 기업이 가지고 있는 600만 달러의 자산(500만 달러의 채권과 100만 달러의 주식)을 사용해야 하므로 이 기업은 파산한다. 기업의 관점에서 볼 때 이 사업은 할만한 것은 아니다. 투자에 대한 기대수익이 (0.5 × 300만 달러) + (0.5 × −600만 달러) = −150만 달러이기 때문이다. 따라서 기업은 평균적으로 볼 때 돈을 잃기 때문에 투자를 하지 말아야 한다.

이제 주식 보유자의 입장에서 이 사업을 한번 생각해보자. 만약 투자가 성공한다면, 기업의 성과가 좋아지고 발생한 모든 이익은 주식 보유자에게 돌아가기 때문에 주식 보유자들은 300만 달러의 이득을 얻게 된다. 투자가 실패해서 파산한다면, 그들은 투자한 100만 달러와 미래의 매기에 발생하는 10만 달러의 배당금을 잃게 된다. 이자율이 10%라면, 배당금의 현재가치는 100만 달러가 되어 기업이 파산한다면 주식 보유자들은 총 200만 달러를 잃게 된다.[37] 주식 보유자들은 200만 달러를 잃게 될 확률이 50%이고 300만 달러를 얻을 확률이 50%이기 때문에 기대수익은 500,000달러[= (0.5 × −200만 달러) + (0.5 × 300만 달러)]가 되어 사업에 투자할 것을 제안할 것이다.

채권 보유자들은 어떤가? 기업은 이자를 지불할 만큼 충분한 소득이 있기 때문에 사업에 성

37 제4장에서 살펴본 대로, 미래에 무한히 지불해야 하는 지불의 현재가치는 지불 수준을 이자율로 나눈 값이다. 따라서, 100,000달러/0.1 = 1,000,000달러이다.

공하더라도 채권 보유자들은 추가적으로 얻을 게 없다. 그러나 사업이 실패해서 기업이 파산한다면, 그들은 매년 500,000달러의 이자뿐만 아니라 500만 달러의 원금도 받지 못하게 된다. 따라서 채권 보유자의 입장에서 이 사업은 0의 이득을 발생시키는 50%의 승리 확률과 500만 달러의 원금과 이자의 현재가치 50만 달러를 잃을 50%의 실패 확률을 지닌 도박이다. 채권 보유자의 입장에서 이 투자의 기대가치는 −500만 달러이다.

이 경우 주식 보유자와 채권 보유자의 이해는 상충된다. 주식 보유자들은 이 사업을 할 것을 지지하는 반면 채권 보유자들은 반대한다. 이 같은 문제가 발생한 이유는 기업의 총자산에서 주식이 차지하는 몫이 작기 때문이다. 만약 주식의 몫이 500만 달러이고 채권의 몫이 100만 달러였다면, 주식 보유자들은 이 사업을 지지하지 않았을 것이다. 이는 표 24-1의 하단부에 예시되어 있다(기업은 주식 보유자들에게는 배당금으로 50만 달러를 지불하고 채권 소유자에게는 이자로 10만 달러를 지불하는 것으로 가정). 이 상황에서 주식 보유자들은 잃게 될 돈이 많기 때문에 이러한 위험을 택하지 않을 것이다. 투자에 대한 기대수익은 지금 −350만 달러이다. 채권 보유자들은 전과 같이 기대수익이 음(−)의 값을 갖기 때문에 이러한 위험 사업을 하지 않으려 할 것이다. 주식 보유자와 채권 보유자들은 협력자가 되어 이 사업은 채택되지 않는다.

여기서 우리가 얻을 수 있는 중요한 하나의 결론은 재원 조달에서 채권이 차지하는 비중이 증가할수록 이해가 상충할 잠재성은 높아진다는 것이다. 상충할 잠재성이 높아지는 이유는 채권 비중이 증가함에 따라 채권 보유자들은 기업이 파산하였을 때 파산에 따른 부담을 보다 많이 지게 되는 반면 주식 보유자들은 부담을 보다 적게 지기 때문이다.

지금 당신이 소규모 기업들 중에서 돈을 빌려줄 곳을 찾고 있는 은행에서 일을 한다고 하자. 그러면 주식과 채권의 비중이 각각 50%인 기업을 선호할 것인가 아니면 주식 10%와 채권 90%인 기업을 선호할 것인가? 지금까지 살펴보았던 논리를 적용해본다면, 주식과 채권을 50%씩 가지고 있는 기업을 선호할 것이다. 주식의 비중이 10%인 기업은 채권 보유자인 당신에게 음(−)의 기대수익을 발생시키는 고위험의 사업을 택할 수도 있기 때문이다.

이러한 대리인 문제 때문에, 은행(그리고 다른 대여자들)은 채권 비중이 높은 기업에게는 대출이자를 높일 것이다. 높은 이자율을 적용한다면 이는 채권이 가지는 세금혜택을 상쇄할 것이고 따라서 기업들은 상충관계에 직면하게 된다. 부채 비중이 높다면 보다 많은 세금혜택을 받을 수 있으나 높은 이자 때문에 잠재적으로 재원 조달비용은 높아진다.

배당금의 역설

기업의 재원 조달과 관련한 두 번째 의문점은 배당금을 왜 지불해야 하는가이다. 주식을 통해 필요재원을 조달했고 1달러의 수익을 올렸다고 하면 기업은 이 1달러를 두 가지 방법으로 사용할 수 있다. 첫째는 배당소득세를 내야 하는 배당금으로 지불할 수 있다. 둘째는 재투자이다. 재투자는 기업의 가치를 올려 자본이득세가 낮기 때문에 주식 보유자들로 하여금 주식 판매 시 이로부터 이득을 얻게 할 수 있다. 통상적으로 실효자본이득세율은 배당세율보다 훨씬 낮다. 따라서 생산적인 재투자를 찾을 수 있는 한 기업의 수익은 배당금으로 사용되기보다는 재투자

실증적 증거

법인세가 기업의 재무 구조에 어떻게 영향을 미치는가?

위의 논의는 기업의 재무 구조(그리고 특히 부채에 대한 의존)에 대한 법인세의 영향이 불분명함을 시사한다. 물론 이 문제는 법인세 부담이 더 많은 기업이 부채 수준이 더 높은지를 단순 비교하는 것만으로는 답할 수 없다. 법인세는 그 자체가 재무 구조를 비롯한 다양한 기업 결정들의 함수이다! 부채가 많은 회사는 세금 납부액이 적으므로 부채 수준을 법인세 납부액에 대해 회귀분석하면 그 계수 값은 편의를 가질 것이다.

Heider와 Ljungqvist(2015)는 미국의 주 법인세들의 변화를 사용해서 이 문제를 설명했다. 1990년에서 2011년까지 38개 주에서 법인세율이 바뀌었다. 그들은 세율 변화가 있었던 주에서 세율 변화가 기업에 미치는 영향과 (세율 변화가 없었던) 주변 주에 있는 동일한 산업의 유사 기업에 세율이 미치는 영향을 비교했다. 이러한 방식으로, 그들은 유사한 기업을 활용하여 세금 변동이 기업 재무 구조에 어떤 영향을 미치는지 파악하였다.

그러나 이와 같은 국가의 법인세 변화 자체가 기업의 레버리지를 결정하는 요인에 반응할 수도 있다. 예를 들어 어떤 주에서 부정적인 경제 충격으로 인한 법인세수 감소를 상쇄하기 위해 세율을 인상할 수 있다. 동시에, 경기침체기에 기업은 부채 비율을 높이면서 차입을 늘릴 수도 있다. 연구자들은 이 문제를 해결할 수 있는 매우 영리한 방법을 제시했다. 그들은 세금을 바꾼 주와 그렇지 않은 주들의 경계에 있는 회사를 조사했다. 이들 기업들은 경계에 있기 때문에 직면하고 있는 경제적 여건은 비슷하지만 감세는 세율이 감소한 주에 있는 기업에게만 영향을 미친다.

이러한 실증적 접근법을 사용하여, 연구자들은 주정부 법인세율 변경이 회사의 자금 조달 방법에 큰 영향을 미쳤다는 것을 발견했다. 법인세 증가는 재무 조달에 있어 부채의 사용을 늘렸다. 주 법인세가 평균 13% 인상되면 기업 재무 조달에 있어 부채가 차지하는 비율이 4.5% 증가하는 것으로 나타났다. 동시에 이 효과는 비대칭적이라는 사실도 발견했다. 법인세 감소는 기업 레버리지의 감소로 이어지지 않았다. 이러한 비대칭성을 통해 재무 구조의 최적화는 단순히 법인세에서만 영향을 받는 것은 아니라는 사실을 알 수 있다.

로 사용되는 것이 바람직하다. 지난 20년 동안 배당금을 지급한 회사의 수는 비록 줄어들고 있지만 상장기업들 중 약 20%는 여전히 배당금을 지급하고 있다. 여기서 자본이득세가 매우 낮은데도 불구하고 기업들은 왜 배당금을 지급하는가 하는 또 하나의 의문이 생긴다.

Gordon과 Dietz(2006)의 연구에서 검토되었듯이, 실증분석 결과들에 따르면 기업들이 배당금을 지급하는 이유는 두 가지이다. 첫 번째는 대리인 문제이다. 투자자 혹은 주주들은 대리인 문제에 직면하기 때문에 세금의 비효율성을 감수하면서도 가능하면 경영자에게 기업의 이윤을 맡기지 않으려 한다. 최근의 연구에 따르면, 오랜 기간 배당금을 지급해오고 있는 대기업들 중 25개사가 배당금을 지급하지 않았다면, 이들이 현재 갖고 있는 1,600억 달러의 현금은 1조 8,000억 달러에 달했을 것이라 한다. 이들은 기회주의적인 경영자들이 현금을 많이 비축하려고 하는 이유는 기업의 이윤을 비효율적인 곳에 투자하거나 혹은 정당하지 못하게 사용하려는 의도 때문일 수도 있음을 지적하고 있다. 이러한 상황에서 주식 보유자들은 기업의 자산에 대한 경영자들의 영향력을 감소시키기 위해 비효율성을 기꺼이 감수한다.[38]

두 번째는 신호 이론이다. 투자자들은 기업이 얼마나 잘되고 있는지에 대한 정보를 얻기가 어렵다. 그래서 경영자들은 기업이 잘되고 있다는 것을 투자자에게 알리기 위해 배당금을 지급한다. 즉 경영자들이 세금비효율적인 배당금을 지급하면서까지 기꺼이 '돈을 써버리고자' 하는 이

38 DeAngelo et al.(2004).

유는 기업이 충분한 수익을 올리고 있다는 것을 투자자에게 알려주기 위해서이다. 배당금을 지급함으로써 경영자들은 기업에 대해 나쁜 인식을 가지고 있는 투자자들에게 그들의 투자가 잘 되고 있다는 것을 보여줄 수 있다.[39]

배당금은 과세되어야 하는가?

세제정책과 관련해 현재 논의되고 있는 주요 쟁점 중 하나가 배당세율에 관한 것이다. 이 장을 통해 보았듯이, 배당금에 대한 개별세율은 자본이득에 대한 실효세율보다 통상적으로 높다. 그림 24-5의 논리에 따르면, 높은 배당세율은 기업의 재원 조달과 관련해 세 가지 영향을 미친다. 첫째, 배당금의 사용을 줄일 수 있다. 다음 페이지의 '응용사례' 분석에 나타나 있듯이, 2003년 배당금에 대한 과세 수준이 낮아지자 배당 지출이 크게 늘어났다.

둘째, 높은 배당세금은 기업들로 하여금 주식 발행보다는 부채를 통해 필요재원을 조달하게 한다. 기존 문헌들에 따르면 배당세율이 높아질 때 기업은 부채를 통해 재원을 조달하는 경향이 보다 많아졌다고 한다.[40]

마지막으로, 추측컨대 가장 중요하다 생각되는데, 배당세율을 높일 경우 투자를 감소시킬 수 있다. 배당금의 형태로 기업의 이윤을 받는 투자자들에게, 배당금에 대한 세율 증가는 투자에 대한 실효세율을 증가시킨다. 배당세율이 증가한다면 투자자들은 보다 높아진 세전투자수익률을 요구할 것이고 이는 그림 24-2, 24-3, 24-4에 있는 한계비용곡선을 상향이동시켜 투자를 감소시킨다(한계생산은 체감하므로 기업들은 추가적인 투자에 대해 보다 높은 실질수익률을 얻으려면 투자를 감소시켜야 하기 때문이다). 이런 결과에 근거해서 많은 사람들은 배당금에 대한 이중과세는 법인기업의 투자를 줄이게 한다고 주장한다. 원칙적으로는 배당세율을 줄이는 것이 국가 전체 차원에서 법인기업의 투자를 늘리는 강력한 수단이 될 수 있다.

그러나 이러한 예측은 기업들이 가장 우선적으로 왜 배당금을 지급하는지를 예측할 수 없는 모델로부터 나온 것이다. 대리인 모형이나 신호 이론 모형에서는 배당금에 대한 세율이 높아질 때 투자가 증가한다. 이는 이들 두 모형에서는 기본적으로 배당금은 생산적이지 않다고 간주하기 때문에 배당금에 대한 세율이 높아질 경우 기업은 이윤을 배당금으로 사용하는 빈도를 줄일 것이기 때문이다. 즉 배당금이 대리인 문제를 해결하든 혹은 신호로서 작용하든 이에 관계없이 세율이 높아진다면 비용이 증가하기 때문에 기업들이 이윤을 배당금으로 사용하고자 하는 경향은 줄어든다. 기업들이 배당금에 대한 지출을 줄일 때 사내유보는 증가할 것이다. 법인재무 이론에 관한 최근 문헌에 따르면 사내유보는 투자의 재원 조달을 결정할 때 추측컨대 가장 중요한 수단이다.[41] 따라서 이러한 비효율적인 배당금 지출에 대해 과세하는 것은 투자를 줄이게 하는

---

[39] Chetty와 Saez(2006)는 대리인 이론이 2003년 배당금 감면에 대한 반응(특히 관리자와 소유자가 더 분리된 기업에서 더 큰 반응을 보임)으로 나타나는 결과 패턴을 설명하는 적합한 이론이라고 강력하게 주장했다.

[40] Auerbach(2002).

[41] 기업 사내유보금이 투자 자금 조달의 핵심이라는 가설은 Fazzari 외(1988)에 의해 처음으로 검증되었다. 이 견해를 뒷받침하는 추가적인 강력한 증거로는 유가 하락으로 인해 현금이 줄어들었을 때 석유회사 투자가 감소했다는 Lamont(1997)와 정부가 기업 기여금 증가를 의무화했을 때 기업 투자가 감소했음을 보여준 Rauh(2006)가 있다.

것이 아니라 오히려 증가시킨다. 불행하게도 지금까지 배당금에 대한 과세가 투자에 어떤 영향을 미치는지를 설득력 있게 제시한 연구는 거의 없다.

kmsdesen/Shutterstock

응용사례

2003년 배당세 감소

부시 대통령은 2003년 5월 28일 일자리와 성장을 위한 조세 구제 조정안에 서명했고 여기에는 배당세율을 감소시키는 법안도 포함되어 있었다. 이 법안 전까지 배당세율은 38.6%로 20%인 자본세율보다 높았다. 그러나 이 법으로 배당금과 자본이득에 대한 세율은 모두 15%로 줄었고 이로 인해 배당금은 투자자들에게 매우 매력적인 투자 요인이 되었다.

배당세율을 낮추어야 한다는 데 찬성한 사람들은 그렇게 할 경우 경제를 활성화시킬 뿐만 아니라 법인소득의 이중과세 문제도 해결될 수 있다고 주장한다. 부시 자신도 "제안된 다른 감세안과 함께 배당금의 이중과세를 종식시키는 것은… 경제를 성장시키는 가장 좋은 방법이다"라고 주장하면서 배당세를 완전히 폐지하고 싶어 했다.[42] 이러한 견해에 따르면 배당세율의 감소는 회사들에게는 배당금을, 투자자들에게는 투자수익 증가로 투자를 각각 늘리게 한다.

반면 배당세율을 낮추어야 한다는 데 반대하는 사람들은 배당금은 주로 고소득계층에게 지급되기 때문에 배당세율을 감소시킨다면 재정의 불균형을 초래할 뿐만 아니라 세제를 역진적으로 만들 것이라고 주장한다. 배당세율을 완전히 없애자는 한 상원의원의 제안에 대해 워런 버핏은 그가 소유하고 있는 버크셔해서웨이의 지분을 활용해 "추가적으로 연방 세금을 내지 않으면서 소득을 3억 1,000만 달러 추가적으로 증가시켜 소득세율을 3%가 되게 할 수 있다"라고 말했다.[43] 비록 이 제안은 통과되지 않았지만 배당세율은 감소되었고 이로 인해 향후 10년간 정부의 세수는 800억 달러 감소할 것으로 예상되었다.

2003년 세율 감소에 따른 효과는 여러 논문에서 분석되었다. 전통적인 이론이나 앞서 언급된 두 대안적인 모델에 의해서 예측되었듯이 세율 감소로 배당 지출은 명백히 증가했다. Chetty와 Saez(2006)는 배당 지출 규모는 세율이 감소하기 전 4년 동안은 변화가 없었으나 세율이 감소한 후에는 약 25% 증가했다는 것을 발견했다. 또한 배당 지출의 증가는 비과세 기관인 기업(연금 기금과 같은)보다 배당세율의 감소로 대부분의 주주들이 이익을 얻는 기업에서 대부분 발생했다는 것을 발견했다. 그러나 배당세율의 감소로 투자가 증가했는지는 아직 확실치 않다.

Yagan(2015)은 2003년 배당세 감축에 따른 투자효과에 대해 새로운 증거를 제시했다. 그는 배당세 감축은 지금까지 토론의 초점이었던 C기업 유형의 회사에만 적용되었고, 규모는 작지만 수는 더 많은 S기업에서는 발생하지 않았다는 것을 언급했다. 따라서 미국에서 배당세 삭감으로 투자가 늘어났다면 2003년 이후 S기업에 비해 C기업에 대한 투자가 늘어났어야 했다. 그러

42 Powell(2003).

43 Buffett(2003).

나 이 두 유형의 기업에 대한 투자 패턴은 동일했다. 이는 배당세를 낮추었다고 해서 투자가 크게 증가하지 않는다는 것을 의미한다. ■

법인세 통합

최근 통과된 법안으로 배당세율은 낮아졌지만 의문은 여전히 남아 있다 — 주주들에게 귀속되는 법인소득은 형태에 따라 왜 다른 세제가 적용되어야 하는가? 법인세 정책에 대한 하나의 대안으로 제시되고 있는 것이 법인세를 폐지하고 법인소득을 개별 차원에서 과세하는 **법인세 통합**(corporate tax integration)이다. 법인세 통합의 전형적인 방법은 법인소득이 배당금으로 지불되든 지불되지 않든 이에 관계없이 매년 발생하는 법인소득을 주주의 몫으로 간주하는 것이다. 어떤 사람이 회사의 5%를 소유하고 있다면 이 사람은 과세 시 회사 이익의 5%에 해당되는 소득을 할당받고 이에 기초해 세금을 내는 반면 회사는 세금을 내지 않는다.

법인세 통합 개인(주주) 차원에서 법인소득을 과세하기 위해 법인세를 없애는 것

이러한 방법은 회사의 이익이 주주들에게 환원되는 방법에 관계없이 주주 입장에서 과세되기 때문에 환원 방식이나 회사의 형태(비법인기업 대 법인기업)에 따른 세제상의 차별이 발생하지 않는다. 따라서 회사의 형태에 대한 결정 시 법인세가 야기할 수 있는 편의도 발생하지 않는다. 몇몇 연구에 따르면, 법인세는 비법인 주체에 비해 법인에 대한 세금부담을 증가시키기 때문에 기업들은 법인에서 비법인으로 전환하기도 한다고 한다.[44] 이와 관련된 탄력도가 높을 경우 기업들이 법인 형태로 있음으로써 전적으로 세금유인 때문에 발생하는 사중손실이 클 수 있다. 법인세 통합은 법인세에 따른 이러한 사중손실을 줄인다.

그러나 법인세를 통합한다면 모든 법인소득이 주식투자에서 발생하듯이 단지 한 번만 과세되기 때문에 정부의 세수는 감소한다. 법인세 통합으로 이득을 보는 계층은 주로 법인의 대부분의 몫을 차지하고 있는 고소득 투자자이다. 따라서 법인세 통합은 효율성은 증가시키나 세제의 수직적 형평성은 저하시킨다.

24.7 결론

정부세수에서 법인세가 차지하는 비중은 미국에서 계속 줄어듦에도 불구하고, 법인세는 기업의 행위를 결정함에 있어 중요 요소로 계속 남아 있다. 투자와 관련해서 법인세가 발생시키는 복잡한 유인책 및 비유인책들은 기업이 투자를 결정함에 있어 중요한 역할을 하는 것으로 생각된다. 법인과 개인에 대한 자본과세는 비록 완전하지는 않지만 투자재원을 어떻게 조달할 것인지에 대한 기업의 의사결정에 영향을 미친다.

미국은 법인세제를 어떻게 개혁할 것인지에 대해 매우 어려운 의사결정을 해야 한다. '남용되고 있는 법인세 회피'를 종식시켜야 한다는 요구가 계속되고 있음에도 불구하고, 이러한 행동

44 Goolsbee(2002).

을 야기하는 법인세의 허점을 종식시키고자 하는 움직임은 거의 없었다.[45] 제9장의 정치경제학적 논의에서 언급되었듯이, 이러한 움직임이 없다는 것은 결코 놀랄 만한 일은 아니다. 법인세의 세제상 우대를 지지하는 세력은 매우 응집력이 있고 힘도 있는 반면 반대하는 사람들은 그렇지 못하다.

요약

- 법인기업들은 통상적으로 일상적인 경영에 대해 소유와 경영이 분리되어 있는 주체들이다.
- 법인세의 존재는 순수이윤세의 동기가 될 수도 있고 혹은 법인소득 역시 과세될 수밖에 없다는 것을 보여주기 위한 유일한 방법임을 의미할 수도 있다.
- 법인세는 수입과 비용의 차에 부과된다. 감가상각비용을 정의하는 것은 특히 어렵다.
- 법인세 귀착은 명확하지 않으나 최근 연구에 따르면 35~50%가 임금에 귀착된다.
- 법인세제는 투자유인에 복잡한 효과를 미친다. 실효세율은 법정 법인세율뿐만 아니라 감가상각에 대한 취급, 투자세액공제 그리고 재원 조달의 성격 등에 의해서도 영향을 받는다.
- 기존 연구 결과에 따르면 법인투자는 투자소득에 대한 실효세율에 상당히 민감한 것으로 나타났다.
- 최근 글로벌 세제에서 영토주의 세제로의 전환은 다국적 기업의 취급에 큰 영향을 미친다. 국제 사업의 조세 부담을 낮추지만 해외 자산을 비축하려는 유인을 줄인다.
- 법인과세소득에서 이자 지출은 공제되기 때문에 부채를 통한 재원 조달은 세제상의 이점이 있지만, 기업들은 추측컨대 대리인 문제 때문에 모든 필요재원을 부채를 통해 다 조달하지는 않는다. 또한 배당금은 강력한 세제상의 비유인이 존재함에도 불구하고 기업들이 계속해서 사용하고 있는 이유는 기회주의자적인 경영자들의 수중에 기업의 이윤을 맡기고 싶어 하지 않는 주주들의 바람 때문이다.

연습문제

1. 베스 제조스는 대기업의 CEO이다. 그녀의 보수는 현재의 이윤에 기초한다. 그녀는 지금 가용한 두 투자계획 중 하나를 선택하는 결정을 하려는 중이다.
   a. 향후 5년 동안 매년 5억 달러의 이윤을 발생시키나 그 후에는 이윤이 없는 투자계획
   b. 향후 20년 동안 매년 3억 달러의 이윤을 발생시키는 투자계획

   그녀는 첫 번째 계획을 선택했다. 이 보기를 통해 대리인 문제를 설명해보라.
2. 당신이 5년의 수명을 가진 설비를 80,000달러에 구입한 경영자라고 하자. 만약 5%에 그 돈을 빌릴 수 있다면, 다음 상황에서 감가상각공제의 PDV는 얼마인가?

---

45 이러한 허점에 대해 자세히 알아보고 이를 제거하는 것이 어떻게 법인세율을 낮추게 될 것인지에 대해 알고 싶어 하는 사람들을 위해 Committee for Responsible Federal Budget(2012)은 매우 좋은 개요를 제공하고 있다. Pozen과 Goodman(2012)이 논의한 바와 같이 법인세를 줄이는 또 다른 대중적인 접근 방식은 부채 공제를 제한하거나 제거하는 것이다. 이들은 공제액을 이자 지불의 65%로 제한하면 법인세율을 25%로 낮추는 데 소요되는 비용을 충분히 충당할 것이라고 주장했다.

a. 구매한 해에 투자를 모두 비용 처리할 수 있다.
b. 정액감가상각으로 감가상각할 수 있다.
c. 가속감가상각 방법을 이용해서 4년에 걸쳐 감가상각할 수 있다.
d. 자산가치의 반은 즉각 감가상각하고 나머지 반은 나머지 기간에 대해 정액으로 감가상각할 수 있는 점증가속상각법(augmented accelerated method)을 사용할 수 있다.

3. 새 기계의 비용은 504달러이고 새로운 기계로부터의 한계편익은 $MB = 246 - 6K$라고 하자(여기서 K는 구입한 기계의 수이다). 감가상각률은 15%이고 배당수익률은 10%이다.
   a. 당신이 구입할 자본의 양은 얼마인가? 왜 그러한가?
   b. 노동비용을 뺀 현금소득에 대한 세율이 25%였다면 자본을 얼마만큼 구매했겠는가?

4. 배당수익률이 6%, 감가상각률이 12%, 법인세율이 35%라고 하자. 다음의 상황에서 기계투자의 달러당 한계비용은 얼마인가?
   a. 기업들이 구매한 해에 모두 비용으로 처리할 수 있다.
   b. 8%의 투자세액공제가 존재한다.

5. 미국에서 실효자본세율은 배당세율보다 실질적으로 왜 낮은 경향이 있는가? 이러한 불일치가 있을 때, 왜 그렇게 많은 기업들이 배당금을 지불하는가?

6. 주주들이 채권자들보다 왜 위험한 투자를 보다 선호하는가?

7. ⓔ 주식보다는 부채를 통해 투자재원을 많이 조달한 기업들은 채권자에게 많은 이자를 지불하고 있다는 것을 연구를 통해 알았다. 이것이 왜 발생했다고 생각하는가?

8. 카피탈리아 정부는 기업에게 가속감가상각을 허락하도록 법을 개정했다고 하자. 기업들이 자본을 덜 쓰고 노동을 많이 쓰는 방법으로 바꿀 것이라 생각하는가, 아니면 반대로 할 것이라 생각하는가, 아니면 둘 중 아무것도 아니라 생각하는가? 설명해보라.

9. 배당금 신호의 심리적 효과를 고려해보자. 어떤 것이 법인의 건재함을 보이는 데 보다 강력한 효과를 가진다고 생각하는가? 오랫동안 배당금을 지급한 기업들이 배당금 지급을 하지 않을 때인가, 혹은 전에는 지급하지 않았던 기업이 배당금을 지급하기 시작할 때인가? 설명해보라.

10. 선진국들이 다국적 기업들의 법인소득은 모기업이 있는 국가에서 과세되어야 한다는 데 의견의 일치를 보았다고 하자. 이러한 결정은 다국적 기업의 수에 어떤 영향을 미칠 것이라 기대하는가? 그렇게 생각하는 이유를 설명해보라.

11. 법인소득세율은 30%, 배당소득에 대한 개인소득세율과 이자소득세율은 35%, 그리고 자본이득세율은 20%라고 하자. 세 가지 재원 조달 수단하에서 법인소득의 달러당 세후수익을 비교해보라. (a) 부채를 통한 재원 조달, (b) 배당금을 지급하지 않는 주식을 통한 재원 조달, (c) 배당금을 지급하는 주식 발행을 통한 재원 조달.

12. 미국은 주마다 법인세율이 다르다. 법인세율에 대한 법인투자의 탄력도를 연구하기 위해 이것을 어떻게 이용하겠는가? 이러한 접근 방법을 사용할 때 어떤 문제가 있겠는가?

13. 미국계 대형 제약사인 메드프라칵스코(MedPraxCo) 제약이 2015년 아일랜드에 본사를 둔 소형 의료기기 업체인 코볼린코(Covlinco)와 합병했다고 가정해보자. 2019년 아일랜드에 본사를 둔 대기업인 코브프락스(CovPrax)는 메디코(Medico)라는 작은 미국 바이오 기업을 인수해 코브프락스 본사를 메디코가 있는 사우스다코타로 이전했다. 2015~2019년 기간 동안 대기업 인력의 98%는 와이오밍에 남아 있었다. 메드프락스 제약사에 의한 일련의 인수합병에 대한 논리를 설명해보라.

ⓔ 기호는 학생들이 제3장과 '실증적 증거' 코너에서 공부한 실증적 경제 원리를 적용해야 하는 문제임을 의미한다.

심화 연습문제

14. 메가콜라가 직면하고 있는 수요곡선은 $Q = 2,200 - 20P$이다. 비용은 개당 5달러로 일정하다고 하자.

a. 정부가 이윤에 대해 20%의 세금을 부과하더라도 메가콜라의 행동은 변하지 않을 것임을 보이라.

b. 메가콜라 같은 기업이 존재할 경우 이는 법인세를 강화시키는가, 약화시키는가? 설명해보라.

15. 법인세율은 25%, 투자세액공제는 10%, 감가상각률은 5%, 배당률은 10%라고 하자. 정부가 정한 감가상각기준표에 따르면 감가상각공제의 현재가치는 기계 구입가격의 40%와 같다.

a. 기업이 기계에 투자한 달러당 매기 한계비용을 계산해보라.

b. 매기 한계편익이 $MB = 40 - 0.6K$라면(K는 기계 구매에 지출된 투자금액), 최적 기계 구매량은 얼마인가?

c. 투자세액공제가 20%로 증가한다면 문제 (b)의 답은 어떻게 바뀌는가?

16. 투네리아 입법부는 방금 한 해 동안만 투자세액공제를 허용하는 새로운 법안을 통과시켰다. 다음 두 해 동안 어떤 투자의 행태가 있을 것이라 예견되는가? 투자세액공제에 대한 투자탄력도 추정에 대해 이는 어떤 의미를 가지는가?

17. 법인세율을 감소시키는 것은 투자를 촉진하는 유용한 정책 수단으로 간주되지 않는다. 세제상 허점이 존재한다면 이는 법인세율과 법인투자 사이의 관계를 어떻게 약화시킬 수 있는가?

18. 사회보장과 의료보험에 대한 자금 부족에 직면한 샌즈 상원의원은 미국이 최고 한계법인세율을 35%로 다시 올려야 한다고 주장한다. 메타 상원의원은 개인 최고세율에 대한 세율을 높여 세입을 늘리는 것이 낫다고 주장한다. 당신은 어떤 제안이 세제의 전반적인 누진성을 증가시킬 것이라고 생각하는가?

CHAPTER 25

James Andrews/iStock/Getty Images

근본적인 세제개혁

생각해볼 문제

- 근본적인 세제개혁은 왜 바람직한가?
- 세제개혁에서 정치적 및 경제적 어려움은 무엇인가?
- 소비세의 전환에 대한 찬성과 반대

2012년 공화당 대통령 후보인 갓파더스 피자의 전 CEO 허먼 케인(Herman Cain)은 그가 만든 '9-9-9 계획'을 제안함으로써 연방 세제개혁을 정치 담론화하였다. 그의 세제개혁안은 급여세, 상속세 및 다른 주요 연방세제를 없애고 대신 9%의 법인세, 9%의 개인소득세, 9%의 새로운 연방 판매세를 도입하는 것이었다. 또한 케인의 세제개혁안에는 세금 공제와 관련된 내용도 포함되어 있는데 그의 관련 제안은 이자에 대한 세금 공제를 포함한 모든 세금 공제를 없애고 단지 '자선기부'에만 세금 공제를 허용하는 것이었다. 케인의 경제고문인 리치 로리(Rich Lowrie)는 "이 제안은 세금 부담을 생산에서 소비 쪽으로 옮겨 세금 부하 균형을 맞추기 위한 시도이며 또한 세금은 한 번만 부과하기 위한 것"임을 강조했다. 이 세제개혁안으로 인해 케인은 2011년 9월 플로리다주 공화당 대통령 후보 선호도 비공식 여론조사에서 가장 높은 지지율을 얻었다. 알려진 바에 따르면 수천 명의 공화당원들이 9-9-9 슬로건을 지지하였다 한다. 이 세제개혁안을 많은 공화당원들이 지지한 이유는 생산에 대한 세금 부담을 없애면 미국 제품이 세계 시장에서 경쟁력을 갖게 되어 수출이 늘어나고 600만 명의 새로운 일자리가 미국에서 창출될 것이라는 로리의 주장 때문이었다. "우리는 수출품에 대해서는 세금을 부과하지 않고 수입품에 대해서는 판매세를 부과할 것이다. 이로 인해 공평한 경쟁의 장이 만들어질 것이다."

일반 국민들은 케인의 세제개혁안을 지지하는 반면 정치 스펙트럼의 좌우 양쪽에 있는 정치인들은 케인의 세제개혁안을 반대했다. 공화당은 현재 주 및 지방 수준에서만 부과되고 있는 판매세를 연방정부에도 부과할 수 있는 권한을 부여하면 미래의 대통령 행정부가 세제정책을 제대로 시행하는 것이 힘들어지기 때문에 반대를 한 반면 민주당은 이 제안으로 조세 부담에 대한 불공평성이 높아질 것이기 때문에 반대했다. 소득에서 소비가 차지하는 비율은 저소득층이 부유층보다 높고, 현재의 누진적인 조세 구조는 평률세로 대체된다. 결과적으로 실효세율은 연간 소득이 20,000달러인 경우 12.8%에서 17%로 증가하게 되고, 연간 소득이 30만 달러인 사람에 대해서는 실효세율이 28%에서 16.3%로 감소하게 된다. 컬럼비아대학의 마이클 그레츠(Michael Graetz) 교수는 "케인의 세제개혁안은 중간소득층과 저소득층에 대한 세부담은 크게 증가시키는 반면 고소득층에 대한 세 부담은 크게 감면시킨다"는 의견을 제시했다.[1]

케인은 비록 캠페인을 중단했지만, 그의 조세정책에 대한 지지는 미국 소득세의 기본 구조에 대해 국민들이 얼마나 많은 불만을 가지고 있는지를 잘 보여주고 있다. 기존의 소득세에 대한 비판은 조세제도가 부유한 사람에게나 가난한 사람에게나 독신자나 기혼부부에게나 모두 불공평하고, 회피하기가 너무 쉽고 정부가 정직한 납세자들을 괴롭히는 데 너무 많은 시간을 보내고 있으며, 저축을 촉진하기에는 충분하지 않거나 저축을 장려하기 위해 너무 많은 허점을 제공하고 있는 등 다양하다. 결과적으로, 소득세의 근본적인 개혁은 최근 수십 년 동안 공개 토론의 중심이 되었다.

세제개혁은 몇 차례 단행되었다. 그중 가장 주목할만한 것은 1986년 세제개혁(TRA 86)이다. 1986년 이전 미국의 개인소득세 과표구간은 최저세율 11%에서 최고세율 50%에 이르는 15개로 나뉘어 있었다. 이 외에도 앞 장에서 설명하였듯이 1986년 이전 소득세제에서는 가속감가상각 및 투자세액공제가 시행되고 있었고, 자본이득은 세금이 우대되고 있었으며, IRA 기여금은 특별공제되고 있었고, 다양한 방법으로 탈세가 만연해 있었다. 이들은 세수를 줄이는 것 외에는 어떠한 경제적 가치도 창출하지 않았다. TRA 86에서는 이러한 제도들을 과감하게 개정했다. 과세구간은 15%, 28%, 33% 세 구간으로 줄였고,[2] 실현된 자본이득은 정규소득과 동일하게 취급되도록 하였으며, IRA 기여금에 대해서는 제22장에서 언급된 바와 같이 상한이 주어졌다. 이로 인해 세금을 회피할 기회들이 크게 감소했다. 요약하면, 세제는 세제분석가들이 오랫동안 주장해 왔던 방향, 즉 넓은 세원과 낮은 세율로 개혁되었다.

그러나 이러한 개혁의 주요 특징들 중 상당 부분은 그 후 20년 동안 점차 퇴색되었다. 1993년, 1997년, 2001년, 2003년, 2012년, 2017년에 단행된 조세법의 변화로 과세구간은 다시 세분화되었고(현재는 7개 구간임) 조세를 회피하기 위한 기회들은 다시 증가했다. 따라서 넓은 세원과 낮은 세율을 가진 소득세제로 회귀할 수 있도록 개별 소득세의 기본적인 구조에 대해 다시 생각

---

1 Scherer(2011); Somashekar(2011)와 Bacon(2011)을 참조하라.

2 한계세율은 15%와 28%의 두 가지만 있었다. 과세소득이 71,900~149,250달러인 사람들에 대해서는 5%의 세율이 추가되었기 때문에 실제로 과세 구간은 3개인 셈이었다. 과세소득이 149,250달러 이상인 사람들에 대한 한계세율은 다시 28%로 떨어졌다. 세 번째 과세 구간으로 인해 중간소득계층에 있는 일부 사람들이 소득이 더 많은 계층의 사람들보다 높은 한계세율에 직면했다.

해볼 시점이 되었다.

이 장에서는 네 단계로 근본적인 세제개혁을 논의한다. 첫째, 넓은 세원, 낮은 세율로의 전환과 관련한 세 가지 논쟁(조세순응, 조세의 단순성, 조세의 효율성)에 대해서 논의한다. 둘째, 근본적인 세제개혁에 대한 정치적 · 경제적 장애요인에 대해 논의한다. 셋째, 재정학자들이 오랫동안 관심을 가졌던 세제개혁(과세기준을 소득에서 소비로 전환하자는 것)에 대해 논의한다. 이에 대한 찬반에 대해 논의하고 실질적으로 소비세를 이행하기 위한 여러 대안에 대해 살펴본다. 마지막으로 평률세 논쟁을 유발했던 예를 통해 평률세의 전망 및 함정에 대해 살펴본다.[3]

25.1 왜 근본적인 세제개혁이 필요한가?

근본적인 세제개혁의 목표는 조세순응을 높이고, 조세법을 간소화하고, 조세의 효율성을 증가시키는 것이다. 이 절에서는 이들 세 가지 목표에 대해 각각 검토한다.

조세순응을 높이는 것

조세순응(tax compliance)이란 개인이나 법인이 조세법을 기꺼이 준수하고자 하는 의지이다. 조세순응을 높이기 위해 정부는 세제하에서 발생하는 불법적인 세금 미납인 **탈세**(tax evasion) 규모를 줄여야 한다. 탈세는 소득을 과세로부터 비과세로 전환시키는 행위인 절세와 구별되어야 하다. 임금 대신 건강보험을 받거나 가족끼리의 점심보다는 사업상 점심을 위해 보다 많은 돈을 지출하는 것은 현 조세법의 한도 내에서 세금 부담을 줄이는 행위인 절세이다. 내야 할 세금을 내지 않는다면, 소득을 다 신고하지 않는다면, 현 조세법에 있지도 않은 세금공제를 요구한다면 이는 탈세이다.

조세순응 탈세를 줄이려는 노력

탈세 불법적인 세금 미납

응용사례

탈세

탈세와 절세의 차이는 매우 미묘해서 이를 구별하기 위해 끊임없이 이들의 차이를 연구하는 많은 조세전문 변호사와 재판관이 있다. 미묘한 차이에도 불구하고 명백히 탈세로 정의될 수 있는 사례들을 현실에서 쉽게 찾을 수 있다.

1. 2020년 10월, 로버트 브록먼은 20억 달러 규모의 탈세 혐의로 기소되었다. 소프트웨어 회사인 Reynolds and Reynolds Co.의 CEO인 브록먼은 비밀 은행계좌를 통해 20년 넘게 자본이득소득을 숨겼으며 이는 미국 역사상 최대 규모의 세금 사기 사건이었다. IRS는 브록먼이 어떻게 기록을 소급하고 암호를 사용하여 버뮤다와 네비스의 외국 관할권에 있는 법인으로 자금을 이동했는지 자세히 설명했다. 공모자인 사모펀드 억만장자 로버트 스미스

3 세제개혁에 대한 논쟁에 대해서는 Slemrod와 Bakija(2008)를 참조하라.

“똑똑한 두 양반이 말이야, 세법을 어떻게 그렇게 반대로 해석할 수 있지? 그것 참 웃기군!”

는 형사 고발을 피하기 위해 체납세와 수수료로 1억 3,900만 달러를 내기로 법무부와 합의했다. 브록먼이 유죄 판결을 받는다면 재정적 처벌 외에도 '상당 기간 수감 생활'을 해야 할 것이다.[4]

2. 부유한 사람들만이 탈세를 하는 것은 아니다. 수년간 납세자들은 부양가족들에 대한 세금공제혜택을 받기 위해서 세금 신고서에 부양가족의 이름만 기입하면 확인 없이 세금공제를 받을 수 있었다. 실제로 1986년 세제개혁법에서 5세 이상의 부양가족들에 대해 사회보장번호 기입을 의무화하자 부양가족 수는 600만 명이 줄었고, 1986~1987년 사이 11,000가구 이상에서는 가구당 부양가족이 7명 이상 감소했다. 2년 후 조세법에서 근로자들이 자녀보육 세금공제를 청구하기에 앞서 자녀보육 제공자의 사회보장번호 기입을 의무화하자, 자녀보육 제공자 수는 260만 명 감소했다.[5]

3. 때로는 세금대리인이 세금 회피에 도움을 주기도 한다. 2015년, 세금신고를 도와주는 사업을 하는 텍사스의 한 부부는 고객의 세금 환급을 사기로 제출한 혐의로 15년 이상의 징역형을 선고받았다. 사업 손실을 가짜로 신고함으로써 이 부부는 고객의 세금 환급을 늘리고 높은 서비스 수수료를 청구했다. 이 부부는 이러한 전략으로 많은 고객을 확보했으며 200만 달러 이상의 수입을 올렸다. IRS 조사로 이들의 그릇된 행위가 밝혀졌고 1,800만 달러를 벌과금으로 내야 했다.[6]

4. 그리스 재산세는 자체 신고된 주택 가치를 기초로 결정되기 때문에 주택 가치를 과소하게 신고하는 사례가 빈번했다. 그리스의 주택 가치에 대한 전형적인 지표는 개인 수영장이다. 최근 부유한 교외 지역인 키피시아(Kifissia)에서 324명의 주민만이 수영장을 소유한 것으로 보고하였으나 실제 보유한 사람의 수는 16,974명으로 추산되었다. 전 그리스 대통령 게오르기오스 파판드레우(Georgios Papandreou)는 누가 야외 수영장을 가지고 있는지 알기 위해 헬리콥터 감시 및 구글어스 사진의 정밀 조사와 같은 이상한 방법들을 사용했다.[7] 그러나 주택 소유자는 이러한 감시 및 정밀 조사를 피하기 위해 다양한 방법을 이용했다. 이러한 정책이 발표된 후 세금 검사관을 속이기 위해 수영장 덮개 방수포 구매가 늘었고 이로 인해 방수포 판매업자는 호황을 누렸다. ■

4 Duffy(2020).
5 Mikkelson(2014).
6 Wood(2015).
7 DiManno(2011), Steinvorth(2010), Jones(2010).

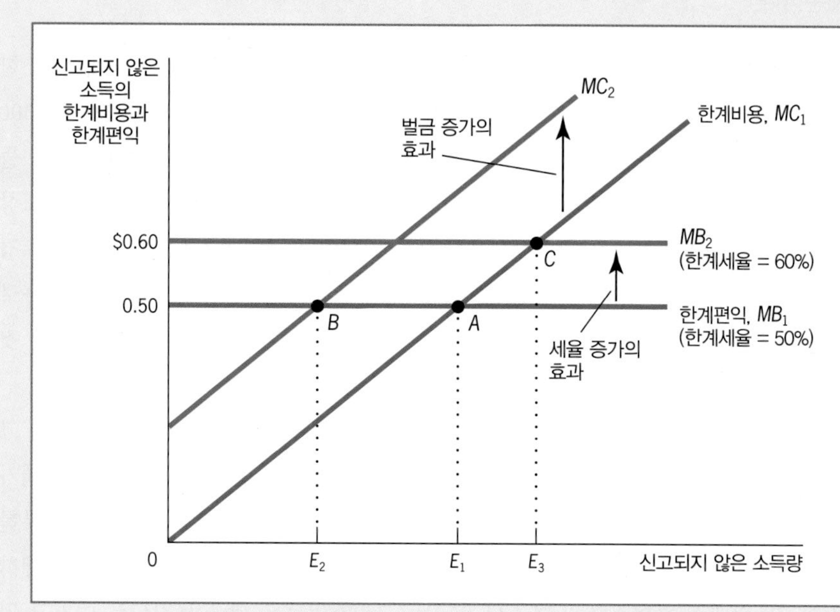

그림 25-1 최적탈세 탈세 1달러당 한계편익은 탈세를 통해 절약된 세금 지출로 한계세율(이 예에서는 50%)이다. 탈세의 한계비용은 탈세의 양이 증가할수록 증가하는 적발될 확률과 벌금의 곱이다. 최적탈세는 편익과 비용이 일치하는 E_1에서 이루어진다. 만약 벌금이나 적발될 확률이 증가하면 한계비용곡선이 MC_1에서 MC_2로 상승하고 탈세는 E_2로 감소한다. 만약 세율이 증가하면 한계편익곡선이 MB_1에서 MB_2로 상승하여 탈세는 E_3로 증가한다.

탈세 이론 경제학자들은 탈세 역시 다른 의사결정과 마찬가지로 편익과 비용의 상충관계를 고려함으로써 결정된다고 가정한다. 탈세에 따른 편익은 회피된 세금 지출이다. 비용은 적발될 위험과 적발된다면 물어야 할 벌금이다.

그림 25-1에는 이와 같은 상충관계가 예시되어 있다. 세로축은 신고되지 않은 소득의 달러당 한계편익과 한계비용을, 가로축은 신고되지 않은 소득의 양을 각각 나타낸다. 탈세된 달러당 한계편익은 탈세자가 직면하고 있는 한계세율이다. 이는 1달러만큼 적게 신고한다면 τ센트의 세금을 절약할 수 있기 때문이다. 따라서 한계편익은 τ에서 수평선이 된다. 그림 25-1에서 한계세율은 50%이므로 탈세된 달러당 한계편익은 0.5달러에서 수평선으로 나타나 있는 MB_1이다. 탈세의 한계비용은 탈세된 달러당 지불되는 한계벌금과 적발될 확률의 곱이다. 벌금과 적발될 확률은 탈세의 양에 비례하기 때문에 탈세의 한계비용은 탈세량과 함께 증가한다. 최적점은 한계편익과 한계비용이 일치하는 A점에서 발생하며 최적탈세량은 E_1이 된다.

이는 매우 단순화된 탈세 모형이다. 예를 들어 어떤 사람은 유인에 관계없이 결코 탈세하지 않는다. 그럼에도 불구하고 이 모형을 통해 통상적으로 탈세에 대해 예측되고 있는 내용들은 잘 설명될 수 있다. 탈세된 달러당 벌금 혹은 적발될 확률이 증가한다면 한계비용은 MC_1에서 MC_2로 상향이동하고 최적탈세점은 B가 되어 최적량은 E_2로 감소한다. 한계비용은 MC_1으로 일정한 반면 한계세율이 60%라면, 한계편익곡선은 MB_1에서 MB_2로 상향이동한다. 새로운 한계세율(C점)에서 최적탈세량은 E_3로 증가한다. 이는 한계세율이 증가할 경우 탈세하는 것이 보다 가치

있게 되기 때문이다.[8]

탈세에 대한 증거 탈세는 미국뿐만 아니라 전 세계에 만연해 있다. 최근 미국을 대상으로 한 연구에서 납세되어야 할 세금과 실제 납세된 '세금의 차이'는 2020년 조세수입의 16.7%인 6,300억 달러(GDP의 3.0%)인 것으로 추정되었다.[9] 다른 선진국들에서도 사정은 비슷했다. 예를 들어 스웨덴의 탈세 규모는 세수입의 약 10%이자 GDP의 약 5%인 것으로 추정되었다. 개발도상국가의 탈세 규모는 더 크다. 파키스탄의 탈세율은 69% 이상이다. 몰도바(구소련의 일부)는 경제체제가 자유시장경제로 이행됨에 따라 1994년 조세수입의 5%이던 탈세율이 1998년 35%로 급증했다. 최근 연구에 따르면 아프가니스탄의 경우 탈세 규모는 세수입의 약 60%에 달하는 것으로 나타났다.[10]

Karnitschnig와 Stamouli(2015)가 검토한 결과에 따르면, 탈세 규모가 가장 두드러진 곳은 그리스일 것으로 추정된다. 그들이 썼듯이, "오스만 제국이 그리스를 점령한 수 세기 동안 탈세가 애국심의 표식이었다. 정부에 대한 불신은 오늘날까지 계속되고 있다. 그리스 사람들은 정부를 부패하고 비효율적이며 신뢰할 수 없는 집단으로 간주하고 있다. 아테네대학의 법학 및 경제학부 부교수인 아리스티데스 하치스(Aristides Hatzis)는 '그리스인들은 세금을 절도로 여기고 있다'고 말했다." 앞서 살펴본 수영장 예를 통해서도 알 수 있듯이 그리스인들은 세금을 피하기 위해 많이 노력한다. 예컨대 여점원들은 직원들에게 과세되지 않고 슈퍼마켓에서 사용될 수 있는 쿠폰을 임금 대신 지불하기도 한다. 이러한 탈세 노력의 결과로, 그리스의 탈세 규모는 선진국들 중에서 아마도 가장 큰 것으로 평가된다. 추정 결과에 따르면 그리스 정부는 실질 조세 규모의 10% 정도만을 징수하고 있는 것으로 알려져 있다.

kmsdesen/Shutterstock

응용사례

1997년 미국 국세청 청문회와 청문회의 부산물[11]

1997년 9월 상원의 재무위원회는 미국 국세청의 권리남용 사례를 조사하기 위해 일주일 동안 청문회를 열었다. 위원장인 윌리엄 로스는 이 청문회를 통해 '미국 국민들로부터 신뢰를 잃고, 빈번하게 마치 법 위에 서 있는 것처럼 행동하다 곤경에 빠진 국세청의 모습'을 보고 싶었다. 사실 청문회에서 온갖 종류의 저주 섞인 증언들이 나왔다. 청문회에서 뉴욕의 한 신부는 최근 돌아가신 어머니가 가난한 사람들을 돕기 위해 들었던 신탁기금에 대해 미납되었던 세금을 내라고 국세청이 끈질기게 괴롭힌 사례를 얘기했고, 체납세금에 대해 국세청과 긴 전쟁을 치른 후

8 물론 정부가 과태료를 탈세 소득이 아닌 절세액의 함수로 설정한다면 부정행위 유인이 반드시 세율에 따라 높아지는 것은 아니다.

9 Sarin(2019), Congressional Budget Office(2021b).

10 스웨덴 사례에 대해서는 Skatteverket(2014), 몰도바 사례에 대해서는 Anderson과 Carascieu(2003), 파키스탄 사례에 대해서는 Ahmed와 Rider(2008), 아프가니스탄 사례에 대해서는 세계은행(2005)을 참조하라.

11 Johnston(2003).

실증적 증거

무엇이 조세순응을 결정하는가?

이론적 모형에서는 조세순응과 관련이 있을 수 있는 여러 요인들을 제시한다. 일련의 실증분석 연구들은 조세순응에 대한 모형과 다른 모형들의 관련성을 분석했다. 이 연구들은 탈세를 하는 사람들이 다른 측면에서는 다를 수 있다는 근본적인 실증적 문제에 직면한다. 예를 들어, 세율이 높기 때문에 사람들은 더 많은 부정 행위를 하게 되는가? 아니면 높은 세율에 직면해 있는 고소득자들이 부정 행위를 더 많이 하게 되는가? 또한 탈세자들이 처벌을 받을 때 처벌이 탈세에 미치는 영향을 어떻게 평가할 수 있는가?

Kleven 외(2011)는 이 분야에서 매우 포괄적인 논문이다. 연구자들은 덴마크의 납세자 4만 명을 대상으로 대규모 실험을 했는데, 이 중 절반은 무작위로 감사 대상자로 나머지는 비감사 대상자로 각각 선정하였다. 다음 해, 4만 명의 납세자 그룹을 대상으로 감사하겠다는 위협 서신을 받을 대상과 비대상을 무작위로 선정했다. 이 연구는 세무 당국과 협력하여 편지를 발송하고 이러한 개입으로 인해 세금 신고 행동이 어떻게 변했는지를 알아보기 위해 대규모 실험 자료를 수집하고 이를 토대로 연구가 이루어졌다는 점에서 매우 신뢰롭다.

이들 연구의 실증분석의 주요 결과는 세 가지이다. 첫째, 제3자 출처에 의해 보고된 소득은 탈루가 매우 낮았을 뿐만 아니라 세율이나 감사에 민감하게 반응하지 않았다. 반면, 자기 신고 소득에 대해서는 상당한 탈루가 있었고, 이러한 탈루는 감사를 받는 것과 감사를 할 것이라는 위협 서신에 민감하게 반응했다. 마지막으로, 세율이 높을수록 탈세가 늘어난다는 것을 보여주고 있지만, 그 정도는 합법적인 조세회피와 같은 다른 영향들에 비해 상당히 낮았다.

유사한 연구인 Slemrod 외(2001)에서는 미네소타주를 대상으로 납세자들이 세금 신고서를 제출하기 전에 무작위로 편지를 보내는 실험을 했다. 그들 중 일부에게는 감사를 하겠다는 위협(부정을 적발하기 위해 세금 기록을 철저히 검토) 서신을 보냈고, 다른 일부에게는 세금 신고를 정직하게 하라는 양심에 호소하는 편지를 보냈다. 후자의 편지는 효과가 없었고, 감사 위협은 소득 하위계층과 중산계층 가구의 신고 소득을 증가시켰다. 흥미로운 것은 후자의 편지는 상류계층 가구의 신고소득을 낮추었다. 이러한 현상이 나타난 이유로 연구자들은 부유층은 그러한 편지를 단지 협상의 첫 라운드로 간주했기 때문일 수도 있다고 설명한다.

이러한 증거는 방금 제시된 단순화된 모델과 일치하지만, 다른 연구에서는 조세순응에 영향을 미치는 추가 요소들에 대해 분석했다. 예를 들어, Boning 외(2018)는 무작위 감사가 기업에 미치는 영향을 연구했다. 그들은 기업을 감사하는 것은 기업들로 하여금 더 많은 소득을 신고하도록 유도한다는 것을 발견했는데, 이는 처벌을 인식하게 하는 것이 소득신고를 높인다는 사실과 일치한다. 그러나 그들은 또한 중요한 파급효과를 발견했다. 즉 동일한 세금 대리인에게 서비스를 받아온 다른 회사들 또한 보다 높은 소득을 신고했다. 이는 집행의 영향을 보다 광범위하게 확산시킬 수 있는 정부 집행의 *네트워크 효과*가 있음을 시사한다.

2012년 파키스탄은 모든 사람의 신고된 납세 의무를 공개하기 위해 공시 프로그램을 도입했다. Slemrod 외(2019)는 공시 프로그램이 조세순응에 미치는 영향을 조사했다. 중요한 점은 공시는 모든 사람에게 동등하게 영향을 미치지 않을 수 있다는 것이다. 즉, 일반적이지 않은 이름을 가진 사람과 공직에 있는 사람(예 : 정치인)은 다른 사람보다 식별 가능성이 높기 때문에 노출 위험이 더 클 수 있다. 실제로, Slemrod와 그의 동료들은 정보가 공개된 후 모든 사람의 조세순응은 증가했지만, 흔한 이름을 가진 사람에 비해 덜 흔한 이름을 가진 사람들의 납세 준수는 9% 증가했으며, 이 효과는 이름 빈도가 300회에 도달하면 없어졌다(아마도 그 시점에서 이름을 더 이상 식별할 수 없음). 또한, 정치인들의 조세순응은 40%나 증가했다. 이러한 연구 결과는 공시 프로그램이 공시에 의해 식별될 수 있는 가능성에 따라 조세순응을 높인다는 점을 시사한다.

마지막으로, 세무조사가 향후 몇 년 동안 역효과를 낼 수 있다는 우려가 있는데, 이는 감사를 통과한 기업들이 이제는 부정 행위를 할 자유가 있다고 느낄 수 있기 때문이다. Shafik 외(2020)는 노르웨이의 개인소득세 신고에 대한 무작위 감사를 통해 이를 분석했다. 그들은 조세순응을 하지 않은 기업을 감사하는 것은 향후 몇 년 동안 조세순응을 높인다는 것을 발견하였고, 우려와는 달리 조세순응을 하는 것으로 밝혀진 감사를 이미 받은 기업들도 향후에도 조세순응이 이에 못지않게 높다는 것을 밝혔다.

자살한 한 남자의 사례가 소개되기도 했다. 국세청은 또한 정치적 혹은 개인적인 일로 세무조사 대상을 선정했다는 의심도 받았다.

청문회 결과 미국 국세청을 개혁해야 한다는 정치적 압력이 급격히 높아졌다. 새 국세청 청장으로 찰스 로소티가 임명되었고 이러한 사회적인 분위기 때문에 그는 미국 국세청을 납세자에게 보다 친절한 기관으로 만드는 것을 취임목표로 삼았다. 1998년 클린턴 대통령은 납세자들을 보호하기 위한 납세자 권리법안에 서명했다. 이 법안은 국회 차원에서 국세청을 독자적으로 감시하는 기관인 조세행정총괄감사관을 설립하는 것을 골자로 하고 있었다.

청문회가 개최된 후 몇 년이 지난 지금 두 가지 사실이 명백해졌다. 첫째, 미국 국세청을 권리를 남용하고 통제가 불가능한 기관인 것으로 묘사했던 진술들은 사실은 미국 국세청의 비도덕적인 측면만을 고의적으로 지나치게 부각한 것이었음이 밝혀졌다. 청문회에서 미국 국세청으로부터 매우 심한 인격적 모독을 받았다고 말해 스타 진술자가 된 어떤 이는 실제 탈세 혐의가 드러나 2,300만 달러의 체납세금을 내기도 했다. 2000년 권리남용인 것으로 주장된 사례들에 대해 연방회계감사원이 조사한 결과에 따르면 목격자 진술 중 확증적인 증거가 있는 것은 하나도 없었다. 1998년에 설립된 새로운 감시기관인 조세행정총괄감사관은 미국 국세청으로부터 괴롭힘을 받았다고 그해 신고된 830개의 사례를 분석했다. 조사 결과 그들 중 상당 부분은 예견되는 감사를 피하기 위해 탈세자들이 의도적으로 조작한 것이었음이 밝혀졌다. 어떤 경우에서도 법적 기준이 충족되지 못했다.

둘째, 재원 부족과 납세자 권리 법안으로 인한 새로운 의무조건 때문에 미국 국세청의 업무수행 능력은 크게 손상받았다. 1997년부터 2000년까지 검사관의 수는 2/3, 징수 건수는 반으로 각각 줄었다. (마약이나 테러와 같은 비합법적인 것을 제외하고) 추적된 탈세 건수는 2/3만큼 줄었다. 1977년 법인기업의 8%가 세무조사를 받았던 반면 지금은 채 1%도 안 되는 법인기업만이 세무조사를 받고 있다. 1995~2001년 사이 자영업자(특히 비순응자 그룹)들의 세무조사 비율은 4%에서 2%로 줄었다. 가장 놀라운 것은 미국 국세청의 추정에 따르면 추징해야 할 세수 규모가 300억 달러에 달한다는 것이다. 이를 징수하는 데 소요되는 비용은 20억 달러 정도이다(미국 국세청은 누가 그 돈을 내야 할지를 정확히 알고 있으나 이를 추적할 경제력이 없다). 2013년 IRS는 모든 체납 납세자의 40%에 대한 조사를 포기해야 했다.[12]

지난 10년간 제4장에서 설명한 예산 삭감으로 IRS 예산을 포함한 재량적 지출이 감소됨에 따라 IRS의 세무조사 역량이 더욱 감소하였다. 국세청 직원은 2010~2018년 22% 감소했고 2010~2015년(가장 최근 일관된 감사 자료)에는 미국 전체 세무조사 비율이 40% 이상 떨어졌다. 게다가 국세청은 가장 중요한 분야에 시간의 우선순위를 두지 않은 것으로 보인다. 이 장에서 알 수 있듯이, 부유층은 소득이 낮은 사람들보다 탈세할 가능성이 훨씬 더 높다. 그러나 1,000만 달러 이상의 소득을 가진 사람들이 감사를 받은 비율은 2010년 23%에서 2015년 8.16%로 떨어졌다.[13] 재무부 감사관은 최근 "고소득층보다 저소득층이 더 많이 조사받는 것은 의심

12 Rossotti(2002), Treasury Inspector General for Tax Administration(2014).

13 미국 국세청 감사와 예산에 대한 상세한 내용에 대해서는 IRS Publication 55-B(*2019 IRS Databook*)를 참조하라.

의 여지가 없다"고 말했다.[14]

1997년 상원의 청문회가 미국 국세청에 대한 국민들의 분노를 자극했고 연이어 국세청의 힘을 억제하는 조치들이 나왔지만, 시계추는 국세청의 권한을 다시 강화하는 방향으로 선회하고 있었다. 특히 법인기업의 탈세를 보고 미국인들은 국세청의 횡포로부터 납세자들을 단순히 보호하는 것보다는 세제의 형평성을 다시 한 번 생각하게 되었던 것이다. 새로이 임명된 미국 국세청 청장은 국민의 이러한 뜻을 받아들여 국세청의 가장 우선적인 업무를 집행에 두겠다고 약속했다. IRS의 세금 집행에 자원을 재투자하는 것은 늘어나고 있는 정부 재정적자를 해결하는 생산적인 방법이 될 것이다. Sarin과 Summers(2019)는 과거 감사 수준으로 돌아가는 것과 같은 실행 가능한 일련의 개혁을 단행하고, 회피할 가능성이 가장 높은 유형(예 : 유산, 자영업 및 법인세 신고)에 대한 감사율을 높이고, IT 인프라를 향상시킨다면 IRS는 세금 격차를 15% 줄여 향후 10년 동안 1조 달러 이상 세수를 징수할 수 있을 것이라 추정했다. CBO는 최근 IRS의 운영 예산이 200억~400억 달러 증가할 경우 늘어난 예산 1달러당 세수가 2.5~3달러 증가할 것으로 추정했다.[15] 다른 추산에 따르면 이 수치는 IRS 운영 예산이 1달러 늘어날 때마다 세수는 6달러 증가하는 것으로 나타났다.[16] 불행히도, 이 견해는 예산에 반영되지 않았다. 2010년 이후 인플레이션 조정 달러로 의회에서 IRS 예산이 오히려 20% 이상 삭감되었다.[17] ■

왜 탈세에 관심을 가져야 하는가? 탈세가 당연하다면 왜 걱정해야 하는가? 탈세를 메우기 위해 세금은 왜 올리지 않는가? 원칙적으로는 탈세가 존재하고 세율이 높거나 탈세가 없고 세율이 낮은 경우 징수되는 세수는 같다.

왜 탈세를 우려해야 하고 그것을 줄여야만 하는지에 대한 이유는 세 가지로 요약할 수 있다. 첫째, 여러 번 강조했듯이, (만약 배제된 행위가 긍정적인 외부효과를 발생시키지 않는다면) 세원을 늘리고 세율을 낮추면 **효율성**이 증가하기 때문이다. 탈세는 명백히 긍정적인 외부효과를 발생시키지 않는다. 탈세로 인해 부족한 세수를 세율을 높여 보충하고자 한다면 효율성은 감소할 것이다. 세율이 증가함에 따라 탈세는 증가하기 때문에 탈세로 인한 세수 손실을 메우기 위해 세율을 올리는 것은 부분적으로 또 다른 세수 부족을 발생시킬 것이다.

둘째, **수직적 형평성** 때문이다. 부유층 소득의 많은 부분은 미국 국세청에 신고되지 않은 소득 형태로 발생하는 반면 저소득층이 내는 대부분의 소득세는 그들의 임금으로부터 발생하기 때문에 저소득층보다는 부유층의 탈세 범위가 넓다. 결과적으로 소득의 한 부분으로서 탈세는 부유층에서 보다 많이 발생하기 때문에 탈세가 많은 사회일수록 수직적 형평성은 떨어진다. 부유층에게 높은 세율을 적용함으로써 수직적 형평성을 높이는 것은 어렵다. 이러한 현상에 대한 최근 설득력 있는 증거는 노르웨이 소득신고서와 일치하도록 과세소득을 회피하기 위해 사용된 역외 금융기관의 유출 자료를 공개한 Alstadsaeter 외(2019)를 통해 제공되었다. 그들은 탈세가 부와

14 Wezerek(2020).

15 Congressional Budget Office(2020f).

16 Cohen(2015).

17 Congressional Budget Office(2020f).

함께 급격히 증가한다는 것을 발견했다. 탈세는 평균 연령에서 3%에 불과했지만 부의 분포의 상위 0.01%에서는 30%로 증가했다. 이는 앞에서 설명하였듯이 세율을 높일 경우 탈세는 더 증가하기 때문이다.

셋째, 탈세는 우리가 이 책에서 지금까지 논의했던 **수평적 형평성**을 저해하는 가장 명백한 예이기 때문이다. 한 사람은 정직하고 다른 사람은 그렇지 못하다면 매우 유사한 환경에 있는 두 사람이 조세법에 의해 달리 취급받게 된다. 이는 명백히 수평적 형평성을 위배하는 것이다.

조세법 간소화

2014년 말에 미국 국세청(IRS)은 납세자에게 개별 소득세 양식인 1040을 작성하기 위해 필요한 지침서를 보냈다. 이 지침서에 따르면 대부분의 소득이 임금 형태이고 복잡한 투자 활동이 없고 항목별 공제가 없다고 가정할 때 세금 양식을 작성하는 데 소요되는 시간은 약 16시간인 것으로 나타났다. 또한 1040 양식을 작성할 때 납세자당 평균 260달러의 비용이 소요되는 것으로 추산되었다. 세금 준비 소프트웨어, 회계사 및 우표 구매 등과 같은 지출이 이러한 비용에 포함된다. 기업 납세자들은 서류 작성에 24시간이 소요되고 비용은 평균 410달러가 드는 것으로 예상되었다.[18] 이는 납세자들에게는 엄청난 시간과 에너지 낭비이다. 2000년의 한 연구에 따르면 납세자들은 세금 신고서를 작성하는 데 총 32억 시간과 188억 달러의 비용을 사용한다고 한다. 이 수치를 1인당으로 환산해보면 각각 26.4시간과 209달러이다.[19] Slemrod와 Bakija(2000)가 지적하듯이, 이는 '마치 150만 명의 숨겨진 무급 국세청 직원'을 채용하는 것과 같다.

그림 25-2와 같이 미국의 조세법은 더욱 복잡해지고 있다. 이 그림은 기본 개별 세금 양식인 1040과 함께 제공되는 지침서의 페이지 수를 보여주고 있다. 1940년 2쪽에 불과하던 것이 2017년 217쪽으로 증가했다!

이런 문제점 때문에 세제개혁 때마다 납세와 관련된 복잡하고 어려운 행정적인 일을 줄이거나 없애 세제의 단순성을 증가시키자는 의견이 매번 제시되었다. 대통령 선거 경선자인 스티브 포브스(1996년과 2000년)는 납세자들이 단지 미국 국세청에게 우편엽서를 보내는 것으로 세금 신고를 끝내기를 원했다. 2004년 민주당 대통령 후보 경선에 참여했던 대장 출신인 웨슬리 클라크는 다음의 사항을 공약하기도 했다. "수십 쪽에 달하는 세금 신고서를 없애고 수백 쪽에 달하는 세법을 사용하기 쉬운 하나로 줄임으로써 세금 절차를 간단히 하겠다. 새로운 세제에서 납세자들은 소득 신고서에 단지 세 줄(첫 번째 줄에는 소득, 두 번째 줄에는 결혼 여부, 세 번째 줄에는 자녀 수)만을 작성함으로써 세금을 내야 할지 여부를 알 수 있게 하겠다. 이렇게 되면 미국 납세자들의 반 이상은 아마도 복잡한 세금 신고서를 작성할 필요가 없어질 것이다."[20]

조세법의 단순화는 이론상으로 볼 때는 매우 훌륭한 목표이다. 많은 경우 세제의 단순화는 형평성이나 효율성 목표와 일치하기 때문이다. 그러나 때로는 다른 가치 있는 목표와 상충하기도

18 Internal Revenue Service(2014).

19 Guyton et al.(2003).

20 OnTheIssues(2014).

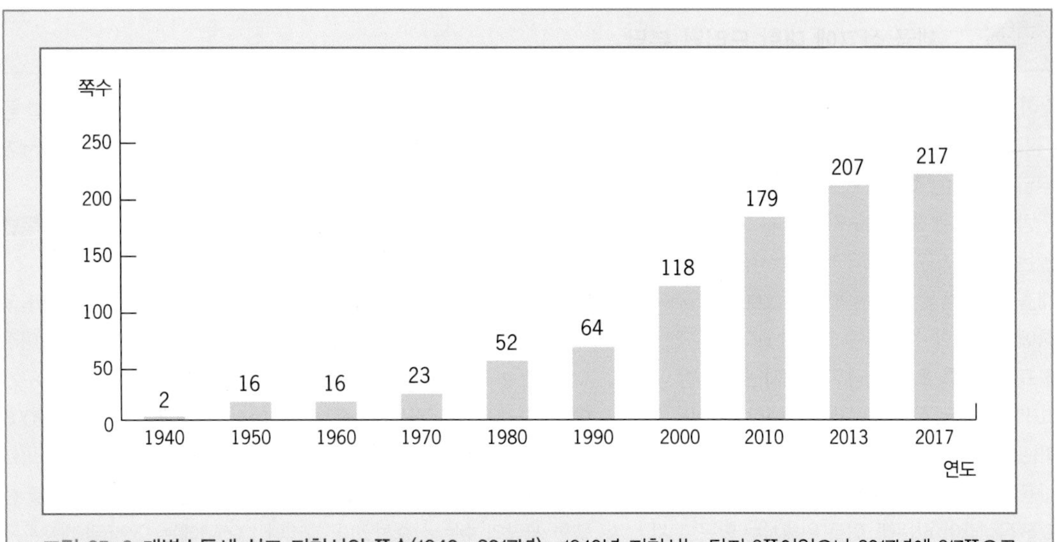

그림 25-2 **개별소득세 신고 지침서의 쪽수(1940~2017년)** 1940년 지침서는 단지 2쪽이었으나 2017년에 217쪽으로 크게 증가했다.

출처 : eFile.com(2018).

한다. 이때는 세제의 단순화 여부를 결정짓기 위해서 정부는 단순화에 따른 편익과 다른 정책 목표 지연에 따른 비용을 비교해야 한다.

예를 들어 개인소득세 세원에 고용주가 제공한 건강보험을 포함시키는 것을 고려한다고 하자. 건강보험은 납세에 대한 개인 능력을 높이기 때문에 헤이그-사이먼 소득 개념에 따른다면 개인소득세에 마땅히 포함되어야 한다. 고용주가 제공한 건강보험을 포함시키는 것은 제18장에서 배운 바와 같이 건강보험에 보조금을 지불하는 것이 강한 외부효과나 시장실패를 야기하지 않는다면 수평적 형평성의 형태로든 수직적 형평성의 형태로든 세제의 형평성을 제고한다. 이는 또한 세원을 넓히고 세율을 낮춤으로써 효율성을 증가시킬 것이다.

그러나 세원에 고용주가 지불한 건강보험을 포함시키는 것은 세제를 복잡하게 만든다. 고용주는 매년 정부와 고용인에게 그들이 기여한 건강보험금액을 알려주어야 한다. 이를 위해서 고용주는 추가적으로 기록을 관리해야 하고 신고를 해야 한다. 또한 고용인은 개인소득세 신고 시 건강보험금액을 추가적으로 신고해야 한다. 제15장에서 논의되었듯이 고용주가 제공한 건강보험에 대해 세금공제 한도가 존재한다면 복잡성은 배가 될 것이다. 이는 한도 이상으로 제공된 고용주의 지출을 세금으로 어떻게 처리해야 하는지와 같은 복잡한 문제를 발생시키기 때문이다.

또 다른 예로, EITC의 경우를 생각해보자. 제21장에서 강조했듯이, EITC는 '새는 물통(leaky bucket)'을 사용하지 않고 저소득층에게 소득을 재분배할 수 있는 강력한 수단이다. 그러나 동시에, 일부 납세자들은 소득과 가족 구조를 틀리게 보고함으로써 불법적으로 EITC 금액을 부

실증적 증거

세금 신고에 대한 드러난 부담

본문에 기술된 바와 같이, 세제 간소화를 목표로 하는 데는 절충점이 있다. 즉 특정 행동을 장려하거나 저지하기 위해 조세정책을 사용하는 대신 세금 신고의 부담을 줄이는 것이다. Benzarti(2020)의 최근 논문은 똑똑한 선호 접근 방식을 통한 절충점을 강조한다.

제18장에서 납세자들은 표준공제(일정한 금액) 또는 자선단체에 대한 기부금 공제, 담보대출 지불, 주 및 지방세의 최대 10,000달러까지 공제 등 항목별 공제 중에서 선택할 수 있다는 것을 배웠다. 이론적으로는 항목별 공제액이 표준공제를 초과할 경우 납세자는 항목별 공제를 선택할 것이다. 그러나 실제로 항목별 공제를 선택할 때는 또 다른 비용이 발생한다. 이는 새로운 세금 양식을 작성하는 데 필요한 추가 작업에 수반되는 비용이다. 납세자는 항목별 공제를 받기 위해서는 1040번 양식의 A표를 작성해야 하는데, 이를 위해서는 항목별 지출 범주에 대한 자료가 있어야 한다.

이 서류를 작성하는 데 추가적으로 드는 비용은 얼마나 되는가? Benzarti는 보다 단순한 표준공제를 사용하기 위해 납세자들이 기꺼이 테이블 위에 남겨둘 돈의 양을 추정함으로써 이 비용을 추산할 수 있다고 보고 있다. 이것이 중요한 사안이 될 수 있다는 제안은 그림 25-3을 통해 알 수 있다. 이 그림은 1985년에서 2005년 사이에 청구된 항목별 공제금액의 분포를 보여주고 있다. 각 패널에서 빨간색 선은 표준공제를 나타낸다. 이 지점 이하에서는 아무도 항목별 공제를 선택하지 않는다. 파란색 선은 항목별 공제의 각 수준에서 항목별 공제를 선택한 납세자의 수를 나타낸다. 각 점은 2,000달러당(예 : 항목 공제 수준 10,000~12,000달러) 항목별 공제를 신고한 납세자의 수를 나타낸다.

Benzarti의 핵심 통찰력은 이 파란색 곡선이 자연스럽게 하락해야 한다는 것이다. 즉, 항목별 공제 수준이 많아질수록 항목별 공제를 선택한 납세자 수는 감소해야 한다. 감소는 파란색 선의 첫 번째 또는 두 번째 지점 이후에 나타난다. 즉 표준공제보다 2,000달러 이상 또는 4,000달러 이상 높은 구간에서 나타난다. 그러나 표준공제액에서부터 2,000달러 구간에서는 항목별 공제를 선택한 납세자 수는 증가한다. 경제학자들은 이 분포에서 누락된 부분을 '누락된 덩어리(missing mass)'로 명명하는데 이 '누락된 덩어리(missing mass)'는 중요한 사실을 포함하고 있다. 즉, 항목별 공제금액이 표준공제보다 2,000달러 이내로 많은 납세자가 항목별 공제를 선택할 가능성은 낮을 것이다. 다시 말해, 항목별 공제를 선택한 납세자 수는 항목별 공제금액이 표준공제보다 2,000달러 이내로 많은 구간에서 표준공제가 없는 구간보다 적어야 하지만, 실제로는 더 많다.

왜 이런 일이 일어날까? 항목별 공제액이 소액인 납세자는 항목별 공제를 통해 얻게 되는 이득이 비용에 비해 작기 때문이다.

그림의 각 패널은 표준공제 금액이 연도에 따라 변경됨에 따라 이로부터 발생되는 항목별 공제를 선택한 납세자 수의 변화를 보여주고 있다. 놀라운 점은 매년 '누락된 덩어리'가 표준공제 바로 위 구간에 나타났다가 표준공제가 증가함에 따라 사라진다는 것이다. 2005년, 1995년, 1985년 3개년을 비교해보자. 2005년에는 12,289달러(표준공제)에서 16,289달러(4,000달러 이상) 구간에서 항목별 공제를 선택한 사람의 수는 상승하였다. 그러나 1995년에는 12,315달러(표준공제액보다 2,000달러 초과)에서 16,315달러(6,000달러 이상 증가) 구간에서 항목별 공제를 선택한 납세자 수는 감소, 1985년에는 11,896달러(표준공제액보다 4,000달러 초과)에서 15,896달러(8,000달러 초과) 구간에서 더 크게 감소하였다. 따라서 이러한 '누락된 덩어리'는 단지 항목별 공제금액 분포의 불규칙성 때문에 나타나는 현상이 아니다. 이는 항목별 공제를 선택할 때 납세자의 이득이 적을 때 체계적으로 항목별 공제를 회피하기 때문이다.

이 점은 Benzarti가 표준공제의 크기가 많아질수록 이 '누락된 덩어리'가 커진다는 사실을 발견함으로써 더욱 입증되었다. 즉, 항목별 공제로부터 얻는 이득이 적을수록 이를 선택하는 납세자는 줄어든다. 이에 더해 Benzarti는 이러한 관계를 이용하여 A표의 제출에 대한 가격을 추정하였다. 즉 표준공제가 증가함에 따라 얼마나 더 적은 사람들이 항목별 공제를 선택할 것인가? 그는 항목별 공제의 암묵적 비용은 소득에 따라 증가하는 것을 보였는데, 그의 추정에 따르면 암묵적 비용은 납세자가 한 사람인 저소득 가구일 때는 175달러에서 납세자가 공동인 고소득 가구일 때는 591달러로 증가한다. 소득에 따라 비용이 증가하는 것은 고소득 세금 신고자의 기회 비용이 증가한다는 것을 의미한다.

또한 누락된 덩어리, 즉 항목별 암묵적 비용은 종이 신고, 전자 신고, 세금 대리인을 사용하는 개인들에게서 매우 유사하다는 점도 주목할만하다. 이는 적어도 납세자가 세금 대리인을 사용함으로써 얻는 이득이 크지 않다는 것을 의미한다.

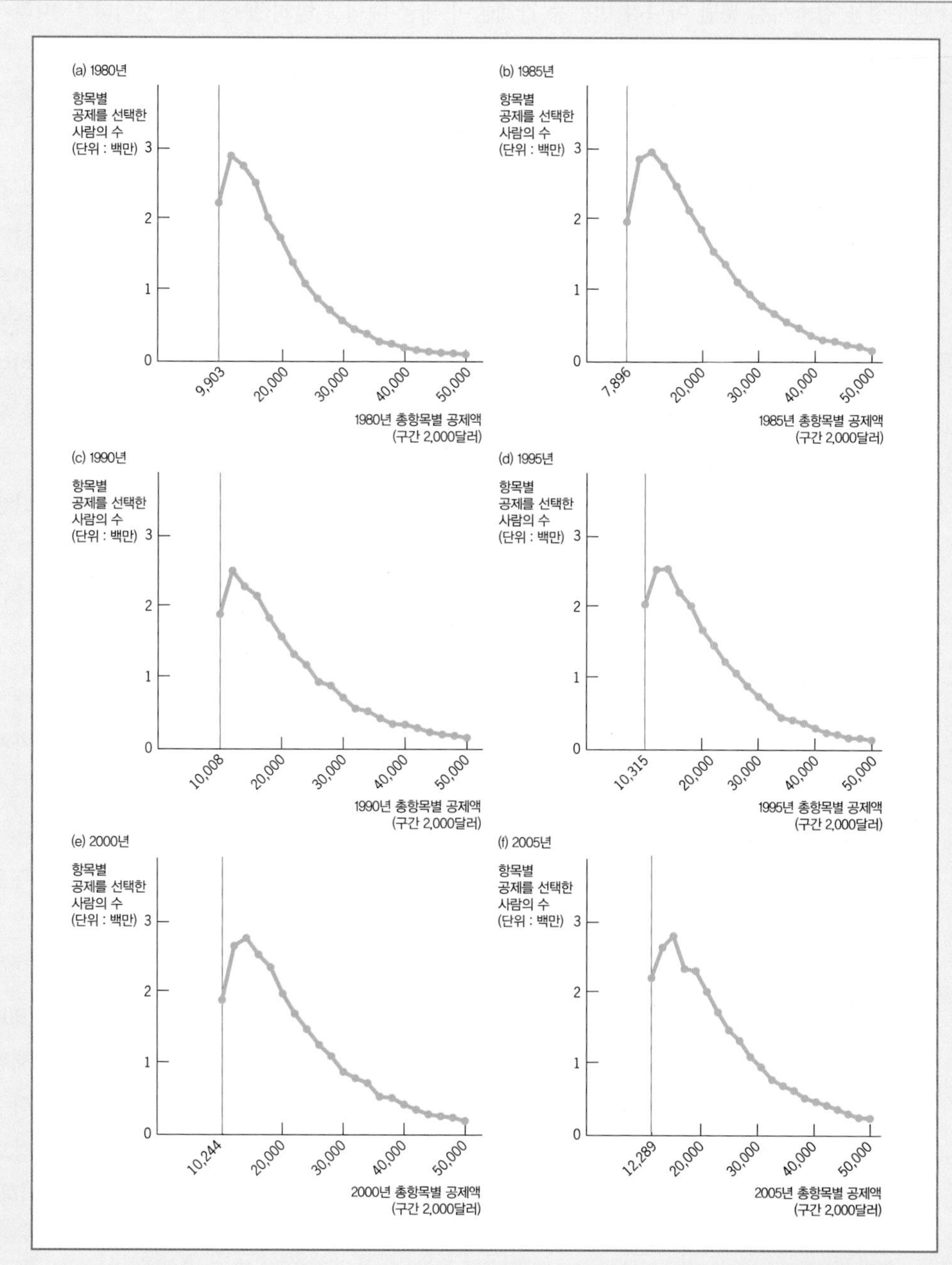

그림 25-3 **항목별 공제의 숨은 비용** 이 그래프는 몇 개년에 대해 표준공제보다는 항목별 공제를 선택한 사람의 수를 보여주고 있다. 표준공제보다 첫 2,000달러 이상에서 항목별 공제를 선택한 사람의 수가 증가한다는 사실은 대부분의 사람들에 대해 항목별 공제를 선택할 때 드는 노력과 시간이 조세환급 시 그들이 받을 수 있는 추가적인 2,000달러보다 가치가 적다는 것을 뜻한다.

출처 : Benzerati(2020) Figure 1.

풀린다. 이러한 순응 문제를 줄이기 위해, 최근 상원은 수령자들이 작성해야 하는 양식의 길이를 1페이지에서 4페이지로 크게 늘릴 것을 제안했다. 이것은 순응을 높일 수는 있지만, 분명히 단순성을 감소시킬 뿐만 아니라 빈곤층 가계들이 세금 혜택을 받지 못하게 할 것이다.[21] 따라서 세제의 단순화는 세제개혁의 다른 목표를 희생시키는 비용을 발생시킬 수 있다.

조세의 효율성 향상

제20장의 최적소득세 모형에서, 세율을 증가시키는 것에 따른 비용은 잠재적인 노동공급의 감소였다. 그러나 과세에 따른 효율성 비용과 관련해 일반적인 의미에서 보다 중요한 것은 세금이 변할 때 사람들의 행위가 어떻게 달라지느냐이다. 스티브 포브스에 의해 주창된 평률세와 같은 근본적인 세제개혁의 궁극적인 목표는 잠재적으로 얼마나 열심히 일을 하고, 얼마만큼 저축을 하고, 얼마만큼 위험을 취할 것이냐에 대한 결정들을 왜곡하는 한계세율을 감소시키는 데 있었다. 세율의 변화는 노동공급, 저축, 위험 감수에 대한 결정뿐만 아니라 자녀보육이나 자선을 위해 얼마만큼 소득을 사용할 것인지에 대한 의사결정에도 영향을 미친다.

세제개혁에 대해 곰곰이 생각해보면, 과세에 따른 일련의 행위 변화들은 다음과 같은 간단한 질문으로 요약될 수 있을 것이다 — 세율의 변화가 세수를 어떻게 변화시키는가? 세제의 효율성은 세율에 대한 세수의 탄력도에 의해 결정된다.[22] 탄력도가 높을수록 과세로부터의 사중손실은 커진다.

세율의 변화는 다음의 다섯 가지 경로를 통해 세수를 변화시킨다.

(조세 변화의) 직접효과 세율 증가로 인해 고정세원으로부터 발생하는 세수가 증가하는 효과

(조세 변화의) 간접효과 과세된 세원의 크기를 줄이는 세율 증가효과

1. **직접효과**(direct effect) : 보다 높아진 세율은 과세의 고정세원으로부터의 세수를 증가시킨다.
2. **간접효과**(indirect effects) :
   a. **총소득효과** : 보다 높아진 세율은 노동공급, 저축 혹은 위험 감수를 줄임으로써 소득을 감소시킬 수 있다(이는 제21~23장에서 논의된 연구 주제였다).
   b. **신고효과** : 주어진 총소득 수준에서 세율 증가는 사람들에게 세금을 내지 않는 방법으로 소득을 재분류하게 할 것이다. 고용주가 급여를 5,000달러 증가시켜 주는 방안과 3,000달러의 가치가 있는 건강보험을 추가적으로 들어주는 방안(이는 세금으로부터 면제된다) 중 하나를 당신에게 선택하게 했다고 하자. 세율이 25%라면 당신은 급여를 올려주는 방안을 택할 것이고, 1,250달러의 세금을 낼 것이다. 그러나 세율이 50%라면 건강보험을 추가적으로 들어 주는 방안을 택할 것이고 세금은 추가적으로 내지 않을 것이다.

---

21 Matthews(2015).

22 Saez(2004)가 논의한 바와 같이, 이것은 과세 활동에 대한 대체가 비과세 활동으로부터 발생하는 경우에만 엄격히 성립된다(예 : 높은 세금이 더 많은 노동이나 임금보다는 건강보험을 통한 더 많은 보상 대신 보다 많은 여가를 택하기 때문에 세수를 줄인다면). 그러나 특정 세제에 기초해 과세되는 활동이 다른 세제에 근거해 과세되는 활동으로 대체되는 경우 분석은 더 복잡하다. 예를 들어, 여러 연구에 따르면 법인세율에 비해 개인소득세율이 상승하면 사람들이 사업 활동을 개인세금세제(S회사라고 함)에 의해 과세되는 형식에서 법인에 의해 과세되는 형식(C회사라고 함)으로 전환하는 것으로 나타났다.

따라서 세율을 올린다면 정부는 세율이 25%였다면 징수되었을 1,250달러의 세수를 잃게 된다.

c. **소득배제효과** : 주어진 신고소득에 대해, 세율이 높아질수록 납세자들은 소득공제와 면제를 보다 적극적으로 이용하려 할 것이다. 세율이 증가함에 따라 사람들은 자선 기부를 보다 많이 할 수도 있고, 보다 많은 주택담보를 선택할 수도 있고, 세금 우대 은퇴계정에 저축을 보다 많이 할 수도 있다.

d. **순응효과** : 세율이 높아질 경우 탈세가 증가해 세수가 감소할 수 있다.

따라서 세율 증가는 직접효과에 의해서는 세수를 증가시키나 간접효과에 의해서는 세수를 감소시킨다.

이들 효과에 대한 보기는 그림 25-4에 나타나 있다. 나라가 매년 임금으로 45,000달러를 받고, 이웃의 잔디를 깎아 주고 매년 현금으로 5,000달러를 받아 세원은 50,000달러라 하자. 처음에는 세율이 평률로 10%여서 나라는 1년에 5,000달러를 납세했다. 지금 정부는 세율을 20% 증가시킴으로써 세수를 2배로 늘리려 한다고 하자. 세율 증가의 직접적인 효과는 세수를 10,000달러만큼 증가시킬 것이다. 그러나 나라는 세원을 잠식시키는 다음의 네 가지 간접적인 반응을 통해 이를 상쇄시키고자 한다 — (1) 일하는 시간을 줄여 소득이 5,000달러만큼 감소해 40,000달러가 된다. (2) 임금 중 2,500달러를 건강보험에 대한 혜택으로 돌려줄 것을 고용주와 협상한다. (3) 2,500달러 이상을 자선기부한다. (4) 잔디를 깎아주고 발생한 소득을 신고하지 않는다. 이들 간접적인 반응들 때문에 세원은 50,000달러에서 35,000달러로 감소한다. 정부는 단지 35,000달러의 소득에 대해 20%만을 세금으로 징수하게 되어 7,000달러의 세수가 발생한다. 세율을 2배 증가시켰지만 세원을 축소시키는 간접효과 때문에 세수는 단지 40% 증가했을 뿐이다.

세율 증가에 기인한 세수 변화에 대한 증거 세율이 세수의 개별 항목에 미치는 효과는 오래전부터 연구되어 왔지만, 세수에 대한 세율의 전반적인 효과에 대한 연구는 1980년대 후반에 와서야 비로소 경제학들에 의해 시작되었다. 그 후 많은 연구들에서 세율이 세수에 미치는 효과가 모형화되었다.[23]

이들 연구들은 세원이 세율에 어떻게 반응하는지에 대해 몇 가지 분명한 사실을 밝혔다. 첫째, 앞에서 배운 바 있는 간접효과들은 세율 증가에 기인한 직접효과를 크게 상쇄시킨다. 연구마다 추정치는 다소 다르지만, 대부분의 연구에서 세율이 10% 증가할 때 과세소득 세원은 대략 4% 감소하는 것으로 나타났다. 이는 소득세 과세에 따른 사중손실이 크다는 것을 의미한다.

둘째, 세율 증가로 인해 나타나는 반응들은 총소득의 간접효과로부터가 아니라 대부분 신고효과, 소득배제효과, 순응효과 등과 같은 간접효과 때문에 발생한다. 세율의 변화는 총소득에 크게 영향을 미치지는 않은 것처럼 보인다. 즉 일이나 저축을 통해 발생하는 소득의 총량은 과세에 따라 크게 변하지 않는다. 과세가 과세소득에 미치는 효과는 대부분 세금공제, 소득 이동,

---

23 이 문헌과 관련된 검토에 대해서는 Saez 외(2012)를 참조하라.

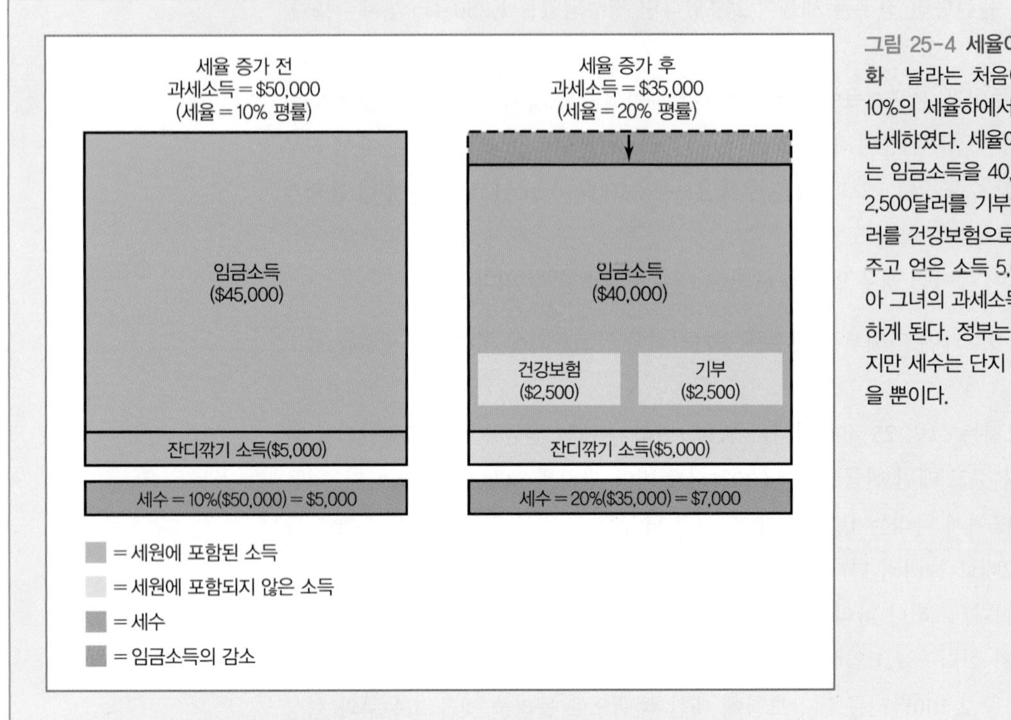

그림 25-4 세율이 오를 때의 세원의 변화 날라는 처음에 50,000달러를 벌고 10%의 세율하에서 5,000달러를 세금으로 납세하였다. 세율이 20%로 증가하면 날라는 임금소득을 40,000달러로 감소시키고, 2,500달러를 기부하고, 임금에서 2,500달러를 건강보험으로 대체하며, 잔디를 깎아주고 얻은 소득 5,000달러를 신고하지 않아 그녀의 과세소득은 35,000달러로 감소하게 된다. 정부는 세율을 2배로 증가시켰지만 세수는 단지 40%(2,000달러) 증가했을 뿐이다.

그리고 탈세로부터 발생한다. 이러한 결과들은 세율 증가뿐만 아니라 세금이 헤이그-사이먼 소득 개념에 기초해 과세되지 않았던 것도 조세의 비효율성을 야기하는 이유가 된다는 것을 의미한다. 세금이 헤이그-사이먼의 소득 개념에 기초해 과세되었다면, 세원은 세율 변화에 민감하게 반응하지 않았을 것이다.[24] 즉 세수기반이 좁아지면 과세에 따른 사중손실은 두 가지 이유로 증가한다. 즉 세수 기반이 좁아지면 세율이 높아지고(사중손실은 세율의 제곱으로 증가) 세율들에 대해 수요나 공급곡선이 보다 탄력적이 된다[조세(가격)탄력도가 높으면 사중손실은 증가].

셋째, 이러한 반응들은 대부분 부유한 사람들부터 발생한다. 저소득층이나 중간소득층 납세자들은 소득신고효과, 소득배제효과, 순응효과 등을 이용할 소득 범위가 상대적으로 적다는 점을 감안한다면 이는 그리 놀랄만한 사실은 아니다. 소득신고효과의 관점에서 먼저 설명해보면, 저소득층이나 중간소득계층들은 소득 형태를 스스로 결정할 만큼의 능력을 가지고 있지 않아 소득을 세금 우대 형태로 전환하는 것이 어렵다. 소득배제효과의 관점에서는, 이들 계층들은 소득에서 일상생활에 소요되는 비용이 차지하는 비중이 높기 때문에, 소득을 자선기부나 주택담보를 늘리는 데 사용할 여력이 거의 없다. 순응효과의 관점에서는, 저소득층이나 중간소득계

---

24 Kopczuk(2005)는 세율에 대한 세원의 탄력도에 대한 문헌을 검토하고 세율에 관해 세수를 탄력적으로 만드는 것은 창출된 소득의 실제 양이 아니라 소득 정의의 민감도라는 증거를 제시하였다.

층들은 대개 고용주들에 의해 임금이 지불될 때 임금소득에서 세금이 원천징수되기 때문에 탈세 여지가 거의 없다.

마지막으로, 재정 연합 내의 세금(예 : 미국의 주세 또는 유럽연합의 국가세)을 고려할 때, 이동성은 중요한 관심사가 될 수 있다. Kleven 외(2019)는 소득이 매우 높은 납세자들은 지방세와 관련하여 민감하게 움직인다는 것을 발견한 최근의 문헌을 요약했다. 마찬가지로, Moretti와 Wilson(2020)은 미국에서 가장 부유한 400명 중 다수가 유산세의 주 차이에 대해 책임을 지게 하는 법이 변경되었을 때 유산세가 더 낮은 주로 빠르게 이주했다는 것을 발견했다. 그러나 이러한 규모 중 제20장에 설명된 래퍼(Laffer) 효과를 창출할 만큼 큰 것은 없는 것으로 보인다. 즉, 최고 소득자에게 세금을 인상하는 것은 여전히 세수를 크게 증가시킨다.

요약 : 근본적인 세제개혁의 편익

1986년 세제개혁법에 의해 논의되기 시작한 평률세와 같은 근본적인 조세개혁은 세제개혁의 세 가지 목표(조세순응을 높이고, 조세법을 간소화하고, 조세 효율성을 향상시키는 것)를 달성하는 데 유용한 수단으로 사용될 수 있다. 근본적인 세제개혁은 세원을 확충하고 세율을 낮춤으로써 조세순응과 조세 효율성을 증가시킨다.[25] 근본적인 세제개혁은 소득공제와 특별공제를 없애고 모든 형태의 소득에 동일한 세율을 적용함으로써 세금 신고를 단순화한다. 그렇다면 근본적인 세제개혁은 시행되기가 왜 어려운가? 다음 절에서는 세제개혁가들이 세제개혁 시 직면하게 되는 정치적 · 경제적 제약조건에 대해 살펴본다.

25.2 세제개혁의 정치학과 경제학

미국의 세제는 1986년 세제개혁을 통해 경제학자들에 의해 오랫동안 주장되어 왔던 '넓은 세원, 낮은 세율' 원칙에 입각해 대폭 정비되었다. 그러나 이러한 '원칙'은 그리 오래가지 못했다. 1993년 미 의회와 클린턴 행정부는 최상위소득계층의 세율을 31%에서 39.6%로 증가시켰고 과세구간을 3단계에서 5단계로 늘렸다. 또한 1997년 제정된 납세자 구제법을 통해서는 자녀 교육비용 및 기업의 연구개발비에 대한 세액공제제도가 도입되었다. 자본이득세는 적어도 18개월 이상 보유한 자산에 대해서는 20%로 감소되었고(단기 자산은 근로소득으로 과세되었다), 주택판매 시 발생한 이득에 대해서는 공제 범위를 더욱 확대해 50만 달러까지 면세되도록 하였다. 2001년, 2003년, 2012년, 2017년 세제개혁은 조세법을 더욱 복잡하게 만들었다. 보다 구체적으로는 소득세 구간이 7단계로 늘었고, 단계적으로 폐지하기로 되어 있던 세제상 특전들과 저축유인들이 다시 시행되었고, 상환 가능한 자녀세액공제는 통상적인 공제 수준을 넘어섰으며, 자본이득법은 7개의 구간으로 보다 세분화되었고, 대체 최소세가 적용되는 납세자 수는 매년 증

---

25 세제의 효율성 증가는 새로 과세되는 항목의 탄력성이 이미 세원에 포함된 항목의 탄력성보다 충분히 높지 않은 경우에만 사실이다. Kopczuk(2005)의 앞서 언급한 연구는 그것이 사실임을 시사한다.

가했고, 어떤 세제는 만료되었다가 다음 해 다시 시행되기도 하였다.

단순하고 넓은 세원을 가진 세제를 계속 유지하는 것이 왜 그렇게 어려운가? 헤이그-사이먼 소득기준에 맞지 않음에도 불구하고 특정 조항들을 세제에 포함시키라고 하는 압력이 왜 그렇게 많은가? 두 가지 설명이 있다. 하나는 정치적인 것이고 다른 하나는 경제학적인 것이다.

복잡한 조세법에 대한 정치적 압력

제9장에서 논의했듯이, 정책 변화에 대한 정치직 압력은 승자들이 응집력이 강할 때, 잘 조직되었을 때, 얻는 게 많을 때, 그리고 패자들이 분산되어 있고 한 사람당 잃는 게 적을 때 높아진다. 소득이 헤이그-사이먼의 개념에서 좀 벗어난다 하더라도 대부분의 경우 형평성과 효율성이 크게 저해되지는 않는다. 그러나 극소수의 사람들에게는 조그마한 변화라도 큰 편익을 가져다줄 수 있다. 소득이 25만 달러를 초과하는 사람들에 대한 부시의 감세 조치가 지속되면 향후 10년간 미국인의 3% 미만의 사람들이 8,100억 달러를 절약하게 될 것이다.[26]

조세법을 복잡하게 만드는 정치적 압력은 예산상으로는 동일한 의미를 갖지만 유권자들은 정부사업이 정부 지출을 통해 충당될 때는 반대하지만 조세 지출에 의해 재원이 조달될 때는 찬성한다는 정치가들의 인식에서 비롯된다. 예컨대 클린턴 대통령은 1992년 대통령에 취임하면서 교육이나 직업훈련에 대한 연방정부 지출을 늘릴 것을 약속했다. 그러나 지출 증액보다는 '표적화된 감세'를 통해 이들 분야에서의 공약 목표를 달성했다. 그의 정책조언가들 중 한 사람은 이와 관련해 다음과 같이 언급한 적이 있다. "민주당이 다수당이었지만 지출과 새로운 투자사업에 대해 승인받는 것은 거의 불가능하다는 것을 우리는 빨리 알았다. 그러나 어떠한 종류의 감세든 모든 사람들은 이에 대해서는 많은 관심을 가졌다."[27] 지출 프로그램을 감세라는 이름으로 바꾸는 것은 효율성은 저해하지만 상당한 정치적 호소력은 갖는다.

아마도 정치적 압력의 역할에 대한 가장 좋은 예는 사전 신고된 세금(pre-filed taxe)에 대한 논쟁일 것이다. 이 접근 방식은 독일과 영국을 포함한 36개국에서 적어도 부분적으로 채택되고 있다. 노르웨이, 스웨덴, 에스토니아를 포함한 8개 OECD 국가는 주민세(resident tax)의 절반 이상을 사전 신고하고 있다. 이들 국가는 소득 및 기타 소득 항목에 대한 자료가 이미 기입된 양식을 납세자에게 정부가 직접 보낸다. 납세자는 단지 자료가 정확한지 확인하고 서명을 하기만 하면 된다. 사전 신고 세금 지지자들은 이 법안이 미국 납세자들에게 76억 시간과 1,400억 달러를 절약할 수 있다는 증거를 인용하고 있다. 에스토니아 국민의 세금 신고를 위한 평균 준비 비용은 0달러이다. 주 전체가 시도하고 있는 캘리포니아와 같은 주가 있음에도 불구하고, 미국은 여러 가지 이유로 이 개혁을 채택하는 데 더디었다. 첫째, IRS는 개혁을 하기 위해 추가 자금을 요구할 것이며 이는 정치적 논란이 야기시킨다. 또한 이런 간소화 조치로 이익집단들이 높게 평가하는 구체적인 세금 감면 혜택들이 없어질 수 있다는 우려도 팽배하다. 마지막으로 Turbo Tax

---

26 U.S. Department of the Treasury(2012), Table 1.

27 Chandler(1996).

및 H&R Block과 같은 주요 세무대리기관들의 로비 압력은 이 개혁의 정치적 타당성을 감소시켰다.[28]

세원을 넓히는 것에 반한 경제적 압력

정치적 압력만이 조세법에 특별조항을 많이 두도록 하고자 할 때 사용되는 수단은 아니다. 경제적인 고려 또한 특별조항을 없애거나 세원을 넓히고자 하는 움직임에 대한 저지 수단으로 사용된다. 조세와 관련된 장들에서 강조되었듯이, 경제도 아무 저항 없이 세제 변화를 수용하지는 않는다. 어떠한 세금 변화도 재화시장과 요소시장에서 결정된 가격과 수량에 영향을 미치고, 이들 가격과 수량 변화들은 교대로 세제개혁의 한 부분인 형평성에 영향을 미치기 때문이다. 이는 세금 최소화가 유일한 존재의 이유인 **세금도피행위**(tax shelters)를 통해 명료하게 설명된다.

세금도피행위 세금 최소화가 유일한 존재 이유인 활동이나 행위

배경 : 세금도피행위 1980년대 중반까지의 조세법하에서는 세제에 밝은 투자가들은 그들의 돈을 미국 국세청으로부터 세금도피처로 옮겨놓음으로써 합법적으로 세금을 절약할 수 있었다. 이들이 사용한 방법은 세금이 우대되는 자산에 집중적으로 투자를 하는 것이었다. 예컨대 부동산의 경우 감가상각비용을 매우 빠르게 공제받을 수 있었고 발생한 이익은 60%가 세금이 면세되는 자본이득으로 간주되었다. 영화나 과학연구를 위해 대여된 설비에 대해서는 최대 설비비용의 10%가 투자세액공제되었다. 석유와 가스를 발견하기 위한 천공기는 처음 투자의 60~80%가 세금공제되었기 때문에 훨씬 많은 세금 우대를 받기도 하였다.

이들 법안의 대부분은 부동산과 석유산업에 대한 투자를 조장하기 위해 의회에서 의도적으로 만들어진 것이었다. 이와 같은 세금도피행위 때문에 이들 부문에 대한 투자는 과도하게 이루어졌다. 부동산에 대한 세제상 특전은 투자 1달러당 2달러의 세금을 탕감시켰고, 설비대여 세제상 특전은 투자 1달러당 5달러의 세금을 탕감시켰다. 1980년대 중반까지 매년 100억 달러 이상이 이러한 세금도피행위들에 투자되었고 그중 반 이상은 부동산부문에 투자되었다. 과도한 빌딩 건축과 30%에 이르는 공실률에도 불구하고 부동산 투자는 계속해서 이익을 낳았다. 산업의 내부자 추정 결과에 의하면 석유와 가스에 대한 벤처회사 투자 중 75% 이상은 세금도피를 위해 만들어진 것이다.[29]

서류상으로는 손해지만 실질적으로 이익을 가져다주는 세금도피행위들은 특히 일반 납세자들을 화나게 만든다. 간단한 예를 들어보자. 1983년 리암은 250,000달러의 소득이 있었고 한계세율은 50%(109,400달러부터 시작됨)였다고 하자. 리암은 매출이 전혀 없었던 석유시공 벤처회사에 소득 중 100,000달러를 투자하고 1년 뒤 이를 90,000달러에 팔았다고 하자. 1년 동안 10,000달러의 손해를 보았기 때문에 이는 서류상으로 볼 때는 매우 잘못된 투자이다. 그러나 표 25-1에 나타나 있는 것처럼 세금도피행위를 고려한다면 반드시 잘못된 투자는 아니다.

---

28 Thompson(2016), Tax Policy Center(2020a).

29 Russakoff(1985a, 1985b).

표 25-1 세금도피행위 세금도피 목적으로 투자된 돈은 실질가치로 10,000달러의 손해가 발생했으나 35,000달러의 세금저축을 발생시켜 이 투자로부터 25,000달러의 순이익을 얻었다.

행위	결과
석유 벤처회사에 100,000달러 투자 90,000달러에 석유 벤처회사 판매 금년 소득에서 60,000달러 소득공제 다음 해 소득에서 10,000달러의 손실을 공제	10,000달러의 손실 세금에서 30,000달러 절약 세금에서 5,000달러 절약
순효과	25,000달러 이익

석유회사에 대한 투자는 1983년 세금에서 60%는 세금공제를 받기 때문에 리암은 1983년 투자 중 60,000달러를 세금으로 공제받는다. 세율이 50%이므로 이로부터 리암은 30,000달러의 세금을 절약하게 된다. 1년 뒤 10,000달러의 손실이 발생했기 때문에 이에 대해서는 그해 소득에서 세금을 공제받을 수 있다. 한계세율이 50%이기 때문에 이로부터 5,000달러의 세금을 공제받게 된다. 따라서 리암이 투자한 100,000달러는 90,000달러와 35,000달러의 세금 저축을 합한 125,000달러가 된다. 서류상으로는 돈을 잃은 투자의 1년 수익률이 25%가 되는 셈이다. 미국인의 기발한 독창력을 보여주는 보기이다.

세금도피행위들은 일반 납세자들에게도 만연해 있었다. 영리한 사람들은 기발한 전략을 사용하기도 하였다. 예컨대 한 굴 양식업자는 지금 막 양식을 시작한 굴의 구매자들을 모집하기 위해 굴 비용은 선불로 공제받을 수 있고 세금은 2년 후 굴이 다 자랐을 때 발생하는 소득에만 과세되며 소득은 자본이득으로 간주된다는 것을 광고하기도 했다. 나중에 미국 국세청은 굴의 성장 후 발생한 판매수익은 자본이득으로 간주되지 않는다고 규정으로 명시했다.[30]

이행기적인 불형평성 세금도피행위들은 앞서 언급된 근본적인 세제개혁의 세 가지 편익과는 역행한다. 세금도피행위들은 탈세를 보다 용이하게 하고 조세법을 보다 복잡하고 비효율적으로 만든다. 동시에 세금도피행위를 이용하는 것은 제10장에서 논의된 일종의 **조세 자본화**(tax capitalization) 때문에 어려운 경제적 논쟁을 야기한다. 조세 자본화는 자산수익에 부과된 세금의 변화 때문에 발생한 자산가격의 변화이다. 세금도피행위에 따른 편익들이 자산가치로 자본화된다는 사실은 이러한 세금도피행위를 없애는 것은 자산 소유자들을 혹독하게 벌하는 것이 되고 그 결과 수평적 형평성을 크게 저해할 수 있다는 것을 의미한다.

조세 자본화 자산으로부터 발생하는 수익에 부과된 세금 변화 때문에 발생한 자산가격의 변화

한 도시에 두 아파트가 매물로 나와 있다고 하자. 하나는 가난한 지역에 있는 아파트이고 다른 하나는 잘사는 동네에 있는 아파트이다. 가난한 지역에 있는 아파트의 가치는 소유자가 비용을 충당할 수 있을 만큼의 집세를 거주자에게 부과할 수 없었기 때문에 단지 100,000달러라고 하자. 반면 잘사는 동네에 위치한 아파트의 가치는 200,000달러라 하자. 지금 가난한 지역의 아파트에 투자한 사람들에 대해 투자세액공제나 가속감가상각 등과 같은 특별공제제도가 도입되었다고 하자. 이들 조세편익 때문에 이 지역의 아파트 시장가치는 200,000달러로 증가했다. 이는 세전가치인 100,000달러에 100,000달러로 평가된 조세편익의 가치를 합한 수치이다. 앤젤라는 이러한 세금 우대에 높은 가치를 부여하는 납세자여서 이 아파트를 200,000달러에 구매했다. 동시에 그녀의 친구인 라토야는 이와 같은 조세편익이 적용되지 않는 잘사는 동네의 아파트를 200,000달러에 구입했다.

30 Swardson(1986).

1년 뒤, 정부가 낙후된 지역에 위치한 아파트에 대해 지금까지 적용되어 왔던 세금 우대를 폐지하겠다는 발표를 했다고 하자. 앤젤라의 아파트가격은 더 이상 조세편익이 없기 때문에 즉각 100,000달러로 떨어진다. 앤젤라는의 순자산은 크게 감소한다. 조세법에서는 매년 발생한 자본손실에 대해서 3,000달러까지만 소득에서 공제받을 수 있도록 허용하고 있기 때문에 이러한 순자산의 감소가 앤젤라의 세금 부담을 줄이지는 못한다.

앤젤라가 입은 상당한 크기의 손실은 **세제개혁으로 인한 이행기적 불형평성**(transitional inequities from tax reform)이 발생할 수 있다는 것을 보여주는 좋은 보기이다. 세제개혁으로 인한 이행기적 불형평성이라 함은 과거에 다른 의사결정을 했고 그 결과 세제개혁에 의해 달리 취급받는 유사한 사람들에 대한 취급 변화를 의미한다. 앤젤라와 라토야는 둘 다 동시에 아파트에 200,000달러를 투자했다. 그러나 세제개혁으로 인해 앤젤라는 100,000달러의 손해를 보았고 라토야는 어떠한 손실도 입지 않았다. 이는 수평적 형평성을 크게 감소시킨다.

세제개혁으로 인한 이행기적 불형평성 과거에 다른 의사결정을 했고, 그 결과 세제개혁에 의해 달리 취급받는 유사한 사람들에 대한 취급 변화

이러한 이행기적 불형평성 문제는 조세뿐만 아니라 다른 형태의 정부 규제에서도 발생한다. 정부가 공공해변이 수질오염 때문에 더 이상 수영하기에 적합하지 않다고 발표를 했다고 하자. 해변가에 있는 현재 집들의 가격은 해변에서 수영을 할 수 있다는 사실을 반영한 결과이기 때문에 이러한 정부 발표로 인해 해변가 집들의 가격은 즉각적으로 떨어질 것이다.

이러한 이행기적 불형평성은 (모든 사람을 만족시키는 매우 큰 크기의 감세가 없다면) 승자와 패자가 당연히 생길 수밖에 없는 세제개혁의 필연적인 결과이다. Feldstein(1976)은 갑작스러운 자산가격 변화로 빈번히 야기되는 수평적 불형평성을 최소화하기 위해서 세제개혁은 점진적으로 이루어져야 한다고 하였다.

이행기적 불형평성에 대한 우려 때문에 정치적 과정을 통해 기득권 인정과 같은 여러 형태의 보상체계가 만들어졌다. 기득권 인정을 허용한다면 예전 세제에서 의사결정을 했던 사람들은 계속해서 이들 세제로부터의 편익을 누리게 되고 변경된 세제는 미래의 의사결정에만 적용된다(이를 앞 보기에서 적용해보면 앤젤라는 100,000달러의 가치가 있는 세금혜택을 계속 적용받을 것이나 이 지역에서 아파트를 새로 구입한 사람들은 동일한 세금혜택을 받을 수 없다). 이러한 보상은 종종 불형평적이고(일반적으로 부유한 사람들이 특별세제하에서 편익을 받기 때문에) 비효율적(특정 집단들에게만 편익이 가도록 하는 조세법의 나쁜 특성들이 유지되기 때문에)이다. 그러나 이는 세제개혁을 위해서는 필요한 윤활유일 수도 있다. 이러한 보상에 대한 비용은 세제개혁을 통해 그 사회가 누리게 될 장기적인 편익과 비교되어야 한다.

응용사례

버지니아주의 기득권 인정

2003년 말, 버지니아주는 불안정한 재정상태를 정상화하기 위한 일환으로 세제개혁을 위한 정치적 수순을 밟기 시작했다. 기존 세제 중 특히 많은 비용을 발생시킨 세제는 65세 이상의 노령

층들에게 소득이나 재산에 관계없이 주 소득세 산정 시 자동적으로 12,000달러의 공제를 허용한 소득공제제도였다. 노령층에 대한 일종의 경품제도인 것으로까지 조롱받았던 이 제도는 65세 이상의 주민들에 대한 후원적인 성격을 분명히 가지고 있었다. 따라서 민주당 소속의 주지사인 마크 워너는 공제제도를 없앨 것을 제안했지만, 그의 계획안에는 현재 65세 이상의 사람들에게는 계속 공제혜택을 허용한다는 조항이 포함되어 있었다. 그의 공화당 경쟁자도 그의 계획에 이러한 조항을 포함시켰다. 버지니아주 정치가들 역시 소위 노령층 공제제도는 폐지된다면 매년 약 3억 달러의 수입이 발생하지만 폐지하는 것은 거의 불가능하다는 데 의견을 같이했다. 은퇴자들 모임의 한 수장은 "그들이 이 제도를 폐지하려 한다면 살생부에 이름을 올려 선거를 불리하게 만들 것이다"라고 불쾌함을 드러내기도 하였다.[31] 2004년 4월 기득권 인증조항은 존속된 채 세제개혁안은 통과되었다. ■

수수께끼

방금 보았듯이, 세원을 헤이그-사이먼 소득 개념에 기초한 넓은 세원으로 전환하는 데는 정치적 · 경제적 압력들이 심각한 장애요인으로 작용하고 있다. 정치세력들은 세제가 비효율적이고 불공평하게 되더라도 특정 그룹에게 편익을 주기 위해 조세법을 고칠 것을 끊임없이 요구한다. 일단 세제혜택이 도입된다면, 이를 없애는 것은 이에 기초해 의사결정을 했던 사람들에게는 수평적 불형평성을 야기하기 때문에 폐지하는 것은 매우 어렵게 된다.

이러한 사실에도 불구하고, 우리는 지금으로부터 그리 멀지 않은 시점인 1986년에 세제개혁이 있었다는 것을 알고 있다. 만약 이들 장벽들이 극복될 수 있고 또한 보다 근본적인 세제개혁이 가능하다면, 어떤 방향으로 가야 하는가? 다음 절에서는 경제학자들에 의해 많이 논의되었던 근본적인 세제개혁에 대해 알아본다.

kmsdesen/Shutterstock

응용사례
1986년 세제개혁안과 세금도피행위

1986년 세제개혁에서 사용된 세금도피행위 처리 방식은 근본적인 세제개혁 시 세금도피행위를 어떻게 처리해야 할지에 대한 해법을 찾는 데 유익한 참고자료로 활용될 수 있다. 1981년 세제개혁 이후 만들어진 악명 높았던 세금도피행위들 중 대부분은 1986년 세제개혁안을 통해 없어졌다. 사실 세금도피행위를 해결하기 위한 가장 확실한 방법은 석유 및 가스 투자에 대한 세금 우대를 없애는 것과 같이 세금도피행위들을 직접 제거하는 것이다. 1986년 세제개혁에서 이런 방법이 채택되었다면 형평성과 효율성은 향상되었을 것이고 조세법은 보다 간소화되었을 것이다.

31 Melton(2003).

그러나 미 의회는 세금도피행위들을 직접 없애는 것이 매우 어렵다는 것을 알고 있었다. 세금도피행위를 제거하는 것은 이를 이용하고 있었던 그들의 가장 중요한 유권자 중 일부를 화나게 하는 것이었기 때문이다. 대신 의회는 소득을 세 종류(통상적인 근로소득, 투자소득, 수동적 소득)로 나눔으로써 이 문제를 간접적으로 해결했다. 수동적 소득은 세금도피행위나 부동산 소득과 같이 소득을 창출하는 과정에서 사람들이 적극적인 역할을 하지 않아도 발생하는 소득으로 정의된다. 소득을 세 가지 종류로 나눈 다음 의회는 한 종류의 소득에서 발생한 손실을 다른 종류의 소득에서 상쇄할 수 없도록 규정했다. 이로 인해 사람들은 다른 종류의 과세소득을 완전히 없애기 위해 세금도피행위를 할 수 없게 되었다. 또한 미 의회는 부자들에게도 최소한의 세금을 내게 하기 위해 납세자들에게 대체소득세(AMT)를 계산하게 하였다. 대체소득세는 세금도피행위들이 제거된 소득에 기초해 계산된 세금이다.

"여전히 허점이 있지만, 트럭을 몰고 지나갈 수는 없어."

이들은 가장 악명 높았던 세금도피행위를 없애는 데 큰 역할을 했다. 그러나 이로 인해 조세법이 복잡하게 되었다. 전에는 필요치 않았던 방식으로 소득이 분류되어야 했고, 세금 부담은 통상적인 소득세하에서와 AMT하에서 두 번 계산되어야 했다.

1986년 세제개혁에서 시행된 이들 변화들은 과연 바람직한 것인가? 이에 대한 대답은 세제가 보다 복잡해져서 발생하는 비용과 세금도피행위들이 줄어듦에 따라 얻게 되는 형평성과 효율성 제고의 편익들 중 어떤 것이 크냐에 달려 있다. 명백한 것은 정치가들이 세금도피행위를 없애기 위해 1986년 세제개혁에 의해 시행되었던 간접적인 방식이 아니라 직접적인 제거 방식을 택했더라면 두 목표 모두 달성할 수 있었을 것이라는 점이다. ■

25.3 소비세

경제학자들에 의해 종종 선호되었던 세제개혁은 과세 단위를 소득에서 소비로 전환하는 것이었다. **소비세**(taxing consumption) 아이디어를 처음 생각한 사람은 17세기 철학자 토머스 홉스였다. 그는 저서 리바이어던에서 "경제를 위해 생산한 것(대략 소득으로 측정될 수 있음)에 과세하는 것보다는 경제로부터 빠져나간 것(대략 소비로 측정될 수 있음)에 대해 과세하는 것이 형평성에 보다 맞다"라고 밝히고 있다. 미국에서 소비는 연방정부의 소비세(상품세)뿐만 아니라 주정부 및 지방정부의 판매세와 소비세를 통해 일정 부분 과세되고 있다. 그러나 소비세는 미국 외의 다른 국가들에서 훨씬 많이 사용되고 있다. 그림 25-5에 보이는 바와 같이 미국의 경우 연방정부나 지방정부의 세수에서 소비세가 차지하는 비중은 다른 OECD 국가들보다 상대적으로 낮다.

소비세 번 것에 대해서가 아니라 판매세와 같이 소비한 것에 기초해 사람들에게 과세하는 것

소비는 왜 좋은 세원인가?

이하에서는 여러 형태의 소비세를 설명한다. 그러나 첫 번째 논의를 위해, 소비세라 함은 먼저 대부분의 미국 주들에서 현재 보다 높은 세율로 부과되고 있는, 예컨대 모든 구매물에 대해 35%의 연방세율이 적용되고 있는 소매판매세를 뜻한다고 가정하자. 소비세로 전환 시 세 가지 잠재적인 이점이 있다.

효율성 제고 현 세제를 단일판매세로 전환한다면 현 세제와 관련된 비효율성들 중 상당 부분은 없어질 것이다. 이 장의 첫 번째 절에서 강조되었듯이, 부가급부의 형태로 지불된 소득에 대해서는 비과세되는 것과 같은 현 세제의 '허점' 때문에 세원에 대한 세수는 탄력적이다. 국가 차원의 판매세를 도입한다면 원칙적으로는 고용주가 제공한 건강보험에 대한 지출을 포함해 절세를 위한 기회들은 사라질 것이다.

현 세제의 비효율성은 투자 선택 사이에 '공정한 경쟁의 여건'이 마련되지 않았기 때문에 발생한 것이다. 현 세제는 어떤 형태의 저축에는 벌칙을, 어떤 형태의 저축에는 혜택을 주고 있다. 예컨대 부동산 형태의 저축에는 자가 소유 집에 대한 암묵적 지대나 자본이득에 대한 면세와 같은 세제혜택이 주어진 반면 주식 형태의 저축에는 배당금에 높은 세율이 적용됨으로써 일종의 벌칙이 가해지고 있다. 이러한 세 부담의 차이는 조세격차로 인해 사람들이 항상 비효율적인 결정을 내리는 것과 같은 방법으로 저축결정을 왜곡할 수 있다. 사람들은 세제혜택과 벌칙 때문에 효율성을 극대화하는 수준과 비교해 집에는 과대투자를 하고 배당금을 지불하는 기업에게는 과

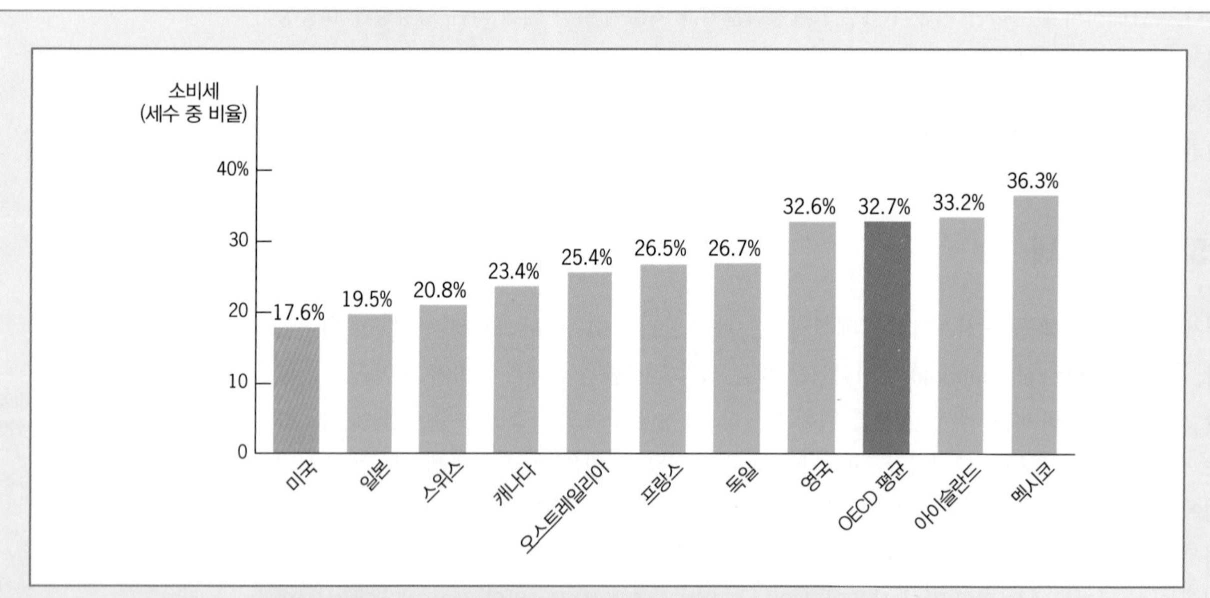

그림 25-5 **OECD 국가의 소비세** 미국이 선진국 중에서 전체 세수 중 소비세가 차지하는 비율이 가장 낮다.

출처 : Organization for Economic Cooperation and Development, Revenue Statistics, 2020d.

소투자를 할 것이다.

소비세는 소비될 때만 재화에 과세되기 때문에 이와 같은 임의적인 결정이 없어진다. 사람들이 저축을 위해 소비를 미룬다면, 어떤 형태든 저축에는 과세되지 않기 때문에 저축의 형태가 세금 부담의 크기를 결정하지는 않는다.

저축자들에 대한 공평한 취급과 저축결정에 대한 왜곡 축소 현 세제에 대한 주요 불평 중 하나는 소비하는 사람들보다는 저축하는 사람들에게 벌칙이 가해진다는 것이다. 이는 제4장에서 논의되었듯이 저축을 감소시켜 미국의 생산성을 저하시킬 수 있다. 이러한 '소비편향' 편의는 소비세제하에서는 없어진다.

호머와 마지의 경우를 보자. 저축에 대한 선호를 제외하고는 두 사람은 동일하다. 두 사람은 모두 두 기간을 살며 첫 번째 기간에 100달러를 벌고, 두 번째 기간에는 소득이 없다. 호머는 매우 성급한 사람이다. 그는 1기에 그의 모든 소득을 다 소비하고 2기에는 소비하기를 원하지 않는다. 마지는 인내심이 있는 사람이다. 그는 두 기에 걸쳐 모두 소비하기를 원한다. 먼저, 근로소득과 이자소득의 소득세율은 50%이며 이자율은 10%라 하자.

표 25-2에는 소득세 체제와 소비세 체제하에서 두 사람이 각각 부담해야 할 세금의 크기가 비교되어 있다. 표의 상단에는 소득세제하에서 두 사람의 세금 부담의 크기가 계산되어 있다. 두 사람 모두 1기에는 소득 100달러에 대해 50달러의 소득세를 낸다. 호머는 그의 세후소득을 1기에 모두 쓴다. 이에 반해 마지는 두 기 모두에 25.61달러만큼을 소비하기로 결정하고 이를 위해 1기에 24.39달러만큼의 세후소득을 저축한다. 2기에 호머는 소득이 없고 따라서 세금을 내지 않는다. 마지는 이자소득으로 2.44달러를 벌고 세금으로 1.22달러를 낸다. 현재가치의 관점에서 호머는 두 기에 걸쳐 단지 50달러의 세금을 지불하는 반면 마지는 51.11달러를 세금으로 낸다. 따라서 마지와 같은 저축자들은 소득세제하에서는 불이익을 받게 된다. 마지는 단순히 호머와 다른 선택을 했다는 이유로 과세되기 때문에 저축에 대한 과세는 수평적 형평성 문제와 비효율성 문제를 발생시킨다.

표 25-2의 하단에는 100%의 세율을 가진 소비세제하에서 두 사람이 부담하는 세금의 크기가 정리되어 있다. 소비 1달러에 대해 세금 1달러를 내야 한다고 하자. 이러한 소비세제하에서 호머의 행동은 변하지 않는다. 호머는 1기에 계속해서 50달러를 소비하고 소비세로 50달러를 낸다. 그러나 저축에 대한 수익률이 높아졌기 때문에 마지의 저축은 증가한다(제23장에서 살펴본 대로 저축에 대한 보다 낮은 과세가 보다 많은 저축으로 연결될지는 불확실하다는 것을 기억하기 바란다). 마지는 1기에 단지 26.19달러를 소비하고 26.19달러의 세금을 낼 것이다. 마지는 나머지 47.62달러를 저축해서 4.76달러의 이자소득을 벌 것이다. 따라서 2기의 소비와 소비세는 각각 26.19달러가 될 것이다. 마지가 지불하는 세금의 현재가치는 호머와 같이 50달러이다. 소비세로 전환할 경우 소득세하에서 존재했던 소비지향 편의는 더 이상 발생하지 않기 때문에 소비하기보다는 저축을 했다는 이유로 받게 되는 수평적 불평등은 없어질 것이다. 소비지향 편의를 없애는 것은 또한 (대부분의 경제학자들이 생각하는 바와 같이 과세가 실질적으로 저축을 감

표 25-2 **소득과 소비에 대한 과세와 저축자에 대한 취급** 표의 위쪽은 자신의 소득을 모두 소비하는 호머와 그의 소득 중 일부분을 저축하는 마지에 대한 소득세의 영향을 보여주고 있다. 소득세하에서 마지는 그의 노동과 이자소득에 대해 모두 세금을 지불하기 때문에 호머에 비해 세금의 현재가치가 더 크다. 정부가 소비세를 사용한다면, 표의 아래쪽 부분과 같이 마지와 호머가 지불하는 세금의 현재가치는 동일하다.

	호머	마지
소득세		
1기 소득	$100	$100
1기 세금	50	50
1기 소비	50	25.61
1기 저축	0	24.39
2기 이자소득	0	2.44
2기 세금	0	1.22
2기 소비	0	25.61
세금의 현재가치	50	51.11
소비세		
1기 소득	$100	$100
1기 소비	50	26.19
1기 세금	50	26.19
1기 저축	0	47.62
2기 이자소득	0	4.76
2기 소비	0	26.19
2기 세금	0	26.19
세금의 현재가치	50	50

소시킨다면) 저축을 증가시킬 것이고 따라서 경제를 보다 생산적으로 만들 것이다.

자본소득에 과세하는 것에 대한 반대 쟁점은 Chamley(1986)와 Judd(1985)에 의해 강조되었듯이 모형을 두 기간 이상으로 확장시킬 때 더욱 명료해진다. 오늘 100달러를 벌어서 오늘 50달러를 소비하고 10년 동안 나머지 부분을 10%의 이자율에서 저축을 하는 사람을 고려해보자. 만약 자본소득세가 없다면 그 소비자는 10년 동안 130달러 = 50달러 × $(1.1)^{10}$만큼을 소비할 수 있을 것이다. 만약 50%의 자본소득세가 부과된다면, 이 소비자가 소비할 수 있는 양은 단지 81달러 = 50달러 × $(1.05)^{10}$이 될 것이다. 이 보기를 50년으로 확장시키면 자본소득세가 없을 때 소비자는 자본소득세가 있을 때와 비교해 10배 더 소비할 수 있다. 따라서 Chamley와 Judd가 지적했듯이 자본소득세는 결국 점증하는 형태의 소비세와 같아서 잠재적으로 소비와 저축의사결정에 큰 왜곡을 야기한다.

단순성 소비세의 또 하나의 장점은 단순성이다. 원칙적으로 소득은 정의하기가 복잡하기 때문에 소득에 기초해 과세하는 것보다는 구매한 물품에 과세하는 것이 보다 간단하다. 그러나 실질적으로 소비세도 서비스나 소비내구재를 어떻게 정의해야 할 것인지와 같은 다른 차원의 문제는 존재한다(예 : 집의 구매가격 전체에 대해 과세해야 하는가, 아니면 시간에 걸쳐 소비하는 집의 서비스에 대해 과세해야 하는가?).

소비는 왜 나쁜 세원인가?

소비세가 가지는 세 가지 장점, 즉 효율성, 수평적 형평성, 단순성은 다음의 다섯 가지 단점에 의해 상쇄된다.

수직적 형평성 소비세 도입 시 가장 우려되는 점은 수직적 형평성이 저해될 수 있다는 것이다. 호머와 마지의 상황을 분석하기 위해 사용된 단순화된 모형에서, 유산이 없다면 사람들은 사는 동안 어떤 시점에서는 소득의 전부를 소비해야 하기 때문에 가난한 자든 부유한 자든 세금 부담은 두 세제(소득세제와 소비세제)하에서 같을 것이다. 즉 두 세제하에서 모두 평생소득 중 동일한 부분을 세금으로 내게 된다.

그러나 이는 분명히 실세계에서의 소비행위에 대한 적절한 설명은 아니다. 소비에 사용된 소득은 소득이 증가할수록 감소한다. 부유한 사람은 가난한 사람보다 생애에 걸쳐 훨씬 많이 저축을 한다. Dynan 외(2004)에 따르면 소득분포의 하위 20%에 있는 저소득층은 그들 생애소득 중 3%만을 저축하는 반면 상위 소득계층에 있는 사람은 생애소득 중 25%를, 소득분포의 최상위 1%에 있는 사람은 생애소득 중 거의 반을 저축한다. 결과적으로 소비세는 역진적이 될 수밖에 없다. 즉 소비세제하에서는 가난한 사람들은 그들 소득의 많은 부분을 소비하기 때문에 소득에 비해 세금부담이 상대적으로 많아진다.

부유한 사람들이 생애에 걸쳐 저축을 보다 많이 한다면, 사망 시 보다 많은 유산을 자식들에 남길 것이다. 따라서 유산을 소비로 간주해 세금을 부과한다면 소비세의 역진성 문제는 간단히 해결될 수 있다. 유산이 소비로 간주되어 과세된다면, 모든 사람들은 그들 생애소득에 대해 과세된다.

그러나 유산세에 대한 토론에서 보았듯이, 사망 시 많은 세금을 부과하는 것은 정치적으로 인기 있는 정책이 아니다. 유산을 소비로 간주해 과세하는 것은 유산세를 강화하는 것과 같다. 소비세로 전환하고자 하는 주요 목적 중 하나가 장기적으로 저축유인을 증가시키기 위함인데, 유산에 대해 과세하는 것은 이러한 목적을 저해하기 때문에(자식을 위해 저축하는 것이 비용이 많이 들기 때문) 많은 반대를 불러일으킬 것이다. 소비세를 시행하고 있는 어떠한 선진국들도 유산을 소비로 간주하지 않고 있다. 따라서 소비세는 실질적으로 소득세에 비해 역진적일 수밖에 없다.

소비세의 역진성을 해결하기 위한 다른 방안들도 존재한다. 하나는 소비세를 누진적인 지출세로 전환하는 것이다. 다음에서 논의하겠지만, 이러한 해결 방법은 과거에 시행되었지만 성공적이지 못했다. 소비세의 역진성은 제품의 잠재적 소비자들의 소득에 기초해 다른 세율을 적용함으로써도 해결될 수 있다. 예컨대 빵이나 우유 같은 필수품에는 작게 과세하고 사치재에는 중과세할 수 있다. 그러나 이는 제20장에서 배운 효율적인 세제를 위해 램지가 제시한 최적상품세에 위배된다는 문제점이 있다. 또 다른 문제는 정치가들은 투표 극대화를 추구하는 사람들이기 때문에 이러한 방법을 사용할 경우 경제적 의사결정을 왜곡할 기회를 이들에게 더 제공해줄 수도 있다는 것이다. 예컨대 섬유를 많이 생산하는 주로부터 온 의원들은 의류를 세금 우대 품목에 포함시키기 위해 열심히 로비를 할 것이다. 마지막으로 이러한 접근법은 어떤 재화들이 어떤 카테고리에 포함되어야 할지와 관련해 매우 어려운 의사결정 문제점을 발생시킨다. 필수품인 빵에 낮은 세율을 적용한다면, 사치재인 값비싼 제과점에서 판매되는 베이글은 어떻게 취급되어야 하는가?

저축자들과 비저축자들 사이의 차이 앞의 주장은 저축에 대해서는 과세하지 않는 것이 가장 좋다는 것을 의미하지만, 이러한 주장은 실제로 저축자들과 비저축자들 사이에 존재하는 중요한 이질성을 간과했다. 제17장에서 논의되었듯이, 정부는 능력 있는 사람들로부터 능력이 없는 사람들에게로 소득이 재분배되기를 원한다. 그러나 정부는 능력을 측정하는 수단으로 소득과 같은 불완전한 수단을 사용하고 있다. 능력보다는 소득에 과세함으로써, 정부는 사람들에게 일을 보다 열심히 하지 않도록 만드는 도덕적 해이를 야기한다. Saez(2002)에 따르면, 가장 능력이 있는 사람들은 역시 가장 많이 저축을 하는 사람일 가능성이 높다. 따라서 저축은 능력이 많은 사람에게서 적은 사람에게로 소득을 재분배하는 표적화 수단으로 사용될 수 있다. 그는 능력이 많은 사람에게서 적은 사람에게로 소득을 효율적으로 재분배하기 위해서는 표적화 수단을 이용할 필요가 있고 이를 위해 어느 정도는 자본소득에 과세를 해야 한다는 것을 보였다. 앞서 살펴본 바와 같이 동태 모형에서는 자본에 대한 과세가 적절하지 않으나 사람들 사이의 능력 차이를 인정한다면 자본에 대한 과세는 소득재분배를 위해 어느 정도 필요하다.[32] Diamond와 Spinnewijn(2011) 및 Gerritsen 외(2020)는 개인의 저축에 대한 성향이 다르고 능력이 있는 사람들은 보다 많은 이익을 창출할 수 있는 저축기회에 대한 접근성이 높은 모델에서 유사한 결과가 도출될 수 있음을 보였다. 이러한 유형의 이질성을 시뮬레이션 모델에 포함시킴으로써, Conesa 외(2009)는 최적자본세율이 노동소득세율보다 훨씬 높다는 것을 보였다. 따라서 개인들 사이에 존재하는 이러한 이질성을 고려하면 동적 모델에서 제시되었던 자본에 대해서는 과세하지 않은 것이 최적이라는 결론이 적어도 부분적으로는 완화될 수 있다.

이행 이슈 소비세가 지닌 또 다른 문제는 이행 이슈를 가지고 있다는 것이다. 오늘 소득세로부터 소비세로 전환했다면, 지금 젊은 사람들은 어떤 세제하에서도 무차별할 것이다. 생애소득과 소비는 대부분 오늘 이후에 발생할 것이고, 따라서 어떤 방식에서든 동일한 세금을 내게 될 것이기 때문이다. 저축을 보다 많이 하게 되면 자본이 축적되고 한계생산성이 높아져 삶의 수준이 향상되기 때문에 소비세로 전환할 경우 미래 세대는 혜택을 받게 된다. 그러나 현재 중년층이나 노년층은 피해를 입게 될 것이다. 이들은 소득세를 지불했고 미래의 소비를 위해 세후소득의 일정 부분을 저축했다. 만약 소비가 높은 세율로 과세된다면, 한 번은 소득에서 과세되고 또 한 번은 지출될 때 저축에 대해 과세되어 이중과세가 된다. 소비세는 이자소득에 대해서가 아니라 모든 저축에 대해 과세되는 것이기 때문에(저축은 소비를 위한 재원 조달을 위한 것이기 때문임) 저축은 소득세하에서보다 훨씬 많은 불이익을 받게 된다.

두 기간 모형에서 사람들은 1기에 일을 해서 200달러의 소득이 발생했다고 하자. 이들은 100달러를 소비하고 10%의 이자율로 100달러를 저축해 2기에 은퇴를 하고 110달러를 소비한다고 하자. 소득세율이 50%일 때, 이들은 200달러에 대해 1기에 100달러의 근로소득세를, 2기에는 10달러의 이자소득에 대해 5달러의 이자소득세를 낼 것이다. 만약 은퇴하는 2기에 소비세로 전환된다면, 근로소득 200달러에 대해서는 동일하게 100달러의 세금을 낼 것이고 2기의 소비 전액인 110달러에 대해서 55달러의 소비세를 내야 한다. 소비세로의 이행 때문에 이들의 세금부담은 105달러에서 155달러로 증가한다.

정치인들은 노령층에 매우 불리하게 적용되는 정책을 입안하려고 하지는 않을 것이다. 결국

---

32 Chamley(1986)와 Judd(1985)의 초기 작업에 더해, Golosov 외(2003)는 이들 주장을 동적으로 뒷받침하는 결과를 제공하고 있다. 매우 숙련된 개인에게 세금을 부과하고 싶지만, 정부가 이들 소득에 세금을 부과하면 이들의 소득은 감소한다. 이들이 더 많은 저축을 한다면 저축에 세금을 부과함으로써 매우 숙련된 사람들이 더 많이 일하도록 한다(그들이 은퇴할 때 충분한 돈을 가질 수 있도록). 따라서 자본소득세는 이들을 대상으로 할 뿐만 아니라 저축을 줄임으로써 더 많은 일을 하도록 동기를 부여하는 데 사용될 수 있다.

소비세로 전환하기 위해서는 이중과세로 손해를 입게 되는 사람들에게 보상을 해주는 단서조항이 포함되어야 할 것이다. 이러한 조항은 비용을 수반한다. 한 연구에 따르면, 기존 세대들에 대한 보상을 위해 추가적인 세금이 징수되어야 한다면 처음 몇 세대에 걸쳐 발생한 소비세로부터의 **효율성** 이득은 없어진다. 또한 이행 과정에서 피해를 입은 사람들은 대부분 고소득자들이다. 따라서 이행비용을 해결하고자 하는 보상 중 상당 부분은 실질적으로 고소득자들에 대한 보상으로 사용될 것이다.

순응 기존 소득세를 단순히 현재 대부분의 주들에서 사용되고 있는 일종의 판매세 확충 방식으로 대체한다고 하자. Gale(1999)에 따르면, 이러한 방식으로 세제를 전환한다면 판매세율은 35%가 된다. 이때 문제가 되는 것은 순응이다. 판매세율이 높다면 판매자들은 세금을 피하기 위해(예 : 판매를 기록하지 말도록 소매업자에게 웃돈을 지불함으로써) 소매업자와 공모하고자 할 것이며 구입자들은 판매세를 부담하지 않는 경로(예 : '암시장')를 통해 제품을 구매하고자 하는 것이다. 소득은 급료에서 원천징수되기 때문에 대부분 순응의 문제가 발생하지 않는다. 소비 지출도 원천과세된다면 순응의 문제가 발생하지 않지만 이를 위해서는 모든 소비 지출을 추정해야 하는데 이는 소득을 추정하는 것보다 훨씬 어렵다.

매우 비싼 상품에 대한 판매세는 소비세하에서는 특정한 어려움이 발생할 수 있다. 이러한 어려움은 최근 다른 주에서 구입한 예술품에 과세한 일부 주에서 잘 나타나고 있다. 다른 주에서 구매한 상품은 해당 상품이 집으로 배송될 때 그 주의 '사용세'가 부과된다. 그러나 미술품이 사용세가 없는 주의 박물관으로 대출된다면, 미술품은 세 번째 주에서 '사용된' 것으로 간주되어 과세되지 않는다. 이 방법을 이용해 수백만 달러의 주정부 사용세가 탈세되었다.[33]

단계적 과세 국가 전체적으로 판매세가 도입될 경우 발생할 수 있는 마지막 문제는 기업 투입물에 대한 '단계적' 과세이다. 원칙적으로 판매세는 생산 과정에 사용된 투입물에 대한 판매가 아니라 소매판매에 대해서만 과세된다. 그러나 실질적으로 많은 기업들은 투입물을 소매 단계에서 구입한다. 예컨대 사업을 시작하는 어떤 사람이 사진복사기를 사무용품 가게에서 구매할 때 이는 기업 투입물임에도 불구하고 소매상에서 구매를 했기 때문에 소비세를 내야 한다. Slemrod와 Bakija(2008)가 지적하였듯이, 기업들은 종종 그들의 투입물에 대해 판매세를 지불하고 그 후 산출물을 팔 때 다시 판매세를 지불하는데, 이때 단계적 과세 문제가 발생된다. 생산이나 배분 시 보다 많은 중간 단계를 요하는 재화들의 경우 이 단계들에서 소매 구매가 포함되어 있다면 중과세된다. 이러한 단계적 과세는 다단계 생산 방식이 효율적임에도 불구하고 이를 선택하지 않음으로써 야기되는 왜곡뿐만 아니라 비효율적인 생산 선택, 즉 소매 구매를 사용해서 생산하는 것이 보다 효율적임에도 불구하고 기업들은 세금을 피하기 위해 소매 구매를 하지 않음으로써 오는 사중손실도 발생시킨다.

현 소매판매세를 부과할 때, 미국의 몇몇 주는 이러한 문제를 피하기 위해 기업에게 다른 기

---

33 Bowley and Cohen(2014).

업으로부터 재화를 구매할 때 사용할 수 있는 등록번호를 주고 등록번호를 제시할 경우 판매세를 내지 않도록 하고 있다. 그러나 실질적으로 이 제도는 잘 운영되지 않고 있다. 이는 소매점 판매 수입의 대부분은 소매판매세가 면제되는 기업 구매로부터 발생하기 때문이다.[34]

소비세 고안

방금 논의된 판매세 접근 방법에서 제기된 문제점들은 여러 형태의 소비세를 통해 해결될 수 있다.

부가가치세(VAT) 생산의 각 단계에서 부가된 가치에 기초해서 생산 단계마다 재화에 부과되는 소비세

부가가치세 세율이 높은 소매판매세는 순응과 단계적 과세의 문제가 있기 때문에 소비세를 적극적으로 활용하고 있는 대부분의 국가들은 '단계적' 소비세로 알려진 **부가가치세**(value-added tax, VAT)를 채택하고 있다. 부가가치세의 아이디어는 세금을 그 재화의 최종 판매 시점에서가 아니라 생산 단계마다 부가된 가치에 기초해서 재화에 과세하는 것이다.

표 25-3은 100달러의 소매판매가치와 20%의 부가가치세를 가진 식탁의 예를 이용해서 부가가치세가 어떻게 작동되는지를 보여주고 있다. 만약 이것이 순수판매세였다면, 100달러의 식탁에 대해 20달러의 세금이 부과되었을 것이다. 이는 소매판매자나 구매자 모두에게 절세를 위한 강한 유인을 제공한다. 부가가치세는 생산의 단계마다 부가된 가치(= 생산된 것의 가치 − 다른 기업들로부터 구매된 투입물에 대해 지불된 가격)를 추정함으로써 진행된다.

이 사례에서, 생산의 첫 번째 단계는 나무를 자르고 이것을 판재로 만들어 제조업자에게 25달러에 판매하는 벌목꾼에 의해 이루어진다. 벌목꾼의 부가가치는 25달러이며 5달러의 부가가치세를 낸다. 제조업자는 판재를 테이블로 만들어 75달러에 소매업자에게 판매한다. 제조업자의 부가가치는 50달러이며 10달러의 부가가치세를 낸다. 최종적으로, 소매업자는 식탁을 소비자에게 100달러에 판매한다. 소매 단계에서 추가된 가치는 25달러이며 부가가치세는 5달러이다.[35]

표 25-3 부가가치세 연습 벌목꾼이 벌목을 통해 탁자 생산에 25달러의 가치를 추가했다면 5달러의 부가가치세를 지불한다(세율 = 20%). 생산자가 50달러의 가치를 추가했다면 10달러의 부가가치세를 지불한다. 마지막으로 소매상이 25달러의 가치를 추가했다면 5달러의 부가가치세를 지불한다.

주체	구입가격	판매가격	부가가치	세금(VAT = 20%)
벌목꾼	$0	$25	$25	$5
제조업자	25	75	50	10
소매상	75	100	25	5
				총지불 세금 : $20

34 Slemrod and Bakija(2008), p. 10.

35 여기서 사용된 예는 일본에서 사용되는 '공제 방법(subtraction method)' VAT이다. 유럽 국가들은 기업이 전체 판매 가격에 대해 부가가치세를 지불하지만 생산 초기 단계에서 지불한 세금에 대해 크레딧을 받는 '신용 방법(credit method)' VAT를 사용한다. 이 두 가지 접근법의 경제적 영향은 이 논의의 목적상 동일하다. 자세한 내용은 McLure(1987)를 참조하라.

이론적으로 볼 때, 부가가치세에서는 순응과 단계적 과세 문제가 발생하지 않는다. 부가가치세 총액은 20%의 소매판매세가 적용될 때와 같다. 그러나 큰 차이가 있다. 부가가치세에서는 생산 단계에 있는 모든 참여자가 다른 참여자들이 정확하게 부가가치를 신고하는지를 자체적으로 점검하고자 하는 강한 유인이 존재한다. 어떤 생산자가 투입물에 대해서는 그가 실질적으로 지불했던 것보다 많이 지불했고 생산품에 대해서는 실제 팔았던 것보다 싸게 팔았다고 주장한다면 이는 생산 단계에 있는 다른 참여자들의 세금을 증가시키게 된다. 따라서 참여자들 스스로가 부가가치에 대해 세금 신고를 정확히 하고자 하는 유인이 있다.[36]

제조업자가 판재에 대해 30달러를 지불했고 60달러에 판매를 했다고 신고했다고 하자. 이 경우 제조업자의 부가가치는 30달러가 되고 단지 6달러만 부가가치세로 내면 된다. 이렇게 되면 벌목꾼이나 소매업자는 그들이 지불해야 할 부가가치세가 많아지기 때문에 이의를 제기할 것이다. 벌목꾼의 부가가치는 (제조업자에게 30달러에 판매한 것처럼 보이기 때문에) 30달러인 것처럼 보이며, 소매판매업자의 부가가치는 (마치 제조업자에 대해 60달러에 사서 100달러에 판 것처럼 보이기 때문에) 40달러인 것처럼 보인다. 부가가치세는 자체 점검유인이 있기 때문에 제조업자는 정직하게 신고를 할 수밖에 없다. '점검 대상이 되지 않는' 유일한 참여자는 소매판매상이다. 소매판매상은 부가가치세 세수의 1/4인 5달러만 지불할 뿐이다.

부가가치세는 또한 추가된 가치에 대해서만 과세하고 투입물에 대해 지불된 가격에 대해서는 공제를 받기 때문에 단계적 과세 문제를 피할 수 있다. 따라서 소매상으로부터 투입물을 구매한 기업들은 소매판매세하에서와는 달리 부가가치세하에서는 불이익을 받지 않게 된다.

부가가치세는 원칙적으로 볼 때는 단순한 세제이다. 그러나 대부분의 선진국들에서 실제 운영되고 있는 부가가치세는 소득세만큼이나 복잡하다. 부가가치세는 몇 개의 과세구간으로 나뉘어 있을 뿐만 아니라 복잡한 여러 가지 공제제도를 가지고 있다. 따라서 부가가치세제는 소득세제보다 비용이 적게 들지 않는다. 예를 들어 영국에서 부가가치세율은 17.5%지만 가정용 연료나 전기에 대해서는 5%의 부가가치세율이 적용되고 있으며 일부 필수품에 대해서는 부가가치세가 부과되지 않고 있다. 식료품, 어린이들의 옷, 책, 교육 및 의료서비스(접골사는 제외) 등이 여기에 해당된다. 또한 사업의 매출액이 상업적으로 80,000달러보다 작을 것으로 예상된다면, 국세청에 부가가치세를 위해 등록할 필요도 없다. 부가가치세는 실제 미국에서 소득세가 안고 있는 수준과 비슷하거나 이보다 심각한 순응의 문제를 안고 있을지도 모른다.[37]

지출세 소매판매세나 부가가치세의 공통적 특징은 누가 구매하느냐에 따른 차별 없이 구매 단계에서 세금이 지불된다는 것이다. 부자나 가난한 자나 동일한 제품을 구매한다면 지불하는 부가가치세는 같다. 따라서 소비판매세나 부가가치세를 통해 사회의 누진성에 대한 요구를 충족시키기는 어렵다. 이러한 누진성의 문제 때문에 연소득이 아니라 연소비에 대해 부과되는

---

36 이러한 문제에 대한 논의는 Pomeranz(2013)를 참조하라. 이 연구는 한 회사에 대한 세무 감사를 무작위로 발표하는 것이 실제로 칠레의 VAT 시스템에서 해당 회사에 대한 다운스트림 공급업체의 순응도를 높인다는 것을 발견했다.

37 Slemrod and Bakija(2008), pp. 215–218.

지출세 특정 판매보다는 연간 소비에 대해 부과되는 소비세

지출세(expenditure tax)가 고려되고 있다. 지출세는 소득 대신 지출을 세원으로 사용한다는 것을 제외하고는 본질적으로 소득세와 다르지 않다.

지출세는 소비를 세원으로 사용함으로써 소비세의 장점뿐만 아니라 현행 소득세만큼 누진적으로 고안될 수 있다는 장점을 가지고 있다. 한편 지출세는 순응의 문제와 요구되는 정보가 많다는 문제점을 안고 있다. 각 가계의 1년 동안의 지출을 추적하는 것은 매우 어려운 일일 것이다. 만약 가계들이 이들을 추적하고자 한다면, 엄청나게 많은 과거의 기록들이 필요할 것이다. 이런 문제 때문에 스리랑카와 인도가 지출세를 도입하였으나 실패하였다. 두 나라의 세제당국은 재원 부족으로 국민들을 지출세에 순응하도록 만드는 데 실패했고 그 결과 납세자들은 지출과 저축에 대한 수치를 조작할 수 있었다. 따라서 두 나라는 지출세를 도입하려 했던 시도를 예상보다 빨리 접어야 했다. 매우 효율적인 세금관리체계를 가지고 있던 스웨덴조차 지출세가 원칙적으로는 매우 공평한 제도라 생각은 했지만 집행하는 것이 불가능하다는 결론을 내렸다.[38]

소비세로의 회귀 : 현금흐름에 대한 과세

현금흐름세 현금소득과 저축 차에 대해 부과하는 세금

앞의 논의에서는 두 가지 어려운 문제가 제기되었다. 즉 소비세는 누진성이 결여되어 있는 반면 지출세는 관리가 불가능하다는 문제점이 있었다. 대안적인 방법은 **현금흐름세**(cash-flow tax)이다. 현금흐름세는 소득에서 저축을 뺀 소비에 과세한다. 이렇게 할 경우 부담해야 할 세금은 지출에 세금을 부과하는 것과 같게 된다. 이것이 현금소득과 저축 차에 대해 과세를 하는 현금흐름세의 이면에 있는 아이디어이다.

현금흐름세의 장점은 현 세제와 비교해 큰 변화가 필요하지 않다는 데 있다. 한 가지 어려운 점은 한 해 동안 얼마만큼 저축했다고 주장하는 것을 어떻게 식별할 것인가인데, 이러한 문제는 은행계좌, 주식 구매 등 공식적인 기록이 있는 것들만을 저축으로 간주하면 해결될 수 있다.

현행 세제는 많은 점에서 현금흐름세의 특징을 가지고 있다. 고용주가 부담하고 있는 모든 은퇴저축이나 IRA, 401(k) 등을 통해 본인이 적립한 은퇴저축의 많은 부분은 과세되지 않고 있다. 집 판매로 얻은 자본이득을 다시 자신의 집을 사기 위해 사용할 때 500,000달러까지는 과세되지 않는다. 또한 자영업자들은 키오(Keogh) 계정을 통해 은퇴를 위해 저축을 할 수 있고 이를 통해 소득의 20%까지를 면세받을 수 있다. 은퇴저축과 주택투자는 대부분의 미국인들의 주요 저축 수단이다. 이들은 현금흐름세와 유사한 특징을 가지고 있다.

그러나 진정한 의미의 현금흐름세로 전환하기 위해서는 다른 형태(예 : 사업)로 저축을 하는 고소득 납세자들도 과세소득에서 이런 형태의 저축을 공제받는 것이 가능해야 한다. 이것이 가능하게 된다면 제22장의 서론에서 논의된 새로운 형태의 저축유인이 크게 만들어질 것이다. 그러나 이 장에서 논의되었듯이, 이러한 저축유인들은 조세수입을 크게 감소시키는 반면 이로부터 발생하는 편익의 대부분은 고소득층에게 귀속된다. 따라서 진정한 의미의 현금흐름세로 전환하는 데는 반대가 많다.

---

38 인도와 스리랑카에 대한 증거는 Muten(2001), p. 11을 참조하고 스웨덴에 대한 증거는 Sorenson(2001)을 참조하라.

25.4 평률세

마지막으로, 이 장을 시작할 때 설명했던 평률세에 대해 살펴보자. 평률세는 1981년 경제학자인 Robert Hall과 Alvin Rabushka에 의해 처음 공론화되었다.[39] 그들의 제도는 몇 가지 특징을 가지고 있다.

1. 법인기업들은 제품 판매 시 평률 부가가치세를 지불하고 부가가치세원에서 근로자에게 지불된 임금은 공제받는다. 따라서 법인기업세는 존재하지 않는다.
2. 개인들은 평률로 단지 노동소득에만 과세한다(자본소득은 비과세).
3. 모든 조세 지출은 폐지되고(건강보험 지출은 임금 지출이나 자선기부와 같이 취급될 것이고 주택담보대출에 대한 이자는 더 이상 공제되지 않을 것이다) 단일 가계 수준에서의 인적공제로 대체된다.

평률세와 관련해 주목해야 할 점은 부가가치세와 매우 유사하다는 것이다. 첫 번째 항은 임금 지불을 면제해주는 부가가치세이다. 그러나 두 번째 항은 동일한 부가가치세율로 임금 지불에 과세하는 것이다. 그렇다면 왜 부가가치세를 사용하지 않는가? 이러한 제도의 실질적인 의도는 개인 차원에서 임금소득에 과세함으로써 지출세를 통해 하려고 했던 누진성을 세제에 도입하는 것이었다. 여기서는 지출세를 도입하지 않고도 이를 통해 누진성을 도입할 수 있다. Hall과 Rabushka는 19%의 평률세와 25,000달러의 인적공제 수준을 제안했다. 이렇게 할 경우 저소득 계층은 비과세되기 때문에 부가가치세나 판매세보다 수직적 형평성이 높아진다.

평률세의 장점

평률세는 몇 가지 장점을 가지고 있다. 그중 가장 중요한 것은 폭넓게 정의된 소득에 단일 세율이 적용되기 때문에 효율성이 높다는 것이다. 평률세가 도입되면 세원이 확충되고(예를 들면 건강보험에 대한 고용주 부담도 세원에 포함된다) 세율 증가 시 사람들이 과세기준을 줄이기 위해 사용하던 많은 방법(예 : 주택담보이자 지불을 증가시키는 것)들이 없어진다. 이를 통해 한계세율은 낮게 유지되고 세금의 비효율성은 감소한다. 제20장과 이 장에서 강조된 이유에 의해서도 비효율성은 감소한다. 이는 과세 가능한 세수의 탄력도는 최상위 소득계층에서 가장 높기 때문이다. 고소득 납세자들은 세율이 올라갈 때 과세소득을 가장 많이 줄일 사람들이다. 따라서 한계세율이 소득에 비례하는 세제에서는 두 가지 이유 때문에 사중손실이 발생한다. 하나는 부자들의 좁아진 과세기준에 높은 세율이 부과되기 때문이고 또 다른 하나는 가장 높은 공급탄력도를 가진 최상위계층에 높은 세율이 적용되기 때문이다.

효율성은 평률세와 함께 훨씬 증가할 수도 있다. 비록 저축이 세후이자율에 얼마나 민감하게 변하는지는 모르지만 저축은 비과세되기 때문에 자본이 보다 많이 축적된다. 평률세에서는 법

---

39 보다 자세한 내용은 Hall과 Rabushka(1995)를 참조하라.

인세가 폐지될 것이기 때문에 이와 관련한 비효율성도 없어질 것이다. 따라서 법인투자가 증가할 것이며 법인의 재원 조달이 보다 효율적으로 이루어질 것이다.

끝으로, 앞서 언급된 바와 같이 단순성의 측면에서도 상당한 편익이 발생할 것이다. 보다 간단해진 세제는 세금을 회피하기 위한 방법을 찾는 것을 어렵게 만들기 때문에 조세순응 역시 높아질 것이다. 거의 모든 납세자들의 세금은 원천징수된다.

평률세의 문제점

평률세의 문제점은 소비세에서 제기된 문제점과 유사하다. 첫째, 현 세제와 비교할 때 평률세는 저소득층과 중간소득계층에 대해서는 상당히 누진적인 반면 고소득층에 대해서는 누진성이 완화된다. 표 25-4에는 두 자녀를 둔 부부의 평균세율이 현 세제와 Hall과 Rabushka가 제안한 평률세하에서 어떻게 달라지는지가 계산되어 있다. 가계의 수입이 25,000달러라면, 평률세제하에서 이 가계는 세금을 전혀 내지 않는다. 현 세제하에서 평균세율은 0.6%이다. 그러나 소득이 50,000~100,000달러 사이에 있는 가계는 평률세하에서 세금부담이 더 많아진다. 실질적인 세금 절감은 소득이 100,000달러 이상인 가계에서 발생한다. 평률세하에서는 소득이 300,000달러인 가계의 평균세율은 17.4%인 반면 소득이 100만 달러인 가계의 평균세율은 18.3%로 크게 증가하지 않는다. 이와는 대조적으로 현행 세제하에서 소득이 300,000달러인 가계의 평균세율은 18.3%이고 소득이 100만 달러인 가계의 평균세율은 이보다 훨씬 높은 30.1%이다.[40]

유권자들은 수직적 형평성을 크게 악화시키는 세제는 좋아하지 않는다. 하원의원 딕 아미와 상원의원 리처드 셸비에 의해 제안된 평률세를 연구한 1996년 미국 재무부 발표에 따르면 이들이 제안한 평률세가 도입될 경우 소득이 200,000달러 이하인 사람들에 대한 연방정부 세금은 평균 11.8%만큼 증가한 반면, 소득이 200,000달러 이상인 사람들에 대해서는 28.3%만큼 떨어질 것으로 나타났다.[41]

둘째, 어려운 이행 이슈가 존재한다. 현재의 세금 우대책을 없애는 것은 수평적 불형평성을 야기하고 이를 해결하기 위해서는 엄청난 비용이 든다. 예를 들어 주택에 대한 보조금 성격을

표 25-4 평률세의 분배적 의미 이 표는 현행세제와 Hall-Rabushka의 평률세하에서 가계의 평균세율을 보여주고 있다. 25,000달러를 버는 가계의 경우 현행 세제와 비교했을 때 세율은 감소한다. 하지만 100,000달러 미만의 다른 대부분의 가계는 세율이 증가하는 반면 100,000달러 이상 가계의 세율은 감소한다.

	가계소득(결혼해서 두 아이를 둔 가정)				
	$25,000	$50,000	$100,000	$300,000	$1,000,000
현행 세제	0.4%	5.5%	8.7%	18.3%	30.1%
Hall-Rabushka 평률세	0%	9.5%	14.3%	17.4%	18.5%

40 Smartasset.com(2018).

41 Slemrod and Bakija(2000), p. 10.

띠고 있는 주택담보이자에 대한 특별공제를 없앨 경우 집 소유에 따른 가치가 급격히 떨어질 것이다. 그들의 가장 큰 재산가치가 갑자기 떨어지는 것을 목격한 사람들은 이러한 변화에 당황해 할 것이다. 유사하게, 고용주가 제공하고 있는 건강보험을 없애는 것은 건강보험시장에 막대한 혼란을 발생시킬 것이다. 대략 2,000만 명의 사람이 건강보험을 잃게 될 것이다.[42] 이러한 이행기적인 불형평성은 급격한 개혁 시 피할 수 없는 비용이다. 이것이 개혁을 반대하는 유일한 목적이 되어서는 안 된다. 이들은 어떤 형태로든 정치적으로 수용 가능한 현실적인 개혁 노력에 의해 해결되어야 한다.

25.5 결론

미국의 소득세에 대한 불평은 매우 많다. 미국에서 제일 큰 세원인 소득세제는 내재하고 있는 복잡성, 경제적 왜곡, 소득재분배 등 때문에 많은 사람들이 현 소득세제에 대해 만족하지 못하고 있다. 그러나 이 장에서 강조했듯이, 소득세제의 근본적인 개혁은 쉽지 않다. 소득세를 소비세나 평률세로 바꾸는 것과 같은 근본적인 개혁은 세제의 두 기본 요소인 효율성과 형평성을 서로 상충시킨다.

요약

- 현 세제가 안고 있는 주요 문제점은 순응, 조세 비효율성, 수평적 · 수직적 불형평성 등이다. 이들은 세수의 대규모 감소로 이어질 탈세유인을 제공한다. 세율이 높을수록 탈세는 증가할 것이다.
- 세제의 간소화는 매우 중요한 목표지만 조세의 효율성과 같은 다른 목표와 상충될 수 있다.
- 세율의 증가는 과세표준을 줄여 높은 세율에 기인한 세수 증대를 상쇄할 수 있다. 줄어든 과세표준의 대부분은 낮아진 총소득을 통해서가 아니라 낮아진 신고 소득, 보다 많은 절세 및 탈세를 통해서 발생한다. 이 효과들은 소득분포의 최상위에 대부분 집중되어 있다.
- 세제를 개혁하는 것은 수평적 형평성을 크게 위배할 수 있고 실질적인 패배자를 발생시킬 수 있다.
- 많은 경제학자들에 의해 선호되는 가장 급진적인 개혁은 현 세제를 소비세로 전환하는 것이다. 소비세는 저축에 대한 왜곡을 줄여줄 것이나 가난한 자들은 소득의 많은 부분을 소비로 사용하기 때문에 수직적 형평성을 감소시킬 것이다.
- 소비세는 판매세, 부가가치세, 현금흐름세의 형태로 이행될 수 있다.
- 많은 경제학자들에 의해 선호되는 또 하나의 근본적인 개혁은 면세점과 단일 한계세율을 가진 평률세로의 전환이다. 이러한 세제는 효율성, 단순성, 순응을 향상시킨다. 그러나 수직적 형평성을 더욱 악화시키며 이행비용을 높일 것이다.

42 Gruber and Lettau(2004).

연습문제

1. 타이는 세금이 두 구간으로 구성되어 있는 나라에 살고 있다. 소득 중 첫 30,000달러에는 20%의 세금이 부과되고, 30,000달러를 초과한 소득에 대해서는 40%의 세금이 부과된다. 히바는 세금구간이 하나인 나라에 살고 있다. 모든 소득은 40% 세율로 과세된다. 타이와 히바의 현재 소득은 모두 35,000달러이다. 소득 중 10,000달러에 대해서는 '탈세'를 해도 된다고 하자(두 사람 모두 과세소득은 25,000달러임). 탈세로부터 누가 더 많은 이익을 얻게 되는가?
2. 판매세 대신 부가가치세를 사용할 때 어떤 이점이 있는지를 설명해보라.
3. 표 25-4에 설명되어 있는 두 세제를 비교해보라. 평률세보다 현행 세제하에서 어떤 납세자들의 후생이 높은지 설명해보라. 반대로 평률세하에서 어떤 납세자의 후생이 높은지 설명해보라.
4. 근본적인 세제개혁은 미국에서 효율성을 어떻게 증가시킬 것인가?
5. 어떤 재화에 대한 30,000달러의 투자는 25,000달러의 수익을 가져다줄 것으로 기대된다고 하자. 한계세율은 30%이다. 정부는 지금 투자가격을 줄이는 투자세액공제를 도입할 것을 고려하고 있다고 하자. 이러한 투자를 하기 위해 투자가격의 백분율 감소는 얼마나 커야 하는가?
6. 탈세는 사례금(tip)이 소득의 실질적인 부분을 차지하는 웨이터나 바텐더에게서 흔히 발생한다. 이에 대한 이유를 경세 이론에 근거해 설명해보라.
7. Hall-Rabushka의 평률세와 관련된 형평성-효율성의 상충관계를 설명해보라. 면세 수준과 평률세율을 증가시킬 때 이러한 상충관계는 어떻게 변하는가?
8. 토투니아 정부는 모든 소득세 구간에서 세율을 20% 증가시켰다. 총세수에 대한 이러한 세율 증가의 효과는 몇 가지 경로를 통해 작동한다. 다음의 각 경로에 대해 높아진 세율이 세수를 증가시킬 것으로 기대되는지, 감소시킬 것으로 기대되는지 설명해보라.
   a. 세율 증가의 직접효과
   b. 개별소득에 대한 세율 증가의 효과
   c. 절세나 탈세에 대한 세율 증가의 효과
9. 소득세로부터 소비세로의 공평한 이행(equitable transition)이 다는 아니더라도 소비세 도입에 따른 효율성 개선을 왜 상쇄하는가?

심화 연습문제

10. 세계는 저축행위에 있어서만 다르고 다른 점에서는 모두 같은 사람들로 구성되어 있다고 하자. 사람들은 두 기간을 살며, 1기에 500달러의 소득이 있고 2기에는 소득이 없다. 노동소득과 이자소득에 대한 소득세는 40%이며 이자율은 8%이다. 두 종류의 사람이 있다. '그날 벌어 그날 먹는' 소비자들은 1기에 모든 것을 소비하고 '소비균등선호자'들은 2기 사이에 소비를 정확히 같게 한다.
    a. '그날 벌어 그날 먹는' 소비자들은 두 기의 각각에 세금을 얼마나 지불하는가? '소비균등선호자'들은 두 기의 각각에 세금을 얼마나 지불하는가?
    b. 소득세가 80%의 소비세로 전환되었다고 하자. 이러한 세제에서는 1달러 소비에 대해 0.8달러의 세금을 낸다. 두 종류의 소비자는 매기 얼마의 세금을 내야 할 것인가?
    c. 두 세제하에서 두 종류의 사람들이 내는 세금의 현

재가치를 비교해보라. 어떤 세제가 보다 형평성이 있는가?

11. 절세와 탈세의 차이는 무엇인가? 이 두 현상을 실증적으로 어떻게 구별할 것인가?

12. 제10장에서는 사람들이 공공재 지출에 대한 취향에 따라 거주지역을 스스로 선택한다면 최적 공공재 공급이 달성될 수 있다는 티부 모형을 공부했다. 공공재에 대한 지출을 연방 지출에서 티부 유형으로 전환할 경우 조세순응이 어떻게 높아질 수 있는가?

13. ⓔ 세율이 30%이고 탈세 시 적발될 확률은 10%이며 탈세가 추가적으로 1,000달러 될 때마다 적발될 확률(P)이 2.5% 증가한다고 하자(따라서 $P = 0.1 + 0.025X$, 여기서 X는 1,000달러로 표시된 달러의 수이다). 탈세를 하다 적발된 사람은 내야 할 세금에 추가해서 10,000달러의 범칙금을 추가적으로 내야 한다. 위험중립적인 납세자는 얼마나 많은 탈세를 할 것인가? 당신의 답은 위험기피적인 사람에 대해서는 어떻게 달라질 것인가?

14. 세제의 간소화를 주장하는 사람들은 평률세는 보다 형평성 있다고 주장하는 반면, 어떤 경우에는 평률세가 형평성을 감소시킨다고 주장한다. 왜 그런지 설명해보라.

15. 이스탈리아는 현재 대학에 자녀를 보내고 있는 가계에 대해서는 세액공제를 제공하고 있다. 그러나 무시무시한 재정적 어려움에 직면하게 되자 이 제도를 없애기로 결정했다. 단, 현재 이 제도의 대상인 가계에 대해서는 이 제도를 계속 적용하기로 결정했다. 이렇게 하는 것은 현재 대학 자녀를 둔 가계와 미래 대학 자녀를 둔 가계 사이에 형평성 문제를 야기시킬 뿐만 아니라 정부의 세수를 계속해서 감소시키는데도 이스탈리아 정부는 왜 이것을 하는가?

16. 두 소비세제를 고려해보자.
   a. 모든 재화가 단일 세율로 과세되는 세제
   b. '필수재'는 과세되지 않고 '사치재'만 높은 세율로 과세되는 세제

   두 세제의 형평성과 효율성을 비교해보라.

17. 소비세가 큰 나라에 여행을 갔을 때, 어떤 거래를 하자고 요청받았다. 현금을 지불하면 10% 할인을 해주는 거래이다. 신용카드를 이용해 거래를 할 경우 상인에게 발생하는 비용은 채 2%가 안 된다고 하자. 이 상인은 왜 당신에게 이런 거래를 제안했겠는가? 만약 이 나라에 부가가치세가 시행되고 있었다면 이 상인은 더 큰 거래를 제안했을 것인가, 아니면 더 작은 거래를 제안했을 것인가? 설명해보라.

ⓔ 기호는 학생들이 제3장과 '실증적 증거' 코너에서 공부한 실증적 경제원리를 적용해야 하는 문제임을 의미한다.

용어 해설

간접효과(direct effects) 정부의 개입에 따라 경제주체가 그들의 행태를 변화시키는 경우에만 발생하는 정부 개입의 효과

(조세 변화의) 간접효과(indirect effects) 과세된 세원의 크기를 줄이는 세율 증가효과

간접흡연(secondhand smoke) 흡연자 근처에 있는 사람들이 흡입하는 담배 연기

감가상각공제(depreciation allowance) 기업의 자본 투자의 감가상각에 대해 세금에서 공제받을 수 있는 금액

감가상각기준표(depreciation schedule) 자산 가치가 줄어드는 것을 나타낸 시간표

감가상각률(depreciation) 자본 투자가 시간에 걸쳐 그 가치를 잃어가는 비율

개인소득세(individual income tax) 과세연도 동안 발생한 개인 소득에 부과되는 세금

개인은퇴계정(Individual Retirement Account, IRA) 고용주 제공 연금혜택을 받지 못하는 저소득층이나 중간소득계층을 위한 기여금에 대해서는 비과세되고 인출 시 과세되는 은퇴저축 수단

건강유지조직(health maintenance organization, HMO) 보험과 의료 제공의 두 가지 기능을 통합하여 의사와 병원이 제공한 진료량과 무관하게 의료 제공자에게 일정한 급료를 지불하는 의료보험조직

건강저축계정(Health Savings Account, HSA) 공제액이 아주 고액인 의료보험의 경우 가입자가 이 기초공제금액을 면세대상인 건강저축계정에 미리 예치하고 의료 이용을 할 때마다 이 계정에서 진료비를 인출하는 의료보험의 한 형태

게리맨더링(gerrymandering) 지도에 모종의 조작을 가하여 선거구의 경계를 조정하고, 이를 통해 정당의 정치력을 유지하거나 증가시키려는 일련의 과정

결혼세(marriage tax) 결혼으로 인해 두 개인에게 부과된 세금 부담의 합이 증가하는 것

경기조정 재정수지(cyclically adjusted budget deficit) 만일 한 경제가 잠재성장률을 충분히 달성한 상태라 가정했을 때의 정부 재정상태에 대한 측정

경제적 감가상각(economic depreciation) 매기 자본가치의 실질적 마모율

경제적 귀착(economic incidence) 세금 납부 후 납세자의 가용자원 변화로 측정한 조세부담

경제적 이윤(economic profits) 기업의 수입과 생산의 경제적 기회비용 사이의 차이

경험률(experience rating) 보험가격을 실현된 결과의 함수로 책정하는 것

계승부채(legacy debt) 초기 세대들이 납부한 세금보다 훨씬 더 많은 연금급여를 받음으로 인해 발생한 정부 부채

고용주 제공 의료보험에 대한 조세보조금(tax subsidy to employer-provided health insurance) 근로자는 임금보상에 대해서는 세금을 내지만 의료보험 형태의 보상에 대해서는 세금을 내지 않아 고용주를 통해 제공받는 의료보험의 보조금을 받는 결과를 가져옴

공공선택 이론(public choice theory) 정부가 의사결정을 할 때 국민들의 후생극대화를 목적으로 하지 않을 수 있음을 강조하는 학파의 이론

공공재(public goods) 한 개인이 투자하는 경우 많은 사람들이 동시에 혜택을 얻는 재화

공급곡선(supply curve) 어떤 재화의 여러 가지 가격 수준에서 기업이 공급할 의사가 있는 양을 보여주는 곡선

과세기준(basis) 자본이득을 결정할 때 기준으로 사용되는 자

산의 구매가격

과세소득(taxable income) 조정 후 총소득에서 과세면제 및 소득공제항목을 차감한 소득

관료조직(bureaucracies) 중앙정부의 교육부나 시청의 공공관리 부서와 같이 정부의 대민업무를 수행하는 공공조직

관리의료(managed care) 의료 제공자의 선택을 제한하는 등 공급 측면을 규제하여 의료비용을 통제하는 접근 방식

관찰자료(observational data) 인위적으로 생산된 자료가 아닌, 현실 경제주체들의 행동에 의해 생성된 실제 자료

교육 바우처(educational vouchers) 공립이든 사립이든 학교 유형에 관계없이 사용할 수 있도록 취학 자녀가 있는 가계에 정부가 제공하는 고정금액

교육수익(returns to education) 학생들이 학교 교육을 더 많이 받거나 양질의 교육을 더 많이 받음으로써 사회에 발생시키는 편익

교육신용시장실패(educational credit market failure) 생산성이 높은 교육 분야 투자를 통해 사회적 잉여를 증가시킬 수 있음에도 교육 관련 대출이 이루어지지 않는 신용시장의 실패

구속장치(commitment devices) 자기통제 문제를 인식하고 있는 사람이 자신의 나쁜 습관을 버릴 수 있도록 도와주는 장치

구조적 추정(structural estimate) 소득효과와 대체효과 또는 효용함수 파라미터들에 대한 추정과 같이, 개인의 의사결정에 중요한 영향을 미치는 특성 파악에 관심을 두는 추정 방법

구축효과(crowd out) 정부가 공공재를 더 많이 공급함에 따라 민간부문의 공공재 공급이 줄어드는 효과

국민투표(referendum) 주 의회에 의해 이미 통과된 주법이나 헌법 개정안에 대해 시민투표를 허용하는 민의 반영 방법

국제 배출권 거래제(international emission trading) 교토의정서 하에서 협약에 서명한 선진국들은 총배출량 목표만 충족된다면 자신들끼리 배출권을 거래할 수 있도록 되어 있음

귀속가사소득(imputing home earnings) 가사노동으로부터의 수익에 화폐가치를 부여한 것

균형예산 귀착(balanced budget incidence) 조세와 재정지출이 발생시키는 편익까지 모두 고려한 조세귀착

균형예산법(balanced budget requirement, BBR) 정부예산이 매년 균형(수입 = 지출)을 맞추도록 강제하는 법

근로자 상해보상제도(workers' compensation, WC) 각 회사가 근무 중 상해 발생 시 의료비와 임금손실분을 보상해주는 민간보험을 구매하도록 주정부가 강제화하는 제도

근로장려세제(Earned Income Tax Credit, EITC) 저소득층의 임금을 보조해주는 연방정부의 소득세 정책

글로벌 세제(global tax system) 다국적 기업의 소득이 어디서 발생했든 본국에서 법인세를 내는 세제

급여 감축률(benefit reduction rate) 소득 증가에 따라 복지급여액이 줄어드는 비율

급여세(payroll tax) 직장의 근로소득에 부과되는 세금

기간선택모형(intertemporal choice model) 시간에 대해 자신의 소비를 어떻게 배분할 것이냐에 대한 선택

기간예산제약(intertemporal budget constraint, BC_1) 다른 기간의 소비를 위해서 한 기간의 소비를 줄여야 하는 비율의 측정

기대수익(expected return) 성공 시 발생하는 수익에 성공확률을 곱한 것과 실패 시 발생하는 손실에 실패확률을 곱한 것을 더한 것

기대효용모형(expected utility model) 각 상태가 발생할 확률을 가중치로 하여 각 상태에서의 효용을 가중평균한 모형

기존 왜곡(preexisting distortion) 정부의 개입 전에 이미 존재하고 있었던 외부효과나 불완전경쟁과 같은 시장실패

기준재(numeraire good) 절대가격이 아니라 상대가격에 따른 재화 간의 선택을 모형화하기 위해 가격을 1달러로 정해놓은 재화

기회비용(opportunity cost) (1) 어떤 자원의 사회적 한계비용은 그 자원을 차선의 용도에 사용했을 때의 가치임, (2) 어떤 재화의 구입에 드는 비용은 그 돈을 차선의 대안에 지출했을 때 누릴 수 있는 가치 또는 사라진 기회의 가치임

기회의 평등(equality of opportunity) 사회는 모든 개인에게 성공을 위한 균등한 기회를 보장하되 선택의 결과에는 관심을 두지 않는다는 원칙

누진세제도(progressive tax system) 소득 증가에 따라 실효평균세율도 함께 증가하는 조세체계

다국적 기업(multinational firms) 많은 국가들에서 운영되고 있

는 기업

다수결 투표(majority voting) 구성원들의 투표를 취합하여 사회적 결정을 도출하는 대표적 방법으로, 각 개인이 원하는 정책에 투표한다고 할 때 가장 많은 표를 획득한 정책이 선택되는 방법

단기 안정화 이슈(short-run stabilization issue) 경기호황과 경기불황에 대응하는 정부의 역할

단순화된 고용인 연금 IRA(Simplified Employee Pension IRA, SEP-IRA) 연 53,000달러까지 비과세로 저축할 수 있는 자영업자를 위해 만들어진 은퇴저축제도

단일재원 방식(single-payer system) 정부가 전 국민 의료보장을 실시하고 그 비용을 부담하는 의료체계의 한 유형

단일정점선호(single-peaked preference) 오직 하나의 지역적 최대치나 극대치를 가진 선호체계로, 선택이 단일한 최대치에서 어떤 방향으로 멀어지더라도 효용이 감소하게 되는 선호체계

대리인 문제(agency problem) 기업 소유자와 경영자 사이의 이해관계 상충

대응교부금(matching grant) 지방정부 지출액과 연동되어 이전되는 보조금

대체효과(substitution effect) 효용을 일정하게 유지하는 상태에서 한 재화의 가격이 상대적으로 상승하면 소비자는 언제나 그 재화의 수요량을 감소시킴

도덕적 해이(moral hazard) 개인이나 생산자가 보험 가입에 반응해서 취하는 유해한 행위

동결효과(lock-in effect) 자본이득에 따른 납세의 현재가치를 최소화하기 위해 자본자산의 판매를 늦추는 현상

동태적 예산회계제도(dynamic scoring) 정부 정책의 효과가 총자원금액뿐 아니라, 총자원금액의 분배 영향까지 모형화하려는 견해의 회계 방법

램지 법칙(Ramsey Rule) 정부의 세입을 충족시키면서 사중손실을 최소화하기 위해서는 세수의 한계수입에 대한 한계사중손실의 비율이 모든 상품에 대해 같도록 상품에 세율을 부과해야 한다는 법칙

로비(lobbying) 정치가에게 영향을 미칠 목적으로 특정 개인이나 집단의 자원을 동원하는 것

린달가격체계(Lindahl pricing) 공공재 구축을 위한 재원조달 방법 가운데 하나로, 개인이 정직하게 밝힌 공공재의 지불의사(지불액)만큼 분담금을 부과하는 방법

마그넷학교(magnet school) 재능이 있는 학생들이나 특정 주제 혹은 특정 교습 방식에 관심이 있는 학생들을 위해 만든 특별한 공립학교

메디케어(Medicare) 급여세를 통해 재원을 조달하여 65세 이상의 노인과 65세 이하의 장애인 모두에게 의료보험을 제공하는 연방정부 프로그램

메디케어 파트 A(Medicare Part A) 급여세를 통해 재원을 조달하여 입원 환자의 병원비용과 장기요양비용의 일부를 부담하는 메디케어 프로그램의 한 부분

메디케어 파트 B(Medicare Part B) 가입자의 보험료와 일반조세수입으로 재원을 조달하여 개원의 서비스 비용과 병원 외래진료비 및 기타 서비스 비용을 부담하는 메디케어 프로그램의 한 부분

메디케어 파트 D(Medicare Part D) 처방약 비용을 부담하는 메디케어 프로그램의 한 부분

메디케이드(Medicaid) 빈곤층에게 의료서비스를 제공하는 연방정부와 주정부의 프로그램

명목가격(nominal price) 오늘을 기준으로 표시된 가격

명목이자율(nominal interest rate) 주어진 투자에 의해 얻어지는 이자율

모기지(주택담보대출)(mortgage) 특정 자본(보통은 주택)을 담보로 빌려준 대출

모형(model) 현실의 대수적 또는 기하학적 재현

무과실보험(no-fault insurance) 상해가 근로자 또는 회사의 과실로 인한 것인지에 관계없이 보험회사가 상해급여를 지급하는 보험

무상진료(uncompensated care) 공급자가 그 진료비를 상환받지 못하는 의료서비스

무임승차자 문제(free rider problem) 개인적으로 비용을 부담하는 투자의 편익이 공유될 때 과소투자가 이루어지는 문제

무차별곡선(indifference curve) 소비자에게 동일한 효용을 주는 모든 재화묶음을 그래프로 나타낸 것. 이 재화묶음들은 모두

동일한 효용을 주므로 소비자는 어떤 상품조합을 소비할지에 대해 무차별함

물품세(excise tax) 담배 또는 휘발유와 같은 특정 재화의 판매에 부과되는 세금

미래 자본이득세율 감소(prospective capital gains tax reduction) 오늘 이후로 이루어진 투자에 대해서만 적용되는 자본이득세 감소

미적립(부과) 방식(unfunded) 현재의 근로자가 납부한 보험료를 미래 연금급여를 위해 투자하는 대신 현재의 은퇴자들에게 직접 지급해주는 연금제도

민영화(privatization) 개인 계좌를 통해 각 개인이 자신이 납부한 급여세를 다양한 자산에 직접 투자할 수 있도록 허용하는 연금개혁 방안

발생주의 조세(taxed on accrual) 자산에 대한 수익이 발생할 때 발생 시 수익에 부과된 세금

배당금(dividend) 소유한 주식에 대해 투자자가 기업으로부터 주당 정기적으로 받는 금액

버티기 문제(holdout problem) 재산권을 공유하는 경우 한 소유자가 다른 소유자와 일치된 행동을 하지 않아서 발생하는 문제

법률적 귀착(statutory incidence) 외형적인 납세의무자가 지는 세금부담

법인세 통합(corporate tax integration) 개인(주주) 차원에서 법인소득을 과세하기 위해 법인세를 없애는 것

법인소득세(corporate income tax) 기업 등이 벌어들인 소득에 부과되는 조세

보상임금격차(compensating differential) 사망확률을 높이는 위험(혹은 안락한 근무환경)과 같은 직장의 부정적인(혹은 긍정적인) 측면을 보상하기 위해 추가하는(또는 삭감하는) 임금 지불

보장급여(benefit guarantee) 소득이 없는 자에게 지급되며, 소득이 증가하면 급여가 감액되는 현금복지급여

보조금(subsidy) 개인의 소비나 기업의 생산에 따른 비용을 줄여주기 위한 정부의 지출

보조소득자(secondary earner) 주소득자 외의 가계에 있는 다른 근로자

보험계리적 공정보험료(actuarially fair premium) 보험업자가 예상하는 기대급여와 동일한 보험료

보험계리적 조정(actuarial adjustment) 보험회사가 예상되는 지출의 차이를 충당하기 위해 보험료를 조정하는 것

보험료(insurance premium) 역경에 처할 위험에 대비한 보험을 들기 위해 보험업자에게 지불하는 금액

보험료 지원제도(premium support) 메디케어 가입자가 관리의료조직이나 다른 민영의료보험 가운데 하나를 선택할 수 있는 제도로서 일정한 금액의 바우처를 받아 의료보험을 선택하되 선택한 보험의 보험료와 바우처 금액 간에 차이가 나는 경우 그 차액은 본인이 지불하거나 자신의 소유가 될 수 있음

본국송금(repatriation) 해외에서 벌어들인 소득을 본국으로 송금하는 것

부가가치세(value-added tax, VAT) 생산의 각 단계에서 부가된 가치에 기초해서 생산 단계마다 재화에 부과되는 소비세

부분균형 조세귀착(partial equilibrium tax incidence) 조세가 발생시키는 효과를 조세가 부과된 시장에 대해서만 관심을 두는 분석

부분적인 경험료율(partially experience-rated) 실업보험의 급여세가 해고율 증가에 따라 올라가지만 1:1보다는 적게 증가하는 제도

부유세(wealth tax) 개인이나 가족이 보유하고 있는 부동산 또는 주식 등의 재산가치에 부과되는 세금

부정적 내부효과(negative internality) 건강을 해치거나 다른 행동을 통해 사람들이 자기 자신에게 가한 피해

부채(debt) 정부가 채권자들에게 빚지고 있는 금액

부채를 통한 재원 조달(debt finance) 은행과 같은 대출기관에서 차입하거나 채권을 발행해서 재원을 조달하는 방법

부패(corruption) 정부 관료가 본인 또는 동료집단의 부 또는 이익극대화를 위해 권력을 남용하는 것

분리균형(separating equilibrium) 각기 다른 유형의 사람들이 자신의 실제 유형을 밝힐 수 있도록 고안된 다른 종류의 보험을 구매하는 시장 균형

분석집단(treatment group) 분석하고자 하는 정책대상들의 집합

불확실한 상태(state of the world) 불확실한 미래에 발생 가능한 결과의 집합

비교집단(control group) 분석집단과 비교되는 집단. 즉, 분석하고자 하는 정책대상이 아닌 이들의 집합

비(非)단체보험시장(nongroup insurance market) 개인이나 가족이 직장과 같은 단체를 통해서가 아니라 개별적으로 직접 보험을 사는 시장

비례세제도(proportional tax system) 소득이 변하여도 실효평균세율은 변하지 않는 조세체계. 따라서 소득 가운데 납세자가 내는 세금의 비율은 일정함

비배제성(non-excludability) 한 사람이 다른 사람의 소비기회를 거부할 수 없는 성질

비순수공공재(impure public goods) 공공재의 두 가지 조건(소비의 비경합성과 비배제성)을 어느 정도는 만족시키지만 완전히 만족시키지는 않는 재화

비용-편익분석(cost-benefit analysis) 공공재 사업의 수행 여부를 결정하기 위해 그 비용과 편익을 비교하는 일

비용-효과분석(cost-effectiveness analysis) 편익을 측정할 수 없거나 편익의 수준에 상관없이 바람직한 것으로 간주되는 사업에 대해 비용만 측정하여 가장 비용효과적인 사업을 선택할 수 있음

빈곤선(poverty line) 연방정부가 절대적 결핍을 측정하는 기준

사내유보(retained earnings) 채권자나 지분 소유자에게 지불되기보다 기업에 의해 보유된 순이윤

사적 한계비용(private marginal cost, *PMC*) 재화를 추가적으로 한 단위 더 생산할 때 생산자가 직접 부담하는 비용

사적 한계편익(private marginal benefit, *PMB*) 재화를 추가적으로 한 단위 더 소비할 때 소비자가 직접 누리는 편익

사전적 균형예산법(ex ante BBR) 매 회계연도가 시작될 무렵 주지사가 균형예산을 제출하거나 의회가 균형예산을 통과시킬 것을 강제하는 법

사전적 상환제도(prospective reimbursement) 의료 공급자의 비용 지출에 기초해서가 아니라 환자에게 얼마의 비용을 들여야 하느냐에 근거해 진료비를 지불하는 방식

사전적 진료비 지불제도(Prospective Payment System, PPS) 특정 진단명에 대해 전국적으로 표준화된 지불금액에 기초해 병원들에게 입원진료비를 지불하는 메디케어의 상환제도

사중손실(deadweight loss) 편익이 비용보다 더 큰 거래가 이루어지지 않아 발생하는 사회적 효율의 감소

사회보장연금자산(Social Security Wealth, SSW) 미래의 사회보장연금급여액의 현재할인가치에서 급여 납부액의 현재할인가치를 뺀 금액

사회보장연금제도(Social Security program) 노인들에게 소득을 지원해주기 위해 근로자에게 세금을 부과하는 연방정부제도

사회보험제도(social insurance program) 사회적 위험에 대해 정부가 직접 제공하는 보험제도

사회적 자본(social capital) 사회 내에서 이타적이고 공공적인 행동의 가치

사회적 총잉여(사회적 효율)[total social surplus(social efficiency)] 소비자 잉여와 생산자 잉여의 합

사회적 한계비용(social marginal cost, *SMC*) 생산자의 사적 한계비용과 재화의 생산과 관련하여 제3자가 부담해야 하는 비용의 합계

사회적 한계편익(social marginal benefit, *SMB*) 소비자의 사적 한계편익에서 재화의 소비와 관련하여 제3자가 부담해야 하는 비용을 빼준 것

사회적 할인율(social discount rate) 사회적 투자에 대해 현재할인가치를 계산하는 데 사용되는 적절한 r의 값

사회후생(social welfare) 사회의 복지 수준

사회후생함수(social welfare function, *SWF*) 모든 개인의 효용함수를 사회 전체의 효용함수로 통합한 함수

사후적 균형예산법(ex post BBR) 정부가 회계연도 말에 예산 균형을 강제적으로 맞추도록 하는 법

사후적 상환제도(retrospective reimbursement) 의사가 이미 발생시킨 비용에 근거해 진료비를 지불하는 방식

상관관계(correlation) 두 개의 경제변수가 함께 움직이는 경우(같은 방향이거나 반대 방향이거나) 두 변수는 상관관계라고 함

상대적 소득불평등(relative income inequality) 부자에 대비한 가난한 자의 상대적인 소득 수준

상품평등주의(commodity egalitarianism) 사회가 개인의 기본

적 욕구를 충족시켜 주되 그 이상으로는 소득분배 문제에 관심을 두지 않는다는 원칙

생산의 긍정적 외부효과(positive production externality) 한 기업의 생산 활동이 다른 경제주체의 후생을 증가시키지만 이에 대해 해당 기업이 보상받지 못하는 경우

생산의 부정적 외부효과(negative production externality) 한 기업의 생산 활동이 다른 경제주체의 후생을 감소시키지만 이에 대해 해당 기업이 보상하지 않는 경우

생산자 잉여(producer surplus) 생산자가 어떤 재화의 판매를 통해 재화의 생산비용 이상으로 받은 이득

선별 모형(screening model) 교육은 단지 능력이 뛰어난 사람과 낮은 사람을 구별하는 수단으로서만 작용하지 근로자의 기술은 향상시키지 않는다는 것을 제시한 모형

선별적 복지제도(categorical welfare) 한부모가정이나 장애인 등 특정한 인구집단에 대한 복지제도

세금도피행위(tax shelters) 세금 최소화가 유일한 존재 이유인 활동이나 행위

세액공제(tax credit) 납세자의 결정세액에서 자녀보육에 대한 공제 등과 같은 항목을 통해 차감되는 공제액

세제개혁으로 인한 이행기적 불형평성(transitional inequities from tax reform) 과거에 다른 의사결정을 했고, 그 결과 세제개혁에 의해 달리 취급받는 유사한 사람들에 대한 취급 변화

세후가격(after-tax price) 총가격에서 세금을 차감하거나(생산자가 세금을 내는 경우), 세금을 더한(소비자가 세금을 내는 경우) 가격

소득공제(tax deductions) 납세자의 과세소득에서 자선기부금 또는 주택담보대출의 이자지출액 등의 항목을 통해 차감되는 공제액

소득대체율(replacement rate) 보험급여의 급여수급 전 소득에 대한 비율

소득재분배(redistribution) 한 사회 내의 어떤 집단으로부터 다른 집단으로 자원을 이전하는 일

소득효과(income effect) 어떤 재화의 가격이 상승하면 일정한 소득으로 과거보다 더 적은 양만을 구입해야 하므로 소비자는 통상적으로 모든 재화를 적게 수요하게 됨

소비세(consumption tax) 개인 또는 가계의 재화 및 서비스 소비에 부과되는 세금

소비의 긍정적 외부효과(positive consumption externality) 한 소비자의 소비 활동이 다른 경제주체의 후생을 증가시키지만 이에 대한 보상이 이루어지지 않는 경우

소비의 부정적 외부효과(negative consumption externality) 한 소비자의 소비 활동이 다른 경제주체의 후생을 감소시키지만 이에 대한 보상이 이루어지지 않는 경우

소비의 비경합성(non-rival in consumption) 한 사람의 재화 소비가 다른 사람의 소비기회에 영향을 줄 수 없는 성질

소비자물가지수(Consumer Price Index, CPI) 대표 상품묶음에 대한 구매비용의 시계열적 변화를 측정하는 지수

소비자 잉여(consumer surplus) 소비자가 어떤 상품을 소비하면서 자신이 상품에 대해 지불한 가격 이상으로 얻는 편익

소비평탄화(consumption smoothing) 소비 수준이 높아서 한계효용이 낮은 기간으로부터 소비 수준이 낮아서 한계효용이 높은 기간으로 소비를 이전시키는 것

수요곡선(demand curve) 어떤 재화의 여러 가지 가격 수준에서 소비자들이 수요하는 양을 보여주는 곡선

수요탄력성(elasticity of demand) 어떤 재화가격의 1% 변화에 대한 수요량의 퍼센트 변화

수직적 형평성(vertical equity) 더 많은 자원을 가진 집단이 더 많은 세금을 내야 한다는 원칙

수평적 형평성(horizontal equity) 비록 경제적 선택은 다르더라도 소득이 비슷한 개인들에 대해서 유사하게 대우해야 한다는 원칙

순수공공재(pure public goods) 소비에 있어 완전히 비경합적 · 비배제적인 재화

시계열분석(time series analysis) 시간 변화에 다른 두 변수의 변화자료를 활용하여 인과성을 분석하는 기법

시장(market) 구매자와 판매자가 상호작용하는 장소

시장 균형(market equilibrium) 수요와 공급을 모두 만족시키는 가격과 수량의 조합으로 수요곡선과 공급곡선의 상호작용에 의해 결정됨

시장실패(market failure) 시장경제가 효율성을 극대화하지 못

하는 결과를 가져오게 하는 문제

식별 수단(ordeal mechanisms) 가장 필요한 사람들만이 급여를 받도록 복지제도를 매력적이지 않게 고안하는 방법

실업보험(unemployment insurance, UI) 연방정부의 강제하에 주정부가 운영하는 제도로서, 회사에 의해 실직을 당한 근로자에게 급여세를 재원으로 실업급여를 지급하는 제도

실증적 도구(empirical tool) 자료를 분석하여 이론적 분석 단계에서 제기된 문제를 해명하기 위한 분석 도구

실질가격(real price) 특정 연도를 기준으로 가격을 고정시킨 불변가격

실질이자율(real interest rate) 명목이자율에서 물가 상승률을 뺀 것으로 저축으로부터의 실질 구매력을 결정하는 측정치

실현주의 조세(taxed on realization) 자산이 매각될 때에만 자산의 수익에 부과된 세금

실효법인세율(effective corporate tax rate, ETR) 법인세 때문에 필요해진 자본의 세전수익률의 백분율 증가

아동의료보험(Children's Health Insurance Program, CHIP) 기존의 메디케이드 자격제한을 초과하여 일반적으로 빈곤선의 200% 범위 내에 속하는 아동들에게까지 공적의료보험을 확대 적용하기 위해 1997년에 도입된 프로그램

암묵적 채무(implicit obligation) 매년도 예산 과정에서는 인식되지 않는 미래의 재정적 채무

애로의 불가능성 정리(Arrow's Impossibility Theorem) (a) 개인 선호에 제약을 가하거나 (b) 독재성을 부과하지 않고는 개인 선호를 취합하여 사회적 선호로 전환시키는 규칙은 존재하지 않는다는 정리

양도세(transfer tax) 한 개인에서 다른 개인으로 자산이 이전될 때 부과되는 세금

역선택(adverse selection) 피보험자인 개인이 보험자보다 자신의 위험에 대해 더욱 잘 알고 있음으로 인해, 위험이 높은 사람들만이 보험을 구매하고, 이로 인해 보험 판매 시 보험자가 손실을 입게 되는 것

역진세제도(regressive tax system) 소득 증가에 따라 실효평균세율이 감소하는 조세체계

연금제도(pension plan) 고용주와 고용자가 비과세로 고용자의 퇴직에 대비해 저축하는 고용주 후원 은퇴저축제도

열등재(inferior goods) 소득이 증가함에 따라 수요가 감소하는 재화

영토주의 세제(territorial tax system) 해외에서 창출된 소득에 대해 창출된 국가에게 법인세를 내는 세제

예비적 저축모형(precautionary savings model) 저축은 적어도 부분적으로는 미래의 불확실성에 대해 소비를 평탄화하기 위해 행해진다는 것을 주장하는 모형

예산제약(budget constraint) 소비자가 모든 소득을 지출하는 경우 구입 가능한 재화들의 조합을 나타내주는 수학적 표현

예산제약하의 효용극대화(constrained utility maximization) 자원(예산)제약하에서 소비자의 후생(효용)을 극대화하는 과정

온실효과(greenhouse effect) 태양으로부터의 열이 지구 대기 중의 가스에 반사되어 지구로 되돌아오는 과정

완전은퇴연령(Full Retirement Age, FRA) 사회보장연금 가입자가 완전 기본 연금액(PIA)을 받을 수 있는 연령

완전 전가(full shifting) 거래 시 한쪽이 모든 세금을 다 부담할 때

외부효과(externality) 한 경제주체의 행동이 다른 경제주체의 후생을 증가시키거나 감소시키지만 그에 대해 보상을 받지도, 비용을 부담하지도 않는 경우

외부효과의 내부화(internalizing the externality) 어떤 경제주체의 행동에 따른 외부비용이나 외부편익이 완전히 반영되도록 민간주체 사이의 협상이나 정부 개입을 통해 해당 경제주체가 부담하는 가격을 조정하는 것

외주계약(contracting out) 정부가 어떤 재화나 서비스의 제공에 책임을 지지만 실제로 제공하는 기능은 민간 기업에 위탁하는 방식

우선제공자조직(preferred provider organization, PPO) 보험회사를 대신하여 의료 제공자를 탐색하고 이를 통해 의료비용을 낮추는 의료 제공자 조직

원천징수(withholding) 추정세액을 근로자의 소득으로부터 미리 징수하는 것

위험보험료(risk premium) 위험회피적인 개인이 보험계리적으로 공정한 가격을 초과하여 지불하는 보험료

위험 풀(risk pool) 보험에 가입한 개인들의 집단

위험회피(risk aversion) 개인이 위험을 감수하려는 정도

유동성 제약(liquidity constraints) 개인의 대출 능력을 제약하는 신용 가용성에 대한 장애 요인

유산세(estate tax) 사망한 사람이 남긴 재산가치에 대해 부과되는 부유세의 한 형태

은퇴확률(retirement hazard rate) 특정 연령에 근로자가 은퇴하는 비율

응익과세(benefit taxation) 개인이 해당 재화로부터 얻는 편익가치를 토대로 세금을 부과하는 과세원칙 가운데 하나

의무지출(entitlement spending) 법률에 의거, 자격이 있는 수혜자 수에 따라 지출 수준이 자동적으로 결정되는 강제적 재정지출. 의회의 심의를 거치지 않음

이론적 도구(theoretical tool) 경제적 의사결정의 밑에 깔려 있는 구조를 이해하기 위한 목적에서 개발된 분석 도구

이산화황 배출허용제도(SO_2 allowance system) 제한된 양의 SO_2만을 배출하도록 기업에 배출권을 부여하고 그 거래를 허용한 대기정화법의 1990년도 수정법의 핵심

이윤(profit) 기업의 수입과 지출의 차이로서 한계수입과 한계비용이 일치될 때 극대화됨

이자율(interest rate) n기에 이루어진 투자의 대가로 발생한 n + 1기의 수익률

이전가격(transfer price) 다국적 기업의 한 자회사에서 다른 자회사로 이전된 재화에 대해 상환할 때 적용되는 가격

이중차감 추정치(difference-in-difference estimator) 정책실험이 가해진 분석집단과 그렇지 않은 비교집단 사이의 결과 변화의 차이를 통해 추정한 것

이타적(altruistic) 개인이 소비에 있어 다른 사람의 편익과 비용에 가치를 두는 태도

인과관계(causality) 하나의 변수가 다른 변수의 변화를 유발하는 경우 두 경제변수는 인과관계라고 함

인적자본(human capital) 추가적인 교육에 의해 증가되는 사람의 숙련 저량

일반균형 조세귀착(general equilibrium tax incidence) 조세가 한 시장에 부과되었을 때, 그 시장과 관련된 모든 시장에 미치는 영향까지 고려하는 분석

일-사람 매치(job match quality) 특정한 근로자가 특정한 직업과 매치될 경우의 한계생산성

임의시행(randomized trial) 집단 내의 개인들을 분석집단과 비교집단으로 무작위 구분하여 인과성을 검증해보는 이상적 형태의 실험

자가보험(self-insurance) 개인 저축, 다른 가족 구성원의 노동 또는 친구들로부터 돈을 빌리는 등 사고 발생 시 소비평탄화를 위한 사적인 수단

자긍심 모형(warm glow model) 개인들이 공공재의 총공급량뿐만 아니라 그 자신의 기여에도 각별한 관심을 보이는 공공재 공급 모형

자기통제 문제(self-control problem) 적정한 소비 전략을 이행하지 못하는 문제

자녀보육(child care) 부모를 제외한 다른 사람에 의해 제공된 보육

자녀양육비(child support) 이혼한 부모에게 법정이 자녀양육을 위한 지원금의 지급의무를 부과한 것

자동안정화(automatic stabilization) 조세나 정부 지출 수준을 자동적으로 변화시키게끔 하여 경기변동에 따른 가계소비의 변화를 상쇄하는 정책

자동안정화 장치(automatic stabilizer) 경기침체기에는 자동적으로 세금을 덜 걷으면서 재정지출은 늘리고, 경기호황기에는 자동적으로 세금을 더 걷고 재정지출을 줄여 경기진폭의 과도한 변동을 억제하는 재정운용 방법

자본소득세(capital income taxation) 저축수익에 대한 과세

자본이득(capital gains) (1) 구매 후 주식가격의 증가, (2) 자산의 취득가격과 판매가격 사이의 차, (3) 주식, 미술품, 주택 등 자본의 매매로 인한 소득

자본회계(capital accounting) 정부가 소유한 순자산의 가치 변화로서 정부의 재정상태를 측정하는 방법

자산조사(means-test) 개인의 현 소득이나 재산 수준에 따라 급여수급자격이 주어지는 제도

자산조사형 제도(means-tested welfare) 소득 및 자산이 일정 수준 이하인 계층에게만 지급되는 복지제도

자회사(subsidiary) 다른 국가들에 있는 다국적 기업의 생산 회사

장기요양서비스(long-term care) 급성질환보다는 만성질환의 관리를 위해 장애인이나 노약자에게 시설(요양원)이나 자택에서 제공해주는 돌봄 서비스

장애보험(disability insurance, DI) 사회보장연금 급여세의 일부를 의료장애로 인해 근로 능력을 상실한 근로자에게 지급해주는 연방정부제도

재량적 안정화(discretionary stabilization) 정부가 경기침체나 경기과잉 등에 대응하여 취하는 정책

재량지출(discretionary spending) 의회의 승인을 거쳐 매년 지출 수준이 정해지는 선택적 재정지출

재산세(property tax) 토지와 그 위에 건축된 구조물(상업용 건물이나 주택) 등 부동산 가치에 부과되는 부유세의 한 형태

재정적자(deficit) 특정 연도에 정부의 지출이 수입을 초과하는 금액

재정평준화(fiscal equalization) 중앙정부가 하위의 정부들에게 보조금을 분배하여 지역 간 부의 차이를 완화하려는 정책

재정학(public finance) 경제 내에서 정부의 역할에 관한 문제를 다루는 연구 분야

재정학의 네 가지 질문(four questions of public finance) 정부는 언제 시장에 개입해야 하는가? 정부는 어떻게 개입하는가? 정부의 개입은 경제적 성과에 어떤 영향을 미치는가? 정부가 특정 개입 수단을 선택하는 이유는 무엇인가?

재정학의 실증분석 도구(empirical tools of public finance) 데이터 및 통계적 기법을 활용하여 정부 정책이 시장과 경제주체에 미치는 영향을 측정하는 방법

저축(savings) 현재의 소비를 초과하는 현재 소득

적립 방식(funded) 보험료 수입을 미래의 연금급여 지출을 위해 다양한 자산에 투자하는 저축형 연금제도

전액보장보험(first-dollar coverage) 모든 의료비를 지불해주고 환자는 전혀 또는 거의 부담을 지지 않는 보험

절대적 결핍(absolute deprivation) '생계유지가 가능한 최소한의' 소득 수준에 대비한 가난한 자들의 상대적인 소득 수준

정보의 비대칭(information asymmetry) 시장에서 판매자와 구매자가 가진 정보 차이

정부 간 보조금(intergovernmental grants) 한 수준의 정부에서 다른 수준의 정부로 이전되는 재정자금

정부실패(government failure) 정부가 국민들의 이익을 위해 행동하려는 능력 또는 의지가 없는 상황

정부의 기간별 예산제약(government's intertemporal budget constraint) 정부가 의무적으로 지출해야 하는 현재 또는 미래 지출액의 현재가치를 정부가 얻게 되는 수입의 현재할인가치와 연관시킨 방정식

정상재(normal goods) 소득이 증가함에 따라 수요가 증가하는 재화

정액세(lump-sum tax) 개인의 소득과 소비 능력, 부 등과는 무관히 정해진 액수로 부과되는 세금

정치경제학(political economy) 정치적 과정이 개별 경제주체들과 경제에 영향을 미치는 결정을 어떻게 이끌어내는지에 관한 이론

정태적 예산회계제도(static scoring) 정부 정책은 오직 총자원의 분배를 변화시킬 뿐, 총자원의 양을 변화시키는 것이 아니라는 견해의 회계 방법

조건부 가치 평가법(contingent valuation) 사람들에게 현재 선택하고 있지 않거나 선택할 기회가 없는 대안의 가치를 물어보는 것

조건부 포괄교부금(conditional block grant) 특정한 방법으로 쓰이도록 강제하는 고정된 액수의 보조금

조기수급연령(Early Entitlement Age, EEA) 사회보장연금 가입자가 감액연금을 받을 수 있는 최소 연령

조세가격(tax price) 학교재정 평준화를 위해 지방정부가 1달러를 더 지출한다고 할 때, 이를 조달하기 위해 거두어야 하는 세금의 양

조세격차(tax wedge) 거래에서 소비자가 지불하는 가격과 생산자가 받는 가격(세후)의 차이

조세격차의 가장 포괄적인 정의(broadest definition of tax wedge) 조세에 의해 야기된 활동에 대한 세전과 세후 수익의 차이

조세귀착(tax incidence) 소비자와 공급자 가운데 궁극적으로

누가 조세부담을 지는지를 따져보는 것

조세손실상쇄(tax loss offset) 납세자가 과세소득에서 투자 순손실을 차감할 수 있는 정도

조세순응(tax compliance) 탈세를 줄이려는 노력

조세 자본화(tax capitalization) 자산으로부터 발생하는 수익에 부과된 세금 변화 때문에 발생한 자산가격의 변화

조세지출(tax expenditure) 납세자들에게 부여되는 조세혜택으로 인해 발생되는 정부의 세수 손실. 이때, 조세혜택에는 특별공제, 면제, 우대세율, 세금 이연 등의 모든 예외 조항들이 포함됨

조세-편익 연계(tax-benefit linkage) 사람들이 납부하는 세금과 그 대가로 받는 정부 제공의 재화 및 용역 사이의 관계

조세환급(refundable) 세금을 약간 또는 전혀 내지 않는 사람들에게도 세액공제혜택을 부여하는 것

조정 후 총소득(adjusted gross income, AGI) 소득 획득 과정에서 발생한 경비, 예컨대 은퇴계정에 대한 기여금 등을 총소득에서 차감한 후의 소득

종신연금(annuity payment) 수급자가 사망할 때까지 계속 지급되는 연금

주소득자(primary earner) 한 가계 근로소득의 주요 원천이 되는 가구 구성원

주식을 통한 재원 조달(equity finance) 회사의 소유권을 매각함으로써 재원을 조달하는 방법

주주(shareholder) 기업의 소유지분을 구입한 사람들

주택가격 자본화(house price capitalization) 거주에 따른 비용(지방재산세 포함)과 편익(지방공공재로부터 발생하는 서비스까지 포함)이 주택가격에 체화되는 것

준실험(quasi-experiment) 경제환경의 변화가 비교집단과 통제집단에 미치는 영향에 대해 연구하는 재정학의 실증분석 방법. 이때 정책 변화에 영향을 받는 비교집단과 통제집단은 현실과 거의 유사하다는 특징이 있음. 준실험은 인위적으로 만들어지지 않은 임의성을 분석 과정에 활용할 수 있기 때문에 임의시행과 유사한 결과를 얻을 수 있는 장점이 있음

중위투표자(median voter) 자신의 선호(taste)가 전체 투표자의 중간에 위치한 투표자

중위투표자 정리(Median Voter Theorem) 만약 투표자들이 단일정점선호체계를 가지고 있다면, 다수결 투표의 결과는 중위투표자의 선호에 의해 결정된다는 이론

증여세(gift tax) 한 개인이 다른 개인에게 준 자산에 부과되는 세금

지대(rent) 자원을 이용하는 데 필요한 기회비용 이상으로 자원 공급자에게 지불된 금액

지역규제(zoning) 부동산의 사용에 대해 마을(하위정부)에서 규제하는 것

지출세(expenditure tax) 특정 판매보다는 연간 소비에 대해 부과되는 소비세

직장고착(job lock) 의료보험 상실의 두려움 때문에 더 나은 직장으로 옮기는 것을 꺼림

직접학자금대출(direct student loans) 연방교육부가 학생들에게 직접 대출해주는 대출제도

직접효과(direct effects) 경제주체가 정부 개입에 대응하면서 그 행태를 변화시키지 않는다면 예측 가능한 정부 개입의 효과

(조세 변화의) 직접효과(direct effect) 세율 증가로 인해 고정세원으로부터 발생하는 세수가 증가하는 효과

채권(bonds) 채권 소유자에게 원금뿐만 아니라 주기적으로 이자를 지불하겠다는 기업의 약속

철의 삼각형(iron triangle) 아무리 급여 감축률이나 보장급여 수준을 변화시키더라도 근로의욕의 고취, 소득재분배의 확대 및 비용의 절감 등 세 가지 목표를 동시에 달성할 수는 없다는 것

초과근무수당 규정(overtime pay rules) 주당 40시간을 초과해서 일할 때 근로자에게 정규시간 임금의 1.5배를 주도록 법으로 규정한 제도

총가격(gross price) 세금부과 후 시장가격

총소득(gross income) 다양한 소득원으로부터 거두어들인 개인소득의 합

최저임금(minimum wage) 근로자가 근로시간당 받아야 하는 최소한의 임금 수준을 법으로 규정한 것

최적상품세(optimal commodity taxation) 정부의 세입을 충족시키면서 사중손실을 최소화하도록 재화들에 대해 세율을 정하는 것

최적소득세(optimal income taxation) 정부 세수를 충족시키

면서 사회후생함수를 극대화하도록 소득계층별로 세율을 정하는 것

최적 재정연방주의(optimal fiscal federalism) 특정 정책이 상위(중앙)정부와 하위(지방)정부 가운데 어떤 수준의 정부에 의해 집행되는 것이 좋은지에 대한 학문

추가 세수의 가치(value of additional government revenues) 차선으로 민간부문이 사용했을 때 발생하는 가치에 비해 정부가 세수로 거두어 사용할 때 어느 정도의 가치가 발생하는지를 측정한 것

축약형 추정(reduced form estimate) 효용함수 등에 내재되어 있는 행태적 반응 정도(파라미터 등)를 구분하지 않는 추정 방법으로서, 독립변수가 종속변수에 미치는 총체적 영향에만 관심을 두는 개념. 축약형 추정에서는 총효과에만 관심을 둘 뿐, 소득효과와 대체효과 등을 구분하지 않음

코스의 정리(제1부)(Part I of the Coase theorem) 소유권이 명백히 정의되고 협상에 비용이 들지 않는다면 외부효과를 발생시키는 주체와 그 피해를 입는 주체 사이의 협상을 통해 사회적으로 최적수준의 생산량을 이끌어낼 수 있음

코스의 정리(제2부)(Part II of the Coase theorem) 외부효과의 효율적 해결은 외부효과의 당사자 중 누군가에게 소유권이 귀속되기만 한다면 누가 그 소유권을 갖느냐와는 무관함

탈규제학교(charter school) 일반 공립학교와는 달리 교사의 자질 등을 포함해 정부의 규제를 받지 않는 학교

탈세(tax evasion) 불법적인 세금 미납

통제변수(control variable) 횡단면 회귀분석 모형에 포함된 변수들로서, 분석집단과 비교집단 사이의 편의를 발생시킬 수 있는 차이를 감안하기 위해 포함된 변수들

통합균형(pooling equilibrium) 공정한 가격이 책정되지 않았음에도 불구하고 모든 유형의 사람이 완전보험을 구매하는 시장균형

투자비용전액공제(expense investments) 매입한 첫해에 모든 투자비용을 세금에서 공제하는 것

투자세액공제(investment tax credit, ITC) 매년 적격한 투자 지출의 일정 부분을 세액에서 공제해주는 제도

투표발의(voter initiatives) 시민에 의한 투표로 법률 제정이 이루어지는 것

특수교육(special education) 장애 어린이를 교육시키는 프로그램

판매세(sales tax) 거래 시점에서 소비자가 판매자에게 지불한 세금

편의(bias) 분석집단과 비교집단 사이에 원래부터 존재하고 있었던 차이. 즉 정책 적용 여부 이외에 두 집단 사이에 원래부터 존재하던 차이들을 통칭하여 편의라고 함

평균세율(average tax rate) 총소득에서 납부되는 세금의 비율

평생 조세귀착(lifetime tax incidence) 개인의 평생 소득과 관련된 조세귀착

포괄교부금(block grant) 사용 용도에 대한 강제적 제약이 없는 고정된 액수의 보조금

표본마모(attrition) 시간이 지남에 따라 발생하는 표본규모의 감소. 만약 임의적인 것이 아니라면 추정 결과의 편의를 발생시킬 수 있음

표준공제(standard deduction) 납세자의 과세소득에서 고정액으로 공제받는 액수

하부한계효과(inframarginal impacts) 조세유인정책을 통해 행동이 바뀌지 않는 사람들에게도 부여하게 되는 조세정책상의 혜택

학교재정 평준화(school finance equalization) 주 내의 학교재정을 보다 균등화하기 위해 지역 간 재원을 강제적으로 재분배하는 법

한계대체율(marginal rate of substitution, *MRS*) 소비자가 한 재화를 다른 재화로 교환하고자 할 때의 교환비율. *MRS*는 소비자가 세로축의 재화를 가로축의 재화로 대체하는 비율인 무차별 곡선의 기울기와 동일함

한계비용(marginal cost) 기업이 재화를 한 단위 더 생산하기 위해 들이는 추가적 비용

한계사중손실(marginal deadweight loss) 세금의 단위 증가당 사중손실의 증가

한계생산성(marginal productivity) 다른 생산요소의 투입량은 변화하지 않는 상태에서 어떤 생산요소의 한 단위 변화가 기업의 산출량에 미치는 효과

한계세율(marginal tax rate) 추가소득 한 단위에 납부되는 세

금의 비율

한계지불의사액(marginal willingness to pay) 개인이 추가적인 재화 한 단위 소비를 위해 기꺼이 내고자 하는 금액

한계효과(marginal impacts) 조세유인정책을 통해 정부가 장려하고자 하는 행동의 변화

한계효용(marginal utility) 어떤 재화를 한 단위 더 소비함에 따라 증가하는 효용의 추가적인 증분

항목별 공제(itemized deduction) 납세자들이 표준공제 대신 선택할 수 있는 또 다른 공제 방식으로, 다양한 지출항목, 예컨대 자선기부금이나 주택담보대출(모기지)의 이자상환 비용 등을 개별적으로 공제받는 방식

해외세액공제(foreign tax credit) 미국에 기반을 둔 다국적 기업이 외국 정부에 지불한 세금에 대해 미국 세금에서 공제받을 수 있는 제도

헤이그-사이먼의 포괄적 소득에 대한 정의(Haig-Simons comprehensive income definition) 일정 기간 동안 개인의 소비능력 변화를 과세소득으로 정의하는 것

현금복지제도(cash welfare) 현금급여를 제공하는 복지제도

현금회계(cash accounting) 정부의 재정상태를 단지 현재의 지출과 수입의 차이로만 측정하는 평가 방법

현금흐름세(cash-flow tax) 현금소득과 저축 차에 대해 부과하는 세금

현금흐름회계(cash-flow accounting) 정부가 어떤 사업의 투입요소에 대해서 지불한 것만을 합해서 비용으로 계산하고 사업에 의해 발생하는 소득이나 정부 수입만을 합해서 편익으로 계산하는 회계 방법

현물복지제도(in-kind welfare) 의료서비스나 공공주택 등 현물급여를 제공하는 복지제도

현시선호(revealed preference) 개인의 행동을 통해 드러나는 가치 평가를 측정하는 방법

현재 조세귀착(current tax incidence) 개인의 현재 소득과 관련된 조세귀착

현재할인가치(present discounted value, PDV) (1) 매 기간의 화폐 양을 현재 시점의 가치로 표현한 것, (2) 1달러가 투자되면 r%의 이자가 발생하므로 다음 해의 1달러는 현재의 1달러에 $(1+r)$을 곱한 가치보다 더 적음

형평과 효율 간 상충관계(equity-efficiency trade-off) 경제적 파이의 총규모와 파이의 개인 간 분배 사이에서 사회가 해야 하는 선택

확정급여형 연금제도(defined benefit pension plan) 근로자가 기업에 재직하는 동안 생기는 연금권리로 근로자가 은퇴할 때 근로자의 근무기간과 소득에 기초해 퇴직금을 지불하는 연금제도

확정기여형 연금제도(defined contribution pension plan) 고용주가 근로자의 소득 중 일정 부분을 떼어 투자계정에 저축을 하고 근로자는 은퇴 시 저축분과 축적된 투자수익을 가져가는 연금제도

환급(refund) 근로자로부터 원천징수한 세금이 실제 납부해야 할 세금보다 더 클 때, 그 차액을 근로자에게 되돌려주는 것

회계학적 이윤(accounting profits) 기업의 수입과 신고된 생산비용 사이의 차이

회귀선(regression line) 두 변수 사이의 관계를 가장 잘 나타내주는 직선형태의 추정선

횡단면 회귀분석(cross-sectional regression analysis) 특정 시점에서 둘 혹은 그 이상 변수들의 변화를 통해 변수 사이의 관계를 통계적으로 분석하는 기법

효용함수(utility function) 소비자의 선호체계를 나타내는 함수로서 선택을 위해 여러 가지 재화묶음을 후생 수준으로 전환하는 분석 도구

효율갭(efficiency gap) 게리맨더링을 측정하는 지표. 정당 A의 사표 수에서 정당 B의 사표 수를 차감한 후 전체 투표수를 나누어 도출됨

후생경제학(welfare economics) 사회적 복지 또는 후생의 결정요인에 관한 연구

후생경제학 제1정리(First Fundamental Theorem of Welfare Economics) 수요와 공급이 일치하는 경쟁적 균형에서 사회적 효율이 극대화됨

후생경제학 제2정리(Second Fundamental Theorem of Welfare Economics) 사회는 개인들 간에 자원을 적절하게 재분배한 다음에 개인들 간의 자유로운 거래를 허용함으로써 어떠한 효율적인 결과라도 얻을 수 있음

Roth IRA 기여금에 대해서는 과세되나 인출 시 비과세되는 IRA 변형 은퇴저축제도

1970년 대기정화법(1970 Clean Air Act, CAA) 아황산가스를 포함한 다양한 물질의 대기 중 농도에 대한 허용기준을 정함으로써 산성비의 원인이 되는 배출가스를 최초로 규제한 연방정부 법률

401(k) 계정[401(k) plan] 종종 고용주가 고용자의 기여금에 대응해서 기여금을 내기도 하는 고용주 제공 세금 우대 은퇴저축제도

참고문헌

Abaluck, Jason, and Jonathan Gruber. "Choice Inconsistencies Among the Elderly: Evidence from Plan Choice in the Medicare Part D Program." *American Economic Review* 101 (4, 2011): 1180–1210.

Abdul Latif Jameel Poverty Action Lab. "About Us." 2021. Accessed at https://www.povertyactionlab.org.

Abdul Latif Jameel Poverty Action Lab. "Targeted Information to Improve Social Assistance." 2017. Accessed at https://www.povertyactionlab.org.

Abdulkadiroglu, Atila, Joshua D. Angrist, Susan M. Dynarski, Thomas J. Kane, and Parag A. Pathal. "Accountability and Flexibility in Public Schools: Evidence from Boston's Charters and Pilots." *The Quarterly Journal of Economics* 126 (2, 2011): 699–748.

Abdulkadiroglu, Atila, Parag A. Pathak, and Christopher R. Walters. School Vouchers and Student Achievement: Evidence from the Louisiana Scholarship Program. Cambridge, MA: National Bureau of Economic Research, 2015.

Abdulkadiroglu, Atila, Parag Pathak, and Christopher Walters. "Free to Choose: Can School Choice Reduce Student Achievement?" *American Economic Journal: Applied Economics* 10 (1, 2018): 175–206.

Abeler, Johannes, and Simon Jager. "Complex Tax Incentives." *American Economic Journal: Economic Policy* 7 (3, 2015): 1–28.

Abelson, Reed. "The Smokers' Surcharge: Some Companies Ask Workers to Pay Higher Premiums for Health Risks." *New York Times* (November 17, 2011), p. B1.

Acemoglu, Daron. "Why Not a Political Coase Theorem? Social Conflict, Commitment, and Politics." *Journal of Comparative Economics* 31 (2003): 620–652.

Acemoglu, Daron, Simon Johnson, and James A. Robinson. "The Colonial Origins of Comparative Development: An Empirical Investigation." *American Economic Review* 91 (2001): 1369–1401.

Acemoglu, Daron, David Laibson, and John List. *Microeconomics.* Boston: Pearson, 2015.

Agarwal, Rajender, Ashutosh Gupta, and A. Mark Frendrick. "Value-Based Insurance Design Improves Medication Adherence Without an Increase in Total Health Care Spending." *Health Affairs* 37 (7, 2018): 1057–1064.

Agency for Healthcare Research and Quality. *Medical Expenditure Panel Survey—Deducible, Coninsurance, and Copayment Tables.* 2021. Accessed at https://meps.ahrq.gov/mepsweb/data_stats/quick_tables_results.jsp?component=2&subcomponent=2&year=2019&tableSeries=-1&tableSubSeries=F&searchText=&searchMethod=1&Action=Search.

Agersnap, Ole, and Owen M. Zidar. "The Tax Elasticity of Capital Gains and Revenue-Maximizing Rates." NBER, Aug. 2020. Accessed at https://www.nber.org.

Aghion, Phillipe, Antoine Dechezlepretre, David Hemous, Ralf Martin, and John Van Reenen. "Carbon Taxes, Path Dependency and Directed Technical Change: Evidence from the Auto Industry." NBER Working Paper No. 18596, December 2012.

Agrawal, Gaurav, et al. "The COVID-19 Vaccines Are Here: What Comes Next?" McKinsey & Company, December 9, 2020. Accessed at https://www.mckinsey.com.

Aguila, Emma. "Personal Retirement Accounts and Savings." *American Economic Journal: Economic Policy* 3 (2011): 1–24.

Ahammer, Alexander, Stefan Bauernschuster, Martin Halla, and Hannah Lachenmaier. "Minimum Legal Drinking Age and the Social Gradient in Binge Drinking." CESifo Working Paper No. 8806, December 2020.

Ahmed, Robina Ather, and Mark Rider. "Pakistan's Tax Gap: Estimates by Tax Calculation and Methodology." International Studies Program Working Paper 08-11, December 2008. Accessed at http://icepp.gsu.edu.

Aidt, Toke, and Julia Shvets. "Distributive Politics and Electoral Incentives: Evidence from Seven U.S. State Legislatures." *American Economic Journal: Economic Policy* 4 (3, 2012): 1–29.

Ainslie, G., and N. Haslam. "Hyperbolic Discounting." In *Choice over Time*, edited by G. Loewenstein and J. Elster. New York: Russell Sage Foundation, 1992.

Aizcorbe, Ana M., Arthur B. Kennickell, and Kevin B. Moore. "Recent Changes in U.S. Family Finances: Evidence from the 1998 and 2001 Survey of Consumer Finances." *Federal Reserve Bulletin* 89 (2003): 1–32.

Akerlof, George A. "The Market for Lemons: Quality Uncertainty and the Market Mechanism." *Quarterly Journal of Economics* 84 (1970): 488–500.

Akosa Antwi, Yaa, Asako S. Moriya, Kosali Simon, and Benjamin D. Sommers. "Changes in Emergency Department Use Among Young Adults After the Patient Protection and Affordable Care Act's Dependent Coverage Provision." *Annals of Emergency Medicine* 65 (6, 2015): 664–672.

Alajbegu, Jim. "Untangling Tax Reform: Repatriation Tax and Further Guidance." *Baker Tilly*, January 4, 2018. Accessed at http://bakertilly.com.

Alan, Sule, Kadir Atalay, Thomas F. Crossley, and Sung-Hee Jeon. "New Evidence on Taxes and Portfolio Choice." *Journal of Public Economics* 94 (11–12, 2010): 813–823.

Alaska Permanent Fund Corporation. "Assets Under Management." June 30, 2018. Accessed at https://apfc.org.

Albright, Amanda. "Biden Relief Plan Tosses $350 Billion Lifeline to States, Cities." *Bloomberg*, January 16, 2021. Accessed at https://www.bloomberg.com/.

Alesci, Cristina, and Jason Kelly. "Romney Reports Income from Funds at Goldman, Golden Gate." *Bloomberg*, January 24, 2012. Accessed at http://www.bloomberg.com.

Alesina, Alberto, Armando Miano, and Stefanie Stantcheva. "The Polarization of Reality." NBER Working Paper No. 26675, January 2020.

* 이 책의 참고문헌은 시그마프레스 홈페이지(www.sigmapress.co.kr) 내 일반자료실에서 찾을 수 있습니다.

찾아보기

ㄱ

ㅇ

ㅈ

ㅊ

ㅋ

ㅌ

ㅍ

옮긴이 약력

김홍균_hongkyun@sogang.ac.kr

서강대학교 경제학 학사

미국 로체스터대학교 경제학 박사

서강대학교 경제학부 학장 및 경제대학원 원장 역임

국민경제자문위원회 민생분과 의장 역임

지속가능발전위원회 산업분과 위원장 역임

현재 서강대학교 경제학부 교수, 국회예산정책처 자문위원

주요 논문 및 저서

Is There a Crowding-out Effect Between School Expenditure & Mother's Childcare Time? *Economics of Education Review*, vol. 20, no. 1, 2001.

The Effect of IT Job-training on Employment and Wage Premium: Evidence from Korea Panel Data, *Developing Economics* Vol. 41, No. 4, 2003, December.

Home production function & the productivity effect of air pollution, *Applied Economic Letters*, vol. 14, issue 5, 2007.

Does sample selection bias affect the effect of family background on the returns to schooling?: Evidence form Korea, *Applied Economics*, vol. 43, issue 8, 2011.

The income penalty of vertical and horizontal education-job mismatches in the Korean youth labor market: a quantile regression approach, *Hitotsubashi Journal of Economics*, vol. 57, no. 1 (with Seung chan Ahn, Ji-hye Kim).

Does Skill Mismatches create a wage penalty? Alternative Evidence from Korea, *Asian Economic Journal* 30, vol. 3, 2016 (with Seung-jun Park).

Which country uses public social expenditures efficiently among OECD countries?, *Applied Economics Letters*, vol. 24, no. 10, 2017 (with Tae-young Kim).

Estimation of the relative efficiency of 20 OECD countries for mitigation of greenhouse gases, *Applied Economics Letters*, Jan 2021 (with Tae-young Kim).

김상겸_iamskkim@dankook.ac.kr

서강대학교 경제학 학사

미국 미시간주립대학교 경제학 석사 및 박사

한국개발연구원(KDI), 한국경제연구원(KERI) 연구위원

기획재정부 세제발전심의위원, 조세특례심의위원, 입법고시2차, 공인회계사, 세무사 시험 출제위원, 한국재정학회 이사, Journal of Korea Trade 편집위원 등 역임

현재 단국대학교 경제학과 교수

주요 논문 및 저서

"Non-Homothetic Preferences and the Non-Environmental Effects of Environmental Taxes" with C.L. Ballard, J.H. Goddeeris, International Tax and Public Finance, vol. 12, 2005.

"An Analysis on Measuring the Economic Benefit of Free Trade Zones: Case Studies on Preliminary Feasibility Studies in Korea" 2010, 「Journal of Korea Trade」.

The effects of applying alternative discounting methods on the economics feasibility test of Free Trade Zone development project: Based on the Korean preliminary feasibility study cases, 2017, 「Journal of Korea Trade」.

『세금경제학(공저)』 외 International Tax and Public Finance, Journal of Korea Trade, 재정학 연구 등에 다수 논문 게재

이동규_dgyi77@uos.ac.kr

서울대학교 경제학 학사

서울대학교 경제학 석사

미국 아이오와 주립대학교 경제학 박사

한국조세재정연구원 부연구위원

기획재정부 세제발전심의위원회 위원

한국재정학회 이사, 한국자원경제학회 총무이사, 한국환경경제학회 이사

현재 서울시립대학교 경제학부 부교수

주요 논문 및 저서

An environmentally related policy impact analysis considering wind effect: evidence from suspending old coal-fired generators in South Korea, *Applied Economics Letters*, Vol. 30. No. 5: 626-634, 2023 (with Jae-Hoon Sung).

Housing Market Response to New Flood Risk Information and its Impact on Poor Tenants, *Journal of Real Estate Finance and Economics*, Vol. 61. No. 3: 55-79, 2020 (with Hyundo Choi).

Environmental Innovation Inertia: Analyzing the Business Circumstances for Environmental Process and Product Innovations, *Business Strategy and the Environment*, Vol. 27. No. 8: 1623-1634, 2018 (with Hyundo Choi).

Convergent Validity and the Time Consistency of Preferences: Evidence from the Iowa Lakes Recreation Demand, *Land Economics*, Vol. 93. No. 2: 269-291, 2017 (with Joseph A. Herriges).

국내 학술지로는 『재정학연구』, 『예산정책연구』, 『조세연구』, 『자원 · 환경경제연구』, 『에너지경제연구』, 『Journal of the Korean Data Analysis Society』, 『교통연구』, 『환경영향평가』 등에 다수 논문 게재

홍우형_orionsg@naver.com

서강대학교 경제학 학사

서강대학교 경제학 석사

미국 워싱턴대학교 경제학 박사

한국조세재정연구원 부연구위원

보건복지부 고시개정위원회 위원, 한국재정학회 연구 및 총무이사, 한국주택학회 이사

현재 동국대학교 경제학과 조교수

주요 논문 및 저서

Lee, S.Y. and Hong, W.-H., 2020, "Does tax really matter for corporate payout policy: Evidence from a policy experiment in South Korea" Pacific-Basin Finance Journal 62, 101353.

Hong, W.-H. and Lee, D., 2018, "Asymmetric Pricing Dynamics with Market Power: Investigating Island Data of the Retail Gasoline Market" Empirical Economics 58(5), 2181-2221.

Lee, H.S. and Hong, W.-H., 2009, "International Transmission of Swap Market Movements: The U.S., Korea, and China," Asia-Pacific Journal of Financial Studies 38(5), 723-744.

국내 학술지로는 『경제학연구』, 『재정학연구』, 『세무학연구』, 『재정정책논집』, 『한국경제연구』, 『응용경제』, 『예산정책연구』, 『법경제학연구』, 『신용카드리뷰』, 『Korea and the World Economy』 등에 다수 논문 게재